U0920762

2014中国省市经济发展年鉴

CHINA PROVINCES AND CITIES ECONOMY DEVELOPMENT YEARBOOK

中国省市经济发展年鉴编委会 编

上册

图书在版编目（CIP）数据

2014 中国省市经济发展年鉴 ： 全 2 册 / 中国省市经济发展年鉴编委会编.
-- 北京 ： 中国财政经济出版社，2015.6
ISBN 978-7-5095-6260-4

Ⅰ. ①2… Ⅱ. ①中… Ⅲ. ①区域经济发展－中国－2014－年鉴 Ⅳ. ①F127-54

中国版本图书馆 CIP 数据核字（2015）第 133626 号

责任编辑：罗亚洪
装帧设计：刘志鹏

中国财政经济出版社 出版
URL：http://www.ofeph.cn
E - mail：cfeph@cfeph.cn
（版权所有 侵权必究）
地址：北京市海滨区阜成路甲 28 号 邮政编码：100142
北京画中画印刷有限公司印刷 各地新华书店经销
880×1230 毫米 1/16 开 125 印张 280 万字
2015 年 6 月第 1 版 2015 年 6 月北京第 1 次印刷
定价：780.00 元（上、下）
ISBN 978-7-5095-6260-4 / F·5041
（图书出现印装问题，本社负责调换）
打击盗版举报热线：010-88190492

《2014 中国省市经济发展年鉴（上、下）》

编委会

主　　编：黄　培

编　　委：刘　琴　　贺立丽　　韩拥军　　杜劲松

杨桂英　　高春雨

校　　对：乔　霞

编 者 说 明

一、《中国省市经济发展年鉴-2014（上、下册）》是一部全面反映、系统比较中国区域经济和城市经济发展状况的大型统计资料性年刊。本书分为上下册，上册收集整理了 31 个省级行政单位的数据，下册收录了 286 个地级及以上城市的数据。

二、本书信息量大、特别突出数据的发展性和比较性，包括连续三年的统计数据以及最后一年数据的位次排列，为讲述全国地区发展和城市发展提供了重要的参考依据。主要内容涵盖：行政区划与人口、就业和工资、国民经济核算、固定资产投资、财政和税收、价格指数、居民生活、城市建设、资源、能源和环境、农业、工业、建筑业、运输和邮电、贸易和旅游、金融业、房地产业、科学技术、教育、卫生、文化和体育、社会服务和社会保障等社会经济发展的各个方面。本书未包括香港特别行政区、澳门特别行政区和台湾省的数据。

三、本书所涉及东部、中部、西部和东北地区的具体划分为：

东部 10 省（市）包括北京、天津、河北、上海、江苏、浙江、福建、山东、广东和海南；

中部 6 省包括山西、安徽、江西、河南、湖北和湖南；

西部 12 省（区、市）包括内蒙古、广西、重庆、四川、贵州、云南、西藏、陕西、甘肃、青海、宁夏和新疆；

东北 3 省包括辽宁、吉林和黑龙江。

四、本书中部分数据合计数或相对数由于单位取舍不同而产生的计算误差，均未做机械调整。书中数据由政府机构、行业协会等公开发布的数据整理而成，数据准确权威。

Editor's Notes

I. "China Provinces and Cities Economic Development Yearbook - 2014 (Volumes 1 and 2) " is a large statistical annual book which fully reflected and compared China's regional and urban economy development systematically. This book is divided into two volumes, Volume1 collected data of 31 provincial administrative units, and Volume 2 includes the data of more than 286 central cities in Chinese urban system. To facilitate readers to use, the book has made brief explanation to the major statistical indicators.

II. The yearbook is informative and particularly prominent on its developmental and comparative data which including three consecutive years of statistical data and the ranking on data of the last year. It provides an important reference for comparing the national regional development and city development. The main contents include: population and land, employment and wages, national economic accounting, fixed asset investment, national finances and taxes, price index, the lives of residents, city construction, resources, energy and environment, agriculture, industry, construction, transportation and post and telecommunications, trade and tourism, finance, real estate industry, science and technology, education, health, culture and sports, social service and social security and other aspects of the social and economic development. The data of this book does not include the Hong Kong special administrative region, Macao special administrative region and Taiwan province.

III. The regions involved in the book were divided like this:

Eastern region including Beijing, Shanghai, Tianjin, Hebei, Jiangsu, Zhejiang, Fujian, Shandong, Guangdong and Hainan provinces (municipalities);

Central region including Shanxi, Anhui, Jiangxi, Henan, Hubei and Hunan provinces;

Western region including Inner Mongolia, Guangxi, Chongqing, Sichuan, Guizhou, Yunnan, Tibet, Shaanxi, Gansu, Qinghai, Ningxia and Xinjiang provinces (autonomous regions and municipalities);

Northeastern region including Liaoning, Jilin and Heilongjiang provinces.

IV. Some total numbers or relative numbers in the yearbook may have a few calculation errors because of a certain units; we did not do the mechanical adjustment.

省级目录

PROVINCES CONTENTS

一、行政区划和人口
Administrative Division and Population

二、就业和工资
Employment and Wages

三、国民经济核算
National Accounts

四、固定资产投资
Investment in Fixed Assets

五、财政和税收
Government Finance and Tax Revenue

六、价格指数
Price Indices

七、居民生活
People's Living Conditions

八、城市建设
Urban Construction

九、资源、能源和环境
Resources, Energy and Environment

十、农业
Agriculture

十一、工业
Industry

十二、建筑业
Construction

十三、运输和邮电
Transport, Postal and Telecommunication Services

十四、贸易和旅游
Trade and Tourism

十五、金融业
Financial Intermediation

十六、房地产业
Real Estate

十七、科学技术
Science and Technology

十八、教育
Education

十九、卫生
Public Health

二十、文化和体育
Culture and Sports

二十一、社会服务和社会保障
Social Services and Social Security

1

行政区划和人口

Administrative Division and Population

1-1 全国行政区划数
Divisions of Administrative Areas in China

单位：个 （unit）

地 区	Region	地级行政区划 Number of Regions at Prefecture Level 2010	2012	2013	2013排名 Ranking	其中:地级市 Cities at Prefecture Level 2010	2012	2013	2013排名 Ranking
全 国	**National Total**	**333**	**333**	**333**		**283**	**285**	**286**	
北 京	Beijing								
天 津	Tianjin								
河 北	Hebei	11	11	11	16	11	11	11	13
山 西	Shanxi	11	11	11	16	11	11	11	13
内蒙古	Inner Mongolia	12	12	12	15	9	9	9	18
辽 宁	Liaoning	14	14	14	7	14	14	14	6
吉 林	Jilin	9	9	9	21	8	8	8	20
黑龙江	Heilongjiang	13	13	13	12	12	12	12	10
上 海	Shanghai								
江 苏	Jiangsu	13	13	13	12	13	13	13	8
浙 江	Zhejiang	11	11	11	16	11	11	11	13
安 徽	Anhui	17	16	16	5	17	16	16	5
福 建	Fujian	9	9	9	21	9	9	9	18
江 西	Jiangxi	11	11	11	16	11	11	11	13
山 东	Shandong	17	17	17	3	17	17	17	3
河 南	Henan	17	17	17	3	17	17	17	3
湖 北	Hubei	13	13	13	12	12	12	12	10
湖 南	Hunan	14	14	14	7	13	13	13	8
广 东	Guangdong	21	21	21	1	21	21	21	1
广 西	Guangxi	14	14	14	7	14	14	14	6
海 南	Hainan	2	3	3	27	2	3	3	24
重 庆	Chongqing								
四 川	Sichuan	21	21	21	1	18	18	18	2
贵 州	Guizhou	9	9	9	21	4	6	6	22
云 南	Yunnan	16	16	16	5	8	8	8	20
西 藏	Tibet	7	7	7	25	1	1	1	27
陕 西	Shaanxi	10	10	10	20	10	10	10	17
甘 肃	Gansu	14	14	14	7	12	12	12	10
青 海	Qinghai	8	8	8	24	1	1	2	25
宁 夏	Ningxia	5	5	5	26	5	5	5	23
新 疆	Xinjiang	14	14	14	7	2	2	2	25

1-2 国土面积和土地利用情况
Land Area and Land Utilization

地　区	Region	国土面积（万平方公里）Land Area (10 000 skim)	土地调查面积（万公顷）Area under Land Survey (10 000 hectares)	农用地面积（万公顷）Land for Agriculture Use (10 000 hectares)	#园林 Garden Land	#林地 Forests Land	#牧草地 Area of Garden land	建设用地面积（万公顷）Construct-ion Land Area (10 000 hectares)	农用地排名 Land for Agricultu-re Land Ranking
全　国	**National Total**	**960.0**	**96000.0**	**65687.6**	**1179.1**	**23609.2**	**26183.5**	**3305.8**	
北　京	Beijing	1.7	164.1	109.6	12.0	68.7	0.2	33.8	29
天　津	Tianjin	1.1	119.2	69.3	3.5	3.6	0.1	36.8	30
河　北	Hebei	19.0	1884.3	1308.2	70.5	442.2	79.9	179.4	17
山　西	Shanxi	15.0	1567.1	1014.3	29.5	442.0	65.8	86.9	23
内蒙古	Inner Mongolia	110.0	11451.2	9523.0	7.3	2184.3	6560.9	149.2	1
辽　宁	Liaoning	15.0	1480.6	1122.8	59.6	569.9	34.9	139.9	20
吉　林	Jilin	18.0	1911.2	1639.3	11.5	924.5	104.4	106.5	12
黑龙江	Heilongjiang	46.0	4526.5	3792.4	6.0	2288.3	220.8	149.2	6
上　海	Shanghai	0.6	82.4	36.7	2.1	2.4		25.4	31
江　苏	Jiangsu	10.0	1067.4	671.6	31.6	32.3	0.1	193.4	26
浙　江	Zhejiang	10.0	1054.0	867.2	66.1	562.9		104.9	24
安　徽	Anhui	13.0	1401.3	1119.0	33.9	359.6	2.8	166.2	21
福　建	Fujian	12.0	1240.2	1073.1	62.9	830.7	0.3	64.7	22
江　西	Jiangxi	16.0	1668.9	1416.4	27.8	1031.4	0.4	95.4	16
山　东	Shandong	15.0	1571.3	1156.6	100.7	135.7	3.4	251.1	19
河　南	Henan	16.0	1655.4	1228.1	31.4	301.9	1.4	218.7	18
湖　北	Hubei	18.0	1858.9	1465.2	42.4	793.7	4.4	140.0	15
湖　南	Hunan	21.0	2118.5	1789.8	49.0	1190.5	10.4	139.0	10
广　东	Guangdong	18.0	1798.1	1489.1	100.8	1012.8	2.7	179.0	14
广　西	Guangxi	23.0	2375.6	1786.6	53.9	1160.0	71.6	95.4	11
海　南	Hainan	3.4	353.5	282.3	53.2	148.1	1.9	29.8	28
重　庆	Chongqing	8.2	822.7	692.0	24.0	329.1	23.7	59.3	25
四　川	Sichuan	48.0	4840.6	4239.8	71.6	1967.8	1371.1	160.3	5
贵　州	Guizhou	17.0	1761.5	1524.6	12.1	790.9	159.8	55.7	13
云　南	Yunnan	38.0	3831.9	3176.0	84.2	2214.1	78.2	81.6	7
西　藏	Tibet	120.0	12020.7	7760.6	0.2	1268.4	6444.1	6.7	2
陕　西	Shaanxi	19.0	2057.9	1847.8	70.6	1035.4	306.4	81.7	9
甘　肃	Gansu	39.0	4040.9	2387.9	20.0	514.9	1261.3	97.7	8
青　海	Qinghai	72.0	7174.8	4372.4	0.7	266.5	4034.7	32.7	4
宁　夏	Ningxia	6.6	519.5	417.4	3.4	60.6	226.4	21.2	27
新　疆	Xinjiang	160.0	16649.0	6308.5	36.4	676.5	5111.4	124.0	3

注：土地调查面积为2008年底数。

Note: Land survey base covers an area of 2008.

1-3　建设用地面积（2008）
Area of Land for Construction (2008)

单位：万公顷　　（10 000 hectares）

地区	Region	建设用地面积 Land for Construction	居民点及工矿用地 Land for Living Quarrers Mining and Manufacturing Sites	交通运输用地 Land for Transport Facilities	水域及水利设施用地 Land for Water Conservancy Facilities	建设用地排名 Land for Construction Rank
全国	**National Total**	**3305.8**	**2691.6**	**249.6**	**364.5**	
北京	Beijing	33.8	27.9	3.3	2.6	26
天津	Tianjin	36.8	28.1	2.2	6.5	25
河北	Hebei	179.4	154.5	12.0	12.9	4
山西	Shanxi	86.9	77.3	6.3	3.3	19
内蒙古	Inner Mongolia	149.2	123.9	16.0	9.3	8
辽宁	Liaoning	139.9	115.9	9.2	14.8	11
吉林	Jilin	106.5	84.2	6.7	15.6	14
黑龙江	Heilongjiang	149.2	116.1	11.9	21.2	8
上海	Shanghai	25.4	23.0	2.1	0.2	29
江苏	Jiangsu	193.4	161.0	13.1	19.3	3
浙江	Zhejiang	104.9	81.7	9.5	13.8	15
安徽	Anhui	166.2	133.4	10.1	22.7	6
福建	Fujian	64.7	50.7	7.9	6.1	22
江西	Jiangxi	95.4	67.5	7.5	20.5	17
山东	Shandong	251.1	209.3	16.3	25.5	1
河南	Henan	218.7	188.3	12.2	18.2	2
湖北	Hubei	140.0	100.9	9.2	30.0	10
湖南	Hunan	139.0	108.8	10.4	19.8	12
广东	Guangdong	179.0	145.7	12.1	21.1	5
广西	Guangxi	95.4	71.0	8.8	15.5	17
海南	Hainan	29.8	22.3	1.4	6.1	28
重庆	Chongqing	59.3	48.9	4.8	5.5	23
四川	Sichuan	160.3	136.6	13.5	10.2	7
贵州	Guizhou	55.7	45.7	6.1	4.0	24
云南	Yunnan	81.6	42.8	10.0	8.8	21
西藏	Tibet	6.7	4.2	2.4	0.1	31
陕西	Shaanxi	81.7	71.0	6.6	4.0	20
甘肃	Gansu	97.7	88.2	6.6	2.9	16
青海	Qinghai	32.7	24.7	3.2	4.8	27
宁夏	Ningxia	21.2	18.6	1.9	0.7	30
新疆	Xinjiang	124.0	99.3	6.3	18.4	13

1-4 年末常住总人口数和常住人口密度
Population at Year-end by Region and Population Density

地 区	Region	常住总人口年末数(万人) Population at Year-end by Region (10 000 persons)				常住人口密度(人/平方公里) Permanent Population Density (person/sq.km)			
		2010	2012	2013	2013排名 Ranking	2010	2012	2013	2013排名 Ranking
全 国	**National Total**	**134091**	**135404**	**136072**		**139.68**	**141.05**	**141.74**	
北 京	Beijing	1962	2069	2115	26	1195.51	1260.96	1288.68	2
天 津	Tianjin	1299	1413	1472	27	1090.25	1185.80	1235.35	3
河 北	Hebei	7194	7288	7333	6	381.76	386.74	389.13	10
山 西	Shanxi	3574	3611	3630	18	228.07	230.41	231.62	18
内蒙古	Inner Mongolia	2472	2490	2498	23	21.59	21.74	21.81	28
辽 宁	Liaoning	4375	4389	4390	14	295.47	296.43	296.49	15
吉 林	Jilin	2747	2750	2751	21	143.71	143.91	143.95	23
黑龙江	Heilongjiang	3833	3834	3835	15	84.69	84.70	84.72	26
上 海	Shanghai	2303	2380	2415	24	2794.83	2889.22	2931.36	1
江 苏	Jiangsu	7869	7920	7939	5	737.23	741.98	743.80	4
浙 江	Zhejiang	5447	5477	5498	10	516.76	519.65	521.65	8
安 徽	Anhui	5957	5988	6030	8	425.10	427.33	430.31	9
福 建	Fujian	3693	3748	3774	16	297.79	302.22	304.32	14
江 西	Jiangxi	4462	4504	4522	13	267.37	269.87	270.96	16
山 东	Shandong	9588	9685	9733	2	610.20	616.38	619.46	5
河 南	Henan	9405	9406	9413	3	568.18	568.21	568.66	7
湖 北	Hubei	5728	5779	5799	9	308.14	310.89	311.96	13
湖 南	Hunan	6570	6639	6691	7	310.12	313.37	315.81	12
广 东	Guangdong	10441	10594	10644	1	580.66	589.17	591.95	6
广 西	Guangxi	4610	4682	4719	11	194.06	197.09	198.65	20
海 南	Hainan	869	887	895	28	245.67	250.77	253.24	17
重 庆	Chongqing	2885	2945	2970	20	350.63	357.97	361.01	11
四 川	Sichuan	8045	8076	8107	4	166.20	166.84	167.48	22
贵 州	Guizhou	3479	3484	3502	19	197.50	197.79	198.82	19
云 南	Yunnan	4602	4659	4687	12	120.09	121.58	122.30	25
西 藏	Tibet	301	308	312	31	2.50	2.56	2.60	31
陕 西	Shaanxi	3735	3753	3764	17	181.50	182.37	182.90	21
甘 肃	Gansu	2560	2578	2582	22	63.35	63.79	63.90	27
青 海	Qinghai	563	573	578	30	7.85	7.99	8.05	30
宁 夏	Ningxia	633	647	654	29	121.83	124.57	125.92	24
新 疆	Xinjiang	2185	2233	2264	25	13.12	13.41	13.60	29

注：1. 2010年数据为当年人口普查数据推算数；其余年份数据为年度人口抽样调查推算数据。2005年起各地区数据为常住人口口径。

2. 常住人口密度为常住人口与土地调查面积之比。

Notes: 1. Data of 2010 are the census year estimates; the rest are the estimates from the annual national sample survey of population. Since 2005, data by region are of usual residents.

2. Refers to the ratio of the usual residents with area under land survey.

1-5 按城乡分年末人口数
Total Population by Urban and Rural Residence

单位：万人 （10 000 persons）

地区	Region	城镇人口 Urban Residence 2010	2012	2013	2013排名 Ranking	乡村人口 Rural Residence 2010	2012	2013	2013排名 Ranking
全国	**National Total**	**66978**	**71182**	**73111**		**67113**	**64222**	**62961**	
北京	Beijing	1686	1784	1825	20	275	286	290	28
天津	Tianjin	1034	1152	1207	25	266	261	265	29
河北	Hebei	3201	3411	3528	6	3992	3877	3804	4
山西	Shanxi	1717	1851	1908	18	1857	1760	1722	16
内蒙古	Inner Mongolia	1372	1438	1466	23	1100	1052	1031	24
辽宁	Liaoning	2717	2881	2917	10	1658	1508	1473	20
吉林	Jilin	1464	1477	1491	22	1282	1273	1260	21
黑龙江	Heilongjiang	2134	2182	2201	14	1700	1652	1634	17
上海	Shanghai	2056	2126	2164	15	246	255	251	30
江苏	Jiangsu	4767	4990	5090	3	3102	2930	2849	8
浙江	Zhejiang	3356	3461	3519	7	2090	2016	1979	14
安徽	Anhui	2562	2784	2886	11	3395	3204	3144	7
福建	Fujian	2109	2234	2293	12	1584	1514	1481	19
江西	Jiangxi	1966	2140	2210	13	2496	2364	2312	12
山东	Shandong	4765	5078	5232	2	4823	4607	4502	2
河南	Henan	3621	3991	4123	4	5784	5415	5290	1
湖北	Hubei	2847	3092	3161	9	2881	2687	2638	10
湖南	Hunan	2845	3097	3209	8	3725	3542	3482	5
广东	Guangdong	6910	7140	7212	1	3531	3454	3432	6
广西	Guangxi	1844	2038	2115	16	2766	2644	2604	11
海南	Hainan	433	457	472	28	436	429	423	25
重庆	Chongqing	1529	1678	1733	21	1355	1267	1237	23
四川	Sichuan	3232	3516	3640	5	4812	4561	4467	3
贵州	Guizhou	1176	1269	1325	24	2303	2216	2177	13
云南	Yunnan	1597	1831	1897	19	3005	2828	2789	9
西藏	Tibet	68	70	74	31	233	238	238	31
陕西	Shaanxi	1709	1877	1931	17	2026	1876	1833	15
甘肃	Gansu	925	999	1036	26	1635	1579	1546	18
青海	Qinghai	252	272	280	30	311	301	298	27
宁夏	Ningxia	303	328	340	29	330	319	314	26
新疆	Xinjiang	940	982	1007	27	1245	1251	1257	22

注：1. 本表数据根据当年人口变动情况抽样调查数据推算。全国总人口根据抽样误差和调查误差进行了修正，分地区人口未作修正。

2. 全国总人口包括现役军人数，分地区数字中未包括。

Notes: 1.Data in the table are estimates from Population Changes. The national total population was adjusted on the basis of sampling errors and survey errors. Similar adjustments were not made to regional figures.

2.The military personnel were included in the national total population, but were not included in the population by region.

1-6 人口出生率和死亡率
Birth Rate, Death Rate by Region

单位：‰ （‰）

地区	Region	出生率 Birth Rate				死亡率 Death Rate			
		2010	2012	2013	2013排名 Ranking	2010	2012	2013	2013排名 Ranking
全　国	**National Total**	**11.90**	**12.10**	**12.08**		**7.11**	**7.15**	**7.16**	
北　京	Beijing	7.48	9.05	8.93	26	4.41	4.31	4.52	30
天　津	Tianjin	8.18	8.75	8.28	27	5.58	6.12	6.00	20
河　北	Hebei	13.22	12.88	13.04	10	6.41	6.41	6.87	5
山　西	Shanxi	10.68	10.70	10.81	18	5.38	5.83	5.57	23
内蒙古	Inner Mongolia	9.30	9.17	8.98	25	5.54	5.52	5.62	22
辽　宁	Liaoning	6.68	6.15	6.09	30	6.26	6.54	6.12	15
吉　林	Jilin	7.91	5.73	5.36	31	5.88	5.37	5.04	27
黑龙江	Heilongjiang	7.35	7.30	6.86	29	5.03	6.03	6.08	16
上　海	Shanghai	7.05	9.56	8.18	28	5.07	5.36	5.24	26
江　苏	Jiangsu	9.73	9.44	9.44	24	6.88	6.99	7.01	2
浙　江	Zhejiang	10.27	10.12	10.01	21	5.54	5.52	5.45	24
安　徽	Anhui	12.70	13.00	12.88	11	5.95	6.14	6.06	18
福　建	Fujian	11.27	12.74	12.20	14	5.16	5.73	6.01	19
江　西	Jiangxi	13.72	13.46	13.19	7	6.06	6.14	6.28	11
山　东	Shandong	11.65	11.90	11.41	16	6.26	6.95	6.40	9
河　南	Henan	11.52	11.87	12.27	13	6.57	6.71	6.76	7
湖　北	Hubei	10.36	11.00	11.08	17	6.02	6.12	6.15	12
湖　南	Hunan	13.10	13.58	13.50	6	6.70	7.01	6.96	3
广　东	Guangdong	11.18	11.60	10.71	19	4.21	4.65	4.69	29
广　西	Guangxi	14.13	14.20	14.28	4	5.48	6.31	6.35	10
海　南	Hainan	14.71	14.66	14.59	3	5.73	5.81	5.90	21
重　庆	Chongqing	9.17	10.86	10.37	20	6.40	6.86	6.77	6
四　川	Sichuan	8.93	9.89	9.90	23	6.62	6.92	6.90	4
贵　州	Guizhou	13.96	13.27	13.05	9	6.55	6.96	7.15	1
云　南	Yunnan	13.10	12.63	12.60	12	6.56	6.41	6.43	8
西　藏	Tibet	15.80	15.48	15.77	2	5.55	5.21	5.39	25
陕　西	Shaanxi	9.73	10.12	10.01	21	6.01	6.24	6.15	12
甘　肃	Gansu	12.05	12.11	12.16	15	6.02	6.05	6.08	16
青　海	Qinghai	14.94	14.30	14.16	5	6.31	6.06	6.13	14
宁　夏	Ningxia	14.14	13.26	13.12	8	5.10	4.33	4.50	31
新　疆	Xinjiang	15.99	15.32	15.84	1	5.43	4.48	4.92	28

注：本表数据根据当年人口数据推算。全国总人口根据抽样误差和调查误差进行了修正，分地区人口未作修正。

Note: Data in the table are estimates from Population Changes. The national total population was adjusted on the basis of sampling errors and survey errors. Similar adjustments were not made to regional figures.

1-7 人口自然增长率和城镇化率
Urbanization Rate and Natural Growth Rate by Region

地区	Region	自然增长率（‰） Natural Growth Rate （‰）				城镇化率（%） Urbanization Rate by Region （%）			
		2010	2012	2013	2013排名 Ranking	2010	2012	2013	2013排名 Ranking
全　国	**National Total**	**4.79**	**4.95**	**4.92**		**49.95**	**52.57**	**53.73**	
北　京	Beijing	3.07	4.74	4.41	21	85.96	86.20	86.30	2
天　津	Tianjin	2.60	2.63	2.28	28	79.55	81.55	82.01	3
河　北	Hebei	6.81	6.47	6.17	11	44.50	46.80	48.12	21
山　西	Shanxi	5.30	4.87	5.24	17	48.05	51.26	52.56	16
内蒙古	Inner Mongolia	3.76	3.65	3.36	24	55.50	57.74	58.71	9
辽　宁	Liaoning	0.42	-0.39	-0.03	31	62.10	65.65	66.45	5
吉　林	Jilin	2.03	0.36	0.32	30	53.32	53.70	54.20	13
黑龙江	Heilongjiang	2.32	1.27	0.78	29	55.66	56.90	57.40	11
上　海	Shanghai	1.98	4.20	2.94	26	89.30	89.30	89.60	1
江　苏	Jiangsu	2.85	2.45	2.43	27	60.58	63.00	64.11	6
浙　江	Zhejiang	4.73	4.60	4.56	20	61.62	63.20	64.00	7
安　徽	Anhui	6.75	6.86	6.82	8	43.01	46.50	47.86	23
福　建	Fujian	6.11	7.01	6.19	10	57.10	59.60	60.77	8
江　西	Jiangxi	7.66	7.32	6.91	7	44.06	47.51	48.87	19
山　东	Shandong	5.39	4.95	5.01	18	49.70	52.43	53.75	14
河　南	Henan	4.95	5.16	5.51	16	38.50	42.43	43.80	27
湖　北	Hubei	4.34	4.88	4.93	19	49.70	53.50	54.51	12
湖　南	Hunan	6.40	6.57	6.54	9	43.30	46.65	47.96	22
广　东	Guangdong	6.97	6.95	6.02	14	66.18	67.40	67.76	4
广　西	Guangxi	8.65	7.89	7.93	6	40.00	43.53	44.81	25
海　南	Hainan	8.98	8.85	8.69	3	49.80	51.60	52.74	15
重　庆	Chongqing	2.77	4.00	3.60	23	53.02	56.98	58.34	10
四　川	Sichuan	2.31	2.97	3.00	25	40.18	43.53	44.90	24
贵　州	Guizhou	7.41	6.31	5.90	15	33.81	36.41	37.83	30
云　南	Yunnan	6.54	6.22	6.17	11	34.70	39.31	40.48	28
西　藏	Tibet	10.25	10.27	10.38	2	22.67	22.75	23.71	31
陕　西	Shaanxi	3.72	3.88	3.86	22	45.76	50.02	51.31	18
甘　肃	Gansu	6.03	6.06	6.08	13	36.12	38.75	40.13	29
青　海	Qinghai	8.63	8.24	8.03	5	44.72	47.44	48.51	20
宁　夏	Ningxia	9.04	8.93	8.62	4	47.90	50.67	52.01	17
新　疆	Xinjiang	10.56	10.84	10.92	1	43.01	43.98	44.47	26

注：本表数据根据当年人口数据推算。全国总人口根据抽样误差和调查误差进行了修正，分地区人口未作修正。

Note: Data in the table are estimates from the 2012 National Sample Survey on Population Changes. The national total population was adjusted on the basis of sampling errors and survey errors. Similar adjustments were not made to regional figures.

1-8 年末户籍总人口数和户籍人口密度
Household Register Population at Year-end and Its Density

地区	Region	户籍总人口年末数(万人) Total Population (10 000 persons)				户籍人口密度（人/平方公里） Census Register Population Density (person/sq.km)			
		2010	2012	2013	2013排名 Ranking	2010	2012	2013	2013排名 Ranking
全　国	**National Total**	**134531.39**	**135780.28**	**136726.06**		**140.14**	**141.44**	**141.93**	
北　京	Beijing	1261.70	1300.07	1317.83	26	751.01	773.85	779.14	3
天　津	Tianjin	989.56	996.38	1006.75	27	899.60	905.80	910.51	2
河　北	Hebei	7298.05	7416.56	7503.23	6	384.11	390.35	392.63	11
山　西	Shanxi	3473.62	3500.63	3525.29	19	231.57	233.38	234.20	20
内蒙古	Inner Mongolia	2453.20	2459.90	2466.24	23	22.30	22.36	22.39	28
辽　宁	Liaoning	4251.68	4244.76	4238.03	15	283.45	282.98	282.76	16
吉　林	Jilin	2723.81	2701.50	2678.55	22	151.32	150.08	149.45	23
黑龙江	Heilongjiang	3842.79	3811.10	3779.21	17	83.54	82.85	82.50	26
上　海	Shanghai	1412.32	1426.93	1432.34	25	2435.03	2460.23	2464.89	1
江　苏	Jiangsu	7466.59	7553.48	7616.84	5	746.66	755.35	758.52	4
浙　江	Zhejiang	4747.95	4799.34	4856.89	11	474.80	479.93	482.81	9
安　徽	Anhui	6825.10	6912.27	6928.53	8	525.01	531.71	532.34	7
福　建	Fujian	3529.69	3579.28	3633.64	18	294.14	298.27	300.54	15
江　西	Jiangxi	4693.55	4803.54	4819.14	12	293.35	300.22	300.71	14
山　东	Shandong	9536.19	9579.72	9612.04	2	635.75	638.65	639.73	6
河　南	Henan	10799.63	10931.61	11038.87	1	674.98	683.23	686.58	5
湖　北	Hubei	6148.95	6165.37	6170.59	9	341.61	342.52	342.67	12
湖　南	Hunan	7069.04	7131.62	7147.28	7	336.62	339.60	339.97	13
广　东	Guangdong	8521.55	8635.89	8759.46	4	473.42	479.77	483.20	8
广　西	Guangxi	5331.43	5378.17	5421.95	10	231.80	233.83	234.79	19
海　南	Hainan	896.09	901.93	908.91	28	263.56	265.27	266.30	17
重　庆	Chongqing	3303.45	3343.44	3358.42	20	401.39	406.25	407.16	10
四　川	Sichuan	9001.27	9097.35	9132.66	3	187.53	189.53	189.90	22
贵　州	Guizhou	4189.00	4134.26	4286.12	14	246.41	243.19	247.66	18
云　南	Yunnan	4528.22	4575.74	4604.17	13	119.16	120.41	120.79	24
西　藏	Tibet	293.95	309.58	317.42	31	2.45	2.58	2.61	31
陕　西	Shaanxi	3873.87	3926.22	3960.08	16	203.89	206.64	207.53	21
甘　肃	Gansu	2712.12	2713.00	2727.77	21	69.54	69.56	69.75	27
青　海	Qinghai	549.97	565.55	572.59	30	7.64	7.85	7.90	30
宁　夏	Ningxia	642.61	659.03	668.57	29	97.36	99.85	100.58	25
新　疆	Xinjiang	2164.44	2226.05	2266.63	24	13.53	13.91	14.04	29.00

注：全国户籍统计人口数据的统计方法和口径与全国人口变动情况抽样调查数据不同，请用户在使用时加以注意。

Note: The household registration population data Statistical method and Changes in the population sampling survey data are different, Please take note the user when use.

1-9 按性别分年末户籍人口数
Registered population by Gender at Year-end

单位：万人 (10 000 persons)

地区	Region	男性人口 Male 2010	2012	2013	2013排名 Ranking	女性人口 Female 2010	2012	2013	2013排名 Ranking
全　国	**National Total**	**69128.95**	**69762.98**	**70260.48**		**65402.43**	**66017.30**	**66465.59**	
北　京	Beijing	634.68	652.89	661.23	26	627.02	647.18	656.60	26
天　津	Tianjin	497.59	500.34	505.09	27	491.98	496.03	501.66	27
河　北	Hebei	3718.27	3778.47	3826.51	6	3579.78	3638.09	3676.72	7
山　西	Shanxi	1780.49	1790.98	1802.23	19	1693.14	1709.65	1723.06	20
内蒙古	Inner Mongolia	1252.57	1254.03	1257.32	23	1200.62	1205.88	1208.91	23
辽　宁	Liaoning	2144.71	2136.51	2131.44	15	2106.97	2108.25	2106.59	15
吉　林	Jilin	1377.66	1363.39	1352.23	22	1346.16	1338.11	1326.32	21
黑龙江	Heilongjiang	1943.62	1924.82	1909.32	17	1899.17	1886.28	1869.89	18
上　海	Shanghai	703.57	709.62	711.93	25	708.75	717.31	720.41	25
江　苏	Jiangsu	3787.73	3832.56	3863.48	5	3678.86	3720.92	3753.36	6
浙　江	Zhejiang	2413.13	2433.68	2445.04	12	2334.83	2365.66	2381.86	12
安　徽	Anhui	3542.42	3586.88	3598.71	8	3282.68	3325.39	3329.82	9
福　建	Fujian	1816.66	1842.73	1870.92	18	1713.03	1736.54	1762.73	19
江　西	Jiangxi	2459.10	2515.09	2525.84	11	2234.44	2288.45	2293.29	13
山　东	Shandong	4838.91	4867.79	4882.93	2	4697.28	4711.92	4729.11	2
河　南	Henan	5576.08	5656.98	5713.98	1	5223.55	5274.63	5324.90	1
湖　北	Hubei	3183.66	3193.92	3199.49	9	2965.29	2971.45	2971.10	10
湖　南	Hunan	3668.52	3700.40	3712.32	7	3400.52	3431.22	3434.96	8
广　东	Guangdong	4388.61	4448.45	4513.51	4	4132.94	4187.44	4245.95	5
广　西	Guangxi	2804.05	2832.19	2859.32	10	2527.38	2545.98	2562.63	11
海　南	Hainan	467.72	471.74	474.98	28	428.37	430.19	433.94	28
重　庆	Chongqing	1709.03	1725.87	1731.82	20	1594.42	1617.57	4626.60	3
四　川	Sichuan	4640.36	4684.94	4700.83	3	4360.91	4412.41	4431.83	4
贵　州	Guizhou	2180.37	2157.83	2237.21	14	2008.63	1976.43	2048.94	16
云　南	Yunnan	2332.35	2359.30	2373.76	13	2195.87	2216.45	2230.41	14
西　藏	Tibet	148.26	155.23	158.76	31	145.70	154.35	158.66	31
陕　西	Shaanxi	2007.96	2031.01	2047.71	16	1865.91	1895.21	1912.36	17
甘　肃	Gansu	1399.84	1400.30	1408.27	21	1312.28	1312.69	1319.51	22
青　海	Qinghai	279.80	286.84	290.15	30	270.17	278.72	282.44	30
宁　夏	Ningxia	326.95	334.68	338.95	29	315.66	324.35	329.62	29
新　疆	Xinjiang	1104.29	1133.51	1155.22	24	1060.15	1092.54	1111.41	24

1-10 按非农业和农业分年末户籍人口数
Non-agricultural and Agricultural Household Registered Population at Year-end

单位：万人 （10 000 persons）

地区	Region	非农业人口 Non-agricultural Population				农业人口 Agricultural Population			
		2010	2012	2013	2013排名 Ranking	2010	2012	2013	2013排名 Ranking
全　国	**National Total**	**45963.70**	**47970.60**	**49124.66**		**88567.69**	**87809.68**	**87601.41**	
北　京	Beijing	993.11	1041.78	1066.34	21	268.59	258.29	251.49	30
天　津	Tianjin	604.71	619.15	632.23	27	384.85	377.23	374.52	27
河　北	Hebei	2320.40	2376.08	2429.06	6	4977.65	5040.49	5074.16	6
山　西	Shanxi	1144.45	1171.99	1189.51	20	2329.18	2328.64	2335.78	17
内蒙古	Inner Mongolia	1002.46	1012.87	1017.79	23	1450.74	1447.03	1448.45	22
辽　宁	Liaoning	2163.11	2183.96	2189.62	7	2088.57	2060.80	2048.41	18
吉　林	Jilin	1233.71	1266.74	1258.46	17	1490.11	1434.76	1420.09	23
黑龙江	Heilongjiang	1859.42	1858.99	1848.87	9	1983.37	1952.11	1930.34	21
上　海	Shanghai	1254.95	1280.82	1289.58	15	157.37	146.11	142.76	31
江　苏	Jiangsu	3790.76	4229.19	4374.64	2	3675.83	3324.29	3242.20	14
浙　江	Zhejiang	1468.90	1521.61	1545.41	12	3279.06	3277.74	3281.48	13
安　徽	Anhui	1550.30	1579.74	1587.93	11	5274.80	5332.53	5340.60	5
福　建	Fujian	1198.21	1220.95	1242.63	19	2331.48	2358.33	2391.01	16
江　西	Jiangxi	1269.35	1281.32	1281.34	16	3424.20	3522.22	3537.80	10
山　东	Shandong	3838.64	4020.72	4130.28	3	5697.55	5559.00	5481.76	4
河　南	Henan	2371.10	2434.52	2494.26	5	8428.54	8497.09	8544.61	1
湖　北	Hubei	2207.14	2130.55	2137.72	8	3941.81	4034.82	4032.87	9
湖　南	Hunan	1581.71	1589.79	1590.77	10	5487.32	5541.83	5556.51	3
广　东	Guangdong	4443.96	4504.96	4702.83	1	4077.59	4130.93	4056.63	8
广　西	Guangxi	1030.94	1031.29	1053.64	22	4300.49	4346.89	4368.31	7
海　南	Hainan	343.46	342.26	343.82	28	552.63	559.67	565.10	25
重　庆	Chongqing	1107.00	1317.24	1344.05	14	2196.45	2026.20	2014.38	19
四　川	Sichuan	2355.17	2560.17	2632.41	4	6646.10	6537.18	6500.25	2
贵　州	Guizhou	676.07	685.58	701.98	26	3512.92	3448.67	3454.17	11
云　南	Yunnan	749.77	1041.57	1254.16	18	3778.45	3534.18	3350.01	12
西　藏	Tibet	50.36	52.28	55.04	31	243.60	257.30	262.38	29
陕　西	Shaanxi	1322.27	1456.17	1505.32	13	2551.60	2470.04	2454.76	15
甘　肃	Gansu	701.19	742.78	751.63	25	2010.93	1970.22	1976.14	20
青　海	Qinghai		203.61	241.72	30	384.49	361.95	330.87	28
宁　夏	Ningxia	242.24	259.79	266.18	29	400.36	399.24	402.39	26
新　疆	Xinjiang	923.40	952.14	965.44	24	1241.04	1273.91	1301.19	24

1-11 家庭户户数和户均人口数

Households, Average Family Size by Region

地区	Region	家庭户户数（户）Number of Households (household)				家庭户户均人口（人/户）Average Family Size (person/household)			
		2010	2012①	2013②	2013排名 Ranking	2010	2012①	2013②	2013排名 Ranking
全　国	National Total	401934196	356954	362031		3.09	3.02	2.98	
北　京	Beijing	6680552	5878	5439	26	2.45	2.53	2.61	29
天　津	Tianjin	3661992	4089	4406	27	2.80	2.76	2.67	27
河　北	Hebei	20395116	18532	18922	6	3.36	3.26	3.17	12
山　西	Shanxi	10330207	9664	9757	18	3.24	3.06	3.01	17
内蒙古	Inner Mongolia	8205498	7176	7420	23	2.81	2.78	2.74	23
辽　宁	Liaoning	14994046	12605	12706	11	2.78	2.69	2.72	25
吉　林	Jilin	8998492	7794	8185	21	2.94	2.88	2.77	21
黑龙江	Heilongjiang	13000088	11541	11535	14	2.84	2.77	2.74	23
上　海	Shanghai	8253257	7692	7965	22	2.50	2.35	2.35	31
江　苏	Jiangsu	24381782	20970	21350	5	2.94	2.97	2.95	18
浙　江	Zhejiang	18854021	15417	15657	10	2.62	2.68	2.54	30
安　徽	Anhui	18861956	15862	15835	8	3.00	3.02	3.03	16
福　建	Fujian	11206317	10330	10879	15	2.98	2.82	2.72	25
江　西	Jiangxi	11542527	10699	10607	16	3.65	3.43	3.42	3
山　东	Shandong	30105454	27473	28477	1	2.98	2.91	2.80	20
河　南	Henan	25928729	22869	23446	4	3.47	3.37	3.28	8
湖　北	Hubei	16695121	15167	15690	9	3.16	3.03	2.94	19
湖　南	Hunan	18625710	17832	16753	7	3.32	3.07	3.25	10
广　东	Guangdong	28630600	24068	24828	2	3.11	3.26	3.15	13
广　西	Guangxi	13151404	11571	11559	13	3.34	3.32	3.31	6
海　南	Hainan	2331149	1910	1991	28	3.46	3.64	3.52	2
重　庆	Chongqing	10000965	8892	8771	20	2.70	2.67	2.66	28
四　川	Sichuan	25794161	22423	23612	3	2.95	2.85	2.76	22
贵　州	Guizhou	10558461	9185	9099	19	3.18	3.1	3.07	14
云　南	Yunnan	12339961	11450	11606	12	3.54	3.26	3.28	8
西　藏	Tibet	670838	627	632	31	4.23	4.07	4.05	1
陕　西	Shaanxi	10718563	9962	10032	17	3.22	3.07	3.05	15
甘　肃	Gansu	6900369	6533	6222	24	3.49	3.22	3.35	5
青　海	Qinghai	1529039	1374	1394	30	3.46	3.40	3.37	4
宁　夏	Ningxia	1882205	1545	1675	29	3.17	3.35	3.20	11
新　疆	Xinjiang	6705607	5825	5583	25	3.10	3.16	3.30	7

注：1. 2010年数据为第六次人口普查数据，2012年和2013年数据为抽样调查数据。

2. 为2012年全国人口变动情况抽样调查样本数据，抽样比为0.850(‰)(以下有关各表同)。

3. 为2013年全国人口变动情况抽样调查样本数据，抽样比为0.831(‰)(以下有关各表同)。

Notes: 1. Data for the sixth time in 2010 census. Data of 2012 and 2013 sampling survey data.

2. Data in this table are obtained from the 2012 National Sample Survey on Changes. The sampling fraction is 0.850‰.The same applies to the relevant tables followed.

3. Data in this table are obtained from the 2013 National Sample Survey on Changes. The sampling fraction is 0.831‰. The same applies to the relevant tables followed.

1-12 家庭户人口数和集体户人口数
Family and Collective Household Population

单位：人 (person)

地区 Region		家庭户人口数 Family Household Population				集体户人口数 Collective Household Population			
		2010	2012①	2013②	2013排名 Ranking	2010	2012①	2013②	2013排名 Ranking
全　国	**National Total**	**1239981250**	**1077355**	**1077642**		**92829619**	**47306**	**40791**	
北　京	Beijing	16389723	14874	14170		3222645	2393	3284	3
天　津	Tianjin	10262186	11298	11744		2676507	493	405	23
河　北	Hebei	68538709	60341	59922		3315501	465	595	18
山　西	Shanxi	33484131	29551	29389		2227970	577	569	19
内蒙古	Inner Mongolia	23071690	19915	20325		1634601	860	288	25
辽　宁	Liaoning	41755874	33899	34620		1990449	2723	1611	8
吉　林	Jilin	26457769	22438	22639		995046	511	67	29
黑龙江	Heilongjiang	36884039	31917	31581		1429952	73	70	28
上　海	Shanghai	20593430	18108	18725		2425766	1754	1207	10
江　苏	Jiangsu	71685839	62302	62891		6975102	3782	2635	4
浙　江	Zhejiang	49425543	41250	39733		5001348	4450	5643	2
安　徽	Anhui	56493891	47980	48036		3006577	1983	1729	5
福　建	Fujian	33397663	29180	29612		3496554	2093	1535	9
江　西	Jiangxi	42181417	36731	36298		2386380	849	1023	12
山　东	Shandong	89855501	80024	79775		5937218	785	556	20
河　南	Henan	90028072	77069	76916		4001867	1414	772	14
湖　北	Hubei	52745625	45958	46196		4492102	2261	1665	7
湖　南	Hunan	61911446	54786	54501		3789316	609	718	15
广　东	Guangdong	88979305	78487	78242		15341154	9908	9605	1
广　西	Guangxi	43970320	38470	38265		2053441	597	682	16
海　南	Hainan	8060519	6952	7017		610966	446	372	24
重　庆	Chongqing	26994017	23774	23315		1852153	799	1197	11
四　川	Sichuan	76207174	63841	65186		4210354	3546	1718	6
贵　州	Guizhou	33571308	28495	27970		1177248	576	935	13
云　南	Yunnan	43626674	37301	38077		2340092	1574	602	17
西　藏	Tibet	2837769	2552	2562		164396	15	14	31
陕　西	Shaanxi	34462115	30574	30584		2865264	742	478	21
甘　肃	Gansu	24052594	21038	20862		1522669	469	449	22
青　海	Qinghai	5284525	4669	4693		342198	114	75	27
宁　夏	Ningxia	5970133	5177	5361		331217	223	38	30
新　疆	Xinjiang	20802249	18407	18436		1013566	223	253	26

1-13 城市家庭户户数和户均人口数
Urban Households and Average Family Size Per Household

地区	Region	城市家庭户户数（户）Number of Households (household)				城市家庭户户均人口（人/户）Average Family Size (person/household)			
		2010	2012①	2013②	2013排名 Ranking	2010	2012①	2013②	2013排名 Ranking
全 国	**National Total**	**128660933**	**116248**	**120075**		**2.71**	**2.73**	**2.71**	
北 京	Beijing	5375588	4767	4347	11	2.40	2.46	2.55	26
天 津	Tianjin	2501235	2940	3054	18	2.65	2.63	2.54	27
河 北	Hebei	4295310	4127	3994	12	2.95	2.96	2.92	5
山 西	Shanxi	2901607	3613	3513	15	2.88	2.78	2.83	8
内蒙古	Inner Mongolia	2737984	2342	2867	19	2.67	2.71	2.63	22
辽 宁	Liaoning	7952951	7006	7155	4	2.57	2.49	2.57	25
吉 林	Jilin	3598113	2883	3448	17	2.62	2.51	2.46	30
黑龙江	Heilongjiang	5047097	4835	4870	9	2.58	2.48	2.49	29
上 海	Shanghai	6244138	5802	6263	5	2.52	2.38	2.36	31
江 苏	Jiangsu	9161950	8395	8749	3	2.81	2.87	2.85	7
浙 江	Zhejiang	6873461	5623	5304	7	2.54	2.67	2.51	28
安 徽	Anhui	3942502	2920	3478	16	2.71	2.94	2.82	9
福 建	Fujian	3928853	3794	3793	13	2.70	2.66	2.64	21
江 西	Jiangxi	2125304	2235	2372	22	3.19	2.97	2.87	6
山 东	Shandong	8817542	8655	9245	2	2.80	2.76	2.74	16
河 南	Henan	5349707	4540	4636	10	3.05	3.20	3.05	2
湖 北	Hubei	5467910	4838	5278	8	2.82	2.90	2.80	11
湖 南	Hunan	3784084	3474	3703	14	2.89	2.69	2.93	4
广 东	Guangdong	15577871	11327	11359	1	2.63	2.84	2.78	12
广 西	Guangxi	2479642	1853	2766	21	2.93	2.98	3.05	2
海 南	Hainan	618068	580	378	30	3.17	3.09	3.18	1
重 庆	Chongqing	2861917	2681	2028	25	2.65	2.83	2.76	13
四 川	Sichuan	5265271	4499	5700	6	2.67	2.75	2.59	24
贵 州	Guizhou	1777973	2044	1522	27	2.82	2.72	2.71	17
云 南	Yunnan	2106060	2702	2786	20	2.59	2.64	2.68	18
西 藏	Tibet	93975	115	81	31	2.45	2.60	2.81	10
陕 西	Shaanxi	2788195	2422	2353	23	2.70	2.69	2.66	20
甘 肃	Gansu	1687056	1709	1558	26	2.68	2.63	2.61	23
青 海	Qinghai	448369	433	428	29	2.74	2.69	2.68	18
宁 夏	Ningxia	696676	547	724	28	2.71	3.05	2.76	13
新 疆	Xinjiang	2154524	2543	2323	24	2.56	2.56	2.75	15

1-14 城市家庭户人口数和集体户人口数
Family Household and Collective Household of Cities

单位：人 (person)

地区	Region	城市家庭户人口数 Family Household of Cities				城市集体户人口数 Collective Household of Cities			
		2010	2012①	2013②	2013排名 Ranking	2010	2012①	2013②	2013排名 Ranking
全国	**National Total**	**348460610**	**317641**	**324886**		**55299430**	**28833**	**27493**	
北京	Beijing	12889418	11745	11085	12	2673797	2095	3167	3
天津	Tianjin	6624856	7727	7765	19	2233270	181	334	15
河北	Hebei	12689293	12230	11651	11	1698728	111	143	24
山西	Shanxi	8345464	10058	9924	15	1068589	439	315	16
内蒙古	Inner Mongolia	7297999	6349	7548	20	713565	663	125	25
辽宁	Liaoning	20447520	17434	18365	4	1573664	2601	1543	5
吉林	Jilin	9428206	7249	8470	17	768539	463	21	30
黑龙江	Heilongjiang	13030855	11969	12132	10	1091661	51	52	26
上海	Shanghai	15752366	13818	14780	6	1888476	1353	700	10
江苏	Jiangsu	25736230	24117	24923	3	4430236	3413	2214	4
浙江	Zhejiang	17472438	15004	13308	9	2913856	3175	3727	2
安徽	Anhui	10696202	8572	9816	16	1486385	1786	738	7
福建	Fujian	10592915	10085	10016	14	1955469	938	736	8
江西	Jiangxi	6776303	6632	6801	22	727988	354	259	20
山东	Shandong	24694826	23926	25344	2	3670158	608	412	12
河南	Henan	16318821	14527	14121	8	2012672	534	714	9
湖北	Hubei	15398583	14021	14753	7	2529577	1463	1295	6
湖南	Hunan	10930194	9348	10841	13	1808248	237	406	13
广东	Guangdong	41042002	32196	31547	1	11346380	6580	8007	1
广西	Guangxi	7268152	5516	8447	18	1084625	113	257	21
海南	Hainan	1959411	1792	1203	29	364877	262	261	19
重庆	Chongqing	7581490	7578	5592	25	1100121	186	374	14
四川	Sichuan	14082456	12377	14784	5	1833204	184	315	16
贵州	Guizhou	5012681	5557	4129	26	524881	134	485	11
云南	Yunnan	5462122	7140	7473	21	862708	222	236	22
西藏	Tibet	230111	299	227	31	42211	13	9	31
陕西	Shaanxi	7534798	6525	6255	24	1302377	235	309	18
甘肃	Gansu	4525562	4499	4069	27	733373	27	44	27
青海	Qinghai	1230034	1167	1145	30	137999	31	41	28
宁夏	Ningxia	1885293	1666	1994	28	174002	196	24	29
新疆	Xinjiang	5524009	6517	6378	23	547794	183	228	23

1-15 乡村家庭户户数和户均人口数
Households and Average Family Size of Rural Areas

地区	Region	乡村家庭户户数（户） Number of Households (household)				乡村家庭户户均人口（人/户） Average Family Size (person/household)			
		2010	2012①	2013②	2013排名 Ranking	2010	2012①	2013②	2013排名 Ranking
全 国	**National Total**	**194745023**	**163093**	**161304**		**3.34**	**3.19**	**3.15**	
北 京	Beijing	877467	792	808	26	2.76	2.84	2.83	25
天 津	Tianjin	786115	704	705	28	3.21	3.09	3.10	17
河 北	Hebei	11422478	9810	9830	4	3.50	3.28	3.19	15
山 西	Shanxi	5232200	4451	4502	16	3.44	3.27	3.10	17
内蒙古	Inner Mongolia	3552481	3101	3034	23	2.97	2.80	2.79	27
辽 宁	Liaoning	5253263	4080	3974	19	3.12	3.07	3.04	21
吉 林	Jilin	3799825	3272	3318	22	3.35	3.23	3.12	16
黑龙江	Heilongjiang	5297005	4482	4402	17	3.19	3.07	3.06	19
上 海	Shanghai	950845	813	686	29	2.37	2.30	2.46	31
江 苏	Jiangsu	9938506	7985	7742	8	3.03	3.04	3.02	22
浙 江	Zhejiang	7456969	5897	6206	12	2.67	2.71	2.54	30
安 徽	Anhui	10751696	8785	8437	5	3.12	3.04	3.06	19
福 建	Fujian	4794873	4114	4269	18	3.16	2.92	2.75	28
江 西	Jiangxi	6392538	5363	5161	14	3.86	3.66	3.70	6
山 东	Shandong	15556466	12856	13106	2	3.07	2.99	2.83	25
河 南	Henan	16028117	13554	13312	1	3.58	3.33	3.28	12
湖 北	Hubei	8268330	7113	7225	9	3.40	3.10	3.00	23
湖 南	Hunan	10383652	9251	8405	6	3.54	3.19	3.40	10
广 东	Guangdong	8988337	7338	7788	7	3.74	3.77	3.60	9
广 西	Guangxi	7870287	6547	6330	10	3.47	3.36	3.39	11
海 南	Hainan	1177729	878	939	25	3.63	4.01	3.72	5
重 庆	Chongqing	4915086	3987	3927	20	2.72	2.62	2.56	29
四 川	Sichuan	15285868	12626	12830	3	3.10	2.83	2.86	24
贵 州	Guizhou	6904100	5761	5598	13	3.29	3.20	3.20	14
云 南	Yunnan	7564994	6460	6307	11	3.89	3.58	3.62	7
西 藏	Tibet	455601	433	444	31	4.95	4.58	4.41	1
陕 西	Shaanxi	5596790	4800	4630	15	3.54	3.25	3.26	13
甘 肃	Gansu	4142679	3686	3360	21	3.89	3.54	3.79	4
青 海	Qinghai	747506	618	624	30	4.06	4.02	3.89	2
宁 夏	Ningxia	902849	752	714	27	3.54	3.54	3.61	8
新 疆	Xinjiang	3450371	2784	2690	24	3.55	3.74	3.85	3

1-16 乡村家庭户人口数和集体户人口数
Family Household and Collective Household of Rural Area

单位：人 (person)

地区	Region	乡村家庭户人口数 Family Household				乡村集体户人口数 Collective Household			
		2010	2012①	2013②	2013排名 Ranking	2010	2012①	2013②	2013排名 Ranking
全　国	**National Total**	**649857737**	**519535**	**508290**		**12947586**	**7463**	**3580**	
北　京	Beijing	2423999	2246	2290	28	329677	136	100	13
天　津	Tianjin	2520147	2175	2186	29	140653	1		
河　北	Hebei	39933695	32180	31334	4	345187	169	62	15
山　西	Shanxi	18016774	14569	13976	16	534788	116	236	5
内蒙古	Inner Mongolia	10535686	8686	8456	24	450431	93	54	16
辽　宁	Liaoning	16383696	12515	12090	19	174664	64	64	14
吉　林	Jilin	12713082	10580	10355	22	91534	46	45	17
黑龙江	Heilongjiang	16875096	13774	13467	17	115180	14	16	24
上　海	Shanghai	2250690	1868	1687	31	213408	257	385	3
江　苏	Jiangsu	30112565	24262	23372	8	1176888	188	145	9
浙　江	Zhejiang	19910098	16003	15779	14	966584	815	555	1
安　徽	Anhui	33516190	26684	25820	7	407161	46	128	11
福　建	Fujian	15143401	12032	11754	20	688876	602	465	2
江　西	Jiangxi	24701502	19630	19078	12	366335	96	4	28
山　东	Shandong	47809761	38405	37111	2	362231	36	42	18
河　南	Henan	57320034	45152	43660	1	490138	30		
湖　北	Hubei	28100632	22067	21662	10	692010	354	110	12
湖　南	Hunan	36787521	29502	28580	5	460178	51	156	8
广　东	Guangdong	33631440	27684	28010	6	1658764	1133	311	4
广　西	Guangxi	27345367	22016	21476	11	260551	44	18	22
海　南	Hainan	4269636	3523	3487	25	93333	57	4	28
重　庆	Chongqing	13348124	10452	10067	23	202243	119	144	10
四　川	Sichuan	47426912	35785	36663	3	646188	2241	201	6
贵　州	Guizhou	22713421	18429	17931	13	297602	56	38	19
云　南	Yunnan	29393919	23099	22823	9	613775	493	200	7
西　藏	Tibet	2257166	1983	1959	30	64410	1	5	27
陕　西	Shaanxi	19807193	15619	15106	15	460849	31	17	23
甘　肃	Gansu	16129464	13053	12732	18	254614	120	28	20
青　海	Qinghai	3034800	2483	2432	27	75669	31	23	21
宁　夏	Ningxia	3197950	2658	2577	26	81378	6	14	25
新　疆	Xinjiang	12247776	10420	10367	21	232287	18	12	26

1-17 全国人口总抚养比和城市人口总抚养比
Gross Dependency Ratio and Gross Dependency Ratio of City Population

单位：%　　　　(%)

地区	Region	全国人口总抚养比 Gross Dependency Ratio				城市人口总抚养比 Gross Dependency Ratio of City			
		2010	2012①	2013②	2013排名 Ranking	2010	2012①	2013②	2013排名 Ranking
全　国	**National Total**	**34.28**	**34.88**	**35.29**		**24.86**	**26.08**	**26.65**	
北　京	Beijing	20.94	21.91	22.70	31	20.61	21.06	21.78	28
天　津	Tianjin	22.42	28.52	29.27	24	19.72	27.60	28.41	17
河　北	Hebei	33.46	37.06	36.92	14	26.43	33.99	29.92	11
山　西	Shanxi	32.75	31.01	31.05	23	27.42	27.29	29.75	12
内蒙古	Inner Mongolia	27.60	27.76	28.67	25	25.95	24.82	29.39	13
辽　宁	Liaoning	27.76	25.50	25.99	29	25.02	21.71	22.80	27
吉　林	Jilin	25.59	24.98	27.25	26	23.55	22.03	25.13	25
黑龙江	Heilongjiang	25.35	26.52	26.46	28	23.51	25.32	25.60	23
上　海	Shanghai	23.06	21.18	25.01	30	22.87	21.92	23.91	26
江　苏	Jiangsu	31.39	32.73	34.38	18	24.42	25.64	27.10	20
浙　江	Zhejiang	29.11	26.72	26.80	27	22.90	19.97	20.43	29
安　徽	Anhui	38.89	39.72	40.83	5	27.09	22.60	28.71	15
福　建	Fujian	30.48	33.89	33.37	19	23.62	26.75	27.28	18
江　西	Jiangxi	41.86	42.05	40.26	8	32.18	30.93	34.96	2
山　东	Shandong	34.37	36.33	35.98	16	27.43	31.85	30.93	8
河　南	Henan	41.56	41.59	42.23	3	29.37	32.50	31.42	6
湖　北	Hubei	29.87	33.06	33.07	21	24.01	25.91	25.29	24
湖　南	Hunan	37.72	42.35	40.53	7	26.96	33.90	35.14	1
广　东	Guangdong	31.01	30.47	31.45	22	20.84	20.50	19.98	30
广　西	Guangxi	44.82	46.87	44.43	2	27.80	32.22	31.78	5
海　南	Hainan	38.60	35.82	36.79	15	28.01	26.52	26.85	21
重　庆	Chongqing	40.29	41.50	40.55	6	25.55	30.28	26.57	22
四　川	Sichuan	38.73	38.97	41.46	4	26.35	29.80	28.49	16
贵　州	Guizhou	51.45	47.33	45.70	1	32.34	31.93	28.91	14
云　南	Yunnan	39.57	37.57	38.96	10	27.02	28.12	30.42	9
西　藏	Tibet	41.77	37.99	39.73	9	18.09	20.97	16.33	31
陕　西	Shaanxi	30.27	30.44	33.18	20	25.63	24.64	27.19	19
甘　肃	Gansu	35.85	34.75	34.77	17	27.29	33.33	30.29	10
青　海	Qinghai	37.41	38.17	37.06	13	29.41	33.67	32.92	3
宁　夏	Ningxia	38.47	38.88	37.59	11	29.80	31.92	31.84	4
新　疆	Xinjiang	36.86	37.53	37.36	12	29.68	29.58	31.06	7

注：1. 2010年数据为第六次人口普查数据，2012年和2013年数据为抽样调查数据。

2. 为2012年全国人口变动情况抽样调查样本数据，抽样比为0.850(‰)(以下有关各表同)。

3. 为2013年全国人口变动情况抽样调查样本数据，抽样比为0.831(‰)(以下有关各表同)。

Notes: 1. Data for the sixth time in 2010 census.Data of 2012 and 2013 sampling survey data.

2. Data in this table are obtained from the 2012 National Sample Survey on Changes. The sampling fraction is 0.850‰.The same applies to the relevant tables followed.

3. Data in this table are obtained from the 2013 National Sample Survey on Changes. The sampling fraction is 0.831‰.The same applies to the relevant tables followed.

1-18 镇人口总抚养比和乡村人口总抚养比
Dependency Ratio of Town Population and Rural Population

单位：% (%)

地区	Region	镇人口总抚养比 Dependency Ratio of Town Population				乡村人口总抚养比 Dependency Ratio of Rural Population			
		2010	2012①	2013②	2013排名 Ranking	2010	2012①	2013②	2013排名 Ranking
全　国	**National Total**	**33.07**	**34.08**	**33.80**		**41.29**	**41.79**	**42.79**	
北　京	Beijing	20.17	31.25	23.13	30	23.25	23.10	28.36	29
天　津	Tianjin	22.81	24.83	27.05	27	32.15	35.19	34.62	24
河　北	Hebei	32.21	37.21	35.41	14	36.72	38.19	40.63	17
山　西	Shanxi	33.10	32.57	32.39	21	35.49	33.27	31.48	26
内蒙古	Inner Mongolia	28.26	30.66	29.90	23	28.49	28.55	27.41	31
辽　宁	Liaoning	27.63	28.82	29.49	25	31.64	30.92	30.33	27
吉　林	Jilin	25.78	26.41	27.74	26	27.19	26.57	28.85	28
黑龙江	Heilongjiang	26.14	26.08	25.15	28	26.58	27.79	27.84	30
上　海	Shanghai	21.58	17.31	18.15	31	26.29	20.71	44.17	10
江　苏	Jiangsu	32.30	33.72	36.82	7	38.34	41.10	42.17	12
浙　江	Zhejiang	27.94	27.55	24.57	29	36.63	34.34	36.10	23
安　徽	Anhui	35.60	36.87	33.62	18	45.12	49.29	50.76	5
福　建	Fujian	30.33	34.19	32.62	19	36.56	40.61	39.77	19
江　西	Jiangxi	37.93	39.82	34.57	16	47.09	47.80	46.00	8
山　东	Shandong	33.83	37.03	35.22	15	39.06	39.03	40.09	18
河　南	Henan	37.12	37.78	35.47	13	47.45	46.58	48.71	6
湖　北	Hubei	28.87	35.80	33.80	17	34.21	37.17	39.08	21
湖　南	Hunan	34.99	38.42	37.95	6	43.09	47.68	44.21	9
广　东	Guangdong	34.68	32.57	35.59	12	47.53	44.94	48.03	7
广　西	Guangxi	39.74	41.52	39.45	3	53.01	54.25	52.58	4
海　南	Hainan	37.49	34.85	36.11	9	45.55	42.32	41.95	14
重　庆	Chongqing	37.87	35.22	32.27	22	53.13	55.61	58.92	1
四　川	Sichuan	33.29	29.41	29.65	24	45.49	47.22	53.48	2
贵　州	Guizhou	43.74	41.38	39.74	2	59.28	54.61	53.12	3
云　南	Yunnan	35.41	31.37	39.99	1	43.99	43.14	41.71	15
西　藏	Tibet	27.47	32.37	36.28	8	48.19	41.95	43.91	11
陕　西	Shaanxi	29.03	29.13	35.88	11	32.93	33.91	34.26	25
甘　肃	Gansu	31.00	29.96	32.53	20	40.13	36.71	37.09	22
青　海	Qinghai	33.03	33.31	35.98	10	43.03	42.67	39.66	20
宁　夏	Ningxia	37.50	40.64	38.92	4	44.85	43.59	41.99	13
新　疆	Xinjiang	34.10	39.10	38.40	5	41.43	42.92	41.51	16

1-19 全国人口少年抚养比和城市人口少年抚养比
Children Dependency Ratio of All Nation and City Population

单位：% (%)

地区	Region	全国人口少年抚养比 Children Dependency Ratio				城市人口少年抚养比 Children Dependency Ratio of City Population			
		2010	2012①	2013②	2013排名 Ranking	2010	2012①	2013②	2013排名 Ranking
全　国	**National Total**	**22.30**	**22.20**	**22.20**		**15.27**	**15.82**	**16.06**	
北　京	Beijing	10.41	11.43	12.17	30	10.16	11.28	12.03	27
天　津	Tianjin	11.99	15.08	14.46	28	9.27	13.61	12.39	26
河　北	Hebei	22.46	24.60	24.37	13	16.49	19.96	18.90	11
山　西	Shanxi	22.70	20.58	20.61	20	18.70	19.08	21.44	4
内蒙古	Inner Mongolia	17.96	17.70	17.67	24	16.65	16.12	17.80	16
辽　宁	Liaoning	14.59	13.03	13.13	29	11.90	10.47	11.53	29
吉　林	Jilin	15.06	15.31	14.96	27	12.37	12.43	11.78	28
黑龙江	Heilongjiang	14.97	15.34	15.15	25	11.89	12.18	12.54	25
上　海	Shanghai	10.60	10.26	11.71	31	10.33	9.80	11.45	30
江　苏	Jiangsu	17.09	17.48	17.91	23	13.98	13.83	14.61	21
浙　江	Zhejiang	17.05	15.63	15.14	26	14.77	12.78	13.04	24
安　徽	Anhui	24.69	25.30	26.00	10	16.87	14.57	18.56	13
福　建	Fujian	20.18	22.39	22.48	16	16.43	19.58	19.71	7
江　西	Jiangxi	31.07	30.56	27.63	8	22.36	20.73	19.61	8
山　东	Shandong	21.15	22.00	21.04	19	17.69	19.70	19.21	9
河　南	Henan	29.73	29.10	29.54	4	20.09	22.35	21.33	5
湖　北	Hubei	18.07	18.74	19.89	22	14.68	15.40	15.44	18
湖　南	Hunan	24.27	26.54	25.67	11	17.39	18.26	21.90	2
广　东	Guangdong	22.11	21.36	21.93	17	14.96	14.87	14.18	22
广　西	Guangxi	31.44	33.17	31.01	3	18.98	20.65	21.31	6
海　南	Hainan	27.42	25.93	25.64	12	20.44	18.94	19.18	10
重　庆	Chongqing	23.85	23.24	21.93	17	14.53	17.44	13.89	23
四　川	Sichuan	23.54	22.56	23.41	14	15.01	17.54	15.29	20
贵　州	Guizhou	38.26	33.84	32.19	2	22.65	20.93	15.30	19
云　南	Yunnan	28.93	26.91	27.83	7	17.58	17.60	18.61	12
西　藏	Tibet	34.55	30.49	32.50	1	13.74	13.68	11.26	31
陕　西	Shaanxi	19.16	18.34	20.09	21	15.29	17.26	18.38	15
甘　肃	Gansu	24.67	22.30	22.78	15	16.99	19.02	18.44	14
青　海	Qinghai	28.75	28.48	27.24	9	18.99	18.92	17.69	17
宁　夏	Ningxia	29.62	29.68	27.86	6	20.83	23.79	22.28	1
新　疆	Xinjiang	27.99	28.19	28.61	5	19.41	18.73	21.87	3

1-20 镇人口少年抚养比和乡村人口少年抚养比
Children Dependency Ratio of Town and Rural Population

单位：% (%)

地区	Region	镇人口少年抚养比 Children Dependency Ratio of Town Population				乡村人口少年抚养比 Children Dependency Ratio of Rural Population			
		2010	2012①	2013②	2013排名 Ranking	2010	2012①	2013②	2013排名 Ranking
全 国	**National Total**	**22.45**	**22.54**	**22.37**		**27.07**	**26.76**	**26.87**	
北 京	Beijing	11.49	14.36	14.08	29	11.29	11.10	12.39	31
天 津	Tianjin	15.40	16.12	15.84	25	20.06	19.84	21.24	21
河 北	Hebei	22.63	26.91	25.38	8	24.69	25.26	26.02	16
山 西	Shanxi	25.13	22.50	22.21	17	23.82	21.04	19.38	24
内蒙古	Inner Mongolia	19.80	21.40	21.64	20	17.96	16.93	15.53	29
辽 宁	Liaoning	15.59	15.23	13.58	30	18.05	16.70	15.73	28
吉 林	Jilin	14.92	15.27	15.71	26	17.31	17.49	17.35	25
黑龙江	Heilongjiang	15.23	15.46	15.71	26	17.47	18.09	17.30	26
上 海	Shanghai	11.90	11.23	12.25	31	10.96	12.24	13.17	30
江 苏	Jiangsu	18.62	19.22	19.59	23	19.55	21.02	21.07	22
浙 江	Zhejiang	17.99	18.01	15.60	28	18.91	17.49	17.24	27
安 徽	Anhui	23.45	25.31	22.51	15	28.41	30.36	31.55	8
福 建	Fujian	21.08	22.93	24.06	14	22.95	24.76	24.03	18
江 西	Jiangxi	28.87	29.79	24.31	11	35.10	34.94	32.96	7
山 东	Shandong	21.72	23.33	21.86	19	23.13	22.92	22.01	20
河 南	Henan	27.28	26.62	25.44	7	34.03	32.65	34.70	4
湖 北	Hubei	18.58	18.30	21.29	21	20.16	21.46	22.86	19
湖 南	Hunan	23.32	25.83	24.93	10	27.34	29.93	27.66	15
广 东	Guangdong	24.63	22.11	24.12	13	33.76	31.27	33.58	6
广 西	Guangxi	28.52	30.54	27.88	6	37.11	38.38	36.94	2
海 南	Hainan	26.56	26.23	24.26	12	32.06	30.28	29.67	13
重 庆	Chongqing	24.26	21.09	20.15	22	30.91	29.79	29.57	14
四 川	Sichuan	21.25	18.02	17.54	24	27.65	26.71	30.21	12
贵 州	Guizhou	33.62	31.98	31.64	2	44.16	39.04	37.55	1
云 南	Yunnan	25.97	22.04	29.37	4	32.65	31.93	30.64	11
西 藏	Tibet	23.26	24.89	29.96	3	39.93	34.41	36.16	3
陕 西	Shaanxi	20.19	16.46	22.12	18	20.51	19.95	19.62	23
甘 肃	Gansu	22.54	19.79	22.30	16	27.93	24.22	24.43	17
青 海	Qinghai	26.25	26.99	29.36	5	34.48	34.01	31.09	10
宁 夏	Ningxia	30.27	32.68	31.76	1	35.59	33.15	31.34	9
新 疆	Xinjiang	24.31	28.73	25.17	9	33.56	34.80	33.82	5

1-21 全国人口老年抚养比和城市人口老年抚养比
Old Dependency Ratio of Country and City

单位：%　　　　(%)

地区	Region	全国人口老年抚养比 Old Dependency Ratio				城市人口老年抚养比 Old Dependency Ratio of City			
		2010	2012①	2013②	2013排名 Ranking	2010	2012①	2013②	2013排名 Ranking
全　国	**National Total**	**11.98**	**12.68**	**13.10**		**9.59**	**10.26**	**10.59**	
北　京	Beijing	10.54	10.48	10.53	25	10.45	9.78	9.75	22
天　津	Tianjin	10.43	13.44	14.81	7	10.45	13.99	16.02	1
河　北	Hebei	10.99	12.46	12.55	16	9.94	14.03	11.02	17
山　西	Shanxi	10.06	10.44	10.45	26	8.72	8.21	8.32	26
内蒙古	Inner Mongolia	9.65	10.06	11.00	23	9.29	8.70	11.59	15
辽　宁	Liaoning	13.17	12.47	12.87	13	13.13	11.24	11.27	16
吉　林	Jilin	10.53	9.67	12.29	17	11.18	9.60	13.35	5
黑龙江	Heilongjiang	10.38	11.18	11.31	20	11.61	13.13	13.06	8
上　海	Shanghai	12.46	10.92	13.30	10	12.54	12.12	12.46	11
江　苏	Jiangsu	14.30	15.26	16.47	3	10.43	11.81	12.49	10
浙　江	Zhejiang	12.05	11.09	11.66	19	8.14	7.19	7.39	29
安　徽	Anhui	14.20	14.42	14.83	6	10.22	8.03	10.15	19
福　建	Fujian	10.30	11.50	10.89	24	7.19	7.17	7.57	28
江　西	Jiangxi	10.78	11.49	12.63	15	9.82	10.21	15.35	2
山　东	Shandong	13.23	14.33	14.93	4	9.75	12.15	11.72	14
河　南	Henan	11.83	12.49	12.70	14	9.28	10.15	10.09	20
湖　北	Hubei	11.80	14.32	13.18	11	9.32	10.51	9.86	21
湖　南	Hunan	13.46	15.81	14.85	5	9.57	15.64	13.24	6
广　东	Guangdong	8.90	9.11	9.52	29	5.88	5.63	5.79	30
广　西	Guangxi	13.38	13.70	13.42	9	8.82	11.57	10.47	18
海　南	Hainan	11.18	9.89	11.15	21	7.57	7.57	7.67	27
重　庆	Chongqing	16.45	18.26	18.62	1	11.02	12.84	12.68	9
四　川	Sichuan	15.19	16.42	18.05	2	11.33	12.26	13.2	7
贵　州	Guizhou	13.19	13.49	13.52	8	9.69	11.00	13.61	4
云　南	Yunnan	10.64	10.67	11.13	22	9.45	10.52	11.81	13
西　藏	Tibet	7.22	7.50	7.23	31	4.35	7.29	5.07	31
陕　西	Shaanxi	11.11	12.10	13.09	12	10.35	7.38	8.81	25
甘　肃	Gansu	11.18	12.45	11.98	18	10.30	14.31	11.85	12
青　海	Qinghai	8.66	9.69	9.81	27	10.42	14.75	15.24	3
宁　夏	Ningxia	8.85	9.20	9.72	28	8.97	8.13	9.56	23
新　疆	Xinjiang	8.87	9.34	8.75	30	10.27	10.85	9.19	24

1-22 镇人口老年抚养比和乡村人口老年抚养比
Old Dependency Ratio of Town and Rural Population

单位：%　　(%)

地区	Region	镇人口老年抚养比 Old Dependency Ratio of Town Population				乡村人口老年抚养比 Old Dependency Ratio of Rural Population			
		2010	2012①	2013②	2013排名 Ranking	2010	2012①	2013②	2013排名 Ranking
全　国	**National Total**	**10.62**	**11.54**	**11.43**		**14.21**	**15.04**	**15.93**	
北　京	Beijing	8.68	16.90	9.05	23	11.96	12.01	15.98	10
天　津	Tianjin	7.41	8.71	11.21	14	12.10	15.35	13.38	19
河　北	Hebei	9.58	10.29	10.03	20	12.03	12.93	14.62	16
山　西	Shanxi	7.97	10.07	10.19	19	11.67	12.22	12.10	23
内蒙古	Inner Mongolia	8.46	9.26	8.26	26	10.53	11.63	11.88	24
辽　宁	Liaoning	12.03	13.59	15.91	2	13.60	14.22	14.60	17
吉　林	Jilin	10.86	11.14	12.03	10	9.88	9.08	11.49	25
黑龙江	Heilongjiang	10.92	10.62	9.44	22	9.11	9.70	10.54	28
上　海	Shanghai	9.68	6.07	5.90	31	15.33	8.47	31.00	1
江　苏	Jiangsu	13.68	14.49	17.22	1	18.79	20.08	21.11	4
浙　江	Zhejiang	9.95	9.54	8.97	24	17.73	16.84	18.86	6
安　徽	Anhui	12.15	11.56	11.10	15	16.70	18.93	19.21	5
福　建	Fujian	9.25	11.26	8.55	25	13.61	15.85	15.74	11
江　西	Jiangxi	9.06	10.03	10.26	17	11.99	12.86	13.04	20
山　东	Shandong	12.11	13.69	13.36	4	15.93	16.10	18.08	7
河　南	Henan	9.83	11.15	10.03	20	13.42	13.92	15.00	14
湖　北	Hubei	10.29	17.49	12.50	7	14.05	15.71	16.23	9
湖　南	Hunan	11.67	12.60	13.02	6	15.75	17.75	16.54	8
广　东	Guangdong	10.05	10.46	11.47	13	13.78	13.67	14.45	18
广　西	Guangxi	11.22	10.98	11.56	12	15.90	15.87	15.64	12
海　南	Hainan	10.93	8.62	11.85	11	13.49	12.04	12.28	22
重　庆	Chongqing	13.61	14.13	12.12	8	22.22	25.82	29.35	2
四　川	Sichuan	12.03	11.39	12.10	9	17.84	20.50	23.27	3
贵　州	Guizhou	10.11	9.40	8.10	27	15.12	15.57	15.58	13
云　南	Yunnan	9.44	9.33	10.62	16	11.34	11.21	11.07	26
西　藏	Tibet	4.21	7.48	6.32	30	8.26	7.54	7.74	30
陕　西	Shaanxi	8.84	12.67	13.76	3	12.41	13.96	14.64	15
甘　肃	Gansu	8.45	10.17	10.23	18	12.20	12.49	12.66	21
青　海	Qinghai	6.78	6.32	6.62	29	8.55	8.65	8.57	29
宁　夏	Ningxia	7.23	7.96	7.15	28	9.27	10.44	10.66	27
新　疆	Xinjiang	9.79	10.36	13.23	5	7.88	8.13	7.69	31

2

就业和工资

Employment and Wages

2-1 就业人员性别构成
Employed Persons by Gender

单位：%　　　　(%)

地区	Region	男性 Male 2010	2012	2013	2013排名 Ranking	女性 Female 2010	2012	2013	2013排名 Ranking
全　国	**National Total**	**55.3**	**55.2**	**55.0**		**44.7**	**44.8**	**45.0**	
北　京	Beijing	58.0	57.0	57.5	5	42.0	43.0	42.5	26
天　津	Tianjin	61.4	60.7	59.8	2	38.6	39.3	40.2	30
河　北	Hebei	56.4	57.5	56.1	11	43.6	42.5	43.9	19
山　西	Shanxi	61.0	60.3	60.0	1	39.0	39.7	40.0	31
内蒙古	Inner Mongolia	59.0	56.5	57.5	5	41.0	43.5	42.5	26
辽　宁	Liaoning	57.2	55.8	55.3	18	42.8	44.2	44.7	14
吉　林	Jilin	56.4	55.0	55.2	19	43.6	45.0	44.8	13
黑龙江	Heilongjiang	58.0	54.9	56.1	11	42.0	45.1	43.9	19
上　海	Shanghai	58.6	59.1	58.7	3	41.4	40.9	41.3	29
江　苏	Jiangsu	53.7	52.9	52.2	29	46.3	47.1	47.8	2
浙　江	Zhejiang	57.1	54.9	56.1	11	42.9	45.1	43.9	19
安　徽	Anhui	54.5	53.3	53.4	26	45.5	46.7	46.6	5
福　建	Fujian	57.4	55.8	57.0	8	42.6	44.2	43.0	24
江　西	Jiangxi	55.4	55.3	53.4	26	44.6	44.7	46.6	5
山　东	Shandong	53.7	52.4	53.5	25	46.3	47.6	46.5	7
河　南	Henan	53.2	52.8	51.8	31	46.8	47.2	48.2	1
湖　北	Hubei	54.4	55.0	55.1	20	45.6	45.0	44.9	12
湖　南	Hunan	55.8	56.4	55.8	16	44.2	43.6	44.2	15
广　东	Guangdong	56.0	57.5	56.2	10	44.0	42.5	43.8	22
广　西	Guangxi	53.3	54.6	53.6	24	46.7	45.4	46.4	8
海　南	Hainan	55.4	55.3	55.8	16	44.6	44.7	44.2	15
重　庆	Chongqing	54.2	54.1	54.1	21	45.8	45.9	45.9	10
四　川	Sichuan	53.3	54.2	56.0	14	46.7	45.8	44.0	18
贵　州	Guizhou	54.3	55.0	53.2	28	45.7	45.0	46.8	4
云　南	Yunnan	53.7	54.1	54.0	23	46.3	45.9	46.0	9
西　藏	Tibet	53.8	53.4	52.2	29	46.2	46.6	47.8	2
陕　西	Shaanxi	55.9	57.3	58.6	4	44.1	42.7	41.4	28
甘　肃	Gansu	53.6	55.7	54.1	21	46.4	44.2	45.9	10
青　海	Qinghai	55.8	54.2	57.4	7	44.2	45.8	42.6	25
宁　夏	Ningxia	56.1	57.9	55.9	15	43.9	42.1	44.1	17
新　疆	Xinjiang	56.1	57.9	56.8	9	43.9	42.1	43.2	23

注：本表为劳动力抽样调查数据（以下有关各表同）。

Note: Main Data from Labor Survey. The same applies to the tables followed.

2-2 就业人员受教育程度构成(一)
Educational Attainment of Employed Persons (1)

单位：% (%)

地区	Region	小学 Primary School 2010	2012	2013	2013排名 Ranking	初中 Junior Secondary School 2010	2012	2013	2013排名 Ranking
全　国	**National Total**	**23.9**	**19.0**	**18.5**		**48.8**	**48.3**	**47.9**	
北　京	Beijing	4.8	2.9	3.7	31	34.2	20.8	22.6	31
天　津	Tianjin	12.2	8.8	7.5	29	44.9	40.7	39.3	27
河　北	Hebei	19.5	12.4	16.1	19	58.7	57.4	55.5	3
山　西	Shanxi	16.2	10.6	10.4	28	56.6	54.2	53.2	5
内蒙古	Inner Mongolia	22.9	17.4	19.0	14	46.6	45.7	46.5	17
辽　宁	Liaoning	17.5	15.4	13.5	25	53.9	57.1	56.0	2
吉　林	Jilin	22.6	20.7	18.5	17	50.4	51.0	51.2	8
黑龙江	Heilongjiang	20.7	20.0	21.5	12	53.4	56.3	53.2	5
上　海	Shanghai	9.0	6.7	5.8	30	40.2	35.4	34.2	29
江　苏	Jiangsu	20.2	16.2	15.9	20	48.8	46.8	46.1	18
浙　江	Zhejiang	25.3	20.4	19.4	13	44.7	43.2	41.9	21
安　徽	Anhui	26.7	23.2	22.8	10	48.1	52.5	50.0	11
福　建	Fujian	27.0	19.9	21.8	11	47.1	43.9	41.8	22
江　西	Jiangxi	26.6	19.5	18.6	16	51.4	52.9	50.9	9
山　东	Shandong	21.2	18.3	14.8	23	52.3	45.4	47.5	15
河　南	Henan	19.1	15.1	15.6	21	57.3	56.4	54.5	4
湖　北	Hubei	22.5	18.1	16.4	18	49.3	47.4	48.1	13
湖　南	Hunan	22.7	15.2	15.0	22	51.3	46.5	45.5	19
广　东	Guangdong	15.7	14.4	14.0	24	53.1	48.6	49.3	12
广　西	Guangxi	28.6	20.8	19.0	14	50.6	55.6	57.7	1
海　南	Hainan	17.6	13.4	12.3	26	54.5	54.2	52.8	7
重　庆	Chongqing	34.6	28.1	28.5	4	38.7	42.2	40.3	25
四　川	Sichuan	35.2	27.4	26.6	5	42.7	47.4	46.7	16
贵　州	Guizhou	39.6	33.4	31.6	3	35.8	44.9	47.7	14
云　南	Yunnan	46.5	39.4	38.7	2	32.9	39.7	40.1	26
西　藏	Tibet	38.6	58.1	57.0	1	13.6	23.3	22.9	30
陕　西	Shaanxi	21.5	12.7	11.1	27	50.3	48.7	50.2	10
甘　肃	Gansu	33.8	27.0	24.8	8	37.1	40.9	40.6	24
青　海	Qinghai	34.4	24.1	25.2	6	30.6	38.6	35.9	28
宁　夏	Ningxia	26.5	22.6	25.0	7	41.6	42.3	41.5	23
新　疆	Xinjiang	26.5	26.0	24.8	8	46.1	40.9	42.7	20

2-3 就业人员受教育程度构成(二)
Educational Attainment of Employed Persons (2)

单位：%　　(%)

地区	Region	高中 Senior Secondary School				大学专科 College			
		2010	2012	2013	2013排名 Ranking	2010	2012	2013	2013排名 Ranking
全　国	**National Total**	**13.9**	**17.1**	**17.1**		**6.0**	**8.0**	**8.5**	
北　京	Beijing	21.5	22.5	21.9	3	14.7	19.3	18.3	1
天　津	Tianjin	20.7	22.2	20.8	5	10.3	13.7	15.2	3
河　北	Hebei	12.5	16.8	15.1	19	4.9	7.5	6.9	22
山　西	Shanxi	15.2	19.3	20.3	7	7.0	10.0	9.7	11
内蒙古	Inner Mongolia	14.6	18.3	15.7	17	7.9	11.4	10.9	6
辽　宁	Liaoning	14.3	14.0	14.7	22	7.6	7.7	9.3	13
吉　林	Jilin	15.5	13.5	15.2	18	6.0	7.3	7.2	20
黑龙江	Heilongjiang	14.8	13.0	12.7	27	6.3	6.0	6.6	24
上　海	Shanghai	21.5	23.6	24.5	1	12.6	15.9	16.5	2
江　苏	Jiangsu	16.7	20.2	19.3	10	7.1	9.2	10.3	9
浙　江	Zhejiang	14.9	16.5	17.1	15	6.5	9.4	10.9	6
安　徽	Anhui	9.6	10.8	11.4	28	4.7	5.7	6.1	27
福　建	Fujian	14.3	18.1	17.5	14	5.7	9.1	9.2	14
江　西	Jiangxi	12.8	17.5	18.5	12	4.7	6.0	7.0	21
山　东	Shandong	14.1	19.2	19.6	9	5.4	9.0	9.4	12
河　南	Henan	13.0	16.8	17.7	13	4.7	5.8	6.6	24
湖　北	Hubei	15.1	18.8	20.4	6	5.6	8.3	8.6	17
湖　南	Hunan	16.3	23.2	23.8	2	5.2	9.1	10.0	10
广　东	Guangdong	19.6	23.9	21.8	4	6.5	7.8	8.6	17
广　西	Guangxi	11.4	13.5	13.7	24	4.7	6.0	5.3	30
海　南	Hainan	15.7	18.1	19.8	8	5.7	7.8	9.2	14
重　庆	Chongqing	12.3	15.2	16.2	16	6.1	7.1	6.9	22
四　川	Sichuan	9.7	13.3	14.1	23	4.4	5.8	6.4	26
贵　州	Guizhou	6.5	8.4	7.8	30	4.5	5.2	5.7	29
云　南	Yunnan	7.2	8.4	8.2	29	3.9	4.8	5.8	28
西　藏	Tibet	4.1	3.7	6.2	31	4.0	3.2	3.3	31
陕　西	Shaanxi	14.4	20.2	18.6	11	6.6	10.2	11.5	4
甘　肃	Gansu	10.9	14.3	14.8	21	5.2	7.4	8.0	19
青　海	Qinghai	9.8	14.1	15.0	20	6.9	9.7	10.7	8
宁　夏	Ningxia	12.4	14.8	13.7	24	7.9	8.8	8.9	16
新　疆	Xinjiang	11.6	14.0	13.5	26	9.2	12.1	11.3	5

2-4 就业人员受教育程度构成(三)
Educational Attainment of Employed Persons (3)

单位：%　　(%)

地区	Region	大学本科 University 2010	2012	2013	2013排名 Ranking	研究生及以上 Graduate and Higher Level 2010	2012	2013	2013排名 Ranking
全　国	**National Total**	**3.7**	**5.2**	**5.5**		**0.39**	**0.48**	**0.51**	
北　京	Beijing	19.2	27.5	26.0	1	5.08	6.79	7.09	1
天　津	Tianjin	10.2	12.9	15.3	3	1.06	1.17	1.21	3
河　北	Hebei	2.6	4.1	3.9	23	0.17	0.29	0.26	22
山　西	Shanxi	3.5	5.2	5.4	14	0.21	0.22	0.20	27
内蒙古	Inner Mongolia	4.3	5.3	6.1	11	0.24	0.34	0.35	15
辽　宁	Liaoning	5.5	5.2	6.0	13	0.47	0.34	0.32	17
吉　林	Jilin	4.3	5.8	6.2	9	0.34	0.39	0.48	8
黑龙江	Heilongjiang	3.6	3.2	4.1	22	0.27	0.19	0.23	25
上　海	Shanghai	13.1	15.8	16.4	2	2.55	1.99	2.15	2
江　苏	Jiangsu	4.4	5.8	6.1	11	0.46	0.45	0.59	5
浙　江	Zhejiang	4.6	7.7	7.7	4	0.39	0.60	0.56	6
安　徽	Anhui	2.6	3.7	3.7	26	0.22	0.33	0.31	19
福　建	Fujian	4.0	6.9	7.4	5	0.28	0.36	0.44	10
江　西	Jiangxi	2.3	2.8	3.5	28	0.17	0.15	0.32	17
山　东	Shandong	3.2	5.2	6.2	9	0.26	0.42	0.48	8
河　南	Henan	2.0	2.9	3.4	29	0.16	0.22	0.26	22
湖　北	Hubei	3.2	5.0	4.4	21	0.36	0.41	0.43	11
湖　南	Hunan	2.5	4.7	4.5	20	0.20	0.47	0.27	21
广　东	Guangdong	3.9	4.1	5.2	16	0.41	0.25	0.41	12
广　西	Guangxi	2.5	2.6	2.8	30	0.18	0.28	0.23	25
海　南	Hainan	3.2	5.2	4.8	19	0.23	0.31	0.19	28
重　庆	Chongqing	3.9	4.8	5.0	18	0.34	0.42	0.53	7
四　川	Sichuan	2.3	3.5	3.9	23	0.21	0.28	0.35	15
贵　州	Guizhou	2.5	2.8	3.6	27	0.12	0.17	0.06	30
云　南	Yunnan	2.5	3.3	3.9	23	0.16	0.25	0.30	20
西　藏	Tibet	2.9	3.3	2.6	31	0.19	0.10		
陕　西	Shaanxi	3.5	6.1	6.4	7	0.38	0.73	0.78	4
甘　肃	Gansu	2.8	4.4	5.4	14	0.20	0.31	0.37	14
青　海	Qinghai	4.4	6.6	6.5	6	0.22	0.19	0.25	24
宁　夏	Ningxia	4.6	5.3	5.1	17	0.23	0.16	0.11	29
新　疆	Xinjiang	4.4	5.5	6.4	7	0.26	0.41	0.41	12

2-5 城镇单位就业人员年底数
Number of Employed Persons in Urban Units at Year-end

单位：万人 (10 000 persons)

地区	Region	城镇单位就业人员 Number of Employed Persons in Urban Units				农林牧渔业 Agriculture, Forestry, Animal Husbandry and Fishery			
		2010	2012	2013	2013排名 Ranking	2010	2012	2013	2013排名 Ranking
全 国	**National Total**	**13051.5**	**15236.4**	**18108.4**		**375.7**	**338.9**	**294.8**	
北 京	Beijing	646.6	717.4	742.3	7	3.2	2.5	3.1	19
天 津	Tianjin	205.7	289.1	302.4	25	0.7	0.5	0.5	31
河 北	Hebei	519.6	619.9	653.4	10	6.6	5.5	5.2	12
山 西	Shanxi	394.4	436.0	464.0	17	3.2	2.8	2.2	22
内蒙古	Inner Mongolia	249.2	270.8	303.8	24	26.7	25.0	24.1	3
辽 宁	Liaoning	518.1	598.7	689.1	9	27.9	25.2	23.3	4
吉 林	Jilin	267.6	285.5	338.4	22	16.7	15.7	13.7	5
黑龙江	Heilongjiang	460.0	471.0	467.8	16	92.9	93.3	79.9	1
上 海	Shanghai	392.9	555.7	618.8	12	1.5	1.2	1.3	27
江 苏	Jiangsu	763.8	830.9	1503.3	2	9.9	8.6	6.6	9
浙 江	Zhejiang	883.6	1070.1	1071.6	5	1.4	0.8	0.8	30
安 徽	Anhui	372.9	436.8	519.7	14	6.1	5.4	4.9	15
福 建	Fujian	507.1	637.9	644.0	11	6.7	4.8	4.5	17
江 西	Jiangxi	297.4	385.8	445.0	18	12.1	11.6	5.6	11
山 东	Shandong	956.2	1110.2	1290.6	3	5.1	2.8	1.8	24
河 南	Henan	751.7	881.2	1076.0	4	7.1	5.8	5.2	14
湖 北	Hubei	510.3	598.0	696.5	8	13.8	9.7	9.1	7
湖 南	Hunan	505.7	567.5	601.0	13	5.3	2.4	2.3	21
广 东	Guangdong	1118.5	1304.0	1967.0	1	8.8	7.2	6.2	10
广 西	Guangxi	316.7	358.0	403.0	20	10.8	9.9	9.1	6
海 南	Hainan	81.3	90.1	98.8	28	12.3	11.9	4.8	16
重 庆	Chongqing	266.4	353.2	402.0	21	1.9	1.3	1.1	28
四 川	Sichuan	570.6	640.9	846.2	6	5.0	4.0	3.7	18
贵 州	Guizhou	224.3	269.5	296.7	26	2.1	1.6	1.6	25
云 南	Yunnan	322.8	392.7	428.1	19	14.5	9.2	7.1	8
西 藏	Tibet	22.2	25.2	31.0	31	0.9	0.6	0.8	29
陕 西	Shaanxi	364.8	411.2	505.3	15	4.4	3.6	2.6	20
甘 肃	Gansu	194.3	211.3	256.6	27	5.3	5.5	5.2	13
青 海	Qinghai	52.6	61.7	64.2	30	1.7	1.6	1.4	26
宁 夏	Ningxia	59.3	67.4	72.2	29	2.6	2.4	2.0	23
新 疆	Xinjiang	255.0	288.8	309.5	23	58.3	56.2	54.9	2

注：本表城镇单位数据不含私营单位(以下相关表同)。

Note: Data of employed persons in urban units do not include those of private enterprises. The same applies to the tables followed.

2-6 城镇单位采矿业和制造业就业人员
Number of Employed Persons of Mining and Manufacturing in Urban Units

单位：万人 (10 000 persons)

地区	Region	采矿业 Mining				制造业 Manufacturing			
		2010	2012	2013	2013排名 Ranking	2010	2012	2013	2013排名 Ranking
全　国	**National Total**	**562.0**	**631.0**	**636.5**		**3637.2**	**4262.2**	**5257.9**	
北　京	Beijing	4.5	6.9	6.8	22	100.6	108.0	103.5	17
天　津	Tianjin	9.0	6.9	7.6	21	75.3	120.2	122.3	14
河　北	Hebei	27.8	28.8	28.3	8	119.7	145.4	150.3	11
山　西	Shanxi	79.6	90.3	103.0	1	71.7	70.3	73.1	22
内蒙古	Inner Mongolia	18.5	21.5	21.5	11	37.2	42.7	47.5	24
辽　宁	Liaoning	35.2	32.6	34.0	6	144.8	168.3	179.5	10
吉　林	Jilin	15.6	16.6	15.4	15	60.8	64.8	88.4	18
黑龙江	Heilongjiang	42.2	41.3	38.4	4	66.8	63.3	65.0	23
上　海	Shanghai	0.1	0.1	0.1	31	141.3	218.7	211.8	7
江　苏	Jiangsu	12.6	12.8	13.6	16	335.5	359.7	555.4	2
浙　江	Zhejiang	1.7	1.4	1.0	28	351.7	372.5	357.9	4
安　徽	Anhui	32.1	34.6	33.1	7	76.0	90.9	120.4	15
福　建	Fujian	4.8	5.3	2.8	27	241.2	292.4	252.6	6
江　西	Jiangxi	9.0	10.1	8.3	20	71.6	102.0	125.8	13
山　东	Shandong	66.8	78.8	74.6	2	346.4	395.0	437.2	3
河　南	Henan	52.6	63.0	62.6	3	158.8	218.3	312.7	5
湖　北	Hubei	9.9	12.0	8.9	19	138.5	160.6	190.9	9
湖　南	Hunan	15.4	15.2	15.5	14	106.2	128.2	134.2	12
广　东	Guangdong	3.4	3.4	2.9	26	476.7	540.9	1020.2	1
广　西	Guangxi	4.4	5.3	4.4	25	62.5	71.9	80.8	20
海　南	Hainan	0.9	1.0	0.8	29	8.0	9.5	10.6	30
重　庆	Chongqing	9.4	10.4	10.1	18	62.5	82.3	86.4	19
四　川	Sichuan	20.4	24.5	23.2	9	124.2	144.5	204.6	8
贵　州	Guizhou	11.8	18.2	18.4	13	36.9	47.6	46.4	25
云　南	Yunnan	15.2	22.3	22.9	10	58.8	70.5	74.0	21
西　藏	Tibet	0.2	0.2	0.6	30	0.8	0.7	1.1	31
陕　西	Shaanxi	24.7	30.0	36.3	5	81.0	86.2	107.9	16
甘　肃	Gansu	9.1	9.7	10.6	17	35.3	33.8	39.2	26
青　海	Qinghai	2.0	2.6	4.4	24	9.8	11.7	11.8	29
宁　夏	Ningxia	5.8	6.6	6.6	23	10.6	10.8	12.6	28
新　疆	Xinjiang	17.5	18.9	19.7	12	26.0	30.6	33.7	27

2-7 城镇单位电力热力燃气水业和建筑业就业人员

Number of Employed Persons of Production and Supply of Electricity, Heat, Gas and Water, and Construction in Urban Units

单位：万人 (10 000 persons)

地区	Region	电力、热力、燃气及水生产和供应业 Production and Supply of Electricity, Heat, Gas and Water, Units				建筑业 Construction			
		2010	2012	2013	2013排名 Ranking	2010	2012	2013	2013排名 Ranking
全　国	**National Total**	**310.5**	**344.6**	**404.5**		**1267.5**	**2010.3**	**2921.9**	
北　京	Beijing	6.8	8.9	8.7	23	39.4	42.7	43.9	19
天　津	Tianjin	3.3	4.4	4.5	27	10.2	31.1	31.0	25
河　北	Hebei	19.9	21.2	19.6	5	36.5	81.4	90.6	14
山　西	Shanxi	9.9	11.1	11.5	19	22.5	38.8	38.4	21
内蒙古	Inner Mongolia	10.1	12.0	13.4	15	13.6	18.2	25.5	27
辽　宁	Liaoning	16.6	16.4	16.5	10	31.2	60.9	112.1	9
吉　林	Jilin	8.2	8.9	14.0	12	13.4	17.6	33.9	24
黑龙江	Heilongjiang	14.3	15.7	18.3	6	27.0	35.6	37.2	22
上　海	Shanghai	5.4	5.8	5.2	26	11.3	48.9	37.2	23
江　苏	Jiangsu	12.9	12.9	18.1	7	52.3	69.5	420.5	1
浙　江	Zhejiang	12.6	13.3	13.5	13	180.2	294.1	303.2	2
安　徽	Anhui	9.6	9.9	12.0	18	42.1	69.9	99.7	12
福　建	Fujian	9.2	9.5	8.9	22	62.4	121.7	146.2	7
江　西	Jiangxi	9.5	10.5	13.2	16	29.4	66.6	91.3	13
山　东	Shandong	20.4	21.0	23.9	4	80.3	136.8	188.6	4
河　南	Henan	21.1	22.5	24.6	3	93.7	125.6	189.5	3
湖　北	Hubei	11.9	18.2	18.1	8	72.5	97.1	140.4	8
湖　南	Hunan	12.2	15.7	16.6	9	75.6	94.6	107.4	10
广　东	Guangdong	18.8	20.1	32.2	1	64.4	107.6	162.3	6
广　西	Guangxi	9.0	9.8	14.7	11	30.5	42.5	60.9	17
海　南	Hainan	2.0	2.1	2.2	29	6.8	6.0	7.7	28
重　庆	Chongqing	6.6	7.5	7.0	25	48.0	85.2	103.6	11
四　川	Sichuan	15.3	17.6	27.2	2	99.9	116.1	177.8	5
贵　州	Guizhou	7.0	8.4	13.5	14	23.3	34.9	39.5	20
云　南	Yunnan	8.5	9.7	10.3	20	37.6	66.4	73.7	15
西　藏	Tibet	0.8	0.8	1.0	31	0.8	0.5	1.8	31
陕　西	Shaanxi	11.0	9.6	12.2	17	25.2	42.8	72.1	16
甘　肃	Gansu	6.8	7.2	10.0	21	15.4	23.0	46.1	18
青　海	Qinghai	1.2	2.0	1.9	30	4.1	7.4	7.3	29
宁　夏	Ningxia	3.7	4.1	3.4	28	3.0	4.4	6.2	30
新　疆	Xinjiang	6.1	7.6	8.3	24	15.0	22.4	26.3	26

2-8 城镇单位交通运输业和批发零售业就业人员
Number of Employed Persons of Transport, and Wholesale and Retail Trades in Urban Units

单位：万人 (10 000 persons)

地区	Region	交通运输、仓储和邮政业 Transport, Storage and Post				批发和零售业 Wholesale and Retail Trades			
		2010	2012	2013	2013排名 Ranking	2010	2012	2013	2013排名 Ranking
全 国	**National Total**	**631.1**	**667.5**	**846.2**		**535.1**	**711.8**	**890.8**	
北 京	Beijing	51.0	57.8	59.2	2	55.4	68.6	68.8	2
天 津	Tianjin	12.5	14.1	14.3	25	12.4	17.5	17.2	20
河 北	Hebei	25.1	24.3	27.6	12	22.5	26.3	28.9	10
山 西	Shanxi	20.4	22.3	23.6	17	17.6	19.2	21.2	18
内蒙古	Inner Mongolia	16.3	16.9	21.7	19	6.7	8.0	11.4	26
辽 宁	Liaoning	30.2	32.8	37.7	8	16.9	21.1	27.7	11
吉 林	Jilin	14.5	15.9	17.2	23	8.9	9.5	12.9	24
黑龙江	Heilongjiang	25.2	25.6	28.1	11	17.7	15.9	19.7	19
上 海	Shanghai	36.3	38.0	49.2	4	26.4	59.8	66.9	4
江 苏	Jiangsu	31.2	30.6	48.4	5	29.0	33.5	61.4	5
浙 江	Zhejiang	25.2	29.4	31.4	10	31.0	39.3	40.2	8
安 徽	Anhui	15.1	16.3	22.0	18	14.0	15.9	22.6	16
福 建	Fujian	16.7	18.6	24.3	16	13.9	24.3	26.4	12
江 西	Jiangxi	15.3	12.9	21.2	20	7.9	16.7	15.6	21
山 东	Shandong	34.7	37.4	50.6	3	38.2	48.9	67.3	3
河 南	Henan	29.1	30.9	43.6	6	38.2	42.6	52.7	6
湖 北	Hubei	25.4	24.4	33.2	9	21.5	30.1	41.7	7
湖 南	Hunan	21.0	23.6	24.5	15	16.3	18.7	23.3	15
广 东	Guangdong	56.1	61.8	83.3	1	42.6	65.0	95.5	1
广 西	Guangxi	18.0	18.5	21.2	21	11.9	12.8	14.1	22
海 南	Hainan	4.3	4.5	5.4	28	3.5	5.4	12.8	25
重 庆	Chongqing	14.3	15.8	26.1	13	11.1	19.8	22.1	17
四 川	Sichuan	23.1	23.6	39.4	7	17.1	18.5	33.2	9
贵 州	Guizhou	9.5	9.1	11.3	27	10.3	13.2	14.0	23
云 南	Yunnan	13.4	13.6	16.8	24	15.6	23.5	25.5	14
西 藏	Tibet	0.7	0.6	0.7	31	0.6	0.5	0.9	31
陕 西	Shaanxi	19.1	18.3	25.0	14	12.4	17.8	26.0	13
甘 肃	Gansu	10.1	10.4	12.7	26	5.7	6.0	7.7	28
青 海	Qinghai	3.3	3.4	4.8	29	1.7	2.4	2.4	30
宁 夏	Ningxia	2.9	3.6	4.0	30	1.5	2.8	2.7	29
新 疆	Xinjiang	11.1	12.6	17.5	22	6.4	8.2	8.3	27

2-9 城镇单位信息传输软件信息技术服务业和住宿餐饮业就业人员

Number of Employed Persons of Information Transmission, Software and Information Technology, Hotels and Catering Services in Urban Units

单位：万人 (10 000 persons)

地区	Region	信息传输、软件和信息技术服务业 Information Transmission, Software and Information Technology				住宿和餐饮业 Hotels and Catering Services			
		2010	2012	2013	2013排名 Ranking	2010	2012	2013	2013排名 Ranking
全　国	**National Total**	**185.8**	**222.8**	**327.3**		**209.2**	**265.1**	**304.4**	
北　京	Beijing	41.7	52.6	58.2	1	28.0	32.0	31.0	2
天　津	Tianjin	2.2	3.3	3.6	24	4.8	6.9	6.6	18
河　北	Hebei	6.3	6.5	8.6	12	4.5	6.8	6.9	16
山　西	Shanxi	4.1	5.3	6.0	20	4.2	6.9	5.6	20
内蒙古	Inner Mongolia	3.9	4.4	5.9	21	2.4	2.9	4.6	24
辽　宁	Liaoning	7.0	9.0	12.7	8	6.4	7.2	8.1	14
吉　林	Jilin	5.2	4.7	6.7	16	3.0	3.0	3.3	27
黑龙江	Heilongjiang	5.6	6.1	7.1	14	3.7	4.6	4.9	22
上　海	Shanghai	6.7	8.6	21.7	4	11.7	20.1	21.1	3
江　苏	Jiangsu	8.7	10.8	30.5	3	10.6	11.9	19.2	5
浙　江	Zhejiang	11.2	14.1	15.4	7	15.6	16.3	14.7	6
安　徽	Anhui	3.8	4.5	6.2	19	3.7	4.3	5.8	19
福　建	Fujian	4.6	5.3	7.0	15	7.6	9.4	9.8	11
江　西	Jiangxi	3.3	4.3	6.3	18	1.6	4.3	4.7	23
山　东	Shandong	6.6	9.1	17.5	5	11.0	15.2	19.3	4
河　南	Henan	4.9	6.3	9.5	10	9.9	10.1	11.8	10
湖　北	Hubei	4.5	5.6	9.1	11	7.7	9.2	12.2	9
湖　南	Hunan	5.7	7.1	7.3	13	9.0	9.5	9.5	13
广　东	Guangdong	17.6	18.6	33.3	2	25.2	32.3	39.3	1
广　西	Guangxi	3.6	4.4	5.2	22	4.3	4.8	5.4	21
海　南	Hainan	0.7	1.0	1.3	28	4.4	6.2	6.8	17
重　庆	Chongqing	2.9	3.9	4.9	23	4.3	7.1	7.1	15
四　川	Sichuan	6.3	6.0	15.6	6	5.5	7.6	12.5	8
贵　州	Guizhou	2.7	2.5	3.4	25	2.6	3.9	4.1	25
云　南	Yunnan	3.5	4.3	6.6	17	5.8	8.5	9.6	12
西　藏	Tibet	0.4	0.3	0.5	31	0.3	0.3	0.6	30
陕　西	Shaanxi	7.1	7.8	9.5	9	6.3	7.5	12.6	7
甘　肃	Gansu	1.8	2.0	3.1	26	1.9	1.9	3.5	26
青　海	Qinghai	0.8	0.9	1.0	29	0.5	0.7	0.6	31
宁　夏	Ningxia	0.6	0.6	0.8	30	0.4	0.6	0.6	29
新　疆	Xinjiang	1.8	2.6	2.9	27	2.3	2.8	2.8	28

2-10 城镇单位金融业和房地产业就业人员
Number of Employed Persons of Financial Industry and Real Estate in Urban Units

单位：万人 (10 000 persons)

地区	Region	金融业 Financial Intermediation				房地产业 Real Estate			
		2010	2012	2013	2013排名 Ranking	2010	2012	2013	2013排名 Ranking
全 国	**National Total**	**470.1**	**527.8**	**537.9**		**211.6**	**273.7**	**373.7**	
北 京	Beijing	27.2	37.6	39.1	2	31.5	37.1	40.6	2
天 津	Tianjin	7.0	7.8	8.1	25	3.6	5.5	9.1	16
河 北	Hebei	24.2	24.7	25.6	7	4.2	6.8	9.1	16
山 西	Shanxi	13.8	15.8	15.6	15	2.6	2.6	3.2	28
内蒙古	Inner Mongolia	10.1	10.8	11.1	21	1.5	1.8	4.8	25
辽 宁	Liaoning	20.7	22.5	23.2	10	8.8	12.4	14.0	9
吉 林	Jilin	10.2	10.9	11.0	22	3.6	5.1	5.7	23
黑龙江	Heilongjiang	14.2	16.0	15.9	14	4.9	5.9	6.0	21
上 海	Shanghai	23.6	29.5	30.0	6	11.2	15.2	24.0	3
江 苏	Jiangsu	26.9	29.4	30.8	5	7.3	8.2	21.2	5
浙 江	Zhejiang	29.4	36.4	36.3	3	13.6	17.5	17.9	6
安 徽	Anhui	14.7	16.8	17.2	13	4.9	6.9	9.4	15
福 建	Fujian	12.9	14.8	15.1	16	9.0	10.2	12.6	10
江 西	Jiangxi	10.5	10.6	11.3	20	2.1	4.5	5.4	24
山 东	Shandong	33.2	32.7	34.8	4	11.4	15.8	23.7	4
河 南	Henan	22.6	23.3	24.1	8	9.0	13.1	15.8	7
湖 北	Hubei	16.1	16.3	17.3	12	6.6	10.0	12.0	11
湖 南	Hunan	18.6	20.7	21.2	11	9.7	9.9	11.2	12
广 东	Guangdong	41.2	47.6	43.3	1	29.0	34.9	52.5	1
广 西	Guangxi	9.8	11.7	11.6	19	4.3	5.4	7.8	19
海 南	Hainan	2.1	2.8	2.8	29	3.2	4.2	5.8	22
重 庆	Chongqing	10.7	13.0	13.1	18	5.6	7.8	10.1	13
四 川	Sichuan	21.3	23.0	24.1	9	5.4	6.6	15.7	8
贵 州	Guizhou	6.4	7.4	8.0	26	3.9	5.4	6.9	20
云 南	Yunnan	9.0	9.8	9.9	23	4.1	7.3	10.1	14
西 藏	Tibet	0.8	0.8	1.0	31			0.1	31
陕 西	Shaanxi	14.1	14.6	15.0	17	5.1	6.6	8.7	18
甘 肃	Gansu	6.8	7.2	7.2	27	1.7	1.9	3.9	27
青 海	Qinghai	2.0	2.2	2.2	30	0.6	0.8	0.8	30
宁 夏	Ningxia	2.7	3.0	3.1	28	0.8	1.1	1.4	29
新 疆	Xinjiang	7.1	8.1	8.7	24	2.3	3.2	4.0	26

2-11 城镇单位租赁商务服务业和科学研究技术服务业就业人员

Number of Employed Persons of Leasing and Business Services and Scientific Research, Technical Services, and Geological Prospecting in Urban Units

单位：万人 (10 000 persons)

地区	Region	租赁和商务服务业 Leasing and Business Services				科学研究和技术服务业 Scientific Research and Technical Services			
		2010	2012	2013	2013排名 Ranking	2010	2012	2013	2013排名 Ranking
全　国	**National Total**	**310.1**	**292.3**	**421.9**		**292.3**	**330.7**	**387.8**	
北　京	Beijing	77.8	61.4	66.2	1	45.7	54.0	59.7	1
天　津	Tianjin	6.9	5.4	5.8	22	6.5	8.3	10.7	15
河　北	Hebei	4.9	5.2	11.5	10	8.9	12.5	14.0	12
山　西	Shanxi	6.4	5.3	7.3	18	6.0	5.9	7.0	21
内蒙古	Inner Mongolia	2.8	3.2	4.4	26	4.3	4.9	6.1	26
辽　宁	Liaoning	12.2	10.2	13.3	7	12.0	15.8	16.9	6
吉　林	Jilin	4.5	4.9	5.5	24	6.7	7.6	8.0	19
黑龙江	Heilongjiang	5.9	4.9	5.9	21	12.0	11.9	11.2	14
上　海	Shanghai	18.6	17.2	42.1	3	23.2	12.2	20.4	3
江　苏	Jiangsu	12.0	12.3	31.9	4	10.9	12.8	19.2	5
浙　江	Zhejiang	26.0	29.2	28.8	5	14.0	17.5	16.0	9
安　徽	Anhui	4.6	3.7	7.1	19	6.7	8.2	8.3	18
福　建	Fujian	12.3	6.0	11.4	11	5.4	6.5	7.7	20
江　西	Jiangxi	2.9	2.9	5.5	23	5.1	5.4	5.7	27
山　东	Shandong	11.9	11.5	20.8	6	11.0	12.4	16.9	7
河　南	Henan	11.3	11.3	12.5	8	11.5	13.1	14.8	11
湖　北	Hubei	5.1	6.2	9.0	15	10.8	13.5	15.1	10
湖　南	Hunan	8.4	8.8	9.0	16	8.3	9.5	12.4	13
广　东	Guangdong	30.1	37.0	55.8	2	18.1	21.3	29.5	2
广　西	Guangxi	8.9	8.9	9.8	13	7.0	9.3	9.4	16
海　南	Hainan	2.2	2.0	2.0	28	1.7	1.7	2.0	29
重　庆	Chongqing	5.3	6.1	10.9	12	5.5	5.7	6.4	25
四　川	Sichuan	5.9	5.2	12.2	9	13.6	16.2	19.9	4
贵　州	Guizhou	3.3	3.0	4.6	25	4.3	5.4	6.5	23
云　南	Yunnan	7.2	6.2	9.4	14	6.2	7.8	9.2	17
西　藏	Tibet	0.1	0.2	0.5	31	0.7	1.1	1.1	31
陕　西	Shaanxi	3.5	4.5	7.6	17	12.8	14.4	16.7	8
甘　肃	Gansu	1.9	1.7	2.7	27	5.2	5.6	6.9	22
青　海	Qinghai	0.8	0.8	0.7	30	2.3	2.8	2.3	28
宁　夏	Ningxia	1.4	1.8	2.0	29	1.2	1.2	1.4	30
新　疆	Xinjiang	4.8	5.4	5.9	20	4.8	6.1	6.5	24

2-12 城镇单位水利环境公共设施管理业和居民服务修理其他服务业就业人员

Number of Employed Persons of Management of Water Conservancy, Environment and Public Facilities and Services to Households and Other Services in Urban Units

单位：万人 (10 000 persons)

地区	Region	水利、环境和公共设施管理业 Management of Water Conservancy, Environment and Public Facilities				居民服务、修理和其他服务业 Services to Households, Repair and Other Services			
		2010	2012	2013	2013排名 Ranking	2010	2012	2013	2013排名 Ranking
全　国	**National Total**	**218.9**	**243.8**	**259.2**		**60.2**	**62.1**	**72.3**	
北　京	Beijing	8.8	9.4	9.8	10	7.4	8.6	9.1	2
天　津	Tianjin	3.5	3.7	4.1	27	6.9	10.9	10.8	1
河　北	Hebei	10.1	11.3	11.5	8	2.0	2.2	1.4	16
山　西	Shanxi	6.4	7.6	8.8	15	0.7	0.6	1.5	15
内蒙古	Inner Mongolia	7.3	7.8	8.2	17	2.0	0.7	1.0	22
辽　宁	Liaoning	12.8	15.6	15.9	2	2.9	2.7	2.8	8
吉　林	Jilin	8.1	8.2	8.3	16	1.1	0.9	1.3	20
黑龙江	Heilongjiang	9.7	10.2	10.2	9	6.5	4.4	4.7	5
上　海	Shanghai	5.9	6.2	8.1	18	3.3	3.3	5.1	4
江　苏	Jiangsu	12.3	13.3	14.0	4	1.0	1.3	3.6	6
浙　江	Zhejiang	10.9	12.9	11.7	7	1.6	2.0	2.2	9
安　徽	Anhui	6.4	8.1	7.8	20	0.5	0.6	0.9	23
福　建	Fujian	4.4	5.0	5.5	22	1.4	1.4	1.4	17
江　西	Jiangxi	5.6	5.9	7.4	21	0.5	0.6	0.6	26
山　东	Shandong	11.6	12.5	14.9	3	3.5	3.9	3.3	7
河　南	Henan	12.2	13.1	12.4	5	1.9	1.6	2.0	10
湖　北	Hubei	8.9	9.8	9.3	13	1.2	1.5	1.7	14
湖　南	Hunan	8.7	9.7	9.6	12	1.5	1.5	1.9	12
广　东	Guangdong	14.0	14.3	16.3	1	6.4	5.8	7.3	3
广　西	Guangxi	7.4	8.8	9.6	11	0.8	0.7	0.6	25
海　南	Hainan	2.2	2.6	3.1	28	0.3	0.2	0.4	27
重　庆	Chongqing	3.7	4.6	5.0	25	0.9	0.9	1.3	19
四　川	Sichuan	9.8	10.6	12.1	6	1.0	1.1	1.7	13
贵　州	Guizhou	3.3	4.2	4.6	26	1.0	1.0	1.3	21
云　南	Yunnan	5.3	5.7	7.8	19	0.8	0.8	1.4	18
西　藏	Tibet	0.2	0.2	0.2	31			0.1	29
陕　西	Shaanxi	7.9	8.9	8.9	14	1.7	1.5	2.0	11
甘　肃	Gansu	3.4	5.2	5.4	24	0.2	0.4	0.3	28
青　海	Qinghai	1.1	1.0	1.0	30	0.3	0.3	0.1	31
宁　夏	Ningxia	1.8	2.0	2.1	29			0.1	30
新　疆	Xinjiang	5.1	5.4	5.5	23	0.6	0.6	0.7	24

2-13 城镇单位教育和卫生社会工作就业人员
Number of Employed Persons of Education, Health and Social Securities in Urban Units

单位：万人 (10 000 persons)

地区	Region	教育 Education				卫生和社会工作 Health and Social Service			
		2010	2012	2013	2013排名 Ranking	2010	2012	2013	2013排名 Ranking
全国	**National Total**	**1581.8**	**1653.4**	**1687.2**		**632.5**	**719.3**	**770.0**	
北京	Beijing	40.6	44.4	46.1	18	20.7	23.0	24.8	13
天津	Tianjin	16.4	16.3	18.9	27	9.0	8.8	9.3	27
河北	Hebei	86.3	89.9	89.7	5	27.8	32.2	33.7	9
山西	Shanxi	48.6	49.9	52.4	15	16.1	17.1	18.8	20
内蒙古	Inner Mongolia	34.7	34.8	35.1	25	12.3	12.9	13.9	25
辽宁	Liaoning	52.3	57.8	59.1	12	25.6	30.4	33.4	10
吉林	Jilin	36.7	37.2	37.1	22	15.3	16.3	17.4	21
黑龙江	Heilongjiang	46.1	47.0	45.2	20	19.7	21.0	22.3	15
上海	Shanghai	26.1	28.0	29.5	26	16.7	17.4	18.8	19
江苏	Jiangsu	85.5	88.8	89.5	6	36.3	41.1	43.9	4
浙江	Zhejiang	61.1	66.2	68.4	8	32.4	37.4	39.4	6
安徽	Anhui	60.5	63.3	63.7	10	22.0	25.3	27.2	12
福建	Fujian	44.7	46.7	48.2	16	15.7	18.1	19.8	17
江西	Jiangxi	47.6	44.2	45.8	19	16.8	21.1	19.7	18
山东	Shandong	109.1	109.8	120.1	1	43.5	49.6	56.2	1
河南	Henan	114.1	118.9	116.9	3	40.8	46.1	48.4	3
湖北	Hubei	65.7	71.8	68.1	9	30.1	34.2	37.2	7
湖南	Hunan	70.2	72.0	72.2	7	31.1	34.8	36.4	8
广东	Guangdong	112.3	117.7	118.6	2	50.3	56.1	55.9	2
广西	Guangxi	58.1	60.8	61.8	11	22.9	26.0	28.0	11
海南	Hainan	11.8	12.3	12.5	28	4.1	4.8	5.3	28
重庆	Chongqing	35.0	37.1	39.1	21	11.6	13.5	16.2	24
四川	Sichuan	82.0	89.4	90.9	4	33.0	39.3	42.7	5
贵州	Guizhou	41.9	44.2	47.6	17	11.9	14.6	16.7	22
云南	Yunnan	51.8	54.9	58.0	14	15.8	19.4	22.2	16
西藏	Tibet	4.0	4.4	4.4	31	1.5	1.6	1.7	31
陕西	Shaanxi	55.1	56.9	58.5	13	19.2	21.9	23.4	14
甘肃	Gansu	34.2	36.8	36.5	24	10.0	11.7	12.8	26
青海	Qinghai	7.5	7.6	7.6	30	3.2	3.7	3.7	30
宁夏	Ningxia	7.9	8.4	8.8	29	3.3	4.0	4.1	29
新疆	Xinjiang	33.9	36.0	37.0	23	13.8	15.8	16.7	23

2-14 城镇单位文化体育娱乐业和公共管理社会保障社会组织就业人员

Number of Employed Persons of Culture, Sports and Entertainment and Public Management, Social Security and Social Organization in Urban Units

单位：万人 (10 000 persons)

地区	Region	文化、体育和娱乐业 Culture, Sports and Entertainment				公共管理、社会保障和社会组织 Public Management, Social Security and Social Organization			
		2010	2012	2013	2013排名 Ranking	2010	2012	2013	2013排名 Ranking
全　国	**National Total**	**131.4**	**137.7**	**147.0**		**1428.5**	**1541.5**	**1567.0**	
北　京	Beijing	15.3	17.1	18.1	1	41.1	44.7	45.5	18
天　津	Tianjin	1.8	1.9	2.3	26	13.7	15.5	15.5	27
河　北	Hebei	5.0	5.2	5.3	11	77.2	83.8	85.4	4
山　西	Shanxi	4.6	4.5	4.7	13	55.9	59.6	60.1	9
内蒙古	Inner Mongolia	3.3	3.3	3.5	18	35.3	39.0	40.3	22
辽　宁	Liaoning	5.1	5.1	5.5	10	49.5	52.8	53.5	12
吉　林	Jilin	3.7	3.6	3.6	17	31.4	33.9	35.1	24
黑龙江	Heilongjiang	3.9	4.2	4.6	14	41.6	44.1	43.3	20
上　海	Shanghai	4.7	5.1	5.9	8	18.7	20.5	20.5	26
江　苏	Jiangsu	5.7	6.1	7.7	4	63.1	67.4	67.7	7
浙　江	Zhejiang	6.2	6.7	7.2	6	57.5	63.3	65.6	8
安　徽	Anhui	3.4	3.6	3.4	20	46.7	48.5	48.1	15
福　建	Fujian	3.7	3.6	4.0	16	30.4	34.3	35.9	23
江　西	Jiangxi	3.2	3.9	3.3	22	43.5	47.6	48.3	14
山　东	Shandong	6.7	6.9	7.2	5	105.0	109.8	112.1	1
河　南	Henan	7.0	7.1	8.5	3	105.7	108.4	108.5	2
湖　北	Hubei	5.1	6.3	5.6	9	55.0	61.5	57.5	10
湖　南	Hunan	4.6	5.0	5.1	12	78.0	80.7	81.5	6
广　东	Guangdong	9.4	9.5	10.9	2	94.2	102.9	101.7	3
广　西	Guangxi	3.2	3.3	3.3	21	39.4	43.0	45.2	19
海　南	Hainan	1.2	1.1	1.3	28	9.7	10.8	11.3	29
重　庆	Chongqing	2.6	2.6	2.6	24	24.6	28.5	28.9	25
四　川	Sichuan	4.4	4.5	5.9	7	77.4	82.6	83.9	5
贵　州	Guizhou	1.8	1.6	1.9	27	40.3	43.3	46.4	17
云　南	Yunnan	3.6	3.4	3.5	19	46.1	49.3	50.2	13
西　藏	Tibet	0.6	0.6	0.7	31	8.8	11.7	13.2	28
陕　西	Shaanxi	4.6	5.0	4.6	15	49.4	53.2	55.7	11
甘　肃	Gansu	2.8	2.6	2.5	25	36.8	38.7	40.4	21
青　海	Qinghai	0.7	0.8	0.8	29	8.9	9.2	9.4	30
宁　夏	Ningxia	0.8	0.7	0.8	30	8.3	9.3	9.3	31
新　疆	Xinjiang	2.7	2.9	3.0	23	35.3	43.4	47.2	16

2-15　城镇单位就业人员年平均工资
Average Wage of Employed Persons in Urban Units

单位：元 (yuan)

地区	Region	城镇单位就业人员年平均工资 Employed Persons				城镇国有单位年平均工资 State-owned Units			
		2010	2012	2013	2013排名 Ranking	2010	2012	2013	2013排名 Ranking
全　国	**National Total**	**36539**	**46769**	**51483**		**38359**	**48357**	**52657**	
北　京	Beijing	65158	84742	93006	1	67403	87299	94173	2
天　津	Tianjin	51489	61514	67773	3	56635	68231	75881	4
河　北	Hebei	31451	38658	41501	28	31977	39177	39648	30
山　西	Shanxi	33057	44236	46407	19	32664	40881	42175	29
内蒙古	Inner Mongolia	35211	46557	50723	9	37255	49278	53977	11
辽　宁	Liaoning	34437	41858	45505	20	35522	43177	45936	20
吉　林	Jilin	29003	38407	42846	23	30082	39335	45618	23
黑龙江	Heilongjiang	27735	36406	40794	30	28373	36814	39072	31
上　海	Shanghai	66115	78673	90908	2	71885	89739	95573	1
江　苏	Jiangsu	39772	50639	57177	5	49553	61221	67826	5
浙　江	Zhejiang	40640	50197	56571	6	62367	73494	81157	3
安　徽	Anhui	33341	44601	47806	15	33793	44818	48683	16
福　建	Fujian	32340	44525	48538	13	40090	54211	58199	8
江　西	Jiangxi	28363	38512	42473	26	30031	39422	45315	24
山　东	Shandong	33321	41904	46998	18	38490	47894	52811	13
河　南	Henan	29819	37338	38301	31	31470	39344	42270	28
湖　北	Hubei	31811	39846	43899	22	35044	41979	44746	25
湖　南	Hunan	29670	38971	42726	25	31900	40397	44153	26
广　东	Guangdong	40432	50278	53318	7	49027	59423	62652	6
广　西	Guangxi	30673	36386	41391	29	32587	37706	42552	27
海　南	Hainan	30775	39485	44971	21	31582	40225	47159	18
重　庆	Chongqing	34727	44498	50006	11	37195	50523	55870	9
四　川	Sichuan	32567	42339	47965	14	36729	47721	53896	12
贵　州	Guizhou	30433	41156	47364	17	31469	43702	49734	15
云　南	Yunnan	29195	37629	42447	27	33140	43415	46849	19
西　藏	Tibet	49898	51705	57773	4	51420	52219	59904	7
陕　西	Shaanxi	33384	43073	47446	16	34528	45526	48381	17
甘　肃	Gansu	29096	37679	42833	24	29889	38401	45636	22
青　海	Qinghai	36121	46483	51393	8	41417	50729	55410	10
宁　夏	Ningxia	37166	47436	50476	10	35330	46880	49914	14
新　疆	Xinjiang	32003	44576	49064	12	31006	42479	45834	21

2-16 城镇单位就业人员年平均工资指数
Indices of Average Wage of Employed Persons in Urban Units

（上年=100） (preceding year=100)

地区	Region	平均货币工资指数 Indices of Average Wage				平均实际工资指数 Indices of Average Real Wage			
		2010	2012	2013	2013排名 Ranking	2010	2012	2013	2013排名 Ranking
全 国	**National Total**	**113.3**	**111.9**	**110.1**		**109.8**	**109.0**	**107.3**	
北 京	Beijing	112.8	112.3	109.8	21	110.2	108.8	107.0	21
天 津	Tianjin	117.2	110.5	110.2	17	113.2	107.6	107.4	17
河 北	Hebei	113.2	109.5	107.4	26	110.1	106.7	104.7	26
山 西	Shanxi	117.8	112.8	104.9	30	114.3	110.1	102.2	30
内蒙古	Inner Mongolia	115.5	113.2	108.9	24	112.2	109.6	106.1	24
辽 宁	Liaoning	112.8	109.7	108.7	25	109.7	106.6	105.9	25
吉 林	Jilin	111.8	114.3	111.6	14	108.1	111.5	108.8	14
黑龙江	Heilongjiang	111.8	116.3	112.1	12	108.0	112.6	109.3	12
上 海	Shanghai	113.3	104.1	115.6	1	109.9	101.2	112.7	1
江 苏	Jiangsu	112.9	111.3	112.9	7	109.0	108.5	110.0	7
浙 江	Zhejiang	111.2	111.1	112.7	9	107.0	108.8	109.8	9
安 徽	Anhui	116.1	113.3	107.2	27	112.7	110.9	104.5	27
福 建	Fujian	114.0	115.4	109.0	23	110.5	112.7	106.2	23
江 西	Jiangxi	117.4	115.9	110.3	16	114.1	112.9	107.5	16
山 东	Shandong	113.3	111.4	112.2	11	110.5	109.1	109.4	11
河 南	Henan	110.8	111.0	102.6	31	107.1	108.2	100.0	31
湖 北	Hubei	119.8	110.3	110.2	17	116.6	107.2	107.4	17
湖 南	Hunan	111.8	112.7	109.6	22	108.5	110.3	106.8	22
广 东	Guangdong	110.9	111.6	106.0	29	107.6	108.6	103.3	29
广 西	Guangxi	112.3	110.2	113.8	4	109.1	106.8	110.9	4
海 南	Hainan	124.1	108.9	113.9	3	118.8	105.5	111.0	3
重 庆	Chongqing	113.9	112.9	112.4	10	110.3	110.1	109.6	10
四 川	Sichuan	115.7	113.4	113.3	6	112.0	110.3	110.4	6
贵 州	Guizhou	110.9	114.0	115.1	2	107.6	111.0	112.2	2
云 南	Yunnan	111.6	110.7	112.8	8	107.5	107.5	109.9	8
西 藏	Tibet	110.0	104.5	111.7	13	107.6	100.9	108.9	13
陕 西	Shaanxi	112.9	112.9	110.2	17	108.9	110.0	107.4	17
甘 肃	Gansu	108.8	117.4	113.7	5	104.3	114.6	110.8	5
青 海	Qinghai	111.2	112.4	110.6	15	105.8	109.1	107.8	15
宁 夏	Ningxia	112.9	111.1	106.4	28	108.8	108.8	103.7	28
新 疆	Xinjiang	115.9	116.6	110.1	20	111.8	112.8	107.3	20

2-17 城镇单位农林牧渔业和采矿业就业人员年平均工资
Average Wage of Employed Persons of Agriculture, Forestry, Animal Husbandry and Fishery and Mining in Urban Units

单位：元 (yuan)

地区	Region	农林牧渔业 Agriculture, Forestry, Animal Husbandry and Fishery				采矿业 Mining			
		2010	2012	2013	2013排名 Ranking	2010	2012	2013	2013排名 Ranking
全　国	**National Total**	**16717**	**22687**	**25820**		**44196**	**56946**	**60138**	
北　京	Beijing	29889	39334	48352	3	68514	78381	82623	2
天　津	Tianjin	40221	52939	55191	2	59897	77244	82111	3
河　北	Hebei	12423	13669	13859	29	49514	62061	61544	13
山　西	Shanxi	20570	25293	29661	13	52252	71541	68633	11
内蒙古	Inner Mongolia	18292	26573	29501	14	42248	59315	69278	10
辽　宁	Liaoning	10040	12050	13058	31	41238	54082	56411	18
吉　林	Jilin	15220	21126	23249	26	33584	40363	49884	21
黑龙江	Heilongjiang	12916	20830	23824	24	39793	49530	56637	17
上　海	Shanghai	39575	50484	55329	1	62356	103785	113338	1
江　苏	Jiangsu	20736	26300	29334	15	41573	50963	58932	14
浙　江	Zhejiang	34088	41718	47000	4	28330	45015	46043	22
安　徽	Anhui	16945	22845	24302	22	57314	70568	70893	8
福　建	Fujian	18041	24516	26205	18	29328	36341	38110	29
江　西	Jiangxi	16265	20580	26459	17	27978	39041	41762	28
山　东	Shandong	24143	31290	39617	5	46560	57906	62390	12
河　南	Henan	17433	24226	25268	19	46887	55425	51158	20
湖　北	Hubei	19541	23039	24336	21	31989	41417	41853	27
湖　南	Hunan	15435	20624	21744	27	24867	36492	37388	31
广　东	Guangdong	15270	20315	24884	20	47254	56370	71465	7
广　西	Guangxi	17023	19511	23430	25	28708	34933	37414	30
海　南	Hainan	18042	20436	20032	28	30151	39582	45707	23
重　庆	Chongqing	20544	34254	35415	7	31491	41848	45092	25
四　川	Sichuan	19980	31430	34437	8	37984	46812	51485	19
贵　州	Guizhou	18175	30850	33490	9	32779	43113	45308	24
云　南	Yunnan	15922	21232	24290	23	27175	38526	41997	26
西　藏	Tibet	20238	13522	13761	30	26315	40673	57940	15
陕　西	Shaanxi	23934	32557	36800	6	42417	57556	69904	9
甘　肃	Gansu	19735	24971	29317	16	43258	59549	57788	16
青　海	Qinghai	26020	29087	32204	11	40320	54731	72764	6
宁　夏	Ningxia	20940	28643	32753	10	71685	77581	81809	4
新　疆	Xinjiang	20022	26323	30199	12	47805	76486	79421	5

2-18 城镇单位制造业和电力热力燃气水业就业人员年平均工资
Average Wage of Employed Persons of Manufacturing and Production and Supply of Electricity, Heat, Gas and Water in Urban Units

单位：元 (yuan)

地区	Region	制造业 Manufacturing				电力、热力、燃气及水生产和供应业 Production and Supply of Electricity, Heat, Gas and Water			
		2010	2012	2013	2013排名 Ranking	2010	2012	2013	2013排名 Ranking
全　国	**National Total**	**30916**	**41650**	**46431**		**47309**	**58202**	**67085**	
北　京	Beijing	48298	64235	72915	1	85178	91768	99743	3
天　津	Tianjin	42482	56786	63093	3	82607	93283	101131	2
河　北	Hebei	27894	36613	40169	26	45478	58708	63938	15
山　西	Shanxi	25350	34941	36683	30	43023	57327	63435	16
内蒙古	Inner Mongolia	30024	41503	45338	12	48860	59148	64325	12
辽　宁	Liaoning	32126	39507	45416	11	42658	51600	55207	24
吉　林	Jilin	31153	40216	46613	7	33044	41850	53553	27
黑龙江	Heilongjiang	26764	36787	39691	27	36613	46604	54211	25
上　海	Shanghai	52163	65032	71305	2	93049	113596	125279	1
江　苏	Jiangsu	32209	42641	53980	4	66131	80246	96912	4
浙　江	Zhejiang	29671	40464	45895	9	77180	85668	93793	5
安　徽	Anhui	29238	42393	43980	15	40467	55599	72363	8
福　建	Fujian	26627	38725	42820	20	50529	66938	71123	9
江　西	Jiangxi	25579	39023	39351	28	37312	46839	51676	30
山　东	Shandong	27773	36833	41202	24	42025	52617	58181	19
河　南	Henan	25864	33803	33951	31	37196	44667	53634	26
湖　北	Hubei	30689	39394	42959	19	39067	49626	56047	22
湖　南	Hunan	28691	39788	43356	17	36134	43086	51793	29
广　东	Guangdong	31277	41712	45829	10	58158	72974	89166	6
广　西	Guangxi	26179	33317	38245	29	39264	46784	55724	23
海　南	Hainan	26772	34682	41841	23	40553	48513	52156	28
重　庆	Chongqing	31894	40448	47621	6	50326	63028	67647	10
四　川	Sichuan	28577	36243	44259	14	39844	50484	66679	11
贵　州	Guizhou	29381	36187	43368	16	47822	59344	64270	13
云　南	Yunnan	28550	36574	40659	25	44110	53087	64083	14
西　藏	Tibet	26984	37313	42581	21	41225	50825	51458	31
陕　西	Shaanxi	26015	37833	42072	22	39677	54069	56935	21
甘　肃	Gansu	28173	41815	46152	8	37624	41118	57778	20
青　海	Qinghai	28459	42633	45090	13	44721	59026	63403	17
宁　夏	Ningxia	29560	39543	43353	18	55543	70533	80137	7
新　疆	Xinjiang	31588	47371	51673	5	43855	53796	62704	18

2-19 城镇单位建筑业和批发零售业就业人员年平均工资

Average Wage of Employed Persons of Construction, Wholesale and Retail Trades in Urban Units

单位：元 (yuan)

地区	Region	建筑业 Construction				批发和零售业 Wholesale and Retail Trades			
		2010	2012	2013	2013排名 Ranking	2010	2012	2013	2013排名 Ranking
全　国	**National Total**	**27529**	**36483**	**42072**		**33635**	**46340**	**50308**	
北　京	Beijing	46421	61579	68501	1	64150	78945	86715	2
天　津	Tianjin	53686	49156	54095	3	44710	51282	56137	3
河　北	Hebei	23159	31241	34670	29	19780	28151	32091	31
山　西	Shanxi	25936	36538	36719	26	18890	30325	32802	29
内蒙古	Inner Mongolia	24946	33070	37575	21	24342	37396	40609	14
辽　宁	Liaoning	27535	34379	38992	19	28616	35462	40569	15
吉　林	Jilin	21165	31185	35730	27	22999	31326	34569	25
黑龙江	Heilongjiang	22904	32089	36776	25	25702	33028	38401	22
上　海	Shanghai	69051	51894	65134	2	61509	91658	100692	1
江　苏	Jiangsu	29679	37619	49693	4	31451	40887	52495	6
浙　江	Zhejiang	28595	36901	43251	10	39901	50256	54908	5
安　徽	Anhui	28046	39920	44710	6	26935	34988	39255	17
福　建	Fujian	30138	42743	44202	7	32850	44404	45998	9
江　西	Jiangxi	25293	34105	38753	20	24868	32595	39111	19
山　东	Shandong	25807	33667	40118	15	23845	32868	39219	18
河　南	Henan	24151	31682	33856	30	22403	31177	33759	27
湖　北	Hubei	27661	37668	44194	8	25081	31447	38099	23
湖　南	Hunan	23674	32676	36989	24	27604	35622	38649	20
广　东	Guangdong	29019	36540	42074	12	38378	48345	51767	7
广　西	Guangxi	27688	36449	39126	18	26093	32923	37762	24
海　南	Hainan	25237	36529	41126	13	23955	35386	32411	30
重　庆	Chongqing	27730	35581	43375	9	29667	39568	44484	11
四　川	Sichuan	24036	31939	37421	23	29046	38334	41814	12
贵　州	Guizhou	25437	36560	42874	11	27776	40325	44489	10
云　南	Yunnan	21002	28354	32598	31	26268	34154	38441	21
西　藏	Tibet	27908	22882	37470	22	39462	43136	56026	4
陕　西	Shaanxi	25357	34033	39375	17	23836	33043	34561	26
甘　肃	Gansu	20836	33312	34793	28	20563	27122	33083	28
青　海	Qinghai	26423	38019	40242	14	24898	35273	40200	16
宁　夏	Ningxia	25284	38330	39589	16	29497	39124	41684	13
新　疆	Xinjiang	28908	41232	45940	5	32343	45733	49631	8

2-20 城镇单位交通运输仓储邮政业和住宿餐饮业就业人员年平均工资 Average Wage of Employed Persons of Transport, Storage and Post and Hotels and Catering Services in Urban Units

单位：元 (yuan)

地区	Region	交通运输、仓储和邮政业 Transport, Storage and Post				住宿和餐饮业 Hotels and Catering Services			
		2010	2012	2013	2013排名 Ranking	2010	2012	2013	2013排名 Ranking
全　国	**National Total**	**40466**	**53391**	**57993**		**23382**	**31267**	**34044**	
北　京	Beijing	51342	65986	72006	3	31978	42016	45280	1
天　津	Tianjin	55912	75420	82315	1	22742	32183	33048	12
河　北	Hebei	33141	45696	46599	30	17314	25645	27464	25
山　西	Shanxi	37888	49792	54751	17	15064	29378	22924	31
内蒙古	Inner Mongolia	39991	53487	57041	10	21335	30529	31958	14
辽　宁	Liaoning	38451	51268	55620	13	21613	30494	33121	11
吉　林	Jilin	30422	45290	48587	28	17594	25042	27189	26
黑龙江	Heilongjiang	31501	44616	50797	23	20804	30504	36746	5
上　海	Shanghai	58405	71062	77999	2	32815	40916	45169	2
江　苏	Jiangsu	38584	49167	56782	11	24029	30586	31574	16
浙　江	Zhejiang	48359	57737	64156	6	24679	32827	35829	6
安　徽	Anhui	29408	42787	47235	29	18188	26406	28563	22
福　建	Fujian	39741	52750	55821	12	22268	30883	33572	9
江　西	Jiangxi	38628	51912	54417	19	18268	22926	26772	28
山　东	Shandong	39435	50097	55174	14	21810	29528	37068	4
河　南	Henan	31748	43478	44633	31	20201	27252	27895	23
湖　北	Hubei	34668	49591	49918	25	20601	25661	29452	21
湖　南	Hunan	32921	45477	49583	27	19963	25783	29931	19
广　东	Guangdong	49623	58895	65980	4	24781	31378	35460	7
广　西	Guangxi	33697	43413	49651	26	17211	24712	25500	30
海　南	Hainan	42036	51948	58729	8	18875	27559	33564	10
重　庆	Chongqing	33613	48702	55089	16	21389	27936	31090	17
四　川	Sichuan	36496	53841	58276	9	22262	28397	30613	18
贵　州	Guizhou	32106	47049	52524	21	18935	25372	29760	20
云　南	Yunnan	35897	50069	53775	20	16030	23297	26571	29
西　藏	Tibet	39032	55689	55166	15	22090	33737	34981	8
陕　西	Shaanxi	35846	45982	50410	24	18171	25006	27587	24
甘　肃	Gansu	30928	43603	51229	22	17588	22865	26817	27
青　海	Qinghai	43523	57690	60428	7	18574	27613	31724	15
宁　夏	Ningxia	36498	50730	54726	18	17799	28149	32363	13
新　疆	Xinjiang	45572	62427	64997	5	21954	32468	37072	3

2-21 城镇单位信息传输软件信息技术服务业和金融业就业人员年平均工资

Average Wage of Employed Persons of Information Transmission, Computing and Information Technology and Financial Industry in Urban Units

单位：元 (yuan)

地区	Region	信息传输软件和信息技术服务业 Information Transmission, Computing and Information technology				金融业 Financial Intermediation			
		2010	2012	2013	2013排名 Ranking	2010	2012	2013	2013排名 Ranking
全　国	**National Total**	**64436**	**80510**	**90915**		**70146**	**89743**	**99653**	
北　京	Beijing	105560	130154	136599	2	164643	184612	206110	1
天　津	Tianjin	73276	87458	102922	4	89166	104335	118448	5
河　北	Hebei	38840	50628	69718	13	45176	60304	65547	28
山　西	Shanxi	33916	38562	49299	28	47037	62678	67729	24
内蒙古	Inner Mongolia	37530	45675	54434	24	45588	63880	69426	22
辽　宁	Liaoning	56013	66914	72837	12	53676	69453	73851	19
吉　林	Jilin	33772	44257	49288	29	43174	59995	66938	26
黑龙江	Heilongjiang	40416	50042	55854	23	42537	55849	57390	30
上　海	Shanghai	115524	127888	153989	1	155763	174682	181909	2
江　苏	Jiangsu	58902	80340	94616	6	71115	92156	105289	7
浙　江	Zhejiang	77125	96741	106946	3	98135	117291	124711	4
安　徽	Anhui	36316	47492	53755	26	46561	59416	65920	27
福　建	Fujian	59117	67917	74101	10	70532	94708	101550	10
江　西	Jiangxi	32566	44438	57867	20	38926	53798	70497	21
山　东	Shandong	50315	60459	74249	9	53148	72345	80835	13
河　南	Henan	35042	44518	47671	30	41871	57364	62835	29
湖　北	Hubei	39222	44182	56715	21	49830	62301	68047	23
湖　南	Hunan	39592	47314	54344	25	44428	65336	77457	14
广　东	Guangdong	68204	80595	100186	5	90519	101308	117219	6
广　西	Guangxi	42633	45815	58162	19	60153	69852	82062	12
海　南	Hainan	60215	67537	78812	8	62984	69316	75429	16
重　庆	Chongqing	62634	70598	73598	11	58751	87720	100437	11
四　川	Sichuan	42615	56506	69552	14	52854	69846	76687	15
贵　州	Guizhou	37097	53384	64260	17	61474	81630	102294	9
云　南	Yunnan	37346	48332	56193	22	60775	88699	104144	8
西　藏	Tibet	51682	36877	80988	7	98092	119165	137033	3
陕　西	Shaanxi	42498	56137	69266	15	48138	57997	71987	20
甘　肃	Gansu	24896	33062	39962	31	35311	44437	48791	31
青　海	Qinghai	41668	54819	49989	27	41641	59574	67182	25
宁　夏	Ningxia	42469	59420	65043	16	53674	68814	74026	18
新　疆	Xinjiang	43124	54862	64214	18	53127	69445	74551	17

2-22 城镇单位房地产业和租赁商务服务业就业人员年平均工资
Average Wage of Employed Persons of Real Estate, Leasing and Business Services in Urban Units

单位：元 (yuan)

地区	Region	房地产业 Real Estate				租赁和商务服务业 Leasing and Business Services			
		2010	2012	2013	2013排名 Ranking	2010	2012	2013	2013排名 Ranking
全　国	**National Total**	**35870**	**46764**	**51048**		**39566**	**53162**	**62538**	
北　京	Beijing	50814	64295	72828	1	63794	92736	99511	2
天　津	Tianjin	47385	65766	67872	2	28880	52667	63436	3
河　北	Hebei	27894	35670	38716	23	21159	26686	37884	17
山　西	Shanxi	17847	29753	32837	30	19819	26892	31191	29
内蒙古	Inner Mongolia	26475	39512	39964	20	31840	41541	44301	12
辽　宁	Liaoning	28147	36022	44905	13	24598	30353	34439	24
吉　林	Jilin	23153	33489	38598	24	23918	36187	33392	27
黑龙江	Heilongjiang	21881	31379	36885	28	28238	36599	39156	15
上　海	Shanghai	48306	69810	67231	3	60905	82287	129430	1
江　苏	Jiangsu	43305	53489	56357	5	29776	38421	48648	8
浙　江	Zhejiang	42290	52212	56607	4	32450	47391	52596	5
安　徽	Anhui	27250	39354	46737	10	28122	36804	41054	13
福　建	Fujian	36917	50397	52646	7	24511	38431	49942	6
江　西	Jiangxi	25857	38431	37376	27	21725	37231	37835	18
山　东	Shandong	29793	38545	44393	14	28987	39480	46169	11
河　南	Henan	28913	36852	37594	25	24560	30992	34965	23
湖　北	Hubei	30760	41227	42767	15	26647	33454	40533	14
湖　南	Hunan	27550	37834	42022	18	25086	33093	35201	22
广　东	Guangdong	37590	49644	53601	6	41195	51342	60605	4
广　西	Guangxi	27597	31776	35230	29	25994	27949	33584	25
海　南	Hainan	26157	38460	47873	9	20703	28064	46747	10
重　庆	Chongqing	32396	46012	50317	8	25440	33512	37097	19
四　川	Sichuan	29995	41813	45758	12	34221	47518	48724	7
贵　州	Guizhou	22997	33617	39683	21	22036	30121	35696	20
云　南	Yunnan	22236	33562	38864	22	23969	33950	35425	21
西　藏	Tibet	43451	46446	46613	11	27828	54083	32568	28
陕　西	Shaanxi	37842	35213	41317	19	28327	35737	47752	9
甘　肃	Gansu	22936	31397	37381	26	21608	28884	27057	31
青　海	Qinghai	21948	33489	32456	31	42784	59427	30685	30
宁　夏	Ningxia	28610	42469	42676	16	26137	31927	33492	26
新　疆	Xinjiang	23005	36266	42100	17	22517	35016	39154	16

2-23 城镇单位科学研究技术服务业和水利环境公共设施管理业就业人员年平均工资

Average Wage of Employed Persons of Scientific Research and Technical Services and Management of Water Conservancy, Environment and Public Facilities in Urban Units

单位：元 (yuan)

地区	Region	科学研究和技术服务业 Scientific Research and Technical Services				水利、环境和公共设施管理业 Management of Water Conservancy, Environment and Public Facilities			
		2010	2012	2013	2013排名 Ranking	2010	2012	2013	2013排名 Ranking
全　国	**National Total**	**56376**	**69254**	**76602**		**25544**	**32343**	**36123**	
北　京	Beijing	88018	106604	113206	2	41376	52647	57563	3
天　津	Tianjin	80485	102653	102610	3	44067	56593	62405	1
河　北	Hebei	49179	58892	61114	12	21663	27314	27926	26
山　西	Shanxi	33847	42554	50793	22	16657	21259	22506	31
内蒙古	Inner Mongolia	40047	48062	56780	20	27729	36403	38722	9
辽　宁	Liaoning	48030	55447	59624	17	24753	27866	29565	24
吉　林	Jilin	38732	49835	49805	24	18375	21804	24552	30
黑龙江	Heilongjiang	39938	57107	60631	15	18663	23666	27025	29
上　海	Shanghai	83338	129633	141766	1	44376	52200	59119	2
江　苏	Jiangsu	60437	76548	77708	7	30940	40233	44635	5
浙　江	Zhejiang	56621	67761	82352	5	32462	41192	46195	4
安　徽	Anhui	36068	51618	60816	14	20949	29700	32453	19
福　建	Fujian	41592	55947	63208	10	26824	35842	37278	10
江　西	Jiangxi	30430	39356	47738	27	19757	28339	40756	7
山　东	Shandong	45803	53319	56233	21	25387	31602	37195	11
河　南	Henan	36436	45988	47717	28	24648	29856	31679	21
湖　北	Hubei	45518	51212	61121	11	21730	28085	30664	22
湖　南	Hunan	36381	45204	47101	29	22133	24673	27238	28
广　东	Guangdong	69434	85565	90557	4	31351	41107	43548	6
广　西	Guangxi	36182	40093	48101	26	20150	24268	28505	25
海　南	Hainan	30680	41682	46333	30	20652	26254	31753	20
重　庆	Chongqing	55381	71712	78204	6	21818	30555	34480	15
四　川	Sichuan	53854	67113	76610	8	20555	28701	33646	16
贵　州	Guizhou	29670	39087	45749	31	20737	27779	27832	27
云　南	Yunnan	34588	43722	48879	25	17788	26788	30608	23
西　藏	Tibet	63810	50876	60332	16	32464	27455	32923	18
陕　西	Shaanxi	48734	60394	65546	9	23514	30802	35276	14
甘　肃	Gansu	34730	41814	49957	23	23186	28195	33119	17
青　海	Qinghai	48822	60957	59097	18	25591	33091	39286	8
宁　夏	Ningxia	36666	49144	57000	19	25155	34281	35624	13
新　疆	Xinjiang	38593	50555	60859	13	25575	32060	36283	12

2-24 城镇单位居民服务修理其他服务业和教育就业人员年平均工资
Average Wage of Employed Persons of Services to Households, Repair and Other Services and Education in Urban Units

单位：元 (yuan)

地区	Region	居民服务、修理和其他服务业 Services to Households, Repair and Other Services				教育 Education			
		2010	2012	2013	2013排名 Ranking	2010	2012	2013	2013排名 Ranking
全 国	**National Total**	**28206**	**35135**	**38429**		**38968**	**47734**	**51950**	
北 京	Beijing	27625	38838	43754	5	65150	83566	87820	2
天 津	Tianjin	23529	25518	30517	22	66285	75395	80673	3
河 北	Hebei	34932	41946	28024	27	33588	38701	41021	30
山 西	Shanxi	20623	22565	27476	30	30620	38425	41695	27
内蒙古	Inner Mongolia	39550	32844	36346	10	43397	56242	61981	7
辽 宁	Liaoning	25101	32718	34562	15	41656	47968	50032	17
吉 林	Jilin	17511	31513	28343	26	31548	40918	44988	24
黑龙江	Heilongjiang	29803	42918	49101	2	34630	39994	43527	25
上 海	Shanghai	35226	43525	54276	1	69738	85662	89333	1
江 苏	Jiangsu	34349	45981	45774	3	49340	59912	66056	5
浙 江	Zhejiang	35127	42613	44727	4	63693	70174	74700	4
安 徽	Anhui	23258	35602	37074	9	32445	42258	46183	21
福 建	Fujian	33977	34320	38689	7	40550	52282	56378	10
江 西	Jiangxi	22375	27611	31840	20	29980	41596	45499	22
山 东	Shandong	32461	45588	38233	8	38621	46176	51658	12
河 南	Henan	23650	29170	27878	28	33090	39582	42099	26
湖 北	Hubei	26086	30299	31492	21	34230	39270	41068	29
湖 南	Hunan	23740	35554	34523	16	31825	38596	41389	28
广 东	Guangdong	29956	36844	42187	6	42928	53743	58947	8
广 西	Guangxi	21791	28566	34921	14	32182	34339	38350	31
海 南	Hainan	20526	25199	28983	24	40791	50258	54503	11
重 庆	Chongqing	26049	31991	35535	12	37497	48581	51560	13
四 川	Sichuan	24029	32815	36253	11	34408	44443	49234	18
贵 州	Guizhou	21966	28224	28437	25	30466	42432	47235	19
云 南	Yunnan	18340	26146	30000	23	32301	39983	45448	23
西 藏	Tibet	44509	25586	34467	17	52781	55537	62163	6
陕 西	Shaanxi	26147	26762	32047	19	39785	47596	50826	14
甘 肃	Gansu	21384	24604	27199	31	29725	37631	46495	20
青 海	Qinghai	32969	38722	27848	29	42447	51359	57705	9
宁 夏	Ningxia	23356	37162	35155	13	35785	45954	50283	16
新 疆	Xinjiang	18330	27376	32441	18	35016	47187	50809	15

2-25 城镇单位卫生社会工作和文化体育娱乐业就业人员年平均工资

Average Wage of Employed Persons of Health and Social Service, and Culture, Sports and Entertainment in Urban Units

单位：元 (yuan)

地区	Region	卫生和社会工作 Health and Social Service 2010	2012	2013	2013排名 Ranking	文化、体育和娱乐业 Culture, Sports and Entertainment 2010	2012	2013	2013排名 Ranking
全 国	**National Total**	**40232**	**52564**	**57979**		**41428**	**53558**	**59336**	
北 京	Beijing	70182	97480	109940	1	76415	105785	112707	1
天 津	Tianjin	60149	79513	86807	3	54182	64602	67310	4
河 北	Hebei	30645	37427	39382	30	26208	33453	36423	30
山 西	Shanxi	24049	32386	35993	31	24927	33307	36348	31
内蒙古	Inner Mongolia	38375	51009	56148	10	37805	49701	52312	11
辽 宁	Liaoning	36638	44874	48430	22	36478	43515	46818	17
吉 林	Jilin	28476	41304	44311	26	26684	34017	37367	28
黑龙江	Heilongjiang	32095	39712	43211	28	29827	36117	39644	27
上 海	Shanghai	73470	103905	107891	2	68533	83701	90056	2
江 苏	Jiangsu	46337	61735	68571	6	48360	58582	63059	6
浙 江	Zhejiang	62508	78385	86220	4	56313	66915	73090	3
安 徽	Anhui	31811	44178	50908	16	28435	39138	42787	23
福 建	Fujian	40844	57525	64544	7	35654	47017	53391	10
江 西	Jiangxi	31494	38962	48823	20	30555	43512	44087	20
山 东	Shandong	38044	47768	54919	12	41008	48702	56870	8
河 南	Henan	31177	38814	43526	27	28511	35925	36555	29
湖 北	Hubei	33751	42295	48539	21	32390	37397	45201	19
湖 南	Hunan	36476	50067	54704	13	32908	43448	48902	15
广 东	Guangdong	52308	65942	69057	5	47213	56081	65268	5
广 西	Guangxi	33100	42778	47276	23	32141	36314	40389	25
海 南	Hainan	35308	50136	53771	14	29492	35410	43622	21
重 庆	Chongqing	44249	60072	62470	8	34163	46882	53723	9
四 川	Sichuan	39209	53451	59159	9	32101	43665	47138	16
贵 州	Guizhou	29993	44289	53103	15	24531	35937	43319	22
云 南	Yunnan	28988	41801	46400	24	24834	35997	41914	24
西 藏	Tibet	48293	46879	55017	11	50858	57178	62046	7
陕 西	Shaanxi	34809	46380	50090	17	29724	38995	46364	18
甘 肃	Gansu	28881	35730	43061	29	28769	35478	39989	26
青 海	Qinghai	37126	43126	48976	19	38694	45084	49730	13
宁 夏	Ningxia	31896	43986	44547	25	34118	47805	48919	14
新 疆	Xinjiang	32323	44864	49696	18	32609	45049	50951	12

2-26 城镇单位公共管理社会保障社会组织和城镇集体单位就业人员年平均工资

Average Wage of Employed Persons of Public Management, and Urban Collective-owned Units

单位：元 (yuan)

地区	Region	公共管理、社会保障和社会组织 Public Management,Social Security and Social Organization				城镇集体单位年平均工资 Urban Collective-owned Units			
		2010	2012	2013	2013排名 Ranking	2010	2012	2013	2013排名 Ranking
全　国	**National Total**	**38242**	**46074**	**49259**		**24010**	**33784**	**38905**	
北　京	Beijing	55680	70280	73563	4	26677	38552	42502	9
天　津	Tianjin	67714	73850	76626	3	37686	40494	41094	12
河　北	Hebei	29923	33498	35150	31	21825	28597	33057	26
山　西	Shanxi	27751	32672	37173	28	21579	32780	36409	17
内蒙古	Inner Mongolia	40338	51547	55697	9	29287	45344	50932	4
辽　宁	Liaoning	36941	41363	42162	21	19904	28183	31789	30
吉　林	Jilin	29247	36945	38028	27	16877	29506	34570	21
黑龙江	Heilongjiang	31568	36472	39325	26	19596	28762	35819	19
上　海	Shanghai	73073	90622	91983	1	41106	52786	55098	2
江　苏	Jiangsu	58861	70908	73532	5	30263	42368	50560	5
浙　江	Zhejiang	64667	73676	80118	2	35665	46789	52070	3
安　徽	Anhui	33622	43086	46164	17	23869	34741	37926	15
福　建	Fujian	42000	53850	57022	8	26652	38576	41293	11
江　西	Jiangxi	29395	39622	40732	24	17898	29429	36004	18
山　东	Shandong	35726	42914	48062	14	25626	34001	41416	10
河　南	Henan	28474	33696	36348	30	20385	27682	33135	25
湖　北	Hubei	34198	39503	39465	25	23954	32683	33216	24
湖　南	Hunan	30156	35015	37143	29	21595	29663	32975	27
广　东	Guangdong	53350	62700	65245	6	22453	30947	35650	20
广　西	Guangxi	33864	35777	40748	23	21533	28819	32197	29
海　南	Hainan	39376	47110	50047	11	20434	31715	36418	16
重　庆	Chongqing	36936	46751	48733	12	23817	30087	34492	22
四　川	Sichuan	35015	44117	48635	13	23441	33409	39112	13
贵　州	Guizhou	29537	40549	45226	18	24065	38882	47941	7
云　南	Yunnan	31650	37580	42351	20	24213	37211	43702	8
西　藏	Tibet	54848	51823	60202	7	16206	25966	24865	31
陕　西	Shaanxi	33224	42698	44868	19	20400	32399	38455	14
甘　肃	Gansu	30227	34481	41848	22	22084	32580	32822	28
青　海	Qinghai	40648	47443	54414	10	20289	29341	34255	23
宁　夏	Ningxia	33119	44337	47962	15	38127	44330	48650	6
新　疆	Xinjiang	35950	45071	46636	16	31249	46452	56809	1

2-27 私营企业就业人员和个体就业人员年底数
Number of Employed Persons in Private Enterprises and Self-employed Individuals at Year-end

单位：万人 (10 000 persons)

地区	Region	私营企业就业人员 Number of Employed Persons in Private Enterprises				个体就业人员 Number of Employed Persons in Self-employed Individuals			
		2010	2012	2013	2013排名 Ranking	2010	2012	2013	2013排名 Ranking
全　国	**National Total**	**9417.6**	**11296.1**	**12521.6**		**7007.6**	**8628.3**	**9335.7**	
北　京	Beijing	411.9	485.6	527.9	6	114.1	106.7	112.4	24
天　津	Tianjin	101.0	101.0	101.8	27	39.6	47.1	50.5	27
河　北	Hebei	214.3	250.4	204.3	21	328.2	390.9	391.5	9
山　西	Shanxi	118.8	194.6	216.2	20	171.6	191.6	209.1	20
内蒙古	Inner Mongolia	121.5	153.1	195.8	23	137.3	207.8	271.7	16
辽　宁	Liaoning	371.1	421.6	435.7	9	346.2	385.4	402.7	7
吉　林	Jilin	140.1	166.1	199.0	22	169.1	240.9	274.1	15
黑龙江	Heilongjiang	190.5	217.1	217.3	18	203.4	287.1	314.0	13
上　海	Shanghai	572.5	666.5	734.8	5	43.7	45.5	46.6	28
江　苏	Jiangsu	1528.6	1662.5	1918.8	1	475.7	570.4	624.2	4
浙　江	Zhejiang	870.6	986.9	1222.6	2	468.5	559.3	538.1	5
安　徽	Anhui	239.2	295.5	323.2	15	331.6	350.7	381.9	10
福　建	Fujian	301.5	393.9	419.1	10	183.3	258.9	221.2	19
江　西	Jiangxi	260.7	329.7	330.8	13	274.4	330.2	341.7	11
山　东	Shandong	647.7	755.4	792.6	4	537.3	619.6	709.8	3
河　南	Henan	315.1	365.4	329.4	14	385.2	500.1	400.5	8
湖　北	Hubei	267.3	338.7	409.5	12	364.9	572.9	746.5	2
湖　南	Hunan	296.1	398.4	464.8	7	266.2	323.5	332.2	12
广　东	Guangdong	851.9	1097.8	1218.4	3	688.9	711.2	822.3	1
广　西	Guangxi	189.4	247.9	259.6	17	223.1	229.7	249.2	18
海　南	Hainan	52.9	70.0	94.4	28	38.6	46.7	58.1	26
重　庆	Chongqing	201.4	370.6	449.5	8	126.5	177.9	197.0	21
四　川	Sichuan	372.2	402.9	418.5	11	392.8	481.2	536.5	6
贵　州	Guizhou	73.1	123.6	161.7	24	95.5	152.8	185.2	22
云　南	Yunnan	227.6	294.7	322.0	16	214.0	268.3	298.2	14
西　藏	Tibet	15.1	24.1	26.5	30	21.7	27.3	28.0	31
陕　西	Shaanxi	229.2	186.5	217.0	19	109.0	234.0	249.7	17
甘　肃	Gansu	81.4	99.8	118.2	25	96.1	126.1	145.6	23
青　海	Qinghai	34.2	37.6	26.1	31	26.2	32.3	40.5	30
宁　夏	Ningxia	36.8	43.7	49.5	29	44.2	55.2	46.4	29
新　疆	Xinjiang	84.1	114.5	116.8	26	90.5	97.2	110.3	25

2-28 城乡私营企业就业人员年底数

Number of Employed Persons in Private Enterprises in Urban and Rural Areas at Year-end

单位：万人 (10 000 persons)

地区	Region	城镇私营企业就业人员 Number of Employed Persons in Private Enterprises in Urban Area				乡村私营企业就业人员 Number of Employed Persons in Private Enterprises in Rural Area			
		2010	2012	2013	2013排名 Ranking	2010	2012	2013	2013排名 Ranking
全　国	**National Total**	**6070.9**	**7557.4**	**8242.3**		**3346.7**	**3738.7**	**4279.2**	
北　京	Beijing	258.0	306.2	355.7	7	153.9	179.5	172.2	8
天　津	Tianjin	93.0	92.5	91.8	24	8.0	8.5	10.0	30
河　北	Hebei	133.4	138.6	109.0	23	80.9	111.8	95.3	15
山　西	Shanxi	67.0	105.3	124.5	22	51.7	89.3	91.7	17
内蒙古	Inner Mongolia	103.1	133.1	124.8	21	18.4	20.1	71.0	20
辽　宁	Liaoning	271.6	318.7	337.0	10	99.5	102.9	98.7	14
吉　林	Jilin	118.9	139.7	165.7	16	21.2	26.4	33.3	25
黑龙江	Heilongjiang	147.7	158.7	159.8	18	42.8	58.5	57.5	22
上　海	Shanghai	314.1	362.6	395.4	5	258.4	303.9	339.5	4
江　苏	Jiangsu	958.9	1064.7	1236.1	1	569.8	597.7	682.7	1
浙　江	Zhejiang	472.3	561.9	671.6	3	398.3	425.0	551.0	2
安　徽	Anhui	133.3	195.3	222.7	13	105.9	100.3	100.5	13
福　建	Fujian	188.4	336.3	344.1	9	113.1	57.5	75.0	19
江　西	Jiangxi	87.5	140.7	164.9	17	173.2	189.0	165.9	9
山　东	Shandong	374.1	431.2	428.5	4	273.6	324.2	364.1	3
河　南	Henan	177.4	207.8	168.5	15	137.7	157.6	160.9	10
湖　北	Hubei	200.8	246.7	206.1	14	66.4	92.0	203.5	5
湖　南	Hunan	191.6	281.4	370.4	6	104.5	117.0	94.4	16
广　东	Guangdong	727.5	953.1	1043.0	2	124.4	144.7	175.4	7
广　西	Guangxi	100.5	137.3	129.9	20	89.0	110.6	129.7	11
海　南	Hainan	47.6	62.0	71.9	28	5.3	8.0	22.5	27
重　庆	Chongqing	164.6	290.1	346.6	8	36.8	80.5	102.9	12
四　川	Sichuan	232.0	216.6	238.4	12	140.3	186.3	180.1	6
贵　州	Guizhou	47.6	66.7	84.5	26	25.4	56.8	77.2	18
云　南	Yunnan	186.3	236.5	268.2	11	41.3	58.2	53.8	23
西　藏	Tibet	13.3	20.0	22.4	30	1.7	4.1	4.1	31
陕　西	Shaanxi	92.7	127.2	149.0	19	136.5	59.3	68.0	21
甘　肃	Gansu	59.4	64.9	77.5	27	22.0	35.0	40.7	24
青　海	Qinghai	22.8	20.1	12.7	31	11.4	17.5	13.3	29
宁　夏	Ningxia	20.0	31.5	31.9	29	16.7	12.2	17.5	28
新　疆	Xinjiang	65.4	109.8	89.9	25	18.7	4.7	26.9	26

2-29 城乡个体就业人员年底数
Number of Employed Persons in Self-employed Individuals in Urban Area and Rural Area at Year-end

单位：万人 (10 000 persons)

地区	Region	城镇个体就业人员 Number of Employed Persons in Self-employed Individuals in Urban Area				乡村个体就业人员 Number of Employed Persons in Self-employed Individuals in Rural Area			
		2010	2012	2013	2013排名 Ranking	2010	2012	2013	2013排名 Ranking
全国	**National Total**	**4467.5**	**5642.7**	**6142.3**		**2540.1**	**2985.6**	**3193.5**	
北京	Beijing	65.3	50.8	64.8	25	48.8	55.8	47.6	23
天津	Tianjin	30.3	38.2	40.5	27	9.3	8.9	10.0	29
河北	Hebei	160.6	206.7	321.2	6	167.5	184.2	70.3	19
山西	Shanxi	103.6	110.1	107.6	21	68.0	81.5	101.5	11
内蒙古	Inner Mongolia	113.0	158.3	216.7	13	24.4	49.4	55.0	21
辽宁	Liaoning	239.9	288.6	275.7	10	106.3	96.8	127.0	9
吉林	Jilin	128.4	173.9	195.4	15	40.7	67.0	78.7	18
黑龙江	Heilongjiang	146.2	214.7	232.5	12	57.2	72.4	81.5	14
上海	Shanghai	29.0	30.3	30.9	29	14.7	15.2	15.6	27
江苏	Jiangsu	338.4	402.3	442.5	2	137.3	168.1	181.7	6
浙江	Zhejiang	286.5	333.2	336.9	4	182.0	226.2	201.2	4
安徽	Anhui	264.1	285.2	301.2	7	67.5	65.5	80.7	16
福建	Fujian	89.9	171.1	141.7	19	93.3	87.7	79.5	17
江西	Jiangxi	160.0	195.9	203.5	14	114.4	134.2	138.2	8
山东	Shandong	262.5	301.8	333.5	5	274.9	317.8	376.3	1
河南	Henan	197.8	293.5	290.7	8	187.5	206.6	109.8	10
湖北	Hubei	251.0	387.8	417.0	3	113.9	185.0	329.6	2
湖南	Hunan	181.0	256.2	282.5	9	85.2	67.3	49.7	22
广东	Guangdong	505.6	535.5	627.1	1	183.3	175.7	195.1	5
广西	Guangxi	141.0	139.1	167.8	16	82.1	90.5	81.4	15
海南	Hainan	32.2	38.7	47.2	26	6.4	8.0	10.9	28
重庆	Chongqing	101.8	143.6	159.1	17	24.6	34.3	37.9	24
四川	Sichuan	226.9	284.4	275.6	11	165.9	196.8	260.9	3
贵州	Guizhou	51.6	83.5	85.6	24	43.9	69.4	99.5	12
云南	Yunnan	138.2	140.3	133.6	20	75.8	128.0	164.5	7
西藏	Tibet	17.5	22.0	22.1	31	4.2	5.2	5.9	30
陕西	Shaanxi	24.8	138.4	151.9	18	84.2	95.5	97.9	13
甘肃	Gansu	64.2	79.0	89.0	22	31.9	47.2	56.6	20
青海	Qinghai	20.3	27.2	37.2	28	5.8	5.1	3.3	31
宁夏	Ningxia	28.6	38.2	24.8	30	15.6	17.0	21.6	26
新疆	Xinjiang	67.0	74.0	86.3	23	23.5	23.2	24.0	25

2-30 城镇私营单位就业人员年平均工资
Average Wage of Employed Persons in Urban Private Units

单位：元

地区	Region	城镇私营单位就业人员年平均工资 Urban Private Units				其中：制造业年平均工资 Urban Private Units in Manufacturing			
		2010	2012	2013	2013排名 Ranking	2010	2012	2013	2013排名 Ranking
全　国	**National Total**	**20759**	**28752**	**32706**		**20090**	**28215**	**32035**	
北　京	Beijing	27431	42882	48027	1	24833	38498	42809	1
天　津	Tianjin	24023	35309	41975	2	21818	35721	42765	2
河　北	Hebei	17914	25158	28135	19	17782	25677	28983	17
山　西	Shanxi	15640	23452	27580	22	14842	23173	27348	20
内蒙古	Inner Mongolia	21732	29761	33245	10	20510	30836	33368	8
辽　宁	Liaoning	19280	26369	30233	14	18870	26041	29354	15
吉　林	Jilin	16929	21970	24244	29	15950	20431	22915	30
黑龙江	Heilongjiang	16924	21753	24750	27	15741	22133	24899	26
上　海	Shanghai	23305	28898	32828	11	22755	27226	30443	13
江　苏	Jiangsu	23402	32069	36308	5	22945	32020	36188	3
浙　江	Zhejiang	23409	32117	35302	7	22256	29819	33186	9
安　徽	Anhui	18493	27601	30872	13	17928	28085	31943	11
福　建	Fujian	21039	31104	36657	4	20082	30476	35460	5
江　西	Jiangxi	18002	23506	27819	20	17594	23488	26924	23
山　东	Shandong	20747	29206	34317	8	20458	29390	34705	7
河　南	Henan	15915	21255	23936	30	15495	20844	23142	29
湖　北	Hubei	18626	23037	25898	26	17479	22640	25696	24
湖　南	Hunan	17229	24396	27637	21	16391	23981	27287	21
广　东	Guangdong	22633	31920	36943	3	21644	31670	35646	4
广　西	Guangxi	17931	25086	28508	18	17026	25332	29315	16
海　南	Hainan	18058	24446	30002	15	16408	24367	27836	18
重　庆	Chongqing	20790	31035	35666	6	19955	30214	35398	6
四　川	Sichuan	18316	25912	29830	16	17835	25324	29652	14
贵　州	Guizhou	20307	25962	29370	17	17456	22300	27183	22
云　南	Yunnan	18562	20950	26738	23	17007	17849	24646	27
西　藏	Tibet								
陕　西	Shaanxi	16052	22753	26454	24	14809	22450	25582	25
甘　肃	Gansu	14318	20922	24334	28	13517	19563	24212	28
青　海	Qinghai	17444	23056	26226	25	17295	24265	27676	19
宁　夏	Ningxia	19775	25734	32097	12	20176	27413	31638	12
新　疆	Xinjiang	20017	29486	33409	9	19534	28876	32990	10

3

国民经济核算

National Accounts

3-1 地区生产总值和指数
Gross Regional Product and Indices by Region

地区	Region	地区生产总值（亿元） Gross Regional Product (100 million yuan)				指数（上年=100） Indices (preceding year=100)			
		2010	2012	2013	2013排名 Ranking	2010	2012	2013	2013排名 Ranking
全　国	**National Total**	**401512.80**	**518942.10**	**568845.20**		**110.4**	**107.7**	**107.7**	
北　京	Beijing	14113.58	17879.40	19500.56	13	110.3	107.7	107.7	30
天　津	Tianjin	9224.46	12893.88	14370.16	19	117.4	113.8	112.5	1
河　北	Hebei	20394.26	26575.01	28301.41	6	112.2	109.6	108.2	27
山　西	Shanxi	9200.86	12112.83	12602.24	23	113.9	110.1	108.9	23
内蒙古	Inner Mongolia	11672.00	15880.58	16832.38	15	115.0	111.5	109.0	21
辽　宁	Liaoning	18457.27	24846.43	27077.65	7	114.2	109.5	108.7	24
吉　林	Jilin	8667.58	11939.24	12981.46	21	113.8	112.0	108.3	26
黑龙江	Heilongjiang	10368.60	13691.58	14382.93	17	112.7	110.0	108.0	29
上　海	Shanghai	17165.98	20181.72	21602.12	12	110.3	107.5	107.7	30
江　苏	Jiangsu	41425.48	54058.22	59161.75	2	112.7	110.1	109.6	19
浙　江	Zhejiang	27722.31	34665.33	37568.49	4	111.9	108.0	108.2	27
安　徽	Anhui	12359.33	17212.05	19038.87	14	114.6	112.1	110.4	11
福　建	Fujian	14737.12	19701.78	21759.64	11	113.9	111.4	111.0	6
江　西	Jiangxi	9451.26	12948.88	14338.50	20	114.0	111.0	110.1	13
山　东	Shandong	39169.92	50013.24	54684.33	3	112.3	109.8	109.6	19
河　南	Henan	23092.36	29599.31	32155.86	5	112.5	110.1	109.0	21
湖　北	Hubei	15967.61	22250.45	24668.49	9	114.8	111.3	110.1	13
湖　南	Hunan	16037.96	22154.23	24501.67	10	114.6	111.3	110.1	13
广　东	Guangdong	46013.06	57067.92	62163.97	1	112.4	108.2	108.5	25
广　西	Guangxi	9569.85	13035.10	14378.00	18	114.2	111.3	110.2	12
海　南	Hainan	2064.50	2855.54	3146.46	28	116.0	109.1	109.9	17
重　庆	Chongqing	7925.58	11409.60	12656.69	22	117.1	113.6	112.3	3
四　川	Sichuan	17185.48	23872.80	26260.77	8	115.1	112.6	110.0	16
贵　州	Guizhou	4602.16	6852.20	8006.79	26	112.8	113.6	112.5	1
云　南	Yunnan	7224.18	10309.47	11720.91	24	112.3	113.0	112.1	4
西　藏	Tibet	507.46	701.03	807.67	31	112.3	111.8	112.1	4
陕　西	Shaanxi	10123.48	14453.68	16045.21	16	114.6	112.9	111.0	6
甘　肃	Gansu	4120.75	5650.20	6268.01	27	111.8	112.6	110.8	9
青　海	Qinghai	1350.43	1893.54	2101.05	30	115.3	112.3	110.8	9
宁　夏	Ningxia	1689.65	2341.29	2565.06	29	113.5	111.5	109.8	18
新　疆	Xinjiang	5437.47	7505.31	8360.24	25	110.6	112.0	111.0	6

注：本表绝对数按当年价格计算，指数按不变价格计算。

Note: Level data in this table are calculated at current prices while indices at constant prices.

3-2 第一产业生产总值和指数
Gross Regional Product and Indices by Primary Industry

地区	Region	第一产业生产总值（亿元） Gross Regional Product by Primary Industry (100 million yuan)				指数（上年=100） Indices (preceding year=100)			
		2010	2012	2013	2013排名 Ranking	2010	2012	2013	2013排名 Ranking
全　国	**National Total**	**40533.60**	**52373.60**	**56957.00**		**104.3**	**104.5**	**104.0**	
北　京	Beijing	124.36	150.20	161.83	29	98.4	103.2	103.0	27
天　津	Tianjin	145.58	171.60	188.45	28	103.3	103.0	103.7	22
河　北	Hebei	2562.81	3186.66	3500.42	4	103.5	104.0	103.5	24
山　西	Shanxi	554.48	698.32	773.81	24	106.1	106.3	104.5	14
内蒙古	Inner Mongolia	1095.28	1448.58	1599.41	17	106.1	105.6	105.2	7
辽　宁	Liaoning	1631.08	2155.82	2321.63	12	105.8	105.1	104.8	9
吉　林	Jilin	1050.15	1412.11	1509.34	19	103.7	105.3	104.0	19
黑龙江	Heilongjiang	1302.90	2113.66	2516.79	9	106.2	106.5	105.1	8
上　海	Shanghai	114.15	127.80	129.28	30	93.4	100.5	97.1	31
江　苏	Jiangsu	2540.10	3418.29	3646.08	3	104.9	104.6	103.1	26
浙　江	Zhejiang	1360.56	1667.88	1784.62	15	103.2	102.0	100.4	30
安　徽	Anhui	1729.02	2178.73	2348.09	10	104.6	105.5	103.5	24
福　建	Fujian	1363.67	1776.71	1936.31	13	103.3	104.2	104.4	16
江　西	Jiangxi	1206.98	1520.23	1636.49	16	104.0	104.6	104.6	13
山　东	Shandong	3588.28	4281.70	4742.63	1	103.6	104.7	103.8	20
河　南	Henan	3258.09	3769.54	4058.98	2	104.5	104.5	104.3	17
湖　北	Hubei	2147.00	2848.77	3098.16	7	104.6	104.7	104.7	10
湖　南	Hunan	2325.50	3004.21	3099.23	6	104.3	103.0	102.8	28
广　东	Guangdong	2286.98	2847.26	3047.51	8	104.5	103.8	102.5	29
广　西	Guangxi	1675.06	2172.37	2343.57	11	104.6	105.6	104.3	17
海　南	Hainan	539.83	711.54	756.47	25	106.3	106.3	106.3	3
重　庆	Chongqing	685.38	940.01	1016.74	22	106.1	105.3	104.7	10
四　川	Sichuan	2482.89	3297.21	3425.61	5	104.4	104.5	103.6	23
贵　州	Guizhou	625.03	891.91	1029.05	21	104.7	108.6	105.8	4
云　南	Yunnan	1108.38	1654.55	1895.34	14	104.2	106.7	106.8	2
西　藏	Tibet	68.72	80.38	86.82	31	103.2	103.4	103.8	20
陕　西	Shaanxi	988.45	1370.16	1526.05	18	105.8	106.0	104.7	10
甘　肃	Gansu	599.28	780.50	879.37	23	105.5	106.8	105.6	5
青　海	Qinghai	134.92	176.91	207.59	27	105.9	105.2	105.3	6
宁　夏	Ningxia	159.29	199.40	222.98	26	107.4	105.8	104.5	14
新　疆	Xinjiang	1078.63	1320.57	1468.29	20	104.5	107.0	106.9	1

注：本表绝对数按当年价格计算，指数按不变价格计算。

Note: Level data in this table are calculated at current prices while indices at constant prices.

3-3 第二产业生产总值和指数
Gross Regional Product and Indices by Secondary Industry

地区	Region	第二产业生产总值（亿元） Gross Regional Product by Secondary Industry (100 million yuan)				指数（上年=100） Indices (preceding year=100)			
		2010	2012	2013	2013排名 Ranking	2010	2012	2013	2013排名 Ranking
全　国	**National Total**	**187383.20**	**235162.00**	**249684.40**		**112.3**	**107.9**	**107.8**	
北　京	Beijing	3388.38	4059.27	4352.30	24	113.7	107.5	108.1	28
天　津	Tianjin	4840.23	6663.82	7276.68	17	120.2	115.2	112.7	7
河　北	Hebei	10707.68	14003.57	14762.10	6	113.4	111.5	109.0	24
山　西	Shanxi	5234.00	6731.56	6792.68	20	118.3	110.8	110.2	20
内蒙古	Inner Mongolia	6367.69	8801.50	9084.19	13	118.2	113.3	110.7	18
辽　宁	Liaoning	9976.82	13230.49	14269.46	7	116.8	109.8	108.9	25
吉　林	Jilin	4506.31	6376.77	6858.23	19	118.8	114.0	108.8	26
黑龙江	Heilongjiang	5204.11	6037.61	5918.22	22	114.5	110.3	106.6	30
上　海	Shanghai	7218.32	7854.77	8027.77	15	116.8	103.1	106.1	31
江　苏	Jiangsu	21753.93	27121.95	29094.03	2	113.1	111.1	110.0	21
浙　江	Zhejiang	14297.93	17316.32	18446.65	4	112.4	107.3	108.4	27
安　徽	Anhui	6436.62	9404.84	10403.96	12	120.7	114.4	112.4	10
福　建	Fujian	7522.83	10187.94	11315.30	11	118.1	114.3	112.9	6
江　西	Jiangxi	5122.88	6942.59	7671.38	16	118.2	113.1	111.7	13
山　东	Shandong	21238.49	25735.73	27422.47	3	112.8	110.5	110.7	18
河　南	Henan	13226.38	16672.20	17806.39	5	114.8	111.4	110.0	21
湖　北	Hubei	7767.24	11193.10	12171.56	9	120.2	113.2	111.3	16
湖　南	Hunan	7343.19	10506.42	11517.35	10	120.2	112.8	110.9	17
广　东	Guangdong	23014.53	27700.97	29427.49	1	114.7	107.3	107.7	29
广　西	Guangxi	4511.68	6247.43	6863.04	18	120.5	114.2	111.9	12
海　南	Hainan	571.00	804.47	871.29	30	119.2	111.0	109.2	23
重　庆	Chongqing	4359.12	5975.18	6397.92	21	122.7	115.6	113.4	4
四　川	Sichuan	8672.18	12333.28	13579.03	8	122.0	115.2	111.5	14
贵　州	Guizhou	1800.06	2677.54	3243.70	26	116.6	116.8	114.1	2
云　南	Yunnan	3223.49	4419.20	4927.82	23	115.8	116.7	113.3	5
西　藏	Tibet	163.92	242.85	292.92	31	114.1	114.4	120.0	1
陕　西	Shaanxi	5446.10	8073.87	8911.64	14	118.0	114.8	112.6	8
甘　肃	Gansu	1984.97	2600.09	2821.04	27	115.3	114.2	111.5	14
青　海	Qinghai	744.63	1092.34	1204.31	29	119.3	114.1	112.3	11
宁　夏	Ningxia	827.91	1159.37	1264.96	28	116.0	113.8	112.5	9
新　疆	Xinjiang	2592.15	3481.56	3765.97	25	112.6	113.7	113.6	3

注：本表绝对数按当年价格计算，指数按不变价格计算。

Note: Level data in this table are calculated at current prices while indices at constant prices.

3-4 第三产业生产总值和指数
Gross Regional Product and Indices by Tertiary Industry

地区	Region	第三产业生产总值（亿元） Gross Regional Product by Tertiary Industry (100 million yuan)				指数（上年=100） Indices (preceding year=100)			
		2010	2012	2013	2013排名 Ranking	2010	2012	2013	2013排名 Ranking
全　国	**National Total**	**173596.00**	**231406.50**	**262203.80**		**109.8**	**108.1**	**108.3**	
北　京	Beijing	10600.84	13669.93	14986.43	5	109.3	107.9	107.6	28
天　津	Tianjin	4238.65	6058.46	6905.03	14	114.2	112.6	112.5	2
河　北	Hebei	7123.77	9384.78	10038.89	9	113.1	108.6	108.4	27
山　西	Shanxi	3412.38	4682.95	5035.75	21	109.4	109.7	107.5	29
内蒙古	Inner Mongolia	4209.02	5630.50	6148.78	16	112.4	110.0	107.1	31
辽　宁	Liaoning	6849.37	9460.12	10486.56	7	112.5	110.1	109.2	19
吉　林	Jilin	3111.12	4150.36	4613.89	24	110.7	111.3	108.7	24
黑龙江	Heilongjiang	3861.59	5540.31	5947.92	17	111.8	110.8	110.4	8
上　海	Shanghai	9833.51	12199.15	13445.07	6	105.7	110.6	108.8	22
江　苏	Jiangsu	17131.45	23517.98	26421.64	2	113.3	109.7	109.8	14
浙　江	Zhejiang	12063.82	15681.13	17337.22	4	112.3	109.4	108.7	24
安　徽	Anhui	4193.68	5628.48	6286.82	15	110.1	111.0	109.5	17
福　建	Fujian	5850.62	7737.13	8508.03	13	110.6	109.1	109.6	16
江　西	Jiangxi	3121.40	4486.06	5030.63	22	111.2	109.5	109.1	21
山　东	Shandong	14343.14	19995.81	22519.23	3	113.5	109.8	109.2	19
河　南	Henan	6607.89	9157.57	10290.49	8	111.4	110.2	108.8	22
湖　北	Hubei	6053.37	8208.58	9398.77	11	111.3	110.8	110.0	10
湖　南	Hunan	6369.27	8643.60	9885.09	10	111.7	112.2	111.4	7
广　东	Guangdong	20711.55	26519.69	29688.97	1	110.6	109.5	109.9	11
广　西	Guangxi	3383.11	4615.30	5171.39	20	111.1	109.8	110.2	9
海　南	Hainan	953.67	1339.53	1518.70	28	120.1	109.5	112.1	4
重　庆	Chongqing	2881.08	4494.41	5242.03	19	112.4	112.0	112.0	5
四　川	Sichuan	6030.41	8242.31	9256.13	12	110.2	111.6	109.9	11
贵　州	Guizhou	2177.07	3282.75	3734.04	25	112.1	112.1	112.6	1
云　南	Yunnan	2892.31	4235.72	4897.75	23	111.5	110.9	112.4	3
西　藏	Tibet	274.82	377.80	427.93	31	113.7	112.0	108.7	24
陕　西	Shaanxi	3688.93	5009.65	5607.52	18	112.1	111.6	109.9	11
甘　肃	Gansu	1536.50	2269.61	2567.60	27	109.9	112.5	111.5	6
青　海	Qinghai	470.88	624.29	689.15	30	112.1	111.1	109.8	14
宁　夏	Ningxia	702.45	982.52	1077.12	29	111.6	109.7	107.5	29
新　疆	Xinjiang	1766.69	2703.18	3125.98	26	110.8	112.3	109.3	18

注：本表绝对数按当年价格计算，指数按不变价格计算。

Note: Level data in this table are calculated at current prices while indices at constant prices.

3-5 地区生产总值构成（地区生产总值=100）
Composition of Gross Regional Product (GRP=100)

单位：% (%)

地区	Region	2010 第一产业 Primary Industry	2010 第二产业 Secondary Industry	2010 第三产业 Tertiary Industry	2012 第一产业 Primary Industry	2012 第二产业 Secondary Industry	2012 第三产业 Tertiary Industry	2013 第一产业 Primary Industry	2013 第二产业 Secondary Industry	2013 第三产业 Tertiary Industry
全　国	**National Total**	**10.1**	**46.7**	**43.2**	**10.1**	**45.3**	**44.6**	**10.0**	**43.9**	**46.1**
北　京	Beijing	0.9	24.0	75.1	0.8	22.7	76.5	0.8	22.3	76.9
天　津	Tianjin	1.6	52.5	46.0	1.3	51.7	47.0	1.3	50.6	48.1
河　北	Hebei	12.6	52.5	34.9	12.0	52.7	35.3	12.4	52.2	35.5
山　西	Shanxi	6.0	56.9	37.1	5.8	55.6	38.7	6.1	53.9	40.0
内蒙古	Inner Mongolia	9.4	54.6	36.1	9.1	55.4	35.5	9.5	54.0	36.5
辽　宁	Liaoning	8.8	54.1	37.1	8.7	53.2	38.1	8.6	52.7	38.7
吉　林	Jilin	12.1	52.0	35.9	11.8	53.4	34.8	11.6	52.8	35.5
黑龙江	Heilongjiang	12.6	50.2	37.2	15.4	44.1	40.5	17.5	41.1	41.4
上　海	Shanghai	0.7	42.1	57.3	0.6	38.9	60.4	0.6	37.2	62.2
江　苏	Jiangsu	6.1	52.5	41.4	6.3	50.2	43.5	6.2	49.2	44.7
浙　江	Zhejiang	4.9	51.6	43.5	4.8	50.0	45.2	4.8	49.1	46.1
安　徽	Anhui	14.0	52.1	33.9	12.7	54.6	32.7	12.3	54.6	33.0
福　建	Fujian	9.3	51.0	39.7	9.0	51.7	39.3	8.9	52.0	39.1
江　西	Jiangxi	12.8	54.2	33.0	11.7	53.6	34.6	11.4	53.5	35.1
山　东	Shandong	9.2	54.2	36.6	8.6	51.5	40.0	8.7	50.1	41.2
河　南	Henan	14.1	57.3	28.6	12.7	56.3	30.9	12.6	55.4	32.0
湖　北	Hubei	13.4	48.6	37.9	12.8	50.3	36.9	12.6	49.3	38.1
湖　南	Hunan	14.5	45.8	39.7	13.6	47.4	39.0	12.6	47.0	40.3
广　东	Guangdong	5.0	50.0	45.0	5.0	48.5	46.5	4.9	47.3	47.8
广　西	Guangxi	17.5	47.1	35.4	16.7	47.9	35.4	16.3	47.7	36.0
海　南	Hainan	26.1	27.7	46.2	24.9	28.2	46.9	24.0	27.7	48.3
重　庆	Chongqing	8.6	55.0	36.4	8.2	52.4	39.4	8.0	50.5	41.4
四　川	Sichuan	14.4	50.5	35.1	13.8	51.7	34.5	13.0	51.7	35.2
贵　州	Guizhou	13.6	39.1	47.3	13.0	39.1	47.9	12.9	40.5	46.6
云　南	Yunnan	15.3	44.6	40.0	16.0	42.9	41.1	16.2	42.0	41.8
西　藏	Tibet	13.5	32.3	54.2	11.5	34.6	53.9	10.7	36.3	53.0
陕　西	Shaanxi	9.8	53.8	36.4	9.5	55.9	34.7	9.5	55.5	34.9
甘　肃	Gansu	14.5	48.2	37.3	13.8	46.0	40.2	14.0	45.0	41.0
青　海	Qinghai	10.0	55.1	34.9	9.3	57.7	33.0	9.9	57.3	32.8
宁　夏	Ningxia	9.4	49.0	41.6	8.5	49.5	42.0	8.7	49.3	42.0
新　疆	Xinjiang	19.8	47.7	32.5	17.6	46.4	36.0	17.6	45.0	37.4

注：本表按当年价格计算。

Note: Data in this table are calculated at current prices.

3-6 工业和建筑业生产总值
Gross Regional Product by Industry and Construction

单位：亿元 (100 million yuan)

地区	Region	工业 Industry				建筑业 Construction			
		2010	2012	2013	2013排名 Ranking	2010	2012	2013	2013排名 Ranking
全　国	**National Total**	**160722.20**	**199670.70**	**210689.40**		**2661.00**	**35491.30**	**38995.00**	
北　京	Beijing	2763.99	3294.32	3536.89	24	624.39	764.95	815.41	21
天　津	Tianjin	4410.85	6123.06	6678.60	16	429.38	540.76	598.08	25
河　北	Hebei	9554.03	12511.60	13194.76	6	1153.65	1491.97	1567.34	10
山　西	Shanxi	4657.97	6023.55	6032.99	19	576.03	708.01	759.69	23
内蒙古	Inner Mongolia	5618.40	7735.78	7944.40	13	749.29	1065.71	1139.79	17
辽　宁	Liaoning	8789.27	11605.07	12510.27	7	1187.55	1625.42	1759.19	8
吉　林	Jilin	3929.31	5582.48	6033.35	18	577.00	794.29	824.88	20
黑龙江	Heilongjiang	4608.27	5240.65	5090.34	22	595.84	796.96	827.88	19
上　海	Shanghai	6536.21	7097.76	7236.69	15	682.11	757.01	791.08	22
江　苏	Jiangsu	19277.65	23908.47	25612.24	2	2476.28	3213.48	3481.79	1
浙　江	Zhejiang	12657.78	15338.02	16368.43	4	1640.15	1978.30	2078.22	3
安　徽	Anhui	5407.40	8025.84	8928.02	12	1029.22	1379.00	1475.94	12
福　建	Fujian	6397.71	8541.94	9455.32	11	1125.12	1646.00	1859.98	6
江　西	Jiangxi	4286.76	5828.20	6434.41	17	836.12	1114.39	1236.97	14
山　东	Shandong	18861.45	22798.33	24222.16	3	2377.04	2937.40	3200.31	2
河　南	Henan	11950.88	15017.56	15960.60	5	1275.50	1654.64	1845.79	7
湖　北	Hubei	6726.53	9735.15	10531.37	9	1040.71	1457.95	1640.19	9
湖　南	Hunan	6305.11	9138.50	10001.00	10	1038.08	1367.92	1516.35	11
广　东	Guangdong	21462.72	25810.07	27426.26	1	1551.81	1890.90	2001.23	4
广　西	Guangxi	3860.46	5279.26	5749.65	20	651.22	968.17	1113.39	18
海　南	Hainan	385.21	521.15	551.11	30	185.79	283.32	320.18	29
重　庆	Chongqing	3697.83	4981.01	5249.65	21	661.29	994.17	1148.27	16
四　川	Sichuan	7431.45	10550.53	11578.55	8	1240.73	1782.75	2000.48	5
贵　州	Guizhou	1516.87	2217.06	2686.52	26	283.19	460.48	557.18	27
云　南	Yunnan	2604.07	3450.72	3767.58	23	619.42	968.48	1160.24	15
西　藏	Tibet	39.73	55.35	61.16	31	124.19	187.50	231.76	31
陕　西	Shaanxi	4558.97	6847.41	7507.34	14	887.13	1226.46	1404.30	13
甘　肃	Gansu	1602.87	2070.24	2225.22	27	382.10	529.85	595.82	26
青　海	Qinghai	613.65	895.89	970.53	28	130.98	196.45	233.78	30
宁　夏	Ningxia	643.05	878.63	944.50	29	184.86	280.74	320.46	28
新　疆	Xinjiang	2161.39	2850.06	3024.27	25	430.76	631.50	741.70	24

注：本表按当年价格计算。

Note: Data in this table are calculated at current prices.

3-7 交通运输业和批发零售业生产总值

Gross Regional Product by Transport, Storage and Post, Wholesale and Retail Trades

单位：亿元 (100 million yuan)

地区	Region	交通运输、仓储和邮政业 Transport, Storage and Post				批发和零售业 Wholesale and Retail Trades			
		2010	2012	2013	2013排名 Ranking	2010	2012	2013	2013排名 Ranking
全　国	**National Total**	**19132.20**	**24959.80**	**27282.90**		**35746.10**	**49394.40**	**55671.90**	
北　京	Beijing	712.01	816.31	883.58	14	1888.51	2229.77	2372.43	7
天　津	Tianjin	585.37	683.56	725.05	17	1090.68	1680.33	1902.52	12
河　北	Hebei	1745.91	2212.93	2377.59	4	1529.26	2024.29	2163.95	8
山　西	Shanxi	654.08	847.44	891.66	13	695.51	991.08	1079.48	22
内蒙古	Inner Mongolia	875.61	1185.30	1303.73	8	1051.96	1415.47	1547.04	14
辽　宁	Liaoning	926.81	1297.18	1384.09	5	1651.66	2191.19	2414.31	6
吉　林	Jilin	373.93	462.13	486.18	24	753.37	986.46	1080.58	21
黑龙江	Heilongjiang	469.31	598.78	616.03	22	880.83	1339.05	1458.12	16
上　海	Shanghai	834.40	895.31	935.06	12	2594.34	3291.93	3533.10	5
江　苏	Jiangsu	1768.30	2352.40	2530.02	3	4447.50	5704.66	6273.46	3
浙　江	Zhejiang	1076.67	1278.91	1326.02	6	2646.14	3684.34	4111.44	4
安　徽	Anhui	527.02	650.21	707.10	18	887.66	1223.97	1355.54	17
福　建	Fujian	871.16	1090.07	1176.19	9	1310.94	1670.26	1789.88	13
江　西	Jiangxi	446.22	630.56	678.62	19	666.89	935.94	1035.04	23
山　东	Shandong	1971.00	2516.19	2746.11	1	4257.40	6507.40	7523.79	1
河　南	Henan	873.30	1151.91	1309.30	7	1293.50	1877.82	2072.59	9
湖　北	Hubei	753.61	934.96	1078.11	11	1291.68	1687.52	1903.62	11
湖　南	Hunan	832.28	1077.65	1174.29	10	1434.68	1849.04	2045.65	10
广　东	Guangdong	1825.29	2367.46	2604.41	2	4647.76	6333.62	7039.20	2
广　西	Guangxi	480.17	625.57	677.77	20	656.83	982.18	1083.06	20
海　南	Hainan	101.90	133.40	140.96	29	220.65	300.52	344.49	28
重　庆	Chongqing	389.55	515.15	580.93	23	624.33	847.99	984.40	24
四　川	Sichuan	573.75	707.19	751.55	16	1016.03	1342.25	1472.59	15
贵　州	Guizhou	480.32	687.45	775.09	15	367.52	514.49	582.05	25
云　南	Yunnan	193.26	247.53	273.51	27	685.38	1039.64	1162.17	19
西　藏	Tibet	22.12	26.23	28.80	31	31.43	42.75	51.24	31
陕　西	Shaanxi	474.60	617.39	657.31	21	856.65	1166.90	1293.77	18
甘　肃	Gansu	227.18	319.66	347.18	26	272.13	398.52	440.31	27
青　海	Qinghai	61.26	71.87	74.23	30	81.44	109.44	126.27	30
宁　夏	Ningxia	145.17	196.49	201.71	28	89.50	124.66	133.44	29
新　疆	Xinjiang	222.47	357.90	422.37	25	276.28	426.65	480.94	26

注：本表按当年价格计算。

Note: Data in this table are calculated at current prices.

3-8 住宿餐饮业和金融业生产总值

Gross Regional Product by Hotels, Catering Services and Financial Institutions

单位：亿元 (100 million yuan)

地区	Region	住宿和餐饮业 Hotels and Catering Services				金融业 Financial Intermediation			
		2010	2012	2013	2013排名 Ranking	2010	2012	2013	2013排名 Ranking
全　国	**National Total**	8068.50	10464.20	11494.10		20980.60	28722.70	33534.80	
北　京	Beijing	317.34	373.06	374.75	14	1863.61	2536.91	2822.07	5
天　津	Tianjin	157.66	222.18	241.34	24	572.99	1001.59	1202.04	8
河　北	Hebei	265.02	388.87	415.18	11	615.42	913.66	1033.55	14
山　西	Shanxi	231.62	299.67	324.59	19	448.30	639.61	736.27	15
内蒙古	Inner Mongolia	332.24	433.94	468.85	10	346.44	502.01	563.00	21
辽　宁	Liaoning	369.61	487.49	541.90	8	639.27	969.37	1136.10	11
吉　林	Jilin	180.01	240.70	267.63	23	190.12	244.63	303.02	26
黑龙江	Heilongjiang	240.13	367.40	403.89	12	288.19	485.11	551.16	22
上　海	Shanghai	266.45	298.40	314.34	20	1950.96	2450.36	2823.29	4
江　苏	Jiangsu	710.98	1045.21	1142.79	3	2105.92	3136.51	3703.69	2
浙　江	Zhejiang	523.67	655.74	736.34	5	2326.58	2762.24	2965.67	3
安　徽	Anhui	193.78	268.95	298.03	21	396.17	617.62	735.44	16
福　建	Fujian	266.47	337.48	353.23	16	767.58	1015.37	1174.59	10
江　西	Jiangxi	200.71	310.84	339.71	17	241.49	413.07	494.78	23
山　东	Shandong	670.97	1059.47	1187.26	2	1361.45	1936.11	2265.50	6
河　南	Henan	605.23	898.36	998.47	4	697.68	1013.60	1181.77	9
湖　北	Hubei	385.11	512.02	579.73	7	561.27	870.36	1073.89	12
湖　南	Hunan	354.91	460.70	503.65	9	463.16	579.76	706.92	17
广　东	Guangdong	1074.85	1308.40	1391.84	1	2658.76	3171.96	3817.42	1
广　西	Guangxi	241.34	364.46	399.52	13	384.53	573.05	706.91	18
海　南	Hainan	69.45	98.96	110.33	28	78.12	130.69	151.64	29
重　庆	Chongqing	142.11	189.98	229.79	25	496.56	915.65	1068.35	13
四　川	Sichuan	478.42	621.72	685.84	6	654.70	1303.56	1581.47	7
贵　州	Guizhou	180.73	266.58	294.86	22	231.51	365.87	433.53	24
云　南	Yunnan	190.34	330.67	373.24	15	375.08	541.18	693.93	19
西　藏	Tibet	15.75	23.78	25.71	30	27.08	32.04	43.05	31
陕　西	Shaanxi	218.16	312.27	339.51	18	384.75	551.20	674.88	20
甘　肃	Gansu	97.40	141.68	159.64	26	100.54	184.43	234.18	27
青　海	Qinghai	16.30	21.39	23.47	31	54.53	83.73	94.37	30
宁　夏	Ningxia	31.00	42.67	46.07	29	97.87	167.48	199.81	28
新　疆	Xinjiang	68.06	108.39	120.94	27	225.20	360.40	420.27	25

注：本表按当年价格计算。

Note: Data in this table are calculated at current prices.

3-9 房地产业和其他行业生产总值
Gross Regional Product by Real Estate and Others

单位：亿元 (100 million yuan)

地区	Region	房地产业 Real Estate 2010	2012	2013	2013排名 Ranking	其他行业 Others 2010	2012	2013	2013排名 Ranking
全　国	**National Total**	**22782.00**	**29005.50**	**33294.80**		**66886.60**	**88859.90**	**100925.40**	
北　京	Beijing	1006.52	1244.17	1339.52	6	4812.85	6469.71	7194.08	3
天　津	Tianjin	377.59	449.65	519.37	18	1454.36	2021.15	2314.71	16
河　北	Hebei	697.79	982.05	1041.28	10	2270.37	2862.98	3007.34	12
山　西	Shanxi	192.00	301.88	329.80	22	1190.87	1603.27	1673.95	23
内蒙古	Inner Mongolia	309.25	385.22	414.59	21	1293.52	1708.56	1851.57	21
辽　宁	Liaoning	733.37	1050.03	1134.49	9	2528.65	3464.86	3875.67	10
吉　林	Jilin	212.32	240.86	266.60	24	1401.37	1975.58	2209.88	17
黑龙江	Heilongjiang	370.79	522.27	553.11	16	1612.34	2227.70	2365.61	15
上　海	Shanghai	1002.50	1147.04	1343.77	5	3184.86	4116.11	4495.51	7
江　苏	Jiangsu	2600.95	2992.82	3436.65	2	5497.80	8286.38	9335.03	2
浙　江	Zhejiang	1618.17	1927.93	2190.03	4	3872.59	5371.97	6007.72	5
安　徽	Anhui	532.17	665.76	763.56	12	1656.88	2201.97	2427.15	14
福　建	Fujian	679.03	1039.71	1216.76	7	1955.44	2584.24	2797.38	13
江　西	Jiangxi	340.56	421.83	500.57	20	1225.53	1773.82	1981.91	20
山　东	Shandong	1622.15	1984.49	2237.46	3	4460.17	5992.16	6559.11	4
河　南	Henan	773.23	1040.70	1165.07	8	2364.95	3175.18	3563.29	11
湖　北	Hubei	564.41	692.82	797.19	11	2497.29	3510.90	3966.23	9
湖　南	Hunan	464.21	568.52	636.26	15	2820.03	4107.93	4818.32	6
广　东	Guangdong	2813.95	3643.87	4207.46	1	7690.94	9694.37	10628.64	1
广　西	Guangxi	405.79	489.43	520.51	17	1214.46	1580.59	1783.62	22
海　南	Hainan	188.33	238.11	288.54	23	295.22	437.85	482.74	28
重　庆	Chongqing	266.38	620.17	728.83	14	962.15	1405.47	1649.73	24
四　川	Sichuan	558.56	703.51	762.77	13	2748.95	3564.08	4001.91	8
贵　州	Guizhou	139.64	176.75	202.94	27	777.35	1271.61	1445.57	26
云　南	Yunnan	223.45	243.03	262.84	25	1224.80	1833.67	2132.06	19
西　藏	Tibet	14.54	20.77	22.74	31	163.90	232.23	256.39	31
陕　西	Shaanxi	315.95	450.12	507.72	19	1438.82	1911.77	2134.33	18
甘　肃	Gansu	110.02	146.32	158.40	28	729.23	1079.00	1227.89	27
青　海	Qinghai	25.41	31.41	34.21	30	231.94	306.45	336.60	30
宁　夏	Ningxia	60.53	87.51	101.84	29	278.38	363.71	394.25	29
新　疆	Xinjiang	143.44	194.38	232.44	26	831.24	1255.46	1449.02	25

注：本表按当年价格计算。

Note: Data in this table are calculated at current prices.

3-10 人均地区生产总值和指数
Per Capita Gross Regional product and Indices

地区	Region	人均地区生产总值（元）Per Capita GRP (yuan)				指数（上年=100）Indices (preceding year=100)			
		2010	2012	2013	2013排名 Ranking	2010	2012	2013	2013排名 Ranking
全 国	**National Total**	**30015**	**38420**	**41908**		**109.9**	**107.1**	**107.1**	
北 京	Beijing	73856	87475	93213	2	104.8	104.9	105.2	31
天 津	Tianjin	72994	93173	99607	1	111.7	109.2	107.9	25
河 北	Hebei	28668	36584	38716	16	110.6	108.9	107.5	29
山 西	Shanxi	26283	33628	34813	22	111.2	109.6	108.4	23
内蒙古	Inner Mongolia	47347	63886	67498	6	114.4	111.1	108.7	19
辽 宁	Liaoning	42355	56649	61686	7	113.4	109.4	108.6	21
吉 林	Jilin	31599	43415	47191	11	113.6	111.9	108.2	24
黑龙江	Heilongjiang	27076	35711	37509	17	112.6	110.1	107.9	25
上 海	Shanghai	76074	85373	90092	3	106.4	105.7	106.1	30
江 苏	Jiangsu	52840	68347	74607	4	112.0	109.7	109.3	14
浙 江	Zhejiang	51711	63374	68462	5	109.5	107.7	107.8	27
安 徽	Anhui	20888	28792	31684	26	118.8	111.8	109.8	9
福 建	Fujian	40025	52763	57856	9	113.2	110.5	110.2	7
江 西	Jiangxi	21253	28800	31771	25	113.2	110.4	109.7	10
山 东	Shandong	41106	51768	56323	10	111.3	109.2	109.0	17
河 南	Henan	24446	31499	34174	23	112.6	110.1	108.9	18
湖 北	Hubei	27906	38572	42613	14	114.7	110.7	109.7	10
湖 南	Hunan	24719	33480	36763	19	112.9	110.7	109.3	14
广 东	Guangdong	44736	54095	58540	8	109.5	107.4	107.8	27
广 西	Guangxi	20219	27952	30588	27	113.9	110.4	109.3	14
海 南	Hainan	23831	32377	35317	21	115.0	108.0	108.7	19
重 庆	Chongqing	27596	38914	42795	12	116.2	112.4	111.3	3
四 川	Sichuan	21182	29608	32454	24	115.7	112.3	109.6	12
贵 州	Guizhou	13119	19710	22922	31	114.7	113.5	111.9	1
云 南	Yunnan	15752	22195	25083	29	111.6	112.3	111.4	2
西 藏	Tibet	17319	22936	26068	28	111.2	110.4	110.5	5
陕 西	Shaanxi	27133	38564	42692	13	114.4	112.6	110.6	4
甘 肃	Gansu	16113	21978	24296	30	111.6	112.2	110.4	6
青 海	Qinghai	24115	33181	36510	20	114.5	111.3	109.9	8
宁 夏	Ningxia	26860	36394	39420	15	112.2	110.3	108.6	21
新 疆	Xinjiang	25034	33796	37181	18	109.3	110.8	109.6	12

注：本表绝对数按当年价格计算，指数按不变价格计算。

Note: Level data in this table are calculated at current prices while indices at constant prices.

3-11 支出法地区生产总值构成（一）
Gross Regional Product by Expenditure Approach（1）

单位：亿元 (100 million yuan)

地区	Region	支出法地区生产总值 Gross Regional Product by Expenditure Approach				其中：最终消费支出 Final Consumption Expenditures			
		2010	2012	2013	2013排名 Ranking	2010	2012	2013	2013排名 Ranking
全　国	**National Total**	**402816.5**	**529238.4**	**586673.0**		**194115.0**	**261832.8**	**292165.6**	
北　京	Beijing	14113.6	17879.4	19500.6	13	7907.1	10655.1	11946.1	8
天　津	Tianjin	9224.5	12893.9	14370.2	19	3529.7	4879.4	5634.8	23
河　北	Hebei	20394.3	26575.0	28301.4	6	8326.0	11081.1	11886.6	9
山　西	Shanxi	9200.9	12112.8	12602.2	23	4030.0	5506.1	6182.8	21
内蒙古	Inner Mongolia	11672.0	15880.6	16832.4	15	4605.4	6244.2	6889.6	20
辽　宁	Liaoning	18457.3	24846.4	27077.7	7	7473.9	10073.2	11214.9	11
吉　林	Jilin	9128.6	12688.4	13946.8	21	3754.5	4942.0	5500.5	24
黑龙江	Heilongjiang	10368.6	13691.6	14382.9	17	5502.4	7260.5	7963.6	15
上　海	Shanghai	17166.0	20181.7	21602.1	12	9424.3	11528.6	12516.3	7
江　苏	Jiangsu	41425.5	54058.2	59161.8	2	17238.1	22714.6	26422.8	2
浙　江	Zhejiang	27722.3	34665.3	37568.5	4	12670.7	16509.4	17737.2	4
安　徽	Anhui	12359.3	17212.1	17212.1	14	6213.2	8439.0	9189.3	13
福　建	Fujian	14790.4	19701.8	21759.6	11	6299.0	7882.9	8389.9	14
江　西	Jiangxi	9451.3	12948.9	14338.5	20	4489.2	6314.3	7042.1	19
山　东	Shandong	39169.9	50013.2	54684.3	3	15331.2	20543.7	22601.6	3
河　南	Henan	23092.4	29599.3	32155.9	5	10209.8	13338.4	15287.4	5
湖　北	Hubei	16182.3	22659.4	25431.7	9	7389.8	9982.8	11161.2	12
湖　南	Hunan	16038.0	22154.2	24501.7	10	7603.5	10166.1	11281.0	10
广　东	Guangdong	46013.1	57067.9	62164.0	1	21500.9	29264.3	32196.2	1
广　西	Guangxi	9569.9	13035.1	14378.0	18	4853.5	6518.0	7407.7	16
海　南	Hainan	2064.5	2855.5	3146.5	28	953.2	1386.3	1590.4	28
重　庆	Chongqing	7925.6	11409.6	12656.7	22	3811.9	5393.1	6001.6	22
四　川	Sichuan	17185.5	23872.8	26260.8	8	8609.6	11926.7	13223.1	6
贵　州	Guizhou	4602.2	6852.2	8006.8	26	2887.1	3950.6	4535.8	26
云　南	Yunnan	7224.2	10309.5	11720.9	24	4291.1	6306.8	7364.2	17
西　藏	Tibet	507.5	701.0	807.7	31	326.5	452.7	518.6	31
陕　西	Shaanxi	10123.5	14453.7	16045.2	16	4584.5	6387.1	7051.9	18
甘　肃	Gansu	4120.8	5650.2	6268.0	27	2435.4	3328.0	3682.9	27
青　海	Qinghai	1350.4	1893.5	2101.1	30	715.4	997.4	1048.5	30
宁　夏	Ningxia	1689.7	2341.3	2565.1	29	824.9	1184.0	1340.1	29
新　疆	Xinjiang	5437.5	7505.3	8360.2	25	2865.6	4262.5	4599.2	25

注：本表按当年价格计算。

Note: Data in this table are calculated at current prices.

3-12 支出法地区生产总值构成（二）
Gross Regional Product by Expenditure Approach（2）

单位：亿元 (100 million yuan)

地区	Region	其中：资本形成额总额 Gross Capital Formation				其中：货物和服务净流出 Net Outflow of Goods and Services			
		2010	2012	2013	2013排名 Ranking	2010	2012	2013	2013排名 Ranking
全　国	**National Total**	**193603.9**	**252773.2**	**280356.1**		**15097.6**	**14632.4**	**14151.3**	
北　京	Beijing	6097.1	7409.6	7868.4	22	109.4	-185.3	-313.9	12
天　津	Tianjin	6926.4	9848.4	11046.8	13	-1231.6	-1833.95	-2311.40	24
河　北	Hebei	11037.4	15244.6	16386.2	7	1030.9	249.28	28.62	8
山　西	Shanxi	6341.3	8223.9	9169.0	20	-1170.4	-1617.1	-2749.5	25
内蒙古	Inner Mongolia	9020.4	13442.1	15728.1	8	-1953.8	-3805.7	-5785.4	30
辽　宁	Liaoning	11436.8	15492.1	16944.6	6	-453.4	-718.9	-1081.8	17
吉　林	Jilin	7192.1	9136.2	9708.1	18	-1818.0	-1389.9	-1261.8	20
黑龙江	Heilongjiang	5630.8	8143.7	9432.3	19	-764.6	-1712.6	-3013.0	26
上　海	Shanghai	7407.8	7674.8	8358.8	21	333.9	978.3	727.0	5
江　苏	Jiangsu	21173.3	27258.1	28634.3	2	3014.1	4085.6	4104.7	1
浙　江	Zhejiang	12950.5	15460.7	17112.4	5	2101.1	2695.2	2718.9	3
安　徽	Anhui	6171.5	8855.8	9919.0	17	-25.4	-82.7	-69.4	10
福　建	Fujian	8023.0	11304.8	12804.7	12	468.4	514.1	565.0	6
江　西	Jiangxi	4854.7	6513.7	7160.1	24	107.4	120.9	136.3	7
山　东	Shandong	21499.3	27551.5	30952.9	1	2339.4	1918.0	1129.8	4
河　南	Henan	15977.4	22060.0	24830.0	4	-3094.8	-5799.1	-7961.5	31
湖　北	Hubei	8511.2	12554.7	14245.4	9	281.3	121.9	25.1	9
湖　南	Hunan	8780.8	12488.8	14001.6	10	-346.3	-500.7	-781.0	16
广　东	Guangdong	18041.3	22871.9	26050.8	3	6470.9	4931.8	3917.0	2
广　西	Guangxi	7883.4	11068.5	10129.5	15	-3167.0	-4551.3	-3159.1	27
海　南	Hainan	1185.4	2009.9	2326.6	30	-74.1	-540.6	-770.5	15
重　庆	Chongqing	4576.6	6341.4	6915.6	25	-462.9	-324.8	-260.5	11
四　川	Sichuan	9219.9	12496.0	13494.6	11	-644.0	-549.9	-456.9	13
贵　州	Guizhou	2575.3	4164.4	5261.4	26	-860.2	-1262.8	-1790.4	22
云　南	Yunnan	5578.6	8576.4	9955.3	16	-2645.5	-4573.6	-5598.5	29
西　藏	Tibet	565.5	708.7	899.1	31	-384.5	-460.3	-610.0	14
陕　西	Shaanxi	6834.3	9915.2	11038.4	14	-1295.3	-1848.6	-2045.1	23
甘　肃	Gansu	2343.5	3298.1	3775.9	27	-658.1	-975.8	-1190.7	19
青　海	Qinghai	1087.0	1719.3	2519.1	28	-452.0	-823.1	-1466.5	21
宁　夏	Ningxia	1563.3	2086.9	2334.2	29	-698.5	-929.6	-1109.2	18
新　疆	Xinjiang	3371.2	5792.2	7192.5	23	-799.3	-2549.4	-3431.5	28

注：本表按当年价格计算。

Note: Data in this table are calculated at current prices.

3-13 最终消费支出构成
Final Consumption Expenditure and Its Composition

单位：亿元 (100 million yuan)

地区	Region	居民消费支出 Household Consumption				政府消费支出 Government Comsuption			
		2010	2012	2013	2013排名 Ranking	2010	2012	2013	2013排名 Ranking
全　国	**National Total**	**140758.6**	**190423.8**	**212187.5**		**53356.3**	**71409.0**	**79978.1**	
北　京	Beijing	4648.2	6203.3	6974.3	13	3258.9	4451.8	4971.8	4
天　津	Tianjin	2247.5	3180.7	3788.7	23	1282.2	1698.7	1846.1	21
河　北	Hebei	5731.4	7808.4	8448.1	10	2594.6	3272.7	3438.5	7
山　西	Shanxi	2855.2	3900.7	4372.7	21	1174.8	1605.4	1810.1	22
内蒙古	Inner Mongolia	2710.6	3777.3	4281.3	22	1894.8	2466.9	2608.3	13
辽　宁	Liaoning	5622.1	7894.4	8847.4	8	1851.8	2178.8	2367.4	14
吉　林	Jilin	2510.6	3375.9	3762.0	24	1243.9	1566.2	1738.5	23
黑龙江	Heilongjiang	3409.6	4447.7	4976.5	18	2092.8	2812.7	2987.1	11
上　海	Shanghai	7281.9	8721.3	9405.0	7	2142.4	2807.3	3111.3	9
江　苏	Jiangsu	10942.8	15385.6	18702.2	2	6295.3	7329.0	7720.6	1
浙　江	Zhejiang	9701.8	12496.1	13593.2	4	2968.9	4013.3	4144.1	6
安　徽	Anhui	4873.4	6562.7	6981.3	12	1339.8	1876.3	2208.0	15
福　建	Fujian	4710.8	6028.1	6437.0	14	1588.2	1854.8	1953.0	19
江　西	Jiangxi	3545.5	4753.8	5375.2	16	943.7	1560.5	1667.0	24
山　东	Shandong	11059.0	14583.4	16241.4	3	4272.2	5960.3	6360.2	3
河　南	Henan	7402.6	9754.4	11086.7	5	2807.2	3584.0	4200.7	5
湖　北	Hubei	5136.8	7085.5	8053.8	11	2253.0	2897.3	3107.4	10
湖　南	Hunan	5788.9	7768.4	8610.7	9	1814.6	2397.7	2670.3	12
广　东	Guangdong	16722.3	23022.5	25208.5	1	4778.6	6241.8	6987.8	2
广　西	Guangxi	3657.1	4905.8	5504.4	15	1196.4	1612.2	1903.3	20
海　南	Hainan	654.3	937.9	1043.4	28	298.9	448.3	547.0	28
重　庆	Chongqing	2792.3	4003.8	4516.3	20	1019.6	1389.3	1485.3	25
四　川	Sichuan	6638.5	9095.3	10102.5	6	1971.0	2831.4	3120.6	8
贵　州	Guizhou	2137.4	2910.9	3332.7	25	749.7	1039.7	1203.1	26
云　南	Yunnan	3082.1	4543.5	5244.6	17	1209.0	1763.2	2119.6	16
西　藏	Tibet	133.2	163.1	195.8	31	193.3	289.6	322.7	31
陕　西	Shaanxi	3105.8	4442.2	4962.9	19	1478.6	1944.9	2089.0	17
甘　肃	Gansu	1567.7	2196.0	2480.7	27	867.7	1131.9	1202.2	27
青　海	Qinghai	405.1	587.2	694.6	30	310.3	410.2	353.9	30
宁　夏	Ningxia	565.7	779.8	880.8	29	259.2	404.2	459.3	29
新　疆	Xinjiang	1578.9	2370.7	2563.5	26	1286.7	1891.8	2035.7	18

注：本表按当年价格计算。

Note: Data in this table are calculated at current prices.

3-14 资本形成总额构成
Gross Capital Formation and Its Composition

单位：亿元 (100 million yuan)

地区	Region	固定资本形成总额 Gross Fixed Capital Formation 2010	2012	2013	2013排名 Ranking	存货变动 Change in Inventories 2010	2012	2013	2013排名 Ranking
全　国	**National Total**	**183615.2**	**241756.8**	**269075.4**		**9988.7**	**11016.4**	**11280.7**	
北　京	Beijing	5342.4	7032.8	7595.4	22	754.7	376.8	273.0	20
天　津	Tianjin	6468.5	9314.8	10438.8	14	457.9	533.7	607.9	8
河　北	Hebei	10791.6	15087.9	16167.1	6	245.8	156.7	219.1	23
山　西	Shanxi	5973.1	7663.4	8693.5	20	368.2	560.5	475.5	10
内蒙古	Inner Mongolia	8938.7	12954.3	15287.1	8	81.7	487.7	441.0	13
辽　宁	Liaoning	11024.6	15049.6	16479.8	5	412.2	442.5	464.8	11
吉　林	Jilin	7618.1	9235.0	9751.5	15	-426.0	-98.8	-43.4	31
黑龙江	Heilongjiang	5410.5	7824.1	9153.5	19	220.3	319.6	278.8	19
上　海	Shanghai	6380.3	7012.5	7617.1	21	1027.5	662.3	741.7	6
江　苏	Jiangsu	20709.1	26415.5	27711.1	2	464.2	842.6	923.2	5
浙　江	Zhejiang	12101.3	14607.6	16139.7	7	849.2	853.2	972.7	4
安　徽	Anhui	6061.1	8680.9	9739.1	16	110.4	174.9	179.9	24
福　建	Fujian	7341.6	10270.2	11678.6	12	681.4	1034.6	1126.1	2
江　西	Jiangxi	4740.3	6301.1	6774.2	24	114.4	212.5	385.8	17
山　东	Shandong	20800.6	26808.9	29249.5	1	698.7	742.7	1703.4	1
河　南	Henan	15704.1	21667.8	24376.0	4	273.3	392.3	453.9	12
湖　北	Hubei	8200.4	12064.8	13701.9	9	310.8	489.9	543.5	9
湖　南	Hunan	8568.8	11990.7	13573.9	10	212.0	498.2	427.8	14
广　东	Guangdong	16812.7	22033.8	24997.7	3	1228.6	838.0	1053.0	3
广　西	Guangxi	7785.5	10547.4	9725.6	17	97.9	521.1	403.8	16
海　南	Hainan	1179.4	1947.9	2233.5	29	6.0	62.0	93.1	29
重　庆	Chongqing	4379.3	6041.2	6581.0	25	197.3	300.2	334.6	18
四　川	Sichuan	8911.1	12096.2	13081.7	11	308.8	399.8	412.9	15
贵　州	Guizhou	2510.4	4067.3	5141.8	26	64.9	97.1	119.7	26
云　南	Yunnan	5213.1	7949.5	9311.1	18	365.5	626.9	644.1	7
西　藏	Tibet	561.4	709.1	898.4	31	4.1	-0.5	0.7	30
陕　西	Shaanxi	6851.5	9700.1	10779.5	13	-17.2	215.1	259.0	21
甘　肃	Gansu	2177.9	3128.7	3649.1	27	165.6	169.4	126.7	25
青　海	Qinghai	1057.9	1895.7	2418.3	28	29.1	-176.5	100.8	28
宁　夏	Ningxia	1490.0	1967.2	2223.0	30	73.3	119.7	111.2	27
新　疆	Xinjiang	3233.0	5477.6	6943.7	23	138.2	314.6	248.7	22

注：本表按当年价格计算。

Note: Data in this table are calculated at current prices.

3-15 全体居民消费水平和指数
Household Consumption Expenditure and Indices

地区	Region	全体居民消费水平（元） All Households (yuan)				指数（上年=100） Indices (Preceding Year=100)			
		2010	2012	2013	2013排名 Ranking	2010	2012	2013	2013排名 Ranking
全 国	**National Total**	**10522.0**	**14098.0**	**15632.0**		**108.2**	**109.4**	**108.0**	
北 京	Beijing	25015.0	30349.5	33337.0	2	109.2	106.6	106.6	28
天 津	Tianjin	17784.0	22984.0	26261.0	3	113.9	109.1	106.7	27
河 北	Hebei	8057.0	10749.4	11556.8	26	110.6	108.1	110.8	9
山 西	Shanxi	8159.0	10829.0	12078.0	19	108.8	112.6	110.5	11
内蒙古	Inner Mongolia	11080.0	15195.5	17168.0	8	111.1	111.7	109.9	15
辽 宁	Liaoning	12934.0	17998.7	20156.0	7	113.2	110.4	109.5	18
吉 林	Jilin	9141.0	12276.3	13676.0	13	103.9	110.7	112.6	4
黑龙江	Heilongjiang	8906.0	11600.8	12978.0	16	112.4	105.8	109.7	16
上 海	Shanghai	32271.0	36892.9	39223.0	1	109.9	106.0	107.3	25
江 苏	Jiangsu	14035.0	19452.3	23585.0	6	111.4	114.2	116.6	2
浙 江	Zhejiang	18097.0	22844.7	24771.0	4	108.0	106.0	107.4	24
安 徽	Anhui	8237.0	10977.7	11618.0	25	114.5	106.6	103.8	30
福 建	Fujian	12871.0	16143.9	17115.0	9	108.0	107.0	107.1	26
江 西	Jiangxi	7972.0	10572.9	11910.0	21	111.1	110.5	110.0	14
山 东	Shandong	11611.0	15095.0	16728.0	10	110.4	110.4	110.1	13
河 南	Henan	7837.0	10380.3	11782.0	22	114.1	110.4	109.6	17
湖 北	Hubei	8977.0	12283.0	13912.0	12	111.4	109.7	110.6	10
湖 南	Hunan	8922.0	11739.5	12920.0	17	109.1	109.2	108.1	23
广 东	Guangdong	17218.0	21823.3	23739.0	5	109.0	108.3	106.4	29
广 西	Guangxi	7732.0	10519.5	11710.0	24	110.1	110.3	109.1	19
海 南	Hainan	7553.0	10634.5	11712.0	23	111.8	109.3	108.2	22
重 庆	Chongqing	9723.0	13655.4	15270.0	11	114.1	111.9	112.2	5
四 川	Sichuan	8182.0	11280.2	12485.0	18	113.7	112.2	108.7	21
贵 州	Guizhou	5879.0	8372.0	9541.0	30	113.7	109.2	112.7	3
云 南	Yunnan	6724.0	9781.6	11224.0	28	112.3	113.7	111.7	7
西 藏	Tibet	4513.0	5339.5	6275.5	31	107.5	108.6	116.7	1
陕 西	Shaanxi	8273.0	11852.2	13206.0	15	111.4	114.1	110.4	12
甘 肃	Gansu	6035.0	8542.0	9616.0	29	109.3	111.8	111.7	7
青 海	Qinghai	7234.0	10289.1	12070.0	20	105.8	115.2	111.8	6
宁 夏	Ningxia	8992.0	12120.4	13537.0	14	108.6	109.2	108.8	20
新 疆	Xinjiang	7276.0	10675.1	11401.0	27	115.4	115.9	103.7	31

注：本表绝对数按当年价格计算，指数按不变价格计算。

Note: Level data in this table are calculated at current prices while indices at constant prices.

3-16 城乡居民消费水平构成
Consumption of Rural and Urban Household Consumption

单位：元 (yuan)

地区	Region	城镇居民消费水平 Urban Household				农村居民消费水平 Rural Household			
		2010	2012	2013	2013排名 Ranking	2010	2012	2013	2013排名 Ranking
全国	**National Total**	**16546.0**	**21120.0**	**22880.0**		**4700.0**	**6515.0**	**7409.0**	
北京	Beijing	27071.0	32857.4	35836.0	2	12886.0	14664.1	17663.0	2
天津	Tianjin	20466.0	25568.9	28779.0	5	7814.0	11936.0	14954.0	4
河北	Hebei	13619.0	16553.9	17198.5	24	3867.0	5766.0	6460.1	23
山西	Shanxi	12279.0	15090.9	16341.0	28	4500.0	6485.2	7476.0	15
内蒙古	Inner Mongolia	16728.0	21307.8	23590.0	8	4486.0	7032.4	8218.0	10
辽宁	Liaoning	17489.0	23064.9	25161.0	7	5739.0	8651.7	10417.0	6
吉林	Jilin	13032.0	16873.1	18714.0	19	4663.0	6976.7	7773.0	12
黑龙江	Heilongjiang	12402.0	15538.0	17102.0	25	4536.0	6445.3	7478.0	14
上海	Shanghai	34588.0	39095.2	41464.0	1	13609.0	18512.3	20221.0	1
江苏	Jiangsu	18243.0	24100.6	28753.0	6	8196.0	11721.3	14571.0	5
浙江	Zhejiang	23624.0	28259.2	30101.0	4	9878.0	13723.6	15458.0	3
安徽	Anhui	13259.0	16131.3	17779.0	22	4447.0	5647.8	6114.0	25
福建	Fujian	17920.0	20722.3	21725.0	10	6879.0	9595.8	10147.0	7
江西	Jiangxi	12593.0	15327.4	16728.0	26	4397.0	6422.8	7429.0	16
山东	Shandong	17726.0	21527.8	23358.0	9	5733.0	8212.2	9224.0	9
河南	Henan	13958.0	17103.7	18833.0	18	4061.0	5607.6	6438.0	24
湖北	Hubei	13576.0	17296.1	19156.0	16	4758.0	6705.2	7755.0	13
湖南	Hunan	14707.0	18060.1	19508.0	14	4513.0	6381.8	7005.0	19
广东	Guangdong	23511.0	28268.6	30439.5	3	5880.0	8898.2	9913.5	8
广西	Guangxi	13969.0	17457.2	19185.0	15	3561.0	5355.5	5795.0	28
海南	Hainan	11365.0	15068.5	15877.0	30	3846.0	6019.6	7072.0	17
重庆	Chongqing	15260.0	19873.3	21681.0	11	3652.0	5740.5	6538.0	22
四川	Sichuan	13457.0	16649.1	17899.0	21	4748.0	7146.5	8074.0	11
贵州	Guizhou	12221.0	15441.3	16581.0	27	2926.0	4448.4	5383.0	29
云南	Yunnan	12624.0	16513.7	19089.0	17	3603.0	5645.0	6003.0	26
西藏	Tibet	10523.0	12958.4	14000.5	31	2635.0	3098.2	3874.4	31
陕西	Shaanxi	13977.0	18254.4	19620.0	13	3683.0	5782.7	6620.0	21
甘肃	Gansu	11881.0	15047.7	16327.0	29	2975.0	4562.7	5245.0	30
青海	Qinghai	11878.0	15026.4	17617.0	23	3684.0	6116.0	6954.0	20
宁夏	Ningxia	14739.0	18222.8	19671.0	12	3894.0	5958.1	7062.0	18
新疆	Xinjiang	12486.0	17441.6	18285.0	20	3590.0	5409.8	5942.0	27

注：本表按当年价格计算。

Note: Data in this table are calculated at current prices.

3-17 城乡居民消费水平指数
Indices of Urban and Rural Households Consumption

（上年=100） (preceding year=100)

地区	Region	城镇居民消费水平指数 Indices of Urban Households				农村居民消费水平指数 Indices of Rural Households			
		2010	2012	2013	2013排名 Ranking	2010	2012	2013	2013排名 Ranking
全 国	**National Total**	**105.9**	**107.8**	**106.1**		**108.0**	**107.9**	**108.7**	
北 京	Beijing	108.8	106.5	105.7	23	108.6	106.7	118.5	4
天 津	Tianjin	113.6	107.5	105.6	24	107.0	117.6	113.2	14
河 北	Hebei	110.5	104.1	107.0	15	105.3	112.1	115.7	8
山 西	Shanxi	105.7	108.8	107.5	13	111.0	116.6	113.5	13
内蒙古	Inner Mongolia	109.9	109.6	107.7	11	108.4	113.9	113.7	11
辽 宁	Liaoning	112.3	107.7	106.7	16	111.1	114.3	117.6	5
吉 林	Jilin	104.2	111.0	110.6	5	102.2	109.1	116.9	6
黑龙江	Heilongjiang	114.8	104.8	108.5	8	104.2	106.6	111.8	18
上 海	Shanghai	109.8	106.0	107.0	14	107.4	106.2	110.3	21
江 苏	Jiangsu	108.9	112.6	114.7	1	109.3	115.9	119.6	2
浙 江	Zhejiang	104.7	104.5	105.8	22	112.1	108.8	110.6	20
安 徽	Anhui	111.3	105.3	102.1	31	114.9	103.8	100.5	31
福 建	Fujian	103.5	104.6	105.4	27	107.8	110.4	108.1	25
江 西	Jiangxi	107.4	106.7	106.3	20	114.1	113.4	113.7	11
山 东	Shandong	108.4	106.9	107.7	11	111.6	115.6	112.0	17
河 南	Henan	113.1	106.8	106.7	16	110.3	111.1	110.2	22
湖 北	Hubei	108.8	105.6	108.2	9	110.9	114.5	112.7	16
湖 南	Hunan	109.7	105.7	105.6	24	105.3	111.4	109.0	24
广 东	Guangdong	107.8	107.9	105.5	26	109.5	107.7	108.0	27
广 西	Guangxi	109.2	107.5	107.9	10	104.6	109.5	105.4	28
海 南	Hainan	110.6	107.0	103.7	30	109.7	111.8	115.1	9
重 庆	Chongqing	111.8	107.8	109.4	6	113.1	117.7	114.9	10
四 川	Sichuan	109.6	105.9	105.4	27	116.5	116.9	111.4	19
贵 州	Guizhou	106.9	105.5	106.7	16	114.7	110.9	118.7	3
云 南	Yunnan	109.6	108.9	111.8	3	112.5	114.4	105.2	29
西 藏	Tibet	105.2	109.5	108.7	7	107.7	107.2	122.4	1
陕 西	Shaanxi	109.0	109.4	106.6	19	108.9	117.9	113.1	15
甘 肃	Gansu	103.6	108.6	113.3	2	108.5	112.8	108.1	25
青 海	Qinghai	103.4	110.6	111.1	4	103.5	121.2	109.7	23
宁 夏	Ningxia	107.2	105.5	105.0	29	104.6	114.7	116.1	7
新 疆	Xinjiang	111.9	114.8	106.1	21	115.4	116.2	102.1	30

注：本表按不变价格计算。

Note: Data in this table are calculated at constant prices.

3-18 地区生产总值收入法构成项目（一）
Components of Gross Regional Product by Income Approach（1）

单位：亿元 (100 million yuan)

地区	Region	劳动者报酬 Compensation of Employees 2010	2012	2013	2013排名 Ranking	生产税净额 Net Taxes on Production 2010	2012	2013	2013排名 Ranking
北京	Beijing	6919.99	9102.64	9102.64	12	2197.19	2894.58	2894.58	12
天津	Tianjin	3556.17	5040.37	5040.37	23	1402.91	2138.15	2138.15	18
河北	Hebei	11280.60	13656.68	13656.68	6	2487.22	3408.74	3408.74	10
山西	Shanxi	3638.33	5319.18	5319.18	21	1502.52	1989.99	1989.99	21
内蒙古	Inner Mongolia	5086.28	6960.77	6960.77	16	1560.30	2152.04	2152.04	17
辽宁	Liaoning	8982.04	11559.60	11559.60	7	3096.30	5192.66	5192.66	5
吉林	Jilin	3370.41	4589.20	4589.20	24	1337.77	1859.57	1859.57	22
黑龙江	Heilongjiang	3823.13	5417.92	5417.92	20	1665.41	2107.32	2107.32	20
上海	Shanghai	6742.05	8389.14	8389.14	14	3298.73	4022.74	4022.74	7
江苏	Jiangsu	17141.63	22867.66	22867.66	2	6278.34	7862.22	7862.22	3
浙江	Zhejiang	10788.87	14583.69	14583.69	5	4274.03	5495.64	5495.64	4
安徽	Anhui	6058.54	8445.19	8445.19	13	1779.83	2350.44	2350.44	15
福建	Fujian	7400.03	9979.11	9979.11	11	1867.67	2809.74	2809.74	13
江西	Jiangxi	4258.71	5529.01	5529.01	19	1616.83	2114.79	2114.79	19
山东	Shandong	15457.01	19235.34	19235.34	3	6274.22	8307.74	8307.74	2
河南	Henan	11503.22	14834.53	14834.53	4	3071.13	4633.77	4633.77	6
湖北	Hubei	6827.85	10814.15	10814.15	9	2284.90	3161.57	3161.57	11
湖南	Hunan	8040.19	10988.08	10988.08	8	2553.68	3596.68	3596.68	9
广东	Guangdong	20452.36	27239.83	27239.83	1	6841.07	8988.68	8988.68	1
广西	Guangxi	5682.23	7183.36	7183.36	15	1237.65	1719.70	1719.70	23
海南	Hainan	1039.62	1447.36	1447.36	28	341.65	546.25	546.25	28
重庆	Chongqing	3901.69	5679.13	5679.13	17	1183.97	1664.96	1664.96	24
四川	Sichuan	8089.35	10537.71	10537.71	10	2684.50	3676.83	3676.83	8
贵州	Guizhou	2444.38	3650.80	3650.80	26	698.54	1241.50	1241.50	25
云南	Yunnan	3344.07	5214.01	5214.01	22	1499.72	2316.81	2316.81	16
西藏	Tibet	325.38	450.54	450.54	31	37.64	62.14	62.14	31
陕西	Shaanxi	4028.24	5566.50	5566.50	18	1695.80	2585.50	2585.50	14
甘肃	Gansu	2145.94	2628.86	2628.86	27	666.78	987.21	987.21	27
青海	Qinghai	635.34	823.58	823.58	30	197.71	278.38	278.38	30
宁夏	Ningxia	921.35	1150.85	1150.85	29	183.49	328.05	328.05	29
新疆	Xinjiang	2829.07	3979.27	3979.27	25	791.23	1140.66	1140.66	26

注：本表按当年价格计算。

Note: Data in this table are calculated at current prices.

3-19 地区生产总值收入法构成项目（二）
Components of Gross Regional Product by Income Approach（2）

单位：亿元 (100 million yuan)

地区	Region	固定资产折旧 Depreciation of Fixed Assets				营业盈余 Operating Surplus			
		2010	2012	2013	2013排名 Ranking	2010	2012	2013	2013排名 Ranking
北　京	Beijing	1925.96	2269.61	2269.61	12	3070.44	3612.57	3612.57	18
天　津	Tianjin	1155.18	1506.75	1506.75	21	3110.20	4208.61	4208.61	17
河　北	Hebei	2342.65	3346.67	3346.67	7	4283.79	6162.92	6162.92	7
山　西	Shanxi	1245.86	1866.68	1866.68	17	2814.15	2936.98	2936.98	21
内蒙古	Inner Mongolia	1416.21	1718.26	1718.26	19	3574.21	5049.51	5049.51	11
辽　宁	Liaoning	2685.24	3680.90	3680.90	5	3693.69	4413.27	4413.27	15
吉　林	Jilin	1467.62	1992.09	1992.09	15	2491.78	3498.38	3498.38	19
黑龙江	Heilongjiang	1274.49	1549.06	1549.06	20	3605.57	4617.28	4617.28	13
上　海	Shanghai	2275.95	2460.38	2460.38	10	4849.25	5309.46	5309.46	9
江　苏	Jiangsu	5483.65	7209.94	7209.94	2	12521.86	16118.40	16118.40	1
浙　江	Zhejiang	3316.63	4463.09	4463.09	4	9342.78	10122.91	10122.91	4
安　徽	Anhui	1405.25	2083.07	2083.07	14	3115.70	4333.35	4333.35	16
福　建	Fujian	1562.99	2114.83	2114.83	13	3906.43	4798.10	4798.10	12
江　西	Jiangxi	1183.45	1986.72	1986.72	16	2392.27	3318.36	3318.36	20
山　东	Shandong	5384.36	7143.36	7143.36	3	12054.33	15326.81	15326.81	2
河　南	Henan	2867.95	3348.38	3348.38	6	5650.06	6782.62	6782.62	5
湖　北	Hubei	2237.63	2765.11	2765.11	9	4617.23	5509.62	5509.62	8
湖　南	Hunan	1701.50	2369.19	2369.19	11	3742.59	5200.28	5200.28	10
广　东	Guangdong	6159.34	7535.69	7535.69	1	12560.29	13303.72	13303.72	3
广　西	Guangxi	1248.21	1474.92	1474.92	22	1401.76	2657.12	2657.12	23
海　南	Hainan	331.81	424.91	424.91	28	351.42	437.02	437.02	30
重　庆	Chongqing	850.58	1240.30	1240.30	23	1989.34	2825.21	2825.21	22
四　川	Sichuan	2212.51	3007.03	3007.03	8	4199.12	6651.23	6651.23	6
贵　州	Guizhou	655.93	900.51	900.51	27	803.32	1059.39	1059.39	27
云　南	Yunnan	907.75	1069.53	1069.53	25	1472.64	1709.12	1709.12	24
西　藏	Tibet	73.13	104.33	104.33	31	71.31	84.02	84.02	31
陕　西	Shaanxi	1125.97	1747.26	1747.26	18	3273.47	4554.42	4554.42	14
甘　肃	Gansu	622.36	923.16	923.16	26	685.67	1110.98	1110.98	26
青　海	Qinghai	199.80	335.98	335.98	30	317.58	455.60	455.60	29
宁　夏	Ningxia	231.41	399.08	399.08	29	353.40	463.31	463.31	28
新　疆	Xinjiang	676.21	1096.08	1096.08	24	1140.96	1289.30	1289.30	25

注：本表按当年价格计算。

Note: Data in this table are calculated at current prices.

固定资产投资

Investment in Fixed Assets

4-1　全社会固定资产投资和全社会住宅投资

Total Investment in Fixed Assets in the Whole Country and Total Investment in Residential Buildings in the Whole Country

单位：亿元　(100 million yuan)

地区	Region	全社会固定资产投资 Total Investment in Fixed Assets 2010	2012	2013	2013排名 Ranking	全社会住宅投资 Total Investment in Residential Buildings 2010	2012	2013	2013排名 Ranking
全　国	**National Total**	**278121.9**	**374694.7**	**446294.1**		**45936.1**	**64412.8**	**74870.7**	
北　京	Beijing	5403.0	6112.4	6847.1	25	1662.2	1873.0	2026.8	16
天　津	Tianjin	6278.1	7934.8	9130.2	22	700.5	1082.4	1262.5	25
河　北	Hebei	15083.4	19661.3	23194.2	5	2614.8	3073.6	3231.3	9
山　西	Shanxi	6063.2	8863.3	11031.9	18	900.3	1467.0	1689.0	17
内蒙古	Inner Mongolia	8926.5	11875.7	14217.4	14	961.8	1148.6	1289.8	24
辽　宁	Liaoning	16043.0	21836.3	25107.7	4	2724.1	4201.1	4875.2	5
吉　林	Jilin	7870.4	9511.5	9979.3	20	872.0	1109.7	1053.5	27
黑龙江	Heilongjiang	6812.6	9694.7	11453.1	17	1066.2	1480.7	1419.8	22
上　海	Shanghai	5108.9	5117.6	5647.8	27	1233.0	1457.6	1626.9	18
江　苏	Jiangsu	23184.3	30854.2	36373.3	2	3665.2	5051.2	5990.3	1
浙　江	Zhejiang	12376.0	17649.4	20782.1	7	2785.5	4318.5	5039.9	4
安　徽	Anhui	11542.9	15425.8	18621.9	10	2248.7	2738.0	3284.4	8
福　建	Fujian	8199.1	12439.9	15327.4	12	1254.1	2135.4	2814.2	11
江　西	Jiangxi	8772.3	10774.2	12850.3	15	876.7	1233.0	1471.1	21
山　东	Shandong	23280.5	31256.0	36789.1	1	3706.9	4815.3	5242.3	2
河　南	Henan	16585.9	21450.0	26087.5	3	2721.5	3332.3	3975.7	6
湖　北	Hubei	10262.7	15578.3	19307.3	9	1400.1	2213.3	2833.1	10
湖　南	Hunan	9663.6	14523.2	17841.4	11	1505.9	2194.2	2486.3	13
广　东	Guangdong	15623.7	18751.5	22308.4	6	3161.7	4344.5	5210.6	3
广　西	Guangxi	7057.6	9808.6	11907.7	16	1218.6	1503.8	1617.2	19
海　南	Hainan	1317.0	2145.4	2697.9	28	495.3	860.0	1082.9	26
重　庆	Chongqing	6688.9	8736.2	10435.2	19	1325.9	1946.9	2374.4	14
四　川	Sichuan	13116.7	17040.0	20326.1	8	2354.1	3046.3	3551.6	7
贵　州	Guizhou	3104.9	5717.8	7373.6	24	530.4	1164.9	1549.2	20
云　南	Yunnan	5528.7	7831.1	9968.3	21	920.5	1606.7	2244.4	15
西　藏	Tibet	462.7	670.5	876.0	31	42.1	39.0	28.1	31
陕　西	Shaanxi	7963.7	12044.5	14884.1	13	1486.6	2362.3	2627.7	12
甘　肃	Gansu	3158.3	5145.0	6527.9	26	486.5	751.3	858.1	28
青　海	Qinghai	1016.9	1883.4	2361.1	30	177.9	316.3	295.7	30
宁　夏	Ningxia	1444.2	2096.9	2651.1	29	238.8	360.8	461.4	29
新　疆	Xinjiang	3423.2	6158.8	7732.3	23	561.3	1130.9	1354.5	23

注：2010年固定资产投资的统计起点为50万元；自2011年起，投资的统计起点由50万元提高到500万元(以下有关各表同)。

Note: The starting point for the 2010 investment in fixed assets is 500000 yuan, Since 2011, Investment statistics point raised from 500000 yuan to 5 million yuan. The same applies to the relevant tables followed.

4-2 城镇固定资产投资（不含农户）和房地产开发投资
Total Investment in Urban Area and Real Estate Development

单位：亿元 (100 million yuan)

地区	Region	城镇固定资产投资（不含农户） Investment in Fixed Assets in Urban Area				其中：房地产开发投资 Investment in Real Estate Development			
		2010	2012	2013	2013排名 Ranking	2010	2012	2013	2013排名 Ranking
全　国	**National Total**	**241430.9**	**364854.1**	**435747.4**		**48259.4**	**71803.8**	**86013.4**	
北　京	Beijing	4916.5	6064.9	6797.5	25	2901.1	3153.4	3483.4	10
天　津	Tianjin	5896.5	7913.3	9103.0	22	866.6	1260.0	1480.8	21
河　北	Hebei	12922.7	19104.6	22629.8	5	2264.9	3086.5	3445.4	11
山　西	Shanxi	5526.6	8584.9	10745.3	18	592.2	1010.5	1308.6	23
内蒙古	Inner Mongolia	8688.0	11749.8	14072.4	14	1120.0	1291.4	1479.0	22
辽　宁	Liaoning	15106.3	21535.4	24791.4	4	3465.8	5455.8	6450.8	3
吉　林	Jilin	7395.2	9262.2	9725.8	20	921.0	1310.0	1252.4	24
黑龙江	Heilongjiang	6292.7	9375.4	11121.3	17	843.1	1535.8	1604.8	20
上　海	Shanghai	4630.5	5114.6	5644.1	27	1980.7	2381.4	2819.6	14
江　苏	Jiangsu	17416.5	30473.7	35982.5	1	4299.4	6206.1	7241.5	1
浙　江	Zhejiang	8438.1	17096.0	20194.1	7	3025.4	5226.3	6216.2	4
安　徽	Anhui	10281.3	14943.8	18091.2	10	2251.8	3151.6	3946.2	6
福　建	Fujian	7385.8	12182.5	15045.8	12	1818.9	2824.1	3703.0	9
江　西	Jiangxi	7856.9	10378.4	12434.9	15	706.8	969.6	1174.6	26
山　东	Shandong	18844.4	30319.8	35875.9	2	3249.4	4708.3	5444.5	5
河　南	Henan	13934.8	20558.6	25188.1	3	2114.1	3035.3	3843.8	8
湖　北	Hubei	9405.6	15148.7	18796.9	9	1618.2	2539.5	3286.0	12
湖　南	Hunan	8618.0	13966.3	17225.2	11	1469.1	2210.5	2628.3	15
广　东	Guangdong	12599.3	18250.1	21795.5	6	3659.7	5352.8	6489.6	2
广　西	Guangxi	6383.3	9345.2	11383.9	16	1206.2	1554.9	1614.6	19
海　南	Hainan	1257.5	2064.4	2625.6	28	467.9	886.6	1196.8	25
重　庆	Chongqing	6170.6	8610.4	10291.0	19	1620.3	2508.4	3012.8	13
四　川	Sichuan	11061.4	16530.3	19755.3	8	2194.6	3266.4	3853.0	7
贵　州	Guizhou	2609.4	5504.9	7102.8	24	556.7	1467.6	1942.5	18
云　南	Yunnan	5052.6	7553.5	9621.8	21	900.4	1782.1	2488.3	16
西　藏	Tibet	405.0	670.5	876.0	31	9.0	6.9	9.7	31
陕　西	Shaanxi	7569.9	11705.8	14533.5	13	1159.5	1835.9	2240.2	17
甘　肃	Gansu	2808.6	5040.0	6407.2	26	266.4	561.0	724.6	28
青　海	Qinghai	840.0	1808.7	2285.3	30	108.2	189.7	247.6	30
宁　夏	Ningxia	1292.8	2033.0	2577.8	29	254.4	429.2	559.0	29
新　疆	Xinjiang	3065.1	5858.0	7371.2	23	347.7	606.1	825.7	27

注：2010年统计口径为城镇固定资产投资；自2011年起，城镇固定资产投资数据发布口径改为固定资产投资(不含农户)。固定资产投资(不含农户)等于原口径的城镇固定资产投资加上农村企事业组织的项目投资(以下有关各表同)。

Note: The statistics for 2010 urban fixed asset investment, Since 2011, published coverage of investment infixed assets in urban area changed into investment in fixed assets (Excluding rural households) which included investment in urban area and investment in rural enterprises (units). The same applies to the relevant tables followed.

4-3 城镇住宅投资和房地产开发投资
Urban Area Investment in Residential Buildings and Real Estate Development

单位：亿元 (100 million yuan)

地区	Region	城镇住宅投资 Investment in Residential Buildings in Urban Area				其中：房地产开发投资 Investment in Real Estate Development	
		2010	2012	2013	2013排名 Ranking	2013	2013排名 Ranking
全　国	**National Total**	**39473.7**	**57844.3**	**67483.4**		**58950.8**	
北　京	Beijing	1569.1	1833.6	1985.7	16	1724.6	15
天　津	Tianjin	652.2	1072.4	1249.4	22	986.3	23
河　北	Hebei	2173.1	2708.4	2805.9	9	2539.3	8
山　西	Shanxi	731.6	1281.0	1498.3	18	958.8	24
内蒙古	Inner Mongolia	928.6	1123.3	1215.7	23	1003.6	21
辽　宁	Liaoning	2562.1	4022.8	4693.5	4	4666.0	2
吉　林	Jilin	800.3	1063.0	993.7	27	911.4	25
黑龙江	Heilongjiang	939.7	1402.7	1329.0	20	1124.7	20
上　海	Shanghai	1230.8	1455.1	1623.8	17	1615.5	17
江　苏	Jiangsu	3380.7	4837.5	5646.3	1	5171.5	1
浙　江	Zhejiang	2271.8	3860.1	4538.1	5	4089.2	4
安　徽	Anhui	1836.3	2385.2	2931.8	8	2549.9	7
福　建	Fujian	1077.8	1931.3	2590.8	10	2402.1	10
江　西	Jiangxi	640.1	933.3	1108.7	25	795.4	26
山　东	Shandong	3140.0	4279.0	4759.2	3	3976.6	5
河　南	Henan	1992.0	2579.0	3274.6	6	2827.1	6
湖　北	Hubei	1190.1	1904.1	2474.9	11	2251.6	11
湖　南	Hunan	1207.5	1732.4	1989.1	15	1845.8	13
广　东	Guangdong	2824.3	3972.4	4823.5	2	4530.6	3
广　西	Guangxi	969.8	1178.8	1250.5	21	1166.6	19
海　南	Hainan	469.1	791.2	1016.8	26	995.1	22
重　庆	Chongqing	1245.8	1878.0	2260.3	13	2044.2	12
四　川	Sichuan	1898.0	2714.6	3122.9	7	2537.9	9
贵　州	Guizhou	393.1	1006.3	1344.2	19	1224.2	18
云　南	Yunnan	761.5	1432.0	2021.1	14	1642.4	16
西　藏	Tibet	7.0	39.0	28.1	31	5.9	31
陕　西	Shaanxi	1334.8	2131.0	2353.9	12	1769.0	14
甘　肃	Gansu	389.1	679.2	788.2	28	539.9	28
青　海	Qinghai	114.2	254.9	237.3	30	159.7	30
宁　夏	Ningxia	209.3	322.6	416.5	29	340.3	29
新　疆	Xinjiang	481.9	985.9	1108.9	24	555.6	27

4-4 按登记注册类型分全社会固定资产投资（一）
Total Investment in Fixed Assets by Status of Registration and Region（1）

单位：亿元 (100 million yuan)

地区	Region	全社会内资投资额 Domestic Investment in Fixed Assets				国有投资额 Funds from State-owned			
		2010	2012	2013	2013排名 Ranking	2010	2012	2013	2013排名 Ranking
全　国	**National Total**	**260914.4**	**353871.7**	**424136.1**		**83316.5**	**96220.2**	**109849.9**	
北　京	Beijing	5009.6	5625.3	6084.1	26	1253.4	1444.5	1775.0	26
天　津	Tianjin	5827.0	7460.5	8611.2	22	2455.5	2330.2	2434.0	23
河　北	Hebei	14691.0	19137.0	22587.2	5	3478.2	3024.7	3439.8	15
山　西	Shanxi	5953.5	8697.3	10899.0	18	2726.0	3403.2	4023.3	12
内蒙古	Inner Mongolia	8764.4	11732.1	14114.0	13	3345.9	3867.1	4755.3	5
辽　宁	Liaoning	14329.4	19920.0	23007.4	4	3463.2	4190.1	4539.7	7
吉　林	Jilin	7609.5	9224.8	9799.9	20	2214.0	2044.2	2352.2	25
黑龙江	Heilongjiang	6648.5	9532.2	11338.9	17	2736.9	3126.4	3296.1	17
上　海	Shanghai	4370.4	4340.1	4734.6	27	1830.4	1600.2	1452.8	27
江　苏	Jiangsu	20169.9	27150.7	32453.4	2	4054.1	5445.3	6034.9	2
浙　江	Zhejiang	11233.9	16226.3	18897.9	8	2801.6	4032.5	4628.8	6
安　徽	Anhui	11091.5	14823.7	18033.7	10	2809.8	3585.1	4046.2	11
福　建	Fujian	7103.0	11199.4	14044.2	14	2496.8	3612.4	3991.2	13
江　西	Jiangxi	8314.9	10357.0	12456.8	15	2096.1	2213.9	2368.2	24
山　东	Shandong	21975.5	29868.9	35529.2	1	3394.0	3728.3	4212.1	8
河　南	Henan	16181.6	21012.5	25629.4	3	2692.6	2984.1	3351.3	16
湖　北	Hubei	9809.6	14943.8	18689.7	9	3187.7	3708.4	4205.6	9
湖　南	Hunan	9440.7	14103.8	17477.6	11	3258.5	4051.2	4835.8	4
广　东	Guangdong	13309.7	15908.5	19425.1	7	4399.1	3704.5	4164.9	10
广　西	Guangxi	6712.7	9423.7	11556.5	16	2164.8	2356.6	2777.1	22
海　南	Hainan	1149.1	1887.6	2401.2	29	345.9	540.6	578.8	31
重　庆	Chongqing	6276.9	8130.9	9656.7	21	2434.8	3050.1	3279.1	18
四　川	Sichuan	12579.8	16262.4	19557.9	6	4998.8	5361.9	6552.2	1
贵　州	Guizhou	3033.6	5559.5	7261.4	24	1350.9	2224.9	3026.6	20
云　南	Yunnan	5422.1	7691.3	9801.5	19	2559.7	2871.0	3750.7	14
西　藏	Tibet	460.0	665.7	874.0	31	333.1	436.4	632.3	30
陕　西	Shaanxi	7777.8	11756.9	14421.5	12	3639.2	4991.3	5843.3	3
甘　肃	Gansu	3104.1	5107.4	6510.2	25	1684.4	2260.7	2970.6	21
青　海	Qinghai	993.6	1846.5	2328.5	30	465.9	870.8	1095.0	28
宁　夏	Ningxia	1426.2	2057.9	2627.9	28	464.7	549.2	710.8	29
新　疆	Xinjiang	3385.6	6111.5	7670.0	23	1421.4	2503.9	3070.7	19

4-5 按登记注册类型分全社会固定资产投资（二）
Total Investment in Fixed Assets by Status of Registration and Region（2）

单位：亿元 (100 million yuan)

地区	Region	集体投资额 Funds from Collective-owned				股份合作投资额 Funds from Cooperative			
		2010	2012	2013	2013排名 Ranking	2010	2012	2013	2013排名 Ranking
全 国	**National Total**	**10041.9**	**11973.7**	**13312.4**		**1445.6**	**1745.5**	**1868.0**	
北 京	Beijing	105.9	83.6	117.4	20	6.5	8.5	6.2	28
天 津	Tianjin	346.4	491.8	634.6	7	24.5	72.0	44.6	17
河 北	Hebei	1072.2	1099.9	1081.7	4	67.0	124.5	179.7	2
山 西	Shanxi	308.0	391.2	545.7	9	35.7	73.6	69.6	9
内蒙古	Inner Mongolia	108.7	207.0	126.7	19	61.2	37.2	43.4	18
辽 宁	Liaoning	418.2	428.3	268.7	13	84.2	75.3	50.3	15
吉 林	Jilin	65.2	61.1	53.8	25	24.5	17.9	3.7	29
黑龙江	Heilongjiang	46.6	77.9	105.4	22	19.6	26.4	39.4	19
上 海	Shanghai	99.1	97.0	67.7	24	8.5	2.0	2.8	31
江 苏	Jiangsu	850.5	1213.2	1512.9	2	91.3	54.0	85.1	7
浙 江	Zhejiang	311.9	556.6	695.4	6	37.0	48.2	48.8	16
安 徽	Anhui	283.5	259.2	232.3	14	44.9	105.0	52.6	14
福 建	Fujian	227.8	310.1	433.9	11	39.0	8.8	14.6	23
江 西	Jiangxi	122.8	124.8	115.3	21	96.5	64.2	70.7	8
山 东	Shandong	2335.1	2893.8	2897.5	1	149.4	210.2	145.1	4
河 南	Henan	1072.1	990.9	1116.3	3	160.1	137.9	221.9	1
湖 北	Hubei	451.7	561.4	575.4	8	81.5	66.6	115.2	6
湖 南	Hunan	189.0	279.3	363.7	12	154.8	211.4	179.1	3
广 东	Guangdong	724.7	743.9	991.4	5	49.8	111.4	125.9	5
广 西	Guangxi	145.5	124.9	182.8	17	39.2	47.8	52.7	13
海 南	Hainan	2.0	1.5	0.7	31	16.9	14.2	18.9	22
重 庆	Chongqing	49.0	68.1	103.9	23	13.8	37.2	65.0	10
四 川	Sichuan	123.5	127.5	177.5	18	41.0	60.2	64.4	11
贵 州	Guizhou	9.4	5.0	3.5	30	18.5	27.3	26.2	21
云 南	Yunnan	88.2	161.7	208.3	15	18.5	17.1	13.0	24
西 藏	Tibet	3.0	14.2	6.7	29	2.3	14.9	3.3	30
陕 西	Shaanxi	399.4	428.7	452.2	10	37.8	36.0	58.8	12
甘 肃	Gansu	58.3	145.1	197.5	16	11.2	26.5	38.4	20
青 海	Qinghai	10.5	13.1	12.1	28	5.6	1.9	7.9	27
宁 夏	Ningxia	2.8	4.9	12.6	27	0.5		9.8	26
新 疆	Xinjiang	10.8	7.9	18.8	26	4.2	7.2	10.8	25

4-6 按登记注册类型分全社会固定资产投资（三）
Total Investment in Fixed Assets by Status of Registration and Region（3）

单位：亿元 (100 million yuan)

地区	Region	联营投资额 Funds from Joint				有限责任公司投资额 Funds from Limited Liability			
		2010	2012	2013	2013排名 Ranking	2010	2012	2013	2013排名 Ranking
全　国	**National Total**	**831.0**	**1266.0**	**1358.5**		**70321.5**	**102511.8**	**121606.5**	
北　京	Beijing	1.8	1.2	2.3	29	2919.3	3406.7	3520.6	17
天　津	Tianjin	20.2	26.7	31.9	19	1921.9	2514.3	2631.5	20
河　北	Hebei	50.2	53.8	76.6	5	3688.3	5447.8	6368.8	6
山　西	Shanxi	35.1	58.7	46.1	14	1522.3	2349.1	2621.3	21
内蒙古	Inner Mongolia	20.0	11.0	9.5	25	3178.1	4799.3	5676.0	9
辽　宁	Liaoning	32.8	27.1	33.7	18	3730.1	5090.1	6223.6	7
吉　林	Jilin	8.4	15.8	18.6	23	2895.4	3591.5	3666.3	15
黑龙江	Heilongjiang	5.9	40.0	48.3	13	1759.2	2941.9	3629.0	16
上　海	Shanghai	59.5	61.2	39.0	17	1298.6	1351.3	1982.8	26
江　苏	Jiangsu	28.6	127.9	123.3	1	4846.2	6054.5	6941.7	4
浙　江	Zhejiang	50.5	22.0	20.9	22	3729.4	5523.0	6403.2	5
安　徽	Anhui	27.7	71.4	76.0	6	3166.6	4448.8	5285.1	10
福　建	Fujian	57.2	39.0	55.2	12	1609.4	3347.0	4299.6	12
江　西	Jiangxi	19.8	59.2	66.2	9	2437.4	2864.3	3361.0	18
山　东	Shandong	48.1	84.9	71.2	7	6151.8	8342.4	9770.3	1
河　南	Henan	43.8	63.8	92.5	2	3760.9	5471.8	7047.3	2
湖　北	Hubei	51.4	64.6	65.1	11	2321.2	3935.2	4876.7	11
湖　南	Hunan	43.2	26.5	44.6	15	1903.0	3486.7	4167.9	13
广　东	Guangdong	75.1	46.0	43.3	16	3804.4	5876.6	6968.6	3
广　西	Guangxi	27.3	105.6	89.9	3	1605.9	2223.6	2566.5	22
海　南	Hainan	2.1	3.6	2.9	27	451.2	824.4	1166.1	28
重　庆	Chongqing	25.8	59.9	69.3	8	1701.3	2172.0	2536.8	23
四　川	Sichuan	41.5	81.4	87.6	4	3850.2	5300.2	6063.3	8
贵　州	Guizhou	16.2	8.9	6.1	26	806.9	2014.2	2384.4	24
云　南	Yunnan	5.4	10.1	23.1	21	1194.3	2164.8	2789.9	19
西　藏	Tibet	0.1	2.1	2.9	28	13.7	25.3	19.1	31
陕　西	Shaanxi	20.3	52.2	66.0	10	1973.6	3225.0	3898.7	14
甘　肃	Gansu	9.0	30.1	30.0	20	624.8	1072.0	1348.3	27
青　海	Qinghai	0.5	0.4	0.7	30	249.4	542.7	668.9	29
宁　夏	Ningxia	0.5	0.3	0.7	31	471.3	486.8	559.2	30
新　疆	Xinjiang	3.0	10.5	15.0	24	735.7	1618.9	2164.0	25

4-7 按登记注册类型分全社会固定资产投资（四）

Total Investment in Fixed Assets by Status of Registration and Region（4）

单位：亿元 (100 million yuan)

地区	Region	股份有限公司投资额 Funds from Share-holding				私营投资额 Funds from Private			
		2010	2012	2013	2013排名 Ranking	2010	2012	2013	2013排名 Ranking
全　国	**National Total**	**17203.0**	**21484.9**	**23257.3**		**60572.3**	**91422.3**	**121217.1**	
北　京	Beijing	388.9	401.0	336.7	23	255.1	197.5	249.2	30
天　津	Tianjin	477.0	462.4	584.2	16	485.8	1233.6	1911.2	22
河　北	Hebei	969.6	1250.8	1222.0	6	4439.9	6695.8	8439.6	4
山　西	Shanxi	306.7	483.8	673.1	14	692.2	1465.4	2154.1	20
内蒙古	Inner Mongolia	703.7	707.3	769.4	11	1123.0	1721.6	2239.5	19
辽　宁	Liaoning	940.1	1017.5	1105.3	7	5158.3	7971.0	9827.7	3
吉　林	Jilin	433.7	579.1	544.2	19	1584.3	2045.2	2338.4	17
黑龙江	Heilongjiang	573.0	632.9	420.6	22	929.8	1834.8	2811.0	15
上　海	Shanghai	173.4	156.4	127.1	29	882.9	1058.1	1055.0	27
江　苏	Jiangsu	979.1	1631.7	1587.1	3	8387.2	11259.5	14780.3	1
浙　江	Zhejiang	421.8	598.6	673.7	13	3109.1	4601.3	5520.9	8
安　徽	Anhui	693.4	782.6	1043.5	9	3203.5	4517.7	6048.3	6
福　建	Fujian	256.8	437.2	470.8	21	2015.2	2773.6	4031.7	12
江　西	Jiangxi	612.0	555.6	580.5	17	2377.8	3640.2	4836.1	10
山　东	Shandong	1556.8	2118.6	2386.4	1	6114.6	8889.1	11911.5	2
河　南	Henan	1313.0	2075.9	2229.3	2	5027.5	5963.8	7791.7	5
湖　北	Hubei	901.1	1287.2	1440.8	4	2134.8	3977.7	5805.4	7
湖　南	Hunan	788.6	873.4	896.2	10	2280.2	3776.4	5221.0	9
广　东	Guangdong	974.5	1039.1	1275.2	5	2203.1	3200.4	4467.4	11
广　西	Guangxi	492.5	618.5	729.5	12	1485.7	2864.0	3576.2	14
海　南	Hainan	164.8	140.7	196.5	27	109.6	216.8	260.1	29
重　庆	Chongqing	364.5	283.4	305.3	25	1417.3	2109.0	2780.0	16
四　川	Sichuan	865.8	977.6	1064.0	8	1746.3	2812.9	3772.6	13
贵　州	Guizhou	130.9	252.3	265.6	26	486.4	749.5	1159.4	24
云　南	Yunnan	342.0	423.8	493.2	20	864.6	1478.4	1975.8	21
西　藏	Tibet	11.5	42.7	54.0	31	18.4	38.3	56.2	31
陕　西	Shaanxi	453.2	547.9	634.2	15	807.1	1575.0	2315.0	18
甘　肃	Gansu	168.1	299.3	328.1	24	322.4	779.7	1108.9	25
青　海	Qinghai	99.9	84.4	111.3	30	96.2	206.4	310.9	28
宁　夏	Ningxia	61.2	128.9	147.0	28	372.3	808.5	1101.2	26
新　疆	Xinjiang	585.6	594.2	562.3	18	441.9	961.2	1360.7	23

4-8 按登记注册类型分全社会固定资产投资（五）
Total Investment in Fixed Assets by Status of Registration and Region（5）

单位：亿元 (100 million yuan)

地区	Region	个体投资额 Funds from Self-employed Individual				其他投资额 Funds from Others			
		2010	2012	2013	2013排名 Ranking	2010	2012	2013	2013排名 Ranking
全　国	**National Total**	**9506.7**	**11588.7**	**12420.1**		**7676.0**	**15658.6**	**19246.3**	
北　京	Beijing	53.1	47.5	49.7	29	25.6	34.8	27.0	29
天　津	Tianjin	26.4	87.9	79.3	26	69.4	241.6	259.9	22
河　北	Hebei	491.3	589.8	600.2	8	434.3	849.9	1178.8	3
山　西	Shanxi	232.4	305.0	347.7	19	95.2	167.3	418.2	17
内蒙古	Inner Mongolia	105.4	154.1	185.7	23	118.3	227.5	308.6	20
辽　宁	Liaoning	279.2	405.6	390.9	16	223.5	715.0	567.4	13
吉　林	Jilin	227.2	367.0	382.4	17	156.7	503.1	440.3	15
黑龙江	Heilongjiang	454.7	373.1	400.0	15	122.7	478.9	589.1	12
上　海	Shanghai	2.0	3.0	3.7	31	16.0	10.9	3.7	31
江　苏	Jiangsu	409.4	404.9	439.5	13	523.5	959.7	948.6	7
浙　江	Zhejiang	564.0	608.3	639.2	7	208.6	235.7	267.1	21
安　徽	Anhui	498.6	517.7	589.5	9	363.4	536.2	660.2	10
福　建	Fujian	222.6	278.5	313.6	20	178.3	392.8	433.7	16
江　西	Jiangxi	367.2	516.4	557.3	10	185.3	318.4	501.4	14
山　东	Shandong	745.6	990.7	969.6	2	1480.2	2611.0	3165.5	1
河　南	Henan	987.3	1021.8	980.6	1	1124.3	2302.4	2798.6	2
湖　北	Hubei	377.7	476.9	536.3	11	302.5	865.9	1069.1	5
湖　南	Hunan	443.7	675.5	737.9	4	379.8	723.5	1031.3	6
广　东	Guangdong	679.7	703.4	757.3	3	399.2	483.1	631.1	11
广　西	Guangxi	472.5	583.0	705.2	5	279.3	499.5	876.4	8
海　南	Hainan	44.6	85.5	77.5	27	11.9	60.3	99.7	25
重　庆	Chongqing	148.4	182.7	187.2	22	122.0	168.4	330.0	19
四　川	Sichuan	622.0	574.2	642.0	6	290.9	966.5	1134.2	4
贵　州	Guizhou	176.3	213.6	272.4	21	38.2	63.8	117.3	23
云　南	Yunnan	244.4	359.1	439.1	14	104.9	205.4	108.4	24
西　藏	Tibet	20.9	31.7	31.3	30	57.0	60.1	68.1	27
陕　西	Shaanxi	261.1	436.1	451.9	12	186.3	464.6	701.4	9
甘　肃	Gansu	110.9	134.9	125.7	24	115.0	359.0	362.7	18
青　海	Qinghai	49.8	75.5	81.0	25	15.9	51.4	40.6	28
宁　夏	Ningxia	47.4	65.4	75.3	28	5.6	13.9	11.3	30
新　疆	Xinjiang	141.0	319.8	371.0	18	42.1	88.0	96.7	26

4-9 按登记注册类型分全社会固定资产投资（六）

Total Investment in Fixed Assets by Status of Registration and Region（6）

单位：亿元 (100 million yuan)

地区	Region	港、澳、台商投资额 Funds from Hong Kong, Macao and Taiwan				外商投资额 Foreign Funded			
		2010	2012	2013	2013排名 Ranking	2010	2012	2013	2013排名 Ranking
全　国	**National Total**	**8295.1**	**10275.9**	**11027.7**		**8912.4**	**10547.1**	**11130.3**	
北　京	Beijing	155.6	198.1	451.4	8	237.8	288.9	311.5	14
天　津	Tianjin	166.6	155.6	189.0	17	284.4	318.7	330.0	12
河　北	Hebei	137.6	193.0	216.2	14	254.7	331.3	390.8	9
山　西	Shanxi	46.4	89.7	72.5	24	63.3	76.2	60.4	24
内蒙古	Inner Mongolia	45.0	90.3	52.4	25	117.0	53.3	51.0	25
辽　宁	Liaoning	795.0	1042.4	1169.8	3	918.6	873.9	930.5	3
吉　林	Jilin	106.9	121.4	72.7	23	154.0	165.3	106.6	20
黑龙江	Heilongjiang	43.8	53.0	49.6	26	120.3	109.5	64.5	23
上　海	Shanghai	253.6	237.6	301.9	10	484.9	539.9	611.3	6
江　苏	Jiangsu	1283.5	1575.5	1605.5	1	1730.9	2128.1	2314.4	1
浙　江	Zhejiang	584.7	817.7	1126.6	4	557.4	605.3	757.6	4
安　徽	Anhui	242.1	256.1	287.9	11	209.4	346.0	300.3	15
福　建	Fujian	652.8	758.1	821.3	5	443.3	482.4	462.0	7
江　西	Jiangxi	231.5	214.7	240.6	13	225.9	202.4	152.9	19
山　东	Shandong	488.6	589.5	617.3	6	816.4	797.6	642.5	5
河　南	Henan	239.9	228.5	212.6	15	164.3	209.0	245.4	16
湖　北	Hubei	208.3	318.3	241.1	12	244.8	316.2	376.5	10
湖　南	Hunan	121.1	246.3	184.7	18	101.7	173.1	179.1	17
广　东	Guangdong	1464.8	1655.7	1590.7	2	849.3	1187.3	1292.5	2
广　西	Guangxi	193.8	204.3	183.4	19	151.1	180.6	167.8	18
海　南	Hainan	108.7	159.2	207.6	16	59.3	98.7	89.1	22
重　庆	Chongqing	257.4	366.0	453.1	7	154.7	239.3	325.5	13
四　川	Sichuan	218.8	354.0	337.8	9	318.1	423.6	430.5	8
贵　州	Guizhou	39.9	126.2	84.7	21	31.4	32.1	27.5	27
云　南	Yunnan	58.7	63.6	77.1	22	48.0	76.1	89.7	21
西　藏	Tibet	1.8	3.5	1.3	31	0.8	1.3	0.7	31
陕　西	Shaanxi	92.2	97.2	113.9	20	93.7	190.4	348.7	11
甘　肃	Gansu	36.3	10.8	7.3	30	18.0	26.8	10.4	29
青　海	Qinghai	1.3	15.7	28.3	27	22.0	21.2	4.3	30
宁　夏	Ningxia	2.1	17.0	12.5	29	15.8	22.0	10.7	28
新　疆	Xinjiang	16.3	16.7	16.9	28	21.3	30.5	45.4	26

4-10 全社会固定资产投资实际到位资金（一）
Actual Funds for Investment in Fixed Assets in the Whole Country (1)

单位：亿元 (100 million yuan)

地区	Region	实际到位资金小计 Subtotal of Actual Funds For Investment				国家预算资金 State Budget			
		2010	2012	2013	2013排名 Ranking	2010	2012	2013	2013排名 Ranking
全　国	**National Total**	**310964.2**	**409675.6**	**491612.5**		**14677.8**	**18958.7**	**22305.3**	
北　京	Beijing	8316.9	8870.8	10452.5	19	91.2	121.6	841.3	10
天　津	Tianjin	6887.3	8853.6	10446.0	20	53.0	103.7	119.0	31
河　北	Hebei	16550.0	20106.0	23431.8	7	373.5	472.9	559.0	20
山　西	Shanxi	6147.8	8311.7	9883.2	22	456.8	455.8	636.9	17
内蒙古	Inner Mongolia	9069.1	12174.6	14146.3	15	378.7	486.5	534.4	21
辽　宁	Liaoning	18626.3	24225.6	27321.3	3	603.2	1006.0	1251.7	3
吉　林	Jilin	7850.8	9696.4	10374.0	21	292.4	256.5	298.4	28
黑龙江	Heilongjiang	7295.4	10400.5	12286.8	18	381.0	480.7	417.7	24
上　海	Shanghai	6383.3	6961.2	7828.2	26	116.2	371.9	368.3	27
江　苏	Jiangsu	27246.2	36552.9	43403.1	1	282.1	424.8	529.2	22
浙　江	Zhejiang	14981.7	19243.6	23966.8	6	468.0	928.2	1187.8	4
安　徽	Anhui	12266.7	16587.8	20466.2	10	715.4	863.2	939.5	6
福　建	Fujian	8922.2	13850.7	17234.6	12	641.4	1139.8	1282.7	2
江　西	Jiangxi	9933.1	12103.1	14431.9	14	472.4	517.6	513.0	23
山　东	Shandong	25399.2	33538.2	40329.0	2	528.6	649.0	707.0	14
河　南	Henan	16943.2	21710.1	26530.6	5	363.5	412.0	578.3	18
湖　北	Hubei	11274.8	16884.5	20641.6	9	794.3	636.3	730.8	12
湖　南	Hunan	10289.9	15989.5	19582.3	11	687.3	903.2	924.5	8
广　东	Guangdong	18264.5	22005.9	26850.8	4	361.6	930.8	1073.5	5
广　西	Guangxi	7453.2	10506.8	12717.3	16	331.1	432.1	704.6	15
海　南	Hainan	1747.7	2755.8	4743.8	28	114.3	104.4	148.0	30
重　庆	Chongqing	8304.7	10312.0	12667.9	17	606.8	411.6	701.5	16
四　川	Sichuan	14941.5	18204.0	22188.8	8	1398.4	1684.5	1674.7	1
贵　州	Guizhou	3644.1	5949.1	7834.9	25	292.1	466.5	401.1	25
云　南	Yunnan	6375.6	8047.5	9499.5	23	526.8	675.4	717.9	13
西　藏	Tibet	518.0	696.7	1016.8	31	321.5	388.4	575.4	19
陕　西	Shaanxi	9302.4	13222.3	15414.2	13	819.0	966.7	817.9	11
甘　肃	Gansu	3240.6	5365.8	7393.0	27	555.7	670.1	928.5	7
青　海	Qinghai	1040.3	1982.7	2343.6	30	141.5	369.0	377.3	26
宁　夏	Ningxia	1446.0	1998.3	2639.7	29	89.0	177.0	240.5	29
新　疆	Xinjiang	3667.4	6572.9	8218.9	24	578.8	816.5	924.1	9

4-11 全社会固定资产投资实际到位资金（二）
Actual Funds for Investment in Fixed Assets in the Whole Country (2)

单位：亿元 (100 million yuan)

地区	Region	国内贷款 Domestic Loans				利用外资 Foreign Investment			
		2010	2012	2013	2013排名 Ranking	2010	2012	2013	2013排名 Ranking
全 国	**National Total**	**47258.0**	**51593.5**	**59442.0**		**4986.8**	**4468.8**	**4319.4**	
北 京	Beijing	2189.3	2136.4	2512.4	8	43.8	22.2	23.5	23
天 津	Tianjin	1678.2	1753.7	2161.4	11	125.0	84.2	84.2	15
河 北	Hebei	2161.5	1207.4	1551.0	16	87.8	98.7	88.8	12
山 西	Shanxi	918.5	868.7	777.8	26	32.7	22.9	26.4	21
内蒙古	Inner Mongolia	1090.3	1410.9	1525.5	17	7.5	22.2	8.8	27
辽 宁	Liaoning	2768.7	3422.3	3726.5	4	440.8	358.7	372.9	4
吉 林	Jilin	470.6	436.9	587.2	27	53.9	55.4	27.9	20
黑龙江	Heilongjiang	542.1	470.8	480.9	30	35.9	28.5	10.4	25
上 海	Shanghai	1493.3	1530.4	1782.4	13	236.2	164.5	172.5	7
江 苏	Jiangsu	3343.5	4646.9	5092.8	1	1154.9	1182.4	1127.5	1
浙 江	Zhejiang	2466.1	2784.6	3199.8	6	241.8	211.7	244.2	6
安 徽	Anhui	1193.1	1534.9	1510.4	18	111.9	111.4	107.4	9
福 建	Fujian	1512.8	1732.0	1894.5	12	289.2	351.9	256.1	5
江 西	Jiangxi	1059.3	843.6	941.9	23	191.6	92.4	86.0	14
山 东	Shandong	2865.3	3238.3	3960.7	2	545.3	405.7	378.9	3
河 南	Henan	1574.3	2494.9	3275.8	5	46.0	78.1	86.9	13
湖 北	Hubei	1699.4	2004.2	2700.3	7	156.2	137.7	63.3	16
湖 南	Hunan	1392.8	1560.0	1760.6	14	86.3	180.2	120.1	8
广 东	Guangdong	3066.3	3234.2	3884.0	3	623.4	572.2	655.4	2
广 西	Guangxi	1050.3	1308.2	1598.7	15	68.6	35.7	15.2	24
海 南	Hainan	479.9	704.3	829.4	25	23.2	29.9	31.5	18
重 庆	Chongqing	1683.3	1790.1	2333.7	10	149.1	59.9	94.1	11
四 川	Sichuan	2411.4	2073.0	2360.9	9	99.9	41.3	96.7	10
贵 州	Guizhou	897.3	1168.5	1256.3	20	11.4	9.6	4.5	28
云 南	Yunnan	1399.3	1248.0	1389.3	19	11.3	17.8	24.2	22
西 藏	Tibet	9.9	25.5	16.1	31	1.4	6.5	1.9	31
陕 西	Shaanxi	1075.8	938.0	1037.2	21	29.5	34.3	45.8	17
甘 肃	Gansu	510.1	733.6	901.7	24	18.8	15.6	30.3	19
青 海	Qinghai	178.6	426.2	537.3	29	5.2	2.5	9.1	26
宁 夏	Ningxia	410.9	459.9	555.7	28	4.1	5.1	2.9	30
新 疆	Xinjiang	532.7	888.7	1033.1	22	12.0	9.1	3.7	29

4-12 全社会固定资产投资实际到位资金（三）
Actual Funds for Investment in Fixed Assets in the Whole Country (3)

单位：亿元 (100 million yuan)

地区	Region	自筹资金 Self-raising Funds 2010	2012	2013	2013排名 Ranking	其他资金 Others 2010	2012	2013	2013排名 Ranking
全　国	**National Total**	**197099.2**	**277792.4**	**334280.0**		**46942.4**	**56862.4**	**71265.8**	
北　京	Beijing	3240.2	3300.5	3547.6	26	2752.4	3290.1	3527.7	6
天　津	Tianjin	3998.9	5870.0	6642.4	20	1032.1	1041.9	1439.0	21
河　北	Hebei	12331.8	16658.1	19349.2	4	1595.3	1668.9	1883.8	15
山　西	Shanxi	3974.8	6285.1	7590.5	19	765.0	679.2	851.7	25
内蒙古	Inner Mongolia	7188.5	9647.2	11384.9	13	404.0	607.8	692.6	28
辽　宁	Liaoning	12998.8	17080.9	19247.8	5	1814.7	2357.7	2722.3	10
吉　林	Jilin	6501.6	8202.6	8677.0	18	532.2	745.1	783.5	27
黑龙江	Heilongjiang	5569.5	8509.9	10368.9	16	766.8	910.5	1008.9	24
上　海	Shanghai	3180.4	3255.9	3284.4	27	1357.2	1638.4	2220.7	14
江　苏	Jiangsu	17552.9	25033.4	29797.7	2	4912.8	5265.3	6855.8	1
浙　江	Zhejiang	8299.4	11529.9	14290.6	10	3506.4	3789.2	5044.4	3
安　徽	Anhui	8541.5	11750.9	14851.2	7	1704.9	2327.4	3057.7	8
福　建	Fujian	5039.9	8035.6	10374.6	15	1439.1	2591.4	3426.7	7
江　西	Jiangxi	7212.4	9255.9	11167.0	14	997.4	1393.6	1724.1	17
山　东	Shandong	18466.2	25804.6	31137.0	1	2993.9	3440.5	4145.4	4
河　南	Henan	13247.9	16789.8	20361.6	3	1711.5	1935.3	2228.1	13
湖　北	Hubei	7263.2	12238.9	14884.0	6	1361.8	1867.3	2263.1	12
湖　南	Hunan	6726.8	11200.9	14173.6	11	1396.7	2145.3	2603.5	11
广　东	Guangdong	10450.7	12604.6	14829.2	8	3762.6	4664.1	6408.7	2
广　西	Guangxi	4784.0	7252.6	8716.7	17	1219.2	1478.3	1682.0	18
海　南	Hainan	571.4	1353.3	2084.4	28	558.9	563.9	1650.6	19
重　庆	Chongqing	3833.1	5608.9	6588.4	21	2032.4	2441.5	2950.1	9
四　川	Sichuan	8470.5	11639.2	14416.9	9	2561.4	2765.9	3639.7	5
贵　州	Guizhou	1822.6	3394.1	4742.9	24	620.7	910.4	1430.2	22
云　南	Yunnan	3327.6	4676.1	5912.0	22	1110.6	1430.1	1456.1	20
西　藏	Tibet	158.7	199.9	360.2	31	26.4	76.3	63.3	31
陕　西	Shaanxi	6100.7	9830.4	11755.2	12	1277.4	1452.8	1758.0	16
甘　肃	Gansu	1788.0	3412.6	4718.5	25	368.0	533.9	814.0	26
青　海	Qinghai	540.3	972.1	1231.1	30	174.7	212.9	188.7	30
宁　夏	Ningxia	702.0	1074.4	1476.3	29	240.0	282.0	364.2	29
新　疆	Xinjiang	1959.4	3974.5	5248.5	23	584.6	884.2	1009.5	23

4-13 全社会农林牧渔业和采矿业固定资产投资

Total Investment in Agriculture, Forestry, Animal Husbandry and Fishery, and Mining

单位：亿元 (100 million yuan)

地区	Region	农林牧渔业 Agriculture, Forestry, Animal Husbandry and Fishery				采矿业 Mining			
		2010	2012	2013	2013排名 Ranking	2010	2012	2013	2013排名 Ranking
全　国	**National Total**	**7923.1**	**10996.4**	**13478.8**		**11000.9**	**13300.8**	**14650.8**	
北　京	Beijing	43.2	119.5	175.5	25	9.3	4.3	9.1	30
天　津	Tianjin	91.9	192.8	226.1	24	308.6	199.0	328.4	18
河　北	Hebei	565.2	651.8	901.3	4	439.7	620.5	691.0	5
山　西	Shanxi	281.3	328.8	766.2	6	1068.9	1581.7	1475.0	2
内蒙古	Inner Mongolia	446.2	501.6	799.7	5	992.9	1116.4	1587.2	1
辽　宁	Liaoning	358.3	528.0	575.5	9	634.3	683.7	650.3	6
吉　林	Jilin	243.5	208.4	472.4	14	488.6	547.8	414.5	14
黑龙江	Heilongjiang	479.5	545.8	922.3	3	587.5	596.0	634.1	7
上　海	Shanghai	16.4	10.6	18.4	31	0.4	0.4	0.2	31
江　苏	Jiangsu	221.9	179.5	253.3	22	83.1	85.6	91.0	26
浙　江	Zhejiang	99.6	158.4	269.4	21	20.7	33.0	45.1	28
安　徽	Anhui	221.8	301.9	481.2	13	389.2	389.8	338.6	16
福　建	Fujian	155.0	216.8	323.4	19	114.1	163.0	236.0	21
江　西	Jiangxi	250.7	288.5	337.8	18	265.4	265.5	252.2	20
山　东	Shandong	628.3	679.6	1064.4	1	532.6	570.3	592.5	9
河　南	Henan	824.1	746.7	962.0	2	737.1	690.8	602.9	8
湖　北	Hubei	330.4	441.0	538.8	11	192.1	283.7	307.0	19
湖　南	Hunan	353.9	428.4	604.5	8	411.2	524.6	585.8	10
广　东	Guangdong	219.0	224.6	398.5	16	79.1	82.6	157.5	24
广　西	Guangxi	242.4	275.0	562.8	10	191.9	322.0	345.2	15
海　南	Hainan	21.4	30.0	26.5	30	4.5	30.2	22.2	29
重　庆	Chongqing	276.1	319.0	410.7	15	137.1	167.7	203.3	22
四　川	Sichuan	473.4	304.0	527.6	12	437.0	465.7	443.2	13
贵　州	Guizhou	71.3	44.0	88.3	28	389.1	279.8	328.6	17
云　南	Yunnan	225.9	141.6	338.4	17	251.4	363.0	458.9	11
西　藏	Tibet	23.6	24.2	39.3	29	20.3	43.0	63.2	27
陕　西	Shaanxi	290.2	447.2	682.5	7	691.5	1041.8	1268.7	3
甘　肃	Gansu	139.4	152.4	253.0	23	135.9	339.5	453.6	12
青　海	Qinghai	76.4	68.8	98.5	26	73.8	84.4	134.0	25
宁　夏	Ningxia	41.2	60.5	88.9	27	117.0	151.5	171.7	23
新　疆	Xinjiang	211.4	153.0	271.5	20	610.5	747.9	899.9	4

4-14 全社会制造业和电力热力燃气水业固定资产投资
Total Investment in Manufacturing and Production and Supply of Electricity, Gas and Water

单位：亿元 (100 million yuan)

地区	Region	制造业 Manufacturing				电力、热力、燃气及水生产和供应业 Production and Supply of Electricity, Heat,Gas and Water			
		2010	2012	2013	2013排名 Ranking	2010	2012	2013	2013排名 Ranking
全　国	**National Total**	**88619.2**	**124403.9**	**147705.0**		**15679.7**	**16671.9**	**19634.7**	
北　京	Beijing	355.3	414.5	451.7	29	150.1	215.8	259.9	27
天　津	Tianjin	2263.0	2319.9	2548.7	20	243.4	283.9	327.0	23
河　北	Hebei	5462.6	8008.9	9566.5	4	669.0	713.4	785.8	10
山　西	Shanxi	1016.3	1941.6	2538.8	21	525.7	606.5	687.0	14
内蒙古	Inner Mongolia	1931.2	3829.4	4516.0	14	1375.6	1036.5	1296.4	2
辽　宁	Liaoning	5839.6	7493.1	8632.1	5	828.7	776.2	823.5	9
吉　林	Jilin	3427.3	4150.3	4410.2	15	547.4	413.9	447.9	21
黑龙江	Heilongjiang	1755.9	3026.9	3518.4	17	438.9	519.6	451.3	20
上　海	Shanghai	1150.9	1080.6	1072.2	26	235.6	163.0	164.0	30
江　苏	Jiangsu	11656.4	14792.5	17320.5	1	633.3	839.9	960.3	6
浙　江	Zhejiang	4357.2	5333.7	6150.5	10	590.7	727.9	846.0	8
安　徽	Anhui	4222.5	6072.5	7272.9	7	400.4	436.6	523.3	18
福　建	Fujian	2313.2	3765.5	4648.2	13	505.5	621.9	747.2	12
江　西	Jiangxi	4433.7	5363.1	6561.3	8	303.9	294.3	326.0	24
山　东	Shandong	9459.0	12713.7	15308.4	2	640.8	705.7	978.2	5
河　南	Henan	6967.9	9782.3	11810.5	3	523.1	555.9	725.6	13
湖　北	Hubei	3406.8	6250.1	8050.5	6	489.4	402.9	495.3	19
湖　南	Hunan	3114.2	4948.1	6290.0	9	429.8	465.5	565.7	16
广　东	Guangdong	3772.5	4923.9	5622.8	11	1329.3	1019.0	1061.8	4
广　西	Guangxi	1944.9	3238.8	3890.0	16	404.0	462.8	549.6	17
海　南	Hainan	88.6	191.6	225.2	30	84.6	114.7	107.8	31
重　庆	Chongqing	1754.4	2268.6	2671.4	19	287.1	372.9	446.2	22
四　川	Sichuan	3368.7	4327.5	4940.7	12	1000.4	1281.0	1378.9	1
贵　州	Guizhou	438.6	1020.3	1077.0	25	296.8	253.3	323.5	25
云　南	Yunnan	758.1	1223.4	1454.9	23	756.8	952.0	953.5	7
西　藏	Tibet	35.5	44.8	47.4	31	56.0	90.7	170.6	29
陕　西	Shaanxi	1543.2	2338.6	2882.8	18	378.4	371.2	579.7	15
甘　肃	Gansu	521.7	970.9	1110.4	24	554.7	634.2	770.3	11
青　海	Qinghai	278.3	505.2	631.9	28	92.9	235.6	307.1	26
宁　夏	Ningxia	361.6	628.1	789.5	27	236.0	226.3	246.0	28
新　疆	Xinjiang	620.2	1581.5	1693.5	22	395.1	773.7	1225.1	3

4-15 全社会建筑业和交通运输业固定资产投资
Total Investment in Construction and Transport, Storage and Post

单位：亿元 (100 million yuan)

地区	Region	建筑业 Construction				交通运输、仓储和邮政业 Transport, Storage and Post			
		2010	2012	2013	2013排名 Ranking	2010	2012	2013	2013排名 Ranking
全国	**National Total**	**2802.2**	**3739.0**	**3669.8**		**30074.5**	**31444.9**	**36790.1**	
北京	Beijing	5.7	8.7	7.7	26	694.4	696.4	656.8	20
天津	Tianjin	26.6	48.6	139.6	7	539.3	729.9	603.1	21
河北	Hebei	53.8	44.2	17.4	22	1521.2	1543.3	2123.6	3
山西	Shanxi	17.2	16.9	11.7	25	895.8	1013.4	956.3	17
内蒙古	Inner Mongolia	111.7	86.4	93.8	11	1043.0	1148.0	1272.3	10
辽宁	Liaoning	195.5	469.4	253.0	5	1080.8	1070.1	1582.4	7
吉林	Jilin	88.6	49.1	117.7	9	580.9	547.3	586.7	22
黑龙江	Heilongjiang	98.2	176.0	383.6	3	794.9	519.3	544.8	24
上海	Shanghai	13.3	1.5	5.7	28	655.2	460.8	499.0	25
江苏	Jiangsu	90.3	79.4	44.5	18	1162.1	1397.1	1685.9	5
浙江	Zhejiang	44.8	27.9	37.6	20	1068.7	1349.7	1454.7	9
安徽	Anhui	346.5	56.6	119.3	8	477.9	585.8	830.2	19
福建	Fujian	25.5	50.4	83.4	12	1189.0	1441.9	1572.6	8
江西	Jiangxi	43.6	103.3	77.3	15	488.4	474.1	488.9	26
山东	Shandong	351.0	490.1	450.2	2	1362.3	1657.2	2055.8	4
河南	Henan	14.7	12.8	15.9	23	791.4	927.9	1201.5	12
湖北	Hubei	43.2	40.4	103.8	10	935.3	1266.6	1634.9	6
湖南	Hunan	163.9	154.4	149.4	6	1178.6	1122.3	1251.2	11
广东	Guangdong	73.7	37.4	71.6	16	1820.0	1729.7	2444.4	1
广西	Guangxi	22.3	27.7	41.6	19	842.5	925.8	1121.2	14
海南	Hainan	13.9	57.8	79.8	14	164.1	143.2	278.7	29
重庆	Chongqing	186.2	48.6	4.3	29	645.3	835.0	1012.7	16
四川	Sichuan	138.8	33.7	14.4	24	1576.2	2086.6	2131.7	2
贵州	Guizhou	11.2	10.9	0.6	30	518.5	756.2	1020.0	15
云南	Yunnan	6.8	6.0	7.5	27	977.6	780.5	1135.2	13
西藏	Tibet	22.4	38.8			115.5	136.6	165.0	30
陕西	Shaanxi	203.0	581.2	290.4	4	739.6	805.4	900.8	18
甘肃	Gansu	325.2	793.2	875.7	1	208.6	306.6	434.2	27
青海	Qinghai	20.2	62.0	82.8	13	146.4	232.0	290.4	28
宁夏	Ningxia	9.6	31.3	20.1	21	120.9	113.3	154.2	31
新疆	Xinjiang	34.8	94.1	69.5	17	415.6	437.2	551.6	23

4-16 全社会信息传输软件信息技术服务业和批发零售业固定资产投资
Total Investment in Information Transmission, Computer Services and Software and Wholesale and Retail Trades

单位：亿元 (100 million yuan)

地区	Region	信息传输、软件和信息技术服务业 Information Transmission, Software and Information Technology				批发和零售业 Wholesale and Retail Trades			
		2010	2012	2013	2013排名 Ranking	2010	2012	2013	2013排名 Ranking
全　国	**National Total**	**2454.5**	**2692.0**	**3084.9**		**6032.2**	**9810.7**	**12720.5**	
北　京	Beijing	143.3	162.0	191.4	3	30.8	27.8	51.4	27
天　津	Tianjin	47.7	75.3	70.8	21	91.2	243.9	299.5	18
河　北	Hebei	41.2	88.8	115.6	8	464.4	658.3	848.7	3
山　西	Shanxi	41.7	35.6	63.3	22	83.8	195.9	248.9	21
内蒙古	Inner Mongolia	60.2	83.1	110.9	11	254.3	284.4	388.6	16
辽　宁	Liaoning	146.5	133.1	122.5	7	323.9	763.1	1040.5	2
吉　林	Jilin	49.6	69.7	60.2	23	252.3	410.9	424.1	14
黑龙江	Heilongjiang	64.5	124.6	136.0	5	175.4	329.6	620.1	6
上　海	Shanghai	116.6	121.3	112.4	10	73.1	62.1	52.0	26
江　苏	Jiangsu	169.8	266.0	381.6	1	578.3	713.2	836.3	4
浙　江	Zhejiang	158.7	111.0	136.0	6	209.5	322.9	413.9	15
安　徽	Anhui	85.4	72.8	114.9	9	252.5	358.1	470.7	10
福　建	Fujian	141.4	143.3	136.5	4	157.9	206.9	295.1	19
江　西	Jiangxi	66.4	50.6	48.4	26	206.7	411.4	502.3	9
山　东	Shandong	58.4	91.2	107.5	13	881.4	1276.2	1624.2	1
河　南	Henan	58.9	46.8	74.7	20	465.9	526.7	724.3	5
湖　北	Hubei	75.6	86.4	96.4	15	304.2	409.8	434.7	13
湖　南	Hunan	111.5	59.6	84.6	18	141.6	417.8	546.8	8
广　东	Guangdong	254.6	341.5	301.8	2	273.6	479.6	615.5	7
广　西	Guangxi	84.0	92.8	109.7	12	139.7	269.4	381.6	17
海　南	Hainan	17.6	34.9	28.1	27	5.8	47.9	32.8	29
重　庆	Chongqing	76.7	80.4	87.0	16	91.5	112.3	177.9	23
四　川	Sichuan	111.8	66.5	103.3	14	163.0	324.9	449.1	12
贵　州	Guizhou	46.7	6.4	8.0	29	17.3	76.3	90.0	25
云　南	Yunnan	51.8	59.7	76.3	19	123.1	234.9	253.7	20
西　藏	Tibet	11.1	12.7	4.5	30	6.5	14.8	18.8	30
陕　西	Shaanxi	79.4	86.3	85.6	17	139.9	337.5	449.2	11
甘　肃	Gansu	23.1	32.2	49.8	25	64.3	138.7	219.9	22
青　海	Qinghai	2.5	2.0	3.5	31	7.4	18.1	17.4	31
宁　夏	Ningxia	15.5	11.5	12.4	28	24.3	53.6	51.2	28
新　疆	Xinjiang	42.0	43.9	50.9	24	28.4	83.7	141.1	24

4-17 全社会住宿餐饮业和金融业固定资产投资
Total Investment in Hotels and Catering Services and Financial Intermediation

单位：亿元 (100 million yuan)

地区	Region	住宿和餐饮业 Hotels and Catering Services				金融业 Financial Intermediation			
		2010	2012	2013	2013排名 Ranking	2010	2012	2013	2013排名 Ranking
全　国	**National Total**	**3366.8**	**5153.5**	**6041.1**		**489.4**	**923.9**	**1242.0**	
北　京	Beijing	36.1	55.3	78.2	24	30.3	26.6	48.2	11
天　津	Tianjin	64.5	70.5	72.8	26	2.9	21.4	41.2	13
河　北	Hebei	147.7	214.7	273.0	8	12.8	24.4	44.7	12
山　西	Shanxi	39.4	60.7	82.2	22	2.6	2.0	3.9	26
内蒙古	Inner Mongolia	77.0	104.7	123.9	19	38.1	25.2	28.3	17
辽　宁	Liaoning	210.2	428.5	498.3	2	32.5	63.9	159.5	1
吉　林	Jilin	67.7	104.7	82.6	21	11.4	14.5	20.9	20
黑龙江	Heilongjiang	53.8	91.5	138.1	18	9.5	31.6	26.2	18
上　海	Shanghai	45.5	33.3	34.1	28	30.1	49.2	15.2	21
江　苏	Jiangsu	282.4	475.7	508.4	1	42.0	93.3	116.6	2
浙　江	Zhejiang	145.1	212.9	229.3	12	36.3	92.9	94.8	3
安　徽	Anhui	158.7	215.4	273.3	7	22.2	62.6	90.1	4
福　建	Fujian	101.9	204.2	219.9	14	27.0	30.1	55.1	9
江　西	Jiangxi	212.1	254.1	271.8	9	26.4	24.7	31.4	16
山　东	Shandong	343.1	444.8	384.2	4	23.1	51.6	61.7	8
河　南	Henan	213.4	217.2	286.0	6	15.1	14.8	21.3	19
湖　北	Hubei	191.3	193.8	215.1	15	18.7	45.0	75.9	5
湖　南	Hunan	114.4	183.9	223.1	13	5.6	44.1	51.9	10
广　东	Guangdong	246.2	390.5	440.7	3	36.0	81.6	75.2	6
广　西	Guangxi	85.6	161.3	233.0	11	19.7	23.0	39.1	14
海　南	Hainan	109.3	187.0	175.7	17	5.4	0.6	5.5	25
重　庆	Chongqing	36.1	59.5	106.2	20	3.7	2.5	3.5	27
四　川	Sichuan	121.1	253.6	356.4	5	10.6	46.4	62.5	7
贵　州	Guizhou	21.8	47.0	73.9	25	6.2		2.1	30
云　南	Yunnan	82.1	168.2	182.2	16	4.9	4.9	6.3	24
西　藏	Tibet	14.7	24.7	25.0	29	0.8	2.4	9.2	23
陕　西	Shaanxi	91.8	171.4	266.3	10	3.3	29.0	34.4	15
甘　肃	Gansu	26.8	61.9	78.9	23	3.3	11.0	9.6	22
青　海	Qinghai	7.3	11.4	20.1	30	1.2	0.9	3.2	28
宁　夏	Ningxia	5.7	13.2	19.9	31	0.3	0.7	1.7	31
新　疆	Xinjiang	13.9	38.0	68.6	27	7.2	3.0	2.9	29

4-18 全社会房地产业和租赁商务服务业固定资产投资
Total Investment in Real Estate and Leasing and Business Services

单位：亿元 (100 million yuan)

地区	Region	房地产业 Real Estate 2010	2012	2013	2013排名 Ranking	租赁和商务服务业 Leasing and Business Services 2010	2012	2013	2013排名 Ranking
全 国	**National Total**	**64877.3**	**99159.3**	**118809.4**		**2692.6**	**4700.4**	**5893.2**	
北 京	Beijing	3196.2	3491.1	3880.6	13	27.7	36.6	50.5	26
天 津	Tianjin	1143.2	1824.6	2207.9	21	294.9	588.4	590.1	2
河 北	Hebei	3549.6	4656.5	4888.5	9	109.8	210.8	339.0	7
山 西	Shanxi	1136.5	1856.7	2480.7	19	34.2	25.9	58.3	23
内蒙古	Inner Mongolia	1316.8	1866.4	2043.2	24	43.4	79.6	57.4	25
辽 宁	Liaoning	3755.5	6006.7	6910.3	5	340.8	369.8	400.5	4
吉 林	Jilin	1131.3	1545.3	1507.2	26	38.6	48.1	69.8	21
黑龙江	Heilongjiang	1279.3	2004.9	2136.6	22	57.6	84.2	165.6	14
上 海	Shanghai	2080.3	2402.3	2835.1	17	53.7	136.1	161.1	15
江 苏	Jiangsu	5182.9	7746.8	9165.9	1	325.2	678.2	691.9	1
浙 江	Zhejiang	4005.6	6788.9	8003.9	4	131.2	222.0	340.1	6
安 徽	Anhui	3199.9	4459.1	5360.4	8	71.8	151.8	201.1	10
福 建	Fujian	2246.2	3643.4	4656.7	10	97.1	149.6	180.9	11
江 西	Jiangxi	1094.7	1679.6	2086.7	23	83.1	121.9	160.2	16
山 东	Shandong	5260.3	7552.1	8418.7	2	222.0	363.8	533.7	3
河 南	Henan	3775.0	5363.6	6719.4	6	56.1	84.7	179.1	12
湖 北	Hubei	2134.3	3510.6	4498.8	12	117.5	227.7	276.4	8
湖 南	Hunan	1965.0	3319.2	3796.2	14	51.5	296.6	342.1	5
广 东	Guangdong	4574.1	6789.3	8180.0	3	160.0	175.0	252.1	9
广 西	Guangxi	1676.6	2209.6	2450.9	20	57.7	135.3	151.8	17
海 南	Hainan	530.6	1030.8	1405.3	27	14.1	15.7	8.6	31
重 庆	Chongqing	1962.6	2991.4	3708.7	15	60.4	92.0	91.9	19
四 川	Sichuan	3157.5	5017.5	6479.1	7	111.3	110.9	135.6	18
贵 州	Guizhou	782.1	1859.3	2518.3	18	5.8	30.6	36.9	27
云 南	Yunnan	1222.5	2447.4	3530.0	16	14.5	53.2	58.6	22
西 藏	Tibet	45.8	58.0	79.9	31	1.8	10.5	10.2	30
陕 西	Shaanxi	1827.7	3733.8	4655.0	11	67.9	113.9	174.9	13
甘 肃	Gansu	505.0	915.2	1176.6	28	25.9	28.6	58.0	24
青 海	Qinghai	175.4	378.1	385.5	30	2.5	31.4	71.1	20
宁 夏	Ningxia	333.2	597.2	789.2	29	3.2	8.0	12.5	29
新 疆	Xinjiang	631.6	1413.8	1854.0	25	11.4	19.4	33.5	28

4-19 全社会科学研究技术服务业和水利环境公共设施管理业固定资产投资

Total Investment in Scientific Research, Technical Services, and Geological Prospecting and Management of Water Conservancy, Environment and Public Facilities

单位：亿元 (100 million yuan)

地区	Region	科学研究和技术服务业 Scientific Research and Technical Services				水利、环境和公共设施管理业 Management of Water Conservancy, Environment and Public Facilities			
		2010	2012	2013	2013排名 Ranking	2010	2012	2013	2013排名 Ranking
全　国	**National Total**	**1379.3**	**2475.8**	**3133.2**		**24827.6**	**29621.6**	**37663.9**	
北　京	Beijing	85.3	128.7	108.0	11	352.7	402.9	463.8	26
天　津	Tianjin	20.7	48.9	74.8	15	826.3	917.9	1146.2	18
河　北	Hebei	60.9	110.4	150.6	6	1396.5	1200.2	1496.4	13
山　西	Shanxi	27.0	34.9	39.3	20	489.5	742.0	1246.6	15
内蒙古	Inner Mongolia	43.7	53.1	61.3	16	664.4	996.0	1216.9	17
辽　宁	Liaoning	122.3	161.2	194.9	3	1377.5	1677.4	2233.4	3
吉　林	Jilin	48.6	59.7	80.4	14	529.3	760.5	826.0	23
黑龙江	Heilongjiang	35.5	83.5	122.6	9	591.9	787.8	949.9	21
上　海	Shanghai	32.6	39.5	41.5	19	450.0	338.3	421.5	27
江　苏	Jiangsu	138.7	324.8	369.2	2	1755.3	1897.5	2571.4	1
浙　江	Zhejiang	38.2	58.9	86.7	12	1047.8	1383.6	1759.2	6
安　徽	Anhui	65.0	141.3	149.8	7	975.4	1273.6	1539.7	11
福　建	Fujian	18.0	22.5	37.0	23	707.9	1072.6	1356.1	14
江　西	Jiangxi	43.9	38.5	51.3	17	839.6	827.2	1028.9	20
山　东	Shandong	156.0	399.8	663.8	1	1287.5	1467.5	1837.1	5
河　南	Henan	52.7	75.5	109.8	10	1303.8	1497.2	1688.8	7
湖　北	Hubei	47.6	81.4	85.0	13	1084.2	1231.4	1593.9	10
湖　南	Hunan	29.2	116.8	129.3	8	1045.0	1413.2	1984.7	4
广　东	Guangdong	100.2	118.2	155.6	5	1908.5	1526.4	1688.5	8
广　西	Guangxi	19.1	34.0	50.3	18	878.2	995.7	1237.9	16
海　南	Hainan	1.8	5.0	8.2	29	113.9	154.6	186.3	28
重　庆	Chongqing	11.0	15.9	17.5	26	776.0	858.5	1033.4	19
四　川	Sichuan	25.9	60.2	38.2	22	1548.8	1801.8	2361.6	2
贵　州	Guizhou	7.8	8.8	20.5	25	350.5	1069.8	1526.0	12
云　南	Yunnan	7.8	30.4	36.3	24	632.3	787.7	847.1	22
西　藏	Tibet	1.8	3.2	9.6	27	25.3	46.9	81.8	31
陕　西	Shaanxi	81.2	119.4	162.1	4	982.9	959.2	1640.4	9
甘　肃	Gansu	24.8	32.6	39.1	21	140.6	367.5	481.0	25
青　海	Qinghai	4.9	3.1	3.5	31	53.1	76.0	112.0	30
宁　夏	Ningxia	1.4	1.0	5.9	30	85.2	108.3	179.1	29
新　疆	Xinjiang	17.2	17.9	8.5	28	195.8	329.7	523.3	24

4-20 全社会居民服务修理其他服务业和教育固定资产投资
Total Investment in Services to Households and Other Services and Education

单位：亿元 (100 million yuan)

地区	Region	居民服务、修理和其他服务业 Services to Households, Repair and Other Services				教育 Education			
		2010	2012	2013	2013排名 Ranking	2010	2012	2013	2013排名 Ranking
全　国	**National Total**	**1114.1**	**1905.0**	**2099.3**		**4033.6**	**4613.0**	**5433.0**	
北　京	Beijing	6.8	18.1	14.7	24	88.8	95.0	142.7	18
天　津	Tianjin	96.5	52.9	109.2	5	59.7	73.8	98.0	22
河　北	Hebei	51.3	71.3	56.8	13	149.1	208.9	206.1	12
山　西	Shanxi	8.3	15.3	23.3	23	241.5	168.5	152.2	17
内蒙古	Inner Mongolia	19.8	36.0	36.3	21	151.3	111.0	93.9	24
辽　宁	Liaoning	89.9	210.1	208.1	2	132.7	196.2	236.2	9
吉　林	Jilin	30.8	59.6	55.5	14	87.5	66.1	76.0	26
黑龙江	Heilongjiang	15.4	54.8	76.6	8	71.3	103.4	186.0	14
上　海	Shanghai	2.4	4.9	4.9	28	50.1	50.9	71.9	27
江　苏	Jiangsu	125.4	154.6	140.3	4	214.9	301.7	330.1	2
浙　江	Zhejiang	14.7	33.9	30.6	22	128.8	199.8	253.3	7
安　徽	Anhui	29.2	46.4	65.0	12	194.0	204.0	229.9	10
福　建	Fujian	14.9	30.8	38.2	19	116.5	194.9	185.9	15
江　西	Jiangxi	54.9	69.8	70.4	11	112.2	137.8	176.4	16
山　东	Shandong	226.7	391.7	416.7	1	251.3	333.0	452.9	1
河　南	Henan	72.2	123.1	167.7	3	265.1	278.1	290.4	5
湖　北	Hubei	39.5	52.5	93.5	6	160.3	148.8	136.7	19
湖　南	Hunan	37.4	84.5	81.3	7	115.1	212.7	262.9	6
广　东	Guangdong	18.3	29.4	45.7	16	255.7	299.0	308.8	3
广　西	Guangxi	22.0	58.5	72.1	10	175.4	175.6	251.0	8
海　南	Hainan	1.5	4.8	1.6	31	25.5	31.1	23.1	31
重　庆	Chongqing	11.4	68.1	44.5	17	121.2	109.3	134.6	20
四　川	Sichuan	63.1	60.3	37.2	20	264.4	202.2	301.9	4
贵　州	Guizhou	5.6	10.5	7.0	27	48.7	117.2	123.6	21
云　南	Yunnan	8.0	27.0	41.2	18	181.2	184.9	208.8	11
西　藏	Tibet	1.3	4.7	4.2	29	11.7	18.4	30.6	29
陕　西	Shaanxi	26.0	66.9	54.2	15	179.2	166.1	201.8	13
甘　肃	Gansu	14.1	43.7	72.1	9	68.4	64.8	92.6	25
青　海	Qinghai	1.6	1.2	2.8	30	22.0	46.2	49.6	28
宁　夏	Ningxia	1.3	10.0	13.2	26	33.0	29.1	28.9	30
新　疆	Xinjiang	3.8	9.5	14.5	25	56.8	84.2	96.3	23

4-21 全社会卫生社会工作和文化体育娱乐业固定资产投资
Total Investment in Health and Social Service and Culture, Sports and Entertainment

单位：亿元 (100 million yuan)

地区	Region	卫生和社会工作 Healt and Social Service 2010	2012	2013	2013排名 Ranking	文化、体育和娱乐业 Culture, Sports and Entertainment 2010	2012	2013	2013排名 Ranking
全 国	**National Total**	**2119.0**	**2617.1**	**3139.3**		**2959.4**	**4271.3**	**5231.1**	
北 京	Beijing	39.1	44.2	60.9	22	71.9	78.9	111.6	20
天 津	Tianjin	19.7	63.0	62.9	21	60.6	90.7	103.4	21
河 北	Hebei	112.2	111.8	149.6	8	128.9	213.8	342.9	3
山 西	Shanxi	56.0	54.3	56.2	23	66.0	83.1	87.3	24
内蒙古	Inner Mongolia	53.4	67.5	70.2	20	117.6	125.7	127.6	17
辽 宁	Liaoning	86.3	161.9	144.8	10	186.6	282.6	280.7	4
吉 林	Jilin	57.5	69.6	71.7	19	83.1	83.4	92.8	22
黑龙江	Heilongjiang	64.8	78.6	130.9	12	41.0	135.7	114.6	19
上 海	Shanghai	38.0	56.9	39.9	26	45.5	90.6	86.8	25
江 苏	Jiangsu	111.6	156.6	207.3	2	187.6	329.1	424.4	2
浙 江	Zhejiang	83.3	125.2	148.2	9	75.3	207.7	270.1	5
安 徽	Anhui	103.0	107.7	130.8	13	108.8	158.0	185.7	11
福 建	Fujian	60.1	73.0	109.3	15	79.5	186.5	207.1	8
江 西	Jiangxi	58.4	74.6	86.9	16	84.4	97.8	143.3	15
山 东	Shandong	157.2	190.9	244.6	1	510.4	700.0	699.4	1
河 南	Henan	139.2	160.0	167.0	6	165.6	182.3	262.2	6
湖 北	Hubei	92.8	131.2	144.7	11	115.1	163.4	177.0	12
湖 南	Hunan	101.2	111.9	151.3	7	98.1	113.5	189.6	10
广 东	Guangdong	129.6	140.8	169.9	4	231.7	153.9	226.2	7
广 西	Guangxi	74.1	80.9	116.6	14	63.5	113.0	127.7	16
海 南	Hainan	18.7	21.7	13.3	29	41.6	20.2	60.6	27
重 庆	Chongqing	44.9	52.7	71.8	18	53.1	115.3	91.5	23
四 川	Sichuan	150.2	149.9	167.3	5	157.0	162.8	194.4	9
贵 州	Guizhou	17.8	19.6	20.0	27	21.3	50.7	74.6	26
云 南	Yunnan	67.1	70.5	83.9	17	50.8	114.3	147.8	13
西 藏	Tibet	3.7	7.9	6.9	31	6.9	14.1	21.4	30
陕 西	Shaanxi	83.3	133.9	181.4	3	41.6	91.0	146.7	14
甘 肃	Gansu	42.5	38.2	52.4	24	27.0	52.6	121.0	18
青 海	Qinghai	7.7	14.9	10.9	30	10.4	19.3	36.2	29
宁 夏	Ningxia	14.5	11.1	16.9	28	10.9	8.0	16.3	31
新 疆	Xinjiang	31.4	36.3	50.9	25	17.2	33.0	60.2	28

4-22 全社会房屋施工面积
Floor Space of Buildings under Construction by Region

单位：万平方米 (10 000 sq.m)

地区	Region	房屋施工面积 Floor Space of Buildings under Construction				其中：住宅施工面积 Floor Space of Residential Buildings under Construction			
		2010	2012	2013	2013排名 Ranking	2010	2012	2013	2013排名 Ranking
全　国	**National Total**	**885173.4**	**1167238.4**	**1336287.6**		**492763.6**	**614990.6**	**673163.3**	
北　京	Beijing	15572.1	19306.8	21242.3	24	7932.9	9180.6	9445.1	24
天　津	Tianjin	13166.2	18949.1	21518.6	23	5821.8	8199.5	8830.5	25
河　北	Hebei	48769.2	67400.1	78002.0	5	26410.4	31394.2	30799.8	8
山　西	Shanxi	17138.3	25555.6	29493.5	18	11700.1	16860.4	17921.9	18
内蒙古	Inner Mongolia	19808.3	25866.7	27175.5	21	11398.5	13835.5	15258.6	21
辽　宁	Liaoning	49050.3	68320.2	71452.5	7	24867.6	34069.3	35972.2	5
吉　林	Jilin	14624.4	17562.5	19753.4	25	7748.1	9607.9	10675.4	23
黑龙江	Heilongjiang	17575.3	25215.2	28689.4	19	10719.4	14239.5	12979.7	22
上　海	Shanghai	15015.9	16890.0	17180.3	26	7343.3	8350.8	8188.6	27
江　苏	Jiangsu	72050.7	93684.9	104192.9	2	31278.7	39261.4	45399.8	3
浙　江	Zhejiang	61194.5	80400.6	89577.4	4	25960.2	32359.8	35547.7	7
安　徽	Anhui	38478.6	54531.7	62430.7	9	22293.2	27001.8	30548.7	9
福　建	Fujian	30772.7	47196.1	52204.9	10	15359.3	18946.0	21931.2	15
江　西	Jiangxi	23932.7	30351.6	36075.4	15	13578.8	16300.6	18708.2	17
山　东	Shandong	71397.4	94312.6	107221.8	1	37278.3	50107.8	53246.2	1
河　南	Henan	68129.6	81027.6	96791.5	3	38514.9	42959.7	45799.5	2
湖　北	Hubei	25074.4	39262.7	50275.4	11	14964.1	19515.8	23940.9	11
湖　南	Hunan	32554.5	36304.4	41881.4	12	21563.1	25740.3	29224.1	10
广　东	Guangdong	55201.2	64678.5	76528.6	6	30156.5	35222.3	40213.5	4
广　西	Guangxi	24365.0	28166.6	35070.4	17	16273.6	18400.9	18963.2	16
海　南	Hainan	4488.6	7807.2	7823.4	29	3204.3	5574.5	6111.9	28
重　庆	Chongqing	24821.8	29475.8	36233.5	14	17596.3	20455.0	22864.3	12
四　川	Sichuan	50696.3	58913.8	67141.7	8	31364.1	34114.1	35957.0	6
贵　州	Guizhou	14335.9	21535.1	26932.3	22	10184.3	12930.8	16375.7	19
云　南	Yunnan	20903.3	29249.9	36250.6	13	13302.6	18093.0	22533.3	13
西　藏	Tibet	1296.7	1374.7	678.6	31	701.5	561.7	367.8	31
陕　西	Shaanxi	23643.4	35490.8	35501.3	16	15394.1	21200.9	22491.1	14
甘　肃	Gansu	10463.1	12623.5	15409.0	27	6353.6	7986.6	8561.9	26
青　海	Qinghai	4198.2	5772.8	5562.9	30	2985.1	3613.8	3416.1	30
宁　夏	Ningxia	4800.2	7544.0	10107.2	28	2874.3	4439.7	5097.9	29
新　疆	Xinjiang	11362.0	21343.2	27192.7	20	7640.6	14084.1	15627.1	20

4-23 全社会房屋竣工面积
Floor Space of Buildings Completed by Region

单位：万平方米 (10 000 sq.m)

地区	Region	房屋竣工面积 Floor Space of Buildings Completed				其中：住宅竣工面积 Floor Space of Residential Buildings Completed			
		2010	2012	2013	2013排名 Ranking	2010	2012	2013	2013排名 Ranking
全　国	**National Total**	**304306.1**	**335503.6**	**349895.8**		**183172.3**	**195102.9**	**193328.5**	
北　京	Beijing	3908.4	3552.2	3989.7	25	2263.5	1983.2	2154.8	26
天　津	Tianjin	3271.6	4553.0	4904.4	24	1872.4	2455.6	2458.3	24
河　北	Hebei	15945.2	17687.5	16644.9	9	9156.4	9609.0	8522.8	9
山　西	Shanxi	6139.9	7038.0	8308.1	17	3980.7	4812.8	5514.3	17
内蒙古	Inner Mongolia	5823.4	6175.7	6322.4	21	3415.1	3056.0	3676.3	22
辽　宁	Liaoning	13603.7	16867.5	18807.6	5	7504.3	9103.8	8902.9	6
吉　林	Jilin	5967.6	5155.1	5673.9	23	3052.3	2363.3	2694.6	23
黑龙江	Heilongjiang	8582.4	8200.5	10642.1	14	5205.6	4984.9	4269.1	21
上　海	Shanghai	2776.2	2836.3	2698.6	27	1414.6	1626.7	1439.4	27
江　苏	Jiangsu	28291.2	33219.2	36562.6	1	10087.4	11399.8	12206.5	3
浙　江	Zhejiang	19681.5	20975.6	22789.6	4	9177.1	9039.8	8306.3	10
安　徽	Anhui	13365.6	13578.4	14650.7	10	8528.3	8395.2	8881.3	7
福　建	Fujian	7176.3	10206.2	12332.6	11	3624.9	3630.1	4588.9	19
江　西	Jiangxi	9609.9	11062.6	11948.8	12	6016.1	7030.8	7590.4	13
山　东	Shandong	22560.9	30102.8	28385.7	2	13439.8	18927.8	17601.8	1
河　南	Henan	30198.4	27641.0	24856.4	3	20077.4	18074.4	16175.4	2
湖　北	Hubei	11434.4	15383.5	16794.0	8	6996.4	7832.6	7753.8	12
湖　南	Hunan	11522.3	12912.4	11171.9	13	9286.5	10765.7	8966.5	5
广　东	Guangdong	18359.6	16553.3	18185.6	6	10377.1	8822.6	8623.4	8
广　西	Guangxi	8437.6	8974.5	9159.1	16	6750.3	7210.6	6697.8	14
海　南	Hainan	1037.6	1592.8	1174.4	30	873.9	1349.1	1003.4	30
重　庆	Chongqing	6409.3	6379.2	6429.3	20	4905.9	5011.2	4746.0	18
四　川	Sichuan	20904.1	18314.3	17117.9	7	13260.1	10114.6	10541.9	4
贵　州	Guizhou	5205.6	4815.5	6101.0	22	4130.7	3601.3	4574.1	20
云　南	Yunnan	7791.1	8600.4	10519.8	15	5938.0	6432.1	7901.3	11
西　藏	Tibet	517.5	411.9	246.3	31	408.0	339.2	195.4	31
陕　西	Shaanxi	4625.9	7868.2	7825.0	19	3451.2	5883.8	5804.4	16
甘　肃	Gansu	3625.2	3453.6	3602.4	26	2368.0	2457.8	2337.2	25
青　海	Qinghai	1368.7	1555.3	1817.9	28	1192.3	1205.1	1403.4	28
宁　夏	Ningxia	1494.3	1779.6	1791.5	29	1126.2	1317.2	1283.4	29
新　疆	Xinjiang	4649.9	7665.3	8102.1	18	3291.9	6098.4	6405.0	15

4-24 全社会商品住宅施工和竣工面积

Floor Space of Commercial Residential Buildings under Construction and Investment in Fixed Assets Excluding Rural Households by Region

单位：万平方米 (10 000 sq.m)

地区	Region	全社会商品住宅施工面积 Floor Space of Commercial Buildings under Construction				全社会商品住宅竣工面积 Floor Space of Commercialized Buildings Completed			
		2010	2012	2013	2013排名 Ranking	2010	2012	2013	2013排名 Ranking
全国	**National Total**	**314760.1**	**428964.1**	**486347.3**		**63443.1**	**79043.2**	**78740.6**	
北京	Beijing	6176.0	7510.4	7406.9	25	1498.5	1522.7	1692.0	19
天津	Tianjin	5117.7	6923.5	7562.5	24	1603.6	1914.0	2117.7	15
河北	Hebei	17159.6	21896.0	23558.3	7	3130.1	3978.1	3517.8	9
山西	Shanxi	6254.4	9299.6	10754.9	19	991.3	1435.7	1848.0	17
内蒙古	Inner Mongolia	8272.9	11181.7	12634.1	16	1868.5	1816.1	2001.2	16
辽宁	Liaoning	20677.3	29284.9	31416.5	4	3691.4	5132.3	5025.7	3
吉林	Jilin	5758.9	8512.6	9317.8	21	1695.0	1613.6	1769.9	18
黑龙江	Heilongjiang	6107.4	10472.0	10241.4	20	2199.0	2646.2	2344.4	13
上海	Shanghai	7313.8	8315.7	8125.7	23	1396.1	1609.1	1417.4	22
江苏	Jiangsu	26347.1	33412.2	38756.8	1	6553.5	7687.1	7584.2	1
浙江	Zhejiang	16138.4	21656.4	23828.3	6	2798.4	2917.3	3187.6	10
安徽	Anhui	13838.5	18182.6	21531.2	9	2408.3	3123.1	3919.0	7
福建	Fujian	10572.5	14731.2	17835.4	12	1715.9	1564.6	2338.1	14
江西	Jiangxi	6064.6	7319.8	9018.8	22	1550.5	1440.5	1427.5	21
山东	Shandong	22728.1	33715.2	38571.8	2	4270.8	6086.7	6063.4	2
河南	Henan	16902.0	23467.0	28113.6	5	3852.6	4888.2	4916.3	4
湖北	Hubei	9172.4	13013.0	16640.3	13	2129.3	2795.2	2547.4	12
湖南	Hunan	13772.6	16773.7	19594.3	10	2828.8	3688.5	3764.7	8
广东	Guangdong	22253.8	29253.2	33690.7	3	4589.2	4918.2	4748.2	5
广西	Guangxi	9767.6	11846.9	12419.7	17	1342.9	1956.6	1385.4	24
海南	Hainan	2323.4	4411.4	5173.5	28	515.1	735.0	517.6	29
重庆	Chongqing	13744.8	16997.9	19248.9	11	2179.8	3386.4	2867.5	11
四川	Sichuan	17289.7	22590.2	23208.9	8	3390.0	4713.6	4028.9	6
贵州	Guizhou	5970.8	9654.0	12316.4	18	826.1	1120.2	1352.3	25
云南	Yunnan	7046.4	10432.1	12969.4	15	1258.4	1492.3	1576.1	20
西藏	Tibet	68.4	31.0	39.2	31	11.5	6.5	10.6	31
陕西	Shaanxi	8580.5	13030.2	14225.9	14	799.1	1413.8	1272.8	26
甘肃	Gansu	2557.7	4431.2	5324.5	27	501.0	710.0	769.1	28
青海	Qinghai	1179.4	1513.5	1748.3	30	242.1	371.1	474.4	30
宁夏	Ningxia	2285.6	3622.6	4090.8	29	746.3	922.3	861.4	27
新疆	Xinjiang	3317.7	5482.6	6982.7	26	859.9	1438.4	1394.1	23

4-25 农林牧渔业和采矿业固定资产投资（不含农户）

Investment in Fixed Assets (Excluding Rural Households) in Agriculture, Forestry, Animal Husbandry and Fishery and Mining

单位：亿元 (100 million yuan)

地区	Region	农林牧渔业 Agriculture, Forestry, Animal Husbandry and Fishery				采矿业 Mining			
		2010	2012	2013	2013排名 Ranking	2010	2012	2013	2013排名 Ranking
全　国	**National Total**	**3926.2**	**8772.4**	**11401.2**		**9694.7**	**13298.8**	**14648.8**	
北　京	Beijing	4.2	119.5	173.4	24	8.3	4.3	9.1	30
天　津	Tianjin	41.0	192.8	222.5	21	308.4	199.0	328.4	18
河　北	Hebei	310.4	651.8	794.7	3	357.9	620.5	691.0	5
山　西	Shanxi	160.9	328.8	712.1	6	1027.3	1581.7	1475.0	2
内蒙古	Inner Mongolia	309.6	501.6	730.4	5	979.9	1116.4	1587.2	1
辽　宁	Liaoning	216.4	528.0	496.5	9	562.9	683.7	650.3	6
吉　林	Jilin	140.8	208.4	285.7	18	439.4	547.8	414.5	14
黑龙江	Heilongjiang	229.1	545.8	764.2	4	583.5	596.0	634.1	7
上　海	Shanghai	5.5	10.6	18.0	31	0.3	0.4	0.2	31
江　苏	Jiangsu	55.2	179.5	195.7	23	63.8	85.6	91.0	26
浙　江	Zhejiang	22.1	158.4	201.0	22	2.1	33.0	45.1	28
安　徽	Anhui	100.3	301.9	376.1	14	336.4	389.8	338.6	16
福　建	Fujian	64.7	216.8	294.4	16	63.2	163.0	235.9	21
江　西	Jiangxi	116.9	288.5	297.2	15	192.3	265.4	252.2	20
山　东	Shandong	207.0	679.6	830.9	2	418.9	570.3	592.5	9
河　南	Henan	311.5	746.7	873.2	1	658.3	690.8	602.9	8
湖　北	Hubei	192.6	441.0	455.0	11	151.9	283.7	306.8	19
湖　南	Hunan	222.2	428.4	529.3	8	326.7	524.6	585.8	10
广　东	Guangdong	65.5	224.6	292.8	17	43.4	82.6	157.5	24
广　西	Guangxi	148.4	275.0	461.7	10	164.7	322.0	343.8	15
海　南	Hainan	7.2	30.0	21.4	30	4.5	30.2	22.2	29
重　庆	Chongqing	169.9	319.0	390.4	13	108.8	167.7	203.3	22
四　川	Sichuan	228.7	304.0	443.0	12	271.7	465.7	443.2	13
贵　州	Guizhou	17.3	44.0	48.0	28	200.1	279.8	328.6	17
云　南	Yunnan	118.2	141.6	251.1	19	230.7	362.9	458.8	11
西　藏	Tibet	18.3	24.2	39.3	29	18.0	43.0	63.2	27
陕　西	Shaanxi	212.8	447.2	640.5	7	682.4	1041.8	1268.7	3
甘　肃	Gansu	84.0	152.4	232.6	20	130.8	339.5	453.6	12
青　海	Qinghai	26.7	68.8	92.2	26	62.8	82.6	134.0	25
宁　夏	Ningxia	19.5	60.5	75.9	27	113.4	151.5	171.7	23
新　疆	Xinjiang	99.3	153.0	161.9	25	595.7	747.9	899.6	4

4-26 制造业和电力热力燃气水业固定资产投资（不含农户）
Investment in Fixed Assets (Excluding Rural Households) in Manufacturing and Production and Electricity, Gas and Water Supplies

单位：亿元 (100 million yuan)

地区	Region	制造业 Manufacturing 2010	2012	2013	2013排名 Ranking	电力、热力、燃气及水生产和供应业 Production and Supply of Electricity, Heat，Gas and Water 2010	2012	2013	2013排名 Ranking
全　国	**National Total**	**74485.2**	**124403.9**	**147584.4**		**14591.3**	**16671.9**	**19628.9**	
北　京	Beijing	296.6	414.5	450.3	29	136.6	215.8	259.9	27
天　津	Tianjin	2059.3	2315.1	2546.6	20	241.8	283.9	327.0	23
河　北	Hebei	4513.3	8004.2	9565.6	4	637.7	713.4	784.6	10
山　西	Shanxi	973.1	1941.5	2538.4	21	519.7	606.5	687.0	14
内蒙古	Inner Mongolia	1926.2	3825.3	4516.0	14	1373.3	1036.5	1296.3	2
辽　宁	Liaoning	5504.7	7489.9	8629.0	5	787.1	776.2	823.5	9
吉　林	Jilin	3324.8	4150.3	4410.1	15	497.6	413.9	447.6	21
黑龙江	Heilongjiang	1724.6	3026.9	3518.3	17	436.4	519.6	451.3	20
上　海	Shanghai	862.7	1080.6	1072.2	26	234.4	163.0	164.0	30
江　苏	Jiangsu	7648.5	14762.1	17318.2	1	485.2	839.9	960.3	6
浙　江	Zhejiang	1821.0	5305.4	6133.9	10	486.5	727.9	845.9	8
安　徽	Anhui	3883.6	6069.5	7269.0	7	367.8	436.6	523.3	18
福　建	Fujian	2078.2	3763.1	4645.8	13	486.0	621.9	747.2	12
江　西	Jiangxi	4265.7	5361.5	6558.9	8	281.2	294.2	325.8	24
山　东	Shandong	7606.5	12669.7	15258.2	2	529.9	705.7	978.2	5
河　南	Henan	6402.8	9777.4	11805.0	3	485.4	555.3	724.9	13
湖　北	Hubei	3242.4	6246.7	8045.3	6	474.4	402.9	495.3	19
湖　南	Hunan	2910.5	4943.0	6282.3	9	392.0	465.5	565.6	16
广　东	Guangdong	2346.8	4923.9	5622.5	11	1132.0	1019.0	1061.2	4
广　西	Guangxi	1857.7	3236.2	3887.2	16	374.1	462.8	549.6	17
海　南	Hainan	87.8	191.6	225.2	30	81.8	114.7	107.8	31
重　庆	Chongqing	1670.6	2268.6	2671.4	19	266.5	372.9	446.1	22
四　川	Sichuan	3076.2	4325.6	4929.4	12	921.9	1281.0	1376.7	1
贵　州	Guizhou	415.8	1020.3	1076.9	25	284.9	253.3	323.4	25
云　南	Yunnan	735.3	1222.9	1453.6	23	749.2	952.0	953.4	7
西　藏	Tibet	34.8	44.8	47.4	31	55.1	90.7	170.6	29
陕　西	Shaanxi	1530.5	2338.1	2882.5	18	374.1	371.2	579.7	15
甘　肃	Gansu	496.6	970.8	1110.3	24	529.2	634.2	770.3	11
青　海	Qinghai	263.4	505.0	631.9	28	89.6	235.6	307.1	26
宁　夏	Ningxia	342.9	628.0	789.4	27	225.0	226.3	246.0	28
新　疆	Xinjiang	582.3	1581.5	1693.5	22	378.5	773.7	1225.1	3

4-27 建筑业和交通运输业固定资产投资（不含农户）
Investment in Fixed Assets (Excluding Rural Households) in Construction and Transportation

单位：亿元 (100 million yuan)

地区	Region	建筑业 Construction				交通运输、仓储和邮政业 Transport Storage and Post			
		2010	2012	2013	2013排名 Ranking	2010	2012	2013	2013排名 Ranking
全　国	**National Total**	**2241.7**	**3685.3**	**3532.3**		**27883.1**	**30881.4**	**36329.4**	
北　京	Beijing	4.2	8.7	7.4	26	645.6	696.1	653.0	20
天　津	Tianjin	21.4	48.6	133.1	7	518.5	729.1	602.0	21
河　北	Hebei	47.8	44.2	16.5	22	1388.1	1522.7	2109.8	2
山　西	Shanxi	16.6	16.4	10.9	24	859.5	980.9	928.7	17
内蒙古	Inner Mongolia	107.4	86.4	93.6	9	1032.5	1143.9	1272.0	10
辽　宁	Liaoning	171.7	457.1	240.8	5	1048.2	1044.4	1577.1	7
吉　林	Jilin	81.5	49.1	117.6	8	525.8	528.3	584.8	22
黑龙江	Heilongjiang	91.7	176.0	340.6	3	747.4	498.6	542.5	24
上　海	Shanghai	10.7	1.5	5.7	28	640.4	460.8	499.0	25
江　苏	Jiangsu	59.7	79.2	42.9	18	991.8	1360.9	1685.9	5
浙　江	Zhejiang	31.3	27.2	36.6	20	908.6	1330.3	1450.3	9
安　徽	Anhui	284.2	54.0	81.9	12	414.0	542.4	804.0	19
福　建	Fujian	19.1	47.4	80.0	13	1123.8	1429.6	1559.7	8
江　西	Jiangxi	34.8	99.7	76.1	15	420.7	462.1	484.1	26
山　东	Shandong	266.2	488.0	448.0	2	1133.5	1591.0	1983.2	4
河　南	Henan	12.0	7.5	10.7	25	661.9	897.5	1168.6	12
湖　北	Hubei	34.2	40.4	91.0	10	871.6	1247.3	1586.6	6
湖　南	Hunan	139.0	142.7	148.5	6	1103.9	1099.6	1230.1	11
广　东	Guangdong	38.3	37.4	71.4	16	1636.9	1710.8	2425.2	1
广　西	Guangxi	21.2	27.7	41.0	19	759.9	904.4	1097.8	14
海　南	Hainan	13.6	57.8	79.8	14	161.8	141.9	277.8	29
重　庆	Chongqing	148.4	48.6	3.5	29	604.3	834.6	1010.1	15
四　川	Sichuan	25.4	33.7	14.1	23	1358.9	2052.2	2096.6	3
贵　州	Guizhou	7.6	10.8			489.2	739.5	1003.7	16
云　南	Yunnan	6.8	5.8	6.1	27	933.6	780.5	1112.7	13
西　藏	Tibet	22.1	38.8			110.4	136.6	165.0	30
陕　西	Shaanxi	192.8	572.6	290.0	4	696.0	777.4	868.9	18
甘　肃	Gansu	284.8	790.6	872.7	1	192.0	301.8	428.5	27
青　海	Qinghai	14.9	62.0	82.2	11	126.6	228.1	283.0	28
宁　夏	Ningxia	5.5	31.3	20.1	21	83.9	99.0	139.0	31
新　疆	Xinjiang	26.9	94.1	69.4	17	368.9	403.3	550.0	23

4-28 信息传输软件信息技术服务业和批发零售业固定资产投资（不含农户）
Investment in Fixed Assets (Excluding Rural Households) in Information Transmission and Software and Wholesale and Retail Trades

单位：亿元 (100 million yuan)

地区	Region	信息传输、软件和信息技术服务业 Information Transmission, Software and Information Technology				批发和零售业 Wholesale and Retail Trades			
		2010	2012	2013	2013排名 Ranking	2010	2012	2013	2013排名 Ranking
全　国	**National Total**	**2392.9**	**2691.3**	**3084.9**		**5233.4**	**9762.9**	**12601.1**	
北　京	Beijing	142.4	162.0	191.4	3	22.8	27.8	50.7	28
天　津	Tianjin	47.7	75.3	70.8	21	86.7	243.9	298.6	18
河　北	Hebei	40.8	88.8	115.6	8	409.2	658.3	842.4	3
山　西	Shanxi	40.9	35.6	63.3	22	75.8	192.8	244.5	21
内蒙古	Inner Mongolia	60.2	83.1	110.9	11	251.4	284.4	388.5	16
辽　宁	Liaoning	146.5	133.1	122.5	7	309.9	763.1	1014.5	2
吉　林	Jilin	48.1	69.7	60.2	23	248.1	410.9	420.3	14
黑龙江	Heilongjiang	64.5	124.6	136.0	5	172.6	329.6	615.8	6
上　海	Shanghai	115.6	121.3	112.4	10	28.1	62.1	51.9	26
江　苏	Jiangsu	152.6	266.0	381.6	1	442.5	690.9	816.2	4
浙　江	Zhejiang	155.8	111.0	136.0	6	155.5	320.6	405.2	15
安　徽	Anhui	83.5	72.8	114.9	9	231.2	357.7	468.1	10
福　建	Fujian	140.3	143.3	136.5	4	145.6	200.7	289.3	19
江　西	Jiangxi	62.8	50.6	48.4	26	194.3	411.3	500.6	9
山　东	Shandong	54.1	91.2	107.5	13	730.2	1273.0	1620.8	1
河　南	Henan	56.3	46.8	74.7	20	385.1	523.5	720.4	5
湖　北	Hubei	74.6	86.4	96.4	15	291.0	409.8	433.9	13
湖　南	Hunan	108.7	59.6	84.6	18	127.7	416.3	542.0	8
广　东	Guangdong	253.0	341.5	301.8	2	170.2	479.6	615.4	7
广　西	Guangxi	78.1	92.8	109.7	12	135.7	269.4	379.7	17
海　南	Hainan	17.6	34.9	28.1	27	5.3	47.9	32.7	29
重　庆	Chongqing	76.7	80.4	87.0	16	90.4	112.3	173.8	23
四　川	Sichuan	107.0	66.5	103.3	14	137.3	324.9	449.1	11
贵　州	Guizhou	45.3	6.4	8.0	29	15.6	76.3	86.4	25
云　南	Yunnan	51.2	59.7	76.3	19	118.4	230.7	246.1	20
西　藏	Tibet	9.8	12.7	4.5	30	6.3	14.8	18.8	30
陕　西	Shaanxi	77.8	85.9	85.6	17	134.5	336.5	448.5	12
甘　肃	Gansu	22.1	31.9	49.8	25	56.4	138.7	219.9	22
青　海	Qinghai	2.2	2.0	3.5	31	6.9	18.0	17.1	31
宁　夏	Ningxia	15.5	11.5	12.4	28	22.4	53.6	51.2	27
新　疆	Xinjiang	41.4	43.9	50.9	24	26.0	83.7	138.9	24

4-29 住宿餐饮业和金融业固定资产投资（不含农户）
Investment in Fixed Assets (Excluding Rural Households) in Hotels and Catering Services and Financial Industry

单位：亿元 (100 million yuan)

地区	Region	住宿和餐饮业 Hotels and Catering Services				金融业 Financial Industry			
		2010	2012	2013	2013排名 Ranking	2010	2012	2013	2013排名 Ranking
全　国	**National Total**	**2980.2**	**5107.6**	**6012.4**		**477.7**	**923.9**	**1242.0**	
北　京	Beijing	19.2	55.3	78.1	24	30.3	26.6	48.2	11
天　津	Tianjin	60.9	70.5	72.8	25	2.9	21.4	41.2	13
河　北	Hebei	139.6	214.7	272.5	8	12.7	24.4	44.7	12
山　西	Shanxi	37.2	59.4	80.2	22	2.6	2.0	3.9	26
内蒙古	Inner Mongolia	69.3	104.7	123.9	19	38.1	25.2	28.3	17
辽　宁	Liaoning	196.6	428.5	498.3	2	32.5	63.9	159.5	1
吉　林	Jilin	65.8	104.7	82.4	21	10.9	14.5	20.9	20
黑龙江	Heilongjiang	52.3	91.5	137.6	18	9.3	31.6	26.2	18
上　海	Shanghai	32.3	33.3	34.1	28	29.0	49.2	15.2	21
江　苏	Jiangsu	223.3	466.6	502.1	1	38.8	93.3	116.6	2
浙　江	Zhejiang	111.4	212.9	228.2	12	34.7	92.9	94.8	3
安　徽	Anhui	150.1	215.4	273.1	7	22.1	62.6	90.1	4
福　建	Fujian	96.0	203.3	218.9	14	26.7	30.1	55.1	9
江　西	Jiangxi	201.5	253.3	271.7	9	25.8	21.7	31.4	10
山　东	Shandong	298.5	441.4	380.7	4	22.7	51.6	61.7	8
河　南	Henan	195.1	216.9	285.8	6	14.3	14.8	21.3	19
湖　北	Hubei	180.9	193.8	215.0	15	18.2	45.0	75.9	5
湖　南	Hunan	99.3	181.2	221.5	13	5.5	44.1	51.9	10
广　东	Guangdong	185.6	390.5	439.4	3	35.3	81.6	75.2	6
广　西	Guangxi	82.2	161.3	232.6	11	19.7	23.0	39.1	14
海　南	Hainan	108.8	187.0	175.7	17	5.4	0.6	5.5	25
重　庆	Chongqing	34.1	59.5	106.2	20	3.7	2.5	3.5	27
四　川	Sichuan	107.6	253.6	351.9	5	9.6	46.4	62.5	7
贵　州	Guizhou	21.2	47.0	70.6	26	6.0		2.1	30
云　南	Yunnan	63.4	146.6	182.0	16	4.8	4.9	6.3	24
西　藏	Tibet	14.7	24.7	25.0	29	0.8	2.4	9.2	23
陕　西	Shaanxi	84.5	166.7	265.6	10	3.3	29.0	34.4	15
甘　肃	Gansu	23.6	61.6	78.7	23	3.3	11.0	9.6	22
青　海	Qinghai	6.6	11.4	20.1	30	1.2	0.9	3.2	28
宁　夏	Ningxia	5.4	13.2	19.9	31	0.3	0.7	1.7	31
新　疆	Xinjiang	13.3	37.3	68.3	27	7.1	3.0	2.9	29

4-30 房地产业和租赁商务服务业固定资产投资（不含农户）
Investment in Fixed Assets (Excluding Rural Households) in Real Estate and Leasing Services

单位：亿元 (100 million yuan)

地区	Region	房地产业 Real Estate 2010	2012	2013	2013排名 Ranking	租赁和商务服务业 Leasing and Business Services 2010	2012	2013	2013排名 Ranking
全国	**National Total**	**57633.1**	**92639.4**	**111379.6**		**2486.4**	**4694.7**	**5874.6**	
北京	Beijing	3039.0	3451.8	3839.5	13	22.4	36.6	50.5	26
天津	Tianjin	1129.6	1814.6	2194.9	20	281.3	588.4	590.1	2
河北	Hebei	3044.1	4291.4	4463.1	9	104.7	210.8	335.7	7
山西	Shanxi	943.6	1670.7	2290.0	19	34.2	25.9	56.3	25
内蒙古	Inner Mongolia	1282.4	1841.2	1969.1	23	43.4	79.6	57.4	24
辽宁	Liaoning	3599.6	5828.4	6728.2	5	333.6	369.8	400.5	4
吉林	Jilin	1048.6	1498.6	1447.4	26	38.6	48.1	69.8	21
黑龙江	Heilongjiang	1132.7	1926.9	2045.8	22	57.3	84.2	162.3	14
上海	Shanghai	2050.8	2399.7	2831.9	17	39.0	136.1	161.1	15
江苏	Jiangsu	4751.6	7588.2	8864.6	1	269.0	678.2	691.8	1
浙江	Zhejiang	3389.4	6330.4	7518.3	4	112.8	222.0	340.1	6
安徽	Anhui	2785.5	4106.3	5007.8	8	64.6	151.8	201.1	10
福建	Fujian	2065.8	3439.3	4433.2	10	95.5	147.4	178.7	11
江西	Jiangxi	866.4	1373.1	1724.3	24	76.3	121.9	160.1	16
山东	Shandong	4520.4	6967.7	7885.1	2	201.7	363.8	531.6	3
河南	Henan	2907.0	4618.6	5985.2	7	52.2	84.7	176.3	12
湖北	Hubei	1871.8	3201.5	4140.6	12	115.6	227.7	276.4	8
湖南	Hunan	1670.6	2896.9	3298.3	16	49.9	296.6	341.7	5
广东	Guangdong	4223.9	6430.2	7801.2	3	134.4	175.0	251.9	9
广西	Guangxi	1410.5	1884.6	2079.6	21	55.4	135.3	151.5	17
海南	Hainan	503.3	961.9	1339.2	27	14.1	15.7	8.6	31
重庆	Chongqing	1871.8	2922.6	3594.1	14	59.3	92.0	91.1	19
四川	Sichuan	2717.3	4685.8	6050.5	6	103.5	110.9	135.5	18
贵州	Guizhou	646.7	1700.7	2313.2	18	5.4	30.6	36.9	27
云南	Yunnan	1060.5	2263.5	3305.5	15	13.4	53.2	58.4	22
西藏	Tibet	25.8	58.0	79.9	31	1.8	10.5	10.2	30
陕西	Shaanxi	1674.2	3501.2	4381.2	11	67.2	110.5	174.6	13
甘肃	Gansu	416.3	841.2	1090.5	28	25.3	28.6	58.0	23
青海	Qinghai	125.3	315.1	324.6	30	2.4	31.4	71.1	20
宁夏	Ningxia	305.1	559.0	744.2	29	1.9	8.0	12.5	29
新疆	Xinjiang	553.6	1270.4	1608.4	25	10.2	19.4	33.0	28

4-31 科学研究服务技术业和水利环境公共设施管理业固定资产投资（不含农户）

Investment in Fixed Assets (Excluding Rural Households) in Scientific Research, Technical Services, and Management of Water Conservancy, Environment and Public Facilities

单位：亿元 (100 million yuan)

地区	Region	科学研究和技术服务业 Scientific Research and Technical Services				水利环境和公共设施管理业 Management of Water Conservancy, Environment and Public Facilities			
		2010	2012	2013	2013排名 Ranking	2010	2012	2013	2013排名 Ranking
全 国	**National Total**	**1269.2**	**2475.8**	**3133.2**		**22333.7**	**29618.4**	**37662.7**	
北 京	Beijing	81.9	128.7	108.0	11	263.9	402.9	463.8	26
天 津	Tianjin	20.7	48.9	74.8	15	813.4	917.9	1146.2	18
河 北	Hebei	58.2	110.4	150.6	6	1337.9	1200.2	1496.4	13
山 西	Shanxi	25.2	34.9	39.3	20	426.6	742.0	1246.6	15
内蒙古	Inner Mongolia	42.8	53.1	61.3	16	651.6	996.0	1216.9	17
辽 宁	Liaoning	122.0	161.2	194.9	3	1313.9	1677.4	2233.4	3
吉 林	Jilin	47.3	59.7	80.4	14	521.4	760.5	826.0	23
黑龙江	Heilongjiang	35.4	83.5	122.6	9	575.9	787.8	949.9	21
上 海	Shanghai	25.4	39.5	41.5	19	422.2	338.3	421.5	27
江 苏	Jiangsu	114.3	324.8	369.2	2	1442.8	1897.5	2571.4	1
浙 江	Zhejiang	31.1	58.9	86.7	12	846.7	1383.6	1759.2	6
安 徽	Anhui	63.2	141.3	149.8	7	911.2	1273.6	1539.7	11
福 建	Fujian	17.4	22.5	37.0	23	626.0	1072.1	1355.5	14
江 西	Jiangxi	43.9	38.5	51.3	17	724.2	827.2	1028.9	20
山 东	Shandong	140.8	399.8	663.8	1	1067.2	1467.5	1837.1	5
河 南	Henan	41.7	75.5	109.8	10	1108.9	1497.2	1688.3	8
湖 北	Hubei	46.3	81.4	85.0	13	1015.8	1231.4	1593.9	10
湖 南	Hunan	25.0	116.8	129.3	8	968.2	1410.5	1984.7	4
广 东	Guangdong	84.8	118.2	155.6	5	1602.3	1526.4	1688.5	7
广 西	Guangxi	18.3	34.0	50.3	18	844.3	995.7	1237.9	16
海 南	Hainan	1.1	5.0	8.2	29	111.6	154.6	186.3	28
重 庆	Chongqing	10.5	15.9	17.5	26	716.5	858.5	1033.4	19
四 川	Sichuan	23.4	60.2	38.2	22	1307.6	1801.8	2361.6	2
贵 州	Guizhou	7.3	8.8	20.5	25	326.4	1069.8	1526.0	12
云 南	Yunnan	6.8	30.4	36.3	24	584.7	787.7	847.1	22
西 藏	Tibet	0.9	3.2	9.6	27	23.7	46.9	81.8	31
陕 西	Shaanxi	80.8	119.4	162.1	4	947.8	959.2	1640.4	9
甘 肃	Gansu	23.5	32.6	39.1	21	128.9	367.5	481.0	25
青 海	Qinghai	2.9	3.1	3.5	31	43.6	76.0	112.0	30
宁 夏	Ningxia	1.1	1.0	5.9	30	70.5	108.3	179.1	29
新 疆	Xinjiang	16.4	17.9	8.5	28	176.2	329.7	523.3	24

4-32 居民服务修理其他服务业和教育固定资产投资（不含农户）
Investment in Fixed Assets (Excluding Rural Households) in Services to Households and Education

单位：亿元 (100 million yuan)

地区	Region	居民服务修理和其他服务业 Services to Households, Repair and Other Services 2010	2012	2013	2013排名 Ranking	教育 Education 2010	2012	2013	2013排名 Ranking
全　国	**National Total**	**757.1**	**1685.8**	**1994.4**		**3718.1**	**4608.2**	**5399.9**	
北　京	Beijing	3.8	18.1	14.6	24	72.4	95.0	142.7	18
天　津	Tianjin	93.1	52.8	109.2	5	58.8	73.8	98.0	22
河　北	Hebei	39.5	57.6	51.2	15	144.0	208.9	206.1	12
山　西	Shanxi	7.4	13.2	20.5	23	236.8	168.5	152.2	17
内蒙古	Inner Mongolia	18.1	33.6	35.4	20	149.9	111.0	93.9	24
辽　宁	Liaoning	82.7	202.0	199.9	2	131.9	196.2	236.2	9
吉　林	Jilin	30.6	47.5	54.6	12	87.5	66.1	76.0	26
黑龙江	Heilongjiang	14.6	45.6	76.5	7	71.3	103.4	156.7	16
上　海	Shanghai	1.9	4.9	4.9	28	45.1	50.9	71.9	27
江　苏	Jiangsu	58.5	103.3	138.6	4	185.9	301.7	330.1	2
浙　江	Zhejiang	5.6	31.3	29.7	22	103.5	199.8	253.3	7
安　徽	Anhui	24.2	44.1	62.8	11	175.2	204.0	229.9	10
福　建	Fujian	10.3	30.7	38.1	19	100.8	194.9	185.9	14
江　西	Jiangxi	28.6	57.1	68.6	9	107.7	137.8	176.4	15
山　东	Shandong	157.6	385.2	410.1	1	229.2	329.8	449.6	1
河　南	Henan	43.2	100.7	143.1	3	237.1	278.1	290.4	5
湖　北	Hubei	35.9	45.1	92.6	6	156.1	148.8	136.7	19
湖　南	Hunan	19.6	68.8	75.2	8	106.0	211.1	262.4	6
广　东	Guangdong	12.5	22.1	39.0	18	199.5	299.0	308.8	3
广　西	Guangxi	9.1	39.5	51.7	14	171.9	175.6	251.0	8
海　南	Hainan	0.5	4.8	1.5	31	25.1	31.1	23.1	31
重　庆	Chongqing	8.5	68.0	43.5	16	117.0	109.3	134.6	20
四　川	Sichuan	7.7	57.7	33.1	21	229.0	202.2	301.9	4
贵　州	Guizhou	3.6	8.0	5.7	27	46.7	117.2	123.6	21
云　南	Yunnan	4.4	22.5	39.8	17	168.5	184.9	208.8	11
西　藏	Tibet	0.7	4.7	4.2	29	11.3	18.4	30.6	29
陕　西	Shaanxi	21.6	56.8	53.9	13	178.7	166.1	201.8	13
甘　肃	Gansu	7.4	39.4	67.0	10	64.3	64.7	92.6	25
青　海	Qinghai	1.2	1.2	2.3	30	20.8	46.2	49.6	28
宁　夏	Ningxia	1.0	10.0	13.2	26	32.4	29.1	28.9	30
新　疆	Xinjiang	3.6	9.4	13.7	25	53.7	84.2	96.3	23

4-33 卫生社会工作和文化体育娱乐业固定资产投资（不含农户）
Investment in Fixed Assets (Excluding Rural Households) in Health and Social Service

单位：亿元 (100 million yuan)

地区	Region	卫生和社会工作 Health and Social Service				文化、体育和娱乐业 Culture, Sports and Entertainment			
		2010	2012	2013	2013排名 Ranking	2010	2012	2013	2013排名 Ranking
全　国	**National Total**	**1959.5**	**2617.0**	**3138.3**		**2605.9**	**4268.1**	**5225.5**	
北　京	Beijing	36.1	44.2	60.9	22	59.5	78.9	111.6	20
天　津	Tianjin	19.4	63.0	62.9	21	49.9	90.7	103.4	21
河　北	Hebei	106.6	111.8	149.6	8	119.9	213.8	342.9	3
山　西	Shanxi	54.2	54.2	55.2	23	60.4	83.1	86.4	25
内蒙古	Inner Mongolia	53.2	67.5	70.2	20	117.1	125.7	127.6	17
辽　宁	Liaoning	84.4	161.9	144.8	10	181.3	282.6	280.4	4
吉　林	Jilin	56.1	69.6	71.7	19	82.0	83.4	92.8	22
黑龙江	Heilongjiang	64.5	78.6	130.9	12	38.1	135.7	114.6	19
上　海	Shanghai	36.1	56.9	39.9	26	35.3	90.6	86.8	24
江　苏	Jiangsu	96.2	156.6	207.3	2	158.9	329.1	424.4	2
浙　江	Zhejiang	74.9	125.2	148.2	9	60.6	207.7	269.0	5
安　徽	Anhui	97.1	107.7	130.8	13	101.2	158.0	185.7	11
福　建	Fujian	54.1	73.0	109.2	15	71.2	186.0	206.6	8
江　西	Jiangxi	51.3	74.6	86.9	16	77.8	97.7	143.3	15
山　东	Shandong	141.4	190.9	244.6	1	392.5	697.8	697.0	1
河　南	Henan	122.1	160.0	167.0	6	141.4	182.3	262.2	6
湖　北	Hubei	90.1	131.2	144.7	11	106.8	163.4	177.0	12
湖　南	Hunan	94.9	111.9	151.3	7	85.0	113.5	189.6	10
广　东	Guangdong	119.3	140.8	169.9	4	204.7	153.9	226.2	7
广　西	Guangxi	71.6	80.9	116.6	14	58.3	113.0	127.7	16
海　南	Hainan	18.7	21.7	13.3	29	41.5	20.2	60.6	27
重　庆	Chongqing	38.2	52.7	71.8	18	52.1	115.3	91.5	23
四　川	Sichuan	126.8	149.9	167.3	5	135.6	162.8	194.4	9
贵　州	Guizhou	15.9	19.6	20.0	27	18.9	50.7	74.6	26
云　南	Yunnan	63.0	70.5	83.9	17	49.5	114.3	147.8	13
西　藏	Tibet	3.4	7.9	6.9	31	6.7	14.1	21.4	30
陕　西	Shaanxi	82.1	133.9	181.4	3	40.1	90.7	146.5	14
甘　肃	Gansu	39.4	38.2	52.4	24	23.8	52.5	120.9	18
青　海	Qinghai	6.8	14.9	10.9	30	9.5	19.3	36.2	29
宁　夏	Ningxia	12.5	11.1	16.9	28	10.6	8.0	16.3	31
新　疆	Xinjiang	28.8	36.3	50.9	25	16.1	33.0	60.1	28

4-34　全社会公共管理社会保障投资
Total Investment in Public Management and Social Organization and International Organizations

单位：亿元　(100 million yuan)

地区	Region	公共管理、社会保障和社会组织 Public Management，Social Security and Social Organization				公共管理、社会保障和社会组织（不含农户） Public Management，Social Security and Social Organization			
		2010	2012	2013	2013排名 Ranking	2010	2012	2013	2013排名 Ranking
全　国	**National Total**	**5676.6**	**6047.4**	**5874.1**		**4761.6**	**6047.4**	**5873.7**	
北　京	Beijing	36.0	78.0	84.2	24	27.3	78.0	84.2	24
天　津	Tianjin	77.3	83.5	80.7	25	41.6	83.5	80.7	25
河　北	Hebei	147.4	156.7	196.8	11	110.3	156.7	196.8	11
山　西	Shanxi	31.5	46.8	54.8	27	24.6	46.8	54.8	27
内蒙古	Inner Mongolia	185.8	234.5	293.5	4	181.5	234.5	293.5	4
辽　宁	Liaoning	301.0	287.9	161.2	16	280.4	287.9	161.2	16
吉　林	Jilin	106.3	131.2	162.9	15	100.3	131.2	162.9	15
黑龙江	Heilongjiang	197.8	189.7	195.3	12	191.6	189.7	195.3	12
上　海	Shanghai	19.2	14.9	12.0	30	15.7	14.9	12.0	30
江　苏	Jiangsu	223.0	270.3	274.4	5	177.8	270.3	274.4	5
浙　江	Zhejiang	119.6	217.3	212.5	9	84.4	217.3	212.5	9
安　徽	Anhui	218.7	254.4	244.8	6	186.0	254.4	244.4	6
福　建	Fujian	128.7	197.5	238.8	7	101.0	197.5	238.8	7
江　西	Jiangxi	103.9	139.3	148.8	17	84.7	139.3	148.8	17
山　东	Shandong	929.2	956.0	895.0	1	726.4	956.0	895.0	1
河　南	Henan	144.3	84.2	78.4	26	98.6	84.2	78.4	26
湖　北	Hubei	484.5	521.2	348.7	3	435.4	521.2	348.7	3
湖　南	Hunan	196.3	435.2	551.1	2	163.3	435.2	551.1	2
广　东	Guangdong	141.7	93.0	91.9	22	110.8	93.0	91.9	22
广　西	Guangxi	113.8	111.7	175.7	14	102.4	111.7	175.7	14
海　南	Hainan	54.2	12.9	8.7	31	47.8	12.9	8.7	31
重　庆	Chongqing	154.2	110.0	118.0	19	123.3	110.0	118.0	19
四　川	Sichuan	237.5	145.4	203.2	10	166.1	145.4	203.2	10
贵　州	Guizhou	47.9	22.1	34.6	28	35.5	22.1	34.6	28
云　南	Yunnan	106.0	118.8	147.6	18	90.1	118.8	147.6	18
西　藏	Tibet	58.0	74.0	88.2	23	40.5	74.0	88.2	23
陕　西	Shaanxi	513.5	401.8	227.2	8	488.6	401.8	227.2	8
甘　肃	Gansu	307.0	142.7	179.8	13	256.9	142.7	179.8	13
青　海	Qinghai	32.8	86.9	100.6	21	26.5	86.9	100.6	21
宁　夏	Ningxia	29.5	23.0	33.7	29	23.9	23.0	33.7	29
新　疆	Xinjiang	78.9	136.4	116.6	20	67.1	136.4	116.6	20

4-35 固定资产投资（不含农户）房屋施工面积
Floor Space of Buildings and Residential Buildings under Construction in Urban Area by Region

单位：万平方米 (10 000 sq.m)

地区	Region	房屋施工面积 Floor Space of Buildings under Construction				其中：住宅施工面积 Floor Space of Residential Buildings			
		2010	2012	2013	2013排名 Ranking	2010	2012	2013	2013排名 Ranking
全 国	**National Total**	**706379.2**	**1061721.8**	**1227045.6**		**376588.5**	**516797.0**	**573119.9**	
北 京	Beijing	13558.7	18929.6	20879.2	24	6649.8	8848.6	9102.1	24
天 津	Tianjin	12294.7	18874.8	21406.5	23	5525.5	8128.3	8726.0	25
河 北	Hebei	39543.2	62445.6	72773.5	5	20460.5	26486.0	26143.2	8
山 西	Shanxi	13940.3	22879.6	26793.3	19	9156.6	14401.4	15390.6	16
内蒙古	Inner Mongolia	18060.6	25406.7	26261.1	20	9892.4	13471.5	14434.8	17
辽 宁	Liaoning	44138.5	63822.2	66871.5	7	21222.0	30107.7	31953.6	5
吉 林	Jilin	13381.0	16960.0	18948.5	25	6746.1	9085.7	9920.8	23
黑龙江	Heilongjiang	15587.8	24213.1	27748.4	18	9204.2	13337.6	12123.7	22
上 海	Shanghai	13688.6	16871.6	17161.8	26	7325.0	8333.2	8171.4	26
江 苏	Jiangsu	57837.1	91452.9	100944.9	1	28004.9	37113.4	42305.8	2
浙 江	Zhejiang	41954.3	74941.6	82814.7	4	18768.6	27194.8	29368.6	7
安 徽	Anhui	31567.2	49520.7	57468.6	9	16696.8	22260.8	25931.2	9
福 建	Fujian	26140.0	44377.1	49445.0	10	12006.4	16299.5	19289.6	12
江 西	Jiangxi	16318.7	24763.0	30268.6	15	7290.6	10865.1	13079.5	21
山 东	Shandong	55009.9	82670.1	96532.1	2	28034.8	39972.3	44157.7	1
河 南	Henan	46409.9	65885.0	84386.1	3	21286.9	29089.2	34649.8	4
湖 北	Hubei	20410.7	34110.2	44676.6	11	10920.9	14890.7	18829.0	14
湖 南	Hunan	23685.8	29116.4	35992.0	12	14881.0	18707.3	23733.1	10
广 东	Guangdong	44695.4	60469.7	72317.8	6	25200.1	31098.0	36165.3	3
广 西	Guangxi	18972.6	22597.4	29401.8	17	11243.9	13012.7	13465.8	19
海 南	Hainan	4121.6	7076.4	7179.4	29	2875.7	4930.3	5515.9	28
重 庆	Chongqing	22359.1	28483.8	34828.5	13	15628.6	19593.8	21552.3	11
四 川	Sichuan	38585.2	54541.2	61507.5	8	22558.6	30389.3	30919.8	6
贵 州	Guizhou	11183.3	19128.1	24165.3	22	7304.2	10550.8	13678.7	18
云 南	Yunnan	15875.8	24612.9	29705.4	16	8949.8	13641.0	16711.9	15
西 藏	Tibet	936.4	1374.7	678.6	31	354.3	561.7	367.8	31
陕 西	Shaanxi	21067.0	32331.6	32030.5	14	13085.6	18186.9	19152.5	13
甘 肃	Gansu	8066.4	11438.5	14189.0	27	4880.7	6884.6	7436.9	27
青 海	Qinghai	2929.7	4948.7	4760.7	30	1828.4	2845.6	2691.6	30
宁 夏	Ningxia	4386.3	7235.0	9789.2	28	2570.6	4153.7	4803.9	29
新 疆	Xinjiang	9381.0	19119.7	24423.1	21	6035.0	11973.0	13182.6	20

4-36 固定资产投资（不含农户）房屋竣工面积
Investment in Fixed Assets Excluding Rural Households Floor Space of Buildings and Residential Buildings Completed in Urban Area by Region

单位：万平方米 (10 000 sq.m)

地区	Region	房屋竣工面积 Floor Space of Buildings Completed				其中：住宅竣工面积 Floor Space of Residential Buildings Completed			
		2010	2012	2013	2013排名 Ranking	2010	2012	2013	2013排名 Ranking
全　国	**National Total**	**175429.6**	**241315.7**	**257234.1**		**86879.8**	**107327.0**	**107375.5**	
北　京	Beijing	2935.3	3184.0	3641.7	25	1566.4	1658.0	1826.2	24
天　津	Tianjin	2917.2	4479.4	4800.6	21	1702.8	2385.1	2362.6	21
河　北	Hebei	9194.2	13140.2	12142.9	9	4129.2	5150.9	4483.9	9
山　西	Shanxi	3802.2	5018.0	5943.0	15	2056.8	2905.8	3250.6	15
内蒙古	Inner Mongolia	4814.5	5774.7	5432.4	17	2582.3	2697.0	2893.7	18
辽　宁	Liaoning	9245.7	12691.5	14548.6	6	3865.9	5413.5	5155.7	6
吉　林	Jilin	4830.1	4573.9	4877.6	20	2054.6	1859.2	1946.8	23
黑龙江	Heilongjiang	6758.7	7249.5	9777.1	12	3760.2	4106.0	3472.1	14
上　海	Shanghai	2402.4	2817.9	2683.4	26	1397.2	1609.1	1425.2	26
江　苏	Jiangsu	18825.0	31052.2	33342.6	1	7264.3	9270.8	9251.5	1
浙　江	Zhejiang	8522.1	15926.6	18780.0	2	3266.5	4172.8	4690.7	8
安　徽	Anhui	7842.2	9214.4	10536.1	10	3822.4	4246.2	5039.8	7
福　建	Fujian	4693.3	8467.3	10495.6	11	1952.7	1943.3	2811.8	19
江　西	Jiangxi	5029.0	6359.0	7139.5	13	1912.4	2480.6	2923.6	17
山　东	Shandong	11665.3	18948.9	18260.5	3	5577.5	8595.9	8239.9	2
河　南	Henan	12808.7	14702.6	14701.1	5	5617.8	6811.9	6602.8	3
湖　北	Hubei	7238.3	10839.6	12209.5	7	3250.1	3694.3	3534.4	13
湖　南	Hunan	5031.4	6231.4	6220.8	14	3201.4	4263.7	4280.1	10
广　东	Guangdong	11694.5	13142.5	14998.0	4	6657.8	5486.9	5551.0	5
广　西	Guangxi	3360.5	3893.5	3999.0	23	1861.3	2284.8	1756.0	25
海　南	Hainan	746.1	1063.6	703.1	30	601.2	855.0	542.9	30
重　庆	Chongqing	4301.5	5527.9	5217.8	18	3120.4	4279.3	3604.6	12
四　川	Sichuan	11449.6	14541.8	12202.8	8	6269.7	6879.0	6393.2	4
贵　州	Guizhou	2398.2	2621.5	3649.0	24	1506.0	1433.3	2193.1	22
云　南	Yunnan	3433.7	4069.4	5192.5	19	2024.3	2355.1	3061.0	16
西　藏	Tibet	219.1	411.9	246.3	31	119.3	339.2	195.4	31
陕　西	Shaanxi	2353.2	4830.7	4684.4	22	1276.1	2911.8	2729.4	20
甘　肃	Gansu	2023.0	2314.6	2443.4	27	1173.7	1399.8	1260.2	27
青　海	Qinghai	548.0	811.3	1084.9	29	423.0	540.1	738.0	29
宁　夏	Ningxia	1164.8	1470.6	1473.5	28	838.1	1031.2	989.4	28
新　疆	Xinjiang	3160.7	5553.3	5467.0	16	2028.3	4098.7	4061.5	11

4-37 农村农户固定资产投资额
Investment in Fixed Assets and Buildings Construction by Farm households in Rural Areas

单位：亿元 (100 million yuan)

地区	Region	农村农户投资额 Farm households Total Investment				其中：竣工房屋投资额 Farm households Investment in Buildings Completed			
		2010	2012	2013	2013排名 Ranking	2010	2012	2013	2013排名 Ranking
全 国	**National Total**	**7886.0**	**9840.6**	**10546.7**		**5247.0**	**6395.3**	**7249.6**	
北 京	Beijing	52.1	47.5	49.5	28	42.7	41.4	40.9	28
天 津	Tianjin	26.4	21.5	27.2	29	12.0	10.3	15.2	29
河 北	Hebei	460.8	556.7	564.5	6	324.5	384.7	414.6	5
山 西	Shanxi	217.9	278.4	286.5	18	110.8	133.0	190.8	18
内蒙古	Inner Mongolia	91.2	126.0	145.0	22	38.6	27.8	80.8	22
辽 宁	Liaoning	249.4	300.9	316.3	17	187.8	194.8	202.1	16
吉 林	Jilin	174.8	249.3	253.5	21	63.3	51.2	61.7	24
黑龙江	Heilongjiang	316.7	319.3	331.8	16	89.3	84.7	91.9	21
上 海	Shanghai	2.0	3.0	3.7	30	2.0	2.6	2.6	30
江 苏	Jiangsu	377.7	380.5	390.8	12	229.4	222.2	363.5	9
浙 江	Zhejiang	507.8	553.4	588.0	4	436.4	446.4	503.9	3
安 徽	Anhui	439.1	482.0	530.7	7	281.7	334.6	314.0	12
福 建	Fujian	206.1	257.4	281.6	19	101.2	120.8	167.4	19
江 西	Jiangxi	305.3	395.8	415.3	11	194.1	249.2	318.3	10
山 东	Shandong	697.8	936.2	913.2	1	421.1	560.4	529.1	2
河 南	Henan	786.6	891.4	899.4	2	648.0	730.9	758.9	1
湖 北	Hubei	302.8	429.6	510.5	10	234.9	337.6	386.3	7
湖 南	Hunan	362.5	557.0	616.2	3	293.5	435.9	458.5	4
广 东	Guangdong	353.3	501.3	512.9	9	251.7	337.6	369.1	8
广 西	Guangxi	338.3	463.4	523.7	8	239.8	298.3	317.8	11
海 南	Hainan	38.4	80.9	72.3	27	24.7	64.6	58.2	25
重 庆	Chongqing	94.6	125.8	144.3	23	63.1	66.4	99.4	20
四 川	Sichuan	566.9	509.7	570.8	5	374.9	346.8	409.9	6
贵 州	Guizhou	159.1	212.9	270.8	20	112.2	152.2	193.3	17
云 南	Yunnan	219.8	277.6	346.5	15	139.7	176.5	228.2	15
西 藏	Tibet								
陕 西	Shaanxi	220.3	338.7	350.6	14	137.9	233.4	261.3	13
甘 肃	Gansu	103.6	105.0	120.7	24	77.1	93.1	77.2	23
青 海	Qinghai	49.4	74.8	75.8	25	39.6	55.0	57.8	26
宁 夏	Ningxia	46.6	63.8	73.4	26	26.7	38.8	45.9	27
新 疆	Xinjiang	118.5	300.8	361.1	13	48.6	164.0	231.1	14

4-38 农村农户房屋施工和竣工面积
Floor Space of Buildings under Construction and Completed in Rural Areas

单位：万平方米 (10 000 sq.m)

地区	Region	农村农户房屋施工面积 Floor Space of Buildings under Construction in Rural Area				农村农户房屋竣工面积 Floor Space of Buildings Completed in Rural Area			
		2010	2012	2013	2013排名 Ranking	2010	2012	2013	2013排名 Ranking
全　国	**National Total**	**106679.8**	**105516.6**	**109242.0**		**94114.8**	**94187.8**	**92661.7**	
北　京	Beijing	948.1	377.2	363.1	27	630.5	368.2	348.0	27
天　津	Tianjin	134.6	74.3	112.1	29	104.6	73.6	103.8	29
河　北	Hebei	5630.6	4954.5	5228.6	10	4815.0	4547.3	4502.1	9
山　西	Shanxi	2486.0	2676.0	2700.2	19	1899.0	2020.0	2365.1	18
内蒙古	Inner Mongolia	507.0	460.0	914.4	23	469.0	401.0	890.0	22
辽　宁	Liaoning	4068.1	4498.1	4581.0	12	4068.1	4176.1	4259.0	10
吉　林	Jilin	949.6	602.6	804.9	24	949.6	581.2	796.3	24
黑龙江	Heilongjiang	1156.2	1002.1	941.0	22	1086.0	951.0	865.0	23
上　海	Shanghai	17.6	18.5	18.5	30	17.6	18.5	15.2	30
江　苏	Jiangsu	2544.0	2232.0	3248.0	15	2469.0	2167.0	3220.0	13
浙　江	Zhejiang	5978.0	5459.0	6762.7	3	5626.0	5049.0	4009.6	12
安　徽	Anhui	4968.0	5011.0	4962.1	11	4511.0	4364.0	4114.6	11
福　建	Fujian	3367.9	2819.0	2759.9	18	1724.9	1738.9	1837.0	19
江　西	Jiangxi	6686.6	5588.6	5806.8	6	4069.8	4703.6	4809.3	7
山　东	Shandong	8362.1	11642.5	10689.7	2	8278.1	11153.9	10125.2	2
河　南	Henan	16653.0	15142.5	12405.4	1	15077.0	12938.4	10155.3	1
湖　北	Hubei	4086.9	5152.5	5598.8	9	3755.7	4544.0	4584.5	8
湖　南	Hunan	6810.0	7188.0	5889.4	5	6299.0	6681.0	4951.1	5
广　东	Guangdong	4484.0	4208.9	4210.8	13	3437.0	3410.8	3187.6	14
广　西	Guangxi	4959.9	5569.2	5668.6	7	4850.5	5081.0	5160.1	4
海　南	Hainan	341.8	730.8	644.0	26	279.5	529.2	471.3	26
重　庆	Chongqing	1353.7	992.0	1405.0	20	1389.2	851.3	1211.5	20
四　川	Sichuan	8020.9	4372.6	5634.2	8	6862.1	3772.5	4915.1	6
贵　州	Guizhou	2397.0	2407.0	2767.0	17	2193.0	2194.0	2452.0	17
云　南	Yunnan	3883.0	4637.0	6545.2	4	3716.0	4531.0	5327.3	3
西　藏	Tibet								
陕　西	Shaanxi	2306.7	3159.2	3470.8	14	2201.6	3037.5	3140.6	15
甘　肃	Gansu	1480.0	1185.0	1220.0	21	1326.0	1139.0	1159.0	21
青　海	Qinghai	710.4	824.2	802.2	25	707.5	744.0	733.0	25
宁　夏	Ningxia	264.0	309.0	318.0	28	264.0	309.0	318.0	28
新　疆	Xinjiang	1124.4	2223.5	2769.6	16	1038.6	2112.0	2635.1	16

4-39 农村农户住宅投资额和竣工面积
Investment by Farm households in and Floor Space of Residential Buildings Completed in Rural Areas

地区	Region	农村农户住宅投资额（亿元）Farm households Investment in Residential Buildings (100 million yuan)				农村农户住宅竣工面积（万平方米）Floor Space of Residential Buildings Completed in Rural Area (10 000 sq.m)			
		2010	2012	2013	2013排名 Ranking	2010	2012	2013	2013排名 Ranking
全 国	**National Total**	**4931.7**	**6051.6**	**6735.9**		**87947.1**	**87775.9**	**85953.0**	
北 京	Beijing	41.6	38.8	39.3	28	611.0	325.2	328.6	27
天 津	Tianjin	11.9	10.1	14.4	29	98.7	70.5	95.7	29
河 北	Hebei	300.2	347.4	385.3	5	4702.7	4458.2	4038.9	9
山 西	Shanxi	102.2	132.2	183.2	17	1714.0	1907.0	2263.7	18
内蒙古	Inner Mongolia	35.2	26.3	72.8	22	360.0	359.0	782.6	23
辽 宁	Liaoning	171.2	176.1	179.9	18	3638.1	3690.2	3747.2	11
吉 林	Jilin	61.9	45.5	58.9	24	922.6	504.2	747.8	24
黑龙江	Heilongjiang	81.8	67.3	85.8	21	969.6	879.0	797.0	22
上 海	Shanghai	1.9	2.5	2.5	30	16.8	17.6	14.2	30
江 苏	Jiangsu	193.4	213.7	344.0	9	2409.0	2129.0	2955.0	15
浙 江	Zhejiang	424.9	432.0	474.4	3	5457.0	4867.0	3615.6	12
安 徽	Anhui	274.1	322.5	296.5	12	4344.0	4149.0	3841.5	10
福 建	Fujian	97.6	117.3	163.6	19	1601.7	1686.8	1777.1	19
江 西	Jiangxi	183.9	239.3	308.7	11	3974.3	4550.1	4666.8	6
山 东	Shandong	386.0	529.3	482.5	2	7228.9	10331.9	9361.9	2
河 南	Henan	632.6	716.3	646.1	1	14002.0	11262.5	9572.6	1
湖 北	Hubei	193.0	319.8	346.9	8	3604.9	4138.2	4219.4	7
湖 南	Hunan	284.3	424.1	437.6	4	6041.0	6502.0	4686.4	5
广 东	Guangdong	247.8	332.7	356.7	7	3378.0	3335.7	3072.4	14
广 西	Guangxi	238.0	295.8	312.0	10	4801.0	4925.8	4941.8	3
海 南	Hainan	24.1	55.5	55.6	26	271.8	494.1	460.5	26
重 庆	Chongqing	55.1	57.1	92.0	20	1373.2	731.8	1141.4	20
四 川	Sichuan	331.8	275.4	362.8	6	5697.4	3235.6	4148.7	8
贵 州	Guizhou	111.1	151.1	189.8	16	2159.0	2168.0	2381.0	16
云 南	Yunnan	123.6	155.5	206.9	15	3458.0	4077.0	4840.3	4
西 藏	Tibet								
陕 西	Shaanxi	136.5	228.4	250.2	13	2155.2	2972.1	3075.0	13
甘 肃	Gansu	74.5	89.3	70.1	23	1057.0	1058.0	1077.0	21
青 海	Qinghai	38.3	53.5	55.6	25	661.7	665.0	665.4	25
宁 夏	Ningxia	26.3	38.2	45.0	27	244.0	286.0	294.0	28
新 疆	Xinjiang	46.7	158.8	216.8	14	994.4	1999.6	2343.5	17

4-40 农村农户竣工房屋造价
Cost of Residential Buildings Completed in Rural Areas

单位：元/平方米 (yuan/sq.m)

地区	Region	农村农户竣工房屋造价 Cost of Buildings Completed in Rural Area				其中：住宅造价 Residential Buildings			
		2010	2012	2013	2013排名 Ranking	2010	2012	2013	2013排名 Ranking
全国	**National Total**	**557.5**	**679.0**	**782.4**		**560.8**	**689.4**	**783.7**	
北京	Beijing	677.6	1125.3	1176.5	6	680.7	1193.5	1194.7	6
天津	Tianjin	1147.3	1401.8	1459.6	2	1203.4	1435.2	1503.6	3
河北	Hebei	673.9	846.0	920.9	11	638.4	779.3	953.9	10
山西	Shanxi	583.4	658.6	806.7	19	596.5	693.1	809.5	19
内蒙古	Inner Mongolia	822.4	692.8	907.7	13	978.8	732.9	930.3	12
辽宁	Liaoning	461.7	466.5	474.5	29	470.6	477.2	480.2	29
吉林	Jilin	666.4	880.9	774.6	22	671.1	901.8	787.5	22
黑龙江	Heilongjiang	822.3	890.2	1062.4	9	844.1	766.0	1076.5	9
上海	Shanghai	1127.5	1406.3	1713.2	1	1127.5	1414.7	1761.4	1
江苏	Jiangsu	929.2	1025.4	1128.7	8	802.9	1003.9	1164.1	7
浙江	Zhejiang	775.7	884.2	1256.8	4	778.6	887.6	1312.2	4
安徽	Anhui	624.4	766.7	763.2	23	631.0	777.2	771.8	23
福建	Fujian	586.6	694.5	911.1	12	609.2	695.7	920.6	14
江西	Jiangxi	476.8	529.8	661.9	26	462.8	525.9	661.5	25
山东	Shandong	508.7	502.5	522.5	28	534.0	512.3	515.3	28
河南	Henan	429.8	564.9	747.3	24	451.8	636.0	675.0	24
湖北	Hubei	625.4	742.9	842.7	15	535.4	772.7	822.1	17
湖南	Hunan	465.9	652.4	926.1	10	470.6	652.3	933.7	11
广东	Guangdong	732.2	989.8	1157.8	7	733.6	997.3	1161.1	8
广西	Guangxi	494.3	587.1	615.8	27	495.7	600.5	631.3	27
海南	Hainan	883.2	1220.0	1235.3	5	888.5	1123.3	1206.5	5
重庆	Chongqing	454.0	780.2	820.7	18	401.5	779.6	806.3	20
四川	Sichuan	546.4	919.3	834.0	16	582.5	851.0	874.6	15
贵州	Guizhou	511.4	693.9	788.1	21	514.8	697.1	797.1	21
云南	Yunnan	376.0	389.6	428.4	30	357.4	381.4	427.5	30
西藏	Tibet								
陕西	Shaanxi	626.4	768.4	832.1	17	633.3	768.6	813.7	18
甘肃	Gansu	581.3	817.6	666.2	25	704.5	844.0	650.4	26
青海	Qinghai	560.0	739.3	788.3	20	578.3	804.6	836.1	16
宁夏	Ningxia	1013.2	1254.6	1442.5	3	1078.6	1335.2	1530.1	2
新疆	Xinjiang	467.8	776.5	877.0	14	469.4	794.0	925.3	13

5

财政和税收

Government Finance and Tax Revenue

5-1 公共财政预算收入和税收收入
Public Budgetary Revenue and Tax Revenue

单位：亿元 (100 million yuan)

地区	Region	地方公共财政预算收入 Public Budgetary Revenue				税收收入 Tax Revenue			
		2010	2012	2013	2013排名 Ranking	2010	2012	2013	2013排名 Ranking
地方合计	**Region Total**	**40613.04**	**61078.29**	**69011.16**		**32701.49**	**47319.08**	**53890.88**	
北 京	Beijing	2353.93	3314.93	3661.11	6	2251.59	3124.75	3514.52	6
天 津	Tianjin	1068.81	1760.02	2079.07	13	776.65	1105.56	1310.66	14
河 北	Hebei	1331.85	2084.28	2295.62	10	1074.04	1560.59	1724.87	10
山 西	Shanxi	969.67	1516.38	1701.62	18	692.71	1045.22	1136.89	20
内蒙古	Inner Mongolia	1069.98	1552.75	1720.98	17	752.81	1119.87	1215.20	18
辽 宁	Liaoning	2004.84	3105.38	3343.81	7	1516.65	2317.19	2521.62	7
吉 林	Jilin	602.41	1041.25	1156.96	25	439.31	760.57	856.41	24
黑龙江	Heilongjiang	755.58	1163.17	1277.40	23	556.97	837.80	912.82	22
上 海	Shanghai	2873.58	3743.71	4109.51	4	2707.80	3426.79	3797.16	3
江 苏	Jiangsu	4079.86	5860.69	6568.46	2	.	4782.59	5419.49	2
浙 江	Zhejiang	2608.47	3441.23	3796.92	5	2464.96	3227.77	3545.66	4
安 徽	Anhui	1149.40	1792.72	2075.08	14	866.55	1305.09	1520.22	13
福 建	Fujian	1151.49	1776.17	2119.45	12	966.09	1440.34	1723.28	11
江 西	Jiangxi	778.09	1371.99	1621.24	20	585.11	978.08	1178.74	19
山 东	Shandong	2749.38	4059.43	4559.95	3	2149.90	3050.20	3533.49	5
河 南	Henan	1381.32	2040.33	2415.45	9	1016.55	1469.57	1764.71	9
湖 北	Hubei	1011.23	1823.05	2191.22	11	777.96	1324.44	1604.85	12
湖 南	Hunan	1081.69	1782.16	2030.88	15	730.84	1110.74	1299.15	15
广 东	Guangdong	4517.04	6229.18	7081.47	1	3803.47	5073.88	5767.94	1
广 西	Guangxi	771.99	1166.06	1317.60	22	533.87	762.46	875.74	23
海 南	Hainan	270.99	409.44	481.01	28	237.10	350.80	411.63	28
重 庆	Chongqing	952.07	1703.49	1693.24	19	621.56	970.17	1112.62	21
四 川	Sichuan	1561.67	2421.27	2784.10	8	1180.58	1827.04	2103.51	8
贵 州	Guizhou	533.73	1014.05	1206.41	24	395.57	681.66	839.67	25
云 南	Yunnan	871.19	1338.15	1611.30	21	702.16	1063.90	1215.66	17
西 藏	Tibet	36.65	86.58	95.02	31	25.28	70.07	71.54	31
陕 西	Shaanxi	958.21	1600.69	1748.33	16	710.57	1131.55	1256.24	16
甘 肃	Gansu	353.58	520.40	607.27	27	220.29	347.78	417.73	27
青 海	Qinghai	110.22	186.42	223.86	30	88.94	146.69	175.05	30
宁 夏	Ningxia	153.55	263.96	308.34	29	126.79	207.02	237.49	29
新 疆	Xinjiang	500.58	908.97	1128.49	26	416.23	698.93	826.34	26

5-2 国内增值税和营业税收入
Domestic Value-added Tax and Business Revenue

单位：亿元 (100 million yuan)

地区	Region	国内增值税收入 Domestic Value-added Tax				营业税收入 Business Revenue			
		2010	2012	2013	2013排名 Ranking	2010	2012	2013	2013排名 Ranking
地方合计	**Region Total**	**5196.27**	**6737.16**	**8276.32**		**11004.57**	**15542.91**	**17154.58**	
北　京	Beijing	210.01	314.00	574.89	5	855.40	1152.74	1034.79	5
天　津	Tianjin	119.20	149.87	225.88	11	283.87	400.90	425.17	16
河　北	Hebei	203.84	250.30	255.36	7	362.65	533.45	612.10	9
山　西	Shanxi	198.26	242.88	214.65	14	191.91	314.06	379.06	20
内蒙古	Inner Mongolia	135.95	182.68	186.44	17	234.57	319.76	353.02	21
辽　宁	Liaoning	188.84	216.70	248.41	8	453.75	606.49	657.00	8
吉　林	Jilin	78.15	102.68	119.58	22	145.97	218.12	245.09	26
黑龙江	Heilongjiang	123.52	144.87	151.73	20	165.80	244.05	267.99	25
上　海	Shanghai	388.62	667.13	848.47	3	933.91	897.92	962.72	6
江　苏	Jiangsu	562.60	708.75	859.26	2	1023.92	1659.67	1872.41	1
浙　江	Zhejiang	398.82	507.57	651.67	4	816.68	1063.49	1069.97	3
安　徽	Anhui	129.48	175.33	224.50	13	291.93	451.42	502.26	13
福　建	Fujian	141.10	190.43	234.31	10	319.70	490.09	551.41	11
江　西	Jiangxi	84.79	107.41	146.43	21	204.38	363.46	423.50	18
山　东	Shandong	378.23	438.12	489.56	6	631.51	896.64	1068.33	4
河　南	Henan	155.79	187.78	202.66	15	319.34	482.40	581.79	10
湖　北	Hubei	125.57	162.39	225.68	12	249.49	472.36	526.43	12
湖　南	Hunan	112.57	152.22	175.11	18	256.80	387.52	451.16	14
广　东	Guangdong	657.82	793.84	1058.85	1	1244.26	1556.80	1636.20	2
广　西	Guangxi	77.48	84.81	98.75	25	207.44	262.32	304.20	23
海　南	Hainan	18.53	20.75	31.65	29	112.35	132.41	158.96	28
重　庆	Chongqing	77.72	86.33	107.25	24	242.45	368.05	424.31	17
四　川	Sichuan	149.65	205.68	235.45	9	475.80	725.41	812.08	7
贵　州	Guizhou	66.00	85.74	96.06	26	136.73	241.53	300.78	24
云　南	Yunnan	112.78	148.00	158.22	19	237.26	340.54	418.84	19
西　藏	Tibet	3.50	7.69	10.77	31	11.96	20.75	28.12	31
陕　西	Shaanxi	140.27	189.46	201.64	16	265.94	392.90	428.44	15
甘　肃	Gansu	44.09	60.52	63.65	27	86.84	136.72	176.59	27
青　海	Qinghai	17.52	26.42	28.41	30		59.17	70.44	30
宁　夏	Ningxia	20.25	26.23	31.88	28		92.48	105.72	29
新　疆	Xinjiang	75.31	100.57	119.14	23	151.27	259.31	305.67	22

5-3 企业所得税和个人所得税收入
Corporate Income Tax and Individual Income Tax

单位：亿元 (100 million yuan)

地区	Region	企业所得税收入 Corporate Income Tax 2010	2012	2013	2013排名 Ranking	个人所得税收入 Individual Income Tax 2010	2012	2013	2013排名 Ranking
地方合计	**Region Total**	**5048.37**	**7571.60**	**7983.34**		**1934.30**	**2327.63**	**2612.54**	
北　京	Beijing	513.09	752.47	802.12	3	215.33	281.49	333.84	3
天　津	Tianjin	125.89	187.70	204.38	13	42.96	49.56	58.31	10
河　北	Hebei	145.93	226.20	231.67	11	47.05	50.19	54.60	12
山　西	Shanxi	117.75	214.39	202.07	14	31.95	43.10	48.87	14
内蒙古	Inner Mongolia	101.27	179.85	155.26	17	39.34	47.61	44.97	17
辽　宁	Liaoning	174.06	242.39	250.68	9	64.20	60.92	64.15	9
吉　林	Jilin	60.82	111.21	121.86	22	23.39	26.85	28.06	25
黑龙江	Heilongjiang	61.60	97.89	98.81	24	25.07	28.39	35.63	22
上　海	Shanghai	606.05	806.77	837.44	2	261.20	318.10	355.22	1
江　苏	Jiangsu	554.43	745.88	763.66	4	180.94	224.22	264.88	4
浙　江	Zhejiang	374.13	536.97	565.88	5	151.08	178.93	193.84	5
安　徽	Anhui	106.59	184.50	190.46	15	31.97	35.91	43.44	18
福　建	Fujian	156.91	251.76	271.05	7	56.34	68.24	78.37	8
江　西	Jiangxi	63.72	124.12	136.71	19	20.27	26.52	28.77	24
山　东	Shandong	293.22	441.64	445.95	6	81.01	95.11	104.59	6
河　南	Henan	136.63	209.13	235.60	10	40.29	41.41	47.63	16
湖　北	Hubei	106.91	196.87	215.23	12	34.41	48.55	57.74	11
湖　南	Hunan	60.28	120.07	136.17	20	37.62	46.74	50.92	13
广　东	Guangdong	678.75	891.03	974.68	1	287.26	322.71	348.02	2
广　西	Guangxi	58.92	85.95	94.04	25	25.84	24.19	27.74	26
海　南	Hainan	28.04	46.39	55.46	27	8.05	7.58	11.68	28
重　庆	Chongqing	74.25	119.80	135.82	21	26.24	32.98	37.54	21
四　川	Sichuan	141.49	246.45	266.57	8	57.76	73.40	88.10	7
贵　州	Guizhou	51.02	86.53	103.15	23	27.42	32.29	34.65	23
云　南	Yunnan	82.28	135.82	146.65	18	32.23	37.10	40.76	20
西　藏	Tibet	4.53	10.91	12.51	31	1.98	23.80	11.48	29
陕　西	Shaanxi	84.78	160.92	156.76	16	35.54	42.05	48.76	15
甘　肃	Gansu	19.98	36.53	40.10	28	11.13	13.54	14.78	27
青　海	Qinghai	10.98	16.08	21.67	30	3.46	3.56	4.72	31
宁　夏	Ningxia	14.08	25.39	25.87	29	5.57	6.68	7.39	30
新　疆	Xinjiang	40.02	79.99	85.06	26	27.38	35.89	43.10	19

5-4 资源税和城市维护建设税收入
Resource Tax and City Maintenance and Construction Tax

单位：亿元 (100 million yuan)

地区	Region	资源税收入 Resource Tax				城市维护建设税收入 City Maintenance and Construction Tax			
		2010	2012	2013	2013排名 Ranking	2010	2012	2013	2013排名 Ranking
地方合计	**Region Total**	**417.57**	**855.76**	**960.31**		**1736.27**	**2934.76**	**3243.60**	
北京	Beijing	0.37	0.80	0.82	30	80.00	160.34	177.41	5
天津	Tianjin	0.56	2.67	3.62	27	37.40	71.17	84.61	16
河北	Hebei	25.77	54.26	56.96	7	64.30	97.59	101.66	11
山西	Shanxi	32.65	43.78	51.65	8	47.39	67.79	70.07	18
内蒙古	Inner Mongolia	36.82	68.10	70.64	6	44.59	64.94	69.17	19
辽宁	Liaoning	46.45	109.30	142.05	1	71.62	108.41	119.25	8
吉林	Jilin	4.80	15.32	14.78	19	26.30	57.24	66.57	20
黑龙江	Heilongjiang	15.34	68.47	75.27	4	43.89	58.96	60.01	22
上海	Shanghai					87.66	149.39	167.86	6
江苏	Jiangsu	10.06	21.93	23.39	12	164.81	309.93	339.53	2
浙江	Zhejiang	6.36	8.41	9.23	23	143.06	218.09	232.58	3
安徽	Anhui	12.65	17.92	19.74	13	54.40	79.71	88.13	15
福建	Fujian	6.46	9.33	9.12	24	43.11	85.94	92.16	14
江西	Jiangxi	12.91	29.72	34.70	10	30.75	47.99	57.60	23
山东	Shandong	33.29	91.11	92.62	2	130.74	198.88	217.84	4
河南	Henan	26.08	34.13	37.40	9	61.35	89.77	98.57	13
湖北	Hubei	8.40	12.43	16.23	17	50.49	92.50	109.04	9
湖南	Hunan	6.14	8.45	9.70	22	62.01	92.36	100.12	12
广东	Guangdong	9.35	12.05	13.96	20	135.97	338.31	383.48	1
广西	Guangxi	6.97	10.19	11.97	21	29.67	42.05	49.59	26
海南	Hainan	1.24	2.85	2.66	28	9.42	14.91	17.15	28
重庆	Chongqing	5.02	8.69	8.40	25	34.94	55.55	65.62	21
四川	Sichuan	12.83	24.95	26.97	11	66.61	110.46	119.81	7
贵州	Guizhou	11.01	12.72	15.33	18	29.18	45.79	53.71	24
云南	Yunnan	12.92	17.70	18.75	15	67.66	93.80	105.74	10
西藏	Tibet	0.66	1.00	0.97	29	1.87	3.61	4.72	31
陕西	Shaanxi	22.30	61.59	78.77	3	50.22	82.47	83.83	17
甘肃	Gansu	6.18	16.62	19.49	14	21.22	28.91	32.14	27
青海	Qinghai	9.58	17.78	18.37	16	5.69	9.82	11.24	30
宁夏	Ningxia	1.92	4.10	5.00	26	8.10	13.08	14.46	29
新疆	Xinjiang	32.47	69.35	71.74	5	31.84	44.99	49.94	25

5-5 房产税和印花税收入
House Property Tax and Stamp Tax

单位：亿元 (100 million yuan)

地区	Region	房产税收入 House Property Tax				印花税收入 Stamp Tax			
		2010	2012	2013	2013排名 Ranking	2010	2012	2013	2013排名 Ranking
地方合计	**Region Total**	**894.07**	**1372.49**	**1581.50**		**512.52**	**691.25**	**788.81**	
北　京	Beijing	83.83	110.72	122.54	4	32.14	44.71	52.22	6
天　津	Tianjin	25.28	40.02	48.53	10	17.80	23.84	29.16	9
河　北	Hebei	21.27	35.67	41.32	11	18.81	27.87	30.49	7
山　西	Shanxi	13.50	19.98	25.86	20	11.20	17.77	19.82	14
内蒙古	Inner Mongolia	18.47	26.61	31.87	15	10.82	15.76	15.99	19
辽　宁	Liaoning	45.91	64.17	72.35	7	22.81	28.15	30.28	8
吉　林	Jilin	13.60	19.97	22.89	22	6.94	10.08	11.80	23
黑龙江	Heilongjiang	18.03	21.50	24.07	21	7.19	10.89	10.30	25
上　海	Shanghai	62.30	92.56	93.05	6	48.17	57.36	59.17	3
江　苏	Jiangsu	92.11	160.88	192.84	2	49.28	66.77	75.37	2
浙　江	Zhejiang	71.97	126.94	134.11	3	40.37	46.24	52.54	5
安　徽	Anhui	17.62	29.85	31.54	16	11.15	15.78	18.88	15
福　建	Fujian	31.74	38.83	65.65	8	17.12	23.45	27.66	10
江　西	Jiangxi	9.13	15.86	21.49	23	6.23	9.92	12.18	22
山　东	Shandong	64.65	100.83	111.75	5	33.74	46.59	52.86	4
河　南	Henan	22.77	33.96	38.78	12	14.23	21.30	25.40	12
湖　北	Hubei	18.83	29.28	34.70	13	12.28	18.04	22.63	13
湖　南	Hunan	17.92	29.85	33.34	14	9.48	15.38	16.49	18
广　东	Guangdong	122.44	175.42	198.63	1	69.93	81.16	95.57	1
广　西	Guangxi	11.65	17.35	21.18	24	7.03	10.01	11.70	24
海　南	Hainan	5.39	8.90	10.34	28	2.83	4.24	5.11	28
重　庆	Chongqing	14.02	27.43	31.40	17	9.63	14.66	17.50	17
四　川	Sichuan	26.05	45.28	52.95	9	16.52	23.53	26.73	11
贵　州	Guizhou	8.41	11.60	17.13	26	4.34	6.87	8.40	26
云　南	Yunnan	17.18	24.66	28.86	19	9.00	11.86	14.34	20
西　藏	Tibet					0.31	0.73	1.12	31
陕　西	Shaanxi	15.35	27.00	30.34	18	10.01	16.06	17.96	16
甘　肃	Gansu	8.36	11.17	13.00	27	4.42	6.04	8.03	27
青　海	Qinghai	1.58	3.20	3.79	30	1.09	1.72	2.46	30
宁　夏	Ningxia	2.35	4.19	6.64	29	2.10	3.56	3.97	29
新　疆	Xinjiang	12.35	18.82	20.56	25	5.55	10.92	12.65	21

5-6 城镇土地使用税和土地增值税收入
Urban Land Use Tax and Land Appreciation Tax

单位：亿元 (100 million yuan)

地区	Region	城镇土地使用税收入 Urban Land Use Tax				土地增值税收入 Land Appreciation Tax			
		2010	2012	2013	2013排名 Ranking	2010	2012	2013	2013排名 Ranking
地方合计	**Region Total**	**1004.01**	**1541.71**	**1718.77**		**1278.29**	**2719.06**	**3293.91**	
北京	Beijing	16.13	16.26	16.34	23	85.86	132.07	187.24	6
天津	Tianjin	11.71	17.21	22.75	20	24.39	58.79	81.89	14
河北	Hebei	34.49	58.12	62.42	9	32.47	69.72	100.38	11
山西	Shanxi	21.97	27.47	33.84	15	4.65	15.33	24.74	27
内蒙古	Inner Mongolia	44.58	67.47	85.52	6	20.56	35.00	49.04	21
辽宁	Liaoning	108.05	221.92	246.28	1	77.59	190.38	190.21	5
吉林	Jilin	19.45	31.61	27.64	19	11.25	35.88	40.41	24
黑龙江	Heilongjiang	28.91	47.42	47.65	11	8.64	41.53	49.37	20
上海	Shanghai	27.28	31.81	30.77	18	96.96	233.10	197.37	4
江苏	Jiangsu	104.57	149.25	163.44	3	170.36	317.17	405.79	2
浙江	Zhejiang	67.54	105.40	102.45	5	106.70	149.73	186.53	7
安徽	Anhui	32.52	66.75	71.22	8	30.22	70.06	91.15	13
福建	Fujian	26.33	21.69	45.01	12	62.81	136.00	182.28	8
江西	Jiangxi	15.67	25.17	31.95	17	25.72	52.28	80.25	16
山东	Shandong	137.69	211.69	229.16	2	66.19	145.21	205.91	3
河南	Henan	49.80	75.61	80.25	7	37.96	70.35	97.03	12
湖北	Hubei	21.38	30.65	36.25	14	30.54	92.66	137.39	9
湖南	Hunan	17.14	26.39	31.99	16	19.54	58.71	74.39	17
广东	Guangdong	87.78	110.07	129.30	4	189.79	408.01	417.51	1
广西	Guangxi	9.57	12.89	16.00	25	22.27	59.30	65.16	18
海南	Hainan	7.95	12.94	11.81	28	21.23	41.84	56.01	19
重庆	Chongqing	18.50	30.77	44.21	13	29.80	79.06	80.73	15
四川	Sichuan	34.08	50.75	54.05	10	47.78	96.78	127.40	10
贵州	Guizhou	10.83	14.38	16.18	24	11.98	19.07	29.41	25
云南	Yunnan	13.99	19.28	21.28	22	14.36	43.80	46.10	22
西藏	Tibet		0.58	0.25	31	0.13	0.34	0.64	31
陕西	Shaanxi	15.73	22.66	22.55	21	15.43	37.03	46.01	23
甘肃	Gansu	4.42	13.68	14.46	26	3.02	6.76	10.16	28
青海	Qinghai	1.83	2.41	2.89	30	0.45	1.43	1.72	30
宁夏	Ningxia	4.40	7.70	8.62	29	1.67	5.91	5.85	29
新疆	Xinjiang	9.73	11.73	12.25	27	7.99	15.77	25.86	26

5-7 车船税和耕地占用税收入
Tax on Vehicles and Boat Operation and Farm Land Occupancy Tax

单位：亿元 (100 million yuan)

地区	Region	车船税收入 Tax on Vehicles and Boat Operation				耕地占用税收入 Farm Land Occupancy Tax			
		2010	2012	2013	2013排名 Ranking	2010	2012	2013	2013排名 Ranking
地方合计	**Region Total**	**241.62**	**393.02**	**473.96**		**888.64**	**1620.71**	**1808.23**	
北 京	Beijing	14.92	22.29	25.82	5	10.19	10.27	9.00	27
天 津	Tianjin	4.39	8.74	9.97	20	12.33	15.55	16.20	23
河 北	Hebei	15.93	20.78	23.83	6	21.44	48.25	42.03	17
山 西	Shanxi	6.96	10.95	12.67	12	3.87	8.95	13.82	25
内蒙古	Inner Mongolia	6.21	10.99	12.94	11	31.53	65.83	89.48	6
辽 宁	Liaoning	12.28	19.90	23.59	7	96.43	225.20	239.92	1
吉 林	Jilin	4.72	8.08	9.44	21	11.58	59.63	66.13	13
黑龙江	Heilongjiang	6.60	10.81	12.41	14	15.76	17.91	20.64	22
上 海	Shanghai	9.93	14.64	17.88	10	12.14	12.04	12.13	26
江 苏	Jiangsu	15.82	27.34	32.25	4	58.98	57.96	42.91	16
浙 江	Zhejiang	16.20	28.49	33.86	3	44.05	64.73	58.70	15
安 徽	Anhui	5.95	9.14	10.70	19	45.57	50.61	38.98	18
福 建	Fujian	5.99	10.50	12.51	13	18.11	30.90	28.57	21
江 西	Jiangxi	4.15	6.90	8.48	24	35.74	71.76	69.82	12
山 东	Shandong	23.27	35.86	40.26	2	81.31	153.59	205.07	2
河 南	Henan	9.79	16.17	20.17	8	48.96	78.15	102.62	3
湖 北	Hubei	5.50	9.62	11.98	16	56.25	69.29	80.39	9
湖 南	Hunan	5.18	9.21	11.30	18	53.21	64.72	78.19	10
广 东	Guangdong	27.38	41.35	57.16	1	56.03	69.67	80.43	8
广 西	Guangxi	4.33	7.50	9.01	22	30.95	90.68	91.79	5
海 南	Hainan	1.04	1.98	2.24	29	4.25	14.55	14.59	24
重 庆	Chongqing	1.71	5.17	6.41	25	30.31	52.86	36.93	19
四 川	Sichuan	10.73	16.20	19.49	9	36.17	80.84	87.42	7
贵 州	Guizhou	2.84	4.94	5.81	27	10.72	71.38	97.94	4
云 南	Yunnan	5.66	9.02	11.57	17	33.73	67.01	76.03	11
西 藏	Tibet	0.23	0.50	0.65	31	0.12	0.15	0.29	31
陕 西	Shaanxi	6.93	10.34	12.05	15	22.32	44.25	63.58	14
甘 肃	Gansu	2.58	4.99	6.34	26	1.95	2.33	4.11	28
青 海	Qinghai	0.40	1.08	1.55	30	0.48	0.93	3.54	29
宁 夏	Ningxia	0.91	2.04	2.79	28	0.24	3.13	3.39	30
新 疆	Xinjiang	3.11	7.51	8.85	23	3.93	17.58	33.61	20

5-8 契税烟叶税和其他税收入
Deed Tax, Tobacco Leaf Tax and Other Tax Revenue

单位：亿元 (100 million yuan)

地区	Region	契税收入 Deed Tax				烟叶税和其他税收收入 Tobacco Leaf Tax and Other Tax Revenue			
		2010	2012	2013	2013排名 Ranking	2010	2012	2013	2013排名 Ranking
地方合计	**Region Total**	**2464.85**	**2874.01**	**3844.02**		**80.13**	**137.00**	**150.99**	
北　京	Beijing	134.27	126.58	177.49	9	0.06	0.01		
天　津	Tianjin	70.87	79.54	100.21	17				
河　北	Hebei	79.65	88.11	111.92	16	0.46	0.09	0.11	21
山　西	Shanxi	10.50	18.58	39.55	25	0.15	0.16	0.22	20
内蒙古	Inner Mongolia	27.91	34.98	50.55	23	0.21	0.28	0.30	18
辽　宁	Liaoning	152.94	217.47	235.55	5	1.73	5.80	1.90	13
吉　林	Jilin	31.53	62.59	80.81	18	0.79	1.29	1.33	16
黑龙江	Heilongjiang	34.46	42.42	55.17	22	2.16	2.71	3.78	10
上　海	Shanghai	173.58	145.96	215.07	6				
江　苏	Jiangsu	324.72	332.84	383.75	1	0.02			
浙　江	Zhejiang	227.94	192.72	254.20	4	0.07	0.09	0.09	22
安　徽	Anhui	95.91	117.09	187.89	7	0.57	1.02	1.31	17
福　建	Fujian	77.09	77.58	118.19	14	3.29	5.60	7.00	6
江　西	Jiangxi	70.59	95.07	124.56	12	1.05	1.89	2.30	12
山　东	Shandong	193.51	191.37	265.60	3	1.51	3.55	3.99	9
河　南	Henan	88.98	120.21	185.29	8	4.58	9.19	11.52	4
湖　北	Hubei	54.61	85.00	125.70	11	3.30	4.80	5.47	7
湖　南	Hunan	67.47	89.34	119.61	13	5.48	9.76	10.68	5
广　东	Guangdong	235.51	271.83	372.50	2	1.20	1.63	1.65	14
广　西	Guangxi	41.18	54.07	73.12	19	0.57	1.14	1.49	15
海　南	Hainan	16.78	41.45	33.95	27		0.01	0.01	24
重　庆	Chongqing	54.65	84.95	112.40	15	2.32	3.85	4.10	8
四　川	Sichuan	97.94	118.04	174.97	10	7.17	9.27	11.54	3
贵　州	Guizhou	13.98	33.00	41.42	24	11.11	15.82	19.70	2
云　南	Yunnan	32.53	59.19	69.16	20	30.57	56.11	59.37	1
西　藏	Tibet								
陕　西	Shaanxi	24.13	42.43	62.71	21	1.60	2.39	2.83	11
甘　肃	Gansu	5.98	9.76	14.62	29	0.12	0.21	0.27	19
青　海	Qinghai	1.44	3.10	4.26	30				
宁　夏	Ningxia	8.94	12.51	15.88	28	0.01	0.02	0.03	23
新　疆	Xinjiang	15.26	26.22	37.91	26	0.02	0.29		

5-9 公共财政非税收入和专项收入
Non-tax Revenues from Public Finance and Special Program Receipts

单位：亿元 (100 million yuan)

地区	Region	非税收入 Non-Tax Revenue 2010	2012	2013	2013排名 Ranking	专项收入 Special Program Receipts 2010	2012	2013	2013排名 Ranking
地方合计	**Region Total**	**7911.56**	**13759.21**	**15120.28**		**1742.71**	**2819.96**	**3122.22**	
北　京	Beijing	102.34	190.18	146.59	27	48.16	88.00	95.56	14
天　津	Tianjin	292.16	654.46	768.41	5	20.73	59.96	59.98	24
河　北	Hebei	257.81	523.69	570.75	11	75.98	96.88	94.00	15
山　西	Shanxi	276.96	471.16	564.74	12	153.60	268.18	320.47	1
内蒙古	Inner Mongolia	317.16	432.88	505.79	14	124.50	138.64	154.82	7
辽　宁	Liaoning	488.18	788.19	822.20	4	55.02	110.53	107.12	12
吉　林	Jilin	163.10	280.68	300.55	24	20.11	49.42	51.40	26
黑龙江	Heilongjiang	198.61	325.37	364.58	21	36.49	49.91	73.61	19
上　海	Shanghai	165.78	316.92	312.35	22	49.94	104.70	115.68	10
江　苏	Jiangsu	767.25	1078.10	1148.98	2	107.37	179.34	193.11	3
浙　江	Zhejiang	143.51	213.46	251.26	25	83.75	116.10	121.40	9
安　徽	Anhui	282.84	487.63	554.86	13	73.79	87.48	103.26	13
福　建	Fujian	185.40	335.84	396.16	18	35.23	69.51	78.79	17
江　西	Jiangxi	192.98	393.91	442.49	16	35.45	52.03	62.96	21
山　东	Shandong	599.48	1009.23	1026.46	3	103.90	138.90	163.58	4
河　南	Henan	364.77	570.77	650.74	8	89.04	87.89	90.25	16
湖　北	Hubei	233.27	498.62	586.37	9	34.45	55.27	68.73	20
湖　南	Hunan	350.85	671.42	731.73	6	52.48	57.94	62.09	22
广　东	Guangdong	713.57	1155.30	1313.53	1	97.35	202.56	233.09	2
广　西	Guangxi	238.13	403.60	441.86	17	22.67	31.49	40.74	27
海　南	Hainan	33.89	58.63	69.38	29	7.93	8.82	11.17	30
重　庆	Chongqing	330.52	733.32	580.63	10	38.50	113.66	56.80	25
四　川	Sichuan	381.09	594.23	680.59	7	61.16	104.41	112.68	11
贵　州	Guizhou	138.16	332.39	366.75	20	59.07	84.85	73.84	18
云　南	Yunnan	169.02	274.25	395.64	19	52.80	88.58	163.24	5
西　藏	Tibet	11.37	16.52	23.49	31	1.18	1.91	4.08	31
陕　西	Shaanxi	247.64	469.13	492.09	15	88.40	174.77	147.78	8
甘　肃	Gansu	133.30	172.62	189.55	26	59.02	75.46	60.79	23
青　海	Qinghai	21.27	39.73	48.81	30	13.30	20.96	19.76	28
宁　夏	Ningxia	26.77	56.94	70.85	28	8.92	12.42	18.80	29
新　疆	Xinjiang	84.34	210.04	302.15	23	32.44	89.40	162.64	6

5-10 行政事业性收费和罚没收入
Administrative Charges and Incomes from Fines and Confiscations

单位：亿元 (100 million yuan)

地区	Region	行政事业性收费收入 Charge of Administrative and Institutional Units				罚没收入 Penalty Receipts			
		2010	2012	2013	2013排名 Ranking	2010	2012	2013	2013排名 Ranking
地方合计	**Region Total**	**2600.37**	**4202.34**	**4497.35**		**1042.85**	**1519.46**	**1613.34**	
北　京	Beijing	39.84	45.90	41.69	26	22.93	43.06	34.49	21
天　津	Tianjin	141.29	186.28	238.12	6	8.80	15.50	16.40	26
河　北	Hebei	66.09	162.05	169.95	11	61.61	97.54	97.26	5
山　西	Shanxi	54.54	88.72	96.76	19	43.23	60.78	59.78	11
内蒙古	Inner Mongolia	62.09	113.51	124.37	15	25.86	49.10	44.87	17
辽　宁	Liaoning	131.92	194.59	198.04	8	60.10	88.06	78.94	7
吉　林	Jilin	54.70	86.27	84.97	20	28.76	43.27	40.87	18
黑龙江	Heilongjiang	68.84	94.11	84.22	22	25.71	42.70	45.96	16
上　海	Shanghai	97.04	139.74	109.41	17	17.34	24.56	30.21	23
江　苏	Jiangsu	224.57	375.31	389.60	2	89.31	98.51	118.54	3
浙　江	Zhejiang	44.59	33.60	34.71	27	70.60	83.32	97.80	4
安　徽	Anhui	94.46	158.62	156.74	13	26.77	43.57	49.23	15
福　建	Fujian	48.18	89.36	107.34	18	29.22	46.96	50.88	13
江　西	Jiangxi	70.91	150.78	166.29	12	30.48	54.76	63.38	10
山　东	Shandong	203.02	305.29	284.12	4	77.62	123.85	125.51	2
河　南	Henan	122.42	199.92	224.78	7	50.83	75.32	79.18	6
湖　北	Hubei	93.63	244.11	268.59	5	39.54	58.34	67.79	9
湖　南	Hunan	127.05	205.85	176.01	10	45.54	60.43	72.39	8
广　东	Guangdong	293.43	391.62	450.10	1	95.62	139.99	134.89	1
广　西	Guangxi	65.07	121.45	120.22	16	31.29	38.17	38.15	20
海　南	Hainan	8.58	14.90	17.11	29	4.74	8.31	10.08	28
重　庆	Chongqing	214.01	301.14	359.08	3	21.41	29.25	25.96	24
四　川	Sichuan	118.82	164.59	178.42	9	35.25	53.66	59.35	12
贵　州	Guizhou	30.06	65.71	76.71	23	16.66	25.14	31.15	22
云　南	Yunnan	33.49	66.27	84.69	21	33.92	45.02	50.25	14
西　藏	Tibet	1.59	2.26	3.00	31	0.83	1.86	2.23	31
陕　西	Shaanxi	39.02	87.23	125.47	14	22.06	29.07	39.22	19
甘　肃	Gansu	19.02	43.28	52.12	24	8.12	12.46	16.26	27
青　海	Qinghai	3.05	8.60	8.07	30	2.16	3.28	3.91	30
宁　夏	Ningxia	9.44	18.70	21.35	28	4.16	5.47	6.92	29
新　疆	Xinjiang	19.61	42.58	45.30	25	12.38	18.16	21.50	25

5-11 国有资本经营和国有资源有偿使用收入

Operation Income of State-owned Assets and Income from Use of Stateo-wned Resources

单位：亿元 (100 million yuan)

地区	Region	国有资本经营收入 Operation Income of State-owned Assets				国有资源(资产)有偿使用收入 Income from Use of State-owned Resources (Assets)			
		2010	2012	2013	2013排名 Ranking	2010	2012	2013	2013排名 Ranking
地方合计	**Region Total**	**1012.74**	**1335.91**	**1183.63**		**1073.96**	**2740.31**	**3415.23**	
北　京	Beijing	-27.79	-30.50	-60.24	30	14.39	36.05	32.76	26
天　津	Tianjin	7.08	40.91	28.56	15	83.37	260.70	253.35	3
河　北	Hebei	29.07	60.02	80.61	6	17.60	82.95	95.70	17
山　西	Shanxi	3.36	16.02	27.99	16	10.35	20.52	32.13	27
内蒙古	Inner Mongolia	58.92	46.02	59.08	7	33.62	67.56	105.29	15
辽　宁	Liaoning	131.19	157.43	180.86	2	97.84	206.29	225.58	4
吉　林	Jilin	24.48	20.55	22.19	17	26.57	65.21	86.63	19
黑龙江	Heilongjiang	38.42	49.10	46.51	9	24.81	72.42	94.89	18
上　海	Shanghai	-11.25	-9.49	-1.61	28	8.76	43.33	48.63	22
江　苏	Jiangsu	257.53	234.91	241.10	1	79.75	147.64	167.13	8
浙　江	Zhejiang	-72.91	-52.74	-51.64	29	16.77	28.27	42.83	23
安　徽	Anhui	20.05	45.58	35.66	12	59.80	125.44	176.55	7
福　建	Fujian	21.95	34.45	30.71	13	41.47	77.43	110.75	12
江　西	Jiangxi	24.08	35.67	1.72	24	20.09	65.90	113.95	11
山　东	Shandong	79.82	103.57	58.68	8	93.06	286.91	343.52	1
河　南	Henan	60.36	88.48	90.17	5	23.98	78.01	105.53	14
湖　北	Hubei	29.39	36.59	43.65	10	22.17	76.84	109.78	13
湖　南	Hunan	8.58	18.69	14.72	18	74.10	200.68	276.14	2
广　东	Guangdong	90.00	120.08	123.02	3	81.88	142.24	190.09	6
广　西	Guangxi	66.16	99.14	96.70	4	35.87	83.40	116.38	10
海　南	Hainan	7.73	10.95	13.11	19	3.95	12.72	14.62	28
重　庆	Chongqing	-0.01	125.20			42.53	113.23	104.73	16
四　川	Sichuan	41.67	27.06	36.43	11	90.67	162.73	203.53	5
贵　州	Guizhou	4.88	7.21	10.97	21	16.23	76.70	119.70	9
云　南	Yunnan	10.94	-1.32	-0.18	26	14.28	43.53	57.44	21
西　藏	Tibet	-0.43	-0.49	-0.30	27	3.09	4.40	7.63	31
陕　西	Shaanxi	76.35	26.41	30.08	14	14.97	93.80	83.61	20
甘　肃	Gansu	23.38	9.73	5.22	23	9.10	20.74	35.51	25
青　海	Qinghai	0.56	0.51	0.81	25	1.69	4.38	8.92	30
宁　夏	Ningxia	0.57	6.36	7.86	22	2.71	9.25	11.89	29
新　疆	Xinjiang	8.59	9.82	11.20	20	8.50	31.04	40.05	24

5-12 公共财政非税其他收入与地方财政收入占地区生产总值的比重
Other Non-tax Receipts and Ratio over National Revenue

地区	Region	非税其他收入（亿元） Other Non-tax Receipts (100 million yuan)				地方财政收入占地区生产总值的比重（%） Proportion of Budgetary Revenue Over GDP by Region (%)			
		2010	2012	2013	2013排名 Ranking	2010	2012	2013	2013排名 Ranking
地方合计	**Region Total**	**438.92**	**1141.23**	**1288.51**					
北　京	Beijing	4.82	7.69	2.33	31	22.77	23.70	24.10	2
天　津	Tianjin	30.89	91.12	172.00	2	17.35	18.50	19.30	7
河　北	Hebei	7.46	24.25	33.23	14	10.49	11.50	11.40	30
山　西	Shanxi	11.88	16.94	27.61	18	17.53	18.90	18.70	8
内蒙古	Inner Mongolia	12.17	18.05	17.36	23	13.11	13.50	14.00	21
辽　宁	Liaoning	12.10	31.31	31.66	15	16.76	17.50	16.80	10
吉　林	Jilin	8.48	15.96	14.50	24	12.05	13.50	13.90	23
黑龙江	Heilongjiang	4.33	17.14	19.38	21	12.77	13.20	13.30	25
上　海	Shanghai	3.94	14.07	10.02	25	26.99	29.00	29.40	1
江　苏	Jiangsu	8.72	42.40	39.49	10	15.03	15.50	15.60	15
浙　江	Zhejiang	0.70	4.90	6.17	28	15.20	15.50	15.50	16
安　徽	Anhui	7.97	26.93	33.42	13	13.97	14.70	14.80	19
福　建	Fujian	9.36	18.12	17.69	22	12.12	12.80	13.40	24
江　西	Jiangxi	11.98	34.77	34.20	11	11.99	14.10	14.70	20
山　东	Shandong	42.07	50.71	51.05	8	10.81	11.60	11.70	29
河　南	Henan	18.14	41.14	60.83	6	8.84	9.80	10.20	31
湖　北	Hubei	14.10	27.47	27.83	17	10.87	12.20	12.80	26
湖　南	Hunan	43.11	127.83	130.38	3	10.87	12.10	12.40	28
广　东	Guangdong	55.29	158.80	182.34	1	15.51	16.10	16.50	12
广　西	Guangxi	17.06	29.96	29.67	16	11.53	12.60	12.60	27
海　南	Hainan	0.96	2.94	3.29	30	19.60	20.20	19.90	5
重　庆	Chongqing	14.08	50.85	34.05	12	16.10	18.00	16.70	11
四　川	Sichuan	33.53	81.78	90.17	4	12.76	13.70	14.00	21
贵　州	Guizhou	11.27	72.78	54.37	7	18.08	21.10	20.90	4
云　南	Yunnan	23.59	32.18	40.19	9	22.68	22.90	23.00	3
西　藏	Tibet	5.11	6.57	6.84	27	9.46	15.90	15.40	17
陕　西	Shaanxi	6.85	57.85	65.93	5	16.17	17.30	16.40	13
甘　肃	Gansu	14.66	10.95	19.65	20	15.44	16.40	15.70	14
青　海	Qinghai	0.52	2.00	7.35	26	13.22	15.10	15.40	17
宁　夏	Ningxia	0.96	4.74	4.04	29	14.49	16.80	17.70	9
新　疆	Xinjiang	2.83	19.03	21.46	19	16.55	18.80	19.50	6

5-13 公共财政支出和一般公共服务支出
Public Budgetary Expenditure and Expenditure for General Public Services

单位：亿元 (100 million yuan)

地区 Region	公共财政支出 Public Budgetary Expenditure				一般公共服务支出 Expenditure for General Public Services			
	2010	2012	2013	2013排名 Ranking	2010	2012	2013	2013排名 Ranking
地方合计 Region Total	**73884.43**	**107188.34**	**119740.34**		**8499.74**	**11702.14**	**12753.67**	
北　京 Beijing	2717.32	3685.31	4173.66	13	239.57	286.57	297.12	20
天　津 Tianjin	1376.84	2143.21	2549.21	26	98.07	136.55	144.73	28
河　北 Hebei	2820.24	4079.44	4409.58	10	358.13	481.97	524.14	9
山　西 Shanxi	1931.36	2759.46	3030.13	24	215.83	274.47	284.13	21
内蒙古 Inner Mongolia	2273.50	3425.99	3686.52	15	254.53	341.83	338.10	16
辽　宁 Liaoning	3195.82	4558.59	5197.42	6	352.40	485.71	501.34	10
吉　林 Jilin	1787.25	2471.20	2744.81	25	198.04	249.38	267.31	25
黑龙江 Heilongjiang	2253.27	3171.52	3369.18	18	222.57	271.26	278.80	22
上　海 Shanghai	3302.89	4184.02	4528.61	9	226.02	251.47	260.10	26
江　苏 Jiangsu	4914.06	7027.67	7798.47	2	631.24	820.43	859.41	2
浙　江 Zhejiang	3207.88	4161.88	4730.47	7	434.29	503.61	538.88	8
安　徽 Anhui	2587.61	3961.01	4349.69	12	273.72	425.96	469.15	12
福　建 Fujian	1695.09	2607.50	3068.80	21	211.91	293.15	327.06	19
江　西 Jiangxi	1923.26	3019.22	3470.30	17	218.75	308.16	337.01	18
山　东 Shandong	4145.03	5904.52	6688.80	3	544.31	705.51	749.96	3
河　南 Henan	3416.14	5006.40	5582.31	5	478.69	663.07	733.21	4
湖　北 Hubei	2501.40	3759.79	4371.65	11	314.93	466.51	546.49	7
湖　南 Hunan	2702.48	4119.00	4690.89	8	367.20	550.26	628.45	5
广　东 Guangdong	5421.54	7387.86	8411.00	1	685.39	892.62	996.45	1
广　西 Guangxi	2007.59	2985.23	3208.67	19	268.76	386.37	413.20	14
海　南 Hainan	581.34	911.67	1011.17	30	62.44	98.53	115.40	29
重　庆 Chongqing	1709.04	3046.36	3062.28	23	168.49	251.31	276.40	24
四　川 Sichuan	4257.98	5450.99	6220.91	4	407.31	554.38	610.86	6
贵　州 Guizhou	1631.48	2755.68	3082.66	20	212.69	430.16	488.78	11
云　南 Yunnan	2285.72	3572.66	4096.51	14	246.50	338.16	394.77	15
西　藏 Tibet	551.04	905.34	1014.31	29	72.35	150.36	180.53	27
陕　西 Shaanxi	2218.83	3323.80	3665.07	16	287.29	407.11	414.29	13
甘　肃 Gansu	1468.58	2059.56	2309.62	27	145.75	229.50	278.60	23
青　海 Qinghai	743.40	1159.05	1228.05	28	55.20	82.66	97.50	30
宁　夏 Ningxia	557.53	864.36	922.48	31	51.77	61.44	64.15	31
新　疆 Xinjiang	1698.91	2720.07	3067.12	22	195.57	303.67	337.37	17

5-14 国防支出和公共安全支出
Expenditure for National Defense and Public Security

单位：亿元 (100 million yuan)

地区	Region	国防支出 Expenditure for National Defense				公共安全支出 Expenditure for Public Security			
		2010	2012	2013	2013排名 Ranking	2010	2012	2013	2013排名 Ranking
地方合计	**Region Total**	**157.02**	**210.54**	**233.25**		**4642.50**	**5928.13**	**6489.75**	
北　京	Beijing	4.70	7.87	9.06	8	180.94	236.87	255.82	7
天　津	Tianjin	0.88	1.60	1.62	29	84.92	111.92	126.18	26
河　北	Hebei	7.08	10.48	10.86	7	176.08	227.17	243.05	9
山　西	Shanxi	3.30	4.64	5.58	19	121.84	143.79	156.09	23
内蒙古	Inner Mongolia	3.88	6.19	5.26	20	120.45	173.36	175.77	17
辽　宁	Liaoning	7.58	13.75	11.99	6	191.29	228.80	244.57	8
吉　林	Jilin	3.70	5.38	6.08	16	109.30	135.67	147.77	24
黑龙江	Heilongjiang	4.92	5.00	5.58	18	134.85	168.40	173.35	18
上　海	Shanghai	7.25	6.88	6.62	14	187.25	221.08	226.51	12
江　苏	Jiangsu	12.93	17.58	22.54	1	326.80	407.78	452.99	2
浙　江	Zhejiang	6.43	7.67	8.53	10	260.67	319.03	347.78	3
安　徽	Anhui	4.63	6.01	4.80	21	119.48	149.15	163.78	20
福　建	Fujian	3.27	5.51	7.61	12	120.60	162.39	189.44	15
江　西	Jiangxi	4.09	5.40	5.95	17	107.49	141.71	162.92	21
山　东	Shandong	10.41	12.68	15.26	4	244.03	317.38	341.83	4
河　南	Henan	4.16	7.13	6.51	15	189.72	244.42	261.22	6
湖　北	Hubei	2.00	2.99	4.12	25	166.87	204.53	227.04	11
湖　南	Hunan	7.49	9.34	14.70	5	159.14	200.38	231.08	10
广　东	Guangdong	11.09	14.70	17.83	2	495.80	621.39	650.31	1
广　西	Guangxi	7.26	7.66	7.92	11	125.14	152.39	178.81	16
海　南	Hainan	1.91	3.89	4.18	24	43.94	57.11	65.10	29
重　庆	Chongqing	6.18	7.16	8.75	9	91.84	134.03	141.22	25
四　川	Sichuan	8.53	12.23	15.67	3	218.38	272.63	323.49	5
贵　州	Guizhou	3.66	4.58	4.74	22	101.46	146.21	168.22	19
云　南	Yunnan	6.53	7.17	7.12	13	145.42	185.88	214.22	13
西　藏	Tibet	3.06	3.43	2.50	27	41.33	61.77	71.65	28
陕　西	Shaanxi	2.90	3.84	3.35	26	111.50	149.04	156.89	22
甘　肃	Gansu	1.77	1.85	1.95	28	70.45	95.22	102.12	27
青　海	Qinghai	0.79	0.99	0.92	31	35.48	40.31	46.79	30
宁　夏	Ningxia	0.63	1.41	1.07	30	31.49	40.97	46.50	31
新　疆	Xinjiang	4.03	5.53	4.60	23	128.56	177.37	197.22	14

5-15 教育支出和科学技术支出
Expenditure for Education and Science and Technology

单位：亿元 (100 million yuan)

地区 Region	教育支出 Expenditure for Education				科学技术支出 Expenditure for Science and Technology			
	2010	2012	2013	2013排名 Ranking	2010	2012	2013	2013排名 Ranking
地方合计 Region Total	**11829.06**	**20140.64**	**20895.11**		**1588.88**	**2242.20**	**2715.31**	
北　京 Beijing	450.22	628.65	681.18	13	178.92	199.94	234.67	4
天　津 Tianjin	229.56	378.75	461.36	23	43.25	76.45	92.81	9
河　北 Hebei	514.30	865.54	837.63	7	29.65	44.74	49.76	17
山　西 Shanxi	328.58	558.03	542.44	20	20.12	33.32	62.06	13
内蒙古 Inner Mongolia	322.11	439.97	456.87	24	21.39	27.61	31.64	26
辽　宁 Liaoning	405.39	728.79	669.48	15	68.90	101.24	118.99	7
吉　林 Jilin	250.20	451.05	422.09	26	19.12	24.96	37.22	24
黑龙江 Heilongjiang	299.14	544.79	501.28	22	27.69	37.64	38.61	22
上　海 Shanghai	417.28	648.95	679.54	14	202.03	245.43	257.66	3
江　苏 Jiangsu	865.36	1350.61	1434.99	2	150.35	257.24	302.59	2
浙　江 Zhejiang	606.54	877.86	950.07	6	121.40	165.98	191.87	5
安　徽 Anhui	386.31	717.94	736.59	9	57.98	96.00	109.67	8
福　建 Fujian	327.77	562.30	574.91	18	32.31	48.47	60.62	14
江　西 Jiangxi	297.50	622.06	664.53	16	18.26	27.50	46.32	18
山　东 Shandong	770.45	1311.80	1399.67	3	84.36	124.98	149.14	6
河　南 Henan	609.37	1106.51	1171.52	4	44.67	69.64	80.00	10
湖　北 Hubei	366.57	732.37	690.63	11	30.09	54.39	77.21	11
湖　南 Hunan	403.10	807.58	809.45	8	35.04	48.19	55.46	15
广　东 Guangdong	921.48	1501.22	1744.59	1	214.44	246.71	344.94	1
广　西 Guangxi	366.84	589.24	609.93	17	21.66	42.81	54.36	16
海　南 Hainan	98.33	158.79	174.57	28	7.47	12.06	13.83	28
重　庆 Chongqing	240.46	471.49	437.28	25	17.90	29.84	38.65	21
四　川 Sichuan	540.65	993.20	1036.41	5	34.71	59.40	69.51	12
贵　州 Guizhou	292.06	500.51	560.67	19	16.66	28.98	34.27	25
云　南 Yunnan	374.79	674.82	685.97	12	21.43	32.67	42.59	19
西　藏 Tibet	60.80	94.48	107.18	31	2.71	5.09	4.17	31
陕　西 Shaanxi	377.79	703.34	710.11	10	25.25	34.94	38.02	23
甘　肃 Gansu	228.23	367.92	377.06	27	10.89	16.19	19.76	27
青　海 Qinghai	82.47	171.81	121.51	29	4.08	7.18	8.39	30
宁　夏 Ningxia	81.59	106.45	112.95	30	5.97	9.61	10.69	29
新　疆 Xinjiang	313.84	473.86	532.67	21	20.19	33.01	39.85	20

5-16 文化体育传媒支出和社会保障就业支出
Expenditure for Culture, Sports and Media and Social Safety Net and Employment Effort

单位：亿元 (100 million yuan)

地区	Region	文化体育与传媒支出 Expenditure for Culture, Sport and Media				社会保障和就业支出 Expenditure for Social Safety Net and Employment Effort			
		2010	2012	2013	2013排名 Ranking	2010	2012	2013	2013排名 Ranking
地方合计	**Region Total**	**1392.57**	**2074.79**	**2339.94**		**8680.32**	**11999.85**	**13849.72**	
北京	Beijing	79.36	141.37	154.71	2	275.90	424.31	469.13	15
天津	Tianjin	24.28	35.85	44.53	26	137.74	201.17	229.28	27
河北	Hebei	37.09	59.29	72.71	14	358.78	470.21	528.62	11
山西	Shanxi	31.24	60.20	66.69	17	274.46	354.61	419.02	18
内蒙古	Inner Mongolia	52.96	87.21	88.05	10	292.44	435.47	491.01	14
辽宁	Liaoning	56.76	79.25	95.34	8	579.84	727.71	824.03	2
吉林	Jilin	32.93	47.48	56.55	21	253.36	304.00	360.19	21
黑龙江	Heilongjiang	39.50	47.27	52.37	23	306.06	458.20	542.33	9
上海	Shanghai	54.95	72.51	89.17	9	362.56	443.01	468.01	16
江苏	Jiangsu	88.67	150.90	173.54	1	364.48	557.77	631.15	6
浙江	Zhejiang	77.15	94.18	106.00	6	206.39	345.44	397.06	19
安徽	Anhui	51.68	71.43	79.50	12	334.15	459.19	533.64	10
福建	Fujian	27.10	46.07	57.88	20	148.24	205.28	240.66	26
江西	Jiangxi	28.38	44.77	52.62	22	233.02	323.06	378.84	20
山东	Shandong	74.03	114.27	127.53	5	416.77	596.48	681.98	5
河南	Henan	54.99	69.63	80.78	11	461.22	631.61	731.41	4
湖北	Hubei	36.67	62.47	72.44	15	368.42	501.13	605.70	8
湖南	Hunan	39.66	54.50	68.95	16	396.40	525.71	625.94	7
广东	Guangdong	166.16	137.64	141.68	4	469.58	611.04	746.97	3
广西	Guangxi	32.77	45.52	49.85	24	217.07	282.33	348.12	22
海南	Hainan	11.61	19.85	21.90	30	73.80	106.15	115.88	29
重庆	Chongqing	24.04	33.08	34.94	27	236.98	403.05	431.89	17
四川	Sichuan	59.37	120.70	142.40	3	513.65	680.21	833.51	1
贵州	Guizhou	23.98	49.85	48.68	25	140.76	235.40	264.52	24
云南	Yunnan	35.53	62.06	61.35	18	304.69	439.06	505.45	12
西藏	Tibet	12.48	24.18	22.51	29	31.91	65.54	72.94	31
陕西	Shaanxi	47.86	91.81	100.44	7	315.61	421.16	497.75	13
甘肃	Gansu	29.78	49.87	59.76	19	215.09	294.64	346.77	23
青海	Qinghai	11.57	18.92	25.84	28	189.50	179.51	162.01	28
宁夏	Ningxia	16.09	14.44	16.60	31	35.03	89.60	102.77	30
新疆	Xinjiang	33.92	68.23	74.63	13	166.40	227.79	263.17	25

5-17 医疗卫生与计划生育支出和节能环保支出

Expenditure for Medical and Health Care, Family Planning and Environment Protection

单位：亿元 (100 million yuan)

地区	Region	医疗卫生与计划生育支出 Expenditure for Medical and Health Care, Family Planning				节能环保支出 Expenditure for Environment Protection			
		2010	2012	2013	2013排名 Ranking	2010	2012	2013	2013排名 Ranking
地方合计	**Region Total**	**4730.62**	**7170.82**	**8203.20**		**2372.50**	**2899.81**	**3334.89**	
北京	Beijing	186.82	256.06	276.13	13	60.85	113.54	138.17	6
天津	Tianjin	70.07	105.91	128.94	27	27.10	38.49	48.44	28
河北	Hebei	235.48	323.17	380.75	6	115.16	127.93	171.86	4
山西	Shanxi	113.86	180.34	201.63	20	82.37	88.17	98.16	18
内蒙古	Inner Mongolia	120.72	177.91	196.03	22	107.99	131.59	132.11	7
辽宁	Liaoning	151.36	200.19	229.50	16	77.44	93.27	108.59	15
吉林	Jilin	110.91	160.36	181.51	24	71.55	113.85	126.83	9
黑龙江	Heilongjiang	135.18	173.33	190.50	23	89.00	104.86	115.75	10
上海	Shanghai	160.07	197.34	214.92	19	47.31	55.18	56.43	27
江苏	Jiangsu	249.69	418.14	475.86	5	139.89	193.83	229.18	2
浙江	Zhejiang	224.53	305.91	350.73	8	82.07	77.70	98.14	19
安徽	Anhui	184.22	319.39	361.80	7	64.72	95.52	108.42	16
福建	Fujian	117.58	185.99	224.23	18	39.79	48.60	58.60	26
江西	Jiangxi	150.02	219.15	262.14	14	49.14	66.91	74.17	20
山东	Shandong	250.77	422.91	485.86	4	112.93	154.42	212.81	3
河南	Henan	270.21	425.99	492.48	2	96.38	109.45	111.92	12
湖北	Hubei	179.13	267.99	322.08	10	96.31	95.63	109.72	14
湖南	Hunan	180.44	294.17	342.47	9	90.82	109.43	128.67	8
广东	Guangdong	304.04	505.14	569.32	1	239.16	235.44	307.78	1
广西	Guangxi	165.49	253.17	285.61	12	63.99	60.01	64.23	25
海南	Hainan	34.82	59.86	69.59	28	14.89	21.23	23.18	30
重庆	Chongqing	94.87	167.43	198.05	21	69.01	128.69	114.55	11
四川	Sichuan	263.34	424.26	487.20	3	112.99	135.94	159.95	5
贵州	Guizhou	127.68	201.05	228.71	17	54.32	65.73	66.44	24
云南	Yunnan	183.70	266.94	300.57	11	86.41	101.12	105.29	17
西藏	Tibet	32.04	36.12	40.29	31	11.77	23.67	17.21	31
陕西	Shaanxi	156.66	222.30	257.14	15	82.88	94.14	109.77	13
甘肃	Gansu	100.40	148.21	165.86	25	68.31	72.00	69.82	21
青海	Qinghai	38.94	60.11	68.64	29	36.15	43.99	66.78	23
宁夏	Ningxia	34.02	46.09	53.77	30	30.79	35.37	32.93	29
新疆	Xinjiang	103.56	145.88	160.91	26	51.02	64.12	68.99	22

5-18 城乡社区事务支出和农林水事务支出
Expenditure for Urban and Rural Community Affairs and Agriculture, Forestry and Water Conservancy

单位：亿元 (100 million yuan)

地区	Region	城乡社区事务支出 Expenditure for Urban and Rural Community Affairs				农林水事务支出 Expenditure for Agriculture, Forestry and Water Conservancy			
		2010	2012	2013	2013排名 Ranking	2010	2012	2013	2013排名 Ranking
地方合计	**Region Total**	**5977.29**	**9060.93**	**11146.51**		**7741.69**	**11471.39**	**12822.64**	
北京	Beijing	294.30	430.76	510.67	8	158.64	222.69	297.62	24
天津	Tianjin	355.29	590.26	723.03	3	67.14	100.98	123.03	31
河北	Hebei	178.75	283.51	321.28	14	312.66	443.62	511.11	9
山西	Shanxi	111.57	160.45	186.08	24	201.71	309.63	339.69	21
内蒙古	Inner Mongolia	237.75	363.24	480.22	9	281.00	450.83	466.58	11
辽宁	Liaoning	360.31	595.19	807.26	2	289.00	405.02	466.52	12
吉林	Jilin	108.90	166.29	214.22	21	238.94	291.30	318.26	22
黑龙江	Heilongjiang	141.13	205.60	301.07	17	338.06	430.39	461.70	14
上海	Shanghai	475.47	627.44	712.92	4	151.93	217.97	187.25	26
江苏	Jiangsu	624.53	858.13	1006.80	1	489.16	754.09	868.34	1
浙江	Zhejiang	272.30	307.82	332.93	13	290.37	408.20	513.03	8
安徽	Anhui	236.18	348.03	459.80	10	292.52	430.47	478.17	10
福建	Fujian	107.68	178.86	259.78	18	160.34	244.16	312.22	23
江西	Jiangxi	102.47	176.70	201.21	23	232.34	384.77	438.54	15
山东	Shandong	388.40	468.09	618.50	6	465.98	673.82	748.14	2
河南	Henan	165.30	237.97	309.12	16	399.19	551.73	629.85	4
湖北	Hubei	119.63	201.73	320.36	15	305.44	419.02	465.34	13
湖南	Hunan	186.98	302.21	388.27	11	322.65	447.74	516.55	7
广东	Guangdong	407.64	623.28	664.77	5	325.02	539.56	595.28	5
广西	Guangxi	103.87	162.07	212.33	22	260.26	369.07	371.90	19
海南	Hainan	36.81	52.22	61.51	30	87.68	123.62	139.03	30
重庆	Chongqing	251.26	500.39	536.08	7	159.18	256.35	281.94	25
四川	Sichuan	179.19	325.98	381.81	12	401.76	654.95	741.78	3
贵州	Guizhou	53.00	100.65	109.46	27	246.76	361.87	400.31	17
云南	Yunnan	86.66	148.84	174.51	25	327.21	518.60	538.97	6
西藏	Tibet	20.51	31.55	56.48	31	89.11	142.62	148.79	29
陕西	Shaanxi	126.84	182.05	259.42	19	267.16	376.45	419.62	16
甘肃	Gansu	56.82	80.52	73.19	29	196.27	302.37	346.58	20
青海	Qinghai	30.60	57.98	86.62	28	69.50	134.31	159.69	27
宁夏	Ningxia	61.89	109.63	133.79	26	94.23	139.80	149.38	28
新疆	Xinjiang	95.28	183.49	243.05	20	220.50	365.39	387.42	18

5-19 交通运输支出和资源勘探支出
Expenditure for Transportation and Affairs of Exploration

单位：亿元 (100 million yuan)

地区	Region	交通运输支出 Expenditure for Transportation				资源勘探电力信息等事务支出 Expenditure for Affairs of Exploration, Power and Information			
		2010	2012	2013	2013排名 Ranking	2010	2012	2013	2013排名 Ranking
地方合计	**Region Total**	**3998.89**	**7332.57**	**8625.83**		**2996.65**	**3934.53**	**4445.38**	
北　京	Beijing	154.99	243.76	231.79	21	138.95	165.32	183.32	8
天　津	Tianjin	46.95	87.21	90.02	29	79.13	106.68	136.80	14
河　北	Hebei	155.72	287.04	286.57	13	58.70	89.71	106.85	18
山　西	Shanxi	131.65	194.82	180.54	25	36.07	47.78	59.33	27
内蒙古	Inner Mongolia	121.05	301.24	295.23	12	57.37	88.86	109.31	17
辽　宁	Liaoning	140.29	256.10	302.51	10	208.94	263.33	304.28	3
吉　林	Jilin	89.78	128.16	170.05	26	53.15	74.31	101.01	20
黑龙江	Heilongjiang	147.72	226.51	244.20	19	73.34	94.68	95.03	22
上　海	Shanghai	80.43	115.41	144.46	27	357.85	401.92	426.07	1
江　苏	Jiangsu	276.00	436.58	448.58	4	262.96	283.18	345.89	2
浙　江	Zhejiang	233.37	287.64	372.51	5	125.67	161.65	180.05	9
安　徽	Anhui	124.86	237.17	276.01	16	124.94	131.46	145.63	13
福　建	Fujian	125.21	272.08	279.31	15	64.07	106.58	164.21	10
江　西	Jiangxi	107.31	192.78	206.93	23	117.53	196.03	211.52	7
山　东	Shandong	230.50	322.93	371.15	6	161.12	207.82	245.54	4
河　南	Henan	173.84	300.43	346.19	7	89.81	119.32	101.95	19
湖　北	Hubei	124.03	212.68	308.82	9	109.84	150.43	227.90	6
湖　南	Hunan	153.03	273.82	336.96	8	96.99	120.74	150.80	12
广　东	Guangdong	318.17	503.57	688.04	1	163.98	184.75	156.80	11
广　西	Guangxi	93.71	242.74	238.99	20	69.86	99.40	100.59	21
海　南	Hainan	26.23	67.51	73.82	30	14.60	22.83	20.71	31
重　庆	Chongqing	81.85	207.47	253.96	18	83.28	152.35	113.01	15
四　川	Sichuan	192.98	435.49	528.80	3	153.73	191.51	231.89	5
贵　州	Guizhou	109.61	288.56	299.79	11	48.34	69.72	75.80	24
云　南	Yunnan	139.88	309.57	547.47	2	46.22	66.32	67.73	26
西　藏	Tibet	64.06	94.26	93.15	28	17.24	70.54	75.43	25
陕　西	Shaanxi	129.06	248.24	265.35	17	71.63	93.47	109.56	16
甘　肃	Gansu	66.58	126.43	207.94	22	27.89	38.37	38.62	29
青　海	Qinghai	46.68	154.85	197.95	24	23.27	48.05	48.28	28
宁　夏	Ningxia	21.80	51.02	54.52	31	21.66	26.99	27.65	30
新　疆	Xinjiang	91.54	226.47	284.22	14	38.53	60.45	83.84	23

5-20 商业服务支出和金融监管支出
Expenditure for Commercial Services and Financial Supervision

单位：亿元 (100 million yuan)

地区	Region	商业服务业等事务支出 Expenditure for Affairs of Commerce and Services				金融监管等事务支出 Expenditure for Affairs of Financial Supervision			
		2010	2012	2013	2013排名 Ranking	2010	2012	2013	2013排名 Ranking
地方合计	**Region Total**	**1273.35**	**1351.71**	**1336.55**		**148.88**	**249.69**	**212.97**	
北　京	Beijing	26.65	38.29	41.81	13	2.01	3.00	3.54	18
天　津	Tianjin	17.77	29.21	29.40	20	1.50	2.81	3.02	19
河　北	Hebei	44.84	49.48	43.21	12	0.97	4.89	7.84	11
山　西	Shanxi	26.98	23.67	26.52	23	8.80	5.15	9.35	10
内蒙古	Inner Mongolia	21.45	29.95	27.07	22	2.44	3.25	2.44	22
辽　宁	Liaoning	43.23	44.99	57.48	9	4.18	7.62	4.82	16
吉　林	Jilin	24.75	23.38	24.45	24	5.50	4.62	10.47	8
黑龙江	Heilongjiang	35.70	28.43	22.54	25	12.65	2.61	1.67	25
上　海	Shanghai	46.85	60.51	66.51	5	16.81	17.05	15.09	4
江　苏	Jiangsu	106.18	124.87	118.00	1	9.74	22.98	16.50	2
浙　江	Zhejiang	85.58	84.63	89.48	2	4.22	9.87	12.14	7
安　徽	Anhui	45.84	71.53	60.11	8	5.17	4.04	3.63	17
福　建	Fujian	40.28	55.38	64.63	6	0.14	2.98	2.78	21
江　西	Jiangxi	35.43	38.22	34.46	18	1.06	6.92	6.71	13
山　东	Shandong	99.49	96.00	88.87	3	2.96	17.35	12.93	6
河　南	Henan	73.88	53.99	39.74	14	11.99	25.06	28.72	1
湖　北	Hubei	60.25	58.63	47.81	11	3.41	9.05	13.76	5
湖　南	Hunan	46.52	55.95	55.87	10	8.96	3.22	2.35	23
广　东	Guangdong	99.33	68.75	80.68	4	12.71	27.67	16.43	3
广　西	Guangxi	29.48	30.72	28.74	21	1.07	5.12	7.04	12
海　南	Hainan	7.82	12.19	9.54	30	0.01	0.75	1.39	26
重　庆	Chongqing	30.66	45.38	34.93	17	4.62	3.51	9.88	9
四　川	Sichuan	69.29	61.76	64.23	7	4.79	10.72	6.51	14
贵　州	Guizhou	21.52	18.76	22.49	26	0.06	0.97	0.48	30
云　南	Yunnan	35.30	39.03	36.13	16	7.79	4.43	2.98	20
西　藏	Tibet	5.84	6.98	8.31	31	0.35	0.34	1.10	27
陕　西	Shaanxi	34.96	34.87	38.06	15	2.22	7.51	5.48	15
甘　肃	Gansu	17.66	19.13	17.62	27	7.24	8.10	0.16	31
青　海	Qinghai	7.85	10.21	12.16	29	0.55	6.26	1.82	24
宁　夏	Ningxia	10.33	14.57	16.23	28	0.93	4.95	1.07	28
新　疆	Xinjiang	21.64	22.24	29.46	19	4.00	16.89	0.87	29

5-21 地震灾后恢复重建和国土资源气象事务支出
Expenditure for Post-earthquake Recovery and Reconstruction and for Affairs of Land and Weather

单位：亿元 (100 million yuan)

地区	Region	地震灾后恢复重建支出 Expenditure for Post-earthquake Recovery and Reconstruction				国土资源气象事务支出 Expenditure for Affairs of Land and Weather			
		2010	2012	2013	2013排名 Ranking	2010	2012	2013	2013排名 Ranking
地方合计	**Region Total**	**1094.64**	**103.81**	**42.79**		**1153.99**	**1367.59**	**1638.91**	
北　京	Beijing	14.22	0.31			9.66	16.01	32.33	21
天　津	Tianjin	8.14				24.39	20.07	21.12	26
河　北	Hebei					56.48	63.91	72.45	6
山　西	Shanxi	5.61				114.49	183.43	244.21	1
内蒙古	Inner Mongolia					72.64	73.25	81.67	5
辽　宁	Liaoning	0.05	0.01			54.26	60.33	87.31	3
吉　林	Jilin	4.33				20.52	23.78	29.79	23
黑龙江	Heilongjiang	0.58				30.60	32.19	45.60	13
上　海	Shanghai	22.10				14.16	13.58	18.46	28
江　苏	Jiangsu	21.23				33.38	50.57	55.08	10
浙　江	Zhejiang	18.68				20.96	28.32	36.59	19
安　徽	Anhui					61.69	45.40	41.24	17
福　建	Fujian	4.06				27.50	25.73	39.40	18
江　西	Jiangxi	0.18				25.43	30.36	29.55	24
山　东	Shandong	26.14				65.90	84.85	132.47	2
河　南	Henan	3.10				75.36	55.96	53.88	11
湖　北	Hubei	4.93				36.52	51.40	51.77	12
湖　南	Hunan					40.39	55.83	67.82	7
广　东	Guangdong	24.99	0.12	-0.47	7	45.89	62.89	67.72	8
广　西	Guangxi					38.90	45.72	42.52	15
海　南	Hainan					9.10	10.89	11.69	30
重　庆	Chongqing	4.52				31.99	40.18	36.14	20
四　川	Sichuan	808.82	82.91	29.58	1	48.37	61.80	85.32	4
贵　州	Guizhou					24.51	30.00	28.76	25
云　南	Yunnan	0.04	0.01	0.30	4	31.93	53.17	66.52	9
西　藏	Tibet			10.97	2	6.92	7.39	8.86	31
陕　西	Shaanxi	17.78	3.31			32.12	33.76	44.19	14
甘　肃	Gansu	94.15	17.02	2.37	3	36.77	43.91	41.91	16
青　海	Qinghai	0.12	0.06	0.03	5	22.39	18.01	20.45	27
宁　夏	Ningxia					7.15	8.80	12.11	29
新　疆	Xinjiang	10.86	0.06	0.02	6	33.65	36.10	32.01	22

5-22 住房保障支出和粮油储备支出
Expenditure for Affairs of Housing Security and Management of Grain & Oil Reserves

单位：亿元 (100 million yuan)

地区	Region	住房保障支出 Expenditure for Affairs of Housing Security				粮油物资储备事务支出 Expenditure for Affairs of Management of Grain & Oil Reserves			
		2010	2012	2013	2013排名 Ranking	2010	2012	2013	2013排名 Ranking
地方合计	**Region Total**	**1990.40**	**4068.71**	**4075.82**		**676.84**	**731.09**	**744.28**	
北　京	Beijing	45.81	44.79	48.48	29	6.14	5.73	5.68	26
天　津	Tianjin	6.32	9.58	14.99	31	4.59	5.11	5.47	27
河　北	Hebei	52.00	135.81	135.01	16	23.71	26.81	26.42	13
山　西	Shanxi	53.30	85.65	95.63	22	12.15	20.67	19.53	16
内蒙古	Inner Mongolia	83.72	164.83	169.54	11	60.41	75.72	74.95	1
辽　宁	Liaoning	83.79	120.90	152.46	14	25.42	36.80	33.73	9
吉　林	Jilin	86.84	145.19	139.14	15	60.52	55.16	49.87	3
黑龙江	Heilongjiang	108.94	218.78	180.98	9	63.93	65.81	66.75	2
上　海	Shanghai	52.45	112.71	105.24	20	13.53	14.02	16.05	20
江　苏	Jiangsu	72.77	133.94	169.32	12	27.70	27.65	30.44	11
浙　江	Zhejiang	29.60	65.25	81.59	23	11.75	12.26	13.64	22
安　徽	Anhui	93.36	248.58	225.77	1	30.71	32.98	34.20	8
福　建	Fujian	28.13	52.85	51.67	28	13.86	14.01	14.81	21
江　西	Jiangxi	68.08	134.43	200.02	6	45.21	18.95	20.97	14
山　东	Shandong	35.25	123.53	126.54	17	30.81	35.80	38.29	6
河　南	Henan	77.25	185.65	191.11	7	45.35	41.43	43.72	4
湖　北	Hubei	56.59	140.57	123.11	18	24.58	35.54	39.04	5
湖　南	Hunan	81.75	185.91	174.58	10	28.20	29.71	30.50	10
广　东	Guangdong	88.57	180.37	206.39	4	39.32	26.78	29.77	12
广　西	Guangxi	58.93	134.39	108.87	19	11.98	15.22	17.11	19
海　南	Hainan	23.83	44.76	36.30	30	1.64	2.87	2.85	30
重　庆	Chongqing	79.91	177.14	77.22	24	9.91	17.47	17.29	18
四　川	Sichuan	107.03	227.41	223.54	2	26.80	38.13	36.65	7
贵　州	Guizhou	87.62	129.20	190.45	8	5.72	9.17	9.28	25
云　南	Yunnan	112.12	231.42	206.98	3	6.35	9.84	10.38	23
西　藏	Tibet	10.46	41.14	51.94	27	1.89	2.00	2.56	31
陕　西	Shaanxi	68.72	151.51	167.59	13	15.92	19.36	17.40	17
甘　肃	Gansu	58.10	102.17	102.82	21	9.81	9.56	9.89	24
青　海	Qinghai	61.09	84.59	62.75	25	4.43	5.93	4.38	28
宁　夏	Ningxia	28.05	56.23	55.62	26	2.29	2.96	2.91	29
新　疆	Xinjiang	90.02	199.45	200.19	5	12.20	17.66	19.79	15

5-23 国债还本付息支出和财政其他支出
Interest Payment for Domestic and Foreign Debts and Other Expenditures

单位：亿元 (100 million yuan)

地区	Region	国债还本付息支出 Interest Payment for Domestic and Foreign Debts				其他支出 Other Expenditure			
		2010	2012	2013	2013排名 Ranking	2010	2012	2013	2013排名 Ranking
地方合计	Region Total	335.36	575.33	740.80		2602.06	2444.07	2933.09	
北　京	Beijing		4.24	5.27	26	208.64	200.23	281.55	3
天　津	Tianjin					49.74	99.77	118.50	7
河　北	Hebei	3.06	10.12	14.41	20	101.62	70.64	61.45	16
山　西	Shanxi	2.98	4.10	5.26	27	34.44	24.38	26.00	27
内蒙古	Inner Mongolia	4.14	13.92	17.94	15	35.03	36.55	45.06	20
辽　宁	Liaoning	22.01	24.03	29.03	8	73.38	83.34	146.33	5
吉　林	Jilin	31.88	55.22	57.40	4	13.01	9.95	22.38	28
黑龙江	Heilongjiang	1.28	5.36	8.42	24	40.38	50.36	40.23	22
上　海	Shanghai	26.51	8.97	12.06	23	380.09	426.95	537.99	1
江　苏	Jiangsu	3.04	6.85	18.98	14	157.94	139.90	115.56	8
浙　江	Zhejiang	2.65	4.01	4.82	28	93.19	83.98	88.78	11
安　徽	Anhui	7.62	15.97	16.58	18	87.83	52.06	37.07	24
福　建	Fujian	0.93	5.14	12.23	22	94.34	91.86	125.83	6
江　西	Jiangxi	6.63	11.85	21.60	10	74.95	69.48	112.27	9
山　东	Shandong	31.58	25.93	47.96	6	98.85	82.24	86.15	12
河　南	Henan	10.67	43.34	84.76	1	80.97	64.09	82.73	13
湖　北	Hubei	9.45	11.77	19.06	12	85.75	76.60	94.67	10
湖　南	Hunan	9.33	11.51	19.01	13	48.36	32.67	42.98	21
广　东	Guangdong	57.18	98.31	50.24	5	331.54	282.93	308.71	2
广　西	Guangxi	6.47	16.09	16.77	17	64.07	45.15	51.77	17
海　南	Hainan	2.53	4.69	4.58	29	21.51	31.25	45.47	19
重　庆	Chongqing	1.18	4.60	5.86	25	20.90	10.56	8.53	30
四　川	Sichuan	11.83	42.05	60.38	3	94.45	63.75	148.46	4
贵　州	Guizhou	9.49	14.65	13.60	21	51.57	69.65	67.22	15
云　南	Yunnan	34.23	40.49	77.78	2	52.93	43.01	49.36	18
西　藏	Tibet	0.01	0.01	0.36	30	66.15	43.71	37.21	23
陕　西	Shaanxi	13.99	10.73	20.89	11	30.70	34.30	29.69	26
甘　肃	Gansu	5.53	11.64	15.31	19	21.10	24.96	31.52	25
青　海	Qinghai	5.34	29.62	27.27	9	17.38	3.70	8.24	31
宁　夏	Ningxia	8.21	27.45	17.86	16	13.62	16.58	9.91	29
新　疆	Xinjiang	5.61	12.66	35.10	7	57.62	79.47	71.47	14

5-24 人均财政收入和人均财政支出
Per Capita Revenue and Expenditures

单位：元/人 yuan/person

地区	Region	人均财政收入 Per Capita Revenue				人均财政支出 Per Capita Expenditure			
		2010	2012	2013	2013排名 Ranking	2010	2012	2013	2013排名 Ranking
地方合计	**Region Total**								
北　京	Beijing	12668.35	16217.88	17500.00	1	14624.03	18029.88	19950.00	3
天　津	Tianjin	8476.48	12716.91	14411.00	3	10919.40	15485.64	17670.00	5
河　北	Hebei	1873.29	2869.13	3140.00	26	3966.75	5615.58	6032.00	30
山　西	Shanxi	2771.18	4209.82	4700.00	14	5519.59	7660.91	8370.00	20
内蒙古	Inner Mongolia	4373.83	6245.96	6901.00	7	9293.58	13781.13	14783.00	6
辽　宁	Liaoning	4612.19	7080.21	7618.00	5	7352.08	10393.49	11841.00	9
吉　林	Jilin	2196.08	3787.06	4206.00	17	6515.40	8987.80	9978.00	12
黑龙江	Heilongjiang	1973.51	3033.83	3331.00	25	5885.34	8272.10	8786.00	17
上　海	Shanghai	13609.48	15839.67	17139.00	2	15642.68	17702.63	18887.00	4
江　苏	Jiangsu	5233.61	7409.68	8283.00	4	6303.72	8885.10	9834.00	13
浙　江	Zhejiang	4911.12	6291.09	6919.00	6	6039.68	7608.55	8620.00	19
安　徽	Anhui	1902.81	2998.86	3453.00	22	4283.76	6625.98	7239.00	26
福　建	Fujian	3147.69	4756.76	5635.00	10	4633.66	6983.13	8160.00	21
江　西	Jiangxi	1750.74	3051.59	3592.00	20	4327.41	6715.36	7689.00	23
山　东	Shandong	2886.60	4201.87	4697.00	15	4351.90	6111.71	6889.00	28
河　南	Henan	1462.54	2171.26	2567.00	30	3617.00	5327.66	5932.00	31
湖　北	Hubei	1767.30	3160.36	3785.00	19	4371.64	6517.80	7552.00	25
湖　南	Hunan	1667.43	2693.10	3047.00	28	4165.87	6224.41	7038.00	27
广　东	Guangdong	4501.67	5904.72	6669.00	8	5403.09	7003.04	7921.00	22
广　西	Guangxi	1632.35	2500.40	2803.00	29	4244.98	6401.26	6826.00	29
海　南	Hainan	3130.77	4624.14	5399.00	11	6716.20	10336.43	11350.00	10
重　庆	Chongqing	3315.24	5809.99	5725.00	9	5951.08	10390.04	10354.00	11
四　川	Sichuan	1924.80	3002.94	3441.00	24	5248.08	6760.50	7688.00	24
贵　州	Guizhou	1467.78	2916.88	3454.00	21	4486.62	7926.60	8825.00	16
云　南	Yunnan	1900.57	2880.84	3448.00	23	4986.51	6961.40	8767.00	18
西　藏	Tibet	1241.83	2834.13	3067.00	27	18672.34	29634.64	32738.00	1
陕　西	Shaanxi	2553.60	4270.77	4652.00	16	5913.14	8868.20	9751.00	14
甘　肃	Gansu	1361.89	2024.11	2354.00	31	5656.52	8010.75	8952.00	15
青　海	Qinghai	1968.71	3267.60	3890.00	18	13278.95	20316.39	21340.00	2
宁　夏	Ningxia	2446.76	4105.08	4739.00	13	8883.96	13442.64	14177.00	7
新　疆	Xinjiang	2306.62	4092.60	5019.00	12	7828.49	12247.04	13640.00	8

5-25 预算外资金收入和预算外资金支出
Extra-budgetary Revenue and Expenditures

单位：亿元 (100 million yuan)

地区	Region	预算外资金收入 Extra-budgetary Revenue 2008	2010	2010排名 Ranking	预算外资金支出 Extra-budgetary Expenditure 2008	2010	2010排名 Ranking
地方合计	**Region Total**	**3317.25**	**5794.42**		**6346.36**	**5754.69**	
北　京	Beijing	138.24	132.45	16	123.38	95.57	19
天　津	Tianjin	52.73	50.95	27	53.92	52.15	27
河　北	Hebei	268.34	158.80	11	256.46	163.02	12
山　西	Shanxi	200.97	119.24	18	189.94	106.25	18
内蒙古	Inner Mongolia	107.72	142.72	14	87.07	113.15	17
辽　宁	Liaoning	243.86	148.82	13	242.32	139.53	14
吉　林	Jilin	82.16	65.41	26	77.66	59.74	26
黑龙江	Heilongjiang	138.87	87.72	22	142.34	90.64	20
上　海	Shanghai	219.97	130.33	17	207.92	185.96	10
江　苏	Jiangsu	729.72	684.49	1	710.91	643.20	2
浙　江	Zhejiang	577.24	591.17	3	570.58	683.79	1
安　徽	Anhui	146.86	154.79	12	142.76	151.95	13
福　建	Fujian	200.64	226.31	6	219.93	282.61	4
江　西	Jiangxi	158.13	137.96	15	156.46	128.66	15
山　东	Shandong	399.55	243.96	4	394.21	237.71	5
河　南	Henan	309.50	219.92	8	297.02	224.32	8
湖　北	Hubei	195.19	163.22	10	191.62	163.79	11
湖　南	Hunan	230.85	209.55	9	233.08	198.80	9
广　东	Guangdong	686.97	661.26	2	655.16	637.83	3
广　西	Guangxi	153.55	117.14	19	156.94	114.84	16
海　南	Hainan	21.24	26.43	28	20.08	22.36	28
重　庆	Chongqing	56.34	77.28	24	52.30	72.06	24
四　川	Sichuan	230.92	222.26	7	220.16	226.64	7
贵　州	Guizhou	78.03	89.59	21	78.11	87.38	21
云　南	Yunnan	93.24	90.43	20	74.76	85.24	22
西　藏	Tibet	3.36	4.96	31	4.14	5.76	31
陕　西	Shaanxi	188.45	242.11	5	181.91	227.88	6
甘　肃	Gansu	87.86	79.38	23	81.53	73.96	23
青　海	Qinghai	12.96	25.07	29	12.63	9.93	30
宁　夏	Ningxia	32.66	22.58	30	30.79	18.80	29
新　疆	Xinjiang	79.05	68.79	25	78.16	64.82	25

5-26 全国税收总收入和第一产业税收收入
National Tax Revenue and Primary Industry Tax Revenue

单位：亿元 (100 million yuan)

地区	Region	全国税收总收入 The National Tax Revenue 2010	2012	2013	2013排名 Ranking	第一产业税收收入 The Primary Industry 2010	2012	2013	2013排名 Ranking
地方合计	**Region Total**	**77394**	**110764**	**119960**		**78.21**	**120.35**	**160.63**	
北京	Beijing	6230	9043	10366	3	8.89	4.78	7.13	6
天津	Tianjin	2730	3772	4024	7	0.44	1.33	3.00	17
河北	Hebei	2377	3467	3612	9	0.87	3.60	3.35	14
山西	Shanxi	1635	2317	2267	19	0.72	0.98	1.59	24
内蒙古	Inner Mongolia	1556	2222	2283	18	2.29	2.23	2.58	21
辽宁	Liaoning	3314	4818	3338	10	4.91	12.38	9.79	5
吉林	Jilin	1072	1699	1883	23	0.95	1.85	4.50	11
黑龙江	Heilongjiang	1302	2102	2219	20	0.39	1.48	2.61	20
上海	Shanghai	8003	10409	10922	2	0.98	1.23	1.34	25
江苏	Jiangsu	7234	10168	10997	1	13.12	9.57	18.36	2
浙江	Zhejiang	5635	7654	5758	6	4.59	6.20	6.44	7
安徽	Anhui	1655	2511	2777	13	0.64	2.03	5.39	8
福建	Fujian	2155	3208	2667	15	1.77	3.16	3.07	16
江西	Jiangxi	1121	1749	2000	21	1.04	3.86	3.50	13
山东	Shandong	5135	7332	5994	5	9.01	12.18	18.24	3
河南	Henan	1923	2873	3277	11	1.34	3.49	3.11	15
湖北	Hubei	1779	2791	3182	12	0.26	0.36	0.65	29
湖南	Hunan	1515	2392	2714	14	1.42	2.49	2.98	18
广东	Guangdong	10051	13164	10133	4	5.85	10.61	13.40	4
广西	Guangxi	1065	1705	1827	24	0.19	0.84	1.17	27
海南	Hainan	476	716	755	28	1.40	3.55	3.68	12
重庆	Chongqing	1085	1680	1938	22	0.72	3.96	2.22	23
四川	Sichuan	2073	3333	3746	8	7.68	12.78	18.86	1
贵州	Guizhou	811	1314	1553	26	1.26	1.63	2.42	22
云南	Yunnan	1637	2413	2661	16	2.07	3.50	5.38	9
西藏	Tibet	50	151	145	31	0.03	0.16	0.14	31
陕西	Shaanxi	1622	2486	2612	17	3.65	2.92	2.92	19
甘肃	Gansu	605	901	945	27	0.22	0.56	0.54	30
青海	Qinghai	201	303	343	30	0.11	0.43	0.71	28
宁夏	Ningxia	254	407	457	29	0.20	0.47	1.31	26
新疆	Xinjiang	1093	1667	1774	25	1.20	5.73	4.60	10

5-27 第二产业税收收入和第三产业税收收入

Secondary and Tertiary Tax Revenues from Secondary and Tertiary Industries

单位：亿元 (100 million yuan)

地区	Region	第二产业税收收入 The Second Industry 2010	2012	2013	2013排名 Ranking	第三产业税收收入 The Third Industry 2010	2012	2013	2013排名 Ranking
地方合计	**Region Total**	**40615**	**54836**	**56721**		**36701**	**55808**	**63079**	
北京	Beijing	994	1131	1373	16	5226	7907	8986	1
天津	Tianjin	2025	2687	2759	5	705	1084	1262	14
河北	Hebei	1526	2142	2057	7	851	1322	1552	10
山西	Shanxi	1145	1548	1439	15	489	768	826	23
内蒙古	Inner Mongolia	876	1314	1340	19	677	906	940	21
辽宁	Liaoning	1947	2545	1748	8	1362	2261	1580	9
吉林	Jilin	714	1055	1146	21	357	642	732	26
黑龙江	Heilongjiang	860	1297	1341	18	441	803	876	22
上海	Shanghai	3875	5010	4921	2	4127	5398	6000	2
江苏	Jiangsu	4263	5571	5815	1	2958	4588	5163	4
浙江	Zhejiang	2755	3558	2704	6	2875	4089	3048	5
安徽	Anhui	922	1290	1360	17	733	1219	1412	12
福建	Fujian	1206	1689	1314	20	947	1515	1349	13
江西	Jiangxi	566	886	952	23	553	859	1045	18
山东	Shandong	3244	4254	3185	4	1882	3065	2791	6
河南	Henan	1077	1457	1511	11	845	1412	1763	8
湖北	Hubei	1073	1501	1642	9	706	1290	1539	11
湖南	Hunan	918	1353	1489	14	595	1037	1222	15
广东	Guangdong	4361	5414	4725	3	5685	7740	5395	3
广西	Guangxi	550	866	877	24	515	839	949	20
海南	Hainan	236	348	314	28	238	364	437	27
重庆	Chongqing	560	740	826	25	524	936	1109	17
四川	Sichuan	951	1414	1494	13	1114	1905	2233	7
贵州	Guizhou	449	684	776	26	361	628	774	25
云南	Yunnan	1023	1437	1506	12	611	972	1150	16
西藏	Tibet	18	30	35	31	32	122	110	31
陕西	Shaanxi	1082	1622	1614	10	537	860	995	19
甘肃	Gansu	430	626	622	27	175	275	322	28
青海	Qinghai	144	208	230	30	56	94	113	30
宁夏	Ningxia	151	233	259	29	103	173	197	29
新疆	Xinjiang	672	926	957	22	420	735	812	24

5-28 采矿业和制造业税收收入

Tax Revenues from Mining and Manufacturing Industry

单位：亿元 (100 million yuan)

地区	Region	采矿业 Mining Industry 2010	2012	2013	2013排名 Ranking	制造业 Manufacturing Industry 2010	2012	2013	2013排名 Ranking
地方合计	**Region Total**	**4826**	**6931**	**6331**		**29511**	**38682**	**39610**	
北　京	Beijing	28	-97	-73	31	713	886	960	12
天　津	Tianjin	254	383	398	6	1636	2123	2148	5
河　北	Hebei	254	343	276	9	1012	1419	1367	7
山　西	Shanxi	707	1008	835	1	287	307	312	27
内蒙古	Inner Mongolia	425	659	610	4	236	326	369	25
辽　宁	Liaoning	283	413	320	8	1413	1728	1088	10
吉　林	Jilin	79	123	73	18	540	794	912	14
黑龙江	Heilongjiang	356	667	724	2	397	443	426	22
上　海	Shanghai	2	4	3	30	3612	4685	4589	2
江　苏	Jiangsu	55	68	59	21	3567	4544	4596	1
浙　江	Zhejiang	16	19	18	27	2281	2944	2163	4
安　徽	Anhui	142	176	150	11	621	846	892	15
福　建	Fujian	38	56	55	24	951	1322	941	13
江　西	Jiangxi	58	87	79	17	362	554	585	20
山　东	Shandong	471	647	566	5	2437	3114	2114	6
河　南	Henan	258	286	257	10	611	859	853	17
湖　北	Hubei	37	53	57	23	815	1114	1176	8
湖　南	Hunan	59	80	70	20	687	1013	1110	9
广　东	Guangdong	104	118	115	15	3526	4451	3838	3
广　西	Guangxi	32	47	49	25	361	616	608	19
海　南	Hainan	11	18	14	28	178	255	203	28
重　庆	Chongqing	34	40	39	26	399	489	567	21
四　川	Sichuan	113	152	126	13	554	819	877	16
贵　州	Guizhou	118	152	131	12	226	331	380	23
云　南	Yunnan	101	146	123	14	773	1020	1073	11
西　藏	Tibet	4	6	7	29	5	8	8	31
陕　西	Shaanxi	392	656	619	3	555	733	719	18
甘　肃	Gansu	60	104	103	16	303	406	377	24
青　海	Qinghai	47	75	73	19	64	78	82	30
宁　夏	Ningxia	31	58	58	22	75	102	118	29
新　疆	Xinjiang	255	385	375	7	313	357	353	26

5-29 电力热力燃气水业和建筑业税收收入

Tax Revenues in Electricity, Heat, Gas, Water Supplies and Construction Industry

单位：亿元 (100 million yuan)

地区	Region	电力、热力、燃气及水生产和供应业 Electricity,Heat,Gas and Water Production and Supply Industry				建筑业 Construction Industry			
		2010	2012	2013	2013排名 Ranking	2010	2012	2013	2013排名 Ranking
地方合计	**Region Total**	**2477**	**3229**	**3818**		**3801**	**5994**	**6961**	
北京	Beijing	119	149	282	3	134	194	205	14
天津	Tianjin	33	43	55	22	102	138	158	23
河北	Hebei	109	144	164	7	150	236	249	8
山西	Shanxi	68	87	107	13	83	145	185	18
内蒙古	Inner Mongolia	110	153	158	8	105	175	203	15
辽宁	Liaoning	84	93	100	14	167	311	240	9
吉林	Jilin	33	33	39	27	61	105	123	26
黑龙江	Heilongjiang	31	42	47	25	77	145	145	25
上海	Shanghai	65	93	100	15	197	229	229	11
江苏	Jiangsu	203	265	319	2	439	692	841	1
浙江	Zhejiang	203	269	231	5	254	326	292	4
安徽	Anhui	51	78	92	17	107	190	226	12
福建	Fujian	89	111	121	12	129	201	197	16
江西	Jiangxi	36	41	54	23	110	204	233	10
山东	Shandong	155	210	246	4	181	284	260	7
河南	Henan	76	107	139	10	132	205	261	6
湖北	Hubei	117	129	135	11	104	205	274	5
湖南	Hunan	57	73	89	18	116	187	221	13
广东	Guangdong	341	390	357	1	391	455	414	2
广西	Guangxi	61	65	70	20	96	138	150	24
海南	Hainan	8	13	17	30	38	63	80	28
重庆	Chongqing	48	55	58	21	78	156	162	22
四川	Sichuan	111	167	177	6	173	276	314	3
贵州	Guizhou	61	71	75	19	44	131	191	17
云南	Yunnan	67	127	143	9	82	145	167	21
西藏	Tibet	1	1	1	31	8	15	19	31
陕西	Shaanxi	50	84	94	16	84	150	183	19
甘肃	Gansu	25	45	46	26	42	72	95	27
青海	Qinghai	14	22	30	29	18	34	44	30
宁夏	Ningxia	24	29	34	28	21	44	49	29
新疆	Xinjiang	28	41	49	24	75	143	180	20

5-30 交通运输业和信息传输软件信息技术服务业税收收入
Tax Revenues from Transportation Industry and Information Transmission of Information Technology Service Industry

单位：亿元 (100 million yuan)

地区 Region	交通运输、仓储和邮政业 Transportation, Warehousing and Postal Industry				信息传输、软件和信息技术服务业 Information Transmission, Software and Information Technology Industry			
	2010	2012	2013	2013排名 Ranking	2010	2012	2013	2013排名 Ranking
地方合计 Region Total	**1763**	**2259**	**2391**		**1132**	**1792**	**1964**	
北　京 Beijing	208	270	280	2	125	371	489	1
天　津 Tianjin	49	57	55	14	19	25	28	17
河　北 Hebei	76	95	121	5	33	44	45	9
山　西 Shanxi	74	104	85	8	17	23	22	20
内蒙古 Inner Mongolia	47	49	48	16	10	13	15	26
辽　宁 Liaoning	61	73	53	15	37	52	32	15
吉　林 Jilin	19	23	24	26	12	14	15	25
黑龙江 Heilongjiang	24	27	27	25	19	21	22	19
上　海 Shanghai	192	220	301	1	123	165	181	2
江　苏 Jiangsu	97	124	128	4	80	145	124	5
浙　江 Zhejiang	97	134	71	11	74	128	133	4
安　徽 Anhui	48	61	78	10	27	40	42	11
福　建 Fujian	45	60	31	22	45	52	44	10
江　西 Jiangxi	47	96	115	7	13	26	26	18
山　东 Shandong	110	141	117	6	58	69	60	7
河　南 Henan	60	59	68	12	33	46	46	8
湖　北 Hubei	31	64	37	18	25	38	39	12
湖　南 Hunan	27	31	28	24	25	35	39	13
广　东 Guangdong	189	236	149	3	201	262	171	3
广　西 Guangxi	27	32	33	21	20	21	20	21
海　南 Hainan	19	25	30	23	7	9	11	28
重　庆 Chongqing	25	27	36	19	14	20	20	22
四　川 Sichuan	51	77	80	9	30	58	72	6
贵　州 Guizhou	16	19	20	27	12	18	19	23
云　南 Yunnan	32	40	44	17	20	30	31	16
西　藏 Tibet	1	2	3	31	1	2	2	31
陕　西 Shaanxi	35	33	35	20	24	30	36	14
甘　肃 Gansu	15	19	18	28	9	13	13	27
青　海 Qinghai	4	6	4	30	2	3	3	30
宁　夏 Ningxia	8	10	10	29	4	5	3	29
新　疆 Xinjiang	30	45	56	13	9	16	16	24

5-31 批发零售业和住宿餐饮业税收收入
Tax Revenues from Wholesale-retail and Hotel-catering Industry

单位：亿元 (100 million yuan)

地区 Region	批发和零售业 Wholesale-retail Industry				住宿和餐饮业 Hotel-catering Industry			
	2010	2012	2013	2013排名 Ranking	2010	2012	2013	2013排名 Ranking
地方合计 Region Total	**9910**	**12893**	**15870**		**655**	**876**	**842**	
北　京 Beijing	1181	1459	1609	2	65	87	83	2
天　津 Tianjin	217	255	281	16	10	13	13	22
河　北 Hebei	240	312	326	12	18	24	22	11
山　西 Shanxi	172	242	263	18	10	15	14	20
内蒙古 Inner Mongolia	312	344	313	13	10	15	12	23
辽　宁 Liaoning	222	267	341	11	25	33	22	12
吉　林 Jilin	111	160	186	26	8	12	11	25
黑龙江 Heilongjiang	143	322	309	14	12	12	12	24
上　海 Shanghai	1473	1923	2108	1	59	74	71	3
江　苏 Jiangsu	1123	1273	1404	3	49	68	67	4
浙　江 Zhejiang	484	554	579	6	47	61	48	5
安　徽 Anhui	234	270	261	20	14	21	19	15
福　建 Fujian	189	202	211	22	20	27	19	16
江　西 Jiangxi	253	192	193	24	10	14	14	21
山　东 Shandong	536	927	971	5	34	44	33	7
河　南 Henan	281	357	435	8	18	26	25	10
湖　北 Hubei	268	286	372	9	16	25	28	8
湖　南 Hunan	212	261	278	17	19	26	25	9
广　东 Guangdong	767	1067	1125	4	90	111	83	1
广　西 Guangxi	188	262	262	19	12	15	15	19
海　南 Hainan	45	63	76	28	10	16	17	17
重　庆 Chongqing	132	169	189	25	11	16	16	18
四　川 Sichuan	310	473	489	7	29	40	38	6
贵　州 Guizhou	136	211	257	21	7	10	10	27
云　南 Yunnan	237	338	371	10	16	21	20	13
西　藏 Tibet	16	36	51	29	1	2	2	31
陕　西 Shaanxi	131	198	206	23	16	21	19	14
甘　肃 Gansu	56	80	79	27	6	8	7	28
青　海 Qinghai	18	29	37	31	1	2	2	30
宁　夏 Ningxia	26	36	38	30	2	3	3	29
新　疆 Xinjiang	196	325	284	15	8	11	11	26

5-32 金融业和房地产业税收收入

Tax Revenues from Financial Industry and Real Estate Industry

单位：亿元 (100 million yuan)

地区	Region	金融业 Financial Industry 2010	2012	2013	2013排名 Ranking	房地产业 Real Estate Industry 2010	2012	2013	2013排名 Ranking
地方合计	**Region Total**	**6221**	**10293**	**11837**		**6855**	**12352**	**15560**	
北京	Beijing	2101	3468	3963	1	503	626	802	5
天津	Tianjin	84	197	216	11	158	290	310	18
河北	Hebei	113	196	222	10	199	381	486	12
山西	Shanxi	57	110	136	19	46	110	155	27
内蒙古	Inner Mongolia	61	126	136	20	102	151	203	23
辽宁	Liaoning	135	270	201	12	341	576	456	13
吉林	Jilin	48	86	102	25	80	197	227	22
黑龙江	Heilongjiang	49	103	121	22	93	193	251	21
上海	Shanghai	835	1003	1133	2	657	925	1033	3
江苏	Jiangsu	293	595	700	3	788	1501	1788	1
浙江	Zhejiang	338	606	511	5	564	799	824	4
安徽	Anhui	79	158	187	14	200	441	547	9
福建	Fujian	135	262	290	7	240	495	506	11
江西	Jiangxi	50	115	125	21	113	265	372	16
山东	Shandong	234	435	390	6	370	637	707	7
河南	Henan	104	204	234	9	189	489	660	8
湖北	Hubei	73	158	198	13	156	366	515	10
湖南	Hunan	70	127	153	17	111	330	417	15
广东	Guangdong	847	1064	521	4	855	1447	1342	2
广西	Guangxi	48	97	112	23	123	223	289	19
海南	Hainan	12	26	27	29	97	162	199	24
重庆	Chongqing	75	150	175	15	165	344	455	14
四川	Sichuan	123	237	283	8	298	576	761	6
贵州	Guizhou	39	77	91	26	70	137	174	25
云南	Yunnan	65	128	155	16	110	221	280	20
西藏	Tibet	3	5	7	31	1	2	4	31
陕西	Shaanxi	64	109	138	18	113	240	327	17
甘肃	Gansu	22	44	58	27	25	40	57	29
青海	Qinghai	8	14	22	30	8	16	20	30
宁夏	Ningxia	16	34	40	28	26	53	67	28
新疆	Xinjiang	40	89	103	24	55	119	165	26

5-33 租赁商务服务业和居民服务修理其他服务业税收收入
Tax Revenues from Rental Service and Residence Service

单位：亿元 (100 million yuan)

地区 Region	租赁和商务服务业 Leasing and Business Services				居民服务、修理和其他服务业 Residents Service, Repair and Other Services			
	2010	2012	2013	2013排名 Ranking	2010	2012	2013	2013排名 Ranking
地方合计 Region Total	**1998**	**3400**	**3938**		**1713**	**2205**	**2473**	
北　京 Beijing	303	573	604	2	207	317	363	1
天　津 Tianjin	49	77	106	8	27	36	51	17
河　北 Hebei	20	46	61	16	29	52	73	11
山　西 Shanxi	16	27	25	27	30	45	51	18
内蒙古 Inner Mongolia	10	16	22	29	50	81	82	9
辽　宁 Liaoning	57	97	62	14	32	67	51	19
吉　林 Jilin	18	25	33	24	13	20	18	26
黑龙江 Heilongjiang	28	39	39	21	10	15	15	29
上　海 Shanghai	481	713	787	1	62	78	96	5
江　苏 Jiangsu	203	260	330	3	146	304	292	2
浙　江 Zhejiang	109	203	182	5	95	116	111	4
安　徽 Anhui	30	57	84	10	15	30	36	22
福　建 Fujian	30	61	54	18	37	48	32	23
江　西 Jiangxi	11	38	64	13	16	34	42	20
山　东 Shandong	76	139	135	6	49	76	77	10
河　南 Henan	51	61	62	15	28	45	71	13
湖　北 Hubei	46	99	126	7	23	57	65	15
湖　南 Hunan	26	47	64	12	37	77	83	8
广　东 Guangdong	225	368	238	4	530	263	204	3
广　西 Guangxi	26	67	79	11	17	24	29	24
海　南 Hainan	12	27	31	26	15	11	16	27
重　庆 Chongqing	19	51	58	17	37	72	72	12
四　川 Sichuan	47	81	94	9	55	87	86	6
贵　州 Guizhou	18	38	49	20	10	38	53	16
云　南 Yunnan	30	41	54	19	37	54	65	14
西　藏 Tibet	3	65	31	25	1	1	2	31
陕　西 Shaanxi	19	40	36	23	67	77	84	7
甘　肃 Gansu	15	19	24	28	10	22	28	25
青　海 Qinghai	3	2	3	31	5	12	15	28
宁　夏 Ningxia	2	4	5	30	6	9	10	30
新　疆 Xinjiang	14	21	39	22	19	36	39	21

5-34 教育和卫生社会工作税收收入
Tax Revenues from Education, Health and Social Work

单位：亿元 (100 million yuan)

地区	Region	教育 Education 2010	2012	2013	2013排名 Ranking	卫生和社会工作 Health and Social Work 2010	2012	2013	2013排名 Ranking
地方合计	**Region Total**	**158.72**	**165.92**	**201.86**		**98.33**	**122.77**	**144.42**	
北京	Beijing	25.30	31.23	36.02	1	11.23	15.75	19.25	1
天津	Tianjin	5.49	7.19	12.03	5	2.67	3.00	3.48	15
河北	Hebei	2.67	2.59	2.60	22	3.01	2.94	3.01	18
山西	Shanxi	0.85	1.42	1.75	25	0.91	3.61	1.32	25
内蒙古	Inner Mongolia	1.73	1.10	1.29	26	1.21	3.07	2.14	21
辽宁	Liaoning	6.28	5.89	6.43	8	4.05	4.36	3.78	12
吉林	Jilin	2.84	3.01	3.59	14	1.42	2.11	2.43	20
黑龙江	Heilongjiang	2.52	2.47	2.90	19	2.26	2.31	2.12	22
上海	Shanghai	19.19	19.34	22.74	2	7.76	9.85	11.83	3
江苏	Jiangsu	11.25	7.69	12.42	4	6.69	7.26	7.61	6
浙江	Zhejiang	12.62	11.20	10.12	6	6.29	8.28	8.34	5
安徽	Anhui	2.08	2.61	3.42	17	2.11	2.41	1.97	23
福建	Fujian	4.25	3.91	3.55	16	3.03	3.42	3.28	17
江西	Jiangxi	2.10	1.99	2.62	21	0.97	0.84	1.31	26
山东	Shandong	6.00	6.87	5.84	9	5.19	6.42	5.35	7
河南	Henan	2.80	2.86	3.01	18	2.50	3.06	3.96	11
湖北	Hubei	4.10	5.59	5.25	10	2.09	2.27	4.05	9
湖南	Hunan	2.91	2.80	3.70	13	2.48	3.21	4.12	8
广东	Guangdong	22.75	21.75	18.43	3	16.12	16.66	14.26	2
广西	Guangxi	2.48	3.23	2.65	20	1.88	2.18	3.68	13
海南	Hainan	0.50	0.48	0.61	28	0.41	0.70	0.86	27
重庆	Chongqing	3.12	2.94	3.93	12	2.59	3.03	4.04	10
四川	Sichuan	4.74	5.89	7.80	7	3.69	7.17	8.36	4
贵州	Guizhou	1.14	1.54	2.33	24	1.61	1.53	2.64	19
云南	Yunnan	3.02	3.69	4.31	11	2.19	2.50	3.30	16
西藏	Tibet	0.01	0.01	0.04	31	0.07	0.08	0.13	31
陕西	Shaanxi	2.91	3.12	3.58	15	0.97	1.36	1.81	24
甘肃	Gansu	0.85	1.26	0.92	27	0.53	0.41	0.52	28
青海	Qinghai	0.13	0.09	0.15	30	0.26	0.14	0.23	30
宁夏	Ningxia	0.26	0.29	0.34	29	0.25	0.44	0.37	29
新疆	Xinjiang	1.84	1.88	2.35	23	1.89	2.43	3.50	14

5-35 文化体育娱乐业和公共管理社会保障税收收入
Tax Revenues from Culture, Sports, Entertainment and Public Management, Social Security

单位：亿元 (100 million yuan)

地区	Region	文化、体育和娱乐业 Culture, Sports, Entertainment				公共管理、社会保障和社会组织 Public Management, Social Security and Social Organization			
		2010	2012	2013	2013排名 Ranking	2010	2012	2013	2013排名 Ranking
地方合计	**Region Total**	**261.6**	**355.7**	**371.6**		**837.1**	**1976.1**	**2120.7**	
北京	Beijing	81.3	107.4	108.9	1	38.8	108.3	174.7	2
天津	Tianjin	3.2	5.4	4.6	19	5.8	8.1	40.7	9
河北	Hebei	4.1	4.6	5.3	17	7.3	25.9	29.2	16
山西	Shanxi	1.3	2.9	3.1	24	1.2	3.0	23.4	21
内蒙古	Inner Mongolia	1.6	1.6	2.2	27	10.4	22.9	35.8	13
辽宁	Liaoning	7.3	10.6	6.4	15	21.1	133.6	102.2	3
吉林	Jilin	2.2	3.0	2.6	25	3.5	36.3	41.7	8
黑龙江	Heilongjiang	2.1	2.4	3.6	21	5.9	6.1	5.1	27
上海	Shanghai	18.0	18.7	19.5	5	16.8	22.8	18.4	23
江苏	Jiangsu	12.5	17.6	23.4	4	27.7	61.5	47.9	7
浙江	Zhejiang	15.6	30.5	29.4	3	25.3	31.7	35.2	15
安徽	Anhui	5.2	8.3	7.6	13	7.0	34.3	40.1	11
福建	Fujian	8.0	9.3	6.6	14	10.9	19.1	25.4	18
江西	Jiangxi	3.4	4.0	5.2	18	4.7	26.9	28.2	17
山东	Shandong	9.7	15.4	11.3	7	32.2	40.6	60.1	4
河南	Henan	8.0	7.9	8.5	9	5.2	3.6	8.0	24
湖北	Hubei	5.2	8.9	9.0	8	7.9	79.7	21.8	22
湖南	Hunan	4.5	7.1	8.3	10	10.6	20.1	23.7	19
广东	Guangdong	31.5	40.2	31.6	2	536.4	1109.4	1005.2	1
广西	Guangxi	3.8	5.9	6.3	16	7.0	33.6	35.6	14
海南	Hainan	3.9	3.5	3.5	23	1.8	6.5	6.8	25
重庆	Chongqing	3.1	3.4	4.2	20	4.7	21.5	58.0	5
四川	Sichuan	9.7	13.0	14.1	6	19.3	43.7	49.1	6
贵州	Guizhou	2.4	2.9	3.5	22	6.4	31.1	40.5	10
云南	Yunnan	5.7	7.9	8.1	11	7.6	22.5	37.6	12
西藏	Tibet	0.3	0.4	0.6	29	0.2	0.1	0.3	30
陕西	Shaanxi	5.0	8.6	7.8	12	1.2	3.4	2.6	29
甘肃	Gansu	1.2	1.8	2.5	26	1.3	5.0	6.5	26
青海	Qinghai	0.2	0.3	0.4	31	0.4	0.2	0.1	31
宁夏	Ningxia	0.4	0.3	0.4	30	1.2	3.5	3.2	28
新疆	Xinjiang	1.4	2.0	2.0	28	7.2	11.0	23.6	20

5-36 国家税务局和地方税务局税收收入
Tax Revenues from National Taxation Bureau and Local Taxation Bureau

单位：亿元 (100 million yuan)

地区	Region	国家税务局 National Taxation Bureau				地方税务局 Local Taxation Bureau			
		2010	2012	2013	2013排名 Ranking	2010	2012	2013	2013排名 Ranking
地方合计	**Region Total**	**51504**	**68572**	**72646**		**25890**	**42192**	**47314**	
北　京	Beijing	4347	6339	7471	2	1883	2703	2895	4
天　津	Tianjin	2159	2842	2957	7	571	930	1067	19
河　北	Hebei	1538	2068	2077	8	839	1399	1535	10
山　西	Shanxi	1052	1360	1202	19	583	957	1065	20
内蒙古	Inner Mongolia	941	1206	1188	20	615	1015	1095	15
辽　宁	Liaoning	2157	2669	1650	12	1156	2149	1688	8
吉　林	Jilin	736	1037	1146	21	336	662	737	26
黑龙江	Heilongjiang	866	1339	1393	18	436	763	826	22
上　海	Shanghai	5773	7588	7888	1	2231	2821	3034	3
江　苏	Jiangsu	4784	6028	6311	4	2450	4140	4686	1
浙　江	Zhejiang	3669	4730	3316	6	1966	2924	2442	6
安　徽	Anhui	1030	1335	1423	17	625	1176	1354	12
福　建	Fujian	1393	1920	1489	16	763	1288	1178	13
江　西	Jiangxi	686	834	912	25	435	915	1088	17
山　东	Shandong	3552	4656	3497	5	1583	2676	2497	5
河　南	Henan	1136	1555	1692	11	787	1318	1585	9
湖　北	Hubei	1221	1618	1772	9	558	1173	1410	11
湖　南	Hunan	978	1387	1559	14	537	1005	1155	14
广　东	Guangdong	6796	8523	6511	3	3255	4642	3622	2
广　西	Guangxi	647	997	1019	22	418	708	808	24
海　南	Hainan	271	378	355	28	205	338	400	27
重　庆	Chongqing	608	783	913	24	476	896	1025	21
四　川	Sichuan	1093	1603	1746	10	980	1730	1999	7
贵　州	Guizhou	462	653	736	26	349	661	817	23
云　南	Yunnan	1086	1469	1573	13	551	944	1087	18
西　藏	Tibet	50	151	145	31				
陕　西	Shaanxi	1050	1495	1519	15	573	991	1093	16
甘　肃	Gansu	414	582	562	27	191	319	382	28
青　海	Qinghai	126	179	191	30	74	123	152	30
宁　夏	Ningxia	160	236	264	29	94	171	194	29
新　疆	Xinjiang	723	1011	1001	23	370	656	772	25

5-37 国家税务局和地方税务局第一产业税收收入

Tax Revenues of National Taxation Bureau and Local Taxation Bureau from Primary Industry

单位：亿元 (100 million yuan)

地区	Region	国家税务局第一产业 Primary Industry in National Taxation Bureau				地方税务局第一产业 Primary Industry in Local Taxation Bureau			
		2010	2012	2013	2013排名 Ranking	2010	2012	2013	2013排名 Ranking
地方合计	**Region Total**	**42.92**	**48.89**	**78.67**		**35.28**	**71.46**	**81.95**	
北　京	Beijing	5.80	0.26	2.63	9	3.10	4.52	4.50	5
天　津	Tianjin	0.18	0.83	1.10	18	0.26	0.50	1.90	14
河　北	Hebei		0.72	1.68	14	0.87	2.88	1.67	17
山　西	Shanxi	0.43	0.67	1.01	21	0.29	0.31	0.58	23
内蒙古	Inner Mongolia	1.22	0.87	0.69	25	1.07	1.36	1.90	15
辽　宁	Liaoning	0.53	0.31	1.18	15	4.39	12.06	8.61	3
吉　林	Jilin	0.15	0.17	1.17	16	0.80	1.69	3.32	7
黑龙江	Heilongjiang	0.12	0.52	1.76	13	0.27	0.96	0.86	20
上　海	Shanghai	0.29	0.38	0.41	28	0.69	0.85	0.92	19
江　苏	Jiangsu	11.95	8.95	17.51	1	1.17	0.62	0.85	21
浙　江	Zhejiang	3.31	3.15	3.03	7	1.28	3.06	3.41	6
安　徽	Anhui	0.46	1.26	3.46	5	0.18	0.77	1.93	12
福　建	Fujian	0.64	1.24	1.17	17	1.13	1.92	1.91	13
江　西	Jiangxi	0.29	0.58	0.93	22	0.75	3.28	2.58	9
山　东	Shandong	5.23	4.50	11.69	2	3.77	7.68	6.56	4
河　南	Henan	1.34	3.49	3.05	6			0.07	29
湖　北	Hubei	0.15	0.07	0.10	30	0.11	0.29	0.55	24
湖　南	Hunan	0.62	0.46	0.52	27	0.80	2.04	2.46	10
广　东	Guangdong	2.04	1.57	1.84	12	3.81	9.04	11.56	1
广　西	Guangxi	0.05	0.05	0.75	24	0.14	0.79	0.42	25
海　南	Hainan	0.55	1.26	0.77	23	0.84	2.29	2.91	8
重　庆	Chongqing	0.35	2.86	1.06	20	0.38	1.10	1.16	18
四　川	Sichuan	0.42	3.74	7.46	3	7.26	9.04	11.40	2
贵　州	Guizhou	1.16	1.35	2.01	11	0.10	0.28	0.41	26
云　南	Yunnan	1.40	1.72	3.69	4	0.67	1.78	1.69	16
西　藏	Tibet	0.03	0.16	0.14	29				
陕　西	Shaanxi	3.60	2.70	2.72	8	0.05	0.22	0.20	28
甘　肃	Gansu	0.22	0.56	0.54	26	0.07			
青　海	Qinghai	0.04	0.02	0.03	31		0.41	0.68	22
宁　夏	Ningxia	0.12	0.22	1.07	19	0.07	0.25	0.24	27
新　疆	Xinjiang	0.23	4.24	2.37	10	0.97	1.49	2.24	11

5-38 国家税务局和地方税务局第二产业税收收入
Tax Revenues of National Taxation Bureau and Local Taxation Bureau from Secondary Industry

单位：亿元 (100 million yuan)

地区	Region	国家税务局第二产业 Secondary Industry in National Taxation Bureau 2010	2012	2013	2013排名 Ranking	地方税务局第二产业 Secondary Industry in Local Taxation Bureau 2010	2012	2013	2013排名 Ranking
地方合计	**Region Total**	**31555**	**41056**	**41896**		**9060**	**13780**	**14825**	
北京	Beijing	779	844	1069	13	215	287	304	22
天津	Tianjin	1856	2447	2475	4	169	240	284	23
河北	Hebei	1169	1572	1502	7	357	570	555	8
山西	Shanxi	802	1010	860	20	344	538	579	6
内蒙古	Inner Mongolia	566	781	793	21	310	533	547	9
辽宁	Liaoning	1488	1813	1156	10	458	733	591	5
吉林	Jilin	576	811	884	19	138	244	263	25
黑龙江	Heilongjiang	663	943	992	15	198	354	349	19
上海	Shanghai	3430	4501	4386	1	445	509	535	10
江苏	Jiangsu	3318	4174	4248	2	946	1396	1567	1
浙江	Zhejiang	2076	2614	1955	6	679	945	748	4
安徽	Anhui	677	890	922	18	245	400	439	14
福建	Fujian	950	1307	948	16	256	383	367	17
江西	Jiangxi	388	546	575	24	178	340	377	15
山东	Shandong	2570	3155	2214	5	674	1099	971	3
河南	Henan	731	1007	1001	14	346	450	510	11
湖北	Hubei	870	1126	1174	8	203	375	468	12
湖南	Hunan	701	1014	1119	12	217	338	370	16
广东	Guangdong	3310	4122	3680	3	1050	1292	1045	2
广西	Guangxi	394	648	643	22	156	218	234	26
海南	Hainan	187	260	207	28	49	89	107	28
重庆	Chongqing	410	486	557	25	150	253	269	24
四川	Sichuan	632	884	926	17	319	530	568	7
贵州	Guizhou	313	423	459	26	136	261	318	21
云南	Yunnan	818	1091	1141	11	205	346	365	18
西藏	Tibet	18	30	35	31				
陕西	Shaanxi	830	1179	1163	9	252	444	452	13
甘肃	Gansu	335	466	435	27	95	160	187	27
青海	Qinghai	101	137	140	30	43	71	89	29
宁夏	Ningxia	113	166	188	29	38	66	71	30
新疆	Xinjiang	484	609	609	23	187	317	348	20

5-39 国家税务局和地方税务局第三产业税收收入

Tax Revenues of National Taxation Bureau and Local Taxation Bureau from Tertiary Industry

单位：亿元 (100 million yuan)

地区 Region	国家税务局税第三产业 Tertiary Industry in National Taxation Bureau				地方税务局第三产业 Tertiary Industry in Local Taxation Bureau			
	2010	2012	2013	2013排名 Ranking	2010	2012	2013	2013排名 Ranking
地方合计 Region Total	**19906**	**27468**	**30672**		**16795**	**28340**	**32407**	
北　京 Beijing	3562	5495	6399	1	1665	2411	2587	2
天　津 Tianjin	303	395	481	14	402	689	781	15
河　北 Hebei	369	495	573	10	482	826	979	10
山　西 Shanxi	250	350	341	23	239	419	485	23
内蒙古 Inner Mongolia	373	425	394	18	304	481	546	21
辽　宁 Liaoning	669	856	492	13	694	1405	1088	8
吉　林 Jilin	160	226	261	26	198	417	471	25
黑龙江 Heilongjiang	203	395	399	17	238	407	476	24
上　海 Shanghai	2343	3087	3502	2	1785	2311	2498	4
江　苏 Jiangsu	1455	1845	2046	4	1503	2743	3118	1
浙　江 Zhejiang	1590	2113	1358	5	1286	1976	1690	5
安　徽 Anhui	353	443	498	12	380	776	914	12
福　建 Fujian	442	612	541	11	505	904	809	13
江　西 Jiangxi	297	287	336	24	256	572	708	18
山　东 Shandong	977	1497	1271	6	905	1568	1520	6
河　南 Henan	404	544	688	8	441	868	1075	9
湖　北 Hubei	351	492	598	9	355	798	941	11
湖　南 Hunan	276	372	440	15	319	665	782	14
广　东 Guangdong	3484	4399	2830	3	2201	3341	2566	3
广　西 Guangxi	252	350	375	20	262	489	574	20
海　南 Hainan	83	117	147	27	155	247	290	27
重　庆 Chongqing	198	294	355	21	326	642	754	16
四　川 Sichuan	460	715	813	7	654	1190	1420	7
贵　州 Guizhou	148	229	276	25	213	399	499	22
云　南 Yunnan	267	376	429	16	344	597	721	17
西　藏 Tibet	32	122	110	29				
陕　西 Shaanxi	216	314	353	22	321	547	641	19
甘　肃 Gansu	79	115	127	28	96	160	195	28
青　海 Qinghai	25	42	50	31	31	52	63	30
宁　夏 Ningxia	47	69	74	30	57	104	123	29
新　疆 Xinjiang	239	398	390	19	181	337	422	26

5-40 国家税务局和地方税务局采矿业税收收入
Tax Revenues of National Taxation Bureau and Local Taxation Bureau from Mining Industry

单位：亿元 (100 million yuan)

地区	Region	国家税务局采矿业 Mining Industry in National Taxation Bureau				地方税务局采矿业 Mining Industry in Local Taxation Bureau			
		2010	2012	2013	2013排名 Ranking	2010	2012	2013	2013排名 Ranking
地方合计	**Region Total**	**3511**	**4791**	**4326**		**1315**	**2140**	**2005**	
北京	Beijing	21	-107	-81	31	7	9	8	28
天津	Tianjin	251	376	382	5	3	7	16	22
河北	Hebei	187	228	176	9	67	115	100	8
山西	Shanxi	495	675	512	2	212	333	323	1
内蒙古	Inner Mongolia	295	432	402	4	130	228	208	3
辽宁	Liaoning	195	269	191	8	88	144	129	5
吉林	Jilin	62	92	47	19	17	31	26	19
黑龙江	Heilongjiang	295	545	603	1	61	123	120	6
上海	Shanghai	2	4	3	30				
江苏	Jiangsu	39	37	29	24	16	31	30	17
浙江	Zhejiang	8	9	9	27	9	10	9	26
安徽	Anhui	102	113	92	12	39	63	58	11
福建	Fujian	23	29	31	23	14	26	24	20
江西	Jiangxi	40	53	45	20	18	34	34	16
山东	Shandong	318	392	351	6	154	255	214	2
河南	Henan	162	188	167	10	96	98	90	9
湖北	Hubei	24	28	29	25	13	24	28	18
湖南	Hunan	44	57	49	18	15	24	21	21
广东	Guangdong	93	103	101	11	11	15	14	24
广西	Guangxi	25	34	34	22	8	13	15	23
海南	Hainan	7	10	7	28	5	8	7	29
重庆	Chongqing	25	28	28	26	9	12	11	25
四川	Sichuan	75	95	75	13	37	57	50	12
贵州	Guizhou	70	85	71	15	48	67	60	10
云南	Yunnan	66	91	75	14	35	55	48	13
西藏	Tibet	4	6	7	29				
陕西	Shaanxi	298	493	474	3	94	164	146	4
甘肃	Gansu	41	65	64	16	20	38	39	14
青海	Qinghai	26	44	36	21	21	31	37	15
宁夏	Ningxia	26	51	50	17	5	8	8	27
新疆	Xinjiang	192	265	261	7	63	119	114	7

5-41 国家税务局和地方税务局制造业税收收入
Manufacturing Industry Tax Revenues in National Taxation Bureau and Local Taxation Bureau

单位：亿元 (100 million yuan)

地区	Region	国家税务局制造业 Manufacturing Industry in National Taxation Bureau				地方税务局制造业 Manufacturing Industry in Local Taxation Bureau			
		2010	2012	2013	2013排名 Ranking	2010	2012	2013	2013排名 Ranking
地方合计	**Region Total**	**25859.0**	**33424.1**	**34169.3**		**3652.5**	**5257.7**	**5441.2**	
北　京	Beijing	623.2	764.6	832.0	12	89.8	121.3	127.8	13
天　津	Tianjin	1570.3	2023.3	2034.6	4	66.0	100.1	113.0	15
河　北	Hebei	888.7	1227.4	1188.4	7	123.0	191.3	179.0	7
山　西	Shanxi	248.5	258.6	255.8	27	38.7	48.6	56.5	24
内蒙古	Inner Mongolia	185.4	238.4	277.4	26	50.4	87.7	91.7	20
辽　宁	Liaoning	1224.9	1467.9	885.9	11	188.4	259.7	201.7	6
吉　林	Jilin	485.9	691.4	806.1	13	54.1	102.4	105.6	18
黑龙江	Heilongjiang	344.0	366.7	353.7	22	53.1	75.8	72.2	22
上　海	Shanghai	3339.7	4373.4	4256.4	1	271.9	311.2	332.8	5
江　苏	Jiangsu	3089.4	3884.6	3912.5	2	477.8	659.7	683.7	1
浙　江	Zhejiang	1889.4	2373.8	1746.2	5	391.9	570.1	416.7	4
安　徽	Anhui	529.1	705.0	747.0	15	92.4	141.4	144.9	11
福　建	Fujian	847.2	1174.3	804.6	14	103.7	147.3	136.7	12
江　西	Jiangxi	317.3	457.2	482.9	20	45.2	96.4	102.3	19
山　东	Shandong	2125.9	2597.7	1665.8	6	311.4	516.6	447.9	3
河　南	Henan	505.3	721.4	706.6	17	105.9	137.7	146.7	10
湖　北	Hubei	737.4	979.0	1023.4	8	77.3	135.0	152.4	9
湖　南	Hunan	606.9	892.6	990.2	9	79.7	120.4	119.7	14
广　东	Guangdong	2960.5	3706.6	3287.9	3	565.4	744.2	549.7	2
广　西	Guangxi	315.6	554.4	545.9	19	45.3	61.4	62.2	23
海　南	Hainan	172.0	237.6	187.0	28	6.3	16.9	16.1	29
重　庆	Chongqing	345.9	412.5	480.4	21	53.4	76.2	86.8	21
四　川	Sichuan	461.9	668.3	719.8	16	92.2	151.1	157.2	8
贵　州	Guizhou	189.9	279.5	324.4	24	36.2	51.0	56.0	25
云　南	Yunnan	695.0	915.5	964.6	10	78.0	104.2	107.9	17
西　藏	Tibet	4.8	7.6	7.6	31				
陕　西	Shaanxi	486.7	612.9	607.3	18	68.4	120.0	111.2	16
甘　肃	Gansu	274.2	363.5	332.7	23	28.7	42.0	44.5	27
青　海	Qinghai	61.4	73.1	76.4	30	2.7	4.4	6.1	30
宁　夏	Ningxia	63.9	84.8	101.1	29	11.1	17.2	16.7	28
新　疆	Xinjiang	268.6	310.4	306.6	25	44.0	46.3	46.7	26

5-42 国家税务局和地方税务局电力热力燃气水业税收收入
Tax Revenues of National Taxation Bureau and Local Taxation Bureau from Electricity, Heat, Gas and Water Production and Supply Industry

单位：亿元 (100 million yuan)

地区	Region	国家税务局电力热力燃气及水生产和供应业 Electricity,Heat,Gas and Water Production and Supply Industry in National Taxation Bureau				地方税务局电力热力燃气及水生产和供应业 Electricity,Heat,Gas and Water Production and Supply Industry in Local Taxation Bureau			
		2010	2012	2013	2013排名 Ranking	2010	2012	2013	2013排名 Ranking
地方合计	Region Total	1972.8	2527.1	3065.1		503.8	702.3	753.1	
北京	Beijing	105.2	131.0	261.4	3	14.2	17.6	20.5	11
天津	Tianjin	26.3	35.0	46.6	21	6.5	7.6	8.2	27
河北	Hebei	87.0	111.9	132.4	6	22.4	32.4	32.1	8
山西	Shanxi	56.7	73.1	89.2	13	11.6	14.1	17.8	15
内蒙古	Inner Mongolia	83.7	110.3	113.1	10	25.9	42.9	44.8	6
辽宁	Liaoning	61.1	65.9	74.3	18	22.5	27.0	26.1	9
吉林	Jilin	25.1	23.9	27.1	29	8.3	9.4	11.5	23
黑龙江	Heilongjiang	23.3	30.0	34.1	26	7.6	12.2	12.8	21
上海	Shanghai	51.3	73.9	79.5	14	13.6	19.1	20.4	12
江苏	Jiangsu	169.7	227.0	273.8	1	33.1	38.5	45.4	5
浙江	Zhejiang	169.1	218.8	191.5	4	34.1	50.6	39.6	7
安徽	Anhui	41.7	64.1	74.7	17	9.2	14.2	17.1	16
福建	Fujian	72.1	91.9	102.3	11	16.5	19.5	18.8	14
江西	Jiangxi	29.9	33.3	45.2	22	6.2	7.7	9.3	25
山东	Shandong	117.3	153.6	190.2	5	37.2	56.1	55.9	2
河南	Henan	59.6	89.2	118.8	8	16.0	17.6	20.2	13
湖北	Hubei	102.8	109.8	114.1	9	14.4	19.4	21.0	10
湖南	Hunan	47.5	58.9	75.0	16	9.5	13.6	13.7	19
广东	Guangdong	241.3	291.8	272.8	2	99.4	98.5	84.7	1
广西	Guangxi	50.9	55.2	59.0	20	10.1	9.7	11.4	24
海南	Hainan	6.4	9.9	10.6	30	1.5	3.4	6.3	28
重庆	Chongqing	36.4	41.6	44.9	23	11.2	13.2	13.2	20
四川	Sichuan	86.9	110.6	121.4	7	24.2	56.4	55.1	3
贵州	Guizhou	50.7	54.3	59.7	19	10.0	16.4	15.0	17
云南	Yunnan	53.8	81.7	97.0	12	13.2	45.0	46.0	4
西藏	Tibet	0.7	0.7	1.0	31				
陕西	Shaanxi	42.5	70.6	79.3	15	7.5	13.1	14.4	18
甘肃	Gansu	20.0	36.9	37.2	24	5.0	7.8	9.1	26
青海	Qinghai	12.8	19.6	27.6	28	1.6	1.9	2.8	30
宁夏	Ningxia	19.5	23.2	28.0	27	4.6	5.8	6.2	29
新疆	Xinjiang	21.4	29.3	36.7	25	6.7	11.6	12.5	22

5-43 国家税务局和地方税务局建筑业税收收入
Tax Revenues of National Taxation Bureau and Local Taxation Bureau from Construction Industry

单位：亿元 (100 million yuan)

地区	Region	国家税务局建筑业 Construction Industry in National Taxation Bureau				地方税务局建筑业 Construction Industry in Lcoal Taxation Bureau			
		2010	2012	2013	2013排名 Ranking	2010	2012	2013	2013排名 Ranking
地方合计	**Region Total**	**212.5**	**313.7**	**335.2**		**3588.8**	**5679.9**	**6625.5**	
北 京	Beijing	30.1	54.8	57.0	1	104.0	139.0	147.5	22
天 津	Tianjin	8.3	12.0	11.9	6	94.2	126.1	146.4	23
河 北	Hebei	5.8	5.2	5.2	17	144.2	230.8	243.9	8
山 西	Shanxi	1.5	2.7	2.9	24	81.7	142.7	181.6	17
内蒙古	Inner Mongolia	1.8	0.7	0.6	31	103.5	174.5	202.4	13
辽 宁	Liaoning	7.3	9.8	5.3	16	159.2	301.5	234.8	9
吉 林	Jilin	2.8	3.6	3.7	22	58.2	101.6	119.5	26
黑龙江	Heilongjiang	0.9	1.4	0.9	29	75.9	143.7	143.6	25
上 海	Shanghai	37.5	50.3	47.6	2	159.9	178.5	181.8	16
江 苏	Jiangsu	20.0	25.3	32.6	3	418.8	667.1	808.4	1
浙 江	Zhejiang	9.5	12.5	9.1	10	244.8	313.6	282.9	4
安 徽	Anhui	4.1	8.4	8.1	12	103.4	181.2	218.3	11
福 建	Fujian	7.2	11.3	9.9	7	121.6	189.5	187.2	14
江 西	Jiangxi	1.3	2.6	2.0	27	108.8	201.8	231.1	10
山 东	Shandong	8.9	11.7	6.6	14	171.8	272.1	252.9	6
河 南	Henan	4.2	8.7	8.6	11	128.1	196.3	252.6	7
湖 北	Hubei	5.8	8.9	7.3	13	98.1	195.9	267.2	5
湖 南	Hunan	2.2	6.4	5.4	15	113.6	180.3	215.2	12
广 东	Guangdong	15.6	21.0	18.5	5	375.0	434.1	395.9	2
广 西	Guangxi	3.0	3.5	4.0	19	92.8	134.1	145.8	24
海 南	Hainan	1.6	2.1	2.3	26	36.8	60.8	77.9	28
重 庆	Chongqing	2.5	3.8	3.0	23	76.0	152.0	158.8	21
四 川	Sichuan	8.2	10.0	9.1	9	164.8	266.3	305.3	3
贵 州	Guizhou	1.7	3.8	3.7	21	42.4	126.8	186.9	15
云 南	Yunnan	2.5	3.6	3.8	20	79.6	141.4	162.7	20
西 藏	Tibet	8.2	15.0	19.0	4				
陕 西	Shaanxi	2.7	2.6	2.7	25	81.7	147.2	180.2	18
甘 肃	Gansu	0.3	0.4	1.0	28	41.7	71.4	94.5	27
青 海	Qinghai	0.5	0.2	0.7	30	17.9	34.3	43.2	29
宁 夏	Ningxia	4.1	7.7	9.2	8	17.4	35.8	39.9	30
新 疆	Xinjiang	2.3	3.5	4.7	18	73.2	139.8	174.9	19

5-44 国家税务局和地方税务局交通运输业税收收入
Tax Revenues of National Taxation Bureau and Local Taxation Bureau from Transportation

单位：亿元 (100 million yuan)

地区	Region	国家税务局交通运输、仓储和邮政业 Transportation, Warehousing and Postal Industry in National Taxation Bureau				地方税务局交通运输、仓储和邮政业 Transportation, Warehousing and Postal Industry in Local Taxation Bureau			
		2010	2012	2013	2013排名 Ranking	2010	2012	2013	2013排名 Ranking
地方合计	**Region Total**	**529.8**	**660.1**	**1206.5**		**1233.6**	**1598.4**	**1184.5**	
北　京	Beijing	157.9	212.1	245.1	1	49.7	57.6	35.1	12
天　津	Tianjin	5.9	10.0	32.2	9	43.5	46.6	23.2	20
河　北	Hebei	27.0	28.8	54.2	5	48.7	66.0	67.0	5
山　西	Shanxi	26.5	34.1	27.5	11	47.9	69.6	57.1	6
内蒙古	Inner Mongolia	7.1	3.8	8.8	23	40.1	45.4	39.1	11
辽　宁	Liaoning	12.9	10.4	11.8	18	48.2	62.9	41.4	10
吉　林	Jilin	3.4	3.2	6.4	26	15.7	20.3	17.3	23
黑龙江	Heilongjiang	4.2	2.8	5.3	28	19.7	23.9	21.4	21
上　海	Shanghai	81.9	139.0	226.8	2	110.0	80.8	74.4	3
江　苏	Jiangsu	16.3	23.7	80.7	3	80.5	100.8	46.8	9
浙　江	Zhejiang	17.0	23.4	37.4	7	79.5	111.0	33.4	13
安　徽	Anhui	13.9	13.9	52.8	6	34.1	47.1	25.5	17
福　建	Fujian	8.1	16.7	15.8	16	36.6	43.7	15.3	26
江　西	Jiangxi	6.7	4.8	28.8	10	40.2	91.4	86.2	1
山　东	Shandong	23.6	23.3	33.4	8	86.4	117.6	83.4	2
河　南	Henan	19.3	7.7	17.4	15	41.1	51.4	50.4	8
湖　北	Hubei	4.5	4.3	20.8	14	26.1	59.2	15.9	25
湖　南	Hunan	4.4	2.4	6.7	25	22.6	28.5	21.3	22
广　东	Guangdong	37.9	43.8	77.4	4	151.5	191.7	71.8	4
广　西	Guangxi	6.1	4.1	9.1	21	21.1	27.9	23.8	19
海　南	Hainan	4.5	5.3	13.5	17	14.1	19.6	16.7	24
重　庆	Chongqing	4.3	4.9	8.9	22	20.4	22.3	27.1	16
四　川	Sichuan	9.1	12.4	26.0	12	42.3	64.2	54.4	7
贵　州	Guizhou	2.5	2.3	6.8	24	13.6	16.8	13.5	27
云　南	Yunnan	4.9	5.0	11.8	19	26.9	34.9	31.8	14
西　藏	Tibet	1.1	2.2	3.2	29				
陕　西	Shaanxi	7.4	4.4	9.6	20	27.3	28.9	25.1	18
甘　肃	Gansu	2.5	2.2	5.7	27	12.4	16.4	12.4	28
青　海	Qinghai	0.9	0.1	1.0	31	3.5	5.6	3.2	30
宁　夏	Ningxia	1.8	1.5	2.8	30	6.3	8.2	7.1	29
新　疆	Xinjiang	6.3	7.4	25.2	13	23.5	38.0	31.1	15

5-45 国家税务局和地方税务局信息传输软件和信息技术服务业税收收入

Tax Revenues of National Taxation Bureau and Local Taxation Bureau from Information Transmission, Software and Information Technology Services

单位：亿元 (100 million yuan)

地区	Region	国家税务局信息传输、软件和信息技术服务业 Information Transmission, Software and Information Technology Services in National Taxation Bureau				地方税务局信息传输、软件和信息技术服务业 Information Transmission, Software and Information Technology Services in Local Taxation Bureau			
		2010	2012	2013	2013排名 Ranking	2010	2012	2013	2013排名 Ranking
地方合计	**Region Total**	**518.4**	**953.2**	**1108.1**		**613.6**	**838.4**	**855.4**	
北 京	Beijing	30.8	245.9	373.2	1	94.6	124.9	116.1	1
天 津	Tianjin	9.6	11.0	13.8	17	9.8	13.7	14.5	18
河 北	Hebei	17.9	23.3	23.6	10	15.6	20.5	21.6	9
山 西	Shanxi	9.4	11.2	9.5	20	7.8	11.3	12.4	21
内蒙古	Inner Mongolia	3.1	4.5	4.5	28	6.9	8.6	10.0	23
辽 宁	Liaoning	15.4	23.0	15.7	16	21.3	28.6	16.2	15
吉 林	Jilin	5.9	6.1	5.9	23	6.2	8.3	9.0	26
黑龙江	Heilongjiang	8.7	9.3	9.6	19	9.8	11.3	12.7	20
上 海	Shanghai	44.5	74.2	82.4	3	79.0	90.8	98.2	2
江 苏	Jiangsu	47.7	97.6	73.1	5	32.7	47.0	50.5	5
浙 江	Zhejiang	34.7	54.9	75.8	4	39.8	73.2	57.1	4
安 徽	Anhui	14.7	22.0	23.8	8	11.9	18.2	18.0	13
福 建	Fujian	23.6	22.9	23.8	9	21.5	28.9	20.7	10
江 西	Jiangxi	5.8	14.3	13.4	18	7.6	11.5	12.8	19
山 东	Shandong	33.3	37.0	31.3	7	25.2	31.6	28.5	7
河 南	Henan	17.2	26.0	22.8	11	15.4	20.4	22.8	8
湖 北	Hubei	13.0	17.1	18.9	13	12.0	20.8	20.2	11
湖 南	Hunan	11.9	17.4	20.8	12	12.9	17.6	18.1	12
广 东	Guangdong	99.8	124.1	98.2	2	101.0	137.7	73.0	3
广 西	Guangxi	11.5	11.1	9.2	21	8.5	9.7	11.1	22
海 南	Hainan	3.6	4.8	5.8	24	3.1	4.0	4.8	28
重 庆	Chongqing	6.9	8.0	5.3	27	7.5	11.9	14.9	16
四 川	Sichuan	6.1	24.9	33.0	6	23.7	32.8	39.3	6
贵 州	Guizhou	6.2	9.3	9.0	22	6.0	8.3	9.7	25
云 南	Yunnan	11.3	17.3	16.2	15	9.1	12.9	14.6	17
西 藏	Tibet	1.3	1.8	1.9	29				
陕 西	Shaanxi	12.8	14.7	18.9	14	11.4	15.5	17.1	14
甘 肃	Gansu	5.0	7.0	5.7	26	4.4	6.2	7.0	27
青 海	Qinghai	1.2	1.6	0.9	31	1.3	1.4	2.0	30
宁 夏	Ningxia	2.5	3.0	1.1	30	1.7	2.1	2.3	29
新 疆	Xinjiang	3.2	7.9	5.8	25	6.1	8.6	9.7	24

5-46 国家税务局和地方税务局批发零售业税收收入
Tax Revenues of National Taxation Bureau and Local Taxation Bureau from Wholesale and Retail Industry

单位：亿元 (100 million yuan)

地区	Region	国家税务局批发和零售业 Wholesale and Retail Industry in National Taxation Bureau				地方税务局批发和零售业 Wholesale and Retail Industry in Local Taxation Bureau			
		2010	2012	2013	2013排名 Ranking	2010	2012	2013	2013排名 Ranking
地方合计	**Region Total**	**10000.4**	**12666.4**	**13482.8**		**1577.1**	**2231.9**	**2387.0**	
北　京	Beijing	1081.6	1314.6	1451.0	2	99.2	144.4	158.4	5
天　津	Tianjin	187.2	216.0	231.6	18	30.2	38.6	49.5	14
河　北	Hebei	205.6	249.1	258.2	14	33.9	62.5	67.4	10
山　西	Shanxi	147.0	200.4	219.1	20	24.8	41.6	43.7	16
内蒙古	Inner Mongolia	284.2	302.1	270.4	12	28.1	41.5	43.0	17
辽　宁	Liaoning	476.3	585.5	287.9	10	49.7	72.8	52.9	11
吉　林	Jilin	96.2	135.0	156.3	25	14.7	25.3	30.0	24
黑龙江	Heilongjiang	122.3	292.8	277.2	11	20.6	29.1	31.4	22
上　海	Shanghai	1240.5	1635.1	1799.6	1	232.8	287.7	308.1	1
江　苏	Jiangsu	1007.5	1118.1	1225.2	3	115.6	155.1	178.8	3
浙　江	Zhejiang	591.6	500.0	419.9	6	151.6	198.8	158.7	4
安　徽	Anhui	205.5	230.9	221.5	19	28.1	39.2	39.8	19
福　建	Fujian	239.4	283.5	166.7	23	50.2	69.8	44.2	15
江　西	Jiangxi	232.8	159.0	162.6	24	20.7	33.1	30.4	23
山　东	Shandong	532.5	887.2	845.3	5	82.2	139.7	125.3	6
河　南	Henan	244.7	311.6	382.3	8	36.2	45.4	52.2	12
湖　北	Hubei	241.2	239.0	320.4	9	26.4	46.6	52.1	13
湖　南	Hunan	185.9	219.5	235.2	17	26.2	42.0	42.6	18
广　东	Guangdong	1448.3	1985.9	935.9	4	243.6	299.3	189.5	2
广　西	Guangxi	172.9	239.5	237.2	16	15.3	22.6	24.6	26
海　南	Hainan	37.9	54.5	66.1	28	7.5	8.5	9.8	28
重　庆	Chongqing	109.0	137.0	151.3	26	22.8	31.8	37.9	20
四　川	Sichuan	253.3	377.1	388.8	7	57.0	96.3	99.9	8
贵　州	Guizhou	92.9	137.4	171.0	22	42.9	73.5	86.1	9
云　南	Yunnan	174.4	233.1	258.4	13	62.9	104.6	113.1	7
西　藏	Tibet	15.8	35.6	51.0	29				
陕　西	Shaanxi	109.9	165.6	171.3	21	21.5	32.8	34.6	21
甘　肃	Gansu	48.7	68.9	67.3	27	7.6	11.3	12.0	27
青　海	Qinghai	15.3	25.8	33.4	30	2.5	3.3	3.6	30
宁　夏	Ningxia	21.4	29.1	29.9	31	4.3	7.1	7.7	29
新　疆	Xinjiang	178.6	297.5	256.4	15	17.6	27.7	27.7	25

5-47 国家税务局和地方税务局住宿餐饮业税收收入
Tax Revenues of National Taxation Bureau and Local Taxation Bureau from Hotel and Catering

单位：亿元 (100 million yuan)

地区	Region	国家税务局住宿和餐饮业 Hotel and Catering in National Taxation Bureau				地方税务局住宿和餐饮业 Hotel and Catering in Lcoal Taxation Bureau			
		2010	2012	2013	2013排名 Ranking	2010	2012	2013	2013排名 Ranking
地方合计	**Region Total**	**50.5**	**69.9**	**61.1**		**604.6**	**805.6**	**781.0**	
北　京	Beijing	9.6	13.2	12.7	1	55.8	73.8	70.7	2
天　津	Tianjin	1.7	2.0	1.5	10	8.2	11.1	11.1	24
河　北	Hebei	0.5	0.6	0.4	25	17.2	23.6	21.8	11
山　西	Shanxi	0.6	0.8	0.4	23	9.7	14.2	13.9	20
内蒙古	Inner Mongolia	0.3	0.4	0.3	27	10.1	14.9	11.8	22
辽　宁	Liaoning	2.0	2.7	2.1	6	23.4	30.5	19.8	12
吉　林	Jilin	0.5	0.8	0.5	19	7.7	11.5	10.3	26
黑龙江	Heilongjiang	0.4	0.6	0.5	21	11.8	11.9	11.6	23
上　海	Shanghai	8.6	12.6	11.4	2	50.2	61.7	59.7	4
江　苏	Jiangsu	3.8	4.8	3.5	4	44.9	63.4	63.0	3
浙　江	Zhejiang	3.1	3.9	2.8	5	44.4	57.3	44.9	5
安　徽	Anhui	0.8	1.3	0.9	15	13.6	19.4	18.4	14
福　建	Fujian	1.5	2.7	1.3	12	18.8	24.2	17.3	16
江　西	Jiangxi	0.2	0.3	0.2	29	9.9	13.6	13.4	21
山　东	Shandong	1.7	1.9	0.6	17	32.7	42.3	32.0	7
河　南	Henan	0.5	0.8	0.5	20	17.7	25.2	24.3	10
湖　北	Hubei	0.9	1.3	1.2	13	15.0	24.1	26.6	8
湖　南	Hunan	0.8	0.8	0.6	18	17.8	25.2	24.4	9
广　东	Guangdong	6.6	8.0	5.7	3	83.5	102.9	77.8	1
广　西	Guangxi	0.3	0.6	0.5	22	11.6	14.8	14.2	19
海　南	Hainan	1.2	2.1	1.6	8	9.1	13.6	15.7	17
重　庆	Chongqing	0.7	0.7	0.9	14	9.8	15.4	14.9	18
四　川	Sichuan	1.1	1.9	1.6	9	27.8	38.4	36.5	6
贵　州	Guizhou	0.1	0.2	0.2	30	7.1	10.2	10.0	27
云　南	Yunnan	0.5	1.0	0.8	16	15.1	19.6	19.0	13
西　藏	Tibet	1.0	1.6	1.7	7				
陕　西	Shaanxi	0.7	1.2	1.5	11	15.3	19.8	17.9	15
甘　肃	Gansu	0.1	0.3	0.3	28	5.5	7.3	6.8	28
青　海	Qinghai					1.4	2.0	1.9	30
宁　夏	Ningxia	0.3	0.4	0.3	26	2.1	3.0	2.9	29
新　疆	Xinjiang	0.2	0.5	0.4	24	7.4	10.8	10.4	25

5-48 国家税务局和地方税务局金融业税收收入
Tax Revenues of National Taxation Bureau and Local Taxation Bureau from Financial Industry

单位：亿元 (100 million yuan)

地区	Region	国家税务局金融业 Financial Industry in National Taxation Bureau				地方税务局金融业 Financial Industry in Local Taxation Bureau			
		2010	2012	2013	2013排名 Ranking	2010	2012	2013	2013排名 Ranking
地方合计	**Region Total**	**3521.5**	**5668.2**	**6574.6**		**2699.8**	**4624.7**	**5262.9**	
北京	Beijing	1831.2	3034.0	3500.2	1	269.4	434.2	463.2	3
天津	Tianjin	24.5	57.5	74.2	10	59.1	139.6	141.5	12
河北	Hebei	24.8	54.0	68.6	11	88.0	142.2	153.0	9
山西	Shanxi	13.8	33.1	42.0	20	42.8	76.7	94.3	19
内蒙古	Inner Mongolia	17.1	47.4	46.8	18	44.2	78.9	89.1	20
辽宁	Liaoning	37.8	76.4	55.5	14	97.2	193.8	145.8	10
吉林	Jilin	13.2	24.8	31.4	25	34.8	60.7	70.2	24
黑龙江	Heilongjiang	11.7	33.5	41.4	22	36.8	69.3	79.1	21
上海	Shanghai	502.5	536.8	626.1	2	332.2	466.2	507.2	2
江苏	Jiangsu	84.2	183.8	188.6	3	208.6	411.0	511.4	1
浙江	Zhejiang	105.4	201.1	177.5	4	232.2	404.5	333.8	5
安徽	Anhui	23.6	50.6	55.3	15	55.6	107.8	132.0	14
福建	Fujian	52.5	116.5	148.1	6	82.9	145.2	141.6	11
江西	Jiangxi	12.1	48.9	49.2	16	38.3	66.1	75.8	23
山东	Shandong	67.0	138.6	120.9	7	167.2	296.6	269.0	6
河南	Henan	27.0	64.3	79.4	8	76.9	139.2	154.7	8
湖北	Hubei	17.2	48.9	65.2	12	55.5	109.4	132.7	13
湖南	Hunan	15.1	35.7	46.7	19	55.0	91.6	106.7	17
广东	Guangdong	504.5	574.5	169.9	5	342.7	489.5	351.0	4
广西	Guangxi	12.6	26.1	34.4	23	35.9	70.5	77.7	22
海南	Hainan	1.7	3.5	4.3	31	10.5	22.4	23.0	29
重庆	Chongqing	25.0	48.7	56.3	13	50.2	101.4	118.5	15
四川	Sichuan	28.4	62.8	77.8	9	94.4	173.9	205.7	7
贵州	Guizhou	11.4	27.6	27.3	26	27.7	49.5	63.6	26
云南	Yunnan	13.4	42.3	47.7	17	51.6	86.0	107.0	16
西藏	Tibet	3.2	4.6	7.1	29				
陕西	Shaanxi	16.0	30.2	41.4	21	48.4	78.4	96.1	18
甘肃	Gansu	4.2	12.1	16.1	27	17.7	32.1	41.5	27
青海	Qinghai	1.6	3.9	7.1	30	6.6	10.5	14.5	30
宁夏	Ningxia	6.0	15.0	15.4	28	10.3	19.1	24.5	28
新疆	Xinjiang	12.7	31.1	34.4	24	27.5	58.3	68.8	25

5-49 国家税务局和地方税务局房地产业税收收入
Tax Revenues of National Taxation Bureau and Local Taxation Bureau from Real Estate Industry

单位：亿元 (100 million yuan)

地区	Region	国家税务局房地产业 Real Estate Industry in National Taxation Bureau 2010	2012	2013	2013排名 Ranking	地方税务局房地产业 Real Estate Industry in Local Taxation Bureau 2010	2012	2013	2013排名 Ranking
地方合计	Region Total	1144.0	1348.4	1578.1		5711.5	11003.9	13981.5	
北　京	Beijing	107.6	111.6	157.0	4	394.9	514.1	645.3	7
天　津	Tianjin	29.9	35.8	36.0	13	128.3	254.5	274.4	18
河　北	Hebei	16.8	22.2	23.0	20	182.0	359.2	462.9	10
山　西	Shanxi	5.2	8.4	7.9	26	40.7	101.8	147.1	27
内蒙古	Inner Mongolia	7.8	7.4	9.4	25	93.8	143.7	194.1	23
辽　宁	Liaoning	57.1	66.5	39.9	12	283.5	509.0	416.3	13
吉　林	Jilin	10.6	14.0	12.9	23	69.0	183.1	213.9	22
黑龙江	Heilongjiang	4.5	2.9	3.2	30	88.2	190.3	248.2	21
上　海	Shanghai	181.9	162.9	168.7	3	474.8	762.5	864.0	3
江　苏	Jiangsu	130.6	162.5	176.3	2	657.8	1338.0	1611.8	1
浙　江	Zhejiang	96.4	78.9	97.2	5	468.0	720.5	726.6	4
安　徽	Anhui	39.1	41.9	41.9	11	161.1	399.4	505.4	9
福　建	Fujian	50.9	56.5	50.6	9	189.5	438.2	454.9	12
江　西	Jiangxi	12.1	17.7	26.1	18	101.0	247.0	345.8	16
山　东	Shandong	43.4	46.8	34.3	15	326.6	590.4	672.7	6
河　南	Henan	27.4	33.6	44.3	10	161.9	454.9	615.5	8
湖　北	Hubei	26.5	43.7	52.7	8	129.6	322.2	462.4	11
湖　南	Hunan	11.8	28.9	33.5	16	98.8	301.0	383.5	15
广　东	Guangdong	138.7	174.3	179.9	1	716.2	1273.0	1161.7	2
广　西	Guangxi	18.1	25.5	27.3	17	104.6	197.6	261.9	19
海　南	Hainan	17.3	29.8	35.2	14	79.5	132.3	163.5	24
重　庆	Chongqing	21.3	45.8	60.7	7	143.6	298.5	394.8	14
四　川	Sichuan	38.6	54.1	60.9	6	259.7	521.6	699.7	5
贵　州	Guizhou	10.7	15.3	12.2	24	59.2	121.8	162.1	25
云　南	Yunnan	14.0	16.7	18.7	21	96.0	204.1	261.1	20
西　藏	Tibet	1.3	2.3	3.8	28				
陕　西	Shaanxi	11.0	21.9	26.0	19	101.8	217.9	301.1	17
甘　肃	Gansu	2.2	2.8	3.3	29	22.7	36.7	53.2	29
青　海	Qinghai	0.4	0.7	0.3	31	8.0	15.6	19.9	30
宁　夏	Ningxia	3.2	4.1	7.2	27	22.7	48.7	60.0	28
新　疆	Xinjiang	7.6	12.8	13.6	22	47.8	106.3	151.6	26

5-50 国家税务局和地方税务局租赁商务服务业税收收入
Tax Revenues of National Taxation Bureau and Local Taxation Bureau from Leasing Services

单位：亿元 (100 million yuan)

地区	Region	国家税务局租赁和商务服务业 Leasing and Business Services in National Taxation Bureau				地方税务局租赁和商务服务业 Leasing and Business Services in Local Taxation Bureau			
		2010	2012	2013	2013排名 Ranking	2010	2012	2013	2013排名 Ranking
地方合计	**Region Total**	**391.1**	**821.3**	**1090.0**		**1607.1**	**2578.4**	**2847.7**	
北京	Beijing	101.3	276.6	333.4	2	202.0	296.0	270.6	3
天津	Tianjin	7.1	12.2	23.4	7	41.8	64.6	83.0	8
河北	Hebei	1.5	3.2	6.2	14	18.3	42.9	54.6	16
山西	Shanxi	1.4	1.3	3.2	23	14.2	26.1	21.9	27
内蒙古	Inner Mongolia	1.3	0.5	1.8	27	8.7	15.1	20.5	28
辽宁	Liaoning	4.5	4.9	3.6	22	52.7	91.6	58.7	13
吉林	Jilin	0.8	1.1	3.0	25	17.3	23.6	29.6	24
黑龙江	Heilongjiang	2.4	0.7	1.6	28	25.9	38.6	37.4	21
上海	Shanghai	146.0	324.4	381.6	1	335.4	388.3	405.8	1
江苏	Jiangsu	14.6	24.6	46.4	4	188.3	235.7	283.2	2
浙江	Zhejiang	14.9	20.5	38.6	5	94.0	182.3	143.6	5
安徽	Anhui	3.0	3.3	10.3	11	27.1	53.9	73.9	10
福建	Fujian	3.9	4.0	6.7	13	26.5	56.6	47.3	19
江西	Jiangxi	0.3	0.6	3.6	21	10.4	37.1	60.1	12
山东	Shandong	8.3	7.1	12.3	9	67.9	131.7	122.9	6
河南	Henan	2.7	2.7	6.2	15	48.3	57.9	55.7	15
湖北	Hubei	3.0	3.1	17.0	8	42.8	95.7	109.3	7
湖南	Hunan	2.0	3.2	6.9	12	23.8	43.6	57.3	14
广东	Guangdong	35.3	37.8	56.8	3	190.0	330.4	181.1	4
广西	Guangxi	3.0	3.9	5.8	17	22.9	63.4	73.3	11
海南	Hainan	3.3	3.0	3.8	19	8.3	23.8	27.0	25
重庆	Chongqing	2.5	3.2	6.1	16	16.3	48.2	52.0	17
四川	Sichuan	13.0	5.7	11.9	10	33.9	75.2	81.8	9
贵州	Guizhou	1.9	1.3	3.0	26	15.7	36.2	46.4	20
云南	Yunnan	4.3	2.7	5.1	18	26.2	38.0	48.7	18
西藏	Tibet	3.2	65.0	31.2	6				
陕西	Shaanxi	0.8	1.3	3.2	24	18.5	39.1	32.3	23
甘肃	Gansu	1.2	0.7	1.4	29	13.8	18.4	22.8	26
青海	Qinghai	0.3	0.2	0.8	31	2.7	2.0	2.5	30
宁夏	Ningxia	0.6	0.6	1.1	30	1.9	3.4	4.0	29
新疆	Xinjiang	2.6	2.2	3.6	20	11.6	19.2	35.3	22

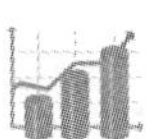

5-51 国家税务局和地方税务局居民服务修理其他服务业税收收入
Industry Tax Revenues of National Taxation Bureau and Local Taxation Bureau from Residents Service

单位：亿元 (100 million yuan)

地区 Region	国家税务局居民服务、修理和其他服务业 Residents Service, Repair and Other Services in National Taxation Bureau				地方税务局居民服务、修理和其他服务业 Residents Service, Repair and Other Services in Local Taxation Bureau			
	2010	2012	2013	2013排名 Ranking	2010	2012	2013	2013排名 Ranking
地方合计 Region Total	**555.7**	**285.2**	**343.4**		**1157.4**	**1920.0**	**2129.9**	
北京 Beijing	31.9	45.4	53.5	1	175.1	271.8	309.3	1
天津 Tianjin	6.4	5.2	5.5	13	20.6	30.7	46.0	19
河北 Hebei	4.5	4.5	5.4	14	24.3	47.9	67.9	10
山西 Shanxi	0.7	1.9	2.8	21	29.4	43.2	48.3	17
内蒙古 Inner Mongolia	10.6	10.2	12.6	6	39.6	70.4	69.5	8
辽宁 Liaoning	3.6	3.4	2.7	22	28.2	63.7	47.8	18
吉林 Jilin	0.5	0.4	0.4	31	12.0	19.5	17.6	26
黑龙江 Heilongjiang	2.9	3.1	2.9	20	6.9	11.8	11.8	29
上海 Shanghai	21.9	34.8	46.8	3	39.9	43.1	48.8	16
江苏 Jiangsu	21.1	37.5	34.1	4	124.6	266.2	258.0	2
浙江 Zhejiang	9.2	11.8	14.3	5	86.0	104.7	97.0	4
安徽 Anhui	2.3	3.4	3.8	18	13.1	27.0	32.4	22
福建 Fujian	5.7	5.4	5.0	15	31.7	42.3	26.6	24
江西 Jiangxi	2.9	4.6	4.8	16	12.9	29.4	37.1	20
山东 Shandong	6.4	7.6	7.8	9	42.1	68.7	69.0	9
河南 Henan	3.9	3.3	11.8	7	23.8	41.4	59.4	13
湖北 Hubei	5.1	5.5	6.7	10	17.5	51.5	58.1	14
湖南 Hunan	1.9	1.4	1.8	28	34.8	75.2	81.3	5
广东 Guangdong	391.7	61.4	47.8	2	138.8	201.7	156.4	3
广西 Guangxi	1.1	1.1	1.8	29	16.1	22.9	26.7	23
海南 Hainan	1.5	1.4	1.2	30	13.1	10.1	14.4	27
重庆 Chongqing	2.0	3.0	10.7	8	35.3	68.7	61.0	11
四川 Sichuan	5.6	10.3	5.8	12	49.3	76.7	80.5	6
贵州 Guizhou	0.8	1.5	1.8	27	9.7	36.7	50.8	15
云南 Yunnan	2.6	3.6	4.4	17	33.9	50.4	60.6	12
西藏 Tibet	0.7	1.4	2.2	23				
陕西 Shaanxi	3.0	3.5	6.4	11	64.1	73.4	77.2	7
甘肃 Gansu	1.4	2.1	2.1	25	8.3	20.3	26.0	25
青海 Qinghai	0.5	1.6	2.0	26	4.3	10.2	13.0	28
宁夏 Ningxia	1.7	2.2	2.2	24	4.5	6.8	7.7	30
新疆 Xinjiang	1.5	2.6	3.7	19	17.4	33.8	34.8	21

5-52 国家税务局和地方税务局教育税收收入

Tax Revenues of National Taxation Bureau and Local Taxation Bureau from Education

单位：亿元 (100 million yuan)

地区 Region		国家税务局教育 Education in National Taxation Bureau				地方税务局教育 Education in Local Taxation Bureau			
		2010	2012	2013	2013排名 Ranking	2010	2012	2013	2013排名 Ranking
地方合计	**Region Total**	**7.79**	**12.51**	**16.47**		**150.93**	**153.42**	**185.39**	
北　京	Beijing	1.41	3.55	4.85	1	23.88	27.68	31.17	1
天　津	Tianjin	0.17	0.23	0.22	14	5.33	6.97	11.81	4
河　北	Hebei	0.19	0.21	0.18	19	2.48	2.38	2.42	21
山　西	Shanxi	0.04	0.11	0.13	20	0.81	1.31	1.62	25
内蒙古	Inner Mongolia	0.06	0.04	0.05	27	1.67	1.06	1.24	26
辽　宁	Liaoning	0.27	0.31	0.26	12	6.00	5.59	6.17	8
吉　林	Jilin	0.12	0.15	0.11	21	2.72	2.85	3.48	14
黑龙江	Heilongjiang	0.08	0.06	0.05	28	2.44	2.41	2.85	17
上　海	Shanghai	1.40	2.12	2.93	2	17.80	17.22	19.81	2
江　苏	Jiangsu	0.40	0.66	1.00	3	10.85	7.03	11.42	5
浙　江	Zhejiang	0.34	0.65	0.66	6	12.28	10.55	9.46	6
安　徽	Anhui	0.20	0.37	0.38	8	1.87	2.24	3.04	16
福　建	Fujian	0.20	0.30	0.83	5	4.05	3.61	2.72	19
江　西	Jiangxi	0.11	0.20	0.28	11	1.99	1.79	2.34	22
山　东	Shandong	0.34	0.45	0.37	9	5.66	6.41	5.47	9
河　南	Henan	0.17	0.32	0.29	10	2.63	2.54	2.73	18
湖　北	Hubei	0.15	0.16	0.25	13	3.96	5.43	5.00	10
湖　南	Hunan	0.21	0.10	0.05	26	2.69	2.70	3.65	13
广　东	Guangdong	0.79	1.01	0.90	4	21.96	20.74	17.53	3
广　西	Guangxi	0.10	0.11	0.11	22	2.38	3.12	2.55	20
海　南	Hainan	0.05	0.05	0.07	24	0.45	0.44	0.54	28
重　庆	Chongqing	0.12	0.20	0.11	23	2.99	2.74	3.82	12
四　川	Sichuan	0.15	0.33	0.53	7	4.60	5.56	7.27	7
贵　州	Guizhou	0.09	0.14	0.19	18	1.05	1.40	2.15	23
云　南	Yunnan	0.11	0.19	0.20	16	2.91	3.50	4.11	11
西　藏	Tibet	0.01	0.01	0.04	29				
陕　西	Shaanxi	0.28	0.07	0.19	17	2.62	3.05	3.39	15
甘　肃	Gansu	0.07	0.03	0.04	30	0.79	1.23	0.89	27
青　海	Qinghai	0.02	0.01	0.01	31	0.11	0.08	0.14	30
宁　夏	Ningxia	0.04	0.08	0.06	25	0.22	0.21	0.29	29
新　疆	Xinjiang	0.10	0.31	0.21	15	1.74	1.57	2.14	24

5-53 国家税务局和地方税务局卫生和社会工作税收收入
Tax Revenues of National Taxation Bureau and Local Taxation Bureau from Health and Social Work

单位：亿元 (100 million yuan)

地区	Region	国家税务局卫生和社会工作 Health and Social Work Tax Revenues in National Taxation Bureau				地方税务局卫生和社会工作 Health and Social Work Tax Revenues in Local Taxation Bureau			
		2010	2012	2013	2013排名 Ranking	2010	2012	2013	2013排名 Ranking
地方合计	**Region Total**	**6.66**	**13.57**	**10.34**		**91.67**	**109.20**	**134.08**	
北　京	Beijing	1.57	1.74	2.28	1	9.66	14.01	16.97	1
天　津	Tianjin	0.06	0.40	0.10	20	2.61	2.60	3.38	13
河　北	Hebei	0.13	0.26	0.15	14	2.88	2.68	2.86	18
山　西	Shanxi	0.14	0.16	0.13	16	0.77	3.45	1.19	26
内蒙古	Inner Mongolia	0.05	0.12	0.09	22	1.16	2.95	2.05	21
辽　宁	Liaoning	0.13	0.51	0.25	8	3.92	3.85	3.53	12
吉　林	Jilin	0.07	0.14	0.08	25	1.35	1.97	2.35	20
黑龙江	Heilongjiang	0.09	0.14	0.10	18	2.17	2.18	2.02	22
上　海	Shanghai	0.83	1.62	1.69	2	6.93	8.23	10.13	3
江　苏	Jiangsu	0.26	1.15	0.70	4	6.43	6.11	6.91	6
浙　江	Zhejiang	0.28	1.05	0.61	5	6.00	7.23	7.73	5
安　徽	Anhui	0.15	0.32	0.16	13	1.96	2.09	1.82	23
福　建	Fujian	0.10	0.34	0.07	26	2.92	3.08	3.21	15
江　西	Jiangxi	0.07	0.10	0.10	21	0.90	0.74	1.21	25
山　东	Shandong	0.22	0.87	0.19	9	4.97	5.55	5.16	7
河　南	Henan	0.12	0.28	0.09	23	2.38	2.78	3.87	10
湖　北	Hubei	0.12	0.16	0.16	12	1.97	2.11	3.89	9
湖　南	Hunan	0.47	0.63	0.95	3	2.01	2.58	3.17	16
广　东	Guangdong	0.62	1.30	0.39	7	15.49	15.36	13.87	2
广　西	Guangxi	0.10	0.26	0.06	28	1.78	1.92	3.62	11
海　南	Hainan	0.01	0.06	0.01	30	0.39	0.64	0.86	27
重　庆	Chongqing	0.13	0.24	0.09	24	2.46	2.79	3.96	8
四　川	Sichuan	0.25	0.50	0.50	6	3.44	6.66	7.86	4
贵　州	Guizhou	0.10	0.15	0.14	15	1.51	1.38	2.50	19
云　南	Yunnan	0.19	0.39	0.19	10	2.00	2.11	3.11	17
西　藏	Tibet	0.07	0.08	0.13	17				
陕　西	Shaanxi	0.02	0.13	0.04	29	0.95	1.23	1.77	24
甘　肃	Gansu	0.14	0.07	0.07	27	0.39	0.35	0.45	28
青　海	Qinghai	0.03	0.02	0.01	31	0.22	0.12	0.22	30
宁　夏	Ningxia	0.03	0.17	0.10	19	0.22	0.27	0.27	29
新　疆	Xinjiang	0.09	0.21	0.19	11	1.80	2.21	3.31	14

5-54 国家税务局和地方税务局文化体育娱乐业税收收入
Tax Industry of National Taxation Bureau and Local Taxation Bureau from Culture, Sports and Entertainment

单位：亿元 (100 million yuan)

地区	Region	国家税务局文化、体育和娱乐业 Culture, Sports and Entertainment in National Taxation Bureau				地方税务局文化、体育和娱乐业 Culture, Sports and Entertainment in Local Taxation Bureau			
		2010	2012	2013	2013排名 Ranking	2010	2012	2013	2013排名 Ranking
地方合计	**Region Total**	**47.22**	**71.29**	**117.82**		**214.42**	**284.39**	**253.80**	
北　京	Beijing	27.37	38.95	61.24	1	53.93	68.42	47.67	1
天　津	Tianjin	0.15	0.32	0.61	20	3.03	5.03	3.97	19
河　北	Hebei	0.54	0.65	0.83	16	3.60	3.98	4.43	18
山　西	Shanxi	0.15	0.69	0.81	17	1.17	2.25	2.26	25
内蒙古	Inner Mongolia	0.04	0.05	0.22	27	1.53	1.60	1.98	27
辽　宁	Liaoning	0.78	0.87	0.56	23	6.55	9.68	5.89	15
吉　林	Jilin	0.18	0.23	0.22	28	2.02	2.76	2.36	24
黑龙江	Heilongjiang	0.11	0.43	0.81	18	1.95	1.94	2.76	22
上　海	Shanghai	3.42	6.33	7.95	3	14.59	12.34	11.52	6
江　苏	Jiangsu	2.30	2.47	5.70	4	10.20	15.12	17.67	3
浙　江	Zhejiang	2.34	5.44	13.78	2	13.27	25.04	15.65	4
安　徽	Anhui	0.73	1.01	1.05	10	4.45	7.26	6.58	12
福　建	Fujian	1.15	1.39	1.43	8	6.84	7.88	5.19	16
江　西	Jiangxi	0.43	0.49	0.58	21	3.01	3.50	4.57	17
山　东	Shandong	0.60	1.16	0.89	13	9.06	14.21	10.40	7
河　南	Henan	0.69	1.01	1.28	9	7.34	6.90	7.21	9
湖　北	Hubei	0.13	0.21	0.89	15	5.05	8.67	8.13	8
湖　南	Hunan	0.73	0.80	2.06	6	3.80	6.27	6.19	13
广　东	Guangdong	1.93	3.86	4.75	5	29.58	36.34	26.87	2
广　西	Guangxi	0.11	0.15	0.30	26	3.68	5.76	6.01	14
海　南	Hainan	0.35	0.62	0.89	14	3.54	2.87	2.57	23
重　庆	Chongqing	0.18	0.23	0.65	19	2.90	3.18	3.57	20
四　川	Sichuan	1.04	1.41	1.99	7	8.64	11.64	12.15	5
贵　州	Guizhou	0.18	0.25	0.49	25	2.18	2.65	3.03	21
云　南	Yunnan	0.61	0.97	1.03	12	5.07	6.89	7.02	10
西　藏	Tibet	0.28	0.41	0.58	22				
陕　西	Shaanxi	0.43	0.60	1.04	11	4.52	7.97	6.72	11
甘　肃	Gansu	0.08	0.09	0.51	24	1.09	1.73	2.03	26
青　海	Qinghai	0.04	0.01	0.03	31	0.21	0.32	0.35	29
宁　夏	Ningxia	0.11	0.13	0.16	29	0.25	0.21	0.26	30
新　疆	Xinjiang	0.05	0.05	0.12	30	1.36	1.99	1.83	28

5-55 国家税务局和地方税务局公共管理和社会组织税收收入
Tax Revenues of National Taxation Bureau and Local Taxation Bureau from Public Management and Social Organization

单位：亿元 (100 million yuan)

地区	Region	国家税务局公共管理、社会保障和社会组织 Public Management, Social Security and Social Organization in National Taxation Bureau				地方税务局公共管理、社会保障和社会组织 Public Management, Social Security and Social Organization in Local Taxation Bureau			
		2010	2012	2013	2013排名 Ranking	2010	2012	2013	2013排名 Ranking
地方合计	**Region Total**	**534.5**	**1129.9**	**1051.6**		**302.6**	**846.2**	**1069.1**	
北　京	Beijing	3.1	3.5	5.6	7	35.7	104.8	169.1	1
天　津	Tianjin	0.5	0.7	0.8	19	5.3	7.3	39.8	8
河　北	Hebei	1.2	1.0	0.9	17	6.2	24.9	28.3	15
山　西	Shanxi	0.8	0.7	17.1	4	0.4	2.3	6.3	25
内蒙古	Inner Mongolia	0.8	0.3	0.3	26	9.7	22.6	35.5	11
辽　宁	Liaoning	1.6	0.5	0.6	22	19.5	133.1	101.6	2
吉　林	Jilin	0.7	0.3	0.3	28	2.8	36.0	41.4	6
黑龙江	Heilongjiang	0.7	0.4	0.4	23	5.2	5.7	4.7	27
上　海	Shanghai	0.6	2.5	1.2	15	16.1	20.3	17.2	20
江　苏	Jiangsu	5.4	4.7	4.2	11	22.2	56.8	43.7	5
浙　江	Zhejiang	2.3	2.3	3.5	12	23.0	29.4	31.6	14
安　徽	Anhui	1.3	1.6	2.5	14	5.7	32.7	37.6	9
福　建	Fujian	0.8	0.7	13.2	5	10.0	18.4	12.2	21
江　西	Jiangxi	1.3	0.6	0.7	20	3.5	26.3	27.5	16
山　东	Shandong	3.7	1.1	19.7	3	28.6	39.4	40.4	7
河　南	Henan	1.9	0.5	0.4	25	3.3	3.1	7.6	23
湖　北	Hubei	1.0	66.2	0.9	18	6.9	13.5	20.9	17
湖　南	Hunan	3.6	4.6	5.3	8	7.0	15.5	18.5	19
广　东	Guangdong	487.1	1018.6	903.8	1	49.3	90.8	101.4	3
广　西	Guangxi	0.7	0.2	0.9	16	6.3	33.4	34.6	12
海　南	Hainan	0.1				1.7	6.5	6.8	24
重　庆	Chongqing	0.6	0.4	48.4	2	4.1	21.1	9.6	22
四　川	Sichuan	3.6	4.5	2.8	13	15.7	39.2	46.3	4
贵　州	Guizhou	2.1	4.4	4.5	10	4.2	26.7	36.0	10
云　南	Yunnan	3.8	3.8	5.7	6	3.8	18.6	31.9	13
西　藏	Tibet	0.2	0.1	0.3	27				
陕　西	Shaanxi	0.2	0.2	0.2	29	0.9	3.2	2.4	29
甘　肃	Gansu	0.7	0.3	0.4	24	0.6	4.7	6.0	26
青　海	Qinghai	0.4	0.1				0.1	0.1	30
宁　夏	Ningxia	0.6	1.0	0.6	21	0.5	2.6	2.5	28
新　疆	Xinjiang	3.0	3.8	4.9	9	4.3	7.2	18.6	18

5-56 国家税务局和地方税务局其他行业税收收入
Tax Revenues of National Taxation Bureau and Local Taxation Bureau from Other Industries

单位：亿元 (100 million yuan)

地区	Region	国家税务局其他行业 Other Industries in National Taxation Bureau 2010	2012	2013	2013排名 Ranking	地方税务局其他行业 Other Industries in Local Taxation Bureau 2010	2012	2013	2013排名 Ranking
地方合计	**Region Total**	**2598.6**	**3391.2**	**3616.6**		**830.4**	**565.6**	**587.5**	
北 京	Beijing	176.6	119.2	79.4	10	200.6	86.2	70.4	3
天 津	Tianjin	29.5	35.1	44.0	19	43.9	37.0	51.6	4
河 北	Hebei	68.5	105.7	127.3	6	38.4	5.2	2.4	23
山 西	Shanxi	44.5	54.7	7.6	28	18.2	18.4	28.3	6
内蒙古	Inner Mongolia	40.9	47.2	37.8	22	18.5	27.5	19.4	7
辽 宁	Liaoning	56.2	78.1	68.0	15	53.5	167.3	155.3	1
吉 林	Jilin	27.3	38.4	40.4	20	11.4	13.6	16.0	9
黑龙江	Heilongjiang	44.8	29.4	38.5	21	6.3	0.9	1.7	27
上 海	Shanghai	108.5	96.3	72.4	13	74.9	6.1	5.2	14
江 苏	Jiangsu	120.4	172.1	181.6	4	0.3	11.5	1.8	26
浙 江	Zhejiang	712.1	1201.7	460.0	1	35.6	16.9	8.1	12
安 徽	Anhui	47.1	69.4	75.9	11	21.6	6.6	8.1	11
福 建	Fujian	54.4	98.9	101.8	8	23.6	4.7	3.7	20
江 西	Jiangxi	22.5	35.2	45.1	18	5.8	3.9	3.4	21
山 东	Shandong	256.0	338.7	159.5	5	26.2	55.0	34.5	5
河 南	Henan	58.6	89.5	116.1	7	3.7	1.8	3.9	19
湖 北	Hubei	37.8	59.7	80.2	9	12.1	15.0	7.0	13
湖 南	Hunan	37.7	56.2	75.5	12	11.5	2.6	4.1	17
广 东	Guangdong	330.8	212.7	323.4	2	116.9	32.0	83.5	2
广 西	Guangxi	25.7	36.5	46.0	17	12.0	4.1	3.3	22
海 南	Hainan	12.0	11.5	13.5	26	3.7	0.9	2.2	24
重 庆	Chongqing	25.2	39.9	1.6	31	7.8	5.7	4.5	16
四 川	Sichuan	99.6	152.9	189.3	3	33.8	19.3	17.5	8
贵 州	Guizhou	19.2	26.4	36.0	24	21.9	6.9	4.9	15
云 南	Yunnan	36.8	45.6	54.4	16	9.0	1.8	2.1	25
西 藏	Tibet	4.1	4.4	5.4	29				
陕 西	Shaanxi	53.4	68.1	69.3	14	3.8	4.2	4.0	18
甘 肃	Gansu	12.5	17.9	23.1	25	0.5	0.2	0.2	30
青 海	Qinghai	4.5	8.0	4.3	30		0.2	0.5	28
宁 夏	Ningxia	8.3	11.3	12.5	27	1.7	0.3	0.4	29
新 疆	Xinjiang	22.9	30.6	37.2	23	13.2	9.7	14.2	10

价格指数

Price Indices

6-1 居民消费价格指数和商品零售价格指数
Consumer Price Indices and Retail Price Indices

(上年=100) (preceding year=100)

地区	Region	居民消费价格指数 Consumer Price Index				商品零售价格指数 Retail Price Index			
		2010	2012	2013	2013排名 Ranking	2010	2012	2013	2013排名 Ranking
全国	**National Total**	**103.3**	**102.6**	**102.6**		**103.1**	**102.0**	**101.4**	
北京	Beijing	102.4	103.3	103.3	5	100.4	100.6	99.8	31
天津	Tianjin	103.5	102.7	103.1	9	103.4	103.0	101.7	15
河北	Hebei	103.1	102.6	103.0	12	103.1	102.2	102.2	8
山西	Shanxi	103.0	102.5	103.1	10	102.3	101.8	101.8	10
内蒙古	Inner Mongolia	103.2	103.1	103.2	6	103.0	102.5	102.6	4
辽宁	Liaoning	103.0	102.8	102.4	24	103.2	102.2	101.6	18
吉林	Jilin	103.7	102.5	102.9	13	104.1	101.7	101.6	17
黑龙江	Heilongjiang	103.9	103.2	102.2	29	103.1	102.2	101.1	27
上海	Shanghai	103.1	102.8	102.3	27	101.7	101.2	100.2	30
江苏	Jiangsu	103.8	102.6	102.3	26	103.2	102.1	101.4	23
浙江	Zhejiang	103.8	102.2	102.3	28	103.9	101.9	101.0	28
安徽	Anhui	103.1	102.3	102.4	25	103.2	102.1	101.3	24
福建	Fujian	103.2	102.4	102.5	22	103.4	101.8	101.1	26
江西	Jiangxi	103.0	102.7	102.5	21	102.7	102.1	101.5	21
山东	Shandong	102.9	102.1	102.2	30	102.7	101.6	101.4	22
河南	Henan	103.5	102.5	102.9	14	103.7	102.3	101.9	9
湖北	Hubei	102.9	102.9	102.8	15	103.1	102.6	101.8	11
湖南	Hunan	103.1	102.0	102.5	19	103.1	101.7	101.7	14
广东	Guangdong	103.1	102.8	102.5	23	103.3	102.2	101.0	29
广西	Guangxi	103.0	103.2	102.2	31	103.0	102.3	101.2	25
海南	Hainan	104.8	103.2	102.8	17	104.6	102.7	101.5	19
重庆	Chongqing	103.2	102.6	102.7	18	101.7	101.6	101.8	13
四川	Sichuan	103.2	102.5	102.8	16	103.0	101.6	101.7	16
贵州	Guizhou	102.9	102.7	102.5	20	103.0	102.0	101.5	20
云南	Yunnan	103.7	102.7	103.1	8	103.6	102.4	102.6	5
西藏	Tibet	102.2	103.5	103.6	3	101.0	102.9	103.0	2
陕西	Shaanxi	104.0	102.8	103.0	11	103.6	102.3	101.8	12
甘肃	Gansu	104.1	102.7	103.2	7	104.6	102.6	102.6	6
青海	Qinghai	105.4	103.1	103.9	1	104.3	102.1	102.7	3
宁夏	Ningxia	104.1	102.0	103.4	4	103.2	101.0	102.4	7
新疆	Xinjiang	104.3	103.8	103.9	2	104.6	103.3	103.3	1

6-2 居民消费价格分类指数（一）
Consumer Price Indices by Category (1)

（上年=100）　　(preceding year=100)

地区	Region	食品 Food				烟酒及用品 Tobacco, Liquor and Articles			
		2010	2012	2013	2013排名 Ranking	2010	2012	2013	2013排名 Ranking
全　国	**National Total**	**107.2**	**104.8**	**104.7**		**101.6**	**102.9**	**100.3**	
北　京	Beijing	105.5	106.6	104.7	17	101.1	102.2	100.1	22
天　津	Tianjin	108.0	106.4	105.8	8	104.3	104.9	100.9	8
河　北	Hebei	107.8	103.8	105.9	7	101.5	104.7	100.6	17
山　西	Shanxi	108.5	104.2	106.2	6	102.8	103.1	102.1	2
内蒙古	Inner Mongolia	109.5	105.8	106.3	5	101.9	102.8	101.5	6
辽　宁	Liaoning	107.9	104.9	104.6	19	100.7	102.3	100.6	12
吉　林	Jilin	109.2	104.9	105.7	9	100.7	102.1	100.7	10
黑龙江	Heilongjiang	108.1	105.5	104.3	22	101.2	103.0	101.6	4
上　海	Shanghai	107.7	105.8	104.4	21	101.1	101.4	100.1	23
江　苏	Jiangsu	107.4	104.7	104.1	24	102.4	103.9	98.7	31
浙　江	Zhejiang	107.3	105.3	103.8	30	100.7	101.5	99.8	24
安　徽	Anhui	106.6	103.8	104.7	18	102.0	103.3	98.7	30
福　建	Fujian	107.8	104.6	104.0	27	101.4	102.4	99.7	27
江　西	Jiangxi	105.6	105.2	104.5	20	100.3	102.2	100.6	14
山　东	Shandong	108.3	103.5	104.8	16	102.5	102.8	100.3	20
河　南	Henan	107.9	103.6	105.6	11	101.2	103.4	100.4	19
湖　北	Hubei	105.8	105.4	104.9	14	101.5	103.0	100.5	18
湖　南	Hunan	105.4	103.3	104.2	23	100.7	102.0	103.1	1
广　东	Guangdong	105.9	105.6	103.6	31	102.3	102.6	100.6	16
广　西	Guangxi	107.1	105.2	103.8	29	101.6	103.1	99.8	25
海　南	Hainan	107.6	105.2	103.9	28	100.6	101.2	100.6	11
重　庆	Chongqing	106.5	104.7	104.1	25	104.3	107.1	100.6	15
四　川	Sichuan	106.1	104.2	104.8	15	101.8	102.7	99.4	29
贵　州	Guizhou	107.7	104.7	104.1	26	102.0	102.8	101.5	5
云　南	Yunnan	108.4	106.2	105.5	13	101.0	100.6	100.7	9
西　藏	Tibet	104.5	106.9	107.7	3	101.1	101.5	100.2	21
陕　西	Shaanxi	108.5	104.8	105.6	12	101.0	103.0	100.6	13
甘　肃	Gansu	109.4	104.1	105.6	10	102.8	103.0	101.0	7
青　海	Qinghai	108.3	106.6	108.1	2	101.1	102.8	99.4	28
宁　夏	Ningxia	108.3	104.5	107.2	4	101.4	101.5	99.8	26
新　疆	Xinjiang	110.7	107.6	108.5	1	102.0	105.6	101.7	3

6-3 居民消费价格分类指数（二）
Consumer Price Indices by Category (2)

（上年=100） (preceding year=100)

地区	Region	衣着 Clothing 2010	2012	2013	2013排名 Ranking	家庭设备用品及维修服务 Household Facilities, Articles and Services 2010	2012	2013	2013排名 Ranking
全　国	**National Total**	**99.0**	**103.1**	**102.3**		**100.0**	**101.9**	**101.5**	
北　京	Beijing	98.4	100.9	101.5	25	99.4	102.8	101.7	11
天　津	Tianjin	102.8	107.0	101.1	26	99.5	101.6	102.0	4
河　北	Hebei	97.5	104.7	102.7	10	99.8	102.8	101.4	16
山　西	Shanxi	96.8	102.1	102.0	21	98.5	101.7	101.6	12
内蒙古	Inner Mongolia	99.4	103.8	103.7	2	98.8	101.4	100.8	26
辽　宁	Liaoning	96.2	102.3	102.1	19	99.8	102.9	101.2	20
吉　林	Jilin	100.7	101.2	102.1	20	99.6	100.7	100.6	27
黑龙江	Heilongjiang	98.0	102.8	102.2	17	100.0	101.7	100.0	31
上　海	Shanghai	98.6	103.0	100.0	30	101.1	103.5	101.3	18
江　苏	Jiangsu	100.7	103.6	103.2	4	100.1	103.6	102.2	3
浙　江	Zhejiang	99.3	101.3	102.9	7	100.4	102.5	102.2	2
安　徽	Anhui	98.1	102.5	102.1	18	98.9	101.6	100.9	25
福　建	Fujian	95.7	105.0	101.9	22	99.2	101.7	100.4	29
江　西	Jiangxi	98.8	100.2	102.8	8	99.3	101.7	101.0	23
山　东	Shandong	97.6	103.3	103.3	3	99.6	101.2	100.3	30
河　南	Henan	101.1	103.2	102.5	11	99.6	102.8	101.5	15
湖　北	Hubei	100.9	102.5	102.2	16	101.4	102.2	101.9	5
湖　南	Hunan	100.7	101.1	102.3	12	100.5	101.4	101.8	9
广　东	Guangdong	99.6	104.0	101.6	24	100.0	101.9	101.8	8
广　西	Guangxi	99.8	103.6	102.3	13	98.8	101.1	101.1	22
海　南	Hainan	101.2	102.8	100.5	29	104.6	103.5	101.6	14
重　庆	Chongqing	98.4	102.2	106.3	1	100.2	100.9	101.6	13
四　川	Sichuan	99.1	109.7	100.8	28	100.8	99.6	101.9	6
贵　州	Guizhou	97.4	103.8	102.3	14	99.3	101.1	101.1	21
云　南	Yunnan	96.8	98.7	101.0	27	99.6	101.4	101.7	10
西　藏	Tibet	102.1	104.3	102.2	15	100.6	101.5	100.5	28
陕　西	Shaanxi	99.1	102.7	102.9	6	100.0	102.4	103.0	1
甘　肃	Gansu	100.0	102.6	102.7	9	100.6	101.1	101.8	7
青　海	Qinghai	106.7	98.4	101.7	23	101.5	99.3	100.9	24
宁　夏	Ningxia	101.3	103.0	103.0	5	100.9	100.2	101.3	19
新　疆	Xinjiang	99.2	101.9	99.8	31	101.2	101.9	101.3	17

6-4 居民消费价格分类指数（三）
Consumer Price Indices by Category (3)

(上年=100) (preceding year=100)

地区	Region	医疗保健 Health Care				个人用品及服务 Personal Articles and Services			
		2010	2012	2013	2013排名 Ranking	2010	2012	2013	2013排名 Ranking
全　国	**National Total**	**103.3**	**101.7**	**101.5**		**103.0**	**102.6**	**101.0**	
北　京	Beijing	100.6	101.4	101.2	23	104.6	101.6	98.4	31
天　津	Tianjin	104.1	102.3	101.2	20	102.8	102.0	99.3	30
河　北	Hebei	102.4	101.7	101.9	10	102.7	104.3	102.1	6
山　西	Shanxi	102.2	101.9	100.9	27	102.7	101.9	100.8	19
内蒙古	Inner Mongolia	101.4	101.4	101.9	11	102.7	103.4	100.7	21
辽　宁	Liaoning	102.4	101.4	101.3	19	102.6	102.9	102.1	5
吉　林	Jilin	101.6	101.7	101.1	24	102.2	103.5	101.7	10
黑龙江	Heilongjiang	107.2	102.1	101.4	16	104.6	103.7	101.2	16
上　海	Shanghai	100.8	99.9	100.8	28	107.1	101.3	99.3	29
江　苏	Jiangsu	102.4	100.6	101.3	18	104.0	102.5	100.8	20
浙　江	Zhejiang	106.2	101.0	100.3	30	103.3	102.0	100.3	24
安　徽	Anhui	103.7	101.0	101.3	17	102.6	102.4	101.0	17
福　建	Fujian	103.5	102.7	102.2	9	102.4	101.6	100.1	27
江　西	Jiangxi	102.3	102.1	101.2	21	103.4	102.4	101.4	12
山　东	Shandong	102.0	101.8	100.8	29	101.8	102.6	101.5	11
河　南	Henan	103.6	101.1	101.6	14	102.4	103.5	101.3	14
湖　北	Hubei	103.4	102.7	102.2	8	102.6	103.0	101.8	8
湖　南	Hunan	101.8	102.6	101.7	12	101.9	103.1	101.7	9
广　东	Guangdong	104.4	101.7	101.6	13	102.4	102.3	100.8	18
广　西	Guangxi	101.3	101.6	100.9	26	102.0	102.8	100.2	25
海　南	Hainan	101.9	101.8	102.9	2	102.4	102.5	102.6	3
重　庆	Chongqing	103.4	102.0	101.2	22	101.0	101.7	100.6	22
四　川	Sichuan	104.8	101.5	102.3	7	103.3	102.2	102.0	7
贵　州	Guizhou	100.9	102.3	101.0	25	101.8	102.8	102.2	4
云　南	Yunnan	104.8	101.1	102.9	3	101.9	103.1	101.4	13
西　藏	Tibet	100.3	100.5	100.3	31	102.1	101.5	100.2	26
陕　西	Shaanxi	106.5	103.7	102.5	5	104.1	104.4	103.0	1
甘　肃	Gansu	103.9	104.3	102.8	4	102.8	102.5	100.0	28
青　海	Qinghai	104.0	101.0	102.5	6	106.8	100.7	100.3	23
宁　夏	Ningxia	101.7	100.8	103.4	1	102.2	103.6	102.7	2
新　疆	Xinjiang	101.7	102.6	101.5	15	102.5	103.3	101.3	15

6-5 居民消费价格分类指数（四）
Consumer Price Indices by Category (4)

（上年=100） (preceding year=100)

地区	Region	交通 Transportation 2010	2012	2013	2013排名 Ranking	通信 Communication 2010	2012	2013	2013排名 Ranking
全　国	**National Total**	**101.7**	**101.2**	**100.2**		**97.3**	**98.0**	**98.8**	
北　京	Beijing	103.3	100.7	100.4	16	95.9	95.7	96.1	31
天　津	Tianjin	101.9	99.4	98.3	31	92.6	94.8	98.9	14
河　北	Hebei	101.1	102.0	100.0	22	96.9	98.3	99.4	6
山　西	Shanxi	101.0	100.8	99.6	27	96.4	98.2	98.6	21
内蒙古	Inner Mongolia	101.5	101.1	99.4	28	97.6	97.2	99.5	3
辽　宁	Liaoning	102.3	101.6	100.2	17	97.7	98.6	99.1	11
吉　林	Jilin	100.7	101.6	99.9	23	97.5	97.8	98.8	17
黑龙江	Heilongjiang	101.5	101.7	100.0	19	97.3	97.2	97.3	27
上　海	Shanghai	98.7	102.6	101.3	3	95.3	96.5	97.8	25
江　苏	Jiangsu	101.7	100.4	99.8	24	96.7	98.5	99.7	2
浙　江	Zhejiang	102.3	100.1	99.3	30	97.6	98.6	99.8	1
安　徽	Anhui	102.1	101.3	100.5	14	97.3	100.0	99.3	7
福　建	Fujian	101.7	101.9	100.5	13	97.9	98.0	98.9	15
江　西	Jiangxi	102.0	102.7	100.7	10	96.7	97.8	98.7	18
山　东	Shandong	101.0	101.0	99.7	26	97.1	98.7	98.6	22
河　南	Henan	101.9	102.1	100.8	8	97.4	98.7	99.2	9
湖　北	Hubei	101.7	100.4	100.0	21	98.9	99.1	98.7	20
湖　南	Hunan	101.9	100.2	100.4	15	98.8	99.4	99.5	4
广　东	Guangdong	101.3	100.6	100.0	20	97.5	97.3	98.7	19
广　西	Guangxi	102.8	101.9	100.7	9	98.1	98.3	99.0	13
海　南	Hainan	103.7	103.7	102.3	1	96.9	97.4	99.4	5
重　庆	Chongqing	103.6	101.3	99.3	29	96.4	95.5	97.2	28
四　川	Sichuan	102.7	101.6	100.5	12	97.3	98.2	99.3	8
贵　州	Guizhou	102.6	101.4	101.3	4	99.1	97.8	97.7	26
云　南	Yunnan	102.7	101.5	101.0	7	97.1	98.5	99.0	12
西　藏	Tibet	102.9	103.3	101.3	5	94.0	98.4	99.1	10
陕　西	Shaanxi	101.5	102.1	100.7	11	98.1	96.3	96.8	29
甘　肃	Gansu	101.8	102.0	101.9	2	95.9	98.9	98.2	23
青　海	Qinghai	107.6	100.7	99.7	25	98.0	97.8	98.1	24
宁　夏	Ningxia	103.3	101.7	100.2	18	96.0	96.3	96.3	30
新　疆	Xinjiang	101.7	102.3	101.3	6	98.4	96.7	98.9	16

6-6 居民消费价格分类指数（五）
Consumer Price Indices by Category (5)

(上年=100) (preceding year=100)

地区	Region	教育 Education				文化娱乐 Cultural and Recreational Articles			
		2010	2012	2013	2013排名 Ranking	2010	2012	2013	2013排名 Ranking
全 国	**National Total**	**101.4**	**101.7**	**102.7**		**101.0**	**101.3**	**101.4**	
北 京	Beijing	102.9	105.1	107.2	1	99.7	102.8	102.7	5
天 津	Tianjin	101.8	100.2	100.2	31	100.5	102.0	101.1	16
河 北	Hebei	102.0	101.7	102.2	21	100.3	101.1	101.0	18
山 西	Shanxi	102.9	101.8	102.6	16	101.5	101.4	101.6	12
内蒙古	Inner Mongolia	101.0	101.1	102.5	17	100.6	101.7	101.1	17
辽 宁	Liaoning	100.7	102.4	101.9	24	100.4	100.9	101.3	14
吉 林	Jilin	101.9	102.2	103.7	5	101.1	100.8	100.4	26
黑龙江	Heilongjiang	100.7	101.8	102.7	15	102.0	100.0	98.8	31
上 海	Shanghai	101.2	102.0	103.0	8	101.0	101.8	100.3	28
江 苏	Jiangsu	102.7	100.8	101.1	28	102.5	101.0	101.8	9
浙 江	Zhejiang	100.9	100.6	103.0	10	101.3	101.6	101.9	8
安 徽	Anhui	101.8	102.1	103.7	6	100.8	101.1	100.8	22
福 建	Fujian	100.6	97.6	102.0	23	100.6	101.0	100.6	24
江 西	Jiangxi	101.3	101.9	102.9	12	101.4	101.2	100.4	25
山 东	Shandong	100.3	100.9	101.8	25	100.4	100.5	101.2	15
河 南	Henan	101.1	102.5	104.2	2	100.3	102.0	105.1	1
湖 北	Hubei	101.3	101.2	102.5	19	101.6	101.0	100.6	23
湖 南	Hunan	102.5	101.9	102.5	18	101.1	100.9	100.8	21
广 东	Guangdong	100.4	103.0	103.8	3	100.3	100.6	101.0	19
广 西	Guangxi	97.0	103.1	102.9	11	101.5	103.7	101.5	13
海 南	Hainan	98.6	101.7	102.1	22	99.9	102.0	101.7	10
重 庆	Chongqing	105.9	102.6	103.3	7	101.6	101.0	101.9	7
四 川	Sichuan	101.2	101.4	102.7	14	100.8	101.6	101.7	11
贵 州	Guizhou	101.0	102.7	103.0	9	100.3	101.5	102.9	4
云 南	Yunnan	105.2	102.1	100.6	30	101.6	100.4	100.3	27
西 藏	Tibet	100.8	100.9	100.6	29	101.1	101.2	100.8	20
陕 西	Shaanxi	101.3	101.9	101.3	27	100.4	102.0	102.3	6
甘 肃	Gansu	101.5	101.2	102.4	20	100.9	102.6	100.1	29
青 海	Qinghai	105.3	100.8	102.9	13	110.7	99.0	99.9	30
宁 夏	Ningxia	110.0	103.2	103.8	4	101.9	101.0	103.0	3
新 疆	Xinjiang	101.9	102.3	101.4	26	100.9	101.2	103.7	2

6-7 居民消费价格分类指数（六）
Consumer Price Indices by Category (6)

(上年=100) (preceding year=100)

地区	Region	旅游 Touring and Outing 2010	2012	2013	2013排名 Ranking	居住 Residence 2010	2012	2013	2013排名 Ranking
全　国	**National Total**	**104.9**	**101.7**	**104.0**		**104.5**	**102.1**	**102.8**	
北　京	Beijing	102.6	104.2	105.6	9	105.0	103.9	105.6	1
天　津	Tianjin	101.3	99.3	113.7	1	102.3	100.9	104.4	3
河　北	Hebei	106.6	102.1	105.9	8	104.1	101.7	102.0	26
山　西	Shanxi	99.1	103.2	107.9	3	103.8	102.7	102.5	18
内蒙古	Inner Mongolia	100.6	102.5	104.2	15	102.2	102.4	102.3	23
辽　宁	Liaoning	105.8	104.1	100.5	28	103.4	102.8	102.3	24
吉　林	Jilin	99.4	101.0	104.2	16	102.4	101.8	102.4	21
黑龙江	Heilongjiang	95.5	100.0	101.6	26	105.6	103.9	102.4	22
上　海	Shanghai	115.9	102.1	103.4	19	103.5	102.8	103.9	4
江　苏	Jiangsu	107.3	101.6	104.0	18	105.0	102.4	102.5	20
浙　江	Zhejiang	109.6	98.4	105.2	10	106.0	101.6	102.5	17
安　徽	Anhui	103.5	103.6	104.5	12	105.5	101.0	101.4	30
福　建	Fujian	105.3	103.4	107.4	5	105.4	101.6	103.3	10
江　西	Jiangxi	101.4	102.0	104.3	13	106.9	102.7	101.9	27
山　东	Shandong	101.4	102.5	104.1	17	103.6	101.8	101.4	31
河　南	Henan	103.7	101.6	101.4	27	104.3	102.5	101.9	28
湖　北	Hubei	102.0	102.7	104.2	14	103.4	102.3	103.1	11
湖　南	Hunan	104.1	103.6	106.5	7	105.1	101.7	101.8	29
广　东	Guangdong	104.0	100.3	102.3	22	104.8	101.8	103.7	5
广　西	Guangxi	103.3	102.8	100.1	29	105.7	103.7	102.7	15
海　南	Hainan	105.2	107.0	102.3	23	109.7	101.7	103.4	8
重　庆	Chongqing	112.5	102.5	98.2	30	105.4	102.5	102.8	14
四　川	Sichuan	104.2	98.2	101.9	24	103.1	100.8	103.7	6
贵　州	Guizhou	106.2	101.5	104.9	11	102.4	101.4	103.0	12
云　南	Yunnan	98.5	106.2	107.1	6	104.6	102.2	103.6	7
西　藏	Tibet	107.5	100.5	108.1	2	102.8	101.4	102.5	19
陕　西	Shaanxi	108.9	103.2	102.7	21	104.0	102.2	102.8	13
甘　肃	Gansu	103.4	102.3	107.5	4	104.1	101.8	102.7	16
青　海	Qinghai	102.3	109.5	101.6	25	102.8	105.0	104.5	2
宁　夏	Ningxia	104.4	99.7	95.1	31	103.4	100.8	102.2	25
新　疆	Xinjiang	105.2	101.1	102.8	20	102.7	102.8	103.4	9

6-8 居民消费价格分类指数（七）
Consumer Price Indices by Category (7)

（上年=100） (preceding year=100)

地区	Region	住房租金 Renting 2010	2012	2013	2013排名 Ranking	水电燃料 Water, Electricity and Fuels 2010	2012	2013	2013排名 Ranking
全　国	**National Total**	**104.9**	**102.7**	**104.1**		**105.5**	**102.4**	**101.6**	
北　京	Beijing	110.0	104.4	106.0	5	102.0	101.4	103.4	5
天　津	Tianjin	103.6	101.0	99.9	31	101.4	103.1	101.7	19
河　北	Hebei	104.8	102.5	102.7	25	106.1	102.8	102.8	8
山　西	Shanxi	106.0	105.1	106.3	4	103.5	102.5	100.1	29
内蒙古	Inner Mongolia	101.5	104.5	101.5	29	103.8	101.5	100.7	25
辽　宁	Liaoning	109.1	103.6	102.8	24	104.0	101.7	100.8	24
吉　林	Jilin	100.8	104.5	103.1	22	103.9	101.9	103.5	4
黑龙江	Heilongjiang	103.9	103.3	103.1	21	107.1	104.9	102.7	10
上　海	Shanghai	106.8	100.2	104.0	13	103.8	101.4	102.8	9
江　苏	Jiangsu	106.0	103.6	103.3	20	104.5	102.1	101.9	17
浙　江	Zhejiang	104.3	102.5	105.4	8	106.4	101.3	100.6	26
安　徽	Anhui	111.3	101.6	101.7	28	105.1	102.5	101.1	22
福　建	Fujian	102.5	100.3	103.0	23	106.4	103.8	103.7	3
江　西	Jiangxi	105.6	103.0	104.8	12	110.2	102.2	100.6	27
山　东	Shandong	103.4	102.2	101.7	27	104.3	101.2	100.5	28
河　南	Henan	104.7	103.7	103.5	17	103.4	102.9	99.6	31
湖　北	Hubei	101.2	103.3	103.9	15	104.9	101.7	102.2	13
湖　南	Hunan	106.9	101.2	103.4	18	107.0	102.9	100.0	30
广　东	Guangdong	103.0	102.1	106.9	3	107.7	102.5	101.7	18
广　西	Guangxi	100.0	103.0	102.5	26	108.3	108.2	103.2	6
海　南	Hainan	111.2	102.3	104.9	11	108.5	102.4	102.9	7
重　庆	Chongqing	103.2	104.9	103.7	16	106.9	101.0	101.5	21
四　川	Sichuan	111.2	102.0	105.5	7	104.2	102.7	102.1	14
贵　州	Guizhou	102.5	103.2	105.8	6	105.0	101.9	100.9	23
云　南	Yunnan	103.5	104.1	104.9	10	105.2	101.2	104.4	1
西　藏	Tibet	105.2	100.2	100.4	30	101.3	103.0	102.5	11
陕　西	Shaanxi	110.3	103.0	105.0	9	102.7	102.9	102.0	15
甘　肃	Gansu	113.7	100.6	104.0	14	105.5	102.5	102.5	12
青　海	Qinghai	104.8	106.6	107.0	2	104.6	105.2	103.8	2
宁　夏	Ningxia	106.8	110.2	110.8	1	106.2	102.2	102.0	16
新　疆	Xinjiang	103.3	102.7	103.3	19	102.5	102.2	101.6	20

6-9 城乡居民消费价格指数
Consumer Price Indices of Urban and Rural Households

（上年=100） (preceding year=100)

地区 Region	城市 Urban Household				农村 Rural Household			
	2010	2012	2013	2013排名 Ranking	2010	2012	2013	2013排名 Ranking
全　国 National Total	103.2	102.7	102.6		103.6	102.5	102.8	
北　京 Beijing	102.4	103.3	103.3	6				
天　津 Tianjin	103.5	102.7	103.1	8				
河　北 Hebei	102.8	102.7	102.7	18	103.6	102.5	103.5	6
山　西 Shanxi	103.1	102.4	103.0	10	102.8	102.6	103.2	8
内蒙古 Inner Mongolia	103.0	103.3	103.4	4	103.5	102.5	102.8	15
辽　宁 Liaoning	102.8	102.9	102.4	22	104.0	102.5	102.4	23
吉　林 Jilin	103.4	102.5	102.9	12	104.1	102.4	102.9	13
黑龙江 Heilongjiang	103.6	103.3	102.0	31	104.9	102.9	103.1	9
上　海 Shanghai	103.1	102.8	102.3	26				
江　苏 Jiangsu	103.6	102.6	102.3	27	104.3	102.6	102.5	20
浙　江 Zhejiang	104.0	102.2	102.3	28	103.7	102.3	102.4	25
安　徽 Anhui	103.0	102.2	102.4	24	103.4	102.4	102.5	21
福　建 Fujian	103.1	102.4	102.6	21	103.4	102.4	102.3	26
江　西 Jiangxi	102.9	102.6	102.4	25	103.3	103.0	102.9	12
山　东 Shandong	102.6	102.1	102.1	29	103.5	102.0	102.5	19
河　南 Henan	103.4	102.6	102.9	13	103.8	102.4	102.9	11
湖　北 Hubei	102.8	102.8	102.7	17	103.1	103.0	103.0	10
湖　南 Hunan	103.1	102.2	102.6	20	103.2	101.6	102.5	22
广　东 Guangdong	103.1	102.8	102.4	23	103.2	102.9	102.7	16
广　西 Guangxi	102.9	103.2	102.1	30	103.4	103.3	102.4	24
海　南 Hainan	104.5	103.2	102.8	15	105.8	103.2	102.7	18
重　庆 Chongqing	103.2	102.6	102.7	19				
四　川 Sichuan	103.3	102.8	102.8	16	103.1	102.0	102.8	14
贵　州 Guizhou	103.1	102.7	102.9	11	102.6	102.8	101.7	27
云　南 Yunnan	103.8	103.0	103.4	5	103.6	102.3	102.7	17
西　藏 Tibet	102.2	103.6	103.5	3	102.2	103.4	103.6	4
陕　西 Shaanxi	103.7	102.6	102.8	14	104.7	103.1	103.6	5
甘　肃 Gansu	104.4	102.5	103.0	9	103.6	103.1	103.4	7
青　海 Qinghai	105.1	103.0	104.1	1	105.8	103.1	103.7	3
宁　夏 Ningxia	103.7	102.2	103.3	7	104.6	101.7	103.8	2
新　疆 Xinjiang	103.6	103.4	103.8	2	105.8	104.7	104.1	1

6-10 城市居民消费价格分类指数（一）
Urban Consumer Price Indices by Category (1)

（上年=100） (preceding year=100)

地区	Region	食品 Food				烟酒及用品 Tobacco, Liquor and Articles			
		2010	2012	2013	2013排名 Ranking	2010	2012	2013	2013排名 Ranking
全国	National Total	107.1	105.1	104.6		101.7	102.9	100.1	
北京	Beijing	105.5	106.6	104.7	17	101.1	102.2	100.1	20
天津	Tianjin	108.0	106.4	105.8	8	104.3	104.9	100.9	6
河北	Hebei	107.7	104.4	105.7	10	101.6	105.3	100.7	9
山西	Shanxi	108.6	104.6	105.8	8	103.0	103.2	102.0	1
内蒙古	Inner Mongolia	109.1	106.2	106.6	5	102.4	102.6	101.4	2
辽宁	Liaoning	107.3	105.3	104.6	18	100.6	102.5	100.4	14
吉林	Jilin	109.0	105.1	105.4	11	100.9	101.8	100.6	11
黑龙江	Heilongjiang	107.7	106.3	103.8	28	101.6	103.0	101.1	4
上海	Shanghai	107.7	105.8	104.4	21	101.1	101.4	100.1	20
江苏	Jiangsu	106.9	104.9	104.2	23	102.3	103.8	98.6	31
浙江	Zhejiang	107.5	105.4	103.8	28	101.1	101.7	99.8	23
安徽	Anhui	106.5	103.6	104.9	15	102.3	103.2	98.7	30
福建	Fujian	107.9	104.6	104.1	25	101.6	102.5	99.9	22
江西	Jiangxi	105.6	105.5	104.5	19	100.0	101.6	100.4	14
山东	Shandong	108.2	103.6	104.3	22	102.8	102.9	100.3	18
河南	Henan	107.7	104.3	105.4	11	101.5	103.1	99.2	29
湖北	Hubei	105.3	105.1	104.5	19	101.7	103.8	100.4	14
湖南	Hunan	105.6	103.6	104.2	23	101.0	102.1	100.2	19
广东	Guangdong	105.9	105.8	103.5	30	102.3	102.5	100.5	13
广西	Guangxi	107.2	105.2	104.1	25	101.4	103.3	99.7	25
海南	Hainan	107.5	105.4	103.5	30	100.2	101.0	100.7	9
重庆	Chongqing	106.5	104.7	104.1	25	104.3	107.1	100.6	11
四川	Sichuan	106.6	104.9	105.0	13	101.2	102.9	99.6	26
贵州	Guizhou	107.3	104.9	104.9	15	101.9	102.3	101.2	3
云南	Yunnan	108.9	106.9	106.2	6	101.1	100.8	100.8	7
西藏	Tibet	104.6	107.5	108.3	2	101.4	100.9	99.6	26
陕西	Shaanxi	107.9	104.9	105.0	13	100.7	103.2	100.8	7
甘肃	Gansu	110.3	103.8	105.9	7	104.2	103.4	100.4	14
青海	Qinghai	107.6	106.8	108.2	3	100.8	103.5	99.5	28
宁夏	Ningxia	107.9	104.9	107.1	4	101.8	101.3	99.8	23
新疆	Xinjiang	109.5	107.3	108.5	1	102.6	104.3	101.1	4

6-11 城市居民消费价格分类指数（二）
Urban Consumer Price Indices by Category (2)

（上年=100） (preceding year=100)

地区	Region	衣着 Clothing				家庭设备用品及维修服务 Household Facilities, Articles and Meintenance Services			
		2010	2012	2013	2013排名 Ranking	2010	2012	2013	2013排名 Ranking
全国	**National Total**	**98.9**	**102.9**	**102.2**		**99.9**	**102.1**	**101.5**	
北京	Beijing	98.4	100.9	101.5	24	99.4	102.8	101.7	10
天津	Tianjin	102.8	107.0	101.1	26	99.5	101.6	102.0	7
河北	Hebei	97.5	103.6	102.0	17	99.7	102.9	101.6	11
山西	Shanxi	96.6	101.9	101.8	21	98.7	101.6	101.9	8
内蒙古	Inner Mongolia	99.5	103.9	103.6	2	98.9	101.5	100.8	20
辽宁	Liaoning	95.5	102.1	101.8	21	99.9	103.4	101.3	13
吉林	Jilin	100.9	101.1	102.3	12	99.5	101.1	100.7	25
黑龙江	Heilongjiang	97.2	103.1	102.2	15	100.0	102.1	100.0	30
上海	Shanghai	98.6	103.0	100.0	30	101.1	103.5	101.3	13
江苏	Jiangsu	101.6	103.4	102.8	6	100.4	103.9	102.4	2
浙江	Zhejiang	98.5	101.4	103.3	4	101.3	102.4	102.4	2
安徽	Anhui	98.3	102.5	101.8	21	98.1	101.7	100.6	27
福建	Fujian	95.6	105.1	101.9	20	99.0	102.1	100.8	20
江西	Jiangxi	98.4	99.6	102.6	8	99.0	102.1	100.4	29
山东	Shandong	97.8	103.0	103.4	3	99.6	101.3	100.5	28
河南	Henan	101.0	102.1	102.0	17	99.2	102.8	101.3	13
湖北	Hubei	101.6	102.5	102.5	9	101.8	102.6	102.1	5
湖南	Hunan	100.5	101.2	102.2	15	100.5	101.5	102.1	5
广东	Guangdong	99.9	104.0	101.4	25	99.9	101.9	101.8	9
广西	Guangxi	99.5	102.7	102.0	17	98.6	101.4	100.8	20
海南	Hainan	99.9	101.1	100.7	28	105.1	103.6	101.3	13
重庆	Chongqing	98.4	102.2	106.3	1	100.2	100.9	101.6	11
四川	Sichuan	97.3	109.8	101.1	26	100.7	100.0	102.4	2
贵州	Guizhou	98.3	104.1	102.8	6	99.8	101.6	101.3	13
云南	Yunnan	96.0	97.7	100.6	29	99.9	101.8	101.1	18
西藏	Tibet	102.4	105.3	102.4	11	100.9	100.7	100.0	30
陕西	Shaanxi	98.4	102.1	103.3	4	99.5	102.5	103.3	1
甘肃	Gansu	99.5	102.3	102.3	12	100.4	100.8	100.8	20
青海	Qinghai	107.7	98.1	102.3	12	101.6	98.4	100.8	20
宁夏	Ningxia	100.1	102.7	102.5	9	100.7	99.9	100.7	25
新疆	Xinjiang	98.2	101.8	99.5	31	100.9	100.9	100.9	19

6-12 城市居民消费价格分类指数（三）
Urban Consumer Price Indices by Category (3)

（上年=100） (preceding year=100)

地区	Region	医疗保健 Health Care				个人用品及服务 Personal Articles and Services			
		2010	2012	2013	2013排名 Ranking	2010	2012	2013	2013排名 Ranking
全 国	**National Total**	**103.2**	**101.7**	**101.4**		**103.0**	**102.5**	**100.7**	
北 京	Beijing	100.6	101.4	101.2	18	104.6	101.6	98.4	31
天 津	Tianjin	104.1	102.3	101.2	18	102.8	102.0	99.3	28
河 北	Hebei	102.7	101.8	101.9	5	102.0	104.4	101.3	8
山 西	Shanxi	102.5	101.7	101.4	15	102.0	101.2	100.8	14
内蒙古	Inner Mongolia	100.7	101.5	101.5	12	102.3	102.8	100.4	21
辽 宁	Liaoning	102.3	101.2	101.3	16	102.2	102.8	102.1	5
吉 林	Jilin	101.3	101.6	100.9	26	101.9	103.8	102.0	6
黑龙江	Heilongjiang	107.8	101.7	101.7	10	104.8	103.8	100.9	11
上 海	Shanghai	100.8	99.9	100.8	27	107.1	101.3	99.3	28
江 苏	Jiangsu	102.2	100.4	100.8	27	104.5	102.4	100.8	14
浙 江	Zhejiang	106.5	101.1	101.3	16	103.1	102.0	100.5	19
安 徽	Anhui	103.0	100.8	101.1	23	102.5	102.1	100.5	19
福 建	Fujian	103.8	102.0	101.8	9	102.0	101.3	100.0	26
江 西	Jiangxi	102.2	102.2	101.0	24	103.0	102.0	100.6	17
山 东	Shandong	101.9	102.3	100.7	29	101.6	102.3	100.9	11
河 南	Henan	103.6	101.1	101.2	18	102.3	103.2	100.2	24
湖 北	Hubei	103.3	103.0	102.3	2	103.0	103.1	101.3	8
湖 南	Hunan	102.1	103.1	101.9	5	101.6	104.0	102.4	3
广 东	Guangdong	104.4	101.6	101.7	10	102.6	102.3	100.9	11
广 西	Guangxi	101.1	101.5	100.3	30	102.0	102.2	100.2	24
海 南	Hainan	101.8	101.5	101.5	12	99.6	102.2	100.4	21
重 庆	Chongqing	103.4	102.0	101.2	18	101.0	101.7	100.6	17
四 川	Sichuan	106.0	101.3	101.0	24	103.1	102.1	101.8	7
贵 州	Guizhou	100.8	102.8	101.2	18	101.9	102.5	102.8	1
云 南	Yunnan	106.0	101.3	101.9	5	102.3	103.9	101.2	10
西 藏	Tibet	99.9	100.2	100.1	31	102.4	100.4	99.2	30
陕 西	Shaanxi	107.1	103.9	102.3	2	104.3	104.7	102.3	4
甘 肃	Gansu	103.7	103.5	101.9	5	101.9	102.3	99.4	27
青 海	Qinghai	103.0	100.7	102.0	4	107.6	100.2	100.3	23
宁 夏	Ningxia	101.1	100.7	104.3	1	102.0	103.5	102.6	2
新 疆	Xinjiang	101.8	102.4	101.5	12	102.3	102.7	100.8	14

6-13 城市居民消费价格分类指数（四）
Urban Consumer Price Indices by Category (4)

（上年=100） (preceding year=100)

地区	Region	交通 Transportation 2010	2012	2013	2013排名 Ranking	通信 Communication 2010	2012	2013	2013排名 Ranking
全　国	**National Total**	**101.5**	**100.9**	**100.0**		**97.1**	**97.8**	**98.7**	
北　京	Beijing	103.3	100.7	100.4	11	95.9	95.7	96.1	30
天　津	Tianjin	101.9	99.4	98.3	31	92.6	94.8	98.9	13
河　北	Hebei	100.7	101.7	99.6	21	96.2	98.3	99.6	3
山　西	Shanxi	101.2	100.5	99.1	26	96.3	98.0	98.3	21
内蒙古	Inner Mongolia	101.3	101.0	99.1	26	97.6	96.6	99.4	6
辽　宁	Liaoning	102.3	101.7	100.2	17	97.5	98.5	99.1	11
吉　林	Jilin	100.9	101.3	99.7	20	96.8	97.6	98.7	15
黑龙江	Heilongjiang	101.4	100.8	99.1	26	96.8	96.6	97.2	27
上　海	Shanghai	98.7	102.6	101.3	4	95.3	96.5	97.8	25
江　苏	Jiangsu	101.7	100.2	99.6	21	97.0	98.4	99.7	2
浙　江	Zhejiang	102.3	100.0	99.1	26	98.2	98.7	99.8	1
安　徽	Anhui	101.9	101.2	100.4	11	97.5	100.0	99.5	4
福　建	Fujian	101.3	101.6	100.3	15	97.9	97.7	98.8	14
江　西	Jiangxi	101.7	102.0	100.4	11	96.3	97.5	98.5	20
山　东	Shandong	100.5	100.5	99.2	25	96.6	98.6	98.2	23
河　南	Henan	102.0	101.4	100.8	6	97.2	98.7	99.3	8
湖　北	Hubei	100.8	99.6	99.5	23	98.7	99.0	98.6	18
湖　南	Hunan	101.8	100.0	99.9	19	98.7	99.3	99.5	4
广　东	Guangdong	101.1	100.5	100.0	18	97.6	97.2	98.7	15
广　西	Guangxi	102.7	101.8	100.8	6	98.2	98.6	98.6	18
海　南	Hainan	103.7	103.8	102.5	2	97.7	98.0	99.2	9
重　庆	Chongqing	103.6	101.3	99.3	24	96.4	95.5	97.2	27
四　川	Sichuan	103.3	101.3	100.4	11	97.0	98.5	99.4	6
贵　州	Guizhou	103.2	101.2	101.3	4	99.1	97.4	97.3	26
云　南	Yunnan	102.2	101.6	100.8	6	96.7	98.4	98.7	15
西　藏	Tibet	102.3	103.4	101.7	3	91.9	98.1	99.2	9
陕　西	Shaanxi	101.0	102.0	100.7	10	98.2	95.6	96.2	29
甘　肃	Gansu	101.5	102.3	102.6	1	95.0	98.7	97.9	24
青　海	Qinghai	109.5	100.2	99.1	26	98.1	98.4	98.3	21
宁　夏	Ningxia	103.7	101.8	100.3	15	96.7	96.4	96.0	31
新　疆	Xinjiang	101.1	101.3	100.8	6	98.5	96.9	99.1	11

6-14 城市居民消费价格分类指数（五）
Urban Consumer Price Indices by Category (5)

（上年=100） (preceding year=100)

地区	Region	教育 Education				文化娱乐 Cultural and Recreational			
		2010	2012	2013	2013排名 Ranking	2010	2012	2013	2013排名 Ranking
全　国	**National Total**	**101.2**	**101.7**	**102.8**		**101.0**	**101.3**	**101.3**	
北　京	Beijing	102.9	105.1	107.2	1	99.7	102.8	102.7	5
天　津	Tianjin	101.8	100.2	100.2	31	100.5	102.0	101.1	15
河　北	Hebei	102.2	101.8	101.6	24	100.0	101.0	101.1	15
山　西	Shanxi	103.9	102.1	103.3	8	101.7	101.5	101.6	10
内蒙古	Inner Mongolia	100.5	101.1	102.1	21	100.9	101.9	101.1	15
辽　宁	Liaoning	100.6	101.8	101.9	22	100.4	101.1	101.4	13
吉　林	Jilin	101.2	101.9	104.4	2	100.9	100.9	100.6	23
黑龙江	Heilongjiang	100.9	101.9	103.0	11	102.1	100.0	98.8	31
上　海	Shanghai	101.2	102.0	103.0	11	101.0	101.8	100.3	25
江　苏	Jiangsu	101.8	100.4	101.1	27	102.9	100.9	101.6	10
浙　江	Zhejiang	100.5	100.2	103.0	11	101.4	101.3	101.5	12
安　徽	Anhui	101.6	102.1	103.0	11	100.9	101.0	100.9	20
福　建	Fujian	100.6	97.6	101.5	25	100.7	101.0	100.5	24
江　西	Jiangxi	100.9	101.5	102.4	17	101.6	101.3	100.2	26
山　东	Shandong	100.5	100.6	102.2	20	100.5	100.6	100.8	21
河　南	Henan	100.7	101.7	104.2	3	100.1	102.4	106.1	1
湖　北	Hubei	100.3	101.1	102.4	17	101.8	100.8	100.0	29
湖　南	Hunan	101.5	101.3	102.7	15	101.0	101.1	100.8	21
广　东	Guangdong	100.1	103.1	103.8	5	100.2	100.6	101.0	18
广　西	Guangxi	96.5	103.1	102.7	15	101.6	104.0	101.9	7
海　南	Hainan	98.0	102.0	102.3	19	100.0	102.7	101.4	13
重　庆	Chongqing	105.9	102.6	103.3	8	101.6	101.0	101.9	7
四　川	Sichuan	101.4	102.0	103.7	6	100.9	101.8	101.9	7
贵　州	Guizhou	101.7	102.8	103.3	8	99.7	101.4	102.8	4
云　南	Yunnan	105.1	102.8	100.7	29	101.7	100.4	100.2	26
西　藏	Tibet	100.5	100.5	100.3	30	101.0	101.6	101.0	18
陕　西	Shaanxi	101.3	101.5	101.4	26	100.2	102.6	102.1	6
甘　肃	Gansu	100.3	100.9	101.7	23	100.7	103.3	100.2	26
青　海	Qinghai	103.8	100.9	103.4	7	111.3	100.3	99.8	30
宁　夏	Ningxia	110.0	103.6	104.0	4	102.2	101.0	103.6	3
新　疆	Xinjiang	102.3	101.4	100.9	28	100.8	100.9	104.3	2

6-15 城市居民消费价格分类指数（六）
Urban Consumer Price Indices by Category (6)

（上年=100） (preceding year=100)

地区	Region	旅游 Touring				居住 Residence			
		2010	2012	2013	2013排名 Ranking	2010	2012	2013	2013排名 Ranking
全 国	**National Total**	**105.0**	**101.4**	**103.8**		**104.5**	**102.2**	**103.0**	
北 京	Beijing	102.6	104.2	105.6	9	105.0	103.9	105.6	1
天 津	Tianjin	101.3	99.3	113.7	1	102.3	100.9	104.4	4
河 北	Hebei	106.4	101.8	105.8	8	103.6	101.4	101.4	31
山 西	Shanxi	99.6	103.5	108.3	3	104.2	102.2	102.5	18
内蒙古	Inner Mongolia	100.7	102.5	104.4	11	102.3	102.9	102.8	13
辽 宁	Liaoning	106.3	104.4	100.4	27	103.8	102.7	102.4	19
吉 林	Jilin	99.2	100.9	104.4	11	101.8	101.7	102.7	15
黑龙江	Heilongjiang	95.3	98.9	100.0	28	104.7	103.6	102.0	27
上 海	Shanghai	115.9	102.1	103.4	20	103.5	102.8	103.9	6
江 苏	Jiangsu	107.0	101.3	103.8	16	104.6	102.4	102.4	19
浙 江	Zhejiang	109.2	97.3	103.9	14	106.4	101.8	102.2	25
安 徽	Anhui	104.7	103.4	103.9	14	105.5	101.2	101.5	28
福 建	Fujian	104.9	103.0	107.9	5	104.9	102.0	103.9	6
江 西	Jiangxi	101.4	101.4	103.7	18	107.4	102.9	102.1	26
山 东	Shandong	101.3	102.3	104.2	13	102.4	102.0	101.5	28
河 南	Henan	104.0	101.4	101.0	25	104.4	102.9	102.4	19
湖 北	Hubei	102.5	102.1	104.8	10	103.4	102.6	103.4	11
湖 南	Hunan	104.3	103.7	106.8	6	105.6	102.0	102.3	23
广 东	Guangdong	104.1	99.8	102.0	23	104.7	101.7	103.8	10
广 西	Guangxi	103.2	104.0	99.4	29	105.5	103.7	102.4	19
海 南	Hainan	106.8	104.5	102.1	21	108.0	101.9	104.9	3
重 庆	Chongqing	112.5	102.5	98.2	30	105.4	102.5	102.8	13
四 川	Sichuan	104.0	98.0	102.1	21	105.0	101.1	103.4	11
贵 州	Guizhou	106.1	101.6	103.5	19	103.3	100.7	103.9	6
云 南	Yunnan	96.6	107.4	108.4	2	105.1	102.1	104.2	5
西 藏	Tibet	109.3	100.0	106.3	7	103.7	101.5	101.5	28
陕 西	Shaanxi	109.3	103.2	103.8	16	104.3	101.6	102.6	17
甘 肃	Gansu	103.0	102.3	108.3	3	105.5	102.1	102.7	15
青 海	Qinghai	104.1	108.4	100.8	26	102.2	105.0	105.3	2
宁 夏	Ningxia	104.4	99.1	93.6	31	103.5	101.8	102.3	23
新 疆	Xinjiang	107.5	101.4	101.6	24	101.7	102.3	103.9	6

6-16 城市居民消费价格分类指数（七）
Urban Consumer Price Indices by Category (7)

（上年=100） (preceding year=100)

地区	Region	住房租金 Rent				居住水电燃料 Water, Eletricity and Fuels			
		2010	2012	2013	2013排名 Ranking	2010	2012	2013	2013排名 Ranking
全国	**National Total**	**105.0**	**102.7**	**104.0**		**105.2**	**102.5**	**101.9**	
北京	Beijing	110.0	104.4	106.0	4	102.0	101.4	103.4	6
天津	Tianjin	103.6	101.0	99.9	30	101.4	103.1	101.7	20
河北	Hebei	105.8	102.8	102.1	26	105.2	103.0	102.2	16
山西	Shanxi	110.6	103.9	104.6	11	102.6	102.2	100.0	31
内蒙古	Inner Mongolia	100.7	104.3	102.8	22	103.7	101.3	101.1	22
辽宁	Liaoning	109.5	103.7	102.6	23	104.3	101.7	100.9	25
吉林	Jilin	101.0	104.8	103.3	18	103.3	102.0	104.4	4
黑龙江	Heilongjiang	104.0	103.5	103.2	19	106.2	104.9	102.8	9
上海	Shanghai	106.8	100.2	104.0	13	103.8	101.4	102.8	9
江苏	Jiangsu	105.9	103.6	103.0	20	104.0	102.0	102.1	18
浙江	Zhejiang	105.5	102.7	103.9	14	106.7	101.1	100.7	26
安徽	Anhui	112.0	101.8	101.9	27	103.7	102.7	101.0	23
福建	Fujian	103.1	100.2	102.3	25	105.5	105.4	105.5	2
江西	Jiangxi	106.8	103.0	104.8	8	110.4	101.8	100.1	30
山东	Shandong	102.0	102.1	101.7	28	103.0	100.8	100.7	26
河南	Henan	105.1	103.3	103.0	20	103.9	103.5	100.3	29
湖北	Hubei	100.9	103.8	103.4	17	104.7	101.7	102.6	11
湖南	Hunan	107.1	102.0	104.8	8	107.6	103.2	100.4	28
广东	Guangdong	103.2	101.9	106.8	2	107.1	102.7	101.9	19
广西	Guangxi	99.8	101.9	101.2	29	108.4	108.2	102.9	7
海南	Hainan	111.3	101.9	104.8	8	108.7	102.5	103.6	5
重庆	Chongqing	103.2	104.9	103.7	15	106.9	101.0	101.5	21
四川	Sichuan	111.2	101.9	105.3	7	105.5	102.7	102.5	13
贵州	Guizhou	102.6	102.7	106.8	2	105.7	101.2	101.0	23
云南	Yunnan	106.4	104.8	105.9	5	103.9	100.4	106.1	1
西藏	Tibet	105.4	100.0	96.7	31	103.2	104.6	102.3	14
陕西	Shaanxi	111.0	101.1	104.4	12	103.0	102.9	102.3	14
甘肃	Gansu	114.6	100.0	102.4	24	107.8	102.4	102.2	16
青海	Qinghai	103.9	104.8	105.9	5	103.6	104.6	104.7	3
宁夏	Ningxia	107.0	112.0	110.9	1	105.3	102.9	102.9	7
新疆	Xinjiang	102.3	102.8	103.6	16	101.9	103.0	102.6	11

6-17 商品零售价格分类指数（一）
Retail Price Indices by Category (1)

（上年=100） (preceding year=100)

地区	Region	食品 Food				饮料烟酒 Beverages, Tobacco and Liquor			
		2010	2012	2013	2013排名 Ranking	2010	2012	2013	2013排名 Ranking
全国	**National Total**	**107.6**	**104.8**	**104.7**		**101.7**	**103.3**	**100.7**	
北京	Beijing	105.7	106.7	104.9	16	101.4	103.4	100.6	20
天津	Tianjin	108.3	106.5	105.8	8	103.8	105.2	101.8	5
河北	Hebei	108.1	104.0	105.8	9	101.1	104.6	100.9	13
山西	Shanxi	108.6	104.0	106.3	6	102.3	103.3	101.4	8
内蒙古	Inner Mongolia	109.7	105.6	106.5	5	101.7	103.0	101.4	7
辽宁	Liaoning	108.7	105.0	104.7	18	101.0	103.1	100.8	15
吉林	Jilin	109.6	104.8	105.6	11	100.5	101.5	100.5	21
黑龙江	Heilongjiang	108.3	106.1	104.3	22	102.2	102.6	101.1	12
上海	Shanghai	107.6	105.9	104.5	21	101.9	102.1	100.1	27
江苏	Jiangsu	108.0	104.7	104.1	26	102.1	103.7	99.7	30
浙江	Zhejiang	107.5	105.3	103.8	28	101.1	102.8	100.2	25
安徽	Anhui	106.9	103.9	104.7	19	101.9	104.0	98.9	31
福建	Fujian	108.2	104.7	104.3	24	101.1	102.8	100.1	26
江西	Jiangxi	106.0	105.3	104.6	20	100.3	103.2	100.8	14
山东	Shandong	108.9	103.5	104.9	17	101.8	102.8	100.6	19
河南	Henan	108.7	103.1	105.6	10	101.5	103.8	101.4	10
湖北	Hubei	106.1	105.6	105.2	14	101.9	102.9	101.2	11
湖南	Hunan	105.4	103.3	104.3	23	100.6	102.4	102.6	1
广东	Guangdong	106.4	105.6	103.8	29	101.7	103.1	100.4	24
广西	Guangxi	107.2	105.4	103.9	27	101.5	102.8	100.5	22
海南	Hainan	108.4	105.3	103.7	30	100.9	101.7	100.7	17
重庆	Chongqing	106.5	104.8	103.3	31	104.5	106.2	102.0	4
四川	Sichuan	106.4	104.1	105.0	15	102.3	103.7	100.0	28
贵州	Guizhou	108.2	104.6	104.2	25	101.1	102.5	101.7	6
云南	Yunnan	108.6	106.0	105.3	12	101.6	101.9	102.4	2
西藏	Tibet	104.5	107.3	108.4	1	101.2	101.3	100.6	18
陕西	Shaanxi	108.9	104.7	105.2	13	101.9	104.6	101.4	9
甘肃	Gansu	109.7	104.3	106.2	7	103.6	103.6	100.7	16
青海	Qinghai	108.6	106.3	108.0	3	100.8	103.4	99.8	29
宁夏	Ningxia	108.4	104.6	106.8	4	101.4	102.0	100.4	23
新疆	Xinjiang	110.6	107.9	108.2	2	101.7	105.9	102.0	3

6-18 商品零售价格分类指数（二）
Retail Price Indices by Category (2)

（上年=100） (preceding year=100)

地区 Region	服装鞋帽 Garments, Shoes and Hats				纺织品 Textiles			
	2010	2012	2013	2013排名 Ranking	2010	2012	2013	2013排名 Ranking
全　国 **National Total**	**98.8**	**102.9**	**102.2**		**101.2**	**101.5**	**101.0**	
北　京 Beijing	98.4	100.8	101.5	24	100.5	96.3	99.3	26
天　津 Tianjin	102.7	106.9	101.0	27	108.6	102.3	103.5	2
河　北 Hebei	98.0	104.0	102.7	10	101.9	103.1	101.3	17
山　西 Shanxi	96.6	102.2	102.1	15	100.7	102.7	102.7	3
内蒙古 Inner Mongolia	98.9	102.9	103.8	2	99.7	102.6	104.0	1
辽　宁 Liaoning	95.6	101.7	101.9	18	101.7	103.7	101.2	18
吉　林 Jilin	100.8	100.9	102.0	17	101.1	103.4	100.6	22
黑龙江 Heilongjiang	98.2	103.2	102.5	12	100.1	101.6	99.3	27
上　海 Shanghai	98.4	102.9	99.9	30	103.9	99.5	100.6	24
江　苏 Jiangsu	101.0	103.8	103.1	3	103.4	104.6	101.5	12
浙　江 Zhejiang	98.8	101.1	103.0	5	102.2	101.4	102.1	7
安　徽 Anhui	97.4	102.4	102.0	16	100.5	100.2	99.1	29
福　建 Fujian	96.2	103.9	101.7	22	98.1	101.9	98.9	30
江　西 Jiangxi	99.1	100.1	102.7	11	101.9	100.3	101.2	19
山　东 Shandong	96.9	103.3	102.8	7	100.3	102.7	101.3	16
河　南 Henan	100.9	103.2	102.7	9	104.0	102.4	100.8	20
湖　北 Hubei	101.0	102.2	101.7	19	101.8	100.6	102.3	5
湖　南 Hunan	100.8	101.1	102.2	14	101.0	100.4	101.4	15
广　东 Guangdong	99.5	103.8	101.7	20	97.9	99.0	98.0	31
广　西 Guangxi	99.1	102.8	101.7	21	100.2	101.4	101.7	10
海　南 Hainan	101.1	101.2	100.5	29	101.8	103.3	101.5	14
重　庆 Chongqing	98.4	101.8	106.3	1	100.6	96.4	100.8	21
四　川 Sichuan	99.2	110.0	101.1	26	101.9	100.6	101.6	11
贵　州 Guizhou	98.3	103.5	102.9	6	99.5	102.1	99.2	28
云　南 Yunnan	96.5	98.3	101.0	28	100.3	103.5	102.0	9
西　藏 Tibet	101.8	103.7	101.3	25	102.2	102.6	100.6	23
陕　西 Shaanxi	99.5	102.4	103.0	4	99.8	103.6	102.2	6
甘　肃 Gansu	99.7	103.2	102.8	8	100.8	101.8	101.5	13
青　海 Qinghai	106.2	97.8	101.5	23	105.6	99.0	100.0	25
宁　夏 Ningxia	100.9	102.9	102.4	13	101.0	94.1	102.1	8
新　疆 Xinjiang	98.0	101.5	99.8	31	103.5	101.8	102.4	4

6-19 商品零售价格分类指数（三）
Retail Price Indices by Category (3)

（上年=100） (preceding year=100)

地区	Region	家用电器及音像器材 Household Appliances, Music and Video Equipment				文化办公用品 Cultural and Office Appliances			
		2010	2012	2013	2013排名 Ranking	2010	2012	2013	2013排名 Ranking
全　国	**National Total**	**96.1**	**97.7**	**98.3**		**97.8**	**98.1**	**98.6**	
北　京	Beijing	92.9	95.4	95.7	30	92.6	95.7	95.6	30
天　津	Tianjin	93.8	96.9	96.6	25	90.8	94.6	97.7	27
河　北	Hebei	95.7	98.0	99.1	9	97.3	98.4	99.5	9
山　西	Shanxi	93.4	98.0	98.5	14	97.7	98.0	98.0	26
内蒙古	Inner Mongolia	95.6	98.9	99.1	8	98.1	98.2	98.9	17
辽　宁	Liaoning	95.7	96.3	98.1	16	97.3	99.1	99.5	8
吉　林	Jilin	97.4	97.9	99.1	12	100.3	98.7	98.9	15
黑龙江	Heilongjiang	93.6	93.7	96.5	26	95.5	97.9	96.3	29
上　海	Shanghai	92.4	96.2	94.9	31	97.7	94.1	94.9	31
江　苏	Jiangsu	95.6	98.9	99.6	3	96.5	97.2	99.5	6
浙　江	Zhejiang	97.4	98.5	99.4	6	98.1	97.3	98.2	23
安　徽	Anhui	94.9	99.3	99.1	10	99.1	99.4	99.6	5
福　建	Fujian	96.3	96.4	96.5	27	98.3	98.6	98.5	22
江　西	Jiangxi	96.1	97.1	97.8	22	97.9	99.4	98.0	25
山　东	Shandong	98.4	98.5	98.0	17	98.5	98.6	98.9	16
河　南	Henan	97.8	99.5	99.8	2	98.7	99.3	99.2	13
湖　北	Hubei	96.1	98.3	97.9	20	97.4	98.9	99.1	14
湖　南	Hunan	98.6	98.8	99.4	7	99.9	99.6	99.8	3
广　东	Guangdong	96.6	98.1	97.9	19	98.4	99.4	99.3	10
广　西	Guangxi	96.2	97.0	98.4	15	98.9	99.0	98.6	20
海　南	Hainan	99.0	100.5	99.1	11	98.5	100.0	99.2	12
重　庆	Chongqing	88.4	98.4	100.4	1	95.0	98.2	98.7	18
四　川	Sichuan	97.4	95.0	98.7	13	98.5	96.8	98.2	24
贵　州	Guizhou	97.9	97.2	97.3	24	100.1	98.4	98.6	21
云　南	Yunnan	95.4	97.0	99.5	5	99.5	97.9	100.3	1
西　藏	Tibet	94.7	98.7	99.5	4	96.2	97.8	99.3	11
陕　西	Shaanxi	95.0	97.2	98.0	18	98.3	99.0	99.6	4
甘　肃	Gansu	98.0	98.7	97.8	21	98.6	99.9	99.9	2
青　海	Qinghai	97.3	94.5	96.2	28	96.9	99.9	97.4	28
宁　夏	Ningxia	96.2	93.4	96.0	29	94.8	96.4	98.7	19
新　疆	Xinjiang	97.8	95.9	97.7	23	99.2	98.5	99.5	7

6-20 商品零售价格分类指数（四）
Retail Price Indices by Category (4)

（上年=100） (preceding year=100)

地区	Region	日用品 Articles for Daily Use				体育娱乐用品 Sports and Recreation Articles			
		2010	2012	2013	2013排名 Ranking	2010	2012	2013	2013排名 Ranking
全　国	**National Total**	**100.3**	**102.1**	**100.8**		**98.3**	**101.0**	**100.7**	
北　京	Beijing	100.5	102.4	100.8	18	92.9	104.3	101.9	3
天　津	Tianjin	100.5	104.1	101.0	13	94.9	100.4	107.6	1
河　北	Hebei	100.2	103.4	100.8	16	99.4	102.0	100.9	10
山　西	Shanxi	99.3	101.7	100.6	21	97.6	101.1	100.9	11
内蒙古	Inner Mongolia	99.9	101.6	101.5	5	99.2	100.3	100.8	13
辽　宁	Liaoning	100.4	103.0	101.1	9	97.4	99.6	100.6	16
吉　林	Jilin	100.6	100.7	100.5	27	99.2	100.4	99.1	30
黑龙江	Heilongjiang	100.5	102.1	100.5	25	98.4	103.3	101.7	4
上　海	Shanghai	100.3	102.1	100.2	30	95.9	100.0	98.6	31
江　苏	Jiangsu	100.0	102.8	101.6	4	95.6	101.7	101.1	9
浙　江	Zhejiang	100.1	101.7	100.6	24	99.0	99.5	100.4	20
安　徽	Anhui	100.4	101.9	100.6	22	99.0	100.8	100.3	21
福　建	Fujian	100.7	100.8	99.9	31	98.6	100.1	99.9	25
江　西	Jiangxi	100.3	102.5	100.9	15	98.7	100.3	100.2	23
山　东	Shandong	99.9	101.5	100.7	19	99.1	100.6	100.5	18
河　南	Henan	100.1	102.8	101.3	7	99.8	100.9	100.3	22
湖　北	Hubei	100.7	102.2	101.0	12	98.5	100.4	100.5	17
湖　南	Hunan	100.6	101.1	100.8	17	100.8	100.5	101.2	8
广　东	Guangdong	100.0	102.0	100.4	28	98.5	101.7	100.6	15
广　西	Guangxi	99.9	101.4	100.6	23	98.9	100.1	100.0	24
海　南	Hainan	100.0	105.2	101.7	3	100.2	103.2	102.5	2
重　庆	Chongqing	99.5	102.5	100.5	26	96.8	100.5	99.8	26
四　川	Sichuan	100.9	100.8	100.7	20	97.9	100.7	100.8	12
贵　州	Guizhou	100.8	100.2	101.0	14	99.2	101.4	99.6	28
云　南	Yunnan	100.4	103.1	101.1	10	99.8	100.2	100.8	14
西　藏	Tibet	98.7	101.0	100.3	29	96.3	98.3	99.7	27
陕　西	Shaanxi	101.7	102.0	101.3	6	98.1	101.7	101.6	5
甘　肃	Gansu	100.2	102.3	102.1	1	100.1	100.2	101.3	7
青　海	Qinghai	102.1	101.6	101.0	11	100.7	100.8	101.4	6
宁　夏	Ningxia	100.8	101.7	101.9	2	94.8	99.3	100.4	19
新　疆	Xinjiang	100.7	102.9	101.2	8	97.5	98.5	99.2	29

6-21 商品零售价格分类指数（五）
Retail Price Indices by Category (5)

（上年=100） (preceding year=100)

地区	Region	交通、通信用品 Transportation and Communication Appliances				家具 Furniture			
		2010	2012	2013	2013排名 Ranking	2010	2012	2013	2013排名 Ranking
全国	**National Total**	**95.6**	**96.0**	**97.3**		**100.1**	**101.3**	**101.2**	
北京	Beijing	92.4	92.7	94.5	29	99.4	101.6	103.2	2
天津	Tianjin	96.1	96.6	96.8	22	93.4	98.7	102.6	6
河北	Hebei	95.1	97.3	98.8	3	99.6	101.9	101.9	9
山西	Shanxi	92.5	96.9	98.1	10	98.7	102.4	101.7	10
内蒙古	Inner Mongolia	95.7	97.7	98.2	8	98.5	100.8	100.9	17
辽宁	Liaoning	95.2	95.9	97.8	13	100.9	103.3	100.8	19
吉林	Jilin	95.6	94.3	95.7	26	100.5	101.6	100.9	18
黑龙江	Heilongjiang	90.7	94.3	95.4	27	99.4	102.3	99.5	30
上海	Shanghai	94.0	95.4	96.8	21	101.1	103.3	99.7	28
江苏	Jiangsu	96.3	96.7	98.3	7	100.1	104.0	102.1	8
浙江	Zhejiang	97.9	97.0	98.7	4	101.3	101.8	101.0	16
安徽	Anhui	96.6	99.5	97.0	18	100.6	100.8	99.5	31
福建	Fujian	96.2	95.4	96.7	24	100.9	98.8	100.7	21
江西	Jiangxi	95.3	96.4	97.0	19	99.7	104.1	100.1	27
山东	Shandong	96.2	97.4	97.4	15	100.0	100.3	100.3	25
河南	Henan	96.1	97.7	97.4	14	99.6	101.8	101.4	14
湖北	Hubei	97.2	96.3	93.5	31	104.7	100.8	100.8	20
湖南	Hunan	99.3	97.7	98.2	9	100.6	101.7	102.1	7
广东	Guangdong	94.0	95.0	97.3	17	100.1	100.4	101.6	12
广西	Guangxi	97.3	97.4	98.5	6	98.3	102.2	100.2	26
海南	Hainan	93.4	97.5	99.1	2	103.5	105.9	102.7	4
重庆	Chongqing	92.3	90.7	96.9	20	101.0	98.5	99.6	29
四川	Sichuan	96.9	94.9	98.5	5	99.6	97.3	101.7	11
贵州	Guizhou	97.6	96.3	98.1	11	99.8	104.8	103.1	3
云南	Yunnan	96.1	96.3	98.0	12	99.4	100.9	100.5	22
西藏	Tibet	92.8	98.4	99.6	1	102.9	102.7	100.4	23
陕西	Shaanxi	96.6	96.1	96.8	23	105.0	102.6	105.0	1
甘肃	Gansu	103.4	95.1	96.1	25	100.2	100.5	102.7	5
青海	Qinghai	97.0	95.6	95.1	28	100.7	98.9	101.5	13
宁夏	Ningxia	94.7	93.8	94.0	30	98.8	99.2	100.3	24
新疆	Xinjiang	96.8	91.8	97.3	16	101.3	103.3	101.1	15

6-22 商品零售价格分类指数（六）
Retail Price Indices by Category (6)

（上年=100） (preceding year=100)

地区	Region	化妆品 Cosmetics				金银珠宝 Gold, Silver and Jewelry			
		2010	2012	2013	2013排名 Ranking	2010	2012	2013	2013排名 Ranking
全　国	**National Total**	**100.4**	**102.2**	**101.5**		**114.5**	**101.0**	**91.9**	
北　京	Beijing	101.1	102.1	99.1	31	120.3	101.3	88.9	31
天　津	Tianjin	102.5	104.4	102.2	6	125.4	95.8	91.0	22
河　北	Hebei	100.9	103.3	103.0	1	114.7	101.5	91.7	15
山　西	Shanxi	99.9	101.7	101.9	13	111.6	100.5	92.1	11
内蒙古	Inner Mongolia	100.5	101.8	100.7	28	116.8	100.3	91.5	18
辽　宁	Liaoning	100.1	102.7	101.6	14	114.6	101.0	91.9	12
吉　林	Jilin	100.1	101.1	101.6	15	118.1	100.4	89.1	30
黑龙江	Heilongjiang	101.4	102.7	102.0	12	115.5	102.0	98.3	2
上　海	Shanghai	101.0	101.1	100.8	26	111.7	99.2	93.7	8
江　苏	Jiangsu	100.2	103.5	102.1	9	114.4	101.8	91.2	21
浙　江	Zhejiang	99.6	102.5	101.5	17	115.6	100.6	91.8	14
安　徽	Anhui	101.1	101.6	100.8	27	117.4	99.2	90.9	23
福　建	Fujian	100.0	102.4	101.3	23	112.3	98.9	94.1	5
江　西	Jiangxi	100.9	101.0	101.4	20	116.6	101.6	92.2	10
山　东	Shandong	99.9	101.4	101.4	19	110.5	101.5	93.9	7
河　南	Henan	100.3	103.2	102.0	11	111.3	103.2	91.5	17
湖　北	Hubei	100.5	102.3	102.0	10	116.8	102.8	92.3	9
湖　南	Hunan	100.6	101.5	101.5	18	114.4	103.0	91.7	16
广　东	Guangdong	100.1	102.3	101.4	22	112.6	101.8	90.6	25
广　西	Guangxi	100.7	102.0	101.0	24	114.0	102.5	90.6	26
海　南	Hainan	98.3	102.6	101.4	21	113.7	103.9	90.5	27
重　庆	Chongqing	100.1	102.3	102.6	3	119.2	99.0	93.9	6
四　川	Sichuan	100.5	101.3	101.6	16	114.3	101.8	91.8	13
贵　州	Guizhou	99.7	101.9	102.2	7	108.9	101.5	95.1	3
云　南	Yunnan	99.6	102.1	100.7	29	117.1	101.6	90.5	28
西　藏	Tibet	99.6	100.9	100.9	25	105.1	101.0	99.7	1
陕　西	Shaanxi	101.7	102.9	102.1	8	113.8	98.5	90.2	29
甘　肃	Gansu	100.4	103.0	102.3	5	111.4	105.6	91.4	20
青　海	Qinghai	101.1	100.6	100.0	30	112.8	100.4	91.4	19
宁　夏	Ningxia	101.1	101.6	102.3	4	111.9	94.5	90.8	24
新　疆	Xinjiang	99.5	102.2	103.0	2	110.7	103.8	94.4	4

6-23 商品零售价格分类指数（七）
Retail Price Indices by Category (7)

(上年=100) (preceding year=100)

地区	Region	中西药品及医疗保健用品 Traditional Chinese and Western Medicines and Health Care Articles				书报杂志及电子出版物 Books, Newspapers, Magazines and Electronic Publications			
		2010	2012	2013	2013排名 Ranking	2010	2012	2013	2013排名 Ranking
全　国	**National Total**	**104.3**	**102.1**	**101.3**		**101.3**	**101.4**	**101.3**	
北　京	Beijing	100.9	102.0	101.6	17	98.8	102.5	100.8	19
天　津	Tianjin	106.4	103.6	101.9	15	100.0	101.2	100.3	26
河　北	Hebei	104.0	102.5	102.7	7	105.4	100.9	101.2	12
山　西	Shanxi	103.0	102.1	101.9	14	102.8	102.4	102.9	6
内蒙古	Inner Mongolia	101.9	102.6	102.0	13	100.5	100.5	100.4	24
辽　宁	Liaoning	104.3	102.1	101.8	16	101.1	101.5	101.2	13
吉　林	Jilin	102.1	102.1	101.5	20	99.5	100.3	100.3	25
黑龙江	Heilongjiang	108.1	102.8	101.3	22	101.1	99.8	100.1	29
上　海	Shanghai	99.8	100.0	101.0	24	103.2	102.1	100.9	16
江　苏	Jiangsu	101.5	100.8	100.7	27	104.4	101.4	101.4	11
浙　江	Zhejiang	108.1	100.7	98.6	31	100.9	101.0	100.5	23
安　徽	Anhui	106.2	101.8	101.5	19	103.1	102.8	103.4	5
福　建	Fujian	104.9	102.9	101.2	23	101.2	102.6	105.2	2
江　西	Jiangxi	102.8	103.0	101.6	18	100.8	101.2	100.5	21
山　东	Shandong	102.8	102.2	100.5	29	100.5	100.4	101.1	14
河　南	Henan	104.0	102.4	102.2	11	99.4	103.9	102.5	8
湖　北	Hubei	104.8	103.1	102.7	6	100.3	102.9	101.7	9
湖　南	Hunan	102.0	103.2	102.4	10	100.8	100.6	100.9	17
广　东	Guangdong	105.7	101.7	100.8	26	99.7	100.4	101.0	15
广　西	Guangxi	101.7	101.8	100.6	28	99.5	100.3	99.9	30
海　南	Hainan	106.1	103.0	103.2	4	101.5	100.9	100.9	18
重　庆	Chongqing	104.3	102.7	101.3	21	100.6	101.9	100.7	20
四　川	Sichuan	106.4	101.5	101.0	25	101.1	100.2	100.5	22
贵　州	Guizhou	102.6	104.2	102.1	12	100.5	102.0	104.9	3
云　南	Yunnan	104.5	101.6	104.8	2	106.7	100.9	99.4	31
西　藏	Tibet	100.1	99.8	100.0	30	100.3	100.2	100.2	27
陕　西	Shaanxi	107.0	104.9	102.6	8	100.4	101.3	101.6	10
甘　肃	Gansu	103.6	104.9	102.9	5	102.3	100.6	100.1	28
青　海	Qinghai	105.3	100.8	103.3	3	103.5	100.6	102.8	7
宁　夏	Ningxia	103.6	101.6	105.2	1	101.0	102.9	104.9	4
新　疆	Xinjiang	102.6	104.1	102.5	9	103.0	103.4	105.4	1

6-24 商品零售价格分类指数（八）
Retail Price Indices by Category (8)

(上年=100) (preceding year=100)

地区	Region	燃料 Fuels				建筑材料及五金电料 Building Materials and Hardware			
		2010	2012	2013	2013排名 Ranking	2010	2012	2013	2013排名 Ranking
全　国	**National Total**	**112.3**	**102.9**	**99.9**		**103.5**	**100.3**	**100.5**	
北　京	Beijing	109.9	102.7	100.6	10	101.5	99.2	100.4	14
天　津	Tianjin	106.8	102.2	99.8	18	101.4	101.1	102.4	3
河　北	Hebei	112.5	101.0	98.7	29	102.7	100.8	101.3	5
山　西	Shanxi	111.8	102.6	97.4	31	100.9	100.5	99.7	25
内蒙古	Inner Mongolia	109.5	102.0	100.0	16	102.5	100.5	99.8	23
辽　宁	Liaoning	111.6	103.1	99.6	21	101.2	101.9	100.4	15
吉　林	Jilin	111.7	103.6	101.6	5	100.4	102.4	100.9	9
黑龙江	Heilongjiang	113.9	103.1	99.1	27	102.8	100.5	99.1	29
上　海	Shanghai	112.8	102.0	99.3	24	103.3	102.6	100.6	13
江　苏	Jiangsu	112.5	103.4	101.9	4	105.3	99.4	100.3	19
浙　江	Zhejiang	114.3	103.3	99.8	17	104.5	100.3	100.3	18
安　徽	Anhui	112.2	103.5	99.3	25	103.5	98.5	100.1	21
福　建	Fujian	116.7	103.1	100.7	8	104.5	98.3	99.3	27
江　西	Jiangxi	112.4	103.3	100.1	15	105.3	100.8	101.3	6
山　东	Shandong	110.0	102.3	99.5	22	103.2	100.0	100.3	17
河　南	Henan	110.5	104.5	98.3	30	104.3	101.3	100.0	22
湖　北	Hubei	112.2	102.9	100.5	12	103.4	101.1	101.3	8
湖　南	Hunan	113.5	103.5	99.0	28	104.0	101.8	101.9	4
广　东	Guangdong	115.4	102.5	99.2	26	103.5	100.4	100.8	12
广　西	Guangxi	115.3	103.9	99.7	20	104.8	99.8	100.9	10
海　南	Hainan	114.5	103.2	102.4	2	111.9	98.4	97.3	31
重　庆	Chongqing	109.2	102.1	100.7	7	103.1	102.6	103.1	2
四　川	Sichuan	110.9	102.3	100.4	13	102.6	97.3	100.3	16
贵　州	Guizhou	111.2	102.2	99.7	19	102.5	99.0	99.3	28
云　南	Yunnan	109.3	104.7	103.9	1	102.8	101.1	101.3	7
西　藏	Tibet	106.1	104.1	100.9	6	102.0	101.2	104.7	1
陕　西	Shaanxi	108.5	102.9	99.4	23	103.1	100.7	98.7	30
甘　肃	Gansu	111.1	102.6	100.5	11	102.3	100.4	100.8	11
青　海	Qinghai	109.6	103.7	100.3	14	101.1	98.3	99.7	24
宁　夏	Ningxia	109.9	102.5	100.7	9	102.3	97.7	100.1	20
新　疆	Xinjiang	107.7	103.8	102.0	3	103.0	97.7	99.6	26

6-25 城乡商品零售价格指数
Retail Price Indices of Urban and Rural Commodity

(上年=100) (preceding year=100)

地区	Region	城市 Urban Household				农村 Rural Household			
		2010	2012	2013	2013排名 Ranking	2010	2012	2013	2013排名 Ranking
全　国	**National Total**	**102.8**	**101.9**	**101.3**		**103.6**	**102.2**	**101.8**	
北　京	Beijing	100.4	100.6	99.8	31				
天　津	Tianjin	103.4	103.0	101.7	12				
河　北	Hebei	102.7	102.1	102.1	8	103.5	102.3	102.5	8
山　西	Shanxi	102.5	101.7	101.6	16	102.0	102.1	102.3	10
内蒙古	Inner Mongolia	102.9	102.5	102.6	4	103.3	102.4	102.7	5
辽　宁	Liaoning	102.9	102.3	101.6	18	104.8	101.6	101.7	18
吉　林	Jilin	104.1	101.6	101.6	17	104.3	101.9	102.2	12
黑龙江	Heilongjiang	102.5	102.2	100.9	28	105.5	102.3	101.7	17
上　海	Shanghai	101.7	101.2	100.2	30				
江　苏	Jiangsu	103.0	102.0	101.4	20	103.6	102.3	101.5	22
浙　江	Zhejiang	103.9	101.9	101.2	25	103.9	101.8	100.5	27
安　徽	Anhui	102.6	102.0	101.2	22	104.0	102.3	101.4	23
福　建	Fujian	103.3	101.6	101.1	27	103.6	102.4	101.3	25
江　西	Jiangxi	102.6	101.9	101.2	23	102.9	102.5	101.9	15
山　东	Shandong	102.4	101.5	101.2	24	103.2	101.9	101.8	16
河　南	Henan	103.5	102.4	101.6	14	104.0	102.1	102.3	9
湖　北	Hubei	103.0	102.4	101.6	15	103.4	102.7	102.1	13
湖　南	Hunan	102.9	101.7	101.4	21	103.3	101.8	102.3	11
广　东	Guangdong	103.4	102.1	100.8	29	103.1	102.4	101.6	20
广　西	Guangxi	103.0	102.2	101.1	26	103.2	102.4	101.3	24
海　南	Hainan	104.0	102.7	101.5	19	106.0	102.8	101.6	19
重　庆	Chongqing	101.7	101.6	101.8	9				
四　川	Sichuan	102.7	101.7	101.7	13	103.3	101.4	101.6	21
贵　州	Guizhou	102.9	101.8	101.7	11	103.1	102.6	100.8	26
云　南	Yunnan	103.5	102.3	102.3	7	103.7	102.5	103.0	3
西　藏	Tibet	101.0	103.1	103.3	2	101.0	102.5	102.5	7
陕　西	Shaanxi	103.1	102.3	101.8	10	104.5	102.3	102.0	14
甘　肃	Gansu	105.3	102.3	102.3	6	103.2	103.3	103.1	2
青　海	Qinghai	104.0	102.1	102.8	3	105.0	102.1	102.6	6
宁　夏	Ningxia	102.7	100.9	102.4	5	104.5	101.7	102.9	4
新　疆	Xinjiang	103.9	103.0	103.3	1	106.4	104.0	103.1	1

6-26 城市商品零售价格分类指数（一）
Urban Retail Price Indices by Category (1)

（上年=100） (preceding year=100)

地区	Region	食品 Food				饮料烟酒 Beverages, Tobacco and Liquor			
		2010	2012	2013	2013排名 Ranking	2010	2012	2013	2013排名 Ranking
全　国	**National Total**	**107.5**	**105.1**	**104.6**		**101.8**	**103.4**	**100.5**	
北　京	Beijing	105.7	106.7	104.9	15	101.4	103.4	100.6	17
天　津	Tianjin	108.3	106.5	105.8	8	103.8	105.2	101.8	4
河　北	Hebei	108.0	104.4	105.7	10	101.3	105.0	100.9	10
山　西	Shanxi	108.6	104.5	105.8	8	102.5	103.4	101.4	8
内蒙古	Inner Mongolia	109.6	105.9	106.8	4	101.9	103.2	101.6	5
辽　宁	Liaoning	108.1	105.3	104.9	15	101.0	103.4	100.7	14
吉　林	Jilin	109.6	104.9	105.4	11	100.6	101.4	100.5	19
黑龙江	Heilongjiang	107.9	106.6	103.9	27	102.5	102.8	101.0	9
上　海	Shanghai	107.6	105.9	104.5	20	101.9	102.1	100.1	27
江　苏	Jiangsu	107.2	105.0	104.2	22	102.2	103.8	99.7	29
浙　江	Zhejiang	107.7	105.5	103.8	28	101.2	103.1	100.2	25
安　徽	Anhui	106.7	103.8	104.8	17	102.0	103.6	98.9	31
福　建	Fujian	108.1	104.5	104.2	22	101.2	103.3	100.1	27
江　西	Jiangxi	106.0	105.4	104.5	20	100.0	102.9	100.8	12
山　东	Shandong	108.8	103.5	104.2	22	102.5	103.1	100.7	14
河　南	Henan	108.1	103.9	105.3	12	101.6	104.0	100.4	22
湖　北	Hubei	105.8	105.1	104.8	17	101.8	104.0	100.8	12
湖　南	Hunan	105.7	103.4	104.2	22	100.9	102.7	100.9	10
广　东	Guangdong	106.5	106.1	103.6	29	101.6	102.9	100.2	25
广　西	Guangxi	107.3	105.4	104.2	22	101.5	103.4	100.5	19
海　南	Hainan	108.0	105.3	103.5	30	100.8	101.8	100.7	14
重　庆	Chongqing	106.5	104.8	103.3	31	104.5	106.2	102.0	2
四　川	Sichuan	106.7	104.7	105.3	12	102.0	104.0	100.3	24
贵　州	Guizhou	107.3	104.6	104.6	19	101.5	102.3	101.6	5
云　南	Yunnan	109.1	106.9	105.9	7	101.9	102.9	102.9	1
西　藏	Tibet	104.7	107.6	108.8	1	101.3	101.3	100.5	19
陕　西	Shaanxi	107.9	104.7	105.0	14	101.8	104.9	101.5	7
甘　肃	Gansu	111.1	104.3	106.2	6	104.5	103.8	100.6	17
青　海	Qinghai	107.9	106.5	108.3	2	100.6	103.6	99.7	29
宁　夏	Ningxia	108.1	104.6	106.8	4	101.2	101.9	100.4	22
新　疆	Xinjiang	109.4	107.5	108.1	3	101.8	105.3	101.9	3

6-27 城市商品零售价格分类指数（二）
Urban Retail Price Indices by Category (2)

(上年=100) (preceding year=100)

地区	Region	服装鞋帽 Garments, Shoes and Hats				纺织品 Textiles			
		2010	2012	2013	2013排名 Ranking	2010	2012	2013	2013排名 Ranking
全 国	**National Total**	**98.8**	**102.8**	**102.1**		**101.0**	**101.4**	**100.9**	
北 京	Beijing	98.4	100.8	101.5	22	100.5	96.3	99.3	27
天 津	Tianjin	102.7	106.9	101.0	27	108.6	102.3	103.5	2
河 北	Hebei	97.8	103.2	102.0	14	101.3	103.0	101.2	13
山 西	Shanxi	96.4	102.0	101.5	22	101.3	102.9	103.4	3
内蒙古	Inner Mongolia	98.9	103.3	103.4	3	99.4	102.4	104.4	1
辽 宁	Liaoning	94.9	101.6	101.6	20	101.6	104.5	101.0	16
吉 林	Jilin	101.0	100.9	102.1	13	100.7	103.8	100.6	19
黑龙江	Heilongjiang	97.7	103.5	102.5	8	99.7	101.8	98.9	28
上 海	Shanghai	98.4	102.9	99.9	30	103.9	99.5	100.6	19
江 苏	Jiangsu	101.9	103.7	102.7	7	104.2	104.9	102.2	9
浙 江	Zhejiang	98.1	101.3	103.7	2	102.8	101.5	103.2	5
安 徽	Anhui	97.8	102.3	101.7	18	98.2	99.7	99.6	25
福 建	Fujian	96.5	103.6	101.6	20	97.9	101.8	98.7	30
江 西	Jiangxi	98.8	99.6	102.5	8	102.5	98.7	101.1	15
山 东	Shandong	97.2	102.9	103.2	4	100.8	101.0	100.5	21
河 南	Henan	100.9	101.9	101.9	17	102.0	102.7	100.2	24
湖 北	Hubei	102.1	102.1	102.2	10	102.8	100.9	103.3	4
湖 南	Hunan	100.5	101.2	102.0	14	100.6	100.6	101.4	12
广 东	Guangdong	100.1	103.6	101.2	26	96.4	99.1	96.8	31
广 西	Guangxi	99.1	102.1	101.7	18	99.7	101.2	100.8	17
海 南	Hainan	99.8	100.6	100.7	28	100.6	103.5	101.2	13
重 庆	Chongqing	98.4	101.8	106.3	1	100.6	96.4	100.8	17
四 川	Sichuan	96.2	110.2	101.3	25	98.3	100.5	102.4	8
贵 州	Guizhou	98.9	103.7	103.2	4	97.0	101.4	98.9	28
云 南	Yunnan	95.5	96.9	100.4	29	100.8	105.3	102.7	7
西 藏	Tibet	101.9	104.3	101.4	24	102.7	103.2	100.4	22
陕 西	Shaanxi	99.1	102.2	103.2	4	97.4	103.8	102.2	9
甘 肃	Gansu	98.8	102.3	102.2	10	100.5	100.3	100.4	22
青 海	Qinghai	108.5	97.5	102.0	14	106.8	98.3	99.6	25
宁 夏	Ningxia	99.7	102.8	102.2	10	100.7	93.4	102.0	11
新 疆	Xinjiang	96.4	101.5	99.6	31	104.0	100.8	102.9	6

6-28 城市商品零售价格分类指数（三）
Urban Retail Price Indices by Category (3)

（上年=100） (preceding year=100)

地区 Region		家用电器及音像器材 Households Appliances, Music and Video Equipment				文化办公用品 Cultural and Office Appliances			
		2010	2012	2013	2013排名 Ranking	2010	2012	2013	2013排名 Ranking
全　国	**National Total**	**95.5**	**97.4**	**98.0**		**97.2**	**97.9**	**98.3**	
北　京	Beijing	92.9	95.4	95.7	29	92.6	95.7	95.6	30
天　津	Tianjin	93.8	96.9	96.6	25	90.8	94.6	97.7	24
河　北	Hebei	94.7	98.1	99.4	5	96.3	98.2	99.5	5
山　西	Shanxi	93.1	97.3	98.1	15	97.7	97.4	97.0	27
内蒙古	Inner Mongolia	95.2	98.6	99.1	6	97.6	97.5	98.3	18
辽　宁	Liaoning	95.6	96.1	98.1	15	97.0	99.1	99.4	8
吉　林	Jilin	97.3	98.1	99.1	6	100.2	98.7	98.8	14
黑龙江	Heilongjiang	92.9	92.6	96.1	27	94.5	97.4	95.8	29
上　海	Shanghai	92.4	96.2	94.9	31	97.7	94.1	94.9	31
江　苏	Jiangsu	95.2	98.9	99.5	3	96.5	96.9	99.6	4
浙　江	Zhejiang	97.1	98.6	99.1	6	97.8	97.0	97.9	23
安　徽	Anhui	92.8	99.4	98.8	11	97.6	99.2	99.5	5
福　建	Fujian	96.7	96.5	96.5	26	97.8	98.2	98.1	21
江　西	Jiangxi	96.2	96.9	97.8	19	97.7	99.1	97.5	26
山　东	Shandong	97.6	98.6	98.6	13	98.0	98.4	98.1	21
河　南	Henan	97.1	99.2	99.1	6	98.2	99.4	99.0	12
湖　北	Hubei	94.3	97.7	96.7	24	96.0	98.5	98.2	20
湖　南	Hunan	99.0	99.3	99.6	2	99.3	99.6	99.8	2
广　东	Guangdong	96.6	97.0	97.3	20	98.2	99.3	99.3	9
广　西	Guangxi	96.2	96.9	98.4	14	98.9	98.8	98.3	18
海　南	Hainan	99.9	100.0	99.1	6	99.5	100.2	99.1	11
重　庆	Chongqing	88.4	98.4	100.4	1	95.0	98.2	98.7	15
四　川	Sichuan	97.1	94.6	98.8	11	97.4	96.4	97.6	25
贵　州	Guizhou	98.1	97.7	97.2	21	99.5	98.3	98.7	15
云　南	Yunnan	95.0	96.5	98.1	15	99.2	97.3	99.5	5
西　藏	Tibet	93.9	98.5	99.5	3	96.3	97.7	98.9	13
陕　西	Shaanxi	93.9	97.1	97.9	18	98.3	99.0	99.7	3
甘　肃	Gansu	97.5	98.5	97.2	21	97.4	99.7	99.9	1
青　海	Qinghai	96.6	93.3	95.0	30	96.6	99.8	96.9	28
宁　夏	Ningxia	96.5	93.3	95.9	28	94.4	96.4	98.7	15
新　疆	Xinjiang	97.0	95.4	97.2	21	98.3	97.2	99.2	10

6-29 城市商品零售价格分类指数（四）
Urban Retail Price Indices by Category (4)

（上年=100） (preceding year=100)

地区	Region	日用品 Articles for Daily Use				体育娱乐用品 Sports and Recreation Articles			
		2010	2012	2013	2013排名 Ranking	2010	2012	2013	2013排名 Ranking
全　国	**National Total**	**100.2**	**102.2**	**100.7**		**97.7**	**101.0**	**100.7**	
北　京	Beijing	100.5	102.4	100.8	15	92.9	104.3	101.9	4
天　津	Tianjin	100.5	104.1	101.0	12	94.9	100.4	107.6	1
河　北	Hebei	99.7	103.2	100.4	24	97.5	102.3	100.9	9
山　西	Shanxi	99.3	101.6	100.5	20	98.3	101.1	100.8	11
内蒙古	Inner Mongolia	99.9	101.6	101.6	3	98.9	100.0	100.5	15
辽　宁	Liaoning	100.3	103.3	101.0	12	96.8	99.7	100.5	15
吉　林	Jilin	100.9	100.7	100.5	20	99.7	100.2	98.9	28
黑龙江	Heilongjiang	100.5	102.0	100.4	24	98.1	103.8	102.0	3
上　海	Shanghai	100.3	102.1	100.2	28	95.9	100.0	98.6	31
江　苏	Jiangsu	100.2	102.9	101.5	5	94.3	101.9	100.9	9
浙　江	Zhejiang	99.9	102.0	100.7	16	98.5	99.2	100.1	21
安　徽	Anhui	99.7	101.9	100.3	26	98.3	101.0	100.3	20
福　建	Fujian	100.1	100.0	99.6	31	97.9	100.3	100.0	23
江　西	Jiangxi	100.3	103.2	100.6	19	98.4	99.6	100.4	19
山　东	Shandong	100.0	101.6	100.7	16	98.4	99.9	100.7	12
河　南	Henan	99.7	103.3	101.1	8	99.9	100.9	100.1	21
湖　北	Hubei	100.5	102.9	101.1	8	97.1	100.4	100.6	13
湖　南	Hunan	100.8	101.5	100.7	16	101.1	100.8	100.6	13
广　东	Guangdong	99.8	102.1	100.3	26	98.1	101.8	100.5	15
广　西	Guangxi	99.8	101.3	100.5	20	99.1	100.2	100.0	23
海　南	Hainan	98.9	105.6	101.6	3	99.9	103.4	102.4	2
重　庆	Chongqing	99.5	102.5	100.5	20	96.8	100.5	99.8	25
四　川	Sichuan	100.9	101.3	100.9	14	97.3	100.8	101.4	7
贵　州	Guizhou	99.6	100.2	101.3	6	99.0	101.2	99.4	27
云　南	Yunnan	100.3	103.5	100.0	30	100.3	99.3	98.7	30
西　藏	Tibet	100.0	101.6	100.2	28	97.4	97.5	99.7	26
陕　西	Shaanxi	102.0	102.0	101.1	8	97.8	101.7	101.5	6
甘　肃	Gansu	99.7	102.5	102.2	1	99.9	100.2	101.8	5
青　海	Qinghai	102.4	101.4	101.1	8	101.0	100.4	101.1	8
宁　夏	Ningxia	101.2	101.5	101.9	2	93.9	99.2	100.5	15
新　疆	Xinjiang	100.7	102.6	101.3	6	96.5	97.4	98.8	29

6-30 城市商品零售价格分类指数（五）
Urban Retail Price Indices by Category (5)

（上年=100） (preceding year=100)

地区 Region		交通、通信用品 Transportation and Communication Appliances				家具 Furniture			
		2010	2012	2013	2013排名 Ranking	2010	2012	2013	2013排名 Ranking
全 国	**National Total**	**95.3**	**95.6**	**97.1**		**100.2**	**101.4**	**101.4**	
北 京	Beijing	92.4	92.7	94.5	29	99.4	101.6	103.2	4
天 津	Tianjin	96.1	96.6	96.8	19	93.4	98.7	102.6	8
河 北	Hebei	93.8	97.0	98.9	3	100.3	101.9	102.3	10
山 西	Shanxi	93.4	96.7	98.3	6	99.9	102.4	102.3	10
内蒙古	Inner Mongolia	95.1	97.1	97.6	11	98.6	101.0	101.1	16
辽 宁	Liaoning	94.9	96.1	97.8	9	101.1	103.7	101.0	17
吉 林	Jilin	94.9	93.9	95.5	26	100.6	101.6	100.9	19
黑龙江	Heilongjiang	88.6	93.6	95.6	25	99.2	102.9	99.6	29
上 海	Shanghai	94.0	95.4	96.8	19	101.1	103.3	99.7	28
江 苏	Jiangsu	96.7	96.3	98.2	8	101.5	105.2	103.0	5
浙 江	Zhejiang	97.7	97.0	98.6	4	101.7	101.6	100.7	20
安 徽	Anhui	96.5	99.3	96.8	19	100.7	100.7	99.9	26
福 建	Fujian	96.4	95.1	96.3	24	99.2	98.7	101.0	17
江 西	Jiangxi	94.7	95.9	96.5	23	99.4	105.4	98.6	31
山 东	Shandong	95.4	97.0	96.7	22	99.9	100.1	100.0	25
河 南	Henan	96.7	97.8	97.4	13	100.1	101.3	101.2	15
湖 北	Hubei	96.7	96.2	92.9	31	107.6	101.4	101.7	12
湖 南	Hunan	99.4	96.6	97.4	13	100.2	101.9	102.7	7
广 东	Guangdong	93.9	94.5	97.3	16	99.8	100.0	101.4	14
广 西	Guangxi	97.4	97.4	97.8	9	98.1	102.2	99.9	26
海 南	Hainan	93.6	97.7	99.6	2	103.1	106.3	103.0	5
重 庆	Chongqing	92.3	90.7	96.9	18	101.0	98.5	99.6	29
四 川	Sichuan	96.2	94.4	98.5	5	98.1	99.2	102.5	9
贵 州	Guizhou	97.5	95.6	98.3	6	100.1	105.9	103.6	3
云 南	Yunnan	95.7	96.1	97.4	13	100.0	101.1	100.1	24
西 藏	Tibet	91.2	98.8	100.3	1	103.6	102.5	100.3	22
陕 西	Shaanxi	97.1	96.1	97.0	17	107.3	102.9	105.6	1
甘 肃	Gansu	106.5	93.5	95.4	27	100.2	100.6	101.5	13
青 海	Qinghai	97.6	96.4	95.3	28	100.6	97.6	103.8	2
宁 夏	Ningxia	95.2	93.7	93.9	30	98.2	99.1	100.2	23
新 疆	Xinjiang	95.8	91.2	97.5	12	101.2	103.8	100.6	21

6-31 城市商品零售价格分类指数（六）
Urban Retail Price Indices by Category (6)

(上年=100) (preceding year=100)

地区	Region	化妆品 Cosmetics 2010	2012	2013	2013排名 Ranking	金银珠宝 Gold, Silver and Jewelry 2010	2012	2013	2013排名 Ranking
全 国	**National Total**	**100.4**	**102.3**	**101.5**		**114.3**	**100.6**	**91.9**	
北 京	Beijing	101.1	102.1	99.1	31	120.3	101.3	88.9	30
天 津	Tianjin	102.5	104.4	102.2	7	125.4	95.8	91.0	22
河 北	Hebei	100.2	103.4	103.1	2	112.6	101.6	91.9	12
山 西	Shanxi	99.8	101.7	102.6	3	109.8	100.2	92.6	10
内蒙古	Inner Mongolia	100.3	101.8	100.7	27	118.4	99.7	91.3	21
辽 宁	Liaoning	100.2	102.9	101.7	13	114.2	100.8	91.6	14
吉 林	Jilin	100.1	101.2	101.7	13	118.6	100.4	88.7	31
黑龙江	Heilongjiang	101.6	103.0	102.3	6	115.2	102.4	99.8	2
上 海	Shanghai	101.0	101.1	100.8	25	111.7	99.2	93.7	8
江 苏	Jiangsu	100.6	103.7	101.7	13	115.5	101.9	91.4	17
浙 江	Zhejiang	99.6	102.7	101.7	13	114.7	99.8	92.2	11
安 徽	Anhui	100.3	101.5	100.9	24	117.8	99.3	91.0	22
福 建	Fujian	100.7	102.6	101.3	21	108.9	97.2	95.1	4
江 西	Jiangxi	101.4	101.2	101.2	23	117.1	100.8	92.7	9
山 东	Shandong	99.7	101.4	101.3	21	108.1	100.7	94.2	6
河 南	Henan	100.2	103.0	101.4	19	110.5	103.0	91.4	17
湖 北	Hubei	100.8	102.2	102.2	7	115.8	100.6	91.6	14
湖 南	Hunan	100.4	102.0	101.8	11	115.6	102.0	91.4	17
广 东	Guangdong	100.2	102.5	101.5	18	113.3	101.7	90.3	28
广 西	Guangxi	100.6	102.1	100.8	25	113.9	102.2	90.5	25
海 南	Hainan	97.2	102.7	101.4	19	111.3	103.9	90.5	25
重 庆	Chongqing	100.1	102.3	102.6	3	119.2	99.0	93.9	7
四 川	Sichuan	100.0	101.1	101.7	13	117.7	102.2	91.8	13
贵 州	Guizhou	101.3	101.8	102.4	5	109.6	100.7	95.2	3
云 南	Yunnan	99.8	102.4	100.4	28	118.8	101.5	91.4	17
西 藏	Tibet	99.5	100.2	100.0	29	105.6	99.8	100.7	1
陕 西	Shaanxi	101.8	103.0	101.8	11	112.4	97.9	90.0	29
甘 肃	Gansu	100.6	103.5	102.0	10	112.7	105.4	90.4	27
青 海	Qinghai	101.3	100.6	99.7	30	112.3	98.9	91.5	16
宁 夏	Ningxia	101.2	101.5	102.2	7	111.9	94.2	90.9	24
新 疆	Xinjiang	99.6	102.0	103.5	1	108.0	104.0	94.8	5

6-32 城市商品零售价格分类指数（七）
Urban Retail Price Indices by Category (7)

（上年=100） (preceding year=100)

地区	Region	中西药品及医疗保健用品 Traditional Chinese and Western Medicines and Health Care Articles				书报杂志及电子出版物 Books, Newspapers, Magazines and Electrionic Publications			
		2010	2012	2013	2013排名 Ranking	2010	2012	2013	2013排名 Ranking
全国	**National Total**	**104.1**	**102.0**	**101.5**		**101.1**	**101.4**	**101.2**	
北京	Beijing	100.9	102.0	101.6	18	98.8	102.5	100.8	15
天津	Tianjin	106.4	103.6	101.9	14	100.0	101.2	100.3	25
河北	Hebei	104.3	102.5	102.7	6	106.2	101.1	101.6	10
山西	Shanxi	103.6	102.3	102.2	12	102.8	103.3	103.0	6
内蒙古	Inner Mongolia	101.2	103.0	102.2	12	100.3	100.5	100.2	26
辽宁	Liaoning	104.4	101.8	101.8	15	101.2	101.9	101.3	11
吉林	Jilin	101.8	102.0	101.4	20	99.3	100.3	100.4	23
黑龙江	Heilongjiang	108.7	101.5	101.6	18	101.1	99.4	99.7	30
上海	Shanghai	99.8	100.0	101.0	23	103.2	102.1	100.9	14
江苏	Jiangsu	100.9	100.6	100.9	25	104.5	101.5	101.0	13
浙江	Zhejiang	108.1	100.9	100.4	29	101.2	101.3	100.6	19
安徽	Anhui	104.3	101.7	101.7	16	102.6	103.0	103.6	5
福建	Fujian	105.5	102.3	101.0	23	101.3	102.5	105.4	4
江西	Jiangxi	102.9	102.9	101.3	21	100.9	100.9	100.5	21
山东	Shandong	102.8	102.2	100.6	28	100.6	100.1	101.2	12
河南	Henan	104.0	101.7	101.7	16	98.7	104.8	102.7	7
湖北	Hubei	103.7	103.7	102.8	5	100.2	101.7	100.5	21
湖南	Hunan	101.8	103.4	102.5	11	101.1	100.3	100.6	19
广东	Guangdong	105.7	101.5	100.8	26	99.5	100.4	100.8	15
广西	Guangxi	101.5	101.7	100.3	30	99.5	100.3	99.8	29
海南	Hainan	106.7	102.9	102.9	3	102.2	100.8	100.7	17
重庆	Chongqing	104.3	102.7	101.3	21	100.6	101.9	100.7	17
四川	Sichuan	107.2	101.3	100.7	27	99.7	100.1	100.4	23
贵州	Guizhou	102.9	104.6	102.6	7	100.3	102.1	105.6	2
云南	Yunnan	105.9	101.5	102.6	7	105.4	100.4	97.9	31
西藏	Tibet	99.9	99.3	100.1	31	100.3	100.1	100.1	28
陕西	Shaanxi	107.8	105.0	102.6	7	100.6	101.3	101.7	9
甘肃	Gansu	104.2	104.7	102.6	7	102.4	100.0	100.2	26
青海	Qinghai	105.8	101.2	103.0	2	103.6	100.1	102.4	8
宁夏	Ningxia	103.1	101.6	105.7	1	100.3	102.9	105.5	3
新疆	Xinjiang	102.3	103.3	102.9	3	103.9	103.8	107.2	1

6-33 城市商品零售价格分类指数（八）
Urban Retail Price Indices by Category (8)

（上年=100） (preceding year=100)

地区	Region	燃料 Fuels				建筑材料及五金电料 Building Materials and Hardware			
		2010	2012	2013	2013排名 Ranking	2010	2012	2013	2013排名 Ranking
全　国	**National Total**	**112.3**	**102.8**	**100.0**		**103.4**	**100.2**	**100.5**	
北　京	Beijing	109.9	102.7	100.6	10	101.5	99.2	100.4	14
天　津	Tianjin	106.8	102.2	99.8	18	101.4	101.1	102.4	3
河　北	Hebei	113.3	100.3	98.4	29	101.9	100.6	101.3	7
山　西	Shanxi	112.1	102.7	97.2	31	100.8	97.7	99.4	27
内蒙古	Inner Mongolia	109.6	102.2	100.1	13	102.9	100.8	99.7	24
辽　宁	Liaoning	112.0	103.2	99.7	21	101.1	101.9	100.4	14
吉　林	Jilin	111.4	103.5	101.7	5	100.2	102.5	101.1	10
黑龙江	Heilongjiang	111.7	102.9	98.4	29	101.9	100.3	99.2	28
上　海	Shanghai	112.8	102.0	99.3	24	103.3	102.6	100.6	12
江　苏	Jiangsu	111.6	103.2	102.2	4	105.5	99.2	100.4	14
浙　江	Zhejiang	115.1	103.1	99.8	18	104.5	100.2	99.8	23
安　徽	Anhui	111.6	103.6	99.1	27	102.7	98.7	100.0	20
福　建	Fujian	116.8	103.2	100.9	7	103.7	97.6	99.5	26
江　西	Jiangxi	112.8	102.5	99.9	15	106.0	101.7	101.8	5
山　东	Shandong	109.1	102.1	99.9	15	102.4	99.9	99.6	25
河　南	Henan	110.8	105.4	98.6	28	103.7	101.6	100.4	14
湖　北	Hubei	112.6	102.8	100.6	10	104.4	101.5	101.9	4
湖　南	Hunan	112.3	103.7	99.3	24	104.1	101.7	101.5	6
广　东	Guangdong	115.4	102.5	99.2	26	103.6	100.3	100.9	11
广　西	Guangxi	115.1	103.8	99.5	22	104.7	100.2	101.3	7
海　南	Hainan	113.6	103.1	102.7	3	108.5	98.4	97.4	31
重　庆	Chongqing	109.2	102.1	100.7	9	103.1	102.6	103.1	2
四　川	Sichuan	111.9	101.9	100.0	14	103.3	97.2	100.1	18
贵　州	Guizhou	113.7	101.3	99.8	18	102.2	98.2	98.6	29
云　南	Yunnan	109.4	103.2	105.0	1	102.9	100.9	101.3	7
西　藏	Tibet	106.9	104.8	101.3	6	102.9	101.5	106.3	1
陕　西	Shaanxi	108.0	102.8	99.4	23	102.6	100.4	98.5	30
甘　肃	Gansu	114.4	102.1	99.9	15	102.9	99.4	100.5	13
青　海	Qinghai	109.6	103.5	100.4	12	100.9	98.4	99.9	21
宁　夏	Ningxia	109.3	102.8	100.9	7	102.7	97.8	100.1	18
新　疆	Xinjiang	107.1	104.3	102.8	2	101.4	96.9	99.9	21

6-34 农业生产资料价格指数和农产品生产价格指数
Price Indices for Means of Agricultural Production and Farm Products

（上年=100） (preceding year=100)

地区	Region	农业生产资料价格指数 Means of Agricultural Production				农产品生产价格指数 Farm Products			
		2010	2012	2013	2013排名 Ranking	2010	2012	2013	2013排名 Ranking
全　国	**National Total**	**102.9**	**105.6**	**101.4**		**110.9**	**102.7**	**103.2**	
北　京	Beijing					106.5	104.7	104.7	11
天　津	Tianjin					110.2	105.3	105.4	8
河　北	Hebei	104.4	108.2	101.1	18	115.1	100.7	105.1	9
山　西	Shanxi	102.0	105.4	102.5	8	110.2	101.3	106.1	5
内蒙古	Inner Mongolia	102.0	104.9	103.5	3	111.4	104.7	103.3	16
辽　宁	Liaoning	103.7	106.9	99.9	24	110.6	106.6	101.1	27
吉　林	Jilin	99.1	106.8	100.8	21	111.8	105.1	100.4	29
黑龙江	Heilongjiang	105.6	107.8	104.1	2	109.2	105.9	101.0	28
上　海	Shanghai					107.1	101.4	104.1	12
江　苏	Jiangsu	104.2	104.6	102.4	10	108.8	103.7	103.4	15
浙　江	Zhejiang	102.9	104.2	102.8	5	114.8	104.3	103.0	17
安　徽	Anhui	102.0	105.3	100.9	20	110.8	102.9	103.7	13
福　建	Fujian	102.4	103.3	99.5	26	111.5	102.7	103.0	18
江　西	Jiangxi	101.9	106.6	102.4	9	107.5	103.5	102.3	24
山　东	Shandong	103.0	105.9	101.2	17	118.8	102.5	105.9	6
河　南	Henan	103.1	105.4	101.3	16	112.5	102.9	102.6	21
湖　北	Hubei	101.9	107.2	103.1	4	112.3	103.3	101.8	26
湖　南	Hunan	101.4	104.7	102.3	11	109.9	100.2	102.1	25
广　东	Guangdong	101.7	104.0	99.7	25	107.6	103.4	103.5	14
广　西	Guangxi	101.9	103.9	99.9	23	107.6	99.4	102.5	22
海　南	Hainan	107.3	104.3	101.0	19	107.9	103.3	100.0	30
重　庆	Chongqing					103.2	104.6	103.0	19
四　川	Sichuan	103.6	104.7	101.5	15	105.9	104.0	102.6	20
贵　州	Guizhou	101.1	100.7	99.0	27	106.7	104.3	102.4	23
云　南	Yunnan	101.4	104.6	100.1	22	112.5	110.7	104.9	10
西　藏	Tibet	100.6	101.6	101.8	13				
陕　西	Shaanxi	105.3	105.4	102.6	7	121.7	102.6	107.4	3
甘　肃	Gansu	101.7	105.2	102.1	12	113.8	105.9	105.9	7
青　海	Qinghai	103.5	108.7	104.3	1	124.3	108.2	110.4	1
宁　夏	Ningxia	104.4	107.6	101.6	14	117.0	103.6	106.7	4
新　疆	Xinjiang	103.1	106.2	102.6	6	131.5	103.2	108.5	2

6-35 工业生产者出厂价格指数和工业生产者购进价格指数
Producer Price Indices for Industrial Products and Purchasing Price Indices for Industrial Producers

（上年=100） (preceding year=100)

地区	Region	工业生产者出厂价格指数 Producer Price Indices for Industrial Products				工业生产者购进价格指数 Purchasing Price Indices for Industrial Producers			
		2010	2012	2013	2013排名 Ranking	2010	2012	2013	2013排名 Ranking
全　国	**National Total**	**105.5**	**98.3**	**98.1**		**109.6**	**98.2**	**98.0**	
北　京	Beijing	102.2	98.4	97.4	21	110.5	98.7	97.8	17
天　津	Tianjin	105.1	97.0	97.0	24	110.0	97.1	97.4	23
河　北	Hebei	109.0	94.7	96.6	28	110.9	96.2	97.6	21
山　西	Shanxi	109.5	94.5	90.7	31	109.0	98.1	95.5	30
内蒙古	Inner Mongolia	106.7	100.2	97.0	24	105.0	102.0	99.3	2
辽　宁	Liaoning	107.4	99.9	99.0	4	108.6	99.0	98.5	10
吉　林	Jilin	105.2	99.1	98.7	6	108.6	99.3	99.4	1
黑龙江	Heilongjiang	115.0	100.0	98.0	17	114.5	98.8	98.7	9
上　海	Shanghai	102.3	98.4	98.2	13	111.2	94.7	96.5	28
江　苏	Jiangsu	107.3	97.1	98.0	17	112.8	95.8	97.1	24
浙　江	Zhejiang	106.2	97.3	98.2	13	112.0	96.7	97.7	20
安　徽	Anhui	109.0	98.3	98.2	13	111.8	98.2	96.9	27
福　建	Fujian	103.2	98.7	98.4	11	107.7	97.7	98.4	11
江　西	Jiangxi	115.3	96.5	98.5	8	111.8	98.3	98.4	11
山　东	Shandong	107.2	98.4	98.4	11	109.3	99.2	98.4	11
河　南	Henan	107.8	99.4	98.5	8	110.2	99.2	99.3	2
湖　北	Hubei	104.9	100.3	99.2	3	110.4	98.9	98.2	15
湖　南	Hunan	106.9	99.1	98.5	8	110.0	100.1	98.4	11
广　东	Guangdong	103.2	99.5	98.8	5	107.3	99.5	98.2	15
广　西	Guangxi	112.0	97.8	98.2	13	111.2	99.2	98.9	6
海　南	Hainan	107.7	100.8	99.5	2	110.3	99.6	97.0	25
重　庆	Chongqing	103.1	99.9	98.0	17	106.9	99.5	97.6	21
四　川	Sichuan	105.0	98.6	98.7	6	106.1	100.0	99.2	5
贵　州	Guizhou	104.7	101.0	97.4	21	109.8	102.3	96.4	29
云　南	Yunnan	108.8	97.9	97.5	20	109.0	99.3	98.8	7
西　藏	Tibet	105.8	99.7	99.8	1				
陕　西	Shaanxi	108.7	100.7	97.3	23	109.7	100.0	99.3	2
甘　肃	Gansu	115.0	96.8	96.9	27	114.4	98.7	97.8	17
青　海	Qinghai	109.3	96.9	97.0	24	108.6	98.6	98.8	7
宁　夏	Ningxia	109.1	97.4	96.0	30	114.1	99.5	97.0	25
新　疆	Xinjiang	125.3	96.9	96.5	29	123.9	97.9	97.8	17

注：从2011年起工业品出厂价格指数改为工业生产者出厂价格指数，原材料、燃料、动力购进价格指数改为工业生产者购进价格指数（以下相关表同）。

Note: From 2011, the producer price index for manufactured goods and the purchasing price index for raw materials, fuel and power changed to the producer price index for industrial products and the purchasing price index for industrial producers. The same applies to the tables followed.

6-36 工业生产者出厂价格分类指数（一）
Producer Price Indices for Industrial Products (1)

（上年=100） (preceding year=100)

地区	Region	轻工业 Light Industry 2010	2012	2013	2013排名 Ranking	重工业 Heavy Industry 2010	2012	2013	2013排名 Ranking
全 国	**National Total**	**102.7**	**99.8**	**100.0**		**108.0**	**97.7**	**97.4**	
北 京	Beijing	98.7	101.1	100.7	14	103.8	98.0	96.9	19
天 津	Tianjin	99.7	100.7	97.9	30	107.4	96.3	96.8	21
河 北	Hebei	104.7	100.0	100.9	11	110.9	93.5	95.5	29
山 西	Shanxi	101.8	100.8	101.5	7	110.2	94.2	90.2	31
内蒙古	Inner Mongolia	102.7	102.9	102.4	3	108.3	99.6	95.6	28
辽 宁	Liaoning	102.9	101.4	100.0	19	109.2	99.6	98.8	3
吉 林	Jilin	105.2	100.6	99.3	26	105.2	98.6	98.6	4
黑龙江	Heilongjiang	106.4	102.5	100.8	13	117.9	99.3	97.2	18
上 海	Shanghai	97.1	100.7	99.2	27	106.9	97.9	98.0	8
江 苏	Jiangsu	104.9	98.1	99.2	27	109.7	96.8	97.6	12
浙 江	Zhejiang	104.8	98.1	99.2	27	108.2	96.7	97.5	13
安 徽	Anhui	104.8	101.4	101.5	7	111.4	97.1	96.9	19
福 建	Fujian	101.5	99.8	99.4	24	106.9	97.8	97.5	13
江 西	Jiangxi	104.3	98.3	99.7	20	121.3	95.8	98.0	8
山 东	Shandong	104.7	99.6	100.1	18	109.5	97.9	97.7	11
河 南	Henan	104.3	100.1	101.8	5	110.7	99.2	97.3	17
湖 北	Hubei	103.5	101.9	101.6	6	105.6	99.8	98.3	6
湖 南	Hunan	103.6	101.9	101.3	9	109.0	98.0	97.5	13
广 东	Guangdong	101.7	100.7	99.6	21	105.7	98.8	98.3	6
广 西	Guangxi	115.0	98.6	97.7	31	110.3	97.5	98.4	5
海 南	Hainan	105.5	100.5	101.1	10	109.4	100.9	99.0	2
重 庆	Chongqing	102.5	100.9	99.6	21	103.5	99.6	97.4	16
四 川	Sichuan	103.3	99.9	100.2	17	106.3	98.0	98.0	8
贵 州	Guizhou	100.5	103.7	102.4	3	106.2	100.4	96.3	25
云 南	Yunnan	102.4	101.0	100.4	16	112.0	96.8	96.4	23
西 藏	Tibet	102.5	101.6	100.6	15	108.0	99.0	99.5	1
陕 西	Shaanxi	102.2	99.8	100.9	11	109.9	100.9	96.8	21
甘 肃	Gansu	104.0	102.5	102.5	2	116.7	96.2	96.3	25
青 海	Qinghai	104.0	106.3	104.9	1	110.1	96.2	96.4	23
宁 夏	Ningxia	107.1	100.4	99.4	24	109.8	96.9	95.4	30
新 疆	Xinjiang	108.9	94.1	99.6	21	128.7	97.4	96.0	27

6-37 工业生产者出厂价格分类指数（二）
Producer Price Indices for Industrial Products (2)

（上年=100） (preceding year=100)

地区	Region	生产资料 Means of Production				生活资料 Consumer Goods			
		2010	2012	2013	2013排名 Ranking	2010	2012	2013	2013排名 Ranking
全 国	**National Total**	**106.6**	**97.5**	**97.4**		**102.0**	**100.8**	**100.2**	
北 京	Beijing	102.7	97.8	96.7	21	100.3	101.0	100.5	15
天 津	Tianjin	106.6	96.1	96.5	22	99.3	100.6	98.9	29
河 北	Hebei	109.8	93.8	95.7	30	104.2	100.6	101.5	8
山 西	Shanxi	109.7	94.2	90.2	31	104.9	100.4	101.8	6
内蒙古	Inner Mongolia	107.5	99.6	95.8	28	103.1	103.3	102.5	3
辽 宁	Liaoning	108.2	99.7	98.8	3	103.0	101.2	99.8	22
吉 林	Jilin	108.8	98.1	98.0	8	100.9	100.4	99.8	22
黑龙江	Heilongjiang	116.9	99.5	97.2	18	106.7	102.1	101.0	12
上 海	Shanghai	102.7	98.1	97.9	10	100.7	99.5	99.2	27
江 苏	Jiangsu	108.2	96.4	97.5	16	103.1	100.4	100.1	20
浙 江	Zhejiang	107.9	96.3	97.6	13	101.7	100.0	99.6	25
安 徽	Anhui	110.9	97.0	96.9	19	103.0	101.7	101.5	8
福 建	Fujian	104.1	97.6	97.6	13	101.7	100.6	99.8	22
江 西	Jiangxi	117.9	95.1	98.0	8	103.1	101.4	100.3	19
山 东	Shandong	108.4	97.6	97.8	11	103.4	100.9	100.4	17
河 南	Henan	108.8	98.6	97.5	16	103.9	102.5	102.2	5
湖 北	Hubei	105.8	99.5	98.1	7	101.9	102.6	101.7	7
湖 南	Hunan	108.1	98.3	97.7	12	102.7	101.8	101.3	11
广 东	Guangdong	104.1	99.0	98.3	5	101.4	100.5	99.6	25
广 西	Guangxi	110.3	97.4	98.4	4	118.2	99.0	97.5	31
海 南	Hainan	108.6	100.7	99.1	2	104.6	101.1	100.7	13
重 庆	Chongqing	103.9	99.6	97.6	13	100.5	100.7	99.1	28
四 川	Sichuan	105.7	97.9	98.2	6	102.8	100.6	99.9	21
贵 州	Guizhou	105.5	100.3	96.1	26	100.9	103.5	102.4	4
云 南	Yunnan	111.2	96.8	96.4	23	102.0	101.1	100.5	15
西 藏	Tibet	107.8	98.8	99.4	1	102.6	101.5	100.4	17
陕 西	Shaanxi	109.5	100.7	96.8	20	102.2	100.9	100.6	14
甘 肃	Gansu	116.1	96.2	96.3	25	102.4	102.5	103.0	2
青 海	Qinghai	109.7	96.2	96.4	23	104.2	105.9	104.7	1
宁 夏	Ningxia	109.4	97.4	95.8	28	106.6	97.9	98.7	30
新 疆	Xinjiang	127.1	96.6	96.0	27	104.1	100.8	101.5	8

6-38 工业生产者购进价格分类指数（一）
Purchasing Price Indices for Industrial Producer by Category (1)

（上年=100） (preceding year=100)

地区	Region	燃料、动力类 Fuel and Power				黑色金属材料类 Ferrous Metals			
		2010	2012	2013	2013排名 Ranking	2010	2012	2013	2013排名 Ranking
全 国	**National Total**	**116.3**	**100.9**	**96.6**		**106.6**	**92.9**	**95.7**	
北 京	Beijing	121.3	99.0	96.4	21	115.4	92.2	94.6	24
天 津	Tianjin	111.5	101.3	95.9	24	110.2	91.7	95.7	14
河 北	Hebei	113.5	98.4	94.8	27	111.1	91.2	97.0	7
山 西	Shanxi	104.9	98.2	94.7	28	110.1	95.9	95.0	19
内蒙古	Inner Mongolia	104.1	103.4	97.5	14	103.6	101.3	98.4	2
辽 宁	Liaoning	112.4	101.1	97.0	17	106.8	95.9	97.0	7
吉 林	Jilin	113.5	98.5	98.3	8	105.0	94.9	97.6	4
黑龙江	Heilongjiang	119.0	99.5	98.0	9	103.8	95.7	95.7	14
上 海	Shanghai	129.0	98.9	90.4	30	113.9	85.2	96.3	12
江 苏	Jiangsu	119.6	99.1	95.8	25	110.3	92.1	94.7	22
浙 江	Zhejiang	113.9	99.5	97.4	16	108.7	94.1	95.5	17
安 徽	Anhui	110.9	100.1	91.6	29	113.5	94.0	96.9	10
福 建	Fujian	108.1	103.4	98.9	5	113.5	91.1	94.7	22
江 西	Jiangxi	106.6	102.8	97.6	13	108.0	92.2	96.3	12
山 东	Shandong	116.4	100.5	96.8	18	108.1	92.8	94.8	20
河 南	Henan	108.9	101.6	96.7	19	108.4	94.1	96.4	11
湖 北	Hubei	115.3	101.9	97.5	14	107.2	91.7	94.5	26
湖 南	Hunan	113.6	106.8	97.9	11	108.0	93.4	95.7	14
广 东	Guangdong	107.8	102.4	95.7	26	106.6	94.1	97.1	6
广 西	Guangxi	109.3	104.0	97.8	12	103.7	95.2	97.6	4
海 南	Hainan	110.1	99.9	100.1	3	111.4	101.7	86.3	30
重 庆	Chongqing	108.7	102.2	98.0	9	107.1	96.1	94.6	24
四 川	Sichuan	107.5	102.7	100.5	1	104.0	94.5	94.0	27
贵 州	Guizhou	110.1	107.2	96.3	22	104.0	93.2	93.8	28
云 南	Yunnan	106.7	102.2	99.0	4	107.4	94.6	97.8	3
西 藏	Tibet								
陕 西	Shaanxi	111.9	101.1	98.4	6	105.5	95.1	97.0	7
甘 肃	Gansu	118.4	98.2	98.4	6	109.4	92.7	94.8	20
青 海	Qinghai	105.8	102.3	100.3	2	110.3	99.0	98.8	1
宁 夏	Ningxia	112.3	101.3	96.1	23	111.7	92.5	92.6	29
新 疆	Xinjiang	137.6	98.6	96.6	20	105.0	91.5	95.4	18

6-39 工业生产者购进价格分类指数（二）
Purchasing Price Indices for Industrial Producer by Category (2)

（上年=100） (preceding year=100)

地区	Region	有色金属材料类 Nonferrous Metals 2010	2012	2013	2013排名 Ranking	化工原料类 Raw Chemical Materials 2010	2012	2013	2013排名 Ranking
全国	**National Total**	**122.2**	**94.5**	**95.4**		**107.0**	**96.1**	**97.3**	
北京	Beijing	121.6	96.7	92.1	28	111.7	102.5	98.6	6
天津	Tianjin	134.3	91.5	95.0	22	112.6	98.4	97.9	10
河北	Hebei	120.2	91.9	95.2	17	113.2	97.6	97.6	15
山西	Shanxi	119.9	95.1	90.7	30	112.2	101.9	97.5	16
内蒙古	Inner Mongolia	112.5	96.9	95.1	18	103.0	96.6	99.4	3
辽宁	Liaoning	111.1	97.4	95.0	22	108.1	96.5	97.8	12
吉林	Jilin	113.9	98.6	97.2	4	114.1	99.4	99.9	2
黑龙江	Heilongjiang	108.4	99.1	99.3	1	121.5	93.3	99.4	3
上海	Shanghai	129.4	91.0	93.0	27	116.0	96.4	97.2	20
江苏	Jiangsu	118.4	91.8	95.3	16	117.0	91.6	97.3	19
浙江	Zhejiang	125.2	92.6	94.3	25	113.2	95.4	97.4	17
安徽	Anhui	124.9	95.4	93.8	26	111.3	97.1	97.9	10
福建	Fujian	116.6	95.5	91.9	29	110.8	94.9	96.7	23
江西	Jiangxi	135.0	92.4	95.5	12	111.9	93.8	95.7	24
山东	Shandong	114.0	95.9	97.1	5	104.8	99.3	97.8	12
河南	Henan	123.2	98.2	96.4	7	116.8	91.5	94.6	29
湖北	Hubei	124.1	97.0	95.5	12	106.6	96.9	95.6	26
湖南	Hunan	118.5	93.2	95.1	18	112.3	97.2	98.1	8
广东	Guangdong	117.8	93.9	97.5	3	109.4	97.1	97.8	12
广西	Guangxi	128.6	95.2	95.5	12	112.3	98.3	98.1	8
海南	Hainan	124.6	108.5	94.6	24	112.1	91.3	101.5	1
重庆	Chongqing	116.4	96.4	95.9	11	108.6	98.1	97.4	17
四川	Sichuan	115.5	98.5	95.1	18	108.0	97.3	97.1	21
贵州	Guizhou	122.5	98.4	97.9	2	110.2	94.6	85.2	30
云南	Yunnan	126.4	93.0	96.1	9	105.3	100.8	96.8	22
西藏	Tibet								
陕西	Shaanxi	117.3	95.9	96.5	6	107.8	100.2	95.2	27
甘肃	Gansu	118.8	96.5	95.1	18	112.0	98.7	95.7	24
青海	Qinghai	120.5	95.9	95.4	15	101.5	95.3	98.5	7
宁夏	Ningxia	129.9	91.4	96.0	10	109.3	100.3	94.7	28
新疆	Xinjiang	139.6	95.3	96.2	8	106.8	99.7	99.1	5

6-40 工业生产者购进价格分类指数（三）
Purchasing Price Indices for Industrial Producer by Category (3)

（上年=100） (preceding year=100)

地区	Region	木材及纸浆类 Timber and Paper Pulp				建筑材料及非金属类 Building Materials			
		2010	2012	2013	2013排名 Ranking	2010	2012	2013	2013排名 Ranking
全 国	**National Total**	**103.0**	**100.1**	**99.6**		**103.8**	**99.7**	**98.7**	
北 京	Beijing	104.2	99.0	98.4	26	102.7	93.9	94.2	30
天 津	Tianjin	107.5	102.1	97.3	29	103.8	97.8	97.7	24
河 北	Hebei	105.6	97.0	100.3	7	100.3	98.8	97.2	26
山 西	Shanxi	103.5	108.0	100.1	9	98.2	111.6	100.5	3
内蒙古	Inner Mongolia	100.8	102.9	99.2	17	102.9	99.8	99.5	9
辽 宁	Liaoning	101.2	101.8	100.5	6	105.3	103.3	99.8	7
吉 林	Jilin	105.6	102.6	100.8	3	103.9	104.2	99.8	7
黑龙江	Heilongjiang	106.7	99.7	98.7	25	105.5	106.5	102.1	2
上 海	Shanghai	103.4	98.1	99.5	15	105.4	93.7	98.9	14
江 苏	Jiangsu	111.3	101.9	99.8	13	103.1	96.0	95.7	27
浙 江	Zhejiang	106.7	96.9	98.1	27	103.9	98.2	98.6	18
安 徽	Anhui	103.9	104.4	99.6	14	106.9	98.3	95.7	27
福 建	Fujian	99.4	99.4	99.2	17	102.8	96.9	98.6	18
江 西	Jiangxi	106.6	98.4	99.1	20	104.5	94.4	98.0	22
山 东	Shandong	108.3	100.8	99.9	12	105.0	102.5	100.0	5
河 南	Henan	104.7	102.2	100.8	3	103.9	101.4	98.8	15
湖 北	Hubei	105.8	100.8	100.0	10	104.2	104.7	99.4	11
湖 南	Hunan	102.7	101.2	100.6	5	104.9	99.0	98.5	21
广 东	Guangdong	107.6	98.2	99.0	22	113.6	97.0	99.2	13
广 西	Guangxi	111.2	97.5	100.2	8	114.6	98.3	98.6	18
海 南	Hainan	103.7	93.8	99.0	22	110.4	95.9	98.8	15
重 庆	Chongqing	107.3	100.2	99.5	15	103.5	99.8	98.7	17
四 川	Sichuan	101.2	102.2	97.2	30	98.7	99.2	100.5	3
贵 州	Guizhou	105.2	100.9	101.3	2	96.7	116.1	102.2	1
云 南	Yunnan	105.5	101.6	100.0	10	105.2	107.8	100.0	5
西 藏	Tibet								
陕 西	Shaanxi	103.4	100.5	99.2	17	95.3	99.5	99.4	11
甘 肃	Gansu	104.4	102.6	99.0	22	102.3	105.5	99.5	9
青 海	Qinghai	99.7	123.2	102.2	1	110.2	96.2	95.5	29
宁 夏	Ningxia	107.9	98.2	98.0	28	103.7	100.5	97.5	25
新 疆	Xinjiang	104.0	103.3	99.1	20	103.0	98.9	97.8	23

6-41 工业生产者购进价格分类指数（四）
Purchasing Price Indices for Industrial Producer by Category (4)

（上年=100） (preceding year=100)

地区	Region	农副产品类 Agricultural Products				纺织原料类 Textile Materials			
		2010	2012	2013	2013排名 Ranking	2010	2012	2013	2013排名 Ranking
全 国	**National Total**	**110.4**	**100.2**	**101.6**		**106.7**	**99.1**	**99.9**	
北 京	Beijing	106.6	98.5	102.2	16	102.8	100.8	99.6	17
天 津	Tianjin	120.2	93.2	97.8	29	109.1	96.3	101.4	4
河 北	Hebei	111.9	98.7	103.3	9	110.0	94.6	99.8	14
山 西	Shanxi	118.8	96.1	98.1	28	111.4	94.9	98.0	28
内蒙古	Inner Mongolia	105.9	102.4	103.2	10	102.6	100.3	98.9	26
辽 宁	Liaoning	110.8	99.3	100.6	22	105.2	99.7	99.8	14
吉 林	Jilin	106.4	100.3	99.9	25	105.2	100.7	100.3	9
黑龙江	Heilongjiang	115.1	101.8	103.9	6	107.5	104.6	96.6	30
上 海	Shanghai	108.2	102.5	99.5	26	106.4	99.1	100.1	12
江 苏	Jiangsu	110.8	101.3	102.3	15	107.6	97.9	99.4	20
浙 江	Zhejiang	110.5	98.5	99.5	26	110.5	97.1	100.3	9
安 徽	Anhui	110.1	103.1	103.4	7	108.5	96.2	100.3	9
福 建	Fujian	117.8	98.2	100.5	23	106.9	98.7	101.1	6
江 西	Jiangxi	119.8	103.1	101.2	20	112.7	98.4	101.0	7
山 东	Shandong	116.6	100.0	100.7	21	107.6	99.9	99.5	19
河 南	Henan	108.3	97.0	101.3	19	118.1	91.6	99.7	16
湖 北	Hubei	106.9	103.3	105.4	2	109.5	94.1	101.5	3
湖 南	Hunan	109.6	103.7	102.8	12	104.6	97.3	99.2	23
广 东	Guangdong	112.9	100.6	100.0	24	109.3	103.1	99.6	17
广 西	Guangxi	116.6	101.3	103.4	7	121.4	92.1	98.5	27
海 南	Hainan	119.8	100.4	95.7	30	103.3	99.4	100.1	12
重 庆	Chongqing	112.4	101.6	102.7	13	113.5	97.7	99.3	22
四 川	Sichuan	109.8	101.9	102.2	16	113.1	101.5	100.7	8
贵 州	Guizhou	115.1	106.1	104.9	3	105.0	100.0	104.2	2
云 南	Yunnan	110.9	103.9	104.1	5	103.7	100.5	98.0	28
西 藏	Tibet								
陕 西	Shaanxi	109.4	98.4	104.8	4	109.9	96.8	101.3	5
甘 肃	Gansu	111.5	99.2	103.0	11	108.0	106.7	99.2	23
青 海	Qinghai	108.4	99.8	109.1	1	117.6	100.3	104.6	1
宁 夏	Ningxia	118.7	101.3	101.8	18	108.6	98.5	99.4	20
新 疆	Xinjiang	118.7	98.9	102.7	13	144.2	94.3	99.0	25

6-42 固定资产投资价格指数（一）
Price Indices for Investment in Fixed Assets (1)

（上年=100） (preceding year=100)

地区	Region	固定资产投资 Investment in Fixed Assets				建筑安装工程 Construction and Installation			
		2010	2012	2013	2013排名 Ranking	2010	2012	2013	2013排名 Ranking
全 国	**National Total**	**103.6**	**101.1**	**100.3**		**104.9**	**101.6**	**100.3**	
北 京	Beijing	102.5	101.3	99.9	26	104.0	99.0	97.3	30
天 津	Tianjin	102.6	100.0	99.5	29	104.2	100.1	99.3	28
河 北	Hebei	103.7	100.3	99.9	24	105.0	100.6	99.9	22
山 西	Shanxi	103.7	101.2	100.5	10	105.5	102.0	100.8	8
内蒙古	Inner Mongolia	105.4	101.6	99.6	28	107.3	101.0	99.6	26
辽 宁	Liaoning	103.3	101.0	100.0	21	104.2	101.2	99.9	22
吉 林	Jilin	102.4	100.4	100.0	22	103.2	100.8	100.4	15
黑龙江	Heilongjiang	105.2	100.8	100.1	18	106.7	101.0	100.4	15
上 海	Shanghai	103.8	99.4	100.2	16	106.1	98.7	99.8	24
江 苏	Jiangsu	105.1	98.6	100.5	10	106.9	97.9	100.8	9
浙 江	Zhejiang	104.7	99.2	100.0	22	106.7	98.6	99.5	27
安 徽	Anhui	105.4	101.0	100.2	17	107.5	101.3	100.3	17
福 建	Fujian	103.3	100.3	100.1	19	104.9	100.6	100.0	19
江 西	Jiangxi	104.8	101.0	100.4	12	105.6	101.2	100.4	14
山 东	Shandong	103.6	100.8	100.4	13	105.3	101.2	100.5	10
河 南	Henan	103.5	101.0	99.9	25	104.9	101.4	99.8	25
湖 北	Hubei	104.7	101.8	100.5	8	105.9	102.1	100.5	10
湖 南	Hunan	104.0	101.7	101.3	4	104.8	102.2	101.6	4
广 东	Guangdong	103.0	101.5	101.4	3	104.3	101.9	101.9	3
广 西	Guangxi	103.0	100.6	100.1	20	103.8	100.8	99.9	20
海 南	Hainan	105.2	102.0	99.3	30	105.5	102.5	98.9	29
重 庆	Chongqing	102.1	101.8	100.5	7	102.7	102.1	100.5	10
四 川	Sichuan	102.5	101.0	100.4	14	103.2	101.6	100.2	18
贵 州	Guizhou	102.7	101.5	100.9	6	103.6	102.0	101.5	5
云 南	Yunnan	102.7	101.4	101.1	5	103.5	101.7	101.2	6
西 藏	Tibet								
陕 西	Shaanxi	103.6	102.6	102.0	1	105.3	103.4	102.3	1
甘 肃	Gansu	103.5	102.1	100.4	15	105.0	102.5	101.0	7
青 海	Qinghai	103.8	102.2	101.5	2	104.5	102.7	102.0	2
宁 夏	Ningxia	104.2	101.5	99.8	27	105.3	101.9	99.9	20
新 疆	Xinjiang	104.6	100.6	100.5	8	105.9	101.5	100.5	13

6-43 固定资产投资价格指数（二）
Price Indices for Investment in Fixed Assets (2)

（上年=100） (preceding year=100)

地区	Region	设备工器具购置 Purchase of Equipment, Tools and Instruments				其他费用 Others			
		2010	2012	2013	2013排名 Ranking	2010	2012	2013	2013排名 Ranking
全　国	**National Total**	**100.3**	**98.9**	**99.0**		**103.1**	**102.2**	**101.7**	
北　京	Beijing	99.1	97.4	97.7	29	101.9	104.0	102.9	5
天　津	Tianjin	100.2	98.3	98.8	23	100.5	101.1	100.6	28
河　北	Hebei	101.2	99.2	99.1	14	102.8	100.7	101.9	13
山　西	Shanxi	100.3	98.9	99.0	16	100.9	100.7	100.7	26
内蒙古	Inner Mongolia	100.1	103.1	99.0	16	103.0	102.2	100.8	25
辽　宁	Liaoning	100.3	99.3	99.2	9	104.8	103.2	102.2	10
吉　林	Jilin	99.9	99.0	99.1	12	104.8	102.4	100.6	27
黑龙江	Heilongjiang	100.4	99.3	98.7	26	107.6	102.8	101.8	15
上　海	Shanghai	98.6	98.6	98.5	28	102.4	101.6	102.2	9
江　苏	Jiangsu	101.7	98.2	98.8	24	105.6	102.2	103.0	4
浙　江	Zhejiang	101.3	98.5	98.7	26	102.6	101.5	102.3	8
安　徽	Anhui	101.2	99.2	99.0	19	101.5	102.3	101.2	21
福　建	Fujian	99.8	98.9	98.9	22	102.4	100.7	101.2	23
江　西	Jiangxi	102.0	98.8	99.0	20	105.4	104.4	103.2	3
山　东	Shandong	100.2	99.2	99.3	7	103.6	103.0	102.1	11
河　南	Henan	100.5	99.7	99.7	1	101.3	101.9	101.2	22
湖　北	Hubei	99.8	99.7	99.0	21	106.1	103.3	102.6	6
湖　南	Hunan	101.7	99.6	99.6	2	103.0	102.0	102.3	7
广　东	Guangdong	99.8	98.7	99.1	13	101.4	103.3	101.7	16
广　西	Guangxi	101.2	99.3	99.6	3	102.5	101.5	101.3	20
海　南	Hainan	100.3	98.9	99.0	16	109.7	102.9	101.1	24
重　庆	Chongqing	99.6	99.1	98.7	25	101.9	101.9	101.5	19
四　川	Sichuan	100.8	99.2	99.5	5	101.9	100.9	101.6	18
贵　州	Guizhou	100.1	99.1	99.2	9	102.5	101.5	100.1	29
云　南	Yunnan	100.4	99.3	99.3	8	102.0	101.9	101.9	14
西　藏	Tibet								
陕　西	Shaanxi	100.4	99.1	99.5	5	100.8	102.7	103.7	1
甘　肃	Gansu	100.8	100.3	97.1	30	103.2	102.3	101.9	12
青　海	Qinghai	101.5	99.2	99.0	15	102.3	103.0	101.6	17
宁　夏	Ningxia	100.2	99.8	99.1	11	100.0	100.0	100.0	30
新　疆	Xinjiang	100.4	97.3	99.5	4	105.2	101.0	103.5	2

7

居民生活

People's Living Conditions

7-1 全体居民人均可支配收入和现金可支配收入
Per Capita Disposable Income and Cash Disposable Income of Nationwide

单位：元 (yuan)

地区	Region	可支配收入 Disposable Income 2013	2013排名 Ranking	其中：现金可支配收入 Cash Disposable Income 2013	2013排名 Ranking
全 国	**National Total**	**18310.76**		**17114.56**	
北 京	Beijing	40830.04	2	35154.10	2
天 津	Tianjin	26359.20	4	24700.44	4
河 北	Hebei	15189.64	17	14325.87	19
山 西	Shanxi	15119.72	19	14591.19	17
内蒙古	Inner Mongolia	18692.89	10	17956.48	10
辽 宁	Liaoning	20817.84	8	19862.44	8
吉 林	Jilin	15998.12	14	14910.33	15
黑龙江	Heilongjiang	15903.45	15	14863.29	16
上 海	Shanghai	42173.64	1	35418.69	1
江 苏	Jiangsu	24775.54	5	23188.17	5
浙 江	Zhejiang	29774.99	3	28081.34	3
安 徽	Anhui	15154.31	18	14403.69	18
福 建	Fujian	21217.95	7	20097.32	7
江 西	Jiangxi	15099.68	20	13990.57	20
山 东	Shandong	19008.26	9	18239.19	9
河 南	Henan	14203.71	24	13050.70	24
湖 北	Hubei	16472.46	12	15550.47	11
湖 南	Hunan	16004.90	13	15116.60	13
广 东	Guangdong	23420.75	6	22129.81	6
广 西	Guangxi	14082.30	25	13157.67	23
海 南	Hainan	15733.28	16	14953.33	14
重 庆	Chongqing	16568.67	11	15297.02	12
四 川	Sichuan	14230.99	23	13012.59	26
贵 州	Guizhou	11083.06	29	10359.28	29
云 南	Yunnan	12577.87	28	11681.09	28
西 藏	Tibet	9746.80	31	9089.60	31
陕 西	Shaanxi	14371.55	22	13746.84	22
甘 肃	Gansu	10954.40	30	10322.93	30
青 海	Qinghai	12947.84	27	12429.20	27
宁 夏	Ningxia	14565.78	21	13892.46	21
新 疆	Xinjiang	13669.62	26	13043.45	25

7-2 全体居民人均工资性收入和经营净收入
Per Capita Income from Wages and Salaries and Net Business Income of Nationwide

单位：元 (yuan)

地区	Region	工资性收入 Income from Wages and Salaries		经营净收入 Net Business Income	
		2013	2013排名 Ranking	2013	2013排名 Ranking
全　国	**National Total**	**10410.80**		**3434.70**	
北　京	Beijing	25022.80	2	1295.70	31
天　津	Tianjin	15567.70	5	2681.50	23
河　北	Hebei	8858.90	12	2462.30	25
山　西	Shanxi	9424.00	11	2338.30	26
内蒙古	Inner Mongolia	10004.90	10	4729.80	2
辽　宁	Liaoning	11273.10	8	3919.10	9
吉　林	Jilin	7394.80	23	4548.30	3
黑龙江	Heilongjiang	8039.90	21	3949.80	7
上　海	Shanghai	26747.60	1	1345.60	30
江　苏	Jiangsu	14434.90	6	3926.00	8
浙　江	Zhejiang	17426.10	3	5600.20	1
安　徽	Anhui	8155.10	19	3662.30	11
福　建	Fujian	12520.80	7	4129.50	5
江　西	Jiangxi	8293.60	16	2920.80	21
山　东	Shandong	10990.80	9	4297.80	4
河　南	Henan	7134.80	25	3551.10	13
湖　北	Hubei	8159.80	18	3913.30	10
湖　南	Hunan	8124.80	20	3255.20	15
广　东	Guangdong	17282.30	4	3094.20	19
广　西	Guangxi	6868.00	26	3249.60	16
海　南	Hainan	8672.10	15	3575.20	12
重　庆	Chongqing	8818.80	14	2749.00	22
四　川	Sichuan	7149.60	24	3173.40	17
贵　州	Guizhou	5595.90	30	2650.40	24
云　南	Yunnan	5715.60	28	3520.10	14
西　藏	Tibet	4786.70	31	3170.70	18
陕　西	Shaanxi	8184.40	17	2217.30	27
甘　肃	Gansu	5660.90	29	2175.80	28
青　海	Qinghai	7607.10	22	2050.10	29
宁　夏	Ningxia	8836.30	13	2991.70	20
新　疆	Xinjiang	6864.80	27	4077.00	6

7-3 全体居民人均财产净收入和转移净收入
Per Capita Net Income from Properties and Net Income from Transfers of Nationwide

单位：元 (yuan)

地区	Region	财产净收入 Net Income from Properties 2013	2013排名 Ranking	转移净收入 Net Income from Transfers 2013	2013排名 Ranking
全 国	**National Total**	**1423.30**		**3042.10**	
北 京	Beijing	6486.20	1	8025.40	2
天 津	Tianjin	2445.40	4	5664.50	3
河 北	Hebei	1048.30	16	2820.10	16
山 西	Shanxi	739.00	25	2618.50	20
内蒙古	Inner Mongolia	1075.20	15	2883.00	15
辽 宁	Liaoning	1312.50	9	4313.10	4
吉 林	Jilin	691.70	26	3363.40	10
黑龙江	Heilongjiang	881.60	18	3032.10	14
上 海	Shanghai	6036.80	2	8043.70	1
江 苏	Jiangsu	2161.20	5	4253.50	5
浙 江	Zhejiang	3314.50	3	3434.20	9
安 徽	Anhui	814.30	22	2522.70	21
福 建	Fujian	2049.10	6	2518.60	22
江 西	Jiangxi	1118.30	14	2766.90	17
山 东	Shandong	1215.80	10	2503.80	23
河 南	Henan	759.50	23	2758.30	18
湖 北	Hubei	957.20	17	3442.20	8
湖 南	Hunan	1158.00	13	3466.80	7
广 东	Guangdong	1977.30	7	1066.90	31
广 西	Guangxi	862.40	21	3102.30	11
海 南	Hainan	1210.40	11	2275.60	26
重 庆	Chongqing	1193.30	12	3807.50	6
四 川	Sichuan	864.00	20	3044.00	13
贵 州	Guizhou	553.20	29	2283.60	25
云 南	Yunnan	1316.60	8	2025.60	29
西 藏	Tibet	380.20	31	1409.20	30
陕 西	Shaanxi	874.10	19	3095.70	12
甘 肃	Gansu	753.90	24	2363.80	24
青 海	Qinghai	561.90	28	2728.70	19
宁 夏	Ningxia	474.10	30	2263.60	27
新 疆	Xinjiang	575.70	27	2152.10	28

7-4 全体居民人均现金工资性收入和现金经营净收入 Per Capita Cash Income of Wages and Salaries and Cash Net Business Income of Nationwide

单位：元 (yuan)

地区	Region	现金工资性收入 Cash Income of Wages and Salaries		现金经营净收入 Cash Net Business Income	
		2013	2013排名 Ranking	2013	2013排名 Ranking
全　国	**National Total**	**10348.60**		**3354.20**	
北　京	Beijing	24926.40	2	1566.20	30
天　津	Tianjin	15373.80	5	3218.70	13
河　北	Hebei	8840.40	12	2427.20	23
山　西	Shanxi	9390.20	11	2337.50	24
内蒙古	Inner Mongolia	9997.60	10	4595.30	2
辽　宁	Liaoning	11081.90	8	4347.70	5
吉　林	Jilin	7377.10	23	4013.30	7
黑龙江	Heilongjiang	8016.10	21	3584.20	12
上　海	Shanghai	26436.90	1	1520.30	31
江　苏	Jiangsu	14344.10	6	4101.50	6
浙　江	Zhejiang	17302.00	3	6271.40	1
安　徽	Anhui	8104.00	19	3611.00	11
福　建	Fujian	12432.00	7	4488.20	3
江　西	Jiangxi	8284.90	16	2517.50	22
山　东	Shandong	10937.40	9	4436.50	4
河　南	Henan	7118.70	24	2975.90	18
湖　北	Hubei	8105.70	18	3900.50	9
湖　南	Hunan	8088.20	20	3028.20	17
广　东	Guangdong	17132.90	4	3118.20	15
广　西	Guangxi	6840.90	26	2966.60	19
海　南	Hainan	8636.10	15	3717.30	10
重　庆	Chongqing	8785.40	14	2325.40	25
四　川	Sichuan	7103.70	25	2628.30	21
贵　州	Guizhou	5588.40	30	2319.60	26
云　南	Yunnan	5703.10	28	3189.10	14
西　藏	Tibet	4783.70	31	2727.70	20
陕　西	Shaanxi	8132.20	17	2196.60	28
甘　肃	Gansu	5647.10	29	2075.20	29
青　海	Qinghai	7585.40	22	2291.80	27
宁　夏	Ningxia	8806.50	13	3037.00	16
新　疆	Xinjiang	6839.80	27	3971.30	8

7-5 全体居民人均现金财产净收入和现金转移净收入

Per Capita Cash Net Income from Properties and Cash Net Income from Transfers of Nationwide

单位：元 (yuan)

地区 Region	现金财产净收入 Cash Net Income from Properties 2013	2013排名 Ranking	现金转移净收入 Cash Net Income from Transfers 2013	2013排名 Ranking
全 国 National Total	**526.60**		**2885.20**	
北 京 Beijing	954.70	2	7706.90	1
天 津 Tianjin	778.50	7	5329.40	3
河 北 Hebei	358.80	19	2699.50	16
山 西 Shanxi	422.70	15	2440.70	19
内蒙古 Inner Mongolia	539.00	9	2824.60	15
辽 宁 Liaoning	331.10	21	4101.80	4
吉 林 Jilin	220.30	27	3299.70	8
黑龙江 Heilongjiang	309.30	23	2953.60	12
上 海 Shanghai	400.30	16	7061.30	2
江 苏 Jiangsu	791.20	6	3951.40	5
浙 江 Zhejiang	1340.10	1	3167.80	10
安 徽 Anhui	298.80	24	2389.80	22
福 建 Fujian	795.20	5	2381.90	23
江 西 Jiangxi	495.00	11	2693.30	17
山 东 Shandong	454.50	12	2410.80	21
河 南 Henan	344.10	20	2612.00	18
湖 北 Hubei	271.20	25	3273.20	9
湖 南 Hunan	630.20	8	3370.00	7
广 东 Guangdong	912.30	3	966.40	31
广 西 Guangxi	399.40	17	2950.80	13
海 南 Hainan	502.40	10	2097.40	26
重 庆 Chongqing	442.70	14	3743.50	6
四 川 Sichuan	390.10	18	2890.50	14
贵 州 Guizhou	229.90	26	2221.40	25
云 南 Yunnan	836.00	4	1953.00	29
西 藏 Tibet	198.50	28	1379.80	30
陕 西 Shaanxi	453.90	13	2964.20	11
甘 肃 Gansu	317.90	22	2282.70	24
青 海 Qinghai	138.50	30	2413.50	20
宁 夏 Ningxia	68.20	31	1980.70	28
新 疆 Xinjiang	194.40	29	2037.90	27

7-6 全体居民人均消费支出情况（一）
Per Capita Consumption Expenses of Nationwide (1)

单位：元 (yuan)

地区	Region	消费支出 Expenses on Consumption 2013	2013排名 Ranking	食品烟酒 Food Alcohol and Tobacco 2013	2013排名 Ranking
全　国	**National Total**	**13220.42**		**4126.70**	
北　京	Beijing	29175.63	2	7008.50	2
天　津	Tianjin	20418.67	4	6607.30	3
河　北	Hebei	10872.18	22	3042.50	26
山　西	Shanxi	10118.33	24	2691.90	31
内蒙古	Inner Mongolia	14877.66	9	4313.80	10
辽　宁	Liaoning	14950.16	8	4250.30	11
吉　林	Jilin	12054.34	11	3292.30	22
黑龙江	Heilongjiang	12037.23	12	3440.50	20
上　海	Shanghai	30399.88	1	8199.60	1
江　苏	Jiangsu	17925.75	5	5216.80	7
浙　江	Zhejiang	20610.09	3	5990.60	5
安　徽	Anhui	10544.09	23	3660.80	16
福　建	Fujian	16176.63	7	5543.10	6
江　西	Jiangxi	10052.77	25	3450.40	19
山　东	Shandong	11896.77	14	3560.90	18
河　南	Henan	10002.47	26	2958.10	27
湖　北	Hubei	11760.77	15	3794.50	14
湖　南	Hunan	11945.85	13	3899.10	13
广　东	Guangdong	17421.00	6	6097.30	4
广　西	Guangxi	9596.50	27	3362.80	21
海　南	Hainan	11192.88	20	4468.80	9
重　庆	Chongqing	12600.20	10	4511.20	8
四　川	Sichuan	11054.66	21	4074.50	12
贵　州	Guizhou	8288.00	30	2906.40	28
云　南	Yunnan	8823.81	29	3048.40	25
西　藏	Tibet	6310.64	31	2742.60	30
陕　西	Shaanxi	11217.32	19	3066.00	24
甘　肃	Gansu	8943.39	28	2897.20	29
青　海	Qinghai	11576.50	16	3627.60	17
宁　夏	Ningxia	11292.02	18	3226.20	23
新　疆	Xinjiang	11391.84	17	3676.70	15

7-7 全体居民人均消费支出情况（二）
Per Capita Consumption Expenses of Nationwide (2)

单位：元 (yuan)

地区	Region	衣着 Clothing 2013	2013排名 Ranking	居住 Residence 2013	2013排名 Ranking
全 国	**National Total**	**1027.10**		**2998.50**	
北 京	Beijing	2254.90	1	9120.50	2
天 津	Tianjin	1652.00	3	4525.20	4
河 北	Hebei	905.90	22	2583.30	13
山 西	Shanxi	998.80	17	2173.80	22
内蒙古	Inner Mongolia	1676.20	2	2684.80	9
辽 宁	Liaoning	1400.90	6	3238.80	8
吉 林	Jilin	1140.60	11	2475.90	15
黑龙江	Heilongjiang	1238.60	8	2585.70	12
上 海	Shanghai	1603.70	4	10011.60	1
江 苏	Jiangsu	1325.00	7	3978.30	5
浙 江	Zhejiang	1499.10	5	5201.50	3
安 徽	Anhui	806.50	24	2353.60	20
福 建	Fujian	1032.70	13	3903.70	7
江 西	Jiangxi	772.70	26	2418.40	18
山 东	Shandong	1032.70	13	2660.40	10
河 南	Henan	1012.40	16	2093.70	25
湖 北	Hubei	933.50	19	2625.30	11
湖 南	Hunan	851.50	23	2521.80	14
广 东	Guangdong	951.10	18	3962.70	6
广 西	Guangxi	435.70	31	2168.50	23
海 南	Hainan	484.80	30	2468.90	16
重 庆	Chongqing	1213.00	9	2452.20	17
四 川	Sichuan	906.10	21	2064.20	26
贵 州	Guizhou	610.80	28	1678.50	30
云 南	Yunnan	550.30	29	1858.30	28
西 藏	Tibet	633.30	27	1213.20	31
陕 西	Shaanxi	912.10	20	2383.80	19
甘 肃	Gansu	795.40	25	1796.20	29
青 海	Qinghai	1087.10	12	2245.10	21
宁 夏	Ningxia	1022.90	15	2036.20	27
新 疆	Xinjiang	1173.80	10	2160.40	24

7-8 全体居民人均消费支出情况（三）
Per Capita Consumption Expenses of Nationwide (3)

单位：元 (yuan)

地区	Region	生活用品及服务 Supplies and Services 2013	2013排名 Ranking	交通和通信 Transport and Communications 2013	2013排名 Ranking
全　国	**National Total**	**806.50**		**1627.10**	
北　京	Beijing	1862.60	1	3278.00	2
天　津	Tianjin	1135.30	3	2832.10	4
河　北	Hebei	696.80	19	1414.20	15
山　西	Shanxi	609.00	24	1145.50	25
内蒙古	Inner Mongolia	881.10	8	2036.40	7
辽　宁	Liaoning	865.00	10	1814.80	9
吉　林	Jilin	616.00	23	1520.60	12
黑龙江	Heilongjiang	630.60	22	1335.90	18
上　海	Shanghai	1457.80	2	3450.40	1
江　苏	Jiangsu	1047.60	5	2431.40	5
浙　江	Zhejiang	1053.60	4	3125.50	3
安　徽	Anhui	594.50	26	1190.00	22
福　建	Fujian	992.90	7	1885.80	8
江　西	Jiangxi	599.90	25	1045.80	28
山　东	Shandong	801.70	11	1540.80	11
河　南	Henan	790.30	12	1049.20	27
湖　北	Hubei	735.60	16	1236.00	19
湖　南	Hunan	783.30	13	1381.80	16
广　东	Guangdong	999.30	6	2400.10	6
广　西	Guangxi	573.20	27	1177.50	23
海　南	Hainan	637.80	21	1157.60	24
重　庆	Chongqing	877.50	9	1214.40	21
四　川	Sichuan	774.80	14	1222.00	20
贵　州	Guizhou	551.60	29	933.40	30
云　南	Yunnan	511.60	30	1110.90	26
西　藏	Tibet	393.60	31	702.40	31
陕　西	Shaanxi	729.80	17	1374.20	17
甘　肃	Gansu	558.20	28	1005.30	29
青　海	Qinghai	702.20	18	1495.90	14
宁　夏	Ningxia	762.90	15	1577.30	10
新　疆	Xinjiang	651.10	20	1510.10	13

7-9 全体居民人均消费支出情况（四）
Per Capita Consumption Expenses of Nationwide (4)

单位：元 (yuan)

地区	Region	教育、文化和娱乐 Education, Culture and Recreation 2013	2013排名 Ranking	医疗保健 Health Care and Medical Services 2013	2013排名 Ranking
全国	**National Total**	**1397.70**		**912.10**	
北京	Beijing	3082.90	1	1765.70	2
天津	Tianjin	1596.50	8	1445.00	3
河北	Hebei	1039.20	24	956.10	13
山西	Shanxi	1381.00	12	835.90	19
内蒙古	Inner Mongolia	1663.10	7	1176.00	7
辽宁	Liaoning	1708.80	6	1213.40	5
吉林	Jilin	1417.30	11	1281.80	4
黑龙江	Heilongjiang	1339.90	14	1153.10	9
上海	Shanghai	2751.90	2	2054.10	1
江苏	Jiangsu	2271.30	3	1155.00	8
浙江	Zhejiang	2019.10	4	1198.00	6
安徽	Anhui	1018.70	25	699.50	25
福建	Fujian	1570.80	9	774.70	21
江西	Jiangxi	990.70	27	547.20	28
山东	Shandong	1136.80	19	902.10	15
河南	Henan	1076.90	20	766.20	22
湖北	Hubei	1302.90	15	876.80	16
湖南	Hunan	1353.20	13	865.40	17
广东	Guangdong	1811.00	5	728.90	23
广西	Guangxi	1064.20	21	643.00	26
海南	Hainan	1226.40	18	540.60	29
重庆	Chongqing	1239.00	17	837.60	18
四川	Sichuan	986.30	29	808.80	20
贵州	Guizhou	1011.10	26	447.60	30
云南	Yunnan	962.10	30	642.10	27
西藏	Tibet	218.60	31	183.10	31
陕西	Shaanxi	1438.10	10	1081.20	11
甘肃	Gansu	988.30	28	727.90	24
青海	Qinghai	1046.60	23	1101.70	10
宁夏	Ningxia	1273.00	16	1066.10	12
新疆	Xinjiang	1062.50	22	912.90	14

7-10 全体居民人均现金消费支出情况（一）
Per Capita Cash Consumption Expenses of Nationwide (1)

单位：元 (yuan)

地区	Region	现金消费支出 Cash Consumption Expenses 2013	2013排名 Ranking	食品烟酒 Food Alcohol and Tobacco 2013	2013排名 Ranking
全　国	**National Total**	**10917.40**		**3822.80**	
北　京	Beijing	21787.70	1	6936.90	2
天　津	Tianjin	17064.10	3	6458.90	3
河　北	Hebei	9177.10	21	2923.70	24
山　西	Shanxi	8719.70	23	2498.40	29
内蒙古	Inner Mongolia	13235.40	7	4029.30	10
辽　宁	Liaoning	12689.20	9	4045.80	9
吉　林	Jilin	10565.80	10	3146.00	19
黑龙江	Heilongjiang	10538.20	11	3335.00	18
上　海	Shanghai	21417.40	2	7937.70	1
江　苏	Jiangsu	14634.10	6	4960.70	7
浙　江	Zhejiang	16543.20	4	5800.00	5
安　徽	Anhui	8718.60	24	3406.30	13
福　建	Fujian	13158.60	8	5222.50	6
江　西	Jiangxi	8005.60	26	3057.10	21
山　东	Shandong	10078.20	13	3399.60	14
河　南	Henan	8498.80	25	2790.70	26
湖　北	Hubei	9586.40	19	3352.80	17
湖　南	Hunan	9961.60	14	3446.20	12
广　东	Guangdong	14811.30	5	5808.40	4
广　西	Guangxi	7753.10	27	2944.30	23
海　南	Hainan	9330.70	20	4255.00	8
重　庆	Chongqing	10372.80	12	4004.20	11
四　川	Sichuan	8916.00	22	3389.70	15
贵　州	Guizhou	6698.30	30	2299.10	30
云　南	Yunnan	7020.30	29	2535.90	27
西　藏	Tibet	4736.10	31	2073.00	31
陕　西	Shaanxi	9688.30	18	2887.90	25
甘　肃	Gansu	7528.90	28	2508.80	28
青　海	Qinghai	9714.80	17	3106.40	20
宁　夏	Ningxia	9785.40	16	2946.00	22
新　疆	Xinjiang	9907.70	15	3353.30	16

7-11 全体居民人均现金消费支出情况（二）
Per Capita Cash Consumption Expenses of Nationwide (2)

单位：元 (yuan)

地区	Region	衣着 Clothing 2013	2013排名 Ranking	居住 Residence 2013	2013排名 Ranking
全国	**National Total**	**1025.70**		**1155.10**	
北京	Beijing	2253.70	1	2119.90	2
天津	Tianjin	1649.20	3	1688.20	4
河北	Hebei	905.30	21	1128.00	14
山西	Shanxi	996.90	17	1097.10	15
内蒙古	Inner Mongolia	1676.70	2	1382.10	7
辽宁	Liaoning	1400.20	6	1407.20	6
吉林	Jilin	1140.10	11	1198.30	12
黑龙江	Heilongjiang	1238.50	8	1271.80	9
上海	Shanghai	1601.80	4	2320.20	1
江苏	Jiangsu	1323.10	7	1258.50	10
浙江	Zhejiang	1497.60	5	1610.40	5
安徽	Anhui	803.00	24	918.40	21
福建	Fujian	1031.80	13	1374.10	8
江西	Jiangxi	772.50	26	835.80	25
山东	Shandong	1029.70	14	1087.30	17
河南	Henan	1012.20	16	904.00	22
湖北	Hubei	929.30	19	1063.50	19
湖南	Hunan	851.10	23	1090.10	16
广东	Guangdong	947.00	18	1731.50	3
广西	Guangxi	434.90	31	880.90	24
海南	Hainan	484.60	30	891.00	23
重庆	Chongqing	1211.90	9	791.30	27
四川	Sichuan	905.30	21	766.10	28
贵州	Guizhou	610.50	28	750.00	29
云南	Yunnan	550.10	29	639.70	30
西藏	Tibet	632.00	27	341.80	31
陕西	Shaanxi	912.00	20	1167.40	13
甘肃	Gansu	795.00	25	834.80	26
青海	Qinghai	1085.60	12	1204.80	11
宁夏	Ningxia	1022.60	15	1085.00	18
新疆	Xinjiang	1172.10	10	1051.30	20

7-12 全体居民人均现金消费支出情况（三）
Per Capita Cash Consumption Expenses of Nationwide (3)

单位：元 (yuan)

地区	Region	生活用品及服务 Supplies and Services 2013	2013排名 Ranking	交通和通信 Transport and Communications 2013	2013排名 Ranking
全　国	**National Total**	**801.80**		**1624.80**	
北　京	Beijing	1856.70	1	3276.40	2
天　津	Tianjin	1130.80	3	2817.30	4
河　北	Hebei	695.60	18	1413.90	15
山　西	Shanxi	600.30	24	1144.60	25
内蒙古	Inner Mongolia	881.00	8	2036.20	7
辽　宁	Liaoning	863.40	10	1807.60	9
吉　林	Jilin	613.50	22	1516.90	12
黑龙江	Heilongjiang	629.40	21	1335.30	18
上　海	Shanghai	1448.40	2	3432.50	1
江　苏	Jiangsu	1042.30	5	2427.30	5
浙　江	Zhejiang	1045.40	4	3119.60	3
安　徽	Anhui	591.90	26	1189.10	22
福　建	Fujian	971.80	7	1882.50	8
江　西	Jiangxi	599.20	25	1045.50	28
山　东	Shandong	796.70	11	1540.30	11
河　南	Henan	789.60	12	1048.50	27
湖　北	Hubei	734.10	16	1234.50	19
湖　南	Hunan	782.40	13	1380.30	16
广　东	Guangdong	992.50	6	2397.00	6
广　西	Guangxi	566.80	27	1176.50	23
海　南	Hainan	606.20	23	1157.50	24
重　庆	Chongqing	875.40	9	1213.60	21
四　川	Sichuan	767.40	14	1219.40	20
贵　州	Guizhou	550.40	29	933.00	30
云　南	Yunnan	510.00	30	1109.80	26
西　藏	Tibet	390.30	31	702.40	31
陕　西	Shaanxi	724.50	17	1371.90	17
甘　肃	Gansu	551.00	28	1004.40	29
青　海	Qinghai	694.80	19	1495.90	14
宁　夏	Ningxia	745.60	15	1576.10	10
新　疆	Xinjiang	645.50	20	1509.50	13

7-13 全体居民人均现金消费支出情况（四）
Per Capita Cash Consumption Expenses of Nationwide (4)

单位：元 (yuan)

地区	Region	教育、文化和娱乐 Education, Culture and Recreation 2013	2013排名 Ranking	医疗保健 Health Care and Medical Services 2013	2013排名 Ranking
全　国	**National Total**	**1396.50**		**772.10**	
北　京	Beijing	3079.80	1	1465.60	1
天　津	Tianjin	1593.30	8	1135.70	3
河　北	Hebei	1039.00	24	840.40	13
山　西	Shanxi	1380.00	12	736.90	18
内蒙古	Inner Mongolia	1663.00	7	1121.60	4
辽　宁	Liaoning	1708.30	6	1008.60	7
吉　林	Jilin	1416.70	11	1225.80	2
黑龙江	Heilongjiang	1339.70	14	1076.10	6
上　海	Shanghai	2743.00	2	1076.50	5
江　苏	Jiangsu	2269.70	3	857.80	11
浙　江	Zhejiang	2016.20	4	946.60	9
安　徽	Anhui	1018.50	25	574.80	26
福　建	Fujian	1568.00	9	640.80	23
江　西	Jiangxi	990.50	27	477.80	29
山　东	Shandong	1136.40	19	832.40	14
河　南	Henan	1076.90	20	622.90	24
湖　北	Hubei	1302.50	15	717.40	19
湖　南	Hunan	1352.80	13	771.50	17
广　东	Guangdong	1807.20	5	670.40	21
广　西	Guangxi	1062.20	21	524.30	27
海　南	Hainan	1238.00	18	496.40	28
重　庆	Chongqing	1239.00	17	786.50	16
四　川	Sichuan	984.80	29	669.30	22
贵　州	Guizhou	1012.20	26	400.50	30
云　南	Yunnan	961.80	30	575.50	25
西　藏	Tibet	218.60	31	154.00	31
陕　西	Shaanxi	1436.50	10	958.10	8
甘　肃	Gansu	987.50	28	675.80	20
青　海	Qinghai	1041.20	23	818.00	15
宁　夏	Ningxia	1271.90	16	843.20	12
新　疆	Xinjiang	1062.00	22	871.60	10

7-14 城镇居民家庭年人均可支配收入和总收入
Per Capita Disposable Income and Total Income of Urban Households

单位：元 (yuan)

地区	Region	可支配收入 Disposable Income				总收入 Total Income			
		2010	2012	2013	2013排名 Ranking	2010	2012	2013	2013排名 Ranking
全　国	**National Total**	**19109.44**	**24564.72**	**26955.10**		**21033.42**	**26958.99**	**29547.05**	
北　京	Beijing	29072.93	36468.75	40321.00	2	33360.42	41103.11	45273.84	2
天　津	Tianjin	24292.60	29626.41	32293.57	6	26942.00	32944.01	35655.52	5
河　北	Hebei	16263.43	20543.44	22580.35	19	17334.42	21899.42	24142.88	18
山　西	Shanxi	15647.66	20411.71	22455.63	20	16893.00	22100.31	24013.60	20
内蒙古	Inner Mongolia	17698.15	23150.26	25496.67	10	19014.24	24790.79	26978.05	10
辽　宁	Liaoning	17712.58	23222.67	25578.17	9	20014.57	25915.72	27904.89	9
吉　林	Jilin	15411.47	20208.04	22274.60	23	16794.45	21659.64	23544.19	24
黑龙江	Heilongjiang	13856.51	17759.75	19596.96	29	15095.55	19367.84	21149.20	30
上　海	Shanghai	31838.08	40188.34	43851.36	1	35738.51	44754.50	48879.33	1
江　苏	Jiangsu	22944.26	29676.97	32538.00	5	25115.40	32519.10	35131.00	6
浙　江	Zhejiang	27359.02	34550.30	37851.00	3	30134.79	37994.83	41241.00	3
安　徽	Anhui	15788.17	21024.21	23114.22	15	17626.71	23524.56	25006.16	14
福　建	Fujian	21781.31	28055.24	30816.37	7	24149.59	30877.92	33382.69	7
江　西	Jiangxi	15481.12	19860.36	21872.68	24	16558.01	21150.24	22949.38	25
山　东	Shandong	19945.83	25755.19	28264.10	8	21736.94	28005.61	30628.11	8
河　南	Henan	15930.26	20442.62	22398.03	21	17141.80	21897.23	23686.53	23
湖　北	Hubei	16058.37	20839.59	22906.42	17	17572.83	22903.85	25180.49	12
湖　南	Hunan	16565.70	21318.76	23413.99	12	17657.06	22804.55	24643.00	17
广　东	Guangdong	23897.80	30226.71	33090.05	4	26896.86	34044.38	36503.91	4
广　西	Guangxi	17063.89	21242.80	23305.38	13	18742.21	23209.41	25028.72	13
海　南	Hainan	15581.05	20917.71	22928.90	16	16929.63	22809.87	24919.86	15
重　庆	Chongqing	17532.43	22968.14	25216.13	11	18990.54	24810.98	26850.32	11
四　川	Sichuan	15461.16	20306.99	22367.63	22	17128.89	22328.33	23893.89	21
贵　州	Guizhou	14142.74	18700.51	20667.07	26	15138.80	20042.88	21413.04	29
云　南	Yunnan	16064.54	21074.50	23235.53	14	17478.91	23000.43	24698.33	16
西　藏	Tibet	14980.47	18028.32	20023.35	27	16538.98	20224.17	22560.67	26
陕　西	Shaanxi	15695.21	20733.88	22858.37	18	17064.71	22606.01	24108.80	19
甘　肃	Gansu	13188.55	17156.89	18964.78	31	14307.28	18498.46	20149.05	31
青　海	Qinghai	13854.99	17566.28	19498.54	30	15480.81	19746.63	22130.99	28
宁　夏	Ningxia	15344.49	19831.41	21833.33	25	17536.78	21902.24	23766.75	22
新　疆	Xinjiang	13643.77	17920.68	19873.77	28	15421.59	20194.55	22387.85	27

7-15 城镇居民家庭年人均工资性收入和经营净收入
Per Capita Annual Income from Wages and Salaries and Net Business Income of Urban Households

单位：元 (yuan)

地区	Region	工资性收入 Income from Wages and Salaries				经营净收入 Net Business Income			
		2010	2012	2013	2013排名 Ranking	2010	2012	2013	2013排名 Ranking
全　国	**National Total**	**13707.68**	**17335.62**	**18929.79**		**1713.51**	**2548.29**	**2797.11**	
北　京	Beijing	23099.09	27961.78	30273.01	2	1170.65	1430.22	1487.18	26
天　津	Tianjin	16780.41	21523.81	23231.85	5	931.81	1200.10	1257.57	28
河　北	Hebei	10566.30	13154.52	14588.36	25	1043.72	2257.48	2449.37	17
山　西	Shanxi	10784.74	14973.64	16216.40	13	1044.85	1041.43	1220.90	29
内蒙古	Inner Mongolia	12614.46	16872.58	18377.94	10	2013.77	2698.67	3612.75	3
辽　宁	Liaoning	11712.68	14846.05	15882.02	14	1797.82	2710.30	3009.60	8
吉　林	Jilin	10621.43	13535.33	14388.26	26	1363.73	2168.82	2482.01	15
黑龙江	Heilongjiang	9087.59	11700.50	12525.77	31	1266.72	1729.29	2237.60	23
上　海	Shanghai	25439.97	31109.30	33235.39	1	1628.22	2267.15	2317.02	21
江　苏	Jiangsu	14816.87	20102.05	21890.00	6	2519.06	3421.90	3565.72	4
浙　江	Zhejiang	18313.60	22385.09	24453.00	4	3640.87	4694.40	5123.00	1
安　徽	Anhui	11442.43	14812.54	15535.34	19	1172.36	2155.33	2558.66	13
福　建	Fujian	15682.48	19976.01	21443.39	8	2135.92	3336.96	3486.13	5
江　西	Jiangxi	10613.83	13348.06	14767.52	23	1266.21	1946.82	2455.91	16
山　东	Shandong	15731.23	19856.05	21562.13	7	1703.72	2621.41	2996.16	9
河　南	Henan	10804.88	13666.49	14704.24	24	1478.06	2545.14	2706.79	11
湖　北	Hubei	11460.49	14191.04	15571.83	18	1391.83	2158.33	2340.01	18
湖　南	Hunan	10782.04	13237.06	13951.38	28	1880.90	3008.33	3215.37	7
广　东	Guangdong	18902.43	23632.20	25286.45	3	2666.53	3603.89	3791.29	2
广　西	Guangxi	12061.82	14693.47	15647.77	16	1474.90	2131.79	2326.75	20
海　南	Hainan	10957.92	14672.28	15773.04	15	1716.74	2397.44	2721.09	10
重　庆	Chongqing	12738.20	15415.44	16654.66	11	1263.20	2183.51	2329.35	19
四　川	Sichuan	11310.70	14249.32	14976.04	22	1198.69	2017.84	2286.66	22
贵　州	Guizhou	9627.99	12309.17	13627.56	29	1174.02	1982.45	3244.92	6
云　南	Yunnan	10845.21	14408.29	15140.70	21	1122.89	2425.03	2540.32	14
西　藏	Tibet	14707.14	17672.12	19604.00	9	395.66	570.88	713.10	31
陕　西	Shaanxi	12078.35	15547.32	16440.99	12	573.19	881.96	1003.89	30
甘　肃	Gansu	9882.50	12514.92	13329.73	30	687.96	1125.68	1301.74	27
青　海	Qinghai	10061.58	12614.39	14015.57	27	943.96	1191.42	1696.71	25
宁　夏	Ningxia	10821.22	13965.62	15363.92	20	2238.13	2522.84	2626.08	12
新　疆	Xinjiang	11327.91	14432.12	15585.27	17	1131.78	1633.22	1803.48	24

7-16 城镇居民家庭年人均财产性收入和转移性收入
Per Capita Income from Properties and Income from Transfers of Urban Households

单位：元 (yuan)

地区	Region	财产性收入 Income from Properties 2010	2012	2013	2013排名 Ranking	转移性收入 Income from Transfers 2010	2012	2013	2013排名 Ranking
全　国	**National Total**	**520.33**	**706.96**	**809.88**		**5091.90**	**6368.12**	**7010.26**	
北　京	Beijing	655.91	717.56	574.33	18	8434.77	10993.54	12939.31	1
天　津	Tianjin	333.17	515.49	586.56	16	8896.61	9704.61	10579.54	3
河　北	Hebei	323.97	338.47	374.01	23	5400.43	6148.95	6731.00	9
山　西	Shanxi	198.59	301.84	359.10	25	4864.81	5783.41	6217.20	14
内蒙古	Inner Mongolia	432.82	564.02	508.64	20	3953.19	4655.51	4478.72	29
辽　宁	Liaoning	249.59	493.01	674.17	15	6254.48	7866.35	8339.10	6
吉　林	Jilin	163.83	324.03	355.22	26	4645.45	5631.45	6318.70	13
黑龙江	Heilongjiang	102.05	186.10	264.18	29	4639.19	5751.95	6121.64	16
上　海	Shanghai	512.12	575.82	787.74	10	8158.20	10802.23	12539.18	2
江　苏	Jiangsu	471.04	689.96	764.00	13	7308.57	8305.20	8911.27	5
浙　江	Zhejiang	1470.13	1465.32	1486.00	3	6710.19	9450.02	10179.00	4
安　徽	Anhui	427.01	549.62	833.32	8	4584.91	6007.07	6078.84	17
福　建	Fujian	1420.84	1795.21	2106.61	1	4910.35	5769.73	6346.56	11
江　西	Jiangxi	344.77	527.63	1068.24	6	4333.20	5327.72	4657.71	28
山　东	Shandong	490.22	704.90	781.37	12	3811.78	4823.24	5288.44	25
河　南	Henan	222.07	333.81	491.51	21	4636.80	5351.78	5783.99	21
湖　北	Hubei	378.34	476.23	535.76	19	4342.17	6078.25	6732.89	8
湖　南	Hunan	541.11	867.76	1096.34	5	4453.02	5691.40	6379.90	10
广　东	Guangdong	956.60	1468.73	1609.73	2	4371.30	5339.56	5816.44	20
广　西	Guangxi	576.87	883.71	997.91	7	4628.62	5500.43	6056.30	18
海　南	Hainan	559.76	717.61	829.96	9	3695.21	5022.54	5595.78	22
重　庆	Chongqing	312.64	538.43	675.24	14	4676.51	6673.59	7191.07	7
四　川	Sichuan	378.08	633.82	784.02	11	4241.43	5427.34	5847.17	19
贵　州	Guizhou	213.83	355.70	576.25	17	4122.96	5395.56	3964.30	30
云　南	Yunnan	1162.12	999.98	1459.33	4	4348.70	5167.14	5557.98	24
西　藏	Tibet	233.04	417.86	423.87	22	1203.14	1563.31	1819.70	31
陕　西	Shaanxi	187.39	269.58	322.82	27	4225.78	5907.14	6341.10	12
甘　肃	Gansu	72.23	259.63	365.09	24	3664.59	4598.23	5152.48	26
青　海	Qinghai	73.90	92.98	294.35	28	4401.37	5847.84	6124.36	15
宁　夏	Ningxia	189.52	160.88	196.43	30	4287.91	5252.90	5580.31	23
新　疆	Xinjiang	151.94	145.50	152.66	31	2809.96	3983.71	4846.44	27

7-17 城镇居民家庭年人均食品支出与恩格尔系数
Per Capita Consumption Expenditure for Food and Engel's Coefficient of Urban Households

地区	Region	食品（元） Food (yuan)				城镇居民家庭恩格尔系数（%） Engel's Coefficient (%)			
		2010	2012	2013	2013排名 Ranking	2010	2012	2013	2013排名 Ranking
全 国	**National Total**	**4804.71**	**6040.90**	**6311.92**		**35.7**	**36.2**	**35.0**	
北 京	Beijing	6392.90	7535.30	8170.22	3	32.1	31.3	31.1	29
天 津	Tianjin	5940.44	7343.60	7943.06	5	35.9	36.7	36.6	13
河 北	Hebei	3335.23	4211.20	4404.93	30	32.3	33.6	32.3	25
山 西	Shanxi	3052.57	3855.60	3676.65	31	31.2	31.6	27.9	31
内蒙古	Inner Mongolia	4211.48	5463.20	6117.93	13	30.1	30.8	31.8	28
辽 宁	Liaoning	4658.00	5809.40	5803.90	17	35.1	35.0	32.2	26
吉 林	Jilin	3767.85	4635.30	4658.13	29	32.3	31.7	29.2	30
黑龙江	Heilongjiang	3784.72	4687.20	5069.89	24	35.4	36.1	35.8	16
上 海	Shanghai	7776.98	9655.60	9822.88	1	33.5	36.8	34.9	20
江 苏	Jiangsu	5243.14	6658.40	7074.11	8	36.5	35.4	34.7	21
浙 江	Zhejiang	6118.46	7552.00	8008.16	4	34.3	35.1	34.4	22
安 徽	Anhui	4369.63	5814.90	6370.23	11	38.0	38.7	39.1	6
福 建	Fujian	5790.72	7317.43	7424.67	6	39.3	39.4	37.7	9
江 西	Jiangxi	4195.38	5017.60	5221.10	22	39.5	39.7	37.7	9
山 东	Shandong	4205.88	5201.30	5625.94	19	32.1	33.0	32.9	24
河 南	Henan	3575.75	4607.50	4913.87	26	33.0	33.6	33.2	23
湖 北	Hubei	4429.30	5837.90	6259.22	12	38.7	40.3	39.7	4
湖 南	Hunan	4322.09	5441.60	5583.99	20	36.5	37.3	35.1	18
广 东	Guangdong	6746.62	8258.40	8856.91	2	36.5	36.9	36.7	12
广 西	Guangxi	4372.75	5552.60	5841.16	16	38.1	39.0	37.9	7
海 南	Hainan	4895.96	6556.10	6979.22	9	44.8	45.4	44.8	2
重 庆	Chongqing	5012.56	6870.20	7245.12	7	37.6	41.5	40.7	3
四 川	Sichuan	4779.60	6073.90	6471.84	10	39.5	40.4	39.6	5
贵 州	Guizhou	4013.67	4992.90	4915.02	25	39.9	39.7	35.9	15
云 南	Yunnan	4593.49	5468.20	5741.01	18	41.5	39.4	37.9	7
西 藏	Tibet	4847.58	5517.70	5889.48	15	50.0	49.3	48.1	1
陕 西	Shaanxi	4381.40	5550.70	6075.58	14	37.1	36.2	36.4	14
甘 肃	Gansu	3702.18	4602.30	5162.87	23	37.4	35.8	36.8	11
青 海	Qinghai	3784.81	4667.30	4777.10	28	39.4	37.8	35.3	17
宁 夏	Ningxia	3768.09	4768.90	4895.20	27	33.2	33.9	32.0	27
新 疆	Xinjiang	3694.81	5238.90	5323.50	21	36.2	37.7	35.0	19

7-18 城镇居民家庭年人均衣着和居住支出
Per Capita Consumption Expenditure for Clothing and Residence of Urban Households

单位：元 (yuan)

地区	Region	衣着 Clothing 2010	2012	2013	2013排名 Ranking	居住 Residence 2010	2012	2013	2013排名 Ranking
全国	**National Total**	**1444.34**	**1823.40**	**1902.02**		**1332.14**	**1484.30**	**1745.15**	
北京	Beijing	2087.91	2638.90	2794.87	1	1577.35	1970.90	2125.99	3
天津	Tianjin	1567.58	1881.40	1950.68	11	1615.57	1854.20	2088.62	4
河北	Hebei	1225.94	1542.00	1488.11	27	1344.47	1502.40	1526.28	20
山西	Shanxi	1205.89	1529.50	1627.53	22	1245.00	1438.90	1612.36	14
内蒙古	Inner Mongolia	2203.59	2730.20	2777.25	2	1384.45	1583.60	1951.05	7
辽宁	Liaoning	1586.81	2042.45	2100.71	6	1314.79	1433.30	1936.10	8
吉林	Jilin	1570.68	2044.80	1961.20	10	1344.41	1594.10	1932.24	9
黑龙江	Heilongjiang	1608.37	1806.90	1803.45	15	1128.14	1336.90	1543.29	18
上海	Shanghai	1794.06	2111.20	2032.28	8	2166.22	1790.50	2847.88	1
江苏	Jiangsu	1465.54	1916.00	2013.00	9	1234.05	1437.10	1564.30	17
浙江	Zhejiang	1802.29	2109.60	2235.21	5	1418.00	1551.70	2004.69	6
安徽	Anhui	1225.56	1540.70	1687.49	19	1229.64	1397.00	1663.55	12
福建	Fujian	1281.25	1634.20	1685.07	20	1606.27	1753.90	2013.53	5
江西	Jiangxi	1138.84	1476.60	1566.49	24	1109.82	1173.90	1414.89	25
山东	Shandong	1745.20	2197.00	2277.03	4	1408.64	1572.40	1780.07	10
河南	Henan	1444.63	1886.00	1916.99	12	1080.10	1190.80	1315.28	29
湖北	Hubei	1415.68	1783.40	1881.85	14	1187.54	1371.20	1456.30	24
湖南	Hunan	1277.47	1624.60	1520.35	26	1182.33	1301.60	1529.50	19
广东	Guangdong	1230.72	1520.60	1614.87	23	1925.21	2099.80	2339.12	2
广西	Guangxi	926.42	1146.50	1015.88	30	1166.85	1377.30	1662.50	13
海南	Hainan	636.14	865.00	932.63	31	1103.76	1521.00	1578.65	16
重庆	Chongqing	1697.55	2228.80	2333.81	3	1275.96	1177.00	1376.15	27
四川	Sichuan	1259.49	1651.10	1727.92	18	1126.65	1284.10	1321.54	28
贵州	Guizhou	1102.41	1399.00	1401.85	28	890.75	1013.50	1496.49	22
云南	Yunnan	1158.82	1759.90	1356.91	29	835.45	973.80	1384.91	26
西藏	Tibet	1158.60	1361.60	1528.14	25	726.59	845.20	963.99	31
陕西	Shaanxi	1428.20	1789.10	1915.33	13	1126.92	1322.20	1465.81	23
甘肃	Gansu	1255.69	1631.40	1747.32	16	910.34	1287.90	1596.00	15
青海	Qinghai	1185.56	1512.20	1675.06	21	923.52	1232.40	1684.78	11
宁夏	Ningxia	1417.47	1875.70	1737.21	17	1181.71	1193.40	1497.98	21
新疆	Xinjiang	1513.42	2031.10	2036.94	7	898.38	1166.60	1275.35	30

7-19 城镇居民家庭年人均家庭设备用品和医疗保健支出
Per Capita Household Facilities and Articles and Health Care and Medical Services of Urban Households

单位：元 (yuan)

地区	Region	家庭设备及用品 Household Facilities and Articles				医疗保健 Health Care and Medical Services			
		2010	2012	2013	2013排名 Ranking	2010	2012	2013	2013排名 Ranking
全 国	**National Total**	**908.01**	**1116.10**	**1215.07**		**871.77**	**1063.70**	**1118.26**	
北 京	Beijing	1377.77	1610.70	1974.25	1	1327.22	1658.40	1717.58	1
天 津	Tianjin	1119.93	1151.20	1205.62	11	1275.64	1556.40	1694.29	2
河 北	Hebei	693.56	876.10	977.46	24	923.83	1047.30	1117.30	16
山 西	Shanxi	612.59	832.50	870.91	29	774.89	905.90	1020.61	22
内蒙古	Inner Mongolia	948.87	1242.60	1233.39	10	1126.03	1354.10	1394.80	4
辽 宁	Liaoning	785.67	1069.70	1145.57	14	1079.81	1309.60	1343.05	6
吉 林	Jilin	710.28	871.50	908.43	26	1171.25	1447.50	1692.11	3
黑龙江	Heilongjiang	618.76	742.20	796.38	30	948.44	1180.70	1334.80	7
上 海	Shanghai	1800.19	1906.50	1705.47	2	1005.54	1016.70	1350.28	5
江 苏	Jiangsu	1026.32	1288.40	1378.85	6	805.73	1058.10	1122.00	14
浙 江	Zhejiang	916.16	1161.40	1400.57	5	1033.70	1228.00	1244.37	10
安 徽	Anhui	678.75	811.20	898.55	27	737.05	1143.00	869.89	25
福 建	Fujian	972.24	1254.7	1416.9414	4	617.36	773.20	935.50	24
江 西	Jiangxi	854.60	966.20	1004.15	20	524.22	670.70	672.50	29
山 东	Shandong	915.00	1126.00	1269.65	9	885.79	1005.30	1109.37	17
河 南	Henan	866.72	1145.40	1281.06	8	941.32	1085.50	1054.54	20
湖 北	Hubei	867.33	978.30	1059.22	18	709.58	1029.60	1033.46	21
湖 南	Hunan	903.81	1034.30	1146.65	13	776.85	918.40	1078.82	19
广 东	Guangdong	1208.03	1467.20	1539.09	3	929.50	1048.30	1122.71	13
广 西	Guangxi	853.59	1125.40	1086.46	15	625.45	883.60	776.26	27
海 南	Hainan	616.33	777.20	1030.79	19	579.89	993.20	734.28	28
重 庆	Chongqing	1072.38	1196.00	1325.91	7	1021.48	1101.60	1245.33	9
四 川	Sichuan	876.34	1097.90	1196.65	12	661.03	772.80	1019.04	23
贵 州	Guizhou	673.33	849.90	1083.77	16	546.84	654.50	633.72	30
云 南	Yunnan	509.41	634.10	987.24	22	637.89	939.10	1085.46	18
西 藏	Tibet	376.43	474.70	541.46	31	385.63	467.20	617.97	31
陕 西	Shaanxi	723.73	986.80	1060.49	17	935.38	1212.40	1310.19	8
甘 肃	Gansu	597.72	833.20	939.48	25	828.57	1049.70	1117.42	15
青 海	Qinghai	644.01	923.70	890.08	28	718.78	906.10	813.13	26
宁 夏	Ningxia	716.22	929.00	1001.82	21	890.05	1063.10	1158.83	12
新 疆	Xinjiang	669.87	950.20	977.80	23	708.16	1027.60	1179.77	11

7-20 城镇居民家庭年人均交通通信和文教娱乐支出
Per Capita Consumption Expenditure on Transportation, Communications, Education, Culture and Recreation of Urban Households

单位：元 (yuan)

地区	Region	交通通信 Transport and Communications 2010	2012	2013	2013排名 Ranking	文教娱乐 Education, Culture and Recreation 2010	2012	2013	2013排名 Ranking
全 国	**National Total**	**1983.70**	**2455.47**	**2736.88**		**1220.68**	**1581.62**	**2293.99**	
北 京	Beijing	3420.91	3781.51	4106.04	4	2068.79	2872.44	3984.86	2
天 津	Tianjin	2454.38	3083.37	3468.86	5	1331.92	1701.07	2353.43	7
河 北	Hebei	1398.35	1723.76	2149.57	19	732.96	882.90	1550.63	28
山 西	Shanxi	1340.90	1672.30	1775.85	25	942.04	1125.30	2065.44	13
内蒙古	Inner Mongolia	1768.66	2572.94	2719.92	8	1185.23	1457.49	2111.00	10
辽 宁	Liaoning	1773.26	2323.29	2589.18	9	1145.78	1407.89	2258.46	8
吉 林	Jilin	1363.91	1780.66	2217.87	15	981.11	1295.26	1935.04	16
黑龙江	Heilongjiang	1191.32	1462.60	1661.35	29	771.95	930.83	1396.38	31
上 海	Shanghai	4076.46	4563.81	4736.36	1	2307.37	2806.67	4122.07	1
江 苏	Jiangsu	1935.07	2689.50	3135.00	7	1575.36	2407.17	3290.00	3
浙 江	Zhejiang	3437.14	4133.50	4568.32	2	2055.78	2484.30	2848.75	5
安 徽	Anhui	1356.57	1809.72	2411.16	13	1158.98	1519.13	1904.15	21
福 建	Fujian	2196.88	2961.78	3219.46	6	1335.05	1604.01	2448.36	6
江 西	Jiangxi	1270.28	1501.34	1812.78	24	901.22	1165.73	1671.24	25
山 东	Shandong	2140.42	2370.23	2474.83	12	979.16	1192.88	1909.84	20
河 南	Henan	1374.76	1730.34	1768.28	26	792.67	1132.55	1911.16	19
湖 北	Hubei	1205.48	1476.98	1745.05	27	1034.22	1347.68	1922.83	18
湖 南	Hunan	1541.40	2084.16	2409.83	14	1117.69	1407.38	2080.46	12
广 东	Guangdong	3419.74	4176.66	4544.21	3	1843.19	2402.03	3222.40	4
广 西	Guangxi	1973.04	2088.65	2564.92	10	854.39	1201.25	2083.99	11
海 南	Hainan	1805.10	2004.34	2005.73	21	778.42	997.12	1923.48	17
重 庆	Chongqing	1384.27	1903.24	1976.19	22	1064.04	1137.98	1722.66	24
四 川	Sichuan	1674.15	1946.72	2185.94	18	906.72	1210.47	1877.55	22
贵 州	Guizhou	1270.49	1891.03	1870.08	23	985.21	1080.15	1950.28	15
云 南	Yunnan	2039.66	2264.23	2197.73	17	767.63	1145.59	2045.29	14
西 藏	Tibet	1230.93	1387.45	500.60	31	333.32	411.32	1551.34	27
陕 西	Shaanxi	1194.77	1788.38	2019.08	20	1217.45	1635.50	2208.06	9
甘 肃	Gansu	1076.62	1575.66	1503.61	30	823.33	1001.43	1547.65	29
青 海	Qinghai	1116.56	1549.76	1742.96	28	633.13	768.74	1471.98	30
宁 夏	Ningxia	1574.57	2110.41	2503.65	11	915.04	1129.10	1868.42	23
新 疆	Xinjiang	1255.87	1660.28	2210.25	16	706.98	921.31	1597.99	26

7-21 城市家庭户住房间数和面积
Number and Area of Rooms of Family Household in Cities

地区	Region	城市家庭户平均每户住房间数（间/户） Number Between Urban Housing Average per Household (room/household)			城市家庭户人均住房面积（平方米/人） Urban Family per Capita Housing Area (sq.m/person)		
		2000	2010	2010排名 Ranking	2000	2010	2010排名 Ranking
全　国	**National Total**	**2.28**	**2.37**		**21.81**	**29.15**	
北　京	Beijing	2.21	2.04	25	19.57	27.81	19
天　津	Tianjin	1.75	1.88	30	17.20	25.51	26
河　北	Hebei	2.58	2.71	6	21.80	30.10	12
山　西	Shanxi	2.41	2.33	18	18.73	25.77	24
内蒙古	Inner Mongolia	1.86	1.95	27	17.78	24.86	30
辽　宁	Liaoning	1.87	1.96	26	18.31	25.76	25
吉　林	Jilin	1.94	1.93	28	17.81	25.21	28
黑龙江	Heilongjiang	1.87	1.90	29	17.60	23.72	31
上　海	Shanghai	1.83	1.86	31	19.85	25.11	29
江　苏	Jiangsu	2.24	2.55	10	26.68	33.86	2
浙　江	Zhejiang	2.40	2.26	23	29.26	30.97	8
安　徽	Anhui	2.20	2.41	14	19.37	29.42	15
福　建	Fujian	2.59	2.48	11	24.50	30.29	11
江　西	Jiangxi	2.37	2.71	6	21.91	29.76	14
山　东	Shandong	2.95	2.96	3	23.02	32.41	5
河　南	Henan	2.60	3.17	1	23.71	34.02	1
湖　北	Hubei	2.31	2.57	9	23.50	33.22	4
湖　南	Hunan	2.45	2.87	4	25.13	33.45	3
广　东	Guangdong	2.37	2.17	24	22.41	26.37	22
广　西	Guangxi	2.36	2.75	5	22.39	30.71	9
海　南	Hainan	2.25	2.40	15	19.90	25.42	27
重　庆	Chongqing	2.16	2.31	20	22.75	29.77	13
四　川	Sichuan	2.39	2.45	12	24.30	30.70	10
贵　州	Guizhou	2.04	2.34	17	17.86	25.94	23
云　南	Yunnan	2.09	2.66	8	20.13	31.27	7
西　藏	Tibet	2.64	2.97	2	19.51	31.81	6
陕　西	Shaanxi	2.35	2.40	15	19.36	28.81	16
甘　肃	Gansu	2.47	2.32	19	18.58	26.69	21
青　海	Qinghai	2.14	2.43	13	19.44	27.77	20
宁　夏	Ningxia	2.25	2.28	21	20.65	28.38	17
新　疆	Xinjiang	2.11	2.28	21	19.63	28.00	18

注：本表来自2000和2010年全国人口普查数据。

Note: Data of 2000 and 2010 are based on the National Population Census.

7-22 农村居民家庭年人均纯收入和指数
Per Capita Net Income of Rural Households and Indices

地区	Region	纯收入（元） Net Income (yuan) 2010	2012	2013	2013排名 Ranking	指数（上年=100） Indices (preceding year=100) 2010	2012	2012排名 Ranking
全　国	**National Total**	**5919.01**	**7916.58**	**8895.91**		**10.9**	**10.69**	
北　京	Beijing	13262.29	16475.74	18337.45	2	8.10	8.20	31
天　津	Tianjin	10074.86	14025.54	15841.05	4	10.50	14.10	9
河　北	Hebei	5957.98	8081.39	9101.90	12	15.70	13.50	14
山　西	Shanxi	4736.25	6356.63	7153.50	23	11.60	13.50	14
内蒙古	Inner Mongolia	5529.59	7611.31	8595.73	15	9.00	14.60	6
辽　宁	Liaoning	6907.93	9383.72	10522.69	9	11.50	10.30	27
吉　林	Jilin	6237.44	8598.17	9621.21	11	18.40	14.50	7
黑龙江	Heilongjiang	6210.72	8603.85	9634.14	10	19.30	13.30	16
上　海	Shanghai	13977.96	17803.68	19595.00	1	11.50	13.80	11
江　苏	Jiangsu	9118.24	12201.95	13597.77	5	9.20	12.90	18
浙　江	Zhejiang	11302.55	14551.92	16105.97	3	8.60	8.80	30
安　徽	Anhui	5285.17	7160.46	8097.86	20	13.50	14.90	4
福　建	Fujian	7426.86	9967.17	11184.15	7	7.50	10.80	26
江　西	Jiangxi	5788.56	7829.43	8781.47	14	14.10	13.60	13
山　东	Shandong	6990.28	9446.54	10619.95	8	14.20	11.00	25
河　南	Henan	5523.73	7524.94	8475.34	16	11.00	11.30	22
湖　北	Hubei	5832.27	7851.71	8866.95	13	15.80	13.80	11
湖　南	Hunan	5621.96	7440.17	8372.13	17	18.90	11.50	21
广　东	Guangdong	7890.25	10542.84	11669.31	6	10.30	9.30	29
广　西	Guangxi	4543.41	6007.55	6790.90	25	10.40	11.20	23
海　南	Hainan	5275.37	7408.00	8342.57	18	13.40	9.70	28
重　庆	Chongqing	5276.66	7383.27	8331.97	19	17.80	13.90	10
四　川	Sichuan	5086.89	7001.43	7895.33	21	15.10	14.20	8
贵　州	Guizhou	3471.93	4753.00	5434.00	30	12.60	14.70	5
云　南	Yunnan	3952.03	5416.54	6141.31	29	13.20	12.10	20
西　藏	Tibet	4138.71	5719.38	6578.24	26	17.20	16.60	2
陕　西	Shaanxi	4104.98	5762.52	6502.60	27	12.00	11.20	23
甘　肃	Gansu	3424.65	4506.66	5107.76	31	14.90	13.20	17
青　海	Qinghai	3862.68	5364.38	6196.39	28	15.40	16.40	3
宁　夏	Ningxia	4674.89	6180.32	6930.97	24	15.50	12.30	19
新　疆	Xinjiang	4642.67	6393.68	7296.46	22	19.60	17.50	1

注：本表绝对数按当年价格计算，指数按可比价格计算。

Note: Level in this table are calculated at current prices, while indices are calculated at constant prices.

7-23 农村居民家庭年人均工资性收入和家庭经营性收入

Per Capita Net Income of Rural Households from Wages and Salaries, Net Business Incomes

单位：元 (yuan)

地区	Region	工资性收入 Income from Wages and Salaries				家庭经营性收入 Net Business Income			
		2010	2012	2013	2013排名 Ranking	2010	2012	2013	2013排名 Ranking
全国	**National Total**	**2431.05**	**3447.46**	**4025.37**		**2832.80**	**3533.37**	**3793.17**	
北京	Beijing	8229.19	10843.48	12034.89	2	1816.84	1318.10	833.39	31
天津	Tianjin	5261.97	7922.26	9091.51	4	3895.19	4126.29	4571.61	8
河北	Hebei	2653.42	4005.28	5236.74	7	2729.80	3254.57	3219.16	21
山西	Shanxi	2108.60	3175.50	4041.06	14	2028.46	2334.41	2273.92	28
内蒙古	Inner Mongolia	1036.78	1459.05	1694.61	29	3669.93	4689.11	5348.40	3
辽宁	Liaoning	2649.97	3630.24	4209.39	12	3486.14	4783.35	5160.19	4
吉林	Jilin	1072.14	1792.02	1813.23	27	4085.92	5617.63	6855.13	1
黑龙江	Heilongjiang	1241.59	1816.84	1991.35	26	3941.65	5433.69	6365.38	2
上海	Shanghai	9605.73	11477.71	12239.37	1	589.74	902.61	1062.02	30
江苏	Jiangsu	4896.39	6775.89	7608.55	5	3215.02	3873.90	4258.42	12
浙江	Zhejiang	5822.48	7678.22	9204.28	3	4307.13	5291.36	4758.55	6
安徽	Anhui	2203.94	3243.47	3733.52	16	2626.42	3265.64	3681.43	16
福建	Fujian	3094.60	4474.49	5193.92	8	3558.44	4570.44	4890.49	5
江西	Jiangxi	2394.62	3532.72	4422.08	11	2919.42	3742.43	3683.81	15
山东	Shandong	2958.06	4383.22	5127.17	9	3456.89	4234.55	4525.16	9
河南	Henan	1943.86	2989.36	3581.56	17	3240.43	3973.43	4285.38	11
湖北	Hubei	2186.11	3189.84	3868.21	15	3234.94	4123.49	4381.55	10
湖南	Hunan	2655.59	3847.59	4595.58	10	2463.90	2903.21	2961.95	23
广东	Guangdong	4799.52	6804.43	7072.37	6	2203.74	2566.10	2596.40	24
广西	Guangxi	1707.18	2245.95	2712.27	22	2510.15	3234.55	3420.36	18
海南	Hainan	1261.86	2475.57	3001.54	20	3563.31	4182.73	4153.79	14
重庆	Chongqing	2335.23	3400.77	4089.15	13	2323.51	2975.31	3136.47	22
四川	Sichuan	2248.18	3088.86	3542.78	18	2263.34	3004.92	3321.21	19
贵州	Guizhou	1303.85	1977.73	2572.61	23	1706.33	2249.21	2355.85	27
云南	Yunnan	930.00	1435.87	1729.19	28	2510.12	3328.10	3650.37	17
西藏	Tibet	1108.84	1201.93	1475.32	30	2308.78	3678.66	4156.97	13
陕西	Shaanxi	1734.48	2727.85	3151.23	19	1882.21	2294.43	2500.00	26
甘肃	Gansu	1199.45	1787.72	2203.41	25	1855.99	2114.75	2230.99	29
青海	Qinghai	1269.81	1989.69	2347.46	24	1973.12	2221.92	2570.33	25
宁夏	Ningxia	1788.28	2510.53	2878.36	21	2421.50	3071.52	3250.01	20
新疆	Xinjiang	556.26	1008.02	1311.84	31	3649.98	4238.98	4654.48	7

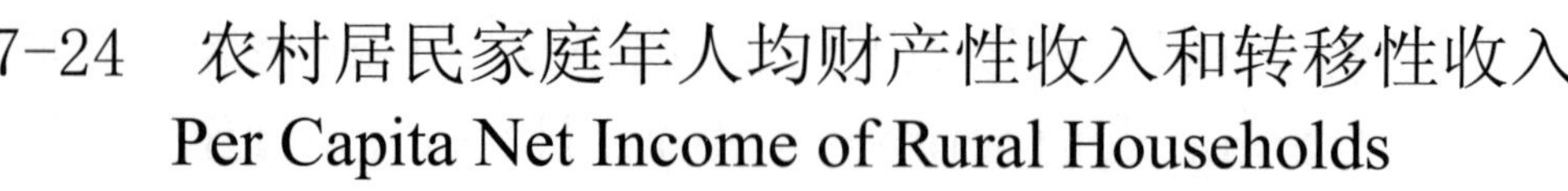

7-24 农村居民家庭年人均财产性收入和转移性收入

Per Capita Net Income of Rural Households from Properties and Income from Transfers

单位：元 (yuan)

地区	Region	财产性收入 Income from Properties 2010	2012	2013	2013排名 Ranking	转移性收入 Income from Transfers 2010	2012	2013	2013排名 Ranking
全　国	**National Total**	**202.25**	**249.05**	**293.05**		**452.92**	**686.70**	**784.32**	
北　京	Beijing	1339.88	1716.36	2023.51	1	1876.38	2597.79	3445.67	2
天　津	Tianjin	368.41	921.00	1119.95	3	549.29	1055.99	1057.97	8
河　北	Hebei	182.45	218.30	161.63	21	392.31	603.23	484.36	29
山　西	Shanxi	214.17	140.80	93.17	28	385.01	705.91	745.35	17
内蒙古	Inner Mongolia	164.26	322.98	370.99	8	658.61	1140.17	1181.73	4
辽　宁	Liaoning	234.15	246.17	283.16	12	537.67	723.96	869.95	11
吉　林	Jilin	377.45	392.96	187.86	19	701.93	795.56	764.98	16
黑龙江	Heilongjiang	344.10	580.34	429.64	7	683.39	772.98	847.76	13
上　海	Shanghai	970.25	1381.83	1446.83	2	2812.24	4041.53	4846.78	1
江　苏	Jiangsu	398.94	458.46	572.08	6	607.89	1093.71	1158.72	5
浙　江	Zhejiang	525.38	588.53	727.48	5	647.57	993.81	1415.66	3
安　徽	Anhui	141.95	111.81	113.63	26	312.86	539.54	569.29	24
福　建	Fujian	245.10	319.80	359.90	9	528.71	602.44	739.84	18
江　西	Jiangxi	100.21	120.92	190.96	18	374.31	433.36	484.62	28
山　东	Shandong	238.29	257.20	283.85	11	337.04	571.57	683.77	19
河　南	Henan	59.29	135.49	160.30	22	280.14	426.66	448.08	30
湖　北	Hubei	106.92	65.87	99.13	27	304.30	472.51	518.07	27
湖　南	Hunan	101.58	112.77	147.71	23	400.89	576.59	666.89	21
广　东	Guangdong	401.15	556.47	1040.50	4	485.85	615.84	960.05	9
广　西	Guangxi	33.78	53.87	70.44	31	292.30	473.17	587.83	23
海　南	Hainan	107.77	173.30	347.91	10	342.43	576.40	839.32	14
重　庆	Chongqing	90.50	175.56	234.68	13	527.41	831.63	871.66	10
四　川	Sichuan	144.01	166.55	202.26	17	431.36	741.09	829.08	15
贵　州	Guizhou	117.19	71.54	78.37	30	344.56	454.53	427.17	31
云　南	Yunnan	176.84	234.19	229.78	15	335.07	418.38	531.97	26
西　藏	Tibet	169.12	127.71	88.89	29	551.97	711.08	857.05	12
陕　西	Shaanxi	97.02	200.05	212.35	16	391.27	540.18	639.02	22
甘　肃	Gansu	39.87	112.08	132.85	25	329.34	492.12	540.51	25
青　海	Qinghai	120.68	95.26	165.93	20	499.07	1057.51	1112.67	6
宁　夏	Ningxia	98.66	101.55	133.34	24	366.45	496.73	669.26	20
新　疆	Xinjiang	126.53	170.73	230.09	14	309.91	975.95	1100.05	7

7-25　城镇居民家庭和农村居民家庭年人均消费支出
Per Capita Consumption Expenditure of Urban Households and Rural Households

单位：元　　(yuan)

地区	Region	现金消费支出 Cash Consumption Expenditure 2010	2011	2012	2012排名 Ranking	消费支出 Consumption Expenditure 2010	2012	2013	2013排名 Ranking
全　国	**National Total**	**13471.45**	**16674.30**	**18022.64**		**4381.8**	**5908.0**	**6625.5**	
北　京	Beijing	19934.48	24045.90	26274.89	2	9254.8	11878.9	13553.2	2
天　津	Tianjin	16561.77	20024.20	21711.86	5	4936.7	8336.5	10155.0	4
河　北	Hebei	10318.32	12531.10	13640.58	28	3844.9	5364.1	6134.1	17
山　西	Shanxi	9792.65	12211.50	13166.19	30	3663.9	5566.2	5812.7	20
内蒙古	Inner Mongolia	13994.62	17717.10	19249.06	8	4460.8	6382.0	7268.3	10
辽　宁	Liaoning	13280.04	16593.60	18029.65	9	4489.5	5998.4	7159.0	11
吉　林	Jilin	11679.04	14613.50	15932.31	15	4147.4	6186.2	7379.7	9
黑龙江	Heilongjiang	10683.92	12983.60	14161.71	24	4391.2	5718.0	6813.6	12
上　海	Shanghai	23200.40	26253.50	28155.00	1	10210.5	11971.5	14234.7	1
江　苏	Jiangsu	14357.49	18825.30	20371.48	6	6542.9	9138.2	9909.8	5
浙　江	Zhejiang	17858.20	21545.20	23257.19	4	8928.9	10652.7	11760.2	3
安　徽	Anhui	11512.55	15011.70	16285.17	14	4013.3	5556.0	5724.5	22
福　建	Fujian	14750.01	18593.20	20092.72	7	5498.3	7401.9	8151.2	7
江　西	Jiangxi	10618.69	12775.70	13850.51	26	3911.6	5129.5	5653.6	24
山　东	Shandong	13118.24	15778.20	17112.24	11	4807.2	6776.0	7392.7	8
河　南	Henan	10838.49	13733.00	14821.98	23	3682.2	5032.1	5627.7	25
湖　北	Hubei	11450.97	14496.00	15749.50	17	4090.8	5726.7	6279.5	16
湖　南	Hunan	11825.33	14609.00	15887.11	16	4310.4	5870.1	6609.5	13
广　东	Guangdong	18489.53	22396.40	24133.26	3	5515.6	7458.6	8343.5	6
广　西	Guangxi	11490.08	14244.00	15417.62	19	3455.3	4933.6	5205.6	27
海　南	Hainan	10926.71	14456.60	15593.04	18	3446.2	4776.3	5465.6	26
重　庆	Chongqing	13335.02	16573.10	17813.86	10	3624.6	5018.6	5796.4	21
四　川	Sichuan	12105.09	15049.50	16343.45	13	3897.5	5366.7	6308.5	15
贵　州	Guizhou	10058.29	12585.70	13702.87	27	2852.5	3901.7	4740.2	30
云　南	Yunnan	11074.08	13883.90	15156.15	22	3398.3	4561.3	4743.6	29
西　藏	Tibet	9685.54	11184.30	12231.86	31	2666.9	2967.6	3574.0	31
陕　西	Shaanxi	11821.88	15332.80	16679.69	12	3793.8	5114.7	5724.2	23
甘　肃	Gansu	9895.35	12847.10	14020.72	25	2942.0	4146.2	4849.6	28
青　海	Qinghai	9613.79	12346.30	13539.50	29	3774.5	5358.9	6060.2	19
宁　夏	Ningxia	11334.43	14067.20	15321.10	20	4013.2	5351.4	6489.7	14
新　疆	Xinjiang	10197.09	13891.70	15206.16	21	3457.9	5301.3	6119.1	18

7-26 农村居民家庭年人均食品支出和恩格尔系数
Per Capita Consumption Expenditure of Rural Households on Food and the Engel's Coefficient of Rural Households

地区	Region	食品（元） Food (yuan) 2010	2012	2013	2013排名 Ranking	农村居民家庭恩格尔系数（%） The Engel Coefficient of Rural Households (%) 2010	2012	2013	2013排名 Ranking
全国	**National Total**	**1800.67**	**2323.89**	**2495.45**		**41.10**	**39.30**	**37.70**	
北京	Beijing	2994.66	3944.76	4695.89	2	32.40	33.20	34.60	21
天津	Tianjin	2060.83	3019.86	3539.73	6	41.70	36.20	34.90	20
河北	Hebei	1351.41	1817.00	1963.29	25	35.10	33.90	32.00	28
山西	Shanxi	1372.49	1859.98	1920.68	28	37.50	33.40	33.00	26
内蒙古	Inner Mongolia	1675.04	2379.76	2583.48	10	37.50	37.30	35.50	17
辽宁	Liaoning	1714.15	2299.99	2518.88	14	38.20	38.30	35.20	18
吉林	Jilin	1523.32	2268.76	2438.49	15	36.70	36.70	33.00	26
黑龙江	Heilongjiang	1483.95	2164.94	2397.73	16	33.80	37.90	35.20	18
上海	Shanghai	3806.82	4847.59	5334.57	1	37.30	40.50	37.50	13
江苏	Jiangsu	2491.51	3049.11	3283.19	7	38.10	33.40	33.10	25
浙江	Zhejiang	3055.59	3947.31	4190.90	3	34.20	37.10	35.60	16
安徽	Anhui	1632.96	2180.80	2269.67	19	40.70	39.30	39.60	11
福建	Fujian	2537.15	3403.46	3600.75	5	46.10	46.00	44.20	4
江西	Jiangxi	1812.66	2332.83	2389.06	17	46.30	43.50	42.30	8
山东	Shandong	1804.45	2321.46	2553.68	11	37.50	34.30	34.50	22
河南	Henan	1371.17	1701.75	1938.47	27	37.20	33.80	34.40	23
湖北	Hubei	1763.05	2154.01	2308.45	18	43.10	37.60	36.80	15
湖南	Hunan	2087.85	2574.81	2536.95	13	48.40	43.90	38.40	12
广东	Guangdong	2630.05	3658.66	3736.58	4	47.70	49.10	44.80	3
广西	Guangxi	1675.41	2085.63	2084.68	21	48.50	42.30	40.00	10
海南	Hainan	1724.47	2410.07	2625.00	9	50.00	50.50	48.00	2
重庆	Chongqing	1750.01	2216.15	2538.99	12	48.30	44.20	43.80	6
四川	Sichuan	1881.18	2514.16	2664.99	8	48.30	46.80	42.20	9
贵州	Guizhou	1319.43	1740.58	2036.21	23	46.30	44.60	43.00	7
云南	Yunnan	1604.50	2080.61	2097.64	20	47.20	45.60	44.20	4
西藏	Tibet	1325.71	1592.00	1938.88	26	49.70	53.60	54.20	1
陕西	Shaanxi	1299.22	1520.10	1821.27	30	34.20	29.70	31.80	29
甘肃	Gansu	1315.25	1648.60	1798.53	31	44.70	39.80	37.10	14
青海	Qinghai	1442.88	1858.62	1872.00	29	38.20	34.80	30.90	31
宁夏	Ningxia	1541.77	1891.37	2021.77	24	38.40	35.30	31.20	30
新疆	Xinjiang	1394.38	1891.10	2072.00	22	40.30	35.70	33.90	24

7-27 农村居民家庭年人均衣着和居住支出
Per Capita Consumption Expenditure of Rural Households on Clothing and Residence

单位：元 (yuan)

地区	Region	衣着 Clothing 2010	2012	2013	2013排名 Ranking	居住 Residence 2010	2012	2013	2013排名 Ranking
全国	**National Total**	**264.03**	**396.39**	**438.29**		**835.19**	**1086.35**	**1233.63**	
北京	Beijing	699.42	947.97	1172.86	1	1990.21	2199.75	2386.98	1
天津	Tianjin	365.86	780.72	927.64	2	888.32	1263.51	1403.43	12
河北	Hebei	250.92	396.58	458.02	16	839.66	1137.31	1266.79	17
山西	Shanxi	315.78	501.77	471.83	14	614.70	1142.14	1205.99	19
内蒙古	Inner Mongolia	317.71	481.75	564.69	7	751.99	1078.97	1111.62	23
辽宁	Liaoning	369.15	517.86	584.25	6	745.03	979.77	1279.31	16
吉林	Jilin	309.75	478.74	535.17	9	752.79	836.77	1288.42	15
黑龙江	Heilongjiang	387.17	544.64	551.14	8	793.80	754.72	1120.94	22
上海	Shanghai	554.13	704.43	770.71	4	2070.25	1834.07	2260.43	2
江苏	Jiangsu	350.01	610.70	685.08	5	1170.88	1493.21	1788.69	4
浙江	Zhejiang	551.53	751.58	848.06	3	2044.32	1950.08	1933.81	3
安徽	Anhui	232.20	331.94	335.19	25	867.51	1139.78	1138.93	21
福建	Fujian	310.14	471.44	483.60	12	865.50	1165.78	1418.36	8
江西	Jiangxi	174.61	264.96	308.56	27	782.72	1030.18	1163.09	20
山东	Shandong	305.56	454.75	493.43	10	832.95	1399.90	1409.63	10
河南	Henan	261.52	424.12	481.78	13	765.18	1060.70	1043.93	24
湖北	Hubei	217.61	316.41	347.67	23	816.42	1206.16	1415.73	9
湖南	Hunan	209.85	317.99	342.25	24	719.20	1088.23	1438.25	7
广东	Guangdong	215.51	319.46	309.18	26	986.70	1196.10	1337.92	14
广西	Guangxi	110.46	156.47	170.94	31	692.51	1200.80	1360.45	13
海南	Hainan	117.36	178.86	180.96	30	609.77	828.62	937.74	27
重庆	Chongqing	224.13	380.18	410.96	19	548.00	557.02	674.44	30
四川	Sichuan	226.62	338.52	467.31	15	625.28	787.41	986.85	25
贵州	Guizhou	137.49	226.81	254.25	28	621.80	758.37	980.78	26
云南	Yunnan	160.72	241.07	211.38	29	638.09	804.39	906.34	28
西藏	Tibet	326.65	372.62	370.63	21	352.88	251.62	189.71	31
陕西	Shaanxi	237.87	332.72	385.09	20	837.54	1258.06	1206.19	18
甘肃	Gansu	184.23	303.14	352.74	22	551.63	682.30	793.96	29
青海	Qinghai	255.19	404.47	449.26	18	944.23	1209.74	1449.11	6
宁夏	Ningxia	302.61	463.35	453.35	17	776.44	1033.17	1409.61	11
新疆	Xinjiang	303.66	429.95	484.67	11	695.17	1289.54	1623.82	5

7-28 农村居民家庭年人均家庭设备用品和交通通信支出
Per Capita Consumption Expenditure of Rural Households on Household Facilities and Articles, Transportation and Communications

单位：元 (yuan)

地区	Region	家庭设备及用品 Household Facilities and Articles				交通通信 Transport and Communications			
		2010	2012	2013	2013排名 Ranking	2010	2012	2013	2013排名 Ranking
全　国	**National Total**	**234.06**	**341.71**	**387.15**		**461.10**	**652.79**	**796.03**	
北　京	Beijing	473.62	773.54	898.24	1	1112.44	1398.80	1452.21	4
天　津	Tianjin	233.02	451.30	599.10	3	467.48	1066.27	1816.17	2
河　北	Hebei	218.90	349.84	382.63	16	464.80	604.33	792.25	15
山　西	Shanxi	173.62	298.29	288.18	25	357.74	625.99	699.07	16
内蒙古	Inner Mongolia	177.91	268.10	302.28	21	598.61	912.25	1106.54	6
辽　宁	Liaoning	185.23	250.52	299.44	22	448.97	668.71	850.26	11
吉　林	Jilin	171.92	251.93	273.13	27	368.64	699.03	961.18	9
黑龙江	Heilongjiang	164.63	228.51	288.68	24	455.90	611.34	809.33	13
上　海	Shanghai	528.01	646.13	693.73	2	1459.45	1704.83	1718.70	3
江　苏	Jiangsu	327.69	532.76	556.43	5	785.53	1311.05	1420.77	5
浙　江	Zhejiang	410.62	602.54	564.94	4	1145.99	1499.95	1891.07	1
安　徽	Anhui	231.23	346.90	390.42	14	338.99	516.60	540.94	28
福　建	Fujian	292.71	426.37	483.45	6	638.07	794.98	806.30	14
江　西	Jiangxi	205.27	278.31	323.89	18	331.81	494.46	587.56	25
山　东	Shandong	324.70	405.63	438.06	10	649.21	937.55	1040.52	8
河　南	Henan	254.47	361.58	415.97	13	401.44	525.11	616.01	20
湖　北	Hubei	262.26	397.63	425.00	11	331.35	496.10	605.95	21
湖　南	Hunan	243.90	372.96	420.26	12	343.82	481.58	640.00	19
广　东	Guangdong	235.01	378.45	474.06	8	637.08	760.07	1040.98	7
广　西	Guangxi	192.77	274.63	281.08	26	310.30	453.01	516.29	30
海　南	Hainan	135.22	207.47	291.54	23	312.53	435.58	589.21	24
重　庆	Chongqing	260.71	413.54	474.28	7	281.73	489.31	581.78	26
四　川	Sichuan	239.48	333.20	446.65	9	360.70	463.94	664.96	18
贵　州	Guizhou	135.64	211.36	272.38	29	229.66	371.35	489.67	31
云　南	Yunnan	167.66	247.00	258.79	30	337.85	470.19	589.91	23
西　藏	Tibet	181.27	173.31	273.12	28	282.43	363.95	522.75	29
陕　西	Shaanxi	233.37	298.69	344.05	17	336.22	503.34	580.96	27
甘　肃	Gansu	146.93	250.43	302.65	20	256.70	436.03	598.42	22
青　海	Qinghai	193.59	256.63	314.94	19	369.60	683.73	910.91	10
宁　夏	Ningxia	188.12	304.95	382.84	15	444.02	620.79	827.03	12
新　疆	Xinjiang	137.69	215.09	256.41	31	382.14	646.42	693.85	17

7-29 农村居民家庭年人均文教娱乐和医疗保健支出

Per Capita Consumption Expenditure of Rural Households on Education, Culture and Recreation, Health Care and Medical Services

单位：元 (yuan)

地区	Region	文教娱乐 Education, Culture and Recreation				医疗保健 Health Care and Medical Services			
		2010	2012	2013	2013排名 Ranking	2010	2012	2013	2013排名 Ranking
全国	**National Total**	**366.72**	**445.49**	**485.88**		**326.04**	**513.81**	**614.24**	
北京	Beijing	950.61	1152.67	1330.90	1	840.61	1125.25	1167.06	2
天津	Tianjin	462.25	766.08	750.40	5	360.47	760.41	732.58	11
河北	Hebei	296.11	358.49	399.01	20	344.25	543.75	696.02	13
山西	Shanxi	420.21	498.02	502.52	13	328.92	490.25	559.03	19
内蒙古	Inner Mongolia	374.19	513.97	555.24	12	467.97	588.87	831.19	6
辽宁	Liaoning	500.28	556.56	632.86	8	413.83	548.77	789.50	8
吉林	Jilin	454.05	606.26	691.39	6	462.42	840.52	968.58	3
黑龙江	Heilongjiang	560.71	518.04	601.40	9	443.16	727.02	839.16	5
上海	Shanghai	997.65	952.10	963.72	4	584.51	1028.96	1990.92	1
江苏	Jiangsu	908.10	1184.18	1022.35	3	362.28	724.23	809.90	7
浙江	Zhejiang	839.19	902.23	1048.03	2	709.30	746.05	943.94	4
安徽	Anhui	363.92	385.92	376.66	22	264.39	510.06	551.72	21
福建	Fujian	462.17	565.83	592.78	10	251.36	380.60	481.68	25
江西	Jiangxi	285.23	342.70	356.42	24	243.84	380.45	401.26	27
山东	Shandong	421.91	500.98	571.75	11	383.89	635.34	738.82	10
河南	Henan	250.47	343.83	408.14	18	287.83	468.81	603.73	17
湖北	Hubei	288.12	394.63	407.42	19	295.24	591.87	624.40	16
湖南	Hunan	315.93	400.22	426.32	17	293.59	497.24	638.34	15
广东	Guangdong	326.53	466.63	685.26	7	307.43	446.46	502.01	24
广西	Guangxi	182.55	270.24	276.23	28	228.99	383.95	413.40	26
海南	Hainan	318.04	253.97	354.46	25	138.35	306.54	362.24	28
重庆	Chongqing	239.03	394.23	443.30	15	270.31	482.24	535.88	22
四川	Sichuan	218.62	329.29	385.78	21	276.06	498.29	557.43	20
贵州	Guizhou	186.19	226.44	301.38	26	178.07	282.51	302.30	30
云南	Yunnan	206.45	289.22	241.13	30	239.94	362.63	352.92	29
西藏	Tibet	51.06	40.86	63.60	31	71.16	82.67	71.47	31
陕西	Shaanxi	397.61	445.47	463.78	14	376.20	619.94	776.38	9
甘肃	Gansu	238.03	327.30	366.52	23	203.13	398.01	513.26	23
青海	Qinghai	198.53	283.28	270.11	29	307.92	520.06	676.75	14
宁夏	Ningxia	241.08	373.36	439.70	16	417.92	492.14	701.97	12
新疆	Xinjiang	170.15	261.74	286.93	27	314.73	444.18	593.37	18

7-30 农村居民家庭年人均其他消费支出和现金消费支出
Per Capita Consumption Expenditure on Others and Per Capita Cash Consumption Expenditure of Rural Households

单位：元 (yuan)

地区	Region	其他消费支出 Others Consumption Expenditure				现金消费支出 Cash Consumption Expenditure			
		2010	2012	2013	2013排名 Ranking	2010	2012	2013	2013排名 Ranking
全国	**National Total**	**94.02**	**147.58**	**174.87**		**3859.33**	**5414.47**	**6112.85**	
北京	Beijing	193.21	336.17	449.08	2	9182.24	11828.03	13470.25	2
天津	Tianjin	98.50	228.40	385.97	3	4854.60	8305.51	10088.57	4
河北	Hebei	78.87	156.77	176.07	13	3534.63	5172.48	5969.65	13
山西	Shanxi	80.40	149.75	165.40	15	3395.13	5359.05	5463.25	19
内蒙古	Inner Mongolia	97.41	157.42	213.28	10	3951.17	5731.21	6763.28	11
辽宁	Liaoning	112.87	176.23	204.45	12	4093.30	5666.43	6864.93	9
吉林	Jilin	104.47	204.15	223.36	9	3772.82	5712.46	6827.62	10
黑龙江	Heilongjiang	101.86	167.67	205.23	11	4161.15	5451.80	6542.08	12
上海	Shanghai	209.66	253.39	501.94	1	10044.91	11746.63	13872.85	1
江苏	Jiangsu	146.87	232.74	343.42	4	6041.86	8796.48	9486.93	5
浙江	Zhejiang	172.34	251.11	339.49	5	8677.87	10486.03	11541.13	3
安徽	Anhui	82.11	144.00	121.03	25	3541.90	5153.76	5344.91	23
福建	Fujian	141.23	193.13	284.28	6	4994.88	6998.78	7552.49	7
江西	Jiangxi	75.48	105.59	123.79	23	3269.06	4456.07	4910.07	26
山东	Shandong	84.51	120.21	146.79	16	4469.47	6513.82	7184.23	8
河南	Henan	90.14	146.21	119.70	26	3292.00	4779.64	5353.04	22
湖北	Hubei	116.73	169.68	144.90	18	3406.12	5070.68	5531.07	16
湖南	Hunan	96.23	136.56	167.12	14	3552.70	5023.85	5854.24	15
广东	Guangdong	177.27	232.66	257.46	7	4884.58	6867.19	7881.49	6
广西	Guangxi	62.30	108.84	102.53	30	2783.18	4165.20	4546.96	27
海南	Hainan	90.49	155.20	124.43	22	2803.35	4435.61	5090.66	24
重庆	Chongqing	50.70	85.98	136.73	20	2837.12	4359.49	5057.85	25
四川	Sichuan	69.59	101.90	134.54	21	3121.72	4487.93	5406.09	21
贵州	Guizhou	44.21	84.30	103.20	29	2159.14	3157.39	3888.31	30
云南	Yunnan	43.11	66.22	85.49	31	2575.92	3735.25	3953.01	29
西藏	Tibet	75.77	90.52	143.87	19	2088.48	2303.58	2661.48	31
陕西	Shaanxi	75.77	136.37	146.47	17	3506.16	4883.88	5420.65	20
甘肃	Gansu	46.09	100.42	123.52	24	2329.36	3689.03	4393.75	28
青海	Qinghai	62.55	121.62	117.10	27	3095.47	4773.30	5506.62	18
宁夏	Ningxia	101.22	172.21	253.41	8	3446.81	4913.60	5942.11	14
新疆	Xinjiang	59.94	110.21	108.01	28	2838.03	4784.71	5519.91	17

7-31 每百户城镇居民家庭拥有摩托车和计算机
Ownership of Motorcycles and Automobile Per 100 Urban Households

单位：辆 (unit)

地区	Region	摩托车（辆） Motorcycle				家用汽车（台） Automobile			
		2010	2012	2013	2013排名 Ranking	2010	2012	2013	2013排名 Ranking
全　国	**National Total**	**22.51**	**20.27**			**13.07**	**21.54**		
北　京	Beijing			2.00	25	33.83	42.30	43.00	2
天　津	Tianjin	1.70	0.40	0.70	26	15.96	30.00	30.40	5
河　北	Hebei	28.85	19.22	15.91	12	12.46	25.60	28.65	6
山　西	Shanxi	27.54		31.15	4	11.53	20.80	23.21	11
内蒙古	Inner Mongolia			21.53	8	11.17	23.60	23.72	10
辽　宁	Liaoning			5.66	24	9.00	15.50	14.74	22
吉　林	Jilin					7.11	13.00		
黑龙江	Heilongjiang	8.00	9.00	9.00	22	3.60	7.00	8.00	25
上　海	Shanghai					16.81	20.10		
江　苏	Jiangsu			17.40	10	13.83	26.20	33.90	4
浙　江	Zhejiang	25.82	21.86	11.86	20	26.37	36.50	44.28	1
安　徽	Anhui	23.00	20.14	20.56	9	4.95	11.40	12.03	24
福　建	Fujian	51.30	44.82	38.65	2	10.97	19.20	24.46	9
江　西	Jiangxi	20.77	25.08	25.54	6	5.31	10.80	18.05	15
山　东	Shandong					19.82	31.20		
河　南	Henan	19.97	18.66	16.14	11	6.75	15.60	15.77	18
湖　北	Hubei			22.22	7	5.53	12.50	13.28	23
湖　南	Hunan					7.69	15.60		
广　东	Guangdong	44.90	42.58	40.88	1	26.58	36.60	37.07	3
广　西	Guangxi	48.11	47.16	37.66	3	13.26	22.20	26.91	7
海　南	Hainan	45.27	34.01	28.06	5	11.76	15.90	19.00	12
重　庆	Chongqing		12.25	7.77	23	6.60	11.40	15.74	19
四　川	Sichuan	9.78	9.56	14.96	15	8.60	14.30	17.50	16
贵　州	Guizhou	5.79	5.42	15.39	13	5.96	13.20	15.84	17
云　南	Yunnan					18.26	29.00		
西　藏	Tibet	12.00	16.00	15.00	14	16.46	27.10	25.00	8
陕　西	Shaanxi			14.70	17	7.07	12.40	15.70	20
甘　肃	Gansu	7.75	11.17	11.89	19	3.53	9.80	7.10	26
青　海	Qinghai	4.00	4.30	9.20	21	5.49	7.90	15.50	21
宁　夏	Ningxia	19.19	21.86	14.83	16	7.00	16.70	18.48	13
新　疆	Xinjiang	18.53		13.59	18	8.63	15.60	18.18	14

7-32 每百户城镇居民家庭拥有洗衣机和电冰箱
Ownership of Washing Machine and Refrigerator Per 100 Urban Households

单位：台 (set)

地区	Region	洗衣机 Washing Machine				电冰箱 Refrigerator			
		2010	2012	2013	2013排名 Ranking	2010	2012	2013	2013排名 Ranking
全　国	**National Total**	**96.92**	**98.02**			**96.61**	**98.48**		
北　京	Beijing			100.00	3			103.00	2
天　津	Tianjin	100.20	101.20	101.60	2	107.50	107.70	107.20	1
河　北	Hebei	97.66	96.83	96.22	9	98.28	97.59	96.49	8
山　西	Shanxi	100.73		104.50	1	90.19		92.40	14
内蒙古	Inner Mongolia			90.90	20			89.77	19
辽　宁	Liaoning			87.94	24			91.30	16
吉　林	Jilin								
黑龙江	Heilongjiang	94.00	94.00	91.00	19	86.00	89.00	87.00	21
上　海	Shanghai								
江　苏	Jiangsu			99.70	4			100.40	4
浙　江	Zhejiang	94.26	95.45	90.58	21	100.36	100.89	97.40	7
安　徽	Anhui	97.35	95.62	89.14	23	96.61	98.31	91.21	17
福　建	Fujian	101.46	101.83	94.32	14	105.49	107.08	100.27	5
江　西	Jiangxi	93.84	91.22	92.27	18	96.57	94.89	95.20	10
山　东	Shandong								
河　南	Henan	97.43	99.73	97.48	6	90.70	93.37	91.94	15
湖　北	Hubei			90.15	22			94.71	12
湖　南	Hunan								
广　东	Guangdong	97.68	98.55	99.21	5	96.62	99.15	101.88	3
广　西	Guangxi	97.77	98.33	95.54	10	97.41	100.34	95.16	11
海　南	Hainan	69.69	71.87	74.34	26	77.93	81.35	82.67	25
重　庆	Chongqing		97.38	96.91	8		101.96	99.09	6
四　川	Sichuan	96.09	98.44	94.89	12	95.36	98.20	93.30	13
贵　州	Guizhou	99.23	99.87	95.50	11	94.56	97.63	89.98	18
云　南	Yunnan								
西　藏	Tibet	84.00	88.00	84.00	25	81.00	86.00	87.00	21
陕　西	Shaanxi			93.84	16			86.45	24
甘　肃	Gansu	98.09	98.88	97.14	7	85.84	90.25	86.68	23
青　海	Qinghai	97.00	97.60	94.40	13	92.00	95.50	78.30	26
宁　夏	Ningxia	94.32	95.42	93.48	17	88.65	92.06	89.33	20
新　疆	Xinjiang	93.43		94.19	15	90.20		95.37	9

7-33 每百户城镇居民家庭拥有微波炉和洗碗机
Ownership of Microwave Oven and Dishwasher Per 100 Urban Households

单位：台 （set）

地区	Region	微波炉 Microwave Oven				洗碗机 Dishwasher			
		2010	2012	2013	2013排名 Ranking	2010	2012	2013	2013排名 Ranking
全 国	**National Total**	**59.00**	**62.24**						
北 京	Beijing			85.00	3			2.00	3
天 津	Tianjin	88.50	88.90	90.00	2	0.30	0.40	0.30	16
河 北	Hebei	50.13	53.40	53.57	11	0.56	0.77	1.06	8
山 西	Shanxi	32.66		39.00	22				
内蒙古	Inner Mongolia			36.34	26			0.69	11
辽 宁	Liaoning			53.00	12			0.88	10
吉 林	Jilin								
黑龙江	Heilongjiang	36.00	38.00	37.00	25				
上 海	Shanghai								
江 苏	Jiangsu			90.80	1			1.40	6
浙 江	Zhejiang	71.28	72.97	64.32	7	1.18	1.32	1.45	5
安 徽	Anhui	57.77	65.55	56.67	9	0.31	0.77	0.48	13
福 建	Fujian	79.65	80.24	64.16	8	0.83	0.99	1.14	7
江 西	Jiangxi	55.86	52.03	52.57	14				
山 东	Shandong								
河 南	Henan	38.88	43.15	42.21	19	0.24	0.65	0.54	12
湖 北	Hubei			52.99	13			1.93	4
湖 南	Hunan								
广 东	Guangdong	69.90	71.90	73.56	4				
广 西	Guangxi	66.82	72.54	68.81	6			2.12	2
海 南	Hainan	31.26	31.67	38.97	23				
重 庆	Chongqing		69.45	69.66	5				
四 川	Sichuan	54.50	56.12	44.56	16	0.91	0.33	0.93	9
贵 州	Guizhou	45.71	47.59	40.73	20				
云 南	Yunnan								
西 藏	Tibet	27.00	39.00	38.00	24	1.00	1.00	3.00	1
陕 西	Shaanxi			39.21	21			0.37	14
甘 肃	Gansu	36.18	38.84	43.45	17				
青 海	Qinghai	47.00	49.30	53.70	10				
宁 夏	Ningxia	42.10	42.73	47.20	15	0.43	0.31	0.37	15
新 疆	Xinjiang	34.84		42.49	18				

7-34 每百户城镇居民家庭拥有热水器和空调机
Ownership of Water Heater and Air Conditioner Per 100 Urban Households

单位：台 （set）

地区 Region	热水器 Water Heater				空调机 Air Conditioner			
	2010	2012	2013	2013排名 Ranking	2010	2012	2013	2013排名 Ranking
全 国 **National Total**	**84.82**	**91.02**			**112.07**	**126.81**		
北 京 Beijing			99.00	4			180.00	6
天 津 Tianjin	96.40	94.50	97.50	5	143.00	147.50	147.60	7
河 北 Hebei	78.09	88.24	82.95	13	90.39	104.16	107.95	13
山 西 Shanxi					34.90		48.60	17
内蒙古 Inner Mongolia			53.95	21			12.83	21
辽 宁 Liaoning			69.10	20			26.42	18
吉 林 Jilin								
黑龙江 Heilongjiang	36.00	46.00	43.00	23	9.00	10.00	12.00	23
上 海 Shanghai								
江 苏 Jiangsu			104.40	1			194.90	3
浙 江 Zhejiang	101.19	106.32	94.79	6	186.62	203.77	196.54	2
安 徽 Anhui	86.78	94.02	89.47	9	120.04	136.05	128.84	8
福 建 Fujian	110.48	112.27	104.37	2	184.55	199.76	181.84	5
江 西 Jiangxi	92.28	92.56	92.19	8	107.67	118.98	122.46	10
山 东 Shandong								
河 南 Henan	66.83	79.67	78.08	16	120.28	137.67	127.14	9
湖 北 Hubei			85.63	12			122.03	12
湖 南 Hunan								
广 东 Guangdong					206.86	226.89	231.86	1
广 西 Guangxi	104.28	110.81	99.92	3	112.40	138.96	122.38	11
海 南 Hainan	86.19	87.66	81.13	14	72.26	84.26	86.29	15
重 庆 Chongqing		99.02	94.70	7		169.87	183.55	4
四 川 Sichuan	88.66	95.66	88.27	10	101.47	120.93	100.58	14
贵 州 Guizhou	72.42	78.51	77.36	17	17.00	21.71	18.70	19
云 南 Yunnan								
西 藏 Tibet	26.00	33.00	41.00	24	6.00	15.00	9.00	24
陕 西 Shaanxi			71.33	18			82.91	16
甘 肃 Gansu	62.34	66.38	69.11	19	5.43	6.71	8.41	25
青 海 Qinghai	44.00	53.60	51.00	22				
宁 夏 Ningxia	75.07	84.15	86.84	11	10.19	10.87	12.28	22
新 疆 Xinjiang	74.27		80.44	15	12.42		16.37	20

7-35 每百户城镇居民家庭拥有彩色电视机和家用计算机
Ownership of Color TV Set and Computer Per 100 Urban Households

单位：台 (set)

地区	Region	彩色电视机 Color TV Set				家用计算机 Computer			
		2010	2012	2013	2013排名 Ranking	2010	2012	2013	2013排名 Ranking
全 国	**National Total**	**137.43**	**136.07**			**71.16**	**87.03**		
北 京	Beijing			140.00	5	103.93	112.13	110.00	2
天 津	Tianjin	130.80	121.70	122.50	9	90.68	98.70	98.90	5
河 北	Hebei	117.97	115.96	109.48	16	61.32	75.50	70.29	13
山 西	Shanxi	111.75		111.50	15	54.08	74.07	72.52	11
内蒙古	Inner Mongolia			99.96	24	46.76	62.60	49.00	24
辽 宁	Liaoning			106.86	18	67.72	77.70	61.57	19
吉 林	Jilin					54.18	74.70		
黑龙江	Heilongjiang	109.00	108.00	102.00	20	47.21	60.50	53.00	23
上 海	Shanghai					128.19	144.40		
江 苏	Jiangsu			171.50	2	81.36	100.30	98.10	6
浙 江	Zhejiang	185.70	186.56	178.99	1	89.84	106.30	101.56	4
安 徽	Anhui	141.50	144.96	122.21	10	63.79	79.60	62.67	17
福 建	Fujian	180.19	174.25	144.85	3	94.81	109.10	107.51	3
江 西	Jiangxi	148.00	139.57	140.17	4	59.91	78.20	76.42	9
山 东	Shandong					77.21	88.90		
河 南	Henan	126.51	126.31	112.43	14	56.98	74.40	79.92	8
湖 北	Hubei			117.13	12	58.53	81.90	73.48	10
湖 南	Hunan					52.68	74.80		
广 东	Guangdong	142.99	141.07	139.18	6	96.80	113.90	134.00	1
广 西	Guangxi	136.07	136.68	115.50	13	78.98	98.40	95.03	7
海 南	Hainan	119.79	113.30	102.32	19	52.88	65.60	63.21	16
重 庆	Chongqing		150.05	138.18	7	69.03	79.30	71.99	12
四 川	Sichuan	137.97	137.93	122.01	11	61.35	74.30	67.83	14
贵 州	Guizhou	121.93	115.67	101.84	21	56.79	71.20	55.72	22
云 南	Yunnan					53.64	69.90		
西 藏	Tibet	129.00	129.00	128.00	8	39.08	63.10	48.00	25
陕 西	Shaanxi			107.17	17	68.06	84.80	61.90	18
甘 肃	Gansu	109.99	108.22	100.59	23	42.90	63.20		
青 海	Qinghai	106.00	105.70	100.70	22	39.94	55.70	57.50	21
宁 夏	Ningxia	105.24	102.11	99.22	25	51.32	64.40	66.30	15
新 疆	Xinjiang	105.61		98.59	26	47.68	65.80	60.16	20

7-36 每百户城镇居民家庭拥有照相机和移动电话
Ownership of Camera and Mobile Phone Per 100 Urban Households

地区	Region	照相机（架） Camera （unit）				移动电话（部） Mobile Phone （unit）			
		2010	2012	2013	2013排名 Ranking	2010	2012	2013	2013排名 Ranking
全　国	**National Total**	**43.70**	**46.42**			**188.86**	**212.64**		
北　京	Beijing			85.00	1			225.00	6
天　津	Tianjin	63.20	59.10	56.30	2	205.20	225.00	225.30	5
河　北	Hebei	39.28	36.96	33.72	9	173.70	195.91	206.60	17
山　西	Shanxi	29.34		32.90	13	146.61		196.12	20
内蒙古	Inner Mongolia			6.52	25			202.63	18
辽　宁	Liaoning			33.26	10			183.00	25
吉　林	Jilin								
黑龙江	Heilongjiang	25.00	27.00	24.00	22	171.00	192.00	182.00	26
上　海	Shanghai								
江　苏	Jiangsu			46.50	4			233.20	4
浙　江	Zhejiang	50.07	53.89	48.64	3	198.01	210.08	217.43	8
安　徽	Anhui	29.71	34.88	29.81	17	168.46	202.61	186.16	23
福　建	Fujian	46.45	52.48	38.36	7	223.74	243.79	240.59	2
江　西	Jiangxi	33.82	31.73	31.47	15	181.18	208.15	213.97	10
山　东	Shandong								
河　南	Henan	33.61	37.09	28.92	18	175.12	200.20	206.95	16
湖　北	Hubei			33.21	11			207.61	15
湖　南	Hunan								
广　东	Guangdong					222.12	242.74	246.17	1
广　西	Guangxi	43.52	50.86	41.80	5	210.37	237.15	237.71	3
海　南	Hainan	21.85	19.50	23.35	23	174.02	200.66	209.62	14
重　庆	Chongqing		33.18	41.80	5		213.66	224.76	7
四　川	Sichuan	33.05	35.77	28.06	19	191.82	210.23	210.97	13
贵　州	Guizhou	28.03	29.87	21.78	24	183.54	214.73	211.72	12
云　南	Yunnan								
西　藏	Tibet	37.00	48.00	38.00	8	156.00	187.00	186.00	24
陕　西	Shaanxi			33.19	12			215.92	9
甘　肃	Gansu	26.49	27.44	30.31	16	159.58	197.30	188.49	22
青　海	Qinghai	25.00	22.80	24.80	21	153.00	184.30	200.20	19
宁　夏	Ningxia	20.31	22.58	25.39	20	185.48	203.23	213.34	11
新　疆	Xinjiang	26.83		32.27	14	159.79		188.94	21

7-37 每百户城镇居民家庭拥有组合音响和摄像机
Ownership of Hi-Fi Stereo Component System and Video Camera Per 100 Urban Households

地区	Region	组合音响（套）Hi-Fi Stereo Component System (set)				摄像机（架）Video Camera (unit)			
		2010	2012	2013	2013排名 Ranking	2010	2012	2013	2013排名 Ranking
全 国	**National Total**	**28.08**	**23.63**			**8.20**	**10.00**		
北 京	Beijing			10.00	13			24.00	1
天 津	Tianjin	26.00	16.70	17.50	3	14.10	16.50	16.90	2
河 北	Hebei	22.60	17.08	7.16	16	6.75	8.75	6.98	12
山 西	Shanxi	17.21		13.00	8				
内蒙古	Inner Mongolia			3.15	24			6.52	15
辽 宁	Liaoning			4.56	20			8.82	6
吉 林	Jilin								
黑龙江	Heilongjiang	13.00	7.00			6.00	7.00	7.00	11
上 海	Shanghai								
江 苏	Jiangsu			12.90	9			11.00	4
浙 江	Zhejiang	33.38	28.40	15.24	6	9.48	10.22	9.14	5
安 徽	Anhui	19.22	16.22	4.91	19	3.77	7.89	5.48	20
福 建	Fujian	33.13	29.08	12.26	11	8.92	9.02	8.80	7
江 西	Jiangxi	27.82	12.80	12.32	10	4.45	5.38	5.09	22
山 东	Shandong								
河 南	Henan	16.97	15.68	4.47	21	5.59	6.36	5.12	21
湖 北	Hubei			11.10	12			6.85	13
湖 南	Hunan								
广 东	Guangdong	49.83	48.15	46.30	1	12.05	13.89	14.72	3
广 西	Guangxi	40.63	36.20	17.18	4			6.61	14
海 南	Hainan	26.30	19.58	15.63	5				
重 庆	Chongqing		23.32	9.13	15		7.41	7.22	9
四 川	Sichuan	26.03	21.58	9.48	14	5.82	6.64	7.07	10
贵 州	Guizhou	37.06	28.02	14.41	7				
云 南	Yunnan								
西 藏	Tibet	39.00	30.00	21.00	2	6.00	11.00	6.00	16
陕 西	Shaanxi			5.29	18			5.82	17
甘 肃	Gansu					3.40	5.70	4.82	23
青 海	Qinghai	11.00	10.70	4.40	22	4.00	4.10	5.80	18
宁 夏	Ningxia	17.81	12.52	5.75	17	3.24	5.49	5.70	19
新 疆	Xinjiang	15.06		4.12	23	4.57		7.45	8

7-38 每百户城镇居民家庭拥有助力车和健身器材
Ownership of Powered Bicycle and Fitness Equipment Per 100 Rural Households

地区 Region	助力车（辆） Powered Bicycle （unit）				健身器材（套） Fitness Equipment （set）			
	2010	2012	2013	2013排名 Ranking	2010	2012	2013	2013排名 Ranking
全 国 **National Total**					**4.24**	**4.27**		
北 京 Beijing			10.00	18			7.00	1
天 津 Tianjin	28.50	27.90	27.90	10	2.30	2.70	3.50	6
河 北 Hebei	49.98	49.95	62.47	3	3.73	2.85	3.22	7
山 西 Shanxi								
内蒙古 Inner Mongolia			40.60	7			1.69	19
辽 宁 Liaoning			12.87	16			2.76	10
吉 林 Jilin								
黑龙江 Heilongjiang					2.00	2.00	2.00	16
上 海 Shanghai								
江 苏 Jiangsu			93.20	1			6.80	2
浙 江 Zhejiang	45.73	52.49	60.21	5	6.09	6.17	6.59	3
安 徽 Anhui	31.84	45.61	51.66	6	2.32	3.27	2.29	13
福 建 Fujian	37.76	43.94	37.58	8	6.04	6.05	5.08	4
江 西 Jiangxi								
山 东 Shandong								
河 南 Henan	48.96	63.59	71.61	2	3.26	2.77	2.64	11
湖 北 Hubei			18.61	13			2.34	12
湖 南 Hunan								
广 东 Guangdong								
广 西 Guangxi			62.15	4			3.85	5
海 南 Hainan								
重 庆 Chongqing						2.37	3.05	8
四 川 Sichuan	13.56	13.91	19.20	12	2.88	2.39	2.85	9
贵 州 Guizhou					4.20	4.06	2.22	15
云 南 Yunnan								
西 藏 Tibet	5.00	10.00	13.00	15	2.00	3.00	2.00	16
陕 西 Shaanxi			21.17	11			1.92	18
甘 肃 Gansu	8.21	13.35	11.94	17	2.34	3.27	1.10	21
青 海 Qinghai								
宁 夏 Ningxia	24.71	28.08	32.02	9	1.52	1.25	1.57	20
新 疆 Xinjiang	8.60		17.19	14	2.65		2.24	14

7-39 每百户农村居民家庭拥有摩托车和计算机
Ownership of Motorcycles and Automobile Per 100 Rural Households

单位：辆 (unit)

地区	Region	摩托车（辆） Motorcycle 2010	2012	2013	2013排名 Ranking	家用汽车（台） Automobile 2010	2012	2013	2013排名 Ranking
全　国	**National Total**	**59.02**	**62.20**						
北　京	Beijing	29.20	13.87	12.00	27			34.00	1
天　津	Tianjin	51.67	26.71	29.00	26	14.00	18.00	24.00	2
河　北	Hebei	61.43	61.19	63.06	15		13.26	17.53	4
山　西	Shanxi	56.57	56.71	56.49	19	1.86		8.02	9
内蒙古	Inner Mongolia	68.16	75.44	70.82	10				
辽　宁	Liaoning	59.21	64.03	53.48	20	1.43	3.94	8.00	10
吉　林	Jilin	60.94	67.38	63.89	14	1.25	5.81	12.63	5
黑龙江	Heilongjiang	52.86	56.38	59.10	16				
上　海	Shanghai	45.50	24.92						
江　苏	Jiangsu	63.26	57.80	44.70	22	3.00	5.90	7.20	11
浙　江	Zhejiang	53.11	38.93	35.30	24	7.80	15.20	22.60	3
安　徽	Anhui	55.61	52.74	56.80	18		2.29	8.04	8
福　建	Fujian	92.58	87.61	91.31	4	3.24	6.26	8.76	7
江　西	Jiangxi	60.49	69.27	75.78	9				
山　东	Shandong	72.62	60.76						
河　南	Henan	54.88	51.31	66.58	13	1.76	5.07	8.99	6
湖　北	Hubei	64.12	74.76	68.84	12				
湖　南	Hunan	45.76	64.49						
广　东	Guangdong	107.11	108.16	108.42	1				
广　西	Guangxi	76.04	89.44	94.26	3	0.26	2.25	6.43	13
海　南	Hainan	100.56	106.83	99.00	2	1.10	3.00	3.40	15
重　庆	Chongqing	27.06	38.44	30.75	25		3.17	5.97	14
四　川	Sichuan	37.88	45.23	45.17	21				
贵　州	Guizhou	30.76	39.02	41.37	23				
云　南	Yunnan	46.63	64.71						
西　藏	Tibet	43.13	79.86	77.10	8				
陕　西	Shaanxi	49.68	57.14	58.14	17			6.88	12
甘　肃	Gansu	58.00	71.94	69.13	11				
青　海	Qinghai	79.33	80.83	85.20	6				
宁　夏	Ningxia	85.83	85.25	90.71	5				
新　疆	Xinjiang	62.84	79.87	78.51	7				

7-40 每百户农村居民家庭拥有洗衣机和电冰箱
Ownership of Washing Machine and Refrigerator Per 100 Rural Households

单位：台 （set）

地区	Region	洗衣机 Washing Machine				电冰箱 Refrigerator			
		2010	2012	2013	2013排名 Ranking	2010	2012	2013	2013排名 Ranking
全　国	**National Total**	**57.32**	**67.22**			**45.19**	**67.32**		
北　京	Beijing			95.00	2			102.00	1
天　津	Tianjin	101.00	100.00	102.00	1	103.00	97.00	100.00	2
河　北	Hebei	86.33	93.60	92.72	4	50.45	82.93	83.24	8
山　西	Shanxi	81.05		86.82	9	29.19		53.45	23
内蒙古	Inner Mongolia			76.92	16			80.16	12
辽　宁	Liaoning	76.24	80.74	76.46	17	58.73	81.99	77.12	15
吉　林	Jilin	77.75	88.88	83.97	12	44.88	78.69	81.61	11
黑龙江	Heilongjiang	82.60	83.20	86.20	10	54.00	76.20	82.00	10
上　海	Shanghai								
江　苏	Jiangsu	91.50	92.40	93.00	3	59.30	71.40	92.90	5
浙　江	Zhejiang	68.30	72.50	74.80	18	89.40	95.30	96.50	4
安　徽	Anhui	56.52	60.06	71.13	19	63.26	79.77	84.26	7
福　建	Fujian	63.85	69.63	77.35	15	72.53	92.08	96.51	3
江　西	Jiangxi		27.84	31.85	26		73.63	78.08	14
山　东	Shandong								
河　南	Henan	84.64	92.57	91.60	6	46.12	66.86	71.93	20
湖　北	Hubei	47.97	62.42	53.79	23	51.48	80.18	75.82	16
湖　南	Hunan								
广　东	Guangdong	45.78	55.16	60.55	22	49.10	66.39	72.33	19
广　西	Guangxi	15.17	35.97	46.83	24	30.71	61.08	74.05	17
海　南	Hainan	8.50	17.60	19.60	27	15.00	34.40	43.10	25
重　庆	Chongqing		63.17	62.66	21		78.28	83.24	8
四　川	Sichuan	65.75	73.32	78.08	14	49.38	69.46	72.50	18
贵　州	Guizhou	55.20	69.82	69.56	20	27.20	45.18	50.39	24
云　南	Yunnan								
西　藏	Tibet	10.41	27.77	32.93	25	14.73	32.70	31.10	27
陕　西	Shaanxi			84.66	11			56.20	22
甘　肃	Gansu	60.06	79.67	78.14	13	17.39	32.89	39.27	26
青　海	Qinghai	75.00	88.10	92.10	5	44.80	78.60	85.00	6
宁　夏	Ningxia			90.66	7			64.86	21
新　疆	Xinjiang	47.94		87.74	8	43.48		78.29	13

7-41 每百户农村居民家庭拥有微波炉和抽烟机

Ownership of Microwave Oven and Smoke Exhauster Per 100 Rural Households

单位：台 (set)

地区	Region	微波炉 Microwave Oven				抽油烟机 Smoke Exhauster			
		2010	2012	2013	2013排名 Ranking	2010	2012	2013	2013排名 Ranking
全　国	**National Total**					**11.11**	**14.69**		
北　京	Beijing			59.00	1			73.00	1
天　津	Tianjin	37.00	38.00	44.00	2	28.00	49.00	54.00	3
河　北	Hebei	4.48	11.95	14.93	6	8.05	14.67	14.34	6
山　西	Shanxi	3.38		5.71	15				
内蒙古	Inner Mongolia								
辽　宁	Liaoning	7.25	7.78	8.39	11	10.74	11.25	12.10	8
吉　林	Jilin	2.31	4.13	7.42	13	2.94	5.06	9.04	11
黑龙江	Heilongjiang	5.20	3.90	5.10	17	9.00	9.80	10.20	10
上　海	Shanghai								
江　苏	Jiangsu					24.10	35.50	38.30	4
浙　江	Zhejiang	23.00	35.20	37.25	4	52.70	59.00	57.60	2
安　徽	Anhui					7.19	9.61	7.29	13
福　建	Fujian	26.54	31.68	38.78	3	20.38	31.42	32.43	5
江　西	Jiangxi		5.31	9.08	10		8.69	14.20	7
山　东	Shandong								
河　南	Henan	5.12	5.29	10.51	9	3.02	4.05	4.22	20
湖　北	Hubei					10.03	15.82	10.94	9
湖　南	Hunan								
广　东	Guangdong								
广　西	Guangxi	3.72	9.65	14.83	7	1.34	4.03	5.57	17
海　南	Hainan	12.80	12.30	14.10	8	1.50	2.20	4.70	18
重　庆	Chongqing		12.72	16.34	5		5.17	6.59	14
四　川	Sichuan								
贵　州	Guizhou								
云　南	Yunnan								
西　藏	Tibet								
陕　西	Shaanxi			6.40	14			4.31	19
甘　肃	Gansu								
青　海	Qinghai					2.20	8.10	7.40	12
宁　夏	Ningxia			7.65	12			6.46	15
新　疆	Xinjiang	1.81		5.65	16	2.77		6.38	16

7-42 每百户农村居民家庭拥有热水器和空调机
Ownership of Water Heater and Air Conditioner Per 100 Rural Households

单位：台 (set)

地区	Region	热水器 Water Heater				空调机 Air Conditioner			
		2010	2012	2013	2013排名 Ranking	2010	2012	2013	2013排名 Ranking
全　国	**National Total**					**16.00**	**25.36**		
北　京	Beijing			94.00	1			123.00	1
天　津	Tianjin	58.00	92.00	91.00	2	77.00	75.00	83.00	3
河　北	Hebei		45.90	50.90	9		41.62	44.22	8
山　西	Shanxi					4.62		8.17	16
内蒙古	Inner Mongolia								
辽　宁	Liaoning	10.26	15.88	13.74	19	1.01	2.22	1.75	17
吉　林	Jilin	3.44	7.06	9.12	20				
黑龙江	Heilongjiang	5.00	4.50	5.90	21				
上　海	Shanghai								
江　苏	Jiangsu	62.60	80.50	87.30	3	47.40	64.90	78.10	4
浙　江	Zhejiang	69.90	78.30	81.80	5	78.60	99.90	101.28	2
安　徽	Anhui	43.87	56.61	59.86	7	26.16	38.26	43.87	9
福　建	Fujian	65.55	78.12	85.51	4	33.02	52.74	55.84	6
江　西	Jiangxi		33.88	46.55	10		21.22	29.96	12
山　东	Shandong								
河　南	Henan	16.26	32.48	40.90	12	22.86	37.24	46.22	7
湖　北	Hubei	32.00	55.91	52.16	8	18.36	33.15	33.05	11
湖　南	Hunan								
广　东	Guangdong	57.89	65.94	70.38	6	36.17	55.29	60.43	5
广　西	Guangxi	20.24	33.90	39.98	13	4.33	10.35	14.01	14
海　南	Hainan	24.40	25.30	33.20	14	3.10	12.80	13.80	15
重　庆	Chongqing		39.67	43.32	11		28.94	36.51	10
四　川	Sichuan								
贵　州	Guizhou	6.20	12.01	13.83	18				
云　南	Yunnan								
西　藏	Tibet								
陕　西	Shaanxi			33.12	15			16.68	13
甘　肃	Gansu	8.30	17.00	15.65	17				
青　海	Qinghai								
宁　夏	Ningxia			30.42	16			0.65	19
新　疆	Xinjiang					0.65		1.15	18

7-43 每百户农村居民家庭拥有彩色电视机和家用计算机
Ownership of Color TV Set and Computer Per 100 Rural Households

单位：台　　　　　　　　　　　　　　　　　　　　　　　　　　　　　　(set)

地区	Region	彩色电视机 Color TV Set				家用计算机 Computer			
		2010	2012	2013	2013排名 Ranking	2010	2012	2013	2013排名 Ranking
全　国	**National Total**	**111.79**	**116.90**			**10.37**	**21.36**		
北　京	Beijing			132.00	4	59.33	66.70	74.00	1
天　津	Tianjin	131.00	125.00	127.00	6	15.17	43.71	43.00	3
河　北	Hebei	116.55	121.76	117.07	10	9.69	30.40	29.09	7
山　西	Shanxi	109.00		109.81	16	8.71	27.67	28.29	8
内蒙古	Inner Mongolia			102.97	24	3.69	11.21		
辽　宁	Liaoning	111.69	112.18	109.47	18	9.95	20.23	20.14	11
吉　林	Jilin	108.56	117.00	111.44	13	7.81	20.75		
黑龙江	Heilongjiang	109.40	108.80	107.00	20	11.38	19.24		
上　海	Shanghai					59.83	49.17		
江　苏	Jiangsu	142.10	140.80	149.00	2	10.97	24.90	36.50	6
浙　江	Zhejiang	161.40	171.70	169.30	1	38.41	47.89	49.60	2
安　徽	Anhui	112.13	116.16	117.24	9	7.94	13.87	15.57	15
福　建	Fujian	128.85	137.59	146.09	3	23.57	36.16	39.98	5
江　西	Jiangxi		120.49	127.36	5	5.22	13.31	18.49	13
山　东	Shandong					16.69	31.50		
河　南	Henan	106.26	111.21	115.12	11	7.50	20.21	22.90	9
湖　北	Hubei	109.18	116.24	114.35	12	7.39	19.73	22.14	10
湖　南	Hunan					4.39	11.95		
广　东	Guangdong	119.26	118.32	117.53	8	19.53	31.68	40.35	4
广　西	Guangxi	99.22	109.91	111.24	14	4.50	11.73		
海　南	Hainan	102.10	98.70	103.60	23	1.94	8.42	7.50	18
重　庆	Chongqing		107.78	107.91	19	4.06	14.50	13.75	16
四　川	Sichuan	102.95	108.05	109.61	17	4.85	9.95		
贵　州	Guizhou	91.10	95.94	96.50	27	1.65	4.87		
云　南	Yunnan					2.38	6.17		
西　藏	Tibet	73.45	106.49	97.30	25	0.21	0.54		
陕　西	Shaanxi			110.71	15	6.69	17.91	16.37	14
甘　肃	Gansu	104.00	106.28	105.87	22	4.42	11.39	10.05	17
青　海	Qinghai	99.50	107.10	106.50	21	2.00	8.75		
宁　夏	Ningxia			117.54	7	7.17	14.88	19.75	12
新　疆	Xinjiang	89.87		96.97	26	2.90	12.45		

7-44 每百户农村居民家庭拥有照相机和移动电话
Ownership of Camera and Mobile Phone Per 100 Rural Households

地区	Region	照相机（架） Camera （unit）				移动电话（部） Mobile Phone （unit）			
		2010	2012	2013	2013排名 Ranking	2010	2012	2013	2013排名 Ranking
全　国	**National Total**	**5.17**	**5.18**			**136.54**	**197.80**		
北　京	Beijing			32.00	1			221.00	8
天　津	Tianjin	25.00	23.00	22.00	2	182.00	196.00	205.00	15
河　北	Hebei	4.24	4.05	4.53	8		201.07	201.57	17
山　西	Shanxi	4.57		3.32	14	107.71		191.85	19
内蒙古	Inner Mongolia			4.29	11				
辽　宁	Liaoning	7.30	5.97	4.85	7	117.72	158.06	161.83	25
吉　林	Jilin	2.69	2.13	4.50	9	157.63	212.94	219.81	10
黑龙江	Heilongjiang	2.50	3.30	3.30	15	140.40	186.30	190.80	20
上　海	Shanghai								
江　苏	Jiangsu	12.50	12.20	15.20	4	171.00	199.50	218.80	11
浙　江	Zhejiang	12.60	15.70	15.40	3	189.10	211.50	221.60	7
安　徽	Anhui	3.71	2.16	3.09	16	136.90	174.77	181.08	23
福　建	Fujian	5.99	8.43	8.26	5	195.88	241.15	259.75	2
江　西	Jiangxi						200.16	220.92	9
山　东	Shandong								
河　南	Henan	2.83	2.67	3.51	13	151.67	194.10	215.25	13
湖　北	Hubei	2.64	3.64	5.24	6	152.27	215.06	211.52	14
湖　南	Hunan								
广　东	Guangdong					203.83	244.48	247.05	3
广　西	Guangxi	2.42	2.16	2.03	20	140.35	215.45	238.80	5
海　南	Hainan	0.80	1.80	2.30	19	125.10	210.00	216.20	12
重　庆	Chongqing						187.17	189.78	22
四　川	Sichuan					168.75	177.51	199.17	18
贵　州	Guizhou					102.10	173.26	190.06	21
云　南	Yunnan								
西　藏	Tibet	0.95	1.55	0.81	21				
陕　西	Shaanxi			3.74	12			231.01	6
甘　肃	Gansu	2.05	2.67			112.39	192.72	203.54	16
青　海	Qinghai	3.20	6.40	4.50	9	143.80	220.70	241.10	4
宁　夏	Ningxia			3.09	16			263.52	1
新　疆	Xinjiang	3.29		2.78	18	84.32		167.16	24

城市建设

Urban Construction

8

8-1 城市城区面积和城区人口
Urban Area and Population

地区	Region	城区面积（平方公里） Urban Area (sq.km)				城区人口（万人） Urban Population (10 000 persons)			
		2010	2012	2013	2013排名 Ranking	2010	2012	2013	2013排名 Ranking
全　国	**National Total**	**178691.73**	**183039.42**	**183416.05**		**35373.54**	**36989.68**	**37697.07**	
北　京	Beijing	12187.00	12187.00	12187.00	5	1685.90	1783.70	1825.10	7
天　津	Tianjin	2236.12	2334.47	2334.47	22	587.40	596.87	608.15	23
河　北	Hebei	6521.74	6611.24	6477.93	9	1454.60	1498.77	1501.55	10
山　西	Shanxi	3348.34	3427.17	2998.81	20	896.05	954.45	968.21	16
内蒙古	Inner Mongolia	8537.05	8500.97	8355.93	7	704.37	712.75	713.32	22
辽　宁	Liaoning	11655.67	13966.53	13973.93	4	1981.97	2117.90	2152.74	5
吉　林	Jilin	7376.83	3956.61	3596.28	18	989.47	1049.64	1036.31	15
黑龙江	Heilongjiang	2589.48	2718.31	2765.69	21	1293.52	1294.99	1298.35	13
上　海	Shanghai	6340.50	6340.50	6340.50	11	2301.91	2380.43	2415.15	4
江　苏	Jiangsu	12462.84	13957.00	14307.61	3	2390.58	2542.24	2611.58	3
浙　江	Zhejiang	10256.38	10515.23	10991.68	6	1408.04	1430.37	1482.68	11
安　徽	Anhui	5041.16	5569.09	5852.01	14	1108.37	1129.00	1151.13	14
福　建	Fujian	4361.84	4500.88	4298.70	17	750.41	820.90	835.16	19
江　西	Jiangxi	1719.32	1949.64	2113.46	23	762.29	829.89	866.38	18
山　东	Shandong	19631.65	21421.45	21635.26	1	2581.23	2738.74	2769.21	2
河　南	Henan	4101.39	4628.01	4658.01	15	1798.62	1863.60	1906.39	6
湖　北	Hubei	9057.18	9052.31	7348.70	8	1618.09	1606.65	1620.49	9
湖　南	Hunan	4121.85	4623.47	4312.18	16	1151.41	1282.88	1312.06	12
广　东	Guangdong	18130.10	15984.06	16136.49	2	3478.55	3439.76	3609.97	1
广　西	Guangxi	5656.72	6067.38	6103.62	13	701.58	757.57	774.14	21
海　南	Hainan	833.03	1149.13	1264.98	29	203.37	195.05	194.93	29
重　庆	Chongqing	5695.83	6105.70	6133.93	12	831.69	900.53	885.05	17
四　川	Sichuan	5772.84	6204.99	6432.92	10	1500.15	1642.82	1703.11	8
贵　州	Guizhou	1658.36	1816.64	1828.34	25	483.09	513.42	529.28	26
云　南	Yunnan	1929.97	2143.79	3337.32	19	577.70	655.89	599.72	24
西　藏	Tibet	782.00	337.00	339.00	31	25.68	32.97	34.92	31
陕　西	Shaanxi	1430.60	1504.44	1555.04	27	754.86	782.72	821.91	20
甘　肃	Gansu	1426.32	1292.43	1450.12	28	494.90	511.61	513.55	27
青　海	Qinghai	512.28	512.28	559.78	30	109.83	124.19	147.85	30
宁　夏	Ningxia	2049.72	2103.16	2106.16	24	198.79	228.91	222.13	28
新　疆	Xinjiang	1267.62	1558.54	1620.20	26	549.12	570.47	586.55	25

注：城市建设的统计范围为该市的城市的城区(以下有关各表同)。

Note: The statistical range of city construction as a city district. The same applies to the relevant tables followed.

8-2 城市建成区面积和人口密度
Area of Built District and Population Density

地区	Region	建成区面积（平方公里） Area of Built District (sq.km)				人口密度（人/平方公里） Population Density (person/sq.km)			
		2010	2012	2013	2013排名 Ranking	2010	2012	2013	2013排名 Ranking
全 国	**National Total**	**40058.01**	**45565.76**	**47855.28**		**2209**	**2307**	**2362**	
北 京	Beijing		1261.11	1306.45	14	1383	1464	1498	28
天 津	Tianjin	686.71	722.14	747.26	25	2752	2782	2843	15
河 北	Hebei	1619.67	1738.89	1787.24	9	2354	2411	2483	18
山 西	Shanxi	864.73	1013.84	1040.69	21	2890	3028	3526	8
内蒙古	Inner Mongolia	1038.32	1132.78	1206.21	16	981	1032	1059	31
辽 宁	Liaoning	2220.53	2329.08	2386.49	5	1814	1624	1663	26
吉 林	Jilin	1237.38	1293.82	1344.02	13	1449	2878	3135	11
黑龙江	Heilongjiang	1637.98	1725.45	1758.38	11	5239	5054	4922	3
上 海	Shanghai	998.75	998.75	998.75	22	3630	3754	3809	7
江 苏	Jiangsu	3271.09	3655.05	3809.60	3	2027	2002	2016	21
浙 江	Zhejiang	2128.96	2296.33	2399.24	4	1773	1786	1818	25
安 徽	Anhui	1491.32	1696.01	1777.26	10	2469	2401	2359	20
福 建	Fujian	1059.00	1203.14	1263.18	15	2290	2388	2570	16
江 西	Jiangxi	933.78	1077.61	1151.42	18	4786	4663	4542	4
山 东	Shandong	3566.15	3926.97	4187.48	2	1389	1349	1361	29
河 南	Henan	2014.40	2219.07	2289.08	6	5178	4964	4982	2
湖 北	Hubei	1701.03	1889.61	2006.71	8	1929	2004	2505	17
湖 南	Hunan	1321.05	1465.07	1504.95	12	2992	3030	3317	10
广 东	Guangdong	4618.07	5026.44	5232.11	1	2428	2927	3066	12
广 西	Guangxi	940.47	1083.57	1153.64	17	1498	1528	1543	27
海 南	Hainan	221.32	265.59	296.03	29	2739	2079	1946	22
重 庆	Chongqing	870.23	1051.71	1114.92	19	1860	1832	1847	23
四 川	Sichuan	1629.73	1901.72	2058.11	7	2743	2866	2900	14
贵 州	Guizhou	463.96	586.06	695.40	27	3266	3324	3406	9
云 南	Yunnan	751.34	859.87	935.77	23	3795	4029	2415	19
西 藏	Tibet	84.88	119.70	120.29	31	575	1655	1820	24
陕 西	Shaanxi	758.48	863.51	915.02	24	5506	5483	5541	1
甘 肃	Gansu	632.80	681.55	726.66	26	3793	4369	3916	6
青 海	Qinghai	113.88	122.11	157.36	30	2320	2674	2924	13
宁 夏	Ningxia	343.79	399.57	420.69	28	1093	1251	1253	30
新 疆	Xinjiang	838.21	959.64	1064.87	20	4977	4312	4361	5

8-3 按项目分城市建设用地面积（一）
Area of Urban Construction Land by Items (1)

单位：平方公里 (sq.km)

地区	Region	城市建设用地面积 Area of Urban Construction Land 2010	2012	2013	2013排名 Ranking	居住用地 Residential 2010	2012	2013	2013排名 Ranking
全 国	**National Total**	**39758.42**	**45750.67**	**47108.50**		**12404.04**	**14283.43**	**14691.41**	
北 京	Beijing		1445.01	1504.79	13				
天 津	Tianjin	686.71	722.14	736.35	25	186.53	194.79	199.20	24
河 北	Hebei	1571.72	1609.33	1651.51	12	507.37	558.46	573.76	11
山 西	Shanxi	847.15	944.09	972.65	21	260.94	309.85	326.99	20
内蒙古	Inner Mongolia	1123.44	1198.84	1187.54	16	332.55	386.09	398.69	15
辽 宁	Liaoning	2171.23	2261.31	2407.63	6	729.12	783.94	816.96	5
吉 林	Jilin	1171.77	1209.78	1263.97	15	413.19	428.70	458.29	14
黑龙江	Heilongjiang	1737.50	1747.71	1763.68	10	625.94	624.51	632.75	10
上 海	Shanghai		2904.25	2915.56	4		1065.55	1058.89	4
江 苏	Jiangsu	3424.75	3701.86	3874.49	2	1024.54	1143.75	1205.43	2
浙 江	Zhejiang	2245.93	2246.68	2413.15	5	614.53	626.96	677.78	6
安 徽	Anhui	1539.96	1682.02	1763.15	11	488.33	542.78	568.14	12
福 建	Fujian	1019.07	1126.05	1174.97	17	316.42	359.60	370.40	17
江 西	Jiangxi	966.32	1034.27	1086.22	19	278.27	320.70	336.21	18
山 东	Shandong	3526.37	3854.39	3828.28	3	1040.88	1143.35	1139.33	3
河 南	Henan	1947.18	2083.42	2143.61	7	578.68	612.01	633.82	9
湖 北	Hubei	1968.81	2126.73	2062.08	8	580.36	652.38	648.41	7
湖 南	Hunan	1458.58	1430.16	1444.65	14	475.45	507.62	510.96	13
广 东	Guangdong	4774.76	4083.37	4000.64	1	1446.64	1279.29	1254.61	1
广 西	Guangxi	908.64	1029.77	1099.40	18	283.69	322.49	333.57	19
海 南	Hainan	260.73	253.38	288.13	29	83.03	91.42	98.82	28
重 庆	Chongqing	855.67	859.47	920.55	22	282.15	277.56	294.87	21
四 川	Sichuan	1610.31	1855.64	2003.67	9	526.12	587.76	639.43	8
贵 州	Guizhou	477.07	555.53	600.71	27	128.29	169.64	190.93	25
云 南	Yunnan	832.86	846.58	790.68	24	353.74	348.44	292.71	22
西 藏	Tibet	82.51	111.03	111.05	31	28.97	40.26	46.02	30
陕 西	Shaanxi	704.86	776.18	885.04	23	217.69	210.91	234.67	23
甘 肃	Gansu	594.35	642.69	657.79	26	168.15	184.60	189.40	26
青 海	Qinghai	113.45	121.98	149.39	30	43.93	53.37	68.61	29
宁 夏	Ningxia	284.37	332.94	356.65	28	104.13	114.17	118.87	27
新 疆	Xinjiang	852.35	954.07	1050.52	20	284.41	342.48	372.89	16

注：从2012年起，城市建设用地面积按新标准进行分类。

Note: From 2012 onwards, the city construction land area in accordance with the new standards for classification.

8-4 按项目分城市建设用地面积（二）
Area of Urban Construction Land by Items (2)

单位：平方公里 (sq.km)

地区	Region	公共管理与公共服务设施用地 Administration and Public Services				工业用地 Industrial, Manufacturing			
		2010	2012	2013	2013排名 Ranking	2010	2012	2013	2013排名 Ranking
全　国	**National Total**	**4832.57**	**4481.77**	**4448.11**		**8689.49**	**8712.44**	**9149.58**	
北　京	Beijing								
天　津	Tianjin	81.54	49.35	49.00	27	155.66	165.14	168.83	21
河　北	Hebei	190.41	167.62	170.13	11	314.84	244.20	235.37	14
山　西	Shanxi	98.68	121.44	123.93	15	171.35	184.69	178.31	19
内蒙古	Inner Mongolia	147.57	115.73	123.11	17	205.62	213.63	193.16	18
辽　宁	Liaoning	216.03	177.98	183.20	9	506.75	518.51	560.93	6
吉　林	Jilin	125.90	100.73	106.11	18	242.87	250.05	260.88	12
黑龙江	Heilongjiang	181.71	162.67	177.43	10	338.80	272.62	330.87	11
上　海	Shanghai		160.16	161.73	12		736.80	733.11	4
江　苏	Jiangsu	402.94	305.71	312.91	3	896.33	839.49	883.64	2
浙　江	Zhejiang	242.27	195.82	208.98	7	573.55	541.32	574.55	5
安　徽	Anhui	196.13	164.13	158.42	13	327.39	301.43	347.57	9
福　建	Fujian	135.19	143.56	149.94	14	219.32	235.21	242.21	13
江　西	Jiangxi	142.49	94.31	96.52	20	193.07	197.98	201.70	15
山　东	Shandong	491.44	435.57	407.08	1	775.69	819.51	807.86	3
河　南	Henan	287.38	242.86	250.56	4	338.30	305.91	343.22	10
湖　北	Hubei	271.19	271.43	237.51	5	434.55	485.49	508.76	7
湖　南	Hunan	223.37	195.09	189.03	8	257.27	227.18	198.11	16
广　东	Guangdong	406.95	413.49	365.29	2	1364.34	950.10	969.53	1
广　西	Guangxi	124.11	116.72	123.41	16	171.89	162.72	169.04	20
海　南	Hainan	44.54	31.35	40.20	28	20.47	17.62	20.42	28
重　庆	Chongqing	88.63	79.85	83.95	23	200.94	183.19	195.56	17
四　川	Sichuan	218.19	213.60	218.95	6	344.84	350.49	408.97	8
贵　州	Guizhou	65.53	64.94	73.67	24	86.25	86.70	93.62	25
云　南	Yunnan	84.59	93.64	95.55	22	121.51	47.29	93.44	26
西　藏	Tibet	21.64	10.51	11.42	30	7.95	12.13	11.21	30
陕　西	Shaanxi	124.85	130.04	98.33	19	136.29	79.90	114.01	23
甘　肃	Gansu	68.73	72.00	73.43	25	99.73	96.67	103.77	24
青　海	Qinghai	6.17	13.58	11.76	29	17.94	10.53	11.90	29
宁　夏	Ningxia	43.24	47.13	50.79	26	26.21	32.70	34.43	27
新　疆	Xinjiang	101.16	90.76	95.77	21	139.77	143.24	154.60	22

注：城市公共管理与公共服务设施用地面积2011年及以前统计口径为城市公共设施用地面积。

Note: City Public Management and public service facilities land area in 2011 and before the statistics for the city public facilities land area.

8-5 按项目分城市建设用地面积（三）
Area of Urban Construction Land by Items (3)

单位：平方公里 (sq.km)

地区	Region	物流仓储用地 Logistics and Warehouse				道路交通设施用地 Road, Street and Transportation			
		2010	2012	2013	2013排名 Ranking	2010	2012	2013	2013排名 Ranking
全国	**National Total**	**1186.99**	**1378.45**	**1415.17**		**4679.90**	**5462.72**	**5786.57**	
北京	Beijing								
天津	Tianjin	23.46	57.99	54.98	10	70.00	116.34	119.64	22
河北	Hebei	60.53	57.50	70.02	8	177.82	199.37	210.31	10
山西	Shanxi	30.13	36.67	37.04	18	78.23	74.24	84.89	24
内蒙古	Inner Mongolia	42.73	39.30	38.17	17	164.75	139.87	129.33	19
辽宁	Liaoning	77.03	76.19	79.86	6	215.83	256.41	271.13	7
吉林	Jilin	40.76	35.58	36.13	19	128.79	155.63	150.01	16
黑龙江	Heilongjiang	81.83	73.95	81.79	5	176.36	201.06	209.49	11
上海	Shanghai		86.29	85.54	4		414.51	418.86	4
江苏	Jiangsu	95.52	101.93	112.14	1	387.86	411.31	450.40	3
浙江	Zhejiang	47.34	52.92	54.50	11	307.88	324.41	336.66	5
安徽	Anhui	37.29	49.58	51.32	12	192.74	198.07	224.84	9
福建	Fujian	22.05	30.97	31.85	20	120.34	116.84	124.64	21
江西	Jiangxi	24.23	29.47	30.79	21	129.16	126.65	142.30	18
山东	Shandong	110.87	120.49	105.02	2	414.24	444.54	493.16	2
河南	Henan	61.54	72.66	71.80	7	249.34	323.04	334.18	6
湖北	Hubei	59.36	65.33	67.05	9	231.58	254.87	194.64	13
湖南	Hunan	54.99	43.12	43.30	14	167.82	110.11	164.19	14
广东	Guangdong	102.92	93.62	95.76	3	571.60	512.84	512.65	1
广西	Guangxi	30.17	38.43	42.35	15	107.57	174.13	200.87	12
海南	Hainan	3.58	4.31	4.31	29	33.79	49.15	51.74	28
重庆	Chongqing	16.87	19.13	19.26	24	131.55	138.93	152.84	15
四川	Sichuan	34.97	36.95	44.51	13	203.11	214.46	230.55	8
贵州	Guizhou	17.57	22.65	15.76	27	45.74	70.42	63.52	26
云南	Yunnan	22.34	28.76	28.39	22	66.28	72.67	87.61	23
西藏	Tibet	2.60	1.50	1.50	30	8.75	7.10	8.37	30
陕西	Shaanxi	22.76	21.07	18.50	25	80.09	99.03	143.81	17
甘肃	Gansu	22.14	22.91	23.38	23	73.49	82.79	79.30	25
青海	Qinghai	5.02	14.88	16.03	26	5.34	7.91	14.47	29
宁夏	Ningxia	10.64	11.58	12.63	28	35.58	52.07	55.76	27
新疆	Xinjiang	28.75	37.72	41.49	16	104.27	113.95	126.41	20

注：城市道路交通设施用地面积2011年及以前统计口径为城市道路广场用地面积。

Note: City road traffic land area in 2011 and before the statistics for city roads square area.

8-6 按项目分城市建设用地面积（四）（2013）
Area of Urban Construction Land by Items (4) (2013)

单位：平方公里 (sq.km)

地区	Region	商业服务业设施用地面积 Commercial and Business Facilities	排名 Ranking	公用设施用地面积 Municipal Utilities	排名 Ranking	绿地与广场用地面积 Green Space and Square	排名 Ranking
全　国	**National Total**	**2956.41**		**2093.45**		**5063.01**	
北　京	Beijing						
天　津	Tianjin	40.08	24	21.46	26	83.16	25
河　北	Hebei	105.59	11	85.96	10	200.37	9
山　西	Shanxi	39.81	25	81.22	11	100.46	21
内蒙古	Inner Mongolia	73.04	18	74.31	12	157.73	14
辽　宁	Liaoning	165.82	5	69.79	14	259.94	5
吉　林	Jilin	88.60	14	64.03	17	99.92	22
黑龙江	Heilongjiang	86.61	15	71.32	13	173.42	13
上　海	Shanghai	137.54	6	130.28	5	189.61	10
江　苏	Jiangsu	308.06	1	150.74	3	451.17	1
浙　江	Zhejiang	197.99	4	112.52	6	250.17	6
安　徽	Anhui	132.36	7	66.51	16	213.99	8
福　建	Fujian	79.86	16	51.31	19	124.76	17
江　西	Jiangxi	92.58	13	54.98	18	131.14	16
山　东	Shandong	257.99	3	172.51	1	445.33	2
河　南	Henan	110.22	9	90.25	8	309.56	4
湖　北	Hubei	123.26	8	105.16	7	177.29	12
湖　南	Hunan	99.04	12	88.60	9	151.42	15
广　东	Guangdong	276.44	2	156.00	2	370.36	3
广　西	Guangxi	61.88	20	47.27	20	121.01	18
海　南	Hainan	10.43	29	13.52	28	48.69	27
重　庆	Chongqing	57.06	21	25.64	25	91.37	24
四　川	Sichuan	108.64	10	137.80	4	214.82	7
贵　州	Guizhou	34.22	26	29.52	24	99.47	23
云　南	Yunnan	48.77	22	30.86	23	113.35	19
西　藏	Tibet	11.70	28	7.91	29	12.92	30
陕　西	Shaanxi	64.18	19	33.73	21	177.81	11
甘　肃	Gansu	45.16	23	31.51	22	111.84	20
青　海	Qinghai	7.00	30	5.24	30	14.38	29
宁　夏	Ningxia	18.11	27	16.70	27	49.36	26
新　疆	Xinjiang	74.37	17	66.80	15	18.19	28

8-7 城市征用土地面积和征用耕地面积
Area of Land Requisitioned and Farm Land Requisited

单位：平方公里 (sq.km)

地区	Region	本年征用土地面积 Area of Land Requisition This Year				征用耕地面积 Arable Land			
		2010	2012	2013	2013排名 Ranking	2010	2012	2013	2013排名 Ranking
全 国	**National Total**	**1641.57**	**2161.48**	**1831.57**		**708.95**	**992.24**	**782.90**	
北 京	Beijing	46.48	42.16	34.91	20	17.53	7.07	8.49	23
天 津	Tianjin	43.96	55.70	41.13	16	18.65	25.53	19.62	17
河 北	Hebei	37.08	19.72	28.94	22	12.86	7.16	11.15	22
山 西	Shanxi	16.61	26.75	25.85	23	8.02	13.29	12.13	21
内蒙古	Inner Mongolia	14.12	17.94	16.55	26	1.39	3.34	4.97	27
辽 宁	Liaoning	128.20	194.81	105.36	5	60.24	102.33	59.83	4
吉 林	Jilin	59.00	55.99	40.26	17	40.73	35.39	27.03	12
黑龙江	Heilongjiang	28.30	39.65	19.87	25	3.37	8.83	6.93	25
上 海	Shanghai		42.04	35.51	19		25.48	21.01	15
江 苏	Jiangsu	195.45	245.90	175.17	1	88.21	104.28	70.23	1
浙 江	Zhejiang	107.36	115.24	140.47	2	65.94	65.36	67.75	2
安 徽	Anhui	109.30	128.62	137.36	3	61.18	52.38	67.74	3
福 建	Fujian	23.79	72.49	86.86	9	7.41	19.88	38.53	8
江 西	Jiangxi	20.97	65.85	97.60	8	4.16	29.04	33.36	10
山 东	Shandong	98.71	150.70	100.08	7	38.05	66.96	41.79	7
河 南	Henan	67.01	44.66	41.38	15	27.02	19.23	17.92	18
湖 北	Hubei	79.94	34.28	108.29	4	15.23	5.14	44.82	5
湖 南	Hunan	48.92	69.07	64.39	14	11.65	31.00	14.67	20
广 东	Guangdong	95.74	286.26	84.71	10	26.43	161.69	20.82	16
广 西	Guangxi	101.44	88.94	102.04	6	40.43	38.50	36.05	9
海 南	Hainan	0.10	11.17	5.05	30		1.23	0.63	30
重 庆	Chongqing	48.02	75.33	81.54	11	14.23	35.48	43.91	6
四 川	Sichuan	86.33	71.11	75.87	12	45.58	34.96	22.34	13
贵 州	Guizhou	5.26	17.07	12.47	27	0.28	7.11	3.04	29
云 南	Yunnan	85.23	62.48	66.45	13	43.95	22.32	33.08	11
西 藏	Tibet	2.94				0.71			
陕 西	Shaanxi	41.52	28.68	21.53	24	30.59	17.48	8.18	24
甘 肃	Gansu	23.83	52.88	36.26	18	12.62	28.09	16.92	19
青 海	Qinghai	0.01	2.89	7.11	28		0.27	5.02	26
宁 夏	Ningxia	8.30	10.69	6.79	29	6.70	8.78	3.74	28
新 疆	Xinjiang	17.65	32.41	31.77	21	5.80	14.64	21.20	14

8-8 城市维护建设资金总收入
National Revenue of Urban Maintenance and Construction Funds

单位：万元 (10 000 yuan)

地区	Region	城市维护建设资金总收入 Total National Revenue				其他财政资金收入 Others			
		2010	2012	2013	2013排名 Ranking	2010	2012	2013	2013排名 Ranking
全　国	**National Total**	**85704996**	**119233467**	**143227465**		**4437068**	**3986106**	**5697778**	
北　京	Beijing	5886970	18436572	18019329	1				
天　津	Tianjin	1516602	1687948	1489158	24	158352	399465	403728	6
河　北	Hebei	3115491	3575184	3921088	15	190621	249537	56330	15
山　西	Shanxi	1890382	1921217	2183889	22	163886	55399	13353	22
内蒙古	Inner Mongolia	2016567	1726507	1150610	27	15937	18460	25052	21
辽　宁	Liaoning	4617395	6376488	6600036	6	196935	264354	249418	9
吉　林	Jilin	883223	1369846	1197171	26	70925	13935	55669	16
黑龙江	Heilongjiang	1186674	2126914	2047882	23	55217	102144	178010	11
上　海	Shanghai	1960933	2372764	2231751	21	423300		10277	23
江　苏	Jiangsu	8008899	10292341	12228642	3	346908	255402	471142	5
浙　江	Zhejiang	6108113	5352956	8131248	5	65425	50269	254696	8
安　徽	Anhui	2902962	3908590	4716342	10	78092	61589	80025	14
福　建	Fujian	4656971	5579730	6593051	7	153802	41762	3965	26
江　西	Jiangxi	2422959	3594547	3155494	18	126116	98584	42938	18
山　东	Shandong	10377521	10257592	9866852	4	196407	136282	101617	12
河　南	Henan	2381809	3059135	3286281	17	910317	1023792	620951	3
湖　北	Hubei	1561968	2458489	4678894	11	18309	9405	311372	7
湖　南	Hunan	2004494	2890702	3113637	19	134696	69401	84191	13
广　东	Guangdong	9315084	10648858	16743729	2	45358	250168	486023	4
广　西	Guangxi	2722649	3252268	4891693	8	684385	440966	1208527	1
海　南	Hainan	245421	665467	1236708	25	18604		9601	24
重　庆	Chongqing	1950298	3623844	4344439	13	58961	12035		
四　川	Sichuan	1929600	3596997	3747591	16	76623	62898	720602	2
贵　州	Guizhou	389972	406502	4433704	12	4146	20	5976	25
云　南	Yunnan	1923960	3169577	4056277	14	22365	17025	31193	20
西　藏	Tibet	13138	8324	8144	31				
陕　西	Shaanxi	2060164	3441368	4797778	9	192888	300082	178585	10
甘　肃	Gansu	421293	765360	1100287	28	9884	40439	49154	17
青　海	Qinghai	154783	244529	324395	30				
宁　夏	Ningxia	385876	676989	625674	29	186	230	3856	27
新　疆	Xinjiang	692825	1745862	2305691	20	18423	12463	41527	19

8-9 城市维护建设资金中央与地方财政拨款
Financial Allocation from Central Government Budget and Provincial Government Budget

单位：万元 (10 000 yuan)

地区	Region	中央预算资金 Central Budgetary Fund				省级预算资金 Provincial Budgetary Fund			
		2010	2012	2013	2013排名 Ranking	2010	2012	2013	2013排名 Ranking
全　国	**National Total**	**1747961**	**2453300**	**2091485**		**985885**	**2516423**	**2225189**	
北　京	Beijing								
天　津	Tianjin	21370	16100	13500	26	91831	87755	145278	5
河　北	Hebei	76838	27111	133512	3	1628	2140	34142	17
山　西	Shanxi	12479	28289	18398	24	41203	9738	12414	22
内蒙古	Inner Mongolia	13990	14396	22052	22	63709	3434	9801	24
辽　宁	Liaoning	132097	114061	122076	4	30880	32041	140861	6
吉　林	Jilin	61824	51885	68951	12	34222	26706	55271	12
黑龙江	Heilongjiang	144233	153760	105633	7	14078	21590	214585	3
上　海	Shanghai	20066	70588	4151	28				
江　苏	Jiangsu	56721	44391	28266	21	46993	193601	160869	4
浙　江	Zhejiang	36762	60230	41742	16	28884	23223	17169	21
安　徽	Anhui	40377	104366	70433	11	12905	25148	48350	14
福　建	Fujian	48560	131770	120172	5	9879	15551	20796	20
江　西	Jiangxi	191414	27782	13973	25	5779	9890	6417	27
山　东	Shandong	46488	78813	103918	8	24649	45269	98810	8
河　南	Henan	24252	35522	29423	20	5163	17726	7698	26
湖　北	Hubei	62865	85707	37145	17	14744	23970	11313	23
湖　南	Hunan	52700	80498	106431	6	29279	145202	44426	15
广　东	Guangdong	18395	69804	82127	9	90933	181022	48493	13
广　西	Guangxi	46031	112268	72225	10	61881	60146	43579	16
海　南	Hainan	13549	3781	4660	27	2796	500	1192	28
重　庆	Chongqing	20332	73681	32236	19	256541	782427	442233	1
四　川	Sichuan	326065	161838	49657	14	7699	115312	101633	7
贵　州	Guizhou	23103	12073	19728	23	5314	5210	24969	19
云　南	Yunnan	123495	595449	468540	1	29114	338313	275277	2
西　藏	Tibet								
陕　西	Shaanxi	26728	113819	172471	2	1713	81210	59199	11
甘　肃	Gansu	37086	66242	47414	15	21114	46721	27462	18
青　海	Qinghai	24652	44775	64102	13	32376	83126	85924	9
宁　夏	Ningxia	29098	15465	3842	29	15402	125412	79207	10
新　疆	Xinjiang	16391	58836	34707	18	5176	14040	7821	25

8-10 按项目分城市维护建设市财政资金来源（一）
City Fiscal Fund by Items (1)

单位：万元 (10 000 yuan)

地区	Region	市财政资金来源 City Fiscal Fund 2010	2012	2013	2013排名 Ranking	城市维护建设税 Urban Maintenance and Construction Tax 2010	2012	2013	2013排名 Ranking
全　国	**National Total**	78534082	110277638	133213013		9970340	14797543	17070039	
北　京	Beijing	5886970	18436572	18019329	1	800033	1603445	1774052	3
天　津	Tianjin	1245049	1184628	926652	28	219462	150644	129585	26
河　北	Hebei	2846404	3296396	3697104	13	650837	518740	586487	9
山　西	Shanxi	1672814	1827791	2139724	22	166345	375175	259497	20
内蒙古	Inner Mongolia	1922931	1690217	1093705	25	464352	310210	223948	21
辽　宁	Liaoning	4257483	5966032	6087681	7	508321	798075	895804	5
吉　林	Jilin	716252	1277320	1017280	26	201091	416958	494075	12
黑龙江	Heilongjiang	973146	1849420	1549654	23	293437	444364	440799	15
上　海	Shanghai	1517567	2302176	2217323	21				
江　苏	Jiangsu	7558277	9798947	11568365	3	946046	1687198	2009881	2
浙　江	Zhejiang	5977042	5219234	7817641	5	595049	711466	878738	6
安　徽	Anhui	2771588	3717487	4517534	8	352397	352554	521067	11
福　建	Fujian	4444730	5390647	6448118	6	293621	563708	591927	8
江　西	Jiangxi	2099650	3458291	3092166	16	151139	181329	189485	24
山　东	Shandong	10109977	9997228	9562507	4	872852	1227617	1503466	4
河　南	Henan	1442077	1982095	2628209	19	290618	445143	473760	13
湖　北	Hubei	1466050	2339407	4319064	11	312893	458254	561442	10
湖　南	Hunan	1787819	2595601	2878589	17	540596	652494	648787	7
广　东	Guangdong	9160398	10147864	16127086	2	992008	1713178	2250517	1
广　西	Guangxi	1930352	2638888	3567362	14	185171	293975	214962	23
海　南	Hainan	210472	661186	1221255	24	22576	45010	149093	25
重　庆	Chongqing	1614464	2755701	3869970	12	185504	317836	319554	17
四　川	Sichuan	1519213	3256949	2875699	18	265853	414554	452406	14
贵　州	Guizhou	357409	389199	4383031	10	52592	51876	294732	19
云　南	Yunnan	1748986	2218790	3281267	15	155802	210608	222177	22
西　藏	Tibet	13138	8324	8144	31	522	657	5983	30
陕　西	Shaanxi	1838835	2946257	4387523	9	176260	293692	429637	16
甘　肃	Gansu	353209	611958	976257	27	72190	159106	124080	27
青　海	Qinghai	97755	116628	174369	30	29031	36772	42730	29
宁　夏	Ningxia	341190	535882	538769	29	38166	86169	64553	28
新　疆	Xinjiang	652835	1660523	2221636	20	135576	276736	316815	18

8-11 按项目分城市维护建设市财政资金来源（二）
City Fiscal Fund by Items (2)

单位：万元 (10 000 yuan)

地区	Region	城市公用事业附加 Extra-Charges for Municipal Utilities				城市基础设施配套费 Fees for Supporting Urban Infrastructure			
		2010	2012	2013	2013排名 Ranking	2010	2012	2013	2013排名 Ranking
全　国	**National Total**	**1090649**	**1663517**	**1874070**		**4912066**	**5988665**	**8963149**	
北　京	Beijing	114083	162035	152492	4			436577	7
天　津	Tianjin					224637	218332	289606	12
河　北	Hebei	55948	91114	82715	7	61658	91239	118988	20
山　西	Shanxi	19163	16900	42075	15	97285	94292	111812	22
内蒙古	Inner Mongolia	6838	33483	46149	14	16711	24066	188665	16
辽　宁	Liaoning	47117	70313	90336	6	294515	316552	457504	6
吉　林	Jilin	18483	20707	23119	23	88608	148432	177508	17
黑龙江	Heilongjiang	23961	22859	32560	17	110537	147719	154026	19
上　海	Shanghai		175901	196343	2	73040	71706	41164	28
江　苏	Jiangsu	121506	165238	187198	3	651844	667407	725930	4
浙　江	Zhejiang	27724	43811	77952	9	81205	61799	110831	23
安　徽	Anhui	22589	16281	23813	22	142277	129015	379025	9
福　建	Fujian	42294	72645	81331	8	179790	100178	112476	21
江　西	Jiangxi	8849	16200	14963	24	75209	133289	308137	11
山　东	Shandong	91045	99985	130321	5	941781	1226599	1195687	1
河　南	Henan	48536	62037	70006	10	263666	276093	352075	10
湖　北	Hubei	17800	19877	48157	13	86137	112161	161144	18
湖　南	Hunan	32262	52451	59385	11	114259	171309	255086	13
广　东	Guangdong	221774	253671	266400	1	417934	462609	830491	2
广　西	Guangxi	55109	49586	54755	12	28064	53874	47029	26
海　南	Hainan	909	17371	4451	28	47181	95578	76176	24
重　庆	Chongqing	14655	37351	41874	16	333255	606284	640034	5
四　川	Sichuan	34963	69038	29356	19	178489	191929	418079	8
贵　州	Guizhou	17061	4837	27418	20	24374	8723	52650	25
云　南	Yunnan	256	3774	10660	26	79857	115147	235186	14
西　藏	Tibet		360	1719	30	90		441	31
陕　西	Shaanxi	16574	18718	14612	25	176429	216155	783885	3
甘　肃	Gansu	1782	12824	3278	29	32924	28037	46145	27
青　海	Qinghai	4879	5422	6359	27	14158	20131	2742	30
宁　夏	Ningxia	16984	33196	29734	18	10427	4809	26464	29
新　疆	Xinjiang	7505	15532	24539	21	65725	195201	227586	15

8-12 按项目分城市维护建设市财政资金来源（三）
City Fiscal Fund by Items (3)

单位：万元 (10 000 yuan)

地区	Region	国有土地使用权出让收入 Income Generated from The Transfer of State-owned Land-use Right				市政公用设施有偿使用费 Fee for Use of Municipal Utilities			
		2010	2012	2013	2013排名 Ranking	2010	2012	2013	2013排名 Ranking
全　国	**National Total**	**40710682**	**55084787**	**87954341**		**3049903**	**3510982**	**3639636**	
北　京	Beijing		10013032	15526859	1	80974	101414	129349	9
天　津	Tianjin	100000	150368	78000	29	3625			
河　北	Hebei	1479224	1938760	2501617	12	52199	79529	79114	15
山　西	Shanxi	1045718	814432	1241271	21	22846	26927	30917	23
内蒙古	Inner Mongolia	1000816	546503	304794	26	11755	9880	18557	27
辽　宁	Liaoning	3054536	4413320	4338217	7	56479	116005	70974	16
吉　林	Jilin	235761	182351	173557	28	23093	39503	54439	17
黑龙江	Heilongjiang	326007	820184	473534	25	36995	41301	36677	21
上　海	Shanghai	334500	237968	597400	24	311198	270000	497889	1
江　苏	Jiangsu	3626033	4321557	7190552	3	409667	391513	441534	3
浙　江	Zhejiang	3586522	2318977	5627608	4	412077	257475	287568	4
安　徽	Anhui	1857775	1948618	3013932	9	67770	89681	86640	13
福　建	Fujian	3308164	4202279	5347442	5	166226	161448	171117	7
江　西	Jiangxi	1490022	1734068	1976534	15	26680	45683	40715	19
山　东	Shandong	6759864	5138851	4938721	6	154169	245247	219205	6
河　南	Henan	480751	799808	1357568	20	78701	80070	89381	12
湖　北	Hubei	671479	846709	2923751	10	94853	147271	249735	5
湖　南	Hunan	700093	1134518	1420979	18	83485	111467	128520	10
广　东	Guangdong	5993365	5174663	11599226	2	497859	622249	455020	2
广　西	Guangxi	1115757	1666409	2076052	14	75742	121930	79582	14
海　南	Hainan	45910	328079	818055	22	2297	34075	31658	22
重　庆	Chongqing	587589	919429	1606096	16	35920	53722	39459	20
四　川	Sichuan	437148	932679	1543496	17	137212	170376	113509	11
贵　州	Guizhou	44750	90594	3924730	8	13272	13092	28942	25
云　南	Yunnan	1176207	1601577	2671466	11	30855	38444	41270	18
西　藏	Tibet	985				310			
陕　西	Shaanxi	831441	1481043	2283591	13	57670	114948	147373	8
甘　肃	Gansu	78690	297966	698021	23	18397	20924	28968	24
青　海	Qinghai	20367	27879	32865	30	8922	10745	10179	28
宁　夏	Ningxia	144706	248418	248912	27	7224	4092	6023	29
新　疆	Xinjiang	176502	753748	1419495	19	71431	91971	25322	26

8-13 按项目分城市维护建设市财政资金来源（四）
City Fiscal Fund by Items (4)

单位：万元 (10 000 yuan)

地区	Region	污水处理费 Wastewater Treatment Fee 2013	2013排名 Ranking	垃圾处理费 Garbage Treatment Fee 2013	2013排名 Ranking
全 国	**National Total**	**2071757**		**630443**	
北 京	Beijing	129349	5		
天 津	Tianjin				
河 北	Hebei	59863	13	14132	14
山 西	Shanxi	15524	22	13249	16
内蒙古	Inner Mongolia	7265	26	9292	19
辽 宁	Liaoning	60494	12	9419	18
吉 林	Jilin	28813	17	9510	17
黑龙江	Heilongjiang	17022	21	2306	26
上 海	Shanghai				
江 苏	Jiangsu	345154	1	91610	2
浙 江	Zhejiang	236654	3	41567	5
安 徽	Anhui	62521	11	18170	11
福 建	Fujian	100624	6	23294	7
江 西	Jiangxi	29154	16	5135	23
山 东	Shandong	158028	4	41770	4
河 南	Henan	70049	10	13874	15
湖 北	Hubei	86793	7	60923	3
湖 南	Hunan	85842	8	33656	6
广 东	Guangdong	309844	2	125977	1
广 西	Guangxi	54963	14	18698	10
海 南	Hainan	23710	18	7108	20
重 庆	Chongqing	18516	20	19005	9
四 川	Sichuan	77120	9	19072	8
贵 州	Guizhou	21672	19	6510	21
云 南	Yunnan	34477	15	6315	22
西 藏	Tibet				
陕 西	Shaanxi	9646	24	16773	12
甘 肃	Gansu	9385	25	3970	24
青 海	Qinghai	3952	28	3647	25
宁 夏	Ningxia	4744	27	1244	27
新 疆	Xinjiang	10579	23	14217	13

8-14 按项目分城市维护建设资金支出（一）
National Expenditure of Urban Maintenance and Construction Fund by Items (1)

单位：万元　(10 000 yuan)

地区	Region	城市维护建设资金总支出 Total National Expenditure 2010	2012	2013	2013排名 Ranking	城乡社区规划与管理 Planning and Management of Urban and Rural Communities 2013	2013排名 Ranking
全国	**National Total**	**75080799**	**101981275**	**108047393**		**5928497**	
北京	Beijing	6215691	8106944	10309528	3	61191	18
天津	Tianjin	1592922	1688364	1476679	23		
河北	Hebei	3043449	3208252	3678869	13	180584	7
山西	Shanxi	2080377	2573185	1871240	20	40168	22
内蒙古	Inner Mongolia	1755347	1632103	982616	25	66402	16
辽宁	Liaoning	2429628	4229221	3992524	11	208932	6
吉林	Jilin	953627	1608405	1132756	24	35563	23
黑龙江	Heilongjiang	1185874	2163245	1545490	22	24595	24
上海	Shanghai	3503084	2382074	1697598	21		
江苏	Jiangsu	7679303	9500522	12828832	1	2732483	1
浙江	Zhejiang	5732752	4855338	5631206	5	82164	13
安徽	Anhui	2677535	4337081	4457010	8	127816	11
福建	Fujian	3355289	6734107	3993737	10	120264	12
江西	Jiangxi	2405355	3605071	2217577	18	129602	10
山东	Shandong	5474926	7847438	7235612	4	338296	3
河南	Henan	2078148	2752148	2420625	17	171659	8
湖北	Hubei	1307256	2038845	3862493	12	149758	9
湖南	Hunan	2028183	2862082	2891536	16	247707	5
广东	Guangdong	6977019	8777348	10670319	2	524996	2
广西	Guangxi	2694094	3048818	4754936	7	67816	15
海南	Hainan	249151	516373	349682	28	41882	21
重庆	Chongqing	1917066	3607139	4084579	9	62571	17
四川	Sichuan	1818786	3308919	3138505	15	281676	4
贵州	Guizhou	447265	513260	328054	29	23284	25
云南	Yunnan	1685076	2884786	3463140	14	80293	14
西藏	Tibet	11353	7467	8352	31	1272	29
陕西	Shaanxi	2239864	3964042	5628273	6	48039	19
甘肃	Gansu	442365	703478	532158	27	23266	26
青海	Qinghai	154783	241168	323912	30	8556	27
宁夏	Ningxia	305836	552785	566622	26	2558	28
新疆	Xinjiang	639395	1731267	1972933	19	45104	20

8-15 按项目分城市维护建设资金支出（二）
National Expenditure of Urban Maintenance and Construction Fund by Items (2)

单位：万元 (10 000 yuan)

地区	Region	市政公用行业市场监督 Market Supervision of Municipal Public Utilities Industry 2013	2013排名 Ranking	市政公用设施建设维护与管理 Construction, Maintenance and Management of Municipal Public Utilities Facilities 2013	2013排名 Ranking
全　国	**National Total**	**2704376**		**69831357**	
北　京	Beijing	1344	28	4656686	5
天　津	Tianjin			1241779	19
河　北	Hebei	160446	7	2290749	13
山　西	Shanxi	11577	25	1787010	14
内蒙古	Inner Mongolia	30046	18	771104	23
辽　宁	Liaoning	52993	11	3382780	9
吉　林	Jilin	86059	8	897348	21
黑龙江	Heilongjiang	196532	6	773390	22
上　海	Shanghai			229630	30
江　苏	Jiangsu	269829	4	7733584	1
浙　江	Zhejiang	558471	1	4111640	6
安　徽	Anhui	41507	15	3802649	7
福　建	Fujian	30700	17	2840791	11
江　西	Jiangxi	43241	13	1570278	17
山　东	Shandong	215371	5	5937591	3
河　南	Henan	44424	12	1768049	15
湖　北	Hubei	77270	9	3391148	8
湖　南	Hunan	74018	10	1593721	16
广　东	Guangdong	42785	14	6174356	2
广　西	Guangxi	22493	21	2718984	12
海　南	Hainan	10366	26	253164	27
重　庆	Chongqing	2215	27	3298922	10
四　川	Sichuan	286938	3	1082246	20
贵　州	Guizhou	11620	24	247888	28
云　南	Yunnan	29090	19	317346	25
西　藏	Tibet	932	29	6100	31
陕　西	Shaanxi	313870	2	4700424	4
甘　肃	Gansu	35898	16	232246	29
青　海	Qinghai	23358	20	284769	26
宁　夏	Ningxia	14518	23	418169	24
新　疆	Xinjiang	16465	22	1316816	18

8-16 按项目分城市维护建设资金支出（三）
National Expenditure of Urban Maintenance and Construction Fund by Items (3)

单位：万元 (10 000 yuan)

地区	Region	风景名胜区规划与保护 Planning and Protection of National Parks 2013	2013排名 Ranking	其他支出 Others 2013	2013排名 Ranking
全 国	**National Total**	**1462665**		**28120498**	
北 京	Beijing	213	28	5590094	1
天 津	Tianjin			234900	21
河 北	Hebei	361952	1	685138	12
山 西	Shanxi	2402	23	30083	29
内蒙古	Inner Mongolia	589	27	114475	25
辽 宁	Liaoning	35925	10	311894	20
吉 林	Jilin	1905	24	111881	26
黑龙江	Heilongjiang	6438	20	544535	15
上 海	Shanghai			1467968	6
江 苏	Jiangsu	125055	4	1967881	4
浙 江	Zhejiang	23898	14	855033	10
安 徽	Anhui	54723	9	430315	17
福 建	Fujian	27568	12	974414	8
江 西	Jiangxi	66949	7	407507	19
山 东	Shandong	111796	5	632558	13
河 南	Henan	17335	16	419158	18
湖 北	Hubei	67902	6	176415	23
湖 南	Hunan	58074	8	918016	9
广 东	Guangdong	245095	2	3683087	2
广 西	Guangxi	9741	17	1935902	5
海 南	Hainan	1216	26	43054	27
重 庆	Chongqing	5926	21	714945	11
四 川	Sichuan	136154	3	1351491	7
贵 州	Guizhou	9061	18	36201	28
云 南	Yunnan	3838	22	3032573	3
西 藏	Tibet	18	29	30	31
陕 西	Shaanxi	35740	11	530200	16
甘 肃	Gansu	17853	15	222895	22
青 海	Qinghai	6884	19	345	30
宁 夏	Ningxia	1313	25	130064	24
新 疆	Xinjiang	27102	13	567446	14

8-17 城市市政公用设施建设固定资产投资和新增固定资产 National Fixed Assets Investment in Urban Service Facilities and Newly Added Fixed Assets

单位：万元 (10 000 yuan)

地区	Region	本年完成固定资产投资 Completed Investment of This Year				本年新增固定资产 Newly Added Fixed Assets of This Year			
		2010	2012	2013	2013排名 Ranking	2010	2012	2013	2013排名 Ranking
全　国	**National Total**	**143058687**	**152964082**	**163497892**		**88147149**	**93908964**	**101924845**	
北　京	Beijing	8541126	12162405	10671442	2	3345022	3174952	3986618	11
天　津	Tianjin	6009490	6540958	6336421	10	1901462	1429853	1459913	25
河　北	Hebei	8526761	5202841	4485540	18	5136977	4418829	3522760	12
山　西	Shanxi	2258567	3356831	5552150	11	1208573	2431760	4991083	5
内蒙古	Inner Mongolia	3663044	6079229	4280135	20	2683104	4153773	3171927	15
辽　宁	Liaoning	6746292	8262694	5357009	12	5310915	6864716	5450048	4
吉　林	Jilin	2152685	2728689	2798995	26	1590440	2136547	979138	27
黑龙江	Heilongjiang	3048439	3553700	3067853	24	1872650	2566023	2038933	23
上　海	Shanghai	4769428	3393269	2947856	25	3704836	2374523	4306404	8
江　苏	Jiangsu	13299989	13797311	17456459	1	11141951	8891860	10421623	1
浙　江	Zhejiang	5339364	6533208	7498585	6	3446333	3910912	4408457	7
安　徽	Anhui	4756917	6339795	7182564	8	2577343	4199787	4847505	6
福　建	Fujian	3850761	5108988	4723197	17	2069601	3109090	3247844	13
江　西	Jiangxi	4210145	7813525	4928715	15	2843733	2725364	2357957	19
山　东	Shandong	7896810	9150818	9542068	4	4620312	6464288	7068424	3
河　南	Henan	2242336	3046018	3668732	22	1294903	2403111	2271050	21
湖　北	Hubei	6148789	8577231	9740366	3	4540902	8336211	9472895	2
湖　南	Hunan	5197309	6340166	6997807	9	3650309	2413929	2135903	22
广　东	Guangdong	20425281	6586058	7322206	7	12204434	4276556	2968834	16
广　西	Guangxi	4391407	3367433	4476795	19	2023461	1851561	3179619	14
海　南	Hainan	296222	698192	308436	30	102202	656783	210602	30
重　庆	Chongqing	5756056	4607586	5140261	14	2798739	2265339	4132028	9
四　川	Sichuan	3664555	6530341	8675968	5	2078176	4116962	4070256	10
贵　州	Guizhou	911371	1385437	5332325	13	758257	1418573	2474694	18
云　南	Yunnan	2908548	1278326	2097970	27	1803397	1288675	1291217	26
西　藏	Tibet	28344	45585	47910	31	20019	17527	6526	31
陕　西	Shaanxi	3457448	4032828	4759427	16	1946436	1849253	2344378	20
甘　肃	Gansu	944242	2013513	3406765	23	363108	414658	1899739	24
青　海	Qinghai	265163	416236	454993	28	238657	421090	425738	28
宁　夏	Ningxia	356655	334884	450988	29	227034	312119	265539	29
新　疆	Xinjiang	995143	3679987	3787954	21	643863	3014340	2517193	17

8-18 按项目分城市市政公用设施建设固定资产投资（一）
National Fixed Assets Investment in Urban Service Facilities by Items (1)

单位：万元 (10 000 yuan)

地区	Region	供水投资 Water Supply				燃气投资 Gas Supply			
		2010	2012	2013	2013排名 Ranking	2010	2012	2013	2013排名 Ranking
全 国	**National Total**	**4268294**	**4103827**	**5246760**		**2907816**	**4144852**	**4256123**	
北 京	Beijing	259746	200013	628193	2	182583	253410	683563	1
天 津	Tianjin	83758	40081	30029	27	133368	159272	372001	2
河 北	Hebei	82966	88115	246875	7	240440	238308	209320	7
山 西	Shanxi	48653	71964	107301	20	97264	270464	147151	12
内蒙古	Inner Mongolia	116720	260040	98600	22	84233	97081	113625	14
辽 宁	Liaoning	328914	208020	219603	8	123984	206221	168290	10
吉 林	Jilin	53759	100458	123621	14	108001	80208	40780	24
黑龙江	Heilongjiang	49260	93367	111217	19	53238	106511	69659	20
上 海	Shanghai	397909	254264	123836	13	187926	138720	236174	6
江 苏	Jiangsu	635100	614522	820103	1	209311	239189	264461	5
浙 江	Zhejiang	240451	204532	212775	9	119041	157165	183991	9
安 徽	Anhui	93108	198007	263062	5	82614	110600	198389	8
福 建	Fujian	92791	173531	122193	16	60834	50646	15913	27
江 西	Jiangxi	95408	77017	123409	15	66967	745094	148136	11
山 东	Shandong	384331	362110	457230	3	355215	424822	320707	3
河 南	Henan	40624	94553	112649	17	85960	141830	114734	13
湖 北	Hubei	49351	130919	91418	23	144094	80576	73452	19
湖 南	Hunan	116825	92188	138667	10	64237	41318	54088	23
广 东	Guangdong	569854	133468	52403	25	110079	155654	105251	16
广 西	Guangxi	79997	126756	128133	12	31474	30466	113342	15
海 南	Hainan	11967	17775	29952	28	7896	1856	2119	29
重 庆	Chongqing	100880	119377	128750	11	86081	26200	29739	25
四 川	Sichuan	88770	85105	248693	6	47388	53566	86401	17
贵 州	Guizhou	7795	46267	105924	21	6085	30445	77024	18
云 南	Yunnan	41916	98781	111842	18	11054	3984	9772	28
西 藏	Tibet								
陕 西	Shaanxi	47115	41336	72969	24	34435	77495	58887	22
甘 肃	Gansu	20839	47406	30994	26	12261	18899	60572	21
青 海	Qinghai	33422	7566	23317	29	3729	7812	1405	30
宁 夏	Ningxia	40224	18037	17848	30	100133	24300	24257	26
新 疆	Xinjiang	55841	98252	265154	4	57891	172740	272920	4

8-19 按项目分城市市政公用设施建设固定资产投资（二）
National Fixed Assets Investment in Urban Service Facilities by Items (2)

单位：万元 (10 000 yuan)

地区	Region	集中供热投资 Central Heating				轨道交通投资 Urban Rail Trainsit System			
		2010	2012	2013	2013排名 Ranking	2010	2012	2013	2013排名 Ranking
全　国	National Total	4332455	6302635	5960491		18125781	20644539	24550639	
北　京	Beijing	496568	691449	605975	5	3914519	3852795	2931064	3
天　津	Tianjin	70439	58738	64560	12	702058	923076	1080188	8
河　北	Hebei	768645	498758	426356	8		111	187964	23
山　西	Shanxi	224561	854342	687015	4		1200		
内蒙古	Inner Mongolia	374920	578718	554596	6		3000		
辽　宁	Liaoning	717638	909507	748396	3	1301484	1145697	223452	22
吉　林	Jilin	294835	201860	188325	9	239493	175077	306184	17
黑龙江	Heilongjiang	239959	592182	823070	2	252769	72200	176604	24
上　海	Shanghai					2296190	1771279	1202936	7
江　苏	Jiangsu	2033	9768			1317628	2783848	4202645	1
浙　江	Zhejiang	5131	2446	8890	17	928898	1484016	1872251	4
安　徽	Anhui	12092	20290	27825	15	57493	55175	225440	21
福　建	Fujian					354200	331210	295651	18
江　西	Jiangxi					112894	725600	591232	12
山　东	Shandong	643338	701319	907551	1	156160	240733	393983	15
河　南	Henan	141445	116210	181058	10	280000	281656	485595	13
湖　北	Hubei	759	6636	480	18	1012900	1404168	1625806	5
湖　南	Hunan					183386	464100	240081	20
广　东	Guangdong					2816178	2377075	3852962	2
广　西	Guangxi					10393	105306	274638	19
海　南	Hainan								
重　庆	Chongqing	16025				1169406	995152	816416	9
四　川	Sichuan					392454	820487	1369540	6
贵　州	Guizhou							306853	16
云　南	Yunnan					176370		770447	10
西　藏	Tibet								
陕　西	Shaanxi	79313	101485	51298	13	450908	631578	670845	11
甘　肃	Gansu	66474	103789	81210	11			447862	14
青　海	Qinghai	433	12331	22030	16				
宁　夏	Ningxia	33403	39143	37734	14				
新　疆	Xinjiang	144444	803664	544122	7				

8-20 按项目分城市市政公用设施建设固定资产投资（三）
National Fixed Assets Investment in Urban Service Facilities by Items (3)

单位：万元 (10 000 yuan)

地区	Region	道路桥梁投资 Road and Bridge 2010	2012	2013	2013排名 Ranking	排水投资 Sewerage 2010	2012	2013	2013排名 Ranking
全　国	**National Total**	**66956858**	**74024553**	**83556096**		**9015609**	**7044835**	**7789246**	
北　京	Beijing	1778292	3355409	2876596	15	172688	400789	521821	4
天　津	Tianjin	4120952	3042803	3849848	7	249114	96370	95393	23
河　北	Hebei	4671358	2360788	1953031	21	538504	265854	283389	12
山　西	Shanxi	1297255	1416391	3771604	9	201559	49193	88019	24
内蒙古	Inner Mongolia	1789918	3474372	2122315	19	398943	296501	290337	11
辽　宁	Liaoning	2447279	3545010	2889585	14	135585	669831	290714	10
吉　林	Jilin	1127066	1928225	1856491	22	113705	50882	68066	26
黑龙江	Heilongjiang	1511906	1541232	1106739	25	228375	135233	170024	17
上　海	Shanghai	1022470	603836	723038	27	342661	170844	150206	19
江　苏	Jiangsu	7862161	6543401	7155721	1	847735	720955	1193026	1
浙　江	Zhejiang	2786719	3128279	4015387	6	343652	255704	361312	7
安　徽	Anhui	3065935	4118822	4378952	5	241288	355283	564795	3
福　建	Fujian	2394391	3212368	2784922	16	145390	192917	179033	15
江　西	Jiangxi	2539040	3494090	2982250	13	177934	144547	144519	20
山　东	Shandong	3924985	3952703	3800748	8	592851	518098	712356	2
河　南	Henan	1193887	1584366	1962610	20	200684	256864	220413	14
湖　北	Hubei	3064360	4852427	5818043	3	244247	947621	455987	5
湖　南	Hunan	3430888	3156209	3416303	10	195493	180476	383320	6
广　东	Guangdong	3279124	2399678	2453434	17	2123562	261968	231817	13
广　西	Guangxi	3221009	2260162	2989480	12	392515	144828	332279	8
海　南	Hainan	135874	462692	151733	29	62734	114712	85190	25
重　庆	Chongqing	3128742	2569957	3196532	11	71549	154071	100891	22
四　川	Sichuan	2373445	4564414	5915951	2	121658	244019	304383	9
贵　州	Guizhou	835059	1186129	4581444	4	25876	34773	103516	21
云　南	Yunnan	1808022	834891	874886	26	436480	94676	46140	27
西　藏	Tibet	15203	43267	41884	31		786	4800	31
陕　西	Shaanxi	996486	1488116	1763915	23	150391	97578	155716	18
甘　肃	Gansu	494608	1459512	2323596	18	100885	48750	26431	29
青　海	Qinghai	147522	299172	354026	28	32691	8247	11475	30
宁　夏	Ningxia	75452	160696	133946	30	16544	7294	35125	28
新　疆	Xinjiang	417450	985136	1311086	24	110316	125171	178753	16

8-21 按项目分城市市政公用设施建设固定资产投资（四）
National Fixed Assets Investment in Urban Service Facilities by Items (4)

单位：万元 (10 000 yuan)

地区 Region	再生水利用投资 Wastewater Recycled and Reused		园林绿化投资 Landscaping			
	2013	2013排名 Ranking	2010	2012	2013	2013排名 Ranking
全 国 **National Total**	**379379**		**22970392**	**17986674**	**16474231**	
北 京 Beijing	263976	1	654687	1538045	949632	4
天 津 Tianjin			140439	582542	349591	18
河 北 Hebei	15214	4	1139362	636925	421697	15
山 西 Shanxi			297291	501599	332240	19
内蒙古 Inner Mongolia	15181	5	784633	1262789	931634	5
辽 宁 Liaoning	9049	7	288607	1207368	630673	8
吉 林 Jilin			120506	148830	196742	24
黑龙江 Heilongjiang	17010	3	172685	260315	296455	22
上 海 Shanghai			282119	193000	322456	21
江 苏 Jiangsu	1600	12	1792150	2159628	2763700	1
浙 江 Zhejiang			389492	722560	634166	7
安 徽 Anhui	5244	8	908628	1033701	1135567	3
福 建 Fujian	1000	13	360633	475659	547060	12
江 西 Jiangxi			948889	930401	604607	9
山 东 Shandong	27703	2	1083450	1760138	1758498	2
河 南 Henan			252500	501140	487733	13
湖 北 Hubei			312204	554619	702679	6
湖 南 Hunan			228165	379454	330119	20
广 东 Guangdong			9805087	432893	108530	26
广 西 Guangxi			482261	555224	553764	11
海 南 Hainan			26765	74181	14250	30
重 庆 Chongqing			1060050	653055	598675	10
四 川 Sichuan	2400	10	227904	325801	399068	16
贵 州 Guizhou	2300	11	21513	73255	143344	25
云 南 Yunnan	2840	9	106647	71243	81351	27
西 藏 Tibet			2923	1532		
陕 西 Shaanxi	705	14	758271	273413	459033	14
甘 肃 Gansu			152514	260029	253909	23
青 海 Qinghai			17796	11878	31752	29
宁 夏 Ningxia	79	15	43094	40292	72636	28
新 疆 Xinjiang	15078	6	109127	365165	362670	17

8-22 按项目分城市市政公用设施建设固定资产投资（五）
National Fixed Assets Investment in Urban Service Facilities by Items (5)

单位：万元 (10 000 yuan)

地区	Region	市容环境卫生投资 Environmental Sanitation				其他投资 Other			
		2010	2012	2013	2013排名 Ranking	2010	2012	2013	2013排名 Ranking
全　国	**National Total**	**3015940**	**2964754**	**4084153**		**9521895**	**13255220**	**11580153**	
北　京	Beijing	223438	245277	1283523	1	744187	1609827	191075	17
天　津	Tianjin	64495	85321	4040	29	444867	1505785	490771	9
河　北	Hebei	111998	106510	59749	16	450410	331240	697159	7
山　西	Shanxi	40630	34052	67086	14	51354	153621	351734	11
内蒙古	Inner Mongolia	113277	64371	169028	6		5120		
辽　宁	Liaoning	150367	219080	32757	22	1227652	99033	153539	20
吉　林	Jilin	70564	36949	16733	25	24696	6200	2053	26
黑龙江	Heilongjiang	33730	78204	111939	9	505052	670343	202146	16
上　海	Shanghai	58236	149831	61267	15	88800	71706	127943	22
江　苏	Jiangsu	149205	212947	355046	3	381150	288386	701757	6
浙　江	Zhejiang	95147	132773	69657	13	218743	312405	140156	21
安　徽	Anhui	79827	121712	137170	7	162739	38745	251364	14
福　建	Fujian	213498	147638	58178	17	207110	499322	720247	5
江　西	Jiangxi	61536	59225	47565	19	33942	1481895	286997	13
山　东	Shandong	171077	243773	212262	5	439851	809029	978733	3
河　南	Henan	29467	69399	103940	10	9035			
湖　北	Hubei	198154	194977	102822	11	1116426	400940	869679	4
湖　南	Hunan	133458	265525	433104	2	726633	1495875	2002125	1
广　东	Guangdong	588574	141521	133729	8	979638	590643	384080	10
广　西	Guangxi	84073	86008	83424	12	26175	11136	1735	27
海　南	Hainan	18106	23326	10418	28	11970		14774	24
重　庆	Chongqing	12527	27757	57119	18	60966	24687	212139	15
四　川	Sichuan	46199	38937	36431	21	346745	375395	315501	12
贵　州	Guizhou	14000	5068	11500	26	1043	9500	2720	25
云　南	Yunnan	39905	63017	17715	24	281513	107241	185817	18
西　藏	Tibet					10218		1226	28
陕　西	Shaanxi	68258	42338	40701	20	868941	1223926	1486063	2
甘　肃	Gansu	88815	10289	27377	23	3450	16917	154814	19
青　海	Qinghai	8789	980	10988	27				
宁　夏	Ningxia	7910	5063	3332	30	39195	39330	126110	23
新　疆	Xinjiang	40680	52886	325553	4	59394	1076973	527696	8

8-23 城市供水情况（一）
Urban Water Supplies (1)

地区	Region	综合生产能力（万立方米/日）Integrated Production Capacity (10 000 cu.m/day)				供水管道长度（公里）Length of Water Supply Pipelines (km)			
		2010	2012	2013	2013排名 Ranking	2010	2012	2013	2013排名 Ranking
全　国	**National Total**	**27601.5**	**27177.3**	**28373.4**		**539778.0**	**591872.1**	**646413.4**	
北　京	Beijing	1604.1	1644.2	2554.5	3	25147.0	23674.1	32580.9	7
天　津	Tianjin	405.2	439.5	453.5	20	10744.0	12926.2	13411.0	17
河　北	Hebei	888.9	974.2	887.8	12	14288.0	15344.4	15207.1	14
山　西	Shanxi	356.0	442.5	434.6	22	7414.0	8549.9	9175.6	22
内蒙古	Inner Mongolia	341.6	378.7	378.1	23	8561.0	9967.3	10290.4	21
辽　宁	Liaoning	1391.1	1339.1	1320.2	7	29123.0	32062.1	33117.5	6
吉　林	Jilin	735.5	747.5	730.8	15	8935.0	9599.8	10608.3	20
黑龙江	Heilongjiang	830.2	891.0	798.1	14	11413.0	12847.5	13207.2	18
上　海	Shanghai	1465.6	1145.0	1124.0	8	32462.0	34904.1	36217.2	5
江　苏	Jiangsu	2714.7	2749.8	2902.6	2	63807.0	71412.8	75988.3	2
浙　江	Zhejiang	1519.9	1537.8	1675.5	5	38982.0	44841.4	49297.9	3
安　徽	Anhui	1992.8	1029.4	1074.0	9	14730.0	18869.2	20449.7	10
福　建	Fujian	676.4	721.0	721.9	16	14650.0	16743.3	15888.7	13
江　西	Jiangxi	459.2	435.9	444.5	21	9807.0	11830.6	13524.4	16
山　东	Shandong	1477.6	1644.5	1701.9	4	37313.0	41934.5	43944.5	4
河　南	Henan	1010.3	1042.3	1047.3	10	17299.0	19288.0	19953.6	11
湖　北	Hubei	1326.3	1328.0	1336.6	6	22827.0	26146.3	27794.2	8
湖　南	Hunan	979.4	999.5	991.0	11	14400.0	16747.4	18208.1	12
广　东	Guangdong	3497.4	3531.4	3496.5	1	79816.0	75935.4	92360.8	1
广　西	Guangxi	604.4	665.0	684.2	17	12843.0	14423.6	15196.3	15
海　南	Hainan	173.0	151.7	152.2	28	2525.0	3450.6	3680.3	28
重　庆	Chongqing	412.3	447.8	491.2	19	9190.0	9534.0	10618.7	19
四　川	Sichuan	804.5	822.8	871.4	13	20656.0	22880.1	24832.2	9
贵　州	Guizhou	241.1	250.4	240.7	27	5979.0	7466.5	7844.8	25
云　南	Yunnan	299.3	353.1	350.1	26	6559.0	8011.2	8671.5	23
西　藏	Tibet	31.2	59.8	34.0	31	753.0	835.1	855.6	31
陕　西	Shaanxi	371.1	380.5	370.8	25	4926.0	5947.6	6175.0	26
甘　肃	Gansu	398.2	370.4	372.1	24	4357.0	4719.0	4973.8	27
青　海	Qinghai	84.6	84.6	95.0	30	1383.0	1534.3	2080.7	30
宁　夏	Ningxia	136.4	144.3	145.1	29	2382.0	1995.9	2117.0	29
新　疆	Xinjiang	373.1	425.8	493.3	18	6507.0	7450.2	8142.2	24

8-24 城市供水情况（二）
Urban Water Supplies (2)

单位：万立方米 (10 000 cu.m)

地区	Region	供水总量 Total Quantity of Water Supply				生活用水 Domestic Water Use			
		2010	2012	2013	2013排名 Ranking	2010	2012	2013	2013排名 Ranking
全　国	**National Total**	**5078745.0**	**5230325.1**	**5373021.7**		**2387525.1**	**2572472.8**	**2676462.7**	
北　京	Beijing	155557.0	159645.6	187477.2	11	107635.2	111843.8	131133.6	7
天　津	Tianjin	68970.0	77217.6	78630.7	23	29654.7	32456.3	34479.0	24
河　北	Hebei	166430.0	172396.3	170173.2	12	68889.9	73414.5	73751.1	14
山　西	Shanxi	76772.0	82438.2	84037.5	22	36549.4	41029.7	42115.8	22
内蒙古	Inner Mongolia	62757.0	64869.6	71577.7	25	23798.9	27556.5	30283.4	26
辽　宁	Liaoning	261879.0	274953.4	278710.4	6	90968.2	104389.0	107810.8	10
吉　林	Jilin	100743.0	106530.4	107418.9	17	42308.1	42852.2	46083.9	20
黑龙江	Heilongjiang	164235.0	152154.3	145191.9	16	54236.1	59236.4	56597.5	18
上　海	Shanghai	336637.0	309704.3	319071.9	4	146891.1	162080.1	169254.1	3
江　苏	Jiangsu	482821.0	492790.9	489286.0	2	202342.6	219008.1	220129.9	2
浙　江	Zhejiang	270044.0	281165.3	304981.7	5	122840.5	134078.7	140214.3	6
安　徽	Anhui	160816.0	156887.6	161139.6	14	70183.2	79139.0	82388.0	11
福　建	Fujian	132627.0	146327.9	159302.0	15	67698.5	69360.7	72510.2	15
江　西	Jiangxi	91278.0	94594.6	103480.5	19	53948.3	56939.9	59568.9	17
山　东	Shandong	290866.0	327449.0	331898.4	3	128361.9	138650.2	144834.9	4
河　南	Henan	179122.0	188538.0	188710.9	10	76986.2	80097.5	82258.1	12
湖　北	Hubei	253421.0	259048.8	261814.7	7	131676.9	140334.3	141705.3	5
湖　南	Hunan	189223.0	186470.6	190166.0	9	94413.9	104915.1	108712.2	9
广　东	Guangdong	806144.0	817348.5	815410.2	1	395034.3	411275.3	425962.6	1
广　西	Guangxi	147291.0	156784.9	161657.2	13	73080.4	79991.9	79096.2	13
海　南	Hainan	33546.0	39045.2	40834.7	28	19703.4	20216.7	19699.9	28
重　庆	Chongqing	86926.0	95902.7	104995.7	18	49741.5	56976.0	61312.9	16
四　川	Sichuan	173858.0	190304.3	195828.7	8	103223.4	116836.7	120879.1	8
贵　州	Guizhou	44117.0	48886.3	51339.2	27	24274.7	29399.0	32158.0	25
云　南	Yunnan	66444.0	59717.2	72147.4	24	37726.2	35173.3	37454.4	23
西　藏	Tibet	7681.0	13042.9	11953.2	31	3499.0	1959.3	7206.0	31
陕　西	Shaanxi	81335.0	84703.2	88990.3	20	47350.1	50575.0	54500.1	19
甘　肃	Gansu	62713.0	54243.4	55059.0	26	28051.3	27533.9	27601.6	27
青　海	Qinghai	18572.0	22945.5	24564.2	30	7755.4	9697.7	10632.3	30
宁　夏	Ningxia	28656.0	283683.6	29173.7	29	14266.1	13870.5	13453.6	29
新　疆	Xinjiang	77263.0	85850.8	87999.0	21	34435.5	41585.7	42674.9	21

8-25 城市供水情况（三）
Urban Water Supplies (3)

地区	Region	人均日生活用水量（升） Daliy Water Consumption Per Capita (liter) 2010	2012	2013	2013排名 Ranking	用水普及率（%） Water Coverage Rate (%) 2010	2012	2013	2013排名 Ranking
全　国	**National Total**	**171.43**	**171.79**	**173.51**		**96.68**	**97.16**	**97.56**	
北　京	Beijing	174.92	171.79	196.85	8	100.00	100.00	100.00	1
天　津	Tianjin	132.04	134.12	142.34	21	100.00	100.00	100.00	1
河　北	Hebei	122.96	126.23	125.79	26	99.97	99.96	99.85	5
山　西	Shanxi	106.39	110.93	111.19	29	97.26	97.64	98.14	14
内蒙古	Inner Mongolia	88.49	91.12	97.47	31	87.97	94.43	96.23	24
辽　宁	Liaoning	120.96	128.05	128.71	25	97.44	98.45	98.77	10
吉　林	Jilin	121.03	111.60	119.31	28	89.60	92.38	93.84	27
黑龙江	Heilongjiang	123.87	125.48	119.33	27	88.43	94.14	95.46	26
上　海	Shanghai	174.83	186.54	192.00	11	100.00	100.00	100.00	1
江　苏	Jiangsu	220.37	215.44	209.76	7	99.56	99.70	99.69	7
浙　江	Zhejiang	185.43	195.81	192.32	10	99.79	99.88	99.97	4
安　徽	Anhui	160.83	165.45	166.15	17	96.06	98.02	98.40	11
福　建	Fujian	186.62	178.37	180.87	12	99.50	99.13	99.42	8
江　西	Jiangxi	184.35	175.69	173.98	15	97.43	97.67	97.73	17
山　东	Shandong	129.52	131.60	134.93	23	99.57	99.85	99.85	5
河　南	Henan	109.10	104.09	105.38	30	91.03	91.76	92.16	30
湖　北	Hubei	211.54	215.72	214.82	6	97.59	98.24	98.19	13
湖　南	Hunan	220.38	212.78	215.00	5	95.17	96.42	96.86	20
广　东	Guangdong	249.96	246.68	242.02	2	98.37	97.62	97.47	18
广　西	Guangxi	249.70	248.11	239.89	3	94.65	95.30	95.91	25
海　南	Hainan	264.50	237.16	222.90	4	89.43	97.74	98.38	12
重　庆	Chongqing	136.75	148.75	154.04	18	94.05	93.84	96.25	23
四　川	Sichuan	196.69	195.58	193.47	9	90.80	92.04	91.76	31
贵　州	Guizhou	130.47	144.88	152.37	19	94.10	92.07	92.86	29
云　南	Yunnan	146.24	118.29	130.04	24	96.50	94.32	97.92	16
西　藏	Tibet	218.86	127.69	330.03	1	97.42	75.39	96.95	19
陕　西	Shaanxi	165.70	174.72	179.54	14	99.39	96.15	96.52	21
甘　肃	Gansu	155.12	144.02	142.17	22	91.57	92.77	93.68	28
青　海	Qinghai	179.03	194.19	179.64	13	99.87	99.90	99.08	9
宁　夏	Ningxia	177.55	156.51	144.69	20	98.23	92.30	96.51	22
新　疆	Xinjiang	150.79	171.02	168.72	16	99.17	99.13	98.08	15

8-26 城市燃气情况（一）
Urban Gas Supplies (1)

地区	Region	人工煤气全年供气总量（万立方米）Total Gas Supplied (10 000 cu.m)				人工煤气用气户数（户）Number of Household with Access to Gas (unit)			
		2010	2012	2013	2013排名 Ranking	2010	2012	2013	2013排名 Ranking
全　国	**National Total**	**2799380**	**769686**	**627989**		**8961404**	**7883115**	**6644310**	
北　京	Beijing								
天　津	Tianjin								
河　北	Hebei	89834	89595	71058	2	529607	569269	545829	4
山　西	Shanxi	87203	87787	56556	6	679067	604930	278429	8
内蒙古	Inner Mongolia	3069	2786	3500	15	148400	135762	138721	10
辽　宁	Liaoning	55177	59736	59264	5	1904764	2052547	2095418	1
吉　林	Jilin	16727	17086	16575	10	540470	646947	601266	3
黑龙江	Heilongjiang	7587	8185	8443	12	164580	256322	282743	7
上　海	Shanghai	142167	90438	59346	4	1350860	770465	441968	6
江　苏	Jiangsu	1931995	4889	3940	14	297178	89230	30751	18
浙　江	Zhejiang	484	463	500	20	15495	14901	14901	20
安　徽	Anhui								
福　建	Fujian	2673	3080	2927	16	42206	52564	53810	17
江　西	Jiangxi	58208	48497	36049	8	443871	262302	103664	14
山　东	Shandong	35730	21316	9210	11	496097	277144	106216	13
河　南	Henan	109500	85359	60052	3	447753	262800	119504	12
湖　北	Hubei	12042	5100			131220	39464		
湖　南	Hunan	3044	2707	2765	17	79559	78446	78780	15
广　东	Guangdong	7037	2509			38962	1		
广　西	Guangxi	4517	4423	4533	13	121682	127385	133961	11
海　南	Hainan								
重　庆	Chongqing								
四　川	Sichuan	159719	159925	165003	1	127079	153722	158069	9
贵　州	Guizhou	26963	34167	23788	9	528317	582058	469990	5
云　南	Yunnan	33818	37653	40535	7	758345	820057	888639	2
西　藏	Tibet								
陕　西	Shaanxi								
甘　肃	Gansu	9438	1658	1722	19	75872	55675	71528	16
青　海	Qinghai								
宁　夏	Ningxia	697	137	132	21	15020	9124	8123	21
新　疆	Xinjiang	1752	2190	2090	18	25000	22000	22000	19

8-27 城市燃气情况（二）
Urban Gas Supplies (2)

地区	Region	天然气全年供气总量（万立方米） Total Gas Supplied (10 000 cu.m)				天然气用气户数（万户） Number of Household with Access to Gas (10 000 household)			
		2010	2012	2013	2013排名 Ranking	2010	2012	2013	2013排名 Ranking
全　国	**National Total**	**4875808**	**7950377**	**9009904**		**5695.47**	**7528.67**	**8511.71**	
北　京	Beijing	719740	924763	989484	2	458.71	524.01	551.89	5
天　津	Tianjin	169453	256241	281885	11	252.53	294.52	314.00	13
河　北	Hebei	106740	214451	244012	12	220.70	277.96	316.64	12
山　西	Shanxi	141440	213502	233051	14	119.74	194.23	221.19	19
内蒙古	Inner Mongolia	69531	113040	104732	24	65.08	105.16	134.53	22
辽　宁	Liaoning	66173	85701	97745	25	273.97	319.87	355.75	9
吉　林	Jilin	43462	69697	85834	26	92.65	125.67	139.04	21
黑龙江	Heilongjiang	72497	88191	111136	23	190.06	231.15	247.27	17
上　海	Shanghai	450032	631126	690885	4	410.04	508.53	565.85	4
江　苏	Jiangsu	472309	691763	765869	3	461.82	716.81	732.17	1
浙　江	Zhejiang	118884	191322	230091	15	166.98	244.35	271.35	15
安　徽	Anhui	112190	171251	199095	18	207.71	297.38	348.04	10
福　建	Fujian	51101	95325	112446	22	69.13	93.86	102.08	23
江　西	Jiangxi	11263	41910	56127	27	41.48	98.78	140.65	20
山　东	Shandong	326931	518344	610755	5	458.36	635.63	710.26	2
河　南	Henan	158928	241272	288625	9	234.76	344.98	405.46	7
湖　北	Hubei	152833	240807	285324	10	211.99	289.42	331.90	11
湖　南	Hunan	111757	161274	199746	17	115.07	175.15	226.32	18
广　东	Guangdong	170266	1174509	1231702	1	288.59	350.00	420.65	6
广　西	Guangxi	10320	16904	22234	29	35.60	56.35	70.74	25
海　南	Hainan	14264	17664	25280	28	24.39	31.09	35.08	29
重　庆	Chongqing	254021	324965	324336	8	328.27	358.01	383.88	8
四　川	Sichuan	525686	568317	590236	6	503.10	622.18	689.23	3
贵　州	Guizhou	3546	9853	16078	30	3.15	17.06	37.68	28
云　南	Yunnan	119	1207	2286	31	4.29	5.30	6.01	30
西　藏	Tibet			127500	20			1.21	31
陕　西	Shaanxi	164654	221162	238667	13	192.53	245.62	294.52	14
甘　肃	Gansu	72917	112098	134044	19	63.80	89.81	101.97	24
青　海	Qinghai	61557	111917	118969	21	8.70	17.87	39.77	27
宁　夏	Ningxia	108485	179132	210854	16	40.00	55.93	69.18	26
新　疆	Xinjiang	134711	262670	380880	7	152.28	201.98	247.39	16

8-28 城市燃气情况（三）
Urban Gas Supplies (3)

地区	Region	液化石油气全年供气总量（万吨） Total Gas Supplied (10 000 tons)				液化石油气用气户数（万户） Number of Household with Access to Gas (10 000 household)			
		2010	2012	2013	2013排名 Ranking	2010	2012	2013	2013排名 Ranking
全　国	**National Total**	**1268.01**	**1114.80**	**1109.73**		**5344.86**	**5090.97**	**5085.70**	
北　京	Beijing	32.31	41.82	47.30	7	183.66	196.83	193.51	10
天　津	Tianjin	5.34	4.91	4.95	27	8.26	5.96	6.27	29
河　北	Hebei	20.50	20.54	18.36	17	134.10	128.69	100.38	17
山　西	Shanxi	6.33	9.05	7.44	22	45.74	42.30	38.57	24
内蒙古	Inner Mongolia	7.43	9.85	6.92	25	99.17	93.67	80.23	19
辽　宁	Liaoning	39.51	51.64	49.52	5	228.19	243.28	237.05	6
吉　林	Jilin	21.48	22.09	18.14	19	139.69	129.94	134.71	13
黑龙江	Heilongjiang	21.98	20.61	21.80	14	164.97	126.60	123.69	14
上　海	Shanghai	39.84	39.25	39.73	8	320.30	332.79	334.55	4
江　苏	Jiangsu	76.66	73.58	70.08	3	412.27	388.03	349.74	3
浙　江	Zhejiang	87.80	77.64	82.17	2	486.79	397.09	425.75	2
安　徽	Anhui	61.58	53.72	61.96	4	157.25	118.10	110.26	16
福　建	Fujian	33.38	28.90	27.78	11	227.22	207.98	211.96	7
江　西	Jiangxi	18.88	20.43	22.34	13	132.40	120.06	120.56	15
山　东	Shandong	76.03	51.15	48.43	6	376.38	324.75	311.54	5
河　南	Henan	24.16	23.45	22.72	12	163.65	167.85	157.67	12
湖　北	Hubei	42.15	38.62	36.16	9	263.86	232.37	183.98	11
湖　南	Hunan	25.29	20.13	19.52	16	189.99	213.25	196.48	8
广　东	Guangdong	505.60	387.24	388.90	1	1003.08	988.42	1167.02	1
广　西	Guangxi	30.38	32.61	30.95	10	186.91	197.98	194.96	9
海　南	Hainan	6.40	5.53	9.12	20	27.98	58.29	58.63	20
重　庆	Chongqing	9.28	9.33	8.79	21	31.14	27.63	27.00	26
四　川	Sichuan	19.11	18.04	18.36	18	49.11	56.80	58.37	21
贵　州	Guizhou	6.38	6.61	7.10	24	54.14	54.71	58.23	22
云　南	Yunnan	16.61	17.49	19.60	15	84.13	80.67	93.40	18
西　藏	Tibet	0.55	2.59	2.04	29	10.11	5.38	5.16	31
陕　西	Shaanxi	4.34	3.15	3.27	28	40.51	20.42	15.73	28
甘　肃	Gansu	18.55	15.14	7.40	23	46.99	41.26	39.57	23
青　海	Qinghai	0.71	0.68	0.54	31	7.11	6.35	5.20	30
宁　夏	Ningxia	1.50	1.71	1.84	30	22.54	50.32	16.45	27
新　疆	Xinjiang	7.96	7.31	6.50	26	47.23	33.20	29.09	25

8-29 城市燃气普及率和城市轨道交通线路长度
Gas Coverage Rate and Total Length of Lines

地区	Region	燃气普及率（%） Gas Coverage Rate (%)				轨道交通线路长度（公里） Total Length of Lines (km)			
		2010	2012	2013	2013排名 Ranking	2010	2012	2013	2013排名 Ranking
全　国	**National Total**	**92.04**	**93.15**	**94.25**		**1428.87**	**2005.53**	**2213.28**	
北　京	Beijing	100.00	100.00	100.00	1	336.00	442.00	453.00	2
天　津	Tianjin	100.00	100.00	100.00	1	79.40	138.56	142.66	6
河　北	Hebei	99.07	99.79	98.35	8				
山　西	Shanxi	89.94	95.18	96.10	13				
内蒙古	Inner Mongolia	79.26	84.39	87.93	24				
辽　宁	Liaoning	94.19	96.02	96.15	11	114.67	136.69	136.69	7
吉　林	Jilin	85.64	89.46	91.43	21	31.96	31.96	47.17	9
黑龙江	Heilongjiang	84.67	83.39	85.58	25				
上　海	Shanghai	100.00	100.00	100.00	1	450.44	461.80	548.18	1
江　苏	Jiangsu	99.12	99.43	99.59	5	83.46	110.36	143.05	5
浙　江	Zhejiang	99.07	99.49	99.80	4				
安　徽	Anhui	90.52	94.61	96.14	12				
福　建	Fujian	98.92	98.60	98.85	7				
江　西	Jiangxi	92.36	94.40	95.10	14				
山　东	Shandong	99.30	99.48	99.58	6				
河　南	Henan	73.43	77.94	81.98	27				
湖　北	Hubei	91.75	95.09	95.09	15	28.68	28.68	54.38	8
湖　南	Hunan	86.50	91.33	91.93	20				
广　东	Guangdong	95.75	94.93	96.89	9	286.84	484.49	452.04	3
广　西	Guangxi	92.35	93.26	93.58	18				
海　南	Hainan	82.44	92.15	94.59	16				
重　庆	Chongqing	92.02	93.32	93.09	19	17.42	130.57	169.51	4
四　川	Sichuan	84.39	87.96	89.68	22		22.40	41.30	10
贵　州	Guizhou	69.72	71.35	74.86	29				
云　南	Yunnan	76.40	66.46	71.53	30		18.02		
西　藏	Tibet	79.83	29.79	38.62	31				
陕　西	Shaanxi	90.39	94.11	93.75	17			25.30	11
甘　肃	Gansu	74.29	77.81	80.22	28				
青　海	Qinghai	90.79	92.65	84.76	26				
宁　夏	Ningxia	88.01	79.67	89.08	23				
新　疆	Xinjiang	95.80	96.60	96.37	10				

8-30 城市集中供热情况
Urban Central Heating

单位：万平方米 (10 000 sq.m)

地区	Region	集中供热面积 Heated Area				住宅供热面积 Housing			
		2010	2012	2013	2013排名 Ranking	2010	2012	2013	2013排名 Ranking
全 国	**National Total**	**435668**	**518368**	**571677**		**307773**	**376055**	**420886**	
北 京	Beijing	46715	52555	54591	3	32305	35104	36806	5
天 津	Tianjin	24034	30000	32897	9	18186	23028	25248	9
河 北	Hebei	38683	44670	50220	5	27913	32208	37438	3
山 西	Shanxi	28739	36056	39826	7	17933	25995	29846	7
内蒙古	Inner Mongolia	25340	32921	39020	8	16312	22440	26564	8
辽 宁	Liaoning	74526	87108	92109	1	57297	67072	71057	1
吉 林	Jilin	31718	38296	42823	6	23774	29095	31363	6
黑龙江	Heilongjiang	37513	48336	53804	4	25924	33242	37019	4
上 海	Shanghai								
江 苏	Jiangsu	9946				1191			
浙 江	Zhejiang	3992	8575	7710	15	39	84	66	18
安 徽	Anhui	2464	2966	2329	16	906	1068	987	16
福 建	Fujian								
江 西	Jiangxi								
山 东	Shandong	54710	67423	75721	2	43779	53987	61236	2
河 南	Henan	10738	13006	15152	13	7963	10233	12224	12
湖 北	Hubei	978	1682	1745	17	824	1125	1165	15
湖 南	Hunan								
广 东	Guangdong								
广 西	Guangxi								
海 南	Hainan								
重 庆	Chongqing								
四 川	Sichuan	14				5			
贵 州	Guizhou			190	19			33	19
云 南	Yunnan								
西 藏	Tibet								
陕 西	Shaanxi	9263	12308	15963	11	7111	10072	14260	11
甘 肃	Gansu	10544	12943	15437	12	7763	9847	11765	13
青 海	Qinghai	208	304	451	18	146	212	340	17
宁 夏	Ningxia	6380	7373	8236	14	5107	5752	6554	14
新 疆	Xinjiang	19162	21844	23452	10	13298	15491	16913	10

8-31 城市道路和桥梁情况（一）
Urban Road and Bridges (1)

地区	Region	道路长度（公里）Length of Roads (km)				道路面积（万平方米）Surface Area of Roads (10 000 sq.m)			
		2010	2012	2013	2013排名 Ranking	2010	2012	2013	2013排名 Ranking
全 国	**National Total**	**294443**	**327081**	**336304**		**521322**	**607449**	**644155**	
北 京	Beijing	6355	7894	7931	15	9395	13509	13884	18
天 津	Tianjin	5439	6462	6933	18	9159	11611	12440	22
河 北	Hebei	11639	12419	12632	7	26639	28433	29304	5
山 西	Shanxi	5733	6382	6649	20	10312	12233	13614	19
内蒙古	Inner Mongolia	6447	7299	8223	14	12476	15502	17418	13
辽 宁	Liaoning	14238	15513	16244	6	23658	26200	28091	7
吉 林	Jilin	8543	8056	8388	13	13243	14362	15344	14
黑龙江	Heilongjiang	10091	11128	12102	9	13569	16252	17899	12
上 海	Shanghai	4713	4775	4865	25	9299	9717	9932	24
江 苏	Jiangsu	31899	34966	36975	2	53723	62438	66970	2
浙 江	Zhejiang	15550	17672	18777	4	30381	33575	35633	4
安 徽	Anhui	10157	11571	12287	8	19927	24693	27070	8
福 建	Fujian	6756	8210	7808	16	12560	15183	14799	15
江 西	Jiangxi	5742	6477	6865	19	11330	13630	14652	16
山 东	Shandong	32944	36566	37821	1	60615	71390	74646	1
河 南	Henan	9414	10798	11236	11	21768	25458	26843	9
湖 北	Hubei	14168	17461	17502	5	24599	28755	29180	6
湖 南	Hunan	8585	10367	10911	12	15972	18902	19735	11
广 东	Guangdong	40847	41388	36762	3	55869	62787	64864	3
广 西	Guangxi	6439	7021	7342	17	12118	13662	14631	17
海 南	Hainan	1435	2104	2144	28	3152	4504	4608	29
重 庆	Chongqing	5130	5956	6221	22	9931	11936	12723	20
四 川	Sichuan	9584	11287	11866	10	18743	22628	24700	10
贵 州	Guizhou	2257	2521	3118	27	3604	4103	5967	27
云 南	Yunnan	4049	4855	5229	24	7983	10297	9906	25
西 藏	Tibet	341	396	407	31	596	793	814	31
陕 西	Shaanxi	4810	5422	5802	23	10537	12137	12698	21
甘 肃	Gansu	3399	3580	3796	26	6599	7093	7958	26
青 海	Qinghai	711	773	902	30	1357	1529	1785	30
宁 夏	Ningxia	1852	1948	2040	29	3889	4619	4964	28
新 疆	Xinjiang	5178	5813	6527	21	8323	9517	11086	23

8-32 城市道路和桥梁情况（二）
Urban Road and Bridges (2)

地区	Region	人均道路面积（平方米） Road Surface Area Per Capita (sq.m)				桥梁数（座） Number of Bridges (unit)			
		2010	2012	2013	2013排名 Ranking	2010	2012	2013	2013排名 Ranking
全　国	**National Total**	**13.21**	**14.39**	**14.87**		**52548**	**57601**	**59530**	
北　京	Beijing	5.57	7.57	7.61	30	1855	2885	2200	6
天　津	Tianjin	14.89	17.88	18.74	6	530	736	809	16
河　北	Hebei	17.35	17.84	18.22	8	1455	1286	1361	12
山　西	Shanxi	10.66	11.79	12.88	23	482	520	587	23
内蒙古	Inner Mongolia	14.89	17.67	19.69	3	319	354	369	27
辽　宁	Liaoning	11.19	11.55	12.09	25	1514	1612	1682	10
吉　林	Jilin	12.39	12.61	13.61	17	626	696	717	18
黑龙江	Heilongjiang	10.00	11.83	13.15	21	767	876	1029	15
上　海	Shanghai	4.04	4.08	4.11	31	2073	2151	2335	5
江　苏	Jiangsu	21.26	22.35	23.22	2	13093	12922	13357	1
浙　江	Zhejiang	16.70	17.88	17.83	9	7761	8984	9508	2
安　徽	Anhui	16.01	18.47	19.61	4	1104	1311	1390	11
福　建	Fujian	12.58	14.13	13.40	18	1233	1689	1777	9
江　西	Jiangxi	13.77	14.99	15.26	13	565	550	607	22
山　东	Shandong	22.23	24.70	25.34	1	4316	4660	4769	4
河　南	Henan	10.25	11.08	11.57	26	1026	1215	1250	13
湖　北	Hubei	14.08	15.85	15.85	10	1697	1822	1875	8
湖　南	Hunan	12.95	13.49	13.80	16	588	718	743	17
广　东	Guangdong	12.69	13.42	13.11	22	5608	6044	6018	3
广　西	Guangxi	14.31	14.74	15.53	12	584	668	677	19
海　南	Hainan	13.81	18.85	18.72	7	148	143	154	28
重　庆	Chongqing	9.37	10.67	11.23	27	1136	1201	1244	14
四　川	Sichuan	11.84	12.72	13.24	19	1573	1798	2123	7
贵　州	Guizhou	6.65	6.80	9.58	29	385	436	537	24
云　南	Yunnan	10.90	11.92	12.29	24	549	639	665	20
西　藏	Tibet	13.25	14.22	13.19	20	38	13	10	31
陕　西	Shaanxi	13.38	14.71	14.74	14	545	618	643	21
甘　肃	Gansu	12.20	12.56	14.02	15	358	385	393	26
青　海	Qinghai	11.42	11.17	10.90	28	68	85	126	30
宁　夏	Ningxia	17.35	17.56	18.81	5	168	148	151	29
新　疆	Xinjiang	13.19	14.16	15.69	11	384	436	424	25

8-33 城市排水和污水处理情况（一）
Urban Drainage and Wastewater Treatment (1)

地区	Region	污水排放量（万立方米）Annual Quantity of Wastewater Discharged (10 000 cu.m)				排水管道长度（公里）Length of Drainage Piplines (km)			
		2010	2012	2013	2013排名 Ranking	2010	2012	2013	2013排名 Ranking
全国	**National Total**	**3786983**	**4167602**	**4274525**		**369553**	**439080**	**464878**	
北京	Beijing	141651	152010	155317	10	10172	12665	13505	13
天津	Tianjin	65235	74473	78694	19	15140	17756	18644	9
河北	Hebei	132798	148329	149382	12	14576	15787	15869	12
山西	Shanxi	60181	61355	63359	23	5459	6530	6676	23
内蒙古	Inner Mongolia	46543	50488	52789	25	8514	10012	11208	16
辽宁	Liaoning	204370	220454	225766	6	14070	15945	16420	11
吉林	Jilin	75270	81629	84289	17	7738	8910	9607	18
黑龙江	Heilongjiang	108443	121945	119785	15	7504	9376	9583	19
上海	Shanghai	231374	236803	233600	5	11483	18191	18809	8
江苏	Jiangsu	363096	388975	393453	2	46867	56887	62194	1
浙江	Zhejiang	206415	221437	235798	4	26367	29786	33501	4
安徽	Anhui	124449	131535	135346	13	13136	19885	21891	5
福建	Fujian	95884	111913	113550	16	9686	11483	12289	14
江西	Jiangxi	70453	75575	78247	20	7340	9484	10573	17
山东	Shandong	244417	277438	281135	3	34301	43357	46025	2
河南	Henan	147413	164967	167742	8	14733	17292	18297	10
湖北	Hubei	169150	171706	177323	7	16577	18634	20030	6
湖南	Hunan	153696	159155	152006	11	8882	11402	12050	15
广东	Guangdong	506546	615166	636504	1	42507	41056	36098	3
广西	Guangxi	115256	121395	125443	14	6417	7726	8309	21
海南	Hainan	27811	25625	27194	28	2946	3015	3357	28
重庆	Chongqing	64622	76782	82991	18	7073	8851	9497	20
四川	Sichuan	136520	149029	164898	9	14498	18753	19519	7
贵州	Guizhou	32533	40107	41984	26	3327	3648	5260	26
云南	Yunnan	58711	68307	69978	22	4419	5276	6064	24
西藏	Tibet	6770	7831	9393	31	293	355	546	31
陕西	Shaanxi	68104	71442	77504	21	5666	6383	6767	22
甘肃	Gansu	41940	40073	39928	27	3092	3282	3881	27
青海	Qinghai	12889	16198	17198	30	1014	1155	1391	29
宁夏	Ningxia	28047	29143	25765	29	1384	1242	1362	30
新疆	Xinjiang	46396	56317	58164	24	4372	4956	5660	25

8-34 城市排水和污水处理情况（二）
Urban Drainage and Wastewater Treatment (2)

地区	Region	污水处理总量（万立方米）Total Quantity of Wastewater Treated (10 000 cu.m)				污水处理率（%）Wastewater Treatment Rate (%)			
		2010	2012	2013	2013排名 Ranking	2010	2012	2013	2013排名 Ranking
全 国	**National Total**	**3117032**	**3638238**	**3818948**		**82.31**	**87.30**	**89.34**	
北 京	Beijing	116288	126411	131405	12	82.09	83.16	84.60	23
天 津	Tianjin	55645	65712	70852	19	85.30	88.24	90.03	13
河 北	Hebei	122567	139822	141270	9	92.30	94.26	94.57	3
山 西	Shanxi	51111	53980	55988	23	84.93	87.98	88.37	16
内蒙古	Inner Mongolia	39.5	43204	46563	25	80.55	85.57	88.21	18
辽 宁	Liaoning	153131	186475	203287	6	74.93	84.59	90.04	12
吉 林	Jilin	55641	67222	70979	18	73.92	82.35	84.21	24
黑龙江	Heilongjiang	61513	74111	90654	16	56.72	60.77	75.68	28
上 海	Shanghai	192714	216166	203523	5	83.29	91.29	87.12	21
江 苏	Jiangsu	317926	352759	362536	2	87.56	90.69	92.14	8
浙 江	Zhejiang	170781	193751	210529	4	82.74	87.50	89.28	14
安 徽	Anhui	110082	124338	130229	13	88.46	94.53	96.22	1
福 建	Fujian	80960	95795	99145	15	84.44	85.60	87.31	20
江 西	Jiangxi	56948	63671	65024	21	80.83	84.25	83.10	26
山 东	Shandong	222691	261415	266888	3	91.11	94.22	94.93	2
河 南	Henan	129134	144882	152373	8	87.60	87.83	90.84	11
湖 北	Hubei	137043	149584	162407	7	81.02	87.12	91.59	10
湖 南	Hunan	115194	136616	134310	11	74.95	85.84	88.36	17
广 东	Guangdong	436041	543394	586519	1	86.08	88.33	92.15	7
广 西	Guangxi	96160	106563	107570	14	83.43	87.78	85.75	22
海 南	Hainan	15260	19301	20381	29	54.87	75.32	74.95	29
重 庆	Chongqing	59229	69155	77968	17	91.65	90.07	93.95	6
四 川	Sichuan	102163	124630	137238	10	74.83	83.63	83.23	25
贵 州	Guizhou	28249	36654	39453	26	86.83	91.39	93.97	5
云 南	Yunnan	54829	64716	64415	22	93.39	94.74	92.05	9
西 藏	Tibet		5	6	31		0.06	0.06	31
陕 西	Shaanxi	50522	63221	69007	20	74.18	88.49	89.04	15
甘 肃	Gansu	26250	30207	32440	27	62.59	75.38	81.25	27
青 海	Qinghai	5611	9777	10600	30	43.53	60.36	61.64	30
宁 夏	Ningxia	21876	27207	24331	28	78.00	93.36	94.43	4
新 疆	Xinjiang	33983	47495	51058	24	73.25	84.34	87.78	19

8-35 城市园林绿化情况（一）
Urban Landscaping (1)

单位：公顷 (hectare)

地区	Region	绿化覆盖面积 Green Coverage Area				绿地面积 Area of Parks and Green Space			
		2010	2012	2013	2013排名 Ranking	2010	2012	2013	2013排名 Ranking
全　国	**National Total**	**2452658**	**2747866**	**2808936**		**2134339**	**2367842**	**2427221**	
北　京	Beijing	65348	68204	70111	14	62672	65540	68438	14
天　津	Tianjin	23265	26875	26101	26	19221	22319	23196	26
河　北	Hebei	81819	83775	86731	11	68958	73517	76045	10
山　西	Shanxi	34607	41512	43271	22	31061	35653	36347	22
内蒙古	Inner Mongolia	41059	49723	52511	20	38143	46727	49333	18
辽　宁	Liaoning	106020	192045	194503	4	92751	118297	120514	6
吉　林	Jilin	43820	45108	43430	21	37895	38781	38390	21
黑龙江	Heilongjiang	78727	82945	84344	12	69581	73820	75064	11
上　海	Shanghai	130160	134405	134904	6	120148	124204	124295	5
江　苏	Jiangsu	258969	277481	287465	2	227584	247001	256263	2
浙　江	Zhejiang	91111	138877	144481	5	79459	122723	127927	4
安　徽	Anhui	85281	95952	101449	7	71463	79592	83910	8
福　建	Fujian	55914	62054	65159	15	47904	54544	57613	15
江　西	Jiangxi	58924	50752	53185	18	42288	46874	49239	19
山　东	Shandong	179333	199899	217366	3	156243	176342	193647	3
河　南	Henan	78108	88232	92732	10	66790	77038	80753	9
湖　北	Hubei	80294	91713	94677	9	57883	68803	71622	12
湖　南	Hunan	54509	60071	61879	16	46028	51822	53483	17
广　东	Guangdong	488980	465408	474212	1	420370	401669	411978	1
广　西	Guangxi	65692	72785	75674	13	60225	66964	69870	13
海　南	Hainan	50564	52470	16549	29	49029	50668	14423	29
重　庆	Chongqing	41244	51689	52996	19	37695	47156	48123	20
四　川	Sichuan	80157	92255	98537	8	72259	83179	88894	7
贵　州	Guizhou	34190	38873	40286	24	28675	32948	34026	24
云　南	Yunnan	31903	39210	38866	25	28126	35313	34906	23
西　藏	Tibet	2778	4398	4263	31	2090	3432	3649	31
陕　西	Shaanxi	33232	38668	41067	23	26063	30990	33853	25
甘　肃	Gansu	19898	23069	25912	27	15275	18548	21166	28
青　海	Qinghai	3409	4121	5107	30	3387	4033	4772	30
宁　夏	Ningxia	19672	21969	23765	28	17387	19833	21919	27
新　疆	Xinjiang	43671	53328	57402	17	37686	49512	53562	16

8-36 城市园林绿化情况（二）
Urban Landscaping (2)

单位：公顷 (hectare)

地区	Region	公园绿地面积 Area of Public Recreational Green Space				公园面积 Park Area			
		2010	2012	2013	2013排名 Ranking	2010	2012	2013	2013排名 Ranking
全　国	**National Total**	**441276**	**517815**	**547356**		**258177**	**306245**	**329841**	
北　京	Beijing	19020	21178	23223	6	9960	11356	13294	6
天　津	Tianjin	5266	6846	7279	24	1666	1801	2030	28
河　北	Hebei	21849	22320	22609	7	12164	14966	15602	4
山　西	Shanxi	9061	11224	11821	20	5698	7831	8159	18
内蒙古	Inner Mongolia	10352	13618	14951	15	7715	10440	11539	9
辽　宁	Liaoning	21593	24710	25708	4	11005	12222	12877	7
吉　林	Jilin	10974	12486	13284	18	4402	5093	5280	21
黑龙江	Heilongjiang	15284	16142	16478	14	9066	9372	9516	15
上　海	Shanghai	16053	16848	17142	13	1915	2217	2222	26
江　苏	Jiangsu	33585	38069	40413	3	12433	16465	18707	3
浙　江	Zhejiang	20090	23420	24852	5	12631	14803	15165	5
安　徽	Anhui	13630	15941	17223	12	8685	9881	10843	12
福　建	Fujian	10972	13004	13891	16	8819	10256	10906	11
江　西	Jiangxi	10733	12817	13553	17	6442	8104	8378	17
山　东	Shandong	43191	47318	49518	2	21350	25023	29466	2
河　南	Henan	18361	21202	22226	8	9296	11083	11443	10
湖　北	Hubei	16818	19042	19936	11	8078	10356	10680	13
湖　南	Hunan	10969	12366	12857	19	6763	9251	9038	16
广　东	Guangdong	58514	74029	78857	1	58341	61787	66775	1
广　西	Guangxi	8331	10585	10812	21	5842	7481	7626	19
海　南	Hainan	2561	2871	3068	29	1863	1824	1824	29
重　庆	Chongqing	14032	20275	20436	10	5532	9973	10123	14
四　川	Sichuan	16133	19188	20908	9	7900	10630	12204	8
贵　州	Guizhou	3969	5666	7104	26	3645	4112	4528	22
云　南	Yunnan	6811	9007	8514	23	5246	6434	6166	20
西　藏	Tibet	260	524	557	31	681	681	640	31
陕　西	Shaanxi	8402	9552	10138	22	2924	3488	4320	23
甘　肃	Gansu	4392	5373	6677	27	2451	2629	3649	25
青　海	Qinghai	1014	1344	1581	30	478	895	949	30
宁　夏	Ningxia	3626	4132	4621	28	2030	2110	2114	27
新　疆	Xinjiang	5430	6718	7119	25	3156	3681	3778	24

8-37 城市人均公园绿地面积和每万人拥有公共厕所

Per Capita Public Green Areas and Number of Public Lavatories Per 10 000 Population in Cities

地区	Region	人均公园绿地面积（平方米） Per Capita Public Green Areas (sq.m)				每万人拥有公共厕所（座） Number of Public Lavatories Per 10 000 Population (unit)			
		2010	2012	2013	2013排名 Ranking	2010	2012	2013	2013排名 Ranking
全 国	**National Total**	**11.18**	**12.26**	**12.64**		**3.02**	**2.89**	**2.83**	
北 京	Beijing	11.28	11.87	12.72	9	3.54	3.24	3.05	14
天 津	Tianjin	8.56	10.54	10.97	23	2.01	1.84	1.80	31
河 北	Hebei	14.23	14.00	14.05	7	4.22	4.18	4.07	4
山 西	Shanxi	9.36	10.82	11.18	21	3.32	3.09	3.19	10
内蒙古	Inner Mongolia	12.36	15.52	16.90	3	4.73	5.08	4.85	1
辽 宁	Liaoning	10.21	10.89	11.06	22	2.99	2.46	2.37	21
吉 林	Jilin	10.27	10.96	11.78	15	4.53	3.67	3.51	9
黑龙江	Heilongjiang	11.27	11.75	12.11	14	6.56	5.14	4.74	2
上 海	Shanghai	6.97	7.08	7.10	31	2.62	2.66	2.58	18
江 苏	Jiangsu	13.29	13.63	14.01	8	3.75	3.59	3.62	8
浙 江	Zhejiang	11.05	12.47	12.44	13	4.01	4.18	3.98	5
安 徽	Anhui	10.95	11.92	12.47	11	2.55	2.32	2.26	24
福 建	Fujian	10.99	12.10	12.57	10	2.64	2.69	2.79	16
江 西	Jiangxi	13.04	14.10	14.12	6	2.17	2.25	1.98	26
山 东	Shandong	15.84	16.37	16.81	4	2.05	1.99	1.95	28
河 南	Henan	8.65	9.23	9.58	28	3.32	3.12	3.05	13
湖 北	Hubei	9.62	10.50	10.83	24	2.91	2.59	2.59	17
湖 南	Hunan	8.89	8.83	8.99	30	2.35	2.34	2.32	22
广 东	Guangdong	13.29	15.82	15.94	5	2.06	2.06	1.95	27
广 西	Guangxi	9.83	11.42	11.48	18	1.76	2.33	2.29	23
海 南	Hainan	11.22	12.01	12.47	12	1.73	1.92	1.86	29
重 庆	Chongqing	13.24	18.13	18.04	1	1.55	1.78	1.85	30
四 川	Sichuan	10.19	10.79	11.21	20	2.93	2.89	2.90	15
贵 州	Guizhou	7.33	9.38	11.41	19	2.21	2.09	2.06	25
云 南	Yunnan	9.30	10.43	10.56	25	2.26	2.79	3.14	12
西 藏	Tibet	5.78	9.40	9.04	29	4.16	0.77	4.62	3
陕 西	Shaanxi	10.67	11.58	11.77	16	3.13	3.48	3.81	7
甘 肃	Gansu	8.12	9.52	11.76	17	2.17	2.36	2.41	20
青 海	Qinghai	8.53	9.81	9.66	27	4.65	4.32	3.98	6
宁 夏	Ningxia	16.18	15.71	17.51	2	4.18	2.30	2.54	19
新 疆	Xinjiang	8.61	10.00	10.08	26	3.23	3.22	3.16	11

8-38 城市市容环境卫生情况（一）
Urban Environmental Sanitation (1)

地区	Region	道路清扫保洁面积（万平方米） Surface Area of Roads Cleaned and Maintained (10 000 sq.m)				生活垃圾清运量（万吨） Collected and Transported (10 000 tons)			
		2010	2012	2013	2013排名 Ranking	2010	2012	2013	2013排名 Ranking
全　国	**National Total**	**485033**	**573507**	**646014**		**15804.80**	**17080.87**	**17238.58**	
北　京	Beijing	13804	14346	14234	18	632.98	648.31	671.69	10
天　津	Tianjin	7322	8723	10098	25	183.71	185.77	199.95	27
河　北	Hebei	20050	23128	24614	7	589.28	577.44	585.31	12
山　西	Shanxi	10609	12637	14659	16	361.22	392.39	394.56	18
内蒙古	Inner Mongolia	9674	12755	17171	14	333.96	385.91	350.06	20
辽　宁	Liaoning	28122	33403	35713	4	837.26	929.92	927.12	5
吉　林	Jilin	13037	13287	13831	19	499.43	508.55	485.35	15
黑龙江	Heilongjiang	14937	18320	20283	11	782.35	710.01	581.85	13
上　海	Shanghai	15879	17294	17385	12	732.00	716.00	735.00	9
江　苏	Jiangsu	44088	48098	52029	3	1017.05	1210.07	1202.69	2
浙　江	Zhejiang	27805	30973	34699	5	959.01	1055.03	1123.34	3
安　徽	Anhui	17339	22229	24081	8	435.25	442.06	455.93	16
福　建	Fujian	11433	12696	15585	15	417.30	493.81	551.82	14
江　西	Jiangxi	9911	11964	11721	23	284.00	327.15	339.02	22
山　东	Shandong	48528	56109	82996	1	992.00	1062.38	1007.37	4
河　南	Henan	20892	23569	25540	6	694.61	795.84	805.63	6
湖　北	Hubei	16941	21086	23456	9	711.12	716.63	745.82	8
湖　南	Hunan	12331	16216	17296	13	505.22	565.43	616.81	11
广　东	Guangdong	62768	71791	75126	2	1938.55	2136.88	2092.11	1
广　西	Guangxi	11005	11601	12927	21	245.06	266.21	302.25	24
海　南	Hainan	4076	6384	6535	28	97.66	110.18	125.29	28
重　庆	Chongqing	6136	10311	10989	24	256.68	335.29	349.80	21
四　川	Sichuan	15173	19318	21020	10	656.03	702.75	750.65	7
贵　州	Guizhou	3405	4910	5300	29	213.26	235.69	248.42	26
云　南	Yunnan	9726	15643	13713	20	265.47	306.74	324.13	23
西　藏	Tibet	539	678	1739	31	16.30	25.62	24.11	31
陕　西	Shaanxi	10546	12267	14515	17	388.32	433.10	437.31	17
甘　肃	Gansu	5816	6235	7298	26	278.25	270.54	272.82	25
青　海	Qinghai	1951	2070	2430	30	86.31	66.25	74.06	30
宁　夏	Ningxia	3347	5021	6716	27	91.89	116.23	105.98	29
新　疆	Xinjiang	7843	10445	12315	22	303.27	352.69	352.33	19

8-39 城市市容环境卫生情况（二）
Urban Environmental Sanitation (2)

地区	Region	生活垃圾处理量（万吨） Volume of Domestic Garbage Treated (10 000 tons)				生活垃圾处理率（%） Domestic Garbage Treatment (%)			
		2010	2012	2013	2013排名 Ranking	2010	2012	2013	2013排名 Ranking
全　国	**National Total**	**14337.98**	**15940.46**	**16391.50**		**90.72**	**93.32**	**95.09**	
北　京	Beijing	613.67	642.60	666.96	9	96.95	99.12	99.30	6
天　津	Tianjin	183.71	185.41	193.55	27	100.00	99.81	96.80	16
河　北	Hebei	571.28	563.01	566.07	12	96.95	97.50	96.71	17
山　西	Shanxi	265.77	332.39	355.83	17	73.58	84.71	90.18	28
内蒙古	Inner Mongolia	310.52	370.98	329.40	21	92.98	96.12	94.10	22
辽　宁	Liaoning	752.29	877.65	911.96	5	89.85	94.38	98.36	13
吉　林	Jilin	457.35	473.91	474.93	14	91.57	93.19	97.85	15
黑龙江	Heilongjiang	315.74	361.76	339.80	19	40.36	50.95	58.40	30
上　海	Shanghai	599.22	598.51	665.75	10	81.86	83.59	90.58	27
江　苏	Jiangsu	1016.75	1199.06	1193.94	2	99.97	99.09	99.27	7
浙　江	Zhejiang	958.41	1048.01	1123.34	3	99.94	99.33	100.00	1
安　徽	Anhui	416.07	421.20	450.54	15	95.59	95.28	98.82	8
福　建	Fujian	416.52	486.91	543.60	13	99.81	98.60	98.51	11
江　西	Jiangxi	284.00	327.15	339.01	20	100.00	100.00	100.00	1
山　东	Shandong	955.31	1053.54	1002.00	4	96.30	99.17	99.47	4
河　南	Henan	616.46	724.60	725.35	6	88.75	91.05	90.04	29
湖　北	Hubei	677.08	666.48	718.30	8	95.21	93.00	96.31	19
湖　南	Hunan	464.09	554.92	607.92	11	91.86	98.14	98.56	10
广　东	Guangdong	1764.21	1943.67	1946.17	1	91.01	90.96	93.02	25
广　西	Guangxi	227.92	260.88	297.38	24	93.01	98.00	98.39	12
海　南	Hainan	77.66	110.08	125.16	28	79.52	99.91	99.90	3
重　庆	Chongqing	254.44	332.86	347.82	18	99.13	99.28	99.43	5
四　川	Sichuan	619.84	664.44	722.38	7	94.48	94.55	96.23	20
贵　州	Guizhou	203.59	223.44	235.91	26	95.47	94.80	94.97	21
云　南	Yunnan	253.03	305.06	317.47	23	95.31	99.45	97.94	14
西　藏	Tibet	14.23	24.82	2.88	31	87.30	96.88	11.94	31
陕　西	Shaanxi	334.02	421.12	421.75	16	86.02	97.23	96.44	18
甘　肃	Gansu	272.25	265.26	269.52	25	97.84	98.05	98.79	9
青　海	Qinghai	71.07	61.95	69.39	30	82.34	93.51	93.70	23
宁　夏	Ningxia	85.03	107.50	98.03	29	92.53	92.49	92.50	26
新　疆	Xinjiang	286.45	331.29	329.39	22	94.45	93.93	93.49	24

8-40 城市公共交通情况（一）
Statistics on Public Transportation in Cities (1)

地区	Region	年末公共交通车辆运营数（辆） Number of Public Vehicles under Operation at Year-end (unit)				公共交通运营线路总长度（公里） Length of Public Transportation under Operation (km)			
		2010	2012	2013	2013排名 Ranking	2010	2012	2013	2013排名 Ranking
全　国	**National Total**	**383161**	**432021**	**460970**		**490283**	**551794**	**577581**	
北　京	Beijing	24011	25831	27590	4	19079	19989	20153	7
天　津	Tianjin	7413	9031	10296	19	12320	12871	13603	18
河　北	Hebei	14630	16493	17498	11	14869	18812	19647	9
山　西	Shanxi	6609	7851	8957	20	12200	13369	14655	16
内蒙古	Inner Mongolia	5771	5586	6721	25	9272	10650	11123	21
辽　宁	Liaoning	19770	20968	21387	7	19219	21521	22215	6
吉　林	Jilin	10421	10912	11253	18	10175	11255	12910	19
黑龙江	Heilongjiang	13567	14364	15591	12	11956	15087	14999	15
上　海	Shanghai	20297	19825	20207	8	23583	23658	24391	5
江　苏	Jiangsu	27561	30956	33380	3	41351	49903	50876	3
浙　江	Zhejiang	21589	23060	25518	5	39989	40606	43797	4
安　徽	Anhui	9626	11992	13023	14	8948	10535	11068	22
福　建	Fujian	10306	11823	12414	15	13555	15627	17030	12
江　西	Jiangxi	6266	7852	7733	23	9934	11648	11291	20
山　东	Shandong	27752	32869	35031	2	39470	44682	51412	2
河　南	Henan	16096	18137	18920	9	16362	18337	18171	10
湖　北	Hubei	16544	16982	17536	10	16735	17354	16427	13
湖　南	Hunan	12344	13148	14010	13	14791	14132	13764	17
广　东	Guangdong	41933	53089	54659	1	69785	87797	89133	1
广　西	Guangxi	6839	7430	7611	24	8099	9323	9733	23
海　南	Hainan	1964	2614	2670	29	3818	5600	4022	29
重　庆	Chongqing	7660	8540	11382	17	11200	8959	17142	11
四　川	Sichuan	15288	19628	22127	6	15258	19180	19975	8
贵　州	Guizhou	4584	5031	5454	26	5143	5305	5300	27
云　南	Yunnan	7135	8187	8605	22	13218	16329	15126	14
西　藏	Tibet	940	396	382	31	949	834	963	31
陕　西	Shaanxi	9953	10948	11750	16	8697	9207	8783	24
甘　肃	Gansu	4382	5214	5359	27	4173	4907	4969	28
青　海	Qinghai	2175	2067	2083	30	1554	1937	1979	30
宁　夏	Ningxia	2382	3042	3192	28	4325	4813	5342	26
新　疆	Xinjiang	7353	8155	8631	21	10258	7568	7583	25

8-41 城市公共交通情况（二）
Statistics on Public Transportation in Cities (2)

地区	Region	出租汽车数（辆） Number of Taxi (unit)				每万人拥有公共交通车辆（标台） Number of Public Transportation Vehicles Per 10 000 Population (unit)			
		2010	2012	2013	2013排名 Ranking	2010	2012	2013	2013排名 Ranking
全　国	**National Total**	**986190**	**1026678**	**1053580**		**9.71**	**12.15**	**12.78**	
北　京	Beijing	66646	66646	67046	2	14.24	23.43	24.39	1
天　津	Tianjin	31940	31940	31940	17	12.05	17.34	18.99	2
河　北	Hebei	46016	49130	49792	8	9.53	11.29	12.62	13
山　西	Shanxi	28848	29700	34906	14	6.83	8.47	9.90	25
内蒙古	Inner Mongolia	37131	37778	38120	11	6.89	7.05	8.57	30
辽　宁	Liaoning	79890	79868	79607	1	9.35	11.11	11.19	20
吉　林	Jilin	54933	55457	55096	6	9.75	9.75	10.21	24
黑龙江	Heilongjiang	61129	62651	62699	4	10.00	11.26	12.62	14
上　海	Shanghai	50007	50683	50612	7	8.82	11.91	12.11	15
江　苏	Jiangsu	46075	47269	49501	9	10.91	13.36	14.15	8
浙　江	Zhejiang	32532	34165	35449	13	11.87	13.96	14.64	4
安　徽	Anhui	36681	37142	37833	12	7.73	10.14	10.99	21
福　建	Fujian	16782	18325	19391	22	10.32	12.16	12.65	12
江　西	Jiangxi	10854	11998	12854	28	7.61	10.01	9.15	28
山　东	Shandong	57687	58758	59080	5	10.18	12.76	13.54	9
河　南	Henan	44525	45518	45483	10	7.58	8.60	9.07	29
湖　北	Hubei	31325	33520	34394	15	9.47	11.25	11.56	18
湖　南	Hunan	23778	24031	24973	19	10.01	10.38	10.80	22
广　东	Guangdong	59972	62243	65315	3	9.53	13.42	13.08	11
广　西	Guangxi	13566	15015	15249	26	8.07	9.18	9.42	27
海　南	Hainan	3978	4998	5594	30	8.61	11.60	11.48	19
重　庆	Chongqing	14021	15520	17096	24	7.23	9.00	11.57	17
四　川	Sichuan	27022	31818	33142	16	9.65	13.34	14.59	5
贵　州	Guizhou	9091	13266	15266	25	8.46	8.80	9.60	26
云　南	Yunnan	15164	17302	17580	23	9.74	10.25	11.61	16
西　藏	Tibet	1357	1379	1354	31	20.91	8.59	7.70	31
陕　西	Shaanxi	21288	22657	22684	20	12.64	15.58	16.27	3
甘　肃	Gansu	19309	19324	20687	21	8.10	10.04	10.36	23
青　海	Qinghai	7119	7119	7119	29	18.30	16.60	14.47	6
宁　夏	Ningxia	12978	13107	13189	27	10.63	12.46	13.19	10
新　疆	Xinjiang	24546	28351	30529	18	11.66	13.91	14.35	7

9

资源、能源和环境

Resources, Energy and Environment

9-1 石油和天然气基础储量
Basic Reserves of Petroleum and Natural Gas

地区	Region	石油（万吨） Petroleum (10 000 tons)				天然气（亿立方米） Natural Gas (100 million cu.m)			
		2010	2012	2013	2013排名 Ranking	2010	2012	2013	2013排名 Ranking
全　国	**National Total**	**317435.27**	**333258.33**	**336732.81**		**37793.20**	**43789.88**	**46428.84**	
北　京	Beijing								
天　津	Tianjin	3415.91	3034.52	3115.22	12	288.64	278.78	279.79	12
河　北	Hebei	27780.80	26934.54	26685.34	5	359.32	315.37	325.86	10
山　西	Shanxi								
内蒙古	Inner Mongolia	7643.80	8517.07	8339.35	9	7149.44	8344.30	8042.54	3
辽　宁	Liaoning	18799.01	16946.82	16411.23	8	209.43	178.54	169.46	14
吉　林	Jilin	18861.77	18304.08	18326.64	7	681.26	776.22	756.35	8
黑龙江	Heilongjiang	54516.41	50137.48	47311.25	2	1454.98	1381.51	1353.93	7
上　海	Shanghai								
江　苏	Jiangsu	2689.35	3061.03	3023.37	13	23.66	24.35	24.30	17
浙　江	Zhejiang								
安　徽	Anhui	186.73	260.06	254.20	19	0.06	0.30	0.24	22
福　建	Fujian								
江　西	Jiangxi								
山　东	Shandong	34310.68	34302.35	33839.35	3	366.99	345.90	357.90	9
河　南	Henan	5051.21	5160.24	5037.37	11	99.21	75.08	72.09	15
湖　北	Hubei	1307.97	1328.70	1303.70	15	4.68	49.68	48.79	16
湖　南	Hunan								
广　东	Guangdong	8.16	7.90	13.85	21	0.31	0.30	0.50	21
广　西	Guangxi	146.41	139.00	135.27	20	3.39	1.24	1.32	19
海　南	Hainan	-17.27	297.50	274.39	18	0.70	-1.29	-3.45	23
重　庆	Chongqing	160.44	158.63	278.43	17	1921.02	1928.31	2472.83	5
四　川	Sichuan	514.74	804.63	666.66	16	6763.11	9351.09	11874.38	1
贵　州	Guizhou					10.61	5.44	6.39	18
云　南	Yunnan	12.21	12.21	12.21	22	2.41	2.24	0.80	20
西　藏	Tibet								
陕　西	Shaanxi	24947.67	31397.94	33712.64	4	5628.11	6376.26	6231.14	4
甘　肃	Gansu	16085.39	19184.32	21150.01	6	191.80	224.58	241.28	13
青　海	Qinghai	5635.18	6499.44	6284.94	10	1321.89	1281.60	1511.79	6
宁　夏	Ningxia	202.77	2299.47	2313.96	14	2.75	294.96	294.40	11
新　疆	Xinjiang	51163.47	56464.74	58393.63	1	8616.43	9324.37	9053.88	2

9-2 煤炭和铁矿石基础储量
Basic Reserves of Coal and Iron

地区	Region	煤炭（亿吨） Coal (100 million tons)				铁矿（矿石，亿吨） Iron (Ore, 100 million tons)			
		2010	2012	2013	2013排名 Ranking	2010	2012	2013	2013排名 Ranking
全　国	National Total	2793.93	2298.86	2362.90		222.32	194.77	199.17	
北　京	Beijing	3.79	3.73	3.83	23	0.89	1.24	1.34	19
天　津	Tianjin	2.97	2.97	2.97	25				
河　北	Hebei	60.59	39.51	39.41	12	37.49	24.23	23.97	3
山　西	Shanxi	844.01	908.42	906.80	1	12.13	12.82	12.70	5
内蒙古	Inner Mongolia	769.86	401.66	460.10	2	12.12	15.58	20.99	4
辽　宁	Liaoning	46.63	31.92	28.33	15	75.46	54.98	56.25	1
吉　林	Jilin	12.40	9.82	10.03	19	2.31	3.82	4.52	10
黑龙江	Heilongjiang	68.17	61.64	61.38	9	0.42	0.35	0.35	22
上　海	Shanghai								
江　苏	Jiangsu	14.23	10.82	10.93	18	1.72	1.78	1.76	16
浙　江	Zhejiang	0.49	0.43	0.43	28	0.16	0.31	0.31	23
安　徽	Anhui	81.93	80.38	85.19	6	8.19	8.39	7.90	7
福　建	Fujian	4.06	4.44	4.33	21	3.54	3.56	3.24	14
江　西	Jiangxi	6.74	4.11	3.97	22	1.91	1.46	1.37	18
山　东	Shandong	77.56	79.73	78.78	8	10.31	8.90	9.37	6
河　南	Henan	113.49	99.09	89.55	5	1.65	1.56	1.41	17
湖　北	Hubei	3.30	3.25	3.23	24	3.73	5.83	6.05	8
湖　南	Hunan	18.76	6.61	6.61	20	1.63	1.29	1.79	15
广　东	Guangdong	1.89	0.23	0.23	29	1.59	1.08	1.06	20
广　西	Guangxi	7.74	2.08	2.26	26	1.10	0.29	0.30	24
海　南	Hainan	0.90	1.19	1.19	27	1.04	0.81	0.95	21
重　庆	Chongqing	22.49	19.85	19.86	16	0.01	0.22	0.22	25
四　川	Sichuan	54.37	54.53	55.74	11	28.73	29.66	26.60	2
贵　州	Guizhou	118.46	69.39	83.29	7	0.51	0.13	0.13	27
云　南	Yunnan	62.47	59.09	60.10	10	3.82	4.29	4.13	11
西　藏	Tibet	0.12	0.12	0.12	30	0.27	0.17	0.17	26
陕　西	Shaanxi	119.89	108.99	104.38	4	4.04	3.85	3.99	12
甘　肃	Gansu	58.05	34.08	32.69	14	3.91	3.84	3.71	13
青　海	Qinghai	16.22	15.97	12.17	17	0.07	0.06	0.03	28
宁　夏	Ningxia	54.03	32.34	38.47	13				
新　疆	Xinjiang	148.31	152.47	156.53	3	3.57	4.27	4.56	9

9-3 锰矿石和铬矿石基础储量
Basic Reserves of Manganese Ore and Chromites Ore

单位：矿石，万吨 (Ore, 10 000 tons)

地区	Region	锰矿 Manganese Ore				铬矿 Chromite Ore			
		2010	2012	2013	2013排名 Ranking	2010	2012	2013	2013排名 Ranking
全　国	**National Total**	**19515.64**	**20938.18**	**21547.74**		**442.10**	**405.01**	**401.47**	
北　京	Beijing								
天　津	Tianjin								
河　北	Hebei	4.80	7.05	7.05	17	6.90	4.64	4.64	5
山　西	Shanxi	12.90	12.90	12.90	15				
内蒙古	Inner Mongolia	566.00	567.88	567.74	8	60.35	56.29	56.29	3
辽　宁	Liaoning	1412.41	1386.46	1402.94	5				
吉　林	Jilin	0.40	0.40	0.40	19				
黑龙江	Heilongjiang								
上　海	Shanghai								
江　苏	Jiangsu								
浙　江	Zhejiang								
安　徽	Anhui	8.80	7.77	7.37	16				
福　建	Fujian	64.48	133.41	135.13	12				
江　西	Jiangxi								
山　东	Shandong								
河　南	Henan		0.82	0.82	18				
湖　北	Hubei	807.10	721.27	749.57	7				
湖　南	Hunan	5711.10	1958.37	1908.37	3				
广　东	Guangdong	215.81	75.23	75.23	14				
广　西	Guangxi	4033.44	8590.40	8441.54	1				
海　南	Hainan								
重　庆	Chongqing	2252.62	1678.45	1712.64	4				
四　川	Sichuan	97.74	97.74	100.04	13				
贵　州	Guizhou	2468.87	3559.77	4247.77	2				
云　南	Yunnan	905.86	1029.47	1074.79	6				
西　藏	Tibet					199.49	173.69	169.22	1
陕　西	Shaanxi	279.74	281.82	277.27	10	1.10			
甘　肃	Gansu	263.14	259.04	259.00	11	124.83	124.83	123.63	2
青　海	Qinghai					0.48	1.38	3.68	6
宁　夏	Ningxia								
新　疆	Xinjiang	410.43	569.93	567.17	9	48.95	44.18	44.01	4

9-4 钒矿和原生钛铁矿基础储量
Basic Reserves of Vanadium Ore and Titanium Ore

单位：万吨 (10 000 tons)

地区	Region	钒矿 Vanadium Ore 2010	2012	2013	2013排名 Ranking	原生钛铁矿 Titanium Ore 2010	2012	2013	2013排名 Ranking
全国	**National Total**	**1242.63**	**877.49**	**909.91**		**23042.96**	**21088.22**	**21957.03**	
北京	Beijing								
天津	Tianjin								
河北	Hebei	13.18	10.51	10.28	5	361.05	290.07	283.68	4
山西	Shanxi								
内蒙古	Inner Mongolia	0.77	0.77	0.77	12				
辽宁	Liaoning								
吉林	Jilin								
黑龙江	Heilongjiang								
上海	Shanghai								
江苏	Jiangsu	2.48	4.83	4.68	9				
浙江	Zhejiang		3.75	3.76	10				
安徽	Anhui	8.27	6.07	5.98	8				
福建	Fujian								
江西	Jiangxi	2.16	6.52	6.52	7				
山东	Shandong					99.67	645.79	686.69	3
河南	Henan					0.46	0.52	0.51	6
湖北	Hubei	40.49	25.16	29.37	4		1053.23	1053.23	2
湖南	Hunan	226.03	2.86	2.90	11				
广东	Guangdong								
广西	Guangxi	171.49	171.49	171.49	2				
海南	Hainan						2.69		
重庆	Chongqing								
四川	Sichuan	686.77	547.03	576.19	1	22534.64	19049.87	19887.19	1
贵州	Guizhou								
云南	Yunnan	0.07	0.07	0.07	14				
西藏	Tibet								
陕西	Shaanxi	0.89	8.40	7.87	6				
甘肃	Gansu	89.87	89.87	89.87	3				
青海	Qinghai								
宁夏	Ningxia								
新疆	Xinjiang	0.16	0.16	0.16	13	47.14	46.05	45.73	5

9-5 铜和铅基础储量

Basic Reserves of Copper Ore and Lead Ore

地区	Region	铜矿(铜，万吨) Copper Ore (Metal, 10 000 tons)				铅矿（铅，万吨） Lead Ore (Metal, 10 000 tons)			
		2010	2012	2013	2013排名 Ranking	2010	2012	2013	2013排名 Ranking
全　国	**National Total**	**2870.69**	**2734.41**	**2751.52**		**1272.04**	**1454.65**	**1577.91**	
北　京	Beijing	0.02	0.02	0.02	27				
天　津	Tianjin								
河　北	Hebei	15.29	13.23	13.49	18	18.66	20.65	22.80	16
山　西	Shanxi	215.67	160.09	158.23	7	0.55	0.55	0.46	26
内蒙古	Inner Mongolia	365.93	370.49	400.27	2	301.12	391.07	508.02	1
辽　宁	Liaoning	16.13	32.55	30.22	14	13.62	9.45	10.43	19
吉　林	Jilin	20.44	20.19	19.67	16	10.19	12.02	13.65	17
黑龙江	Heilongjiang	119.61	112.05	110.63	9	5.35	6.37	6.37	22
上　海	Shanghai								
江　苏	Jiangsu	5.50	3.86	3.60	23	15.03	10.53	25.88	15
浙　江	Zhejiang	8.44	6.11	5.68	22	41.26	8.45	8.43	20
安　徽	Anhui	192.53	175.61	168.12	6	5.09	10.84	10.91	18
福　建	Fujian	83.11	55.78	87.81	11	24.28	32.33	34.07	12
江　西	Jiangxi	698.58	662.09	597.10	1	58.25	55.12	52.64	10
山　东	Shandong	29.60	15.40	9.99	20	7.11	0.28	0.28	27
河　南	Henan	14.15	9.49	11.14	19	36.29	47.33	57.80	7
湖　北	Hubei	120.71	108.69	96.58	10	1.49	5.22	5.18	25
湖　南	Hunan	39.31	7.57	9.63	21	111.64	55.98	55.14	9
广　东	Guangdong	58.14	30.94	30.62	13	105.66	138.17	128.55	3
广　西	Guangxi	14.41	3.29	3.33	25	17.72	25.30	25.98	14
海　南	Hainan	2.67	3.59	3.52	24	1.15	6.62	6.62	21
重　庆	Chongqing					3.94	5.56	5.56	24
四　川	Sichuan	75.61	70.71	54.40	12	82.95	85.13	90.67	4
贵　州	Guizhou	0.34	0.30	0.28	26	6.32	4.43	5.73	23
云　南	Yunnan	274.25	300.76	296.90	3	191.01	213.14	210.66	2
西　藏	Tibet	199.38	274.36	274.36	4		46.92	46.91	11
陕　西	Shaanxi	16.03	20.02	19.45	17	14.82	31.10	30.65	13
甘　肃	Gansu	171.98	159.46	152.65	8	84.15	79.82	77.55	6
青　海	Qinghai	41.19	35.70	25.63	15	79.38	73.41	55.96	8
宁　夏	Ningxia								
新　疆	Xinjiang	71.67	82.06	168.20	5	35.01	78.86	81.01	5

9-6 锌和铝土矿石基础储量
Basic Reserves of Zinc Ore and Bauxite Ore

地区	Region	锌矿（锌，万吨）Zinc Ore (Metal, 10 000 tons)				铝土矿（矿石，万吨）Bauxite Ore (Ore, 10 000 tons)			
		2010	2012	2013	2013排名 Ranking	2010	2012	2013	2013排名 Ranking
全　国	**National Total**	**3251.42**	**3490.74**	**3766.18**		**89732.66**	**90589.97**	**98323.53**	
北　京	Beijing								
天　津	Tianjin								
河　北	Hebei	154.62	78.19	76.36	10	393.80	2.57	28.01	11
山　西	Shanxi	0.32	0.34	0.17	27	13592.14	13263.71	15122.81	2
内蒙古	Inner Mongolia	588.89	735.15	962.32	1				
辽　宁	Liaoning	39.83	44.31	44.83	16				
吉　林	Jilin	13.55	18.02	19.12	21				
黑龙江	Heilongjiang	21.55	32.77	24.24	18				
上　海	Shanghai								
江　苏	Jiangsu	24.80	18.21	42.44	17				
浙　江	Zhejiang	67.37	19.58	19.49	20				
安　徽	Anhui	12.07	13.48	13.61	25				
福　建	Fujian	48.65	77.53	80.41	9	65.00			
江　西	Jiangxi	85.91	78.77	76.35	11				
山　东	Shandong	2.58	0.34	0.34	26	412.70	158.90	158.90	9
河　南	Henan	38.58	45.94	47.52	15	21525.87	15080.21	14376.78	3
湖　北	Hubei	4.02	20.49	20.39	19	244.20	502.87	502.87	7
湖　南	Hunan	178.99	77.29	75.92	12	174.10	311.43	311.43	8
广　东	Guangdong	192.26	244.04	228.58	5				
广　西	Guangxi	149.25	101.07	106.13	8	27236.89	41529.43	46631.76	1
海　南	Hainan	0.61	16.96	16.96	23				
重　庆	Chongqing	14.78	18.35	18.34	22	3639.10	5611.47	6448.27	5
四　川	Sichuan	222.40	218.59	231.83	4	14.40	14.40	51.60	10
贵　州	Guizhou	15.62	68.96	71.21	14	20157.04	12628.85	13204.97	4
云　南	Yunnan	682.05	889.46	905.28	2	1551.84	1485.24	1485.24	6
西　藏	Tibet		13.99	13.99	24				
陕　西	Shaanxi	84.92	75.90	73.20	13	725.58	0.89	0.89	12
甘　肃	Gansu	379.51	323.95	313.66	3				
青　海	Qinghai	137.76	140.94	115.51	7				
宁　夏	Ningxia								
新　疆	Xinjiang	90.53	118.12	167.98	6				

9-7 菱镁矿和硫铁矿石基础储量
Basic Reserves of Magnesite Ore and Pyrite Ore

单位：矿石，万吨 (Ore, 10 000 tons)

地区	Region	菱镁矿 Magnesite Ore 2010	2012	2013	2013排名 Ranking	硫铁矿 Pyrite Ore 2010	2012	2013	2013排名 Ranking
全　国	**National Total**	**182936.82**	**156499.26**	**120747.48**		**159152.07**	**134285.39**	**130194.08**	
北　京	Beijing								
天　津	Tianjin								
河　北	Hebei	866.26	882.34	882.34	3	1765.86	1136.62	1142.84	12
山　西	Shanxi					614.98	1058.11	1058.11	14
内蒙古	Inner Mongolia					15745.76	16325.13	16039.32	3
辽　宁	Liaoning	165672.68	140583.97	104834.16	1	2504.88	1879.12	1272.11	11
吉　林	Jilin	1.10	1.10	1.10	6	728.39	730.70	730.70	17
黑龙江	Heilongjiang					48.20	48.20	48.20	23
上　海	Shanghai								
江　苏	Jiangsu					412.78	335.95	608.84	18
浙　江	Zhejiang					717.64	519.85	490.28	19
安　徽	Anhui					14912.71	14925.81	14381.25	5
福　建	Fujian					1011.72	1120.36	1106.97	13
江　西	Jiangxi					14892.60	15280.38	14886.00	4
山　东	Shandong	16158.28	14793.34	14793.49	2	311.70	3.18	3.18	24
河　南	Henan	2.11	2.12			8726.70	6021.10	5991.87	6
湖　北	Hubei					3841.20	3933.81	4722.08	9
湖　南	Hunan					6303.31	805.22	788.52	16
广　东	Guangdong					27903.63	16226.41	16214.60	2
广　西	Guangxi					4556.91	837.06	837.06	15
海　南	Hainan								
重　庆	Chongqing					1976.80	1453.10	1453.10	10
四　川	Sichuan	186.49	186.49	186.49	4	42807.04	40990.95	37726.98	1
贵　州	Guizhou					5623.90	5532.66	5594.47	7
云　南	Yunnan					3099.18	4944.86	4878.86	8
西　藏	Tibet								
陕　西	Shaanxi					577.62	108.30	108.30	20
甘　肃	Gansu					1.00	1.00	1.00	25
青　海	Qinghai	49.90	49.90	49.90	5	50.20	50.07	50.08	22
宁　夏	Ningxia								
新　疆	Xinjiang					17.36	17.44	59.36	21

9-8 磷矿石和高岭土石基础储量
Basic Reserves of Phosphorus Ore and Kaolin Ore

地区	Region	磷矿（矿石，亿吨） Phosphorus Ore (Ore, 100 million tons)				高岭土（矿石，万吨） Kaolin Ore (Ore, 10 000 tons)			
		2010	2012	2013	2013排名 Ranking	2010	2012	2013	2013排名 Ranking
全　国	**National Total**	**29.63**	**30.74**	**30.24**		**63933.24**	**38143.46**	**49649.70**	
北　京	Beijing								
天　津	Tianjin								
河　北	Hebei	2.12	1.97	1.94	5	58.30	58.30	58.30	17
山　西	Shanxi		0.81	0.81	6	160.20	160.20	160.20	15
内蒙古	Inner Mongolia	0.02	0.02	0.02	14	433.18	1085.36	4814.68	4
辽　宁	Liaoning	0.81	0.81	0.81	6	525.00	525.00	536.93	9
吉　林	Jilin					50.38	49.08	48.55	19
黑龙江	Heilongjiang								
上　海	Shanghai								
江　苏	Jiangsu	0.25	0.13	0.13	12	749.44	700.52	167.65	13
浙　江	Zhejiang					750.87	803.42	840.34	8
安　徽	Anhui	0.38	0.20	0.20	11	303.37	155.81	166.03	14
福　建	Fujian	0.04				5608.66	5528.72	5366.30	3
江　西	Jiangxi	0.72	0.61	0.61	8	3137.89	3127.78	3176.96	5
山　东	Shandong	0.67				533.96	366.30	335.98	12
河　南	Henan	0.07	0.03	0.02	14	31.31	22.27	4.70	22
湖　北	Hubei	7.17	8.30	7.70	1	467.03	460.43	460.43	10
湖　南	Hunan	2.79	0.23	0.24	10	2109.18	2021.23	2015.42	6
广　东	Guangdong					27853.43	5455.93	5408.55	2
广　西	Guangxi					18733.32	15123.20	23605.60	1
海　南	Hainan	0.04				1872.60	1923.20	1917.60	7
重　庆	Chongqing						9.00		
四　川	Sichuan	3.45	3.60	4.55	4	71.87	56.10	56.10	18
贵　州	Guizhou	3.62	6.87	6.05	3	11.45	16.05	16.05	20
云　南	Yunnan	6.66	6.50	6.49	2	390.70	402.30	402.30	11
西　藏	Tibet								
陕　西	Shaanxi	0.21	0.05	0.06	13	81.10	81.10	81.10	16
甘　肃	Gansu								
青　海	Qinghai	0.60	0.60	0.60	9				
宁　夏	Ningxia	0.01	0.01	0.01	16				
新　疆	Xinjiang						12.16	9.93	21

9-9 草原建设利用情况和湿地面积

Construction and Use of Grassland and Area of Wetlands by Region

单位：千公顷 (1 000 hectares)

地区	Region	草原建设利用情况 Grassland Construction				湿地面积（1995-2003） Area of Wetlands (1995-2003)			
		草原总面积 Area of Grassland	可利用草原面积 Grassland Available	累计种草保留面积 Accumulated Grass Reserved	当年新增种草面积 Newly Increased Grassland This Year	湿地面积 Area of Wetlands	天然湿地 Natural Wetlands	人工湿地 Man-made Wetlands	湿地面积占辖区面积比重（%） Proportion of Wetlands in Total Area of Territory (%)
全　国	**National Total**	**392832.67**	**330995.40**	**20867.09**	**6915.29**	**53602.60**	**46674.70**	**6745.90**	**5.56**
北　京	Beijing	394.82	336.31	19.58	18.25	48.10	24.20	23.90	2.86
天　津	Tianjin	146.60	135.40	8.98	8.29	295.60	151.10	144.50	23.94
河　北	Hebei	4712.14	4085.32	626.04	147.69	941.90	694.60	247.30	5.04
山　西	Shanxi	4552.00	4552.00	434.89	147.90	151.90	108.10	43.80	0.97
内蒙古	Inner Mongolia	78804.48	63591.09	4499.41	1926.41	6010.60	5878.80	131.80	5.08
辽　宁	Liaoning	3388.85	3239.29	725.51	366.79	1394.80	1077.70	317.10	9.42
吉　林	Jilin	5842.18	4378.99	663.56	263.27	997.60	862.90	134.70	5.32
黑龙江	Heilongjiang	7531.77	6081.65	462.08	195.95	5143.30	4953.80	189.50	11.31
上　海	Shanghai	73.33	37.33	47.74	41.28	464.60	409.00	55.60	73.27
江　苏	Jiangsu	412.71	325.67	115.25	70.54	2822.80	1948.80	874.00	27.51
浙　江	Zhejiang	3169.85	2075.18	55.00	30.47	1110.10	843.30	266.80	10.91
安　徽	Anhui	1663.18	1485.18	233.03	132.28	1041.80	713.60	328.20	7.46
福　建	Fujian	2047.96	1957.06	168.19	68.77	871.00	711.20	159.80	7.18
江　西	Jiangxi	4442.33	3847.56	235.83	150.44	910.10	710.70	199.40	5.45
山　东	Shandong	1637.97	1329.16	238.52	97.83	1737.50	1103.00	634.50	11.07
河　南	Henan	4433.79	4043.25	224.43	42.55	627.90	380.70	247.20	3.76
湖　北	Hubei	6352.22	5071.54	48.42	36.98	1445.00	764.20	680.80	7.77
湖　南	Hunan	6372.67	5666.31	89.15	24.19	1019.70	813.50	206.20	4.81
广　东	Guangdong	3266.24	2677.24	18.32	0.31	1753.40	1158.10	595.30	9.76
广　西	Guangxi	8698.34	6500.35	94.73	42.84	754.30	536.60	217.70	3.20
海　南	Hainan	949.77	843.27	2183.37		320.00	242.00	78.00	9.14
重　庆	Chongqing	2158.44	1867.23	620.67	158.67	207.20	87.70	119.50	2.51
四　川	Sichuan	20380.38	17753.08	974.89	315.73	1747.80	1665.60	82.20	3.61
贵　州	Guizhou	4287.26	3759.74	154.41	64.76	209.70	151.60	58.10	1.19
云　南	Yunnan	15308.43	11925.59	856.33	136.87	563.50	392.50	171.00	1.43
西　藏	Tibet	82051.94	70846.78	2828.53	537.27	6529.00	6524.00	5.00	5.35
陕　西	Shaanxi	5206.18	4349.22	1560.86	826.39	308.50	276.20	32.30	1.50
甘　肃	Gansu	17904.21	16071.61	732.93	281.87	1693.90	1642.40	51.50	3.73
青　海	Qinghai	36369.75	31530.67	1712.88	731.02	8143.60	8001.00	142.60	11.27
宁　夏	Ningxia	3014.07	2625.56	233.56	49.69	207.20	169.50	37.70	4.00
新　疆	Xinjiang	57258.80	48006.80	1767.55	586.91	3948.20	3678.30	269.90	2.38

注：湿地面积为中国首次湿地调查(1995-2003)资料，不包括台湾省、香港和澳门特别行政区；湿地面积不包括水稻田湿地。

Note: Area of wetlands is the figures of China First Wetlands Survey (1995-2003), excluding the wetlands of Taiwan province, Hong SAR and Macao SAR. Area of wetlands excludes the wetland of paddyfield.

9-10 水资源总量和人均水资源量
Total Amount of Water Resources and Per Capita Water Resources

地区	Region	水资源总量（亿立方米） Total Amount of Water Resources (100 million cu.m)				人均水资源量（立方米/人） Per Capita Water Resources (cu.m/person)			
		2010	2012	2013	2013排名 Ranking	2010	2012	2013	2013排名 Ranking
全　国	**National Total**	**30906.41**	**29526.88**	**27957.86**		**2310.41**	**2186.05**	**2059.69**	
北　京	Beijing	23.08	39.50	24.81	29	124.19	193.24	118.59	29
天　津	Tianjin	9.20	32.94	14.64	30	72.80	237.99	101.49	31
河　北	Hebei	138.92	235.53	175.86	26	195.28	324.24	240.57	26
山　西	Shanxi	91.55	106.25	126.55	27	261.52	294.98	349.55	24
内蒙古	Inner Mongolia	388.54	510.25	959.81	10	1576.08	2052.68	3848.60	6
辽　宁	Liaoning	606.67	547.30	463.17	20	1392.10	1247.83	1055.17	19
吉　林	Jilin	686.68	460.47	607.40	16	2503.32	1674.49	2208.17	13
黑龙江	Heilongjiang	853.48	841.41	1419.58	8	2228.59	2194.61	3702.13	7
上　海	Shanghai	36.81	33.90	28.03	28	163.13	143.40	116.90	30
江　苏	Jiangsu	383.53	373.33	283.53	23	489.21	472.01	357.56	23
浙　江	Zhejiang	1398.55	1444.79	931.34	12	2608.75	2641.29	1697.20	16
安　徽	Anhui	922.82	701.00	585.59	17	1526.87	1172.63	974.52	21
福　建	Fujian	1652.71	1511.44	1151.90	9	4491.74	4047.78	3062.75	10
江　西	Jiangxi	2275.49	2174.36	1423.99	7	5116.68	4836.01	3155.33	9
山　东	Shandong	309.12	274.30	291.70	22	324.40	283.93	300.45	25
河　南	Henan	534.89	265.54	213.07	25	566.25	282.58	226.44	27
湖　北	Hubei	1268.72	813.88	790.15	13	2216.51	1410.97	1364.91	18
湖　南	Hunan	1906.61	1988.94	1581.97	6	2938.66	3005.68	2373.56	12
广　东	Guangdong	1998.79	2026.55	2263.17	3	1943.31	1921.00	2131.24	15
广　西	Guangxi	1823.57	2087.40	2057.33	4	3852.88	4476.04	4376.83	4
海　南	Hainan	479.82	364.31	502.11	18	5538.66	4130.76	5636.80	3
重　庆	Chongqing	464.30	476.89	474.35	19	1616.75	1626.50	1603.87	17
四　川	Sichuan	2575.29	2892.36	2470.27	2	3173.51	3587.16	3052.88	11
贵　州	Guizhou	956.54	974.02	759.44	14	2726.76	2801.82	2174.15	14
云　南	Yunnan	1941.45	1689.77	1706.69	5	4233.15	3637.91	3652.24	8
西　藏	Tibet	4592.95	4196.35	4415.74	1	153681.9	137378.1	142530.6	1
陕　西	Shaanxi	507.50	390.49	353.78	21	1360.25	1041.91	941.26	22
甘　肃	Gansu	215.25	266.95	268.90	24	841.66	1038.36	1042.33	20
青　海	Qinghai	741.11	895.22	645.61	15	13225.01	15687.17	11216.59	2
宁　夏	Ningxia	9.32	10.81	11.40	31	148.18	168.03	175.25	28
新　疆	Xinjiang	1113.14	900.63	955.99	11	5125.24	4055.51	4251.88	5

9-11 供水总量和地表水供应量
Water Supply and Surface Water Supply

单位：亿立方米 (100 million cu.m)

地区	Region	供水总量 Water Supply 2010	2012	2013	2013排名 Ranking	其中：地表水供应量 Surface Water Supply 2010	2012	2013	2013排名 Ranking
全　国	**National Total**	**6021.99**	**6141.80**	**6183.45**		**4881.57**	**4963.02**	**5007.29**	
北　京	Beijing	35.20	35.88	36.38	28	7.21	7.97	8.31	31
天　津	Tianjin	22.49	23.13	23.76	31	16.17	16.00	16.23	30
河　北	Hebei	193.68	195.31	191.29	15	36.14	41.28	43.13	25
山　西	Shanxi	63.78	73.39	73.77	25	29.29	31.84	33.20	27
内蒙古	Inner Mongolia	181.90	184.35	183.22	16	92.59	89.64	91.41	17
辽　宁	Liaoning	143.67	142.23	142.13	18	72.07	77.55	78.42	22
吉　林	Jilin	120.04	129.82	131.48	19	75.87	85.93	86.89	20
黑龙江	Heilongjiang	325.00	358.90	362.30	4	178.86	197.38	194.91	11
上　海	Shanghai	126.29	115.98	123.21	20	126.09	115.87	123.13	15
江　苏	Jiangsu	552.19	552.23	576.69	2	543.52	542.41	567.36	1
浙　江	Zhejiang	203.04	198.12	198.33	14	198.14	193.94	194.65	12
安　徽	Anhui	293.12	292.64	296.02	7	265.62	257.38	260.86	7
福　建	Fujian	202.45	200.08	204.83	13	197.54	192.81	197.69	10
江　西	Jiangxi	239.75	242.54	264.81	9	229.84	233.18	255.28	8
山　东	Shandong	222.47	221.79	217.94	12	127.15	126.12	124.94	14
河　南	Henan	224.61	238.61	240.57	11	88.60	100.47	101.05	16
湖　北	Hubei	287.99	299.29	291.80	8	278.15	288.20	282.63	6
湖　南	Hunan	325.17	328.80	332.49	5	304.03	310.29	314.81	4
广　东	Guangdong	469.01	451.02	443.16	3	446.40	432.35	425.58	3
广　西	Guangxi	301.58	303.01	308.16	6	289.32	291.36	295.91	5
海　南	Hainan	44.35	45.33	43.16	27	41.04	41.98	39.97	26
重　庆	Chongqing	86.39	82.94	83.90	24	84.56	81.19	82.25	21
四　川	Sichuan	230.27	245.92	242.47	10	210.74	222.75	219.69	9
贵　州	Guizhou	101.45	100.82	92.00	22	93.75	98.05	90.01	19
云　南	Yunnan	147.47	151.83	149.71	17	139.01	145.32	143.71	13
西　藏	Tibet	35.20	29.81	30.31	29	32.43	26.32	26.82	28
陕　西	Shaanxi	83.40	88.04	89.21	23	49.51	54.01	54.64	24
甘　肃	Gansu	121.82	123.05	121.99	21	96.14	95.89	90.92	18
青　海	Qinghai	30.77	27.40	28.20	30	25.63	23.80	24.32	29
宁　夏	Ningxia	72.37	69.35	72.13	26	66.95	63.75	66.40	23
新　疆	Xinjiang	535.08	590.14	588.04	1	439.19	477.87	472.19	2

9-12 用水总量和人均用水量
Water Use and Per Capita Water Use

地区	Region	用水总量（亿立方米） Water Use (100 million cu.m)				人均用水量（立方米/人） Per Capita Water Use (cu.m/person)			
		2010	2012	2013	2013排名 Ranking	2010	2012	2013	2013排名 Ranking
全　国	**National Total**	**6021.99**	**6141.80**	**6183.45**		**450.17**	**454.71**	**455.54**	
北　京	Beijing	35.20	35.88	36.38	28	189.39	175.54	173.89	30
天　津	Tianjin	22.49	23.13	23.76	31	177.93	167.12	164.68	31
河　北	Hebei	193.68	195.33	191.29	15	272.25	268.90	261.67	25
山　西	Shanxi	63.78	73.39	73.77	25	182.18	203.75	203.76	29
内蒙古	Inner Mongolia	181.90	184.35	183.22	16	737.89	741.63	734.68	5
辽　宁	Liaoning	143.67	142.23	142.13	18	329.67	324.28	323.80	20
吉　林	Jilin	120.04	129.82	131.48	19	437.61	472.09	477.99	16
黑龙江	Heilongjiang	325.00	358.90	362.30	4	848.64	936.10	944.83	4
上　海	Shanghai	126.29	115.98	123.21	20	559.67	490.62	513.86	10
江　苏	Jiangsu	552.19	552.24	576.69	2	704.36	698.21	727.27	6
浙　江	Zhejiang	203.04	198.12	198.33	14	378.73	362.20	361.43	19
安　徽	Anhui	293.12	292.64	296.02	7	484.99	489.52	492.63	13
福　建	Fujian	202.45	200.08	204.83	13	550.23	535.84	544.61	9
江　西	Jiangxi	239.75	242.54	264.81	9	539.09	539.44	586.78	8
山　东	Shandong	222.47	221.79	217.95	12	233.46	229.58	224.48	28
河　南	Henan	224.61	238.61	240.57	11	237.77	253.92	255.67	26
湖　北	Hubei	287.99	299.29	291.80	8	503.14	518.86	504.06	11
湖　南	Hunan	325.17	328.80	332.49	5	501.19	496.88	498.86	12
广　东	Guangdong	469.01	451.02	443.16	3	455.99	427.53	417.33	18
广　西	Guangxi	301.58	303.01	308.16	6	637.18	649.76	655.60	7
海　南	Hainan	44.35	45.33	43.16	27	511.94	513.98	484.51	15
重　庆	Chongqing	86.39	82.94	83.90	24	300.81	282.86	283.70	23
四　川	Sichuan	230.27	245.92	242.47	10	283.76	304.99	299.66	22
贵　州	Guizhou	101.45	100.82	92.00	22	289.19	290.01	263.37	24
云　南	Yunnan	147.47	151.83	149.71	17	321.56	326.87	320.37	21
西　藏	Tibet	35.20	29.81	30.31	29	1177.67	975.94	978.24	3
陕　西	Shaanxi	83.40	88.04	89.21	23	223.53	234.91	237.35	27
甘　肃	Gansu	121.82	123.07	121.99	21	476.35	478.71	472.87	17
青　海	Qinghai	30.77	27.41	28.20	30	549.15	480.26	489.97	14
宁　夏	Ningxia	72.37	69.35	72.13	26	1150.41	1078.00	1108.63	2
新　疆	Xinjiang	535.08	590.14	588.04	1	2463.66	2657.39	2615.36	1

9-13 农业用水量和工业用水量
Water Consumption of Agriculture and Industry

单位：亿立方米 (100 million cu.m)

地区	Region	农业 Agriculture 2010	2012	2013	2013排名 Ranking	工业 Industry 2010	2012	2013	2013排名 Ranking
全国	**National Total**	**3689.14**	**3880.30**	**3921.52**		**1447.30**	**1423.88**	**1406.40**	
北京	Beijing	10.83	9.31	9.09	31	5.06	4.89	5.12	27
天津	Tianjin	10.97	11.70	12.44	30	4.83	5.09	5.37	26
河北	Hebei	143.77	142.94	137.64	13	23.06	25.23	25.23	19
山西	Shanxi	37.98	42.74	43.11	24	12.58	15.50	14.87	22
内蒙古	Inner Mongolia	134.52	135.36	132.46	14	22.58	23.55	23.65	20
辽宁	Liaoning	89.82	91.49	90.81	19	24.99	22.96	22.84	21
吉林	Jilin	73.84	84.74	88.77	20	26.12	27.09	26.49	17
黑龙江	Heilongjiang	249.60	294.90	308.31	2	56.02	41.70	33.97	14
上海	Shanghai	16.76	17.45	16.26	29	84.85	72.93	80.43	6
江苏	Jiangsu	304.23	305.35	301.94	3	191.85	193.10	220.06	1
浙江	Zhejiang	94.64	91.29	91.95	18	59.70	60.74	58.75	10
安徽	Anhui	166.70	157.89	162.09	8	94.01	99.25	98.43	3
福建	Fujian	97.19	92.78	95.73	17	81.26	75.74	75.00	7
江西	Jiangxi	151.02	155.66	175.68	7	57.35	58.72	60.13	8
山东	Shandong	154.76	154.23	149.72	10	26.84	28.10	28.86	15
河南	Henan	125.59	135.45	141.65	11	55.57	60.51	59.45	9
湖北	Hubei	138.29	146.44	159.61	9	117.10	121.64	92.43	5
湖南	Hunan	185.79	187.95	195.25	6	89.75	98.12	94.36	4
广东	Guangdong	227.47	227.58	223.68	4	138.76	121.58	119.55	2
广西	Guangxi	194.57	211.87	209.40	5	55.23	51.49	57.40	12
海南	Hainan	33.88	34.69	32.31	25	3.83	3.83	3.81	29
重庆	Chongqing	19.84	25.18	24.56	27	47.40	39.44	40.44	13
四川	Sichuan	127.26	145.79	139.41	12	62.92	54.75	58.28	11
贵州	Guizhou	50.05	47.74	48.24	23	34.32	39.67	27.02	16
云南	Yunnan	95.32	103.75	102.67	15	25.48	27.81	25.26	18
西藏	Tibet	31.72	27.08	27.57	26	1.47	1.65	1.66	31
陕西	Shaanxi	55.47	58.19	58.06	22	12.06	13.35	13.76	23
甘肃	Gansu	94.28	95.10	99.23	16	13.75	15.70	13.07	24
青海	Qinghai	23.19	22.48	22.77	28	3.26	2.53	2.93	30
宁夏	Ningxia	65.05	61.41	63.44	21	4.12	4.86	5.01	28
新疆	Xinjiang	484.64	561.75	557.69	1	11.20	12.38	12.78	25

9-14 生活用水量和生态环境补水
Water Consumption for Residential Use and Environmental Water Supplement

单位：亿立方米 (100 million cu.m)

地区	Region	生活 Consumption 2010	2012	2013	2013排名 Ranking	生态 Ecological Protection 2010	2012	2013	2013排名 Ranking
全国	**National Total**	**765.83**	**728.82**	**750.10**		**119.77**	**108.77**	**105.38**	
北京	Beijing	15.30	16.01	16.25	19	3.97	5.67	5.92	4
天津	Tianjin	5.48	4.98	5.05	28	1.22	1.36	0.90	24
河北	Hebei	23.98	23.36	23.77	14	2.87	3.79	4.65	10
山西	Shanxi	10.57	11.83	12.25	23	2.65	3.32	3.54	13
内蒙古	Inner Mongolia	15.02	10.38	10.72	25	9.78	15.06	16.40	1
辽宁	Liaoning	25.48	23.37	23.42	15	3.38	4.40	5.07	8
吉林	Jilin	16.36	11.96	12.29	22	3.72	6.03	3.93	12
黑龙江	Heilongjiang	17.61	16.34	17.07	18	1.76	5.97	2.95	17
上海	Shanghai	23.46	24.85	25.74	13	1.22	0.74	0.78	26
江苏	Jiangsu	52.91	50.46	51.41	2	3.21	3.33	3.24	14
浙江	Zhejiang	39.40	41.59	42.46	3	9.30	4.51	5.17	6
安徽	Anhui	30.19	30.89	31.45	10	2.22	4.60	4.05	11
福建	Fujian	22.70	28.46	30.92	11	1.29	3.11	3.17	15
江西	Jiangxi	27.49	26.11	26.88	12	3.89	2.05	2.12	20
山东	Shandong	36.23	32.81	33.31	9	4.64	6.66	6.06	3
河南	Henan	36.11	32.02	33.40	8	7.34	10.62	6.06	2
湖北	Hubei	32.40	30.91	39.35	6	0.21	0.31	0.41	28
湖南	Hunan	46.43	40.26	40.01	5	3.20	2.46	2.87	18
广东	Guangdong	94.23	95.38	94.76	1	8.55	6.49	5.17	7
广西	Guangxi	46.45	36.64	38.32	7	5.32	3.01	3.05	16
海南	Hainan	6.53	6.61	6.85	27	0.09	0.20	0.19	30
重庆	Chongqing	18.63	17.55	18.07	17	0.53	0.76	0.84	25
四川	Sichuan	37.98	42.88	40.11	4	2.11	2.50	4.67	9
贵州	Guizhou	16.47	13.14	16.04	20	0.62	0.27	0.69	27
云南	Yunnan	22.79	19.22	20.49	16	3.88	1.04	1.29	23
西藏	Tibet	2.01	1.04	1.03	31				
陕西	Shaanxi	14.83	14.75	15.12	21	1.03	1.74	2.26	19
甘肃	Gansu	10.76	9.26	7.90	26	3.03	3.01	1.79	22
青海	Qinghai	3.50	2.17	2.27	29	0.82	0.22	0.22	29
宁夏	Ningxia	1.78	1.61	1.64	30	1.42	1.47	2.05	21
新疆	Xinjiang	12.75	11.99	11.74	24	26.48	4.02	5.82	5

注：1. 生态用水仅包括部分河湖、湿地人工补水和城市环境用水。
2. 2012年起，生活用水量中的畜牧用水量调整至农业用水量中。

Notes: 1. Water use by ecological protection only includes artficial supplement of river & lake, wetland and city entironment.
2. Since 2012, water use for animal husbandry in water use for consumption is moved to rural water use.

9-15 焦炭生产量和原油生产量
Coke and Crude Oil Production

单位：万吨 (10 000 tons)

地区	Region	焦炭生产量 Coke Production 2010	2012	2012排名 Ranking	原油生产量 Crude Oil Production 2010	2012	2012排名 Ranking
全国	**National Total**	**38864**	**447779**		**20301.4**	**20747.8**	
北京	Beijing	161					
天津	Tianjin	238	229	26	3332.7	3098.3	3
河北	Hebei	5046	6701	2	599.0	584.0	9
山西	Shanxi	8505	8608	1			
内蒙古	Inner Mongolia	2034	2569	5			
辽宁	Liaoning	1876	2021	8	950.0	1000.0	7
吉林	Jilin	411	524	20	702.3	810.4	8
黑龙江	Heilongjiang	957	957	12	4004.9	4001.5	1
上海	Shanghai	631	633	18	8.3	5.3	17
江苏	Jiangsu	1394	2052	7	186.0	194.5	12
浙江	Zhejiang	282	295	24			
安徽	Anhui	875	899	14			
福建	Fujian	143	190	27			
江西	Jiangxi	799	810	16			
山东	Shandong	3429	4225	3	2786.0	2774.7	4
河南	Henan	2572	2361	6	497.9	476.6	10
湖北	Hubei	947	922	13	86.5	78.9	13
湖南	Hunan	582	640	17			
广东	Guangdong	195	178	28	1287.1	1209.3	6
广西	Guangxi	392	420	21	2.7	2.3	18
海南	Hainan				20.0	19.0	15
重庆	Chongqing	359	332	23			
四川	Sichuan	1159	1312	11	15.1	17.5	16
贵州	Guizhou	713	839	15			
云南	Yunnan	1607	1573	9			
西藏	Tibet						
陕西	Shaanxi	1571	2894	4	3017.3	3527.6	2
甘肃	Gansu	244	338	22	58.2	69.9	14
青海	Qinghai	130	240	25	186.1	205.0	11
宁夏	Ningxia	424	577	19	3.1	2.3	18
新疆	Xinjiang	1188	1441	10	2558.2	2670.7	5

9-16 天然气生产量和发电量
Natural Gas Production and Power Generaton

地区	Region	天然气生产量（亿立方米） Natrual Gas Production (100 million cu.m)			发电量（亿千瓦时） Power Generation (100 million kW·h)		
		2010	2012	2012排名 Ranking	2010	2012	2012排名 Ranking
全　国	**National Total**	**949**	**1072**		**42072**	**49876**	
北　京	Beijing				269	291	29
天　津	Tianjin	17	19	8	589	590	27
河　北	Hebei	13	13	9	1993	2411	8
山　西	Shanxi				2151	2546	7
内蒙古	Inner Mongolia				2489	3172	4
辽　宁	Liaoning	8	7	10	1295	1441	15
吉　林	Jilin	14	22	7	605	692	25
黑龙江	Heilongjiang	30	34	6	777	849	23
上　海	Shanghai	3	3	14	876	886	22
江　苏	Jiangsu	1	1	17	3359	4001	1
浙　江	Zhejiang				2568	2808	5
安　徽	Anhui				1444	1771	11
福　建	Fujian				1356	1623	13
江　西	Jiangxi				664	728	24
山　东	Shandong	5	6	11	3043	3212	3
河　南	Henan	7	5	12	2192	2643	6
湖　北	Hubei	2	2	16	2043	2238	9
湖　南	Hunan				1226	1398	16
广　东	Guangdong	78	84	4	3237	3764	2
广　西	Guangxi				1032	1186	19
海　南	Hainan	2	2	15	153	199	30
重　庆	Chongqing	1			504	598	26
四　川	Sichuan	238	242	3	1795	2151	10
贵　州	Guizhou				1386	1618	14
云　南	Yunnan				1365	1759	12
西　藏	Tibet				21	26	31
陕　西	Shaanxi	224	311	1	1112	1342	17
甘　肃	Gansu				792	1103	20
青　海	Qinghai	56	64	5	468	584	28
宁　夏	Ningxia		3	13	587	1010	21
新　疆	Xinjiang	250	253	2	679	1237	18

9-17 能源消费总量
Energy Consumption

单位:万吨标准煤 (10 000 tce)

地区	Region	2006	2007	2008	2009	2010	2011	2012	2012排名 Ranking
全 国	**National Total**	**258676**	**280508**	**291448**	**306604**	**324939**	**348002**	**361732**	
北 京	Beijing	5904	6285	6327	6570	6954	6995	7178	26
天 津	Tianjin	4500	4943	5364	5874	6818	7598	8208	24
河 北	Hebei	21794	23585	24322	25419	27531	29498	30250	2
山 西	Shanxi	14098	15601	15675	15576	16808	18315	19336	9
内蒙古	Inner Mongolia	11221	12777	14100	15344	16820	18737	19786	8
辽 宁	Liaoning	14987	16544	17801	19112	20947	22712	23526	6
吉 林	Jilin	5908	6557	7221	7698	8297	9103	9443	21
黑龙江	Heilongjiang	8731	9377	9979	10467	11234	12119	12758	13
上 海	Shanghai	8876	9670	10207	10367	11201	11270	11362	15
江 苏	Jiangsu	19041	20948	22232	23709	25774	27589	28850	4
浙 江	Zhejiang	13219	14524	15107	15567	16865	17827	18076	10
安 徽	Anhui	7069	7739	8325	8896	9707	10570	11358	16
福 建	Fujian	6828	7587	8254	8916	9809	10653	11185	17
江 西	Jiangxi	4660	5053	5383	5813	6355	6928	7233	25
山 东	Shandong	26759	29177	30570	32420	34808	37132	38899	1
河 南	Henan	16232	17838	18976	19751	21438	23062	23647	5
湖 北	Hubei	11049	12143	12845	13708	15138	16579	17675	11
湖 南	Hunan	10581	11629	12355	13331	14880	16161	16744	12
广 东	Guangdong	19971	22217	23476	24654	26908	28480	29144	3
广 西	Guangxi	5390	5997	6497	7075	7919	8591	9155	23
海 南	Hainan	920	1057	1135	1233	1359	1601	1688	30
重 庆	Chongqing	5368	5947	6472	7030	7856	8792	9278	22
四 川	Sichuan	12986	14214	15145	16322	17892	19696	20575	7
贵 州	Guizhou	6172	6800	7084	7566	8175	9068	9878	20
云 南	Yunnan	6621	7133	7511	8032	8674	9540	10434	19
西 藏	Tibet								
陕 西	Shaanxi	6129	6775	7417	8044	8882	9761	10626	18
甘 肃	Gansu	4743	5109	5346	5482	5923	6496	7007	27
青 海	Qinghai	1903	2095	2279	2348	2568	3189	3524	29
宁 夏	Ningxia	2830	3077	3229	3388	3681	4316	4562	28
新 疆	Xinjiang	6047	6576	7069	7526	8290	9927	11831	14

注：由于折算系数的不同，各地区相加数与全国数不等。

Note: As the conversion factors,the sum of the data by region is not equaltothe total.

9-18 煤炭消费量和原油消费量
Coal and Crude Oil Consumption

单位：万吨 (10 000 tons)

地区	Region	煤炭消费量 Coal			原油消费量 Crude Oil		
		2010	2012	2012排名 Ranking	2010	2012	2012排名 Ranking
全　国	**National Total**	**312237**	**352647**		**42875**	**46679**	
北　京	Beijing	2635	2270	28	1116	1076	15
天　津	Tianjin	4807	5298	27	1567	1545	11
河　北	Hebei	27465	31359	4	1397	1548	10
山　西	Shanxi	29865	34551	3			
内蒙古	Inner Mongolia	27004	36620	2	141	87	26
辽　宁	Liaoning	16908	18219	7	6559	7001	1
吉　林	Jilin	9583	11083	18	940	977	17
黑龙江	Heilongjiang	12219	13965	13	2107	2166	9
上　海	Shanghai	5876	5703	26	2127	2211	8
江　苏	Jiangsu	23100	27762	5	2999	2948	4
浙　江	Zhejiang	13950	14374	12	2835	2733	5
安　徽	Anhui	13376	14704	11	478	421	23
福　建	Fujian	7026	8485	20	1142	1105	14
江　西	Jiangxi	6246	6802	23	470	508	21
山　东	Shandong	37328	40233	1	5593	6272	2
河　南	Henan	26050	25240	6	835	1010	16
湖　北	Hubei	13470	15799	9	1034	948	18
湖　南	Hunan	11323	12084	15	588	926	20
广　东	Guangdong	15984	17634	8	4455	4512	3
广　西	Guangxi	6207	7264	22	396	1473	13
海　南	Hainan	647	931	30	859	931	19
重　庆	Chongqing	6397	6750	24			
四　川	Sichuan	11520	11872	17	352	351	24
贵　州	Guizhou	10908	13328	14			
云　南	Yunnan	9349	9850	19			
西　藏	Tibet						
陕　西	Shaanxi	11639	15774	10	2105	2268	7
甘　肃	Gansu	5390	6558	25	1400	1544	12
青　海	Qinghai	1271	1859	29	128	145	25
宁　夏	Ningxia	5765	8055	21	176	424	22
新　疆	Xinjiang	8106	12028	16	2308	2595	6

9-19 汽油消费量和柴油消费量
Gasoline and Diesel Oil Consumption

单位：万吨 (10 000 tons)

地区	Region	汽油消费量 Gasoline 2010	汽油消费量 Gasoline 2012	2012排名 Ranking	柴油消费量 Diesel Oil 2010	柴油消费量 Diesel Oil 2012	2012排名 Ranking
全　国	**National Total**	**6886.21**	**8140.90**		**14633.80**	**16966.00**	
北　京	Beijing	371.53	415.90	11	237.42	215.82	27
天　津	Tianjin	205.12	253.75	19	333.54	378.17	24
河　北	Hebei	238.75	318.33	14	691.94	821.36	6
山　西	Shanxi	228.35	224.61	21	474.38	498.08	19
内蒙古	Inner Mongolia	325.68	302.53	15	863.56	877.10	5
辽　宁	Liaoning	593.17	780.84	4	963.90	1225.48	3
吉　林	Jilin	166.61	182.60	23	363.3	424.4	21
黑龙江	Heilongjiang	363.79	465.99	9	598.38	604.78	12
上　海	Shanghai	415.37	517.35	8	509.04	568.99	15
江　苏	Jiangsu	749.84	935.00	2	727.96	803.54	7
浙　江	Zhejiang	586.70	706.16	5	958.33	938.90	4
安　徽	Anhui	157.40	250.64	20	365.75	578.31	14
福　建	Fujian	333.20	397.62	12	510.57	516.39	17
江　西	Jiangxi	155.23	198.42	22	368.75	416.65	22
山　东	Shandong	802.40	811.58	3	1448.12	1814.34	1
河　南	Henan	297.49	426.92	10	561.22	738.19	8
湖　北	Hubei	457.80	566.71	7	648.96	732.07	9
湖　南	Hunan	262.36	388.93	13	502.98	501.62	18
广　东	Guangdong	1086.12	1259.50	1	1668.56	1542.53	2
广　西	Guangxi	247.68	285.41	18	442.37	519.46	16
海　南	Hainan	52.63	65.05	28	139.98	155.67	28
重　庆	Chongqing	102.63	144.63	26	338.51	409.91	23
四　川	Sichuan	541.82	700.00	6	525.10	643.40	11
贵　州	Guizhou	143.36	158.30	24	264.66	336.03	25
云　南	Yunnan	232.49	287.51	16	562.04	650.89	10
西　藏	Tibet						
陕　西	Shaanxi	255.23	287.01	17	531.50	586.50	13
甘　肃	Gansu	56.57	65.80	27	210.64	258.03	26
青　海	Qinghai	26.19	29.91	29	89.89	106.16	30
宁　夏	Ningxia	22.68	23.36	30	105.82	111.32	29
新　疆	Xinjiang	131.17	154.63	25	363.72	433.35	20

9-20 天然气消费量和电力消费量
Natural Gas and Electricity Consumption

地区	Region	天然气消费量（亿立方米） Natural Gas Consumption (100 million cu.m)			电力消费量（亿千瓦时） Electricity Consumption (100 million kW·h)		
		2010	2012	2012排名 Ranking	2010	2012	2012排名 Ranking
全　国	**National Total**	**1069.41**	**1463.00**		**41935**	**49763**	
北　京	Beijing	74.79	92.07	5	831	912	22
天　津	Tianjin	23.10	32.58	20	675	767	26
河　北	Hebei	29.74	45.13	14	2692	3078	5
山　西	Shanxi	28.93	37.39	18	1460	1766	10
内蒙古	Inner Mongolia	45.32	37.84	16	1537	2017	7
辽　宁	Liaoning	19.06	63.72	11	1715	1900	9
吉　林	Jilin	22.01	22.79	23	577	787	25
黑龙江	Heilongjiang	29.90	33.68	19	763	828	24
上　海	Shanghai	45.08	64.38	10	1296	1353	15
江　苏	Jiangsu	72.14	113.14	3	3864	4581	2
浙　江	Zhejiang	32.62	48.08	12	2821	3211	4
安　徽	Anhui	12.54	24.90	22	1078	1361	14
福　建	Fujian	29.10	37.49	17	1315	1580	13
江　西	Jiangxi	5.27	10.04	27	701	868	23
山　东	Shandong	47.75	67.23	8	3298	3795	3
河　南	Henan	47.21	73.92	6	2464	2926	6
湖　北	Hubei	19.64	29.28	21	1418	1643	11
湖　南	Hunan	11.88	18.79	26	1353	1582	12
广　东	Guangdong	95.71	116.48	2	4060	4619	1
广　西	Guangxi	1.82	3.18	30	993	1154	17
海　南	Hainan	29.72	47.49	13	158	210	30
重　庆	Chongqing	56.59	70.98	7	625	723	28
四　川	Sichuan	175.39	153.00	1	1549	2010	8
贵　州	Guizhou	4.19	5.26	28	836	1047	20
云　南	Yunnan	3.64	4.30	29	1004	1314	16
西　藏	Tibet						
陕　西	Shaanxi	59.19	65.97	9	859	1067	19
甘　肃	Gansu	14.42	20.28	25	804	995	21
青　海	Qinghai	23.72	40.11	15	465	602	29
宁　夏	Ningxia	15.48	20.48	24	547	742	27
新　疆	Xinjiang	80.15	101.95	4	662	1152	18

9-21 能源工业投资和能源工业固定资产投资
Investment and Fixed Asset Investment in Energy Industry

单位：亿元 (100 million yuan)

地区	Region	能源工业投资 Investment in Energy Industry			国有经济能源工业固定资产投资 Investment in Fixed Assets in Energy Industry		
		2010	2012	2012排名 Ranking	2010	2012	2012排名 Ranking
全 国	**National Total**	**21627**	**25500**		**11219**	**12402**	
北 京	Beijing	134	192	28	94	89	29
天 津	Tianjin	546	447	24	235	194	24
河 北	Hebei	882	1051	10	370	400	13
山 西	Shanxi	1521	2113	1	797	995	1
内蒙古	Inner Mongolia	2093	1827	2	906	648	5
辽 宁	Liaoning	1191	1059	9	407	424	10
吉 林	Jilin	774	739	15	321	229	22
黑龙江	Heilongjiang	1014	1113	7	586	620	6
上 海	Shanghai	199	160	29	140	115	28
江 苏	Jiangsu	479	840	13	294	417	12
浙 江	Zhejiang	430	623	18	326	433	9
安 徽	Anhui	527	624	17	321	422	11
福 建	Fujian	637	728	16	268	362	15
江 西	Jiangxi	281	298	26	150	134	27
山 东	Shandong	972	1275	6	407	323	16
河 南	Henan	773	785	14	298	285	18
湖 北	Hubei	512	491	21	334	287	17
湖 南	Hunan	496	607	19	195	215	23
广 东	Guangdong	966	999	11	691	691	4
广 西	Guangxi	368	473	23	256	257	20
海 南	Hainan	61	124	30	27	32	31
重 庆	Chongqing	316	483	22	151	266	19
四 川	Sichuan	1050	1427	4	513	751	3
贵 州	Guizhou	467	513	20	263	230	21
云 南	Yunnan	832	1086	8	348	453	8
西 藏	Tibet	53	90	31	44	77	30
陕 西	Shaanxi	1043	1343	5	667	766	2
甘 肃	Gansu	667	851	12	416	373	14
青 海	Qinghai	141	295	27	57	180	26
宁 夏	Ningxia	351	422	25	199	188	25
新 疆	Xinjiang	988	1491	3	277	616	7

9-22 废水排放总量（一）
Total Volume of Waste Water Discharge (1)

单位：万吨 (10 000 tons)

地区	Region	废水排放总量 Total Volume of Waste Water Discharged			工业废水排放量 Industrial Waste Water			
		2012	2013	2013排名 Ranking	2010	2012	2013	2013排名 Ranking
全 国	**National Total**	**6847612**	**6954433**		**2374732**	**2215857**	**2098398**	
北 京	Beijing	140274	144580	18	8198	9190	9486	28
天 津	Tianjin	82813	84210	26	19680	19117	18692	26
河 北	Hebei	305773	310921	6	114232	122645	109876	6
山 西	Shanxi	134298	138030	20	49881	48108	47795	16
内蒙古	Inner Mongolia	102424	106920	23	39536	33618	36986	20
辽 宁	Liaoning	238769	234508	12	71521	87168	78286	11
吉 林	Jilin	119509	117703	22	38656	44842	42656	18
黑龙江	Heilongjiang	162589	153090	17	38921	58355	47796	15
上 海	Shanghai	219244	222963	14	36696	46359	45426	17
江 苏	Jiangsu	598211	594359	2	263760	236094	220559	1
浙 江	Zhejiang	420961	419120	4	217426	175416	163674	4
安 徽	Anhui	254329	266234	10	70971	67175	70972	12
福 建	Fujian	256263	259098	11	124168	106319	104658	7
江 西	Jiangxi	201190	207138	15	72526	67871	68230	13
山 东	Shandong	479100	494570	3	208257	183634	181179	2
河 南	Henan	403668	412582	5	150406	137356	130789	5
湖 北	Hubei	290200	294054	9	94593	91609	84993	10
湖 南	Hunan	304214	307227	8	95605	97133	92311	8
广 东	Guangdong	838551	862471	1	187031	186126	170463	3
广 西	Guangxi	245578	225303	13	165211	110671	89508	9
海 南	Hainan	37103	36156	29	5782	7465	6744	30
重 庆	Chongqing	132430	142535	19	45180	30611	33451	23
四 川	Sichuan	283657	307648	7	93444	69984	64864	14
贵 州	Guizhou	91455	93085	25	14130	23399	22898	24
云 南	Yunnan	154010	156583	16	30926	42811	41844	19
西 藏	Tibet	4683	5005	31	736	353	400	31
陕 西	Shaanxi	128749	132169	21	45487	38037	34871	21
甘 肃	Gansu	62813	64969	27	15352	19188	20171	25
青 海	Qinghai	21994	21953	30	9031	8917	8395	29
宁 夏	Ningxia	38948	38528	28	21977	16548	15708	27
新 疆	Xinjiang	93810	100720	24	25413	29738	34718	22

9-23 废水排放总量（二）
Total Volume of Waste Water Discharge (2)

单位：万吨 (10 000 tons)

地区	Region	城镇生活污水排放量 Household Waste Water				集中式污染治理设施排放量 Centralized Pollution Control Facilities		
		2010	2012	2013	2013排名 Ranking	2012	2013	2013排名 Ranking
全 国	**National Total**	**3797830**	**4626897**	**4851058**		**4858**	**4977**	
北 京	Beijing	128217	130985	134991	16	99	103	18
天 津	Tianjin	48516	63651	65469	26	46	50	23
河 北	Hebei	148311	183043	200953	9	85	92	19
山 西	Shanxi	68418	86162	90203	21	29	33	27
内蒙古	Inner Mongolia	53012	68786	69900	24	20	34	26
辽 宁	Liaoning	146668	151495	156106	12	106	116	16
吉 林	Jilin	75775	74607	74980	22	61	66	21
黑龙江	Heilongjiang	79654	104213	105244	19	21	50	23
上 海	Shanghai	211554	172530	177210	11	355	327	4
江 苏	Jiangsu	291740	361835	373526	2	282	274	6
浙 江	Zhejiang	177402	245049	254972	5	495	474	2
安 徽	Anhui	113729	186980	195091	10	174	171	11
福 建	Fujian	114334	149680	154258	13	264	182	10
江 西	Jiangxi	88135	133059	138617	14	260	290	5
山 东	Shandong	228115	295135	313124	3	331	267	7
河 南	Henan	208273	266170	281650	4	142	143	14
湖 北	Hubei	176162	198337	208836	8	254	224	8
湖 南	Hunan	172505	206680	214510	7	402	407	3
广 东	Guangdong	535947	651883	691295	1	542	713	1
广 西	Guangxi	147419	134786	135641	15	121	153	12
海 南	Hainan	30907	29587	29374	28	52	38	25
重 庆	Chongqing	82933	101677	108937	18	142	148	13
四 川	Sichuan	162651	213443	242574	6	230	210	9
贵 州	Guizhou	46693	68004	70112	23	52	75	20
云 南	Yunnan	61066	111088	114635	17	111	104	17
西 藏	Tibet	3089	4329	4604	31	2	1	31
陕 西	Shaanxi	70186	90626	97166	20	86	133	15
甘 肃	Gansu	35889	43589	44769	27	36	29	28
青 海	Qinghai	13578	13071	13550	30	7	8	30
宁 夏	Ningxia	18676	22389	22810	29	11	11	29
新 疆	Xinjiang	58277	64032	65949	25	41	53	22

9-24 工业废水治理设施数和处理能力
Number and Capacity of Industrial Waste Water Treatment Facilities

地区	Region	工业废水治理设施数（套） Number of Industrial Waste Water Treatment Facilities (set)				工业废水治理设施处理能力（万吨/日） Capacity of Industrial Waste Water Treatment Facilities (10 000 tons/day)			
		2010	2012	2013	2013排名 Ranking	2010	2012	2013	2013排名 Ranking
全　国	**National Total**	**80332**	**85673**	**80298**		**24762.0**	**26620.0**	**25641.6**	
北　京	Beijing	481	521	518	27	170.0	64.5	60.2	29
天　津	Tianjin	912	967	1088	23	273.0	170.8	150.5	27
河　北	Hebei	4008	4780	4573	5	2750.0	3725.0	4029.4	1
山　西	Shanxi	2633	3567	3037	9	798.0	1013.3	803.5	14
内蒙古	Inner Mongolia	956	1102	1128	22	465.0	658.7	549.4	19
辽　宁	Liaoning	2793	2387	2290	15	1331.0	1212.3	1180.6	6
吉　林	Jilin	659	677	660	25	234.0	485.0	266.4	23
黑龙江	Heilongjiang	1192	1199	1187	21	940.0	1214.3	691.3	16
上　海	Shanghai	1749	1802	1743	18	510.0	321.0	318.6	21
江　苏	Jiangsu	6973	7495	7452	3	1801.0	1953.1	1926.9	2
浙　江	Zhejiang	8214	8572	8283	2	1265.0	1361.9	1425.1	5
安　徽	Anhui	2084	2412	2444	13	1064.0	1020.7	951.6	13
福　建	Fujian	3153	3461	3503	7	1135.0	736.0	682.1	17
江　西	Jiangxi	2014	2488	2543	12	597.0	811.0	1071.8	8
山　东	Shandong	5142	5317	5189	4	1864.0	2007.2	1857.6	3
河　南	Henan	3105	3610	3306	8	933.0	970.4	1028.1	12
湖　北	Hubei	2093	2100	2084	16	1037.0	1023.1	1029.4	11
湖　南	Hunan	3155	3131	3036	10	1198.0	1121.9	1153.9	7
广　东	Guangdong	9651	10608	9918	1	1394.0	1654.7	1505.5	4
广　西	Guangxi	2405	2392	2340	14	1455.0	1275.0	1068.6	9
海　南	Hainan	278	364	309	29	40.0	39.9	53.5	30
重　庆	Chongqing	1498	1578	1669	19	221.0	394.5	242.6	24
四　川	Sichuan	4437	4255	3866	6	990.0	999.4	1053.2	10
贵　州	Guizhou	1755	1663	1589	20	539.0	442.6	615.8	18
云　南	Yunnan	2044	4878	2602	11	738.0	933.8	798.6	15
西　藏	Tibet	16	30	33	31	1.0	6.1	6.9	31
陕　西	Shaanxi	4827	2206	1846	17	373.0	333.0	413.5	20
甘　肃	Gansu	672	631	596	26	148.0	206.9	171.6	26
青　海	Qinghai	103	185	182	30	40.0	66.5	77.2	28
宁　夏	Ningxia	359	377	367	28	145.0	159.2	174.9	25
新　疆	Xinjiang	971	908	917	24	313.0	238.2	283.2	22

9-25 工业废水处理量和治理运行费用
Industrial Waste Water Treated and Expenditure of Industrial Waste Water Treating Facilities

地区	Region	工业废水处理量（万吨）Industrial Waste Water Treated (10 000 tons)			工业废水治理设施本年运行费用（万元）Expenditure of Industrial Waste Water Treatment Facilities (10 000 yuan)			
		2012	2013	2013排名 Ranking	2010	2012	2013	2013排名 Ranking
全 国	**National Total**	**5274705**	**4924811**		**5453464**	**6677025**	**6286649**	
北 京	Beijing	11081	10498	29	68059	51339	36311	27
天 津	Tianjin	40464	29161	26	69321	127294	171400	15
河 北	Hebei	776119	766322	1	388592	550249	477030	5
山 西	Shanxi	204376	126012	16	200390	257999	207983	10
内蒙古	Inner Mongolia	104767	107223	18	69555	100782	109181	20
辽 宁	Liaoning	235649	213534	8	271325	259559	228873	8
吉 林	Jilin	99305	61806	21	51562	92431	68477	23
黑龙江	Heilongjiang	92346	94946	19	140588	233222	289258	6
上 海	Shanghai	78777	65019	20	157318	328406	170674	16
江 苏	Jiangsu	405492	395899	2	549108	966723	733168	1
浙 江	Zhejiang	256554	256857	7	437506	504156	572984	2
安 徽	Anhui	206430	203173	9	184235	208954	217062	9
福 建	Fujian	173788	168167	14	126817	161725	152312	18
江 西	Jiangxi	175329	167422	15	129042	158462	187452	14
山 东	Shandong	365429	346256	3	487353	532290	541410	4
河 南	Henan	176636	173052	12	208840	230013	231883	7
湖 北	Hubei	281273	181540	10	137920	176058	168277	17
湖 南	Hunan	269496	263399	6	129125	178617	188549	13
广 东	Guangdong	287598	293037	5	516684	518526	562850	3
广 西	Guangxi	345307	304911	4	123368	182340	194088	12
海 南	Hainan	9144	6533	30	43135	33048	33454	29
重 庆	Chongqing	44824	34451	24	56492	79899	61118	24
四 川	Sichuan	207455	171902	13	328447	284377	199681	11
贵 州	Guizhou	92722	111295	17	137058	58326	60099	25
云 南	Yunnan	143693	174187	11	94573	121067	129647	19
西 藏	Tibet	556	722	31	234	662	712	31
陕 西	Shaanxi	63704	59928	22	89129	92998	106477	21
甘 肃	Gansu	33001	30816	25	32770	36722	38324	26
青 海	Qinghai	19785	25064	27	7806	14512	13853	30
宁 夏	Ningxia	25385	23902	28	47493	40555	35309	28
新 疆	Xinjiang	48221	57778	23	169622	95714	98754	22

9-26 废气排放量（一）
Volume of Waste Gas Emission (1)

单位：万吨 (10 000 tons)

地区	Region	二氧化硫排放总量 Total Volume of Sulphur Dioxide Emission				工业二氧化硫排放量 Industry Total Volume of Sulphur Dioxide Emission			
		2010	2012	2013	2013排名 Ranking	2010	2012	2013	2013排名 Ranking
全　国	**National Total**	**2185.10**	**2117.63**	**2043.92**		**1864.40**	**1911.71**	**1835.19**	
北　京	Beijing	11.50	9.38	8.70	29	5.70	5.93	5.20	29
天　津	Tianjin	23.50	22.45	21.68	26	21.80	21.55	20.78	26
河　北	Hebei	123.40	134.12	128.47	3	99.40	123.87	117.31	3
山　西	Shanxi	124.90	130.18	125.54	4	114.70	119.46	114.08	4
内蒙古	Inner Mongolia	139.40	138.49	135.87	2	119.30	124.15	123.64	2
辽　宁	Liaoning	102.20	105.87	102.70	6	85.90	97.90	94.73	6
吉　林	Jilin	35.60	40.35	38.15	24	30.10	35.23	33.10	24
黑龙江	Heilongjiang	49.00	51.43	48.91	21	41.70	39.73	35.27	22
上　海	Shanghai	35.80	22.82	21.58	27	22.10	19.34	17.29	27
江　苏	Jiangsu	105.00	99.20	94.17	8	100.20	95.92	90.95	7
浙　江	Zhejiang	67.80	62.58	59.34	16	65.40	61.09	57.91	15
安　徽	Anhui	53.20	51.96	50.13	20	48.40	46.98	45.02	20
福　建	Fujian	40.90	37.13	36.10	25	39.10	35.24	34.20	23
江　西	Jiangxi	55.70	56.77	55.77	18	47.10	55.15	54.35	16
山　东	Shandong	153.80	174.88	164.50	1	138.30	154.38	144.53	1
河　南	Henan	133.90	127.59	125.40	5	116.30	112.99	110.27	5
湖　北	Hubei	63.30	62.24	59.94	15	51.60	54.86	52.40	17
湖　南	Hunan	80.10	64.50	64.13	14	62.70	59.33	58.87	14
广　东	Guangdong	105.10	79.92	76.19	12	98.90	77.15	73.20	11
广　西	Guangxi	90.40	50.41	47.20	22	84.80	47.16	43.80	21
海　南	Hainan	2.90	3.41	3.24	30	2.80	3.30	3.17	30
重　庆	Chongqing	71.90	56.48	54.77	19	57.30	50.98	49.44	18
四　川	Sichuan	113.10	86.44	81.67	10	93.80	79.40	74.64	9
贵　州	Guizhou	114.90	104.11	98.64	7	63.80	83.71	77.86	8
云　南	Yunnan	50.10	67.22	66.31	13	44.00	62.26	61.30	13
西　藏	Tibet	0.40	0.42	0.42	31	0.10	0.13	0.13	31
陕　西	Shaanxi	77.90	84.38	80.62	11	70.70	74.70	70.71	12
甘　肃	Gansu	55.20	57.25	56.20	17	45.20	47.99	47.28	19
青　海	Qinghai	14.30	15.39	15.67	28	13.30	12.91	13.08	28
宁　夏	Ningxia	31.10	40.66	38.97	23	28.00	38.44	26.82	25
新　疆	Xinjiang	58.80	79.61	82.94	9	51.80	70.47	73.86	10

9-27 废气排放量（二）
Volume of Waste Gas Emission (2)

单位：万吨 (10 000 tons)

地区	Region	生活二氧化硫排放量 Household Sulphur Dioxide Emission				集中式污染治理设施二氧化硫排放量 Centralized Pollution Control Facilities Emission		
		2010	2012	2013	2013排名 Ranking	2012	2013	2013排名 Ranking
全　国	**National Total**	**320.70**	**205.66**	**208.54**		**0.2619**	**0.1941**	
北　京	Beijing	5.80	3.45	3.50	20	0.0035	0.0034	11
天　津	Tianjin	1.80	0.90	0.90	29	0.0081	0.0080	7
河　北	Hebei	24.00	10.24	11.15	7	0.0098	0.0026	14
山　西	Shanxi	10.20	10.71	11.46	6	0.0023	0.0027	13
内蒙古	Inner Mongolia	20.10	14.35	12.23	5	0.0004	0.0001	25
辽　宁	Liaoning	16.30	7.96	7.97	11	0.0049	0.0051	8
吉　林	Jilin	5.60	5.11	5.05	17	0.0001	0.0001	25
黑龙江	Heilongjiang	7.30	11.70	13.64	4	0.0002	0.0002	21
上　海	Shanghai	13.70	3.48	4.29	19	0.0059	0.0034	11
江　苏	Jiangsu	4.80	3.25	3.20	22	0.0289	0.0251	3
浙　江	Zhejiang	2.40	1.47	1.40	28	0.0230	0.0228	4
安　徽	Anhui	4.80	4.94	5.09	16	0.0408	0.0199	6
福　建	Fujian	1.80	1.89	1.90	26	0.0012	0.0013	16
江　西	Jiangxi	8.60	1.62	1.42	27	0.0009	0.0004	20
山　东	Shandong	15.50	20.48	19.94	2	0.0194	0.0209	5
河　南	Henan	17.60	14.60	15.13	3	0.0042	0.0036	10
湖　北	Hubei	11.70	7.37	7.53	12	0.0029	0.0026	14
湖　南	Hunan	17.40	5.16	5.26	15	0.0003	0.0002	21
广　东	Guangdong	6.10	2.72	2.95	23	0.0551	0.0384	1
广　西	Guangxi	5.60	3.25	3.39	21	0.0036	0.0042	9
海　南	Hainan	0.10	0.11	0.08	31	0.0023	0.0001	25
重　庆	Chongqing	14.70	5.50	5.33	14	0.0004	0.0009	17
四　川	Sichuan	19.30	7.02	7.01	13	0.0236	0.0260	2
贵　州	Guizhou	51.10	20.40	20.78	1	0.0003	0.0002	21
云　南	Yunnan	6.10	4.96	5.01	18	0.0017	0.0007	18
西　藏	Tibet	0.30	0.29	0.29	30			
陕　西	Shaanxi	7.20	9.67	9.90	8	0.0005	0.0007	18
甘　肃	Gansu	9.90	9.24	8.92	10	0.0171	0.0001	25
青　海	Qinghai	1.00	2.48	2.59	24	0.0001	0.0001	25
宁　夏	Ningxia	3.00	2.23	2.15	25	0.0003	0.0001	25
新　疆	Xinjiang	7.00	9.14	9.09	9	0.0001	0.0002	21

注：2010年计量单位与2011年不同，以2011年为准。

Note: In 2010 and 2011 different units of measurement, in order to prevail in 2011.

9-28 废气排放量（三）
Volume of Waste Gas Emission (3)

单位：万吨 (10 000 tons)

地区	Region	氮氧化物排放总量 Nitrogen Oxides Emission			工业氮氧化物排放量 Industry Nitrogen Oxides Emission		
		2012	2013	2013排名 Ranking	2012	2013	2013排名 Ranking
全　国	**National Total**	**2337.8**	**2227.4**		**1658.1**	**1545.6**	
北　京	Beijing	17.7	16.6	28	8.5	7.6	29
天　津	Tianjin	33.4	31.2	27	27.6	25.1	26
河　北	Hebei	176.1	165.2	1	119.5	110.6	2
山　西	Shanxi	124.4	115.8	7	95.1	86.4	6
内蒙古	Inner Mongolia	141.9	137.8	4	114.7	110.4	3
辽　宁	Liaoning	103.6	95.5	8	74.2	67.3	8
吉　林	Jilin	57.6	56.1	18	38.7	37.1	18
黑龙江	Heilongjiang	78.1	75.2	13	48.1	44.2	14
上　海	Shanghai	40.2	38.0	25	28.5	26.2	25
江　苏	Jiangsu	148.0	133.8	5	113.4	98.5	5
浙　江	Zhejiang	80.9	75.3	12	63.5	57.3	10
安　徽	Anhui	92.1	86.4	10	69.3	62.6	9
福　建	Fujian	46.7	43.8	23	36.1	33.1	22
江　西	Jiangxi	57.7	57.0	17	65.3	34.6	21
山　东	Shandong	173.9	165.1	2	123.8	117.2	1
河　南	Henan	162.6	156.6	3	110.0	102.9	4
湖　北	Hubei	64.0	61.2	15	44.1	40.4	16
湖　南	Hunan	60.7	58.8	16	42.5	39.8	17
广　东	Guangdong	130.3	120.4	6	80.9	72.3	7
广　西	Guangxi	49.8	50.4	21	34.6	34.9	20
海　南	Hainan	10.3	10.0	30	7.2	6.7	30
重　庆	Chongqing	38.3	36.2	26	27.2	24.8	27
四　川	Sichuan	65.9	62.4	14	43.9	40.9	15
贵　州	Guizhou	56.4	55.7	19	45.9	44.7	13
云　南	Yunnan	54.4	52.4	20	33.5	31.7	23
西　藏	Tibet	4.4	4.4	31	0.4	0.2	31
陕　西	Shaanxi	80.8	75.9	11	60.4	55.2	12
甘　肃	Gansu	47.3	44.3	22	34.1	30.6	24
青　海	Qinghai	12.6	13.2	29	8.8	9.3	28
宁　夏	Ningxia	45.5	43.7	24	37.9	35.7	19
新　疆	Xinjiang	81.9	88.7	9	50.6	57.3	11

9-29 废气排放量（四）
Volume of Waste Gas Emission (4)

单位：万吨 (10 000 tons)

地区	Region	生活氮氧化物排放量 Household Nitrogen Oxides Emission			机动车氮氧化物排放量 Motor Vehicle Nitrogen Oxides Emission		
		2012	2013	2013排名 Ranking	2012	2013	2013排名 Ranking
全　国	**National Total**	**39.3**	**40.7**		**640.0**	**640.6**	
北　京	Beijing	1.2	1.4	12	8.0	7.6	27
天　津	Tianjin	0.4	0.5	23	5.4	5.6	28
河　北	Hebei	1.8	2.3	7	54.8	52.3	1
山　西	Shanxi	3.2	3.0	2	26.2	26.4	8
内蒙古	Inner Mongolia	2.6	2.3	8	24.6	25.0	10
辽　宁	Liaoning	1.6	1.7	9	27.9	26.5	7
吉　林	Jilin	1.2	1.2	14	17.7	17.8	18
黑龙江	Heilongjiang	4.4	5.5	1	25.6	25.5	9
上　海	Shanghai	1.9	2.3	6	9.7	9.4	25
江　苏	Jiangsu	0.7	0.6	22	33.9	34.6	5
浙　江	Zhejiang	0.3	0.3	27	17.0	17.6	19
安　徽	Anhui	0.9	1.1	15	21.9	22.6	11
福　建	Fujian	0.2	0.2	29	10.4	10.5	23
江　西	Jiangxi	0.3	0.3	26	22.2	22.1	12
山　东	Shandong	3.2	2.6	4	46.9	45.3	4
河　南	Henan	2.4	2.4	5	50.1	51.2	2
湖　北	Hubei	1.2	1.3	13	18.7	19.5	15
湖　南	Hunan	0.8	0.8	17	17.5	18.2	16
广　东	Guangdong	1.1	0.7	19	48.2	47.3	3
广　西	Guangxi	0.4	0.4	25	14.9	15.2	20
海　南	Hainan		0.1	30	3.1	3.2	31
重　庆	Chongqing	0.4	0.4	24	10.6	11.0	22
四　川	Sichuan	1.0	1.0	16	21.0	20.5	13
贵　州	Guizhou	0.8	0.8	18	9.6	10.2	24
云　南	Yunnan	0.6	0.7	20	20.3	20.0	14
西　藏	Tibet				4.0	4.2	29
陕　西	Shaanxi	2.7	2.7	3	17.7	18.0	17
甘　肃	Gansu	1.4	1.4	11	11.8	12.2	21
青　海	Qinghai	0.6	0.6	21	3.2	3.3	30
宁　夏	Ningxia	0.3	0.3	28	7.4	7.8	26
新　疆	Xinjiang	1.6	1.7	10	29.8	29.7	6

9-30 废气排放量（五）
Volume of Waste Gas Emission (5)

单位：万吨 (10 000 tons)

地区	Region	烟(粉)尘排放总量 Soot (Dust) Emission 2010	2012	2013	2013排名 Ranking	工业烟(粉)尘排放量 Industry Soot (Dust) Emission 2010	2012	2013	2013排名 Ranking
全　国	**National Total**	**829.1**	**1235.8**	**1278.1**		**603.2**	**1029.3**	**1094.6**	
北　京	Beijing	4.9	6.7	5.9	29	2.1	3.1	2.7	29
天　津	Tianjin	6.5	8.4	8.7	27	5.4	5.9	6.3	28
河　北	Hebei	50.0	123.6	131.3	1	32.3	105.6	118.7	1
山　西	Shanxi	62.1	107.1	102.7	2	43.2	94.8	89.8	2
内蒙古	Inner Mongolia	64.7	83.3	82.2	3	47.6	66.8	68.4	3
辽　宁	Liaoning	63.3	72.6	67.1	7	39.8	62.6	57.3	5
吉　林	Jilin	30.1	26.5	32.0	17	21.0	19.6	25.1	21
黑龙江	Heilongjiang	42.2	69.9	72.2	5	29.7	45.0	52.0	8
上　海	Shanghai	10.2	8.7	8.1	28	4.2	6.4	6.7	27
江　苏	Jiangsu	33.5	44.3	50.0	10	29.9	39.6	45.6	10
浙　江	Zhejiang	17.4	25.4	32.0	18	16.5	23.3	29.7	16
安　徽	Anhui	25.5	46.2	41.9	11	20.7	35.2	35.2	12
福　建	Fujian	13.9	25.3	25.9	22	10.0	23.4	24.1	22
江　西	Jiangxi	16.4	35.7	35.6	15	13.9	32.2	32.5	13
山　东	Shandong	39.2	69.5	69.7	6	29.1	52.6	54.2	7
河　南	Henan	54.7	60.0	64.1	8	47.4	49.3	54.7	6
湖　北	Hubei	19.3	35.0	36.0	13	14.5	28.2	29.5	17
湖　南	Hunan	31.2	34.1	35.9	14	23.5	29.9	31.7	14
广　东	Guangdong	31.1	32.8	35.4	16	25.3	26.7	29.7	15
广　西	Guangxi	26.2	30.0	28.9	21	25.0	26.9	26.0	20
海　南	Hainan	0.8	1.7	1.8	30	0.7	1.1	1.4	30
重　庆	Chongqing	20.8	18.2	19.1	25	10.2	16.6	18.0	24
四　川	Sichuan	34.1	29.6	29.6	20	26.0	26.8	26.9	18
贵　州	Guizhou	25.2	29.4	30.1	19	11.3	25.7	26.2	19
云　南	Yunnan	13.8	39.1	38.7	12	8.9	36.0	35.5	11
西　藏	Tibet	0.2	0.7	0.7	31	0.1	0.1	0.1	31
陕　西	Shaanxi	16.3	46.2	53.8	9	11.5	38.6	46.9	9
甘　肃	Gansu	16.3	20.8	22.7	24	9.8	15.7	17.5	25
青　海	Qinghai	7.7	15.6	17.4	26	5.2	13.4	14.9	26
宁　夏	Ningxia	17.2	19.8	23.1	23	13.6	18.1	21.3	23
新　疆	Xinjiang	34.4	69.6	75.6	4	24.8	60.6	66.3	4

9-31 废气排放量（六）
Volume of Waste Gas Emission (6)

单位：万吨 (10 000 tons)

地区	Region	生活烟(粉)尘排放量 Household Soot (Dust) Emission				机动车烟(粉)尘排放量 Motor Vehicle Soot (Dust) Emission		
		2010	2012	2013	2013排名 Ranking	2012	2013	2013排名 Ranking
全　国	**National Total**	**225.9**	**142.7**	**123.9**		**63.6**	**59.4**	
北　京	Beijing	2.7	3.2	2.8	15	0.4	0.4	29
天　津	Tianjin	1.1	1.8	1.8	18	0.7	0.6	27
河　北	Hebei	17.7	12.6	7.7	5	5.4	4.9	2
山　西	Shanxi	18.9	10.0	10.5	4	2.3	2.3	10
内蒙古	Inner Mongolia	17.1	13.6	10.9	2	2.9	2.9	5
辽　宁	Liaoning	23.5	7.0	7.1	6	3.0	2.7	6
吉　林	Jilin	9.1	5.1	5.1	9	1.8	1.8	13
黑龙江	Heilongjiang	12.5	22.3	17.6	1	2.6	2.6	8
上　海	Shanghai	6.0	1.5	0.6	27	0.8	0.7	25
江　苏	Jiangsu	3.6	1.9	1.7	19	2.8	2.7	7
浙　江	Zhejiang	0.9	0.4	0.7	26	1.6	1.6	16
安　徽	Anhui	4.8	8.7	4.4	11	2.3	2.2	12
福　建	Fujian	3.9	0.9	1.0	24	0.9	0.9	22
江　西	Jiangxi	2.5	0.9	0.6	28	2.7	2.5	9
山　东	Shandong	10.0	12.0	10.8	3	5.0	4.6	3
河　南	Henan	7.3	4.1	4.3	13	6.6	5.1	1
湖　北	Hubei	4.8	5.2	4.8	10	1.6	1.7	15
湖　南	Hunan	7.7	2.7	2.6	16	1.5	1.6	18
广　东	Guangdong	5.8	1.3	1.2	22	4.8	4.5	4
广　西	Guangxi	1.1	1.4	1.3	21	1.7	1.6	17
海　南	Hainan	0.2	0.2			0.4	0.4	30
重　庆	Chongqing	10.6	0.9	0.4	29	0.7	0.7	26
四　川	Sichuan	8.2	1.2	1.1	23	1.6	1.6	19
贵　州	Guizhou	13.9	2.8	2.9	14	1.0	1.0	21
云　南	Yunnan	4.9	1.5	1.5	20	1.6	1.7	14
西　藏	Tibet	0.2	0.1	0.1	30	0.5	0.5	28
陕　西	Shaanxi	4.8	5.4	5.5	8	2.3	1.4	20
甘　肃	Gansu	6.5	4.2	4.4	12	0.8	0.8	24
青　海	Qinghai	2.5	2.0	2.2	17	0.3	0.3	31
宁　夏	Ningxia	3.6	0.9	0.9	25	0.8	0.9	23
新　疆	Xinjiang	9.6	6.7	7.0	7	2.3	2.2	11

9-32 工业废气排放量和工业废气治理设施数
Industrial Waste Gas Emission and Number of Industrial Waste Gas Treatment Facilities

地区	Region	工业废气排放量（亿立方米） Industrial Waste Gas Emission (100 million cu.m)				工业废气治理设施数（套） Number of Industrial Waste Gas Treatment Facilities (set)			
		2010	2012	2013	2013排名 Ranking	2010	2012	2013	2013排名 Ranking
全　国	**National Total**	**519168**	**635519**	**669361**		**187401**	**225913**	**234316**	
北　京	Beijing	4750	3264	3692	30	2468	3004	3316	27
天　津	Tianjin	7686	9032	8080	27	3126	3911	4262	22
河　北	Hebei	56324	67647	79121	1	13743	16924	18172	2
山　西	Shanxi	35190	38124	41276	4	9517	12706	14353	6
内蒙古	Inner Mongolia	27488	28133	31128	6	5183	7400	7590	11
辽　宁	Liaoning	26955	31917	29444	7	9641	11585	11601	7
吉　林	Jilin	8240	10316	9804	24	3144	3627	3594	24
黑龙江	Heilongjiang	10111	10445	10622	23	4396	5006	4882	20
上　海	Shanghai	12969	13361	13344	21	4319	4795	4896	19
江　苏	Jiangsu	31213	48623	49797	2	11631	17641	17964	3
浙　江	Zhejiang	20434	23967	24565	10	21702	17771	17512	4
安　徽	Anhui	17849	29645	28335	9	4933	5848	6100	15
福　建	Fujian	13507	14739	16183	18	6470	7780	8112	10
江　西	Jiangxi	9812	14814	15574	20	4141	5426	5673	17
山　东	Shandong	43837	45420	47160	3	11886	15915	16436	5
河　南	Henan	22709	35002	37665	5	9079	10184	10524	8
湖　北	Hubei	13865	19513	19987	13	5478	6136	6640	13
湖　南	Hunan	14673	15888	17276	15	5154	5734	5711	16
广　东	Guangdong	24092	27078	28434	8	12789	18667	19392	1
广　西	Guangxi	14520	27611	21369	12	6017	6418	6301	14
海　南	Hainan	1360	1960.3	4721	29	472	555	823	30
重　庆	Chongqing	10943	8360	9532	25	3511	4319	4439	21
四　川	Sichuan	20107	21910	19761	14	7346	8384	9246	9
贵　州	Guizhou	10192	14312	24467	11	2910	3413	3464	25
云　南	Yunnan	10978	14955	15958	19	5649	6618	7346	12
西　藏	Tibet	16	114	115	31	46	250	255	31
陕　西	Shaanxi	13510	14767	16280	17	3983	4701	3835	23
甘　肃	Gansu	6252	13900	12677	22	2769	3237	3424	26
青　海	Qinghai	3952	5508	5621	28	981	1229	1425	29
宁　夏	Ningxia	16324	9325	8909	26	1370	1766	1700	28
新　疆	Xinjiang	9310	15870	16465	16	3547	4963	5328	18

9-33 工业废气治理设施处理能力和运行费用
Capacity and Annual Expenditure of Industrial Waste Gas Treatment Facilities

地区	Region	工业废气治理设施处理能力（万立方米/时） Capacity of Industrial Waste Gas Treatment Facilities (10 000 cu.m/hour)			工业废气治理设施本年运行费用（万元） Annual Expenditure of Industrial Waste Gas Treatment Facilities (10 000 yuan)			
		2012	2013	2013排名 Ranking	2010	2012	2013	2013排名 Ranking
全　国	**National Total**	**1649353**	**1435110**		**10545256**	**14522520**	**14977779**	
北　京	Beijing	10901	10729	28	90590	87848	90066	29
天　津	Tianjin	22382	21118	25	185777	257709	256506	22
河　北	Hebei	182217	179690	1	901331	1304986	1331603	1
山　西	Shanxi	62972	97187	4	501017	693789	861522	5
内蒙古	Inner Mongolia	77655	73372	7	439299	597282	655995	7
辽　宁	Liaoning	86497	78778	6	426449	607391	569596	9
吉　林	Jilin	31065	24027	22	88059	147838	193931	26
黑龙江	Heilongjiang	37098	28800	20	283756	128715	148971	27
上　海	Shanghai	32703	29883	19	288713	405020	471487	12
江　苏	Jiangsu	99232	104344	3	931675	2243764	1269572	3
浙　江	Zhejiang	159773	57354	9	598701	990296	845787	6
安　徽	Anhui	40258	37496	12	230684	465839	558278	10
福　建	Fujian	85065	35192	16	237265	305612	410418	15
江　西	Jiangxi	26452	27464	21	243783	332532	377430	17
山　东	Shandong	116317	120289	2	1039839	1142869	1308652	2
河　南	Henan	76908	67321	8	490262	564514	616657	8
湖　北	Hubei	93354	36296	14	315735	354542	458056	13
湖　南	Hunan	34007	30196	18	223270	306442	355282	18
广　东	Guangdong	78241	80528	5	973400	906533	1060764	4
广　西	Guangxi	38313	37486	13	183402	272191	303377	20
海　南	Hainan	3003	3743	30	26069	55572	36377	30
重　庆	Chongqing	19990	23084	24	163085	202828	234696	24
四　川	Sichuan	50885	48879	10	564881	429004	473890	11
贵　州	Guizhou	22084	14965	27	218128	361191	417580	14
云　南	Yunnan	32704	36227	15	277464	367775	396752	16
西　藏	Tibet	348	352	31	1712	1702	1964	31
陕　西	Shaanxi	30906	34907	17	181976	276400	319057	19
甘　肃	Gansu	39977	23726	23	131994	206345	230589	25
青　海	Qinghai	7772	7414	29	55217	85718	97045	28
宁　夏	Ningxia	17215	18600	26	129330	206959	243668	23
新　疆	Xinjiang	33060	45664	11	122396	213315	285212	21

9-34 固体废物产生和排放情况（一）
Generation and Discharge of Solid Wastes (1)

单位：万吨 (10 000 tons)

地区	Region	一般工业固体废物生产量 Common Industrial Solid Wastes Produced				一般工业固体废物综合利用量 Common Industrial Solid Wastes Utilized			
		2010	2012	2013	2013排名 Ranking	2010	2012	2013	2013排名 Ranking
全 国	**National Total**	**240944**	**329044**	**327702**		**161772**	**202462**	**205916**	
北 京	Beijing	1269	1104	1044	29	835	872	904	29
天 津	Tianjin	1862	1820	1592	28	1845	1816	1582	28
河 北	Hebei	31688	45576	43289	1	17973	17361	18356	2
山 西	Shanxi	18270	29031	30520	2	12059	20235	19815	1
内蒙古	Inner Mongolia	16996	24226	20081	4	9562	10925	9984	8
辽 宁	Liaoning	17273	27280	26759	3	8210	11862	11742	5
吉 林	Jilin	4642	4731	4591	23	3114	3198	3712	23
黑龙江	Heilongjiang	5405	6313	6094	20	4169	4646	4145	21
上 海	Shanghai	2448	2199	2054	27	2367	2140	1995	27
江 苏	Jiangsu	9064	10224	10856	12	8761	9342	10502	6
浙 江	Zhejiang	4268	4461	4300	24	4033	4083	4091	22
安 徽	Anhui	9158	12022	11937	10	7849	10266	10462	7
福 建	Fujian	7487	7720	8535	14	6215	6887	7544	10
江 西	Jiangxi	9407	11134	11518	11	4379	6071	6431	12
山 东	Shandong	16039	18343	18172	5	15297	17073	17134	3
河 南	Henan	10714	15250	16270	6	8380	11597	12466	4
湖 北	Hubei	6813	7611	8181	16	5521	5737	6196	13
湖 南	Hunan	5773	8116	7806	17	4797	5188	5011	17
广 东	Guangdong	5456	5965	5912	21	4953	5198	5024	16
广 西	Guangxi	6232	7964	7676	18	4231	5369	5425	15
海 南	Hainan	212	386	415	30	178	238	271	30
重 庆	Chongqing	2837	3115	3162	26	2317	2569	2695	25
四 川	Sichuan	11239	13187	14007	8	6159	6052	5780	14
贵 州	Guizhou	8188	7835	8194	15	4174	4839	4160	20
云 南	Yunnan	9392	16038	16040	7	4798	7938	8414	9
西 藏	Tibet	11	366	362	31	0	6	5	31
陕 西	Shaanxi	6892	7215	7491	19	3753	4422	4758	19
甘 肃	Gansu	3746	6671	5907	22	1783	3593	3300	24
青 海	Qinghai	1783	12301	12377	9	759	6831	6798	11
宁 夏	Ningxia	2466	2961	3277	25	1422	2044	2398	26
新 疆	Xinjiang	3914	7880	9283	13	1877	4063	4814	18

9-35 固体废物产生和排放情况（二）
Generation and Discharge of Solid Wastes (2)

单位：万吨 (10 000 tons)

地区	Region	一般工业固体废物处置量 Common Industrial Solid Wastes Disposed				一般工业固体废物贮存量 Stock of Common Industrial Solid Wastes			
		2010	2012	2013	2013排名 Ranking	2010	2012	2013	2013排名 Ranking
全　国	**National Total**	**57264**	**70745**	**82969**		**23918**	**59786**	**42634**	
北　京	Beijing	780	219	140	26	40	13		
天　津	Tianjin	27	7	10	30				
河　北	Hebei	12007	7439	23429	1	1831	21210	1847	10
山　西	Shanxi	5273	7132	8187	4	997	1759	2749	7
内蒙古	Inner Mongolia	5295	10943	8296	3	2152	2426	2233	9
辽　宁	Liaoning	6767	11655	11289	2	2535	3948	3883	3
吉　林	Jilin	578	541	522	20	952	993	522	17
黑龙江	Heilongjiang	445	808	419	21	835	918	1557	11
上　海	Shanghai	94	56	58	27	1	10	5	29
江　苏	Jiangsu	139	630	287	24	215	303	197	23
浙　江	Zhejiang	175	314	177	25	69	67	49	28
安　徽	Anhui	916	1705	1374	14	518	895	933	14
福　建	Fujian	1181	764	962	15	108	84	51	27
江　西	Jiangxi	4487	388	397	23	557	4692	4738	2
山　东	Shandong	475	1061	788	17	384	487	436	19
河　南	Henan	1770	3204	3470	7	722	560	450	18
湖　北	Hubei	1097	1561	1646	10	238	377	412	20
湖　南	Hunan	448	2144	1964	8	769	955	888	15
广　东	Guangdong	351	814	732	18	177	253	169	24
广　西	Guangxi	1563	2218	1609	12	439	1063	1198	12
海　南	Hainan	0	59	46	28	33	116	98	25
重　庆	Chongqing	155	475	415	22	288	97	79	26
四　川	Sichuan	3759	5099	5301	5	1323	2279	3107	5
贵　州	Guizhou	2498	2067	1607	13	1473	938	2470	8
云　南	Yunnan	2911	4767	4834	6	1845	3513	2863	6
西　藏	Tibet		27	26	29	7	349	346	21
陕　西	Shaanxi	2177	1457	1622	11	1030	1360	1131	13
甘　肃	Gansu	1150	2110	1859	9	1012	992	768	16
青　海	Qinghai	1	6	7	31	1035	5483	5602	1
宁　夏	Ningxia	490	540	613	19	564	398	292	22
新　疆	Xinjiang	256	533	886	16	1771	3251	3562	4

9-36 环境污染治理投资情况（一）
Investment in the Treatment of Environmental Pollution (1)

单位：亿元 (100 million yuan)

地区	Region	环境污染治理投资总额 Total Investment in Treatment of Environmental Pollution				城镇环境基础设施建设投资 Investment in Urban Environment Infrastructure Facilities			
		2010	2012	2013	2013排名 Ranking	2010	2012	2013	2013排名 Ranking
全　国	**National Total**	**6654.2**	**8253.5**	**9516.5**		**4224.2**	**5062.7**	**5223.0**	
北　京	Beijing	231.4	342.6	433.5	6	173.0	312.9	404.5	3
天　津	Tianjin	109.7	157.5	191.3	22	65.8	105.0	90.9	21
河　北	Hebei	370.9	486.1	490.0	5	279.9	369.5	316.1	6
山　西	Shanxi	206.9	328.2	337.2	10	86.1	240.0	204.7	8
内蒙古	Inner Mongolia	238.9	445.1	506.8	3	175.6	343.9	324.5	4
辽　宁	Liaoning	206.5	683.4	347.6	9	141.6	339.6	206.6	7
吉　林	Jilin	124.2	103.4	105.4	27	70.8	60.6	55.7	26
黑龙江	Heilongjiang	131.3	218.1	298.5	12	72.8	163.2	200.0	10
上　海	Shanghai	134.0	134.1	187.6	23	87.1	65.2	77.0	23
江　苏	Jiangsu	466.4	657.1	881.0	1	300.0	380.3	509.9	2
浙　江	Zhejiang	333.7	375.4	390.4	7	95.2	163.6	156.5	14
安　徽	Anhui	179.9	330.2	506.0	4	132.4	251.0	319.8	5
福　建	Fujian	129.7	222.5	282.9	14	78.0	122.3	137.0	17
江　西	Jiangxi	156.5	316.1	239.6	16	125.5	273.5	182.3	11
山　东	Shandong	483.9	739.1	848.0	2	284.6	446.5	528.4	1
河　南	Henan	132.2	209.5	288.1	13	71.0	139.8	157.4	13
湖　北	Hubei	146.8	285.5	252.7	15	89.9	189.8	154.5	15
湖　南	Hunan	106.6	190.3	233.9	18	62.1	130.2	167.2	12
广　东	Guangdong	1416.2	260.2	351.9	8	1262.7	103.0	60.9	25
广　西	Guangxi	164.1	190.5	217.8	20	99.0	109.7	135.3	18
海　南	Hainan	23.6	44.7	26.6	31	11.6	23.5	12.5	30
重　庆	Chongqing	176.3	186.9	173.3	25	124.6	126.5	111.4	20
四　川	Sichuan	89.0	178.3	234.0	17	44.3	100.3	119.4	19
贵　州	Guizhou	30.0	68.9	109.7	26	6.7	35.7	66.8	24
云　南	Yunnan	106.2	132.4	197.1	21	59.4	48.7	35.7	27
西　藏	Tibet	0.3	4.0	28.3	30	0.3	0.7	1.5	31
陕　西	Shaanxi	179.2	180.6	221.7	19	109.1	123.3	141.1	16
甘　肃	Gansu	63.9	121.4	176.2	24	42.1	70.0	82.1	22
青　海	Qinghai	17.0	24.1	36.7	29	6.3	12.3	20.5	29
宁　夏	Ningxia	34.5	55.7	72.4	28	20.1	16.8	27.8	28
新　疆	Xinjiang	78.4	255.1	318.7	11	46.2	195.1	203.4	9

9-37 环境污染治理投资情况（二）
Investment in the Treatment of Environmental Pollution (2)

单位：亿元 (100 million yuan)

地区	Region	工业污染源治理投资 Investment in Treatment of Industrial Pollution Sources				当年完成环保验收项目环保投资 Environmental Protection Investment in the Environmental Protection Acceptance Projects in the Year		
		2010	2012	2013	2013排名 Ranking	2012	2013	2013排名 Ranking
全　国	**National Total**	**397.0**	**500.5**	**867.4**		**2690.4**	**3425.8**	
北　京	Beijing	1.9	3.3	4.3	28	26.4	24.8	28
天　津	Tianjin	16.5	12.6	14.8	24	39.9	85.6	15
河　北	Hebei	10.9	23.6	51.2	6	93.0	122.7	7
山　西	Shanxi	28.0	32.3	55.6	5	55.8	76.9	17
内蒙古	Inner Mongolia	13.2	19.0	62.7	2	82.2	119.6	8
辽　宁	Liaoning	14.8	11.9	27.7	12	331.9	113.3	9
吉　林	Jilin	6.3	5.7	9.4	25	37.1	40.3	24
黑龙江	Heilongjiang	4.9	3.9	20.7	17	51.0	77.8	16
上　海	Shanghai	9.4	11.6	5.2	27	57.3	105.4	11
江　苏	Jiangsu	18.6	39.0	59.4	3	237.9	311.7	1
浙　江	Zhejiang	12.0	28.3	57.7	4	183.4	176.2	4
安　徽	Anhui	5.9	12.7	41.3	9	66.5	144.9	5
福　建	Fujian	15.3	23.8	38.4	10	76.5	107.5	10
江　西	Jiangxi	6.4	3.9	15.5	23	38.6	41.8	23
山　东	Shandong	45.7	67.1	84.3	1	225.6	235.3	3
河　南	Henan	12.5	14.8	44.0	7	54.8	86.7	14
湖　北	Hubei	27.7	14.9	25.2	13	80.8	73.0	19
湖　南	Hunan	13.8	18.0	23.4	15	42.1	43.3	22
广　东	Guangdong	31.1	28.1	32.5	11	129.1	258.5	2
广　西	Guangxi	9.3	8.6	18.3	20	72.3	64.2	20
海　南	Hainan	0.4	4.8	3.5	29	16.4	10.6	31
重　庆	Chongqing	7.8	3.8	7.9	26	56.6	54.1	21
四　川	Sichuan	7.2	11.1	18.8	19	66.9	95.7	12
贵　州	Guizhou	6.8	12.5	19.6	18	20.7	23.3	29
云　南	Yunnan	10.6	19.7	23.9	14	64.0	137.5	6
西　藏	Tibet		0.2	1.0	31	3.0	25.8	27
陕　西	Shaanxi	33.7	27.1	41.8	8	30.2	38.8	25
甘　肃	Gansu	14.6	21.1	18.2	21	30.3	75.8	18
青　海	Qinghai	1.0	2.2	3.0	30	9.6	13.2	30
宁　夏	Ningxia	4.1	6.9	16.5	22	31.9	28.0	26
新　疆	Xinjiang	6.7	7.9	22.0	16	52.0	93.3	13

10

农　业

Agriculture

10-1 耕地面积和森林资源情况（2008年）
Farmland Area and Forest Resources (2008)

地区	Region	耕地面积（万公顷） Farmland (10 000 hectares)	人均耕地面积（亩） Farmland per Capita (a unit of area)	林地面积（万公顷） Area of Afforested Land (10 000 hectares)	森林面积（万公顷） Forest Resources (10 000 hectares)	森林覆盖率（%） Forest Coverage Rate (%)	活立木总蓄积量（万立方米） Total Standing Forest Stock (10 000 cu.m)	森林蓄积量（万立方米） Stock Volume of Forest (10 000 cu.m)	耕地面积排名 Arable Land Ranking
全国	**National Total**	**12171.6**	**1.4**	**30590.4**	**19545.2**	**20.4**	**1491268.2**	**1372080.4**	
北京	Beijing	23.20	0.21	101.46	52.05	31.72	1291.29	1038.58	31
天津	Tianjin	44.10	0.56	14.22	9.32	8.24	277.01	198.89	28
河北	Hebei	631.70	1.36	705.37	418.33	22.29	10183.91	8374.08	5
山西	Shanxi	405.60	1.78	754.58	221.11	14.12	8846.96	7643.67	17
内蒙古	Inner Mongolia	714.70	4.44	4394.93	2366.40	20.00	136073.62	117720.51	4
辽宁	Liaoning	408.50	1.42	666.28	511.98	35.13	21174.91	20226.85	16
吉林	Jilin	553.50	3.04	848.73	736.57	38.93	88244.21	84412.29	9
黑龙江	Heilongjiang	1183.00	4.64	2184.16	1926.97	42.39	165191.60	152104.96	1
上海	Shanghai	24.40	0.19	7.46	5.97	9.41	275.20	100.95	30
江苏	Jiangsu	476.40	0.93	128.64	107.51	10.48	5022.59	3501.75	10
浙江	Zhejiang	192.10	0.56	667.97	584.42	57.41	19382.93	17223.14	23
安徽	Anhui	573.00	1.40	439.40	360.07	26.06	16258.35	13755.41	8
福建	Fujian	133.00	0.55	914.81	766.65	63.10	53226.01	48436.28	24
江西	Jiangxi	282.70	0.96	1054.92	973.63	58.32	45045.51	39529.64	21
山东	Shandong	751.50	1.20	342.12	254.46	16.72	8627.99	6338.53	3
河南	Henan	792.60	1.26	502.02	336.59	20.16	18051.16	12936.12	2
湖北	Hubei	466.40	1.23	822.01	578.82	31.14	23121.55	20942.49	11
湖南	Hunan	378.90	0.89	1234.21	948.17	44.76	38177.20	34906.67	19
广东	Guangdong	283.10	0.44	1073.07	873.98	49.44	32160.74	30183.37	20
广西	Guangxi	421.80	1.31	1496.45	1252.50	52.71	51056.78	46875.18	14
海南	Hainan	72.80	1.28	208.73	176.26	51.98	7940.93	7274.23	26
重庆	Chongqing	223.60	1.18	400.18	286.92	34.85	13803.63	11331.85	22
四川	Sichuan	594.70	1.10	2311.66	1659.52	34.31	168753.49	159572.37	7
贵州	Guizhou	448.50	1.77	841.23	556.92	31.61	27911.53	24007.96	13
云南	Yunnan	607.20	2.00	2476.11	1817.73	47.50	171216.68	155380.09	6
西藏	Tibet	36.20	1.89	1746.63	1462.65	11.91	227271.36	224550.91	29
陕西	Shaanxi	405.00	1.61	1205.80	767.56	37.26	36144.16	33820.54	18
甘肃	Gansu	465.90	2.66	955.44	468.78	10.42	21708.26	19363.83	12
青海	Qinghai	54.30	1.47	634.00	329.56	4.57	4413.80	3915.64	27
宁夏	Ningxia	110.70	2.69	179.03	51.10	9.84	625.93	492.14	25
新疆	Xinjiang	412.50	2.90	1066.57	661.65	4.02	33914.50	30100.54	15

注：前两列为2008年底数，其余均为第七次全国森林资源清查（2004-2008）资料。

Note: The first two columns for the 2008 base, The rest are the Seventh National Forest Resources Inventory (2004-2008) data.

10-2 农林牧渔业总产值和指数
Gross Output Value of Agriculture, Forestry, Animal Husbandry and Fishery and Related Indices

地区	Region	农林牧渔业总产值（亿元） Gross Output Value (100 million yuan)				指数（上年=100） Indices (preceding year=100)			
		2010	2012	2013	2013排名 Ranking	2010	2012	2013	2013排名 Ranking
全 国	**National Total**	**69319.8**	**89453.0**	**96995.3**		**104.4**	**104.9**	**104.0**	
北 京	Beijing	328.0	395.7	421.8	27	98.3	102.9	102.1	29
天 津	Tianjin	317.3	375.6	412.4	28	103.5	103.2	103.8	20
河 北	Hebei	4309.4	5340.1	5832.9	4	103.5	104.0	103.3	25
山 西	Shanxi	1047.8	1304.3	1447.0	24	106.2	105.6	104.5	15
内蒙古	Inner Mongolia	1843.6	2449.3	2699.5	16	106.2	105.7	104.7	11
辽 宁	Liaoning	3106.5	4062.4	4349.7	10	105.8	104.9	104.1	18
吉 林	Jilin	1850.3	2502.0	2670.6	17	103.6	105.9	103.5	22
黑龙江	Heilongjiang	2536.3	3952.3	4633.3	9	105.8	106.7	104.7	9
上 海	Shanghai	287.0	321.7	323.5	29	94.9	100.5	97.1	31
江 苏	Jiangsu	4297.1	5808.8	6158.0	3	104.4	104.8	102.6	27
浙 江	Zhejiang	2172.9	2658.7	2837.4	15	102.9	101.8	100.4	30
安 徽	Anhui	2955.4	3728.3	4009.2	11	104.5	105.6	103.4	24
福 建	Fujian	2307.1	3007.4	3282.0	13	103.5	104.3	104.5	14
江 西	Jiangxi	1900.6	2399.3	2578.4	18	104.0	104.6	104.5	13
山 东	Shandong	6650.9	7945.8	8750.0	1	103.6	104.5	103.8	21
河 南	Henan	5734.2	6679.0	7198.1	2	104.6	104.5	104.4	17
湖 北	Hubei	3502.0	4732.1	5160.6	6	104.5	105.6	105.6	5
湖 南	Hunan	3787.5	4904.1	5043.6	7	104.3	103.0	102.7	26
广 东	Guangdong	3754.9	4656.8	4946.8	8	104.3	103.7	102.2	28
广 西	Guangxi	2721.0	3490.7	3755.2	12	104.7	105.7	104.4	16
海 南	Hainan	821.3	1082.1	1144.9	25	106.1	106.3	106.2	3
重 庆	Chongqing	1021.1	1402.0	1513.7	23	105.9	105.1	104.6	12
四 川	Sichuan	4081.8	5433.1	5620.3	5	104.5	104.5	103.5	23
贵 州	Guizhou	997.8	1436.6	1663.0	21	105.2	109.3	106.0	4
云 南	Yunnan	1810.5	2680.2	3056.0	14	104.7	107.0	107.0	2
西 藏	Tibet	100.8	118.3	128.0	31	103.5	103.6	104.0	19
陕 西	Shaanxi	1666.1	2303.2	2562.5	19	105.8	106.0	104.8	8
甘 肃	Gansu	1057.0	1358.2	1517.7	22	105.7	106.4	104.9	7
青 海	Qinghai	201.3	263.9	310.3	30	106.7	105.4	105.6	6
宁 夏	Ningxia	305.9	385.1	430.0	26	107.8	106.0	104.7	10
新 疆	Xinjiang	1846.2	2275.7	2538.9	20	104.9	107.4	107.2	1

注：本表绝对数按当年价格计算，指数按可比价格计算。

Note: Data in value terms in this table are calculated at current prices, while the indices are calculated at constant prices.

10-3 农业总产值和林业总产值
Gross Output Value of Farming and Forestry

单位：亿元 (100 million yuan)

地区	Region	农业总产值 Gross Output Value of Farming				林业总产值 Gross Output Value of Forestry			
		2010	2012	2013	2013排名 Ranking	2010	2012	2013	2013排名 Ranking
全　国	**National Total**	**36941.1**	**46940.5**	**51497.4**		**2595.5**	**3447.1**	**3902.4**	
北　京	Beijing	154.2	166.3	170.4	29	16.8	54.8	75.9	21
天　津	Tianjin	168.3	196.0	217.2	27	2.4	2.8	3.1	30
河　北	Hebei	2470.1	3095.3	3473.3	3	51.3	77.9	96.3	18
山　西	Shanxi	669.0	847.4	932.1	23	65.0	79.1	90.1	20
内蒙古	Inner Mongolia	900.4	1172.0	1328.1	18	76.6	97.8	96.1	19
辽　宁	Liaoning	1140.3	1539.6	1673.9	14	82.5	128.7	136.5	12
吉　林	Jilin	866.9	1166.6	1261.7	19	68.3	98.1	98.1	17
黑龙江	Heilongjiang	1369.2	2315.6	2856.3	6	95.5	134.5	180.6	8
上　海	Shanghai	155.3	171.5	172.3	28	7.5	9.5	9.6	28
江　苏	Jiangsu	2269.6	2966.7	3167.8	4	78.1	99.7	107.3	16
浙　江	Zhejiang	1041.3	1229.4	1336.8	17	119.4	142.1	141.5	11
安　徽	Anhui	1544.4	1867.6	2003.3	10	135.3	209.5	233.1	7
福　建	Fujian	976.6	1263.7	1376.3	16	189.4	256.5	293.8	1
江　西	Jiangxi	801.4	1003.2	1072.8	21	186.8	228.9	252.7	5
山　东	Shandong	3670.1	3960.6	4509.9	1	86.5	107.0	120.3	15
河　南	Henan	3540.8	3958.9	4202.3	2	115.3	140.9	152.3	10
湖　北	Hubei	1921.7	2488.1	2678.1	8	65.4	100.1	122.0	13
湖　南	Hunan	2059.6	2651.7	2726.8	7	207.4	260.0	287.7	3
广　东	Guangdong	1760.2	2229.3	2444.7	9	176.3	222.7	249.4	6
广　西	Guangxi	1339.6	1724.0	1868.3	11	173.5	245.3	287.6	4
海　南	Hainan	341.7	460.7	485.4	25	123.8	137.9	121.2	14
重　庆	Chongqing	623.3	841.8	909.2	24	30.4	43.5	48.0	25
四　川	Sichuan	2069.3	2764.9	2903.5	5	112.9	151.5	179.4	9
贵　州	Guizhou	587.3	864.9	997.1	22	41.0	54.2	69.9	22
云　南	Yunnan	925.6	1398.2	1639.4	15	184.2	225.8	293.3	2
西　藏	Tibet	46.1	53.4	57.9	31	2.5	2.6	2.7	31
陕　西	Shaanxi	1107.2	1526.3	1714.8	13	35.2	58.4	67.6	23
甘　肃	Gansu	757.6	984.2	1104.5	20	18.5	20.1	22.5	26
青　海	Qinghai	92.1	117.1	138.3	30	3.8	4.6	5.7	29
宁　夏	Ningxia	195.1	240.5	269.0	26	8.7	9.8	9.8	27
新　疆	Xinjiang	1376.9	1675.0	1806.1	12	35.3	43.0	48.1	24

10-4 牧业总产值和渔业总产值
Gross Output Value of Animal Husbandry and Fishery

单位：亿元 (100 million yuan)

地区	Region	牧业总产值 Gross Output Value of Animal Husbandry				渔业总产值 Gross Output Value of Fishery			
		2010	2012	2013	2013排名 Ranking	2010	2012	2013	2013排名 Ranking
全　国	**National Total**	**20825.7**	**27189.4**	**28435.5**		**6422.4**	**8706.0**	**9634.6**	
北　京	Beijing	139.6	154.2	154.8	27	11.5	13.0	12.8	27
天　津	Tianjin	87.5	105.0	108.6	29	50.3	61.7	73.2	17
河　北	Hebei	1443.8	1747.7	1818.2	4	142.5	177.7	178.7	13
山　西	Shanxi	250.8	298.8	338.8	23	6.1	8.4	9.5	28
内蒙古	Inner Mongolia	822.4	1118.9	1208.5	10	15.9	26.1	29.0	23
辽　宁	Liaoning	1270.6	1621.2	1675.4	5	491.0	618.7	689.3	7
吉　林	Jilin	831.5	1130.4	1198.5	11	25.3	34.1	36.7	22
黑龙江	Heilongjiang	965.8	1350.7	1430.1	7	53.7	77.9	82.5	16
上　海	Shanghai	62.9	72.6	70.0	30	52.6	57.5	59.9	19
江　苏	Jiangsu	923.3	1226.2	1222.2	9	805.2	1235.4	1351.1	2
浙　江	Zhejiang	448.4	549.0	546.2	19	522.2	687.0	758.0	5
安　徽	Anhui	865.0	1119.7	1171.4	12	294.8	384.4	439.1	8
福　建	Fujian	380.3	481.3	513.8	20	674.2	903.4	986.3	3
江　西	Jiangxi	584.1	752.7	796.4	16	255.6	333.1	370.2	9
山　东	Shandong	1774.5	2285.9	2359.0	2	847.4	1267.1	1397.4	1
河　南	Henan	1805.9	2255.6	2486.3	1	71.2	86.4	93.5	15
湖　北	Hubei	925.0	1334.0	1395.4	8	458.6	626.2	748.4	6
湖　南	Hunan	1118.2	1488.6	1467.4	6	232.7	279.9	309.9	11
广　东	Guangdong	947.2	1134.1	1106.9	13	741.4	914.0	975.3	4
广　西	Guangxi	870.7	1072.8	1101.2	14	247.2	331.7	366.7	10
海　南	Hainan	158.6	214.1	225.5	25	173.5	236.3	275.5	12
重　庆	Chongqing	326.6	453.9	482.8	21	27.2	45.0	53.8	20
四　川	Sichuan	1705.2	2269.9	2267.6	3	129.8	163.8	177.5	14
贵　州	Guizhou	304.2	421.5	482.7	22	13.8	28.2	38.3	21
云　南	Yunnan	588.8	913.0	962.6	15	48.1	63.1	70.4	18
西　藏	Tibet	48.9	59.0	64.2	31	0.2	0.2	0.2	31
陕　西	Shaanxi	435.0	598.7	643.7	17	8.3	14.6	17.8	24
甘　肃	Gansu	181.8	231.7	253.4	24	1.2	1.8	2.0	29
青　海	Qinghai	101.5	137.1	160.1	26	0.1	0.6	1.3	30
宁　夏	Ningxia	82.1	105.7	120.0	28	8.0	13.4	13.2	26
新　疆	Xinjiang	375.8	485.4	604.2	18	12.7	15.3	17.2	25

10-5 农林牧渔业增加值和指数
Added Value of Agriculture, Forestry, Animal Husbandry and Fishery and Indices

地区	Region	农林牧渔业增加值（亿元）The Added Value of Ecological-Economic (100 million yuan)				指数（上年=100）Indices (preceding year=100)		
		2010	2012	2013	2013排名 Ranking	2010	2011	2011排名 Ranking
全　国	**National Total**	**40533.6**	**52373.6**	**56966.0**		**104.3**	**104.5**	
北　京	Beijing	124.5	150.2	161.8	29	98.4	103.2	27
天　津	Tianjin	145.6	171.6	188.5	28	103.3	103.0	28
河　北	Hebei	2562.8	3186.7	3500.4	4	103.5	104.0	24
山　西	Shanxi	554.5	698.3	776.6	24	106.1	106.3	6
内蒙古	Inner Mongolia	1095.3	1448.6	1598.2	17	106.1	105.6	10
辽　宁	Liaoning	1631.1	2155.8	2321.6	12	105.8	105.1	16
吉　林	Jilin	1050.2	1412.1	1509.3	19	103.7	105.3	13
黑龙江	Heilongjiang	1302.9	2113.7	2516.8	9	106.2	106.5	5
上　海	Shanghai	114.7	127.8	129.3	30	93.4	100.5	31
江　苏	Jiangsu	2540.1	3418.3	3646.1	3	104.9	104.6	19
浙　江	Zhejiang	1360.6	1667.9	1787.2	15	103.2	102.0	30
安　徽	Anhui	1729.0	2178.7	2348.1	10	104.6	105.5	12
福　建	Fujian	1363.7	1776.7	1939.0	13	103.3	104.2	23
江　西	Jiangxi	1207.0	1520.2	1636.5	16	104.0	104.6	19
山　东	Shandong	3588.3	4281.7	4742.6	1	103.6	104.7	17
河　南	Henan	3258.1	3769.5	4059.0	2	104.5	104.5	21
湖　北	Hubei	2147.0	2848.8	3098.2	7	104.6	104.7	17
湖　南	Hunan	2325.5	3004.2	3099.2	6	104.3	103.0	28
广　东	Guangdong	2287.0	2847.3	3047.5	8	104.5	103.8	25
广　西	Guangxi	1675.1	2172.6	2343.6	11	104.6	105.6	10
海　南	Hainan	539.8	711.5	756.3	25	106.3	106.3	6
重　庆	Chongqing	685.4	940.0	1016.7	22	106.1	105.3	13
四　川	Sichuan	2482.9	3297.2	3425.6	5	104.4	104.5	21
贵　州	Guizhou	625.0	891.9	1031.7	21	104.7	108.6	1
云　南	Yunnan	1108.4	1654.6	1895.2	14	104.2	106.7	4
西　藏	Tibet	68.7	80.3	86.8	31	103.2	103.4	26
陕　西	Shaanxi	988.5	1370.2	1526.0	18	105.8	106.0	8
甘　肃	Gansu	599.3	780.5	879.9	23	105.5	106.8	3
青　海	Qinghai	134.9	176.8	207.6	27	105.9	105.2	15
宁　夏	Ningxia	159.3	199.4	222.3	26	107.4	105.8	9
新　疆	Xinjiang	1078.6	1320.6	1468.3	20	104.5	107.0	2

注：本表绝对数按当年价格计算，指数按不变价格计算。

Note: Level data in this table are calculated at current prices while indices at constant prices.

10-6 农业增加值和林业增加值
Added Value of Agriculture and Forestry

单位：亿元 (100 million yuan)

地区	Region	农业增加值 The Added Value of Agriculture				林业增加值 The Added Value of Forestry			
		2010	2012	2013	2013排名 Ranking	2010	2012	2013	2013排名 Ranking
全　国	**National Total**	**23684.5**	**30216.1**	**33147.2**		**1744.2**	**2281.3**	**2569.3**	
北　京	Beijing	71.6	76.0	77.9	29	7.2	23.5	33.0	24
天　津	Tianjin	81.9	95.1	105.1	27	1.4	1.6	1.8	30
河　北	Hebei	1670.5	2093.2	2348.8	3	36.7	55.7	68.9	15
山　西	Shanxi	374.5	479.3	529.1	24	25.0	32.2	37.1	22
内蒙古	Inner Mongolia	586.4	764.6	864.8	18	53.8	67.2	66.2	16
辽　宁	Liaoning	675.5	930.1	1011.2	15	48.1	75.2	79.8	14
吉　林	Jilin	577.0	772.2	835.1	19	43.0	61.4	61.4	17
黑龙江	Heilongjiang	876.3	1478.1	1823.3	7	44.3	62.3	83.6	12
上　海	Shanghai	66.9	73.7	75.0	30	2.5	3.0	3.0	29
江　苏	Jiangsu	1556.2	2031.3	2182.7	4	43.9	55.2	59.9	18
浙　江	Zhejiang	747.7	887.8	965.4	16	86.9	103.8	103.3	9
安　徽	Anhui	952.5	1151.8	1235.4	11	94.2	145.9	162.4	7
福　建	Fujian	616.3	797.1	867.4	17	122.1	165.1	188.9	5
江　西	Jiangxi	534.5	667.0	714.8	20	145.0	177.5	195.9	4
山　东	Shandong	2146.6	2329.9	2649.0	1	60.7	75.5	84.7	11
河　南	Henan	2080.8	2315.8	2458.1	2	69.5	84.9	91.9	10
湖　北	Hubei	1244.7	1594.8	1710.3	8	37.6	50.6	58.1	19
湖　南	Hunan	1432.9	1857.1	1909.6	6	153.4	192.3	212.8	2
广　东	Guangdong	1229.3	1555.7	1706.1	9	131.4	166.0	185.9	6
广　西	Guangxi	911.3	1181.9	1285.6	10	136.8	187.7	215.7	1
海　南	Hainan	219.8	298.6	315.3	25	85.6	93.4	82.1	13
重　庆	Chongqing	465.3	628.4	678.7	21	22.2	31.8	35.1	23
四　川	Sichuan	1436.7	1915.5	2011.5	5	79.7	104.1	123.3	8
贵　州	Guizhou	385.6	561.3	646.1	23	28.1	37.0	47.7	20
云　南	Yunnan	609.2	935.0	1098.4	12	129.0	151.3	199.4	3
西　藏	Tibet	30.5	35.0	37.9	31	1.6	1.6	1.7	31
陕　西	Shaanxi	684.9	944.1	1060.7	13	22.4	37.2	43.0	21
甘　肃	Gansu	441.3	580.7	657.8	22	7.8	9.3	10.6	26
青　海	Qinghai	55.1	69.5	81.8	28	2.5	2.9	3.6	27
宁　夏	Ningxia	110.5	135.9	151.5	26	3.1	3.4	3.5	28
新　疆	Xinjiang	812.4	979.9	1052.6	14	18.7	22.5	25.2	25

10-7 牧业增加值和渔业增加值
Added Value of Animal Husbandry and Fishery

单位：亿元 (100 million yuan)

地区	Region	牧业增加值 The Added Value of Animal Husbandry				渔业增加值 The Added Value of Fishery			
		2010	2012	2013	2013排名 Ranking	2010	2012	2013	2013排名 Ranking
全 国	**National Total**	**10022.1**	**13128.4**	**13762.8**		**3903.8**	**5266.9**	**5842.5**	
北 京	Beijing	40.0	44.1	44.3	30	4.0	4.5	4.5	28
天 津	Tianjin	36.8	44.0	45.3	28	24.1	29.4	34.8	18
河 北	Hebei	681.7	825.3	858.6	4	84.2	105.1	105.6	14
山 西	Shanxi	125.7	149.6	169.5	24	3.0	4.6	5.3	26
内蒙古	Inner Mongolia	427.7	578.8	625.5	8	10.6	17.4	19.2	23
辽 宁	Liaoning	513.4	655.1	677.0	6	320.3	402.3	448.2	6
吉 林	Jilin	381.5	516.6	547.7	10	15.6	20.9	22.5	22
黑龙江	Heilongjiang	335.7	506.5	536.3	12	20.2	29.2	30.9	19
上 海	Shanghai	21.8	25.8	24.0	31	20.2	21.4	22.9	21
江 苏	Jiangsu	373.4	490.5	489.1	15	444.9	682.3	738.2	2
浙 江	Zhejiang	202.2	248.7	247.4	21	303.4	402.6	444.2	7
安 徽	Anhui	430.3	554.4	579.9	9	194.3	253.4	289.4	8
福 建	Fujian	198.5	250.7	267.8	20	376.4	504.3	550.2	4
江 西	Jiangxi	307.1	397.3	418.8	16	179.8	233.2	259.0	9
山 东	Shandong	727.0	946.7	975.1	3	521.4	771.2	857.1	1
河 南	Henan	993.8	1233.5	1359.6	1	48.4	58.3	63.1	15
湖 北	Hubei	539.9	765.7	799.3	5	283.6	379.5	462.6	5
湖 南	Hunan	514.4	675.8	666.2	7	151.5	182.2	201.7	12
广 东	Guangdong	429.5	514.4	502.1	14	443.3	546.5	583.1	3
广 西	Guangxi	423.0	530.0	540.7	11	168.6	225.1	248.6	10
海 南	Hainan	91.4	125.4	133.2	25	130.1	176.1	205.4	11
重 庆	Chongqing	167.0	232.2	247.0	22	21.2	35.1	42.0	17
四 川	Sichuan	844.1	1122.4	1121.3	2	82.7	103.8	112.5	13
贵 州	Guizhou	179.5	245.7	280.7	19	9.0	17.8	24.0	20
云 南	Yunnan	317.1	498.9	520.7	13	28.8	38.8	42.2	16
西 藏	Tibet	34.3	41.7	45.0	29	0.1	0.1	0.1	31
陕 西	Shaanxi	233.7	322.9	347.2	18	4.7	8.3	10.1	24
甘 肃	Gansu	123.9	158.0	174.9	23	0.8	1.2	1.4	29
青 海	Qinghai	74.9	101.3	118.3	26	0.1	0.4	1.0	30
宁 夏	Ningxia	34.9	44.8	50.7	27	3.1	5.1	5.1	27
新 疆	Xinjiang	218.0	281.5	349.7	17	5.4	6.5	7.3	25

10-8 农业机械总动力和有效灌溉面积
Total Power of Agricultural Machinery and Irrigation Area

地区	Region	农业机械总动力（万千瓦） Total Power of Agricultural Machinery (10 000 kw)				有效灌溉面积（千公顷） Irrigation Area (1 000 hectares)			
		2010	2012	2013	2013排名 Ranking	2010	2012	2013	2013排名 Ranking
全国	**National Total**	**92780.5**	**102559.0**	**103906.8**		**60347.7**	**62490.5**	**63473.3**	
北京	Beijing	276.0	241.1	207.7	30	211.4	207.5	153.0	31
天津	Tianjin	587.8	568.1	554.2	26	344.6	337.0	308.9	26
河北	Hebei	10151.3	10553.8	10762.7	3	4548.0	4603.1	4349.0	5
山西	Shanxi	2809.2	3056.1	3183.3	12	1274.2	1319.1	1382.8	19
内蒙古	Inner Mongolia	3033.6	3280.6	3430.6	10	3027.5	3125.2	2957.8	9
辽宁	Liaoning	2248.7	2526.9	2632.0	15	1537.5	1698.8	1407.8	18
吉林	Jilin	2145.0	2554.7	2730.0	14	1726.8	1851.9	1510.1	16
黑龙江	Heilongjiang	3736.3	4552.9	4849.3	6	3875.2	4776.5	5342.1	1
上海	Shanghai	104.1	112.7	113.2	31	201.0	199.0	184.1	30
江苏	Jiangsu	3937.3	4214.6	4405.6	7	3819.7	3929.7	3785.3	7
浙江	Zhejiang	2427.5	2489.4	2462.2	17	1451.0	1471.0	1409.4	17
安徽	Anhui	5409.8	5902.8	6140.3	4	3519.8	3585.1	4305.5	6
福建	Fujian	1206.2	1286.8	1336.8	23	967.5	968.5	1122.4	22
江西	Jiangxi	3805.0	4599.7	2014.1	22	1852.4	1907.1	1995.6	12
山东	Shandong	11629.0	12419.9	12739.8	1	4955.3	5058.1	4729.0	4
河南	Henan	10195.9	10872.7	11150.0	2	5081.0	5205.6	4969.1	2
湖北	Hubei	3371.0	3842.2	4081.1	8	2379.8	2548.9	2791.4	10
湖南	Hunan	4651.5	5189.2	5434.0	5	2739.0	2715.8	3084.3	8
广东	Guangdong	2345.3	2496.7	2564.9	16	1872.5	1874.4	1770.8	13
广西	Guangxi	2767.7	3195.9	3383.0	11	1523.0	1541.3	1586.4	15
海南	Hainan	425.2	479.7	502.1	28	243.8	256.8	260.9	27
重庆	Chongqing	1071.1	1162.0	1198.9	24	685.3	703.0	675.2	24
四川	Sichuan	3155.1	3694.0	3953.1	9	2553.1	2662.7	2616.5	11
贵州	Guizhou	1730.3	2106.7	2240.8	20	1131.7	1214.6	926.9	23
云南	Yunnan	2411.1	2874.5	3070.3	13	1588.4	1677.9	1660.3	14
西藏	Tibet	378.1	465.0	517.3	27	237.0	251.0	239.3	28
陕西	Shaanxi	2000.0	2350.2	2452.7	18	1284.9	1277.2	1209.9	21
甘肃	Gansu	1977.6	2279.1	2418.5	19	1278.4	1297.6	1284.1	20
青海	Qinghai	421.3	435.0	410.6	29	251.7	251.7	186.9	29
宁夏	Ningxia	729.1	787.3	802.0	25	464.6	491.4	498.6	25
新疆	Xinjiang	1643.7	1968.9	2165.9	21	3721.6	4029.1	4769.9	3

10-9 化肥施用量和农村用电量

Consumption of Chemical Fertilizers and Electricity Consumption in Rural Areas

地区	Region	化肥施用量（万吨） Consumption of Chemical Fertilizers (10 000 tons)				农村用电量（亿千瓦时） Electricity Consumption in Rural Areas (100 million kwh)			
		2010	2012	2013	2013排名 Ranking	2010	2012	2013	2013排名 Ranking
全　国	**National Total**	**5561.7**	**5838.8**	**5911.9**		**6632.3**	**7508.5**	**8549.5**	
北　京	Beijing	13.7	13.7	12.8	28	44.4	47.3	48.5	26
天　津	Tianjin	25.5	24.5	24.3	27	51.0	51.6	69.2	20
河　北	Hebei	322.9	329.3	331.0	5	511.8	593.9	616.4	5
山　西	Shanxi	110.4	118.3	121.0	19	81.2	95.0	99.8	15
内蒙古	Inner Mongolia	177.2	189.0	202.4	16	48.4	55.2	59.6	24
辽　宁	Liaoning	140.1	146.9	151.8	17	359.5	373.4	394.8	7
吉　林	Jilin	182.8	206.7	216.8	14	39.5	46.1	48.2	27
黑龙江	Heilongjiang	214.9	240.3	245.0	10	55.7	64.3	67.0	22
上　海	Shanghai	11.8	11.0	10.8	29	195.5	209.0	874.4	4
江　苏	Jiangsu	341.1	331.0	326.8	6	1472.9	1696.4	1801.9	1
浙　江	Zhejiang	92.2	92.2	92.4	24	765.1	869.9	904.9	3
安　徽	Anhui	319.8	333.5	338.4	4	107.4	128.8	138.4	11
福　建	Fujian	121.0	120.9	120.6	20	257.5	312.9	346.7	8
江　西	Jiangxi	137.6	141.3	141.6	18	71.6	84.6	90.9	16
山　东	Shandong	475.3	476.3	472.7	2	439.0	465.8	471.4	6
河　南	Henan	655.2	684.4	696.4	1	269.4	290.0	305.4	9
湖　北	Hubei	350.8	354.9	351.9	3	109.8	112.3	130.1	12
湖　南	Hunan	236.6	249.1	248.2	9	98.6	110.2	118.6	13
广　东	Guangdong	237.3	245.4	243.9	11	1044.3	1187.5	1234.8	2
广　西	Guangxi	237.2	249.0	255.7	7	50.2	63.3	68.4	21
海　南	Hainan	46.4	45.5	47.6	25	5.9	8.6	9.6	29
重　庆	Chongqing	91.8	96.0	96.6	22	64.8	73.8	76.1	19
四　川	Sichuan	248.0	253.0	251.1	8	141.7	156.0	163.5	10
贵　州	Guizhou	86.5	98.2	97.4	21	41.7	54.5	61.9	23
云　南	Yunnan	184.6	210.2	219.0	13	61.7	73.8	82.4	18
西　藏	Tibet	4.7	5.0	5.7	31	0.8	1.0	1.1	31
陕　西	Shaanxi	196.8	239.8	241.7	12	121.0	142.5	113.0	14
甘　肃	Gansu	85.3	92.1	94.7	23	42.9	47.8	50.4	25
青　海	Qinghai	8.8	9.3	9.8	30	3.8	4.5	4.5	30
宁　夏	Ningxia	37.9	39.4	40.4	26	11.0	12.8	13.8	28
新　疆	Xinjiang	167.6	192.7	203.2	15	64.3	75.8	83.9	17

10-10 水库总库容量和除涝面积
Capacity of Reservoirs and Area with Flood Prevention Measures

地区	Region	水库总库容量（亿立方米） Capacity of Reservoirs (100 million cu.m)				除涝面积（千公顷） Area with Flood Prevention Measures (1 000 hectares)			
		2010	2012	2013	2013排名 Ranking	2010	2012	2013	2013排名 Ranking
全　国	**National Total**	**7162.4**	**7211.0**	**8298.2**		**21691.7**	**21857.3**	**21943.1**	
北　京	Beijing	93.9	95.0	52.2	26	149.8	149.8	149.8	18
天　津	Tianjin	26.2	26.5	26.8	29	377.2	376.7	369.3	14
河　北	Hebei	161.4	162.4	206.1	17	1648.6	1649.7	1645.1	6
山　西	Shanxi	57.5	68.7	69.2	25	89.1	89.1	89.1	22
内蒙古	Inner Mongolia	167.9	174.1	102.7	23	277.0	277.0	277.0	15
辽　宁	Liaoning	359.3	358.1	358.9	9	985.3	993.1	911.2	9
吉　林	Jilin	320.4	320.3	334.4	10	1021.4	1022.9	1026.5	8
黑龙江	Heilongjiang	178.7	179.1	262.6	15	3334.9	3365.6	3378.1	1
上　海	Shanghai			5.5	31	55.4	57.5	58.4	23
江　苏	Jiangsu	189.2	189.7	35.4	27	2802.5	2812.0	2853.3	3
浙　江	Zhejiang	398.1	400.1	443.7	5	496.7	501.4	507.3	11
安　徽	Anhui	326.5	286.5	324.3	11	2269.1	2297.3	2287.7	4
福　建	Fujian	185.4	189.4	199.5	18	129.6	138.2	145.3	19
江　西	Jiangxi	293.7	295.6	304.1	14	375.7	382.8	385.4	13
山　东	Shandong	227.6	218.2	217.6	16	2651.8	2681.6	2914.1	2
河　南	Henan	402.2	401.8	419.0	7	1959.0	1980.3	1884.6	5
湖　北	Hubei	992.1	998.7	1216.5	1	1219.2	1245.8	1260.8	7
湖　南	Hunan	402.3	430.3	496.6	3	486.3	412.2	416.9	12
广　东	Guangdong	429.0	430.4	444.9	4	514.5	521.0	524.6	10
广　西	Guangxi	378.4	378.4	674.2	2	209.6	214.0	230.9	17
海　南	Hainan	100.0	100.7	104.8	22	17.5	21.1	11.6	29
重　庆	Chongqing	74.1	81.1	116.8	20				
四　川	Sichuan	214.9	216.4	321.7	12	94.0	95.1	100.0	21
贵　州	Guizhou	354.3	358.8	432.7	6	54.0	55.7	53.5	24
云　南	Yunnan	131.7	142.6	373.8	8	254.0	260.1	261.3	16
西　藏	Tibet	12.9	13.3	34.2	28	22.3	22.3	22.0	25
陕　西	Shaanxi	77.1	77.4	88.5	24	130.8	132.9	132.6	20
甘　肃	Gansu	103.1	103.1	105.4	21	12.5	12.5	12.5	28
青　海	Qinghai	341.9	342.0	316.4	13				
宁　夏	Ningxia	26.9	27.5	26.8	30	10.5	45.7	12.8	27
新　疆	Xinjiang	135.7	144.8	183.0	19	43.6	43.9	21.3	26

10-11 农作物总播种面积和粮食播种面积
Total Sown Areas and Sown Areas of Grain Crops

单位：千公顷 (1 000 hectares)

地区	Region	农作物总播种面积 Total Sown Areas				粮食作物播种面积 Sown Areas of Grain Crops			
		2010	2012	2013	2013排名 Ranking	2010	2012	2013	2013排名 Ranking
全　国	**National Total**	**160674.8**	**163415.7**	**164626.9**		**109876.1**	**111204.6**	**111955.6**	
北　京	Beijing	317.3	282.7	242.5	31	223.5	193.9	158.9	31
天　津	Tianjin	459.3	479.0	473.5	28	311.8	322.9	332.8	27
河　北	Hebei	8718.4	8781.8	8749.2	6	6282.2	6302.4	6315.9	6
山　西	Shanxi	3763.9	3808.1	3782.4	21	3239.2	3291.5	3274.3	14
内蒙古	Inner Mongolia	7002.5	7154.0	7211.2	10	5498.7	5589.4	5617.3	7
辽　宁	Liaoning	4073.8	4210.6	4208.8	19	3179.3	3217.3	3226.4	15
吉　林	Jilin	5221.4	5315.1	5413.1	14	4492.2	4610.3	4789.9	10
黑龙江	Heilongjiang	12156.2	12237.0	12200.8	2	11454.7	11519.5	11564.4	1
上　海	Shanghai	401.2	387.9	377.3	29	179.2	187.6	168.5	30
江　苏	Jiangsu	7619.6	7651.6	7683.6	9	5282.4	5336.6	5360.8	8
浙　江	Zhejiang	2484.7	2324.2	2311.9	23	1275.8	1251.6	1253.7	23
安　徽	Anhui	9053.4	8969.6	8945.6	5	6616.4	6622.0	6625.3	4
福　建	Fujian	2270.8	2263.1	2292.2	24	1232.3	1201.1	1202.1	24
江　西	Jiangxi	5457.7	5524.9	5552.6	13	3639.1	3675.9	3690.9	13
山　东	Shandong	10818.2	10867.0	10976.4	3	7084.8	7202.3	7294.6	3
河　南	Henan	14248.7	14262.2	14323.5	1	9740.2	9985.2	10081.8	2
湖　北	Hubei	7997.6	8078.9	8106.2	8	4068.4	4180.1	4258.4	12
湖　南	Hunan	8216.1	8511.9	8650.0	7	4809.1	4908.0	4936.6	9
广　东	Guangdong	4524.5	4629.6	4698.1	17	2531.9	2540.2	2507.6	20
广　西	Guangxi	5896.9	6082.6	6137.2	12	3061.1	3069.1	3076.0	18
海　南	Hainan	833.7	854.6	848.2	26	437.2	438.6	421.8	26
重　庆	Chongqing	3359.4	3477.7	3515.9	22	2243.9	2259.6	2253.9	21
四　川	Sichuan	9478.8	9657.0	9682.2	4	6402.0	6468.2	6469.9	5
贵　州	Guizhou	4889.1	5182.9	5390.1	15	3039.5	3054.3	3118.4	16
云　南	Yunnan	6437.3	6920.4	7148.2	11	4274.4	4399.6	4499.4	11
西　藏	Tibet	240.2	244.0	248.6	30	170.2	170.9	175.9	29
陕　西	Shaanxi	4185.6	4238.3	4269.0	18	3159.7	3127.5	3105.1	17
甘　肃	Gansu	3995.2	4099.8	4155.9	20	2799.8	2839.4	2858.7	19
青　海	Qinghai	546.9	554.2	555.8	27	274.5	280.2	280.0	28
宁　夏	Ningxia	1247.9	1241.2	1264.7	25	844.1	828.3	801.6	25
新　疆	Xinjiang	4758.6	5123.9	5212.3	16	2028.6	2131.2	2234.8	22

10-12 棉花和油料播种面积
Sown Areas of Cotton and Oil-bearing Crops

单位：千公顷 (1 000 hectares)

地区	Region	棉花播种面积 Sown Areas of Cotton				油料播种面积 Sown Areas of Oil-bearing Crops			
		2010	2012	2013	2013排名 Ranking	2010	2012	2013	2013排名 Ranking
全 国	**National Total**	**4848.7**	**4688.1**	**4345.6**		**13889.6**	**13929.8**	**14022.6**	
北 京	Beijing	0.4	0.2	0.1	23	5.4	4.5	3.4	30
天 津	Tianjin	51.8	55.4	39.2	11	2.2	1.9	1.8	31
河 北	Hebei	581.6	578.3	483.0	3	464.4	454.0	470.4	11
山 西	Shanxi	58.7	37.4	23.4	13	157.0	145.9	140.3	23
内蒙古	Inner Mongolia	0.9	1.0	1.1	20	693.6	764.7	812.2	5
辽 宁	Liaoning	0.4	0.3	0.5	21	347.4	376.7	354.7	14
吉 林	Jilin	3.3	4.2	3.1	16	303.1	266.6	276.6	18
黑龙江	Heilongjiang					167.2	117.3	97.7	25
上 海	Shanghai	2.4	2.0	2.0	18	10.3	8.2	6.8	29
江 苏	Jiangsu	235.7	170.6	155.2	8	574.4	527.7	518.3	10
浙 江	Zhejiang	20.8	20.9	19.6	14	208.8	189.4	183.4	21
安 徽	Anhui	344.4	304.9	285.1	5	944.3	843.6	802.0	6
福 建	Fujian	0.1	0.1	0.1	25	111.7	113.6	115.2	24
江 西	Jiangxi	79.7	85.0	84.7	9	731.7	744.2	743.1	8
山 东	Shandong	766.4	689.9	672.8	2	815.9	796.0	794.9	7
河 南	Henan	467.3	256.7	186.7	6	1564.1	1573.6	1589.9	1
湖 北	Hubei	480.1	472.9	415.6	4	1448.7	1501.5	1516.9	2
湖 南	Hunan	175.0	172.2	159.6	7	1211.4	1321.7	1382.5	3
广 东	Guangdong					337.4	352.2	360.2	12
广 西	Guangxi	2.2	2.2	2.3	17	192.9	217.4	222.0	19
海 南	Hainan					40.7	39.7	40.4	27
重 庆	Chongqing	0.1	0.1	0.1	24	255.0	271.0	283.5	17
四 川	Sichuan	16.2	14.6	13.8	15	1218.9	1249.7	1265.5	4
贵 州	Guizhou	1.5	1.7	1.6	19	529.1	547.5	560.8	9
云 南	Yunnan	0.3	0.3	0.2	22	333.3	343.3	357.6	13
西 藏	Tibet					24.0	24.0	24.5	28
陕 西	Shaanxi	50.9	48.3	36.7	12	301.2	302.3	298.8	16
甘 肃	Gansu	47.9	48.2	40.7	10	345.7	336.4	336.9	15
青 海	Qinghai					177.9	164.4	158.4	22
宁 夏	Ningxia					98.8	88.4	82.1	26
新 疆	Xinjiang	1460.6	1720.8	1718.3	1	273.4	242.3	221.7	20

10-13 糖料和蔬菜播种面积
Sown Areas of Sugar Crops and Vegetables

单位：千公顷 (1 000 hectares)

地区	Region	糖料播种面积 Sown Areas of Sugar Crops				蔬菜播种面积 Sown Areas of Vegetables			
		2010	2012	2013	2013排名 Ranking	2010	2012	2013	2013排名 Ranking
全国	**National Total**	**1905.0**	**2030.4**	**1998.3**		**18999.9**	**20352.6**	**20899.4**	
北京	Beijing					67.5	64.1	62.0	29
天津	Tianjin					84.9	88.9	89.9	28
河北	Hebei	14.1	14.2	16.3	9	1138.6	1203.0	1220.4	7
山西	Shanxi	4.9	8.5	4.6	18	228.5	247.8	252.8	23
内蒙古	Inner Mongolia	36.8	43.7	45.8	6	263.6	288.4	265.7	21
辽宁	Liaoning	1.1	1.9	3.3	20	430.2	487.1	492.1	17
吉林	Jilin	3.3	6.7	2.3	22	245.5	237.4	214.6	25
黑龙江	Heilongjiang	77.9	73.0	38.6	7	184.5	249.9	265.7	22
上海	Shanghai	0.4	0.2	0.1	24	132.1	134.2	132.2	26
江苏	Jiangsu	1.8	1.7	1.6	23	1229.8	1323.4	1354.9	3
浙江	Zhejiang	12.0	11.0	10.3	13	618.6	623.3	619.1	15
安徽	Anhui	5.7	5.2	5.0	16	774.2	810.6	836.0	12
福建	Fujian	9.8	9.3	9.6	14	666.9	692.2	706.0	13
江西	Jiangxi	13.6	13.8	14.5	10	521.2	547.5	563.3	16
山东	Shandong					1770.8	1806.0	1832.9	1
河南	Henan	3.9	4.0	4.0	19	1704.1	1730.3	1745.8	2
湖北	Hubei	8.1	7.8	7.5	15	1020.8	1138.7	1145.0	8
湖南	Hunan	15.3	14.5	14.2	11	1133.1	1239.2	1283.7	5
广东	Guangdong	154.9	165.4	173.0	3	1179.8	1229.2	1306.9	4
广西	Guangxi	1069.3	1128.0	1125.1	1	1007.6	1075.4	1104.6	9
海南	Hainan	60.1	62.4	64.3	5	214.6	229.5	239.4	24
重庆	Chongqing	3.1	3.4	2.9	21	589.1	652.7	681.8	14
四川	Sichuan	19.7	14.9	14.1	12	1166.2	1253.9	1276.0	6
贵州	Guizhou	13.7	21.8	27.9	8	647.9	774.3	847.7	11
云南	Yunnan	295.2	331.5	342.4	2	671.3	803.8	900.8	10
西藏	Tibet					21.3	23.7	23.9	31
陕西	Shaanxi	0.1	0.1	0.1	25	444.0	477.1	490.0	18
甘肃	Gansu	5.1	5.0	4.9	17	395.0	454.0	481.9	19
青海	Qinghai					43.5	48.8	50.5	30
宁夏	Ningxia					101.4	111.6	117.3	27
新疆	Xinjiang	75.3	82.6	65.9	4	303.6	306.9	296.7	20

10-14 果园播种面积和粮食产量
Sown Areas of Orchards and Output of Grain

地区	Region	果园播种面积（千公顷） Sown Areas of Orchards (1 000 hectares)				粮食产量（万吨） Output of Grain (10 000 tons)			
		2010	2012	2013	2013排名 Ranking	2010	2012	2013	2013排名 Ranking
全　国	**National Total**	**11543.9**	**12139.9**	**12371.4**		**54647.7**	**58958.0**	**60193.8**	
北　京	Beijing	64.9	62.5	60.2	25	115.7	113.8	96.1	31
天　津	Tianjin	34.4	33.7	34.2	28	159.7	161.8	174.7	27
河　北	Hebei	1064.4	1051.8	1063.5	3	2975.9	3246.6	3365.0	7
山　西	Shanxi	294.4	342.4	348.3	16	1085.1	1274.1	1312.8	18
内蒙古	Inner Mongolia	65.9	70.9	72.7	24	2158.2	2528.5	2773.0	10
辽　宁	Liaoning	354.2	368.5	400.4	15	1765.4	2070.5	2195.6	12
吉　林	Jilin	58.7	53.8	52.7	26	2842.5	3343.0	3551.0	4
黑龙江	Heilongjiang	36.2	35.3	34.2	27	5012.8	5761.5	6004.1	1
上　海	Shanghai	23.2	21.3	21.1	29	118.4	122.4	114.2	28
江　苏	Jiangsu	191.5	209.8	222.1	20	3235.1	3372.5	3423.0	5
浙　江	Zhejiang	320.9	321.5	321.4	17	770.7	769.8	734.0	23
安　徽	Anhui	107.1	116.5	118.2	23	3080.5	3289.1	3279.6	8
福　建	Fujian	536.2	534.9	539.2	9	661.9	659.3	664.4	24
江　西	Jiangxi	373.6	392.8	405.2	13	1954.7	2084.8	2116.1	13
山　东	Shandong	581.0	596.3	633.9	6	4335.7	4511.4	4528.2	3
河　南	Henan	455.3	466.7	475.7	10	5437.1	5638.6	5713.7	2
湖　北	Hubei	375.7	400.7	403.6	14	2315.8	2441.8	2501.3	11
湖　南	Hunan	519.7	546.0	563.9	8	2847.5	3006.5	2925.7	9
广　东	Guangdong	1084.8	1100.2	1119.8	2	1316.5	1396.3	1315.9	17
广　西	Guangxi	938.1	997.2	1039.5	4	1412.3	1484.9	1521.8	15
海　南	Hainan	174.5	179.8	171.1	21	180.4	199.5	190.9	26
重　庆	Chongqing	248.7	282.2	296.4	18	1156.1	1138.5	1148.1	20
四　川	Sichuan	552.3	608.2	613.5	7	3222.9	3315.0	3387.1	6
贵　州	Guizhou	151.8	193.0	228.1	19	1112.3	1079.5	1030.0	22
云　南	Yunnan	315.2	392.5	406.5	12	1531.0	1749.1	1824.0	14
西　藏	Tibet	1.9	2.0	2.0	31	91.2	94.9	96.2	30
陕　西	Shaanxi	1083.3	1160.2	1193.9	1	1164.9	1245.1	1215.8	19
甘　肃	Gansu	420.0	446.9	451.8	11	958.3	1109.7	1138.9	21
青　海	Qinghai	5.1	6.8	6.8	30	102.0	101.5	102.4	29
宁　夏	Ningxia	119.5	130.3	137.7	22	356.5	375.0	373.4	25
新　疆	Xinjiang	991.7	1015.2	934.0	5	1170.7	1273.0	1377.0	16

10-15 棉花和油料产量
Output of Cotton and Oil-bearing Crops

单位：万吨　(10 000 tons)

地区	Region	棉花产量 Output of Cotton				油料产量 Output of Oil-bearing Crops			
		2010	2012	2013	2013排名 Ranking	2010	2012	2013	2013排名 Ranking
全　国	**National Total**	**596.1**	**683.6**	**629.9**		**3230.1**	**3436.8**	**3517.0**	
北　京	Beijing					1.6	1.3	1.0	30
天　津	Tianjin	6.3	5.8	4.8	12	0.6	0.6	0.6	31
河　北	Hebei	57.0	56.4	45.7	4	140.3	142.8	151.1	8
山　西	Shanxi	6.9	4.7	3.1	13	17.6	19.6	19.5	24
内蒙古	Inner Mongolia	0.1	0.2	0.2	19	128.1	145.1	158.1	7
辽　宁	Liaoning	0.1	0.1	0.1	20	99.6	120.9	113.6	11
吉　林	Jilin	0.5	0.8	0.6	16	70.4	80.7	84.0	14
黑龙江	Heilongjiang					27.5	22.5	19.0	25
上　海	Shanghai	0.4	0.4	0.4	17	2.3	1.7	1.5	29
江　苏	Jiangsu	26.1	22.0	20.9	6	152.0	146.9	150.4	9
浙　江	Zhejiang	2.9	3.0	2.8	14	39.5	38.3	37.8	21
安　徽	Anhui	31.6	29.4	25.1	5	227.6	227.7	225.4	5
福　建	Fujian					26.6	28.1	28.8	23
江　西	Jiangxi	13.1	15.2	13.1	9	107.6	117.1	119.3	10
山　东	Shandong	72.4	69.8	62.1	2	342.2	351.0	349.6	2
河　南	Henan	44.7	25.7	19.0	8	540.7	569.5	589.1	1
湖　北	Hubei	47.2	54.5	46.0	3	311.8	319.7	333.2	3
湖　南	Hunan	22.7	25.1	19.8	7	195.3	207.8	224.4	6
广　东	Guangdong					88.2	96.6	101.0	12
广　西	Guangxi	0.2	0.2	0.2	18	45.8	54.5	57.2	19
海　南	Hainan					9.5	10.4	10.9	27
重　庆	Chongqing					44.4	50.1	53.1	20
四　川	Sichuan	1.4	1.3	1.3	15	268.5	287.8	290.4	4
贵　州	Guizhou	0.1	0.1	0.1	21	60.3	87.4	91.5	13
云　南	Yunnan					34.2	62.8	60.7	16
西　藏	Tibet					5.9	6.3	6.4	28
陕　西	Shaanxi	6.9	6.7	5.8	11	56.1	60.3	59.5	18
甘　肃	Gansu	7.6	8.1	7.1	10	64.1	67.0	69.7	15
青　海	Qinghai					34.4	35.2	32.6	22
宁　夏	Ningxia					20.8	18.0	16.8	26
新　疆	Xinjiang	247.9	353.9	351.8	1	66.6	59.0	60.6	17

10-16 糖料和水果产量
Output of Sugar Crops and Fruits

单位：万吨 (10 000 tons)

地区	Region	糖料产量 Output of Sugar Crops				水果产量 Output of Fruits			
		2010	2012	2013	2013排名 Ranking	2010	2012	2013	2013排名 Ranking
全国	**National Total**	**12008.5**	**13485.4**	**13746.1**		**21401.4**	**24056.8**	**25093.0**	
北京	Beijing					115.2	113.6	103.8	27
天津	Tianjin					60.0	58.2	54.2	29
河北	Hebei	49.0	59.4	74.2	9	1612.4	1814.9	1863.3	3
山西	Shanxi	22.6	40.8	22.5	18	474.9	677.3	711.8	16
内蒙古	Inner Mongolia	161.0	167.9	181.4	6	278.2	283.5	294.8	22
辽宁	Liaoning	4.9	9.7	17.1	20	733.1	894.3	944.7	8
吉林	Jilin	7.7	20.9	6.2	23	218.0	217.5	234.7	25
黑龙江	Heilongjiang	175.0	273.1	123.2	8	279.6	268.6	274.4	23
上海	Shanghai	2.7	1.0	0.7	24	101.9	87.2	74.7	28
江苏	Jiangsu	10.3	9.7	9.6	22	738.6	796.0	814.2	13
浙江	Zhejiang	74.3	70.1	63.9	12	701.3	703.8	715.7	15
安徽	Anhui	22.4	20.6	20.2	19	805.3	885.4	905.1	10
福建	Fujian	61.6	56.5	58.6	13	642.8	708.8	744.3	14
江西	Jiangxi	59.1	61.6	64.6	11	468.4	571.3	637.8	17
山东	Shandong					2793.8	2924.5	3028.8	1
河南	Henan	26.1	26.9	28.3	16	2394.0	2535.0	2599.7	2
湖北	Hubei	32.4	31.1	28.7	15	778.5	885.7	920.5	9
湖南	Hunan	76.6	73.8	73.7	10	788.4	909.2	879.4	11
广东	Guangdong	1300.1	1469.2	1553.2	3	1235.9	1390.1	1485.4	5
广西	Guangxi	7119.6	7829.7	8104.3	1	1094.4	1325.0	1433.4	6
海南	Hainan	385.4	415.9	440.8	5	375.1	428.7	439.5	20
重庆	Chongqing	11.7	11.9	10.9	21	238.5	291.2	319.3	21
四川	Sichuan	93.6	61.5	57.1	14	722.9	821.6	840.1	12
贵州	Guizhou	52.2	128.1	159.4	7	123.5	147.7	167.7	26
云南	Yunnan	1750.9	2043.8	2146.3	2	397.9	581.1	634.5	18
西藏	Tibet					2.2	1.4	1.3	31
陕西	Shaanxi	0.2	0.2	0.2	25	1476.5	1693.8	1764.4	4
甘肃	Gansu	22.0	24.7	24.7	17	488.5	565.0	611.5	19
青海	Qinghai					3.8	3.7	3.0	30
宁夏	Ningxia					228.9	250.5	264.3	24
新疆	Xinjiang	487.0	577.2	476.5	4	1028.8	1222.1	1326.9	7

10-17 茶叶和木材产量
Output of Tea and Timber

地区	Region	茶叶产量（万吨） Output of Tea (10 000 tons)				木材产量（万立方米） Output of Timber (10 000 cu.m)			
		2010	2012	2013	2013排名 Ranking	2010	2012	2013	2013排名 Ranking
全　国	**National Total**	**147.5**	**179.0**	**192.4**		**8089.6**	**8174.9**	**8438.5**	
北　京	Beijing					9.7	14.3	20.8	23
天　津	Tianjin					21.5	10.7	15.4	24
河　北	Hebei					71.3	74.7	84.7	20
山　西	Shanxi					4.8	12.2	11.9	25
内蒙古	Inner Mongolia					320.6	208.8	186.2	14
辽　宁	Liaoning					194.6	191.4	178.3	16
吉　林	Jilin					475.9	344.3	347.4	8
黑龙江	Heilongjiang					571.4	301.9	219.6	13
上　海	Shanghai						0.3	0.2	31
江　苏	Jiangsu	1.5	1.5	1.4	16	150.9	173.4	144.1	18
浙　江	Zhejiang	16.3	17.5	16.9	5	198.2	156.9	154.4	17
安　徽	Anhui	8.3	9.5	10.1	7	458.2	495.6	477.5	5
福　建	Fujian	27.3	32.1	34.7	1	684.6	570.7	572.3	3
江　西	Jiangxi	3.0	3.9	4.3	12	340.7	286.6	266.9	9
山　东	Shandong	1.2	1.3	1.6	15	301.3	551.6	559.1	4
河　南	Henan	4.3	5.1	5.6	10	238.0	278.4	243.1	11
湖　北	Hubei	16.6	20.7	22.2	3	221.1	258.7	251.9	10
湖　南	Hunan	11.8	13.5	14.6	6	557.6	467.1	474.9	6
广　东	Guangdong	5.3	6.3	7.0	9	654.9	759.9	809.1	2
广　西	Guangxi	3.9	4.9	5.4	11	1270.4	1668.1	2288.0	1
海　南	Hainan	0.1	0.1	0.1	18	95.7	111.6	122.3	19
重　庆	Chongqing	2.5	3.1	3.4	14	26.1	30.1	30.1	22
四　川	Sichuan	16.9	21.0	22.0	4	162.6	246.2	237.1	12
贵　州	Guizhou	5.2	7.4	8.9	8	181.1	215.4	180.9	15
云　南	Yunnan	20.7	27.2	30.2	2	532.2	530.1	430.2	7
西　藏	Tibet					69.9	76.9	6.4	27
陕　西	Shaanxi	2.5	3.5	4.1	13	32.7	16.4	10.2	26
甘　肃	Gansu	0.1	0.1	0.1	17	3.0	4.7	3.1	28
青　海	Qinghai					1.6	1.9	0.6	30
宁　夏	Ningxia						1.5	0.9	29
新　疆	Xinjiang					36.5	35.7	38.8	21

10-18 谷物和棉花每公顷产量
Output of Cereals and Cotton Per Hectare

单位：公斤/公顷 (kg/hectare)

地区	Region	谷物 Cereals 2010	2012	2013	2013排名 Ranking	棉花 Cotton 2010	2012	2013	2013排名 Ranking
全 国	**National Total**	**5524**	**5824**	**5894**		**1229**	**1458**	**1449**	
北 京	Beijing	5297	5991	6191	11	1150	1135	1078	17
天 津	Tianjin	5311	5160	5344	24	1211	1039	1237	15
河 北	Hebei	4877	5292	5476	21	979	976	946	20
山 西	Shanxi	3813	4374	4509	27	1180	1257	1307	13
内蒙古	Inner Mongolia	4912	5361	5726	18	1261	1495	1454	10
辽 宁	Liaoning	5688	6632	7044	2	1523	1842	1881	5
吉 林	Jilin	6867	7742	7875	1	1566	1919	1848	6
黑龙江	Heilongjiang	5744	6049	6248	8				
上 海	Shanghai	6739	6646	6888	3	1454	1934	1955	3
江 苏	Jiangsu	6365	6562	6642	4	1107	1292	1349	12
浙 江	Zhejiang	6641	6750	6453	5	1412	1429	1423	11
安 徽	Anhui	5367	5680	5651	19	918	964	881	23
福 建	Fujian	5823	5956	6002	13	436	693	755	24
江 西	Jiangxi	5581	5898	5963	14	1640	1790	1546	9
山 东	Shandong	6154	6308	6244	9	945	1012	923	22
河 南	Henan	5837	5934	5954	15	957	1001	1016	19
湖 北	Hubei	6036	6254	6256	7	983	1153	1106	16
湖 南	Hunan	6135	6328	6163	12	1297	1456	1241	14
广 东	Guangdong	5348	5677	5395	22				
广 西	Guangxi	5032	5253	5367	23	928	1010	1066	18
海 南	Hainan	4272	4748	4768	25				
重 庆	Chongqing	6229	6122	6228	10	628	636	660	25
四 川	Sichuan	5557	5747	5917	16	876	912	942	21
贵 州	Guizhou	4978	4484	3973	30	660	705	587	26
云 南	Yunnan	4172	4534	4537	26	1237	1652	1942	4
西 藏	Tibet	5430	5628	5523	20				
陕 西	Shaanxi	3992	4327	4286	29	1361	1391	1577	8
甘 肃	Gansu	3772	4264	4333	28	1578	1682	1732	7
青 海	Qinghai	3756	3787	3822	31				
宁 夏	Ningxia	5411	5690	5879	17			3400	1
新 疆	Xinjiang	5969	6070	6289	6	1697	2057	2047	2

10-19 花生和油菜籽每公顷产量
Output of Peanuts and Rapeseeds Per Hectare

单位：公斤/公顷 (kg/hectare)

地区	Region	花生 Peanuts 2010	2012	2013	2013排名 Ranking	油菜籽 Rapeseeds 2010	2012	2013	2013排名 Ranking
全国	**National Total**	**3455**	**3598**	**3663**		**1775**	**1885**	**1920**	
北京	Beijing	2990	3070	2998	12	440	150	790	28
天津	Tianjin	3573	3282	3484	9				
河北	Hebei	3517	3581	3658	8	1312	1564	1613	20
山西	Shanxi	2332	2189	2314	24	1048	1575	1431	23
内蒙古	Inner Mongolia	1751	1913	1969	26	1003	1133	1162	26
辽宁	Liaoning	2893	3240	3259	11	1950	1952	1911	16
吉林	Jilin	2739	3301	3765	6				
黑龙江	Heilongjiang	2175	2844	2875	14	2251	2576	6198	1
上海	Shanghai	2762	2590	2669	20	2195	2077	2142	10
江苏	Jiangsu	3646	3756	3745	7	2444	2590	2737	2
浙江	Zhejiang	2827	2882	2823	16	1803	1938	1984	13
安徽	Anhui	4440	4634	4734	2	1935	2203	2289	8
福建	Fujian	2527	2614	2644	21	1293	1412	1456	22
江西	Jiangxi	2677	2788	2761	18	1167	1246	1285	24
山东	Shandong	4212	4430	4430	4	2792	2608	2545	5
河南	Henan	4322	4508	4544	3	2260	2303	2418	7
湖北	Hubei	3405	3100	3400	10	2005	1971	2042	12
湖南	Hunan	2413	2509	2510	23	1530	1486	1545	21
广东	Guangdong	2652	2784	2845	15	1171	1227	1188	25
广西	Guangxi	2554	2716	2776	17	943	1000	1013	27
海南	Hainan	2420	2677	2735	19				
重庆	Chongqing	1836	1942	2058	25	1784	1844	1860	17
四川	Sichuan	2373	2474	2516	22	2166	2263	2245	9
贵州	Guizhou	1882	1915	1894	28	1077	1573	1614	19
云南	Yunnan	1430	1537	1617	30	963	1903	1719	18
西藏	Tibet	2450	2018	1924	27	2442	2639	2604	3
陕西	Shaanxi	2884	2965	2946	13	1847	1976	1940	15
甘肃	Gansu	2522	4120	3992	5	1816	1938	1950	14
青海	Qinghai					1948	2158	2070	11
宁夏	Ningxia	1575	1809	1794	29	1782	2380	2516	6
新疆	Xinjiang	4350	4895	5661	1	2158	1877	2582	4

10-20 甘蔗和甜菜每公顷产量
Output of Sugarcane and Beetroots Per Hectare

单位：公斤/公顷 (kg/hectare)

地区	Region	甘蔗 Sugarcane 2010	2012	2013	2013排名 Ranking	甜菜 Beetroots 2010	2012	2013	2013排名 Ranking
全　国	**National Total**	**65700**	**68600**	**70576**		**42498**	**49793**	**50922**	
北　京	Beijing								
天　津	Tianjin								
河　北	Hebei					34810	41911	45575	5
山　西	Shanxi					46169	47718	48858	4
内蒙古	Inner Mongolia					43707	38421	39588	6
辽　宁	Liaoning					45970	52041	51402	2
吉　林	Jilin					23479	31443	27261	8
黑龙江	Heilongjiang					22476	37439	31932	7
上　海	Shanghai	66951	63375	48329	11				
江　苏	Jiangsu	59848	60019	60761	8	11775	10000	10000	12
浙　江	Zhejiang	61700	63737	61955	6				
安　徽	Anhui	39074	39735	40121	14	8000			
福　建	Fujian	62491	60662	61153	7				
江　西	Jiangxi	43583	44747	44643	12				
山　东	Shandong						24000	22333	10
河　南	Henan	66622	67709	71678	3				
湖　北	Hubei	40204	40100	38288	15		1567	2450	13
湖　南	Hunan	49997	51094	51816	10				
广　东	Guangdong	83956	88805	89789	1				
广　西	Guangxi	66583	69411	72032	2				
海　南	Hainan	64172	66604	68510	4				
重　庆	Chongqing	37315	35199	37091	16				
四　川	Sichuan	47920	41357	40638	13	13461	20462	21247	11
贵　州	Guizhou	38133	58794	57060	9	6806	4205	2000	14
云　南	Yunnan	59328	61654	62690	5	10248	16533		
西　藏	Tibet								
陕　西	Shaanxi	28814	31980	31800	17		6800		
甘　肃	Gansu					43594	49007	50351	3
青　海	Qinghai					14633		22500	9
宁　夏	Ningxia					12433	44000		
新　疆	Xinjiang					64688	69854	72301	1

10-21 造林面积
Area of Afforestation

单位：公顷 (hectare)

地区	Region	造林总面积 Total Area of Afforestation 2010	2012	2013	2013排名 Ranking	其中：人工造林 Manual Planting 2010	2012	2013	2013排名 Ranking
全　国	**National Total**	**5909919**	**5595791**	**6100057**		**3872762**	**3820704**	**4209686**	
北　京	Beijing	13887	35752	45813	27	7765	22171	30871	26
天　津	Tianjin	11315	5357	5792	30	11315	5357	5792	30
河　北	Hebei	283878	312360	318737	6	138365	209013	238007	5
山　西	Shanxi	282371	302851	298796	7	156785	225253	240843	4
内蒙古	Inner Mongolia	655180	781617	805156	1	229930	357339	349624	2
辽　宁	Liaoning	190669	246667	237457	10	102903	140000	134459	14
吉　林	Jilin	82584	28166	112446	22	39329	27833	48448	24
黑龙江	Heilongjiang	233777	162299	124122	21	166411	108960	81512	20
上　海	Shanghai	1349	1168	862	31	1349	1168	862	31
江　苏	Jiangsu	86256	57341	65258	26	73234	57341	64925	22
浙　江	Zhejiang	15214	43923	42362	28	12999	34473	30310	28
安　徽	Anhui	48711	43786	172086	14	28465	32162	162488	11
福　建	Fujian	29875	98042	100185	24	29125	98042	100185	19
江　西	Jiangxi	200778	138645	153368	16	170875	127031	141041	13
山　东	Shandong	205131	197956	220473	12	198998	195875	219129	6
河　南	Henan	231700	228292	253914	8	178850	205968	201208	8
湖　北	Hubei	192213	198578	246858	9	119075	140174	165652	10
湖　南	Hunan	213448	404239	349772	3	178146	236487	188680	9
广　东	Guangdong	95144	107512	139058	19	91952	94919	119083	16
广　西	Guangxi	143254	148878	149875	18	125341	124443	133510	15
海　南	Hainan	14166	17734	12829	29	14166	17734	12829	29
重　庆	Chongqing	255235	206215	227883	11	173188	135414	152832	12
四　川	Sichuan	382225	112159	126191	20	206421	58828	67992	21
贵　州	Guizhou	206603	147704	340000	5	72714	70400	256253	3
云　南	Yunnan	661500	544466	524334	2	596879	495424	467658	1
西　藏	Tibet	62299	72432	69629	25	42010	38395	30540	27
陕　西	Shaanxi	364312	320287	343981	4	199534	215684	215732	7
甘　肃	Gansu	232761	177330	174470	13	148567	110789	108377	18
青　海	Qinghai	117804	135644	152755	17	33720	33387	44397	25
宁　夏	Ningxia	94932	94814	101145	23	71001	53430	60695	23
新　疆	Xinjiang	251601	210244	164450	15	203603	133877	115752	17

注：2013年全国合计造林面积中包括军事管理区20000公顷退耕还林工程荒山荒地造林。

Note: The areas of afforestation in 2013 include 20000 hectares plantation of barren mountains and wasteland in the Conversion of Cropland to Forest Program.

10-22 按林种用途分造林面积（一）
Area of Afforestation by Function of Forest (1)

单位：公顷 (hectare)

地区	Region	用材林面积 Timber Forests 2010	2012	2013	2013排名 Ranking	经济林面积 By-product Forests 2010	2012	2013	2013排名 Ranking
全　国	**National Total**	**809937**	**774398**	**1057558**		**1110896**	**1101053**	**1233676**	
北　京	Beijing					721	574	436	29
天　津	Tianjin	6246	984	618	25	750	976	1116	28
河　北	Hebei	18951	28806	31127	13	14784	31267	45852	8
山　西	Shanxi	10	1733	2267	23	52304	61739	83995	3
内蒙古	Inner Mongolia	10219	9820	8357	18	5434	13300	16489	17
辽　宁	Liaoning	26344	13362	16899	15	7497	17851	26565	15
吉　林	Jilin		4135	8255	19	30	300	136	30
黑龙江	Heilongjiang	15211	13891	13491	16	659	4052	1409	27
上　海	Shanghai					465	155	85	31
江　苏	Jiangsu	15868	10116	7848	20	7476	10015	11446	19
浙　江	Zhejiang	1162	5327	3266	22	2329	11209	9690	21
安　徽	Anhui	10371	10022	63164	7	7765	5842	40285	10
福　建	Fujian	15345	57402	72977	6	3350	11758	9055	22
江　西	Jiangxi	103883	66682	86665	4	32509	32379	37867	11
山　东	Shandong	36101	25178	32569	11	37856	49195	63604	5
河　南	Henan	50928	45506	55701	10	23208	34538	41444	9
湖　北	Hubei	53721	67624	83439	5	28569	45534	58163	6
湖　南	Hunan	71886	125068	183884	1	32285	48051	36111	12
广　东	Guangdong	33620	27786	29986	14	11061	6050	5143	25
广　西	Guangxi	108013	99553	89186	3	9323	20785	35510	13
海　南	Hainan	600	2520	1888	24	2085	11052	8192	23
重　庆	Chongqing	71723	43561	60683	9	27090	32934	28605	14
四　川	Sichuan	66328	26829	31306	12	29189	18940	23961	16
贵　州	Guizhou	9541	22529	100000	2	35676	48989	144727	2
云　南	Yunnan	71629	53697	61336	8	482862	404887	352109	1
西　藏	Tibet	1667	3042			585	2823	1426	26
陕　西	Shaanxi	3886	4856	8371	17	59410	80827	73744	4
甘　肃	Gansu					32223	28233	12514	18
青　海	Qinghai						1567	6868	24
宁　夏	Ningxia	1608				25153	9006	10118	20
新　疆	Xinjiang	1996	4369	4275	21	138248	56225	47011	7

10-23 按林种用途分造林面积（二）
Area of Afforestation by Function of Forest (2)

单位：公顷 (hectare)

地区	Region	防护林面积 Protection Forests				薪炭林面积 Fuel Forests			
		2010	2012	2013	2013排名 Ranking	2010	2012	2013	2013排名 Ranking
全　国	**National Total**	**3943432**	**3650842**	**3748409**		**18887**	**41145**	**24898**	
北　京	Beijing	11989	34090	44737	23				
天　津	Tianjin	4319	3397	4058	29				
河　北	Hebei	249143	251258	240298	3		402		
山　西	Shanxi	223722	226194	202872	4	6335	13185	9662	1
内蒙古	Inner Mongolia	638740	756364	777993	1		2133		
辽　宁	Liaoning	156795	215423	193993	5				
吉　林	Jilin	82487	23731	104055	15				
黑龙江	Heilongjiang	210287	142708	106778	14	796	46	4	12
上　海	Shanghai	884	1013	777	31				
江　苏	Jiangsu	62226	36824	43923	24	129			
浙　江	Zhejiang	11709	25783	28856	25		435	224	9
安　徽	Anhui	30106	27449	60790	22	469	154	716	7
福　建	Fujian	11148	23249	15081	28	30		272	8
江　西	Jiangxi	59733	37853	28207	26	2119	545	140	10
山　东	Shandong	129877	122277	122536	11				
河　南	Henan	157306	147818	156769	7				
湖　北	Hubei	105752	84343	103083	16	1854	217	112	11
湖　南	Hunan	108005	230908	125879	10	551		2161	5
广　东	Guangdong	50383	72617	102917	17				
广　西	Guangxi	25577	26965	24339	27	1			
海　南	Hainan	11256	3113	2103	30	40			
重　庆	Chongqing	153755	124768	133465	9	1973	3338	3447	3
四　川	Sichuan	286636	66390	70791	20				
贵　州	Guizhou	159885	70352	90000	19	1034	4911	4333	2
云　南	Yunnan	104722	84407	110010	13	1125	1195	879	6
西　藏	Tibet	60047	65092	68203	21		1475		
陕　西	Shaanxi	300883	234604	261866	2	133			
甘　肃	Gansu	194671	141076	156923	6		1200		
青　海	Qinghai	117804	125477	145887	8		8600		
宁　夏	Ningxia	68121	85808	91027	18				
新　疆	Xinjiang	108797	146158	110193	12	2298	3309	2948	4

10-24 大牲畜年底头数和肉类总产量
Large Animals at Year-end and Output of Meat

地区	Region	大牲畜年底头数（万头） Large Animals at year-end (10 000 heads)				肉类总产量（万吨） Output of Meat (10 000 tons)			
		2010	2012	2013	2013排名 Ranking	2010	2012	2013	2013排名 Ranking
全 国	**National Total**	**12238.5**	**11891.8**	**11853.2**		**7925.8**	**8387.2**	**8535.0**	
北 京	Beijing	21.9	22.3	21.1	29	46.3	43.2	41.8	27
天 津	Tianjin	29.6	29.7	28.8	28	42.6	45.8	46.5	26
河 北	Hebei	503.9	498.2	482.5	15	416.7	442.9	448.8	5
山 西	Shanxi	127.6	122.7	123.9	23	72.4	77.4	83.2	24
内蒙古	Inner Mongolia	883.4	839.1	819.6	4	238.7	245.8	244.9	15
辽 宁	Liaoning	525.9	524.4	515.5	10	406.7	418.7	420.1	8
吉 林	Jilin	537.6	504.2	503.1	12	238.9	260.0	262.7	14
黑龙江	Heilongjiang	573.6	557.6	531.7	9	197.9	216.2	221.3	16
上 海	Shanghai	6.8	7.0	5.9	31	26.2	25.8	23.8	31
江 苏	Jiangsu	40.9	36.4	34.5	27	365.8	396.5	383.2	11
浙 江	Zhejiang	19.9	17.7	17.5	30	175.1	180.8	174.3	20
安 徽	Anhui	151.5	152.3	155.7	21	376.9	397.7	403.8	10
福 建	Fujian	70.2	68.5	68.9	26	180.2	200.8	211.2	17
江 西	Jiangxi	277.1	294.5	301.1	18	289.9	311.1	321.9	13
山 东	Shandong	502.4	514.2	514.4	11	704.4	764.2	774.8	1
河 南	Henan	1044.8	942.3	936.8	2	638.4	677.4	699.1	2
湖 北	Hubei	327.5	334.9	345.3	17	379.3	412.3	430.1	7
湖 南	Hunan	440.3	435.7	448.2	16	494.8	515.3	519.2	4
广 东	Guangdong	229.3	232.9	238.2	19	441.1	443.2	435.2	6
广 西	Guangxi	495.6	494.2	495.1	13	387.8	411.0	420.0	9
海 南	Hainan	92.6	87.4	84.3	25	68.5	79.5	82.9	25
重 庆	Chongqing	131.4	133.6	139.7	22	192.5	201.2	207.8	18
四 川	Sichuan	1085.0	1049.2	1050.7	1	656.6	670.2	690.4	3
贵 州	Guizhou	627.6	541.0	536.9	8	179.1	190.3	199.7	19
云 南	Yunnan	923.1	926.1	881.7	3	321.4	348.7	359.4	12
西 藏	Tibet	662.2	643.6	659.4	5	25.0	25.2	26.8	30
陕 西	Shaanxi	186.4	165.8	160.9	20	102.6	107.1	112.6	22
甘 肃	Gansu	595.0	587.6	597.2	6	84.4	87.8	91.0	23
青 海	Qinghai	485.7	459.0	484.7	14	28.3	30.5	31.8	28
宁 夏	Ningxia	103.0	104.0	105.3	24	25.7	26.5	27.4	29
新 疆	Xinjiang	536.8	565.8	564.9	7	121.7	134.2	139.4	21

10-25 猪牛羊肉产量（一）
Output of Pork, Beef and Mutton (1)

单位：万吨 (10 000 tons)

地区	Region	猪牛羊肉产量 Output of Pork, Beef and Mutton				其中：猪肉产量 Output of Pork			
		2010	2012	2013	2013排名 Ranking	2010	2012	2013	2013排名 Ranking
全　国	**National Total**	**6123.1**	**6405.9**	**6574.4**		**5071.2**	**5342.7**	**5493.0**	
北　京	Beijing	27.5	27.3	27.9	28	24.1	23.9	24.6	27
天　津	Tianjin	32.6	33.9	34.6	26	28.0	29.2	29.8	26
河　北	Hebei	332.6	343.0	346.6	6	245.2	259.0	265.3	8
山　西	Shanxi	63.6	67.1	72.6	24	53.1	56.3	61.2	22
内蒙古	Inner Mongolia	210.8	213.7	213.9	14	71.9	73.9	73.4	21
辽　宁	Liaoning	277.9	281.3	284.9	10	228.4	230.2	233.6	12
吉　林	Jilin	166.9	181.8	185.6	15	119.8	132.7	136.3	18
黑龙江	Heilongjiang	165.7	180.2	184.9	16	114.5	128.4	133.4	19
上　海	Shanghai	18.4	19.3	18.9	31	17.9	18.7	18.3	28
江　苏	Jiangsu	223.9	239.9	240.8	13	213.1	228.8	229.9	13
浙　江	Zhejiang	134.9	142.5	141.6	20	131.9	139.7	138.8	17
安　徽	Anhui	271.3	282.4	286.6	8	238.8	249.7	253.4	10
福　建	Fujian	150.7	160.0	162.5	19	146.6	155.6	157.7	15
江　西	Jiangxi	233.4	250.5	258.9	12	221.1	237.3	245.1	11
山　东	Shandong	454.5	476.8	494.5	3	353.2	376.7	392.9	4
河　南	Henan	516.5	537.7	559.4	2	408.3	432.5	454.1	2
湖　北	Hubei	312.7	344.4	359.0	5	287.0	317.3	330.6	5
湖　南	Hunan	439.3	454.7	459.5	4	412.4	427.6	430.6	3
广　东	Guangdong	282.6	284.0	285.6	9	275.5	276.4	277.8	6
广　西	Guangxi	258.5	269.6	278.9	11	241.5	252.5	261.3	9
海　南	Hainan	44.6	51.7	54.2	25	41.2	48.1	50.5	24
重　庆	Chongqing	156.3	160.6	165.6	18	147.6	150.7	155.0	16
四　川	Sichuan	546.4	549.7	566.5	1	492.2	496.4	510.8	1
贵　州	Guizhou	163.5	172.7	181.4	17	148.1	156.1	163.7	14
云　南	Yunnan	285.3	309.5	321.8	7	242.5	264.1	276.0	7
西　藏	Tibet	24.7	25.0	26.0	29	1.3	1.5	1.5	31
陕　西	Shaanxi	93.7	97.8	102.9	22	79.1	83.5	88.3	20
甘　肃	Gansu	78.0	81.2	84.5	23	46.3	48.6	50.8	23
青　海	Qinghai	27.4	29.4	30.7	27	9.2	9.4	9.9	29
宁　夏	Ningxia	23.3	24.0	24.8	30	8.5	7.7	7.1	30
新　疆	Xinjiang	105.5	114.3	118.9	21	23.0	30.2	31.3	25

10-26 猪牛羊肉产量（二）
Output of Pork, Beef and Mutton (2)

单位：万吨 (10 000 tons)

地区	Region	其中：牛肉产量 Output of Beef				其中：羊肉产量 Output of Mutton			
		2010	2012	2013	2013排名 Ranking	2010	2012	2013	2013排名 Ranking
全　国	**National Total**	**653.1**	**662.3**	**673.2**		**398.9**	**401.0**	**408.1**	
北　京	Beijing	2.0	2.2	2.1	29	1.4	1.2	1.2	27
天　津	Tianjin	3.1	3.3	3.3	25	1.5	1.5	1.5	26
河　北	Hebei	58.1	55.3	52.3	3	29.3	28.7	29.1	4
山　西	Shanxi	4.9	4.9	5.2	24	5.6	5.9	6.2	19
内蒙古	Inner Mongolia	49.7	51.2	51.8	4	89.2	88.6	88.8	1
辽　宁	Liaoning	41.6	43.2	43.2	6	7.9	7.9	8.1	16
吉　林	Jilin	43.2	45.0	45.0	5	3.8	4.1	4.2	20
黑龙江	Heilongjiang	39.0	39.7	39.7	7	12.1	12.1	11.8	10
上　海	Shanghai					0.5	0.6	0.6	31
江　苏	Jiangsu	3.5	3.5	3.2	26	7.4	7.6	7.8	17
浙　江	Zhejiang	1.1	1.2	1.1	30	1.9	1.7	1.7	25
安　徽	Anhui	18.3	18.1	18.1	13	14.2	14.6	15.0	8
福　建	Fujian	2.3	2.5	2.6	27	1.8	2.0	2.1	24
江　西	Jiangxi	11.2	12.1	12.7	18	1.1	1.1	1.1	28
山　东	Shandong	68.7	67.0	67.9	2	32.7	33.1	33.7	3
河　南	Henan	83.0	80.4	80.6	1	25.2	24.8	24.8	5
湖　北	Hubei	17.7	18.9	20.2	11	8.1	8.2	8.2	15
湖　南	Hunan	16.3	16.8	18.2	12	10.6	10.3	10.7	11
广　东	Guangdong	6.3	6.7	7.0	23	0.9	0.9	0.9	30
广　西	Guangxi	13.7	13.9	14.3	16	3.3	3.2	3.2	22
海　南	Hainan	2.2	2.5	2.6	28	1.1	1.0	1.1	29
重　庆	Chongqing	6.3	7.1	7.6	21	2.4	2.8	3.0	23
四　川	Sichuan	29.4	29.3	31.1	10	24.8	24.0	24.5	6
贵　州	Guizhou	12.0	13.0	14.1	17	3.4	3.5	3.5	21
云　南	Yunnan	29.9	31.9	31.8	9	12.9	13.6	14.0	9
西　藏	Tibet	14.8	15.1	15.9	15	8.7	8.5	8.6	14
陕　西	Shaanxi	7.3	7.5	7.5	22	7.3	6.9	7.0	18
甘　肃	Gansu	16.1	16.7	17.2	14	15.6	15.9	16.6	7
青　海	Qinghai	8.5	9.6	10.3	19	9.8	10.4	10.5	12
宁　夏	Ningxia	7.5	7.9	8.7	20	7.3	8.5	9.0	13
新　疆	Xinjiang	35.5	36.2	37.8	8	47.0	48.0	49.7	2

10-27 奶类和禽蛋总产量
Output of Milk and Poultry Eggs

单位：万吨 (10 000 tons)

地区	Region	奶类总产量 Output of Milk				禽蛋总产量 Output of Poultry Eggs			
		2010	2012	2013	2013排名 Ranking	2010	2012	2013	2013排名 Ranking
全　国	**National Total**	**3748.0**	**3875.4**	**3649.5**		**2762.7**	**2861.2**	**2876.1**	
北　京	Beijing	64.1	65.1	61.5	13	15.1	15.2	17.5	24
天　津	Tianjin	69.3	68.2	68.5	12	18.7	18.7	18.9	23
河　北	Hebei	449.1	479.0	465.7	3	339.1	342.6	346.1	3
山　西	Shanxi	74.9	81.0	87.2	10	70.5	74.7	79.8	12
内蒙古	Inner Mongolia	945.7	930.7	778.6	1	50.0	54.5	55.1	14
辽　宁	Liaoning	126.7	130.2	125.7	8	275.7	279.9	276.8	4
吉　林	Jilin	44.6	49.8	48.3	16	95.6	100.2	97.7	10
黑龙江	Heilongjiang	558.8	565.0	522.5	2	105.3	108.2	102.7	9
上　海	Shanghai	24.7	30.2	26.5	20	6.3	5.9	5.7	28
江　苏	Jiangsu	57.3	61.3	59.9	14	190.6	197.2	197.9	5
浙　江	Zhejiang	20.3	19.3	18.2	22	44.3	48.1	43.1	16
安　徽	Anhui	20.5	24.1	25.3	21	119.0	122.6	124.5	8
福　建	Fujian	15.7	15.4	15.3	24	26.3	25.4	25.0	20
江　西	Jiangxi	11.9	12.6	12.2	26	42.0	45.8	46.1	15
山　东	Shandong	271.6	294.1	281.2	5	384.3	402.0	396.2	2
河　南	Henan	307.9	330.4	328.8	4	388.6	404.2	410.2	1
湖　北	Hubei	30.4	15.7	15.8	23	132.6	139.4	145.1	7
湖　南	Hunan	7.8	8.5	8.9	28	91.7	95.2	95.6	11
广　东	Guangdong	14.5	13.9	14.1	25	34.4	31.8	32.3	18
广　西	Guangxi	8.2	9.4	9.6	27	20.0	21.8	22.7	22
海　南	Hainan	0.2	0.2	0.2	31	3.5	3.6	3.8	29
重　庆	Chongqing	8.0	7.7	6.8	29	37.2	40.1	41.1	17
四　川	Sichuan	70.3	72.2	71.1	11	144.4	146.4	145.2	6
贵　州	Guizhou	4.6	5.1	5.5	30	12.5	14.7	15.4	25
云　南	Yunnan	54.1	58.0	59.3	15	20.8	22.1	23.2	21
西　藏	Tibet	29.4	31.6	33.0	18	0.3	0.4	0.5	31
陕　西	Shaanxi	177.6	189.1	188.5	6	47.1	51.9	55.4	13
甘　肃	Gansu	36.3	38.6	39.1	17	13.8	14.7	14.5	26
青　海	Qinghai	26.3	29.4	28.7	19	1.6	2.0	2.3	30
宁　夏	Ningxia	84.5	103.5	104.2	9	7.2	6.2	7.4	27
新　疆	Xinjiang	132.8	136.3	139.2	7	24.4	25.9	28.2	19

10-28 水产养殖面积和水产品总产量
Aquaculture Area and Total Aquatic Products

地区	Region	水产养殖面积（千公顷）Aquaculture Area (1 000 hectares)				水产品总产量（万吨）Total Aquatic Products (10 000 tons)			
		2010	2012	2013	2013排名 Ranking	2010	2012	2013	2013排名 Ranking
全　国	**National Total**	**7645.2**	**8088.4**	**8321.7**		**5373.0**	**5907.7**	**6172.0**	
北　京	Beijing	5.0	4.4	4.2	30	6.3	6.4	6.4	27
天　津	Tianjin	41.5	41.3	40.5	26	34.5	36.5	39.9	18
河　北	Hebei	198.8	212.1	197.3	15	106.3	116.3	123.1	14
山　西	Shanxi	14.8	15.0	15.5	28	3.2	4.1	4.6	28
内蒙古	Inner Mongolia	108.6	116.9	115.8	18	11.4	13.2	14.1	24
辽　宁	Liaoning	961.2	1015.6	1148.9	1	430.4	478.6	505.0	6
吉　林	Jilin	273.8	294.4	307.7	10	16.6	18.2	18.6	21
黑龙江	Heilongjiang	308.8	373.4	376.4	9	40.0	45.3	48.9	16
上　海	Shanghai	25.3	22.0	21.0	27	29.0	29.7	28.9	20
江　苏	Jiangsu	750.1	771.2	765.3	3	460.4	493.7	509.4	5
浙　江	Zhejiang	312.9	303.0	302.4	11	478.0	539.6	550.8	4
安　徽	Anhui	528.7	556.6	570.4	5	193.3	207.5	215.5	11
福　建	Fujian	231.5	242.8	253.3	13	587.0	628.7	658.5	3
江　西	Jiangxi	425.5	432.1	433.2	8	215.3	237.0	242.6	9
山　东	Shandong	757.7	803.4	826.9	2	783.8	841.9	863.2	1
河　南	Henan	209.8	235.8	255.5	12	57.9	71.7	85.0	15
湖　北	Hubei	656.7	680.1	683.5	4	353.1	388.9	410.4	7
湖　南	Hunan	394.0	436.7	447.6	7	198.0	221.4	234.1	10
广　东	Guangdong	563.4	575.2	570.1	6	729.0	789.5	816.1	2
广　西	Guangxi	221.7	229.1	231.7	14	275.5	303.9	319.3	8
海　南	Hainan	54.2	56.3	57.9	21	149.5	172.7	183.1	12
重　庆	Chongqing	76.4	84.3	88.0	19	22.4	33.1	38.5	19
四　川	Sichuan	183.2	192.8	196.8	16	105.1	118.9	126.1	13
贵　州	Guizhou	29.9	49.3	56.2	22	8.8	13.5	16.7	22
云　南	Yunnan	107.8	124.0	134.9	17	29.8	40.1	48.6	17
西　藏	Tibet					0.1			
陕　西	Shaanxi	39.8	48.2	47.9	23	6.0	10.5	12.5	26
甘　肃	Gansu	12.6	13.3	13.9	29	1.2	1.3	1.4	29
青　海	Qinghai	38.0	42.4	42.4	25	0.2	0.5	0.6	30
宁　夏	Ningxia	40.4	45.4	45.9	24	9.0	12.4	14.5	23
新　疆	Xinjiang	73.3	71.1	70.7	20	10.1	12.2	13.2	25

10-29 海水产品和淡水产品产量
Output of Seawater and Freshwater Products

单位：万吨 (10 000 tons)

地区	Region	海水产品 Seawater Aquatic Products				淡水产品 Freshwater Aquatic Products			
		2010	2012	2013	2013排名 Ranking	2010	2012	2013	2013排名 Ranking
全　国	**National Total**	**2797.5**	**3033.3**	**3138.8**		**2575.5**	**2874.3**	**3033.2**	
北　京	Beijing	0.9	1.0	0.7	12	5.4	5.4	5.7	27
天　津	Tianjin	3.9	4.2	7.9	11	30.6	32.3	32.0	19
河　北	Hebei	58.3	63.5	68.3	9	48.1	52.9	54.8	14
山　西	Shanxi					3.2	4.1	4.6	28
内蒙古	Inner Mongolia					11.4	13.2	14.1	24
辽　宁	Liaoning	349.7	389.3	411.1	5	80.6	89.3	93.9	11
吉　林	Jilin					16.6	18.2	18.6	20
黑龙江	Heilongjiang					40.0	45.3	48.9	15
上　海	Shanghai	12.1	13.1	12.5	10	16.8	16.7	16.4	22
江　苏	Jiangsu	136.4	148.5	151.2	7	324.0	345.3	358.2	3
浙　江	Zhejiang	381.2	431.2	443.2	3	96.7	108.3	107.6	10
安　徽	Anhui					193.3	207.5	215.5	6
福　建	Fujian	512.8	546.6	571.7	2	74.2	82.1	86.8	12
江　西	Jiangxi					215.3	237.0	242.6	4
山　东	Shandong	646.3	686.1	699.5	1	137.5	155.8	163.7	7
河　南	Henan					57.9	71.7	85.0	13
湖　北	Hubei					353.1	388.9	410.4	1
湖　南	Hunan					198.0	221.4	234.1	5
广　东	Guangdong	401.5	432.3	442.4	4	327.5	357.2	373.7	2
广　西	Guangxi	154.4	164.8	171.0	6	121.1	139.1	148.4	8
海　南	Hainan	117.9	132.5	136.9	8	31.6	40.2	46.2	17
重　庆	Chongqing					22.4	33.1	38.5	18
四　川	Sichuan					105.1	118.9	126.1	9
贵　州	Guizhou					8.8	13.5	16.7	21
云　南	Yunnan					29.8	40.1	48.6	16
西　藏	Tibet					0.1			
陕　西	Shaanxi					6.0	10.5	12.5	26
甘　肃	Gansu					1.2	1.3	1.4	29
青　海	Qinghai					0.2	0.5	0.6	30
宁　夏	Ningxia					9.0	12.4	14.5	23
新　疆	Xinjiang					10.1	12.2	13.2	25

10-30 水产品捕捞和养殖产量
Fishing and Farming of Aquatic Products

单位：万吨 (10 000 tons)

地区	Region	水产品捕捞产量 Fishing Output of Aquatic Products				水产品养殖产量 Aquatic Products Breeding Production			
		2010	2012	2013	2013排名 Ranking	2010	2012	2013	2013排名 Ranking
全 国	**National Total**	**1544.17**	**1619.32**	**1630.32**		**3828.84**	**4288.36**	**4541.68**	
北 京	Beijing	1.32	1.34	1.07	25	5.02	5.04	5.29	27
天 津	Tianjin	3.44	3.88	7.88	15	31.05	32.63	31.98	19
河 北	Hebei	34.55	35.02	32.81	9	71.78	81.30	90.25	13
山 西	Shanxi	0.08	0.11	0.11	27	3.09	4.01	4.45	28
内蒙古	Inner Mongolia	3.07	3.11	3.10	20	8.31	10.04	11.03	26
辽 宁	Liaoning	123.95	130.92	133.79	5	306.43	347.70	371.23	6
吉 林	Jilin	1.98	2.01	2.09	21	14.62	16.20	16.50	20
黑龙江	Heilongjiang	4.69	5.19	5.16	17	35.28	40.09	43.71	17
上 海	Shanghai	12.72	13.50	12.87	13	16.25	16.21	16.01	21
江 苏	Jiangsu	91.17	91.41	90.19	7	369.28	402.33	419.20	4
浙 江	Zhejiang	307.88	355.07	365.60	1	170.08	184.51	185.22	10
安 徽	Anhui	31.59	32.35	32.50	10	161.72	175.14	183.03	11
福 建	Fujian	217.09	222.56	225.29	3	369.87	406.12	433.19	3
江 西	Jiangxi	29.25	26.49	26.06	11	186.09	210.51	216.58	9
山 东	Shandong	263.16	263.76	257.05	2	520.67	578.13	606.11	2
河 南	Henan	3.24	4.16	4.68	18	54.62	67.56	80.33	14
湖 北	Hubei	26.37	21.31	21.30	12	326.73	367.64	389.07	5
湖 南	Hunan	9.67	10.50	10.46	14	188.33	210.94	223.60	8
广 东	Guangdong	165.29	169.67	168.38	4	563.74	619.83	647.74	1
广 西	Guangxi	78.39	80.01	78.52	8	197.11	223.86	240.82	7
海 南	Hainan	101.42	113.07	114.28	6	48.06	59.66	68.86	15
重 庆	Chongqing	1.10	1.49	1.48	22	21.33	31.58	37.02	18
四 川	Sichuan	5.80	6.03	6.00	16	99.26	112.88	120.06	12
贵 州	Guizhou	1.21	1.43	1.40	23	7.58	12.04	15.30	22
云 南	Yunnan	2.31	2.83	3.82	19	27.46	37.29	44.81	16
西 藏	Tibet	0.04	0.03	0.03	28	0.0072	0.0065	0.0065	31
陕 西	Shaanxi	0.42	0.48	0.54	26	5.61	10.07	11.98	24
甘 肃	Gansu							1.39	29
青 海	Qinghai	0.0035	0.0060			0.16	0.45	0.60	30
宁 夏	Ningxia	0.02	0.02	0.02	29	8.98	12.33	14.47	23
新 疆	Xinjiang	1.02	1.27	1.32	24	9.09	10.90	11.86	25

10-31 受灾面积和成灾面积
Total Areas Covered and Affected by Disasters

单位：千公顷 (1 000 hectares)

地区	Region	受灾面积 Areas Covered				成灾面积 Areas Affected			
		2010	2012	2013	2013排名 Ranking	2010	2012	2013	2013排名 Ranking
全　国	**National Total**	**37426**	**24962**	**31350**		**18538**	**11475**	**14303**	
北　京	Beijing	3	71	27	29	2	47	11	28
天　津	Tianjin	33	134	8	31	7	83	2	31
河　北	Hebei	1527	1329	1107	15	833	753	528	13
山　西	Shanxi	1396	931	1592	7	891	475	578	9
内蒙古	Inner Mongolia	2033	2061	1733	5	1290	1362	858	4
辽　宁	Liaoning	756	355	451	23	567	283	271	19
吉　林	Jilin	896	633	623	19	563	218	221	20
黑龙江	Heilongjiang	1432	2429	2734	2	974	829	1896	1
上　海	Shanghai		15	28	28		8	9	29
江　苏	Jiangsu	648	698	487	21	193	370	193	21
浙　江	Zhejiang	283	554	1327	10	61	253	587	8
安　徽	Anhui	1752	1153	1770	4	485	556	510	14
福　建	Fujian	605	159	277	25	302	87	148	25
江　西	Jiangxi	2075	674	1049	16	993	398	606	7
山　东	Shandong	2582	1823	1462	9	1052	572	531	12
河　南	Henan	1568	1389	1180	13	585	326	359	18
湖　北	Hubei	2466	1719	2488	3	897	766	954	3
湖　南	Hunan	2841	1234	3047	1	1405	633	1551	2
广　东	Guangdong	724	417	1135	14	183	196	451	15
广　西	Guangxi	1665	575	694	18	869	305	179	22
海　南	Hainan	306	61	162	27	83	39	93	26
重　庆	Chongqing	575	405	455	22	186	224	168	23
四　川	Sichuan	2324	944	1603	6	851	398	538	11
贵　州	Guizhou	1681	542	1522	8	1146	221	842	5
云　南	Yunnan	3215	1578	1231	12	2137	581	558	10
西　藏	Tibet	51	14	22	30	22	7	9	29
陕　西	Shaanxi	1122	509	813	17	536	188	387	17
甘　肃	Gansu	1304	1017	1283	11	663	489	655	6
青　海	Qinghai	111	155	171	26	58	87	60	27
宁　夏	Ningxia	145	260	301	24	56	103	160	24
新　疆	Xinjiang	1307	1126	565	20	649	619	391	16

10-32 受灾面积中旱灾和洪涝灾面积

Natural Disasters in the Affected Area of Drought and Flood Disaster in the Area

单位：千公顷 (1 000 hectares)

地区	Region	旱灾受灾面积 The Drought Affected Area				洪涝灾受灾面积 Flood Disaster Affected Area			
		2010	2012	2013	2013排名 Ranking	2010	2012	2013	2013排名 Ranking
全　国	**National Total**	**13259**	**9340**	**14100**		**17525**	**7730**	**8757**	
北　京	Beijing					1	58	10	28
天　津	Tianjin						118		
河　北	Hebei	596	430	250	15	285	358	311	10
山　西	Shanxi	728	404	1002	5	209	261	145	14
内蒙古	Inner Mongolia	1434	454	583	11	216	966	549	4
辽　宁	Liaoning	18		24	23	708	18	336	8
吉　林	Jilin	349	304			373	70	427	7
黑龙江	Heilongjiang	1012	1200			221	350	2654	1
上　海	Shanghai								
江　苏	Jiangsu	70	367	223	16	528	157	12	27
浙　江	Zhejiang	2		636	10	245	145	29	23
安　徽	Anhui	41	616	1165	4	1277	290	317	9
福　建	Fujian	5		32	22	310	82	18	24
江　西	Jiangxi			576	12	1813	343	292	11
山　东	Shandong	586	673	207	17	1545	342	901	2
河　南	Henan	50	1002	848	6	1130	359	61	21
湖　北	Hubei	204	939	1862	2	1999	631	456	5
湖　南	Hunan	352		2076	1	2279	756	447	6
广　东	Guangdong	120		8	24	466	73	136	15
广　西	Guangxi	1079	77	52	20	467	150	74	19
海　南	Hainan	42				254	1		
重　庆	Chongqing	176	62	309	14	321	329	99	18
四　川	Sichuan	628	222	800	8	1508	644	605	3
贵　州	Guizhou	1271	133	1175	3	363	301	123	17
云　南	Yunnan	2957	1073	807	7	168	374	126	16
西　藏	Tibet	40				4	7	13	26
陕　西	Shaanxi	421	228	400	13	391	209	199	13
甘　肃	Gansu	715	498	695	9	223	195	279	12
青　海	Qinghai	46	33	42	21	22	36	16	25
宁　夏	Ningxia	16	104	194	18	17	61	54	22
新　疆	Xinjiang	300	522	135	19	183	45	70	20

10-33 受灾面积中风雹灾和冷冻灾面积
Natural Disasters in the Area Affected by Hail Storms and Frozen Area

单位：千公顷 (1 000 hectares)

地区 Region		风雹灾受灾面积 The Wind Hail Disaster Area				冷冻灾受灾面积 Frozen Disaster Affected Area			
		2010	2012	2013	2013排名 Ranking	2010	2012	2013	2013排名 Ranking
全　国	**National Total**	**2180**	**2781**	**3387**		**4121**	**1618**	**2320**	
北　京	Beijing		13	17	24	3			
天　津	Tianjin		16	8	25	33			
河　北	Hebei	236	269	386	2	411	254	159	5
山　西	Shanxi	80	123	161	11	379	142	284	1
内蒙古	Inner Mongolia	268	244	470	1	115	398	132	6
辽　宁	Liaoning	31	32	91	14				
吉　林	Jilin	115	52	196	6	58	7		
黑龙江	Heilongjiang	109	187	66	16	91		14	22
上　海	Shanghai								
江　苏	Jiangsu	20	34	164	10	30		56	15
浙　江	Zhejiang	4	1	3	30	19	30	47	17
安　徽	Anhui	41	22	39	19	393	1	249	2
福　建	Fujian	35	17	20	22	150	1	8	23
江　西	Jiangxi	120	84	25	21	143	141	132	6
山　东	Shandong	76	215	112	13	376		243	3
河　南	Henan	101	20	199	5	287		72	13
湖　北	Hubei	33	38	70	15	229	74	100	10
湖　南	Hunan	78	336	181	8	133	140	167	4
广　东	Guangdong	1	29	6	28	11			
广　西	Guangxi	18	7	49	18	14	1	67	14
海　南	Hainan		13	5	29				
重　庆	Chongqing	75	15	19	23	3		28	20
四　川	Sichuan	50	47	62	17	138	30	26	21
贵　州	Guizhou	43	88	169	9	4	20	55	16
云　南	Yunnan	63	73	185	7	27	40	112	8
西　藏	Tibet	6	7	8	25	1	1	2	24
陕　西	Shaanxi	13	63	116	12	296	9	99	11
甘　肃	Gansu	73	220	201	4	292	103	103	9
青　海	Qinghai	43	49	31	20		36	83	12
宁　夏	Ningxia	58	36	8	25	54	60	45	18
新　疆	Xinjiang	392	432	321	3	431	127	39	19

10-34 成灾面积中旱灾和洪涝灾面积
Disastrous Area by Droughts Caused and Floods

单位：千公顷 (1 000 hectares)

地区 Region	旱灾成灾面积 The Drought Inundated Area 2010	2012	2013	2013排名 Ranking	洪涝成灾面积 Flood Inundated Area 2010	2012	2013	2013排名 Ranking
全 国 **National Total**	**8987**	**3509**	**5852**		**7024**	**4145**	**4859**	
北 京 Beijing						38	4	24
天 津 Tianjin						83		
河 北 Hebei	432	213	139	14	49	251	198	7
山 西 Shanxi	543	101	258	7	33	192	87	15
内蒙古 Inner Mongolia	1059	189	173	13	87	769	294	3
辽 宁 Liaoning	13		14	22	531	3	203	6
吉 林 Jilin	225	166			266	8	211	5
黑龙江 Heilongjiang	776	416			125	2	1850	1
上 海 Shanghai								
江 苏 Jiangsu	39	222	117	15	140	53	4	24
浙 江 Zhejiang	1		247	8	58	60	14	20
安 徽 Anhui		276	234	9	365	171	195	8
福 建 Fujian	1		16	21	175	43	13	21
江 西 Jiangxi			334	6	919	275	162	9
山 东 Shandong	332	176			703	85	459	2
河 南 Henan	25	163	231	10	445	150	4	24
湖 北 Hubei	98	383	739	2	739	333	158	11
湖 南 Hunan	218		1135	1	1084	539	160	10
广 东 Guangdong	5		5	23	90	31	104	13
广 西 Guangxi	748	41	36	19	92	75	7	23
海 南 Hainan	9				73	1		
重 庆 Chongqing	44	28	105	17	113	187	47	18
四 川 Sichuan	384	125	199	12	423	235	273	4
贵 州 Guizhou	1025	41	693	3	111	153	48	17
云 南 Yunnan	2051	435	370	5	59	106	69	16
西 藏 Tibet	21					4	4	24
陕 西 Shaanxi	272	68	200	11	172	89	101	14
甘 肃 Gansu	428	182	372	4	83	143	147	12
青 海 Qinghai	29	19	24	20	7	16	1	28
宁 夏 Ningxia	0	47	113	16	14	32	13	21
新 疆 Xinjiang	209	218	99	18	71	21	31	19

10-35 成灾面积中风雹灾和冷冻灾面积
Affected Area Caused by Hailstorms and Frozen Area

单位：千公顷 (1 000 hectares)

地区	Region	风雹灾成灾面积 The Wind Hailstorm Inundated Area				冷冻灾成灾面积 Frozen Disaster Inundated Area			
		2010	2012	2013	2013排名 Ranking	2010	2012	2013	2013排名 Ranking
全　国	**National Total**	**916**	**1368**	**1682**		**1444**	**795**	**885**	
北　京	Beijing		10	7	23	2			
天　津	Tianjin			2	29	7			
河　北	Hebei	81	124	160	3	271	157	32	10
山　西	Shanxi	67	82	129	4	248	101	104	2
内蒙古	Inner Mongolia	89	192	322	1	56	212	70	5
辽　宁	Liaoning	23	22	55	10				
吉　林	Jilin	72	34	11	21		2		
黑龙江	Heilongjiang	58	95	44	12	15		2	22
上　海	Shanghai								
江　苏	Jiangsu	5	13	50	11	8		15	18
浙　江	Zhejiang			2	29	2	12	20	16
安　徽	Anhui	20	13	10	22	100	1	71	4
福　建	Fujian	11	13	17	19	54		2	22
江　西	Jiangxi	16	39	20	16	58	37	80	3
山　东	Shandong	9	48	12	20	8		60	6
河　南	Henan	73	13	101	6	42		23	14
湖　北	Hubei	22	25	18	18	37	25	41	9
湖　南	Hunan	45	53	101	6	58	41	115	1
广　东	Guangdong		18	4	26	2			
广　西	Guangxi	4	5	20	16	7	1	25	13
海　南	Hainan		8	3	28				
重　庆	Chongqing	28	9	5	24	2		12	20
四　川	Sichuan	28	27	21	14	15	11	10	21
贵　州	Guizhou	10	24	77	8	1	3	23	14
云　南	Yunnan	24	31	70	9	4	9	49	7
西　藏	Tibet	1	3	4	26			1	24
陕　西	Shaanxi	5	27	39	13	87	3	47	8
甘　肃	Gansu	63	106	108	5	89	58	26	12
青　海	Qinghai	22	28	21	14		24	13	19
宁　夏	Ningxia	38	20	5	24	4	4	30	11
新　疆	Xinjiang	103	285	245	2	267	95	17	17

11

工　业

Industry

11-1 规模以上工业企业单位数和从业平均人员数
Number of Enterprise and Average Number of Employed Persons of Industrial Enterprises above Designated Size

地区	Region	企业单位数（个）Number of Enterprise（unit）2013	2013排名 Ranking	从业平均人员数（万人）Average Number of Employed Persons (10 000 persons) 2013	2013排名 Ranking
全国	**National Total**	**369813**		**9791.46**	
北京	Beijing	3641.00	23	119.15	23
天津	Tianjin	5511.00	16	163.15	19
河北	Hebei	13968.00	10	369.72	9
山西	Shanxi	3979.00	22	218.32	15
内蒙古	Inner Mongolia	4404.00	20	127.70	22
辽宁	Liaoning	17305.00	6	400.62	7
吉林	Jilin	5376.00	18	150.10	20
黑龙江	Heilongjiang	4398.00	21	138.22	21
上海	Shanghai	9796.00	13	259.67	13
江苏	Jiangsu	48787.00	1	1150.76	2
浙江	Zhejiang	39561.00	4	719.38	4
安徽	Anhui	16193.00	7	314.68	12
福建	Fujian	16120.00	8	424.15	6
江西	Jiangxi	8126.00	14	236.22	14
山东	Shandong	40467.00	3	948.23	3
河南	Henan	20573.00	5	631.74	5
湖北	Hubei	14650.00	9	346.29	10
湖南	Hunan	13598.00	11	330.32	11
广东	Guangdong	41184.00	2	1455.82	1
广西	Guangxi	5495.00	17	165.60	18
海南	Hainan	388.00	30	12.69	30
重庆	Chongqing	5559.00	15	169.42	17
四川	Sichuan	12998.00	12	385.05	8
贵州	Guizhou	3576.00	24	91.61	25
云南	Yunnan	3551.00	25	103.32	24
西藏	Tibet	76.00	31	1.91	31
陕西	Shaanxi	4751.00	19	171.01	16
甘肃	Gansu	1992.00	27	61.77	27
青海	Qinghai	522.00	29	21.39	29
宁夏	Ningxia	1044.00	28	33.13	28
新疆	Xinjiang	2224.00	26	70.32	26

11-2 规模以上工业企业工业销售产值
Sales Value of Industrial Enterprises above Designated Size

单位：亿元 (100 million yuan)

地区	Region	工业销售产值（当年价格）Sales Value (current prices) 2010	2012	2013	2013排名 Ranking	其中：出口交货值 Among Them:Value of Export Delivery 2010	2012	2013	2013排名 Ranking
全 国	**National Total**	**684735.2**	**909797.2**	**1019405.3**		**89910.12**	**106610.16**	**112824.03**	
北 京	Beijing	13526.57	15446.65	17186.60	20	1641.68	1516.52	1506.72	16
天 津	Tianjin	16571.45	23166.70	26012.36	14	2161.99	2729.50	2743.50	9
河 北	Hebei	30437.94	42097.83	45232.82	7	1154.22	1511.98	1523.47	15
山 西	Shanxi	12006.55	16594.75	16585.80	21	281.81	487.80	620.59	19
内蒙古	Inner Mongolia	13095.32	18038.06	20108.84	17	252.05	249.49	194.28	22
辽 宁	Liaoning	35441.68	47945.50	51734.67	6	2921.89	3100.56	3372.01	7
吉 林	Jilin	12911.00	19627.62	21690.90	16	227.37	330.80	360.97	20
黑龙江	Heilongjiang	9269.34	12253.34	13415.89	23	199.15	191.02	154.62	24
上 海	Shanghai	29838.11	31559.60	31945.81	13	8204.27	8102.79	7829.31	5
江 苏	Jiangsu	90804.96	118705.46	132721.45	1	18563.78	23137.75	22846.91	2
浙 江	Zhejiang	50196.32	57615.75	61280.59	4	10642.80	10967.93	11223.22	3
安 徽	Anhui	18277.48	28584.11	32913.47	11	818.50	1387.52	1629.19	12
福 建	Fujian	21410.83	29059.02	33003.96	10	4699.23	5880.16	6448.29	6
江 西	Jiangxi	13741.58	20757.09	24603.16	15	1124.91	1525.78	1582.38	13
山 东	Shandong	82652.14	113114.25	128488.73	2	6638.05	7345.42	8283.11	4
河 南	Henan	34532.45	50770.49	58779.98	5	632.48	2029.19	2610.00	10
湖 北	Hubei	21118.44	32473.97	38107.78	8	958.14	1393.60	1544.19	14
湖 南	Hunan	18731.35	28185.44	32157.78	12	494.65	1034.03	1251.75	17
广 东	Guangdong	83646.51	93754.37	106853.68	3	25919.08	28540.50	30205.44	1
广 西	Guangxi	9150.03	14950.70	17437.82	19	385.26	580.19	670.86	18
海 南	Hainan	1354.09	1799.06	1747.45	30	96.99	117.61	162.30	23
重 庆	Chongqing	8970.37	12812.47	15475.67	22	425.09	1669.82	2276.75	11
四 川	Sichuan	22634.86	30227.87	34544.52	9	862.20	2025.60	2996.29	8
贵 州	Guizhou	4014.54	6170.82	7650.47	26	90.06	109.74	100.00	26
云 南	Yunnan	6247.87	8783.33	9831.22	24	115.14	125.59	130.91	25
西 藏	Tibet	60.06	88.96	97.09	31	0.03	0.03	0.15	31
陕 西	Shaanxi	10853.25	16307.31	18151.04	18	244.01	342.40	341.72	21
甘 肃	Gansu	4691.45	6555.95	7460.39	27	47.54	64.14	67.68	29
青 海	Qinghai	1455.89	2045.69	2308.34	29	1.42	6.84	8.06	30
宁 夏	Ningxia	1866.09	2956.58	3429.23	28	52.14	63.89	71.34	27
新 疆	Xinjiang	5226.66	7348.44	8447.80	25	54.19	41.96	68.01	28

11-3 规模以上工业企业资产总计和负债合计

Total Assets and Total Liabilities of Industrial Enterprises above Designated Size

单位：亿元 (100 million yuan)

地区	Region	资产总计 Total Assets 2010	2012	2013	2013排名 Ranking	负债合计 Total Liabilities 2010	2012	2013	2013排名 Ranking
全国	**National Total**	592881.89	768421.20	870751.07		340396.39	445371.75	505694.32	
北京	Beijing	22750.58	28613.16	30800.73	10	11548.07	14837.22	16207.96	12
天津	Tianjin	14584.31	19986.14	22388.19	17	8825.23	12686.19	14241.43	15
河北	Hebei	24943.75	33567.18	37597.12	7	15136.72	19939.47	22005.91	7
山西	Shanxi	18505.94	25342.08	28339.90	12	12142.27	17639.40	20390.05	9
内蒙古	Inner Mongolia	14691.38	21754.23	24376.40	15	8642.76	13323.58	15088.36	14
辽宁	Liaoning	29076.78	34779.77	38665.07	6	16896.14	20147.42	22396.73	5
吉林	Jilin	10196.15	13896.98	15677.96	20	5474.03	7499.40	8560.22	22
黑龙江	Heilongjiang	10471.17	13223.14	14215.77	22	5776.59	7585.08	8212.96	24
上海	Shanghai	27555.88	31160.89	33595.79	9	14500.46	15772.54	17087.14	11
江苏	Jiangsu	66134.06	84550.41	94310.90	1	37878.51	48417.22	53475.49	1
浙江	Zhejiang	47282.79	55654.17	60436.24	4	28681.36	33516.05	36232.63	4
安徽	Anhui	15930.28	22797.65	25906.17	13	9565.86	13612.01	15367.17	13
福建	Fujian	16058.70	21385.98	24978.49	14	8469.33	11417.84	13591.05	16
江西	Jiangxi	8637.45	11967.66	14057.87	23	4840.00	6653.96	7662.16	25
山东	Shandong	53761.28	71107.66	81534.78	2	28969.89	39241.58	46142.11	3
河南	Henan	23467.42	35174.81	43431.82	5	12960.96	18087.58	21050.58	8
湖北	Hubei	20894.32	26877.66	30633.98	11	12259.18	15759.18	17570.58	10
湖南	Hunan	13038.95	17784.25	20050.53	18	7504.26	9821.07	11082.18	18
广东	Guangdong	62626.90	71343.84	79655.27	3	35073.74	41508.50	46283.08	2
广西	Guangxi	8667.45	11759.56	13349.56	25	5413.29	7345.60	8399.72	23
海南	Hainan	1621.38	2023.16	2288.03	30	861.92	1042.32	1218.72	30
重庆	Chongqing	8099.01	11113.36	13462.11	24	4879.66	7003.22	8586.42	21
四川	Sichuan	22564.76	30362.89	36239.56	8	13889.83	18721.46	22204.87	6
贵州	Guizhou	5960.13	8302.29	10339.98	27	3865.34	5388.12	6742.06	26
云南	Yunnan	9611.09	13076.97	15854.90	19	5735.24	8255.51	10223.00	19
西藏	Tibet	315.24	506.86	554.55	31	91.89	163.38	198.51	31
陕西	Shaanxi	14688.70	20591.16	22807.15	16	8348.75	11719.05	12996.26	17
甘肃	Gansu	6487.35	9146.01	10422.52	26	4060.57	5701.95	6686.88	27
青海	Qinghai	3053.61	4041.92	4793.88	29	1946.26	2656.60	3228.41	29
宁夏	Ningxia	3293.16	4860.19	5654.60	28	2139.47	3236.63	3781.91	28
新疆	Xinjiang	7911.97	11669.17	14331.25	21	4018.78	6672.60	8779.77	20

11-4 规模以上工业企业所有者权益合计和主营业务收入
Total Owner's Equity and Revenue from Principal Business of Industrial Enterprises above Designated Size

单位：亿元 (100 million yuan)

地区	Region	所有者权益合计 Total Owner's Equity				主营业务收入 Revenue from Principal Business			
		2010	2012	2013	2013排名 Ranking	2010	2012	2013	2013排名 Ranking
全　国	**National Total**	**251160.4**	**320614.1**	**361263.4**		**697744.0**	**929291.5**	**1038659.5**	
北　京	Beijing	11202.50	13774.66	14591.63	9	14807.11	16905.14	18688.63	18
天　津	Tianjin	5759.04	7271.83	8125.19	17	17319.62	23645.72	27078.43	14
河　北	Hebei	9687.76	13508.91	15394.51	8	31628.93	43643.84	46340.92	7
山　西	Shanxi	6330.97	7643.12	7922.49	18	12712.50	18118.94	18393.33	19
内蒙古	Inner Mongolia	5982.08	8370.91	9204.62	15	13387.83	18135.15	20190.81	17
辽　宁	Liaoning	12082.43	14448.05	16076.49	7	36049.59	48199.85	51533.44	6
吉　林	Jilin	4678.85	6326.40	7005.24	19	12647.34	19835.58	22184.99	16
黑龙江	Heilongjiang	4668.40	5624.77	5974.25	21	9899.14	12526.14	13701.06	23
上　海	Shanghai	13055.42	15350.79	16441.44	6	32084.08	34096.29	34631.60	10
江　苏	Jiangsu	28255.55	36064.93	40748.57	1	91077.41	119286.78	133605.91	1
浙　江	Zhejiang	18601.43	22076.81	24094.27	4	50536.31	57682.73	61305.77	4
安　徽	Anhui	6308.09	9061.31	10428.50	13	18164.60	28905.07	33788.82	11
福　建	Fujian	7567.00	9844.02	11230.48	12	21479.37	29206.84	33126.31	12
江　西	Jiangxi	3752.06	5193.22	6264.29	20	14250.47	22533.38	27035.11	15
山　东	Shandong	24552.79	31500.46	34465.68	2	83663.00	118086.92	132130.34	2
河　南	Henan	10362.25	16854.27	22021.36	5	36163.12	52276.38	59975.16	5
湖　北	Hubei	8577.11	11039.62	12904.96	11	21151.56	32325.95	38183.39	8
湖　南	Hunan	5534.59	7961.85	8894.81	16	18669.79	27823.31	31854.65	13
广　东	Guangdong	27461.84	29610.21	33092.80	3	84114.85	93821.74	106361.21	3
广　西	Guangxi	3211.63	4295.15	4899.61	24	9235.85	14733.63	17121.91	21
海　南	Hainan	757.79	981.34	1067.42	30	1322.83	1697.10	1564.45	30
重　庆	Chongqing	3205.78	4082.76	4802.13	25	9039.03	12880.32	15581.78	22
四　川	Sichuan	8571.93	11471.16	13491.64	10	23062.82	31427.16	35686.14	9
贵　州	Guizhou	2081.15	2886.54	3605.59	27	3926.01	5966.52	7357.82	27
云　南	Yunnan	3857.72	4801.03	5627.01	22	6356.24	8942.15	10040.21	24
西　藏	Tibet	223.22	343.16	357.17	31	59.71	91.88	98.10	31
陕　西	Shaanxi	6311.19	8823.27	9760.44	14	10888.80	16328.25	18151.91	20
甘　肃	Gansu	2393.97	3423.55	3812.85	26	5148.40	7787.26	8691.76	26
青　海	Qinghai	1084.12	1381.69	1560.25	29	1525.08	1889.37	2091.02	29
宁　夏	Ningxia	1153.29	1612.69	1862.94	28	1879.99	2981.46	3445.78	28
新　疆	Xinjiang	3888.40	4985.61	5534.74	23	5492.61	7510.67	8718.71	25

11-5 规模以上工业企业主营业务成本和主营业务税金及附加
Cost of Principal Business, Tax and Extra Charges from Principal Business of Industrial Enterprises above Designated Size

单位：亿元 (100 million yuan)

地区	Region	主营业务成本 Cost of Principal Business 2010	2012	2013	2013排名 Ranking	主营业务税金及附加 Tax and Extra Charges from Principal Business 2010	2012	2013	2013排名 Ranking
全国	**National Total**	**585256.80**	**784541.19**	**880679.68**		**11183.11**	**14462.73**	**15835.24**	
北京	Beijing	12611.21	14307.41	15833.59	18	193.09	263.58	281.39	22
天津	Tianjin	14774.72	19980.89	23085.79	15	212.36	311.99	320.43	19
河北	Hebei	27049.79	37796.97	40223.28	7	360.07	413.16	430.67	15
山西	Shanxi	10235.84	15087.48	15539.93	19	145.26	162.49	160.52	27
内蒙古	Inner Mongolia	10247.67	14256.80	16047.25	17	210.45	239.83	280.91	23
辽宁	Liaoning	30578.87	41146.95	44185.02	6	702.10	872.31	882.60	6
吉林	Jilin	10447.58	16564.34	18641.65	16	367.44	455.38	494.13	14
黑龙江	Heilongjiang	7412.20	9563.97	10769.37	23	478.70	697.26	673.46	9
上海	Shanghai	26937.73	28656.38	28684.46	11	578.04	804.16	908.43	4
江苏	Jiangsu	78460.64	103160.9	115739.98	1	652.76	975.37	1138.24	3
浙江	Zhejiang	43300.73	49633.01	52430.01	4	512.49	617.79	668.51	10
安徽	Anhui	15208.67	24505.33	28867.56	10	283.21	368.25	427.44	16
福建	Fujian	18223.27	24825.87	28251.14	12	268.42	379.56	400.12	17
江西	Jiangxi	12145.77	19500.87	23502.37	14	172.58	230.87	274.95	24
山东	Shandong	71239.28	100965.86	113897.96	2	1083.70	1410.52	1495.83	1
河南	Henan	30316.67	44546.45	51549.68	5	478.60	629.20	640.78	11
湖北	Hubei	17730.34	27322.91	32183.61	8	642.46	628.22	775.09	8
湖南	Hunan	14925.93	22205.58	25797.74	13	553.39	773.99	884.40	5
广东	Guangdong	71251.44	79982.61	90458.98	3	898.22	1034.98	1160.99	2
广西	Guangxi	7707.42	12511.57	14538.64	20	232.18	288.72	318.06	20
海南	Hainan	1008.13	1353.51	1244.04	30	78.60	102.40	80.03	28
重庆	Chongqing	7593.51	11002.33	13301.89	22	151.54	170.30	224.25	26
四川	Sichuan	19003.96	25755.76	29660.84	9	385.73	515.46	594.44	12
贵州	Guizhou	3042.80	4486.91	5653.41	27	158.11	213.83	290.17	21
云南	Yunnan	4853.23	6851.53	7685.72	24	507.41	706.73	786.38	7
西藏	Tibet	48.31	75.77	83.57	31	0.84	1.57	1.66	31
陕西	Shaanxi	7982.21	12197.90	13885.16	21	348.16	506.94	531.73	13
甘肃	Gansu	4196.71	6591.67	7538.03	25	195.88	261.90	264.89	25
青海	Qinghai	1182.27	1465.72	1673.32	29	40.07	41.63	46.29	30
宁夏	Ningxia	1590.95	2540.77	2931.02	28	34.34	62.03	68.57	29
新疆	Xinjiang	3948.96	5697.15	6794.68	26	256.92	322.30	329.88	18

11-6 规模以上工业企业销售费用和管理费用
Sales Expenses and Administrative Expenses of Industrial Enterprises above Designated Size

单位：亿元 (100 million yuan)

地区	Region	销售费用 Sales Expenses			管理费用 Administrative Expenses			
		2012	2013	2013排名 Ranking	2010	2012	2013	2013排名 Ranking
全 国	**National Total**	**22908.74**	**25945.22**		**28872.99**	**35888.12**	**39431.90**	
北 京	Beijing	755.80	825.11	13	644.83	768.23	868.32	17
天 津	Tianjin	546.38	646.12	16	561.06	700.70	809.01	18
河 北	Hebei	660.18	748.85	15	932.51	1208.01	1309.48	12
山 西	Shanxi	497.85	546.10	17	803.45	1035.56	1038.49	14
内蒙古	Inner Mongolia	474.12	516.57	18	489.45	648.09	802.69	19
辽 宁	Liaoning	973.43	1098.70	8	1550.11	1897.91	2027.02	5
吉 林	Jilin	710.48	839.47	12	658.00	890.14	950.13	15
黑龙江	Heilongjiang	272.66	303.25	23	495.93	609.91	635.67	22
上 海	Shanghai	1197.94	1242.87	5	1561.91	1781.23	1960.46	6
江 苏	Jiangsu	2616.04	2911.28	2	3022.39	4058.54	4579.69	2
浙 江	Zhejiang	1368.29	1510.63	4	2066.04	2439.11	2681.06	4
安 徽	Anhui	698.96	824.76	14	845.21	1065.04	1167.92	13
福 建	Fujian	776.40	873.64	11	860.64	1152.23	1313.01	11
江 西	Jiangxi	355.01	435.08	21	384.24	497.85	611.53	23
山 东	Shandong	2210.77	2431.54	3	3191.97	3415.56	3642.26	3
河 南	Henan	1017.84	1125.65	7	956.14	1353.70	1426.95	10
湖 北	Hubei	929.41	1169.77	6	1178.03	1421.02	1625.62	8
湖 南	Hunan	778.87	924.69	10	1002.13	1543.90	1735.61	7
广 东	Guangdong	3139.87	3603.16	1	3280.67	4091.70	4585.49	1
广 西	Guangxi	331.18	421.36	22	648.30	805.84	752.70	20
海 南	Hainan	52.81	60.31	30	47.93	52.98	56.55	30
重 庆	Chongqing	348.46	435.38	20	486.63	564.15	662.44	21
四 川	Sichuan	906.74	1006.62	9	1215.96	1385.65	1498.64	9
贵 州	Guizhou	200.75	256.96	25	228.56	312.81	389.07	25
云 南	Yunnan	245.99	274.62	24	371.07	431.81	468.02	24
西 藏	Tibet	3.76	6.42	31	5.97	7.84	9.54	31
陕 西	Shaanxi	402.36	439.55	19	712.14	927.48	949.23	16
甘 肃	Gansu	151.44	133.34	27	245.17	284.61	287.57	27
青 海	Qinghai	58.40	66.02	29	82.88	76.57	87.13	29
宁 夏	Ningxia	62.07	73.40	28	81.95	124.80	132.11	28
新 疆	Xinjiang	164.48	193.98	26	261.70	335.16	368.47	26

11-7 规模以上工业企业财务费用和营业利润
Financial Expenses and Operating Profits of Industrial Enterprises above Designated Size

单位：亿元 (100 million yuan)

地区	Region	财务费用 Financial Expenses				营业利润 Operating Profits			
		2010	2012	2013	2013排名 Ranking	2010	2012	2013	2013排名 Ranking
全　国	**National Total**	**7024.68**	**11295.59**	**12008.26**		**55537.22**	**62100.65**	**68355.21**	
北　京	Beijing	125.23	197.48	203.65	20	956.01	1094.83	1161.12	20
天　津	Tianjin	111.20	195.51	206.41	19	1503.75	2082.52	2233.71	14
河　北	Hebei	341.92	562.74	588.82	6	2551.59	2621.86	2731.57	7
山　西	Shanxi	279.87	466.83	553.23	8	1035.50	1029.30	615.25	26
内蒙古	Inner Mongolia	203.60	354.84	405.54	11	2106.84	2207.29	2369.21	9
辽　宁	Liaoning	312.58	497.62	489.01	9	2458.90	2592.04	2968.13	6
吉　林	Jilin	103.97	216.76	217.69	17	924.94	1238.55	1291.56	18
黑龙江	Heilongjiang	80.24	125.46	152.49	26	1256.31	1297.06	1180.16	19
上　海	Shanghai	110.07	131.43	78.49	29	2234.34	1951.29	2268.55	11
江　苏	Jiangsu	745.18	1233.30	1203.05	2	6526.75	7407.28	8513.02	2
浙　江	Zhejiang	753.30	1057.26	1027.94	3	3092.69	2923.91	3384.28	5
安　徽	Anhui	199.97	361.70	379.77	12	1621.28	2061.80	2249.35	12
福　建	Fujian	218.12	338.40	355.51	13	1855.04	2014.22	2243.36	13
江　西	Jiangxi	107.69	170.34	187.92	24	920.32	1500.02	1816.53	17
山　东	Shandong	856.21	1305.69	1457.51	1	6355.76	7981.18	8676.63	1
河　南	Henan	385.65	608.45	643.00	5	3402.23	3998.42	4520.71	4
湖　北	Hubei	285.89	435.91	476.04	10	1817.98	2046.06	2466.15	8
湖　南	Hunan	217.43	324.55	347.39	14	1633.53	1942.34	2115.46	16
广　东	Guangdong	445.93	690.31	700.12	4	6199.89	5382.47	6389.56	3
广　西	Guangxi	134.77	210.07	214.22	18	799.89	1009.59	1059.00	21
海　南	Hainan	17.07	22.76	23.41	30	135.53	127.72	116.05	30
重　庆	Chongqing	97.26	159.32	192.53	23	571.19	602.36	891.23	22
四　川	Sichuan	292.99	506.12	569.61	7	1764.24	2338.84	2312.55	10
贵　州	Guizhou	96.56	165.38	196.18	22	301.28	596.52	631.61	24
云　南	Yunnan	128.93	227.57	285.71	15	602.64	588.63	616.04	25
西　藏	Tibet	0.29	2.14	1.63	31	2.90	2.86	-3.81	31
陕　西	Shaanxi	121.35	235.48	278.07	16	1495.83	2091.14	2197.31	15
甘　肃	Gansu	74.69	158.32	160.21	25	236.07	260.13	253.40	27
青　海	Qinghai	54.20	85.09	100.86	28	211.70	158.19	129.38	29
宁　夏	Ningxia	50.74	109.54	111.50	27	131.70	115.72	160.81	28
新　疆	Xinjiang	71.80	139.22	200.74	21	830.60	836.50	797.35	23

11-8 规模以上工业企业利润总额和应交增值税
Total Profit and Value Added Tax Payable of Industrial Enterprises above Designated Size

单位：亿元 (100 million yuan)

地区	Region	利润总额 Total Profit				应交增值税 Value Added Tax Payable			
		2010	2012	2013	2013排名 Ranking	2010	2012	2013	2013排名 Ranking
全国	**National Total**	**53049.66**	**61910.06**	**68378.91**		**22472.72**	**29566.64**	**33460.27**	
北京	Beijing	1028.34	1267.89	1282.88	18	409.79	455.76	537.17	23
天津	Tianjin	1552.05	2100.66	2258.93	11	656.54	903.27	1145.89	11
河北	Hebei	2141.47	2559.47	2734.70	7	872.28	1165.91	1169.76	10
山西	Shanxi	958.25	1010.91	614.59	26	714.39	829.51	752.18	18
内蒙古	Inner Mongolia	1688.44	1931.69	2014.06	16	586.32	749.77	826.36	17
辽宁	Liaoning	2371.35	2435.69	2976.15	6	968.69	1295.54	1492.37	6
吉林	Jilin	843.21	1215.04	1278.39	19	355.00	541.78	632.66	19
黑龙江	Heilongjiang	1248.82	1338.56	1185.49	20	509.51	618.42	600.24	20
上海	Shanghai	2299.66	2149.42	2392.05	9	816.97	856.36	922.78	15
江苏	Jiangsu	5970.56	7250.20	8379.50	2	2692.69	3708.77	4295.61	1
浙江	Zhejiang	3174.75	3112.65	3561.26	5	1412.68	1590.69	1747.94	4
安徽	Anhui	1445.57	1870.26	2108.77	14	672.57	909.63	1023.47	12
福建	Fujian	1754.18	2023.27	2227.45	12	555.85	869.60	992.09	13
江西	Jiangxi	909.77	1506.51	1802.24	17	439.07	675.27	874.54	16
山东	Shandong	6107.99	8016.35	8715.36	1	2545.93	3426.20	3889.73	2
河南	Henan	3302.22	4016.39	4543.07	4	1147.72	1452.56	1594.74	5
湖北	Hubei	1668.55	2046.28	2475.07	8	639.08	838.79	1181.37	9
湖南	Hunan	1451.45	1790.96	2047.87	15	830.66	1132.62	1311.26	8
广东	Guangdong	6239.64	5464.90	6496.42	3	2280.56	2866.35	3343.02	3
广西	Guangxi	771.59	932.83	1014.24	21	320.65	528.62	583.21	22
海南	Hainan	140.04	133.35	123.16	30	60.46	67.97	65.26	30
重庆	Chongqing	518.59	645.39	907.60	22	341.75	406.39	599.19	21
四川	Sichuan	1661.85	2333.76	2328.99	10	945.28	1283.83	1359.69	7
贵州	Guizhou	317.63	627.02	636.60	24	195.65	300.64	336.59	26
云南	Yunnan	599.34	586.52	630.63	25	337.57	463.85	478.02	24
西藏	Tibet	10.82	12.89	7.34	31	5.01	7.70	8.28	31
陕西	Shaanxi	1469.57	2057.22	2151.37	13	584.23	893.13	938.66	14
甘肃	Gansu	231.51	285.23	300.46	27	162.53	214.40	197.46	27
青海	Qinghai	182.02	168.89	149.07	29	80.66	87.95	98.39	29
宁夏	Ningxia	138.00	131.22	179.97	28	71.12	97.48	112.86	28
新疆	Xinjiang	852.43	888.64	855.23	23	261.52	327.88	349.50	25

11-9 大型工业企业单位数和从业平均人员数
Number of Enterprise and Average Number of Employed Persons of Large Industrial Enterprises

地区	Region	企业单位数（个）Number of Enterprise（unit） 2013	2013排名 Ranking	从业平均人员数（万人）Average Number of Employed Persons (10 000 persons) 2013	2013排名 Ranking
全　国	**National Total**	**9806.00**		**3415.17**	
北　京	Beijing	164.00	20	53.31	21
天　津	Tianjin	222.00	14	76.37	15
河　北	Hebei	386.00	7	143.92	5
山　西	Shanxi	277.00	13	130.92	9
内蒙古	Inner Mongolia	158.00	21	52.30	22
辽　宁	Liaoning	300.00	11	140.03	7
吉　林	Jilin	114.00	23	65.69	19
黑龙江	Heilongjiang	134.00	22	71.22	17
上　海	Shanghai	311.00	10	92.47	13
江　苏	Jiangsu	1250.00	2	385.73	2
浙　江	Zhejiang	601.00	5	134.11	8
安　徽	Anhui	284.00	12	109.23	12
福　建	Fujian	442.00	6	112.94	11
江　西	Jiangxi	177.00	19	68.00	18
山　东	Shandong	952.00	3	333.38	3
河　南	Henan	620.00	4	243.16	4
湖　北	Hubei	344.00	9	118.80	10
湖　南	Hunan	215.00	15	72.76	16
广　东	Guangdong	1462.00	1	508.76	1
广　西	Guangxi	187.00	18	48.85	23
海　南	Hainan	13.00	30	2.80	30
重　庆	Chongqing	211.00	16	61.83	20
四　川	Sichuan	375.00	8	143.89	6
贵　州	Guizhou	60.00	27	32.24	25
云　南	Yunnan	112.00	24	32.10	26
西　藏	Tibet	2.00	31	0.51	31
陕　西	Shaanxi	200.00	17	86.04	14
甘　肃	Gansu	65.00	26	31.01	27
青　海	Qinghai	25.00	29	11.15	29
宁　夏	Ningxia	46.00	28	18.08	28
新　疆	Xinjiang	97.00	25	33.56	24

11-10 大型工业企业工业销售产值
Sales Value of Large Industrial Enterprises

单位：亿元 (100 million yuan)

地区	Region	工业销售产值（当年价格） Sales Value (current prices)				其中：出口交货值 Among Them:Value of Export Delivery			
		2010	2012	2013	2013排名 Ranking	2010	2012	2013	2013排名 Ranking
全　国	**National Total**	**226845.40**	**367498.34**	**399055.09**		**40715.26**	**62380.46**	**63464.08**	
北　京	Beijing	6489.42	9049.92	10882.61	13	1012.30	1067.12	1112.05	12
天　津	Tianjin	7236.53	13583.50	14754.10	10	1031.71	1934.34	1836.48	10
河　北	Hebei	11996.53	18484.77	18365.32	5	599.38	748.44	706.43	15
山　西	Shanxi	5933.79	8959.84	8675.65	18	205.24	433.07	560.38	18
内蒙古	Inner Mongolia	3539.24	6106.88	7136.56	20	169.75	161.20	138.04	21
辽　宁	Liaoning	11080.37	14689.09	15367.96	8	1563.30	1427.14	1528.54	11
吉　林	Jilin	5884.90	8552.73	9342.60	16	73.76	150.51	127.71	22
黑龙江	Heilongjiang	4618.18	6354.80	6300.14	21	123.15	134.14	98.86	23
上　海	Shanghai	12776.78	17159.27	17319.39	6	4929.88	5616.16	5309.54	3
江　苏	Jiangsu	28449.35	47885.77	51979.19	1	9636.66	15174.82	14867.22	2
浙　江	Zhejiang	9344.65	15569.73	16408.98	7	2013.14	3084.70	3123.35	5
安　徽	Anhui	6348.04	10670.16	11856.76	12	300.01	716.88	835.58	14
福　建	Fujian	4892.53	8705.65	9481.51	15	1413.28	2741.66	2832.18	6
江　西	Jiangxi	3259.50	5496.23	6212.08	22	269.32	569.86	579.34	17
山　东	Shandong	26034.07	42817.27	46942.60	2	2697.50	3763.40	4043.27	4
河　南	Henan	9922.56	18525.81	20941.84	4	332.44	1725.60	2236.17	8
湖　北	Hubei	8479.37	13716.18	15160.48	9	483.26	851.48	921.48	13
湖　南	Hunan	4694.59	8342.78	9152.61	17	208.58	603.98	697.86	16
广　东	Guangdong	27955.07	42651.48	46178.35	3	12468.25	17476.35	16698.26	1
广　西	Guangxi	2557.77	4909.24	5897.51	23	140.65	282.42	359.39	19
海　南	Hainan	167.29	396.27	379.80	30	0.84	28.07	27.79	28
重　庆	Chongqing	3049.87	6177.92	7435.98	19	164.03	1443.12	2004.46	9
四　川	Sichuan	5859.28	10975.97	13099.87	11	602.04	1765.74	2389.22	7
贵　州	Guizhou	1463.11	2468.56	2507.78	27	66.78	86.34	79.05	24
云　南	Yunnan	2233.43	4185.86	4558.02	26	26.72	38.18	39.87	26
西　藏	Tibet	8.19	16.15	18.83	31				
陕　西	Shaanxi	5202.64	8985.76	9678.76	14	123.58	254.74	207.55	20
甘　肃	Gansu	2901.18	4402.97	4572.18	25	31.21	43.96	48.29	25
青　海	Qinghai	767.10	1070.18	1081.09	29	0.13	1.72	2.47	30
宁　夏	Ningxia	756.72	1764.34	1989.54	28	22.45	44.00	39.29	27
新　疆	Xinjiang	2943.35	4823.25	5376.99	24	5.90	11.32	13.92	29

11-11 大型工业企业资产总计和负债合计
Total Assets and Liabilities of Large Industrial Enterprises

单位：亿元 (100 million yuan)

地区	Region	资产总计 Total Assets				负债合计 Total Liabilities			
		2010	2012	2013	2013排名 Ranking	2010	2012	2013	2013排名 Ranking
全　国	National Total	236257.00	379618.39	419709.73		138521.92	226231.30	250741.21	
北　京	Beijing	7465.36	20390.86	21902.04	4	3962.04	10591.57	11326.75	7
天　津	Tianjin	6579.94	11160.57	12126.36	15	4125.85	7276.81	7856.61	15
河　北	Hebei	13426.10	19259.50	20669.93	5	8629.08	12177.76	13037.87	4
山　西	Shanxi	9826.62	14925.07	15937.27	11	6290.80	10056.51	11051.74	8
内蒙古	Inner Mongolia	5431.41	10067.67	11459.44	16	3087.60	5880.72	6943.52	16
辽　宁	Liaoning	13746.01	17372.41	18904.64	7	8714.62	11091.32	12174.99	5
吉　林	Jilin	4941.41	7484.61	8244.07	20	2811.54	4281.07	4914.64	19
黑龙江	Heilongjiang	5902.77	8306.01	8639.43	18	3015.58	4722.03	4989.11	18
上　海	Shanghai	11233.08	16873.11	18028.70	8	5735.42	8290.90	8875.68	11
江　苏	Jiangsu	22294.86	38036.48	41350.73	1	13107.30	22098.97	23785.21	2
浙　江	Zhejiang	7814.47	14247.17	15837.33	12	4355.30	7705.81	8599.45	12
安　徽	Anhui	6832.07	11665.82	13265.96	14	4380.28	7412.81	8371.45	13
福　建	Fujian	3806.52	6674.56	8205.86	21	2237.58	3601.01	4714.04	21
江　西	Jiangxi	3241.51	5129.65	5571.35	25	2055.37	3114.01	3447.72	25
山　东	Shandong	24163.79	36541.20	41048.12	2	13761.62	21439.88	24718.83	1
河　南	Henan	10750.10	16951.53	19029.04	6	6760.49	10456.86	11679.32	6
湖　北	Hubei	10988.42	15771.49	16681.44	10	6580.95	9708.89	10089.44	10
湖　南	Hunan	5075.53	8502.52	9321.01	17	3235.25	5432.92	5846.50	17
广　东	Guangdong	23503.23	33419.32	35874.07	3	12800.06	19694.73	20788.49	3
广　西	Guangxi	2531.13	4552.64	5201.04	26	1701.37	3001.97	3400.86	26
海　南	Hainan	375.30	635.44	698.24	30	235.43	393.31	405.96	30
重　庆	Chongqing	3164.98	5482.40	7018.37	23	1942.91	3568.90	4627.88	22
四　川	Sichuan	8112.69	13972.71	17591.17	9	5124.58	9390.08	10909.06	9
贵　州	Guizhou	2515.53	3881.10	4374.34	27	1611.55	2412.96	2687.85	27
云　南	Yunnan	3032.25	6553.65	7097.91	22	1499.38	3906.22	4216.13	23
西　藏	Tibet	128.75	246.32	245.80	31	19.95	61.43	61.35	31
陕　西	Shaanxi	8487.24	13636.85	14739.96	13	4690.18	7734.10	8308.70	14
甘　肃	Gansu	3694.90	5759.17	6455.12	24	2272.82	3594.68	4119.54	24
青　海	Qinghai	1814.96	2361.94	2586.59	29	1196.11	1579.59	1750.69	29
宁　夏	Ningxia	1330.60	2973.94	3285.03	28	866.01	1955.93	2149.43	28
新　疆	Xinjiang	4045.49	6782.67	8319.37	19	1714.87	3597.55	4892.42	20

11-12 大型工业企业所有者权益合计和主营业务收入
Total Owner's Equity and Revenue from Principal Businesses of Large Industrial Enterprises

单位：亿元

地区	Region	所有者权益合计 Total Owner's Equity				主营业务收入 Revenue from Principal Businesses			
		2010	2012	2013	2013排名 Ranking	2010	2012	2013	2013排名 Ranking
全国	**National Total**	**97415.22**	**152762.42**	**168048.24**		**238016.82**	**384664.51**	**418215.09**	
北京	Beijing	3503.32	9799.29	10575.29	4	7200.85	9956.60	11774.80	13
天津	Tianjin	2454.08	3876.91	4263.26	15	7570.35	13608.03	14948.22	10
河北	Hebei	4757.36	7056.72	7575.63	5	13134.42	19821.95	19444.45	5
山西	Shanxi	3534.96	4832.32	4874.89	11	6550.60	10929.91	10760.61	14
内蒙古	Inner Mongolia	2333.18	4176.00	4485.08	16	3789.85	6381.67	7206.72	21
辽宁	Liaoning	5017.71	6249.09	6668.09	7	11620.77	15147.88	15353.29	9
吉林	Jilin	2113.11	3202.82	3323.28	20	5704.11	9119.13	9905.28	16
黑龙江	Heilongjiang	2878.30	3583.76	3643.73	18	5142.44	6698.49	6609.04	22
上海	Shanghai	5497.65	8578.89	9132.85	8	14198.13	18950.68	19181.09	6
江苏	Jiangsu	9187.57	15937.51	17565.51	1	28653.42	48418.52	52809.25	1
浙江	Zhejiang	3459.16	6539.95	7237.50	12	9573.37	15769.68	16505.74	7
安徽	Anhui	2451.77	4216.27	4866.05	14	6417.61	11168.90	12913.96	12
福建	Fujian	1568.90	3044.78	3482.52	21	4946.43	8812.41	9598.79	17
江西	Jiangxi	1165.07	1944.94	2119.20	25	3676.81	6724.63	7837.15	19
山东	Shandong	10323.27	14998.95	16243.92	2	27316.67	45431.45	50057.62	2
河南	Henan	3929.89	6447.61	7303.99	6	11122.44	19974.85	22451.16	4
湖北	Hubei	4402.11	6053.05	6556.45	10	8665.21	14023.80	15566.19	8
湖南	Hunan	1840.28	3069.60	3466.90	17	4770.85	8179.12	9119.94	18
广东	Guangdong	10690.24	13588.58	15043.52	3	28450.38	42840.59	46032.26	3
广西	Guangxi	824.76	1532.61	1769.07	26	2639.06	4853.53	5821.86	24
海南	Hainan	139.86	242.13	292.28	30	159.53	340.51	354.42	30
重庆	Chongqing	1219.95	1909.81	2363.03	23	3117.76	6151.63	7529.81	20
四川	Sichuan	2970.20	4569.07	6304.73	9	6370.42	11589.63	14174.87	11
贵州	Guizhou	37.66	1466.18	1681.56	27	1511.71	2568.00	2610.11	27
云南	Yunnan	1532.72	2627.06	2879.47	22	2289.78	4333.69	4737.95	26
西藏	Tibet	108.80	184.89	184.46	31	9.26	17.57	18.83	31
陕西	Shaanxi	3796.03	5894.76	6422.30	13	5215.81	9308.33	9963.35	15
甘肃	Gansu	1410.95	2156.63	2332.31	24	3494.35	5876.45	6298.35	23
青海	Qinghai	605.35	782.40	835.86	29	835.39	1000.01	1035.82	29
宁夏	Ningxia	464.59	1015.75	1131.32	28	757.83	1775.70	2012.09	28
新疆	Xinjiang	2330.62	3184.08	3424.18	19	3111.21	4891.16	5582.07	25

11-13 大型工业企业主营业务成本和主营业务税金及附加
Cost of Principal Business, Tax and Extra Charges from Principal Business of Large Industrial Enterprises

单位：亿元 (100 million yuan)

地区	Region	主营业务成本 Cost of Principal Business				主营业务税金及附加 Tax and Extra Charges from Principal Business			
		2010	2012	2013	2013排名 Ranking	2010	2012	2013	2013排名 Ranking
全　国	**National Total**	**198078.38**	**322644.59**	**352336.92**		**6973.89**	**10034.38**	**10901.80**	
北　京	Beijing	6362.47	8529.10	10163.96	13	145.04	211.69	226.05	21
天　津	Tianjin	6293.19	11222.69	12435.57	10	170.04	241.65	265.00	18
河　北	Hebei	11501.62	17509.78	17240.21	5	198.84	284.70	277.16	16
山　西	Shanxi	5216.20	8972.93	8970.36	14	64.67	110.44	102.92	27
内蒙古	Inner Mongolia	2864.52	4865.69	5592.43	21	45.04	112.29	148.85	25
辽　宁	Liaoning	9779.19	12973.92	13039.90	8	483.30	573.86	522.93	9
吉　林	Jilin	4750.45	7529.00	8159.06	15	280.75	339.43	390.89	12
黑龙江	Heilongjiang	3511.74	4579.78	4655.61	24	404.33	651.22	623.32	6
上　海	Shanghai	12096.62	15937.47	15852.09	6	550.47	765.66	867.01	1
江　苏	Jiangsu	24839.95	42201.55	46155.96	1	261.89	578.00	662.64	5
浙　江	Zhejiang	8075.40	13409.26	13966.10	7	257.69	260.73	271.29	17
安　徽	Anhui	5301.60	9505.69	11138.61	12	207.60	265.95	304.52	15
福　建	Fujian	4199.90	7360.06	8070.73	16	79.04	225.43	231.15	20
江　西	Jiangxi	3167.34	5928.68	6852.66	19	98.81	144.12	157.76	24
山　东	Shandong	22992.76	38748.48	42990.73	2	542.12	789.33	804.19	2
河　南	Henan	9463.51	17407.70	19579.13	4	270.74	406.81	410.79	10
湖　北	Hubei	7268.03	11805.67	13019.64	9	451.14	488.32	572.72	8
湖　南	Hunan	3782.15	6517.71	7314.81	18	378.30	535.73	592.38	7
广　东	Guangdong	23956.89	36046.91	38993.01	3	521.54	648.72	772.84	3
广　西	Guangxi	2194.74	4161.77	4882.49	23	76.62	120.39	142.83	26
海　南	Hainan	116.05	265.20	276.78	30	4.72	5.60	5.86	30
重　庆	Chongqing	2623.82	5323.14	6530.67	20	100.56	127.85	159.85	23
四　川	Sichuan	5155.93	9379.41	11636.01	11	168.94	305.47	356.89	13
贵　州	Guizhou	1116.11	1826.16	1855.12	27	121.31	166.79	221.15	22
云　南	Yunnan	1590.71	3020.77	3320.91	26	420.80	672.33	749.11	4
西　藏	Tibet	17.77	31.51	35.50	31	0.04	0.11	0.09	31
陕　西	Shaanxi	3653.55	6752.28	7397.78	17	241.47	378.63	404.51	11
甘　肃	Gansu	2846.38	5017.87	5504.77	22	161.53	248.21	249.51	19
青　海	Qinghai	644.61	746.23	773.06	29	28.59	34.61	39.48	29
宁　夏	Ningxia	616.74	1485.88	1708.97	28	24.27	56.02	60.66	28
新　疆	Xinjiang	2078.44	3582.28	4224.25	25	213.69	284.31	307.45	14

11-14 大型工业企业销售费用和管理费用
Sales Expenses and Administrative Expenses of Large Industrial Enterprises

单位：亿元 (100 million yuan)

地区	Region	销售费用 Sales Expenses 2012	销售费用 Sales Expenses 2013	2013排名 Ranking	管理费用 Administrative Expenses 2010	管理费用 Administrative Expenses 2012	管理费用 Administrative Expenses 2013	2013排名 Ranking
全　国	**National Total**	**10249.44**	**11167.45**		**9870.73**	**15120.03**	**15788.17**	
北　京	Beijing	439.02	470.76	8	183.00	316.52	362.47	19
天　津	Tianjin	338.70	412.37	9	187.34	328.62	374.79	18
河　北	Hebei	248.05	278.71	16	414.08	611.46	630.16	10
山　西	Shanxi	326.54	372.64	13	465.91	684.71	636.80	8
内蒙古	Inner Mongolia	242.88	241.48	17	155.56	261.45	306.59	21
辽　宁	Liaoning	311.71	377.62	12	602.34	741.32	789.62	5
吉　林	Jilin	414.15	484.21	6	264.10	388.51	413.29	16
黑龙江	Heilongjiang	126.26	123.49	23	301.80	377.23	382.74	17
上　海	Shanghai	550.93	556.23	4	450.41	810.10	887.34	4
江　苏	Jiangsu	1063.80	1158.43	2	784.24	1420.67	1568.78	2
浙　江	Zhejiang	459.76	478.47	7	287.17	600.35	631.14	9
安　徽	Anhui	257.61	308.93	15	425.03	483.84	510.67	13
福　建	Fujian	294.16	313.61	14	228.45	395.93	441.07	15
江　西	Jiangxi	129.15	150.09	22	121.48	182.56	210.45	24
山　东	Shandong	943.42	996.85	3	1225.86	1505.51	1562.18	3
河　南	Henan	347.15	382.97	11	407.45	642.83	670.99	6
湖　北	Hubei	403.58	498.38	5	528.05	570.13	667.00	7
湖　南	Hunan	229.10	241.45	18	215.35	459.78	462.12	14
广　东	Guangdong	1895.16	1927.31	1	1059.08	1891.02	1681.72	1
广　西	Guangxi	124.20	184.39	21	107.33	215.99	221.79	22
海　南	Hainan	15.33	16.74	30	6.42	12.93	12.57	30
重　庆	Chongqing	166.10	205.36	19	150.94	270.82	311.49	20
四　川	Sichuan	350.00	394.81	10	334.04	535.27	618.73	11
贵　州	Guizhou	71.31	83.92	25	77.80	104.29	122.84	27
云　南	Yunnan	102.54	105.08	24	124.60	199.07	203.38	25
西　藏	Tibet	0.08	0.05	31		0.32	0.46	31
陕　西	Shaanxi	184.79	195.45	20	396.16	590.57	587.34	12
甘　肃	Gansu	98.07	68.93	27	143.81	202.82	187.02	26
青　海	Qinghai	24.46	28.83	29	35.35	32.27	34.76	29
宁　夏	Ningxia	27.52	31.81	28	40.11	80.92	80.90	28
新　疆	Xinjiang	63.93	78.08	26	147.45	202.20	216.97	23

11-15 大型工业企业财务费用和营业利润
Financial Expenses and Operating Profit of Large Industrial Enterprises

单位：亿元 (100 million yuan)

地区	Region	财务费用 Financial Expenses				营业利润 Operating Profit			
		2010	2012	2013	2013排名 Ranking	2010	2012	2013	2013排名 Ranking
全　国	**National Total**	**2259.68**	**4834.90**	**4862.24**		**18425.16**	**24842.14**	**26242.64**	
北　京	Beijing	49.15	150.99	150.40	14	294.88	708.77	813.52	12
天　津	Tianjin	50.19	96.12	103.93	18	817.16	1475.89	1500.53	4
河　北	Hebei	173.82	323.59	320.33	3	774.71	711.06	584.84	18
山　西	Shanxi	133.74	260.72	302.48	5	529.09	707.26	386.72	20
内蒙古	Inner Mongolia	55.59	150.33	174.70	11	635.86	915.81	977.31	9
辽　宁	Liaoning	123.39	239.54	223.49	6	549.65	317.15	381.86	21
吉　林	Jilin	34.43	84.75	73.03	24	502.75	554.28	598.24	17
黑龙江	Heilongjiang	25.92	60.98	75.49	22	828.67	947.13	755.91	13
上　海	Shanghai	-2.19	12.70	-34.73	31	1036.13	1175.12	1427.94	5
江　苏	Jiangsu	222.01	480.14	420.37	2	2058.00	2818.32	3088.69	1
浙　江	Zhejiang	107.39	193.95	174.81	10	629.36	948.48	1111.21	8
安　徽	Anhui	73.88	168.36	166.95	12	549.85	696.88	721.84	14
福　建	Fujian	45.33	76.89	85.41	19	422.32	641.48	614.72	15
江　西	Jiangxi	34.44	63.76	70.25	26	190.70	272.98	364.09	23
山　东	Shandong	320.98	634.25	691.38	1	2187.17	3021.04	3076.42	2
河　南	Henan	160.25	293.87	309.21	4	653.74	903.74	1124.77	7
湖　北	Hubei	115.61	222.57	202.90	9	737.11	808.22	903.42	11
湖　南	Hunan	64.00	144.07	121.43	15	405.21	487.43	477.91	19
广　东	Guangdong	113.92	260.09	203.10	8	1820.12	2448.73	2839.53	3
广　西	Guangxi	41.58	77.47	71.28	25	169.87	306.69	367.65	22
海　南	Hainan	4.09	9.21	9.87	29	23.81	30.67	34.50	30
重　庆	Chongqing	28.95	61.83	76.33	21	149.76	213.53	347.45	24
四　川	Sichuan	72.75	184.70	208.22	7	388.39	850.70	904.17	10
贵　州	Guizhou	36.91	72.03	74.96	23	134.71	321.50	275.72	26
云　南	Yunnan	21.02	100.03	120.96	16	222.05	280.57	283.81	25
西　藏	Tibet	-0.13	1.05	0.66	30	-8.54	-15.15	-18.06	31
陕　西	Shaanxi	42.10	136.36	164.59	13	811.45	1310.00	1355.88	6
甘　肃	Gansu	34.91	89.91	81.02	20	151.80	180.12	166.53	27
青　海	Qinghai	36.18	52.92	57.02	27	98.39	92.51	88.09	28
宁　夏	Ningxia	16.33	60.80	56.40	28	76.96	80.49	87.63	29
新　疆	Xinjiang	23.15	70.93	105.98	17	584.04	630.74	599.82	16

11-16 大型工业企业利润总额和应交增值税
Total Profit and Value Added Tax Payable of Large Industrial Enterprises

单位：亿元 (100 million yuan)

地区	Region	利润总额 Total Profit				应交增值税 Value Added Tax Payable			
		2010	2012	2013	2013排名 Ranking	2010	2012	2013	2013排名 Ranking
全　国	**National Total**	**17630.35**	**25169.84**	**26557.40**		**8505.76**	**13255.36**	**14542.68**	
北　京	Beijing	299.89	807.67	842.83	12	203.68	264.63	323.48	19
天　津	Tianjin	848.13	1472.30	1492.05	4	373.05	594.68	793.74	4
河　北	Hebei	619.61	697.55	606.21	18	339.38	548.33	483.90	10
山　西	Shanxi	513.33	713.21	402.12	21	385.37	517.22	454.22	14
内蒙古	Inner Mongolia	573.32	805.18	854.05	11	213.49	352.79	350.51	18
辽　宁	Liaoning	523.12	320.30	530.71	19	359.48	445.57	473.43	12
吉　林	Jilin	431.00	596.83	630.26	15	201.49	297.76	362.52	17
黑龙江	Heilongjiang	825.55	979.11	751.80	13	343.85	431.59	395.04	16
上　海	Shanghai	1049.72	1312.87	1483.49	5	359.65	483.79	547.72	8
江　苏	Jiangsu	1815.78	2667.75	2992.08	2	728.01	1463.74	1612.70	2
浙　江	Zhejiang	631.99	1007.12	1161.92	7	255.26	405.30	459.25	13
安　徽	Anhui	442.79	609.76	645.86	14	338.52	467.51	481.91	11
福　建	Fujian	416.17	653.57	624.00	16	116.43	252.25	283.03	20
江　西	Jiangxi	192.37	280.48	375.16	22	101.67	173.19	203.72	24
山　东	Shandong	2143.19	3092.30	3104.13	1	912.74	1291.49	1415.52	3
河　南	Henan	646.72	922.81	1132.41	8	358.63	615.02	677.49	5
湖　北	Hubei	684.44	842.06	915.43	10	316.44	404.17	502.46	9
湖　南	Hunan	311.99	487.63	509.30	20	283.73	378.83	421.18	15
广　东	Guangdong	1869.17	2515.10	2905.92	3	837.84	1468.19	1717.63	1
广　西	Guangxi	181.61	281.75	326.21	24	102.51	175.47	202.08	25
海　南	Hainan	25.09	31.77	35.13	30	7.57	16.82	18.49	30
重　庆	Chongqing	128.46	251.68	366.31	23	157.43	185.42	256.42	22
四　川	Sichuan	374.85	879.42	952.20	9	294.03	530.56	598.21	6
贵　州	Guizhou	140.04	324.99	288.86	26	82.55	148.92	158.03	26
云　南	Yunnan	224.40	280.68	290.62	25	147.16	278.25	271.86	21
西　藏	Tibet	-1.97	-7.81	-9.55	31	0.40	0.74	0.96	31
陕　西	Shaanxi	813.67	1290.04	1324.40	6	314.26	547.48	561.61	7
甘　肃	Gansu	141.03	198.38	204.25	27	114.14	165.64	135.83	27
青　海	Qinghai	98.81	109.12	100.56	28	49.51	55.78	67.03	29
宁　夏	Ningxia	73.49	87.68	99.91	29	38.13	68.21	72.13	28
新　疆	Xinjiang	592.58	658.57	618.78	17	169.39	226.03	240.60	23

11-17 中型工业企业单位数和从业平均人员数
Number of Enterprise and Average Number of Employed Persons of Medium-sized Industrial Enterprises

地区	Region	企业单位数（个）Number of Enterprise（unit）		从业平均人员数（万人）Average Number of Employed Persons (10 000 persons)	
		2013	2013排名 Ranking	2013	2013排名 Ranking
全　国	**National Total**	**55708.00**		**3042.08**	
北　京	Beijing	613.00	22	33.67	22
天　津	Tianjin	777.00	19	42.67	19
河　北	Hebei	1814.00	11	99.61	11
山　西	Shanxi	913.00	17	57.33	16
内蒙古	Inner Mongolia	703.00	20	37.00	21
辽　宁	Liaoning	1972.00	9	106.91	9
吉　林	Jilin	533.00	24	30.56	23
黑龙江	Heilongjiang	514.00	25	30.42	24
上　海	Shanghai	1439.00	14	78.17	13
江　苏	Jiangsu	6059.00	2	318.52	2
浙　江	Zhejiang	4612.00	3	234.31	4
安　徽	Anhui	1474.00	13	77.04	14
福　建	Fujian	3004.00	6	163.84	6
江　西	Jiangxi	1690.00	12	86.12	12
山　东	Shandong	4565.00	4	243.48	3
河　南	Henan	4033.00	5	198.62	5
湖　北	Hubei	1935.00	10	102.31	10
湖　南	Hunan	2247.00	8	117.61	8
广　东	Guangdong	9241.00	1	569.05	1
广　西	Guangxi	1258.00	15	68.95	15
海　南	Hainan	114.00	29	6.35	29
重　庆	Chongqing	1047.00	16	56.03	17
四　川	Sichuan	2262.00	7	123.33	7
贵　州	Guizhou	559.00	23	29.34	25
云　南	Yunnan	700.00	21	39.59	20
西　藏	Tibet	13.00	31	0.63	31
陕　西	Shaanxi	785.00	18	44.31	18
甘　肃	Gansu	264.00	27	15.12	27
青　海	Qinghai	100.00	30	5.84	30
宁　夏	Ningxia	143.00	28	7.90	28
新　疆	Xinjiang	325.00	26	17.44	26

11-18 中型工业企业工业销售产值
Industrial Sales Value of Medium-sized Industrial Enterprises

单位：亿元 (100 million yuan)

地区	Region	工业销售产值（当年价格） Sales Value (current prices)				其中：出口交货值 Among Them:Value of Export Delivery			
		2010	2012	2013	2013排名 Ranking	2010	2012	2013	2013排名 Ranking
全　国	**National Total**	**199057.02**	**218053.90**	**246868.94**		**29693.15**	**25211.40**	**27239.04**	
北　京	Beijing	3879.69	3082.33	2916.84	21	462.14	268.56	231.70	15
天　津	Tianjin	5254.66	4525.99	5565.89	16	745.24	443.26	549.81	9
河　北	Hebei	7760.96	8995.60	10057.23	8	274.63	398.08	431.67	11
山　西	Shanxi	4032.00	4301.62	4243.39	18	47.33	23.14	31.07	23
内蒙古	Inner Mongolia	4573.75	4691.14	5531.05	17	46.89	41.50	29.82	25
辽　宁	Liaoning	6971.18	9634.66	11107.94	7	680.90	1011.20	1092.30	7
吉　林	Jilin	2235.40	2665.65	2822.16	22	74.03	93.88	111.38	20
黑龙江	Heilongjiang	2096.43	1851.98	2055.68	24	39.85	24.37	16.18	27
上　海	Shanghai	9146.95	7090.67	6909.13	13	2168.78	1381.37	1397.34	6
江　苏	Jiangsu	25363.62	26636.86	31341.85	1	5780.48	4475.54	4565.25	2
浙　江	Zhejiang	18462.54	18018.94	18349.93	4	4344.17	3663.54	3665.90	3
安　徽	Anhui	4679.31	5858.25	6833.20	14	305.81	342.31	422.97	12
福　建	Fujian	7927.10	9688.58	11133.65	6	1949.61	1922.18	2164.78	4
江　西	Jiangxi	2901.53	6517.74	7892.37	11	377.25	615.39	599.05	8
山　东	Shandong	21425.29	23557.52	26622.90	3	2097.30	1714.38	2034.22	5
河　南	Henan	10829.48	13812.92	17351.86	5	172.97	154.59	208.75	17
湖　北	Hubei	5710.47	6915.60	8484.15	10	282.44	308.71	357.53	13
湖　南	Hunan	3880.14	5926.55	7520.41	12	102.19	222.60	317.12	14
广　东	Guangdong	27446.62	26083.54	28130.46	2	8950.96	7362.97	7838.93	1
广　西	Guangxi	3164.26	5124.42	5921.91	15	127.54	183.50	217.90	16
海　南	Hainan	896.58	1059.35	984.21	28	89.14	80.55	128.49	19
重　庆	Chongqing	2882.05	3244.11	3957.67	19	171.35	158.61	173.79	18
四　川	Sichuan	7511.92	8260.55	9262.85	9	182.81	178.50	472.64	10
贵　州	Guizhou	1294.76	1524.66	1980.23	25	11.93	3.81	5.71	29
云　南	Yunnan	2450.18	2255.58	2322.90	23	56.05	48.45	40.63	22
西　藏	Tibet	23.62	31.23	35.15	31				
陕　西	Shaanxi	2891.40	3657.36	3940.93	20	96.74	60.60	70.14	21
甘　肃	Gansu	1008.24	857.68	1017.24	27	9.11	5.74	11.18	28
青　海	Qinghai	435.43	475.15	562.41	30	1.00	0.53	1.10	30
宁　夏	Ningxia	660.90	618.19	750.20	29	19.46	12.06	21.01	26
新　疆	Xinjiang	1260.60	1089.48	1263.15	26	25.03	11.47	30.67	24

11-19 中型工业企业资产总计和负债合计

Total Assets and Total Liabilities of Medium-sized Industrial Enterprises

单位：亿元 (100 million yuan)

地区	Region	资产总计 Total Assets 2010	2012	2013	2013排名 Ranking	负债合计 Total Liabilities 2010	2012	2013	2013排名 Ranking
全国	**National Total**	**191194.55**	**184741.97**	**207021.79**		**111326.24**	**107549.01**	**119968.06**	
北京	Beijing	11607.66	4244.90	4610.18	16	5518.13	2094.46	2480.11	18
天津	Tianjin	4320.15	4447.44	4696.97	15	2592.72	2816.85	2955.45	14
河北	Hebei	6113.44	6757.56	7530.38	10	3732.70	3927.29	4233.66	10
山西	Shanxi	6060.32	6678.74	8051.00	9	4088.82	4873.68	6149.41	5
内蒙古	Inner Mongolia	5527.96	5599.63	6312.24	12	3238.87	3614.24	3983.23	11
辽宁	Liaoning	6372.92	7292.32	8424.63	8	3840.18	4300.09	4856.51	8
吉林	Jilin	2340.49	2422.18	2614.71	25	1363.68	1342.16	1420.37	25
黑龙江	Heilongjiang	2505.92	2112.79	2188.72	26	1598.29	1300.92	1298.92	26
上海	Shanghai	8550.34	6748.91	7218.99	11	4626.81	3543.73	3775.94	12
江苏	Jiangsu	21845.14	20137.27	22789.42	1	12439.74	11296.17	12765.18	1
浙江	Zhejiang	18337.41	17419.00	17749.69	3	11089.94	10583.30	10635.00	3
安徽	Anhui	4520.48	4652.37	4997.67	14	2755.84	2776.84	2931.27	15
福建	Fujian	6572.93	7848.66	8812.92	6	3346.54	4230.73	4722.73	9
江西	Jiangxi	2438.38	3470.79	3951.50	20	1385.14	1851.50	1957.04	23
山东	Shandong	15102.49	15470.54	17219.86	4	8849.18	9097.05	10207.70	4
河南	Henan	7077.57	8939.82	11855.40	5	3955.06	4247.85	5268.14	6
湖北	Hubei	5370.46	5109.57	6188.42	13	3338.37	2975.81	3560.32	13
湖南	Hunan	3687.13	3609.03	4334.26	19	2219.91	1985.29	2227.41	20
广东	Guangdong	22246.28	21432.78	22390.50	2	12503.93	12128.67	12700.35	2
广西	Guangxi	3458.33	4122.40	4588.53	17	2099.02	2475.46	2777.76	16
海南	Hainan	913.55	895.09	956.84	30	460.53	419.91	500.60	30
重庆	Chongqing	2816.22	3026.56	3304.41	22	1678.99	1886.00	2063.70	22
四川	Sichuan	7828.10	7101.62	8454.50	7	4832.34	3986.10	4900.27	7
贵州	Guizhou	2168.69	2248.24	2909.12	23	1454.93	1596.77	2078.45	21
云南	Yunnan	4101.00	3201.17	3693.79	21	2623.32	2071.87	2458.81	19
西藏	Tibet	96.75	105.77	173.19	31	45.29	37.75	83.51	31
陕西	Shaanxi	3576.36	4006.36	4516.30	18	2209.69	2450.22	2733.70	17
甘肃	Gansu	1375.55	1284.66	1327.82	27	868.97	797.15	861.85	27
青海	Qinghai	781.43	973.83	1164.46	29	465.84	655.92	793.42	29
宁夏	Ningxia	1391.26	1010.62	1210.16	28	908.38	701.54	839.42	28
新疆	Xinjiang	2089.85	2371.37	2785.20	24	1195.10	1483.69	1747.84	24

11-20 中型工业企业所有者权益合计和主营业务收入 Total Owner's Equity and Revenue from Principal Business of Medium-sized Industrial Enterprises

单位：亿元 (100 million yuan)

地区	Region	所有者权益合计 Total Owner's Equity				主营业务收入 Revenue from Principal Business			
		2010	2012	2013	2013排名 Ranking	2010	2012	2013	2013排名 Ranking
全国	**National Total**	**79401.38**	**76659.52**	**86524.99**		**200996.90**	**218356.88**	**247068.24**	
北京	Beijing	6089.54	2150.14	2130.07	13	4186.60	3359.83	3181.50	21
天津	Tianjin	1727.43	1628.42	1728.77	20	5454.09	4763.68	5869.86	15
河北	Hebei	2340.08	2806.52	3259.13	10	7796.98	9037.34	10119.98	8
山西	Shanxi	1949.82	1795.97	1901.57	17	4094.92	3896.09	4142.89	18
内蒙古	Inner Mongolia	2251.21	1965.32	2305.26	12	4647.36	4768.74	5554.10	17
辽宁	Liaoning	2511.63	2930.94	3538.19	7	7042.25	9571.35	10916.09	7
吉林	Jilin	970.10	1073.14	1187.69	23	2273.33	2598.57	2764.37	22
黑龙江	Heilongjiang	899.67	810.10	884.75	25	2232.77	1836.67	2066.36	24
上海	Shanghai	3923.53	3198.84	3440.17	9	9619.98	7451.29	7290.68	13
江苏	Jiangsu	9405.40	8840.94	10024.24	1	25405.22	26825.08	31555.69	1
浙江	Zhejiang	7247.47	6831.70	7100.09	3	18647.45	17946.77	18271.61	4
安徽	Anhui	1746.27	1854.60	2049.38	15	4615.46	5757.00	6752.04	14
福建	Fujian	3208.98	3581.87	4052.19	6	7933.81	9695.35	11162.52	6
江西	Jiangxi	1042.88	1598.51	1965.07	16	2943.53	6720.87	8270.70	11
山东	Shandong	6175.34	6313.41	6951.84	4	21507.20	23954.33	26898.30	3
河南	Henan	3080.49	4627.73	6559.36	5	11028.25	13952.40	17241.53	5
湖北	Hubei	2010.92	2113.99	2581.39	11	5608.34	6719.49	8401.40	10
湖南	Hunan	1467.21	1623.67	2086.49	14	3841.55	5787.15	7394.70	12
广东	Guangdong	9702.49	9268.34	9650.16	2	27623.46	25975.49	27920.50	2
广西	Guangxi	1341.53	1576.37	1791.11	18	3201.47	5028.29	5821.53	16
海南	Hainan	452.85	477.07	454.26	27	868.19	1000.20	821.22	28
重庆	Chongqing	1132.86	1136.96	1231.07	22	2882.78	3272.68	3965.33	19
四川	Sichuan	2965.32	3082.52	3507.65	8	7484.54	8338.75	9332.62	9
贵州	Guizhou	705.18	637.88	821.50	26	1241.25	1369.79	1827.38	25
云南	Yunnan	1467.49	1129.08	1234.41	21	2471.16	2255.24	2314.28	23
西藏	Tibet	51.46	68.02	89.62	31	22.71	32.88	33.35	31
陕西	Shaanxi	1356.96	1544.05	1776.12	19	2945.20	3467.70	3772.91	20
甘肃	Gansu	492.44	483.64	450.86	28	956.48	762.18	908.34	27
青海	Qinghai	308.83	316.45	370.73	30	439.75	442.78	483.83	30
宁夏	Ningxia	482.71	307.11	371.18	29	665.11	621.44	738.45	29
新疆	Xinjiang	893.27	886.20	1030.67	24	1315.71	1147.46	1274.18	26

11-21 中型工业企业主营业务成本和主营业务税金及附加

Cost of Principal Business, Tax and Extra Charges from Principal Business of Medium-sized Industrial Enterprise

单位：亿元 (100 million yuan)

地区	Region	主营业务成本 Cost of Principal Business				主营业务税金及附加 Tax and Extra Charges Froms Principal			
		2010	2012	2013	2013排名 Ranking	2010	2012	2013	2013排名 Ranking
全 国	**National Total**	**167138.16**	**183959.37**	**208738.86**		**2326.96**	**2072.76**	**2137.30**	
北 京	Beijing	3386.33	2732.50	2501.56	21	37.92	35.61	40.58	18
天 津	Tianjin	4699.16	4085.43	5113.35	15	23.31	45.14	28.47	21
河 北	Hebei	6478.53	7597.87	8485.83	8	95.57	50.22	56.48	15
山 西	Shanxi	3245.19	3263.09	3538.27	18	55.80	32.51	36.13	19
内蒙古	Inner Mongolia	3485.25	3746.63	4456.60	17	95.37	65.12	67.73	13
辽 宁	Liaoning	5955.22	8048.88	9206.01	7	104.79	150.39	156.13	4
吉 林	Jilin	1746.20	2155.00	2299.40	22	44.71	25.73	25.74	23
黑龙江	Heilongjiang	1772.17	1508.28	1695.82	24	59.09	18.60	19.91	24
上 海	Shanghai	7918.91	6229.64	5999.05	13	13.17	19.28	18.72	25
江 苏	Jiangsu	21258.96	22701.83	26806.11	1	231.67	135.30	175.39	3
浙 江	Zhejiang	15815.82	15580.70	15723.01	4	159.30	113.66	111.16	6
安 徽	Anhui	3739.01	4613.40	5493.48	14	31.42	34.00	40.63	17
福 建	Fujian	6631.91	8295.76	9534.75	6	124.13	84.22	91.88	9
江 西	Jiangxi	2485.76	5719.71	7074.94	10	23.33	38.98	53.89	16
山 东	Shandong	18524.86	20644.55	23371.83	3	251.25	254.15	261.67	1
河 南	Henan	9343.99	11905.46	14817.86	5	72.50	84.82	95.18	8
湖 北	Hubei	4657.10	5645.52	7061.74	11	96.22	44.28	66.33	14
湖 南	Hunan	3102.17	4656.57	6012.95	12	37.27	61.24	81.49	11
广 东	Guangdong	23170.48	22206.77	23779.83	2	243.88	267.78	221.40	2
广 西	Guangxi	2653.94	4309.93	4960.31	16	82.62	140.56	140.20	5
海 南	Hainan	664.51	800.21	659.68	28	72.10	93.37	70.25	12
重 庆	Chongqing	2427.81	2784.15	3352.61	19	18.79	18.20	28.68	20
四 川	Sichuan	6084.93	6782.27	7783.20	9	115.45	90.06	96.98	7
贵 州	Guizhou	991.08	1043.38	1428.85	25	15.62	19.66	25.89	22
云 南	Yunnan	1946.74	1854.16	1874.61	23	71.60	17.76	16.17	26
西 藏	Tibet	13.21	17.63	18.89	31	0.43	0.90	0.93	31
陕 西	Shaanxi	2243.49	2612.23	2868.39	20	72.58	91.92	83.84	10
甘 肃	Gansu	788.21	632.77	778.98	27	27.77	6.85	6.20	28
青 海	Qinghai	328.06	344.16	402.10	30	7.79	3.44	3.11	30
宁 夏	Ningxia	572.52	540.40	618.26	29	8.26	3.69	5.08	29
新 疆	Xinjiang	1006.64	900.48	1020.57	26	33.24	25.33	11.06	27

11-22 中型工业企业销售费用和管理费用

Sales Expenses and Administrative Expenses of Medium-sized Industrial Enterprise

单位：亿元 (100 million yuan)

地区	Region	销售费用 Sales Expenses			管理费用 Administrative Expenses			
		2012	2013	2013排名 Ranking	2010	2012	2013	2013排名 Ranking
全国	National Total	5590.72	6421.96		9037.52	9311.66	10359.73	
北京	Beijing	169.63	204.54	12	231.26	224.39	255.53	15
天津	Tianjin	92.43	106.45	20	207.44	170.70	182.18	20
河北	Hebei	157.36	185.69	13	260.00	280.30	306.08	12
山西	Shanxi	76.33	79.08	25	255.39	246.35	290.75	13
内蒙古	Inner Mongolia	117.02	137.47	16	180.86	185.82	240.82	16
辽宁	Liaoning	243.32	269.80	9	301.88	416.92	470.84	7
吉林	Jilin	85.09	99.35	21	140.75	153.56	159.86	22
黑龙江	Heilongjiang	71.33	87.28	23	102.24	110.69	105.41	25
上海	Shanghai	357.94	367.35	5	579.70	443.01	482.32	6
江苏	Jiangsu	685.03	784.51	1	977.38	1096.12	1243.52	2
浙江	Zhejiang	411.81	465.93	4	778.98	762.61	845.65	3
安徽	Anhui	159.63	175.76	14	190.54	230.62	239.79	17
福建	Fujian	228.82	267.59	10	294.61	363.26	409.37	9
江西	Jiangxi	107.55	137.60	15	109.73	152.04	189.12	18
山东	Shandong	447.65	502.40	3	841.11	723.46	805.48	4
河南	Henan	283.83	329.72	6	282.04	350.16	382.26	11
湖北	Hubei	203.13	271.09	8	340.83	362.60	385.41	10
湖南	Hunan	189.64	259.16	11	250.54	398.90	504.19	5
广东	Guangdong	676.75	734.48	2	1159.18	1218.07	1330.66	1
广西	Guangxi	96.47	109.02	19	274.94	274.06	289.99	14
海南	Hainan	22.30	30.71	27	26.95	24.49	26.78	28
重庆	Chongqing	91.17	116.37	17	190.90	158.06	180.17	21
四川	Sichuan	259.47	285.66	7	458.16	399.02	421.61	8
贵州	Guizhou	57.59	79.32	24	79.28	95.18	119.08	24
云南	Yunnan	85.88	96.64	22	160.31	131.12	141.38	23
西藏	Tibet	0.80	1.05	31	2.44	3.60	4.05	31
陕西	Shaanxi	103.16	113.92	18	178.44	185.27	186.73	19
甘肃	Gansu	23.57	25.58	28	67.07	43.05	44.38	27
青海	Qinghai	22.47	25.19	29	31.81	23.81	24.95	30
宁夏	Ningxia	16.65	18.89	30	24.88	20.78	25.04	29
新疆	Xinjiang	46.90	54.37	26	57.87	63.66	66.31	26

11-23 中型工业企业财务费用和营业利润

Financial Expenses and Operating Profit of Medium-sized Industrial Enterprises

单位：亿元 (100 million yuan)

地区	Region	财务费用 Financial Expenses				营业利润 Operating Profit			
		2010	2012	2013	2013排名 Ranking	2010	2012	2013	2013排名 Ranking
全国	**National Total**	**2418.07**	**2949.82**	**3135.85**		**17965.42**	**15452.50**	**17393.73**	
北京	Beijing	58.20	25.11	27.32	27	477.76	209.51	187.24	20
天津	Tianjin	35.53	52.68	52.67	21	443.28	355.46	430.93	17
河北	Hebei	85.98	109.19	114.79	9	767.97	718.81	872.94	6
山西	Shanxi	107.14	131.43	173.61	6	402.62	184.77	83.36	25
内蒙古	Inner Mongolia	84.02	104.11	109.08	11	795.58	608.95	615.01	10
辽宁	Liaoning	83.45	115.02	110.48	10	603.14	707.87	819.69	8
吉林	Jilin	27.29	39.62	39.63	24	150.97	190.73	161.13	21
黑龙江	Heilongjiang	31.67	26.60	30.30	26	212.62	113.89	133.26	24
上海	Shanghai	60.00	58.20	44.57	22	676.67	406.70	439.65	16
江苏	Jiangsu	229.44	296.30	302.30	3	2173.02	1952.37	2370.85	1
浙江	Zhejiang	294.48	338.24	311.47	2	1322.17	846.17	935.47	5
安徽	Anhui	61.23	79.81	82.65	14	556.62	562.67	579.70	13
福建	Fujian	82.40	126.81	132.81	8	803.59	717.44	851.43	7
江西	Jiangxi	30.38	53.28	58.10	19	214.48	557.23	687.84	9
山东	Shandong	249.12	304.39	326.74	1	1582.35	1463.02	1631.35	3
河南	Henan	117.35	160.74	178.23	5	1070.47	1207.65	1460.67	4
湖北	Hubei	89.73	91.17	108.21	12	571.06	510.18	584.17	12
湖南	Hunan	66.13	69.20	86.03	13	391.66	437.74	539.77	14
广东	Guangdong	182.65	241.51	245.94	4	2394.18	1588.36	1771.64	2
广西	Guangxi	46.33	66.46	74.45	15	306.30	259.94	354.40	18
海南	Hainan	10.79	7.94	5.46	30	73.38	68.45	44.03	27
重庆	Chongqing	37.53	51.74	56.96	20	212.68	178.98	257.26	19
四川	Sichuan	108.52	128.47	151.18	7	716.94	704.47	610.18	11
贵州	Guizhou	41.96	54.15	64.74	17	91.38	121.29	160.67	22
云南	Yunnan	67.66	52.20	59.96	18	262.02	150.76	155.83	23
西藏	Tibet	0.35	0.90	0.59	31	6.58	8.66	7.32	31
陕西	Shaanxi	47.16	61.70	65.39	16	370.16	435.06	471.59	15
甘肃	Gansu	18.33	24.25	25.45	28	51.12	24.59	23.32	30
青海	Qinghai	12.24	19.09	24.65	29	81.05	39.04	28.85	29
宁夏	Ningxia	24.72	29.97	31.98	25	35.49	20.19	43.95	28
新疆	Xinjiang	26.29	29.54	40.13	23	148.13	101.56	80.25	26

11-24 中型工业企业利润总额和应交增值税
Total Profit and Value Added Tax Payable of Medium-sized Industrial Enterprises

单位：亿元 (100 million yuan)

地区	Region	利润总额 Total Profit 2010	2012	2013	2013排名 Ranking	应交增值税 Value Added Tax Payable 2010	2012	2013	2013排名 Ranking
全　国	**National Total**	**17346.83**	**15400.33**	**17449.82**		**6547.77**	**7259.31**	**8289.53**	
北　京	Beijing	514.34	251.79	242.15	20	112.20	101.89	118.68	21
天　津	Tianjin	459.37	365.72	444.76	17	181.46	168.34	189.84	17
河　北	Hebei	646.41	700.30	869.03	6	266.90	281.88	316.06	11
山　西	Shanxi	368.25	181.21	86.43	26	239.96	194.24	182.81	18
内蒙古	Inner Mongolia	656.92	586.45	538.33	12	217.93	192.35	270.56	13
辽　宁	Liaoning	590.74	654.54	798.32	8	215.14	377.04	397.04	6
吉　林	Jilin	153.95	191.32	170.69	21	68.43	81.74	87.31	23
黑龙江	Heilongjiang	216.34	117.88	142.83	24	84.06	67.88	73.91	25
上　海	Shanghai	700.79	436.28	469.22	15	238.50	181.76	173.90	20
江　苏	Jiangsu	2044.47	1950.93	2351.70	1	795.60	879.12	1117.32	1
浙　江	Zhejiang	1366.01	907.07	1003.69	5	552.81	532.92	532.13	4
安　徽	Anhui	522.39	509.58	527.93	13	162.75	184.29	210.29	15
福　建	Fujian	773.90	717.19	840.50	7	221.30	336.89	381.85	7
江　西	Jiangxi	212.64	565.28	671.99	9	104.74	230.72	318.71	10
山　东	Shandong	1459.59	1442.37	1651.64	3	630.43	675.49	778.12	3
河　南	Henan	1019.36	1202.01	1473.13	4	319.22	359.38	430.51	5
湖　北	Hubei	516.24	509.10	600.04	11	158.18	176.53	275.80	12
湖　南	Hunan	379.35	409.14	522.25	14	173.22	244.63	323.63	9
广　东	Guangdong	2444.39	1570.33	1796.32	2	778.91	807.05	806.85	2
广　西	Guangxi	295.74	253.08	355.50	18	119.56	201.88	227.63	14
海　南	Hainan	74.88	69.90	47.78	27	40.34	36.46	31.29	27
重　庆	Chongqing	191.74	183.18	252.88	19	100.94	116.56	181.59	19
四　川	Sichuan	694.20	706.15	615.48	10	315.72	355.43	353.54	8
贵　州	Guizhou	100.85	141.80	155.00	23	56.62	72.94	85.38	24
云　南	Yunnan	257.80	153.42	159.06	22	121.93	96.39	96.33	22
西　藏	Tibet	7.11	10.32	8.11	31	2.20	3.69	3.31	31
陕　西	Shaanxi	357.38	417.44	454.55	16	137.12	190.91	199.90	16
甘　肃	Gansu	55.66	29.90	27.56	30	29.26	23.66	26.46	29
青　海	Qinghai	65.86	32.72	31.00	29	22.01	18.88	17.88	30
宁　夏	Ningxia	42.35	22.18	45.63	28	22.74	16.69	28.49	28
新　疆	Xinjiang	157.81	111.75	96.32	25	57.57	51.69	52.43	26

11-25 小型工业企业单位数和从业平均人员数
Number of Enterprise and Average Number of Employed Persons of Small Industrial Enterprises

地区	Region	企业单位数（个）Number of Enterprise（unit）		从业平均人员数（万人）Average Number of Employed Persons (10 000 persons)	
		2013	2013排名 Ranking	2013	2013排名 Ranking
全　国	**National Total**	**304299**		**3334.22**	
北　京	Beijing	2864.00	23	32.17	22
天　津	Tianjin	4512.00	16	44.12	18
河　北	Hebei	11768.00	10	126.18	10
山　西	Shanxi	2789.00	24	30.07	24
内蒙古	Inner Mongolia	3543.00	21	38.41	20
辽　宁	Liaoning	15033.00	6	153.68	6
吉　林	Jilin	4729.00	15	53.85	15
黑龙江	Heilongjiang	3750.00	20	36.58	21
上　海	Shanghai	8046.00	13	89.02	13
江　苏	Jiangsu	41478.00	1	446.51	1
浙　江	Zhejiang	34348.00	3	350.96	4
安　徽	Anhui	14435.00	7	128.41	9
福　建	Fujian	12674.00	8	147.36	7
江　西	Jiangxi	6259.00	14	82.10	14
山　东	Shandong	34950.00	2	371.37	3
河　南	Henan	15920.00	5	189.96	5
湖　北	Hubei	12371.00	9	125.19	11
湖　南	Hunan	11136.00	11	139.95	8
广　东	Guangdong	30481.00	4	378.00	2
广　西	Guangxi	4050.00	18	47.80	17
海　南	Hainan	261.00	30	3.54	30
重　庆	Chongqing	4301.00	17	51.56	16
四　川	Sichuan	10361.00	12	117.82	12
贵　州	Guizhou	2957.00	22	30.03	25
云　南	Yunnan	2739.00	25	31.63	23
西　藏	Tibet	61.00	31	0.78	31
陕　西	Shaanxi	3766.00	19	40.66	19
甘　肃	Gansu	1663.00	27	15.65	27
青　海	Qinghai	397.00	29	4.40	29
宁　夏	Ningxia	855.00	28	7.15	28
新　疆	Xinjiang	1802.00	26	19.32	26

11-26 小型工业企业工业销售产值
Industrial Sales Value of Small Industrial Enterprises

单位：亿元 (100 million yuan)

地区	Region	工业销售产值（当年价格）Sales Value (current prices)				其中：出口交货值 Among Them: Value of Export Delivery			
		2010	2012	2013	2013排名 Ranking	2010	2012	2013	2013排名 Ranking
全　国	**National Total**	**258832.78**	**324244.93**	**373481.26**		**19501.70**	**19018.30**	**22120.91**	
北　京	Beijing	3157.45	3314.40	3387.16	23	167.24	180.83	162.98	15
天　津	Tianjin	4080.26	5057.21	5692.36	17	385.04	351.89	357.21	11
河　北	Hebei	10680.45	14617.47	16810.28	7	280.22	365.46	385.36	9
山　西	Shanxi	2040.77	3333.29	3666.76	22	29.24	31.59	29.13	23
内蒙古	Inner Mongolia	4982.34	7240.03	7441.22	16	35.41	46.79	26.42	24
辽　宁	Liaoning	17390.13	23621.75	25258.76	5	677.69	662.21	751.18	7
吉　林	Jilin	4790.71	8409.24	9526.13	14	79.58	86.41	121.89	17
黑龙江	Heilongjiang	2554.73	4046.56	5060.07	19	36.15	32.51	39.58	22
上　海	Shanghai	7914.38	7309.66	7717.30	15	1105.61	1105.25	1122.43	6
江　苏	Jiangsu	36992.00	44182.83	49400.40	2	3146.65	3487.39	3414.44	3
浙　江	Zhejiang	22389.13	24027.09	26521.68	4	4285.48	4219.69	4433.97	2
安　徽	Anhui	7250.13	12055.70	14223.52	10	212.68	328.33	370.63	10
福　建	Fujian	8591.20	10664.79	12388.80	11	1336.33	1216.32	1451.33	5
江　西	Jiangxi	7580.56	8743.12	10498.71	13	478.35	340.53	403.99	8
山　东	Shandong	35192.78	46739.45	54923.23	1	1843.25	1867.63	2205.62	4
河　南	Henan	13780.41	18431.76	20486.28	6	127.06	149.01	165.07	14
湖　北	Hubei	6928.60	11842.19	14463.15	9	192.45	233.42	265.18	12
湖　南	Hunan	10156.62	13916.11	15484.76	8	183.88	207.46	236.77	13
广　东	Guangdong	28244.82	25019.35	32544.87	3	4499.87	3701.19	5668.24	1
广　西	Guangxi	3428.01	4917.04	5618.40	18	117.07	114.28	93.56	19
海　南	Hainan	290.22	343.43	383.45	30	7.00	8.99	6.02	29
重　庆	Chongqing	3038.46	3390.43	4082.01	21	89.71	68.09	98.51	18
四　川	Sichuan	9263.65	10991.34	12181.80	12	77.34	81.37	134.43	16
贵　州	Guizhou	1256.68	2177.60	3162.45	24	11.35	19.59	15.23	26
云　南	Yunnan	1564.27	2341.89	2950.29	25	32.36	38.96	50.40	21
西　藏	Tibet	28.25	41.59	43.11	31	0.03	0.03	0.15	31
陕　西	Shaanxi	2759.21	3664.20	4531.34	20	23.68	27.07	64.03	20
甘　肃	Gansu	782.03	1295.30	1870.97	26	7.22	14.44	8.21	28
青　海	Qinghai	253.36	500.37	664.85	29	0.28	4.59	4.49	30
宁　夏	Ningxia	448.47	574.05	689.50	28	10.22	7.83	11.04	27
新　疆	Xinjiang	1022.71	1435.70	1807.66	27	23.26	19.17	23.41	25

11-27 小型工业企业资产总计和负债合计
Total Assets and Liabilities of Small Industrial Enterprises

单位：亿元 (100 million yuan)

地区	Region	资产总计 Total Assets 2010	2012	2013	2013排名 Ranking	负债合计 Total Liabilities 2010	2012	2013	2013排名 Ranking
全　国	**National Total**	**165430.34**	**204060.83**	**244019.55**		**90548.23**	**111591.43**	**134985.05**	
北　京	Beijing	3677.55	3977.40	4288.51	20	2067.91	2151.19	2401.11	18
天　津	Tianjin	3684.22	4378.13	5564.86	15	2106.66	2592.53	3429.37	15
河　北	Hebei	5404.20	7550.11	9396.80	8	2774.93	3834.41	4734.38	7
山　西	Shanxi	2618.99	3738.27	4351.63	19	1762.65	2709.21	3188.91	16
内蒙古	Inner Mongolia	3732.00	6086.93	6604.72	13	2316.29	3828.62	4161.62	9
辽　宁	Liaoning	8957.86	10115.04	11335.81	6	4341.34	4756.01	5365.23	6
吉　林	Jilin	2914.25	3990.18	4819.18	17	1298.81	1876.17	2225.22	20
黑龙江	Heilongjiang	2062.48	2804.33	3387.62	23	1162.71	1562.14	1924.93	25
上　海	Shanghai	7772.46	7538.88	8348.09	9	4138.22	3937.92	4435.52	8
江　苏	Jiangsu	21994.06	26376.65	30170.76	1	12331.48	15022.08	16925.10	2
浙　江	Zhejiang	21130.91	23988.00	26849.22	2	13236.12	15226.94	16998.19	1
安　徽	Anhui	4577.74	6479.46	7642.54	12	2429.74	3422.37	4064.45	12
福　建	Fujian	5679.26	6862.76	7959.71	10	2885.21	3586.09	4154.29	10
江　西	Jiangxi	2957.57	3367.23	4535.02	18	1399.50	1688.46	2257.39	19
山　东	Shandong	14495.00	19095.92	23266.79	3	6359.09	8704.66	11215.57	4
河　南	Henan	5639.75	9283.46	12547.38	5	2245.41	3382.88	4103.12	11
湖　北	Hubei	4535.43	5996.60	7764.11	11	2339.86	3074.48	3920.81	13
湖　南	Hunan	4276.30	5672.69	6395.26	14	2049.10	2402.86	3008.28	17
广　东	Guangdong	16877.38	16491.74	21390.69	4	9769.75	9685.10	12794.24	3
广　西	Guangxi	2677.99	3084.53	3559.99	21	1612.91	1868.17	2221.10	21
海　南	Hainan	332.54	492.63	632.95	30	165.96	229.09	312.16	30
重　庆	Chongqing	2117.81	2604.41	3139.33	25	1257.76	1548.31	1894.84	26
四　川	Sichuan	6623.96	9288.56	10193.89	7	3932.91	5345.27	6395.55	5
贵　州	Guizhou	1275.91	2172.95	3056.51	26	798.86	1378.39	1975.76	23
云　南	Yunnan	2477.84	3322.14	5063.20	16	1612.54	2277.41	3548.06	14
西　藏	Tibet	89.74	154.78	135.56	31	26.65	64.21	53.66	31
陕　西	Shaanxi	2625.10	2947.95	3550.89	22	1448.88	1534.73	1953.86	24
甘　肃	Gansu	1416.89	2102.18	2639.58	27	918.79	1310.13	1705.48	27
青　海	Qinghai	457.22	706.15	1042.84	29	284.31	421.09	684.30	29
宁　夏	Ningxia	571.30	875.64	1159.41	28	365.08	579.17	793.06	28
新　疆	Xinjiang	1776.62	2515.13	3226.68	24	1108.81	1591.36	2139.50	22

11-28 小型工业企业所有者权益合计和主营业务收入
Total Owner's Equity and Revenue from Principal Business of Small Industrial Enterprises

单位：亿元 (100 million yuan)

地区	Region	所有者权益合计 Total Owner's Equity				主营业务收入 Revenue from Principal Business			
		2010	2012	2013	2013排名 Ranking	2010	2012	2013	2013排名 Ranking
全　国	**National Total**	**74343.74**	**91192.13**	**106690.15**		**258730.27**	**326270.12**	**373376.13**	
北　京	Beijing	1609.65	1825.23	1886.27	18	3419.66	3588.71	3732.34	22
天　津	Tianjin	1577.52	1766.50	2133.16	17	4295.17	5274.01	6260.35	17
河　北	Hebei	2590.32	3645.66	4559.76	7	10697.53	14784.56	16776.50	7
山　西	Shanxi	846.19	1014.84	1146.02	24	2066.98	3292.94	3489.83	23
内蒙古	Inner Mongolia	1397.68	2229.60	2414.27	15	4950.62	6984.73	7429.98	16
辽　宁	Liaoning	4553.09	5268.02	5870.22	6	17386.56	23480.62	25264.05	5
吉　林	Jilin	1595.64	2050.44	2494.27	14	4669.90	8117.87	9515.34	14
黑龙江	Heilongjiang	890.43	1230.91	1445.77	21	2523.93	3990.98	5025.66	19
上　海	Shanghai	3634.24	3573.06	3868.42	8	8265.98	7694.32	8159.83	15
江　苏	Jiangsu	9662.58	11286.48	13158.81	1	37018.78	44043.18	49240.97	2
浙　江	Zhejiang	7894.80	8705.15	9756.69	3	22315.49	23966.29	26528.43	4
安　徽	Anhui	2110.05	2990.44	3513.07	12	7131.53	11979.18	14122.82	10
福　建	Fujian	2789.12	3217.37	3695.76	10	8599.13	10699.08	12365.00	11
江　西	Jiangxi	1544.11	1649.77	2180.03	16	7630.13	9087.88	10927.26	13
山　东	Shandong	8054.18	10188.10	11269.92	2	34839.13	48701.15	55174.43	1
河　南	Henan	3351.88	5778.92	8158.01	5	14012.43	18349.12	20282.46	6
湖　北	Hubei	2164.07	2872.57	3767.12	9	6878.01	11582.66	14215.80	9
湖　南	Hunan	2227.10	3268.59	3341.42	13	10057.39	13857.04	15340.02	8
广　东	Guangdong	7069.10	6753.29	8399.12	4	28041.02	25005.66	32408.45	3
广　西	Guangxi	1045.35	1186.16	1339.43	22	3395.32	4851.81	5478.52	18
海　南	Hainan	165.08	262.14	320.88	30	295.12	356.39	388.80	30
重　庆	Chongqing	852.97	1035.98	1208.04	23	3038.48	3456.01	4086.64	21
四　川	Sichuan	2636.40	3819.57	3679.26	11	9207.85	11498.78	12178.64	12
贵　州	Guizhou	472.52	782.48	1102.53	25	1173.05	2028.73	2920.32	25
云　南	Yunnan	857.51	1044.90	1513.13	20	1595.30	2353.23	2987.98	24
西　藏	Tibet	62.97	90.24	83.09	31	27.74	41.43	45.92	31
陕　西	Shaanxi	1158.19	1384.46	1562.02	19	2727.79	3552.22	4415.65	20
甘　肃	Gansu	490.58	783.28	1029.68	27	697.57	1148.63	1485.07	27
青　海	Qinghai	169.93	282.84	353.66	29	249.94	446.58	571.37	29
宁　夏	Ningxia	205.99	289.83	360.44	28	457.05	584.31	695.24	28
新　疆	Xinjiang	664.51	915.32	1079.89	26	1065.69	1472.04	1862.45	26

11-29 小型工业企业主营业务成本和主营业务税金及附加
Cost of Principal Business, Tax and Extra Charges from Principal Business of Small Industrial Enterprises

单位：亿元 (100 million yuan)

地区	Region	主营业务成本 Cost of Principal Business				主营业务税金及附加 Tax and Extra Charges from Principal Business			
		2010	2012	2013	2013排名 Ranking	2010	2012	2013	2013排名 Ranking
全　国	**National Total**	**220040.26**	**277937.23**	**319603.91**		**1882.27**	**2355.60**	**2796.14**	
北　京	Beijing	2862.42	3045.80	3168.07	22	10.14	16.28	14.76	25
天　津	Tianjin	3782.37	4672.77	5536.87	17	19.01	25.20	26.96	21
河　北	Hebei	9069.64	12689.32	14497.23	7	65.66	78.23	97.03	10
山　西	Shanxi	1774.45	2851.46	3031.29	23	24.80	19.55	21.48	23
内蒙古	Inner Mongolia	3897.90	5644.48	5998.22	16	70.04	62.42	64.33	14
辽　宁	Liaoning	14844.45	20124.15	21939.12	5	114.00	148.06	203.54	5
吉　林	Jilin	3950.93	6880.33	8183.19	14	41.98	90.22	77.50	12
黑龙江	Heilongjiang	2128.29	3475.91	4417.93	19	15.28	27.44	30.23	20
上　海	Shanghai	6922.21	6489.26	6833.31	15	14.39	19.22	22.71	22
江　苏	Jiangsu	32361.72	38257.53	42777.91	2	159.19	262.07	300.21	2
浙　江	Zhejiang	19409.51	20643.04	22740.90	4	95.50	243.40	286.05	3
安　徽	Anhui	6168.06	10386.24	12235.47	9	44.19	68.30	82.30	11
福　建	Fujian	7391.47	9170.04	10645.66	11	65.24	69.91	77.09	13
江　西	Jiangxi	6492.67	7852.49	9574.76	13	50.45	47.78	63.30	15
山　东	Shandong	29721.66	41572.82	47535.40	1	290.33	367.04	429.96	1
河　南	Henan	11509.16	15233.29	17152.70	6	135.36	137.57	134.81	9
湖　北	Hubei	5805.21	9871.72	12102.23	10	95.09	95.62	136.04	8
湖　南	Hunan	8041.61	11031.30	12469.98	8	137.82	177.02	210.53	4
广　东	Guangdong	24124.07	21728.93	27686.15	3	132.79	118.48	166.74	6
广　西	Guangxi	2858.74	4039.87	4695.83	18	72.94	27.77	35.04	19
海　南	Hainan	227.56	288.11	307.57	30	1.78	3.43	3.92	28
重　庆	Chongqing	2541.87	2895.05	3418.60	21	32.19	24.25	35.72	18
四　川	Sichuan	7763.10	9594.08	10241.62	12	101.34	119.94	140.57	7
贵　州	Guizhou	935.61	1617.37	2369.44	25	21.18	27.38	43.12	17
云　南	Yunnan	1315.78	1976.60	2490.20	24	15.02	16.64	21.11	24
西　藏	Tibet	17.33	26.63	29.17	31	0.37	0.57	0.63	31
陕　西	Shaanxi	2085.17	2833.40	3618.99	20	34.11	36.39	43.39	16
甘　肃	Gansu	562.12	941.02	1254.28	27	6.59	6.84	9.18	27
青　海	Qinghai	209.60	375.33	498.16	29	3.70	3.57	3.70	29
宁　夏	Ningxia	401.69	514.48	603.78	28	1.81	2.33	2.82	30
新　疆	Xinjiang	863.88	1214.40	1549.86	26	10.00	12.66	11.37	26

11-30 小型工业企业销售费用和管理费用
Sales Expenses and Administrative Expenses of Small Industrial Enterprises

单位：亿元 (100 million yuan)

地区	Region	销售费用 Sales Expenses			管理费用 Administrative Expenses			
		2012	2013	2013排名 Ranking	2010	2012	2013	2013排名 Ranking
全　国	**National Total**	**7068.57**	**8355.81**		**9964.74**	**11456.43**	**13283.99**	
北　京	Beijing	147.16	149.81	15	230.57	227.31	250.32	17
天　津	Tianjin	115.24	127.30	20	166.27	201.39	252.05	16
河　北	Hebei	254.78	284.45	13	258.43	316.24	373.25	14
山　西	Shanxi	94.98	94.38	22	82.15	104.51	110.94	25
内蒙古	Inner Mongolia	114.22	137.63	17	153.03	200.82	255.27	15
辽　宁	Liaoning	418.40	451.28	5	645.89	739.68	766.56	6
吉　林	Jilin	211.24	255.91	14	253.14	348.06	376.98	12
黑龙江	Heilongjiang	75.08	92.49	24	91.89	121.99	147.51	22
上　海	Shanghai	289.08	319.28	11	531.80	528.12	590.80	7
江　苏	Jiangsu	867.21	968.34	1	1260.77	1541.75	1767.39	1
浙　江	Zhejiang	496.72	566.23	4	999.89	1076.15	1204.27	4
安　徽	Anhui	281.72	340.08	9	229.64	350.58	417.46	11
福　建	Fujian	253.41	292.43	12	337.58	393.04	462.57	9
江　西	Jiangxi	118.31	147.39	16	153.02	163.25	211.96	19
山　东	Shandong	819.70	932.29	3	1125.01	1186.59	1274.60	3
河　南	Henan	386.86	412.96	7	266.65	360.71	373.70	13
湖　北	Hubei	322.71	400.30	8	309.15	488.29	573.21	8
湖　南	Hunan	360.13	424.08	6	536.24	685.22	769.30	5
广　东	Guangdong	567.96	941.38	2	1062.42	982.61	1573.11	2
广　西	Guangxi	110.51	127.95	19	266.03	315.79	240.92	18
海　南	Hainan	15.19	12.86	29	14.56	15.57	17.20	30
重　庆	Chongqing	91.19	113.65	21	144.79	135.27	170.79	21
四　川	Sichuan	297.27	326.15	10	423.76	451.36	458.30	10
贵　州	Guizhou	71.85	93.72	23	71.48	113.34	147.14	23
云　南	Yunnan	57.57	72.90	25	86.16	101.61	123.26	24
西　藏	Tibet	2.88	5.32	31	3.53	3.91	5.03	31
陕　西	Shaanxi	114.41	130.18	18	137.53	151.64	175.15	20
甘　肃	Gansu	29.79	38.83	27	34.30	38.73	56.17	27
青　海	Qinghai	11.46	12.00	30	15.71	20.49	27.42	28
宁　夏	Ningxia	17.89	22.69	28	16.95	23.09	26.18	29
新　疆	Xinjiang	53.66	61.53	26	56.38	69.31	85.19	26

11-31 小型工业企业财务费用和营业利润
Financial Expenses and Operating Profit of Small Industrial Enterprises

单位：亿元 (100 million yuan)

地区	Region	财务费用 Financial Expenses 2010	2012	2013	2013排名 Ranking	营业利润 Operating Profit 2010	2012	2013	2013排名 Ranking
全国	**National Total**	**2346.93**	**3510.87**	**4010.17**		**19146.63**	**21806.01**	**24718.84**	
北京	Beijing	17.88	21.39	25.93	27	183.38	176.56	160.36	24
天津	Tianjin	25.48	46.70	49.80	24	243.31	251.17	302.25	19
河北	Hebei	82.12	129.97	153.71	9	1008.90	1191.98	1273.79	7
山西	Shanxi	38.99	74.68	77.14	16	103.79	137.27	145.17	25
内蒙古	Inner Mongolia	63.99	100.40	121.77	13	675.41	682.53	776.89	13
辽宁	Liaoning	105.73	143.06	155.04	8	1306.12	1567.01	1766.58	5
吉林	Jilin	42.26	92.39	105.02	14	271.22	493.54	532.18	15
黑龙江	Heilongjiang	22.65	37.87	46.70	26	215.02	236.05	290.99	20
上海	Shanghai	52.25	60.53	68.66	17	521.54	369.47	400.96	16
江苏	Jiangsu	293.74	456.87	480.39	2	2295.72	2636.59	3053.48	2
浙江	Zhejiang	351.43	525.08	541.67	1	1141.17	1129.26	1337.60	6
安徽	Anhui	64.85	113.54	130.17	12	514.82	802.24	947.80	10
福建	Fujian	90.39	134.70	137.29	11	629.13	655.31	777.21	12
江西	Jiangxi	42.87	53.30	59.57	19	515.13	669.81	764.61	14
山东	Shandong	286.10	367.05	439.39	3	2586.24	3497.11	3968.86	1
河南	Henan	108.06	153.84	155.56	7	1678.03	1887.04	1935.28	3
湖北	Hubei	80.55	122.17	164.93	6	509.81	727.66	978.56	9
湖南	Hunan	87.31	111.27	139.93	10	836.66	1017.17	1097.79	8
广东	Guangdong	149.36	188.71	251.08	4	1985.59	1345.37	1778.40	4
广西	Guangxi	46.87	66.13	68.49	18	323.72	442.96	336.95	18
海南	Hainan	2.19	5.61	8.08	30	38.34	28.60	37.52	28
重庆	Chongqing	30.77	45.75	59.24	20	208.76	209.85	286.53	21
四川	Sichuan	111.72	192.95	210.21	5	658.91	783.68	798.20	11
贵州	Guizhou	17.69	39.21	56.48	21	75.20	153.73	195.22	22
云南	Yunnan	40.24	75.35	104.80	15	118.57	157.30	176.39	23
西藏	Tibet	0.07	0.19	0.38	31	4.86	9.35	6.93	31
陕西	Shaanxi	32.10	37.42	48.09	25	314.22	346.08	369.84	17
甘肃	Gansu	21.45	44.15	53.74	23	33.15	55.42	63.55	27
青海	Qinghai	5.78	13.08	19.20	29	32.26	26.64	12.45	30
宁夏	Ningxia	9.68	18.77	23.12	28	19.25	15.04	29.23	29
新疆	Xinjiang	22.36	38.76	54.63	22	98.43	104.20	117.28	26

11-32 小型工业企业利润总额和应交增值税
Total Profit and Value Added Tax Payable of Small Industrial Enterprises

单位：亿元 (100 million yuan)

地区	Region	利润总额 Total Profit				应交增值税 Value Added Tax Payable			
		2010	2012	2013	2013排名 Ranking	2010	2012	2013	2013排名 Ranking
全　国	**National Total**	**18072.48**	**21339.89**	**24371.68**		**7419.18**	**9051.98**	**10628.06**	
北　京	Beijing	214.11	208.43	197.90	22	93.90	89.25	95.00	24
天　津	Tianjin	244.56	262.65	322.11	19	102.02	140.25	162.31	18
河　北	Hebei	875.45	1161.63	1259.47	7	266.00	335.70	369.80	10
山　西	Shanxi	76.66	116.49	126.04	26	89.06	118.04	115.15	22
内蒙古	Inner Mongolia	458.21	540.06	621.68	14	154.89	204.63	205.29	14
辽　宁	Liaoning	1257.50	1460.86	1647.12	5	394.06	472.94	621.90	5
吉　林	Jilin	258.26	426.88	477.44	15	85.08	162.29	182.83	16
黑龙江	Heilongjiang	206.93	241.57	290.85	20	81.59	118.96	131.28	21
上　海	Shanghai	549.15	400.27	439.34	16	218.82	190.80	201.16	15
江　苏	Jiangsu	2110.31	2631.51	3035.73	2	1169.07	1365.92	1565.59	2
浙　江	Zhejiang	1176.74	1198.46	1395.65	6	604.61	652.47	756.57	4
安　徽	Anhui	480.39	750.92	934.98	10	171.31	257.83	331.27	12
福　建	Fujian	564.11	652.51	762.95	11	218.12	280.45	327.21	13
江　西	Jiangxi	504.76	660.75	755.09	13	232.66	271.36	352.11	11
山　东	Shandong	2505.21	3481.68	3959.59	1	1002.75	1459.22	1696.09	1
河　南	Henan	1636.13	1891.58	1937.54	3	469.87	478.16	486.73	7
湖　北	Hubei	467.87	695.12	959.59	9	164.46	258.09	403.12	9
湖　南	Hunan	760.11	894.18	1016.32	8	373.71	509.16	566.45	6
广　东	Guangdong	1926.07	1379.48	1794.18	4	663.82	591.10	818.54	3
广　西	Guangxi	294.24	398.00	332.53	18	98.57	151.27	153.50	20
海　南	Hainan	40.07	31.67	40.25	28	12.55	14.69	15.48	28
重　庆	Chongqing	198.39	210.53	288.41	21	83.38	104.41	161.18	19
四　川	Sichuan	592.80	748.19	761.31	12	335.53	397.84	407.95	8
贵　州	Guizhou	76.74	160.23	192.74	23	56.49	78.78	93.18	25
云　南	Yunnan	117.14	152.43	180.96	24	68.48	89.21	109.84	23
西　藏	Tibet	5.69	10.39	8.78	31	2.41	3.27	4.02	31
陕　西	Shaanxi	298.53	349.74	372.42	17	132.85	154.74	177.15	17
甘　肃	Gansu	34.82	56.95	68.66	27	19.13	25.10	35.17	27
青　海	Qinghai	17.34	27.05	17.50	30	9.14	13.29	13.48	29
宁　夏	Ningxia	22.16	21.37	34.43	29	10.25	12.57	12.24	30
新　疆	Xinjiang	102.04	118.32	140.13	25	34.57	50.17	56.47	26

11-33 采掘业销售产值和从业平均人数

Average Number of Employed Persons and Sales Value of Extractive Industry

地区	Region	工业销售产值（当年价格）（亿元） Sales Value (current prices) (100 million yuan) 2012	2013	2013排名 Ranking	从业平均人员数（万人） Average Number of Employed Persons (10 000 persons) 2013	2013排名 Ranking
全　国	**National Total**	**61739.21**	**62615.49**		**820.22**	
北　京	Beijing	1233.45	1094.27	18	6.79	25
天　津	Tianjin	2748.71	2988.17	8	7.75	23
河　北	Hebei	4343.37	4409.82	6	42.11	6
山　西	Shanxi	7118.23	6713.24	1	108.42	1
内蒙古	Inner Mongolia	5580.64	5741.26	3	36.64	10
辽　宁	Liaoning	3284.57	3578.18	7	50.72	4
吉　林	Jilin	1373.78	1312.27	15	20.36	15
黑龙江	Heilongjiang	2930.24	2718.84	9	40.72	7
上　海	Shanghai	10.64	9.43	31	0.02	31
江　苏	Jiangsu	711.55	716.39	23	15.19	19
浙　江	Zhejiang	175.51	178.78	28	1.65	28
安　徽	Anhui	1543.93	1616.20	13	37.12	9
福　建	Fujian	515.47	510.12	24	8.91	21
江　西	Jiangxi	855.90	933.06	20	15.36	18
山　东	Shandong	6105.74	6027.86	2	88.66	2
河　南	Henan	4638.76	4681.44	4	78.00	3
湖　北	Hubei	1209.66	1283.82	16	16.07	17
湖　南	Hunan	1857.97	1897.46	12	33.30	11
广　东	Guangdong	1155.34	1224.44	17	4.93	26
广　西	Guangxi	586.93	721.01	22	7.83	22
海　南	Hainan	57.35	54.28	29	0.76	29
重　庆	Chongqing	446.45	486.57	26	17.42	16
四　川	Sichuan	2953.55	2556.43	10	44.63	5
贵　州	Guizhou	1290.77	1593.58	14	31.66	12
云　南	Yunnan	927.89	1045.30	19	22.82	13
西　藏	Tibet	28.22	25.31	30	0.48	30
陕　西	Shaanxi	4327.00	4519.24	5	38.26	8
甘　肃	Gansu	860.99	928.94	21	10.66	20
青　海	Qinghai	453.77	504.55	25	4.76	27
宁　夏	Ningxia	425.71	460.63	27	7.20	24
新　疆	Xinjiang	1987.11	2084.61	11	21.05	14

11-34 采掘业工业企业资产总计和负债合计
Total Assets and Total Liabilities of Extractive Industry

单位：亿元 (100 million yuan)

地区	Region	资产总计 Total Assets 2012	2013	2013排名 Ranking	负债合计 Total Liabilities 2012	2013	2013排名 Ranking
全　国	**National Total**	**79911.80**	**88145.48**		**44479.06**	**51304.46**	
北　京	Beijing	2801.70	2883.39	13	1451.32	1564.48	12
天　津	Tianjin	2789.65	3063.66	12	1868.88	2184.80	10
河　北	Hebei	4210.31	4616.86	6	2405.26	2653.56	6
山　西	Shanxi	12564.33	14331.00	1	8137.79	10109.45	1
内蒙古	Inner Mongolia	7031.36	7161.44	4	3478.57	3691.84	4
辽　宁	Liaoning	2829.99	3155.40	11	1516.23	1706.01	11
吉　林	Jilin	1705.67	1779.68	15	887.19	950.88	16
黑龙江	Heilongjiang	3750.33	3951.18	9	1429.28	1557.19	13
上　海	Shanghai	35.35	35.86	31	5.11	6.35	31
江　苏	Jiangsu	1064.13	1167.97	19	613.81	650.18	20
浙　江	Zhejiang	174.66	158.58	29	115.93	102.59	28
安　徽	Anhui	3362.54	3660.04	10	2212.92	2510.13	7
福　建	Fujian	303.86	316.65	27	130.75	137.20	27
江　西	Jiangxi	524.34	627.08	25	282.19	322.55	24
山　东	Shandong	7992.31	9029.56	2	4423.44	5405.89	2
河　南	Henan	4750.82	5064.37	5	2616.69	2759.12	5
湖　北	Hubei	767.46	804.74	23	409.98	437.75	21
湖　南	Hunan	746.92	849.46	21	294.95	355.32	23
广　东	Guangdong	983.94	1066.37	20	804.79	860.61	17
广　西	Guangxi	343.50	476.61	26	188.61	237.65	26
海　南	Hainan	151.34	139.40	30	40.59	30.41	30
重　庆	Chongqing	511.02	628.39	24	249.62	312.51	25
四　川	Sichuan	3672.51	4088.49	8	2082.88	2338.06	8
贵　州	Guizhou	1597.89	2170.07	14	970.99	1440.27	14
云　南	Yunnan	1499.62	1706.16	16	854.53	1017.39	15
西　藏	Tibet	146.44	174.70	28	59.74	85.40	29
陕　西	Shaanxi	7055.04	7594.21	3	3539.53	3773.05	3
甘　肃	Gansu	1185.12	1303.98	17	628.04	727.59	19
青　海	Qinghai	744.43.	817.79	22	391.84	434.59	22
宁　夏	Ningxia	991.77	1189.45	18	610.14	741.66	18
新　疆	Xinjiang	3623.45	4132.93	7	1777.45	2199.96	9

11-35 采掘业工业企业所有者权益合计和主营业务收入

Total Owner's Equities and Revenue from Principal Business of Extractive Industry

单位：亿元 (100 million yuan)

地区	Region	所有者权益合计 Total Owners Equity 2012	2013	2013排名 Ranking	主营业务收入 Revenue from Principal Business 2012	2013	2013排名 Ranking
全　国	**National Total**	**35241.16**	**36631.06**		**66228.37**	**67563.6**	
北　京	Beijing	1350.34	1318.91	11	1573.14	1389.56	15
天　津	Tianjin	920.78	878.82	13	2798.35	3123.77	8
河　北	Hebei	1792.09	1934.64	7	5596.27	5219.08	5
山　西	Shanxi	4381.10	4215.31	1	7900.56	7642.92	1
内蒙古	Inner Mongolia	3532.10	3451.26	4	5912.15	5977.98	3
辽　宁	Liaoning	1308.89	1434.65	10	3323.80	3637.80	7
吉　林	Jilin	815.09	823.45	14	1392.66	1342.73	16
黑龙江	Heilongjiang	2320.10	2389.55	5	2935.30	2731.92	10
上　海	Shanghai	30.25	29.51	31	10.64	9.43	31
江　苏	Jiangsu	449.91	517.32	18	726.69	721.10	22
浙　江	Zhejiang	57.98	56.60	30	193.03	182.52	28
安　徽	Anhui	1136.96	1147.58	12	1718.46	2146.65	12
福　建	Fujian	172.73	177.68	27	516.86	510.12	24
江　西	Jiangxi	238.94	299.37	24	868.79	959.00	20
山　东	Shandong	3553.74	3605.48	3	6974.40	7309.98	2
河　南	Henan	2119.95	2221.37	6	5425.15	5339.31	4
湖　北	Hubei	354.34	359.95	22	1220.70	1274.25	17
湖　南	Hunan	451.91	488.57	19	1870.68	1900.42	13
广　东	Guangdong	177.50	193.39	26	1121.73	1257.21	18
广　西	Guangxi	151.66	235.67	25	583.39	696.34	23
海　南	Hainan	110.72	108.94	28	68.38	55.62	29
重　庆	Chongqing	259.65	312.08	23	456.32	489.36	25
四　川	Sichuan	1573.57	1743.61	9	3211.06	3032.39	9
贵　州	Guizhou	613.73	773.26	15	1093.05	1406.18	14
云　南	Yunnan	645.15	688.06	16	939.57	1100.20	19
西　藏	Tibet	86.70	90.52	29	29.32	24.98	30
陕　西	Shaanxi	3503.04	3801.52	2	4111.58	4287.32	6
甘　肃	Gansu	555.36	574.04	17	770.13	752.27	21
青　海	Qinghai	351.42	381.90	21	364.88	392.08	27
宁　夏	Ningxia	381.18	446.35	20	458.88	442.65	26
新　疆	Xinjiang	1844.28	1931.70	8	2062.45	2208.49	11

11-36 采掘业工业企业主营业务成本和主营业务税金及附加
Costs of Principal Businesses, Tax and Extra Charges from Principal Business of Extractive Industry

单位：亿元 (100 million yuan)

地区	Region	主营业务成本 Cost of Principal Business			主营业务税金及附加 Tax and Extra Charges from Principal Business		
		2012	2013	2013排名 Ranking	2012	2013	2013排名 Ranking
全　国	**National Total**	**47285.08**	**50285.84**		**2022.04**	**1942.99**	
北　京	Beijing	1468.32	1316.54	12	9.28	7.81	26
天　津	Tianjin	1870.83	2281.52	9	64.87	45.79	12
河　北	Hebei	4469.46	4130.67	5	70.26	75.24	8
山　西	Shanxi	5891.41	5977.39	1	102.08	97.75	6
内蒙古	Inner Mongolia	4111.99	4283.44	4	112.00	107.65	5
辽　宁	Liaoning	2663.30	2940.92	6	60.91	74.48	9
吉　林	Jilin	1038.63	1058.76	15	42.88	36.29	15
黑龙江	Heilongjiang	1276.81	1242.07	13	460.43	420.48	1
上　海	Shanghai	6.08	5.65	31	1.12	0.95	30
江　苏	Jiangsu	537.73	561.35	21	32.53	28.78	16
浙　江	Zhejiang	158.25	148.96	28	3.00	3.82	28
安　徽	Anhui	1336.68	1839.40	10	22.63	22.12	20
福　建	Fujian	414.20	411.16	24	10.04	9.36	23
江　西	Jiangxi	703.80	806.08	20	11.24	14.49	22
山　东	Shandong	5033.87	5627.67	2	335.93	307.88	2
河　南	Henan	4387.67	4427.14	3	111.20	96.61	7
湖　北	Hubei	953.61	1035.52	16	35.38	38.00	14
湖　南	Hunan	1415.65	1477.37	11	28.16	27.59	18
广　东	Guangdong	685.01	833.90	18	59.16	59.94	10
广　西	Guangxi	444.30	539.56	22	5.49	8.16	25
海　南	Hainan	37.85	23.75	29	2.74	3.23	29
重　庆	Chongqing	362.92	389.79	25	6.25	8.30	24
四　川	Sichuan	2545.44	2454.01	7	56.37	48.47	11
贵　州	Guizhou	731.73	1004.09	17	29.95	41.04	13
云　南	Yunnan	668.97	832.49	19	21.32	21.31	21
西　藏	Tibet	14.05	13.37	30	0.96	0.92	31
陕　西	Shaanxi	2172.77	2433.14	8	133.32	150.45	3
甘　肃	Gansu	401.68	451.85	23	32.38	22.93	19
青　海	Qinghai	172.47	214.89	27	26.26	28.24	17
宁　夏	Ningxia	308.08	313.42	26	7.72	7.59	27
新　疆	Xinjiang	1001.55	1210.00	14	126.16	127.32	4

11-37 采掘业工业企业销售费用和管理费用
Sales Expenses and Administrative Expenses of Extractive Industry

单位：亿元 (100 million yuan)

地区	Region	销售费用 Sales Expenses 2012	销售费用 Sales Expenses 2013	2013排名 Ranking	管理费用 Administrative Expenses 2012	管理费用 Administrative Expenses 2013	2013排名 Ranking
全　国	**National Total**	**1335.15**	**1323.94**		**4139.29**	**4066.94**	
北　京	Beijing	8.90	6.57	26	29.14	30.90	26
天　津	Tianjin	5.82	3.17	28	39.17	42.91	19
河　北	Hebei	57.03	59.13	7	215.94	219.26	6
山　西	Shanxi	293.26	318.97	1	656.90	620.56	1
内蒙古	Inner Mongolia	217.59	195.83	2	262.05	285.81	4
辽　宁	Liaoning	37.71	43.54	10	186.90	199.69	8
吉　林	Jilin	28.51	23.13	15	111.39	92.78	14
黑龙江	Heilongjiang	24.02	21.99	16	232.68	218.42	7
上　海	Shanghai	0.02	0.02	31	0.49	0.53	31
江　苏	Jiangsu	14.16	14.13	22	77.93	74.93	17
浙　江	Zhejiang	4.17	3.55	27	12.17	10.83	28
安　徽	Anhui	28.99	30.86	12	174.32	157.01	10
福　建	Fujian	14.50	15.91	20	29.53	32.43	25
江　西	Jiangxi	12.17	14.47	21	28.76	32.59	24
山　东	Shandong	102.18	80.68	3	507.95	478.30	2
河　南	Henan	70.91	63.30	6	247.75	227.78	5
湖　北	Hubei	26.99	30.27	14	81.08	79.80	16
湖　南	Hunan	48.62	52.31	8	111.05	108.99	13
广　东	Guangdong	16.35	17.84	18	35.11	42.30	20
广　西	Guangxi	14.30	19.50	17	62.92	43.08	18
海　南	Hainan	1.83	1.41	29	4.37	4.50	29
重　庆	Chongqing	13.95	16.16	19	31.02	34.78	23
四　川	Sichuan	75.96	65.05	5	187.18	191.31	9
贵　州	Guizhou	42.36	47.56	9	99.58	119.44	12
云　南	Yunnan	38.52	41.49	11	82.91	86.57	15
西　藏	Tibet	0.59	0.54	30	3.96	3.89	30
陕　西	Shaanxi	76.13	75.83	4	376.15	367.63	3
甘　肃	Gansu	9.97	10.90	24	34.68	37.36	22
青　海	Qinghai	11.83	7.32	25	25.63	26.39	27
宁　夏	Ningxia	9.82	12.12	23	42.22	42.02	21
新　疆	Xinjiang	27.97	30.41	13	148.35	154.14	11

11-38 采掘业工业企业财务费用和营业利润
Financial Expenses and Operating Profits of Extractive Industry

单位：亿元 (100 million yuan)

地区	Region	财务费用 Financial Expenses			营业利润 Operating Profits		
		2012	2013	2013排名 Ranking	2012	2013	2013排名 Ranking
全　国	**National Total**	**960.78**	**1188.15**		**10271.81**	**8666.53**	
北　京	Beijing	16.21	16.60	15	119.01	27.31	27
天　津	Tianjin	27.84	35.57	12	823.62	719.55	4
河　北	Hebei	76.53	81.67	4	697.99	652.27	6
山　西	Shanxi	83.48	268.33	1	809.84	419.61	9
内蒙古	Inner Mongolia		92.91	3	1084.74	975.07	2
辽　宁	Liaoning	32.86	41.68	10	315.75	309.23	10
吉　林	Jilin	24.40	25.96	13	170.81	93.13	16
黑龙江	Heilongjiang	3.67	10.04	22	914.68	803.11	3
上　海	Shanghai	-0.40	-0.52	31	2.47	1.42	31
江　苏	Jiangsu	9065.00	12.01	21	58.58	37.04	25
浙　江	Zhejiang	2.67	2.79	28	13.36	13.29	29
安　徽	Anhui	61.64	62.93	7	151.06	56.43	22
福　建	Fujian	3.03	3.50	27	40.70	37.96	24
江　西	Jiangxi	4.73	6.13	25	92.73	83.83	19
山　东	Shandong	94.32	120.24	2	954.20	718.53	5
河　南	Henan	69.85	76.14	5	504.47	436.91	8
湖　北	Hubei	15.71	16.09	16	77.10	79.75	21
湖　南	Hunan	11.87	13.55	19	185.54	166.24	14
广　东	Guangdong	10.82	12.22	20	314.61	290.78	11
广　西	Guangxi	5.09	5.93	26	76.37	82.50	20
海　南	Hainan	0.75	0.60	29	18.27	18.39	28
重　庆	Chongqing	6011.00	7.98	23	28.10	31.49	26
四　川	Sichuan	54.23	53.38	8	269.04	177.96	12
贵　州	Guizhou	26.91	39.47	11	164.11	145.45	15
云　南	Yunnan	22.40	25.70	14	104.51	92.14	17
西　藏	Tibet	0.77	0.52	30	8.79	5.57	30
陕　西	Shaanxi	48.78	74.84	6	1241.48	1280.21	1
甘　肃	Gansu	15.71	15.72	18	207.63	177.19	13
青　海	Qinghai	6.75	7.60	24	93.80	91.45	18
宁　夏	Ningxia	15.45	15.79	17	75.42	53.21	23
新　疆	Xinjiang	24.35	42.80	9	653.03	589.53	7

11-39 采掘业工业企业利润总额和应交增值税
Total Profit and Value Added Tax Payable of Extractive Industry

单位：亿元 (100 million yuan)

地区 Region		利润总额 Total Profit			应交增值税 Value Added Tax Payable		
		2012	2013	2013排名 Ranking	2012	2013	2013排名 Ranking
全　国	**National Total**	**10201.81**	**8554.52**		**4267.43**	**4218.79**	
北　京	Beijing	122.80	20.11	27	29.21	22.59	27
天　津	Tianjin	826.14	715.43	5	207.47	242.69	7
河　北	Hebei	697.08	654.03	6	288.17	290.10	6
山　西	Shanxi	767.08	395.81	9	567.74	488.71	1
内蒙古	Inner Mongolia	1096.93	939.80	2	374.32	407.72	3
辽　宁	Liaoning	314.52	318.38	10	158.47	214.76	8
吉　林	Jilin	166.66	94.11	17	74.96	64.97	16
黑龙江	Heilongjiang	914.93	789.48	3	325.04	300.84	5
上　海	Shanghai	2.47	1.42	31	0.57	0.50	31
江　苏	Jiangsu	59.77	39.01	24	48.52	49.34	20
浙　江	Zhejiang	13.93	13.73	29	8.13	7.90	28
安　徽	Anhui	133.87	53.41	23	128.45	118.97	12
福　建	Fujian	40.45	38.11	25	27.54	26.48	25
江　西	Jiangxi	90.38	79.97	20	44.90	49.05	21
山　东	Shandong	965.68	717.14	4	401.17	394.22	4
河　南	Henan	498.79	436.41	8	212.43	203.30	9
湖　北	Hubei	76.82	78.78	21	48.48	50.55	19
湖　南	Hunan	161.38	152.77	14	102.61	100.81	13
广　东	Guangdong	315.92	291.72	11	62.21	63.58	17
广　西	Guangxi	75.29	82.58	19	28.28	26.16	26
海　南	Hainan	18.40	18.28	28	4.91	5.20	29
重　庆	Chongqing	29.13	35.06	26	29.00	38.05	22
四　川	Sichuan	278.50	187.26	12	155.27	131.48	11
贵　州	Guizhou	161.35	132.84	15	83.56	82.04	14
云　南	Yunnan	103.03	94.44	16	75.38	74.43	15
西　藏	Tibet	9.80	5.95	30	3.46	2.79	30
陕　西	Shaanxi	1226.28	1253.65	1	455.10	456.05	2
甘　肃	Gansu	207.39	176.11	13	64.16	57.98	18
青　海	Qinghai	92.24	88.61	18	35.77	37.86	23
宁　夏	Ningxia	73.56	56.18	22	33.07	29.16	24
新　疆	Xinjiang	661.25	593.92	7	189.08	180.50	10

11-40 制造业销售产值和从业平均人数
Sales Value and Average Number of Employed Persons of Manufacture

地区	Region	工业销售产值（当年价格）（亿元）Sales Value (current prices) (100 million yuan)			从业平均人数（万人）Average Number of Employed Persons (10 000 persons)	
		2012	2013	2013排名 Ranking	2013	2013排名 Ranking
全　国	**National Total**	**792228.55**	**895412.20**		**8613.56**	
北　京	Beijing	10954.49	12080.17	20	104.02	20
天　津	Tianjin	19569.52	22139.58	15	151.22	15
河　北	Hebei	34920.10	37803.85	7	309.47	10
山　西	Shanxi	7897.29	8178.97	23	103.17	21
内蒙古	Inner Mongolia	10263.83	12036.45	21	76.82	23
辽　宁	Liaoning	42843.98	46355.38	6	333.76	7
吉　林	Jilin	17356.55	19422.11	16	118.10	19
黑龙江	Heilongjiang	8143.53	9410.67	22	83.04	22
上　海	Shanghai	29703.53	30590.58	9	255.18	13
江　苏	Jiangsu	113513.34	127052.96	1	1120.72	2
浙　江	Zhejiang	53120.01	56427.19	4	704.72	4
安　徽	Anhui	24738.29	28728.26	13	266.88	12
福　建	Fujian	26752.89	30404.05	10	407.26	6
江　西	Jiangxi	18941.15	22567.43	14	207.95	14
山　东	Shandong	104186.10	117913.04	2	835.92	3
河　南	Henan	43066.33	51124.22	5	531.03	5
湖　北	Hubei	29332.86	35157.67	8	315.99	8
湖　南	Hunan	24929.37	28732.71	12	281.08	11
广　东	Guangdong	86266.92	98891.58	3	1423.41	1
广　西	Guangxi	13204.45	15459.74	17	144.97	17
海　南	Hainan	1557.72	1495.18	29	10.30	30
重　庆	Chongqing	11669.80	14182.33	18	145.52	16
四　川	Sichuan	25230.02	29685.70	11	315.64	9
贵　州	Guizhou	3730.07	4759.77	27	47.61	25
云　南	Yunnan	6769.45	7465.52	24	71.59	24
西　藏	Tibet	49.40	56.69	31	0.99	31
陕　西	Shaanxi	10663.36	12323.30	19	122.38	18
甘　肃	Gansu	4930.90	5685.78	25	44.33	26
青　海	Qinghai	1283.85	1474.62	30	15.06	29
宁　夏	Ningxia	1929.63	2283.81	28	22.71	28
新　疆	Xinjiang	4709.81	5522.92	26	42.71	27

11-41 制造业工业企业资产总计和负债合计
Total Assets and Total Liabilities of Manufacture

单位：亿元 (100 million yuan)

地区	Region	资产总计 Total Assets 2012	资产总计 Total Assets 2013	2013排名 Ranking	负债合计 Total Liabilities 2012	负债合计 Total Liabilities 2013	2013排名 Ranking
全 国	**National Total**	**585480.81**	**667608.78**		**333319.56**	**379501.44**	
北 京	Beijing	13736.37	14957.17	15	7462.46	8212.23	15
天 津	Tianjin	15451.93	17468.69	13	9720.81	10911.95	12
河 北	Hebei	25802.69	29113.08	8	15209.37	16891.22	6
山 西	Shanxi	10291.53	11154.18	20	7455.80	8044.13	16
内蒙古	Inner Mongolia	9650.12	11515.08	19	6090.10	7245.39	18
辽 宁	Liaoning	28760.76	31567.61	6	16571.57	18039.49	5
吉 林	Jilin	10499.15	12155.27	17	5411.95	6417.01	21
黑龙江	Heilongjiang	7308.70	7899.69	24	4595.40	4941.99	25
上 海	Shanghai	28363.50	30651.87	7	14659.10	15981.17	7
江 苏	Jiangsu	76955.81	85825.97	1	43500.62	48100.57	1
浙 江	Zhejiang	50430.47	54752.39	4	30439.43	32916.15	4
安 徽	Anhui	16854.19	19402.63	12	9449.83	10816.48	13
福 建	Fujian	18394.69	21203.32	11	9608.52	11230.09	11
江 西	Jiangxi	10239.97	12122.37	18	5447.26	6374.09	22
山 东	Shandong	58036.25	66787.15	3	31299.32	36820.50	3
河 南	Henan	26697.05	34685.27	5	12603.54	15567.75	8
湖 北	Hubei	22223.17	25816.59	9	12906.08	14724.40	9
湖 南	Hunan	14474.77	16446.24	14	7490.44	8623.16	14
广 东	Guangdong	60337.56	68214.34	2	35215.36	39867.48	2
广 西	Guangxi	9207.68	10545.83	22	5658.85	6580.88	20
海 南	Hainan	1523.78	1798.82	30	752.00	958.44	30
重 庆	Chongqing	8967.89	11061.67	21	5671.42	7099.50	19
四 川	Sichuan	20538.85	24545.40	10	12110.99	14152.94	10
贵 州	Guizhou	4403.13	5610.14	27	2482.80	3190.66	27
云 南	Yunnan	7814.23	8728.59	23	4501.29	4987.03	23
西 藏	Tibet	99.13	116.81	31	36.95	44.22	31
陕 西	Shaanxi	11107.66	12750.71	16	6291.23	7325.29	17
甘 肃	Gansu	6113.69	6988.99	26	3710.20	4375.89	26
青 海	Qinghai	2311.86	2804.11	29	1513.17	1949.13	29
宁 夏	Ningxia	2674.23	3150.25	28	1746.04	2125.58	28
新 疆	Xinjiang	6210.01	7768.57	25	3707.69	4986.64	24

11-42 制造业工业企业所有者权益合计和主营业务收入
Total Owner's Equities and Revenue from Principal Business of Manufacture

单位：亿元 (100 million yuan)

地区	Region	所有者权益合计 Total Owners Equity 2012	2013	2013排名 Ranking	主营业务收入 Revenue from Principal Business 2012	2013	2013排名 Ranking
全　国	**National Total**	**250143.02**	**285305.45**		**805662.28**	**909452.71**	
北　京	Beijing	6272.67	6743.80	14	12062.31	13270.94	19
天　津	Tianjin	5704.58	6535.58	15	20011.39	23058.70	15
河　北	Hebei	10492.38	12053.65	8	35216.64	38115.19	7
山　西	Shanxi	2822.00	3092.18	23	8645.06	9031.87	23
内蒙古	Inner Mongolia	3533.82	4199.44	19	10240.27	11873.18	21
辽　宁	Liaoning	12048.99	13357.91	7	43062.79	46088.93	6
吉　林	Jilin	5021.23	5634.10	16	17546.25	19893.81	16
黑龙江	Heilongjiang	2701.02	2935.53	24	8347.73	9613.35	22
上　海	Shanghai	13667.34	14628.26	6	32197.32	33224.69	9
江　苏	Jiangsu	33387.98	37639.03	1	114062.25	127891.17	1
浙　江	Zhejiang	19930.49	21727.08	4	53173.73	56460.41	4
安　徽	Anhui	7293.60	8480.84	12	24901.61	29117.00	12
福　建	Fujian	8679.12	9820.18	11	26896.10	30525.26	10
江　西	Jiangxi	4676.34	5623.13	17	20696.06	24936.68	14
山　东	Shandong	26389.61	29475.85	2	106692.77	120116.17	2
河　南	Henan	13891.15	18850.19	5	43766.04	51629.66	5
湖　北	Hubei	9244.07	10953.63	9	29174.73	35230.27	8
湖　南	Hunan	6983.08	7754.46	13	24562.44	28443.05	13
广　东	Guangdong	24901.20	28081.20	3	86352.00	98388.86	3
广　西	Guangxi	3491.78	3918.47	20	13006.32	15173.90	17
海　南	Hainan	772.50	838.55	30	1443.86	1305.66	30
重　庆	Chongqing	3276.44	3893.10	21	11703.91	14273.56	18
四　川	Sichuan	8299.84	10141.73	10	26159.61	30342.92	11
贵　州	Guizhou	1906.57	2385.38	27	3733.53	4739.82	27
云　南	Yunnan	3312.84	3738.45	22	6802.82	7642.14	24
西　藏	Tibet	61.90	72.50	31	49.72	58.52	31
陕　西	Shaanxi	4784.94	5399.40	18	10913.52	12504.95	20
甘　肃	Gansu	2385.11	2695.50	26	6311.48	7167.63	25
青　海	Qinghai	796.94	852.08	29	1218.48	1353.72	29
宁　夏	Ningxia	917.97	1016.37	28	1917.42	2315.21	28
新　疆	Xinjiang	2495.54	2767.89	25	4794.11	5665.48	26

11-43 制造业工业企业主营业务成本和主营业务税金及附加

Costs of Principal Businesses, Tax and Extra Charges from Principal Business of Manufacture

单位：亿元 (100 million yuan)

地区	Region	主营业务成本 Cost of Principal Business			主营业务税金及附加 Tax and Extra Charges from Principal Business		
		2012	2013	2013排名 Ranking	2012	2013	2013排名 Ranking
全　国	**National Total**	**685994.50**	**776358.80**		**12145.85**	**13551.72**	
北　京	Beijing	9790.65	10713.89	19	232.86	254.34	20
天　津	Tianjin	17322.16	19976.90	15	243.48	269.85	18
河　北	Hebei	30710.72	33374.82	7	332.91	338.48	16
山　西	Shanxi	7744.71	8082.08	23	53.31	54.23	29
内蒙古	Inner Mongolia	8570.97	9939.28	21	115.86	162.79	26
辽　宁	Liaoning	36785.54	39610.21	6	803.02	798.94	6
吉　林	Jilin	14689.22	16706.89	16	407.15	452.26	12
黑龙江	Heilongjiang	7095.22	8243.71	22	231.53	247.91	21
上　海	Shanghai	26860.42	27405.12	9	797.16	902.09	4
江　苏	Jiangsu	98634.96	110814.62	1	923.84	1085.87	2
浙　江	Zhejiang	45628.28	48130.70	4	593.85	642.81	9
安　徽	Anhui	21347.53	24960.38	12	335.80	394.83	13
福　建	Fujian	22805.26	26035.67	10	333.81	348.51	15
江　西	Jiangxi	17895.13	21692.64	14	215.44	254.87	19
山　东	Shandong	91904.58	104116.04	2	1058.67	1169.40	1
河　南	Henan	37265.49	44366.88	5	507.84	533.19	10
湖　北	Hubei	24730.08	29777.36	8	580.36	723.73	8
湖　南	Hunan	19566.14	23025.37	13	736.68	846.28	5
广　东	Guangdong	73644.97	83715.27	3	953.63	1068.10	3
广　西	Guangxi	11057.15	12887.21	17	277.23	303.71	17
海　南	Hainan	1159.30	1048.66	30	98.56	75.76	27
重　庆	Chongqing	9997.04	12173.16	18	160.65	211.48	24
四　川	Sichuan	21551.92	25404.22	11	446.00	530.45	11
贵　州	Guizhou	2738.45	3553.61	27	179.53	243.99	22
云　南	Yunnan	5165.13	5808.09	25	677.51	755.75	7
西　藏	Tibet	32.37	36.15	31	0.60	0.73	31
陕　西	Shaanxi	8883.63	10293.35	20	364.86	370.66	14
甘　肃	Gansu	5566.90	6416.98	24	225.70	238.40	23
青　海	Qinghai	1036.42	1175.60	29	12.80	15.30	30
宁　夏	Ningxia	1681.64	2026.55	28	51.29	57.38	28
新　疆	Xinjiang	4132.21	4847.38	26	193.92	199.63	25

11-44 制造业工业企业销售费用和管理费用
Sales Expenses and Administrative Expenses of Manufacture

单位：亿元 (100 million yuan)

地区	Region	销售费用 Sales Expenses 2012	2013	2013排名 Ranking	管理费用 Administrative Expenses 2012	2013	2013排名 Ranking
全　国	**National Total**	**21213.39**	**24248.99**		**30415.12**	**33940.59**	
北　京	Beijing	743.44	814.62	12	704.16	799.55	15
天　津	Tianjin	537.04	639.04	16	642.77	746.50	16
河　北	Hebei	597.23	681.65	15	933.76	1026.12	12
山　西	Shanxi	196.59	220.80	24	344.30	351.17	23
内蒙古	Inner Mongolia	236.14	284.33	21	339.90	425.19	21
辽　宁	Liaoning	924.41	1043.75	7	1664.86	1774.61	6
吉　林	Jilin	672.76	806.35	13	750.09	824.35	14
黑龙江	Heilongjiang	240.71	273.17	22	347.56	385.01	22
上　海	Shanghai	1188.04	1232.09	5	1757.34	1937.43	5
江　苏	Jiangsu	2572.25	2861.98	2	3915.78	4434.13	1
浙　江	Zhejiang	1346.10	1489.85	4	2327.97	2558.58	4
安　徽	Anhui	661.64	786.09	14	854.56	967.67	13
福　建	Fujian	754.68	844.12	11	1077.39	1232.87	10
江　西	Jiangxi	338.51	414.43	17	449.67	558.61	19
山　东	Shandong	2090.74	2333.11	3	2770.90	3034.64	3
河　南	Henan	926.19	1040.36	8	1026.38	1127.15	11
湖　北	Hubei	894.95	1124.64	6	1293.56	1508.91	8
湖　南	Hunan	720.40	860.31	10	1343.92	1568.59	7
广　东	Guangdong	3072.78	3540.42	1	3926.72	4416.48	2
广　西	Guangxi	311.17	394.60	19	694.62	664.89	17
海　南	Hainan	49.74	57.64	30	44.98	49.50	30
重　庆	Chongqing	329.72	413.60	18	516.39	607.29	18
四　川	Sichuan	808.53	919.51	9	1137.93	1249.41	9
贵　州	Guizhou	150.33	200.56	25	194.43	239.26	25
云　南	Yunnan	197.08	223.49	23	300.51	334.19	24
西　藏	Tibet	3.12	5.37	31	3.57	4.63	31
陕　西	Shaanxi	318.54	353.35	20	523.65	550.67	20
甘　肃	Gansu	105.18	118.90	27	239.58	239.03	26
青　海	Qinghai	46.40	58.40	29	47.92	56.22	29
宁　夏	Ningxia	50.05	59.70	28	71.34	76.50	28
新　疆	Xinjiang	128.91	152.75	26	168.61	191.45	27

11-45 制造业工业企业财务费用和营业利润
Financial Expenses and Operating Profits of Manufacture

单位：亿元 (100 million yuan)

地区	Region	财务费用 Financial Expenses 2012	财务费用 Financial Expenses 2013	2013排名 Ranking	营业利润 Operating Profits 2012	营业利润 Operating Profits 2013	2013排名 Ranking
全　国	**National Total**	**8109.99**	**8576.83**		**49056.03**	**55551.10**	
北　京	Beijing	74.57	71.64	25	636.07	804.84	20
天　津	Tianjin	143.82	149.41	17	1240.01	1484.34	15
河　北	Hebei	408.67	433.36	6	1846.53	1929.88	11
山　西	Shanxi	199.67	207.36	13	190.25	84.20	26
内蒙古	Inner Mongolia	142.07	176.63	14	903.55	1050.03	17
辽　宁	Liaoning	401.44	385.81	7	2283.79	2614.80	6
吉　林	Jilin	144.53	146.04	18	1082.87	1209.19	16
黑龙江	Heilongjiang	77.10	98.65	23	400.11	379.09	24
上　海	Shanghai	102.51	57.74	27	1889.47	2172.39	8
江　苏	Jiangsu	1103.00	1079.22	2	7029.85	8023.78	1
浙　江	Zhejiang	947.35	925.64	3	2663.94	3054.34	5
安　徽	Anhui	241.51	263.84	11	1766.47	2007.06	10
福　建	Fujian	273.17	286.28	10	1878.11	2035.74	9
江　西	Jiangxi	131.42	150.71	15	1387.78	1671.96	14
山　东	Shandong	1105.18	1231.93	1	6839.91	7655.53	2
河　南	Henan	430.36	466.37	5	3466.82	3990.28	4
湖　北	Hubei	317.26	369.41	8	1809.41	2185.25	7
湖　南	Hunan	240.46	256.36	12	1725.68	1864.62	13
广　东	Guangdong	474.29	501.27	4	4693.53	5555.59	3
广　西	Guangxi	139.48	143.84	19	900.27	945.05	18
海　南	Hainan	12.10	13.05	30	96.34	81.09	27
重　庆	Chongqing	122.61	150.61	16	548.72	828.50	19
四　川	Sichuan	318.11	358.67	9	1884.07	1905.14	12
贵　州	Guizhou	54.01	68.35	26	393.36	469.77	22
云　南	Yunnan	116.04	129.74	21	438.97	443.89	23
西　藏	Tibet	0.27	0.23	31	11.34	11.16	31
陕　西	Shaanxi	119.75	143.17	20	779.31	804.47	21
甘　肃	Gansu	88.17	87.78	24	45.68	44.19	29
青　海	Qinghai	45.14	55.72	28	53.18	19.34	30
宁　夏	Ningxia	56.20	55.58	29	24.10	51.57	28
新　疆	Xinjiang	78.80	112.41	22	146.53	174.02	25

11-46 制造业工业企业利润总额和应交增值税
Total Profit and Value Added Tax Payable of Manufacture

单位：亿元 (100 million yuan)

地区	Region	利润总额 Total Profit 2012	2013	2013排名 Ranking	应交增值税 Value Added Tax Payable 2012	2013	2013排名 Ranking
全国	**National Total**	**48570.46**	**55400.63**		**22962.25**	**26681.50**	
北京	Beijing	766.76	883.45	17	355.49	394.28	20
天津	Tianjin	1249.70	1507.06	15	658.36	863.83	12
河北	Hebei	1768.59	1915.43	10	785.25	776.26	15
山西	Shanxi	205.42	106.78	26	193.83	181.37	25
内蒙古	Inner Mongolia	605.34	718.65	21	273.17	313.67	22
辽宁	Liaoning	2104.79	2597.81	6	1070.42	1207.62	6
吉林	Jilin	1050.85	1180.13	16	436.17	532.93	16
黑龙江	Heilongjiang	421.99	387.26	24	233.05	256.84	23
上海	Shanghai	2082.80	2287.13	7	793.38	864.71	11
江苏	Jiangsu	6865.14	7877.61	1	3474.88	4035.38	1
浙江	Zhejiang	2829.88	3215.88	5	1407.21	1550.72	4
安徽	Anhui	1592.83	1881.11	12	696.13	830.82	13
福建	Fujian	1881.71	2021.45	9	768.57	874.45	10
江西	Jiangxi	1393.17	1655.34	14	592.64	777.65	14
山东	Shandong	6852.29	7683.83	2	2890.02	3339.42	2
河南	Henan	3473.46	4005.74	4	1148.24	1296.63	5
湖北	Hubei	1780.95	2192.64	8	685.22	1022.08	9
湖南	Hunan	1587.48	1794.80	13	966.01	1130.76	7
广东	Guangdong	4732.53	5627.89	3	2525.95	3000.78	3
广西	Guangxi	812.16	882.18	18	436.06	488.62	18
海南	Hainan	101.12	87.38	28	54.32	50.07	29
重庆	Chongqing	585.38	831.88	19	346.84	522.63	17
四川	Sichuan	1867.93	1915.30	11	1012.87	1090.44	8
贵州	Guizhou	420.04	483.67	22	166.89	203.56	24
云南	Yunnan	433.88	458.92	23	309.85	321.53	21
西藏	Tibet	12.82	13.02	31	4.11	5.42	31
陕西	Shaanxi	744.50	777.67	20	371.26	409.10	19
甘肃	Gansu	63.55	90.51	27	117.86	108.17	27
青海	Qinghai	62.13	40.68	30	31.87	38.50	30
宁夏	Ningxia	42.01	70.20	29	40.78	54.90	28
新疆	Xinjiang	179.27	209.25	25	115.58	138.35	26

11-47 电力、燃气和水的生产和供应业销售产值和从业平均人数
Average Number of Employed Persons and Sales Value of Electric Power, Gas and Water

地区	Region	工业销售产值（当年价格）（亿元）Sales Value (current prices) (100 million yuan) 2012	2013	2013排名 Ranking	从业平均人员数（万人）Average Number of Employed Persons (10 000 persons) 2013	2013排名 Ranking
全国	**National Total**	**55829.41**	**61377.61**		**357.68**	
北京	Beijing	3258.71	4012.17	5	8.35	20
天津	Tianjin	848.47	884.60	24	4.18	27
河北	Hebei	2834.36	3019.16	6	18.14	5
山西	Shanxi	1579.23	1693.60	13	6.73	23
内蒙古	Inner Mongolia	2193.59	2331.13	9	14.25	10
辽宁	Liaoning	1816.94	1801.12	12	16.14	6
吉林	Jilin	897.29	956.51	23	11.65	16
黑龙江	Heilongjiang	1179.57	1286.38	20	14.46	9
上海	Shanghai	1845.42	1345.81	16	4.47	26
江苏	Jiangsu	4480.58	4952.10	2	14.84	8
浙江	Zhejiang	4320.24	4674.63	3	13.01	12
安徽	Anhui	2301.89	2569.02	8	10.67	17
福建	Fujian	1790.66	2089.79	11	7.98	21
江西	Jiangxi	960.04	1102.67	22	12.91	13
山东	Shandong	2822.40	4547.83	4	23.65	3
河南	Henan	3065.39	2974.32	7	22.72	4
湖北	Hubei	1931.45	1666.29	14	14.23	11
湖南	Hunan	1398.11	1527.61	15	15.94	7
广东	Guangdong	6332.11	6737.66	1	27.47	1
广西	Guangxi	1159.32	1257.06	21	12.80	14
海南	Hainan	183.99	197.99	30	1.63	29
重庆	Chongqing	696.21	806.77	27	6.48	25
四川	Sichuan	2044.30	2302.39	10	24.78	2
贵州	Guizhou	1149.98	1297.13	19	12.34	15
云南	Yunnan	1085.99	1320.40	17	8.91	19
西藏	Tibet	11.34	15.09	31	0.45	31
陕西	Shaanxi	1316.95	1308.49	18	10.37	18
甘肃	Gansu	764.07	845.67	25	6.78	22
青海	Qinghai	308.07	329.18	29	1.58	30
宁夏	Ningxia	601.23	684.79	28	3.22	28
新疆	Xinjiang	651.51	840.28	26	6.55	24

11-48 电力、燃气和水的生产和供应业资产总计和负债合计
Total Assets and Total Liabilities of Electric Power, Gas and Water

单位：亿元 (100 million yuan)

地区	Region	资产总计 Total Assets 2012	2013	2013排名 Ranking	负债合计 Total Liabilities 2012	2013	2013排名 Ranking
全 国	**National Total**	**103028.58**	**114996.81**		**67573.12**	**74888.42**	
北 京	Beijing	12075.09	12960.18	1	5923.44	6431.25	1
天 津	Tianjin	1744.56	1855.85	24	1096.51	1144.67	25
河 北	Hebei	3554.17	3867.17	11	2324.84	2461.13	11
山 西	Shanxi	2486.22	2854.72	15	2045.80	2236.48	13
内蒙古	Inner Mongolia	5072.75	5699.88	6	3754.91	4151.13	6
辽 宁	Liaoning	3189.02	3942.06	10	2059.62	2651.22	10
吉 林	Jilin	1692.16	1743.02	26	1200.26	1192.32	23
黑龙江	Heilongjiang	2164.10	2364.90	21	1560.41	1713.78	19
上 海	Shanghai	2762.04	2908.06	14	1108.33	1099.62	26
江 苏	Jiangsu	6530.47	7316.96	4	4302.79	4724.74	4
浙 江	Zhejiang	5049.04	5525.26	7	2960.69	3213.89	8
安 徽	Anhui	2580.91	2843.50	16	1949.26	2040.55	17
福 建	Fujian	2687.43	3458.52	13	1678.57	2223.76	14
江 西	Jiangxi	1203.36	1308.42	28	924.52	965.52	27
山 东	Shandong	5079.11	5718.06	5	3518.82	3915.72	7
河 南	Henan	3726.94	3682.18	12	2867.35	2723.72	9
湖 北	Hubei	3887.03	4012.65	9	2443.12	2408.44	12
湖 南	Hunan	2562.56	2754.84	17	2035.69	2103.69	16
广 东	Guangdong	10022.33	10374.56	2	5488.35	5554.99	3
广 西	Guangxi	2208.38	2327.12	22	1498.15	1581.20	22
海 南	Hainan	348.04	349.81	30	249.72	229.87	30
重 庆	Chongqing	1634.44	1772.05	25	1082.18	1174.41	24
四 川	Sichuan	6151.54	7605.67	3	4527.59	5713.87	2
贵 州	Guizhou	2301.27	2559.76	18	1934.34	2111.13	15
云 南	Yunnan	3763.11	5420.15	8	2899.69	4218.58	5
西 藏	Tibet	261.29	263.04	31	66.69	68.89	31
陕 西	Shaanxi	2428.47	2462.22	19	1888.29	1897.91	18
甘 肃	Gansu	1847.20	2129.55	23	1363.71	1583.40	21
青 海	Qinghai	985.64	1171.98	29	751.58	844.69	29
宁 夏	Ningxia	1194.19	1314.90	27	880.45	914.67	28
新 疆	Xinjiang	1835.71	2429.76	20	1187.46	1593.17	20

11-49 电力、燃气和水的生产和供应业所有者权益合计和主营业务收入
Total Owner's Equities and Revenue from Principal Business of Electric Power, Gas and Water

单位：亿元 (100 million yuan)

地区	Region	所有者权益合计 Total Owners Equity 2012	2013	2013排名 Ranking	主营业务收入 Revenue from Principal Business 2012	2013	2013排名 Ranking
全国	**National Total**	**35229.89**	**39326.88**		**57400.85**	**61643.2**	
北京	Beijing	6151.65	6528.93	1	3269.68	4028.14	5
天津	Tianjin	646.48	710.79	18	835.97	895.95	24
河北	Hebei	1224.43	1406.22	9	2830.93	3006.66	6
山西	Shanxi	440.02	615.00	21	1573.32	1718.53	13
内蒙古	Inner Mongolia	1304.99	1553.92	8	1982.73	2339.66	9
辽宁	Liaoning	1090.17	1283.93	11	1813.25	1806.71	12
吉林	Jilin	490.08	547.68	24	896.68	948.46	23
黑龙江	Heilongjiang	603.65	649.17	20	1243.11	1355.79	18
上海	Shanghai	1653.21	1783.68	5	1888.33	1397.48	16
江苏	Jiangsu	2227.04	2592.22	3	4497.85	4993.64	2
浙江	Zhejiang	2088.34	2310.60	4	4315.97	4662.84	4
安徽	Anhui	630.75	800.08	16	2285.00	2525.17	8
福建	Fujian	992.17	1232.62	12	1793.89	2090.93	11
江西	Jiangxi	277.94	341.79	28	968.52	1139.43	22
山东	Shandong	1557.11	1384.35	10	4419.75	4704.19	3
河南	Henan	843.17	949.80	14	3085.19	3006.20	7
湖北	Hubei	1441.21	1591.38	7	1930.53	1678.88	14
湖南	Hunan	526.87	651.79	19	1390.19	1511.18	15
广东	Guangdong	4531.51	4818.21	2	6348.00	6715.13	1
广西	Guangxi	651.70	745.47	17	1143.91	1251.68	20
海南	Hainan	98.12	119.93	31	184.86	203.16	30
重庆	Chongqing	546.67	596.95	22	720.10	818.85	26
四川	Sichuan	1597.76	1606.30	6	2056.49	2310.83	10
贵州	Guizhou	366.23	446.94	26	1139.94	1211.81	21
云南	Yunnan	843.05	1200.50	13	1199.77	1297.88	19
西藏	Tibet	194.56	194.15	30	12.84	14.60	31
陕西	Shaanxi	535.30	559.53	23	1303.15	1359.64	17
甘肃	Gansu	483.07	543.31	25	705.64	771.86	27
青海	Qinghai	233.33	326.27	29	306.01	345.22	29
宁夏	Ningxia	313.53	400.23	27	605.16	687.93	28
新疆	Xinjiang	645.79	835.15	15	654.11	844.74	25

11-50 电力、燃气和水的生产和供应业主营业务成本和主营业务税金及附加

Costs of Principal Businesses, Tax and Extra Charges from Principal Business of Electric Power, Gas and Water

单位：亿元 (100 million yuan)

地区	Region	主营业务成本 Cost of Principal Business			主营业务税金及附加 Tax and Extra Charges from Principal Business		
		2012	2013	2013排名 Ranking	2012	2013	2013排名 Ranking
全　国	**National Total**	**51261.61**	**54035.04**		**294.84**	**340.53**	
北　京	Beijing	3048.44	3803.16	5	21.44	19.24	5
天　津	Tianjin	787.90	827.37	24	3.64	4.79	24
河　北	Hebei	2616.79	2717.78	7	10.00	16.95	7
山　西	Shanxi	1451.36	1480.45	13	7.11	8.55	17
内蒙古	Inner Mongolia	1573.84	1824.53	9	11.97	10.47	14
辽　宁	Liaoning	1698.12	1633.89	12	8.38	9.18	16
吉　林	Jilin	836.49	876.00	23	5.35	5.58	19
黑龙江	Heilongjiang	1191.65	1283.59	16	5.29	5.07	23
上　海	Shanghai	1789.88	1273.69	17	5.88	5.39	21
江　苏	Jiangsu	3988.21	4364.02	2	19.00	23.60	3
浙　江	Zhejiang	3846.47	4150.35	4	20.93	21.87	4
安　徽	Anhui	1821.12	2067.77	8	9.82	10.49	13
福　建	Fujian	1606.40	1804.31	10	35.72	42.25	1
江　西	Jiangxi	901.95	1003.64	22	4.19	5.58	19
山　东	Shandong	4027.41	4154.25	3	15.91	18.55	6
河　南	Henan	2893.30	2755.66	6	10.15	10.99	10
湖　北	Hubei	1639.23	1370.74	14	12.49	13.37	9
湖　南	Hunan	1223.78	1295.00	15	9.15	10.53	12
广　东	Guangdong	5652.63	5909.82	1	22.19	32.95	2
广　西	Guangxi	1010.11	1111.87	19	6.00	6.19	18
海　南	Hainan	156.36	171.63	30	1.10	1.04	30
重　庆	Chongqing	642.38	738.95	25	3.40	4.48	25
四　川	Sichuan	1658.40	1802.60	11	13.09	15.51	8
贵　州	Guizhou	1016.74	1095.71	20	4.35	5.13	22
云　南	Yunnan	1017.43	1045.13	21	7.89	9.32	15
西　藏	Tibet	29.35	34.04	31	0.02	0.01	31
陕　西	Shaanxi	1141.51	1158.67	18	8.76	10.62	11
甘　肃	Gansu	623.08	669.20	27	3.82	3.56	27
青　海	Qinghai	256.84	282.83	29	2.57	2.76	29
宁　夏	Ningxia	551.05	591.05	28	3.02	3.59	26
新　疆	Xinjiang	563.39	737.30	26	2.22	2.92	28

11-51 电力、燃气和水的生产和供应业销售费用和管理费用
Sales Expenses and Administrative Expenses of Electric Power, Gas and Water

单位：亿元 (100 million yuan)

地区	Region	销售费用 Sales Expenses 2012	2013	2013排名 Ranking	管理费用 Administrative Expenses 2012	2013	2013排名 Ranking
全国	**National Total**	**360.20**	**372.29**		**1333.71**	**1424.37**	
北京	Beijing	3.46	3.92	25	34.93	37.87	16
天津	Tianjin	3.52	3.91	26	18.76	19.60	26
河北	Hebei	5.91	8.07	19	58.31	64.11	8
山西	Shanxi	7.99	6.33	22	34.36	66.76	7
内蒙古	Inner Mongolia	20.39	36.42	2	46.14	91.70	4
辽宁	Liaoning	11.31	11.41	11	46.16	52.72	11
吉林	Jilin	9.21	9.99	15	28.66	33.00	18
黑龙江	Heilongjiang	7.93	8.09	18	29.67	32.24	19
上海	Shanghai	9.88	10.75	13	23.39	22.49	23
江苏	Jiangsu	29.63	35.17	3	64.83	70.63	6
浙江	Zhejiang	18.02	17.24	7	98.96	111.66	3
安徽	Anhui	8.33	7.81	20	36.16	43.25	15
福建	Fujian	7.22	13.61	9	45.31	47.71	12
江西	Jiangxi	4.33	6.18	23	19.43	20.33	25
山东	Shandong	17.84	17.75	6	136.72	129.31	1
河南	Henan	20.74	21.99	5	79.56	72.02	5
湖北	Hubei	7.47	14.86	8	46.38	36.91	17
湖南	Hunan	9.85	12.07	10	88.93	58.04	9
广东	Guangdong	50.74	44.90	1	129.87	126.71	2
广西	Guangxi	5.71	7.27	21	48.30	44.73	14
海南	Hainan	1.24	1.26	29	3.63	2.55	30
重庆	Chongqing	4.79	5.61	24	16.74	20.37	24
四川	Sichuan	22.25	22.06	4	60.55	57.92	10
贵州	Guizhou	8.06	8.84	17	18.80	30.36	21
云南	Yunnan	10.39	9.64	16	48.38	47.25	13
西藏	Tibet	0.05	0.51	30	0.31	1.02	31
陕西	Shaanxi	7.69	10.38	14	27.68	30.93	20
甘肃	Gansu	36.29	3.55	27	10.35	11.19	28
青海	Qinghai	0.16	0.30	31	3.02	4.53	29
宁夏	Ningxia	2.19	1.58	28	11.23	13.59	27
新疆	Xinjiang	7.60	10.82	12	18.19	22.88	22

11-52 电力、燃气和水的生产和供应业财务费用和营业利润
Financial Expenses and Operating Profits of Electric Power, Gas and Water

单位：亿元 (100 million yuan)

地区	Region	财务费用 Financial Expenses 2012	2013	2013排名 Ranking	营业利润 Operating Profits 2012	2013	2013排名 Ranking
全 国	**National Total**	**2224.81**	**2243.28**		**2772.81**	**4137.58**	
北 京	Beijing	106.70	115.41	5	339.76	328.98	4
天 津	Tianjin	23.84	21.44	28	18.89	29.82	25
河 北	Hebei	77.56	73.79	14	77.34	149.41	11
山 西	Shanxi	85.56	77.53	12	29.21	111.43	13
内蒙古	Inner Mongolia	129.28	136.00	3	218.99	344.11	3
辽 宁	Liaoning	63.32	61.51	17	-7.50	44.10	20
吉 林	Jilin	47.82	45.68	21	-15.14	-10.77	30
黑龙江	Heilongjiang	44.69	43.80	23	-17.72	-2.04	29
上 海	Shanghai	29.33	21.28	29	59.35	94.74	14
江 苏	Jiangsu	119.70	111.82	6	318.85	452.21	2
浙 江	Zhejiang	107.25	99.51	9	246.61	316.65	5
安 徽	Anhui	58.55	53.01	20	144.28	185.86	9
福 建	Fujian	62.20	65.73	15	95.41	169.65	10
江 西	Jiangxi	34.20	31.09	27	19.51	60.74	18
山 东	Shandong	106.20	105.34	7	187.07	302.57	6
河 南	Henan	108.24	100.50	8	27.13	93.52	15
湖 北	Hubei	102.93	90.53	10	159.54	201.14	8
湖 南	Hunan	72.21	77.48	13	31.12	84.60	16
广 东	Guangdong	205.20	186.63	1	374.32	543.19	1
广 西	Guangxi	65.49	64.45	16	32.96	31.45	23
海 南	Hainan	9.91	9.75	30	13.11	16.57	27
重 庆	Chongqing	30.61	33.94	26	25.54	31.24	24
四 川	Sichuan	130.77	157.57	2	185.73	229.45	7
贵 州	Guizhou	84.45	88.36	11	39.04	16.39	28
云 南	Yunnan	89.14	130.27	4	45.15	80.00	17
西 藏	Tibet	1.10	0.88	31	-17.27	-20.55	31
陕 西	Shaanxi	66.95	60.06	18	70.35	112.64	12
甘 肃	Gansu	54.43	56.71	19	6.82	32.02	22
青 海	Qinghai	33.20	37.54	25	11.22	18.60	26
宁 夏	Ningxia	37.89	40.14	24	16.19	56.03	19
新 疆	Xinjiang	36.06	45.53	22	36.94	33.80	21

11-53 电力、燃气和水的生产和供应业利润总额和应交增值税
Total Profit and Value Added Tax Payable of Electric Power, Gas and Water

单位：亿元 (100 million yuan)

地区	Region	利润总额 Total Profit 2012	2013	2013排名 Ranking	应交增值税 Value Added Tax Payable 2012	2013	2013排名 Ranking
全　国	**National Total**	**3137.78**	**4423.76**		**2336.95**	**2559.98**	
北　京	Beijing	378.33	379.33	3	71.06	120.30	6
天　津	Tianjin	24.82	36.43	24	37.44	39.38	23
河　北	Hebei	93.80	165.24	11	92.48	103.40	9
山　西	Shanxi	38.40	112.00	13	67.94	82.10	12
内蒙古	Inner Mongolia	229.41	355.60	4	102.28	104.97	8
辽　宁	Liaoning	16.39	59.96	19	66.65	69.98	17
吉　林	Jilin	-2.48	4.15	30	30.66	34.76	25
黑龙江	Heilongjiang	1.65	8.75	29	60.33	42.56	22
上　海	Shanghai	64.15	103.50	14	62.42	57.57	19
江　苏	Jiangsu	325.29	462.88	2	185.37	210.88	2
浙　江	Zhejiang	268.85	331.65	5	175.35	189.32	3
安　徽	Anhui	143.56	174.25	9	85.05	73.68	15
福　建	Fujian	101.10	167.88	10	73.49	91.16	11
江　西	Jiangxi	22.96	66.93	18	37.73	47.83	21
山　东	Shandong	190.38	314.39	6	135.01	156.09	4
河　南	Henan	44.15	100.93	15	91.89	94.81	10
湖　北	Hubei	188.51	203.65	8	105.09	108.74	7
湖　南	Hunan	42.10	100.30	16	64.00	79.69	14
广　东	Guangdong	416.45	576.80	1	278.19	278.65	1
广　西	Guangxi	45.38	49.49	22	64.28	68.42	18
海　南	Hainan	13.82	17.50	28	8.75	9.98	30
重　庆	Chongqing	30.88	40.67	23	30.55	38.50	24
四　川	Sichuan	187.34	226.43	7	115.69	137.77	5
贵　州	Guizhou	45.64	20.08	26	50.19	50.99	20
云　南	Yunnan	49.62	77.27	17	78.62	82.07	13
西　藏	Tibet	-9.73	-11.63	31	0.12	0.06	31
陕　西	Shaanxi	86.45	120.05	12	66.77	73.52	16
甘　肃	Gansu	14.29	33.84	25	32.38	31.31	26
青　海	Qinghai	14.53	19.78	27	20.31	22.03	29
宁　夏	Ningxia	15.64	53.60	20	23.62	28.80	28
新　疆	Xinjiang	48.12	52.06	21	23.23	30.64	27

11-54 煤炭开采和洗选业工业销售产值和从业平均人数

Sales Value and Average Number of Employed Persons of Mining and Washing of Coal

地区	Region	工业销售产值（当年价格）（亿元） Sales Value (current prices) (100 million yuan)				从业平均人员数（万人） Average Number of Employed Persons (10 000 persons)	
		2010	2012	2013	2013排名 Ranking	2013	2013排名 Ranking
全 国	**National Total**	**21538.61**	**30240.63**	**28886.79**		**529.68**	
北 京	Beijing	572.96	814.30	713.77	12	1.56	25
天 津	Tianjin	633.28	1189.04	1488.16	6	1.82	23
河 北	Hebei	1046.56	1466.37	1313.01	8	20.39	11
山 西	Shanxi	4513.96	6805.46	6291.28	1	104.15	1
内蒙古	Inner Mongolia	2514.55	3795.31	3741.34	2	26.34	8
辽 宁	Liaoning	447.69	468.14	411.94	16	20.47	10
吉 林	Jilin	291.33	440.91	314.79	18	10.00	15
黑龙江	Heilongjiang	602.19	688.19	533.84	14	26.85	7
上 海	Shanghai						
江 苏	Jiangsu	277.59	310.41	287.77	20	9.13	16
浙 江	Zhejiang	6.85	7.99	0.42	28		
安 徽	Anhui	918.93	993.84	918.35	10	30.42	4
福 建	Fujian	150.93	148.00	119.52	24	4.54	21
江 西	Jiangxi	198.17	207.73	194.65	22	8.49	17
山 东	Shandong	2417.75	3019.38	2752.72	3	57.91	2
河 南	Henan	1937.21	2246.74	2083.15	5	53.91	3
湖 北	Hubei	59.18	87.93	112.91	25	3.29	22
湖 南	Hunan	646.55	934.40	870.05	11	21.01	9
广 东	Guangdong			3.18	27	0.02	27
广 西	Guangxi	21.53	28.82	37.97	26	1.70	24
海 南	Hainan						
重 庆	Chongqing	320.55	348.70	364.64	17	15.52	13
四 川	Sichuan	1050.45	1227.66	928.35	9	27.47	6
贵 州	Guizhou	633.68	1185.15	1410.07	7	29.79	5
云 南	Yunnan	244.15	501.30	567.52	13	14.94	14
西 藏	Tibet						
陕 西	Shaanxi	1371.62	2278.33	2272.61	4	20.37	12
甘 肃	Gansu	172.01	251.35	301.48	19	5.26	20
青 海	Qinghai	85.24	147.11	165.38	23	1.15	26
宁 夏	Ningxia	265.57	422.72	453.60	15	7.07	18
新 疆	Xinjiang	138.14	225.34	234.34	21	6.11	19

11-55 煤炭开采和洗选业资产总计和负债合计
Total Assets and Liabilities of Mining and Washing of Coal

单位：亿元 (100 million yuan)

地区	Region	资产总计 Total Assets 2010	2012	2013	2013排名 Ranking	负债合计 Total Liabilities 2010	2012	2013	2013排名 Ranking
全 国	**National Total**	**29941.66**	**44807.04**	**49059.47**		**17418.53**	**27205.07**	**31775.22**	
北 京	Beijing	150.15	227.99	286.98	22	47.23	89.85	142.30	22
天 津	Tianjin	429.27	1189.71	1265.03	9	358.72	1124.82	1213.75	9
河 北	Hebei	1293.76	1800.44	1859.52	8	760.59	1212.49	1258.44	8
山 西	Shanxi	8179.38	12078.10	13679.49	1	4924.82	7878.27	9715.77	1
内蒙古	Inner Mongolia	3561.74	5849.07	5827.21	2	1705.03	2927.76	3069.58	3
辽 宁	Liaoning	695.70	1058.62	1048.70	11	358.33	678.93	672.54	11
吉 林	Jilin	226.14	318.23	308.55	21	132.07	218.75	221.15	19
黑龙江	Heilongjiang	681.11	833.82	854.60	13	577.94	615.06	661.65	12
上 海	Shanghai								
江 苏	Jiangsu	459.83	576.99	626.51	16	271.21	359.96	365.18	16
浙 江	Zhejiang	10.52	14.66	0.23	28	6.57	9.40	0.28	28
安 徽	Anhui	2258.80	2747.37	2919.55	6	1548.29	1897.92	2101.35	4
福 建	Fujian	85.45	106.68	105.43	25	40.31	51.26	49.74	25
江 西	Jiangxi	137.71	166.83	195.20	23	71.95	109.75	137.64	23
山 东	Shandong	3279.84	5092.06	5759.97	3	2037.28	3094.07	3842.07	2
河 南	Henan	2498.48	3311.12	3333.68	5	1441.72	1958.11	2047.22	5
湖 北	Hubei	45.81	49.22	68.90	26	22.64	22.71	33.63	26
湖 南	Hunan	278.13	347.26	363.16	19	122.32	140.36	144.58	21
广 东	Guangdong			4.92	27			4.28	27
广 西	Guangxi	35.44	53.66	119.73	24	16.43	34.61	53.86	24
海 南	Hainan								
重 庆	Chongqing	270.59	430.35	536.53	17	140.87	208.90	264.26	18
四 川	Sichuan	595.90	850.38	932.79	12	358.24	538.40	639.71	13
贵 州	Guizhou	912.83	1525.47	2055.00	7	499.50	935.89	1384.19	7
云 南	Yunnan	346.15	623.69	661.31	15	189.92	353.65	392.10	15
西 藏	Tibet								
陕 西	Shaanxi	1915.96	3158.56	3460.09	4	799.00	1288.75	1620.32	6
甘 肃	Gansu	292.09	444.45	490.47	18	183.29	277.54	308.27	17
青 海	Qinghai	182.73	295.83	332.13	20	91.90	151.79	176.66	20
宁 夏	Ningxia	712.55	985.46	1178.28	10	460.76	607.68	736.00	10
新 疆	Xinjiang	405.60	671.03	785.49	14	251.60	418.38	518.67	14

11-56 煤炭开采和洗选业资产所有者权益合计和主营业务收入 Total Owner's Equities and Revenue from Principal Business of Mining and Washing of Coal

单位：亿元 (100 million yuan)

地区	Region	所有者权益合计 Total Owners Equity			主营业务收入 Revenue from Principal Business		
		2012	2013	2013排名 Ranking	2012	2013	2013排名 Ranking
全　国	**National Total**	**17488.74**	**17275.67**		**34049.98**	**32949.9**	
北　京	Beijing	138.74	144.68	20	813.33	715.18	12
天　津	Tianjin	64.88	51.29	25	1223.16	1647.64	7
河　北	Hebei	587.27	600.30	8	2702.82	2083.04	6
山　西	Shanxi	4155.32	3957.86	1	7586.86	7232.00	1
内蒙古	Inner Mongolia	2907.67	2751.58	2	4149.75	3965.48	2
辽　宁	Liaoning	379.26	376.07	10	498.99	434.40	16
吉　林	Jilin	97.67	87.88	21	407.53	296.74	18
黑龙江	Heilongjiang	218.15	189.78	17	670.04	532.43	14
上　海	Shanghai						
江　苏	Jiangsu	216.99	261.33	15	322.85	291.02	19
浙　江	Zhejiang	5.25	-0.05		24.45	0.70	28
安　徽	Anhui	840.25	821.33	6	1194.94	1456.78	8
福　建	Fujian	55.42	55.53	24	150.10	121.71	24
江　西	Jiangxi	56.37	56.89	23	198.76	186.72	22
山　东	Shandong	1994.96	1915.97	3	3710.39	3811.79	3
河　南	Henan	1345.78	1282.97	5	3056.95	2842.03	4
湖　北	Hubei	26.08	34.88	26	87.42	113.04	25
湖　南	Hunan	206.83	216.36	16	934.86	878.27	11
广　东	Guangdong		0.64	27		3.28	27
广　西	Guangxi	19.04	65.86	22	23.75	28.68	26
海　南	Hainan						
重　庆	Chongqing	220.12	269.37	12	356.04	369.87	17
四　川	Sichuan	307.66	287.72	11	1238.60	909.19	10
贵　州	Guizhou	577.61	715.20	7	994.69	1224.44	9
云　南	Yunnan	270.10	268.69	13	517.01	627.89	13
西　藏	Tibet						
陕　西	Shaanxi	1858.58	1820.89	4	2136.42	2157.45	5
甘　肃	Gansu	166.64	180.95	18	221.49	218.78	21
青　海	Qinghai	143.17	154.48	19	141.40	129.10	23
宁　夏	Ningxia	377.70	440.88	9	455.33	434.93	15
新　疆	Xinjiang	251.83	266.35	14	232.06	237.30	20

11-57 煤炭开采和洗选业主营业务成本和主营业务税金及附加
Cost of Principal Business, Tax and Extra Charges from Principal Business of Mining and Washing of Coal

单位：亿元 (100 million yuan)

地区	Region	主营业务成本 Cost of Principal Business				主营业务税金及附加 Tax and Extra Charges from Principal Business			
		2010	2012	2013	2013排名 Ranking	2010	2012	2013	2013排名 Ranking
全　国	**National Total**	**16788.74**	**25908.44**	**26055.30**		**409.49**	**499.35**	**459.23**	
北　京	Beijing	510.18	773.69	687.52	11	3.27	3.39	2.74	22
天　津	Tianjin	584.65	1082.34	1478.71	6	7.86	17.23	4.40	18
河　北	Hebei	1489.91	2445.04	1889.59	5	12.59	14.11	12.15	9
山　西	Shanxi	3323.45	5657.60	5648.46	1	87.26	97.95	92.00	1
内蒙古	Inner Mongolia	1588.08	2734.34	2678.46	3	72.46	91.53	80.65	2
辽　宁	Liaoning	337.54	381.24	313.24	15	6.68	8.76	7.97	12
吉　林	Jilin	245.07	343.50	256.90	18	3.35	4.34	3.26	19
黑龙江	Heilongjiang	480.53	563.74	463.44	14	9.25	9.58	7.95	13
上　海	Shanghai								
江　苏	Jiangsu	191.35	240.46	234.32	19	4.78	7.10	5.88	16
浙　江	Zhejiang	8.07	22.15	0.58	28	0.07	0.09		
安　徽	Anhui	698.91	934.08	1282.03	8	14.23	13.83	12.77	8
福　建	Fujian	114.57	114.65	93.97	24	3.36	2.95	2.16	24
江　西	Jiangxi	145.70	155.65	151.86	22	3.46	2.89	2.62	23
山　东	Shandong	1931.32	2919.01	3179.34	2	33.22	47.62	44.80	4
河　南	Henan	1879.75	2538.24	2410.68	4	30.98	31.53	29.16	6
湖　北	Hubei	45.98	68.92	88.27	25	1.58	1.87	3.09	21
湖　南	Hunan	484.16	706.05	681.95	12	12.49	14.59	13.11	7
广　东	Guangdong			3.17	27				
广　西	Guangxi	11.44	14.84	20.69	26	0.38	0.67	0.68	26
海　南	Hainan								
重　庆	Chongqing	256.80	282.35	298.57	17	5.16	4.42	5.79	17
四　川	Sichuan	817.50	986.81	760.08	10	14.02	18.48	10.17	11
贵　州	Guizhou	364.53	663.57	876.24	9	25.27	28.12	36.38	5
云　南	Yunnan	172.84	373.42	483.11	13	7.05	9.72	10.20	10
西　藏	Tibet								
陕　西	Shaanxi	668.00	1186.08	1318.23	7	36.65	48.72	52.49	3
甘　肃	Gansu	105.14	159.23	166.07	21	3.67	4.63	3.19	20
青　海	Qinghai	53.48	97.88	105.41	23	1.45	1.74	1.92	25
宁　夏	Ningxia	187.23	305.50	307.86	16	5.30	7.65	7.40	14
新　疆	Xinjiang	92.53	158.06	176.56	20	3.62	5.84	6.27	15

11-58 煤炭开采和洗选业销售费用和管理费用
Sales Expenses and Administrative Expenses of Mining and Washing of Coal

单位：亿元 (100 million yuan)

地区	Region	销售费用 Sales Expenses			管理费用 Administrative Expenses			
		2012	2013	2013排名 Ranking	2010	2012	2013	2013排名 Ranking
全 国	**National Total**	**908.34**	**856.52**		**2083.52**	**2440.22**	**2245.17**	
北 京	Beijing	7.38	5.04	18	5.48	6.42	6.70	25
天 津	Tianjin	0.41	0.55	26	4.23	3.34	3.37	26
河 北	Hebei	30.51	30.98	6	93.89	100.96	90.09	8
山 西	Shanxi	289.86	315.73	1	480.07	638.37	596.72	1
内蒙古	Inner Mongolia	197.83	172.25	2	145.41	205.90	222.32	3
辽 宁	Liaoning	7.28	6.29	16	54.85	77.05	75.32	9
吉 林	Jilin	7.59	4.85	20	29.57	40.18	36.88	16
黑龙江	Heilongjiang	9.80	6.33	15	70.28	68.36	60.40	10
上 海	Shanghai							
江 苏	Jiangsu	5.59	4.88	19	45.70	41.93	37.06	15
浙 江	Zhejiang	0.15	0.06	28	1.62	1.92	0.02	28
安 徽	Anhui	10.20	9.64	12	233.98	136.53	118.79	6
福 建	Fujian	3.56	3.76	21	15.20	13.14	13.38	20
江 西	Jiangxi	3.60	2.90	23	10.50	10.22	10.09	21
山 东	Shandong	72.32	47.28	4	299.86	346.97	278.64	2
河 南	Henan	36.86	30.12	7	133.00	157.46	134.34	5
湖 北	Hubei	1.81	2.84	24	5.69	6.80	6.89	24
湖 南	Hunan	22.81	23.03	9	39.12	48.18	42.34	13
广 东	Guangdong		0.32	27			0.08	27
广 西	Guangxi	0.56	0.75	25	4.00	4.72	7.38	23
海 南	Hainan							
重 庆	Chongqing	9.55	9.26	13	26.50	24.84	27.81	17
四 川	Sichuan	32.53	19.53	10	87.02	84.89	56.80	11
贵 州	Guizhou	39.26	41.22	5	66.46	89.90	105.71	7
云 南	Yunnan	20.38	24.95	8	28.92	44.09	45.25	12
西 藏	Tibet							
陕 西	Shaanxi	67.67	64.84	3	134.59	191.00	174.42	4
甘 肃	Gansu	5.57	6.00	17	20.54	21.53	21.28	19
青 海	Qinghai	6.25	3.24	22	6.60	10.27	7.60	22
宁 夏	Ningxia	9.41	11.42	11	23.71	41.96	41.64	14
新 疆	Xinjiang	9.59	8.47	14	16.75	23.30	23.84	18

11-59 煤炭开采和洗选业财务费用和营业利润
Financial Expenses and Operating Profit of Mining and Washing of Coal

单位：亿元 (100 million yuan)

地区	Region	财务费用 Financial Expenses				营业利润 Operating Profit			
		2010	2012	2013	2013排名 Ranking	2010	2012	2013	2013排名 Ranking
全　国	**National Total**	**328.63**	**621.48**	**776.01**		**3599.29**	**3815.15**	**2748.63**	
北　京	Beijing	0.55	0.19	1.29	23	47.36	29.72	17.8	14
天　津	Tianjin	3.61	12.61	21.35	9	38.64	132.31	154.99	6
河　北	Hebei	17.67	34.67	37.13	7	81.77	64.79	23.89	12
山　西	Shanxi	98.92	176.35	253.85	1	787.55	782.78	389.42	3
内蒙古	Inner Mongolia	29.51	69.96	72.67	3	708.12	824.54	719.51	1
辽　宁	Liaoning	4.20	13.76	16.44	11	46.59	22.92	7.47	22
吉　林	Jilin	2.96	6.13	5.86	17	13.58	20.49	-8.22	28
黑龙江	Heilongjiang	6.70	11.03	11.97	13	56.65	12.60	-5.79	26
上　海	Shanghai								
江　苏	Jiangsu	1.46	3.90	5.29	18	29.72	27.77	9.33	19
浙　江	Zhejiang	0.08	0.05	0.04	28	0.06	0.17	0.01	24
安　徽	Anhui	31.67	54.98	53.14	5	90.05	74.62	-7.02	27
福　建	Fujian	0.54	1.00	0.83	26	18.82	12.14	7.99	21
江　西	Jiangxi	1.32	1.24	1.85	22	19.70	21.76	17.74	15
山　东	Shandong	46.32	70.05	89.48	2	385.34	328.99	227.33	4
河　南	Henan	30.95	53.20	58.93	4	349.43	237.8	189.41	5
湖　北	Hubei	0.57	0.59	0.65	27	5.77	7.18	12.24	18
湖　南	Hunan	2.75	4.55	4.88	19	79.59	110.54	94.38	8
广　东	Guangdong			0.97	25			0.2	23
广　西	Guangxi	0.26	0.93	1.18	24	2.21	2.26	-0.81	25
海　南	Hainan								
重　庆	Chongqing	2.67	4.60	5.93	16	33.13	24.62	23.47	13
四　川	Sichuan	8.55	18.35	17.02	10	89.31	96.97	48.21	11
贵　州	Guizhou	10.23	26.24	37.84	6	85.65	143.73	115.43	7
云　南	Yunnan	4.14	7.29	7.82	15	34.54	56.97	50	10
西　藏	Tibet								
陕　西	Shaanxi	11.42	19.43	36.71	8	475.08	638.89	572.2	2
甘　肃	Gansu	2.33	7.57	4.74	20	19.65	23.11	14.46	16
青　海	Qinghai	1.71	3.89	3.61	21	26.14	10.64	8.5	20
宁　夏	Ningxia	4.75	15.44	15.72	12	57.73	75.20	52.35	9
新　疆	Xinjiang	2.79	3.47	8.84	14	17.09	31.63	14.15	17

11-60 煤炭开采和洗选业利润总额和应交增值税
Total Profit and Value Added Tax Payable of Mining and Washing of Coal

单位：亿元 (100 million yuan)

地区	Region	利润总额 Total Profit 2010	2012	2013	2013排名 Ranking	应交增值税 Value Added Tax Payable 2010	2012	2013	2013排名 Ranking
全　国	**National Total**	**3446.52**	**3808.10**	**2680.19**		**1848.02**	**2307.28**	**2143.47**	
北　京	Beijing	47.52	30.50	17.87	14	13.68	9.68	9.02	24
天　津	Tianjin	44.17	132.30	148.10	6	42.87	117.63	160.84	5
河　北	Hebei	85.34	70.19	33.29	12	70.36	80.93	66.27	9
山　西	Shanxi	753.93	739.32	364.91	3	469.76	552.10	470.53	1
内蒙古	Inner Mongolia	634.41	858.55	698.27	1	238.15	312.05	277.15	2
辽　宁	Liaoning	52.89	35.81	16.70	15	38.03	38.00	37.07	14
吉　林	Jilin	13.20	20.98	-6.77	27	15.90	21.32	13.99	20
黑龙江	Heilongjiang	58.10	16.99	-5.09	26	56.10	55.84	46.31	12
上　海	Shanghai								
江　苏	Jiangsu	30.67	28.27	10.27	20	24.66	25.75	26.68	17
浙　江	Zhejiang	0.14	0.28			0.48	0.54		
安　徽	Anhui	91.91	90.05	0.91	23	88.06	102.02	89.54	7
福　建	Fujian	16.77	11.90	8.07	21	10.27	12.02	10.04	23
江　西	Jiangxi	20.15	20.22	13.41	17	12.25	15.23	11.49	21
山　东	Shandong	378.19	337.38	227.06	4	174.81	207.23	199.19	4
河　南	Henan	323.66	231.71	190.47	5	150.99	143.48	137.58	6
湖　北	Hubei	4.44	6.68	11.47	18	3.78	4.09	6.85	25
湖　南	Hunan	75.75	96.32	84.92	8	39.43	54.74	50.94	10
广　东	Guangdong			0.20	24			0.03	27
广　西	Guangxi	2.24	2.86	-0.14	25	1.74	2.48	1.80	26
海　南	Hainan								
重　庆	Chongqing	31.54	25.70	27.03	13	21.42	24.23	31.33	15
四　川	Sichuan	81.88	98.10	51.53	11	59.04	73.59	47.33	11
贵　州	Guizhou	84.22	141.28	102.79	7	56.48	75.98	73.43	8
云　南	Yunnan	36.07	56.60	51.88	10	25.56	42.55	43.20	13
西　藏	Tibet								
陕　西	Shaanxi	468.93	617.54	543.70	2	172.76	241.01	246.54	3
甘　肃	Gansu	19.53	22.90	14.88	16	18.28	24.38	21.87	19
青　海	Qinghai	25.75	10.34	7.83	22	9.60	13.35	10.91	22
宁　夏	Ningxia	53.51	73.34	55.31	9	21.18	32.98	28.89	16
新　疆	Xinjiang	11.59	31.99	11.31	19	12.38	24.10	24.66	18

11-61 石油和天然气开采业工业销售产值和从业平均人数
Sales Value and Average Number of Employed Persons of Petroleum and Natural Gas

地区	Region	工业销售产值（当年价格）（亿元）Sales Value (current prices) (100 million yuan)				从业平均人员数（万人）Average Number of Employed Persons (10 000 persons)	
		2010	2012	2013	2013排名 Ranking	2013	2013排名 Ranking
全 国	**National Total**	**9819.15**	**11800.53**	**11320.41**		**77.52**	
北 京	Beijing	167.11	4.38	7.19	22	0.19	18
天 津	Tianjin	1392.40	1375.67	1297.80	4	1.97	13
河 北	Hebei	228.53	298.58	293.68	12	2.94	9
山 西	Shanxi	18.60	28.51	36.64	17	0.44	16
内蒙古	Inner Mongolia	85.27	570.98	629.75	7	0.62	15
辽 宁	Liaoning	334.34	389.39	369.22	10	4.88	6
吉 林	Jilin	354.76	423.99	418.00	8	3.75	7
黑龙江	Heilongjiang	1574.98	1976.38	1892.67	1	11.43	3
上 海	Shanghai	11.79	10.64	9.43	21	0.02	21
江 苏	Jiangsu	67.02	91.57	88.94	15	2.12	12
浙 江	Zhejiang						
安 徽	Anhui						
福 建	Fujian						
江 西	Jiangxi						
山 东	Shandong	1021.87	1326.12	1233.05	5	12.73	1
河 南	Henan	406.54	391.91	330.15	11	6.04	5
湖 北	Hubei	180.93	83.92	82.85	16	1.89	14
湖 南	Hunan						
广 东	Guangdong	598.91	634.53	630.00	6	0.44	16
广 西	Guangxi			19.80	18	0.01	22
海 南	Hainan	9.25	11.27	14.01	19	0.01	22
重 庆	Chongqing	71.78	12.04	9.54	20	0.13	19
四 川	Sichuan	510.44	391.54	115.60	14	3.53	8
贵 州	Guizhou						
云 南	Yunnan						
西 藏	Tibet						
陕 西	Shaanxi	1189.54	1705.73	1817.13	2	11.64	2
甘 肃	Gansu	273.50	450.37	379.98	9	2.62	10
青 海	Qinghai	177.23	246.37	260.53	13	2.58	11
宁 夏	Ningxia	1.41	1.21	3.11	23	0.03	20
新 疆	Xinjiang	1142.94	1375.42	1381.37	3	7.54	4

11-62 石油和天然气开采业资产总计和负债合计
Total Assets and Total Liabilities of Extraction of Petroleum and Natural Gas

单位：亿元 (100 million yuan)

地区	Region	资产总计 Total Assets				负债合计 Total Liabilities			
		2010	2012	2013	2013排名 Ranking	2010	2012	2013	2013排名 Ranking
全　国	**National Total**	**16692.05**	**17592.63**	**18971.94**		**7292.66**	**8250.37**	**8884.92**	
北　京	Beijing	413.70	43.85	130.17	18	170.62	24.40	66.50	17
天　津	Tianjin	1521.57	1199.37	1318.26	6	787.72	515.92	698.45	6
河　北	Hebei	620.25	672.20	673.21	9	277.00	249.54	260.18	11
山　西	Shanxi	76.42	200.59	229.89	16	37.30	103.13	136.45	14
内蒙古	Inner Mongolia	167.73	254.88	279.08	14	59.93	62.46	61.15	18
辽　宁	Liaoning	807.10	643.68	620.74	10	412.16	321.65	305.46	9
吉　林	Jilin	784.22	890.87	916.00	7	384.52	401.97	410.30	8
黑龙江	Heilongjiang	2499.18	2622.34	2769.53	2	597.29	715.07	784.26	4
上　海	Shanghai	37.63	35.35	35.86	19	7.34	5.11	6.35	19
江　苏	Jiangsu	176.53	224.81	254.54	15	68.51	107.50	123.76	15
浙　江	Zhejiang								
安　徽	Anhui								
福　建	Fujian								
江　西	Jiangxi								
山　东	Shandong	1250.86	1642.55	1722.22	4	149.24	719.10	730.89	5
河　南	Henan	537.13	395.10	399.26	12	280.48	213.89	176.41	12
湖　北	Hubei	265.32	153.17	205.34	17	139.60	53.41	100.50	16
湖　南	Hunan								
广　东	Guangdong	535.86	653.41	712.90	8	451.71	633.01	692.57	7
广　西	Guangxi			11.68	21			0.77	23
海　南	Hainan	25.65	31.37	33.50	20	1.60	6.49	5.72	20
重　庆	Chongqing	18.88	5.17	4.52	22	2.82	1.71	1.31	21
四　川	Sichuan	1520.97	1346.14	1617.06	5	862.14	685.49	814.12	3
贵　州	Guizhou								
云　南	Yunnan								
西　藏	Tibet								
陕　西	Shaanxi	2724.16	3424.39	3596.93	1	1535.41	2040.15	1896.93	1
甘　肃	Gansu	316.67	496.88	529.88	11	157.77	241.54	264.43	10
青　海	Qinghai	259.89	326.17	339.76	13	143.51	171.82	171.93	13
宁　夏	Ningxia	3.01	3.68	4.36	23	1.08	1.02	0.95	22
新　疆	Xinjiang	2129.32	2326.63	2567.26	3	764.90	976.00	1175.53	2

11-63 石油和天然气开采业所有者权益合计和主营业务收入
Total Owner's Equity and Revenue from Principal Business of Extraction of Petroleum and Natural Gas

单位：亿元 (100 million yuan)

地区	Region	所有者权益合计 Total Owner's Equity				主营业务收入 Revenue from Principal Business			
		2010	2012	2013	2013排名 Ranking	2010	2012	2013	2013排名 Ranking
全国	**National Total**	**9389.69**	**9328.18**	**10014.34**		**10617.59**	**11665.27**	**11590.08**	
北京	Beijing	243.08	19.45	63.67	17	177.97	2.90	4.82	22
天津	Tianjin	733.85	683.45	619.82	6	1348.81	1365.27	1267.74	5
河北	Hebei	343.25	422.66	413.03	8	235.85	299.25	295.75	12
山西	Shanxi	39.11	97.46	93.44	16	19.29	30.15	46.52	17
内蒙古	Inner Mongolia	107.30	188.39	212.05	11	88.04	565.06	621.45	7
辽宁	Liaoning	394.89	322.04	315.28	9	339.83	359.11	350.12	10
吉林	Jilin	394.78	488.88	505.69	7	381.23	427.07	420.93	9
黑龙江	Heilongjiang	1898.98	1907.27	1985.27	1	1973.95	2001.40	1904.14	1
上海	Shanghai	30.28	30.25	29.51	18	11.79	10.64	9.43	21
江苏	Jiangsu	108.02	117.31	130.79	14	71.51	91.57	88.94	15
浙江	Zhejiang								
安徽	Anhui								
福建	Fujian								
江西	Jiangxi								
山东	Shandong	1101.63	914.10	982.68	4	1048.33	1389.63	1303.49	4
河南	Henan	256.64	181.22	158.20	13	456.88	327.26	244.95	13
湖北	Hubei	125.67	99.77	104.84	15	225.32	84.11	82.98	16
湖南	Hunan								
广东	Guangdong	84.14	20.40	20.33	20	747.71	594.61	676.64	6
广西	Guangxi			10.91	21			19.80	18
海南	Hainan	24.05	24.88	27.77	19	9.25	11.27	14.01	19
重庆	Chongqing	16.06	3.47	3.21	23	71.16	10.83	10.01	20
四川	Sichuan	658.83	660.34	809.45	5	609.63	460.46	515.28	8
贵州	Guizhou								
云南	Yunnan								
西藏	Tibet								
陕西	Shaanxi	1187.51	1384.24	1699.99	2	1175.25	1596.42	1686.55	2
甘肃	Gansu	158.90	255.34	265.44	10	201.87	424.20	338.79	11
青海	Qinghai	116.36	154.35	167.83	12	137.45	165.62	186.25	14
宁夏	Ningxia	1.93	2.30	3.41	22	1.49	1.21	3.11	23
新疆	Xinjiang	1364.42	1350.63	1391.73	3	1284.96	1447.22	1498.39	3

11-64 石油和天然气开采业主营业务成本和主营业务税金及附加
Cost of Principal Business, Tax and Extra Charges from Principal Business of Extraction of Petroleum and Natural Gas

单位：亿元 (100 million yuan)

地区	Region	主营业务成本 Cost of Principal Business				主营业务税金及附加 Tax and Extra Charges from Principal Business			
		2010	2012	2013	2013排名 Ranking	2010	2012	2013	2013排名 Ranking
全国	**National Total**	**5729.87**	**5083.11**	**5550.03**		**809.96**	**1240.42**	**1144.29**	
北京	Beijing	160.11	1.66	3.64	22	1.96	0.04	0.09	23
天津	Tianjin	791.71	595.56	608.04	3	25.53	45.10	39.38	7
河北	Hebei	115.37	122.29	134.36	12	39.39	15.62	15.34	14
山西	Shanxi	11.96	20.33	33.32	17	0.09	0.16	0.33	20
内蒙古	Inner Mongolia	56.84	449.14	499.96	6	1.31	5.07	5.94	16
辽宁	Liaoning	247.87	209.60	217.91	10	35.57	17.68	16.57	12
吉林	Jilin	255.90	234.93	276.38	9	36.24	27.93	22.74	9
黑龙江	Heilongjiang	867.60	525.30	560.72	5	261.88	442.46	405.53	1
上海	Shanghai	7.41	6.08	5.65	20	0.69	1.12	0.95	18
江苏	Jiangsu	33.60	37.26	39.09	16	11.69	21.85	18.53	10
浙江	Zhejiang								
安徽	Anhui								
福建	Fujian								
江西	Jiangxi								
山东	Shandong	477.91	601.01	599.25	4	163.10	273.17	239.78	2
河南	Henan	347.58	200.20	147.05	11	44.83	64.27	50.94	5
湖北	Hubei	169.82	45.85	51.40	15	11.35	17.10	15.36	13
湖南	Hunan								
广东	Guangdong	336.06	277.14	390.41	7	37.51	51.70	50.57	6
广西	Guangxi			13.13	18			0.55	19
海南	Hainan	2.15	3.69	4.14	21	0.05	1.34	1.80	17
重庆	Chongqing	47.26	9.59	8.17	19	12.38	0.08	0.14	22
四川	Sichuan	467.16	316.79	348.82	8	8.41	14.44	14.78	15
贵州	Guizhou								
云南	Yunnan								
西藏	Tibet								
陕西	Shaanxi	591.94	676.00	752.31	1	23.72	77.96	89.61	4
甘肃	Gansu	72.77	158.16	128.91	13	4.38	25.96	16.91	11
青海	Qinghai	62.62	45.88	57.93	14	20.09	23.39	25.21	8
宁夏	Ningxia	0.74	0.80	1.92	23	0.03	0.06	0.17	21
新疆	Xinjiang	605.48	545.85	667.53	2	69.78	113.92	113.07	3

11-65 石油和天然气开采业销售费用和管理费用
Sales Expenses and Administrative Expenses of Extraction of Petroleum and Natural Gas

单位：亿元 (100 million yuan)

地区	Region	销售费用 Sales Expenses			管理费用 Administrative Expenses			
		2012	2013	2013排名 Ranking	2010	2012	2013	2013排名 Ranking
全　国	**National Total**	**47.06**	**48.52**		**677.94**	**746.81**	**826.25**	
北　京	Beijing				8.40	0.78	18	
天　津	Tianjin	2.22	2.13	7	23.70	25.37	10	
河　北	Hebei	0.44	0.44	17	33.45	33.27	7	
山　西	Shanxi	0.22	0.52	16	2.88	4.49	16	
内蒙古	Inner Mongolia	0.73	1.61	9	2.30	3.96	17	
辽　宁	Liaoning	1.90	1.61	9	31.79	34.74	6	
吉　林	Jilin	7.67	5.96	3	21.20	37.58	5	
黑龙江	Heilongjiang	11.09	11.59	1	113.29	131.80	2	
上　海	Shanghai	0.02	0.02	19	0.46	0.49	20	
江　苏	Jiangsu	0.63	0.61	14	17.47	20.77	11	
浙　江	Zhejiang							
安　徽	Anhui							
福　建	Fujian							
江　西	Jiangxi							
山　东	Shandong	3.26	3.45	5	72.97	85.02	4	
河　南	Henan	2.25	2.23	6	39.68	33.05	8	
湖　北	Hubei	1.31	1.31	11	16.69	9.94	14	
湖　南	Hunan							
广　东	Guangdong	0.97	1.02	12	7.45	10.91	12	
广　西	Guangxi		0.01	20				
海　南	Hainan	0.02	0.01	20	0.44	0.48	21	
重　庆	Chongqing	0.16	0.18	18	1.00	0.51	19	
四　川	Sichuan	4.81	5.21	4	28.42	31.54	9	
贵　州	Guizhou							
云　南	Yunnan							
西　藏	Tibet							
陕　西	Shaanxi	1.17	1.83	8	141.86	162.66	1	
甘　肃	Gansu	0.55	0.57	15	12.91	6.33	15	
青　海	Qinghai	0.65	0.67	13	8.77	10.18	13	
宁　夏	Ningxia				0.19	0.18	22	
新　疆	Xinjiang	6.98	7.54	2	92.62	102.76	3	

11-66 石油和天然气开采业财务费用和营业利润
Financial Expenses and Operating Profit of Extraction of Petroleum and Natural Gas

单位：亿元 (100 million yuan)

地区	Region	财务费用 Financial Expenses				营业利润 Operating Profit			
		2010	2012	2013	2013排名 Ranking	2010	2012	2013	2013排名 Ranking
全 国	**National Total**	**42.11**	**114.49**	**140.75**		**3028.51**	**4051.42**	**3671.20**	
北 京	Beijing	2.49	0.01	0.20	17	4.39	0.65	-2.60	21
天 津	Tianjin	3.27	13.43	11.19	4	538.47	674.83	564.05	3
河 北	Hebei	0.83	5.89	5.86	10	38.63	120.11	99.45	9
山 西	Shanxi	0.77	2.12	3.46	12	3.20	4.00	4.31	16
内蒙古	Inner Mongolia	0.40	2.51	4.67	11	33.12	97.95	100.60	8
辽 宁	Liaoning	3.12	6.26	7.24	7	-13.75	76.82	61.65	12
吉 林	Jilin	2.98	8.54	7.95	6	38.65	115.85	79.06	10
黑龙江	Heilongjiang	-5.04	-8.77	-4.42	21	705.95	873.62	774.93	1
上 海	Shanghai	-0.50	-0.41	-0.52	20	3.40	2.47	1.42	18
江 苏	Jiangsu	0.26	1.53	1.53	14	8.31	9.56	7.11	14
浙 江	Zhejiang								
安 徽	Anhui								
福 建	Fujian								
江 西	Jiangxi								
山 东	Shandong	6.21	5.54	8.15	5	303.52	392.03	320.54	5
河 南	Henan	3.18	1.55	1.00	16	-2.69	2.83	-9.78	23
湖 北	Hubei	2.11	0.99	1.48	15	7.83	-1.46	-8.38	22
湖 南	Hunan								
广 东	Guangdong	2.03	5.43	6.18	8	364.68	250.97	213.63	6
广 西	Guangxi			0.08	18			5.98	15
海 南	Hainan	-0.25		0.02	19	6.61	3.86	3.82	17
重 庆	Chongqing	0.03				0.60	0.54	1.10	19
四 川	Sichuan	9.49	23.96	19.03	3	42.03	44.06	30.75	13
贵 州	Guizhou								
云 南	Yunnan								
西 藏	Tibet								
陕 西	Shaanxi	2.94	27.58	36.19	1	368.70	571.39	676.64	2
甘 肃	Gansu	1.09	3.96	5.98	9	68.88	170.81	150.20	7
青 海	Qinghai	0.34	1.47	2.11	13	42.68	61.78	70.99	11
宁 夏	Ningxia	-0.01	-0.01			0.44	0.17	0.80	20
新 疆	Xinjiang	6.36	12.91	23.39	2	464.84	578.55	524.95	4

11-67 石油和天然气开采业利润总额和应交增值税

Total Profit and Value Added Tax Payable of Extraction of Petroleum and Natural Gas

单位：亿元 (100 million yuan)

地区	Region	利润总额 Total Profit 2010	2012	2013	2013排名 Ranking	应交增值税 Value Added Tax Payable 2010	2012	2013	2013排名 Ranking
全 国	**National Total**	**3026.76**	**4048.94**	**3644.28**		**830.13**	**1061.06**	**1048.67**	
北 京	Beijing	5.69	1.32	-1.53	21	7.24	0.53	0.58	18
天 津	Tianjin	543.20	678.84	559.48	3	79.55	81.04	74.71	6
河 北	Hebei	36.01	114.88	94.68	9	14.47	29.52	29.88	9
山 西	Shanxi	3.29	6.60	7.35	15	1.24	1.35	2.44	17
内蒙古	Inner Mongolia	29.73	97.41	100.33	8	4.81	12.48	78.28	5
辽 宁	Liaoning	-22.52	67.52	61.05	12	27.50	34.24	30.15	8
吉 林	Jilin	41.18	114.26	75.50	10	32.38	36.16	29.71	10
黑龙江	Heilongjiang	698.97	869.87	761.17	1	196.91	256.46	240.45	1
上 海	Shanghai	3.44	2.47	1.42	18	0.62	0.57	0.50	19
江 苏	Jiangsu	7.86	10.05	7.52	14	7.02	7.97	7.35	14
浙 江	Zhejiang								
安 徽	Anhui								
福 建	Fujian								
江 西	Jiangxi								
山 东	Shandong	303.03	395.41	319.69	5	107.43	146.57	130.14	3
河 南	Henan	-2.72	2.14	-10.35	23	26.41	27.96	24.71	12
湖 北	Hubei	6.95	-1.71	-8.58	22	8.60	6.77	3.35	16
湖 南	Hunan								
广 东	Guangdong	364.74	253.53	215.49	6	45.87	34.99	35.95	7
广 西	Guangxi			5.98	16			0.01	23
海 南	Hainan	6.60	3.85	3.83	17	0.29	0.62	0.48	20
重 庆	Chongqing	0.47	0.52	1.11	19	0.74	0.15	0.28	21
四 川	Sichuan	43.20	43.89	30.02	13	26.50	5.30	5.79	15
贵 州	Guizhou								
云 南	Yunnan								
西 藏	Tibet								
陕 西	Shaanxi	370.20	569.47	672.37	2	100.46	190.93	185.32	2
甘 肃	Gansu	68.80	170.47	148.68	7	14.27	32.60	29.39	11
青 海	Qinghai	42.54	63.41	68.27	11	17.02	18.05	20.24	13
宁 夏	Ningxia	0.44	0.17	0.80	20	0.07	0.06	0.12	22
新 疆	Xinjiang	475.67	584.56	530.02	4	110.73	136.72	118.81	4

11-68 黑色金属矿采选业工业销售产值和从业平均人数
Sales Value and Average Number of Employed Persons of Mining and Processing of Ferrous Metal Ores

地区	Region	工业销售产值（当年价格）（亿元） Sales Value (current prices) (100 million yuan)				从业平均人员数（万人） Average Number of Employed Persons (10 000 persons)	
		2010	2012	2013	2013排名 Ranking	2013	2013排名 Ranking
全 国	**National Total**	**5803.16**	**8416.39**	**9521.46**		**71.04**	
北 京	Beijing	189.72	171.91	165.52	15	2.61	9
天 津	Tianjin	36.43	82.83	90.04	20	1.28	17
河 北	Hebei	1586.27	2433.46	2637.10	1	16.58	1
山 西	Shanxi	145.81	256.22	360.69	8	3.40	6
内蒙古	Inner Mongolia	342.36	469.56	524.83	3	3.58	4
辽 宁	Liaoning	977.84	1630.69	1808.97	2	10.33	2
吉 林	Jilin	121.79	213.30	249.44	9	1.80	12
黑龙江	Heilongjiang	28.77	44.89	48.87	23	0.39	26
上 海	Shanghai						
江 苏	Jiangsu	60.85	90.38	80.98	22	0.67	21
浙 江	Zhejiang	16.67	15.77	15.44	27	0.18	27
安 徽	Anhui	181.28	308.88	420.51	7	3.38	7
福 建	Fujian	232.65	123.05	124.06	18	1.11	19
江 西	Jiangxi	131.53	191.88	198.94	11	1.52	14
山 东	Shandong	429.64	415.86	471.29	5	4.35	3
河 南	Henan	156.65	185.24	203.04	10	1.78	13
湖 北	Hubei	211.70	375.81	427.17	6	2.89	8
湖 南	Hunan	105.88	178.18	194.30	12	1.94	11
广 东	Guangdong	169.41	146.17	162.85	16	0.99	20
广 西	Guangxi	101.78	149.11	181.51	14	1.21	18
海 南	Hainan	28.81	30.80	35.07	24	0.57	23
重 庆	Chongqing	18.08	9.42	13.64	28	0.53	24
四 川	Sichuan	256.31	453.69	519.76	4	3.56	5
贵 州	Guizhou	7.01	20.10	34.90	25	0.48	25
云 南	Yunnan	115.81	155.82	184.46	13	2.21	10
西 藏	Tibet	3.64	5.52	3.90	29	0.13	29
陕 西	Shaanxi	32.85	93.88	111.00	19	1.34	16
甘 肃	Gansu	19.55	41.45	83.16	21	0.61	22
青 海	Qinghai	6.55	8.04	23.24	26	0.18	27
宁 夏	Ningxia	2.09	0.80	2.47	30	0.07	30
新 疆	Xinjiang	85.46	113.68	144.31	17	1.38	15

11-69 黑色金属矿采选业资产总计和负债合计
Total Assets and Liabilities of Mining and Processing of Ferrous Metal Ores

单位：亿元 (100 million yuan)

地区	Region	资产总计 Total Assets 2010	2012	2013	2013排名 Ranking	负债合计 Total Liabilities 2010	2012	2013	2013排名 Ranking
全　国	**National Total**	**5985.13**	**8173.80**	**9382.60**		**3007.82**	**4455.05**	**5220.70**	
北　京	Beijing	1694.61	1932.40	1961.69	1	864.59	1068.00	1144.92	1
天　津	Tianjin	77.67	117.82	171.72	12	50.06	75.58	92.68	12
河　北	Hebei	1032.52	1622.62	1957.43	2	545.82	882.43	1062.77	2
山　西	Shanxi	155.85	240.56	381.25	8	77.47	123.41	223.01	8
内蒙古	Inner Mongolia	260.82	389.27	471.04	7	130.87	210.50	262.81	6
辽　宁	Liaoning	394.91	719.20	841.79	3	181.82	334.77	407.87	3
吉　林	Jilin	116.41	173.52	190.35	11	64.62	89.80	100.13	11
黑龙江	Heilongjiang	23.21	25.62	34.28	26	11.59	12.62	16.51	25
上　海	Shanghai								
江　苏	Jiangsu	48.76	45.69	47.59	23	26.29	27.12	29.65	22
浙　江	Zhejiang	36.89	38.88	16.79	29	22.83	22.69	5.42	29
安　徽	Anhui	301.48	461.83	556.07	4	124.15	241.14	318.44	5
福　建	Fujian	116.35	82.33	83.85	18	36.27	43.04	41.02	19
江　西	Jiangxi	46.60	74.99	72.82	21	22.32	40.02	37.17	20
山　东	Shandong	391.99	419.09	487.79	6	192.79	201.30	238.86	7
河　南	Henan	75.23	107.41	149.53	13	24.65	46.58	65.44	15
湖　北	Hubei	88.85	110.29	127.96	14	37.25	55.12	71.52	14
湖　南	Hunan	43.50	61.27	74.36	20	17.24	22.68	32.24	21
广　东	Guangdong	142.21	146.71	127.08	15	75.23	92.00	60.30	16
广　西	Guangxi	45.44	81.83	92.85	17	18.85	41.81	47.38	18
海　南	Hainan	42.83	50.90	52.58	22	17.05	19.07	16.79	24
重　庆	Chongqing	45.33	18.85	20.85	27	19.12	13.44	15.70	26
四　川	Sichuan	244.38	447.96	497.62	5	151.54	292.18	320.66	4
贵　州	Guizhou	8.33	13.74	18.16	28	4.50	8.91	10.15	27
云　南	Yunnan	295.17	347.44	379.14	9	151.28	199.69	219.66	9
西　藏	Tibet	15.78	34.42	35.56	25	3.22	9.57	8.62	28
陕　西	Shaanxi	58.83	99.18	125.41	16	30.81	66.99	78.97	13
甘　肃	Gansu	20.02	57.45	79.15	19	8.50	41.23	53.88	17
青　海	Qinghai	8.23	26.82	35.84	24	4.69	18.77	27.76	23
宁　夏	Ningxia	1.06	1.20	4.53	30	0.58	0.60	3.24	30
新　疆	Xinjiang	151.87	224.49	287.50	10	91.84	154.00	207.13	10

11-70 黑色金属矿采选业所有者权益合计和主营业务收入
Total Owner's Equity and Revenue from Principal Business of Mining and Processing of Ferrous Metal Ores

单位：亿元 (100 million yuan)

地区	Region	所有者权益合计 Total Owner's Equity 2010	2012	2013	2013排名 Ranking	主营业务收入 Revenue from Principal Business 2010	2012	2013	2013排名 Ranking
全 国	**National Total**	**2954.03**	**3696.76**	**4104.44**		**6135.22**	**8758.40**	**9851.79**	
北 京	Beijing	830.02	864.36	816.77	2	502.27	513.40	457.96	6
天 津	Tianjin	27.61	42.24	79.00	12	47.86	95.19	91.36	19
河 北	Hebei	478.36	729.81	872.69	1	1589.50	2451.11	2682.28	1
山 西	Shanxi	77.78	116.44	157.92	9	148.17	253.80	341.25	9
内蒙古	Inner Mongolia	129.25	177.84	204.51	6	343.03	467.05	536.81	3
辽 宁	Liaoning	209.72	382.13	426.39	3	974.84	1658.71	1875.64	2
吉 林	Jilin	50.66	83.34	87.90	10	118.06	201.43	242.57	10
黑龙江	Heilongjiang	11.55	12.73	17.74	25	28.74	41.92	52.59	23
上 海	Shanghai								
江 苏	Jiangsu	22.47	18.57	17.94	24	58.86	92.20	81.59	21
浙 江	Zhejiang	14.05	16.19	11.38	26	17.81	16.00	15.53	27
安 徽	Anhui	172.62	219.63	233.32	5	178.74	281.62	411.60	8
福 建	Fujian	80.08	39.35	42.79	18	231.73	122.60	125.35	18
江 西	Jiangxi	24.18	34.40	34.95	21	131.58	196.07	204.16	12
山 东	Shandong	198.62	217.04	246.09	4	437.85	441.82	479.88	5
河 南	Henan	48.62	59.30	76.90	13	155.88	181.83	205.24	11
湖 北	Hubei	51.23	54.32	55.37	15	208.73	366.07	423.53	7
湖 南	Hunan	26.27	38.59	41.70	19	103.85	177.86	191.49	13
广 东	Guangdong	66.76	54.65	64.71	14	160.37	151.48	156.17	16
广 西	Guangxi	26.20	39.35	45.06	17	101.43	148.42	171.72	15
海 南	Hainan	25.78	31.83	35.80	20	30.36	31.48	34.76	24
重 庆	Chongqing	26.21	5.41	5.21	29	26.01	10.91	13.73	28
四 川	Sichuan	92.57	154.86	175.54	7	251.80	444.30	509.09	4
贵 州	Guizhou	3.83	4.73	7.39	28	8.31	18.81	34.69	25
云 南	Yunnan	143.61	147.75	159.30	8	122.01	157.95	185.76	14
西 藏	Tibet	12.55	24.85	28.16	22	4.64	5.76	3.83	29
陕 西	Shaanxi	27.91	32.16	45.66	16	32.65	74.49	89.85	20
甘 肃	Gansu	11.51	15.95	24.90	23	18.26	30.98	61.62	22
青 海	Qinghai	3.54	8.05	7.81	27	9.36	7.21	19.96	26
宁 夏	Ningxia	0.48	0.60	1.29	30	1.98	1.09	2.54	30
新 疆	Xinjiang	60.00	70.28	80.30	11	90.57	116.88	149.23	17

11-71 黑色金属矿采选业主营业务成本和主营业务税金及附加
Cost of Principal Businesses, Tax and Extra Charges from Principal Business Mining and Processing of Ferrous Metal Ores

单位：亿元 (100 million yuan)

地区	Region	主营业务成本 Cost of Principal Business				主营业务税金及附加 Tax and Extra charges from Principal Business			
		2010	2012	2013	2013排名 Ranking	2010	2012	2013	2013排名 Ranking
全 国	**National Total**	**4722.34**	**6933.88**	**7879.43**		**93.68**	**124.61**	**151.63**	
北 京	Beijing	469.69	468.57	427.19	4	1.33	2.05	1.85	17
天 津	Tianjin	33.12	74.01	73.27	21	0.23	1.03	0.58	22
河 北	Hebei	1155.04	1788.61	1980.23	1	23.98	39.19	46.07	1
山 西	Shanxi	108.63	189.92	276.07	9	2.49	3.68	5.14	6
内蒙古	Inner Mongolia	263.29	380.16	443.57	3	5.88	6.15	5.93	5
辽 宁	Liaoning	787.57	1388.76	1575.67	2	12.35	24.94	38.03	2
吉 林	Jilin	93.71	164.22	200.59	10	1.27	2.29	2.50	13
黑龙江	Heilongjiang	22.83	34.40	41.80	23	0.22	0.34	0.32	25
上 海	Shanghai								
江 苏	Jiangsu	48.34	82.85	73.64	20	0.39	0.34	0.33	24
浙 江	Zhejiang	13.94	13.35	13.22	27	0.17	0.14	0.14	28
安 徽	Anhui	136.38	215.66	340.04	8	2.44	3.96	4.50	7
福 建	Fujian	164.92	103.52	104.39	17	1.46	2.00	1.69	18
江 西	Jiangxi	101.86	157.25	169.55	12	4.36	3.62	3.92	10
山 东	Shandong	344.45	350.91	377.61	6	9.56	7.53	9.20	3
河 南	Henan	129.86	149.53	169.89	11	2.66	2.12	1.97	16
湖 北	Hubei	177.04	321.82	376.21	7	7.62	2.97	3.66	11
湖 南	Hunan	79.06	136.21	149.68	13	1.58	2.32	2.30	14
广 东	Guangdong	109.29	118.04	110.28	16	2.08	2.07	2.75	12
广 西	Guangxi	76.16	119.00	142.35	14	1.43	1.03	1.27	20
海 南	Hainan	10.78	12.32	13.91	26	1.04	1.32	1.37	19
重 庆	Chongqing	17.10	7.05	7.74	28	0.29	0.18	0.26	26
四 川	Sichuan	194.35	357.80	398.90	5	3.81	4.45	6.09	4
贵 州	Guizhou	6.26	14.92	24.92	24	0.07	0.27	0.44	23
云 南	Yunnan	77.39	114.95	141.73	15	3.49	4.85	4.19	8
西 藏	Tibet	2.43	3.51	2.37	30	0.13	0.11	0.13	29
陕 西	Shaanxi	25.37	59.85	74.09	19	0.68	1.83	2.02	15
甘 肃	Gansu	7.47	22.88	53.50	22	0.21	0.47	0.64	21
青 海	Qinghai	7.35	5.58	16.71	25	0.13	0.19	0.26	26
宁 夏	Ningxia	1.79	1.01	2.47	29	0.01		0.01	30
新 疆	Xinjiang	56.87	77.21	97.86	18	2.32	3.17	4.07	9

11-72 黑色金属矿采选业销售费用和管理费用
Sales Expenses and Administrative Expenses of Mining and Processing of Ferrous Metal Ores

单位：亿元 (100 million yuan)

地区	Region	销售费用 Sales Expenses 2012	2013	2013排名 Ranking	管理费用 Administrative Expenses 2010	2012	2013	2013排名 Ranking
全 国	**National Total**	**139.70**	**149.22**		**266.08**	**372.62**	**378.69**	
北 京	Beijing	0.44	0.44	26	9.84	11.87	11.70	11
天 津	Tianjin	0.38	0.31	27	1.75	2.54	2.92	21
河 北	Hebei	23.40	23.87	1	53.19	74.27	81.84	1
山 西	Shanxi	2.01	2.04	20	8.06	12.38	17.00	8
内蒙古	Inner Mongolia	6.84	7.69	7	11.46	17.53	18.68	6
辽 宁	Liaoning	10.14	12.16	3	24.53	45.23	54.42	2
吉 林	Jilin	3.55	4.37	12	7.15	12.74	11.71	10
黑龙江	Heilongjiang	1.33	1.63	21	1.02	2.11	2.30	24
上 海	Shanghai							
江 苏	Jiangsu	0.80	0.62	25	3.56	3.49	2.85	22
浙 江	Zhejiang	0.25	0.31	27	1.13	1.27	1.11	28
安 徽	Anhui	6.91	7.66	8	15.11	26.29	25.05	3
福 建	Fujian	3.66	3.62	13	5.87	6.27	6.79	16
江 西	Jiangxi	2.64	2.39	17	3.76	4.49	4.26	19
山 东	Shandong	4.85	5.76	10	31.36	19.42	20.35	5
河 南	Henan	2.30	2.58	16	4.48	6.03	6.12	17
湖 北	Hubei	7.37	9.63	4	13.00	29.96	17.48	7
湖 南	Hunan	6.19	6.47	9	5.06	10.59	11.59	12
广 东	Guangdong	5.14	5.03	11	6.64	8.38	8.46	14
广 西	Guangxi	3.85	3.59	14	11.71	21.87	7.59	15
海 南	Hainan	0.89	0.78	23	2.59	3.31	3.57	20
重 庆	Chongqing	2.06	3.14	15	3.16	2.32	2.66	23
四 川	Sichuan	19.42	20.55	2	16.64	22.58	24.57	4
贵 州	Guizhou	0.32	0.63	24	0.94	1.64	2.02	27
云 南	Yunnan	11.72	9.03	6	13.20	11.19	13.77	9
西 藏	Tibet	0.40	0.25	29	0.61	1.00	0.93	29
陕 西	Shaanxi	2.03	2.35	18	1.84	3.75	4.79	18
甘 肃	Gansu	2.52	2.15	19	2.48	1.51	2.30	24
青 海	Qinghai	0.65	1.03	22	0.58	0.91	2.13	26
宁 夏	Ningxia	0.05	0.06	30	0.04	0.03	0.12	30
新 疆	Xinjiang	7.59	9.09	5	5.32	7.64	9.63	13

11-73 黑色金属矿采选业财务费用和营业利润
Financial Expenses and Operation Profit of Mining and Processing of Ferrous Metal Ores

单位：亿元 (100 million yuan)

地区	Region	财务费用 Financial Expenses				营业利润 Operation Profit			
		2010	2012	2013	2013排名 Ranking	2010	2012	2013	2013排名 Ranking
全国	**National Total**	**57.33**	**113.89**	**141.07**		**929.01**	**1189.21**	**1172.31**	
北京	Beijing	7.67	11.51	12.00	2	22.88	81.65	17.77	14
天津	Tianjin	0.91	2.54	2.40	14	11.53	22.55	12.78	18
河北	Hebei	17.22	35.23	37.73	1	320.22	496.34	513.28	1
山西	Shanxi	1.30	2.72	10.66	4	27.92	20.18	23.45	9
内蒙古	Inner Mongolia	3.10	4.66	7.24	7	53.67	54.41	53.99	4
辽宁	Liaoning	2.59	8.25	10.73	3	137.99	164.72	192.23	2
吉林	Jilin	1.37	3.51	4.93	11	13.82	18.32	18.57	13
黑龙江	Heilongjiang	0.25	0.33	0.58	24	2.88	3.51	5.12	23
上海	Shanghai								
江苏	Jiangsu	0.34	0.76	0.52	25	4.76	3.68	3.59	24
浙江	Zhejiang	-0.38	0.38	0.12	28	3.14	0.63	0.70	26
安徽	Anhui	0.72	3.89	6.28	9	30.39	54.15	38.81	6
福建	Fujian	0.54	0.64	1.02	20	54.73	7.82	7.93	20
江西	Jiangxi	0.26	0.59	0.62	23	13.98	19.27	19.67	11
山东	Shandong	6.44	5.48	6.31	8	55.01	66.37	55.74	3
河南	Henan	1.09	1.57	2.32	15	17.01	18.72	21.56	10
湖北	Hubei	1.39	2.53	3.56	12	13.85	15.90	18.62	12
湖南	Hunan	0.69	1.79	2.29	16	8.59	12.01	12.82	17
广东	Guangdong	2.61	3.08	2.71	13	29.36	15.61	27.21	7
广西	Guangxi	0.74	1.22	1.18	19	18.11	16.57	15.46	15
海南	Hainan	0.33	0.38	0.46	26	14.89	12.53	14.85	16
重庆	Chongqing	0.25	0.51	0.67	22	1.51	-0.85	-0.18	28
四川	Sichuan	3.63	7.39	10.20	5	27.26	43.65	46.17	5
贵州	Guizhou	0.02	0.13	0.26	27	0.87	1.67	7.83	21
云南	Yunnan	0.70	6.41	7.27	6	19.55	12.47	11.13	19
西藏	Tibet	0.01	0.08	0.06	29	2.13	0.49	-0.18	28
陕西	Shaanxi	0.63	1.40	1.59	18	2.63	5.00	6.22	22
甘肃	Gansu	0.85	2.08	1.67	17	1.74	1.64	1.40	25
青海	Qinghai	0.21	0.66	0.69	21	1.12	-0.20	-0.71	30
宁夏	Ningxia	0.03	0.01	0.05	30	0.01	-0.01	-0.13	27
新疆	Xinjiang	1.82	4.17	4.94	10	17.46	20.42	26.61	8

11-74 黑色金属矿采选业利润总额和应交增值税
Total Profit and Value Added Tax Payable of Mining and Processing of Ferrous Metal Ores

单位：亿元 (100 million yuan)

地区	Region	利润总额 Total Profit				应交增值税 Value Added Tax Payable			
		2010	2012	2013	2013排名 Ranking	2010	2012	2013	2013排名 Ranking
全　国	**National Total**	**893.05**	**1132.74**	**1136.64**		**313.70**	**443.48**	**519.44**	
北　京	Beijing	22.63	80.68	11.34	18	9.21	12.59	10.42	11
天　津	Tianjin	11.53	15.24	12.81	16	0.50	6.68	4.92	18
河　北	Hebei	310.91	493.79	508.05	1	110.63	170.14	185.98	1
山　西	Shanxi	21.60	18.44	21.48	9	9.96	12.31	14.40	8
内蒙古	Inner Mongolia	40.44	49.29	50.33	4	17.13	22.72	24.19	4
辽　宁	Liaoning	137.73	162.61	185.59	2	36.57	56.52	97.05	2
吉　林	Jilin	13.36	14.86	17.36	13	4.99	6.89	9.21	14
黑龙江	Heilongjiang	2.99	3.51	5.12	23	1.26	2.65	3.40	23
上　海	Shanghai								
江　苏	Jiangsu	4.34	3.68	3.60	24	3.42	4.18	4.11	21
浙　江	Zhejiang	3.21	0.69	0.74	26	0.88	0.65	0.48	29
安　徽	Anhui	22.84	24.94	30.51	6	9.18	17.17	18.70	6
福　建	Fujian	59.32	7.74	7.91	21	11.30	5.06	4.86	19
江　西	Jiangxi	14.04	19.32	19.73	11	6.99	7.53	7.97	15
山　东	Shandong	54.46	64.12	55.02	3	22.17	24.64	27.07	3
河　南	Henan	16.59	18.54	21.37	10	5.40	5.98	5.92	17
湖　北	Hubei	13.13	15.86	17.93	12	5.75	9.15	10.02	13
湖　南	Hunan	7.89	11.22	12.41	17	4.70	8.75	10.58	10
广　东	Guangdong	29.00	15.45	26.69	8	8.30	10.35	11.74	9
广　西	Guangxi	17.85	16.33	15.33	14	3.32	4.71	3.48	22
海　南	Hainan	14.88	12.68	14.77	15	4.39	3.90	4.42	20
重　庆	Chongqing	1.36	-0.87	-0.08	27	1.97	1.16	1.68	24
四　川	Sichuan	26.24	43.65	46.07	5	14.05	19.83	22.36	5
贵　州	Guizhou	1.01	1.68	8.01	20	0.50	1.78	1.34	27
云　南	Yunnan	19.55	11.60	11.06	19	8.76	9.66	10.29	12
西　藏	Tibet	2.16	0.51	-0.33	29	0.62	0.51	0.65	28
陕　西	Shaanxi	2.50	5.46	5.90	22	2.27	5.52	6.64	16
甘　肃	Gansu	1.75	1.62	1.43	25	0.42	1.89	1.37	26
青　海	Qinghai	1.17	-0.03	-0.49	30	0.73	0.53	1.64	25
宁　夏	Ningxia	0.02	-0.01	-0.13	28	0.08	0.02	0.02	30
新　疆	Xinjiang	18.53	20.14	27.13	7	8.27	10.03	14.49	7

11-75 有色金属矿采选业工业销售产值和从业平均人数
Sales Value and Average Number of Employed Persons of Mining and Processing of Non-Ferrous Metal Ores

地区	Region	工业销售产值（当年价格）（亿元） Sales Value (current prices) (100 million yuan)				从业平均人员数（万人） Average Number of Employed Persons (10 000 persons)	
		2010	2012	2013	2013排名 Ranking	2013	2013排名 Ranking
全国	**National Total**	**3695.82**	**5573.71**	**6114.82**		**55.36**	
北京	Beijing						
天津	Tianjin						
河北	Hebei	37.17	50.23	56.79	18	0.45	18
山西	Shanxi	12.28	18.16	19.29	24	0.35	21
内蒙古	Inner Mongolia	339.23	531.79	619.31	3	4.20	6
辽宁	Liaoning	231.13	261.03	342.25	6	4.49	4
吉林	Jilin	70.33	125.89	137.14	11	1.66	11
黑龙江	Heilongjiang	8.14	22.77	30.66	20	0.36	20
上海	Shanghai						
江苏	Jiangsu	6.57	11.28	10.28	25	0.17	25
浙江	Zhejiang	26.39	29.41	29.84	22	0.31	24
安徽	Anhui	57.43	86.33	88.16	14	1.24	13
福建	Fujian	57.76	86.20	83.53	15	0.93	15
江西	Jiangxi	190.37	334.97	368.51	5	3.70	7
山东	Shandong	551.09	871.03	868.32	2	5.23	3
河南	Henan	880.53	1334.82	1483.44	1	7.88	1
湖北	Hubei	46.41	84.79	83.02	16	1.03	14
湖南	Hunan	295.99	454.34	474.96	4	6.20	2
广东	Guangdong	120.54	123.65	129.72	12	0.89	17
广西	Guangxi	122.58	270.03	307.37	8	2.96	9
海南	Hainan	9.45	11.56	2.91	27	0.03	27
重庆	Chongqing	4.37	3.52	4.76	26	0.10	26
四川	Sichuan	165.67	301.43	318.95	7	3.52	8
贵州	Guizhou	11.05	15.45	30.14	21	0.35	21
云南	Yunnan	119.33	185.61	201.35	10	4.31	5
西藏	Tibet	9.85	22.37	21.17	23	0.33	23
陕西	Shaanxi	122.63	158.41	207.08	9	2.10	10
甘肃	Gansu	41.89	70.07	90.14	13	1.27	12
青海	Qinghai	113.02	43.44	43.40	19	0.39	19
宁夏	Ningxia						
新疆	Xinjiang	44.61	65.13	62.32	17	0.90	16

11-76 有色金属矿采选业资产总计和负债合计
Total Assets and Liabilities of Mining and Processing of Non-Ferrous Metal Ores

单位：亿元 (100 million yuan)

地区	Region	资产总计 Total Assets				负债合计 Total Liabilities			
		2010	2012	2013	2013排名 Ranking	2010	2012	2013	2013排名 Ranking
全　国	**National Total**	**3083.47**	**4158.91**	**4727.51**		**1445.01**	**1997.97**	**2355.79**	
北　京	Beijing								
天　津	Tianjin								
河　北	Hebei	34.88	42.77	46.86	20	18.06	24.74	29.96	18
山　西	Shanxi	24.06	27.24	30.09	22	18.03	20.42	24.73	20
内蒙古	Inner Mongolia	321.25	445.31	472.93	3	139.53	229.52	232.06	4
辽　宁	Liaoning	135.30	143.14	161.60	10	62.82	64.13	71.69	13
吉　林	Jilin	75.02	104.48	110.77	14	31.41	34.96	42.35	15
黑龙江	Heilongjiang	20.84	56.53	55.46	18	6.78	29.98	27.14	19
上　海	Shanghai								
江　苏	Jiangsu	7.87	13.21	12.88	25	4.11	8.04	9.20	25
浙　江	Zhejiang	25.80	26.40	26.10	23	17.17	16.24	14.94	23
安　徽	Anhui	49.20	64.19	75.85	16	19.30	31.35	37.35	17
福　建	Fujian	46.47	37.41	42.65	21	24.47	15.73	18.14	22
江　西	Jiangxi	139.78	208.00	234.03	7	60.44	100.62	101.47	7
山　东	Shandong	349.29	599.65	678.76	2	141.57	294.49	387.14	1
河　南	Henan	367.41	593.49	740.40	1	152.10	208.06	256.70	3
湖　北	Hubei	30.79	41.10	49.68	19	18.60	20.42	24.64	21
湖　南	Hunan	169.40	235.81	252.89	6	62.85	88.43	103.54	6
广　东	Guangdong	67.18	60.22	69.48	17	37.83	33.25	43.64	14
广　西	Guangxi	97.88	136.50	168.57	9	42.45	70.39	85.20	10
海　南	Hainan	9.01	21.20	5.32	26	5.37	13.27	4.95	26
重　庆	Chongqing	5.11	3.58	4.04	27	2.82	2.91	3.49	27
四　川	Sichuan	183.02	330.01	312.30	5	106.74	195.39	174.23	5
贵　州	Guizhou	10.11	12.63	25.80	24	5.53	9.04	14.23	24
云　南	Yunnan	251.65	366.81	461.95	4	135.69	203.26	272.24	2
西　藏	Tibet	69.44	111.34	138.43	13	39.61	49.90	76.47	12
陕　西	Shaanxi	100.55	126.01	145.38	12	52.00	69.40	89.69	8
甘　肃	Gansu	103.98	136.03	153.38	11	53.66	59.35	82.28	11
青　海	Qinghai	274.24	68.64	81.83	15	133.98	32.94	41.47	16
宁　夏	Ningxia								
新　疆	Xinjiang	113.94	147.19	170.08	8	52.09	71.74	86.86	9

11-77 有色金属矿采选业所有者权益合计和主营业务收入
Owner's Equity and Revenue from Principal Business of Mining and Processing of Non-Ferrous Metal Ores

单位：亿元 (100 million yuan)

地区	Region	所有者权益合计 Total Owner's Equity				主营业务收入 Revenue from Principal Businesses			
		2010	2012	2013	2013排名 Ranking	2010	2012	2013	2013排名 Ranking
全　国	**National Total**	**1622.68**	**2146.62**	**2349.62**		**3836.10**	**5652.83**	**6195.79**	
北　京	Beijing								
天　津	Tianjin								
河　北	Hebei	16.82	17.93	16.90	21	36.51	48.25	52.41	18
山　西	Shanxi	6.03	6.63	5.30	24	13.46	19.49	17.81	24
内蒙古	Inner Mongolia	181.60	214.84	238.46	3	338.66	523.32	617.81	3
辽　宁	Liaoning	72.17	78.10	85.63	8	236.05	259.76	341.94	6
吉　林	Jilin	43.46	68.81	66.79	12	68.74	125.92	133.86	11
黑龙江	Heilongjiang	14.06	26.54	28.32	17	8.32	22.73	30.19	21
上　海	Shanghai								
江　苏	Jiangsu	3.75	5.17	3.68	25	6.61	11.20	10.32	25
浙　江	Zhejiang	8.64	10.16	10.81	23	26.07	28.89	31.66	20
安　徽	Anhui	28.90	32.47	38.32	16	57.70	86.07	88.94	13
福　建	Fujian	21.97	21.51	24.20	20	56.36	85.84	80.97	15
江　西	Jiangxi	78.25	106.94	131.03	7	191.72	349.29	390.44	5
山　东	Shandong	207.72	304.20	291.39	2	573.96	942.31	988.20	2
河　南	Henan	215.67	381.22	477.24	1	891.24	1339.59	1471.28	1
湖　北	Hubei	11.85	20.68	24.84	19	46.14	84.78	81.14	14
湖　南	Hunan	106.55	147.38	147.87	5	293.62	465.54	479.72	4
广　东	Guangdong	29.21	26.96	25.97	18	118.90	127.35	128.70	12
广　西	Guangxi	52.89	64.74	80.97	10	124.65	273.60	309.30	7
海　南	Hainan	3.60	7.93	0.37	27	9.35	22.18	4.61	27
重　庆	Chongqing	2.28	0.67	0.52	26	6.16	3.62	4.92	26
四　川	Sichuan	75.21	132.65	137.90	6	162.18	297.61	308.09	8
贵　州	Guizhou	4.56	3.15	11.75	22	11.23	14.34	29.40	22
云　南	Yunnan	115.66	163.55	189.71	4	120.43	180.34	190.02	10
西　藏	Tibet	29.83	61.44	61.96	13	9.91	23.24	20.92	23
陕　西	Shaanxi	48.25	56.51	55.59	14	122.16	160.35	205.39	9
甘　肃	Gansu	49.26	75.59	70.58	11	41.72	52.59	70.25	16
青　海	Qinghai	132.78	35.40	40.31	15	219.19	41.61	44.04	19
宁　夏	Ningxia								
新　疆	Xinjiang	61.71	75.45	83.21	9	45.04	63.04	63.47	17

11-78 有色金属矿采选业主营业务成本和主营业务税金及附加 Cost of Principal Business, Tax and Extra Charges of Mining and Processing of Non-Ferrous Metal Ores

单位：亿元 (100 million yuan)

地区	Region	主营业务成本 Cost of Principal Business				主营业务税金及附加 Tax and Extra charges from Principal Business			
		2010	2012	2013	2013排名 Ranking	2010	2012	2013	2013排名 Ranking
全　国	**National Total**	**2921.12**	**4366.02**	**4999.28**		**40.47**	**51.74**	**66.22**	
北　京	Beijing								
天　津	Tianjin								
河　北	Hebei	25.83	36.09	40.14	17	0.43	0.46	0.54	22
山　西	Shanxi	10.45	15.79	15.22	23	0.42	0.20	0.20	24
内蒙古	Inner Mongolia	246.94	386.07	469.60	3	5.01	7.29	13.20	1
辽　宁	Liaoning	189.54	210.51	282.09	6	2.23	2.58	3.14	9
吉　林	Jilin	46.03	89.18	103.66	11	0.70	1.78	1.45	12
黑龙江	Heilongjiang	6.28	16.91	20.73	22	0.06	0.22	0.77	19
上　海	Shanghai								
江　苏	Jiangsu	4.16	8.01	8.49	25	0.06	0.15	0.13	25
浙　江	Zhejiang	20.73	21.32	26.94	19	0.44	0.25	0.37	23
安　徽	Anhui	43.75	64.01	66.58	13	0.90	2.17	1.21	15
福　建	Fujian	45.12	68.95	66.58	13	0.88	1.45	1.37	13
江　西	Jiangxi	157.67	287.81	339.89	5	1.62	2.60	4.69	4
山　东	Shandong	457.24	763.91	855.72	2	2.20	2.63	4.20	5
河　南	Henan	701.24	1064.72	1216.02	1	6.13	7.82	8.73	2
湖　北	Hubei	33.34	67.07	63.11	15	0.55	0.85	1.33	14
湖　南	Hunan	227.16	354.58	376.66	4	6.46	6.46	5.97	3
广　东	Guangdong	80.47	101.97	103.33	12	1.47	1.40	1.49	11
广　西	Guangxi	93.69	210.33	242.30	7	1.99	2.18	3.31	7
海　南	Hainan	7.57	19.71	3.99	26	0.14	0.01	0.01	27
重　庆	Chongqing	4.43	2.96	3.89	27	0.07	0.05	0.07	26
四　川	Sichuan	107.81	222.00	241.24	8	2.35	3.24	3.12	10
贵　州	Guizhou	8.95	9.31	21.15	21	0.23	0.24	0.69	20
云　南	Yunnan	81.17	129.32	144.87	10	2.43	3.11	3.37	6
西　藏	Tibet	4.30	10.40	10.87	24	0.26	0.84	0.78	18
陕　西	Shaanxi	89.19	121.31	159.53	9	1.22	1.59	3.25	8
甘　肃	Gansu	25.81	35.47	55.73	16	0.57	0.58	1.02	17
青　海	Qinghai	183.82	17.09	26.13	20	1.04	0.63	0.67	21
宁　夏	Ningxia								
新　疆	Xinjiang	18.42	31.21	34.84	18	0.62	0.99	1.16	16

11-79 有色金属矿采选业销售费用和管理费用
Expenses and Administrative Expenses of Mining and Processing of Non-Ferrous Metal Ores Sales

单位：亿元 (100 million yuan)

地区	Region	销售费用 Sales Expenses 2012	2013	2013排名 Ranking	管理费用 Administrative Expenses 2010	2012	2013	2013排名 Ranking
全国	**National Total**	**78.58**	**82.25**		**224.40**	**281.51**	**300.33**	
北京	Beijing							
天津	Tianjin							
河北	Hebei	0.23	0.35	21	2.91	3.08	4.15	17
山西	Shanxi	0.17	0.52	20	1.07	1.08	1.26	24
内蒙古	Inner Mongolia	5.81	6.72	4	24.04	27.96	29.66	4
辽宁	Liaoning	6.32	8.78	2	9.85	12.50	15.33	8
吉林	Jilin	5.00	2.80	11	4.73	9.27	12.24	10
黑龙江	Heilongjiang	0.27	0.24	24	1.02	1.65	2.19	22
上海	Shanghai							
江苏	Jiangsu	0.31	0.24	24	0.73	0.80	0.94	25
浙江	Zhejiang	0.23	0.22	26	1.86	1.99	1.63	23
安徽	Anhui	2.53	3.22	9	3.50	5.50	5.70	13
福建	Fujian	1.54	1.44	14	3.50	3.95	4.13	18
江西	Jiangxi	2.30	3.40	8	8.11	10.67	12.47	9
山东	Shandong	4.99	6.38	5	26.71	38.48	41.65	1
河南	Henan	19.50	19.12	1	19.19	29.03	30.07	3
湖北	Hubei	0.81	0.85	18	3.20	4.08	4.33	16
湖南	Hunan	9.06	8.36	3	20.56	32.94	34.99	2
广东	Guangdong	1.42	1.23	15	4.73	4.97	4.84	14
广西	Guangxi	2.95	3.51	7	19.30	22.25	19.63	6
海南	Hainan	0.48	0.29	22	0.67	0.22	0.10	27
重庆	Chongqing	0.05	0.09	27	0.28	0.07	0.13	26
四川	Sichuan	6.21	5.58	6	19.78	25.36	23.26	5
贵州	Guizhou	0.69	1.46	13	0.69	1.79	2.58	21
云南	Yunnan	2.32	2.85	10	12.87	15.99	19.35	7
西藏	Tibet	0.18	0.29	22	1.76	2.90	2.92	20
陕西	Shaanxi	1.60	1.83	12	13.81	11.30	11.98	11
甘肃	Gansu	0.72	0.96	16	4.33	4.24	4.63	15
青海	Qinghai	2.31	0.68	19	10.43	3.11	3.41	19
宁夏	Ningxia							
新疆	Xinjiang	0.60	0.87	17	4.79	6.35	6.77	12

11-80 有色金属矿采选业财务费用和营业利润
Financial Expenses and Operating Profit of Mining and Processing of Non-Ferrous Metal Ores

单位：亿元 (100 million yuan)

地区	Region	财务费用 Financial Expenses				营业利润 Operating Profit			
		2010	2012	2013	2013排名 Ranking	2010	2012	2013	2013排名 Ranking
全国	**National Total**	**35.14**	**53.47**	**58.80**		**595.38**	**804.14**	**670.69**	
北京	Beijing								
天津	Tianjin								
河北	Hebei	0.29	0.50	0.49	19	6.99	8.02	7.79	17
山西	Shanxi	0.04	0.07	0.02	25	1.55	2.39	2.24	23
内蒙古	Inner Mongolia	3.09	5.16	6.15	3	74.02	84.04	78.09	2
辽宁	Liaoning	1.43	1.74	2.26	9	22.97	26.51	35.34	5
吉林	Jilin	0.28	1.15	1.30	14	13.19	25.34	12.36	14
黑龙江	Heilongjiang	0.07	0.37	1.15	15	1.17	3.43	5.28	21
上海	Shanghai								
江苏	Jiangsu	0.05	0.02	0.02	25	1.53	1.98	0.94	25
浙江	Zhejiang	0.59	0.54	0.45	20	3.99	4.47	2.09	24
安徽	Anhui	0.36	1.70	1.93	11	7.69	10.34	9.48	16
福建	Fujian	0.45	0.42	0.57	18	6.53	7.72	6.96	18
江西	Jiangxi	1.11	2.02	2.41	8	21.89	42.25	29.55	8
山东	Shandong	6.60	7.92	8.69	2	77.23	125.86	74.03	3
河南	Henan	5.50	9.19	9.61	1	149.06	206.86	186.99	1
湖北	Hubei	0.56	0.19	0.38	22	7.97	11.88	12.63	13
湖南	Hunan	2.10	3.06	3.10	6	30.63	42.74	33.22	6
广东	Guangdong	1.22	0.81	0.65	17	29.74	16.76	15.60	12
广西	Guangxi	0.90	1.73	1.98	10	19.64	40.77	40.60	4
海南	Hainan	0.05	0.35	0.07	24	0.63	1.42	-0.06	27
重庆	Chongqing	0.08				0.36	0.52	0.74	26
四川	Sichuan	1.96	5.15	4.33	5	30.46	32.38	29.74	7
贵州	Guizhou	0.10	0.28	0.34	23	1.41	3.15	4.49	22
云南	Yunnan	2.49	5.41	5.83	4	21.99	24.04	17.45	11
西藏	Tibet	0.24	0.69	0.45	20	3.47	8.18	5.71	20
陕西	Shaanxi	0.61	1.52	1.36	13	11.32	24.94	22.91	9
甘肃	Gansu	1.44	1.97	2.68	7	6.91	7.21	5.75	19
青海	Qinghai	2.93	0.34	0.72	16	22.91	18.46	12.28	15
宁夏	Ningxia								
新疆	Xinjiang	0.59	1.20	1.88	12	20.14	22.49	18.49	10

11-81 有色金属矿采选业利润总额和应交增值税
Total Profit and Value Added Tax Payable of Mining and Processing of Non-Ferrous Metal Ores

单位：亿元 (100 million yuan)

地区	Region	利润总额 Total Profit				应交增值税 Value Added Tax Payable			
		2010	2012	2013	2013排名 Ranking	2010	2012	2013	2013排名 Ranking
全　国	**National Total**	**572.05**	**787.24**	**666.30**		**142.28**	**205.78**	**206.78**	
北　京	Beijing								
天　津	Tianjin								
河　北	Hebei	6.77	7.97	7.64	17	1.54	3.28	3.64	17
山　西	Shanxi	1.48	2.27	1.87	24	1.07	1.65	1.16	24
内蒙古	Inner Mongolia	62.83	79.23	78.96	2	17.04	19.75	20.37	2
辽　宁	Liaoning	24.65	25.90	33.22	5	12.70	12.62	17.01	5
吉　林	Jilin	13.16	20.59	11.46	15	2.03	5.24	5.67	12
黑龙江	Heilongjiang	1.43	3.40	5.32	21	0.19	1.46	1.90	21
上　海	Shanghai								
江　苏	Jiangsu	1.81	2.09	0.94	25	0.52	0.93	0.47	25
浙　江	Zhejiang	3.75	4.52	2.08	23	1.21	1.46	1.59	23
安　徽	Anhui	7.11	8.83	8.00	16	2.29	3.19	3.68	16
福　建	Fujian	5.84	7.97	6.97	18	2.49	3.72	3.29	18
江　西	Jiangxi	22.17	41.65	30.89	6	9.23	17.13	19.87	3
山　东	Shandong	73.84	127.13	73.77	3	3.06	4.99	5.49	13
河　南	Henan	146.19	207.79	186.98	1	11.45	14.72	13.59	6
湖　北	Hubei	7.85	11.99	12.64	13	2.20	4.00	4.29	14
湖　南	Hunan	26.02	35.45	30.75	7	15.16	26.92	25.97	1
广　东	Guangdong	29.98	17.28	16.04	12	6.57	7.30	6.44	11
广　西	Guangxi	18.97	40.12	40.61	4	5.90	14.11	13.05	8
海　南	Hainan	0.79	1.43	-0.06	27	0.24	0.10	0.14	27
重　庆	Chongqing	0.32	0.52	0.71	26	0.30	0.23	0.43	26
四　川	Sichuan	29.83	33.52	29.79	8	13.14	19.64	17.41	4
贵　州	Guizhou	1.39	2.73	4.44	22	0.53	0.97	1.64	22
云　南	Yunnan	22.03	23.10	17.41	11	11.46	15.93	13.17	7
西　藏	Tibet	3.35	9.17	6.24	19	1.18	2.91	2.10	20
陕　西	Shaanxi	10.66	24.98	23.34	9	4.82	10.53	10.55	9
甘　肃	Gansu	7.34	7.34	5.80	20	2.13	2.70	3.10	19
青　海	Qinghai	22.34	18.07	12.26	14	9.20	3.21	4.21	15
宁　夏	Ningxia								
新　疆	Xinjiang	20.14	22.21	18.22	10	4.63	7.08	6.54	10

11-82 非金属矿采选业工业销售产值和从业平均人数

Sales Value and Average Number of Employed Persons of Mining and Processing of Non-metal Ores

地区	Region	工业销售产值（当年价格）（亿元） Sales Value (current prices) (100 million yuan)				从业平均人员数（万人） Average Number of Employed Persons (10 000 persons)	
		2010	2012	2013	2013排名 Ranking	2013	2013排名 Ranking
全　国	**National Total**	**2994.72**	**4173.30**	**4951.26**		**54.00**	
北　京	Beijing	3.65	1.67	2.29	28	0.03	28
天　津	Tianjin	11.49	12.83	12.47	24	0.77	20
河　北	Hebei	67.66	94.73	109.24	17	1.75	13
山　西	Shanxi	2.89	4.83	5.33	26	0.08	27
内蒙古	Inner Mongolia	144.66	204.01	216.01	9	1.82	12
辽　宁	Liaoning	269.49	439.35	512.60	2	4.52	3
吉　林	Jilin	72.19	98.82	115.95	16	0.71	21
黑龙江	Heilongjiang	16.87	42.71	44.94	21	0.56	22
上　海	Shanghai						
江　苏	Jiangsu	154.63	202.33	243.70	8	3.08	7
浙　江	Zhejiang	104.24	122.34	133.08	14	1.16	16
安　徽	Anhui	101.11	153.34	187.36	10	2.05	10
福　建	Fujian	94.88	158.22	183.02	11	2.33	9
江　西	Jiangxi	109.58	121.32	170.96	13	1.65	14
山　东	Shandong	360.26	450.23	504.59	3	5.19	1
河　南	Henan	263.13	365.42	415.80	4	4.33	5
湖　北	Hubei	221.32	412.87	513.84	1	4.96	2
湖　南	Hunan	216.41	287.38	355.46	5	4.10	6
广　东	Guangdong	257.70	221.81	260.28	7	2.46	8
广　西	Guangxi	77.87	138.67	173.31	12	1.92	11
海　南	Hainan	2.48	3.72	2.30	27	0.15	26
重　庆	Chongqing	76.23	72.77	93.98	18	1.15	17
四　川	Sichuan	228.95	312.53	345.19	6	4.50	4
贵　州	Guizhou	27.49	70.07	118.47	15	1.04	18
云　南	Yunnan	60.23	84.51	91.77	19	1.35	15
西　藏	Tibet	0.28	0.32	0.23	30	0.01	30
陕　西	Shaanxi	20.72	40.53	63.94	20	0.92	19
甘　肃	Gansu	9.34	31.00	42.16	22	0.45	24
青　海	Qinghai	4.99	8.81	11.47	25	0.45	24
宁　夏	Ningxia	0.98	0.98	1.45	29	0.03	28
新　疆	Xinjiang	13.00	15.17	20.07	23	0.48	23

11-83 非金属矿采选业资产总计和负债合计
Total Assets and Liability of Mining and Processing of Non-metal Ores

单位：亿元 (100 million yuan)

地区	Region	资产总计 Total Assets				负债合计 Total Liabilities			
		2010	2012	2013	2013排名 Ranking	2010	2012	2013	2013排名 Ranking
全　国	**National Total**	**1882.30**	**2623.15**	**3167.30**		**868.74**	**1235.91**	**1534.99**	
北　京	Beijing	16.17	4.53	5.58	28	5.07	2.50	3.19	27
天　津	Tianjin	77.89	124.32	153.15	9	32.76	63.02	89.98	6
河　北	Hebei	56.13	72.27	79.84	17	36.12	36.06	42.21	16
山　西	Shanxi	6.05	9.60	10.27	27	4.35	8.54	9.47	25
内蒙古	Inner Mongolia	76.80	87.37	106.55	14	43.21	46.57	64.71	11
辽　宁	Liaoning	105.26	177.82	212.50	6	40.64	54.96	71.28	10
吉　林	Jilin	25.07	27.73	32.47	22	6.29	8.00	8.62	26
黑龙江	Heilongjiang	10.66	17.06	25.23	25	6.03	8.39	13.27	23
上　海	Shanghai								
江　苏	Jiangsu	161.07	199.50	222.25	4	76.90	107.84	119.02	4
浙　江	Zhejiang	83.15	94.72	115.46	12	52.97	67.60	81.96	8
安　徽	Anhui	60.44	88.44	107.75	13	27.90	42.29	52.78	12
福　建	Fujian	52.10	77.45	84.71	15	16.63	20.73	28.30	18
江　西	Jiangxi	50.68	74.52	125.03	10	19.12	31.80	46.26	14
山　东	Shandong	192.37	228.57	218.59	5	90.24	110.57	92.93	5
河　南	Henan	78.52	178.49	275.52	2	18.10	64.01	89.81	7
湖　北	Hubei	166.27	230.64	275.92	1	94.15	122.24	148.50	1
湖　南	Hunan	70.15	102.02	158.13	8	28.04	43.28	74.82	9
广　东	Guangdong	95.17	102.65	120.95	11	35.54	37.58	45.55	15
广　西	Guangxi	49.72	71.12	83.38	16	24.84	41.71	50.35	13
海　南	Hainan	51.93	47.87	48.00	20	0.92	1.76	2.95	28
重　庆	Chongqing	50.70	53.06	62.45	19	21.21	22.66	27.75	19
四　川	Sichuan	151.48	234.23	245.05	3	90.41	130.57	140.48	2
贵　州	Guizhou	23.05	46.05	71.11	18	11.17	17.15	31.71	17
云　南	Yunnan	117.26	161.38	203.56	7	59.18	97.67	133.19	3
西　藏	Tibet	0.56	0.67	0.72	30	0.02	0.27	0.31	30
陕　西	Shaanxi	13.96	26.23	38.96	21	6.70	12.37	16.08	22
甘　肃	Gansu	9.84	37.10	23.81	26	3.51	6.65	11.30	24
青　海	Qinghai	17.59	26.97	28.04	24	10.11	16.52	16.68	21
宁　夏	Ningxia	1.32	1.43	2.28	29	0.87	0.85	1.47	29
新　疆	Xinjiang	10.96	19.31	30.04	23	5.74	11.75	20.08	20

11-84 非金属矿采选业所有者权益合计和主营业务收入
Total Owner's Equity and Revenue from Principal Business of Mining and Processing of Non-metal Ores

单位：亿元 (100 million yuan)

地区	Region	所有者权益合计 Total Owner's Equity				主营业务收入 Revenue from Principal Business			
		2010	2012	2013	2013排名 Ranking	2010	2012	2013	2013排名 Ranking
全　国	**National Total**	**1004.75**	**1361.03**	**1585.92**		**3005.11**	**4211.81**	**4915.45**	
北　京	Beijing	11.10	2.03	2.39	27	4.06	3.02	3.48	27
天　津	Tianjin	45.13	61.30	63.17	11	10.40	11.70	11.74	25
河　北	Hebei	19.96	34.42	31.73	20	68.25	94.84	105.59	17
山　西	Shanxi	1.70	1.05	0.80	28	3.17	5.23	5.33	26
内蒙古	Inner Mongolia	33.37	39.64	41.58	15	142.65	198.48	226.56	9
辽　宁	Liaoning	64.08	121.65	138.42	2	274.44	439.09	502.37	2
吉　林	Jilin	18.69	19.28	23.12	21	72.24	95.59	113.46	16
黑龙江	Heilongjiang	4.41	8.62	11.55	24	17.90	44.31	43.66	21
上　海	Shanghai								
江　苏	Jiangsu	84.17	91.30	102.76	5	159.19	203.30	244.51	8
浙　江	Zhejiang	30.18	26.39	34.46	17	104.72	123.69	134.63	14
安　徽	Anhui	32.43	44.10	54.02	13	100.26	154.31	187.46	10
福　建	Fujian	35.35	56.45	55.16	12	94.88	158.32	182.09	11
江　西	Jiangxi	31.37	41.23	76.50	8	109.73	124.67	177.67	12
山　东	Shandong	101.63	116.96	121.13	4	362.51	466.73	522.31	1
河　南	Henan	58.09	113.26	183.62	1	265.02	371.43	413.12	4
湖　北	Hubei	71.54	106.56	122.03	3	218.25	394.86	493.05	3
湖　南	Hunan	42.10	58.75	81.86	7	214.04	288.86	348.23	5
广　东	Guangdong	59.24	63.49	64.98	10	259.47	218.98	254.00	7
广　西	Guangxi	24.41	28.28	32.56	19	75.25	137.32	165.78	13
海　南	Hainan	51.00	46.08	45.00	14	2.74	3.46	2.24	28
重　庆	Chongqing	29.39	29.98	33.78	18	72.16	74.92	90.83	19
四　川	Sichuan	58.72	95.14	98.18	6	224.94	360.53	345.56	6
贵　州	Guizhou	11.81	28.25	38.92	16	28.86	65.21	117.65	15
云　南	Yunnan	58.08	63.71	70.37	9	67.75	83.63	96.33	18
西　藏	Tibet	0.55	0.41	0.40	30	0.28	0.32	0.23	30
陕　西	Shaanxi	7.21	13.75	23.07	22	20.59	39.45	59.93	20
甘　肃	Gansu	5.90	30.39	12.35	23	10.95	24.44	34.13	22
青　海	Qinghai	7.45	10.45	11.36	25	5.67	9.04	12.21	24
宁　夏	Ningxia	0.45	0.58	0.77	29	1.43	1.26	2.07	29
新　疆	Xinjiang	5.22	7.55	9.89	26	13.31	14.82	19.24	23

11-85 非金属矿采选业主营业务成本和主营业务税金及附加
Cost of Principal Business, Tax and Extra Charges from Principal Business of Mining and Processing of Non-metal Ores

单位：亿元 (100 million yuan)

地区	Region	主营业务成本 Cost of Principal Business				主营业务税金及附加 Tax and Extra charges from Principal Business			
		2010	2012	2013	2013排名 Ranking	2010	2012	2013	2013排名 Ranking
全　国	**National Total**	**2360.56**	**3282.36**	**3912.02**		**57.52**	**71.06**	**86.30**	
北　京	Beijing	3.53	2.57	2.92	27	0.04	0.02	0.03	28
天　津	Tianjin	8.13	9.89	10.42	24	0.27	0.28	0.26	24
河　北	Hebei	52.97	77.44	86.36	16	0.95	0.89	1.14	18
山　西	Shanxi	2.81	4.29	4.32	26	0.01	0.07	0.07	26
内蒙古	Inner Mongolia	111.35	156.59	184.44	9	1.16	1.83	1.86	17
辽　宁	Liaoning	226.64	368.62	419.46	2	2.86	4.14	5.96	5
吉　林	Jilin	59.84	82.04	98.75	15	0.41	0.87	0.92	20
黑龙江	Heilongjiang	13.98	33.81	35.36	21	0.35	0.77	0.43	22
上　海	Shanghai								
江　苏	Jiangsu	126.35	164.74	202.07	7	2.15	3.05	3.86	9
浙　江	Zhejiang	85.87	101.43	108.22	14	2.85	2.52	3.31	13
安　徽	Anhui	78.01	121.75	149.15	10	1.82	2.66	3.62	10
福　建	Fujian	73.99	127.08	146.21	11	3.00	3.63	4.14	7
江　西	Jiangxi	91.35	103.08	144.78	12	1.39	2.13	3.26	14
山　东	Shandong	288.79	379.47	426.68	1	4.47	4.66	7.53	3
河　南	Henan	211.57	298.55	338.68	4	4.57	4.13	4.04	8
湖　北	Hubei	160.73	276.41	380.82	3	8.78	10.16	12.75	1
湖　南	Hunan	165.84	216.25	267.34	6	3.13	4.77	6.19	4
广　东	Guangdong	203.89	167.12	199.37	8	3.59	3.33	4.15	6
广　西	Guangxi	58.20	99.93	120.46	13	1.21	1.60	2.35	15
海　南	Hainan	1.71	2.14	1.71	28	0.04	0.06	0.05	27
重　庆	Chongqing	58.74	60.96	71.42	18	1.30	1.52	2.04	16
四　川	Sichuan	173.29	272.73	273.03	5	7.58	11.04	9.30	2
贵　州	Guizhou	19.63	43.93	81.78	17	0.71	1.33	3.54	12
云　南	Yunnan	46.18	50.67	62.58	19	3.70	3.65	3.55	11
西　藏	Tibet	0.10	0.14	0.13	30	0.01	0.01	0.01	29
陕　西	Shaanxi	16.04	28.87	45.40	20	0.34	0.83	0.95	19
甘　肃	Gansu	8.50	16.34	28.53	22	0.36	0.35	0.31	23
青　海	Qinghai	3.10	6.03	8.20	25	0.16	0.30	0.18	25
宁　夏	Ningxia	0.86	0.77	1.16	29	0.01	0.01	0.01	29
新　疆	Xinjiang	8.56	8.75	12.24	23	0.32	0.43	0.47	21

11-86 非金属矿采选业销售费用和管理费用
Sales Expenses and Administrative Expenses of Mining and Processing of Non-metal Ores

单位：亿元　　(100 million yuan)

地区	Region	销售费用 Sales Expenses			管理费用 Administrative Expenses			
		2012	2013	2013排名 Ranking	2010	2012	2013	2013排名 Ranking
全　国	**National Total**	**147.54**	**180.16**		**160.03**	**197.00**	**215.57**	
北　京	Beijing	0.12	0.04	29	0.41	0.27	0.30	26
天　津	Tianjin	0.23	0.13	28	2.99	3.21	3.40	21
河　北	Hebei	2.44	3.49	19	4.04	4.36	5.56	17
山　西	Shanxi	0.12	0.16	27	0.10	0.15	0.21	28
内蒙古	Inner Mongolia	5.99	7.05	12	4.49	6.03	7.22	14
辽　宁	Liaoning	11.11	13.99	4	10.62	12.74	15.04	5
吉　林	Jilin	3.36	3.62	17	4.35	5.15	4.19	18
黑龙江	Heilongjiang	1.35	2.09	22	0.82	2.17	2.14	22
上　海	Shanghai							
江　苏	Jiangsu	6.78	7.73	10	8.38	10.58	12.64	7
浙　江	Zhejiang	3.53	2.96	21	6.72	6.99	8.07	12
安　徽	Anhui	9.33	10.31	7	4.68	5.95	7.41	13
福　建	Fujian	5.74	7.09	11	4.90	6.17	8.14	11
江　西	Jiangxi	3.64	5.78	13	3.08	3.37	5.76	16
山　东	Shandong	16.61	17.65	1	17.24	17.74	18.73	3
河　南	Henan	9.61	8.93	9	6.37	6.83	7.17	15
湖　北	Hubei	11.92	15.59	2	13.11	18.49	22.16	1
湖　南	Hunan	10.25	14.08	3	14.02	19.15	19.74	2
广　东	Guangdong	7.90	9.77	8	9.35	10.06	12.75	6
广　西	Guangxi	6.93	11.63	6	9.74	14.08	8.42	9
海　南	Hainan	0.44	0.33	26	0.29	0.37	0.30	26
重　庆	Chongqing	2.13	3.50	18	4.64	3.28	3.74	19
四　川	Sichuan	12.77	13.98	5	15.08	15.36	17.06	4
贵　州	Guizhou	2.08	4.25	16	2.27	6.25	9.13	8
云　南	Yunnan	4.09	4.67	14	7.46	11.63	8.19	10
西　藏	Tibet	0.01			0.04	0.06	0.05	29
陕　西	Shaanxi	3.47	4.65	15	1.54	2.66	3.48	20
甘　肃	Gansu	0.44	0.90	24	0.53	0.51	0.87	25
青　海	Qinghai	1.97	1.71	23	1.13	1.16	1.69	24
宁　夏	Ningxia	0.37	0.64	25	0.05	0.05	0.04	30
新　疆	Xinjiang	2.80	3.44	20	1.60	2.18	1.96	23

11-87 非金属矿采选业财务费用和营业利润 Financial Expenses and Operating Profit of Mining and Processing of Non-metal Ores

单位：亿元 (100 million yuan)

地区	Region	财务费用 Financial Expenses				营业利润 Operating Profit			
		2010	2012	2013	2013排名 Ranking	2010	2012	2013	2013排名 Ranking
全国	**National Total**	**29.83**	**45.18**	**53.77**		**296.60**	**403.62**	**438.54**	
北京	Beijing		-0.03	-0.01	30	0.41	0.21	0.19	28
天津	Tianjin	-0.05	0.14	0.03	27	1.79	3.41	0.65	23
河北	Hebei	0.45	0.24	0.46	21	7.80	8.71	7.87	17
山西	Shanxi	0.12	0.34	0.35	23	0.03	0.14	0.20	26
内蒙古	Inner Mongolia	1.66	1.10	2.11	10	18.02	22.78	22.00	8
辽宁	Liaoning	2.57	2.23	2.94	8	23.03	31.85	42.24	3
吉林	Jilin	0.27	0.63	0.73	18	3.61	4.74	4.97	19
黑龙江	Heilongjiang	0.06	0.20	0.14	25	1.61	4.67	3.60	21
上海	Shanghai								
江苏	Jiangsu	2.07	3.38	4.61	3	12.83	14.95	15.53	12
浙江	Zhejiang	1.03	1.69	2.17	9	5.91	8.10	10.50	16
安徽	Anhui	0.78	1.07	1.57	12	6.19	11.64	14.99	14
福建	Fujian	0.45	0.98	1.08	16	8.67	13.02	15.09	13
江西	Jiangxi	0.71	0.87	1.25	15	8.49	9.45	16.86	11
山东	Shandong	3.22	5.17	4.45	4	34.05	37.97	42.14	4
河南	Henan	1.89	3.27	3.10	7	36.66	43.98	47.97	2
湖北	Hubei	4.61	8.70	8.79	1	29.78	45.42	50.23	1
湖南	Hunan	2.05	2.46	3.27	6	14.74	19.67	25.44	7
广东	Guangdong	1.18	1.48	1.76	11	32.22	23.99	25.79	5
广西	Guangxi	0.73	1.21	1.51	13	6.48	16.75	20.85	9
海南	Hainan	0.01	0.01	0.05	26	0.44	0.46	-0.21	30
重庆	Chongqing	0.79	1.00	1.38	14	7.75	3.28	6.37	18
四川	Sichuan	2.83	4.31	4.29	5	20.56	40.95	25.56	6
贵州	Guizhou	0.26	0.26	1.02	17	4.23	15.56	17.70	10
云南	Yunnan	1.57	3.28	4.77	2	7.23	11.00	13.56	15
西藏	Tibet	0.01	0.01	0.01	29	0.07	0.12	0.04	29
陕西	Shaanxi	0.19	0.54	0.73	18	1.39	3.41	4.41	20
甘肃	Gansu	0.07	0.10	0.45	22	0.87	3.38	2.80	22
青海	Qinghai	0.22	0.40	0.47	20	0.26	3.12	0.39	25
宁夏	Ningxia		0.01	0.02	28	0.06	0.07	0.20	26
新疆	Xinjiang	0.08	0.14	0.27	24	1.39	0.81	0.63	24

11-88 非金属矿采选业利润总额和应交增值税
Total Profit and Value Added Tax Payable of Mining and Processing of Non-metal Ores

单位：亿元 (100 million yuan)

地区	Region	利润总额 Total Profit 2010	2012	2013	2013排名 Ranking	应交增值税 Value Added Tax Payable 2010	2012	2013	2013排名 Ranking
全 国	**National Total**	**276.16**	**384.75**	**425.78**		**122.69**	**181.02**	**209.10**	
北 京	Beijing	0.58	1.41	0.21	26	0.17	0.12	0.11	29
天 津	Tianjin	1.89	3.42	0.80	23	0.71	0.60	0.60	25
河 北	Hebei	8.23	10.25	10.36	17	3.72	4.30	4.32	18
山 西	Shanxi	0.01	0.11	0.20	27	0.12	0.19	0.17	26
内蒙古	Inner Mongolia	6.78	11.39	11.04	15	4.31	6.86	7.26	13
辽 宁	Liaoning	25.30	29.75	40.92	4	9.62	13.57	19.88	2
吉 林	Jilin	3.57	4.29	4.76	19	1.64	2.72	3.24	20
黑龙江	Heilongjiang	1.56	4.38	3.21	21	0.98	2.22	1.88	21
上 海	Shanghai								
江 苏	Jiangsu	12.58	15.05	16.14	10	7.39	9.42	10.49	7
浙 江	Zhejiang	6.22	8.44	10.90	16	4.62	5.48	5.82	15
安 徽	Anhui	5.83	9.75	13.82	14	3.20	6.03	6.99	14
福 建	Fujian	7.55	12.84	15.16	12	4.01	6.74	8.29	10
江 西	Jiangxi	8.38	9.18	15.94	11	4.03	5.00	9.72	8
山 东	Shandong	33.40	38.66	41.91	3	13.09	16.95	18.93	4
河 南	Henan	36.60	43.78	47.24	2	9.39	14.58	14.32	5
湖 北	Hubei	24.56	45.17	50.66	1	9.50	18.36	21.82	1
湖 南	Hunan	13.30	17.84	24.63	7	8.25	12.03	13.23	6
广 东	Guangdong	31.53	22.39	24.80	6	9.21	9.54	9.38	9
广 西	Guangxi	5.79	15.95	20.40	8	3.31	6.99	7.82	11
海 南	Hainan	0.48	0.44	-0.26	30	0.14	0.28	0.16	27
重 庆	Chongqing	7.46	3.26	6.29	18	2.62	3.24	4.33	17
四 川	Sichuan	18.97	41.28	25.99	5	12.88	17.76	19.29	3
贵 州	Guizhou	4.16	15.66	17.60	9	1.63	4.84	5.63	16
云 南	Yunnan	7.26	11.71	14.10	13	5.24	7.21	7.75	12
西 藏	Tibet	0.07	0.12	0.04	29	0.03	0.04	0.04	30
陕 西	Shaanxi	1.38	3.45	4.46	20	1.09	2.36	3.39	19
甘 肃	Gansu	0.87	3.25	2.74	22	0.38	1.51	1.67	22
青 海	Qinghai	0.39	0.45	0.73	25	0.30	0.62	0.85	24
宁 夏	Ningxia	0.05	0.07	0.20	27	0.08	0.02	0.13	28
新 疆	Xinjiang	1.41	1.00	0.78	24	1.02	1.42	1.60	23

11-89 农副食品加工业销售产值和主营业务收入
Sales Value and Revenue from Principal Business of Processing of Food from Agricultural Products

单位：亿元 (100 million yuan)

地区	Region	工业销售产值(当年价格) Sales Value (current prices)				主营业务收入 Revenue from Principal Business			
		2010	2012	2013	2013排名 Ranking	2010	2012	2013	2013排名 Ranking
全国	National Total	34228.93	51601.59	59643.06		34668.26	52145.58	60117.42	
北京	Beijing	277.43	344.13	373.69	22	312.95	383.24	411.00	23
天津	Tianjin	374.51	808.36	820.61	19	402.00	829.47	785.50	19
河北	Hebei	1340.13	1883.67	2056.63	13	1347.52	1929.46	2087.81	12
山西	Shanxi	184.97	287.05	354.34	25	192.29	299.33	349.63	25
内蒙古	Inner Mongolia	961.00	1280.55	1617.40	15	955.44	1292.12	1602.55	15
辽宁	Liaoning	2716.43	4295.24	4707.18	3	2744.94	4298.20	4635.09	3
吉林	Jilin	1577.63	2743.89	3093.77	6	1554.44	2685.81	3039.60	6
黑龙江	Heilongjiang	1164.15	2115.57	2755.12	7	1266.67	2220.84	2834.74	7
上海	Shanghai	259.86	335.83	362.42	24	279.28	357.64	429.30	22
江苏	Jiangsu	2226.68	3281.63	3787.83	5	2258.84	3272.70	3794.13	5
浙江	Zhejiang	748.76	930.97	1017.97	17	761.33	946.81	1041.74	17
安徽	Anhui	1276.12	2199.67	2514.06	9	1270.53	2206.33	2501.97	9
福建	Fujian	1203.21	1772.39	2088.14	12	1205.35	1781.27	2084.12	13
江西	Jiangxi	659.01	1126.88	1402.04	16	667.26	1164.35	1452.52	16
山东	Shandong	7379.64	10074.51	11391.00	1	7287.00	10237.37	11608.86	1
河南	Henan	2743.19	4053.31	4801.05	2	3024.34	4202.10	4973.19	2
湖北	Hubei	1494.91	3196.91	3884.31	4	1488.45	3153.54	3882.59	4
湖南	Hunan	1396.04	2150.44	2403.16	11	1385.23	2128.58	2402.17	11
广东	Guangdong	1779.18	2321.64	2705.12	8	1786.01	2322.96	2747.35	8
广西	Guangxi	1067.53	1670.05	1866.56	14	1064.13	1690.83	1878.14	14
海南	Hainan	91.89	110.56	132.89	28	94.27	113.37	127.19	28
重庆	Chongqing	346.96	543.49	650.90	20	348.81	545.68	649.48	20
四川	Sichuan	1803.04	2193.90	2491.42	10	1838.16	2249.85	2494.06	10
贵州	Guizhou	78.92	141.59	208.70	27	79.32	137.14	204.08	27
云南	Yunnan	235.85	383.50	469.05	21	242.57	382.34	469.93	21
西藏	Tibet	1.85	2.41	2.33	31	2.00	2.09	2.33	31
陕西	Shaanxi	393.27	663.47	834.21	18	381.76	642.25	802.50	18
甘肃	Gansu	161.44	278.02	329.16	26	129.40	238.53	292.54	26
青海	Qinghai	21.44	34.84	46.40	30	22.74	35.16	40.30	30
宁夏	Ningxia	45.56	75.10	103.86	29	47.94	75.95	106.80	29
新疆	Xinjiang	218.32	302.04	371.77	23	227.31	320.26	386.20	24

11-90 农副食品加工业主营业务成本和主营业务税金及附加
Cost of Principal Business and Tax and Extra Charges from Principal Business of Processing of Food from Agricultural Products

单位：亿元 (100 million yuan)

地区	Region	主营业务成本 Cost of Principal Business				主营业务税金及附加 Tax and Extra Charges froms Principal Business			
		2010	2012	2013	2013排名 Ranking	2010	2012	2013	2013排名 Ranking
全国	National Total	30338.53	45740.92	53220.82		198.01	242.87	296.01	
北京	Beijing	278.71	333.97	347.97	23	2.24	4.68	7.78	10
天津	Tianjin	373.18	785.34	742.34	18	0.27	3.81	2.64	20
河北	Hebei	1173.02	1719.29	1863.98	12	3.54	4.24	5.69	17
山西	Shanxi	168.45	261.21	312.07	25	0.17	0.23	0.22	28
内蒙古	Inner Mongolia	791.36	1065.69	1338.20	15	7.66	6.20	7.62	11
辽宁	Liaoning	2405.88	3733.93	4094.92	3	13.08	17.72	25.31	3
吉林	Jilin	1357.36	2372.14	2746.81	6	18.70	17.99	14.76	8
黑龙江	Heilongjiang	1129.40	2016.39	2583.73	7	3.11	8.93	20.79	6
上海	Shanghai	245.73	316.58	381.69	22	0.14	0.33	0.40	25
江苏	Jiangsu	2029.03	2884.49	3367.94	5	7.11	14.12	18.88	7
浙江	Zhejiang	687.88	858.41	941.19	17	1.90	2.06	2.60	21
安徽	Anhui	1132.86	1973.85	2259.55	9	5.57	7.00	7.47	12
福建	Fujian	1067.05	1582.84	1849.70	13	3.31	5.13	6.37	16
江西	Jiangxi	587.92	1022.77	1305.36	16	2.24	3.22	6.55	15
山东	Shandong	6416.13	9054.65	10324.89	1	46.62	50.34	57.69	1
河南	Henan	2599.30	3592.44	4316.37	2	21.17	24.96	25.99	2
湖北	Hubei	1300.77	2769.32	3425.67	4	14.00	15.97	22.64	5
湖南	Hunan	1150.24	1733.84	1999.06	11	14.42	21.22	23.09	4
广东	Guangdong	1605.18	2106.66	2502.25	8	5.71	5.42	6.71	13
广西	Guangxi	883.84	1459.83	1653.66	14	6.10	7.24	6.65	14
海南	Hainan	82.97	107.19	121.94	28	0.21	0.14	0.15	29
重庆	Chongqing	299.57	468.31	562.95	20	1.78	2.74	4.34	18
四川	Sichuan	1610.63	1938.55	2173.10	10	14.78	13.63	14.75	9
贵州	Guizhou	71.88	123.05	181.08	27	0.18	0.58	1.23	23
云南	Yunnan	191.52	319.47	400.79	21	1.38	1.48	1.57	22
西藏	Tibet	1.61	1.63	1.88	31	0.01	0.01	0.01	31
陕西	Shaanxi	332.57	561.43	696.50	19	1.35	2.48	3.01	19
甘肃	Gansu	106.21	199.72	261.66	26	0.55	0.28	0.35	26
青海	Qinghai	20.99	32.04	36.42	30	0.15	0.03	0.06	30
宁夏	Ningxia	43.45	68.34	94.95	29	0.15	0.15	0.25	27
新疆	Xinjiang	193.83	277.57	332.20	24	0.41	0.51	0.46	24

11-91 农副食品加工业销售费用和管理费用
Sales Expenses and Administration Expenses of Processing of Food from Agricultural Products

单位：亿元 (100 million yuan)

地区	Region	销售费用 Sales Expenses 2012	2013	2013排名 Ranking	管理费用 Administrative Expenses 2010	2012	2013	2013排名 Ranking
全　国	**National Total**	**1082.86**	**1281.20**		**1016.33**	**1271.07**	**1430.27**	
北　京	Beijing	20.49	25.76	16	10.83	14.59	16.74	20
天　津	Tianjin	11.78	13.38	24	8.17	10.28	11.55	24
河　北	Hebei	35.96	42.36	12	24.82	30.63	36.00	15
山　西	Shanxi	3.95	4.32	27	4.12	5.26	5.80	27
内蒙古	Inner Mongolia	17.75	26.07	15	21.71	27.11	43.18	14
辽　宁	Liaoning	78.93	87.74	5	70.43	106.45	107.68	4
吉　林	Jilin	97.62	107.84	2	64.08	71.60	76.77	6
黑龙江	Heilongjiang	37.85	48.33	11	22.61	39.07	50.62	11
上　海	Shanghai	21.31	22.53	19	8.01	10.68	12.83	22
江　苏	Jiangsu	60.94	69.76	7	39.73	59.58	71.57	9
浙　江	Zhejiang	20.08	23.47	18	20.61	25.63	28.25	16
安　徽	Anhui	45.16	52.00	9	30.80	41.26	47.10	12
福　建	Fujian	35.27	41.57	13	27.16	38.95	45.05	13
江　西	Jiangxi	19.29	25.34	17	14.14	22.48	28.03	17
山　东	Shandong	164.42	189.75	1	238.88	211.28	233.83	1
河　南	Henan	82.91	95.07	3	48.24	63.34	71.95	8
湖　北	Hubei	73.47	92.06	4	53.54	92.08	113.67	3
湖　南	Hunan	60.29	76.07	6	73.57	123.15	122.44	2
广　东	Guangdong	39.79	49.72	10	40.71	52.44	59.10	10
广　西	Guangxi	31.16	36.88	14	61.52	83.04	74.16	7
海　南	Hainan	2.01	1.85	29	3.50	4.18	3.88	28
重　庆	Chongqing	16.57	21.56	20	14.07	13.27	17.17	19
四　川	Sichuan	59.53	64.96	8	74.96	71.61	87.47	5
贵　州	Guizhou	3.03	5.39	26	2.08	3.54	6.95	26
云　南	Yunnan	11.76	17.80	21	12.75	16.81	18.43	18
西　藏	Tibet	0.05	0.05	31	0.18	0.16	0.21	31
陕　西	Shaanxi	10.93	15.51	22	9.52	12.56	15.76	21
甘　肃	Gansu	5.59	7.27	25	3.50	6.49	7.93	25
青　海	Qinghai	0.57	0.81	30	1.42	1.28	1.23	30
宁　夏	Ningxia	1.85	2.48	28	1.65	2.33	3.05	29
新　疆	Xinjiang	12.56	13.49	23	9.04	9.96	11.91	23

11-92 农副食品加工业财务费用和营业利润
Financial Expenses and Operating Profit of Processing of Food from Agricultural Products

单位：亿元 (100 million yuan)

地区	Region	财务费用 Financial Expenses				营业利润 Operating Profit			
		2010	2012	2013	2013排名 Ranking	2010	2012	2013	2013排名 Ranking
全　国	National Total	271.09	428.53	493.05		2560.32	3365.68	3593.71	
北　京	Beijing	1.59	3.56	3.75	24	5.46	8.42	12.76	24
天　津	Tianjin	0.48	4.68	3.93	23	12.46	17.54	19.33	23
河　北	Hebei	4.99	11.73	11.46	15	116.19	96.62	101.81	15
山　西	Shanxi	2.57	4.03	4.33	22	15.01	21.57	24.32	22
内蒙古	Inner Mongolia	7.03	7.27	11.46	15	114.05	120.01	159.84	6
辽　宁	Liaoning	15.01	25.44	29.44	4	236.35	335.31	303.95	3
吉　林	Jilin	14.75	22.14	22.03	8	73.60	148.89	136.06	10
黑龙江	Heilongjiang	10.69	17.20	24.55	6	76.17	107.19	136.68	9
上　海	Shanghai	1.32	1.75	1.54	29	10.48	15.36	12.67	25
江　苏	Jiangsu	12.66	21.66	22.00	9	137.20	212.79	262.02	5
浙　江	Zhejiang	9.99	13.66	14.41	14	29.86	30.26	34.63	19
安　徽	Anhui	9.04	16.34	19.17	11	93.04	118.53	128.92	13
福　建	Fujian	9.25	15.80	19.01	12	88.16	110.24	131.72	12
江　西	Jiangxi	3.29	5.98	7.67	18	39.48	73.83	82.86	16
山　东	Shandong	67.58	91.08	105.78	1	481.14	636.11	633.84	1
河　南	Henan	17.26	28.64	31.80	3	294.75	368.83	431.63	2
湖　北	Hubei	17.54	27.51	36.81	2	145.98	244.98	265.57	4
湖　南	Hunan	13.09	17.38	24.33	7	102.12	131.36	147.32	8
广　东	Guangdong	5.53	15.09	16.84	13	111.42	127.40	132.96	11
广　西	Guangxi	13.00	23.97	20.02	10	130.93	142.30	113.19	14
海　南	Hainan	1.31	2.05	2.66	25	5.56	-1.90	-2.04	31
重　庆	Chongqing	1.66	2.53	2.61	27	24.97	30.24	39.58	18
四　川	Sichuan	15.67	23.69	25.11	5	123.99	158.17	151.22	7
贵　州	Guizhou	0.55	1.16	2.65	26	3.50	5.56	9.53	27
云　南	Yunnan	4.26	7.84	9.95	17	30.70	30.13	25.83	20
西　藏	Tibet	0.01	0.01	0.02	31	0.19	0.23	0.16	30
陕　西	Shaanxi	3.46	6.13	6.68	19	32.19	44.49	56.03	17
甘　肃	Gansu	2.49	3.15	4.52	21	9.44	10.49	11.14	26
青　海	Qinghai	0.15	0.46	0.53	30	2.12	0.85	0.81	29
宁　夏	Ningxia	0.86	1.30	1.64	28	1.32	1.74	4.62	28
新　疆	Xinjiang	3.99	5.30	6.35	20	12.53	18.12	24.74	21

11-93 农副食品加工业利润总额和应交增值税
Total Profit and Value Added Tax Payable of Processing of Food from Agricultural Products

单位：亿元 (100 million yuan)

地区	Region	利润总额 Total Profit 2010	2012	2013	2013排名 Ranking	应交增值税 Value Added Tax Payable 2010	2012	2013	2013排名 Ranking
全　国	**National Total**	**2343.61**	**3202.68**	**3473.53**		**703.15**	**1054.22**	**1269.61**	
北　京	Beijing	7.99	10.96	15.77	24	3.52	4.83	5.37	23
天　津	Tianjin	11.61	18.99	20.64	23	8.20	13.15	18.19	19
河　北	Hebei	80.36	95.11	104.06	15	17.43	29.12	31.64	14
山　西	Shanxi	15.69	22.37	25.60	22	1.07	2.51	2.81	26
内蒙古	Inner Mongolia	74.33	74.42	111.14	14	12.47	19.14	25.69	15
辽　宁	Liaoning	215.29	311.56	301.82	3	38.43	82.65	98.45	3
吉　林	Jilin	73.00	132.56	115.05	13	22.92	47.00	42.77	12
黑龙江	Heilongjiang	80.30	104.45	123.35	11	33.84	38.35	51.61	9
上　海	Shanghai	11.44	16.39	14.53	25	3.31	4.15	4.24	24
江　苏	Jiangsu	125.09	210.83	259.84	5	63.04	88.48	111.92	2
浙　江	Zhejiang	31.46	34.60	38.77	18	9.22	12.42	14.15	20
安　徽	Anhui	93.21	120.39	131.33	10	15.62	27.79	36.72	13
福　建	Fujian	79.82	109.40	132.67	9	29.15	57.14	76.03	7
江　西	Jiangxi	38.91	70.69	81.88	16	10.54	20.46	25.49	16
山　东	Shandong	440.10	629.96	627.62	1	140.90	206.78	261.30	1
河　南	Henan	291.53	354.41	403.86	2	69.91	78.96	88.23	4
湖　北	Hubei	125.25	212.11	261.40	4	26.23	49.05	80.46	5
湖　南	Hunan	93.04	119.94	133.34	8	47.96	67.67	76.88	6
广　东	Guangdong	115.08	121.74	134.12	7	30.91	35.10	43.71	11
广　西	Guangxi	124.37	140.53	116.95	12	36.20	57.02	44.16	10
海　南	Hainan	6.34	0.27	-2.04	31	2.23	1.95	1.21	29
重　庆	Chongqing	23.08	28.81	37.60	19	5.90	16.28	23.45	17
四　川	Sichuan	102.00	144.83	147.01	6	53.36	58.72	62.55	8
贵　州	Guizhou	4.15	6.26	9.94	27	1.20	1.70	3.15	25
云　南	Yunnan	32.37	30.39	26.01	21	8.91	10.34	10.67	21
西　藏	Tibet	0.25	0.28	0.18	30	0.05	0.05	0.02	31
陕　西	Shaanxi	21.13	44.55	54.06	17	5.11	14.36	18.63	18
甘　肃	Gansu	9.46	11.18	12.49	26	1.79	1.78	1.44	28
青　海	Qinghai	1.33	1.05	1.01	29	0.33	0.33	0.31	30
宁　夏	Ningxia	1.92	2.80	5.66	28	0.48	1.23	2.34	27
新　疆	Xinjiang	13.70	20.76	27.87	20	2.94	5.70	6.01	22

11-94 食品制造业工业销售产值和主营业务收入 Sales Value and Revenue from Principal Businesses of Processing of Food from Agricultural Products

单位：亿元 (100 million yuan)

地区	Region	工业销售产值(当年价格) Sales Value (current prices) 2010	2012	2013	2013排名 Ranking	主营业务收入 Revenue from Principal Businesses 2010	2012	2013	2013排名 Ranking
全　国	**National Total**	**11049.45**	**15573.50**	**18039.24**		**11133.50**	**15834.33**	**18546.36**	
北　京	Beijing	189.05	239.22	249.51	21	245.69	369.22	407.14	18
天　津	Tianjin	328.69	954.96	1131.55	4	331.54	894.93	1078.35	4
河　北	Hebei	413.41	679.28	800.95	7	439.29	723.80	836.55	7
山　西	Shanxi	76.66	109.17	117.10	26	74.84	111.64	121.51	25
内蒙古	Inner Mongolia	614.57	542.16	604.53	13	612.35	547.06	841.28	6
辽　宁	Liaoning	471.92	656.99	737.21	10	478.29	661.74	762.34	11
吉　林	Jilin	202.86	342.56	370.52	18	205.59	328.87	363.49	19
黑龙江	Heilongjiang	414.58	458.68	525.55	14	409.42	446.59	513.09	15
上　海	Shanghai	437.28	609.74	607.33	12	484.58	685.48	700.17	13
江　苏	Jiangsu	405.48	618.75	707.48	11	414.24	627.48	728.10	12
浙　江	Zhejiang	381.39	496.70	517.80	15	382.93	500.09	548.90	14
安　徽	Anhui	214.58	401.77	484.90	16	230.24	410.97	492.57	16
福　建	Fujian	541.24	804.10	931.45	5	535.02	800.56	920.09	5
江　西	Jiangxi	241.54	334.61	404.54	17	241.57	351.13	428.23	17
山　东	Shandong	1854.51	2187.80	2338.57	1	1843.02	2232.88	2366.13	1
河　南	Henan	1177.84	1564.19	1925.22	2	1131.84	1592.68	1951.20	2
湖　北	Hubei	373.76	671.64	837.44	6	378.52	665.28	821.84	8
湖　南	Hunan	429.74	649.90	788.43	8	425.20	639.76	774.56	9
广　东	Guangdong	1073.96	1397.14	1681.53	3	1074.73	1409.64	1664.78	3
广　西	Guangxi	117.16	221.24	270.88	20	116.13	216.63	266.67	21
海　南	Hainan	37.92	38.25	43.19	29	38.33	38.39	44.37	29
重　庆	Chongqing	99.32	125.13	164.67	23	110.34	137.06	174.10	22
四　川	Sichuan	436.56	652.25	775.63	9	428.73	653.77	768.92	10
贵　州	Guizhou	55.00	67.76	91.32	27	54.94	66.73	87.91	27
云　南	Yunnan	65.18	134.08	158.22	24	64.97	133.19	156.34	24
西　藏	Tibet	0.87	1.34	1.39	31	0.92	1.33	1.38	31
陕　西	Shaanxi	192.25	297.05	362.75	19	184.68	288.18	346.43	20
甘　肃	Gansu	40.82	71.09	79.61	28	34.46	61.14	72.79	28
青　海	Qinghai	18.04	18.44	20.55	30	17.66	13.16	14.01	30
宁　夏	Ningxia	45.72	102.04	124.75	25	43.88	97.79	119.11	26
新　疆	Xinjiang	97.57	125.49	184.66	22	99.59	127.14	174.00	23

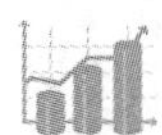

11-95 食品制造业主营业务成本和主营业务税金及附加
Costs of Principal Businesses and Tax and Extra Charges from Principal Businesses of Processing of Food from Agricultural Products

单位：亿元 (100 million yuan)

地区	Region	主营业务成本 Cost of Principal Business				主营业务税金及附加 Tax and Extra Charges from Principal Business			
		2010	2012	2013	2013排名 Ranking	2010	2012	2013	2013排名 Ranking
全　国	**National Total**	**8760.31**	**12324.57**	**14617.09**		**69.66**	**99.26**	**123.77**	
北　京	Beijing	172.03	242.62	270.30	20	0.45	2.36	2.48	17
天　津	Tianjin	257.52	630.97	784.07	4	0.44	4.78	14.32	2
河　北	Hebei	351.66	590.42	681.87	7	1.28	2.39	3.22	14
山　西	Shanxi	62.30	90.84	99.68	25	0.39	0.42	0.36	27
内蒙古	Inner Mongolia	481.04	425.96	699.03	6	2.81	3.95	3.74	11
辽　宁	Liaoning	411.07	548.10	640.22	9	2.38	3.75	5.12	8
吉　林	Jilin	169.16	272.24	313.43	18	1.22	1.84	1.87	20
黑龙江	Heilongjiang	302.36	350.26	398.82	16	1.54	2.02	2.53	16
上　海	Shanghai	329.76	454.70	445.69	13	0.54	3.52	3.57	12
江　苏	Jiangsu	336.55	497.54	580.04	12	1.44	3.72	4.36	9
浙　江	Zhejiang	295.43	394.42	435.51	14	1.63	2.22	2.55	15
安　徽	Anhui	189.81	339.58	406.23	15	1.01	1.99	3.23	13
福　建	Fujian	436.33	654.46	757.08	5	2.28	3.60	4.21	10
江　西	Jiangxi	193.16	289.32	349.17	17	1.14	1.79	2.39	18
山　东	Shandong	1537.74	1844.61	1979.44	1	14.13	17.79	17.21	1
河　南	Henan	915.88	1317.90	1637.21	2	7.02	9.11	11.18	4
湖　北	Hubei	305.61	534.60	667.17	8	3.16	5.64	6.78	6
湖　南	Hunan	340.42	505.11	629.51	10	3.73	6.64	8.19	5
广　东	Guangdong	714.42	888.12	1061.78	3	13.67	10.62	12.84	3
广　西	Guangxi	90.52	168.17	212.34	21	1.46	1.47	1.53	22
海　南	Hainan	24.05	26.44	30.53	29	0.38	0.27	0.33	28
重　庆	Chongqing	87.29	107.11	136.26	23	0.61	0.82	1.84	21
四　川	Sichuan	355.99	529.10	627.82	11	3.29	4.93	5.65	7
贵　州	Guizhou	41.96	48.81	67.45	27	0.53	0.46	0.58	23
云　南	Yunnan	50.68	102.43	121.33	24	1.17	0.46	0.52	25
西　藏	Tibet	0.74	0.92	0.96	31	0.01	0.01	0.01	31
陕　西	Shaanxi	147.74	229.17	274.56	19	1.12	1.85	1.94	19
甘　肃	Gansu	27.76	50.04	60.58	28	0.25	0.19	0.17	29
青　海	Qinghai	15.67	9.89	10.74	30	0.15	0.13	0.08	30
宁　夏	Ningxia	36.08	79.88	98.55	26	0.10	0.20	0.39	26
新　疆	Xinjiang	79.60	100.84	139.73	22	0.36	0.35	0.58	23

11-96 食品制造业销售费用和管理费用
Sales Expenses and Administrative Expenses of Manufacture of Foods

单位：亿元 (100 million yuan)

地区	Region	销售费用 Sales Expenses 2012	2013	2013排名 Ranking	管理费用 Administrative Expenses 2010	2012	2013	2013排名 Ranking
全 国	**National Total**	**1209.67**	**1375.51**		**446.05**	**607.65**	**701.50**	
北 京	Beijing	86.06	95.95	3	19.21	22.88	24.22	14
天 津	Tianjin	77.19	90.13	4	13.65	23.32	27.64	11
河 北	Hebei	52.10	61.74	7	11.58	17.15	21.67	15
山 西	Shanxi	6.29	6.79	27	4.22	3.97	4.62	26
内蒙古	Inner Mongolia	57.12	63.07	6	19.49	25.35	26.11	12
辽 宁	Liaoning	23.65	25.49	17	16.59	23.84	29.70	9
吉 林	Jilin	13.09	15.88	19	11.09	13.60	14.30	18
黑龙江	Heilongjiang	45.75	51.24	9	13.53	15.85	14.50	17
上 海	Shanghai	145.51	158.69	2	27.15	43.15	52.11	4
江 苏	Jiangsu	54.49	54.68	8	15.57	24.58	31.26	7
浙 江	Zhejiang	34.86	37.67	14	16.94	22.85	24.90	13
安 徽	Anhui	20.80	25.85	16	7.67	14.91	13.97	19
福 建	Fujian	39.48	47.69	11	19.65	29.66	35.96	6
江 西	Jiangxi	11.30	14.93	21	8.46	9.81	12.12	21
山 东	Shandong	73.98	73.21	5	61.28	57.00	64.29	2
河 南	Henan	45.40	50.41	10	22.47	28.02	30.65	8
湖 北	Hubei	41.46	47.23	12	18.66	33.11	40.87	5
湖 南	Hunan	29.06	36.71	15	22.47	41.19	54.46	3
广 东	Guangdong	224.20	271.75	1	59.43	76.65	85.20	1
广 西	Guangxi	13.53	15.76	20	7.22	12.10	13.36	20
海 南	Hainan	8.36	10.88	25	1.68	1.44	1.49	29
重 庆	Chongqing	12.02	12.16	23	4.11	5.90	7.67	23
四 川	Sichuan	34.98	44.01	13	20.84	25.27	28.59	10
贵 州	Guizhou	2.21	3.09	29	2.13	1.82	2.83	28
云 南	Yunnan	14.94	12.22	22	2.66	8.10	7.93	22
西 藏	Tibet	0.46	0.45	31	0.05	0.07	0.15	31
陕 西	Shaanxi	17.61	20.77	18	8.88	12.60	14.61	16
甘 肃	Gansu	2.77	4.44	28	1.43	2.10	3.28	27
青 海	Qinghai	0.67	0.81	30	1.39	0.69	0.94	30
宁 夏	Ningxia	8.07	10.16	26	2.11	4.35	4.95	25
新 疆	Xinjiang	12.24	11.62	24	4.45	6.33	7.18	24

11-97 食品制造业财务费用和营业利润
Financial Expenses and Operating Profit of Manufacture of Foods

单位：亿元 (100 million yuan)

地区	Region	财务费用 Financial Expenses 2010	2012	2013	2013排名 Ranking	营业利润 Operating Profit 2010	2012	2013	2013排名 Ranking
全　国	**National Total**	**83.64**	**116.36**	**122.20**		**1053.99**	**1424.91**	**1635.64**	
北　京	Beijing	1.41	1.80	1.19	22	7.40	16.12	15.40	20
天　津	Tianjin	1.57	-0.89	-0.87	30	49.39	149.66	176.57	3
河　北	Hebei	2.36	3.66	4.69	10	36.63	58.15	65.91	6
山　西	Shanxi	0.79	1.26	1.90	20	7.03	8.99	8.69	26
内蒙古	Inner Mongolia	2.51	2.24	0.60	23	86.34	37.14	59.87	8
辽　宁	Liaoning	2.57	2.96	3.09	13	45.41	57.11	56.45	10
吉　林	Jilin	2.66	5.23	5.95	9	11.84	23.04	13.41	23
黑龙江	Heilongjiang	2.02	2.60	2.21	19	43.60	37.88	41.39	15
上　海	Shanghai	1.49	0.21	0.53	25	31.54	46.65	43.81	14
江　苏	Jiangsu	2.57	6.44	6.67	6	29.44	43.25	55.54	11
浙　江	Zhejiang	3.99	5.30	6.11	8	27.85	46.90	49.14	13
安　徽	Anhui	1.67	2.98	3.27	12	19.63	33.44	37.50	17
福　建	Fujian	4.38	7.60	8.45	4	45.39	65.07	69.61	5
江　西	Jiangxi	1.69	2.29	2.37	16	18.29	27.12	40.00	16
山　东	Shandong	18.28	25.62	23.39	1	146.09	156.63	174.77	4
河　南	Henan	10.91	13.38	13.44	2	138.01	169.68	202.62	2
湖　北	Hubei	3.78	6.22	9.87	3	36.66	53.06	57.39	9
湖　南	Hunan	3.03	6.29	7.30	5	35.77	50.28	52.99	12
广　东	Guangdong	2.50	1.36	-0.45	29	138.33	204.56	239.95	1
广　西	Guangxi	1.37	3.01	2.74	14	12.02	20.54	21.50	19
海　南	Hainan	-0.04	-0.06	-0.11	28	4.69	2.35	2.72	28
重　庆	Chongqing	0.74	1.38	2.36	17	10.19	9.19	14.22	21
四　川	Sichuan	4.07	5.69	6.29	7	28.88	49.58	61.81	7
贵　州	Guizhou	0.57	0.46	0.57	24	8.54	11.92	13.78	22
云　南	Yunnan	0.83	2.11	2.57	15	4.52	9.71	11.21	25
西　藏	Tibet	0.01				0.03	-0.13	-0.19	31
陕　西	Shaanxi	1.04	0.67	0.45	26	22.13	24.72	30.47	18
甘　肃	Gansu	1.19	1.08	1.81	21	0.34	2.38	2.52	29
青　海	Qinghai	0.11	0.10	0.08	27	2.04	1.24	1.52	30
宁　夏	Ningxia	0.66	1.81	2.32	18	2.93	3.74	3.22	27
新　疆	Xinjiang	2.91	3.55	3.39	11	3.03	4.95	11.88	24

11-98 食品制造业利润总额和应交增值税
Total Profit and Value Added Tax Payable of Manufacture of Foods

单位：亿元 (100 million yuan)

地区	Region	利润总额 Total Profit 2010	2012	2013	2013排名 Ranking	应交增值税 Value Added Tax Payable 2010	2012	2013	2013排名 Ranking
全国	**National Total**	**1015.45**	**1423.10**	**1646.98**		**388.11**	**565.96**	**649.27**	
北京	Beijing	8.86	16.93	17.64	20	12.96	19.62	20.52	14
天津	Tianjin	50.15	150.46	176.62	4	6.76	37.48	40.26	4
河北	Hebei	30.04	57.03	67.11	6	12.20	18.75	23.11	12
山西	Shanxi	6.68	9.38	9.11	26	2.29	3.39	2.76	28
内蒙古	Inner Mongolia	80.61	35.94	56.66	9	21.57	25.05	25.94	10
辽宁	Liaoning	44.78	51.85	54.58	11	9.95	15.60	18.46	15
吉林	Jilin	11.59	19.67	11.21	25	3.48	8.16	8.67	20
黑龙江	Heilongjiang	38.39	33.97	46.60	14	17.21	18.71	16.57	16
上海	Shanghai	32.22	50.87	45.33	15	25.19	35.06	39.57	5
江苏	Jiangsu	27.25	45.61	59.24	8	15.22	24.48	25.39	11
浙江	Zhejiang	29.99	52.12	51.48	12	15.85	18.17	20.64	13
安徽	Anhui	18.08	29.77	37.50	17	6.14	10.00	12.20	18
福建	Fujian	41.62	65.40	70.16	5	14.61	24.98	30.09	7
江西	Jiangxi	17.94	26.95	37.57	16	7.10	10.61	15.50	17
山东	Shandong	144.46	159.17	177.36	3	57.76	66.12	71.93	2
河南	Henan	138.33	170.56	202.81	2	32.33	37.76	48.36	3
湖北	Hubei	32.97	51.33	55.61	10	11.04	20.38	31.13	6
湖南	Hunan	34.09	43.69	50.93	13	17.06	24.88	27.72	9
广东	Guangdong	136.65	206.37	238.75	1	60.56	83.32	96.39	1
广西	Guangxi	12.41	21.20	22.41	19	3.59	8.00	9.20	19
海南	Hainan	4.71	2.41	2.76	28	3.01	2.34	2.81	27
重庆	Chongqing	9.79	9.61	14.16	21	3.10	5.32	7.40	22
四川	Sichuan	27.93	49.72	61.66	7	14.20	25.59	28.92	8
贵州	Guizhou	8.89	12.03	13.78	22	2.51	3.07	4.25	24
云南	Yunnan	4.70	10.15	12.24	24	1.55	3.43	3.67	25
西藏	Tibet	0.03	0.17	0.30	31	0.04	0.08	0.08	31
陕西	Shaanxi	13.32	24.91	30.77	18	5.72	7.90	8.23	21
甘肃	Gansu	0.77	2.83	2.72	29	0.98	1.09	0.72	29
青海	Qinghai	1.30	1.30	1.30	30	0.46	0.32	0.21	30
宁夏	Ningxia	3.47	4.71	5.09	27	0.78	1.98	3.00	26
新疆	Xinjiang	3.43	6.99	13.50	23	2.90	4.32	5.53	23

11-99 酒、饮料和精制茶制造业工业销售产值和主营业务收入
Sales Value and Revenue from Principal Business of Manufacture of Liquor, Beverages and Refined Tea

单位：亿元 (100 million yuan)

地区	Region	工业销售产值(当年价格) Sales Value（current prices）				主营业务收入 Revenue from Principal Business			
		2010	2012	2013	2013排名 Ranking	2010	2012	2013	2013排名 Ranking
全　国	**National Total**	**8915.26**	**13233.13**	**15149.36**		**9165.70**	**13549.14**	**15327.37**	
北　京	Beijing	161.48	210.59	208.57	20	185.47	228.59	228.07	20
天　津	Tianjin	101.91	141.96	148.01	24	113.81	149.59	188.15	22
河　北	Hebei	264.84	374.45	447.16	14	257.35	373.02	441.64	14
山　西	Shanxi	87.23	147.20	143.16	25	109.64	190.66	199.53	21
内蒙古	Inner Mongolia	184.01	259.40	286.29	18	182.71	271.06	276.46	18
辽　宁	Liaoning	339.18	515.87	498.58	12	329.35	500.48	485.21	12
吉　林	Jilin	280.83	437.52	468.75	13	267.66	435.39	465.12	13
黑龙江	Heilongjiang	189.43	281.50	312.53	17	194.53	285.12	308.76	17
上　海	Shanghai	159.76	104.53	105.63	26	170.59	117.07	120.54	26
江　苏	Jiangsu	594.71	857.39	938.19	6	584.19	853.21	927.62	6
浙　江	Zhejiang	417.35	481.05	499.94	11	480.23	472.06	490.68	11
安　徽	Anhui	284.52	508.97	530.07	9	280.18	479.96	506.98	10
福　建	Fujian	368.82	582.58	692.04	7	367.04	614.84	750.76	7
江　西	Jiangxi	125.76	213.63	255.52	19	129.65	219.79	263.22	19
山　东	Shandong	925.94	1282.78	1313.05	2	991.36	1337.49	1360.65	2
河　南	Henan	668.63	984.80	1191.94	4	672.84	1008.61	1208.06	4
湖　北	Hubei	553.44	1018.37	1269.88	3	549.84	961.97	1229.67	3
湖　南	Hunan	293.77	466.22	563.15	8	289.38	461.26	544.29	9
广　东	Guangdong	635.80	845.25	970.82	5	639.98	850.60	942.66	5
广　西	Guangxi	185.81	311.87	376.77	16	179.05	296.77	342.10	16
海　南	Hainan	16.31	17.10	18.70	30	19.62	19.11	19.65	30
重　庆	Chongqing	104.70	129.59	157.01	22	104.71	135.13	160.05	24
四　川	Sichuan	1287.44	1944.07	2334.80	1	1413.32	2144.11	2439.22	1
贵　州	Guizhou	192.01	383.36	515.16	10	184.25	436.89	563.26	8
云　南	Yunnan	90.60	134.45	185.40	21	92.10	135.26	184.93	23
西　藏	Tibet	9.98	12.73	13.23	31	9.37	13.48	13.50	31
陕　西	Shaanxi	222.12	324.85	392.65	15	199.23	317.55	381.24	15
甘　肃	Gansu	73.61	125.48	152.07	23	73.06	106.25	133.29	25
青　海	Qinghai	16.24	29.50	32.81	28	15.76	25.06	27.98	28
宁　夏	Ningxia	17.08	20.77	26.86	29	15.84	19.15	24.16	29
新　疆	Xinjiang	61.96	85.29	100.60	27	63.56	89.64	99.93	27

11-100 酒、饮料和精制茶制造业主营业务成本和主营业务税金及附加
Cost of Principal Business and Tax and Extra Charges from Principal Business of Manufacture of Liquor, Beverages and Refined Tea

单位：亿元 (100 million yuan)

地区	Region	主营业务成本 Cost of Principal Business				主营业务税金及附加 Tax and Extra charges from Principal Business			
		2010	2012	2013	2013排名 Ranking	2010	2012	2013	2013排名 Ranking
全　国	**National Total**	**6669.36**	**9703.25**	**11197.63**		**318.83**	**456.03**	**531.01**	
北　京	Beijing	126.77	157.96	160.41	20	7.67	9.38	9.06	19
天　津	Tianjin	85.82	114.87	152.54	21	3.13	2.82	2.14	28
河　北	Hebei	191.59	269.56	326.87	13	12.92	19.87	20.46	8
山　西	Shanxi	72.70	119.96	131.90	22	7.57	15.37	14.45	10
内蒙古	Inner Mongolia	135.03	192.55	202.81	17	10.48	10.10	9.98	18
辽　宁	Liaoning	263.48	397.75	389.11	9	6.47	11.55	11.54	13
吉　林	Jilin	218.64	352.11	381.52	10	7.68	13.46	13.82	11
黑龙江	Heilongjiang	153.17	224.97	247.61	16	7.96	9.72	10.59	16
上　海	Shanghai	91.98	81.89	81.55	26	2.37	2.73	2.56	26
江　苏	Jiangsu	429.05	594.64	664.43	5	16.58	25.17	27.00	6
浙　江	Zhejiang	366.35	342.71	353.12	11	9.33	10.94	11.22	14
安　徽	Anhui	192.04	331.16	342.67	12	19.98	33.39	35.43	4
福　建	Fujian	271.87	463.01	568.28	7	8.11	12.50	12.32	12
江　西	Jiangxi	91.64	165.49	200.73	18	5.45	7.88	8.56	20
山　东	Shandong	756.14	1044.67	1072.38	2	33.49	49.23	45.40	3
河　南	Henan	533.53	810.60	987.09	3	12.46	17.34	20.14	9
湖　北	Hubei	392.18	700.39	906.21	4	13.81	20.54	29.72	5
湖　南	Hunan	228.22	343.00	421.65	8	5.58	8.84	8.33	21
广　东	Guangdong	467.55	591.36	638.75	6	14.06	20.66	21.12	7
广　西	Guangxi	127.58	219.11	257.76	15	6.57	9.44	10.98	15
海　南	Hainan	12.83	13.45	14.51	29	0.76	0.74	0.68	30
重　庆	Chongqing	75.05	98.24	114.43	24	3.37	4.53	5.23	24
四　川	Sichuan	1007.07	1462.43	1797.07	1	63.70	95.71	125.42	1
贵　州	Guizhou	49.78	119.71	180.74	19	21.59	14.44	45.91	2
云　南	Yunnan	64.48	95.78	127.21	23	2.39	3.31	4.07	25
西　藏	Tibet	5.58	9.06	8.28	31	0.06	0.10	0.13	31
陕　西	Shaanxi	144.82	224.71	272.84	14	6.24	11.74	10.13	17
甘　肃	Gansu	51.48	75.88	94.26	25	3.56	5.15	5.53	22
青　海	Qinghai	10.71	16.96	19.08	28	0.52	2.76	2.48	27
宁　夏	Ningxia	11.00	12.22	14.46	30	0.73	0.86	1.26	29
新　疆	Xinjiang	41.24	57.05	67.36	27	4.25	5.76	5.35	23

11-101 酒、饮料和精制茶制造业销售费用和管理费用
Sales Expenses and Administrative Expenses of Manufacture of Liquor, Beverages and Refined Tea

单位：亿元 (100 million yuan)

地区	Region	销售费用 Sales Expenses 2012	2013	2013排名 Ranking	管理费用 Administrative Expenses 2010	2012	2013	2013排名 Ranking
全国	**National Total**	**1064.72**	**1230.06**		**444.21**	**598.91**	**683.02**	
北京	Beijing	39.84	39.81	11	11.44	13.05	13.01	19
天津	Tianjin	21.82	25.12	15	5.40	5.91	6.92	25
河北	Hebei	25.77	30.68	13	10.01	12.80	15.06	17
山西	Shanxi	20.97	23.27	17	7.37	10.88	11.28	20
内蒙古	Inner Mongolia	11.73	13.36	25	6.66	10.95	13.41	18
辽宁	Liaoning	20.98	23.82	16	14.81	19.02	16.37	15
吉林	Jilin	18.93	20.28	19	14.78	16.66	20.44	11
黑龙江	Heilongjiang	19.10	18.62	20	8.89	13.81	15.26	16
上海	Shanghai	19.40	20.58	18	18.34	8.55	8.45	24
江苏	Jiangsu	52.49	59.24	6	19.70	30.57	35.67	8
浙江	Zhejiang	57.25	64.44	5	17.84	17.67	18.94	14
安徽	Anhui	42.17	47.46	8	14.52	22.46	22.37	10
福建	Fujian	46.05	58.35	7	20.80	30.97	36.31	7
江西	Jiangxi	15.71	15.57	22	5.42	7.32	9.78	21
山东	Shandong	88.01	87.04	4	35.97	35.25	40.08	5
河南	Henan	39.79	43.31	9	15.38	23.25	26.99	9
湖北	Hubei	100.80	122.37	3	25.44	49.36	63.11	2
湖南	Hunan	28.43	32.66	12	17.32	32.14	38.63	6
广东	Guangdong	129.20	181.98	1	28.22	39.82	42.22	4
广西	Guangxi	15.02	17.93	21	12.56	20.25	19.92	13
海南	Hainan	1.97	1.94	30	2.61	1.86	1.74	30
重庆	Chongqing	13.32	14.48	24	6.11	7.18	9.53	22
四川	Sichuan	145.10	156.94	2	79.78	101.10	111.61	1
贵州	Guizhou	31.82	41.07	10	18.48	33.62	42.82	3
云南	Yunnan	12.50	15.29	23	5.22	7.17	9.18	23
西藏	Tibet	0.75	0.70	31	0.60	0.75	0.78	31
陕西	Shaanxi	24.91	27.18	14	12.32	15.48	20.14	12
甘肃	Gansu	10.12	10.59	26	2.72	4.56	5.45	26
青海	Qinghai	1.24	4.69	28	1.84	1.48	1.80	28
宁夏	Ningxia	1.58	2.95	29	0.87	1.28	1.78	29
新疆	Xinjiang	7.97	8.34	27	2.79	3.76	3.97	27

11-102 酒、饮料和精制茶制造业财务费用和营业利润
Financial Expenses and Operating Profit of Manufacture of Liquor, Beverages and Refined Tea

单位：亿元 (100 million yuan)

地区	Region	财务费用 Financial Expenses				营业利润 Operating Profit			
		2010	2012	2013	2013排名 Ranking	2010	2012	2013	2013排名 Ranking
全　国	**National Total**	**66.19**	**95.25**	**102.86**		**1018.43**	**1616.16**	**1714.19**	
北　京	Beijing	1.76	3.28	1.59	22	12.42	7.57	7.50	25
天　津	Tianjin	0.35	0.82	0.91	25	4.34	5.27	-1.35	31
河　北	Hebei	1.97	4.30	3.60	10	22.97	41.58	45.32	12
山　西	Shanxi	1.46	1.02	1.31	23	12.30	22.89	17.63	20
内蒙古	Inner Mongolia	2.21	2.64	2.63	16	32.69	30.22	31.98	16
辽　宁	Liaoning	1.39	2.30	1.63	21	32.30	48.19	43.04	13
吉　林	Jilin	3.09	5.03	4.56	7	10.90	25.35	25.26	18
黑龙江	Heilongjiang	1.50	2.48	2.19	19	15.56	11.48	12.39	23
上　海	Shanghai	0.32	0.41	0.21	27	7.24	4.37	10.33	24
江　苏	Jiangsu	2.81	5.55	5.12	5	65.30	152.12	148.90	3
浙　江	Zhejiang	3.97	4.78	4.35	8	34.13	46.37	48.72	10
安　徽	Anhui	1.63	3.47	2.79	15	34.44	51.65	60.73	9
福　建	Fujian	1.83	3.88	3.75	9	42.21	62.39	72.67	8
江　西	Jiangxi	0.79	2.04	2.44	18	13.86	21.54	23.21	19
山　东	Shandong	6.82	8.75	9.90	3	95.84	117.14	115.71	5
河　南	Henan	7.40	11.65	13.68	1	78.56	96.15	111.99	6
湖　北	Hubei	4.78	6.63	10.93	2	69.35	91.10	118.42	4
湖　南	Hunan	2.06	3.42	4.92	6	28.28	36.05	33.13	15
广　东	Guangdong	3.21	4.32	3.13	12	38.28	54.93	72.83	7
广　西	Guangxi	1.37	2.57	3.01	13	27.67	42.32	41.02	14
海　南	Hainan	0.07	0.10	-0.11	30	3.50	1.20	0.95	30
重　庆	Chongqing	1.02	1.76	2.04	20	9.29	11.39	15.75	21
四　川	Sichuan	8.50	6.52	8.26	4	190.26	330.20	299.08	1
贵　州	Guizhou	-0.74	-1.58	-0.80	31	91.08	215.97	258.86	2
云　南	Yunnan	1.84	2.81	3.40	11	12.09	15.49	26.10	17
西　藏	Tibet	0.05	0.10	0.06	28	1.69	4.56	3.39	27
陕　西	Shaanxi	1.84	2.48	2.90	14	17.78	40.02	45.96	11
甘　肃	Gansu	1.46	1.95	2.53	17	4.79	5.51	5.10	26
青　海	Qinghai	0.05	0.03	-0.01	29	-0.82	4.53	1.73	29
宁　夏	Ningxia	0.38	0.56	0.66	26	1.86	3.45	3.28	28
新　疆	Xinjiang	0.98	1.15	1.28	24	8.26	15.16	14.59	22

11-103 酒、饮料和精制茶制造业利润总额和应交增值税
Total Profit and Value Added Tax Payable of Manufacture of Liquor, Beverages and Refined Tea

单位：亿元 (100 million yuan)

地区	Region	利润总额 Total Profit				应交增值税 Value Added Tax Payable			
		2010	2012	2013	2013排名 Ranking	2010	2012	2013	2013排名 Ranking
全　国	**National Total**	**991.33**	**1602.36**	**1716.90**		**407.89**	**600.06**	**656.07**	
北　京	Beijing	14.32	8.88	9.96	25	10.47	14.07	13.67	14
天　津	Tianjin	4.83	5.30	-1.35	31	5.35	7.15	6.96	23
河　北	Hebei	23.72	41.58	48.46	11	10.60	16.94	17.75	13
山　西	Shanxi	12.12	22.61	17.32	20	5.96	12.57	10.88	19
内蒙古	Inner Mongolia	17.34	25.07	25.79	17	6.68	9.08	8.26	22
辽　宁	Liaoning	32.13	46.13	40.47	14	10.15	13.02	13.61	15
吉　林	Jilin	10.63	22.59	21.54	19	7.68	13.75	12.11	16
黑龙江	Heilongjiang	15.62	14.39	13.63	23	7.31	8.01	11.21	17
上　海	Shanghai	7.49	6.02	10.45	24	12.19	5.75	4.94	25
江　苏	Jiangsu	60.25	153.84	150.65	3	28.50	41.41	44.81	5
浙　江	Zhejiang	35.55	48.70	51.03	10	19.83	22.15	22.10	10
安　徽	Anhui	35.00	56.18	60.41	9	13.48	25.74	27.20	8
福　建	Fujian	42.12	63.13	72.48	8	14.20	22.70	26.06	9
江　西	Jiangxi	13.99	21.74	23.67	18	6.08	8.51	11.13	18
山　东	Shandong	95.92	119.30	118.06	5	41.07	50.87	49.41	3
河　南	Henan	79.01	96.73	113.06	6	21.87	25.74	27.57	7
湖　北	Hubei	53.61	88.89	119.09	4	17.94	28.94	44.45	6
湖　南	Hunan	27.13	34.83	30.67	15	13.25	19.28	19.55	11
广　东	Guangdong	40.77	39.72	73.81	7	28.87	40.64	45.88	4
广　西	Guangxi	28.03	42.35	41.93	13	8.35	9.41	10.66	20
海　南	Hainan	3.14	1.86	1.09	29	1.08	0.95	0.86	31
重　庆	Chongqing	9.31	10.74	15.89	21	4.88	6.02	9.03	21
四　川	Sichuan	189.12	330.78	299.85	1	70.61	109.80	124.22	1
贵　州	Guizhou	91.24	211.83	257.22	2	20.92	50.51	57.24	2
云　南	Yunnan	11.93	16.19	27.13	16	3.90	4.85	5.53	24
西　藏	Tibet	1.89	5.04	4.06	27	0.80	0.86	1.37	29
陕　西	Shaanxi	17.40	40.08	44.83	12	8.68	19.67	18.63	12
甘　肃	Gansu	4.98	6.08	5.75	26	2.40	3.59	3.50	27
青　海	Qinghai	-0.77	0.92	1.00	30	0.79	1.58	1.64	28
宁　夏	Ningxia	2.08	5.09	3.58	28	0.83	1.36	1.34	30
新　疆	Xinjiang	11.44	15.78	15.36	22	3.14	5.13	4.50	26

11-104 烟草制品业工业销售产值和主营业务收入
Sales Value and Revenue from Principal Business of Manufacture of Tobacco

单位：亿元 (100 million yuan)

地区	Region	工业销售产值（当年价格） Sales Value (current prices)				主营业务收入 Revenue from Principal Business			
		2010	2012	2013	2013排名 Ranking	2010	2012	2013	2013排名 Ranking
全国	**National Total**	**5846.40**	**7940.39**	**8722.41**		**5628.19**	**7571.52**	**8308.08**	
北京	Beijing	36.86	45.18	46.96	25	36.56	44.90	46.94	25
天津	Tianjin	26.61	45.47	48.90	24	26.61	45.47	48.90	24
河北	Hebei	116.45	164.69	174.28	16	113.54	155.83	164.02	16
山西	Shanxi	26.06	36.91	41.35	26	26.36	36.55	40.41	26
内蒙古	Inner Mongolia	50.41	70.38	85.60	22	49.96	71.01	82.04	22
辽宁	Liaoning	50.98	68.06	75.27	23	50.91	67.74	74.74	23
吉林	Jilin	96.14	119.89	126.70	20	88.77	118.89	124.24	20
黑龙江	Heilongjiang	63.64	102.03	114.16	21	63.34	101.25	114.30	21
上海	Shanghai	539.69	764.71	851.83	2	538.16	763.06	849.54	2
江苏	Jiangsu	345.17	440.70	480.22	7	345.16	440.75	474.30	5
浙江	Zhejiang	280.69	350.78	379.45	9	279.33	347.69	377.10	8
安徽	Anhui	225.41	291.00	319.15	11	225.04	290.75	318.63	11
福建	Fujian	164.43	227.83	244.97	13	167.77	226.75	236.66	13
江西	Jiangxi	94.12	136.70	156.10	18	94.00	136.52	155.65	17
山东	Shandong	355.69	426.48	517.94	5	259.14	303.01	322.85	10
河南	Henan	281.22	414.18	449.99	8	280.93	414.03	448.38	6
湖北	Hubei	360.60	464.39	503.55	6	359.47	449.32	489.63	4
湖南	Hunan	526.12	711.09	778.30	3	520.78	709.34	778.67	3
广东	Guangdong	376.97	476.32	525.66	4	312.16	369.86	399.51	7
广西	Guangxi	118.69	166.64	188.65	15	118.99	166.93	188.65	15
海南	Hainan	13.43	21.14	24.51	28	13.43	21.14	24.51	28
重庆	Chongqing	99.83	141.00	156.27	17	97.56	131.41	145.54	18
四川	Sichuan	171.95	237.30	254.46	12	171.16	237.36	255.61	12
贵州	Guizhou	206.76	307.72	343.29	10	212.11	305.07	339.47	9
云南	Yunnan	990.79	1381.33	1463.26	1	949.58	1288.25	1438.12	1
西藏	Tibet								
陕西	Shaanxi	121.24	179.96	195.74	14	120.59	179.98	193.74	14
甘肃	Gansu	78.14	112.82	137.42	19	78.47	112.95	137.48	19
青海	Qinghai								
宁夏	Ningxia	4.69	0.25	0.22	29	4.69	0.25	0.23	29
新疆	Xinjiang	23.60	35.46	38.21	27	23.60	35.46	38.21	27

11-105 烟草制品业主营业务成本和主营业务税金及附加

Costs, Tax and Extra Charges from Principal Business of Manufacture of Tobacco

单位：亿元 (100 million yuan)

地区	Region	主营业务成本 Cost of Principal Business				主营业务税金及附加 Tax and Extra Charges from Principal Business			
		2010	2012	2013	2013排名 Ranking	2010	2012	2013	2013排名 Ranking
全　国	**National Total**	**1737.77**	**1965.76**	**2128.02**		**2814.98**	**3995.57**	**4425.20**	
北　京	Beijing	13.02	16.02	16.54	24	16.24	21.32	23.30	24
天　津	Tianjin	10.87	15.13	15.89	25	11.59	19.87	21.46	25
河　北	Hebei	42.44	52.10	55.66	16	50.72	73.94	78.14	17
山　西	Shanxi	10.09	12.64	13.08	26	11.21	15.85	17.57	26
内蒙古	Inner Mongolia	16.98	21.18	24.66	22	24.07	36.63	42.12	22
辽　宁	Liaoning	18.16	21.93	23.04	23	23.04	33.39	38.88	23
吉　林	Jilin	33.08	36.05	36.13	21	36.44	54.34	56.35	20
黑龙江	Heilongjiang	26.71	36.36	39.69	19	23.69	44.16	51.43	21
上　海	Shanghai	68.14	82.65	91.31	10	318.23	474.83	534.18	2
江　苏	Jiangsu	78.36	91.45	96.11	7	184.11	249.24	271.65	5
浙　江	Zhejiang	58.45	65.40	71.59	12	170.71	218.86	236.77	6
安　徽	Anhui	72.69	87.94	94.50	8	106.39	143.73	161.45	10
福　建	Fujian	52.84	66.59	69.61	13	87.92	123.33	129.73	13
江　西	Jiangxi	33.37	43.25	47.60	18	43.41	60.25	68.97	19
山　东	Shandong	96.64	101.90	107.83	6	114.41	136.35	145.26	11
河　南	Henan	110.06	123.70	131.05	3	119.30	188.20	202.34	7
湖　北	Hubei	104.64	98.54	108.21	5	192.51	254.08	279.26	4
湖　南	Hunan	202.29	144.66	153.42	2	286.87	412.60	459.60	3
广　东	Guangdong	97.90	115.48	128.84	4	136.52	179.94	192.91	8
广　西	Guangxi	42.30	50.84	57.37	15	54.33	81.64	93.89	14
海　南	Hainan	5.67	7.79	8.99	28	5.89	9.47	11.14	28
重　庆	Chongqing	35.86	45.54	49.88	17	46.60	66.47	73.81	18
四　川	Sichuan	63.64	78.61	82.56	11	82.73	130.18	142.60	12
贵　州	Guizhou	78.32	88.39	93.84	9	94.24	147.47	171.94	9
云　南	Yunnan	283.47	358.18	396.28	1	465.94	656.68	734.27	1
西　藏	Tibet								
陕　西	Shaanxi	45.24	59.53	64.48	14	53.07	82.49	89.37	15
甘　肃	Gansu	25.06	31.56	36.75	20	42.52	64.69	79.89	16
青　海	Qinghai								
宁　夏	Ningxia	2.57	0.18	0.12	29	1.99			
新　疆	Xinjiang	8.89	12.14	12.99	27	10.28	15.59	16.92	27

11-106 烟草制品业销售费用和管理费用
Sales Expenses and Administrative Expenses of Manufacture of Tobacco

单位：亿元 (100 million yuan)

地区	Region	销售费用 Sales Expenses			管理费用 Administrative Expenses			
		2012	2013	2013排名 Ranking	2010	2012	2013	2013排名 Ranking
全　国	**National Total**	**153.21**	**154.20**		**363.92**	**431.62**	**445.15**	
北　京	Beijing	1.27	1.29	18	2.32	2.72	3.00	24
天　津	Tianjin	0.65	0.71	23	1.79	2.62	2.99	25
河　北	Hebei	1.18	1.14	20	8.58	11.32	11.31	14
山　西	Shanxi	0.44	0.42	25	1.90	2.65	2.51	26
内蒙古	Inner Mongolia	0.81	0.84	22	3.37	4.36	4.79	22
辽　宁	Liaoning	0.92	0.90	21	5.31	6.61	7.60	20
吉　林	Jilin	3.03	3.20	14	7.19	9.72	9.29	16
黑龙江	Heilongjiang	1.55	1.26	19	6.24	7.04	7.32	21
上　海	Shanghai	5.34	5.12	11	25.35	32.46	34.71	3
江　苏	Jiangsu	5.45	5.69	10	17.98	17.86	17.46	10
浙　江	Zhejiang	11.62	11.73	3	14.64	15.94	16.97	11
安　徽	Anhui	6.88	6.98	8	15.16	18.50	19.35	9
福　建	Fujian	2.08	2.00	16	8.65	11.48	12.49	12
江　西	Jiangxi	2.44	2.52	15	5.90	8.37	8.86	18
山　东	Shandong	9.94	9.66	7	18.64	20.59	21.35	8
河　南	Henan	10.38	11.24	5	18.20	23.94	25.69	4
湖　北	Hubei	16.08	16.08	2	22.47	24.48	24.45	6
湖　南	Hunan	10.82	11.66	4	31.98	43.39	43.55	2
广　东	Guangdong	12.18	11.19	6	24.73	22.55	25.28	5
广　西	Guangxi	3.16	3.34	13	7.48	8.63	9.14	17
海　南	Hainan	0.09	0.15	28	0.82	1.25	1.29	28
重　庆	Chongqing	0.40	0.29	27	6.67	8.06	8.13	19
四　川	Sichuan	0.32	0.31	26	9.36	12.25	12.37	13
贵　州	Guizhou	6.87	6.77	9	15.49	19.96	21.49	7
云　南	Yunnan	34.88	34.12	1	66.79	75.68	77.22	1
西　藏	Tibet							
陕　西	Shaanxi	2.51	3.46	12	11.38	14.04	11.21	15
甘　肃	Gansu	1.44	1.68	17	3.55	3.21	3.40	23
青　海	Qinghai							
宁　夏	Ningxia	0.01	0.01	29	0.43	0.05	0.05	29
新　疆	Xinjiang	0.49	0.46	24	1.55	1.88	1.87	27

11-107 烟草制品业财务费用和营业利润
Financial Expenses and Operating Profit of Manufacture of Tobacco

单位：亿元 (100 million yuan)

地区	Region	财务费用 Financial Expenses				营业利润 Operating Profit			
		2010	2012	2013	2013排名 Ranking	2010	2012	2013	2013排名 Ranking
全　国	**National Total**	**-2.94**	**-11.26**	**-11.40**		**739.13**	**1077.42**	**1230.09**	
北　京	Beijing	0.16	0.19	0.14	11	3.72	3.37	3.17	27
天　津	Tianjin	-0.01	-0.07	-0.10	18	1.90	7.30	7.89	23
河　北	Hebei	0.07	-0.01	-0.01	15	11.04	17.37	17.84	16
山　西	Shanxi	-0.04	-0.02	-0.22	19	2.86	4.99	7.06	24
内蒙古	Inner Mongolia		-0.23	-0.25	20	6.10	8.27	9.87	22
辽　宁	Liaoning	0.03	-0.37	-0.25	20	3.29	5.21	4.76	26
吉　林	Jilin	0.67	1.02	1.21	2	7.21	13.93	16.92	18
黑龙江	Heilongjiang	0.08	-0.14	-0.09	17	9.65	12.63	14.79	20
上　海	Shanghai	-4.96	-8.39	-9.05	28	142.41	191.92	212.03	2
江　苏	Jiangsu	-2.39	-4.76	-5.46	27	63.91	82.51	89.93	4
浙　江	Zhejiang	-1.15	-0.95	-0.55	23	20.23	36.31	43.85	9
安　徽	Anhui	-0.31	-0.30	0.34	7	25.27	33.92	35.84	11
福　建	Fujian	0.20	0.69	0.84	5	17.16	23.66	23.60	15
江　西	Jiangxi	0.52	0.20	0.27	9	8.80	22.06	27.57	12
山　东	Shandong	0.88	0.29	0.28	8	21.06	34.49	39.23	10
河　南	Henan	1.56	-0.27	0.02	14	25.77	67.07	78.92	5
湖　北	Hubei	1.98	3.02	3.15	1	19.54	44.84	57.25	6
湖　南	Hunan	-0.87	-1.52	-1.52	25	70.62	104.93	116.26	3
广　东	Guangdong	-0.06	0.19	1.12	3	45.12	43.58	48.95	7
广　西	Guangxi	-0.07	-0.37	-0.64	24	12.14	24.54	27.56	13
海　南	Hainan	-0.05	-0.03	0.08	12	1.05	2.62	2.85	28
重　庆	Chongqing	0.59	0.71	0.96	4	9.08	10.38	12.51	21
四　川	Sichuan	0.02	0.81	0.73	6	15.30	15.45	17.40	17
贵　州	Guizhou	0.81	0.10	-0.39	22	18.56	42.77	46.17	8
云　南	Yunnan	-1.03	-1.32	-2.15	26	157.81	183.96	220.72	1
西　藏	Tibet								
陕　西	Shaanxi	0.28	0.12	0.03	13	11.55	21.89	25.33	14
甘　肃	Gansu	0.18	0.23	0.16	10	6.05	11.93	15.66	19
青　海	Qinghai								
宁　夏	Ningxia					-0.43	0.01	0.04	29
新　疆	Xinjiang	-0.04	-0.09	-0.07	16	2.37	5.50	6.11	25

11-108 烟草制品业利润总额和应交增值税
Total Profit and Value Added Tax Payable of Manufacture of Tobacco

单位：亿元 (100 million yuan)

地区	Region	利润总额 Total Profit				应交增值税 Value Added Tax Payable			
		2010	2012	2013	2013排名 Ranking	2010	2012	2013	2013排名 Ranking
全　国	**National Total**	**734.00**	**1071.49**	**1222.61**		**674.63**	**953.30**	**1031.00**	
北　京	Beijing	3.40	3.37	3.16	28	4.10	4.83	5.53	25
天　津	Tianjin	1.91	7.24	7.89	23	2.11	5.13	5.67	24
河　北	Hebei	11.06	17.37	17.78	16	11.05	17.88	18.68	16
山　西	Shanxi	2.89	4.97	7.01	24	2.83	4.30	4.84	26
内蒙古	Inner Mongolia	5.47	8.18	9.74	22	5.49	8.62	9.51	22
辽　宁	Liaoning	3.44	4.51	4.81	26	5.66	7.65	8.23	23
吉　林	Jilin	6.92	12.52	16.29	18	8.34	13.01	13.04	20
黑龙江	Heilongjiang	9.41	12.49	15.01	20	7.50	11.27	12.65	21
上　海	Shanghai	141.76	191.15	211.85	2	78.93	111.84	153.39	2
江　苏	Jiangsu	65.15	82.56	90.93	4	46.48	57.92	62.38	4
浙　江	Zhejiang	19.44	35.42	41.89	9	33.95	47.17	48.26	7
安　徽	Anhui	25.53	33.67	35.36	11	25.87	33.01	33.98	10
福　建	Fujian	16.69	23.15	23.13	15	19.78	25.33	25.98	13
江　西	Jiangxi	8.65	21.88	27.51	12	10.76	15.66	17.56	17
山　东	Shandong	20.73	34.33	38.51	10	27.73	34.99	33.78	11
河　南	Henan	27.36	66.27	78.29	5	31.22	48.59	50.48	6
湖　北	Hubei	18.89	43.47	56.03	6	43.03	57.89	60.59	5
湖　南	Hunan	68.47	109.08	118.52	3	63.68	93.78	99.50	3
广　东	Guangdong	47.21	43.19	45.65	7	37.38	44.34	41.49	8
广　西	Guangxi	11.75	24.20	27.12	13	14.47	18.72	22.74	15
海　南	Hainan	1.03	1.88	3.26	27	1.31	2.30	2.54	28
重　庆	Chongqing	8.59	10.27	12.38	21	7.57	15.69	16.84	18
四　川	Sichuan	15.04	15.14	17.34	17	18.38	26.58	27.57	12
贵　州	Guizhou	17.71	42.21	45.08	8	22.71	35.89	40.65	9
云　南	Yunnan	156.20	184.35	221.52	1	117.90	171.80	172.12	1
西　藏	Tibet								
陕　西	Shaanxi	11.42	21.30	24.93	14	13.92	20.96	22.99	14
甘　肃	Gansu	5.99	11.82	15.48	19	8.74	14.19	15.79	19
青　海	Qinghai								
宁　夏	Ningxia	-0.43	0.01	0.04	29	0.33	0.01	0.02	29
新　疆	Xinjiang	2.34	5.48	6.09	25	3.40	3.94	4.18	27

11-109 纺织业工业销售产值和主营业务收入

Sales Value and Revenue from Principal Business of Manufacture of Textile

单位：亿元 (100 million yuan)

地区	Region	工业销售产值(当年价格) Sales Value (current prices)				主营业务收入 Revenue from Principal Business			
		2010	2012	2013	2013排名 Ranking	2010	2012	2013	2013排名 Ranking
全 国	**National Total**	**27972.91**	**31776.73**	**35446.74**		**28110.07**	**32241.14**	**36076.62**	
北 京	Beijing	68.78	35.92	34.15	25	78.76	48.52	46.92	24
天 津	Tianjin	82.06	82.54	89.81	22	88.33	89.29	102.45	22
河 北	Hebei	948.99	1399.64	1572.27	8	948.53	1440.50	1622.21	8
山 西	Shanxi	26.07	32.35	41.98	24	25.75	31.93	41.69	25
内蒙古	Inner Mongolia	415.11	396.22	435.44	14	414.44	393.99	432.35	14
辽 宁	Liaoning	361.12	424.00	485.06	13	364.11	430.10	491.94	13
吉 林	Jilin	69.00	108.36	128.84	20	62.05	99.44	119.24	21
黑龙江	Heilongjiang	30.99	57.11	81.40	23	31.02	56.22	78.87	23
上 海	Shanghai	410.15	245.26	233.11	15	434.43	244.85	243.70	15
江 苏	Jiangsu	5894.61	5913.59	6336.52	2	5920.56	5928.34	6404.39	2
浙 江	Zhejiang	5441.13	5271.56	5684.13	3	5472.51	5279.76	5716.89	3
安 徽	Anhui	474.20	733.51	818.16	10	477.05	737.07	828.53	9
福 建	Fujian	1090.91	1440.79	1786.31	7	1086.81	1442.07	1780.57	7
江 西	Jiangxi	532.51	603.59	744.36	11	538.88	652.21	811.83	11
山 东	Shandong	5695.91	7421.67	8179.46	1	5768.25	7674.86	8485.39	1
河 南	Henan	1297.53	1850.87	2204.95	5	1316.69	1935.26	2276.26	5
湖 北	Hubei	924.53	1617.43	1881.02	6	918.17	1602.56	1885.96	6
湖 南	Hunan	412.45	514.47	566.17	12	404.29	507.49	562.27	12
广 东	Guangdong	2524.23	2086.26	2392.25	4	2490.56	2069.63	2375.58	4
广 西	Guangxi	110.50	172.58	204.10	16	108.58	170.96	198.82	16
海 南	Hainan	3.29	2.74	2.67	30	3.17	2.74	2.59	30
重 庆	Chongqing	166.10	167.50	183.80	18	168.91	170.78	187.09	18
四 川	Sichuan	617.85	731.71	826.17	9	616.42	747.12	826.31	10
贵 州	Guizhou	4.58	4.58	10.56	29	4.56	4.23	8.89	29
云 南	Yunnan	10.60	17.46	18.30	28	11.27	19.61	21.18	28
西 藏	Tibet	0.66	0.89	0.72	31	0.37	0.96	0.63	31
陕 西	Shaanxi	120.87	164.89	193.05	17	114.54	161.49	189.03	17
甘 肃	Gansu	14.71	21.03	23.53	27	14.00	21.40	22.26	27
青 海	Qinghai	20.58	21.32	28.80	26	20.22	21.06	22.60	26
宁 夏	Ningxia	83.35	109.46	140.89	19	80.92	116.82	157.09	19
新 疆	Xinjiang	119.56	127.41	118.76	21	125.92	139.90	133.07	20

11-110 纺织业主营业务成本和主营业务税金及附加

Costs, Tax and Extra Charges from Principal Business of Manufacture of Textile

单位：亿元 (100 million yuan)

地区	Region	主营业务成本 Cost of Principal Business				主营业务税金及附加 Tax and Extra Charges from Principal Business			
		2010	2012	2013	2013排名 Ranking	2010	2012	2013	2013排名 Ranking
全　国	**National Total**	**24709.88**	**28218.74**	**31788.31**		**134.36**	**154.13**	**177.91**	
北　京	Beijing	60.59	43.81	40.97	24	0.24	0.15	0.17	24
天　津	Tianjin	78.72	76.64	87.56	22	0.21	0.49	0.53	20
河　北	Hebei	823.65	1263.68	1431.21	8	5.11	6.35	6.71	7
山　西	Shanxi	23.45	29.53	37.74	25	0.07	0.05	0.07	27
内蒙古	Inner Mongolia	344.13	311.69	329.16	14	5.53	2.17	1.16	15
辽　宁	Liaoning	316.52	372.01	429.07	13	3.36	2.40	4.25	11
吉　林	Jilin	53.51	86.68	104.33	21	0.36	0.38	0.63	18
黑龙江	Heilongjiang	27.05	49.73	70.35	23	0.12	0.17	0.19	23
上　海	Shanghai	367.37	206.69	205.02	15	0.47	0.54	0.60	19
江　苏	Jiangsu	5312.30	5277.41	5715.23	2	20.04	24.36	28.43	2
浙　江	Zhejiang	4864.16	4690.41	5055.99	3	20.68	22.23	25.95	3
安　徽	Anhui	420.73	658.81	731.43	9	2.66	3.31	3.78	12
福　建	Fujian	955.28	1259.11	1570.60	7	4.48	5.10	5.94	9
江　西	Jiangxi	459.76	563.06	711.97	11	1.79	2.56	3.31	13
山　东	Shandong	5057.55	6679.44	7548.98	1	31.00	39.95	41.88	1
河　南	Henan	1120.75	1668.68	1982.26	5	9.22	11.53	13.07	5
湖　北	Hubei	783.24	1380.54	1625.95	6	8.89	10.99	15.78	4
湖　南	Hunan	337.09	418.00	479.99	12	3.73	4.14	5.39	10
广　东	Guangdong	2199.86	1806.96	2079.56	4	7.47	8.79	9.90	6
广　西	Guangxi	96.17	149.52	174.56	16	1.13	0.72	0.86	17
海　南	Hainan	2.44	2.25	2.13	30	0.01			
重　庆	Chongqing	147.87	149.09	162.50	17	0.81	0.62	1.02	16
四　川	Sichuan	538.85	653.31	725.04	10	5.48	4.92	6.12	8
贵　州	Guizhou	4.20	4.11	8.22	29	0.02	0.02	0.01	28
云　南	Yunnan	9.32	15.85	17.88	28	0.07	0.21	0.25	22
西　藏	Tibet	0.27	0.66	0.51	31				
陕　西	Shaanxi	98.81	133.09	158.53	18	0.59	1.37	1.24	14
甘　肃	Gansu	11.27	18.48	20.08	27	0.09	0.08	0.10	26
青　海	Qinghai	18.88	19.04	20.87	26	0.15	0.03	0.01	28
宁　夏	Ningxia	68.28	98.43	133.54	19	0.13	0.12	0.14	25
新　疆	Xinjiang	107.80	132.04	127.08	20	0.44	0.40	0.42	21

11-111 纺织业销售费用和管理费用
Sales Expenses and Administration Expenses of Manufacture of Textile

单位：亿元 (100 million yuan)

地区	Region	销售费用 Sales Expenses 2012	2013	2013排名 Ranking	管理费用 Administrative Expenses 2010	2012	2013	2013排名 Ranking
全　国	**National Total**	**458.56**	**506.27**		**859.91**	**876.98**	**946.58**	
北　京	Beijing	0.84	1.01	24	6.53	2.94	3.62	21
天　津	Tianjin	2.37	2.21	19	4.26	4.32	4.70	19
河　北	Hebei	20.38	21.11	8	20.21	25.73	28.34	9
山　西	Shanxi	0.52	0.61	25	1.32	1.06	1.19	25
内蒙古	Inner Mongolia	5.45	9.16	13	9.88	8.42	11.97	15
辽　宁	Liaoning	7.38	7.33	15	14.43	12.34	13.36	13
吉　林	Jilin	1.99	2.47	17	4.45	7.90	9.21	17
黑龙江	Heilongjiang	1.12	1.30	22	1.72	2.37	2.40	24
上　海	Shanghai	9.97	10.43	12	27.94	15.24	16.30	12
江　苏	Jiangsu	82.98	86.26	1	161.46	166.13	174.85	2
浙　江	Zhejiang	63.76	68.60	3	181.37	168.10	180.69	1
安　徽	Anhui	10.99	12.71	11	14.88	18.15	21.63	11
福　建	Fujian	20.65	24.65	7	30.43	40.92	57.08	6
江　西	Jiangxi	6.62	8.10	14	19.31	11.09	12.67	14
山　东	Shandong	73.85	80.26	2	125.16	129.14	132.01	3
河　南	Henan	32.73	38.37	6	22.71	32.04	36.85	7
湖　北	Hubei	38.27	45.84	4	42.53	74.62	79.28	4
湖　南	Hunan	14.13	16.43	9	23.97	28.40	28.55	8
广　东	Guangdong	41.78	43.23	5	91.33	74.97	79.23	5
广　西	Guangxi	1.80	2.07	20	8.22	10.77	10.03	16
海　南	Hainan	0.09	0.15	29	0.45	0.35	0.38	29
重　庆	Chongqing	1.84	2.44	18	6.65	3.29	3.39	23
四　川	Sichuan	12.09	14.15	10	27.23	22.98	22.73	10
贵　州	Guizhou	0.04	0.08	30	0.25	0.29	0.31	30
云　南	Yunnan	0.27	0.16	28	0.92	1.40	1.13	26
西　藏	Tibet	0.13	0.06	31	0.02	0.11	0.05	31
陕　西	Shaanxi	1.86	1.98	21	4.47	4.79	4.32	20
甘　肃	Gansu	0.65	0.58	26	1.35	0.98	1.02	27
青　海	Qinghai	0.10	0.28	27	0.64	0.34	0.87	28
宁　夏	Ningxia	1.00	1.17	23	1.62	3.25	3.48	22
新　疆	Xinjiang	2.90	3.07	16	4.20	4.56	4.95	18

11-112 纺织业财务费用和营业利润
Financial Expenses and Operating Profit of Manufacture of Textile

单位：亿元 (100 million yuan)

地区	Region	财务费用 Financial Expenses 2010	2012	2013	2013排名 Ranking	营业利润 Operating Profit 2010	2012	2013	2013排名 Ranking
全　国	**National Total**	**335.74**	**448.83**	**494.15**		**1736.57**	**1896.24**	**2150.21**	
北　京	Beijing	1.01	0.46	0.67	26	3.05	1.30	1.04	23
天　津	Tianjin	1.08	1.58	1.42	20	2.74	4.39	6.15	20
河　北	Hebei	6.92	10.14	11.45	8	76.73	109.50	121.42	6
山　西	Shanxi	0.73	1.17	1.35	22	0.67	-0.22	0.58	26
内蒙古	Inner Mongolia	7.96	6.40	7.63	11	54.03	39.84	63.43	9
辽　宁	Liaoning	3.23	3.01	3.15	15	26.49	30.26	37.99	13
吉　林	Jilin	0.30	0.53	0.76	25	3.04	3.34	3.58	22
黑龙江	Heilongjiang	0.39	0.62	0.65	27	1.12	2.47	3.71	21
上　海	Shanghai	2.99	1.87	1.73	19	22.41	11.73	11.44	18
江　苏	Jiangsu	64.41	81.79	82.52	3	299.10	315.51	328.98	2
浙　江	Zhejiang	101.02	122.66	125.66	1	262.88	227.45	272.64	3
安　徽	Anhui	5.81	9.44	9.15	10	36.03	45.17	51.53	12
福　建	Fujian	13.75	20.90	25.19	5	79.00	95.75	113.28	7
江　西	Jiangxi	3.42	4.11	4.67	14	34.83	51.09	60.98	10
山　东	Shandong	63.78	98.00	119.65	2	394.68	477.88	524.84	1
河　南	Henan	13.33	21.11	21.72	6	130.76	147.10	162.40	4
湖　北	Hubei	14.06	24.05	29.77	4	65.60	96.03	110.68	8
湖　南	Hunan	4.96	6.18	7.17	12	18.24	30.35	25.76	14
广　东	Guangdong	11.27	12.17	13.08	7	143.19	117.37	139.69	5
广　西	Guangxi	1.12	1.92	2.21	18	5.04	7.69	10.53	19
海　南	Hainan	0.07	0.12	0.09	29	0.03		-0.11	30
重　庆	Chongqing	1.17	1.57	1.40	21	11.07	9.40	13.10	17
四　川	Sichuan	6.09	7.63	9.45	9	39.50	52.18	51.63	11
贵　州	Guizhou	0.01	0.06	0.09	29	0.16	-0.25	0.26	27
云　南	Yunnan	0.22	0.75	1.00	23	0.59	0.92	0.96	24
西　藏	Tibet					0.10	0.06	0.01	29
陕　西	Shaanxi	1.41	2.30	2.46	16	7.44	12.47	19.83	15
甘　肃	Gansu	0.16	0.22	0.21	28	0.09	0.39	0.26	27
青　海	Qinghai	0.40	0.36	0.95	24	1.33	0.43	0.79	25
宁　夏	Ningxia	2.47	4.55	6.48	13	8.41	10.37	15.08	16
新　疆	Xinjiang	2.21	3.13	2.38	17	8.24	-3.73	-2.26	31

11-113 纺织业利润总额和应交增值税
Total Profit and Value Added Tax Payable of Manufacture of Textile

单位：亿元 (100 million yuan)

地区	Region	利润总额 Total Profit				应交增值税 Value Added Tax Payable			
		2010	2012	2013	2013排名 Ranking	2010	2012	2013	2013排名 Ranking
全　国	**National Total**	**1697.91**	**1894.25**	**2155.63**		**720.78**	**828.16**	**947.13**	
北　京	Beijing	5.04	1.53	1.22	23	2.54	0.64	0.64	25
天　津	Tianjin	2.89	4.74	6.50	20	1.87	3.29	3.66	19
河　北	Hebei	69.63	104.75	118.16	6	21.10	31.42	32.17	8
山　西	Shanxi	0.22	-0.16	0.59	27	0.55	0.43	1.17	23
内蒙古	Inner Mongolia	40.37	30.27	54.00	11	7.38	3.76	9.38	15
辽　宁	Liaoning	25.49	27.32	35.51	13	9.55	10.87	14.93	13
吉　林	Jilin	2.93	3.44	3.77	22	0.53	1.62	1.16	24
黑龙江	Heilongjiang	1.11	2.65	3.79	21	1.16	1.81	2.13	21
上　海	Shanghai	25.01	13.18	12.52	18	9.78	6.05	5.61	17
江　苏	Jiangsu	282.48	310.11	326.96	2	164.33	177.67	197.61	2
浙　江	Zhejiang	268.74	235.84	276.80	3	131.58	136.32	149.27	3
安　徽	Anhui	35.25	45.89	56.35	10	10.46	15.08	17.84	12
福　建	Fujian	74.76	96.33	114.40	7	20.52	26.66	35.06	7
江　西	Jiangxi	34.18	49.02	60.27	9	15.74	17.90	24.76	10
山　东	Shandong	395.32	489.40	531.81	1	157.69	199.70	229.29	1
河　南	Henan	128.60	148.37	163.55	4	39.54	41.33	44.41	6
湖　北	Hubei	66.88	91.07	111.90	8	23.40	38.52	52.27	4
湖　南	Hunan	15.50	25.25	23.09	14	13.00	17.73	20.83	11
广　东	Guangdong	140.75	117.90	140.31	5	53.99	48.55	51.50	5
广　西	Guangxi	4.97	7.92	10.45	19	2.42	4.63	5.06	18
海　南	Hainan	0.08	0.02	-0.08	31	0.08	0.05	0.01	30
重　庆	Chongqing	10.15	11.36	12.72	17	4.52	5.72	11.03	14
四　川	Sichuan	37.35	49.53	49.01	12	20.31	26.90	25.56	9
贵　州	Guizhou	0.16	-0.20	0.52	28	0.14	0.10	0.11	28
云　南	Yunnan	0.78	1.52	0.94	25	0.33	0.49	0.54	26
西　藏	Tibet	0.02	0.06	0.01	30	0.01			
陕　西	Shaanxi	7.76	13.38	21.44	15	2.66	5.32	6.94	16
甘　肃	Gansu	0.42	0.45	0.32	29	0.19	0.23	0.20	27
青　海	Qinghai	0.62	0.44	0.87	26	0.18	0.11	0.02	29
宁　夏	Ningxia	9.53	11.58	16.74	16	0.78	1.17	1.32	22
新　疆	Xinjiang	10.93	1.31	1.18	24	4.42	4.08	2.66	20

11-114 造纸和纸制品业工业销售产值和主营业务收入
Sales Value and Revenue from Principal Business of Manufacture of Paper and Paper Products

单位：亿元 (100 million yuan)

地区	Region	工业销售产值(当年价格) Sales Value (current prices) 2010	2012	2013	2013排名 Ranking	主营业务收入 Revenue from Principal Business 2010	2012	2013	2013排名 Ranking
全 国	**National Total**	**10246.30**	**12559.01**	**12976.59**		**10201.82**	**12501.49**	**12891.85**	
北 京	Beijing	66.89	62.19	63.12	23	73.73	73.22	73.68	23
天 津	Tianjin	126.61	186.17	201.52	16	125.37	175.00	208.34	16
河 北	Hebei	343.15	512.54	505.22	8	339.21	510.02	491.51	8
山 西	Shanxi	10.92	17.39	19.75	28	10.55	16.77	20.12	27
内蒙古	Inner Mongolia	83.16	106.62	92.61	21	80.96	99.08	86.58	22
辽 宁	Liaoning	287.11	425.50	430.29	11	287.19	425.54	425.04	11
吉 林	Jilin	84.40	128.14	116.58	18	79.78	119.80	108.73	18
黑龙江	Heilongjiang	58.80	67.09	82.89	22	64.25	74.56	90.29	21
上 海	Shanghai	257.19	295.55	287.78	13	269.01	313.11	296.74	13
江 苏	Jiangsu	1106.38	1244.08	1301.01	3	1099.29	1255.99	1296.27	3
浙 江	Zhejiang	1033.06	1145.89	1181.08	4	1025.74	1113.54	1126.02	4
安 徽	Anhui	184.77	260.70	258.07	15	183.80	254.29	255.65	15
福 建	Fujian	526.95	719.59	791.94	6	525.77	714.38	783.52	6
江 西	Jiangxi	168.26	220.16	264.22	14	168.36	228.83	280.01	14
山 东	Shandong	1840.30	2425.96	2350.73	1	1838.69	2453.99	2410.09	1
河 南	Henan	808.73	901.97	902.62	5	807.64	922.70	900.91	5
湖 北	Hubei	235.37	439.57	453.00	10	230.05	434.70	447.22	10
湖 南	Hunan	453.49	564.07	593.40	7	455.83	551.11	588.74	7
广 东	Guangdong	1617.33	1606.57	1674.81	2	1595.57	1581.61	1633.30	2
广 西	Guangxi	161.43	296.82	362.84	12	160.73	288.73	344.26	12
海 南	Hainan	80.05	99.92	115.88	19	75.20	65.78	99.73	20
重 庆	Chongqing	134.81	169.57	199.59	17	138.16	165.35	200.44	17
四 川	Sichuan	373.78	413.07	454.32	9	367.85	418.60	455.99	9
贵 州	Guizhou	23.61	29.93	40.99	25	24.75	30.85	42.39	25
云 南	Yunnan	47.15	64.87	61.14	24	46.36	64.69	60.23	24
西 藏	Tibet			0.87	30			1.00	30
陕 西	Shaanxi	62.54	84.36	102.91	20	58.64	85.10	102.61	19
甘 肃	Gansu	8.93	15.07	20.37	27	9.63	15.05	18.50	28
青 海	Qinghai								
宁 夏	Ningxia	42.80	35.27	17.88	29	41.63	29.19	15.19	29
新 疆	Xinjiang	18.35	20.37	29.17	26	18.07	19.91	28.74	26

11-115 造纸和纸制品业主营业务成本和主营业务税金及附加
Costs of Principal Business Tax and Extra Charges from Principal Businesses of Manufacture of Paper and Paper Products

单位：亿元 (100 million yuan)

地区	Region	主营业务成本 Cost of Principal Business				主营业务税金及附加 Tax and Extra Charges from Principal Business			
		2010	2012	2013	2013排名 Ranking	2010	2012	2013	2013排名 Ranking
全　国	**National Total**	**8727.67**	**10724.27**	**11067.93**		**49.08**	**62.60**	**64.55**	
北　京	Beijing	60.68	59.06	59.06	23	0.06	0.30	0.29	24
天　津	Tianjin	111.25	149.39	176.18	16	0.20	0.53	0.54	18
河　北	Hebei	285.34	441.77	425.26	8	1.80	1.84	2.10	10
山　西	Shanxi	9.61	15.06	17.83	27	0.04	0.06	0.06	27
内蒙古	Inner Mongolia	65.04	82.29	67.69	22	0.16	0.21	0.43	21
辽　宁	Liaoning	248.50	356.36	367.77	11	1.53	2.18	2.02	11
吉　林	Jilin	71.32	97.05	88.92	18	0.34	0.77	0.46	20
黑龙江	Heilongjiang	53.89	63.82	76.75	21	0.20	0.23	0.35	22
上　海	Shanghai	217.39	248.28	236.45	14	0.28	0.87	0.86	15
江　苏	Jiangsu	924.59	1069.61	1115.70	3	2.76	4.36	4.89	5
浙　江	Zhejiang	894.17	958.56	960.31	4	3.18	3.94	5.31	4
安　徽	Anhui	156.99	219.25	225.13	15	0.74	0.93	0.81	17
福　建	Fujian	455.41	604.52	663.23	6	2.40	4.78	4.32	6
江　西	Jiangxi	141.83	196.45	239.35	13	1.00	1.12	1.44	13
山　东	Shandong	1589.06	2143.69	2092.74	1	9.70	14.28	12.78	1
河　南	Henan	677.52	785.33	777.82	5	6.08	5.61	3.97	7
湖　北	Hubei	195.82	386.07	388.44	10	3.21	2.68	3.40	8
湖　南	Hunan	372.43	452.42	489.93	7	4.77	6.11	7.40	2
广　东	Guangdong	1398.01	1390.18	1439.24	2	4.42	5.44	5.35	3
广　西	Guangxi	141.98	247.15	293.39	12	0.80	1.16	1.51	12
海　南	Hainan	55.54	51.50	80.68	20	0.02	0.35	0.50	19
重　庆	Chongqing	114.33	142.25	165.80	17	0.40	0.70	1.24	14
四　川	Sichuan	320.61	357.26	396.20	9	4.18	2.80	2.84	9
贵　州	Guizhou	21.45	25.84	34.96	25	0.09	0.12	0.35	22
云　南	Yunnan	36.13	54.13	48.25	24	0.15	0.29	0.29	24
西　藏	Tibet			0.87	30				
陕　西	Shaanxi	50.51	69.49	85.98	19	0.33	0.76	0.85	16
甘　肃	Gansu	8.06	13.38	16.08	28	0.02	0.04	0.03	29
青　海	Qinghai								
宁　夏	Ningxia	34.93	27.72	14.16	29	0.11	0.06	0.05	28
新　疆	Xinjiang	15.28	16.40	23.78	26	0.10	0.07	0.08	26

11-116 造纸和纸制品业销售费用和管理费用
Sales Expenses and Administrative Expenses of Manufacture of Paper and Paper Products

单位：亿元 (100 million yuan)

地区	Region	销售费用 Sales Expenses 2012	2013	2013排名 Ranking	管理费用 Administrative Expenses 2010	2012	2013	2013排名 Ranking
全国	National Total	322.88	354.14		375.83	431.30	456.83	
北京	Beijing	2.21	2.34	22	3.56	3.19	3.54	22
天津	Tianjin	3.54	5.24	16	4.58	6.95	8.16	14
河北	Hebei	7.79	8.54	12	8.33	10.20	13.70	12
山西	Shanxi	0.31	0.28	29	0.35	0.48	0.46	29
内蒙古	Inner Mongolia	1.20	1.92	24	3.62	4.40	4.96	19
辽宁	Liaoning	9.46	8.25	13	10.71	15.40	12.29	13
吉林	Jilin	3.42	3.33	19	4.27	7.01	5.34	18
黑龙江	Heilongjiang	2.43	3.08	20	3.01	3.31	3.75	21
上海	Shanghai	31.83	30.89	4	14.80	16.80	17.20	8
江苏	Jiangsu	43.85	45.48	2	36.32	43.86	46.28	4
浙江	Zhejiang	27.36	27.88	5	37.05	44.11	47.00	3
安徽	Anhui	7.30	6.43	14	5.18	9.27	7.78	15
福建	Fujian	21.36	23.50	6	18.43	26.38	31.15	6
江西	Jiangxi	2.74	3.81	18	3.44	4.04	6.42	16
山东	Shandong	51.09	52.05	1	65.21	58.42	61.24	1
河南	Henan	20.27	18.87	7	13.42	16.02	14.66	11
湖北	Hubei	12.68	15.78	9	9.00	16.23	15.76	10
湖南	Hunan	15.72	18.67	8	33.16	34.36	41.46	5
广东	Guangdong	37.10	40.95	3	56.43	59.17	60.98	2
广西	Guangxi	7.11	9.18	10	9.51	17.90	17.88	7
海南	Hainan	3.20	5.09	17	1.91	1.24	1.43	26
重庆	Chongqing	4.66	5.79	15	3.65	5.29	6.28	17
四川	Sichuan	9.11	9.14	11	19.53	14.64	16.60	9
贵州	Guizhou	0.76	1.19	25	1.25	1.47	2.10	24
云南	Yunnan	2.71	3.02	21	3.64	4.14	4.38	20
西藏	Tibet						0.02	30
陕西	Shaanxi	1.83	2.19	23	2.53	2.28	2.58	23
甘肃	Gansu	0.16	0.31	27	0.42	0.49	0.68	28
青海	Qinghai							
宁夏	Ningxia	1.30	0.31	27	1.33	3.26	1.20	27
新疆	Xinjiang	0.38	0.61	26	1.21	1.00	1.58	25

11-117 造纸和纸制品业财务费用和营业利润

Financial Expenses and Operating Profit of Manufacture of Paper and Paper Products

单位：亿元 (100 million yuan)

地区	Region	财务费用 Financial Expenses				营业利润 Operating Profit			
		2010	2012	2013	2013排名 Ranking	2010	2012	2013	2013排名 Ranking
全　国	**National Total**	**142.68**	**234.18**	**211.21**		**739.77**	**762.11**	**777.29**	
北　京	Beijing	-0.07	0.06	-0.02	29	7.01	9.15	9.02	20
天　津	Tianjin	2.09	3.79	4.65	12	5.99	11.45	13.70	14
河　北	Hebei	2.86	3.40	3.61	14	31.84	39.97	35.31	7
山　西	Shanxi	0.25	0.60	0.56	26	0.32	0.25	0.92	26
内蒙古	Inner Mongolia	0.31	0.25	0.15	28	10.98	9.59	11.40	17
辽　宁	Liaoning	2.34	2.12	1.88	17	24.26	35.64	34.15	8
吉　林	Jilin	0.83	1.03	1.55	19	0.91	10.96	7.92	21
黑龙江	Heilongjiang	0.62	1.28	1.86	18	2.94	3.11	4.60	23
上　海	Shanghai	1.64	2.07	1.29	20	14.24	16.23	12.42	16
江　苏	Jiangsu	16.70	26.83	17.95	4	82.62	74.64	73.85	3
浙　江	Zhejiang	23.56	38.52	34.33	2	55.86	47.60	55.37	6
安　徽	Anhui	3.07	4.18	4.36	13	14.26	14.39	13.60	15
福　建	Fujian	6.87	9.77	10.42	7	42.68	58.51	68.39	4
江　西	Jiangxi	1.55	2.43	2.44	15	13.31	17.31	23.17	12
山　东	Shandong	29.09	52.38	47.22	1	141.68	145.24	138.98	1
河　南	Henan	6.05	10.66	8.89	8	89.95	83.33	74.37	2
湖　北	Hubei	2.04	4.81	5.61	10	16.57	25.56	25.30	11
湖　南	Hunan	11.42	14.40	14.68	5	25.82	26.73	26.85	10
广　东	Guangdong	12.37	23.60	19.55	3	99.11	66.82	68.01	5
广　西	Guangxi	2.23	8.94	11.07	6	8.61	13.57	10.62	18
海　南	Hainan	4.37	5.85	4.86	11	8.35	2.88	6.64	22
重　庆	Chongqing	1.27	2.16	2.40	16	8.54	10.21	20.27	13
四　川	Sichuan	4.34	5.80	6.18	9	24.53	28.58	27.96	9
贵　州	Guizhou	1.41	1.84	1.23	22	0.15	1.75	0.26	28
云　南	Yunnan	0.93	1.07	1.20	23	3.97	3.59	3.55	24
西　藏	Tibet							0.10	29
陕　西	Shaanxi	0.60	1.05	1.25	21	3.72	9.22	9.10	19
甘　肃	Gansu	0.09	0.24	0.33	27	0.17	0.70	0.57	27
青　海	Qinghai								
宁　夏	Ningxia	3.54	4.63	1.11	24	0.14	-6.53	-0.99	30
新　疆	Xinjiang	0.29	0.41	0.63	25	1.22	1.64	1.90	25

11-118 造纸和纸制品业利润总额和应交增值税
Total Profit and Value Added Tax Payable of Manufacture of Paper and Paper Products

单位：亿元 (100 million yuan)

地区	Region	利润总额 Total Profit				应交增值税 Value Added Tax Payable			
		2010	2012	2013	2013排名 Ranking	2010	2012	2013	2013排名 Ranking
全　国	**National Total**	**727.08**	**774.21**	**775.94**		**299.82**	**357.68**	**107.80**	
北　京	Beijing	7.16	10.33	10.66	19	2.15	2.68	2.57	12
天　津	Tianjin	5.93	12.16	14.52	14	2.98	5.66	2.88	8
河　北	Hebei	25.98	38.95	34.22	7	11.20	16.79	2.76	11
山　西	Shanxi	0.24	0.37	0.94	26	0.24	0.25	0.08	27
内蒙古	Inner Mongolia	7.61	9.53	11.09	17	3.41	3.84	1.59	18
辽　宁	Liaoning	23.94	32.09	31.18	8	6.24	10.58	1.64	17
吉　林	Jilin	1.76	19.33	11.07	18	1.37	4.01	1.06	19
黑龙江	Heilongjiang	2.79	3.47	4.35	23	2.20	2.19	0.62	24
上　海	Shanghai	15.08	17.84	13.42	16	8.00	11.32	2.93	7
江　苏	Jiangsu	79.49	72.80	71.93	3	31.35	36.94	14.99	2
浙　江	Zhejiang	58.08	52.01	58.66	6	29.45	32.09	7.15	5
安　徽	Anhui	14.45	15.06	14.13	15	4.88	7.45	2.53	13
福　建	Fujian	45.58	58.97	69.86	5	17.24	29.21	6.61	6
江　西	Jiangxi	12.13	15.93	22.01	11	5.17	6.34	1.03	20
山　东	Shandong	141.18	148.48	134.55	1	56.44	66.78	22.28	1
河　南	Henan	89.01	86.42	74.10	2	25.65	21.81	10.63	4
湖　北	Hubei	15.37	20.87	21.74	12	5.55	8.60	2.83	9
湖　南	Hunan	25.23	26.72	29.71	9	17.34	18.04	2.44	15
广　东	Guangdong	98.13	68.73	70.05	4	36.77	36.87	11.26	3
广　西	Guangxi	8.97	11.08	10.34	20	5.66	8.12	0.77	22
海　南	Hainan	9.45	3.02	6.75	22	2.85	3.13	1.67	16
重　庆	Chongqing	7.53	10.17	17.72	13	4.88	5.19	2.52	14
四　川	Sichuan	22.54	28.03	26.94	10	12.81	12.61	2.81	10
贵　州	Guizhou	0.29	1.82	0.56	28	0.51	1.05	0.22	26
云　南	Yunnan	4.24	3.74	3.76	24	2.00	2.74	0.90	21
西　藏	Tibet			0.10	29			0.02	29
陕　西	Shaanxi	3.47	9.18	8.95	21	1.23	2.07	0.67	23
甘　肃	Gansu	0.16	0.74	0.61	27	0.13	0.23	0.02	29
青　海	Qinghai								
宁　夏	Ningxia	-0.05	-5.52	-0.87	30	1.31	0.58	0.08	27
新　疆	Xinjiang	1.32	1.90	2.89	25	0.79	0.51	0.27	25

11-119 石油加工、炼焦和核燃料加工业工业销售产值和主营业务收入
Sales Value and Revenue from Principal Business of Processing of Petroleum, Coking and Processing of Nuclear Fuel

单位：亿元 (100 million yuan)

地区	Region	工业销售产值（当年价格） Sales Value（current prices）				主营业务收入 Revenue from Principal Business			
		2010	2012	2013	2013排名 Ranking	2010	2012	2013	2013排名 Ranking
全 国	**National Total**	**28901.13**	**39023.35**	**40168.42**		**29310.73**	**39399.01**	**40980.89**	
北 京	Beijing	839.01	894.82	769.19	18	854.50	919.54	818.63	18
天 津	Tianjin	949.70	1182.40	1378.78	11	980.31	1198.08	1375.70	11
河 北	Hebei	1513.84	2277.07	1903.50	5	1560.61	2298.23	2170.09	5
山 西	Shanxi	1399.73	1366.72	1266.62	13	1450.06	1380.77	1322.77	12
内蒙古	Inner Mongolia	354.56	395.42	687.62	19	356.35	385.58	675.02	19
辽 宁	Liaoning	3116.24	4355.13	4322.42	2	3153.72	4301.68	4253.23	2
吉 林	Jilin	128.55	192.28	213.35	27	128.68	189.77	208.49	27
黑龙江	Heilongjiang	1230.00	1357.23	1403.89	10	1258.64	1372.81	1452.26	10
上 海	Shanghai	1358.26	1593.50	1760.32	7	1389.42	1613.89	1770.91	7
江 苏	Jiangsu	1473.74	2031.04	2213.51	4	1463.77	2018.40	2223.24	4
浙 江	Zhejiang	1330.69	1646.28	1666.39	9	1386.65	1684.57	1665.28	9
安 徽	Anhui	330.78	341.83	412.24	25	338.59	338.65	432.02	24
福 建	Fujian	647.90	787.32	648.53	20	648.04	782.57	650.91	20
江 西	Jiangxi	360.93	521.86	544.18	22	365.94	525.99	558.71	22
山 东	Shandong	4029.42	6191.10	6847.55	1	4063.78	6366.35	7088.53	1
河 南	Henan	946.18	1281.51	1281.18	12	994.53	1264.61	1227.85	13
湖 北	Hubei	605.91	701.70	846.40	17	618.81	708.24	836.98	16
湖 南	Hunan	488.81	836.10	850.76	16	501.25	788.96	819.53	17
广 东	Guangdong	2752.55	3403.35	3614.70	3	2771.35	3433.07	3626.49	3
广 西	Guangxi	217.95	963.77	870.74	15	218.09	962.90	867.21	15
海 南	Hainan	472.53	636.73	467.24	24	426.47	576.64	414.16	25
重 庆	Chongqing	43.15	57.76	50.51	29	43.02	57.98	51.31	29
四 川	Sichuan	423.83	490.83	550.18	21	408.01	498.54	561.23	21
贵 州	Guizhou	57.25	97.70	95.40	28	55.06	85.72	79.83	28
云 南	Yunnan	207.41	247.29	275.31	26	202.46	246.61	274.11	26
西 藏	Tibet								
陕 西	Shaanxi	1265.25	1910.67	1838.26	6	1285.41	2185.69	2159.58	6
甘 肃	Gansu	882.31	1156.14	1161.74	14	880.59	1125.14	1124.94	14
青 海	Qinghai	21.64	43.46	19.43	30	16.61	38.01	23.36	30
宁 夏	Ningxia	213.78	417.93	496.43	23	211.40	394.20	494.95	23
新 疆	Xinjiang	1239.22	1644.45	1712.03	8	1278.61	1655.82	1753.57	8

11-120 石油加工、炼焦和核燃料加工业主营业务成本和主营业务税金及附加
Cost of Principal Business and Tax and Extra Charges from Principal Business of Processing of Petroleum, Coking and Processing of Nuclear Fuel

单位：亿元 (100 million yuan)

地区	Region	主营业务成本 Cost of Principal Business				主营业务税金及附加 Tax and Extra Charges from Principal Business			
		2010	2012	2013	2013排名 Ranking	2010	2012	2013	2013排名 Ranking
全　国	**National Total**	**24200.53**	**34693.80**	**35615.47**		**2695.86**	**3033.03**	**3111.03**	
北　京	Beijing	688.80	812.30	731.79	16	83.77	76.66	61.30	17
天　津	Tianjin	828.82	1071.84	1191.30	12	94.21	100.38	112.34	12
河　北	Hebei	1344.66	2087.41	1967.07	4	108.76	123.40	111.34	13
山　西	Shanxi	1311.76	1314.49	1223.78	11	14.93	3.82	4.01	26
内蒙古	Inner Mongolia	277.49	329.56	561.75	20	16.98	15.96	51.83	20
辽　宁	Liaoning	2603.75	3830.15	3738.40	2	369.30	391.16	361.77	1
吉　林	Jilin	113.70	168.29	184.46	27	6.63	8.85	7.38	25
黑龙江	Heilongjiang	962.75	1167.20	1268.85	10	145.36	140.64	139.58	9
上　海	Shanghai	1153.16	1455.21	1532.47	7	118.04	137.33	171.26	5
江　苏	Jiangsu	1246.98	1794.82	1935.89	5	115.67	108.97	150.07	8
浙　江	Zhejiang	1142.80	1477.63	1419.90	9	150.22	158.03	154.25	7
安　徽	Anhui	278.52	304.16	378.61	24	38.38	33.25	44.88	23
福　建	Fujian	548.55	711.03	580.53	19	61.52	62.40	53.73	19
江　西	Jiangxi	306.52	457.21	477.77	21	39.99	47.20	49.31	22
山　东	Shandong	3475.03	5764.97	6335.62	1	256.21	289.79	297.69	3
河　南	Henan	821.41	1093.40	1069.51	13	57.97	64.49	61.71	16
湖　北	Hubei	509.61	622.21	720.62	17	83.90	81.05	97.78	14
湖　南	Hunan	394.69	689.49	699.21	18	55.79	80.78	84.36	15
广　东	Guangdong	2298.42	3014.89	3135.65	3	274.93	313.82	323.68	2
广　西	Guangxi	190.30	859.64	749.99	15	29.75	118.18	114.34	11
海　南	Hainan	325.69	479.16	347.79	25	63.69	80.87	56.10	18
重　庆	Chongqing	35.11	49.10	42.98	29	0.36	0.58	0.56	29
四　川	Sichuan	336.74	441.84	475.43	22	22.96	23.34	26.72	24
贵　州	Guizhou	42.80	72.04	68.68	28	0.27	0.45	0.86	27
云　南	Yunnan	182.83	232.56	246.64	26	0.56	0.43	0.74	28
西　藏	Tibet								
陕　西	Shaanxi	878.21	1621.90	1668.55	6	189.20	223.56	218.44	4
甘　肃	Gansu	711.66	965.80	931.10	14	119.09	140.44	138.93	10
青　海	Qinghai	11.78	33.71	22.02	30	1.27	0.10	0.09	30
宁　夏	Ningxia	172.23	329.69	414.80	23	20.83	46.10	51.17	21
新　疆	Xinjiang	1005.76	1442.11	1494.30	8	155.33	160.99	164.85	6

11-121 石油加工、炼焦和核燃料加工业销售费用和管理费用
Sales Expenses and Administrative Expenses of Processing of Petroleum, Coking and Processing of Nuclear Fuel

单位：亿元 (100 million yuan)

地区	Region	销售费用 Sales Expenses			管理费用 Administrative Expenses			
		2012	2013	2013排名 Ranking	2010	2012	2013	2013排名 Ranking
全 国	**National Total**	**309.90**	**333.43**		**758.30**	**815.73**	**911.80**	
北 京	Beijing	7.09	6.86	14	21.73	19.75	24.13	14
天 津	Tianjin	4.69	5.98	17	24.48	29.03	35.23	11
河 北	Hebei	14.68	15.13	8	26.43	38.66	38.64	10
山 西	Shanxi	46.08	54.62	1	59.48	40.64	39.52	9
内蒙古	Inner Mongolia	7.12	9.55	11	13.87	17.99	20.36	15
辽 宁	Liaoning	23.70	26.06	4	87.38	114.07	115.68	2
吉 林	Jilin	1.67	2.36	25	4.97	9.35	7.10	25
黑龙江	Heilongjiang	6.82	7.30	12	51.17	52.13	57.12	4
上 海	Shanghai	11.45	10.80	10	40.46	35.53	43.41	8
江 苏	Jiangsu	27.62	14.44	9	20.26	28.24	32.03	13
浙 江	Zhejiang	2.73	3.62	21	17.01	16.40	20.32	16
安 徽	Anhui	1.42	1.69	27	9.51	9.12	9.56	24
福 建	Fujian	3.69	3.29	23	7.77	7.87	15.62	19
江 西	Jiangxi	6.98	7.21	13	8.74	11.54	11.85	22
山 东	Shandong	35.14	42.40	2	89.76	87.94	115.85	1
河 南	Henan	17.53	16.15	7	15.43	19.78	19.94	18
湖 北	Hubei	1.99	2.79	24	13.51	11.13	11.89	21
湖 南	Hunan	3.96	4.44	19	20.49	20.06	20.22	17
广 东	Guangdong	15.42	18.32	5	42.89	44.36	46.23	7
广 西	Guangxi	5.24	5.21	18	40.50	11.80	10.89	23
海 南	Hainan	0.48	0.75	29	4.64	3.26	4.02	27
重 庆	Chongqing	1.56	1.64	28	2.17	2.24	2.04	28
四 川	Sichuan	4.89	6.16	15	8.87	8.71	32.99	12
贵 州	Guizhou	2.22	2.11	26	2.20	3.26	1.70	29
云 南	Yunnan	2.68	3.96	20	6.35	5.45	6.89	26
西 藏	Tibet							
陕 西	Shaanxi	28.40	33.40	3	23.40	58.32	58.54	3
甘 肃	Gansu	6.04	6.08	16	45.63	47.97	47.27	6
青 海	Qinghai	0.65	0.59	30	0.41	1.21	1.19	30
宁 夏	Ningxia	3.62	3.57	22	7.81	11.22	12.37	20
新 疆	Xinjiang	14.37	16.95	6	40.98	48.71	49.18	5

11-122 石油加工、炼焦和核燃料加工业财务费用和营业利润
Financial Expenses and Operating Profit of Processing of Petroleum, Coking and Processing of Nuclear Fuel

单位：亿元 (100 million yuan)

地区	Region	财务费用 Financial Expenses				营业利润 Operating Profit			
		2010	2012	2013	2013排名 Ranking	2010	2012	2013	2013排名 Ranking
全　国	**National Total**	**199.19**	**357.99**	**375.24**		**1366.33**	**354.23**	**677.59**	
北　京	Beijing	3.26	3.85	2.70	23	49.72	0.12	-10.40	24
天　津	Tianjin	4.08	7.03	6.65	15	28.20	-6.79	37.35	7
河　北	Hebei	15.14	24.22	25.45	5	57.65	14.50	7.87	11
山　西	Shanxi	39.80	59.67	58.75	2	18.63	-52.30	-41.77	30
内蒙古	Inner Mongolia	6.41	14.84	15.04	6	32.38	-0.83	18.50	8
辽　宁	Liaoning	9.31	33.56	32.83	4	81.11	-89.21	-12.14	25
吉　林	Jilin	0.84	1.50	1.42	27	4.67	5.88	7.01	15
黑龙江	Heilongjiang	4.91	9.18	14.56	7	86.12	44.66	-41.27	29
上　海	Shanghai	2.64	5.92	1.93	25	70.30	-29.94	14.04	9
江　苏	Jiangsu	5.51	13.60	6.60	16	68.27	35.95	78.09	4
浙　江	Zhejiang	4.39	3.46	3.89	21	71.41	29.17	66.30	5
安　徽	Anhui	2.16	1.96	4.07	20	3.84	-11.78	-2.89	23
福　建	Fujian	9.68	14.41	7.36	12	15.24	-23.09	-15.13	28
江　西	Jiangxi	3.57	4.59	5.01	18	-4.06	-5.18	4.30	17
山　东	Shandong	38.11	67.93	75.08	1	201.75	158.83	224.03	1
河　南	Henan	6.48	9.62	11.94	9	74.92	43.74	48.50	6
湖　北	Hubei	1.52	2.20	2.77	22	9.50	-12.55	0.23	22
湖　南	Hunan	2.35	4.63	4.91	19	21.03	-6.39	7.36	13
广　东	Guangdong	9.37	12.98	6.53	17	147.70	70.72	109.01	3
广　西	Guangxi	0.28	4.29	2.60	24	1.00	-34.90	-14.45	26
海　南	Hainan	2.51	0.62	0.07	30	29.29	12.34	7.11	14
重　庆	Chongqing	0.33	0.58	0.50	29	3.71	3.57	2.28	20
四　川	Sichuan	3.47	4.00	6.69	14	27.29	25.04	5.36	16
贵　州	Guizhou	0.83	1.33	1.67	26	3.37	5.00	3.22	18
云　南	Yunnan	4.33	7.25	8.48	11	10.70	5.46	10.65	10
西　藏	Tibet								
陕　西	Shaanxi	10.51	22.09	34.95	3	174.93	237.91	166.88	2
甘　肃	Gansu	0.96	5.37	11.49	10	7.84	-48.18	-14.57	27
青　海	Qinghai	0.55	1.30	1.33	28	3.61	0.87	1.85	21
宁　夏	Ningxia	3.20	7.71	6.86	13	5.21	-0.33	7.85	12
新　疆	Xinjiang	2.67	8.29	13.11	8	61.02	-18.08	2.43	19

11-123 石油加工、炼焦和核燃料加工业利润总额和应交增值税

Total Profit and Value Added Tax Payable of Processing of Petroleum, Coking and Processing of Nuclear Fuel

单位：亿元 (100 million yuan)

地区	Region	利润总额 Total Profit				应交增值税 Value Added Tax Payable			
		2010	2012	2013	2013排名 Ranking	2010	2012	2013	2013排名 Ranking
全国	**National Total**	**1221.11**	**300.14**	**636.16**		**1115.13**	**1342.03**	**1551.45**	
北京	Beijing	49.86	4.26	-11.81	24	33.57	15.27	16.13	20
天津	Tianjin	29.65	-0.23	44.83	7	23.05	17.74	43.72	10
河北	Hebei	49.23	11.49	11.97	11	50.01	57.17	51.16	9
山西	Shanxi	14.30	-52.49	-40.33	29	57.98	36.46	27.52	14
内蒙古	Inner Mongolia	13.76	0.11	17.70	9	11.42	18.15	20.68	18
辽宁	Liaoning	79.08	-97.64	-19.16	28	100.53	134.32	129.32	4
吉林	Jilin	4.80	5.69	6.90	15	2.05	3.45	3.38	27
黑龙江	Heilongjiang	84.86	46.95	-46.18	30	44.09	28.71	34.24	13
上海	Shanghai	70.16	-25.42	20.09	8	55.08	30.31	56.19	8
江苏	Jiangsu	65.67	37.30	80.85	4	91.46	140.27	172.37	3
浙江	Zhejiang	75.58	32.20	69.23	5	68.94	67.09	66.90	6
安徽	Anhui	1.45	-14.11	-2.81	23	12.22	6.18	8.88	25
福建	Fujian	16.25	-22.11	-15.65	26	11.88	22.33	14.33	23
江西	Jiangxi	-3.97	-3.21	5.96	16	10.62	11.57	16.03	21
山东	Shandong	151.31	151.56	214.96	1	134.28	188.79	201.01	2
河南	Henan	52.32	39.15	48.09	6	28.60	25.26	23.94	16
湖北	Hubei	9.15	-12.63	0.22	22	19.45	7.40	17.32	19
湖南	Hunan	20.62	-9.54	7.61	14	28.65	32.71	36.81	12
广东	Guangdong	132.63	38.94	83.75	3	120.20	236.46	343.62	1
广西	Guangxi	-3.18	-34.04	-14.07	25	11.38	51.24	58.89	7
海南	Hainan	29.10	12.77	8.94	12	22.84	15.05	9.44	24
重庆	Chongqing	3.45	3.58	2.21	19	1.54	1.57	1.71	28
四川	Sichuan	25.35	25.33	5.48	17	18.76	19.89	23.64	17
贵州	Guizhou	3.34	4.82	3.21	18	1.68	3.10	0.97	30
云南	Yunnan	10.33	5.97	12.67	10	6.23	4.40	5.86	26
西藏	Tibet								
陕西	Shaanxi	167.02	220.26	145.95	2	68.71	100.34	85.18	5
甘肃	Gansu	0.64	-49.85	-16.05	27	31.42	24.79	26.55	15
青海	Qinghai	3.77	0.98	2.17	20	0.82	1.17	1.16	29
宁夏	Ningxia	4.53	-1.06	8.57	13	6.27	6.31	15.27	22
新疆	Xinjiang	60.03	-18.92	0.88	21	41.36	34.54	39.20	11

11-124 化学原料和化学制品制造业工业销售产值和主营业务收入
Sales Value and Revenue from Principal Business of Manufacture of Raw Chemical Materials and Chemical Products

单位：亿元 (100 million yuan)

地区	Region	工业销售产值(当年价格) Sales Value (current prices) 2010	2012	2013	2013排名 Ranking	主营业务收入 Revenue from Principal Business 2010	2012	2013	2013排名 Ranking
全　国	**National Total**	**46854.79**	**66432.85**	**75771.09**		**47452.35**	**67756.23**	**76645.34**	
北　京	Beijing	353.27	342.17	345.45	26	377.96	360.55	368.18	26
天　津	Tianjin	896.15	1188.51	1285.77	16	909.64	1210.90	1344.25	16
河　北	Hebei	1462.91	2012.59	2308.93	10	1441.50	2008.43	2312.22	10
山　西	Shanxi	490.51	647.96	654.31	21	530.39	757.55	780.43	19
内蒙古	Inner Mongolia	740.48	1289.95	1723.87	14	752.67	1249.45	1401.92	15
辽　宁	Liaoning	2047.53	2722.47	3170.32	6	2046.49	2709.73	3196.35	6
吉　林	Jilin	1058.99	1510.12	1609.65	15	1097.60	1488.78	1590.75	14
黑龙江	Heilongjiang	310.02	556.17	531.25	25	339.86	529.84	523.88	25
上　海	Shanghai	2290.54	2433.53	2606.34	9	2386.91	2641.11	2763.34	8
江　苏	Jiangsu	9009.41	12974.94	14732.83	1	9087.43	13128.08	14864.98	1
浙　江	Zhejiang	3431.85	4827.20	5479.04	3	3550.41	4966.13	5721.61	3
安　徽	Anhui	1115.32	1602.70	1926.28	12	1030.77	1590.46	1879.97	13
福　建	Fujian	766.54	1082.12	1278.26	17	780.74	1077.38	1288.22	17
江　西	Jiangxi	1221.48	1658.49	1859.53	13	1235.08	1719.40	1929.35	12
山　东	Shandong	8137.34	12405.41	14385.03	2	8213.79	12956.30	14719.24	2
河　南	Henan	1744.77	2667.72	3090.39	7	1832.32	2787.20	3175.99	7
湖　北	Hubei	1546.84	2738.15	3270.48	5	1532.32	2802.40	3347.22	5
湖　南	Hunan	1529.96	2357.50	2700.40	8	1515.02	2309.75	2635.55	9
广　东	Guangdong	3961.39	4571.65	5300.97	4	3972.36	4611.37	5292.94	4
广　西	Guangxi	520.82	757.42	879.77	18	528.96	763.21	872.13	18
海　南	Hainan	81.80	107.84	128.57	30	85.31	107.44	96.75	30
重　庆	Chongqing	520.90	698.03	740.92	20	517.48	698.51	728.88	21
四　川	Sichuan	1558.17	2078.91	2229.18	11	1570.72	2123.65	2250.78	11
贵　州	Guizhou	328.91	545.57	607.35	24	390.14	575.97	695.70	22
云　南	Yunnan	536.20	786.17	783.28	19	539.47	789.46	765.87	20
西　藏	Tibet	0.75	0.68	2.02	31	1.08	1.56	1.51	31
陕　西	Shaanxi	330.15	570.76	643.10	22	341.42	548.05	658.25	23
甘　肃	Gansu	247.19	311.88	331.67	27	249.70	297.18	285.54	28
青　海	Qinghai	144.61	242.04	244.94	29	134.39	238.81	224.85	29
宁　夏	Ningxia	162.35	239.53	300.21	28	156.65	234.78	290.37	27
新　疆	Xinjiang	307.66	504.70	621.01	23	303.74	472.79	638.31	24

11-125 化学原料和化学制品制造业主营业务成本和主营业务税金及附加

Cost of Principal Business and Tax and Extra Charges from Principal Business of Manufacture of Raw Chemical Materials and Chemical Products

单位：亿元 (100 million yuan)

地区	Region	主营业务成本 Cost of Principal Business				主营业务税金及附加 Tax and Extra Charges from Principal Business			
		2010	2012	2013	2013排名 Ranking	2010	2012	2013	2013排名 Ranking
全　国	**National Total**	**39710.50**	**57918.50**	**65871.88**		**426.29**	**557.00**	**585.75**	
北　京	Beijing	298.87	296.52	307.23	26	1.23	2.04	1.94	27
天　津	Tianjin	797.19	1075.25	1192.27	15	1.27	3.73	4.15	22
河　北	Hebei	1201.23	1723.15	1981.78	10	5.55	6.78	8.74	14
山　西	Shanxi	471.20	684.29	708.25	19	3.08	1.52	2.02	26
内蒙古	Inner Mongolia	603.34	1005.63	1133.40	16	4.29	4.22	6.50	16
辽　宁	Liaoning	1770.92	2324.50	2816.77	6	58.88	94.96	78.18	3
吉　林	Jilin	926.92	1310.05	1398.13	14	58.02	70.29	71.52	4
黑龙江	Heilongjiang	289.69	459.19	446.99	25	7.76	7.33	3.24	23
上　海	Shanghai	1953.38	2223.64	2313.54	8	2.26	6.53	7.22	15
江　苏	Jiangsu	7713.79	11432.32	12991.93	1	64.16	87.93	89.80	2
浙　江	Zhejiang	2961.07	4345.67	5007.20	3	12.24	17.35	20.66	8
安　徽	Anhui	864.41	1337.69	1574.98	13	3.83	7.35	8.85	13
福　建	Fujian	658.92	942.49	1101.29	17	2.99	4.19	5.06	21
江　西	Jiangxi	1013.77	1469.52	1656.70	12	12.24	13.88	16.80	9
山　东	Shandong	7098.67	11211.96	12828.25	2	51.01	84.62	90.71	1
河　南	Henan	1566.34	2438.28	2793.58	7	11.84	14.71	15.07	10
湖　北	Hubei	1305.71	2431.37	2883.92	5	17.59	16.01	22.78	7
湖　南	Hunan	1196.97	1847.22	2125.76	9	23.20	39.42	52.23	5
广　东	Guangdong	3012.19	3621.90	4241.04	4	35.39	26.14	29.53	6
广　西	Guangxi	450.14	632.87	734.01	18	4.35	5.00	5.83	17
海　南	Hainan	62.12	74.32	65.03	30	0.80	1.46	0.80	29
重　庆	Chongqing	435.54	609.60	637.89	21	4.61	4.43	5.61	18
四　川	Sichuan	1318.31	1780.73	1922.18	11	17.46	11.65	11.16	11
贵　州	Guizhou	336.68	485.08	610.32	22	4.16	5.44	5.36	19
云　南	Yunnan	444.64	680.28	659.36	20	2.14	3.10	2.84	24
西　藏	Tibet	0.63	0.85	0.77	31	0.01	0.02	0.02	31
陕　西	Shaanxi	294.30	472.15	542.45	23	1.24	2.21	2.69	25
甘　肃	Gansu	225.51	266.16	260.93	28	2.29	2.15	1.51	28
青　海	Qinghai	67.66	151.88	153.84	29	8.83	7.36	9.00	12
宁　夏	Ningxia	141.13	215.21	265.41	27	0.55	0.50	0.65	30
新　疆	Xinjiang	229.23	368.74	516.70	24	3.04	4.68	5.27	20

11-126 化学原料和化学制品制造业销售费用和管理费用
Sales Expenses and Administrative Expenses of Manufacture of Raw Chemical Materials and Chemical Products

单位：亿元 (100 million yuan)

地区	Region	销售费用 Sales Expenses 2012	2013	2013排名 Ranking	管理费用 Administrative Expenses 2010	2012	2013	2013排名 Ranking
全 国	**National Total**	**1893.32**	**2081.34**		**1923.48**	**2474.34**	**2751.11**	
北 京	Beijing	29.33	26.36	19	25.95	27.54	27.85	24
天 津	Tianjin	23.31	25.46	21	44.51	49.20	54.71	15
河 北	Hebei	46.27	55.05	11	58.17	71.59	82.25	11
山 西	Shanxi	15.87	18.35	25	27.07	35.55	41.06	20
内蒙古	Inner Mongolia	39.78	45.54	13	27.43	52.67	70.62	14
辽 宁	Liaoning	49.81	52.59	12	88.30	106.18	110.62	8
吉 林	Jilin	23.53	26.83	18	57.18	71.87	76.58	13
黑龙江	Heilongjiang	6.60	7.49	27	12.80	16.96	18.75	26
上 海	Shanghai	158.62	163.66	4	117.52	132.21	148.23	6
江 苏	Jiangsu	257.17	287.96	2	301.22	423.98	473.97	1
浙 江	Zhejiang	120.92	141.68	5	141.67	193.47	212.96	4
安 徽	Anhui	54.24	61.79	9	49.82	68.50	84.17	10
福 建	Fujian	30.22	34.71	14	25.07	39.62	41.96	18
江 西	Jiangxi	24.31	29.73	16	30.53	41.15	44.05	16
山 东	Shandong	199.81	223.48	3	254.79	288.15	316.46	2
河 南	Henan	51.07	59.38	10	49.22	69.94	81.30	12
湖 北	Hubei	82.18	104.19	6	60.33	103.76	115.09	7
湖 南	Hunan	72.90	89.08	7	90.34	121.70	149.51	5
广 东	Guangdong	385.40	371.35	1	176.50	209.82	238.84	3
广 西	Guangxi	23.43	27.65	17	36.70	38.83	37.23	22
海 南	Hainan	2.31	2.31	30	2.58	3.81	4.68	30
重 庆	Chongqing	20.73	25.50	20	41.55	41.26	43.22	17
四 川	Sichuan	59.20	64.27	8	88.11	105.57	99.32	9
贵 州	Guizhou	12.09	16.32	26	17.98	25.77	30.22	23
云 南	Yunnan	29.33	34.31	15	31.23	39.76	41.56	19
西 藏	Tibet	0.10	0.10	31	0.15	0.19	0.18	31
陕 西	Shaanxi	22.73	23.57	24	21.82	31.44	38.49	21
甘 肃	Gansu	7.08	6.99	28	13.94	16.18	16.59	27
青 海	Qinghai	21.62	23.69	23	11.35	15.71	14.25	28
宁 夏	Ningxia	5.99	6.66	29	5.19	8.24	9.51	29
新 疆	Xinjiang	17.37	25.32	22	14.47	23.72	26.86	25

11-127 化学原料和化学制品制造业财务费用和营业利润
Financial Expenses and Operating Profitof Manufacture of Raw Chemical Materials and Chemical Products

单位：亿元 (100 million yuan)

地区	Region	财务费用 Financial Expenses				营业利润 Operating Profit			
		2010	2012	2013	2013排名 Ranking	2010	2012	2013	2013排名 Ranking
全国	**National Total**	**516.97**	**906.88**	**987.12**		**3792.42**	**4174.83**	**4502.22**	
北京	Beijing	3.20	5.75	4.62	27	22.12	2.50	0.58	29
天津	Tianjin	9.77	20.12	21.48	17	63.24	38.43	44.30	17
河北	Hebei	16.46	28.30	31.35	9	121.67	136.25	155.57	8
山西	Shanxi	13.94	23.26	28.51	11	9.80	6.27	-15.15	31
内蒙古	Inner Mongolia	15.24	33.85	48.35	5	93.92	106.46	87.38	14
辽宁	Liaoning	24.30	30.94	33.94	8	82.73	114.48	122.07	12
吉林	Jilin	5.70	9.97	12.14	24	26.45	-17.00	1.72	27
黑龙江	Heilongjiang	3.67	5.60	4.50	28	29.92	28.30	35.26	19
上海	Shanghai	15.77	21.99	12.70	23	176.64	119.44	133.67	11
江苏	Jiangsu	76.05	153.57	147.96	2	753.98	791.81	915.81	2
浙江	Zhejiang	43.35	82.43	69.25	3	314.09	248.63	329.34	4
安徽	Anhui	12.17	16.13	24.95	14	103.88	147.61	144.60	9
福建	Fujian	9.35	16.49	17.88	20	70.93	50.87	51.55	16
江西	Jiangxi	6.98	13.42	15.52	22	112.87	129.92	143.27	10
山东	Shandong	91.38	144.37	170.06	1	606.39	913.79	1018.84	1
河南	Henan	21.62	38.03	42.62	7	146.62	174.08	196.88	6
湖北	Hubei	20.42	42.86	49.86	4	164.98	177.31	221.01	5
湖南	Hunan	14.11	23.10	30.61	10	123.19	168.90	178.09	7
广东	Guangdong	16.74	27.18	21.47	18	406.86	377.82	401.88	3
广西	Guangxi	7.83	10.56	10.47	25	48.02	61.44	55.07	15
海南	Hainan	0.51	0.30	0.26	30	20.15	30.61	29.00	21
重庆	Chongqing	10.50	17.35	18.20	19	36.38	18.86	11.72	24
四川	Sichuan	22.83	43.32	45.04	6	115.50	171.88	121.22	13
贵州	Guizhou	9.07	16.27	21.86	16	18.47	38.41	29.88	20
云南	Yunnan	14.45	23.11	25.26	13	40.07	33.24	16.34	22
西藏	Tibet	0.01	0.01	0.01	31	0.26	0.41	0.69	28
陕西	Shaanxi	7.79	13.18	16.65	21	6.50	12.73	15.85	23
甘肃	Gansu	2.69	4.06	4.17	29	-0.44	1.24	-0.60	30
青海	Qinghai	7.79	19.33	22.84	15	33.53	33.96	10.78	25
宁夏	Ningxia	3.28	7.04	6.28	26	3.32	-0.21	2.13	26
新疆	Xinjiang	10.02	14.99	28.30	12	40.42	56.39	43.45	18

11-128 化学原料和化学制品制造业利润总额和应交增值税
Total Profit and Value Added Tax Payable of Manufacture of Raw Chemical Materials and Chemical Products

单位：亿元 (100 million yuan)

地区	Region	利润总额 Total Profit 2010	2012	2013	2013排名 Ranking	应交增值税 Value Added Tax Payable 2010	2012	2013	2013排名 Ranking
全国	**National Total**	**3638.41**	**4121.61**	**4522.41**		**1362.79**	**1852.08**	**2123.19**	
北京	Beijing	23.34	4.17	1.26	28	14.43	11.91	11.54	25
天津	Tianjin	62.07	39.81	45.31	18	17.38	30.12	36.91	15
河北	Hebei	125.53	142.86	156.04	8	36.77	38.56	42.16	13
山西	Shanxi	10.45	10.65	-12.19	31	11.04	10.34	12.31	23
内蒙古	Inner Mongolia	65.65	88.09	73.58	14	22.72	36.78	34.72	18
辽宁	Liaoning	94.49	117.91	119.27	13	37.67	92.52	94.98	6
吉林	Jilin	26.91	-23.02	-1.92	30	22.66	30.42	35.27	17
黑龙江	Heilongjiang	27.08	29.04	34.82	20	7.80	11.30	10.93	26
上海	Shanghai	180.10	124.56	142.84	9	70.46	65.16	69.08	8
江苏	Jiangsu	673.48	797.72	904.58	2	276.43	389.85	447.64	1
浙江	Zhejiang	326.43	268.31	348.08	4	99.34	116.67	123.22	4
安徽	Anhui	104.36	119.22	133.02	11	24.29	31.64	43.89	12
福建	Fujian	70.27	51.40	52.85	16	19.57	29.11	38.47	14
江西	Jiangxi	111.76	128.04	139.63	10	31.48	51.95	55.53	11
山东	Shandong	588.69	894.04	1030.44	1	215.90	331.38	395.41	2
河南	Henan	144.46	181.93	205.41	6	47.50	54.22	58.28	10
湖北	Hubei	121.91	134.77	213.44	5	34.19	39.69	87.84	7
湖南	Hunan	104.48	148.42	169.51	7	56.97	80.87	102.39	5
广东	Guangdong	409.19	382.92	401.07	3	170.34	201.32	196.23	3
广西	Guangxi	45.01	58.57	60.42	15	12.08	22.39	23.00	20
海南	Hainan	20.11	30.79	29.25	21	2.80	5.33	5.35	29
重庆	Chongqing	32.58	17.86	7.98	25	20.20	23.14	36.28	16
四川	Sichuan	112.87	178.06	122.58	12	50.56	61.21	63.46	9
贵州	Guizhou	18.59	42.10	35.05	19	7.66	8.11	11.98	24
云南	Yunnan	37.29	27.13	19.06	23	11.58	17.20	17.35	21
西藏	Tibet	0.25	0.40	0.70	29	0.07	0.14	0.17	31
陕西	Shaanxi	7.18	8.43	17.02	24	9.29	17.71	17.01	22
甘肃	Gansu	6.39	4.95	2.21	27	4.47	7.26	5.06	30
青海	Qinghai	39.97	48.64	21.44	22	9.98	13.62	10.71	27
宁夏	Ningxia	4.39	0.89	3.30	26	5.00	5.83	7.35	28
新疆	Xinjiang	43.12	62.96	46.36	17	12.16	16.33	28.67	19

11-129 医药制造业工业销售产值和主营业务收入
Sales Value and Revenue from Principal Business of Manufacture of Medicine

单位：亿元 (100 million yuan)

地区	Region	工业销售产值（当年价格） Sales Value（current prices）				主营业务收入 Revenue from Principal Business			
		2010	2012	2013	2013排名 Ranking	2010	2012	2013	2013排名 Ranking
全　国	**National Total**	**11168.50**	**16935.68**	**20129.16**		**11417.30**	**17337.67**	**20484.22**	
北　京	Beijing	350.52	511.87	593.04	13	369.16	525.72	609.69	13
天　津	Tianjin	282.78	394.98	451.84	16	314.66	457.48	512.50	16
河　北	Hebei	441.12	589.94	663.06	12	524.97	744.80	835.84	9
山　西	Shanxi	91.27	115.91	148.74	25	91.75	115.83	148.56	25
内蒙古	Inner Mongolia	156.86	176.63	256.04	21	165.62	182.68	255.55	21
辽　宁	Liaoning	369.58	609.14	711.80	10	428.15	668.23	769.46	11
吉　林	Jilin	564.92	1013.00	1304.03	4	516.49	985.57	1245.95	4
黑龙江	Heilongjiang	211.29	283.64	320.03	18	281.97	366.59	414.14	17
上　海	Shanghai	385.89	491.36	554.55	14	409.89	517.04	580.18	14
江　苏	Jiangsu	1376.63	2240.73	2672.72	2	1394.29	2279.74	2683.07	2
浙　江	Zhejiang	731.02	912.40	1001.04	6	732.24	939.06	999.63	6
安　徽	Anhui	235.06	421.24	505.51	15	259.92	457.23	532.58	15
福　建	Fujian	138.15	179.85	214.20	24	138.10	176.90	209.98	24
江　西	Jiangxi	458.92	726.00	844.69	8	466.26	763.69	892.25	8
山　东	Shandong	1582.76	2636.79	3139.91	1	1564.42	2608.23	3124.50	1
河　南	Henan	722.60	1084.24	1317.54	3	707.04	1089.30	1334.45	3
湖　北	Hubei	392.44	691.72	820.79	9	405.49	684.79	816.59	10
湖　南	Hunan	369.41	552.31	667.72	11	363.31	544.78	663.00	12
广　东	Guangdong	729.32	974.19	1156.80	5	741.46	966.67	1144.59	5
广　西	Guangxi	157.51	251.34	312.87	19	153.08	239.52	309.92	19
海　南	Hainan	60.81	89.12	99.85	26	58.67	89.60	99.53	26
重　庆	Chongqing	170.42	247.06	306.55	20	170.32	247.10	308.20	20
四　川	Sichuan	596.77	849.18	972.64	7	593.07	850.37	967.70	7
贵　州	Guizhou	146.49	188.46	254.16	22	136.93	170.81	228.35	23
云　南	Yunnan	127.83	197.79	233.75	23	130.93	198.99	237.57	22
西　藏	Tibet	6.20	9.19	9.74	31	5.13	7.71	11.84	31
陕　西	Shaanxi	214.01	338.29	399.74	17	195.77	314.85	377.24	18
甘　肃	Gansu	47.19	78.49	93.86	27	47.86	72.17	85.59	27
青　海	Qinghai	19.03	38.81	54.17	28	19.10	34.80	41.72	28
宁　夏	Ningxia	21.62	24.01	25.21	29	21.77	21.43	24.59	29
新　疆	Xinjiang	10.07	18.00	22.55	30	9.49	15.99	19.48	30

11-130 医药制造业主营业务成本和主营业务税金及附加
Cost of Principal Business, Tax and Extra Charges from Principal Business of Manufacture of Medicine

单位：亿元 (100 million yuan)

地区	Region	主营业务成本 Cost of Principal Business				主营业务税金及附加 Tax and Extra charges from Principal Business			
		2010	2012	2013	2013排名 Ranking	2010	2012	2013	2013排名 Ranking
全　国	**National Total**	**7902.42**	**12161.58**	**14461.95**		**77.67**	**128.25**	**152.67**	
北　京	Beijing	176.97	239.74	279.27	17	1.59	5.33	6.15	10
天　津	Tianjin	201.50	284.28	317.61	15	1.59	5.13	4.13	14
河　北	Hebei	390.08	597.26	672.65	8	2.03	3.26	4.20	13
山　西	Shanxi	59.36	75.52	99.50	25	0.55	0.86	1.10	24
内蒙古	Inner Mongolia	123.81	143.41	195.93	21	0.99	1.35	1.00	25
辽　宁	Liaoning	314.81	485.84	571.41	11	1.82	4.55	6.91	9
吉　林	Jilin	361.13	700.57	869.00	4	2.29	7.19	7.42	6
黑龙江	Heilongjiang	183.02	243.08	279.50	16	2.02	2.73	2.82	17
上　海	Shanghai	247.66	298.82	330.91	14	0.74	3.10	2.92	16
江　苏	Jiangsu	881.70	1479.35	1779.67	2	6.48	16.37	19.53	2
浙　江	Zhejiang	486.82	616.72	649.28	9	3.96	5.84	7.12	7
安　徽	Anhui	212.93	360.70	427.57	13	1.02	2.23	2.77	18
福　建	Fujian	96.96	120.00	142.98	22	2.62	1.19	1.44	23
江　西	Jiangxi	348.15	584.85	689.26	7	2.86	5.12	5.86	11
山　东	Shandong	1167.88	1962.14	2350.77	1	14.39	20.42	27.73	1
河　南	Henan	560.67	888.02	1094.21	3	5.34	6.11	7.06	8
湖　北	Hubei	309.39	525.41	625.01	10	6.92	5.32	5.69	12
湖　南	Hunan	267.93	406.39	504.41	12	4.34	6.30	7.93	4
广　东	Guangdong	490.42	637.95	765.45	5	3.57	6.82	7.45	5
广　西	Guangxi	97.27	156.13	197.62	20	1.45	1.77	2.61	19
海　南	Hainan	32.49	49.67	54.51	27	0.26	0.71	0.83	26
重　庆	Chongqing	117.52	174.66	222.20	19	0.91	1.46	2.00	21
四　川	Sichuan	437.88	623.07	712.09	6	6.13	7.72	9.17	3
贵　州	Guizhou	77.03	86.43	120.52	24	1.11	1.92	2.52	20
云　南	Yunnan	69.84	117.67	142.43	23	0.87	1.61	1.66	22
西　藏	Tibet	1.83	3.26	4.05	31	0.07	0.13	0.17	29
陕　西	Shaanxi	122.77	202.01	248.29	18	0.88	2.77	3.36	15
甘　肃	Gansu	28.68	48.21	56.30	26	0.35	0.48	0.55	27
青　海	Qinghai	15.91	24.07	26.44	28	0.33	0.24	0.33	28
宁　夏	Ningxia	13.93	16.37	20.65	29	0.11	0.15	0.10	31
新　疆	Xinjiang	6.06	9.97	12.44	30	0.09	0.10	0.12	30

11-131 医药制造业销售费用和管理费用
Sales Expenses and Administration Expenses of Manufacture of Medicine

单位：亿元 (100 million yuan)

地区	Region	销售费用 Sales Expenses 2012	2013	2013排名 Ranking	管理费用 Administrative Expenses 2010	2012	2013	2013排名 Ranking
全　国	**National Total**	**1977.39**	**2357.13**		**810.39**	**1103.48**	**1278.19**	
北　京	Beijing	147.07	166.34	4	37.63	50.17	61.82	6
天　津	Tianjin	83.22	97.69	8	25.65	34.41	41.47	12
河　北	Hebei	53.86	65.65	12	36.27	34.69	36.31	15
山　西	Shanxi	15.39	19.98	25	9.36	13.01	14.88	23
内蒙古	Inner Mongolia	7.45	11.08	26	8.26	8.12	13.33	25
辽　宁	Liaoning	59.54	67.74	11	29.35	41.69	45.37	11
吉　林	Jilin	136.33	188.35	3	41.40	61.43	77.77	5
黑龙江	Heilongjiang	46.01	57.17	15	24.41	31.57	33.52	16
上　海	Shanghai	111.81	127.53	7	38.58	50.81	57.02	8
江　苏	Jiangsu	373.61	426.15	1	107.65	165.08	190.91	1
浙　江	Zhejiang	113.11	136.66	5	67.72	91.05	101.40	3
安　徽	Anhui	25.10	27.43	22	13.34	19.98	25.82	17
福　建	Fujian	18.60	22.17	23	11.26	13.88	16.28	22
江　西	Jiangxi	72.94	80.10	9	21.49	27.57	37.22	14
山　东	Shandong	181.31	222.34	2	75.47	113.44	129.04	2
河　南	Henan	40.80	49.19	17	22.65	33.32	38.53	13
湖　北	Hubei	51.94	63.15	13	31.48	49.02	49.31	9
湖　南	Hunan	40.19	47.41	18	25.17	38.57	45.48	10
广　东	Guangdong	112.21	134.48	6	52.57	66.62	81.35	4
广　西	Guangxi	28.23	45.67	19	16.09	18.95	20.45	20
海　南	Hainan	17.17	20.37	24	5.54	8.57	10.63	26
重　庆	Chongqing	24.69	27.98	21	17.77	19.90	22.02	18
四　川	Sichuan	71.97	79.51	10	49.20	56.62	61.62	7
贵　州	Guizhou	45.40	57.45	14	8.41	10.17	13.82	24
云　南	Yunnan	36.70	40.37	20	9.97	15.67	16.86	21
西　藏	Tibet	0.94	3.22	29	0.89	0.95	1.47	31
陕　西	Shaanxi	50.37	56.15	16	11.82	16.51	20.64	19
甘　肃	Gansu	5.20	6.25	27	5.26	5.61	5.90	27
青　海	Qinghai	2.97	5.95	28	2.49	1.66	3.25	28
宁　夏	Ningxia	0.64	0.60	31	1.97	2.88	2.72	29
新　疆	Xinjiang	2.64	2.99	30	1.26	1.56	1.99	30

11-132 医药制造业财务费用和营业利润
Financial Expenses and Operating Profit of Manufacture of Medicine

单位：亿元 (100 million yuan)

地区	Region	财务费用 Financial Expenses				营业利润 Operating Profit			
		2010	2012	2013	2013排名 Ranking	2010	2012	2013	2013排名 Ranking
全　国	**National Total**	**115.12**	**166.83**	**194.93**		**1349.98**	**1841.51**	**2091.58**	
北　京	Beijing	4.67	6.94	8.47	8	57.97	83.64	105.86	6
天　津	Tianjin	3.25	3.45	5.04	14	39.27	60.54	57.69	14
河　北	Hebei	8.20	7.05	6.91	10	55.31	44.29	51.82	15
山　西	Shanxi	2.64	3.00	3.35	18	10.47	7.85	10.17	27
内蒙古	Inner Mongolia	0.83	1.74	2.00	24	31.05	14.31	26.91	22
辽　宁	Liaoning	3.87	5.03	5.66	12	37.76	56.16	72.49	9
吉　林	Jilin	3.84	6.48	8.70	7	52.47	75.12	109.81	5
黑龙江	Heilongjiang	0.99	1.30	1.40	27	40.87	40.99	38.51	20
上　海	Shanghai	1.74	3.23	3.22	20	54.08	62.90	70.31	11
江　苏	Jiangsu	7.26	11.89	11.49	6	145.25	238.12	266.86	2
浙　江	Zhejiang	11.90	15.78	15.91	2	88.79	106.09	102.51	7
安　徽	Anhui	2.34	4.26	4.40	16	20.40	42.22	45.51	16
福　建	Fujian	2.06	2.37	2.90	21	17.41	20.97	26.44	24
江　西	Jiangxi	3.39	4.91	6.05	11	36.00	56.58	62.52	12
山　东	Shandong	16.19	30.18	34.48	1	184.53	297.19	320.25	1
河　南	Henan	9.13	13.30	15.62	3	87.88	104.48	131.38	4
湖　北	Hubei	4.43	8.21	11.75	5	50.88	72.35	71.38	10
湖　南	Hunan	3.08	4.07	4.82	15	38.88	51.34	59.11	13
广　东	Guangdong	4.05	4.62	7.13	9	108.18	132.13	146.07	3
广　西	Guangxi	2.28	2.88	3.23	19	25.71	37.12	41.29	18
海　南	Hainan	0.12	0.51	0.81	28	12.37	14.15	12.82	26
重　庆	Chongqing	3.20	4.59	5.52	13	13.43	18.61	30.80	21
四　川	Sichuan	7.27	10.59	12.42	4	65.24	90.22	98.80	8
贵　州	Guizhou	2.08	1.99	2.53	23	19.84	24.65	26.76	23
云　南	Yunnan	0.85	1.94	2.82	22	19.15	30.79	39.66	19
西　藏	Tibet	-0.05	-0.03			1.69	2.39	2.90	29
陕　西	Shaanxi	3.72	3.14	3.79	17	19.28	38.26	42.93	17
甘　肃	Gansu	0.45	1.15	1.54	26	8.13	11.26	13.73	25
青　海	Qinghai	0.18	0.66	0.58	29	2.03	4.89	5.92	28
宁　夏	Ningxia	0.96	1.33	1.82	25	4.89	0.41	-1.03	31
新　疆	Xinjiang	0.19	0.25	0.58	29	0.78	1.51	1.42	30

11-133 医药制造业利润总额和应交增值税
Total Profit and Value Added Tax Payable of Manufacture of Medicine

单位：亿元 (100 million yuan)

地区	Region	利润总额 Total Profit				应交增值税 Value Added Tax Payable			
		2010	2012	2013	2013排名 Ranking	2010	2012	2013	2013排名 Ranking
全　国	**National Total**	**1331.09**	**1865.89**	**2132.71**		**547.12**	**822.54**	**990.29**	
北　京	Beijing	58.49	86.13	109.93	5	31.86	44.98	51.51	5
天　津	Tianjin	40.48	63.09	59.87	13	19.88	31.50	41.30	8
河　北	Hebei	55.32	49.25	56.13	15	18.25	21.50	23.02	16
山　西	Shanxi	9.65	9.19	10.84	27	5.22	6.73	7.62	25
内蒙古	Inner Mongolia	25.94	12.63	27.18	23	5.67	7.17	15.87	22
辽　宁	Liaoning	36.73	59.31	71.26	11	15.94	26.64	36.29	9
吉　林	Jilin	49.26	77.71	100.63	7	16.95	33.42	50.62	6
黑龙江	Heilongjiang	41.50	40.25	40.48	19	17.18	21.32	21.91	17
上　海	Shanghai	57.08	67.68	74.49	9	25.25	33.22	33.65	12
江　苏	Jiangsu	146.97	244.06	272.88	2	75.41	125.28	147.37	1
浙　江	Zhejiang	92.50	110.07	108.76	6	38.94	48.62	56.27	3
安　徽	Anhui	20.86	44.11	46.92	16	7.75	14.50	16.07	21
福　建	Fujian	17.99	21.93	26.26	24	5.38	7.17	8.53	24
江　西	Jiangxi	33.54	58.17	65.06	12	20.50	30.78	35.90	10
山　东	Shandong	184.24	298.43	327.59	1	63.63	107.52	133.86	2
河　南	Henan	87.74	105.88	132.36	4	20.27	29.34	33.57	13
湖　北	Hubei	42.32	65.94	73.56	10	14.44	25.34	35.34	11
湖　南	Hunan	37.77	47.02	57.84	14	20.03	21.96	29.25	14
广　东	Guangdong	102.28	134.82	150.13	3	35.70	48.73	55.23	4
广　西	Guangxi	23.97	35.21	41.70	18	8.30	13.56	16.72	19
海　南	Hainan	13.08	14.74	13.68	26	4.15	5.86	6.97	26
重　庆	Chongqing	13.18	19.50	31.31	21	7.68	15.37	19.68	18
四　川	Sichuan	64.46	89.13	98.11	8	31.63	45.48	48.82	7
贵　州	Guizhou	20.48	25.55	27.49	22	8.31	12.29	13.87	23
云　南	Yunnan	17.65	25.43	38.31	20	9.87	13.43	16.69	20
西　藏	Tibet	2.14	2.59	3.26	29	0.51	0.80	1.32	29
陕　西	Shaanxi	20.19	38.22	43.26	17	14.34	23.33	25.37	15
甘　肃	Gansu	8.56	11.08	14.24	25	2.03	3.05	3.66	27
青　海	Qinghai	0.95	4.91	7.68	28	0.63	1.79	2.28	28
宁　夏	Ningxia	4.78	1.30	-0.24	31	0.72	0.95	0.67	31
新　疆	Xinjiang	1.00	2.57	1.73	30	0.69	0.88	1.05	30

11-134 化学纤维制造业工业销售产值和主营业务收入
Sales Value and Revenue from Principal Business of Manufacture of Chemical Fibers

单位：亿元 (100 million yuan)

地区	Region	工业销售产值（当年价格） Sales Value（current prices）				主营业务收入 Revenue from Principal Business			
		2010	2012	2013	2013排名 Ranking	2010	2012	2013	2013排名 Ranking
全　国	**National Total**	**4868.20**	**6613.10**	**6974.78**		**5020.29**	**6744.15**	**7055.20**	
北　京	Beijing	2.56	1.75	1.98	22	2.64	1.75	1.95	22
天　津	Tianjin	6.47	13.91	16.73	17	6.88	13.11	16.49	17
河　北	Hebei	55.38	78.84	76.51	9	55.64	79.95	76.35	10
山　西	Shanxi	1.01	0.35	0.19	27	1.01	0.35	0.22	27
内蒙古	Inner Mongolia		0.47	0.58	24		0.35	0.48	25
辽　宁	Liaoning	39.12	49.20	48.49	14	49.62	49.31	53.23	13
吉　林	Jilin	78.62	56.00	63.77	12	67.85	54.68	51.15	14
黑龙江	Heilongjiang	0.54	4.69	0.89	23	0.53	5.24	0.88	23
上　海	Shanghai	40.79	38.32	42.19	15	40.83	37.68	42.72	15
江　苏	Jiangsu	1668.15	2417.23	2690.67	1	1695.08	2499.74	2712.49	1
浙　江	Zhejiang	1831.74	2482.97	2384.78	2	1863.90	2500.55	2384.90	2
安　徽	Anhui	52.99	67.81	71.00	11	53.95	74.68	85.08	9
福　建	Fujian	314.30	554.18	680.77	3	312.14	548.36	686.85	3
江　西	Jiangxi	34.21	60.76	61.44	13	38.56	64.70	75.94	11
山　东	Shandong	152.51	208.24	223.80	4	155.76	197.01	231.21	4
河　南	Henan	118.52	86.19	83.88	8	164.20	87.98	86.84	8
湖　北	Hubei	32.13	78.31	75.79	10	32.67	81.25	75.39	12
湖　南	Hunan	29.13	24.30	25.80	16	29.37	23.28	25.18	16
广　东	Guangdong	180.22	121.29	131.33	6	187.08	120.14	130.32	6
广　西	Guangxi	0.12		0.58	24	0.12		0.34	26
海　南	Hainan	5.23	5.09	0.50	26	5.26	5.10	0.50	24
重　庆	Chongqing	6.87	2.33	4.93	21	5.86	2.18	4.75	20
四　川	Sichuan	96.65	150.29	162.59	5	107.99	181.73	182.52	5
贵　州	Guizhou								
云　南	Yunnan	12.22	13.38	14.96	19	12.22	13.33	14.96	19
西　藏	Tibet								
陕　西	Shaanxi	10.99	13.76	15.69	18	11.10	13.79	15.61	18
甘　肃	Gansu	7.01	4.47	4.94	20	15.06	2.95	4.29	21
青　海	Qinghai								
宁　夏	Ningxia								
新　疆	Xinjiang	90.74	78.96	89.99	7	104.93	84.95	94.55	7

11-135 化学纤维制造业主营业务成本和主营业务税金及附加

Cost of Principal Business, Tax and Extra Charges from Principal Business of Manufacture of Chemical Fibers

单位：亿元 (100 million yuan)

地区	Region	主营业务成本 Cost of Principal Business				主营业务税金及附加 Tax and Extra Charges from Principal Business			
		2010	2012	2013	2013排名 Ranking	2010	2012	2013	2013排名 Ranking
全　国	**National Total**	**4456.75**	**6148.44**	**6441.77**		**12.29**	**18.17**	**19.45**	
北　京	Beijing	2.06	1.33	1.50	22	0.01	0.01	0.01	21
天　津	Tianjin	6.15	11.07	13.71	17		0.13	0.17	12
河　北	Hebei	49.11	70.43	69.23	10	0.50	0.35	0.30	10
山　西	Shanxi	0.93	0.33	0.20	27				
内蒙古	Inner Mongolia		0.31	0.44	25				
辽　宁	Liaoning	45.24	43.07	48.60	13	0.13	0.07	0.06	18
吉　林	Jilin	59.04	52.81	48.57	14	0.25	0.30	0.17	12
黑龙江	Heilongjiang	0.44	6.00	0.70	23			0.01	21
上　海	Shanghai	34.10	32.80	36.00	15	0.02	0.04	0.04	19
江　苏	Jiangsu	1474.52	2279.50	2506.25	1	2.37	5.52	7.18	1
浙　江	Zhejiang	1692.42	2332.39	2214.93	2	4.31	5.00	5.47	2
安　徽	Anhui	46.06	63.75	73.45	9	0.12	0.13	0.23	11
福　建	Fujian	277.37	475.36	600.77	3	0.52	1.43	1.12	4
江　西	Jiangxi	32.79	59.57	65.37	12	0.15	0.07	0.17	12
山　东	Shandong	138.26	172.51	204.39	4	1.21	0.87	1.01	5
河　南	Henan	147.13	77.76	75.64	8	0.40	0.45	0.36	9
湖　北	Hubei	30.40	74.35	68.23	11	0.29	1.04	0.38	8
湖　南	Hunan	26.02	19.65	21.49	16	0.30	0.44	0.49	7
广　东	Guangdong	165.07	104.75	111.92	6	0.33	0.40	0.60	6
广　西	Guangxi	0.09		0.31	26				
海　南	Hainan	4.68	5.46	0.57	24	0.02			
重　庆	Chongqing	5.22	1.85	4.49	20	0.02		0.04	19
四　川	Sichuan	96.14	162.78	162.64	5	1.09	1.59	1.32	3
贵　州	Guizhou								
云　南	Yunnan	8.04	9.36	10.37	19		0.09	0.09	16
西　藏	Tibet								
陕　西	Shaanxi	9.48	11.43	13.20	18	0.02	0.04	0.08	17
甘　肃	Gansu	13.58	2.80	4.08	21	0.03	0.01		
青　海	Qinghai								
宁　夏	Ningxia								
新　疆	Xinjiang	92.40	77.02	84.72	7	0.20	0.17	0.15	15

11-136 化学纤维制造业销售费用和管理费用
Sales Expenses and Administration Expenses of Manufacture of Chemical Fibers

单位：亿元 (100 million yuan)

地区	Region	销售费用 Sales Expenses			管理费用 Administrative Expenses			
		2012	2013	2013排名 Ranking	2010	2012	2013	2013排名 Ranking
全　国	**National Total**	**62.20**	**68.35**		**113.64**	**164.55**	**187.96**	
北　京	Beijing	0.06	0.06	19	0.38	0.21	0.25	20
天　津	Tianjin	0.15	0.42	15	0.39	0.44	0.59	18
河　北	Hebei	1.06	1.25	12	2.37	2.60	2.75	12
山　西	Shanxi				0.03	0.01	0.01	27
内蒙古	Inner Mongolia	0.01	0.01	23		0.02	0.02	26
辽　宁	Liaoning	0.35	0.32	17	1.88	1.57	1.85	14
吉　林	Jilin	1.47	1.41	11	3.64	3.70	3.59	8
黑龙江	Heilongjiang	0.07	0.05	20	0.05	0.48	0.13	22
上　海	Shanghai	1.84	2.16	7	2.15	2.47	2.92	11
江　苏	Jiangsu	21.31	25.90	1	32.17	49.95	56.24	1
浙　江	Zhejiang	13.02	10.64	2	28.05	40.50	44.01	2
安　徽	Anhui	1.77	1.87	9	2.43	3.58	3.54	9
福　建	Fujian	4.09	5.66	3	6.52	27.66	39.93	3
江　西	Jiangxi	0.86	0.80	14	1.53	1.68	1.57	15
山　东	Shandong	3.03	4.06	6	5.14	7.85	7.07	4
河　南	Henan	1.60	1.49	10	4.08	2.67	2.69	13
湖　北	Hubei	1.05	1.18	13	4.12	4.66	5.03	6
湖　南	Hunan	0.35	0.37	16	2.20	0.56	0.71	17
广　东	Guangdong	1.91	2.02	8	6.41	5.54	5.73	5
广　西	Guangxi		0.01	23	0.02		0.03	25
海　南	Hainan				0.04	0.11	0.16	21
重　庆	Chongqing		0.01	23	0.18	0.04	0.04	24
四　川	Sichuan	4.35	4.38	4	3.63	4.72	4.80	7
贵　州	Guizhou							
云　南	Yunnan	0.04	0.05	20	0.60	0.70	0.72	16
西　藏	Tibet							
陕　西	Shaanxi	0.07	0.12	18	0.31	0.34	0.43	19
甘　肃	Gansu	0.02	0.02	22	1.12	0.07	0.05	23
青　海	Qinghai							
宁　夏	Ningxia							
新　疆	Xinjiang	3.72	4.12	5	4.16	2.41	3.11	10

11-137 化学纤维制造业财务费用和营业利润
Financial Expenses and Operating Profit of Manufacture of Chemical Fibers

单位：亿元 (100 million yuan)

地区	Region	财务费用 Financial Expenses				营业利润 Operating Profit			
		2010	2012	2013	2013排名 Ranking	2010	2012	2013	2013排名 Ranking
全国	**National Total**	**71.07**	**125.48**	**113.84**		**363.85**	**238.55**	**261.74**	
北京	Beijing	0.08	0.02	0.04	19	0.01	0.12	0.11	20
天津	Tianjin	0.05	0.09	0.08	17	0.42	1.24	1.77	15
河北	Hebei	0.40	0.88	0.91	14	3.65	4.06	1.74	16
山西	Shanxi	0.03	0.02	0.01	23	0.01	-0.01		
内蒙古	Inner Mongolia		0.01	0.01	23			-0.01	23
辽宁	Liaoning	0.60	0.72	1.05	12	1.73	3.42	0.31	19
吉林	Jilin	2.35	3.36	3.72	5	0.56	-5.91	-5.18	25
黑龙江	Heilongjiang		0.11	0.02	21	0.02	-1.41	0.01	22
上海	Shanghai	0.36	0.57	0.51	15	2.44	1.28	2.40	12
江苏	Jiangsu	25.09	45.88	41.21	1	147.94	99.94	85.86	2
浙江	Zhejiang	23.41	42.27	34.08	2	125.57	73.30	86.06	1
安徽	Anhui	1.51	1.98	2.22	8	3.53	2.25	3.65	11
福建	Fujian	4.95	11.26	13.02	3	27.74	33.97	30.55	3
江西	Jiangxi	0.38	1.69	1.29	10	2.84	4.12	6.17	7
山东	Shandong	3.79	4.25	4.64	4	6.86	-6.61	11.23	4
河南	Henan	1.58	2.12	2.02	9	10.95	4.96	5.96	8
湖北	Hubei	0.39	1.34	0.98	13	1.63	5.30	4.66	9
湖南	Hunan	0.31	0.23	0.18	16	1.73	2.19	1.40	17
广东	Guangdong	1.51	1.73	1.20	11	11.59	6.12	9.26	5
广西	Guangxi			0.01	23				
海南	Hainan					0.04	-0.47	-0.23	24
重庆	Chongqing	0.03	0.04	0.04	19	0.52	0.17	0.38	18
四川	Sichuan	1.68	3.79	3.69	6	4.60	5.57	7.31	6
贵州	Guizhou								
云南	Yunnan	-0.07	-0.14	-0.15	26	3.26	3.28	3.89	10
西藏	Tibet								
陕西	Shaanxi	0.02	-0.01	0.02	21	1.33	2.20	2.31	13
甘肃	Gansu	0.48	0.05	0.05	18	-0.40	0.02	0.06	21
青海	Qinghai								
宁夏	Ningxia								
新疆	Xinjiang	2.16	3.24	2.99	7	5.26	-0.52	2.10	14

11-138 化学纤维制造业利润总额和应交增值税
Total Profit and Value Added Tax Payable of Manufacture of Chemical Fibers

单位：亿元 (100 million yuan)

地区	Region	利润总额 Total Profit 2010	2012	2013	2013排名 Ranking	应交增值税 Value Added Tax Payable 2010	2012	2013	2013排名 Ranking
全　国	**National Total**	**359.31**	**271.15**	**274.24**		**107.12**	**128.07**	**153.33**	
北　京	Beijing	0.03	0.15	0.15	20	0.08	0.09	0.08	21
天　津	Tianjin	0.43	1.24	1.76	15	0.31	0.79	0.95	15
河　北	Hebei	3.18	4.16	1.63	16	1.33	1.21	1.96	9
山　西	Shanxi	0.01	-0.01			0.02			
内蒙古	Inner Mongolia		0.01						
辽　宁	Liaoning	1.80	3.44	0.45	18	1.71	3.77	1.87	10
吉　林	Jilin	0.47	-3.22	-4.01	24	1.92	1.14	1.10	13
黑龙江	Heilongjiang	0.02	-1.41	0.01	22	0.03	0.01	0.02	23
上　海	Shanghai	3.11	1.46	2.62	13	1.11	0.54	0.52	19
江　苏	Jiangsu	141.11	100.23	88.12	2	36.82	53.63	71.57	1
浙　江	Zhejiang	126.80	76.73	89.94	1	36.66	40.49	41.12	2
安　徽	Anhui	3.68	2.53	4.12	10	1.56	1.90	1.82	11
福　建	Fujian	27.53	34.76	32.39	3	5.06	5.15	10.04	3
江　西	Jiangxi	2.90	4.69	6.51	7	0.77	1.49	2.50	7
山　东	Shandong	6.52	15.20	11.45	4	3.77	4.60	5.43	4
河　南	Henan	11.03	4.96	5.83	8	1.86	1.63	1.00	14
湖　北	Hubei	1.81	5.41	4.60	9	0.71	1.91	1.67	12
湖　南	Hunan	1.43	1.86	1.22	17	1.23	0.87	0.91	16
广　东	Guangdong	11.89	7.57	9.62	5	4.60	2.33	3.75	5
广　西	Guangxi					0.01			
海　南	Hainan	0.04	-0.47	-0.23	23	0.17	0.01	0.02	23
重　庆	Chongqing	0.48	0.17	0.39	19	0.20	0.10	0.18	20
四　川	Sichuan	4.83	6.10	8.60	6	3.33	3.42	3.31	6
贵　州	Guizhou								
云　南	Yunnan	3.27	3.29	3.90	11	0.76	0.78	0.84	17
西　藏	Tibet								
陕　西	Shaanxi	1.30	2.19	2.37	14	0.45	0.40	0.63	18
甘　肃	Gansu	-0.34		0.04	21	0.13	0.03	0.05	22
青　海	Qinghai								
宁　夏	Ningxia								
新　疆	Xinjiang	5.99	0.11	2.78	12	2.52	1.81	1.99	8

11-139 非金属矿物制品业工业销售产值和主营业务收入
Sales Value and Revenue from Principal Business of Manufacture of Non-metallic Mineral Products

单位：亿元 (100 million yuan)

地区	Region	工业销售产值(当年价格) Sales Value (current prices)				主营业务收入 Revenue from Principal Business			
		2010	2012	2013	2013排名 Ranking	2010	2012	2013	2013排名 Ranking
全国	**National Total**	**31326.46**	**44156.17**	**52253.06**		**31267.20**	**43989.03**	**51967.15**	
北京	Beijing	384.26	455.14	489.61	22	404.19	486.81	531.35	22
天津	Tianjin	253.43	311.11	320.72	27	258.79	326.66	340.15	26
河北	Hebei	1269.84	1746.62	1899.01	11	1242.78	1720.55	1885.69	11
山西	Shanxi	281.81	362.42	383.05	24	277.37	366.01	372.10	25
内蒙古	Inner Mongolia	551.91	688.47	770.23	18	546.61	688.76	774.55	18
辽宁	Liaoning	2246.73	3406.52	3676.97	5	2260.90	3415.88	3686.89	5
吉林	Jilin	709.32	1296.93	1469.10	14	732.81	1240.39	1413.57	14
黑龙江	Heilongjiang	278.55	462.87	535.52	21	277.29	463.49	531.59	21
上海	Shanghai	520.79	518.40	557.97	20	535.19	541.46	590.86	19
江苏	Jiangsu	2579.88	3527.35	4119.80	3	2565.95	3531.20	4122.22	3
浙江	Zhejiang	1431.08	1649.08	1863.70	13	1442.83	1633.88	1884.94	12
安徽	Anhui	906.73	1575.70	1892.24	12	890.25	1555.96	1873.16	13
福建	Fujian	1308.76	1939.11	2266.75	8	1318.47	1951.49	2276.39	8
江西	Jiangxi	1040.35	1668.09	2075.17	10	1051.91	1703.94	2134.38	10
山东	Shandong	4601.28	6189.95	6941.80	1	4594.94	6246.32	7054.20	1
河南	Henan	3729.01	5547.36	6888.44	2	3775.69	5590.24	6826.85	2
湖北	Hubei	1052.67	1942.54	2505.27	6	1004.77	1860.07	2422.95	6
湖南	Hunan	1153.56	1866.15	2366.82	7	1129.04	1825.40	2304.03	7
广东	Guangdong	2931.62	3110.39	3884.72	4	2917.90	3059.43	3825.19	4
广西	Guangxi	580.70	991.06	1219.33	15	569.06	957.81	1164.87	15
海南	Hainan	82.69	105.21	124.07	29	80.72	99.20	115.09	29
重庆	Chongqing	451.37	660.08	814.51	17	445.10	666.06	815.12	17
四川	Sichuan	1635.94	1989.07	2262.62	9	1620.94	2014.54	2268.54	9
贵州	Guizhou	166.82	344.42	594.26	19	159.60	310.69	553.64	20
云南	Yunnan	235.72	344.87	425.89	23	233.01	343.00	409.54	23
西藏	Tibet	12.41	18.79	21.05	31	11.76	19.00	21.40	31
陕西	Shaanxi	395.35	685.03	910.43	16	381.05	676.10	864.14	16
甘肃	Gansu	162.33	272.52	360.48	26	156.51	228.67	310.58	27
青海	Qinghai	66.83	70.22	106.32	30	70.60	53.80	83.33	30
宁夏	Ningxia	106.91	106.28	134.44	28	108.82	107.76	134.15	28
新疆	Xinjiang	197.81	304.38	372.77	25	202.36	304.44	375.70	24

11-140 非金属矿物制品业主营业务成本和主营业务税金及附加
Cost of Principal Business, Tax and Extra Charges from Principal Business of Manufacture of Non-metallic Mineral Products

单位：亿元 (100 million yuan)

地区	Region	主营业务成本 Cost of Principal Business				主营业务税金及附加 Tax and Extra Charges from Principal Business			
		2010	2012	2013	2013排名 Ranking	2010	2012	2013	2013排名 Ranking
全国	**National Total**	**25862.07**	**36638.63**	**43570.12**		**245.98**	**329.49**	**391.21**	
北京	Beijing	342.83	411.35	451.67	20	1.60	2.24	2.55	21
天津	Tianjin	218.66	277.34	289.72	26	1.02	2.89	2.38	23
河北	Hebei	1018.75	1463.98	1600.99	11	8.13	9.82	11.86	13
山西	Shanxi	236.90	310.53	316.44	25	2.18	1.99	2.16	26
内蒙古	Inner Mongolia	431.59	553.34	621.31	18	3.92	5.58	6.46	18
辽宁	Liaoning	1903.55	2814.93	3136.47	5	15.24	21.60	28.30	5
吉林	Jilin	629.45	1033.19	1214.65	14	6.52	20.14	11.97	12
黑龙江	Heilongjiang	226.11	373.69	441.89	21	2.04	4.03	3.50	20
上海	Shanghai	449.31	454.10	498.68	19	1.61	1.87	2.31	24
江苏	Jiangsu	2170.20	3018.25	3526.06	3	12.05	22.16	25.87	6
浙江	Zhejiang	1206.25	1377.68	1580.40	12	7.87	8.70	10.70	14
安徽	Anhui	718.79	1289.47	1538.69	13	6.49	10.89	14.22	10
福建	Fujian	1102.96	1636.11	1902.00	8	15.26	18.48	19.68	9
江西	Jiangxi	825.66	1365.25	1761.41	10	8.25	10.40	12.16	11
山东	Shandong	3844.91	5243.70	5986.04	1	38.04	45.59	53.55	1
河南	Henan	3020.42	4574.05	5700.62	2	38.18	42.55	42.82	2
湖北	Hubei	831.23	1546.07	1989.91	6	14.99	18.96	28.47	4
湖南	Hunan	904.53	1444.68	1841.26	9	15.95	22.46	31.06	3
广东	Guangdong	2474.70	2627.51	3266.92	4	14.49	16.87	22.01	8
广西	Guangxi	456.99	782.05	942.20	15	6.36	5.67	8.79	15
海南	Hainan	62.91	85.70	100.11	29	0.36	0.61	0.67	28
重庆	Chongqing	360.91	556.92	674.93	17	2.78	4.87	7.19	16
四川	Sichuan	1366.47	1687.33	1910.73	7	14.08	18.17	22.69	7
贵州	Guizhou	135.62	258.38	440.29	22	1.26	2.37	5.48	19
云南	Yunnan	191.81	291.84	341.92	23	1.28	1.91	2.19	25
西藏	Tibet	8.15	13.15	14.63	31	0.14	0.26	0.27	31
陕西	Shaanxi	302.04	564.10	729.89	16	2.74	4.46	6.84	17
甘肃	Gansu	119.23	188.83	253.76	27	1.19	1.57	2.51	22
青海	Qinghai	58.48	46.49	65.35	30	0.42	0.30	0.39	30
宁夏	Ningxia	85.22	92.96	111.75	28	0.54	0.56	0.56	29
新疆	Xinjiang	157.44	255.65	319.46	24	1.01	1.51	1.59	27

11-141 非金属矿物制品业销售费用和管理费用
Sales Expenses and Administrative Expenses of Manufacture of Non-metallic Mineral Products

单位：亿元 (100 million yuan)

地区	Region	销售费用 Sales Expenses			管理费用 Administrative Expenses			
		2012	2013	2013排名 Ranking	2010	2012	2013	2013排名 Ranking
全　国	**National Total**	**1210.85**	**1412.88**		**1230.53**	**1646.05**	**1895.95**	
北　京	Beijing	21.72	23.99	18	27.00	31.43	34.54	19
天　津	Tianjin	7.80	8.94	27	10.71	17.40	17.93	26
河　北	Hebei	45.38	51.20	12	50.68	69.98	77.99	11
山　西	Shanxi	13.18	14.42	22	13.57	18.90	22.02	23
内蒙古	Inner Mongolia	12.04	17.36	21	26.92	33.48	41.44	16
辽　宁	Liaoning	76.07	84.53	6	69.08	106.14	116.43	6
吉　林	Jilin	32.50	36.77	14	35.48	55.62	60.48	13
黑龙江	Heilongjiang	11.70	12.96	24	14.24	22.07	26.04	22
上　海	Shanghai	24.74	24.75	16	32.87	39.54	40.74	17
江　苏	Jiangsu	91.22	103.21	3	97.78	130.64	152.49	3
浙　江	Zhejiang	59.04	69.12	9	59.97	69.42	78.58	10
安　徽	Anhui	49.22	60.02	11	33.46	56.71	70.93	12
福　建	Fujian	62.10	69.42	8	54.71	76.08	91.02	8
江　西	Jiangxi	29.14	39.76	13	24.94	33.80	45.90	15
山　东	Shandong	132.24	140.54	2	145.89	174.63	177.93	1
河　南	Henan	159.96	172.94	1	85.71	129.80	137.94	4
湖　北	Hubei	66.57	84.54	5	48.51	82.92	99.33	7
湖　南	Hunan	61.34	82.94	7	61.71	98.72	136.96	5
广　东	Guangdong	79.89	98.82	4	106.84	124.00	153.74	2
广　西	Guangxi	29.70	35.50	15	38.29	55.77	56.92	14
海　南	Hainan	3.82	4.12	29	2.96	4.33	4.65	29
重　庆	Chongqing	18.02	24.01	17	23.31	32.37	36.72	18
四　川	Sichuan	55.89	63.20	10	92.08	83.76	86.01	9
贵　州	Guizhou	10.13	17.79	20	10.28	15.98	26.37	21
云　南	Yunnan	9.54	12.45	25	13.20	15.75	20.62	25
西　藏	Tibet	0.67	0.75	31	0.76	1.05	1.32	31
陕　西	Shaanxi	16.35	21.57	19	16.13	24.01	31.23	20
甘　肃	Gansu	9.89	11.75	26	10.93	14.07	17.13	27
青　海	Qinghai	3.05	3.69	30	4.02	3.24	4.63	30
宁　夏	Ningxia	6.23	7.79	28	5.47	5.00	6.10	28
新　疆	Xinjiang	11.68	14.01	23	13.00	19.46	21.81	24

11-142 非金属矿物制品业财务费用和营业利润
Financial Expenses and Operating Profit of Manufacture of Non-metallic Mineral Products

单位：亿元 (100 million yuan)

地区	Region	财务费用 Financial Expenses				营业利润 Operating Profit			
		2010	2012	2013	2013排名 Ranking	2010	2012	2013	2013排名 Ranking
全国	National Total	357.60	589.15	677.20		2907.53	3419.79	3972.50	
北京	Beijing	2.50	5.26	7.37	25	15.11	17.17	13.69	25
天津	Tianjin	2.35	5.78	5.19	27	19.37	16.42	16.17	24
河北	Hebei	17.95	35.62	41.38	5	122.00	97.28	101.95	14
山西	Shanxi	7.60	12.31	13.11	17	10.60	10.28	5.20	28
内蒙古	Inner Mongolia	8.05	10.62	12.18	19	69.56	60.02	73.84	15
辽宁	Liaoning	18.26	28.64	28.83	8	220.84	331.58	276.51	3
吉林	Jilin	9.65	19.38	25.82	12	44.08	84.19	69.75	16
黑龙江	Heilongjiang	2.19	6.00	9.63	23	26.61	39.70	36.75	20
上海	Shanghai	4.25	6.64	6.44	26	28.02	19.60	26.55	21
江苏	Jiangsu	28.31	50.93	59.02	3	192.63	220.18	259.24	5
浙江	Zhejiang	31.22	41.23	42.77	4	100.99	91.34	111.38	13
安徽	Anhui	12.24	20.24	23.35	13	98.88	135.12	167.21	10
福建	Fujian	13.81	22.87	27.32	11	132.94	152.53	189.07	8
江西	Jiangxi	7.32	13.28	15.79	15	93.13	174.99	215.80	6
山东	Shandong	50.59	67.94	76.62	1	439.70	512.72	562.05	2
河南	Henan	34.32	54.41	59.51	2	488.34	616.98	700.67	1
湖北	Hubei	17.38	29.14	35.34	7	82.64	129.82	195.00	7
湖南	Hunan	12.32	20.40	27.61	9	92.75	131.56	167.79	9
广东	Guangdong	18.06	28.69	27.49	10	255.65	200.10	268.44	4
广西	Guangxi	5.08	10.53	11.25	20	67.35	95.96	121.20	12
海南	Hainan	0.93	1.26	2.51	30	10.34	6.07	4.72	29
重庆	Chongqing	7.81	16.57	17.56	14	36.37	33.63	59.04	18
四川	Sichuan	20.27	32.87	36.16	6	131.55	137.49	149.37	11
贵州	Guizhou	3.45	9.18	12.51	18	5.36	9.02	50.74	19
云南	Yunnan	4.79	8.88	11.25	20	17.32	15.16	21.26	23
西藏	Tibet	0.14	0.16	0.16	31	2.51	3.43	3.85	30
陕西	Shaanxi	4.97	8.00	10.38	22	43.14	57.90	63.19	17
甘肃	Gansu	3.08	6.34	8.00	24	14.29	7.62	25.33	22
青海	Qinghai	1.23	2.79	4.63	28	7.85	0.11	2.57	31
宁夏	Ningxia	2.58	3.67	3.30	29	9.83	-1.69	5.43	27
新疆	Xinjiang	4.93	9.52	14.75	16	27.78	13.52	8.74	26

11-143 非金属矿物制品业利润总额和应交增值税
Total Profit and Value Added Tax Payable of Manufacture of Non-metallic Mineral Products

单位：亿元 (100 million yuan)

地区	Region	利润总额 Total Profit 2010	2012	2013	2013排名 Ranking	应交增值税 Value Added Tax Payable 2010	2012	2013	2013排名 Ranking
全 国	**National Total**	**2858.59**	**3438.24**	**4040.14**		**1189.50**	**1603.21**	**1911.68**	
北 京	Beijing	26.64	31.14	22.02	24	10.20	9.63	10.71	26
天 津	Tianjin	21.51	18.40	18.19	25	9.59	10.20	10.59	27
河 北	Hebei	118.42	105.73	113.84	14	39.10	52.18	60.30	13
山 西	Shanxi	11.36	12.17	8.19	28	11.74	14.03	15.25	24
内蒙古	Inner Mongolia	48.70	44.84	59.03	17	17.36	21.86	28.86	18
辽 宁	Liaoning	193.68	281.32	263.26	5	92.69	119.89	128.23	4
吉 林	Jilin	44.33	84.29	70.18	15	16.32	35.44	29.43	17
黑龙江	Heilongjiang	27.76	53.12	40.88	20	11.70	20.37	19.57	20
上 海	Shanghai	31.65	23.95	29.06	22	17.60	16.30	18.60	21
江 苏	Jiangsu	183.18	226.14	267.44	4	106.53	141.42	168.09	3
浙 江	Zhejiang	110.50	103.06	122.68	12	55.53	63.62	73.36	11
安 徽	Anhui	101.31	124.32	169.86	9	31.38	51.23	78.51	9
福 建	Fujian	129.69	153.77	189.66	8	37.19	63.33	70.73	12
江 西	Jiangxi	93.09	181.83	215.60	6	40.60	64.76	76.94	10
山 东	Shandong	437.50	527.40	574.11	2	168.28	238.05	274.81	1
河 南	Henan	487.16	627.44	713.16	1	165.89	210.04	239.16	2
湖 北	Hubei	79.13	132.99	197.93	7	32.08	57.39	94.23	7
湖 南	Hunan	82.78	123.66	163.19	10	49.46	77.61	103.00	6
广 东	Guangdong	251.09	194.07	270.44	3	95.67	97.39	115.53	5
广 西	Guangxi	66.80	94.48	119.53	13	25.84	41.81	52.05	14
海 南	Hainan	11.15	5.34	5.38	29	4.39	7.16	6.12	28
重 庆	Chongqing	33.51	33.86	55.08	18	19.16	30.82	41.67	15
四 川	Sichuan	125.91	133.18	148.52	11	67.86	74.88	84.01	8
贵 州	Guizhou	6.14	11.41	52.77	19	7.48	11.58	19.93	19
云 南	Yunnan	17.92	16.04	23.01	23	12.35	15.47	17.31	22
西 藏	Tibet	2.75	3.93	4.28	31	1.07	2.00	2.26	31
陕 西	Shaanxi	47.68	59.91	65.06	16	17.29	27.58	35.09	16
甘 肃	Gansu	16.68	10.30	29.66	21	6.88	9.20	12.08	25
青 海	Qinghai	7.39	0.95	4.82	30	3.29	2.16	3.07	30
宁 夏	Ningxia	12.57	1.44	8.33	27	5.16	4.08	5.43	29
新 疆	Xinjiang	30.60	17.76	14.99	26	9.85	11.73	16.75	23

11-144 黑色金属冶炼和压延加工业销售产值和主营业务收入
Sales Value and Revenue from Principal Business of Smelting and Pressing of Ferrous Metals

单位：亿元 (100 million yuan)

地区	Region	工业销售产值（当年价格） Sales Value（current prices）				主营业务收入 Revenue from Principal Business			
		2010	2012	2013	2013排名 Ranking	2010	2012	2013	2013排名 Ranking
全　国	**National Total**	**51167.55**	**68173.89**	**72197.85**		**54490.93**	**71559.18**	**76096.64**	
北　京	Beijing	433.36	162.49	150.77	29	453.40	173.12	161.76	29
天　津	Tianjin	2723.47	3695.78	3940.38	5	3105.95	3915.73	4491.95	5
河　北	Hebei	8890.02	11564.35	11789.57	1	9171.74	11523.18	11570.65	1
山　西	Shanxi	1970.61	2531.43	2668.21	8	2055.38	3102.68	3270.97	8
内蒙古	Inner Mongolia	1239.37	1593.17	1662.39	15	1282.27	1629.91	1665.33	16
辽　宁	Liaoning	3982.40	5256.31	5339.53	4	4506.83	5276.20	5305.78	4
吉　林	Jilin	525.25	830.05	898.97	21	497.47	756.39	738.14	23
黑龙江	Heilongjiang	264.80	317.83	327.51	26	281.07	321.06	322.68	26
上　海	Shanghai	1711.90	1580.58	1529.54	17	2086.98	2037.54	1980.74	14
江　苏	Jiangsu	7085.40	9460.26	10356.03	2	7197.18	9693.28	10811.59	2
浙　江	Zhejiang	1848.92	2403.78	2621.24	9	1871.45	2419.73	2647.31	10
安　徽	Anhui	1349.12	1948.47	2051.75	13	1462.44	2205.78	2319.98	12
福　建	Fujian	933.52	1538.92	1677.15	14	954.55	1546.52	1672.80	15
江　西	Jiangxi	928.12	1147.05	1177.59	18	1007.39	1248.71	1392.36	19
山　东	Shandong	3742.99	5526.42	5540.35	3	4218.89	6059.77	6052.91	3
河　南	Henan	1923.33	3061.43	3294.95	6	2022.26	3153.14	3330.97	7
湖　北	Hubei	2409.21	3092.75	3047.10	7	2662.94	3391.20	3454.16	6
湖　南	Hunan	1194.71	1576.46	1610.37	16	1249.43	1579.52	1635.55	17
广　东	Guangdong	1903.59	2223.81	2540.55	10	1932.55	2171.60	2437.64	11
广　西	Guangxi	1033.23	1772.01	2170.48	12	1046.44	1722.45	2125.31	13
海　南	Hainan	5.35	7.35	7.57	30	5.77	8.10	7.54	30
重　庆	Chongqing	486.40	658.55	733.99	23	484.61	662.48	726.52	24
四　川	Sichuan	1628.47	2082.73	2412.72	11	1761.41	2264.90	2661.31	9
贵　州	Guizhou	390.07	549.57	599.39	25	394.43	534.84	596.36	25
云　南	Yunnan	753.50	959.44	1083.25	19	781.15	1005.37	1135.42	20
西　藏	Tibet			1.10	31			1.14	31
陕　西	Shaanxi	409.81	731.86	840.11	22	465.86	809.92	906.59	21
甘　肃	Gansu	596.45	774.22	941.33	20	704.57	1194.16	1436.99	18
青　海	Qinghai	144.86	187.11	209.12	28	153.11	175.03	202.45	28
宁　夏	Ningxia	113.77	218.39	277.76	27	119.03	225.89	287.40	27
新　疆	Xinjiang	545.54	721.32	697.07	24	554.38	751.00	746.35	22

11-145 黑色金属冶炼和压延加工业主营业务成本和主营业务税金及附加

Costs of Principal Business, Tax and Extra Charges from Principal Businesses of Smelting and Pressing of Ferrous Metals

单位：亿元 (100 million yuan)

地区	Region	主营业务成本 Cost of Principal Business				主营业务税金及附加 Tax and Extra Charges from Principal Business			
		2010	2012	2013	2013排名 Ranking	2010	2012	2013	2013排名 Ranking
全 国	**National Total**	**49814.60**	**65985.27**	**69987.96**		**215.91**	**225.26**	**228.37**	
北 京	Beijing	440.33	170.13	153.81	29	0.27	0.31	0.25	29
天 津	Tianjin	2912.19	3601.12	4184.11	5	2.38	6.49	3.85	18
河 北	Hebei	8370.94	10544.22	10706.24	1	27.88	19.00	15.56	6
山 西	Shanxi	1905.83	2907.18	3085.82	7	5.25	5.55	4.73	16
内蒙古	Inner Mongolia	1162.32	1487.05	1487.09	16	14.35	11.38	11.19	8
辽 宁	Liaoning	3941.23	4718.56	4729.64	4	23.36	35.42	24.91	2
吉 林	Jilin	485.07	731.57	702.93	23	0.58	1.42	1.41	24
黑龙江	Heilongjiang	259.14	307.72	294.86	26	0.59	0.98	0.68	27
上 海	Shanghai	1887.21	1918.91	1839.42	14	3.45	1.97	2.99	20
江 苏	Jiangsu	6548.25	8895.87	9910.06	2	12.76	25.96	30.90	1
浙 江	Zhejiang	1724.38	2250.66	2453.97	10	4.09	5.17	7.31	11
安 徽	Anhui	1367.93	2048.54	2136.53	12	11.12	9.06	10.35	9
福 建	Fujian	876.23	1435.78	1525.28	15	5.04	4.58	5.21	14
江 西	Jiangxi	916.72	1183.81	1289.98	19	3.07	3.35	4.17	17
山 东	Shandong	3844.44	5661.60	5564.86	3	25.31	15.60	19.45	3
河 南	Henan	1848.68	2844.27	3008.84	8	7.69	15.80	17.12	4
湖 北	Hubei	2602.41	3166.40	3193.43	6	23.30	12.12	6.31	13
湖 南	Hunan	1132.31	1425.35	1458.32	17	11.93	15.33	16.28	5
广 东	Guangdong	1754.19	2031.16	2250.76	11	4.73	6.85	7.31	11
广 西	Guangxi	951.57	1607.16	1875.95	13	4.75	5.06	8.72	10
海 南	Hainan	4.79	8.35	7.44	30	0.01	0.01	0.02	30
重 庆	Chongqing	440.63	615.21	672.80	24	2.07	1.56	5.05	15
四 川	Sichuan	1581.49	2083.58	2468.39	9	10.79	10.93	12.72	7
贵 州	Guizhou	367.31	505.18	573.65	25	1.33	1.37	1.87	22
云 南	Yunnan	708.37	947.14	1082.34	20	1.92	1.10	0.93	26
西 藏	Tibet			1.11	31				
陕 西	Shaanxi	404.12	704.11	813.89	21	1.49	2.48	2.55	21
甘 肃	Gansu	624.34	1092.85	1343.36	18	3.86	3.46	3.45	19
青 海	Qinghai	141.98	160.96	187.57	28	1.03	0.63	1.08	25
宁 夏	Ningxia	110.06	212.21	271.18	27	0.64	0.62	0.54	28
新 疆	Xinjiang	500.12	718.63	714.34	22	0.89	1.68	1.48	23

11-146 黑色金属冶炼和压延加工业销售费用和管理费用
Sales Expenses and Administrative Expenses of Smelting and Pressing of Ferrous Metals

单位：亿元 (100 million yuan)

地区	Region	销售费用 Sales Expenses			管理费用 Administrative Expenses			
		2012	2013	2013排名 Ranking	2010	2012	2013	2013排名 Ranking
全　国	**National Total**	**694.85**	**749.14**		**1549.07**	**1790.24**	**1836.27**	
北　京	Beijing	4.69	4.73	29	13.20	3.46	3.62	29
天　津	Tianjin	12.00	12.58	20	38.02	47.61	60.29	12
河　北	Hebei	50.00	56.75	3	147.90	205.66	207.78	3
山　西	Shanxi	31.08	33.12	9	70.91	83.62	79.68	7
内蒙古	Inner Mongolia	31.69	28.01	11	38.85	47.31	51.87	15
辽　宁	Liaoning	66.11	69.60	2	212.81	221.66	225.40	1
吉　林	Jilin	5.69	5.37	27	11.74	15.09	17.19	23
黑龙江	Heilongjiang	7.01	6.81	25	5.43	9.00	8.67	26
上　海	Shanghai	13.10	12.77	19	39.93	68.95	70.36	8
江　苏	Jiangsu	94.49	103.75	1	109.17	176.07	208.63	2
浙　江	Zhejiang	17.99	19.71	15	34.98	61.19	62.30	11
安　徽	Anhui	19.45	21.52	14	22.34	34.36	34.99	17
福　建	Fujian	14.45	16.04	16	17.58	27.15	32.47	18
江　西	Jiangxi	8.49	9.17	23	26.58	26.06	25.90	20
山　东	Shandong	52.93	50.17	4	198.20	112.59	101.11	6
河　南	Henan	34.25	35.62	7	38.57	61.78	59.10	13
湖　北	Hubei	35.84	40.59	6	171.42	147.85	142.75	4
湖　南	Hunan	25.07	26.55	12	45.35	59.07	66.88	10
广　东	Guangdong	24.92	28.34	10	36.77	38.45	41.49	16
广　西	Guangxi	13.36	22.13	13	63.66	92.53	68.41	9
海　南	Hainan	0.06	0.04	30	0.33	0.32	0.15	30
重　庆	Chongqing	9.68	10.44	22	27.69	19.18	13.58	25
四　川	Sichuan	37.53	43.84	5	81.26	96.20	101.46	5
贵　州	Guizhou	6.47	7.24	24	11.45	12.43	14.88	24
云　南	Yunnan	9.65	13.74	18	16.16	21.59	25.59	21
西　藏	Tibet						0.05	31
陕　西	Shaanxi	14.41	11.59	21	17.80	27.73	26.23	19
甘　肃	Gansu	28.83	33.92	8	32.84	46.83	54.97	14
青　海	Qinghai	4.92	5.72	26	6.60	5.57	6.29	27
宁　夏	Ningxia	4.61	4.99	28	3.71	5.61	6.09	28
新　疆	Xinjiang	16.08	14.31	17	7.84	15.33	18.10	22

11-147 黑色金属冶炼及压延加工业财务费用和营业利润
Financial Expenses and Operating Profit of Smelting and Pressing of Ferrous Metals

单位：亿元 (100 million yuan)

地区	Region	财务费用 Financial Expenses				营业利润 Operating Profit			
		2010	2012	2013	2013排名 Ranking	2010	2012	2013	2013排名 Ranking
全　国	**National Total**	**635.34**	**1068.23**	**1002.82**		**2753.13**	**1806.87**	**2184.06**	
北　京	Beijing	3.32	2.63	2.09	28	-5.44	-4.43	0.75	22
天　津	Tianjin	31.41	54.09	56.62	6	138.63	227.36	221.85	2
河　北	Hebei	97.93	167.84	166.48	1	553.51	299.43	217.64	3
山　西	Shanxi	33.46	50.16	47.84	8	71.58	33.28	20.01	18
内蒙古	Inner Mongolia	18.79	31.05	32.61	11	112.01	46.68	56.04	14
辽　宁	Liaoning	61.89	96.12	82.71	4	226.50	47.70	193.11	4
吉　林	Jilin	8.82	10.60	8.57	24	-6.32	1.82	-2.46	26
黑龙江	Heilongjiang	6.20	11.22	11.19	22	4.82	-5.24	1.52	20
上　海	Shanghai	7.46	-2.54	-9.57	30	151.76	34.05	76.51	10
江　苏	Jiangsu	81.56	141.84	116.10	2	408.38	357.83	470.93	1
浙　江	Zhejiang	23.34	40.64	36.18	9	82.19	52.19	75.60	11
安　徽	Anhui	9.61	24.99	22.74	14	100.92	81.38	112.06	7
福　建	Fujian	13.67	22.23	20.31	15	44.77	51.10	68.92	12
江　西	Jiangxi	8.80	17.49	13.60	20	36.64	10.37	46.37	15
山　东	Shandong	57.06	85.30	84.57	3	199.18	189.55	177.94	5
河　南	Henan	20.03	32.65	33.92	10	107.62	150.99	175.66	6
湖　北	Hubei	33.53	59.50	53.80	7	73.43	13.69	26.45	17
湖　南	Hunan	16.66	25.08	20.11	16	113.27	27.71	66.19	13
广　东	Guangdong	19.89	31.57	24.21	13	92.99	50.48	110.72	8
广　西	Guangxi	12.92	19.11	18.73	17	45.42	70.95	86.31	9
海　南	Hainan	0.01	0.02	0.05	29	0.67	-0.59	-0.15	24
重　庆	Chongqing	5.92	14.93	12.74	21	15.39	6.17	12.41	19
四　川	Sichuan	25.76	45.55	60.93	5	47.38	0.39	-13.48	29
贵　州	Guizhou	2.83	5.31	4.91	27	5.72	-1.28	-4.52	27
云　南	Yunnan	6.63	12.72	15.90	19	46.93	18.60	1.05	21
西　藏	Tibet							-0.02	23
陕　西	Shaanxi	5.06	11.81	9.00	23	26.15	44.65	44.50	16
甘　肃	Gansu	12.64	28.41	24.76	12	17.13	3.32	-36.44	31
青　海	Qinghai	4.02	6.27	7.25	25	12.47	-0.64	-5.56	28
宁　夏	Ningxia	1.66	5.16	5.74	26	0.25	-1.12	-0.55	25
新　疆	Xinjiang	4.44	16.49	18.72	18	29.20	0.49	-15.28	30

11-148 黑色金属冶炼和压延加工业利润总额和应交增值税
Total Profit andValue Added Tax Payable of Smelting and Pressing of Ferrous Metals

单位：亿元 (100 million yuan)

地区	Region	利润总额 Total Profit				应交增值税 Value Added Tax Payable			
		2010	2012	2013	2013排名 Ranking	2010	2012	2013	2013排名 Ranking
全　国	**National Total**	**2149.03**	**1698.44**	**2060.63**		**1311.24**	**1563.32**	**1622.80**	
北　京	Beijing	-5.50	-4.09	1.18	23	3.08	1.62	1.81	29
天　津	Tianjin	139.01	215.47	222.49	2	134.94	144.12	133.75	3
河　北	Hebei	307.10	223.30	179.47	5	168.94	215.44	143.61	2
山　西	Shanxi	52.38	31.87	23.04	17	45.43	59.51	53.39	13
内蒙古	Inner Mongolia	55.08	42.19	51.20	14	43.89	44.26	49.38	15
辽　宁	Liaoning	191.33	35.84	186.79	3	111.86	111.28	124.25	4
吉　林	Jilin	-10.80	-3.01	-2.91	28	4.84	12.29	8.18	26
黑龙江	Heilongjiang	4.67	-3.90	6.76	20	6.47	7.38	8.72	25
上　海	Shanghai	154.93	128.00	69.85	10	37.40	18.25	25.85	19
江　苏	Jiangsu	350.05	284.43	384.52	1	148.36	212.43	251.96	1
浙　江	Zhejiang	78.09	55.89	77.53	9	33.81	40.30	44.17	16
安　徽	Anhui	71.60	66.89	116.55	7	68.09	68.02	77.16	7
福　建	Fujian	39.34	47.15	56.23	13	15.87	61.39	73.01	8
江　西	Jiangxi	34.87	15.15	49.40	15	19.11	25.23	35.27	18
山　东	Shandong	165.60	183.32	177.31	6	92.73	103.96	102.18	5
河　南	Henan	98.44	158.94	180.26	4	48.10	75.13	81.19	6
湖　北	Hubei	68.78	50.56	46.71	16	64.34	57.13	66.10	9
湖　南	Hunan	40.79	27.34	68.10	11	53.59	60.73	59.11	12
广　东	Guangdong	89.29	51.52	104.67	8	35.41	49.07	50.55	14
广　西	Guangxi	38.56	33.97	65.83	12	23.77	31.50	61.25	10
海　南	Hainan	0.63	-0.60	-0.14	26	0.08	0.10	0.16	30
重　庆	Chongqing	11.62	24.92	10.69	19	15.21	22.65	35.43	17
四　川	Sichuan	48.62	-3.85	-16.72	31	58.63	69.11	60.81	11
贵　州	Guizhou	6.40	1.32	1.09	24	10.30	9.30	12.52	22
云　南	Yunnan	47.12	22.78	3.39	21	17.38	13.25	13.47	21
西　藏	Tibet			-0.02	25			0.03	31
陕　西	Shaanxi	14.91	7.36	12.33	18	10.09	14.92	19.00	20
甘　肃	Gansu	17.94	4.80	-9.24	30	18.90	14.82	11.74	23
青　海	Qinghai	10.02	-2.39	-1.14	27	5.79	3.39	4.65	27
宁　夏	Ningxia	0.44	-0.63	2.80	22	3.19	3.39	3.87	28
新　疆	Xinjiang	27.71	3.88	-7.39	29	11.64	13.36	10.20	24

11-149 有色金属冶炼和压延加工业销售产值和主营业务收入
Sales Value and Revenue from Principal Business of Smelting and Pressing of Non-ferrous Metals

单位：亿元 (100 million yuan)

地区	Region	工业销售产值(当年价格) Sales Value（current prices）				主营业务收入 Revenue from Principal Business			
		2010	2012	2013	2013排名 Ranking	2010	2012	2013	2013排名 Ranking
全　国	**National Total**	**27557.16**	**37551.56**	**42667.56**		**29175.20**	**41267.24**	**47192.14**	
北　京	Beijing	71.56	86.86	67.19	28	72.07	89.69	75.72	28
天　津	Tianjin	456.19	683.02	867.25	17	473.58	726.81	942.26	16
河　北	Hebei	369.73	542.52	561.07	20	369.67	535.29	557.01	19
山　西	Shanxi	385.41	476.16	486.15	22	394.30	490.64	514.72	22
内蒙古	Inner Mongolia	1251.56	1555.50	1766.51	8	1271.94	1566.36	1754.98	10
辽　宁	Liaoning	913.34	1169.81	1372.36	11	929.35	1148.72	1360.19	13
吉　林	Jilin	106.57	142.16	167.06	27	91.62	168.10	196.35	27
黑龙江	Heilongjiang	41.05	32.36	42.09	29	42.87	36.38	42.43	29
上　海	Shanghai	434.97	453.87	473.16	23	440.64	484.41	482.22	23
江　苏	Jiangsu	2876.35	3350.42	3654.97	4	2880.62	3393.56	3685.73	4
浙　江	Zhejiang	1790.11	2096.74	2280.79	7	1806.88	2079.70	2286.31	8
安　徽	Anhui	1164.09	1489.33	1741.73	9	1291.20	1894.37	2199.88	9
福　建	Fujian	465.20	771.31	896.60	15	468.14	846.42	951.00	15
江　西	Jiangxi	2484.57	3666.22	4246.67	2	2784.00	4745.44	5605.05	2
山　东	Shandong	2757.16	4817.89	5540.97	1	2830.77	4953.38	5683.33	1
河　南	Henan	2733.72	3865.56	4185.25	3	2885.99	3884.23	4317.34	3
湖　北	Hubei	572.45	845.01	973.35	14	725.75	1213.06	1473.16	12
湖　南	Hunan	1676.85	2319.85	2627.28	6	1668.08	2330.61	2672.18	6
广　东	Guangdong	2256.27	2331.92	2948.08	5	2244.17	2330.36	2910.44	5
广　西	Guangxi	596.97	805.07	885.89	16	620.97	801.36	868.49	17
海　南	Hainan	1.03	3.01	2.58	30	0.99	3.01	2.58	30
重　庆	Chongqing	394.02	467.41	546.61	21	384.35	465.63	535.84	21
四　川	Sichuan	567.04	672.60	743.37	18	598.57	767.13	763.40	18
贵　州	Guizhou	216.52	332.04	392.90	25	212.41	316.93	363.22	26
云　南	Yunnan	968.70	1331.65	1380.86	10	1063.94	1401.36	1560.93	11
西　藏	Tibet								
陕　西	Shaanxi	606.18	1045.26	1180.94	13	669.52	1235.36	1349.12	14
甘　肃	Gansu	815.54	1108.45	1233.89	12	1342.12	2268.62	2633.20	7
青　海	Qinghai	301.48	487.28	565.34	19	302.00	489.77	551.78	20
宁　夏	Ningxia	217.55	355.97	379.89	26	241.65	373.61	410.62	25
新　疆	Xinjiang	64.99	246.32	456.77	24	67.02	226.93	442.67	24

11-150 有色金属冶炼和压延加工业主营业务成本和主营业务税金及附加
Cost of Principal Business, Tax and Extra Charges from Principal Business of Smelting and Pressing of Non-ferrous Metals

单位：亿元 (100 million yuan)

地区	Region	主营业务成本 Cost of Principal Business				主营业务税金及附加 Tax and Extra Charges from Principal Business			
		2010	2012	2013	2013排名 Ranking	2010	2012	2013	2013排名 Ranking
全　国	**National Total**	**26124.85**	**37607.17**	**43481.25**		**115.52**	**143.17**	**152.89**	
北　京	Beijing	64.96	74.38	65.45	28	0.33	3.48	1.39	21
天　津	Tianjin	447.18	671.50	875.00	15	0.28	1.57	1.96	18
河　北	Hebei	324.12	446.00	487.41	21	0.78	1.17	1.14	24
山　西	Shanxi	353.70	464.19	479.80	22	1.33	1.57	1.92	19
内蒙古	Inner Mongolia	1106.02	1372.87	1585.21	10	12.33	10.52	11.59	5
辽　宁	Liaoning	780.78	990.68	1175.33	14	3.95	5.25	9.41	7
吉　林	Jilin	75.38	146.37	170.07	27	0.47	0.85	1.07	25
黑龙江	Heilongjiang	36.00	30.82	36.79	29	0.29	0.32	0.34	27
上　海	Shanghai	408.95	452.37	447.20	23	0.17	0.34	0.34	27
江　苏	Jiangsu	2651.87	3097.07	3405.20	4	5.16	9.36	9.55	6
浙　江	Zhejiang	1677.53	1938.14	2136.69	8	4.26	3.84	4.29	10
安　徽	Anhui	1107.63	1769.17	2062.24	9	2.52	3.96	4.12	11
福　建	Fujian	394.39	731.47	857.69	16	2.32	4.48	3.88	12
江　西	Jiangxi	2536.87	4368.43	5205.21	1	10.55	20.44	23.16	2
山　东	Shandong	2537.17	4473.32	5161.48	2	6.44	11.28	13.42	3
河　南	Henan	2625.31	3614.87	4028.69	3	10.19	12.38	12.74	4
湖　北	Hubei	681.34	1161.74	1416.17	12	2.15	2.07	2.44	16
湖　南	Hunan	1377.60	1933.40	2248.56	7	18.38	18.78	23.61	1
广　东	Guangdong	2040.53	2147.69	2726.44	5	7.56	6.14	5.47	8
广　西	Guangxi	537.51	746.58	819.31	17	6.10	2.98	2.92	14
海　南	Hainan	0.83	1.87	1.76	30				
重　庆	Chongqing	353.32	436.05	499.83	20	1.56	0.92	2.18	17
四　川	Sichuan	539.14	703.81	712.85	18	5.07	2.14	1.66	20
贵　州	Guizhou	198.76	288.52	346.30	26	1.18	1.02	1.21	23
云　南	Yunnan	956.64	1279.33	1456.66	11	3.00	4.04	2.54	15
西　藏	Tibet								
陕　西	Shaanxi	604.86	1121.86	1228.43	13	4.29	8.08	4.94	9
甘　肃	Gansu	1168.58	2138.88	2547.54	6	2.54	4.37	3.31	13
青　海	Qinghai	263.67	460.98	526.28	19	1.26	0.68	1.24	22
宁　夏	Ningxia	218.81	345.34	379.23	25	0.92	0.88	0.96	26
新　疆	Xinjiang	55.37	199.49	392.44	24	0.13	0.25	0.13	29

11-151 有色金属冶炼和压延加工业销售费用和管理费用
Sales Expenses and Administrative Expenses of Smelting and Pressing of Non-ferrous Metals

单位：亿元 (100 million yuan)

地区	Region	销售费用 Sales Expenses 2012	2013	2013排名 Ranking	管理费用 Administrative Expenses 2010	2012	2013	2013排名 Ranking
全 国	**National Total**	**331.96**	**386.26**		**747.89**	**926.04**	**899.88**	
北 京	Beijing	1.15	1.24	28	3.25	4.96	4.46	28
天 津	Tianjin	3.79	3.11	26	4.96	13.35	10.47	24
河 北	Hebei	3.95	4.10	25	7.72	11.65	11.50	23
山 西	Shanxi	6.27	7.32	21	12.57	14.71	13.29	20
内蒙古	Inner Mongolia	12.69	19.66	7	24.44	30.31	39.03	11
辽 宁	Liaoning	15.50	16.79	8	27.30	35.65	46.35	8
吉 林	Jilin	1.93	3.05	27	7.70	8.91	8.06	27
黑龙江	Heilongjiang	0.73	0.72	29	3.64	3.40	3.19	29
上 海	Shanghai	5.55	5.28	24	12.77	14.85	15.15	18
江 苏	Jiangsu	33.61	33.87	2	47.91	61.33	64.45	3
浙 江	Zhejiang	10.98	11.81	12	31.61	37.66	39.70	10
安 徽	Anhui	7.41	8.14	18	15.42	20.77	23.81	15
福 建	Fujian	8.79	9.44	16	13.31	24.68	26.08	14
江 西	Jiangxi	16.69	21.77	6	34.79	48.34	58.33	4
山 东	Shandong	29.64	32.69	3	41.60	62.35	57.68	5
河 南	Henan	32.20	36.14	1	54.46	69.74	74.71	2
湖 北	Hubei	5.71	7.97	19	27.24	33.56	23.75	16
湖 南	Hunan	28.07	29.83	4	76.52	94.58	90.93	1
广 东	Guangdong	21.14	27.14	5	39.67	45.88	55.00	6
广 西	Guangxi	10.65	11.80	13	73.65	64.38	44.21	9
海 南	Hainan	0.01			0.04	0.39	0.40	30
重 庆	Chongqing	5.16	6.99	23	11.78	11.96	9.42	25
四 川	Sichuan	8.51	7.16	22	16.22	24.43	15.55	17
贵 州	Guizhou	3.72	10.57	15	6.98	11.51	13.70	19
云 南	Yunnan	11.48	13.02	11	54.77	42.15	48.43	7
西 藏	Tibet							
陕 西	Shaanxi	10.62	10.66	14	42.63	51.35	31.10	13
甘 肃	Gansu	14.19	14.66	9	29.89	55.75	38.37	12
青 海	Qinghai	8.55	9.06	17	15.70	11.86	12.37	21
宁 夏	Ningxia	6.64	7.68	20	6.81	8.44	8.13	26
新 疆	Xinjiang	6.65	14.56	10	2.54	7.14	12.24	22

11-152 有色金属冶炼和压延加工业财务费用和营业利润
Financial Expenses and Operating Profit of Smelting and Pressing of Non-ferrous Metals

单位：亿元 (100 million yuan)

地区	Region	财务费用 Financial Expenses				营业利润 Operating Profit			
		2010	2012	2013	2013排名 Ranking	2010	2012	2013	2013排名 Ranking
全　国	**National Total**	**317.58**	**559.32**	**576.72**		**1914.82**	**1959.39**	**1974.04**	
北　京	Beijing	0.49	0.53	0.82	29	2.43	6.54	2.58	25
天　津	Tianjin	2.81	6.62	5.85	26	20.45	44.90	49.40	14
河　北	Hebei	3.53	5.76	7.01	25	32.13	27.87	33.25	15
山　西	Shanxi	10.77	18.29	17.78	12	16.34	-9.34	-0.55	28
内蒙古	Inner Mongolia	13.26	16.85	25.09	8	143.55	158.34	129.83	6
辽　宁	Liaoning	15.48	20.93	16.52	14	87.91	42.98	89.60	9
吉　林	Jilin	2.87	10.13	12.48	18	12.03	8.47	7.06	21
黑龙江	Heilongjiang	0.50	1.05	0.96	28	1.56	-0.14	0.58	26
上　海	Shanghai	3.29	5.47	4.83	27	11.26	8.11	10.15	20
江　苏	Jiangsu	22.21	31.19	27.28	6	154.92	157.00	156.48	4
浙　江	Zhejiang	19.07	29.31	27.40	5	75.42	69.68	64.39	12
安　徽	Anhui	11.42	22.44	17.23	13	153.90	156.10	188.19	3
福　建	Fujian	4.90	11.96	11.49	19	70.98	99.64	73.50	10
江　西	Jiangxi	14.30	23.41	27.43	4	159.02	285.67	277.55	2
山　东	Shandong	34.75	70.47	71.88	2	198.83	301.00	331.27	1
河　南	Henan	40.12	72.46	81.91	1	159.39	100.82	91.64	8
湖　北	Hubei	5.29	7.97	10.52	21	25.03	20.13	19.43	18
湖　南	Hunan	16.10	22.13	23.12	9	142.93	140.69	130.66	5
广　东	Guangdong	14.51	24.55	25.90	7	153.87	128.29	123.92	7
广　西	Guangxi	17.11	19.29	19.81	10	40.65	24.21	60.36	13
海　南	Hainan	0.01	0.05	0.01	30	0.09	0.69	0.40	27
重　庆	Chongqing	4.58	8.91	10.20	23	19.35	6.02	14.00	19
四　川	Sichuan	8.27	9.98	10.83	20	29.79	34.34	24.91	16
贵　州	Guizhou	3.40	6.86	7.04	24	5.05	11.37	2.99	24
云　南	Yunnan	17.97	38.99	37.50	3	68.25	40.34	5.10	23
西　藏	Tibet								
陕　西	Shaanxi	5.14	13.86	14.75	17	24.13	63.14	69.42	11
甘　肃	Gansu	10.26	28.78	19.22	11	50.43	16.44	5.12	22
青　海	Qinghai	7.22	12.73	15.96	15	43.94	3.52	-4.36	30
宁　夏	Ningxia	7.35	14.55	15.39	16	4.06	0.13	-2.48	29
新　疆	Xinjiang	0.59	3.79	10.48	22	7.16	12.43	19.63	17

11-153 有色金属冶炼和压延加工业利润总额和应交增值税
Total Profit and Value Added Tax Payable of Smelting and Pressing of Non-ferrous Metals

单位：亿元 (100 million yuan)

地区	Region	利润总额 Total Profit				应交增值税 Value Added Tax Payable			
		2010	2012	2013	2013排名 Ranking	2010	2012	2013	2013排名 Ranking
全　国	**National Total**	**1620.62**	**1759.89**	**1789.98**		**704.54**	**918.29**	**1013.08**	
北　京	Beijing	2.65	7.04	3.88	24	0.96	2.55	1.40	28
天　津	Tianjin	20.28	44.68	52.10	12	15.56	27.11	26.48	13
河　北	Hebei	25.88	26.71	32.26	14	7.70	10.34	9.18	22
山　西	Shanxi	12.61	-8.74	-0.98	29	9.14	10.32	12.30	21
内蒙古	Inner Mongolia	127.05	135.18	89.71	8	31.49	39.52	42.73	7
辽　宁	Liaoning	89.25	37.67	182.10	3	23.84	22.66	34.44	8
吉　林	Jilin	7.47	7.10	7.38	22	2.07	3.71	2.55	27
黑龙江	Heilongjiang	1.25	0.30	1.13	25	1.06	0.79	0.72	29
上　海	Shanghai	12.10	7.69	11.60	19	3.60	5.50	3.52	26
江　苏	Jiangsu	112.66	151.17	137.34	4	59.13	67.53	79.90	4
浙　江	Zhejiang	72.06	70.15	72.97	9	29.59	29.09	29.61	11
安　徽	Anhui	39.84	34.43	47.07	13	24.34	19.48	25.45	14
福　建	Fujian	66.39	91.97	56.83	11	5.76	9.42	12.42	20
江　西	Jiangxi	157.57	283.57	268.31	2	80.64	133.59	188.71	1
山　东	Shandong	197.00	303.34	331.63	1	103.12	128.30	127.97	2
河　南	Henan	140.35	95.07	101.54	6	66.69	59.53	62.57	5
湖　北	Hubei	23.28	18.88	20.14	17	9.23	13.06	13.92	18
湖　南	Hunan	133.56	133.15	123.38	5	66.14	98.97	109.52	3
广　东	Guangdong	136.02	100.64	99.07	7	34.92	39.45	55.23	6
广　西	Guangxi	40.83	11.50	7.70	21	26.14	46.67	33.02	9
海　南	Hainan	0.11	0.79	0.79	27	0.04	0.19	0.44	30
重　庆	Chongqing	16.94	6.86	14.30	18	5.61	10.29	17.06	15
四　川	Sichuan	21.41	33.16	25.38	15	12.34	17.36	15.37	17
贵　州	Guizhou	6.05	26.37	-0.05	28	4.07	12.62	8.39	23
云　南	Yunnan	60.63	33.71	5.10	23	27.11	32.71	31.23	10
西　藏	Tibet								
陕　西	Shaanxi	24.65	65.18	71.78	10	19.26	31.98	27.43	12
甘　肃	Gansu	41.37	24.41	8.78	20	19.91	27.05	16.39	16
青　海	Qinghai	18.42	1.57	-2.85	30	7.99	5.04	12.46	19
宁　夏	Ningxia	5.70	3.88	1.09	26	5.68	7.19	7.04	24
新　疆	Xinjiang	7.26	12.46	20.50	16	1.42	6.27	5.65	25

11-154 金属制品业工业销售产值和主营业务收入
Sales Value and Revenue from Principal Business of Manufacture of Metal Products

单位：亿元 (100 million yuan)

地区	Region	工业销售产值（当年价格） Sales Value（current prices）				主营业务收入 Revenue from Principal Business			
		2010	2012	2013	2013排名 Ranking	2010	2012	2013	2013排名 Ranking
全　国	**National Total**	**19649.67**	**28970.62**	**33207.42**		**19642.38**	**29069.75**	**33228.95**	
北　京	Beijing	235.32	289.72	302.82	18	272.03	322.46	332.39	18
天　津	Tianjin	667.47	1024.76	1146.48	9	703.80	1090.19	1220.98	8
河　北	Hebei	1064.85	2007.52	2403.49	4	1069.34	2025.92	2399.97	4
山　西	Shanxi	48.30	219.28	244.22	21	47.21	214.62	241.84	21
内蒙古	Inner Mongolia	153.77	447.72	438.08	16	160.74	405.42	430.50	16
辽　宁	Liaoning	1226.12	1763.52	1963.59	6	1156.33	1748.83	1955.36	6
吉　林	Jilin	175.77	275.16	299.35	19	175.98	267.29	291.19	19
黑龙江	Heilongjiang	71.32	124.64	182.62	23	71.39	124.29	178.83	23
上　海	Shanghai	891.69	949.96	966.94	11	922.05	995.72	1003.94	11
江　苏	Jiangsu	3480.20	4681.23	5335.62	1	3492.25	4688.80	5343.54	1
浙　江	Zhejiang	1911.19	2261.11	2304.91	5	1896.40	2222.76	2289.59	5
安　徽	Anhui	477.44	909.45	1074.97	10	470.82	918.31	1091.47	10
福　建	Fujian	435.16	626.19	743.77	14	430.91	627.47	750.85	14
江　西	Jiangxi	251.90	405.65	514.90	15	253.07	416.73	538.50	15
山　东	Shandong	1939.46	4393.24	4953.87	2	1941.20	4475.65	4952.11	2
河　南	Henan	616.66	1045.63	1305.11	7	625.44	1066.39	1307.72	7
湖　北	Hubei	512.68	1000.74	1196.94	8	517.90	951.04	1164.39	9
湖　南	Hunan	400.28	703.80	842.98	13	387.72	693.37	845.75	13
广　东	Guangdong	3974.03	4020.64	4804.07	3	3929.27	3980.75	4730.51	3
广　西	Guangxi	97.74	207.59	266.69	20	96.39	212.79	269.80	20
海　南	Hainan	22.55	25.81	28.19	29	22.45	25.66	25.45	29
重　庆	Chongqing	157.24	307.80	364.55	17	158.24	309.95	375.68	17
四　川	Sichuan	529.86	784.55	899.36	12	522.31	816.42	900.78	12
贵　州	Guizhou	43.23	61.85	100.92	24	42.69	65.15	94.65	24
云　南	Yunnan	48.90	75.08	72.38	27	53.09	72.75	75.91	26
西　藏	Tibet		1.33	0.01	31		1.32	0.01	31
陕　西	Shaanxi	74.10	196.59	228.34	22	88.96	195.70	230.88	22
甘　肃	Gansu	63.28	58.81	82.53	26	51.92	36.46	61.80	27
青　海	Qinghai	7.10	7.98	12.84	30	7.19	5.55	5.59	30
宁　夏	Ningxia	20.98	28.06	34.79	28	21.98	25.70	34.68	28
新　疆	Xinjiang	51.07	65.22	92.12	25	53.32	66.28	84.30	25

11-155 金属制品业主营业务成本和主营业务税金及附加

Cost of principal Business, Tax and Extra Charges from Principal Business of Manufacture of Metal Products

单位：亿元 (100 million yuan)

地区	Region	主营业务成本 Cost of Principal Business				主营业务税金及附加 Tax and Extra Charges from Principal Business			
		2010	2012	2013	2013排名 Ranking	2010	2012	2013	2013排名 Ranking
全　国	**National Total**	**16835.48**	**24995.72**	**28674.16**		**111.61**	**165.89**	**195.89**	
北　京	Beijing	229.86	268.29	277.89	18	0.88	1.46	1.58	20
天　津	Tianjin	633.20	965.05	1067.17	8	1.71	4.52	5.09	13
河　北	Hebei	903.59	1739.63	2078.33	4	4.12	5.41	7.01	8
山　西	Shanxi	42.60	186.48	211.86	21	0.28	0.79	0.67	23
内蒙古	Inner Mongolia	136.74	370.38	382.35	16	3.35	1.80	2.34	18
辽　宁	Liaoning	980.03	1478.96	1685.63	6	6.66	10.96	15.82	4
吉　林	Jilin	144.14	226.00	247.54	19	1.30	4.45	2.56	17
黑龙江	Heilongjiang	59.88	113.26	158.77	23	0.33	0.45	0.79	22
上　海	Shanghai	789.64	846.25	851.34	11	1.79	2.41	3.02	16
江　苏	Jiangsu	3019.61	4053.08	4637.29	1	12.90	21.71	25.59	2
浙　江	Zhejiang	1641.54	1913.82	1963.63	5	7.96	10.61	11.43	5
安　徽	Anhui	401.83	794.12	947.26	10	3.44	5.65	6.86	9
福　建	Fujian	373.63	542.11	656.19	14	1.79	3.41	3.89	14
江　西	Jiangxi	212.77	358.16	466.09	15	1.40	2.93	5.55	12
山　东	Shandong	1675.82	3828.41	4281.70	2	16.64	36.40	37.48	1
河　南	Henan	524.22	914.70	1133.04	7	5.13	6.28	6.74	10
湖　北	Hubei	426.91	814.13	995.77	9	6.83	7.58	10.33	6
湖　南	Hunan	317.01	563.58	691.93	13	3.94	8.52	9.84	7
广　东	Guangdong	3379.43	3458.49	4103.97	3	20.72	18.63	24.28	3
广　西	Guangxi	80.18	183.80	228.54	20	2.71	1.03	1.43	21
海　南	Hainan	20.16	23.22	21.96	29	0.03	0.05	0.05	29
重　庆	Chongqing	131.44	262.82	309.89	17	1.12	1.81	3.24	15
四　川	Sichuan	437.65	682.66	766.09	12	4.07	6.31	6.73	11
贵　州	Guizhou	36.12	57.28	81.45	24	0.21	0.39	0.62	24
云　南	Yunnan	47.86	64.99	66.10	26	0.31	0.32	0.34	26
西　藏	Tibet		1.28	0.02	31		0.01		
陕　西	Shaanxi	75.82	169.06	198.65	22	0.42	1.31	1.69	19
甘　肃	Gansu	39.69	29.17	53.06	27	1.24	0.23	0.37	25
青　海	Qinghai	6.22	4.88	4.72	30	0.05	0.03	0.02	30
宁　夏	Ningxia	19.86	21.96	29.88	28	0.09	0.15	0.20	28
新　疆	Xinjiang	48.02	59.70	76.06	25	0.20	0.25	0.33	27

11-156 金属制品业销售费用和管理费用

Sales Expenses and Administrative Expenses of Manufacture of Metal Products

单位：亿元 (100 million yuan)

地区	Region	销售费用 Sales Expenses 2012	2013	2013排名 Ranking	管理费用 Administrative Expenses 2010	2012	2013	2013排名 Ranking
全　国	**National Total**	**574.95**	**669.35**		**775.25**	**1106.03**	**1256.38**	
北　京	Beijing	10.96	11.53	15	16.82	23.63	26.11	14
天　津	Tianjin	14.05	15.90	13	20.85	29.84	36.04	12
河　北	Hebei	34.21	38.59	5	32.46	45.61	51.02	8
山　西	Shanxi	4.15	4.02	22	3.15	19.48	19.07	18
内蒙古	Inner Mongolia	5.19	5.88	20	4.14	20.50	21.34	16
辽　宁	Liaoning	33.04	37.46	6	57.79	76.89	75.76	5
吉　林	Jilin	6.37	7.03	19	8.81	11.94	12.78	20
黑龙江	Heilongjiang	1.42	1.87	24	3.46	5.69	8.49	23
上　海	Shanghai	26.81	29.17	8	52.33	60.96	69.79	6
江　苏	Jiangsu	92.97	103.29	1	121.60	164.91	190.13	2
浙　江	Zhejiang	49.77	50.71	4	80.97	97.95	103.32	4
安　徽	Anhui	17.16	20.88	12	17.98	32.60	37.17	10
福　建	Fujian	12.41	14.94	14	17.79	24.08	27.18	13
江　西	Jiangxi	6.07	7.73	17	6.42	9.62	12.69	21
山　东	Shandong	71.40	82.76	3	65.58	123.69	144.40	3
河　南	Henan	20.04	23.73	11	13.67	21.25	24.79	15
湖　北	Hubei	28.13	34.83	7	25.32	45.13	52.70	7
湖　南	Hunan	18.04	23.78	10	17.90	42.74	49.26	9
广　东	Guangdong	79.30	97.61	2	149.48	164.80	191.69	1
广　西	Guangxi	4.30	11.24	16	7.54	11.30	21.25	17
海　南	Hainan	0.86	1.03	28	0.39	0.28	0.65	30
重　庆	Chongqing	6.35	7.44	18	6.74	12.06	15.07	19
四　川	Sichuan	21.56	24.15	9	28.07	34.43	36.65	11
贵　州	Guizhou	2.46	3.40	23	2.43	3.60	4.94	24
云　南	Yunnan	1.03	1.44	25	2.87	3.37	3.48	25
西　藏	Tibet					0.06	0.03	31
陕　西	Shaanxi	4.05	5.12	21	4.78	12.60	12.37	22
甘　肃	Gansu	0.92	1.12	27	2.42	2.58	2.33	27
青　海	Qinghai	0.31	0.58	30	0.46	0.33	0.71	29
宁　夏	Ningxia	0.65	0.89	29	0.99	1.39	1.76	28
新　疆	Xinjiang	0.97	1.21	26	2.04	2.74	3.42	26

11-157 金属制品业财务费用和营业利润
Financial Expenses and Operating Profit of Metal Products Manufacturing

单位：亿元 (100 million yuan)

地区	Region	财务费用 Financial Expenses				营业利润 Operating Profit			
		2010	2012	2013	2013排名 Ranking	2010	2012	2013	2013排名 Ranking
全　国	**National Total**	**167.93**	**287.52**	**329.67**		**1470.82**	**1986.06**	**2194.07**	
北　京	Beijing	1.88	3.25	3.14	19	14.48	19.42	18.54	19
天　津	Tianjin	3.96	7.11	9.07	12	41.56	76.14	92.44	9
河　北	Hebei	6.36	13.60	16.42	5	101.57	134.55	144.31	4
山　西	Shanxi	0.79	3.86	4.32	16	0.87	3.54	3.78	23
内蒙古	Inner Mongolia	0.71	2.85	3.54	18	18.27	93.80	99.03	8
辽　宁	Liaoning	10.33	14.94	16.27	6	101.91	119.16	126.54	5
吉　林	Jilin	1.88	4.13	4.29	17	12.12	16.61	18.89	18
黑龙江	Heilongjiang	0.30	0.65	1.19	26	5.61	3.15	8.00	22
上　海	Shanghai	5.79	6.64	9.21	11	57.15	64.13	54.23	14
江　苏	Jiangsu	35.40	56.86	62.47	1	246.70	303.78	340.75	2
浙　江	Zhejiang	32.06	47.74	48.76	2	105.66	119.53	120.37	6
安　徽	Anhui	4.77	9.13	10.85	9	40.47	69.75	68.83	10
福　建	Fujian	3.29	4.48	5.14	14	42.29	40.20	48.30	15
江　西	Jiangxi	1.36	1.83	2.39	21	17.71	28.40	36.94	16
山　东	Shandong	17.13	40.48	48.11	3	152.96	306.42	341.10	1
河　南	Henan	4.65	8.82	9.58	10	67.12	90.21	106.43	7
湖　北	Hubei	5.49	11.20	14.06	7	41.92	52.20	67.72	11
湖　南	Hunan	3.36	4.89	6.26	13	38.33	54.52	59.82	12
广　东	Guangdong	17.85	21.27	26.98	4	284.27	269.31	311.96	3
广　西	Guangxi	0.82	1.62	2.28	22	9.55	21.27	12.62	20
海　南	Hainan	0.02	0.35	-0.05	30	1.09	0.99	1.85	28
重　庆	Chongqing	1.44	3.53	4.42	15	11.86	21.79	32.11	17
四　川	Sichuan	5.10	11.96	12.71	8	42.53	59.24	55.95	13
贵　州	Guizhou	0.42	0.81	1.26	24	1.20	1.18	3.05	25
云　南	Yunnan	0.47	1.00	0.97	27	2.24	2.89	3.17	24
西　藏	Tibet						-0.02	-0.03	30
陕　西	Shaanxi	0.50	2.27	2.66	20	5.72	7.42	11.29	21
甘　肃	Gansu	0.76	0.70	1.20	25	2.61	2.01	2.36	26
青　海	Qinghai	0.06	0.02	0.03	29	0.35	0.50	-0.17	31
宁　夏	Ningxia	0.57	0.64	0.76	28	0.31	1.44	1.59	29
新　疆	Xinjiang	0.41	0.88	1.41	23	2.37	2.56	2.28	27

11-158 金属制品业利润总额和应交增值税
Total Profit and Value Added Tax Payable of Manufacture of Metal Products

单位：亿元 (100 million yuan)

地区	Region	利润总额 Total Profit				应交增值税 Value Added Tax Payable			
		2010	2012	2013	2013排名 Ranking	2010	2012	2013	2013排名 Ranking
全　国	**National Total**	**1364.73**	**1843.79**	**2096.40**		**521.89**	**756.61**	**886.27**	
北　京	Beijing	15.66	21.90	20.04	17	6.59	7.10	7.40	19
天　津	Tianjin	42.56	77.60	90.81	8	18.23	28.68	32.52	7
河　北	Hebei	72.87	123.35	139.40	4	20.93	39.15	41.37	6
山　西	Shanxi	0.85	5.36	7.09	23	1.25	3.06	3.22	23
内蒙古	Inner Mongolia	14.21	9.87	15.58	19	2.68	7.09	8.09	18
辽　宁	Liaoning	93.03	105.77	119.01	6	26.39	33.44	51.14	5
吉　林	Jilin	12.37	14.21	16.63	18	2.85	6.54	6.71	20
黑龙江	Heilongjiang	5.10	3.22	9.33	22	1.42	2.49	3.84	22
上　海	Shanghai	58.95	66.14	57.06	12	21.37	23.87	22.41	13
江　苏	Jiangsu	220.08	293.59	339.82	1	114.18	157.18	182.89	1
浙　江	Zhejiang	103.73	117.30	123.62	5	47.21	53.45	57.89	4
安　徽	Anhui	40.97	62.86	68.58	9	14.67	21.71	26.57	11
福　建	Fujian	33.04	40.42	48.82	14	7.76	17.76	18.42	15
江　西	Jiangxi	17.27	27.89	35.85	15	6.67	10.79	13.90	16
山　东	Shandong	139.87	305.31	333.82	2	55.33	121.03	133.77	2
河　南	Henan	66.20	91.21	107.05	7	19.24	23.05	24.52	12
湖　北	Hubei	42.24	48.75	65.03	10	11.79	19.62	30.36	8
湖　南	Hunan	37.49	46.47	55.84	13	13.60	21.66	28.23	10
广　东	Guangdong	277.43	267.24	311.66	3	98.29	105.38	122.01	3
广　西	Guangxi	9.35	14.38	12.27	21	2.11	5.81	8.30	17
海　南	Hainan	1.09	1.08	1.85	28	0.25	0.41	0.39	29
重　庆	Chongqing	10.55	20.70	32.13	16	4.75	7.88	18.71	14
四　川	Sichuan	35.52	59.54	57.81	11	16.13	28.22	29.78	9
贵　州	Guizhou	1.30	1.50	3.34	25	1.66	2.09	1.84	25
云　南	Yunnan	2.26	3.00	3.16	26	1.12	1.62	1.88	24
西　藏	Tibet		-0.02	-0.03	30		0.03		
陕　西	Shaanxi	4.85	8.31	12.86	20	2.45	4.45	6.65	21
甘　肃	Gansu	2.80	2.15	2.56	27	1.29	1.36	1.83	26
青　海	Qinghai	0.47	0.51	-0.10	31	0.26	0.07	0.07	30
宁　夏	Ningxia	0.31	1.39	1.74	29	0.44	0.66	0.60	28
新　疆	Xinjiang	2.3	2.78	3.77	24	0.96	0.97	0.98	27

11-159 通用设备制造业工业销售产值和主营业务收入
Sales Value and Revenue from Principal Business of Manufacture of General Purpose Machinery

单位：亿元 (100 million yuan)

地区	Region	工业销售产值（当年价格） Sales Value（current prices）				主营业务收入 Revenue from Principal Business			
		2010	2012	2013	2013排名 Ranking	2010	2012	2013	2013排名 Ranking
全　国	**National Total**	**34262.90**	**37813.12**	**43314.80**		**34400.11**	**38043.25**	**43575.01**	
北　京	Beijing	527.30	516.19	509.31	16	560.63	558.69	563.02	16
天　津	Tianjin	724.47	816.02	967.05	13	768.19	845.45	1010.82	13
河　北	Hebei	1149.57	1051.62	1221.44	11	1147.98	1060.98	1209.07	11
山　西	Shanxi	222.02	189.69	206.19	22	220.08	168.23	197.31	23
内蒙古	Inner Mongolia	165.03	156.49	200.92	23	167.42	158.99	201.31	22
辽　宁	Liaoning	3507.53	3864.69	4427.38	3	3527.61	4005.04	4368.07	3
吉　林	Jilin	267.32	353.56	398.65	19	266.54	344.84	393.15	19
黑龙江	Heilongjiang	443.85	352.45	341.13	20	431.93	350.41	336.21	20
上　海	Shanghai	2353.13	2446.50	2502.86	6	2409.32	2511.62	2649.01	6
江　苏	Jiangsu	6064.09	6468.95	7282.65	1	6076.90	6463.48	7361.65	1
浙　江	Zhejiang	3657.86	3701.66	4087.26	4	3681.07	3698.22	4093.48	4
安　徽	Anhui	856.77	1346.15	1662.11	8	861.73	1340.84	1685.33	8
福　建	Fujian	602.51	736.55	820.57	14	609.70	752.12	824.18	14
江　西	Jiangxi	245.00	440.71	542.13	15	249.61	479.38	577.85	15
山　东	Shandong	5773.77	5823.23	7014.89	2	5756.39	5882.59	7068.52	2
河　南	Henan	1612.16	1830.09	2370.38	7	1654.90	1908.86	2394.96	7
湖　北	Hubei	772.36	978.39	1136.39	12	726.89	850.28	1101.27	12
湖　南	Hunan	818.68	1117.10	1298.23	10	818.51	1097.03	1287.85	10
广　东	Guangdong	1857.51	2825.35	3147.10	5	1853.75	2797.41	3127.16	5
广　西	Guangxi	175.64	270.10	309.48	21	180.14	259.48	304.49	21
海　南	Hainan	7.64	0.63	0.67	30	7.88	0.48	0.54	30
重　庆	Chongqing	424.14	399.45	474.59	17	438.91	407.70	474.29	17
四　川	Sichuan	1474.25	1502.14	1638.46	9	1439.11	1523.84	1657.51	9
贵　州	Guizhou	30.21	44.09	63.96	26	29.26	36.09	59.33	25
云　南	Yunnan	72.17	64.53	76.53	24	74.99	65.29	76.01	24
西　藏	Tibet								
陕　西	Shaanxi	329.72	397.83	469.77	18	314.00	359.34	418.38	18
甘　肃	Gansu	55.15	51.34	65.24	25	51.92	48.73	55.27	26
青　海	Qinghai	19.29	21.79	22.29	28	19.18	22.02	19.01	29
宁　夏	Ningxia	41.12	34.96	38.14	27	41.74	34.82	38.17	27
新　疆	Xinjiang	12.64	10.88	19.04	29	13.84	11.05	21.78	28

11-160 通用设备制造业主营业务成本和主营业务税金及附加
Costs of Principal Business, Tax and Extra Charges from Principal Business of Manufacture of General Purpose Machinery

单位：亿元 (100 million yuan)

地区	Region	主营业务成本 Cost of Principal Business				主营业务税金及附加 Tax and Extra Charges from Principal Business			
		2010	2012	2013	2013排名 Ranking	2010	2012	2013	2013排名 Ranking
全国	**National Total**	**28726.15**	**31627.32**	**36389.03**		**216.56**	**211.83**	**271.58**	
北京	Beijing	435.49	441.65	444.49	16	1.18	2.54	2.62	18
天津	Tianjin	623.00	693.99	838.82	13	1.32	3.41	3.85	14
河北	Hebei	956.14	887.62	1027.25	11	5.10	4.85	5.38	12
山西	Shanxi	191.81	142.84	166.10	22	0.74	0.53	0.48	24
内蒙古	Inner Mongolia	143.63	133.79	164.19	23	0.91	0.62	1.06	22
辽宁	Liaoning	2967.86	3383.85	3698.14	3	19.04	25.42	40.10	2
吉林	Jilin	229.09	294.92	337.49	19	1.51	1.64	2.00	19
黑龙江	Heilongjiang	370.87	290.23	280.54	20	2.19	2.47	1.79	20
上海	Shanghai	1976.13	2059.08	2150.16	6	4.38	8.27	8.47	11
江苏	Jiangsu	5090.76	5385.01	6130.09	1	22.14	31.25	39.43	3
浙江	Zhejiang	3074.08	3060.50	3374.48	4	13.38	17.25	20.16	4
安徽	Anhui	713.73	1143.69	1453.55	8	4.01	7.55	9.62	10
福建	Fujian	516.90	619.87	683.92	14	3.41	4.84	4.42	13
江西	Jiangxi	206.57	405.02	491.91	15	1.47	2.34	3.19	15
山东	Shandong	4857.24	4862.37	5915.41	2	45.16	41.39	56.55	1
河南	Henan	1383.23	1615.61	2059.17	7	14.93	11.22	11.85	8
湖北	Hubei	580.27	675.82	889.04	12	23.27	5.57	12.60	7
湖南	Hunan	654.41	872.48	1038.91	10	9.14	10.77	13.70	6
广东	Guangdong	1576.71	2418.63	2688.27	5	6.74	12.33	14.30	5
广西	Guangxi	150.85	209.37	248.67	21	13.89	0.92	1.35	21
海南	Hainan	7.34	0.40	0.47	30	0.01			
重庆	Chongqing	355.25	327.28	381.94	17	1.98	1.98	2.80	16
四川	Sichuan	1223.88	1238.29	1360.51	9	17.47	11.62	11.82	9
贵州	Guizhou	22.55	26.92	46.12	25	0.17	0.16	0.73	23
云南	Yunnan	61.19	54.59	67.16	24	0.22	0.24	0.26	25
西藏	Tibet								
陕西	Shaanxi	253.01	288.91	342.96	18	1.60	2.15	2.63	17
甘肃	Gansu	43.03	39.52	44.90	26	0.28	0.15	0.13	27
青海	Qinghai	16.15	18.29	15.39	29	0.69	0.14	0.09	28
宁夏	Ningxia	33.61	27.90	31.99	27	0.11	0.14	0.15	26
新疆	Xinjiang	11.36	8.87	17.02	28	0.11	0.06	0.05	29

11-161 通用设备制造业销售费用和管理费用
Sales Expenses and Administrative Expenses of Manufacture of General Purpose Machinery

单位：亿元 (100 million yuan)

地区	Region	销售费用 Sales Expenses			管理费用 Administrative Expenses			
		2012	2013	2013排名 Ranking	2010	2012	2013	2013排名 Ranking
全 国	**National Total**	**1097.13**	**1245.28**		**1752.90**	**2002.09**	**2221.25**	
北 京	Beijing	28.89	32.59	13	38.02	41.05	44.84	13
天 津	Tianjin	26.32	32.90	12	45.48	52.63	59.40	10
河 北	Hebei	26.11	27.69	14	39.93	38.90	41.95	15
山 西	Shanxi	4.14	5.37	22	11.66	10.40	12.54	22
内蒙古	Inner Mongolia	2.70	3.24	23	8.08	8.72	8.68	23
辽 宁	Liaoning	106.01	111.35	5	166.12	175.42	195.09	5
吉 林	Jilin	7.35	8.70	21	16.80	13.02	15.40	21
黑龙江	Heilongjiang	11.02	9.81	20	22.54	26.78	28.67	18
上 海	Shanghai	101.80	112.81	4	174.16	193.39	213.67	4
江 苏	Jiangsu	194.34	220.08	1	287.88	347.87	394.24	1
浙 江	Zhejiang	103.49	115.73	3	208.61	235.52	262.80	2
安 徽	Anhui	32.21	37.42	9	42.32	61.76	68.71	9
福 建	Fujian	24.36	27.11	15	23.27	37.68	42.52	14
江 西	Jiangxi	9.32	10.41	19	10.18	17.96	20.70	20
山 东	Shandong	148.12	177.57	2	244.92	230.07	250.29	3
河 南	Henan	37.61	42.78	8	43.53	52.10	58.20	11
湖 北	Hubei	25.39	34.07	11	55.18	66.61	55.35	12
湖 南	Hunan	31.92	36.83	10	47.30	66.64	78.30	8
广 东	Guangdong	80.18	91.26	6	93.36	140.47	161.87	6
广 西	Guangxi	13.06	15.54	17	15.62	21.13	22.30	19
海 南	Hainan	0.03	0.02	30	0.33	0.07	0.06	30
重 庆	Chongqing	13.71	17.34	16	26.65	25.64	30.00	17
四 川	Sichuan	45.60	49.73	7	83.69	87.81	98.96	7
贵 州	Guizhou	1.23	1.90	27	3.88	3.74	5.04	25
云 南	Yunnan	2.88	2.61	24	4.38	5.19	5.19	24
西 藏	Tibet							
陕 西	Shaanxi	13.58	14.07	18	26.68	31.51	35.61	16
甘 肃	Gansu	2.43	2.57	25	4.08	4.34	4.59	26
青 海	Qinghai	0.80	0.88	28	2.83	1.92	2.04	28
宁 夏	Ningxia	1.85	2.07	26	4.33	2.93	3.10	27
新 疆	Xinjiang	0.67	0.85	29	1.07	0.86	1.17	29

11-162 通用设备制造业财务费用和营业利润
Financial Expenses and Operating Profit of Manufacture of General Purpose Machinery

单位：亿元 (100 million yuan)

地区	Region	财务费用 Financial Expenses 2010	2012	2013	2013排名 Ranking	营业利润 Operating Profit 2010	2012	2013	2013排名 Ranking
全国	**National Total**	**268.15**	**348.66**	**386.45**		**2816.42**	**2762.44**	**3077.23**	
北京	Beijing	2.22	0.89	0.53	26	62.36	47.64	41.81	16
天津	Tianjin	1.43	4.02	5.07	15	85.24	71.46	78.08	12
河北	Hebei	8.67	7.73	9.25	11	115.87	95.49	96.10	11
山西	Shanxi	2.34	1.96	2.52	19	12.05	10.82	10.36	23
内蒙古	Inner Mongolia	2.58	1.56	1.64	23	17.24	12.53	28.77	18
辽宁	Liaoning	29.30	34.10	34.99	4	264.84	283.68	318.43	3
吉林	Jilin	1.29	1.75	2.61	18	16.69	25.41	27.82	19
黑龙江	Heilongjiang	1.20	1.28	2.40	20	24.44	12.39	11.51	22
上海	Shanghai	9.07	15.10	13.30	9	166.61	150.52	171.33	6
江苏	Jiangsu	41.61	64.43	74.11	1	496.64	464.42	531.10	1
浙江	Zhejiang	53.10	66.28	70.60	2	267.29	244.03	267.49	4
安徽	Anhui	6.99	12.07	14.34	8	87.03	99.72	109.65	9
福建	Fujian	5.23	8.82	8.78	13	52.44	59.84	65.66	14
江西	Jiangxi	1.40	3.01	2.86	17	19.04	33.76	41.96	15
山东	Shandong	46.51	48.13	58.80	3	454.88	462.88	529.86	2
河南	Henan	11.98	16.43	17.59	6	171.01	160.91	190.16	5
湖北	Hubei	8.34	12.34	15.67	7	75.84	72.34	71.92	13
湖南	Hunan	6.37	7.92	9.48	10	77.72	97.59	98.01	10
广东	Guangdong	8.57	9.74	8.98	12	137.35	146.98	170.85	7
广西	Guangxi	1.90	3.12	2.03	21	16.70	18.87	18.81	21
海南	Hainan	-0.03	0.03	0.02	30	0.24	-0.02		
重庆	Chongqing	3.05	5.06	5.90	14	39.54	32.15	38.18	17
四川	Sichuan	10.85	16.73	17.60	5	119.81	120.09	122.94	8
贵州	Guizhou	0.33	0.45	0.76	25	2.62	3.43	3.93	24
云南	Yunnan	0.67	0.70	0.89	24	6.05	1.78	0.81	28
西藏	Tibet								
陕西	Shaanxi	1.28	2.32	3.00	16	21.98	30.36	26.21	20
甘肃	Gansu	0.76	1.58	1.68	22	1.62	1.22	1.38	26
青海	Qinghai	0.20	0.36	0.41	28	0.78	-0.18	-0.14	29
宁夏	Ningxia	0.90	0.73	0.52	27	1.55	1.39	1.37	27
新疆	Xinjiang	0.05	0.04	0.11	29	0.96	0.98	2.86	25

11-163 通用设备制造业利润总额和应交增值税
Total Profit and Value Added Tax Payable of Manufacture of General Purpose Machinery

单位：亿元 (100 million yuan)

地区	Region	利润总额 Total Profit 2010	2012	2013	2013排名 Ranking	应交增值税 Value Added Tax Payable 2010	2012	2013	2013排名 Ranking
全　国	**National Total**	**2710.67**	**2735.49**	**3071.03**		**1047.53**	**1131.01**	**1295.75**	
北　京	Beijing	65.78	50.67	43.98	15	17.69	19.61	19.49	15
天　津	Tianjin	85.25	74.97	81.60	12	21.62	22.41	30.88	11
河　北	Hebei	103.89	96.79	97.94	10	30.33	27.08	29.82	13
山　西	Shanxi	11.58	12.07	11.04	23	6.35	3.39	3.17	23
内蒙古	Inner Mongolia	10.62	7.35	11.50	22	3.03	2.49	4.87	22
辽　宁	Liaoning	249.22	242.59	289.35	3	78.46	91.43	110.66	4
吉　林	Jilin	15.91	23.60	25.33	19	5.63	6.93	7.83	21
黑龙江	Heilongjiang	23.05	14.42	12.49	21	19.01	16.97	9.70	19
上　海	Shanghai	174.69	158.96	181.82	6	74.20	77.49	69.02	6
江　苏	Jiangsu	468.95	466.28	534.78	1	203.80	210.41	248.72	1
浙　江	Zhejiang	269.35	258.33	276.59	4	105.98	105.68	125.71	3
安　徽	Anhui	88.61	104.67	115.87	8	31.90	43.49	46.82	9
福　建	Fujian	46.97	60.71	66.99	14	15.14	23.15	20.86	14
江　西	Jiangxi	18.38	33.66	42.37	16	6.52	10.90	13.39	17
山　东	Shandong	436.40	445.26	529.71	2	179.74	187.73	238.59	2
河　南	Henan	166.55	160.36	193.12	5	51.30	48.47	53.50	8
湖　北	Hubei	72.55	74.95	77.47	13	19.00	25.86	30.33	12
湖　南	Hunan	75.74	87.44	92.65	11	29.97	37.86	46.15	10
广　东	Guangdong	135.63	153.46	177.35	7	47.74	63.98	73.62	5
广　西	Guangxi	13.49	19.74	19.64	20	3.74	7.55	8.90	20
海　南	Hainan	0.35	-0.01	0.01	30	0.18	0.02	0.04	30
重　庆	Chongqing	37.14	34.50	40.98	17	13.70	13.06	19.41	16
四　川	Sichuan	99.81	108.78	106.53	9	63.71	67.45	64.38	7
贵　州	Guizhou	3.35	4.46	4.75	24	1.16	1.08	1.53	25
云　南	Yunnan	6.27	2.90	1.40	28	2.78	1.26	1.68	24
西　藏	Tibet								
陕　西	Shaanxi	25.57	31.84	28.71	18	11.01	11.73	13.25	18
甘　肃	Gansu	2.06	1.81	1.82	26	1.57	1.30	1.11	27
青　海	Qinghai	0.79	0.01	0.65	29	0.60	0.63	0.68	28
宁　夏	Ningxia	1.75	3.79	1.62	27	1.28	1.30	1.35	26
新　疆	Xinjiang	0.99	1.13	2.99	25	0.39	0.29	0.29	29

11-164 专用设备制造业工业销售产值主营业务收入
Sales Value and Revenue from Principal Business of Manufacture of Special Purpose Machinery

单位：亿元 (100 million yuan)

地区	Region	工业销售产值(当年价格) Sales Value（current prices）				主营业务收入 Revenue from Principal Business			
		2010	2012	2013	2013排名 Ranking	2010	2012	2013	2013排名 Ranking
全 国	**National Total**	**20878.51**	**28421.16**	**32467.75**		**21312.97**	**28711.39**	**32714.72**	
北 京	Beijing	495.36	486.15	600.15	15	551.60	570.50	668.62	14
天 津	Tianjin	494.44	949.26	1068.79	12	496.85	956.11	1084.95	12
河 北	Hebei	723.11	1140.00	1267.58	8	728.04	1161.45	1279.13	8
山 西	Shanxi	355.75	394.67	360.40	21	364.15	406.26	383.10	20
内蒙古	Inner Mongolia	206.92	117.30	189.41	23	350.76	109.03	184.49	23
辽 宁	Liaoning	1532.35	2169.46	2336.25	5	1500.31	2180.31	2323.14	5
吉 林	Jilin	272.46	489.53	557.06	16	259.13	472.93	536.77	16
黑龙江	Heilongjiang	306.67	340.36	368.78	20	281.24	332.69	369.13	21
上 海	Shanghai	1067.13	1081.95	1094.60	11	1103.38	1105.05	1129.02	10
江 苏	Jiangsu	3256.24	4368.01	5036.21	2	3260.62	4353.12	5063.25	2
浙 江	Zhejiang	1280.60	1348.84	1515.06	7	1270.80	1342.64	1515.41	7
安 徽	Anhui	517.39	942.71	1117.13	9	478.03	933.72	1104.00	11
福 建	Fujian	468.87	505.31	604.53	14	492.30	550.75	643.81	15
江 西	Jiangxi	172.84	298.94	372.30	19	172.20	304.36	386.49	19
山 东	Shandong	2963.97	4350.25	5411.21	1	3049.14	4388.96	5429.37	1
河 南	Henan	1586.16	2296.45	2611.70	3	1678.41	2423.30	2727.20	3
湖 北	Hubei	345.73	622.42	875.23	13	333.99	601.11	841.72	13
湖 南	Hunan	1571.66	2682.85	2602.16	4	1533.84	2634.48	2561.68	4
广 东	Guangdong	1419.70	1585.34	1790.70	6	1404.86	1581.24	1783.19	6
广 西	Guangxi	316.90	412.19	433.39	18	350.49	395.64	431.54	18
海 南	Hainan	1.90	1.53	2.23	30	2.04	1.90	2.37	30
重 庆	Chongqing	206.74	186.52	271.11	22	207.85	196.01	275.16	22
四 川	Sichuan	748.25	956.73	1104.30	10	872.32	1031.61	1166.67	9
贵 州	Guizhou	33.58	36.18	66.10	26	32.43	35.36	56.48	27
云 南	Yunnan	67.18	68.77	91.00	25	66.09	68.47	93.15	24
西 藏	Tibet								
陕 西	Shaanxi	350.62	421.34	509.28	17	350.79	404.24	475.16	17
甘 肃	Gansu	59.75	85.80	107.74	24	64.24	82.96	89.99	25
青 海	Qinghai	2.22	2.19	2.49	29	1.24	2.20	2.43	29
宁 夏	Ningxia	33.55	50.72	46.43	28	33.75	51.38	48.26	28
新 疆	Xinjiang	20.47	29.39	54.43	27	22.08	33.56	59.03	26

11-165 专用设备制造业主营业务成本和主营业务税金及附加

Cost of principal Business, Tax and Extra Charges from Principal Business of Manufacture of Special Purpose Machinery

单位：亿元 (100 million yuan)

地区	Region	主营业务成本 Cost of Principal Business				主营业务税金及附加 Tax and Extra Charges from Principal Business			
		2010	2012	2013	2013排名 Ranking	2010	2012	2013	2013排名 Ranking
全　国	**National Total**	**17475.24**	**23737.06**	**27225.69**		**114.78**	**158.47**	**195.15**	
北　京	Beijing	430.30	425.48	504.95	15	2.39	3.78	4.63	13
天　津	Tianjin	410.32	822.81	929.12	11	2.18	5.54	7.86	8
河　北	Hebei	583.47	955.33	1054.93	8	3.67	5.60	5.54	12
山　西	Shanxi	313.91	350.66	328.36	20	1.73	1.59	1.14	22
内蒙古	Inner Mongolia	308.71	92.29	150.06	23	1.77	0.33	0.93	23
辽　宁	Liaoning	1257.54	1853.46	1986.65	5	7.73	12.12	11.95	5
吉　林	Jilin	214.78	395.72	449.49	16	3.08	4.29	2.95	15
黑龙江	Heilongjiang	214.07	270.12	312.25	21	1.37	1.61	2.01	21
上　海	Shanghai	877.54	864.71	883.51	12	1.80	2.65	2.93	16
江　苏	Jiangsu	2685.21	3608.11	4192.65	2	11.24	21.67	28.54	2
浙　江	Zhejiang	1031.05	1091.36	1230.32	7	4.75	5.95	7.70	9
安　徽	Anhui	401.54	780.61	930.96	10	3.85	6.52	7.63	10
福　建	Fujian	406.55	457.64	537.83	14	2.33	3.06	4.05	14
江　西	Jiangxi	143.22	258.05	329.14	19	1.19	1.72	2.32	20
山　东	Shandong	2562.52	3696.96	4597.62	1	18.04	24.92	37.79	1
河　南	Henan	1407.18	2045.11	2337.93	3	9.65	12.69	13.28	4
湖　北	Hubei	269.07	501.81	707.16	13	2.60	3.94	6.23	11
湖　南	Hunan	1162.22	2111.54	2116.20	4	13.10	15.61	18.41	3
广　东	Guangdong	1151.79	1275.63	1433.94	6	5.87	9.58	9.79	7
广　西	Guangxi	284.31	329.48	358.08	18	6.82	1.82	2.36	19
海　南	Hainan	1.50	1.38	1.62	30		0.01	0.01	29
重　庆	Chongqing	174.33	153.87	216.28	22	0.87	1.60	2.47	17
四　川	Sichuan	721.85	850.48	957.50	9	6.01	7.96	10.73	6
贵　州	Guizhou	25.74	28.24	45.72	27	0.11	0.18	0.28	26
云　南	Yunnan	56.36	58.02	78.83	24	0.34	0.19	0.33	25
西　藏	Tibet								
陕　西	Shaanxi	283.56	321.80	390.82	17	1.58	2.61	2.46	18
甘　肃	Gansu	51.52	68.04	75.59	25	0.42	0.57	0.46	24
青　海	Qinghai	0.83	2.02	1.98	29	0.01		0.01	29
宁　夏	Ningxia	26.50	39.38	36.42	28	0.19	0.27	0.27	27
新　疆	Xinjiang	17.71	26.94	49.82	26	0.07	0.08	0.12	28

11-166 专用设备制造业销售费用和管理费用
Sales Expenses and Administrative Expenses of Manufacture of Special Purpose Machinery

单位：亿元 (100 million yuan)

地区	Region	销售费用 Sales Expenses 2012	2013	2013排名 Ranking	管理费用 Administrative Expenses 2010	2012	2013	2013排名 Ranking
全　国	**National Total**	**881.91**	**980.60**		**1231.44**	**1538.24**	**1733.64**	
北　京	Beijing	35.85	40.32	9	56.60	63.17	72.29	9
天　津	Tianjin	21.25	22.73	14	43.30	60.01	65.84	11
河　北	Hebei	32.00	35.47	11	39.25	51.93	58.42	12
山　西	Shanxi	12.44	11.04	19	27.75	26.45	27.52	17
内蒙古	Inner Mongolia	2.09	4.71	23	13.89	4.64	8.94	23
辽　宁	Liaoning	51.02	50.59	7	93.43	111.11	115.18	5
吉　林	Jilin	10.90	12.19	18	15.92	20.72	23.44	20
黑龙江	Heilongjiang	9.53	9.93	21	23.69	27.10	26.92	18
上　海	Shanghai	62.64	62.85	5	91.52	105.85	112.89	6
江　苏	Jiangsu	114.36	140.33	1	168.20	244.21	288.95	1
浙　江	Zhejiang	43.02	47.59	8	82.06	96.42	111.50	7
安　徽	Anhui	24.55	28.81	12	23.15	44.87	48.70	13
福　建	Fujian	17.97	20.13	15	22.48	27.13	32.72	16
江　西	Jiangxi	4.90	6.82	22	4.75	6.75	10.36	22
山　东	Shandong	102.15	122.76	2	134.63	144.24	168.63	2
河　南	Henan	58.39	57.17	6	61.24	84.32	89.90	8
湖　北	Hubei	18.64	25.21	13	21.07	33.31	44.17	14
湖　南	Hunan	111.47	114.67	3	77.32	116.52	120.73	4
广　东	Guangdong	64.24	72.19	4	88.16	117.31	132.53	3
广　西	Guangxi	14.52	17.59	17	21.79	22.36	23.98	19
海　南	Hainan	0.12	0.17	29	0.23	0.23	0.30	29
重　庆	Chongqing	7.97	10.54	20	19.45	12.47	16.06	21
四　川	Sichuan	32.88	36.00	10	48.76	61.85	68.42	10
贵　州	Guizhou	1.64	3.16	24	3.27	2.57	5.95	26
云　南	Yunnan	1.95	2.58	25	5.57	5.53	6.70	25
西　藏	Tibet							
陕　西	Shaanxi	19.05	18.96	16	33.14	31.99	36.35	15
甘　肃	Gansu	2.52	2.25	26	6.48	8.79	8.08	24
青　海	Qinghai	0.15	0.12	30	0.10	0.06	0.10	30
宁　夏	Ningxia	2.40	1.81	28	2.62	4.39	4.09	27
新　疆	Xinjiang	1.32	1.92	27	1.61	1.94	4.00	28

11-167 专用设备制造业财务费用和营业利润

Financial Expenses and Operating Profit of Manufacture of Special Purpose Machinery

单位：亿元 (100 million yuan)

地区	Region	财务费用 Financial Expenses				营业利润 Operating Profit			
		2010	2012	2013	2013排名 Ranking	2010	2012	2013	2013排名 Ranking
全　国	**National Total**	**166.06**	**304.52**	**324.65**		**1901.09**	**2112.13**	**2301.51**	
北　京	Beijing	2.58	4.50	5.69	18	46.57	51.11	71.42	11
天　津	Tianjin	2.87	2.98	4.61	19	33.01	48.65	57.61	13
河　北	Hebei	5.93	11.12	11.73	10	76.74	101.18	109.66	7
山　西	Shanxi	3.63	6.95	8.42	13	18.32	7.34	7.97	23
内蒙古	Inner Mongolia	1.86	1.14	1.75	23	14.55	10.45	27.28	19
辽　宁	Liaoning	11.43	22.72	24.09	4	118.03	127.03	150.72	5
吉　林	Jilin	1.59	3.86	4.60	20	16.64	29.74	34.26	16
黑龙江	Heilongjiang	3.32	6.27	8.42	13	33.61	16.44	13.46	22
上　海	Shanghai	6.39	8.49	7.86	15	98.36	65.56	74.18	10
江　苏	Jiangsu	26.33	47.95	51.26	1	295.47	326.03	365.11	2
浙　江	Zhejiang	17.43	24.23	26.43	3	105.35	92.80	101.54	8
安　徽	Anhui	4.09	10.29	9.10	11	56.57	71.76	79.83	9
福　建	Fujian	3.76	8.00	8.58	12	49.07	36.78	38.78	15
江　西	Jiangxi	0.81	1.14	2.11	21	11.33	25.13	32.16	17
山　东	Shandong	21.93	38.25	43.59	2	255.56	345.47	410.18	1
河　南	Henan	9.19	18.02	20.56	6	160.82	201.42	198.22	3
湖　北	Hubei	3.52	9.09	13.32	8	29.78	32.91	43.92	14
湖　南	Hunan	14.68	33.38	14.98	7	214.37	250.82	186.86	4
广　东	Guangdong	6.48	11.29	12.80	9	115.17	126.08	132.48	6
广　西	Guangxi	1.55	4.49	7.08	17	37.74	29.18	22.55	21
海　南	Hainan		0.01	0.01	30	0.15	0.21	0.27	29
重　庆	Chongqing	2.54	1.46	1.97	22	11.85	17.71	28.27	18
四　川	Sichuan	9.11	19.76	23.86	5	64.20	60.87	70.95	12
贵　州	Guizhou	0.24	0.40	0.76	26	1.87	1.88	0.38	28
云　南	Yunnan	0.86	1.30	1.44	24	5.65	2.22	4.11	26
西　藏	Tibet								
陕　西	Shaanxi	3.22	5.92	7.83	16	22.45	22.43	27.15	20
甘　肃	Gansu	0.52	1.12	1.41	25	2.39	2.44	2.39	27
青　海	Qinghai	0.02	0.04	0.03	29	0.45	0.03	0.19	30
宁　夏	Ningxia	0.05	0.21	0.24	27	3.46	5.19	5.35	24
新　疆	Xinjiang	0.16	0.15	0.11	28	1.57	3.27	4.27	25

11-168 专用设备制造业利润总额和应交增值税
Total Profit and Value Added Tax Payable of Manufacture of Special Purpose Machinery

单位：亿元 (100 million yuan)

地区	Region	利润总额 Total Profit				应交增值税 Value Added Tax Payable			
		2010	2012	2013	2013排名 Ranking	2010	2012	2013	2013排名 Ranking
全　国	**National Total**	**1855.05**	**2144.44**	**2333.98**		**628.58**	**828.27**	**987.74**	
北　京	Beijing	50.50	56.00	78.00	11	18.76	23.03	29.44	12
天　津	Tianjin	34.52	51.42	60.22	13	15.06	35.92	43.92	8
河　北	Hebei	66.60	104.15	113.19	7	20.37	33.06	38.28	10
山　西	Shanxi	14.38	9.51	9.89	23	10.65	7.55	6.52	22
内蒙古	Inner Mongolia	12.32	5.94	12.02	22	3.82	1.33	3.35	23
辽　宁	Liaoning	117.28	124.20	137.82	5	40.93	49.48	58.57	5
吉　林	Jilin	16.25	27.41	34.25	16	4.77	8.76	10.85	19
黑龙江	Heilongjiang	38.64	19.13	16.50	21	9.49	7.47	9.36	20
上　海	Shanghai	106.83	73.03	82.70	10	30.32	27.06	27.03	13
江　苏	Jiangsu	276.36	330.10	368.57	2	100.51	143.84	173.29	2
浙　江	Zhejiang	108.67	99.12	109.07	8	38.10	38.34	45.22	7
安　徽	Anhui	56.71	75.01	82.86	9	18.02	26.46	31.42	11
福　建	Fujian	45.38	37.36	40.61	15	12.21	16.76	19.28	15
江　西	Jiangxi	11.13	23.76	29.46	18	4.74	9.44	11.28	17
山　东	Shandong	247.04	343.09	412.06	1	82.72	134.65	176.76	1
河　南	Henan	158.29	199.16	203.76	3	50.54	59.89	62.87	4
湖　北	Hubei	29.53	33.86	45.07	14	8.41	12.17	21.44	14
湖　南	Hunan	193.79	247.47	186.43	4	69.72	78.69	88.16	3
广　东	Guangdong	117.14	133.05	137.73	6	34.24	44.82	48.71	6
广　西	Guangxi	37.59	29.49	21.84	20	6.70	8.65	8.44	21
海　南	Hainan	0.19	0.22	0.34	29	0.07	0.07	0.11	30
重　庆	Chongqing	10.42	17.79	29.25	19	4.90	5.56	10.93	18
四　川	Sichuan	64.37	62.71	71.81	12	26.06	36.63	39.74	9
贵　州	Guizhou	2.84	2.33	0.72	28	0.83	0.56	1.61	27
云　南	Yunnan	6.06	2.53	4.64	26	1.48	1.25	2.30	25
西　藏	Tibet								
陕　西	Shaanxi	23.56	24.21	30.54	17	10.74	11.12	13.43	16
甘　肃	Gansu	2.88	2.86	3.81	27	2.05	2.66	2.52	24
青　海	Qinghai	0.45	0.03	0.19	30	0.09	0.12	0.12	29
宁　夏	Ningxia	3.70	5.94	5.72	24	1.78	2.47	2.10	26
新　疆	Xinjiang	1.61	3.57	4.91	25	0.51	0.45	0.71	28

11-169 汽车制造业主要经济指标（2013年）（一）
Main Economic Indicators of Manufacture of Automobiles (2013) (1)

单位：亿元 (100 million yuan)

地区	Region	工业销售产值（当年价格）		主营业务收入		主营业务成本		主营业务税金及附加	
		Sales Value (current prices)	排名 Ranking	Revenue from Principal Business	排名 Ranking	Cost of Principal Business	排名 Ranking	Tax and Extra Charges from Principal Business	排名 Ranking
全 国	**National Total**	**58552.74**		**59692.60**		**49312.52**		**1359.42**	
北 京	Beijing	3237.19	7	3287.61	7	2718.53	7	114.16	5
天 津	Tianjin	1844.95	14	1777.88	16	1485.13	16	56.27	10
河 北	Hebei	1769.72	16	1821.12	13	1521.62	15	24.84	13
山 西	Shanxi	76.44	26	76.52	26	68.83	26	0.15	26
内蒙古	Inner Mongolia	206.44	21	203.30	21	186.85	21	0.64	23
辽 宁	Liaoning	2794.36	9	2751.54	9	2171.87	9	87.23	7
吉 林	Jilin	5993.87	1	6607.37	1	5366.84	1	237.91	1
黑龙江	Heilongjiang	123.32	24	125.12	24	114.80	24	1.43	22
上 海	Shanghai	4830.07	5	5999.99	2	4826.10	3	142.53	2
江 苏	Jiangsu	5661.42	2	5454.96	4	4511.54	4	104.61	6
浙 江	Zhejiang	2204.61	10	2230.83	10	1835.58	10	15.93	15
安 徽	Anhui	1905.55	12	1809.87	14	1564.04	12	20.23	14
福 建	Fujian	920.18	19	917.27	18	775.44	18	13.14	16
江 西	Jiangxi	837.00	20	890.65	19	734.73	19	11.92	19
山 东	Shandong	5479.93	3	5523.43	3	4831.82	2	52.02	11
河 南	Henan	1946.44	11	1933.94	11	1603.78	11	12.91	17
湖 北	Hubei	4915.01	4	4602.63	6	3757.50	6	127.25	4
湖 南	Hunan	987.40	17	964.71	17	838.34	17	12.81	18
广 东	Guangdong	4655.57	6	4714.55	5	3758.31	5	137.42	3
广 西	Guangxi	1821.46	15	1780.79	15	1533.97	14	25.39	12
海 南	Hainan	104.50	25	98.06	25	83.91	25	3.43	21
重 庆	Chongqing	2990.54	8	3041.62	8	2462.78	8	68.34	9
四 川	Sichuan	1892.49	13	1896.46	12	1538.82	13	81.36	8
贵 州	Guizhou	144.80	23	147.08	23	134.26	22	0.43	25
云 南	Yunnan	162.88	22	149.60	22	121.38	23	0.52	24
西 藏	Tibet								
陕 西	Shaanxi	973.89	18	832.46	20	715.57	20	6.39	20
甘 肃	Gansu	13.64	29	7.48	28	6.98	28	0.03	28
青 海	Qinghai	21.77	28	4.15	30	3.31	30	0.03	28
宁 夏	Ningxia	5.71	30	5.57	29	4.77	29	0.02	30
新 疆	Xinjiang	31.54	27	36.03	27	35.13	27	0.07	27

11-170 汽车制造业主要经济指标（2013年）（二）

Main Economic Indicators of Manufacture of Automobiles (2013) (2)

单位：亿元 (100 million yuan)

地区	Region	销售费用		管理费用		利润总额		应交增值税	
		Sales Expenses	排名 Ranking	Administrat-ive Expenses	排名 Ranking	Total Profit	排名 Ranking	Value Added Tax Payable	排名 Ranking
全　国	**National Total**	**1942.59**		**2780.80**		**5230.37**		**1994.95**	
北　京	Beijing	124.06	7	115.59	10	291.42	7	100.28	8
天　津	Tianjin	16.80	20	76.04	14	171.20	13	97.43	9
河　北	Hebei	34.25	14	72.03	15	186.35	11	56.85	13
山　西	Shanxi	3.54	23	6.05	23	-0.55	28	1.06	26
内蒙古	Inner Mongolia	5.55	21	7.40	22	-4.05	29	3.22	22
辽　宁	Liaoning	170.94	4	125.41	9	201.61	9	94.23	10
吉　林	Jilin	300.56	1	276.49	2	613.87	2	240.52	1
黑龙江	Heilongjiang	4.38	22	12.50	21	-8.09	30	2.52	23
上　海	Shanghai	115.87	8	387.52	1	872.32	1	179.50	3
江　苏	Jiangsu	132.91	5	232.37	4	486.51	3	228.29	2
浙　江	Zhejiang	65.90	12	155.10	7	165.54	14	69.24	12
安　徽	Anhui	67.42	11	97.84	11	106.21	15	43.16	15
福　建	Fujian	31.38	17	40.75	19	57.87	18	32.10	17
江　西	Jiangxi	31.12	18	48.80	18	60.09	17	30.20	18
山　东	Shandong	104.02	9	141.89	8	344.97	6	123.41	6
河　南	Henan	74.68	10	76.71	13	172.58	12	47.73	14
湖　北	Hubei	189.88	2	255.09	3	457.29	4	168.75	5
湖　南	Hunan	31.53	16	54.19	17	39.61	19	29.45	19
广　东	Guangdong	185.39	3	230.23	5	433.17	5	178.06	4
广　西	Guangxi	65.37	13	84.43	12	83.27	16	40.81	16
海　南	Hainan	0.45	26	4.30	26	7.26	22	1.93	25
重　庆	Chongqing	124.25	6	166.42	6	250.96	8	108.66	7
四　川	Sichuan	31.59	15	62.89	16	187.64	10	79.10	11
贵　州	Guizhou	3.01	24	5.46	25	1.77	23	9.16	21
云　南	Yunnan	2.68	25	5.48	24	11.25	21	2.16	24
西　藏	Tibet								
陕　西	Shaanxi	24.45	19	33.41	20	38.90	20	26.85	20
甘　肃	Gansu	0.04	30	0.63	29	-0.03	27	0.04	29
青　海	Qinghai	0.08	29	3.39	27	0.24	26	0.05	28
宁　夏	Ningxia	0.15	28	0.41	30	0.55	25	0.02	30
新　疆	Xinjiang	0.34	27	2.00	28	0.68	24	0.17	27

11-171 铁路、船舶、航空航天和其他运输设备制造业主要经济指标（2013年）（一）

Main Economic Indicators of Manufacture of Railway, Ship, Aerospace and Other Transport Equipments (2013) (1)

单位：亿元 (100 million yuan)

地区	Region	工业销售产值（当年价格） Sales Value(current prices)	排名 Ranking	主营业务收入 Revenue from Principal Business	排名 Ranking	主营业务成本 Cost of Principal Business	排名 Ranking	主营业务税金及附加 Tax and Extra Charges from Principal Business	排名 Ranking
全　国	**National Total**	**16824.64**		**16362.54**		**14110.52**		**87.27**	
北　京	Beijing	254.54	18	273.72	18	221.09	18	0.95	19
天　津	Tianjin	762.99	7	766.95	7	671.52	7	2.91	9
河　北	Hebei	436.92	14	439.97	14	367.20	14	2.42	13
山　西	Shanxi	130.52	21	127.83	21	104.62	21	0.56	20
内蒙古	Inner Mongolia	42.88	24	42.97	24	33.45	24	0.19	25
辽　宁	Liaoning	1101.53	6	1093.63	5	967.43	5	3.94	7
吉　林	Jilin	280.72	17	286.34	17	231.90	17	2.51	12
黑龙江	Heilongjiang	213.70	20	233.22	19	200.59	20	0.29	23
上　海	Shanghai	723.98	9	708.88	8	614.08	8	1.88	15
江　苏	Jiangsu	3535.31	1	3431.89	1	2963.62	1	18.48	1
浙　江	Zhejiang	1188.11	5	923.44	6	819.92	6	4.46	6
安　徽	Anhui	228.72	10	226.80	20	202.57	19	1.07	18
福　建	Fujian	333.39	15	320.69	15	279.22	15	1.86	16
江　西	Jiangxi	290.86	16	293.55	16	266.19	16	0.42	21
山　东	Shandong	1456.20	2	1396.35	2	1210.80	2	8.44	4
河　南	Henan	623.64	11	620.85	11	526.51	11	2.10	14
湖　北	Hubei	568.93	12	535.97	12	465.60	12	3.70	8
湖　南	Hunan	748.85	8	704.77	9	570.67	10	4.57	5
广　东	Guangdong	1188.98	4	1159.66	4	1024.44	4	9.85	2
广　西	Guangxi	129.71	22	127.44	22	102.51	22	1.29	17
海　南	Hainan	0.84	28	0.95	28	0.82	27		
重　庆	Chongqing	1297.86	3	1291.64	3	1114.91	3	9.30	3
四　川	Sichuan	504.97	13	532.39	13	454.35	13	2.86	10
贵　州	Guizhou	107.69	23	103.04	23	84.79	23	0.25	24
云　南	Yunnan	34.39	25	34.58	25	25.91	25	0.32	22
西　藏	Tibet								
陕　西	Shaanxi	628.48	10	675.13	10	579.18	9	2.60	11
甘　肃	Gansu	7.95	26	7.97	26	5.19	26	0.01	26
青　海	Qinghai	0.50	29	0.40	30	0.29	30	0.01	26
宁　夏	Ningxia	1.02	27	1.06	27	0.78	28	0.01	26
新　疆	Xinjiang	0.46	30	0.46	29	0.39	29	0.01	26

11-172 铁路、船舶、航空航天和其他运输设备制造业主要经济指标（2013年）（二）

Main Economic Indicators of Manufacture of Railway, Ship, Aerospace and Other Transport Equipments (2013) (2)

单位：亿元 (100 million yuan)

地区	Region	销售费用 Sales Expenses	排名 Ranking	管理费用 Administrative Expenses	排名 Ranking	利润总额 Total Profit	排名 Ranking	应交增值税 Value Added Tax Payable	排名 Ranking
全　国	**National Total**	**273.33**		**934.41**		**928.23**		**462.16**	
北　京	Beijing	5.11	16	25.44	13	22.07	13	7.23	17
天　津	Tianjin	9.40	12	33.39	10	53.04	7	16.01	8
河　北	Hebei	7.73	13	25.26	14	31.96	10	14.35	10
山　西	Shanxi	2.52	20	12.19	21	6.39	21	4.02	19
内蒙古	Inner Mongolia	0.68	24	3.05	25	4.60	22	0.72	25
辽　宁	Liaoning	13.97	7	65.57	5	55.48	5	15.30	9
吉　林	Jilin	5.38	15	19.06	16	20.91	15	17.95	6
黑龙江	Heilongjiang	4.56	18	23.35	15	6.45	20	3.87	21
上　海	Shanghai	9.43	11	59.66	6	3.18	23	9.31	15
江　苏	Jiangsu	52.94	1	138.18	1	250.39	1	128.30	1
浙　江	Zhejiang	14.22	6	48.77	8	20.97	14	16.35	7
安　徽	Anhui	4.32	19	9.68	23	11.85	18	6.42	18
福　建	Fujian	4.73	17	12.76	19	17.88	16	8.25	16
江　西	Jiangxi	1.10	23	12.26	20	12.34	17	2.67	22
山　东	Shandong	24.26	3	90.09	2	88.61	2	44.63	3
河　南	Henan	11.33	9	15.22	18	58.58	4	10.40	14
湖　北	Hubei	7.69	14	31.81	12	26.25	11	12.33	11
湖　南	Hunan	20.05	5	57.73	7	53.42	6	37.41	4
广　东	Guangdong	20.24	4	66.08	4	41.81	8	24.23	5
广　西	Guangxi	1.33	22	10.90	22	11.00	19	3.90	20
海　南	Hainan	0.01	29	0.07	29	-0.21	29	0.01	29
重　庆	Chongqing	25.15	2	70.72	3	70.92	3	50.60	2
四　川	Sichuan	13.44	8	32.38	11	26.12	12	12.04	12
贵　州	Guizhou	1.80	21	16.48	17	-2.73	30	1.10	24
云　南	Yunnan	0.57	25	4.38	24	3.00	24	2.63	23
西　藏	Tibet								
陕　西	Shaanxi	11.22	10	48.44	9	32.53	9	12.01	13
甘　肃	Gansu	0.10	26	1.24	26	1.15	25	0.03	28
青　海	Qinghai	0.03	27	0.03	30	0.03	27	0.04	26
宁　夏	Ningxia	0.03	27	0.10	28	0.23	26	0.04	26
新　疆	Xinjiang			0.13	27	0.03	27		

11-173 电气机械和器材制造业工业销售产值和主营业务收入
Sales Value and Revenue from Principal Business of Manufacture of Electrical Machinery and Apparatus

单位：亿元

地区	Region	工业销售产值(当年价格) Sales Value（current prices）				主营业务收入 Revenue from Principal Business			
		2010	2012	2013	2013排名 Ranking	2010	2012	2013	2013排名 Ranking
全　国	**National Total**	**42057.21**	**54195.48**	**61442.08**		**42152.59**	**54522.61**	**61553.59**	
北　京	Beijing	685.65	655.95	698.97	17	718.89	667.51	738.97	17
天　津	Tianjin	650.54	864.95	959.25	15	656.63	852.93	965.68	15
河　北	Hebei	1208.91	1448.06	1729.93	10	1301.56	1461.21	1714.22	10
山　西	Shanxi	86.13	131.74	135.79	25	90.12	119.80	106.78	25
内蒙古	Inner Mongolia	173.62	252.17	311.63	21	178.69	244.70	308.87	21
辽　宁	Liaoning	1733.72	2063.08	2241.35	7	1713.20	2117.26	2234.12	8
吉　林	Jilin	162.90	289.66	300.29	22	160.36	285.99	295.43	22
黑龙江	Heilongjiang	170.13	218.52	218.79	24	158.90	211.61	217.39	23
上　海	Shanghai	1935.83	2089.86	2169.92	8	2013.26	2184.17	2238.50	7
江　苏	Jiangsu	8606.24	12518.96	14171.94	1	8553.34	12547.72	14193.08	1
浙　江	Zhejiang	4578.09	5154.56	5540.26	4	4604.48	5268.89	5562.00	4
安　徽	Anhui	1936.58	3470.26	3945.08	5	1757.56	3213.36	3769.84	5
福　建	Fujian	935.77	1292.47	1501.17	12	927.74	1270.40	1478.45	11
江　西	Jiangxi	896.29	1569.66	1965.44	9	913.81	1624.78	2044.31	9
山　东	Shandong	4190.32	5270.09	5871.68	3	4352.35	5445.56	6077.49	3
河　南	Henan	1121.24	1816.28	2291.06	6	1127.12	1847.28	2275.88	6
湖　北	Hubei	781.44	1254.41	1587.76	11	743.65	1069.30	1474.80	12
湖　南	Hunan	738.42	1051.62	1266.43	13	727.19	1049.50	1252.18	13
广　东	Guangdong	8898.77	9409.36	10525.39	2	9024.15	9681.98	10783.39	2
广　西	Guangxi	259.69	517.17	607.95	19	255.94	493.18	599.75	18
海　南	Hainan	30.01	64.80	73.12	28	30.12	64.83	65.19	28
重　庆	Chongqing	486.69	749.25	787.46	16	475.16	775.15	809.34	16
四　川	Sichuan	752.03	937.75	1007.46	14	730.24	929.50	1006.31	14
贵　州	Guizhou	72.44	79.35	113.37	26	57.96	71.18	106.14	26
云　南	Yunnan	73.93	83.77	100.23	27	74.25	86.96	102.45	27
西　藏	Tibet	0.10		0.62	31	0.09		0.62	31
陕　西	Shaanxi	392.33	480.34	612.45	18	345.31	435.15	548.90	19
甘　肃	Gansu	197.96	191.93	290.23	23	150.43	190.61	153.53	24
青　海	Qinghai	9.40	12.06	21.74	30	9.12	12.22	22.62	30
宁　夏	Ningxia	46.84	43.81	48.53	29	48.54	43.37	43.48	29
新　疆	Xinjiang	245.20	213.61	346.79		252.43	256.51	363.89	20

11-174 电气机械和器材制造业主营业务成本和主营业务税金及附加
Cost of Principal Business Tax and Extra Charges from Principal Business of Manufacture of Electrical Machinery and Apparatus

单位：亿元

地区 Region	主营业务成本 Cost of Principal Business				主营业务税金及附加 Tax and Extra Charges from Principal Business			
	2010	2012	2013	2013排名 Ranking	2010	2012	2013	2013排名 Ranking
全 国 **National Total**	**35494.98**	**46022.81**	**52253.90**		**188.73**	**237.66**	**281.57**	
北 京 Beijing	584.99	544.15	593.73	17	1.86	2.33	3.28	17
天 津 Tianjin	546.44	737.23	841.22	15	0.67	3.48	3.33	16
河 北 Hebei	1048.15	1247.75	1479.02	10	5.20	6.17	6.37	13
山 西 Shanxi	72.42	104.49	94.69	25	0.46	0.51	0.43	25
内蒙古 Inner Mongolia	150.56	201.65	257.01	22	0.60	1.23	1.18	22
辽 宁 Liaoning	1453.70	1798.80	1932.31	7	6.76	10.84	10.10	8
吉 林 Jilin	131.29	244.80	258.89	21	1.03	1.38	1.48	20
黑龙江 Heilongjiang	119.69	170.43	180.97	23	0.76	1.62	1.46	21
上 海 Shanghai	1677.40	1842.65	1853.78	8	1.93	4.34	4.51	14
江 苏 Jiangsu	7264.34	10744.77	12216.45	1	28.61	49.61	60.13	1
浙 江 Zhejiang	3922.78	4486.42	4726.19	4	14.84	18.98	22.43	4
安 徽 Anhui	1457.92	2706.15	3155.56	5	13.15	16.59	19.64	5
福 建 Fujian	783.35	1052.55	1244.34	12	2.47	7.53	8.38	10
江 西 Jiangxi	790.17	1397.45	1779.78	9	4.54	5.37	7.16	11
山 东 Shandong	3607.10	4512.00	5146.41	3	24.29	31.54	37.16	3
河 南 Henan	928.30	1540.21	1939.16	6	6.33	11.16	10.18	7
湖 北 Hubei	620.61	900.96	1258.90	11	6.31	4.43	8.66	9
湖 南 Hunan	602.72	861.23	1048.94	13	5.89	9.80	11.42	6
广 东 Guangdong	7724.63	8145.76	9023.07	2	35.95	36.36	45.99	2
广 西 Guangxi	215.63	404.54	508.25	18	3.11	1.38	1.87	19
海 南 Hainan	22.58	54.94	53.98	28	0.02	0.14	0.28	29
重 庆 Chongqing	423.91	642.10	688.57	16	3.07	1.72	4.41	15
四 川 Sichuan	603.39	761.89	841.98	14	11.18	6.10	6.40	12
贵 州 Guizhou	48.75	60.95	92.21	26	0.16	0.22	0.52	24
云 南 Yunnan	62.19	75.11	87.84	27	0.21	0.30	0.36	26
西 藏 Tibet	0.03		0.65	31				
陕 西 Shaanxi	272.79	372.52	463.50	19	2.62	2.25	2.63	18
甘 肃 Gansu	130.60	155.89	141.65	24	5.34	1.08	0.33	27
青 海 Qinghai	8.62	10.87	20.59	30	0.04	0.04	0.05	30
宁 夏 Ningxia	41.80	37.14	35.69	29	0.13	0.30	0.30	28
新 疆 Xinjiang	178.12	207.41	288.59	20	1.18	0.86	1.13	23

11-175 电气机械和器材制造业销售费用和管理费用
Sales Expenses and Administrative Expenses of Manufacture of Electrical Machinery and Apparatus

单位：亿元

地区	Region	销售费用 Sales Expenses			管理费用 Administrative Expenses			
		2012	2013	2013排名 Ranking	2010	2012	2013	2013排名 Ranking
全　国	**National Total**	**1864.45**	**2133.19**		**1844.36**	**2354.55**	**2665.96**	
北　京	Beijing	33.66	38.07	12	37.62	46.36	51.98	14
天　津	Tianjin	21.79	20.08	18	32.82	41.68	48.00	15
河　北	Hebei	33.03	38.01	13	46.61	62.77	67.07	12
山　西	Shanxi	2.74	3.26	28	8.22	8.90	8.78	23
内蒙古	Inner Mongolia	2.83	6.78	22	7.20	7.24	12.93	21
辽　宁	Liaoning	44.11	49.78	8	96.07	81.83	86.02	7
吉　林	Jilin	6.00	7.28	21	10.57	10.56	11.23	22
黑龙江	Heilongjiang	8.13	6.68	23	12.54	13.85	13.84	20
上　海	Shanghai	87.39	90.53	6	116.52	144.77	160.88	5
江　苏	Jiangsu	323.21	347.85	2	305.82	462.55	511.48	2
浙　江	Zhejiang	164.38	176.92	5	238.57	285.14	311.54	3
安　徽	Anhui	138.05	177.41	4	56.42	109.80	126.98	6
福　建	Fujian	42.67	48.19	9	37.81	59.30	68.81	10
江　西	Jiangxi	20.16	28.51	15	20.55	31.10	46.67	16
山　东	Shandong	195.75	209.61	3	199.43	192.23	226.14	4
河　南	Henan	51.55	59.55	7	31.88	64.17	68.16	11
湖　北	Hubei	35.67	48.00	10	37.26	53.16	69.41	9
湖　南	Hunan	34.94	44.64	11	42.95	74.31	83.82	8
广　东	Guangdong	510.14	610.41	1	379.78	443.56	512.44	1
广　西	Guangxi	10.64	12.91	20	19.31	25.61	25.61	19
海　南	Hainan	3.57	3.77	24	1.64	4.00	4.50	28
重　庆	Chongqing	18.72	22.23	17	15.39	23.97	30.69	18
四　川	Sichuan	30.55	30.76	14	43.21	50.69	53.59	13
贵　州	Guizhou	2.90	3.47	26	2.91	3.16	5.27	26
云　南	Yunnan	3.59	3.38	27	4.57	5.16	5.86	25
西　藏	Tibet		0.01	31	0.05		0.05	31
陕　西	Shaanxi	21.42	24.36	16	25.81	30.89	36.74	17
甘　肃	Gansu	3.64	3.77	24	4.54	5.48	5.22	27
青　海	Qinghai	0.17	0.58	30	1.00	0.49	0.74	30
宁　夏	Ningxia	1.46	3.08	29	2.01	2.81	3.30	29
新　疆	Xinjiang	11.59	13.31	19	5.29	8.98	8.23	24

11-176 电气机械和器材制造业财务费用和营业利润
Financial Expenses and Operating Profit of Manufacture of Electrical Machinery and Apparatus

单位：亿元

地区	Region	财务费用 Financial Expenses				营业利润 Operating Profit			
		2010	2012	2013	2013排名 Ranking	2010	2012	2013	2013排名 Ranking
全　国	**National Total**	**353.68**	**559.46**	**597.61**		**3210.31**	**3445.22**	**3869.06**	
北　京	Beijing	2.66	7.17	8.05	15	78.00	42.98	41.68	19
天　津	Tianjin	5.49	7.15	7.14	17	61.72	53.22	56.81	14
河　北	Hebei	23.42	32.45	34.08	5	159.41	53.57	43.74	17
山　西	Shanxi	1.12	2.66	4.33	20	7.96	1.97	0.78	29
内蒙古	Inner Mongolia	0.41	1.15	1.74	24	15.33	30.64	42.72	18
辽　宁	Liaoning	10.37	15.93	14.83	11	118.57	127.28	141.12	8
吉　林	Jilin	1.83	2.16	2.46	22	10.23	19.64	13.62	22
黑龙江	Heilongjiang	0.35	1.57	1.63	25	22.20	16.03	12.63	23
上　海	Shanghai	12.74	17.82	17.76	8	145.31	96.84	123.91	10
江　苏	Jiangsu	73.88	140.63	144.35	1	650.65	827.80	936.40	1
浙　江	Zhejiang	66.61	97.76	102.56	2	262.35	253.94	275.52	5
安　徽	Anhui	12.51	28.14	28.42	6	180.32	277.20	289.87	4
福　建	Fujian	6.35	10.96	13.13	13	86.07	115.07	131.62	9
江　西	Jiangxi	6.84	9.69	14.49	12	66.73	122.82	152.57	7
山　东	Shandong	37.70	47.13	54.92	4	308.95	355.47	375.50	3
河　南	Henan	11.68	19.96	19.44	7	107.00	148.73	175.48	6
湖　北	Hubei	7.29	12.14	10.80	14	73.91	57.73	89.90	11
湖　南	Hunan	6.36	13.88	15.41	9	58.28	63.26	83.64	12
广　东	Guangdong	42.46	50.21	57.06	3	574.87	553.88	645.95	2
广　西	Guangxi	2.93	3.63	5.13	19	26.64	60.28	51.74	16
海　南	Hainan	0.38	0.83	1.46	26	3.32	8.58	3.21	25
重　庆	Chongqing	3.91	6.40	7.46	16	29.63	52.77	59.76	13
四　川	Sichuan	7.06	15.82	15.24	10	48.13	54.87	54.60	15
贵　州	Guizhou	0.37	0.71	1.42	27	1.67	2.58	2.98	26
云　南	Yunnan	1.28	2.25	1.87	23	4.51	0.40	3.72	24
西　藏	Tibet			-0.03	31	0.01		-0.09	31
陕　西	Shaanxi	4.67	4.13	4.30	21	27.43	6.12	19.77	21
甘　肃	Gansu	0.37	1.00	1.16	29	5.69	12.44	1.61	28
青　海	Qinghai	0.06	0.10	0.24	30	1.60	0.34	0.33	30
宁　夏	Ningxia	0.75	1.03	1.23	28	3.30	2.72	2.81	27
新　疆	Xinjiang	1.84	4.99	5.55	18	60.53	26.06	35.17	20

11-177 电气机械和器材制造业利润总额和应交增值税
Total Profit and Value Added Tax Payable of Manufacture of Electrical Machinery and Apparatus

单位：亿元

地区	Region	利润总额 Total Profit				应交增值税 Value Added Tax Payable			
		2010	2012	2013	2013排名 Ranking	2010	2012	2013	2013排名 Ranking
全　国	**National Total**	**3116.20**	**3419.72**	**3822.89**		**1125.41**	**1462.24**	**1717.68**	
北　京	Beijing	81.94	45.95	45.74	17	17.89	20.18	21.87	17
天　津	Tianjin	64.77	54.20	55.16	14	18.22	24.91	36.96	13
河　北	Hebei	139.60	52.55	42.02	18	30.57	26.20	29.73	15
山　西	Shanxi	7.60	2.51	1.27	29	2.17	3.76	3.00	25
内蒙古	Inner Mongolia	12.20	16.95	21.25	21	3.75	6.10	6.61	22
辽　宁	Liaoning	115.38	118.86	120.48	10	37.73	34.49	42.38	10
吉　林	Jilin	10.00	16.66	13.04	23	4.27	6.45	7.06	21
黑龙江	Heilongjiang	21.84	16.22	13.74	22	6.40	8.75	7.35	20
上　海	Shanghai	148.63	103.74	136.05	8	35.80	43.00	42.78	8
江　苏	Jiangsu	587.22	810.03	902.12	1	237.93	410.23	482.21	1
浙　江	Zhejiang	277.42	271.99	287.91	4	120.89	125.19	140.01	4
安　徽	Anhui	172.00	260.51	273.80	5	67.50	114.60	122.11	5
福　建	Fujian	79.53	111.56	129.91	9	25.14	41.46	45.55	7
江　西	Jiangxi	67.56	123.03	152.14	7	25.38	38.02	56.59	6
山　东	Shandong	304.34	349.48	377.13	3	123.18	136.44	155.33	3
河　南	Henan	108.25	152.78	182.02	6	27.97	43.91	42.78	8
湖　北	Hubei	69.41	59.03	88.81	11	15.35	20.59	36.98	12
湖　南	Hunan	52.05	56.45	81.47	12	25.55	31.30	37.13	11
广　东	Guangdong	585.99	566.23	657.85	2	212.23	240.00	292.49	2
广　西	Guangxi	26.54	60.32	53.42	15	6.69	10.17	12.64	19
海　南	Hainan	3.41	9.10	3.51	25	0.70	2.39	3.53	24
重　庆	Chongqing	26.28	51.05	58.77	13	14.41	14.95	26.10	16
四　川	Sichuan	50.87	52.39	52.50	16	33.92	37.03	33.27	14
贵　州	Guizhou	1.79	3.08	3.36	26	1.25	1.13	1.39	28
云　南	Yunnan	4.93	1.48	4.65	24	2.46	2.01	2.19	26
西　藏	Tibet	0.01		-0.09	31				
陕　西	Shaanxi	26.98	10.37	22.73	20	15.48	13.01	20.88	18
甘　肃	Gansu	4.91	8.73	2.13	28	4.41	2.40	1.68	27
青　海	Qinghai	0.43	0.40	0.35	30	0.17	0.25	0.11	30
宁　夏	Ningxia	3.37	3.17	3.10	27	0.88	0.85	0.86	29
新　疆	Xinjiang	60.93	30.91	36.57	19	7.13	2.46	6.11	23

11-178 计算机、通信和其他电子设备制造业工业销售产值和主营业务收入

Sales Value and Revenue from Principal Business of Manufacture of Computers, Communication and Other Electronic Equipment

单位：亿元

地区	Region	工业销售产值(当年价格) Sales Value（current prices）				主营业务收入 Revenue from Principal Business			
		2010	2012	2013	2013排名 Ranking	2010	2012	2013	2013排名 Ranking
全　国	**National Total**	**54190.95**	**69480.88**	**78318.64**		**55161.16**	**70430.07**	**78817.80**	
北　京	Beijing	2184.16	2024.63	2173.51	10	2549.87	2468.53	2593.85	8
天　津	Tianjin	1718.70	2524.27	3013.76	6	1740.11	2559.03	3032.70	6
河　北	Hebei	267.28	340.47	391.98	19	265.30	335.85	387.44	19
山　西	Shanxi	114.33	438.37	490.26	18	123.42	440.91	494.26	18
内蒙古	Inner Mongolia	48.25	81.17	83.74	21	54.97	84.09	82.38	21
辽　宁	Liaoning	866.54	950.18	909.48	15	861.93	957.65	916.54	16
吉　林	Jilin	73.06	63.07	81.85	22	73.58	59.81	81.09	22
黑龙江	Heilongjiang	18.02	15.54	20.97	27	17.06	16.31	22.76	26
上　海	Shanghai	5961.72	5658.83	5415.22	3	6132.25	5842.41	5549.05	3
江　苏	Jiangsu	12856.41	16049.59	16932.52	2	12859.82	16141.30	17041.87	2
浙　江	Zhejiang	1921.05	2143.73	2448.34	8	1937.53	2178.07	2465.83	9
安　徽	Anhui	283.66	768.99	1036.41	14	263.68	775.08	1024.85	14
福　建	Fujian	2263.04	2748.97	2952.78	7	2281.22	2739.54	2937.72	7
江　西	Jiangxi	376.41	709.20	851.02	16	379.77	732.46	918.02	15
山　东	Shandong	3084.47	3940.64	4369.62	4	3128.52	3963.98	4455.78	4
河　南	Henan	194.87	1675.41	2364.07	9	207.87	1682.01	2344.30	10
湖　北	Hubei	747.46	1080.77	1426.28	13	734.35	1071.96	1303.76	13
湖　南	Hunan	309.23	1003.81	1505.49	12	311.56	1011.02	1499.86	12
广　东	Guangdong	18914.36	22294.11	24976.81	1	19217.10	22305.51	24668.39	1
广　西	Guangxi	214.68	507.53	720.22	17	201.10	473.51	696.05	17
海　南	Hainan	18.80	33.25	44.11	25	18.05	33.25	12.95	27
重　庆	Chongqing	215.55	1455.41	2111.37	11	216.36	1460.36	2149.94	11
四　川	Sichuan	1226.95	2597.75	3605.59	5	1260.23	2708.90	3742.00	5
贵　州	Guizhou	42.67	59.28	55.07	23	41.27	58.28	48.46	23
云　南	Yunnan	12.63	22.14	23.09	26	14.43	26.65	31.30	25
西　藏	Tibet								
陕　西	Shaanxi	217.71	261.62	265.73	20	233.90	271.76	269.66	20
甘　肃	Gansu	21.73	30.47	46.53	24	20.07	30.19	44.17	24
青　海	Qinghai	1.28	1.17	2.36	28	1.28	1.17	2.36	28
宁　夏	Ningxia								
新　疆	Xinjiang	15.93	0.49	0.45	29	14.56	0.49	0.45	29

11-179 计算机、通信和其他电子设备制造业主营业务成本和主营业务税金及附加

Cost of Principal Business, and Tax and Extra Charges from Principal Business of Manufacture of Computers, Communication and Other Electronic Equipment

单位：亿元

地区	Region	主营业务成本 Cost of Principal Business				主营业务税金及附加 Tax and Extra Charges from Principal Business			
		2010	2012	2013	2013排名 Ranking	2010	2012	2013	2013排名 Ranking
全　国	**National Total**	**48920.84**	**62532.05**	**69792.49**		**101.32**	**208.51**	**233.98**	
北　京	Beijing	2335.16	2189.96	2275.25	8	2.32	5.49	5.11	11
天　津	Tianjin	1551.32	2257.88	2653.54	6	1.45	8.37	13.04	4
河　北	Hebei	225.60	289.32	331.26	19	0.52	1.52	1.81	17
山　西	Shanxi	114.66	342.19	395.71	18	0.06	1.00	1.25	20
内蒙古	Inner Mongolia	40.64	70.19	71.72	21	0.05	0.19	0.21	24
辽　宁	Liaoning	730.85	825.83	787.09	16	2.81	5.64	4.35	12
吉　林	Jilin	56.22	45.40	66.18	22	0.28	0.25	0.30	22
黑龙江	Heilongjiang	12.19	11.35	16.46	26	0.11	0.19	0.22	23
上　海	Shanghai	5777.55	5524.37	5229.97	3	2.98	1.80	1.48	18
江　苏	Jiangsu	11645.60	14703.44	15529.37	2	8.56	27.78	30.83	2
浙　江	Zhejiang	1632.77	1794.16	1994.11	11	4.92	9.47	11.60	5
安　徽	Anhui	217.51	661.23	878.32	14	1.65	3.35	5.86	10
福　建	Fujian	2026.57	2425.06	2633.13	7	3.08	5.47	6.87	8
江　西	Jiangxi	331.52	634.63	789.88	15	1.42	3.51	4.32	13
山　东	Shandong	2771.09	3490.49	3940.88	4	8.93	12.13	14.25	3
河　南	Henan	175.40	1598.26	2157.29	9	1.11	3.58	2.90	14
湖　北	Hubei	605.71	934.00	1127.48	13	3.91	4.20	6.46	9
湖　南	Hunan	255.53	835.51	1265.18	12	3.32	7.35	9.84	7
广　东	Guangdong	16815.07	19504.96	21399.37	1	44.73	92.34	97.28	1
广　西	Guangxi	166.61	387.81	623.06	17	0.36	1.19	2.05	15
海　南	Hainan	14.31	24.46	9.86	27	0.25	0.12	0.05	27
重　庆	Chongqing	196.54	1396.85	2075.13	10	2.18	2.26	1.84	16
四　川	Sichuan	965.95	2258.97	3212.81	5	5.13	10.05	9.88	6
贵　州	Guizhou	32.73	44.91	41.30	23	0.07	0.13	0.67	21
云　南	Yunnan	10.51	22.06	25.85	25	0.09	0.11	0.12	25
西　藏	Tibet								
陕　西	Shaanxi	187.58	229.69	223.80	20	0.81	0.95	1.31	19
甘　肃	Gansu	14.06	24.45	35.80	24	0.08	0.07	0.09	26
青　海	Qinghai	1.06	1.14	2.31	28				
宁　夏	Ningxia								
新　疆	Xinjiang	10.54	0.44	0.39	29	0.11			

11-180 计算机、通信和其他电子设备制造业销售费用和管理费用
Sales Expenses and Administrative Expenses of Manufacture of Computers, Communication and Other Electronic Equipment

单位：亿元

地区	Region	销售费用 Sales Expenses			管理费用 Administrative Expenses			
		2012	2013	2013排名 Ranking	2010	2012	2013	2013排名 Ranking
全　国	**National Total**	**1583.01**	**1761.03**		**2176.90**	**3002.14**	**3334.62**	
北　京	Beijing	105.55	101.81	5	90.86	114.59	138.94	7
天　津	Tianjin	95.30	132.43	3	57.73	62.03	79.60	10
河　北	Hebei	6.72	8.25	18	11.55	17.35	18.67	18
山　西	Shanxi	1.77	1.40	24	9.44	21.02	17.14	19
内蒙古	Inner Mongolia	3.23	2.62	21	0.71	1.02	2.28	24
辽　宁	Liaoning	19.95	21.33	12	41.12	47.04	47.67	12
吉　林	Jilin	1.60	2.37	22	4.93	5.12	5.67	21
黑龙江	Heilongjiang	0.90	0.98	25	2.09	2.19	2.68	23
上　海	Shanghai	73.41	77.41	7	157.52	169.84	182.06	4
江　苏	Jiangsu	159.50	163.52	2	365.16	478.07	524.46	2
浙　江	Zhejiang	60.92	73.11	9	112.22	143.33	176.90	5
安　徽	Anhui	14.45	15.82	13	20.32	41.14	47.57	13
福　建	Fujian	74.52	75.01	8	161.58	176.97	183.41	3
江　西	Jiangxi	7.26	9.05	16	10.39	19.02	24.69	16
山　东	Shandong	91.59	104.27	4	103.98	140.11	140.37	6
河　南	Henan	17.28	14.47	15	9.14	45.24	43.54	14
湖　北	Hubei	36.64	53.23	10	41.81	61.15	74.19	11
湖　南	Hunan	18.13	25.07	11	15.04	60.67	107.43	8
广　东	Guangdong	696.50	755.18	1	844.34	1235.46	1332.18	1
广　西	Guangxi	5.00	8.19	19	11.53	13.24	17.10	20
海　南	Hainan	1.77	1.88	23	1.28	1.60	1.80	26
重　庆	Chongqing	9.16	15.82	13	14.25	26.93	40.91	15
四　川	Sichuan	67.33	84.08	6	62.75	82.11	93.78	9
贵　州	Guizhou	4.64	3.38	20	3.49	6.12	1.14	27
云　南	Yunnan	0.87	0.79	26	1.17	1.71	1.81	25
西　藏	Tibet							
陕　西	Shaanxi	8.27	8.77	17	19.50	25.89	24.19	17
甘　肃	Gansu	0.71	0.78	27	2.25	3.14	4.39	22
青　海	Qinghai	0.01	0.01	29	0.01	0.01	0.01	29
宁　夏	Ningxia							
新　疆	Xinjiang	0.02	0.02	28	0.78	0.02	0.03	28

11-181 计算机、通信和其他电子设备制造业财务费用和营业利润
Financial Expenses and Operating Profit of Manufacture of Computers, Communication and Other Electronic Equipment

单位：亿元

地区	Region	财务费用 Financial Expenses				营业利润 Operating Profit			
		2010	2012	2013	2013排名 Ranking	2010	2012	2013	2013排名 Ranking
全　国	**National Total**	**153.25**	**248.51**	**243.81**		**2946.15**	**3108.89**	**3650.13**	
北　京	Beijing	8.78	5.88	6.35	10	63.79	77.06	98.44	9
天　津	Tianjin	5.05	2.47	-1.37	26	64.46	141.61	195.39	6
河　北	Hebei	1.05	2.71	2.61	15	22.52	15.34	31.65	17
山　西	Shanxi	0.29	2.11	1.10	17	2.81	93.46	5.99	21
内蒙古	Inner Mongolia	0.03	0.05	0.06	22	10.43	7.84	4.28	22
辽　宁	Liaoning	4.51	5.23	4.93	12	70.26	61.90	53.86	15
吉　林	Jilin	0.75	0.95	0.99	18	4.85	8.24	7.49	20
黑龙江	Heilongjiang	0.23	0.15	0.40	20	2.06	2.00	2.38	25
上　海	Shanghai	-0.33	-2.74	-9.52	27	135.64	84.64	82.01	11
江　苏	Jiangsu	36.42	43.65	29.05	2	759.93	773.24	879.54	2
浙　江	Zhejiang	17.36	23.47	24.51	3	133.05	164.76	204.13	5
安　徽	Anhui	2.20	7.04	8.27	7	31.71	64.41	70.67	12
福　建	Fujian	5.95	6.16	5.46	11	164.22	125.90	113.21	7
江　西	Jiangxi	1.32	3.46	4.16	13	19.99	42.63	62.62	14
山　东	Shandong	5.16	18.51	14.58	4	172.85	211.64	255.74	3
河　南	Henan	3.66	0.84	-1.28	25	15.12	54.33	86.64	10
湖　北	Hubei	1.20	6.76	8.10	8	95.75	32.28	32.23	16
湖　南	Hunan	2.15	5.73	7.18	9	29.82	85.56	107.80	8
广　东	Guangdong	45.62	96.66	112.55	1	998.08	797.88	1025.50	1
广　西	Guangxi	0.45	0.73	1.26	16	28.41	61.93	69.87	13
海　南	Hainan					1.08	4.80	0.80	27
重　庆	Chongqing	2.39	-1.21	9.62	6	4.12	15.59	26.59	18
四　川	Sichuan	6.28	15.31	9.77	5	75.32	170.53	215.72	4
贵　州	Guizhou	0.02	0.18	0.06	22	2.40	2.68	2.41	24
云　南	Yunnan	0.11	0.30	0.26	21	2.35	2.00	2.31	26
西　藏	Tibet								
陕　西	Shaanxi	2.04	3.35	3.91	14	30.03	5.13	9.85	19
甘　肃	Gansu	0.46	0.76	0.77	19	2.13	1.48	3.01	23
青　海	Qinghai	0.01	0.01	0.02	24	0.43			
宁　夏	Ningxia								
新　疆	Xinjiang	0.15				2.53	0.01	0.01	28

11-182 计算机、通信和其他电子设备制造业利润总额和应交增值税 Total Profit and Value Added Tax Payable of Manufacture of Computers, Communication and Other Electronic Equipment

单位：亿元

地区	Region	利润总额 Total Profit				应交增值税 Value Added Tax Payable			
		2010	2012	2013	2013排名 Ranking	2010	2012	2013	2013排名 Ranking
全 国	**National Total**	**2873.03**	**3194.18**	**3826.33**		**900.91**	**1562.41**	**1835.13**	
北 京	Beijing	71.05	92.19	113.84	8	31.51	29.15	26.84	12
天 津	Tianjin	67.23	143.78	197.04	6	45.78	81.46	160.42	4
河 北	Hebei	22.06	15.76	32.53	17	9.70	6.71	11.34	18
山 西	Shanxi	0.88	94.10	8.06	20	1.16	5.39	5.51	19
内蒙古	Inner Mongolia	4.93	8.20	6.88	22	2.39	1.18	0.99	24
辽 宁	Liaoning	71.49	63.60	60.82	14	12.96	11.30	11.72	17
吉 林	Jilin	4.95	7.99	7.35	21	1.48	1.10	1.64	21
黑龙江	Heilongjiang	2.21	2.16	2.68	24	0.68	0.60	0.74	26
上 海	Shanghai	142.68	97.96	102.23	9	15.30	21.59	18.96	14
江 苏	Jiangsu	639.82	688.75	841.16	2	187.26	262.67	225.77	2
浙 江	Zhejiang	145.32	188.13	232.98	5	36.05	52.23	61.93	7
安 徽	Anhui	28.08	72.24	80.80	12	10.16	24.56	34.42	9
福 建	Fujian	167.40	136.13	121.54	7	30.13	27.71	30.10	11
江 西	Jiangxi	19.24	42.35	59.37	15	7.89	15.69	26.17	13
山 东	Shandong	156.97	211.57	255.47	3	66.33	88.10	89.29	6
河 南	Henan	15.41	56.73	90.04	11	4.25	90.29	129.28	5
湖 北	Hubei	98.21	42.46	48.09	16	9.89	13.02	30.59	10
湖 南	Hunan	28.42	79.80	98.34	10	10.66	37.95	43.45	8
广 东	Guangdong	1039.83	865.45	1105.92	1	352.22	613.61	721.22	1
广 西	Guangxi	28.40	61.14	69.62	13	1.95	8.36	12.32	16
海 南	Hainan	1.44	5.07	1.08	27	0.31	1.24	0.56	27
重 庆	Chongqing	2.87	19.36	28.42	18	4.58	9.52	16.13	15
四 川	Sichuan	72.47	183.37	241.03	4	52.49	152.42	167.80	3
贵 州	Guizhou	2.78	3.33	2.66	25	0.51	0.50	1.02	23
云 南	Yunnan	2.55	2.26	2.58	26	0.38	0.85	0.90	25
西 藏	Tibet								
陕 西	Shaanxi	31.54	7.84	12.14	19	3.90	4.31	4.93	20
甘 肃	Gansu	1.99	2.48	3.61	23	0.80	0.90	1.08	22
青 海	Qinghai	0.03							
宁 夏	Ningxia								
新 疆	Xinjiang	2.80	0.01	0.03	28	0.18			

11-183 仪器仪表制造业工业销售产值和主营业务收入
Sales Value and Revenue from Principal Business of Manufacture of Measuring Instruments and Machinery

单位：亿元

地区	Region	工业销售产值(当年价格) Sales Value（current prices）				主营业务收入 Revenue from Principal Business			
		2010	2012	2013	2013排名 Ranking	2010	2012	2013	2013排名 Ranking
全国	National Total	6267.36	6620.71	7521.52		6322.87	6656.48	7567.75	
北京	Beijing	224.15	223.35	243.87	8	254.54	262.33	286.54	6
天津	Tianjin	143.51	64.22	55.76	18	161.77	75.62	74.42	17
河北	Hebei	70.57	70.90	83.16	16	70.73	70.20	79.84	16
山西	Shanxi	18.25	43.13	39.03	19	18.02	46.69	44.62	19
内蒙古	Inner Mongolia	3.21	3.94	5.62	27	3.14	3.78	4.62	27
辽宁	Liaoning	179.03	239.85	250.59	7	184.16	246.82	248.38	8
吉林	Jilin	29.36	40.27	38.77	20	27.50	39.23	37.97	20
黑龙江	Heilongjiang	27.54	19.23	20.04	23	23.13	18.95	19.65	22
上海	Shanghai	355.63	299.27	317.04	5	372.79	320.00	345.47	5
江苏	Jiangsu	1701.41	2558.36	2971.42	1	1707.57	2551.42	2986.90	1
浙江	Zhejiang	709.21	678.93	663.50	3	707.01	664.76	652.08	3
安徽	Anhui	90.53	122.37	151.55	11	91.18	123.82	153.59	11
福建	Fujian	212.27	132.14	161.47	10	213.24	131.42	160.67	10
江西	Jiangxi	56.92	79.70	87.13	15	64.26	79.66	88.30	15
山东	Shandong	340.75	549.09	644.00	4	335.41	542.25	644.51	4
河南	Henan	177.55	222.42	271.01	6	174.47	220.16	270.57	7
湖北	Hubei	61.94	89.31	116.33	14	58.67	84.66	113.65	14
湖南	Hunan	183.46	171.94	223.17	9	184.81	172.66	217.59	9
广东	Guangdong	1373.58	603.77	730.93	2	1363.85	602.37	731.80	2
广西	Guangxi	23.19	28.21	31.70	21	21.70	26.96	29.97	21
海南	Hainan	0.61	25.00	31.58	22	0.61	24.72	5.76	26
重庆	Chongqing	111.16	130.02	134.49	13	109.06	126.83	133.77	13
四川	Sichuan	61.51	59.60	62.39	17	59.81	61.43	61.51	18
贵州	Guizhou	8.39	8.33	9.38	25	8.32	8.00	9.52	24
云南	Yunnan	14.73	14.06	14.96	24	14.70	10.54	15.61	23
西藏	Tibet								
陕西	Shaanxi	74.85	131.21	150.86	12	79.01	129.52	139.86	12
甘肃	Gansu	2.11	3.24	2.50	28	2.12	2.59	2.18	28
青海	Qinghai	1.03	1.28	1.18	29	0.91	1.12	1.05	29
宁夏	Ningxia	9.80	7.21	7.17	26	9.25	7.58	6.60	25
新疆	Xinjiang	1.11	0.37	0.92	30	1.11	0.38	0.75	30

11-184 仪器仪表制造业主营业务成本和主营业务税金及附加
Cost of Principal Business, Tax and Extra Charges from of Principal Business of Manufacture of Measuring Instruments and Machinery

单位：亿元

地区	Region	主营业务成本 Cost of Principal Business				主营业务税金及附加 Tax and Extra Charges froms Principal Business			
		2010	2012	2013	2013排名 Ranking	2010	2012	2013	2013排名 Ranking
全　国	**National Total**	**5209.71**	**5332.74**	**6099.27**		**25.56**	**37.87**	**45.02**	
北　京	Beijing	189.58	189.59	205.84	8	1.01	1.71	1.69	6
天　津	Tianjin	139.10	56.70	58.39	17	0.24	0.69	0.39	18
河　北	Hebei	53.80	54.03	65.22	16	0.41	0.46	0.46	17
山　西	Shanxi	13.36	33.66	32.70	19	0.12	0.15	0.21	20
内蒙古	Inner Mongolia	2.97	3.71	4.58	26	0.01			
辽　宁	Liaoning	148.41	206.21	210.87	7	1.06	1.25	1.36	8
吉　林	Jilin	20.88	30.98	30.39	20	0.16	0.27	0.19	21
黑龙江	Heilongjiang	16.13	14.53	15.55	22	0.17	0.09	0.11	23
上　海	Shanghai	286.74	239.49	252.46	5	0.54	1.15	1.21	9
江　苏	Jiangsu	1434.82	2123.75	2491.97	1	5.27	13.79	17.41	1
浙　江	Zhejiang	565.96	510.91	490.12	4	2.92	3.59	3.95	2
安　徽	Anhui	64.22	92.79	114.79	11	0.32	0.68	0.96	10
福　建	Fujian	179.62	109.16	135.72	10	1.06	0.62	0.80	13
江　西	Jiangxi	53.96	66.84	72.83	15	0.31	0.45	0.55	15
山　东	Shandong	279.40	444.10	533.81	3	2.30	3.55	3.91	3
河　南	Henan	142.88	173.78	216.70	6	0.95	1.30	1.56	7
湖　北	Hubei	43.00	62.77	87.08	14	0.61	0.59	0.86	11
湖　南	Hunan	138.04	130.22	165.90	9	2.35	2.18	2.82	5
广　东	Guangdong	1198.77	476.75	591.52	2	3.21	3.17	3.81	4
广　西	Guangxi	16.43	20.38	24.29	21	0.19	0.12	0.13	22
海　南	Hainan	0.29	18.41	4.53	27		0.11	0.54	16
重　庆	Chongqing	83.92	100.42	108.48	13	0.65	0.70	0.72	14
四　川	Sichuan	47.10	47.59	47.22	18	1.08	0.32	0.35	19
贵　州	Guizhou	6.23	5.01	6.58	24	0.05	0.08	0.08	24
云　南	Yunnan	11.06	8.49	13.38	23	0.03	0.02	0.05	25
西　藏	Tibet								
陕　西	Shaanxi	62.45	104.18	110.21	12	0.48	0.79	0.85	12
甘　肃	Gansu	1.61	2.12	1.60	28	0.01	0.02	0.02	26
青　海	Qinghai	0.69	0.85	0.80	29	0.01	0.01	0.01	28
宁　夏	Ningxia	7.54	5.08	5.22	25	0.03	0.03	0.02	26
新　疆	Xinjiang	0.73	0.26	0.52	30	0.01			

11-185 仪器仪表制造业销售费用和管理费用
Sales Expenses and Administrative Expenses of Manufacture of Measuring Instruments and Machinery

单位：亿元

地区	Region	销售费用 Sales Expenses			管理费用 Administrative Expenses			
		2012	2013	2013排名 Ranking	2010	2012	2013	2013排名 Ranking
全国	**National Total**	**238.41**	**267.43**		**395.03**	**453.43**	**501.95**	
北京	Beijing	17.87	20.34	5	26.54	29.00	32.79	5
天津	Tianjin	4.14	3.93	15	7.93	7.48	7.63	15
河北	Hebei	2.47	3.10	16	4.31	4.59	6.67	16
山西	Shanxi	1.24	1.37	20	2.16	4.30	3.26	19
内蒙古	Inner Mongolia	0.01			0.05	0.04	0.02	30
辽宁	Liaoning	6.41	6.33	10	14.39	13.17	13.41	11
吉林	Jilin	1.08	1.11	21	2.77	2.50	1.97	22
黑龙江	Heilongjiang	1.14	1.05	22	3.21	2.52	2.51	21
上海	Shanghai	17.46	20.99	4	37.20	35.90	39.26	4
江苏	Jiangsu	66.84	75.02	1	76.27	126.58	136.59	1
浙江	Zhejiang	31.17	30.80	2	54.35	59.28	62.42	2
安徽	Anhui	4.18	4.99	11	5.84	9.11	13.83	10
福建	Fujian	4.11	4.47	13	12.96	8.07	9.57	14
江西	Jiangxi	1.89	1.98	18	3.19	2.83	3.90	18
山东	Shandong	17.16	20.30	6	15.27	22.42	28.19	6
河南	Henan	6.97	8.64	8	9.13	14.25	16.69	7
湖北	Hubei	4.05	4.99	11	6.03	8.20	9.94	13
湖南	Hunan	8.78	10.44	7	17.02	13.41	15.96	9
广东	Guangdong	25.64	28.96	3	64.18	50.52	56.49	3
广西	Guangxi	0.92	0.84	23	1.63	2.68	2.52	20
海南	Hainan	0.93	1.56	19	0.08	0.95	0.92	25
重庆	Chongqing	7.12	7.62	9	10.33	11.21	10.89	12
四川	Sichuan	2.29	2.74	17	5.55	5.60	5.70	17
贵州	Guizhou	0.39	0.52	25	0.76	1.38	1.48	23
云南	Yunnan	0.16	0.17	26	2.07	1.58	1.24	24
西藏	Tibet							
陕西	Shaanxi	3.37	4.39	14	10.58	14.51	16.66	8
甘肃	Gansu	0.15	0.13	27	0.20	0.42	0.43	27
青海	Qinghai	0.06	0.06	28	0.10	0.09	0.09	28
宁夏	Ningxia	0.43	0.55	24	0.78	0.79	0.87	26
新疆	Xinjiang	0.01	0.05	29	0.14	0.02	0.06	29

11-186 仪器仪表制造业财务费用和营业利润
Financial Expenses and Operating Profit of Manufacture of Measuring Instruments and Machinery

单位：亿元

地区	Region	财务费用 Financial Expenses				营业利润 Operating Profit			
		2010	2012	2013	2013排名 Ranking	2010	2012	2013	2013排名 Ranking
全　国	**National Total**	**35.53**	**51.68**	**55.27**		**534.16**	**557.16**	**634.93**	
北　京	Beijing	0.75	1.14	1.04	12	29.55	26.86	31.19	6
天　津	Tianjin	0.44	0.55	0.49	16	7.95	6.15	4.05	18
河　北	Hebei	0.36	0.28	0.27	19	9.78	8.58	8.94	14
山　西	Shanxi	0.23	0.23			2.14	7.57	7.21	17
内蒙古	Inner Mongolia	0.40	0.01			0.15	0.53	0.82	23
辽　宁	Liaoning	1.28	1.51	1.88	7	17.87	18.31	17.23	10
吉　林	Jilin	0.19	0.19	0.20	20	2.47	4.16	4.03	19
黑龙江	Heilongjiang	0.16	0.23	0.41	17	2.22	0.56	0.40	26
上　海	Shanghai	1.27	0.87	1.48	8	38.15	27.53	33.26	5
江　苏	Jiangsu	8.48	18.80	20.38	1	141.91	206.04	250.10	1
浙　江	Zhejiang	9.91	10.65	8.58	2	52.21	52.04	57.04	2
安　徽	Anhui	0.45	0.44	0.51	15	16.78	17.28	19.00	8
福　建	Fujian	0.68	0.87	1.32	10	25.70	9.25	10.48	11
江　西	Jiangxi	0.33	0.32	0.32	18	4.71	7.08	8.59	15
山　东	Shandong	2.25	4.28	4.95	3	30.48	44.86	52.03	3
河　南	Henan	1.68	1.78	2.17	6	16.40	21.38	25.64	7
湖　北	Hubei	0.67	1.08	1.37	9	7.60	7.29	9.33	13
湖　南	Hunan	1.49	1.99	2.37	5	18.30	16.97	17.89	9
广　东	Guangdong	1.55	3.07	4.16	4	84.75	44.54	50.02	4
广　西	Guangxi	0.19	0.10	0.09	24	3.85	2.74	2.31	22
海　南	Hainan	0.01	0.12	0.17	22	0.21	4.22	2.67	21
重　庆	Chongqing	1.53	1.18	0.94	13	7.56	8.58	9.78	12
四　川	Sichuan	0.36	0.51	0.65	14	5.63	5.61	4.02	20
贵　州	Guizhou	0.04	0.16	0.20	20	1.01	0.77	0.67	25
云　南	Yunnan	0.11	0.08	0.05	25	1.23	0.60	0.74	24
西　藏	Tibet								
陕　西	Shaanxi	0.45	1.05	1.07	11	3.92	6.35	7.30	16
甘　肃	Gansu	0.02	-0.02	0.04	26	0.23	-0.02	-0.03	29
青　海	Qinghai	0.01				0.11	0.11	0.10	28
宁　夏	Ningxia	0.25	0.24	0.16	23	1.06	1.12		
新　疆	Xinjiang	0.01				0.22	0.10	0.14	27

11-187 仪器仪表制造业利润总额和应交增值税
Total Profit and Value Added Tax Payable of Manufacture of Measuring Instruments and Machinery

单位：亿元

地区	Region	利润总额 Total Profit				应交增值税 Value Added Tax Payable			
		2010	2012	2013	2013排名 Ranking	2010	2012	2013	2013排名 Ranking
全　国	**National Total**	**538.01**	**575.54**	**663.37**		**177.86**	**224.13**	**263.04**	
北　京	Beijing	32.38	29.98	35.75	6	9.96	11.07	12.14	5
天　津	Tianjin	9.10	6.54	5.20	17	4.28	2.54	2.36	18
河　北	Hebei	10.32	9.12	9.81	14	2.89	2.93	3.07	15
山　西	Shanxi	2.19	5.18	4.76	19	0.47	0.85	0.85	20
内蒙古	Inner Mongolia	0.13	0.02	0.02	30	0.04	0.01		
辽　宁	Liaoning	19.08	18.45	17.42	10	5.54	8.82	8.68	6
吉　林	Jilin	2.61	4.40	3.90	20	0.80	0.81	0.77	22
黑龙江	Heilongjiang	2.19	1.16	0.95	23	1.19	0.64	0.82	21
上　海	Shanghai	39.25	29.56	36.11	5	8.14	7.38	7.97	9
江　苏	Jiangsu	137.05	204.78	253.03	1	50.91	93.19	112.48	1
浙　江	Zhejiang	57.86	59.08	62.96	2	22.92	23.82	24.96	2
安　徽	Anhui	17.22	16.63	17.85	9	3.22	3.60	5.41	11
福　建	Fujian	15.23	9.59	11.01	12	2.60	3.25	3.43	14
江　西	Jiangxi	4.84	7.22	8.77	16	1.23	2.43	3.07	15
山　东	Shandong	28.32	46.40	53.60	3	10.64	17.67	21.51	3
河　南	Henan	16.60	22.02	27.93	7	5.11	6.48	8.06	8
湖　北	Hubei	8.08	8.20	11.12	11	1.54	3.32	4.53	13
湖　南	Hunan	19.74	16.97	17.89	8	10.24	7.40	8.56	7
广　东	Guangdong	89.23	47.43	53.48	4	21.57	14.79	16.99	4
广　西	Guangxi	3.87	2.75	2.35	22	0.75	0.72	0.57	23
海　南	Hainan	0.22	4.24	2.73	21		0.94	1.95	19
重　庆	Chongqing	7.67	9.10	10.94	13	3.89	4.60	5.16	12
四　川	Sichuan	5.62	6.11	4.83	18	2.23	2.11	2.72	17
贵　州	Guizhou	1.13	1.03	0.90	24	0.48	0.40	0.54	24
云　南	Yunnan	1.32	0.66	0.64	25	0.42	0.12	0.27	25
西　藏	Tibet								
陕　西	Shaanxi	4.67	7.35	9.04	15	6.37	3.79	5.83	10
甘　肃	Gansu	0.24	0.04	0.04	29	0.08	0.12	0.07	27
青　海	Qinghai	0.22	0.11	0.10	28	0.05	0.05	0.07	27
宁　夏	Ningxia	1.19	1.32	0.12	27	0.28	0.27	0.19	26
新　疆	Xinjiang	0.44	0.10	0.13	26	0.03	0.02	0.02	29

11-188 电力、热力生产和供应业工业销售产值和主营业务收入
Sales Value and Revenue from Principal Business of Production and Supply of Electric Power and Heat Power

单位：亿元

地区	Region	工业销售产值（当年价格）Sales Value（current prices）				主营业务收入 Revenue from Principal Business			
		2010	2012	2013	2013排名 Ranking	2010	2012	2013	2013排名 Ranking
全　国	**National Total**	**40449.23**	**51273.58**	**55938.99**		**40561.29**	**52732.52**	**56080.66**	
北　京	Beijing	2119.89	3016.86	3737.87	5	2127.93	3021.34	3742.89	5
天　津	Tianjin	593.12	715.23	750.17	26	593.39	711.27	754.57	25
河　北	Hebei	2127.60	2729.44	2867.61	6	2125.35	2717.64	2852.85	6
山　西	Shanxi	1068.48	1508.63	1588.98	13	1063.87	1503.77	1608.53	13
内蒙古	Inner Mongolia	1379.77	2087.07	2154.32	9	1269.16	1871.72	2152.03	9
辽　宁	Liaoning	1436.64	1700.99	1653.12	12	1445.19	1697.04	1660.50	12
吉　林	Jilin	574.33	806.75	867.00	23	676.84	805.94	857.27	23
黑龙江	Heilongjiang	884.45	1078.93	1160.18	20	914.81	1140.50	1223.80	18
上　海	Shanghai	1454.74	1635.94	1144.81	21	1454.05	1635.92	1145.54	21
江　苏	Jiangsu	3164.94	4068.98	4447.23	2	3184.93	4080.12	4506.32	2
浙　江	Zhejiang	3306.64	4007.58	4235.09	3	3302.63	3996.62	4217.53	4
安　徽	Anhui	1445.52	2183.74	2433.48	8	1454.10	2165.06	2389.31	8
福　建	Fujian	1246.36	1621.02	1861.71	11	1240.83	1622.22	1861.02	11
江　西	Jiangxi	685.77	888.33	1013.73	22	685.46	890.37	1042.99	22
山　东	Shandong	3149.80	2571.59	4221.19	4	3177.91	4148.16	4364.69	3
河　南	Henan	2243.02	2875.60	2761.29	7	2320.35	2884.70	2783.63	7
湖　北	Hubei	1459.12	1821.19	1521.36	14	1475.29	1817.43	1521.78	14
湖　南	Hunan	947.20	1259.88	1373.38	15	975.31	1250.72	1357.40	15
广　东	Guangdong	4452.04	5505.50	5814.32	1	4444.99	5535.40	5817.27	1
广　西	Guangxi	875.00	1121.54	1211.07	18	911.27	1103.91	1202.42	19
海　南	Hainan	115.69	166.32	178.79	30	115.50	165.75	183.00	30
重　庆	Chongqing	450.31	578.76	673.05	27	446.79	590.85	674.90	27
四　川	Sichuan	1365.77	1753.39	1992.45	10	1349.83	1753.06	1987.33	10
贵　州	Guizhou	911.23	1112.78	1254.30	17	831.25	1102.41	1168.04	20
云　南	Yunnan	803.42	1036.79	1264.11	16	786.57	1151.58	1243.07	17
西　藏	Tibet	9.23	10.19	13.96	31	10.11	12.26	13.96	31
陕　西	Shaanxi	800.66	1183.21	1185.13	19	801.23	1184.14	1244.93	16
甘　肃	Gansu	508.02	732.80	806.12	24	498.24	677.83	738.08	26
青　海	Qinghai	229.25	303.74	323.96	29	228.18	302.18	340.12	29
宁　夏	Ningxia	303.37	578.43	643.25	28	302.90	579.60	643.98	28
新　疆	Xinjiang	337.85	612.39	785.96	25	347.00	613.02	780.92	24

11-189 电力、热力生产和供应业主营业务成本和主营业务税金及附加

Cost of Principal Business, Tax and Extra Charges from of Principal Business of Production and Supply of Electric Power and Heat Power

单位：亿元

地区	Region	主营业务成本 Cost of Principal Business				主营业务税金及附加 Tax and Extra Charges from Principal Business			
		2010	2012	2013	2013排名 Ranking	2010	2012	2013	2013排名 Ranking
全　国	**National Total**	**36755.16**	**47440.05**	**49428.85**		**178.06**	**263.29**	**302.75**	
北　京	Beijing	1982.46	2821.69	3543.17	5	11.70	20.76	17.23	5
天　津	Tianjin	564.23	671.46	694.17	24	1.91	2.94	3.96	24
河　北	Hebei	1991.78	2526.64	2593.02	6	8.14	9.18	15.96	7
山　西	Shanxi	1022.67	1394.14	1398.77	13	3.80	6.75	7.89	16
内蒙古	Inner Mongolia	929.14	1486.92	1666.96	9	9.22	10.95	9.36	13
辽　宁	Liaoning	1362.62	1599.52	1509.04	12	5.56	7.39	8.06	15
吉　林	Jilin	517.60	760.95	798.54	23	3.43	3.78	4.69	21
黑龙江	Heilongjiang	864.79	1101.18	1164.63	16	3.10	4.91	4.76	20
上　海	Shanghai	1405.88	1552.47	1042.32	20	2.51	4.79	4.04	23
江　苏	Jiangsu	2908.51	3668.16	3987.18	2	10.88	16.79	20.69	3
浙　江	Zhejiang	3001.14	3576.49	3758.72	4	15.48	19.42	20.22	4
安　徽	Anhui	1248.77	1723.98	1957.72	8	4.34	9.04	9.43	11
福　建	Fujian	1109.20	1464.58	1614.04	10	4.96	35.00	41.37	1
江　西	Jiangxi	652.81	843.81	930.05	22	3.02	3.51	4.54	22
山　东	Shandong	3022.54	3801.32	3866.72	3	12.52	14.18	16.29	6
河　南	Henan	2226.22	2728.03	2576.63	7	6.92	8.66	9.37	12
湖　北	Hubei	1242.91	1549.27	1245.21	14	10.63	11.55	12.02	8
湖　南	Hunan	845.45	1118.08	1176.69	15	7.54	7.77	8.94	14
广　东	Guangdong	3960.77	4994.36	5174.03	1	16.68	17.84	28.47	2
广　西	Guangxi	793.23	981.82	1076.25	17	5.30	5.71	5.84	18
海　南	Hainan	100.89	142.99	157.50	30	0.53	0.89	0.84	30
重　庆	Chongqing	409.07	532.42	614.52	27	2.13	2.49	3.29	27
四　川	Sichuan	1107.25	1438.34	1559.31	11	8.29	9.94	11.98	9
贵　州	Guizhou	766.87	983.46	1055.32	19	3.34	4.22	4.96	19
云　南	Yunnan	745.31	976.81	1000.04	21	4.93	5.72	7.00	17
西　藏	Tibet	19.25	28.96	33.61	31	0.06	0.01		
陕　西	Shaanxi	727.89	1048.82	1068.46	18	3.83	8.23	9.85	10
甘　肃	Gansu	459.35	600.83	640.68	26	2.42	3.63	3.34	25
青　海	Qinghai	192.67	254.40	279.74	29	2.00	2.53	2.72	28
宁　夏	Ningxia	277.67	531.24	555.99	28	1.43	2.81	3.34	25
新　疆	Xinjiang	296.23	536.91	689.80	25	1.45	1.88	2.31	29

11-190 电力、热力生产和供应业销售费用和管理费用
Sales Expenses and Administrative Expenses of Production and Supply of Electric Power and Heat Power

单位：亿元

地区	Region	销售费用 Sales Expenses 2012	2013	2013排名 Ranking	管理费用 Administrative Expenses 2010	2012	2013	2013排名 Ranking
全　国	**National Total**	**175.92**	**166.08**		**979.28**	**1015.34**	**1076.61**	
北　京	Beijing	0.72	0.70	26	14.47	17.61	19.50	21
天　津	Tianjin	2.51	2.58	19	10.91	11.47	10.92	26
河　北	Hebei	1.88	2.15	23	40.02	45.86	50.42	7
山　西	Shanxi	4.37	0.99	24	11.46	28.14	56.72	6
内蒙古	Inner Mongolia	14.91	30.35	1	35.68	39.87	84.01	3
辽　宁	Liaoning	2.82	2.47	20	23.46	31.46	35.60	13
吉　林	Jilin	4.36	4.48	13	14.71	21.17	26.36	18
黑龙江	Heilongjiang	3.41	3.23	17	21.54	24.07	26.21	19
上　海	Shanghai	0.01	0.01	29	51.48	7.34	6.56	28
江　苏	Jiangsu	2.37	4.21	15	35.50	38.62	42.85	9
浙　江	Zhejiang	6.36	7.19	6	75.42	78.96	89.40	2
安　徽	Anhui	3.63	2.42	22	45.58	28.73	34.69	14
福　建	Fujian	1.55	6.91	8	31.85	38.69	40.58	11
江　西	Jiangxi	1.46	2.77	18	14.82	14.58	14.30	23
山　东	Shandong	8.53	6.13	10	116.71	115.58	105.27	1
河　南	Henan	12.61	12.61	3	56.83	68.22	59.74	5
湖　北	Hubei	2.39	7.57	5	48.28	38.31	26.66	17
湖　南	Hunan	4.20	5.69	11	32.15	76.81	42.78	10
广　东	Guangdong	27.70	23.34	2	70.70	84.23	82.20	4
广　西	Guangxi	4.17	5.50	12	40.95	44.16	40.22	12
海　南	Hainan	0.01			4.78	1.73	0.55	31
重　庆	Chongqing	0.83	0.95	25	10.67	8.76	12.13	24
四　川	Sichuan	9.07	9.72	4	42.16	36.39	34.42	15
贵　州	Guizhou	6.74	7.07	7	15.05	15.76	26.78	16
云　南	Yunnan	7.65	6.17	9	44.01	44.87	43.21	8
西　藏	Tibet				0.10	0.18	0.83	30
陕　西	Shaanxi	3.27	4.37	14	27.64	19.76	22.33	20
甘　肃	Gansu	35.34	2.45	21	20.92	7.38	7.63	27
青　海	Qinghai		0.05	28	2.58	2.33	3.41	29
宁　夏	Ningxia	0.77	0.70	26	5.00	9.43	11.38	25
新　疆	Xinjiang	2.29	3.30	16	13.83	14.86	18.94	22

11-191 电力、热力生产和供应业财务费用和营业利润
Financial Expenses and Operating Profit of Production and Supply of Electric Power and Heat Power

单位：亿元

地区	Region	财务费用 Financial Expenses				营业利润 Operating Profit			
		2010	2012	2013	2013排名 Ranking	2010	2012	2013	2013排名 Ranking
全国	**National Total**	**1414.64**	**2111.16**	**2127.83**		**1922.55**	**2442.25**	**3701.74**	
北京	Beijing	61.60	104.97	114.08	5	211.76	324.36	307.14	4
天津	Tianjin	14.93	20.84	18.29	28	9.12	15.43	30.99	21
河北	Hebei	54.79	75.86	71.31	14	37.51	67.24	137.92	11
山西	Shanxi	51.63	83.71	74.14	13	-17.87	25.05	101.04	12
内蒙古	Inner Mongolia	69.14	125.91	132.28	3	204.14	210.74	331.32	3
辽宁	Liaoning	42.59	59.72	57.35	18	23.64	0.26	52.13	19
吉林	Jilin	19.33	46.39	44.24	21	7.09	-16.92	-10.78	30
黑龙江	Heilongjiang	30.24	43.56	43.13	23	6.90	-19.75	-3.61	29
上海	Shanghai	18.52	24.58	15.48	29	35.86	66.66	100.16	14
江苏	Jiangsu	71.33	106.27	98.27	7	165.11	269.31	390.63	2
浙江	Zhejiang	71.67	94.88	87.16	9	179.69	235.61	301.69	5
安徽	Anhui	36.88	57.97	52.98	20	92.51	132.35	170.82	8
福建	Fujian	47.28	59.63	63.83	15	68.07	74.88	139.34	10
江西	Jiangxi	22.88	31.93	28.91	27	3.08	9.84	49.99	20
山东	Shandong	76.13	101.76	99.32	6	40.02	171.94	280.73	6
河南	Henan	73.76	104.69	96.34	8	-17.71	14.00	75.61	16
湖北	Hubei	89.73	99.04	86.97	10	165.94	153.09	168.12	9
湖南	Hunan	55.25	69.21	74.96	12	33.39	18.59	72.14	17
广东	Guangdong	118.88	172.95	159.36	1	345.15	309.34	459.17	1
广西	Guangxi	46.95	63.41	62.27	16	45.66	28.39	26.78	24
海南	Hainan	6.11	9.42	9.53	30	1.23	10.24	13.53	28
重庆	Chongqing	20.65	30.83	34.64	26	18.65	15.75	17.84	25
四川	Sichuan	77.07	127.85	153.31	2	125.40	140.20	183.43	7
贵州	Guizhou	52.79	83.03	86.78	11	7.02	39.07	16.96	27
云南	Yunnan	57.32	88.87	128.27	4	51.61	44.78	80.08	15
西藏	Tibet	-0.13	1.10	0.88	31	-9.15	-17.27	-20.50	31
陕西	Shaanxi	38.25	64.56	58.08	17	36.39	56.48	100.26	13
甘肃	Gansu	28.34	54.34	56.91	19	1.33	4.82	29.73	22
青海	Qinghai	26.43	33.11	37.45	24	3.75	10.29	17.23	26
宁夏	Ningxia	14.52	36.03	37.30	25	19.96	15.74	52.20	18
新疆	Xinjiang	19.78	34.72	43.97	22	27.32	31.74	29.66	23

11-192 电力、热力生产和供应业利润总额和应交增值税
Total Profit and Value Added Tax Payable of Production and Supply of Electric Power and Heat Power

单位：亿元

地区	Region	利润总额 Total Profit				应交增值税 Value Added Tax Payable			
		2010	2012	2013	2013排名 Ranking	2010	2012	2013	2013排名 Ranking
全 国	**National Total**	**1968.48**	**2745.78**	**3943.88**		**1635.15**	**2198.64**	**2397.34**	
北 京	Beijing	220.48	349.51	343.50	3	50.44	66.27	104.17	7
天 津	Tianjin	8.30	20.84	35.90	23	25.81	31.72	34.09	24
河 北	Hebei	39.37	83.11	153.39	10	67.79	89.44	99.95	9
山 西	Shanxi	-19.71	33.78	104.54	14	49.63	66.49	78.96	13
内蒙古	Inner Mongolia	199.26	220.76	342.26	4	83.70	100.05	101.26	8
辽 宁	Liaoning	25.66	14.01	59.54	18	53.91	62.58	65.30	18
吉 林	Jilin	9.59	-5.25	3.04	30	23.59	29.06	32.59	25
黑龙江	Heilongjiang	13.48	-2.07	5.72	29	35.10	58.80	40.94	22
上 海	Shanghai	32.05	67.35	105.73	13	44.67	57.97	52.73	19
江 苏	Jiangsu	172.08	274.05	397.09	2	131.82	172.96	196.52	2
浙 江	Zhejiang	179.69	250.44	311.67	5	121.15	166.15	179.41	3
安 徽	Anhui	88.20	131.30	158.80	9	64.79	82.31	70.28	16
福 建	Fujian	63.17	76.27	135.54	11	53.86	67.91	85.12	11
江 西	Jiangxi	3.10	13.13	55.64	19	31.12	34.94	44.73	21
山 东	Shandong	41.06	177.10	287.23	6	94.21	126.14	145.58	4
河 南	Henan	-16.55	30.29	79.93	16	45.44	86.95	89.11	10
湖 北	Hubei	128.07	180.70	187.71	7	82.55	102.01	104.25	6
湖 南	Hunan	29.89	29.51	86.95	15	47.02	58.90	74.55	14
广 东	Guangdong	395.42	349.73	490.22	1	186.34	248.48	255.28	1
广 西	Guangxi	55.24	40.97	44.68	22	46.34	62.52	67.14	17
海 南	Hainan	1.47	10.64	13.69	28	5.12	8.12	9.38	30
重 庆	Chongqing	15.52	19.91	25.61	25	22.06	27.66	34.82	23
四 川	Sichuan	121.20	140.85	179.28	8	91.48	104.29	124.42	5
贵 州	Guizhou	14.27	44.83	19.61	26	35.63	49.56	50.20	20
云 南	Yunnan	54.85	48.56	76.15	17	46.35	77.72	80.42	12
西 藏	Tibet	-2.48	-9.73	-11.58	31	0.50	0.09	0.03	31
陕 西	Shaanxi	39.35	71.71	106.95	12	38.24	63.48	70.30	15
甘 肃	Gansu	1.02	12.35	31.15	24	17.07	31.18	29.64	26
青 海	Qinghai	3.51	13.58	18.42	27	11.73	20.16	21.69	29
宁 夏	Ningxia	22.32	14.73	49.76	20	12.72	22.71	25.08	28
新 疆	Xinjiang	29.59	42.85	45.74	21	14.96	22.00	29.39	27

11-193 燃气生产和供应业主要经济指标（2013年）（一）
Main Economic Indicators of Production and Supply of Gas (2013) (1)

单位：亿元 (100 million yuan)

地区	Region	工业销售产值（当年价格） Sales Value(current prices)	排名 Ranking	主营业务收入 Revenue from Principal Business	排名 Ranking	主营业务成本 Cost of Principal Business	排名 Ranking	主营业务税金及附加 Tax and Extra Charges from Principal Business	排名 Ranking
全国	**National Total**	**3965.28**		**4059.32**		**3455.14**		**21.60**	
北京	Beijing	232.04	5	233.87	5	208.97	4	1.79	2
天津	Tianjin	93.09	18	97.44	17	90.43	14	0.45	22
河北	Hebei	115.51	11	119.26	12	98.45	13	0.70	11
山西	Shanxi	88.12	19	93.54	19	67.61	19	0.50	19
内蒙古	Inner Mongolia	149.43	9	157.83	10	135.60	10	0.67	12
辽宁	Liaoning	73.35	20	72.25	20	60.86	20	0.46	21
吉林	Jilin	59.98	21	62.00	21	51.91	21	0.61	16
黑龙江	Heilongjiang	110.97	12	115.93	13	108.54	11	0.20	23
上海	Shanghai	146.02	10	186.02	8	172.70	7	0.47	20
江苏	Jiangsu	371.28	2	357.42	2	289.46	2	1.75	3
浙江	Zhejiang	300.26	3	302.48	3	277.71	3	0.80	10
安徽	Anhui	103.25	15	102.55	15	84.90	16	0.56	17
福建	Fujian	191.63	7	191.66	7	161.51	8	0.64	15
江西	Jiangxi	50.80	22	57.97	22	45.05	22	0.65	13
山东	Shandong	232.64	4	243.14	4	205.32	5	1.50	5
河南	Henan	176.12	8	184.23	9	148.76	9	1.21	6
湖北	Hubei	99.95	16	109.26	14	86.23	15	0.83	8
湖南	Hunan	97.88	17	95.99	18	74.90	18	0.83	8
广东	Guangdong	617.56	1	594.42	1	524.57	1	1.65	4
广西	Guangxi	22.20	28	25.53	28	21.41	28	0.17	25
海南	Hainan	13.35	29	13.50	29	10.12	29	0.11	27
重庆	Chongqing	110.41	13	121.10	11	106.09	12	0.95	7
四川	Sichuan	218.32	6	230.56	6	181.83	6	2.37	1
贵州	Guizhou	31.30	26	33.54	26	33.51	24	0.05	29
云南	Yunnan	36.97	24	36.40	25	33.33	25	0.09	28
西藏	Tibet								
陕西	Shaanxi	106.80	14	98.65	16	77.88	17	0.65	13
甘肃	Gansu	31.03	27	26.66	27	23.05	27	0.14	26
青海	Qinghai	2.77	30	2.77	30	2.07	30	0.02	30
宁夏	Ningxia	35.70	25	37.59	24	30.94	26	0.20	23
新疆	Xinjiang	46.56	23	55.75	23	41.44	23	0.56	17

11-194 燃气生产和供应业主要经济指标（2013年）（二）
Main Economic Indicators of Production and Supply of Gas (2013) (2)

单位：亿元 (100 million yuan)

地区	Region	销售费用 Sales Expenses	排名 Ranking	管理费用 Administrative Expenses	排名 Ranking	利润总额 Total Profit	排名 Ranking	应交增值税 Value Added Tax Payable	排名 Ranking
全 国	**National Total**	**115.52**		**163.03**		**375.75**		**99.03**	
北 京	Beijing	2.92	20	12.20	3	31.02	3	14.59	1
天 津	Tianjin	0.45	28	4.05	17	3.00	20	2.14	17
河 北	Hebei	4.08	12	7.55	7	10.75	15	2.11	18
山 西	Shanxi	4.40	9	6.41	12	9.29	16	2.20	16
内蒙古	Inner Mongolia	4.39	10	3.92	18	12.76	10	2.64	11
辽 宁	Liaoning	4.22	11	7.25	9	-0.07	28	1.95	20
吉 林	Jilin	3.43	16	2.49	22	2.83	22	1.17	23
黑龙江	Heilongjiang	4.05	14	2.55	20	2.95	21	1.04	24
上 海	Shanghai	5.83	7	10.54	5	-0.18	29	2.08	19
江 苏	Jiangsu	11.12	1	12.57	2	53.14	1	7.88	4
浙 江	Zhejiang	3.36	17	5.75	13	15.91	8	4.31	6
安 徽	Anhui	3.14	19	4.10	16	12.00	11	2.30	14
福 建	Fujian	3.46	15	2.53	21	28.92	5	4.27	7
江 西	Jiangxi	1.94	22	2.45	23	6.56	18	1.78	21
山 东	Shandong	8.68	3	11.87	4	22.67	6	7.04	5
河 南	Henan	6.72	5	7.55	7	19.90	7	4.17	8
湖 北	Hubei	4.08	12	4.38	15	13.95	9	2.45	12
湖 南	Hunan	2.86	21	6.64	10	11.03	14	2.77	10
广 东	Guangdong	8.12	4	10.23	6	50.70	2	11.82	2
广 西	Guangxi	0.77	26	1.01	29	0.85	26	0.23	29
海 南	Hainan	0.49	27	1.08	28	2.23	24	0.28	27
重 庆	Chongqing	3.29	18	4.74	14	11.13	13	2.22	15
四 川	Sichuan	9.55	2	14.66	1	29.15	4	8.47	3
贵 州	Guizhou	1.10	23	1.56	27	-0.26	30	0.24	28
云 南	Yunnan	0.95	24	2.09	24	0.93	25	0.73	26
西 藏	Tibet								
陕 西	Shaanxi	4.63	8	6.53	11	12.00	11	2.35	13
甘 肃	Gansu	0.87	25	1.84	25	2.38	23	1.31	22
青 海	Qinghai	0.13	30	0.22	30	0.55	27	0.18	30
宁 夏	Ningxia	0.34	29	1.61	26	3.05	19	3.40	9
新 疆	Xinjiang	6.16	6	2.66	19	6.59	17	0.89	25

11-195 水的生产和供应业主要经济指标（2013年）（一）
Main Economic Indicators of Production and Supply of Water (2013) (1)

单位：亿元 (100 million yuan)

地区	Region	工业销售产值（当年价格） Sales Value(current prices)	排名 Ranking	主营业务收入 Revenue from Principal Business	排名 Ranking	主营业务成本 Cost of Principal Business	排名 Ranking	主营业务税金及附加 Tax and Extra Charges from Principal Business	排名 Ranking
全　国	**National Total**	**1473.34**		**1503.17**		**1151.06**		**16.19**	
北　京	Beijing	42.25	10	51.38	9	51.02	8	0.22	20
天　津	Tianjin	41.35	11	43.94	11	42.78	10	0.38	15
河　北	Hebei	36.05	15	34.54	15	26.30	15	0.29	16
山　西	Shanxi	16.50	23	16.46	22	14.08	21	0.16	22
内蒙古	Inner Mongolia	27.38	18	29.80	17	21.97	18	0.44	12
辽　宁	Liaoning	74.64	6	73.96	6	64.00	5	0.65	9
吉　林	Jilin	29.53	17	29.18	18	25.54	16	0.28	17
黑龙江	Heilongjiang	15.23	24	16.07	23	10.43	24	0.12	23
上　海	Shanghai	54.99	8	65.92	7	58.68	7	0.88	5
江　苏	Jiangsu	133.59	3	129.90	3	87.38	3	1.15	4
浙　江	Zhejiang	139.27	2	142.84	2	113.92	2	0.85	6
安　徽	Anhui	32.28	16	33.31	16	25.15	17	0.50	11
福　建	Fujian	36.46	14	38.25	14	28.76	13	0.24	18
江　西	Jiangxi	38.14	12	38.47	12	28.55	14	0.40	14
山　东	Shandong	94.00	4	96.36	4	82.21	4	0.76	7
河　南	Henan	36.91	13	38.34	13	30.27	12	0.41	13
湖　北	Hubei	44.98	9	47.83	10	39.30	11	0.52	10
湖　南	Hunan	56.35	7	57.79	8	43.41	9	0.76	7
广　东	Guangdong	305.78	1	303.44	1	211.22	1	2.84	1
广　西	Guangxi	23.79	19	23.72	19	14.21	20	0.19	21
海　南	Hainan	5.85	28	6.66	28	4.00	29	0.09	26
重　庆	Chongqing	23.30	20	22.86	20	18.34	19	0.23	19
四　川	Sichuan	91.62	5	92.94	5	61.46	6	1.17	3
贵　州	Guizhou	11.52	25	10.23	25	6.88	25	0.12	23
云　南	Yunnan	19.32	21	18.40	21	11.77	23	2.23	2
西　藏	Tibet	1.13	31	0.63	31	0.43	31	0.01	31
陕　西	Shaanxi	16.57	22	16.07	23	12.33	22	0.12	23
甘　肃	Gansu	8.52	26	7.12	27	5.47	27	0.08	27
青　海	Qinghai	2.45	30	2.33	30	1.02	30	0.02	30
宁　夏	Ningxia	5.84	29	6.35	29	4.12	28	0.05	28
新　疆	Xinjiang	7.76	27	8.08	26	6.06	26	0.05	28

11-196 水的生产和供应业主要经济指标（2013年）（二）
Main Economic Indicators of Production and Supply of Water (2013) (2)

单位：亿元 (100 million yuan)

地区	Region	销售费用 Cost of Sales	排名 Ranking	管理费用 Administrat-ive Cost	排名 Ranking	利润总额 Total Profit	排名 Ranking	应交增值税 Value Added Tax Payable	排名 Ranking
全　国	**National Total**	**90.69**		**184.73**		**104.13**		**63.61**	
北　京	Beijing	0.30	29	6.17	8	4.80	4	1.53	12
天　津	Tianjin	0.88	23	4.63	13	-2.46	31	3.15	6
河　北	Hebei	1.84	15	6.14	9	1.10	15	1.34	15
山　西	Shanxi	0.94	22	3.63	18	-1.83	29	0.94	21
内蒙古	Inner Mongolia	1.68	16	3.77	17	0.57	21	1.07	18
辽　宁	Liaoning	4.72	5	9.87	5	0.49	22	2.73	8
吉　林	Jilin	2.08	14	4.16	16	-1.72	28	1.00	20
黑龙江	Heilongjiang	0.81	24	3.48	22	0.07	25	0.58	24
上　海	Shanghai	4.91	4	5.39	11	-2.05	30	2.76	7
江　苏	Jiangsu	19.84	1	15.22	3	12.65	3	6.48	2
浙　江	Zhejiang	6.69	3	16.50	2	4.06	7	5.59	3
安　徽	Anhui	2.26	13	4.46	15	3.44	10	1.10	17
福　建	Fujian	3.24	7	4.59	14	3.41	11	1.77	11
江　西	Jiangxi	1.47	17	3.57	19	4.72	5	1.32	16
山　东	Shandong	2.95	9	12.17	4	4.49	6	3.47	5
河　南	Henan	2.66	11	4.73	12	1.10	15	1.52	13
湖　北	Hubei	3.21	8	5.87	10	1.99	13	2.05	10
湖　南	Hunan	3.52	6	8.62	7	2.33	12	2.37	9
广　东	Guangdong	13.44	2	34.28	1	35.88	1	11.55	1
广　西	Guangxi	1.00	21	3.50	20	3.96	8	1.05	19
海　南	Hainan	0.77	25	0.92	28	1.57	14	0.32	28
重　庆	Chongqing	1.37	19	3.50	20	3.93	9	1.46	14
四　川	Sichuan	2.79	10	8.83	6	18.01	2	4.88	4
贵　州	Guizhou	0.67	26	2.03	24	0.73	20	0.54	25
云　南	Yunnan	2.52	12	1.95	25	0.19	24	0.91	22
西　藏	Tibet	0.51	28	0.19	31	-0.04	26	0.04	31
陕　西	Shaanxi	1.38	18	2.07	23	1.10	15	0.86	23
甘　肃	Gansu	0.23	30	1.72	26	0.31	23	0.37	26
青　海	Qinghai	0.12	31	0.90	29	0.81	18	0.15	30
宁　夏	Ningxia	0.54	27	0.60	30	0.78	19	0.32	28
新　疆	Xinjiang	1.36	20	1.28	27	-0.26	27	0.36	27

11-197 规模以上工业企业主要经济效益指标

Main Indicators on Economic Benefit of Industrial Enterprises above Designated Size

单位：% (%)

地区	Region	工业企业总资产贡献率 Ratio of Profits,Tax and Interests to Average Assets				工业企业产品销售率 Sales Ratio of Products		
		2010	2012	2013	2013排名 Ranking	2010	2012	2013排名 Ranking
全　国	**National Total**	**15.68**	**15.11**	**15.00**		**98.02**	**98.00**	
北　京	Beijing	7.64	7.56	7.66	29	98.74	99.04	4
天　津	Tianjin	17.30	17.41	16.09	9	98.92	98.89	6
河　北	Hebei	14.75	13.83	13.56	22	97.74	97.79	15
山　西	Shanxi	11.20	9.54	7.33	30	96.27	97.34	23
内蒙古	Inner Mongolia	18.22	14.90	13.92	19	97.68	97.10	24
辽　宁	Liaoning	14.84	14.45	14.14	16	97.85	97.79	15
吉　林	Jilin	16.30	17.25	17.47	6	98.57	98.28	11
黑龙江	Heilongjiang	22.05	20.98	19.08	4	97.21	97.52	20
上　海	Shanghai	13.85	12.61	13.71	21	99.08	98.94	5
江　苏	Jiangsu	15.10	15.43	16.22	8	98.64	98.82	7
浙　江	Zhejiang	12.21	11.32	11.83	25	97.67	97.45	21
安　徽	Anhui	16.22	15.25	14.46	15	97.57	97.74	18
福　建	Fujian	17.21	16.70	15.97	10	97.76	97.83	14
江　西	Jiangxi	18.70	21.41	24.38	1	98.98	99.27	3
山　东	Shandong	19.45	19.66	20.21	3	98.57	98.61	8
河　南	Henan	22.43	18.88	18.49	5	98.68	98.32	10
湖　北	Hubei	15.38	14.53	15.00	13	97.67	97.08	25
湖　南	Hunan	23.18	22.41	21.64	2	98.54	98.45	9
广　东	Guangdong	15.63	13.94	13.85	20	97.46	98.07	12
广　西	Guangxi	16.76	16.60	15.70	11	94.88	95.49	27
海　南	Hainan	18.28	16.04	12.89	23	98.03	103.00	1
重　庆	Chongqing	13.57	12.30	15.57	12	98.11	97.84	13
四　川	Sichuan	14.43	15.10	14.10	17	97.79	97.40	22
贵　州	Guizhou	12.84	15.97	13.96	18	95.44	94.30	29
云　南	Yunnan	16.28	15.06	14.59	14	96.65	95.21	28
西　藏	Tibet	5.40	4.79	3.66	31	96.53	101.96	2
陕　西	Shaanxi	17.11	17.93	16.97	7	96.91	96.34	26
甘　肃	Gansu	10.24	10.03	9.54	26	96.08	93.14	30
青　海	Qinghai	11.57	9.26	8.23	27	98.24	92.99	31
宁　夏	Ningxia	8.87	8.08	8.06	28	96.97	97.77	17
新　疆	Xinjiang	18.21	14.35	12.82	24	97.84	97.55	19

12

建筑业

Construction

12-1 建筑业企业单位数和从业人员
Number of Enterprises and Number of Employed Persons of Construction Enterprises

地区	Region	企业单位数（个） Number of Construction Enterprises (unit)				从业人员（万人） Number of Employed Persons (10 000 persons)			
		2010	2012	2013	2013排名 Ranking	2010	2012	2013	2013排名 Ranking
全　国	**National Total**	**71863**	**75280**	**79528**		**4160.44**	**4267.24**	**4499.31**	
北　京	Beijing	3262	3178	3114	9	59.38	48.47	49.05	22
天　津	Tianjin	1438	1535	1600	21	47.84	32.24	33.16	27
河　北	Hebei	2132	2347	2395	13	128.47	134.54	118.72	14
山　西	Shanxi	1727	2016	2189	16	75.16	66.27	67.09	19
内蒙古	Inner Mongolia	787	828	866	26	43.56	36.66	38.78	25
辽　宁	Liaoning	4612	5547	6005	2	165.07	199.40	196.59	8
吉　林	Jilin	932	1653	1854	19	40.99	53.13	45.48	23
黑龙江	Heilongjiang	1945	2038	1965	18	56.19	49.24	52.55	21
上　海	Shanghai	2983	2963	2860	10	95.73	87.73	81.54	16
江　苏	Jiangsu	8893	8743	9305	1	591.50	739.34	763.48	1
浙　江	Zhejiang	5052	5550	5884	3	566.00	640.77	671.03	2
安　徽	Anhui	2432	2539	2675	11	157.82	169.60	171.21	10
福　建	Fujian	2180	2387	2646	12	185.04	185.35	219.02	6
江　西	Jiangxi	1276	1507	1626	20	85.80	107.27	123.48	13
山　东	Shandong	6135	5661	5756	4	314.29	277.42	287.09	3
河　南	Henan	4294	4332	4697	5	234.95	226.75	244.78	4
湖　北	Hubei	2846	2774	3197	8	155.52	170.44	178.56	9
湖　南	Hunan	1822	1906	1984	17	150.34	118.72	136.04	12
广　东	Guangdong	4249	4144	4395	6	188.24	190.50	201.06	7
广　西	Guangxi	977	1053	1092	24	59.00	67.03	74.94	18
海　南	Hainan	104	120	146	31	11.00	5.90	5.80	30
重　庆	Chongqing	2326	2334	2394	14	139.22	140.88	160.09	11
四　川	Sichuan	3414	3193	3389	7	305.18	218.88	242.87	5
贵　州	Guizhou	550	558	605	27	33.77	35.52	41.22	24
云　南	Yunnan	1932	2080	2236	15	74.75	74.86	79.51	17
西　藏	Tibet	175	175	164	30	4.49	3.59	3.40	31
陕　西	Shaanxi	982	1249	1397	22	104.67	79.63	95.18	15
甘　肃	Gansu	757	1108	1225	23	45.30	56.10	56.60	20
青　海	Qinghai	369	367	381	29	8.91	11.74	11.89	29
宁　夏	Ningxia	474	508	514	28	9.69	8.97	12.74	28
新　疆	Xinjiang	806	887	972	25	22.57	30.30	36.39	26

12-2 建筑业总产值和建筑业增加值
Gross Output Value and Value-added of Construction Enterprises

单位：亿元 (100 million yuan)

地区	Region	建筑业总产值 Gross Output Value of Construction				建筑业增加值 Value-added of Construction			
		2010	2012	2013	2013排名 Ranking	2010	2012	2013	2013排名 Ranking
全 国	**National Total**	**96031.13**	**137217.86**	**159312.95**		**18983.54**	**26583.31**	**30768.47**	
北 京	Beijing	5196.02	6588.30	7407.09	7	578.71	845.56	531.25	23
天 津	Tianjin	2424.49	3258.57	3670.53	17	302.22	443.47	570.38	20
河 北	Hebei	3231.46	4865.09	5203.92	12	524.89	733.05	894.09	12
山 西	Shanxi	2143.46	2668.17	2983.81	19	339.11	392.87	558.67	21
内蒙古	Inner Mongolia	1125.58	1441.00	1540.48	26	326.08	348.78	820.93	14
辽 宁	Liaoning	4690.31	7547.39	8743.37	3	989.75	1379.81	1774.71	5
吉 林	Jilin	1348.78	1990.43	2200.15	23	263.25	383.80	502.81	25
黑龙江	Heilongjiang	1769.70	2373.96	2450.57	21	507.06	363.20	458.52	26
上 海	Shanghai	4300.19	4843.44	5102.84	13	583.10	715.52	712.87	16
江 苏	Jiangsu	12405.92	18423.55	21712.16	1	2698.05	4336.53	3883.18	1
浙 江	Zhejiang	12007.89	17332.74	20066.42	2	2304.12	3647.60	2386.78	2
安 徽	Anhui	2864.96	4230.44	4970.34	14	683.96	900.84	1440.27	7
福 建	Fujian	2935.94	4424.54	5459.41	10	874.25	1381.22	1522.18	6
江 西	Jiangxi	1690.02	2789.57	3459.53	18	292.83	512.16	688.70	18
山 东	Shandong	5496.59	7281.33	8332.70	5	1231.89	1526.36	2043.06	4
河 南	Henan	4400.61	6009.08	7082.37	9	1003.92	1117.01	1274.07	9
湖 北	Hubei	4345.20	7043.42	8343.40	4	767.98	1234.43	1191.90	10
湖 南	Hunan	3161.73	4407.92	5255.98	11	585.09	769.42	823.15	13
广 东	Guangdong	4715.46	6514.43	7729.24	6	953.47	1449.64	2092.65	3
广 西	Guangxi	1222.31	1867.06	2271.39	22	227.47	302.86	511.34	24
海 南	Hainan	199.48	283.11	285.31	30	21.61	41.94	186.33	30
重 庆	Chongqing	2534.36	3975.67	4731.88	15	634.55	743.78	928.49	11
四 川	Sichuan	4163.07	6240.33	7239.49	8	816.24	1103.05	1388.23	8
贵 州	Guizhou	622.96	1039.22	1365.00	27	121.29	186.35	544.65	22
云 南	Yunnan	1510.96	2383.66	2888.82	20	243.70	371.59	629.00	19
西 藏	Tibet	122.07	86.40	82.11	31	27.69	19.96	65.77	31
陕 西	Shaanxi	3063.61	3529.39	3993.81	16	606.51	558.95	710.88	17
甘 肃	Gansu	751.99	1364.63	1708.27	25	156.56	264.91	433.79	27
青 海	Qinghai	279.61	325.76	396.39	29	53.81	71.36	214.51	29
宁 夏	Ningxia	342.69	466.95	564.66	28	71.56	98.66	220.17	28
新 疆	Xinjiang	963.72	1622.31	2071.52	24	192.82	338.64	765.13	15

12-3 按建筑业总产值和增加值计算的劳动生产率
Labor Productivity in Terms of Total Output Value and Value-added of Construction Enterprises

单位：元/人 (yuan/person)

地区	Region	按建筑业总产值计算的劳动生产率 Overall Labor Productivity in Terms of Total Output Value				按建筑业增加值计算的劳动生产率 Overall Labor Productivity in Terms of Value-added			
		2010	2012	2013	2013排名 Ranking	2010	2012	2013	2013排名 Ranking
全　国	**National Total**	**203962**	**296424**	**324842**		**40319**	**57427**	**62737**	
北　京	Beijing	254836	740349	842475	1	28382	95018	60424	22
天　津	Tianjin	370312	552285	532842	2	46160	75162	82796	10
河　北	Hebei	236052	351210	430534	5	38342	52919	73971	14
山　西	Shanxi	222319	282148	297286	19	35172	41544	55661	25
内蒙古	Inner Mongolia	151321	263203	272421	26	43838	63707	145169	5
辽　宁	Liaoning	173666	300220	371612	9	36647	54886	75430	13
吉　林	Jilin	170603	309998	354323	11	33297	59774	80981	11
黑龙江	Heilongjiang	183395	236574	242193	30	52547	36194	45317	29
上　海	Shanghai	344720	425215	417313	6	46744	62817	58298	24
江　苏	Jiangsu	207116	262834	282532	22	45044	61866	50531	28
浙　江	Zhejiang	214019	274610	307251	14	41067	57790	36545	31
安　徽	Anhui	177486	263822	299427	16	42372	56179	86763	9
福　建	Fujian	157807	221179	242927	29	46991	69046	67734	18
江　西	Jiangxi	187612	280918	318287	13	32508	51576	63364	20
山　东	Shandong	159439	236030	280704	23	35733	49478	68825	17
河　南	Henan	183664	287736	303213	15	41900	53486	54545	26
湖　北	Hubei	268719	410437	486265	3	47494	71933	69466	16
湖　南	Hunan	193661	280156	267424	28	35838	48902	41882	30
广　东	Guangdong	246971	356691	378116	7	49938	79374	102375	6
广　西	Guangxi	212407	281118	318323	12	39528	45601	71666	15
海　南	Hainan	175249	442835	455360	4	18981	65607	297185	1
重　庆	Chongqing	175245	261969	298643	18	43878	49010	58598	23
四　川	Sichuan	148526	256912	269274	27	29121	45412	51636	27
贵　州	Guizhou	196170	319244	368854	10	38196	57246	147162	4
云　南	Yunnan	192488	261167	279802	24	31046	40714	60920	21
西　藏	Tibet	209126	262516	294010	20	47429	60656	235745	2
陕　西	Shaanxi	269631	355890	373459	8	53380	56362	66475	19
甘　肃	Gansu	149820	260028	299229	17	31193	50478	75984	12
青　海	Qinghai	221885	252800	290417	21	42700	55378	157147	3
宁　夏	Ningxia	148544	251093	237415	31	31019	53050	92587	8
新　疆	Xinjiang	179823	249756	274400	25	35979	52133	101355	7

12-4 建筑业企业利税总额和利润总额
Total Pre-Tax Profits and Total Profits of Construction Enterprises

单位：亿元 （100 million yuan）

地区	Region	利税总额 Total Pre-Tax Profits				其中：利润总额 Total Profits			
		2010	2012	2013	2013排名 Ranking	2010	2012	2013	2013排名 Ranking
全国	**National Total**	**6760.39**	**9165.03**	**11301.11**		**3409.07**	**4776.14**	**6079.25**	
北京	Beijing	373.26	451.97	584.48	7	198.62	243.40	349.75	6
天津	Tianjin	144.12	194.69	259.06	17	66.05	95.94	143.14	16
河北	Hebei	211.88	292.42	324.30	15	104.93	147.17	165.54	15
山西	Shanxi	118.71	150.88	182.02	20	48.38	69.33	89.73	22
内蒙古	Inner Mongolia	130.75	139.13	169.30	21	82.67	86.22	109.48	20
辽宁	Liaoning	341.15	504.16	599.03	6	173.96	256.08	314.62	7
吉林	Jilin	95.11	141.48	164.87	22	46.06	74.47	91.07	21
黑龙江	Heilongjiang	178.14	133.88	132.04	23	56.49	61.78	66.98	23
上海	Shanghai	298.20	318.85	360.94	13	159.79	162.69	193.29	11
江苏	Jiangsu	875.39	1283.28	1562.72	1	496.63	727.38	899.33	1
浙江	Zhejiang	711.12	949.17	1099.12	2	348.22	459.68	530.48	2
安徽	Anhui	209.98	274.74	339.54	14	98.25	150.89	187.74	13
福建	Fujian	190.85	307.39	378.14	12	87.35	151.21	185.38	14
江西	Jiangxi	116.03	188.75	248.32	18	56.19	94.80	128.24	18
山东	Shandong	453.99	548.90	695.46	4	266.40	318.69	416.70	3
河南	Henan	323.44	437.70	564.36	8	161.51	232.90	312.09	8
湖北	Hubei	335.88	532.59	709.47	3	180.84	278.55	379.64	4
湖南	Hunan	228.88	307.23	392.66	10	104.79	149.65	190.51	12
广东	Guangdong	392.40	515.33	648.91	5	204.94	283.46	363.67	5
广西	Guangxi	69.77	92.26	116.43	25	25.76	34.27	44.42	25
海南	Hainan	10.08	19.13	22.48	30	4.78	10.43	12.81	29
重庆	Chongqing	208.75	293.17	391.30	11	120.18	162.73	229.78	10
四川	Sichuan	275.34	418.07	490.85	9	125.60	210.14	250.43	9
贵州	Guizhou	34.02	52.44	80.87	27	10.56	16.47	32.42	27
云南	Yunnan	105.59	158.65	212.21	19	50.53	84.93	119.80	19
西藏	Tibet	14.92	7.18	7.50	31	9.15	3.97	4.84	31
陕西	Shaanxi	167.19	210.66	277.49	16	58.30	100.29	139.79	17
甘肃	Gansu	55.39	95.99	116.71	24	26.00	48.50	58.88	24
青海	Qinghai	15.48	23.25	27.44	29	6.25	11.27	14.63	28
宁夏	Ningxia	21.04	29.11	31.47	28	8.92	13.11	12.15	30
新疆	Xinjiang	53.55	92.56	111.61	26	20.97	35.74	41.90	26

12-5 建筑业企业技术装备情况（一）
Number and Power of Machinery and Equipment Owned by Construction Enterprises (1)

地区	Region	施工机械设备总台数（万台） Number of Machinery and Equipment (10 000set)				施工机械设备总功率（万千瓦） Power of Machinery and Equipment (10 000 kw)			
		2010	2012	2013	2013排名 Ranking	2010	2012	2013	2013排名 Ranking
全　国	**National Total**	**1120.95**	**1015.73**	**1146.73**		**19386.4**	**24275.3**	**25424.0**	
北　京	Beijing	16.07	12.33	12.56	22	429.3	373.7	444.4	17
天　津	Tianjin	12.85	11.05	11.37	23	418.5	501.5	437.4	19
河　北	Hebei	96.69	54.56	86.97	4	1034.0	1470.8	1129.5	8
山　西	Shanxi	20.59	20.85	21.24	14	526.5	657.9	609.7	13
内蒙古	Inner Mongolia	9.41	10.99	10.47	24	207.6	244.1	249.2	26
辽　宁	Liaoning	37.09	43.61	42.00	10	948.6	1316.0	1765.7	3
吉　林	Jilin	7.07	7.52	7.70	26	163.6	488.3	253.6	25
黑龙江	Heilongjiang	14.33	13.46	13.45	21	327.8	312.5	283.5	23
上　海	Shanghai	17.28	15.99	15.97	18	362.0	370.9	402.1	20
江　苏	Jiangsu	143.18	166.30	182.76	1	3056.7	4006.4	4814.8	1
浙　江	Zhejiang	96.19	96.97	103.69	3	1591.4	1835.9	2037.1	2
安　徽	Anhui	41.55	44.67	49.03	9	663.5	913.2	1115.1	10
福　建	Fujian	28.48	29.36	29.66	12	577.5	636.5	721.2	12
江　西	Jiangxi	18.56	16.19	18.18	16	261.2	398.1	443.1	18
山　东	Shandong	74.87	73.43	75.80	6	1519.6	1651.1	1706.0	4
河　南	Henan	70.99	81.89	80.11	5	1267.5	1660.0	1634.7	5
湖　北	Hubei	54.24	55.70	127.89	2	1291.9	1457.2	1420.2	6
湖　南	Hunan	52.06	44.97	54.96	8	841.3	999.8	1206.3	7
广　东	Guangdong	62.42	66.69	55.42	7	877.4	1406.7	1124.8	9
广　西	Guangxi	18.12	15.16	16.22	17	290.6	255.9	280.0	24
海　南	Hainan	0.92	0.71	0.84	30	23.2	15.1	18.0	30
重　庆	Chongqing	17.75	18.25	18.66	15	337.3	461.0	461.2	16
四　川	Sichuan	29.51	31.01	31.37	11	681.5	774.4	794.6	11
贵　州	Guizhou	7.97	6.76	6.62	27	142.8	143.4	179.0	27
云　南	Yunnan	15.15	18.25	15.74	20	289.8	724.2	511.7	15
西　藏	Tibet	0.61	0.36	0.41	31	25.5	45.2	12.3	31
陕　西	Shaanxi	21.00	22.10	26.58	13	598.5	492.1	564.8	14
甘　肃	Gansu	14.80	21.56	15.83	19	245.8	270.0	341.5	21
青　海	Qinghai	108.16	2.45	2.61	29	67.0	74.4	76.3	28
宁　夏	Ningxia	3.32	3.42	3.04	28	80.3	76.9	73.1	29
新　疆	Xinjiang	9.75	9.17	9.56	25	238.1	242.1	312.9	22

12-6 建筑业企业技术装备情况（二）
Number and Power of Machinery and Equipment Owned by Construction Enterprises (2)

地区	Region	施工机械设备年末净值（亿元） Net Value of Machinery and Equipment（100 million yuan）				技术装备率（元/人） Value of Machines per Laborer (yuan/person)			
		2010	2012	2013	2013排名 Ranking	2010	2012	2013	2013排名 Ranking
全　国	**National Total**	**3971.99**	**5707.08**	**6094.17**		**9547**	**13374**	**13458**	
北　京	Beijing	98.75	101.31	107.81	18	16630	20899	22212	3
天　津	Tianjin	198.01	294.17	173.31	13	41391	91231	50564	2
河　北	Hebei	181.01	187.21	181.70	10	14090	13915	15617	10
山　西	Shanxi	109.87	121.11	123.24	16	14618	18275	19541	4
内蒙古	Inner Mongolia	50.41	60.73	53.33	24	11572	16565	13548	13
辽　宁	Liaoning	192.41	232.47	258.89	9	11657	11658	13346	14
吉　林	Jilin	44.26	69.91	56.97	22	10798	13158	12194	19
黑龙江	Heilongjiang	74.99	80.47	77.00	21	13347	16342	17830	5
上　海	Shanghai	144.42	153.11	128.37	15	15087	17453	16217	9
江　苏	Jiangsu	507.20	1552.95	718.37	2	8575	21004	9420	23
浙　江	Zhejiang	364.84	433.54	455.53	3	6446	6766	6679	27
安　徽	Anhui	146.62	167.64	176.93	12	9290	9884	10022	22
福　建	Fujian	115.30	134.57	156.75	14	6231	7260	6925	26
江　西	Jiangxi	56.75	76.60	96.03	20	6614	7141	7410	25
山　东	Shandong	256.22	313.19	333.79	5	8152	11290	11777	21
河　南	Henan	238.91	267.17	287.07	8	10168	11783	12134	20
湖　北	Hubei	231.86	336.68	331.88	6	14909	19754	17594	6
湖　南	Hunan	139.60	140.24	178.95	11	9286	11812	12994	17
广　东	Guangdong	223.34	281.29	307.59	7	11864	14766	15085	11
广　西	Guangxi	41.79	45.62	50.31	25	7083	6806	6600	28
海　南	Hainan	3.38	3.45	3.12	31	3069	5846	3996	31
重　庆	Chongqing	84.71	95.18	100.48	19	6085	6756	5906	30
四　川	Sichuan	144.79	175.28	336.25	4	4745	8008	13587	12
贵　州	Guizhou	27.82	24.59	26.28	27	8239	6925	6273	29
云　南	Yunnan	74.10	110.77	1123.11	1	9913	14798	134362	1
西　藏	Tibet	6.10	4.17	4.20	30	13581	11632	16600	7
陕　西	Shaanxi	104.79	109.13	117.17	17	10011	13705	13125	16
甘　肃	Gansu	35.62	58.99	53.44	23	7864	10514	8862	24
青　海	Qinghai	20.51	18.93	18.00	28	23034	16128	16514	8
宁　夏	Ningxia	15.28	13.59	14.57	29	15756	15144	13224	15
新　疆	Xinjiang	38.32	43.04	43.73	26	16980	14202	12447	18

12-7 建筑业企业收入情况（一）
Income Situation of Construction Enterprises (1)

单位：亿元 （100 million yuan）

地区	Region	建筑业企业主营业务收入 Revenue from Principal Business				建筑业企业其他业务收入 Revenue from Other Businesses			
		2010	2012	2013	2013排名 Ranking	2010	2012	2013	2013排名 Ranking
全　国	**National Total**	**92196.4**	**128761.7**	**151098.1**		**1440.2**	**1421.2**	**1368.0**	
北　京	Beijing	6483.3	8051.4	9325.9	3	128.2	68.1	67.1	7
天　津	Tianjin	2646.9	3405.5	4019.6	16	52.1	25.7	26.2	17
河　北	Hebei	2972.8	4307.8	4710.0	13	90.7	68.4	86.0	6
山　西	Shanxi	2123.9	2542.5	2986.5	19	33.4	52.8	63.7	8
内蒙古	Inner Mongolia	1112.5	1422.5	1564.8	26	22.6	8.4	8.8	27
辽　宁	Liaoning	4420.9	6854.2	7763.1	7	34.0	60.4	34.7	14
吉　林	Jilin	1282.1	1837.4	2058.8	22	21.1	28.3	21.0	22
黑龙江	Heilongjiang	1594.6	2099.9	1827.7	24	13.7	13.8	11.5	25
上　海	Shanghai	4871.7	5879.1	6398.2	10	62.9	49.2	56.8	10
江　苏	Jiangsu	10103.5	15215.2	18217.7	1	218.1	265.3	187.6	1
浙　江	Zhejiang	10285.3	14123.3	16351.5	2	73.6	94.6	111.1	2
安　徽	Anhui	2716.4	3741.8	4373.4	15	37.9	54.6	49.1	11
福　建	Fujian	2680.4	4082.5	5014.9	11	14.3	17.5	21.8	20
江　西	Jiangxi	1354.0	2535.5	3288.3	18	10.2	14.3	21.8	21
山　东	Shandong	5170.9	6795.7	8023.4	6	114.0	112.5	100.2	3
河　南	Henan	4185.6	5839.2	6827.9	8	34.0	45.0	43.5	13
湖　北	Hubei	4449.4	7011.6	8384.0	5	204.2	71.3	94.9	4
湖　南	Hunan	2995.8	4076.9	4919.1	12	12.3	22.0	23.4	19
广　东	Guangdong	5487.5	7203.3	8913.0	4	82.9	68.9	57.7	9
广　西	Guangxi	1170.8	1645.8	2047.5	23	11.8	28.6	18.9	23
海　南	Hainan	175.2	266.5	275.5	30	0.2	2.1	4.2	29
重　庆	Chongqing	2430.4	3830.7	4571.8	14	23.3	19.8	27.9	16
四　川	Sichuan	3959.8	5617.7	6551.3	9	49.3	113.2	91.5	5
贵　州	Guizhou	637.0	1002.9	1279.2	27	9.5	10.1	9.7	26
云　南	Yunnan	1392.4	2088.8	2555.4	20	22.7	36.6	44.1	12
西　藏	Tibet	118.0	85.5	69.2	31	0.9	0.8	0.7	31
陕　西	Shaanxi	3085.6	3355.1	4010.3	17	19.1	13.0	15.6	24
甘　肃	Gansu	696.9	1306.4	1626.0	25	11.0	18.6	23.9	18
青　海	Qinghai	275.1	365.3	444.5	29	3.8	6.4	3.9	30
宁　夏	Ningxia	362.8	477.1	582.6	28	4.6	4.2	7.5	28
新　疆	Xinjiang	954.8	1694.6	2117.0	21	23.6	26.7	33.1	15

12-8 建筑业企业收入情况（二）
Income Situation of Construction Enterprises (2)

单位：亿元 （100 million yuan）

地区	Region	主营业务成本 Costs of Principal Business				主营业务税金及附加 Tax and Extra Charges on Project Settlement Accounts			
		2010	2012	2013	2013排名 Ranking	2010	2012	2013	2013排名 Ranking
全　国	**National Total**	**81929.5**	**113752.0**	**132772.0**		**3192.7**	**4190.5**	**4988.7**	
北　京	Beijing	5956.3	7356.0	8498.8	3	169.5	204.0	229.8	8
天　津	Tianjin	2407.8	3058.2	3530.8	17	75.6	95.8	109.6	18
河　北	Hebei	2659.3	3826.7	4118.5	13	101.9	140.2	153.6	14
山　西	Shanxi	1913.3	2265.1	2666.4	19	68.2	78.8	88.5	20
内蒙古	Inner Mongolia	923.4	1141.1	1289.8	26	45.4	50.0	57.2	25
辽　宁	Liaoning	3847.1	5925.2	6592.4	7	155.4	231.2	263.3	5
吉　林	Jilin	1127.4	1576.2	1718.7	23	45.6	63.3	69.2	22
黑龙江	Heilongjiang	1369.6	1886.8	1586.6	24	114.4	67.3	59.7	24
上　海	Shanghai	4432.9	5298.2	5805.6	9	134.9	152.2	163.8	12
江　苏	Jiangsu	8791.0	13297.9	15948.4	1	357.4	530.6	638.8	1
浙　江	Zhejiang	9291.9	12737.9	14741.7	2	351.5	474.8	553.8	2
安　徽	Anhui	2393.5	3259.7	3757.0	15	104.4	149.2	145.9	15
福　建	Fujian	2396.8	3635.6	4451.4	11	99.7	118.0	185.1	11
江　西	Jiangxi	1190.0	2234.3	2901.2	18	57.0	90.1	115.5	17
山　东	Shandong	4478.5	5906.3	6932.4	6	175.4	215.2	262.0	6
河　南	Henan	3654.3	5112.6	5864.1	8	151.3	192.5	237.3	7
湖　北	Hubei	3920.7	6107.7	7271.8	5	148.3	244.6	315.7	3
湖　南	Hunan	2667.4	3555.3	4292.8	12	119.5	151.3	192.1	10
广　东	Guangdong	4905.3	6362.1	7844.7	4	179.5	223.5	273.5	4
广　西	Guangxi	1060.2	1462.4	1839.7	22	42.3	56.1	69.5	21
海　南	Hainan	161.6	236.8	246.0	30	5.2	8.5	9.3	30
重　庆	Chongqing	2129.7	3372.9	3960.3	14	83.1	125.2	154.3	13
四　川	Sichuan	3495.1	4876.9	5675.8	10	142.4	189.2	219.0	9
贵　州	Guizhou	582.6	911.1	1143.8	27	22.7	34.6	47.4	27
云　南	Yunnan	1232.0	1827.8	2201.0	20	52.6	70.7	88.6	19
西　藏	Tibet	99.7	71.3	56.3	31	5.0	3.1	2.5	31
陕　西	Shaanxi	2785.7	3010.0	3566.2	16	105.5	104.8	131.2	16
甘　肃	Gansu	603.9	1137.0	1413.6	25	27.1	43.9	54.3	26
青　海	Qinghai	251.1	326.9	395.1	29	8.9	11.3	12.4	29
宁　夏	Ningxia	331.8	428.4	530.8	28	11.7	15.3	18.5	28
新　疆	Xinjiang	869.7	1547.6	1930.1	21	31.5	55.1	67.1	23

12-9 建筑业企业营业额
Turnover of Construction Enterprises

单位：亿元 （100 million yuan）

地区	Region	建筑业企业营业额 Turnover of Construction Enterprise				其中：在境外完成的营业额 Among Them: Complete Turnover in Overseas			
		2010	2012	2013	2013排名 Ranking	2010	2012	2013	2013排名 Ranking
全　国	**National Total**	**103516.44**	**154517.06**	**208068.17**		**2784.85**	**3127.10**	**3479.99**	
北　京	Beijing	6672.48	7721.47	9273.91	6	1088.81	743.47	939.78	1
天　津	Tianjin	2699.45	3529.32	3984.84	17	113.60	102.53	98.31	11
河　北	Hebei	3435.76	5148.20	5542.19	11	57.98	28.97	46.23	17
山　西	Shanxi	2256.69	2795.80	3154.41	19	30.08	24.46	20.99	24
内蒙古	Inner Mongolia	1226.74	1517.78	1607.37	26	17.77	9.66	18.06	25
辽　宁	Liaoning	4817.55	7726.87	9455.29	3	40.51	87.49	50.18	16
吉　林	Jilin	1357.56	2056.32	2282.66	23	0.62	21.33	25.71	23
黑龙江	Heilongjiang	1855.70	2525.96	2628.72	21	55.92	75.42	56.97	15
上　海	Shanghai	4991.16	5784.00	6195.22	10	77.89	117.56	99.04	9
江　苏	Jiangsu	13278.84	21889.22	58824.89	1	81.13	368.67	445.46	2
浙　江	Zhejiang	12411.87	17746.28	20702.76	2	114.33	76.22	66.56	14
安　徽	Anhui	2987.44	4457.07	5308.50	14	43.29	104.08	165.91	5
福　建	Fujian	2984.49	4499.53	5536.62	12	27.71	24.83	28.55	21
江　西	Jiangxi	1771.39	2924.44	3613.32	18	35.30	47.10	44.04	19
山　东	Shandong	6136.09	8320.64	9426.15	4	260.16	244.86	240.77	4
河　南	Henan	4747.86	6335.56	7540.25	9	126.26	116.03	120.21	7
湖　北	Hubei	4845.92	7856.10	9324.60	5	198.66	269.27	328.11	3
湖　南	Hunan	3307.99	4578.97	5475.88	13	79.49	101.63	106.90	8
广　东	Guangdong	5071.34	6871.98	8374.50	7	61.00	91.35	98.48	10
广　西	Guangxi	1345.31	1942.67	2399.97	22	29.61	14.00	32.05	20
海　南	Hainan	204.64	287.83	305.16	30			1.16	29
重　庆	Chongqing	2634.51	4145.25	4990.25	15	6.25	43.98	27.51	22
四　川	Sichuan	4399.72	6668.50	7981.48	8	85.16	162.99	157.70	6
贵　州	Guizhou	641.45	1055.48	1398.46	27	8.47	4.63	7.69	28
云　南	Yunnan	1649.35	2542.07	3096.37	20	45.74	74.48	95.67	12
西　藏	Tibet	122.57	92.57	82.15	31		0.52	0.19	30
陕　西	Shaanxi	3147.46	3806.37	4310.79	16	45.01	89.59	83.56	13
甘　肃	Gansu	781.16	7050.37	1952.02	25	12.22	8.57	15.74	26
青　海	Qinghai	351.86	401.12	445.33	29	9.97	20.72	13.89	27
宁　夏	Ningxia	348.95	476.05	580.77	28			0.17	31
新　疆	Xinjiang	1033.17	1763.28	2273.32	24	31.89	52.72	44.41	18

12-10 建筑业企业费用情况
Cost of Construction Enterprises

单位：亿元 （100 million yuan）

地区	Region	管理费用 Administrative Expenses				财务费用 Finance Charges			
		2010	2012	2013	2013排名 Ranking	2010	2012	2013	2013排名 Ranking
全国	**National Total**	**2960.10**	**4240.77**	**4750.89**		**437.02**	**863.50**	**1034.58**	
北京	Beijing	230.82	300.40	324.82	3	20.32	45.61	57.69	6
天津	Tianjin	89.18	126.15	136.60	14	14.55	25.00	31.27	11
河北	Hebei	90.40	125.64	137.80	13	13.57	24.52	26.16	14
山西	Shanxi	89.18	120.66	124.76	18	5.49	15.21	16.83	20
内蒙古	Inner Mongolia	40.01	51.97	56.46	26	8.07	14.41	17.74	19
辽宁	Liaoning	175.74	282.98	302.82	4	15.59	33.34	41.77	9
吉林	Jilin	46.34	59.49	69.11	22	3.88	7.77	12.11	24
黑龙江	Heilongjiang	52.76	76.31	72.30	21	4.94	6.04	7.91	27
上海	Shanghai	165.93	213.17	235.33	9	14.00	31.38	31.03	12
江苏	Jiangsu	343.89	484.24	533.23	1	56.13	123.06	144.09	1
浙江	Zhejiang	218.54	298.65	328.72	2	61.98	110.92	121.00	2
安徽	Anhui	91.93	117.61	135.42	15	10.23	22.16	25.76	15
福建	Fujian	71.84	107.86	134.99	16	7.01	14.16	18.34	18
江西	Jiangxi	37.12	70.78	83.78	19	6.92	10.37	14.32	22
山东	Shandong	183.36	240.33	265.95	7	38.42	49.85	58.24	5
河南	Henan	141.78	205.84	244.49	8	19.76	35.57	52.34	8
湖北	Hubei	163.97	275.44	288.95	6	28.93	59.26	59.18	4
湖南	Hunan	83.44	122.52	157.87	11	13.47	21.86	26.30	13
广东	Guangdong	187.38	247.18	299.45	5	17.90	61.53	73.48	3
广西	Guangxi	37.48	51.81	61.28	23	3.95	11.81	15.38	21
海南	Hainan	2.83	5.62	6.20	30	0.01	0.14	0.37	30
重庆	Chongqing	69.40	108.43	139.25	12	12.23	29.59	40.92	10
四川	Sichuan	118.18	192.71	216.89	10	21.97	46.07	55.56	7
贵州	Guizhou	19.52	30.40	32.49	27	2.70	6.67	9.95	26
云南	Yunnan	47.01	72.16	83.45	20	9.28	19.18	25.51	16
西藏	Tibet	3.49	5.03	4.05	31	0.35	0.38	0.33	31
陕西	Shaanxi	81.74	114.39	125.87	17	14.82	16.71	20.40	17
甘肃	Gansu	25.24	52.13	58.33	24	5.09	9.40	13.16	23
青海	Qinghai	7.30	15.31	16.40	29	0.85	1.26	2.17	29
宁夏	Ningxia	10.13	15.87	16.70	28	1.64	3.51	4.97	28
新疆	Xinjiang	34.19	49.70	57.12	25	2.98	6.76	10.30	25

12-11 建筑业企业应收工程款及企业亏损情况
Payment Receivable and Loss Case of Construction Enterprises

单位：亿元　　　　（100 million yuan）

地区	Region	建筑业企业应收工程款 Payment Receivable				亏损企业的比重（%） Proportion of Loss-making Enterprise			
		2010	2012	2013	2013排名 Ranking	2010	2012	2013	2013排名 Ranking
全　国	**National Total**	**13898.77**	**22350.76**	**26317.21**		**10.90**	**12.20**	**12.00**	
北　京	Beijing	1113.44	1567.44	1660.51	4	22.20	20.90	20.20	5
天　津	Tianjin	462.71	846.73	1043.14	9	15.50	18.40	15.40	13
河　北	Hebei	509.62	806.22	998.94	10	9.50	10.50	11.50	22
山　西	Shanxi	471.01	831.58	890.68	12	17.20	19.40	19.00	7
内蒙古	Inner Mongolia	217.24	329.38	476.97	21	3.60	9.90	12.70	16
辽　宁	Liaoning	697.87	1114.12	1288.43	6	11.60	10.70	12.70	16
吉　林	Jilin	213.46	678.50	554.01	18	9.30	14.00	15.00	14
黑龙江	Heilongjiang	236.31	345.01	412.79	22	19.70	19.60	22.20	3
上　海	Shanghai	891.70	120.75	1257.05	7	16.20	18.60	18.90	8
江　苏	Jiangsu	1474.56	3040.83	3568.24	1	4.30	5.00	4.80	31
浙　江	Zhejiang	1037.08	1465.25	1711.35	3	6.70	10.00	10.00	24
安　徽	Anhui	406.11	670.64	819.81	15	9.10	9.20	8.90	25
福　建	Fujian	272.40	374.38	486.20	20	9.90	11.60	11.40	23
江　西	Jiangxi	118.61	232.21	353.48	24	7.30	8.80	7.20	30
山　东	Shandong	1211.68	1691.79	2105.49	2	7.50	10.30	8.80	26
河　南	Henan	280.92	615.47	843.80	14	7.20	7.90	7.50	29
湖　北	Hubei	599.86	1059.40	1184.49	8	8.30	9.30	8.50	27
湖　南	Hunan	379.42	526.93	598.53	17	8.20	9.10	8.00	28
广　东	Guangdong	759.52	1168.82	1490.53	5	15.80	16.90	15.50	12
广　西	Guangxi	132.29	189.01	213.78	27	20.80	20.80	20.30	4
海　南	Hainan	12.82	22.88	30.63	30	3.80	12.50	18.80	9
重　庆	Chongqing	326.83	691.12	883.61	13	10.30	14.10	11.60	21
四　川	Sichuan	524.92	796.66	976.63	11	9.60	10.40	12.30	19
贵　州	Guizhou	105.71	180.44	232.03	26	20.70	20.60	18.60	10
云　南	Yunnan	336.99	431.65	542.25	19	16.50	14.90	14.90	15
西　藏	Tibet	16.13	23.34	21.96	31	4.60	21.10	11.90	20
陕　西	Shaanxi	626.26	600.43	717.10	16	5.70	13.80	12.40	18
甘　肃	Gansu	143.84	304.02	339.96	25	15.70	14.40	15.80	11
青　海	Qinghai	43.39	74.82	79.33	29	35.20	29.40	30.60	1
宁　夏	Ningxia	89.44	130.23	154.74	28	18.60	17.70	19.10	6
新　疆	Xinjiang	186.65	310.73	380.77	23	25.20	21.40	23.40	2

12-12 建筑业企业房屋建筑面积
Floor Space of Buildings Constructed by Construction Enterprises

单位：万平方米 (10 000 sq.m)

地区	Region	建筑业施工面积 Floor Space under Construction				建筑业竣工面积 Floor Space Completed			
		2010	2012	2013	2013排名 Ranking	2010	2012	2013	2013排名 Ranking
全 国	**National Total**	**708024**	**986427**	**1129968**		**277450**	**358736**	**389245**	
北 京	Beijing	29440	41660	48791	6	5933	8406	8213	15
天 津	Tianjin	7564	12485	12791	22	2419	2877	3395	26
河 北	Hebei	23471	35270	35848	13	9101	12420	12336	12
山 西	Shanxi	7290	10991	12869	21	2585	3162	3498	25
内蒙古	Inner Mongolia	7578	10551	8906	26	3805	3659	3625	24
辽 宁	Liaoning	26807	40050	44280	9	13003	17465	18738	5
吉 林	Jilin	5901	13133	12203	23	4273	6027	6325	17
黑龙江	Heilongjiang	7171	8563	8085	27	3620	4341	4116	22
上 海	Shanghai	22997	27962	29149	15	6217	6476	6274	18
江 苏	Jiangsu	119036	166779	192982	1	48560	61242	67932	1
浙 江	Zhejiang	123587	166969	185443	2	45099	55468	60569	2
安 徽	Anhui	23296	33336	37117	12	10512	13346	14257	9
福 建	Fujian	28407	41822	48510	7	9096	12344	13187	11
江 西	Jiangxi	13670	18889	24897	16	6488	10149	11884	14
山 东	Shandong	44829	56902	64055	3	19180	21527	22635	3
河 南	Henan	28677	38329	43423	10	13156	16398	17244	7
湖 北	Hubei	25047	39114	47915	8	12813	20397	22076	4
湖 南	Hunan	27680	36412	43142	11	10537	13399	15528	8
广 东	Guangdong	33140	42432	53506	4	10164	13485	13324	10
广 西	Guangxi	10742	15077	18198	18	4094	5029	5815	20
海 南	Hainan	1430	2281	2192	29	509	812	908	29
重 庆	Chongqing	19489	26270	29746	14	8292	11602	12184	13
四 川	Sichuan	29441	38551	49383	5	12086	15750	18294	6
贵 州	Guizhou	5756	8258	12174	24	1350	1863	2450	27
云 南	Yunnan	8872	13374	15650	19	4393	5919	6446	16
西 藏	Tibet	272	199	212	31	128	138	120	31
陕 西	Shaanxi	11491	17066	19250	17	3781	5387	6133	19
甘 肃	Gansu	5033	8166	10238	25	2014	3227	3751	23
青 海	Qinghai	693	774	1137	30	273	344	417	30
宁 夏	Ningxia	2597	3737	4666	28	1076	1524	1928	28
新 疆	Xinjiang	6620	11026	13211	20	2891	4554	5640	21

13

运输和邮电

Transport, Postal and Telecommunication Services

13-1 交通运输和邮政业就业人员（一）
Number of Employed Persons in Transport and Post at Year-end (1)

单位：人 (person)

地区	Region	交通运输和邮政业就业人员合计 Total number of Employed Persons				其中：铁路运输业 Railway Transport			
		2010	2012	2013	2013排名 Ranking	2010	2012	2013	2013排名 Ranking
全国	**National Total**	**4937171**	**6401313**	**8137138**		**1756385**	**1793267**	**1796382**	
北京	Beijing	278660	565636	579381	2	116901	114534	99577	6
天津	Tianjin	92056	128018	124125	25	19804	27381	21298	28
河北	Hebei	212911	234961	264184	11	60233	57197	51533	17
山西	Shanxi	178096	215847	227972	17	107817	110408	114927	4
内蒙古	Inner Mongolia	144157	163851	210539	19	92318	95616	108259	5
辽宁	Liaoning	253710	315615	364901	8	102274	118775	119040	3
吉林	Jilin	115048	133350	159372	24	69227	67513	68771	10
黑龙江	Heilongjiang	219521	237802	260747	12	118915	120954	139143	1
上海	Shanghai	189108	357027	461177	5	27223	30925	45222	18
江苏	Jiangsu	260603	298412	466203	4	61423	35325	23336	26
浙江	Zhejiang	196872	282126	301298	10	25788	28330	28105	24
安徽	Anhui	121312	157185	210967	18	37140	41733	42541	19
福建	Fujian	132004	181282	237947	16	33765	41037	40309	20
江西	Jiangxi	134045	124613	205805	21	64038	60757	61574	13
山东	Shandong	274927	362364	483676	3	70233	74684	82442	8
河南	Henan	228642	288223	412937	6	103114	116531	120139	2
湖北	Hubei	207653	236286	320589	9	88502	83437	83833	7
湖南	Hunan	178582	230840	240264	15	76653	77023	76901	9
广东	Guangdong	412839	591427	799661	1	60660	64067	27452	25
广西	Guangxi	158083	179426	206110	20	53163	56860	66108	11
海南	Hainan	39255	43405	53351	28	4253	4398	5034	30
重庆	Chongqing	118098	152253	256520	13	25009	25771	28535	23
四川	Sichuan	193069	229479	386487	7	54950	53426	60521	14
贵州	Guizhou	78473	87985	109901	27	29146	31290	31797	22
云南	Yunnan	117098	133464	164860	23	41108	37939	37662	21
西藏	Tibet	6291	29829	7000	31	162	49	67	31
陕西	Shaanxi	165354	174727	240870	14	101513	98615	65992	12
甘肃	Gansu	84978	99878	122142	26	45864	47346	51684	16
青海	Qinghai	26998	32916	46438	29	13108	14898	22259	27
宁夏	Ningxia	24265	72144	39772	30	12046	14464	16964	29
新疆	Xinjiang	94463	168018	171942	22	40035	41984	55357	15

注：2013年部分行业就业人员增加较多，系将原属于乡镇企业的规模以上法人单位纳入劳动工资统计范围所致。

Note: The new inclusion of the town and township enterprises above the designated size in the labour and wages statistics leads to large increases of employment in some industries in 2013.

13-2 交通运输和邮政业就业人员（二）
Number of Employed Persons in Transport and Post at Year-end (2)

单位：人 (person)

地区 Region		其中：道路运输业 Road Transport				其中：水上运输业 Water Transport			
		2010	2012	2013	2013排名 Ranking	2010	2012	2013	2013排名 Ranking
全　国	**National Total**	**1616625**	**2778125**	**3806122**		**444930**	**447050**	**483428**	
北　京	Beijing	51532	269366	273618	2	95	205	324	23
天　津	Tianjin	17526	50326	51413	26	23780	24213	21192	8
河　北	Hebei	90642	114234	138157	12	26909	27100	25568	7
山　西	Shanxi	45638	76692	82492	20	42	43	74	26
内蒙古	Inner Mongolia	33012	44885	73428	22	178	32	31	28
辽　宁	Liaoning	65815	96900	142378	11	31549	48823	39223	5
吉　林	Jilin	26025	44849	60989	24	181	811	831	21
黑龙江	Heilongjiang	64412	77338	76624	21	3235	2748	3103	19
上　海	Shanghai	24698	174277	202798	6	55668	55143	50539	4
江　苏	Jiangsu	81189	138456	239597	3	58536	49049	78329	1
浙　江	Zhejiang	89728	151953	159724	9	22970	25954	26480	6
安　徽	Anhui	51578	78565	112095	14	8283	10393	14613	12
福　建	Fujian	41650	76966	105271	16	12716	13245	14927	10
江　西	Jiangxi	48205	43973	106077	15	3475	2815	7894	15
山　东	Shandong	104576	164478	234278	4	50869	54572	70405	2
河　南	Henan	93380	135835	234278	4	1386	2104	5768	16
湖　北	Hubei	62321	97426	145880	10	18351	12860	15757	9
湖　南	Hunan	62099	98687	103424	17	4368	4374	4761	18
广　东	Guangdong	171423	301012	380485	1	72695	67255	60106	3
广　西	Guangxi	59559	77093	82659	19	16439	12972	10430	14
海　南	Hainan	11895	15754	19638	28	4969	4644	5076	17
重　庆	Chongqing	49304	76734	165898	8	21585	11002	14884	11
四　川	Sichuan	78388	115329	195737	7	4665	15361	10915	13
贵　州	Guizhou	25472	36248	54795	25	1212	791	1142	20
云　南	Yunnan	44379	56271	72439	23	504	401	716	22
西　藏	Tibet	2840	3790	4660	31	24	24000		
陕　西	Shaanxi	45847	52185	117312	13	139	93	210	24
甘　肃	Gansu	28393	38077	50523	27	60	47	46	27
青　海	Qinghai	9204	14545	18818	29			4	29
宁　夏	Ningxia	8188	14237	15857	30	47	37060	80	25
新　疆	Xinjiang	27707	41644	84780	18		46016		

13-3 交通运输和邮政业就业人员（三）
Number of Employed Persons in Transport and Post at Year-end (3)

单位：人 (person)

地区	Region	其中：航空运输业 Air Transport 2010	2012	2013	2013排名 Ranking	其中：管道运输业 Pipeline Transport 2010	2012	2013	2013排名 Ranking
全国	National Total	272023	376100	494397		27341	39762	37704	
北京	Beijing	37309	62527	66653	2	2325	2715	5947	2
天津	Tianjin	3868	7246	8236	16	216	233	235	17
河北	Hebei	1943	1795	3306	27	1694	1586	567	13
山西	Shanxi	3373	4853	5196	23		322	423	14
内蒙古	Inner Mongolia	3746	4022	4076	26				
辽宁	Liaoning	9949	18499	19150	5	2418	3749	3839	3
吉林	Jilin	4700	5286	5379	21	1245	1157	1117	8
黑龙江	Heilongjiang	4188	6102	6733	19	521	847	767	11
上海	Shanghai	36763	57671	60843	3		167	1454	7
江苏	Jiangsu	8574	10292	13368	10	11291	15411	10381	1
浙江	Zhejiang	8385	10279	10887	13		61	106	19
安徽	Anhui	2601	2968	4116	25				
福建	Fujian	11707	13457	15234	7		913	12	24
江西	Jiangxi	2587	914	4844	24		603	808	9
山东	Shandong	11033	14714	14113	9	1507	2446	3547	4
河南	Henan	281	7234	7795	17		457	74	20
湖北	Hubei	5853	7438	9137	15	1035	940	788	10
湖南	Hunan	3954	8343	7463	18	124	88	169	18
广东	Guangdong	44182	49202	109755	1	176	251	319	16
广西	Guangxi	4140	6173	5229	22		92	72	21
海南	Hainan	9634	13194	14198	8			30	23
重庆	Chongqing	7093	8993	10384	14	1027	74		
四川	Sichuan	17673	11635	35328	4	735	746	618	12
贵州	Guizhou	4043	4608	6018	20				
云南	Yunnan	11519	16161	18525	6	222	380	372	15
西藏	Tibet	870	19	372	31				
陕西	Shaanxi	604	8667	12228	11	2066	1183	2661	6
甘肃	Gansu	1153		1642	29			51	22
青海	Qinghai	162	186	1277	30	549			
宁夏	Ningxia	1253	1705	1710	28				
新疆	Xinjiang	8883	11917	11202	12	190	5341	3347	5

13-4 交通运输和邮政业就业人员（四）
Number of Employed Persons in Transport and Post at Year-end (4)

单位：人 (person)

地区	Region	其中：装卸搬运和运输代理业 Loading,Unloading and Forwarding Agency				其中：邮政业 Post			
		2010	2012	2013	2013排名 Ranking	2010	2012	2013	2013排名 Ranking
全　国	**National Total**	**285980**	**288400**	**442510**		**533887**	**678609**	**1076595**	
北　京	Beijing	32614	49574	51056	3	37884	66715	82206	2
天　津	Tianjin	23111	11502	13272	11	3751	7117	8479	27
河　北	Hebei	4152	4448	11742	12	27338	28601	33311	11
山　西	Shanxi	4455	3630	2411	25	16771	19899	22449	20
内蒙古	Inner Mongolia	1659	4887	1644	26	13244	14409	23101	19
辽　宁	Liaoning	22876	9348	17867	8	18829	19521	23404	18
吉　林	Jilin	1862	1376	1384	27	11808	12358	20901	22
黑龙江	Heilongjiang	6706	4081	4177	20	21544	25732	30200	15
上　海	Shanghai	18208	17596	67921	1	26548	21248	32400	13
江　苏	Jiangsu	8714	12493	36773	4	30876	37386	64419	4
浙　江	Zhejiang	16084	20304	20930	7	33917	45245	55066	5
安　徽	Anhui	3539	2102	5327	18	18171	21424	32275	14
福　建	Fujian	13263	16720	29352	5	18903	18944	32842	12
江　西	Jiangxi	2341	1480	3030	23	13399	14071	21578	21
山　东	Shandong	12770	25590	25688	6	23939	25880	53203	7
河　南	Henan	7023	10394	10929	14	23458	15668	33954	10
湖　北	Hubei	13801	10124	11010	13	17790	24061	54184	6
湖　南	Hunan	13100	12256	8273	16	18284	30069	39273	8
广　东	Guangdong	28095	25672	54503	2	35608	83968	167041	1
广　西	Guangxi	7972	7657	14361	10	16810	18579	27251	17
海　南	Hainan	5296	1282	4615	19	3208	4133	4760	28
重　庆	Chongqing	3112	2349	7192	17	10968	27330	29627	16
四　川	Sichuan	11679	7164	9365	15	24979	25818	74003	3
贵　州	Guizhou	5144	2576	3892	21	13456	12472	12257	26
云　南	Yunnan	6900	8547	17704	9	12466	13765	17442	23
西　藏	Tibet					2395	1971	1901	31
陕　西	Shaanxi	2688	722	3410	22	12497	13262	39057	9
甘　肃	Gansu	84	3829	1057	28	9424	10579	17139	24
青　海	Qinghai	1744	634	247	30	2231	2653	3833	30
宁　夏	Ningxia	719	891	450	29	2012	3787	4711	29
新　疆	Xinjiang	6269	9172	2928	24	11379	11944	14328	25

13-5 运输线路长度（一）
Length of Transport Routes at Year-end (1)

单位：公里 (km)

地区 Region		铁路营业里程 Length of Railways in Operation				内河航道里程 Length of Navigable Inland Waterways			
		2010	2012	2013	2013排名 Ranking	2010	2012	2013	2013排名 Ranking
全 国	**National Total**	**91178.5**	**97625.5**	**103144.6**		**124241.8**	**124994.6**	**125853.0**	
北 京	Beijing	1169.4	1276.3	1276.7	27				
天 津	Tianjin	781.5	867.7	963.4	28	88.5	88.5	88.5	27
河 北	Hebei	4916.4	5630.3	6255.5	2				
山 西	Shanxi	3752.4	3774.5	3786.4	13	467.1	467.1	467.1	23
内蒙古	Inner Mongolia	8947.1	9474.3	10203.3	1	2402.8	2402.8	2402.8	15
辽 宁	Liaoning	4278.6	5006.4	5104.4	4	413.0	413.0	413.0	24
吉 林	Jilin	4024.4	4398.4	4397.2	8	1456.3	1456.3	1456.3	17
黑龙江	Heilongjiang	5785.0	6021.8	6021.8	3	5097.5	5097.5	5097.5	10
上 海	Shanghai	422.4	465.9	465.0	31	2226.1	2280.6	2267.6	16
江 苏	Jiangsu	1921.2	2354.6	2599.7	20	24228.1	24270.1	24332.6	1
浙 江	Zhejiang	1774.6	1779.1	2044.5	23	9703.3	9735.1	9743.1	5
安 徽	Anhui	2849.9	3259.8	3513.1	15	5595.7	5622.9	5641.7	7
福 建	Fujian	2111.4	2255.1	2747.8	18	3245.3	3245.3	3245.3	14
江 西	Jiangxi	2834.5	2834.5	3084.3	17	5637.9	5637.9	5637.9	8
山 东	Shandong	3833.4	4288.1	4288.1	9	1150.2	1144.2	1117.3	19
河 南	Henan	4282.0	4890.4	4890.4	5	1266.7	1266.7	1266.7	18
湖 北	Hubei	3360.3	3814.4	3929.5	12	8259.9	8270.6	8270.6	6
湖 南	Hunan	3695.1	3828.4	4026.6	10	11495.4	11495.4	11496.4	3
广 东	Guangdong	2726.9	2846.1	3471.7	16	11843.7	12096.7	12096.7	2
广 西	Guangxi	3205.0	3194.5	4013.4	11	5432.5	5478.8	5478.2	9
海 南	Hainan	693.7	693.7	693.7	29	343.0	343.0	343.0	25
重 庆	Chongqing	1396.2	1451.7	1680.1	25	4331.5	4331.5	4331.5	11
四 川	Sichuan	3549.2	3533.5	3539.4	14	10720.4	10720.4	10720.4	4
贵 州	Guizhou	2001.9	2057.8	2093.1	22	3442.3	3442.3	3649.2	12
云 南	Yunnan	2473.4	2619.4	2618.8	19	2877.2	3157.6	3551.0	13
西 藏	Tibet	531.5	531.5	531.5	30				
陕 西	Shaanxi	4079.0	4093.5	4421.1	7	1065.7	1065.7	1065.7	20
甘 肃	Gansu	2441.4	2487.1	2595.9	21	913.8	913.8	913.8	21
青 海	Qinghai	1863.3	1857.6	1857.6	24	421.1	421.1	629.4	22
宁 夏	Ningxia	1248.4	1289.5	1289.5	26	116.9	129.9	129.9	26
新 疆	Xinjiang	4228.8	4749.7	4741.3	6				

13-6 运输线路长度（二）
Length of Transport Routes at Year-end (2)

单位：公里 (km)

地区	Region	公路里程 Total Length of Highways 2010	2012	2013	2013排名 Ranking	其中：高速 Express way 2010	2012	2013	2013排名 Ranking
全　国	**National Total**	**4008229**	**4237508**	**4356218**		**74113**	**96200**	**104438**	
北　京	Beijing	21114	21492	21673	29	903	923	923	28
天　津	Tianjin	14832	15391	15718	30	982	1103	1103	27
河　北	Hebei	154344	163045	174492	8	4307	5069	5619	3
山　西	Shanxi	131644	137771	139434	17	3003	5011	5011	6
内蒙古	Inner Mongolia	157994	163763	167515	12	2365	3110	4080	13
辽　宁	Liaoning	101545	105562	110973	22	3056	3912	4023	14
吉　林	Jilin	90437	93208	94191	24	1850	2252	2299	24
黑龙江	Heilongjiang	151945	159063	160206	14	1357	4084	4084	12
上　海	Shanghai	11974	12541	12633	31	775	806	815	29
江　苏	Jiangsu	150307	154118	156094	15	4059	4371	4443	8
浙　江	Zhejiang	110177	113550	115426	20	3383	3618	3787	16
安　徽	Anhui	149382	165157	173763	9	2925	3210	3521	17
福　建	Fujian	91015	94661	99535	23	2351	3372	3935	15
江　西	Jiangxi	140597	150595	152067	16	3051	4229	4303	11
山　东	Shandong	229859	244586	252786	2	4285	4975	4994	7
河　南	Henan	245089	249649	249831	3	5016	5830	5859	1
湖　北	Hubei	206211	218151	226912	5	3674	4006	4333	10
湖　南	Hunan	227998	234040	235392	4	2386	3957	5080	4
广　东	Guangdong	190144	194943	202915	7	4839	5524	5703	2
广　西	Guangxi	101782	107906	111384	21	2574	2883	3305	18
海　南	Hainan	21236	24265	24852	28	660	757	757	30
重　庆	Chongqing	116949	120728	122846	19	1861	1909	2312	23
四　川	Sichuan	266082	293499	301816	1	2682	4334	5046	5
贵　州	Guizhou	151644	164542	172564	10	1507	2630	3284	19
云　南	Yunnan	209231	219052	222940	6	2630	2943	3200	20
西　藏	Tibet	60810	65198	70591	25				
陕　西	Shaanxi	147461	161411	165249	13	3403	4083	4363	9
甘　肃	Gansu	118879	131201	133597	18	1993	2549	2953	21
青　海	Qinghai	62185	65988	70117	26	235	1148	1228	26
宁　夏	Ningxia	22518	26522	28554	27	1159	1324	1344	25
新　疆	Xinjiang	152843	165909	170155	11	843	2277	2728	22

13-7 客运量（一）
Passenger Traffic Volume (1)

单位：万人 (10 000 persons)

地区	Region	客运总量 Total Passenger Traffic				铁路客运量 Railways Passenger Traffic			
		2010	2012	2013	2013排名 Ranking	2010	2012	2013	2013排名 Ranking
全　国	**National Total**	**3269508**	**3804035**	**2122992**		**167609**	**189337**	**210597**	
北　京	Beijing	135045	142731	64161	15	8915	10398	11680	4
天　津	Tianjin	24525	27529	17995	26	2594	2970	3352	22
河　北	Hebei	90847	105064	61718	16	7558	7846	8762	11
山　西	Shanxi	38424	39987	34899	23	5754	6208	6294	18
内蒙古	Inner Mongolia	24043	27630	20819	25	4213	4320	4635	20
辽　宁	Liaoning	101525	103283	91735	8	13336	12045	13033	3
吉　林	Jilin	64486	72679	34148	24	5770	6263	6629	16
黑龙江	Heilongjiang	46895	52404	45566	20	10602	10524	10107	8
上　海	Shanghai	10233	10859	11691	28	6095	6758	7972	13
江　苏	Jiangsu	226073	267710	151444	3	9711	11758	13435	2
浙　江	Zhejiang	226946	233115	135348	5	8083	9144	11052	5
安　徽	Anhui	159388	213432	126710	7	5552	6385	7210	14
福　建	Fujian	75798	82041	55107	17	3640	5295	6501	17
江　西	Jiangxi	76447	84240	65067	14	5588	6335	6945	15
山　东	Shandong	249358	265632	75074	11	6679	8347	9246	9
河　南	Henan	167223	207247	136237	4	8338	9213	10532	6
湖　北	Hubei	103268	127079	91522	9	6013	8266	10410	7
湖　南	Hunan	156404	184336	159726	1	7250	8601	9231	10
广　东	Guangdong	456139	574266	153120	2	11674	15031	17658	1
广　西	Guangxi	75751	90229	49275	18	3148	3310	3275	23
海　南	Hainan	44209	47117	13328	27	84	1162	1389	28
重　庆	Chongqing	126066	156545	65183	13	2664	3040	3251	24
四　川	Sichuan	241868	277611	134775	6	8148	7997	8240	12
贵　州	Guizhou	70819	83527	83436	10	3437	3902	4322	21
云　南	Yunnan	39407	48456	47626	19	2446	2762	3189	25
西　藏	Tibet	8165	3849	1455	31	99	110	129	31
陕　西	Shaanxi	93171	111773	70133	12	5411	5757	6123	19
甘　肃	Gansu	53771	64361	36163	22	2273	2383	2522	26
青　海	Qinghai	10951	12692	4790	30	474	544	592	30
宁　夏	Ningxia	13560	16343	8418	29	539	535	594	29
新　疆	Xinjiang	31937	38331	40926	21	1524	2125	2286	27

13-8 客运量（二）
Passenger Traffic Volume (2)

单位：万人 (10 000 persons)

地区	Region	公路客运量 Highways Passenger Traffic				水运客运量 Waterways Passenger Traffic			
		2010	2012	2013	2013排名 Ranking	2010	2012	2013	2013排名 Ranking
全　国	**National Total**	**3052738**	**3557010**	**1853463**		**22392**	**25752**	**23535**	
北　京	Beijing	126130	132333	52481	16				
天　津	Tianjin	21883	24483	14556	26	48	76	87	23
河　北	Hebei	83289	97218	52956	15				
山　西	Shanxi	32606	33662	28487	23	64	117	118	21
内蒙古	Inner Mongolia	19830	23310	16184	25				
辽　宁	Liaoning	87699	90650	78168	9	490	588	534	12
吉　林	Jilin	58577	66175	27403	24	139	241	116	22
黑龙江	Heilongjiang	36001	41551	35102	21	292	329	357	16
上　海	Shanghai	3634	3748	3476	30	504	353	243	19
江　苏	Jiangsu	215850	255358	135555	2	512	594	2454	2
浙　江	Zhejiang	215708	220517	121185	6	3155	3454	3111	1
安　徽	Anhui	153697	206888	119433	7	139	159	67	25
福　建	Fujian	70714	75044	46895	17	1444	1702	1711	7
江　西	Jiangxi	70628	77650	57915	14	231	255	207	20
山　东	Shandong	240044	254711	64019	11	2635	2574	1809	5
河　南	Henan	158630	197785	125450	4	255	249	255	18
湖　北	Hubei	96873	118369	80670	8	382	444	442	13
湖　南	Hunan	148235	174386	149015	1	919	1349	1480	8
广　东	Guangdong	442224	556510	133305	3	2241	2725	2157	4
广　西	Guangxi	72208	86449	45606	18	395	470	394	14
海　南	Hainan	42785	44374	10583	27	1340	1581	1356	9
重　庆	Chongqing	122125	152249	61243	13	1277	1256	689	11
四　川	Sichuan	230988	266338	124145	5	2732	3276	2390	3
贵　州	Guizhou	65452	77172	77359	10	1930	2453	1755	6
云　南	Yunnan	36230	44839	43392	19	731	855	1045	10
西　藏	Tibet	8066	3739	1326	31				
陕　西	Shaanxi	87457	105647	63650	12	303	369	360	15
甘　肃	Gansu	51404	61884	33556	22	94	94	85	24
青　海	Qinghai	10439	12100	4140	29	38	48	58	26
宁　夏	Ningxia	12919	15666	7568	28	102	142	256	17
新　疆	Xinjiang	30413	36206	38640	20				

13-9 旅客周转量（一）
Passenger Turnover (1)

单位：亿人公里 (100 million passenger-km)

地区	Region	旅客周转量总计 Total Passenger-Kilometers 2010	2012	2013	2013排名 Ranking	铁路旅客周转量 Railways Passenger-Kilometers 2010	2012	2013	2013排名 Ranking
全国	**National Total**	**27894.3**	**33383.1**	**27571.7**		**8762.2**	**9812.3**	**10595.6**	
北京	Beijing	390.2	421.2	254.0	26	99.5	116.4	118.0	25
天津	Tianjin	269.0	314.7	267.1	25	136.9	164.0	178.4	23
河北	Hebei	1172.9	1369.2	1163.7	6	730.6	791.0	867.2	1
山西	Shanxi	371.8	423.1	386.6	23	156.0	192.4	189.8	21
内蒙古	Inner Mongolia	388.5	436.4	360.5	24	170.3	172.4	187.1	22
辽宁	Liaoning	905.3	977.0	941.7	10	510.2	542.3	572.7	6
吉林	Jilin	475.7	536.2	413.7	22	205.9	229.1	244.8	16
黑龙江	Heilongjiang	503.0	559.6	473.3	19	259.5	262.4	256.8	15
上海	Shanghai	181.0	182.1	195.0	27	60.2	68.4	75.3	27
江苏	Jiangsu	1549.5	1872.4	1365.3	4	351.6	452.6	514.0	10
浙江	Zhejiang	1250.7	1317.6	1025.1	9	362.7	390.3	437.0	11
安徽	Anhui	1478.5	1824.6	1286.3	5	468.1	496.6	552.1	9
福建	Fujian	486.5	556.0	542.7	18	137.7	184.8	209.2	19
江西	Jiangxi	895.6	956.3	930.7	11	564.8	584.1	622.6	5
山东	Shandong	1658.3	1836.1	1083.8	7	434.9	513.7	552.4	8
河南	Henan	1797.7	2084.0	1574.7	2	766.0	773.8	861.9	2
湖北	Hubei	1064.7	1361.5	1052.4	8	430.5	554.4	634.1	4
湖南	Hunan	1402.6	1636.8	1565.1	3	717.3	780.3	840.3	3
广东	Guangdong	2203.4	2998.2	1780.9	1	458.8	518.1	570.1	7
广西	Guangxi	879.1	1048.0	611.3	14	182.0	187.7	193.7	20
海南	Hainan	154.9	173.1	112.4	28	2.1	22.3	25.2	30
重庆	Chongqing	461.7	597.9	465.4	20	100.4	115.9	124.9	24
四川	Sichuan	1066.1	1310.2	912.1	12	261.6	302.8	310.1	14
贵州	Guizhou	475.0	631.9	593.6	16	189.4	199.2	211.2	18
云南	Yunnan	439.9	568.7	431.9	21	86.1	96.5	106.5	26
西藏	Tibet	32.2	33.5	42.4	31	9.4	10.3	11.4	31
陕西	Shaanxi	747.1	898.0	745.2	13	362.6	408.8	421.4	12
甘肃	Gansu	539.7	666.4	595.4	15	319.3	379.8	383.2	13
青海	Qinghai	94.9	110.1	95.3	30	44.6	50.5	54.9	28
宁夏	Ningxia	98.8	121.0	102.9	29	33.4	41.1	44.5	29
新疆	Xinjiang	420.8	535.8	544.5	17	149.7	210.4	224.8	17

13-10 旅客周转量（二）
Passenger Turnover (2)

单位：亿人公里 (100 million passenger-km)

地区	Region	公路旅客周转量 Highways Passenger-Kilometers				水运旅客周转量 Waterways Passenger-Kilometers			
		2010	2012	2013	2013排名 Ranking	2010	2012	2013	2013排名 Ranking
全 国	**National Total**	**15020.8**	**18467.5**	**11250.9**		**72.3**	**77.5**	**68.3**	
北 京	Beijing	290.6	304.8	136.1	25				
天 津	Tianjin	131.8	150.4	88.6	27	0.3	0.3	0.1	24
河 北	Hebei	442.2	578.2	296.5	19				
山 西	Shanxi	215.7	230.6	196.6	22		0.1	0.1	23
内蒙古	Inner Mongolia	218.2	264.0	173.4	23				
辽 宁	Liaoning	388.8	427.2	362.4	12	6.4	7.5	6.5	4
吉 林	Jilin	269.6	306.8	168.7	24	0.2	0.3	0.2	20
黑龙江	Heilongjiang	243.2	296.8	216.1	20	0.3	0.4	0.4	17
上 海	Shanghai	115.4	112.7	119.1	26	5.4	1.0	0.6	16
江 苏	Jiangsu	1196.6	1418.4	847.3	2	1.4	1.4	4.0	7
浙 江	Zhejiang	882.0	921.2	583.0	7	6.0	6.2	5.1	5
安 徽	Anhui	1010.2	1327.7	734.0	3	0.3	0.3	0.2	21
福 建	Fujian	346.7	368.5	330.6	14	2.1	2.7	2.8	11
江 西	Jiangxi	330.5	371.9	307.7	18	0.3	0.3	0.4	19
山 东	Shandong	1211.5	1310.0	520.3	8	11.9	12.5	11.0	1
河 南	Henan	1031.2	1309.6	712.4	5	0.6	0.6	0.4	18
湖 北	Hubei	631.4	804.1	415.1	10	2.8	3.0	3.2	8
湖 南	Hunan	683.6	854.0	721.9	4	1.7	2.6	2.9	10
广 东	Guangdong	1736.3	2470.1	1202.5	1	8.3	10.0	8.4	2
广 西	Guangxi	695.3	858.0	415.7	9	1.8	2.3	1.9	14
海 南	Hainan	150.0	147.6	85.0	28	2.7	3.2	2.2	13
重 庆	Chongqing	351.0	470.6	333.3	13	10.2	11.3	7.3	3
四 川	Sichuan	802.2	1004.7	599.2	6	2.3	2.7	2.9	9
贵 州	Guizhou	281.0	426.8	377.9	11	4.6	5.9	4.5	6
云 南	Yunnan	352.1	470.2	323.1	16	1.8	2.0	2.2	12
西 藏	Tibet	22.8	23.2	31.0	31				
陕 西	Shaanxi	384.0	488.6	323.1	15	0.4	0.6	0.7	15
甘 肃	Gansu	220.1	286.4	212.0	21	0.2	0.2	0.2	22
青 海	Qinghai	50.2	59.5	40.3	30	0.1	0.1	0.1	26
宁 夏	Ningxia	65.3	79.7	58.3	29	0.1	0.1	0.1	25
新 疆	Xinjiang	271.1	325.4	319.6	17				

13-11 货运量（一）
Freight Traffic (1)

单位：万吨 (10 000 tons)

地区	Region	货运总量 Total Freight Traffic				铁路货运量 Railways Freight Traffic			
		2010	2012	2013	2013排名 Ranking	2010	2012	2013	2013排名 Ranking
全 国	**National Total**	**3241807**	**4099400**	**4098900**		**364271**	**390438**	**396697**	
北 京	Beijing	21762	26162	25748	28	1578	1237	1097	28
天 津	Tianjin	40013	46015	45233	25	7242	7909	8349	13
河 北	Hebei	156596	219130	198009	5	18508	21010	22469	5
山 西	Shanxi	124367	144608	156045	12	63530	71428	73181	1
内蒙古	Inner Mongolia	137231	189942	164346	11	52069	64682	67288	2
辽 宁	Liaoning	158484	206789	206868	4	20689	19803	20566	6
吉 林	Jilin	40729	54808	44811	26	7490	7347	6516	17
黑龙江	Heilongjiang	59314	65231	61094	23	17717	16591	14561	7
上 海	Shanghai	87256	94038	84305	20	959	825	702	30
江 苏	Jiangsu	179014	220007	181775	9	6812	7670	7157	15
浙 江	Zhejiang	171038	191817	188679	6	4386	4607	4831	24
安 徽	Anhui	228104	312437	396391	1	12091	12260	11566	9
福 建	Fujian	66083	84345	96674	18	3705	3814	3636	26
江 西	Jiangxi	100635	127196	135172	15	5677	5562	5217	21
山 东	Shandong	301313	333603	264100	3	21314	23145	22876	4
河 南	Henan	202962	272115	184823	7	14721	12638	12929	8
湖 北	Hubei	93422	122945	131000	16	6249	5882	5646	20
湖 南	Hunan	149540	191052	184535	8	6094	5677	5169	22
广 东	Guangdong	192343	256077	349011	2	8562	9306	9711	10
广 西	Guangxi	115476	161356	151143	13	9092	6846	6916	16
海 南	Hainan	22455	26880	17325	29	542	752	960	29
重 庆	Chongqing	81377	86474	87241	19	2279	2328	2475	27
四 川	Sichuan	134305	174349	167759	10	8051	8793	8970	11
贵 州	Guizhou	39735	52655	72703	21	7991	6665	6461	18
云 南	Yunnan	51564	68735	104329	17	5497	5031	5146	23
西 藏	Tibet	982	1127	1850	31	30	85	72	31
陕 西	Shaanxi	104414	136727	141579	14	27121	31942	35767	3
甘 肃	Gansu	30270	45832	51463	24	6188	6290	6381	19
青 海	Qinghai	11057	13484	13372	30	3095	3784	3784	25
宁 夏	Ningxia	32325	41113	40914	27	6872	8467	8412	12
新 疆	Xinjiang	48459	58794	66908	22	6777	6840	7288	14

13-12 货运量（二）
Freight Traffic (2)

单位：万吨 (10 000 tons)

地区	Region	公路货运量 Highways Freight Traffic 2010	2012	2013	2013排名 Ranking	水运货运量 Waterways Freight Traffic 2010	2012	2013	2013排名 Ranking
全　国	**National Total**	**2448052**	**3188475**	**3076648**		**378949**	**458705**	**559785**	
北　京	Beijing	20184	24925	24651	28				
天　津	Tianjin	20855	27735	28206	27	11916	10371	8678	14
河　北	Hebei	135938	195530	172492	5	2150	2590	3048	18
山　西	Shanxi	60819	73150	82834	17	18	30	30	24
内蒙古	Inner Mongolia	85162	125260	97058	16				
辽　宁	Liaoning	127361	174355	172923	4	10434	12631	13379	11
吉　林	Jilin	33013	47130	38063	25	226	331	232	23
黑龙江	Heilongjiang	40582	47465	45288	22	1015	1175	1245	19
上　海	Shanghai	40890	42911	43877	24	45407	50302	39726	5
江　苏	Jiangsu	123500	153698	103709	13	48702	58639	70909	4
浙　江	Zhejiang	103394	113393	107186	11	63258	73817	76662	3
安　徽	Anhui	183658	259461	284534	1	32355	40716	100291	1
福　建	Fujian	45575	59431	69876	19	16803	21100	23162	7
江　西	Jiangxi	88445	113703	121279	10	6513	7931	8676	15
山　东	Shandong	264366	296754	227746	3	15633	13704	13478	10
河　南	Henan	183291	251772	162040	6	4950	7705	9854	13
湖　北	Hubei	71020	97136	100945	14	16153	19927	24409	6
湖　南	Hunan	127635	166670	156269	7	15811	18705	23097	8
广　东	Guangdong	140689	189034	261273	2	43092	57737	78027	2
广　西	Guangxi	93552	135112	124677	9	12832	19398	19550	9
海　南	Hainan	13947	16600	10290	29	7966	9528	6075	17
重　庆	Chongqing	69438	71272	71842	18	9660	12874	12924	12
四　川	Sichuan	121017	158396	151689	8	5237	7160	7100	16
贵　州	Guizhou	30834	44892	65100	20	910	1098	1142	20
云　南	Yunnan	45665	63239	98675	15	402	465	508	21
西　藏	Tibet	952	1042	1778	31				
陕　西	Shaanxi	77123	104593	105566	12	170	192	246	22
甘　肃	Gansu	24050	39517	45072	23	32	25	10	25
青　海	Qinghai	7962	9700	9588	30				
宁　夏	Ningxia	25453	32646	32502	26				
新　疆	Xinjiang	41682	51954	59620	21				

13-13 货物周转量（一）
Freight Ton-kilometers (1)

单位：亿吨公里 (100 million ton-km)

地区	Region	货物周转量总计 Total Freight Ton-kilometers 2010	2012	2013	2013排名 Ranking	铁路货物周转量 Railways Freight Ton-kilometers 2010	2012	2013	2013排名 Ranking
全　国	**National Total**	**141837.4**	**173770.7**	**168013.8**		**27644.1**	**29187.1**	**29173.9**	
北　京	Beijing	876.9	1001.1	1051.1	27	775.3	861.4	894.9	12
天　津	Tianjin	10065.1	7844.1	3097.4	18	509.5	513.2	515.9	20
河　北	Hebei	8071.1	10605.0	11674.1	4	3618.4	3961.9	4233.6	1
山　西	Shanxi	2840.0	3341.1	3592.4	16	1870.1	2138.8	2313.7	3
内蒙古	Inner Mongolia	4712.9	5870.3	4462.0	11	2451.8	2570.5	2589.2	2
辽　宁	Liaoning	9029.1	11563.7	11970.3	3	1403.0	1404.9	1341.1	8
吉　林	Jilin	1282.2	1596.1	1681.3	24	597.8	621.0	580.0	19
黑龙江	Heilongjiang	1826.2	2002.3	1930.0	22	1056.7	1065.7	949.2	10
上　海	Shanghai	18918.2	20373.4	14332.7	1	25.8	18.0	14.8	30
江　苏	Jiangsu	5589.5	7904.1	9924.6	5	344.7	398.7	381.2	22
浙　江	Zhejiang	7117.1	9183.4	8951.2	7	342.2	291.4	272.1	25
安　徽	Anhui	7153.4	9817.8	12335.3	2	1016.5	937.4	877.7	13
福　建	Fujian	2976.7	3871.4	3939.6	12	179.5	177.4	163.5	28
江　西	Jiangxi	2719.5	3433.5	3640.1	15	686.9	666.5	612.7	18
山　东	Shandong	11832.5	11077.8	8194.2	8	1533.2	1580.4	1487.4	7
河　南	Henan	7202.5	9490.3	7259.8	9	2041.6	2143.1	2153.3	4
湖　北	Hubei	3097.3	4439.8	4751.8	10	872.6	917.2	914.3	11
湖　南	Hunan	2926.8	3976.9	3832.3	14	1045.3	1022.1	950.3	9
广　东	Guangdong	5711.4	9566.2	9228.6	6	333.8	311.0	309.7	24
广　西	Guangxi	2926.8	4110.6	3856.4	13	891.3	860.0	809.4	16
海　南	Hainan	995.0	1548.1	621.0	29	6.6	9.6	13.1	31
重　庆	Chongqing	2015.6	2653.3	2298.9	20	186.0	181.5	182.6	27
四　川	Sichuan	1807.9	2238.3	2248.6	21	747.7	809.4	816.7	15
贵　州	Guizhou	1005.9	1174.7	1294.6	26	706.5	693.7	658.3	17
云　南	Yunnan	947.3	1123.4	1361.9	25	391.9	412.1	428.3	21
西　藏	Tibet	38.5	46.2	103.4	31	12.0	18.3	22.0	29
陕　西	Shaanxi	2464.6	3192.1	3200.6	17	1267.9	1446.8	1514.7	6
甘　肃	Gansu	1763.8	2351.7	2362.0	19	1239.8	1457.1	1550.7	5
青　海	Qinghai	419.7	527.6	451.9	30	192.2	246.6	249.2	26
宁　夏	Ningxia	818.6	1065.7	873.0	28	280.4	365.6	363.6	23
新　疆	Xinjiang	1358.9	1614.5	1796.8	23	705.9	790.7	868.2	14

13-14 货物周转量（二）
Freight Ton-kilometers (2)

单位：亿吨公里 (100 million ton-km)

地区	Region	公路货物周转量 Highways Freight Ton-kilometers 2010	2012	2013	2013排名 Ranking	水运货物周转量 Waterways Freight Ton-kilometers 2010	2012	2013	2013排名 Ranking
全国	**National Total**	**43389.7**	**59534.9**	**55738.1**		**68427.5**	**81707.6**	**79435.7**	
北京	Beijing	101.6	139.8	156.2	29				
天津	Tianjin	231.2	318.2	313.7	27	9324.3	7012.7	2267.8	8
河北	Hebei	4011.2	6133.5	6577.9	1	441.5	509.6	862.5	13
山西	Shanxi	969.9	1202.2	1278.6	15	0.1	0.1	0.1	24
内蒙古	Inner Mongolia	2261.1	3299.8	1872.7	10				
辽宁	Liaoning	1930.3	2675.4	2792.0	7	5695.7	7483.3	7837.2	2
吉林	Jilin	683.1	974.1	1100.0	17	1.3	1.1	1.3	22
黑龙江	Heilongjiang	762.4	929.0	972.9	18	7.0	7.6	7.9	21
上海	Shanghai	265.9	288.2	352.4	26	18626.4	20067.2	13965.5	1
江苏	Jiangsu	1149.1	1452.4	1790.4	12	4095.7	6053.0	7753.0	3
浙江	Zhejiang	1298.7	1525.6	1322.1	14	5476.2	7366.4	7357.0	4
安徽	Anhui	5004.9	7266.8	6544.0	2	1132.0	1613.7	4913.7	6
福建	Fujian	578.3	771.1	821.4	21	2218.9	2923.0	2954.7	7
江西	Jiangxi	1850.2	2559.8	2829.0	6	182.4	207.3	198.4	17
山东	Shandong	6216.8	7059.2	5494.8	3	4082.5	2438.1	1212.0	11
河南	Henan	4860.6	6863.0	4488.0	4	300.3	484.1	618.5	14
湖北	Hubei	1079.1	1565.4	2046.3	9	1145.6	1957.2	1791.3	9
湖南	Hunan	1539.4	2392.5	2329.5	8	342.1	562.3	552.4	15
广东	Guangdong	1735.4	2434.9	3003.4	5	3642.2	6820.3	5915.5	5
广西	Guangxi	1173.4	1878.3	1857.2	11	862.0	1372.3	1189.8	12
海南	Hainan	90.8	109.4	75.4	31	897.6	1429.1	532.5	16
重庆	Chongqing	610.3	731.9	695.9	23	1219.3	1739.9	1420.4	10
四川	Sichuan	985.1	1325.2	1273.1	16	75.1	103.7	158.8	18
贵州	Guizhou	286.7	464.6	610.6	24	12.7	16.5	25.6	19
云南	Yunnan	548.5	702.5	922.0	20	6.9	8.7	11.6	20
西藏	Tibet	26.6	27.9	81.5	30				
陕西	Shaanxi	1195.9	1744.6	1685.0	13	0.8	0.7	0.8	23
甘肃	Gansu	524.1	894.6	811.2	22				
青海	Qinghai	227.5	281.0	202.8	28				
宁夏	Ningxia	538.3	700.1	509.4	25				
新疆	Xinjiang	653.0	823.8	928.5	19				

13-15 民用汽车和私人汽车拥有量
Possession of Civil Vehicles and Private Vehicles

单位：万辆 (10 000 units)

地区	Region	民用汽车 Civil Vehicles				私人汽车 Private Vehicles			
		2010	2012	2013	2013排名 Ranking	2010	2012	2013	2013排名 Ranking
全　国	**National Total**	**7801.83**	**10933.09**	**12670.14**		**5938.71**	**8838.60**	**10501.68**	
北　京	Beijing	449.72	493.56	517.11	8	371.51	405.55	424.95	8
天　津	Tianjin	158.24	221.12	261.58	20	125.70	185.54	224.36	19
河　北	Hebei	492.88	728.51	816.29	5	404.16	624.04	719.46	5
山　西	Shanxi	247.89	329.95	378.27	10	186.60	270.45	318.88	10
内蒙古	Inner Mongolia	187.80	266.08	306.87	17	147.47	223.66	263.86	17
辽　宁	Liaoning	296.32	414.88	457.05	9	198.81	304.82	355.94	9
吉　林	Jilin	152.89	209.49	248.35	21	114.49	170.19	206.13	21
黑龙江	Heilongjiang	194.79	259.87	289.81	18	139.65	201.37	231.06	18
上　海	Shanghai	175.51	212.66	234.91	24	103.71	141.16	163.23	25
江　苏	Jiangsu	550.80	802.20	944.35	3	418.13	646.69	780.43	3
浙　江	Zhejiang	542.05	773.56	901.99	4	431.52	643.34	763.87	4
安　徽	Anhui	209.81	303.13	358.74	13	136.85	223.41	274.57	16
福　建	Fujian	197.08	283.92	332.97	16	151.93	230.88	277.49	15
江　西	Jiangxi	137.43	201.64	246.84	22	87.38	149.58	190.71	22
山　东	Shandong	705.89	1027.16	1199.71	1	577.11	877.56	1039.55	1
河　南	Henan	399.73	581.95	700.69	6	294.76	467.80	580.64	6
湖　北	Hubei	207.49	293.64	354.40	14	148.65	227.45	282.94	13
湖　南	Hunan	211.06	308.14	366.74	12	169.24	261.59	318.49	12
广　东	Guangdong	782.26	1037.42	1177.37	2	628.12	863.46	995.93	2
广　西	Guangxi	152.06	227.44	276.29	19	108.33	177.42	223.01	20
海　南	Hainan	39.24	55.46	64.80	29	28.09	42.68	51.40	29
重　庆	Chongqing	114.30	159.36	192.77	26	74.15	117.10	148.37	26
四　川	Sichuan	354.97	493.22	573.03	7	280.95	408.89	485.52	7
贵　州	Guizhou	115.76	164.36	201.00	25	87.81	132.21	166.28	24
云　南	Yunnan	233.91	328.53	374.01	11	185.57	273.79	318.54	11
西　藏	Tibet	16.62	22.77	26.72	31	11.03	15.22	19.54	31
陕　西	Shaanxi	190.64	284.64	336.08	15	144.11	230.79	280.79	14
甘　肃	Gansu	85.04	129.14	156.38	27	52.74	90.17	114.54	27
青　海	Qinghai	30.99	49.13	58.84	30	19.95	35.78	44.67	30
宁　夏	Ningxia	41.52	66.35	79.23	28	30.94	53.49	65.33	28
新　疆	Xinjiang	127.14	203.82	236.96	23	79.25	142.52	171.20	23

13-16 载客汽车拥有量
Possession of Passenger Vehicles

单位：万辆 (10 000 units)

地区	Region	民用载客汽车 Civil Passenger Vehicles				私人载客汽车 Private Passenger Vehicles			
		2010	2012	2013	2013排名 Ranking	2010	2012	2013	2013排名 Ranking
全国	**National Total**	**6124.13**	**8943.01**	**10561.78**		**4989.50**	**7637.87**	**9198.23**	
北京	Beijing	425.74	464.86	486.14	7	363.13	396.56	415.89	8
天津	Tianjin	137.64	197.30	235.56	18	112.99	169.87	206.95	18
河北	Hebei	365.36	568.13	660.24	5	323.27	516.68	612.01	5
山西	Shanxi	189.93	270.80	317.56	10	154.14	233.47	279.46	10
内蒙古	Inner Mongolia	137.19	215.94	254.46	17	115.59	190.64	227.82	17
辽宁	Liaoning	225.67	328.63	379.92	9	170.75	267.00	318.96	9
吉林	Jilin	118.78	170.94	206.55	22	94.20	144.84	177.75	21
黑龙江	Heilongjiang	143.66	201.42	228.94	19	110.24	164.42	191.67	19
上海	Shanghai	146.24	185.71	207.99	21	103.57	140.84	162.88	22
江苏	Jiangsu	472.78	706.27	840.53	3	383.94	600.51	729.46	3
浙江	Zhejiang	450.83	664.08	785.00	4	376.53	575.26	690.46	4
安徽	Anhui	140.99	225.98	275.84	15	107.82	187.70	236.01	15
福建	Fujian	150.30	224.45	268.59	16	122.57	191.38	233.78	16
江西	Jiangxi	95.65	152.73	190.11	23	69.63	124.80	160.57	23
山东	Shandong	566.09	860.89	1016.85	1	485.36	767.68	919.36	1
河南	Henan	304.90	467.49	574.84	6	244.76	400.08	503.92	6
湖北	Hubei	151.52	227.76	282.29	14	115.37	186.15	236.70	14
湖南	Hunan	161.23	247.99	303.54	11	130.65	213.43	266.94	11
广东	Guangdong	629.30	861.60	992.39	2	536.79	754.96	881.56	2
广西	Guangxi	113.13	175.77	217.94	20	88.01	146.94	187.31	20
海南	Hainan	30.23	43.75	52.10	29	21.57	33.90	41.67	29
重庆	Chongqing	78.54	125.42	156.54	26	59.86	102.48	131.29	26
四川	Sichuan	281.60	406.08	481.50	8	234.22	351.31	423.74	7
贵州	Guizhou	82.19	126.47	158.03	25	64.14	104.86	134.31	25
云南	Yunnan	169.08	248.76	293.55	12	135.87	210.56	253.88	12
西藏	Tibet	10.15	14.16	16.75	31	6.28	9.15	11.63	31
陕西	Shaanxi	151.64	235.61	284.52	13	121.01	198.35	245.33	13
甘肃	Gansu	57.52	92.32	114.92	27	36.74	67.23	87.89	27
青海	Qinghai	21.45	36.65	45.28	30	14.37	27.78	35.57	30
宁夏	Ningxia	27.23	45.94	55.78	28	21.14	38.50	47.73	28
新疆	Xinjiang	87.56	149.08	177.52	24	64.98	120.53	145.75	24

13-17 载货汽车拥有量
Possession of Civil Trucks and Private Trucks

单位：万辆 (10 000 units)

地区	Region	民用载货汽车 Civil Trucks				私人载货汽车 Private Trucks			
		2010	2012	2013	2013排名 Ranking	2010	2012	2013	2013排名 Ranking
全　国	**National Total**	**1597.55**	**1894.75**	**2010.62**		**931.52**	**1175.63**	**1275.49**	
北　京	Beijing	19.39	23.70	25.71	25	7.56	7.98	8.00	29
天　津	Tianjin	19.15	22.19	24.34	26	12.38	15.25	16.96	25
河　北	Hebei	121.50	153.42	150.01	3	79.08	105.03	105.10	3
山　西	Shanxi	55.82	56.78	58.29	14	31.96	36.25	38.59	13
内蒙古	Inner Mongolia	48.51	47.72	49.96	19	31.12	32.09	35.08	16
辽　宁	Liaoning	67.42	82.22	73.51	10	27.53	37.00	36.16	15
吉　林	Jilin	32.85	36.99	40.23	22	19.98	24.89	27.88	21
黑龙江	Heilongjiang	48.98	55.86	58.14	15	29.02	36.36	38.76	12
上　海	Shanghai	23.81	20.73	20.14	28	0.11	0.25	0.21	31
江　苏	Jiangsu	72.50	89.29	96.79	6	32.87	44.33	48.84	9
浙　江	Zhejiang	87.29	105.02	112.36	5	54.46	67.35	72.59	5
安　徽	Anhui	66.34	74.23	79.94	8	28.50	34.95	37.69	14
福　建	Fujian	45.11	57.49	62.36	12	29.04	39.00	43.15	11
江　西	Jiangxi	40.17	47.01	54.56	18	17.43	24.37	29.63	20
山　东	Shandong	134.45	159.88	176.22	2	90.03	107.55	117.64	1
河　南	Henan	90.75	109.61	120.78	4	48.67	65.83	74.62	4
湖　北	Hubei	53.29	62.69	68.62	11	32.75	40.51	45.29	10
湖　南	Hunan	48.22	58.17	61.17	13	38.04	47.30	50.61	8
广　东	Guangdong	147.53	169.86	178.89	1	90.06	106.81	112.55	2
广　西	Guangxi	36.82	49.20	55.74	16	20.00	29.91	34.93	17
海　南	Hainan	8.58	11.12	12.14	30	6.42	8.62	9.57	27
重　庆	Chongqing	34.03	31.56	34.44	24	14.00	14.22	16.70	26
四　川	Sichuan	70.45	83.77	87.99	7	45.98	56.51	60.58	7
贵　州	Guizhou	32.73	36.72	41.50	21	23.44	27.03	31.53	19
云　南	Yunnan	63.39	77.88	78.46	9	49.27	62.58	63.92	6
西　藏	Tibet	6.32	8.33	9.80	31	4.75	6.00	7.85	30
陕　西	Shaanxi	36.32	45.54	47.88	20	22.42	31.48	34.35	18
甘　肃	Gansu	26.37	35.42	39.89	23	15.77	22.58	26.19	22
青　海	Qinghai	8.99	11.77	12.79	29	5.48	7.82	8.86	28
宁　夏	Ningxia	13.52	19.41	22.35	27	9.54	14.61	17.17	24
新　疆	Xinjiang	36.96	51.18	55.61	17	13.86	21.19	24.51	23

13-18 其他汽车拥有量
Possession of Other Civil Trucks and Other Private Vehicles

单位：万辆 (10 000 units)

地区	Region	民用其他汽车 Other Civil Vehicles				私人其他汽车 Other Private Vehicles			
		2010	2012	2013	2013排名 Ranking	2010	2012	2013	2013排名 Ranking
全　国	**National Total**	**80.14**	**95.33**	**97.75**		**17.69**	**25.09**	**27.95**	
北　京	Beijing	4.59	5.00	5.26	6	0.82	1.00	1.06	8
天　津	Tianjin	1.45	1.63	1.68	24	0.33	0.42	0.45	24
河　北	Hebei	6.02	6.96	6.04	5	1.81	2.33	2.35	2
山　西	Shanxi	2.15	2.37	2.42	18	0.50	0.73	0.82	16
内蒙古	Inner Mongolia	2.09	2.41	2.44	17	0.77	0.94	0.96	9
辽　宁	Liaoning	3.22	4.03	3.61	11	0.54	0.82	0.82	14
吉　林	Jilin	1.26	1.56	1.56	26	0.31	0.45	0.49	22
黑龙江	Heilongjiang	2.15	2.60	2.73	15	0.39	0.59	0.63	19
上　海	Shanghai	5.46	6.22	6.79	2	0.02	0.07	0.14	30
江　苏	Jiangsu	5.52	6.64	7.03	1	1.32	1.84	2.14	3
浙　江	Zhejiang	3.93	4.46	4.63	8	0.53	0.73	0.82	15
安　徽	Anhui	2.48	2.92	2.97	14	0.52	0.76	0.87	13
福　建	Fujian	1.67	1.98	2.02	21	0.33	0.50	0.56	20
江　西	Jiangxi	1.61	1.90	2.17	19	0.32	0.40	0.51	21
山　东	Shandong	5.35	6.39	6.65	3	1.73	2.34	2.55	1
河　南	Henan	4.08	4.85	5.08	7	1.33	1.89	2.10	4
湖　北	Hubei	2.69	3.19	3.49	13	0.53	0.79	0.95	10
湖　南	Hunan	1.61	1.97	2.02	20	0.56	0.85	0.94	12
广　东	Guangdong	5.43	5.96	6.09	4	1.27	1.68	1.82	5
广　西	Guangxi	2.11	2.46	2.61	16	0.32	0.57	0.77	17
海　南	Hainan	0.44	0.60	0.56	30	0.10	0.16	0.17	29
重　庆	Chongqing	1.72	2.37	1.79	23	0.29	0.40	0.38	27
四　川	Sichuan	2.93	3.37	3.54	12	0.76	1.07	1.20	6
贵　州	Guizhou	0.84	1.17	1.46	27	0.23	0.33	0.45	25
云　南	Yunnan	1.44	1.89	2.01	22	0.42	0.65	0.74	18
西　藏	Tibet	0.15	0.28	0.18	31		0.07	0.06	31
陕　西	Shaanxi	2.68	3.48	3.68	10	0.68	0.96	1.12	7
甘　肃	Gansu	1.15	1.40	1.57	25	0.23	0.36	0.46	23
青　海	Qinghai	0.54	0.70	0.77	29	0.10	0.18	0.24	28
宁　夏	Ningxia	0.76	1.00	1.09	28	0.25	0.39	0.44	26
新　疆	Xinjiang	2.62	3.57	3.84	9	0.41	0.81	0.94	11

13-19 新注册民用汽车数量（一）
Statistics on New Registrations of Civil Vehicles (1)

单位：万辆 (10 000 units)

地区	Region	新注册民用汽车数量 Total Civil Vehicles				其中：载客汽车 Passenger Vehicles			
		2010	2012	2013	2013排名 Ranking	2010	2012	2013	2013排名 Ranking
全　国	**National Total**	**1528.82**	**1772.50**	**2030.94**		**1254.69**	**1524.88**	**1752.30**	
北　京	Beijing	86.95	58.85	58.93	15	83.29	55.24	55.21	10
天　津	Tianjin	31.09	34.25	42.17	21	27.38	31.26	38.63	17
河　北	Hebei	13.27	121.53	138.52	5	10.88	101.68	115.70	5
山　西	Shanxi	47.71	56.61	59.06	14	37.39	49.34	51.82	14
内蒙古	Inner Mongolia	39.85	45.46	43.33	19	31.35	39.10	38.01	18
辽　宁	Liaoning	54.58	44.78	63.42	11	42.31	37.39	54.83	11
吉　林	Jilin	30.98	32.48	35.23	24	24.85	27.97	30.34	25
黑龙江	Heilongjiang	36.31	35.58	37.39	23	27.44	29.38	31.58	23
上　海	Shanghai	34.57	33.00	34.99	25	31.22	30.33	30.38	24
江　苏	Jiangsu	122.26	137.47	156.83	3	108.60	126.97	144.86	2
浙　江	Zhejiang	122.47	127.70	140.95	4	106.30	115.40	127.24	4
安　徽	Anhui	48.20	58.22	69.34	8	35.46	47.28	56.43	9
福　建	Fujian	40.43	47.43	55.69	16	32.04	39.61	46.80	16
江　西	Jiangxi	32.49	38.33	45.48	17	24.51	30.62	36.96	20
山　东	Shandong	140.07	167.16	183.78	1	116.00	146.73	159.71	1
河　南	Henan	88.99	104.43	126.45	6	70.57	87.37	107.59	6
湖　北	Hubei	42.85	51.50	64.34	10	33.24	43.18	54.81	12
湖　南	Hunan	46.94	57.29	68.60	9	37.38	49.04	59.36	8
广　东	Guangdong	131.94	136.36	161.16	2	112.51	120.42	141.28	3
广　西	Guangxi	32.88	37.91	44.59	18	25.17	30.82	37.18	19
海　南	Hainan	8.90	8.44	10.14	29	6.97	6.92	8.55	29
重　庆	Chongqing	27.54	35.00	42.95	20	21.59	29.76	36.43	21
四　川	Sichuan	80.56	82.10	96.16	7	67.23	71.57	84.74	7
贵　州	Guizhou	25.25	33.06	40.98	22	19.47	26.45	33.00	22
云　南	Yunnan	48.49	52.89	60.96	12	37.47	43.32	50.82	15
西　藏	Tibet	2.39	2.41	3.64	31	1.60	1.45	1.92	31
陕　西	Shaanxi	47.42	53.78	59.50	13	37.97	46.67	51.90	13
甘　肃	Gansu	22.04	23.63	28.44	27	15.22	18.07	21.69	27
青　海	Qinghai	7.05	9.36	10.10	30	5.09	7.50	7.93	30
宁　夏	Ningxia	10.24	12.66	13.10	28	6.97	9.44	9.75	28
新　疆	Xinjiang	24.13	32.82	34.74	26	17.21	24.61	26.82	26

13-20 新注册民用汽车数量（二）
Statistics on New Registrations of Civil Vehicles (2)

单位：万辆 (10 000 units)

地区	Region	其中:载货汽车 Trucks 2010	2012	2013	2013排名 Ranking	其中：其他汽车 Others 2010	2012	2013	2013排名 Ranking
全　国	**National Total**	**263.76**	**238.62**	**268.99**		**10.37**	**9.00**	**9.65**	
北　京	Beijing	3.14	3.27	3.41	27	0.53	0.34	0.31	15
天　津	Tianjin	3.54	2.89	3.43	26	0.17	0.10	0.11	27
河　北	Hebei	2.34	19.36	22.36	2	0.05	0.48	0.46	4
山　西	Shanxi	10.05	6.98	7.01	19	0.26	0.29	0.23	21
内蒙古	Inner Mongolia	8.10	6.09	5.13	23	0.40	0.28	0.19	25
辽　宁	Liaoning	11.86	7.14	8.30	13	0.41	0.25	0.28	17
吉　林	Jilin	5.94	4.36	4.75	24	0.19	0.16	0.14	26
黑龙江	Heilongjiang	8.59	5.94	5.61	22	0.28	0.26	0.19	24
上　海	Shanghai	2.56	2.26	3.62	25	0.79	0.41	0.99	1
江　苏	Jiangsu	12.29	9.88	11.26	7	1.37	0.63	0.71	2
浙　江	Zhejiang	15.72	11.92	13.36	5	0.45	0.39	0.35	12
安　徽	Anhui	12.42	10.68	12.58	6	0.32	0.26	0.32	14
福　建	Fujian	8.21	7.61	8.67	12	0.17	0.21	0.22	22
江　西	Jiangxi	7.75	7.41	8.22	14	0.23	0.31	0.30	16
山　东	Shandong	23.51	19.83	23.53	1	0.56	0.60	0.54	3
河　南	Henan	17.97	16.63	18.45	4	0.45	0.43	0.41	8
湖　北	Hubei	9.25	7.97	9.07	10	0.36	0.36	0.46	5
湖　南	Hunan	9.34	8.05	9.01	11	0.22	0.21	0.23	20
广　东	Guangdong	18.87	15.50	19.50	3	0.55	0.45	0.38	9
广　西	Guangxi	7.51	6.90	7.21	17	0.20	0.19	0.20	23
海　南	Hainan	1.86	1.45	1.54	31	0.07	0.07	0.05	30
重　庆	Chongqing	5.62	4.90	6.09	21	0.33	0.34	0.43	6
四　川	Sichuan	12.94	10.25	11.09	8	0.39	0.29	0.33	13
贵　州	Guizhou	5.64	6.35	7.62	15	0.14	0.25	0.36	10
云　南	Yunnan	10.73	9.33	9.90	9	0.29	0.23	0.24	19
西　藏	Tibet	0.79	0.94	1.70	30	0.01	0.02	0.02	31
陕　西	Shaanxi	9.03	6.72	7.19	18	0.41	0.39	0.41	7
甘　肃	Gansu	6.62	5.41	6.51	20	0.20	0.15	0.24	18
青　海	Qinghai	1.86	1.78	2.07	29	0.10	0.08	0.10	29
宁　夏	Ningxia	3.13	3.11	3.24	28	0.13	0.11	0.10	28
新　疆	Xinjiang	6.59	7.72	7.57	16	0.33	0.50	0.35	11

13-21 机动车驾驶员数
Number of Motor Drivers

单位：万人　　(10 000 persons)

地区	Region	机动车驾驶员数 Number of Motor Drivers				其中：汽车驾驶员 Automobile Drivers			
		2010	2012	2013	2013排名 Ranking	2010	2012	2013	2013排名 Ranking
全　国	**National Total**	**20068.47**	**25250.83**	**26955.93**		**15129.89**	**20028.52**	**21742.70**	
北　京	Beijing	625.30	748.05	822.00	16	607.24	731.40	805.70	8
天　津	Tianjin	252.00	315.09	337.80	26	245.42	311.36	335.01	26
河　北	Hebei	1058.89	1357.88	1433.45	6	952.95	1260.86	1344.02	5
山　西	Shanxi	455.92	588.77	617.86	18	417.01	543.93	593.07	15
内蒙古	Inner Mongolia	332.77	512.63	529.94	21	280.67	448.65	465.64	21
辽　宁	Liaoning	748.26	851.04	895.53	14	624.25	763.91	783.63	9
吉　林	Jilin	461.41	514.70	529.88	22	360.77	428.41	447.88	22
黑龙江	Heilongjiang	455.96	545.11	591.59	20	407.12	498.63	546.09	19
上　海	Shanghai	448.48	558.96	593.44	19	412.56	531.41	531.41	20
江　苏	Jiangsu	1531.46	1880.71	2023.29	2	1045.89	1458.71	1636.33	3
浙　江	Zhejiang	1086.94	1318.66	1422.23	7	824.22	1114.49	1242.44	6
安　徽	Anhui	692.42	852.28	914.08	13	475.65	650.47	731.02	11
福　建	Fujian	692.10	818.16	876.77	15	395.26	533.87	586.15	17
江　西	Jiangxi	695.35	875.23	938.26	11	391.19	540.75	590.77	16
山　东	Shandong	1579.00	1938.58	2020.29	3	1280.41	1729.43	1845.19	2
河　南	Henan	1243.31	1529.09	1614.28	4	958.96	1250.04	1357.16	4
湖　北	Hubei	795.49	946.39	1005.12	9	555.54	695.33	753.41	10
湖　南	Hunan	690.78	908.77	995.79	10	444.21	622.65	700.84	12
广　东	Guangdong	1956.02	2339.40	2461.75	1	1343.29	1772.66	1917.08	1
广　西	Guangxi	429.97	995.64	1066.94	8	400.82	544.57	609.92	14
海　南	Hainan	138.72	163.53	173.95	28	86.37	129.13	116.48	28
重　庆	Chongqing	321.43	473.29	521.39	23	210.32	294.65	338.58	25
四　川	Sichuan	1137.66	1375.30	1480.11	5	767.82	963.35	1051.61	7
贵　州	Guizhou	313.33	415.77	454.85	24	239.15	321.53	347.40	23
云　南	Yunnan	716.08	845.48	919.61	12	407.30	519.59	568.87	18
西　藏	Tibet	18.16	22.50	24.47	31	16.04	18.63	20.46	31
陕　西	Shaanxi	507.35	680.15	731.12	17	424.02	595.59	647.57	13
甘　肃	Gansu	200.66	280.05	312.05	27	172.59	248.18	279.15	27
青　海	Qinghai	81.77	100.19	90.96	30	62.64	81.52	88.27	30
宁　夏	Ningxia	90.42	117.71	142.05	29	76.39	106.67	114.72	29
新　疆	Xinjiang	311.07	381.72	415.06	25	243.82	318.16	346.84	24

13-22 交通事故情况（一）
Basic Statistics on Traffic Accidents (1)

地区	Region	道路交通事故发生数（起） Number of Traffic Accidents (case)				道路交通事故死亡人数（人） Number of Deaths (person)			
		2010	2012	2013	2013排名 Ranking	2010	2012	2013	2013排名 Ranking
全 国	**National Total**	**219521**	**204196**	**198394**		**65225**	**59997**	**58539**	
北 京	Beijing	4279	3196	3063	22	974	918	860	25
天 津	Tianjin	3165	3101	4313	17	950	848	836	27
河 北	Hebei	5959	5285	5204	15	2693	2503	2501	7
山 西	Shanxi	6962	5587	5303	14	2449	2294	2133	10
内蒙古	Inner Mongolia	4780	3957	3643	20	1375	1202	1096	22
辽 宁	Liaoning	6781	5984	5777	12	2129	2024	2015	11
吉 林	Jilin	4438	2820	2458	25	1454	1388	1345	20
黑龙江	Heilongjiang	3466	3285	3283	21	1395	1192	1158	21
上 海	Shanghai	2176	2256	2011	26	1009	916	914	24
江 苏	Jiangsu	13793	13517	13395	4	5031	4733	4679	3
浙 江	Zhejiang	21698	19270	18298	2	5382	4962	4860	2
安 徽	Anhui	7901	18076	17610	3	2877	2691	2669	5
福 建	Fujian	12714	9942	8521	8	2822	2473	2138	9
江 西	Jiangxi	4126	3103	2880	24	1603	1399	1351	19
山 东	Shandong	14560	13275	12879	5	4268	3838	3748	4
河 南	Henan	7890	6732	6449	9	1825	1636	1633	17
湖 北	Hubei	6543	6009	5798	11	1944	1822	1801	14
湖 南	Hunan	8413	8748	8699	7	2162	1956	1882	13
广 东	Guangdong	30370	25720	25424	1	6203	5714	5647	1
广 西	Guangxi	4351	3984	3821	18	2342	2184	2172	8
海 南	Hainan	1488	1752	1976	27	471	457	493	29
重 庆	Chongqing	5908	5791	5642	13	1017	980	970	23
四 川	Sichuan	13072	10024	9571	6	2931	2708	2658	6
贵 州	Guizhou	1764	1360	1241	29	1136	931	847	26
云 南	Yunnan	4739	3941	3748	19	1886	1768	1747	16
西 藏	Tibet	781	725	717	31	409	335	290	31
陕 西	Shaanxi	6004	5996	5952	10	1944	1804	1800	15
甘 肃	Gansu	3090	2954	2915	23	1506	1438	1435	18
青 海	Qinghai	1206	1096	1065	30	573	536	532	28
宁 夏	Ningxia	1806	1767	1794	28	442	404	400	30
新 疆	Xinjiang	5298	4943	4944	16	2023	1943	1929	12

13-23 交通事故情况（二）
Basic Statistics on Traffic Accidents (2)

地区	Region	道路交通事故受伤人数（人）Number of Injuries (person)				道路交通事故直接经济损失（万元）Direct Property Losses (10 000 yuan)			
		2010	2012	2013	2013排名 Ranking	2010	2012	2013	2013排名 Ranking
全　国	**National Total**	**254075**	**224327**	**213724**		**92633.5**	**117489.6**	**103896.6**	
北　京	Beijing	4857	3613	3359	21	2431.3	3017.9	2805.2	19
天　津	Tianjin	3671	3429	4920	16	1987.1	3396.9	3924.2	10
河　北	Hebei	5785	4738	4770	17	3890.8	5022.3	3938.3	9
山　西	Shanxi	8200	5982	5520	14	3593.7	3528.5	2889.6	17
内蒙古	Inner Mongolia	5202	4108	3514	20	2359.8	1878.1	1607.3	22
辽　宁	Liaoning	6428	5609	5527	13	3124.9	2914.7	2880.4	18
吉　林	Jilin	5178	2773	2310	26	2666.1	5128.4	3118.5	15
黑龙江	Heilongjiang	3740	3431	3294	23	2456.6	3962	3760.1	11
上　海	Shanghai	1862	2053	1458	29	956.6	1488	986.2	27
江　苏	Jiangsu	13234	12478	12177	4	4951.1	7198.6	6764.1	4
浙　江	Zhejiang	23589	19729	18558	3	9047.2	8054.5	7522.8	2
安　徽	Anhui	9596	21109	20343	2	2417.7	10726.6	7375.6	3
福　建	Fujian	15430	11410	9501	8	4839.2	3939.7	3408.1	14
江　西	Jiangxi	4938	3394	2935	24	4184.0	4549.8	3738.2	12
山　东	Shandong	14611	12710	11971	5	5261.2	5260.3	4970.6	7
河　南	Henan	8710	7144	6569	10	3186.8	2825.7	3034.9	16
湖　北	Hubei	7884	6818	6353	11	3436.5	5391.1	4472.8	8
湖　南	Hunan	11621	11741	11293	7	4104.4	6685.1	6455.5	5
广　东	Guangdong	36518	29099	28435	1	8048.8	8005.2	8016.9	1
广　西	Guangxi	5375	4304	3922	19	1678.4	1543.7	1735.4	21
海　南	Hainan	2205	2372	2720	25	552.6	939.9	935	28
重　庆	Chongqing	8728	8548	7883	9	1225.9	1735.7	1579.3	23
四　川	Sichuan	16980	12046	11414	6	5398.5	6704.4	5910.5	6
贵　州	Guizhou	2906	1982	1677	28	1296.0	1698.4	1477.9	24
云　南	Yunnan	5900	5053	4573	18	2530.2	2881.1	2051.6	20
西　藏	Tibet	969	809	881	31	620.4	935	865.1	29
陕　西	Shaanxi	6144	5505	5452	15	3319.8	4015	3696.2	13
甘　肃	Gansu	3728	3345	3336	22	1116.2	1659.7	1212.2	26
青　海	Qinghai	1494	1410	1233	30	390.4	453.2	645.2	31
宁　夏	Ningxia	2564	2122	2179	27	658.0	707.2	799.5	30
新　疆	Xinjiang	6028	5463	5647	12	903.3	1242.6	1319.3	25

13-24 邮政业网点和邮电业务总量
Number of Postal Offices and Business Volume of Postal and Telecommunication Services

地区	Region	邮政业营业网点（处）Number of Postal Offices (unit)				邮电业务总量（亿元）Business Volume of Postal and Telecommunication Services (100 million yuan)			
		2010	2012	2013	2013排名 Ranking	2010	2012	2013	2013排名 Ranking
全　国	**National Total**	**75739**	**95572**	**125115**		**31978.48**	**15019.28**	**18432.24**	
北　京	Beijing	2205	3086	3838	13	1227.34	631.23	757.04	8
天　津	Tianjin	749	1068	1423	27	433.30	185.00	213.08	27
河　北	Hebei	2353	2843	3349	15	1351.63	598.29	728.72	10
山　西	Shanxi	1502	2097	3228	17	735.93	338.94	392.27	18
内蒙古	Inner Mongolia	1733	2204	2682	22	601.37	273.34	311.23	24
辽　宁	Liaoning	2172	3087	3722	14	1171.63	516.07	582.21	13
吉　林	Jilin	1302	1609	2290	25	613.17	262.91	295.46	25
黑龙江	Heilongjiang	1974	2450	2645	23	745.58	329.81	377.34	20
上　海	Shanghai	4210	3792	4569	9	1275.24	637.93	791.82	7
江　苏	Jiangsu	4808	6772	8913	3	2328.76	1120.36	1402.80	2
浙　江	Zhejiang	3734	5305	7035	4	2101.84	1025.09	1283.52	3
安　徽	Anhui	2309	2548	4031	11	887.55	418.10	533.98	14
福　建	Fujian	2256	3177	4275	10	1214.39	592.90	738.45	9
江　西	Jiangxi	2046	2715	3845	12	692.00	310.38	379.23	19
山　东	Shandong	4206	5820	6567	5	1960.68	891.57	1063.83	4
河　南	Henan	3908	4368	5626	7	1473.45	680.03	837.83	6
湖　北	Hubei	2422	4046	5194	8	1039.03	491.29	610.16	11
湖　南	Hunan	3095	3115	6354	6	1057.99	491.21	595.29	12
广　东	Guangdong	8526	10910	14020	1	4553.38	2161.56	2768.09	1
广　西	Guangxi	1739	2328	2764	20	821.89	366.36	435.26	17
海　南	Hainan	488	685	878	28	224.66	104.89	126.42	28
重　庆	Chongqing	3016	2583	3170	18	581.30	276.99	357.59	21
四　川	Sichuan	5286	7071	9238	2	1450.69	692.31	842.83	5
贵　州	Guizhou	1796	2017	3076	19	512.47	262.05	331.77	22
云　南	Yunnan	2235	2856	3321	16	773.04	363.44	452.75	16
西　藏	Tibet	302	247	303	31	64.34	34.86	41.74	31
陕　西	Shaanxi	1934	2428	2702	21	857.24	386.41	477.84	15
甘　肃	Gansu	1282	1710	2039	26	423.15	189.88	238.71	26
青　海	Qinghai	226	261	748	29	114.30	57.04	67.46	30
宁　夏	Ningxia	462	489	633	30	135.20	65.66	80.43	29
新　疆	Xinjiang	1463	1885	2637	24	555.95	263.36	317.07	23

注：邮电业务总量2010年数据按2000年不变价格计算；从2001年开始按2010年不变价格计算，按可比价格比上年增长16.3%(下表同)。

Note: The business volume of postal and telecommunication services before 2010 was calculated at 2000 constant prices and that from 2001 to 2010 was calculated at 2000 constant prices. The rate of increase at constant prices in 2010 was 16.3%. The same applies to the table followed.

13-25 邮政业务总量和电信业务总量
Business Volume of Postal Services and Business Volume of Telecommunication Services

单位：亿元 (100 million yuan)

地区	Region	邮政业务总量 Business Volume of Postal Services				电信业务总量 Business Volume of Telecommunication Services			
		2010	2012	2013	2013排名 Ranking	2010	2012	2013	2013排名 Ranking
全　国	**National Total**	**1985.30**	**2036.84**	**2725.08**		**29993.18**	**12982.44**	**15707.15**	
北　京	Beijing	107.34	142.33	163.03	5	1120.00	488.90	594.00	9
天　津	Tianjin	33.84	25.65	29.30	21	399.46	159.35	183.78	27
河　北	Hebei	58.12	59.59	77.06	10	1293.51	538.70	651.66	7
山　西	Shanxi	39.24	30.45	34.11	19	696.69	308.49	358.16	18
内蒙古	Inner Mongolia	16.62	14.84	17.52	26	584.75	258.51	293.71	24
辽　宁	Liaoning	58.41	42.89	50.15	14	1113.22	473.18	532.06	13
吉　林	Jilin	25.77	22.29	25.84	22	587.40	240.62	269.63	25
黑龙江	Heilongjiang	47.71	32.43	39.18	16	697.87	297.38	338.16	20
上　海	Shanghai	176.45	190.83	258.66	4	1098.79	447.09	533.16	12
江　苏	Jiangsu	188.34	205.75	269.59	3	2140.42	914.62	1133.21	2
浙　江	Zhejiang	154.07	215.20	327.94	2	1947.77	809.89	955.58	3
安　徽	Anhui	45.93	45.87	57.54	13	841.62	372.23	476.44	14
福　建	Fujian	69.06	78.69	114.10	7	1145.33	514.22	624.34	8
江　西	Jiangxi	36.85	31.64	40.91	15	655.15	278.74	338.29	19
山　东	Shandong	104.82	94.09	117.44	6	1855.86	797.48	946.39	4
河　南	Henan	89.80	69.16	92.46	8	1383.65	610.87	745.37	6
湖　北	Hubei	55.71	52.55	74.15	11	983.32	438.74	536.01	10
湖　南	Hunan	49.05	48.69	60.27	12	1008.94	442.52	535.02	11
广　东	Guangdong	378.00	395.18	592.00	1	4175.38	1766.38	2176.09	1
广　西	Guangxi	28.58	24.14	29.57	20	793.31	342.22	405.70	17
海　南	Hainan	9.90	7.78	8.87	28	214.76	97.11	117.56	28
重　庆	Chongqing	30.72	31.28	39.12	17	550.58	245.72	318.47	21
四　川	Sichuan	69.99	72.38	83.30	9	1380.70	619.93	759.54	5
贵　州	Guizhou	15.50	17.93	22.64	24	496.97	244.12	309.13	22
云　南	Yunnan	18.91	18.25	23.38	23	754.13	345.19	429.38	16
西　藏	Tibet	1.88	1.85	2.09	31	62.46	33.01	39.65	31
陕　西	Shaanxi	37.42	31.34	37.02	18	819.82	355.07	440.81	15
甘　肃	Gansu	11.32	9.88	11.38	27	411.83	180.00	227.33	26
青　海	Qinghai	3.23	2.58	2.94	30	111.07	54.46	64.53	30
宁　夏	Ningxia	4.10	4.55	4.71	29	131.10	61.11	75.71	29
新　疆	Xinjiang	18.63	16.74	18.78	25	537.32	246.61	298.29	23

13-26 函件和包裹量
Number of Letters and Package

单位：万件 (10 000 pcs)

地区	Region	函件 Number of Letters 2010	2012	2013	2013排名 Ranking	包裹 Package 2010	2012	2013	2013排名 Ranking
全　国	**National Total**	**740140.95**	**707400.00**	**634148.77**		**6642.5**	**6875.50**	**6924.90**	
北　京	Beijing	67664.75	67219.31	71558.70	3	636.9	596.64	581.77	2
天　津	Tianjin	10552.84	13428.82	8626.29	14	109.5	117.01	128.86	20
河　北	Hebei	24335.03	28869.97	32107.99	7	358.1	359.65	348.47	7
山　西	Shanxi	7732.14	5402.31	4579.94	23	120.6	122.69	128.22	21
内蒙古	Inner Mongolia	3370.33	2434.34	1865.72	27	103.9	106.93	109.95	25
辽　宁	Liaoning	8462.87	7432.83	6899.18	17	223.5	243.22	244.01	11
吉　林	Jilin	9319.05	5005.70	4370.71	24	116.0	130.18	135.42	19
黑龙江	Heilongjiang	9305.08	7057.51	8681.05	13	237.6	234.40	241.08	12
上　海	Shanghai	116600.85	134730.80	113811.21	1	536.0	508.28	479.11	4
江　苏	Jiangsu	93600.21	89464.72	76183.38	2	406.4	415.82	407.54	5
浙　江	Zhejiang	84856.82	77655.49	65746.17	5	438.0	494.35	512.37	3
安　徽	Anhui	21121.49	16404.92	13328.47	10	150.9	150.64	152.29	18
福　建	Fujian	25198.77	24554.30	21539.98	8	177.0	169.81	177.29	15
江　西	Jiangxi	17970.89	10246.71	7507.84	15	122.5	120.37	118.89	22
山　东	Shandong	53951.02	45662.57	42389.81	6	349.2	371.19	383.75	6
河　南	Henan	24704.64	17516.81	17570.12	9	253.1	286.43	295.60	8
湖　北	Hubei	9929.77	13097.07	10531.47	12	210.9	176.76	170.55	16
湖　南	Hunan	8357.61	6918.81	5760.86	19	167.3	188.09	209.27	13
广　东	Guangdong	76311.89	80406.09	70115.06	4	659.7	675.63	671.31	1
广　西	Guangxi	7210.26	6053.06	5394.51	20	126.2	119.54	117.65	23
海　南	Hainan	1224.54	968.62	958.88	28	40.6	41.24	42.37	29
重　庆	Chongqing	5423.35	5706.61	5347.67	21	101.6	109.57	115.06	24
四　川	Sichuan	22545.65	15765.84	13322.16	11	240.1	266.05	268.45	9
贵　州	Guizhou	5938.83	6036.50	5191.68	22	59.4	62.41	64.52	27
云　南	Yunnan	5498.61	5249.90	7231.29	16	135.4	143.91	165.54	17
西　藏	Tibet	291.02	287.44	368.31	31	36.6	39.96	43.51	28
陕　西	Shaanxi	9733.73	6060.66	6601.94	18	199.1	199.17	189.74	14
甘　肃	Gansu	3802.33	3559.83	3189.59	25	89.7	94.43	95.38	26
青　海	Qinghai	471.51	532.89	411.67	30	34.6	39.81	42.00	30
宁　夏	Ningxia	1730.89	1145.93	916.32	29	28.6	30.79	30.69	31
新　疆	Xinjiang	2924.22	2528.64	2040.83	26	173.6	260.56	254.18	10

13-27 报刊期发数和快递业务量

Issue of Newspapers and Magazines and Pieces of Express Mail Services

地区	Region	报刊期发数（万份）Issue of Newspapers and Magazines（10 000 copies）				快递业务量（万件）Pieces of Express Mail Services（10 000 pcs）			
		2010	2012	2013	2013排名 Ranking	2010	2012	2013	2013排名 Ranking
全　国	**National Total**	**17158.3**	**15401.6**	**15140.9**		**233892.0**	**568548.0**	**918674.9**	
北　京	Beijing	726.6	728.6	609.4	11	18002.5	48073.7	81818.2	5
天　津	Tianjin	210.4	194.6	190.2	26	3670.1	6364.0	8719.0	19
河　北	Hebei	509.1	631.5	731.6	8	4573.7	12469.1	20755.7	10
山　西	Shanxi	345.4	395.4	389.5	15	1479.3	2805.3	8869.0	18
内蒙古	Inner Mongolia	190.5	229.6	248.3	24	1432.1	2440.0	2839.0	26
辽　宁	Liaoning	383.7	403.7	365.9	18	4585.6	7757.4	11411.1	14
吉　林	Jilin	185.1	202.8	201.8	25	1855.0	3854.4	4526.7	24
黑龙江	Heilongjiang	367.7	607.0	323.8	21	2308.2	3623.5	5393.9	22
上　海	Shanghai	980.4	982.7	858.2	6	24318.9	59905.3	95012.4	4
江　苏	Jiangsu	1091.6	1168.0	1243.9	1	23796.5	63870.5	98415.5	3
浙　江	Zhejiang	1050.1	1084.4	1174.3	2	24898.2	81986.8	141952.8	2
安　徽	Anhui	602.2	556.4	651.4	10	3604.2	9731.4	13755.5	13
福　建	Fujian	503.3	502.9	479.3	13	10069.0	25593.8	44535.8	6
江　西	Jiangxi	361.1	346.3	366.9	17	2350.5	5472.6	9751.5	16
山　东	Shandong	1618.0	976.4	926.0	4	11783.5	24731.8	31375.8	7
河　南	Henan	802.8	1010.6	951.5	3	5765.0	12503.4	19443.9	11
湖　北	Hubei	556.2	596.4	842.2	7	5476.6	11629.8	21991.0	9
湖　南	Hunan	717.9	674.0	526.5	12	4227.7	10022.7	15446.7	12
广　东	Guangdong	1904.6	1037.0	862.9	5	59107.5	133770.5	210670.3	1
广　西	Guangxi	360.2	387.3	379.4	16	2277.9	4395.1	6745.1	21
海　南	Hainan	83.9	103.2	107.6	28	681.2	1123.6	2226.9	27
重　庆	Chongqing	1132.7	234.3	424.1	14	2829.4	5497.9	10614.8	15
四　川	Sichuan	577.3	658.3	652.3	9	5810.6	12814.4	24400.9	8
贵　州	Guizhou	195.6	339.8	272.8	23	1120.9	1801.0	2931.2	25
云　南	Yunnan	300.8	316.0	320.7	22	2108.5	3774.4	6870.3	20
西　藏	Tibet	41.9	54.2	50.3	30	195.3	320.1	378.8	31
陕　西	Shaanxi	517.2	336.9	345.9	20	2582.5	5085.0	9552.2	17
甘　肃	Gansu	210.1	225.9	188.1	27	1012.9	1470.3	1788.5	28
青　海	Qinghai	47.3	48.3	44.3	31	162.7	286.7	417.5	30
宁　夏	Ningxia	277.8	58.9	59.4	29	474.9	2967.8	972.9	29
新　疆	Xinjiang	306.7	310.2	352.4	19	1331.1	2406.0	5092.1	23

13-28 邮路总长度和农村投递路线长度
Length of Postal Routes and Rural Delivery Routes

单位：公里 (km)

地区	Region	邮路总长度 Length of Postal Routes 2010	2012	2013	2013排名 Ranking	农村投递路线长度 Rural Delivery Routes 2010	2012	2013	2013排名 Ranking
全 国	**National Total**	**4635569**	**5855107**	**5897229**		**3690561**	**3731657**	**3744733**	
北 京	Beijing	342767	405521	228443	9	17373	18669	18639	29
天 津	Tianjin	75097	157480	448060	2	16872	18661	19009	28
河 北	Hebei	113496	78040	57874	29	200437	191861	182970	7
山 西	Shanxi	92499	97314	73422	27	113916	119338	122559	15
内蒙古	Inner Mongolia	92391	154666	98198	24	114545	109253	109302	18
辽 宁	Liaoning	198335	252991	184995	12	95582	113875	114386	16
吉 林	Jilin	84349	179250	251159	7	95524	99698	97658	21
黑龙江	Heilongjiang	101025	138855	140651	21	115499	120323	124453	13
上 海	Shanghai	137618	192241	153496	19	23554	22684	22405	27
江 苏	Jiangsu	223253	240630	197750	11	261298	266263	261629	2
浙 江	Zhejiang	234673	449588	228317	10	179456	170167	179220	9
安 徽	Anhui	84200	139364	428691	3	150902	133560	144838	11
福 建	Fujian	218405	182584	104462	23	89432	93039	91687	22
江 西	Jiangxi	98020	108198	182600	14	97950	100828	99768	20
山 东	Shandong	252049	309689	81476	26	271512	264799	272355	1
河 南	Henan	142133	131284	242453	8	193690	197726	198258	6
湖 北	Hubei	243416	124877	147995	20	194656	211898	206146	5
湖 南	Hunan	134386	142207	153786	18	199222	215941	216821	4
广 东	Guangdong	550662	578539	172456	15	214877	215842	222384	3
广 西	Guangxi	159853	273528	594990	1	112713	113521	114296	17
海 南	Hainan	62316	94378	291560	4	22155	24373	25182	26
重 庆	Chongqing	108976	110951	90861	25	63126	64120	53431	25
四 川	Sichuan	185703	269222	154470	17	176657	187082	180741	8
贵 州	Guizhou	96174	136429	270825	6	58872	52532	60222	23
云 南	Yunnan	145715	197454	129375	22	159623	169445	168999	10
西 藏	Tibet	20085	29485	275486	5	117612	97409	105926	19
陕 西	Shaanxi	151470	146020	52302	30	134262	127543	124071	14
甘 肃	Gansu	87997	126312	168030	16	110385	134411	134717	12
青 海	Qinghai	30065	72785	183447	13	10451	5517	5291	31
宁 夏	Ningxia	34074	54058	63879	28	14290	9956	10404	30
新 疆	Xinjiang	134367	281167	45723	31	64120	61325	56967	24

13-29 城市固定电话用户
Urban Fixed Telephone Subscribers

单位:万户 (10 000 subscribers)

地区	Region	城市固定电话用户 Urban Fixed Telephone Subscribers 2010	2012	2013	2013排名 Ranking	其中：住宅电话用户 Household Fixed Telephone Subscribers 2010	2012	2013	2013排名 Ranking
全国	**National Total**	**19658.1**	**18893.4**	**18456.8**		**11973.4**	**11013.2**	**10474.3**	
北京	Beijing	696.4	705.5	695.2	10	416.7	421.8	390.5	10
天津	Tianjin	363.0	349.2	348.6	23	259.4	226.0	215.2	21
河北	Hebei	811.8	850.8	840.1	7	541.8	544.9	549.4	5
山西	Shanxi	488.0	482.0	433.6	18	374.5	330.7	279.6	19
内蒙古	Inner Mongolia	353.8	310.7	317.7	25	237.8	184.1	191.8	23
辽宁	Liaoning	985.8	861.3	800.1	8	779.5	659.9	590.4	3
吉林	Jilin	433.1	434.7	439.3	17	299.8	289.3	288.0	18
黑龙江	Heilongjiang	620.4	594.3	602.0	15	464.1	442.3	452.4	9
上海	Shanghai	920.1	891.9	858.6	6	574.5	538.5	512.3	7
江苏	Jiangsu	1527.8	1341.0	1275.9	2	861.9	733.7	655.5	2
浙江	Zhejiang	1200.0	1127.4	1051.9	3	584.3	516.5	463.2	8
安徽	Anhui	612.9	641.0	603.8	14	366.5	389.3	359.3	12
福建	Fujian	661.2	632.8	609.7	13	353.9	333.5	315.6	15
江西	Jiangxi	439.7	405.4	395.9	20	235.6	217.6	207.2	22
山东	Shandong	1162.6	1067.4	995.4	4	720.2	630.2	546.6	6
河南	Henan	926.5	789.9	753.7	9	688.7	389.3	367.6	11
湖北	Hubei	670.7	666.2	662.9	11	388.7	367.8	358.2	14
湖南	Hunan	735.2	645.2	624.8	12	417.4	365.6	358.3	13
广东	Guangdong	2236.1	2220.9	2265.7	1	1187.2	1168.1	1129.8	1
广西	Guangxi	430.3	376.5	354.7	22	243.4	188.2	165.9	25
海南	Hainan	124.9	122.0	122.7	28	66.5	64.4	66.6	28
重庆	Chongqing	376.4	407.3	430.3	19	247.7	280.4	294.8	17
四川	Sichuan	895.4	927.8	926.4	5	551.4	565.0	569.5	4
贵州	Guizhou	246.8	264.9	269.6	27	149.3	161.3	164.0	26
云南	Yunnan	357.7	364.7	346.9	24	193.7	200.4	187.0	24
西藏	Tibet	41.9	39.1	39.3	31	22.2	22.5	23.2	31
陕西	Shaanxi	519.6	541.3	555.0	16	270.6	294.5	299.4	16
甘肃	Gansu	265.4	272.4	269.8	26	145.8	151.8	139.7	27
青海	Qinghai	80.8	85.6	86.6	30	48.8	50.6	46.1	30
宁夏	Ningxia	77.9	83.3	87.0	29	44.2	50.3	53.6	29
新疆	Xinjiang	395.9	391.0	393.6	21	237.3	234.6	233.3	20

13-30 农村固定电话用户
Rural Fixed Telephone Subscribers

单位：万户 (10 000 subscribers)

地区	Region	农村固定电话用户 Rural Fixed Telephone Subscribers 2010	2012	2013	2013排名 Ranking	其中：住宅电话用户 Household Fixed Telephone Subscribers 2010	2012	2013	2013排名 Ranking
全　国	**National Total**	**9776.1**	**8921.9**	**8241.7**		**8325.0**	**7315.8**	**6643.4**	
北　京	Beijing	189.3	177.7	172.4	16	151.8	141.8	135.3	17
天　津	Tianjin	3.8	4.5	4.2	30	0.6	0.7	0.9	29
河　北	Hebei	439.5	356.9	312.3	11	391.7	318.1	277.0	10
山　西	Shanxi	232.6	203.2	150.9	17	208.7	176.7	109.9	20
内蒙古	Inner Mongolia	60.3	57.6	59.5	25	52.3	46.1	47.8	25
辽　宁	Liaoning	442.2	423.8	422.3	6	429.8	407.9	406.4	5
吉　林	Jilin	162.2	144.1	139.7	20	150.9	133.6	113.3	19
黑龙江	Heilongjiang	193.1	181.7	145.8	19	177.1	167.1	142.7	16
上　海	Shanghai	11.7	11.0	10.7	29				
江　苏	Jiangsu	971.0	1046.2	1014.0	1	809.9	840.3	815.5	1
浙　江	Zhejiang	785.5	755.0	729.5	3	588.8	533.9	509.4	4
安　徽	Anhui	618.1	450.5	372.9	9	561.7	390.3	316.3	8
福　建	Fujian	384.5	384.5	373.8	8	312.7	300.8	287.4	9
江　西	Jiangxi	269.9	238.8	226.6	13	233.9	201.3	191.6	13
山　东	Shandong	829.6	786.8	712.2	4	746.9	675.0	600.2	2
河　南	Henan	500.4	498.8	470.6	5	424.4	405.7	383.0	6
湖　北	Hubei	355.7	337.4	321.1	10	315.0	287.1	268.8	11
湖　南	Hunan	341.7	308.7	289.6	12	280.4	252.2	236.4	12
广　东	Guangdong	933.1	914.9	834.2	2	695.6	666.6	595.8	3
广　西	Guangxi	278.6	222.8	191.6	15	250.3	192.5	161.3	15
海　南	Hainan	54.9	51.0	50.9	26	43.6	38.2	37.5	26
重　庆	Chongqing	206.3	168.4	150.0	18	186.3	149.9	129.6	18
四　川	Sichuan	523.6	419.4	387.3	7	467.5	360.8	327.8	7
贵　州	Guizhou	184.4	115.5	93.4	24	166.8	98.7	77.9	23
云　南	Yunnan	204.8	159.6	138.5	21	164.7	118.4	98.9	21
西　藏	Tibet	2.0	1.4	1.1	31	0.8	0.7	0.5	30
陕　西	Shaanxi	262.3	230.8	214.3	14	227.9	192.3	174.0	14
甘　肃	Gansu	146.5	105.3	94.6	23	126.0	84.9	74.0	24
青　海	Qinghai	22.4	16.9	15.2	28	19.9	14.5	12.4	28
宁　夏	Ningxia	34.0	21.6	17.7	27	29.8	17.4	13.6	27
新　疆	Xinjiang	132.1	126.9	125.1	22	109.2	102.4	98.3	22

13-31 移动电话用户和移动短信业务量
Number of Mobile Telephone Subscribers and Short Message Services

地区	Region	移动电话用户（万户）Number of Mobile Telephone Subscribers (10 000 subscribers)				移动短信业务量（亿条）Short Message Services (100 milloin messages)			
		2010	2012	2013	2013排名 Ranking	2010	2012	2013	2013排名 Ranking
全　国	**National Total**	**85900.3**	**111215.5**	**122911.3**		**8277.5**	**8973.1**	**8921.0**	
北　京	Beijing	2129.8	3168.0	3373.8	15	369.6	447.9	459.0	5
天　津	Tianjin	1089.8	1325.2	1323.2	27	124.9	120.8	91.7	27
河　北	Hebei	4353.6	5513.1	6006.2	7	352.5	311.2	311.8	10
山　西	Shanxi	2205.2	2764.6	3105.5	18	219.8	264.9	291.1	13
内蒙古	Inner Mongolia	2034.0	2550.1	2690.6	21	181.9	174.2	156.0	20
辽　宁	Liaoning	3341.8	4291.3	4583.6	8	257.9	241.2	222.8	16
吉　林	Jilin	1805.4	2257.0	2372.1	24	177.5	165.2	147.9	22
黑龙江	Heilongjiang	2072.0	2663.9	3020.4	19	177.6	164.4	137.3	24
上　海	Shanghai	2361.6	3008.3	3200.7	17	369.0	336.1	325.7	9
江　苏	Jiangsu	5923.1	7471.4	7942.0	3	680.8	633.3	581.5	4
浙　江	Zhejiang	5047.4	6442.6	7071.8	5	621.6	775.6	884.1	2
安　徽	Anhui	2798.7	3609.8	3958.9	12	317.2	280.9	263.8	15
福　建	Fujian	3021.8	4049.2	4303.3	11	306.6	387.7	587.4	3
江　西	Jiangxi	1811.3	2573.4	2806.9	20	160.5	167.9	153.8	21
山　东	Shandong	6190.4	7588.9	8333.4	2	447.8	436.9	440.1	6
河　南	Henan	4402.0	5787.6	7200.2	4	317.2	315.0	292.3	12
湖　北	Hubei	3454.7	4554.1	4416.8	10	253.5	239.3	214.0	17
湖　南	Hunan	3257.0	4262.0	4570.0	9	251.9	332.4	300.6	11
广　东	Guangdong	9624.6	12468.0	14706.1	1	931.5	1117.3	1098.6	1
广　西	Guangxi	2214.5	2884.1	3285.6	16	188.2	210.1	204.0	19
海　南	Hainan	594.3	775.6	858.3	28	49.5	62.4	58.3	28
重　庆	Chongqing	1664.4	2069.6	2380.8	23	128.7	135.8	132.5	25
四　川	Sichuan	4156.4	5498.2	6283.3	6	406.4	432.1	376.7	8
贵　州	Guizhou	1800.6	2321.4	2662.6	22	120.8	143.1	140.1	23
云　南	Yunnan	2244.5	2895.8	3395.8	14	270.0	367.4	384.1	7
西　藏	Tibet	157.6	235.5	265.6	31	15.8	18.1	19.3	31
陕　西	Shaanxi	2518.2	3264.8	3512.5	13	230.2	293.0	269.6	14
甘　肃	Gansu	1390.1	1763.5	1976.2	26	180.7	211.7	205.4	18
青　海	Qinghai	397.8	537.2	542.4	30	27.5	32.7	30.7	30
宁　夏	Ningxia	437.3	591.0	627.2	29	44.1	54.1	45.7	29
新　疆	Xinjiang	1359.9	2010.6	2133.9	25	96.4	100.4	95.2	26

13-32 互联网宽带接入用户和上网人数
Broadband Subscribers of Internet and Number of Internet Users

地区	Region	互联网宽带接入用户（万户） Broadband Subscribers of Internet (10 000 subscribers)				互联网上网人数（万人） Number of Internet Users (10 000 persons)			
		2010	2012	2013	2013排名 Ranking	2010	2012	2013	2013排名 Ranking
全　国	**National Total**	**12629.1**	**17518.3**	**18890.9**		**45730**	**56400**	**61758**	
北　京	Beijing	498.4	473.7	480.4	17	1218	1458	1556	17
天　津	Tianjin	173.0	204.8	188.4	27	648	793	866	27
河　北	Hebei	667.0	963.9	1031.6	5	2197	3008	3389	4
山　西	Shanxi	353.1	504.8	521.3	14	1250	1589	1755	14
内蒙古	Inner Mongolia	190.5	274.8	284.4	25	747	965	1093	25
辽　宁	Liaoning	595.6	707.9	726.9	10	1916	2199	2453	9
吉　林	Jilin	285.1	364.6	379.6	22	882	1062	1163	22
黑龙江	Heilongjiang	326.1	435.8	459.6	18	1127	1329	1514	19
上　海	Shanghai	486.7	541.0	511.1	15	1239	1606	1683	16
江　苏	Jiangsu	1048.4	1350.7	1431.3	3	3306	3952	4095	3
浙　江	Zhejiang	869.5	1152.6	1242.7	4	2786	3221	3330	5
安　徽	Anhui	341.9	507.0	546.8	13	1392	1869	2150	12
福　建	Fujian	471.6	738.0	835.6	7	1848	2280	2402	11
江　西	Jiangxi	253.4	372.0	410.1	20	950	1267	1468	20
山　东	Shandong	966.9	1364.1	1465.1	2	3332	3866	4329	2
河　南	Henan	642.5	927.6	1000.5	6	2417	2856	3283	6
湖　北	Hubei	459.4	708.0	813.3	9	1902	2309	2491	8
湖　南	Hunan	374.5	604.4	702.4	11	1747	2200	2410	10
广　东	Guangdong	1400.0	1903.6	2081.7	1	5324	6627	6992	1
广　西	Guangxi	330.1	507.1	559.6	12	1226	1586	1774	13
海　南	Hainan	67.6	95.5	110.9	28	303	384	411	28
重　庆	Chongqing	263.1	388.1	438.8	19	990	1195	1293	21
四　川	Sichuan	521.8	823.0	835.2	8	1998	2562	2835	7
贵　州	Guizhou	149.7	243.9	292.4	24	751	991	1146	23
云　南	Yunnan	224.1	375.5	404.7	21	1021	1321	1528	18
西　藏	Tibet	10.4	17.1	19.1	31	81	101	115	31
陕　西	Shaanxi	308.3	439.6	506.2	16	1295	1551	1689	15
甘　肃	Gansu	112.2	163.3	192.2	26	655	795	894	26
青　海	Qinghai	34.9	49.9	54.9	30	188	238	274	30
宁　夏	Ningxia	43.0	60.9	71.1	29	175	258	283	29
新　疆	Xinjiang	160.4	255.0	293.0	23	819	962	1094	24

13-33 固定长途电话交换机容量和移动电话交换机容量
Capacity of Long-distance Telephone Exchanges and Capacity of Mobile Telephone Exchanges

地区	Region	固定长途电话交换机容量（万路端）Capacity of Long-distance Telephone Exchanges (10 000 circuit)				移动电话交换机容量（万户）Capacity of Mobile Telephone Exchanges (10 000 subscribers)			
		2010	2012	2013	2013排名 Ranking	2010	2012	2013	2013排名 Ranking
全　国	**National Total**	**1641.46**	**1579.74**	**1280.51**		**150284.9**	**184023.8**	**196557.3**	
北　京	Beijing	55.08	55.08	56.57	6	4134.0	4734.0	4820.0	20
天　津	Tianjin	13.72	13.72	13.72	27	1910.0	2045.0	2355.0	27
河　北	Hebei	34.30	31.15	31.78	17	8080.0	11205.2	11258.8	4
山　西	Shanxi	32.21	30.68	30.24	18	3772.5	4648.9	5255.8	16
内蒙古	Inner Mongolia	20.25	20.25	21.12	25	3565.4	5148.3	6136.3	13
辽　宁	Liaoning	43.32	50.76	48.67	10	5425.0	6229.8	6258.7	12
吉　林	Jilin	28.67	22.54	22.44	23	3340.0	3751.0	3814.0	24
黑龙江	Heilongjiang	48.91	41.15	41.15	14	4493.1	5010.8	5388.7	15
上　海	Shanghai	73.04	73.97	74.19	4	3995.0	3973.0	3923.0	23
江　苏	Jiangsu	109.67	109.48	37.56	15	8795.1	9665.7	10356.5	6
浙　江	Zhejiang	93.23	85.15	85.15	3	8666.2	9871.2	10807.2	5
安　徽	Anhui	71.67	73.71	20.77	26	6058.6	7479.9	7561.9	9
福　建	Fujian	65.03	61.26	55.07	7	6282.2	7704.6	7726.0	8
江　西	Jiangxi	55.48	55.48	34.22	16	3333.0	3945.9	4088.4	22
山　东	Shandong	45.66	45.72	45.72	12	10477.7	11103.4	11424.4	3
河　南	Henan	150.75	151.19	144.64	1	7948.0	8550.4	8968.1	7
湖　北	Hubei	49.28	49.08	49.07	9	5862.7	6805.7	7235.2	10
湖　南	Hunan	50.36	50.60	46.37	11	4719.0	5688.4	7090.9	11
广　东	Guangdong	269.11	258.76	108.34	2	14766.9	20392.6	21148.1	1
广　西	Guangxi	62.03	57.97	58.19	5	3567.1	3865.5	4462.0	21
海　南	Hainan	9.16	9.16	9.16	29	1099.4	1512.4	1532.4	28
重　庆	Chongqing	21.90	21.90	21.90	24	2746.2	3715.0	3810.0	25
四　川	Sichuan	52.86	34.29	51.11	8	9624.1	13749.2	14820.6	2
贵　州	Guizhou	28.54	26.66	25.54	21	2724.5	4473.8	4954.0	19
云　南	Yunnan	32.09	32.09	22.44	22	4812.7	5182.1	5922.6	14
西　藏	Tibet	3.45	3.45	1.66	31	199.0	342.0	393.0	31
陕　西	Shaanxi	39.49	44.19	44.19	13	3724.1	4924.4	4961.9	18
甘　肃	Gansu	25.36	17.79	27.41	20	1940.0	2367.8	2633.8	26
青　海	Qinghai	13.32	13.33	12.96	28	549.0	848.0	1130.0	30
宁　夏	Ningxia	7.36	6.14	6.14	30	823.4	967.8	1158.0	29
新　疆	Xinjiang	31.60	28.46	28.46	19	2851.0	4122.0	5162.0	17

13-34 长途光缆线路长度和互联网宽带接入端口
Length of Long Distance Optical Cable Lines and Broadband Access Port of Internet

地区	Region	长途光缆线路长度（公里） Length of Long Distance Optical Cable Lines (km)				互联网宽带接入端口（万个） Broadband Access Port of Internet (10 000 ports)			
		2010	2012	2013	2013排名 Ranking	2010	2012	2013	2013排名 Ranking
全　国	**National Total**	**818133**	**868175**	**890018**		**18781.1**	**32108.4**	**35945.3**	
北　京	Beijing	4142	4104	4122	28	633.4	1076.8	1186.8	12
天　津	Tianjin	3106	3106	3481	30	230.0	461.7	353.9	27
河　北	Hebei	30471	34280	35331	10	924.3	1756.0	2049.3	5
山　西	Shanxi	27681	27826	36085	9	502.8	737.4	881.7	17
内蒙古	Inner Mongolia	46831	56937	57760	1	267.0	548.7	677.2	23
辽　宁	Liaoning	23922	24604	24508	22	793.4	1267.5	1631.4	8
吉　林	Jilin	21810	22704	23431	23	362.2	635.6	695.0	22
黑龙江	Heilongjiang	39785	40538	45194	4	498.4	771.7	865.2	19
上　海	Shanghai	4670	4758	3664	29	819.1	1491.5	1374.6	10
江　苏	Jiangsu	33034	32820	29981	17	1806.4	2892.4	3063.2	2
浙　江	Zhejiang	23534	25001	25801	21	1316.6	2250.4	2447.4	4
安　徽	Anhui	24866	26333	28367	19	609.5	1063.8	1124.6	14
福　建	Fujian	21061	21753	21692	24	747.1	1439.8	1439.4	9
江　西	Jiangxi	21201	21492	18224	25	358.9	719.3	868.6	18
山　东	Shandong	30060	32641	32373	13	1424.0	2144.9	2537.0	3
河　南	Henan	36672	31398	31413	14	875.8	1435.7	1747.0	7
湖　北	Hubei	27035	27686	28125	20	588.4	1023.5	1153.2	13
湖　南	Hunan	36189	36419	38411	6	468.7	1070.2	1219.6	11
广　东	Guangdong	46289	49065	49890	3	2185.8	3158.1	3325.2	1
广　西	Guangxi	34379	34846	37891	7	494.1	848.0	978.8	15
海　南	Hainan	3256	3302	3301	31	111.3	168.9	198.6	28
重　庆	Chongqing	11054	6102	6397	27	401.1	648.8	778.8	20
四　川	Sichuan	47849	54614	56157	2	767.8	1316.3	1775.7	6
贵　州	Guizhou	30178	35283	35097	11	228.9	466.8	494.2	25
云　南	Yunnan	34510	40168	42468	5	325.9	663.7	736.9	21
西　藏	Tibet	22488	30070	30360	16	17.8	41.0	44.1	31
陕　西	Shaanxi	26595	27628	28394	18	484.9	803.6	940.9	16
甘　肃	Gansu	29358	31086	31192	15	172.4	430.8	460.3	26
青　海	Qinghai	27971	33374	33583	12	51.6	105.6	117.8	30
宁　夏	Ningxia	10110	10272	9708	26	56.6	122.1	150.3	29
新　疆	Xinjiang	38026	37967	37620	8	256.7	548.1	628.6	24

13-35 电话普及率和移动电话普及率
Popularization Rate of Telephone and Mobile Telephone

单位：部/百人 (sets/100 persons)

地区	Region	电话普及率(包括移动电话)(部/百人) Popularization Rate of Telephone (Include Mobile Telephone) (sets/100 persons)				移动电话普及率(部/百人) Popularization Rate of Mobile Telephone (sets/100 persons)			
		2010	2012	2013	2013排名 Ranking	2010	2012	2013	2013排名 Ranking
全　国	**National Total**	**86.41**	**103.10**	**109.95**		**64.36**	**82.50**	**90.33**	
北　京	Beijing	171.82	200.60	200.56	1	121.36	156.90	159.53	1
天　津	Tianjin	118.62	123.90	113.84	11	88.75	97.80	89.88	14
河　北	Hebei	79.68	92.80	97.63	21	61.89	76.10	81.91	19
山　西	Shanxi	85.38	96.00	101.65	17	64.35	76.90	85.55	17
内蒙古	Inner Mongolia	101.08	117.50	122.83	8	83.98	102.70	107.73	6
辽　宁	Liaoning	110.43	127.20	132.26	6	77.37	97.90	104.41	7
吉　林	Jilin	87.61	103.20	107.26	15	65.89	82.10	86.22	15
黑龙江	Heilongjiang	75.42	89.70	98.26	19	54.16	69.50	78.76	21
上　海	Shanghai	171.43	166.70	168.52	2	122.93	128.20	132.52	3
江　苏	Jiangsu	109.02	124.80	128.87	7	76.67	94.60	100.03	8
浙　江	Zhejiang	135.77	152.40	161.02	4	97.44	117.90	128.62	4
安　徽	Anhui	65.73	78.80	81.85	29	45.65	60.50	65.65	29
福　建	Fujian	112.14	136.10	140.08	5	83.31	108.80	114.02	5
江　西	Jiangxi	56.88	71.70	75.83	30	40.87	57.30	62.07	31
山　东	Shandong	86.41	97.90	103.16	16	65.37	78.70	85.62	16
河　南	Henan	61.44	75.30	89.50	25	46.40	61.60	76.49	24
湖　北	Hubei	78.34	96.50	93.13	23	60.40	79.10	76.16	25
湖　南	Hunan	67.65	79.10	81.97	28	50.84	64.60	68.30	28
广　东	Guangdong	132.74	148.60	167.29	3	99.86	118.70	138.16	2
广　西	Guangxi	60.20	75.00	72.55	31	45.60	62.10	62.20	30
海　南	Hainan	89.60	108.10	115.26	10	68.79	88.40	95.87	10
重　庆	Chongqing	78.60	90.60	99.70	18	58.22	70.90	80.16	20
四　川	Sichuan	68.12	85.00	93.71	22	50.78	68.30	77.50	22
贵　州	Guizhou	58.76	77.90	86.39	26	47.41	66.90	76.03	26
云　南	Yunnan	61.41	73.80	82.81	27	49.10	62.50	72.46	27
西　藏	Tibet	69.49	91.10	98.08	20	54.36	77.70	85.13	18
陕　西	Shaanxi	87.49	107.80	113.76	12	66.76	87.20	93.32	13
甘　肃	Gansu	68.38	83.50	90.64	24	52.75	68.80	76.53	23
青　海	Qinghai	89.94	112.60	111.49	14	71.42	94.60	93.88	12
宁　夏	Ningxia	87.87	108.90	111.88	13	69.97	92.50	95.87	9
新　疆	Xinjiang	87.44	114.40	117.15	9	62.99	91.00	94.24	11

13-36 互联网普及率和平均每一营业网点服务人口
Popularization Rate of Internet and Average People Served by Each Postal Office

地区	Region	互联网普及率（%） Popularization Rate of Internet (%)				平均每一营业网点服务人口（万人） Average People Served by Each Postal Office (10 000 persons)			
		2010	2012	2013	2013排名 Ranking	2010	2012	2013	2013排名 Ranking
全　国	**National Total**	**34.3**	**42.1**	**45.8**		**1.77**	**1.42**	**1.09**	
北　京	Beijing	69.4	72.2	75.2	1	0.89	0.67	0.55	30
天　津	Tianjin	52.7	58.5	61.3	5	1.73	1.32	1.03	17
河　北	Hebei	31.2	41.5	46.5	12	3.05	2.56	2.19	1
山　西	Shanxi	36.5	44.2	48.6	10	2.38	1.72	1.12	14
内蒙古	Inner Mongolia	30.8	38.9	43.9	16	1.43	1.13	0.93	22
辽　宁	Liaoning	44.4	50.2	55.9	7	2.01	1.42	1.18	11
吉　林	Jilin	32.2	38.6	42.3	20	2.11	1.71	1.20	10
黑龙江	Heilongjiang	29.5	34.7	39.5	21	1.94	1.56	1.45	6
上　海	Shanghai	64.5	68.4	70.7	2	0.55	0.63	0.53	31
江　苏	Jiangsu	42.8	50.0	51.7	8	1.64	1.17	0.89	23
浙　江	Zhejiang	53.8	59.0	60.8	6	1.46	1.03	0.78	27
安　徽	Anhui	22.7	31.3	35.9	25	2.58	2.35	1.50	4
福　建	Fujian	50.9	61.3	64.1	4	1.64	1.18	0.88	24
江　西	Jiangxi	20.2	28.5	32.6	31	2.18	1.66	1.18	12
山　东	Shandong	35.2	40.1	44.7	15	2.28	1.66	1.48	5
河　南	Henan	25.5	30.4	34.9	27	2.41	2.15	1.67	3
湖　北	Hubei	33.3	40.1	43.1	19	2.36	1.43	1.12	15
湖　南	Hunan	27.3	33.3	36.3	24	2.12	2.13	1.05	16
广　东	Guangdong	55.3	63.1	66.0	3	1.22	0.97	0.76	29
广　西	Guangxi	25.2	34.2	37.9	22	2.65	2.01	1.71	2
海　南	Hainan	35.1	43.7	46.4	13	1.78	1.29	1.02	20
重　庆	Chongqing	34.6	40.9	43.9	16	0.96	1.14	0.94	21
四　川	Sichuan	24.4	31.8	35.1	26	1.52	1.14	0.88	25
贵　州	Guizhou	19.8	28.6	32.9	29	1.93	1.73	1.14	13
云　南	Yunnan	22.3	28.5	32.8	30	2.06	1.63	1.41	7
西　藏	Tibet	27.9	33.3	37.4	23	0.99	1.25	1.03	19
陕　西	Shaanxi	34.3	41.5	45.0	14	1.93	1.55	1.39	8
甘　肃	Gansu	24.8	31.0	34.7	28	1.99	1.51	1.27	9
青　海	Qinghai	33.6	41.9	47.8	11	2.49	2.20	0.77	28
宁　夏	Ningxia	28.0	40.3	43.7	18	1.36	1.32	1.03	18
新　疆	Xinjiang	37.9	43.6	49.0	9	1.49	1.18	0.86	26

14

贸易和旅游

Trade and Tourism

14-1　社会消费品零售总额和增长率
Total Retail Sales and Growth Rate of Consumer Goods

地区	Region	社会消费品零售总额（亿元） Total Retail Sales of Consumer Goods (100 million yuan)				增长率（%） Growth Rate (%)			
		2010	2012	2013	2013排名 Ranking	2010	2012	2013	2013排名 Ranking
全　国	**National Total**	**156998.4**	**210307.0**	**237809.9**		**18.3**	**14.3**	**13.1**	
北　京	Beijing	6229.3	7702.8	8375.1	11	17.3	11.6	8.7	30
天　津	Tianjin	2860.2	3921.4	4470.4	23	19.4	15.5	14.0	11
河　北	Hebei	6821.8	9254.0	10516.7	9	18.3	15.2	13.6	21
山　西	Shanxi	3318.2	4506.8	5139.3	17	18.1	15.5	14.0	7
内蒙古	Inner Mongolia	3384.0	4572.5	5114.2	19	18.5	14.6	11.8	29
辽　宁	Liaoning	6887.6	9346.6	10581.4	7	18.5	15.5	13.7	18
吉　林	Jilin	3504.9	4772.9	5426.4	16	18.5	15.9	13.7	19
黑龙江	Heilongjiang	4039.2	5491.0	6251.2	15	18.7	15.6	13.8	15
上　海	Shanghai	6070.5	7412.3	8052.0	13	17.3	8.8	8.6	31
江　苏	Jiangsu	13606.8	18331.3	20796.5	3	18.5	14.7	13.4	24
浙　江	Zhejiang	10245.4	13588.3	15225.5	4	18.8	13.0	12.0	28
安　徽	Anhui	4197.7	5736.6	6542.4	14	19.0	15.8	14.0	3
福　建	Fujian	5310.0	7256.5	8275.3	12	18.5	15.6	14.0	5
江　西	Jiangxi	2956.2	4027.2	4576.1	22	19.0	15.6	13.6	22
山　东	Shandong	14620.3	19651.9	22294.8	2	18.3	14.6	13.4	23
河　南	Henan	8004.2	10915.6	12426.6	5	18.6	15.5	13.8	16
湖　北	Hubei	7013.9	9562.5	10885.9	6	18.3	15.6	13.8	17
湖　南	Hunan	5839.5	7921.9	9018.6	10	18.8	15.1	13.8	14
广　东	Guangdong	17458.4	22677.1	25453.9	1	17.2	11.7	12.2	27
广　西	Guangxi	3312.0	4516.6	5133.1	18	18.7	15.6	13.6	20
海　南	Hainan	639.3	870.8	992.9	28	18.9	14.7	14.0	10
重　庆	Chongqing	2938.6	4033.7	4599.8	21	18.5	15.7	14.0	8
四　川	Sichuan	6810.1	9268.6	10561.4	8	18.3	15.8	13.9	13
贵　州	Guizhou	1482.7	2027.6	2366.2	25	18.9	15.8	14.0	12
云　南	Yunnan	2542.4	3511.6	4004.6	24	21.9	15.6	14.0	6
西　藏	Tibet	185.3	254.6	293.2	31	18.3	16.3	15.1	1
陕　西	Shaanxi	3195.7	4383.8	4999.5	20	18.4	15.7	14.0	4
甘　肃	Gansu	1394.5	1906.5	2173.8	26	17.9	15.7	14.0	9
青　海	Qinghai	350.8	476.0	544.1	30	16.8	16.0	14.3	2
宁　夏	Ningxia	403.6	548.8	610.5	29	19.0	14.9	12.5	26
新　疆	Xinjiang	1375.1	1858.6	2108.2	27	16.8	15.0	13.4	25

14-2 城乡社会消费品零售总额构成
Total Urban and Rural Retail Sales of Consumer Goods

单位：亿元 (100 million yuan)

地区	Region	城市社会消费品零售额 Urban Retail Sales of Consumer Goods				乡村社会消费品零售额 Rural Retail Sales of Consumer Goods			
		2010	2012	2013	2013排名 Ranking	2010	2012	2013	2013排名 Ranking
全　国	**National Total**	**136123.3**	**182413.8**	**205857.9**		**20875.1**	**27893.2**	**31952.0**	
北　京	Beijing	6128.9	7580.4	8231.0	9	100.4	122.4	144.2	27
天　津	Tianjin	2749.6	3767.8	4295.2	21	153.0	153.7	175.3	26
河　北	Hebei	5203.0	7101.4	8081.3	11	1618.8	2152.6	2435.5	4
山　西	Shanxi	2669.9	3682.5	4192.5	22	648.3	824.3	946.7	10
内蒙古	Inner Mongolia	2961.3	4006.0	4475.3	18	422.7	566.6	638.9	16
辽　宁	Liaoning	6358.3	8565.3	9686.1	6	529.3	781.3	895.4	11
吉　林	Jilin	3107.2	4236.2	4806.8	16	397.7	536.8	619.6	17
黑龙江	Heilongjiang	3585.9	4815.5	5480.7	14	453.3	675.5	770.5	14
上　海	Shanghai	5677.0	7087.4	7695.7	12	393.5	324.9	356.3	23
江　苏	Jiangsu	12090.0	16489.3	18684.4	2	1516.8	1842.0	2112.1	6
浙　江	Zhejiang	9013.9	11450.5	12773.9	4	1231.5	2137.8	2451.7	3
安　徽	Anhui	3527.2	4721.7	5344.3	15	670.5	1014.8	1198.1	9
福　建	Fujian	4735.9	6563.6	7456.8	13	574.1	693.0	818.5	13
江　西	Jiangxi	2466.0	3352.2	3810.6	23	490.2	675.0	765.5	15
山　东	Shandong	11797.1	15879.7	17923.6	3	2823.2	3772.2	4371.2	1
河　南	Henan	6906.9	9021.7	10236.8	5	1097.3	1893.9	2189.8	5
湖　北	Hubei	5937.8	8112.6	9163.8	7	1076.1	1449.9	1722.1	8
湖　南	Hunan	5268.6	7184.3	8159.5	10	570.9	737.6	859.1	12
广　东	Guangdong	14896.9	19768.0	22282.4	1	2561.5	2909.2	3171.5	2
广　西	Guangxi	2898.7	3989.4	4531.0	17	413.3	527.2	602.1	18
海　南	Hainan	570.8	767.4	868.8	28	68.5	103.4	124.1	28
重　庆	Chongqing	2779.3	3838.0	4375.1	20	159.3	195.7	224.7	24
四　川	Sichuan	5493.4	7496.9	8525.8	8	1316.7	1771.7	2035.7	7
贵　州	Guizhou	1217.1	1667.4	1954.2	25	265.6	360.3	412.0	22
云　南	Yunnan	2138.9	3043.3	3466.3	24	361.2	468.3	538.3	20
西　藏	Tibet	137.7	211.8	242.1	31	47.6	42.9	51.1	30
陕　西	Shaanxi	2780.3	3862.9	4404.5	19	415.4	520.9	595.1	19
甘　肃	Gansu	1123.3	1530.0	1746.4	27	271.2	376.5	427.4	21
青　海	Qinghai	304.4	416.4	472.3	30	46.4	59.6	71.8	29
宁　夏	Ningxia	366.3	502.3	560.5	29	37.3	46.5	50.0	31
新　疆	Xinjiang	1231.9	1701.8	1930.4	26	143.2	156.7	177.8	25

14-3 限额以上批发和零售业法人企业数和年末从业人员
Number of Corporation Enterprises and Engaged Persons at Year-end of Enterprises above Designated Size in Wholesale and Retail Trades

地区	Region	法人企业数（个） Number of Corporation Enterprises (unit)				年末从业人员（万人） Engaged Persons at Year-end (10 000 persons)			
		2010	2012	2013	2013排名 Ranking	2010	2012	2013	2013排名 Ranking
全　国	**National Total**	**111770**	**138865**	**171973**		**852.2**	**985.6**	**1139.6**	
北　京	Beijing	8935	8110	7466	7	59.5	72.0	72.5	5
天　津	Tianjin	3802	4534	5164	14	16.6	20.0	21.6	18
河　北	Hebei	2548	3215	3640	16	26.6	33.8	35.4	13
山　西	Shanxi	2214	2919	3090	17	24.0	24.9	27.0	17
内蒙古	Inner Mongolia	1353	1667	1771	23	13.4	13.9	14.1	23
辽　宁	Liaoning	4785	6276	6788	10	30.1	33.3	37.1	11
吉　林	Jilin	1124	1346	1352	26	10.8	11.8	12.1	24
黑龙江	Heilongjiang	1547	1939	2037	21	15.5	14.9	15.0	22
上　海	Shanghai	5530	6662	7410	8	53.6	69.8	77.9	4
江　苏	Jiangsu	12374	13611	21731	1	71.7	83.6	104.6	2
浙　江	Zhejiang	10053	12917	14602	4	51.7	64.1	69.2	6
安　徽	Anhui	2451	4036	5220	13	26.2	31.5	34.6	14
福　建	Fujian	3924	6254	7770	6	28.1	34.6	37.8	10
江　西	Jiangxi	1187	1498	1633	24	12.1	14.6	15.8	21
山　东	Shandong	11792	13661	17134	3	85.5	87.0	102.2	3
河　南	Henan	6305	6368	7330	9	44.5	45.4	51.5	8
湖　北	Hubei	3479	5167	8091	5	36.0	41.2	57.1	7
湖　南	Hunan	2625	3515	5537	12	23.7	9.0	36.8	12
广　东	Guangdong	11343	14147	19425	2	88.8	113.5	132.1	1
广　西	Guangxi	1465	2185	2375	20	12.3	16.5	17.0	20
海　南	Hainan	626	485	469	28	3.9	4.2	4.5	28
重　庆	Chongqing	2585	3668	4455	15	22.2	26.2	30.7	15
四　川	Sichuan	3001	5252	6039	11	30.2	39.3	44.9	9
贵　州	Guizhou	800	1285	1818	22	7.9	10.6	11.9	25
云　南	Yunnan	1842	2616	2990	18	16.3	19.9	21.6	19
西　藏	Tibet	60	81	82	31	0.6	0.8	0.8	31
陕　西	Shaanxi	1569	2325	2961	19	19.5	23.9	27.0	16
甘　肃	Gansu	705	1092	1320	27	6.7	8.3	9.2	27
青　海	Qinghai	179	214	268	30	1.7	2.2	2.5	30
宁　夏	Ningxia	392	432	448	29	3.0	3.6	3.9	29
新　疆	Xinjiang	1175	1388	1557	25	9.5	11.1	11.4	26

注：限额以上批发和零售业统计单位是指：批发业，年主营业务收入2000万元及以上；零售业，年主营业务收入500万元及以上（以下有关各表同）。

Note: The criteria for wholesale and retail sale trades above designated size are as follows: wholesale trade with annual principal business sales over 20 million yuan; retail trade, with annual principal business sales over 5 million yuan.The same applies to the table followed.

14-4 限额以上批发和零售业商品购进总额和商品销售总额
Total Purchases Value and Total Sales Value of Enterprises above Designated Size in Wholesale and Retail Trades

单位：亿元 (100 million yuan)

地区	Region	商品购进总额 Total Purchases Value 2010	2012	2013	2013排名 Ranking	商品销售总额 Total Sales Value 2010	2012	2013	2013排名 Ranking
全　国	**National Total**	**248040.9**	**378314.9**	**451265.1**		**276635.7**	**410532.7**	**496603.8**	
北　京	Beijing	34438.7	48744.0	53785.7	2	37203.9	52381.4	56970.7	3
天　津	Tianjin	12346.0	21924.2	26928.1	7	13642.5	23061.9	28541.7	7
河　北	Hebei	4745.7	8490.9	10241.7	12	5463.5	9146.0	11254.5	12
山　西	Shanxi	4206.9	10197.4	11233.4	11	5549.5	10866.8	12072.7	11
内蒙古	Inner Mongolia	2710.1	3585.7	3945.1	23	2951.5	3949.6	4456.7	23
辽　宁	Liaoning	9688.4	13917.5	14560.8	9	10630.0	15184.4	16447.9	8
吉　林	Jilin	1846.9	2918.6	3075.7	24	2230.4	3322.4	3582.5	25
黑龙江	Heilongjiang	2486.8	4602.4	4918.6	21	3034.1	4965.4	5698.2	21
上　海	Shanghai	28876.3	41427.7	49784.2	3	31678.2	47751.5	57471.3	2
江　苏	Jiangsu	24076.0	32301.4	41737.4	4	26994.9	35005.7	45600.9	4
浙　江	Zhejiang	21399.6	30406.5	35164.8	5	23472.2	32683.0	38388.0	5
安　徽	Anhui	4653.8	7184.6	7961.5	16	5144.8	7717.0	8901.8	16
福　建	Fujian	7707.1	12548.5	14595.2	8	8304.1	13785.9	16029.3	9
江　西	Jiangxi	1585.0	2439.6	2623.5	27	2019.3	2939.0	3399.6	27
山　东	Shandong	13833.6	22845.8	27460.6	6	16105.6	24366.9	31193.4	6
河　南	Henan	6179.8	8588.7	8987.0	14	6340.3	8772.1	10223.6	14
湖　北	Hubei	7022.5	11521.5	14413.2	10	8013.1	12312.9	15446.8	10
湖　南	Hunan	3426.2	5409.0	7024.9	19	3764.5	5915.9	7640.8	19
广　东	Guangdong	28553.6	41707.5	57495.3	1	31759.8	45040.4	62082.7	1
广　西	Guangxi	2439.3	4157.8	4504.9	22	2589.3	4227.6	4867.5	22
海　南	Hainan	1202.0	1841.4	2553.0	28	1406.7	1939.5	2726.8	28
重　庆	Chongqing	5133.1	7765.5	8734.9	15	5610.1	8234.2	9521.4	15
四　川	Sichuan	4674.8	8946.5	10036.6	13	5508.6	9696.9	11038.5	13
贵　州	Guizhou	1200.1	2183.4	2849.8	26	1582.7	2806.8	3535.8	26
云　南	Yunnan	3623.1	6188.6	6676.2	20	4295.5	6785.9	7601.5	20
西　藏	Tibet	77.3	110.7	139.2	31	92.1	141.1	180.3	31
陕　西	Shaanxi	3544.2	6225.6	7138.7	18	4224.1	6697.5	7709.3	18
甘　肃	Gansu	1727.2	2881.2	3030.1	25	2021.4	3190.1	3868.1	24
青　海	Qinghai	315.1	963.0	1243.0	29	409.8	1080.8	1329.7	29
宁　夏	Ningxia	614.9	1029.2	1000.5	30	652.4	1051.2	1072.1	30
新　疆	Xinjiang	3706.8	5260.2	7421.3	17	3941.1	5512.9	7749.6	17

14-5 限额以上批发和零售业期末商品库存额
Stock of Enterprises above Designated Size in Wholesale and Retail Trades

单位：亿元 (100 million yuan)

地区	Region	批发业期末商品库存额 Wholesaling Stock 2010	2012	2013	2013排名 Ranking	零售业期末商品库存额 Retail Stock 2010	2012	2013	2013排名 Ranking
全国	**National Total**	**14712.2**	**21265.2**	**23260.7**		**5104.6**	**7735.4**	**9161.3**	
北京	Beijing	3197.5	4131.6	4078.3	1	451.2	634.2	768.3	3
天津	Tianjin	520.9	882.9	1047.4	6	103.4	189.2	156.7	20
河北	Hebei	264.5	302.4	331.6	19	135.0	201.6	345.0	8
山西	Shanxi	213.0	275.6	354.9	16	124.8	181.4	218.8	15
内蒙古	Inner Mongolia	108.4	236.1	245.1	22	132.8	133.1	169.9	19
辽宁	Liaoning	429.7	629.0	597.3	10	190.9	266.5	289.5	12
吉林	Jilin	137.6	148.1	201.0	24	76.9	105.7	119.8	24
黑龙江	Heilongjiang	205.6	318.7	337.1	18	94.2	119.3	137.8	21
上海	Shanghai	1780.0	2427.7	3100.8	2	480.2	643.7	577.1	6
江苏	Jiangsu	1154.3	1463.6	1705.4	4	382.8	611.1	756.9	4
浙江	Zhejiang	954.1	1279.4	1521.2	5	347.8	531.1	667.4	5
安徽	Anhui	236.4	274.3	339.9	17	161.1	252.1	293.0	11
福建	Fujian	487.8	748.6	849.2	8	169.6	225.4	275.0	13
江西	Jiangxi	70.5	117.2	128.7	27	44.7	100.7	123.7	22
山东	Shandong	608.0	773.5	982.4	7	417.1	580.4	919.1	2
河南	Henan	388.0	1413.0	480.0	14	188.6	274.7	312.5	10
湖北	Hubei	306.4	502.3	614.3	9	192.3	337.2	427.2	7
湖南	Hunan	172.9	248.9	310.0	20	102.9	174.2	253.4	14
广东	Guangdong	1394.7	2253.4	3074.3	3	541.4	770.6	946.5	1
广西	Guangxi	122.1	276.2	256.7	21	66.7	100.8	122.8	23
海南	Hainan	42.3	52.8	58.6	29	27.6	48.2	53.2	28
重庆	Chongqing	215.8	349.5	381.0	15	100.6	229.1	178.4	18
四川	Sichuan	275.8	488.3	492.7	13	164.3	411.5	334.1	9
贵州	Guizhou	93.5	175.8	223.2	23	42.1	76.9	89.1	26
云南	Yunnan	594.5	582.3	555.7	11	100.1	186.1	208.7	16
西藏	Tibet	3.3	5.8	8.1	31	11.3	9.3	11.0	31
陕西	Shaanxi	170.6	208.4	176.1	26	119.0	154.6	191.5	17
甘肃	Gansu	161.3	182.5	193.2	25	44.5	62.7	64.5	27
青海	Qinghai	31.8	41.4	62.0	28	9.0	12.3	12.3	30
宁夏	Ningxia	30.8	47.3	37.3	30	26.4	35.4	45.0	29
新疆	Xinjiang	340.1	428.6	517.2	12	55.2	76.5	93.1	25

14-6 限额以上批发和零售业主要财务指标（一）
Main Financial Indicators of Enterprises above Designated Size in Wholesale and Retail Trades (1)

单位：亿元 (100 million yuan)

地区	Region	主营业务收入 Revenue from Principal Business				主营业务成本 Cost of Principal Business			
		2010	2012	2013	2013排名 Ranking	2010	2012	2013	2013排名 Ranking
全　国	**National Total**	**248874.4**	**364901.9**	**443886.6**		**228663.1**	**338212.1**	**409558.5**	
北　京	Beijing	31933.8	44177.7	48101.9	3	29474.2	41378.5	45149.6	3
天　津	Tianjin	11864.6	20089.3	24352.1	7	11371.5	19227.1	23210.4	7
河　北	Hebei	4979.3	8326.8	10201.8	12	4633.5	7754.2	9647.2	12
山　西	Shanxi	5312.1	9119.1	10868.1	11	4860.0	8956.1	10402.5	11
内蒙古	Inner Mongolia	2937.8	3653.8	4113.7	23	2481.6	3292.5	3731.4	23
辽　宁	Liaoning	9294.0	13454.8	15849.6	8	8696.6	12641.1	14908.4	8
吉　林	Jilin	2129.9	2998.4	3184.5	25	1948.5	2692.5	2898.6	25
黑龙江	Heilongjiang	2741.9	4594.0	5220.7	21	2409.2	4234.7	4783.5	21
上　海	Shanghai	28823.0	42188.7	52498.5	2	26622.3	38525.1	48078.1	2
江　苏	Jiangsu	24034.3	30452.8	40242.4	4	22184.2	28319.1	36695.6	4
浙　江	Zhejiang	20927.1	29083.7	34238.4	5	19729.8	27524.1	32403.0	5
安　徽	Anhui	4438.7	6530.4	7638.4	16	4050.9	5909.3	6893.9	16
福　建	Fujian	7548.2	11789.4	13883.9	9	7006.5	10990.1	12925.8	9
江　西	Jiangxi	1847.0	2649.8	3066.7	27	1642.6	2369.6	2732.7	26
山　东	Shandong	15634.9	23361.4	29106.2	6	13939.2	21193.8	26041.8	6
河　南	Henan	5724.8	7739.0	9221.4	14	5240.9	7054.5	8258.1	14
湖　北	Hubei	6982.2	10601.3	13262.3	10	6345.6	9869.9	11871.0	10
湖　南	Hunan	3537.5	5362.6	6960.6	19	3033.1	4749.5	6118.0	20
广　东	Guangdong	28695.5	42113.1	56229.1	1	26555.7	38954.2	52023.0	1
广　西	Guangxi	2303.5	3700.0	4350.4	22	2097.3	3442.5	4038.1	22
海　南	Hainan	1255.4	1604.8	2480.2	28	1167.6	1504.5	2306.2	28
重　庆	Chongqing	5079.9	7505.7	8752.8	15	4573.1	6836.1	7876.2	15
四　川	Sichuan	5113.3	8604.8	9881.0	13	4594.7	7793.4	8936.7	13
贵　州	Guizhou	1411.1	2463.6	3178.2	26	1159.1	2008.7	2586.0	27
云　南	Yunnan	3939.2	6190.1	6921.3	20	3512.7	5618.0	6196.2	19
西　藏	Tibet	88.8	132.6	168.9	31	72.3	104.2	127.7	31
陕　西	Shaanxi	3927.3	6072.0	7028.7	18	3293.1	5519.3	6415.1	18
甘　肃	Gansu	1992.0	2903.0	3488.3	24	1852.5	2716.9	3324.5	24
青　海	Qinghai	353.0	1029.4	1263.4	29	325.5	949.0	1188.1	29
宁　夏	Ningxia	531.4	903.2	957.9	30	488.6	847.1	899.5	30
新　疆	Xinjiang	3492.9	5506.8	7175.4	17	3300.6	5236.5	6891.4	17

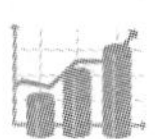

14-7 限额以上批发和零售业主要财务指标（二）
Main Financial Indicators of Enterprises above Designated Size in Wholesale and Retail Trades (2)

单位：亿元 (100 million yuan)

地区	Region	主营业务税金及附加 Tax and Other Charges on Principal Business				主营业务利润 Profits from Principal Business			
		2010	2012	2013	2013排名 Ranking	2010	2012	2013	2013排名 Ranking
全　国	**National Total**	**1050.2**	**1508.8**	**2024.7**		**18202.6**	**25180.9**	**32303.3**	
北　京	Beijing	52.4	83.4	86.8	9	2407.2	2715.8	2865.5	4
天　津	Tianjin	15.6	101.0	161.4	2	475.8	761.2	980.3	8
河　北	Hebei	23.5	39.9	44.9	17	304.4	532.7	509.7	19
山　西	Shanxi	38.2	31.2	33.1	21	354.8	131.8	432.5	20
内蒙古	Inner Mongolia	25.3	28.8	31.6	23	306.6	332.5	350.7	22
辽　宁	Liaoning	36.2	62.9	71.5	13	488.3	750.8	869.7	11
吉　林	Jilin	12.5	19.5	22.5	25	151.8	286.4	263.3	26
黑龙江	Heilongjiang	36.9	29.0	39.9	18	261.8	330.3	397.3	21
上　海	Shanghai	41.3	58.6	83.4	10	2159.3	3605.0	4337.0	1
江　苏	Jiangsu	84.0	104.0	143.3	4	1681.1	2029.7	3403.4	3
浙　江	Zhejiang	63.7	83.1	96.8	7	1134.7	1476.5	1738.5	6
安　徽	Anhui	31.8	38.8	50.6	16	343.8	582.3	693.8	15
福　建	Fujian	32.8	46.6	58.3	14	503.8	752.7	899.8	9
江　西	Jiangxi	23.1	25.6	32.0	22	150.3	254.6	301.9	23
山　东	Shandong	106.4	145.0	252.8	1	1536.3	2022.6	2811.6	5
河　南	Henan	59.7	73.5	97.8	6	424.3	611.0	865.4	12
湖　北	Hubei	40.1	59.8	123.1	5	521.3	671.6	1268.2	7
湖　南	Hunan	40.8	58.1	90.0	8	275.2	555.0	752.6	14
广　东	Guangdong	78.1	130.3	154.1	3	2045.2	3028.6	4051.9	2
广　西	Guangxi	15.8	21.3	25.0	24	169.2	236.2	287.4	24
海　南	Hainan	5.3	8.0	7.9	28	75.6	92.3	166.2	27
重　庆	Chongqing	39.2	54.4	77.0	11	360.1	615.2	799.6	13
四　川	Sichuan	41.1	60.5	71.5	12	477.5	750.9	872.7	10
贵　州	Guizhou	18.2	32.4	35.7	20	220.6	422.5	556.4	18
云　南	Yunnan	23.3	32.5	37.6	19	404.4	539.6	687.6	16
西　藏	Tibet	1.2	1.9	3.2	31	15.3	26.5	38.0	31
陕　西	Shaanxi	35.6	44.7	54.0	15	588.9	508.0	559.7	17
甘　肃	Gansu	10.8	14.2	15.7	26	129.1	171.9	148.1	28
青　海	Qinghai	5.9	3.4	4.2	30	25.3	77.0	71.1	29
宁　夏	Ningxia	3.1	4.2	4.5	29	38.9	51.9	53.8	30
新　疆	Xinjiang	8.3	12.1	14.5	27	171.7	258.2	269.6	25

14-8 限额以上批发和零售业主要财务指标（三）
Main Financial Indicators of Enterprises above Designated Size in Wholesale and Retail Trades (3)

单位：亿元 (100 million yuan)

地区	Region	其他业务利润 Profits from Other Business				销售费用 Sales Expenses			
		2010	2012	2013	2013排名 Ranking	2010	2012	2013	2013排名 Ranking
全 国	**National Total**	**1114.29**	**1545.81**	**1531.61**		**8057.61**	**11448.19**	**13387.65**	
北 京	Beijing	227.81	299.56	259.12	1	1170.17	1537.28	1677.37	2
天 津	Tianjin	32.20	44.31	46.99	10	207.37	328.27	406.69	8
河 北	Hebei	20.21	30.78	37.51	13	151.41	202.53	223.72	17
山 西	Shanxi	26.31	35.24	50.93	8	149.92	206.19	208.57	18
内蒙古	Inner Mongolia	8.10	25.15	12.48	23	78.24	139.91	128.07	22
辽 宁	Liaoning	25.54	51.48	53.10	7	259.56	262.45	327.93	11
吉 林	Jilin	8.03	12.33	22.98	19	67.10	109.30	112.14	25
黑龙江	Heilongjiang	15.75	17.60	13.19	22	121.03	117.37	130.97	20
上 海	Shanghai	163.29	192.70	185.47	2	1198.06	1966.19	2495.99	1
江 苏	Jiangsu	98.56	114.44	122.58	4	664.61	871.53	1089.68	4
浙 江	Zhejiang	79.69	111.49	110.07	5	546.72	738.07	831.54	5
安 徽	Anhui	15.38	27.33	24.67	18	180.62	281.82	314.59	12
福 建	Fujian	22.67	45.91	35.23	15	218.45	330.44	381.83	10
江 西	Jiangxi	5.21	8.87	9.18	26	61.49	89.71	98.04	26
山 东	Shandong	50.96	77.35	83.62	6	474.28	628.68	748.31	6
河 南	Henan	24.19	32.88	38.66	12	161.05	225.45	256.94	15
湖 北	Hubei	26.73	47.93	46.92	11	214.51	338.30	458.52	7
湖 南	Hunan	11.83	20.24	25.28	17	164.45	215.86	273.80	14
广 东	Guangdong	132.79	168.44	158.39	3	931.84	1370.96	1540.23	3
广 西	Guangxi	9.65	17.44	20.53	20	79.22	113.06	129.45	21
海 南	Hainan	7.29	7.32	5.84	28	36.60	44.74	53.67	28
重 庆	Chongqing	19.30	36.83	36.27	14	178.64	282.04	305.43	13
四 川	Sichuan	23.19	39.19	47.49	9	212.85	333.25	382.94	9
贵 州	Guizhou	8.81	9.53	10.52	24	64.96	110.63	126.71	23
云 南	Yunnan	11.74	17.18	17.12	21	146.66	208.49	240.31	16
西 藏	Tibet	0.27	0.42	0.48	31	7.35	12.49	21.03	31
陕 西	Shaanxi	20.88	24.50	30.10	16	120.73	173.72	192.31	19
甘 肃	Gansu	2.52	6.65	8.22	27	71.19	52.88	60.81	27
青 海	Qinghai	1.77	2.75	2.98	30	8.15	18.65	22.52	30
宁 夏	Ningxia	3.95	5.29	5.30	29	17.40	25.60	27.98	29
新 疆	Xinjiang	9.65	14.70	10.38	25	92.96	112.31	119.58	24

14-9 限额以上批发和零售业主要财务指标（四）
Main Financial Indicators of Enterprises above Designated Size in Wholesale and Retail Trades (4)

单位：亿元 (100 million yuan)

地区	Region	管理费用 Administrative Expenses				财务费用 Financial Expenses			
		2010	2012	2013	2013排名 Ranking	2010	2012	2013	2013排名 Ranking
全　国	**National Total**	**4418.02**	**6240.10**	**7343.59**		**855.22**	**1821.87**	**1896.98**	
北　京	Beijing	655.67	791.69	833.18	3	69.88	181.36	100.29	6
天　津	Tianjin	97.52	152.97	198.97	12	40.71	102.20	131.02	5
河　北	Hebei	83.53	122.79	139.28	17	18.49	58.48	68.68	8
山　西	Shanxi	95.20	138.89	137.13	18	28.76	49.20	54.43	12
内蒙古	Inner Mongolia	46.70	72.95	75.47	23	8.45	24.86	25.03	23
辽　宁	Liaoning	149.40	231.70	272.57	7	31.90	69.78	79.78	7
吉　林	Jilin	41.45	73.58	78.34	21	9.13	19.35	22.21	24
黑龙江	Heilongjiang	79.79	79.09	91.69	20	10.60	20.68	28.37	21
上　海	Shanghai	497.21	847.26	968.70	1	49.14	107.64	40.72	16
江　苏	Jiangsu	384.35	519.30	690.18	4	83.24	169.46	197.91	2
浙　江	Zhejiang	293.83	398.49	466.32	6	114.34	206.29	196.43	3
安　徽	Anhui	88.14	127.11	151.15	15	15.93	29.99	33.08	18
福　建	Fujian	117.64	188.88	210.45	9	28.78	73.31	68.21	9
江　西	Jiangxi	35.38	53.52	60.73	26	4.84	9.71	11.36	27
山　东	Shandong	342.91	425.34	521.39	5	77.81	144.11	173.14	4
河　南	Henan	131.56	172.74	200.00	10	23.61	42.34	50.25	13
湖　北	Hubei	128.41	202.68	264.26	8	22.51	53.04	66.60	10
湖　南	Hunan	133.92	156.93	194.54	13	17.22	28.27	41.59	15
广　东	Guangdong	433.76	678.06	861.56	2	98.40	201.82	239.60	1
广　西	Guangxi	48.84	68.84	76.45	22	8.77	23.46	32.41	19
海　南	Hainan	19.52	25.43	27.59	28	1.64	3.68	5.50	29
重　庆	Chongqing	113.37	126.88	145.52	16	17.24	26.17	33.51	17
四　川	Sichuan	107.03	181.09	199.59	11	21.55	63.92	65.24	11
贵　州	Guizhou	49.97	65.39	74.47	24	2.36	9.28	12.10	25
云　南	Yunnan	81.55	112.44	153.52	14	11.57	35.70	43.12	14
西　藏	Tibet	3.45	4.72	5.70	31	0.18	0.18	0.28	31
陕　西	Shaanxi	77.18	101.21	115.85	19	16.84	24.43	28.93	20
甘　肃	Gansu	24.37	35.45	35.86	27	6.33	11.99	11.68	26
青　海	Qinghai	6.59	11.50	12.04	30	0.84	2.79	3.38	30
宁　夏	Ningxia	9.24	13.28	13.55	29	2.16	5.34	5.87	28
新　疆	Xinjiang	40.55	59.90	67.52	25	12.01	23.05	26.28	22

14-10 限额以上批发和零售业主要财务指标（五）
Main Financial Indicators of Enterprises above Designated Size in Wholesale and Retail Trades (5)

单位：亿元 (100 million yuan)

地区	Region	营业利润 Operating Profits				利润总额 Total Profits			
		2010	2012	2013	2013排名 Ranking	2010	2012	2013	2013排名 Ranking
全　国	**National Total**	**6897.73**	**7731.05**	**11324.29**		**7023.82**	**8023.16**	**11231.73**	
北　京	Beijing	943.55	818.60	912.94	5	1122.11	942.87	1046.50	5
天　津	Tianjin	166.86	186.36	264.19	14	183.31	235.29	272.81	13
河　北	Hebei	77.35	107.05	125.84	21	91.63	89.12	121.91	20
山　西	Shanxi	125.97	93.41	77.78	26	118.38	80.67	73.99	25
内蒙古	Inner Mongolia	205.56	124.58	106.50	22	158.40	102.70	92.86	23
辽　宁	Liaoning	149.16	187.59	252.42	15	149.09	193.44	259.62	14
吉　林	Jilin	56.53	76.78	98.20	23	59.18	68.79	71.56	27
黑龙江	Heilongjiang	129.71	124.25	127.01	20	83.53	120.20	96.27	21
上　海	Shanghai	581.11	790.50	1064.87	4	692.79	910.30	1170.70	4
江　苏	Jiangsu	705.28	607.97	1601.21	1	634.27	575.52	1474.12	1
浙　江	Zhejiang	292.86	305.64	433.77	7	376.72	352.50	492.83	6
安　徽	Anhui	89.04	147.69	212.36	18	103.27	153.90	209.17	17
福　建	Fujian	176.41	224.09	311.33	11	197.62	244.75	320.07	10
江　西	Jiangxi	62.96	85.14	134.22	19	70.90	90.22	123.74	19
山　东	Shandong	704.09	843.29	1453.87	2	601.31	778.86	1371.56	2
河　南	Henan	132.12	228.62	397.02	8	137.30	228.11	379.94	8
湖　北	Hubei	196.42	271.65	508.52	6	198.92	261.25	473.09	7
湖　南	Hunan	154.98	173.01	273.28	13	125.38	166.33	238.78	16
广　东	Guangdong	772.87	922.79	1153.29	3	720.63	992.58	1191.72	3
广　西	Guangxi	60.02	68.26	70.19	27	55.32	79.62	73.55	26
海　南	Hainan	27.16	34.25	94.95	24	31.67	37.40	93.09	22
重　庆	Chongqing	128.11	206.46	349.96	10	118.58	187.03	319.08	11
四　川	Sichuan	159.24	203.97	249.75	17	165.18	213.80	251.41	15
贵　州	Guizhou	128.50	246.81	352.56	9	135.42	279.35	341.95	9
云　南	Yunnan	158.25	213.89	275.28	12	176.48	232.88	303.70	12
西　藏	Tibet	4.58	7.22	11.46	30	6.29	8.84	12.01	31
陕　西	Shaanxi	395.94	266.34	251.78	16	380.35	217.17	200.64	18
甘　肃	Gansu	29.81	47.71	38.12	28	27.76	45.34	33.58	28
青　海	Qinghai	11.75	18.60	33.40	29	18.52	17.86	15.25	29
宁　夏	Ningxia	14.02	11.43	10.37	31	14.94	12.13	15.00	30
新　疆	Xinjiang	57.51	87.06	77.85	25	68.59	104.22	91.22	24

14-11 限额以上批发和零售业主要财务指标（六）

Main Financial Indicators of Enterprises above Designated Size in Wholesale and Retail Trades (6)

单位：亿元 (100 million yuan)

地区	Region	应交所得税 Income Tax Payable				应付职工薪酬 Payables to Employees			
		2010	2012	2013	2013排名 Ranking	2010	2012	2013	2013排名 Ranking
全国	**National Total**	**1313.54**	**1790.41**	**2091.71**		**79.63**	**5473.39**	**6410.19**	
北京	Beijing	220.79	218.90	221.10	3	9.47	693.75	774.17	2
天津	Tianjin	44.44	55.15	56.79	10	1.99	125.82	127.52	16
河北	Hebei	18.67	34.81	28.38	19	2.60	141.01	128.29	15
山西	Shanxi	26.29	24.96	23.89	21	1.51	102.83	100.20	19
内蒙古	Inner Mongolia	15.39	20.65	15.08	26	1.21	104.02	68.48	23
辽宁	Liaoning	29.86	35.34	45.40	14	4.56	175.59	185.20	11
吉林	Jilin	10.81	12.50	16.61	25	0.85	46.52	53.57	26
黑龙江	Heilongjiang	20.34	20.32	18.82	24	1.54	65.47	89.55	20
上海	Shanghai	151.91	236.10	286.04	1	7.33	655.58	763.98	3
江苏	Jiangsu	112.34	149.42	247.26	2	11.24	358.44	549.93	4
浙江	Zhejiang	87.21	107.10	129.65	6	4.70	388.40	421.36	6
安徽	Anhui	22.68	32.48	35.82	17	1.75	134.14	140.06	14
福建	Fujian	39.28	55.05	56.48	11	1.61	169.52	195.30	9
江西	Jiangxi	14.17	19.59	24.17	20	0.39	53.08	68.00	24
山东	Shandong	86.62	139.34	195.16	4	4.56	384.60	446.48	5
河南	Henan	28.09	41.46	49.03	13	3.72	167.08	192.96	10
湖北	Hubei	47.37	52.74	79.93	7	1.86	166.03	263.34	7
湖南	Hunan	23.10	31.68	38.82	16	2.55	115.64	157.65	12
广东	Guangdong	129.44	216.04	193.31	5	5.98	626.71	779.30	1
广西	Guangxi	12.40	17.19	19.54	23	1.04	66.15	77.27	21
海南	Hainan	6.26	7.33	11.43	27	0.29	21.26	26.70	28
重庆	Chongqing	17.78	24.95	40.31	15	1.11	133.63	146.90	13
四川	Sichuan	31.35	50.50	55.50	12	3.37	167.18	210.93	8
贵州	Guizhou	31.28	63.91	72.62	8	1.34	74.48	70.79	22
云南	Yunnan	43.11	57.51	63.35	9	1.01	112.67	117.21	17
西藏	Tibet	0.45	0.93	1.26	31	0.04	4.39	6.49	31
陕西	Shaanxi	22.47	36.82	31.64	18	0.70	98.84	111.43	18
甘肃	Gansu	6.00	7.56	6.67	28	0.40	31.32	39.15	27
青海	Qinghai	1.88	3.80	3.06	30	0.16	10.00	12.80	30
宁夏	Ningxia	2.26	2.92	3.52	29	0.14	14.99	18.00	29
新疆	Xinjiang	9.52	13.33	21.05	22	0.59	64.25	67.19	25

14-12 连锁零售企业基本情况（一）
Basic Conditions of Chain Retail Enterprises (1)

单位：个 (unit)

地区	Region	总店数 Number of Head Stores 2010	2012	2013	2013排名 Ranking	门店总数 Number of Stores 2010	2012	2013	2013排名 Ranking
全国	**National Total**	**2361**	**2524**	**2649**		**176792**	**192870**	**204090**	
北京	Beijing	149	134	147	6	6875	6810	7388	9
天津	Tianjin	39	38	42	21	1924	1915	2672	21
河北	Hebei	92	88	83	15	4168	4299	4362	16
山西	Shanxi	41	44	51	20	2029	2388	3047	20
内蒙古	Inner Mongolia	19	17	17	27	1775	236	255	29
辽宁	Liaoning	91	92	100	11	5629	5836	5925	11
吉林	Jilin	25	28	28	25	852	898	849	26
黑龙江	Heilongjiang	30	36	36	23	1082	1761	1725	24
上海	Shanghai	99	87	88	14	19196	19310	17643	4
江苏	Jiangsu	172	177	173	3	17822	18300	18459	3
浙江	Zhejiang	230	228	231	2	24147	29496	28817	1
安徽	Anhui	66	69	70	17	8120	9533	9667	8
福建	Fujian	125	140	143	7	2942	3922	4756	14
江西	Jiangxi	66	74	81	16	2793	3389	3725	18
山东	Shandong	116	139	150	4	9224	10327	11728	6
河南	Henan	153	150	150	4	6277	5370	5514	13
湖北	Hubei	99	117	115	8	4919	5330	5923	12
湖南	Hunan	90	90	101	10	3775	5326	6478	10
广东	Guangdong	206	273	308	1	23096	22216	24546	2
广西	Guangxi	52	62	61	18	3391	3465	3701	19
海南	Hainan	4	6	6	30	224	506	613	28
重庆	Chongqing	83	91	89	13	10672	11517	12453	5
四川	Sichuan	91	104	110	9	6401	9355	9759	7
贵州	Guizhou	25	24	29	24	672	951	1139	25
云南	Yunnan	43	43	42	21	3265	3652	4418	15
西藏	Tibet	1	2	1	31	13	15	3	31
陕西	Shaanxi	26	26	53	19	586	659	1934	22
甘肃	Gansu	27	18	17	27	867	671	700	27
青海	Qinghai	11	11	11	29	94	98	135	30
宁夏	Ningxia	18	21	22	26	1491	1608	1736	23
新疆	Xinjiang	72	95	94	12	2471	3711	4020	17

14-13　连锁零售企业基本情况（二）
Basic Conditions of Chain Retail Enterprises (2)

地区	Region	零售营业面积（万平方米） Operating Area of Retail Enterprises (10 000 sq.m)				商品销售额（亿元） Total Sales of Commodities (100 million yuan)			
		2010	2012	2013	2013排名 Ranking	2010	2012	2013	2013排名 Ranking
全　国	**National Total**	**12756.8**	**14765.9**	**15640.3**		**27385.4**	**35462.1**	**38006.9**	
北　京	Beijing	595.7	668.1	715.0	6	1964.8	2421.0	2515.8	5
天　津	Tianjin	256.2	262.7	275.7	19	619.0	731.3	783.9	19
河　北	Hebei	528.5	589.7	612.1	10	839.1	1100.5	1107.1	11
山　西	Shanxi	115.6	158.5	244.5	20	229.5	379.5	579.2	20
内蒙古	Inner Mongolia	37.4	21.4	23.0	30	467.5	29.0	38.7	29
辽　宁	Liaoning	352.7	444.9	457.2	13	690.4	986.3	895.3	15
吉　林	Jilin	155.8	50.1	36.9	26	104.7	156.2	169.7	26
黑龙江	Heilongjiang	57.7	65.7	72.4	24	170.2	227.6	233.3	23
上　海	Shanghai	895.7	1027.7	915.6	5	3071.7	3605.6	3593.0	3
江　苏	Jiangsu	1734.2	1873.1	1953.7	2	4392.6	4851.5	4741.6	2
浙　江	Zhejiang	1022.2	1082.9	1117.0	4	1700.5	2302.4	2389.5	6
安　徽	Anhui	382.9	533.2	541.7	12	1038.6	1501.5	1476.2	8
福　建	Fujian	457.2	617.7	681.8	7	707.3	1196.4	1246.2	9
江　西	Jiangxi	240.9	279.5	294.8	17	713.4	1010.7	1124.8	10
山　东	Shandong	983.2	1209.7	1343.8	3	2098.5	2459.7	2812.0	4
河　南	Henan	513.6	656.6	668.7	8	589.1	806.2	867.0	16
湖　北	Hubei	492.2	592.0	666.6	9	914.5	1555.4	1710.9	7
湖　南	Hunan	405.2	513.4	556.5	11	734.6	909.9	1042.0	13
广　东	Guangdong	2015.7	2406.6	2429.7	1	3502.1	4908.6	5244.1	1
广　西	Guangxi	339.5	330.9	358.0	15	567.3	841.1	852.9	17
海　南	Hainan	2.8	32.0	32.5	27	1.9	179.7	178.1	25
重　庆	Chongqing	287.3	388.2	407.3	14	614.8	975.5	1067.7	12
四　川	Sichuan	191.7	247.7	281.9	18	346.1	490.7	558.0	21
贵　州	Guizhou	8.5	11.3	29.6	28	19.9	17.2	48.3	28
云　南	Yunnan	179.1	187.5	198.1	22	346.4	472.0	518.7	22
西　藏	Tibet	0.4	2.4	2.2	31	0.6	2.0	1.9	31
陕　西	Shaanxi	49.6	68.9	219.3	21	194.4	279.6	1026.8	14
甘　肃	Gansu	90.5	65.6	76.4	23	234.5	203.0	227.8	24
青　海	Qinghai	11.3	24.0	24.7	29	14.2	24.7	26.4	30
宁　夏	Ningxia	55.6	61.9	62.6	25	127.0	123.3	139.3	27
新　疆	Xinjiang	297.7	292.0	341.2	16	370.3	713.9	790.9	18

14-14 亿元以上商品交易市场数量和总摊位数
Total Number of Booths and Number of Markets of Commodity Exchange Markets Over 100 Million Yuan

单位：个 (unit)

地区	Region	商品交易市场数量 Number of Markets				商品交易市场总摊位数 Total Number of Booths			
		2010	2012	2013	2013排名 Ranking	2010	2012	2013	2013排名 Ranking
全　国	**National Total**	**4940**	**5194**	**5089**		**3547581**	**3819270**	**3879613**	
北　京	Beijing	135	143	140	13	129132	133332	129132	10
天　津	Tianjin	81	78	75	20	56419	53718	48609	22
河　北	Hebei	281	268	253	6	338928	335552	336525	4
山　西	Shanxi	44	41	40	27	34993	36338	35398	25
内蒙古	Inner Mongolia	71	71	70	21	41272	39291	39143	23
辽　宁	Liaoning	222	227	217	7	196337	195116	193134	7
吉　林	Jilin	71	65	62	22	71979	57621	54748	21
黑龙江	Heilongjiang	89	99	93	17	61628	68580	67484	19
上　海	Shanghai	179	188	164	10	76560	84332	77710	14
江　苏	Jiangsu	553	562	547	3	362831	390154	393826	3
浙　江	Zhejiang	695	764	767	1	444617	505883	510608	1
安　徽	Anhui	135	143	138	14	96722	124007	125209	11
福　建	Fujian	159	161	162	11	62956	62248	64225	20
江　西	Jiangxi	93	95	95	16	69195	74191	74606	17
山　东	Shandong	543	569	558	2	373177	405059	414120	2
河　南	Henan	170	180	170	8	125237	146961	137987	9
湖　北	Hubei	160	182	169	9	86895	97018	89980	13
湖　南	Hunan	290	320	327	5	194601	198402	197044	6
广　东	Guangdong	378	384	364	4	220384	236254	262547	5
广　西	Guangxi	89	95	91	18	68918	77813	76942	15
海　南	Hainan	7	8	7	30	4089	4397	4006	30
重　庆	Chongqing	119	133	144	12	89250	93117	97100	12
四　川	Sichuan	105	114	118	15	110280	130900	176831	8
贵　州	Guizhou	33	39	47	24	20835	22758	26847	27
云　南	Yunnan	53	56	50	23	56245	72629	69408	18
西　藏	Tibet								
陕　西	Shaanxi	41	44	47	24	25620	30460	31490	26
甘　肃	Gansu	42	46	44	26	43686	37741	37797	24
青　海	Qinghai	9	12	8	29	7314	9131	5298	29
宁　夏	Ningxia	26	31	33	28	21555	24255	26566	28
新　疆	Xinjiang	67	76	89	19	55926	72012	75293	16

14-15 亿元以上商品交易市场营业面积和成交额
Operating Area and Turnover of Commodity Exchange Markets Over 100 Million Yuan

地区	Region	商品交易市场营业面积（万平方米） Operating Area (10 000 sq.m)				商品交易市场成交额（万元） Market Turnover (10 000 yuan)			
		2010	2012	2013	2013排名 Ranking	2010	2012	2013	2013排名 Ranking
全　国	**National Total**	**24832.3**	**27899.4**	**28868.3**		**72703.53**	**93023.77**	**98365.13**	
北　京	Beijing	689.9	737.1	725.0	14	2489.75	3045.71	3352.72	8
天　津	Tianjin	537.0	503.4	521.3	17	2671.86	2276.32	2748.80	12
河　北	Hebei	2599.0	2862.0	2872.4	4	4125.16	4773.98	4874.53	6
山　西	Shanxi	254.3	262.8	265.3	25	487.45	517.32	589.59	24
内蒙古	Inner Mongolia	692.5	664.6	720.7	15	632.81	698.81	693.33	22
辽　宁	Liaoning	821.2	882.2	928.4	11	3465.98	4329.05	4443.00	7
吉　林	Jilin	298.3	306.3	302.3	24	534.03	706.54	659.96	23
黑龙江	Heilongjiang	307.2	330.6	357.0	23	852.78	1077.55	1106.11	20
上　海	Shanghai	784.7	963.9	728.8	13	6479.87	10778.64	9471.96	3
江　苏	Jiangsu	2965.8	3314.7	3294.7	2	11754.31	15659.24	16595.82	1
浙　江	Zhejiang	2511.5	2874.7	2980.5	3	11592.24	13769.25	14840.33	2
安　徽	Anhui	778.5	1068.3	1093.3	8	1737.32	2428.79	2903.33	11
福　建	Fujian	351.6	351.0	376.4	21	1333.95	1585.86	1713.56	16
江　西	Jiangxi	337.3	364.0	366.1	22	1237.87	1440.21	1683.45	17
山　东	Shandong	3447.6	3832.1	3890.3	1	6676.18	8020.99	9039.01	4
河　南	Henan	1019.1	1111.5	1166.6	7	1539.79	2474.66	2726.26	13
湖　北	Hubei	593.2	596.4	593.6	16	1268.77	1855.46	1860.13	15
湖　南	Hunan	883.8	1036.8	1058.7	9	2074.56	2969.66	3169.15	10
广　东	Guangdong	1897.1	2098.0	1962.1	5	4827.40	5506.48	5418.15	5
广　西	Guangxi	338.8	473.0	448.8	18	960.93	1116.18	1200.59	19
海　南	Hainan	9.7	9.7	9.8	30	16.30	18.52	19.65	30
重　庆	Chongqing	586.0	655.0	743.0	12	2457.95	3130.72	3307.21	9
四　川	Sichuan	545.9	637.4	934.4	10	1152.01	1714.16	2150.50	14
贵　州	Guizhou	131.1	146.3	196.9	26	289.62	418.03	469.13	26
云　南	Yunnan	269.2	408.8	379.3	20	602.64	690.16	749.93	21
西　藏	Tibet								
陕　西	Shaanxi	98.4	163.6	171.4	28	199.44	360.06	386.35	27
甘　肃	Gansu	209.4	191.9	189.4	27	375.17	461.42	491.94	25
青　海	Qinghai	44.5	44.3	28.4	29	30.88	58.97	24.46	29
宁　夏	Ningxia	300.1	390.3	385.0	19	203.48	231.26	283.65	28
新　疆	Xinjiang	529.6	618.6	1178.4	6	633.03	909.76	1392.52	18

14-16 限额以上住宿和餐饮业法人企业数和年末从业人员
Number of Corporation Enterprise and Engaged Persons at Year-end of Hotels & Catering Services of Enterprises above Designated Size

地区	Region	法人企业数（个） Number of Corporation Enterprises (unit)				年末从业人员（万人） Engaged Persons at Year-end (10 000 persons)			
		2010	2012	2013	2013排名 Ranking	2010	2012	2013	2013排名 Ranking
全国	**National Total**	**37308**	**40499**	**45180**		**431.1**	**454.5**	**456.2**	
北京	Beijing	3377	3117	2935	4	38.0	41.2	38.4	2
天津	Tianjin	613	618	660	22	8.0	8.5	8.3	19
河北	Hebei	833	937	962	17	10.7	11.4	10.4	16
山西	Shanxi	878	979	976	16	12.2	13.2	11.4	15
内蒙古	Inner Mongolia	787	743	741	20	7.7	7.4	6.8	21
辽宁	Liaoning	1189	1274	1308	15	11.3	11.2	10.3	17
吉林	Jilin	438	360	345	27	3.8	3.4	3.1	28
黑龙江	Heilongjiang	479	488	446	25	4.7	4.4	3.8	26
上海	Shanghai	1856	2027	2307	9	27.9	28.5	29.8	4
江苏	Jiangsu	2461	2747	3444	3	29.5	33.8	34.7	3
浙江	Zhejiang	2161	2489	2794	5	29.5	30.0	28.2	5
安徽	Anhui	1021	1323	1574	11	10.2	12.8	12.4	13
福建	Fujian	1073	1401	1538	12	14.7	16.9	16.4	11
江西	Jiangxi	733	615	619	23	7.0	7.1	6.7	22
山东	Shandong	4130	3189	3538	2	31.2	28.0	27.4	6
河南	Henan	2295	2368	2441	8	16.8	17.5	17.3	9
湖北	Hubei	1409	1853	2708	6	14.7	17.3	19.7	8
湖南	Hunan	1205	1152	1334	14	14.1	4.8	15.1	12
广东	Guangdong	3910	4401	4888	1	61.0	65.6	63.4	1
广西	Guangxi	581	737	802	19	7.1	8.4	8.1	20
海南	Hainan	412	361	348	26	6.6	6.6	6.5	23
重庆	Chongqing	833	1073	1362	13	10.3	11.7	12.1	14
四川	Sichuan	1532	2297	2559	7	17.6	22.3	22.9	7
贵州	Guizhou	368	508	699	21	3.5	4.9	5.2	24
云南	Yunnan	603	809	926	18	7.1	9.0	9.4	18
西藏	Tibet	46	69	73	31	0.5	0.6	0.6	31
陕西	Shaanxi	1182	1457	1642	10	14.9	16.8	16.6	10
甘肃	Gansu	399	545	612	24	4.4	4.7	4.9	25
青海	Qinghai	90	84	108	30	1.1	1.1	1.1	30
宁夏	Ningxia	140	169	170	29	1.7	2.0	1.6	29
新疆	Xinjiang	274	309	321	28	3.4	3.6	3.3	27

注：限额以上住宿和餐饮业统计单位为：年主营业务收入200万元及以上(以下有关各表同)。

Note: The statistical unit of the enterprises of hotel and catering services above the designated size is the annual income of main business at and over 2 million yuan. The same applies to the tables followed.

14-17 限额以上住宿和餐饮业营业额

Business Revenue of Hotels & Catering Services of Enterprises above Designated Size

单位：亿元 (100 million yuan)

地区	Region	营业额 Business Revenue				其中：餐费收入 From Meals			
		2010	2012	2013	2013排名 Ranking	2010	2012	2013	2013排名 Ranking
全 国	**National Total**	**5992.9**	**7954.2**	**8061.3**		**4037.1**	**5442.7**	**5430.5**	
北 京	Beijing	698.9	918.6	873.5	2	469.2	633.2	596.8	2
天 津	Tianjin	109.5	142.2	143.3	16	83.8	109.7	109.4	16
河 北	Hebei	101.3	138.5	120.1	19	63.8	88.5	73.9	19
山 西	Shanxi	121.1	156.6	121.2	18	79.1	106.6	77.7	17
内蒙古	Inner Mongolia	87.4	100.9	106.2	20	58.0	66.4	74.9	18
辽 宁	Liaoning	189.2	255.0	249.6	12	134.5	186.5	181.9	11
吉 林	Jilin	46.8	58.4	55.1	27	28.5	33.2	31.6	26
黑龙江	Heilongjiang	62.7	66.9	58.7	26	39.7	37.3	31.7	25
上 海	Shanghai	557.5	630.1	720.8	3	392.3	474.2	520.6	3
江 苏	Jiangsu	423.3	557.0	611.1	4	302.8	403.7	450.7	4
浙 江	Zhejiang	470.1	581.2	536.9	6	318.5	400.1	360.0	6
安 徽	Anhui	106.7	160.8	168.3	15	67.6	104.6	111.4	15
福 建	Fujian	197.7	289.3	306.2	9	138.4	203.9	214.0	9
江 西	Jiangxi	76.7	89.5	81.2	23	44.4	51.1	45.1	22
山 东	Shandong	480.7	540.2	553.6	5	347.6	377.9	377.3	5
河 南	Henan	199.0	295.1	292.3	10	129.7	195.8	187.8	10
湖 北	Hubei	169.3	298.1	349.4	8	117.2	208.1	245.0	8
湖 南	Hunan	178.0	243.5	258.5	11	108.5	152.6	160.3	13
广 东	Guangdong	843.6	1053.5	1084.6	1	582.4	732.2	730.8	1
广 西	Guangxi	67.6	96.5	92.6	22	37.2	55.6	50.7	21
海 南	Hainan	88.7	104.8	104.4	21	33.9	40.0	36.4	24
重 庆	Chongqing	134.4	212.6	232.7	13	98.0	161.2	174.8	12
四 川	Sichuan	215.1	395.7	370.1	7	144.3	276.8	258.1	7
贵 州	Guizhou	32.1	54.9	63.1	25	17.9	28.7	31.1	27
云 南	Yunnan	73.7	126.2	133.7	17	36.4	67.5	68.1	20
西 藏	Tibet	4.4	7.2	6.9	31	1.5	2.7	2.3	31
陕 西	Shaanxi	156.8	230.4	227.2	14	102.0	154.6	148.2	14
甘 肃	Gansu	37.1	64.5	64.3	24	23.8	42.8	40.1	23
青 海	Qinghai	9.0	11.6	11.9	30	4.9	5.8	5.5	30
宁 夏	Ningxia	16.0	21.6	17.5	29	10.0	14.0	10.9	29
新 疆	Xinjiang	38.9	52.8	46.0	28	21.3	27.6	23.2	28

14-18 限额以上住宿业和餐饮业主要财务指标（一）
Main Financial Indicators of Hotels & Catering Services of Enterprises above Designated Size (1)

单位：亿元 (100 million yuan)

地区	Region	主营业务收入 Revenue from Principal Business				主营业务成本 Cost of Principal Business			
		2010	2012	2013	2013排名 Ranking	2010	2012	2013	2013排名 Ranking
全　国	**National Total**	**5991.95**	**7700.58**	**7942.33**		**2577.94**	**3381.86**	**3655.40**	
北　京	Beijing	702.04	920.12	875.03	2	257.57	338.70	316.12	2
天　津	Tianjin	108.11	141.19	142.65	16	45.74	63.92	65.84	16
河　北	Hebei	100.93	136.04	117.25	19	47.22	63.90	56.96	19
山　西	Shanxi	120.41	148.68	120.48	18	56.40	70.20	62.69	18
内蒙古	Inner Mongolia	88.70	117.92	105.41	21	44.98	51.17	56.79	20
辽　宁	Liaoning	187.58	247.75	246.99	12	85.05	116.11	125.29	12
吉　林	Jilin	46.48	56.74	54.30	27	22.87	27.17	28.65	26
黑龙江	Heilongjiang	62.71	64.43	58.05	26	25.54	26.35	27.11	27
上　海	Shanghai	554.14	553.51	692.21	3	197.65	209.53	278.24	5
江　苏	Jiangsu	420.19	548.44	603.19	4	186.46	246.36	287.21	3
浙　江	Zhejiang	506.89	576.05	532.34	6	227.66	241.64	224.06	6
安　徽	Anhui	105.45	154.87	165.48	15	49.85	72.92	83.73	15
福　建	Fujian	195.90	284.01	302.88	9	84.83	132.22	151.97	9
江　西	Jiangxi	74.07	88.44	80.59	23	39.35	38.63	39.35	21
山　东	Shandong	473.94	528.24	539.09	5	242.05	277.50	282.33	4
河　南	Henan	197.88	285.47	285.87	10	108.70	163.62	149.15	10
湖　北	Hubei	166.67	278.44	343.24	8	78.97	140.72	184.75	7
湖　南	Hunan	174.52	231.72	255.17	11	79.05	109.09	130.84	11
广　东	Guangdong	840.87	1006.50	1068.73	1	337.68	407.78	461.09	1
广　西	Guangxi	66.92	86.61	91.63	22	23.82	33.01	38.60	22
海　南	Hainan	88.78	103.09	108.46	20	23.53	26.42	31.29	24
重　庆	Chongqing	131.28	203.76	227.30	13	72.84	113.44	123.59	13
四　川	Sichuan	212.96	383.62	367.26	7	85.01	168.91	172.91	8
贵　州	Guizhou	31.58	53.37	62.51	24	12.53	22.40	30.80	25
云　南	Yunnan	73.25	121.22	130.08	17	28.40	50.96	65.52	17
西　藏	Tibet	4.35	7.06	6.95	31	1.29	2.31	2.33	31
陕　西	Shaanxi	155.30	225.42	221.31	14	68.47	101.65	108.31	14
甘　肃	Gansu	37.05	62.86	62.47	25	16.58	29.24	33.95	23
青　海	Qinghai	8.83	12.18	11.93	30	3.41	4.40	5.24	30
宁　夏	Ningxia	15.83	21.28	17.55	29	6.81	9.15	8.37	29
新　疆	Xinjiang	38.35	51.47	45.93	28	17.64	22.43	22.32	28

14-19 限额以上住宿业和餐饮业主要财务指标（二）

Main Financial Indicators of Hotels & Catering Services of Enterprises above Designated Size (2)

单位：亿元 (100 million yuan)

地区	Region	主营业务税金及附加 Tax and Other Charges on Principal Business				主营业务利润 Profits from Principal Business			
		2010	2012	2013	2013排名 Ranking	2010	2012	2013	2013排名 Ranking
全　国	**National Total**	**314.88**	**405.14**	**419.76**		**3029.39**	**3913.58**	**3867.18**	
北　京	Beijing	37.05	50.57	47.41	2	407.36	530.85	511.49	2
天　津	Tianjin	5.82	7.65	7.57	16	56.40	69.63	69.24	17
河　北	Hebei	5.64	7.49	6.37	19	46.93	64.65	53.92	19
山　西	Shanxi	8.27	7.85	6.45	18	49.69	70.63	51.35	20
内蒙古	Inner Mongolia	4.34	5.42	5.00	22	40.03	61.33	43.62	22
辽　宁	Liaoning	9.53	13.42	13.12	11	83.76	118.22	108.58	12
吉　林	Jilin	2.33	2.68	2.67	27	20.56	26.89	22.98	27
黑龙江	Heilongjiang	4.58	3.86	3.39	25	31.34	34.22	27.54	25
上　海	Shanghai	28.95	30.85	37.93	3	327.54	313.13	376.04	3
江　苏	Jiangsu	21.42	28.99	30.33	4	206.42	273.09	285.65	4
浙　江	Zhejiang	25.72	31.29	29.08	5	253.44	303.12	279.20	5
安　徽	Anhui	5.76	7.77	8.26	15	48.32	74.18	73.49	15
福　建	Fujian	10.84	15.43	16.24	9	96.68	136.36	134.67	9
江　西	Jiangxi	4.37	4.30	4.01	23	51.34	45.50	37.23	23
山　东	Shandong	22.51	24.55	26.83	6	207.67	226.20	229.94	6
河　南	Henan	8.94	12.78	14.94	10	80.23	109.07	121.79	10
湖　北	Hubei	8.50	14.01	18.28	8	75.46	123.70	140.21	8
湖　南	Hunan	8.43	11.26	12.50	12	46.13	111.37	111.83	11
广　东	Guangdong	46.45	55.62	58.34	1	458.79	543.11	549.31	1
广　西	Guangxi	3.75	4.90	5.35	21	36.31	48.70	47.68	21
海　南	Hainan	4.85	5.48	5.96	20	53.95	71.18	71.21	16
重　庆	Chongqing	4.90	9.33	11.56	13	48.07	80.99	92.15	14
四　川	Sichuan	11.68	20.46	18.78	7	116.28	194.25	175.57	7
贵　州	Guizhou	1.86	3.01	3.49	24	16.89	27.95	28.22	24
云　南	Yunnan	3.93	6.60	6.59	17	40.84	63.76	57.97	18
西　藏	Tibet	0.24	0.42	0.41	31	2.82	4.33	4.22	31
陕　西	Shaanxi	8.45	11.25	11.55	14	77.83	112.52	101.44	13
甘　肃	Gansu	2.24	3.29	3.30	26	18.23	30.33	25.23	26
青　海	Qinghai	0.48	0.64	0.64	30	4.72	7.13	6.05	30
宁　夏	Ningxia	0.85	1.09	0.93	29	8.13	11.04	8.26	29
新　疆	Xinjiang	2.20	2.89	2.50	28	17.19	26.15	21.11	28

14-20 限额以上住宿业和餐饮业主要财务指标（三）
Main Financial Indicators of Hotels & Catering Services of Enterprises above Designated Size (3)

单位：亿元 (100 million yuan)

地区	Region	其他业务利润 Profits from Other Business				销售费用 Sales Expenses			
		2010	2012	2013	2013排名 Ranking	2010	2012	2013	2013排名 Ranking
全　国	**National Total**	**33.36**	**112.57**	**113.21**		**1707.93**	**2214.48**	**1745.51**	
北　京	Beijing	3.44	4.49	8.02	4	239.42	307.40	237.87	2
天　津	Tianjin	1.52	1.39	2.40	17	35.09	42.84	30.89	19
河　北	Hebei	0.37	0.87	1.15	23	30.17	41.00	37.10	15
山　西	Shanxi	0.74	3.53	3.32	12	39.35	46.55	34.72	17
内蒙古	Inner Mongolia	0.29	2.97	1.28	22	17.30	34.18	21.88	22
辽　宁	Liaoning	0.27	5.04	4.88	7	48.07	58.69	37.28	14
吉　林	Jilin	0.14	1.32	1.13	24	10.20	13.16	11.82	27
黑龙江	Heilongjiang	0.12	2.11	2.41	16	11.28	15.95	11.75	28
上　海	Shanghai	3.30	16.08	17.95	1	188.40	212.33	136.70	4
江　苏	Jiangsu	1.31	3.04	4.13	8	119.36	156.24	119.62	5
浙　江	Zhejiang	4.34	5.92	8.72	3	139.95	173.38	149.26	3
安　徽	Anhui	0.57	4.29	3.20	14	28.52	42.24	40.23	13
福　建	Fujian	1.57	1.92	1.59	19	54.72	73.01	58.48	8
江　西	Jiangxi	0.11	0.78	0.80	28	14.73	23.53	16.84	23
山　东	Shandong	2.27	5.81	6.95	5	88.86	108.78	88.47	7
河　南	Henan	0.96	4.46	3.24	13	37.86	49.31	42.74	12
湖　北	Hubei	0.66	3.77	4.09	9	45.71	69.32	55.29	9
湖　南	Hunan	1.00	3.01	4.08	10	33.82	53.52	47.97	11
广　东	Guangdong	4.67	13.11	12.17	2	279.33	325.30	244.73	1
广　西	Guangxi	0.85	2.15	1.31	21	23.14	31.33	34.37	18
海　南	Hainan	0.24	2.12	1.87	18	24.43	30.49	29.61	20
重　庆	Chongqing	0.55	1.57	0.84	27	24.18	39.79	35.63	16
四　川	Sichuan	1.26	9.84	6.90	6	64.67	109.10	90.51	6
贵　州	Guizhou	0.20	1.84	0.95	25	9.93	15.08	12.76	25
云　南	Yunnan	1.02	3.06	3.08	15	22.01	34.93	28.71	21
西　藏	Tibet	0.10	0.17	0.13	30	1.69	2.55	2.82	31
陕　西	Shaanxi	0.96	5.11	3.62	11	43.78	62.91	52.80	10
甘　肃	Gansu	0.10	1.49	1.38	20	11.03	14.45	12.84	24
青　海	Qinghai	0.08	0.33	0.08	31	3.03	4.42	3.62	30
宁　夏	Ningxia	0.07	0.23	0.87	26	5.55	7.51	6.03	29
新　疆	Xinjiang	0.27	0.73	0.66	29	12.35	15.16	12.17	26

14-21 限额以上住宿业和餐饮业主要财务指标（四）
Main Financial Indicators of Hotels & Catering Services of Enterprises above Designated Size (4)

单位：亿元 (100 million yuan)

地区	Region	管理费用 Administrative Expenses 2010	2012	2013	2013排名 Ranking	财务费用 Financial Expenses 2010	2012	2013	2013排名 Ranking
全　国	**National Total**	**1069.56**	**1440.23**	**1473.67**		**143.47**	**221.77**	**218.32**	
北　京	Beijing	151.19	189.85	194.36	1	15.05	20.10	18.80	3
天　津	Tianjin	17.51	22.69	24.52	21	1.47	2.71	2.60	23
河　北	Hebei	19.77	28.95	28.80	17	3.35	5.47	5.60	13
山　西	Shanxi	30.76	27.84	26.47	20	3.39	4.39	4.31	16
内蒙古	Inner Mongolia	14.29	23.32	21.63	22	1.51	2.58	2.17	24
辽　宁	Liaoning	35.81	46.86	44.56	10	3.34	6.03	4.64	15
吉　林	Jilin	9.02	12.75	12.20	26	1.04	1.45	1.85	25
黑龙江	Heilongjiang	7.97	13.77	12.60	25	0.60	1.22	1.14	28
上　海	Shanghai	101.23	119.70	131.63	3	11.92	13.11	13.74	5
江　苏	Jiangsu	77.83	106.13	108.48	5	11.20	18.54	16.92	4
浙　江	Zhejiang	91.96	117.25	117.82	4	18.02	27.38	25.07	2
安　徽	Anhui	18.00	28.71	29.09	16	3.49	5.46	6.54	12
福　建	Fujian	35.23	46.36	49.92	8	5.07	7.79	8.41	9
江　西	Jiangxi	9.53	16.50	14.95	23	1.68	3.32	3.39	20
山　东	Shandong	61.12	81.00	77.67	6	10.00	13.03	11.50	7
河　南	Henan	26.13	36.31	38.67	12	4.35	6.67	6.56	11
湖　北	Hubei	25.49	41.80	43.06	11	4.26	7.31	7.97	10
湖　南	Hunan	28.98	46.05	46.99	9	5.94	9.43	9.67	8
广　东	Guangdong	139.47	179.16	186.61	2	17.40	28.83	27.69	1
广　西	Guangxi	15.63	21.99	29.78	15	2.10	3.76	4.24	17
海　南	Hainan	24.93	33.10	32.47	14	1.85	2.90	3.01	22
重　庆	Chongqing	16.49	27.74	27.11	19	2.46	5.31	3.44	19
四　川	Sichuan	39.79	62.51	64.09	7	5.96	10.64	11.89	6
贵　州	Guizhou	7.28	12.56	14.28	24	0.99	2.74	3.38	21
云　南	Yunnan	17.80	26.24	27.84	18	1.72	2.98	3.80	18
西　藏	Tibet	0.87	1.93	1.84	31	0.05	0.07	0.07	31
陕　西	Shaanxi	26.87	41.33	38.29	13	3.01	4.98	4.90	14
甘　肃	Gansu	6.05	9.55	9.47	28	0.62	1.27	1.68	26
青　海	Qinghai	2.08	2.63	2.80	30	0.53	0.40	0.36	30
宁　夏	Ningxia	3.05	4.13	3.82	29	0.67	1.01	0.67	29
新　疆	Xinjiang	7.43	11.53	11.86	27	0.44	0.90	1.15	27

14-22 限额以上住宿业和餐饮业主要财务指标（五）
Main Financial Indicators of Hotels & Catering Services of Enterprises above Designated Size (5)

单位：亿元 (100 million yuan)

地区	Region	营业利润 Operating Profits				利润总额 Total Profits			
		2010	2012	2013	2013排名 Ranking	2010	2012	2013	2013排名 Ranking
全　国	**National Total**	**243.20**	**150.98**	**91.82**		**244.33**	**159.98**	**96.37**	
北　京	Beijing	8.41	22.87	-4.91	26	10.27	18.98	-1.32	21
天　津	Tianjin	4.01	5.14	-2.54	23	3.82	5.47	-1.04	19
河　北	Hebei	-4.70	-10.26	-17.31	30	-4.47	-8.93	-15.53	30
山　西	Shanxi	0.72	-4.86	-15.11	29	-0.84	-4.38	-14.07	29
内蒙古	Inner Mongolia	8.75	2.27	-7.46	28	6.59	1.36	-7.49	28
辽　宁	Liaoning	8.69	8.52	3.51	12	7.55	8.60	5.84	8
吉　林	Jilin	1.34	-0.18	-2.10	21	2.04	-0.32	-2.20	25
黑龙江	Heilongjiang	12.80	2.68	-0.07	15	11.41	1.21	-0.83	18
上　海	Shanghai	29.29	7.18	11.56	6	35.12	14.32	19.14	4
江　苏	Jiangsu	4.03	-4.71	12.60	5	5.96	-6.85	5.40	9
浙　江	Zhejiang	8.52	-6.09	-23.12	31	14.09	-1.02	-17.60	31
安　徽	Anhui	0.10	-0.18	-1.74	19	1.28	0.19	-0.78	17
福　建	Fujian	7.29	10.49	6.04	10	7.79	9.99	4.91	10
江　西	Jiangxi	5.14	1.31	2.08	13	4.28	1.53	-0.41	15
山　东	Shandong	52.31	26.81	44.76	1	47.79	25.86	41.76	1
河　南	Henan	12.86	19.31	32.09	2	11.35	17.88	30.18	2
湖　北	Hubei	3.81	6.82	21.43	4	3.06	5.58	18.72	5
湖　南	Hunan	18.91	5.73	6.29	9	7.28	1.06	0.53	13
广　东	Guangdong	30.74	23.91	8.93	7	31.97	22.25	11.43	6
广　西	Guangxi	-0.38	-2.39	-6.69	27	-0.64	-0.73	-2.80	26
海　南	Hainan	9.97	8.02	6.42	8	9.54	7.25	6.73	7
重　庆	Chongqing	8.90	9.34	24.84	3	7.46	8.73	23.02	3
四　川	Sichuan	7.12	14.35	4.15	11	16.07	14.52	2.22	11
贵　州	Guizhou	0.12	-2.12	-1.94	20	0.12	-1.34	-1.42	22
云　南	Yunnan	0.68	0.75	-3.01	24	1.27	14.17	-1.47	23
西　藏	Tibet	0.30	-0.20	-0.24	16	0.28	-0.18	-0.13	14
陕　西	Shaanxi	5.65	3.87	-0.70	18	4.83	2.00	-1.24	20
甘　肃	Gansu	0.63	4.86	0.88	14	0.59	3.95	0.55	12
青　海	Qinghai	-0.12	-0.17	-0.56	17	-0.09	-0.05	-0.45	16
宁　夏	Ningxia	-1.01	-1.60	-2.24	22	-0.82	-1.01	-1.95	24
新　疆	Xinjiang	-1.64	-0.50	-3.52	25	-0.61	-0.10	-3.06	27

14-23 限额以上住宿业和餐饮业主要财务指标（六）
Main Financial Indicators of Hotels & Catering Services of Enterprises above Designated Size (6)

单位：亿元 (100 million yuan)

地区	Region	应交所得税 Income Tax Payable				应付职工薪酬 Payables to Employees			
		2010	2012	2013	2013排名 Ranking	2010	2012	2013	2013排名 Ranking
全　国	**National Total**	**75.71**	**85.39**	**82.09**		**900.97**	**1383.57**	**1613.58**	
北　京	Beijing	9.88	12.88	10.99	2	117.80	197.14	210.88	2
天　津	Tianjin	1.74	2.13	1.44	15	15.96	22.92	30.60	16
河　北	Hebei	0.53	0.61	0.56	23	18.46	28.72	29.36	17
山　西	Shanxi	2.15	0.96	0.62	21	18.17	25.38	25.91	20
内蒙古	Inner Mongolia	1.07	0.97	0.77	19	15.15	24.90	24.17	21
辽　宁	Liaoning	2.74	3.51	2.83	10	22.95	29.40	34.45	15
吉　林	Jilin	0.31	0.45	0.49	25	6.96	8.55	8.79	28
黑龙江	Heilongjiang	0.46	0.80	0.55	24	9.13	10.59	10.06	27
上　海	Shanghai	8.68	8.42	8.99	4	72.68	99.30	125.02	3
江　苏	Jiangsu	4.81	5.72	5.77	6	64.12	96.75	123.33	4
浙　江	Zhejiang	6.36	5.64	4.26	7	64.03	106.43	111.95	5
安　徽	Anhui	1.14	1.64	1.68	13	17.19	29.37	36.12	14
福　建	Fujian	2.78	3.61	3.34	9	29.38	54.30	58.42	9
江　西	Jiangxi	0.58	0.73	0.48	27	10.99	15.81	16.56	23
山　东	Shandong	8.15	7.02	8.18	5	57.80	77.12	94.10	6
河　南	Henan	2.49	2.72	2.43	11	24.96	37.10	46.76	12
湖　北	Hubei	1.70	2.25	4.04	8	25.73	41.11	60.56	8
湖　南	Hunan	1.83	1.58	1.32	16	26.47	39.75	47.39	11
广　东	Guangdong	10.56	11.56	10.10	3	140.32	203.15	235.62	1
广　西	Guangxi	0.52	0.72	0.69	20	11.95	19.65	21.18	22
海　南	Hainan	0.56	1.25	1.22	18	13.38	16.89	28.39	18
重　庆	Chongqing	1.17	1.80	2.20	12	17.85	30.57	39.66	13
四　川	Sichuan	2.72	3.98	34.75	1	17.48	61.98	70.27	7
贵　州	Guizhou	0.19	0.52	0.49	26	6.06	11.81	14.66	24
云　南	Yunnan	0.87	1.09	1.24	17	13.52	22.94	27.69	19
西　藏	Tibet	0.02	0.02	0.02	30	1.01	1.84	1.92	31
陕　西	Shaanxi	1.05	1.45	1.56	14	26.24	40.63	47.80	10
甘　肃	Gansu	0.22	0.58	0.57	22	6.76	10.37	11.07	26
青　海	Qinghai	0.02	0.02	0.02	31	1.90	2.82	3.46	30
宁　夏	Ningxia	0.09	0.13	0.09	29	3.09	4.77	4.87	29
新　疆	Xinjiang	0.34	0.63	0.28	28	7.08	11.52	12.55	25

14-24 连锁餐饮企业基本情况（一）
Basic Conditions of Chain Catering Enterprises (1)

单位：个 (unit)

地区	Region	总店数 Number of Head Stores 2010	2012	2013	2013排名 Ranking	门店总数 Number of Stores 2010	2012	2013	2013排名 Ranking
全　国	**National Total**	**415**	**456**	**454**		**15333**	**18153**	**20554**	
北　京	Beijing	78	79	87	1	2316	3079	3596	1
天　津	Tianjin	12	11	11	11	307	458	491	11
河　北	Hebei	1	1	1	26	7	7	6	27
山　西	Shanxi	7	6	6	21	93	106	113	20
内蒙古	Inner Mongolia	7	7	7	19	1153	314	320	15
辽　宁	Liaoning	9	12	11	11	394	459	643	9
吉　林	Jilin	1	1	1	26	14	19	23	25
黑龙江	Heilongjiang	8	8	7	19	69	74	75	23
上　海	Shanghai	27	18	17	8	1773	1787	2037	4
江　苏	Jiangsu	23	21	21	6	1065	1333	1428	6
浙　江	Zhejiang	34	30	29	3	1289	1457	1588	5
安　徽	Anhui	7	9	9	15	186	365	439	12
福　建	Fujian	16	15	16	9	764	952	1043	7
江　西	Jiangxi	8	9	8	16	69	79	87	21
山　东	Shandong	15	11	10	13	290	390	432	13
河　南	Henan	17	20	21	6	183	206	207	17
湖　北	Hubei	25	30	29	3	310	498	544	10
湖　南	Hunan	9	12	10	13	160	350	377	14
广　东	Guangdong	56	90	84	2	1990	2792	3216	2
广　西	Guangxi	2	2	2	24	63	72	80	22
海　南	Hainan		1	1	26		4	4	28
重　庆	Chongqing	18	22	23	5	2038	2179	2408	3
四　川	Sichuan	10	13	15	10	369	590	741	8
贵　州	Guizhou	1	2	2	24	10	20	20	26
云　南	Yunnan	7	8	8	16	213	214	277	16
西　藏	Tibet	1	1	1	26	3	3	3	29
陕　西	Shaanxi	4	5	5	22	77	162	174	18
甘　肃	Gansu	1	3	3	23	4	33	33	24
青　海	Qinghai	4				12			
宁　夏	Ningxia	1	1	1	26	6	3	1	30
新　疆	Xinjiang	6	8	8	16	106	148	148	19

14-25 连锁餐饮企业基本情况（二）
Basic Conditions of Chain Catering Enterprises (2)

地区	Region	餐饮营业面积（万平方米）Operating Area of Catering Enterprises (10 000 sq.m)				营业额（亿元）Business Revenue (100 million yuan)			
		2010	2012	2013	2013排名 Ranking	2010	2012	2013	2013排名 Ranking
全　国	**National Total**	**742.65**	**869.23**	**937.07**		**955.42**	**1283.26**	**1319.62**	
北　京	Beijing	130.33	165.10	181.58	1	160.82	244.64	257.45	1
天　津	Tianjin	6.74	17.67	19.54	13	31.03	44.38	41.51	11
河　北	Hebei	1.49	1.50	1.38	25	1.78	1.79	1.23	26
山　西	Shanxi	8.37	6.77	6.94	19	8.44	10.45	9.11	19
内蒙古	Inner Mongolia	62.23	16.03	16.46	16	49.16	15.09	16.26	15
辽　宁	Liaoning	15.83	17.72	26.96	10	38.48	60.97	56.70	7
吉　林	Jilin	0.63	1.17	1.31	26	0.44	0.89	0.97	27
黑龙江	Heilongjiang	5.18	4.11	4.05	21	3.61	3.62	3.78	23
上　海	Shanghai	42.24	54.75	59.68	5	104.18	126.82	139.34	3
江　苏	Jiangsu	38.82	45.57	47.59	6	64.06	91.77	89.58	6
浙　江	Zhejiang	87.03	89.04	94.72	4	85.09	95.56	89.76	5
安　徽	Anhui	26.14	40.86	39.04	8	7.77	11.90	12.70	17
福　建	Fujian	18.07	25.08	28.43	9	37.78	49.17	56.65	8
江　西	Jiangxi	4.55	7.48	7.62	18	5.56	8.71	8.06	20
山　东	Shandong	14.46	14.67	17.43	14	21.91	28.65	30.86	12
河　南	Henan	9.24	8.67	11.41	17	8.58	11.40	11.57	18
湖　北	Hubei	29.06	45.61	46.02	7	32.76	49.26	49.93	9
湖　南	Hunan	8.10	23.73	24.36	12	12.37	20.76	24.54	13
广　东	Guangdong	71.42	92.07	96.00	3	133.82	201.14	207.86	2
广　西	Guangxi	2.40	2.64	3.09	23	4.65	6.68	6.68	21
海　南	Hainan		0.15	0.15	28		0.61	0.58	28
重　庆	Chongqing	128.66	143.19	147.05	2	99.23	125.50	117.29	4
四　川	Sichuan	14.14	22.53	24.46	11	21.70	37.81	44.79	10
贵　州	Guizhou	2.21	2.60	2.60	24	1.60	2.36	1.73	25
云　南	Yunnan	7.95	8.02	17.21	15	8.72	11.11	19.47	14
西　藏	Tibet	0.05	0.05	0.05	30	0.03	0.04	0.05	30
陕　西	Shaanxi	3.19	6.69	6.91	20	7.50	12.67	12.72	16
甘　肃	Gansu	0.54	0.97	0.95	27	0.60	3.56	3.15	24
青　海	Qinghai	1.10				0.57			
宁　夏	Ningxia	0.21	0.13	0.08	29	0.07	0.05	0.06	29
新　疆	Xinjiang	2.28	4.68	4.02	22	3.09	5.87	5.25	22

14-26 货物进出口总额
Total Value of Imports and Exports of Goods

单位：亿美元 （100 million USD）

地区	Region	按经营单位所在地分货物进出口总额 By Location of Importers/Exports				按境内目的地和货源地分货物进出口总额 By Place of Destination or Origin in China			
		2010	2012	2013	2013排名 Ranking	2010	2012	2013	2013排名 Ranking
全国	**National Total**	**29739.98**	**38671.19**	**41589.93**		**29739.98**	**38671.19**	**41589.93**	
北京	Beijing	3017.22	4081.07	4289.96	4	1106.94	1286.66	1315.61	8
天津	Tianjin	821.00	1156.34	1285.02	8	916.12	1228.48	1346.00	7
河北	Hebei	420.60	505.63	549.12	13	620.52	822.89	902.19	10
山西	Shanxi	125.76	150.43	157.91	24	138.60	165.92	171.61	23
内蒙古	Inner Mongolia	87.30	112.59	119.95	26	116.82	139.69	143.89	26
辽宁	Liaoning	807.12	1040.90	1144.78	9	952.92	1183.38	1213.61	9
吉林	Jilin	168.45	245.63	258.32	20	170.23	244.78	251.91	20
黑龙江	Heilongjiang	255.15	375.90	388.79	15	183.39	282.13	273.96	19
上海	Shanghai	3689.51	4365.87	4412.68	3	3654.43	4341.57	4342.78	3
江苏	Jiangsu	4657.99	5479.61	5508.02	2	4987.83	5886.66	5932.95	2
浙江	Zhejiang	2535.35	3124.01	3357.89	5	2872.50	3481.87	3655.08	4
安徽	Anhui	242.73	392.85	455.19	14	233.80	329.59	389.28	14
福建	Fujian	1087.83	1559.38	1693.21	7	1105.50	1461.91	1544.83	6
江西	Jiangxi	216.19	334.14	367.47	16	209.53	302.36	336.52	18
山东	Shandong	1891.56	2455.44	2665.32	6	2251.60	2966.46	3149.42	5
河南	Henan	178.32	517.39	599.57	12	200.15	543.33	627.74	11
湖北	Hubei	259.32	319.64	363.80	17	260.29	324.38	356.35	17
湖南	Hunan	146.56	219.49	251.75	22	156.08	214.52	243.16	21
广东	Guangdong	7848.96	9840.20	10915.81	1	8340.06	11153.28	12811.92	1
广西	Guangxi	177.39	294.84	328.27	18	195.49	408.75	386.96	15
海南	Hainan	86.49	143.22	149.85	25	103.71	145.61	147.58	25
重庆	Chongqing	124.27	532.04	686.92	10	118.29	452.41	587.85	12
四川	Sichuan	326.94	591.44	645.75	11	262.96	517.02	550.95	13
贵州	Guizhou	31.47	66.32	82.90	28	34.58	50.52	47.57	28
云南	Yunnan	134.30	210.14	253.04	21	103.33	121.19	158.24	24
西藏	Tibet	8.36	34.24	33.19	29	5.89	21.15	21.04	30
陕西	Shaanxi	121.02	147.99	201.28	23	117.04	151.90	202.20	22
甘肃	Gansu	74.03	89.01	102.36	27	73.88	71.63	68.42	27
青海	Qinghai	7.89	11.57	14.03	31	8.18	8.13	8.56	31
宁夏	Ningxia	19.60	22.17	32.18	30	25.67	26.73	26.08	29
新疆	Xinjiang	171.30	251.70	275.61	19	213.63	336.27	375.68	16

14-27 按经营单位所在地分货物进出口总额构成
Composition of Total Imports and Exports by Location of Business Unit

单位：亿美元 （100 million USD）

地区	Region	货物出口总额 Total Exports				货物进口总额 Total Imports			
		2010	2012	2013	2013排名 Ranking	2010	2012	2013	2013排名 Ranking
全 国	**National Total**	**15777.54**	**20487.14**	**22090.04**		**13962.44**	**18184.05**	**19499.89**	
北 京	Beijing	554.36	596.32	630.98	8	2462.85	3484.75	3658.98	2
天 津	Tianjin	374.85	483.13	490.05	9	446.15	673.22	794.97	7
河 北	Hebei	225.56	295.98	309.61	13	195.04	209.65	239.51	11
山 西	Shanxi	47.03	70.16	79.96	23	78.73	80.27	77.95	25
内蒙古	Inner Mongolia	33.34	39.70	40.93	27	53.95	72.89	79.02	24
辽 宁	Liaoning	430.99	579.59	645.22	7	376.13	461.31	499.56	9
吉 林	Jilin	44.76	59.83	67.39	25	123.69	185.80	190.93	15
黑龙江	Heilongjiang	162.81	144.35	162.32	19	92.35	231.55	226.47	12
上 海	Shanghai	1807.14	2067.30	2041.80	4	1882.37	2298.57	2370.88	3
江 苏	Jiangsu	2705.39	3285.24	3288.02	2	1952.60	2194.38	2220.01	4
浙 江	Zhejiang	1804.65	2245.17	2487.46	3	730.70	878.84	870.42	6
安 徽	Anhui	124.13	267.49	282.51	14	118.60	125.36	172.68	16
福 建	Fujian	714.93	978.33	1064.74	6	372.90	581.05	628.46	8
江 西	Jiangxi	134.16	251.13	281.67	15	82.03	83.01	85.80	23
山 东	Shandong	1042.26	1287.09	1341.90	5	849.31	1168.35	1323.41	5
河 南	Henan	105.29	296.76	359.87	12	73.02	220.62	239.70	10
湖 北	Hubei	144.42	193.98	228.36	16	114.90	125.65	135.44	18
湖 南	Hunan	79.56	126.02	148.21	21	67.00	93.47	103.54	20
广 东	Guangdong	4531.91	5740.51	6363.64	1	3317.05	4099.70	4552.18	1
广 西	Guangxi	96.03	154.68	186.93	18	81.36	140.17	141.34	17
海 南	Hainan	23.20	31.36	37.06	28	63.28	111.86	112.79	19
重 庆	Chongqing	74.89	385.68	467.96	10	49.38	146.36	218.96	14
四 川	Sichuan	188.41	384.69	419.49	11	138.53	206.75	226.26	13
贵 州	Guizhou	19.20	49.52	68.86	24	12.27	16.79	14.04	28
云 南	Yunnan	76.06	100.17	156.71	20	58.24	109.96	96.32	22
西 藏	Tibet	7.71	33.55	32.69	29	0.65	0.69	0.50	31
陕 西	Shaanxi	62.08	86.52	102.26	22	58.93	61.47	99.02	21
甘 肃	Gansu	16.38	35.74	46.77	26	57.65	53.27	55.59	26
青 海	Qinghai	4.66	7.29	8.47	31	3.23	4.29	5.55	30
宁 夏	Ningxia	11.70	16.41	25.52	30	7.90	5.76	6.66	29
新 疆	Xinjiang	129.69	193.46	222.68	17	41.61	58.24	52.94	27

14-28 按境内目的地和货源地分货物进出口总额构成
Composition of Total Imports and Exports by Place of Destination or Origin in China

单位：亿美元 （100 million USD）

地区 Region	货物出口总额 Total Exports				货物进口总额 Total Imports			
	2010	2012	2013	2013排名 Ranking	2010	2012	2013	2013排名 Ranking
全 国 **National Total**	**15777.54**	**20487.14**	**22090.04**		**13962.44**	**18184.05**	**19499.89**	
北 京 Beijing	307.17	312.48	332.21	12	799.77	974.18	983.39	6
天 津 Tianjin	377.71	490.60	489.30	8	538.41	737.87	856.70	7
河 北 Hebei	279.74	372.73	408.44	9	340.79	450.16	493.75	10
山 西 Shanxi	67.41	84.47	97.49	21	71.19	81.45	74.12	25
内蒙古 Inner Mongolia	43.57	53.94	52.56	25	73.25	85.75	91.34	24
辽 宁 Liaoning	429.43	525.17	534.08	7	523.49	658.21	679.53	8
吉 林 Jilin	45.07	60.28	56.99	24	125.17	184.51	194.92	16
黑龙江 Heilongjiang	85.06	99.08	122.39	19	98.33	183.05	151.57	18
上 海 Shanghai	1732.55	1935.42	1887.86	4	1921.89	2406.15	2454.92	3
江 苏 Jiangsu	2814.49	3342.40	3338.04	2	2173.34	2544.26	2594.91	2
浙 江 Zhejiang	2009.44	2446.65	2624.14	3	863.06	1035.22	1030.94	5
安 徽 Anhui	109.27	206.47	224.60	15	124.53	123.13	164.67	17
福 建 Fujian	666.19	888.27	943.14	6	439.31	573.64	601.69	9
江 西 Jiangxi	118.07	200.21	233.01	14	91.46	102.15	103.52	21
山 东 Shandong	1103.01	1359.36	1415.46	5	1148.60	1607.11	1733.96	4
河 南 Henan	121.94	319.31	385.78	10	78.21	224.02	241.96	12
湖 北 Hubei	139.10	187.54	209.86	16	121.19	136.84	146.49	19
湖 南 Hunan	85.78	123.42	144.03	18	70.31	91.10	99.13	23
广 东 Guangdong	4671.77	6362.22	7317.63	1	3668.29	4791.07	5494.28	1
广 西 Guangxi	65.25	92.15	93.96	22	130.24	316.60	293.00	11
海 南 Hainan	21.62	28.07	31.73	27	82.09	117.54	115.85	20
重 庆 Chongqing	69.94	310.47	382.11	11	48.35	141.94	205.74	15
四 川 Sichuan	124.03	311.56	327.60	13	138.93	205.46	223.34	13
贵 州 Guizhou	20.16	31.46	32.09	26	14.43	19.06	15.48	28
云 南 Yunnan	51.08	54.24	87.69	23	52.25	66.96	70.56	26
西 藏 Tibet	5.38	20.24	20.49	28	0.52	0.92	0.55	31
陕 西 Shaanxi	56.35	85.01	102.24	20	60.69	66.89	99.96	22
甘 肃 Gansu	12.75	18.30	14.29	30	61.13	53.33	54.12	27
青 海 Qinghai	3.18	4.28	3.51	31	5.00	3.85	5.05	30
宁 夏 Ningxia	15.52	18.75	17.99	29	10.15	7.99	8.10	29
新 疆 Xinjiang	125.55	142.61	159.33	17	88.09	193.67	216.35	14

14-29 外商投资企业进出口额构成
Composition of Imports and Exports of Foreign-Funded Enterprises

单位：亿美元 （100 million USD）

地区	Region	出口额 Exports 2010	2012	2013	2013排名 Ranking	进口额 Imports 2010	2012	2013	2013排名 Ranking
全　国	**National Total**	**8622.29**	**10226.20**	**10437.24**		**7383.86**	**8715.00**	**8745.90**	
北　京	Beijing	221.52	213.47	226.68	10	476.77	531.32	518.72	4
天　津	Tianjin	264.38	328.14	328.20	7	323.71	446.21	473.25	5
河　北	Hebei	92.16	94.21	84.63	13	82.93	83.31	75.21	15
山　西	Shanxi	8.80	22.15	36.04	19	13.26	22.18	18.16	22
内蒙古	Inner Mongolia	9.60	8.77	7.76	23	6.51	8.73	8.51	23
辽　宁	Liaoning	206.40	235.07	219.22	11	183.52	235.31	230.69	9
吉　林	Jilin	12.78	14.97	13.00	22	63.27	95.36	94.30	13
黑龙江	Heilongjiang	6.99	5.60	5.83	24	4.14	4.86	8.32	24
上　海	Shanghai	1259.33	1386.77	1367.40	3	1239.86	1512.35	1518.21	2
江　苏	Jiangsu	1923.14	2046.70	1941.95	2	1548.90	1531.06	1451.35	3
浙　江	Zhejiang	581.37	629.81	620.64	4	342.60	402.06	377.05	7
安　徽	Anhui	32.53	45.91	52.64	16	48.66	53.84	66.83	17
福　建	Fujian	349.52	391.27	416.50	6	233.84	347.85	337.97	8
江　西	Jiangxi	49.95	64.63	63.44	15	69.36	68.36	64.23	18
山　东	Shandong	565.63	604.89	582.39	5	397.62	414.82	427.90	6
河　南	Henan	25.56	187.43	229.82	9	19.64	150.37	169.44	10
湖　北	Hubei	56.95	76.20	73.24	14	53.59	62.13	67.00	16
湖　南	Hunan	12.92	29.37	32.97	20	18.10	33.44	30.59	21
广　东	Guangdong	2818.47	3405.10	3572.93	1	2026.45	2307.27	2347.78	1
广　西	Guangxi	20.33	35.42	36.66	18	28.90	60.84	58.03	20
海　南	Hainan	12.77	16.10	18.63	21	49.60	98.74	90.87	14
重　庆	Chongqing	16.51	161.66	258.11	8	31.06	87.81	118.29	12
四　川	Sichuan	44.43	182.61	190.78	12	83.41	119.42	122.74	11
贵　州	Guizhou	1.05	1.18	1.04	28	0.69	0.73	1.15	28
云　南	Yunnan	3.30	3.41	3.71	25	3.15	2.82	4.73	25
西　藏	Tibet								
陕　西	Shaanxi	21.57	30.40	49.23	17	29.05	31.09	60.76	19
甘　肃	Gansu	0.98	0.98	0.50	29	0.47	0.20	0.23	30
青　海	Qinghai	0.10	0.24	0.14	30	1.25	0.25	0.74	29
宁　夏	Ningxia	1.49	2.18	1.93	26	1.72	1.10	1.56	26
新　疆	Xinjiang	1.79	1.57	1.22	27	1.76	1.18	1.29	27

14-30 中外合资企业进出口额构成
Composition of Imports and Exports of Sino-Foreign Joint Ventures

单位：亿美元 （100 million USD）

地区	Region	出口额 Exports				进口额 Imports			
		2010	2012	2013	2013排名 Ranking	2010	2012	2013	2013排名 Ranking
全 国	**National Total**	**2375.82**	**2872.61**	**3004.99**		**2097.87**	**2749.35**	**2840.66**	
北 京	Beijing	147.44	129.48	145.85	8	107.06	104.51	116.89	11
天 津	Tianjin	120.67	158.57	162.45	7	139.49	210.04	232.43	4
河 北	Hebei	52.70	49.54	44.36	12	39.00	36.51	30.73	18
山 西	Shanxi	4.34	3.60	21.58	14	10.13	12.19	13.25	22
内蒙古	Inner Mongolia	3.78	3.20	2.13	24	4.94	7.29	6.97	23
辽 宁	Liaoning	107.83	93.47	100.57	10	101.68	141.88	149.67	9
吉 林	Jilin	6.73	6.14	5.05	22	54.97	85.23	84.01	13
黑龙江	Heilongjiang	4.92	4.13	4.52	23	2.32	2.12	3.56	24
上 海	Shanghai	194.14	195.29	203.11	6	203.52	210.17	229.70	5
江 苏	Jiangsu	379.21	454.74	435.43	2	374.27	410.93	355.66	2
浙 江	Zhejiang	317.59	335.10	327.74	3	156.28	210.89	194.12	7
安 徽	Anhui	15.68	24.12	24.66	13	28.23	39.33	498.72	1
福 建	Fujian	80.17	92.18	107.10	9	56.87	155.81	143.52	10
江 西	Jiangxi	17.04	20.54	20.63	15	53.36	49.36	45.32	15
山 东	Shandong	267.22	274.97	260.36	4	184.31	188.37	204.47	6
河 南	Henan	15.30	174.92	217.47	5	13.64	141.87	162.83	8
湖 北	Hubei	39.05	54.38	52.52	11	43.11	52.74	57.30	14
湖 南	Hunan	5.89	16.22	19.19	16	11.59	21.68	31.81	17
广 东	Guangdong	547.47	716.79	778.77	1	400.26	488.94	236.05	3
广 西	Guangxi	6.58	15.65	17.35	17	8.70	28.24	30.07	19
海 南	Hainan	6.92	11.65	15.78	18	48.26	96.75	87.69	12
重 庆	Chongqing	10.14	12.01	14.75	19	23.30	28.83	42.20	16
四 川	Sichuan	10.05	11.96	12.27	20	17.12	17.37	19.35	20
贵 州	Guizhou	0.42	0.55	0.51	28	0.48	0.47	0.90	26
云 南	Yunnan	1.56	1.03	1.00	25	1.31	1.57	3.22	25
西 藏	Tibet								
陕 西	Shaanxi	9.76	8.79	7.78	21	9.81	5.10	18.93	21
甘 肃	Gansu	0.61	0.65	0.23	29	0.40	0.12	0.14	29
青 海	Qinghai	0.10	0.24	0.14	30	1.24	0.21	0.74	27
宁 夏	Ningxia	0.97	1.44	0.75	27	0.91	0.28	0.11	30
新 疆	Xinjiang	1.53	1.23	0.92	26	1.26	0.56	0.28	28

14-31 外商独资企业进出口额构成
Composition of Imports and Exports of Foreign-Owned Enterprises

单位：亿美元 （100 million USD）

地区	Region	出口额 Exports				进口额 Imports			
		2010	2012	2013	2013排名 Ranking	2010	2012	2013	2013排名 Ranking
全国	**National Total**	**6081.77**	**7191.99**	**7275.36**		**5212.18**	**5883.24**	**5822.39**	
北京	Beijing	73.30	83.16	80.34	11	369.10	426.32	401.31	4
天津	Tianjin	141.17	167.54	164.24	9	181.15	233.56	238.24	5
河北	Hebei	37.62	42.73	38.32	14	39.43	38.88	34.80	14
山西	Shanxi	4.28	18.23	14.22	18	2.98	9.98	4.91	21
内蒙古	Inner Mongolia	5.81	5.56	5.62	22	1.57	1.44	1.53	24
辽宁	Liaoning	93.73	136.87	114.23	10	80.70	92.06	79.73	11
吉林	Jilin	5.46	8.01	7.35	21	8.19	9.85	101.13	10
黑龙江	Heilongjiang	2.04	1.44	1.29	25	1.82	2.74	4.76	22
上海	Shanghai	1040.19	1165.88	1139.33	3	1019.09	1287.17	1275.55	2
江苏	Jiangsu	1535.29	1581.62	1494.85	2	1166.26	1104.63	1077.89	3
浙江	Zhejiang	258.30	288.71	287.72	6	184.46	188.70	180.31	8
安徽	Anhui	16.39	21.27	27.63	15	19.97	14.42	18.06	17
福建	Fujian	267.73	297.56	307.95	5	175.37	190.48	192.92	7
江西	Jiangxi	32.67	44.06	42.36	12	15.94	18.96	18.87	16
山东	Shandong	293.91	324.08	315.71	4	211.06	223.54	221.14	6
河南	Henan	10.16	12.43	12.20	20	5.68	8.00	5.25	20
湖北	Hubei	17.74	21.11	20.32	16	10.48	9.33	9.65	18
湖南	Hunan	7.01	13.11	13.73	19	6.48	11.74	8.77	19
广东	Guangdong	2168.12	2591.34	2699.67	1	1594.68	1787.53	1783.14	1
广西	Guangxi	13.46	19.57	19.06	17	20.19	32.56	27.84	15
海南	Hainan	1.68	1.82	1.41	24	1.14	1.80	3.10	23
重庆	Chongqing	6.36	149.57	243.10	7	7.76	58.98	76.08	12
四川	Sichuan	34.31	170.55	178.43	8	66.20	101.85	103.23	9
贵州	Guizhou	0.61	0.58	0.49	27	0.19	0.24	0.23	28
云南	Yunnan	1.57	2.27	2.67	23	1.84	1.04	1.21	26
西藏	Tibet								
陕西	Shaanxi	11.79	21.58	41.42	13	19.22	25.99	41.74	13
甘肃	Gansu	0.37	0.33	0.27	29	0.06	0.08	0.08	29
青海	Qinghai			0.00	30		0.03	0.00	30
宁夏	Ningxia	0.46	0.73	1.17	26	0.81	0.82	1.46	25
新疆	Xinjiang	0.26	0.32	0.30	28	0.39	0.53	0.49	27

14-32 外商直接投资情况
Direct Foreign Investment

地区	Region	外商直接投资当年新签项目（合同）数（个） Number of Projects (Contracts) new signed (unit)				外商直接投资实际使用额（亿美元） Amount of Foreign Capital Actually Utilized (100 million USD)			
		2010	2012	2013	2013排名 Ranking	2010	2012	2013	2013排名 Ranking
全　国	**National Total**	**27406**	**24925**	**23859**		**1057.35**	**1117.16**	**2725.11**	
北　京	Beijing	1629	1360	1190	6	63.64	80.42	85.24	13
天　津	Tianjin	592	632	564	11	108.49	150.16	168.29	4
河　北	Hebei	246	786	513	13	38.31	56.97	66.50	17
山　西	Shanxi	133	46	44	25	12.83	26.98	27.89	22
内蒙古	Inner Mongolia	95	79	61	23	33.40	41.28	45.53	19
辽　宁	Liaoning	1511	730	648	9	207.50	267.93	290.40	2
吉　林	Jilin	228	157	68	22	19.23	53.21	67.23	16
黑龙江	Heilongjiang	184	285	291	16	16.46	35.22	41.72	20
上　海	Shanghai	3906	4043	3740	2	111.21	151.85	167.80	5
江　苏	Jiangsu	4663	11725	3630	3	295.81	357.91	339.96	1
浙　江	Zhejiang	2075	1515	1630	4	109.89	130.69	141.78	6
安　徽	Anhui	294	350	292	15	55.14	89.41	110.98	10
福　建	Fujian	1139	880	800	8	56.99	59.08	65.14	18
江　西	Jiangxi	1095	789	846	7	59.02	76.21	83.99	14
山　东	Shandong	1630	1363	1418	5	93.77	123.53	140.99	7
河　南	Henan	492	355	358	14	61.73	118.08	132.32	8
湖　北	Hubei	479	245	275	17	50.72	66.94	79.76	15
湖　南	Hunan	650	550	590	10	52.08	73.20	87.28	12
广　东	Guangdong	5637	6042	5520	1	203.54	237.54	249.52	3
广　西	Guangxi	189	115	132	20	12.00	10.62	19.33	24
海　南	Hainan	47	35	44	25	9.14	6.88	7.54	26
重　庆	Chongqing	232	248	192	19	63.44	105.33	105.97	11
四　川	Sichuan	381	309	272	18	59.11	100.35	126.04	9
贵　州	Guizhou	26	38	46	24	2.07	7.67	12.20	25
云　南	Yunnan	103	74	87	21	11.54	18.34	21.70	23
西　藏	Tibet		8				1.24		
陕　西	Shaanxi	487	501	535	12	18.43	28.93	34.92	21
甘　肃	Gansu	445	18	16	28	1.32	0.46	0.57	29
青　海	Qinghai	11	10	10	30	0.10	0.29	0.25	30
宁　夏	Ningxia	23	4	15	29	0.55	0.69	1.32	28
新　疆	Xinjiang	30	36	32	27	1.39	2.10	2.95	27

注：本表全国数据来自商务部，各地区数据来自各省。

Note: The national total data in this table come from the Ministry of Commerce.other data are from region.

14-33 外商投资企业年底注册登记情况（一）
Registration Status of Foreign Funded Enterprises at Year-end (1)

地区	Region	外商投资企业数（户） Number of Enterprises (unit)				外商投资企业投资总额（亿美元） Total Investment (100 million USD)			
		2010	2012	2013	2013排名 Ranking	2010	2012	2013	2013排名 Ranking
全　国	**National Total**	**445244**	**440609**	**445962**		**27059**	**32610**	**35176**	
北　京	Beijing	24853	26535	27061	5	1192	1494	1771	6
天　津	Tianjin	12918	11491	11413	9	1096	1189	1274	9
河　北	Hebei	9531	7426	6832	13	403	490	545	14
山　西	Shanxi	3665	3623	3535	23	229	320	342	19
内蒙古	Inner Mongolia	3693	3114	2925	25	232	258	229	24
辽　宁	Liaoning	18377	17960	17250	8	1476	1856	1832	5
吉　林	Jilin	4309	4298	4350	20	223	239	318	21
黑龙江	Heilongjiang	5814	5039	4924	18	196	222	228	25
上　海	Shanghai	55666	61461	64412	2	3394	4138	4579	3
江　苏	Jiangsu	51666	50461	50514	3	5081	6250	6664	1
浙　江	Zhejiang	28769	29595	30674	4	1832	2178	2404	4
安　徽	Anhui	5633	4466	4466	19	303	400	416	16
福　建	Fujian	23463	23381	23546	7	1248	1457	1565	8
江　西	Jiangxi	7574	7334	6667	14	439	539	588	13
山　东	Shandong	29486	25885	25755	6	1245	1581	1765	7
河　南	Henan	10254	10168	9934	10	379	463	478	15
湖　北	Hubei	7486	8023	7693	12	429	583	654	11
湖　南	Hunan	5410	4882	5020	17	324	384	405	17
广　东	Guangdong	93756	98564	100639	1	4213	4786	5126	2
广　西	Guangxi	5327	3773	3756	22	280	311	319	20
海　南	Hainan	4171	3105	3105	24	259	271	270	22
重　庆	Chongqing	4827	4461	5397	16	349	537	588	12
四　川	Sichuan	12050	9107	9147	11	544	640	725	10
贵　州	Guizhou	1936	1688	1386	27	41	77	119	26
云　南	Yunnan	3833	3956	4262	21	179	226	241	23
西　藏	Tibet	264	208	240	31	5	11	13	31
陕　西	Shaanxi	5378	5983	6443	15	180	311	366	18
甘　肃	Gansu	2116	2262	2229	26	63	70	65	27
青　海	Qinghai	499	347	370	30	23	28	30	30
宁　夏	Ningxia	529	476	488	29	40	31	35	29
新　疆	Xinjiang	1751	1311	1302	28	52	67	65	28

14-34 外商投资企业年底注册登记情况（二）
Registration Status of Foreign Funded Enterprises at Year-end (2)

单位：亿美元 (100 million USD)

地区	Region	外商投资企业注册资本 Registered Capital				其中：外方注册资本 Among Them:Foreign Investor			
		2010	2012	2013	2013排名 Ranking	2010	2012	2013	2013排名 Ranking
全　国	**National Total**	**15738**	**18814**	**20280**		**12590**	**14903**	**16077**	
北　京	Beijing	715	907	1059	6	579	739	828	6
天　津	Tianjin	620	649	721	9	521	543	599	9
河　北	Hebei	217	257	272	14	159	189	198	14
山　西	Shanxi	111	187	199	19	69	83	89	24
内蒙古	Inner Mongolia	122	135	108	25	91	104	73	25
辽　宁	Liaoning	975	1171	1136	5	802	963	928	5
吉　林	Jilin	123	130	153	21	84	87	93	23
黑龙江	Heilongjiang	120	128	131	24	91	95	96	22
上　海	Shanghai	2009	2511	2823	3	1640	2034	2303	3
江　苏	Jiangsu	2739	3301	3543	1	2326	2803	3000	1
浙　江	Zhejiang	1069	1275	1407	4	825	971	1088	4
安　徽	Anhui	173	207	227	16	129	154	167	16
福　建	Fujian	694	804	854	8	594	680	712	8
江　西	Jiangxi	281	349	384	11	243	301	333	10
山　东	Shandong	729	897	995	7	545	684	765	7
河　南	Henan	205	237	245	15	149	171	179	15
湖　北	Hubei	243	321	349	13	181	240	256	13
湖　南	Hunan	161	196	209	18	115	147	158	17
广　东	Guangdong	2495	2833	3037	2	2091	2302	2517	2
广　西	Guangxi	155	167	173	20	125	136	140	19
海　南	Hainan	145	143	153	22	98	96	114	20
重　庆	Chongqing	204	312	369	12	157	236	289	12
四　川	Sichuan	335	374	413	10	259	283	324	11
贵　州	Guizhou	25	42	63	26	19	33	49	26
云　南	Yunnan	105	134	141	23	78	101	107	21
西　藏	Tibet	3	7	8	31	3	3	3	31
陕　西	Shaanxi	110	177	210	17	83	133	156	18
甘　肃	Gansu	28	31	28	28	19	21	19	28
青　海	Qinghai	14	14	15	30	9	8	9	30
宁　夏	Ningxia	18	17	18	29	10	12	14	29
新　疆	Xinjiang	33	37	36	27	25	28	27	27

14-35 签订对外承包工程合同数及金额
Number of Contracts and Contracted Value of Contracts Signed for Foreign Engineering Projects

地区	Region	签订对外承包工程合同数（份） Number of Contracts (unit)				签订对外承包工程合同金额（亿美元） Contracted Value (100 million USD)			
		2010	2012	2013	2013排名 Ranking	2010	2012	2013	2013排名 Ranking
全　国	**National Total**	**9544**	**6710**	**11578**		**1343.67**	**1565.29**	**1716.29**	
北　京	Beijing	170	344	349	6	25.11	40.40	56.24	6
天　津	Tianjin	74	77	106	15	17.38	15.55	27.13	13
河　北	Hebei	190	169	175	10	29.46	41.79	46.73	8
山　西	Shanxi	1	42	20	23	4.75	6.39	2.36	26
内蒙古	Inner Mongolia	3	1	5	27	0.07	0.85	8.45	20
辽　宁	Liaoning	137	132	260	7	17.24	43.66	28.37	11
吉　林	Jilin	9	9	5	27	3.82	2.31	3.32	23
黑龙江	Heilongjiang	22	43	20	23	1.76	8.39	4.60	22
上　海	Shanghai	3397	361	227	8	101.03	103.11	108.16	2
江　苏	Jiangsu	967	1009	1021	2	54.47	71.98	85.48	5
浙　江	Zhejiang	337	1068	1652	1	24.15	32.69	46.95	7
安　徽	Anhui	42	52	81	17	15.11	23.38	27.50	12
福　建	Fujian	21	36	8	26	0.86	4.98	3.10	25
江　西	Jiangxi	102	128	144	12	13.57	16.83	20.34	14
山　东	Shandong	257	183	210	9	100.84	88.00	98.69	4
河　南	Henan	156	229	370	5	23.75	22.75	37.82	9
湖　北	Hubei	64	152	102	16	76.55	72.69	101.51	3
湖　南	Hunan	28	38	76	18	6.26	4.57	10.11	18
广　东	Guangdong	605	517	617	3	98.67	190.51	236.65	1
广　西	Guangxi	38	23	31	21	6.10	2.97	3.20	24
海　南	Hainan	2	16	20	23	0.19	0.05	0.04	29
重　庆	Chongqing	20	16	36	20	7.90	8.93	8.62	19
四　川	Sichuan	544	536	441	4	68.49	32.18	28.84	10
贵　州	Guizhou	24	22	23	22	3.24	2.14	1.69	27
云　南	Yunnan	24	52	55	19	10.61	12.77	12.81	16
西　藏	Tibet		1						
陕　西	Shaanxi	96	68	127	13	8.88	25.91	15.51	15
甘　肃	Gansu	31	14	107	14	4.11	2.05	5.20	21
青　海	Qinghai			1	29			0.01	30
宁　夏	Ningxia	2		1	29	0.30	0.18	1.01	28
新　疆	Xinjiang	54	154	152	11	4.69	21.78	11.85	17

14-36 对外承包工程营业额
Turnover of Foreign Contracted Projects

单位：亿美元 (100 million USD)

地区	Region	2007	2008	2009	2010	2011	2012	2013	2013排名 Ranking
全　国	**National Total**	**406.43**	**566.12**	**777.06**	**921.70**	**1034.24**	**1165.97**	**1371.43**	
北　京	Beijing	7.17	13.08	18.50	22.25	24.81	28.99	33.59	9
天　津	Tianjin	6.36	9.72	20.86	24.52	29.91	31.02	31.29	10
河　北	Hebei	12.39	15.56	28.72	28.54	24.36	28.63	43.46	8
山　西	Shanxi	3.30	5.20	11.43	7.20	6.97	4.46	7.65	20
内蒙古	Inner Mongolia	0.06	0.25	0.17	0.32	0.00	0.09	0.45	29
辽　宁	Liaoning	7.51	8.46	15.79	13.23	15.08	18.47	23.73	13
吉　林	Jilin	1.68	1.84	2.35	2.64	2.95	4.67	5.13	25
黑龙江	Heilongjiang	4.60	5.69	7.86	10.51	10.92	9.50	6.25	23
上　海	Shanghai	44.91	49.07	66.57	68.96	59.41	68.12	80.69	3
江　苏	Jiangsu	34.49	38.84	43.58	51.67	60.01	64.68	72.63	4
浙　江	Zhejiang	12.74	17.05	22.23	27.51	28.99	37.13	44.16	7
安　徽	Anhui	5.93	10.79	14.94	19.27	23.67	28.11	29.14	12
福　建	Fujian	1.00	1.33	1.75	2.35	5.04	6.42	6.49	21
江　西	Jiangxi	4.00	5.22	7.11	10.43	15.85	18.41	22.73	14
山　东	Shandong	20.30	26.24	42.54	52.38	74.73	81.14	85.01	2
河　南	Henan	9.05	11.94	15.98	20.71	29.13	22.86	29.18	11
湖　北	Hubei	5.97	15.35	27.59	38.13	40.67	45.62	52.07	6
湖　南	Hunan	3.92	5.72	5.48	10.91	14.60	17.28	22.11	15
广　东	Guangdong	54.61	68.60	75.88	82.08	113.42	160.53	228.65	1
广　西	Guangxi	1.37	2.34	4.35	5.64	6.53	7.50	8.30	19
海　南	Hainan	0.09	0.36	0.22	0.08	0.14	0.11	0.04	30
重　庆	Chongqing	1.66	1.67	1.76	3.60	4.18	5.84	6.38	22
四　川	Sichuan	11.87	25.19	33.56	39.93	49.87	56.36	63.48	5
贵　州	Guizhou	0.46	3.11	2.83	2.20	3.00	4.00	4.59	26
云　南	Yunnan	4.95	5.99	7.38	9.92	11.45	15.48	18.17	16
西　藏	Tibet						0.05		
陕　西	Shaanxi	1.76	7.80	6.25	8.10	13.63	16.79	17.87	17
甘　肃	Gansu	1.05	3.02	2.83	2.24	2.97	2.62	3.09	27
青　海	Qinghai					0.46	2.21	1.16	28
宁　夏	Ningxia	0.06	0.11	0.15	0.17	0.18	0.16	14.48	18
新　疆	Xinjiang	3.18	6.31	4.46	6.29	6.32	10.14	5.42	24

14-37 在境外从事承包工程人数和劳务合作人数
Personnel Abroad for Engineering Projects Classified and Labor Services Classified

单位：人 （person）

地区	Region	年末在境外从事承包工程人数 Foreign Engineering Projects Classified				年末在境外从事劳务合作人数 Foreign Labour Services Classified			
		2010	2012	2013	2013排名 Ranking	2010	2012	2013	2013排名 Ranking
全　国	**National Total**	**376510**	**344618**	**370144**		**470095**	**505563**	**482611**	
北　京	Beijing	17145	12143	16549	6	5354	4616	4487	18
天　津	Tianjin	5911	10110	10881	10	6772	7400	6669	13
河　北	Hebei	8791	7602	9688	11	4533	2198	1512	23
山　西	Shanxi	4943	3085	4073	17	1204	428	12	28
内蒙古	Inner Mongolia	362	371	450	28	4344	3901	3467	19
辽　宁	Liaoning	7374	7879	6972	14	34074	39264	34450	6
吉　林	Jilin	9500	3694	3210	20	57066	44591	30392	7
黑龙江	Heilongjiang	3152	2283	3300	19	9733	5484	5495	16
上　海	Shanghai	9430	8320	7284	13	17417	21030	17851	9
江　苏	Jiangsu	36285	35615	36266	1	60051	51234	51748	4
浙　江	Zhejiang	18485	19429	18059	4	7776	7720	7423	12
安　徽	Anhui	11727	14198	12238	8	8509	9550	9256	11
福　建	Fujian	367	1787	2795	22	23873	33375	38992	5
江　西	Jiangxi	7467	7433	7939	12	7148	6383	5389	17
山　东	Shandong	26176	25302	26658	3	75737	78434	69153	1
河　南	Henan	16349	17711	14899	7	39707	57103	58709	2
湖　北	Hubei	21968	20202	31353	2	7510	10800	10973	10
湖　南	Hunan	3989	6965	6045	15	16381	23112	20682	8
广　东	Guangdong	4554	3863	2439	23	33901	44301	54271	3
广　西	Guangxi	5526	4638	3549	18	432	245	206	24
海　南	Hainan	2	26	34	30				
重　庆	Chongqing	2220	2095	1548	25	1846	3308	3144	20
四　川	Sichuan	11249	12264	12058	9	10734	9037	6443	15
贵　州	Guizhou	1789	2410	1615	24		32	54	27
云　南	Yunnan	14560	17353	17267	5	2629	2302	1597	22
西　藏	Tibet		21						
陕　西	Shaanxi	3959	6488	5331	16	4594	6124	6524	14
甘　肃	Gansu	824	2156	1324	26	87	1176	1634	21
青　海	Qinghai		77	745	27	51	168	202	25
宁　夏	Ningxia	265	217	169	29	427	276	189	26
新　疆	Xinjiang	3077	2024	3025	21				

14-38 旅行社单位数和旅游业从业人员
Number of Travel Agencies and Tourism Employees

地区	Region	旅行社单位数（家） Number of Travel Agencies (household)				旅游业从业人员（万人） Tourism Employees (10 000 persons)			
		2010	2012	2013	2013排名 Ranking	2010	2012	2013	2013排名 Ranking
全　国	**National Total**	**22784**	**24944**	**26054**		**185.82**	**213.52**	**208.04**	
北　京	Beijing	905	1021	1145	7	14.73	15.62	15.34	3
天　津	Tianjin	310	344	383	26	2.23	2.38	2.26	28
河　北	Hebei	1148	1252	1271	5	3.72	7.66	7.65	11
山　西	Shanxi	755	796	788	13	5.03	6.08	5.59	16
内蒙古	Inner Mongolia	677	779	890	12	3.05	3.82	3.89	21
辽　宁	Liaoning	1145	1141	1165	6	5.79	6.30	6.26	13
吉　林	Jilin	521	540	553	21	2.58	2.69	2.50	27
黑龙江	Heilongjiang	601	654	664	18	2.47	2.85	2.65	26
上　海	Shanghai	867	1090	1139	8	8.61	9.77	8.94	8
江　苏	Jiangsu	1805	1996	2073	1	12.60	13.83	13.95	4
浙　江	Zhejiang	1639	1894	1988	3	13.32	15.70	16.18	2
安　徽	Anhui	904	986	1037	11	5.45	5.90	5.59	15
福　建	Fujian	718	760	784	14	6.96	11.13	9.34	7
江　西	Jiangxi	699	760	768	16	3.30	4.15	3.96	20
山　东	Shandong	1842	1963	2001	2	13.83	13.84	13.64	5
河　南	Henan	1096	1141	1133	9	6.58	6.89	6.11	14
湖　北	Hubei	931	1041	1058	10	5.96	6.45	6.34	12
湖　南	Hunan	681	723	770	15	6.99	8.34	7.70	9
广　东	Guangdong	1247	1512	1656	4	22.18	21.96	21.58	1
广　西	Guangxi	428	510	513	22	4.83	5.20	5.00	18
海　南	Hainan	299	311	352	27	3.07	3.44	3.59	22
重　庆	Chongqing	379	435	504	23	4.22	4.87	4.83	19
四　川	Sichuan	730	534	586	20	6.16	7.30	7.69	10
贵　州	Guizhou	261	278	273	28	2.36	2.79	2.97	24
云　南	Yunnan	531	602	622	19	5.31	7.87	9.50	6
西　藏	Tibet	78	99	102	30	0.59	0.86	0.43	31
陕　西	Shaanxi	596	644	679	17	5.07	5.79	5.44	17
甘　肃	Gansu	352	427	431	24	3.15	3.53	3.27	23
青　海	Qinghai	197	212	217	29	1.00	0.84	0.89	30
宁　夏	Ningxia	86	101	95	31	0.86	1.37	1.33	29
新　疆	Xinjiang	356	398	414	25	3.83	4.29	2.65	25

14-39 星级饭店数和营业收入总额
Number of Hotels and Total Revenue of Star-Rated Hotels

地区	Region	星级饭店数（家）Number of Star-Rated Hotels (number) 2010	2012	2013	2013排名 Ranking	星级饭店营业收入总额（亿元）Total Revenue (100 million yuan) 2010	2012	2013	2013排名 Ranking
全　国	**National Total**	**11779**	**11367**	**11687**		**21226.55**	**2430.22**	**2292.93**	
北　京	Beijing	644	584	577	5	2529.20	295.37	276.58	1
天　津	Tianjin	99	103	93	30	232.49	28.26	26.57	24
河　北	Hebei	198	404	409	10	286.64	71.63	67.54	11
山　西	Shanxi	255	280	272	21	372.43	52.54	44.55	18
内蒙古	Inner Mongolia	239	245	268	22	272.03	32.12	29.55	23
辽　宁	Liaoning	432	399	421	8	655.58	72.79	76.46	9
吉　林	Jilin	207	192	189	26	269.50	27.91	24.66	27
黑龙江	Heilongjiang	246	236	223	25	197.85	25.70	21.94	28
上　海	Shanghai	291	281	256	23	1904.73	181.16	166.91	5
江　苏	Jiangsu	702	732	735	4	1607.77	186.37	175.29	4
浙　江	Zhejiang	814	783	828	2	2261.03	204.10	207.63	3
安　徽	Anhui	417	383	377	15	492.01	58.93	53.57	13
福　建	Fujian	374	390	401	11	715.43	96.75	97.30	7
江　西	Jiangxi	311	303	341	17	258.90	34.82	34.28	22
山　东	Shandong	895	796	792	3	1422.37	164.74	135.89	6
河　南	Henan	386	339	362	16	519.21	50.25	43.44	19
湖　北	Hubei	455	367	378	14	439.28	56.17	48.54	15
湖　南	Hunan	433	449	414	9	662.45	86.19	69.32	10
广　东	Guangdong	1008	927	917	1	2534.98	258.34	244.12	2
广　西	Guangxi	379	339	381	13	392.55	44.33	42.08	21
海　南	Hainan	186	155	150	27	362.77	47.78	46.14	16
重　庆	Chongqing	246	240	234	24	388.96	49.28	42.10	20
四　川	Sichuan	395	396	461	7	653.18	80.52	84.49	8
贵　州	Guizhou	324	290	305	19	185.07	24.53	24.70	26
云　南	Yunnan	560	480	563	6	367.49	43.69	65.25	12
西　藏	Tibet	105	102	109	29	41.39	5.81	6.06	31
陕　西	Shaanxi	269	283	333	18	459.30	53.55	48.83	14
甘　肃	Gansu	311	287	304	20	210.41	25.59	24.94	25
青　海	Qinghai	105	84	125	28	64.31	7.05	8.54	30
宁　夏	Ningxia	57	77	84	31	68.96	11.05	10.63	29
新　疆	Xinjiang	436	441	385	12	398.26	52.92	45.01	17

14-40 接待入境过夜游客人数（一）
Number of Oversea and Overnight Visitor Arrivals (1)

单位：万人次 (10 000 person-times)

地区	Region	接待入境过夜游客人数 Overnight Tourists				其中：接待外国人 Foreigners			
		2010	2012	2013	2013排名 Ranking	2010	2012	2013	2013排名 Ranking
全国	**National Total**	**5566.45**	**5772.49**	**5568.59**		**2612.69**	**2719.16**	**2629.03**	
北京	Beijing	490.07	500.86	450.13	3	421.63	434.40	387.62	3
天津	Tianjin	166.07	73.75	75.86	23	153.05	63.71	66.04	22
河北	Hebei	97.74	129.32	84.27	22	85.31	106.71	69.99	21
山西	Shanxi	130.29	189.18	53.84	27	82.09	120.42	38.88	26
内蒙古	Inner Mongolia	142.80	159.17	161.61	16	140.02	151.46	155.31	12
辽宁	Liaoning	361.80	473.13	256.04	12	307.01	388.59	173.61	10
吉林	Jilin	82.01	118.27	124.30	19	72.16	100.90	107.58	17
黑龙江	Heilongjiang	172.42	207.62	152.86	17	164.83	194.73	145.02	15
上海	Shanghai	733.72	651.23	614.09	2	593.12	539.64	511.07	2
江苏	Jiangsu	653.55	791.54	288.03	6	473.50	575.21	193.44	8
浙江	Zhejiang	684.71	865.93	337.57	4	447.41	570.51	252.07	4
安徽	Anhui	198.42	331.47	271.95	10	117.40	190.41	167.11	11
福建	Fujian	368.14	493.67	294.02	5	115.27	167.01	114.51	16
江西	Jiangxi	113.97	156.18	123.89	20	39.92	50.39	40.25	25
山东	Shandong	366.79	469.91	285.98	8	277.87	342.23	206.08	6
河南	Henan	146.84	190.77	127.38	18	96.09	118.74	73.02	20
湖北	Hubei	181.74	264.77	267.96	11	138.55	192.96	204.73	7
湖南	Hunan	189.87	224.55	230.66	14	103.30	90.64	87.71	18
广东	Guangdong	3140.93	3489.43	3397.90	1	733.28	773.05	760.51	1
广西	Guangxi	250.24	350.27	281.74	9	141.39	192.70	150.89	13
海南	Hainan	66.33	81.58	75.64	24	47.40	51.97	50.05	24
重庆	Chongqing	137.02	224.28	115.17	21	103.96	152.63	76.98	19
四川	Sichuan	104.93	227.34	209.56	15	74.97	151.29	147.32	14
贵州	Guizhou	50.01	70.50	62.40	26	18.61	30.42	27.15	27
云南	Yunnan	329.15	457.84	287.88	7	231.23	329.77	212.51	5
西藏	Tibet	22.83	19.49	22.32	28	21.41	17.46	18.72	28
陕西	Shaanxi	212.17	335.24	253.47	13	155.24	233.66	178.92	9
甘肃	Gansu	7.02	10.20	9.78	29	4.99	6.69	6.25	29
青海	Qinghai	4.67	4.73	4.65	30	3.39	3.84	4.13	30
宁夏	Ningxia	1.80	1.90	2.54	31	1.29	1.43	1.50	31
新疆	Xinjiang	50.94	62.49	68.88	25	45.44	49.02	60.10	23

14-41 接待入境过夜游客人数（二）
Number of Oversea and Overnight Visitor Arrivals (2)

单位：万人次 (10 000 person-times)

地区	Region	其中：港澳同胞 Hongkong and Macao Compatriots				其中：台湾同胞（万人） Taiwan Compatriots			
		2010	2012	2013	2013排名 Ranking	2010	2012	2013	2013排名 Ranking
全　国	**National Total**	**2994.20**	**3667.41**	**3198.31**		**1253.66**	**1566.57**	**1105.01**	
北　京	Beijing	41.66	39.02	37.20	12	26.79	27.44	25.31	15
天　津	Tianjin	5.66	4.90	5.00	23	7.36	5.14	4.83	26
河　北	Hebei	6.30	12.99	7.81	22	6.13	9.61	6.47	23
山　西	Shanxi	30.34	42.63	4.31	24	17.85	26.13	10.65	21
内蒙古	Inner Mongolia	1.78	5.76	3.75	25	1.00	1.95	2.55	27
辽　宁	Liaoning	30.87	49.86	50.76	6	23.92	34.69	31.67	10
吉　林	Jilin	6.59	9.70	9.24	21	3.26	7.67	7.49	22
黑龙江	Heilongjiang	3.99	5.02	2.15	27	3.60	7.87	5.69	25
上　海	Shanghai	66.40	46.87	43.55	11	74.20	64.72	59.47	5
江　苏	Jiangsu	64.12	79.65	13.41	19	115.93	136.67	81.18	3
浙　江	Zhejiang	108.54	133.40	36.07	14	128.77	162.02	49.43	8
安　徽	Anhui	36.37	68.91	50.72	7	44.65	72.15	54.11	7
福　建	Fujian	95.94	115.51	75.88	3	156.92	211.16	103.63	2
江　西	Jiangxi	53.39	77.54	61.23	5	20.65	28.26	22.41	17
山　东	Shandong	48.93	71.76	44.21	10	39.99	55.93	35.69	9
河　南	Henan	25.98	37.73	29.07	16	24.77	34.30	25.30	16
湖　北	Hubei	24.14	41.09	36.52	13	19.05	30.67	26.71	14
湖　南	Hunan	49.36	79.98	87.20	2	37.21	53.94	55.75	6
广　东	Guangdong	2090.81	2405.73	2352.15	1	316.84	310.65	285.24	1
广　西	Guangxi	50.59	80.77	71.27	4	58.26	76.80	59.59	4
海　南	Hainan	12.10	11.92	11.16	20	6.83	17.69	14.44	20
重　庆	Chongqing	17.97	45.53	16.31	18	15.10	26.12	21.88	18
四　川	Sichuan	15.11	35.92	33.50	15	14.85	40.12	28.74	13
贵　州	Guizhou	13.64	20.85	19.34	17	17.76	19.23	15.91	19
云　南	Yunnan	56.17	76.26	45.67	8	41.75	51.81	29.70	12
西　藏	Tibet	0.82	1.02	2.09	28	0.60	1.01	1.51	29
陕　西	Shaanxi	32.90	60.34	44.26	9	24.04	41.23	30.29	11
甘　肃	Gansu	0.80	1.36	1.26	29	1.23	2.15	2.26	28
青　海	Qinghai	0.42	0.46	0.19	31	0.86	0.42	0.33	31
宁　夏	Ningxia	0.25	0.20	0.28	30	0.26	0.26	0.75	30
新　疆	Xinjiang	2.25	4.72	2.75	26	3.25	8.76	6.03	24

14-42 国际旅游（外汇）收入
International Tourism Receipts

单位：百万美元 (USD million)

地区	Region	2007	2008	2009	2010	2011	2012	2013	2013排名 Ranking
全　国	**National Total**	**41919.0**	**40843.0**	**39675.0**	**45814.0**	**48464.0**	**50028.0**	**51664.0**	
北　京	Beijing	2248.00	4459.13	4356.68	5044.61	5416.00	5149.00	4794.68	4
天　津	Tianjin	180.00	1001.39	1182.64	1419.51	1755.53	2226.41	2591.28	8
河　北	Hebei	97.00	273.95	307.81	350.71	447.65	544.94	585.78	22
山　西	Shanxi	37.00	300.65	377.94	464.60	567.19	720.24	822.68	18
内蒙古	Inner Mongolia	107.00	577.19	558.31	601.90	670.97	771.96	962.29	16
辽　宁	Liaoning	260.00	1526.18	1856.21	2259.33	2713.14	3263.69	3477.14	6
吉　林	Jilin	59.00	211.44	242.94	304.92	385.28	494.77	552.37	24
黑龙江	Heilongjiang	105.00	869.95	638.68	762.50	917.62	835.48	604.36	21
上　海	Shanghai	1317.00	4971.72	4744.02	6340.92	5751.18	5493.23	5244.70	3
江　苏	Jiangsu	408.00	3880.20	4016.01	4783.43	5652.97	6299.72	2379.89	10
浙　江	Zhejiang	345.00	3024.08	3223.58	3930.20	4541.73	5151.74	5392.93	2
安　徽	Anhui	64.00	454.45	565.84	708.98	1179.18	1562.67	1660.42	12
福　建	Fujian	614.00	2393.53	2599.23	2978.24	3634.44	4225.67	4573.38	5
江　西	Jiangxi	45.00	251.70	289.75	346.03	415.00	484.73	525.08	25
山　东	Shandong	204.00	1391.10	1765.30	2155.04	2550.76	2923.65	2731.20	7
河　南	Henan	95.00	374.44	433.03	498.77	549.03	611.41	659.98	20
湖　北	Hubei	170.00	442.55	510.20	751.16	940.18	1202.97	1218.92	15
湖　南	Hunan	140.00	617.42	672.70	906.22	1014.34	928.36	822.69	17
广　东	Guangdong	2801.00	9174.98	10028.13	12382.6	13906.19	15610.67	16278.07	1
广　西	Guangxi	178.00	601.66	643.34	806.15	1051.88	1278.87	1547.30	13
海　南	Hainan	102.00	313.88	276.66	322.36	376.15	348.02	337.48	26
重　庆	Chongqing	105.00	449.78	537.21	703.20	968.06	1168.32	1268.31	14
四　川	Sichuan	79.00	153.88	288.56	354.09	593.83	798.15	764.76	19
贵　州	Guizhou	44.00	116.97	110.44	129.58	135.07	168.94	201.43	27
云　南	Yunnan	264.00	1007.55	1172.21	1323.65	1608.61	1947.08	2418.18	9
西　藏	Tibet	32.00	31.12	78.73	103.59	129.63	105.70	127.86	28
陕　西	Shaanxi	225.00	660.11	771.07	1015.96	1295.05	1597.47	1676.19	11
甘　肃	Gansu	28.00	16.03	12.54	14.81	17.40	22.35	20.39	29
青　海	Qinghai	3.00	10.15	15.42	20.45	26.59	24.32	19.42	30
宁　夏	Ningxia	1.00	3.01	4.43	5.99	6.20	5.45	12.08	31
新　疆	Xinjiang	71.00	135.78	136.63	185.42	465.19	550.57	585.02	23

14-43 接待国内过夜游客人数和旅游收入
Number of Domestic Overnight Tourists and the Earnings

地区	Region	接待国内过夜游客人数（亿人次） Number of Domestic Overnight Tourists (100 million person-times)				国内旅游收入（亿元） Earnings (100 million yuan)			
		2010	2012	2013	2013排名 Ranking	2010	2012	2013	2013排名 Ranking
全　国	**National Total**	**21.03**	**29.57**	**32.62**		**12579.77**	**22706.22**	**26276.12**	
北　京	Beijing	1.79	2.30	2.50	14	2425.10	3301.30	3666.30	6
天　津	Tianjin	0.92				1151.90	1600.00		
河　北	Hebei	1.49	2.30	2.70	11	890.68	1553.90	1973.80	15
山　西	Shanxi	1.25	1.90	2.50	14	1052.26	1766.30	2253.70	12
内蒙古	Inner Mongolia	0.45	0.59	0.66	22	692.92	1080.65	1343.73	21
辽　宁	Liaoning	2.83	3.62	4.04	6	2533.40	3739.26	4432.80	4
吉　林	Jilin	0.64	0.89	1.02	20	712.39	1146.89	1441.64	19
黑龙江	Heilongjiang	1.57	2.52	2.90	9	831.55	1247.50	1348.50	20
上　海	Shanghai	2.15	2.31	2.60	13	2522.94	2786.54	2968.00	8
江　苏	Jiangsu	3.55	4.60	5.20	2	4287.90	6055.80	6940.10	2
浙　江	Zhejiang	2.95	3.91	4.34	4	3045.50	4475.80	5202.00	3
安　徽	Anhui	1.53	2.92	3.36	8	1094.81	2519.10	2903.20	9
福　建	Fujian	1.14	1.62	1.95	19	1135.07	1650.00	2003.41	14
江　西	Jiangxi	1.07	2.03	2.48	16		1372.00	1863.60	18
山　东	Shandong	3.49				2915.80			
河　南	Henan								
湖　北	Hubei		3.42	4.06	5		2553.55	3130.13	7
湖　南	Hunan	2.01	3.00	3.60	7	1365.54	2175.50	2630.90	10
广　东	Guangdong	3.95	5.17	5.97	1	2964.59	6400.00	7297.00	1
广　西	Guangxi	1.40	2.08	2.43	17	898.10	1578.94	1961.32	17
海　南	Hainan	0.25	0.36	0.37	24	235.61	408.05	408.05	24
重　庆	Chongqing	1.60				868.40			
四　川	Sichuan	2.71	4.40	4.90	3	1862.03	3229.80	3830.00	5
贵　州	Guizhou	1.28	2.13	2.67	12	1052.64	1849.49	2358.18	11
云　南	Yunnan	1.38	1.96	2.40	18	916.82	1579.49	1961.55	16
西　藏	Tibet	0.07	0.10	0.13	26	71.40	119.81	165.18	25
陕　西	Shaanxi	1.44	2.29	2.82	10	915.92	1609.52	2031.10	13
甘　肃	Gansu	0.43	0.78	1.01	21	236.20	469.65	618.90	23
青　海	Qinghai	0.12	0.16	0.18	25	69.63	122.16	157.34	26
宁　夏	Ningxia	0.10	0.07	0.08	27	67.30	103.05	126.55	27
新　疆	Xinjiang	0.30	0.47	0.50	23	281.13	542.00	637.38	22

14-44 旅行社外联和接待入境游客人数
Number of Tourists Liaised and Received by Travel Agencies

单位：万人 (10 000 persons)

地区	Region	旅行社外联入境游客人数 Liaised Persons				旅行社接待入境游客人数 Received Persons			
		2010	2012	2013	2013排名 Ranking	2010	2012	2013	2013排名 Ranking
全国	**National Total**	**1352.04**	**1643.64**	**1447.52**		**2408.06**	**2366.61**	**2047.15**	
北京	Beijing	161.00	186.40	190.11	2	183.94	222.67	161.78	4
天津	Tianjin	8.25	5.12	3.59	24	10.85	12.31	8.77	25
河北	Hebei	11.53	14.15	10.23	20	14.34	18.05	16.31	22
山西	Shanxi	1.21	4.63	4.20	23	5.63	13.18	10.39	24
内蒙古	Inner Mongolia	37.70	30.32	23.08	15	40.32	32.28	25.10	18
辽宁	Liaoning	143.50	109.79	81.31	6	272.67	93.41	83.82	10
吉林	Jilin	20.66	12.79	13.03	19	34.14	20.68	26.07	17
黑龙江	Heilongjiang	32.79	30.19	23.27	14	48.41	56.78	43.33	14
上海	Shanghai	76.34	62.03	56.48	8	103.87	91.18	75.60	12
江苏	Jiangsu	40.50	46.27	45.70	10	259.64	214.41	210.63	2
浙江	Zhejiang	100.77	125.94	105.17	4	116.52	123.79	110.60	7
安徽	Anhui	6.69	10.56	7.42	22	20.93	29.07	20.38	20
福建	Fujian	37.62	82.95	88.04	5	44.15	74.24	78.15	11
江西	Jiangxi	2.14	2.35	2.01	29	4.39	19.66	13.77	23
山东	Shandong	107.95	142.04	147.22	3	139.52	168.18	171.20	3
河南	Henan	14.85	17.59	17.29	17	34.84	30.45	24.15	19
湖北	Hubei	11.00	21.53	23.33	13	120.35	136.29	119.03	5
湖南	Hunan	49.21	72.41	60.23	7	101.70	137.12	118.18	6
广东	Guangdong	297.82	424.77	356.46	1	406.20	456.97	374.39	1
广西	Guangxi	30.70	23.65	16.94	18	54.27	44.07	31.86	16
海南	Hainan	11.31	13.26	9.39	21	21.38	25.87	18.81	21
重庆	Chongqing	43.69	56.36	40.02	12	130.67	88.30	86.08	8
四川	Sichuan	47.46	69.74	49.06	9	82.18	99.51	69.87	13
贵州	Guizhou	1.64	2.64	2.75	26	4.74	4.43	4.93	27
云南	Yunnan	18.36	23.08	20.00	16	68.62	49.63	42.55	15
西藏	Tibet	4.01	2.48	2.31	28	7.00	4.05	3.75	29
陕西	Shaanxi	30.10	42.62	42.75	11	67.58	83.68	85.42	9
甘肃	Gansu	0.84	3.60	2.52	27	2.72	5.87	4.12	28
青海	Qinghai	0.37	0.39	0.44	30	1.98	1.88	1.33	31
宁夏	Ningxia	0.03	0.04	0.03	31	0.93	1.72	1.55	30
新疆	Xinjiang	1.98	3.93	3.14	25	3.60	6.88	5.26	26

14-45 旅行社组团和接待国内游客人数
Domestic Tourist Groups Organized and Received by Travel Agencies

单位：万人 (10 000 persons)

地区	Region	旅行社组团人数 Organized				旅行社接待国内游客人数 Received			
		2010	2012	2013	2013排名 Ranking	2010	2012	2013	2013排名 Ranking
全　国	**National Total**	**11953.31**	**14368.64**	**12855.72**		**14147.25**	**16303.49**	**14519.50**	
北　京	Beijing	375.43	471.27	469.83	12	360.61	349.48	319.37	16
天　津	Tianjin	139.03	254.18	179.12	18	79.89	159.03	111.38	22
河　北	Hebei	250.83	265.07	259.30	15	234.73	194.94	200.13	17
山　西	Shanxi	124.23	186.03	154.96	19	166.89	192.97	157.04	21
内蒙古	Inner Mongolia	54.72	58.70	47.36	27	69.23	80.91	74.75	24
辽　宁	Liaoning	386.84	476.99	442.55	13	482.78	412.71	382.28	14
吉　林	Jilin	74.10	72.33	73.11	24	84.46	61.95	58.52	26
黑龙江	Heilongjiang	76.28	73.07	73.24	23	88.69	113.68	105.95	23
上　海	Shanghai	1086.07	1183.43	1111.17	4	1060.89	932.76	777.96	8
江　苏	Jiangsu	1334.87	1414.18	1184.07	3	1848.53	1972.50	1983.32	1
浙　江	Zhejiang	1363.94	1710.60	1490.43	2	1220.67	1504.14	1240.65	3
安　徽	Anhui	377.99	402.30	341.53	14	454.71	575.21	411.56	12
福　建	Fujian	255.91	544.33	618.07	7	433.42	906.19	931.32	6
江　西	Jiangxi	158.78	185.01	148.27	21	223.02	234.98	192.44	19
山　东	Shandong	822.26	976.05	906.80	5	760.80	854.99	803.86	7
河　南	Henan	297.85	279.39	223.75	16	313.09	233.30	166.72	20
湖　北	Hubei	464.25	608.31	573.05	9	564.03	735.13	735.95	9
湖　南	Hunan	424.03	562.06	496.00	10	519.18	693.41	556.33	11
广　东	Guangdong	1874.98	2346.46	2005.77	1	1701.30	1718.30	1471.47	2
广　西	Guangxi	178.09	178.06	208.34	17	347.98	482.33	381.51	15
海　南	Hainan	127.87	65.26	53.49	25	246.61	408.91	405.06	13
重　庆	Chongqing	264.46	597.04	602.89	8	323.64	507.45	620.30	10
四　川	Sichuan	964.87	871.62	652.38	6	1528.08	1342.79	941.61	5
贵　州	Guizhou	55.60	69.12	80.51	22	51.13	76.45	72.15	25
云　南	Yunnan	173.67	208.11	148.88	20	623.56	1044.71	1029.54	4
西　藏	Tibet	4.15	7.99	8.08	31	20.04	30.53	21.78	31
陕　西	Shaanxi	139.84	162.10	489.23	11	176.13	267.37	194.40	18
甘　肃	Gansu	40.93	71.23	50.14	26	46.72	59.64	49.41	28
青　海	Qinghai	9.83	14.25	14.70	30	27.42	48.45	49.58	27
宁　夏	Ningxia	23.62	22.37	19.78	29	41.88	52.22	43.11	29
新　疆	Xinjiang	27.97	31.74	28.91	28	47.13	56.08	40.06	30

14-46 旅行社营业收入和营业税金及附加
Operating Income, Taxes and Extra Charges of Travel Agencies

单位：亿元 (100 million yuan)

地区	Region	旅行社营业收入 Operating Income				旅行社营业税金及附加 Taxes and Extra Charges			
		2010	2012	2013	2013排名 Ranking	2010	2012	2013	2013排名 Ranking
全　国	**National Total**	**23566.74**	**3374.75**	**3599.14**		**197.01**	**14.71**	**14.92**	
北　京	Beijing	4006.86	536.79	603.29	1	20.15	2.11	2.43	2
天　津	Tianjin	196.75	30.96	38.27	20	1.99	0.30	0.25	15
河　北	Hebei	258.17	32.47	40.04	19	2.81	0.16	0.19	18
山　西	Shanxi	211.83	37.96	37.66	21	1.75	0.12	0.14	22
内蒙古	Inner Mongolia	135.81	20.63	18.91	25	1.46	0.17	0.15	21
辽　宁	Liaoning	520.22	70.65	85.79	12	4.22	0.26	0.29	13
吉　林	Jilin	97.60	12.55	11.35	28	2.07	0.06	0.06	28
黑龙江	Heilongjiang	218.75	25.40	28.15	23	3.26	0.22	0.22	16
上　海	Shanghai	2979.86	466.78	561.63	2	20.28	1.59	1.72	3
江　苏	Jiangsu	1839.75	229.18	231.06	5	18.12	1.00	1.01	5
浙　江	Zhejiang	2056.69	259.98	240.86	4	18.32	1.15	1.12	4
安　徽	Anhui	433.18	60.01	57.91	14	5.95	0.32	0.26	14
福　建	Fujian	759.14	120.51	144.10	6	7.21	0.54	0.57	7
江　西	Jiangxi	183.01	46.11	43.65	16	1.53	0.21	0.19	17
山　东	Shandong	1063.18	151.80	141.04	7	12.98	0.69	0.70	6
河　南	Henan	534.86	37.05	31.42	22	6.36	0.21	0.16	20
湖　北	Hubei	592.35	108.24	114.52	9	9.30	0.58	0.57	8
湖　南	Hunan	933.98	147.79	129.94	8	5.80	0.59	0.51	10
广　东	Guangdong	3499.54	468.44	544.24	3	29.98	2.31	2.44	1
广　西	Guangxi	337.21	50.59	43.04	18	1.52	0.17	0.17	19
海　南	Hainan	286.63	44.68	43.22	17	1.17	0.14	0.14	23
重　庆	Chongqing	552.12	101.40	106.36	11	5.49	0.32	0.29	12
四　川	Sichuan	348.43	71.66	74.13	13	2.70	0.57	0.54	9
贵　州	Guizhou	111.68	21.32	18.76	26	0.56	0.08	0.07	26
云　南	Yunnan	679.40	113.45	113.43	10	4.32	0.41	0.37	11
西　藏	Tibet	27.45	5.18	4.89	31	0.21	0.03	0.02	30
陕　西	Shaanxi	350.90	54.29	47.28	15	1.51	0.16	0.13	24
甘　肃	Gansu	132.83	12.14	11.37	27	4.59	0.08	0.07	27
青　海	Qinghai	33.79	6.32	6.06	30	0.19	0.04	0.03	29
宁　夏	Ningxia	51.38	7.93	7.14	29	0.26	0.03	0.02	31
新　疆	Xinjiang	133.41	22.48	19.63	24	0.96	0.12	0.10	25

14-47 旅游景区基本情况（一）
Major Statistics of Tourist Attraction (1)

地区	Region	旅游景区总数（家） Number of Tourist Attractions (number)				旅游景区接待游客总数（亿人次） Visitors Received (100 million person-times)			
		2010	2012	2013	2013排名 Ranking	2010	2012	2013	2013排名 Ranking
全 国	**National Total**	**4521**	**6042**	**6604**		**22.43**	**29.26**	**28.89**	
北 京	Beijing	194	193	203	16	2.12	1.43	1.67	6
天 津	Tianjin	43	73	90	26	0.25	0.33	0.29	25
河 北	Hebei	240	293	301	6	0.85	0.82	0.66	17
山 西	Shanxi	78	95	100	25	0.33	0.31	0.39	23
内蒙古	Inner Mongolia	164	215	215	14	0.18	0.30	0.18	29
辽 宁	Liaoning	195	240	365	4	1.16	0.25	0.53	20
吉 林	Jilin	103	121	246	11	0.18	0.48	0.81	13
黑龙江	Heilongjiang	155	260	140	21	0.27	0.85	0.23	28
上 海	Shanghai	55	77	83	27	0.55	0.71	0.62	18
江 苏	Jiangsu	366	514	538	2	3.28	3.52	3.46	1
浙 江	Zhejiang	257	325	328	5	1.96	2.22	2.33	3
安 徽	Anhui	276	397	444	3	0.71	1.80	1.80	4
福 建	Fujian	83	97	111	23	0.46	0.62	0.70	16
江 西	Jiangxi	99	131	155	19	0.54	0.90	1.09	9
山 东	Shandong	408	547	602	1	2.34	2.71	2.44	2
河 南	Henan	192	251	257	9	0.98	1.64	1.40	8
湖 北	Hubei	193	256	269	8	0.53	0.88	0.90	12
湖 南	Hunan	184	194	214	15	0.81	0.93	1.08	10
广 东	Guangdong	136	193	219	13	1.34	1.68	1.62	7
广 西	Guangxi	128	164	191	17	0.59	0.74	0.79	14
海 南	Hainan	33	40	41	29	0.19	0.24	0.24	27
重 庆	Chongqing	91	128	139	22	0.51	0.61	0.56	19
四 川	Sichuan	188	232	255	10	0.64	1.71	1.75	5
贵 州	Guizhou	80	93	101	24	0.18	0.39	0.40	22
云 南	Yunnan	137	146	151	20	0.64	0.75	0.77	15
西 藏	Tibet		66	41	29		0.06	0.04	31
陕 西	Shaanxi	93	172	245	12	0.29	1.03	1.03	11
甘 肃	Gansu	133	177	183	18	0.28	0.37	0.43	21
青 海	Qinghai	10	61	56	28	0.03	0.62	0.26	26
宁 夏	Ningxia	31	32	34	31	0.07	0.08	0.10	30
新 疆	Xinjiang	176	259	287	7	0.14	0.28	0.33	24

14-48 旅游景区基本情况（二）
Major Statistics of Tourist Attraction (2)

单位：亿元 (100 million yuan)

地区	Region	旅游景区营业收入 Total Revenue 2010	2012	2013	2013排名 Ranking	旅游景区门票收入 Tickets 2010	2012	2013	2013排名 Ranking
全　国	**National Total**	**3960.81**	**2898.93**	**2989.11**		**874.50**	**927.06**	**869.04**	
北　京	Beijing	47.73	71.50	95.50	12	32.69	42.59	31.94	10
天　津	Tianjin	13.49	38.30	22.01	28	0.76	22.48	8.39	25
河　北	Hebei	19.34	74.40	75.38	15	5.73	21.63	24.00	15
山　西	Shanxi	36.11	91.60	57.87	19	7.88	14.21	8.28	26
内蒙古	Inner Mongolia	11.54	41.40	51.03	21	2.14	10.31	11.44	22
辽　宁	Liaoning	317.03	51.10	66.19	16	8.02	39.80	13.05	21
吉　林	Jilin	52.37	55.80	101.05	11	5.81	11.70	27.19	14
黑龙江	Heilongjiang	12.58	111.90	30.15	26	2.87	16.09	7.14	28
上　海	Shanghai	24.01	50.80	45.14	23	10.35	17.48	17.05	18
江　苏	Jiangsu	13.44	174.30	275.86	2	6.38	50.69	89.32	1
浙　江	Zhejiang	120.05	112.70	219.56	3	35.19	38.58	69.62	3
安　徽	Anhui	93.24	174.50	192.84	5	18.40	61.62	48.38	6
福　建	Fujian	20.81	74.30	54.74	20	8.16	15.93	22.61	16
江　西	Jiangxi	126.14	264.10	332.43	1	15.55	79.14	43.68	7
山　东	Shandong	137.78	213.70	206.56	4	33.88	71.04	80.00	2
河　南	Henan	32.54	91.10	104.31	10	17.13	29.12	37.21	8
湖　北	Hubei	75.08	137.90	108.49	9	12.04	41.06	31.51	11
湖　南	Hunan	33.54	140.80	131.49	8	18.25	33.80	29.16	13
广　东	Guangdong	55.61	119.20	169.80	6	25.93	53.62	56.46	5
广　西	Guangxi	22.01	52.50	60.95	17	10.42	16.70	20.66	17
海　南	Hainan	11.52	45.60	27.26	27	8.21	14.31	7.51	27
重　庆	Chongqing	467.98	79.40	59.10	18	454.54	23.35	15.95	19
四　川	Sichuan	1832.53	224.90	164.90	7	92.04	66.14	58.82	4
贵　州	Guizhou	15.13	84.20	38.70	24	1.92	24.76	11.03	23
云　南	Yunnan	32.07	13.70	85.24	14	18.47	4.01	32.85	9
西　藏	Tibet		31.60	6.11	31		9.27	0.82	31
陕　西	Shaanxi	12.35	70.30	89.39	13	8.87	40.22	29.68	12
甘　肃	Gansu	30.55	54.10	37.22	25	4.71	15.05	10.74	24
青　海	Qinghai	0.35	30.70	19.62	29	0.17	18.09	5.51	29
宁　夏	Ningxia	191.11	33.30	11.17	30	1.89	7.53	4.40	30
新　疆	Xinjiang	102.77	89.30	49.05	22	6.09	16.74	14.64	20

15

金融业

Financial Intermediation

15-1 金融机构本外币存款余额（一）

Savings Deposit in Renminbi and Foreign Currencies in Financial Institutions (1)

单位：亿元 (100 million yuan)

地区	Region	金融机构本外币存款余额 Deposit in Renminbi and Foreign Currencies				金融机构人民币存款余额 Renminbi Total Deposit			
		2010	2012	2013	2013排名 Ranking	2010	2012	2013	2013排名 Ranking
全　国	**National Total**	**733382.0**	**942915.6**	**1070587.7**		**718237.9**	**917555.0**	**1043847.0**	
北　京	Beijing	66584.60	84837.30	91660.50	2	63025.20	79620.60	87990.60	2
天　津	Tianjin	16499.25	20293.79	23316.56	17	15912.21	19675.68	22684.59	17
河　北	Hebei	26270.58	34257.16	39444.50	8	26099.00	34257.16	39221.30	8
山　西	Shanxi	18639.77	24156.95	26269.02	15	18575.65	24050.58	26105.40	15
内蒙古	Inner Mongolia	10278.69	13672.99	15263.75	23	10278.69	13612.72	15205.69	23
辽　宁	Liaoning	28057.38	35303.46	39418.00	9	27372.55	34567.34	38667.80	9
吉　林	Jilin	9702.55	12812.30	14885.90	24	9605.72	12706.13	14781.42	24
黑龙江	Heilongjiang	12924.20	16540.70	18293.40	22	12835.67	16326.59	18131.80	22
上　海	Shanghai	52190.04	63555.25	69256.32	5	46678.13	55732.05	60321.03	6
江　苏	Jiangsu	58455.43	77837.73	88032.48	3	58984.14	75481.50	85604.10	3
浙　江	Zhejiang	54482.29	66679.08	73732.36	4	53441.45	64886.28	71986.58	4
安　徽	Anhui	16477.60	23211.50	26938.20	13	16366.10	22977.30	26739.30	14
福　建	Fujian	18753.20	25057.80	28938.81	12	18309.45	24283.68	28282.58	12
江　西	Jiangxi	11907.80	16839.02	19582.70	20	11846.18	16715.90	19434.80	20
山　东	Shandong	41515.88	53166.77	63357.80	6	41104.96	54301.53	62077.88	5
河　南	Henan	23148.83	31648.50	37591.09	10	23148.83	31648.50	37049.49	10
湖　北	Hubei	21716.59	28188.45	32902.83	11	21203.00	28006.36	32636.15	11
湖　南	Hunan	16643.27	23148.15	26876.00	14	16553.78	23037.02	26756.60	13
广　东	Guangdong	101927.43	134761.95	153628.30	1	79957.97	97463.20	141712.33	1
广　西	Guangxi	11813.90	15966.65	18400.48	21	11746.77	15856.00	18267.25	21
海　南	Hainan	4217.30	5109.70	5952.50	28	4166.47	5042.83	5878.60	28
重　庆	Chongqing	13454.98	19432.90	22789.17	18	13454.98	18934.83	22202.10	18
四　川	Sichuan	30504.05	41576.80	48122.10	7	30299.67	41130.80	47667.30	7
贵　州	Guizhou	7387.79	10567.83	13297.62	26	7363.92	10540.06	13265.01	26
云　南	Yunnan	13478.86	18061.48	20829.34	19	13411.49	18049.49	20691.55	19
西　藏	Tibet	1296.73	2054.25	2500.94	31	1295.55	2050.58	2499.08	31
陕　西	Shaanxi	16590.50	22657.74	25736.72	16	16456.05	22657.74	25577.19	16
甘　肃	Gansu	7146.66	10129.69	12070.64	27	7115.37	10033.42	12029.66	27
青　海	Qinghai	2326.96	3528.41	4110.74	29	2319.64	3528.41	4102.54	29
宁　夏	Ningxia	2586.66	3507.16	3881.40	30	2573.64	3495.40	3868.47	30
新　疆	Xinjiang	8898.57	12423.53	14247.54	25	8870.02	12330.89	14088.83	25

15-2 金融机构本外币存款余额（二）
Savings Deposit in Renminbi and Foreign Currencies in Financial Institutions (2)

单位：亿元 (100 million yuan)

地区	Region	金融机构人民币储蓄存款余额 Renminbi Savings Deposit				金融机构外汇储蓄余额 Savings Deposit of Foreign Exchange			
		2010	2012	2013	2013排名 Ranking	2010	2012	2013	2013排名 Ranking
全国	**National Total**	**303302.49**	**399551.04**	**447601.57**		**583.43**	**680.89**	**692.98**	
北京	Beijing	17003.11	21644.94	23086.41	6	87.90	103.94	108.44	3
天津	Tianjin	5558.23	7055.38	7612.31	23	11.49	13.27	13.70	9
河北	Hebei	15678.43	20665.09	23357.17	5	7.14	10.20	10.55	13
山西	Shanxi	9222.97	11997.03	13339.37	13	5.51	7.52	7.48	17
内蒙古	Inner Mongolia	4618.11	6597.22	7455.17	24	2.40	3.81	3.91	24
辽宁	Liaoning	13690.27	17785.88	19659.51	10	28.50	31.50	32.54	6
吉林	Jilin	5147.26	6875.10	7745.33	22	8.44	9.43	9.59	15
黑龙江	Heilongjiang	7254.71	9269.20	10058.60	17	7.74	10.30	10.98	10
上海	Shanghai	15650.24	19506.70	20486.25	8	90.45	112.37	114.72	2
江苏	Jiangsu	23334.48	30057.19	33823.90	2	30.00	40.25	40.83	5
浙江	Zhejiang	20612.16	26406.81	28922.97	4	72.70	78.84	71.76	4
安徽	Anhui	7788.48	11178.62	12924.91	14	3.82	5.61	5.72	19
福建	Fujian	8101.02	10507.39	11847.25	16	23.73	24.64	25.45	8
江西	Jiangxi	6113.24	8471.86	9725.17	18	3.98	5.49	5.48	21
山东	Shandong	19648.21	26343.31	29796.08	3	18.89	27.02	28.09	7
河南	Henan	12883.70	17469.01	20232.12	9	7.79	10.56	10.76	12
湖北	Hubei	9798.05	13419.72	15507.03	11	8.04	10.34	10.49	14
湖南	Hunan	9022.58	12578.29	14539.68	12	5.66	7.21	7.40	18
广东	Guangdong	36318.66	45533.78	49891.35	1	97.71	117.44	122.57	1
广西	Guangxi	5702.43	7900.77	9118.91	20	3.97	5.21	5.27	22
海南	Hainan	1667.14	2172.70	2465.38	28	1.92	2.41	2.46	27
重庆	Chongqing	5839.66	8361.64	9622.31	19	3.53	4.16	4.28	23
四川	Sichuan	13650.83	19438.27	22597.30	7	7.90	10.40	10.86	11
贵州	Guizhou	3244.99	4806.09	5919.05	25	1.13	1.73	1.78	28
云南	Yunnan	5719.97	7744.66	8969.81	21	3.73	5.43	5.61	20
西藏	Tibet	267.13	403.91	496.03	31	0.07	0.07	0.08	31
陕西	Shaanxi	7957.78	10770.05	12249.36	15	7.65	8.66	8.68	16
甘肃	Gansu	3598.24	5050.08	5878.47	27	2.03	3.66	3.70	26
青海	Qinghai	868.22	1275.27	1504.17	30	0.42	0.99	0.97	30
宁夏	Ningxia	1170.25	1679.43	1887.23	29	0.57	0.99	1.02	29
新疆	Xinjiang	3713.47	5281.83	5884.50	26	1.90	3.60	3.73	25

15-3 金融机构本外币存款余额（三）

Savings Deposit in Renminbi and Foreign Currencies in Financial Institutions (3)

单位：亿元 (100 million yuan)

地区	Region	人民币城镇储蓄存款余额 Renminbi Savings Deposit of Urban Household				人民币农户储蓄存款余额 Renminbi Savings Deposit of Rural Household			
		2010	2012	2013	2013排名 Ranking	2010	2012	2013	2013排名 Ranking
全国	**National Total**	**244221.79**	**314215.91**	**346332.87**		**59080.36**	**85335.12**	**101268.71**	
北京	Beijing	15701.10	19840.58	21141.29	3	1302.01	1804.35	1945.12	21
天津	Tianjin	4862.72	6172.24	6606.94	20	695.51	883.14	1005.37	27
河北	Hebei	11520.05	14900.03	16767.11	8	4158.38	5765.05	6590.06	5
山西	Shanxi	7051.12	8941.98	9693.21	14	2171.85	3055.05	3646.16	9
内蒙古	Inner Mongolia	3575.86	4891.54	5469.05	24	1042.25	1705.68	1986.12	20
辽宁	Liaoning	12085.21	15486.51	17032.25	7	1605.06	2299.37	2627.26	16
吉林	Jilin	4140.94	5567.15	6219.33	22	1006.31	1307.95	1526.00	25
黑龙江	Heilongjiang	6335.86	7939.56	8458.88	17	918.85	1329.63	1599.72	24
上海	Shanghai	14638.13	18077.64	18857.37	6	1012.11	1429.06	1628.89	23
江苏	Jiangsu	19264.56	24315.28	26709.32	2	4069.92	5741.91	7114.58	4
浙江	Zhejiang	15649.27	19516.60	20804.54	4	4962.89	6890.21	8118.43	3
安徽	Anhui	6019.77	8363.13	9419.55	15	1768.71	2815.49	3505.36	10
福建	Fujian	6921.62	8771.40	9778.84	13	1179.40	1735.99	2068.42	18
江西	Jiangxi	4659.10	6158.81	6927.19	19	1454.15	2313.05	2797.98	13
山东	Shandong	14040.94	18577.37	20804.48	5	5607.27	7765.94	8991.61	2
河南	Henan	9648.85	12744.67	14561.60	10	3234.85	4724.35	5670.52	7
湖北	Hubei	8394.96	11252.68	12805.18	11	1403.09	2167.04	2701.84	15
湖南	Hunan	6811.26	9389.06	10756.88	12	2211.32	3189.23	3782.80	8
广东	Guangdong	29357.03	36361.20	39407.08	1	6961.63	9172.58	10484.27	1
广西	Guangxi	4199.60	5583.40	6369.04	21	1502.83	2317.36	2749.87	14
海南	Hainan	1456.32	1816.12	2023.65	28	210.82	356.59	441.73	29
重庆	Chongqing	4388.60	6208.73	7085.17	18	1451.06	2152.91	2537.14	17
四川	Sichuan	10561.22	14594.00	16668.32	9	3089.60	4844.27	5928.99	6
贵州	Guizhou	2317.95	3280.21	3854.39	27	927.04	1525.88	2064.66	19
云南	Yunnan	4059.10	5129.40	5786.87	23	1660.86	2615.27	3182.94	11
西藏	Tibet	267.13	403.91	403.91	31				
陕西	Shaanxi	6309.68	8313.41	9277.12	16	1648.11	2456.63	2972.24	12
甘肃	Gansu	2742.14	3703.27	4202.56	26	856.09	1346.81	1675.91	22
青海	Qinghai	768.01	1102.51	1292.38	30	100.21	172.76	211.79	30
宁夏	Ningxia	900.15	1235.04	1359.72	29	270.10	444.39	527.51	28
新疆	Xinjiang	3115.38	4274.65	4699.07	25	598.09	1007.18	1185.43	26

15-4 金融机构本外币贷款余额（一）
Balance of Loans in Renminbi and Foreign Currencies in Financial Institutions (1)

单位：亿元 (100 million yuan)

地区	Region	金融机构本外币贷款余额 Loans of Renminbi and Foreign Currencies				金融机构人民币贷款余额 Renminbi Loans			
		2010	2012	2013	2013排名 Ranking	2010	2012	2013	2013排名 Ranking
全　国	National Total	509225.95	672871.56	766326.64		479195.55	629906.60	718961.00	
北　京	Beijing	36479.58	43189.50	47880.90	5	28748.10	35441.70	40506.70	5
天　津	Tianjin	13774.11	18396.81	20857.80	13	12864.75	17392.06	19453.31	13
河　北	Hebei	15948.91	21317.96	24423.20	10	15755.74	21317.96	23966.00	10
山　西	Shanxi	9728.68	13211.30	15025.45	18	9634.32	13406.21	14887.50	19
内蒙古	Inner Mongolia	7919.47	11392.54	13056.68	21	7919.47	11284.20	12944.17	22
辽　宁	Liaoning	19622.04	26306.45	29722.00	8	18689.77	24730.22	27944.00	8
吉　林	Jilin	7279.62	9270.30	10805.20	23	7205.94	9155.60	10696.52	24
黑龙江	Heilongjiang	7390.62	10259.94	11782.50	22	7230.47	9906.70	11359.40	23
上　海	Shanghai	34154.17	40982.48	44357.88	6	27970.18	33814.10	37033.88	6
江　苏	Jiangsu	42522.92	57464.29	64503.17	3	42121.04	54412.30	61836.53	3
浙　江	Zhejiang	46938.54	59509.22	65338.78	2	45288.07	56982.64	62597.56	2
安　徽	Anhui	11737.80	16795.20	19688.20	14	11452.29	16294.28	19088.80	14
福　建	Fujian	15920.80	22427.50	25963.40	9	15231.36	21209.82	24487.53	9
江　西	Jiangxi	7843.28	11080.15	13111.70	20	7757.12	10924.54	12953.50	21
山　东	Shandong	32329.60	40018.89	47952.10	4	30722.64	40021.49	44761.26	4
河　南	Henan	15871.30	20031.44	23511.40	11	15871.32	20031.44	23100.87	11
湖　北	Hubei	14589.34	18941.05	21795.53	12	13037.12	18004.54	20796.86	12
湖　南	Hunan	11521.67	15648.59	18141.10	15	11303.76	15336.52	17775.00	15
广　东	Guangdong	66298.14	88885.42	100344.23	1	46099.26	58540.62	86692.35	1
广　西	Guangxi	8979.87	12355.52	14081.01	19	8867.52	11941.44	13653.38	20
海　南	Hainan	2509.72	3889.63	4630.78	27	2262.19	3381.60	3978.20	28
重　庆	Chongqing	10888.15	15594.18	18005.70	16	10888.15	15131.22	17381.55	16
四　川	Sichuan	19485.74	26163.25	30298.85	7	19129.79	25560.40	29542.70	7
贵　州	Guizhou	5771.74	8350.17	10156.96	25	5747.53	8274.78	10104.30	25
云　南	Yunnan	10705.99	14168.99	16128.90	17	10568.78	14144.38	15812.20	18
西　藏	Tibet	301.82	664.05	1076.58	30	301.49	663.76	1076.31	31
陕　西	Shaanxi	10222.20	13865.61			10033.12	13865.61	16219.84	17
甘　肃	Gansu	4576.68	7196.60	8822.23	26	4433.05	6829.41	8430.08	27
青　海	Qinghai	1823.81	2791.68	3514.68	29	1822.65	2791.68	3398.17	30
宁　夏	Ningxia	2419.89	3372.12	3947.29	28	2398.70	3339.59	3910.00	29
新　疆	Xinjiang	5211.38	8385.98	10377.13	24	4973.16	7914.00	9840.50	26

15-5 金融机构本外币贷款余额（二）

Balance of Loans in Renminbi and Foreign Currencies in Financial Institutions (2)

单位：亿元 (100 million yuan)

地区	Region	人民币境内贷款余额 Renminbi Domestic Loans				人民币境外贷款余额 Renminbi Overseas Loans			
		2010	2012	2013	2013排名 Ranking	2010	2012	2013	2013排名 Ranking
全　国	**National Total**	**479196.00**	**628101.00**	**717088.00**		**219.08**	**1809.00**	**1874.00**	
北　京	Beijing	27362.24	40343.72	45052.16	3		2845.80	2828.77	1
天　津	Tianjin	12864.73	17386.83	19447.70	8	0.02	5.83	5.61	7
河　北	Hebei	15755.74	19239.36				0.58		
山　西	Shanxi	9634.32	13097.08	14887.41	10		0.13	0.12	14
内蒙古	Inner Mongolia	7079.67	7249.50	12944.10	13		0.01	0.07	15
辽　宁	Liaoning	18688.44	26089.26	29484.20	5	1.32	217.20	237.80	3
吉　林	Jilin	7205.94	10208.22				0.52		
黑龙江	Heilongjiang	7230.47	9906.50	11359.40	14		0.18	0.20	13
上　海	Shanghai	30514.74		36882.94	4	58.57		150.94	4
江　苏	Jiangsu	42120.18	54352.83	61787.95	2	0.86	50.46		
浙　江	Zhejiang	45287.67	56993.21			0.40	16.44		
安　徽	Anhui	11452.29	16280.48	19082.32	9		23.78	6.48	6
福　建	Fujian	15229.95	20595.34	24425.61	6	1.41	64.09	61.93	5
江　西	Jiangxi	7757.12	10908.56	12953.50	12		2.68	1.19	12
山　东	Shandong		39709.75				243.80		
河　南	Henan	15871.32	18439.06						
湖　北	Hubei	13037.12	17992.31	20794.32	7		5.44	2.54	11
湖　南	Hunan	11303.76	15568.33				40.03		
广　东	Guangdong	47161.53	59533.60	66472.65	1	30.03	434.65	416.11	2
广　西	Guangxi	8867.51	11924.01	13649.60	11	0.01	2.61	3.77	10
海　南	Hainan	2262.13	2725.31	3973.05	17	0.06	5.36	5.10	8
重　庆	Chongqing	10887.96	13698.29			0.19	4.51		
四　川	Sichuan	19129.13	25383.86			0.66	5.17		
贵　州	Guizhou		7224.12				0.60		
云　南	Yunnan	10564.28	13744.01			4.50	52.50		
西　藏	Tibet	301.49	664.00				28.00		
陕　西	Shaanxi	10033.09	13631.60			0.04	0.48		
甘　肃	Gansu	4433.05	6829.40	8430.08	16		0.02	0.01	16
青　海	Qinghai	1822.65	2791.67	3398.17	18		0.01		
宁　夏	Ningxia	2398.70	3339.57				0.02		
新　疆	Xinjiang	4973.02	6655.80	9836.67	15	0.14	0.20	3.79	9

15-6 金融机构本外币贷款余额（三）

Balance of Loans in Renminbi and Foreign Currencies in Financial Institutions (3)

单位：亿元 (100 million yuan)

地区	Region	本外币短期贷款余额 Short-term Loans 2010	2012	2013	2013排名 Ranking	本外币中长期贷款余额 Medium & Long-term Loans 2010	2012	2013	2013排名 Ranking
全　国	**National Total**	**166233.38**	**248273.00**	**290238.00**		**288930.43**	**352907.00**	**398862.00**	
北　京	Beijing	8597.00	12808.10	15693.80	5	26180.20	26333.50	28171.70	3
天　津	Tianjin	3016.51	5126.77	6251.05	15	9264.71	10700.26	11617.98	14
河　北	Hebei	6142.44	9123.25	10788.20	10	9100.01	11453.51	12846.70	11
山　西	Shanxi	3742.52	5275.26	6089.83	16	5409.30	7170.93	8040.68	20
内蒙古	Inner Mongolia	2709.41	4421.24	5295.41	19	5136.53	6807.74	7502.45	22
辽　宁	Liaoning	6303.00	9819.00	11643.00	9	11901.00	15416.00	17004.00	8
吉　林	Jilin	2815.66	3341.30	10774.90	11	4310.84	5649.40	6517.50	24
黑龙江	Heilongjiang	2916.10	4279.10	5024.70	22	4098.40	5497.90	6208.90	25
上　海	Shanghai	9278.11	12990.02	13673.51	6	21693.69	23595.68	25901.85	4
江　苏	Jiangsu	16951.69	27848.48	30451.69	2	23367.87	27452.31	31678.08	2
浙　江	Zhejiang	26044.53	36796.36	39638.99	1	18800.18	20765.98	23736.96	5
安　徽	Anhui	4142.00	6326.60	7343.00	14	7175.00	9594.00	10953.00	17
福　建	Fujian	6614.90	10237.00	11678.80	8	8485.90	11422.90	13492.98	9
江　西	Jiangxi	2851.89	4646.27	5766.50	17	4753.75	6178.40	7141.00	23
山　东	Shandong	14592.64	20947.01	25005.74	4	15864.26	16692.62	19498.20	7
河　南	Henan	6995.81	9767.12	11823.35	7	7806.31	9569.10	11029.60	15
湖　北	Hubei	4197.92	6397.69	7794.76	13	9130.98	11689.14	13095.71	10
湖　南	Hunan	3540.80	4771.84	5565.10	18	7585.55	10539.28	12294.90	12
广　东	Guangdong	15169.58	27638.05	25550.38	3	46698.23	53931.96	45767.47	1
广　西	Guangxi	1720.22	3467.82	4273.14	24	7057.58	8537.74	9486.51	19
海　南	Hainan	397.99	515.24	707.37	30	2062.76	3136.98	3685.42	28
重　庆	Chongqing	1686.11	4028.62	4613.86	23	8705.32	10976.89	12105.13	13
四　川	Sichuan	4948.04	8152.84	10097.61	12	14040.82	17542.14	19692.14	6
贵　州	Guizhou	1018.05	1802.50	2277.27	27	4585.34	6406.07	7759.55	21
云　南	Yunnan	2702.92	4125.52	5032.28	21	7771.89	9644.39	10600.03	18
西　藏	Tibet	58.71	126.77	316.77	31	213.60	164.70	759.81	31
陕　西	Shaanxi	2513.90	3964.40	5193.44	20	7273.10	9385.20	11026.40	16
甘　肃	Gansu	1690.32	2527.02	3272.78	26	2728.71	4220.71	5106.33	27
青　海	Qinghai	401.70	649.95	837.57	29	1347.95	1990.52	2419.89	29
宁　夏	Ningxia	704.25	1296.48	1503.44	28	1611.99	1960.85	2303.17	30
新　疆	Xinjiang	1849.44	2787.71	3424.35	25	3132.26	4694.86	5783.27	26

15-7 金融机构人民币个人贷款(年底余额)
Personal Loans in Renminbi of Financial Institutions at Year-end

单位：亿元 (100 million yuan)

地区 Region	个人贷款 Personal Loans 2010	2012	2013	2013排名 Ranking	个人消费贷款 Consumer loans 2010	2012	2013	2013排名 Ranking
全 国 **National Total**								
北 京 Beijing								
天 津 Tianjin		253.60	418.61	15		50.96	92.17	12
河 北 Hebei								
山 西 Shanxi								
内蒙古 Inner Mongolia			1897.53	10				
辽 宁 Liaoning	2572.30	3699.40	4386.30	4	2135.00	2979.80	3543.00	4
吉 林 Jilin								
黑龙江 Heilongjiang		1907.60	2252.80	9		1193.40	1460.60	7
上 海 Shanghai			9561.26	2		6341.38	7700.47	2
江 苏 Jiangsu	2308.61	2413.56	4021.97	6	328.14	494.78	754.90	9
浙 江 Zhejiang								
安 徽 Anhui	2372.20	3389.73	4200.40	5	1906.55	2726.50	3453.28	5
福 建 Fujian			5930.75	3				
江 西 Jiangxi								
山 东 Shandong								
河 南 Henan								
湖 北 Hubei		3122.05	3789.81	7				
湖 南 Hunan								
广 东 Guangdong		14554.53	16985.36	1		12343.11	14222.02	1
广 西 Guangxi			3478.44	8			2550.68	6
海 南 Hainan	336.29	414.40	502.93	14	296.43	323.18	397.52	10
重 庆 Chongqing						3034.76	3781.67	3
四 川 Sichuan								
贵 州 Guizhou								
云 南 Yunnan								
西 藏 Tibet		114.11	148.16	17		69.50	80.77	13
陕 西 Shaanxi								
甘 肃 Gansu	532.73	1050.44	1357.51	12				
青 海 Qinghai	73.92	125.59	178.91	16	53.06	85.19	110.36	11
宁 夏 Ningxia			555.73	13				
新 疆 Xinjiang			1437.47	11			993.49	8

15-8 境内上市公司数和股票市价总值
Number of Domestic Listed Companies and Total Market Capitalization

地区	Region	境内上市公司数（家） Number of Listed Companies in Mainland (household)				股票市价总值（亿元） Total Market Capitalization (100 million yuan)			
		2010	2012	2013	2013排名 Ranking	2010	2012	2013	2013排名 Ranking
全　国	**National Total**	**2063**	**2494**	**2489**		**265423.00**	**230358.00**	**239077.00**	
北　京	Beijing	164	217	217	4	114891.60	108299.30	97040.20	1
天　津	Tianjin	36	38	38	18	3953.00	2803.00	3590.00	15
河　北	Hebei	42	48	48	14	3482.97	3508.20	3895.60	13
山　西	Shanxi	31	34	34	20	6249.15	4502.89	3633.64	14
内蒙古	Inner Mongolia	20	24	25	26	3570.68	2969.48	3117.13	17
辽　宁	Liaoning	61	70	68	12	4501.90	3174.00	3391.59	16
吉　林	Jilin	35	38	39	15	2291.09	2114.20	1782.00	26
黑龙江	Heilongjiang	30	31	31	22	2122.50	1592.50	1943.10	24
上　海	Shanghai	177	203	204	5	24286.00	21395.00	26957.00	3
江　苏	Jiangsu	169	236	236	3	13000.00	11394.27	12787.24	5
浙　江	Zhejiang	186	246	246	2	13815.20	11126.11	14820.09	4
安　徽	Anhui	65	78	78	10	5337.30	4843.50	5018.40	9
福　建	Fujian	73	87	88	8	6568.78	6018.54	6386.75	7
江　西	Jiangxi	30	33	33	21	3670.22	2057.90	2366.95	21
山　东	Shandong	124	153	153	6	11111.21	9043.59	9795.85	6
河　南	Henan	51	66	65	13	4351.00	4027.69	4412.76	12
湖　北	Hubei	73	84	84	9	5123.99	4076.90	5017.30	10
湖　南	Hunan	63	73	72	11	4965.14	4184.28	4417.00	11
广　东	Guangdong	294	369	366	1	32553.20	27742.70	32236.02	2
广　西	Guangxi	27	30	30	23	1521.95	1276.90	1367.25	28
海　南	Hainan	22	26	26	25	1506.68	1444.86	1795.71	25
重　庆	Chongqing	34	37	37	19	2645.10	2185.45	2805.99	18
四　川	Sichuan	83	90	90	7	7492.84	5929.00	5579.02	8
贵　州	Guizhou	19	21	21	28	3075.80	3209.06	2387.06	20
云　南	Yunnan	28	28	28	24	2791.58	1988.50	2066.09	23
西　藏	Tibet	9	10	10	30	801.90	572.34	724.99	30
陕　西	Shaanxi	36	39	39	15	1258.22	2121.01	2207.05	22
甘　肃	Gansu	22	24	25	26	1303.00	1214.78	1568.52	27
青　海	Qinghai	10	10	10	30	2082.03	991.44	823.78	29
宁　夏	Ningxia	12	12	12	29	535.67	381.72	356.99	31
新　疆	Xinjiang	37	39	39	15	3703.07	2520.93	2650.78	19

15-9 保险机构数和从业人员数(年底数)
Number of Institutions and Employed Persons at Year-end

地区	Region	保险机构总数（家）Number of Institutions (household)				保险机构从业人员（人）Employed Persons (person)			
		2010	2012	2013	2013排名 Ranking	2010	2012	2013	2013排名 Ranking
全国	**National Total**	**28729**	**32845**			**2910436**	**3161234**		
北京	Beijing	88	99	101	14	19436	23219	24305	21
天津	Tianjin	43	53	54	22	38307	43668	47088	18
河北	Hebei	3725	4052	4172	3	200000	209000	210000	6
山西	Shanxi	31	43	43	25	109804	122073		
内蒙古	Inner Mongolia	1768	1907	2025	7	60800	67500	91400	13
辽宁	Liaoning	47	63	64	21	145585	147141	172024	8
吉林	Jilin	26	27	27	30	93215	11295	12242	25
黑龙江	Heilongjiang	30	39	39	27	114000	100000	110000	12
上海	Shanghai	115	128	131	13	30523	33398	33867	19
江苏	Jiangsu	76	90	90	15	220000	228000	234900	5
浙江	Zhejiang	61	73	76	19		187000	292000	4
安徽	Anhui	37	47	48	23	22315	25190	32200	20
福建	Fujian	2218	2328	2357	6	119144	119527	128192	11
江西	Jiangxi	28	34	34	28	70000	84000	84000	14
山东	Shandong	63	77	79	18	347000	350900	370700	1
河南	Henan	5433	5579	5648	2	250000	355000	324700	2
湖北	Hubei	3194	3553	3756	4	146000	169000	168600	9
湖南	Hunan	39	78	80	17	152800	144000	143000	10
广东	Guangdong	136	154	84	16	314400	342900	310000	3
广西	Guangxi	27	33	34	28	62000	73113	73101	16
海南	Hainan	302	328	358	11	14011	16358	16509	23
重庆	Chongqing	38	42	44	24	88000	85100		
四川	Sichuan	54	69	72	20	177000	181900	196400	7
贵州	Guizhou	883	949	991	9	10472	10738	11093	26
云南	Yunnan	5622	8360	9189	1	65000	71500	81000	15
西藏	Tibet	35	41	43	25	1420	1677	1989	28
陕西	Shaanxi	2343	2451	2560	5				
甘肃	Gansu	1264	1301	1409	8	53873	55237	60632	17
青海	Qinghai	217	249	252	12	7626	7697	7856	27
宁夏	Ningxia	13	16	16	31	15854	16144	17466	22
新疆	Xinjiang	547	648	779	10	11651	15059	15344	24

15-10 保险机构原保险保费收入和赔付支出情况（一）
Premium of Primary Insurance and Payment (1)

单位：亿元 (100 million yuan)

地区	Region	保险机构原保险费收入 Premium of Primary Insurance				保险机构财产险业务收入 Property Insurance			
		2010	2012	2013	2013排名 Ranking	2010	2012	2013	2013排名 Ranking
全　国	**National Total**	**14527.97**	**15487.93**	**17222.24**		**3895.64**	**5330.93**	**6212.26**	
北　京	Beijing	966.46	923.09	994.44	5	212.30	267.02	288.03	7
天　津	Tianjin	214.01	238.16	276.80	21	65.13	90.79	102.28	24
河　北	Hebei	365.30	384.65	412.38	16	92.94	127.79	144.55	16
山　西	Shanxi	746.40	766.16	837.59	8	192.91	258.65	309.77	6
内蒙古	Inner Mongolia	215.54	247.74	274.69	23	96.27	119.84	129.73	18
辽　宁	Liaoning	453.81	536.04	622.65	10	118.58	200.90	229.10	10
吉　林	Jilin	239.25	232.54	266.44	25	60.89	78.11	91.09	25
黑龙江	Heilongjiang	343.22	344.15	384.32	17	71.86	99.25	113.62	20
上　海	Shanghai	883.86	820.64	821.43	9	189.22	256.38	285.25	8
江　苏	Jiangsu	1162.67	1301.28	1446.08	2	311.91	440.92	518.61	2
浙　江	Zhejiang	690.34	983.71	1109.92	4	259.47	471.45	511.98	3
安　徽	Anhui	438.25	453.61	483.01	14	119.62	169.06	203.85	12
福　建	Fujian	346.07	477.70	574.84	12	99.89	175.27	205.29	11
江　西	Jiangxi	253.26	271.72	317.95	20	69.24	97.49	116.20	19
山　东	Shandong	876.22	1128.04	1280.43	3	241.57	382.55	445.60	4
河　南	Henan	793.28	841.13	916.52	6	134.72	195.77	238.83	9
湖　北	Hubei	500.33	533.31	587.40	11	98.21	135.25	169.35	14
湖　南	Hunan	438.53	465.11	508.57	13	100.70	144.96	176.02	13
广　东	Guangdong	1231.76	1692.13	1902.91	1	309.06	571.31	660.15	1
广　西	Guangxi	190.94	238.26	275.47	22	65.76	92.25	112.15	23
海　南	Hainan	47.95	60.27	72.61	29	17.85	25.15	31.70	28
重　庆	Chongqing	321.08	331.03	359.23	18	65.96	95.20	112.52	22
四　川	Sichuan	765.77	819.53	914.68	7	191.56	271.51	315.12	5
贵　州	Guizhou	122.63	150.22	181.62	26	46.92	70.39	89.03	26
云　南	Yunnan	235.68	271.30	320.77	19	94.22	123.54	151.76	15
西　藏	Tibet	5.06	9.54	11.43	31	4.11	6.52	7.96	31
陕　西	Shaanxi	333.81	365.33	417.45	15	85.42	115.78	137.07	17
甘　肃	Gansu	146.34	158.77	180.15	27	38.82	55.94	68.34	27
青　海	Qinghai	25.70	32.40	39.02	30	10.38	16.15	19.51	30
宁　夏	Ningxia	52.75	62.69	72.70	28	17.50	26.47	31.40	29
新　疆	Xinjiang	190.92	235.56	273.49	24	63.00	93.68	113.23	21

15-11 保险机构原保险保费收入和赔付支出情况（二）
Premium of Primary Insurance and Payment (2)

单位：亿元 (100 million yuan)

地区	Region	保险机构人身险业务收入 Life Insurance				保险机构保险赔付支出 Total of Payment			
		2010	2012	2013	2013排名 Ranking	2010	2012	2013	2013排名 Ranking
全　国	National Total	10632.33	10157.00	11009.98		3200.43	4716.32	6212.90	
北　京	Beijing	754.15	656.06	706.41	4	199.65	286.17	318.17	5
天　津	Tianjin	148.87	147.37	174.52	21	54.19	81.02	102.00	22
河　北	Hebei	272.36	256.86	267.84	17	79.85	119.33	169.32	15
山　西	Shanxi	553.50	507.50	527.81	9	147.64	223.89	315.66	6
内蒙古	Inner Mongolia	119.27	127.91	144.96	25	61.70	85.36	100.56	24
辽　宁	Liaoning	335.24	362.13	393.55	11	110.27	182.88	239.92	10
吉　林	Jilin	178.36	154.43	175.35	20	56.27	71.45	100.60	23
黑龙江	Heilongjiang	271.36	244.90	270.70	16	77.55	98.33	154.40	16
上　海	Shanghai	694.64	564.26	536.18	8	194.54	255.79	301.95	8
江　苏	Jiangsu	850.77	860.36	927.47	2	251.78	386.97	527.02	2
浙　江	Zhejiang	430.87	540.13	597.93	7	177.94	342.63	451.01	3
安　徽	Anhui	318.63	284.55	279.17	15	104.63	152.65	222.99	11
福　建	Fujian	246.17	302.43	369.56	12	85.34	149.81	187.32	14
江　西	Jiangxi	184.01	174.22	201.76	19	61.91	93.16	126.99	18
山　东	Shandong	634.64	745.49	834.83	3	189.81	324.56	441.66	4
河　南	Henan	658.56	645.36	677.69	5	153.91	199.55	279.75	9
湖　北	Hubei	402.12	398.06	418.05	10	87.01	128.55	187.57	13
湖　南	Hunan	337.83	320.15	332.55	13	84.73	142.65	192.77	12
广　东	Guangdong	922.70	1120.82	1242.77	1	252.41	485.01	619.10	1
广　西	Guangxi	125.17	146.01	163.32	23	45.13	74.40	90.94	25
海　南	Hainan	30.10	35.12	40.91	29	11.34	18.17	22.01	29
重　庆	Chongqing	255.12	235.82	246.71	18	62.10	91.78	124.60	19
四　川	Sichuan	574.21	548.02	599.55	6	150.94	232.90	314.62	7
贵　州	Guizhou	75.71	79.82	92.58	27	31.81	55.34	72.44	26
云　南	Yunnan	141.46	147.76	169.02	22	66.31	100.11	122.06	20
西　藏	Tibet	0.95	3.02	3.47	31	2.22	4.05	5.60	31
陕　西	Shaanxi	248.38	249.55	280.38	14	69.61	104.40	147.71	17
甘　肃	Gansu	107.51	102.83	111.81	26	31.18	48.18	67.14	27
青　海	Qinghai	15.32	16.25	19.50	30	6.66	10.86	15.28	30
宁　夏	Ningxia	35.24	36.21	41.31	28	11.68	19.99	24.04	28
新　疆	Xinjiang	127.92	141.88	160.26	24	50.13	80.12	106.59	21

15-12 保险机构原保险保费收入和赔付支出情况（三）
Premium of Primary Insurance and Payment (3)

单位：亿元　　(100 million yuan)

地区	Region	保险机构财产险业务赔付支出 Property Insurance Payment				保险机构人身险业务赔付支出 Life Insurance Payment			
		2010	2012	2013	2013排名 Ranking	2010	2012	2013	2013排名 Ranking
全　国	**National Total**	**1756.03**	**2816.33**	**3439.14**		**1444.40**	**1899.99**	**2773.77**	
北　京	Beijing	93.71	152.29	165.28	6	105.94	133.88	152.89	6
天　津	Tianjin	31.93	44.74	58.98	23	22.26	36.28	43.03	23
河　北	Hebei	41.33	65.37	83.16	15	38.53	53.95	86.16	14
山　西	Shanxi	84.10	133.58	160.21	8	63.54	90.31	155.46	5
内蒙古	Inner Mongolia	42.04	60.55	67.60	19	19.66	24.81	32.95	26
辽　宁	Liaoning	55.83	104.16	126.54	9	54.43	78.72	113.38	9
吉　林	Jilin	28.72	39.93	50.41	25	27.55	31.52	50.19	20
黑龙江	Heilongjiang	33.05	49.77	79.33	16	44.50	48.56	75.08	16
上　海	Shanghai	84.26	138.63	162.33	7	110.28	117.16	139.61	8
江　苏	Jiangsu	134.41	240.08	303.23	3	117.37	146.89	223.80	2
浙　江	Zhejiang	116.48	250.87	349.25	2	61.46	91.76	101.76	11
安　徽	Anhui	57.91	91.48	115.26	11	46.72	61.17	107.73	10
福　建	Fujian	51.52	90.36	104.92	12	33.83	59.45	82.40	15
江　西	Jiangxi	30.97	56.55	66.64	20	30.94	36.61	60.35	19
山　东	Shandong	107.80	194.20	236.10	4	82.01	130.35	205.56	3
河　南	Henan	70.72	102.50	122.08	10	83.19	97.05	157.67	4
湖　北	Hubei	45.13	68.34	86.30	14	41.87	60.21	101.28	12
湖　南	Hunan	43.87	74.67	94.48	13	40.87	67.98	98.29	13
广　东	Guangdong	141.86	305.45	352.65	1	110.55	179.56	266.44	1
广　西	Guangxi	25.73	46.51	54.72	24	19.40	27.89	36.21	24
海　南	Hainan	6.74	12.25	14.52	29	4.60	5.92	7.49	29
重　庆	Chongqing	32.05	52.23	62.98	21	30.05	39.55	61.62	18
四　川	Sichuan	85.90	141.31	167.12	5	65.04	91.59	147.50	7
贵　州	Guizhou	19.49	38.19	44.69	26	12.32	17.15	27.75	27
云　南	Yunnan	37.96	64.22	78.78	17	28.35	35.89	43.28	22
西　藏	Tibet	1.93	3.36	4.02	31	0.30	0.69	1.57	31
陕　西	Shaanxi	38.24	63.11	78.36	18	31.37	41.29	69.35	17
甘　肃	Gansu	16.32	26.93	32.66	27	14.86	21.25	34.48	25
青　海	Qinghai	4.39	7.87	9.05	30	2.27	2.99	6.23	30
宁　夏	Ningxia	7.65	13.16	15.79	28	4.03	6.82	8.25	28
新　疆	Xinjiang	29.21	50.34	62.35	22	20.91	29.77	44.24	21

15-13 地方财政收入和支出
Local Financial Revenue and Expenditure

单位：亿元 (100 million yuan)

地区	Region	地方财政收入 Local Financial Revenue				地方财政支出 Local Financial Expenditure			
		2010	2012	2013	2013排名 Ranking	2010	2012	2013	2013排名 Ranking
全　国	**National Total**								
北　京	Beijing	2353.90	3314.90	3661.10	7	2716.00	3246.50	4170.20	13
天　津	Tianjin	1068.81	1760.02	2078.30	16	1315.30	2122.21	2506.25	25
河　北	Hebei	1330.80	2084.20	2293.50	14	2778.90	4018.90	4353.80	10
山　西	Shanxi	969.66	1516.39	1700.22	19	1928.38	2761.47	3030.50	23
内蒙古	Inner Mongolia	1738.13	2497.28	2658.42	13	2280.47	3425.99	3682.15	15
辽　宁	Liaoning	2004.80	3103.70	3341.80	10	3194.40	4550.20	5200.90	6
吉　林	Jilin	602.40	1043.10	1156.96	26	1787.20	2471.20	2744.80	24
黑龙江	Heilongjiang	1223.30	1630.00	1277.40	24	2690.70	3696.20	3369.20	19
上　海	Shanghai	2873.58	3743.71	4109.51	4	3302.89	4184.02	4528.61	9
江　苏	Jiangsu	4079.86	5860.69	6568.46	2	4843.80	6996.59	7731.16	2
浙　江	Zhejiang	2608.47	3441.23	3976.92	5	3208.41	4164.88	4730.78	7
安　徽	Anhui	2063.80	3026.00	3365.10	9	2566.90	3936.70	4351.60	11
福　建	Fujian	1151.49	1776.20	3428.80	8	1678.71	2601.10	2119.00	27
江　西	Jiangxi	777.90	1371.88	1620.20	21	1911.00	3014.50	3465.10	18
山　东	Shandong	2749.31	4059.43	4560.00	3	4144.50	5901.71	6692.90	3
河　南	Henan	1381.01	3282.75	3686.81	6	3413.22	5006.00	5578.20	5
湖　北	Hubei	1011.23	1823.05	2189.98	15	2465.18	3801.79	4330.63	12
湖　南	Hunan	1862.88	2931.80	3307.30	11	2702.50	4085.90	4635.50	8
广　东	Guangdong	5623.86	7710.28	8806.80	1	6686.81	8833.41	9955.98	1
广　西	Guangxi	772.30	1810.07	2000.51	17	1994.42	2965.20	3192.26	20
海　南	Hainan	271.06	409.44	480.52	28	578.45	918.58	1009.15	30
重　庆	Chongqing	1990.62	1703.49	1692.92	20	2749.53	3055.17	3059.86	22
四　川	Sichuan	1561.00	2421.30	2784.10	12	4242.50	5431.10	6194.30	4
贵　州	Guizhou	533.89	1014.05	1205.72	25	1640.17	2752.90	3098.25	21
云　南	Yunnan	871.19	1337.98	1610.70	22	2285.72	3573.41	4096.60	14
西　藏	Tibet	42.47	95.61	110.10	31	562.58	941.89	1047.13	29
陕　西	Shaanxi	957.90	1600.69	1747.24	18	2217.60	3326.91	3666.25	16
甘　肃	Gansu	745.25	1080.38	1144.01	27	1466.66	2063.44	2308.22	26
青　海	Qinghai	110.22	186.40	224.41	30	743.40	1188.00	1250.98	28
宁　夏	Ningxia	153.64	263.96	308.10	29	555.87	864.36	931.50	31
新　疆	Xinjiang	500.58	908.97	1556.50	23	1698.91	2720.07	3519.60	17

16

房地产业

Real Estate

16-1 房地产开发企业个数(一)
Number of Enterprises for Real Estate Development (1)

单位：个 (unit)

地区 Region	企业个数 Number of Enterprises				其中：内资企业 Domestic Funded Enterprises			
	2010	2012	2013	2013排名 Ranking	2010	2012	2013	2013排名 Ranking
全 国 **National Total**	**85218**	**89859**	**91444**		**79489**	**84695**	**86379**	
北 京 Beijing	3173	2981	2957	14	2888	2709	2694	14
天 津 Tianjin	1279	1322	1209	27	1169	1208	1103	27
河 北 Hebei	2997	3178	3283	11	2933	3116	3225	11
山 西 Shanxi	1990	2221	2269	19	1968	2201	2254	19
内蒙古 Inner Mongolia	2119	2250	2192	20	2109	2243	2184	20
辽 宁 Liaoning	4181	3961	4082	7	3725	3563	3671	8
吉 林 Jilin	1352	1709	1700	23	1319	1679	1670	23
黑龙江 Heilongjiang	1890	2134	2118	21	1848	2094	2081	21
上 海 Shanghai	3247	3132	3045	13	2773	2663	2579	15
江 苏 Jiangsu	6070	6357	6784	1	5450	5763	6164	1
浙 江 Zhejiang	5577	6221	6114	3	5279	5917	5801	3
安 徽 Anhui	3281	3402	3418	10	3149	3300	3321	10
福 建 Fujian	3634	3140	3187	12	2926	2644	2725	12
江 西 Jiangxi	2141	2005	2080	22	1989	1901	1980	22
山 东 Shandong	5798	5841	6113	4	5536	5608	5885	2
河 南 Henan	4176	5316	5438	5	4039	5188	5318	5
湖 北 Hubei	3558	3785	4267	6	3397	3660	4139	6
湖 南 Hunan	3437	3564	3739	9	3286	3435	3621	9
广 东 Guangdong	6527	6492	6581	2	5567	5601	5706	4
广 西 Guangxi	3212	2934	2685	16	3035	2793	2557	16
海 南 Hainan	545	971	1030	28	504	895	951	28
重 庆 Chongqing	2391	2552	2594	17	2275	2441	2470	17
四 川 Sichuan	3915	4221	3962	8	3762	4059	3829	7
贵 州 Guizhou	1876	2133	2300	18	1832	2091	2261	18
云 南 Yunnan	2344	2707	2736	15	2303	2664	2697	13
西 藏 Tibet	61	45	29	31	61	45	29	31
陕 西 Shaanxi	1274	1646	1690	24	1243	1612	1656	24
甘 肃 Gansu	1185	1359	1399	26	1158	1336	1378	26
青 海 Qinghai	395	291	308	30	382	288	305	30
宁 夏 Ningxia	360	480	501	29	357	476	497	29
新 疆 Xinjiang	1233	1509	1634	25	1227	1502	1628	25

16-2 房地产开发企业个数(二)
Number of Enterprises for Real Estate Development（2）

单位：个 (unit)

地区	Region	其中：国有企业 State-owned Enterprises				其中：集体企业 Collective-owned Enterprises			
		2010	2012	2013	2013排名 Ranking	2010	2012	2013	2013排名 Ranking
全　国	**National Total**	**3685**	**3354**	**1739**		**1220**	**904**	**570**	
北　京	Beijing	83	73	70	12	23	20	19	8
天　津	Tianjin	270	222	85	9	19	18	12	13
河　北	Hebei	50	40	23	25	6	5		
山　西	Shanxi	117	99	73	11	21	16	10	14
内蒙古	Inner Mongolia	27	33	16	26	4	2	1	24
辽　宁	Liaoning	108	80	33	22	28	14	6	18
吉　林	Jilin	25	21	6	28	6	4	1	24
黑龙江	Heilongjiang	97	78	49	19	9	4	1	24
上　海	Shanghai	316	288	86	8	91	80	23	5
江　苏	Jiangsu	227	236	101	3	103	73	43	3
浙　江	Zhejiang	162	165	56	15	52	45	25	4
安　徽	Anhui	130	120	70	12	23	17	6	18
福　建	Fujian	216	170	88	6	52	35	23	5
江　西	Jiangxi	132	96	50	18	20	14	8	15
山　东	Shandong	240	223	130	2	161	119	79	2
河　南	Henan	120	127	91	5	35	33	19	8
湖　北	Hubei	166	165	101	3	45	32	21	7
湖　南	Hunan	165	138	87	7	28	23	8	15
广　东	Guangdong	261	213	134	1	327	228	191	1
广　西	Guangxi	159	119	75	10	42	26	19	8
海　南	Hainan	23	48	26	24	2	1	1	24
重　庆	Chongqing	101	101	37	20	10	8	5	20
四　川	Sichuan	131	121	56	15	34	22	14	12
贵　州	Guizhou	78	76	30	23	16	8	4	21
云　南	Yunnan	83	94	51	17	11	10	4	21
西　藏	Tibet	9	7			1	1		
陕　西	Shaanxi	90	103	62	14	23	18	7	17
甘　肃	Gansu	60	57	36	21	24	23	16	11
青　海	Qinghai	14	10	3	29	1			
宁　夏	Ningxia	1	3	1	30	2	4	3	23
新　疆	Xinjiang	24	28	13	27	1	1	1	24

16-3 房地产开发企业个数(三)
Number of Enterprises for Real Estate Development（3）

单位：个 (unit)

地区	Region	其中：港、澳、台投资企业 Enterprises with Funds from Hong Kong, Macao and Taiwan				其中：外商投资企业 Foreign Funded Enterprises			
		2010	2012	2013	2013排名 Ranking	2010	2012	2013	2013排名 Ranking
全 国	**National Total**	**3677**	**3451**	**3391**		**2052**	**1713**	**1674**	
北 京	Beijing	174	164	159	7	111	108	104	7
天 津	Tianjin	58	63	54	18	52	51	52	10
河 北	Hebei	34	37	33	19	30	25	25	18
山 西	Shanxi	16	13	9	26	6	7	6	26
内蒙古	Inner Mongolia	6	4	4	27	4	3	4	27
辽 宁	Liaoning	245	256	268	5	211	142	143	4
吉 林	Jilin	23	21	21	23	10	9	9	22
黑龙江	Heilongjiang	23	23	24	22	19	17	13	21
上 海	Shanghai	305	295	296	4	169	174	170	3
江 苏	Jiangsu	352	364	392	2	268	230	228	1
浙 江	Zhejiang	163	184	193	6	135	120	120	5
安 徽	Anhui	78	62	59	16	54	40	38	15
福 建	Fujian	529	386	351	3	179	110	111	6
江 西	Jiangxi	109	79	73	14	43	25	27	17
山 东	Shandong	157	148	151	8	105	85	77	8
河 南	Henan	70	85	78	12	67	43	42	12
湖 北	Hubei	106	90	89	9	55	35	39	14
湖 南	Hunan	98	91	84	10	53	38	34	16
广 东	Guangdong	737	685	669	1	223	206	206	2
广 西	Guangxi	99	85	76	13	78	56	52	10
海 南	Hainan	27	54	56	17	14	22	23	19
重 庆	Chongqing	77	72	82	11	39	39	42	12
四 川	Sichuan	79	87	70	15	74	75	63	9
贵 州	Guizhou	29	32	30	21	15	10	9	22
云 南	Yunnan	36	34	32	20	5	9	7	24
西 藏	Tibet								
陕 西	Shaanxi	17	15	17	24	14	19	17	20
甘 肃	Gansu	16	15	14	25	11	8	7	24
青 海	Qinghai	10	2	2	29	3	1	1	30
宁 夏	Ningxia		1	1	30	3	3	3	28
新 疆	Xinjiang	4	4	4	27	2	3	2	29

16-4 房地产开发企业土地开发及购置（一）
Land Development and Purchase of Enterprises for Real Estate Development (1)

单位：万平方米 (10 000 sq.m)

地区	Region	待开发土地面积 Land Space Pending Development				本年土地购置面积 Land Space Purchased This Year			
		2010	2012	2013	2013排名 Ranking	2010	2012	2013	2013排名 Ranking
全国	**National Total**	**31458.00**	**40195.99**	**42280.47**		**39953.10**	**35666.80**	**38814.38**	
北京	Beijing	401.30	150.40	690.80	21	858.70	305.99	906.17	18
天津	Tianjin	617.20	995.18	750.54	19	652.50	299.75	210.64	29
河北	Hebei	630.40	773.24	765.45	18	3024.20	1760.99	1127.34	16
山西	Shanxi	588.80	618.85	988.99	15	874.40	718.36	875.90	19
内蒙古	Inner Mongolia	614.00	538.52	629.66	23	1993.00	902.76	837.63	21
辽宁	Liaoning	1415.30	1720.99	2006.15	6	3134.60	3199.52	2502.27	4
吉林	Jilin	97.80	245.61	410.25	27	861.30	1539.01	1143.95	14
黑龙江	Heilongjiang	172.40	347.64	316.79	28	1174.30	929.91	655.67	22
上海	Shanghai	315.40	350.23	708.25	20	432.40	300.62	421.74	26
江苏	Jiangsu	3798.80	4887.33	5872.50	1	2055.70	3071.00	4207.74	1
浙江	Zhejiang	1488.90	1908.69	1460.75	9	1959.90	1256.11	1760.73	9
安徽	Anhui	1235.10	2558.41	3051.39	3	2451.00	2618.78	2760.18	2
福建	Fujian	1577.40	912.99	862.17	16	1540.40	925.64	1591.13	10
江西	Jiangxi	983.40	662.02	634.46	22	777.20	733.17	841.82	20
山东	Shandong	2206.80	3439.56	2923.94	5	2850.10	2610.03	2615.07	3
河南	Henan	1222.10	1318.72	1309.60	11	2864.30	1742.63	1501.56	11
湖北	Hubei	1283.20	1588.19	1618.21	8	1422.10	1303.19	1894.68	8
湖南	Hunan	1318.10	2534.97	1897.07	7	1096.00	1106.29	1327.64	12
广东	Guangdong	4643.80	4122.82	4866.04	2	1726.30	1805.44	2250.96	5
广西	Guangxi	823.30	886.25	797.25	17	1198.70	541.71	431.96	25
海南	Hainan	116.30	762.21	1014.28	14	516.50	333.62	306.85	28
重庆	Chongqing	2025.70	3368.71	2991.60	4	1354.90	2183.07	1896.65	7
四川	Sichuan	1191.00	1567.57	1248.29	12	1043.00	892.22	1142.76	15
贵州	Guizhou	1058.00	1005.18	1385.96	10	1004.60	707.51	1209.52	13
云南	Yunnan	407.50	964.72	1043.27	13	1031.40	1602.39	1974.01	6
西藏	Tibet	27.00	0.37	33.43	31	2.90	1.34		
陕西	Shaanxi	387.80	562.81	519.42	25	552.40	473.03	503.45	23
甘肃	Gansu	119.90	329.26	278.17	29	286.70	419.33	421.71	27
青海	Qinghai	38.70	89.47	112.97	30	107.20	197.03	80.13	30
宁夏	Ningxia	154.00	409.01	463.23	26	548.80	425.69	438.26	24
新疆	Xinjiang	498.50	576.09	629.61	24	557.70	760.67	976.24	17

16-5 房地产开发企业土地开发及购置（二）
Land Development and Purchase of Enterprises for Real Estate Development (2)

单位：亿元 (100 million yuan)

地区 Region	本年土地成交价款 Transaction Value of Land This Year				土地购置费用 Total Value of Land Purchased			
	2010	2012	2013	2013排名 Ranking	2010	2012	2013	2013排名 Ranking
全 国 **National Total**	**8206.71**	**7409.64**	**9918.29**		**9999.90**	**12100.15**	**13501.73**	
北 京 Beijing	1040.63	224.65	784.04	3	1292.70	1102.69	1159.47	3
天 津 Tianjin	173.33	56.41	82.16	26	134.10	138.39	107.25	26
河 北 Hebei	462.93	306.01	251.95	15	368.30	332.60	297.68	15
山 西 Shanxi	85.82	97.39	144.41	20	92.50	117.61	107.99	25
内蒙古 Inner Mongolia	164.03	107.62	129.22	21	129.90	135.32	177.27	18
辽 宁 Liaoning	487.88	491.81	566.83	6	508.00	740.56	569.55	10
吉 林 Jilin	108.79	277.68	205.72	18	125.30	225.59	173.57	20
黑龙江 Heilongjiang	87.81	127.60	88.23	24	90.70	150.95	125.33	22
上 海 Shanghai	257.85	135.09	279.12	13	449.30	390.53	588.84	9
江 苏 Jiangsu	613.85	776.89	1084.21	1	960.40	1140.46	1262.70	2
浙 江 Zhejiang	979.90	650.29	1006.73	2	1138.00	1948.75	2121.73	1
安 徽 Anhui	352.31	473.96	641.63	5	517.20	525.27	651.48	7
福 建 Fujian	846.49	320.32	532.16	8	765.20	688.16	856.91	5
江 西 Jiangxi	93.54	136.81	227.37	17	109.90	107.59	147.61	21
山 东 Shandong	420.94	448.17	552.85	7	600.40	852.28	757.97	6
河 南 Henan	269.56	216.73	262.44	14	293.20	307.36	391.70	13
湖 北 Hubei	156.17	297.26	391.80	10	291.00	348.49	441.01	12
湖 南 Hunan	144.42	183.34	245.87	16	176.60	249.80	280.07	16
广 东 Guangdong	435.00	591.85	681.50	4	634.00	787.27	981.77	4
广 西 Guangxi	156.75	100.90	113.78	22	150.60	191.74	189.01	17
海 南 Hainan	29.93	45.74	38.71	28	48.90	76.91	125.19	23
重 庆 Chongqing	232.16	550.71	448.79	9	371.40	384.16	519.65	11
四 川 Sichuan	239.41	157.99	337.25	12	368.90	474.23	609.05	8
贵 州 Guizhou	73.23	107.29	160.58	19	60.90	119.50	177.10	19
云 南 Yunnan	108.41	272.11	356.16	11	121.30	251.08	374.73	14
西 藏 Tibet	1.06	0.07			1.70	0.07		
陕 西 Shaanxi	89.76	98.14	110.09	23	107.40	140.27	116.97	24
甘 肃 Gansu	24.57	47.05	67.22	27	29.30	52.38	63.07	27
青 海 Qinghai	9.57	25.90	10.23	30	9.90	38.81	20.85	30
宁 夏 Ningxia	24.59	31.77	31.41	29	21.60	43.03	46.70	29
新 疆 Xinjiang	36.04	52.10	85.83	25	31.40	38.29	59.53	28

16-6 房地产开发企业投资总规模及完成情况（一）
General Scale of Constrnction and Actually Completed Investment of Enterprises for Real Estate Development (1)

单位：亿元 (100 million yuan)

地区	Region	计划总投资 Total Investment Planed 2010	2012	2013	2013排名 Ranking	自开始建设至本年底累计完成投资 Accumulative Investment Actually Completed Since Starting of Construction up to the End of This Year 2010	2012	2013	2013排名 Ranking
全　国	**National Total**	**223823.35**	**358819.77**	**430922.15**		**133249.41**	**223645.54**	**275881.28**	
北　京	Beijing	17140.64	20749.06	20668.85	6	11136.25	14048.98	14529.76	6
天　津	Tianjin	5687.35	10183.82	12165.05	16	3287.38	5453.82	7047.92	16
河　北	Hebei	7617.69	12691.26	15121.71	13	4290.04	7748.59	10074.32	12
山　西	Shanxi	2459.70	4560.96	5789.29	25	1434.71	2691.89	3669.46	25
内蒙古	Inner Mongolia	3409.50	6355.90	7442.13	21	2092.96	3675.55	4443.26	21
辽　宁	Liaoning	14469.21	22729.23	25890.13	5	8346.44	14538.41	17852.63	4
吉　林	Jilin	2801.64	5287.99	5934.00	24	1767.27	3200.87	3916.69	24
黑龙江	Heilongjiang	2341.12	5169.80	5781.02	26	1434.82	3180.91	3990.99	22
上　海	Shanghai	12818.48	17703.63	18088.73	9	8530.33	12244.23	12403.51	8
江　苏	Jiangsu	21924.85	34092.32	39790.80	1	12808.76	20955.54	25331.58	1
浙　江	Zhejiang	13296.39	23184.89	27683.59	4	8420.28	15151.48	19161.98	3
安　徽	Anhui	8956.29	15455.24	19840.91	7	5908.60	9509.16	12510.73	7
福　建	Fujian	8649.46	14117.66	17341.99	10	5319.92	9316.19	12033.48	9
江　西	Jiangxi	3297.92	4872.55	6307.85	23	2204.83	3193.95	3977.33	23
山　东	Shandong	13756.20	23453.16	28400.75	3	7947.60	13936.97	17280.83	5
河　南	Henan	8013.13	13665.95	19326.41	8	4371.74	7512.98	10066.25	13
湖　北	Hubei	7185.16	10777.71	14461.31	14	3430.07	7069.42	9069.92	14
湖　南	Hunan	6829.88	11372.59	14209.82	15	3686.42	6632.50	8495.93	15
广　东	Guangdong	21757.06	31182.22	38206.81	2	12925.08	20253.26	24855.00	2
广　西	Guangxi	5253.28	8293.07	9300.50	19	3016.16	5311.15	6373.39	17
海　南	Hainan	1968.15	5110.41	6752.14	22	1132.38	2655.02	3563.34	26
重　庆	Chongqing	9184.45	13424.13	16539.20	11	5080.88	8447.05	10619.04	11
四　川	Sichuan	9739.66	13368.92	15643.31	12	6045.85	9869.51	11580.46	10
贵　州	Guizhou	2915.74	6129.40	9076.34	20	1482.38	3563.03	5298.96	20
云　南	Yunnan	3795.58	7693.86	10063.39	18	2262.83	4103.25	5925.64	19
西　藏	Tibet	49.30	55.44	46.60	31	26.56	33.56	28.31	31
陕　西	Shaanxi	4705.40	9390.03	10675.82	17	2888.91	5128.90	6045.79	18
甘　肃	Gansu	1483.56	2276.65	2981.44	28	653.96	1247.11	1730.47	28
青　海	Qinghai	434.75	969.09	1130.81	30	217.92	486.76	643.46	30
宁　夏	Ningxia	867.71	2010.18	2631.39	29	447.88	1067.16	1493.60	29
新　疆	Xinjiang	1014.09	2492.61	3630.09	27	650.23	1418.32	1867.21	27

16-7 房地产开发企业投资总规模及完成情况（二）
General Scale of Constrnction and Actually Completed Investment of Enterprises for Real Estate Development (2)

单位：亿元 (100 million yuan)

地区	Region	本年完成投资 Investment Completed This Year				其中：建筑安装工程 Construction and Installation		
		2010	2012	2013	2013排名 Ranking	2012	2013	2013排名 Ranking
全　国	**National Total**	**48259.40**	**71803.79**	**86013.38**		**52036.26**	**63919.25**	
北　京	Beijing	2901.07	3153.44	3483.40	10	1383.06	1509.99	17
天　津	Tianjin	866.64	1260.00	1480.82	21	882.02	1066.86	23
河　北	Hebei	2264.94	3086.52	3445.42	11	2501.54	2867.96	9
山　西	Shanxi	592.24	1010.45	1308.63	23	808.96	1112.28	22
内蒙古	Inner Mongolia	1119.99	1291.44	1479.01	22	1044.78	1206.73	21
辽　宁	Liaoning	3465.76	5455.82	6450.75	3	4261.19	5307.57	1
吉　林	Jilin	921.01	1310.03	1252.43	24	990.23	998.24	24
黑龙江	Heilongjiang	843.12	1535.84	1604.83	20	1263.54	1341.85	19
上　海	Shanghai	1980.68	2381.36	2819.59	14	1701.78	1890.60	16
江　苏	Jiangsu	4299.38	6206.10	7241.45	1	4402.07	5248.90	2
浙　江	Zhejiang	3025.43	5226.27	6216.25	4	2744.77	3389.70	5
安　徽	Anhui	2251.80	3151.61	3946.23	6	2387.01	3016.11	7
福　建	Fujian	1818.86	2824.12	3702.97	9	1925.90	2609.62	10
江　西	Jiangxi	706.82	969.62	1174.58	26	777.33	931.48	25
山　东	Shandong	3249.37	4708.31	5444.53	5	3551.54	4349.91	4
河　南	Henan	2114.08	3035.29	3843.76	8	2397.41	3132.97	6
湖　北	Hubei	1618.24	2539.46	3286.02	12	1902.65	2426.17	11
湖　南	Hunan	1469.07	2210.52	2628.32	15	1669.93	2091.54	13
广　东	Guangdong	3659.69	5352.79	6489.59	2	3821.10	4809.49	3
广　西	Guangxi	1206.22	1554.94	1614.63	19	1155.01	1281.99	20
海　南	Hainan	467.87	886.64	1196.76	25	691.52	895.94	26
重　庆	Chongqing	1620.26	2508.35	3012.78	13	1789.14	2106.41	12
四　川	Sichuan	2194.63	3266.40	3853.00	7	2503.18	2924.38	8
贵　州	Guizhou	556.69	1467.60	1942.54	18	1121.58	1501.43	18
云　南	Yunnan	900.44	1782.14	2488.33	16	1352.75	1940.30	14
西　藏	Tibet	8.96	6.87	9.68	31	6.51	9.27	31
陕　西	Shaanxi	1159.47	1835.93	2240.17	17	1522.40	1934.80	15
甘　肃	Gansu	266.41	561.02	724.65	28	464.69	617.00	28
青　海	Qinghai	108.19	189.68	247.61	30	138.53	212.24	30
宁　夏	Ningxia	254.37	429.15	558.97	29	356.39	479.25	29
新　疆	Xinjiang	347.72	606.09	825.69	27	517.74	708.25	27

16-8 房地产开发企业投资总规模及完成情况（三）
General Scale of Constrnction and Actually Completed Investment of Enterprises for Real Estate Development (3)

单位：亿元 (100 million yuan)

地区	Region	其中：设备工器具购置 Purchase of Equipment and Instruments			其中：其他费用 Others		
		2012	2013	2013排名 Ranking	2012	2013	2013排名 Ranking
全　国	**National Total**	**1019.39**	**1250.03**		**18748.13**	**20844.10**	
北　京	Beijing	65.68	53.04	10	1704.70	1920.37	2
天　津	Tianjin	9.03	13.32	26	368.94	400.64	18
河　北	Hebei	58.63	75.28	5	526.36	502.17	15
山　西	Shanxi	12.35	14.36	23	189.15	181.99	26
内蒙古	Inner Mongolia	19.72	19.90	19	226.94	252.37	22
辽　宁	Liaoning	112.75	131.13	2	1081.88	1012.05	7
吉　林	Jilin	10.73	12.15	27	309.07	242.04	23
黑龙江	Heilongjiang	12.41	21.44	18	259.90	241.54	24
上　海	Shanghai	14.58	13.97	24	665.00	915.02	8
江　苏	Jiangsu	140.42	171.70	1	1663.61	1820.85	3
浙　江	Zhejiang	41.58	64.71	7	2439.92	2761.84	1
安　徽	Anhui	39.59	44.01	12	725.01	886.11	9
福　建	Fujian	23.31	28.79	14	874.91	1064.57	5
江　西	Jiangxi	11.91	15.43	21	180.37	227.66	25
山　东	Shandong	52.52	60.17	8	1104.25	1034.45	6
河　南	Henan	44.27	57.26	9	593.61	653.52	13
湖　北	Hubei	56.16	75.79	4	580.65	784.07	12
湖　南	Hunan	34.75	44.34	11	505.84	492.44	16
广　东	Guangdong	48.28	65.47	6	1483.40	1614.63	4
广　西	Guangxi	19.81	19.58	20	380.11	313.06	19
海　南	Hainan	21.36	14.68	22	173.76	286.14	20
重　庆	Chongqing	33.48	41.54	13	685.73	864.83	10
四　川	Sichuan	55.41	79.43	3	707.80	849.19	11
贵　州	Guizhou	19.28	23.56	17	326.73	417.55	17
云　南	Yunnan	17.86	27.82	16	411.52	520.21	14
西　藏	Tibet	0.18	0.03	31	0.19	0.37	31
陕　西	Shaanxi	23.93	27.85	15	289.61	277.52	21
甘　肃	Gansu	6.68	10.29	28	89.65	97.36	28
青　海	Qinghai	1.14	4.53	30	50.01	30.84	30
宁　夏	Ningxia	2.67	4.56	29	70.09	75.15	29
新　疆	Xinjiang	8.93	13.89	25	79.42	103.55	27

16-9 房地产开发企业从业人员和房地产开发投资额
Number of Employed Persons in Real Estate Enterprises and Investment in Real Estate Development

地区	Region	从业人数（万人） Number of Employed Persons (10 000 persons)				房地产本年完成资额（亿元） Investment Completed This Year (100 million yuan)			
		2010	2012	2013	2013排名 Ranking	2010	2012	2013	2013排名 Ranking
全 国	**National Total**	**209.11**	**238.68**	**259.18**		**48259.40**	**71803.79**	**86013.38**	
北 京	Beijing	8.92	9.19	9.35	12	2901.07	3153.44	3483.40	10
天 津	Tianjin	3.67	3.48	3.84	26	866.64	1260.00	1480.82	21
河 北	Hebei	7.52	9.58	10.63	9	2264.94	3086.52	3445.42	11
山 西	Shanxi	4.29	5.24	5.54	22	592.24	1010.45	1308.63	23
内蒙古	Inner Mongolia	5.52	6.13	5.55	21	1119.99	1291.44	1479.01	22
辽 宁	Liaoning	7.37	9.67	9.80	11	3465.76	5455.82	6450.75	3
吉 林	Jilin	3.38	4.13	4.49	24	921.01	1310.03	1252.43	24
黑龙江	Heilongjiang	4.15	4.85	4.85	23	843.12	1535.84	1604.83	20
上 海	Shanghai	9.14	7.42	7.10	17	1980.68	2381.36	2819.59	14
江 苏	Jiangsu	13.17	15.89	17.77	3	4299.38	6206.10	7241.45	1
浙 江	Zhejiang	9.66	11.14	11.60	7	3025.43	5226.27	6216.25	4
安 徽	Anhui	7.15	9.79	10.25	10	2251.80	3151.61	3946.23	6
福 建	Fujian	6.33	7.82	8.74	14	1818.86	2824.12	3702.97	9
江 西	Jiangxi	5.25	5.22	5.90	19	706.82	969.62	1174.58	26
山 东	Shandong	17.30	17.42	19.82	2	3249.37	4708.31	5444.53	5
河 南	Henan	9.38	13.82	15.64	4	2114.08	3035.29	3843.76	8
湖 北	Hubei	9.00	10.42	12.56	6	1618.24	2539.46	3286.02	12
湖 南	Hunan	8.24	9.72	10.80	8	1469.07	2210.52	2628.32	15
广 东	Guangdong	18.96	19.67	21.12	1	3659.69	5352.79	6489.59	2
广 西	Guangxi	5.68	7.02	7.23	16	1206.22	1554.94	1614.63	19
海 南	Hainan	1.77	3.22	3.70	27	467.87	886.64	1196.76	25
重 庆	Chongqing	9.18	8.69	9.14	13	1620.26	2508.35	3012.78	13
四 川	Sichuan	14.37	11.82	12.95	5	2194.63	3266.40	3853.00	7
贵 州	Guizhou	3.67	4.70	5.74	20	556.69	1467.60	1942.54	18
云 南	Yunnan	4.60	6.35	7.32	15	900.44	1782.14	2488.33	16
西 藏	Tibet	0.49	0.15	0.10	31	8.96	6.87	9.68	31
陕 西	Shaanxi	4.54	7.19	7.10	17	1159.47	1835.93	2240.17	17
甘 肃	Gansu	2.42	3.51	4.13	25	266.41	561.02	724.65	28
青 海	Qinghai	0.44	0.82	1.00	30	108.19	189.68	247.61	30
宁 夏	Ningxia	1.09	1.59	1.74	29	254.37	429.15	558.97	29
新 疆	Xinjiang	2.45	3.06	3.67	28	347.72	606.09	825.69	27

16-10 房地产开发住宅投资和办公楼投资
Investment in Real Estate Development of Residential Buildings and Office Buildings

单位：亿元 (100 million yuan)

地区	Region	其中：住宅投资 Residential Buildings 2010	2012	2013	2013排名 Ranking	其中：办公楼投资 Office Buildings 2010	2012	2013	2013排名 Ranking
全　国	**National Total**	**34026.23**	**49374.21**	**58950.76**		**1807.38**	**3366.61**	**4652.45**	
北　京	Beijing	1508.95	1627.99	1724.56	15	259.10	384.81	611.75	1
天　津	Tianjin	565.39	843.05	986.28	23	77.18	85.70	99.91	18
河　北	Hebei	1785.76	2317.13	2539.29	8	51.27	114.67	140.39	14
山　西	Shanxi	457.43	735.61	958.85	24	12.54	22.80	48.43	23
内蒙古	Inner Mongolia	782.80	845.63	1003.57	21	53.44	59.45	62.82	21
辽　宁	Liaoning	2481.35	3961.95	4666.03	2	102.93	163.38	155.77	11
吉　林	Jilin	731.73	987.74	911.45	25	13.87	31.33	41.83	24
黑龙江	Heilongjiang	657.54	1122.52	1124.72	20	10.92	26.92	31.12	25
上　海	Shanghai	1229.83	1451.94	1615.51	17	224.46	262.85	377.18	3
江　苏	Jiangsu	3158.46	4354.63	5171.50	1	154.61	260.10	324.18	5
浙　江	Zhejiang	2058.19	3436.74	4089.22	4	192.99	305.85	377.43	2
安　徽	Anhui	1595.47	2059.29	2549.88	7	65.61	131.98	166.20	10
福　建	Fujian	975.13	1751.98	2402.08	10	49.67	189.22	270.28	7
江　西	Jiangxi	544.77	684.21	795.38	26	11.01	62.10	100.74	17
山　东	Shandong	2511.17	3473.23	3976.63	5	73.40	190.66	287.81	6
河　南	Henan	1685.21	2203.06	2827.09	6	56.74	136.35	175.40	9
湖　北	Hubei	1040.25	1698.38	2251.56	11	32.44	136.55	147.44	12
湖　南	Hunan	1134.56	1572.67	1845.81	13	17.81	72.06	89.64	19
广　东	Guangdong	2539.03	3704.98	4530.63	3	144.54	234.83	337.27	4
广　西	Guangxi	878.89	1069.64	1166.61	19	15.14	40.47	51.67	22
海　南	Hainan	417.11	725.32	995.09	22	7.03	5.65	12.18	30
重　庆	Chongqing	1091.49	1706.77	2044.24	12	31.53	101.61	144.56	13
四　川	Sichuan	1535.28	2197.75	2537.89	9	55.31	137.12	189.11	8
贵　州	Guizhou	328.63	930.31	1224.23	18	8.78	42.23	132.03	15
云　南	Yunnan	654.67	1152.50	1642.40	16	22.21	86.41	117.50	16
西　藏	Tibet	6.99	4.25	5.87	31	0.07	0.32	0.11	31
陕　西	Shaanxi	938.15	1477.57	1768.95	14	36.57	43.87	79.85	20
甘　肃	Gansu	187.93	412.51	539.85	28	5.61	11.06	19.34	27
青　海	Qinghai	75.20	141.10	159.72	30	2.15	3.36	16.75	29
宁　夏	Ningxia	187.29	279.49	340.27	29	8.17	10.84	18.79	28
新　疆	Xinjiang	281.56	444.27	555.62	27	10.29	12.08	24.99	26

16-11　房地产开发商业营业用房投资和其他投资
Investment in Real Estate Development for Business Use and Others

单位：亿元　　　　　　(100 million yuan)

地区	Region	商业营业用房 Houses for Business Use				其他 Others			
		2010	2012	2013	2013排名 Ranking	2010	2012	2013	2013排名 Ranking
全　国	**National Total**	**5648.40**	**9312.00**	**11944.83**		**6777.39**	**9750.96**	**10465.34**	
北　京	Beijing	336.29	275.87	317.51	17	796.73	864.78	829.59	3
天　津	Tianjin	127.35	155.31	165.29	24	96.72	175.94	229.34	18
河　北	Hebei	276.01	407.57	456.98	10	151.90	247.16	308.75	16
山　西	Shanxi	60.46	139.25	182.56	22	61.81	112.79	118.80	24
内蒙古	Inner Mongolia	202.46	260.27	283.67	18	81.28	126.10	128.94	22
辽　宁	Liaoning	588.65	862.77	1096.92	2	292.83	467.72	532.03	7
吉　林	Jilin	116.02	178.91	193.56	21	59.39	112.05	105.59	26
黑龙江	Heilongjiang	105.34	218.36	276.31	19	69.32	168.05	172.69	20
上　海	Shanghai	244.70	293.75	370.03	14	281.69	372.81	456.87	9
江　苏	Jiangsu	611.08	976.08	1119.95	1	375.23	615.29	625.83	4
浙　江	Zhejiang	356.36	584.99	717.54	4	417.88	898.68	1032.07	1
安　徽	Anhui	292.16	564.94	800.86	3	298.56	395.39	429.29	11
福　建	Fujian	162.33	370.38	491.43	9	631.72	512.54	539.18	6
江　西	Jiangxi	78.14	117.64	153.91	26	72.90	105.66	124.55	23
山　东	Shandong	378.81	576.31	701.72	6	285.99	468.11	478.37	8
河　南	Henan	192.77	319.39	442.10	11	179.36	376.49	399.17	12
湖　北	Hubei	187.08	337.23	496.70	8	358.47	367.30	390.33	13
湖　南	Hunan	129.74	272.88	351.15	15	186.97	292.92	341.72	14
广　东	Guangdong	389.31	547.45	705.47	5	586.82	865.52	916.23	2
广　西	Guangxi	92.85	161.66	174.88	23	219.34	283.16	221.47	19
海　南	Hainan	20.54	50.60	74.39	29	23.18	105.07	115.10	25
重　庆	Chongqing	134.40	307.50	377.41	13	362.84	392.47	446.57	10
四　川	Sichuan	185.88	433.32	578.68	7	418.16	498.21	547.31	5
贵　州	Guizhou	57.06	212.56	344.90	16	162.21	282.49	241.39	17
云　南	Yunnan	97.88	256.29	410.97	12	125.67	286.93	317.46	15
西　藏	Tibet	1.86	2.30	2.78	31	0.05		0.92	31
陕　西	Shaanxi	106.41	155.49	224.08	20	78.34	158.99	167.28	21
甘　肃	Gansu	27.02	65.41	98.64	28	45.85	72.04	66.82	29
青　海	Qinghai	15.83	26.87	44.49	30	15.00	18.34	26.65	30
宁　夏	Ningxia	35.56	83.01	127.12	27	23.35	55.81	72.79	28
新　疆	Xinjiang	38.03	97.61	162.85	25	17.84	52.13	82.23	27

16-12 房地产开发企业实际到位资金（一）
Actual Funds in Place of Enterprises for Real Estate Development (1)

单位：亿元 (100 million yuan)

地区	Region	本年实际到位资金小计 Total Actual Funds in Place This Year				国内贷款 Domestic Loans			
		2010	2012	2013	2013排名 Ranking	2010	2012	2013	2013排名 Ranking
全国	**National Total**	**72944.04**	**96536.81**	**122122.47**		**12563.70**	**14778.39**	**19672.66**	
北京	Beijing	5790.61	6084.55	7300.18	6	1439.08	1484.74	1836.95	3
天津	Tianjin	1665.54	2146.28	2761.47	17	539.59	570.37	765.22	10
河北	Hebei	2710.89	3712.99	4123.54	14	288.89	295.57	336.40	17
山西	Shanxi	796.15	1033.69	1377.16	26	88.33	60.87	65.79	29
内蒙古	Inner Mongolia	1166.54	1409.08	1638.04	24	45.94	79.60	113.27	26
辽宁	Liaoning	5070.81	6328.76	7448.99	4	648.35	850.76	847.64	8
吉林	Jilin	957.17	1431.68	1516.78	25	68.16	109.70	126.57	25
黑龙江	Heilongjiang	1050.36	1711.18	1833.64	23	48.90	87.64	130.19	24
上海	Shanghai	3229.29	3968.51	5092.67	9	819.57	975.78	1292.36	5
江苏	Jiangsu	8022.33	9856.89	12682.03	1	1515.66	1890.71	2373.97	1
浙江	Zhejiang	5451.60	6530.86	8858.25	3	1023.60	1125.48	1590.65	4
安徽	Anhui	2850.13	3834.42	5077.16	10	323.25	406.23	466.87	14
福建	Fujian	2631.31	4120.73	5767.04	7	432.46	523.63	747.66	11
江西	Jiangxi	1008.16	1477.22	1906.64	21	146.40	164.90	236.63	21
山东	Shandong	4452.03	5755.09	7371.32	5	754.80	677.51	995.41	7
河南	Henan	2468.79	3455.04	4402.70	12	244.50	321.09	387.13	16
湖北	Hubei	2219.50	3363.83	4224.48	13	415.43	512.05	796.57	9
湖南	Hunan	2002.43	2902.66	3592.27	15	314.06	374.52	533.15	13
广东	Guangdong	5782.46	7918.27	10472.94	2	1256.11	1507.53	2143.59	2
广西	Guangxi	1538.56	2007.36	2155.24	19	248.60	263.84	324.35	20
海南	Hainan	807.28	1340.42	1876.56	22	136.35	272.02	327.30	18
重庆	Chongqing	2859.53	3869.54	4614.06	11	584.72	720.80	1112.29	6
四川	Sichuan	3148.03	4222.67	5324.53	8	436.83	459.24	725.45	12
贵州	Guizhou	925.49	1418.17	2145.72	20	160.10	230.61	226.82	22
云南	Yunnan	1300.66	2134.02	2924.36	16	160.82	216.12	418.80	15
西藏	Tibet	15.02	8.05	12.56	31	0.08			
陕西	Shaanxi	1683.75	2317.40	2592.39	18	215.17	280.36	326.10	19
甘肃	Gansu	317.56	651.24	963.35	28	56.60	129.08	168.75	23
青海	Qinghai	124.84	228.45	259.09	30	26.90	37.39	44.43	30
宁夏	Ningxia	359.14	499.80	694.15	29	56.07	59.40	105.74	28
新疆	Xinjiang	538.07	797.95	1113.15	27	68.42	90.87	106.60	27

16-13 房地产开发企业实际到位资金（二）
Actual Funds in Place of Enterprises for Real Estate Development (2)

单位：亿元 (100 million yuan)

地区	Region	利用外资 Foreign Investment				其中：外商直接投资 Foreign Direct Investment			
		2010	2012	2013	2013排名 Ranking	2010	2012	2013	2013排名 Ranking
全　国	**National Total**	**790.68**	**402.09**	**534.17**		**673.45**	**358.52**	**467.12**	
北　京	Beijing	13.90	4.22	11.60	13	13.41	4.22	11.60	11
天　津	Tianjin	8.34	3.47	16.22	11	5.79	0.38	10.45	12
河　北	Hebei	3.00	10.93	9.98	14	0.50	10.93	9.98	13
山　西	Shanxi		0.03				0.03		
内蒙古	Inner Mongolia	0.16				0.16			
辽　宁	Liaoning	174.28	117.88	61.92	2	140.69	105.03	47.88	2
吉　林	Jilin	0.04	1.89	5.15	17	0.04	1.89	2.00	15
黑龙江	Heilongjiang	1.50	0.02			1.50	0.02		
上　海	Shanghai	96.05	26.12	38.14	6	65.52	26.12	37.32	6
江　苏	Jiangsu	92.76	61.57	109.41	1	86.60	54.79	101.78	1
浙　江	Zhejiang	23.96	16.00	47.03	3	19.13	15.60	46.25	3
安　徽	Anhui	6.18	1.39	1.00	18	5.55	1.39	1.00	16
福　建	Fujian	18.17	7.84	21.58	10	15.23	7.41	21.43	10
江　西	Jiangxi	2.90	0.79	0.82	19	2.90	0.65	0.82	17
山　东	Shandong	18.87	15.91	33.51	8	16.18	15.91	31.69	8
河　南	Henan	1.76	1.13	5.40	16	1.71	1.03	0.27	19
湖　北	Hubei	97.29	1.27			92.92	1.22		
湖　南	Hunan	4.35	51.12	39.15	5	1.43	49.15	38.25	5
广　东	Guangdong	90.85	29.06	36.29	7	72.77	26.59	31.87	7
广　西	Guangxi	8.59	0.33	0.62	20	7.24		0.62	18
海　南	Hainan	0.71	7.37	0.10	21	0.71	7.37	0.00	20
重　庆	Chongqing	83.93	20.13	44.18	4	83.57	7.42	44.13	4
四　川	Sichuan	33.33	16.93	32.33	9	30.99	14.71	22.33	9
贵　州	Guizhou	0.72	4.29			0.72	4.29		
云　南	Yunnan	0.85		12.29	12				
西　藏	Tibet								
陕　西	Shaanxi	5.62	2.40	7.44	15	5.62	2.40	7.44	14
甘　肃	Gansu								
青　海	Qinghai	2.32				2.32			
宁　夏	Ningxia	0.25				0.25			
新　疆	Xinjiang								

16-14 房地产开发企业实际到位资金（三）
Actual Funds in Place of Enterprises for Real Estate Development (3)

单位：亿元 (100 million yuan)

地区	Region	自筹资金 Self-raising Funds				其他资金来源 Others			
		2010	2012	2013	2013排名 Ranking	2010	2012	2013	2013排名 Ranking
全国	**National Total**	**26637.21**	**39081.96**	**47424.95**		**32952.45**	**42274.38**	**54490.70**	
北京	Beijing	1762.97	1611.91	2138.23	10	2574.66	2983.68	3313.40	4
天津	Tianjin	457.74	831.71	892.08	20	659.88	740.73	1087.95	17
河北	Hebei	1462.58	2195.48	2394.67	7	956.43	1211.02	1382.50	15
山西	Shanxi	291.70	550.70	758.31	24	416.12	422.09	553.06	26
内蒙古	Inner Mongolia	939.85	1031.07	1118.00	18	180.60	298.41	406.76	27
辽宁	Liaoning	2785.75	3310.51	4090.17	1	1462.43	2049.61	2449.26	8
吉林	Jilin	591.63	878.38	804.59	23	297.34	441.71	580.47	25
黑龙江	Heilongjiang	651.35	1104.20	1102.62	19	348.61	519.32	600.83	23
上海	Shanghai	1070.88	1385.96	1569.91	13	1242.78	1580.66	2192.26	11
江苏	Jiangsu	2031.38	3087.53	3932.97	2	4382.54	4817.07	6265.69	1
浙江	Zhejiang	1288.89	2178.56	2765.07	5	3115.16	3210.82	4455.49	3
安徽	Anhui	1196.59	1685.94	2143.66	9	1324.11	1740.86	2465.62	7
福建	Fujian	1099.64	1426.79	2016.51	11	1081.04	2162.47	2981.29	6
江西	Jiangxi	391.29	504.79	582.49	26	467.57	806.74	1086.70	18
山东	Shandong	1794.88	2675.86	3149.08	3	1883.48	2385.81	3193.32	5
河南	Henan	1336.57	1920.72	2472.67	6	885.96	1212.10	1537.51	14
湖北	Hubei	784.39	1425.31	1735.33	12	922.40	1425.21	1692.58	13
湖南	Hunan	698.87	1036.23	1215.39	16	985.15	1440.78	1804.57	12
广东	Guangdong	1580.81	2414.64	2798.34	4	2854.68	3967.04	5494.72	2
广西	Guangxi	547.42	788.45	815.69	22	733.96	954.75	1014.58	20
海南	Hainan	163.58	597.81	738.42	25	506.65	463.22	810.73	22
重庆	Chongqing	685.00	1182.06	1263.70	15	1505.89	1946.55	2193.89	10
四川	Sichuan	1208.26	1728.97	2150.87	8	1469.62	2017.53	2415.89	9
贵州	Guizhou	267.74	518.44	877.20	21	496.94	664.82	1041.70	19
云南	Yunnan	461.22	975.03	1541.76	14	677.78	942.87	951.51	21
西藏	Tibet	10.75	2.13	5.10	31	4.19	5.92	7.45	31
陕西	Shaanxi	642.80	1120.44	1143.18	17	820.16	914.21	1115.67	16
甘肃	Gansu	132.80	304.97	431.08	27	128.17	217.19	363.52	28
青海	Qinghai	56.78	113.35	117.97	30	38.83	77.70	96.68	30
宁夏	Ningxia	103.32	196.32	247.69	29	199.50	244.09	340.72	29
新疆	Xinjiang	139.80	297.69	412.18	28	329.86	409.38	594.36	24

16-15 房地产开发企业房屋施工面积和竣工面积 Floor Space of Buildings under Construction and Completed by Enterprises of Real Estate Development

单位：万平方米 (10 000 sq.m)

地区	Region	房屋施工面积 Floor Space of Buildings under Construction				房屋竣工面积 Floor Space of Buildings Completed			
		2010	2012	2013	2013排名 Ranking	2010	2012	2013	2013排名 Ranking
全　国	**National Total**	**405356.4**	**573417.5**	**665571.9**		**78743.9**	**99425.0**	**101435.0**	
北　京	Beijing	10300.9	13122.5	13886.9	20	2386.7	2390.9	2666.4	16
天　津	Tianjin	7160.8	9864.2	10892.2	25	2098.5	2542.7	2805.4	15
河　北	Hebei	20700.0	27577.8	29949.1	9	3614.7	4894.6	4437.0	10
山　西	Shanxi	7599.8	11714.3	14040.0	19	1203.7	1733.0	2284.8	18
内蒙古	Inner Mongolia	11535.3	16507.4	18624.3	14	2297.7	2449.1	2638.2	17
辽　宁	Liaoning	26831.1	38502.0	41625.6	4	4497.4	6438.2	6152.0	4
吉　林	Jilin	7069.5	10935.8	12181.3	23	2030.5	1927.9	2253.6	20
黑龙江	Heilongjiang	7532.9	13485.0	13567.4	21	2645.8	3245.7	2932.7	14
上　海	Shanghai	11295.0	13250.0	13516.6	22	1941.2	2305.1	2254.4	19
江　苏	Jiangsu	35106.9	45097.5	52574.2	1	8696.3	9848.4	9711.6	1
浙　江	Zhejiang	23781.9	33423.0	37647.2	5	4115.8	4292.9	4692.3	8
安　徽	Anhui	17620.0	24836.1	30235.2	8	3026.7	3965.4	5180.3	6
福　建	Fujian	14189.7	21121.5	26287.3	10	2242.5	2232.8	3369.8	12
江　西	Jiangxi	7229.9	9465.6	11995.7	24	1817.7	1747.5	1790.3	22
山　东	Shandong	28081.2	42958.9	50549.2	2	5074.3	7325.0	7508.5	2
河　南	Henan	20394.0	29559.4	35979.3	6	4426.9	5870.5	5965.9	5
湖　北	Hubei	11589.4	16819.7	21865.8	13	2541.2	3273.7	3040.8	13
湖　南	Hunan	16801.9	21356.9	25400.1	12	3347.9	4458.0	4593.8	9
广　东	Guangdong	29301.4	39296.3	46480.5	3	5659.1	6356.1	6273.3	3
广　西	Guangxi	12048.7	15018.5	16040.2	18	1564.3	2333.6	1712.7	25
海　南	Hainan	2699.5	5109.5	6173.0	28	609.1	856.4	609.4	29
重　庆	Chongqing	17138.5	22009.0	26251.9	11	2626.6	3990.6	3804.4	11
四　川	Sichuan	21158.5	29865.5	32165.0	7	3966.8	5866.6	5108.9	7
贵　州	Guizhou	7905.5	13245.3	17357.0	16	1048.0	1416.8	1764.8	23
云　南	Yunnan	8785.0	14362.0	18260.7	15	1536.0	1851.6	2019.2	21
西　藏	Tibet	75.3	47.3	57.7	31	12.2	9.2	18.1	31
陕　西	Shaanxi	9947.9	15410.6	17240.9	17	900.1	1653.9	1511.7	26
甘　肃	Gansu	3130.4	5635.0	6848.4	27	598.7	844.5	915.6	28
青　海	Qinghai	1424.2	1891.2	2376.6	30	267.7	416.2	592.6	30
宁　夏	Ningxia	2940.5	5033.3	6043.2	29	936.9	1152.0	1104.4	27
新　疆	Xinjiang	3980.8	6896.5	9459.5	26	1012.9	1736.2	1722.2	24

16-16 房地产开发企业房屋竣工造价
Cost of Buildings Completed by Enterprises of Real Estate Development

地区	Region	房屋竣工价值（亿元） Value of Buildings Completed (100 million yuan)				房屋竣工造价（元/平方米） Cost of Buildings Completed (yuan/sq.m)			
		2010	2012	2013	2013排名 Ranking	2010	2012	2013	2013排名 Ranking
全　国	**National Total**	**17542.73**	**24836.62**	**26805.38**		**2228**	**2498**	**2643**	
北　京	Beijing	575.59	736.77	781.26	14	2412	3082	2930	8
天　津	Tianjin	670.67	644.09	749.05	15	3196	2533	2670	13
河　北	Hebei	816.11	1132.49	1199.11	8	2258	2314	2703	12
山　西	Shanxi	208.10	399.24	498.46	20	1729	2304	2182	27
内蒙古	Inner Mongolia	442.45	525.13	629.53	18	1926	2144	2386	19
辽　宁	Liaoning	971.14	1547.48	1490.81	5	2159	2404	2423	17
吉　林	Jilin	340.22	385.95	501.41	19	1676	2002	2225	25
黑龙江	Heilongjiang	454.53	641.54	642.39	17	1718	1977	2190	26
上　海	Shanghai	779.93	1060.07	1052.76	12	4018	4599	4670	1
江　苏	Jiangsu	2307.27	2746.91	2975.51	1	2653	2789	3064	6
浙　江	Zhejiang	1068.33	1242.87	1529.25	4	2596	2895	3259	5
安　徽	Anhui	679.22	955.32	1341.82	6	2244	2409	2590	14
福　建	Fujian	415.32	506.62	815.57	13	1852	2269	2420	18
江　西	Jiangxi	301.12	369.78	386.26	24	1657	2116	2158	28
山　东	Shandong	1077.58	1568.11	1731.39	3	2124	2141	2306	22
河　南	Henan	630.25	1059.08	1117.83	11	1424	1804	1874	31
湖　北	Hubei	564.66	876.31	703.22	16	2222	2677	2313	21
湖　南	Hunan	646.81	1024.85	1157.16	9	1932	2299	2519	16
广　东	Guangdong	1587.46	2079.84	2114.38	2	2805	3272	3370	4
广　西	Guangxi	230.69	490.35	390.89	23	1475	2101	2282	23
海　南	Hainan	180.26	362.02	237.91	28	2959	4227	3904	2
重　庆	Chongqing	647.98	1121.76	1152.25	10	2467	2811	3029	7
四　川	Sichuan	742.46	1318.27	1297.62	7	1872	2247	2540	15
贵　州	Guizhou	169.01	278.44	356.49	26	1613	1965	2020	30
云　南	Yunnan	330.24	417.40	473.67	21	2150	2254	2346	20
西　藏	Tibet	2.71	3.76	6.16	31	2225	4073	3402	3
陕　西	Shaanxi	220.12	429.56	430.73	22	2446	2597	2849	9
甘　肃	Gansu	109.45	177.91	208.20	29	1828	2107	2274	24
青　海	Qinghai	49.84	107.89	160.76	30	1862	2592	2713	11
宁　夏	Ningxia	175.51	259.64	310.50	27	1873	2254	2811	10
新　疆	Xinjiang	147.71	367.19	363.02	25	1458	2115	2108	29

16-17 按用途分房地产开发企业房屋施工面积(一)
Construction Area of Buildings Started by Enterprises of Real Estate Development by Use (1)

单位：万平方米 (10 000 sq.m)

地区	Region	住宅 Residential Buildings 2010	2012	2013	2013排名 Ranking	办公楼 Office Buildings 2010	2012	2013	2013排名 Ranking
全国	**National Total**	**314760.12**	**428964.05**	**486347.33**		**12144.40**	**19434.17**	**24577.41**	
北京	Beijing	6176.02	7510.36	7406.88	25	1054.84	1711.86	2114.13	2
天津	Tianjin	5117.69	6923.52	7562.48	24	396.61	792.40	841.00	11
河北	Hebei	17159.60	21895.95	23558.26	7	384.39	598.79	659.34	15
山西	Shanxi	6254.41	9299.62	10754.95	19	181.34	216.67	327.11	22
内蒙古	Inner Mongolia	8272.86	11181.66	12634.11	16	485.54	643.10	692.90	14
辽宁	Liaoning	20677.33	29284.88	31416.51	4	582.95	778.99	796.46	12
吉林	Jilin	5758.87	8512.60	9317.77	21	104.67	207.22	302.72	24
黑龙江	Heilongjiang	6107.45	10471.96	10241.40	20	75.26	177.66	199.33	26
上海	Shanghai	7313.85	8315.68	8125.74	23	1103.18	1284.68	1431.73	6
江苏	Jiangsu	26347.13	33412.17	38756.78	1	1169.80	1539.84	1989.66	3
浙江	Zhejiang	16138.35	21656.38	23828.31	6	1477.65	2099.17	2477.02	1
安徽	Anhui	13838.54	18182.58	21531.23	9	521.83	789.46	1034.03	9
福建	Fujian	10572.53	14731.19	17835.42	12	452.89	987.37	1363.45	7
江西	Jiangxi	6064.62	7319.85	9018.79	22	114.25	280.19	423.91	21
山东	Shandong	22728.09	33715.25	38571.84	2	478.14	1051.82	1553.26	5
河南	Henan	16901.99	23466.99	28113.59	5	510.84	976.49	1297.06	8
湖北	Hubei	9172.43	13013.01	16640.27	13	239.55	576.52	596.11	16
湖南	Hunan	13772.56	16773.68	19594.27	10	210.43	441.25	580.70	17
广东	Guangdong	22253.76	29253.24	33690.67	3	946.33	1176.38	1675.71	4
广西	Guangxi	9767.64	11846.86	12419.68	17	183.04	279.76	321.91	23
海南	Hainan	2323.40	4411.38	5173.49	28	35.94	37.34	53.11	30
重庆	Chongqing	13744.78	16997.85	19248.95	11	247.56	499.85	781.98	13
四川	Sichuan	17289.74	22590.16	23208.91	8	413.26	834.65	922.54	10
贵州	Guizhou	5970.81	9654.03	12316.36	18	149.32	300.50	502.13	19
云南	Yunnan	7046.37	10432.11	12969.39	15	154.77	427.16	557.95	18
西藏	Tibet	68.40	31.01	39.15	31	1.31	1.68	1.56	31
陕西	Shaanxi	8580.55	13030.16	14225.86	14	229.63	338.57	501.13	20
甘肃	Gansu	2557.70	4431.21	5324.49	27	50.96	99.85	107.80	28
青海	Qinghai	1179.41	1513.51	1748.26	30	23.64	29.23	75.14	29
宁夏	Ningxia	2285.56	3622.63	4090.83	29	74.17	119.14	171.20	27
新疆	Xinjiang	3317.68	5482.59	6982.70	26	90.29	136.61	225.32	25

16-18 按用途分房地产开发企业房屋施工面积(二)
Construction Area of Buildings Started by Enterprises of Real Estate Development by Use (2)

单位：万平方米 (10 000 sq.m)

地区	Region	商业营业用房 Houses for Business Use 2010	2012	2013	2013排名 Ranking	其他用房 Others 2010	2012	2013	2013排名 Ranking
全　国	**National Total**	**44631.92**	**65813.91**	**80626.76**		**33819.96**	**59205.39**	**74020.40**	
北　京	Beijing	1229.33	1236.89	1233.37	25	1840.67	2663.38	3132.48	9
天　津	Tianjin	1004.47	1045.23	1158.61	26	642.07	1103.08	1330.08	20
河　北	Hebei	1970.08	2798.25	3091.02	10	1185.96	2284.84	2640.49	13
山　西	Shanxi	769.36	1253.00	1647.81	18	394.74	945.00	1310.17	21
内蒙古	Inner Mongolia	2027.82	3083.05	3496.14	9	749.13	1599.60	1801.18	18
辽　宁	Liaoning	3954.14	5698.58	6230.28	2	1616.66	2739.57	3182.35	8
吉　林	Jilin	810.47	1470.87	1627.53	19	395.46	745.11	933.26	25
黑龙江	Heilongjiang	862.27	1569.99	1877.86	17	487.90	1265.36	1248.78	22
上　海	Shanghai	1292.96	1449.91	1500.72	23	1585.04	2199.69	2458.39	14
江　苏	Jiangsu	4867.56	6071.07	6904.71	1	2722.43	4074.47	4923.02	3
浙　江	Zhejiang	2619.51	3642.28	4226.99	6	3546.34	6025.14	7114.92	1
安　徽	Anhui	2307.22	3840.09	4787.71	4	952.42	2023.93	2882.24	10
福　建	Fujian	1273.66	2246.11	3002.82	11	1890.66	3156.83	4085.59	6
江　西	Jiangxi	734.09	1188.94	1515.36	22	316.98	676.66	1037.61	24
山　东	Shandong	3280.25	4887.12	6160.95	3	1594.69	3304.73	4263.11	4
河　南	Henan	1952.08	2941.81	3709.10	8	1029.07	2174.08	2859.58	11
湖　北	Hubei	1268.35	1760.44	2584.29	13	909.11	1469.75	2045.15	17
湖　南	Hunan	1550.10	2079.91	2578.07	14	1268.77	2062.04	2647.05	12
广　东	Guangdong	2621.92	3355.53	4323.84	5	3479.35	5511.13	6790.24	2
广　西	Guangxi	1110.02	1406.52	1534.40	21	988.03	1485.32	1764.19	19
海　南	Hainan	180.97	322.06	439.44	29	159.16	338.71	506.96	29
重　庆	Chongqing	1549.77	2028.90	2965.72	12	1596.38	2482.43	3255.25	7
四　川	Sichuan	1593.47	3136.25	3784.84	7	1862.00	3304.44	4248.69	5
贵　州	Guizhou	909.04	1729.94	2419.76	16	876.36	1560.86	2118.71	16
云　南	Yunnan	934.79	1869.51	2546.09	15	649.03	1633.21	2187.29	15
西　藏	Tibet	4.61	14.65	13.19	31	0.93		3.80	31
陕　西	Shaanxi	707.45	1186.64	1447.76	24	430.26	855.20	1066.12	23
甘　肃	Gansu	332.15	632.82	819.59	28	189.59	471.07	596.52	28
青　海	Qinghai	142.08	207.67	311.75	30	79.09	140.83	241.49	30
宁　夏	Ningxia	360.99	818.67	1141.59	27	219.81	472.82	639.61	27
新　疆	Xinjiang	410.96	841.22	1545.45	20	161.87	436.13	706.07	26

16-19 按用途分房地产开发企业房屋新开工面积（一）
Floor Space of Buildings Started This Year by Enterprises of Real Estate Development by Use (1)

单位：万平方米 (10 000 sq.m)

地区	Region	本年房屋新开工面积 Floor Space Started This Year				住宅 Residential Buildings			
		2010	2012	2013	2013排名 Ranking	2010	2012	2013	2013排名 Ranking
全　国	**National Total**	163646.87	177333.62	201207.84		129359.31	130695.42	145844.80	
北　京	Beijing	2974.24	3224.21	3577.52	24	2063.40	1627.50	1736.54	26
天　津	Tianjin	2911.67	2565.19	2672.93	26	2026.89	1764.76	1744.85	25
河　北	Hebei	9629.16	7641.80	6932.65	13	7866.40	5983.78	5445.77	11
山　西	Shanxi	2782.05	4166.34	3673.34	23	2270.52	3271.11	2723.39	22
内蒙古	Inner Mongolia	6270.34	5423.42	5042.81	16	4473.39	3670.18	3633.33	16
辽　宁	Liaoning	12647.90	13828.92	13444.45	4	9870.37	10644.03	10141.66	3
吉　林	Jilin	3525.30	4826.76	3746.24	20	2893.52	3683.39	2858.01	21
黑龙江	Heilongjiang	5021.43	5074.35	4030.44	19	4083.52	3785.55	2920.48	19
上　海	Shanghai	3030.59	2724.05	2705.95	25	2111.11	1563.39	1643.09	27
江　苏	Jiangsu	13745.42	13908.44	16358.18	1	10586.39	10285.49	12211.81	1
浙　江	Zhejiang	7841.27	7816.80	9315.10	8	5223.94	4946.83	5787.98	10
安　徽	Anhui	7353.95	7874.22	10077.71	7	5797.58	5468.39	7143.99	6
福　建	Fujian	4679.56	5342.97	7193.01	12	3399.53	3565.11	4795.83	13
江　西	Jiangxi	2344.98	3261.03	4138.96	18	1956.47	2400.09	3050.83	18
山　东	Shandong	12330.21	13902.72	15390.76	2	10241.55	10837.97	11497.27	2
河　南	Henan	8610.57	10515.11	12465.09	5	7299.94	8424.45	10055.31	5
湖　北	Hubei	5725.77	5976.06	8226.71	10	4454.36	4650.79	6250.23	9
湖　南	Hunan	6443.30	6631.62	8869.13	9	5365.96	5053.52	6854.15	8
广　东	Guangdong	9904.38	10615.73	14265.48	3	7826.80	7840.26	10114.75	4
广　西	Guangxi	4750.57	3741.88	3715.67	22	3905.84	2910.11	2901.93	20
海　南	Hainan	1136.12	1661.29	1735.42	29	980.63	1402.85	1471.69	28
重　庆	Chongqing	6312.64	5813.48	7641.63	11	5268.76	4345.14	5387.60	12
四　川	Sichuan	7731.66	8367.21	10163.57	6	6270.79	5962.51	7008.71	7
贵　州	Guizhou	2871.15	3787.67	5628.24	15	2250.29	2578.41	3974.16	15
云　南	Yunnan	3702.76	6037.53	6481.80	14	2960.81	4166.88	4529.09	14
西　藏	Tibet	16.92	22.68	27.76	31	15.30	17.07	22.37	31
陕　西	Shaanxi	3270.32	4738.32	4483.35	17	2859.51	3928.91	3488.16	17
甘　肃	Gansu	1395.98	2404.51	2451.19	27	1169.10	1933.52	1917.05	24
青　海	Qinghai	700.67	772.90	859.76	30	568.91	605.33	599.85	30
宁　夏	Ningxia	1808.73	1842.78	2163.12	28	1444.86	1228.74	1435.77	29
新　疆	Xinjiang	2177.24	2823.65	3729.87	21	1852.88	2149.36	2499.16	23

16-20 按用途分房地产开发企业房屋新开工面积（二）
Floor Space of Buildings Started This Year by Enterprises of Real Estate Development by Use (2)

单位：万平方米 (10 000 sq.m)

地区	Region	别墅高档公寓 Villas, High-grade Apartments				办公楼 Office Buildings			
		2010	2012	2013	2013排名 Ranking	2010	2012	2013	2013排名 Ranking
全　国	**National Total**	**5080.05**	**4228.31**	**4454.59**		**3668.07**	**5986.46**	**6887.24**	
北　京	Beijing	157.09	88.40	80.62	19	203.29	536.82	671.40	1
天　津	Tianjin	108.31	58.49	85.11	18	206.73	231.02	173.84	15
河　北	Hebei	113.35	83.27	70.20	21	147.43	187.61	172.02	16
山　西	Shanxi	7.72	19.38	20.50	28	58.10	66.62	76.47	24
内蒙古	Inner Mongolia	89.21	59.20	61.14	22	285.83	160.55	99.50	22
辽　宁	Liaoning	310.55	218.36	244.91	6	215.36	234.61	196.80	13
吉　林	Jilin	131.81	89.95	54.89	23	24.38	88.50	96.21	23
黑龙江	Heilongjiang	34.69	49.47	21.05	27	41.16	92.79	34.72	28
上　海	Shanghai	389.84	234.33	252.28	5	147.39	303.91	264.06	9
江　苏	Jiangsu	688.65	683.51	552.24	2	361.57	402.53	547.94	5
浙　江	Zhejiang	378.79	359.15	347.37	3	475.54	413.88	576.71	2
安　徽	Anhui	93.97	121.59	141.37	12	163.39	233.75	246.09	10
福　建	Fujian	198.50	86.90	187.85	8	183.46	252.38	381.57	6
江　西	Jiangxi	54.95	76.26	86.94	16	41.82	137.02	167.13	19
山　东	Shandong	235.30	280.09	207.74	7	161.62	378.27	567.24	3
河　南	Henan	40.39	68.41	85.43	17	171.02	360.08	329.90	7
湖　北	Hubei	111.92	63.97	111.85	14	100.62	218.38	201.33	12
湖　南	Hunan	135.94	88.51	154.79	10	62.36	184.44	149.71	20
广　东	Guangdong	775.58	526.88	622.14	1	160.47	288.94	563.20	4
广　西	Guangxi	59.51	72.30	53.29	24	59.75	103.03	72.74	25
海　南	Hainan	188.29	170.74	171.57	9	14.08	17.78	14.59	30
重　庆	Chongqing	160.28	117.93	152.52	11	57.20	160.64	241.15	11
四　川	Sichuan	135.60	122.03	118.40	13	128.53	314.46	264.42	8
贵　州	Guizhou	9.00	7.62	72.22	20	29.22	176.24	171.33	18
云　南	Yunnan	311.93	259.40	280.45	4	55.87	222.37	171.33	17
西　藏	Tibet	2.48	6.46	6.78	31	0.57	1.57		
陕　西	Shaanxi	75.78	33.03	31.27	26	38.08	99.03	179.21	14
甘　肃	Gansu	2.32	8.00	18.01	29	11.53	23.22	30.13	29
青　海	Qinghai		7.59	7.79	30	17.26	7.79	43.75	27
宁　夏	Ningxia	10.61	38.58	46.42	25	21.25	38.60	59.86	26
新　疆	Xinjiang	67.68	128.53	107.46	15	23.16	49.63	122.90	21

16-21 按用途分房地产开发企业房屋新开工面积（三）
Floor Space of Buildings Started This Year by Enterprises of Real Estate Development by Use (3)

单位：万平方米 (10 000 sq.m)

地区	Region	商业营业用房 Houses for Business Use 2010	2012	2013	2013排名 Ranking	其他用房 Others 2010	2012	2013	2013排名 Ranking
全　国	**National Total**	**17472.58**	**22006.85**	**25902.00**		**13146.91**	**18644.89**	**22573.80**	
北　京	Beijing	242.42	325.61	351.01	25	465.14	734.28	818.58	12
天　津	Tianjin	407.83	202.16	370.11	24	270.21	367.26	384.14	22
河　北	Hebei	993.14	831.34	704.82	18	622.20	639.08	610.04	16
山　西	Shanxi	289.76	442.44	472.80	22	163.68	386.17	400.69	20
内蒙古	Inner Mongolia	1095.04	977.63	879.30	14	416.08	615.07	430.68	18
辽　宁	Liaoning	1834.85	1922.63	1965.50	3	727.32	1027.65	1140.50	6
吉　林	Jilin	420.77	699.35	505.73	20	186.63	355.51	286.30	25
黑龙江	Heilongjiang	577.03	728.46	733.93	17	319.72	467.55	341.31	23
上　海	Shanghai	298.10	365.17	274.96	28	473.99	491.58	523.84	17
江　苏	Jiangsu	1742.22	1928.27	2047.90	1	1055.23	1292.15	1550.54	3
浙　江	Zhejiang	856.95	911.76	1123.97	8	1284.85	1544.32	1826.44	2
安　徽	Anhui	966.30	1440.55	1624.77	4	426.68	731.53	1062.87	8
福　建	Fujian	454.55	640.96	888.85	13	642.01	884.52	1126.75	7
江　西	Jiangxi	250.13	480.42	529.57	19	96.56	243.49	391.43	21
山　东	Shandong	1265.47	1590.80	1976.83	2	661.57	1095.69	1349.42	5
河　南	Henan	759.29	985.31	1185.51	7	380.32	745.27	894.36	11
湖　北	Hubei	656.98	615.35	1022.16	9	513.80	491.55	753.00	14
湖　南	Hunan	557.54	712.68	920.42	12	457.43	680.97	944.85	10
广　东	Guangdong	688.69	998.18	1481.58	5	1228.41	1488.35	2105.94	1
广　西	Guangxi	394.85	376.32	331.09	26	390.13	352.42	409.91	19
海　南	Hainan	66.63	137.25	134.74	29	74.78	103.40	114.40	29
重　庆	Chongqing	433.68	539.04	1001.32	11	553.01	768.66	1011.57	9
四　川	Sichuan	634.66	1089.37	1402.18	6	697.68	1000.87	1488.25	4
贵　州	Guizhou	304.59	567.91	806.39	16	287.05	465.12	676.36	15
云　南	Yunnan	391.68	882.77	1003.08	10	294.40	765.51	778.29	13
西　藏	Tibet	1.05	4.04	1.59	31			3.80	31
陕　西	Shaanxi	229.34	419.70	474.83	21	143.40	290.68	341.15	24
甘　肃	Gansu	160.52	251.68	300.68	27	54.83	196.09	203.33	28
青　海	Qinghai	69.48	97.38	123.41	30	45.03	62.41	92.75	30
宁　夏	Ningxia	214.55	421.02	424.44	23	128.07	154.43	243.05	27
新　疆	Xinjiang	214.50	421.32	838.51	15	86.70	203.34	269.30	26

16-22 按用途分房地产开发企业房屋竣工面积(一)
Completed Area of Buildings Started by Enterprises of Real Estate Development by Use (1)

单位：万平方米 (10 000 sq.m)

地区	Region	住宅 Residential Buildings 2010	2012	2013	2013排名 Ranking	办公楼 Office Buildings 2010	2012	2013	2013排名 Ranking
全　国	**National Total**	**63443.10**	**79043.20**	**78740.62**		**1815.85**	**2315.36**	**2789.40**	
北　京	Beijing	1498.48	1522.72	1692.04	19	198.42	226.79	273.05	2
天　津	Tianjin	1603.65	1913.97	2117.66	15	102.42	166.80	188.59	5
河　北	Hebei	3130.09	3978.10	3517.80	9	36.30	94.53	158.24	7
山　西	Shanxi	991.31	1435.69	1847.99	17	20.79	14.90	30.75	21
内蒙古	Inner Mongolia	1868.45	1816.10	2001.21	16	29.07	67.23	41.66	18
辽　宁	Liaoning	3691.37	5132.29	5025.69	3	75.29	99.74	66.24	14
吉　林	Jilin	1694.96	1613.59	1769.95	18	12.74	16.43	25.61	23
黑龙江	Heilongjiang	2198.99	2646.21	2344.41	13	24.28	28.52	32.07	20
上　海	Shanghai	1396.05	1609.13	1417.41	22	150.69	206.87	176.01	6
江　苏	Jiangsu	6553.53	7687.13	7584.17	1	318.91	237.18	332.43	1
浙　江	Zhejiang	2798.43	2917.26	3187.62	10	199.70	218.35	246.44	4
安　徽	Anhui	2408.32	3123.15	3919.00	7	49.89	49.98	131.92	8
福　建	Fujian	1715.87	1564.62	2338.06	14	35.20	119.20	98.33	12
江　西	Jiangxi	1550.46	1440.48	1427.53	21	23.41	31.89	24.55	25
山　东	Shandong	4270.80	6086.71	6063.35	2	87.55	130.29	127.17	9
河　南	Henan	3852.60	4888.17	4916.31	4	56.17	82.01	121.80	10
湖　北	Hubei	2129.33	2795.21	2547.39	12	50.86	27.37	43.07	16
湖　南	Hunan	2828.81	3688.55	3764.71	8	34.71	39.39	49.47	15
广　东	Guangdong	4589.22	4918.16	4748.25	5	120.07	159.63	264.58	3
广　西	Guangxi	1342.87	1956.57	1385.37	24	13.01	25.33	18.13	26
海　南	Hainan	515.07	734.99	517.62	29	19.28	3.99	1.31	30
重　庆	Chongqing	2179.81	3386.35	2867.45	11	30.03	30.37	75.76	13
四　川	Sichuan	3390.01	4713.61	4028.88	6	35.16	119.35	101.33	11
贵　州	Guizhou	826.13	1120.17	1352.29	25	18.36	16.16	30.00	22
云　南	Yunnan	1258.44	1492.28	1576.13	20	16.73	26.54	41.24	19
西　藏	Tibet	11.51	6.46	10.65	31		0.11		
陕　西	Shaanxi	799.15	1413.75	1272.77	26	11.79	19.48	42.68	17
甘　肃	Gansu	501.05	710.03	769.07	28	7.94	8.56	3.34	29
青　海	Qinghai	242.12	371.06	474.39	30	3.86	3.41	8.74	28
宁　夏	Ningxia	746.32	922.26	861.37	27	17.34	9.85	9.86	27
新　疆	Xinjiang	859.92	1438.43	1394.08	23	15.87	35.10	25.03	24

16-23 按用途分房地产开发企业房屋竣工面积(二)

Completed Area of Buildings Started by Enterprises of Real Estate Development by Use (2)

单位：万平方米 (10 000 sq.m)

地区	Region	商业营业用房 Houses for Business Use				其他用房 Others			
		2010	2012	2013	2013排名 Ranking	2010	2012	2013	2013排名 Ranking
全国	**National Total**	**8282.63**	**10226.45**	**10852.42**		**5202.30**	**7839.94**	**9052.56**	
北京	Beijing	271.92	240.06	178.36	24	417.90	401.30	522.90	5
天津	Tianjin	235.29	301.42	187.80	23	157.19	160.56	311.31	13
河北	Hebei	298.14	503.80	501.77	6	150.12	318.14	259.22	15
山西	Shanxi	136.86	182.54	272.98	17	54.77	99.86	133.11	22
内蒙古	Inner Mongolia	307.12	403.68	391.43	13	93.01	162.12	203.94	17
辽宁	Liaoning	538.56	762.07	716.08	3	192.16	444.05	343.96	12
吉林	Jilin	224.53	223.07	307.50	16	98.28	74.78	150.59	20
黑龙江	Heilongjiang	303.30	340.25	339.84	14	119.26	230.75	216.39	16
上海	Shanghai	176.41	177.65	253.45	19	218.09	311.41	407.57	9
江苏	Jiangsu	1217.78	1168.74	995.59	1	606.05	755.36	799.41	1
浙江	Zhejiang	565.35	453.11	471.99	8	552.35	704.21	786.29	3
安徽	Anhui	429.37	577.19	698.82	4	139.07	215.07	430.61	8
福建	Fujian	165.39	238.83	404.85	12	326.01	310.13	528.52	4
江西	Jiangxi	173.97	205.59	260.16	18	69.89	69.51	78.02	27
山东	Shandong	509.99	682.60	816.47	2	206.00	425.37	501.53	6
河南	Henan	369.63	562.00	620.81	5	148.54	338.36	306.95	14
湖北	Hubei	271.57	300.19	328.68	15	89.45	150.95	121.70	23
湖南	Hunan	284.95	443.88	413.33	11	199.44	286.15	366.25	11
广东	Guangdong	474.79	473.58	469.15	9	475.01	804.75	791.32	2
广西	Guangxi	121.89	205.02	175.44	25	86.54	146.66	133.74	21
海南	Hainan	44.36	60.15	42.87	30	30.41	57.29	47.59	29
重庆	Chongqing	229.44	282.23	456.08	10	187.31	291.68	405.07	10
四川	Sichuan	283.94	518.93	482.70	7	257.66	514.69	495.96	7
贵州	Guizhou	128.59	162.36	218.58	22	74.90	118.07	163.90	19
云南	Yunnan	157.72	183.06	220.86	20	103.11	149.69	180.97	18
西藏	Tibet	0.67	2.66	7.44	31				
陕西	Shaanxi	61.65	145.59	114.92	27	27.53	75.12	81.30	26
甘肃	Gansu	60.42	93.85	97.62	28	29.25	32.06	45.53	30
青海	Qinghai	18.12	23.88	52.78	29	3.57	17.84	56.72	28
宁夏	Ningxia	122.50	131.04	133.69	26	50.70	88.82	99.53	24
新疆	Xinjiang	98.40	177.45	220.39	21	38.71	85.18	82.66	25

16-24 按用途分商品房销售面积(一)
Floor Space of Commercial Buildings Sold by Use (1)

单位：万平方米 (10 000 sq.m)

地区	Region	商品房销售面积 Floor Space of Commercial Buildings Sold 2010	2012	2013	2013排名 Ranking	住宅 Rsidential Buildings 2010	2012	2013	2013排名 Ranking
全　国	National Total	104764.65	111303.65	130550.59		93376.60	98467.51	115722.69	
北　京	Beijing	1639.53	1943.74	1903.11	24	1201.39	1483.37	1363.67	26
天　津	Tianjin	1514.52	1661.69	1847.11	25	1302.61	1511.40	1720.34	24
河　北	Hebei	4662.10	5144.92	5675.95	9	4325.12	4622.46	5020.13	9
山　西	Shanxi	1180.59	1497.88	1642.82	26	1070.54	1390.44	1484.37	25
内蒙古	Inner Mongolia	3057.38	2523.52	2737.70	20	2569.84	2104.22	2263.65	20
辽　宁	Liaoning	6800.45	8827.95	9292.33	4	6013.50	7655.40	8014.80	4
吉　林	Jilin	2382.10	2452.42	2214.96	22	2105.33	2159.43	1985.95	22
黑龙江	Heilongjiang	2720.95	3806.82	3339.95	14	2385.68	3226.22	2944.23	14
上　海	Shanghai	2060.96	1898.46	2382.20	21	1690.82	1592.63	2015.81	21
江　苏	Jiangsu	9485.47	9019.18	11454.77	1	8112.37	7923.37	10191.52	1
浙　江	Zhejiang	4816.53	4005.29	4886.99	11	3833.74	3316.23	4097.63	12
安　徽	Anhui	4154.26	4828.81	6265.35	7	3641.88	4275.43	5573.53	7
福　建	Fujian	2575.62	3258.94	4676.16	13	2139.26	2741.96	3957.46	13
江　西	Jiangxi	2469.73	2397.10	3167.06	16	2265.72	2125.90	2846.04	16
山　东	Shandong	9293.88	8632.76	10329.80	2	8448.26	7745.87	9300.29	2
河　南	Henan	5452.23	5968.49	7310.21	6	5092.49	5455.50	6561.41	5
湖　北	Hubei	3508.61	4037.85	5298.54	10	3236.88	3620.10	4765.68	10
湖　南	Hunan	4469.98	5150.48	5952.38	8	4140.07	4664.08	5411.48	8
广　东	Guangdong	7321.76	7898.99	9836.39	3	6552.81	7157.63	8830.95	3
广　西	Guangxi	2793.92	2759.26	2995.58	18	2607.15	2546.96	2765.15	18
海　南	Hainan	854.73	931.84	1191.23	28	834.19	898.35	1154.86	27
重　庆	Chongqing	4314.39	4522.40	4817.56	12	3986.31	4105.11	4359.19	11
四　川	Sichuan	6396.92	6455.93	7312.78	5	5849.34	5679.33	6505.32	6
贵　州	Guizhou	1730.69	2186.95	2972.32	19	1596.30	2002.40	2646.98	19
云　南	Yunnan	2959.43	3237.75	3309.30	15	2658.99	2789.68	2855.52	15
西　藏	Tibet	19.28	22.50	25.40	31	18.76	20.65	22.78	31
陕　西	Shaanxi	2590.18	2755.59	3045.70	17	2471.95	2530.84	2831.22	17
甘　肃	Gansu	756.51	978.44	1220.02	27	692.07	893.36	1134.81	28
青　海	Qinghai	281.04	262.96	381.56	30	266.43	246.85	369.70	30
宁　夏	Ningxia	935.98	804.43	1048.31	29	816.79	707.57	928.26	29
新　疆	Xinjiang	1564.90	1430.31	2017.03	23	1450.02	1274.80	1799.95	23

16-25 按用途分商品房销售面积(二)
Floor Space of Commercial Buildings Sold by Use (2)

单位：万平方米 (10 000 sq.m)

地区	Region	办公楼 Office Buildings				商业营业用房 Houses for Buildings Use			
		2010	2012	2013	2013排名 Ranking	2010	2012	2013	2013排名 Ranking
全　国	**National Total**	**1889.97**	**2253.65**	**2883.35**		**6994.84**	**7759.28**	**8469.22**	
北　京	Beijing	208.15	253.50	317.93	1	142.07	113.97	102.52	26
天　津	Tianjin	35.29	28.17	23.49	23	103.64	72.17	51.60	28
河　北	Hebei	39.20	74.78	78.00	14	209.09	316.70	404.93	8
山　西	Shanxi	10.76	9.54	15.30	26	84.37	79.50	116.00	24
内蒙古	Inner Mongolia	29.88	36.56	53.31	18	353.30	270.17	272.07	13
辽　宁	Liaoning	64.71	79.15	53.61	17	510.03	775.93	859.00	1
吉　林	Jilin	7.75	14.75	21.25	24	220.30	219.49	157.31	20
黑龙江	Heilongjiang	8.38	24.26	24.84	22	234.74	410.87	256.21	14
上　海	Shanghai	162.89	111.73	161.22	8	125.74	120.01	116.47	23
江　苏	Jiangsu	209.88	200.83	286.81	2	988.23	763.95	817.48	2
浙　江	Zhejiang	272.11	188.75	218.29	4	459.29	332.64	344.41	10
安　徽	Anhui	87.28	62.00	94.98	11	389.60	428.42	506.29	4
福　建	Fujian	82.20	150.83	211.42	5	176.35	209.88	242.53	16
江　西	Jiangxi	19.02	47.56	56.46	16	150.85	189.46	214.03	17
山　东	Shandong	82.47	135.38	189.29	7	607.59	553.75	600.12	3
河　南	Henan	60.79	126.49	205.44	6	246.44	297.96	444.99	6
湖　北	Hubei	24.19	69.75	92.76	12	184.41	256.87	358.38	9
湖　南	Hunan	29.27	64.25	78.72	13	247.87	329.97	343.63	11
广　东	Guangdong	163.03	141.47	256.86	3	371.91	360.57	433.61	7
广　西	Guangxi	18.58	9.60	32.06	21	108.21	149.83	135.09	21
海　南	Hainan	5.47	4.04	2.08	29	13.92	20.23	25.08	29
重　庆	Chongqing	62.60	62.30	68.67	15	194.25	221.89	244.04	15
四　川	Sichuan	83.84	157.37	114.22	9	294.25	438.53	468.64	5
贵　州	Guizhou	26.27	14.88	100.02	10	80.91	144.56	198.99	18
云　南	Yunnan	21.50	90.87	51.33	19	182.56	277.54	285.65	12
西　藏	Tibet		0.43	0.77	30	0.52	1.42	1.85	31
陕　西	Shaanxi	40.04	65.97	44.83	20	63.36	124.34	119.22	22
甘　肃	Gansu	5.67	2.97	5.90	27	53.44	63.99	63.72	27
青　海	Qinghai	1.00	0.21	0.69	31	13.21	15.48	10.27	30
宁　夏	Ningxia	15.40	6.82	5.74	28	89.94	82.92	102.66	25
新　疆	Xinjiang	12.35	18.47	17.04	25	94.42	116.31	172.44	19

16-26 按用途分商品房销售面积(三)和商品房销售额(一)

Floor Space of Commercial Buildings Sold by Use (3) and Total Sale of Commercial Buildings Sold (1)

地区	Region	其他用房(万平方米) Others (10 000 sq.m)				商品房销售额(亿元) Total Sale of Commercial Buildings Sold (100 million yuan)			
		2010	2012	2013	2013排名 Ranking	2010	2012	2013	2013排名 Ranking
全　国	**National Total**	**2503.24**	**2823.21**	**3475.33**		**52721.24**	**64455.79**	**81428.28**	
北　京	Beijing	87.92	92.90	118.98	11	2915.36	3308.56	3530.82	9
天　津	Tianjin	72.98	49.95	51.68	20	1246.48	1365.53	1615.47	17
河　北	Hebei	88.69	130.97	172.89	7	1650.00	2303.90	2779.69	13
山　西	Shanxi	14.92	18.41	27.15	25	411.71	579.89	728.26	27
内蒙古	Inner Mongolia	104.37	112.58	148.67	9	1076.55	1022.80	1177.36	23
辽　宁	Liaoning	212.21	317.48	364.93	1	3063.32	4362.78	4759.21	5
吉　林	Jilin	48.72	58.75	50.46	22	868.80	1016.95	993.04	25
黑龙江	Heilongjiang	92.15	145.48	114.67	14	1011.95	1548.30	1582.34	19
上　海	Shanghai	81.51	74.10	88.71	17	2981.01	2669.49	3911.57	8
江　苏	Jiangsu	174.99	131.04	158.97	8	5540.32	6067.01	7913.70	2
浙　江	Zhejiang	251.38	167.68	226.66	5	4459.04	4262.66	5396.03	3
安　徽	Anhui	35.50	62.97	90.54	16	1746.92	2329.88	3182.87	10
福　建	Fujian	177.81	156.27	264.75	3	1611.32	2817.70	4232.08	6
江　西	Jiangxi	34.15	34.19	50.53	21	776.41	1137.35	1647.90	16
山　东	Shandong	155.57	197.76	240.11	4	3665.12	4111.80	5215.12	4
河　南	Henan	52.51	88.54	98.37	15	1658.79	2286.67	3074.14	11
湖　北	Hubei	63.13	91.13	81.72	18	1313.20	2036.20	2790.32	12
湖　南	Hunan	52.77	92.18	118.54	12	1406.39	2085.23	2525.64	15
广　东	Guangdong	234.01	239.32	314.96	2	5480.77	6407.81	8941.05	1
广　西	Guangxi	59.99	52.87	63.28	19	995.19	1159.83	1375.79	21
海　南	Hainan	1.15	9.22	9.21	29	746.61	735.57	1032.65	24
重　庆	Chongqing	71.23	133.10	145.67	10	1846.94	2297.35	2682.76	14
四　川	Sichuan	169.49	180.70	224.60	6	2647.34	3517.72	4020.27	7
贵　州	Guizhou	27.20	25.11	26.32	26	581.01	900.08	1276.69	22
云　南	Yunnan	96.38	79.67	116.79	13	934.60	1362.83	1487.24	20
西　藏	Tibet					5.58	7.35	10.60	31
陕　西	Shaanxi	14.83	34.45	50.43	23	973.69	1420.75	1608.11	18
甘　肃	Gansu	5.33	18.13	15.59	27	230.14	349.32	474.07	28
青　海	Qinghai	0.41	0.41	0.90	30	84.44	106.46	158.84	30
宁　夏	Ningxia	13.86	7.12	11.66	28	309.22	317.58	443.70	29
新　疆	Xinjiang	8.11	20.72	27.60	24	483.04	560.45	860.95	26

16-27 按用途分商品房销售额(二)
Total Sale of Commercial Buildings Sold (2)

单位：亿元 (100 million yuan)

地区	Region	住宅 Residential Buildings				办公楼 Office Buildings			
		2010	2012	2013	2013排名 Ranking	2010	2012	2013	2013排名 Ranking
全国	**National Total**	**44120.65**	**53467.18**	**67694.94**		**2155.70**	**2773.43**	**3747.35**	
北京	Beijing	2060.52	2455.50	2434.71	11	487.34	560.59	744.78	1
天津	Tianjin	1034.32	1210.57	1443.34	16	48.89	37.61	26.88	22
河北	Hebei	1488.78	1914.61	2329.12	12	18.35	50.34	60.72	15
山西	Shanxi	357.37	513.20	625.14	27	5.91	7.47	14.64	25
内蒙古	Inner Mongolia	766.47	769.39	874.45	24	18.61	22.07	40.42	19
辽宁	Liaoning	2587.66	3611.21	3941.86	5	52.45	76.35	36.34	20
吉林	Jilin	735.91	836.80	839.73	25	2.54	11.79	13.78	26
黑龙江	Heilongjiang	833.05	1201.93	1305.90	19	3.58	13.82	17.61	23
上海	Shanghai	2416.24	2208.96	3264.03	8	307.67	234.62	380.85	3
江苏	Jiangsu	4536.63	5089.06	6777.70	2	167.11	181.73	218.46	6
浙江	Zhejiang	3577.49	3541.63	4513.88	3	300.22	240.53	303.78	4
安徽	Anhui	1420.06	1921.86	2662.04	9	54.18	46.01	69.11	14
福建	Fujian	1300.13	2293.90	3410.57	6	71.78	182.77	290.14	5
江西	Jiangxi	670.34	931.39	1396.06	18	15.70	50.62	51.28	16
山东	Shandong	3218.02	3529.51	4461.07	4	54.48	117.73	176.13	8
河南	Henan	1454.57	1915.57	2516.26	10	50.31	111.57	187.16	7
湖北	Hubei	1134.94	1689.86	2310.04	13	13.39	85.67	77.77	12
湖南	Hunan	1247.65	1711.55	2114.97	15	10.95	62.30	86.74	10
广东	Guangdong	4589.82	5488.39	7476.10	1	248.43	289.98	534.06	2
广西	Guangxi	881.70	995.82	1166.72	21	14.54	15.02	43.23	18
海南	Hainan	734.10	701.72	997.00	22	3.53	2.01	4.88	28
重庆	Chongqing	1610.64	1972.42	2283.57	14	59.70	71.61	78.08	11
四川	Sichuan	2330.85	2816.49	3308.58	7	74.16	140.93	111.75	9
贵州	Guizhou	501.63	739.96	988.77	23	13.73	12.14	73.15	13
云南	Yunnan	769.32	1077.10	1192.55	20	14.47	71.57	46.62	17
西藏	Tibet	5.18	6.16	8.85	31		0.23	0.40	31
陕西	Shaanxi	906.68	1215.57	1413.20	17	22.09	53.38	33.22	21
甘肃	Gansu	203.32	301.60	418.08	28	2.15	2.06	5.03	27
青海	Qinghai	77.10	91.14	146.29	30	0.22	0.14	0.41	30
宁夏	Ningxia	253.76	256.19	363.60	29	8.13	3.45	4.57	29
新疆	Xinjiang	416.41	458.14	710.74	26	11.10	17.33	15.35	24

16-28 按用途分商品房销售额(三)
Total Sale of Commercial Buildings Sold (3)

单位：亿元 (100 million yuan)

地区	Region	商业营业用房 Houses for Business Use				其他用房 Others			
		2010	2012	2013	2013排名 Ranking	2010	2012	2013	2013排名 Ranking
全　国	**National Total**	**5418.90**	**6999.57**	**8280.48**		**1026.08**	**1215.60**	**1705.52**	
北　京	Beijing	318.98	233.36	270.71	13	48.53	59.11	80.62	7
天　津	Tianjin	109.30	93.87	85.40	25	53.96	23.47	59.85	12
河　北	Hebei	118.28	297.49	311.39	11	24.58	41.47	78.46	8
山　西	Shanxi	45.53	54.58	80.91	26	2.90	4.65	7.57	26
内蒙古	Inner Mongolia	253.00	187.60	196.30	19	38.46	43.74	66.19	9
辽　宁	Liaoning	332.90	546.40	636.55	3	90.32	128.82	144.46	3
吉　林	Jilin	111.32	141.31	111.18	24	19.03	27.05	28.35	21
黑龙江	Heilongjiang	136.81	264.54	196.89	18	38.53	68.01	61.94	11
上　海	Shanghai	198.41	194.62	224.71	15	58.69	31.29	41.98	16
江　苏	Jiangsu	779.91	746.69	851.47	1	56.68	49.53	66.06	10
浙　江	Zhejiang	488.09	405.36	481.18	6	93.26	75.15	97.19	4
安　徽	Anhui	260.99	336.48	420.27	7	11.70	25.54	31.44	20
福　建	Fujian	180.56	262.01	373.78	8	58.86	79.03	157.59	2
江　西	Jiangxi	80.58	140.23	174.90	20	9.78	15.10	25.65	23
山　东	Shandong	346.51	392.20	482.11	5	46.11	72.35	95.81	5
河　南	Henan	137.09	228.15	334.53	10	16.82	31.38	36.19	19
湖　北	Hubei	142.22	224.62	354.73	9	22.65	36.06	47.78	14
湖　南	Hunan	130.80	283.08	281.48	12	17.00	28.31	42.45	15
广　东	Guangdong	483.00	468.51	679.81	2	159.52	160.93	251.07	1
广　西	Guangxi	75.54	129.07	139.47	21	23.40	19.92	26.37	22
海　南	Hainan	8.52	25.74	25.21	29	0.46	6.11	5.57	27
重　庆	Chongqing	155.46	212.47	263.08	14	21.13	40.84	58.04	13
四　川	Sichuan	183.05	488.40	514.30	4	59.29	71.91	85.65	6
贵　州	Guizhou	56.76	139.21	204.10	17	8.89	8.77	10.68	25
云　南	Yunnan	118.48	182.26	207.45	16	32.34	31.90	40.61	17
西　藏	Tibet	0.40	0.97	1.36	31				
陕　西	Shaanxi	39.66	132.38	125.10	22	5.25	19.41	36.59	18
甘　肃	Gansu	23.42	41.57	46.49	28	1.25	4.08	4.47	29
青　海	Qinghai	7.00	15.02	11.83	30	0.13	0.16	0.31	30
宁　夏	Ningxia	43.96	55.44	70.62	27	3.36	2.50	4.91	28
新　疆	Xinjiang	52.32	75.98	123.17	23	3.21	9.00	11.69	24

16-29 按用途分商品房平均销售价格(一)
Average Selling Price of Commercial Buildings by Use (1)

单位：元/平方米 (yuan/sq.m)

地区	Region	商品房平均销售价格 Average Sellings Price of Commercial Buildings 2010	2012	2013	2013排名 Ranking	住宅 Residential Buildings 2010	2012	2013	2013排名 Ranking
全 国	**National Total**	**5032**	**5791**	**6237**		**4725**	**5430**	**5850**	
北 京	Beijing	17782	17022	18553	1	17151	16553	17854	1
天 津	Tianjin	8230	8218	8746	6	7940	8010	8390	7
河 北	Hebei	3539	4478	4897	17	3442	4142	4640	17
山 西	Shanxi	3487	3871	4433	22	3338	3691	4211	21
内蒙古	Inner Mongolia	3521	4053	4301	23	2983	3656	3863	28
辽 宁	Liaoning	4505	4942	5122	14	4303	4717	4918	12
吉 林	Jilin	3647	4147	4483	21	3495	3875	4228	19
黑龙江	Heilongjiang	3719	4067	4738	18	3492	3726	4435	18
上 海	Shanghai	14464	14061	16420	2	14290	13870	16192	2
江 苏	Jiangsu	5841	6727	6909	8	5592	6423	6650	8
浙 江	Zhejiang	9258	10643	11042	3	9332	10680	11016	3
安 徽	Anhui	4205	4825	5080	15	3899	4495	4776	16
福 建	Fujian	6256	8646	9050	5	6077	8366	8618	5
江 西	Jiangxi	3144	4745	5203	13	2959	4381	4905	13
山 东	Shandong	3944	4763	5049	16	3809	4557	4797	15
河 南	Henan	3042	3831	4205	28	2856	3511	3835	29
湖 北	Hubei	3743	5043	5266	12	3506	4668	4847	14
湖 南	Hunan	3146	4049	4243	26	3014	3670	3908	26
广 东	Guangdong	7486	8112	9090	4	7004	7668	8466	6
广 西	Guangxi	3562	4203	4593	19	3382	3910	4219	20
海 南	Hainan	8735	7894	8669	7	8800	7811	8633	4
重 庆	Chongqing	4281	5080	5569	9	4040	4805	5239	9
四 川	Sichuan	4138	5449	5498	10	3985	4959	5086	10
贵 州	Guizhou	3357	4116	4295	24	3142	3695	3735	30
云 南	Yunnan	3158	4209	4494	20	2893	3861	4176	22
西 藏	Tibet	2896	3269	4174	29	2761	2982	3883	27
陕 西	Shaanxi	3759	5156	5280	11	3668	4803	4991	11
甘 肃	Gansu	3042	3570	3886	31	2938	3376	3684	31
青 海	Qinghai	3005	4049	4163	30	2894	3692	3957	23
宁 夏	Ningxia	3304	3948	4232	27	3107	3621	3917	25
新 疆	Xinjiang	3087	3918	4268	25	2872	3594	3949	24

16-30 按用途分商品房平均销售价格(二)
Average Selling Price of Commercial Buildings by Use (2)

单位：元/平方米 (yuan/sq.m)

地区	Region	办公楼 Office Buildings				商业营业用房 Houses for Business Use			
		2010	2012	2013	2013排名 Ranking	2010	2012	2013	2013排名 Ranking
全　国	**National Total**	**11406**	**12306**	**12997**		**7747**	**9021**	**9777**	
北　京	Beijing	23413	22114	23426	3	22452	20476	26405	1
天　津	Tianjin	13855	13349	11441	8	10546	13008	16550	3
河　北	Hebei	4680	6732	7785	21	5657	9393	7690	20
山　西	Shanxi	5489	7835	9570	12	5397	6865	6974	30
内蒙古	Inner Mongolia	6229	6038	7582	23	7161	6944	7215	27
辽　宁	Liaoning	8106	9647	6779	28	6527	7042	7410	23
吉　林	Jilin	3278	7990	6484	29	5053	6438	7068	29
黑龙江	Heilongjiang	4274	5698	7090	27	5828	6438	7685	21
上　海	Shanghai	18888	21000	23623	1	15779	16218	19294	2
江　苏	Jiangsu	7962	9049	7617	22	7892	9774	10416	11
浙　江	Zhejiang	11033	12743	13917	5	10627	12186	13971	6
安　徽	Anhui	6208	7420	7276	26	6699	7854	8301	16
福　建	Fujian	8732	12117	13723	6	10239	12484	15412	5
江　西	Jiangxi	8256	10644	9083	15	5342	7402	8172	18
山　东	Shandong	6606	8696	9305	13	5703	7083	8034	19
河　南	Henan	8276	8820	9110	14	5563	7657	7518	22
湖　北	Hubei	5534	12282	8384	19	7712	8744	9898	15
湖　南	Hunan	3742	9697	11019	10	5277	8579	8191	17
广　东	Guangdong	15238	20498	20792	4	12987	12994	15678	4
广　西	Guangxi	7828	15658	13483	7	6981	8614	10324	12
海　南	Hainan	6446	4971	23490	2	6124	12721	10050	14
重　庆	Chongqing	9537	11495	11370	9	8003	9576	10780	9
四　川	Sichuan	8845	8955	9783	11	6221	11137	10974	8
贵　州	Guizhou	5228	8158	7314	25	7015	9630	10257	13
云　南	Yunnan	6732	7876	9083	15	6490	6567	7262	26
西　藏	Tibet		5328	5155	31	7740	6810	7334	24
陕　西	Shaanxi	5516	8093	7411	24	6260	10647	10493	10
甘　肃	Gansu	3795	6957	8530	18	4382	6496	7296	25
青　海	Qinghai	2193	6519	5862	30	5296	9705	11523	7
宁　夏	Ningxia	5278	5065	7962	20	4888	6686	6879	31
新　疆	Xinjiang	8989	9383	9006	17	5541	6532	7143	28

16-31 按用途分商品房平均销售价格(三)和商品房现房销售面积(一)
Average Selling Price of Commercial Buildings by Use (3) and Selling Area of Commercial Completed Buildings (1)

地区 Region	其他（元/平方米） Others (yuan/sq.m)				现房销售面积（万平方米） Selling Area of Completed Buildings (10 000 sq.m)			
	2010	2012	2013	2013排名 Ranking	2010	2012	2013	2013排名 Ranking
全　国 **National Total**	**4099**	**4306**	**4907**		**26669.63**	**26763.36**	**31001.35**	
北　京 Beijing	5520	6363	6776	4	411.28	506.48	666.10	19
天　津 Tianjin	7394	4699	11583	1	423.54	655.76	704.01	17
河　北 Hebei	2772	3167	4538	12	989.24	1023.63	1420.31	8
山　西 Shanxi	1947	2524	2789	30	345.05	653.07	651.02	20
内蒙古 Inner Mongolia	3685	3885	4452	13	1577.34	1202.42	1208.38	10
辽　宁 Liaoning	4256	4057	3959	22	2241.30	2501.61	2365.16	2
吉　林 Jilin	3905	4605	5618	8	942.84	860.90	792.80	15
黑龙江 Heilongjiang	4181	4675	5401	9	771.10	1294.12	1153.08	11
上　海 Shanghai	7200	4223	4732	11	623.75	752.72	988.06	12
江　苏 Jiangsu	3239	3779	4156	18	1970.30	1624.91	2227.29	3
浙　江 Zhejiang	3710	4482	4288	14	714.70	420.14	720.59	16
安　徽 Anhui	3296	4056	3473	27	689.03	818.56	939.89	13
福　建 Fujian	3310	5057	5952	6	346.27	284.18	393.89	24
江　西 Jiangxi	2863	4417	5077	10	872.72	537.17	550.01	21
山　东 Shandong	2964	3659	3990	20	2537.81	1839.70	2171.36	5
河　南 Henan	3203	3544	3679	24	1910.83	2179.25	2547.91	1
湖　北 Hubei	3588	3957	5847	7	1239.05	1227.29	1710.64	6
湖　南 Hunan	3221	3071	3581	25	1363.92	1670.22	1707.64	7
广　东 Guangdong	6817	6724	7972	2	2344.38	1967.01	2211.51	4
广　西 Guangxi	3901	3767	4168	17	420.31	519.97	668.24	18
海　南 Hainan	4043	6624	6045	5	138.03	239.92	280.19	29
重　庆 Chongqing	2967	3069	3984	21	615.67	619.63	385.69	25
四　川 Sichuan	3498	3980	3813	23	1201.19	1181.48	1398.62	9
贵　州 Guizhou	3268	3493	4056	19	219.89	252.87	333.43	27
云　南 Yunnan	3355	4005	3477	26	456.29	515.12	814.16	14
西　藏 Tibet					12.26	17.57	15.22	31
陕　西 Shaanxi	3541	5636	7256	3	319.12	331.41	318.43	28
甘　肃 Gansu	2343	2252	2865	29	252.06	324.18	463.69	23
青　海 Qinghai	3113	3801	3436	28	45.55	61.56	73.53	30
宁　夏 Ningxia	2426	3503	4211	16	298.33	315.89	340.25	26
新　疆 Xinjiang	3957	4343	4236	15	376.49	364.63	480.27	22

16-32 按用途分商品房现房销售面积(二)
Selling Area of Commercial Buildings Completed by Use (2)

单位：万平方米 (10 000 sq.m)

地区	Region	住宅 Residential Buildings 2010	2012	2013	2013排名 Ranking	办公楼 Office Buildings 2010	2012	2013	2013排名 Ranking
全　国	**National Total**	**22048.82**	**22089.94**	**25788.94**		**565.99**	**514.43**	**764.30**	
北　京	Beijing	218.11	366.01	473.77	22	57.66	32.44	51.13	5
天　津	Tianjin	304.09	582.48	634.63	16	30.11	14.35	15.14	13
河　北	Hebei	879.13	882.08	1202.20	8	5.92	23.80	37.57	8
山　西	Shanxi	293.39	600.48	547.91	18	4.20	4.67	8.48	19
内蒙古	Inner Mongolia	1301.94	932.36	964.47	11	10.01	23.83	18.00	12
辽　宁	Liaoning	1910.68	2022.53	1926.83	2	22.60	38.52	9.42	17
吉　林	Jilin	806.27	736.66	658.25	15	2.58	1.88	8.18	21
黑龙江	Heilongjiang	618.71	1013.67	996.70	10	5.18	11.78	8.00	22
上　海	Shanghai	459.40	568.53	796.66	12	61.21	54.62	61.17	3
江　苏	Jiangsu	1484.88	1286.48	1823.88	4	66.08	41.48	121.63	1
浙　江	Zhejiang	388.96	237.85	503.57	20	55.15	40.36	53.54	4
安　徽	Anhui	554.44	664.04	745.28	13	14.62	5.98	26.91	11
福　建	Fujian	202.62	171.27	240.42	29	16.26	19.20	34.34	9
江　西	Jiangxi	791.06	445.41	481.40	21	11.18	10.48	11.77	16
山　东	Shandong	2225.33	1558.03	1889.70	3	27.86	41.24	42.94	7
河　南	Henan	1728.57	1932.99	2223.33	1	14.97	30.18	33.23	10
湖　北	Hubei	1085.25	1067.46	1496.51	7	20.28	8.98	48.80	6
湖　南	Hunan	1197.99	1454.33	1501.31	6	16.63	21.16	7.17	23
广　东	Guangdong	1967.06	1609.44	1753.88	5	54.74	35.09	104.00	2
广　西	Guangxi	360.33	448.12	586.09	17	3.71	1.03	4.82	25
海　南	Hainan	126.51	228.31	266.73	28	3.28	3.85	0.10	31
重　庆	Chongqing	447.48	516.76	513.52	19	27.88	3.80	8.71	18
四　川	Sichuan	1015.31	972.05	1151.01	9	7.09	11.78	13.88	14
贵　州	Guizhou	186.11	196.24	273.43	26	2.54	2.69	1.10	28
云　南	Yunnan	375.89	382.28	675.97	14	7.31	17.91	12.86	15
西　藏	Tibet	11.83	16.15	12.77	31			0.77	29
陕　西	Shaanxi	300.55	298.64	285.26	25	2.71	2.67	8.37	20
甘　肃	Gansu	219.75	282.67	426.74	23	3.89	2.36	3.03	26
青　海	Qinghai	39.60	51.91	68.38	30	0.04		0.27	30
宁　夏	Ningxia	229.11	261.69	271.90	27	7.28	2.76	2.62	27
新　疆	Xinjiang	318.46	303.01	396.47	24	3.03	5.55	6.37	24

16-33 按用途分商品房现房销售面积(三)
Selling Area of Commercial Buildings Completed by Use (3)

单位：万平方米 (10 000 sq.m)

地区	Region	商业营业用房 Houses for Business Use				其他 Others			
		2010	2012	2013	2013排名 Ranking	2010	2012	2013	2013排名 Ranking
全　国	**National Total**	**3051.96**	**2870.74**	**2989.25**		**1002.86**	**1288.25**	**1458.86**	
北　京	Beijing	76.25	61.85	56.15	20	59.26	46.19	85.05	5
天　津	Tianjin	61.91	17.07	29.64	26	27.43	41.85	24.60	19
河　北	Hebei	70.77	95.89	128.97	11	33.41	21.86	51.57	13
山　西	Shanxi	36.39	38.40	73.59	17	11.07	9.52	21.04	22
内蒙古	Inner Mongolia	202.09	171.18	140.85	8	63.29	75.04	85.06	4
辽　宁	Liaoning	255.12	280.87	276.17	1	52.90	159.68	152.74	2
吉　林	Jilin	111.09	100.54	98.57	13	22.90	21.81	27.81	17
黑龙江	Heilongjiang	112.73	190.69	104.59	12	34.48	77.98	43.79	14
上　海	Shanghai	66.17	66.33	51.49	22	36.98	63.23	78.74	7
江　苏	Jiangsu	362.80	249.26	216.70	3	56.55	47.70	65.09	10
浙　江	Zhejiang	194.25	94.61	95.41	14	76.33	47.31	68.07	9
安　徽	Anhui	105.17	138.28	144.98	7	14.82	10.26	22.72	20
福　建	Fujian	55.05	43.97	49.28	23	72.35	49.75	69.85	8
江　西	Jiangxi	59.03	69.78	45.95	25	11.45	11.50	10.89	24
山　东	Shandong	237.87	190.02	182.36	4	46.75	50.42	56.36	11
河　南	Henan	138.46	151.38	247.66	2	28.84	64.69	43.69	15
湖　北	Hubei	108.26	98.39	137.73	9	25.26	52.45	27.61	18
湖　南	Hunan	125.00	139.92	146.94	6	24.29	54.81	52.23	12
广　东	Guangdong	181.11	164.94	167.57	5	141.47	157.55	186.07	1
广　西	Guangxi	39.51	50.15	55.93	21	16.76	20.68	21.40	21
海　南	Hainan	7.99	5.66	10.26	29	0.25	2.11	3.10	29
重　庆	Chongqing	99.00	43.91	84.41	16	41.30	55.15	79.06	6
四　川	Sichuan	114.23	118.84	133.81	10	64.56	78.81	99.92	3
贵　州	Guizhou	24.92	41.26	48.78	24	6.31	12.69	10.13	25
云　南	Yunnan	54.48	84.83	87.88	15	18.60	30.11	37.45	16
西　藏	Tibet	0.44	1.41	1.68	31				
陕　西	Shaanxi	13.01	25.54	20.57	28	2.86	4.56	4.23	28
甘　肃	Gansu	27.71	33.82	28.17	27	0.70	5.34	5.75	27
青　海	Qinghai	5.69	9.57	3.97	30	0.23	0.07	0.90	30
宁　夏	Ningxia	55.27	46.72	57.82	19	6.67	4.72	7.90	26
新　疆	Xinjiang	50.21	45.66	61.35	18	4.79	10.41	16.08	23

16-34 按用途分商品房现房销售额(一)
Sales of Commercial Buildings Completed by Use (1)

单位：亿元 (100 million yuan)

地区	Region	现房销售额 Sales of Commercial Buildings 2010	2012	2013	2013排名 Ranking	住宅 Residential Buildings 2010	2012	2013	2013排名 Ranking
全　国	**National Total**	**11024.01**	**12922.91**	**16882.30**		**8035.21**	**9667.97**	**12877.85**	
北　京	Beijing	624.30	710.77	1029.84	5	360.72	513.30	726.04	6
天　津	Tianjin	330.32	380.48	497.78	14	225.66	330.98	418.18	14
河　北	Hebei	310.35	504.77	661.33	10	263.82	346.88	510.04	10
山　西	Shanxi	86.24	191.26	215.75	24	66.60	167.79	165.88	24
内蒙古	Inner Mongolia	471.36	438.27	476.66	15	341.51	296.48	335.29	15
辽　宁	Liaoning	888.41	1141.92	1134.47	4	704.51	873.61	892.03	4
吉　林	Jilin	278.29	293.98	298.37	20	221.40	228.32	218.83	21
黑龙江	Heilongjiang	243.79	507.73	513.98	13	166.71	353.11	425.48	13
上　海	Shanghai	773.95	828.39	1271.39	3	557.40	588.48	996.14	3
江　苏	Jiangsu	950.84	939.32	1359.68	2	650.83	706.16	1055.58	2
浙　江	Zhejiang	455.91	362.57	647.05	11	219.12	194.94	446.02	12
安　徽	Anhui	237.12	328.67	435.47	16	165.90	237.43	307.31	16
福　建	Fujian	204.90	182.05	302.16	19	125.85	102.67	180.71	23
江　西	Jiangxi	254.78	207.88	267.55	22	213.86	160.28	221.11	20
山　东	Shandong	891.07	767.42	954.38	6	738.86	604.07	772.50	5
河　南	Henan	438.82	646.01	837.71	7	359.00	510.73	660.50	7
湖　北	Hubei	387.51	455.85	795.58	8	291.33	364.53	616.94	8
湖　南	Hunan	366.79	533.07	602.31	12	286.49	415.72	484.35	11
广　东	Guangdong	1396.22	1469.13	1914.04	1	1016.14	1128.14	1366.96	1
广　西	Guangxi	129.28	186.17	249.04	23	96.80	142.46	193.99	22
海　南	Hainan	82.60	203.04	278.55	21	76.53	192.40	267.29	17
重　庆	Chongqing	250.75	250.61	359.93	17	139.80	194.49	251.45	19
四　川	Sichuan	378.47	545.07	675.15	9	299.10	411.56	517.92	9
贵　州	Guizhou	67.13	106.31	129.43	28	50.57	58.37	86.89	29
云　南	Yunnan	153.88	219.09	339.53	18	107.43	150.19	262.69	18
西　藏	Tibet	3.65	5.63	6.68	31	3.32	4.67	5.08	31
陕　西	Shaanxi	90.99	138.82	121.98	29	81.21	110.59	98.58	27
甘　肃	Gansu	70.06	112.23	168.22	26	55.94	89.64	145.73	25
青　海	Qinghai	12.50	26.42	29.00	30	10.07	17.89	25.11	30
宁　夏	Ningxia	89.10	116.25	135.73	27	59.59	82.68	98.29	28
新　疆	Xinjiang	104.64	123.74	173.60	25	79.15	89.43	124.94	26

16-35 按用途分商品房现房销售额(二)
Sales of Commercial Buildings Completed by Use (2)

单位：亿元 (100 million yuan)

地区	Region	办公楼 Office Buildings				商业营业用房 Houses for Business Use			
		2010	2012	2013	2013排名 Ranking	2010	2012	2013	2013排名 Ranking
全　国	**National Total**	**560.95**	**587.57**	**890.67**		**2023.44**	**2148.43**	**2431.77**	
北　京	Beijing	104.85	63.27	125.36	3	128.41	112.74	124.14	6
天　津	Tianjin	41.08	15.39	14.18	11	43.73	18.21	47.45	20
河　北	Hebei	2.45	14.71	28.06	9	34.65	137.04	95.62	11
山　西	Shanxi	2.68	2.90	4.17	22	14.82	18.42	39.84	22
内蒙古	Inner Mongolia	5.34	12.12	10.47	15	103.11	100.46	90.75	13
辽　宁	Liaoning	13.31	41.50	5.47	18	144.13	165.26	180.18	3
吉　林	Jilin	0.51	0.64	5.37	19	48.36	57.12	58.87	17
黑龙江	Heilongjiang	2.47	5.24	3.18	23	60.52	113.38	65.37	15
上　海	Shanghai	102.72	129.10	157.09	2	89.92	82.63	83.39	14
江　苏	Jiangsu	47.11	34.38	69.53	4	235.39	182.67	208.61	1
浙　江	Zhejiang	53.76	56.36	64.30	5	158.70	93.50	112.42	8
安　徽	Anhui	7.05	3.23	18.31	10	58.56	85.13	103.21	10
福　建	Fujian	7.82	18.88	30.22	8	45.19	38.80	55.16	19
江　西	Jiangxi	9.35	9.51	10.81	13	28.90	34.73	31.93	26
山　东	Shandong	19.00	31.28	35.01	6	120.33	113.61	118.76	7
河　南	Henan	6.53	19.17	13.50	12	64.26	94.77	148.49	4
湖　北	Hubei	11.05	7.27	34.53	7	79.03	63.90	135.31	5
湖　南	Hunan	5.28	10.84	4.55	21	66.58	90.22	95.19	12
广　东	Guangdong	80.68	68.64	212.11	1	213.34	183.58	201.20	2
广　西	Guangxi	1.63	0.39	1.90	26	25.53	36.36	44.02	21
海　南	Hainan	1.56	1.73	0.04	31	4.43	5.99	10.26	29
重　庆	Chongqing	16.24	4.31	10.57	14	82.84	34.05	64.52	16
四　川	Sichuan	3.61	14.31	10.24	16	54.93	89.46	112.41	9
贵　州	Guizhou	0.82	1.72	0.63	28	14.22	42.07	37.99	24
云　南	Yunnan	6.59	12.32	10.15	17	33.64	42.91	55.75	18
西　藏	Tibet			0.40	29	0.33	0.96	1.20	31
陕　西	Shaanxi	1.26	1.71	2.80	25	7.33	24.57	18.12	27
甘　肃	Gansu	1.22	1.81	3.11	24	12.76	19.55	17.36	28
青　海	Qinghai	0.01	0.00	0.12	30	2.35	8.50	3.46	30
宁　夏	Ningxia	3.27	1.86	1.84	27	24.66	29.93	32.68	25
新　疆	Xinjiang	1.72	3.01	4.78	20	22.50	27.91	38.11	23

16-36 按用途分商品房现房销售额(三)和商品房期房销售面积(一) Sales of Commercial Buildings Completed by Use (3) and Sales Area of Commercial Buildings under Construction Forward Houses (1)

地区	Region	其他用房（亿元） Others (100 million yuan)				期房销售面积（万平方米） Sales Area of Forward Houses (10 000 sq.m)			
		2010	2012	2013	2013排名 Ranking	2010	2012	2013	2013排名 Ranking
全　国	**National Total**	**404.41**	**518.93**	**682.02**		**78095.01**	**84540.29**	**99549.24**	
北　京	Beijing	30.31	21.46	54.30	3	1228.25	1437.25	1237.02	24
天　津	Tianjin	19.85	15.90	17.97	15	1090.98	1005.94	1143.10	25
河　北	Hebei	9.43	6.15	27.61	10	3672.86	4121.29	4255.64	9
山　西	Shanxi	2.14	2.15	5.86	22	835.54	844.82	991.81	26
内蒙古	Inner Mongolia	21.40	29.21	40.16	4	1480.05	1321.10	1529.32	21
辽　宁	Liaoning	26.46	61.55	56.79	2	4559.15	6326.34	6927.17	4
吉　林	Jilin	8.02	7.90	15.30	16	1439.26	1591.53	1422.17	22
黑龙江	Heilongjiang	14.09	36.00	19.96	13	1949.84	2512.70	2186.87	19
上　海	Shanghai	23.91	28.18	34.77	6	1437.22	1145.74	1394.15	23
江　苏	Jiangsu	17.52	16.12	25.96	11	7515.17	7394.27	9227.49	1
浙　江	Zhejiang	24.34	17.77	24.31	12	4101.83	3585.15	4166.40	11
安　徽	Anhui	5.60	2.87	6.65	21	3465.23	4010.26	5325.46	6
福　建	Fujian	26.05	21.70	36.07	5	2229.35	2974.76	4282.27	8
江　西	Jiangxi	2.67	3.36	3.70	25	1597.01	1859.93	2617.04	16
山　东	Shandong	12.89	18.46	28.12	9	6756.07	6793.06	8158.44	2
河　南	Henan	9.04	21.34	15.21	17	3541.40	3789.24	4762.30	7
湖　北	Hubei	6.10	20.15	10.90	19	2269.56	2810.56	3587.90	13
湖　南	Hunan	8.45	16.29	18.23	14	3106.06	3480.25	4244.74	10
广　东	Guangdong	86.06	88.77	133.77	1	4977.37	5931.98	7624.87	3
广　西	Guangxi	5.32	6.95	9.12	20	2373.61	2239.28	2327.34	18
海　南	Hainan	0.07	2.93	0.96	29	716.70	691.92	911.04	27
重　庆	Chongqing	11.88	17.77	33.39	8	3698.73	3902.77	4131.87	12
四　川	Sichuan	20.82	29.75	34.58	7	5195.74	5274.45	5914.17	5
贵　州	Guizhou	1.52	4.15	3.93	24	1510.80	1934.07	2638.88	15
云　南	Yunnan	6.22	13.67	10.92	18	2503.14	2722.62	2495.14	17
西　藏	Tibet					7.02	4.93	10.18	31
陕　西	Shaanxi	1.19	1.95	2.47	27	2271.06	2424.18	2727.28	14
甘　肃	Gansu	0.13	1.23	2.02	28	504.45	654.26	756.33	28
青　海	Qinghai	0.08	0.03	0.31	30	235.49	201.40	308.03	30
宁　夏	Ningxia	1.57	1.78	2.91	26	637.65	488.53	708.06	29
新　疆	Xinjiang	1.27	3.39	5.78	23	1188.42	1065.68	1536.76	20

16-37 按用途分商品房期房销售面积(二)
Sales Area of Commercial Buildings under Construction by Use (2)

单位：万平方米 (10 000 sq.m)

地区	Region	住宅 Residential Buildings 2010	2012	2013	2013排名 Ranking	办公楼 Office Buildings 2010	2012	2013	2013排名 Ranking
全　国	**National Total**	71327.78	76377.58	89933.75		1323.98	1739.22	2119.05	
北　京	Beijing	983.28	1117.36	889.90	26	150.49	221.06	266.81	1
天　津	Tianjin	998.52	928.92	1085.71	24	5.18	13.82	8.35	25
河　北	Hebei	3445.99	3740.38	3817.93	10	33.28	50.98	40.42	17
山　西	Shanxi	777.15	789.96	936.46	25	6.56	4.87	6.82	26
内蒙古	Inner Mongolia	1267.90	1171.86	1299.18	22	19.86	12.72	35.32	20
辽　宁	Liaoning	4102.82	5632.87	6087.97	4	42.11	40.62	44.19	15
吉　林	Jilin	1299.05	1422.77	1327.70	21	5.16	12.88	13.07	23
黑龙江	Heilongjiang	1766.97	2212.55	1947.53	19	3.20	12.48	16.84	22
上　海	Shanghai	1231.42	1024.10	1219.14	23	101.69	57.10	100.05	9
江　苏	Jiangsu	6627.49	6636.88	8367.64	1	143.81	159.35	165.18	4
浙　江	Zhejiang	3444.78	3078.37	3594.06	12	216.96	148.39	164.74	5
安　徽	Anhui	3087.45	3611.38	4828.26	6	72.67	56.02	68.07	12
福　建	Fujian	1936.64	2570.69	3717.04	11	65.95	131.63	177.08	2
江　西	Jiangxi	1474.66	1680.49	2364.64	16	7.83	37.08	44.69	14
山　东	Shandong	6222.93	6187.84	7410.59	2	54.61	94.14	146.35	7
河　南	Henan	3363.92	3522.51	4338.08	7	45.83	96.30	172.21	3
湖　北	Hubei	2151.64	2552.63	3269.18	13	3.91	60.77	43.96	16
湖　南	Hunan	2942.07	3209.75	3910.18	8	12.64	43.09	71.56	11
广　东	Guangdong	4585.74	5548.19	7077.08	3	108.29	106.38	152.86	6
广　西	Guangxi	2246.82	2098.83	2179.06	18	14.86	8.57	27.24	21
海　南	Hainan	707.67	670.04	888.13	27	2.20	0.19	1.98	29
重　庆	Chongqing	3538.83	3588.34	3845.68	9	34.72	58.50	59.96	13
四　川	Sichuan	4834.03	4707.28	5354.31	5	76.76	145.59	100.35	8
贵　州	Guizhou	1410.19	1806.16	2373.55	15	23.73	12.19	98.92	10
云　南	Yunnan	2283.09	2407.40	2179.55	17	14.18	72.96	38.47	18
西　藏	Tibet	6.93	4.50	10.01	31		0.43		
陕　西	Shaanxi	2171.40	2232.20	2545.96	14	37.34	63.30	36.46	19
甘　肃	Gansu	472.31	610.69	708.08	28	1.78	0.61	2.87	28
青　海	Qinghai	226.83	194.94	301.31	30	0.96	0.21	0.42	30
宁　夏	Ningxia	587.67	445.88	656.36	29	8.11	4.06	3.12	27
新　疆	Xinjiang	1131.57	971.79	1403.48	20	9.32	12.92	10.67	24

16-38 按用途分商品房期房销售面积(三)
Sales Area of Commercial Buildings under Construction by Use (3)

单位：万平方米 (10 000 sq.m)

地区	Region	商业营业用房 Houses for Business Use				其他 Others			
		2010	2012	2013	2013排名 Ranking	2010	2012	2013	2013排名 Ranking
全　国	**National Total**	3942.88	4888.54	5479.98		1500.38	1534.95	2016.47	
北　京	Beijing	65.82	52.12	46.38	24	28.67	46.71	33.93	20
天　津	Tianjin	41.73	55.10	21.97	28	45.54	8.09	27.08	21
河　北	Hebei	138.32	220.81	275.96	6	55.28	109.11	121.33	7
山　西	Shanxi	47.98	41.10	42.41	26	3.85	8.89	6.11	27
内蒙古	Inner Mongolia	151.21	98.99	131.21	18	41.07	37.54	63.61	14
辽　宁	Liaoning	254.91	495.06	582.82	2	159.31	157.80	212.19	1
吉　林	Jilin	109.22	118.95	58.74	23	25.83	36.93	22.65	22
黑龙江	Heilongjiang	122.00	220.17	151.62	16	57.67	67.50	70.88	10
上　海	Shanghai	59.57	53.67	64.98	22	44.53	10.87	9.97	25
江　苏	Jiangsu	625.43	514.69	600.78	1	118.44	83.34	93.88	8
浙　江	Zhejiang	265.04	238.03	249.00	8	175.05	120.36	158.59	4
安　徽	Anhui	284.43	290.14	361.31	4	20.68	52.71	67.83	11
福　建	Fujian	121.30	165.91	193.24	13	105.46	106.53	194.91	2
江　西	Jiangxi	91.81	119.68	168.08	14	22.70	22.69	39.64	19
山　东	Shandong	369.72	363.74	417.76	3	108.82	147.34	183.74	3
河　南	Henan	107.98	146.58	197.33	11	23.67	23.85	54.68	15
湖　北	Hubei	76.15	158.48	220.65	9	37.87	38.69	54.11	16
湖　南	Hunan	122.87	190.04	196.69	12	28.48	37.37	66.31	13
广　东	Guangdong	190.80	195.63	266.04	7	92.54	81.77	128.89	5
广　西	Guangxi	68.70	99.69	79.15	21	43.23	32.20	41.88	18
海　南	Hainan	5.93	14.58	14.82	29	0.90	7.11	6.11	28
重　庆	Chongqing	95.25	177.98	159.63	15	29.92	77.95	66.60	12
四　川	Sichuan	180.02	319.69	334.83	5	104.93	101.89	124.68	6
贵　州	Guizhou	55.99	103.30	150.21	17	20.89	12.42	16.20	23
云　南	Yunnan	128.08	192.71	197.78	10	77.78	49.56	79.34	9
西　藏	Tibet	0.08		0.17	31				
陕　西	Shaanxi	50.35	98.79	98.66	20	11.96	29.89	46.20	17
甘　肃	Gansu	25.74	30.17	35.55	27	4.63	12.79	9.84	26
青　海	Qinghai	7.53	5.91	6.29	30	0.18	0.34		
宁　夏	Ningxia	34.68	36.19	44.83	25	7.19	2.40	3.75	29
新　疆	Xinjiang	44.21	70.66	111.09	19	3.32	10.32	11.53	24

16-39 按用途分商品房期房销售额(一)
Sales of Commercial Buildings under Construction by Use (1)

单位：亿元 (100 million yuan)

地区	Region	期房销售额 Sales of Forward Houses 2010	2012	2013	2013排名 Ranking	住宅 Residential Buildings 2010	2012	2013	2013排名 Ranking
全　国	**National Total**	**41697.23**	**51532.88**	**64545.98**		**36085.44**	**43799.21**	**54817.09**	
北　京	Beijing	2291.07	2597.79	2500.98	10	1699.80	1942.20	1708.67	13
天　津	Tianjin	916.16	985.05	1117.69	21	808.66	879.59	1025.16	18
河　北	Hebei	1339.65	1799.13	2118.36	13	1224.96	1567.73	1819.08	12
山　西	Shanxi	325.47	388.63	512.51	27	290.76	345.41	459.27	27
内蒙古	Inner Mongolia	605.20	584.53	700.71	24	424.97	472.91	539.16	26
辽　宁	Liaoning	2174.91	3220.86	3624.74	6	1883.15	2737.60	3049.84	6
吉　林	Jilin	590.51	722.97	694.67	25	514.51	608.48	620.90	24
黑龙江	Heilongjiang	768.16	1040.57	1068.36	22	666.34	848.82	880.43	22
上　海	Shanghai	2207.06	1841.10	2640.18	9	1858.84	1620.48	2267.89	9
江　苏	Jiangsu	4589.48	5127.69	6554.02	2	3885.80	4382.90	5722.12	2
浙　江	Zhejiang	4003.14	3900.10	4748.99	3	3358.37	3346.69	4067.87	3
安　徽	Anhui	1509.80	2001.21	2747.39	8	1254.15	1684.42	2354.73	8
福　建	Fujian	1406.42	2635.64	3929.92	5	1174.28	2191.22	3229.87	5
江　西	Jiangxi	521.63	929.47	1380.34	17	456.48	771.11	1174.95	17
山　东	Shandong	2774.05	3344.37	4260.74	4	2479.17	2925.44	3688.57	4
河　南	Henan	1219.97	1640.65	2236.43	12	1095.57	1404.84	1855.75	11
湖　北	Hubei	925.69	1580.35	1994.74	14	843.62	1325.33	1693.10	14
湖　南	Hunan	1039.60	1552.16	1923.34	15	961.16	1295.83	1630.63	15
广　东	Guangdong	4084.54	4938.68	7027.01	1	3573.68	4360.25	6109.14	1
广　西	Guangxi	865.90	973.67	1126.75	20	784.90	853.35	972.73	19
海　南	Hainan	664.01	532.53	754.10	23	657.56	509.33	729.70	23
重　庆	Chongqing	1596.19	2046.74	2322.83	11	1470.85	1777.94	2032.11	10
四　川	Sichuan	2268.87	2972.65	3345.13	7	2031.75	2404.93	2790.65	7
贵　州	Guizhou	513.88	793.76	1147.27	19	451.06	681.59	901.88	21
云　南	Yunnan	780.72	1143.74	1147.71	18	661.89	926.90	929.86	20
西　藏	Tibet	1.93	1.72	3.92	31	1.86	1.49	3.77	31
陕　西	Shaanxi	882.69	1281.93	1486.14	16	825.47	1104.98	1314.62	16
甘　肃	Gansu	160.08	237.09	305.85	29	147.38	211.96	272.35	28
青　海	Qinghai	71.94	80.04	129.84	30	67.03	73.25	121.19	30
宁　夏	Ningxia	220.12	201.33	307.97	28	194.18	173.52	265.31	29
新　疆	Xinjiang	378.40	436.71	687.35	26	337.26	368.70	585.80	25

16-40　按用途分商品房期房销售额(二)
Sales of Commercialized Forward Houses by Use (2)

单位：亿元　　　　(100 million yuan)

地区	Region	办公楼 Office Buildings				商业营业用房 Houses for Business Use			
		2010	2012	2013	2013排名 Ranking	2010	2012	2013	2013排名 Ranking
全　国	**National Total**	**1594.75**	**2185.87**	**2856.68**		**3395.38**	**4851.14**	**5848.71**	
北　京	Beijing	382.47	497.31	619.43	1	190.57	120.61	146.57	16
天　津	Tianjin	7.82	22.22	12.70	23	65.58	75.66	37.95	26
河　北	Hebei	15.90	35.63	32.66	18	83.64	160.44	215.77	10
山　西	Shanxi	3.23	4.57	10.47	25	30.71	36.15	41.06	25
内蒙古	Inner Mongolia	13.27	9.96	29.96	21	149.90	87.14	105.55	21
辽　宁	Liaoning	39.15	34.85	30.87	19	188.75	381.15	456.36	3
吉　林	Jilin	2.03	11.15	8.41	26	62.97	84.19	52.31	24
黑龙江	Heilongjiang	1.11	8.58	14.43	22	76.28	151.16	131.52	19
上　海	Shanghai	204.96	105.52	223.75	5	108.49	111.99	141.33	18
江　苏	Jiangsu	119.99	147.36	148.94	7	544.52	564.02	642.87	1
浙　江	Zhejiang	246.46	184.17	239.48	4	329.39	311.86	368.76	5
安　徽	Anhui	47.14	42.78	50.80	13	202.41	251.34	317.07	8
福　建	Fujian	63.96	163.89	259.92	3	135.38	223.20	318.62	7
江　西	Jiangxi	6.35	41.11	40.48	16	51.68	105.50	142.97	17
山　东	Shandong	35.48	86.45	141.12	8	226.19	278.59	363.35	6
河　南	Henan	43.78	92.40	173.66	6	72.83	133.39	186.04	13
湖　北	Hubei	2.34	78.39	45.34	14	63.18	160.72	219.42	9
湖　南	Hunan	5.68	51.46	82.20	10	64.21	192.86	186.29	12
广　东	Guangdong	167.75	221.34	321.96	2	269.66	284.93	478.61	2
广　西	Guangxi	12.91	14.63	41.33	15	50.01	92.71	95.44	22
海　南	Hainan	1.97	0.27	4.85	27	4.09	19.75	14.95	29
重　庆	Chongqing	43.46	67.31	67.51	12	72.62	178.42	198.57	11
四　川	Sichuan	70.55	126.62	101.51	9	128.11	398.93	401.90	4
贵　州	Guizhou	12.91	10.42	72.52	11	42.54	97.13	166.11	14
云　南	Yunnan	7.88	59.25	36.47	17	84.84	139.35	151.70	15
西　藏	Tibet		0.23			0.08		0.16	31
陕　西	Shaanxi	20.83	51.68	30.42	20	32.33	107.81	106.98	20
甘　肃	Gansu	0.93	0.25	1.92	29	10.65	22.01	29.13	28
青　海	Qinghai	0.21	0.14	0.29	30	4.65	6.52	8.37	30
宁　夏	Ningxia	4.85	1.60	2.73	28	19.30	25.51	37.93	27
新　疆	Xinjiang	9.39	14.33	10.57	24	29.81	48.07	85.06	23

16-41 按用途分商品房期房销售额(三)和商品房期房销售平均单价 Sales of Commercialized Forward Houses by Use (3) and Average Price of Commercialized Forward Houses

地区	Region	其他用房（亿元） Others (100 million yuan)				商品房期房销售平均单价（元/平方米） Average Price of Commercialized Forward Houses (yuan/sq.m)			
		2010	2012	2013	2013排名 Ranking	2010	2012	2013	2013排名 Ranking
全　国	**National Total**	**621.66**	**696.66**	**1023.50**		**5339**	**6096**	**6484**	
北　京	Beijing	18.23	37.66	26.32	14	18653	18075	20218	1
天　津	Tianjin	34.10	7.57	41.89	9	8398	9792	9778	4
河　北	Hebei	15.15	35.33	50.85	7	3647	4365	4978	18
山　西	Shanxi	0.77	2.49	1.71	29	3895	4600	5167	16
内蒙古	Inner Mongolia	17.06	14.52	26.03	15	4089	4425	4582	24
辽　宁	Liaoning	63.86	67.27	87.67	3	4770	5091	5233	14
吉　林	Jilin	11.01	19.15	13.05	22	4103	4543	4885	20
黑龙江	Heilongjiang	24.43	32.01	41.98	8	3940	4141	4885	19
上　海	Shanghai	34.78	3.11	7.21	23	15357	16069	18938	2
江　苏	Jiangsu	39.16	33.41	40.10	10	6107	6935	7103	8
浙　江	Zhejiang	68.91	57.38	72.87	4	9759	10878	11398	3
安　徽	Anhui	6.10	22.67	24.80	16	4357	4990	5159	17
福　建	Fujian	32.80	57.33	121.52	1	6309	8860	9177	6
江　西	Jiangxi	7.11	11.74	21.95	19	3266	4997	5274	13
山　东	Shandong	33.22	53.89	67.69	5	4106	4923	5222	15
河　南	Henan	7.78	10.03	20.98	20	3445	4330	4696	22
湖　北	Hubei	16.55	15.91	36.87	11	4079	5623	5560	11
湖　南	Hunan	8.55	12.02	24.22	18	3347	4460	4531	25
广　东	Guangdong	73.45	72.16	117.30	2	8206	8326	9216	5
广　西	Guangxi	18.08	12.97	17.25	21	3648	4348	4841	21
海　南	Hainan	0.39	3.18	4.61	26	9265	7696	8277	7
重　庆	Chongqing	9.25	23.07	24.64	17	4316	5244	5622	10
四　川	Sichuan	38.47	42.16	51.07	6	4367	5636	5656	9
贵　州	Guizhou	7.37	4.62	6.75	24	3401	4104	4348	28
云　南	Yunnan	26.11	18.23	29.69	13	3119	4201	4600	23
西　藏	Tibet					2756	3495	3855	31
陕　西	Shaanxi	4.06	17.46	34.12	12	3887	5288	5449	12
甘　肃	Gansu	1.11	2.85	2.45	27	3173	3624	4044	30
青　海	Qinghai	0.05	0.13			3055	3974	4215	29
宁　夏	Ningxia	1.79	0.72	2.00	28	3452	4121	4349	27
新　疆	Xinjiang	1.94	5.61	5.92	25	3184	4098	4473	26

16-42 房地产开发企业主营业务收入和主营业务成本
Revenue and Cost from Principle Business in Enterprises for Real Estate Development

单位：亿元 (100 million yuan)

地区	Region	主营业务收入 Revenue from Principle Business				主营业务成本 Cost from Principle Business			
		2010	2012	2013	2013排名 Ranking	2010	2012	2013	2013排名 Ranking
全　国	**National Total**	**42996.48**	**51028.41**	**70706.67**		**30023.66**	**35562.92**	**49278.47**	
北　京	Beijing	2907.03	3067.42	3809.72	6	1788.74	1814.53	2413.78	5
天　津	Tianjin	933.78	1294.90	1622.84	16	638.36	928.19	1157.19	16
河　北	Hebei	1199.86	1687.70	1927.53	15	884.83	1275.26	1437.66	15
山　西	Shanxi	286.25	460.64	533.37	27	229.43	362.82	405.64	26
内蒙古	Inner Mongolia	826.59	870.59	1103.14	19	619.16	673.54	829.86	19
辽　宁	Liaoning	2059.80	2474.79	2751.97	11	1582.90	1841.14	2023.62	9
吉　林	Jilin	563.85	683.47	797.41	23	443.45	522.05	609.34	23
黑龙江	Heilongjiang	675.57	986.39	982.76	21	532.26	778.72	752.05	21
上　海	Shanghai	3265.77	3182.50	3823.62	5	1872.32	1922.50	2359.70	7
江　苏	Jiangsu	5384.70	5854.69	9510.96	1	3822.78	4256.95	6689.79	1
浙　江	Zhejiang	3199.94	3382.86	4481.30	4	2165.19	2285.73	3212.44	4
安　徽	Anhui	1315.93	1797.10	2757.24	10	967.29	1309.44	2031.89	8
福　建	Fujian	1261.82	1769.90	2786.27	9	854.62	1136.88	1903.85	11
江　西	Jiangxi	666.49	899.89	1335.55	18	478.36	624.91	931.94	18
山　东	Shandong	2751.52	3094.56	5033.30	3	2047.02	2312.60	3650.37	3
河　南	Henan	1200.56	1570.94	2625.42	13	858.81	1086.98	1799.80	13
湖　北	Hubei	1105.94	1731.03	2869.46	8	787.59	1214.44	1923.95	10
湖　南	Hunan	1115.81	1386.37	2386.74	14	848.18	1037.06	1752.46	14
广　东	Guangdong	4168.07	5234.92	7277.17	2	2671.58	3230.68	4611.01	2
广　西	Guangxi	643.31	775.73	955.70	22	447.96	547.74	646.63	22
海　南	Hainan	403.70	501.04	634.22	26	246.80	306.69	359.63	27
重　庆	Chongqing	1473.22	1803.61	2655.21	12	1104.02	1261.68	1834.11	12
四　川	Sichuan	2188.18	2549.10	3262.72	7	1600.67	1813.84	2380.06	6
贵　州	Guizhou	933.21	549.98	668.15	25	650.43	411.52	501.50	25
云　南	Yunnan	733.91	835.86	1086.82	20	553.54	642.29	812.70	20
西　藏	Tibet	13.77	10.41	11.50	31	8.42	8.33	8.16	31
陕　西	Shaanxi	889.45	1343.45	1426.71	17	685.78	1016.33	1038.98	17
甘　肃	Gansu	190.68	297.78	393.71	28	147.65	237.21	306.42	28
青　海	Qinghai	47.49	103.40	106.73	30	39.90	88.02	88.13	30
宁　夏	Ningxia	178.35	277.61	352.69	29	141.54	217.53	274.42	29
新　疆	Xinjiang	411.94	549.77	736.73	24	304.07	397.34	531.39	24

16-43 房地产开发企业主营业务税金及附加和其他业务利润
Tax and Other Charges on Principal Business and Other Business Profits in Enterprises for Real Estate Development

单位：亿元 (100 million yuan)

地区	Region	主营业务税金及附加 Tax and Other Charges on Principal Business				其他业务利润 Other Business Profits			
		2010	2012	2013	2013排名 Ranking	2010	2012	2013	2013排名 Ranking
全 国	**National Total**	**3464.66**	**4610.87**	**6204.18**		**251.49**	**333.73**	**369.17**	
北 京	Beijing	310.44	352.68	385.08	6	35.09	47.35	46.47	2
天 津	Tianjin	76.47	97.88	132.34	16	17.40	8.05	10.47	10
河 北	Hebei	92.41	139.16	172.19	15	3.21	9.12	6.06	17
山 西	Shanxi	21.04	35.20	48.24	27	2.04	1.80	2.15	28
内蒙古	Inner Mongolia	55.15	67.69	86.31	21	1.98	5.29	4.77	20
辽 宁	Liaoning	142.15	204.70	229.68	10	12.76	22.32	20.94	6
吉 林	Jilin	32.15	54.58	61.02	24	1.84	2.92	0.49	30
黑龙江	Heilongjiang	42.30	74.14	87.11	20	0.86	4.12	3.78	22
上 海	Shanghai	300.26	339.15	410.68	4	40.45	28.12	37.50	3
江 苏	Jiangsu	413.99	506.78	759.81	2	18.07	19.84	34.54	4
浙 江	Zhejiang	273.97	331.01	412.82	3	26.28	23.01	22.03	5
安 徽	Anhui	97.23	144.58	203.43	13	3.63	9.55	6.96	16
福 建	Fujian	122.99	184.00	281.83	7	5.19	10.20	7.34	14
江 西	Jiangxi	51.23	75.06	113.46	17	0.65	6.92	5.71	18
山 东	Shandong	193.22	230.50	389.02	5	8.23	18.71	18.44	7
河 南	Henan	89.55	131.89	215.44	11	7.55	8.93	9.69	11
湖 北	Hubei	89.10	147.91	235.86	9	5.28	8.57	8.37	12
湖 南	Hunan	75.97	109.58	175.33	14	3.64	6.06	6.96	15
广 东	Guangdong	399.09	609.81	805.43	1	22.28	34.97	58.11	1
广 西	Guangxi	51.89	73.26	89.63	19	3.25	4.22	4.91	19
海 南	Hainan	34.69	58.01	73.49	23	1.46	1.26	3.70	23
重 庆	Chongqing	96.71	152.38	210.73	12	6.80	6.80	11.93	9
四 川	Sichuan	160.45	201.50	258.83	8	10.51	10.31	14.51	8
贵 州	Guizhou	69.93	42.40	54.45	26	2.01	2.34	2.66	25
云 南	Yunnan	56.13	70.76	84.63	22	3.98	7.42	8.18	13
西 藏	Tibet	0.82	0.83	0.94	31	0.26	0.01		
陕 西	Shaanxi	57.43	85.71	110.73	18	1.53	6.58	2.82	24
甘 肃	Gansu	13.78	18.31	26.02	28	1.51	2.04	2.22	27
青 海	Qinghai	2.61	6.71	7.62	30	0.11	0.53	0.73	29
宁 夏	Ningxia	12.02	17.29	23.68	29	0.78	1.87	2.34	26
新 疆	Xinjiang	29.50	41.39	58.34	25	2.86	14.50	4.40	21

16-44 房地产开发企业销售费用和管理费用
Sales and Administrative Cost in Enterprises for Real Estate Development

单位：亿元 (100 million yuan)

地区	Region	销售费用 Sales Cost 2010	2012	2013	2013排名 Ranking	管理费用 Administration Cost 2010	2012	2013	2013排名 Ranking
全 国	**National Total**	**1280.60**	**1713.60**	**2208.11**		**2161.86**	**2994.79**	**3291.56**	
北 京	Beijing	104.92	112.11	117.84	7	212.54	253.18	277.35	3
天 津	Tianjin	33.07	45.35	56.18	16	54.15	70.67	74.81	17
河 北	Hebei	49.09	43.99	63.38	15	56.74	82.35	97.40	14
山 西	Shanxi	7.98	16.74	19.67	27	20.02	33.67	36.87	27
内蒙古	Inner Mongolia	12.03	20.61	21.10	25	29.77	44.60	44.78	25
辽 宁	Liaoning	59.56	76.19	91.87	8	89.75	142.85	142.49	7
吉 林	Jilin	9.40	21.60	20.98	26	34.61	45.14	50.26	21
黑龙江	Heilongjiang	10.94	23.01	29.32	23	26.09	43.50	47.83	23
上 海	Shanghai	104.60	105.55	122.48	5	195.60	223.78	223.13	5
江 苏	Jiangsu	131.72	182.77	230.76	2	184.02	263.60	298.05	2
浙 江	Zhejiang	82.95	111.46	143.02	3	168.32	209.10	226.10	4
安 徽	Anhui	32.64	57.88	77.08	13	53.92	91.74	110.67	10
福 建	Fujian	28.87	59.10	85.09	9	56.83	94.35	107.55	11
江 西	Jiangxi	14.75	25.90	36.68	21	24.96	39.84	46.56	24
山 东	Shandong	59.97	82.61	124.03	4	117.97	162.33	204.45	6
河 南	Henan	35.13	52.31	77.45	12	69.80	100.37	120.92	9
湖 北	Hubei	36.69	56.68	84.68	10	60.71	95.34	103.26	13
湖 南	Hunan	28.38	49.07	73.70	14	52.75	78.31	92.72	15
广 东	Guangdong	137.90	216.93	281.97	1	229.67	334.45	345.19	1
广 西	Guangxi	22.71	31.58	40.05	20	42.47	68.17	63.00	18
海 南	Hainan	18.13	32.33	46.99	17	20.38	47.58	55.06	20
重 庆	Chongqing	41.71	63.77	81.03	11	57.97	100.79	106.57	12
四 川	Sichuan	92.75	105.38	119.60	6	113.14	119.61	131.30	8
贵 州	Guizhou	56.70	22.29	32.90	22	70.77	40.36	48.88	22
云 南	Yunnan	20.84	30.64	43.14	18	40.89	67.68	80.79	16
西 藏	Tibet	0.40	0.26	0.28	31	1.13	0.74	0.51	31
陕 西	Shaanxi	25.93	37.16	42.26	19	29.31	61.86	57.59	19
甘 肃	Gansu	5.18	4.22	7.81	29	11.75	19.42	24.39	28
青 海	Qinghai	1.22	1.69	2.71	30	2.41	5.90	7.82	30
宁 夏	Ningxia	4.35	6.89	10.06	28	10.84	17.55	21.38	29
新 疆	Xinjiang	10.09	17.51	23.98	24	22.57	35.99	43.88	26

16-45 房地产开发企业财务费用和营业利润

Financial Cost and Operating Profit in Enterprises for Real Estate Development

单位：亿元 (100 million yuan)

地区	Region	财务费用 Financial Cost 2010	2012	2013	2013排名 Ranking	营业利润 Operating Profit 2010	2012	2013	2013排名 Ranking
全　国	**National Total**	**763.09**	**1356.92**	**1592.85**		**6111.48**	**6001.33**	**9562.67**	
北　京	Beijing	107.39	166.91	199.44	1	545.91	646.92	699.42	4
天　津	Tianjin	31.42	52.83	58.49	9	141.65	128.78	174.63	16
河　北	Hebei	18.18	35.52	46.49	13	101.79	121.33	111.56	18
山　西	Shanxi	4.84	12.59	14.58	26	4.97	6.16	3.86	29
内蒙古	Inner Mongolia	8.83	30.11	20.93	21	116.01	40.93	104.45	19
辽　宁	Liaoning	25.43	60.65	52.51	10	198.83	214.89	284.83	13
吉　林	Jilin	5.25	10.17	17.15	25	40.30	35.65	47.71	25
黑龙江	Heilongjiang	5.70	14.88	20.80	22	67.08	53.13	53.50	23
上　海	Shanghai	94.02	140.34	157.88	3	973.74	694.45	859.54	3
江　苏	Jiangsu	45.92	100.77	101.33	5	793.91	562.73	1402.88	2
浙　江	Zhejiang	45.11	89.89	104.75	4	545.19	471.70	522.80	6
安　徽	Anhui	16.65	32.22	45.81	14	153.45	175.19	294.01	12
福　建	Fujian	16.42	33.77	41.46	15	193.96	297.91	417.24	8
江　西	Jiangxi	11.09	18.38	22.43	18	76.45	119.75	187.62	15
山　东	Shandong	42.15	65.93	84.00	6	310.75	258.69	590.14	5
河　南	Henan	21.00	45.04	50.22	11	135.17	172.96	396.67	9
湖　北	Hubei	19.34	35.19	46.82	12	123.03	203.21	486.87	7
湖　南	Hunan	19.93	31.08	38.99	16	95.74	77.14	240.05	14
广　东	Guangdong	93.96	153.69	176.50	2	676.31	894.91	1460.22	1
广　西	Guangxi	7.61	14.34	21.24	19	70.92	47.21	97.47	20
海　南	Hainan	1.47	14.98	21.00	20	83.41	39.81	96.05	21
重　庆	Chongqing	24.60	54.61	73.06	7	164.34	189.11	365.00	10
四　川	Sichuan	54.81	63.64	71.71	8	214.87	250.47	337.09	11
贵　州	Guizhou	6.04	15.41	20.48	24	81.02	23.90	14.57	28
云　南	Yunnan	17.22	21.77	35.82	17	48.08	58.13	49.46	24
西　藏	Tibet	0.10	0.55	0.15	31	3.41	-0.31	0.52	30
陕　西	Shaanxi	6.96	19.41	20.56	23	85.48	130.63	146.26	17
甘　肃	Gansu	5.25	7.75	9.80	28	11.12	8.74	17.14	27
青　海	Qinghai	0.45	2.00	1.97	30	1.20	-0.64	-1.75	31
宁　夏	Ningxia	2.79	5.08	6.12	29	7.62	16.29	20.84	26
新　疆	Xinjiang	3.17	7.43	10.36	27	45.77	61.58	82.03	22

16-46 房地产开发企业利润总额和应交所得税
Total Profit and Income Tax Payable in Enterprises for Real Estate Development

单位：亿元 (100 million yuan)

地区	Region	利润总额 Total Profit				应交所得税 Income Tax Payable			
		2010	2012	2013	2013排名 Ranking	2010	2012	2013	2013排名 Ranking
全　国	**National Total**	**6235.77**	**6300.70**	**9820.60**		**1358.82**	**1510.31**	**1937.99**	
北　京	Beijing	570.25	664.42	731.10	4	156.23	157.40	176.30	4
天　津	Tianjin	161.16	170.47	202.32	15	39.90	38.11	44.92	14
河　北	Hebei	101.78	122.53	115.49	18	28.43	38.61	38.57	17
山　西	Shanxi	3.47	5.08	4.42	29	7.15	10.59	13.93	26
内蒙古	Inner Mongolia	122.10	45.05	108.57	19	19.93	16.96	20.23	23
辽　宁	Liaoning	186.57	233.66	304.27	12	50.65	57.94	64.23	12
吉　林	Jilin	44.71	39.44	48.46	25	10.93	13.51	15.74	25
黑龙江	Heilongjiang	65.00	61.06	59.24	24	13.53	24.71	23.21	20
上　海	Shanghai	989.12	742.36	907.50	3	181.98	149.96	179.80	2
江　苏	Jiangsu	785.66	586.96	1403.49	2	150.66	146.19	178.68	3
浙　江	Zhejiang	557.24	502.08	554.55	6	119.02	100.95	111.58	5
安　徽	Anhui	133.47	194.78	297.55	13	27.01	41.12	48.27	13
福　建	Fujian	196.19	295.66	411.25	8	44.98	63.34	91.45	7
江　西	Jiangxi	72.83	121.11	194.47	16	16.99	28.14	41.22	16
山　东	Shandong	306.64	264.07	601.21	5	59.88	62.30	108.10	6
河　南	Henan	132.89	181.79	393.09	10	33.80	43.08	64.48	11
湖　北	Hubei	125.31	210.74	491.07	7	35.47	50.89	78.43	9
湖　南	Hunan	92.80	83.44	245.35	14	16.50	31.40	44.09	15
广　东	Guangdong	755.06	894.13	1459.47	1	169.19	198.69	294.65	1
广　西	Guangxi	68.91	51.41	101.30	20	15.21	23.84	31.22	18
海　南	Hainan	76.72	39.25	96.76	21	11.28	17.49	18.23	24
重　庆	Chongqing	158.81	220.78	393.35	9	35.78	58.45	71.51	10
四　川	Sichuan	219.63	259.45	340.06	11	52.26	54.68	80.57	8
贵　州	Guizhou	82.15	33.30	16.49	28	12.24	11.58	12.97	27
云　南	Yunnan	62.96	58.48	64.68	23	18.29	21.62	20.54	22
西　藏	Tibet	0.75	-0.27	2.28	30	0.08	0.07	0.18	31
陕　西	Shaanxi	100.27	130.97	148.37	17	14.14	23.99	28.96	19
甘　肃	Gansu	10.09	8.95	17.00	27	2.09	3.70	6.12	29
青　海	Qinghai	-0.01	-1.22	1.83	31	0.33	0.59	1.86	30
宁　夏	Ningxia	7.76	16.63	22.09	26	3.47	5.00	6.61	28
新　疆	Xinjiang	45.48	64.13	83.49	22	11.41	15.41	21.34	21

16-47 建设用地土地供应总面积和新增土地供应面积
Total Land Area and Newly Increased Area of Construction-used Land Supplied

单位：公顷 (hectare)

地区 Region	土地供应总面积 Total Land Supplied Area				新增土地供应面积 Newly Increased Area			
	2010	2012	2013	2013排名 Ranking	2010	2012	2013	2013排名 Ranking
全 国 National Total	**432561.42**	**711281.31**	**750835.48**		**171368.54**	**292591.16**	**309617.91**	
北 京 Beijing	2412.63	1636.03	2287.49	29	1130.34	876.32	1543.35	28
天 津 Tianjin	6655.00	8936.12	6165.25	27	2382.25	4197.60	3935.81	26
河 北 Hebei	18126.85	21016.28	40739.37	4	5547.48	11036.81	14902.57	6
山 西 Shanxi	7114.75	16779.12	17410.39	21	2746.97	5835.87	7184.98	19
内蒙古 Inner Mongolia	21938.08	32954.29	32077.94	10	7674.26	11247.12	8921.99	16
辽 宁 Liaoning	29268.68	30969.44	35568.90	7	9525.07	8725.10	9678.55	13
吉 林 Jilin	9310.63	10797.44	9258.48	26	2876.76	4927.11	5396.25	22
黑龙江 Heilongjiang	14530.55	15517.92	20366.64	20	3247.91	4843.74	5207.64	23
上 海 Shanghai	2926.14	2434.20	2265.59	30	324.60	616.31	512.92	31
江 苏 Jiangsu	37873.85	48392.31	52483.37	2	24696.91	28612.33	29882.90	1
浙 江 Zhejiang	27932.57	31318.23	29643.76	12	21372.30	22550.81	19752.14	3
安 徽 Anhui	17524.25	34828.65	38031.50	6	6055.72	10911.44	9955.86	12
福 建 Fujian	12391.84	14121.74	21020.87	18	5038.62	11990.47	18429.47	4
江 西 Jiangxi	17908.29	23438.20	33819.74	9	6079.74	9706.16	13608.19	9
山 东 Shandong	45372.12	43596.88	62059.01	1	17218.03	21603.07	29290.76	2
河 南 Henan	17546.75	48095.14	41893.68	3	6235.64	12308.05	13822.20	8
湖 北 Hubei	16872.89	25644.72	33849.44	8	8096.48	12309.47	13902.77	7
湖 南 Hunan	13425.50	24087.80	23824.37	16	3424.41	7122.29	9576.72	14
广 东 Guangdong	16395.55	34463.41	25315.17	14	4939.61	28818.67	16917.36	5
广 西 Guangxi	10399.88	30012.07	23364.64	17	2154.61	5758.32	5646.93	21
海 南 Hainan	2646.82	8281.27	2536.24	28	674.85	4723.19	1293.04	29
重 庆 Chongqing	11240.07	12704.78	14515.06	23	3221.62	3851.87	4744.62	25
四 川 Sichuan	14630.73	33296.95	31279.69	11	5276.08	11155.52	13040.54	11
贵 州 Guizhou	16492.75	44165.80	29481.11	13	4230.89	8316.93	8972.94	15
云 南 Yunnan	9979.03	13705.05	16575.17	22	4478.90	6458.85	7091.58	20
西 藏 Tibet	1121.91	624.83	1085.13	31	987.97	413.10	636.92	30
陕 西 Shaanxi	7544.49	15569.52	25182.66	15	2764.83	6594.56	7731.19	18
甘 肃 Gansu	6135.91	18544.79	20951.39	19	2566.13	6883.96	7937.89	17
青 海 Qinghai	2026.61	7648.06	9398.56	25	924.68	2262.30	1834.42	27
宁 夏 Ningxia	6324.18	7864.77	9734.03	24	2050.58	4139.50	4840.82	24
新 疆 Xinjiang	8492.12	49926.51	38650.82	5	3424.28	13497.46	13424.60	10

16-48 土地划拨面积和土地出让面积
Land Area of Allocation and Granting

单位：公顷 (hectare)

地区	Region	土地划拨面积 Allocation 2010	2012	2013	2013排名 Ranking	土地出让面积 Granting 2010	2012	2013	2013排名 Ranking
全　国	**National Total**	**138267.34**	**377133.53**	**373275.34**		**293717.81**	**332432.34**	**374804.03**	
北　京	Beijing	260.10	415.34	361.07	31	2152.53	1220.70	1926.42	27
天　津	Tianjin	1372.41	3843.69	1777.53	27	5282.59	5092.43	4387.72	26
河　北	Hebei	2408.36	3795.25	20884.06	3	15710.71	17221.03	19852.92	3
山　西	Shanxi	2337.87	9642.72	10081.84	21	4768.03	7135.73	7328.55	23
内蒙古	Inner Mongolia	6777.34	17963.93	18107.27	8	15160.56	14983.04	13964.54	13
辽　宁	Liaoning	7100.75	13263.49	17177.79	9	22160.40	17158.84	16899.92	7
吉　林	Jilin	2543.82	4217.87	2364.88	26	6750.32	6539.01	6890.14	24
黑龙江	Heilongjiang	7116.18	7850.31	12024.08	18	7350.06	7560.93	8177.50	21
上　海	Shanghai	992.20	855.97	928.10	28	1933.94	1487.22	1337.49	30
江　苏	Jiangsu	8570.35	14727.17	16310.54	11	29262.40	33654.30	36171.21	2
浙　江	Zhejiang	9992.24	19106.51	13467.66	15	17607.47	11741.97	15493.39	9
安　徽	Anhui	4936.19	18444.83	18881.15	6	12588.06	16383.82	19150.35	5
福　建	Fujian	4069.25	4362.49	10311.18	20	8278.63	9725.59	10623.98	14
江　西	Jiangxi	8858.34	12617.47	18180.02	7	9049.66	10820.73	15635.71	8
山　东	Shandong	7424.50	9257.07	19667.02	5	37945.58	34339.19	42390.70	1
河　南	Henan	5543.79	30994.09	22273.68	2	11992.83	17098.73	19544.38	4
湖　北	Hubei	3695.44	9564.33	15434.27	13	13176.29	16068.80	18411.65	6
湖　南	Hunan	5065.29	15444.25	13222.97	16	8354.97	8643.01	10601.40	15
广　东	Guangdong	3454.49	22044.73	10891.03	19	12937.06	12418.69	14424.14	12
广　西	Guangxi	4074.59	22123.37	14705.42	14	6325.14	7883.20	8657.12	18
海　南	Hainan	837.53	6332.25	618.03	30	1809.29	1944.34	1918.21	28
重　庆	Chongqing	5746.01	6305.38	6237.88	24	5494.06	6399.40	8277.18	20
四　川	Sichuan	3358.72	19879.97	15799.08	12	11272.01	13416.98	15480.61	10
贵　州	Guizhou	13139.45	34784.25	20148.41	4	3353.30	9280.68	9259.23	16
云　南	Yunnan	3994.05	6273.05	8556.62	22	5984.99	7432.00	8018.56	22
西　藏	Tibet	781.77	398.48	687.14	29	338.81	226.35	377.43	31
陕　西	Shaanxi	3487.35	8181.21	16682.62	10	4057.15	7388.31	8500.04	19
甘　肃	Gansu	3374.86	11298.76	12240.26	17	2761.05	7241.23	8711.13	17
青　海	Qinghai	1085.02	5292.41	7868.34	23	931.69	2008.86	1529.86	29
宁　夏	Ningxia	2931.69	3122.85	4255.01	25	3392.49	4741.92	5479.02	25
新　疆	Xinjiang	2937.41	34730.05	23130.29	1	5535.74	15175.29	15383.50	11

16-49 按用地类型分建设用地土地供应面积(一)
Construction-used Land Area Supplied by Land Type (1)

单位：公顷 (hectare)

地区	Region	工矿仓储用地 Land for Industry, Mining and Warehousing				商服用地 Land for Commercial and Service Uses			
		2010	2012	2013	2013排名 Ranking	2010	2012	2013	2013排名 Ranking
全　国	**National Total**	**153977.63**	**207194.53**	**213520.95**		**38905.15**	**50939.34**	**67042.26**	
北　京	Beijing	844.49	530.88	502.86	29	400.08	149.00	353.59	29
天　津	Tianjin	2642.73	3702.43	2788.08	26	590.24	499.07	491.59	27
河　北	Hebei	8679.30	9943.17	10803.90	6	1694.86	2333.32	2920.31	6
山　西	Shanxi	2460.12	4522.15	3503.69	22	743.08	1097.91	1489.27	21
内蒙古	Inner Mongolia	7779.21	10162.43	10149.85	8	3154.32	2796.60	2247.01	13
辽　宁	Liaoning	10274.76	8649.05	9237.05	11	3260.02	2818.61	3139.28	4
吉　林	Jilin	3344.29	3721.68	4311.06	20	892.22	1237.54	885.61	25
黑龙江	Heilongjiang	3066.40	4260.04	5237.43	16	1040.96	1305.50	1686.48	19
上　海	Shanghai	692.58	908.96	523.35	28	561.45	155.48	249.12	30
江　苏	Jiangsu	16100.98	18858.65	16675.06	2	3699.52	5853.34	8262.43	1
浙　江	Zhejiang	10505.67	7523.40	8259.41	12	1830.49	1276.09	2671.21	8
安　徽	Anhui	7437.57	9743.85	9616.82	10	1761.66	2775.47	3936.83	3
福　建	Fujian	5439.26	6332.47	6303.31	15	935.02	1324.86	1532.30	20
江　西	Jiangxi	5694.95	6852.27	9875.09	9	1084.78	1370.72	2488.78	10
山　东	Shandong	19632.25	19931.09	24098.13	1	5069.53	5217.40	6667.53	2
河　南	Henan	6645.83	9878.58	10420.74	7	1069.34	1954.34	2885.16	7
湖　北	Hubei	7664.18	11098.14	11725.90	4	1666.36	1896.47	2458.72	11
湖　南	Hunan	3386.83	3877.83	4526.33	18	1238.49	1459.30	1865.04	17
广　东	Guangdong	6453.45	7421.60	7338.01	14	1385.03	1531.17	2061.12	16
广　西	Guangxi	3083.94	4848.84	4191.58	21	769.25	981.05	1694.55	18
海　南	Hainan	463.33	540.71	376.84	30	437.10	463.07	515.49	26
重　庆	Chongqing	2891.81	2573.25	2844.53	25	354.89	766.77	1089.36	23
四　川	Sichuan	5493.80	8455.87	7628.55	13	1362.91	2097.02	3047.00	5
贵　州	Guizhou	1792.53	6043.78	4462.55	19	452.82	2166.80	2161.10	14
云　南	Yunnan	2646.93	2460.36	2890.36	24	1005.05	1684.93	2146.74	15
西　藏	Tibet	101.92	58.57	186.16	31	113.63	71.38	230.45	31
陕　西	Shaanxi	2532.25	4178.26	11088.24	5	353.29	933.70	1341.89	22
甘　肃	Gansu	1520.82	6495.98	4731.14	17	320.69	2058.49	2446.69	12
青　海	Qinghai	606.41	3663.82	2572.25	27	108.35	285.48	398.67	28
宁　夏	Ningxia	1632.91	3767.96	3402.84	23	774.78	678.15	1027.30	24
新　疆	Xinjiang	2466.15	16188.48	13249.82	3	774.96	1700.31	2651.60	9

16-50 按用地类型分建设用地土地供应面积(二)
Construction-used Land Area Supplied by Land Type (2)

单位：公顷 (hectare)

地区	Region	住宅用地 Land for Residential Uses 2010	2012	2013	2013排名 Ranking	其他用地 Land for Other Types 2010	2012	2013	2013排名 Ranking
全国	**National Total**	**115272.54**	**114664.56**	**141966.60**		**124406.10**	**338482.89**	**328305.67**	
北京	Beijing	786.19	613.60	961.00	27	381.87	342.55	470.04	31
天津	Tianjin	2571.90	1580.03	1331.72	26	850.13	3154.59	1553.87	27
河北	Hebei	5413.39	4591.90	7396.54	6	2339.31	4147.89	19618.62	2
山西	Shanxi	1816.40	2271.18	2770.95	21	2095.15	8887.88	9646.48	20
内蒙古	Inner Mongolia	4940.09	3826.55	3004.93	18	6064.46	16168.70	16676.15	6
辽宁	Liaoning	9105.20	6392.21	7370.63	7	6628.70	13109.57	15821.94	7
吉林	Jilin	2837.72	2675.97	2305.64	23	2236.40	3162.26	1756.17	26
黑龙江	Heilongjiang	4624.75	3092.60	2907.34	19	5798.43	6859.79	10535.37	18
上海	Shanghai	704.13	487.13	525.58	29	967.99	791.62	967.54	28
江苏	Jiangsu	10874.29	10916.46	13288.16	2	7199.06	12763.86	14257.72	12
浙江	Zhejiang	7466.36	5955.67	7773.34	4	8130.05	16563.07	10939.79	16
安徽	Anhui	4766.31	6695.52	9197.73	3	3558.71	15613.81	15280.13	9
福建	Fujian	2112.92	2273.05	2851.70	20	3904.64	4191.35	10333.56	19
江西	Jiangxi	2891.21	3476.36	5652.91	10	8237.35	11738.85	15802.96	8
山东	Shandong	12857.15	9647.28	14406.96	1	7813.19	8801.10	16886.39	5
河南	Henan	5174.84	6526.24	7691.31	5	4656.74	29735.98	20896.46	1
湖北	Hubei	4278.38	4539.25	6691.46	8	3263.97	8110.86	12973.36	13
湖南	Hunan	3869.41	4176.01	4824.13	14	4930.77	14574.66	12608.86	14
广东	Guangdong	4818.47	3395.82	5277.28	12	3738.61	22114.82	10638.76	17
广西	Guangxi	2876.33	2255.50	2640.73	22	3670.36	21926.67	14837.78	10
海南	Hainan	1017.90	940.34	933.25	28	728.49	6337.14	710.66	29
重庆	Chongqing	2958.44	3629.58	4836.59	13	5034.92	5745.18	5744.58	24
四川	Sichuan	4669.47	4682.20	5773.93	9	3104.55	18061.86	14830.21	11
贵州	Guizhou	1635.32	3631.30	4640.37	15	12612.08	32323.92	18217.10	3
云南	Yunnan	2429.46	3544.84	3634.79	16	3897.59	6014.92	7903.29	22
西藏	Tibet	133.46	121.40	137.98	31	772.91	373.49	530.54	30
陕西	Shaanxi	1583.05	2605.23	3541.32	17	3075.90	7852.34	9211.21	21
甘肃	Gansu	1285.37	1443.21	2304.50	24	3009.03	8547.12	11469.05	15
青海	Qinghai	545.06	937.14	446.82	30	766.78	2761.62	5980.83	23
宁夏	Ningxia	1479.34	1129.62	1553.04	25	2437.16	2289.04	3750.84	25
新疆	Xinjiang	2750.22	6621.35	5293.99	11	2500.79	25416.38	17455.41	4

16-51 按用地类型分建设用地住宅供应面积(一)
Construction-used Land Area Supplied by Land Type (1)

单位：公顷 (hectare)

地区	Region	普通商品住房 Ordinary Commercial House				其中：中低价位、中小套型 Medium-and Low-price, Medium-and Small-sized Ordinary Commercial Houses			
		2010	2012	2013	2013排名 Ranking	2010	2012	2013	2013排名 Ranking
全国	**National Total**	**97887.90**	**84647.33**	**112913.41**		**20749.97**	**30488.05**	**39590.89**	
北京	Beijing	684.65	409.03	779.14	28	8.46	174.88	257.72	26
天津	Tianjin	2010.94	776.03	1054.71	25	118.55	8.59	22.91	30
河北	Hebei	5045.79	4199.48	6472.40	5	680.84	930.45	1419.09	8
山西	Shanxi	1217.12	1561.63	2222.24	20	162.80	324.11	536.21	20
内蒙古	Inner Mongolia	4231.72	3193.74	2585.42	18	1676.99	1519.50	1357.35	10
辽宁	Liaoning	8353.39	5947.09	6482.87	4	1757.28	2285.23	2325.08	5
吉林	Jilin	2376.41	2105.35	2001.50	23	234.45	523.36	490.63	21
黑龙江	Heilongjiang	3602.05	2260.76	2175.42	22	655.18	403.78	575.12	19
上海	Shanghai	669.40	393.69	511.61	29	181.89	255.65	255.01	27
江苏	Jiangsu	8908.12	8414.26	11328.14	2	1136.82	4521.41	4806.67	2
浙江	Zhejiang	6100.29	2266.36	4196.54	11	710.61	2232.09	4196.54	3
安徽	Anhui	3409.49	3672.94	6222.17	6	835.06	1173.93	1530.36	7
福建	Fujian	1960.82	2169.83	2772.35	16	231.43	800.75	1066.36	14
江西	Jiangxi	2421.31	2607.91	3553.99	14	316.30	552.02	603.43	18
山东	Shandong	11986.78	8769.36	12702.53	1	5677.91	5060.08	6748.46	1
河南	Henan	4062.05	5908.77	6574.23	3	1008.41	1672.53	1803.31	6
湖北	Hubei	3976.82	3785.94	5238.02	7	879.72	1096.33	1383.46	9
湖南	Hunan	3420.62	3068.38	3806.63	13	200.38	186.29	388.23	23
广东	Guangdong	4571.79	3268.94	5096.95	8	722.30	811.35	1190.08	11
广西	Guangxi	2520.83	1887.08	2329.67	19	415.02	593.29	860.70	15
海南	Hainan	804.20	831.36	811.82	27	31.90	280.92	434.17	22
重庆	Chongqing	2148.40	2656.97	4211.63	10	123.34	661.96	1137.92	12
四川	Sichuan	4297.51	3502.53	4727.81	9	534.41	659.39	1121.73	13
贵州	Guizhou	1135.41	2981.47	3838.31	12	809.95	1875.24	2822.99	4
云南	Yunnan	2325.93	2743.09	3222.31	15	232.63	225.48	324.66	24
西藏	Tibet	108.84	96.34	128.99	31	108.84			
陕西	Shaanxi	1099.94	1999.57	2630.32	17	226.16	459.84	749.68	17
甘肃	Gansu	961.17	796.26	1720.28	24	268.39	328.17	299.49	25
青海	Qinghai	231.12	317.40	293.18	30	38.53	31.41	45.64	29
宁夏	Ningxia	1140.24	553.71	1034.03	26	99.16	72.06	70.76	28
新疆	Xinjiang	2104.74	1865.07	2188.20	21	666.29	767.96	767.12	16

16-52 按用地类型分建设用地住宅供应面积(二)
Construction-used Land Area Supplied by Land Type (2)

单位：公顷 (hectare)

地区 Region	经济适用住房 Economically Affordable House				廉租住房用地 Cheap Rent House			
	2010	2012	2013	2013排名 Ranking	2010	2012	2013	2013排名 Ranking
全　国 **National Total**	**13292.14**	**20245.62**	**22072.37**		**3380.87**	**9545.24**	**3731.38**	
北　京 Beijing	96.83	193.00	106.60	26	0.63	11.57	2.32	28
天　津 Tianjin	560.77	745.31	273.85	21		58.65		
河　北 Hebei	272.30	213.11	659.81	12	92.67	171.79	92.93	17
山　西 Shanxi	241.84	444.40	334.04	18	311.66	225.49	155.84	7
内蒙古 Inner Mongolia	516.50	453.73	289.52	19	191.02	179.09	95.53	16
辽　宁 Liaoning	738.51	357.69	786.09	9	13.30	82.55	67.82	20
吉　林 Jilin	407.77	437.03	229.94	23	53.27	133.60	61.29	22
黑龙江 Heilongjiang	829.79	699.98	609.66	13	191.29	131.87	96.48	15
上　海 Shanghai	31.08	59.46	6.64	30		33.98		
江　苏 Jiangsu	1380.63	1748.61	1558.89	4	430.88	687.07	303.12	2.00
浙　江 Zhejiang	1290.01	3494.68	3497.65	1	41.10	190.42	19.15	24
安　徽 Anhui	1274.11	2056.29	2517.64	2	82.72	966.28	148.15	8
福　建 Fujian	78.65	42.45	26.09	29	52.96	60.77	18.93	25
江　西 Jiangxi	278.88	337.68	1461.77	6	167.18	527.07	275.32	3
山　东 Shandong	775.92	668.79	1554.92	5	85.92	208.97	62.20	21
河　南 Henan	973.82	574.71	715.58	10	138.97	342.69	168.86	6
湖　北 Hubei	243.49	546.21	1048.39	7	48.44	154.31	121.80	11
湖　南 Hunan	338.93	869.83	715.55	11	66.68	237.80	109.45	12
广　东 Guangdong	151.50	81.99	139.13	25	14.73	39.05	11.12	26
广　西 Guangxi	304.59	171.52	239.89	22	50.91	196.90	32.42	23
海　南 Hainan	124.48	98.78	63.44	27	52.25	10.20	2.28	29
重　庆 Chongqing	542.87	532.19	418.02	16	136.50	430.41	122.78	10
四　川 Sichuan	274.83	862.32	887.83	8	72.37	316.71	132.87	9
贵　州 Guizhou	411.83	407.84	419.83	15	88.08	304.98	221.93	4
云　南 Yunnan	38.37	44.89	178.84	24	64.20	751.32	71.40	19
西　藏 Tibet	5.39	13.44	0.13	31	19.23	11.62	8.86	27
陕　西 Shaanxi	279.65	388.37	608.88	14	127.41	217.13	173.45	5
甘　肃 Gansu	204.86	365.18	279.35	20	119.35	281.77	106.32	13
青　海 Qinghai	48.77	418.52	28.97	28	265.17	201.22	84.86	18
宁　夏 Ningxia	269.27	381.76	361.14	17	62.44	194.15	102.96	14
新　疆 Xinjiang	305.91	2532.86	2054.29	3	339.57	2185.83	860.93	1

16-53 按用地类型分建设用地住宅供应面积(三)
Construction-used Land Area Supplied by Land Type (3)

单位：公顷 (hectare)

地区	Region	公共租赁住房 Public Rental Housing		高档住宅用地 High-grade Residence			
		2013	2013排名 Ranking	2010	2012	2013	2013排名 Ranking
全　国	**National Total**	**3124.77**		**711.63**	**226.36**	**124.67**	
北　京	Beijing	62.99	15	4.08		9.94	4
天　津	Tianjin	3.16	30	0.19	0.04		
河　北	Hebei	169.58	8	2.61	7.52	1.82	11
山　西	Shanxi	58.83	16	45.78	39.67		
内蒙古	Inner Mongolia	34.47	21	0.86			
辽　宁	Liaoning	33.87	22		4.89		
吉　林	Jilin	12.90	27	0.28			
黑龙江	Heilongjiang	25.79	24	1.63			
上　海	Shanghai	7.33	28	3.65			
江　苏	Jiangsu	84.51	13.00	154.65	66.53	13.49	2
浙　江	Zhejiang	52.99	18	34.96	4.20	7.01	6
安　徽	Anhui	309.76	2		0.02		
福　建	Fujian	29.47	23	20.50		4.87	9
江　西	Jiangxi	358.53	1	23.85	3.69	3.29	10
山　东	Shandong	85.83	12	8.52	0.16	1.49	12
河　南	Henan	232.64	4		0.06		
湖　北	Hubei	271.80	3	9.63	52.80	11.44	3
湖　南	Hunan	192.51	6	43.18			
广　东	Guangdong	24.66	26	80.46	5.84	5.42	8
广　西	Guangxi	38.75	20				
海　南	Hainan	5.71	29	36.97		50.00	1
重　庆	Chongqing	74.78	14	130.67		9.38	5
四　川	Sichuan	25.42	25	24.75	0.64		
贵　州	Guizhou	160.29	10				
云　南	Yunnan	161.46	9	0.96	5.55	0.77	13
西　藏	Tibet						
陕　西	Shaanxi	128.65	11	76.06	0.16	0.01	15
甘　肃	Gansu	198.55	5				
青　海	Qinghai	39.55	19			0.25	14
宁　夏	Ningxia	54.91	17	7.38			
新　疆	Xinjiang	185.08	7		34.59	5.50	7

16-54 土地出让成交价款和平均单价
Transaction Price Value and Average Unit Price of Land Granting

地区	Region	土地出让成交价款（亿元） Transaction Price Value (100 million yuan)				土地出让平均单价（万元/公顷） Average Unit Price (10 000 yuan/hectare)			
		2010	2012	2013	2013排名 Ranking	2010	2012	2013	2013排名 Ranking
全 国	**National Total**	**27464.48**	**28042.28**	**43745.30**		**935.06**	**843.55**	**1167.15**	
北 京	Beijing	1318.87	656.45	1782.10	8	6127.08	5377.68	9250.82	1
天 津	Tianjin	852.96	529.03	819.66	18	1614.67	1038.87	1868.09	6
河 北	Hebei	1076.32	1133.96	1682.19	10	685.09	658.48	847.33	18
山 西	Shanxi	265.95	428.50	635.68	21	557.78	600.50	867.40	16
内蒙古	Inner Mongolia	487.98	554.99	542.22	23	321.88	370.41	388.29	27
辽 宁	Liaoning	1916.70	1775.96	1971.04	7	864.92	1035.01	1166.30	12
吉 林	Jilin	406.22	448.72	486.06	24	601.78	686.23	705.44	24
黑龙江	Heilongjiang	356.43	351.04	472.88	25	484.94	464.29	578.27	25
上 海	Shanghai	880.09	601.67	1090.52	16	4550.78	4045.62	8153.48	2
江 苏	Jiangsu	3821.81	3889.08	6114.96	1	1306.05	1155.60	1690.56	7
浙 江	Zhejiang	3640.02	2029.55	4125.14	2	2067.32	1728.46	2662.51	3
安 徽	Anhui	1092.93	1262.48	2265.29	5	868.23	770.57	1182.90	11
福 建	Fujian	1138.42	1033.21	1579.61	12	1375.14	1062.37	1486.83	8
江 西	Jiangxi	602.72	770.22	1338.45	14	666.01	711.80	856.02	17
山 东	Shandong	2544.35	2599.05	3490.18	3	670.53	756.88	823.34	21
河 南	Henan	651.35	1083.47	1503.37	13	543.12	633.65	769.21	22
湖 北	Hubei	765.88	982.33	1619.31	11	581.26	611.33	879.50	15
湖 南	Hunan	499.59	782.73	1190.78	15	597.95	905.62	1123.23	13
广 东	Guangdong	1350.02	1517.19	3254.50	4	1043.53	1221.70	2256.29	4
广 西	Guangxi	424.68	504.65	634.28	22	671.42	640.16	732.67	23
海 南	Hainan	202.50	210.22	245.86	27	1119.20	1081.19	1281.72	10
重 庆	Chongqing	732.88	1187.28	1722.75	9	1333.96	1855.29	2081.32	5
四 川	Sichuan	1116.80	1361.94	1995.32	6	990.77	1015.09	1288.91	9
贵 州	Guizhou	197.34	548.99	766.71	19	588.50	591.54	828.04	19
云 南	Yunnan	438.16	757.73	899.09	17	732.10	1019.55	1121.27	14
西 藏	Tibet	6.67	5.90	7.95	31	196.97	260.51	210.68	31
陕 西	Shaanxi	265.33	539.27	701.78	20	653.99	729.89	825.61	20
甘 肃	Gansu	135.47	135.67	237.77	28	490.64	187.35	272.95	29
青 海	Qinghai	47.54	43.57	69.90	30	510.25	216.88	456.89	26
宁 夏	Ningxia	89.92	93.75	175.26	29	265.05	197.71	319.88	28
新 疆	Xinjiang	138.55	233.68	324.68	26	250.27	153.99	211.06	30

16-55 土地协议出让面积和成交价款
Land Area and Transaction Price Value of Granting Through Agreement

地区	Region	土地协议出让面积（公顷） Area (hectare)				土地协议出让成交价款（亿元） Transaction Price Value (100 million yuan)			
		2010	2012	2013	2013排名 Ranking	2010	2012	2013	2013排名 Ranking
全　国	**National Total**	**34206.94**	**30802.81**	**28619.41**		**1101.06**	**1388.85**	**1635.79**	
北　京	Beijing	569.02	587.19	655.52	18	48.86	45.16	89.13	5
天　津	Tianjin	278.68	298.30	117.25	30	15.50	11.91	5.47	29
河　北	Hebei	3303.35	2637.23	1807.48	4	75.76	96.11	74.40	8
山　西	Shanxi	667.34	691.44	342.71	23	24.93	35.09	34.50	15
内蒙古	Inner Mongolia	3115.71	1345.55	2128.94	2	25.33	22.67	22.87	18
辽　宁	Liaoning	2251.16	990.76	1404.88	7	49.57	30.01	34.33	16
吉　林	Jilin	933.17	552.27	645.34	19	10.80	11.79	12.13	25
黑龙江	Heilongjiang	911.27	977.39	1062.97	10	17.01	23.27	22.69	19
上　海	Shanghai	46.52	128.19	102.51	31	28.29	38.30	18.30	22
江　苏	Jiangsu	1233.79	603.34	519.02	21	74.66	62.46	21.16	20
浙　江	Zhejiang	1092.22	884.90	689.51	15	80.46	83.81	82.91	6
安　徽	Anhui	1132.72	729.09	970.28	11	60.66	83.53	154.77	3
福　建	Fujian	506.34	697.92	763.51	14	20.45	61.04	80.03	7
江　西	Jiangxi	216.60	443.23	289.18	25	3.69	11.49	37.42	13
山　东	Shandong	5147.62	3362.54	4560.33	1	142.11	215.24	187.25	2
河　南	Henan	2036.17	2664.07	1638.77	5	58.60	114.73	95.73	4
湖　北	Hubei	766.05	1097.33	783.20	12	22.96	41.87	56.45	10
湖　南	Hunan	1636.38	935.98	676.43	16	56.62	46.48	38.44	12
广　东	Guangdong	1986.03	2271.91	2082.72	3	76.72	126.95	308.13	1
广　西	Guangxi	1218.38	1392.08	1493.94	6	51.60	36.72	54.41	11
海　南	Hainan	115.89	144.72	126.71	29	3.70	6.58	7.84	28
重　庆	Chongqing	70.76	239.95	161.96	28	1.49	16.53	11.40	26
四　川	Sichuan	1219.99	1296.72	1205.06	8	68.24	53.46	56.62	9
贵　州	Guizhou	346.91	280.65	289.54	24	6.08	5.93	15.50	24
云　南	Yunnan	669.42	790.33	667.32	17	11.59	45.29	36.94	14
西　藏	Tibet	127.09	176.12	247.16	26	2.00	2.18	1.77	31
陕　西	Shaanxi	704.81	660.67	575.39	20	41.82	19.73	30.50	17
甘　肃	Gansu	410.53	882.71	1149.57	9	4.25	7.50	15.83	23
青　海	Qinghai	250.19	1328.54	483.94	22	2.15	6.44	8.22	27
宁　夏	Ningxia	272.07	261.42	203.72	27	5.51	6.72	3.68	30
新　疆	Xinjiang	970.75	1450.26	774.56	13	9.64	19.85	19.00	21

16-56 土地协议出让平均单价和土地“招拍挂”出让面积
Average Unit Price of Land Granting Through Agreement and Land Area of Granting Through Bidding, Auction and Listing

地区	Region	土地协议出让平均单价（万元/公顷） Average Unit Price of Land Granting Through Agreement (10 000 yuan/hectare)				土地"招拍挂"出让面积（公顷） Land Area of Granting Through Bidding, Auction and Listing (hectare)			
		2010	2012	2013	2013排名 Ranking	2010	2012	2013	2013排名 Ranking
全 国	**National Total**	**321.88**	**450.89**	**571.57**		**259510.87**	**301629.53**	**346184.62**	
北 京	Beijing	858.64	769.05	1359.68	4	1583.50	633.51	1270.91	28
天 津	Tianjin	556.17	399.40	466.64	18	5003.92	4794.13	4270.47	26
河 北	Hebei	229.36	364.43	411.65	19	12407.36	14583.80	18045.44	4
山 西	Shanxi	373.64	507.46	1006.68	8	4100.69	6444.30	6985.84	23
内蒙古	Inner Mongolia	81.31	168.52	107.42	30	12044.85	13637.49	11835.60	13
辽 宁	Liaoning	220.20	302.94	244.35	24	19909.24	16168.07	15495.04	7
吉 林	Jilin	115.69	213.55	187.95	26	5817.14	5986.74	6244.80	24
黑龙江	Heilongjiang	186.70	238.06	213.43	25	6438.80	6583.54	7114.53	22
上 海	Shanghai	6081.66	2987.78	1784.78	1	1887.42	1359.03	1234.98	29
江 苏	Jiangsu	605.09	1035.28	407.77	21	28028.60	33050.96	35652.20	2
浙 江	Zhejiang	736.64	947.11	1202.47	6	16515.25	10857.06	14803.89	9
安 徽	Anhui	535.56	1145.73	1595.06	2	11455.34	15654.73	18180.07	3
福 建	Fujian	403.78	874.54	1048.24	7	7772.29	9027.66	9860.47	15
江 西	Jiangxi	170.33	259.21	1293.84	5	8833.06	10377.50	15346.53	8
山 东	Shandong	276.07	640.11	410.61	20	32797.97	30976.65	37830.37	1
河 南	Henan	287.78	430.66	584.14	12	9956.66	14434.66	17905.61	5
湖 北	Hubei	299.72	381.53	720.81	9	12410.24	14971.46	17628.46	6
湖 南	Hunan	346.00	496.61	568.27	13	6718.59	7707.03	9924.97	14
广 东	Guangdong	386.30	558.78	1479.44	3	10951.03	10146.78	12341.42	12
广 西	Guangxi	423.53	263.77	364.20	22	5106.77	6491.12	7163.19	21
海 南	Hainan	319.42	454.67	618.82	11	1693.40	1799.62	1791.50	27
重 庆	Chongqing	211.01	688.91	703.99	10	5423.29	6159.45	8115.22	17
四 川	Sichuan	559.36	412.30	469.88	17	10052.02	12120.27	14275.55	11
贵 州	Guizhou	175.29	211.47	535.34	15	3006.38	9000.03	8969.69	16
云 南	Yunnan	173.09	573.07	553.58	14	5315.56	6641.67	7351.24	20
西 藏	Tibet	157.57	123.68	71.44	31	211.72	50.23	130.26	31
陕 西	Shaanxi	593.40	298.65	530.05	16	3352.33	6727.64	7924.65	18
甘 肃	Gansu	103.48	84.95	137.67	29	2350.52	6358.52	7561.55	19
青 海	Qinghai	85.87	48.46	169.75	28	681.51	680.32	1045.93	30
宁 夏	Ningxia	202.45	257.06	180.41	27	3120.42	4480.50	5275.31	25
新 疆	Xinjiang	99.32	136.87	245.24	23	4564.99	13726.04	14608.94	10

16-57 土地“招拍挂”出让成交价款和平均单价
Transaction Price Value of Land Granting Through Bidding, Auction and Listing and Average Unit Price

地区	Region	土地“招拍挂”出让成交价款（亿元） Transaction Price (100 million yuan)				土地“招拍挂”出让平均单价（万元/公顷） Average Unit Price (10 000 yuan/hectare)			
		2010	2012	2013	2013排名 Ranking	2010	2012	2013	2013排名 Ranking
全国	**National Total**	**26363.42**	**26653.43**	**42109.50**		**1015.89**	**883.65**	**1216.39**	
北京	Beijing	1270.01	611.30	1692.97	9	8020.30	9649.34	13320.90	1
天津	Tianjin	837.46	517.12	814.19	18	1673.61	1078.65	1906.57	6
河北	Hebei	1000.56	1037.85	1607.78	10	806.42	711.65	890.96	15
山西	Shanxi	241.02	393.41	601.18	21	587.75	610.48	860.57	18
内蒙古	Inner Mongolia	462.65	532.32	519.35	23	384.11	390.33	438.81	28
辽宁	Liaoning	1867.13	1745.95	1938.72	6	937.82	1079.87	1251.18	11
吉林	Jilin	395.42	436.93	473.93	24	679.76	729.83	758.92	24
黑龙江	Heilongjiang	339.42	327.78	450.19	25	527.15	497.87	632.78	25
上海	Shanghai	851.80	563.37	1072.22	16	4513.05	4145.40	8682.11	2
江苏	Jiangsu	3747.15	3822.62	6093.79	1	1336.90	1156.58	1709.23	7
浙江	Zhejiang	3559.57	1945.74	4042.23	2	2155.32	1792.14	2730.52	3
安徽	Anhui	1032.26	1178.95	2110.53	5	901.12	753.09	1160.90	14
福建	Fujian	1117.98	972.18	1499.57	12	1438.42	1076.89	1520.79	8
江西	Jiangxi	599.03	758.73	1301.04	14	678.17	731.13	847.77	19
山东	Shandong	2402.24	2383.81	3302.93	3	732.43	769.55	873.09	17
河南	Henan	592.76	968.74	1407.64	13	595.34	671.12	786.15	23
湖北	Hubei	742.92	940.46	1562.86	11	598.64	628.17	886.55	16
湖南	Hunan	442.97	736.25	1152.34	15	659.32	955.29	1161.05	13
广东	Guangdong	1273.30	1390.24	2946.38	4	1162.72	1370.13	2387.39	4
广西	Guangxi	373.08	467.93	579.87	22	730.56	720.88	809.52	22
海南	Hainan	198.79	203.64	238.02	27	1173.93	1131.57	1328.60	10
重庆	Chongqing	731.39	1170.74	1711.35	8	1348.61	1900.73	2108.81	5
四川	Sichuan	1048.56	1308.48	1938.69	7	1043.14	1079.58	1358.05	9
贵州	Guizhou	191.26	543.06	751.21	19	636.18	603.39	837.49	21
云南	Yunnan	426.57	712.44	862.15	17	802.50	1072.68	1172.80	12
西藏	Tibet	4.67	3.72	6.19	31	220.63	740.28	474.89	27
陕西	Shaanxi	223.51	519.54	671.28	20	666.73	772.24	847.07	20
甘肃	Gansu	131.22	118.17	221.95	28	558.25	185.84	293.52	30
青海	Qinghai	45.39	37.13	61.68	30	666.03	545.78	589.75	26
宁夏	Ningxia	84.41	87.03	171.59	29	270.51	194.25	325.26	29
新疆	Xinjiang	128.90	213.83	305.68	26	282.38	155.78	209.24	31

17

科学技术

Science and Technology

17-1 研究与试验发展(R&D)人员
R&D Personnel

单位：万人 (10 000 persons)

地区	Region	研究与试验发展人员 R&D Personnel 2010	2012	2013	2013排名 Ranking	研究与开发机构人员 Personnel in R&D Instituions 2010	2012	2013	2013排名 Ranking
全　国	**National Total**	**354.22**	**461.71**	**501.82**		**34.15**	**38.83**	**40.90**	
北　京	Beijing	26.99	32.24	33.42	5	9.20	10.30	10.78	1
天　津	Tianjin	8.64	12.64	14.37	14	0.72	0.85	0.90	12
河　北	Hebei	9.18	12.49	13.66	15	0.66	0.76	0.82	14
山　西	Shanxi	6.70	7.19	7.39	20	0.64	0.70	0.71	18
内蒙古	Inner Mongolia	3.29	4.20	4.84	24	0.40	0.38	0.38	26
辽　宁	Liaoning	12.64	14.18	15.44	12	1.30	1.46	1.45	8
吉　林	Jilin	6.54	7.63	7.46	19	0.82	0.84	0.87	13
黑龙江	Heilongjiang	8.31	9.04	8.97	17	0.76	0.75	0.73	16
上　海	Shanghai	17.75	20.88	22.68	6	2.66	3.01	3.08	3
江　苏	Jiangsu	40.62	54.92	62.69	2	2.01	2.10	2.34	5
浙　江	Zhejiang	28.68	37.73	41.60	3	0.53	0.65	0.63	20
安　徽	Anhui	9.46	15.63	18.06	9	0.60	0.91	1.04	11
福　建	Fujian	10.14	15.81	16.70	11	0.34	0.36	0.44	24
江　西	Jiangxi	5.35	5.82	7.09	21	0.46	0.57	0.58	22
山　东	Shandong	27.54	38.21	40.94	4	1.12	1.24	1.29	10
河　南	Henan	14.40	18.51	21.56	7	1.15	1.24	1.38	9
湖　北	Hubei	14.29	18.57	20.47	8	1.34	1.61	1.60	6
湖　南	Hunan	10.97	14.50	15.10	13	0.69	0.76	0.81	15
广　东	Guangdong	44.66	62.91	65.24	1	0.95	1.46	1.49	7
广　西	Guangxi	5.25	6.49	6.58	22	0.40	0.50	0.48	23
海　南	Hainan	0.72	1.05	1.15	29	0.11	0.12	0.13	28
重　庆	Chongqing	5.89	7.26	8.37	18	0.36	0.54	0.58	21
四　川	Sichuan	13.04	15.53	17.39	10	2.20	2.61	2.93	4
贵　州	Guizhou	2.34	3.00	3.61	26	0.24	0.30	0.33	27
云　南	Yunnan	3.78	4.70	4.96	23	0.60	0.72	0.72	17
西　藏	Tibet	0.16	0.21	0.23	31	0.05	0.04	0.04	31
陕　西	Shaanxi	9.87	11.84	13.26	16	2.72	2.87	3.15	2
甘　肃	Gansu	3.13	3.68	3.70	25	0.69	0.66	0.69	19
青　海	Qinghai	0.76	0.78	0.73	30	0.08	0.08	0.10	29
宁　夏	Ningxia	1.04	1.40	1.44	28	0.05	0.05	0.05	30
新　疆	Xinjiang	2.11	2.67	2.70	27	0.34	0.39	0.39	25

17-2 规模以上工业企业和高等学校(R&D)人员
R&D Personnel in Industrial Enterprises above Designated Size and Institutions of Higher Education

单位：万人 (10 000 persons)

地区	Region	规模以上工业企业(R&D)人员 R&D Personnel in Industrial Enterprises above Designated Size				高等学校(R&D)人员 R&D Personnel in Higher Education			
		2010	2012	2013	2013排名 Ranking	2010	2012	2013	2013排名 Ranking
全　国	**National Total**	**175.85**	**305.15**	**337.59**		**59.36**	**67.78**	**71.51**	
北　京	Beijing	3.87	7.55	7.94	15	6.20	6.96	7.26	1
天　津	Tianjin	3.88	8.10	9.33	13	1.81	2.00	2.28	15
河　北	Hebei	5.11	8.55	9.40	12	1.68	1.99	2.13	17
山　西	Shanxi	3.93	4.41	4.65	20	1.27	1.41	1.42	22
内蒙古	Inner Mongolia	1.64	2.64	3.22	22	0.66	0.72	0.78	26
辽　宁	Liaoning	6.33	8.44	9.59	11	3.04	3.31	3.36	7
吉　林	Jilin	2.22	3.16	3.28	21	2.65	3.07	2.75	11
黑龙江	Heilongjiang	4.17	4.84	5.12	18	2.28	2.68	2.73	12
上　海	Shanghai	6.64	10.83	11.68	9	3.82	3.83	3.99	4
江　苏	Jiangsu	23.94	44.80	51.09	2	3.58	4.86	5.23	2
浙　江	Zhejiang	13.82	29.75	33.72	3	3.12	3.35	3.60	5
安　徽	Anhui	4.81	11.07	12.76	8	1.96	2.38	2.47	13
福　建	Fujian	5.41	12.07	13.02	6	1.23	1.44	1.66	20
江　西	Jiangxi	2.59	3.40	4.66	19	1.08	1.08	1.06	23
山　东	Shandong	17.29	30.39	32.68	4	2.71	3.01	3.33	8
河　南	Henan	9.04	14.08	16.82	5	1.54	1.82	1.89	18
湖　北	Hubei	6.43	11.26	12.90	7	2.76	3.09	3.17	9
湖　南	Hunan	4.95	9.25	9.90	10	2.58	3.06	3.15	10
广　东	Guangdong	31.42	51.92	53.06	1	3.39	4.06	4.41	3
广　西	Guangxi	1.61	2.98	3.02	23	1.94	2.13	2.26	16
海　南	Hainan	0.10	0.39	0.47	29	0.16	0.27	0.27	28
重　庆	Chongqing	3.10	4.60	5.38	17	1.59	1.62	1.72	19
四　川	Sichuan	5.05	7.84	9.24	14	2.95	3.15	3.55	6
贵　州	Guizhou	1.13	1.65	2.00	25	0.68	0.85	1.06	24
云　南	Yunnan	1.13	1.91	2.03	24	1.13	1.29	1.43	21
西　藏	Tibet		0.02	0.02	31	0.07	0.12	0.14	30
陕　西	Shaanxi	3.67	5.58	6.72	16	1.97	2.17	2.32	14
甘　肃	Gansu	1.25	1.73	1.76	26	0.58	0.73	0.77	27
青　海	Qinghai	0.26	0.29	0.29	30	0.14	0.12	0.11	31
宁　夏	Ningxia	0.37	0.73	0.86	28	0.23	0.31	0.26	29
新　疆	Xinjiang	0.68	0.92	0.96	27	0.55	0.91	0.94	25

17-3 研发与试验发展（R&D）经费内部支出（一）
Internal Expenditure on R&D (1)

单位：亿元 (100 million yuan)

地区	Region	研发(R&D)经费内部支出合计 Total Internal Expenditure on R&D 2010	2012	2013	2013排名 Ranking	其中：基础研究支出 Basic Research 2010	2012	2013	2013排名 Ranking
全 国	**National Total**	**7062.58**	**10298.41**	**11846.60**		**324.49**	**498.81**	**554.95**	
北 京	Beijing	821.82	1063.36	1185.05	3	95.61	125.82	137.24	1
天 津	Tianjin	229.56	360.49	428.09	9	9.42	14.22	18.03	10
河 北	Hebei	155.45	245.77	281.86	16	5.28	6.51	7.91	19
山 西	Shanxi	89.88	132.35	154.98	19	2.28	4.24	6.04	22
内蒙古	Inner Mongolia	63.72	101.45	117.19	22	1.12	2.45	3.59	26
辽 宁	Liaoning	287.47	390.87	445.93	8	7.30	14.78	15.73	13
吉 林	Jilin	75.80	109.80	119.69	21	6.17	12.04	11.73	14
黑龙江	Heilongjiang	123.04	145.96	164.78	18	9.59	17.24	15.86	12
上 海	Shanghai	481.70	679.46	776.78	6	31.05	49.16	54.87	2
江 苏	Jiangsu	857.95	1287.86	1487.45	1	22.51	33.20	43.69	3
浙 江	Zhejiang	494.23	722.59	817.27	5	11.34	17.46	18.93	9
安 徽	Anhui	163.72	281.80	352.08	12	12.24	18.31	22.13	7
福 建	Fujian	170.90	270.99	314.06	15	4.19	4.85	6.32	21
江 西	Jiangxi	87.15	113.66	135.50	20	2.44	2.94	3.83	25
山 东	Shandong	672.00	1020.33	1175.80	4	13.28	22.40	26.45	6
河 南	Henan	211.17	310.78	355.32	11	3.10	7.57	8.18	18
湖 北	Hubei	264.12	384.52	446.20	7	10.25	20.40	21.90	8
湖 南	Hunan	186.56	287.68	327.03	14	6.91	9.28	10.95	15
广 东	Guangdong	808.75	1236.15	1443.45	2	16.72	32.45	33.82	4
广 西	Guangxi	62.87	97.15	107.68	23	3.60	6.18	5.48	23
海 南	Hainan	7.02	13.72	14.84	29	1.07	2.41	1.47	30
重 庆	Chongqing	100.27	159.80	176.49	17	6.50	8.75	6.96	20
四 川	Sichuan	264.27	350.86	399.97	10	15.42	25.03	27.78	5
贵 州	Guizhou	29.97	41.73	47.19	26	2.18	3.83	5.39	24
云 南	Yunnan	44.17	68.75	79.84	24	5.52	8.21	8.22	17
西 藏	Tibet	1.46	1.78	2.30	31	0.20	0.28	0.24	31
陕 西	Shaanxi	217.50	287.20	342.75	13	10.14	14.79	16.82	11
甘 肃	Gansu	41.94	60.48	66.92	25	5.65	8.29	8.97	16
青 海	Qinghai	9.94	13.12	13.75	30	0.98	1.31	1.60	29
宁 夏	Ningxia	11.51	18.23	20.90	28	0.99	1.22	1.79	28
新 疆	Xinjiang	26.65	39.73	45.46	27	1.43	3.18	3.02	27

17-4 研发与试验发展(R&D)经费内部支出（二）
Internal Expenditure on R&D (2)

单位：亿元 (100 million yuan)

地区	Region	其中：应用研究支出 Applied Research				其中：试验发展支出 Experimental Development			
		2010	2012	2013	2013排名 Ranking	2010	2012	2013	2013排名 Ranking
全　国	**National Total**	**893.79**	**1161.97**	**1269.12**		**5844.30**	**8637.63**	**10022.53**	
北　京	Beijing	216.86	241.81	258.04	1	509.35	695.73	789.77	4
天　津	Tianjin	37.82	43.89	53.50	10	182.32	302.38	356.56	8
河　北	Hebei	23.09	32.33	30.89	15	127.08	206.93	243.06	16
山　西	Shanxi	16.43	17.12	18.27	17	71.17	110.98	130.67	18
内蒙古	Inner Mongolia	6.03	7.39	7.79	26	56.57	91.61	105.80	21
辽　宁	Liaoning	36.16	60.92	55.59	9	244.01	315.17	374.61	7
吉　林	Jilin	18.05	29.13	36.48	13	51.58	68.63	71.48	23
黑龙江	Heilongjiang	18.92	24.01	25.74	16	94.53	104.71	123.18	19
上　海	Shanghai	68.99	91.58	102.67	3	381.67	538.72	619.24	6
江　苏	Jiangsu	53.23	74.61	79.92	4	782.21	1180.05	1363.84	1
浙　江	Zhejiang	30.25	38.90	39.81	12	452.64	666.22	758.53	5
安　徽	Anhui	15.66	26.91	33.49	14	135.83	236.57	296.47	12
福　建	Fujian	9.49	12.24	14.73	20	157.22	253.90	293.00	13
江　西	Jiangxi	7.89	7.97	10.40	23	76.82	102.75	121.27	20
山　东	Shandong	36.61	64.40	68.64	6	622.12	933.52	1080.71	3
河　南	Henan	9.41	11.66	16.61	18	198.66	291.56	330.54	10
湖　北	Hubei	47.25	56.15	67.90	7	206.62	307.98	356.40	9
湖　南	Hunan	24.91	37.26	42.09	11	154.74	241.13	273.98	14
广　东	Guangdong	37.32	88.78	102.77	2	754.71	1114.92	1306.86	2
广　西	Guangxi	9.56	11.83	12.28	22	49.71	79.14	89.92	22
海　南	Hainan	2.48	2.12	1.31	30	3.47	9.20	12.07	29
重　庆	Chongqing	13.18	24.32	16.03	19	80.59	126.72	153.51	17
四　川	Sichuan	83.00	71.40	74.78	5	165.85	254.42	297.41	11
贵　州	Guizhou	3.60	3.56	4.97	27	24.19	34.33	36.83	26
云　南	Yunnan	11.04	12.53	12.56	21	27.61	48.02	59.06	24
西　藏	Tibet	0.53	0.42	0.57	31	0.73	1.08	1.50	31
陕　西	Shaanxi	38.35	45.06	58.63	8	169.01	227.36	267.30	15
甘　肃	Gansu	8.80	11.98	10.01	24	27.49	40.21	47.94	25
青　海	Qinghai	1.56	2.60	2.91	28	7.41	9.21	9.25	30
宁　夏	Ningxia	1.03	1.60	1.33	29	9.49	15.41	17.79	28
新　疆	Xinjiang	6.30	7.48	8.44	25	18.92	29.07	34.00	27

17-5 按支出用途分研究与试验发展(R&D)经费内部支出（一）
Internal Expenditure on R&D by Use (1)

单位：亿元 (100 million yuan)

地区	Region	研发(R&D)经费日常性支出 Routine Expenses				其中:劳务费支出 Labor Cost			
		2010	2012	2013	2013排名 Ranking	2010	2012	2013	2013排名 Ranking
全　国	**National Total**	**5925.25**	**8807.18**	**10173.81**		**1667.00**	**2644.52**	**3157.44**	
北　京	Beijing	655.93	896.72	1002.04	4	189.11	280.69	322.26	3
天　津	Tianjin	185.36	298.79	342.84	9	44.34	76.44	92.24	8
河　北	Hebei	125.17	212.53	242.40	16	30.07	60.93	65.07	15
山　西	Shanxi	74.49	113.51	131.45	19	18.26	26.66	28.65	20
内蒙古	Inner Mongolia	54.14	89.33	103.33	21	12.07	19.59	25.87	23
辽　宁	Liaoning	251.27	338.25	406.08	7	47.15	65.42	75.07	14
吉　林	Jilin	66.83	92.18	101.19	22	14.37	22.29	27.14	22
黑龙江	Heilongjiang	104.16	129.35	141.72	18	25.75	35.46	35.82	18
上　海	Shanghai	420.49	574.82	672.60	6	139.12	187.27	238.95	6
江　苏	Jiangsu	729.24	1093.80	1270.31	2	184.65	325.64	406.53	2
浙　江	Zhejiang	432.36	642.75	727.49	5	145.63	219.18	258.31	5
安　徽	Anhui	134.09	228.41	293.47	12	33.20	66.88	86.60	12
福　建	Fujian	137.70	226.09	265.28	15	42.71	73.92	90.32	9
江　西	Jiangxi	69.79	95.60	113.55	20	17.41	23.80	30.02	19
山　东	Shandong	580.73	892.95	1025.15	3	135.18	222.33	259.15	4
河　南	Henan	173.98	263.85	303.62	11	44.34	70.67	86.61	11
湖　北	Hubei	225.48	327.32	389.67	8	49.92	84.05	102.24	7
湖　南	Hunan	162.85	254.86	288.65	13	40.42	67.00	80.51	13
广　东	Guangdong	695.77	1091.71	1280.02	1	286.43	474.00	554.56	1
广　西	Guangxi	52.70	82.02	86.46	23	15.03	22.86	28.34	21
海　南	Hainan	5.33	11.66	13.24	29	1.73	3.67	4.16	29
重　庆	Chongqing	77.87	131.68	144.86	17	21.82	36.21	47.88	17
四　川	Sichuan	197.35	274.72	313.33	10	56.10	75.23	87.37	10
贵　州	Guizhou	26.78	36.84	39.93	26	6.09	9.19	10.98	26
云　南	Yunnan	35.10	58.37	68.85	24	9.86	15.27	17.81	24
西　藏	Tibet	1.22	1.53	1.80	31	0.38	0.82	0.85	31
陕　西	Shaanxi	172.37	238.29	283.03	14	33.80	48.77	60.10	16
甘　肃	Gansu	35.88	50.06	56.52	25	9.83	13.79	16.94	25
青　海	Qinghai	8.17	8.86	9.15	30	2.09	2.16	1.90	30
宁　夏	Ningxia	9.30	15.35	16.92	28	2.79	4.76	5.37	28
新　疆	Xinjiang	23.35	34.95	38.87	27	7.34	9.58	9.85	27

17-6 按支出用途分研究与试验发展(R&D)经费内部支出（二）
Internal Expenditure on R&D by Use (2)

单位：亿元 (100 million yuan)

地区	Region	研发(R&D)经费资产性支出 Assets Expenditure				其中:仪器和设备支出 Equipment			
		2010	2012	2013	2013排名 Ranking	2010	2012	2013	2013排名 Ranking
全　国	**National Total**	**1137.32**	**1491.23**	**1672.78**		**934.81**	**1250.07**	**1411.18**	
北　京	Beijing	165.89	166.64	183.01	2	118.79	123.96	134.08	4
天　津	Tianjin	44.21	61.70	85.26	8	34.96	47.19	62.89	8
河　北	Hebei	30.28	33.24	39.46	15	22.44	29.52	35.37	14
山　西	Shanxi	15.40	18.83	23.53	18	13.77	16.18	19.22	20
内蒙古	Inner Mongolia	9.58	12.12	13.85	23	9.17	11.03	12.09	23
辽　宁	Liaoning	36.20	52.62	39.85	14	30.39	48.31	31.21	16
吉　林	Jilin	8.97	17.62	18.50	22	7.29	14.52	13.93	22
黑龙江	Heilongjiang	18.88	16.61	23.07	19	16.45	13.59	17.76	21
上　海	Shanghai	61.22	104.64	104.19	5	50.86	87.38	86.69	5
江　苏	Jiangsu	128.71	194.06	217.14	1	113.04	177.16	202.24	1
浙　江	Zhejiang	61.87	79.83	89.78	6	58.79	75.59	83.04	6
安　徽	Anhui	29.63	53.39	58.62	10	23.30	40.28	43.54	12
福　建	Fujian	33.20	44.90	48.78	13	32.10	42.81	46.40	11
江　西	Jiangxi	17.36	18.06	21.94	20	15.55	15.59	19.63	19
山　东	Shandong	91.28	127.37	150.65	4	80.53	115.19	137.69	3
河　南	Henan	37.18	46.93	51.71	12	32.79	43.63	48.87	9
湖　北	Hubei	38.64	57.20	56.53	11	31.25	46.09	48.04	10
湖　南	Hunan	23.70	32.81	38.37	16	21.04	28.39	34.45	15
广　东	Guangdong	112.98	144.44	163.43	3	103.30	132.01	146.62	2
广　西	Guangxi	10.17	15.13	21.22	21	8.89	13.82	19.92	18
海　南	Hainan	1.70	2.06	1.60	30	1.10	1.76	1.47	30
重　庆	Chongqing	22.39	28.11	31.63	17	19.18	23.18	27.41	17
四　川	Sichuan	66.92	76.14	86.64	7	35.08	40.99	63.27	7
贵　州	Guizhou	3.19	4.83	7.25	26	2.52	3.50	5.12	27
云　南	Yunnan	9.07	10.39	10.99	24	7.39	8.78	8.84	24
西　藏	Tibet	0.24	0.25	0.50	31	0.22	0.24	0.32	31
陕　西	Shaanxi	45.13	48.91	59.72	9	32.76	29.78	37.77	13
甘　肃	Gansu	6.05	10.42	10.40	25	5.12	8.34	8.75	25
青　海	Qinghai	1.77	4.27	4.60	28	1.54	4.11	4.20	28
宁　夏	Ningxia	2.21	2.88	3.99	29	2.14	2.74	3.94	29
新　疆	Xinjiang	3.30	4.78	6.59	27	3.09	4.43	6.40	26

17-7 按资金来源分研究与试验发展(R&D)经费内部支出（一）
Internal Expenditure on R&D by Sources (1)

单位：亿元 (100 million yuan)

地区	Region	政府资金 Government Funds 2010	2012	2013	2013排名 Ranking	企业资金 Self-raised Funds by Enterprises 2010	2012	2013	2013排名 Ranking
全　国	**National Total**	**1696.30**	**2221.40**	**2500.57**		**5063.14**	**7625.02**	**8837.72**	
北　京	Beijing	472.07	565.99	679.54	1	270.43	368.63	401.13	6
天　津	Tianjin	44.14	58.07	72.63	11	170.20	284.11	329.35	9
河　北	Hebei	27.39	38.49	38.79	17	122.02	202.70	237.26	14
山　西	Shanxi	13.16	18.16	24.80	20	74.87	110.18	126.37	18
内蒙古	Inner Mongolia	9.38	11.81	15.06	25	52.34	84.97	96.72	20
辽　宁	Liaoning	65.59	90.04	96.54	8	214.33	296.41	339.93	7
吉　林	Jilin	29.11	40.16	42.66	16	43.57	65.30	71.53	23
黑龙江	Heilongjiang	37.58	55.45	69.28	12	80.10	86.74	91.63	21
上　海	Shanghai	142.78	225.76	245.55	2	318.28	413.60	481.13	5
江　苏	Jiangsu	114.54	138.82	141.58	5	710.60	1098.56	1280.87	2
浙　江	Zhejiang	48.00	60.41	66.16	13	435.45	644.36	733.62	4
安　徽	Anhui	36.07	60.21	82.89	10	118.86	209.19	257.93	13
福　建	Fujian	17.61	21.60	25.92	18	148.45	242.56	279.57	11
江　西	Jiangxi	17.31	19.56	24.23	21	67.33	90.34	104.10	19
山　东	Shandong	58.88	92.19	98.55	7	600.17	907.04	1055.92	3
河　南	Henan	31.71	42.71	43.30	15	172.49	254.19	299.90	10
湖　北	Hubei	61.94	82.99	92.44	9	192.68	288.10	338.84	8
湖　南	Hunan	26.57	37.01	46.10	14	150.98	241.74	272.07	12
广　东	Guangdong	65.76	107.90	116.22	6	708.93	1090.95	1290.71	1
广　西	Guangxi	15.21	21.25	21.01	24	45.19	70.35	80.48	22
海　南	Hainan	4.10	4.61	5.20	28	2.59	7.80	9.36	29
重　庆	Chongqing	20.82	23.06	24.11	22	75.53	125.82	145.33	16
四　川	Sichuan	149.50	171.20	152.78	4	108.90	167.40	200.19	15
贵　州	Guizhou	7.53	8.90	12.35	26	20.27	28.85	31.59	27
云　南	Yunnan	17.46	21.77	24.88	19	24.38	42.93	50.34	24
西　藏	Tibet	1.06	1.24	1.80	31	0.37	0.51	0.48	31
陕　西	Shaanxi	131.00	161.83	192.02	3	76.73	114.52	132.87	17
甘　肃	Gansu	16.27	21.88	23.95	23	24.00	36.36	41.01	25
青　海	Qinghai	3.12	3.51	3.91	30	6.41	9.23	9.27	30
宁　夏	Ningxia	2.67	4.15	4.41	29	8.65	13.74	16.21	28
新　疆	Xinjiang	7.98	10.67	11.90	27	18.05	27.82	32.01	26

17-8 按资金来源分研究与试验发展(R&D)经费内部支出（二）
Internal Expenditure on R&D by Sources (2)

单位：亿元 (100 million yuan)

地区	Region	国外资金 Foreign Funds				其他资金 Other Funds			
		2010	2012	2013	2013排名 Ranking	2010	2012	2013	2013排名 Ranking
全　国	**National Total**	**92.14**	**100.40**	**105.86**		**210.99**	**351.59**	**402.45**	
北　京	Beijing	30.06	47.90	38.16	1	49.26	80.84	66.22	1
天　津	Tianjin	8.24	6.59	10.06	3	6.99	11.71	16.05	8
河　北	Hebei	0.05	0.22	0.12	23	5.99	4.35	5.68	19
山　西	Shanxi	0.09	0.07	0.01	28	1.77	3.94	3.79	23
内蒙古	Inner Mongolia	1.09	2.02	0.01	27	0.92	2.64	5.39	20
辽　宁	Liaoning	0.64	0.79	2.84	7	6.91	3.63	6.62	16
吉　林	Jilin	0.17	0.37	0.42	18	2.95	3.97	5.07	21
黑龙江	Heilongjiang	0.11	1.07	1.46	9	5.25	2.70	2.41	25
上　海	Shanghai	6.80	7.19	19.47	2	13.83	32.90	30.63	4
江　苏	Jiangsu	11.55	9.57	8.54	5	21.27	40.91	56.46	2
浙　江	Zhejiang	3.27	3.13	2.38	8	7.53	14.68	15.12	9
安　徽	Anhui	0.22	1.07	0.65	14	8.57	11.32	10.62	12
福　建	Fujian	1.38	1.10	0.56	16	3.46	5.73	8.01	13
江　西	Jiangxi	0.24	0.29	0.28	20	2.26	3.46	6.88	15
山　东	Shandong	2.84	5.67	5.20	6	10.10	15.43	16.13	7
河　南	Henan	0.13	0.37	0.83	13	6.83	13.51	11.30	11
湖　北	Hubei	0.90	0.95	0.90	12	8.60	12.48	14.02	10
湖　南	Hunan	1.31	0.80	1.01	11	7.71	8.13	7.85	14
广　东	Guangdong	21.34	8.89	9.83	4	12.71	28.41	26.70	5
广　西	Guangxi	0.09	0.03	0.02	25	2.38	5.52	6.17	18
海　南	Hainan	0.01	0.01	0.01	29	0.32	1.32	0.28	29
重　庆	Chongqing	0.31	0.24	0.45	17	3.61	10.68	6.60	17
四　川	Sichuan	0.60	1.09	1.23	10	5.27	11.18	45.77	3
贵　州	Guizhou	0.02	0.03	0.03	24	2.15	3.95	3.21	24
云　南	Yunnan	0.21	0.46	0.40	19	2.12	3.59	4.22	22
西　藏	Tibet					0.03	0.03	0.02	31
陕　西	Shaanxi	0.13	0.10	0.21	21	9.65	10.76	17.64	6
甘　肃	Gansu	0.12	0.08	0.16	22	1.55	2.15	1.80	26
青　海	Qinghai	0.15	0.003			0.27	0.38	0.58	28
宁　夏	Ningxia		0.02	0.02	26	0.19	0.32	0.26	30
新　疆	Xinjiang	0.07	0.29	0.60	15	0.55	0.95	0.95	27

17-9 研究与试验发展(R&D)经费外部支出（一）
External Expenditure on R&D (1)

单位：亿元 (100 million yuan)

地区	Region	研发(R&D)经费外部支出合计 Total External Expenditure				其中：对境内研究机构支出 to Domestic Research Institutions		
		2011	2012	2013	2013排名 Ranking	2012	2013	2013排名 Ranking
全国	**National Total**	**494.34**	**584.21**	**607.22**		**232.88**	**248.13**	
北京	Beijing	81.21	94.62	97.32	1	50.10	44.03	1
天津	Tianjin	10.63	15.50	11.80	17	5.64	4.78	19
河北	Hebei	7.68	10.81	12.00	15	4.64	5.79	16
山西	Shanxi	6.70	9.82	8.18	20	3.32	3.84	20
内蒙古	Inner Mongolia	3.81	3.74	3.73	25	1.81	2.00	25
辽宁	Liaoning	11.04	13.47	17.22	11	5.68	6.43	13
吉林	Jilin	4.34	14.82	18.55	10	8.57	9.51	8
黑龙江	Heilongjiang	11.06	11.49	6.82	22	5.76	2.81	23
上海	Shanghai	31.16	46.12	59.26	3	8.53	14.32	5
江苏	Jiangsu	51.47	44.78	54.12	5	16.04	21.76	3
浙江	Zhejiang	36.24	39.72	36.23	6	15.75	15.09	4
安徽	Anhui	15.39	20.35	18.96	9	6.18	6.29	15
福建	Fujian	11.35	18.28	21.22	8	9.51	8.98	9
江西	Jiangxi	9.21	11.70	11.98	16	4.84	5.79	17
山东	Shandong	48.17	55.17	57.35	4	20.92	25.60	2
河南	Henan	11.00	12.44	10.92	18	8.14	6.31	14
湖北	Hubei	9.27	17.43	15.02	13	7.13	6.62	12
湖南	Hunan	8.68	13.40	14.43	14	5.22	8.15	10
广东	Guangdong	65.58	59.12	62.69	2	10.76	12.11	6
广西	Guangxi	4.29	5.18	4.04	24	3.48	2.62	24
海南	Hainan	0.84	1.36	1.51	28	1.30	1.40	26
重庆	Chongqing	7.90	8.26	8.46	19	4.62	5.18	18
四川	Sichuan	12.78	19.45	21.85	7	9.56	11.10	7
贵州	Guizhou	1.41	2.28	1.71	27	1.15	0.73	28
云南	Yunnan	3.00	4.85	5.46	23	2.44	3.76	21
西藏	Tibet	0.09	0.34	0.18	31	0.03	0.08	31
陕西	Shaanxi	15.81	16.96	15.35	12	5.27	7.24	11
甘肃	Gansu	5.45	6.61	7.04	21	2.97	3.74	22
青海	Qinghai	2.54	0.91	0.75	30	0.67	0.49	30
宁夏	Ningxia	0.71	0.73	1.05	29	0.36	0.50	29
新疆	Xinjiang	5.55	4.49	2.03	26	2.50	1.08	27

17-10 研究与试验发展(R&D)经费外部支出（二）
External Expenditure on R&D (2)

单位：亿元 (100 million yuan)

地区	Region	其中：对境内高等学校支出 to Domestic Higher Education				其中：对境内企业支出 to Domestic Enterprises			
		2011	2012	2013	2013排名 Ranking	2011	2012	2013	2013排名 Ranking
全　国	**National Total**	**101.25**	**121.03**	**123.47**		**113.91**	**140.85**	**142.07**	
北　京	Beijing	9.94	13.33	13.36	2	19.46	17.40	23.75	2
天　津	Tianjin	1.12	1.81	2.82	16	2.29	4.82	2.02	15
河　北	Hebei	2.38	4.65	4.93	9	0.99	0.87	0.81	19
山　西	Shanxi	2.11	2.45	2.35	17	1.19	3.53	1.89	16
内蒙古	Inner Mongolia	1.13	1.18	0.98	25	0.91	0.49	0.12	26
辽　宁	Liaoning	1.79	2.23	4.20	13	3.36	4.14	5.32	8
吉　林	Jilin	1.15	4.26	6.44	6	0.28	1.33	2.07	14
黑龙江	Heilongjiang	2.98	2.67	2.05	18	3.02	2.17	1.07	18
上　海	Shanghai	2.80	3.81	4.49	11	7.84	19.13	13.70	3
江　苏	Jiangsu	11.25	9.80	11.30	3	11.68	9.63	12.40	4
浙　江	Zhejiang	6.61	7.49	7.51	4	10.91	12.80	9.25	5
安　徽	Anhui	2.78	3.84	4.30	12	4.77	5.70	7.79	7
福　建	Fujian	2.11	2.08	1.92	20	1.83	1.13	5.19	9
江　西	Jiangxi	1.47	2.61	1.74	21	0.85	3.53	2.30	13
山　东	Shandong	15.75	19.64	18.39	1	8.16	10.40	7.81	6
河　南	Henan	2.62	3.53	3.71	14	2.21	0.60	0.68	21
湖　北	Hubei	3.03	4.74	4.94	8	2.51	3.27	2.56	12
湖　南	Hunan	2.30	6.00	4.85	10	1.12	0.95	0.73	20
广　东	Guangdong	12.79	6.36	7.05	5	20.24	29.71	31.26	1
广　西	Guangxi	1.11	1.09	0.99	24	0.93	0.27	0.08	28
海　南	Hainan	0.04	0.06	0.08	30	0.01	0.01	0.01	30
重　庆	Chongqing	1.22	1.35	1.39	22	0.35	0.96	1.15	17
四　川	Sichuan	4.31	6.42	6.00	7	2.45	2.44	3.70	11
贵　州	Guizhou	0.57	0.75	0.46	27	0.12	0.16	0.43	23
云　南	Yunnan	0.68	0.77	1.16	23	0.63	1.46	0.45	22
西　藏	Tibet	0.05	0.31	0.05	31			0.01	31
陕　西	Shaanxi	2.57	3.96	2.86	15	1.06	2.71	4.90	10
甘　肃	Gansu	1.38	2.34	1.96	19	0.44	0.22	0.16	25
青　海	Qinghai	2.21	0.19	0.20	29	0.01	0.03	0.02	29
宁　夏	Ningxia	0.33	0.21	0.43	28	0.03	0.14	0.08	27
新　疆	Xinjiang	0.69	1.09	0.56	26	4.25	0.88	0.38	24

17-11 研究与试验发展(R&D)经费外部支出（三）
External Expenditure on R&D (3)

地区	Region	对境外机构支出(亿元) to Foreign Institutions (100 million yuan)				研究与试验发展（R&D）项目（课题）数(项) R&D Projects (item)			
		2011	2012	2013	2013排名 Ranking	2011	2012	2013	2013排名 Ranking
全 国	**National Total**	**60.78**	**67.90**	**80.68**		**953124**	**1072383**	**1164993**	
北 京	Beijing	1.03	1.36	5.51	4	103526	109514	118710	1
天 津	Tianjin	1.75	3.11	2.01	9	28882	31893	34983	13
河 北	Hebei	0.68	0.58	0.46	20	22603	25570	26232	16
山 西	Shanxi	0.21	0.44	0.09	24	11823	13349	13655	24
内蒙古	Inner Mongolia	0.09	0.18	0.63	15	8211	9936	10454	26
辽 宁	Liaoning	1.28	0.94	1.27	10	31235	36507	37221	12
吉 林	Jilin	0.46	0.64	0.52	18	19356	20698	26029	17
黑龙江	Heilongjiang	1.11	0.86	0.89	12	21374	23579	24935	18
上 海	Shanghai	10.79	14.26	26.68	1	61757	65802	69432	6
江 苏	Jiangsu	10.77	9.09	8.57	3	79100	97597	107080	2
浙 江	Zhejiang	3.79	3.66	4.37	7	74091	84509	92729	4
安 徽	Anhui	2.85	4.61	0.51	19	32520	39251	45183	9
福 建	Fujian	2.87	5.53	5.03	6	26138	30008	33860	14
江 西	Jiangxi	2.51	0.70	2.15	8	17722	19157	22112	21
山 东	Shandong	4.81	4.20	5.31	5	59183	64906	69937	5
河 南	Henan	0.26	0.17	0.23	22	28422	30319	32931	15
湖 北	Hubei	0.24	0.31	0.61	16	45457	48669	53039	7
湖 南	Hunan	0.88	0.85	0.66	14	37020	40033	42985	10
广 东	Guangdong	9.80	12.21	11.91	2	78772	93179	101450	3
广 西	Guangxi	0.30	0.35	0.35	21	20350	22519	22585	20
海 南	Hainan			0.01	30	3466	4224	4400	29
重 庆	Chongqing	2.74	1.33	0.71	13	19375	21799	24792	19
四 川	Sichuan	0.61	0.90	0.55	17	41012	45991	50269	8
贵 州	Guizhou	0.06	0.08	0.07	26	10975	12185	14284	23
云 南	Yunnan	0.01	0.18	0.08	25	14363	16049	16507	22
西 藏	Tibet			0.03	28	564	731	782	31
陕 西	Shaanxi	0.13	0.25	0.21	23	32166	36303	39594	11
甘 肃	Gansu	0.69	1.07	1.17	11	11545	13108	13403	25
青 海	Qinghai	0.02	0.02	0.03	29	1357	1495	1658	30
宁 夏	Ningxia	0.05	0.02	0.04	27	4053	5090	4632	28
新 疆	Xinjiang	0.01	0.01	0.01	31	6706	8413	9130	27

17-12 研究与试验发展(R&D)项目情况
R&D Projects

地区	Region	R&D项目（课题）参加人员折合全时当量(人年) Participants (man-year)				R&D项目（课题）经费内部支出(亿元) Expenditure (100 million yuan)			
		2010	2012	2013	2013排名 Ranking	2010	2012	2013	2013排名 Ranking
全 国	**National Total**	**2553829**	**2937707**	**3211432**		**7062.58**	**8474.24**	**9830.55**	
北 京	Beijing	193718	217963	221745	5	821.82	842.75	897.61	4
天 津	Tianjin	58771	80557	91294	13	229.56	277.68	336.05	9
河 北	Hebei	62305	69280	79787	16	155.45	198.96	238.91	16
山 西	Shanxi	46279	42167	44112	19	89.88	101.97	128.08	19
内蒙古	Inner Mongolia	24765	27327	32517	23	63.72	81.74	96.34	21
辽 宁	Liaoning	84654	77260	85158	14	287.47	304.11	353.72	7
吉 林	Jilin	45313	43437	40895	20	75.80	85.68	96.33	22
黑龙江	Heilongjiang	61854	58541	56870	17	123.04	108.50	131.04	18
上 海	Shanghai	134952	139430	150837	6	481.70	510.98	635.79	6
江 苏	Jiangsu	315831	371314	433037	2	857.95	1104.09	1290.45	1
浙 江	Zhejiang	223484	260923	292713	3	494.23	657.38	744.56	5
安 徽	Anhui	64169	92745	110010	10	163.72	224.19	283.83	12
福 建	Fujian	76737	102313	110489	9	170.90	230.97	271.88	14
江 西	Jiangxi	34823	33251	37834	21	87.15	96.47	116.11	20
山 东	Shandong	190329	231347	254772	4	672.00	857.26	997.84	3
河 南	Henan	101467	113921	136746	7	211.17	271.76	318.79	10
湖 北	Hubei	97924	110110	119508	8	264.12	320.89	343.34	8
湖 南	Hunan	72637	89426	91500	12	186.56	238.05	274.19	13
广 东	Guangdong	344692	439950	452613	1	808.75	1103.30	1274.51	2
广 西	Guangxi	33987	36964	36915	22	62.87	75.66	87.34	23
海 南	Hainan	4893	6031	5239	29	7.02	8.11	10.40	29
重 庆	Chongqing	37078	40684	46239	18	100.27	126.24	142.61	17
四 川	Sichuan	83800	88820	99495	11	264.27	257.45	294.46	11
贵 州	Guizhou	15087	16969	21000	26	29.97	35.13	39.93	26
云 南	Yunnan	22552	25040	25405	24	44.17	47.83	56.93	24
西 藏	Tibet	1259	1003	983	31	1.46	1.44	1.38	31
陕 西	Shaanxi	73218	73694	85125	15	217.50	207.42	262.75	15
甘 肃	Gansu	21661	21363	21834	25	41.94	43.90	48.77	25
青 海	Qinghai	4858	4583	4200	30	9.94	10.91	10.37	30
宁 夏	Ningxia	6378	7364	7408	28	11.51	13.95	16.35	28
新 疆	Xinjiang	14382	13933	14152	27	26.65	29.46	29.90	27

17-13 国家产业化计划项目
Projects of National Industrialization Program

地区	Region	项目数（项） Number of Projects (item)				当年落实资金（亿元） Funds Arranged (100 million yuan)			
		2010	2012	2013	2013排名 Ranking	2010	2012	2013	2013排名 Ranking
全　国	**National Total**	**8238**	**9585**	**10481**		**865.04**	**1045.31**	**1022.06**	
北　京	Beijing	256	241	307	6	15.25	12.01	15.38	14
天　津	Tianjin	117	151	159	16	6.04	20.24	14.55	15
河　北	Hebei	132	112	107	26	37.07	15.81	6.06	26
山　西	Shanxi	125	112	130	18	11.98	11.06	14.23	17
内蒙古	Inner Mongolia	73	78	87	27	35.40	12.35	8.99	22
辽　宁	Liaoning	209	229	248	9	37.62	41.28	43.16	7
吉　林	Jilin	162	137	124	21	24.53	16.65	11.35	20
黑龙江	Heilongjiang	198	150	153	17	13.36	14.20	12.42	19
上　海	Shanghai	146	172	161	15	9.31	14.07	10.63	21
江　苏	Jiangsu	1542	2194	2171	2	172.58	242.71	216.49	1
浙　江	Zhejiang	1575	2036	2266	1	91.85	101.64	106.97	3
安　徽	Anhui	313	448	528	5	39.34	57.97	97.38	4
福　建	Fujian	223	262	249	8	13.54	13.33	14.29	16
江　西	Jiangxi	167	153	188	13	17.09	14.96	20.72	10
山　东	Shandong	787	862	962	3	132.94	175.25	137.73	2
河　南	Henan	173	216	205	11	21.30	58.67	53.98	5
湖　北	Hubei	246	241	274	7	27.22	39.33	42.96	8
湖　南	Hunan	147	89	121	23	23.89	10.12	18.75	11
广　东	Guangdong	448	472	631	4	30.68	38.00	37.91	9
广　西	Guangxi	83	98	124	21	10.95	6.91	6.06	27
海　南	Hainan	50	44	55	29	1.98	3.49	4.16	30
重　庆	Chongqing	118	106	110	25	15.74	9.50	8.33	23
四　川	Sichuan	231	171	182	14	22.76	28.02	43.61	6
贵　州	Guizhou	75	97	128	20	3.20	8.81	5.62	28
云　南	Yunnan	114	131	117	24	12.25	24.76	14.11	18
西　藏	Tibet	13	21	24	31	0.21	0.31	0.35	31
陕　西	Shaanxi	186	180	231	10	12.16	13.22	16.79	13
甘　肃	Gansu	124	112	130	18	3.49	4.63	4.90	29
青　海	Qinghai	42	50	63	28	7.85	13.22	7.79	25
宁　夏	Ningxia	63	46	49	30	6.86	5.47	7.86	24
新　疆	Xinjiang	100	174	197	12	6.59	17.31	18.52	12

17-14 国内专利申请受理数（一）
Domestic Patent Applications Accepted (1)

单位：件 (piece)

地区	Region	国内专利申请受理数 Domestic Patent Applications Accepted				其中：发明 Invention			
		2010	2012	2013	2013排名 Ranking	2010	2012	2013	2013排名 Ranking
全　国	**National Total**	1109428	1912151	2234560		293066	535313	704936	
北　京	Beijing	57296	92305	123336	5	33466	52720	67554	4
天　津	Tianjin	25973	41009	60915	9	7347	13587	21946	11
河　北	Hebei	12295	23241	27619	18	3270	6108	7329	19
山　西	Shanxi	7927	16786	18859	20	3046	5417	6025	20
内蒙古	Inner Mongolia	2912	4732	6388	27	932	1492	1935	27
辽　宁	Liaoning	34216	41152	45996	15	9884	19740	25292	9
吉　林	Jilin	6445	9171	10751	25	2789	3913	4549	21
黑龙江	Heilongjiang	10269	30610	32264	17	4070	7068	10338	17
上　海	Shanghai	71196	82682	86450	7	26165	37139	39157	6
江　苏	Jiangsu	235873	472656	504500	1	50298	110091	141259	1
浙　江	Zhejiang	120742	249373	294014	2	18027	33265	42744	5
安　徽	Anhui	47128	74888	93353	6	6396	19391	34857	7
福　建	Fujian	21994	42773	53701	12	5117	8492	9884	18
江　西	Jiangxi	6307	12458	16938	22	1968	3023	3931	24
山　东	Shandong	80856	128614	155170	4	17259	40381	67642	3
河　南	Henan	25149	43442	55920	11	6408	10910	15580	13
湖　北	Hubei	31311	51316	50816	13	7411	14640	18189	12
湖　南	Hunan	22381	35709	41336	16	6438	9974	11938	16
广　东	Guangdong	152907	229514	264265	3	40866	60448	68990	2
广　西	Guangxi	5117	13610	23251	19	1574	6511	14382	14
海　南	Hainan	1019	1824	2359	29	572	865	921	29
重　庆	Chongqing	22825	38924	49036	14	5150	11402	12562	15
四　川	Sichuan	40230	66312	82453	8	8342	16368	23510	10
贵　州	Guizhou	4414	11296	17405	21	1322	3103	3988	22
云　南	Yunnan	5645	9260	11512	23	2333	3324	3961	23
西　藏	Tibet	162	170	203	31	76	81	92	31
陕　西	Shaanxi	22949	43608	57287	10	8138	17043	26487	8
甘　肃	Gansu	3558	8261	10976	24	1412	3265	3735	25
青　海	Qinghai	602	844	1099	30	193	298	520	30
宁　夏	Ningxia	739	1985	3230	28	268	846	1792	28
新　疆	Xinjiang	3560	7044	8224	26	914	1679	2081	26

17-15 国内专利申请受理数（二）
Domestic Patent Applications Accepted (2)

单位：件 (piece)

地区	Region	其中：实用新型 Utility Model				其中：外观设计 Design			
		2010	2012	2013	2013排名 Ranking	2010	2012	2013	2013排名 Ranking
全　国	**National Total**	**407238**	**734437**	**885226**		**409124**	**642401**	**644398**	
北　京	Beijing	18637	32609	47586	5	5193	6976	8196	12
天　津	Tianjin	11064	22074	34134	8	7562	5348	4835	18
河　北	Hebei	7089	13635	15781	18	1936	3498	4509	20
山　西	Shanxi	3533	6735	7527	20	1348	4634	5307	16
内蒙古	Inner Mongolia	1406	2566	3213	27	574	674	1240	26
辽　宁	Liaoning	14994	17530	18077	16	9338	3882	2627	21
吉　林	Jilin	2993	4213	5141	25	663	1045	1061	27
黑龙江	Heilongjiang	4815	13359	16118	17	1384	10183	5808	15
上　海	Shanghai	23188	33166	35584	7	21843	12377	11709	8
江　苏	Jiangsu	51436	107091	128898	1	134139	255474	234343	1
浙　江	Zhejiang	50231	108599	127122	2	52484	107509	124148	2
安　徽	Anhui	17367	36641	45148	6	23365	18856	13348	7
福　建	Fujian	10846	22081	25769	13	6031	12200	18048	5
江　西	Jiangxi	2947	6132	7818	19	1392	3303	5189	17
山　东	Shandong	43441	69170	73862	4	20156	19063	13666	6
河　南	Henan	13856	23594	29420	10	4885	8938	10920	11
湖　北	Hubei	12791	24078	26163	11	11109	12598	6464	14
湖　南	Hunan	9601	16208	18327	15	6342	9527	11071	10
广　东	Guangdong	47706	78731	93592	3	64335	90335	101683	3
广　西	Guangxi	2512	5017	6755	21	1031	2082	2114	22
海　南	Hainan	312	747	994	29	135	212	444	28
重　庆	Chongqing	11985	19738	24865	14	5690	7784	11609	9
四　川	Sichuan	16671	26732	33488	9	15217	23212	25455	4
贵　州	Guizhou	2441	4111	6456	22	651	4082	6961	13
云　南	Yunnan	2212	4482	5705	23	1100	1454	1846	23
西　藏	Tibet	33	61	57	31	53	28	54	31
陕　西	Shaanxi	7939	16392	26157	12	6872	10173	4643	19
甘　肃	Gansu	1592	3777	5453	24	554	1219	1788	24
青　海	Qinghai	129	283	364	30	280	263	215	30
宁　夏	Ningxia	397	910	1187	28	74	229	251	29
新　疆	Xinjiang	2272	3375	4620	26	374	1990	1523	25

17-16 国内专利申请授权数（一）
Domestic Patent Applications Granted (1)

单位：件 (piece)

地区	Region	国内专利申请授权数 Domestic Patents Applications Granted 2010	2012	2013	2013排名 Ranking	其中：发明 Invention 2010	2012	2013	2013排名 Ranking
全　国	**National Total**	**740620**	**1163226**	**1228413**		**79767**	**143847**	**143535**	
北　京	Beijing	33511	50511	62671	5	11209	20140	20695	1
天　津	Tianjin	11006	19782	24856	12	1930	3326	3141	14
河　北	Hebei	10061	15315	18186	18	954	1933	2008	18
山　西	Shanxi	4752	7196	8565	20	739	1297	1332	20
内蒙古	Inner Mongolia	2096	3084	3836	27	262	569	549	26
辽　宁	Liaoning	17093	21223	21656	15	2357	3973	3830	11
吉　林	Jilin	4343	5930	6219	24	785	1583	1496	19
黑龙江	Heilongjiang	6780	20268	19819	17	1512	2418	2238	17
上　海	Shanghai	48215	51508	48680	7	6867	11379	10644	5
江　苏	Jiangsu	138382	269944	239645	1	7210	16242	16790	3
浙　江	Zhejiang	114643	188463	202350	2	6410	11571	11139	4
安　徽	Anhui	16012	43321	48849	6	1111	3066	4241	8
福　建	Fujian	18063	30497	37511	9	1224	2977	2941	15
江　西	Jiangxi	4349	7985	9970	19	411	892	923	23
山　东	Shandong	51490	75496	76976	4	4106	7453	8913	6
河　南	Henan	16539	26791	29482	10	1498	3182	3173	13
湖　北	Hubei	17362	24475	28760	11	2025	4050	4052	10
湖　南	Hunan	13873	23212	24392	14	1920	3353	3613	12
广　东	Guangdong	119343	153598	170430	3	13691	22153	20084	2
广　西	Guangxi	3647	5900	7884	22	426	902	1295	22
海　南	Hainan	714	1093	1331	28	190	396	449	28
重　庆	Chongqing	12080	20364	24828	13	1143	2426	2360	16
四　川	Sichuan	32212	42218	46171	8	2204	4460	4566	7
贵　州	Guizhou	3086	6059	7915	21	441	635	776	25
云　南	Yunnan	3823	5853	6804	23	652	1301	1312	21
西　藏	Tibet	124	133	121	31	16	57	44	31
陕　西	Shaanxi	10034	14908	20836	16	1887	4018	4133	9
甘　肃	Gansu	1868	3662	4737	26	349	704	785	24
青　海	Qinghai	264	527	502	30	41	101	91	30
宁　夏	Ningxia	1081	844	1211	29	61	140	184	29
新　疆	Xinjiang	2562	3439	4998	25	189	456	540	27

17-17 国内专利申请授权数（二）
Domestic Patent Applications Granted (2)

单位：件 (piece)

地区	Region	其中：实用新型 Utility Model				其中：外观设计 Design			
		2010	2012	2013	2013排名 Ranking	2010	2012	2013	2013排名 Ranking
全　国	**National Total**	**342256**	**566750**	**686208**		**318597**	**452629**	**398670**	
北　京	Beijing	16579	24672	36301	5	5723	5699	5675	10
天　津	Tianjin	6718	13677	18759	12	2358	2779	2956	18
河　北	Hebei	6838	10795	13038	17	2269	2587	3140	16
山　西	Shanxi	3096	4689	5708	20	917	1210	1525	22
内蒙古	Inner Mongolia	1276	1894	2494	27	558	621	793	26
辽　宁	Liaoning	12067	14852	15582	14	2669	2398	2244	20
吉　林	Jilin	2806	3472	3914	24	752	875	809	25
黑龙江	Heilongjiang	4391	9689	12435	18	877	8161	5146	13
上　海	Shanghai	21821	29543	29859	7	19527	10586	8177	8
江　苏	Jiangsu	41161	77944	98246	2	90011	175758	124609	1
浙　江	Zhejiang	47617	84826	106238	1	60616	92066	84973	2
安　徽	Anhui	8839	27191	36003	6	6062	13064	8605	7
福　建	Fujian	9664	17708	22152	9	7175	9812	12418	5
江　西	Jiangxi	2588	4734	5913	19	1350	2359	3134	17
山　东	Shandong	36391	59084	58938	4	10993	8959	9125	6
河　南	Henan	11048	18680	21153	10	3993	4929	5156	12
湖　北	Hubei	10431	15876	19655	11	4906	4549	5053	14
湖　南	Hunan	7861	13274	15205	15	4092	6585	5574	11
广　东	Guangdong	43900	65946	77503	3	61752	65499	72843	3
广　西	Guangxi	2167	3422	5044	21	1054	1576	1545	21
海　南	Hainan	305	499	691	29	219	198	191	28
重　庆	Chongqing	6704	13432	16623	13	4233	4506	5845	9
四　川	Sichuan	12724	19665	24730	8	17284	18093	16875	4
贵　州	Guizhou	1936	3155	3916	23	709	2269	3223	15
云　南	Yunnan	2026	3456	4322	22	1145	1096	1170	24
西　藏	Tibet	49	41	47	31	59	35	30	31
陕　西	Shaanxi	6093	9158	13936	16	2054	1732	2767	19
甘　肃	Gansu	1131	2344	3205	26	388	614	747	27
青　海	Qinghai	134	218	285	30	89	208	126	30
宁　夏	Ningxia	307	547	899	28	713	157	128	29
新　疆	Xinjiang	2012	2382	3244	25	361	601	1214	23

17-18 国内有效专利数（一）
Domestic Patents in Force (1)

单位：件 (piece)

地区	Region	国内有效专利数 Number of Domestic Patents in Force				其中：发明 Invention			
		2010	2012	2013	2013排名 Ranking	2010	2012	2013	2013排名 Ranking
全　国	**National Total**	**1825403**	**3005023**	**3635929**		**257893**	**473187**	**586493**	
北　京	Beijing	100623	170516	219243	4	38996	69554	85434	2
天　津	Tianjin	29672	52338	68540	14	6516	10137	12301	12
河　北	Hebei	27472	43358	54781	18	3122	5838	7404	18
山　西	Shanxi	11998	19561	25037	20	2473	4383	5250	20
内蒙古	Inner Mongolia	5935	8996	11421	27	838	1650	2114	26
辽　宁	Liaoning	45241	64019	74134	13	8155	13424	16092	8
吉　林	Jilin	13201	18818	21926	22	2954	4809	5676	19
黑龙江	Heilongjiang	21010	44570	55316	16	4362	7403	8495	17
上　海	Shanghai	126178	173513	194496	6	23843	40309	48370	4
江　苏	Jiangsu	273249	537180	616779	1	19682	45238	62112	3
浙　江	Zhejiang	268471	449957	552681	3	17955	35571	43275	5
安　徽	Anhui	32460	88326	119704	7	2972	7682	11566	13
福　建	Fujian	44116	81267	107246	9	3295	7764	10429	15
江　西	Jiangxi	10931	19663	26037	19	1322	2651	3354	23
山　东	Shandong	111295	177511	206983	5	11080	21943	27996	6
河　南	Henan	39972	67824	84420	10	4501	8683	11249	14
湖　北	Hubei	40580	64719	82392	11	6315	12089	15235	9
湖　南	Hunan	32516	59428	75530	12	6289	11271	14195	11
广　东	Guangdong	325566	490159	586592	2	41891	78902	95475	1
广　西	Guangxi	10503	16822	22038	21	1332	2561	3692	22
海　南	Hainan	2097	3108	3948	28	446	1095	1498	28
重　庆	Chongqing	30947	53383	66208	15	3136	6833	8609	16
四　川	Sichuan	66644	94938	119531	8	6533	13003	16677	7
贵　州	Guizhou	8995	15931	21835	24	1616	2641	3262	24
云　南	Yunnan	11363	17483	21837	23	2344	4107	5160	21
西　藏	Tibet	529	462	527	31	60	136	184	31
陕　西	Shaanxi	24158	41447	55310	17	5604	11316	14394	10
甘　肃	Gansu	5318	9260	12459	26	1143	2109	2714	25
青　海	Qinghai	857	1502	1588	30	159	293	364	30
宁　夏	Ningxia	2790	2493	3277	29	256	450	603	29
新　疆	Xinjiang	7225	10571	13594	25	665	1306	1756	27

17-19 国内有效专利数（二）
Domestic Patents in Force (2)

单位：件 (piece)

地区	Region	其中：实用新型 Utility Model				其中：外观设计 Design			
		2010	2012	2013	2013排名 Ranking	2010	2012	2013	2013排名 Ranking
全　国	**National Total**	**849454**	**1486839**	**1917122**		**718056**	**1044997**	**1132314**	
北　京	Beijing	46830	79520	109706	5	14797	21442	24103	9
天　津	Tianjin	17341	33948	46746	13	5815	8253	9493	16
河　北	Hebei	18375	29262	37393	16	5975	8258	9984	15
山　西	Shanxi	7460	12309	16202	19	2065	2869	3585	23
内蒙古	Inner Mongolia	3367	5106	6623	27	1730	2240	2684	25
辽　宁	Liaoning	30790	43006	49623	12	6296	7589	8419	17
吉　林	Jilin	7931	10997	12876	22	2316	3012	3374	24
黑龙江	Heilongjiang	14075	23254	30798	18	2573	13913	16023	12
上　海	Shanghai	57406	92595	109588	6	44929	40609	36538	5
江　苏	Jiangsu	92315	190361	255399	3	161252	301581	299268	1
浙　江	Zhejiang	105336	202927	271502	1	145180	211459	237904	2
安　徽	Anhui	17357	54085	81319	7	12131	26559	26819	8
福　建	Fujian	22496	46500	62506	8	18325	27003	34311	6
江　西	Jiangxi	6315	11411	15159	20	3294	5601	7524	18
山　东	Shandong	73761	126688	148414	4	26454	28880	30537	7
河　南	Henan	25431	46008	58187	10	10040	13133	14984	13
湖　北	Hubei	23873	41053	54192	11	10392	11577	12965	14
湖　南	Hunan	17900	33409	44376	14	8327	14748	16959	11
广　东	Guangdong	125237	206603	258149	2	158438	204654	232968	3
广　西	Guangxi	6041	9684	13157	21	3130	4577	5189	21
海　南	Hainan	918	1219	1645	29	733	794	805	28
重　庆	Chongqing	15732	30099	39419	15	12079	16451	18180	10
四　川	Sichuan	26264	44648	61260	9	33847	37287	41594	4
贵　州	Guizhou	5564	8994	11812	24	1815	4296	6761	19
云　南	Yunnan	5461	9232	12233	23	3558	4144	4444	22
西　藏	Tibet	112	93	116	31	357	233	227	31
陕　西	Shaanxi	14325	25249	34665	17	4229	4882	6251	20
甘　肃	Gansu	3235	5785	7998	26	940	1366	1747	27
青　海	Qinghai	366	577	754	30	332	632	470	30
宁　夏	Ningxia	1026	1578	2188	28	1508	465	486	29
新　疆	Xinjiang	5211	7456	9191	25	1349	1809	2647	26

17-20 商标注册申请数和核准注册量
Registrations Applications and Approved of Trademark

单位：件 (piece)

地区	Region	商标注册申请数 Registrations Applications 2010	2012	2013	2013排名 Ranking	商标核准注册量 Registrations Approved 2010	2012	2013	2013排名 Ranking
全　国	**National Total**	**973460**	**1502540**	**1733361**		**1211428**	**919951**	**909541**	
北　京	Beijing	74954	115952	133510	3	101093	66917	68688	3
天　津	Tianjin	13683	21952	22127	19	12014	11168	13194	18
河　北	Hebei	24400	35346	43826	11	32496	22391	21084	13
山　西	Shanxi	8209	11982	16753	22	11101	6637	6731	26
内蒙古	Inner Mongolia	9325	11056	13146	26	11319	8754	6899	25
辽　宁	Liaoning	18854	27718	30440	16	25262	16308	16881	16
吉　林	Jilin	8851	12198	14977	25	11942	7886	7330	24
黑龙江	Heilongjiang	10862	15697	19079	21	16860	9596	9719	20
上　海	Shanghai	60243	91867	106374	5	70417	59679	57354	5
江　苏	Jiangsu	66306	98704	110097	4	83666	62328	60069	4
浙　江	Zhejiang	123739	161835	178978	2	173403	117201	105825	2
安　徽	Anhui	19527	33692	42981	12	22861	19977	19523	14
福　建	Fujian	56931	84475	96134	6	67586	55599	52367	6
江　西	Jiangxi	14443	22055	26862	18	16194	13699	13064	19
山　东	Shandong	49941	77267	92765	7	66944	47409	47202	7
河　南	Henan	32475	48823	57591	9	36282	29416	29410	9
湖　北	Hubei	19863	30313	37031	15	24744	19434	18190	15
湖　南	Hunan	21018	35789	41362	13	25709	19054	21453	11
广　东	Guangdong	171352	272505	318789	1	213550	162766	162264	1
广　西	Guangxi	9490	14454	16652	23	10907	8612	8430	23
海　南	Hainan	3810	6172	7470	27	4371	4399	4022	27
重　庆	Chongqing	20082	40725	45751	10	19373	23257	25034	10
四　川	Sichuan	32688	56467	63649	8	39488	30548	31125	8
贵　州	Guizhou	6968	19981	19814	20	6859	7335	9655	21
云　南	Yunnan	15102	24762	28051	17	15958	16788	15637	17
西　藏	Tibet	494	960	1316	31	820	612	531	31
陕　西	Shaanxi	21562	34031	40169	14	18107	17696	21209	12
甘　肃	Gansu	2975	5154	6293	28	3856	2948	2991	28
青　海	Qinghai	1609	2599	2963	30	2600	1588	1717	30
宁　夏	Ningxia	2418	3439	3689	29	2228	2166	2401	29
新　疆	Xinjiang	7632	14207	16368	24	10898	7708	8767	22

17-21 技术市场成交合同数和合同金额
Contract Deals and Value of Contract Deals in Domestic Technical Markets

地区	Region	技术市场成交合同数（项） Number of Contract Deals (item)				技术市场成交合同金额（亿元） Value of Contract Deals (100 million yuan)			
		2010	2012	2013	2013排名 Ranking	2010	2012	2013	2013排名 Ranking
全　国	**National Total**	**229601**	**282242**	**294929**		**3906.58**	**6437.07**	**7469.13**	
北　京	Beijing	50847	59969	62755	1	1579.54	2458.50	2851.72	1
天　津	Tianjin	9540	13381	15664	6	119.34	232.33	276.16	7
河　北	Hebei	4517	4512	4201	16	19.29	37.82	31.56	24
山　西	Shanxi	835	796	817	24	18.49	30.61	52.77	17
内蒙古	Inner Mongolia	1231	1232	631	27	27.15	106.10	38.74	22
辽　宁	Liaoning	15589	14676	12819	9	130.68	230.66	173.38	9
吉　林	Jilin	3424	2730	3252	19	18.81	25.12	34.72	23
黑龙江	Heilongjiang	1983	2788	2578	21	52.91	100.45	101.77	12
上　海	Shanghai	25945	27649	25952	3	431.44	518.75	531.68	3
江　苏	Jiangsu	19815	28921	30724	2	249.34	400.91	527.50	5
浙　江	Zhejiang	12826	13551	12074	11	60.35	81.31	81.50	15
安　徽	Anhui	4831	6806	6951	12	46.15	86.16	130.83	11
福　建	Fujian	5120	5324	5230	14	35.66	50.09	44.69	18
江　西	Jiangxi	2250	2184	1942	22	23.05	39.78	43.06	19
山　东	Shandong	7865	11114	14263	8	100.68	140.02	179.40	8
河　南	Henan	4611	4191	3794	17	27.20	39.94	40.24	21
湖　北	Hubei	6638	12757	14701	7	90.72	196.39	397.62	6
湖　南	Hunan	5137	6371	6548	13	40.09	42.24	77.21	16
广　东	Guangdong	17493	19576	20169	4	235.89	364.94	529.39	4
广　西	Guangxi	258	423	694	26	4.14	2.52	7.34	27
海　南	Hainan	213	40	57	30	3.27	0.57	3.87	28
重　庆	Chongqing	2201	3538	4998	15	79.44	54.02	90.28	14
四　川	Sichuan	9003	11657	12754	10	54.74	111.24	148.58	10
贵　州	Guizhou	650	509	593	29	7.72	9.67	18.40	26
云　南	Yunnan	1047	2246	3084	20	10.88	45.48	42.00	20
西　藏	Tibet								
陕　西	Shaanxi	9470	17596	19292	5	102.41	334.82	533.28	2
甘　肃	Gansu	2503	2883	3777	18	43.08	73.06	99.99	13
青　海	Qinghai	460	639	747	25	11.41	19.30	26.89	25
宁　夏	Ningxia	501	564	597	28	1.00	2.91	1.43	30
新　疆	Xinjiang	1700	1531	984	23	4.52	5.39	3.00	29

17-22 技术市场技术流向地域的合同数和合同金额
Contract Inflows and Value of Contract Inflows to Domestic Technical Markets

地区	Region	技术流向地域合同数（项） Contract Inflows to Domestic Technical Markets (item)				技术流向地域合同金额（亿元） Value of Contract Inflows to Domestic Technical Markets (100 million yuan)			
		2010	2012	2013	2013排名 Ranking	2010	2012	2013	2013排名 Ranking
全　国	**National Total**	**229601**	**282242**	**294929**		**3906.58**	**6437.07**	**7469.13**	
北　京	Beijing	33370	43513	45408	1	497.95	974.35	945.41	1
天　津	Tianjin	7291	9084	10934	10	103.85	204.79	236.05	10
河　北	Hebei	5664	6071	6124	14	129.17	115.25	96.49	24
山　西	Shanxi	2627	3225	3374	22	50.92	111.26	99.01	23
内蒙古	Inner Mongolia	2901	3428	2785	24	86.26	217.70	158.34	14
辽　宁	Liaoning	12691	13769	12446	8	184.06	397.89	248.21	9
吉　林	Jilin	3529	3226	3473	21	41.40	46.30	46.98	28
黑龙江	Heilongjiang	2824	3610	3715	20	56.24	73.55	84.07	25
上　海	Shanghai	24162	27857	25943	3	329.12	408.57	431.98	4
江　苏	Jiangsu	19463	27594	32139	2	327.79	514.93	597.98	2
浙　江	Zhejiang	15313	16726	15331	6	106.40	293.40	169.77	12
安　徽	Anhui	5318	7393	7064	12	51.63	85.85	113.57	18
福　建	Fujian	5305	6356	6196	13	44.22	189.79	365.51	5
江　西	Jiangxi	2774	2916	2673	25	31.51	57.53	107.80	21
山　东	Shandong	9993	13216	16124	5	126.90	182.55	249.76	8
河　南	Henan	5410	5680	5556	16	44.05	62.06	109.59	20
湖　北	Hubei	6591	9616	9758	11	137.04	191.44	216.43	11
湖　南	Hunan	5124	6419	6017	15	38.25	56.82	109.71	19
广　东	Guangdong	19910	22213	23034	4	243.54	421.54	483.83	3
广　西	Guangxi	1351	1979	2198	27	14.81	32.98	128.56	16
海　南	Hainan	756	971	1036	30	19.30	129.66	60.88	26
重　庆	Chongqing	2310	2988	4564	19	88.49	226.44	162.49	13
四　川	Sichuan	8331	10631	11729	9	72.33	140.63	270.60	7
贵　州	Guizhou	1849	2306	2304	26	21.88	44.58	36.87	29
云　南	Yunnan	2824	3907	4854	17	37.72	80.59	101.07	22
西　藏	Tibet	211	271	553	31	3.24	3.73	7.22	31
陕　西	Shaanxi	6775	12448	14135	7	59.75	172.57	362.06	6
甘　肃	Gansu	2462	3362	4735	18	30.77	59.08	123.22	17
青　海	Qinghai	882	1367	1489	28	24.52	43.65	55.83	27
宁　夏	Ningxia	1012	1313	1279	29	12.61	31.42	33.06	30
新　疆	Xinjiang	3103	3414	2947	23	27.60	60.15	130.74	15

17-23 国外技术引进合同数和合同金额
Foreign Technology Contracts Imported

地区	Region	国外技术引进合同数（项） Number of Contracts Imported (item)				国外技术引进合同金额（亿美元） Value of Contracts Imported (100 million USD)			
		2010	2012	2013	2013排名 Ranking	2010	2012	2013	2013排名 Ranking
全国	**National Total**	**11253**	**12988**	**12448**		**256.36**	**442.74**	**433.64**	
北京	Beijing	1359	1343	1067	3	29.95	32.88	39.31	6
天津	Tianjin	510	512	507	9	12.20	24.17	25.95	7
河北	Hebei	97	62	71	20	1.13	1.42	1.59	19
山西	Shanxi	41	17	50	22	1.85	1.01	1.51	20
内蒙古	Inner Mongolia	17	19	9	28	0.53	1.36	0.41	27
辽宁	Liaoning	767	434	595	8	12.21	5.69	8.48	11
吉林	Jilin	400	627	641	7	4.55	7.53	6.94	13
黑龙江	Heilongjiang	23	27	27	24	1.07	1.30	0.43	26
上海	Shanghai	2548	3081	2897	1	34.11	49.07	62.87	2
江苏	Jiangsu	907	1127	1190	2	33.89	97.13	51.54	3
浙江	Zhejiang	866	610	992	6	9.30	6.90	41.39	5
安徽	Anhui	207	272	233	13	5.41	3.69	3.13	17
福建	Fujian	276	117	266	12	6.68	3.67	11.78	9
江西	Jiangxi	95	133	164	16	1.01	0.67	1.97	18
山东	Shandong	738	142	1048	4	8.00	4.38	9.83	10
河南	Henan	60	70	77	19	2.71	2.14	1.19	22
湖北	Hubei	142	173	165	15	2.84	10.56	6.49	14
湖南	Hunan	61	69	105	17	1.52	2.31	5.10	15
广东	Guangdong	1059	198	1047	5	33.04	30.37	71.51	1
广西	Guangxi	76	102	92	18	1.68	1.51	1.16	23
海南	Hainan	31	65	223	14	0.68	0.66	17.71	8
重庆	Chongqing	276	326	324	11	20.54	82.33	44.27	4
四川	Sichuan	434	475	453	10	4.04	7.64	7.18	12
贵州	Guizhou	10	9	10	27	0.05	0.43	0.06	29
云南	Yunnan	104	63	54	21	0.93	0.52	0.47	25
西藏	Tibet								
陕西	Shaanxi	51	38	46	23	1.40	1.42	0.92	24
甘肃	Gansu	6	8	6	29	0.07	0.28	0.10	28
青海	Qinghai	13	4	1	30	0.51	0.03	0.06	30
宁夏	Ningxia	7	26	16	26	0.18	1.42	3.81	16
新疆	Xinjiang	16	31	23	25	0.60	5.27	1.48	21

17-24 规模以上工业企业R&D经费内部支出和项目经费支出
Intramural Expenditure on R&D and Expenditure on R&D Project in Industrial Enterprises above Designated Size

单位：亿元 (100 million yuan)

地区	Region	R&D经费内部支出 Intramural Expenditure on R&D				R&D项目经费支出 Expenditure on R&D Project			
		2010	2012	2013	2013排名 Ranking	2010	2012	2013	2013排名 Ranking
全　国	**National Total**	**4015.40**	**7200.65**	**8318.40**		**3446.22**	**6230.61**	**7294.49**	
北　京	Beijing	106.14	197.34	213.06	14	84.32	156.64	164.78	14
天　津	Tianjin	139.22	255.87	300.04	8	108.92	206.90	248.50	8
河　北	Hebei	107.89	198.09	232.74	13	92.65	166.84	205.02	13
山　西	Shanxi	67.57	106.96	123.77	18	53.14	85.37	109.40	17
内蒙古	Inner Mongolia	47.43	85.85	100.44	20	39.13	70.55	84.46	20
辽　宁	Liaoning	191.34	289.46	333.13	6	144.51	234.62	271.16	6
吉　林	Jilin	35.54	60.43	69.81	23	32.53	51.82	65.03	23
黑龙江	Heilongjiang	72.85	90.62	95.03	21	53.94	68.39	83.54	21
上　海	Shanghai	237.75	371.51	404.78	5	214.64	303.37	367.20	5
江　苏	Jiangsu	551.35	1080.31	1239.57	1	486.43	946.48	1100.95	2
浙　江	Zhejiang	272.34	588.61	684.36	4	258.59	550.97	642.11	4
安　徽	Anhui	104.02	208.98	247.72	12	82.47	178.41	216.12	12
福　建	Fujian	116.12	238.17	279.20	10	95.23	206.14	245.30	9
江　西	Jiangxi	58.94	92.60	110.64	19	48.82	80.52	98.69	19
山　东	Shandong	526.92	905.60	1052.81	3	451.94	790.13	928.12	3
河　南	Henan	148.59	248.97	295.34	9	134.36	223.80	271.09	7
湖　北	Hubei	142.90	263.31	311.80	7	119.38	226.54	238.88	10
湖　南	Hunan	113.77	229.09	270.40	11	101.54	197.08	235.26	11
广　东	Guangdong	626.88	1077.86	1237.48	2	584.72	995.64	1131.88	1
广　西	Guangxi	35.89	70.22	81.71	22	30.42	63.20	74.11	22
海　南	Hainan	1.83	7.81	9.36	29	1.47	5.80	7.64	29
重　庆	Chongqing	67.24	117.10	138.82	17	53.30	98.50	117.68	16
四　川	Sichuan	80.98	142.23	168.89	15	59.94	118.56	137.36	15
贵　州	Guizhou	21.78	31.51	34.25	26	16.95	28.13	31.86	25
云　南	Yunnan	18.07	38.44	45.43	24	12.72	30.46	36.46	24
西　藏	Tibet	0.12	0.53	0.46	31	0.09	0.49	0.40	31
陕　西	Shaanxi	71.02	119.28	140.15	16	47.26	79.43	109.02	18
甘　肃	Gansu	20.87	33.78	40.07	25	15.43	24.81	30.29	26
青　海	Qinghai	6.02	8.42	8.95	30	3.96	7.82	7.33	30
宁　夏	Ningxia	7.30	14.37	16.75	28	6.09	11.64	13.59	28
新　疆	Xinjiang	16.73	27.34	31.43	27	11.33	21.55	21.25	27

注：2010年数据为大中型工业企业数据，从2011年起，规模以上工业企业的统计范围为年主营业务收入为2000万元及以上的法人工业企业(以下各有关表同）。

Note: Before 2000, data only included large and medium-sized industrial enterprises. From 2011, the statistics range of the enterprises designated size change from the industrial enterprises with the sales revenue above 5 million RMB to the industrial enterprises sales revenue above 20 million RMB. The same applies to the followed table.

17-25 规模以上工业企业R&D项目情况
R&D Projects in Industrial Enterprises above Designated Size

地区	Region	R&D项目数（项） R&D Projects (item)				项目人员折合全时当量（人年） FTE of R&D Personnel (man-year)			
		2010	2012	2013	2013排名 Ranking	2010	2012	2013	2013排名 Ranking
全　国	**National Total**	**145589**	**287524**	**322567**		**1548555**	**2027232**	**2270204**	
北　京	Beijing	4194	8226	10037	11	33696	47075	50208	15
天　津	Tianjin	5665	12062	12904	7	33177	53467	60733	11
河　北	Hebei	4346	7574	7618	15	42893	48897	57889	12
山　西	Shanxi	2194	2795	2885	22	34882	28003	30557	19
内蒙古	Inner Mongolia	1030	1857	2133	23	14077	18136	23434	21
辽　宁	Liaoning	6063	7710	7813	14	54077	45138	52432	14
吉　林	Jilin	1621	1990	6421	16	16091	20215	19277	22
黑龙江	Heilongjiang	4113	4231	4307	19	34970	31730	33607	17
上　海	Shanghai	6397	12833	13441	6	57973	74667	84290	7
江　苏	Jiangsu	17826	44570	48530	1	213469	315009	365364	2
浙　江	Zhejiang	11046	35582	42158	2	129429	214850	248825	3
安　徽	Anhui	4446	11882	14394	5	42393	66473	79724	8
福　建	Fujian	3309	9080	10426	9	47161	80731	90997	6
江　西	Jiangxi	1917	2930	4288	20	20902	21115	26014	20
山　东	Shandong	17192	30119	31906	4	155932	185598	207980	4
河　南	Henan	6082	9349	11257	8	80271	93089	113908	5
湖　北	Hubei	4602	8062	9522	12	55542	69645	77931	9
湖　南	Hunan	3982	7563	8425	13	44563	62881	65367	10
广　东	Guangdong	22117	37460	40759	3	280259	380679	386121	1
广　西	Guangxi	1747	3526	2890	21	14412	19056	19072	23
海　南	Hainan	197	478	769	29	844	2307	2571	29
重　庆	Chongqing	3230	5113	5794	18	26526	27396	31745	18
四　川	Sichuan	4392	9868	10298	10	43426	46128	54144	13
贵　州	Guizhou	1018	1649	1717	26	9342	10689	14006	24
云　南	Yunnan	1082	1665	1729	25	9912	11200	10622	26
西　藏	Tibet	9	24	20	31	16	73	73	31
陕　西	Shaanxi	3419	5164	6099	17	30265	31737	40088	16
甘　肃	Gansu	1090	1912	1731	24	10899	10395	11337	25
青　海	Qinghai	151	147	145	30	2097	1769	1807	30
宁　夏	Ningxia	433	1170	1073	28	3321	3766	4273	28
新　疆	Xinjiang	679	933	1078	27	5738	5321	5811	27

17-26 规模以上工业企业办研发机构数和人员数
R&D Institutions and Personnel in Industrial Enterprises above Designated Size

地区	Region	研发机构数（个）R&D Institutions (unit)				研发机构人员数（人）Personnel (person)			
		2010	2012	2013	2013排名 Ranking	2010	2012	2013	2013排名 Ranking
全　国	**National Total**	**16717**	**45937**	**51625**		**1485379**	**2267561**	**2387943**	
北　京	Beijing	305	747	632	16	30691	54747	51877	13
天　津	Tianjin	320	765	905	12	25813	40899	45199	15
河　北	Hebei	365	825	929	11	39860	62070	72960	9
山　西	Shanxi	178	177	240	23	18729	19382	21132	22
内蒙古	Inner Mongolia	144	212	240	23	13661	15309	17663	23
辽　宁	Liaoning	358	620	758	14	39362	49158	47536	14
吉　林	Jilin	95	188	208	25	16028	21709	22112	20
黑龙江	Heilongjiang	155	278	258	21	22496	24756	24143	19
上　海	Shanghai	638	914	890	13	68273	77495	80636	7
江　苏	Jiangsu	2702	16417	17996	1	165658	483205	532194	1
浙　江	Zhejiang	2733	7498	8278	2	155730	259378	282873	3
安　徽	Anhui	692	2387	2737	5	46769	90486	93033	6
福　建	Fujian	551	1328	1448	7	42374	72319	76490	8
江　西	Jiangxi	184	372	710	15	15843	22273	28722	18
山　东	Shandong	1548	3325	3897	3	152607	227986	232358	4
河　南	Henan	852	1414	1577	6	65262	91953	97416	5
湖　北	Hubei	457	917	1096	9	50091	60908	67314	10
湖　南	Hunan	471	971	1445	8	33295	38227	57615	12
广　东	Guangdong	2092	3455	3700	4	305027	342579	311362	2
广　西	Guangxi	211	425	447	19	12892	18678	21243	21
海　南	Hainan	34	40	36	29	1849	1796	2107	30
重　庆	Chongqing	280	437	546	18	23761	29315	33606	17
四　川	Sichuan	460	879	999	10	61410	73246	66548	11
贵　州	Guizhou	109	148	165	26	11407	11904	14530	25
云　南	Yunnan	154	287	339	20	10950	12187	13163	26
西　藏	Tibet	2	3	6	31	20	45	110	31
陕　西	Shaanxi	299	453	558	17	28931	36452	39763	16
甘　肃	Gansu	127	187	243	22	10653	12483	14559	24
青　海	Qinghai	35	27	33	30	2526	2421	2204	29
宁　夏	Ningxia	82	150	159	27	5516	7444	7901	28
新　疆	Xinjiang	84	91	150	28	7895	6751	9574	27

17-27 规模以上工业企业办研发机构硕博人数和经费支出
Number of Doctors and Masters and Expenditure on S&T Institutions in Industrial Enterprises above Designated Size

地区	Region	博士和硕士数（人）Doctor and Master (person)				机构经费支出（亿元）Expenditure on S&T Institutions (100 million yuan)			
		2010	2012	2013	2013排名 Ranking	2010	2012	2013	2013排名 Ranking
全　国	**National Total**	**178095**	**288534**	**295665**		**3276.88**	**5233.35**	**5941.52**	
北　京	Beijing	7149	12695	12220	7	81.05	152.53	145.53	10
天　津	Tianjin	2866	4974	5612	16	68.58	115.44	123.36	13
河　北	Hebei	4355	6119	7515	12	73.72	104.60	130.20	12
山　西	Shanxi	1942	2673	2859	21	28.87	32.53	41.85	21
内蒙古	Inner Mongolia	1457	1852	2241	22	36.57	29.28	34.71	24
辽　宁	Liaoning	4907	6578	6259	15	92.17	112.46	110.86	14
吉　林	Jilin	1981	3267	3091	19	31.77	44.43	45.10	20
黑龙江	Heilongjiang	2838	3946	3820	17	32.67	46.14	32.93	25
上　海	Shanghai	12387	15368	17398	5	220.69	266.57	323.67	5
江　苏	Jiangsu	15617	46396	51541	1	417.05	1186.96	1309.83	1
浙　江	Zhejiang	10413	17188	19007	4	309.42	548.23	650.56	4
安　徽	Anhui	4576	10491	10044	10	108.99	190.11	223.30	6
福　建	Fujian	3293	5633	6454	14	93.80	130.91	154.22	9
江　西	Jiangxi	1343	2265	3054	20	30.33	43.81	64.25	17
山　东	Shandong	16581	29272	31185	3	430.53	649.40	759.24	3
河　南	Henan	6179	9799	10801	9	110.28	162.29	191.17	7
湖　北	Hubei	7365	10064	12641	6	103.16	117.44	168.87	8
湖　南	Hunan	5529	6487	11305	8	62.92	58.98	107.06	15
广　东	Guangdong	52004	69029	50442	2	583.18	757.91	830.42	2
广　西	Guangxi	971	2002	2147	23	26.09	39.66	52.07	19
海　南	Hainan	141	187	572	29	3.33	2.65	4.39	29
重　庆	Chongqing	2059	3030	3804	18	61.00	68.22	89.12	16
四　川	Sichuan	4849	7958	8183	11	115.17	190.92	144.33	11
贵　州	Guizhou	726	1059	1398	27	18.88	27.68	35.71	23
云　南	Yunnan	762	1261	1627	24	21.87	43.07	38.88	22
西　藏	Tibet	5	9	27	31	0.03	0.15	0.16	31
陕　西	Shaanxi	3072	5422	6494	13	66.56	58.11	63.10	18
甘　肃	Gansu	1083	1528	1549	25	9.75	20.83	29.15	26
青　海	Qinghai	140	245	246	30	8.39	10.03	3.81	30
宁　夏	Ningxia	434	780	708	28	10.78	9.62	11.56	28
新　疆	Xinjiang	1071	957	1421	26	19.31	12.40	22.11	27

17-28 规模以上工业企业新产品开发项目数和经费支出
New Products Development and Expenditure of Industrial Enterprises above Designated Size

地区	Region	新产品开发项目数（项） New Products (unit)				新产品开发经费支出（亿元） Expenditure on New Products Development (100 million yuan)			
		2010	2012	2013	2013排名 Ranking	2010	2012	2013	2013排名 Ranking
全　国	**National Total**	**159637**	**323448**	**358287**		**4420.69**	**7998.54**	**9246.74**	
北　京	Beijing	4848	11024	13310	7	126.92	252.71	293.19	10
天　津	Tianjin	6181	12219	11977	9	122.38	219.21	245.96	13
河　北	Hebei	4048	7541	7194	15	98.38	179.89	202.50	15
山　西	Shanxi	1927	2726	2938	22	69.10	102.07	99.20	18
内蒙古	Inner Mongolia	936	1567	1581	26	35.41	52.93	61.92	23
辽　宁	Liaoning	5997	8641	8568	14	196.68	288.63	336.05	6
吉　林	Jilin	895	2683	6516	17	21.98	77.63	74.08	22
黑龙江	Heilongjiang	3280	3384	3438	20	70.24	77.94	78.29	21
上　海	Shanghai	8573	17042	17295	6	302.45	484.00	528.26	5
江　苏	Jiangsu	20817	53973	58353	1	719.96	1494.51	1669.32	1
浙　江	Zhejiang	13842	41874	47778	2	349.64	714.53	821.66	4
安　徽	Anhui	5919	15137	17320	5	166.77	279.30	324.47	8
福　建	Fujian	3708	9123	10534	12	127.19	227.83	265.61	12
江　西	Jiangxi	2084	3241	4381	19	57.50	91.70	97.78	19
山　东	Shandong	17019	28171	31100	4	506.91	814.85	1020.63	3
河　南	Henan	5762	9106	11150	10	144.96	231.35	266.01	11
湖　北	Hubei	5856	9629	10722	11	176.10	293.71	331.72	7
湖　南	Hunan	4145	8418	9089	13	113.82	238.41	295.98	9
广　东	Guangdong	24443	43314	47387	3	591.68	1186.56	1406.57	2
广　西	Guangxi	2150	3320	3332	21	38.72	77.13	84.94	20
海　南	Hainan	228	594	704	29	5.07	10.14	11.49	29
重　庆	Chongqing	3264	5693	6820	16	84.02	126.61	143.86	17
四　川	Sichuan	5718	11656	12681	8	104.42	178.23	213.58	14
贵　州	Guizhou	1344	1978	1908	23	26.43	40.07	40.30	26
云　南	Yunnan	806	1512	1903	24	25.89	39.63	49.68	24
西　藏	Tibet		11	8	31		0.20	0.12	31
陕　西	Shaanxi	3809	6052	6491	18	83.62	128.53	179.98	16
甘　肃	Gansu	1014	1759	1629	25	19.79	35.03	40.35	25
青　海	Qinghai	83	103	111	30	4.75	7.44	8.79	30
宁　夏	Ningxia	567	1131	966	28	10.35	14.25	14.99	28
新　疆	Xinjiang	374	826	1103	27	19.57	33.53	39.45	27

17-29 规模以上工业企业新产品销售收入
Sales Revenue of New Products in Industrial Enterprises above Designated Size

单位：亿元 (100 million yuan)

地区	Region	新产品销售收入 Sales Revenue of New Products				其中：出口销售收入 Exports			
		2010	2012	2013	2013排名 Ranking	2010	2012	2013	2013排名 Ranking
全　国	**National Total**	**72863.90**	**110529.77**	**128460.69**		**14773.64**	**21894.15**	**22853.47**	
北　京	Beijing	2495.53	3317.63	3672.77	12	674.23	557.25	539.69	9
天　津	Tianjin	3170.50	4460.10	5569.69	7	840.51	931.76	1191.72	6
河　北	Hebei	1306.22	2457.66	2916.03	14	142.81	292.63	293.19	11
山　西	Shanxi	597.09	928.39	1027.27	19	42.14	152.73	126.69	18
内蒙古	Inner Mongolia	526.14	581.49	628.50	22	39.72	39.09	33.08	25
辽　宁	Liaoning	2161.04	3193.60	4093.18	11	267.41	225.70	372.74	10
吉　林	Jilin	1654.17	2157.80	703.19	21	62.88	64.58	38.88	22
黑龙江	Heilongjiang	551.93	565.51	582.50	24	28.47	54.14	39.44	21
上　海	Shanghai	6180.81	7399.91	7688.38	5	1023.11	1054.40	774.73	8
江　苏	Jiangsu	9387.21	17845.42	19714.21	1	2196.55	5272.78	4319.87	2
浙　江	Zhejiang	6282.62	11283.97	14882.10	3	1775.97	2674.50	2981.38	3
安　徽	Anhui	1997.12	3731.85	4379.08	10	140.61	313.79	277.41	12
福　建	Fujian	1985.34	3291.15	3440.10	13	647.18	1069.44	944.24	7
江　西	Jiangxi	762.04	1287.13	1682.93	17	100.20	174.86	157.54	16
山　东	Shandong	8905.67	12913.18	14284.18	4	1307.70	1864.04	1733.71	5
河　南	Henan	1828.74	2576.20	4791.45	8	117.95	211.38	1967.78	4
湖　北	Hubei	2330.16	3698.41	4654.48	9	150.45	236.85	202.11	15
湖　南	Hunan	2350.13	4768.98	5724.63	6	115.90	162.69	224.13	13
广　东	Guangdong	11301.70	15402.85	18013.74	2	4656.20	5979.58	6039.39	1
广　西	Guangxi	951.58	1236.93	1586.60	18	40.50	45.01	50.73	19
海　南	Hainan	94.05	134.47	160.12	29	1.24	19.35	19.27	29
重　庆	Chongqing	2478.03	2429.92	2696.11	15	120.81	156.11	134.47	17
四　川	Sichuan	1435.78	2095.98	2475.88	16	134.56	150.46	203.57	14
贵　州	Guizhou	310.65	383.28	368.32	26	21.79	35.41	36.54	23
云　南	Yunnan	232.88	446.82	443.38	25	17.94	26.21	20.86	27
西　藏	Tibet		2.10	2.35	31		0.03	0.01	30
陕　西	Shaanxi	868.28	871.59	1015.48	20	57.98	39.64	30.66	26
甘　肃	Gansu	344.24	595.42	618.53	23	25.10	41.42	43.79	20
青　海	Qinghai	17.07	10.38	12.54	30	0.06			
宁　夏	Ningxia	101.20	185.63	279.64	28	22.66	40.63	36.21	24
新　疆	Xinjiang	255.98	276.02	353.33	27	1.04	7.73	19.67	28

17-30 规模以上工业企业技术获取和技术改造（一）
Technology Acquisition and Renovation in Industrial Enterprises above Designated Size (1)

单位：亿元 (100 million yuan)

地区	Region	引进技术经费支出 Expenditure for Acquisition of Foreign Technology				消化吸收经费支出 Expenditure for Assimilation of Technology			
		2010	2012	2013	2013排名 Ranking	2010	2012	2013	2013排名 Ranking
全　国	**National Total**	**386.13**	**393.91**	**393.95**		**165.20**	**156.84**	**150.58**	
北　京	Beijing	19.86	24.57	37.85	4	0.73	4.39	5.70	10
天　津	Tianjin	23.31	11.57	9.01	12	7.02	7.25	5.50	11
河　北	Hebei	13.30	9.47	3.79	17	18.96	2.26	2.32	20
山　西	Shanxi	7.10	6.08	5.29	15	8.59	2.37	2.62	18
内蒙古	Inner Mongolia	3.08	1.97	17.55	8	2.22	1.53	6.08	6
辽　宁	Liaoning	6.39	5.40	5.70	14	4.59	6.39	5.97	8
吉　林	Jilin	1.16	2.23	0.82	25	0.57	0.71	0.91	23
黑龙江	Heilongjiang	5.99	4.22	1.97	23	3.86	1.38	0.54	25
上　海	Shanghai	61.09	58.31	71.53	1	28.68	26.92	22.12	1
江　苏	Jiangsu	36.05	57.44	52.46	3	13.10	25.92	20.44	3
浙　江	Zhejiang	21.33	14.61	11.04	10	10.59	7.97	5.26	12
安　徽	Anhui	4.47	10.65	9.45	11	3.34	4.90	6.24	5
福　建	Fujian	23.32	26.87	22.84	7	2.40	2.28	3.52	16
江　西	Jiangxi	7.35	2.21	2.15	22	0.71	4.91	2.88	17
山　东	Shandong	25.00	27.68	23.71	6	16.10	16.00	21.50	2
河　南	Henan	6.09	5.92	7.39	13	3.09	3.73	3.73	14
湖　北	Hubei	19.04	16.01	13.21	9	2.97	4.35	4.79	13
湖　南	Hunan	5.96	2.17	2.97	19	6.62	4.82	5.94	9
广　东	Guangdong	55.66	56.97	54.89	2	7.77	7.64	7.62	4
广　西	Guangxi	0.39	0.26	0.36	26	0.57	0.61	0.36	27
海　南	Hainan	0.00	0.39	0.14	29	0.17	0.02	0.10	29
重　庆	Chongqing	14.17	18.44	25.72	5	2.10	3.03	3.60	15
四　川	Sichuan	7.55	19.65	3.39	18	4.03	2.46	2.33	19
贵　州	Guizhou	1.35	0.24	0.19	28	0.28	2.54	0.47	26
云　南	Yunnan	5.48	3.06	1.40	24	0.92	2.15	0.99	22
西　藏	Tibet								
陕　西	Shaanxi	3.47	1.38	2.20	21	1.08	1.80	1.90	21
甘　肃	Gansu	5.99	4.36	3.96	16	12.18	6.78	6.02	7
青　海	Qinghai	0.74	0.32	0.04	30	0.84	0.41		
宁　夏	Ningxia	1.39	1.05	0.32	27	0.84	0.25	0.22	28
新　疆	Xinjiang	0.06	0.38	2.61	20	0.29	1.08	0.89	24

17-31 规模以上工业企业技术获取和技术改造（二）
Technology Acquisition and Renovation in Industrial Enterprises above Designated Size (2)

单位：亿元 (100 million yuan)

地区	Region	购买国内技术经费支出 Expenditure for Purchase of Domestic Technology				技术改造经费支出 Expenditure for Technical Renovation			
		2010	2012	2013	2013排名 Ranking	2010	2012	2013	2013排名 Ranking
全　国	**National Total**	**221.41**	**201.69**	**214.38**		**3638.49**	**4161.75**	**4072.12**	
北　京	Beijing	2.53	3.96	3.10	17	102.49	70.55	56.36	23
天　津	Tianjin	5.66	6.59	1.91	21	85.97	89.32	69.98	20
河　北	Hebei	3.10	2.61	2.74	19	170.14	170.48	150.66	9
山　西	Shanxi	3.55	4.27	3.35	14	118.31	160.74	137.33	11
内蒙古	Inner Mongolia	35.25	1.07	5.09	12	120.72	71.35	56.95	22
辽　宁	Liaoning	15.84	14.61	6.81	7	208.70	153.43	157.26	7
吉　林	Jilin	1.48	0.94	0.61	29	24.48	59.88	49.13	25
黑龙江	Heilongjiang	0.94	0.68	1.35	23	73.78	65.97	52.44	24
上　海	Shanghai	22.65	28.29	37.58	2	123.21	129.84	122.50	13
江　苏	Jiangsu	14.78	29.46	41.32	1	483.95	717.89	642.14	1
浙　江	Zhejiang	10.70	12.16	17.06	5	226.64	246.09	257.55	4
安　徽	Anhui	3.87	8.15	5.96	10	83.23	166.35	156.78	8
福　建	Fujian	8.67	14.72	18.81	4	73.62	113.88	127.97	12
江　西	Jiangxi	4.14	1.67	3.32	15	45.57	53.78	80.16	19
山　东	Shandong	12.32	19.28	19.91	3	301.26	318.71	338.38	3
河　南	Henan	3.66	6.01	5.61	11	136.39	136.60	148.44	10
湖　北	Hubei	2.16	4.06	7.66	6	132.65	100.46	95.53	17
湖　南	Hunan	3.91	8.27	6.39	9	278.03	358.96	395.64	2
广　东	Guangdong	10.83	8.19	6.46	8	180.95	222.94	255.73	5
广　西	Guangxi	0.74	1.16	1.29	24	99.09	154.00	122.40	14
海　南	Hainan	0.75	0.56	2.47	20	1.58	4.18	15.93	28
重　庆	Chongqing	3.80	4.78	3.25	16	55.11	79.14	101.17	15
四　川	Sichuan	11.54	3.40	4.07	13	246.21	178.58	166.88	6
贵　州	Guizhou	1.97	2.39	0.75	28	54.37	121.69	97.25	16
云　南	Yunnan	4.62	5.66	0.96	26	45.16	40.47	40.63	26
西　藏	Tibet						0.33		
陕　西	Shaanxi	25.63	1.44	0.92	27	82.72	66.79	57.58	21
甘　肃	Gansu	4.20	4.95	2.93	18	37.17	81.01	85.49	18
青　海	Qinghai	0.03	0.03	0.03	30	4.07	1.85	1.50	30
宁　夏	Ningxia	1.77	0.15	1.04	25	27.07	13.40	23.31	27
新　疆	Xinjiang	0.33	2.19	1.62	22	15.85	13.10	9.05	29

17-32 研究与开发机构R&D课题数和人员
R&D Projects and Input of Personnel of R&D Institutions

地区	Region	R&D课题数（项）R&D Projects (item)				R&D课题投入人员（人年）Input of Personnel (man-year)			
		2010	2012	2013	2013排名 Ranking	2010	2012	2013	2013排名 Ranking
全 国	**National Total**	**67050**	**79343**	**85069**		**253719**	**310505**	**327466**	
北 京	Beijing	21075	24462	25540	1	66961	86225	89206	1
天 津	Tianjin	890	1229	1228	20	6132	7571	8497	12
河 北	Hebei	572	631	755	25	5690	6472	7146	13
山 西	Shanxi	935	1144	1194	22	4469	5383	5105	19
内蒙古	Inner Mongolia	658	674	632	27	2546	2725	2622	26
辽 宁	Liaoning	1466	1848	1942	13	9947	11459	11190	7
吉 林	Jilin	1726	2030	2318	8	5722	5829	6136	15
黑龙江	Heilongjiang	1785	1750	1932	14	6205	5991	5863	16
上 海	Shanghai	5933	6732	7202	2	18799	24380	25492	3
江 苏	Jiangsu	3823	4831	5430	3	14139	16638	20248	5
浙 江	Zhejiang	1738	2118	2188	11	4028	4922	4873	20
安 徽	Anhui	888	1232	1486	18	5061	7659	8546	11
福 建	Fujian	2113	2186	2401	7	2326	2442	2692	25
江 西	Jiangxi	684	699	826	24	3807	4684	4491	21
山 东	Shandong	3227	3860	4048	5	7600	9659	9697	9
河 南	Henan	672	716	743	26	7832	7883	8944	10
湖 北	Hubei	2305	2773	2978	6	11190	12981	12550	6
湖 南	Hunan	1100	1290	1306	19	5926	6414	6742	14
广 东	Guangdong	3499	4884	5047	4	6424	8718	10083	8
广 西	Guangxi	1729	1887	1897	16	2993	3492	3230	23
海 南	Hainan	662	620	437	28	914	804	588	28
重 庆	Chongqing	868	1136	1217	21	2504	4082	4292	22
四 川	Sichuan	1661	1875	2293	9	16431	21931	23579	4
贵 州	Guizhou	841	1093	1174	23	1577	2246	2213	27
云 南	Yunnan	1486	1661	1908	15	3875	4925	5120	18
西 藏	Tibet	91	77	68	31	321	317	297	31
陕 西	Shaanxi	1492	1877	2179	12	22171	25851	28973	2
甘 肃	Gansu	1545	1939	2262	10	5033	5204	5322	17
青 海	Qinghai	229	306	346	29	466	532	488	29
宁 夏	Ningxia	153	211	307	30	268	357	425	30
新 疆	Xinjiang	1204	1572	1785	17	2362	2730	2818	24

17-33 研究与开发机构R&D课题投入经费和发表科技论文
Input of Funds and Scientific Papers Published by R&D Institutions

地区	Region	R&D课题投入经费（亿元） Input of Funds (100 million yuan)				发表科技论文（篇） Scientific Papers Issued (piece)			
		2010	2012	2013	2013排名 Ranking	2010	2012	2013	2013排名 Ranking
全　国	**National Total**	**681.47**	**1078.30**	**1221.66**		**140818**	**158647**	**164440**	
北　京	Beijing	224.49	393.83	445.92	1	44537	50563	52156	1
天　津	Tianjin	16.95	19.83	23.80	9	2447	2628	2974	19
河　北	Hebei	10.61	19.27	17.47	13	1935	2166	2164	22
山　西	Shanxi	5.55	6.39	7.57	20	2390	2504	2611	21
内蒙古	Inner Mongolia	3.19	3.98	5.96	23	828	997	1170	28
辽　宁	Liaoning	24.84	31.57	35.97	7	4312	4993	5480	9
吉　林	Jilin	11.38	14.35	15.12	15	4204	4823	4617	10
黑龙江	Heilongjiang	6.22	6.05	15.72	14	3332	3301	3246	15
上　海	Shanghai	58.99	120.18	140.04	2	7896	9275	9768	2
江　苏	Jiangsu	47.59	70.31	78.71	5	7915	9555	9672	3
浙　江	Zhejiang	9.60	13.71	13.51	16	3775	4307	4355	11
安　徽	Anhui	12.50	20.39	28.28	8	2695	2849	3202	16
福　建	Fujian	4.12	5.82	6.63	22	2895	3006	3196	17
江　西	Jiangxi	5.40	6.25	7.23	21	1638	1618	1894	23
山　东	Shandong	10.43	16.45	17.63	12	6509	7281	7243	5
河　南	Henan	16.84	23.71	21.61	10	3498	3488	3625	13
湖　北	Hubei	26.31	33.65	39.44	6	4988	5358	5642	8
湖　南	Hunan	8.66	14.19	11.71	18	1653	1671	1685	26
广　东	Guangdong	10.16	19.84	20.01	11	5305	7030	7712	4
广　西	Guangxi	3.47	4.93	5.16	25	2850	3026	2936	20
海　南	Hainan	2.07	1.33	1.10	28	1080	1196	1552	27
重　庆	Chongqing	4.28	10.66	5.67	24	1301	1596	1717	24
四　川	Sichuan	68.47	97.06	107.82	4	5548	5960	6627	6
贵　州	Guizhou	1.66	2.59	3.23	27	1454	1649	1693	25
云　南	Yunnan	6.64	8.40	8.85	19	2591	3681	2984	18
西　藏	Tibet	0.40	0.66	0.59	30	246	173	133	31
陕　西	Shaanxi	70.00	95.33	118.44	3	4594	5733	6038	7
甘　肃	Gansu	6.97	11.67	12.14	17	5147	4158	3827	12
青　海	Qinghai	0.54	0.95	1.00	29	550	597	553	30
宁　夏	Ningxia	0.29	0.42	0.53	31	337	323	646	29
新　疆	Xinjiang	2.81	4.53	4.81	26	2368	3142	3322	14

17-34 研究与开发机构国外发表科技论文和出版科技著作
Scientific Papers or Works Published in Foreign Periodicals or Presses by R&D Institutions

地区	Region	国外发表科技论文(篇) Published in Foreign Periodicals (piece)				出版科技著作(种) Publication on S&T (kind)			
		2010	2012	2013	2013排名 Ranking	2010	2012	2013	2013排名 Ranking
全国	**National Total**	**26862**	**35173**	**41072**		**3922**	**4458**	**4619**	
北京	Beijing	12123	14510	17737	1	1626	1710	1968	1
天津	Tianjin	88	211	244	19	101	59	63	21
河北	Hebei	82	126	163	26	35	91	122	8
山西	Shanxi	218	272	268	17	99	80	85	16
内蒙古	Inner Mongolia	21	93	61	29	24	18	23	28
辽宁	Liaoning	1334	1206	1775	6	73	88	119	10
吉林	Jilin	704	1424	1217	7	94	104	69	19
黑龙江	Heilongjiang	133	198	235	20	70	86	70	18
上海	Shanghai	2758	3599	3648	2	197	229	211	2
江苏	Jiangsu	1161	1653	1888	4	148	137	171	4
浙江	Zhejiang	526	705	898	12	100	130	144	6
安徽	Anhui	760	958	660	15	32	36	52	24
福建	Fujian	333	647	835	13	62	60	43	25
江西	Jiangxi	450	54	178	24	38	48	59	23
山东	Shandong	982	1502	1815	5	191	196	206	3
河南	Henan	168	159	166	25	123	118	120	9
湖北	Hubei	720	1033	1083	10	114	175	132	7
湖南	Hunan	137	149	190	23	35	78	62	22
广东	Guangdong	883	2057	2504	3	186	152	170	5
广西	Guangxi	146	166	220	21	70	45	86	15
海南	Hainan	137	229	214	22	46	30	66	20
重庆	Chongqing	56	66	133	28	41	35	41	26
四川	Sichuan	742	966	1175	9	85	182	100	11
贵州	Guizhou	151	230	258	18	21	15	19	29
云南	Yunnan	640	906	946	11	61	152	79	17
西藏	Tibet	7	17			40	7	12	31
陕西	Shaanxi	475	584	757	14	72	77	89	14
甘肃	Gansu	691	1094	1176	8	67	103	91	13
青海	Qinghai	86	128	153	27	15	88	17	30
宁夏	Ningxia	1	6	2	30	3	7	33	27
新疆	Xinjiang	149	225	473	16	53	122	97	12

17-35 研究与开发机构科技产出
S&T Output of R&D Institutions

地区	Region	专利所有权转让及许可收入（万元） Revenue from Transfer and Licensing of Patent Ownership (10 000 yuan)				形成国家或行业标准数（项） Number of National and Industrial Standard (item)			
		2010	2012	2013	2013排名 Ranking	2010	2012	2013	2013排名 Ranking
全　国	**National Total**	**290655**	**42403**	**39681**		**3594**	**4862**	**4368**	
北　京	Beijing	110816	19297	16180	1	2138	3288	2501	1
天　津	Tianjin	702		605	11	89	40	40	14
河　北	Hebei	150	1024	38	21	22	14	13	27
山　西	Shanxi					10	17	39	16
内蒙古	Inner Mongolia					3	12	20	24
辽　宁	Liaoning	68410	3100	6380	2	18	43	40	14
吉　林	Jilin		1	679	9	15	93	67	9
黑龙江	Heilongjiang	90	4			17	54	58	11
上　海	Shanghai	30664	4813	5989	3	243	192	212	3
江　苏	Jiangsu	3650	1742	195	16	131	120	247	2
浙　江	Zhejiang	12647	978	1322	5	39	60	92	8
安　徽	Anhui	1030	4151	639	10	36	80	46	13
福　建	Fujian	160	36	723	8	37	33	22	22
江　西	Jiangxi	38				14	11	21	23
山　东	Shandong	17141	561	311	15	150	100	141	6
河　南	Henan		220	581	12	13	16	59	10
湖　北	Hubei	2149	321	446	13	67	41	38	17
湖　南	Hunan	450	54	102	18	25	46	29	19
广　东	Guangdong	11393	346	1117	6	94	109	162	5
广　西	Guangxi		20	5	23	15	21	20	24
海　南	Hainan	2000				33	12	27	20
重　庆	Chongqing	507	718	2800	4	31	37	14	26
四　川	Sichuan	4443	66	62	19	160	171	137	7
贵　州	Guizhou		20			21	5	10	29
云　南	Yunnan	1400		189	17	6	24	33	18
西　藏	Tibet						10	6	30
陕　西	Shaanxi		49	420	14	103	117	176	4
甘　肃	Gansu	19060	4741	836	7	24	27	13	27
青　海	Qinghai			12	22		2		
宁　夏	Ningxia					31	27	27	20
新　疆	Xinjiang	3755	143	50	20	9	40	58	11

17-36 高等学校R&D课题数和投入人员
R&D Projects and Input of Personnel of Higher Education Institutions

地区	Region	R&D课题数（项） R&D Projects (item)				R&D课题投入人员（人年） Input of Personnel (man-year)			
		2010	2012	2013	2013排名 Ranking	2010	2012	2013	2013排名 Ranking
全　国	**National Total**	**547717**	**657027**	**711010**		**288940**	**313107**	**324494**	
北　京	Beijing	60477	69557	76331	1	30046	31219	32232	1
天　津	Tianjin	14289	16763	18875	15	8879	9527	10803	15
河　北	Hebei	13301	16276	16809	18	7385	8282	8664	17
山　西	Shanxi	7286	8924	9149	24	5912	6099	6030	21
内蒙古	Inner Mongolia	5031	6961	7303	26	3499	3971	4168	24
辽　宁	Liaoning	20876	26158	26746	12	15657	16403	16582	6
吉　林	Jilin	13040	16114	16752	19	13582	14686	12964	12
黑龙江	Heilongjiang	14632	16988	18203	16	12867	14925	15265	8
上　海	Shanghai	36656	42572	45473	4	21541	21130	21467	3
江　苏	Jiangsu	35481	44383	48980	3	17508	20876	22186	2
浙　江	Zhejiang	38269	43049	45285	5	12991	13421	14220	10
安　徽	Anhui	19706	25219	27497	11	9638	11862	12151	13
福　建	Fujian	15925	16995	19501	14	5889	6321	7112	18
江　西	Jiangxi	12579	14690	16224	21	5036	4927	4600	23
山　东	Shandong	22810	27550	30783	9	14500	16066	17573	5
河　南	Henan	14846	19032	19655	13	5930	6504	6714	20
湖　北	Hubei	30613	36241	38783	6	13965	15194	15407	7
湖　南	Hunan	25253	29978	32227	8	10945	12986	13576	11
广　东	Guangdong	35749	44800	50119	2	16083	18387	19379	4
广　西	Guangxi	11801	15816	16622	20	9790	10203	10716	16
海　南	Hainan	1956	2973	3025	29	522	853	839	29
重　庆	Chongqing	13415	14862	17017	17	7126	6585	6862	19
四　川	Sichuan	29498	32954	36581	7	14592	14164	15121	9
贵　州	Guizhou	7160	9152	11082	23	2868	3297	3847	25
云　南	Yunnan	10183	11623	11837	22	5072	5268	5594	22
西　藏	Tibet	352	612	675	31	412	505	511	31
陕　西	Shaanxi	23212	28482	30737	10	9923	10481	11280	14
甘　肃	Gansu	6744	8705	8906	25	2641	3300	3213	27
青　海	Qinghai	688	810	990	30	700	559	548	30
宁　夏	Ningxia	2617	3445	3050	28	1100	1557	1183	28
新　疆	Xinjiang	3272	5343	5793	27	2340	3551	3689	26

17-37 高等学校R&D课题投入经费和发表科技论文
Input of Funds and Scientific Papers Issued of Higher Education Institutions

地区	Region	R&D课题投入经费（亿元） Input of Funds (100 million yuan)				发表科技论文（篇） Scientific Papers Issued (piece)			
		2010	2012	2013	2013排名 Ranking	2010	2012	2013	2013排名 Ranking
全国	**National Total**	**467.00**	**607.27**	**662.69**		**1062512**	**1117742**	**1127210**	
北京	Beijing	89.38	113.48	112.93	1	104784	112949	113220	1
天津	Tianjin	17.95	29.13	38.77	5	22861	23155	26869	18
河北	Hebei	5.50	6.94	6.93	21	30426	32503	31005	15
山西	Shanxi	4.74	6.22	7.48	20	13896	13949	13373	25
内蒙古	Inner Mongolia	2.12	3.10	3.52	26	9867	12827	13249	26
辽宁	Liaoning	18.84	31.48	36.46	7	43629	50674	51531	7
吉林	Jilin	13.14	18.19	14.63	16	28785	25480	28634	17
黑龙江	Heilongjiang	21.98	28.76	30.00	10	36453	37450	35282	14
上海	Shanghai	32.96	43.49	51.25	3	70290	71343	72225	3
江苏	Jiangsu	40.80	51.34	57.06	2	90125	102482	104738	2
浙江	Zhejiang	26.23	30.35	34.22	8	46236	45385	43374	12
安徽	Anhui	10.52	15.97	18.06	14	31760	35873	37394	13
福建	Fujian	6.05	6.77	9.27	18	18137	18139	18770	22
江西	Jiangxi	6.43	7.44	8.45	19	22482	23714	24040	20
山东	Shandong	14.65	21.48	22.72	12	48926	48339	50325	8
河南	Henan	7.42	13.79	14.70	15	43718	47556	44891	11
湖北	Hubei	29.76	36.97	38.80	4	67352	70988	70435	4
湖南	Hunan	15.00	17.50	18.12	13	48569	45172	46185	10
广东	Guangdong	19.63	30.37	32.68	9	60176	64501	63073	5
广西	Guangxi	4.29	4.54	5.48	23	23394	24663	24716	19
海南	Hainan	0.59	0.89	1.18	29	3766	4334	4715	29
重庆	Chongqing	11.01	13.21	14.19	17	27482	30428	29645	16
四川	Sichuan	32.07	31.45	36.66	6	52512	55447	55792	6
贵州	Guizhou	2.52	3.41	3.95	25	12933	13751	14890	24
云南	Yunnan	4.10	5.69	5.92	22	18577	18397	20773	21
西藏	Tibet	0.20	0.19	0.25	31	684	1101	1050	31
陕西	Shaanxi	21.12	25.16	28.96	11	49206	50801	49872	9
甘肃	Gansu	5.80	6.31	5.24	24	17307	15471	16951	23
青海	Qinghai	0.28	0.41	0.82	30	2024	2648	2298	30
宁夏	Ningxia	0.47	1.01	1.19	28	5513	6003	5569	28
新疆	Xinjiang	1.45	2.22	2.79	27	10642	12219	12326	27

17-38 高等学校国外发表科技论文和出版科技著作
Scientific Papers or works Published in Foreign Periodicals and Publication by Higher Education Institutions

地区	Region	国外发表科技论文（篇）Scientific Papers or works Published in Foreign Periodicals (piece)				出版科技著作（种）Publication on S&T (kind)			
		2010	2012	2013	2013排名 Ranking	2010	2012	2013	2013排名 Ranking
全 国	**National Total**	**182247**	**226097**	**249673**		**38101**	**38760**	**37866**	
北 京	Beijing	19170	25785	27570	1	5747	5431	5410	1
天 津	Tianjin	6046	7169	8288	12	959	728	837	18
河 北	Hebei	2926	3705	4118	19	743	694	917	17
山 西	Shanxi	1598	2197	2640	22	613	634	523	23
内蒙古	Inner Mongolia	654	1392	1396	25	385	475	509	24
辽 宁	Liaoning	5787	9780	10990	9	2536	2415	2048	5
吉 林	Jilin	4013	4099	5564	17	934	957	978	16
黑龙江	Heilongjiang	11042	11071	10810	10	1234	1419	1344	11
上 海	Shanghai	18418	22042	23994	3	3020	2940	2576	3
江 苏	Jiangsu	20396	26098	26576	2	2017	2546	2840	2
浙 江	Zhejiang	12020	13193	12538	8	1549	1546	1553	9
安 徽	Anhui	4380	5290	6750	14	1457	1149	1120	14
福 建	Fujian	4108	3701	4967	18	706	801	691	21
江 西	Jiangxi	2187	2962	3726	20	621	549	509	24
山 东	Shandong	8671	11051	14970	5	1690	1608	1649	8
河 南	Henan	4196	5505	5823	16	1645	1820	1929	6
湖 北	Hubei	13980	16069	15161	4	2415	2371	2329	4
湖 南	Hunan	4860	5889	8252	13	1621	1560	1381	10
广 东	Guangdong	8898	12032	14963	6	1991	2067	1803	7
广 西	Guangxi	1798	2704	2669	21	481	623	624	22
海 南	Hainan	223	267	301	28	264	307	441	26
重 庆	Chongqing	3905	5689	6641	15	990	1087	1092	15
四 川	Sichuan	10200	12910	13728	7	1361	1268	1207	13
贵 州	Guizhou	372	713	845	26	276	384	403	27
云 南	Yunnan	1452	1749	2251	24	696	852	721	20
西 藏	Tibet	28	23	31	31	31	56	24	31
陕 西	Shaanxi	7687	9992	10498	11	1275	1396	1254	12
甘 肃	Gansu	2494	2062	2479	23	522	661	752	19
青 海	Qinghai	63	73	70	30	64	62	103	29
宁 夏	Ningxia	268	297	249	29	102	93	95	30
新 疆	Xinjiang	407	588	815	27	156	261	204	28

17-39 高等学校科技产出
S&T Output of Higher Education Institutions

地区	Region	专利所有权转让及许可收入（万元）Revenue from Transfer and Licensing of Patent Ownership (10 000 yuan)				形成国家或行业标准数（项）Number of National and Industrial Standard (item)			
		2010	2012	2013	2013排名 Ranking	2010	2012	2013	2013排名 Ranking
全　国	**National Total**	**35943**	**43630**	**43624**		**230**	**197**	**250**	
北　京	Beijing	5924	13378	11364	1	64	46	125	1
天　津	Tianjin	4109	1010	982	13				
河　北	Hebei	1354	1727	1637	7	9	1	2	11
山　西	Shanxi	205	266	318	21				
内蒙古	Inner Mongolia	40		20	26			5	10
辽　宁	Liaoning	1436	1425	1349	9		4		
吉　林	Jilin	598	528	465	20	9	5		
黑龙江	Heilongjiang	232	773	957	15	8	7	6	8
上　海	Shanghai	3122	3868	3932	4	1		1	13
江　苏	Jiangsu	3629	3905	4728	2	10	22	30	2
浙　江	Zhejiang	2999	1024	1046	12	9	17		
安　徽	Anhui	212	1831	1289	11	25		10	5
福　建	Fujian	498	509	527	19		9	7	7
江　西	Jiangxi	310	12	93	24	1			
山　东	Shandong	890	1557	1860	6	6	3	2	11
河　南	Henan	856	1279	1347	10	9	14		
湖　北	Hubei	1368	4645	2267	5	28	1		
湖　南	Hunan	1558	710	4680	3	11	3	10	5
广　东	Guangdong	1575	891	1471	8			6	8
广　西	Guangxi	370	639	543	17	2			
海　南	Hainan	49							
重　庆	Chongqing	1389	613	854	16		3		
四　川	Sichuan	1070	2324	966	14		5		
贵　州	Guizhou	11	30	217	22		2		
云　南	Yunnan	514	84	124	23			1	13
西　藏	Tibet								
陕　西	Shaanxi	1517	567	536	18				
甘　肃	Gansu	97	32	10	27		24	24	3
青　海	Qinghai					38	31	21	4
宁　夏	Ningxia	10	3						
新　疆	Xinjiang			35	25				

18

教　育

Education

18-1 6岁及以上受教育程度的人口（一）
The Educational Attainment of Population Aged 6 and over (1)

单位：人 (person)

地区	Region	6岁及以上人口 Population Aged 6 and Over				其中：大专及以上人口 College and Higher Level			
		2010	2012①	2013②	2013排名 Ranking	2010	2012①	2013②	2013排名 Ranking
全　国	**National Total**	**1242546122**	**1047865**	**1041825**		**118374897**	**110990**	**117925**	
北　京	Beijing	18813279	16447	16645	26	6177772	6143	6859	5
天　津	Tianjin	12388491	11175	11582	27	2261701	2553	2670	20
河　北	Hebei	66150575	55844	55688	6	5242511	3232	4307	12
山　西	Shanxi	33521349	28388	28116	18	3114389	2707	3013	17
内蒙古	Inner Mongolia	23362679	19598	19503	23	2522759	2364	1966	26
辽　宁	Liaoning	41873047	35238	34925	13	5234081	6519	6924	4
吉　林	Jilin	26136514	21799	21702	21	2715172	1955	2509	22
黑龙江	Heilongjiang	36619463	30608	30284	15	3492275	3093	3708	14
上　海	Shanghai	22085668	19034	19046	24	5039565	4392	4703	10
江　苏	Jiangsu	74119475	62230	61632	5	8511408	8373	8462	1
浙　江	Zhejiang	51484414	43285	43066	10	5078506	6473	7464	2
安　徽	Anhui	55103738	46039	45731	8	4006203	4721	4186	13
福　建	Fujian	34366573	28931	28714	17	3084680	2262	2554	21
江　西	Jiangxi	40413800	34348	34378	14	3055988	2846	3228	16
山　东	Shandong	89358154	75422	75252	2	8328681	7367	7445	3
河　南	Henan	85563558	72042	71151	3	6016007	4798	5757	8
湖　北	Hubei	53724341	45109	44496	9	5456838	5514	5304	9
湖　南	Hunan	60715957	51099	51107	7	4991904	3749	4343	11
广　东	Guangdong	97649498	82228	81324	1	8905508	8027	6665	6
广　西	Guangxi	41837842	35185	35486	12	2751201	2281	2732	19
海　南	Hainan	7949791	6773	6755	28	670160	694	593	28
重　庆	Chongqing	26962605	23049	23095	20	2445439	2299	2162	25
四　川	Sichuan	75277913	63113	62617	4	5366709	6258	6597	7
贵　州	Guizhou	31837765	26638	26607	19	1853345	1749	2419	23
云　南	Yunnan	42475720	36013	35624	11	2636038	2438	2763	18
西　藏	Tibet	2705849	2332	2300	31	165324	99	55	31
陕　西	Shaanxi	35187233	29505	28894	16	3940301	3150	3463	15
甘　肃	Gansu	23912906	20108	19821	22	1923282	1790	1788	27
青　海	Qinghai	5184022	4414	4398	30	484794	423	553	30
宁　夏	Ningxia	5798346	4961	4969	29	587054	452	559	29
新　疆	Xinjiang	19965557	16910	16918	25	2315302	2272	2174	24

注：1. 2010年数据为第六次人口普查数据，2012年和2013年数据为抽样调查数据。
2. 为2012年全国人口变动情况抽样调查样本数据，抽样比为0.850(‰)(以下有关各表同)。
3. 为2013年全国人口变动情况抽样调查样本数据，抽样比为0.831(‰)(以下有关各表同)。

Notes: 1. 2010 data for the sixth census data. Data of 2012 and 2013 sampling survey data.
2. Data in this table are obtained from the 2012 National Sample Survey on Changes. The sampling fraction is 0.850‰. The same applies to the relevant tables followed.
3. Data in this table are obtained from the 2013 National Sample Survey on Changes. The sampling fraction is 0.831‰. The same applies to the relevant tables followed.

18-2 6岁及以上受教育程度的人口（二）
Educational Attainment of Population Aged 6 and over (2)

单位：人 (person)

地区	Region	其中：高中文化人口 Senior Secondary School				其中：初中文化人口 Junior Secondary School			
		2010	2012①	2013②	2013排名 Ranking	2010	2012①	2013②	2013排名 Ranking
全　国	**National Total**	**186646865**	**168941**	**172088**		**518176222**	**430799**	**425144**	
北　京	Beijing	4161674	3659	3321	22	6157444	4746	4496	26
天　津	Tianjin	2672387	2450	2483	26	4936137	3990	4242	27
河　北	Hebei	9131670	8059	8452	7	31902985	28314	26955	4
山　西	Shanxi	5618618	5766	4866	15	16115283	13065	13129	15
内蒙古	Inner Mongolia	3740299	3369	3283	23	9689532	8209	8374	22
辽　宁	Liaoning	6469305	5127	5535	12	19829444	15616	15256	12
吉　林	Jilin	4630133	4069	3942	18	11549212	9955	9594	20
黑龙江	Heilongjiang	5756969	5013	5324	14	17245267	14154	13761	13
上　海	Shanghai	4823221	4046	3868	19	8406458	7728	7063	23
江　苏	Jiangsu	12703757	11062	11346	3	30423013	24602	24668	5
浙　江	Zhejiang	7384253	6733	6428	10	19961827	16056	15432	10
安　徽	Anhui	6449846	5733	6191	11	22969845	18814	18937	8
福　建	Fujian	5119371	4565	4443	17	13977601	11267	11293	18
江　西	Jiangxi	5488361	6114	7546	9	16787837	13805	13419	14
山　东	Shandong	13322584	11530	12514	2	38468023	32127	32094	3
河　南	Henan	12423541	10457	10877	4	39925272	34963	32606	2
湖　北	Hubei	9503078	8844	10032	5	22677927	17468	16684	9
湖　南	Hunan	10133885	8746	9080	6	25977062	21041	21498	6
广　东	Guangdong	18267539	17162	16733	1	44075971	35639	37022	1
广　西	Guangxi	5078715	4302	4538	16	17840416	15085	15385	11
海　南	Hainan	1288237	1167	1345	28	3642423	3082	3169	28
重　庆	Chongqing	3814455	3421	3653	20	9646397	8224	8486	21
四　川	Sichuan	9045928	8289	8290	8	28058292	23404	21140	7
贵　州	Guizhou	2617659	2720	2818	25	10506809	9289	9731	19
云　南	Yunnan	3813068	4401	3497	21	12591002	11290	11631	17
西　藏	Tibet	131027	119	97	31	385793	312	279	31
陕　西	Shaanxi	5887718	5552	5331	13	14981471	12385	12128	16
甘　肃	Gansu	3244504	3109	2820	24	7982874	6639	6945	24
青　海	Qinghai	586713	497	511	30	1427740	1242	1206	30
宁　夏	Ningxia	792711	631	778	29	2130699	1871	1825	29
新　疆	Xinjiang	2545639	2229	2147	27	7906166	6418	6697	25

18-3　6岁及以上受教育程度的人口（三）
Educational Attainment of Population Aged 6 and over (3)

单位：人　　(person)

地区	Region	其中：小学文化人口 Primary School				其中：未上过学人口 No Schooling			
		2010	2012①	2013②	2013排名 Ranking	2010	2012①	2013②	2013排名 Ranking
全　国	**National Total**	**357211733**	**281681**	**274658**		**62136405**	**55454**	**52010**	
北　京	Beijing	1952619	1627	1692	27	363770	271	278	31
天　津	Tianjin	2205954	1885	1894	26	312312	297	292	30
河　北	Hebei	17719711	13858	13798	8	2153698	2383	2177	11
山　西	Shanxi	7804836	6039	6385	21	868223	810	722	24
内蒙古	Inner Mongolia	6278818	4794	4918	24	1131271	863	962	19
辽　宁	Liaoning	9364681	7069	6401	20	975536	908	809	22
吉　林	Jilin	6604755	5340	5046	23	637242	480	610	26
黑龙江	Heilongjiang	9211366	7476	6674	18	913586	873	818	21
上　海	Shanghai	3121808	2403	2654	25	694616	466	758	23
江　苏	Jiangsu	19033077	14701	14527	6	3448220	3492	2629	7
浙　江	Zhejiang	15687367	11640	11329	11	3372461	2383	2412	9
安　徽	Anhui	16518988	13071	13022	9	5158856	3700	3394	4
福　建	Fujian	10994768	9231	8746	15	1190153	1606	1679	13
江　西	Jiangxi	13399357	10233	9105	13	1682257	1350	1081	18
山　东	Shandong	23912234	19465	18912	2	5326632	4933	4288	2
河　南	Henan	22669174	17865	18142	4	4529564	3958	3770	3
湖　北	Hubei	13092079	10585	10067	12	2994419	2697	2409	10
湖　南	Hunan	17600932	15225	14311	7	2012174	2338	1875	12
广　东	Guangdong	23788746	18921	18284	3	2611734	2479	2620	8
广　西	Guangxi	14579571	12085	11385	10	1587939	1433	1447	15
海　南	Hainan	1958821	1518	1319	30	390150	312	328	29
重　庆	Chongqing	9707595	7865	7595	16	1348719	1240	1199	17
四　川	Sichuan	27846551	20810	22277	1	4960433	4353	4313	1
贵　州	Guizhou	13546008	9841	8982	14	3313944	3040	2657	6
云　南	Yunnan	20042984	14876	14753	5	3392628	3009	2980	5
西　藏	Tibet	1098468	1001	915	31	925237	800	955	20
陕　西	Shaanxi	8740957	6841	6615	19	1636786	1576	1356	16
甘　肃	Gansu	8313301	6796	6747	17	2448945	1774	1521	14
青　海	Qinghai	1984288	1613	1532	28	700487	639	597	27
宁　夏	Ningxia	1868716	1644	1427	29	419166	363	380	28
新　疆	Xinjiang	6563203	5362	5205	22	635247	629	694	25

18-4 6岁及以上城市受教育程度的人口（一）
City Population by Educational Attainment of Aged 6 and Over (1)

单位：人 (person)

地区	Region	6岁及以上城市人口 Population Aged 6 and Over				其中：大专及以上人口 College and Higher Level			
		2010	2012①	2013②	2013排名 Ranking	2010	2012①	2013②	2013排名 Ranking
全 国	**National Total**	**384147858**	**328293**	**333349**		**82609537**	**76587**	**81094**	
北 京	Beijing	14931905	13180	13595	10	5719710	5741	6394	1
天 津	Tianjin	8557876	7522	7762	19	1955233	2025	2367	14
河 北	Hebei	13610266	11575	11072	12	3252344	1976	2720	11
山 西	Shanxi	8923504	9915	9530	16	1971616	2078	2097	16
内蒙古	Inner Mongolia	7621744	6654	7239	21	1488541	1429	1333	25
辽 宁	Liaoning	21238725	19356	19230	4	4505346	5962	6271	2
吉 林	Jilin	9829437	7381	8182	17	2163396	1408	2015	17
黑龙江	Heilongjiang	13671158	11615	11744	11	2699338	2298	2770	10
上 海	Shanghai	16947917	14570	14780	7	4593448	3996	4445	7
江 苏	Jiangsu	28756641	26154	25700	2	6298307	6570	6257	3
浙 江	Zhejiang	19341538	17303	16179	5	3565320	4810	5243	4
安 徽	Anhui	11570801	9838	9927	15	2421397	3113	2509	12
福 建	Fujian	11811304	10259	9952	14	1989438	1314	1588	21
江 西	Jiangxi	7019212	6592	6666	22	1341937	1607	1764	18
山 东	Shandong	26769277	23079	24243	3	5886987	5391	5149	5
河 南	Henan	17199491	14074	13793	9	3848678	3406	3921	8
湖 北	Hubei	17096493	14644	15138	6	3739648	3707	3483	9
湖 南	Hunan	12056671	9075	10478	13	2793617	1642	2271	15
广 东	Guangdong	49812159	36692	37444	1	7376944	6136	5011	6
广 西	Guangxi	7831847	5250	8076	18	1587538	1060	1513	22
海 南	Hainan	2174301	1922	1367	29	422600	450	269	30
重 庆	Chongqing	8296022	7334	5709	25	1737668	1464	1298	26
四 川	Sichuan	15241250	11844	14444	8	3139205	2340	2464	13
贵 州	Guizhou	5201758	5334	4402	26	1027308	1123	1413	24
云 南	Yunnan	5969107	6972	7302	20	1259875	1213	1704	19
西 藏	Tibet	261564	299	226	31	50752	57	15	31
陕 西	Shaanxi	8434216	6387	6130	24	2443851	1281	1597	20
甘 肃	Gansu	5011236	4297	3893	27	1171855	840	1033	27
青 海	Qinghai	1294462	1143	1127	30	274360	243	343	29
宁 夏	Ningxia	1938545	1730	1878	28	427952	354	408	28
新 疆	Xinjiang	5727431	6303	6140	23	1455328	1549	1428	23

18-5 6岁及以上城市受教育程度的人口（二）
City Population by Educational Attainment of Aged 6 and Over (2)

单位：人 (person)

地区	Region	其中：高中文化人口 Senior Secondary School				其中：初中文化人口 Junior Secondary School			
		2010	2012①	2013②	2013排名 Ranking	2010	2012①	2013②	2013排名 Ranking
全国	**National Total**	**93632752**	**81535**	**84311**		**138590585**	**113179**	**111818**	
北京	Beijing	3419387	2887	2729	13	4276980	3389	3224	16
天津	Tianjin	2220636	1998	2061	18	3091612	2399	2349	20
河北	Hebei	3451788	2634	2865	11	4687010	4612	3719	11
山西	Shanxi	2360499	3145	2370	15	3207370	3244	3553	13
内蒙古	Inner Mongolia	1827275	1766	1727	22	2882167	2413	2744	18
辽宁	Liaoning	4781286	3872	4236	5	8961344	7074	6390	4
吉林	Jilin	2959933	2390	2678	14	3404708	2745	2589	19
黑龙江	Heilongjiang	3548928	3056	3356	8	5444782	4695	4066	9
上海	Shanghai	4099573	3293	3309	9	5952396	5414	5018	6
江苏	Jiangsu	6792400	6062	6444	2	10057146	8557	8386	3
浙江	Zhejiang	3639292	3495	2930	10	7240604	5466	4847	7
安徽	Anhui	2599561	2187	2107	17	4095548	2855	3362	14
福建	Fujian	2497009	2446	2254	16	4556611	3907	3665	12
江西	Jiangxi	1826160	1854	1993	20	2370446	1988	1774	25
山东	Shandong	6545016	5622	6391	3	9319501	7696	8452	2
河南	Henan	4634895	3890	3585	6	5781643	4532	4036	10
湖北	Hubei	4781427	4632	5288	4	5823530	4168	4307	8
湖南	Hunan	3289412	2522	2865	11	3925457	2957	3255	15
广东	Guangdong	12343702	9443	10460	1	21242368	15191	16153	1
广西	Guangxi	1990384	1222	2006	19	2794057	1922	2945	17
海南	Hainan	595567	616	529	28	787331	578	406	29
重庆	Chongqing	1990330	1821	1489	23	2770694	2471	1897	23
四川	Sichuan	3559631	2902	3454	7	5140166	3943	5051	5
贵州	Guizhou	1022208	1165	958	27	1805762	1851	1312	26
云南	Yunnan	1247478	1491	1364	24	1920826	2482	2313	21
西藏	Tibet	38621	38	27	31	68162	57	50	31
陕西	Shaanxi	2251823	1930	1848	21	2584611	2268	1851	24
甘肃	Gansu	1312321	1180	1026	26	1550590	1375	1179	27
青海	Qinghai	269124	230	259	30	430443	396	306	30
宁夏	Ningxia	433639	305	439	29	684596	645	655	28
新疆	Xinjiang	1303447	1440	1262	25	1732124	1885	1965	22

18-6 6岁及以上城市受教育程度的人口（三）
City Population by Educational Attainment of Aged 6 and Over (3)

单位：人 (person)

地区	Region	其中：小学文化人口 Primary School				其中：未上过学人口 No Schooling			
		2010	2012①	2013②	2013排名 Ranking	2010	2012①	2013②	2013排名 Ranking
全国	**National Total**	**61280552**	**50132**	**48927**		**8034432**	**6860**	**7198**	
北京	Beijing	1315882	1023	1125	20	199946	140	123	21
天津	Tianjin	1129187	932	833	23	161208	168	151	17
河北	Hebei	2018691	2089	1582	14	200433	265	187	14
山西	Shanxi	1263763	1324	1363	18	120256		148	18
内蒙古	Inner Mongolia	1236914	937	1258	19	186847	109	176	15
辽宁	Liaoning	2694119	2215	2100	6	296630	232	233	12
吉林	Jilin	1166861	748	804	24	134539	88	95	26
黑龙江	Heilongjiang	1761028	1418	1404	16	217082	147	148	18
上海	Shanghai	1924658	1569	1707	11	377842	298	300	10
江苏	Jiangsu	4844314	4135	3885	2	764474	828	729	1
浙江	Zhejiang	4204382	3070	2726	5	691940	462	433	4
安徽	Anhui	2003675	1402	1599	13	450620	281	350	7
福建	Fujian	2509463	2283	2087	7	258783	309	358	6
江西	Jiangxi	1336154	1021	1039	21	144515	123	96	25
山东	Shandong	4325179	3761	3547	3	692594	610	703	2
河南	Henan	2583016	2041	1988	8	351259	204	262	11
湖北	Hubei	2371093	1782	1724	10	380795	355	336	8
湖南	Hunan	1904464	1698	1887	9	143721	255	199	13
广东	Guangdong	8160352	5444	5214	1	688793	478	605	3
广西	Guangxi	1337765	970	1453	15	122103	75	159	16
海南	Hainan	327194	248	139	30	41609	29	25	31
重庆	Chongqing	1630161	1430	929	22	167169	148	97	24
四川	Sichuan	3054024	2405	3068	4	348224	255	406	5
贵州	Guizhou	1173605	1055	615	26	172875	139	104	22
云南	Yunnan	1362663	1562	1615	12	178265	224	307	9
西藏	Tibet	68803	105	78	31	35226	43	55	28
陕西	Shaanxi	1020330	749	700	25	133601	158	135	20
甘肃	Gansu	828420	758	560	27	148050	143	95	26
青海	Qinghai	271588	234	187	29	48947	39	32	30
宁夏	Ningxia	340790	375	325	28	51568	49	49	29
新疆	Xinjiang	1112014	1347	1383	17	124518	82	101	23

18-7 6岁及以上乡村受教育程度的人口（一）
Rural Population by Educational Attainment of Aged 6 and Over (1)

单位：人 (person)

地区	Region	6岁及以上乡村人口 Population Aged 6 and Over				其中：大专及以上人口 College and Higher Level			
		2010	2012①	2013②	2013排名 Ranking	2010	2012①	2013②	2013排名 Ranking
全　国	**National Total**	**609708623**	**485450**	**471470**		**12553411**	**10929**	**11305**	
北　京	Beijing	2641925	2278	2275	27	219140	226	193	25
天　津	Tianjin	2485102	2046	2051	29	69174	72	93	26
河　北	Hebei	36700056	29624	28762	4	640291	671	475	10
山　西	Shanxi	17347218	13809	13391	16	364546	262	319	16
内蒙古	Inner Mongolia	10350768	8294	8108	24	353787	359	303	18
辽　宁	Liaoning	15686075	12021	11665	19	296321	189	215	22
吉　林	Jilin	12042553	9983	9849	21	216244	220	205	23
黑龙江	Heilongjiang	16027742	13069	12798	17	214734	152	216	21
上　海	Shanghai	2360676	2021	2001	30	112663	90	88	28
江　苏	Jiangsu	29201895	22808	21939	8	937346	816	859	1
浙　江	Zhejiang	19714793	15904	15491	14	527359	577	738	4
安　徽	Anhui	31033930	24260	23459	7	559587	394	511	8
福　建	Fujian	14616969	11621	11260	20	408379	466	337	15
江　西	Jiangxi	22409231	17808	17310	12	482929	451	401	14
山　东	Shandong	44639307	35725	34729	2	785863	758	754	2
河　南	Henan	51915505	41103	39476	1	930026	494	657	5
湖　北	Hubei	26734699	20744	20014	10	767607	720	578	6
湖　南	Hunan	34067748	27077	26515	5	753244	555	747	3
广　东	Guangdong	32276810	26163	25449	6	589435	483	521	7
广　西	Guangxi	24790268	19618	19366	11	363829	234	302	19
海　南	Hainan	3949076	3235	3144	25	82304	97	93	26
重　庆	Chongqing	12471632	9801	9500	22	169091	134	204	24
四　川	Sichuan	44533729	35391	34042	3	642748	636	485	9
贵　州	Guizhou	20913860	16789	16381	13	292091	267	308	17
云　南	Yunnan	27544959	21627	21026	9	509007	359	415	13
西　藏	Tibet	2064821	1778	1733	31	46144	28	24	31
陕　西	Shaanxi	19005704	14661	14114	15	504925	412	462	11
甘　肃	Gansu	15196092	12233	11815	18	249449	459	277	20
青　海	Qinghai	2818280	2279	2238	28	45664	39	49	29
宁　夏	Ningxia	2973616	2430	2374	26	73949	45	46	30
新　疆	Xinjiang	11193584	9250	9193	23	345535	270	431	12

18-8 6岁及以上乡村受教育程度的人口（二）
Rural Population by Educational Attainment of Aged 6 and Over (2)

单位：人 (person)

地区	Region	其中：高中文化人口 Senior Secondary School				其中：初中文化人口 Junior Secondary School			
		2010	2012①	2013②	2013排名 Ranking	2010	2012①	2013②	2013排名 Ranking
全　国	**National Total**	**47099999**	**42986**	**44272**		**273812219**	**218674**	**212191**	
北　京	Beijing	478272	545	408	25	1339348	959	1050	26
天　津	Tianjin	242304	206	199	28	1264472	982	1047	27
河　北	Hebei	2961138	3250	2908	4	19706145	15886	15264	3
山　西	Shanxi	1713935	1492	1562	13	9514516	7722	7014	14
内蒙古	Inner Mongolia	825317	769	785	20	4567200	3850	3658	23
辽　宁	Liaoning	865746	634	730	22	8282585	6379	6587	16
吉　林	Jilin	775385	731	585	24	6100382	5028	5116	19
黑龙江	Heilongjiang	849808	694	820	19	8372888	6584	7027	13
上　海	Shanghai	268723	352	151	29	1146727	1045	907	29
江　苏	Jiangsu	3031869	2549	2562	6	13249085	10216	10317	8
浙　江	Zhejiang	1769516	1750	1693	11	7664772	6295	6003	18
安　徽	Anhui	1857717	1561	1724	10	13536502	10679	10694	7
福　建	Fujian	1284426	990	1044	17	6122360	4630	4544	20
江　西	Jiangxi	1665126	1871	2405	7	9973006	7872	7846	11
山　东	Shandong	3662693	3587	3466	3	21472686	16981	16294	2
河　南	Henan	4373066	3303	4137	1	26700825	22409	19878	1
湖　北	Hubei	2529312	2261	2308	8	12689777	9300	8952	9
湖　南	Hunan	3631040	2987	3559	2	16034321	12077	11971	5
广　东	Guangdong	3038990	3132	2761	5	15744383	12417	12323	4
广　西	Guangxi	1465786	1185	1279	14	11096978	8787	8825	10
海　南	Hainan	349531	272	323	26	2024022	1747	1772	25
重　庆	Chongqing	754785	656	780	21	4473853	3356	3111	24
四　川	Sichuan	2569618	2489	2195	9	16946055	14257	11925	6
贵　州	Guizhou	777015	766	901	18	6584467	5744	6138	17
云　南	Yunnan	1246725	1066	1222	15	7664553	6424	6738	15
西　藏	Tibet	47960	59	46	31	239406	214	188	31
陕　西	Shaanxi	1889394	1621	1635	12	9257241	7170	7202	12
甘　肃	Gansu	1119030	1318	1080	16	5164564	3999	4040	22
青　海	Qinghai	128669	130	130	30	715823	582	618	30
宁　夏	Ningxia	218145	207	229	27	1095114	913	923	28
新　疆	Xinjiang	708958	555	647	23	5068163	4168	4220	21

18-9 6岁及以上乡村受教育程度的人口（三）
Rural Population by Educational Attainment of Aged 6 and Over (3)

单位：人 (person)

地区	Region	其中：小学文化人口 Primary School				其中：未上过学人口 No Schooling			
		2010	2012①	2013②	2013排名 Ranking	2010	2012①	2013②	2013排名 Ranking
全 国	**National Total**	232068330	174538	168473		44174664	38322	35229	
北 京	Beijing	474343	436	477	31	130822	111	145	30
天 津	Tianjin	794848	698	635	29	114304	89	78	31
河 北	Hebei	11866526	8250	8614	6	1525956	1566	1500	8
山 西	Shanxi	5123519	3765	4037	19	630702	568	460	24
内蒙古	Inner Mongolia	3850235	2740	2750	24	754229	576	613	20
辽 宁	Liaoning	5661922	4203	3637	21	579501	617	495	23
吉 林	Jilin	4552305	3684	3518	22	398237	319	426	25
黑龙江	Heilongjiang	6057330	5030	4189	18	532982	609	546	21
上 海	Shanghai	645574	441	489	30	186989	94	368	27
江 苏	Jiangsu	10033805	7287	6896	10	1949790	1941	1305	11
浙 江	Zhejiang	7757613	5802	5611	14	1995533	1479	1447	9
安 徽	Anhui	11265233	8989	8176	8	3814891	2637	2353	4
福 建	Fujian	6099939	4711	4404	17	701865	824	930	15
江 西	Jiangxi	9092090	6728	5944	13	1196080	885	715	19
山 东	Shandong	15041231	11281	11429	3	3676834	3118	2786	3
河 南	Henan	16395156	11914	12017	2	3516432	2983	2787	2
湖 北	Hubei	8621975	6581	6578	12	2126028	1882	1597	7
湖 南	Hunan	12124177	9887	8953	5	1524966	1571	1285	12
广 东	Guangdong	11438862	8795	8537	7	1465140	1337	1308	10
广 西	Guangxi	10641000	8360	7912	9	1222675	1053	1049	14
海 南	Hainan	1224372	909	745	27	268847	211	211	29
重 庆	Chongqing	6126264	4764	4519	16	947639	891	886	16
四 川	Sichuan	20368887	14536	15964	1	4006421	3473	3474	1
贵 州	Guizhou	10488785	7428	6838	11	2771502	2584	2196	6
云 南	Yunnan	15430944	11342	10419	4	2693730	2435	2231	5
西 藏	Tibet	913991	812	744	28	817320	666	731	18
陕 西	Shaanxi	6097790	4352	4023	20	1256354	1105	793	17
甘 肃	Gansu	6568534	5019	5138	15	2094515	1439	1280	13
青 海	Qinghai	1394925	1050	1016	25	533199	478	426	25
宁 夏	Ningxia	1268248	1014	892	26	318160	251	284	28
新 疆	Xinjiang	4647907	3729	3370	23	423021	529	525	22

18-10 普通高等学校学校数和招生数
Number of Regular Schools (Institutions) of Higher Education and Entrants

地区	Region	普通高等学校学校数（所）Number of Schools (unit)				普通高等学校学校招生数（万人）Number of Entrants (10 000 persons)			
		2010	2012	2013	2013排名 Ranking	2010	2012	2013	2013排名 Ranking
全　国	**National Total**	**2358**	**2442**	**2491**		**661.76**	**688.83**	**699.83**	
北　京	Beijing	87	89	89	14	15.51	15.86	15.98	21
天　津	Tianjin	55	55	55	23	12.86	13.72	13.86	22
河　北	Hebei	110	113	118	7	33.91	32.14	32.59	7
山　西	Shanxi	73	75	78	17	18.07	19.72	20.69	15
内蒙古	Inner Mongolia	44	48	49	25	11.25	10.56	11.24	26
辽　宁	Liaoning	112	112	115	9	24.75	26.44	27.13	11
吉　林	Jilin	56	57	58	22	15.11	16.26	16.62	19
黑龙江	Heilongjiang	79	79	80	16	19.27	19.70	19.73	17
上　海	Shanghai	67	67	68	19	14.46	13.68	13.72	23
江　苏	Jiangsu	150	153	156	1	44.86	43.50	43.95	4
浙　江	Zhejiang	101	102	102	11	25.36	26.91	26.89	12
安　徽	Anhui	111	118	117	8	28.76	28.62	29.66	10
福　建	Fujian	84	86	87	15	19.87	20.12	21.36	14
江　西	Jiangxi	85	88	92	12	24.85	23.77	24.74	13
山　东	Shandong	132	136	139	2	47.52	46.67	49.16	2
河　南	Henan	107	120	127	4	45.71	45.53	46.67	3
湖　北	Hubei	120	122	123	5	38.76	40.21	39.89	5
湖　南	Hunan	117	121	122	6	30.27	31.10	31.37	8
广　东	Guangdong	131	137	138	3	43.73	50.19	51.69	1
广　西	Guangxi	70	70	70	18	18.26	19.21	19.85	16
海　南	Hainan	17	17	17	28	4.76	4.96	4.93	28
重　庆	Chongqing	53	60	63	21	16.41	19.29	18.49	18
四　川	Sichuan	92	99	103	10	33.21	36.45	35.78	6
贵　州	Guizhou	47	49	52	24	9.93	12.51	11.97	25
云　南	Yunnan	61	66	67	20	14.10	14.28	16.29	20
西　藏	Tibet	6	6	6	31	0.92	1.00	0.93	31
陕　西	Shaanxi	90	91	92	12	26.71	31.28	29.79	9
甘　肃	Gansu	40	42	42	26	11.41	13.02	12.23	24
青　海	Qinghai	9	9	9	30	1.30	1.46	1.48	30
宁　夏	Ningxia	15	16	16	29	2.50	3.08	3.07	29
新　疆	Xinjiang	37	39	41	27	7.36	7.58	8.10	27

注：2010年学生数包括成人高校的普通本专科学生数(下表同)。

Note: The number of students, including normal and short-cycle courses in regular higher education for adults in 2010.

18-11 普通高等学校在校学生数和毕业生数
Number of Enrolment and Graduates in Regular Schools (Institutions) of Higher Education

单位：万人 (10 000 persons)

地区	Region	在校学生数 Enrolment 2010	2012	2013	2013排名 Ranking	毕业生数 Graduates 2010	2012	2013	2013排名 Ranking
全 国	**National Total**	**2231.79**	**2391.32**	**2468.07**		**575.42**	**624.73**	**638.72**	
北 京	Beijing	58.71	59.12	59.89	20	15.27	15.52	15.09	18
天 津	Tianjin	42.92	47.31	48.99	23	10.54	11.30	12.10	23
河 北	Hebei	110.51	116.88	117.44	7	29.71	31.58	33.43	6
山 西	Shanxi	56.29	63.73	67.68	16	16.55	16.26	17.33	16
内蒙古	Inner Mongolia	37.14	39.14	39.92	26	9.47	10.51	10.83	25
辽 宁	Liaoning	88.02	93.41	96.80	11	21.96	23.60	24.10	12
吉 林	Jilin	54.44	57.90	59.95	19	13.60	14.65	14.64	20
黑龙江	Heilongjiang	71.91	70.45	71.79	15	18.10	20.38	18.41	15
上 海	Shanghai	51.57	50.66	50.48	22	13.37	13.67	13.38	21
江 苏	Jiangsu	164.94	167.12	168.45	3	47.89	47.03	47.38	2
浙 江	Zhejiang	88.49	93.23	95.96	12	23.37	24.75	24.49	11
安 徽	Anhui	93.90	102.30	105.21	10	23.22	26.55	28.01	9
福 建	Fujian	64.78	70.14	73.05	14	15.34	17.85	18.72	14
江 西	Jiangxi	81.65	85.11	86.18	13	22.59	23.20	24.06	13
山 东	Shandong	163.14	165.85	169.85	2	44.40	47.43	47.59	1
河 南	Henan	145.67	155.90	161.83	4	38.25	43.53	45.02	3
湖 北	Hubei	129.69	138.61	142.14	5	33.13	35.30	36.16	5
湖 南	Hunan	104.72	108.22	110.08	8	27.61	30.68	29.44	8
广 东	Guangdong	142.66	161.68	170.99	1	33.42	40.40	41.23	4
广 西	Guangxi	56.75	62.92	65.61	18	13.81	16.22	16.95	17
海 南	Hainan	15.08	16.83	17.21	28	3.68	4.09	4.38	28
重 庆	Chongqing	52.27	62.36	65.94	17	12.28	13.76	14.87	19
四 川	Sichuan	108.62	122.37	127.08	6	27.86	28.68	31.84	7
贵 州	Guizhou	32.33	38.38	41.90	25	7.48	8.53	8.81	26
云 南	Yunnan	43.90	51.22	54.86	21	9.54	11.89	12.79	22
西 藏	Tibet	3.11	3.35	3.36	31	0.83	0.86	0.91	31
陕 西	Shaanxi	92.78	102.63	107.76	9	23.55	26.53	25.38	10
甘 肃	Gansu	38.15	43.11	44.30	24	9.22	10.30	10.92	24
青 海	Qinghai	4.50	4.87	5.07	30	1.12	1.17	1.24	30
宁 夏	Ningxia	8.02	9.64	10.45	29	1.92	2.07	2.22	29
新 疆	Xinjiang	25.12	26.87	27.84	27	6.35	6.46	7.00	27

18-12 普通高等学校教职工数和专业教师数
Number of Educational Personnel and Full-time Teachers in Regular Schools (Institutions) of Higher Education

单位：万人 (10 000 persons)

地区	Region	教职工数 Educational Personnel				其中：专任教师数 Full-time Teachers			
		2010	2012	2013	2013排名 Ranking	2010	2012	2013	2013排名 Ranking
全　国	**National Total**	**215.66**	**225.44**	**229.63**		**134.31**	**144.03**	**149.69**	
北　京	Beijing	13.39	13.88	13.93	3	5.92	6.09	6.69	7
天　津	Tianjin	4.52	4.65	4.71	23	2.81	2.99	3.09	23
河　北	Hebei	9.45	9.88	10.11	9	6.08	6.50	6.68	8
山　西	Shanxi	5.69	5.81	6.10	19	3.65	3.81	4.08	17
内蒙古	Inner Mongolia	3.64	3.81	3.73	24	2.33	2.47	2.46	25
辽　宁	Liaoning	9.32	9.66	9.75	10	5.74	6.05	6.27	11
吉　林	Jilin	5.95	6.25	6.30	18	3.40	3.70	3.80	19
黑龙江	Heilongjiang	7.57	7.75	7.72	13	4.42	4.54	4.62	15
上　海	Shanghai	7.42	7.33	7.34	16	3.92	4.01	4.03	18
江　苏	Jiangsu	15.86	16.36	16.62	1	10.20	10.60	10.83	1
浙　江	Zhejiang	7.98	8.38	8.54	12	5.10	5.42	5.60	12
安　徽	Anhui	7.13	7.54	7.62	14	4.93	5.31	5.49	13
福　建	Fujian	5.87	6.25	6.47	17	3.77	4.11	4.29	16
江　西	Jiangxi	7.08	7.16	7.44	15	4.90	5.02	5.24	14
山　东	Shandong	13.91	14.24	14.22	2	9.14	9.61	9.87	2
河　南	Henan	11.04	12.02	12.52	6	7.75	8.60	9.09	4
湖　北	Hubei	12.35	12.79	12.82	5	7.47	8.07	8.18	5
湖　南	Hunan	9.49	9.63	9.69	11	5.96	6.25	6.39	10
广　东	Guangdong	12.14	13.01	13.37	4	7.86	8.74	9.11	3
广　西	Guangxi	5.07	5.33	5.53	20	3.17	3.50	3.64	21
海　南	Hainan	1.24	1.32	1.35	28	0.78	0.83	0.85	28
重　庆	Chongqing	4.84	5.29	5.38	21	3.11	3.57	3.71	20
四　川	Sichuan	10.05	11.00	11.36	7	6.50	7.31	7.68	6
贵　州	Guizhou	2.97	3.22	3.51	26	2.04	2.28	2.54	24
云　南	Yunnan	3.97	4.49	4.76	22	2.65	3.13	3.44	22
西　藏	Tibet	0.33	0.35	0.36	31	0.22	0.24	0.25	31
陕　西	Shaanxi	9.85	10.09	10.20	8	5.83	6.15	6.42	9
甘　肃	Gansu	3.29	3.46	3.56	25	2.08	2.32	2.44	26
青　海	Qinghai	0.67	0.67	0.69	30	0.37	0.37	0.38	30
宁　夏	Ningxia	0.92	1.02	1.05	29	0.59	0.66	0.71	29
新　疆	Xinjiang	2.68	2.79	2.88	27	1.65	1.76	1.83	27

18-13　普通高中学校数和招生数
Regular Senior Secondary Schools and Entrants

地区	Region	学校数（所） Schools (unit)				招生数（万人） Entrants (10 000 persons)			
		2010	2012	2013	2013排名 Ranking	2010	2012	2013	2013排名 Ranking
全　国	**National Total**	**14058**	**13509**	**13352**		**836.24**	**844.61**	**822.70**	
北　京	Beijing	289	289	291	22	6.56	6.34	6.00	26
天　津	Tianjin	214	202	193	27	6.21	5.80	5.51	28
河　北	Hebei	615	565	563	8	42.02	38.41	37.56	6
山　西	Shanxi	534	511	504	13	28.10	29.26	28.88	14
内蒙古	Inner Mongolia	289	272	277	23	16.64	17.17	16.42	22
辽　宁	Liaoning	419	417	416	19	24.04	22.84	22.29	17
吉　林	Jilin	257	244	243	25	16.30	16.04	15.11	24
黑龙江	Heilongjiang	416	398	379	20	20.75	20.21	19.40	21
上　海	Shanghai	261	246	243	25	5.39	5.25	5.31	29
江　苏	Jiangsu	653	594	578	5	44.03	37.69	34.14	8
浙　江	Zhejiang	569	571	569	7	30.09	27.79	26.52	16
安　徽	Anhui	743	716	698	4	42.41	43.97	38.05	5
福　建	Fujian	575	543	544	11	24.31	21.87	20.94	20
江　西	Jiangxi	452	435	436	17	25.65	30.83	31.05	11
山　东	Shandong	592	557	547	10	52.82	58.18	58.89	3
河　南	Henan	825	785	776	2	62.85	66.57	66.11	2
湖　北	Hubei	603	575	563	8	39.55	32.75	31.65	10
湖　南	Hunan	622	589	577	6	37.05	37.01	37.38	7
广　东	Guangdong	1026	1017	1015	1	75.59	77.32	73.08	1
广　西	Guangxi	463	450	453	14	27.07	29.28	29.77	13
海　南	Hainan	107	103	102	29	5.60	6.30	6.02	25
重　庆	Chongqing	268	262	261	24	22.76	22.51	22.10	18
四　川	Sichuan	747	735	735	3	52.55	52.19	51.15	4
贵　州	Guizhou	444	446	448	15	24.02	31.82	33.02	9
云　南	Yunnan	451	444	440	16	22.90	26.13	26.74	15
西　藏	Tibet	29	30	29	31	1.51	1.75	1.96	31
陕　西	Shaanxi	569	530	511	12	33.84	31.88	29.94	12
甘　肃	Gansu	452	445	428	18	21.96	22.61	21.81	19
青　海	Qinghai	119	109	105	28	3.62	3.82	3.96	30
宁　夏	Ningxia	70	63	62	30	4.74	5.48	5.58	27
新　疆	Xinjiang	385	366	366	21	15.32	15.53	16.36	23

18-14 普通高中在校学生数和毕业生数
Total Enrollment and Graduates in Regular Senior Secondary Schools

单位：万人 (10 000 persons)

地区	Region	在校学生数 Enrollment				毕业生数 Graduates			
		2010	2012	2013	2013排名 Ranking	2010	2012	2013	2013排名 Ranking
全 国	**National Total**	**2427.34**	**2467.17**	**2435.88**		**794.43**	**791.50**	**798.98**	
北 京	Beijing	19.84	19.35	18.76	25	6.23	5.57	5.81	26
天 津	Tianjin	18.52	18.12	17.51	27	6.60	6.23	6.12	25
河 北	Hebei	127.51	117.69	109.28	7	42.66	42.37	40.45	7
山 西	Shanxi	82.29	85.50	84.85	13	25.94	28.53	28.61	12
内蒙古	Inner Mongolia	49.93	50.03	49.42	22	17.48	16.13	16.16	22
辽 宁	Liaoning	71.54	69.59	68.15	17	22.61	23.80	23.16	16
吉 林	Jilin	47.09	47.67	45.32	23	15.22	15.43	15.71	23
黑龙江	Heilongjiang	61.69	61.26	58.94	21	19.55	20.63	20.61	21
上 海	Shanghai	16.89	15.77	15.68	29	6.24	5.44	5.27	28
江 苏	Jiangsu	135.66	120.87	110.99	6	48.64	44.48	42.59	5
浙 江	Zhejiang	88.02	87.58	83.98	14	27.37	29.71	29.61	11
安 徽	Anhui	127.60	129.29	125.51	5	44.38	41.28	41.67	6
福 建	Fujian	70.64	69.05	65.65	20	24.03	22.56	23.18	15
江 西	Jiangxi	73.96	83.66	87.67	11	26.25	23.31	24.09	14
山 东	Shandong	152.51	164.54	170.50	3	54.69	48.29	50.94	3
河 南	Henan	192.16	192.63	189.23	2	70.43	64.01	63.13	2
湖 北	Hubei	123.74	107.45	98.82	9	43.45	41.22	39.12	8
湖 南	Hunan	101.90	102.66	104.10	8	36.18	31.01	31.67	10
广 东	Guangdong	208.95	225.93	220.45	1	56.76	68.85	72.37	1
广 西	Guangxi	75.40	79.58	81.89	15	23.90	23.75	24.19	13
海 南	Hainan	16.05	17.55	17.90	26	5.06	5.26	5.37	27
重 庆	Chongqing	62.64	65.97	66.14	19	16.95	20.36	21.41	18
四 川	Sichuan	146.23	151.65	151.60	4	45.00	47.81	48.55	4
贵 州	Guizhou	62.02	77.30	85.71	12	17.17	19.59	21.04	19
云 南	Yunnan	63.28	70.62	73.74	16	18.44	19.62	21.00	20
西 藏	Tibet	4.07	4.78	5.31	31	1.22	1.33	1.47	31
陕 西	Shaanxi	95.59	94.15	89.94	10	31.03	31.73	31.76	9
甘 肃	Gansu	64.70	66.49	66.66	18	19.50	21.36	21.65	17
青 海	Qinghai	10.77	10.60	10.90	30	3.41	3.58	3.31	30
宁 夏	Ningxia	14.24	15.75	16.52	28	4.49	4.77	4.98	29
新 疆	Xinjiang	41.91	44.07	44.75	24	13.57	13.51	13.98	24

18-15 普通高中教职工数和专任教师数

Educational Personnel and Full-time Teachers in Regular Senior Secondary Schools

单位：万人 (10 000 persons)

地区	Region	教职工数 Educational Personnel				其中：专任教师数 Full-time Teachers			
		2010	2012	2013	2013排名 Ranking	2010	2012	2013	2013排名 Ranking
全　国	**National Total**	**585.93**	**246.26**	**247.36**		**151.82**	**159.50**	**162.90**	
北　京	Beijing	7.04	5.07	5.22	23	1.96	2.06	2.08	25
天　津	Tianjin	5.18	3.03	2.91	27	1.48	1.54	1.56	27
河　北	Hebei	30.53	12.20	12.18	6	8.30	8.29	8.23	6
山　西	Shanxi	20.45	9.36	9.39	10	5.36	5.81	5.99	11
内蒙古	Inner Mongolia	12.31	5.04	5.15	24	3.16	3.22	3.31	23
辽　宁	Liaoning	18.03	6.21	6.29	20	4.47	4.73	4.83	15
吉　林	Jilin	12.11	4.17	4.10	25	2.76	2.78	2.75	24
黑龙江	Heilongjiang	17.12	6.08	5.90	22	4.07	4.26	4.20	20
上　海	Shanghai	6.73	2.99	2.97	26	1.67	1.66	1.66	26
江　苏	Jiangsu	33.56	13.53	13.09	5	9.82	9.72	9.73	4
浙　江	Zhejiang	20.82	8.83	8.86	12	6.23	6.45	6.50	10
安　徽	Anhui	26.26	11.70	11.68	7	6.69	7.18	7.38	7
福　建	Fujian	17.22	9.68	9.70	9	5.21	5.20	5.16	13
江　西	Jiangxi	18.44	8.02	8.13	14	4.69	4.82	4.98	14
山　东	Shandong	43.88	14.99	15.14	3	11.14	11.52	11.90	2
河　南	Henan	43.14	14.28	14.33	4	10.43	10.73	10.81	3
湖　北	Hubei	26.31	9.33	9.19	11	7.11	7.09	6.97	8
湖　南	Hunan	28.17	10.62	10.19	8	6.78	6.71	6.74	9
广　东	Guangdong	44.53	23.42	23.64	1	12.51	14.18	14.48	1
广　西	Guangxi	19.01	6.75	6.94	16	4.21	4.46	4.68	18
海　南	Hainan	4.07	2.26	2.31	28	0.95	1.09	1.14	28
重　庆	Chongqing	12.44	6.40	6.58	18	3.22	3.64	3.77	21
四　川	Sichuan	32.18	15.02	15.31	2	8.03	8.65	9.00	5
贵　州	Guizhou	15.53	6.28	6.76	17	3.31	4.16	4.70	17
云　南	Yunnan	17.95	7.35	7.50	15	4.12	4.53	4.73	16
西　藏	Tibet	1.28	0.45	0.46	31	0.32	0.37	0.39	31
陕　西	Shaanxi	19.85	8.49	8.51	13	5.40	5.62	5.70	12
甘　肃	Gansu	13.27	6.05	6.04	21	3.75	4.05	4.25	19
青　海	Qinghai	2.39	1.28	1.29	29	0.76	0.77	0.80	30
宁　夏	Ningxia	3.05	1.26	1.28	30	0.89	0.97	1.00	29
新　疆	Xinjiang	13.06	6.13	6.35	19	3.02	3.24	3.50	22

注：教职工数为普通初中和普通高中之和。

Note: The staff number is the sum of ordinary junior high school and ordinary high school.

18-16 中等职业学校招生数和在校学生数
Entrants and Enrolment in Secondary Vocational Schools (Institutions)

单位：万人 (10 000 persons)

地区	Region	招生数 Entrants 2010	2012	2013	2013排名 Ranking	在校学生数 Enrolment 2010	2012	2013	2013排名 Ranking
全 国	**National Total**	**711.40**	**597.08**	**541.26**		**1816.44**	**1689.88**	**1536.38**	
北 京	Beijing	5.06	6.41	5.54	25	16.18	18.97	16.49	25
天 津	Tianjin	3.87	3.48	3.38	28	11.61	10.57	9.74	28
河 北	Hebei	40.95	29.95	22.09	10	112.05	93.40	75.23	8
山 西	Shanxi	23.65	17.24	14.29	16	57.52	48.32	43.64	16
内蒙古	Inner Mongolia	12.42	9.60	8.39	22	33.47	27.55	24.54	22
辽 宁	Liaoning	14.44	12.14	11.80	19	42.78	38.06	34.99	19
吉 林	Jilin	10.73	7.21	6.11	24	29.24	22.89	19.27	24
黑龙江	Heilongjiang	11.59	10.02	8.33	23	36.00	29.30	27.40	21
上 海	Shanghai	4.89	4.95	4.44	27	16.39	15.65	15.33	26
江 苏	Jiangsu	36.26	27.52	25.91	7	102.04	88.45	79.37	7
浙 江	Zhejiang	24.15	20.32	19.15	11	64.22	61.86	57.85	10
安 徽	Anhui	34.91	40.88	36.90	4	87.27	100.24	96.77	5
福 建	Fujian	20.15	24.08	15.50	15	53.60	58.30	52.51	11
江 西	Jiangxi	22.00	20.29	16.74	13	61.81	54.91	48.46	13
山 东	Shandong	42.70	40.47	36.35	5	113.16	114.70	103.16	4
河 南	Henan	62.56	52.25	42.22	3	163.60	145.66	119.31	3
湖 北	Hubei	28.36	14.35	13.08	17	90.38	50.05	41.08	17
湖 南	Hunan	30.29	25.31	22.86	9	76.48	73.42	65.06	9
广 东	Guangdong	74.13	49.58	47.49	2	154.78	149.57	140.89	1
广 西	Guangxi	38.09	31.28	30.36	6	80.95	86.24	82.22	6
海 南	Hainan	5.47	5.11	5.18	26	13.69	14.19	14.02	27
重 庆	Chongqing	13.25	13.66	12.22	18	39.16	37.20	36.28	18
四 川	Sichuan	51.16	50.11	49.00	1	123.69	126.26	119.51	2
贵 州	Guizhou	15.55	15.08	24.71	8	37.57	38.34	47.55	14
云 南	Yunnan	27.90	18.32	17.97	12	57.53	56.78	49.41	12
西 藏	Tibet	0.73	0.79	0.65	31	2.26	1.83	1.75	31
陕 西	Shaanxi	25.18	19.62	16.40	14	62.83	52.67	45.49	15
甘 肃	Gansu	13.74	11.77	9.86	20	34.74	32.78	28.95	20
青 海	Qinghai	3.07	3.01	2.93	30	7.91	7.68	7.78	30
宁 夏	Ningxia	4.25	3.61	3.03	29	10.19	10.48	9.40	29
新 疆	Xinjiang	9.89	8.68	8.39	21	23.33	23.53	22.93	23

18-17 中等职业学校毕业生数和专任教师数
Number of Graduates and Full-time Teachers in Secondary Vocational Schools (Institutions)

单位：万人 (10 000 persons)

地区	Region	毕业生数 Graduates 2010	2012	2013	2013排名 Ranking	专任教师数 Full-time Teachers 2010	2012	2013	2013排名 Ranking
全　国	**National Total**	**543.65**	**554.38**	**557.56**		**68.10**	**68.41**	**66.88**	
北　京	Beijing	5.13	5.89	7.56	24	0.84	0.73	0.72	26
天　津	Tianjin	5.15	3.71	3.93	28	0.79	0.74	0.69	27
河　北	Hebei	34.82	38.86	33.71	5	4.91	4.57	4.42	4
山　西	Shanxi	18.18	17.11	15.97	14	2.33	2.53	2.54	9
内蒙古	Inner Mongolia	8.53	10.95	9.55	21	1.47	1.53	1.48	22
辽　宁	Liaoning	14.26	13.13	12.78	17	2.19	2.17	2.08	13
吉　林	Jilin	9.18	8.98	8.39	23	1.93	1.85	1.81	16
黑龙江	Heilongjiang	12.20	12.41	9.18	22	1.83	1.79	1.72	18
上　海	Shanghai	5.55	4.49	4.85	26	0.81	0.79	0.84	25
江　苏	Jiangsu	28.18	24.86	30.61	7	4.40	4.38	4.42	5
浙　江	Zhejiang	18.74	20.35	20.73	11	3.05	3.23	3.28	8
安　徽	Anhui	29.25	29.61	32.49	6	2.44	3.43	3.40	7
福　建	Fujian	15.53	17.59	15.08	16	1.80	1.77	1.72	17
江　西	Jiangxi	18.84	19.06	15.92	15	2.00	1.75	1.63	19
山　东	Shandong	43.93	38.05	37.86	4	5.55	5.24	5.02	2
河　南	Henan	52.63	52.27	51.17	1	6.04	5.72	5.26	1
湖　北	Hubei	33.58	27.29	19.97	12	2.85	2.38	2.24	11
湖　南	Hunan	28.29	25.15	23.71	9	2.80	2.73	2.48	10
广　东	Guangdong	33.17	41.92	48.83	2	4.35	4.62	4.54	3
广　西	Guangxi	16.36	21.49	26.75	8	2.05	2.08	2.05	14
海　南	Hainan	2.97	4.16	4.04	27	0.38	0.46	0.47	28
重　庆	Chongqing	12.50	10.84	10.25	19	1.39	1.42	1.49	21
四　川	Sichuan	31.41	35.91	41.42	3	3.62	4.01	4.03	6
贵　州	Guizhou	10.10	10.03	10.03	20	1.13	1.26	1.43	23
云　南	Yunnan	12.89	16.28	21.02	10	2.01	2.12	2.11	12
西　藏	Tibet	0.73	0.94	0.64	31	0.06	0.06	0.07	31
陕　西	Shaanxi	19.83	20.17	17.73	13	2.09	1.95	1.84	15
甘　肃	Gansu	10.25	10.14	10.50	18	1.49	1.58	1.60	20
青　海	Qinghai	1.98	2.37	2.24	30	0.24	0.25	0.26	30
宁　夏	Ningxia	2.85	3.25	3.15	29	0.24	0.26	0.26	29
新　疆	Xinjiang	6.64	7.13	7.49	25	1.01	1.04	1.00	24

18-18 初中学校数和在校学生数
Number of Schools and Enrolment in Regular Junior Secondary Schools

地区	Region	学校数（所）Schools (unit) 2010	2012	2013	2013排名 Ranking	在校学生数（万人）Enrolment (10 000 persons) 2010	2012	2013	2013排名 Ranking
全 国	**National Total**	**54823**	**53216**	**52804**		**5275.91**	**4763.06**	**4440.12**	
北 京	Beijing	345	341	347	27	30.99	30.55	31.06	27
天 津	Tianjin	332	317	325	28	27.34	25.65	26.07	29
河 北	Hebei	2649	2435	2381	7	221.23	217.37	208.85	7
山 西	Shanxi	2213	2023	1991	12	171.38	150.24	129.14	15
内蒙古	Inner Mongolia	834	763	749	24	81.47	74.63	68.85	23
辽 宁	Liaoning	1657	1607	1572	18	127.23	113.46	105.75	18
吉 林	Jilin	1209	1213	1200	21	81.75	69.66	64.50	24
黑龙江	Heilongjiang	1758	1648	1587	17	129.09	120.48	93.28	21
上 海	Shanghai	494	514	519	25	42.55	43.27	43.67	25
江 苏	Jiangsu	2123	2066	2073	10	232.95	197.02	185.75	11
浙 江	Zhejiang	1745	1735	1727	15	167.13	149.30	148.26	14
安 徽	Anhui	2995	2920	2902	6	278.99	213.03	199.71	8
福 建	Fujian	1328	1240	1238	20	127.58	112.04	110.82	17
江 西	Jiangxi	2107	2107	2101	9	199.99	194.55	175.44	12
山 东	Shandong	3053	2965	2917	5	348.56	328.10	317.98	3
河 南	Henan	4616	4551	4550	1	469.40	453.79	385.05	2
湖 北	Hubei	2184	2047	2014	11	218.09	157.77	148.37	13
湖 南	Hunan	3311	3296	3301	4	214.92	211.11	214.28	5
广 东	Guangdong	3308	3309	3351	3	500.10	442.47	404.79	1
广 西	Guangxi	1974	1860	1836	13	200.39	196.62	195.08	9
海 南	Hainan	424	388	387	26	42.16	36.47	34.68	26
重 庆	Chongqing	1005	969	939	23	128.17	108.73	101.76	20
四 川	Sichuan	3991	3908	3895	2	343.86	304.19	271.72	4
贵 州	Guizhou	2148	2215	2216	8	213.66	210.09	210.30	6
云 南	Yunnan	1732	1691	1685	16	207.35	195.43	187.44	10
西 藏	Tibet	93	92	95	31	13.90	13.03	12.61	31
陕 西	Shaanxi	1867	1765	1741	14	164.32	131.55	120.19	16
甘 肃	Gansu	1586	1588	1561	19	138.40	118.02	103.59	19
青 海	Qinghai	315	261	260	29	21.95	20.87	20.81	30
宁 夏	Ningxia	267	251	242	30	30.68	29.28	28.48	28
新 疆	Xinjiang	1160	1131	1102	22	100.33	94.32	91.85	22

18-19 初中毕业生数和专任教师数
Number of Graduates and Full-time Teachers in Regular Junior Secondary Schools

单位：万人 (10 000 persons)

地区	Region	毕业生数 Graduates				专任教师数 Full-time Teachers			
		2010	2012	2013	2013排名 Ranking	2010	2012	2013	2013排名 Ranking
全　国	**National Total**	**1748.57**	**1660.78**	**1561.55**		**352.34**	**350.44**	**348.10**	
北　京	Beijing	10.10	9.58	9.24	28	3.03	3.11	3.19	26
天　津	Tianjin	9.35	8.41	7.97	29	2.59	2.61	2.60	27
河　北	Hebei	87.68	70.31	66.78	7	17.77	16.78	16.49	7
山　西	Shanxi	57.54	57.87	54.15	13	11.92	11.82	11.74	13
内蒙古	Inner Mongolia	26.90	26.33	24.94	23	6.40	6.22	6.19	24
辽　宁	Liaoning	45.53	41.07	38.66	18	10.07	10.11	9.94	17
吉　林	Jilin	29.44	25.97	24.03	24	6.70	6.69	6.68	23
黑龙江	Heilongjiang	40.52	39.43	37.33	20	10.14	10.00	9.72	18
上　海	Shanghai	9.89	9.46	9.41	26	3.40	3.52	3.60	25
江　苏	Jiangsu	91.40	75.22	67.52	6	18.64	18.22	17.70	5
浙　江	Zhejiang	58.60	51.44	48.58	15	12.05	11.89	11.79	12
安　徽	Anhui	92.19	86.96	72.40	5	16.32	16.10	15.82	8
福　建	Fujian	47.85	40.48	37.14	21	9.93	9.66	9.70	19
江　西	Jiangxi	53.68	65.18	62.61	11	12.04	12.28	12.15	11
山　东	Shandong	102.21	104.91	105.10	3	26.07	26.16	26.33	3
河　南	Henan	154.92	149.81	140.34	2	27.67	28.24	27.99	1
湖　北	Hubei	85.44	57.58	53.37	14	15.68	14.14	13.56	9
湖　南	Hunan	69.75	68.87	66.65	8	17.27	17.12	16.90	6
广　东	Guangdong	153.47	161.98	151.66	1	26.64	27.35	27.68	2
广　西	Guangxi	62.66	64.38	64.02	10	11.87	11.75	11.70	14
海　南	Hainan	14.63	13.49	12.05	25	2.51	2.51	2.53	28
重　庆	Chongqing	41.66	40.31	37.75	19	7.71	7.61	7.62	22
四　川	Sichuan	113.76	109.37	102.66	4	20.46	20.39	20.27	4
贵　州	Guizhou	63.58	66.33	65.85	9	10.94	11.48	11.53	15
云　南	Yunnan	64.16	66.69	62.51	12	11.98	12.08	12.19	10
西　藏	Tibet	4.61	4.66	4.37	31	0.89	0.90	0.91	31
陕　西	Shaanxi	62.74	52.13	45.59	16	11.65	11.26	11.05	16
甘　肃	Gansu	45.46	44.26	41.95	17	8.32	8.44	8.43	21
青　海	Qinghai	6.62	6.85	6.50	30	1.43	1.48	1.56	30
宁　夏	Ningxia	8.48	9.51	9.29	27	1.86	1.94	1.94	29
新　疆	Xinjiang	33.75	31.95	31.14	22	8.38	8.59	8.61	20

18-20 普通小学学校数和招生数
Number of Schools and Entrants in Regular Primary Schools

地区	Region	学校数（所）Schools (unit) 2010	2012	2013	2013排名 Ranking	招生数（万人）Entrants (10 000 persons) 2010	2012	2013	2013排名 Ranking
全　国	**National Total**	**257410**	**228585**	**213529**		**1691.70**	**1714.66**	**1695.36**	
北　京	Beijing	1104	1081	1093	28	11.37	14.17	16.58	26
天　津	Tianjin	956	843	838	30	8.26	10.25	10.74	28
河　北	Hebei	13563	12898	12538	4	95.60	106.29	99.61	4
山　西	Shanxi	12776	10042	8946	12	45.14	44.05	39.42	16
内蒙古	Inner Mongolia	2767	2443	2308	24	22.18	23.35	23.07	23
辽　宁	Liaoning	5523	4779	4631	19	34.85	35.31	35.06	19
吉　林	Jilin	5837	5186	5103	17	24.97	24.22	21.76	24
黑龙江	Heilongjiang	6490	4834	3261	23	34.14	32.90	27.45	22
上　海	Shanghai	766	761	759	31	15.05	17.23	18.10	25
江　苏	Jiangsu	4498	4128	4020	20	73.13	79.48	85.13	6
浙　江	Zhejiang	3989	3698	3400	22	60.21	60.72	60.75	13
安　徽	Anhui	13997	12547	11507	6	81.90	69.39	75.31	9
福　建	Fujian	6974	5414	5228	16	42.60	46.75	49.57	15
江　西	Jiangxi	12772	11173	10650	8	74.84	80.04	78.91	8
山　东	Shandong	12405	11573	11151	7	111.30	109.55	115.69	3
河　南	Henan	28603	27452	26086	1	187.76	190.97	181.06	1
湖　北	Hubei	7749	6614	5746	15	68.02	63.48	60.80	12
湖　南	Hunan	12692	10165	9270	11	86.38	88.08	84.76	7
广　东	Guangdong	16806	13396	11824	5	135.92	145.30	150.05	2
广　西	Guangxi	13942	13535	13499	2	74.11	74.21	75.29	10
海　南	Hainan	2313	2036	1739	26	10.36	12.25	12.43	27
重　庆	Chongqing	5544	4810	4728	18	32.97	35.21	37.57	18
四　川	Sichuan	9282	8586	7257	14	96.49	100.96	95.03	5
贵　州	Guizhou	12422	11529	10632	9	65.69	59.10	51.06	14
云　南	Yunnan	14059	13020	12845	3	66.93	62.29	61.35	11
西　藏	Tibet	872	857	841	29	5.07	5.16	5.16	31
陕　西	Shaanxi	9710	7994	7356	13	40.86	37.89	38.81	17
甘　肃	Gansu	11582	10336	9640	10	36.13	34.12	32.09	21
青　海	Qinghai	1792	1425	1250	27	8.15	8.31	7.86	30
宁　夏	Ningxia	2027	1896	1850	25	10.15	10.48	10.02	29
新　疆	Xinjiang	3598	3534	3533	21	31.19	33.17	34.86	20

18-21 普通小学在校学生数和毕业生数
Enrolment and Graduates in Regular Primary Schools

单位：万人 (10 000 persons)

地区	Region	在校学生数 Enrolment				毕业生数 Graduates			
		2010	2012	2013	2013排名 Ranking	2010	2012	2013	2013排名 Ranking
全　国	**National Total**	**9940.70**	**9695.90**	**9360.55**		**1739.64**	**1641.56**	**1581.06**	
北　京	Beijing	65.33	71.87	78.93	26	10.30	10.95	11.18	27
天　津	Tianjin	50.59	53.23	55.21	29	8.72	8.65	8.61	29
河　北	Hebei	511.59	562.22	546.21	4	72.18	79.61	84.01	5
山　西	Shanxi	291.06	261.76	229.64	16	57.35	54.73	47.73	15
内蒙古	Inner Mongolia	143.08	136.51	131.06	24	26.98	24.29	23.28	24
辽　宁	Liaoning	218.25	212.97	204.41	18	39.75	37.14	36.51	19
吉　林	Jilin	144.46	142.37	136.19	23	25.27	23.06	23.59	23
黑龙江	Heilongjiang	187.96	186.77	154.00	22	36.39	34.66	33.01	20
上　海	Shanghai	70.16	76.04	79.25	25	12.44	12.95	13.45	25
江　苏	Jiangsu	398.78	422.76	435.37	7	70.58	64.51	63.94	12
浙　江	Zhejiang	333.33	346.73	349.58	13	54.13	53.83	54.04	13
安　徽	Anhui	460.44	404.70	409.20	9	87.41	72.09	65.49	11
福　建	Fujian	238.89	252.73	259.84	15	39.61	39.13	39.85	17
江　西	Jiangxi	426.02	434.14	408.11	10	67.85	67.01	65.59	10
山　东	Shandong	629.25	627.67	625.98	3	110.26	106.16	103.30	3
河　南	Henan	1070.53	1079.18	939.98	1	165.35	170.45	164.48	1
湖　北	Hubei	365.55	326.75	328.26	14	61.16	51.38	48.94	14
湖　南	Hunan	479.16	473.79	467.81	6	72.81	77.02	77.05	6
广　东	Guangdong	848.55	808.24	807.94	2	174.19	149.96	137.04	2
广　西	Guangxi	430.06	426.48	426.26	8	71.82	68.64	70.06	9
海　南	Hainan	78.05	75.22	74.02	27	14.69	12.82	12.47	26
重　庆	Chongqing	199.94	194.32	198.91	19	39.83	33.61	32.65	21
四　川	Sichuan	592.11	560.74	525.95	5	111.34	100.17	88.68	4
贵　州	Guizhou	433.50	380.08	355.53	12	79.82	76.02	72.35	7
云　南	Yunnan	435.21	406.70	392.08	11	73.69	72.28	71.38	8
西　藏	Tibet	29.94	29.20	29.48	31	5.06	4.75	4.61	31
陕　西	Shaanxi	261.04	234.62	227.33	17	50.59	44.86	40.05	16
甘　肃	Gansu	237.04	206.35	186.73	21	47.43	39.87	37.06	18
青　海	Qinghai	51.90	49.87	47.46	30	8.25	8.10	8.35	30
宁　夏	Ningxia	65.37	61.81	60.39	28	10.97	10.77	10.19	28
新　疆	Xinjiang	193.58	190.08	189.44	20	33.44	32.10	32.13	22

18-22 普通小学教职工数和专任教师数
Number of Educational Personnel and Full-time Teachers on Regular Primary Schools

单位：万人 (10 000 persons)

地区	Region	教职工数 Educational Personnel				其中：专任教师数 Full-time Teachers			
		2010	2012	2013	2013排名 Ranking	2010	2012	2013	2013排名 Ranking
全　国	**National Total**	**610.98**	**553.85**	**549.49**		**561.71**	**558.55**	**558.46**	
北　京	Beijing	6.00	5.57	5.78	25	4.95	5.25	5.50	25
天　津	Tianjin	4.40	4.16	4.19	28	3.73	3.78	3.83	28
河　北	Hebei	34.24	32.48	32.72	4	31.90	31.70	31.89	4
山　西	Shanxi	20.64	18.51	18.05	14	19.05	18.43	18.05	15
内蒙古	Inner Mongolia	13.85	12.77	12.47	21	11.36	11.29	11.06	24
辽　宁	Liaoning	16.72	13.56	13.77	18	14.69	14.46	14.27	18
吉　林	Jilin	14.78	12.80	12.12	23	12.45	11.93	11.51	23
黑龙江	Heilongjiang	17.27	14.60	13.65	19	15.13	14.42	13.65	21
上　海	Shanghai	5.58	4.89	4.97	26	4.52	4.81	4.98	27
江　苏	Jiangsu	27.57	25.23	25.44	6	24.96	25.26	25.82	6
浙　江	Zhejiang	18.61	17.36	17.62	15	17.19	17.95	18.35	14
安　徽	Anhui	25.62	23.32	22.87	9	24.57	24.15	23.81	8
福　建	Fujian	16.63	15.74	15.71	17	15.66	15.39	15.45	17
江　西	Jiangxi	21.00	19.55	19.57	12	20.29	20.55	20.72	11
山　东	Shandong	41.75	38.72	38.37	3	38.75	38.26	38.73	3
河　南	Henan	51.82	50.49	49.94	1	49.04	49.69	49.45	1
湖　北	Hubei	21.12	19.36	19.83	11	19.61	19.17	19.66	12
湖　南	Hunan	26.69	23.14	22.66	10	25.00	24.69	24.63	7
广　东	Guangdong	48.78	42.30	41.72	2	43.07	43.24	43.75	2
广　西	Guangxi	24.46	23.27	22.95	8	22.02	21.72	21.56	10
海　南	Hainan	5.71	4.93	4.78	27	5.21	5.12	5.05	26
重　庆	Chongqing	12.59	11.54	11.68	24	11.61	11.40	11.52	22
四　川	Sichuan	32.97	26.24	26.15	5	30.57	30.49	30.56	5
贵　州	Guizhou	20.72	19.92	19.45	13	19.79	19.80	19.30	13
云　南	Yunnan	25.01	23.78	23.34	7	23.75	23.37	23.02	9
西　藏	Tibet	1.93	1.90	1.90	31	1.89	1.89	1.88	31
陕　西	Shaanxi	19.05	16.97	16.39	16	17.52	16.68	16.28	16
甘　肃	Gansu	14.46	13.45	13.45	20	14.04	14.02	14.04	20
青　海	Qinghai	2.75	2.25	2.30	30	2.66	2.61	2.70	30
宁　夏	Ningxia	3.38	3.34	3.32	29	3.32	3.44	3.41	29
新　疆	Xinjiang	14.89	11.72	12.32	22	13.40	13.61	14.06	19

18-23 每十万人口各级学校平均在校生数（一）
Number of Students Per 100 000 Population Average (1)

单位：人 (person)

地区	Region	高等教育 Higher Education 2010	2012	2013	2013排名 Ranking	高中阶段 Senior Secondary 2010	2012	2013	2013排名 Ranking
全　国	**National Total**	**2189**	**2335**	**2418**		**3499**	**3411**	**3227**	
北　京	Beijing	6196	5534	5469	1	2363	2114	1912	30
天　津	Tianjin	4412	4358	4346	2	2776	2275	2077	29
河　北	Hebei	1951	2063	2108	24	3647	3148	2745	22
山　西	Shanxi	2132	2351	2474	11	4478	4050	3872	7
内蒙古	Inner Mongolia	1884	2042	2137	22	3581	3206	3048	18
辽　宁	Liaoning	2671	2811	2903	7	2900	2675	2539	26
吉　林	Jilin	2716	2889	3033	6	2944	2730	2513	27
黑龙江	Heilongjiang	2447	2441	2529	10	2881	2985	2658	24
上　海	Shanghai	4300	3481	3421	4	1878	1389	1308	31
江　苏	Jiangsu	2819	2786	2814	9	3527	3014	2738	23
浙　江	Zhejiang	2285	2288	2363	14	3189	3020	2887	19
安　徽	Anhui	1841	2101	2203	17	3657	3940	3794	9
福　建	Fujian	2144	2301	2435	12	3655	3846	3341	14
江　西	Jiangxi	2162	2295	2381	13	3469	3422	3336	15
山　东	Shandong	2202	2238	2304	15	3224	3325	3213	17
河　南	Henan	1839	2012	2114	23	4024	3911	3571	12
湖　北	Hubei	2906	3078	3144	5	4155	2984	2607	25
湖　南	Hunan	2051	2087	2106	25	3048	2950	2797	21
广　东	Guangdong	2037	2082	2199	18	4446	4417	4239	1
广　西	Guangxi	1530	1834	1939	26	3432	3790	3727	10
海　南	Hainan	2036	2218	2253	16	3799	3965	3846	8
重　庆	Chongqing	2413	2734	2894	8	4000	3995	3989	5
四　川	Sichuan	1790	2037	2140	21	3496	3585	3497	13
贵　州	Guizhou	1109	1392	1535	29	2716	3443	3943	6
云　南	Yunnan	1391	1566	1662	28	2835	2975	2860	20
西　藏	Tibet	1373	1508	1528	30	2184	2180	2292	28
陕　西	Shaanxi	3208	3525	3612	3	4931	4479	4012	4
甘　肃	Gansu	1882	2145	2193	20	4044	4246	4048	3
青　海	Qinghai	1119	1133	1162	31	3790	3590	3638	11
宁　夏	Ningxia	1868	2107	2195	19	4223	4230	4097	2
新　疆	Xinjiang	1467	1596	1681	27	3249	3293	3266	16

注：1. 高等教育包括普通高等学校和成人高等学校。

2. 高中阶段合计数据包括普通高中、成人高中、普通中专、职业高中、技工学校和成人中专。

Notes: 1. Institutions of higher education include that of regular institutions of higher education and institutions of higher education for adults.

2. Total of senior schools include that of regular senior schools, adult senior schools, regular secondary technical schools, vocational secondary schools, technical worker school, adult technical secondary schools.

18-24 每十万人口各级学校平均在校生数（二）
Number of Students Per 100 000 Population Average (2)

单位：人 (person)

地区	Region	初中阶段 Junior Secondary				小学 Primary Education			
		2010	2012	2013	2013排名 Ranking	2010	2012	2013	2013排名 Ranking
全　国	**National Total**	**3955**	**3535**	**3279**		**7448**	**7196**	**6913**	
北　京	Beijing	1766	1513	1501	31	3722	3560	3815	30
天　津	Tianjin	2226	1893	1845	29	4119	3928	3907	29
河　北	Hebei	3145	3002	2866	21	7273	7765	7495	12
山　西	Shanxi	5004	4182	3576	13	8492	7285	6359	21
内蒙古	Inner Mongolia	3364	3007	2765	22	5907	5501	5263	25
辽　宁	Liaoning	2946	2589	2409	26	5053	4859	4657	27
吉　林	Jilin	3011	2534	2345	27	5273	5178	4952	26
黑龙江	Heilongjiang	3377	3142	2433	25	4913	4871	4017	28
上　海	Shanghai	2216	1843	1835	30	3652	3239	3330	31
江　苏	Jiangsu	3016	2494	2345	28	5162	5352	5497	24
浙　江	Zhejiang	3226	2733	2707	23	6435	6347	6383	20
安　徽	Anhui	4551	3570	3335	16	7510	6781	6834	16
福　建	Fujian	3517	3012	2957	20	6586	6794	6933	15
江　西	Jiangxi	4514	4334	3895	10	9612	9672	9061	6
山　东	Shandong	3681	3405	3283	17	6644	6513	6463	19
河　南	Henan	4948	4834	4094	6	11284	11495	9993	2
湖　北	Hubei	3813	2740	2567	24	6391	5675	5680	23
湖　南	Hunan	3355	3201	3228	18	7480	7183	7046	14
广　东	Guangdong	5189	4212	3821	11	8804	7694	7626	11
广　西	Guangxi	4127	4233	4167	3	8856	9182	9104	5
海　南	Hainan	4879	4157	3910	9	9033	8573	8345	9
重　庆	Chongqing	4483	3725	3455	14	6993	6657	6754	17
四　川	Sichuan	4207	3779	3365	15	7234	6966	6513	18
贵　州	Guizhou	5654	6057	6036	1	11414	10957	10205	1
云　南	Yunnan	4551	4220	4023	7	9521	8783	8416	8
西　藏	Tibet	4792	4295	4095	5	10323	9628	9571	3
陕　西	Shaanxi	4356	3515	3202	19	6920	6269	6057	22
甘　肃	Gansu	5252	4603	4018	8	8994	8048	7243	13
青　海	Qinghai	3938	3674	3632	12	9313	8777	8283	10
宁　夏	Ningxia	4919	4579	4401	2	10455	9667	9335	4
新　疆	Xinjiang	4648	4270	4113	4	8968	8606	8484	7

注：初中阶段包括普通初中和职业初中。

Note: Junior secondary schools include regular junior schools and junior vocational schools.

18-25 教育经费总收入和国家财政性教育经费
Total Educational Funds and Government Appropriation on Education

单位：亿元 (100 million yuan)

地区	Region	教育经费总收入 Total Educational Funds				国家财政性教育经费 Government Appropriation on Education			
		2010	2011	2013	2013排名 Ranking	2010	2011	2013	2013排名 Ranking
全　国	**National Total**	**19271.20**	**23869.29**	**30364.72**		**14379.42**	**18586.70**	**24488.22**	
北　京	Beijing	1175.65	1468.02	1772.18	3	889.08	1109.35	1383.89	4
天　津	Tianjin	337.44	470.29	636.53	23	257.23	375.45	542.65	25
河　北	Hebei	736.84	862.24	1050.52	11	576.25	694.56	866.39	11
山　西	Shanxi	451.13	552.41	691.99	20	353.20	448.01	571.79	22
内蒙古	Inner Mongolia	414.99	504.56	613.12	24	359.05	446.93	555.65	24
辽　宁	Liaoning	680.79	843.52	1009.83	13	520.54	673.80	828.94	12
吉　林	Jilin	389.33	490.11	606.68	25	303.74	402.96	507.21	26
黑龙江	Heilongjiang	474.80	577.74	709.52	19	360.88	451.29	581.05	21
上　海	Shanghai	744.09	921.52	1128.71	8	558.54	722.61	891.07	8
江　苏	Jiangsu	1455.76	1752.27	2166.78	2	1012.34	1289.15	1692.81	2
浙　江	Zhejiang	1116.39	1263.74	1524.57	5	767.31	905.79	1127.54	7
安　徽	Anhui	631.59	868.31	1083.51	10	473.84	675.94	890.33	9
福　建	Fujian	564.70	676.10	869.68	15	409.60	511.53	679.97	17
江　西	Jiangxi	451.26	631.70	829.49	16	319.18	504.45	694.05	16
山　东	Shandong	1097.36	1454.56	185.50	28	839.12	1181.19	1547.33	3
河　南	Henan	912.42	1185.66	1568.62	4	681.15	932.45	1273.71	5
湖　北	Hubei	731.32	857.57	1085.34	9	474.16	597.34	769.24	15
湖　南	Hunan	685.94	846.70	1134.52	7	480.57	617.94	883.03	10
广　东	Guangdong	1598.45	1965.86	2572.92	1	1080.37	1407.72	1908.99	1
广　西	Guangxi	494.79	593.85	779.42	17	399.73	490.56	654.06	18
海　南	Hainan	144.43	175.98	229.00	27	115.45	139.76	189.29	28
重　庆	Chongqing	450.12	557.51	711.51	18	312.91	414.20	556.76	23
四　川	Sichuan	995.75	1151.60	1508.36	6	734.42	877.32	1199.62	6
贵　州	Guizhou	368.85	454.76	681.99	21	315.66	390.47	597.11	20
云　南	Yunnan	533.73	658.51	905.62	14	448.14	565.49	787.02	14
西　藏	Tibet	66.23	82.61	120.67	31	64.16	80.75	118.20	31
陕　西	Shaanxi	604.16	795.45	1016.56	12	432.92	604.79	811.40	13
甘　肃	Gansu	329.45	392.66	510.56	26	277.46	337.42	448.35	27
青　海	Qinghai	106.22	155.32	157.09	30	98.59	147.03	147.02	29
宁　夏	Ningxia	103.34	136.70	164.12	29	87.43	119.03	143.86	30
新　疆	Xinjiang	423.87	521.46	670.32	22	376.41	471.42	612.89	19

18-26 民办学校中举办者投入和社会捐赠教育经费
Funds from Investors of Private Schools and Donations and Fund-raising for Running Schools

单位：亿元 (100 million yuan)

地区	Region	民办学校中举办者投入 Funds from Investors of Private Schools				社会捐赠经费 Donations and Fund-raising for Running Schools			
		2010	2011	2013	2013排名 Ranking	2010	2011	2013	2013排名 Ranking
全国	**National Total**	**105.43**	**111.93**	**147.41**		**107.88**	**111.87**	**85.54**	
北京	Beijing	0.65	0.29	0.34	27	9.63	16.31	11.25	3
天津	Tianjin	0.12	0.02	0.08	30	0.77	0.92	1.32	16
河北	Hebei	1.46	2.21	5.03	9	0.84	0.64	0.68	22
山西	Shanxi	2.60	5.14	4.83	10	0.93	1.43	0.45	26
内蒙古	Inner Mongolia	0.48	1.05	0.95	22	0.20	0.36	0.40	27
辽宁	Liaoning	4.06	3.09	1.92	20	0.56	1.07	1.06	17
吉林	Jilin	0.77	0.67	3.48	13	0.52	0.46	0.64	24
黑龙江	Heilongjiang	1.71	0.28	0.24	28	0.36	0.15	0.27	29
上海	Shanghai	0.76	0.52	0.07	31	2.96	2.62	2.70	8
江苏	Jiangsu	1.46	5.05	7.12	6	19.44	20.26	14.56	1
浙江	Zhejiang	3.38	2.08	3.59	12	14.83	16.54	7.43	4
安徽	Anhui	6.31	5.79	4.69	11	2.30	2.20	1.63	15
福建	Fujian	10.05	8.09	7.83	5	4.62	5.01	6.23	5
江西	Jiangxi	6.56	8.97	2.69	16	2.06	1.91	0.94	19
山东	Shandong	2.96	4.10	5.76	8	4.46	3.77	3.09	7
河南	Henan	9.96	13.13	19.93	2	0.83	0.57	0.65	23
湖北	Hubei	3.11	1.82	9.66	4	1.98	2.70	2.39	10
湖南	Hunan	3.32	5.36	6.34	7	1.78	1.86	1.75	13
广东	Guangdong	21.67	17.49	31.91	1	11.26	11.47	11.83	2
广西	Guangxi	2.38	3.17	1.76	21	1.06	0.73	0.90	20
海南	Hainan	1.54	3.32	2.55	18	1.36	1.51	0.79	21
重庆	Chongqing	6.14	2.45	3.21	15	4.72	5.13	2.00	11
四川	Sichuan	7.04	11.67	13.00	3	11.44	6.01	4.39	6
贵州	Guizhou	1.59	1.88	2.54	19	0.68	0.78	1.06	18
云南	Yunnan	1.76	1.82	3.31	14	2.35	2.38	2.56	9
西藏	Tibet	0.07	0.02	0.39	25	0.12	0.07	0.16	30
陕西	Shaanxi	1.45	1.29	2.63	17	1.50	2.08	1.64	14
甘肃	Gansu	0.80	0.46	0.41	24	1.98	0.81	0.54	25
青海	Qinghai	0.15	0.13	0.38	26	0.26	0.39	0.11	31
宁夏	Ningxia	0.91	0.42	0.62	23	0.49	0.20	0.37	28
新疆	Xinjiang	0.23	0.16	0.14	29	1.57	1.52	1.75	12

18-27 教育经费中事业收入和其他教育经费收入
Income from Teaching Research and Other Auxiliary Activity and Other Educational Funds

单位：亿元 (100 million yuan)

地区	Region	教育经费中事业收入 Income from Teaching Research and Other Auxiliary Activity				其他教育经费收入 Other Educational Funds			
		2010	2011	2013	2013排名 Ranking	2010	2011	2013	2013排名 Ranking
全国	**National Total**	**4106.07**	**4424.69**	**4926.21**		**572.40**	**634.10**	**717.34**	
北京	Beijing	226.28	260.97	301.37	3	50.00	81.10	75.32	3
天津	Tianjin	68.43	75.26	82.34	23	10.90	18.64	10.14	23
河北	Hebei	148.04	155.14	166.32	13	10.25	9.69	12.10	20
山西	Shanxi	85.49	90.35	104.36	20	8.90	7.48	10.56	21
内蒙古	Inner Mongolia	48.77	51.28	51.58	26	6.49	4.94	4.55	27
辽宁	Liaoning	143.51	152.63	165.70	14	12.12	12.93	12.21	19
吉林	Jilin	74.72	79.85	86.20	22	9.58	6.17	9.16	24
黑龙江	Heilongjiang	98.11	111.26	109.74	19	13.74	14.76	18.22	15
上海	Shanghai	146.98	160.76	191.42	10	34.86	35.00	43.46	5
江苏	Jiangsu	352.44	356.90	369.58	2	70.08	80.90	82.70	2
浙江	Zhejiang	264.32	279.39	299.53	4	66.56	59.94	86.48	1
安徽	Anhui	135.74	165.65	171.27	12	13.40	18.74	15.59	17
福建	Fujian	128.87	141.44	157.87	15	11.56	10.03	17.77	16
江西	Jiangxi	107.20	105.83	121.62	17	16.26	10.54	10.19	22
山东	Shandong	234.18	249.39	279.76	5	16.65	16.11	19.05	14
河南	Henan	198.20	210.61	247.67	7	22.28	28.89	26.66	8
湖北	Hubei	213.45	228.90	234.86	8	38.61	26.81	42.20	6
湖南	Hunan	178.23	192.09	212.90	9	22.04	29.46	30.50	7
广东	Guangdong	447.89	491.00	576.50	1	37.25	38.17	43.69	4
广西	Guangxi	84.72	92.54	113.68	18	6.90	6.84	9.03	25
海南	Hainan	23.48	28.02	32.66	28	2.60	3.37	3.71	29
重庆	Chongqing	101.37	111.76	126.23	16	24.98	23.97	23.30	9
四川	Sichuan	226.16	239.09	270.15	6	16.68	17.51	21.20	11
贵州	Guizhou	45.33	52.14	68.10	24	5.60	9.49	13.18	18
云南	Yunnan	67.18	76.78	91.77	21	14.29	12.05	20.96	12
西藏	Tibet	1.86	1.76	1.82	31	0.02	0.01	0.10	31
陕西	Shaanxi	154.04	160.87	178.81	11	14.25	26.42	22.08	10
甘肃	Gansu	45.06	48.22	54.58	25	4.16	5.74	6.67	26
青海	Qinghai	5.94	6.38	7.03	30	1.28	1.38	2.55	30
宁夏	Ningxia	12.29	12.72	15.38	29	2.22	4.34	3.88	28
新疆	Xinjiang	37.76	35.70	35.41	27	7.90	12.66	20.13	13

18-28 教育经费总支出和事业性教育经费支出
Total Expenditure on Education Funds and Expenditure from Educational Funds and Other Auxiliary Activity

单位：亿元 (100 million yuan)

地区	Region	教育经费总支出 Total Expenditure on Educational Funds				事业性教育经费支出 Expenditure from Educational Funds and Other Auxiliary Activity			
		2010	2011	2013	2013排名 Ranking	2010	2011	2013	2013排名 Ranking
全　国	**National Total**	**18796.13**	**23085.78**	**29430.66**		**18183.37**	**22475.29**	**28770.85**	
北　京	Beijing	1102.07	1435.35	1686.25	4	1034.36	1342.74	1628.98	4
天　津	Tianjin	334.03	460.18	627.72	24	329.57	454.45	615.75	24
河　北	Hebei	726.01	845.26	1033.00	12	716.50	834.08	1016.91	11
山　西	Shanxi	440.41	530.68	673.39	21	425.83	515.64	653.99	21
内蒙古	Inner Mongolia	407.00	494.36	612.05	25	386.23	484.44	595.81	25
辽　宁	Liaoning	664.94	813.40	980.29	14	655.21	793.70	950.16	14
吉　林	Jilin	369.98	455.46	561.94	26	363.31	451.62	557.01	26
黑龙江	Heilongjiang	462.96	572.09	697.36	20	451.75	557.15	680.13	20
上　海	Shanghai	726.65	856.31	1058.86	10	709.36	839.52	1018.53	10
江　苏	Jiangsu	1431.56	1723.32	2132.33	2	1384.54	1707.74	2118.78	2
浙　江	Zhejiang	1078.51	1214.89	1483.11	6	1064.29	1198.33	1469.60	6
安　徽	Anhui	624.82	824.79	1061.82	9	603.31	803.64	1048.56	9
福　建	Fujian	538.87	640.70	813.60	16	521.90	622.55	798.70	16
江　西	Jiangxi	443.37	567.99	809.10	17	430.19	557.77	795.30	17
山　东	Shandong	1090.22	1447.47	1831.83	3	1077.59	1439.91	1823.29	3
河　南	Henan	884.18	1146.44	1539.50	5	866.08	1131.90	1514.71	5
湖　北	Hubei	700.87	824.32	1044.57	11	686.82	803.52	1010.31	12
湖　南	Hunan	673.91	834.15	1121.53	8	658.10	818.23	1101.17	8
广　东	Guangdong	1565.79	1856.32	2394.13	1	1501.93	1783.58	2344.21	1
广　西	Guangxi	479.10	576.18	753.36	18	469.04	561.76	728.06	18
海　南	Hainan	148.41	173.27	223.04	28	133.41	163.43	217.13	28
重　庆	Chongqing	439.72	545.57	711.69	19	421.58	534.25	687.67	19
四　川	Sichuan	982.50	1133.25	1466.50	7	938.89	1097.22	1435.88	7
贵　州	Guizhou	346.56	427.53	650.24	23	336.97	417.20	630.00	22
云　南	Yunnan	540.93	638.89	885.92	15	516.32	613.13	862.42	15
西　藏	Tibet	66.57	82.61	119.67	31	60.68	77.19	99.39	31
陕　西	Shaanxi	595.97	789.58	991.23	13	577.20	773.20	974.65	13
甘　肃	Gansu	319.77	383.13	494.32	27	297.88	368.28	476.86	27
青　海	Qinghai	102.74	152.71	156.59	30	92.21	116.72	135.09	30
宁　夏	Ningxia	97.15	134.97	159.56	29	93.02	129.97	154.34	29
新　疆	Xinjiang	410.56	504.65	656.16	22	379.32	482.44	627.49	23

18-29 事业性教育经费支出构成
Composition of Expenditure on Education Funds

单位：亿元 (100 million yuan)

地区	Region	事业性经费支出用于个人部分 Education Expenditure for Individuals				事业性经费支出用于公用部分 Education Expenditure for Public			
		2010	2011	2013	2013排名 Ranking	2010	2011	2013	2013排名 Ranking
全　国	**National Total**	**10495.03**	**12156.80**	**15289.10**		**7688.35**	**10318.50**	**13481.75**	
北　京	Beijing	422.33	523.32	658.11	7	612.03	819.42	970.87	3
天　津	Tianjin	199.28	223.39	260.05	27	130.29	231.05	355.70	16
河　北	Hebei	451.37	492.31	586.83	8	265.14	341.78	430.08	14
山　西	Shanxi	258.49	305.38	370.86	21	167.33	210.27	283.12	22
内蒙古	Inner Mongolia	237.68	288.91	369.42	22	148.55	195.53	226.39	26
辽　宁	Liaoning	379.49	408.17	473.63	14	275.72	385.52	476.52	12
吉　林	Jilin	215.15	247.01	304.27	25	148.16	204.61	252.74	23
黑龙江	Heilongjiang	260.27	302.59	360.89	23	191.48	254.56	319.24	20
上　海	Shanghai	366.62	391.20	446.29	16	342.74	448.32	572.24	8
江　苏	Jiangsu	817.16	916.73	1132.34	2	567.39	791.01	986.45	2
浙　江	Zhejiang	627.96	692.58	845.65	4	436.33	505.75	623.95	6
安　徽	Anhui	357.26	426.50	525.15	11	246.04	377.14	523.41	10
福　建	Fujian	323.38	373.68	471.63	15	198.51	248.87	327.07	19
江　西	Jiangxi	244.14	295.00	386.89	18	186.05	262.77	408.42	15
山　东	Shandong	612.58	742.79	918.04	3	465.02	697.13	905.25	4
河　南	Henan	500.22	586.80	747.79	6	365.86	545.10	766.92	5
湖　北	Hubei	398.45	447.10	545.52	9	288.37	356.42	464.79	13
湖　南	Hunan	386.76	435.92	544.21	10	271.34	382.32	556.96	9
广　东	Guangdong	870.49	1022.06	1341.59	1	631.43	761.51	1002.62	1
广　西	Guangxi	301.14	329.92	431.07	17	167.90	231.84	296.99	21
海　南	Hainan	76.51	87.87	110.92	28	56.90	75.56	106.21	28
重　庆	Chongqing	224.94	294.45	355.71	24	196.64	239.80	331.96	18
四　川	Sichuan	555.44	645.39	824.62	5	383.45	451.83	611.26	7
贵　州	Guizhou	211.43	249.94	383.31	19	125.54	167.26	246.69	25
云　南	Yunnan	313.25	370.24	518.16	12	203.07	242.88	344.26	17
西　藏	Tibet	39.92	48.66	64.93	31	20.77	28.52	34.46	31
陕　西	Shaanxi	321.42	383.70	484.76	13	255.78	389.50	489.89	11
甘　肃	Gansu	184.95	218.66	280.05	26	112.93	149.62	196.81	27
青　海	Qinghai	52.71	64.36	80.30	30	39.50	52.36	54.79	30
宁　夏	Ningxia	49.25	60.37	87.87	29	43.77	69.60	66.47	29
新　疆	Xinjiang	234.98	281.80	378.24	20	144.34	200.64	249.25	24

18-30 教育经费中基本建设支出和生均教育经费支出（一）
Infrastructure Expenditure on Education and Average Individual Education Expenditure (1)

地区	Region	教育经费支出中基本建设支出（亿元） Infrastructure Expenditure on Education (100 million yuan)				普通高等学校生均教育经费支出（元） Average Individual Education Expenditure (yuan)			
		2010	2011	2013	2013排名 Ranking	2010	2011	2013	2013排名 Ranking
全　国	**National Total**	**612.76**	**610.49**	**659.81**		**20498**	**24753**	**26086**	
北　京	Beijing	67.72	92.61	57.28	1	50070	65807	58674	1
天　津	Tianjin	4.46	5.73	11.97	27	25654	31783	34611	4
河　北	Hebei	9.51	11.17	16.09	21	13961	15907	19195	29
山　西	Shanxi	14.59	15.04	19.40	16	12560	14889	19630	26
内蒙古	Inner Mongolia	20.77	9.92	16.24	20	16726	21743	22742	18
辽　宁	Liaoning	9.73	19.70	30.13	6	19961	23933	26724	7
吉　林	Jilin	6.68	3.84	4.92	31	17881	22834	21082	21
黑龙江	Heilongjiang	11.21	14.94	17.23	18	18259	23171	23961	14
上　海	Shanghai	17.29	16.80	40.33	3	39553	48808	52417	2
江　苏	Jiangsu	47.01	15.58	13.54	24	24009	27902	29995	6
浙　江	Zhejiang	14.22	16.56	13.51	25	30007	30356	33282	5
安　徽	Anhui	21.51	21.15	13.26	26	13532	17338	19442	27
福　建	Fujian	16.98	18.15	14.90	22	19815	21052	23660	16
江　西	Jiangxi	13.17	10.21	13.80	23	13121	13519	17393	30
山　东	Shandong	12.63	7.55	8.54	28	14873	19660	19950	24
河　南	Henan	18.10	14.55	24.80	9	11376	14887	17094	31
湖　北	Hubei	14.05	20.80	34.26	4	20156	23000	25387	10
湖　南	Hunan	15.81	15.91	20.36	13	13504	18602	20654	22
广　东	Guangdong	63.87	72.74	49.92	2	23452	24980	24970	12
广　西	Guangxi	10.06	14.41	25.30	8	13280	16802	19313	28
海　南	Hainan	15.01	9.84	5.91	29	15650	17638	22743	17
重　庆	Chongqing	18.14	11.31	24.02	10	20097	24952	25422	9
四　川	Sichuan	43.61	36.03	30.62	5	20113	23629	23934	15
贵　州	Guizhou	9.59	10.32	20.23	15	14690	16500	21295	20
云　南	Yunnan	24.61	25.76	23.50	11	17368	19252	20429	23
西　藏	Tibet	5.89	5.42	20.28	14	22837	31037	36837	3
陕　西	Shaanxi	18.77	16.38	16.58	19	21475	28272	26491	8
甘　肃	Gansu	21.89	14.85	17.46	17	13924	18832	19828	25
青　海	Qinghai	10.53	35.99	21.50	12	18285	27772	24260	13
宁　夏	Ningxia	4.13	5.00	5.22	30	18340	36719	25084	11
新　疆	Xinjiang	31.24	22.21	28.68	7	19321	20948	22316	19

18-31 生均教育经费支出（二）
Average Individual Education Expenditure (2)

单位：元 (yuan)

地区	Region	中等职业学校生均教育经费支出 Expenditure on Educational Funds of Vocational Secondary Schools				普通高中生均教育经费支出 Expenditure on Educational Funds of Regular Senior Secondary Schools			
		2010	2011	2013	2013排名 Ranking	2010	2011	2013	2013排名 Ranking
全　国	**National Total**	**8962**	**10392**	**13914**		**8101**	**9978**	**12862**	
北　京	Beijing	24502	29986	38260	2	34626	43753	59251	1
天　津	Tianjin	17895	21709	29103	4	17990	20552	30238	3
河　北	Hebei	7109	7276	9436	30	6525	7845	10038	27
山　西	Shanxi	7875	9705	11138	25	7733	9471	11784	17
内蒙古	Inner Mongolia	12357	15499	24741	5	10080	12170	15036	9
辽　宁	Liaoning	10014	13690	18005	9	8721	11350	13735	12
吉　林	Jilin	9609	12239	20445	7	7350	7900	10259	25
黑龙江	Heilongjiang	9244	10813	12155	21	6724	7919	11149	21
上　海	Shanghai	17154	29099	44528	1	33116	41848	47954	2
江　苏	Jiangsu	9545	12435	17116	10	11252	14529	20723	5
浙　江	Zhejiang	12567	14372	20071	8	14036	16348	21089	4
安　徽	Anhui	7398	9696	12953	18	6227	8519	11772	18
福　建	Fujian	8354	9909	15516	12	8998	11165	14154	11
江　西	Jiangxi	5766	7887	9977	28	5695	7333	11693	19
山　东	Shandong	8203	11704	14521	13	8306	10853	13011	14
河　南	Henan	7639	7442	8761	31	4646	6479	8511	31
湖　北	Hubei	5471	6813	11565	24	5947	7030	10730	23
湖　南	Hunan	7465	9015	13319	16	7441	8668	10895	22
广　东	Guangdong	10402	10137	11740	22	9616	10648	11988	16
广　西	Guangxi	9197	9050	9802	29	5701	7171	9775	30
海　南	Hainan	8073	9343	12358	20	9502	11065	14274	10
重　庆	Chongqing	6836	8717	14440	14	7551	9471	13314	13
四　川	Sichuan	9286	8032	11608	23	6271	7448	9842	28
贵　州	Guizhou	5366	7180	13079	17	5242	7267	9777	29
云　南	Yunnan	9567	9567	12527	19	7109	8568	10638	24
西　藏	Tibet	8718	13636	32888	3	11069	13992	20412	6
陕　西	Shaanxi	8779	9317	11008	26	6487	8674	11463	20
甘　肃	Gansu	7327	8118	10519	27	6106	7253	10161	26
青　海	Qinghai	12321	12426	16734	11	12032	16624	16381	7
宁　夏	Ningxia	8386	8643	13458	15	9566	10966	12162	15
新　疆	Xinjiang	13205	14989	21055	6	10100	12783	16199	8

18-32 生均教育经费支出（三）
Average Individual Education Expenditure (3)

单位：元 (yuan)

地区	Region	普通初中生均教育经费支出 Expenditure on Educational Funds of Regular Junior Secondary Schools				普通小学生均教育经费支出 Expenditure on Educational Funds of Regular Primary Schools			
		2010	2011	2013	2013排名 Ranking	2010	2011	2013	2013排名 Ranking
全　国	**National Total**	**6527**	**8179**	**11454**		**4932**	**6117**	**8401**	
北　京	Beijing	30791	37827	48875	1	19762	24920	31502	1
天　津	Tianjin	18256	23107	30694	3	12689	16497	19458	3
河　北	Hebei	6428	7770	9142	26	4627	5229	5949	30
山　西	Shanxi	5625	7084	9543	24	4648	5837	7719	22
内蒙古	Inner Mongolia	10161	11684	15830	7	8954	10937	14234	5
辽　宁	Liaoning	8843	12007	14827	8	6533	8659	10200	13
吉　林	Jilin	7460	9555	13180	12	6653	7984	10307	12
黑龙江	Heilongjiang	6277	7505	11610	17	5882	6984	9854	14
上　海	Shanghai	22497	25224	31677	2	18983	21184	23239	2
江　苏	Jiangsu	10362	13243	19675	4	8611	10574	13494	6
浙　江	Zhejiang	11690	13430	16590	6	8974	9668	11485	9
安　徽	Anhui	5041	7134	11126	18	4047	5685	7798	20
福　建	Fujian	7460	9662	13530	11	6240	7735	9299	16
江　西	Jiangxi	4198	5741	9060	27	3049	4264	6528	27
山　东	Shandong	7026	9065	11787	16	4383	5707	7522	24
河　南	Henan	4048	5550	8037	29	2553	3316	4774	31
湖　北	Hubei	5398	6525	10763	20	3757	4325	6899	25
湖　南	Hunan	6519	7883	10520	21	3942	4669	6484	28
广　东	Guangdong	5335	6526	9554	23	4717	6067	8484	17
广　西	Guangxi	5001	6178	7925	30	3858	4543	6124	29
海　南	Hainan	7033	10182	13079	13	6392	8123	10582	11
重　庆	Chongqing	6319	8050	10808	19	5369	7217	9699	15
四　川	Sichuan	5610	6580	9719	22	4725	5368	7767	21
贵　州	Guizhou	3499	4607	7085	31	2962	3784	6640	26
云　南	Yunnan	5449	6128	8949	28	4318	4968	8125	19
西　藏	Tibet	7902	10454	14500	9	9303	11624	16612	4
陕　西	Shaanxi	6212	8716	12959	14	5295	6854	10976	10
甘　肃	Gansu	5187	6131	9164	25	4074	5158	7575	23
青　海	Qinghai	9927	13380	14284	10	6821	10416	11632	7
宁　夏	Ningxia	7434	9027	11897	15	4490	5707	8461	18
新　疆	Xinjiang	9224	12096	16857	5	6570	8477	11539	8

19

卫　生

Public Health

19-1 卫生总费用（一）
Total Expenditure on Healthcare (1)

单位：亿元 (100 million yuan)

地区	Region	卫生总费用 Total Expenditure on Healthcare				其中:政府卫生支出 The Government Expenditure on Health			
		2010	2012	2013	2013排名 Ranking	2010	2012	2013	2013排名 Ranking
全 国	**National Total**	**19980.39**	**28119.00**	**31668.95**		**5732.49**	**8431.98**	**9545.81**	
北 京	Beijing	813.64	1190.01	1340.23	8	223.98	320.40	356.42	11
天 津	Tianjin	355.65	479.75	552.09	25	82.68	120.90	145.31	26
河 北	Hebei	901.96	1248.10	1486.26	7	266.83	368.32	429.83	6
山 西	Shanxi	463.72	665.04	732.80	21	132.28	206.68	229.62	20
内蒙古	Inner Mongolia	436.95	619.03	698.86	22	139.47	204.46	223.00	22
辽 宁	Liaoning	772.50	1011.96	1176.78	13	176.35	233.02	263.26	18
吉 林	Jilin	454.26	647.96	764.79	18	122.91	174.02	197.68	24
黑龙江	Heilongjiang	605.77	823.72			151.96	191.00		
上 海	Shanghai		1092.35	1248.68	10		232.49	250.82	19
江 苏	Jiangsu	1232.30	1892.02	2213.19	3	293.87	483.75	549.23	4
浙 江	Zhejiang	1143.30	1543.70	1712.33	4	265.40	342.67	393.16	8
安 徽	Anhui	721.12	1112.02	1221.50	12	214.21	365.75	415.45	7
福 建	Fujian	472.74	678.21	835.32	17	140.62	222.81	268.01	17
江 西	Jiangxi	442.67	658.24	738.09	19	180.17	269.45	325.75	12
山 东	Shandong	1345.30	1928.88	2245.97	2	327.40	498.38	571.45	2
河 南	Henan	1066.57	1517.63	1686.51	5	321.19	489.46	561.33	3
湖 北	Hubei	681.77	1093.96	1231.19	11	207.13	305.89	368.37	10
湖 南	Hunan	738.76	1075.69	1306.73	9	213.19	338.82	392.91	9
广 东	Guangdong	1509.62	2185.30	2518.82	1	359.33	587.32	667.69	1
广 西	Guangxi	514.88	782.47	847.36	16	191.40	286.69	322.49	13
海 南	Hainan		180.33	185.12	27		66.82	77.40	28
重 庆	Chongqing	432.97	621.54	737.34	20	120.45	195.56	226.79	21
四 川	Sichuan		1405.91	1675.24	6		473.89	546.11	5
贵 州	Guizhou	329.33	480.23	552.54	24	153.54	242.62	278.00	16
云 南	Yunnan	509.47	757.67	847.66	15	199.38	288.23	322.14	14
西 藏	Tibet			73.83	30			47.56	30
陕 西	Shaanxi		860.52	1016.70	14		257.49	293.96	15
甘 肃	Gansu	295.38	444.72	518.21	26	116.54	168.88	188.17	25
青 海	Qinghai		142.49	162.54	29		61.72	78.10	27
宁 夏	Ningxia		135.00	168.06	28		51.80	60.44	29
新 疆	Xinjiang	322.62	566.30	667.06	23	120.97	190.00	208.68	23

19-2 卫生总费用（二）
Total Expenditure on Healthcare (2)

单位：亿元 (100 million yuan)

地区	Region	其中：社会卫生支出 Social Health Expenditure 2010	2012	2013	2013排名 Ranking	其中:个人卫生支出 Personal Health Spending 2010	2012	2013	2013排名 Ranking
全　国	**National Total**	**7196.61**	**10030.70**	**11393.79**		**7051.29**	**9656.32**	**10729.34**	
北　京	Beijing	386.86	600.96	708.36	6	202.80	268.65	275.45	15
天　津	Tianjin	145.88	184.37	212.38	22	127.10	174.47	194.40	23
河　北	Hebei	247.58	353.03	440.62	10	387.56	526.76	615.82	5
山　西	Shanxi	152.26	222.70	235.75	20	179.18	235.65	267.44	17
内蒙古	Inner Mongolia	105.91	175.21	208.31	23	191.58	239.37	267.55	16
辽　宁	Liaoning	291.58	382.73	471.80	8	304.57	396.21	441.71	10
吉　林	Jilin	123.77	177.75	223.02	21	207.58	296.19	344.10	13
黑龙江	Heilongjiang	198.04	279.84			255.76	352.88		
上　海	Shanghai		646.51	740.42	5		213.35	257.44	18
江　苏	Jiangsu	533.25	863.51	1010.36	2	405.18	544.75	653.60	4
浙　江	Zhejiang	440.63	689.32	750.80	4	437.27	511.71	568.37	7
安　徽	Anhui	257.39	300.83	381.54	12	249.52	445.44	424.51	11
福　建	Fujian	186.64	263.37	330.72	14	145.49	192.02	236.60	21
江　西	Jiangxi	112.41	175.06	191.81	24	150.36	213.73	220.53	22
山　东	Shandong	497.02	726.42	874.71	3	520.88	704.09	799.80	2
河　南	Henan	272.98	381.86	443.38	9	472.40	646.30	681.80	3
湖　北	Hubei	206.42	335.88	397.23	11	268.22	452.19	465.59	9
湖　南	Hunan	202.03	305.35	380.71	13	323.54	431.52	533.12	8
广　东	Guangdong	539.10	858.11	1049.98	1	611.20	739.87	801.14	1
广　西	Guangxi	159.53	235.55	267.91	17	163.95	260.23	256.96	19
海　南	Hainan		59.45	59.95	27		54.06	47.80	28
重　庆	Chongqing	137.22	204.80	253.79	18	175.31	221.19	256.76	20
四　川	Sichuan		467.31	556.02	7		464.71	573.11	6
贵　州	Guizhou	73.86	97.97	124.77	26	101.92	139.64	149.78	26
云　南	Yunnan	147.30	211.84	241.43	19	162.79	257.60	284.09	14
西　藏	Tibet			20.75	30			5.52	30
陕　西	Shaanxi		276.12	327.87	15		326.91	394.87	12
甘　肃	Gansu	74.22	113.94	141.28	25	104.62	161.91	188.76	25
青　海	Qinghai		42.26	43.06	29		38.50	41.37	29
宁　夏	Ningxia		36.51	48.91	28		46.69	58.72	27
新　疆	Xinjiang	115.51	224.26	269.55	16	86.14	152.03	188.83	24

19-3 卫生总费用占GDP比重和人均卫生总费用

Ration of Health Expenditure on GDP and Expenditure on Healthcare Per Capita

地区	Region	卫生总费用占GDP比重(%) Health Expenditure on GDP (%)				人均卫生总费用(元) Expenditure on Healthcare Per Capita (yuan)			
		2010	2012	2013	2013排名 Ranking	2010	2012	2013	2013排名 Ranking
全　国	**National Total**	**4.98**	**5.41**	**5.57**		**1490.06**	**2076.67**	**2327.37**	
北　京	Beijing	5.76	6.66	6.87	7	4147.20	5750.79	6337.38	1
天　津	Tianjin	3.90	3.72	3.84	28	2737.28	3394.90	3750.10	3
河　北	Hebei	4.42	4.70	5.25	19	1253.77	1712.66	2026.92	21
山　西	Shanxi	5.04	5.49	5.81	16	1297.45	1841.79	2018.84	23
内蒙古	Inner Mongolia	3.74	3.90	4.15	25	1767.46	2486.17	2798.11	7
辽　宁	Liaoning	4.19	4.07	4.35	24	1765.88	2305.68	2680.59	11
吉　林	Jilin	5.24	5.43	5.89	12	1653.88	2355.87	2779.78	9
黑龙江	Heilongjiang	5.84	6.02			1580.23	2148.47		
上　海	Shanghai		5.41	5.78	17		4588.86	5170.21	2
江　苏	Jiangsu	2.97	3.50	3.74	30	1565.95	2388.92	2787.57	8
浙　江	Zhejiang	4.12	4.45	4.56	23	2098.99	2818.51	3114.45	4
安　徽	Anhui	5.83	6.46	6.42	9	1210.54	1857.08	2025.71	22
福　建	Fujian	3.21	3.44	3.84	28	1280.11	1809.51	2213.36	17
江　西	Jiangxi	4.68	5.08	5.15	21	992.04	1461.47	1632.17	29
山　东	Shandong	3.43	3.86	4.11	26	1403.13	1991.65	2307.49	16
河　南	Henan	4.62	5.13	5.24	20	1134.04	1613.47	1791.68	28
湖　北	Hubei	4.27	4.92	4.99	22	1191.11	1892.99	2123.10	18
湖　南	Hunan	4.61	4.86	5.33	18	1042.05	1620.26	1953.09	25
广　东	Guangdong	3.28	3.83	4.05	27	1445.87	2062.77	2366.42	14
广　西	Guangxi	5.38	6.00	5.89	12	1116.88	1671.24	1795.64	27
海　南	Hainan		6.31	5.88	14		2034.02	2067.69	19
重　庆	Chongqing	5.46	5.45	5.83	15	1500.98	2110.50	2482.61	13
四　川	Sichuan		5.89	6.38	10		1740.81	2066.41	20
贵　州	Guizhou	7.16	7.01	6.90	6	946.61	1378.38	1577.70	30
云　南	Yunnan	7.05	7.35	7.23	5	1107.15	1626.26	1808.68	26
西　藏	Tibet			9.14	1			2366.00	15
陕　西	Shaanxi		5.95	6.34	11		2292.88	2701.11	10
甘　肃	Gansu	7.17	7.87	8.27	2	1153.86	1725.36	2006.89	24
青　海	Qinghai		7.52	7.74	4		2485.95	2813.15	6
宁　夏	Ningxia		5.77	6.55	8		2085.87	2568.91	12
新　疆	Xinjiang	6.91	7.55	7.98	3	1676.79	2536.29	2945.97	5

19-4 城乡居民医疗保健支出
Health Care and Medical Services for Urban and Rural Residents

单位：元 (yuan)

地区	Region	城镇居民人均医疗保健支出 Urban Residents per Capita Health Care Spending 2010	2012	2013	2013排名 Ranking	农村居民人均医疗保健支出 Rural Residents per Capita Health Care Spending 2010	2012	2013	2013排名 Ranking
全　国	**National Total**	**871.8**	**1063.7**	**1118.3**		**326.0**	**513.8**	**614.2**	
北　京	Beijing	1327.2	1658.4	1717.6	1	840.6	1125.2	1167.1	2
天　津	Tianjin	1275.6	1556.4	1694.3	2	360.5	760.4	732.6	11
河　北	Hebei	923.8	1047.3	1117.3	16	344.3	543.7	696.0	13
山　西	Shanxi	774.9	905.9	1020.6	22	328.9	490.2	559.0	19
内蒙古	Inner Mongolia	1126.0	1354.1	1394.8	4	468.0	588.9	831.2	6
辽　宁	Liaoning	1079.8	1309.6	1343.0	6	413.8	548.8	789.5	8
吉　林	Jilin	1171.3	1447.5	1692.1	3	462.4	840.5	968.6	3
黑龙江	Heilongjiang	948.4	1180.7	1334.8	7	443.2	727.0	839.2	5
上　海	Shanghai	1005.5	1016.7	1350.3	5	584.5	1029.0	1990.9	1
江　苏	Jiangsu	805.7	1058.1	1122.0	14	362.3	724.2	809.9	7
浙　江	Zhejiang	1033.7	1228.0	1244.4	10	709.3	746.1	943.9	4
安　徽	Anhui	737.1	1143.0	869.9	25	264.4	510.1	551.7	21
福　建	Fujian	617.4	773.2	935.5	24	251.4	380.6	481.7	25
江　西	Jiangxi	524.2	670.7	672.5	29	243.8	380.4	401.3	27
山　东	Shandong	885.8	1005.3	1109.4	17	383.9	635.3	738.8	10
河　南	Henan	941.3	1085.5	1054.5	20	287.8	468.8	603.7	17
湖　北	Hubei	709.6	1029.6	1033.5	21	295.2	591.9	624.4	16
湖　南	Hunan	776.9	918.4	1078.8	19	293.6	497.2	638.3	15
广　东	Guangdong	929.5	1048.3	1122.7	13	307.4	446.5	502.0	24
广　西	Guangxi	625.5	883.6	776.3	27	229.0	383.9	413.4	26
海　南	Hainan	579.9	993.2	734.3	28	138.4	306.5	362.2	28
重　庆	Chongqing	1021.5	1101.6	1245.3	9	270.3	482.2	535.9	22
四　川	Sichuan	661.0	772.8	1019.0	23	276.1	498.3	557.4	20
贵　州	Guizhou	546.8	654.5	633.7	30	178.1	282.5	302.3	30
云　南	Yunnan	637.9	939.1	1085.5	18	239.9	362.6	352.9	29
西　藏	Tibet	385.6	467.2	618.0	31	71.2	82.7	71.5	31
陕　西	Shaanxi	935.4	1212.4	1310.2	8	376.2	619.9	776.4	9
甘　肃	Gansu	828.6	1049.7	1117.4	15	203.1	398.0	513.3	23
青　海	Qinghai	718.8	906.1	813.1	26	307.9	520.1	676.7	14
宁　夏	Ningxia	890.1	1063.1	1158.8	12	417.9	492.1	702.0	12
新　疆	Xinjiang	708.2	1027.6	1179.8	11	314.7	444.2	593.4	18

19-5 医疗卫生机构总收入（一）
Gross Income of Medical Institutions (1)

单位：亿元 (100 million yuan)

地区	Region	医疗卫生机构总收入 Gross Income of Medical Institutions				其中:财政补助收入 Financial Aid			
		2010	2012	2013	2013排名 Ranking	2010	2012	2013	2013排名 Ranking
全　国	**National Total**	**13726.3**	**19985.8**	**23147.5**		**1667.9**	**2714.0**	**3131.0**	
北　京	Beijing	800.3	1184.3	1355.0	5	121.4	190.5	205.6	2
天　津	Tianjin	289.1	401.8	449.5	22	38.8	58.7	54.2	27
河　北	Hebei	525.1	764.8	896.6	11	46.9	73.9	98.9	13
山　西	Shanxi	259.1	398.3	460.6	21	40.2	78.7	85.0	19
内蒙古	Inner Mongolia	223.0	341.5	387.2	26	51.6	82.2	87.7	18
辽　宁	Liaoning	473.3	657.4	753.9	12	50.5	69.7	81.1	21
吉　林	Jilin	262.7	378.9	423.8	24	52.0	71.7	82.2	20
黑龙江	Heilongjiang	344.8	481.3	554.4	17	51.6	69.4	78.6	22
上　海	Shanghai	743.1	1006.5	1102.4	8	76.0	145.2	146.9	7
江　苏	Jiangsu	1038.4	1510.4	1741.6	2	80.8	168.1	189.2	4
浙　江	Zhejiang	999.0	1359.8	1544.5	3	102.9	164.0	194.9	3
安　徽	Anhui	405.0	616.7	714.6	13	46.1	79.4	91.9	17
福　建	Fujian	384.8	517.9	612.9	15	51.6	74.2	94.1	15
江　西	Jiangxi	281.8	444.6	506.3	19	38.6	66.5	70.6	23
山　东	Shandong	913.7	1325.6	1513.8	4	87.3	140.2	166.2	6
河　南	Henan	605.4	945.0	1120.9	7	52.4	97.0	116.2	8
湖　北	Hubei	523.9	796.2	918.3	10	50.9	88.8	101.8	11
湖　南	Hunan	519.3	773.9	927.0	9	49.1	78.3	105.7	9
广　东	Guangdong	1385.2	1859.3	2140.5	1	128.0	200.5	239.8	1
广　西	Guangxi	352.8	538.0	659.9	14	46.0	81.9	101.3	12
海　南	Hainan	81.1	123.3	141.6	28	15.4	25.0	27.7	28
重　庆	Chongqing	260.1	406.1	488.7	20	33.2	60.0	66.4	24
四　川	Sichuan	654.8	1050.6	1232.7	6	83.8	139.6	167.4	5
贵　州	Guizhou	201.2	328.1	414.4	25	31.2	56.2	64.6	25
云　南	Yunnan	340.3	504.1	589.0	16	57.6	88.0	104.3	10
西　藏	Tibet	16.2	24.3	27.6	31	7.0	13.0	10.1	31
陕　西	Shaanxi	302.2	461.5	546.3	18	48.3	77.7	93.3	16
甘　肃	Gansu	161.6	238.3	282.9	27	39.8	51.6	61.8	26
青　海	Qinghai	50.4	76.0	94.9	30	13.3	17.4	22.1	30
宁　夏	Ningxia	65.1	92.2	113.3	29	15.6	21.7	24.6	29
新　疆	Xinjiang	263.3	379.1	432.4	23	60.0	84.9	96.8	14

19-6 医疗卫生机构总收入（二）
Gross Income of Medical Institutions (2)

地区	Region	其中:医疗收入/事业收入（亿元） Medical Income / Business Income (100 million yuan)				医疗收入/事业收入占总收入比重（%） Medical / Business Revenue Accounts for the Proportion of Total Revenue (%)			
		2010	2012	2013	2013排名 Ranking	2010	2012	2013	2013排名 Ranking
全　国	**National Total**	**11847.2**	**16539.5**	**19147.5**		**86.31**	**82.76**	**82.72**	
北　京	Beijing	663.1	943.3	1093.6	5	82.85	79.65	80.71	19
天　津	Tianjin	247.9	331.1	381.8	21	85.74	82.42	84.94	7
河　北	Hebei	469.5	665.4	767.8	11	89.41	87.00	85.64	3
山　西	Shanxi	209.0	302.6	354.3	22	80.68	75.97	76.92	25
内蒙古	Inner Mongolia	168.5	247.5	285.0	26	75.57	72.48	73.61	29
辽　宁	Liaoning	418.2	569.1	644.3	12	88.35	86.57	85.47	4
吉　林	Jilin	206.9	292.9	331.2	24	78.74	77.32	78.15	23
黑龙江	Heilongjiang	283.3	393.9	454.4	17	82.17	81.85	81.95	15
上　海	Shanghai	658.0	807.8	897.1	8	88.55	80.26	81.37	16
江　苏	Jiangsu	941.7	1283.7	1483.7	2	90.68	84.99	85.19	6
浙　江	Zhejiang	886.9	1148.4	1291.1	4	88.78	84.45	83.59	10
安　徽	Anhui	350.5	517.1	596.5	13	86.53	83.85	83.47	11
福　建	Fujian	329.9	429.3	498.5	15	85.71	82.90	81.35	17
江　西	Jiangxi	240.4	364.8	420.5	19	85.30	82.06	83.07	13
山　东	Shandong	813.5	1146.1	1302.4	3	89.03	86.46	86.04	2
河　南	Henan	542.9	816.9	968.9	7	89.67	86.45	86.44	1
湖　北	Hubei	467.3	678.6	784.0	9	89.20	85.23	85.38	5
湖　南	Hunan	463.8	662.2	777.0	10	89.32	85.57	83.82	9
广　东	Guangdong	1237.5	1587.3	1813.8	1	89.34	85.37	84.74	8
广　西	Guangxi	301.2	437.6	533.5	14	85.38	81.34	80.84	18
海　南	Hainan	64.1	93.7	109.7	28	78.99	76.02	77.45	24
重　庆	Chongqing	224.5	333.7	407.3	20	86.29	82.17	83.34	12
四　川	Sichuan	564.1	873.1	1019.3	6	86.14	83.10	82.69	14
贵　州	Guizhou	161.8	257.0	333.8	23	80.45	78.31	80.57	20
云　南	Yunnan	278.9	399.8	464.8	16	81.94	79.30	78.92	22
西　藏	Tibet	8.9	10.0	15.9	31	55.00	41.22	57.55	31
陕　西	Shaanxi	246.4	366.3	432.2	18	81.56	79.37	79.12	21
甘　肃	Gansu	118.0	177.1	210.9	27	73.02	74.31	74.53	27
青　海	Qinghai	36.1	54.9	68.3	30	71.71	72.25	72.00	30
宁　夏	Ningxia	48.4	67.6	85.3	29	74.39	73.33	75.32	26
新　疆	Xinjiang	196.0	280.5	320.3	25	74.44	74.00	74.07	28

19-7 医疗卫生机构总支出（一）
Gross Expenditure of Medical Institutions (1)

单位：亿元 (100 million yuan)

地区	Region	医疗卫生机构总支出 Total Spending on Medical and Health Institutions				其中:业务支出和事业支出 Business Spending and Business Spending			
		2010	2012	2013	2013排名 Ranking	2010	2012	2013	2013排名 Ranking
全　国	**National Total**	**13108.8**	**18981.2**	**22097.5**		**12311.6**	**14715.9**	**17285.3**	
北　京	Beijing	787.5	1142.3	1307.5	5	710.6	866.1	1016.7	5
天　津	Tianjin	275.7	386.1	438.9	21	263.7	301.8	346.6	21
河　北	Hebei	506.3	714.9	838.4	11	477.1	545.5	650.9	11
山　西	Shanxi	251.8	383.9	437.0	22	234.8	279.3	323.8	22
内蒙古	Inner Mongolia	205.9	316.5	364.3	26	189.8	230.7	267.2	26
辽　宁	Liaoning	462.1	634.2	723.3	12	436.5	502.7	575.7	12
吉　林	Jilin	252.1	355.5	408.2	24	239.4	268.5	306.0	23
黑龙江	Heilongjiang	341.6	469.4	547.6	17	323.1	347.6	416.1	16
上　海	Shanghai	728.5	972.8	1074.3	7	704.0	782.0	872.5	7
江　苏	Jiangsu	999.0	1450.8	1666.0	2	949.9	1153.7	1349.9	2
浙　江	Zhejiang	953.2	1322.0	1485.2	3	902.5	1084.6	1220.5	3
安　徽	Anhui	380.7	578.7	674.6	13	359.2	446.0	530.9	13
福　建	Fujian	355.4	483.7	571.1	15	332.7	387.4	453.4	15
江　西	Jiangxi	268.9	417.3	480.3	19	250.6	322.5	377.0	19
山　东	Shandong	872.5	1265.9	1482.9	4	828.6	983.3	1155.3	4
河　南	Henan	573.4	893.3	1064.1	8	544.2	705.6	851.9	8
湖　北	Hubei	502.1	736.1	852.1	10	475.4	560.6	664.3	10
湖　南	Hunan	491.0	716.8	879.5	9	463.8	561.9	682.0	9
广　东	Guangdong	1330.2	1789.5	2061.8	1	1264.1	1395.8	1611.6	1
广　西	Guangxi	328.7	501.9	618.3	14	305.5	390.7	480.3	14
海　南	Hainan	76.6	117.3	136.7	28	70.4	87.8	104.2	28
重　庆	Chongqing	244.0	381.0	458.2	20	224.9	293.8	354.5	20
四　川	Sichuan	605.5	982.9	1146.3	6	559.0	771.6	909.9	6
贵　州	Guizhou	178.8	302.6	383.8	25	167.4	220.3	287.4	25
云　南	Yunnan	316.7	464.8	551.8	16	290.7	342.9	412.4	17
西　藏	Tibet	13.5	20.3	23.4	31	11.2	12.5	13.2	31
陕　西	Shaanxi	302.2	437.4	520.6	18	270.4	329.2	389.4	18
甘　肃	Gansu	153.2	225.2	288.3	27	136.1	164.1	207.1	27
青　海	Qinghai	45.8	70.3	91.5	30	42.9	51.5	67.3	30
宁　夏	Ningxia	61.5	90.2	109.6	29	54.5	63.1	82.5	29
新　疆	Xinjiang	244.4	357.5	412.0	23	228.5	262.9	305.1	24

19-8 医疗卫生机构总支出（二）
Gross Expenditure of Medical Institutions (2)

单位：亿元 (100 million yuan)

地区	Region	其中:财政专项支出 Special Financial Expenditure				其中:人员经费支出 Staff Spending			
		2010	2012	2013	2013排名 Ranking	2010	2012	2013	2013排名 Ranking
全　国	**National Total**	**545.4**	**720.7**	**1056.6**		**3416.6**	**5383.5**	**6514.1**	
北　京	Beijing	65.7	85.4	96.3	1	155.1	277.3	337.1	6
天　津	Tianjin	10.0	21.3	33.3	13	66.1	100.6	112.7	26
河　北	Hebei	17.8	21.4	36.0	11	124.8	178.7	213.6	11
山　西	Shanxi	10.7	16.2	26.1	18	65.1	108.1	116.3	25
内蒙古	Inner Mongolia	10.7	15.7	23.1	23	62.1	99.7	120.2	23
辽　宁	Liaoning	17.5	16.1	28.7	15	125.5	174.9	212.0	12
吉　林	Jilin	9.1	12.7	20.5	24	67.0	99.0	118.3	24
黑龙江	Heilongjiang	13.2	11.8	20.3	25	89.0	123.3	144.4	18
上　海	Shanghai	20.9	53.4	55.0	5	205.1	295.4	330.0	7
江　苏	Jiangsu	32.5	37.4	63.5	4	250.5	417.6	485.2	2
浙　江	Zhejiang	39.3	47.6	66.4	3	247.6	396.8	463.2	3
安　徽	Anhui	12.6	16.6	25.2	21	91.5	149.3	184.5	14
福　建	Fujian	15.3	24.2	41.9	8	91.7	139.6	173.2	15
江　西	Jiangxi	10.0	10.1	17.3	26	67.6	114.3	134.9	20
山　东	Shandong	24.4	32.5	51.7	6	219.2	334.8	423.8	4
河　南	Henan	16.3	23.1	33.6	12	139.3	227.3	288.1	8
湖　北	Hubei	17.7	21.6	26.0	19	140.9	203.9	253.7	10
湖　南	Hunan	16.7	17.4	30.4	14	131.5	200.7	264.9	9
广　东	Guangdong	46.8	63.7	90.5	2	379.8	563.3	680.0	1
广　西	Guangxi	16.6	22.7	41.2	9	88.5	150.2	194.8	13
海　南	Hainan	5.2	9.1	12.6	28	19.5	32.8	39.0	28
重　庆	Chongqing	14.6	14.7	25.2	20	62.8	111.7	136.6	19
四　川	Sichuan	32.4	30.8	45.2	7	176.4	302.6	362.3	5
贵　州	Guizhou	6.4	9.5	15.2	27	49.2	93.9	123.9	22
云　南	Yunnan	18.4	28.8	37.2	10	77.9	129.4	162.1	16
西　藏	Tibet	1.7	2.9	2.7	31	5.1	8.1	8.7	31
陕　西	Shaanxi	11.7	15.2	26.8	17	80.7	131.7	159.7	17
甘　肃	Gansu	12.2	11.5	23.3	22	41.9	65.1	80.5	27
青　海	Qinghai	1.8	2.3	6.7	30	12.3	19.0	26.4	30
宁　夏	Ningxia	4.8	5.9	8.1	29	15.1	26.8	31.8	29
新　疆	Xinjiang	12.4	19.0	26.8	16	67.7	107.6	132.5	21

19-9 医疗卫生机构数和医院数
Number of Medical Institutions and Hospitals

单位：个 (unit)

地区	Region	医疗卫生机构数 Number of Medical Institutions				其中：医院数 Hospitals			
		2010	2012	2013	2013排名 Ranking	2010	2012	2013	2013排名 Ranking
全　国	**National Total**	**936927**	**950297**	**974398**		**20918**	**23170**	**24709**	
北　京	Beijing	9411	9632	9683	25	544	573	596	18
天　津	Tianjin	4542	4551	4689	30	277	304	333	26
河　北	Hebei	81403	79119	78485	2	1226	1249	1268	5
山　西	Shanxi	41098	40192	40281	7	1198	1215	1219	7
内蒙古	Inner Mongolia	22565	23046	23257	20	467	519	566	20
辽　宁	Liaoning	34805	35792	35612	11	821	860	905	14
吉　林	Jilin	19385	19734	19913	22	568	576	576	19
黑龙江	Heilongjiang	22073	21158	21369	21	917	996	993	9
上　海	Shanghai	4708	4845	4929	29	306	320	328	27
江　苏	Jiangsu	30956	31050	30998	13	1155	1426	1490	3
浙　江	Zhejiang	29939	30271	30063	14	687	782	843	16
安　徽	Anhui	22997	23275	24645	18	728	930	938	11
福　建	Fujian	27017	27276	28175	16	455	519	541	22
江　西	Jiangxi	34068	39509	38902	8	504	548	548	21
山　东	Shandong	66967	68840	75426	3	1377	1549	1783	1
河　南	Henan	75741	69258	71464	4	1198	1285	1402	4
湖　北	Hubei	34269	35240	35631	10	602	650	711	17
湖　南	Hunan	59359	58612	62210	5	752	798	922	13
广　东	Guangdong	44880	46534	47835	6	1088	1186	1222	6
广　西	Guangxi	32741	34152	33943	12	450	469	476	24
海　南	Hainan	4678	5154	5011	28	188	197	191	28
重　庆	Chongqing	17495	17961	18926	23	417	463	531	23
四　川	Sichuan	74283	76557	80037	1	1261	1542	1716	2
贵　州	Guizhou	25420	27404	29177	15	554	772	991	10
云　南	Yunnan	22888	23395	24264	19	780	926	997	8
西　藏	Tibet	4960	6660	6725	26	101	104	106	31
陕　西	Shaanxi	35696	36271	37137	9	828	888	937	12
甘　肃	Gansu	26673	26401	26697	17	381	403	419	25
青　海	Qinghai	5781	5948	6020	27	129	142	145	30
宁　夏	Ningxia	4129	4140	4231	31	157	143	156	29
新　疆	Xinjiang	16000	18320	18663	24	802	836	860	15

19-10 医院数中三级医院和二级医院
Hospital in Tertiary Hospitals and Secondary Hospital

单位：个 (unit)

地区	Region	三级医院 Tertiary Hospitals				二级医院 The Secondary Hospital			
		2010	2012	2013	2013排名 Ranking	2010	2012	2013	2013排名 Ranking
全　国	**National Total**	1284	1624	1787		6472	6566	6709	
北　京	Beijing	51	51	65	10	91	102	102	26
天　津	Tianjin	34	35	38	24	49	51	50	29
河　北	Hebei	44	58	59	12	419	410	411	4
山　西	Shanxi	46	49	49	17	225	262	262	11
内蒙古	Inner Mongolia	34	38	49	17	208	217	214	17
辽　宁	Liaoning	86	103	111	4	271	257	258	12
吉　林	Jilin	25	39	43	22	206	202	197	18
黑龙江	Heilongjiang	69	80	80	9	325	334	323	6
上　海	Shanghai	35	37	44	21	112	112	107	24
江　苏	Jiangsu	66	114	120	1	272	283	324	5
浙　江	Zhejiang	76	102	116	3	227	206	216	16
安　徽	Anhui	33	41	42	23	237	253	274	9
福　建	Fujian	40	57	60	11	146	145	150	23
江　西	Jiangxi	43	51	52	15	177	185	186	19
山　东	Shandong	77	81	110	5	381	384	419	3
河　南	Henan	44	87	86	7	431	403	428	1
湖　北	Hubei	62	70	82	8	241	247	251	13
湖　南	Hunan	48	51	56	13	287	284	281	8
广　东	Guangdong	79	108	120	1	293	306	306	7
广　西	Guangxi	46	51	54	14	173	171	172	20
海　南	Hainan	6	11	11	29	24	26	25	30
重　庆	Chongqing	16	22	22	26	106	115	107	24
四　川	Sichuan	56	83	96	6	378	406	425	2
贵　州	Guizhou	23	43	45	20	158	143	165	22
云　南	Yunnan	37	41	51	16	232	230	250	14
西　藏	Tibet	2	3	2	31	13	11	12	31
陕　西	Shaanxi	46	48	48	19	275	278	270	10
甘　肃	Gansu	28	36	37	25	163	170	166	21
青　海	Qinghai	10	11	14	28	82	84	77	27
宁　夏	Ningxia	4	4	5	30	59	61	59	28
新　疆	Xinjiang	18	19	20	27	211	228	222	15

19-11　医院数中一级医院和未定级医院
The Number of Hospital Level Hospital and Undetermined Level Hospital

单位：个　　(unit)

地区	Region	一级医院 Level 1 Hospital				未定级医院 Level in the Hospital			
		2010	2012	2013	2013排名 Ranking	2010	2012	2013	2013排名 Ranking
全　国	**National Total**	**5271**	**5962**	**6473**		**7891**	**9018**	**9740**	
北　京	Beijing	334	350	354	7	68	70	75	28
天　津	Tianjin	117	124	143	18	77	94	102	26
河　北	Hebei	395	403	420	5	368	378	378	10
山　西	Shanxi	172	203	201	13	755	701	707	3
内蒙古	Inner Mongolia	128	129	173	15	97	135	130	24
辽　宁	Liaoning	250	262	291	10	214	238	245	18
吉　林	Jilin	84	85	84	21	253	250	252	17
黑龙江	Heilongjiang	297	317	315	8	226	265	275	14
上　海	Shanghai	11	11	11	30	148	160	166	23
江　苏	Jiangsu	509	630	638	1	308	399	408	9
浙　江	Zhejiang	16	21	22	28	368	453	489	6
安　徽	Anhui	249	367	364	6	209	269	258	15
福　建	Fujian	58	63	74	22	211	254	257	16
江　西	Jiangxi	41	65	67	24	243	247	243	19
山　东	Shandong	384	433	519	4	535	651	735	2
河　南	Henan	417	479	589	2	306	316	299	13
湖　北	Hubei	123	140	153	17	176	193	225	20
湖　南	Hunan	186	199	228	11	231	264	357	11
广　东	Guangdong	211	203	207	12	505	569	589	4
广　西	Guangxi	66	70	73	23	165	177	177	22
海　南	Hainan	24	25	25	27	134	135	130	24
重　庆	Chongqing	68	86	101	20	227	240	301	12
四　川	Sichuan	129	169	195	14	698	884	1000	1
贵　州	Guizhou	159	236	311	9	214	350	470	7
云　南	Yunnan	84	113	125	19	427	542	571	5
西　藏	Tibet	42	44	44	25	44	46	48	31
陕　西	Shaanxi	173	181	165	16	334	381	454	8
甘　肃	Gansu	16	19	19	29	174	178	197	21
青　海	Qinghai	2		2	31	35	47	52	30
宁　夏	Ningxia	46	35	39	26	48	43	53	29
新　疆	Xinjiang	480	500	521	3	93	89	97	27

19-12 基层医疗卫生机构和专业公共卫生机构数
Number of Grass-Rooted and Professional Medical Institutions

单位：个 (unit)

地区	Region	基层医疗卫生机构数 Basic Medical and Health Institutions				专业公共卫生机构数 Major Public Health Agencies			
		2010	2012	2013	2013排名 Ranking	2010	2012	2013	2013排名 Ranking
全　国	**National Total**	**901709**	**912620**	**915368**		**11835**	**12083**	**31155**	
北　京	Beijing	8651	8837	8857	25	114	118	118	29
天　津	Tianjin	4115	4095	4209	30	93	95	96	31
河　北	Hebei	79493	77177	75178	1	592	597	1689	7
山　西	Shanxi	39351	38443	38529	7	470	457	462	21
内蒙古	Inner Mongolia	21571	22009	21984	18	450	447	629	18
辽　宁	Liaoning	33300	34249	33521	11	487	497	1035	14
吉　林	Jilin	18475	18804	18968	21	259	274	293	24
黑龙江	Heilongjiang	20461	19470	18883	22	642	634	1433	9
上　海	Shanghai	4261	4379	4439	29	101	101	116	30
江　苏	Jiangsu	29095	28888	28815	13	449	505	466	20
浙　江	Zhejiang	28642	28939	28655	14	378	377	396	22
安　徽	Anhui	21751	21812	21872	20	440	446	1748	6
福　建	Fujian	26193	26374	26151	16	297	307	1406	10
江　西	Jiangxi	33019	38369	37425	8	471	512	823	15
山　东	Shandong	64797	66462	72108	3	676	677	1338	11
河　南	Henan	73865	67252	67281	4	547	581	2472	3
湖　北	Hubei	33164	34063	34042	10	427	438	779	16
湖　南	Hunan	57972	57177	58519	5	523	528	2612	2
广　东	Guangdong	43018	44585	44470	6	674	661	1965	4
广　西	Guangxi	31856	33257	32117	12	389	387	1288	13
海　南	Hainan	4379	4839	4689	28	99	107	122	28
重　庆	Chongqing	16900	17310	18025	23	158	167	350	23
四　川	Sichuan	72244	74215	75161	2	705	713	2969	1
贵　州	Guizhou	24498	26264	26657	15	333	340	1498	8
云　南	Yunnan	21505	21887	21913	19	518	519	1294	12
西　藏	Tibet	4718	6412	6479	26	139	142	138	27
陕　西	Shaanxi	34389	34889	34118	9	375	387	1962	5
甘　肃	Gansu	25930	25631	25514	17	328	335	718	17
青　海	Qinghai	5503	5658	5701	27	143	145	170	25
宁　夏	Ningxia	3878	3904	3898	31	84	83	165	26
新　疆	Xinjiang	14715	16970	17190	24	474	506	605	19

19-13 卫生人员和卫生技术人员数

Number of Healthcare workers and Technicians

单位：万人 (10 000 persons)

地区	Region	卫生人员数 Number of Health Personnel				其中：卫生技术人员数 The Number of Health Technical Personnel			
		2010	2012	2013	2013排名 Ranking	2010	2012	2013	2013排名 Ranking
全 国	**National Total**	**8207502**	**9115705**	**9790483**		**5876158**	**6675549**	**7210578**	
北 京	Beijing	223586	253164	263146	18	171326	196234	203741	15
天 津	Tianjin	96732	104201	106527	27	70460	77076	81083	27
河 北	Hebei	437415	463283	492012	6	292157	314933	333032	7
山 西	Shanxi	275955	279466	283860	14	193891	199601	203385	16
内蒙古	Inner Mongolia	168884	183875	195952	23	125831	139876	148202	22
辽 宁	Liaoning	316828	329679	338443	11	232079	246808	254692	10
吉 林	Jilin	187106	196395	200184	21	138393	144065	145934	23
黑龙江	Heilongjiang	262600	270687	279122	15	192048	201155	207601	14
上 海	Shanghai	171935	183416	192333	24	137131	147807	157109	20
江 苏	Jiangsu	459025	519709	551113	5	328243	395961	428894	4
浙 江	Zhejiang	352871	400094	427072	8	288481	329565	352466	6
安 徽	Anhui	309318	334842	353799	10	211539	236188	253532	11
福 建	Fujian	199519	236756	261784	19	142916	176074	197545	17
江 西	Jiangxi	230945	259552	269819	16	158007	179705	190092	19
山 东	Shandong	645889	738868	819348	1	448861	530082	596987	1
河 南	Henan	591059	652564	716306	2	372818	428508	468536	3
湖 北	Hubei	349495	386415	411184	9	255793	288695	309343	9
湖 南	Hunan	370261	403546	442224	7	269219	296857	323082	8
广 东	Guangdong	592800	662462	708036	3	454799	518414	553728	2
广 西	Guangxi	266138	303759	334849	12	189554	220761	240892	12
海 南	Hainan	51985	59285	63468	28	39520	45060	48108	28
重 庆	Chongqing	160055	184055	197667	22	111079	131658	142133	25
四 川	Sichuan	467126	549023	596001	4	325608	389440	426988	5
贵 州	Guizhou	154246	191079	221575	20	103954	129772	155905	21
云 南	Yunnan	207663	233361	265531	17	143139	166764	193217	18
西 藏	Tibet	16694	21558	24653	31	10083	9336	11638	31
陕 西	Shaanxi	260056	293775	321908	13	181438	216293	239054	13
甘 肃	Gansu	137501	151899	160695	26	98865	111609	118089	26
青 海	Qinghai	35224	40831	44685	30	24909	29311	32431	30
宁 夏	Ningxia	39674	44021	47609	29	29962	34250	37288	29
新 疆	Xinjiang	158917	177085	189578	25	124055	136691	145851	24

19-14 城市卫生人员和城市卫生技术人员数
Number of City Healthcare workers and Technicians

单位：人 (person)

地区	Region	城市卫生人员数 City Health Personnel Number				其中：城市卫生技术人员数 Urban Health Technical Personnel Number			
		2010	2012	2013	2013排名 Ranking	2010	2012	2013	2013排名 Ranking
全国	**National Total**	**3647861**	**4141058**	**4488500**		**2954913**	**3393293**	**3680276**	
北京	Beijing	213652	243025	252697	4	166064	190692	197948	4
天津	Tianjin	81143	87949	90644	20	60796	67270	71451	22
河北	Hebei	145772	155186	165687	11	119034	128145	136657	11
山西	Shanxi	119386	125564	129961	17	98179	103687	107714	16
内蒙古	Inner Mongolia	70764	80303	88225	22	58571	67126	72873	21
辽宁	Liaoning	193637	203219	210943	7	155139	166586	173309	8
吉林	Jilin	78015	78823	81161	23	62468	63770	65284	23
黑龙江	Heilongjiang	135960	141073	145301	15	107948	113492	117111	15
上海	Shanghai	164485	176583	185507	9	131843	142618	151885	9
江苏	Jiangsu	206509	245827	278055	3	167494	202987	230959	3
浙江	Zhejiang	160501	187266	209854	8	132646	154643	173817	7
安徽	Anhui	126152	138108	147467	13	103172	114904	122927	13
福建	Fujian	84844	105856	115813	18	70172	88539	97174	18
江西	Jiangxi	74230	83243	89376	21	61328	69859	75315	20
山东	Shandong	215151	251471	301912	2	180744	213576	256781	2
河南	Henan	182813	213491	235886	5	147082	174680	191010	5
湖北	Hubei	155150	176135	176083	10	126326	145829	145906	10
湖南	Hunan	127153	141560	155446	12	104605	116922	128144	12
广东	Guangdong	377891	433807	473756	1	306290	356426	387564	1
广西	Guangxi	101050	118029	131833	16	82269	96421	106701	17
海南	Hainan	20980	25158	27187	29	16917	20105	21693	29
重庆	Chongqing	75821	97405	107437	19	61225	78602	86407	19
四川	Sichuan	172206	209708	234916	6	139034	169192	189655	6
贵州	Guizhou	46618	59329	65187	26	38418	48889	53893	26
云南	Yunnan	57810	66619	76633	24	47313	55024	63404	24
西藏	Tibet	3359	2631	3713	31	2483	2031	2883	31
陕西	Shaanxi	114563	134352	146533	14	92098	110360	119633	14
甘肃	Gansu	55724	62619	66162	25	45496	52103	55020	25
青海	Qinghai	14097	15424	18276	30	11495	12818	15242	30
宁夏	Ningxia	24578	27628	30024	28	20307	23010	25108	28
新疆	Xinjiang	47847	53667	46825	27	37957	42987	36808	27

19-15 农村卫生人员和农村卫生技术人员数
Number of Country Healthcare workers and Technicians

单位：人 (person)

地区	Region	农村卫生人员数 Rural Health Personnel Number				其中：农村卫生技术人员数 Rural health Technical Personnel Number			
		2010	2012	2013	2013排名 Ranking	2010	2012	2013	2013排名 Ranking
全　国	**National Total**	**4549641**	**4967647**	**5291983**		**2911245**	**3275256**	**3520302**	
北　京	Beijing	9934	10139	10449	30	5262	5542	5793	30
天　津	Tianjin	15589	16252	15883	29	9664	9806	9632	28
河　北	Hebei	291643	308097	326325	4	173123	186788	196375	5
山　西	Shanxi	156569	153902	153899	16	95712	95914	95671	18
内蒙古	Inner Mongolia	98120	103572	107727	22	67260	72750	75329	22
辽　宁	Liaoning	123191	126460	127500	20	76940	80222	81383	20
吉　林	Jilin	109091	117572	119023	21	75925	80295	80650	21
黑龙江	Heilongjiang	126640	129614	133821	19	84100	87663	90490	19
上　海	Shanghai	7450	6833	6826	31	5288	5189	5224	31
江　苏	Jiangsu	252516	273882	273058	6	160749	192974	197935	4
浙　江	Zhejiang	192370	212828	217218	9	155835	174922	178649	7
安　徽	Anhui	183166	196734	206332	10	108367	121284	130605	11
福　建	Fujian	114675	130900	145971	17	72744	87535	100371	17
江　西	Jiangxi	156715	176309	180443	13	96679	109846	114777	14
山　东	Shandong	430738	487397	517436	1	268117	316506	340206	1
河　南	Henan	408246	439073	480420	2	225736	253828	277526	2
湖　北	Hubei	194345	210280	235101	7	129467	142866	163437	9
湖　南	Hunan	243108	261986	286778	5	164614	179935	194938	6
广　东	Guangdong	214909	228655	234280	8	148509	161988	166164	8
广　西	Guangxi	165088	185730	203016	11	107285	124340	134191	10
海　南	Hainan	31005	34127	36281	25	22603	24955	26415	25
重　庆	Chongqing	84234	86650	90230	24	49854	53056	55726	24
四　川	Sichuan	294920	339315	361085	3	186574	220248	237333	3
贵　州	Guizhou	107628	131750	156388	15	65536	80883	102012	16
云　南	Yunnan	149853	166742	188898	12	95826	111740	129813	12
西　藏	Tibet	13335	18927	20940	27	7600	7305	8755	29
陕　西	Shaanxi	145493	159423	175375	14	89340	105933	119421	13
甘　肃	Gansu	81777	89280	94533	23	53369	59506	63069	23
青　海	Qinghai	21127	25407	26409	26	13414	16493	17189	26
宁　夏	Ningxia	15096	16393	17585	28	9655	11240	12180	27
新　疆	Xinjiang	111070	123418	142753	18	86098	93704	109043	15

19-16 执业（助理）医师和注册护士数
Number of Occupational Certified (Assistant) Medical Practioners and Registered Nurses

单位：人 (person)

地区	Region	执业（助理）医师数 (Assistant) Practicing Doctors				注册护士数 Number of Registered Nurses			
		2010	2012	2013	2013排名 Ranking	2010	2012	2013	2013排名 Ranking
全　国	**National Total**	**2413259**	**2616064**	**2794754**		**2048071**	**2496599**	**2783121**	
北　京	Beijing	66163	74380	77114	15	67332	79534	83879	14
天　津	Tianjin	28892	30690	32059	27	24199	27621	29715	27
河　北	Hebei	133994	142989	150144	6	87351	101988	111526	9
山　西	Shanxi	88007	87319	88182	12	62628	70337	74849	17
内蒙古	Inner Mongolia	56245	59528	62055	20	38251	46774	52358	25
辽　宁	Liaoning	96862	100972	103344	10	88882	98036	103409	10
吉　林	Jilin	62050	61400	61998	21	45776	50975	52715	24
黑龙江	Heilongjiang	80282	78589	80475	14	62759	70073	73974	18
上　海	Shanghai	53009	55797	57944	22	55866	63245	67939	20
江　苏	Jiangsu	128943	157902	169641	5	122509	155247	174158	4
浙　江	Zhejiang	120440	129973	138279	7	99610	121313	132705	6
安　徽	Anhui	86511	92061	98613	11	77317	95046	103404	11
福　建	Fujian	58630	66740	72642	18	53511	71124	79929	15
江　西	Jiangxi	61887	67077	70251	19	58405	72055	78209	16
山　东	Shandong	185164	200465	231754	1	156692	191721	240078	1
河　南	Henan	154801	167608	180600	3	121384	156041	176534	3
湖　北	Hubei	99542	109149	117191	9	93844	115745	127871	7
湖　南	Hunan	110444	116440	127241	8	92346	112906	125696	8
广　东	Guangdong	174536	198966	210306	2	167882	199534	217629	2
广　西	Guangxi	70816	78043	83310	13	70243	85515	94814	12
海　南	Hainan	14456	15525	16725	28	16319	19432	20892	28
重　庆	Chongqing	47969	51990	55141	24	37611	49823	55460	23
四　川	Sichuan	145194	162877	173890	4	104886	139810	158457	5
贵　州	Guizhou	43389	49179	55959	23	36165	48646	58666	21
云　南	Yunnan	63306	68466	74860	16	49408	60755	73305	19
西　藏	Tibet	4469	4043	5176	31	1988	1732	2397	31
陕　西	Shaanxi	66040	69471	74397	17	61816	79390	89551	13
甘　肃	Gansu	39331	42956	44887	26	29868	37202	40954	26
青　海	Qinghai	10564	11918	13239	30	8339	10026	11492	30
宁　夏	Ningxia	12267	13011	14317	29	10341	12504	13978	29
新　疆	Xinjiang	49056	50540	53020	25	44543	52449	56578	22

19-17 城市执业（助理）医师和城市注册护士数
Number of Occupational Certified (Assistant) Medical Practioners and Registered Nurses in City

单位：人 (person)

地区	Region	城市执业（助理）医师数 City (Assistant) Medical Practitioners				城市注册护士数 City Registered Nurse			
		2010	2012	2013	2013排名 Ranking	2010	2012	2013	2013排名 Ranking
全　国	**National Total**	1152103	1268350	1360118		1200343	1449513	1603913	
北　京	Beijing	63847	71848	74503	4	65735	77862	81913	6
天　津	Tianjin	24120	25644	27153	22	22229	25217	27232	22
河　北	Hebei	50241	52827	55419	9	47458	53533	58140	12
山　西	Shanxi	40880	42212	43415	14	38873	43366	46465	17
内蒙古	Inner Mongolia	24116	26313	28475	20	21991	26873	30472	21
辽　宁	Liaoning	61373	64909	67094	6	66310	72651	77147	7
吉　林	Jilin	27270	27524	27598	21	23716	25413	26554	23
黑龙江	Heilongjiang	42621	41583	42572	15	42142	46519	49168	15
上　海	Shanghai	49823	52835	55027	10	54571	61748	66374	10
江　苏	Jiangsu	63013	74169	84081	3	68710	87943	102616	3
浙　江	Zhejiang	51993	57517	64691	8	52298	63157	71533	8
安　徽	Anhui	39277	41535	43716	13	45467	53261	58016	13
福　建	Fujian	28042	33237	35797	18	28615	38405	42028	18
江　西	Jiangxi	23165	24358	25818	23	26396	32515	35787	20
山　东	Shandong	73737	83556	97786	2	73239	89399	114039	2
河　南	Henan	57017	60984	65710	7	60372	79626	88801	4
湖　北	Hubei	47929	53148	52728	11	53059	65794	67407	9
湖　南	Hunan	38752	41594	45485	12	46543	54997	60999	11
广　东	Guangdong	112046	129523	140414	1	122216	148056	162759	1
广　西	Guangxi	30490	34144	36898	17	34564	42307	46903	16
海　南	Hainan	6008	6633	7404	29	7547	9376	10253	29
重　庆	Chongqing	24477	28986	31771	19	24237	33670	37501	19
四　川	Sichuan	55631	63873	70095	5	56475	72889	83233	5
贵　州	Guizhou	15000	18410	20157	26	16757	21867	23674	25
云　南	Yunnan	20625	23200	25267	24	17830	21527	26351	24
西　藏	Tibet	1093	904	1231	31	869	618	1006	31
陕　西	Shaanxi	33641	37121	39242	16	37292	46997	52071	14
甘　肃	Gansu	18657	20744	21506	25	17457	20948	22768	26
青　海	Qinghai	4280	4599	5657	30	4733	5486	6769	30
宁　夏	Ningxia	7706	8154	9200	28	7638	9274	10373	28
新　疆	Xinjiang	15233	16266	14208	27	15004	18219	15561	27

19-18 农村执业（助理）医师和农村注册护士数
Number of Occupational Certified (Assistant) Medical Practioners and Registered Nurses in Rural Areas

单位：人 (person)

地区	Region	农村执业（助理）医师数 Rural (Assistant) Medical Practitioners				农村注册护士数 Number of Registered Nurse in the Countryside			
		2010	2012	2013	2013排名 Ranking	2010	2012	2013	2013排名 Ranking
全　国	**National Total**	**1261156**	**1347714**	**1434636**		**847728**	**1047086**	**1179208**	
北　京	Beijing	2316	2532	2611	31	1597	1672	1966	29
天　津	Tianjin	4772	5046	4906	28	1970	2404	2483	28
河　北	Hebei	83753	90162	94725	4	39893	48455	53386	9
山　西	Shanxi	47127	45107	44767	13	23755	26971	28384	18
内蒙古	Inner Mongolia	32129	33215	33580	22	16260	19901	21886	22
辽　宁	Liaoning	35489	36063	36250	18	22572	25385	26262	19
吉　林	Jilin	34780	33876	34400	21	22060	25562	26161	20
黑龙江	Heilongjiang	37661	37006	37903	16	20617	23554	24806	21
上　海	Shanghai	3186	2962	2917	30	1295	1497	1565	30
江　苏	Jiangsu	65930	83733	85560	5	53799	67304	71542	4
浙　江	Zhejiang	68447	72456	73588	7	47312	58156	61172	6
安　徽	Anhui	47234	50526	54897	10	31850	41785	45388	12
福　建	Fujian	30588	33503	36845	17	24896	32719	37901	15
江　西	Jiangxi	38722	42719	44433	14	32009	39540	42422	13
山　东	Shandong	111427	116909	133968	1	83453	102322	126039	1
河　南	Henan	97784	106624	114890	2	61012	76415	87733	2
湖　北	Hubei	51613	56001	64463	9	40785	49951	60464	7
湖　南	Hunan	71692	74846	81756	6	45803	57909	64697	5
广　东	Guangdong	62490	69443	69892	8	45666	51478	54870	8
广　西	Guangxi	40326	43899	46412	12	35679	43208	47911	10
海　南	Hainan	8448	8892	9321	25	8772	10056	10639	25
重　庆	Chongqing	23492	23004	23370	24	13374	16153	17959	24
四　川	Sichuan	89563	99004	103795	3	48411	66921	75224	3
贵　州	Guizhou	28389	30769	35802	19	19408	26779	34992	17
云　南	Yunnan	42681	45266	49593	11	31578	39228	46954	11
西　藏	Tibet	3376	3139	3945	29	1119	1114	1391	31
陕　西	Shaanxi	32399	32350	35155	20	24524	32393	37480	16
甘　肃	Gansu	20674	22212	23381	23	12411	16254	18186	23
青　海	Qinghai	6284	7319	7582	26	3606	4540	4723	26
宁　夏	Ningxia	4561	4857	5117	27	2703	3230	3605	27
新　疆	Xinjiang	33823	34274	38812	15	29539	34230	41017	14

19-19 农村药师（士）和乡村医生卫生员数
Number of Pharmacists and Medics in Rural Areas

单位：人 (person)

地区	Region	农村药师（士）数 Rural Medicine (and) Number				乡村医生和卫生员数 The Number of Rural Doctors and Medical Corpsman			
		2010	2012	2013	2013排名 Ranking	2010	2012	2013	2013排名 Ranking
全国	**National Total**	**184726**	**193098**	**199803**		**1091863**	**1094419**	**1081063**	
北京	Beijing	427	479	474	29	3697	3659	3530	29
天津	Tianjin	461	515	500	28	4266	4811	4581	27
河北	Hebei	8458	8471	8609	10	84566	84779	83849	3
山西	Shanxi	5200	5121	5090	18	45145	41626	40856	9
内蒙古	Inner Mongolia	4602	4828	4805	19	19580	19318	19496	21
辽宁	Liaoning	5057	4664	4626	21	26787	27147	25634	17
吉林	Jilin	4727	4779	4682	20	15238	19128	19318	22
黑龙江	Heilongjiang	5573	5668	5967	15	25283	25398	25061	18
上海	Shanghai	210	228	248	31	1274	771	760	31
江苏	Jiangsu	11526	12081	11814	6	57443	44906	39774	10
浙江	Zhejiang	10974	12147	12351	4	10995	9778	8945	25
安徽	Anhui	5955	6446	6733	14	55733	53180	51621	5
福建	Fujian	5436	6343	6951	13	28054	28183	27922	16
江西	Jiangxi	8370	8941	9025	9	43541	48773	47485	7
山东	Shandong	17297	18580	18082	1	129113	131914	134372	1
河南	Henan	12822	13091	14117	2	128780	123888	121349	2
湖北	Hubei	9899	9576	10176	8	41512	42990	42859	8
湖南	Hunan	14233	13662	13810	3	48324	47594	48544	6
广东	Guangdong	10984	10763	10961	7	34188	34656	33280	15
广西	Guangxi	6131	7094	7704	11	36386	37432	37073	11
海南	Hainan	1150	1343	1427	25	2663	2853	3377	30
重庆	Chongqing	2594	2538	2658	24	24610	23320	23397	19
四川	Sichuan	10873	11907	12349	5	73963	74418	73907	4
贵州	Guizhou	2898	3281	4074	22	31517	36749	36302	12
云南	Yunnan	4220	4690	5263	16	36194	35308	35937	13
西藏	Tibet	326	314	382	30	4325	10223	10434	24
陕西	Shaanxi	5732	6476	7079	12	38847	37113	34692	14
甘肃	Gansu	2544	2823	2965	23	20351	21398	21966	20
青海	Qinghai	835	848	880	26	5937	6568	6740	26
宁夏	Ningxia	761	834	868	27	3998	3682	3664	28
新疆	Xinjiang	4451	4567	5133	17	8653	12856	14338	23

19-20 医疗卫生机构床位数和医院床位数
Number of Beds in Medical Institutions and Hospitals

单位：张 (piece)

地区	Region	医疗卫生机构床位数 Medical and Health Institutions of Beds				其中：医院床位数 Hospital Beds			
		2010	2012	2013	2013排名 Ranking	2010	2012	2013	2013排名 Ranking
全国	**National Total**	**4786831**	**5724775**	**6181891**		**3387437**	**4161486**	**4578601**	
北京	Beijing	92764	100167	104011	26	85775	92610	96558	23
天津	Tianjin	48828	53509	57743	27	40387	44798	49071	27
河北	Hebei	249725	284359	303497	7	172956	203324	220423	6
山西	Shanxi	155885	165309	172620	17	108260	119856	128294	15
内蒙古	Inner Mongolia	93350	110788	120065	23	67016	82244	91604	25
辽宁	Liaoning	204208	230962	241860	9	160894	185573	197453	9
吉林	Jilin	115057	127756	133245	22	89341	100183	106342	21
黑龙江	Heilongjiang	159914	178210	189183	13	123928	141239	151349	13
上海	Shanghai	105083	109784	114314	25	84825	90151	94722	24
江苏	Jiangsu	269548	333118	368287	5	195340	255853	286183	5
浙江	Zhejiang	184097	213286	230056	11	150986	180722	197096	10
安徽	Anhui	188010	222315	235959	10	123427	157827	171508	11
福建	Fujian	113043	139341	156149	19	80896	102011	114849	18
江西	Jiangxi	124640	163721	174299	16	77805	103184	114782	19
山东	Shandong	382254	473768	489737	1	255764	322007	342104	1
河南	Henan	327569	393993	429810	2	220974	274540	306546	2
湖北	Hubei	200394	252991	288169	8	135006	173784	200220	8
湖南	Hunan	233510	287013	314090	6	150141	188127	215039	7
广东	Guangdong	300083	355274	378367	4	224114	272873	294219	3
广西	Guangxi	143695	168691	187216	14	88913	107350	118475	17
海南	Hainan	25981	30289	32100	28	18807	22943	24555	29
重庆	Chongqing	103624	130813	147436	20	64827	86140	99056	22
四川	Sichuan	301227	390147	426635	3	184828	257333	289242	4
贵州	Guizhou	105277	139211	166724	18	69343	96903	120418	16
云南	Yunnan	157143	194707	210125	12	112493	143528	156074	12
西藏	Tibet	8838	8352	11003	31	5444	5385	7262	31
陕西	Shaanxi	142334	169230	185139	15	104819	126889	142093	14
甘肃	Gansu	90410	112296	116064	24	63773	76444	84511	26
青海	Qinghai	20451	26018	29529	30	16226	20654	23580	30
宁夏	Ningxia	23659	27765	31134	29	20258	23937	27076	28
新疆	Xinjiang	116230	131592	137325	21	89871	103074	107897	20

19-21 基层医疗卫生机构和专业公共卫生机构床位数
Number of Beds in Grass-Rooted Medical Institutions and Professional Medical Institutions

单位：张 (piece)

地区	Region	基层医疗卫生机构床位数 Basic Medical and Health Institutions of Beds				专业公共卫生机构床位数 Professional Public Health Institution Beds			
		2010	2012	2013	2013排名 Ranking	2010	2012	2013	2013排名 Ranking
全　国	**National Total**	**1192242**	**1324270**	**1349908**		**164515**	**198198**	**214870**	
北　京	Beijing	4291	4745	4607	29	2190	2335	2369	25
天　津	Tianjin	6970	7023	7163	26	1070	1287	1114	28
河　北	Hebei	66505	69143	70278	7	8526	10487	11791	6
山　西	Shanxi	40848	39956	38952	15	4525	3692	3669	19
内蒙古	Inner Mongolia	22728	24543	24245	22	2966	3361	3576	20
辽　宁	Liaoning	32288	36464	34769	16	2752	2919	3692	18
吉　林	Jilin	20245	21577	21034	24	2748	3248	3111	22
黑龙江	Heilongjiang	27381	28422	28852	19	5956	6939	7382	12
上　海	Shanghai	18630	17389	17268	25	1363	1482	1602	26
江　苏	Jiangsu	68614	69513	74118	6	3420	4957	5443	16
浙　江	Zhejiang	25053	23852	23410	23	6225	7221	7528	10
安　徽	Anhui	57665	57826	57785	9	5334	5594	5744	15
福　建	Fujian	26210	29910	32219	18	4167	5047	6648	13
江　西	Jiangxi	36336	49312	47427	11	8689	9441	10280	9
山　东	Shandong	107329	125877	122665	2	15301	19794	20202	2
河　南	Henan	91503	101176	104160	3	14187	17432	18959	3
湖　北	Hubei	56850	68293	74716	5	8436	10914	13233	5
湖　南	Hunan	72002	86069	85417	4	11179	12696	13507	4
广　东	Guangdong	58667	59457	59880	8	15535	21075	22399	1
广　西	Guangxi	45701	50264	56447	10	8070	10004	11121	7
海　南	Hainan	5782	5885	5826	27	1042	1231	1339	27
重　庆	Chongqing	35378	41107	44661	13	2499	2751	2904	23
四　川	Sichuan	106996	122678	125964	1	8946	9786	10963	8
贵　州	Guizhou	32488	37815	41531	14	3248	4225	4677	17
云　南	Yunnan	38247	44427	46720	12	5186	5625	6304	14
西　藏	Tibet	3012	2583	3230	30	342	344	471	30
陕　西	Shaanxi	30323	33677	34205	17	5444	7262	7439	11
甘　肃	Gansu	23661	31891	27240	20	2286	3211	3563	21
青　海	Qinghai	4009	5103	5659	28	216	261	290	31
宁　夏	Ningxia	2457	2832	3087	31	844	896	871	29
新　疆	Xinjiang	24073	25461	26373	21	1823	2681	2679	24

19-22 其他医疗卫生机构床位数和医院病床使用率
Number of Beds in Other Medical Institutions and Utilization of Hospital Beds

地区	Region	其他医疗卫生机构床位数（张）Other Medical Institutions of Beds (piece)				医院病床使用率（%）Hospital Sickbed Utilization Rate (%)			
		2010	2012	2013	2013排名 Ranking	2010	2012	2013	2013排名 Ranking
全 国	**National Total**	**42637**	**40821**	**38512**		**86.7**	**90.1**	**89.0**	
北 京	Beijing	508	477	477	20	84.5	84.3	83.5	27
天 津	Tianjin	401	401	395	22	86.3	87.6	84.8	24
河 北	Hebei	1738	1405	1005	14	82.9	88.4	88.3	15
山 西	Shanxi	2252	1805	1705	9	73.1	80.0	80.8	28
内蒙古	Inner Mongolia	640	640	640	19	78.0	82.8	78.7	30
辽 宁	Liaoning	8274	6006	5946	1	83.2	87.2	88.5	12
吉 林	Jilin	2723	2748	2758	3	70.8	79.4	80.6	29
黑龙江	Heilongjiang	2649	1610	1600	10	76.7	82.0	84.8	24
上 海	Shanghai	265	762	722	18	98.0	98.4	95.2	4
江 苏	Jiangsu	2174	2795	2543	4	94.3	91.9	91.1	8
浙 江	Zhejiang	1833	1491	2022	6	94.4	95.4	93.2	6
安 徽	Anhui	1584	1068	922	15	87.3	88.1	86.8	18
福 建	Fujian	1770	2373	2433	5	89.6	92.1	88.5	12
江 西	Jiangxi	1810	1784	1810	8	87.6	94.6	93.2	6
山 东	Shandong	3860	6090	4766	2	81.6	85.6	85.2	21
河 南	Henan	905	845	145	25	85.4	91.5	90.7	9
湖 北	Hubei	102				96.1	99.3	96.5	2
湖 南	Hunan	188	121	127	26	93.3	96.0	94.3	5
广 东	Guangdong	1767	1869	1869	7	87.2	87.1	87.3	17
广 西	Guangxi	1011	1073	1173	12	89.9	95.6	97.5	1
海 南	Hainan	350	230	380	23	88.0	84.5	84.9	23
重 庆	Chongqing	920	815	815	16	90.1	91.9	89.6	11
四 川	Sichuan	457	350	466	21	95.1	97.4	95.4	3
贵 州	Guizhou	198	268	98	28	86.4	89.1	85.2	21
云 南	Yunnan	1217	1127	1027	13	88.1	89.1	85.4	20
西 藏	Tibet	40	40	40	29	65.3	72.0	73.7	31
陕 西	Shaanxi	1748	1402	1402	11	82.2	89.8	87.7	16
甘 肃	Gansu	690	750	750	17	78.6	85.6	84.6	26
青 海	Qinghai					79.6	88.0	86.2	19
宁 夏	Ningxia	100	100	100	27	89.8	92.2	89.7	10
新 疆	Xinjiang	463	376	376	24	89.2	92.1	88.4	14

19-23 医疗卫生机构门诊量和入院人次数

Number of Outpatients and Inpatients of Medical and Health Institutions

单位：万人次 (10 000 person-times)

地区	Region	医疗卫生机构门诊诊疗人次数 Medical and Health Institutions Outpatient Medical People				医疗卫生机构入院人次数 Medical Institutions Was Hospitalized Times			
		2010	2012	2013	2013排名 Ranking	2010	2012	2013	2013排名 Ranking
全　国	**National Total**	**583761.6**	**688832.9**	**731401.0**		**14173.5**	**17857.1**	**19215.5**	
北　京	Beijing	14637.1	18529.7	20466.4	14	183.2	225.0	246.3	26
天　津	Tianjin	7497.2	9607.7	10532.7	24	109.3	132.1	135.9	27
河　北	Hebei	31317.7	36791.6	39309.4	7	735.9	869.6	922.5	8
山　西	Shanxi	10903.2	11900.7	12486.4	21	290.1	349.1	367.0	21
内蒙古	Inner Mongolia	8395.3	9334.1	9882.8	26	216.4	258.6	283.6	25
辽　宁	Liaoning	14709.0	17525.5	17838.1	17	447.1	550.4	595.1	15
吉　林	Jilin	8613.7	9742.8	10204.6	25	247.3	302.4	307.7	23
黑龙江	Heilongjiang	10509.9	11528.6	12094.1	23	373.2	420.1	471.2	19
上　海	Shanghai	20039.9	22085.9	23406.6	12	232.5	276.7	291.0	24
江　苏	Jiangsu	38465.6	45054.6	49440.1	4	742.8	952.9	1053.7	6
浙　江	Zhejiang	36099.8	45191.1	47526.3	5	499.4	626.4	689.5	11
安　徽	Anhui	19854.2	23491.5	25474.3	9	551.1	711.7	762.6	10
福　建	Fujian	16407.5	19203.1	20395.6	15	402.3	510.2	527.7	17
江　西	Jiangxi	15637.8	18972.4	19852.7	16	500.1	657.9	688.7	12
山　东	Shandong	48024.4	58261.7	62207.0	2	1106.7	1397.5	1414.8	2
河　南	Henan	41877.6	49655.2	51860.4	3	1027.8	1273.1	1327.4	3
湖　北	Hubei	23920.4	30579.1	32059.7	8	649.6	862.1	952.4	7
湖　南	Hunan	20769.2	22899.9	24437.6	11	797.8	1053.4	1160.7	5
广　东	Guangdong	60210.7	71491.8	75779.4	1	1026.3	1215.8	1297.6	4
广　西	Guangxi	19583.8	23189.2	24969.9	10	590.2	699.5	818.8	9
海　南	Hainan	3356.7	3904.1	4247.9	28	70.0	84.2	91.0	28
重　庆	Chongqing	11623.9	13305.0	13910.0	19	336.6	449.7	507.2	18
四　川	Sichuan	36173.0	42438.9	43548.6	6	1058.3	1383.1	1451.8	1
贵　州	Guizhou	10280.9	11515.1	12662.4	20	420.0	563.3	653.5	14
云　南	Yunnan	17613.2	20009.2	21119.8	13	483.6	621.2	675.0	13
西　藏	Tibet	959.2	1012.4	1178.4	31	16.7	14.5	19.5	31
陕　西	Shaanxi	14331.7	16052.4	17191.7	18	369.8	497.9	547.4	16
甘　肃	Gansu	10044.8	11920.6	12393.0	22	215.4	292.9	318.8	22
青　海	Qinghai	1876.1	2134.1	2203.5	30	54.8	76.0	82.3	30
宁　夏	Ningxia	2591.0	3115.2	3338.5	29	66.2	82.0	90.7	29
新　疆	Xinjiang	7437.3	8386.6	9382.0	27	353.0	447.8	464.0	20

19-24 医院病床工作日和出院者平均住院日
Working Days of Hospital Beds and Average Days of Hospitalization among Discharged Patients

地区	Region	医院病床工作日（天）Hospital Beds Working Days (day)				出院者平均住院日（日/人）The Average Dischargee Such Confinement (day/person)			
		2010	2012	2013	2013排名 Ranking	2010	2012	2013	2013排名 Ranking
全　国	**National Total**	**316.5**	**329.7**	**324.8**		**10.5**	**10.0**	**9.8**	
北　京	Beijing	308.5	308.5	304.8	27	16.2	12.8	11.9	1
天　津	Tianjin	314.9	320.6	309.6	24	12.6	11.0	11.2	3
河　北	Hebei	302.4	323.5	322.1	15	9.4	9.1	9.2	24
山　西	Shanxi	266.9	293.0	295.0	28	11.6	11.2	11.1	4
内蒙古	Inner Mongolia	284.6	303.2	287.2	30	11.0	10.6	10.2	12
辽　宁	Liaoning	303.6	319.1	323.1	12	12.2	11.7	11.5	2
吉　林	Jilin	258.6	290.6	294.1	29	10.5	10.1	10.1	14
黑龙江	Heilongjiang	279.9	300.3	309.6	24	11.8	11.3	11.0	6
上　海	Shanghai	357.9	360.0	347.3	4	13.0	11.5	11.1	4
江　苏	Jiangsu	344.4	336.3	332.4	8	11.3	10.5	10.3	10
浙　江	Zhejiang	344.7	349.2	340.3	6	11.3	11.2	10.4	8
安　徽	Anhui	318.8	322.6	316.9	18	9.7	9.3	9.2	24
福　建	Fujian	327.2	337.0	322.9	13	9.4	8.7	8.7	30
江　西	Jiangxi	319.8	346.1	340.3	6	9.2	9.1	9.2	24
山　东	Shandong	298.0	313.2	310.8	22	9.4	9.5	9.6	21
河　南	Henan	311.5	335.1	330.9	9	10.3	10.2	10.0	15
湖　北	Hubei	350.7	363.4	352.3	2	10.5	10.1	10.0	15
湖　南	Hunan	340.7	351.5	344.1	5	9.9	9.6	9.5	22
广　东	Guangdong	318.4	318.8	318.7	17	9.4	8.7	8.9	29
广　西	Guangxi	328.2	350.0	356.0	1	9.6	9.3	9.2	24
海　南	Hainan	321.3	309.3	310.0	23	10.3	9.9	9.7	19
重　庆	Chongqing	328.7	336.2	327.0	11	11.0	10.5	9.9	17
四　川	Sichuan	347.0	356.6	348.2	3	10.7	10.3	10.3	10
贵　州	Guizhou	315.4	326.2	311.1	21	9.7	8.9	8.5	31
云　南	Yunnan	321.7	326.2	311.7	20	10.0	9.7	9.3	23
西　藏	Tibet	238.5	263.7	268.9	31	11.3	11.1	10.5	7
陕　西	Shaanxi	300.1	328.8	320.0	16	10.5	10.1	9.8	18
甘　肃	Gansu	286.9	313.2	308.7	26	10.5	10.1	9.7	19
青　海	Qinghai	290.5	322.1	314.6	19	10.3	10.8	10.4	8
宁　夏	Ningxia	327.7	337.3	327.6	10	10.8	10.4	10.2	12
新　疆	Xinjiang	325.5	337.1	322.7	14	10.3	9.8	9.1	28

19-25 医院门诊和住院病人次均医药费用（一）
Average Expense of Inpatients and Discharged Patients Each time (1)

单位：元 (yuan)

地区	Region	医院门诊病人次均医药费用 Hospital Outpatient All Medical Expenses				医院门诊病人次均药费 Hospital Outpatient Time for Medicine			
		2010	2012	2013	2013排名 Ranking	2010	2012	2013	2013排名 Ranking
全　国	**National Total**	**173.8**	**192.5**	**206.4**		**88.1**	**96.9**	**101.7**	
北　京	Beijing	337.4	372.9	393.4	1	220.9	234.7	241.5	1
天　津	Tianjin	235.0	243.3	260.0	3	146.2	154.9	164.2	2
河　北	Hebei	168.5	180.3	191.2	16	73.2	82.9	86.8	16
山　西	Shanxi	158.0	190.0	206.3	9	64.9	82.8	90.9	13
内蒙古	Inner Mongolia	148.9	191.0	195.8	14	56.8	81.2	83.2	20
辽　宁	Liaoning	199.8	216.7	230.2	4	92.1	100.3	106.3	6
吉　林	Jilin	164.9	184.7	203.7	11	64.0	78.1	85.1	18
黑龙江	Heilongjiang	178.1	203.7	213.8	7	65.8	85.4	86.5	17
上　海	Shanghai	243.7	271.4	283.6	2	137.0	148.1	153.0	3
江　苏	Jiangsu	183.6	199.9	211.1	8	92.4	102.2	105.4	7
浙　江	Zhejiang	189.6	198.3	205.8	10	108.9	113.2	110.3	5
安　徽	Anhui	157.2	168.5	180.1	23	71.8	79.8	83.2	20
福　建	Fujian	143.1	154.3	171.0	24	75.7	76.7	83.4	19
江　西	Jiangxi	144.6	161.8	180.4	22	73.5	83.5	91.9	11
山　东	Shandong	176.3	186.5	199.5	12	86.5	90.8	96.0	9
河　南	Henan	127.5	133.8	146.0	30	54.7	57.3	61.7	30
湖　北	Hubei	162.1	178.0	190.0	17	82.0	89.3	93.9	10
湖　南	Hunan	191.9	208.6	223.7	6	90.4	989.0	105.4	7
广　东	Guangdong	150.9	174.0	188.7	18	75.7	82.3	87.3	15
广　西	Guangxi	125.5	142.2	154.8	27	59.3	66.7	71.1	27
海　南	Hainan	172.0	176.7	194.0	15	90.7	83.5	88.7	14
重　庆	Chongqing	188.7	207.0	229.7	5	93.5	98.0	111.4	4
四　川	Sichuan	143.4	165.7	182.7	20	63.5	73.1	78.5	25
贵　州	Guizhou	178.7	183.4	199.0	13	74.9	73.9	79.0	24
云　南	Yunnan	125.3	140.1	152.5	28	57.1	64.7	69.4	29
西　藏	Tibet	76.0	78.8	117.6	31	35.2	40.1	49.2	31
陕　西	Shaanxi	156.0	171.3	185.7	19	73.2	76.7	81.3	23
甘　肃	Gansu	100.6	128.8	146.5	29	44.9	62.8	70.0	28
青　海	Qinghai	98.8	142.5	159.8	26	43.0	66.7	73.2	26
宁　夏	Ningxia	153.5	143.0	162.0	25	78.6	70.9	81.9	22
新　疆	Xinjiang	155.3	161.6	181.4	21	72.2	81.5	91.0	12

19-26 医院门诊和住院病人次均医药费用（二）
Average Expense of Inpatients and Discharged Patients Each time (2)

单位：元 (yuan)

地区	Region	医院门诊病人次均检查治疗费 Hospital Outpatient All Check Treatment				医院住院病人次均医药费用 The Hospital Discharged the Patient All Medical Expenses			
		2010	2012	2013	2013排名 Ranking	2010	2012	2013	2013排名 Ranking
全　国	**National Total**	**53.7**	**35.0**	**37.4**		**6525.6**	**6980.4**	**7442.3**	
北　京	Beijing	67.1	37.3	40.0	16	14740.5	17401.6	18050.1	1
天　津	Tianjin	40.3	15.9	18.3	30	11177.0	12679.4	13677.1	3
河　北	Hebei	65.8	44.6	46.7	5	5534.1	6121.9	6624.8	18
山　西	Shanxi	62.4	43.0	47.0	4	5688.9	6858.2	7518.5	12
内蒙古	Inner Mongolia	61.4	47.2	45.9	7	5483.7	7082.7	7463.9	13
辽　宁	Liaoning	72.7	47.5	49.6	2	7486.4	7409.3	7732.8	8
吉　林	Jilin	73.0	43.2	45.0	9	6839.7	7237.1	7717.8	9
黑龙江	Heilongjiang	74.7	51.5	55.5	1	6480.4	7170.9	7573.4	11
上　海	Shanghai	49.1	30.2	31.0	27	12225.0	13642.8	14422.4	2
江　苏	Jiangsu	56.0	32.7	34.1	21	9073.3	8810.2	9277.3	5
浙　江	Zhejiang	39.6	24.0	25.0	29	9300.5	9422.7	9771.1	4
安　徽	Anhui	58.5	39.5	41.3	12	5664.7	5971.5	6388.9	21
福　建	Fujian	42.3	31.5	34.5	20	6222.5	6334.2	6835.0	17
江　西	Jiangxi	49.2	36.6	40.3	15	5096.0	5560.1	6007.5	25
山　东	Shandong	61.4	43.2	45.7	8	5951.9	6698.2	7282.9	14
河　南	Henan	51.0	33.3	36.3	18	4789.9	5676.8	6200.7	24
湖　北	Hubei	58.1	33.0	35.9	19	6171.8	6699.0	7080.5	16
湖　南	Hunan	67.2	45.8	49.1	3	5789.2	6009.9	6338.9	23
广　东	Guangdong	46.8	31.3	33.4	22	7843.2	8066.2	8769.6	6
广　西	Guangxi	43.3	29.5	32.1	23	5088.5	6013.6	6527.0	19
海　南	Hainan	55.6	40.0	43.1	10	6709.7	7924.1	8577.9	7
重　庆	Chongqing	61.0	37.9	39.8	17	6488.4	6681.9	7180.8	15
四　川	Sichuan	53.1	37.1	40.9	13	5677.7	5981.1	6367.9	22
贵　州	Guizhou	69.6	43.7	46.3	6	4641.3	4639.4	4958.8	31
云　南	Yunnan	46.6	29.2	31.8	24	5007.7	5007.8	5335.5	28
西　藏	Tibet	20.1	6.6	12.5	31	3899.0	3906.3	5306.4	29
陕　西	Shaanxi	57.7	38.3	41.6	11	5361.5	5505.3	5847.6	26
甘　肃	Gansu	34.4	28.4	31.7	25	3792.6	4852.3	5147.4	30
青　海	Qinghai	35.7	28.7	31.6	26	6139.0	6657.4	7606.2	10
宁　夏	Ningxia	46.8	27.5	30.4	28	5537.8	5610.7	6492.6	20
新　疆	Xinjiang	53.7	37.1	40.5	14	4894.1	5283.4	5641.9	27

19-27 医药门诊和住院病人次均医药费用（三）
Average Expense of Inpatients and Discharged Patients Each Time (3)

单位：元 (yuan)

地区	Region	医院住院病人次均药费 The Hospital Discharged the Patient All Medicines				医院住院病人次均检查治疗费 The Hospital Discharged Patients All Inspection Treatment			
		2010	2012	2013	2013排名 Ranking	2010	2012	2013	2013排名 Ranking
全　国	**National Total**	**2834.4**	**2867.4**	**2939.1**		**1691.5**	**533.9**	**590.2**	
北　京	Beijing	5547.7	6050.3	6089.9	1	5551.5	1207.6	1245.1	1
天　津	Tianjin	4835.9	4973.7	5366.9	2	2720.2	589.4	646.0	8
河　北	Hebei	2581.4	2838.4	2980.5	15	1524.9	495.0	550.0	18
山　西	Shanxi	2453.4	2906.8	3117.8	12	1430.4	557.9	632.6	10
内蒙古	Inner Mongolia	2542.3	3214.5	3245.6	10	1605.4	552.0	597.6	13
辽　宁	Liaoning	3276.8	3136.5	3171.6	11	1853.9	656.1	716.1	4
吉　林	Jilin	3126.4	3307.1	3363.7	9	2041.4	553.7	597.0	14
黑龙江	Heilongjiang	3293.3	3599.4	3741.3	6	1350.9	488.5	540.3	19
上　海	Shanghai	4816.9	4893.9	5054.0	3	1489.8	816.8	851.8	2
江　苏	Jiangsu	4190.8	4017.3	4081.9	4	2419.0	593.5	639.4	9
浙　江	Zhejiang	4443.8	4054.3	3819.6	5	1209.5	481.9	524.7	20
安　徽	Anhui	2539.9	2547.5	2554.5	22	1510.0	434.3	490.3	27
福　建	Fujian	2939.9	2621.9	2679.9	17	1465.0	576.5	647.8	7
江　西	Jiangxi	2366.6	2524.0	2639.1	18	1333.3	392.2	435.4	30
山　东	Shandong	2797.2	2994.3	3079.0	13	1613.8	439.5	523.0	21
河　南	Henan	2192.9	2265.4	2370.9	23	1400.2	432.4	499.4	24
湖　北	Hubei	2458.8	2535.3	2600.3	20	1888.2	530.3	575.7	16
湖　南	Hunan	2572.6	2529.4	2578.9	21	1353.5	434.5	482.3	29
广　东	Guangdong	2922.3	2784.5	2927.8	16	2397.5	709.3	797.3	3
广　西	Guangxi	1947.6	2242.5	2324.6	24	1592.0	514.6	587.5	15
海　南	Hainan	2967.9	3259.8	3477.1	8	1783.5	587.3	652.3	6
重　庆	Chongqing	2853.7	2812.0	2982.4	14	1946.0	554.1	626.1	11
四　川	Sichuan	2181.5	2239.2	2312.9	25	1783.9	523.7	565.2	17
贵　州	Guizhou	1802.0	1683.5	1732.2	31	1385.6	456.8	496.3	25
云　南	Yunnan	2133.3	1958.7	2042.7	30	1361.2	457.1	503.8	23
西　藏	Tibet	1709.3	1669.3	2101.9	28	608.9	240.6	363.5	31
陕　西	Shaanxi	2270.5	2249.0	2305.9	26	1156.0	471.2	515.7	22
甘　肃	Gansu	1615.1	2016.1	2064.3	29	891.4	448.3	485.2	28
青　海	Qinghai	3073.3	3125.8	3502.8	7	1187.7	485.8	609.6	12
宁　夏	Ningxia	2511.8	2329.6	2622.8	19	1221.4	417.6	492.0	26
新　疆	Xinjiang	2081.0	2078.5	2115.8	27	1094.9	608.1	658.6	5

20

文化和体育

Culture and Sports

20-1 公共财政预算支出中文化体育与传媒支出额和比例
Expenditure for Culture, Sport and Media and Percentage of Public Budgetary Expenditure

地区	Region	文化体育与传媒支出额（亿元） Expenditure for Culture, Sport and Media (100 million yuan)				文化体育与传媒支出占公共财政支出比例（%） Percentage (%)			
		2010	2012	2013	2013排名 Ranking	2010	2012	2013	2013排名 Ranking
全　国	**National Total**	**1392.57**	**2074.79**	**2339.94**		**1.88**	**1.94**	**1.95**	
北　京	Beijing	79.36	141.37	154.71	2	2.92	3.84	3.71	1
天　津	Tianjin	24.28	35.85	44.53	26	1.76	1.67	1.75	20
河　北	Hebei	37.09	59.29	72.71	14	1.32	1.45	1.65	23
山　西	Shanxi	31.24	60.20	66.69	17	1.62	2.18	2.20	10
内蒙古	Inner Mongolia	52.96	87.21	88.05	10	2.33	2.55	2.39	5
辽　宁	Liaoning	56.76	79.25	95.34	8	1.78	1.74	1.83	17
吉　林	Jilin	32.93	47.48	56.55	21	1.84	1.92	2.06	13
黑龙江	Heilongjiang	39.50	47.27	52.37	23	1.75	1.49	1.55	25
上　海	Shanghai	54.95	72.51	89.17	9	1.66	1.73	1.97	14
江　苏	Jiangsu	88.67	150.90	173.54	1	1.80	2.15	2.23	8
浙　江	Zhejiang	77.15	94.18	106.00	6	2.40	2.26	2.24	7
安　徽	Anhui	51.68	71.43	79.50	12	2.00	1.80	1.83	18
福　建	Fujian	27.10	46.07	57.88	20	1.60	1.77	1.89	16
江　西	Jiangxi	28.38	44.77	52.62	22	1.48	1.48	1.52	27
山　东	Shandong	74.03	114.27	127.53	5	1.79	1.94	1.91	15
河　南	Henan	54.99	69.63	80.78	11	1.61	1.39	1.45	30
湖　北	Hubei	36.67	62.47	72.44	15	1.47	1.66	1.66	22
湖　南	Hunan	39.66	54.50	68.95	16	1.47	1.32	1.47	29
广　东	Guangdong	166.16	137.64	141.68	4	3.06	1.86	1.68	21
广　西	Guangxi	32.77	45.52	49.85	24	1.63	1.52	1.55	26
海　南	Hainan	11.61	19.85	21.90	30	2.00	2.18	2.17	11
重　庆	Chongqing	24.04	33.08	34.94	27	1.41	1.09	1.14	31
四　川	Sichuan	59.37	120.70	142.40	3	1.39	2.21	2.29	6
贵　州	Guizhou	23.98	49.85	48.68	25	1.47	1.81	1.58	24
云　南	Yunnan	35.53	62.06	61.35	18	1.55	1.74	1.50	28
西　藏	Tibet	12.48	24.18	22.51	29	2.26	2.67	2.22	9
陕　西	Shaanxi	47.86	91.81	100.44	7	2.16	2.76	2.74	2
甘　肃	Gansu	29.78	49.87	59.76	19	2.03	2.42	2.59	3
青　海	Qinghai	11.57	18.92	25.84	28	1.56	1.63	2.10	12
宁　夏	Ningxia	16.09	14.44	16.60	31	2.89	1.67	1.80	19
新　疆	Xinjiang	33.92	68.23	74.63	13	2.00	2.51	2.43	4

20-2 艺术表演团体和表演场馆
Art Performance Troupes and Art Performance Places

单位：个 (unit)

地区	Region	艺术表演团体数 Number of Art Performance Troupes 2010	2012	2013	2013排名 Ranking	艺术表演场馆数 Number of Art Performance Places 2010	2012	2013	2013排名 Ranking
全　国	**National Total**	**6864**	**7321**	**8180**		**2112**	**2364**	**1344**	
北　京	Beijing	18	324	292	11	73	96	17	24
天　津	Tianjin	36	48	58	27	37	35	26	18
河　北	Hebei	284	448	500	5	113	138	77	6
山　西	Shanxi	342	301	226	16	103	129	100	3
内蒙古	Inner Mongolia	123	137	144	19	26	20	18	22
辽　宁	Liaoning	239	155	212	17	58	111	33	16
吉　林	Jilin	68	41	54	28	32	37	26	18
黑龙江	Heilongjiang	89	85	35	30	44	43	35	15
上　海	Shanghai	89	147	148	18	96	117	27	17
江　苏	Jiangsu	408	434	291	12	201	217	110	2
浙　江	Zhejiang	471	609	733	2	242	271	61	7
安　徽	Anhui	1255	1015	991	1	60	72	48	12
福　建	Fujian	449	341	506	4	57	53	57	9
江　西	Jiangxi	99	187	229	14	57	73	51	11
山　东	Shandong	119	303	414	8	91	103	93	4
河　南	Henan	371	364	429	7	150	145	139	1
湖　北	Hubei	204	226	307	10	68	66	53	10
湖　南	Hunan	201	157	227	15	63	83	58	8
广　东	Guangdong	397	337	405	9	124	93	45	13
广　西	Guangxi	141	68	59	26	24	20	19	21
海　南	Hainan	67	61	67	25	10	13	7	29
重　庆	Chongqing	381	244	443	6	46	31	15	26
四　川	Sichuan	348	469	510	3	94	130	42	14
贵　州	Guizhou	52	79	106	23	7	10	6	30
云　南	Yunnan	142	220	259	13	36	60	18	22
西　藏	Tibet	37	92	79	24	21	22	14	28
陕　西	Shaanxi	127	116	119	22	97	98	86	5
甘　肃	Gansu	82	103	124	20	27	25	22	20
青　海	Qinghai	32	40	37	29	20	23	16	25
宁　夏	Ningxia	45	16	33	31	15	7	3	31
新　疆	Xinjiang	132	137	123	21	15	16	15	26

20-3 艺术表演团体国内演出场次和观众人次
Number of Domestic Performances and Spectators Domestic Audience

地区	Region	艺术表演团体国内演出场次（万场次） Number of Domestic Performances (10 000 shows)				艺术表演团体国内演出观众人次（万人次） Number of Domestic Audience (10 000 person-times)			
		2010	2012	2013	2013排名 Ranking	2010	2012	2013	2013排名 Ranking
全　国	**National Total**	**127.78**	**124.98**	**162.81**		**88456**	**82805**	**90064**	
北　京	Beijing	0.68	2.08	2.17	19	430	1008	983	21
天　津	Tianjin	0.38	0.47	0.69	27	318	231	285	29
河　北	Hebei	4.70	5.69	6.97	7	4948	5733	5183	5
山　西	Shanxi	5.23	4.84	3.89	12	5755	5259	3701	8
内蒙古	Inner Mongolia	1.83	1.97	2.55	17	1623	2040	1373	18
辽　宁	Liaoning	1.61	1.25	1.63	21	811	792	851	25
吉　林	Jilin	0.81	0.53	0.64	28	886	591	424	27
黑龙江	Heilongjiang	0.89	0.79	0.47	29	818	722	404	28
上　海	Shanghai	1.98	3.57	3.39	16	1037	1515	1175	20
江　苏	Jiangsu	7.49	10.08	7.73	5	3941	3769	2663	12
浙　江	Zhejiang	10.23	13.21	14.53	3	10573	8624	9272	2
安　徽	Anhui	38.94	23.73	31.66	1	10786	6932	8578	4
福　建	Fujian	9.47	10.38	11.00	4	4100	3211	4157	7
江　西	Jiangxi	1.86	2.76	5.06	9	1585	2658	2379	13
山　东	Shandong	2.00	3.55	5.31	8	2538	2452	3602	9
河　南	Henan	7.60	8.39	26.06	2	8406	7751	9122	3
湖　北	Hubei	3.57	3.41	3.69	14	3892	3014	2880	10
湖　南	Hunan	3.19	2.70	3.53	15	2174	1584	1775	16
广　东	Guangdong	4.15	3.91	4.20	11	5609	9082	4601	6
广　西	Guangxi	1.49	1.11	1.46	23	1508	758	882	23
海　南	Hainan	0.84	0.59	0.95	25	683	413	972	22
重　庆	Chongqing	5.28	2.37	4.74	10	2097	1176	1410	17
四　川	Sichuan	5.06	6.24	7.59	6	3304	3963	12541	1
贵　州	Guizhou	0.47	1.03	1.51	22	568	664	1229	19
云　南	Yunnan	1.54	2.46	3.82	13	1741	2227	2325	14
西　藏	Tibet	0.22	0.81	0.37	30	380	224	257	30
陕　西	Shaanxi	2.05	2.27	2.44	18	3093	2418	2681	11
甘　肃	Gansu	1.60	1.95	1.92	20	2299	1909	2190	15
青　海	Qinghai	0.32	0.48	0.29	31	226	414	163	31
宁　夏	Ningxia	0.47	0.30	0.86	26	598	313	596	26
新　疆	Xinjiang	1.52	1.81	1.40	24	1052	993	866	24

20-4 博物馆和文物藏品
Number of Museums and Collections

地区 Region		博物馆数（个） Number of Museums (unit)				博物馆文物藏品（件/套） Number of Collections (piece/set)			
		2010	2012	2013	2013排名 Ranking	2010	2012	2013	2013排名 Ranking
全 国	**National Total**	**2435**	**3069**	**3473**		**17552482**	**23180726**	**27191601**	
北 京	Beijing	41	41	41	26	1138476	1140193	1142291	8
天 津	Tianjin	18	20	20	28	579740	688715	688456	12
河 北	Hebei	65	75	103	14	232455	252073	271992	25
山 西	Shanxi	89	92	97	18	453355	584868	598381	15
内蒙古	Inner Mongolia	54	65	72	23	408471	482011	498069	18
辽 宁	Liaoning	61	62	63	25	351402	395910	444906	22
吉 林	Jilin	57	68	73	22	237522	288405	361260	24
黑龙江	Heilongjiang	76	104	156	9	192158	337400	487097	19
上 海	Shanghai	27	90	100	16	327455	2158074	2282961	2
江 苏	Jiangsu	213	266	292	1	1527507	1590310	1662661	4
浙 江	Zhejiang	100	166	183	6	676477	967070	1002041	9
安 徽	Anhui	120	141	154	10	503247	607637	670420	14
福 建	Fujian	94	94	98	17	382327	455526	482562	20
江 西	Jiangxi	108	109	137	12	425788	459875	448996	21
山 东	Shandong	114	178	194	4	692829	1245492	1352501	5
河 南	Henan	111	180	222	2	725093	888128	964804	11
湖 北	Hubei	120	161	170	8	1211525	1581612	1668740	3
湖 南	Hunan	81	95	103	14	443174	499069	510258	16
广 东	Guangdong	169	168	175	7	844627	982169	996706	10
广 西	Guangxi	64	79	104	13	279452	362854	397058	23
海 南	Hainan	16	19	18	29	57299	68586	39895	31
重 庆	Chongqing	37	39	71	24	488955	566967	679375	13
四 川	Sichuan	108	152	188	5	885543	1062979	3141223	1
贵 州	Guizhou	59	66	75	21	74826	76024	94124	28
云 南	Yunnan	120	85	84	19	358457	557284	1191016	6
西 藏	Tibet	2	2	2	31	32605	63150	63150	30
陕 西	Shaanxi	106	194	221	3	767086	1023699	1174563	7
甘 肃	Gansu	102	149	143	11	439654	497085	506315	17
青 海	Qinghai	18	22	22	27	118984	177252	183255	26
宁 夏	Ningxia	6	9	11	30	66209	72204	74808	29
新 疆	Xinjiang	71	72	76	20	119370	123061	154764	27

20-5 博物馆举办展览和参观人次
Exhibitions and Spectators of Museums

地区	Region	举办展览（个）Exhibitions (unit) 2010	2012	2013	2013排名 Ranking	参观人次（万人次）Spectators (10 000 person-times) 2010	2012	2013	2013排名 Ranking
全　国	**National Total**	**10091**	**11885**	**9172**		**406793**	**56401**	**63776**	
北　京	Beijing	129	158	131	20	4995	529	501	27
天　津	Tianjin	67	78	50	28	4007	494	546	26
河　北	Hebei	218	293	289	11	12460	1667	2480	10
山　西	Shanxi	123	157	123	23	10815	1247	1030	22
内蒙古	Inner Mongolia	96	173	119	24	5839	940	908	23
辽　宁	Liaoning	197	219	126	22	10336	1070	1178	21
吉　林	Jilin	165	309	257	15	5078	860	726	24
黑龙江	Heilongjiang	219	426	286	14	7163	1310	1824	15
上　海	Shanghai	121	352	390	7	6246	1633	1768	16
江　苏	Jiangsu	1063	1212	960	2	45568	5500	6118	1
浙　江	Zhejiang	817	899	1029	1	19572	3122	3789	5
安　徽	Anhui	433	518	353	10	12054	2165	2037	13
福　建	Fujian	418	477	371	8	16002	1843	2125	12
江　西	Jiangxi	485	310	225	16	20730	1877	2657	9
山　东	Shandong	605	940	690	4	13844	3843	4336	3
河　南	Henan	663	740	477	5	17942	3425	4181	4
湖　北	Hubei	333	508	370	9	19051	2230	2358	11
湖　南	Hunan	201	364	211	17	21999	3214	2836	8
广　东	Guangdong	1077	977	769	3	25825	3204	3599	6
广　西	Guangxi	194	250	171	18	7441	1125	1253	19
海　南	Hainan	60	86	59	27	985	256	274	28
重　庆	Chongqing	197	198	129	21	15509	1643	1916	14
四　川	Sichuan	614	457	289	11	33571	4210	4834	2
贵　州	Guizhou	104	184	101	26	11771	936	1265	18
云　南	Yunnan	668	356	157	19	15291	1078	1238	20
西　藏	Tibet		24	13	31	149	24	34	31
陕　西	Shaanxi	163	406	422	6	14981	2550	2875	7
甘　肃	Gansu	333	406	289	11	6467	1179	1767	17
青　海	Qinghai	34	63	34	29	832	88	54	30
宁　夏	Ningxia	40	43	31	30	740	84	111	29
新　疆	Xinjiang	191	182	118	25	3664	607	636	25

20-6 公共图书馆和总藏量
Number of Public Libraries and Total Collections

地区	Region	公共图书馆数（个） Number of Public Libraries (unit)				总藏量（万册件） Total Collections (10 000 copies)			
		2010	2012	2013	2013排名 Ranking	2010	2012	2013	2013排名 Ranking
全　国	**National Total**	**2884**	**3076**	**3112**		**61726**	**78852**	**74896**	
北　京	Beijing	24	24	24	30	1715	2083	2072	13
天　津	Tianjin	31	31	31	27	1258	1469	1474	20
河　北	Hebei	165	172	173	2	1611	1935	1937	15
山　西	Shanxi	126	126	127	9	1208	1462	1466	21
内蒙古	Inner Mongolia	113	114	116	10	940	1210	1325	23
辽　宁	Liaoning	128	129	129	8	2953	3471	3355	6
吉　林	Jilin	65	66	66	24	1380	1710	1597	19
黑龙江	Heilongjiang	107	106	107	16	1644	1823	1843	16
上　海	Shanghai	28	25	25	29	6809	7202	7239	1
江　苏	Jiangsu	111	112	113	13	4370	6490	5770	3
浙　江	Zhejiang	97	97	98	20	3761	5344	5165	4
安　徽	Anhui	88	102	107	16	1236	2264	1776	17
福　建	Fujian	86	87	91	22	1682	2894	2467	9
江　西	Jiangxi	108	114	114	11	1520	1822	1990	14
山　东	Shandong	149	150	153	4	3636	4237	4422	5
河　南	Henan	142	156	157	3	1837	2257	2218	11
湖　北	Hubei	107	111	112	14	2361	2521	2648	8
湖　南	Hunan	124	136	136	7	1961	2525	2282	10
广　东	Guangdong	132	137	137	6	4615	6567	6101	2
广　西	Guangxi	108	112	112	14	1881	2127	2110	12
海　南	Hainan	20	20	21	31	285	898	377	30
重　庆	Chongqing	43	43	43	26	1031	1522	1129	27
四　川	Sichuan	161	188	197	1	2599	3363	3048	7
贵　州	Guizhou	93	93	94	21	812	1387	1156	26
云　南	Yunnan	150	152	152	5	1566	1879	1765	18
西　藏	Tibet	4	77	78	23	53	69	100	31
陕　西	Shaanxi	112	112	114	11	1127	1400	1377	22
甘　肃	Gansu	94	103	103	19	1042	1212	1226	25
青　海	Qinghai	44	49	49	25	358	379	379	29
宁　夏	Ningxia	20	26	26	28	462	533	595	28
新　疆	Xinjiang	103	105	106	18	1113	1323	1242	24

20-7 人均公共图书馆藏量和累计发放借书证数
Collections of Public Libraries Owned Per Person and Accumlative Number of Library Cards Distributed

地区	Region	人均拥有公共图书馆藏量（册）Collections of Public Libraries Owned Per Person (copy)				有效借书证数（万个）Accumlative Number of Library Cards Distributed (10 000 units)			
		2010	2012	2013	2013排名 Ranking	2010	2012	2013	2013排名 Ranking
全　国	**National Total**	**0.46**	**0.58**	**0.55**		**2019.52**	**2484.51**	**2877.00**	
北　京	Beijing	0.87	1.01	0.98	3	92.32	72.03	79.00	10
天　津	Tianjin	0.97	1.04	1.00	2	36.43	49.80	58.00	17
河　北	Hebei	0.22	0.27	0.26	30	56.49	61.45	66.00	14
山　西	Shanxi	0.34	0.40	0.40	21	23.35	24.45	25.00	25
内蒙古	Inner Mongolia	0.38	0.49	0.53	13	14.73	18.23	22.00	27
辽　宁	Liaoning	0.68	0.79	0.76	6	86.24	91.82	102.00	7
吉　林	Jilin	0.50	0.62	0.58	10	17.98	25.37	28.00	23
黑龙江	Heilongjiang	0.43	0.48	0.48	14	76.40	77.31	90.00	8
上　海	Shanghai	2.96	3.03	3.00	1	107.99	131.31	158.00	4
江　苏	Jiangsu	0.56	0.82	0.73	7	206.73	290.90	367.00	2
浙　江	Zhejiang	0.69	0.98	0.94	4	177.43	240.74	322.00	3
安　徽	Anhui	0.21	0.38	0.29	29	24.62	52.93	65.00	15
福　建	Fujian	0.46	0.77	0.65	9	47.18	64.41	79.00	10
江　西	Jiangxi	0.34	0.40	0.44	19	50.62	53.09	70.00	13
山　东	Shandong	0.38	0.44	0.45	17	128.42	138.16	158.00	4
河　南	Henan	0.20	0.24	0.24	31	68.03	76.60	83.00	9
湖　北	Hubei	0.41	0.44	0.46	16	104.16	138.44	108.00	6
湖　南	Hunan	0.30	0.38	0.34	26	81.44	73.20	78.00	12
广　东	Guangdong	0.44	0.62	0.57	11	258.40	341.73	410.00	1
广　西	Guangxi	0.41	0.45	0.45	17	26.24	39.48	46.00	18
海　南	Hainan	0.33	1.01	0.42	20	11.28	9.87	13.00	28
重　庆	Chongqing	0.36	0.52	0.38	22	15.99	32.15	37.00	20
四　川	Sichuan	0.32	0.42	0.38	22	48.24	52.35	59.00	16
贵　州	Guizhou	0.23	0.40	0.33	27	18.95	33.20	32.00	21
云　南	Yunnan	0.34	0.40	0.38	22	31.84	37.57	41.00	19
西　藏	Tibet	0.18	0.22	0.32	28	0.55	0.82	1.00	31
陕　西	Shaanxi	0.30	0.37	0.37	25	30.41	26.63	30.00	22
甘　肃	Gansu	0.41	0.47	0.47	15	20.26	25.80	27.00	24
青　海	Qinghai	0.63	0.66	0.66	8	7.73	13.46	11.00	29
宁　夏	Ningxia	0.73	0.82	0.91	5	12.52	8.88	11.00	29
新　疆	Xinjiang	0.51	0.59	0.55	12	22.99	29.31	25.00	25

20-8 公共图书馆总流通人次
Number of Circulation of Public Libraries

单位：万人次 (10 000 person-times)

地区	Region	总流通人次 Total Number of Circulation				其中：书刊文献外借人次 Borrowing from Libraries			
		2010	2012	2013	2013排名 Ranking	2010	2012	2013	2013排名 Ranking
全　国	**National Total**	**32823**	**43437**	**49232**		**13934**	**17402**	**20552**	
北　京	Beijing	775	865	1033	18	360	317	325	19
天　津	Tianjin	606	630	714	21	254	228	292	22
河　北	Hebei	736	1023	1079	17	360	423	478	15
山　西	Shanxi	374	475	603	23	190	244	280	24
内蒙古	Inner Mongolia	312	417	575	24	196	220	285	23
辽　宁	Liaoning	1457	1939	1939	6	601	733	773	11
吉　林	Jilin	503	691	540	25	213	256	241	27
黑龙江	Heilongjiang	622	836	822	20	242	369	303	21
上　海	Shanghai	1853	2062	3605	4	579	580	1717	3
江　苏	Jiangsu	3006	4527	5047	2	1596	2040	2450	1
浙　江	Zhejiang	3454	4572	4946	3	1376	1677	1912	2
安　徽	Anhui	760	1264	1347	13	383	719	798	9
福　建	Fujian	1193	1526	1809	7	583	655	724	12
江　西	Jiangxi	639	1057	1165	15	360	564	675	13
山　东	Shandong	1717	2035	2355	5	915	1223	1430	5
河　南	Henan	1026	1638	1785	8	519	910	960	6
湖　北	Hubei	1516	1516	1763	9	938	848	952	7
湖　南	Hunan	1028	1490	1694	11	506	702	801	8
广　东	Guangdong	4540	6418	7357	1	1166	1459	1588	4
广　西	Guangxi	1343	1366	1471	12	356	423	439	16
海　南	Hainan	172	270	247	28	69	71	64	29
重　庆	Chongqing	621	1078	1147	16	340	413	429	17
四　川	Sichuan	1168	1628	1738	10	544	694	789	10
贵　州	Guizhou	369	420	467	27	143	217	262	25
云　南	Yunnan	907	1070	1223	14	403	474	507	14
西　藏	Tibet	3	4	11	31	1	1	4	31
陕　西	Shaanxi	519	727	879	19	196	299	335	18
甘　肃	Gansu	468	558	616	22	220	260	304	20
青　海	Qinghai	89	102	114	30	20	55	59	30
宁　夏	Ningxia	163	210	221	29	53	94	131	28
新　疆	Xinjiang	350	645	502	26	171	234	244	26

20-9 公共图书馆书刊文献外借册次和阅览室坐席数
Number of Books and Periodicals Lent to Readers and Seats in Reading Rooms of Public Libraries

地区	Region	书刊文献外借册次（万册次） Number of Books and Periodicals Lent to Readers (10 000 copies-times)				阅览室坐席数（个） Seats of Reading Room (unit)			
		2010	2012	2013	2013排名 Ranking	2010	2012	2013	2013排名 Ranking
全　国	**National Total**	**26392**	**33191**	**40868**		**630683**	**734571**	**809767**	
北　京	Beijing	804	819	893	15	12852	13525	16002	25
天　津	Tianjin	572	562	658	19	9072	12446	13526	27
河　北	Hebei	493	693	727	18	21858	27259	30348	10
山　西	Shanxi	282	392	404	26	15983	19681	26050	16
内蒙古	Inner Mongolia	312	446	578	21	16537	19222	24363	17
辽　宁	Liaoning	1456	1616	1750	7	30220	31977	30523	8
吉　林	Jilin	412	476	462	24	13820	15863	15645	26
黑龙江	Heilongjiang	479	637	575	22	18013	21103	21952	19
上　海	Shanghai	1461	1973	6316	1	19427	21594	22593	18
江　苏	Jiangsu	2542	3430	3997	2	38912	42085	44431	3
浙　江	Zhejiang	2924	3900	3919	3	35068	40263	42423	4
安　徽	Anhui	683	1186	1258	12	15778	21188	27298	13
福　建	Fujian	1097	1519	1805	6	25136	26574	28524	11
江　西	Jiangxi	562	832	947	14	22042	26284	28283	12
山　东	Shandong	1514	1990	2158	5	37061	39582	47068	2
河　南	Henan	915	1378	1465	9	23595	31857	39766	6
湖　北	Hubei	1846	1386	1570	8	26814	33993	34860	7
湖　南	Hunan	1059	1304	1424	10	30031	33509	30438	9
广　东	Guangdong	2267	3070	3499	4	59148	71434	75838	1
广　西	Guangxi	733	806	854	17	24665	26262	27046	14
海　南	Hainan	86	126	153	29	4173	5228	5671	29
重　庆	Chongqing	706	868	969	13	13568	16455	17369	24
四　川	Sichuan	924	1194	1374	11	26281	34655	40983	5
贵　州	Guizhou	222	279	337	27	12220	14245	19224	21
云　南	Yunnan	702	760	870	16	21034	23971	26376	15
西　藏	Tibet	4	3	9	31	295	696	1961	31
陕　西	Shaanxi	305	497	609	20	14355	16076	18116	22
甘　肃	Gansu	345	447	526	23	13352	15581	17403	23
青　海	Qinghai	42	45	89	30	3108	3855	3576	30
宁　夏	Ningxia	182	163	253	28	5201	7153	7344	28
新　疆	Xinjiang	317	396	419	25	14187	16563	20356	20

20-10 公共广播节目套数和播出时间
Number of Public Radio Programs and Length of Public Radio Programs Broadcasted

地区	Region	公共广播节目套数（套）Number of Public Radio Programs (set)				公共广播节目播出时间（小时）Length of Public Radio Programs Broadcasted (hour)			
		2010	2012	2013	2013排名 Ranking	2010	2012	2013	2013排名 Ranking
全　国	**National Total**	**2549**	**2627**	**2637**		**12660314**	**13383651**	**13795461**	
北　京	Beijing	18	25	25	25	118558	172170	172870	24
天　津	Tianjin	22	22	23	28	133283	144377	149805	26
河　北	Hebei	125	131	133	4	584136	636622	646445	8
山　西	Shanxi	104	108	111	9	371296	377519	398437	17
内蒙古	Inner Mongolia	126	124	125	7	635987	667460	669487	7
辽　宁	Liaoning	118	115	110	10	715680	700601	673293	6
吉　林	Jilin	65	69	69	20	407529	451659	454417	16
黑龙江	Heilongjiang	94	102	90	16	419096	416168	471438	13
上　海	Shanghai	21	21	21	29	131433	138385	137771	27
江　苏	Jiangsu	126	126	128	6	775021	794598	800938	3
浙　江	Zhejiang	107	108	110	10	709854	714622	740977	5
安　徽	Anhui	106	106	105	13	503775	523253	508540	12
福　建	Fujian	88	89	89	17	505775	513651	519253	11
江　西	Jiangxi	103	105	105	13	345482	361176	369701	19
山　东	Shandong	155	157	158	2	839382	870889	883163	1
河　南	Henan	150	151	151	3	626072	642466	643749	9
湖　北	Hubei	85	86	87	19	447360	461345	470737	14
湖　南	Hunan	97	99	100	15	334883	370308	385904	18
广　东	Guangdong	127	130	129	5	764902	798898	767484	4
广　西	Guangxi	62	63	65	21	276734	313740	324793	20
海　南	Hainan	24	24	24	26	107875	118478	117559	28
重　庆	Chongqing	26	34	35	24	108812	139699	158143	25
四　川	Sichuan	119	122	123	8	527030	579580	593509	10
贵　州	Guizhou	27	39	38	23	157799	208683	225502	23
云　南	Yunnan	48	49	49	22	271724	280541	293647	22
西　藏	Tibet	7	8	8	31	38743	42242	42486	31
陕　西	Shaanxi	101	107	107	12	405855	417565	458273	15
甘　肃	Gansu	86	87	88	18	271809	295005	309519	21
青　海	Qinghai	9	10	12	30	56103	60735	74926	30
宁　夏	Ningxia	24	24	24	26	101625	101932	100453	29
新　疆	Xinjiang	155	159	161	1	730236	777207	801225	2

20-11 制作广播节目时间和电视节目时间
Length of Radio Programs Produced and Length of TV Programs Produced

单位：小时 (hour)

地区	Region	全年制作广播节目时间 Length of Radio Programs Produced 2010	2012	2013	2013排名 Ranking	全年制作电视节目时间 Length of TV Programs Produced 2010	2012	2013	2013排名 Ranking
全国	**National Total**	**6814226**	**7188245**	**7391245**		**2742949**	**3436301**	**3397834**	
北京	Beijing	143678	135139	116172	24	84255	236221	133946	9
天津	Tianjin	76124	75809	81193	25	21818	24600	27792	27
河北	Hebei	310045	327559	332520	6	131228	152266	159715	5
山西	Shanxi	153874	164197	176120	18	94932	92036	88764	19
内蒙古	Inner Mongolia	227323	262473	267415	10	64697	66795	70073	21
辽宁	Liaoning	457602	432646	393807	5	188895	176710	184837	3
吉林	Jilin	227369	248477	253921	12	76906	85627	92169	18
黑龙江	Heilongjiang	170420	232624	293119	8	81482	108143	107224	12
上海	Shanghai	85262	83309	80707	26	49507	53273	53122	25
江苏	Jiangsu	569636	582066	600722	2	226743	205738	217672	1
浙江	Zhejiang	445425	464715	493436	4	143104	165056	148609	6
安徽	Anhui	228141	183679	172742	20	82427	86881	76886	20
福建	Fujian	250854	259744	252276	13	55424	60812	66182	23
江西	Jiangxi	179194	193298	182702	17	67067	93261	97097	15
山东	Shandong	476527	482006	500328	3	157852	206484	212823	2
河南	Henan	289526	298423	301634	7	140552	142235	141584	7
湖北	Hubei	235413	230721	242884	14	94909	108433	106515	13
湖南	Hunan	158755	171861	172781	19	127606	135676	137551	8
广东	Guangdong	539670	535125	612440	1	126595	173771	175786	4
广西	Guangxi	176577	188949	188549	16	80594	88403	106334	14
海南	Hainan	51869	55221	58825	28	9723	16895	18087	30
重庆	Chongqing	58279	65487	71968	27	54125	59467	59503	24
四川	Sichuan	180246	210011	212853	15	109491	110870	126308	10
贵州	Guizhou	65312	129421	120589	22	43501	46149	41518	26
云南	Yunnan	164695	151305	156399	21	95029	97612	96923	16
西藏	Tibet	28060	29547	29035	31	5623	8438	10520	31
陕西	Shaanxi	197299	229064	254575	11	83275	102135	118154	11
甘肃	Gansu	107782	113867	119622	23	58860	58226	66597	22
青海	Qinghai	38636	31956	37555	30	19093	19073	20497	29
宁夏	Ningxia	41011	43826	44648	29	28362	23986	24460	28
新疆	Xinjiang	260510	288223	280777	9	76467	92503	93098	17

20-12 公共电视节目套数和节目播出时间
Number of Public TV Channels and Length of TV Programs Broadcasted

地区	Region	公共电视节目套数（套） Number of TV Programs (set)				公共电视节目播出时间（万小时） Length of Public TV Programs Broadcasted (10 000 hours)			
		2010	2012	2013	2013排名 Ranking	2010	2012	2013	2013排名 Ranking
全　国	**National Total**	**3272**	**3273**	**3250**		**1635.5**	**1698.5**	**1705.7**	
北　京	Beijing	25	26	26	26	10.8	12.5	12.7	28
天　津	Tianjin	28	32	24	28	15.2	17.8	16.9	26
河　北	Hebei	177	178	178	4	74.2	78.1	78.2	6
山　西	Shanxi	113	115	116	13	46.9	47.6	47.8	20
内蒙古	Inner Mongolia	125	120	120	11	63.2	64.3	63.9	13
辽　宁	Liaoning	118	119	117	12	70.4	73.1	73.4	10
吉　林	Jilin	75	76	76	23	48.8	50.1	50.5	19
黑龙江	Heilongjiang	124	118	105	20	66.1	62.0	62.6	15
上　海	Shanghai	25	25	25	27	17.5	18.1	18.0	25
江　苏	Jiangsu	130	130	130	9	81.1	83.3	82.1	5
浙　江	Zhejiang	113	114	114	15	71.2	73.4	73.8	9
安　徽	Anhui	118	115	112	17	64.1	63.6	60.3	17
福　建	Fujian	101	97	100	22	33.4	33.3	34.1	22
江　西	Jiangxi	113	113	112	17	65.1	64.2	63.9	14
山　东	Shandong	169	171	188	3	95.3	97.4	104.5	2
河　南	Henan	166	166	166	5	86.9	88.2	88.2	4
湖　北	Hubei	114	115	114	15	65.6	68.7	68.4	12
湖　南	Hunan	139	139	139	7	71.4	73.4	74.5	8
广　东	Guangdong	159	153	134	8	66.3	74.5	70.3	11
广　西	Guangxi	116	116	116	13	48.1	52.9	54.3	18
海　南	Hainan	14	15	15	30	8.0	9.0	8.8	30
重　庆	Chongqing	45	45	46	24	25.1	28.1	30.0	23
四　川	Sichuan	205	203	205	1	99.3	107.6	110.5	1
贵　州	Guizhou	101	101	102	21	24.7	24.0	23.5	24
云　南	Yunnan	158	159	159	6	74.4	77.3	76.3	7
西　藏	Tibet	10	10	12	31	4.7	4.6	5.8	31
陕　西	Shaanxi	123	123	123	10	57.8	59.8	61.2	16
甘　肃	Gansu	104	106	106	19	41.5	43.6	44.2	21
青　海	Qinghai	13	15	16	29	7.0	8.9	8.9	29
宁　夏	Ningxia	28	28	28	25	15.3	15.4	15.4	27
新　疆	Xinjiang	196	198	192	2	93.7	96.7	95.8	3

20-13 电视剧播出部数和播出集数
Number of TV Play Broadcasted

地区	Region	电视剧播出数（部）Number of TV Plays Broadcasted (set)				电视剧播出集数（集）Number of Play Broadcasted (Serie)			
		2010	2012	2013	2013排名 Ranking	2010	2012	2013	2013排名 Ranking
全　国	**National Total**	**249164**	**242298**	**240996**		**6358559**	**6622013**	**6614157**	
北　京	Beijing	812	494	455	31	24076	16035	15629	31
天　津	Tianjin	2200	3450	3309	24	45231	53539	47140	26
河　北	Hebei	13834	14361	13140	5	397004	409734	387461	4
山　西	Shanxi	5458	6255	5989	20	146971	168311	158738	20
内蒙古	Inner Mongolia	13024	12416	12324	6	302297	293458	292517	9
辽　宁	Liaoning	9811	9598	9125	14	267134	270211	265578	13
吉　林	Jilin	7611	7608	7010	17	216969	219661	211039	16
黑龙江	Heilongjiang	4303	3912	7794	16	112131	104848	129081	21
上　海	Shanghai	1420	1162	1249	27	44811	41340	43702	27
江　苏	Jiangsu	11228	9631	9910	12	296686	284036	294923	7
浙　江	Zhejiang	9614	8754	9290	13	268657	268933	294491	8
安　徽	Anhui	10872	10404	10091	10	285537	271771	266441	12
福　建	Fujian	3600	3475	3362	23	105903	107902	102883	23
江　西	Jiangxi	9318	10071	10178	9	247239	270747	254276	14
山　东	Shandong	12536	11309	11449	7	361233	354956	348372	6
河　南	Henan	13670	15590	15132	3	342965	450651	433735	3
湖　北	Hubei	14147	13728	13162	4	356410	356712	352351	5
湖　南	Hunan	10136	10784	10830	8	264516	288178	283420	10
广　东	Guangdong	7413	6496	5803	21	204161	222937	203396	17
广　西	Guangxi	6367	6358	6573	19	168408	170270	180736	19
海　南	Hainan	647	759	889	29	20852	25381	25411	29
重　庆	Chongqing	3792	4716	4779	22	96239	110439	121093	22
四　川	Sichuan	19094	18046	17884	2	496762	481623	481960	2
贵　州	Guizhou	3003	2619	2471	25	72443	62911	57522	24
云　南	Yunnan	9812	9984	9936	11	251246	267499	274074	11
西　藏	Tibet	495	568	674	30	11245	17980	23035	30
陕　西	Shaanxi	7550	8261	8559	15	176025	237173	240706	15
甘　肃	Gansu	6293	7069	6773	18	172196	197745	196668	18
青　海	Qinghai	1033	1164	973	28	33297	29162	29363	28
宁　夏	Ningxia	1773	1823	2026	26	43103	43457	52549	25
新　疆	Xinjiang	26705	19643	18357	1	483959	475036	500425	1

20-14 动画电视播出时间和有线广播电视传输干线网络总长 Number of Cartoons Broadcasted and Total Length of Transportantion Trunk for Cable Radios

地区	Region	动画电视播出时间（小时） Number of Cartoons Broadcasted (hour)				有线广播电视传输干线网络总长（万公里） Total Length of Transportantion Trunk for Cable Radios (10 000 km)			
		2011	2012	2013	2013排名 Ranking	2010	2012	2013	2013排名 Ranking
全　国	**National Total**	**280254.62**	**304877.00**	**293139.95**		**356.34**	**376.12**	**381.59**	
北　京	Beijing	3105.00	5545.00	5603.00	23	14.89	16.90	21.97	6
天　津	Tianjin	3803.73	3364.00	2972.50	25	0.65	0.67	0.69	29
河　北	Hebei	7761.83	7436.00	7867.90	16	13.44	16.93	17.56	9
山　西	Shanxi	6156.42	8382.00	7976.58	15	9.33	9.81	10.07	16
内蒙古	Inner Mongolia	7664.93	13304.00	11229.97	10	4.54	3.80	3.76	26
辽　宁	Liaoning	6657.33	7212.00	7583.67	18	11.47	12.50	12.91	12
吉　林	Jilin	1239.67	1592.00	1692.38	30	8.51	9.23	9.94	17
黑龙江	Heilongjiang	3018.88	2268.00	2716.77	27	16.15	17.85	18.10	8
上　海	Shanghai	12849.83	15363.00	13280.10	8	3.62	3.98	4.34	25
江　苏	Jiangsu	14080.15	16997.00	15521.30	6	45.76	35.14	34.37	2
浙　江	Zhejiang	20203.08	20216.00	17236.38	4	21.45	25.16	26.25	4
安　徽	Anhui	9334.70	7774.00	7629.83	17	4.29	4.86	5.01	22
福　建	Fujian	7399.33	6957.00	7425.93	19	14.41	15.70	8.87	18
江　西	Jiangxi	14956.75	17565.00	12747.25	9	7.61	9.19	11.55	13
山　东	Shandong	11471.70	13465.00	13562.35	7	29.63	32.46	30.22	3
河　南	Henan	6753.33	6311.00	6990.45	20	13.98	15.11	16.92	10
湖　北	Hubei	7381.28	9856.00	10073.72	12	20.91	23.65	22.91	5
湖　南	Hunan	21434.67	21145.00	22364.22	2	10.05	11.15	11.37	14
广　东	Guangdong	21279.32	26264.00	25206.80	1	21.31	20.75	21.35	7
广　西	Guangxi	7863.43	7329.00	8656.40	13	4.03	7.66	7.74	19
海　南	Hainan	2575.22	2443.00	2881.37	26	0.75	0.87	0.86	28
重　庆	Chongqing	7874.72	6538.00	6972.80	21	14.38	14.34	15.27	11
四　川	Sichuan	17890.93	16534.00	16230.32	5	33.16	30.64	36.32	1
贵　州	Guizhou	2733.25	2484.00	2038.08	29	3.29	5.23	5.57	20
云　南	Yunnan	10162.33	9319.00	10274.67	11	7.52	9.08	10.76	15
西　藏	Tibet	514.00	587.00	877.00	31	0.32	0.37	0.37	31
陕　西	Shaanxi	7503.73	6599.00	6775.25	22	6.32	7.06	4.42	24
甘　肃	Gansu	9121.13	11039.00	8290.95	14	4.35	4.72	4.73	23
青　海	Qinghai	1334.33	1430.00	2075.07	28	0.35	0.51	0.59	30
宁　夏	Ningxia	4857.00	4687.00	3773.50	24	1.29	1.31	1.31	27
新　疆	Xinjiang	16899.22	18669.00	20247.58	3	2.85	3.55	5.48	21

20-15 有线广播电视用户数和电视入户率
Users of Cable Radios and TVs, Popularization Rate of Cable TV Programs

地区	Region	有线广播电视用户数（万户） Users of Cable Radios and TVs (10 000 households)				有线广播电视入户率（%） Popularization Rate of Cable TV Programs (%)			
		2010	2012	2013	2013排名 Ranking	2010	2012	2013	2013排名 Ranking
全　国	**National Total**	**18872.18**	**21508.97**	**22893.80**		**46.40**	**51.50**	**54.14**	
北　京	Beijing	448.12	498.60	636.91	16	91.68	100.54	125.06	2
天　津	Tianjin	262.19	277.94	292.29	25	77.98	80.37	83.22	5
河　北	Hebei	670.38	792.61	865.82	9	31.13	35.08	37.73	24
山　西	Shanxi	424.03	474.76	498.90	22	37.86	38.50	38.90	21
内蒙古	Inner Mongolia	313.93	319.83	317.95	24	41.23	38.23	37.76	23
辽　宁	Liaoning	752.58	921.59	995.54	8	51.08	61.49	65.98	8
吉　林	Jilin	452.41	512.17	556.48	19	48.77	52.91	56.89	10
黑龙江	Heilongjiang	521.30	613.24	703.87	12	42.89	49.86	55.22	11
上　海	Shanghai	573.02	647.99	681.76	14	112.36	124.13	130.03	1
江　苏	Jiangsu	1885.88	2177.86	2249.44	1	78.48	89.80	93.10	3
浙　江	Zhejiang	1183.65	1357.34	1449.05	5	74.13	83.89	89.65	4
安　徽	Anhui	461.10	518.83	708.26	11	22.60	24.50	33.12	27
福　建	Fujian	613.16	659.67	691.53	13	61.39	64.61	66.92	7
江　西	Jiangxi	439.47	539.84	595.19	18	34.00	44.62	48.33	14
山　东	Shandong	1650.88	1835.40	1870.15	3	57.28	61.42	61.81	9
河　南	Henan	725.14	850.44	1034.36	7	24.28	27.42	33.26	26
湖　北	Hubei	894.07	1048.38	1045.31	6	45.29	51.64	51.48	12
湖　南	Hunan	641.46	745.88	841.06	10	30.17	37.19	41.72	20
广　东	Guangdong	1701.53	1913.01	1960.00	2	71.18	75.34	80.55	6
广　西	Guangxi	467.91	622.99	623.44	17	31.22	45.83	45.81	16
海　南	Hainan	79.75	95.08	110.01	28	34.16	36.59	42.66	18
重　庆	Chongqing	492.12	509.27	519.53	21	44.31	44.10	42.56	19
四　川	Sichuan	1299.70	1392.68	1450.90	4	45.19	46.11	46.52	15
贵　州	Guizhou	335.23	396.61	394.28	23	29.97	32.93	32.06	29
云　南	Yunnan	495.99	551.90	520.35	20	40.18	43.11	37.50	25
西　藏	Tibet	17.54	18.59	21.52	31	25.85	26.64	30.37	30
陕　西	Shaanxi	507.43	596.28	639.47	15	43.23	48.68	51.39	13
甘　肃	Gansu	206.89	201.17	207.34	27	27.37	26.07	25.75	31
青　海	Qinghai	39.76	60.92	61.90	30	27.16	38.62	37.81	22
宁　夏	Ningxia	70.57	83.21	89.80	29	37.23	39.27	45.65	17
新　疆	Xinjiang	192.45	216.81	261.39	26	32.76	35.78	32.54	28

20-16 农村和数字电视有线广播电视用户数
Rural and Digital TV Users of Cable Radios and TVs

单位：万户 (10 000 households)

地区	Region	农村 Rural		数字电视 Digital TV		
		2013	2013排名 Ranking	2012	2013	2013排名 Ranking
全 国	**National Total**	**8911**		**21509**	**17160**	
北 京	Beijing	105	21	499	514	13
天 津	Tianjin	37	26	278	256	24
河 北	Hebei	283	12	793	687	7
山 西	Shanxi	160	19	475	345	23
内蒙古	Inner Mongolia	84	22	320	241	25
辽 宁	Liaoning	258	13	922	673	9
吉 林	Jilin	167	17	512	477	16
黑龙江	Heilongjiang	193	15	613	621	10
上 海	Shanghai	72	23	648	519	12
江 苏	Jiangsu	1247	1	2178	1662	1
浙 江	Zhejiang	878	3	1357	1334	4
安 徽	Anhui	334	10	519	348	22
福 建	Fujian	384	9	660	489	14
江 西	Jiangxi	434	7	540	420	17
山 东	Shandong	1033	2	1835	1369	3
河 南	Henan	394	8	850	369	20
湖 北	Hubei	470	6	1048	872	6
湖 南	Hunan	245	14	746	679	8
广 东	Guangdong	544	5	1913	1571	2
广 西	Guangxi	285	11	623	371	19
海 南	Hainan	32	27	95	92	28
重 庆	Chongqing	157	20	509	360	21
四 川	Sichuan	651	4	1393	948	5
贵 州	Guizhou	45	25	397	394	18
云 南	Yunnan	166	18	552	479	15
西 藏	Tibet	3	30	19	13	31
陕 西	Shaanxi	170	16	596	526	11
甘 肃	Gansu	24	28	201	196	26
青 海	Qinghai	4	29	61	58	30
宁 夏	Ningxia	2	31	83	90	29
新 疆	Xinjiang	53	24	275	186	27

20-17 全年电视节目制作投资额和国内销售额
Investment on Production and Domestic Sales of TV Programs

单位：万元 (10 000 yuan)

地区	Region	全年电视节目制作投资额 Investment on Production of TV Programs 2013	2013排名 Ranking	全年电视节目国内销售额 Domestic Sales of TV Programs 2012	2013	2013排名 Ranking
全国	**National Total**	**3135608**		**1696218**	**1515502**	
北京	Beijing	771009	1	383773	456466	1
天津	Tianjin	29879	11	1471	3641	14
河北	Hebei	6612	18	1534	2965	16
山西	Shanxi	9988	16	4	1787	18
内蒙古	Inner Mongolia	3231	22	30	31	25
辽宁	Liaoning	42351	9	7390	1306	19
吉林	Jilin	1753	23	1862	1228	20
黑龙江	Heilongjiang			415207		
上海	Shanghai	138494	3	128358	113764	3
江苏	Jiangsu	29463	12	61902	69160	6
浙江	Zhejiang	278244	2	343122	390948	2
安徽	Anhui	54911	8	15358	28978	9
福建	Fujian	40868	10	35600	30880	8
江西	Jiangxi	1429	24	7055	2566	17
山东	Shandong	26480	13	19080	19534	11
河南	Henan	25244	14			
湖北	Hubei	122256	4	13393	22505	10
湖南	Hunan	82070	7	18118	40968	7
广东	Guangdong	99957	6	117255	103575	4
广西	Guangxi	3643	21	862	300	22
海南	Hainan					
重庆	Chongqing	8774	17	12044	9142	12
四川	Sichuan	4907	20	2252	3240	15
贵州	Guizhou	1425	25	497	184	23
云南	Yunnan	16446	15	9716	6299	13
西藏	Tibet					
陕西	Shaanxi	103860	5	8392	89876	5
甘肃	Gansu	5111	19	413	848	21
青海	Qinghai	18	28			
宁夏	Ningxia	348	26	82	152	24
新疆	Xinjiang	185	27			

20-18　电视剧制作投资额和国内销售额
Investment on Production and Domestic Sales of TV Plays

单位：万元　　　　(10 000 yuan)

地区　Region		电视剧制作投资额 Investment on Production of TV Plays			电视剧国内销售额 Domestic Plays of TV Series		
		2012	2013	2013排名 Ranking	2012	2013	2013排名 Ranking
全　国	**National Total**	**910327**	**1037305**		**867290**	**1000891**	
北　京	Beijing	376882	448628	1	277901	303615	2
天　津	Tianjin	1974	4935	14	1272	3457	12
河　北	Hebei	3099	2052	18	266	2280	14
山　西	Shanxi		9511	12		1536	17
内蒙古	Inner Mongolia		2340	17			
辽　宁	Liaoning	3250	5513	13	40	687	20
吉　林	Jilin	1625	1173	21	1862	1228	19
黑龙江	Heilongjiang	8784					
上　海	Shanghai	58853	67896	3	113621	94204	3
江　苏	Jiangsu	30950	3488	16	46951	39326	5
浙　江	Zhejiang	163075	243298	2	258189	353088	1
安　徽	Anhui	16137	14297	10	345	1700	16
福　建	Fujian	15775	19546	8	22770	8941	9
江　西	Jiangxi	5000	546	22	1036	1986	15
山　东	Shandong	14404	20937	7	17224	18913	7
河　南	Henan						
湖　北	Hubei	30550	13851	11	7696	6469	10
湖　南	Hunan	20732	42777	5	2400	18043	8
广　东	Guangdong	71274	23448	6	38981	33729	6
广　西	Guangxi	2281	1520	19	373	25	23
海　南	Hainan						
重　庆	Chongqing	8161	1175	20	4643	1519	18
四　川	Sichuan	10023	3950	15	2252	3240	13
贵　州	Guizhou				298	184	21
云　南	Yunnan	4004	15733	9	9600	6210	11
西　藏	Tibet						
陕　西	Shaanxi	36588	61446	4	7742	46647	4
甘　肃	Gansu	45	80	25	80		
青　海	Qinghai						
宁　夏	Ningxia	66	100	23		152	22
新　疆	Xinjiang	5784	95	24			

20-19 动画电视制作投资额和国内销售额
Investment on Production and Domestic Sales of Cartoon

单位：万元 (10 000 yuan)

地区	Region	动画电视制作投资额 Investment on Production of Animations			动画电视国内销售额 Domestic Sales of Animations		
		2012	2013	2013排名 Ranking	2012	2013	2013排名 Ranking
全 国	**National Total**	**175535**	**161439**		**104729**	**170048**	
北 京	Beijing	16181	25920	2	9082	7429	7
天 津	Tianjin						
河 北	Hebei	4893	2851	10	46		
山 西	Shanxi	200	36	18		38	16
内蒙古	Inner Mongolia	16	3	20	19		
辽 宁	Liaoning	863	744	16	196	403	13
吉 林	Jilin						
黑龙江	Heilongjiang						
上 海	Shanghai	4660	2014	12	1043	843	11
江 苏	Jiangsu	37175	25635	3	12992	29701	2
浙 江	Zhejiang	19028	16525	5	16957	11111	6
安 徽	Anhui	17191	10581	7	8126	14123	3
福 建	Fujian	17485	18462	4	10848	13882	4
江 西	Jiangxi	5102			6019		
山 东	Shandong	350	896	15	524	334	14
河 南	Henan						
湖 北	Hubei	6716	12860	6	4970	12358	5
湖 南	Hunan	7467	3582	8	3699	1552	10
广 东	Guangdong	27457	26382	1	24320	61023	1
广 西	Guangxi	940	1100	14	210	90	15
海 南	Hainan						
重 庆	Chongqing	4955	3555	9	2444	3466	9
四 川	Sichuan	11	30	19			
贵 州	Guizhou						
云 南	Yunnan						
西 藏	Tibet						
陕 西	Shaanxi	1333	2807	11	125	5394	8
甘 肃	Gansu	25	1603	13		412	12
青 海	Qinghai						
宁 夏	Ningxia	115	100	17	42		
新 疆	Xinjiang	5					

20-20 全国广播电视从业人员和收入情况
Persons Engaged and Revenue of Radio and TV Industry

地区	Region	从业人员(人) Number of Engaged Persons (person)		总收入(万元) Total Revenue (10 000 yuan)		
		2013	2013排名 Ranking	2012	2013	2013排名 Ranking
全　国	**National Total**	**844330**		**32687891**	**37348848**	
北　京	Beijing	45150	5	3079306	4187070	1
天　津	Tianjin	7968	27	435047	466794	21
河　北	Hebei	37932	10	526663	574191	15
山　西	Shanxi	21688	15	341268	353459	26
内蒙古	Inner Mongolia	18076	20	393047	373872	24
辽　宁	Liaoning	28436	12	717625	816578	12
吉　林	Jilin	20759	16	405764	439455	22
黑龙江	Heilongjiang	18807	19	522303	548639	16
上　海	Shanghai	29549	11	2811032	3229097	2
江　苏	Jiangsu	52089	2	2528657	2597395	4
浙　江	Zhejiang	44752	6	2403510	3045362	3
安　徽	Anhui	22517	14	715327	832176	10
福　建	Fujian	26015	13	659204	891679	9
江　西	Jiangxi	19616	17	474764	529238	18
山　东	Shandong	52959	1	1257841	1453627	7
河　南	Henan	51704	3	620072	636740	14
湖　北	Hubei	38197	9	779803	820199	11
湖　南	Hunan	39413	7	1588853	1895665	6
广　东	Guangdong	49730	4	2144604	2364526	5
广　西	Guangxi	15594	23	440582	478871	20
海　南	Hainan	5047	28	126927	139581	28
重　庆	Chongqing	12317	26	367060	389124	23
四　川	Sichuan	39183	8	1010593	1157753	8
贵　州	Guizhou	15115	24	491815	545929	17
云　南	Yunnan	17966	21	516557	512362	19
西　藏	Tibet	3923	30	71952	97695	31
陕　西	Shaanxi	19266	18	578194	705516	13
甘　肃	Gansu	14919	25	285363	265706	27
青　海	Qinghai	3543	31	78477	126821	30
宁　夏	Ningxia	4877	29	179839	129178	29
新　疆	Xinjiang	16273	22	328040	365961	25

20-21 分地区广播电视收入情况（一）
Revenue of Radio and TV Broadcasting Industry by Region（1）

单位：万元 (10 000 yuan)

地区	Region	广告收入 Revenue of Advertising			广播广告收入 Radio Advertising Revenue		
		2012	2013	2013排名 Ranking	2012	2013	2013排名 Ranking
全　国	**National Total**	**12702465**	**13870071**		**1361954**	**1399245**	
北　京	Beijing	1081857	1698425	1	109251	94395	5
天　津	Tianjin	164567	168321	18	50012	47859	10
河　北	Hebei	220091	224172	13	43422	48162	9
山　西	Shanxi	108676	107462	24	20763	22824	20
内蒙古	Inner Mongolia	54153	49552	27	17216	13085	26
辽　宁	Liaoning	285287	297012	10	74264	75090	6
吉　林	Jilin	134552	134649	20	27112	28107	18
黑龙江	Heilongjiang	219371	223281	14	50666	50185	8
上　海	Shanghai	718281	720188	6	54766	54785	7
江　苏	Jiangsu	1031148	998275	2	134026	128516	1
浙　江	Zhejiang	724395	817921	5	114846	125617	2
安　徽	Anhui	389632	434438	8	30969	30340	17
福　建	Fujian	208711	213940	15	29964	32138	16
江　西	Jiangxi	178608	181291	17	13433	13303	25
山　东	Shandong	606097	613082	7	97240	113578	4
河　南	Henan	319273	239507	12	37767	36851	15
湖　北	Hubei	258438	266136	11	40915	44337	11
湖　南	Hunan	742915	917295	4	34214	38247	14
广　东	Guangdong	896412	931329	3	115845	122302	3
广　西	Guangxi	122956	130798	21	15408	16446	24
海　南	Hainan	61981	59653	25	3583	4440	28
重　庆	Chongqing	105714	124597	23	14750	17754	22
四　川	Sichuan	312842	310947	9	33948	42466	12
贵　州	Guizhou	121383	128813	22	15104	16509	23
云　南	Yunnan	153325	151177	19	15713	22875	19
西　藏	Tibet	14947	16489	30	133	71	31
陕　西	Shaanxi	187705	207236	16	59003	39995	13
甘　肃	Gansu	37797	38751	28	7062	7177	27
青　海	Qinghai	5401	5978	31	1053	1510	30
宁　夏	Ningxia	34789	25588	29	2229	2479	29
新　疆	Xinjiang	54435	55794	26	19980	20127	21

20-22 分地区广播电视收入情况（二）
Revenue of Radio and TV Broadcasting Industry by Region（2）

单位：万元 (10 000 yuan)

地区	Region	电视广告收入 TV Advertising Revenue 2012	2013	2013排名 Ranking	其他广告收入 Other Advertising Revenue 2012	2013	2013排名 Ranking
全　国	**National Total**	**10462897**	**11192629**		**877614**	**1278197**	
北　京	Beijing	483886	804805	3	488719	799225	1
天　津	Tianjin	113304	109081	19	1251	11381	13
河　北	Hebei	159635	159870	15	17035	16140	10
山　西	Shanxi	84048	80656	24	3865	3982	22
内蒙古	Inner Mongolia	36289	35906	26	648	561	26
辽　宁	Liaoning	203726	217554	10	7297	4368	21
吉　林	Jilin	107301	106149	21	138	394	28
黑龙江	Heilongjiang	158490	167768	13	10215	5328	18
上　海	Shanghai	587547	562439	6	75969	102964	2
江　苏	Jiangsu	867834	837580	2	29288	32179	4
浙　江	Zhejiang	577418	649808	5	32131	42495	3
安　徽	Anhui	349263	392829	8	9399	11269	14
福　建	Fujian	156294	157608	16	22453	24194	7
江　西	Jiangxi	157545	162890	14	7630	5097	19
山　东	Shandong	486425	478215	7	22432	21288	8
河　南	Henan	269710	192022	12	11795	10635	15
湖　北	Hubei	210351	209705	11	7172	12094	11
湖　南	Hunan	694070	860934	1	14631	18113	9
广　东	Guangdong	751023	783368	4	29545	25659	6
广　西	Guangxi	101326	102497	22	6222	11855	12
海　南	Hainan	57159	52469	25	1239	2744	24
重　庆	Chongqing	87325	97632	23	3639	9210	16
四　川	Sichuan	257643	259630	9	21252	8850	17
贵　州	Guizhou	105230	107323	20	1048	4981	20
云　南	Yunnan	135162	124930	18	2449	3372	23
西　藏	Tibet	14814	16302	30		116	30
陕　西	Shaanxi	128282	135376	17	420	31865	5
甘　肃	Gansu	30147	31255	28	589	319	29
青　海	Qinghai	4319	4411	31	29	57	31
宁　夏	Ningxia	31361	21703	29	1199	1406	25
新　疆	Xinjiang	33602	35239	27	853	428	27

20-23 分地区广播电视收入情况（三）
Revenue of Radio and TV Broadcasting Industry by Region（3）

单位：万元 (10 000 yuan)

地区	Region	网络收入 Revenue of Network Services			广播电视节目销售收入 Revenue of Sales of Radio and TV Programs		
		2012	2013	2013排名 Ranking	2012	2013	2013排名 Ranking
全国	**National Total**	**5225151**	**7549089**		**1343029**	**1806244**	
北京	Beijing	321323	442142	6	438303	538109	1
天津	Tianjin	94772	98863	25	12225	12508	12
河北	Hebei	146617	197167	12	1354	3490	16
山西	Shanxi	66907	111605	24	234	2268	18
内蒙古	Inner Mongolia	105073	145207	21	30	31	26
辽宁	Liaoning	175976	259903	10	8390	1380	21
吉林	Jilin	176360	192731	13	2166	1554	20
黑龙江	Heilongjiang	58018	179058	15		710	23
上海	Shanghai	268055	307632	7	128303	113944	4
江苏	Jiangsu	462578	725065	2	60801	94682	5
浙江	Zhejiang	286848	600575	3	344295	425509	2
安徽	Anhui	102821	136445	22	16425	29871	10
福建	Fujian	73784	208822	11	37780	33819	9
江西	Jiangxi	143834	177156	17	7055	3314	17
山东	Shandong	289432	513090	4	6845	27261	11
河南	Henan	84883	134216	23		5	27
湖北	Hubei	215323	295127	8	15681	40504	8
湖南	Hunan	205198	288770	9	15963	59736	7
广东	Guangdong	514746	759604	1	130779	182161	3
广西	Guangxi	169868	181364	14	862	300	24
海南	Hainan	34642	37980	28			
重庆	Chongqing	151746	177351	16	13453	9386	13
四川	Sichuan	344829	447336	5	2252	3837	15
贵州	Guizhou	126659	149463	20	1677	2085	19
云南	Yunnan	162658	160153	19	218	6478	14
西藏	Tibet		4647	31			
陕西	Shaanxi	170031	162850	18	21537	90812	6
甘肃	Gansu	49389	67460	27	489	936	22
青海	Qinghai	18748	24179	30			
宁夏	Ningxia	27830	29001	29	83	160	25
新疆	Xinjiang	45887	74616	26			

20-24 分地区广播电视收入情况（四）
Revenue of Radio and TV Broadcasting Industry by Region（4）

单位：万元 (10 000 yuan)

地区	Region	有线广播电视收视费收入 Revenue of Subscription of Cable Radio and TV			付费数字电视收入 Revenue of Pay Digital TV		
		2012	2013	2013排名 Ranking	2012	2013	2013排名 Ranking
全　国	**National Total**	**2994883**	**4378749**		**398861**	**585982**	
北　京	Beijing	100411	106736	14	4734	6236	20
天　津	Tianjin	56989	53826	24	1707	2046	25
河　北	Hebei	123865	166455	9	4088	4662	21
山　西	Shanxi	64477	95234	21	205	592	28
内蒙古	Inner Mongolia	66401	100038	17	9604	12995	17
辽　宁	Liaoning	128624	201280	7	5853	3654	22
吉　林	Jilin	102382	104342	15	19698	28892	7
黑龙江	Heilongjiang	46452	151528	10	1525	8410	19
上　海	Shanghai	130517	136036	11	20313	29459	6
江　苏	Jiangsu	233913	396323	2	36125	47061	3
浙　江	Zhejiang	122972	309492	4	13854	38602	4
安　徽	Anhui	25964	43525	26	50541	58723	2
福　建	Fujian	42280	102851	16	5772	21456	13
江　西	Jiangxi	102826	131301	12	16023	15633	15
山　东	Shandong	193771	337482	3	11927	28262	9
河　南	Henan	48965	99315	18	3104	2380	24
湖　北	Hubei	156582	221720	6	11052	19695	14
湖　南	Hunan	130981	191519	8	23847	27547	11
广　东	Guangdong	319381	446981	1	24956	34591	5
广　西	Guangxi	87495	89420	22	11538	10736	18
海　南	Hainan	25077	26005	28	593	849	27
重　庆	Chongqing	90204	99241	19	6289	13786	16
四　川	Sichuan	183760	232851	5	30919	59636	1
贵　州	Guizhou	70389	78371	23	15448	28587	8
云　南	Yunnan	96783	95453	20	26197	23337	12
西　藏	Tibet		4000	31		107	30
陕　西	Shaanxi	106634	109295	13	13631	28000	10
甘　肃	Gansu	42747	52323	25	1199	3310	23
青　海	Qinghai	13706	17482	30	1010	2023	26
宁　夏	Ningxia	24930	24800	29			
新　疆	Xinjiang	20448	39572	27	305	226	29

20-25 分地区广播电视收入情况（五）
Revenue of Radio and TV Broadcasting Industry by Region（5）

单位：万元 (10 000 yuan)

地区	Region	三网融合业务收入 Revenue of Three-network Convergence 2012	2013	2013排名 Ranking	其他网络收入 Revenue of Other Network Services 2012	2013	2013排名 Ranking
全国	**National Total**	359360	501372		1472047	2082985	
北京	Beijing	74968	86996	1	141211	242174	1
天津	Tianjin	14147	15928	9	21928	27063	21
河北	Hebei	863	2106	21	17801	23944	23
山西	Shanxi	268	325	26	1957	15454	25
内蒙古	Inner Mongolia				29068	32174	16
辽宁	Liaoning	8293	8275	14	33206	46695	12
吉林	Jilin	4756	5045	17	49523	54452	10
黑龙江	Heilongjiang		475	25	10042	18645	24
上海	Shanghai	4020	12941	11	113204	129196	7
江苏	Jiangsu	29994	44164	3	162547	237516	3
浙江	Zhejiang	53895	72446	2	96127	180035	4
安徽	Anhui	2351	3915	19	23966	30283	18
福建	Fujian	5065	5835	16	20667	78681	8
江西	Jiangxi	1221	1416	22	23764	28806	20
山东	Shandong	7602	10902	13	76132	136443	5
河南	Henan	8293	6068	15	24522	26453	22
湖北	Hubei	11394	13645	10	36296	40066	15
湖南	Hunan	9983	17932	8	40387	51772	11
广东	Guangdong	25354	37811	4	145055	240221	2
广西	Guangxi		4208	18	70835	77000	9
海南	Hainan				8972	11126	26
重庆	Chongqing	12142	20874	7	43111	43450	13
四川	Sichuan	28125	33048	5	102025	131802	6
贵州	Guizhou	253	1328	23	40569	41177	14
云南	Yunnan	8478	12004	12	31200	29360	19
西藏	Tibet					540	30
陕西	Shaanxi	17561	25555	6	32205		
甘肃	Gansu	1819	913	24	3624	10913	27
青海	Qinghai	171	281	27	3861	4393	28
宁夏	Ningxia				2900	4201	29
新疆	Xinjiang	2961	3278	20	22172	31540	17

20-26 图书出版情况（一）
Number of Books Published in China (1)

单位：种 (kind)

地区 Region	图书出版种数 Number of Publication 2010	2012	2013	2013排名 Ranking	其中：图书新出版种数 Number of New Publication 2010	2012	2013	2013排名 Ranking
全 国 **National Total**	**328387**	**414005**	**444427**		**189295**	**241986**	**255981**	
北 京 Beijing	5670	9431	9830	10	3085	5611	5672	9
天 津 Tianjin	4550	5319	5539	20	3372	3886	3957	18
河 北 Hebei	2264	3976	6896	17	1000	2340	3548	21
山 西 Shanxi	2683	3403	4009	23	1573	1911	2643	22
内蒙古 Inner Mongolia	2885	2863	3015	26	1266	1648	1989	25
辽 宁 Liaoning	9060	9998	10737	8	4925	5596	6772	7
吉 林 Jilin	15553	22263	21770	3	11575	13803	12586	3
黑龙江 Heilongjiang	3515	4218	5247	22	2422	3113	3832	19
上 海 Shanghai	19256	23777	24694	1	11055	13133	13510	2
江 苏 Jiangsu	14400	20407	23268	2	7988	11318	14143	1
浙 江 Zhejiang	8084	11478	12706	6	4210	5935	7389	5
安 徽 Anhui	5646	9094	9444	11	2732	5202	5471	11
福 建 Fujian	3415	3413	3320	25	2320	2329	2283	24
江 西 Jiangxi	3870	5127	5583	19	2427	3495	3562	20
山 东 Shandong	6987	11654	13885	5	3605	5428	6362	8
河 南 Henan	4876	6314	6889	18	2422	3377	4204	17
湖 北 Hubei	10464	14145	13900	4	6328	8362	8445	4
湖 南 Hunan	7395	10821	11468	7	4239	5753	5611	10
广 东 Guangdong	6354	9851	10355	9	3305	7454	6866	6
广 西 Guangxi	7344	8667	8803	13	3328	4289	4747	14
海 南 Hainan	2629	3315	3431	24	1111	1484	1134	28
重 庆 Chongqing	4690	5052	5356	21	2585	2155	2363	23
四 川 Sichuan	6645	7794	8554	15	3396	4235	4946	13
贵 州 Guizhou	823	966	894	29	642	575	667	29
云 南 Yunnan	4598	7901	7739	16	2746	5430	4232	16
西 藏 Tibet	570	546	658	31	182	259	246	31
陕 西 Shaanxi	6378	8468	9395	12	3189	4470	4967	12
甘 肃 Gansu	1930	2617	2907	27	1255	1453	1521	26
青 海 Qinghai	429	557	663	30	227	319	331	30
宁 夏 Ningxia	905	1676	2385	28	585	1224	1417	27
新 疆 Xinjiang	4980	8691	8780	14	2468	4997	4372	15

20-27 图书出版情况（二）
Number of Books Published in China (2)

地区	Region	图书总印数（亿册、亿张） Printed Copies of Books Published (100 million copies)				图书总印张数（亿印张） Printed Sheets of Books Published (100 million sheets)			
		2010	2012	2013	2013排名 Ranking	2010	2012	2013	2013排名 Ranking
全　国	**National Total**	**71.7**	**79.2**	**83.1**		**606.3**	**667.0**	**712.6**	
北　京	Beijing	0.9	1.3	1.3	19	8.6	13.4	13.4	16
天　津	Tianjin	0.4	0.5	0.5	28	3.8	4.0	4.5	27
河　北	Hebei	1.7	2.0	2.4	12	10.7	13.4	17.0	13
山　西	Shanxi	1.3	1.5	1.3	18	10.3	14.0	12.9	17
内蒙古	Inner Mongolia	0.6	0.6	0.7	25	4.7	4.3	5.0	25
辽　宁	Liaoning	1.5	1.2	1.2	21	11.6	9.6	9.6	19
吉　林	Jilin	2.0	2.9	2.7	8	17.6	25.8	22.6	8
黑龙江	Heilongjiang	0.7	0.6	0.7	23	5.6	5.3	5.3	24
上　海	Shanghai	2.8	3.4	3.3	6	26.0	31.3	31.8	3
江　苏	Jiangsu	5.5	5.4	5.7	1	33.2	35.6	39.7	1
浙　江	Zhejiang	2.8	3.7	3.8	3	19.1	23.6	23.8	7
安　徽	Anhui	2.4	2.4	2.6	10	16.4	17.4	20.0	10
福　建	Fujian	0.8	0.9	0.9	22	5.9	6.8	7.0	22
江　西	Jiangxi	1.6	1.8	1.9	15	10.0	11.8	12.6	18
山　东	Shandong	3.4	4.3	5.0	2	24.1	27.7	32.5	2
河　南	Henan	2.0	2.3	2.4	11	13.9	16.5	17.9	12
湖　北	Hubei	2.8	2.6	2.6	9	20.0	20.8	20.9	9
湖　南	Hunan	3.1	3.6	3.6	4	18.7	23.7	24.7	5
广　东	Guangdong	2.3	3.0	3.3	7	16.0	22.3	25.2	4
广　西	Guangxi	2.5	2.9	3.4	5	15.5	19.3	24.0	6
海　南	Hainan	0.7	0.8	0.6	26	4.6	4.8	4.6	26
重　庆	Chongqing	1.6	1.4	1.4	17	10.3	8.8	8.9	20
四　川	Sichuan	1.9	2.4	2.3	13	14.7	17.7	18.7	11
贵　州	Guizhou	0.8	0.7	0.6	27	5.6	4.8	4.4	28
云　南	Yunnan	1.5	1.7	1.7	16	9.7	12.8	13.5	15
西　藏	Tibet	0.1	0.1	0.1	31	0.9	1.1	0.8	31
陕　西	Shaanxi	2.0	2.0	1.9	14	15.1	16.8	16.4	14
甘　肃	Gansu	0.7	0.7	0.7	24	5.1	5.5	5.7	23
青　海	Qinghai	0.1	0.1	0.1	30	0.8	0.9	1.0	30
宁　夏	Ningxia	0.2	0.3	0.4	29	1.5	2.4	3.0	29
新　疆	Xinjiang	0.5	1.1	1.3	20	3.9	7.7	8.8	21

20-28　期刊出版情况（一）
Number of Magazines Published in China (1)

地区	Region	期刊出版种数（种） Number of Publication (kind) 2010	2012	2013	2013排名 Ranking	期刊平均期印数（万册） Average Printed Copies per Issue (10 000 copies) 2010	2012	2013	2013排名 Ranking
全　国	**National Total**	**9884**	**9867**	**9877**		**16349**	**16767**	**16453**	
北　京	Beijing	173	170	170	21	203	194	187	23
天　津	Tianjin	257	251	253	10	264	252	246	19
河　北	Hebei	230	229	229	14	255	248	249	18
山　西	Shanxi	201	198	199	17	189	182	167	24
内蒙古	Inner Mongolia	149	148	148	23	71	127	120	26
辽　宁	Liaoning	326	320	323	6	565	551	526	6
吉　林	Jilin	236	240	237	13	384	390	351	13
黑龙江	Heilongjiang	314	315	314	7	273	291	266	16
上　海	Shanghai	633	635	635	1	1019	938	873	2
江　苏	Jiangsu	464	467	468	2	469	488	441	9
浙　江	Zhejiang	221	222	223	15	486	539	537	5
安　徽	Anhui	184	186	186	18	404	405	397	12
福　建	Fujian	179	176	176	20	187	202	231	21
江　西	Jiangxi	160	161	161	22	270	269	273	15
山　东	Shandong	271	269	269	9	496	485	483	8
河　南	Henan	250	246	248	12	386	405	399	11
湖　北	Hubei	423	422	423	3	1241	1280	1166	1
湖　南	Hunan	252	248	253	10	545	557	557	4
广　东	Guangdong	387	389	388	4	934	863	834	3
广　西	Guangxi	185	186	182	19	185	193	193	22
海　南	Hainan	42	43	44	29	56	49	49	29
重　庆	Chongqing	139	137	137	24	238	266	262	17
四　川	Sichuan	349	348	351	5	498	470	417	10
贵　州	Guizhou	89	88	88	27	85	86	84	27
云　南	Yunnan	127	127	128	26	239	222	236	20
西　藏	Tibet	36	35	35	31	16	16	17	31
陕　西	Shaanxi	286	283	286	8	417	334	281	14
甘　肃	Gansu	138	134	136	25	499	507	491	7
青　海	Qinghai	48	53	53	28	19	31	29	30
宁　夏	Ningxia	36	37	37	30	52	63	58	28
新　疆	Xinjiang	209	210	214	16	91	119	125	25

20-29 期刊出版情况（二）
Number of Magazines Published in China (2)

地区	Region	期刊总印数（亿册） Total Printed Copies (100 million copies)				期刊总印张数（亿印张） Printed Sheets (100 million sheets)			
		2010	2012	2013	2013排名 Ranking	2010	2012	2013	2013排名 Ranking
全　国	**National Total**	**32.2**	**33.5**	**32.7**		**181.1**	**196.0**	**194.7**	
北　京	Beijing	0.4	0.4	0.4	23	2.7	2.7	2.7	16
天　津	Tianjin	0.4	0.4	0.4	22	1.9	1.9	2.0	24
河　北	Hebei	0.5	0.5	0.5	18	2.3	2.4	2.5	19
山　西	Shanxi	0.4	0.4	0.3	24	2.3	2.4	2.2	22
内蒙古	Inner Mongolia	0.1	0.3	0.3	25	0.6	1.4	1.3	26
辽　宁	Liaoning	1.0	1.0	0.9	10	4.0	4.2	4.0	12
吉　林	Jilin	1.0	1.1	1.0	8	4.8	5.1	4.6	9
黑龙江	Heilongjiang	0.5	0.6	0.6	15	2.7	3.0	2.9	15
上　海	Shanghai	1.8	1.8	1.6	3	9.0	9.7	9.0	3
江　苏	Jiangsu	1.0	1.3	1.2	6	4.2	4.8	4.7	8
浙　江	Zhejiang	0.7	0.8	0.8	11	2.8	4.3	4.2	11
安　徽	Anhui	0.6	0.6	0.6	14	2.3	2.6	2.6	17
福　建	Fujian	0.3	0.4	0.5	19	1.4	1.6	2.4	20
江　西	Jiangxi	0.7	0.7	0.7	13	2.4	2.3	2.4	21
山　东	Shandong	1.1	1.1	1.2	5	5.1	6.0	5.9	4
河　南	Henan	0.9	1.0	1.0	9	4.0	4.4	4.6	10
湖　北	Hubei	3.0	3.4	3.1	1	14.8	18.7	17.8	1
湖　南	Hunan	1.3	1.2	1.3	4	6.1	5.5	5.7	5
广　东	Guangdong	2.1	1.9	1.7	2	12.5	11.2	10.8	2
广　西	Guangxi	0.4	0.5	0.5	20	1.8	1.8	2.0	23
海　南	Hainan	0.1	0.1	0.1	29	0.8	0.6	0.6	29
重　庆	Chongqing	0.5	0.5	0.6	16	3.6	3.5	3.5	14
四　川	Sichuan	1.1	0.9	0.8	12	7.5	6.5	5.5	7
贵　州	Guizhou	0.1	0.1	0.2	28	0.7	0.7	0.8	28
云　南	Yunnan	0.4	0.4	0.4	21	1.9	2.4	2.5	18
西　藏	Tibet					0.1	0.1	0.1	31
陕　西	Shaanxi	0.8	0.7	0.5	17	5.2	4.5	3.9	13
甘　肃	Gansu	1.1	1.1	1.1	7	4.6	4.9	5.6	6
青　海	Qinghai					0.2	0.3	0.2	30
宁　夏	Ningxia	0.1	0.2	0.2	27	1.4	1.8	1.6	25
新　疆	Xinjiang	0.1	0.2	0.2	26	0.5	0.8	0.9	27

20-30 报纸出版情况（一）
Number of Newspapers Published in China (1)

地区	Region	报纸出版种数（种）Number of Publication (kind) 2010	2012	2013	2013排名 Ranking	报纸平均期印数（万份）Average Printed Copies per Issue (10 000 copies) 2010	2012	2013	2013排名 Ranking
全国	**National Total**	**1939**	**1918**	**1915**		**21438**	**22762**	**23696**	
北京	Beijing	35	37	35	24	361	505	406	18
天津	Tianjin	28	27	24	28	334	325	286	21
河北	Hebei	66	66	64	12	837	872	840	10
山西	Shanxi	60	60	60	13	2118	2210	2413	1
内蒙古	Inner Mongolia	61	61	60	13	136	127	131	27
辽宁	Liaoning	75	69	70	9	843	948	896	9
吉林	Jilin	52	52	52	16	691	1093	1064	8
黑龙江	Heilongjiang	70	69	68	11	368	378	475	17
上海	Shanghai	72	72	73	8	726	662	579	15
江苏	Jiangsu	80	81	81	5	1182	1236	1237	5
浙江	Zhejiang	70	71	69	10	1131	1188	1163	6
安徽	Anhui	51	51	51	17	503	514	517	16
福建	Fujian	43	43	42	21	381	575	609	14
江西	Jiangxi	40	41	41	23	304	323	1356	4
山东	Shandong	88	87	87	4	1197	1170	1077	7
河南	Henan	79	78	78	6	1692	1519	1537	3
湖北	Hubei	74	74	74	7	716	836	816	11
湖南	Hunan	50	50	49	19	531	620	652	13
广东	Guangdong	100	101	101	2	1875	1830	1734	2
广西	Guangxi	55	54	54	15	251	265	269	22
海南	Hainan	14	12	14	30	88	92	91	28
重庆	Chongqing	26	26	27	26	296	321	288	20
四川	Sichuan	87	88	89	3	658	661	656	12
贵州	Guizhou	31	31	31	25	158	164	150	26
云南	Yunnan	43	42	42	21	235	228	223	24
西藏	Tibet	23	23	23	29	30	37	37	31
陕西	Shaanxi	44	44	43	20	281	304	290	19
甘肃	Gansu	56	50	51	17	183	217	220	25
青海	Qinghai	25	27	27	26	45	46	51	29
宁夏	Ningxia	15	14	14	30	46	46	48	30
新疆	Xinjiang	99	97	102	1	196	231	252	23

20-31 报纸出版情况（二）
Number of Newspapers Published in China (2)

地区	Region	报纸总印数（亿份）Total Printed Copies (100 million copies)				报纸总印张数（亿印张）Printed Sheets (100 million sheets)			
		2010	2012	2013	2013排名 Ranking	2010	2012	2013	2013排名 Ranking
全　国	**National Total**	**452.1**	**482.3**	**482.4**		**2148.0**	**2211.0**	**2097.8**	
北　京	Beijing	8.0	12.8	10.9	16	43.9	81.4	67.2	9
天　津	Tianjin	9.4	9.1	8.2	18	55.8	51.8	45.9	14
河　北	Hebei	14.7	15.0	16.4	9	42.5	43.9	44.0	15
山　西	Shanxi	20.6	21.1	21.9	5	31.0	28.5	28.9	21
内蒙古	Inner Mongolia	2.7	2.7	2.7	27	6.1	7.1	7.4	28
辽　宁	Liaoning	15.7	16.6	16.3	10	82.0	99.0	81.5	7
吉　林	Jilin	8.7	11.1	10.0	17	37.1	38.7	34.8	17
黑龙江	Heilongjiang	7.8	7.9	7.5	19	25.7	31.1	28.1	22
上　海	Shanghai	15.8	14.5	13.1	12	78.6	68.0	58.8	10
江　苏	Jiangsu	27.0	28.9	28.6	4	133.9	140.5	134.0	4
浙　江	Zhejiang	32.5	34.7	34.6	2	147.3	162.8	162.2	2
安　徽	Anhui	11.7	12.6	12.5	14	48.5	52.7	50.9	13
福　建	Fujian	10.0	11.9	12.1	15	42.3	53.9	56.6	11
江　西	Jiangxi	7.0	7.6	12.8	13	29.3	31.4	32.9	18
山　东	Shandong	33.4	34.0	31.6	3	179.6	185.1	157.2	3
河　南	Henan	21.2	21.5	21.4	6	68.0	71.7	71.2	8
湖　北	Hubei	18.2	20.5	19.8	7	89.0	93.0	85.9	5
湖　南	Hunan	12.9	13.1	13.4	11	54.4	52.5	52.7	12
广　东	Guangdong	45.6	45.3	43.6	1	437.9	413.2	386.5	1
广　西	Guangxi	7.0	7.0	7.2	20	28.6	25.6	25.2	23
海　南	Hainan	2.1	2.4	2.5	28	5.8	7.6	8.3	27
重　庆	Chongqing	5.9	6.9	6.3	23	33.2	35.4	32.0	19
四　川	Sichuan	17.0	17.3	17.0	8	99.5	86.6	83.2	6
贵　州	Guizhou	3.7	4.2	3.9	26	14.6	17.8	16.2	25
云　南	Yunnan	6.4	6.5	6.5	22	32.3	31.2	30.7	20
西　藏	Tibet	0.7	0.7	0.8	31	1.1	2.0	2.1	31
陕　西	Shaanxi	6.2	7.1	6.8	21	39.2	45.4	43.4	16
甘　肃	Gansu	4.1	5.0	5.2	25	11.3	11.1	11.0	26
青　海	Qinghai	1.0	1.1	1.2	29	3.4	3.6	4.7	29
宁　夏	Ningxia	1.1	1.1	1.1	30	2.8	3.1	3.3	30
新　疆	Xinjiang	4.6	5.4	5.7	24	11.7	16.5	19.8	24

20-32 技术等级运动员人数（一）
Certified Athletes by Technical Grade (1)

单位：人 (person)

地区	Region	技术等级运动员总数 Total 2010	2012	2013	2013排名 Ranking	其中：女运动员数 Female 2010	2012	2013	2013排名 Ranking
全国	**National Total**	**46341**	**46412**	**51089**		**17543**	**16787**	**18102**	
北京	Beijing	1644	1880	1676	13	682	744	612	14
天津	Tianjin	1062	1835	1100	22	496	720	446	17
河北	Hebei	2877	2602	2679	5	1107	921	963	5
山西	Shanxi	1050	740	1610	15	406	312	712	11
内蒙古	Inner Mongolia	1037	993	1468	16	435	366	440	18
辽宁	Liaoning	2193	1978	2716	4	1016	827	1031	4
吉林	Jilin	1464	1207	1244	19	389	379	371	21
黑龙江	Heilongjiang	1548	1030	1149	20	656	411	426	19
上海	Shanghai	2265	2020	2162	9	1005	884	897	6
江苏	Jiangsu	2205	2699	3331	3	880	1031	1293	3
浙江	Zhejiang	1952	2883	2256	7	841	1092	881	8
安徽	Anhui	1014	1692	1849	11	446	612	715	10
福建	Fujian	1443	1564	1463	17	497	616	555	15
江西	Jiangxi	815	1012	1111	21	278	380	338	23
山东	Shandong	4847	3360	4650	1	1687	672	1346	1
河南	Henan	2640	4000	4000	2	812	1294	1307	2
湖北	Hubei	1654	1656	2344	6	334	422	472	16
湖南	Hunan	1269	1254	1656	14	475	482	645	13
广东	Guangdong	3001	2554	2253	8	1228	1132	892	7
广西	Guangxi	1711	883	642	26	597	338	271	25
海南	Hainan	177	419	478	28	64	147	111	28
重庆	Chongqing	1030	2030	1811	12	414	957	694	12
四川	Sichuan	2363	514	1950	10	902	202	860	9
贵州	Guizhou	437	1125	301	29	182	351	108	29
云南	Yunnan	950	5	1379	18	268	2	426	19
西藏	Tibet	1	1304	8	31	1	497	5	31
陕西	Shaanxi	739	500	685	25	282	154	245	26
甘肃	Gansu	612	841	924	24	191	251	277	24
青海	Qinghai	42	141	41	30	23	53	15	30
宁夏	Ningxia	75	487	499	27	24	78	187	27
新疆	Xinjiang	622	727	1097	23	231	273	355	22

20-33 技术等级运动员人数（二）
Certified Athletes by Technical Grade (2)

单位：人 (person)

地区 Region	国际级运动健将数 International Master of Sports				其中：女运动员数 Female			
	2010	2012	2013	2013排名 Ranking	2010	2012	2013	2013排名 Ranking
全　国 National Total	**306**	**167**	**130**		**153**	**85**	**66**	
北　京 Beijing		11	5	6		6	2	10
天　津 Tianjin	7		7	5	5		3	6
河　北 Hebei		7	5	6		4	3	6
山　西 Shanxi	2	10				3		
内蒙古 Inner Mongolia		2	2	15		1	2	10
辽　宁 Liaoning		4	5	6		3	3	6
吉　林 Jilin		4	2	15		3	1	17
黑龙江 Heilongjiang		9	4	9		2	4	5
上　海 Shanghai	19	18			5	9		
江　苏 Jiangsu		22	9	4		9	7	2
浙　江 Zhejiang		14	10	2		11	5	3
安　徽 Anhui		2	3	12		2	2	10
福　建 Fujian		6	3	12		3	3	6
江　西 Jiangxi		2	4	9		1	2	10
山　东 Shandong	3	7	23	1	3	4	10	1
河　南 Henan		1	2	15		1	2	10
湖　北 Hubei	2				1			
湖　南 Hunan	3	4	3	12		3	2	10
广　东 Guangdong	27		10	2	14		5	3
广　西 Guangxi	7		1	19	5			
海　南 Hainan		2				2		
重　庆 Chongqing		11	1	19		4		
四　川 Sichuan	2		4	9			2	10
贵　州 Guizhou		3				2		
云　南 Yunnan	7		2	15	1			
西　藏 Tibet		1				1		
陕　西 Shaanxi	3	5	1	19	3	3		
甘　肃 Gansu		1				1		
青　海 Qinghai		8				1		
宁　夏 Ningxia								
新　疆 Xinjiang		1	1	19		1		

20-34 技术等级运动员人数（三）
Certified Athletes by Technical Grade (3)

单位：人 (person)

地区	Region	运动健将数 Master of Sports				其中：女运动员数 Female			
		2010	2012	2013	2013排名 Ranking	2010	2012	2013	2013排名 Ranking
全 国	**National Total**	**1712**	**1820**	**1283**		**719**	**864**	**565**	
北 京	Beijing		106	69	7		38	26	9
天 津	Tianjin	70		62	9	34		33	6
河 北	Hebei	22	74	38	11	3	32	8	19
山 西	Shanxi	42	39	38	11	18	16	17	13
内蒙古	Inner Mongolia		36	22	19		12	8	19
辽 宁	Liaoning		129	79	5		71	36	5
吉 林	Jilin	4	36	32	14	2	22	16	15
黑龙江	Heilongjiang	21	133	71	6	12	62	29	8
上 海	Shanghai	69	129			35	69		
江 苏	Jiangsu		255	113	2		122	65	1
浙 江	Zhejiang		118	85	4		71	37	4
安 徽	Anhui	1	59	30	17	1	38	17	13
福 建	Fujian	1	52				29		
江 西	Jiangxi	21	35	19	20	8	11	13	16
山 东	Shandong	4	121	110	3		55	49	3
河 南	Henan		74	48	10		35	22	10
湖 北	Hubei	21				10			
湖 南	Hunan	17	45	32	14	5	11	19	11
广 东	Guangdong	183		148	1	38		57	2
广 西	Guangxi	45	25	26	18	18	10	9	17
海 南	Hainan	6	4	4	24	1	3	1	24
重 庆	Chongqing		104	14	22		57	6	21
四 川	Sichuan	49	13	66	8	26	2	30	7
贵 州	Guizhou		34				13		
云 南	Yunnan	24		18	21	5		9	17
西 藏	Tibet		11	5	23		4	2	23
陕 西	Shaanxi	14	25	35	13	5	11	18	12
甘 肃	Gansu		17				6		
青 海	Qinghai	7	1	4	24	3		1	24
宁 夏	Ningxia		5				2		
新 疆	Xinjiang	18	18	31	16	5	8	5	22

20-35 技术等级运动员人数（四）
Certified Athletes by Technical Grade (4)

单位：人 (person)

地区	Region	一级运动员数 First Grade 2010	2012	2013	2013排名 Ranking	其中：女运动员数 Female 2010	2012	2013	2013排名 Ranking
全国	**National Total**	**8953**	**9690**	**9197**		**3977**	**3396**	**3498**	
北京	Beijing	450	426	325	12	193	175	129	12
天津	Tianjin	148	368	203	19	75	136	79	17
河北	Hebei	528	332	504	7	259	132	234	4
山西	Shanxi	150	221	272	14	78	116	107	13
内蒙古	Inner Mongolia	35	205	272	14	18	63	106	14
辽宁	Liaoning	444	604	756	1	222	224	263	3
吉林	Jilin	201	222	220	17	69	77	65	20
黑龙江	Heilongjiang	445	254	316	13	194	103	135	10
上海	Shanghai	679	390	711	2	327	181	309	2
江苏	Jiangsu	632	507	692	3	347	225	316	1
浙江	Zhejiang	472	517	545	6	225	205	202	6
安徽	Anhui	2	201	380	10	1	68	161	9
福建	Fujian	278	335	201	20	124	152	78	18
江西	Jiangxi	210	152	151	22	90	72	51	23
山东	Shandong	1215	1067	572	4	475		94	16
河南	Henan	626	688	492	8	265	260	192	7
湖北	Hubei	194	323	214	18	66	123	66	19
湖南	Hunan	277	266	552	5	116	106	222	5
广东	Guangdong	625	1042	428	9	293	403	135	10
广西	Guangxi	184	174	133	23	84	67	61	21
海南	Hainan	10	141	65	26		45	24	27
重庆	Chongqing	145	397	230	16	61	186	96	15
四川	Sichuan	371	92	374	11	179	36	179	8
贵州	Guizhou	47	189	50	28	19	53	15	28
云南	Yunnan	83	5	158	21		2	52	22
西藏	Tibet	1	161	2	31	1	59	2	31
陕西	Shaanxi	184	110	52	27	78	37	27	26
甘肃	Gansu	97	128	132	24	26	36	38	25
青海	Qinghai	26	17	29	29	15	15	11	29
宁夏	Ningxia	9	40	10	30	1	1	3	30
新疆	Xinjiang	167	79	132	24	70	23	43	24

20-36 技术等级运动员人数（五）
Certified Athletes by Technical Grade (5)

单位：人 (person)

地区	Region	二级运动员数 Second Grade				其中：女运动员数 Female			
		2010	2012	2013	2013排名 Ranking	2010	2012	2013	2013排名 Ranking
全　国	**National Total**	**35370**	**34735**	**40479**		**12694**	**12442**	**13973**	
北　京	Beijing	1194	1337	1277	14	489	525	455	14
天　津	Tianjin	837	1467	828	22	382	584	331	18
河　北	Hebei	2327	2189	2132	4	845	753	718	5
山　西	Shanxi	856	470	1300	13	310	177	588	10
内蒙古	Inner Mongolia	1002	750	1172	17	417	290	324	19
辽　宁	Liaoning	1749	1241	1876	6	794	529	729	4
吉　林	Jilin	1259	945	990	19	318	277	289	21
黑龙江	Heilongjiang	1082	634	758	24	450	244	258	23
上　海	Shanghai	1498	1483	1451	11	638	625	588	10
江　苏	Jiangsu	1573	1915	2517	3	533	675	905	3
浙　江	Zhejiang	1480	2234	1616	8	616	805	637	8
安　徽	Anhui	1011	1430	1436	12	444	504	535	12
福　建	Fujian	1164	1171	1259	15	373	432	474	13
江　西	Jiangxi	584	823	937	20	180	296	272	22
山　东	Shandong	3625	2165	3945	1	1209	613	1193	1
河　南	Henan	2014	3237	3458	2	547	998	1091	2
湖　北	Hubei	1437	1333	2130	5	257	299	406	15
湖　南	Hunan	972	939	1069	18	354	362	402	16
广　东	Guangdong	2166	1512	1667	7	883	729	695	6
广　西	Guangxi	1475	684	482	27	490	261	201	25
海　南	Hainan	161	272	409	28	63	97	86	29
重　庆	Chongqing	885	1518	1566	9	353	710	592	9
四　川	Sichuan	1941	409	1506	10	697	164	649	7
贵　州	Guizhou	390	899	251	29	163	283	93	28
云　南	Yunnan	836		1201	16	262		365	17
西　藏	Tibet		1131	1	31		433	1	31
陕　西	Shaanxi	538	360	597	25	196	103	200	26
甘　肃	Gansu	515	695	792	23	165	208	239	24
青　海	Qinghai	9	115	8	30	5	37	3	30
宁　夏	Ningxia	66	442	489	26	23	75	184	27
新　疆	Xinjiang	437	629	933	21	156	241	307	20

20-37 等级教练员人数（一）
Certified Coaches by Grade (1)

单位：人 (person)

地区	Region	等级教练员总数 Total 2010	2012	2013	2013排名 Ranking	其中：女教练员数 Female 2010	2012	2013	2013排名 Ranking
全　国	**National Total**	**1451**	**767**	**1518**		**388**	**211**	**417**	
北　京	Beijing	99	20	27	22	31	8	6	24
天　津	Tianjin	6	16	32	19		6	7	20
河　北	Hebei	8	22	27	22	2	5	7	20
山　西	Shanxi		2	47	12			15	10
内蒙古	Inner Mongolia	1	2	23	25			7	20
辽　宁	Liaoning	220	51	98	4	56	14	26	4
吉　林	Jilin	11	21	44	13	3	9	10	13
黑龙江	Heilongjiang	215	24	49	10	57	6	8	19
上　海	Shanghai	76	4	48	11	25		17	8
江　苏	Jiangsu	178	49	85	6	57	10	22	6
浙　江	Zhejiang	28	35	79	7	12	14	25	5
安　徽	Anhui	29	27	16	26	6	4	3	28
福　建	Fujian	23	67	130	2	8	27	49	1
江　西	Jiangxi	3	9	27	22		1	9	17
山　东	Shandong	22	35	165	1	6	7	47	2
河　南	Henan	74	26	42	14	19	8	10	13
湖　北	Hubei	3	9	40	16	1	1	4	27
湖　南	Hunan	65	10	52	9	17	3	17	8
广　东	Guangdong	46	74	119	3	15	18	30	3
广　西	Guangxi	46	83	33	18	15	23	12	12
海　南	Hainan	1	4	8	28	1	1	3	28
重　庆	Chongqing	15	44	31	20	3	9	10	13
四　川	Sichuan	120	13	64	8	32	2	15	10
贵　州	Guizhou	30	33	8	28	7	13	5	25
云　南	Yunnan	9	2	89	5	4		20	7
西　藏	Tibet		15	4	30		5		
陕　西	Shaanxi	6	27	34	17		9	7	20
甘　肃	Gansu	64	6	42	14	5	3	10	13
青　海	Qinghai	13				1			
宁　夏	Ningxia	1	1	13	27			5	25
新　疆	Xinjiang	35	30	29	21	5	5	9	17

20-38 等级教练员人数（二）
Certified Coaches by Grade (2)

单位：人 (person)

地区	Region	国家级教练员数 National Level				其中：女教练员数 Female			
		2010	2012	2013	2013排名 Ranking	2010	2012	2013	2013排名 Ranking
全　国	**National Total**	**74**	**72**	**75**		**24**	**4**	**7**	
北　京	Beijing	1		1	15				
天　津	Tianjin	4	5	6	3				
河　北	Hebei	5	2	1	15	1		1	2
山　西	Shanxi		2						
内蒙古	Inner Mongolia	1							
辽　宁	Liaoning	12	9	7	2	5	2		
吉　林	Jilin	1	2	1	15	1			
黑龙江	Heilongjiang	9	4	6	3	4		1	2
上　海	Shanghai	1	4	5	6			1	2
江　苏	Jiangsu	5	2	6	3			1	2
浙　江	Zhejiang	7	2	2	11	3			
安　徽	Anhui	1	1	2	11	1			
福　建	Fujian	3	4	3	8	1	1		
江　西	Jiangxi	1	2	1	15				
山　东	Shandong	5	6	3	8	2			
河　南	Henan	1	1	2	11				
湖　北	Hubei		3						
湖　南	Hunan	1				1			
广　东	Guangdong	10	9	14	1	3	1	1	2
广　西	Guangxi	3	1	4	7	1		2	1
海　南	Hainan	1	1			1			
重　庆	Chongqing								
四　川	Sichuan		3	1	15				
贵　州	Guizhou		1	1	15				
云　南	Yunnan		1	3	8				
西　藏	Tibet								
陕　西	Shaanxi		2	2	11				
甘　肃	Gansu								
青　海	Qinghai								
宁　夏	Ningxia								
新　疆	Xinjiang								

20-39 等级教练员人数（三）
Certified Coaches by Grade (3)

单位：人 (person)

地区	Region	高级教练员数 Senior Grade				其中：女教练员数 Female			
		2010	2012	2013	2013排名 Ranking	2010	2012	2013	2013排名 Ranking
全　国	**National Total**	**292**	**101**	**247**		**72**	**28**	**67**	
北　京	Beijing	17	1	7	12	1		2	8
天　津	Tianjin			5	15			1	15
河　北	Hebei		2	2	22				
山　西	Shanxi			8	11			2	8
内蒙古	Inner Mongolia		2	6	14			2	8
辽　宁	Liaoning	68	9	18	5	19	4	4	5
吉　林	Jilin	3	9	17	6	1	4	4	5
黑龙江	Heilongjiang	57	3	14	7	16	1	3	7
上　海	Shanghai	1		10	10			2	8
江　苏	Jiangsu	57	13	4	18	15	4	1	15
浙　江	Zhejiang	3	5	19	4	1		7	2
安　徽	Anhui	4	1	2	22		1	1	15
福　建	Fujian	2	6	22	3	1	1	13	1
江　西	Jiangxi		2	4	18			2	8
山　东	Shandong	2	1	29	1	1	1	7	2
河　南	Henan	14	6	5	15	5	3	1	15
湖　北	Hubei	1	2	3	21			1	15
湖　南	Hunan	8		7	12	1			
广　东	Guangdong	6	7	25	2	4	2	6	4
广　西	Guangxi	3	3			1			
海　南	Hainan			1	26				
重　庆	Chongqing	1	5	1	26		1	1	15
四　川	Sichuan	20	1	11	9	5		2	8
贵　州	Guizhou	9	8	2	22		3	1	15
云　南	Yunnan	1		4	18			1	15
西　藏	Tibet		1						
陕　西	Shaanxi	1		5	15				
甘　肃	Gansu	9	1	12	8		1	2	8
青　海	Qinghai	2							
宁　夏	Ningxia			2	22				
新　疆	Xinjiang	3	13			1	2		

21

社会服务和社会保障

Social Services and Social Security

21-1 社会服务经费总支出
Total Expenditure on Civil Administration

单位：亿元 (100 million Yuan)

地区	Region	2007	2008	2009	2010	2011	2012	2013	2013排名 Ranking
全　国	**National Total**	**1215.49**	**2146.45**	**2181.94**	**2697.51**	**3229.14**	**3683.74**	**4276.54**	
北　京	Beijing	57.58	57.53	74.54	98.21	103.15	126.05	155.57	14
天　津	Tianjin	14.90	19.69	24.50	31.38	37.50	44.43	55.21	27
河　北	Hebei	48.84	67.80	84.35	96.93	124.42	143.87	167.25	11
山　西	Shanxi	33.92	45.76	56.25	63.40	87.61	93.65	113.04	21
内蒙古	Inner Mongolia	28.31	42.01	57.59	76.85	96.81	112.74	123.66	19
辽　宁	Liaoning	57.52	72.48	88.74	106.65	134.74	156.78	167.29	10
吉　林	Jilin	34.19	47.05	64.28	75.06	80.17	76.53	98.62	24
黑龙江	Heilongjiang	47.89	64.30	80.09	85.44	105.05	115.24	158.96	13
上　海	Shanghai	40.61	51.58	55.72	57.25	66.29	72.79	83.22	25
江　苏	Jiangsu	63.26	81.18	99.64	126.53	171.15	197.10	233.53	3
浙　江	Zhejiang	50.89	61.08	70.41	88.49	106.16	125.39	142.88	15
安　徽	Anhui	49.10	65.94	80.40	97.16	126.31	142.18	160.11	12
福　建	Fujian	24.75	28.24	32.25	42.22	50.32	61.45	72.98	26
江　西	Jiangxi	43.47	59.60	69.37	84.77	98.66	107.51	122.44	20
山　东	Shandong	71.51	88.57	112.27	143.74	169.18	218.36	250.23	2
河　南	Henan	59.87	78.52	103.53	123.08	158.69	174.08	209.75	4
湖　北	Hubei	51.41	74.84	89.74	108.28	140.85	153.13	184.94	7
湖　南	Hunan	52.13	77.14	99.77	116.53	154.56	200.33	199.63	5
广　东	Guangdong	72.01	83.45	102.11	115.43	148.07	166.90	198.17	6
广　西	Guangxi	24.72	41.02	49.28	73.12	97.14	117.40	129.25	18
海　南	Hainan	6.59	9.65	14.23	19.03	22.38	24.03	25.44	30
重　庆	Chongqing	30.77	43.50	51.45	67.49	78.31	90.76	99.94	23
四　川	Sichuan	73.49	484.86	228.95	240.87	216.88	237.57	288.06	1
贵　州	Guizhou	26.43	44.31	56.01	72.82	111.64	124.87	134.15	16
云　南	Yunnan	42.09	68.74	93.02	122.40	143.21	173.05	184.57	8
西　藏	Tibet	3.84	7.00	8.22	8.50	13.03	15.51	15.61	31
陕　西	Shaanxi	36.54	84.96	86.70	113.94	135.64	142.42	183.84	9
甘　肃	Gansu	22.68	106.39	57.72	74.06	100.09	105.18	129.93	17
青　海	Qinghai	8.15	12.35	18.97	33.07	35.98	34.15	37.76	28
宁　夏	Ningxia	7.97	11.04	14.35	16.13	19.52	22.01	26.63	29
新　疆	Xinjiang	26.79	39.54	51.97	69.88	86.28	98.31	110.12	22

21-2 社会服务业综合指数（一）
Overall Indicators of Social Services Industry (1)

地区	Region	社会服务经费占公共财政预算支出比重（%） Fiscal Expenditure Proportion of under the Social Services (%)				每千人口社会服务床位数（张/千人） Per Thousand Population Social Services of Beds (piece/1000 peoples)			
		2010	2012	2013	2013排名 Ranking	2010	2012	2013	2013排名 Ranking
全　国	**National Total**	**2.74**	**2.93**	**3.06**		**2.61**	**3.32**	**3.87**	
北　京	Beijing	2.77	3.42	3.73	13	5.00	6.25	6.35	2
天　津	Tianjin	4.39	2.07	2.17	29	2.23	3.01	3.87	12
河　北	Hebei	2.91	3.53	3.79	10	2.18	2.88	5.66	3
山　西	Shanxi	3.05	3.39	3.73	13	1.68	1.92	2.09	27
内蒙古	Inner Mongolia	2.96	3.29	3.35	19	1.90	3.08	3.58	14
辽　宁	Liaoning	3.00	3.44	3.22	21	3.02	4.25	4.50	10
吉　林	Jilin	2.38	3.10	3.59	16	2.84	3.29	3.37	15
黑龙江	Heilongjiang	2.64	3.63	4.72	3	2.03	2.97	3.06	19
上　海	Shanghai	1.77	1.74	1.84	30	4.65	4.93	5.01	6
江　苏	Jiangsu	2.88	2.80	2.99	24	3.38	5.55	6.36	1
浙　江	Zhejiang	3.63	3.01	3.02	23	3.71	4.90	5.60	4
安　徽	Anhui	2.66	3.59	3.68	15	3.74	4.62	4.93	8
福　建	Fujian	4.02	2.36	2.38	27	0.84	1.94	2.71	24
江　西	Jiangxi	2.27	3.56	3.53	18	3.38	3.63	3.85	13
山　东	Shandong	2.88	3.70	3.74	12	3.48	4.24	5.02	5
河　南	Henan	2.78	3.48	3.76	11	2.92	3.10	3.37	15
湖　北	Hubei	2.31	4.07	4.23	8	4.14	4.38	4.35	11
湖　南	Hunan	2.32	4.86	4.26	7	2.22	2.71	2.84	21
广　东	Guangdong	2.70	2.26	2.36	28	1.34	1.65	1.85	28
广　西	Guangxi	2.75	3.93	4.03	9	1.24	1.29	2.80	23
海　南	Hainan	3.06	2.64	2.52	26	0.58	1.67	1.71	30
重　庆	Chongqing	2.53	2.98	3.26	20	3.29	4.27	4.98	7
四　川	Sichuan	1.77	4.36	4.63	4	3.74	4.61	4.91	9
贵　州	Guizhou	2.24	4.53	4.35	6	0.86	1.69	2.41	26
云　南	Yunnan	1.87	4.84	4.51	5	1.11	1.54	1.59	31
西　藏	Tibet	1.48	1.71	1.54	31	2.00	3.12	3.36	17
陕　西	Shaanxi	1.95	4.28	5.02	2	1.85	2.37	2.81	22
甘　肃	Gansu	1.98	5.11	5.63	1	1.05	2.11	3.10	18
青　海	Qinghai	2.25	2.95	3.07	22	1.06	1.88	2.89	20
宁　夏	Ningxia	2.46	2.55	2.89	25	0.95	1.53	1.85	28
新　疆	Xinjiang	2.43	3.61	3.59	16	2.11	2.47	2.63	25

21-3 社会服务业综合指数（二）
Overall Indicators of Social Services Industry (2)

地区	Region	每千老年人口养老床位（张/千人） Per Thousand Elderly Endowment Beds (piece/1000 peoples)				社区服务设施覆盖率（%） Community Service Facilities Coverage (%)			
		2011	2012	2013	2013排名 Ranking	2010	2012	2013	2013排名 Ranking
全　国	**National Total**	**19.09**	**21.50**	**24.40**		**22.40**	**29.50**	**36.90**	
北　京	Beijing	30.13	39.90	39.30	2	64.60	152.00	154.00	2
天　津	Tianjin	19.32	19.50	24.60	13	24.20	25.80	33.10	12
河　北	Hebei	16.80	18.80	36.80	3	10.50	10.60	48.00	8
山　西	Shanxi	13.79	12.20	13.00	27	6.90	6.70	10.10	25
内蒙古	Inner Mongolia	17.18	19.90	22.50	14	19.80	14.30	15.80	22
辽　宁	Liaoning	16.36	27.30	28.40	10	22.20	26.40	34.60	11
吉　林	Jilin	19.45	20.20	19.20	16	4.30	5.30	5.60	29
黑龙江	Heilongjiang	17.21	18.70	18.70	18	20.70	18.50	18.40	20
上　海	Shanghai	29.41	32.70	32.10	6	54.00	62.70	57.40	6
江　苏	Jiangsu	22.82	36.70	41.40	1	78.10	98.30	110.90	3
浙　江	Zhejiang	28.06	33.10	36.50	4	60.80	75.70	73.90	5
安　徽	Anhui	24.79	30.70	31.70	8	22.20	28.10	30.10	13
福　建	Fujian	9.71	11.30	16.60	23	10.70	13.10	17.40	21
江　西	Jiangxi	28.41	24.30	24.80	12	15.40	16.00	15.70	23
山　东	Shandong	23.75	28.40	32.60	5	24.50	29.60	29.50	15
河　南	Henan	21.47	20.60	21.50	15	7.40	6.00	5.70	28
湖　北	Hubei	26.85	28.60	27.20	11	33.50	25.90	28.50	16
湖　南	Hunan	14.45	17.30	17.40	20	20.90	18.00	18.60	19
广　东	Guangdong	12.16	9.70	11.20	28	62.00	145.80	175.10	1
广　西	Guangxi	8.04	7.90	17.60	19	7.50	6.30	47.00	9
海　南	Hainan	3.92	11.20	11.10	29	3.60	2.30	51.70	7
重　庆	Chongqing	19.84	28.40	32.00	7	29.30	34.80	44.40	10
四　川	Sichuan	21.88	29.50	30.10	9	4.70	9.10	10.50	24
贵　州	Guizhou	8.57	10.00	14.20	25	32.00	57.90	91.90	4
云　南	Yunnan	9.21	9.30	9.20	31	4.00	7.60	8.90	27
西　藏	Tibet	23.79	16.30	17.30	21	0.50	0.70	0.60	31
陕　西	Shaanxi	14.02	15.00	17.30	21	11.60	9.70	10.00	26
甘　肃	Gansu	9.21	12.90	19.00	17	18.20	23.40	29.80	14
青　海	Qinghai	12.58	10.20	16.20	24	3.60	2.80	3.70	30
宁　夏	Ningxia	13.07	8.70	10.20	30	16.70	45.80	28.20	17
新　疆	Xinjiang	17.02	13.20	13.60	26	16.10	18.30	18.70	18

21-4 城乡低保平均标准
Average Standard of Basic insurance system for the Rural and Urban living

单位：元/人，月 (yuan/person,month)

地区	Region	城市低保平均标准 Urban Low Average Standard				农村低保平均标准 The average Standard of Rural Minimal Needs			
		2010	2012	2013	2013排名 Ranking	2010	2012	2013	2013排名 Ranking
全　国	**National Total**	**183.0**	**330.0**	**373.0**		**72.9**	**172.0**	**203.0**	
北　京	Beijing	365.4	520.0	580.0	3	168.2	427.0	522.0	1
天　津	Tianjin	226.0	520.0	600.0	2	141.4	370.0	442.0	3
河　北	Hebei	164.5	335.0	379.0	14	70.3	154.0	189.0	15
山　西	Shanxi	135.4	308.0	351.0	20	68.7	146.0	180.0	17
内蒙古	Inner Mongolia	256.6	408.0	460.0	6	106.8	242.0	285.0	6
辽　宁	Liaoning	180.5	367.0	412.0	9	73.4	207.0	237.0	9
吉　林	Jilin	199.8	291.0	322.0	26	79.6	144.0	170.0	21
黑龙江	Heilongjiang	230.2	324.0	388.0	11	101.9	157.0	186.0	16
上　海	Shanghai	310.6	570.0	640.0	1	128.5	430.0	500.0	2
江　苏	Jiangsu	192.7	434.0	485.0	5	116.4	353.0	396.0	4
浙　江	Zhejiang	258.3	463.0	515.0	4	140.5	331.0	393.0	5
安　徽	Anhui	178.1	339.0	380.0	12	68.8	179.0	205.0	11
福　建	Fujian	132.4	324.0	363.0	17	66.1	175.0	198.0	14
江　西	Jiangxi	171.3	346.0	396.0	10	74.4	173.0	201.0	12
山　东	Shandong	236.7	364.0	418.0	8	95.5	182.0	206.0	10
河　南	Henan	139.0	272.0	309.0	27	62.4	118.0	141.0	31
湖　北	Hubei	164.7	335.0	375.0	15	61.8	132.0	169.0	23
湖　南	Hunan	162.6	305.0	356.0	18	55.2	144.0	172.0	20
广　东	Guangdong	147.2	314.0	380.0	12	74.4	220.0	269.0	7
广　西	Guangxi	162.3	270.0	335.0	23	51.3	115.0	166.0	24
海　南	Hainan	145.5	316.0	353.0	19	79.1	237.0	252.0	8
重　庆	Chongqing	189.6	326.0	347.0	22	73.4	184.0	201.0	12
四　川	Sichuan	181.7	277.0	306.0	28	75.0	131.0	153.0	28
贵　州	Guizhou	172.1	308.0	348.0	21	66.6	136.0	153.0	28
云　南	Yunnan	158.2	284.0	324.0	25	69.9	140.0	163.0	26
西　藏	Tibet	197.3	400.0	432.0	7	47.6	133.0	165.0	25
陕　西	Shaanxi	260.3	363.0	375.0	15	90.4	167.0	179.0	18
甘　肃	Gansu	127.7	251.0	279.0	31	58.3	133.0	162.0	27
青　海	Qinghai	168.5	311.0	331.0	24	71.8	166.0	174.0	19
宁　夏	Ningxia	105.1	253.0	288.0	30	49.9	115.0	170.0	21
新　疆	Xinjiang	171.8	261.0	300.0	29	73.6	129.0	150.0	30

21-5　民政部门城市养老床位数和养老机构建筑面积
Number of Beds for Elderly Pension and Construction Area of Pension Institutions in City

地区	Region	城市养老床位数（张）Endowment of Beds (piece)				城市养老机构建筑面积（平方米）Covered Area (sq.m)			
		2010	2012	2013	2013排名 Ranking	2010	2012	2013	2013排名 Ranking
全　国	**National Total**	**566678**	**782373**	**970711**		**10350407**	**15942358**	**19816509**	
北　京	Beijing	27331	26772	29491	13	684050	662038	763655	8
天　津	Tianjin	19732	26117	32610	9	335259	432652	495782	14
河　北	Hebei	25303	33617	56326	6	382490	727847	1099188	6
山　西	Shanxi	5887	7131	9996	21	131169	203115	258829	17
内蒙古	Inner Mongolia	4047	18689	25801	14	99973	330781	401742	16
辽　宁	Liaoning	33789	66232	70387	4	280646	1047191	1076211	7
吉　林	Jilin	14590	13216	7248	27	92440	106672	72948	28
黑龙江	Heilongjiang	11717	15278	18278	17	83000	183687	216427	18
上　海	Shanghai	55047	60374	64143	5	728360	1305364	1427185	4
江　苏	Jiangsu	74313	128702	154761	1	1595837	2642018	3403492	1
浙　江	Zhejiang	54385	70688	79947	3	897195	1151489	1443126	3
安　徽	Anhui	15283	23434	30739	11	238794	312762	478207	15
福　建	Fujian	3222	14350	24466	15	77600	315491	546414	12
江　西	Jiangxi	6885	8642	8352	23	187434	262289	211174	20
山　东	Shandong	59853	88161	113384	2	2001063	2161231	2894155	2
河　南	Henan	16510	16973	31185	10	291477	387294	730946	9
湖　北	Hubei	28265	29638	30516	12	282650	584877	580192	11
湖　南	Hunan	5080	6308	6941	28	39260	166760	190288	22
广　东	Guangdong	24999	31991	38861	7	262618	608495	718039	10
广　西	Guangxi	13191	10462	12368	20	178022	178479	181448	23
海　南	Hainan		7745	7929	26		74800	74330	27
重　庆	Chongqing	10827	19016	34666	8	220220	912646	1176725	5
四　川	Sichuan	28548	17519	24030	16	843998	407408	506750	13
贵　州	Guizhou	3286	5262	8748	22	31570	79193	105142	26
云　南	Yunnan	3747	7814	8007	24	121304	140361	126339	25
西　藏	Tibet			275	31			7800	31
陕　西	Shaanxi	7738	9168	14201	19	106430	198073	213781	19
甘　肃	Gansu	2609	5638	7998	25	15000	146246	136859	24
青　海	Qinghai	660	240	2165	29	500	2100	37711	30
宁　夏	Ningxia	638	858	1536	30	11280	21119	46873	29
新　疆	Xinjiang	9196	12338	15356	18	130768	189881	194752	21

21-6 民政部门农村养老床位数和养老机构建筑面积
Number of Beds for Elderly Pension and Construction Area of Pension Institutions in Rural Area

地区	Region	农村养老床位数（张）Beds (piece)				农村养老机构建筑面积（平方米）Covered Area (sq.m)			
		2010	2012	2013	2013排名 Ranking	2010	2012	2013	2013排名 Ranking
全　国	**National Total**	**2249247**	**2610476**	**2728290**		**31108869**	**51204180**	**51765938**	
北　京	Beijing	35191	44719	48259	17	1122864	978308	947006	16
天　津	Tianjin	3383	4713	12698	27	128637	140963	259461	27
河　北	Hebei	103668	116998	124279	10	2030342	2170592	2060336	10
山　西	Shanxi	40652	44727	47087	18	419711	1407313	1056395	14
内蒙古	Inner Mongolia	28706	36572	38325	21	171361	747727	706974	22
辽　宁	Liaoning	59973	68930	72893	12	389022	1233618	1179353	13
吉　林	Jilin	47617	52339	50573	16	474784	831618	720906	20
黑龙江	Heilongjiang	46952	71476	72572	13	334390	548779	544046	24
上　海	Shanghai	34850	36138	37954	22	783673	944450	1019967	15
江　苏	Jiangsu	155635	196405	206771	5	2184060	3221598	3485546	6
浙　江	Zhejiang	115218	149160	168674	6	615142	2150625	2566804	8
安　徽	Anhui	187241	222939	232934	4	2369975	5335948	5259214	2
福　建	Fujian	11294	31732	36789	23	305738	636727	646936	23
江　西	Jiangxi	116481	117784	124559	9	2388582	1993540	2533428	9
山　东	Shandong	236509	240758	246176	2	4802251	6043086	6014767	1
河　南	Henan	232612	238426	245049	3	2554384	3925334	4439013	3
湖　北	Hubei	162503	162917	157747	7	812515	2823437	3557390	5
湖　南	Hunan	106422	124555	128739	8	1375673	3048750	2988802	7
广　东	Guangdong	62440	67434	66431	15	1184037	1825919	1447222	12
广　西	Guangxi	25565	28626	28274	24	615744	881627	768998	19
海　南	Hainan	2970	4830	5328	29	102526	112556	122783	30
重　庆	Chongqing	66169	83235	78400	11	1679959	1806004	1596295	11
四　川	Sichuan	231697	285275	293018	1	2139180	4380817	4098182	4
贵　州	Guizhou	17948	36391	45030	19	333710	846513	931879	17
云　南	Yunnan	31169	38120	40061	20	720216	1230712	713539	21
西　藏	Tibet	2869	3582	3562	31	120881	125629	100514	31
陕　西	Shaanxi	42361	56566	66778	14	494902	772263	896094	18
甘　肃	Gansu	15988	18815	19262	25	323369	443401	415339	25
青　海	Qinghai	3475	5803	8786	28	4100	95300	145278	28
宁　夏	Ningxia	4266	4742	4614	30	70763	151812	137372	29
新　疆	Xinjiang	17423	15769	16668	26	56378	349214	406097	26

21-7 城镇职工基本养老保险情况（一）
Statistics on Urban Employee Basic Pension Insurance (1)

单位：万人 (10 000 persons)

地区	Region	年末参加城镇职工基本养老保险人数 Urban Employee Basic Pension Insurance Contributors at Year-end				其中：城镇职工人数 Number of Staff and Workers			
		2010	2012	2013	2013排名 Ranking	2010	2012	2013	2013排名 Ranking
全　国	**National Total**	**25707.3**	**30426.8**	**32218.4**		**19402.3**	**22981.1**	**24177.3**	
北　京	Beijing	981.3	1206.4	1311.3	9	785.9	995.7	1091.3	7
天　津	Tianjin	431.5	490.3	520.7	22	287.9	333.4	352.3	22
河　北	Hebei	988.4	1125.6	1194.7	11	728.9	813.3	859.6	10
山　西	Shanxi	591.0	648.7	672.4	19	443.7	479.8	491.9	19
内蒙古	Inner Mongolia	430.7	471.9	496.5	23	311.5	319.0	323.8	24
辽　宁	Liaoning	1496.9	1609.2	1729.5	5	1024.2	1098.8	1171.7	5
吉　林	Jilin	599.5	632.2	655.2	20	392.9	397.6	406.8	20
黑龙江	Heilongjiang	952.2	1013.0	1062.1	13	589.2	611.4	639.9	14
上　海	Shanghai	1049.5	1416.9	1429.9	7	657.3	993.1	992.4	9
江　苏	Jiangsu	2033.0	2427.5	2582.1	2	1583.9	1880.6	1987.8	2
浙　江	Zhejiang	1702.2	2183.3	2375.4	3	1478.6	1835.5	1976.5	3
安　徽	Anhui	669.5	783.8	811.3	15	492.0	578.4	592.2	15
福　建	Fujian	635.5	756.5	812.8	14	522.0	631.0	679.6	13
江　西	Jiangxi	607.6	707.4	754.2	17	462.1	518.3	547.1	16
山　东	Shandong	1773.0	2063.2	2259.6	4	1427.9	1646.9	1800.4	4
河　南	Henan	1079.3	1270.6	1350.0	8	809.0	964.6	1024.4	8
湖　北	Hubei	1039.8	1171.4	1219.4	10	738.2	804.1	823.5	11
湖　南	Hunan	938.9	1048.0	1091.7	12	673.5	747.6	762.2	12
广　东	Guangdong	3215.2	4034.1	4183.0	1	2875.6	3643.8	3761.7	1
广　西	Guangxi	449.3	512.7	538.4	21	311.2	349.1	365.8	21
海　南	Hainan	180.8	214.2	231.5	28	135.4	161.6	174.4	28
重　庆	Chongqing	584.4	716.9	773.1	16	391.9	469.9	497.8	17
四　川	Sichuan	1300.9	1615.4	1720.3	6	861.9	1073.7	1124.1	6
贵　州	Guizhou	257.3	309.4	337.3	26	190.3	231.7	254.7	26
云　南	Yunnan	317.4	364.5	384.3	25	225.1	253.8	268.6	25
西　藏	Tibet	9.9	13.3	14.0	31	6.8	9.9	10.5	31
陕　西	Shaanxi	550.4	643.5	685.0	18	400.1	466.4	493.0	18
甘　肃	Gansu	242.5	277.4	288.4	27	171.1	183.6	188.5	27
青　海	Qinghai	74.4	86.0	90.3	30	54.4	59.9	62.8	30
宁　夏	Ningxia	107.8	131.2	143.8	29	77.3	91.4	101.8	29
新　疆	Xinjiang	393.8	458.8	476.3	24	274.5	319.8	332.5	23

21-8 城镇职工基本养老保险情况（二）
Statistics on Urban Employee Basic Pension Insurance (2)

地区	Region	城镇职工离退休人员人数（万人） Number of Retiress (10 000 persons)				城镇职工基本养老保险基金累计结余（亿元） Balance at Year-end (100 million yuan)			
		2010	2012	2013	2013排名 Ranking	2010	2012	2013	2013排名 Ranking
全国	**National Total**	**6305.0**	**7445.7**	**8041.0**		**15365.3**	**23941.3**	**28269.2**	
北京	Beijing	195.5	210.7	220.0	15	617.9	1224.8	1671.3	6
天津	Tianjin	143.6	156.9	168.4	22	203.0	279.2	318.9	27
河北	Hebei	259.5	312.3	335.1	10	562.9	755.1	813.1	12
山西	Shanxi	147.3	168.9	180.5	19	637.4	963.3	1124.8	8
内蒙古	Inner Mongolia	119.2	153.0	172.7	20	257.9	405.9	456.0	18
辽宁	Liaoning	472.7	510.4	557.8	3	739.3	1054.9	1226.6	7
吉林	Jilin	206.6	234.6	248.4	14	351.8	407.1	421.6	21
黑龙江	Heilongjiang	363.0	401.6	422.2	6	479.0	469.9	429.5	20
上海	Shanghai	392.2	423.8	437.5	5	462.0	821.5	1077.0	9
江苏	Jiangsu	449.1	547.0	594.3	2	1271.8	2145.8	2516.1	2
浙江	Zhejiang	223.6	347.8	398.9	8	1162.1	1963.9	2297.0	3
安徽	Anhui	177.5	205.4	219.1	16	353.0	594.0	745.4	14
福建	Fujian	113.5	125.5	133.2	24	141.2	226.2	415.9	22
江西	Jiangxi	145.5	189.1	207.0	17	203.6	332.2	385.0	24
山东	Shandong	345.1	416.3	459.2	4	1077.6	1639.5	1857.9	4
河南	Henan	270.3	306.0	325.6	12	499.0	717.7	840.0	10
湖北	Hubei	301.6	367.3	395.9	9	427.6	754.6	817.1	11
湖南	Hunan	265.4	300.4	329.5	11	455.9	685.9	797.5	13
广东	Guangdong	339.6	390.2	421.3	7	2471.5	3879.6	4673.1	1
广西	Guangxi	138.1	163.6	172.6	21	379.0	443.1	446.6	19
海南	Hainan	45.4	52.5	57.1	28	64.9	94.1	101.4	29
重庆	Chongqing	192.5	247.0	275.4	13	255.6	458.1	557.3	16
四川	Sichuan	439.0	541.7	596.2	1	928.4	1464.3	1749.7	5
贵州	Guizhou	67.0	77.7	82.6	27	177.9	293.4	355.2	25
云南	Yunnan	92.3	110.7	115.7	25	229.3	423.0	503.1	17
西藏	Tibet	3.2	3.5	3.5	31	9.7	24.6	32.0	31
陕西	Shaanxi	150.3	177.1	191.9	18	215.8	338.9	414.9	23
甘肃	Gansu	71.3	93.7	99.9	26	178.2	288.3	321.6	26
青海	Qinghai	20.0	26.2	27.6	30	50.6	78.8	82.0	30
宁夏	Ningxia	30.5	39.9	41.9	29	108.7	158.5	166.3	28
新疆	Xinjiang	119.2	139.0	143.8	23	385.7	547.0	644.8	15

21-9 城镇职工基本养老保险情况（三）
Statistics on Urban Employee Basic Pension Insurance (3)

单位：亿元 (100 million yuan)

地区	Region	城镇职工基本养老保险基金收入 Revenue 2010	2012	2013	2013排名 Ranking	城镇职工基本养老保险基金支出 Expenses 2010	2012	2013	2013排名 Ranking
全 国	**National Total**	**13419.5**	**20001.0**	**22680.4**		**10554.9**	**15561.8**	**18470.4**	
北 京	Beijing	658.9	995.1	1181.3	8	482.4	640.2	734.8	11
天 津	Tianjin	278.9	420.5	466.0	18	271.8	365.0	426.3	19
河 北	Hebei	584.6	793.0	891.1	9	451.8	723.5	833.1	9
山 西	Shanxi	404.4	563.1	639.0	14	269.4	391.6	477.8	15
内蒙古	Inner Mongolia	266.9	405.8	461.4	21	212.6	343.6	411.3	20
辽 宁	Liaoning	834.1	1212.3	1422.2	5	755.8	1052.6	1251.1	4
吉 林	Jilin	289.8	390.6	462.8	20	252.8	377.6	448.2	18
黑龙江	Heilongjiang	524.1	720.2	845.6	11	500.1	717.2	886.0	8
上 海	Shanghai	889.9	1391.6	1563.5	3	847.5	1127.7	1308.0	2
江 苏	Jiangsu	1018.7	1629.9	1742.7	2	753.3	1142.1	1372.4	1
浙 江	Zhejiang	605.1	1227.2	1278.0	7	429.1	783.5	944.9	7
安 徽	Anhui	341.6	515.7	605.2	16	269.2	406.7	449.1	17
福 建	Fujian	204.1	322.0	412.3	22	187.7	273.3	338.7	24
江 西	Jiangxi	231.6	382.9	405.0	23	193.0	297.0	352.2	23
山 东	Shandong	942.4	1316.6	1489.0	4	748.2	1059.0	1270.5	3
河 南	Henan	519.8	728.8	833.8	12	420.3	612.0	711.5	12
湖 北	Hubei	501.9	764.3	860.5	10	419.8	647.8	798.0	10
湖 南	Hunan	452.3	607.8	733.7	13	355.1	502.8	622.1	13
广 东	Guangdong	1139.1	1680.9	1842.5	1	627.7	900.9	1050.0	6
广 西	Guangxi	287.9	326.2	367.8	24	193.5	297.1	364.2	22
海 南	Hainan	80.2	123.0	127.3	28	74.1	114.4	120.0	28
重 庆	Chongqing	310.8	535.8	607.2	15	273.6	412.7	508.0	14
四 川	Sichuan	804.0	1132.0	1392.9	6	608.7	927.7	1107.6	5
贵 州	Guizhou	144.6	216.9	240.2	27	107.4	153.1	178.5	27
云 南	Yunnan	194.0	298.5	333.8	25	144.2	211.3	253.8	25
西 藏	Tibet	14.1	18.2	21.0	31	7.6	12.0	13.5	31
陕 西	Shaanxi	302.8	480.6	536.2	17	265.0	401.1	465.0	16
甘 肃	Gansu	166.1	233.9	258.0	26	127.2	193.2	224.7	26
青 海	Qinghai	51.8	71.8	80.7	30	43.4	65.0	77.4	30
宁 夏	Ningxia	84.7	90.7	107.6	29	48.8	86.2	99.8	29
新 疆	Xinjiang	287.5	401.3	464.8	19	211.8	320.5	367.0	21

21-10 失业保险情况（一）
Statistics on Unemployment Insurance (1)

单位：万人 （10 000 persons）

地区	Region	年末参加失业保险人数 Unemployment Insurance Contributors at Year-end				年末领取失业保险金人数 Beneficiaries of Unemployment Insurance Fund			
		2010	2012	2013	2013排名 Ranking	2010	2012	2013	2013排名 Ranking
全　国	**National Total**	**13375.6**	**15224.7**	**16416.8**		**209.1**	**204.0**	**197.0**	
北　京	Beijing	774.2	1006.7	1025.1	5	1.6	2.3	2.4	22
天　津	Tianjin	246.1	268.7	278.7	20	3.5	2.0	2.0	25
河　北	Hebei	493.4	501.7	505.0	11	9.0	7.9	7.1	10
山　西	Shanxi	305.7	391.0	400.7	16	4.6	3.8	3.1	21
内蒙古	Inner Mongolia	230.9	232.8	233.4	24	2.1	2.5	2.3	23
辽　宁	Liaoning	626.9	660.7	663.2	7	11.4	7.4	7.6	8
吉　林	Jilin	245.1	251.5	258.8	22	7.8	4.6	6.0	13
黑龙江	Heilongjiang	472.9	476.2	477.4	13	8.8	7.7	7.1	9
上　海	Shanghai	556.2	617.4	625.7	8	11.6	10.9	9.9	5
江　苏	Jiangsu	1153.8	1332.2	1389.3	2	19.7	32.7	29.9	1
浙　江	Zhejiang	875.0	1065.6	1144.3	3	5.8	7.0	7.8	7
安　徽	Anhui	384.0	402.2	409.0	15	7.8	6.1	6.1	12
福　建	Fujian	374.2	459.1	496.7	12	3.2	4.6	4.2	18
江　西	Jiangxi	265.3	272.2	271.1	21	8.2	3.3	1.5	26
山　东	Shandong	931.2	1009.8	1089.6	4	20.7	19.1	17.8	3
河　南	Henan	696.7	724.2	741.3	6	14.7	11.4	10.5	4
湖　北	Hubei	469.7	508.6	511.3	10	6.4	4.8	5.2	15
湖　南	Hunan	399.5	449.9	461.7	14	6.9	6.0	6.1	11
广　东	Guangdong	1627.3	2008.7	2702.2	1	10.6	9.8	8.8	6
广　西	Guangxi	238.4	243.4	253.4	23	6.2	5.5	5.6	14
海　南	Hainan	112.5	139.5	150.8	28	1.6	1.8	2.1	24
重　庆	Chongqing	237.4	323.5	389.7	17	3.7	2.8	3.4	19
四　川	Sichuan	464.7	585.5	613.5	9	9.1	24.5	24.1	2
贵　州	Guizhou	152.5	173.5	185.2	26	1.2	1.0	1.3	27
云　南	Yunnan	209.6	224.7	232.5	25	3.2	3.8	4.5	17
西　藏	Tibet	9.3	10.6	11.0	31			0.0	31
陕　西	Shaanxi	331.6	339.1	339.7	18	7.5	3.5	3.2	20
甘　肃	Gansu	164.2	163.6	163.1	27	2.4	1.2	1.0	29
青　海	Qinghai	36.6	37.9	38.5	30	0.4	0.7	0.5	30
宁　夏	Ningxia	47.6	70.5	71.3	29	1.0	1.1	1.1	28
新　疆	Xinjiang	242.9	273.7	283.9	19	8.3	4.2	4.8	16

21-11 失业保险情况（二）
Statistics on Unemployment Insurance (2)

单位：亿元 （100 million yuan）

地区	Region	失业保险基金收入 Revenue 2010	2012	2013	2013排名 Ranking	失业保险基金支出 Expenses 2010	2012	2013	2013排名 Ranking
全　国	**National Total**	**649.8**	**1138.9**	**1288.9**		**423.3**	**450.6**	**531.6**	
北　京	Beijing	30.0	46.3	56.5	8	25.1	28.9	32.1	5
天　津	Tianjin	21.1	30.5	34.1	14	13.5	12.8	13.3	14
河　北	Hebei	27.6	41.1	46.6	9	23.5	15.7	19.4	8
山　西	Shanxi	13.8	26.3	34.1	13	6.7	5.0	5.2	23
内蒙古	Inner Mongolia	11.6	19.7	24.3	22	4.7	4.5	6.3	22
辽　宁	Liaoning	39.3	66.3	64.6	6	16.3	17.0	15.9	13
吉　林	Jilin	12.0	20.1	24.2	23	5.8	5.7	10.4	16
黑龙江	Heilongjiang	13.8	32.3	30.7	17	16.4	7.4	8.0	20
上　海	Shanghai	71.7	91.5	99.5	3	60.7	69.5	77.9	1
江　苏	Jiangsu	68.5	121.6	134.2	1	37.4	57.4	62.8	2
浙　江	Zhejiang	51.8	83.6	93.3	4	23.4	36.9	43.5	4
安　徽	Anhui	16.4	26.8	32.8	16	9.6	14.3	19.0	9
福　建	Fujian	11.6	22.7	30.0	18	5.6	7.9	9.7	17
江　西	Jiangxi	8.1	10.3	11.1	27	4.7	3.5	3.2	27
山　东	Shandong	43.0	83.2	57.3	7	31.3	35.3	46.3	3
河　南	Henan	18.8	33.9	41.2	11	14.8	14.8	16.2	12
湖　北	Hubei	15.9	33.1	38.8	12	8.4	8.4	9.3	18
湖　南	Hunan	14.5	22.3	26.2	19	7.5	8.6	8.8	19
广　东	Guangdong	32.3	91.2	127.7	2	31.0	20.7	24.3	7
广　西	Guangxi	11.1	21.4	24.7	21	6.3	6.4	7.7	21
海　南	Hainan	3.7	8.5	5.4	29	1.8	2.5	3.4	26
重　庆	Chongqing	9.2	19.6	22.9	24	4.9	3.5	4.1	25
四　川	Sichuan	40.8	71.6	81.6	5	17.0	24.9	29.4	6
贵　州	Guizhou	7.6	14.9	18.0	25	5.3	6.5	13.1	15
云　南	Yunnan	8.2	20.7	24.9	20	6.5	3.5	4.5	24
西　藏	Tibet	1.4	1.7	2.0	31	0.8	0.3	0.2	31
陕　西	Shaanxi	16.6	26.6	41.5	10	11.8	4.9	16.4	10
甘　肃	Gansu	8.7	12.9	14.8	26	7.5	3.0	2.6	28
青　海	Qinghai	2.7	4.4	5.0	30	1.0	1.4	0.9	30
宁　夏	Ningxia	2.9	6.3	7.0	28	1.1	1.5	1.5	29
新　疆	Xinjiang	15.4	27.4	33.9	15	13.0	17.8	16.2	11

21-12 失业保险情况(三)和城镇登记失业人员 Statistics on Unemployment Insurance (3) and Registered Uuemployed Person in Urban Areas

地区	Region	失业保险基金累计结余（亿元） Balance at Year-end (100 million yuan)				城镇登记失业人员（万人） Registered Unemployed Persons in Urban Areas (10 000 persons)			
		2010	2012	2013	2013排名 Ranking	2010	2012	2013	2013排名 Ranking
全 国	**National Total**	**1749.8**	**2929.0**	**3685.9**		**908.0**	**917.0**		
北 京	Beijing	86.6	112.6	137.0	8	7.7	8.1	7.5	27
天 津	Tianjin	48.7	77.6	98.4	16	16.1	20.4	21.7	17
河 北	Hebei	54.8	96.0	123.2	9	35.1	36.8	37.2	10
山 西	Shanxi	45.2	80.1	109.0	12	20.4	21.0	21.1	18
内蒙古	Inner Mongolia	28.7	53.1	71.1	23	20.8	23.1	23.8	15
辽 宁	Liaoning	62.0	143.6	192.2	6	38.9	38.1	39.6	7
吉 林	Jilin	33.2	57.2	71.0	24	22.7	22.3	22.6	16
黑龙江	Heilongjiang	54.5	96.1	118.9	11	36.2	41.3	41.4	4
上 海	Shanghai	87.4	129.2	150.9	7	27.7	26.7	25.3	14
江 苏	Jiangsu	172.3	267.3	338.7	2	40.6	40.5	37.6	9
浙 江	Zhejiang	156.2	233.9	283.8	3	31.1	33.4	33.4	11
安 徽	Anhui	28.3	57.6	71.5	21	26.9	31.3	32.4	12
福 建	Fujian	52.3	82.9	103.2	14	14.5	14.5	14.7	22
江 西	Jiangxi	25.8	36.3	44.3	27	26.3	25.7	27.4	13
山 东	Shandong	143.2	230.7	241.7	4	59.5	43.4	42.2	3
河 南	Henan	42.9	76.7	101.1	15	38.2	38.3	40.2	5
湖 北	Hubei	47.0	90.8	120.3	10	55.7	42.3	40.2	6
湖 南	Hunan	37.3	61.4	78.8	19	43.2	44.1	45.6	1
广 东	Guangdong	187.5	304.4	407.8	1	39.3	39.6	38.0	8
广 西	Guangxi	43.7	70.5	87.5	18	19.1	18.9	18.0	21
海 南	Hainan	14.3	26.0	28.1	28	4.8	3.6	3.9	30
重 庆	Chongqing	27.7	52.6	71.4	22	13.0	12.4	12.1	24
四 川	Sichuan	71.3	161.8	214.0	5	34.6	40.7	42.9	2
贵 州	Guizhou	32.8	49.9	54.8	25	12.2	12.6	13.7	23
云 南	Yunnan	36.4	67.2	87.6	17	15.7	17.4	18.1	20
西 藏	Tibet	4.7	7.2	9.0	31	2.1	1.6	1.6	31
陕 西	Shaanxi	42.6	80.0	105.1	13	21.4	19.5	21.1	19
甘 肃	Gansu	16.6	34.6	46.8	26	10.7	9.8	9.3	26
青 海	Qinghai	9.4	15.6	19.6	30	4.2	4.1	4.2	29
宁 夏	Ningxia	8.9	17.3	22.7	29	4.8	4.6	4.7	28
新 疆	Xinjiang	47.8	58.7	76.4	20	11.0	11.8	11.9	25

21-13 城镇基本医疗保险参保人数（一）
Persons Covered of Urban Basic Medical Care Insurance (1)

单位：万人 (10 000 persons)

地区	Region	城镇基本医疗保险年末参保人数 Persons Covered at Year-end				其中：城镇职工参保人数 Urban Workers			
		2010	2012	2013	2013排名 Ranking	2010	2012	2013	2013排名 Ranking
全　国	**National Total**	**43262.9**	**53641.3**	**57072.6**		**23734.7**	**26485.6**	**27443.1**	
北　京	Beijing	1207.3	1431.6	1514.9	15	1063.7	1279.7	1354.8	7
天　津	Tianjin	960.9	981.3	1001.5	23	470.0	479.1	493.1	21
河　北	Hebei	1518.1	1644.4	1674.5	11	848.0	906.8	926.3	10
山　西	Shanxi	923.5	1055.9	1086.3	21	562.0	621.1	646.5	16
内蒙古	Inner Mongolia	886.4	967.7	986.2	24	433.5	455.1	464.5	24
辽　宁	Liaoning	2056.2	2251.9	2333.3	7	1408.7	1587.0	1624.8	5
吉　林	Jilin	1333.8	1370.0	1378.6	17	550.1	569.5	574.9	17
黑龙江	Heilongjiang	1560.8	1580.3	1580.4	14	873.7	867.8	868.1	12
上　海	Shanghai	1665.2	1638.6	1650.5	13	1405.9	1376.0	1394.1	6
江　苏	Jiangsu	3249.4	3608.8	3427.6	4	1848.3	2155.5	2274.7	2
浙　江	Zhejiang	1963.8	2806.8	4121.1	2	1344.4	1671.0	1791.1	4
安　徽	Anhui	1529.3	1660.0	1660.8	12	598.5	685.2	716.0	14
福　建	Fujian	1200.6	1262.9	1283.8	18	546.6	666.3	703.0	15
江　西	Jiangxi	1326.4	1438.6	1476.6	16	532.1	546.8	569.9	19
山　东	Shandong	2770.6	3101.2	3647.9	3	1541.3	1734.1	1809.7	3
河　南	Henan	2043.7	2222.2	2297.2	9	957.4	1082.2	1140.2	9
湖　北	Hubei	1860.0	1960.3	1960.6	10	847.8	921.2	922.8	11
湖　南	Hunan	1894.5	2341.9	2316.2	8	777.4	797.6	799.3	13
广　东	Guangdong	5043.2	8421.8	9179.8	1	3000.0	3373.4	3473.0	1
广　西	Guangxi	935.2	1011.5	1031.0	22	413.5	456.3	466.6	23
海　南	Hainan	323.3	378.5	406.5	29	166.9	205.2	220.0	28
重　庆	Chongqing	830.8	3219.1	3234.8	5	406.2	496.5	539.5	20
四　川	Sichuan	2063.1	2383.8	2486.0	6	1051.9	1240.9	1282.0	8
贵　州	Guizhou	602.5	648.3	672.1	26	293.5	329.3	344.7	26
云　南	Yunnan	820.5	882.4	1118.8	20	414.8	452.2	458.0	25
西　藏	Tibet	38.6	50.1	54.8	31	23.5	27.6	30.6	31
陕　西	Shaanxi	947.2	1118.8	1244.3	19	474.2	547.5	571.7	18
甘　肃	Gansu	588.8	616.5	622.8	27	290.2	293.0	297.1	27
青　海	Qinghai	140.3	172.3	181.3	30	78.7	86.1	89.7	30
宁　夏	Ningxia	188.3	561.8	565.5	28	94.1	106.6	108.6	29
新　疆	Xinjiang	790.5	851.9	877.1	25	417.7	469.1	488.0	22

21-14 城镇基本医疗保险参保人数（二）
Persons Covered of Urban Basic Medical Care Insurance (2)

单位：万人 (10 000 persons)

地区	Region	城镇职工在岗人员参保人数 Staff and Workers				城镇职工退休人员参保人数 Retirees			
		2010	2012	2013	2013排名 Ranking	2010	2012	2013	2013排名 Ranking
全　国	**National Total**	**17791.2**	**19861.3**	**20501.3**		**5943.5**	**6624.2**	**6941.8**	
北　京	Beijing	848.5	1040.6	1105.0	5	215.1	239.1	249.8	13
天　津	Tianjin	312.5	310.2	315.8	25	157.5	168.9	177.3	18
河　北	Hebei	610.0	645.3	650.7	10	238.0	261.5	275.6	11
山　西	Shanxi	422.0	463.8	479.6	16	140.0	157.2	166.9	19
内蒙古	Inner Mongolia	308.9	322.7	330.0	22	124.7	132.4	134.5	23
辽　宁	Liaoning	944.6	1062.1	1077.9	6	464.1	524.8	546.9	1
吉　林	Jilin	370.3	375.6	377.4	20	179.9	194.0	197.5	15
黑龙江	Heilongjiang	595.3	558.3	556.5	13	278.4	309.6	311.6	8
上　海	Shanghai	1017.1	954.5	955.7	7	388.8	421.5	438.4	3
江　苏	Jiangsu	1405.1	1646.5	1731.1	2	443.2	508.9	543.6	2
浙　江	Zhejiang	1117.6	1393.9	1491.6	3	226.8	277.1	299.5	9
安　徽	Anhui	429.2	493.7	512.7	15	169.3	191.5	203.3	14
福　建	Fujian	425.9	536.1	566.6	12	120.7	130.2	136.4	22
江　西	Jiangxi	365.6	366.4	380.2	19	166.5	180.4	189.8	16
山　东	Shandong	1224.6	1368.5	1418.1	4	316.7	365.6	391.7	5
河　南	Henan	698.7	789.0	826.8	9	258.7	293.2	313.4	7
湖　北	Hubei	608.0	656.5	642.1	11	239.8	264.7	280.7	10
湖　南	Hunan	540.5	548.8	541.7	14	236.9	248.8	257.5	12
广　东	Guangdong	2685.6	3010.6	3089.2	1	314.5	362.8	383.8	6
广　西	Guangxi	290.5	322.7	328.8	23	123.0	133.6	137.8	21
海　南	Hainan	123.7	157.7	169.3	28	43.2	47.5	50.6	28
重　庆	Chongqing	280.6	348.6	380.6	18	125.6	147.9	158.9	20
四　川	Sichuan	703.6	859.1	887.6	8	348.3	381.8	394.5	4
贵　州	Guizhou	205.3	233.0	246.6	26	88.2	96.3	98.1	26
云　南	Yunnan	293.3	322.7	324.6	24	121.4	129.5	133.3	25
西　藏	Tibet	16.9	20.4	23.4	31	6.6	7.1	7.2	31
陕　西	Shaanxi	322.9	371.7	390.0	17	151.2	175.8	181.7	17
甘　肃	Gansu	204.4	205.3	206.9	27	85.9	87.7	90.2	27
青　海	Qinghai	53.5	59.4	62.1	30	25.2	26.7	27.6	30
宁　夏	Ningxia	67.7	78.1	79.1	29	26.4	28.5	29.5	29
新　疆	Xinjiang	298.8	339.5	353.7	21	119.0	129.6	134.3	24

21-15 城镇基本医疗保险基金收支情况（一）

Revenue and Expenses of Urban Basic Medical Care Insurane (1)

地区	Region	城镇居民参加基本医疗保险人数（万人）Urban Non-employment (10 000 persons)				城镇基本医疗保险基金累计结余（亿元）Balance at the Year-end (100 million yuan)			
		2010	2012	2013	2013排名 Ranking	2010	2012	2013	2013排名 Ranking
全　国	**National Total**	**19528.3**	**27155.7**	**29629.4**		**5047.1**	**7644.5**	**9116.5**	
北　京	Beijing	143.7	151.9	160.1	29	195.9	198.4	201.6	17
天　津	Tianjin	490.9	502.2	508.4	21	50.5	77.7	86.3	25
河　北	Hebei	670.0	737.6	748.2	13	189.9	294.5	349.8	7
山　西	Shanxi	361.5	434.9	439.7	23	115.1	181.2	217.4	14
内蒙古	Inner Mongolia	452.8	512.6	521.7	20	87.6	122.0	143.9	24
辽　宁	Liaoning	647.5	664.9	708.5	15	251.8	310.9	347.0	8
吉　林	Jilin	783.7	800.5	803.7	12	100.9	156.9	178.0	21
黑龙江	Heilongjiang	687.1	712.5	712.3	14	189.5	252.3	273.7	11
上　海	Shanghai	259.2	262.6	256.4	27	204.6	475.8	685.7	4
江　苏	Jiangsu	1401.2	1453.4	1152.9	8	459.8	671.7	795.8	2
浙　江	Zhejiang	619.4	1135.8	2330.0	3	372.9	624.3	758.8	3
安　徽	Anhui	930.9	974.8	944.9	10	126.4	179.8	215.5	15
福　建	Fujian	654.0	596.6	580.8	18	174.9	246.6	304.7	10
江　西	Jiangxi	794.3	891.8	906.7	11	84.6	126.2	155.5	23
山　东	Shandong	1229.3	1367.1	1838.2	4	262.5	416.1	506.3	5
河　南	Henan	1086.4	1140.0	1157.0	7	166.4	250.7	310.8	9
湖　北	Hubei	1012.3	1039.1	1037.8	9	159.0	221.4	242.6	12
湖　南	Hunan	1117.2	1544.3	1516.9	5	148.7	196.1	222.4	13
广　东	Guangdong	2043.2	5048.4	5706.8	1	699.7	1102.1	1329.9	1
广　西	Guangxi	521.7	555.3	564.4	19	117.7	169.6	187.8	19
海　南	Hainan	156.4	173.2	186.6	28	29.8	46.6	54.6	28
重　庆	Chongqing	424.6	2722.6	2695.3	2	92.4	185.9	203.9	16
四　川	Sichuan	1011.2	1142.9	1204.0	6	284.7	423.3	487.1	6
贵　州	Guizhou	309.0	319.0	327.4	25	55.4	78.6	82.8	27
云　南	Yunnan	405.7	430.2	660.8	17	107.6	150.9	175.3	22
西　藏	Tibet	15.1	22.6	24.3	31	12.7	22.9	25.9	31
陕　西	Shaanxi	473.1	571.3	672.5	16	105.1	162.1	201.3	18
甘　肃	Gansu	298.6	323.6	325.7	26	52.8	71.0	85.5	26
青　海	Qinghai	61.6	86.2	91.6	30	33.6	46.5	49.0	30
宁　夏	Ningxia	94.2	455.2	456.9	22	22.9	43.3	53.0	29
新　疆	Xinjiang	372.7	382.9	389.1	24	91.5	138.8	184.4	20

21-16 城镇基本医疗保险基金收支情况（二）
Revenue and Expenses of Urban Basic Medical Care Insurane (2)

单位：亿元　　(100 million yuan)

地区	Region	城镇基本医疗保险基金总收入 Revenue				城镇基本医疗保险基金总支出 Expenses			
		2010	2012	2013	2013排名 Ranking	2010	2012	2013	2013排名 Ranking
全　国	**National Total**	**4308.9**	**6938.7**	**8248.3**		**3538.1**	**5543.6**	**6801.0**	
北　京	Beijing	298.4	506.9	614.5	5	290.4	509.2	611.3	2
天　津	Tianjin	115.2	157.2	185.7	17	103.5	137.9	177.1	15
河　北	Hebei	159.1	234.6	268.1	9	117.4	174.4	213.2	9
山　西	Shanxi	87.1	152.6	174.9	19	69.6	111.9	138.3	20
内蒙古	Inner Mongolia	78.5	125.9	150.4	22	64.2	106.2	128.7	21
辽　宁	Liaoning	215.7	301.8	348.3	8	181.7	272.1	312.2	8
吉　林	Jilin	63.7	111.9	127.3	23	52.7	84.2	105.6	24
黑龙江	Heilongjiang	127.3	187.7	212.0	14	103.7	160.5	190.6	13
上　海	Shanghai	329.7	545.7	624.8	4	300.2	367.8	414.9	5
江　苏	Jiangsu	362.8	583.2	675.0	2	287.7	465.0	550.4	3
浙　江	Zhejiang	301.2	511.6	628.8	3	242.7	364.8	508.4	4
安　徽	Anhui	99.2	159.6	191.7	16	82.3	130.7	152.3	16
福　建	Fujian	108.9	168.4	206.2	15	91.1	126.3	147.6	17
江　西	Jiangxi	64.5	102.8	125.4	25	49.6	79.6	95.4	25
山　东	Shandong	264.2	422.1	500.3	6	222.2	332.0	412.8	6
河　南	Henan	132.0	207.4	247.0	10	108.0	164.1	193.6	12
湖　北	Hubei	128.0	196.5	232.3	12	104.4	174.0	209.8	10
湖　南	Hunan	113.0	183.5	216.3	13	105.8	157.8	189.5	14
广　东	Guangdong	419.2	735.6	908.4	1	310.8	532.4	685.2	1
广　西	Guangxi	77.9	115.7	125.7	24	56.6	93.0	107.3	23
海　南	Hainan	26.9	41.1	46.6	29	20.6	33.6	38.6	29
重　庆	Chongqing	76.0	201.7	238.3	11	61.2	158.2	208.0	11
四　川	Sichuan	226.9	337.0	404.2	7	165.0	276.8	344.0	7
贵　州	Guizhou	47.8	72.9	84.3	27	38.0	65.4	80.1	27
云　南	Yunnan	97.9	137.3	166.2	20	85.9	116.7	145.7	18
西　藏	Tibet	9.9	13.0	14.9	31	6.4	8.9	11.9	31
陕　西	Shaanxi	89.1	127.0	161.9	21	63.6	93.5	123.2	22
甘　肃	Gansu	49.2	71.9	90.1	26	37.9	65.3	85.3	26
青　海	Qinghai	25.9	35.7	40.3	30	18.3	29.1	37.5	30
宁　夏	Ningxia	19.2	42.8	53.6	28	15.5	31.5	43.5	28
新　疆	Xinjiang	94.4	147.5	184.6	18	80.9	120.5	139.0	19

21-17 城镇基本医疗保险基金收支情况（三）
Revenue and Expenses of Urban Basic Medical Care Insurane (3)

单位：亿元 (100 million yuan)

地区	Region	城镇职工基本医疗保险基金收入 Revenue for Workers				城镇职工基本医疗保险基金支出 Expenses for Workers			
		2010	2012	2013	2013排名 Ranking	2010	2012	2013	2013排名 Ranking
全国	National Total	3955.4	6061.9	7061.6		3271.6	4868.5	5829.9	
北京	Beijing	296.8	497.4	601.7	3	285.7	500.4	598.4	1
天津	Tianjin	105.5	137.7	159.1	17	94.4	121.1	156.9	13
河北	Hebei	145.8	213.2	242.6	9	109.9	161.2	196.5	9
山西	Shanxi	80.8	141.0	160.9	16	66.4	104.2	128.2	17
内蒙古	Inner Mongolia	71.4	110.5	132.8	22	58.7	94.9	114.4	21
辽宁	Liaoning	205.7	286.6	326.8	7	175.6	259.6	296.4	7
吉林	Jilin	52.9	89.8	102.7	24	45.4	71.9	89.7	24
黑龙江	Heilongjiang	113.3	163.5	187.4	13	95.4	145.2	170.0	11
上海	Shanghai	316.7	524.8	600.6	4	287.0	348.5	394.1	4
江苏	Jiangsu	339.8	531.2	610.3	2	270.1	418.3	495.4	3
浙江	Zhejiang	280.3	453.2	491.6	5	223.9	310.8	373.1	5
安徽	Anhui	81.4	130.2	156.7	18	69.6	110.1	125.6	19
福建	Fujian	101.4	155.0	190.0	12	84.1	115.0	133.0	15
江西	Jiangxi	52.5	77.2	94.5	25	42.6	63.5	76.4	25
山东	Shandong	248.0	388.2	443.3	6	209.9	311.0	366.3	6
河南	Henan	119.0	175.0	211.7	10	97.7	143.5	167.7	12
湖北	Hubei	111.5	167.3	195.1	11	95.1	154.8	183.8	10
湖南	Hunan	97.2	142.1	169.5	15	94.8	125.5	149.6	14
广东	Guangdong	377.9	574.4	679.0	1	275.9	411.8	510.5	2
广西	Guangxi	70.0	101.0	108.8	23	53.0	85.5	97.5	23
海南	Hainan	24.0	35.1	39.6	28	18.8	29.4	33.5	28
重庆	Chongqing	69.1	120.8	143.6	19	55.2	87.3	131.0	16
四川	Sichuan	195.2	277.3	323.1	8	142.6	223.7	271.4	8
贵州	Guizhou	44.2	65.8	76.3	27	35.2	60.5	74.1	27
云南	Yunnan	89.7	126.5	142.0	20	79.4	105.3	122.5	20
西藏	Tibet	9.1	12.3	14.0	31	5.9	8.0	10.5	31
陕西	Shaanxi	81.6	109.3	137.8	21	58.7	84.3	103.0	22
甘肃	Gansu	44.8	63.9	80.2	26	34.2	58.4	76.2	26
青海	Qinghai	24.4	32.0	35.9	29	17.3	25.6	32.0	29
宁夏	Ningxia	17.3	24.1	33.2	30	13.7	18.8	24.9	30
新疆	Xinjiang	88.2	135.4	170.7	14	75.6	110.3	127.2	18

21-18 城镇基本医疗保险基金收支情况（四）
Revenue and Expenses of Urban Basic Medical Care Insurane (4)

单位：亿元 (100 million yuan)

地区	Region	城镇居民基本医疗保险基金收入 Revenue for Non-employment				城镇居民基本医疗保险基金支出 Expenses for Non-employment			
		2010	2012	2013	2013排名 Ranking	2010	2012	2013	2013排名 Ranking
全　国	**National Total**	**353.5**	**876.8**	**1186.6**		**266.5**	**675.1**	**971.1**	
北　京	Beijing	1.6	9.5	12.8	26	4.7	8.8	13.0	23
天　津	Tianjin	9.8	19.5	26.6	12	9.1	16.8	20.1	15
河　北	Hebei	13.2	21.4	25.5	13	7.4	13.2	16.8	18
山　西	Shanxi	6.2	11.5	14.0	24	3.3	7.6	10.1	25
内蒙古	Inner Mongolia	7.1	15.4	17.6	21	5.5	11.3	14.3	22
辽　宁	Liaoning	10.0	15.2	21.5	19	6.2	12.6	15.8	20
吉　林	Jilin	10.8	22.1	24.6	14	7.4	12.4	15.9	19
黑龙江	Heilongjiang	14.0	24.2	24.6	15	8.3	15.3	20.6	13
上　海	Shanghai	13.0	20.9	24.3	16	13.2	19.3	20.8	12
江　苏	Jiangsu	23.0	52.0	64.7	5	17.6	46.6	55.0	5
浙　江	Zhejiang	21.0	58.4	137.3	2	18.8	54.0	135.2	2
安　徽	Anhui	17.8	29.4	35.0	10	12.7	20.6	26.7	8
福　建	Fujian	7.5	13.3	16.1	23	7.0	11.3	14.7	21
江　西	Jiangxi	12.0	25.6	30.9	11	7.0	16.2	19.0	16
山　东	Shandong	16.2	33.9	57.0	6	12.4	21.0	46.5	6
河　南	Henan	13.1	32.3	35.3	9	10.3	20.6	25.9	10
湖　北	Hubei	16.5	29.2	37.2	8	9.3	19.3	26.0	9
湖　南	Hunan	15.8	41.4	46.8	7	11.0	32.3	39.8	7
广　东	Guangdong	41.3	161.2	229.4	1	35.0	120.6	174.7	1
广　西	Guangxi	7.9	14.7	16.9	22	3.6	7.4	9.9	26
海　南	Hainan	2.9	6.0	7.0	29	1.9	4.2	5.1	30
重　庆	Chongqing	6.9	80.9	94.7	3	6.0	70.9	77.0	3
四　川	Sichuan	31.7	59.7	81.1	4	22.4	53.1	72.6	4
贵　州	Guizhou	3.6	7.2	8.0	28	2.8	4.9	6.0	28
云　南	Yunnan	8.2	10.8	24.2	17	6.5	11.3	23.2	11
西　藏	Tibet	0.9	0.7	0.9	31	0.5	0.8	1.4	31
陕　西	Shaanxi	7.5	17.7	24.1	18	4.9	9.2	20.2	14
甘　肃	Gansu	4.4	8.0	9.9	27	3.7	6.9	9.1	27
青　海	Qinghai	1.5	3.8	4.4	30	1.0	3.5	5.4	29
宁　夏	Ningxia	1.9	18.7	20.4	20	1.9	12.7	18.7	17
新　疆	Xinjiang	6.2	12.1	13.9	25	5.4	10.2	11.8	24

21-19 城镇基本医疗保险基金收支情况（五）
Revenue and Expenses of Urban Basic Medical Care Insurane (5)

单位：亿元 (100 million yuan)

地区	Region	城镇职工基本医疗保险基金累计结余 Balance at the Year-end for Workers				城镇居民基本医疗保险基金累计结余 Balance at the Year-end for Non-employment			
		2010	2012	2013	2013排名 Ranking	2010	2012	2013	2013排名 Ranking
全　国	**National Total**	**4741.2**	**6884.2**	**8129.3**		**306.0**	**760.3**	**987.1**	
北　京	Beijing	191.6	189.4	192.7	13	4.4	9.0	8.8	27
天　津	Tianjin	48.8	73.6	75.7	25	1.7	4.2	10.6	24
河　北	Hebei	177.4	268.7	315.5	8	12.6	25.8	34.3	14
山　西	Shanxi	106.4	165.5	198.1	12	8.7	15.8	19.3	18
内蒙古	Inner Mongolia	80.2	108.5	126.9	23	7.4	13.6	17.0	19
辽　宁	Liaoning	242.1	292.4	322.8	7	9.8	18.5	24.2	17
吉　林	Jilin	90.3	128.8	141.8	22	10.6	28.1	36.2	12
黑龙江	Heilongjiang	174.9	221.8	239.2	11	14.6	30.5	34.5	13
上　海	Shanghai	203.4	473.0	679.4	4	1.1	2.8	6.3	29
江　苏	Jiangsu	439.6	636.4	751.4	2	20.2	35.2	44.4	7
浙　江	Zhejiang	361.6	598.1	716.5	3	11.2	26.2	42.3	9
安　徽	Anhui	105.7	144.1	175.3	17	20.7	35.6	40.3	11
福　建	Fujian	170.0	237.3	294.4	9	4.9	9.3	10.3	25
江　西	Jiangxi	70.4	93.1	111.1	24	14.1	33.2	44.3	8
山　东	Shandong	248.8	379.1	456.1	5	13.8	37.0	50.2	5
河　南	Henan	153.0	214.9	265.8	10	13.4	35.8	45.0	6
湖　北	Hubei	137.8	177.9	189.2	14	21.2	43.5	53.4	3
湖　南	Hunan	133.2	161.0	180.8	15	15.5	35.1	41.6	10
广　东	Guangdong	677.8	973.8	1142.3	1	22.0	128.3	187.6	1
广　西	Guangxi	108.8	147.5	158.8	20	8.9	22.2	29.0	15
海　南	Hainan	26.2	39.7	45.8	29	3.6	6.8	8.8	28
重　庆	Chongqing	89.6	146.7	152.9	21	2.8	39.2	51.0	4
四　川	Sichuan	257.7	377.0	430.6	6	27.0	46.3	56.5	2
贵　州	Guizhou	51.5	69.3	71.5	27	3.9	9.3	11.4	23
云　南	Yunnan	100.1	141.3	160.8	19	7.6	9.6	14.5	21
西　藏	Tibet	12.0	22.4	25.9	31	0.7	0.6	0.0	31
陕　西	Shaanxi	96.7	140.3	175.7	16	8.4	21.7	25.6	16
甘　肃	Gansu	46.8	61.4	75.2	26	6.1	9.6	10.3	26
青　海	Qinghai	32.1	43.6	47.5	28	1.5	3.0	1.5	30
宁　夏	Ningxia	21.3	30.0	38.3	30	1.6	13.3	14.7	20
新　疆	Xinjiang	85.5	127.7	171.2	18	6.0	11.1	13.2	22

21-20 工伤保险情况（一）
Statistics of Work Injury Insurance (1)

地区	Region	年末参加工伤保险人数（万人）Work Injury Insurance Contributors at Year-end (10 000 persons)				享受工伤待遇人数（万人次）Beneficiaries at Year-end (10 000 persons)			
		2010	2012	2013	2013排名 Ranking	2010	2012	2013	2013排名 Ranking
全　国	**National Total**	**16160.7**	**19010.1**	**19917.2**		**147.5**	**190.5**	**195.2**	
北　京	Beijing	823.8	897.2	920.3	5	4.4	4.8	4.8	16
天　津	Tianjin	304.5	330.1	335.1	21	4.1	3.4	3.3	21
河　北	Hebei	594.4	694.8	737.0	9	7.5	9.1	10.5	6
山　西	Shanxi	292.4	529.6	550.0	14	4.9	8.4	9.7	7
内蒙古	Inner Mongolia	207.5	248.9	277.4	25	1.8	2.5	2.2	25
辽　宁	Liaoning	730.0	819.1	856.7	7	10.0	14.0	13.2	4
吉　林	Jilin	300.5	359.4	392.1	19	3.7	4.2	5.3	15
黑龙江	Heilongjiang	415.1	470.6	493.1	15	6.2	6.8	7.2	12
上　海	Shanghai	961.0	898.9	904.1	6	1.7	6.1	6.6	13
江　苏	Jiangsu	1205.5	1420.7	1487.3	3	9.8	12.3	13.6	3
浙　江	Zhejiang	1475.1	1731.7	1826.1	2	20.2	23.8	22.6	1
安　徽	Anhui	351.1	457.9	473.2	16	4.4	8.8	8.1	10
福　建	Fujian	417.7	540.9	607.5	12	2.4	3.4	3.5	20
江　西	Jiangxi	371.7	410.9	431.5	17	2.7	5.5	4.5	18
山　东	Shandong	1211.2	1339.6	1371.9	4	10.2	11.9	11.2	5
河　南	Henan	551.7	720.6	773.1	8	3.0	4.8	4.6	17
湖　北	Hubei	444.0	522.6	556.9	13	3.1	4.0	5.7	14
湖　南	Hunan	516.0	693.8	731.2	10	7.4	7.8	8.3	8
广　东	Guangdong	2657.8	2962.8	3057.3	1	14.7	16.7	16.7	2
广　西	Guangxi	235.7	312.4	325.6	23	1.4	1.8	1.9	26
海　南	Hainan	95.8	119.5	123.4	28	0.3	0.4	0.3	30
重　庆	Chongqing	266.0	374.9	406.8	18	5.6	8.0	8.0	11
四　川	Sichuan	583.8	689.4	690.1	11	6.0	8.0	8.3	9
贵　州	Guizhou	162.2	238.2	260.4	26	1.9	2.7	2.3	24
云　南	Yunnan	227.4	295.3	334.3	22	4.6	4.0	4.4	19
西　藏	Tibet	8.8	14.2	14.8	31		0.1	0.0	31
陕　西	Shaanxi	278.6	350.4	378.1	20	1.6	2.2	3.0	22
甘　肃	Gansu	130.1	158.5	167.7	27	1.1	1.8	1.8	27
青　海	Qinghai	43.2	49.2	52.3	30	0.5	0.6	0.6	28
宁　夏	Ningxia	48.9	63.9	72.7	29	0.3	0.4	0.5	29
新　疆	Xinjiang	249.3	294.1	309.5	24	2.0	2.4	2.5	23

21-21 工伤保险情况（二）
Statistics of Work Injury Insurance (2)

单位：亿元 (100 million yuan)

地区	Region	工伤保险基金收入 Revenue 2010	2012	2013	2013排名 Ranking	工伤保险基金支出 Expenses 2010	2012	2013	2013排名 Ranking
全 国	**National Total**	**284.9**	**526.7**	**614.8**		**192.4**	**406.3**	**482.1**	
北 京	Beijing	13.0	20.5	25.6	10	10.7	17.2	18.3	12
天 津	Tianjin	5.9	8.2	9.5	25	4.7	7.4	8.2	23
河 北	Hebei	16.1	24.7	28.2	6	13.3	23.5	30.3	5
山 西	Shanxi	12.9	24.0	28.3	5	8.0	17.6	22.1	8
内蒙古	Inner Mongolia	5.4	12.2	12.6	22	2.9	5.8	7.8	25
辽 宁	Liaoning	15.4	26.7	25.4	11	10.4	22.3	25.3	7
吉 林	Jilin	4.6	9.5	11.6	23	3.9	6.9	8.6	20
黑龙江	Heilongjiang	11.6	18.9	21.1	12	9.2	16.6	18.8	11
上 海	Shanghai	12.9	22.0	26.9	9	5.2	20.9	26.1	6
江 苏	Jiangsu	18.7	43.7	57.0	2	13.9	38.7	48.1	1
浙 江	Zhejiang	22.0	37.3	41.9	3	14.1	30.3	34.6	3
安 徽	Anhui	6.0	14.3	19.1	14	3.6	10.9	12.6	15
福 建	Fujian	5.9	11.8	15.8	16	2.9	7.0	8.3	22
江 西	Jiangxi	4.6	10.3	13.4	18	2.4	8.3	8.4	21
山 东	Shandong	20.5	34.7	40.0	4	15.1	28.0	31.3	4
河 南	Henan	10.2	18.0	21.1	13	5.8	11.9	14.2	14
湖 北	Hubei	5.1	10.1	13.0	20	2.8	6.9	8.8	18
湖 南	Hunan	10.7	23.6	27.2	8	8.4	17.0	20.4	9
广 东	Guangdong	30.4	52.7	58.8	1	19.8	32.1	36.5	2
广 西	Guangxi	3.4	5.9	6.9	27	1.6	3.3	4.0	27
海 南	Hainan	0.9	2.1	2.4	30	0.5	1.0	1.1	30
重 庆	Chongqing	7.1	14.6	17.5	15	6.2	15.0	16.7	13
四 川	Sichuan	12.4	22.0	27.5	7	8.5	18.0	20.2	10
贵 州	Guizhou	6.4	11.0	13.1	19	5.0	8.0	11.5	16
云 南	Yunnan	5.8	10.8	13.6	17	4.4	9.2	11.4	17
西 藏	Tibet	0.3	0.6	0.7	31	0.1	0.4	0.3	31
陕 西	Shaanxi	5.8	10.9	12.6	21	2.6	5.8	7.9	24
甘 肃	Gansu	2.9	5.1	7.0	26	1.7	4.0	5.9	26
青 海	Qinghai	1.6	2.3	2.5	29	0.9	1.7	2.2	29
宁 夏	Ningxia	1.4	8.1	3.1	28	0.8	1.9	3.2	28
新 疆	Xinjiang	4.8	10.1	11.3	24	3.3	8.4	8.8	19

21-22 工伤保险基金和生育保险基金累计结余

Balance at Year-end of Work Injury Insurance and Maternity Insurance

单位：亿元 (100 million yuan)

地区	Region	工伤保险基金累计结余 Work Injury Insurance				生育保险基金累计结余 Maternity Insurance			
		2010	2012	2013	2013排名 Ranking	2010	2012	2013	2013排名 Ranking
全　国	**National Total**	**561.4**	**861.9**	**996.2**		**261.4**	**427.6**	**514.7**	
北　京	Beijing	17.3	21.9	29.3	13	19.7	33.5	36.5	4
天　津	Tianjin	11.2	12.5	13.8	25	10.7	15.6	17.8	9
河　北	Hebei	18.8	21.9	19.7	20	6.8	12.9	16.6	13
山　西	Shanxi	18.4	38.6	44.9	6	4.0	9.4	13.7	14
内蒙古	Inner Mongolia	8.0	20.4	25.1	16	4.0	7.5	9.5	21
辽　宁	Liaoning	23.9	41.2	41.3	8	8.5	14.2	13.3	15
吉　林	Jilin	5.3	11.9	14.9	23	4.3	7.8	9.4	22
黑龙江	Heilongjiang	13.1	27.7	30.1	12	6.4	9.6	11.3	17
上　海	Shanghai	37.8	47.2	48.0	5	0.7	0.3	1.1	30
江　苏	Jiangsu	35.3	48.5	57.3	2	40.0	59.8	69.1	1
浙　江	Zhejiang	37.6	49.9	57.2	3	14.3	22.7	26.6	5
安　徽	Anhui	11.0	20.6	27.0	14	5.0	8.7	11.0	19
福　建	Fujian	22.4	32.6	40.1	10	8.2	14.1	18.5	8
江　西	Jiangxi	9.1	14.4	19.3	21	2.8	4.4	5.8	25
山　东	Shandong	26.9	41.9	50.6	4	19.0	31.0	36.8	3
河　南	Henan	20.9	35.2	42.0	7	8.1	15.2	21.8	7
湖　北	Hubei	10.6	20.2	24.3	17	8.1	13.6	16.7	12
湖　南	Hunan	14.1	28.9	35.7	11	8.5	13.8	16.8	11
广　东	Guangdong	127.1	172.1	194.4	1	30.7	48.9	59.9	2
广　西	Guangxi	12.0	17.9	20.9	18	5.8	9.3	11.1	18
海　南	Hainan	4.3	6.4	7.7	28	2.2	3.2	3.8	27
重　庆	Chongqing	3.4	6.6	7.4	29	4.1	6.4	8.1	23
四　川	Sichuan	21.9	34.0	41.3	9	10.9	17.9	21.8	6
贵　州	Guizhou	7.3	13.0	14.6	24	2.9	5.0	6.4	24
云　南	Yunnan	11.6	18.5	20.7	19	8.1	12.0	12.3	16
西　藏	Tibet	0.7	1.3	1.6	31	0.6	0.9	1.0	31
陕　西	Shaanxi	11.5	21.8	26.6	15	4.3	8.1	10.9	20
甘　肃	Gansu	5.8	8.6	11.2	26	1.9	4.1	5.3	26
青　海	Qinghai	3.0	4.1	4.4	30	0.5	1.3	2.2	28
宁　夏	Ningxia	1.5	8.7	8.6	27	0.7	1.7	2.1	29
新　疆	Xinjiang	9.8	13.4	16.0	22	9.9	14.8	17.4	10

注：工伤保险累计结合中含储备金。

Note: Balance of work injury insurance includes reserves.

21-23 生育保险情况（一）
Statistics of Maternity Insurance (1)

地区	Region	年末参加生育保险人数（万人） Maternity Insurance Contributors at Year-end (10 000 persons)				享受待遇人数（万人次） Beneficiaries at Year-end (10 000 persons)			
		2010	2012	2013	2013排名 Ranking	2010	2012	2013	2013排名 Ranking
全　国	**National Total**	**12335.9**	**15428.7**	**16392.0**		**210.7**	**352.7**	**522.0**	
北　京	Beijing	372.2	844.7	883.2	5	12.6	27.9	41.1	4
天　津	Tianjin	212.0	242.7	249.1	23	5.6	8.0	24.8	7
河　北	Hebei	561.5	634.8	667.6	9	5.2	9.7	15.7	11
山　西	Shanxi	211.6	407.6	445.6	15	1.7	3.1	5.2	23
内蒙古	Inner Mongolia	233.9	274.8	285.0	19	2.2	4.3	6.5	22
辽　宁	Liaoning	593.0	713.9	752.3	6	13.5	19.4	25.9	6
吉　林	Jilin	310.5	350.4	365.9	16	5.6	9.4	11.2	16
黑龙江	Heilongjiang	290.1	353.1	355.1	17	3.4	4.2	6.9	21
上　海	Shanghai	657.3	711.5	713.9	7	7.7	11.7	22.0	8
江　苏	Jiangsu	1086.4	1276.2	1355.6	2	24.4	55.5	78.7	1
浙　江	Zhejiang	863.7	1084.8	1173.2	3	12.4	19.4	39.9	5
安　徽	Anhui	346.9	430.1	458.5	14	5.0	9.0	10.6	18
福　建	Fujian	374.4	484.3	539.6	11	4.9	8.2	12.1	14
江　西	Jiangxi	170.0	204.2	217.8	26	1.0	2.0	2.5	29
山　东	Shandong	774.1	919.0	974.4	4	18.0	19.9	47.1	2
河　南	Henan	412.9	520.3	569.6	10	5.3	12.0	13.6	13
湖　北	Hubei	381.8	452.9	465.3	13	11.0	18.8	18.5	9
湖　南	Hunan	527.1	546.0	536.0	12	12.1	14.8	14.8	12
广　东	Guangdong	2038.5	2484.9	2711.6	1	24.3	40.1	45.0	3
广　西	Guangxi	218.5	254.7	270.2	22	3.6	5.1	7.7	20
海　南	Hainan	92.6	116.0	120.2	28	1.5	3.2	4.0	26
重　庆	Chongqing	175.7	253.5	280.4	20	4.9	8.2	10.2	19
四　川	Sichuan	484.2	654.4	689.1	8	5.9	12.5	18.0	10
贵　州	Guizhou	164.3	221.6	238.7	25	2.3	3.1	4.4	24
云　南	Yunnan	210.2	239.2	270.9	21	4.0	4.6	11.2	15
西　藏	Tibet	14.8	18.2	20.7	31	0.3	0.4	0.5	31
陕　西	Shaanxi	180.1	223.7	240.3	24	2.4	3.1	4.3	25
甘　肃	Gansu	82.0	129.5	135.1	27	1.0	2.5	3.2	28
青　海	Qinghai	6.4	33.8	42.8	30	0.1	0.3	1.7	30
宁　夏	Ningxia	39.8	66.4	68.4	29	0.6	1.9	3.7	27
新　疆	Xinjiang	249.4	281.6	296.1	18	8.4	10.3	11.1	17

21-24 生育保险情况（二）
Statistics of Maternity Insurance (2)

单位：亿元 (100 million yuan)

地区	Region	基金收入 Revenue 2010	2012	2013	2013排名 Ranking	基金支出 Expenses 2010	2012	2013	2013排名 Ranking
全 国	**National Total**	**159.6**	**304.2**	**368.4**		**109.9**	**219.3**	**282.8**	
北 京	Beijing	12.2	30.3	37.5	2	7.7	20.9	34.5	1
天 津	Tianjin	5.6	8.3	9.7	12	4.6	5.6	7.5	11
河 北	Hebei	4.7	9.3	11.2	11	2.5	5.6	7.5	10
山 西	Shanxi	2.2	5.7	7.8	17	1.2	2.4	3.5	22
内蒙古	Inner Mongolia	2.7	5.2	6.3	20	1.5	3.5	4.3	19
辽 宁	Liaoning	7.4	13.2	12.4	9	5.7	11.2	13.2	7
吉 林	Jilin	2.2	3.8	4.8	24	1.1	2.1	3.1	23
黑龙江	Heilongjiang	3.0	5.1	5.7	22	1.9	3.5	4.0	20
上 海	Shanghai	12.0	27.2	33.5	4	13.3	28.9	32.6	2
江 苏	Jiangsu	19.4	32.0	36.3	3	12.3	22.2	26.9	4
浙 江	Zhejiang	12.5	21.9	25.2	6	9.8	17.5	21.3	6
安 徽	Anhui	3.6	6.1	8.0	16	2.3	4.7	5.8	14
福 建	Fujian	4.3	8.0	12.6	8	2.9	5.8	8.2	9
江 西	Jiangxi	0.8	1.7	2.4	27	0.4	0.7	1.0	29
山 东	Shandong	11.7	23.1	28.1	5	9.1	17.3	22.3	5
河 南	Henan	4.5	8.6	11.5	10	2.4	4.5	6.3	13
湖 北	Hubei	3.8	6.7	8.1	14	2.0	4.0	5.0	17
湖 南	Hunan	4.2	7.3	8.6	13	2.6	4.2	5.6	15
广 东	Guangdong	19.2	30.1	38.5	1	12.2	21.1	27.6	3
广 西	Guangxi	2.5	4.7	5.8	21	1.6	2.8	3.9	21
海 南	Hainan	0.6	1.7	2.1	28	0.3	1.1	1.5	27
重 庆	Chongqing	2.1	5.3	6.5	19	1.6	3.6	4.9	18
四 川	Sichuan	5.0	11.4	13.8	7	3.9	8.8	9.9	8
贵 州	Guizhou	1.3	2.2	3.5	25	0.5	1.0	2.1	26
云 南	Yunnan	3.0	6.2	7.4	18	1.7	4.6	7.1	12
西 藏	Tibet	0.3	0.4	0.6	31	0.2	0.3	0.4	31
陕 西	Shaanxi	2.4	4.2	5.3	23	0.9	1.9	2.6	24
甘 肃	Gansu	1.0	2.3	3.5	26	0.5	1.2	2.4	25
青 海	Qinghai	0.2	1.0	1.6	30	0.1	0.3	0.7	30
宁 夏	Ningxia	0.6	1.5	1.9	29	0.3	1.1	1.4	28
新 疆	Xinjiang	4.6	9.6	8.1	15	2.8	7.0	5.5	16

21-25 城乡居民社会养老保险情况（一）
Statistics on Basic Pension Insurance for Urban and Rural Residents (1)

单位：万人 (10 000 persons)

地区	Region	参保人数 Contributors at Year-end				其中：达到领取待遇年龄参保人数 Number of Participants Who Have Reached the Prescribed Age of Benefit Entilement			
		2010	2012	2013	2013排名 Ranking	2010	2012	2013	2013排名 Ranking
全　国	**National Total**	**10276.8**	**48369.5**	**49750.1**		**2862.6**	**13382.2**	**14122.3**	
北　京	Beijing	168.5	176.8	180.1	27	17.7	27.1	31.6	30
天　津	Tianjin	79.4	89.3	95.5	30	65.6	69.8	71.0	25
河　北	Hebei	840.3	3334.6	3354.2	3	179.5	789.7	840.2	7
山　西	Shanxi	249.8	1482.1	1533.7	14	68.8	326.2	345.6	19
内蒙古	Inner Mongolia	168.8	756.1	780.3	22	41.8	184.9	192.8	23
辽　宁	Liaoning	146.8	1046.1	1046.9	20	33.6	347.9	360.4	18
吉　林	Jilin	86.7	561.3	643.1	23	32.2	198.1	218.8	22
黑龙江	Heilongjiang	131.2	758.0	815.8	21	27.7	191.5	244.6	21
上　海	Shanghai	28.9	80.8	80.0	31	14.1	45.4	46.7	27
江　苏	Jiangsu	333.5	2347.2	2384.0	7	132.4	888.7	942.1	4
浙　江	Zhejiang	290.8	1332.3	1355.8	17	134.2	572.6	577.1	10
安　徽	Anhui	349.3	3350.6	3308.7	5	93.0	805.5	842.8	6
福　建	Fujian	273.9	1446.1	1467.2	16	57.7	358.8	375.4	17
江　西	Jiangxi	272.3	1737.5	1772.5	11	75.2	394.9	416.6	14
山　东	Shandong	919.2	4401.2	4512.8	2	318.0	1257.5	1315.2	1
河　南	Henan	1211.8	4719.7	4797.0	1	251.1	1153.8	1229.5	2
湖　北	Hubei	380.0	2266.2	2236.3	9	115.0	580.5	610.1	9
湖　南	Hunan	581.8	3120.3	3316.0	4	217.8	857.0	888.1	5
广　东	Guangdong	157.6	2255.2	2346.8	8	51.8	727.2	791.3	8
广　西	Guangxi	220.4	1572.3	1664.0	13	59.6	488.8	514.1	11
海　南	Hainan	62.4	269.5	272.1	25	17.7	65.7	68.1	26
重　庆	Chongqing	807.4	1130.9	1122.9	19	265.0	372.4	377.1	16
四　川	Sichuan	669.6	2828.4	3001.6	6	199.6	1027.5	1090.2	3
贵　州	Guizhou	223.9	1260.7	1487.2	15	63.5	404.8	425.5	13
云　南	Yunnan	469.4	2103.2	2152.7	10	91.7	419.7	431.5	12
西　藏	Tibet	80.5	134.0	140.4	29	23.5	21.9	22.7	31
陕　西	Shaanxi	439.7	1705.5	1704.9	12	97.0	383.5	398.8	15
甘　肃	Gansu	185.5	1176.6	1238.5	18	38.0	252.4	278.3	20
青　海	Qinghai	65.1	206.1	216.1	26	16.8	38.1	40.3	28
宁　夏	Ningxia	24.7	180.3	179.5	28	4.7	35.7	36.3	29
新　疆	Xinjiang	357.9	540.6	543.6	24	58.0	94.4	99.5	24

注：2012年8月起，新型农村社会养老保险和城镇居民社会养老保险制度全覆盖工作全面启动，合并为城乡居民社会养老保险。

Note: Since August, 2012, system of new rural old-age insurance and urban basic pension insurance have started completely, and called basic pension insurance for urban and rural residents as total.

21-26 城乡居民社会养老保险情况（二）
Statistics on Basic Pension Insurance for Urban and Rural Residents (2)

单位：亿元 (100 million yuan)

地区	Region	基金收入 Revenue 2010	2012	2013	2013排名 Ranking	基金支出 Expenses 2010	2012	2013	2013排名 Ranking
全　国	**National Total**	**453.4**	**1829.2**	**2052.3**		**200.4**	**1149.7**	**1348.3**	
北　京	Beijing	21.2	26.8	29.9	23	7.1	13.6	17.1	23
天　津	Tianjin	28.5	31.1	50.0	15	9.7	14.0	16.7	24
河　北	Hebei	24.8	91.0	99.9	8	9.9	49.1	60.6	8
山　西	Shanxi	5.7	41.5	53.9	14	3.4	21.0	29.8	17
内蒙古	Inner Mongolia	5.6	33.1	44.1	18	2.9	19.7	27.3	20
辽　宁	Liaoning	5.5	36.0	42.8	19	2.4	22.4	31.1	15
吉　林	Jilin	2.4	24.3	24.4	24	1.2	12.5	15.0	25
黑龙江	Heilongjiang	7.2	28.9	30.4	22	2.1	13.3	17.9	22
上　海	Shanghai	6.9	30.6	34.1	21	6.8	29.4	34.4	13
江　苏	Jiangsu	27.9	145.9	190.4	2	15.7	109.1	148.5	1
浙　江	Zhejiang	16.5	92.4	121.1	6	7.3	80.3	105.3	3
安　徽	Anhui	13.9	96.1	109.9	7	7.3	53.1	63.7	7
福　建	Fujian	9.4	40.3	48.9	16	3.7	22.1	29.6	18
江　西	Jiangxi	7.0	48.0	17.9	26	3.2	24.6	28.2	19
山　东	Shandong	43.7	169.7	209.3	1	18.2	106.8	138.6	2
河　南	Henan	46.6	116.6	146.2	3	16.2	74.2	95.7	4
湖　北	Hubei	12.4	73.5	78.3	10	6.4	37.7	48.3	10
湖　南	Hunan	17.2	94.3	99.1	9	10.1	54.6	58.9	9
广　东	Guangdong	6.5	95.3	141.7	5	3.5	54.8	90.9	6
广　西	Guangxi	8.5	46.5	7.3	30	3.9	34.3	5.8	28
海　南	Hainan	2.5	8.9	12.0	27	1.1	5.6	7.6	27
重　庆	Chongqing	33.5	112.3	64.8	12	23.6	86.7	38.4	12
四　川	Sichuan	29.6	114.2	145.2	4	14.2	69.0	93.9	5
贵　州	Guizhou	7.1	58.5	45.2	17	3.7	48.9	30.2	16
云　南	Yunnan	11.1	47.2	63.9	13	3.5	24.2	33.5	14
西　藏	Tibet	2.2	4.2	4.4	31	1.7	2.4	2.8	31
陕　西	Shaanxi	23.8	58.5	65.9	11	4.4	32.9	39.8	11
甘　肃	Gansu	15.7	30.0	37.4	20	3.5	14.1	21.1	21
青　海	Qinghai	1.9	7.8	7.7	29	0.5	4.5	4.6	29
宁　夏	Ningxia	0.8	5.8	8.0	28	0.3	3.2	4.2	30
新　疆	Xinjiang	8.0	19.8	18.0	25	2.7	11.4	9.0	26

21-27 城乡居民社会养老保险情况（三）
Statistics on Basic Pension Insurance for Urban and Rural Residents (3)

地区	Region	基金累计结余（亿元）Balance at Year-end (100 million yuan)				开展新型农村合作医疗县（市、区）数（个）Number of Countries (unit)			
		2010	2012	2013	2013排名 Ranking	2010	2011	2012	2012排名 Ranking
全　国	**National Total**	**422.5**	**2302.2**	**3005.7**		**2678**	**2637**	**2566**	
北　京	Beijing	57.2	88.7	101.4	12	13	13	13	28
天　津	Tianjin	36.4	73.1	106.4	11				
河　北	Hebei	20.9	93.3	133.2	6	164	164	164	2
山　西	Shanxi	8.0	62.8	76.9	15	115	115	115	7
内蒙古	Inner Mongolia	7.7	38.1	58.1	19	98	96	92	15
辽　宁	Liaoning	3.1	30.5	42.0	23	90	94	94	12
吉　林	Jilin	1.4	20.6	30.1	26	60	61	60	23
黑龙江	Heilongjiang	3.9	30.1	44.1	21	121	122	122	6
上　海	Shanghai	25.0	72.3	72.0	16	10	10	9	30
江　苏	Jiangsu	53.9	294.7	340.3	2	86	83	81	19
浙　江	Zhejiang	16.7	112.8	129.5	8	85	85	81	19
安　徽	Anhui	10.1	84.5	132.8	7	94	94	94	12
福　建	Fujian	4.6	46.2	63.9	18	74	74	74	21
江　西	Jiangxi	4.3	49.3	39.7	24	96	97	96	11
山　东	Shandong	52.7	286.0	357.8	1	135	135	135	4
河　南	Henan	23.2	129.6	189.8	5	157	157	157	3
湖　北	Hubei	7.8	73.0	107.7	10	97	96	93	14
湖　南	Hunan	8.6	68.1	110.7	9	122	113	111	8
广　东	Guangdong	5.0	163.4	219.5	3	87	62	10	29
广　西	Guangxi	4.6	35.7	5.1	31	109	106	106	9
海　南	Hainan	1.0	9.9	15.2	27	20	20	20	27
重　庆	Chongqing	9.9	40.5	66.9	17	39	38	37	25
四　川	Sichuan	21.6	161.3	215.5	4	175	175	175	1
贵　州	Guizhou	5.2	28.1	44.0	22	88	88	88	17
云　南	Yunnan	7.3	48.7	94.4	13	127	127	127	5
西　藏	Tibet	0.2	2.9	6.7	30	73	73	73	22
陕　西	Shaanxi	13.4	64.5	90.7	14	104	104	104	10
甘　肃	Gansu	0.8	51.3	53.0	20	86	86	86	18
青　海	Qinghai	1.4	8.9	12.0	29	43	39	39	24
宁　夏	Ningxia	0.7	8.5	12.5	28	21	21	21	26
新　疆	Xinjiang	5.8	24.9	33.9	25	89	89	89	16

21-28 新型农村合作医疗情况（一）
New Cooperative Medical System (1)

地区	Region	参加新农合人数（万人）Number of Enrollees (10 000 persons)				人均筹资（元）Per Capita Premiums (yuan)			
		2010	2012	2013	2013排名 Ranking	2010	2012	2013	2013排名 Ranking
全　国	**National Total**	**83560.0**	**80530.9**	**80209.0**		**156.6**	**308.5**	**370.6**	
北　京	Beijing	278.5	267.4	254.4	27	555.4	707.3	893.9	2
天　津	Tianjin								
河　北	Hebei	4998.1	5037.0	5146.4	5	140.0	294.7	346.2	24
山　西	Shanxi	2164.6	2194.0	2193.7	16	150.6	294.1	346.6	23
内蒙古	Inner Mongolia	1214.6	1233.6	1261.5	22	157.6	308.3	374.3	9
辽　宁	Liaoning	1953.6	1958.6	1977.1	18	158.4	295.5	354.0	17
吉　林	Jilin	1252.5	1328.2	1344.3	21	150.4	290.5	362.8	14
黑龙江	Heilongjiang	1400.8	1447.3	1521.1	20	151.2	295.3	354.3	16
上　海	Shanghai	149.0	113.2	104.7	29	757.7	1232.5	1593.7	1
江　苏	Jiangsu	4370.6	4089.3	4055.1	8	192.0	327.8	394.6	7
浙　江	Zhejiang	2972.1	2876.2	2228.3	15	251.8	480.4	665.9	3
安　徽	Anhui	4750.2	5043.8	5149.6	4	151.8	294.9	368.1	11
福　建	Fujian	2404.2	2444.1	2492.1	14	152.0	298.8	350.2	20
江　西	Jiangxi	3145.0	3293.8	3358.0	10	150.8	294.2	342.3	28
山　东	Shandong	6548.7	6465.8	6378.8	2	135.2	307.2	361.5	15
河　南	Henan	7651.5	7965.1	8119.5	1	150.6	293.4	352.9	18
湖　北	Hubei	3833.0	3877.6	3925.3	9	150.3	298.0	365.1	13
湖　南	Hunan	4911.5	4671.2	4729.7	6	141.2	291.6	350.6	19
广　东	Guangdong	3891.5	200.0			160.7	271.7		
广　西	Guangxi	3811.3	3974.8	4078.9	7	150.4	292.8	344.2	26
海　南	Hainan	474.9	481.5	490.4	24	144.2	300.1	348.3	21
重　庆	Chongqing	2200.4	2162.9	2146.2	17	141.5	296.4	437.8	5
四　川	Sichuan	6285.1	6224.1	6243.8	3	149.0	295.9	347.3	22
贵　州	Guizhou	3029.2	3112.2	3214.0	12	146.4	291.5	334.0	29
云　南	Yunnan	3412.2	3467.9	3250.5	11	140.9	295.8	346.0	25
西　藏	Tibet	233.6	237.8	242.9	28	192.6	324.0	366.7	12
陕　西	Shaanxi	2581.4	2649.7	2550.3	13	154.4	311.9	374.7	8
甘　肃	Gansu	1910.3	1921.5	1930.3	19	146.3	292.6	343.7	27
青　海	Qinghai	340.8	352.6	362.7	25	165.5	408.3	471.4	4
宁　夏	Ningxia	372.0	361.5	356.9	26	145.7	385.1	434.8	6
新　疆	Xinjiang	1019.0	1078.3	1102.7	23	158.3	315.1	371.7	10

21-29 新型农村合作医疗情况（二）
New Cooperative Medical System (2)

地区	Region	本年度筹资总额（亿元） Premiums This Year (100 million yuan)				新农合补偿受益人次（万人次） Number of Beneficiaries from Reimbursement (10 000 person-times)			
		2010	2012	2013	2013排名 Ranking	2010	2012	2013	2013排名 Ranking
全　国	**National Total**	**1308.33**	**2484.70**	**2972.48**		**108666.0**	**174507.3**	**194218.8**	
北　京	Beijing	15.47	18.90	22.74	24	694.5	565.6	562.9	28
天　津	Tianjin								
河　北	Hebei	69.95	148.50	178.19	5	6592.9	12406.7	13350.1	6
山　西	Shanxi	32.60	64.50	76.02	17	2570.6	3598.4	4105.6	15
内蒙古	Inner Mongolia	19.14	38.00	47.22	22	894.3	823.1	958.7	24
辽　宁	Liaoning	30.94	57.90	69.99	18	1399.9	2151.2	2453.3	18
吉　林	Jilin	18.83	38.60	48.77	21	627.9	977.8	665.0	27
黑龙江	Heilongjiang	21.18	42.70	53.89	20	1181.6	1960.7	2457.2	17
上　海	Shanghai	11.29	14.00	16.69	27	2035.2	1570.8	1683.4	21
江　苏	Jiangsu	83.90	134.10	160.00	7	8956.7	12271.6	14449.2	4
浙　江	Zhejiang	74.83	138.20	148.38	8	7758.4	11231.6	12714.2	7
安　徽	Anhui	72.11	148.70	189.58	4	4260.2	10071.6	10382.2	8
福　建	Fujian	36.54	73.00	87.27	16	278.5	831.7	1441.8	22
江　西	Jiangxi	47.42	96.90	114.96	11	1968.4	4079.9	5114.6	13
山　东	Shandong	88.55	198.60	230.57	2	14605.7	23243.4	24655.5	2
河　南	Henan	115.19	233.70	286.54	1	11544.6	19766.6	27128.6	1
湖　北	Hubei	57.62	115.50	143.32	9	8659.9	13854.6	14256.3	5
湖　南	Hunan	69.34	136.20	165.84	6	2685.5	5617.7	6222.9	10
广　东	Guangdong	62.53	5.40			2909.0	279.7		
广　西	Guangxi	57.31	116.40	140.39	10	2448.3	5209.5	5564.9	11
海　南	Hainan	6.85	14.50	17.08	26	633.3	827.2	1095.7	23
重　庆	Chongqing	31.13	64.10	93.97	15	2461.0	3127.3	2243.1	19
四　川	Sichuan	93.67	184.20	216.86	3	4905.8	14476.1	14698.6	3
贵　州	Guizhou	44.35	90.70	107.34	13	3949.9	4887.9	5520.5	12
云　南	Yunnan	48.09	102.60	112.47	12	8043.5	9190.4	10041.2	9
西　藏	Tibet	4.50	7.70	8.91	29	393.4	477.6	698.8	26
陕　西	Shaanxi	39.87	82.60	95.56	14	2433.0	4544.3	4942.6	14
甘　肃	Gansu	27.94	56.20	66.34	19	2132.4	3901.5	3884.3	16
青　海	Qinghai	5.64	14.40	17.10	25	275.1	335.2	300.9	29
宁　夏	Ningxia	5.42	13.90	15.52	28	535.8	837.7	831.9	25
新　疆	Xinjiang	16.13	34.00	40.99	23	830.9	1390.0	1795.1	20

主要社会经济指标解释

行政区域土地面积 是指在该行政区划内的全部土地面积(包括水面面积)。计算土地面积以行政区划为准。

常住人口 包括：1.住本户，户口在本乡、镇、街道的人(含户口在本户，外出不满半年的人)；2.住本户半年以上，户口在外乡、镇、街道的人；3.住本户不满半年，户口在外乡、镇、街道，离开户口登记地半年以上的人；4.住本户，户口待定的人。

地区生产总值(GRP) 指按市场价格计算的一个地区所有常住单位在一定时期内生产活动的最终成果。

地方财政一般预算收入 包括(1)税收收入；(2)社会保险基金收入；(3)非税收入；(4)贷款转回收本金收入(5) 转移性收入。

地方财政一般预算内支出 包括：(1)一般公共服务；(2)外交；(3)国防；(4)公共安全；(5)教育；(6)科学技术；(7)文化体育与传媒；(8)社会保障和就业；(9)社会保险基金支出；(10)医疗卫生；(11)环境保护；(12)城乡社区事务；(13)农林水事务；(14)交通运输；(15)工业商业金融等事务；(16)其它支出；(17)转移性支出。

住宅 指专供居住的房屋，包括别墅、公寓、职工家属宿舍和集体宿舍（包括职工单身宿舍和学生宿舍）等，但不包括住宅楼中作为人防用、不住人的地下室等。住宅按照性质可以划分为普通住房、经济使用住房和别墅、高档公寓。

专利申请受理量 指经专利部门初步审查后符合受理条件的专利申请量。

专利申请授权量 指经专利部门审查合格后，一句专利法授予申请人对申请项目专有权的专利申请数量。

中等职业学校 是指按国家规定的设置标准和审批程序批准建立的，招收初中（或部分高中）毕业生或同等学历者，实施中等职业技术教育，培养中等职业技术人才的学校。招收初中毕业生的，修业年限一般为三至四年；招收高中毕业生的，修业年限一般为二年至三年。包括中等专业学校、技工学校、职业中学（高中）等。统计中等职业学校时应注意，已承担培养学生任务的中等职业技术学校和独立设置的高等学校中专部或中专学校计算校数。正在筹建、尚未招生的中等职业学校和高等学校附设的中专班不计校数。

专任教师 指主要从事教学工作的人员。包括临时（一年以内）调去帮助做其它工作的教学人员。高等学校函授部、夜大学的专任教师和承担科研任务，未担任教学工作仍属教师编制的人员，应计入专任教师中。不包括调离教学岗位，担任行政领导工作或其他工作的原教学人员。

医院、卫生院床位数 指各级各类医院本年 10 月底的固定实有床位（非编制床位）。包括正规床、简易床、监护床和正在消毒、修理的床位及因扩建或大修理而停用的床位（按扩建或大修理前的床位计算），但不包括产科的新生儿床、库存床、临时增设的床位、病人家属的陪床、接产室的待产床等。

公共图书馆图书总藏量 指图书馆已编目的古籍、图书、期刊和报纸的合订本、小册子、手稿以及缩微制品、录像带、录音带、光盘等听视文献资料数量总和。

2014中国省市经济发展年鉴

CHINA PROVINCES AND CITIES ECONOMY DEVELOPMENT YEARBOOK

中国省市经济发展年鉴编委会 编

下册

图书在版编目（C I P）数据

2014 中国省市经济发展年鉴 ： 全 2 册 / 中国省市经济发展年鉴编委会编.
-- 北京 ： 中国财政经济出版社，2015.6

ISBN 978-7-5095-6260-4

Ⅰ. ①2… Ⅱ. ①中… Ⅲ. ①区域经济发展－中国－2014－年鉴 Ⅳ. ①F127-54

中国版本图书馆 CIP 数据核字（2015）第 133626 号

责任编辑：罗亚洪
装帧设计：刘志鹏

中国财政经济出版社 出版
URL：http://www.ofeph.cn
E-mail：cfeph@cfeph.cn
（版权所有　侵权必究）
地址：北京市海滨区阜成路甲 28 号　邮政编码：100142
北京画中画印刷有限公司印刷　各地新华书店经销
880×1230 毫米　1/16 开　125 印张　280 万字
2015 年 6 月第 1 版　2015 年 6 月北京第 1 次印刷
定价：780.00 元（上、下）
ISBN 978-7-5095-6260-4 / F・5041
（图书出现印装问题，本社负责调换）
打击盗版举报热线：010-88190492

《2014 中国省市经济发展年鉴（上、下）》

编委会

主　　编：黄　培

编　　委：刘　琴　　贺立丽　　韩拥军　　杜劲松
　　　　　杨桂英　　高春雨

校　　对：乔　霞

编 者 说 明

一、《中国省市经济发展年鉴-2014（上、下册）》是一部全面反映、系统比较中国区域经济和城市经济发展状况的大型统计资料性年刊。本书分为上下册，上册收集整理了 31 个省级行政单位的数据，下册收录了 286 个地级及以上城市的数据。

二、本书信息量大、特别突出数据的发展性和比较性，包括连续三年的统计数据以及最后一年数据的位次排列，为讲述全国地区发展和城市发展提供了重要的参考依据。主要内容涵盖：行政区划与人口、就业和工资、国民经济核算、固定资产投资、财政和税收、价格指数、居民生活、城市建设、资源、能源和环境、农业、工业、建筑业、运输和邮电、贸易和旅游、金融业、房地产业、科学技术、教育、卫生、文化和体育、社会服务和社会保障等社会经济发展的各个方面。本书未包括香港特别行政区、澳门特别行政区和台湾省的数据。

三、本书所涉及东部、中部、西部和东北地区的具体划分为：

东部 10 省（市）包括北京、天津、河北、上海、江苏、浙江、福建、山东、广东和海南；

中部 6 省包括山西、安徽、江西、河南、湖北和湖南；

西部 12 省（区、市）包括内蒙古、广西、重庆、四川、贵州、云南、西藏、陕西、甘肃、青海、宁夏和新疆；

东北 3 省包括辽宁、吉林和黑龙江。

四、本书中部分数据合计数或相对数由于单位取舍不同而产生的计算误差，均未做机械调整。书中数据由政府机构、行业协会等公开发布的数据整理而成，数据准确权威。

Editor's Notes

I. "China Provinces and Cities Economic Development Yearbook - 2014 (Volumes 1 and 2) " is a large statistical annual book which fully reflected and compared China's regional and urban economy development systematically. This book is divided into two volumes, Volume1 collected data of 31 provincial administrative units, and Volume 2 includes the data of more than 286 central cities in Chinese urban system. To facilitate readers to use, the book has made brief explanation to the major statistical indicators.

II. The yearbook is informative and particularly prominent on its developmental and comparative data which including three consecutive years of statistical data and the ranking on data of the last year. It provides an important reference for comparing the national regional development and city development. The main contents include: population and land, employment and wages, national economic accounting, fixed asset investment, national finances and taxes, price index, the lives of residents, city construction, resources, energy and environment, agriculture, industry, construction, transportation and post and telecommunications, trade and tourism, finance, real estate industry, science and technology, education, health, culture and sports, social service and social security and other aspects of the social and economic development. The data of this book does not include the Hong Kong special administrative region, Macao special administrative region and Taiwan province.

III. The regions involved in the book were divided like this:

Eastern region including Beijing, Shanghai, Tianjin, Hebei, Jiangsu, Zhejiang, Fujian, Shandong, Guangdong and Hainan provinces (municipalities);

Central region including Shanxi, Anhui, Jiangxi, Henan, Hubei and Hunan provinces;

Western region including Inner Mongolia, Guangxi, Chongqing, Sichuan, Guizhou, Yunnan, Tibet, Shaanxi, Gansu, Qinghai, Ningxia and Xinjiang provinces (autonomous regions and municipalities);

Northeastern region including Liaoning, Jilin and Heilongjiang provinces.

IV. Some total numbers or relative numbers in the yearbook may have a few calculation errors because of a certain units; we did not do the mechanical adjustment.

地级目录

CITIES CONTENTS

一、行政区划和人口
Administrative Division and Population

二、就业和工资
Employment and Wages

三、国民经济核算
National Accounts

四、固定资产投资和房地产
Investment in Fixed Assets and Real Estate

五、财政
Government Finance

六、居民生活和社会保障
People's Living Conditions and Social Security

七、土地资源管理
Land Resources Administration

八、城市建设
Urban Construction

九、能源和环境
Energy and Environment

十、农业
Agriculture

十一、工业
Industry

十二、建筑业
Construction

十三、运输和邮电
Transport, Postal and Telecommunication Services

十四、贸易和旅游
Trade and Tourism

十五、金融业
Financial Intermediation

十六、教育、卫生和文化
Education, Public Health and Culture

1

行政区划和人口

Administrative Division and Population

1-1　城市行政区划和区域分布
Administrative Division and Regional Distribution of Cities

单位：个　　(uint)

地名	City	城市合计 Total	按行政级别分组 Grouped by Administrative Levels(year end) 直辖市 Municipality Directly under the Central Government	副省级市 Vice-Provincial City	地级市 Prefecture-level City
全国总计	**National Total**	**658**	**4**	**15**	**286**
北　京	Beijing	1	1		
天　津	Tianjin	1	1		
河　北	Hebei	33			11
山　西	Shanxi	22			11
内蒙古	Inner Mongolia	20			9
辽　宁	Liaoning	31		2	14
吉　林	Jilin	29		1	8
黑龙江	Heilongjiang	30		1	12
上　海	Shanghai	1	1		
江　苏	Jiangsu	36		1	13
浙　江	Zhejiang	33		2	11
安　徽	Anhui	22			16
福　建	Fujian	23		1	9
江　西	Jiangxi	21			11
山　东	Shandong	46		2	17
河　南	Henan	38			17
湖　北	Hubei	36		1	12
湖　南	Hunan	29			13
广　东	Guangdong	44		2	21
广　西	Guangxi	21			14
海　南	Hainan	9			3
重　庆	Chongqing	1	1		
四　川	Sichuan	32		1	18
贵　州	Guizhou	13			6
云　南	Yunnan	20			8
西　藏	Tibet	2			1
陕　西	Shaanxi	13		1	10
甘　肃	Gansu	16			12
青　海	Qinghai	5			2
宁　夏	Ningxia	7			5
新　疆	Xinjiang	24			2

1-2 地级及以上城市一览表
List of City's Basic Conditions by Region

单位：个 (uint)

省级单位 Province	地级及以上城市	City at Prefecture Level and above
北 京 Beijing		
天 津 Tianjin		
河 北 Hebei	石家庄	Shijiazhuang
	唐山	Tangshan
	秦皇岛	Qinhuangdao
	邯郸	Handan
	邢台	Xingtai
	保定	Baoding
	张家口	Zhangjiakou
	承德	Chengde
	沧州	Cangzhou
	廊坊	Langfang
	衡水	Hengshui
山 西 Shanxi	太原	Taiyuan
	大同	Datong
	阳泉	Yangquan
	长治	Changzhi
	晋城	Jincheng
	朔州	Shuozhou
	晋中	Jinzhong
	运城	Yuncheng
	忻州	Xinzhou
	临汾	Linfen
	吕梁	Luliang
内蒙古 Inner Mongolia	呼和浩特	Hohhot
	包头	Baotou
	乌海	Wuhai
	赤峰	Chifeng
	通辽	Tongliao
	鄂尔多斯	Erdos
	呼伦贝尔	Hulunbuir
	巴彦淖尔	Bayannur
	乌兰察布	Ulanqab
辽 宁 Liaoning	沈阳	Shenyang
	大连	Dalian
	鞍山	Anshan
	抚顺	Fushun
	本溪	Benxi
	丹东	Dandong
	锦州	Jinzhou
	营口	Yingkou
	阜新	Fuxin
	辽阳	Liaoyang
	盘锦	Panjin
	铁岭	Tieling
	朝阳	Chaoyang
	葫芦岛	Huludao
吉 林 Jilin	长春	Changchun
	吉林	Jilin
	四平	Siping
	辽源	Liaoyuan
	通化	Tonghua
	白山	Baishan
	松原	Songyuan
	白城	Baicheng
黑龙江 Heilongjiang	哈尔滨	Harbin
	齐齐哈尔	Qiqihar
	鸡西	Jixi
	鹤岗	Hegang
	双鸭山	Shuangyashan
	大庆	Daqing
	伊春	Yichun
	佳木斯	Jiamusi
	七台河	Qitaihe
	牡丹江	Mudanjiang
	黑河	Heihe
	绥化	Suihua
上 海 Shanghai		
江 苏 Jiangsu	南京	Nanjing
	无锡	Wuxi
	徐州	Xuzhou
	常州	Changzhou

1-2　地级及以上城市一览表　续表 1
List of City's Basic Conditions by Region continued 1

单位：个　　(uint)

省级单位 Province	地级及以上城市	City at Prefecture Level and above	省级单位 Province	地级及以上城市	City at Prefecture Level and above
	苏州	Suzhou	福　建 Fujian	福州	Fuzhou
	南通	Nantong		厦门	Xiamen
	连云港	Lianyungang		莆田	Putian
	淮安	Huaian		三明	Sanming
	盐城	Yancheng		泉州	Quanzhou
	扬州	Yangzhou		漳州	Zhangzhou
	镇江	Zhenjiang		南平	Nanping
	泰州	Taizhou		龙岩	Longyan
	宿迁	Suqian		宁德	Ningde
浙　江 Zhejiang	杭州	Hangzhou	江　西 Jiangxi	南昌	Nanchang
	宁波	Ningbo		景德镇	Jingdezhen
	温州	Wenzhou		萍乡	Pingxiang
	嘉兴	Jiaxing		九江	Jiujiang
	湖州	Huzhou		新余	Xinyu
	绍兴	Shaoxing		鹰潭	Yingtan
	金华	Jinhua		赣州	Ganzhou
	衢州	Quzhou		吉安	Jian
	舟山	Zhoushan		宜春	Yichun
	台州	Taizhou		抚州	Fuzhou
	丽水	Lishui		上饶	Shangrao
安　徽 Anhui	合肥	Hefei	山　东 Shandong	济南	Jinan
	芜湖	Wuhu		青岛	Qingdao
	蚌埠	Bengbu		淄博	Zibo
	淮南	Huainan		枣庄	Zaozhuang
	马鞍山	Maanshan		东营	Dongying
	淮北	Huaibei		烟台	Yantai
	铜陵	Tongling		潍坊	Weifang
	安庆	Anqing		济宁	Jining
	黄山	Huangshan		泰安	Taian
	滁州	Chuzhou		威海	Weihai
	阜阳	Fuyang		日照	Rizhao
	宿州	Suzhou		莱芜	Laiwu
	六安	Liuan		临沂	Linyi
	亳州	Bozhou		德州	Dezhou
	池州	Chizhou		聊城	Liaocheng
	宣城	Xuancheng		滨州	Binzhou

1-2 地级及以上城市一览表 续表 2
List of City's Basic Conditions by Region continued 2

单位：个 (uint)

省级单位 Province	地级及以上城市	City at Prefecture Level and above	省级单位 Province	地级及以上城市	City at Prefecture Level and above
	菏泽	Heze		常德	Changde
河 南 Henan	郑州	Zhengzhou		张家界	Zhangjiajie
	开封	Kaifeng		益阳	Yiyang
	洛阳	Luoyang		郴州	Chenzhou
	平顶山	Pingdingshan		永州	Yongzhou
	安阳	Anyang		怀化	Huaihua
	鹤壁	Hebi		娄底	Loudi
	新乡	Xinxiang	广 东 Guangdong	广州	Guangzhou
	焦作	Jiaozuo		韶关	Shaoguan
	濮阳	Puyang		深圳	Shenzhen
	许昌	Xuchang		珠海	Zhuhai
	漯河	Luohe		汕头	Shantou
	三门峡	Sanmenxia		佛山	Foshan
	南阳	Nanyang		江门	Jiangmen
	商丘	Shangqiu		湛江	Zhanjiang
	信阳	Xinyang		茂名	Maoming
	周口	Zhoukou		肇庆	Zhaoqing
	驻马店	Zhumadian		惠州	Huizhou
湖 北 Hubei	武汉	Wuhan		梅州	Meizhou
	黄石	Huangshi		汕尾	Shanwei
	十堰	Shiyan		河源	Heyuan
	宜昌	Yichang		阳江	Yangjiang
	襄阳	Xiangfan		清远	Qingyuan
	鄂州	Ezhou		东莞	Dongguan
	荆门	Jingmen		中山	ZhongShan
	孝感	Xiaogan		潮州	Chaozhou
	荆州	Jingzhou		揭阳	Jieyang
	黄冈	Huanggang		云浮	Yunfu
	咸宁	Xianning	广 西 Guangxi	南宁	Nanning
	随州	Suizhou		柳州	Liuzhou
湖 南 Hunan	长沙	Changsha		桂林	Guilin
	株洲	Zhuzhou		梧州	Wuzhou
	湘潭	Xiangtan		北海	Beihai
	衡阳	Hengyang		防城港	Fangchenggang
	邵阳	Shaoyang		钦州	Qinzhou
	岳阳	Yueyang		贵港	Guigang

1-2 地级及以上城市一览表 续表 3
List of City's Basic Conditions by Region continued 3

单位：个 (uint)

省级单位 Province	地级及以上城市	City at Prefecture Level and above	省级单位 Province	地级及以上城市	City at Prefecture Level and above
	玉林	Yulin		保山	Baoshan
	百色	Baise		昭通	Zhaotong
	贺州	Hezhou		丽江	Lijiang
	河池	Hechi		普洱	Puer
	来宾	Laibin		临沧	Lincang
	崇左	Chongzuo	西 藏 Tibet	拉萨	Lhasa
海 南 Hainan	海口	Haikou	陕 西 Shaanxi	西安	Xi'an
	三亚	Sanya		铜川	Tongchuan
重 庆 Chongqing				宝鸡	Baoji
四 川 Sichuan	成都	Chengdu		咸阳	Xianyang
	自贡	Zigong		渭南	Weinan
	攀枝花	Panzhihua		延安	Yan'an
	泸州	Luzhou		汉中	Hanzhong
	德阳	Deyang		榆林	Yulin
	绵阳	Mianyang		安康	Ankang
	广元	Guangyuan		商洛	Shangluo
	遂宁	Suining	甘 肃 Gansu	兰州	Lanzhou
	内江	Neijiang		嘉峪关	Jiayuguan
	乐山	Leshan		金昌	Jinchang
	南充	Nanchong		白银	Baiyin
	眉山	Meishan		天水	Tianshui
	宜宾	Yibin		武威	Wuwei
	广安	Guangan		张掖	Zhangye
	达州	Dazhou		平凉	Pingliang
	雅安	Yaan		酒泉	Jiuquan
	巴中	Bazhong		庆阳	Qingyang
	资阳	Ziyang		定西	Dingxi
贵 州 Guizhou	贵阳	Guiyang		陇南	Longnan
	六盘水	Liupanshui	青 海 Qinghai	西宁	Xining
	遵义	Zunyi	宁 夏 Ningxia	银川	Yinchuan
	安顺	Anshun		石嘴山	Shizuishan
	毕节	Bijie		吴忠	Wuzhong
	铜仁	Tongren		固原	Guyuan
云 南 Yunnan	昆明	Kunming		中卫	Zhongwei
	曲靖	Qujing	新 疆 Xinjiang	乌鲁木齐	Urumqi
	玉溪	Yuxi		克拉玛依	Karamay

1-3 行政区域土地面积
Total Land Area of Administrative Region

单位：平方公里 (sq. km)

地名	City	2010	2012	2013	2013 排名 Ranking
全国	**National Total**	**9600000**	**9600000**	**9600000**	
北京	**Beijing**	**16411**	**16411**	**16411**	
天津	**Tianjin**	**11760**	**11760**	**11917**	
河北	**Hebei**	**187693**	**189545**	**188658**	
石家庄	Shijiazhuang	15848	15848	15848	95
唐山	Tangshan	13472	13472	13742	118
秦皇岛	Qinhuangdao	7523	7802	7802	208
邯郸	Handan	12062	12065	12065	145
邢台	Xingtai	12486	12433	12433	137
保定	Baoding	20584	22185	20900	58
张家口	Zhangjiakou	36873	36873	36873	18
承德	Chengde	39548	39548	39735	14
沧州	Cangzhou	14053	14053	14053	114
廊坊	Langfang	6429	6429	6382	224
衡水	Hengshui	8815	8837	8825	191
山西	**Shanxi**	**157252**	**156873**	**156873**	
太原	Taiyuan	6963	6977	6977	220
大同	Datong	14127	14127	14127	111
阳泉	Yangquan	4570	4570	4570	249
长治	Changzhi	13896	13896	13896	115
晋城	Jincheng	9425	9425	9425	182
朔州	Shuozhou	11066	10674	10674	162
晋中	Jinzhong	16392	16932	16392	91
运城	Yuncheng	14181	14181	14181	110
忻州	Xinzhou	25117	25117	25117	40
临汾	Linfen	20275	20275	20275	62
吕梁	Luliang	21240	21239	21239	52
内蒙古	**Inner Mongolia**	**655315**	**660500**	**654706**	
呼和浩特	Hohhot	17224	17453	17186	86
包头	Baotou	27768	27768	27768	30
乌海	Wuhai	1754	1754	1754	279
赤峰	Chifeng	90021	90021	90021	3
通辽	Tongliao	59535	59535	59535	7
鄂尔多斯	Erdos	86752	86752	86752	4
呼伦贝尔	Hulunbuir	253356	253356	252777	1
巴彦淖尔	Bayannur	64413	64413	64413	6
乌兰察布	Ulanqab	54492	59447	54500	8
辽宁	**Liaoning**	**147167**	**147202**	**147324**	
沈阳	Shenyang	12980	12980	12980	129
大连	Dalian	12574	12574	12574	133
鞍山	Anshan	9252	9255	9255	185
抚顺	Fushun	11272	11272	11272	155
本溪	Benxi	8411	8411	8411	196
丹东	Dandong	15290	15290	15290	101
锦州	Jinzhou	9891	9891	10047	171
营口	Yingkou	5242	5242	5242	241
阜新	Fuxin	10355	10355	10355	167
辽阳	Liaoyang	4736	4736	4736	246
盘锦	Panjin	4071	4065	4065	256
铁岭	Tieling	12980	12985	12985	128
朝阳	Chaoyang	19698	19731	19698	65
葫芦岛	Huludao	10415	10415	10414	165
吉林	**Jilin**	**146878**	**146878**	**146957**	
长春	Changchun	20604	20604	20604	60
吉林	Jilin	27126	27126	27205	33
四平	Siping	14080	14080	14080	113
辽源	Liaoyuan	5140	5140	5140	242
通化	Tonghua	15608	15608	15608	98
白山	Baishan	17485	17485	17485	80
松原	Songyuan	21090	21090	21090	55
白城	Baicheng	25745	25745	25745	38
黑龙江	**Heilongjiang**	**406460**	**390739**	**390658**	
哈尔滨	Harbin	53068	53068	53068	9
齐齐哈尔	Qiqihar	42469	42469	42469	12
鸡西	Jixi	22531	22531	22531	47
鹤岗	Hegang	14659	14657	14657	108
双鸭山	Shuangyashan	23209	23209	23209	44
大庆	Daqing	21219	21522	21522	51
伊春	Yichun	32759	32759	32759	23
佳木斯	Jiamusi	32704	32704	32704	24
七台河	Qitaihe	6222	6221	6221	227
牡丹江	Mudanjiang	40583	38405	38405	16
黑河	Heihe	82164	68240	68240	5
绥化	Suihua	34873	34954	34873	20
上海	**Shanghai**	**6340**	**6340**	**6340**	
江苏	**Jiangsu**	**102658**	**102773**	**102742**	

1-3 行政区域土地面积 续表 1
Total Land Area of Administrative Region continued 1

单位：平方公里 (sq. km)

地名	City	2010	2012	2013	2013 排名 Ranking	地名	City	2010	2012	2013	2013 排名 Ranking
南京	Nanjing	6587	6587	6587	222	池州	Chizhou	8272	8272	8272	199
无锡	Wuxi	4627	4627	4627	247	宣城	Xuancheng	12323	12453	12453	136
徐州	Xuzhou	11259	11259	11259	157	**福建**	**Fujian**	**124563**	**125001**	**124099**	
常州	Changzhou	4372	4372	4372	252	福州	Fuzhou	13066	13066	13066	126
苏州	Suzhou	8488	8488	8488	195	厦门	Xiamen	1573	1573	1573	282
南通	Nantong	8001	8001	8001	204	莆田	Putian	4119	4131	4131	254
连云港	Lianyungang	7500	7615	7615	213	三明	Sanming	23094	23064	22965	45
淮安	Huaian	10072	10072	10072	170	泉州	Quanzhou	11015	11015	11015	159
盐城	Yancheng	16972	16972	16972	87	漳州	Zhangzhou	12873	13334	12554	134
扬州	Yangzhou	6591	6591	6591	221	南平	Nanping	26308	26308	26280	37
镇江	Zhenjiang	3847	3847	3847	260	龙岩	Longyan	19063	19028	19063	70
泰州	Taizhou	5787	5787	5787	233	宁德	Ningde	13452	13452	13452	120
宿迁	Suqian	8555	8555	8524	193	**江西**	**Jiangxi**	**166985**	**167086**	**167231**	
浙江	**Zhejiang**	**104141**	**104203**	**104175**		南昌	Nanchang	7402	7402	7402	216
杭州	Hangzhou	16596	16571	16596	89	景德镇	Jingdezhen	5256	5261	5261	240
宁波	Ningbo	9816	9816	9816	174	萍乡	Pingxiang	3824	3831	3831	261
温州	Wenzhou	11786	11874	11784	148	九江	Jiujiang	18823	18823	19078	69
嘉兴	Jiaxing	3915	3915	3915	259	新余	Xinyu	3178	3178	3178	265
湖州	Huzhou	5818	5820	5824	232	鹰潭	Yingtan	3560	3560	3560	263
绍兴	Shaoxing	8279	8256	8279	198	赣州	Ganzhou	39379	39379	39379	15
金华	Jinhua	10941	10942	10942	160	吉安	Jian	25283	25372	25283	39
衢州	Quzhou	8841	8845	8845	190	宜春	Yichun	18669	18669	18669	73
舟山	Zhoushan	1440	1455	1455	283	抚州	Fuzhou	18820	18820	18799	72
台州	Taizhou	9411	9411	9411	183	上饶	Shangrao	22791	22791	22791	46
丽水	Lishui	17298	17298	17308	84	**山东**	**Shandong**	**158157**	**158491**	**159119**	
安徽	**Anhui**	**138979**	**139245**	**139274**		济南	Jinan	8177	8177	8177	201
合肥	Hefei	7047	11445	11445	150	青岛	Qingdao	10978	11282	11282	154
芜湖	Wuhu	3317	5988	5988	228	淄博	Zibo	5965	5965	5965	229
蚌埠	Bengbu	5941	5952	5952	230	枣庄	Zaozhuang	4563	4563	4563	250
淮南	Huainan	2585	2584	2584	269	东营	Dongying	7923	7950	8243	200
马鞍山	Maanshan	1686	4049	4049	257	烟台	Yantai	13746	13746	13852	116
淮北	Huaibei	2741	2741	2741	268	潍坊	Weifang	16140	16143	16143	93
铜陵	Tongling	1113	1200	1201	284	济宁	Jining	11423	11423	11311	153
安庆	Anqing	15318	15318	15318	99	泰安	Taian	7762	7762	7762	210
黄山	Huangshan	9807	9807	9807	175	威海	Weihai	5797	5797	5786	234
滁州	Chuzhou	13523	13523	13516	119	日照	Rizhao	5348	5348	5359	236
阜阳	Fuyang	9775	9776	9776	177	莱芜	Laiwu	2246	2246	2246	272
宿州	Suzhou	9787	9787	9787	176	临沂	Linyi	17191	17191	17191	85
六安	Liuan	17976	17976	18011	78	德州	Dezhou	10356	10356	10356	166
亳州	Bozhou	8374	8374	8374	197	聊城	Liaocheng	8703	8703	8984	187

1-3 行政区域土地面积 续表 2
Total Land Area of Administrative Region continued 2

单位：平方公里 (sq. km)

地名	City	2010	2012	2013	2013 排名 Ranking	地名	City	2010	2012	2013	2013 排名 Ranking
滨州	Binzhou	9600	9600	9660	178	常德	Changde	18190	18910	18177	76
菏泽	Heze	12239	12239	12239	141	张家界	Zhangjiajie	9516	9516	9516	180
河南	**Henan**	**164405**	**164363**	**161073**		益阳	Yiyang	12144	12320	12320	139
郑州	Zhengzhou	7446	7446	7446	214	郴州	Chenzhou	19699	19342	19342	67
开封	Kaifeng	6444	6444	6444	223	永州	Yongzhou	22441	22897	22260	49
洛阳	Luoyang	15200	15236	15236	103	怀化	Huaihua	27624	27624	27573	31
平顶山	Pingdingshan	7904	7904	7904	207	娄底	Loudi	8117	8119	8117	202
安阳	Anyang	7413	7352	7352	218	**广东**	**Guangdong**	**180956**	**180173**	**179606**	
鹤壁	Hebi	2182	2182	2182	273	广州	Guangzhou	7434	7434	7434	215
新乡	Xinxiang	8169	8249	8552	192	韶关	Shaoguan	18463	18463	18412	75
焦作	Jiaozuo	4071	4071	4071	255	深圳	Shenzhen	1992	1997	1997	276
濮阳	Puyang	4266	4266	4136	253	珠海	Zhuhai	1711	1724	1658	280
许昌	Xuchang	4996	4996	4996	244	汕头	Shantou	2064	2064	2064	275
漯河	Luohe	2716	2617	2160	274	佛山	Foshan	3798	3798	3798	262
三门峡	Sanmenxia	10496	10496	10496	164	江门	Jiangmen	9568	9505	9505	181
南阳	Nanyang	26509	26509	26509	36	湛江	Zhanjiang	13225	13325	13261	123
商丘	Shangqiu	10704	10704	10704	161	茂名	Maoming	11458	11425	11426	151
信阳	Xinyang	18847	18847	15841	96	肇庆	Zhaoqing	15464	14891	14891	106
周口	Zhoukou	11959	11961	11961	146	惠州	Huizhou	11343	11343	11343	152
驻马店	Zhumadian	15083	15083	15083	104	梅州	Meizhou	16089	15864	15865	94
湖北	**Hubei**	**151522**	**151689**	**151698**		汕尾	Shanwei	5271	5271	4865	245
武汉	Wuhan	8494	8494	8494	194	河源	Heyuan	15642	15642	15654	97
黄石	Huangshi	4586	4586	4583	248	阳江	Yangjiang	7946	7956	7956	206
十堰	Shiyan	23680	23680	23680	41	清远	Qingyuan	19036	19036	19036	71
宜昌	Yichang	21084	21084	21084	56	东莞	Dongguan	2460	2460	2460	270
襄阳	Xiangfan	19724	19728	19728	64	中山	ZhongShan	1800	1784	1784	278
鄂州	Ezhou	1594	1594	1596	281	潮州	Chaozhou	3146	3146	3146	266
荆门	Jingmen	12404	12404	12404	138	揭阳	Jieyang	5266	5266	5266	239
孝感	Xiaogan	8910	8910	8910	188	云浮	Yunfu	7779	7779	7785	209
荆州	Jingzhou	14092	14067	14099	112	**广西**	**Guangxi**	**236549**	**236836**	**238605**	
黄冈	Huanggang	17457	17457	17457	81	南宁	Nanning	22112	22244	22244	50
咸宁	Xianning	9861	10049	10027	172	柳州	Liuzhou	18617	18597	18597	74
随州	Suizhou	9636	9636	9636	179	桂林	Guilin	27809	27809	27850	28
湖南	**Hunan**	**197025**	**198017**	**196382**		梧州	Wuzhou	12588	12588	12588	132
长沙	Changsha	11816	11816	11816	147	北海	Beihai	3337	3337	3337	264
株洲	Zhuzhou	11247	11247	11262	156	防城港	Fangchenggang	6222	6222	6238	226
湘潭	Xiangtan	5015	5006	5008	243	钦州	Qinzhou	10843	10843	12154	143
衡阳	Hengyang	15299	15303	15303	100	贵港	Guigang	10602	10602	10602	163
邵阳	Shaoyang	20830	20830	20830	59	玉林	Yulin	12838	12835	12824	130
岳阳	Yueyang	15087	15087	14858	107	百色	Baise	36022	36202	36202	19

1-3 行政区域土地面积 续表 3
Total Land Area of Administrative Region continued 3

单位：平方公里 (sq. km)

地名	City	2010	2012	2013	2013 排名 Ranking
贺州	Hezhou	11855	11855	11753	149
河池	Hechi	32907	32907	33476	21
来宾	Laibin	13411	13409	13409	121
崇左	Chongzuo	17386	17386	17331	83
海南	**Hainan**	**4223**	**4237**	**4237**	
海口	Haikou	2305	2305	2305	271
三亚	Sanya	1918	1919	1919	277
重庆	**Chongqing**	**82829**	**82374**	**82374**	
四川	**Sichuan**	**193625**	**193149**	**193169**	
成都	Chengdu	12132	12121	12133	144
自贡	Zigong	4373	4381	4381	251
攀枝花	Panzhihua	7440	7401	7401	217
泸州	Luzhou	12228	12236	12236	142
德阳	Deyang	5911	5910	5910	231
绵阳	Mianyang	20249	20248	20248	63
广元	Guangyuan	16319	16311	16311	92
遂宁	Suining	5325	5323	5325	237
内江	Neijiang	5386	5385	5385	235
乐山	Leshan	12826	12723	12723	131
南充	Nanchong	12479	12477	12477	135
眉山	Meishan	7186	7140	7140	210
宜宾	Yibin	13271	13271	13271	122
广安	Guangan	6344	6341	6341	225
达州	Dazhou	16591	16582	16588	90
雅安	Yaan	15302	15046	15046	105
巴中	Bazhong	12301	12293	12293	140
资阳	Ziyang	7962	7960	7960	205
贵州	**Guizhou**	**58028**	**102833**	**102842**	
贵阳	Guiyang	8034	8034	8043	203
六盘水	Liupanshui	9965	9914	9914	173
遵义	Zunyi	30762	30762	30762	25
安顺	Anshun	9267	9267	9267	184
毕节	Bijie		26853	26853	35
铜仁	Tongren		18003	18003	79
云南	**Yunnan**	**198481**	**198532**	**197503**	
昆明	Kunming	21015	21012	21012	57
曲靖	Qujing	28904	28904	28905	27
玉溪	Yuxi	15285	15285	15285	102
保山	Baoshan	19637	19637	19637	66
昭通	Zhaotong	22567	22621	22440	48
丽江	Lijiang	21219	21219	21219	53
普洱	Puer	45385	45385	45385	10
临沧	Lincang	24469	24469	23620	42
西藏	**Tibet**		**29518**	**29518**	
拉萨	Lhasa		29518	29518	26
陕西	**Shaanxi**	**206140**	**206119**	**206202**	
西安	Xi'an	10108	10108	10097	169
铜川	Tongchuan	3882	3882	3937	258
宝鸡	Baoji	18131	18117	18117	77
咸阳	Xianyang	10196	10189	10189	168
渭南	Weinan	13134	13134	13134	124
延安	Yan'an	37037	37037	37037	17
汉中	Hanzhong	27246	27246	27285	32
榆林	Yulin	43578	43578	43578	11
安康	Ankang	23536	23536	23536	43
商洛	Shangluo	19292	19292	19292	68
甘肃	**Gansu**	**416103**	**415336**	**415946**	
兰州	Lanzhou	13086	13086	13086	125
嘉峪关	Jiayuguan	2935	2935	2935	267
金昌	Jinchang	8896	8896	8896	189
白银	Baiyin	21158	21158	21158	54
天水	Tianshui	14359	14313	14277	109
武威	Wuwei	33238	33238	33238	22
张掖	Zhangye	41924	41924	41924	13
平凉	Pingliang	11170	11170	11170	158
酒泉	Jiuquan	193974	193974	193974	2
庆阳	Qingyang	27119	27119	27119	34
定西	Dingxi	20330	19609	20330	61
陇南	Longnan	27914	27914	27839	29
青海	**Qinghai**	**7655**	**7665**	**21039**	
西宁	Xining	7655	7665	7649	212
宁夏	**Ningxia**	**62711**	**61580**	**61587**	
银川	Yinchuan	9025	9025	9025	186
石嘴山	Shizuishan	5310	5310	5310	238
吴忠	Wuzhong	20394	16757	16757	88
固原	Guyuan	10541	13047	13047	127
中卫	Zhongwei	17441	17441	17448	82
新疆	**Xinjiang**	**23336**	**21523**	**21523**	
乌鲁木齐	Urumqi	13788	13788	13788	117
克拉玛依	Karamay	9548	7735	7735	211

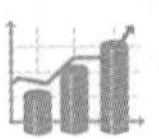

1-4 常住人口
Permanent Population

单位：万人　　　　（10 000 persons）

地名	City	2010	2012	2013	2013 排名 Ranking
全国	**Nation Total**	**134091.0**	**135404.0**	**136072.0**	
北京	**Beijing**	**1961.2**	**2069.0**	**2115.0**	
天津	**Tianjin**	**1299.3**	**1413.0**	**1472.0**	
河北	**Hebei**	**7193.6**	**7288.0**	**7333.0**	
石家庄	Shijiazhuang	1017.5	1038.6	1050.0	7
唐山	Tangshan	758.2	766.9	770.8	28
秦皇岛	Qinhuangdao	299.0	302.2	304.5	164
邯郸	Handan	918.8	928.6	932.5	11
邢台	Xingtai	711.4	718.9	721.7	39
保定	Baoding	1120.8	1135.1	1141.6	3
张家口	Zhangjiakou	434.9	439.4	441.3	110
承德	Chengde	347.6	350.6	351.5	141
沧州	Cangzhou	714.3	724.4	731.0	32
廊坊	Langfang	436.4	443.9	446.8	107
衡水	Hengshui	434.6	438.9	440.9	111
山西	**Shanxi**	**3574.1**	**3611.0**	**3630.0**	
太原	Taiyuan	420.5	425.6	427.8	117
大同	Datong	332.1	335.7	337.5	147
阳泉	Yangquan	136.9	137.9	138.6	249
长治	Changzhi	333.7	337.0	338.8	146
晋城	Jincheng	228.0	229.1	230.1	210
朔州	Shuozhou	171.6	173.5	174.4	235
晋中	Jinzhong	325.2	328.7	330.5	151
运城	Yuncheng	513.9	519.5	522.4	81
忻州	Xinzhou	307.0	309.9	311.4	161
临汾	Linfen	432.1	436.7	439.1	112
吕梁	Luliang	373.0	377.2	379.3	129
内蒙古	**Inner Mongolia**	**2472.2**	**2490.0**	**2498.0**	
呼和浩特	Hohhot	287.4	294.9	300.1	166
包头	Baotou	265.6	273.2	276.6	183
乌海	Wuhai	53.5	54.8	55.3	269
赤峰	Chifeng	433.8	431.3	430.6	115
通辽	Tongliao	314.0	313.3	312.6	160
鄂尔多斯	Erdos	195.0	200.4	201.8	228
呼伦贝尔	Hulunbuir	254.6	253.5	253.2	197
巴彦淖尔	Bayannur	166.9	166.9	167.1	239
乌兰察布	Ulanqab	214.1	212.9	212.3	222
辽宁	**Liaoning**	**4374.6**	**4389.0**	**4390.0**	
沈阳	Shenyang	810.6	822.8	825.7	24
大连	Dalian	669.0	689.2	694.3	44
鞍山	Anshan	364.6	361.8	360.8	135
抚顺	Fushun	213.8	210.2	209.2	224
本溪	Benxi	171.0	172.6	172.8	236
丹东	Dandong	244.5	243.1	242.6	206
锦州	Jinzhou	312.6	309.7	308.7	163
营口	Yingkou	242.8	244.2	244.4	204
阜新	Fuxin	181.9	179.9	179.2	234
辽阳	Liaoyang	185.9	185.6	185.3	232
盘锦	Panjin	139.2	143.5	143.8	247
铁岭	Tieling	271.8	267.9	266.6	186
朝阳	Chaoyang	304.5	299.1	298.0	168
葫芦岛	Huludao	262.4	259.6	258.6	189
吉林	**Jilin**	**2747.0**	**2750.0**	**2751.0**	
长春	Changchun	767.7	756.9		
吉林	Jilin	441.5	430.8		
四平	Siping	338.6	336.3		
辽源	Liaoyuan	117.7	122.0		
通化	Tonghua	232.5	224.6		
白山	Baishan	129.7	127.9		
松原	Songyuan	288.1	289.8		
白城	Baicheng	203.3	200.0		
黑龙江	**Heilongjiang**	**3833.4**	**3834.0**	**3835.0**	
哈尔滨	Harbin	1064.2	1064.2	1064.2	4
齐齐哈尔	Qiqihar	537.0	537.0	537.0	76
鸡西	Jixi	186.3	186.3	186.6	231
鹤岗	Hegang	105.9	105.9	108.5	260
双鸭山	Shuangyashan	146.3	146.3	146.3	246
大庆	Daqing	290.6	290.6	282.6	179
伊春	Yichun	114.9	114.9	114.9	256
佳木斯	Jiamusi	255.3	255.3	245.9	202
七台河	Qitaihe	92.1	92.1	92.0	262
牡丹江	Mudanjiang	280.0	280.0	289.0	173
黑河	Heihe	167.5	167.5	171.5	237
绥化	Suihua	542.1	542.1	555.7	70
上海	**Shanghai**	**2302.7**	**2380.0**	**2415.0**	
江苏	**Jiangsu**	**7869.3**	**7920.0**	**7939.0**	

1-4 常住人口 续表 1
Permanent Population continued 1

单位：万人 （10 000 persons）

地名	City	2010	2012	2013	2013 排名 Ranking	地名	City	2010	2012	2013	2013 排名 Ranking
南京	Nanjing	800.8	816.1	818.8	26	池州	Chizhou	140.3	141.9	142.2	248
无锡	Wuxi	637.6	646.5	648.4	51	宣城	Xuancheng	253.4	255.6	256.3	194
徐州	Xuzhou	858.2	856.4	859.1	18	**福建**	**Fujian**	**3693.0**	**3748.0**	**3774.0**	
常州	Changzhou	459.3	468.7	469.2	97	福州	Fuzhou	711.5	727.0	734.0	31
苏州	Suzhou	1046.9	1054.9	1057.9	6	厦门	Xiamen	353.1	367.0	373.0	132
南通	Nantong	728.2	729.7	729.8	33	莆田	Putian	277.9	281.0	283.0	178
连云港	Lianyungang	439.7	440.7	442.8	109	三明	Sanming	250.3	250.0	251.0	198
淮安	Huaian	480.4	480.3	482.7	92	泉州	Quanzhou	812.9	829.0	836.0	22
盐城	Yancheng	726.4	721.6	722.0	38	漳州	Zhangzhou	481.0	490.0	493.0	88
扬州	Yangzhou	446.1	446.7	447.0	106	南平	Nanping	264.6	263.0	262.0	188
镇江	Zhenjiang	311.5	315.5	316.5	158	龙岩	Longyan	256.0	257.0	258.0	191
泰州	Taizhou	462.1	463.0	463.4	101	宁德	Ningde	282.2	284.0	284.0	177
宿迁	Suqian	472.3	479.8	481.9	94	**江西**	**Jiangxi**	**4462.0**	**4504.0**	**4522.0**	
浙江	**Zhejiang**	**5446.5**	**5477.0**	**5498.0**		南昌	Nanchang	505.3	513.2	518.4	82
杭州	Hangzhou	870.5	880.2	884.4	16	景德镇	Jingdezhen	158.9	161.0	161.9	240
宁波	Ningbo	761.1	763.9	766.3	29	萍乡	Pingxiang	185.6	187.4	188.2	230
温州	Wenzhou	913.5	915.6	919.7	13	九江	Jiujiang	473.2	477.3	478.9	95
嘉兴	Jiaxing	450.5	454.4	455.7	103	新余	Xinyu	114.0	115.1	115.6	255
湖州	Huzhou	289.4	290.5	291.6	171	鹰潭	Yingtan	112.6	113.8	114.2	257
绍兴	Shaoxing	491.3	494.3	494.9	86	赣州	Ganzhou	838.2	845.2	847.8	20
金华	Jinhua	536.6	539.9	542.8	75	吉安	Jian	481.6	485.4	486.6	90
衢州	Quzhou	212.3	212.0	212.4	221	宜春	Yichun	542.3	546.5	547.8	73
舟山	Zhoushan	112.1	114.0	114.2	257	抚州	Fuzhou	391.7	394.9	396.2	122
台州	Taizhou	597.4	600.5	603.8	56	上饶	Shangrao	658.7	664.3	666.4	47
丽水	Lishui	211.8	211.7	212.2	223	**山东**	**Shandong**	**9587.9**	**9685.0**	**9733.0**	
安徽	**Anhui**	**5956.7**	**5988.0**	**6030.0**		济南	Jinan	681.8	695.0	699.9	42
合肥	Hefei	570.8	757.2	761.1	30	青岛	Qingdao	871.9	886.9	896.4	15
芜湖	Wuhu	226.4	357.8	359.6	136	淄博	Zibo	453.3	457.9	459.3	102
蚌埠	Bengbu	316.9	318.3	322.0	156	枣庄	Zaozhuang	373.4	377.2	380.1	128
淮南	Huainan	233.7	233.9	235.7	207	东营	Dongying	203.7	207.3	208.5	226
马鞍山	Maanshan	136.7	219.5	220.8	215	烟台	Yantai	696.8	698.3	698.9	43
淮北	Huaibei	211.7	212.3	214.2	220	潍坊	Weifang	909.2	921.6	922.5	12
铜陵	Tongling	72.4	73.4	73.6	265	济宁	Jining	809.2	815.8	820.6	25
安庆	Anqing	531.5	532.0	534.5	77	泰安	Taian	549.8	552.9	556.8	68
黄山	Huangshan	136.0	135.3	135.6	250	威海	Weihai	280.5	279.8	280.6	180
滁州	Chuzhou	394.1	394.5	396.2	122	日照	Rizhao	280.3	283.4	285.1	176
阜阳	Fuyang	761.4	763.9	771.6	27	莱芜	Laiwu	129.9	131.4	133.3	251
宿州	Suzhou	536.2	537.8	543.1	74	临沂	Linyi	1005.6	1012.4	1015.9	9
六安	Liuan	561.8	565.1	568.3	63	德州	Dezhou	557.4	563.1	567.1	65
亳州	Bozhou	486.1	489.5	495.0	85	聊城	Liaocheng	579.8	589.3	591.1	60

1-4 常住人口 续表 2
Permanent Population continued 2

单位：万人 （10 000 persons）

地名	City	2010	2012	2013	2013 排名 Ranking	地名	City	2010	2012	2013	2013 排名 Ranking
滨州	Binzhou	375.2	378.9	380.6	127	常德	Changde	571.5	576.0	580.5	61
菏泽	Heze	830.2	833.8	836.8	21	张家界	Zhangjiajie	147.8	150.2	151.2	245
河南	**Henan**	**9405.5**	**9406.0**	**9413.0**		益阳	Yiyang	430.8	434.2	437.3	113
郑州	Zhengzhou	866.1	903.0	919.1	14	郴州	Chenzhou	458.4	463.3	466.5	99
开封	Kaifeng	467.7	465.3	464.6	100	永州	Yongzhou	519.5	525.8	532.7	80
洛阳	Luoyang	655.4	659.0	661.5	48	怀化	Huaihua	474.2	477.5	482.5	93
平顶山	Pingdingshan	490.5	492.9	495.7	84	娄底	Loudi	378.5	381.2	383.4	126
安阳	Anyang	517.1	508.3	509.0	83	**广东**	**Guangdong**	**10440.9**	**10594.0**	**10644.0**	
鹤壁	Hebi	157.2	158.8	160.9	241	广州	Guangzhou	1271.0	1283.9	1292.7	2
新乡	Xinxiang	571.1	566.9	567.5	64	韶关	Shaoguan	283.0	286.9	289.3	172
焦作	Jiaozuo	354.3	352.0	351.4	142	深圳	Shenzhen	1037.2	1054.7	1062.9	5
濮阳	Puyang	360.0	359.8	358.4	137	珠海	Zhuhai	156.2	158.3	159.0	242
许昌	Xuchang	431.0	429.6	429.7	116	汕头	Shantou	539.6	544.8	547.9	72
漯河	Luohe	254.8	255.8	257.5	192	佛山	Foshan	719.9	726.2	729.6	34
三门峡	Sanmenxia	223.4	223.2	224.1	213	江门	Jiangmen	445.1	448.3	449.8	105
南阳	Nanyang	1027.2	1014.9	1009.0	10	湛江	Zhanjiang	700.4	710.9	716.7	41
商丘	Shangqiu	735.4	732.2	727.7	35	茂名	Maoming	582.6	596.8	601.3	57
信阳	Xinyang	610.1	639.8	637.7	52	肇庆	Zhaoqing	392.2	398.2	402.2	121
周口	Zhoukou	893.9	880.7	878.4	17	惠州	Huizhou	460.1	467.4	470.0	96
驻马店	Zhumadian	722.6	693.7	689.5	45	梅州	Meizhou	424.5	429.4	430.7	114
湖北	**Hubei**	**5723.8**	**5779.0**	**5799.0**		汕尾	Shanwei	293.9	296.9	298.6	167
武汉	Wuhan	978.5	1012.0	1022.0	8	河源	Heyuan	295.8	301.0	303.8	165
黄石	Huangshi	242.9	244.1	244.5	203	阳江	Yangjiang	242.5	247.0	248.0	200
十堰	Shiyan	334.1	335.7	336.7	149	清远	Qingyuan	370.4	376.6	379.1	130
宜昌	Yichang	406.0	408.8	409.8	120	东莞	Dongguan	822.5	829.2	831.7	23
襄阳	Xiangfan	550.0	555.1	559.1	67	中山	ZhongShan	312.3	315.5	317.4	157
鄂州	Ezhou	104.9	105.4	105.7	261	潮州	Chaozhou	267.2	270.0	271.2	185
荆门	Jingmen	287.4	288.5	288.7	174	揭阳	Jieyang	588.3	595.6	599.5	58
孝感	Xiaogan	481.5	483.3	485.3	91	云浮	Yunfu	236.3	241.7	242.8	205
荆州	Jingzhou	569.2	571.9	573.9	62	**广西**	**Guangxi**	**4610.0**	**4682.0**	**4719.0**	
黄冈	Huanggang	616.2	623.2	625.2	54	南宁	Nanning	666.2	679.1	685.4	46
咸宁	Xianning	246.3	247.5	248.5	199	柳州	Liuzhou	375.9	382.5	385.6	125
随州	Suizhou	216.2	217.8	218.0	217	桂林	Guilin	474.8	483.9	488.1	89
湖南	**Hunan**	**6570.1**	**6639.0**	**6691.0**		梧州	Wuzhou	288.2	292.9	295.4	170
长沙	Changsha	704.1	714.7	722.1	37	北海	Beihai	153.9	156.7	159.0	242
株洲	Zhuzhou	385.7	390.7	393.5	124	防城港	Fangchenggang	86.7	88.7	89.9	263
湘潭	Xiangtan	275.2	278.1	280.0	181	钦州	Qinzhou	308.0	313.3	315.9	159
衡阳	Hengyang	714.8	719.8	725.0	36	贵港	Guigang	411.9	418.7	422.1	119
邵阳	Shaoyang	707.2	717.0	720.0	40	玉林	Yulin	548.7	558.1	562.3	66
岳阳	Yueyang	547.6	552.3	555.9	69	百色	Baise	346.7	351.8	354.5	139

1-4 常住人口 续表 3
Permanent Population continued 3

单位：万人 （10 000 persons）

地名	City	2010	2012	2013	2013 排名 Ranking	地名	City	2010	2012	2013	2013 排名 Ranking
贺州	Hezhou	195.4	198.7	200.0	229	丽江	Lijiang	123.1	126.2	126.9	252
河池	Hechi	336.9	341.6	343.2	144	普洱	Puer	254.6	257.5	258.4	190
来宾	Laibin	210.0	213.5	214.9	219	临沧	Lincang	243.2	246.3	247.9	201
崇左	Chongzuo	199.4	202.0	202.8	227	**西藏**	**Tibet**	**300.2**	**308.0**	**312.0**	
海南	**Hainan**	**868.6**	**887.0**	**895.0**		拉萨	Lhasa	55.9	57.9	59.5	267
海口	Haikou	204.6	214.1	217.1	218	**陕西**	**Shaanxi**	**3735.2**	**3753.0**	**3764.0**	
三亚	Sanya	68.5	72.2	73.2	266	西安	Xi'an	847.4	855.3	858.8	19
重庆	**Chongqing**	**2884.6**	**2945.0**	**2970.0**		铜川	Tongchuan	83.5	84.1	84.3	264
四川	**Sichuan**	**8045.0**	**8076.0**	**8107.0**		宝鸡	Baoji	371.9	373.7	374.5	131
成都	Chengdu	1404.8	1417.8	1429.8	1	咸阳	Xianyang	489.8	492.9	494.2	87
自贡	Zigong	267.9	271.3	273.8	184	渭南	Weinan	529.0	532.1	533.2	79
攀枝花	Panzhihua	121.4	123.1	123.3	253	延安	Yan'an	218.9	219.8	220.6	216
泸州	Luzhou	421.8	425.0	424.6	118	汉中	Hanzhong	341.8	341.8	342.5	145
德阳	Deyang	361.6	353.1	352.4	140	榆林	Yulin	335.4	335.7	337.0	148
绵阳	Mianyang	461.4	464.0	467.6	98	安康	Ankang	263.1	263.4	263.8	187
广元	Guangyuan	248.4	253.0	254.5	196	商洛	Shangluo	234.3	234.2	234.6	208
遂宁	Suining	325.3	326.8	327.5	153	**甘肃**	**Gansu**	**2560.0**	**2578.0**	**2582.0**	
内江	Neijiang	370.3	371.8	372.5	133	兰州	Lanzhou	361.9	363.1	364.2	134
乐山	Leshan	323.6	325.4	325.6	154	嘉峪关	Jiayuguan	23.2	23.4	23.6	271
南充	Nanchong	627.9	630.0	631.7	53	金昌	Jinchang	46.4	46.7	46.9	270
眉山	Meishan	295.1	296.6	297.8	169	白银	Baiyin	171.0	171.9	171.2	238
宜宾	Yibin	447.2	446.0	446.5	108	天水	Tianshui	326.6	328.2	329.3	152
广安	Guangan	320.5	321.6	322.4	155	武威	Wuwei	181.7	182.2	181.0	233
达州	Dazhou	546.8	549.3	551.3	71	张掖	Zhangye	120.1	120.8	121.1	254
雅安	Yaan	150.7	152.7	153.4	244	平凉	Pingliang	207.0	208.2	208.7	225
巴中	Bazhong	328.4	330.8	331.7	150	酒泉	Jiuquan	109.7	110.4	110.8	259
资阳	Ziyang	366.5	358.9	357.1	138	庆阳	Qingyang	221.4	221.8	222.3	214
贵州	**Guizhou**	**3479.0**	**3484.0**	**3502.0**		定西	Dingxi	270.1	276.9	277.1	182
贵阳	Guiyang	432.9	445.2	452.2	104	陇南	Longnan	257.0	257.0	257.5	192
六盘水	Liupanshui	285.4	285.9	287.5	175	**青海**	**Qinghai**	**562.7**	**573.0**	**578.0**	
遵义	Zunyi	613.3	611.7	614.3	55	西宁	Xining	220.9	224.7	226.8	212
安顺	Anshun	230.0	228.3	230.1	210	**宁夏**	**Ningxia**	**633.0**	**647.0**	**654.0**	
毕节	Bijie	654.6	652.4	653.8	50	银川	Yinchuan	200.4	204.6		
铜仁	Tongren	309.6	309.4	310.4	162	石嘴山	Shizuishan	72.7	74.2		
云南	**Yunnan**	**4601.6**	**4659.0**	**4687.0**		吴忠	Wuzhong	128.2	131.3		
昆明	Kunming	643.9	653.3	657.9	49	固原	Guyuan	123.3	126.4		
曲靖	Qujing	585.5	593.6	597.4	59	中卫	Zhongwei	108.3	110.7		
玉溪	Yuxi	230.6	233.0	234.0	209	**新疆**	**Xinjiang**	**2185.0**	**2233.0**	**2264.0**	
保山	Baoshan	250.6	254.0	255.4	195	乌鲁木齐	Urumqi	311.3	335.0	346.0	143
昭通	Zhaotong	521.4	529.6	534.2	78	克拉玛依	Karamay	39.1	43.6	57.2	268

1-5 年末总人口
Total Population at Year-end

单位：万人 （10 000 persons）

地名	City	2010	2012	2013	2013 排名 Ranking	地名	City	2010	2012	2013	2013 排名 Ranking
全国	**Nation Total**	**134531.4**	**135780.3**	**136726.1**		沈阳	Shenyang	719.6	724.8	727.1	38
北京	**Beijing**	**1261.7**	**1300.1**	**1317.8**		大连	Dalian	586.4	590.3	591.4	65
天津	**Tianjin**	**989.6**	**996.4**	**1006.8**		鞍山	Anshan	351.8	350.3	349.8	151
河北	**Hebei**	**7298.0**	**7416.6**	**7503.2**		抚顺	Fushun	220.9	219.3	218.0	225
石家庄	Shijiazhuang	989.2	1005.3	1003.1	8	本溪	Benxi	154.6	153.2	152.3	252
唐山	Tangshan	735.0	741.8	738.7	37	丹东	Dandong	241.4	240.5	239.6	213
秦皇岛	Qinhuangdao	288.3	291.2	290.7	180	锦州	Jinzhou	308.3	307.8	305.9	173
邯郸	Handan	963.5	993.1	994.0	10	营口	Yingkou	235.5	235.1	232.5	219
邢台	Xingtai	732.0	747.7	743.2	35	阜新	Fuxin	192.4	191.6	191.1	232
保定	Baoding	1161.0	1172.1	1163.9	3	辽阳	Liaoyang	183.4	180.3	180.0	239
张家口	Zhangjiakou	466.0	468.4	466.9	105	盘锦	Panjin	131.3	128.8	129.0	258
承德	Chengde	373.0	376.9	377.4	140	铁岭	Tieling	305.1	302.2	301.9	175
沧州	Cangzhou	730.9	744.4	741.5	36	朝阳	Chaoyang	339.2	340.6	339.5	156
廊坊	Langfang	419.0	433.2	422.4	119	葫芦岛	Huludao	281.8	280.0	279.9	191
衡水	Hengshui	440.2	442.4	447.5	109	**吉林**	**Jilin**	**2723.8**	**2701.5**	**2678.5**	
山西	**Shanxi**	**3473.6**	**3500.6**	**3525.3**		长春	Changchun	758.9	756.9	752.7	32
太原	Taiyuan	420.5	425.6	427.8	116	吉林	Jilin	434.0	430.8	429.1	115
大同	Datong	332.1	335.7	337.5	158	四平	Siping	340.6	336.6	328.4	163
阳泉	Yangquan	136.9	137.9	138.6	255	辽源	Liaoyuan	123.8	122.0	121.9	263
长治	Changzhi	333.7	337.0	338.8	157	通化	Tonghua	226.1	224.6	222.3	224
晋城	Jincheng	228.0	229.1	230.1	220	白山	Baishan	128.7	127.9	127.1	259
朔州	Shuozhou	171.6	173.5	174.4	241	松原	Songyuan	290.1	289.8	283.0	187
晋中	Jinzhong	325.2	328.7	330.5	161	白城	Baicheng	202.6	200.0	199.1	230
运城	Yuncheng	513.9	519.5	522.4	87	**黑龙江**	**Heilongjiang**	**3842.8**	**3811.1**	**3779.2**	
忻州	Xinzhou	307.0	309.9	311.4	170	哈尔滨	Harbin	992.0	993.5	995.2	9
临汾	Linfen	432.1	436.7	439.1	111	齐齐哈尔	Qiqihar	568.1	559.1	557.0	74
吕梁	Luliang	373.0	377.2	379.3	138	鸡西	Jixi	189.2	185.9	186.6	237
内蒙古	**Inner Mongolia**	**2453.2**	**2459.9**	**2466.2**		鹤岗	Hegang	109.1	108.5	107.8	271
呼和浩特	Hohhot	287.4	294.9	234.0	216	双鸭山	Shuangyashan	151.6	150.4	149.8	253
包头	Baotou	265.5	273.2	225.0	223	大庆	Daqing	279.8	281.7	282.6	189
乌海	Wuhai	53.5	54.8	44.7	282	伊春	Yichun	127.0	124.1	123.2	262
赤峰	Chifeng	433.8	431.3	464.3	106	佳木斯	Jiamusi	252.7	248.1	250.9	209
通辽	Tongliao	314.0	313.3	321.2	168	七台河	Qitaihe	92.9	92.4	92.0	275
鄂尔多斯	Erdos	195.0	200.4	154.3	250	牡丹江	Mudanjiang	268.9	266.4	272.0	194
呼伦贝尔	Hulunbuir	254.6	253.5	266.5	197	黑河	Heihe	173.3	172.8	171.5	242
巴彦淖尔	Bayannur	166.9	166.9	183.2	238	绥化	Suihua	586.2	577.0	555.7	75
乌兰察布	Ulanqab	214.1	212.9	283.3	186	**上海**	**Shanghai**	**1412.3**	**1426.9**	**1432.3**	
辽宁	**Liaoning**	**4251.7**	**4244.8**	**4238.0**		**江苏**	**Jiangsu**	**7466.6**	**7553.4**	**7616.8**	

1-5 年末总人口 续表 1
Total Population at Year-end continued 1

单位：万人 （10 000 persons）

地名	City	2010	2012	2013	2013 排名 Ranking
南京	Nanjing	632.4	638.5	643.1	53
无锡	Wuxi	466.6	470.1	472.2	103
徐州	Xuzhou	972.9	990.5	1006.9	7
常州	Changzhou	360.8	364.8	365.9	145
苏州	Suzhou	637.7	647.8	653.8	51
南通	Nantong	762.9	765.2	766.5	29
连云港	Lianyungang	497.7	511.0	520.2	89
淮安	Huaian	538.7	546.8	553.0	76
盐城	Yancheng	816.1	822.4	823.8	20
扬州	Yangzhou	459.1	458.4	459.8	107
镇江	Zhenjiang	270.7	271.4	271.8	195
泰州	Taizhou	504.6	506.4	507.8	95
宿迁	Suqian	546.3	560.3	572.1	70
浙江	**Zhejiang**	**4748.0**	**4799.3**	**4856.9**	
杭州	Hangzhou	689.1	700.5	706.6	42
宁波	Ningbo	574.1	577.7	580.1	67
温州	Wenzhou	786.8	800.2	807.2	23
嘉兴	Jiaxing	341.6	344.5	345.9	154
湖州	Huzhou	260.0	261.4	262.5	202
绍兴	Shaoxing	438.9	440.8	441.7	110
金华	Jinhua	466.7	470.6	473.4	102
衢州	Quzhou	251.2	252.8	254.2	206
舟山	Zhoushan	96.8	97.2	97.3	273
台州	Taizhou	583.1	590.9	594.0	64
丽水	Lishui	259.7	262.6	263.9	199
安徽	**Anhui**	**6825.1**	**6912.3**	**6928.5**	
合肥	Hefei	495.0	710.5	711.5	41
芜湖	Wuhu	229.5	383.4	384.5	134
蚌埠	Bengbu	362.2	367.8	366.6	143
淮南	Huainan	244.0	243.8	243.3	212
马鞍山	Maanshan	129.1	228.4	228.4	221
淮北	Huaibei	219.6	218.3	214.5	227
铜陵	Tongling	74.0	74.2	74.2	278
安庆	Anqing	615.6	620.4	621.7	59
黄山	Huangshan	148.1	147.3	147.4	254
滁州	Chuzhou	450.8	452.1	449.5	108
阜阳	Fuyang	1011.8	1039.8	1053.2	6
宿州	Suzhou	642.1	651.7	641.9	54
六安	Liuan	704.8	710.3	716.7	40
亳州	Bozhou	600.8	621.5	632.9	56
池州	Chizhou	160.5	161.9	161.9	246
宣城	Xuancheng	278.4	279.6	280.2	190
福建	**Fujian**	**3529.7**	**3579.3**	**3633.6**	
福州	Fuzhou	645.9	655.3	623.7	57
厦门	Xiamen	180.2	190.9	196.8	231
莆田	Putian	323.5	329.3	334.2	160
三明	Sanming	272.7	274.2	278.5	192
泉州	Quanzhou	685.3	693.2	703.5	43
漳州	Zhangzhou	473.9	482.5	489.5	97
南平	Nanping	313.9	313.9	316.0	169
龙岩	Longyan	295.7	297.7	302.6	174
宁德	Ningde	338.5	342.3	347.2	152
江西	**Jiangxi**	**4693.5**	**4803.5**	**4819.1**	
南昌	Nanchang	505.3	513.2	518.4	90
景德镇	Jingdezhen	158.9	161.0	161.9	246
萍乡	Pingxiang	185.6	187.4	188.2	235
九江	Jiujiang	473.2	477.3	478.9	101
新余	Xinyu	114.0	115.1	115.6	265
鹰潭	Yingtan	112.6	113.8	114.2	266
赣州	Ganzhou	838.2	845.2	847.8	17
吉安	Jian	481.6	485.4	486.6	98
宜春	Yichun	542.3	546.5	547.8	78
抚州	Fuzhou	391.7	394.9	396.2	126
上饶	Shangrao	658.7	664.3	666.4	48
山东	**Shandong**	**9536.2**	**9579.7**	**9612.0**	
济南	Jinan	604.1	609.2	613.2	60
青岛	Qingdao	763.6	769.6	773.7	28
淄博	Zibo	422.4	423.7	425.3	118
枣庄	Zaozhuang	391.0	394.8	396.0	127
东营	Dongying	184.9	185.5	187.0	236
烟台	Yantai	651.1	650.3	651.2	52
潍坊	Weifang	873.8	878.9	882.9	14
济宁	Jining	843.0	847.1	847.8	17
泰安	Taian	557.0	558.9	558.8	73
威海	Weihai	253.6	253.6	253.8	207
日照	Rizhao	287.9	288.1	290.1	182
莱芜	Laiwu	126.7	126.3	126.5	260
临沂	Linyi	1072.6	1083.8	1090.4	5
德州	Dezhou	570.2	577.5	578.8	68
聊城	Liaocheng	597.5	594.5	297.5	179

1-5 年末总人口 续表 2
Total Population at Year-end continued 2

单位：万人 （10 000 persons）

地名	City	2010	2012	2013	2013 排名 Ranking	地名	City	2010	2012	2013	2013 排名 Ranking
滨州	Binzhou	377.9	380.9	381.6	135	常德	Changde	623.1	629.0	607.2	61
菏泽	Heze	958.8	957.3	957.5	11	张家界	Zhangjiajie	164.8	170.1	170.9	243
河南	**Henan**	**10799.6**	**10931.6**	**11038.9**		益阳	Yiyang	476.4	481.9	480.0	100
郑州	Zhengzhou	732.0	903.0	750.5	33	郴州	Chenzhou	504.1	509.8	512.1	92
开封	Kaifeng	504.0	465.3	511.5	93	永州	Yongzhou	610.7	620.3	622.6	58
洛阳	Luoyang	681.0	659.0	692.3	45	怀化	Huaihua	509.7	516.5	515.2	91
平顶山	Pingdingshan	529.0	492.9	537.5	83	娄底	Loudi	433.0	437.8	438.6	112
安阳	Anyang	569.0	508.3	576.5	69	**广东**	**Guangdong**	**8521.5**	**8635.9**	**8759.5**	
鹤壁	Hebi	159.0	158.8	161.2	248	广州	Guangzhou	806.1	822.3	832.3	19
新乡	Xinxiang	590.0	566.9	600.4	62	韶关	Shaoguan	328.1	326.5	328.0	164
焦作	Jiaozuo	362.0	352.0	366.6	143	深圳	Shenzhen	259.9	299.2	324.3	166
濮阳	Puyang	382.0	359.8	387.9	131	珠海	Zhuhai	104.7	106.6	108.6	270
许昌	Xuchang	477.0	429.6	484.9	99	汕头	Shantou	524.1	532.9	540.0	81
漯河	Luohe	271.0	255.8	275.8	193	佛山	Foshan	370.9	377.7	381.6	135
三门峡	Sanmenxia	225.0	223.2	226.8	222	江门	Jiangmen	392.3	391.8	393.0	128
南阳	Nanyang	1158.0	1014.9	1171.0	2	湛江	Zhanjiang	777.8	785.2	804.2	25
商丘	Shangqiu	886.0	732.2	900.0	12	茂名	Maoming	747.2	748.9	757.7	31
信阳	Xinyang	846.0	639.8	859.8	16	肇庆	Zhaoqing	422.4	427.6	429.8	113
周口	Zhoukou	1115.0	880.7	1130.8	4	惠州	Huizhou	337.3	341.9	343.4	155
驻马店	Zhumadian	883.0	693.7	896.0	13	梅州	Meizhou	514.7	521.4	525.0	86
湖北	**Hubei**	**6149.0**	**6165.4**	**6170.6**		汕尾	Shanwei	345.0	347.2	352.5	149
武汉	Wuhan	836.7	821.7	822.0	21	河源	Heyuan	358.4	355.1	361.0	147
黄石	Huangshi	260.1	261.5	262.3	203	阳江	Yangjiang	282.8	282.5	285.1	185
十堰	Shiyan	346.5	346.0	346.7	153	清远	Qingyuan	413.5	405.7	409.8	122
宜昌	Yichang	398.6	399.0	400.1	123	东莞	Dongguan	181.8	186.1	188.9	233
襄阳	Xiangfan	591.1	594.0	595.1	63	中山	ZhongShan	149.2	152.0	154.1	251
鄂州	Ezhou	108.5	109.4	109.8	269	潮州	Chaozhou	260.9	264.8	267.2	196
荆门	Jingmen	299.9	302.3	300.8	176	揭阳	Jieyang	661.8	673.9	682.7	47
孝感	Xiaogan	530.7	526.9	527.4	85	云浮	Yunfu	282.8	287.0	290.3	181
荆州	Jingzhou	657.1	663.3	661.0	50	**广西**	**Guangxi**	**5331.4**	**5378.2**	**5421.9**	
黄冈	Huanggang	742.4	748.2	750.2	34	南宁	Nanning	707.4	699.1	724.4	39
咸宁	Xianning	291.0	297.9	300.5	177	柳州	Liuzhou	372.7	360.6	372.4	142
随州	Suizhou	254.6	256.9	257.6	204	桂林	Guilin	519.0	506.4	521.8	88
湖南	**Hunan**	**7069.0**	**7131.6**	**7147.3**		梧州	Wuzhou	326.3	331.1	336.2	159
长沙	Changsha	652.4	662.8	662.8	49	北海	Beihai	166.8	164.4	169.4	244
株洲	Zhuzhou	390.3	395.8	399.6	124	防城港	Fangchenggang	91.2	87.3	93.0	274
湘潭	Xiangtan	289.0	291.8	289.9	183	钦州	Qinzhou	387.7	385.2	396.5	125
衡阳	Hengyang	791.6	800.2	785.9	26	贵港	Guigang	523.8	511.1	538.2	82
邵阳	Shaoyang	794.0	801.3	808.0	22	玉林	Yulin	674.6	682.7	700.9	44
岳阳	Yueyang	565.6	573.0	560.0	72	百色	Baise	382.6	388.8	411.7	121

1-5 年末总人口 续表 3

Total Population at Year-end continued 3

单位：万人 （10 000 persons）

地名	City	2010	2012	2013	2013 排名 Ranking
贺州	Hezhou	233.4	226.4	233.6	217
河池	Hechi	399.2	405.1	413.7	120
来宾	Laibin	249.8	253.7	263.8	200
崇左	Chongzuo	243.5	238.1	246.5	211
海南	**Hainan**	**896.1**	**901.9**	**908.9**	
海口	Haikou	160.4	161.6	163.2	245
三亚	Sanya	57.0	57.3	57.7	280
重庆	**Chongqing**	**3303.4**	**3343.4**	**3358.4**	
四川	**Sichuan**	**9001.3**	**9097.4**	**9132.7**	
成都	Chengdu	1149.1	1173.4	1188.0	1
自贡	Zigong	326.0	328.5	329.7	162
攀枝花	Panzhihua	111.3	111.9	112.0	268
泸州	Luzhou	502.3	505.2	508.4	94
德阳	Deyang	389.2	391.5	392.0	129
绵阳	Mianyang	541.9	545.4	547.4	79
广元	Guangyuan	310.9	311.7	310.2	171
遂宁	Suining	381.4	376.1	379.4	137
内江	Neijiang	425.5	426.6	426.8	117
乐山	Leshan	353.3	356.1	356.0	148
南充	Nanchong	751.7	759.6	759.0	30
眉山	Meishan	340.1	350.4	352.2	150
宜宾	Yibin	539.0	546.6	550.4	77
广安	Guangan	466.2	468.5	470.4	104
达州	Dazhou	685.5	695.6	687.6	46
雅安	Yaan	154.9	156.5	157.0	249
巴中	Bazhong	388.0	390.0	390.2	130
资阳	Ziyang	501.1	505.9	507.3	96
贵州	**Guizhou**	**4189.0**	**4134.3**	**4286.1**	
贵阳	Guiyang	373.2	374.5	379.1	139
六盘水	Liupanshui	319.2	322.5	325.4	165
遵义	Zunyi	764.2	771.4	778.5	27
安顺	Anshun	279.8	284.4	285.6	184
毕节	Bijie	833.9	858.0	870.6	15
铜仁	Tongren	421.7	426.5	429.2	114
云南	**Yunnan**	**4528.2**	**4575.7**	**4604.2**	
昆明	Kunming	643.9	543.5	546.8	80
曲靖	Qujing	626.4	637.4	641.9	54
玉溪	Yuxi	214.6	214.1	214.7	226
保山	Baoshan	250.6	255.6	256.9	205
昭通	Zhaotong	574.2	583.3	586.5	66
丽江	Lijiang	124.5	119.0	120.2	264
普洱	Puer	248.9	251.7	252.6	208
临沧	Lincang	234.9	236.4	236.4	215
西藏	**Tibet**	**294.0**	**309.6**	**4604.2**	
拉萨	Lhasa	55.9		59.5	279
陕西	**Shaanxi**	**3873.9**	**3926.2**	**3960.1**	
西安	Xi'an	782.7	796.0	806.9	24
铜川	Tongchuan	85.4	85.3	85.6	276
宝鸡	Baoji	381.1	383.9	385.6	133
咸阳	Xianyang	520.1	527.9	533.2	84
渭南	Weinan	560.1	565.1	569.8	71
延安	Yan'an	230.2	235.4	237.8	214
汉中	Hanzhong	381.5	384.3	386.2	132
榆林	Yulin	364.5	374.6	377.0	141
安康	Ankang	304.3	306.0	308.3	172
商洛	Shangluo	244.8	248.8	250.6	210
甘肃	**Gansu**	**2712.1**	**2713.0**	**2727.8**	
兰州	Lanzhou	323.5	321.5	321.4	167
嘉峪关	Jiayuguan	19.1	19.8	20.0	284
金昌	Jinchang	45.7	46.0	45.9	281
白银	Baiyin	180.4	175.7	177.0	240
天水	Tianshui	366.7	369.0	363.0	146
武威	Wuwei	191.3	186.0	188.5	234
张掖	Zhangye	130.8	130.8	131.3	257
平凉	Pingliang	230.3	231.5	232.9	218
酒泉	Jiuquan	100.3	101.3	101.9	272
庆阳	Qingyang	259.2	262.3	265.2	198
定西	Dingxi	300.4	296.3	300.1	178
陇南	Longnan	281.8	280.6	282.8	188
青海	**Qinghai**	**550.0**	**565.6**	**572.6**	
西宁	Xining	196.0	198.5	200.3	229
宁夏	**Ningxia**	**642.6**	**659.0**	**668.6**	
银川	Yinchuan	200.4	204.6	208.3	228
石嘴山	Shizuishan	72.7	74.2	75.9	277
吴忠	Wuzhong	128.2	131.3	133.1	256
固原	Guyuan	123.3	126.4	124.4	261
中卫	Zhongwei	108.3	110.7	112.5	267
新疆	**Xinjiang**	**2164.4**	**2226.0**	**2266.6**	
乌鲁木齐	Urumqi	243.0	257.8	262.9	201
克拉玛依	Karamay	27.8	28.6	29.0	283

1-6 年末男性人口
Male Population at Year-end

单位：万人 （10 000 persons）

地名	City	2010	2011	2012	2012 排名 Ranking	地名	City	2010	2011	2012	2012 排名 Ranking
全国	**National Total**	**69129.0**	**69638.1**	**69763.0**		沈阳	Shenyang	358.4	359.5	360.2	42
北京	**Beijing**	**634.7**	**643.8**	**652.9**		大连	Dalian	294.2	294.8	295.4	64
天津	**Tianjin**	**497.6**	**502.9**	**500.3**		鞍山	Anshan	178.1	177.7	176.8	153
河北	**Hebei**	**3718.3**	**3741.6**	**3778.5**		抚顺	Fushun	110.8	110.2	109.7	226
石家庄	Shijiazhuang	498.1	502.4	506.5	8	本溪	Benxi	77.6	77.4	76.7	250
唐山	Tangshan	372.8	373.8	376.0	33	丹东	Dandong	121.5	121.2	120.8	216
秦皇岛	Qinhuangdao	146.9	147.6	148.3	183	锦州	Jinzhou	155.2	155.0	154.7	175
邯郸	Handan	493.4	501.5	507.9	7	营口	Yingkou	119.7	119.2	119.2	219
邢台	Xingtai	374.1	377.2	383.1	28	阜新	Fuxin	96.1	95.9	95.6	233
保定	Baoding	589.7	589.1	594.7	1	辽阳	Liaoyang	93.1	92.5	91.3	239
张家口	Zhangjiakou	240.9	241.3	241.4	100	盘锦	Panjin	66.2	66.1	64.7	259
承德	Chengde	193.1	193.7	195.0	136	铁岭	Tieling	155.1	154.9	153.4	179
沧州	Cangzhou	374.4	376.6	381.8	29	朝阳	Chaoyang	174.3	174.9	174.7	156
廊坊	Langfang	212.3	215.1	219.8	116	葫芦岛	Huludao	144.4	144.3	143.3	189
衡水	Hengshui	222.7	223.4	223.9	109	吉林	**Jilin**	**1377.7**	**1377.9**	**1363.4**	
山西	**Shanxi**	**1780.5**	**1791.6**	**1791.0**		长春	Changchun	382.4	383.5	381.2	30
太原	Taiyuan	215.3	216.3	215.2	118	吉林	Jilin	219.7	219.1	217.4	117
大同	Datong	169.1	170.3	171.6	159	四平	Siping	172.6	172.8	170.5	161
阳泉	Yangquan	71.1	71.0	70.5	255	辽源	Liaoyuan	63.0	62.3	62.0	262
长治	Changzhi	171.2	172.6	172.9	158	通化	Tonghua	115.0	114.8	114.0	222
晋城	Jincheng	115.5	115.0	115.2	221	白山	Baishan	66.1	65.9	65.1	258
朔州	Shuozhou	89.6	90.1	89.8	241	松原	Songyuan	147.2	148.2	146.1	187
晋中	Jinzhong	169.6	170.2	169.2	163	白城	Baicheng	102.5	102.3	100.8	230
运城	Yuncheng	261.8	262.8	265.6	88	黑龙江	**Heilongjiang**	**1943.6**	**1937.7**	**1924.8**	
忻州	Xinzhou	158.3	159.7	160.6	170	哈尔滨	Harbin	500.9	500.6	501.5	9
临汾	Linfen	220.3	221.8	225.2	107	齐齐哈尔	Qiqihar	288.0	288.1	283.2	73
吕梁	Luliang	193.5	193.9	195.0	136	鸡西	Jixi	95.5	95.2	93.5	237
内蒙古	**Inner Mongolia**	**1252.6**	**1258.5**	**1254.0**		鹤岗	Hegang	54.7	54.7	54.4	270
呼和浩特	Hohhot	146.6	118.6	150.2	182	双鸭山	Shuangyashan	76.7	76.4	75.9	252
包头	Baotou	137.2	112.5	140.9	192	大庆	Daqing	140.4	141.0	140.9	192
乌海	Wuhai	28.3	28.7	29.0	280	伊春	Yichun	63.6	63.1	62.0	262
赤峰	Chifeng	223.2	236.2	221.6	111	佳木斯	Jiamusi	128.1	126.7	125.4	212
通辽	Tongliao	159.6	162.4	159.1	172	七台河	Qitaihe	47.9	47.7	47.8	274
鄂尔多斯	Erdos	111.1	78.5	114.0	222	牡丹江	Mudanjiang	135.2	134.3	133.7	199
呼伦贝尔	Hulunbuir	131.0	137.9	130.2	207	黑河	Heihe	88.1	87.9	87.7	243
巴彦淖尔	Bayannur	88.6	94.4	88.5	242	绥化	Suihua	298.0	295.6	292.9	66
乌兰察布	Ulanqab	109.3	149.1	108.6	227	上海	**Shanghai**	**703.6**	**706.4**	**709.6**	
辽宁	**Liaoning**	**2144.7**	**2143.6**	**2136.5**		江苏	**Jiangsu**	**3787.7**	**3811.8**	**3832.6**	

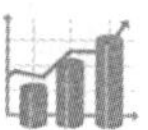

1-6 年末男性人口 续表 1
Male Population at Year-end continued 1

单位：万人 （10 000 persons）

地名	City	2010	2011	2012	2012 排名 Ranking	地名	City	2010	2011	2012	2012 排名 Ranking
南京	Nanjing	319.7	320.9	321.4	55	池州	Chizhou	82.0	82.6	82.7	247
无锡	Wuxi	232.3	232.7	233.4	105	宣城	Xuancheng	144.4	144.7	144.7	188
徐州	Xuzhou	502.4	505.7	513.3	6	**福建**	**Fujian**	**1816.7**	**1828.5**	**1842.7**	
常州	Changzhou	180.3	180.9	181.6	146	福州	Fuzhou	333.1	334.5	337.1	49
苏州	Suzhou	314.4	316.5	318.9	58	厦门	Xiamen	90.2	92.4	95.1	234
南通	Nantong	377.4	378.0	377.8	32	莆田	Putian	164.1	165.9	167.6	165
连云港	Lianyungang	259.3	263.3	266.6	86	三明	Sanming	142.2	142.6	143.1	190
淮安	Huaian	276.8	279.8	281.5	77	泉州	Quanzhou	351.0	353.9	356.4	43
盐城	Yancheng	420.1	422.5	423.5	17	漳州	Zhangzhou	243.4	246.1	247.7	95
扬州	Yangzhou	230.2	230.5	230.0	106	南平	Nanping	162.5	162.1	162.3	169
镇江	Zhenjiang	135.2	135.4	134.9	197	龙岩	Longyan	152.0	152.1	153.7	177
泰州	Taizhou	257.7	258.6	258.7	92	宁德	Ningde	178.3	178.8	179.9	151
宿迁	Suqian	282.1	287.2	291.0	67	**江西**	**Jiangxi**	**2459.1**	**2487.4**	**2515.1**	
浙江	**Zhejiang**	**2413.1**	**2426.9**	**2433.7**		南昌	Nanchang	263.9	265.7	267.8	84
杭州	Hangzhou	346.6	349.1	350.9	44	景德镇	Jingdezhen	82.7	83.1	83.6	245
宁波	Ningbo	287.2	287.9	288.3	69	萍乡	Pingxiang	94.0	94.5	94.8	235
温州	Wenzhou	408.7	414.3	415.4	21	九江	Jiujiang	240.4	242.5	242.4	99
嘉兴	Jiaxing	169.1	169.6	170.1	162	新余	Xinyu	59.8	60.1	60.3	265
湖州	Huzhou	129.9	130.2	130.1	208	鹰潭	Yingtan	59.2	59.5	59.6	266
绍兴	Shaoxing	220.5	220.8	221.0	112	赣州	Ganzhou	426.5	428.2	429.1	16
金华	Jinhua	239.1	240.1	240.7	102	吉安	Jian	250.1	251.1	251.2	94
衢州	Quzhou	129.7	130.2	130.1	208	宜春	Yichun	282.6	282.9	283.1	74
舟山	Zhoushan	48.3	48.3	48.3	273	抚州	Fuzhou	203.9	204.8	205.1	124
台州	Taizhou	299.7	301.4	303.3	62	上饶	Shangrao	340.0	341.1	341.7	47
丽水	Lishui	134.5	135.1	135.6	196	**山东**	**Shandong**	**4838.9**	**4869.6**	**4867.8**	
安徽	**Anhui**	**3542.4**	**3572.3**	**3586.9**		济南	Jinan	301.3	302.2	303.3	62
合肥	Hefei	258.0	366.5	368.7	36	青岛	Qingdao	381.9	382.7	383.8	27
芜湖	Wuhu	118.1	199.2	198.1	133	淄博	Zibo	211.2	211.7	211.4	119
蚌埠	Bengbu	187.6	189.1	190.3	141	枣庄	Zaozhuang	203.2	205.7	205.9	123
淮南	Huainan	127.1	127.8	126.8	210	东营	Dongying	93.1	93.5	93.0	238
马鞍山	Maanshan	66.3	118.1	117.8	220	烟台	Yantai	326.1	326.1	325.3	53
淮北	Huaibei	112.5	113.5	112.1	225	潍坊	Weifang	441.4	443.3	443.9	13
铜陵	Tongling	37.8	37.8	37.7	277	济宁	Jining	432.5	434.9	435.9	14
安庆	Anqing	318.2	319.7	320.5	56	泰安	Taian	281.9	283.3	282.9	75
黄山	Huangshan	75.9	75.8	75.4	254	威海	Weihai	127.1	127.1	126.7	211
滁州	Chuzhou	233.1	234.1	234.0	104	日照	Rizhao	146.2	146.8	146.5	186
阜阳	Fuyang	525.8	533.1	540.7	4	莱芜	Laiwu	64.3	64.4	64.0	261
宿州	Suzhou	330.1	333.7	335.9	50	临沂	Linyi	551.3	556.7	558.1	3
六安	Liuan	371.8	374.4	375.2	34	德州	Dezhou	288.4	291.5	293.3	65
亳州	Bozhou	314.9	316.7	319.6	57	聊城	Liaocheng	302.8	307.1	303.6	61

1-6 年末男性人口 续表 2
Male Population at Year-end continued 2

单位：万人 （10 000 persons）

地名	City	2010	2011	2012	2012 排名 Ranking
滨州	Binzhou	190.5	192.0	192.2	139
菏泽	Heze	495.5	500.5	498.0	10
河南	**Henan**	**5576.1**	**5641.4**	**5657.0**	
郑州	Zhengzhou	375.2	369.5	456.5	11
开封	Kaifeng	255.5	256.4	235.1	103
洛阳	Luoyang	343.8	344.0	331.6	52
平顶山	Pingdingshan	272.1	273.4	252.9	93
安阳	Anyang	275.3	276.5	245.0	98
鹤壁	Hebi	81.5	82.1	82.1	248
新乡	Xinxiang	297.0	298.5	282.9	75
焦作	Jiaozuo	183.7	184.0	175.1	155
濮阳	Puyang	190.7	193.4	181.4	147
许昌	Xuchang	244.4	248.3	220.6	114
漯河	Luohe	138.4	140.2	130.8	205
三门峡	Sanmenxia	115.7	114.9	113.0	224
南阳	Nanyang	595.8	605.2	524.9	5
商丘	Shangqiu	443.3	451.0	367.5	37
信阳	Xinyang	424.6	430.8	325.3	53
周口	Zhoukou	551.1	563.9	433.0	15
驻马店	Zhumadian	444.6	445.0	348.7	45
湖北	**Hubei**	**3183.7**	**3193.9**	**3194.0**	
武汉	Wuhan	429.8	424.3	421.0	18
黄石	Huangshi	136.2	136.9	136.7	194
十堰	Shiyan	183.2	184.3	182.7	145
宜昌	Yichang	204.1	204.1	204.1	125
襄阳	Xiangfan	302.6	304.6	305.6	60
鄂州	Ezhou	56.3	57.1	57.5	267
荆门	Jingmen	152.7	153.7	153.7	177
孝感	Xiaogan	276.4	275.8	275.3	79
荆州	Jingzhou	335.7	338.7	338.2	48
黄冈	Huanggang	389.5	392.5	394.3	26
咸宁	Xianning	152.0	154.6	155.3	174
随州	Suizhou	130.5	131.9	131.9	202
湖南	**Hunan**	**3668.5**	**3700.5**	**3700.4**	
长沙	Changsha	331.2	363.2	363.2	41
株洲	Zhuzhou	199.5	200.0	200.0	130
湘潭	Xiangtan	148.3	141.7	141.7	191
衡阳	Hengyang	414.9	372.9	372.9	35
邵阳	Shaoyang	415.8	379.1	379.1	31
岳阳	Yueyang	293.6	286.8	286.8	71
常德	Changde	318.0	290.9	290.9	68
张家界	Zhangjiajie	85.1	76.7	76.7	250
益阳	Yiyang	244.5	223.5	223.5	110
郴州	Chenzhou	263.5	241.0	241.0	101
永州	Yongzhou	322.1	273.6	273.6	81
怀化	Huaihua	265.3	247.5	247.5	96
娄底	Loudi	225.4	198.6	198.6	131
广东	**Guangdong**	**4388.6**	**4445.5**	**4448.5**	
广州	Guangzhou	409.0	412.6	415.8	20
韶关	Shaoguan	169.5	170.3	169.2	163
深圳	Shenzhen	137.9	147.7	157.2	173
珠海	Zhuhai	53.4	54.1	54.4	270
汕头	Shantou	262.5	265.4	267.2	85
佛山	Foshan	184.7	186.6	187.9	143
江门	Jiangmen	198.0	198.6	197.4	134
湛江	Zhanjiang	412.2	419.7	418.0	19
茂名	Maoming	397.0	404.5	400.1	24
肇庆	Zhaoqing	218.2	220.3	221.0	112
惠州	Huizhou	171.4	174.0	173.4	157
梅州	Meizhou	263.6	264.8	266.6	87
汕尾	Shanwei	180.5	181.1	180.3	150
河源	Heyuan	182.5	186.4	181.1	149
阳江	Yangjiang	149.9	151.2	150.5	180
清远	Qingyuan	212.7	214.3	209.9	121
东莞	Dongguan	92.3	93.8	94.4	236
中山	ZhongShan	74.4	75.0	75.6	253
潮州	Chaozhou	132.1	133.0	133.8	198
揭阳	Jieyang	338.6	342.3	344.4	46
云浮	Yunfu	148.3	150.1	150.3	181
广西	**Guangxi**	**2804.1**	**2823.1**	**2832.2**	
南宁	Nanning	369.8	371.9	365.5	38
柳州	Liuzhou	193.1	194.1	187.0	144
桂林	Guilin	269.9	271.3	263.1	90
梧州	Wuzhou	173.3	174.0	176.0	154
北海	Beihai	87.4	88.1	85.9	244
防城港	Fangchenggang	49.6	49.6	47.3	275
钦州	Qinzhou	211.7	213.4	210.0	120
贵港	Guigang	276.6	278.7	270.6	83
玉林	Yulin	360.2	365.5	365.0	39
百色	Baise	199.4	199.2	201.1	127

1-6 年末男性人口 续表 3
Male Population at Year-end continued 3

单位：万人 （10 000 persons）

地名	City	2010	2011	2012	2012 排名 Ranking
贺州	Hezhou	122.2	122.0	119.4	217
河池	Hechi	207.3	207.6	209.9	121
来宾	Laibin	130.4	137.1	133.0	201
崇左	Chongzuo	127.5	129.2	125.3	213
海南	**Hainan**	**467.7**	**474.2**	**471.7**	
海口	Haikou	82.5	83.5	83.2	246
三亚	Sanya	29.1	29.7	29.3	279
重庆	**Chongqing**	**1709.0**	**1720.5**	**1725.9**	
四川	**Sichuan**	**4640.4**	**4665.6**	**4684.9**	
成都	Chengdu	575.8	582.1	586.0	2
自贡	Zigong	166.6	167.1	167.6	165
攀枝花	Panzhihua	57.2	57.2	57.3	268
泸州	Luzhou	260.6	260.8	262.1	91
德阳	Deyang	199.7	200.2	200.2	129
绵阳	Mianyang	279.4	280.1	281.0	78
广元	Guangyuan	160.1	159.6	159.7	171
遂宁	Suining	196.8	197.4	194.7	138
内江	Neijiang	219.7	220.1	220.3	115
乐山	Leshan	180.7	181.0	181.3	148
南充	Nanchong	391.5	393.2	395.8	25
眉山	Meishan	178.5	179.3	179.0	152
宜宾	Yibin	281.1	283.1	285.0	72
广安	Guangan	243.9	245.6	245.5	97
达州	Dazhou	360.1	361.8	364.6	40
雅安	Yaan	79.4	79.8	80.1	249
巴中	Bazhong	201.8	202.5	203.1	126
资阳	Ziyang	261.0	262.3	263.4	89
贵州	**Guizhou**	**2180.4**	**2205.8**	**2157.8**	
贵阳	Guiyang	190.9	192.1	190.7	140
六盘水	Liupanshui	167.6	169.0	170.8	160
遵义	Zunyi	395.9	400.3	401.5	23
安顺	Anshun	144.5	145.7	147.2	184
毕节	Bijie	435.7	444.7	449.1	12
铜仁	Tongren	221.2	223.8	224.2	108
云南	**Yunnan**	**2332.3**	**2350.4**	**2359.3**	
昆明	Kunming	331.0	333.4	275.0	80
曲靖	Qujing	328.2	309.2	334.1	51
玉溪	Yuxi	107.9	118.9	107.7	228
保山	Baoshan	128.5	129.5	130.7	206
昭通	Zhaotong	302.1	276.2	307.8	59

地名	City	2010	2011	2012	2012 排名 Ranking
丽江	Lijiang	64.2	64.7	60.6	264
普洱	Puer	129.5	134.9	131.0	204
临沧	Lincang	121.7	128.4	122.7	214
西藏	**Tibet**	**148.3**	**151.6**	**155.2**	
拉萨	Lhasa	28.7			
陕西	**Shaanxi**	**2008.0**	**2021.7**	**2031.0**	
西安	Xi'an	398.8	402.5	403.9	22
铜川	Tongchuan	44.7	44.7	44.3	276
宝鸡	Baoji	197.5	198.5	198.5	132
咸阳	Xianyang	269.2	271.6	273.1	82
渭南	Weinan	284.8	286.3	287.3	70
延安	Yan'an	119.1	120.2	122.4	215
汉中	Hanzhong	200.8	200.2	200.9	128
榆林	Yulin	190.0	193.3	195.5	135
安康	Ankang	163.6	163.9	164.2	167
商洛	Shangluo	129.8	130.7	131.1	203
甘肃	**Gansu**	**1399.8**	**1407.1**	**1400.3**	
兰州	Lanzhou	165.1	164.4	163.0	168
嘉峪关	Jiayuguan	10.1	10.4	10.6	283
金昌	Jinchang	23.8	24.0	23.9	281
白银	Baiyin	93.3	93.5	91.0	240
天水	Tianshui	188.4	189.6	189.4	142
武威	Wuwei	98.7	99.1	96.6	232
张掖	Zhangye	67.4	67.4	67.4	256
平凉	Pingliang	118.5	119.4	119.3	218
酒泉	Jiuquan	51.0	51.5	51.3	272
庆阳	Qingyang	134.7	136.2	136.6	195
定西	Dingxi	156.0	156.8	154.2	176
陇南	Longnan	147.4	147.3	146.8	185
青海	**Qinghai**	**279.8**	**283.2**	**286.8**	
西宁	Xining	99.3	99.9	100.2	231
宁夏	**Ningxia**	**327.0**	**331.2**	**334.7**	
银川	Yinchuan	103.8	102.9	102.7	229
石嘴山	Shizuishan	37.6	37.2	37.6	278
吴忠	Wuzhong	65.5	65.9	67.1	257
固原	Guyuan	62.2	64.8	64.3	260
中卫	Zhongwei	55.3	56.1	56.9	269
新疆	**Xinjiang**	**1104.3**	**1121.7**	**1133.5**	
乌鲁木齐	Urumqi	126.5	129.0	133.6	200
克拉玛依	Karamay	14.2	14.4	14.5	282

1-7 年末女性人口
Female Poplation at Year-end

单位：万人 （10 000 persons）

地名	City	2010	2011	2012	2012 排名 Ranking
全国	**National Total**	**65402.4**	**65941.7**	**6601.7**	
北京	**Beijing**	**627.0**	**637.1**	**647.2**	
天津	**Tianjin**	**492.0**	**497.5**	**496.0**	
河北	**Hebei**	**3579.8**	**3603.2**	**3638.1**	
石家庄	Shijiazhuang	491.1	494.9	498.9	5
唐山	Tangshan	362.2	363.3	365.7	27
秦皇岛	Qinhuangdao	141.4	142.2	143.0	178
邯郸	Handan	470.1	478.5	485.2	8
邢台	Xingtai	357.9	359.7	364.6	29
保定	Baoding	571.4	571.6	577.4	2
张家口	Zhangjiakou	225.0	226.1	227.0	103
承德	Chengde	179.9	180.6	182.0	139
沧州	Cangzhou	356.5	358.2	362.5	32
廊坊	Langfang	206.8	209.8	213.4	109
衡水	Hengshui	217.5	218.2	218.5	107
山西	**Shanxi**	**1693.1**	**1707.9**	**1709.7**	
太原	Taiyuan	205.1	207.3	210.4	114
大同	Datong	163.0	163.7	164.1	157
阳泉	Yangquan	65.9	66.5	67.4	255
长治	Changzhi	162.5	162.7	164.1	157
晋城	Jincheng	112.6	113.5	113.9	215
朔州	Shuozhou	82.0	82.5	83.7	242
晋中	Jinzhong	155.6	156.8	159.4	163
运城	Yuncheng	252.1	253.9	253.8	84
忻州	Xinzhou	148.7	148.8	149.3	172
临汾	Linfen	211.8	212.7	211.5	112
吕梁	Luliang	179.5	181.3	182.1	138
内蒙古	**Inner Mongolia**	**1200.6**	**1207.5**	**1205.9**	
呼和浩特	Hohhot	140.8	113.6	144.7	175
包头	Baotou	128.4	109.3	132.3	193
乌海	Wuhai	25.1	25.5	25.8	280
赤峰	Chifeng	210.7	223.7	209.7	115
通辽	Tongliao	154.4	157.6	154.1	167
鄂尔多斯	Erdos	83.9	75.7	86.5	239
呼伦贝尔	Hulunbuir	123.6	132.6	123.3	206
巴彦淖尔	Bayannur	78.3	92.5	78.4	245
乌兰察布	Ulanqab	104.8	139.7	104.4	227
辽宁	**Liaoning**	**2107.0**	**2111.4**	**2108.3**	
沈阳	Shenyang	361.2	363.2	364.6	29
大连	Dalian	292.2	293.7	294.9	58
鞍山	Anshan	173.7	173.9	173.5	151
抚顺	Fushun	110.1	109.9	109.6	223
本溪	Benxi	77.0	76.9	76.5	249
丹东	Dandong	119.9	119.9	119.7	211
锦州	Jinzhou	153.1	153.3	153.1	168
营口	Yingkou	115.8	116.3	115.9	214
阜新	Fuxin	96.3	96.2	96.0	231
辽阳	Liaoyang	90.3	89.9	89.0	238
盘锦	Panjin	65.1	65.1	64.1	257
铁岭	Tieling	150.0	150.0	148.8	173
朝阳	Chaoyang	164.9	166.1	165.9	155
葫芦岛	Huludao	137.4	137.0	136.7	186
吉林	**Jilin**	**1346.2**	**1348.6**	**1338.1**	
长春	Changchun	376.5	378.2	375.7	24
吉林	Jilin	214.4	214.2	213.4	109
四平	Siping	168.0	168.4	165.8	156
辽源	Liaoyuan	60.7	60.2	60.1	263
通化	Tonghua	111.2	111.2	110.6	220
白山	Baishan	62.6	62.6	62.8	259
松原	Songyuan	142.9	143.9	143.7	177
白城	Baicheng	100.2	100.2	99.3	229
黑龙江	**Heilongjiang**	**1899.2**	**1896.6**	**1886.3**	
哈尔滨	Harbin	491.1	492.6	492.0	6
齐齐哈尔	Qiqihar	280.1	279.3	275.9	71
鸡西	Jixi	93.7	93.6	92.4	235
鹤岗	Hegang	54.4	54.1	54.1	267
双鸭山	Shuangyashan	74.9	74.9	74.5	252
大庆	Daqing	139.4	140.5	140.8	184
伊春	Yichun	63.4	63.1	62.1	261
佳木斯	Jiamusi	124.6	123.8	122.7	208
七台河	Qitaihe	44.9	45.0	44.5	274
牡丹江	Mudanjiang	133.7	132.9	132.7	192
黑河	Heihe	85.2	85.2	85.1	240
绥化	Suihua	288.2	286.3	284.1	67
上海	**Shanghai**	**708.7**	**713.0**	**717.3**	
江苏	**Jiangsu**	**3678.9**	**3702.4**	**3720.9**	

1-7 年末女性人口 续表 1

Female Poplation at Year-end continued 1

单位：万人 （10 000 persons）

地名	City	2010	2011	2012	2012 排名 Ranking	地名	City	2010	2011	2012	2012 排名 Ranking
南京	Nanjing	312.8	315.5	317.1	52	池州	Chizhou	78.4	78.8	79.3	243
无锡	Wuxi	234.2	235.3	236.7	96	宣城	Xuancheng	134.0	134.7	134.9	190
徐州	Xuzhou	470.5	470.9	477.3	9	**福建**	**Fujian**	**1713.0**	**1723.3**	**1736.5**	
常州	Changzhou	180.5	182.0	183.2	136	福州	Fuzhou	312.8	314.9	318.2	50
苏州	Suzhou	323.2	325.9	328.9	45	厦门	Xiamen	90.0	92.8	95.9	232
南通	Nantong	385.6	386.9	387.4	21	莆田	Putian	159.5	160.6	161.7	161
连云港	Lianyungang	238.4	241.9	244.4	90	三明	Sanming	130.6	130.8	131.1	196
淮安	Huaian	262.0	263.4	265.3	77	泉州	Quanzhou	334.2	335.6	336.8	40
盐城	Yancheng	396.0	398.2	398.9	19	漳州	Zhangzhou	230.5	233.1	234.8	98
扬州	Yangzhou	228.9	229.6	288.4	62	南平	Nanping	151.4	151.3	151.6	171
镇江	Zhenjiang	135.5	136.5	136.5	188	龙岩	Longyan	143.7	142.9	144.1	176
泰州	Taizhou	246.9	248.5	247.7	88	宁德	Ningde	160.2	161.2	162.4	160
宿迁	Suqian	264.1	267.9	269.3	73	**江西**	**Jiangxi**	**2234.4**	**2265.2**	**2288.4**	
浙江	**Zhejiang**	**2334.8**	**2354.4**	**2365.7**		南昌	Nanchang	241.4	243.2	245.4	89
杭州	Hangzhou	342.6	346.6	349.6	35	景德镇	Jingdezhen	76.2	76.8	77.4	247
宁波	Ningbo	286.9	288.5	289.4	61	萍乡	Pingxiang	91.7	92.3	92.6	233
温州	Wenzhou	378.1	384.1	384.8	23	九江	Jiujiang	232.8	233.8	234.9	97
嘉兴	Jiaxing	172.5	173.5	174.4	147	新余	Xinyu	54.1	54.6	54.8	265
湖州	Huzhou	130.1	130.9	131.3	195	鹰潭	Yingtan	53.5	53.9	54.1	267
绍兴	Shaoxing	218.4	219.2	219.8	106	赣州	Ganzhou	411.7	414.6	416.1	14
金华	Jinhua	227.6	229.0	229.9	102	吉安	Jian	231.5	233.2	234.1	99
衢州	Quzhou	121.5	122.4	122.8	207	宜春	Yichun	259.7	262.4	263.4	79
舟山	Zhoushan	48.5	48.7	48.9	273	抚州	Fuzhou	187.7	189.0	189.8	126
台州	Taizhou	283.5	285.4	287.7	64	上饶	Shangrao	318.7	321.3	322.6	49
丽水	Lishui	125.2	126.2	127.0	198	**山东**	**Shandong**	**4697.3**	**4721.4**	**4711.9**	
安徽	**Anhui**	**3282.7**	**3314.3**	**3325.4**		济南	Jinan	302.8	304.4	305.9	55
合肥	Hefei	237.0	339.6	341.9	38	青岛	Qingdao	381.7	383.7	385.7	22
芜湖	Wuhu	111.4	186.1	185.3	133	淄博	Zibo	211.2	212.1	212.3	111
蚌埠	Bengbu	174.7	176.3	177.5	144	枣庄	Zaozhuang	187.8	188.5	188.9	128
淮南	Huainan	116.9	117.9	117.0	213	东营	Dongying	91.7	92.5	92.5	234
马鞍山	Maanshan	62.8	110.5	110.5	221	烟台	Yantai	325.0	325.7	325.0	47
淮北	Huaibei	107.1	108.3	106.2	226	潍坊	Weifang	432.4	434.3	434.9	13
铜陵	Tongling	36.2	36.3	36.5	278	济宁	Jining	410.6	412.1	411.2	15
安庆	Anqing	297.4	298.9	299.9	57	泰安	Taian	275.1	276.2	276.0	70
黄山	Huangshan	72.2	72.3	71.9	254	威海	Weihai	126.5	126.8	126.9	199
滁州	Chuzhou	217.7	218.8	218.1	108	日照	Rizhao	141.7	142.2	141.6	183
阜阳	Fuyang	486.0	492.2	499.1	4	莱芜	Laiwu	62.4	62.5	62.3	260
宿州	Suzhou	312.0	315.5	315.8	53	临沂	Linyi	521.3	524.3	525.6	3
六安	Liuan	333.0	335.1	335.1	41	德州	Dezhou	281.7	284.4	284.2	66
亳州	Bozhou	285.8	287.6	292.9	59	聊城	Liaocheng	294.7	297.1	290.8	60

1-7 年末女性人口 续表 2
Female Poplation at Year-end continued 2

单位：万人 （10 000 persons）

地名	City	2010	2011	2012	2012 排名 Ranking
滨州	Binzhou	187.4	188.7	188.7	129
菏泽	Heze	463.3	466.0	459.3	10
河南	**Henan**	**5223.6**	**5281.0**	**5274.6**	
郑州	Zhengzhou	356.8	365.9	446.5	12
开封	Kaifeng	248.5	250.0	230.2	100
洛阳	Luoyang	337.2	340.7	327.4	46
平顶山	Pingdingshan	256.9	258.6	240.0	95
安阳	Anyang	293.7	294.8	263.3	80
鹤壁	Hebi	77.5	77.3	76.7	248
新乡	Xinxiang	293.0	294.7	284.0	68
焦作	Jiaozuo	178.3	180.1	176.9	145
濮阳	Puyang	191.3	190.5	178.3	143
许昌	Xuchang	232.6	231.1	209.1	116
漯河	Luohe	132.6	132.6	125.0	201
三门峡	Sanmenxia	109.3	110.7	110.2	222
南阳	Nanyang	562.2	558.6	490.0	7
商丘	Shangqiu	442.7	439.5	364.7	28
信阳	Xinyang	421.4	420.1	314.4	54
周口	Zhoukou	563.9	556.7	447.7	11
驻马店	Zhumadian	438.4	442.4	345.0	37
湖北	**Hubei**	**2965.3**	**2970.1**	**2971.4**	
武汉	Wuhan	407.0	403.0	400.7	18
黄石	Huangshi	123.9	123.2	124.8	204
十堰	Shiyan	163.3	164.1	163.3	159
宜昌	Yichang	194.4	194.7	194.8	122
襄阳	Xiangfan	288.5	289.0	288.4	62
鄂州	Ezhou	52.1	52.4	51.9	271
荆门	Jingmen	147.2	148.2	148.6	174
孝感	Xiaogan	254.4	253.1	251.7	86
荆州	Jingzhou	321.4	324.1	325.0	47
黄冈	Huanggang	352.9	353.8	353.9	33
咸宁	Xianning	139.0	140.6	142.6	179
随州	Suizhou	124.1	125.0	125.0	201
湖南	**Hunan**	**3400.5**	**3434.4**	**3431.2**	
长沙	Changsha	321.2	351.5	351.5	34
株洲	Zhuzhou	190.8	190.7	190.7	125
湘潭	Xiangtan	140.7	136.4	136.4	189
衡阳	Hengyang	376.7	347.0	347.0	36
邵阳	Shaoyang	378.2	337.9	337.9	39
岳阳	Yueyang	272.0	265.5	265.5	76

地名	City	2010	2011	2012	2012 排名 Ranking
常德	Changde	305.1	285.1	285.1	65
张家界	Zhangjiajie	79.6	73.5	73.5	253
益阳	Yiyang	231.9	210.7	210.7	113
郴州	Chenzhou	240.6	222.3	222.3	105
永州	Yongzhou	288.6	252.2	252.2	85
怀化	Huaihua	244.4	230.0	230.0	101
娄底	Loudi	207.6	182.6	182.6	137
广东	**Guangdong**	**4132.9**	**4191.7**	**4187.4**	
广州	Guangzhou	397.1	402.0	406.5	17
韶关	Shaoguan	158.6	159.4	157.3	165
深圳	Shenzhen	122.0	131.7	141.9	181
珠海	Zhuhai	51.3	51.9	52.1	270
汕头	Shantou	261.6	264.1	265.7	75
佛山	Foshan	186.2	188.2	189.8	126
江门	Jiangmen	194.3	195.1	194.4	123
湛江	Zhanjiang	365.6	372.3	367.2	26
茂名	Maoming	350.2	356.8	248.8	87
肇庆	Zhaoqing	204.2	206.6	206.6	117
惠州	Huizhou	165.9	169.1	168.5	153
梅州	Meizhou	251.1	252.8	254.8	83
汕尾	Shanwei	164.5	166.1	166.9	154
河源	Heyuan	175.9	180.4	174.0	148
阳江	Yangjiang	132.9	133.5	132.0	194
清远	Qingyuan	200.8	202.2	195.8	120
东莞	Dongguan	89.5	91.0	91.7	236
中山	ZhongShan	74.8	75.7	76.5	249
潮州	Chaozhou	128.8	129.8	131.0	197
揭阳	Jieyang	323.2	327.0	329.5	44
云浮	Yunfu	134.5	136.0	136.7	186
广西	**Guangxi**	**2527.4**	**2545.5**	**2546.0**	
南宁	Nanning	337.6	339.6	333.6	42
柳州	Liuzhou	179.6	180.7	173.7	150
桂林	Guilin	249.1	250.6	243.3	91
梧州	Wuzhou	153.0	153.6	155.1	166
北海	Beihai	79.4	79.8	78.5	244
防城港	Fangchenggang	41.6	41.7	40.0	276
钦州	Qinzhou	175.9	177.8	175.2	146
贵港	Guigang	247.2	249.0	240.5	94
玉林	Yulin	314.4	319.3	317.7	51
百色	Baise	183.2	186.1	187.7	130

1-7 年末女性人口 续表 3
Female Poplation at Year-end continued 3

单位：万人 （10 000 persons）

地名	City	2010	2011	2012	2012 排名 Ranking
贺州	Hezhou	111.2	111.2	107.0	224
河池	Hechi	191.9	194.1	195.1	121
来宾	Laibin	119.5	124.6	120.7	209
崇左	Chongzuo	116.0	117.4	112.9	218
海南	**Hainan**	**428.4**	**433.6**	**430.2**	
海口	Haikou	78.0	78.9	78.4	245
三亚	Sanya	27.9	28.5	28.0	279
重庆	**Chongqing**	**1594.4**	**1609.3**	**1617.6**	
四川	**Sichuan**	**4360.9**	**4392.8**	**4412.4**	
成都	Chengdu	573.3	581.2	587.4	1
自贡	Zigong	159.4	160.0	160.9	162
攀枝花	Panzhihua	54.1	54.5	54.6	266
泸州	Luzhou	241.7	242.2	243.1	92
德阳	Deyang	189.5	190.3	191.3	124
绵阳	Mianyang	262.5	263.3	264.4	78
广元	Guangyuan	150.8	151.6	152.0	169
遂宁	Suining	184.6	185.3	181.4	140
内江	Neijiang	205.8	206.0	206.3	118
乐山	Leshan	172.7	173.4	173.8	149
南充	Nanchong	360.2	363.0	363.8	31
眉山	Meishan	170.5	171.5	171.4	152
宜宾	Yibin	257.9	259.8	261.6	81
广安	Guangan	222.2	222.9	223.0	104
达州	Dazhou	325.4	328.9	331.0	43
雅安	Yaan	75.5	76.0	76.4	251
巴中	Bazhong	186.2	186.9	186.9	131
资阳	Ziyang	240.1	241.6	242.5	93
贵州	**Guizhou**	**2008.6**	**2032.7**	**1976.4**	
贵阳	Guiyang	182.3	184.1	183.8	134
六盘水	Liupanshui	151.6	152.5	151.7	170
遵义	Zunyi	368.2	371.6	369.9	25
安顺	Anshun	135.3	136.5	137.2	185
毕节	Bijie	398.2	407.1	408.9	16
铜仁	Tongren	200.5	203.4	202.3	119
云南	**Yunnan**	**2195.9**	**2211.9**	**2216.4**	
昆明	Kunming	312.9	315.2	268.5	74
曲靖	Qujing	298.2	280.7	303.3	56
玉溪	Yuxi	106.6	112.9	106.4	225
保山	Baoshan	122.1	123.0	124.9	203
昭通	Zhaotong	272.1	249.7	275.5	72
丽江	Lijiang	60.2	60.7	58.4	264
普洱	Puer	119.4	121.2	120.7	209
临沧	Lincang	113.2	116.3	113.7	216
西藏	**Tibet**	**145.7**	**150.6**	**154.4**	
拉萨	Lhasa	27.2			
陕西	**Shaanxi**	**1865.9**	**1886.9**	**1895.2**	
西安	Xi'an	383.9	389.3	392.0	20
铜川	Tongchuan	40.8	40.8	41.0	275
宝鸡	Baoji	183.6	184.7	185.4	132
咸阳	Xianyang	250.9	254.1	254.9	82
渭南	Weinan	275.3	278.4	277.7	69
延安	Yan'an	111.2	112.7	113.0	217
汉中	Hanzhong	180.8	182.2	183.4	135
榆林	Yulin	174.5	177.4	179.1	142
安康	Ankang	140.7	141.1	141.9	181
商洛	Shangluo	115.0	117.1	117.7	212
甘肃	**Gansu**	**1312.3**	**1321.8**	**1312.7**	
兰州	Lanzhou	158.4	159.0	158.5	164
嘉峪关	Jiayuguan	8.9	9.1	9.2	283
金昌	Jinchang	21.9	22.1	22.1	281
白银	Baiyin	87.1	87.6	84.7	241
天水	Tianshui	178.3	180.0	179.6	141
武威	Wuwei	92.6	93.0	89.4	237
张掖	Zhangye	63.5	63.5	63.4	258
平凉	Pingliang	111.8	112.8	112.2	219
酒泉	Jiuquan	49.3	50.0	50.0	272
庆阳	Qingyang	124.5	125.8	125.7	200
定西	Dingxi	144.4	145.5	142.1	180
陇南	Longnan	134.4	134.2	133.8	191
青海	**Qinghai**	**270.2**	**274.4**	**278.7**	
西宁	Xining	96.7	97.6	98.2	230
宁夏	**Ningxia**	**315.7**	**320.4**	**324.3**	
银川	Yinchuan	96.7	99.7	102.0	228
石嘴山	Shizuishan	35.1	36.3	36.6	277
吴忠	Wuzhong	62.7	63.6	64.2	256
固原	Guyuan	61.1	59.9	62.1	261
中卫	Zhongwei	52.9	53.2	53.8	269
新疆	**Xinjiang**	**1060.1**	**1080.9**	**1092.5**	
乌鲁木齐	Urumqi	116.5	120.4	124.2	205
克拉玛依	Karamay	13.6	13.8	14.1	282

1-8 年平均人口
Annual Average Population

单位：万人 （10 000 persons）

地名	City	2010	2012	2013	2013 排名 Ranking	地名	City	2010	2012	2013	2013 排名 Ranking
全国	**Nation Total**	**123642.3**	**125821.6**	**126577.1**		沈阳	Shenyang	718.1	723.7	726.0	35
北京	**Beijing**	**1251.8**	**1287.7**	**1306.9**		大连	Dalian	585.6	589.4	590.9	67
天津	**Tianjin**	**982.4**	**994.8**	**998.6**		鞍山	Anshan	351.9	351.0	350.1	151
河北	**Hebei**	**7257.4**	**7355.6**	**7420.6**		抚顺	Fushun	221.8	219.7	218.6	226
石家庄	Shijiazhuang	983.3	1001.3	1004.2	7	本溪	Benxi	155.0	153.8	152.8	253
唐山	Tangshan	734.5	739.4	740.3	34	丹东	Dandong	242.0	240.8	240.1	212
秦皇岛	Qinhuangdao	287.8	290.5	292.0	179	锦州	Jinzhou	309.3	308.1	306.9	171
邯郸	Handan	953.2	986.5	993.5	10	营口	Yingkou	235.3	235.3	233.8	215
邢台	Xingtai	725.3	717.2	755.3	30	阜新	Fuxin	192.3	191.8	191.3	232
保定	Baoding	1158.2	1166.4	1168.0	3	辽阳	Liaoyang	183.4	181.4	180.2	238
张家口	Zhangjiakou	464.1	467.9	467.6	106	盘锦	Panjin	130.6	130.0	128.9	259
承德	Chengde	372.4	375.6	377.5	139	铁岭	Tieling	305.6	303.6	302.0	172
沧州	Cangzhou	724.2	739.6	749.3	33	朝阳	Chaoyang	340.9	340.8	340.1	157
廊坊	Langfang	416.2	429.1	427.8	115	葫芦岛	Huludao	282.0	280.7	280.0	187
衡水	Hengshui	438.2	442.0	445.0	109	**吉林**	**Jilin**	**2503.2**	**2498.1**	**2475.9**	
山西	**Shanxi**	**3458.5**	**3503.5**	**3530.1**		长春	Changchun	757.7	759.3	754.8	31
太原	Taiyuan	365.3	365.4	366.7	146	吉林	Jilin	434.1	432.0	430.0	113
大同	Datong	316.6	319.1	336.6	159	四平	Siping	339.8	338.7	332.4	160
阳泉	Yangquan	130.5	131.8	132.4	257	辽源	Liaoyuan	123.8	122.3	122.0	264
长治	Changzhi	330.6	335.2	337.9	158	通化	Tonghua	226.5	225.3	223.4	224
晋城	Jincheng	216.4	217.9	218.8	225	白山	Baishan	129.2	128.2	127.5	260
朔州	Shuozhou	158.2	173.0	173.9	240	松原	Songyuan	289.2	291.0	286.4	183
晋中	Jinzhong	320.5	324.1	327.7	163	白城	Baicheng	202.9	201.3	199.6	228
运城	Yuncheng	503.7	518.1	520.9	90	**黑龙江**	**Heilongjiang**	**3790.3**	**3751.1**	**3733.9**	
忻州	Xinzhou	307.2	310.1	310.7	170	哈尔滨	Harbin	991.8	993.4	994.4	9
临汾	Linfen	437.2	432.7	426.2	118	齐齐哈尔	Qiqihar	569.8	563.2	558.0	76
吕梁	Luliang	372.4	376.2	378.2	137	鸡西	Jixi	189.2	185.9	186.6	235
内蒙古	**Inner Mongolia**	**2136.4**	**2145.9**	**2139.5**		鹤岗	Hegang	109.3	108.7	107.8	270
呼和浩特	Hohhot	228.5	229.1	232.1	217	双鸭山	Shuangyashan	151.2	150.8	150.1	254
包头	Baotou	219.7	222.6	224.2	223	大庆	Daqing	278.0	279.7	273.5	191
乌海	Wuhai	50.5	54.5	55.1	281	伊春	Yichun	127.2	125.4	123.5	263
赤峰	Chifeng	433.5	431.6	431.0	112	佳木斯	Jiamusi	253.0	240.5	245.1	210
通辽	Tongliao	318.8	319.9	320.5	167	七台河	Qitaihe	92.8	92.5	92.2	275
鄂尔多斯	Erdos	150.9	155.1	153.2	251	牡丹江	Mudanjiang	271.0	260.1	259.8	200
呼伦贝尔	Hulunbuir	271.5	268.4	253.3	207	黑河	Heihe	173.9	171.5	171.5	241
巴彦淖尔	Bayannur	174.7	176.8	185.0	237	绥化	Suihua	583.0	579.5	571.4	72
乌兰察布	Ulanqab	288.3	287.9	285.1	184	**上海**	**Shanghai**	**1406.5**	**1423.2**	**1429.6**	
辽宁	**Liaoning**	**4253.8**	**4249.9**	**4241.4**		**江苏**	**Jiangsu**	**7442.9**	**7533.9**	**7582.2**	

1-8 年平均人口 续表 1
Annual Average Population continued 1

单位：万人 （10 000 persons）

地名	City	2010	2012	2013	2013 排名 Ranking	地名	City	2010	2012	2013	2013 排名 Ranking
南京	Nanjing	631.1	637.4	640.8	55	池州	Chizhou	160.2	161.7	161.9	248
无锡	Wuxi	466.1	469.0	471.2	104	宣城	Xuancheng	278.1	279.5	279.9	188
徐州	Xuzhou	965.3	983.6	998.7	8	**福建**	**Fujian**	**3514.8**	**3565.5**	**3600.9**	
常州	Changzhou	360.3	363.8	365.3	147	福州	Fuzhou	641.9	652.3	655.4	50
苏州	Suzhou	635.5	645.1	650.8	52	厦门	Xiamen	178.6	188.1	193.9	230
南通	Nantong	762.8	765.0	765.9	28	莆田	Putian	321.6	327.9	331.8	161
连云港	Lianyungang	494.2	508.1	515.6	92	三明	Sanming	271.9	273.8	276.4	189
淮安	Huaian	536.5	545.0	549.9	77	泉州	Quanzhou	683.1	691.3	698.3	41
盐城	Yancheng	814.3	821.6	823.1	19	漳州	Zhangzhou	473.5	480.9	485.4	101
扬州	Yangzhou	459.0	459.2	459.1	107	南平	Nanping	312.0	313.6	315.0	168
镇江	Zhenjiang	270.3	271.6	271.6	192	龙岩	Longyan	294.5	296.4	300.1	174
泰州	Taizhou	504.3	506.7	507.1	97	宁德	Ningde	337.7	341.2	344.7	155
宿迁	Suqian	543.4	557.7	566.2	73	**江西**	**Jiangxi**	**4665.5**	**4670.1**	**4693.6**	
浙江	**Zhejiang**	**4732.1**	**4790.3**	**4813.1**		南昌	Nanchang	499.8	511.0	509.0	94
杭州	Hangzhou	686.3	698.1	703.6	40	景德镇	Jingdezhen	161.7	165.6	166.5	245
宁波	Ningbo	572.6	577.1	578.9	69	萍乡	Pingxiang	187.5	191.4	193.0	231
温州	Wenzhou	783.0	799.3	803.7	21	九江	Jiujiang	494.5	505.5	508.4	95
嘉兴	Jiaxing	340.6	343.8	345.2	154	新余	Xinyu	117.2	119.9	121.0	265
湖州	Huzhou	259.6	261.2	261.9	197	鹰潭	Yingtan	120.9	123.0	124.3	262
绍兴	Shaoxing	438.3	440.4	441.3	110	赣州	Ganzhou	902.1	922.5	927.6	13
金华	Jinhua	465.2	469.9	472.0	103	吉安	Jian	492.1	503.5	507.3	96
衢州	Quzhou	250.6	252.7	253.5	206	宜春	Yichun	553.9	570.0	575.6	71
舟山	Zhoushan	96.8	97.1	97.2	273	抚州	Fuzhou	401.6	394.3	395.6	126
台州	Taizhou	580.8	588.9	592.5	66	上饶	Shangrao	734.3	663.3	665.4	47
丽水	Lishui	258.5	262.0	263.3	196	**山东**	**Shandong**	**9320.3**	**9585.4**	**9595.9**	
安徽	**Anhui**	**6810.5**	**6889.2**	**6920.4**		济南	Jinan	603.7	607.9	611.2	61
合肥	Hefei	493.2	708.3	711.0	39	青岛	Qingdao	763.3	768.0	771.6	27
芜湖	Wuhu	229.8	384.4	384.0	134	淄博	Zibo	421.9	423.8	424.5	119
蚌埠	Bengbu	361.4	366.6	367.2	145	枣庄	Zaozhuang	388.9	394.5	395.4	127
淮南	Huainan	243.3	244.7	243.5	211	东营	Dongying	184.7	185.7	186.2	236
马鞍山	Maanshan	128.9	228.5	228.4	220	烟台	Yantai	651.6	651.0	650.7	53
淮北	Huaibei	218.5	220.1	216.4	227	潍坊	Weifang	870.8	878.2	880.9	15
铜陵	Tongling	74.0	74.2	74.2	278	济宁	Jining	837.2	847.0	847.4	17
安庆	Anqing	615.8	619.5	621.1	59	泰安	Taian	556.4	559.2	558.8	75
黄山	Huangshan	148.3	147.7	147.3	255	威海	Weihai	253.3	253.7	253.7	205
滁州	Chuzhou	450.5	452.5	450.8	108	日照	Rizhao	286.8	288.6	289.1	181
阜阳	Fuyang	1006.2	1032.8	1046.5	6	莱芜	Laiwu	128.9	126.6	126.4	261
宿州	Suzhou	638.6	650.5	646.8	54	临沂	Linyi	1004.8	1082.4	1087.1	5
六安	Liuan	705.4	709.9	713.5	38	德州	Dezhou	569.7	576.8	578.2	70
亳州	Bozhou	598.8	608.4	627.9	57	聊城	Liaocheng	594.2	599.3	596.0	64

1-8 年平均人口 续表 2
Annual Average Population continued 2

单位：万人 （10 000 persons）

地名	City	2010	2012	2013	2013 排名 Ranking	地名	City	2010	2012	2013	2013 排名 Ranking
滨州	Binzhou	377.4	380.8	381.3	135	常德	Changde	623.9	627.4	611.0	62
菏泽	Heze	826.8	962.0	957.4	11	张家界	Zhangjiajie	164.1	169.3	170.5	242
河南	**Henan**	**10667.6**	**10728.3**	**10703.7**		益阳	Yiyang	473.5	480.3	480.9	102
郑州	Zhengzhou	738.0	762.8	775.1	25	郴州	Chenzhou	481.2	461.9	510.9	93
开封	Kaifeng	530.9	543.9	548.8	78	永州	Yongzhou	588.7	617.6	626.4	58
洛阳	Luoyang	699.2	710.4	690.4	43	怀化	Huaihua	508.2	515.0	518.8	91
平顶山	Pingdingshan	536.0	547.2	536.1	83	娄底	Loudi	426.8	436.8	438.9	111
安阳	Anyang	581.4	591.9	597.5	63	**广东**	**Guangdong**	**8374.0**	**8415.2**	**8604.6**	
鹤壁	Hebi	160.9	163.6	164.5	246	广州	Guangzhou	800.4	818.4	827.3	18
新乡	Xinxiang	600.6	614.8	620.5	60	韶关	Shaoguan	328.1	328.1	327.3	164
焦作	Jiaozuo	366.4	368.6	367.6	144	深圳	Shenzhen	252.9	277.8	299.1	176
濮阳	Puyang	407.0	419.0	419.3	120	珠海	Zhuhai	103.7	106.3	107.6	271
许昌	Xuchang	487.6	494.1	496.6	100	汕头	Shantou	517.4	531.2	536.4	82
漯河	Luohe	277.3	275.0	274.6	190	佛山	Foshan	369.3	376.2	379.6	136
三门峡	Sanmenxia	229.9	225.9	226.5	221	江门	Jiangmen	391.9	392.8	392.4	129
南阳	Nanyang	1177.1	1203.6	1168.3	2	湛江	Zhanjiang	699.7	708.9	713.8	37
商丘	Shangqiu	914.4	930.5	938.4	12	茂名	Maoming	741.2	755.1	753.3	32
信阳	Xinyang	865.6	747.5	857.5	16	肇庆	Zhaoqing	418.1	427.3	428.7	114
周口	Zhoukou	1215.6	1234.0	1128.3	4	惠州	Huizhou	330.8	342.5	342.6	156
驻马店	Zhumadian	879.6	895.6	893.8	14	梅州	Meizhou	511.1	519.5	523.2	88
湖北	**Hubei**	**5319.8**	**5262.4**	**5264.6**		汕尾	Shanwei	342.8	347.2	349.9	152
武汉	Wuhan	836.1	824.5	821.9	20	河源	Heyuan	353.7	360.9	358.0	148
黄石	Huangshi	259.4	260.8	261.9	197	阳江	Yangjiang	279.2	283.6	283.8	186
十堰	Shiyan	353.2	347.2	346.3	153	清远	Qingyuan	410.8	411.1	407.7	123
宜昌	Yichang	400.0	398.9	399.5	124	东莞	Dongguan	180.3	185.9	188.0	234
襄阳	Xiangfan	590.0	593.8	594.6	65	中山	ZhongShan	148.5	151.4	153.1	252
鄂州	Ezhou	104.2	105.3	105.5	272	潮州	Chaozhou	259.4	263.8	266.0	193
荆门	Jingmen	300.7	302.1	301.6	173	揭阳	Jieyang	655.5	540.9	678.3	46
孝感	Xiaogan	529.9	527.9	527.2	87	云浮	Yunfu	279.3	286.6	288.7	182
荆州	Jingzhou	660.1	663.0	662.1	48	**广西**	**Guangxi**	**5232.3**	**5352.1**	**5312.0**	
黄冈	Huanggang	738.6	685.7	687.7	45	南宁	Nanning	702.6	712.5	719.0	36
咸宁	Xianning	290.8	296.6	299.2	175	柳州	Liuzhou	370.1	373.5	372.3	143
随州	Suizhou	256.9	256.7	257.2	201	桂林	Guilin	515.3	521.9	521.9	89
湖南	**Hunan**	**6706.8**	**6820.9**	**6861.6**		梧州	Wuzhou	321.2	328.6	294.2	178
长沙	Changsha	652.0	658.6	661.7	49	北海	Beihai	163.5	168.0	169.4	244
株洲	Zhuzhou	387.2	393.6	397.7	125	防城港	Fangchenggang	89.1	91.5	92.3	274
湘潭	Xiangtan	295.2	291.6	290.9	180	钦州	Qinzhou	379.4	391.4	393.2	128
衡阳	Hengyang	765.7	798.4	785.8	24	贵港	Guigang	516.8	528.8	534.0	84
邵阳	Shaoyang	779.1	799.4	803.6	22	玉林	Yulin	664.0	688.4	696.4	42
岳阳	Yueyang	561.3	571.1	564.4	74	百色	Baise	402.1	408.3	410.0	121

1-8 年平均人口 续表 3
Annual Average Population continued 3

单位：万人 (10 000 persons)

地名	City	2010	2012	2013	2013 排名 Ranking	地名	City	2010	2012	2013	2013 排名 Ranking
贺州	Hezhou	203.5	225.5	199.4	229	丽江	Lijiang	120.5	120.1	119.5	267
河池	Hechi	404.4	406.7	409.4	122	普洱	Puer	253.9	251.1	255.1	203
来宾	Laibin	257.5	261.0	254.7	204	临沧	Lincang	241.4	236.1	236.4	214
崇左	Chongzuo	242.7	246.0	245.9	209	**西藏**	**Tibet**		**57.9**	**59.0**	
海南	**Hainan**	**215.7**	**219.7**	**220.0**		拉萨	Lhasa		57.9	59.0	279
海口	Haikou	159.3	162.0	162.4	247	**陕西**	**Shaanxi**	**3833.4**	**3865.9**	**3846.6**	
三亚	Sanya	56.4	57.7	57.5	280	西安	Xi'an	782.2	793.9	801.5	23
重庆	**Chongqing**	**3289.5**	**3336.6**	**3350.9**		铜川	Tongchuan	83.4	85.4	85.4	276
四川	**Sichuan**	**8317.8**	**8384.6**	**8407.7**		宝鸡	Baoji	379.9	383.6	384.8	133
成都	Chengdu	1144.4	1168.3	1180.7	1	咸阳	Xianyang	518.2	526.8	530.6	86
自贡	Zigong	327.2	327.8	329.1	162	渭南	Weinan	558.5	532.3	532.6	85
攀枝花	Panzhihua	111.5	111.8	111.9	268	延安	Yan'an	228.9	234.2	236.6	213
泸州	Luzhou	499.1	504.1	506.8	98	汉中	Hanzhong	381.5	383.3	385.2	132
德阳	Deyang	388.8	391.0	391.8	130	榆林	Yulin	361.8	372.6	376.7	142
绵阳	Mianyang	543.3	544.4	546.4	80	安康	Ankang	304.0	305.6	263.6	195
广元	Guangyuan	311.8	311.5	311.0	169	商洛	Shangluo	234.9	248.3	249.7	208
遂宁	Suining	384.2	379.4	377.7	138	**甘肃**	**Gansu**	**2425.2**	**2418.7**	**2454.0**	
内江	Neijiang	425.6	426.3	426.7	117	兰州	Lanzhou	323.6	322.4	321.5	166
乐山	Leshan	353.3	354.8	355.6	149	嘉峪关	Jiayuguan	20.3	23.4	23.5	284
南充	Nanchong	752.6	757.9	759.3	29	金昌	Jinchang	47.0	46.7	46.8	282
眉山	Meishan	348.6	350.6	351.5	150	白银	Baiyin	180.0	177.6	176.4	239
宜宾	Yibin	537.0	544.7	548.5	79	天水	Tianshui	363.2	374.5	376.9	140
广安	Guangan	468.1	468.5	469.5	105	武威	Wuwei	191.0	191.0	189.9	233
达州	Dazhou	671.5	693.2	687.9	44	张掖	Zhangye	130.6	130.9	131.1	258
雅安	Yaan	155.0	156.1	156.7	249	平凉	Pingliang	230.4	233.5	231.7	218
巴中	Bazhong	394.6	389.3	390.1	131	酒泉	Jiuquan	97.2	99.0	110.6	269
资阳	Ziyang	501.2	504.9	506.6	99	庆阳	Qingyang	260.1	262.1	263.8	194
贵州	**Guizhou**	**1729.0**	**2739.7**	**2785.9**		定西	Dingxi	299.9	273.7	298.2	177
贵阳	Guiyang	370.1	375.3	376.8	141	陇南	Longnan	282.0	284.1	283.9	185
六盘水	Liupanshui	314.7	285.5	324.0	165	**青海**	**Qinghai**	**220.7**	**197.9**	**394.9**	
遵义	Zunyi	767.5	771.7	774.9	26	西宁	Xining	220.7	197.9	225.8	222
安顺	Anshun	276.6	228.2	229.2	219	**宁夏**	**Ningxia**	**638.4**	**653.6**	**663.8**	
毕节	Bijie		652.2	653.1	51	银川	Yinchuan	157.2	164.7	169.9	243
铜仁	Tongren		426.8	427.8	115	石嘴山	Shizuishan	74.7	73.8	76.3	277
云南	**Yunnan**	**2865.4**	**2832.6**	**2864.0**		吴忠	Wuzhong	137.8	140.7	142.7	256
昆明	Kunming	579.6	543.8	545.1	81	固原	Guyuan	151.3	154.8	154.2	250
曲靖	Qujing	621.3	613.6	633.2	56	中卫	Zhongwei	117.4	119.6	120.7	266
玉溪	Yuxi	229.7	231.8	233.5	216	**新疆**	**Xinjiang**	**280.5**	**291.3**	**298.1**	
保山	Baoshan	251.5	254.9	256.2	202	乌鲁木齐	Urumqi	242.1	253.6	260.4	199
昭通	Zhaotong	567.6	581.3	584.9	68	克拉玛依	Karamay	38.4	37.7	37.8	283

1-9 人口自然增长率
Natural Growth Rate

单位：‰ (‰)

地名	City	2010	2012	2013	2013 排名 Ranking	地名	City	2010	2012	2013	2013 排名 Ranking
全国	**Nation Total**	**4.79**	**4.95**	**4.92**		沈阳	Shenyang	-0.59		0.10	262
北京	**Beijing**	**3.07**	**4.74**	**4.41**		大连	Dalian	-1.14	1.20	0.20	261
天津	**Tianjin**	**2.60**	**2.63**	**2.28**		鞍山	Anshan	-1.65	-1.40	-0.60	264
河北	**Hebei**	**6.81**	**6.47**	**6.17**		抚顺	Fushun	-5.69	-1.80	-2.80	276
石家庄	Shijiazhuang	10.69	9.80	10.90	59	本溪	Benxi	-4.45	-5.90	-2.60	275
唐山	Tangshan	0.57	6.70	7.20	116	丹东	Dandong	-5.12	-0.80	-2.50	274
秦皇岛	Qinhuangdao	2.07	5.80	5.10	167	锦州	Jinzhou	-5.53	-0.60	-3.60	278
邯郸	Handan	20.48	15.30	20.10	5	营口	Yingkou	-1.62	-0.40	-2.20	273
邢台	Xingtai	16.94	15.40	21.40	3	阜新	Fuxin	-2.99	-1.00	-1.00	269
保定	Baoding	3.21	10.10	11.80	50	辽阳	Liaoyang	-0.64	-8.90		
张家口	Zhangjiakou	7.68	4.30	2.60	228	盘锦	Panjin	4.38	-1.60	2.30	230
承德	Chengde	3.97	8.20	4.20	198	铁岭	Tieling	-1.72	-5.60	0.70	255
沧州	Cangzhou	15.17	13.80	14.50	30	朝阳	Chaoyang	-1.46	2.30	0.60	259
廊坊	Langfang	8.90	14.10	8.50	91	葫芦岛	Huludao	-3.91	-2.50	1.80	240
衡水	Hengshui	6.97	5.00	13.60	35	**吉林**	**Jilin**	**2.03**	**0.36**	**0.32**	
山西	**Shanxi**	**5.30**	**4.87**	**5.24**		长春	Changchun	3.81	-2.20	5.00	171
太原	Taiyuan	5.77	5.70	6.00	143	吉林	Jilin	2.11	-3.50	-0.90	266
大同	Datong	9.16	4.10	5.00	171	四平	Siping	2.59	0.30	3.70	206
阳泉	Yangquan	4.04	3.80	5.30	160	辽源	Liaoyuan	2.41	-3.30	1.60	243
长治	Changzhi	3.48	4.80	8.00	102	通化	Tonghua	-0.23	-2.70	0.90	254
晋城	Jincheng	-1.81	2.30	3.60	208	白山	Baishan	0.79	-4.70	2.40	229
朔州	Shuozhou	8.33	9.20	5.70	150	松原	Songyuan	4.33	3.80	5.30	160
晋中	Jinzhong	2.36	5.20	5.40	159	白城	Baicheng	-1.37	-5.50	3.00	220
运城	Yuncheng	1.67	3.50	5.60	155	**黑龙江**	**Heilongjiang**	**2.32**	**1.27**	**0.78**	
忻州	Xinzhou	2.60	4.50	5.10	167	哈尔滨	Harbin	3.21	-0.50	2.90	222
临汾	Linfen	2.89	5.40	10.50	63	齐齐哈尔	Qiqihar	-4.33	-5.40	2.30	230
吕梁	Luliang	5.87	4.80	5.30	160	鸡西	Jixi	1.03	-4.30		
内蒙古	**Inner Mongolia**	**3.76**	**3.65**	**3.36**		鹤岗	Hegang	-1.07	-2.80	-0.90	266
呼和浩特	Hohhot	4.00	-2.20	8.50	91	双鸭山	Shuangyashan	0.38	-3.30	-1.30	272
包头	Baotou	-0.38	5.40	4.40	187	大庆	Daqing	-3.73	1.80	3.50	210
乌海	Wuhai	5.54	3.60	7.20	116	伊春	Yichun	-2.53	-2.40	-4.10	279
赤峰	Chifeng	-2.02	3.70	5.60	155	佳木斯	Jiamusi	2.56	-2.90	-1.20	270
通辽	Tongliao	1.66	3.80	3.40	212	七台河	Qitaihe	4.04		2.20	234
鄂尔多斯	Erdos	12.73	2.00	9.70	74	牡丹江	Mudanjiang	0.08		1.20	250
呼伦贝尔	Hulunbuir	-0.25	-3.40	1.60	243	黑河	Heihe	2.40	-0.60	-2.90	277
巴彦淖尔	Bayannur	5.13	2.10	6.60	130	绥化	Suihua	6.83	0.70	-7.00	281
乌兰察布	Ulanqab	4.40		-4.60	280	**上海**	**Shanghai**	**1.98**	**4.20**	**2.94**	
辽宁	**Liaoning**	**0.42**	**-0.39**	**-0.03**		**江苏**	**Jiangsu**	**2.85**	**2.45**	**2.43**	

1-9 人口自然增长率 续表 1
Natural Growth Rate continued 1

单位：‰ (‰)

地名	City	2010	2012	2013	2013 排名 Ranking	地名	City	2010	2012	2013	2013 排名 Ranking
南京	Nanjing	0.89	3.40	4.20	198	池州	Chizhou	1.76	2.50	1.20	250
无锡	Wuxi	0.70	2.10	1.90	239	宣城	Xuancheng	1.51	1.10	2.90	222
徐州	Xuzhou	0.93	14.90	17.80	14	**福建**	**Fujian**	**6.11**	**7.01**	**6.19**	
常州	Changzhou	-0.71	1.40	1.40	247	福州	Fuzhou	14.50	8.20	13.90	33
苏州	Suzhou	2.44	3.60	3.50	210	厦门	Xiamen	4.23	11.00	11.20	56
南通	Nantong	-0.89	-1.40	-0.90	266	莆田	Putian	11.00	8.50	13.80	34
连云港	Lianyungang	4.99	11.70	17.30	17	三明	Sanming	4.82	5.80	17.60	15
淮安	Huaian	6.70	9.30	11.90	48	泉州	Quanzhou	10.01	7.40	15.40	26
盐城	Yancheng	4.23	3.20	3.00	220	漳州	Zhangzhou	8.13	8.10	14.30	31
扬州	Yangzhou	-1.63	-1.50	1.70	242	南平	Nanping	12.53	4.80	9.50	80
镇江	Zhenjiang	0.07	-2.20	1.10	253	龙岩	Longyan	6.26	9.70	16.90	19
泰州	Taizhou	-1.92	-2.60	1.40	247	宁德	Ningde	3.67	8.50	15.80	24
宿迁	Suqian	8.58	20.30	19.60	7	**江西**	**Jiangxi**	**7.66**	**7.32**	**6.91**	
浙江	**Zhejiang**	**4.73**	**4.60**	**4.56**		南昌	Nanchang	14.19	7.30	8.80	89
杭州	Hangzhou	3.40	3.90	4.70	178	景德镇	Jingdezhen	18.73	6.60	6.60	130
宁波	Ningbo	2.34	2.10	2.20	234	萍乡	Pingxiang	5.97	6.80	6.70	128
温州	Wenzhou	10.10	4.90	9.30	83	九江	Jiujiang	10.09	13.20	13.20	37
嘉兴	Jiaxing	0.66	1.50	1.20	250	新余	Xinyu	12.00	10.00	9.90	73
湖州	Huzhou	0.09	-0.40	2.30	230	鹰潭	Yingtan	12.63	15.30	5.60	155
绍兴	Shaoxing	0.28	0.70	0.70	255	赣州	Ganzhou	11.11	9.20	6.20	136
金华	Jinhua	3.62	1.70	4.90	174	吉安	Jian	7.47	6.90	9.60	78
衢州	Quzhou	3.54	1.20	5.10	167	宜春	Yichun	5.15	9.80	6.10	140
舟山	Zhoushan	-1.21				抚州	Fuzhou	8.35	7.90	10.70	61
台州	Taizhou	6.20	6.60	4.90	174	上饶	Shangrao	13.32	12.50	7.40	114
丽水	Lishui	7.55	5.00	5.70	150	**山东**	**Shandong**	**5.39**	**4.95**	**5.01**	
安徽	**Anhui**	**6.75**	**6.86**	**6.82**		济南	Jinan	2.78	3.60	4.40	187
合肥	Hefei	6.72	4.60	4.20	198	青岛	Qingdao	0.69	1.60	2.80	224
芜湖	Wuhu	0.96	-1.60	4.90	174	淄博	Zibo	1.05	0.70	3.30	216
蚌埠	Bengbu	6.70	9.50	10.10	70	枣庄	Zaozhuang	7.36	3.50	4.30	191
淮南	Huainan	7.83	4.10	9.00	87	东营	Dongying	1.81	1.60	5.30	160
马鞍山	Maanshan	3.11		2.20	234	烟台	Yantai	-2.43	-1.70	0.60	259
淮北	Huaibei	9.78	10.10	11.70	52	潍坊	Weifang	2.83	3.60	4.40	187
铜陵	Tongling	1.99	2.70	2.70	226	济宁	Jining	8.48	6.10	9.70	74
安庆	Anqing	-0.71	4.50	4.30	191	泰安	Taian	2.35	3.00	5.00	171
黄山	Huangshan	-1.44	1.40	2.00	238	威海	Weihai	-1.30	-1.60	-1.20	270
滁州	Chuzhou	2.53	4.90	6.00	143	日照	Rizhao	3.46	2.10	8.30	98
阜阳	Fuyang	10.78	11.30	11.10	57	莱芜	Laiwu	0.62	0.80	1.60	243
宿州	Suzhou	7.98	6.30	6.20	136	临沂	Linyi	6.71	3.00	6.30	134
六安	Liuan	-0.69	4.60	9.60	78	德州	Dezhou	2.12	4.00	8.50	91
亳州	Bozhou	3.46	5.20	8.20	99	聊城	Liaocheng	6.65	5.70	6.90	122

1-9 人口自然增长率　续表 2
Natural Growth Rate continued 2

单位：‰　　　　(‰)

地名	City	2010	2012	2013	2013 排名 Ranking	地名	City	2010	2012	2013	2013 排名 Ranking
滨州	Binzhou	-0.21	0.50	6.00	143	常德	Changde	-1.67	4.00	5.90	148
菏泽	Heze	0.23	5.10	10.10	70	张家界	Zhangjiajie	5.19	5.90	5.90	148
河南	**Henan**	**4.95**	**5.16**	**5.51**		益阳	Yiyang	-0.74	6.40	6.00	143
郑州	Zhengzhou	5.46	1.50	10.90	59	郴州	Chenzhou	6.00	5.50	4.90	174
开封	Kaifeng	10.51	11.90	15.00	29	永州	Yongzhou	5.70	8.70	4.30	191
洛阳	Luoyang	6.86	1.00	12.90	40	怀化	Huaihua	7.07	7.60	7.80	106
平顶山	Pingdingshan	8.56	8.80	16.00	21	娄底	Loudi	3.21	7.10	6.20	136
安阳	Anyang	8.07	1.20	15.90	22	**广东**	**Guangdong**	**6.97**	**6.95**	**6.02**	
鹤壁	Hebi	11.65	8.60	15.10	28	广州	Guangzhou	6.72	6.20	8.50	91
新乡	Xinxiang	5.80	5.20	8.50	91	韶关	Shaoguan	8.44	-3.40	7.60	108
焦作	Jiaozuo	4.48	1.40	8.20	99	深圳	Shenzhen	12.01	19.80	18.40	10
濮阳	Puyang	6.00	7.80	14.10	32	珠海	Zhuhai	7.45	10.30	9.20	84
许昌	Xuchang	5.29	4.00	9.00	87	汕头	Shantou	4.66	5.80	6.10	140
漯河	Luohe	3.00	0.40	0.70	255	佛山	Foshan	4.53	5.80	6.60	130
三门峡	Sanmenxia	1.62	4.40	4.00	202	江门	Jiangmen	2.49	0.30	3.80	205
南阳	Nanyang	16.18	8.60	7.20	116	湛江	Zhanjiang	19.30	9.90	8.00	102
商丘	Shangqiu	4.59	5.10	5.20	165	茂名	Maoming	11.94	0.80	12.40	44
信阳	Xinyang	7.62	-4.00	12.90	40	肇庆	Zhaoqing	18.11	8.00	9.10	85
周口	Zhoukou	7.27	6.30	11.60	53	惠州	Huizhou	6.94	7.60	7.60	108
驻马店	Zhumadian	9.29	7.20	9.70	74	梅州	Meizhou	7.40	7.70	7.60	108
湖北	**Hubei**	**4.34**	**4.88**	**4.93**		汕尾	Shanwei	14.74	7.80	18.40	10
武汉	Wuhan	1.59	5.10	6.30	134	河源	Heyuan	23.06	-2.50	13.00	38
黄石	Huangshi	0.91	9.20	11.80	50	阳江	Yangjiang	9.86	1.40	12.60	42
十堰	Shiyan	8.11	0.30	7.50	112	清远	Qingyuan	12.82	5.70	10.70	61
宜昌	Yichang	-4.72	0.80	2.20	234	东莞	Dongguan	6.13	8.00	6.90	122
襄阳	Xiangfan	7.26	0.80	0.70	255	中山	ZhongShan	5.33	5.30	7.10	119
鄂州	Ezhou	5.61	5.50	4.60	181	潮州	Chaozhou	13.38	7.90	10.50	63
荆门	Jingmen	-7.66	3.30	4.30	191	揭阳	Jieyang	17.40	9.60	13.60	35
孝感	Xiaogan	3.93	3.20	5.10	167	云浮	Yunfu	16.16	5.60	12.10	45
荆州	Jingzhou	-4.54	0.50	3.20	219	**广西**	**Guangxi**	**8.65**	**7.89**	**7.93**	
黄冈	Huanggang	5.60	6.00	10.00	72	南宁	Nanning	14.70	6.40	18.80	9
咸宁	Xianning	0.54	9.70	10.30	67	柳州	Liuzhou	13.09	-3.50	7.50	112
随州	Suizhou	-3.97	1.90	8.50	91	桂林	Guilin	10.38	5.60	10.30	67
湖南	**Hunan**	**6.40**	**6.57**	**6.54**		梧州	Wuzhou	28.40	9.40	24.70	2
长沙	Changsha	5.41	6.10	4.70	178	北海	Beihai	31.73		15.90	22
株洲	Zhuzhou	-0.16	6.60	6.80	125	防城港	Fangchenggang	27.99	16.40	18.30	12
湘潭	Xiangtan	3.11	5.80	-0.70	265	钦州	Qinzhou	40.78	6.90	19.20	8
衡阳	Hengyang	4.51	7.60	7.80	106	贵港	Guigang	26.14	8.70	25.60	1
邵阳	Shaoyang	14.76	6.40	7.90	104	玉林	Yulin	28.58	14.70	21.00	4
岳阳	Yueyang	6.68	6.60	7.30	115	百色	Baise	12.63	1.50	12.10	45

1-9 人口自然增长率 续表 3
Natural Growth Rate continued 3

单位：‰ (‰)

地名	City	2010	2012	2013	2013 排名 Ranking	地名	City	2010	2012	2013	2013 排名 Ranking
贺州	Hezhou	39.18	8.80	16.70	20	丽江	Lijiang	-0.61	-0.80	6.70	128
河池	Hechi	4.24	1.70	8.50	91	普洱	Puer	-2.09	6.00	9.70	74
来宾	Laibin	20.44	0.40	20.00	6	临沧	Lincang	18.71	6.30	6.80	125
崇左	Chongzuo	4.38	4.50	13.00	38	**西藏**	**Tibet**	**10.25**	**10.27**	**10.38**	
海南	**Hainan**	**8.98**	**8.85**	**8.69**		拉萨	Lhasa		7.90	11.60	53
海口	Haikou	13.74	11.10	10.40	65	**陕西**	**Shaanxi**	**3.72**	**3.88**	**3.86**	
三亚	Sanya	9.99	8.70	10.40	65	西安	Xi'an	0.68	7.40	11.30	55
重庆	**Chongqing**	**2.77**	**4.00**	**3.60**		铜川	Tongchuan	2.19	1.20	4.70	178
四川	**Sichuan**	**2.31**	**2.97**	**3.00**		宝鸡	Baoji	1.13	5.20	5.70	150
成都	Chengdu	-0.16	0.10	2.70	226	咸阳	Xianyang	3.32	5.90	9.40	82
自贡	Zigong	-5.30	6.10	6.10	140	渭南	Weinan	4.34	1.40	1.60	243
攀枝花	Panzhihua	-0.91	3.60	3.60	208	延安	Yan'an	14.25	4.20	4.20	198
泸州	Luzhou	4.39	4.90	8.70	90	汉中	Hanzhong	1.36	3.10	2.30	230
德阳	Deyang	-1.20	1.50	1.30	249	榆林	Yulin	11.07	12.80	15.40	26
绵阳	Mianyang	-3.59	3.30	4.00	202	安康	Ankang	2.91	3.30	9.10	85
广元	Guangyuan	-6.20	2.20	-0.30	263	商洛	Shangluo	0.74	4.40	7.60	108
遂宁	Suining	-4.64	-7.20	7.10	119	**甘肃**	**Gansu**	**6.03**	**6.06**	**6.08**	
内江	Neijiang	2.56	3.50	3.30	216	兰州	Lanzhou	3.05	4.40	6.00	143
乐山	Leshan	-0.90	1.70	3.40	212	嘉峪关	Jiayuguan	3.00	5.10	5.50	158
南充	Nanchong	-0.19	3.80	1.80	240	金昌	Jinchang	6.26	6.40	4.30	191
眉山	Meishan	1.24	-0.90	3.40	212	白银	Baiyin	8.89		11.90	48
宜宾	Yibin	2.91	3.80	3.30	216	天水	Tianshui	13.21	6.90	6.90	122
广安	Guangan	2.04	3.60	6.60	130	武威	Wuwei	1.20	1.10	3.70	206
达州	Dazhou	-0.47	6.20	4.50	184	张掖	Zhangye	4.47	3.10	4.60	181
雅安	Yaan	0.62	5.80	4.50	184	平凉	Pingliang	6.57	5.60	5.20	165
巴中	Bazhong	2.17	1.50	4.40	187	酒泉	Jiuquan	1.98	2.00	4.50	184
资阳	Ziyang	-3.56	3.00	3.40	212	庆阳	Qingyang	-1.53	7.20	12.50	43
贵州	**Guizhou**	**7.41**	**6.31**	**5.90**		定西	Dingxi	5.34	5.40	5.70	150
贵阳	Guiyang	13.07	3.70	9.50	80	陇南	Longnan	7.94	6.30	12.00	47
六盘水	Liupanshui	17.67	5.00	7.10	119	**青海**	**Qinghai**	**8.63**	**8.24**	**8.03**	
遵义	Zunyi	11.80	3.00	8.10	101	西宁	Xining	6.49	5.50	5.70	150
安顺	Anshun	10.41	10.90	10.20	69	**宁夏**	**Ningxia**	**9.04**	**8.93**	**8.62**	
毕节	Bijie		12.80	15.50	25	银川	Yinchuan	8.06	9.00	11.00	58
铜仁	Tongren		3.80	7.90	104	石嘴山	Shizuishan	4.82	4.00	3.90	204
云南	**Yunnan**	**6.54**	**6.22**	**6.17**		吴忠	Wuzhong		12.00	17.40	16
昆明	Kunming	5.96	1.70	4.60	181	固原	Guyuan	14.26	15.60	18.20	13
曲靖	Qujing	15.27	6.40	6.20	136	中卫	Zhongwei	14.54	9.20	17.30	17
玉溪	Yuxi	5.61	6.10	2.80	224	**新疆**	**Xinjiang**	**10.56**	**10.84**	**10.92**	
保山	Baoshan	5.46	5.10	4.30	191	乌鲁木齐	Urumqi	4.06	5.80	6.80	125
昭通	Zhaotong	24.13	4.80	4.30	191	克拉玛依	Karamay	3.71	2.70	5.30	160

1-10 年底总户数
Total Households at Year-end

单位：万户 （10 000 households）

地名	City	2010	2012	2013	2013 排名 Ranking
全国	**Nation Total**	**40152.0**	**36730.4**	**37178.9**	
北京	**Beijing**	**668.0**	**636.8**	**616.6**	
天津	**Tianjin**	**366.0**	**422.7**	**451.5**	
河北	**Hebei**	**2040.0**	**1859.7**	**1903.6**	
石家庄	Shijiazhuang	276.3	285.9	290.3	8
唐山	Tangshan	228.4	230.0	231.5	37
秦皇岛	Qinhuangdao	103.6	105.7	107.4	159
邯郸	Handan	254.0	261.2	266.5	18
邢台	Xingtai	217.3	228.5	234.5	34
保定	Baoding	348.9	365.9	369.9	3
张家口	Zhangjiakou	174.4	183.1	184.8	70
承德	Chengde	127.8	131.9	133.5	119
沧州	Cangzhou	222.2	235.8	239.2	29
廊坊	Langfang	119.9	128.5	127.0	130
衡水	Hengshui	135.7	138.3	141.3	114
山西	**Shanxi**	**1033.0**	**975.9**	**990.3**	
太原	Taiyuan	104.7	109.9	112.6	152
大同	Datong	119.0	126.9	128.1	128
阳泉	Yangquan	49.1	51.8	52.6	250
长治	Changzhi	107.3	115.5	121.6	136
晋城	Jincheng	75.8	81.8	83.6	206
朔州	Shuozhou	60.9	67.3	69.1	229
晋中	Jinzhong	117.8	128.8	131.6	122
运城	Yuncheng	152.7	167.6	171.6	81
忻州	Xinzhou	120.3	131.3	134.0	118
临汾	Linfen	150.5	155.2	159.4	90
吕梁	Luliang	130.7	146.4	149.0	108
内蒙古	**Inner Mongolia**	**818.0**	**738.9**	**752.1**	
呼和浩特	Hohhot	80.2	83.9	87.3	193
包头	Baotou	78.1	81.9	83.9	204
乌海	Wuhai	22.5	19.6	17.2	279
赤峰	Chifeng	164.0	174.2	178.6	76
通辽	Tongliao	105.3	111.8	114.8	149
鄂尔多斯	Erdos	60.5	61.9	63.4	238
呼伦贝尔	Hulunbuir	98.8	100.3	100.7	172
巴彦淖尔	Bayannur	63.4	67.1	68.4	230
乌兰察布	Ulanqab	111.5	117.5	119.0	141
辽宁	**Liaoning**	**1499.0**	**1312.9**	**1310.6**	
沈阳	Shenyang	251.3	257.6	260.2	21
大连	Dalian	207.6	210.4	211.8	48
鞍山	Anshan	117.9	122.5	119.6	138
抚顺	Fushun	83.3	85.1	81.9	208
本溪	Benxi	56.7	56.9	56.9	245
丹东	Dandong	82.8	84.0	84.3	202
锦州	Jinzhou	103.8	107.0	103.9	167
营口	Yingkou	87.2	88.4	88.0	192
阜新	Fuxin	67.0	67.4	68.3	231
辽阳	Liaoyang	69.0	68.1	67.8	232
盘锦	Panjin	47.6	46.4	46.5	258
铁岭	Tieling	105.0	105.5	105.9	162
朝阳	Chaoyang	112.5	112.7	113.1	151
葫芦岛	Huludao	97.1	96.8	97.3	181
吉林	**Jilin**	**900.0**	**795.5**	**820.6**	
长春	Changchun	247.5	259.3	266.1	19
吉林	Jilin	150.7	153.5	155.4	99
四平	Siping	118.0	121.9	123.4	133
辽源	Liaoyuan	43.3	49.2	45.1	259
通化	Tonghua	78.5	81.6	84.4	201
白山	Baishan	54.7	56.1	58.3	243
松原	Songyuan	95.2	96.7	99.9	174
白城	Baicheng	81.1	81.8	85.4	198
黑龙江	**Heilongjiang**	**1296.0**	**1155.8**	**1155.4**	
哈尔滨	Harbin	347.0	372.3	381.1	2
齐齐哈尔	Qiqihar	199.6	204.8	209.0	51
鸡西	Jixi	75.7	76.9	78.0	213
鹤岗	Hegang	48.5	50.4	50.7	254
双鸭山	Shuangyashan	60.7	62.4	63.2	239
大庆	Daqing	101.0	104.4	106.2	161
伊春	Yichun	51.8	53.4	53.9	249
佳木斯	Jiamusi	92.3	95.6	99.1	176
七台河	Qitaihe	33.8	34.2	34.3	269
牡丹江	Mudanjiang	99.2	101.7	105.8	163
黑河	Heihe	66.2	69.4	70.7	227
绥化	Suihua	195.0	203.1	204.9	53
上海	**Shanghai**	**825.0**	**822.0**	**837.7**	
江苏	**Jiangsu**	**2439.0**	**2165.9**	**2200.8**	

1-10 年底总户数 续表 1
Total Households at Year-end continued 1

单位：万户 (10 000 households)

地名	City	2010	2012	2013	2013 排名 Ranking	地名	City	2010	2012	2013	2013 排名 Ranking
南京	Nanjing	209.3	214.4	218.0	43	池州	Chizhou	57.1	55.5	55.5	246
无锡	Wuxi	155.6	157.1	158.1	93	宣城	Xuancheng	94.5	97.9	98.9	179
徐州	Xuzhou	277.3	274.1	275.6	13	**福建**	**Fujian**	**1121.0**	**1088.7**	**1134.0**	
常州	Changzhou	127.1	128.8	128.8	126	福州	Fuzhou	199.1	202.6	204.9	53
苏州	Suzhou	211.8	214.0	215.6	44	厦门	Xiamen	57.8	61.6	63.5	237
南通	Nantong	283.2	281.2	283.4	10	莆田	Putian	81.7	83.4	84.5	200
连云港	Lianyungang	139.7	139.8	139.4	115	三明	Sanming	76.9	77.1	77.3	217
淮安	Huaian	160.0	159.9	161.1	89	泉州	Quanzhou	185.6	190.0	192.3	62
盐城	Yancheng	277.9	277.3	273.4	15	漳州	Zhangzhou	131.2	134.3	135.4	117
扬州	Yangzhou	154.2	151.3	150.6	106	南平	Nanping	92.0	92.5	92.9	186
镇江	Zhenjiang	102.2	101.4	101.4	171	龙岩	Longyan	87.1	90.5	92.9	186
泰州	Taizhou	172.9	170.2	169.5	82	宁德	Ningde	98.7	101.2	102.4	169
宿迁	Suqian	148.5	146.7	148.5	109	**江西**	**Jiangxi**	**1150.0**	**1085.8**	**1073.0**	
浙江	**Zhejiang**	**1885.0**	**1670.6**	**1703.4**		南昌	Nanchang	140.8	148.9	151.4	104
杭州	Hangzhou	216.5	219.0	220.7	41	景德镇	Jingdezhen	44.0	45.8	46.9	256
宁波	Ningbo	223.0	223.5	223.6	40	萍乡	Pingxiang	48.8	50.3	51.7	252
温州	Wenzhou	228.7	228.3	228.7	38	九江	Jiujiang	126.9	129.7	131.7	121
嘉兴	Jiaxing	103.2	103.9	104.3	166	新余	Xinyu	35.5	37.0	37.8	265
湖州	Huzhou	84.1	85.5	85.6	197	鹰潭	Yingtan	30.3	31.6	31.8	272
绍兴	Shaoxing	161.9	162.0	161.6	87	赣州	Ganzhou	214.0	221.0	225.3	39
金华	Jinhua	181.9	182.3	183.4	71	吉安	Jian	128.8	132.1	133.5	119
衢州	Quzhou	86.3	87.5	88.3	191	宜春	Yichun	145.4	150.0	153.6	101
舟山	Zhoushan	36.7	36.7	36.8	267	抚州	Fuzhou	105.6	109.8	111.2	154
台州	Taizhou	192.7	191.7	191.5	63	上饶	Shangrao	168.7	175.4	178.1	77
丽水	Lishui	92.9	95.9	98.0	180	**山东**	**Shandong**	**3011.0**	**2770.0**	**2863.8**	
安徽	**Anhui**	**1831.0**	**1633.5**	**1615.5**		济南	Jinan	190.7	195.8	199.7	59
合肥	Hefei	157.1	233.8	236.5	31	青岛	Qingdao	246.1	249.3	251.0	24
芜湖	Wuhu	78.3	126.9	126.9	131	淄博	Zibo	143.5	145.9	147.6	110
蚌埠	Bengbu	106.0	110.3	110.1	158	枣庄	Zaozhuang	120.9	117.1	117.7	143
淮南	Huainan	77.5	77.9	78.2	211	东营	Dongying	62.5	62.8	65.2	234
马鞍山	Maanshan	40.6	72.7	73.1	223	烟台	Yantai	231.5	233.8	236.3	32
淮北	Huaibei	66.1	66.9	65.9	233	潍坊	Weifang	271.6	278.2	280.9	11
铜陵	Tongling	25.3	25.9	25.8	277	济宁	Jining	245.5	251.5	256.2	22
安庆	Anqing	180.6	185.5	186.4	69	泰安	Taian	181.6	187.5	191.0	64
黄山	Huangshan	50.2	50.7	50.8	253	威海	Weihai	91.8	92.0	92.3	188
滁州	Chuzhou	142.1	143.9	142.6	112	日照	Rizhao	99.4	100.6	102.9	168
阜阳	Fuyang	288.1	289.5	290.7	7	莱芜	Laiwu	46.9	47.5	46.6	257
宿州	Suzhou	178.8	192.2	189.7	66	临沂	Linyi	327.9	331.3	342.8	5
六安	Liuan	231.7	235.6	237.0	30	德州	Dezhou	172.6	175.7	180.2	75
亳州	Bozhou	170.9	173.7	175.7	78	聊城	Liaocheng	187.8	187.5	189.2	67

1-10 年底总户数 续表 2
Total Households at Year-end continued 2

单位：万户 （10 000 households）

地名	City	2010	2012	2013	2013 排名 Ranking	地名	City	2010	2012	2013	2013 排名 Ranking
滨州	Binzhou	116.8	120.7	123.3	134	常德	Changde	213.9	177.0	210.4	50
菏泽	Heze	265.1	268.4	275.4	14	张家界	Zhangjiajie	44.6	52.8	60.4	240
河南	**Henan**	**2593.0**	**2309.2**	**2364.4**		益阳	Yiyang	147.4	147.2	157.8	95
郑州	Zhengzhou	200.9	207.4	210.5	49	郴州	Chenzhou	159.5	144.4	166.1	86
开封	Kaifeng	148.3	155.5	156.0	98	永州	Yongzhou	173.5	150.8	198.8	60
洛阳	Luoyang	203.8	208.8	212.6	47	怀化	Huaihua	161.2	143.3	167.3	84
平顶山	Pingdingshan	152.1	154.3	154.5	100	娄底	Loudi	142.9	115.1	150.1	107
安阳	Anyang	169.6	167.5	168.2	83	**广东**	**Guangdong**	**2775.0**	**2642.1**	**2705.0**	
鹤壁	Hebi	46.7	48.5	48.3	255	广州	Guangzhou	252.7	264.6	270.6	16
新乡	Xinxiang	168.2	171.4	173.0	79	韶关	Shaoguan	100.5	103.0	110.4	157
焦作	Jiaozuo	99.4	98.6	99.9	174	深圳	Shenzhen	74.0	81.4	88.6	190
濮阳	Puyang	105.5	109.8	113.9	150	珠海	Zhuhai	29.4	29.7	30.2	274
许昌	Xuchang	139.6	143.7	145.5	111	汕头	Shantou	115.9	119.4	120.8	137
漯河	Luohe	77.8	77.0	77.3	217	佛山	Foshan	112.0	114.1	116.0	146
三门峡	Sanmenxia	72.7	71.2	70.8	226	江门	Jiangmen	120.3	119.6	119.6	138
南阳	Nanyang	363.5	364.3	359.8	4	湛江	Zhanjiang	205.6	202.7	203.9	56
商丘	Shangqiu	256.1	262.5	261.6	20	茂名	Maoming	195.1	193.4	196.2	61
信阳	Xinyang	268.5	273.3	278.0	12	肇庆	Zhaoqing	117.9	121.1	119.5	140
周口	Zhoukou	324.2	337.4	332.3	6	惠州	Huizhou	94.6	97.9	96.6	183
驻马店	Zhumadian	235.2	238.8	242.6	27	梅州	Meizhou	134.6	135.7	136.4	116
湖北	**Hubei**	**1670.0**	**1542.2**	**1590.7**		汕尾	Shanwei	73.0	72.7	75.0	222
武汉	Wuhan	274.6	281.3	286.4	9	河源	Heyuan	94.3	93.3	95.6	184
黄石	Huangshi	78.1	76.7	75.4	221	阳江	Yangjiang	78.5	77.4	77.9	214
十堰	Shiyan	115.5	117.2	118.0	142	清远	Qingyuan	115.0	110.7	112.1	153
宜昌	Yichang	149.7	152.2	152.6	102	东莞	Dongguan	53.1	54.4	55.0	247
襄阳	Xiangfan	206.3	210.7	213.4	46	中山	ZhongShan	41.7	42.4	43.0	262
鄂州	Ezhou	36.2	35.9	37.7	266	潮州	Chaozhou	63.1	63.1	63.7	236
荆门	Jingmen	100.0	103.3	101.7	170	揭阳	Jieyang	147.4	150.9	151.5	103
孝感	Xiaogan	164.9	164.5	166.4	85	云浮	Yunfu	78.2	77.7	77.9	214
荆州	Jingzhou	205.9	207.3	206.6	52	**广西**	**Guangxi**	**1315.0**	**1174.6**	**1180.9**	
黄冈	Huanggang	242.5	250.3	253.5	23	南宁	Nanning	211.4	218.0	219.8	42
咸宁	Xianning	87.5	89.3	89.8	189	柳州	Liuzhou	110.0	110.1	111.1	155
随州	Suizhou	75.6	87.1	87.1	194	桂林	Guilin	161.5	160.4	161.4	88
湖南	**Hunan**	**1863.0**	**1799.6**	**1693.5**		梧州	Wuzhou	95.8	97.6	99.0	178
长沙	Changsha	204.3	228.6	214.0	45	北海	Beihai	44.2	43.9	44.1	261
株洲	Zhuzhou	115.8	110.2	117.4	144	防城港	Fangchenggang	24.8	24.7	24.6	278
湘潭	Xiangtan	93.0	81.8	95.6	184	钦州	Qinzhou	98.8	97.2	97.1	182
衡阳	Hengyang	238.9	202.7	242.1	28	贵港	Guigang	155.5	155.8	157.3	96
邵阳	Shaoyang	225.5	229.5	234.1	35	玉林	Yulin	191.6	199.3	203.2	57
岳阳	Yueyang	158.1	160.2	188.0	68	百色	Baise	108.4	109.3	110.9	156

1-10 年底总户数 续表 3
Total Households at Year-end continued 3

单位：万户 （10 000 households）

地名	City	2010	2012	2013	2013 排名 Ranking	地名	City	2010	2012	2013	2013 排名 Ranking
贺州	Hezhou	62.3	63.6	64.4	235	丽江	Lijiang	31.3	38.8	42.5	263
河池	Hechi	100.3	122.3	123.1	135	普洱	Puer	74.9	78.1	82.8	207
来宾	Laibin	59.4	76.9	77.4	216	临沧	Lincang	62.6	72.7	83.7	205
崇左	Chongzuo	69.1	70.7	70.9	225	**西藏**	**Tibet**	**67.0**	**63.0**	**63.6**	
海南	**Hainan**	**222.0**	**200.3**	**206.0**		拉萨	Lhasa				
海口	Haikou	49.7	51.0	52.4	251	**陕西**	**Shaanxi**	**1072.0**	**1010.7**	**1020.3**	
三亚	Sanya	14.2	14.0	14.0	281	西安	Xi'an	226.7	239.5	245.5	26
重庆	**Chongqing**	**974.0**	**908.1**	**907.1**		铜川	Tongchuan	27.3	27.9	28.2	275
四川	**Sichuan**	**2580.0**	**2292.5**	**2413.6**		宝鸡	Baoji	112.0	114.6	115.3	147
成都	Chengdu	483.0	446.9	455.0	1	咸阳	Xianyang	152.0	157.0	158.5	92
自贡	Zigong	84.8	106.5	107.4	159	渭南	Weinan	171.3	178.4	180.3	74
攀枝花	Panzhihua	39.0	36.1	36.6	268	延安	Yan'an	80.8	83.6	86.5	196
泸州	Luzhou	128.5	146.6	150.8	105	汉中	Hanzhong	126.0	128.8	129.9	125
德阳	Deyang	131.7	154.4	157.2	97	榆林	Yulin	125.4	131.0	130.8	123
绵阳	Mianyang	171.4	201.8	204.6	55	安康	Ankang	99.0	102.7	105.1	164
广元	Guangyuan	84.5	115.2	115.1	148	商洛	Shangluo	73.0	76.1	78.2	211
遂宁	Suining	104.1	135.2	141.5	113	**甘肃**	**Gansu**	**690.0**	**659.3**	**628.0**	
内江	Neijiang	121.2	157.2	159.1	91	兰州	Lanzhou	100.2	103.2	104.9	165
乐山	Leshan	108.5	126.5	128.0	129	嘉峪关	Jiayuguan	6.1	6.4	6.7	283
南充	Nanchong	207.0	264.9	268.1	17	金昌	Jinchang	15.7	16.4	16.8	280
眉山	Meishan	102.0	126.6	128.5	127	白银	Baiyin	52.6	53.1	54.4	248
宜宾	Yibin	143.7	170.6	172.1	80	天水	Tianshui	97.7	100.4	99.1	176
广安	Guangan	113.9	156.5	158.0	94	武威	Wuwei	54.5	55.8	57.5	244
达州	Dazhou	169.4	251.1	247.0	25	张掖	Zhangye	42.2	44.4	44.9	260
雅安	Yaan	47.0	56.5	58.4	242	平凉	Pingliang	66.7	69.7	70.4	228
巴中	Bazhong	96.8	129.3	130.5	124	酒泉	Jiuquan	33.2	33.9	34.3	269
资阳	Ziyang	132.3	180.5	182.1	72	庆阳	Qingyang	73.9	77.6	79.9	210
贵州	**Guizhou**	**1039.0**	**928.8**	**929.6**		定西	Dingxi	81.8	84.4	86.6	195
贵阳	Guiyang	108.7	114.2	117.3	145	陇南	Longnan	77.9	80.7	81.9	208
六盘水	Liupanshui	92.4	99.0	100.5	173	**青海**	**Qinghai**	**153.0**	**140.8**	**141.4**	
遵义	Zunyi	211.9	227.8	233.7	36	西宁	Xining	57.1	59.3	60.4	240
安顺	Anshun	79.8	83.5	85.1	199	**宁夏**	**Ningxia**	**184.0**	**160.0**	**168.4**	
毕节	Bijie	213.0	230.6	235.9	33	银川	Yinchuan	70.3	58.9	71.1	224
铜仁	Tongren	116.2	124.9	125.0	132	石嘴山	Shizuishan	26.5	25.6	26.6	276
云南	**Yunnan**	**1236.0**	**1174.6**	**1173.9**		吴忠	Wuzhong	35.0	37.4	39.3	264
昆明	Kunming	185.2	191.0	190.3	65	固原	Guyuan	32.9	34.3	33.3	271
曲靖	Qujing	182.9	194.1	200.9	58	中卫	Zhongwei	30.8	30.5	31.8	272
玉溪	Yuxi	71.6	80.0	76.2	220	**新疆**	**Xinjiang**	**640.0**	**590.0**	**563.4**	
保山	Baoshan	67.5	71.9	76.6	219	乌鲁木齐	Urumqi	80.6	85.8	84.1	203
昭通	Zhaotong	159.5	173.2	181.3	73	克拉玛依	Karamay	10.4	10.7	10.8	282

1-11 人口密度
Population Density

单位：人/平方公里 (person/sq.km)

地名	City	2010	2012	2013	2013排名 Ranking
全国	**Nation Total**	**139.7**	**141.0**	**141.7**	
北京	**Beijing**	**1195.5**	**1261.0**	**1288.7**	
天津	**Tianjin**	**1090.3**	**1185.8**	**1235.4**	
河北	**Hebei**	**381.8**	**386.7**	**389.1**	
石家庄	Shijiazhuang	642.0	655.4	662.5	55
唐山	Tangshan	562.8	569.3	560.9	81
秦皇岛	Qinhuangdao	397.4	387.3	390.3	124
邯郸	Handan	761.7	769.7	772.9	38
邢台	Xingtai	569.8	578.2	580.5	75
保定	Baoding	544.5	511.7	546.2	87
张家口	Zhangjiakou	117.9	119.2	119.7	233
承德	Chengde	87.9	88.7	88.5	244
沧州	Cangzhou	508.3	515.5	520.2	96
廊坊	Langfang	678.8	690.5	700.1	47
衡水	Hengshui	493.0	496.7	499.6	101
山西	**Shanxi**	**228.1**	**230.4**	**231.6**	
太原	Taiyuan	603.9	610.0	613.2	64
大同	Datong	235.1	237.6	238.9	175
阳泉	Yangquan	299.6	301.8	303.3	149
长治	Changzhi	240.1	242.5	243.8	170
晋城	Jincheng	241.9	243.1	244.1	169
朔州	Shuozhou	155.1	162.5	163.4	211
晋中	Jinzhong	198.4	194.1	201.6	193
运城	Yuncheng	362.4	366.3	368.4	128
忻州	Xinzhou	122.2	123.4	124.0	230
临汾	Linfen	213.1	215.4	216.6	182
吕梁	Luliang	175.6	177.6	178.6	202
内蒙古	**Inner Mongolia**	**21.6**	**21.7**	**21.8**	
呼和浩特	Hohhot	166.9	169.0	174.6	205
包头	Baotou	95.6	98.4	99.6	241
乌海	Wuhai	305.0	312.4	315.3	142
赤峰	Chifeng	48.2	47.9	47.8	261
通辽	Tongliao	52.7	52.6	52.5	260
鄂尔多斯	Erdos	22.5	23.1	23.3	268
呼伦贝尔	Hulunbuir	10.0	10.0	10.0	270
巴彦淖尔	Bayannur	25.9	25.9	25.9	266
乌兰察布	Ulanqab	39.3	35.8	39.0	263
辽宁	**Liaoning**	**295.5**	**296.4**	**296.5**	
沈阳	Shenyang	624.5	633.9	636.1	59
大连	Dalian	532.1	548.1	552.2	85
鞍山	Anshan	394.1	390.9	389.8	125
抚顺	Fushun	189.7	186.5	185.6	201
本溪	Benxi	203.3	205.2	205.4	191
丹东	Dandong	159.9	159.0	158.7	215
锦州	Jinzhou	316.0	313.1	307.3	148
营口	Yingkou	463.2	465.9	466.2	111
阜新	Fuxin	175.7	173.7	173.1	206
辽阳	Liaoyang	392.5	391.9	391.3	123
盘锦	Panjin	341.9	353.0	353.8	132
铁岭	Tieling	209.4	206.3	205.3	192
朝阳	Chaoyang	154.6	151.6	151.3	219
葫芦岛	Huludao	251.9	249.3	248.3	166
吉林	**Jilin**	**143.7**	**143.9**	**144.0**	
长春	Changchun	372.6	367.4		
吉林	Jilin	162.8	158.8		
四平	Siping	240.5	238.8		
辽源	Liaoyuan	229.0	237.4		
通化	Tonghua	149.0	143.9		
白山	Baishan	74.2	73.1		
松原	Songyuan	136.6	137.4		
白城	Baicheng	79.0	77.7		
黑龙江	**Heilongjiang**	**84.7**	**84.7**	**84.7**	
哈尔滨	Harbin	200.5	200.5	200.5	194
齐齐哈尔	Qiqihar	126.4	126.4	126.4	228
鸡西	Jixi	82.7	82.7	82.8	245
鹤岗	Hegang	72.2	72.3	74.0	252
双鸭山	Shuangyashan	63.0	63.0	63.0	254
大庆	Daqing	137.0	135.0	131.3	226
伊春	Yichun	35.1	35.1	35.1	264
佳木斯	Jiamusi	78.1	78.1	75.2	251
七台河	Qitaihe	148.0	148.0	147.9	220
牡丹江	Mudanjiang	69.0	72.9	75.3	250
黑河	Heihe	20.4	24.5	25.1	267
绥化	Suihua	155.4	155.1	159.3	213
上海	**Shanghai**	**2794.8**	**2889.2**	**2931.4**	
江苏	**Jiangsu**	**737.2**	**742.0**	**743.8**	

注：本表数据为常住人口与行政区域土地面积之比。

Note: Refers to the rotio of the usual residents with the land area of administrative region.

1-11 人口密度 续表 1
Population Density continued 1

单位：人/平方公里 (person/sq.km)

地名	City	2010	2012	2013	2013 排名 Ranking	地名	City	2010	2012	2013	2013 排名 Ranking
南京	Nanjing	1215.7	1239.0	1243.1	10	池州	Chizhou	169.6	171.5	171.9	208
无锡	Wuxi	1378.0	1397.2	1401.3	8	宣城	Xuancheng	205.6	205.2	205.8	190
徐州	Xuzhou	762.2	760.6	763.0	40	**福建**	**Fujian**	**297.8**	**302.2**	**304.3**	
常州	Changzhou	1050.5	1072.0	1073.2	17	福州	Fuzhou	544.5	556.4	561.8	80
苏州	Suzhou	1233.4	1242.8	1246.3	9	厦门	Xiamen	2244.8	2333.1	2371.3	4
南通	Nantong	910.1	912.0	912.1	22	莆田	Putian	674.7	680.2	685.1	50
连云港	Lianyungang	586.3	578.7	581.5	74	三明	Sanming	108.4	108.4	109.3	236
淮安	Huaian	477.0	476.9	479.2	106	泉州	Quanzhou	738.0	752.6	759.0	41
盐城	Yancheng	428.0	425.2	425.4	115	漳州	Zhangzhou	373.7	367.5	392.7	122
扬州	Yangzhou	676.8	677.7	678.2	52	南平	Nanping	100.6	100.0	99.7	240
镇江	Zhenjiang	809.7	820.1	822.7	30	龙岩	Longyan	134.3	135.1	135.3	225
泰州	Taizhou	798.5	800.1	800.8	31	宁德	Ningde	209.8	211.1	211.1	185
宿迁	Suqian	552.1	560.8	565.3	78	**江西**	**Jiangxi**	**267.4**	**269.9**	**271.0**	
浙江	**Zhejiang**	**516.8**	**519.7**	**521.6**		南昌	Nanchang	682.7	693.3	700.4	46
杭州	Hangzhou	524.5	531.2	532.9	93	景德镇	Jingdezhen	302.3	306.0	307.7	147
宁波	Ningbo	775.4	778.2	780.7	36	萍乡	Pingxiang	485.4	489.2	491.3	103
温州	Wenzhou	775.1	771.1	780.5	37	九江	Jiujiang	251.4	253.6	251.0	164
嘉兴	Jiaxing	1150.7	1160.7	1164.0	15	新余	Xinyu	358.7	362.2	363.8	129
湖州	Huzhou	497.4	499.1	500.7	100	鹰潭	Yingtan	316.3	319.7	320.8	139
绍兴	Shaoxing	593.4	598.7	597.8	68	赣州	Ganzhou	212.9	214.6	215.3	183
金华	Jinhua	490.4	493.4	496.1	102	吉安	Jian	190.5	191.3	192.5	199
衢州	Quzhou	240.1	239.7	240.1	173	宜春	Yichun	290.5	292.7	293.4	151
舟山	Zhoushan	778.5	783.5	784.9	34	抚州	Fuzhou	208.1	209.8	210.8	186
台州	Taizhou	634.8	638.1	641.6	58	上饶	Shangrao	289.0	291.5	292.4	153
丽水	Lishui	122.4	122.4	122.6	231	**山东**	**Shandong**	**610.2**	**616.4**	**619.5**	
安徽	**Anhui**	**425.1**	**427.3**	**430.3**		济南	Jinan	833.8	849.9	855.9	27
合肥	Hefei	810.0	661.6	665.0	53	青岛	Qingdao	794.2	786.1	794.5	32
芜湖	Wuhu	682.5	597.5	600.5	67	淄博	Zibo	759.9	767.6	770.0	39
蚌埠	Bengbu	533.4	534.8	541.0	90	枣庄	Zaozhuang	818.3	826.6	833.0	29
淮南	Huainan	904.1	905.2	912.2	21	东营	Dongying	257.1	260.8	252.9	163
马鞍山	Maanshan	810.8	542.1	545.3	88	烟台	Yantai	506.9	508.0	504.5	99
淮北	Huaibei	772.3	774.5	781.5	35	潍坊	Weifang	563.3	570.9	571.5	77
铜陵	Tongling	650.5	611.7	612.8	65	济宁	Jining	708.4	714.2	725.5	43
安庆	Anqing	347.0	347.3	348.9	134	泰安	Taian	708.3	712.3	717.3	45
黄山	Huangshan	138.7	138.0	138.3	223	威海	Weihai	483.9	482.7	485.0	105
滁州	Chuzhou	291.4	291.7	293.1	152	日照	Rizhao	524.1	529.9	532.0	94
阜阳	Fuyang	778.9	781.4	789.3	33	莱芜	Laiwu	578.4	585.0	593.5	71
宿州	Suzhou	547.9	549.5	554.9	83	临沂	Linyi	585.0	588.9	590.9	73
六安	Liuan	312.5	314.4	315.5	141	德州	Dezhou	538.2	543.7	547.6	86
亳州	Bozhou	580.5	584.5	591.1	72	聊城	Liaocheng	666.2	677.1	657.9	57

1-11 人口密度 续表 2
Population Density continued 2

单位：人/平方公里 （person/sq.km）

地名	City	2010	2012	2013	2013 排名 Ranking	地名	City	2010	2012	2013	2013 排名 Ranking
滨州	Binzhou	390.8	394.7	394.0	121	常德	Changde	314.2	304.6	319.4	140
菏泽	Heze	678.3	681.3	683.7	51	张家界	Zhangjiajie	155.3	157.8	158.9	214
河南	**Henan**	**568.2**	**568.2**	**568.7**		益阳	Yiyang	354.7	352.4	355.0	131
郑州	Zhengzhou	1163.2	1212.7	1234.4	11	郴州	Chenzhou	232.7	239.5	241.2	172
开封	Kaifeng	725.8	722.1	721.0	44	永州	Yongzhou	231.5	229.6	239.3	174
洛阳	Luoyang	431.2	57.2	434.2	114	怀化	Huaihua	171.7	172.9	175.0	204
平顶山	Pingdingshan	620.6	623.6	627.2	60	娄底	Loudi	466.3	469.5	472.3	110
安阳	Anyang	697.6	691.4	692.3	48	广东	**Guangdong**	**580.7**	**589.2**	**591.9**	
鹤壁	Hebi	720.4	727.8	737.4	42	广州	Guangzhou	1709.7	1727.1	1738.9	7
新乡	Xinxiang	699.1	687.2	663.6	54	韶关	Shaoguan	153.3	155.4	157.1	216
焦作	Jiaozuo	870.3	864.7	863.2	24	深圳	Shenzhen	5206.8	5281.4	5322.5	1
濮阳	Puyang	843.9	843.4	866.5	23	珠海	Zhuhai	912.9	918.2	959.0	19
许昌	Xuchang	862.7	859.9	860.1	26	汕头	Shantou	2614.3	2639.5	2654.6	3
漯河	Luohe	938.1	977.5	1192.1	13	佛山	Foshan	1895.5	1912.1	1921.0	5
三门峡	Sanmenxia	212.8	212.7	961.3	18	江门	Jiangmen	465.2	471.6	473.2	109
南阳	Nanyang	387.5	382.9	274.5	157	湛江	Zhanjiang	529.6	533.5	540.5	91
商丘	Shangqiu	687.0	684.0	595.8	70	茂名	Maoming	508.5	522.4	526.3	95
信阳	Xinyang	323.7	339.5	554.5	84	肇庆	Zhaoqing	253.6	267.4	270.1	159
周口	Zhoukou	747.5	736.3	576.5	76	惠州	Huizhou	405.6	412.1	414.4	117
驻马店	Zhumadian	479.1	459.9	47.4	262	梅州	Meizhou	263.8	270.7	271.5	158
湖北	**Hubei**	**308.1**	**310.9**	**312.0**		汕尾	Shanwei	557.6	563.3	613.8	63
武汉	Wuhan	1152.0	1191.4	1203.2	12	河源	Heyuan	189.1	192.4	194.1	198
黄石	Huangshi	529.7	532.3	533.5	92	阳江	Yangjiang	305.2	310.5	311.7	145
十堰	Shiyan	141.1	141.8	142.2	222	清远	Qingyuan	194.6	197.8	199.1	196
宜昌	Yichang	192.6	193.9	194.4	197	东莞	Dongguan	3343.5	3370.7	3380.9	2
襄阳	Xiangfan	278.8	281.4	283.4	155	中山	ZhongShan	1735.0	1768.5	1779.1	6
鄂州	Ezhou	658.1	661.2	662.3	56	潮州	Chaozhou	849.3	858.2	862.0	25
荆门	Jingmen	231.7	232.6	232.7	178	揭阳	Jieyang	1117.2	1131.0	1138.4	16
孝感	Xiaogan	540.4	542.4	544.7	89	云浮	Yunfu	303.8	310.7	311.9	144
荆州	Jingzhou	403.9	406.6	407.1	118	广西	**Guangxi**	**194.1**	**197.1**	**198.6**	
黄冈	Huanggang	353.0	357.0	358.1	130	南宁	Nanning	301.3	305.3	308.1	146
咸宁	Xianning	249.8	246.3	247.8	168	柳州	Liuzhou	201.9	205.7	207.3	187
随州	Suizhou	224.4	226.0	226.2	181	桂林	Guilin	170.7	174.0	175.3	203
湖南	**Hunan**	**310.1**	**313.4**	**315.8**		梧州	Wuzhou	228.9	232.7	234.7	177
长沙	Changsha	595.9	604.9	611.1	66	北海	Beihai	461.2	469.6	476.5	107
株洲	Zhuzhou	342.9	347.4	349.4	133	防城港	Fangchenggang	139.3	142.6	144.1	221
湘潭	Xiangtan	548.8	555.5	559.1	82	钦州	Qinzhou	284.1	288.9	259.9	161
衡阳	Hengyang	467.2	470.4	473.8	108	贵港	Guigang	388.5	394.9	398.1	120
邵阳	Shaoyang	339.5	344.2	345.7	136	玉林	Yulin	427.4	434.8	438.5	113
岳阳	Yueyang	363.0	366.1	374.1	127	百色	Baise	96.2	97.2	97.9	242

1-11 人口密度 续表 3
Population Density continued 3

单位：人/平方公里 （person/sq.km）

地名	City	2010	2012	2013	2013 排名 Ranking	地名	City	2010	2012	2013	2013 排名 Ranking
贺州	Hezhou	164.8	167.6	170.2	209	丽江	Lijiang	58.0	59.5	59.8	255
河池	Hechi	102.4	103.8	102.5	238	普洱	Puer	56.1	56.7	56.9	257
来宾	Laibin	156.6	159.2	160.3	212	临沧	Lincang	99.4	100.7	105.0	237
崇左	Chongzuo	114.7	116.2	117.0	234	**西藏**	**Tibet**	**2.5**	**2.6**	**2.6**	
海南	**Hainan**	**245.7**	**250.8**	**253.2**		拉萨	Lhasa		19.6	20.2	269
海口	Haikou	887.6	928.9	941.9	20	**陕西**	**Shaanxi**	**181.5**	**182.4**	**182.9**	
三亚	Sanya	357.1	376.2	381.4	126	西安	Xi'an	838.3	846.2	850.5	28
重庆	**Chongqing**	**350.6**	**358.0**	**361.0**		铜川	Tongchuan	215.1	216.6	214.1	184
四川	**Sichuan**	**166.2**	**166.8**	**167.5**		宝鸡	Baoji	205.1	206.3	206.7	188
成都	Chengdu	1157.9	1169.7	1178.4	14	咸阳	Xianyang	480.4	483.8	485.0	104
自贡	Zigong	612.6	619.3	625.0	61	渭南	Weinan	402.8	405.1	406.0	119
攀枝花	Panzhihua	163.2	166.3	166.6	210	延安	Yan'an	59.1	59.3	59.6	256
泸州	Luzhou	344.9	347.3	347.0	135	汉中	Hanzhong	125.4	125.4	125.5	229
德阳	Deyang	611.7	597.5	596.3	69	榆林	Yulin	77.0	77.0	77.3	249
绵阳	Mianyang	227.9	229.2	230.9	179	安康	Ankang	111.8	111.9	112.1	235
广元	Guangyuan	152.2	155.1	156.0	217	商洛	Shangluo	121.4	121.4	121.6	232
遂宁	Suining	610.9	613.9	615.0	62	**甘肃**	**Gansu**	**63.4**	**63.8**	**63.9**	
内江	Neijiang	687.5	690.4	691.7	49	兰州	Lanzhou	276.6	277.5	278.3	156
乐山	Leshan	252.3	255.8	255.9	162	嘉峪关	Jiayuguan	79.0	79.7	80.4	248
南充	Nanchong	503.2	504.9	506.3	98	金昌	Jinchang	52.2	52.5	52.7	259
眉山	Meishan	410.7	415.4	417.1	116	白银	Baiyin	80.8	81.2	80.9	247
宜宾	Yibin	337.0	336.1	336.4	137	天水	Tianshui	227.5	229.3	230.7	180
广安	Guangan	505.2	507.2	508.4	97	武威	Wuwei	54.7	54.8	54.5	258
达州	Dazhou	329.6	331.3	332.3	138	张掖	Zhangye	28.6	28.8	28.9	265
雅安	Yaan	98.5	101.5	102.0	239	平凉	Pingliang	185.3	186.4	186.8	200
巴中	Bazhong	267.0	269.1	269.8	160	酒泉	Jiuquan	5.7	5.7	5.7	271
资阳	Ziyang	460.3	450.9	448.6	112	庆阳	Qingyang	81.6	81.8	82.0	246
贵州	**Guizhou**	**197.5**	**197.8**	**198.8**		定西	Dingxi	132.9	141.2	136.3	224
贵阳	Guiyang	538.8	554.1	562.2	79	陇南	Longnan	92.1	92.1	92.5	243
六盘水	Liupanshui	286.4	288.4	290.0	154	**青海**	**Qinghai**	**7.9**	**8.0**	**8.1**	
遵义	Zunyi	199.4	198.8	199.7	195	西宁	Xining	288.6	293.2	296.5	150
安顺	Anshun	248.2	246.4	248.3	167	**宁夏**	**Ningxia**	**121.8**	**124.6**	**125.9**	
毕节	Bijie		243.0	243.5	171	银川	Yinchuan	222.0	226.7		
铜仁	Tongren		171.9	172.4	207	石嘴山	Shizuishan	136.9	139.7		
云南	**Yunnan**	**120.1**	**121.6**	**122.3**		吴忠	Wuzhong	62.9	78.4		
昆明	Kunming	306.4	310.9	313.1	143	固原	Guyuan	117.0	96.9		
曲靖	Qujing	202.6	205.4	206.7	189	中卫	Zhongwei	62.1	63.5		
玉溪	Yuxi	150.9	152.4	153.1	218	**新疆**	**Xinjiang**	**13.1**	**13.4**	**13.6**	
保山	Baoshan	127.6	129.3	130.1	227	乌鲁木齐	Urumqi	225.8	243.0	250.9	165
昭通	Zhaotong	231.0	234.1	238.1	176	克拉玛依	Karamay	41.0	56.4	73.9	253

2

就业和工资

Employment and Wages

2-1 就业人员
Employed Population

单位：万人 （10 000 persons）

地名	City	2010	2012	2013	2013 排名 Ranking
全国	**Nation Total**	**76105.0**	**76704.0**	**76977.0**	
北京	**Beijing**	**1031.6**			
天津	**Tianjin**	**728.7**			
河北	**Hebei**	**3865.1**			
石家庄	Shijiazhuang	514.5	527.6	548.3	18
唐山	Tangshan	434.6	449.0	451.9	39
秦皇岛	Qinhuangdao	160.8	167.0	170.1	169
邯郸	Handan	672.2	582.2	616.1	12
邢台	Xingtai	368.2	389.2	401.3	52
保定	Baoding	642.6	643.1	701.3	5
张家口	Zhangjiakou	261.9	279.8	301.2	86
承德	Chengde	214.5	212.1	219.6	126
沧州	Cangzhou	396.1	417.3	423.0	45
廊坊	Langfang	238.8	256.5	257.8	108
衡水	Hengshui	222.8	231.4	238.1	120
山西	**Shanxi**	**1685.9**			
太原	Taiyuan	176.1	201.9	201.0	142
大同	Datong	139.3	145.7	145.9	198
阳泉	Yangquan	63.3	70.9	72.4	252
长治	Changzhi	158.4	39.5	178.0	162
晋城	Jincheng	131.7	142.3	148.2	195
朔州	Shuozhou	82.3	89.6	93.4	238
晋中	Jinzhong	161.6	167.4	170.5	168
运城	Yuncheng	264.0	265.7	265.8	104
忻州	Xinzhou	135.3	152.6	160.8	178
临汾	Linfen	202.2	214.0	216.4	130
吕梁	Luliang	138.7	35.9	150.0	193
内蒙古	**Inner Mongolia**	**1184.7**			
呼和浩特	Hohhot	165.5	171.1	173.6	165
包头	Baotou	141.7	150.6	153.4	188
乌海	Wuhai	26.3	27.4	29.6	274
赤峰	Chifeng	241.2	247.2	255.9	110
通辽	Tongliao	163.1	191.1	192.9	153
鄂尔多斯	Erdos	98.0	102.4	103.1	232
呼伦贝尔	Hulunbuir	107.5	131.4	138.6	203
巴彦淖尔	Bayannur	89.1	89.3	89.4	242
乌兰察布	Ulanqab	110.6	112.3	112.8	224
辽宁	**Liaoning**	**2317.5**			
沈阳	Shenyang	348.6	363.6	402.4	51
大连	Dalian	402.2	441.9	472.8	34
鞍山	Anshan	164.2	171.9	176.6	163
抚顺	Fushun	117.5	112.4	111.7	225
本溪	Benxi	77.0	72.3	75.3	246
丹东	Dandong	120.8	124.9	132.9	210
锦州	Jinzhou	163.7	164.8	170.6	167
营口	Yingkou	139.3	155.0	154.0	186
阜新	Fuxin	110.0	117.4	115.2	220
辽阳	Liaoyang	89.4	105.0	92.7	239
盘锦	Panjin	104.9	100.9	105.5	230
铁岭	Tieling	142.7	146.4	150.4	192
朝阳	Chaoyang	182.4	194.9	195.9	150
葫芦岛	Huludao	137.5	136.9	147.9	197
吉林	**Jilin**	**1311.6**			
长春	Changchun	356.5	386.3	440.0	41
吉林	Jilin	171.7	187.3	193.3	152
四平	Siping	152.1	164.5	151.6	191
辽源	Liaoyuan	55.4	62.0	66.6	257
通化	Tonghua	100.0	109.3	122.2	218
白山	Baishan	50.3	59.8	64.5	260
松原	Songyuan	138.5	156.4	158.7	179
白城	Baicheng	86.0	106.2	105.6	229
黑龙江	**Heilongjiang**	**1932.0**			
哈尔滨	Harbin	475.0		300.4	87
齐齐哈尔	Qiqihar	263.7		82.6	243
鸡西	Jixi	78.2		53.7	265
鹤岗	Hegang	43.5		39.2	268
双鸭山	Shuangyashan	59.3		31.5	273
大庆	Daqing	162.7		101.0	235
伊春	Yichun	49.6		57.5	264
佳木斯	Jiamusi	115.3		70.4	255
七台河	Qitaihe	44.8		29.3	275
牡丹江	Mudanjiang	156.3		71.2	253
黑河	Heihe	64.1		36.5	270
绥化	Suihua	259.7		71.0	254
上海	**Shanghai**	**1090.8**			
江苏	**Jiangsu**	**4754.7**			

2-1 就业人员 续表 1
Employed Population continued 1

单位：万人 （10 000 persons）

地名	City	2010	2012	2013	2013 排名 Ranking	地名	City	2010	2012	2013	2013 排名 Ranking
南京	Nanjing	457.8	451.8	452.4	38	池州	Chizhou	109.2	112.1	113.1	223
无锡	Wuxi	382.3	389.1	389.2	56	宣城	Xuancheng	193.0	202.2	202.7	141
徐州	Xuzhou	520.7	478.7	478.7	32	**福建**	**Fujian**	**2181.3**			
常州	Changzhou	323.4	280.9	280.9	96	福州	Fuzhou	391.2	451.9	479.1	31
苏州	Suzhou	589.1	694.3	695.2	6	厦门	Xiamen	149.9	276.4	257.2	109
南通	Nantong	463.7	468.9	467.2	35	莆田	Putian	176.6	203.6	208.8	135
连云港	Lianyungang	302.1	249.2	250.2	114	三明	Sanming	147.3	161.1	162.2	175
淮安	Huaian	326.5	280.4	281.3	95	泉州	Quanzhou	521.6	580.9	578.9	13
盐城	Yancheng	348.3	447.7	446.4	40	漳州	Zhangzhou	275.4	294.8	299.7	89
扬州	Yangzhou	296.8	265.8	265.7	105	南平	Nanping	171.4	177.8	180.1	161
镇江	Zhenjiang	182.1	192.0	192.1	154	龙岩	Longyan	178.5	189.3	186.9	156
泰州	Taizhou	284.3	284.4	284.2	94	宁德	Ningde	166.2	190.4	195.1	151
宿迁	Suqian	333.1	276.4	276.4	100	**江西**	**Jiangxi**	**2498.8**			
浙江	**Zhejiang**	**3636.0**				南昌	Nanchang	292.6	315.9	326.1	74
杭州	Hangzhou	626.3	644.4	650.5	9	景德镇	Jingdezhen	97.0	100.8	101.7	234
宁波	Ningbo	476.5	501.6	503.4	29	萍乡	Pingxiang	106.4	111.1	113.5	222
温州	Wenzhou	558.9	577.9	574.0	15	九江	Jiujiang	308.3	309.2	309.5	83
嘉兴	Jiaxing	317.6	327.1	327.7	73	新余	Xinyu	71.5	64.4	64.7	259
湖州	Huzhou	179.9	180.3	180.9	160	鹰潭	Yingtan	70.9	72.0	74.4	248
绍兴	Shaoxing	341.8	343.9	344.4	65	赣州	Ganzhou	480.2	506.4	522.5	22
金华	Jinhua	346.0	343.5	245.3	116	吉安	Jian	260.3	269.8	275.1	101
衢州	Quzhou	128.1	133.4	133.6	208	宜春	Yichun	301.0	316.3	324.2	76
舟山	Zhoushan	66.7	72.9	72.7	250	抚州	Fuzhou	208.7	215.8	218.6	128
台州	Taizhou	367.6	389.3	397.2	53	上饶	Shangrao	395.7	417.4	421.4	46
丽水	Lishui	137.6	139.2	140.1	201	**山东**	**Shandong**	**6401.9**			
安徽	**Anhui**	**4050.0**				济南	Jinan	379.1	407.9	454.4	37
合肥	Hefei	344.5	484.9	504.4	28	青岛	Qingdao	523.9	548.5	571.4	16
芜湖	Wuhu	135.4	195.9	197.8	147	淄博	Zibo	249.6	273.6	316.3	79
蚌埠	Bengbu	212.5	226.0	199.4	144	枣庄	Zaozhuang	232.0	244.1	291.3	92
淮南	Huainan	132.1	138.1	140.2	200	东营	Dongying	115.6	128.8	148.2	195
马鞍山	Maanshan	66.7	127.2	131.7	212	烟台	Yantai	416.8	436.1	493.3	30
淮北	Huaibei	111.5	113.5	114.1	221	潍坊	Weifang	513.8	519.7	563.1	17
铜陵	Tongling	45.2	46.0	46.3	266	济宁	Jining	482.7	512.0	548.2	19
安庆	Anqing	426.7	431.9	434.6	43	泰安	Taian	314.5	335.6	405.1	48
黄山	Huangshan	93.4	96.1	97.3	237	威海	Weihai	154.3	174.8	198.4	146
滁州	Chuzhou	265.5	276.7	280.4	98	日照	Rizhao	180.2	188.4	207.7	136
阜阳	Fuyang	590.1	611.1	629.3	11	莱芜	Laiwu	76.1	80.3	110.6	226
宿州	Suzhou	355.1	359.1	362.1	57	临沂	Linyi	635.6	665.0	714.1	4
六安	Liuan	395.0	403.5	404.9	49	德州	Dezhou	301.0	311.0	351.7	62
亳州	Bozhou	334.2	338.5	339.1	68	聊城	Liaocheng	347.4	357.5	407.7	47

2-1 就业人员 续表 2
Employed Population continued 2

单位：万人 （10 000 persons）

地名	City	2010	2012	2013	2013 排名 Ranking	地名	City	2010	2012	2013	2013 排名 Ranking
滨州	Binzhou	239.3	254.1	285.4	93	常德	Changde	324.7	342.8	357.4	59
菏泽	Heze	462.0	477.6	513.5	25	张家界	Zhangjiajie	89.0	96.3	97.7	236
河南	**Henan**	**6041.6**				益阳	Yiyang	249.1	258.4	265.3	106
郑州	Zhengzhou	469.3	509.1	538.1	20	郴州	Chenzhou	299.1	310.9	318.1	77
开封	Kaifeng	303.7	309.3	324.4	75	永州	Yongzhou	336.5	343.6	345.3	64
洛阳	Luoyang	408.0	429.6	425.3	44	怀化	Huaihua	294.7	302.7	303.3	85
平顶山	Pingdingshan	309.2	316.0	317.5	78	娄底	Loudi	249.4	252.0	252.2	113
安阳	Anyang	346.5	349.8	355.4	61	广东	**Guangdong**	**5752.4**			
鹤壁	Hebi	86.4	90.4	92.2	240	广州	Guangzhou	789.1	751.3	759.9	3
新乡	Xinxiang	318.7	323.3	340.3	66	韶关	Shaoguan	143.1	143.1	143.8	199
焦作	Jiaozuo	210.1	234.6	232.9	121	深圳	Shenzhen	705.2	771.2	899.2	1
濮阳	Puyang	232.6	241.0	253.8	112	珠海	Zhuhai	105.4	104.9	106.3	228
许昌	Xuchang	261.7	315.8	296.5	90	汕头	Shantou	237.9	239.0	239.7	119
漯河	Luohe	161.9	163.4	166.7	171	佛山	Foshan	381.1	437.2	437.3	42
三门峡	Sanmenxia	129.6	136.4	137.4	204	江门	Jiangmen	248.3	248.3	244.3	117
南阳	Nanyang	675.6	691.4	671.9	8	湛江	Zhanjiang	318.1	331.6	336.4	69
商丘	Shangqiu	505.6	512.9	522.4	23	茂名	Maoming	298.0	278.3	280.5	97
信阳	Xinyang	459.1	491.2	504.9	27	肇庆	Zhaoqing	236.5	215.6	216.2	131
周口	Zhoukou	680.2	686.6	690.5	7	惠州	Huizhou	255.4	270.0	277.3	99
驻马店	Zhumadian	560.8	579.4	575.3	14	梅州	Meizhou	211.8	211.0	211.9	132
湖北	**Hubei**	**3645.0**				汕尾	Shanwei	123.5	119.4	119.7	219
武汉	Wuhan	488.0	506.4	522.2	24	河源	Heyuan	139.9	136.6	135.2	205
黄石	Huangshi	125.2	134.8	134.2	207	阳江	Yangjiang	170.1	132.0	129.0	214
十堰	Shiyan	209.3	207.2	210.4	133	清远	Qingyuan	183.7	197.7	200.1	143
宜昌	Yichang	278.7	225.0	223.1	124	东莞	Dongguan	438.5	631.4	633.2	10
襄阳	Xiangfan	371.1	310.9	314.4	81	中山	ZhongShan	217.8	208.8	210.3	134
鄂州	Ezhou	63.1	64.1	64.9	258	潮州	Chaozhou	146.3	135.0	131.0	213
荆门	Jingmen	202.7	151.2	154.7	183	揭阳	Jieyang	266.0	271.9	273.6	102
孝感	Xiaogan	319.8	301.6	303.4	84	云浮	Yunfu	136.6	131.4	132.7	211
荆州	Jingzhou	383.2	336.9	357.8	58	广西	**Guangxi**	**2903.0**			
黄冈	Huanggang	348.0	355.0	357.0	60	南宁	Nanning	409.1	409.1		
咸宁	Xianning	149.8	150.6	153.7	187	柳州	Liuzhou	217.9	233.2	254.5	111
随州	Suizhou	149.3	134.0	135.0	206	桂林	Guilin	276.9			
湖南	**Hunan**	**3982.7**				梧州	Wuzhou	185.5	191.6	182.3	159
长沙	Changsha	424.1	447.9	456.6	36	北海	Beihai	58.1	84.1	70.1	256
株洲	Zhuzhou	230.6	238.0	242.8	118	防城港	Fangchenggang	55.3	59.4	61.4	261
湘潭	Xiangtan	172.7	175.5	184.5	157	钦州	Qinzhou	227.5	16.6	34.6	272
衡阳	Hengyang	458.3	470.2	475.4	33	贵港	Guigang	258.5	260.6	272.7	103
邵阳	Shaoyang	478.6	504.6	508.7	26	玉林	Yulin	362.0	378.2	391.3	55
岳阳	Yueyang	315.0	350.1	348.2	63	百色	Baise	227.5	237.6	22.2	277

2-1 就业人员 续表 3
Employed Population continued 3

单位：万人　　　　（10 000 persons）

地名	City	2010	2012	2013	2013 排名 Ranking	地名	City	2010	2012	2013	2013 排名 Ranking
贺州	Hezhou	117.3		228.0	123	丽江	Lijiang	72.1	75.2	75.4	245
河池	Hechi	191.2	195.0	205.3	139	普洱	Puer	160.6	171.4	173.0	166
来宾	Laibin	158.0	160.2	162.0	176	临沧	Lincang	139.2	150.8	157.3	180
崇左	Chongzuo	160.3	148.5	149.9	194	**西藏**	**Tibet**	**173.4**			
海南	**Hainan**	**439.7**				拉萨	Lhasa				
海口	Haikou	111.2	136.6	153.0	189	**陕西**	**Shaanxi**	**2073.5**			
三亚	Sanya	30.1	135.5	37.5	269	西安	Xi'an	477.6	514.6	530.7	21
重庆	**Chongqing**					铜川	Tongchuan	41.1	43.2	44.3	267
四川	**Sichuan**	**4772.5**				宝鸡	Baoji	203.7	211.1	205.9	138
成都	Chengdu	766.4	791.1	820.6	2	咸阳	Xianyang	262.7	257.6	263.5	107
自贡	Zigong	184.2	190.7	196.3	148	渭南	Weinan	334.5	336.9	340.1	67
攀枝花	Panzhihua	65.4	66.2	72.6	251	延安	Yan'an	111.2	117.7	128.3	215
泸州	Luzhou	243.5	240.3	250.0	115	汉中	Hanzhong	197.6	199.5	203.5	140
德阳	Deyang	203.5	209.9	218.7	127	榆林	Yulin	193.0	191.7	199.3	145
绵阳	Mianyang	279.5	293.3	299.9	88	安康	Ankang	153.1	152.7	154.5	184
广元	Guangyuan	164.1	160.4	163.8	173	商洛	Shangluo	110.8	109.2	110.0	227
遂宁	Suining	160.4	163.9	161.0	177	**甘肃**	**Gansu**	**1499.6**			
内江	Neijiang	202.7	174.1	173.8	164	兰州	Lanzhou	176.5	192.4	196.3	148
乐山	Leshan	188.5	193.7	183.4	158	嘉峪关	Jiayuguan	12.6	12.5	12.6	278
南充	Nanchong	249.1	275.8	293.1	91	金昌	Jinchang	28.1	28.6	28.6	276
眉山	Meishan	192.4	189.5	187.4	155	白银	Baiyin	90.1	93.1	91.8	241
宜宾	Yibin	310.8	323.0	313.3	82	天水	Tianshui	194.0	177.3	207.0	137
广安	Guangan	212.6	217.1	217.5	129	武威	Wuwei	108.8	110.2	124.7	217
达州	Dazhou	303.2	330.8	328.5	72	张掖	Zhangye	81.1	73.7	74.8	247
雅安	Yaan	95.3	104.8	102.0	233	平凉	Pingliang	123.3	128.5	133.5	209
巴中	Bazhong	184.5	172.3	167.8	170	酒泉	Jiuquan	53.9	58.8	59.1	263
资阳	Ziyang	205.5	207.3	222.2	125	庆阳	Qingyang	139.9	141.6	140.1	201
贵州	**Guizhou**					定西	Dingxi	157.4	159.7	163.6	174
贵阳	Guiyang	241.5	223.6	232.1	122	陇南	Longnan	152.0	154.5	154.5	184
六盘水	Liupanshui	167.0	149.0	152.5	190	**青海**	**Qinghai**	**330.1**			
遵义	Zunyi	434.4	324.8	331.1	71	西宁	Xining				
安顺	Anshun	153.4	125.9	128.0	216	**宁夏**	**Ningxia**	**326.0**			
毕节	Bijie	454.3	151.8	331.2	70	银川	Yinchuan	87.5	108.6	104.1	231
铜仁	Tongren	249.7	155.1	155.2	182	石嘴山	Shizuishan	33.4	35.8	35.3	271
云南	**Yunnan**	**2765.9**				吴忠	Wuzhong	69.7	67.7	73.5	249
昆明	Kunming	392.2	401.9	403.5	50	固原	Guyuan	74.6	67.5	75.7	244
曲靖	Qujing	393.0	394.7	396.9	54	中卫	Zhongwei	59.3	63.7	61.0	262
玉溪	Yuxi	149.3	153.3	156.1	181	**新疆**	**Xinjiang**	**894.7**			
保山	Baoshan	152.3	163.3	165.0	172	乌鲁木齐	Urumqi	114.3	118.1		
昭通	Zhaotong	297.5	313.5	315.3	80	克拉玛依	Karamay	22.8	23.8		

2-2 城镇单位就业人员
Employed Persons in Urban Units

单位：万人 (10 000 persons)

地名	City	2010	2012	2013	2013 排名 Ranking
全国	**Nation Total**	**13051.5**	**15236.4**	**18108.4**	
北京	**Beijing**	**646.6**	**717.4**	**742.3**	
天津	**Tianjin**	**205.7**	**289.1**	**302.4**	
河北	**Hebei**	**519.6**	**619.9**	**653.4**	
石家庄	Shijiazhuang	84.2	90.7	97.0	36
唐山	Tangshan	84.0	95.6	96.5	38
秦皇岛	Qinhuangdao	29.8	33.5	34.2	139
邯郸	Handan	56.6	64.5	80.4	50
邢台	Xingtai	35.1	44.9	45.6	101
保定	Baoding	70.4	101.0	104.5	30
张家口	Zhangjiakou	33.7	39.8	38.9	124
承德	Chengde	25.7	26.4	30.3	159
沧州	Cangzhou	43.7	52.4	52.4	81
廊坊	Langfang	34.6	42.1	43.9	108
衡水	Hengshui	21.8	29.1	29.6	163
山西	**Shanxi**	**394.4**	**436.0**	**464.0**	
太原	Taiyuan	77.3	98.5	96.7	37
大同	Datong	42.1	44.6	46.6	99
阳泉	Yangquan	23.7	27.6	28.6	170
长治	Changzhi	37.3	39.5	45.1	103
晋城	Jincheng	27.1	28.9	37.9	126
朔州	Shuozhou	17.9	20.4	20.5	211
晋中	Jinzhong	35.1	34.6	36.7	129
运城	Yuncheng	32.0	32.4	38.0	125
忻州	Xinzhou	22.7	25.3	26.3	183
临汾	Linfen	33.8	37.5	37.6	127
吕梁	Luliang	30.8	35.9	39.5	121
内蒙古	**Inner Mongolia**	**249.2**	**270.8**	**303.8**	
呼和浩特	Hohhot	71.8	34.0	41.5	116
包头	Baotou	75.0	39.4	43.1	110
乌海	Wuhai	15.9	10.2	10.4	268
赤峰	Chifeng	53.9	32.1	36.4	130
通辽	Tongliao	37.3	24.9	28.8	168
鄂尔多斯	Erdos	35.3	22.3	31.0	154
呼伦贝尔	Hulunbuir	49.8	29.2	31.2	153
巴彦淖尔	Bayannur	25.9	15.7	15.3	246
乌兰察布	Ulanqab	28.9	15.3	16.7	239
辽宁	**Liaoning**	**518.1**	**598.7**	**689.1**	
沈阳	Shenyang	109.9	112.8	144.2	19
大连	Dalian	96.3	111.5	131.4	23
鞍山	Anshan	51.2	55.2	62.9	65
抚顺	Fushun	40.3	30.9	32.8	143
本溪	Benxi	32.3	28.0	31.7	151
丹东	Dandong	24.6	26.9	31.8	149
锦州	Jinzhou	32.2	29.2	32.1	145
营口	Yingkou	20.8	28.0	29.1	166
阜新	Fuxin	25.6	21.7	22.7	200
辽阳	Liaoyang	18.9	18.0	19.9	216
盘锦	Panjin	50.3	46.9	49.8	88
铁岭	Tieling	27.2	23.0	28.2	173
朝阳	Chaoyang	25.2	30.9	30.4	157
葫芦岛	Huludao	25.4	20.4	27.2	181
吉林	**Jilin**	**267.6**	**285.5**	**338.4**	
长春	Changchun	92.8	100.0	126.2	27
吉林	Jilin	33.3	39.1	44.3	106
四平	Siping	21.1	20.5	21.8	205
辽源	Liaoyuan	8.8	9.1	13.7	254
通化	Tonghua	19.9	21.5	29.8	162
白山	Baishan	17.2	18.9	19.0	222
松原	Songyuan	21.5	21.6	27.4	178
白城	Baicheng	18.5	20.8	21.6	206
黑龙江	**Heilongjiang**	**460.0**	**471.0**	**467.8**	
哈尔滨	Harbin	160.8	298.5	182.8	12
齐齐哈尔	Qiqihar	37.3	73.8	43.5	109
鸡西	Jixi	22.6	52.2	23.2	197
鹤岗	Hegang	20.2	38.4	21.0	210
双鸭山	Shuangyashan	16.6	30.6	19.2	219
大庆	Daqing	69.2	100.4	74.4	55
伊春	Yichun	24.5	57.4	27.5	177
佳木斯	Jiamusi	22.7	57.6	27.4	178
七台河	Qitaihe	18.6	28.0	17.2	235
牡丹江	Mudanjiang	38.9	65.5	45.8	100
黑河	Heihe	15.3	34.8	17.5	232
绥化	Suihua	27.8	69.7	33.0	142
上海	**Shanghai**	**392.9**	**555.7**	**467.8**	
江苏	**Jiangsu**	**763.8**	**830.9**	**1503.3**	

2-2 城镇单位就业人员 续表 1
Employed Persons in Urban Units continued 1

单位：万人 (10 000 persons)

地名	City	2010	2012	2013	2013 排名 Ranking
南京	Nanjing	125.6	147.4	217.0	7
无锡	Wuxi	83.0	88.1	128.6	26
徐州	Xuzhou	61.8	63.5	110.2	28
常州	Changzhou	38.2	48.9	71.8	58
苏州	Suzhou	130.9	133.7	295.7	3
南通	Nantong	63.1	68.5	184.6	11
连云港	Lianyungang	34.0	35.5	47.4	95
淮安	Huaian	39.3	42.7	63.6	64
盐城	Yancheng	51.9	53.8	89.0	46
扬州	Yangzhou	40.1	42.9	101.5	33
镇江	Zhenjiang	37.3	40.7	46.9	97
泰州	Taizhou	37.2	40.9	93.3	40
宿迁	Suqian	21.5	24.4	54.7	78
浙江	**Zhejiang**	**883.6**	**1070.1**	**1071.6**	
杭州	Hangzhou	232.7	281.9	282.6	4
宁波	Ningbo	140.2	174.7	171.4	14
温州	Wenzhou	107.9	111.5	103.0	31
嘉兴	Jiaxing	80.4	79.2	79.8	51
湖州	Huzhou	37.9	47.1	48.2	93
绍兴	Shaoxing	107.1	130.7	135.5	22
金华	Jinhua	52.5	56.0	90.0	45
衢州	Quzhou	17.1	20.3	20.4	213
舟山	Zhoushan	16.8	17.7	18.5	226
台州	Taizhou	69.8	96.8	102.3	32
丽水	Lishui	16.8	18.9	18.0	230
安徽	**Anhui**	**372.9**	**436.8**	**519.7**	
合肥	Hefei	71.1	115.6	144.5	18
芜湖	Wuhu	26.7	36.5	42.2	113
蚌埠	Bengbu	17.3	23.4	26.0	184
淮南	Huainan	32.7	35.5	35.3	137
马鞍山	Maanshan	15.4	19.1	23.7	195
淮北	Huaibei	20.8	22.3	28.6	170
铜陵	Tongling	11.7	12.6	15.6	245
安庆	Anqing	24.2	27.3	34.9	138
黄山	Huangshan	9.4	10.3	11.7	263
滁州	Chuzhou	17.9	19.1	22.5	202
阜阳	Fuyang	29.1	29.6	30.8	155
宿州	Suzhou	22.1	24.4	32.0	148
六安	Liuan	22.2	23.0	23.2	197
亳州	Bozhou	16.1	17.4	22.1	204

地名	City	2010	2012	2013	2013 排名 Ranking
池州	Chizhou	7.1	7.8	10.7	267
宣城	Xuancheng	12.4	12.9	15.8	243
福建	**Fujian**	**507.1**	**637.9**	**644.0**	
福州	Fuzhou	105.5	143.8	142.8	20
厦门	Xiamen	95.3	118.0	130.3	24
莆田	Putian	28.8	36.9	46.6	98
三明	Sanming	21.5	25.3	24.1	189
泉州	Quanzhou	142.2	163.6	163.7	15
漳州	Zhangzhou	40.1	48.6	50.6	84
南平	Nanping	23.6	25.8	24.0	190
龙岩	Longyan	30.6	34.3	28.9	167
宁德	Ningde	16.6	26.2	27.7	176
江西	**Jiangxi**	**297.4**	**385.8**	**445.0**	
南昌	Nanchang	67.8	96.3		
景德镇	Jingdezhen	17.4	19.3		
萍乡	Pingxiang	14.1	14.1		
九江	Jiujiang	34.0	41.9		
新余	Xinyu	10.1	11.4		
鹰潭	Yingtan	10.0	10.2		
赣州	Ganzhou	42.4	48.8		
吉安	Jian	20.2	22.9		
宜春	Yichun	28.1	36.8		
抚州	Fuzhou	21.2	29.8		
上饶	Shangrao	30.0	42.9		
山东	**Shandong**	**956.2**	**1110.2**	**1290.6**	
济南	Jinan	116.9	134.5	148.1	16
青岛	Qingdao	124.1	129.0	147.1	17
淄博	Zibo	62.9	77.4	93.9	39
枣庄	Zaozhuang	35.8	41.3	51.1	83
东营	Dongying	40.1	47.1	48.8	91
烟台	Yantai	90.5	104.7	107.9	29
潍坊	Weifang	74.0	83.7	92.7	41
济宁	Jining	63.2	76.9	92.3	42
泰安	Taian	56.3	68.2	77.9	53
威海	Weihai	39.9	56.8	56.0	75
日照	Rizhao	20.7	21.8	32.1	145
莱芜	Laiwu	13.8	17.4	19.1	221
临沂	Linyi	56.2	72.2	101.1	34
德州	Dezhou	38.6	41.6	57.0	74
聊城	Liaocheng	35.4	39.5	48.5	92

2-2 城镇单位就业人员 续表 2
Employed Persons in Urban Units continued 2

单位：万人 (10 000 persons)

地名	City	2010	2012	2013	2013 排名 Ranking	地名	City	2010	2012	2013	2013 排名 Ranking
滨州	Binzhou	37.6	43.0	52.4	81	常德	Changde	60.5	38.8	42.4	112
菏泽	Heze	37.2	41.9	50.1	86	张家界	Zhangjiajie	15.8	9.0	8.9	272
河南	**Henan**	**751.7**	**881.2**	**1076.0**		益阳	Yiyang	38.8	28.1	29.4	165
郑州	Zhengzhou	108.5	155.6	192.0	10	郴州	Chenzhou	62.2	34.0	36.1	131
开封	Kaifeng	33.1	41.0	47.7	94	永州	Yongzhou	54.7	31.3	32.1	145
洛阳	Luoyang	53.9	61.1	72.8	56	怀化	Huaihua	84.6	29.1	28.8	168
平顶山	Pingdingshan	48.5	51.8	57.3	72	娄底	Loudi	53.9	28.9	30.4	157
安阳	Anyang	43.5	51.1	57.2	73	**广东**	**Guangdong**	**1118.5**	**1304.0**	**1967.0**	
鹤壁	Hebi	17.8	19.2	22.4	203	广州	Guangzhou	246.4	326.8	324.6	2
新乡	Xinxiang	45.7	46.0	72.0	57	韶关	Shaoguan	30.6	34.8	35.7	134
焦作	Jiaozuo	32.3	39.8	49.4	89	深圳	Shenzhen	253.0	280.0	457.4	1
濮阳	Puyang	31.4	33.1	41.0	117	珠海	Zhuhai	63.2	65.4	74.6	54
许昌	Xuchang	28.7	33.1	44.2	107	汕头	Shantou	32.3	53.0	55.5	77
漯河	Luohe	23.1	25.3	30.1	160	佛山	Foshan	56.1	65.0	174.2	13
三门峡	Sanmenxia	24.2	26.2	27.9	174	江门	Jiangmen	44.9	53.3	59.5	70
南阳	Nanyang	70.5	83.5	88.0	47	湛江	Zhanjiang	40.7	44.4	50.3	85
商丘	Shangqiu	39.7	45.8	55.6	76	茂名	Maoming	30.9	38.3	44.8	104
信阳	Xinyang	43.2	46.0	60.7	68	肇庆	Zhaoqing	27.6	31.8	40.7	120
周口	Zhoukou	45.2	47.5	66.2	62	惠州	Huizhou	80.4	89.0	86.1	48
驻马店	Zhumadian	41.2	49.0	61.9	66	梅州	Meizhou	23.5	24.0	29.5	164
湖北	**Hubei**	**510.3**	**598.0**	**696.5**		汕尾	Shanwei	15.7	17.5	24.9	187
武汉	Wuhan	178.5	191.9	198.5	8	河源	Heyuan	24.7	23.8	25.4	185
黄石	Huangshi	27.3	32.5	33.3	141	阳江	Yangjiang	18.2	18.4	24.5	188
十堰	Shiyan	35.6	54.9	60.9	67	清远	Qingyuan	27.6	26.9	31.4	152
宜昌	Yichang	78.9	70.0	85.0	49	东莞	Dongguan	23.2	25.3	244.9	6
襄阳	Xiangfan	40.5	51.5	65.5	63	中山	ZhongShan	29.0	33.0	90.8	43
鄂州	Ezhou	30.5	20.0	20.4	213	潮州	Chaozhou	12.5	13.1	21.1	208
荆门	Jingmen	42.3	23.0	24.0	190	揭阳	Jieyang	20.7	23.0	39.1	122
孝感	Xiaogan	50.4	70.9	79.7	52	云浮	Yunfu	17.5	17.1	21.2	207
荆州	Jingzhou	63.6	36.7	41.6	115	**广西**	**Guangxi**	**316.7**	**358.0**	**403.0**	
黄冈	Huanggang	33.0	36.3	44.5	105	南宁	Nanning	70.5	72.2	90.6	44
咸宁	Xianning	32.9	32.0	32.8	143	柳州	Liuzhou	38.0	48.5	60.7	68
随州	Suizhou	43.2	12.4	15.0	248	桂林	Guilin	31.6	36.0	42.6	111
湖南	**Hunan**	**505.7**	**567.5**	**601.0**		梧州	Wuzhou	15.6	15.6	20.1	215
长沙	Changsha	179.9	124.1	130.3	24	北海	Beihai	11.9	14.3	13.8	253
株洲	Zhuzhou	64.2	42.2	45.5	102	防城港	Fangchenggang	8.9	10.4	11.0	265
湘潭	Xiangtan	44.3	32.2	35.4	135	钦州	Qinzhou	13.7	16.6	19.4	218
衡阳	Hengyang	136.3	56.6	57.8	71	贵港	Guigang	15.3	16.0	18.2	228
邵阳	Shaoyang	93.9	34.9	37.2	128	玉林	Yulin	27.3	30.8	35.8	133
岳阳	Yueyang	92.3	48.9	52.9	80	百色	Baise	18.2	19.6	21.1	208

2-2 城镇单位就业人员 续表 3
Employed Persons in Urban Units continued 3

单位：万人 (10 000 persons)

地名	City	2010	2012	2013	2013 排名 Ranking
贺州	Hezhou	8.0	9.5	9.9	269
河池	Hechi	18.2	19.2	19.7	217
来宾	Laibin	11.8	12.4	14.4	251
崇左	Chongzuo	14.0	14.1	13.7	254
海南	**Hainan**	**81.3**	**90.1**	**98.8**	
海口	Haikou	77.2	45.0	49.4	89
三亚	Sanya	14.4	9.7	11.1	264
重庆	**Chongqing**	**266.4**	**353.2**	**402.0**	
四川	**Sichuan**	**570.6**	**640.9**	**846.2**	
成都	Chengdu	172.1	212.3	251.7	5
自贡	Zigong	16.5	17.4	18.7	225
攀枝花	Panzhihua	17.2	18.6	24.0	190
泸州	Luzhou	25.7	27.8	27.3	180
德阳	Deyang	25.7	25.7	28.6	170
绵阳	Mianyang	34.6	39.5	41.9	114
广元	Guangyuan	14.2	14.6	14.9	250
遂宁	Suining	16.2	17.5	17.6	231
内江	Neijiang	21.4	21.8	24.0	190
乐山	Leshan	28.8	27.8	22.6	201
南充	Nanchong	25.9	30.2	35.4	135
眉山	Meishan	15.3	15.7	15.3	246
宜宾	Yibin	33.5	36.5	34.0	140
广安	Guangan	11.4	11.9	12.4	260
达州	Dazhou	25.1	26.9	26.5	182
雅安	Yaan	9.6	10.1	9.1	271
巴中	Bazhong	14.4	17.8	16.2	240
资阳	Ziyang	16.1	17.4	20.5	211
贵州	**Guizhou**	**224.3**	**269.5**	**296.7**	
贵阳	Guiyang	72.0	82.7	97.7	35
六盘水	Liupanshui	22.5	24.3	25.0	186
遵义	Zunyi	30.3	37.8	40.8	119
安顺	Anshun	12.8	15.2	16.9	238
毕节	Bijie	21.7	27.4	30.6	156
铜仁	Tongren	14.6	17.1	18.2	228
云南	**Yunnan**	**322.8**	**392.7**	**428.1**	
昆明	Kunming	92.2	119.8	137.3	21
曲靖	Qujing	33.2	46.5	50.1	86
玉溪	Yuxi	18.8	25.4	27.8	175
保山	Baoshan	14.2	18.1	18.3	227
昭通	Zhaotong	18.1	23.2	23.8	194
丽江	Lijiang	8.4	10.3	10.9	266
普洱	Puer	14.1	16.8	17.3	234
临沧	Lincang	11.0	13.1	15.7	244
西藏	**Tibet**	**22.2**	**25.2**	**31.0**	
拉萨	Lhasa	2.5	9.6	9.3	270
陕西	**Shaanxi**	**364.8**	**411.2**	**505.3**	
西安	Xi'an	140.4	179.8	198.4	9
铜川	Tongchuan	9.8	10.0	12.0	261
宝鸡	Baoji	29.8	30.2	39.1	122
咸阳	Xianyang	37.1	40.2	54.4	79
渭南	Weinan	37.4	39.2	47.3	96
延安	Yan'an	23.1	24.6	31.8	149
汉中	Hanzhong	25.0	26.4	30.0	161
榆林	Yulin	25.9	27.5	41.0	117
安康	Ankang	12.9	14.8	17.2	235
商洛	Shangluo	12.9	14.7	18.8	224
甘肃	**Gansu**	**194.3**	**211.3**	**256.6**	
兰州	Lanzhou	57.7	60.1	70.7	60
嘉峪关	Jiayuguan	5.0	6.4	6.6	273
金昌	Jinchang	7.4	10.2	11.8	262
白银	Baiyin	15.3	15.3	18.9	223
天水	Tianshui	18.9	21.1	23.0	199
武威	Wuwei	9.9	10.6	14.2	252
张掖	Zhangye	10.3	11.4	13.6	257
平凉	Pingliang	12.9	15.3	16.1	242
酒泉	Jiuquan	10.2	11.0	15.0	248
庆阳	Qingyang	9.3	10.5	17.4	233
定西	Dingxi	10.6	11.6	16.2	240
陇南	Longnan	11.3	9.9	13.7	254
青海	**Qinghai**	**52.6**	**61.7**	**64.2**	
西宁	Xining	29.0	34.1	35.9	132
宁夏	**Ningxia**	**59.3**	**67.4**	**72.2**	
银川	Yinchuan	53.6	35.5	68.9	61
石嘴山	Shizuishan	16.6	9.9	19.2	219
吴忠	Wuzhong	16.5	8.3	23.7	195
固原	Guyuan	11.8	5.9	13.3	259
中卫	Zhongwei	8.0	6.2	13.4	258
新疆	**Xinjiang**	**255.0**	**288.8**	**309.5**	
乌鲁木齐	Urumqi	49.1	65.3	70.9	59
克拉玛依	Karamay	16.7	17.2	17.2	235

2-3 城镇单位第一产业就业人员
Employed Persons in Primary Industry

单位：万人 (10 000 persons)

地名	City	2010	2012	2013	2013 排名 Ranking
全国	**Nation Total**	**375.70**	**338.90**	**294.80**	
北京	**Beijing**	**3.23**	**2.54**	**3.10**	
天津	**Tianjin**	**0.71**	**0.55**	**0.50**	
河北	**Hebei**	**6.63**	**5.52**	**5.20**	
石家庄	Shijiazhuang	0.41	0.26	0.20	155
唐山	Tangshan	3.03	2.66	2.54	13
秦皇岛	Qinhuangdao	0.20	0.09	0.09	206
邯郸	Handan	0.25	0.21	0.19	159
邢台	Xingtai	0.16	0.12	0.10	199
保定	Baoding	0.28	0.16	0.14	179
张家口	Zhangjiakou	0.55	0.98	0.50	72
承德	Chengde	0.52	0.41	0.39	94
沧州	Cangzhou	0.94	0.85	0.83	51
廊坊	Langfang	0.16	0.15	0.15	172
衡水	Hengshui	0.13	0.12	0.12	189
山西	**Shanxi**	**3.23**	**2.82**	**2.20**	
太原	Taiyuan	0.33	0.25	0.25	139
大同	Datong	0.21	0.16	0.15	172
阳泉	Yangquan	0.04	0.04	0.03	259
长治	Changzhi	0.31	0.16	0.16	168
晋城	Jincheng	0.15	0.13	0.14	179
朔州	Shuozhou	0.87	0.96	0.35	109
晋中	Jinzhong	0.18	0.15	0.15	172
运城	Yuncheng	0.30	0.51	0.34	112
忻州	Xinzhou	0.33	0.41	0.29	123
临汾	Linfen	0.42	0.62	0.37	101
吕梁	Luliang	0.09	0.14	0.07	223
内蒙古	**Inner Mongolia**	**26.70**	**24.99**	**24.10**	
呼和浩特	Hohhot	0.36	0.63	0.39	94
包头	Baotou	0.31	0.31	0.29	123
乌海	Wuhai	0.05	0.04	0.02	268
赤峰	Chifeng	1.95	1.79	1.76	21
通辽	Tongliao	5.82	5.47	5.53	7
鄂尔多斯	Erdos	0.47	0.44	0.43	88
呼伦贝尔	Hulunbuir	11.27	10.69	10.18	3
巴彦淖尔	Bayannur	2.24	2.30	1.85	20
乌兰察布	Ulanqab	0.36	0.37	0.35	109
辽宁	**Liaoning**	**27.97**	**25.17**	**23.30**	
沈阳	Shenyang	0.99	0.73	0.34	112
大连	Dalian	0.97	0.69	0.57	66
鞍山	Anshan	0.74	0.43	0.39	94
抚顺	Fushun	0.55	0.46	0.44	87
本溪	Benxi	0.19	0.19	0.08	216
丹东	Dandong	0.30	0.29	0.55	68
锦州	Jinzhou	1.46	1.41	1.06	39
营口	Yingkou	0.11	0.07	0.05	245
阜新	Fuxin	0.44	0.41	0.41	92
辽阳	Liaoyang	0.42	0.37	0.43	88
盘锦	Panjin	18.75	17.79	16.78	1
铁岭	Tieling	2.02	1.78	1.65	24
朝阳	Chaoyang	0.61	0.26	0.26	134
葫芦岛	Huludao	0.42	0.31	0.31	117
吉林	**Jilin**	**16.70**	**15.71**	**13.70**	
长春	Changchun	1.33	1.09	1.16	35
吉林	Jilin	1.64	1.55	1.02	42
四平	Siping	1.03	0.99	0.91	46
辽源	Liaoyuan	0.36	0.34	0.29	123
通化	Tonghua	0.62	0.60	0.42	90
白山	Baishan	2.20	2.37	2.23	14
松原	Songyuan	2.42	2.09	2.11	15
白城	Baicheng	3.40	3.30	2.64	12
黑龙江	**Heilongjiang**	**92.90**	**93.26**	**79.90**	
哈尔滨	Harbin	5.50	7.61	4.98	9
齐齐哈尔	Qiqihar	7.65	0.57	7.29	6
鸡西	Jixi	6.70	6.23	1.28	31
鹤岗	Hegang	8.55	8.55	5.20	8
双鸭山	Shuangyashan	14.61	0.90	0.65	63
大庆	Daqing	0.34	0.30	0.30	121
伊春	Yichun	10.23	10.36	10.02	4
佳木斯	Jiamusi	9.56	8.32	2.10	16
七台河	Qitaihe	0.55	0.47	0.46	84
牡丹江	Mudanjiang	5.00	4.65	4.35	10
黑河	Heihe	16.30	16.25	16.12	2
绥化	Suihua	1.28	1.34	1.30	29
上海	**Shanghai**	**1.54**	**1.23**	**1.30**	
江苏	**Jiangsu**	**9.92**	**8.60**	**6.60**	

2-3 城镇单位第一产业就业人员 续表 1
Employed Persons in Primary Industry continued 1

单位：万人 (10 000 persons)

地名	City	2010	2012	2013	2013 排名 Ranking	地名	City	2010	2012	2013	2013 排名 Ranking
南京	Nanjing	0.41	0.50	0.18	160	池州	Chizhou	0.13	0.10	0.09	206
无锡	Wuxi	0.24	0.20	0.18	160	宣城	Xuancheng	0.29	1.30	1.30	29
徐州	Xuzhou	1.86	1.57	1.46	28	**福建**	**Fujian**	**6.69**	**4.83**	**4.50**	
常州	Changzhou	0.12	0.12	0.06	238	福州	Fuzhou	0.73	0.22	0.20	155
苏州	Suzhou	0.15	0.09	0.01	275	厦门	Xiamen	0.28	0.23	0.22	150
南通	Nantong	1.13	1.14	0.68	59	莆田	Putian	0.13	0.04	0.02	268
连云港	Lianyungang	1.87	1.61	0.95	44	三明	Sanming	0.57	0.56	0.49	74
淮安	Huaian	1.13	1.03	0.95	44	泉州	Quanzhou	0.38	0.36	0.39	94
盐城	Yancheng	2.42	2.40	1.97	18	漳州	Zhangzhou	2.66	1.85	1.73	22
扬州	Yangzhou	0.09	0.15	0.05	245	南平	Nanping	1.09	0.89	0.48	78
镇江	Zhenjiang	0.15	0.28	0.14	179	龙岩	Longyan	0.52	0.44	0.42	90
泰州	Taizhou	0.24	0.43	0.22	150	宁德	Ningde	0.33	0.24	0.25	139
宿迁	Suqian	0.11	0.13	0.05	245	**江西**	**Jiangxi**	**12.09**	**11.64**	**5.60**	
浙江	**Zhejiang**	**1.44**	**0.82**	**0.80**		南昌	Nanchang	1.73	0.78	0.83	51
杭州	Hangzhou	0.15	0.11	0.17	163	景德镇	Jingdezhen	1.02	0.74	0.65	63
宁波	Ningbo	0.13	0.06	0.06	238	萍乡	Pingxiang	0.07	0.10	0.09	206
温州	Wenzhou	0.11	0.05	0.05	245	九江	Jiujiang	0.89	0.74	0.71	56
嘉兴	Jiaxing	0.09	0.08	0.07	223	新余	Xinyu	0.09	0.06	0.05	245
湖州	Huzhou	0.02	0.02	0.03	259	鹰潭	Yingtan	1.43	1.21		
绍兴	Shaoxing	0.03	0.05	0.06	238	赣州	Ganzhou	0.76	0.73	0.68	59
金华	Jinhua	0.10	0.07	0.03	259	吉安	Jian	1.39	1.24	1.10	37
衢州	Quzhou	0.04	0.03	0.03	259	宜春	Yichun	0.78	0.57	0.53	70
舟山	Zhoushan	0.05	0.03	0.03	259	抚州	Fuzhou	0.98	0.84	0.53	70
台州	Taizhou	0.48	0.14	0.11	196	上饶	Shangrao	2.95	4.63	0.65	63
丽水	Lishui	0.24	0.16	0.13	186	**山东**	**Shandong**	**5.10**	**2.75**	**1.80**	
安徽	**Anhui**	**6.13**	**5.38**	**4.90**		济南	Jinan	0.11	0.10	0.09	206
合肥	Hefei	0.10	0.14	0.10	199	青岛	Qingdao	0.52	0.18	0.14	179
芜湖	Wuhu	0.04	0.06	0.05	245	淄博	Zibo	0.25	0.15	0.07	223
蚌埠	Bengbu	0.21	0.05	0.03	259	枣庄	Zaozhuang	0.40	0.12	0.04	256
淮南	Huainan	0.32	0.30	0.22	150	东营	Dongying	0.59	0.43	0.07	223
马鞍山	Maanshan	0.03	0.08	0.07	223	烟台	Yantai	0.34	0.22	0.05	245
淮北	Huaibei		0.01			潍坊	Weifang	0.34	0.12	0.09	206
铜陵	Tongling	0.38	0.28	0.26	134	济宁	Jining	0.18	0.19	0.17	163
安庆	Anqing	1.69	1.72	1.62	25	泰安	Taian	0.26	0.16	0.15	172
黄山	Huangshan	0.10	0.10	0.10	199	威海	Weihai	0.15	0.08	0.08	216
滁州	Chuzhou	0.85	0.88	0.72	55	日照	Rizhao	0.11	0.09	0.07	223
阜阳	Fuyang	0.31	0.26	0.21	153	莱芜	Laiwu				
宿州	Suzhou	0.58	1.00	0.48	78	临沂	Linyi	0.70	0.38	0.29	123
六安	Liuan	0.84	1.60	1.72	23	德州	Dezhou	0.52	0.25	0.08	216
亳州	Bozhou	0.05	0.05	0.02	268	聊城	Liaocheng	0.12	0.06	0.07	223

2-3 城镇单位第一产业就业人员 续表 2
Employed Persons in Primary Industry continued 2

单位：万人 (10 000 persons)

地名	City	2010	2012	2013	2013 排名 Ranking
滨州	Binzhou	0.09	0.06	0.01	275
菏泽	Heze	0.42	0.49	0.38	98
河南	**Henan**	**7.10**	**5.83**	**5.20**	
郑州	Zhengzhou	0.23	0.22	0.31	117
开封	Kaifeng	0.73	0.79	0.25	139
洛阳	Luoyang	0.21	0.17	0.17	163
平顶山	Pingdingshan	0.12	0.09	0.08	216
安阳	Anyang	0.13	0.11	0.12	189
鹤壁	Hebi	0.12	0.11	0.03	259
新乡	Xinxiang	0.63	0.56	0.23	146
焦作	Jiaozuo	0.57	0.49	0.10	199
濮阳	Puyang	0.05	0.03	0.05	245
许昌	Xuchang	0.06	0.16	0.08	216
漯河	Luohe	0.04	0.07	0.03	259
三门峡	Sanmenxia	0.14	0.11	0.09	206
南阳	Nanyang	1.16	1.10	1.02	42
商丘	Shangqiu	0.28	0.40	0.34	112
信阳	Xinyang	0.88	0.97	0.57	66
周口	Zhoukou	1.10	0.47	1.19	33
驻马店	Zhumadian	0.52	0.70	0.49	74
湖北	**Hubei**	**13.80**	**9.71**	**9.10**	
武汉	Wuhan	0.79	0.39	0.38	98
黄石	Huangshi	0.44	0.36	0.15	172
十堰	Shiyan	0.36	0.54	0.66	61
宜昌	Yichang	0.28	0.73	0.36	104
襄阳	Xiangfan	0.60	0.70	0.78	53
鄂州	Ezhou	0.03	0.01	0.01	275
荆门	Jingmen	1.08	1.03	0.90	47
孝感	Xiaogan	1.72	1.71	0.71	56
荆州	Jingzhou	3.97	1.72	1.23	32
黄冈	Huanggang	0.83	0.94	2.10	16
咸宁	Xianning	0.39	0.07	0.07	223
随州	Suizhou	0.06	0.07	0.07	223
湖南	**Hunan**	**5.30**	**2.42**	**2.30**	
长沙	Changsha	0.05	0.12	0.12	189
株洲	Zhuzhou	0.10	0.10	0.16	168
湘潭	Xiangtan		0.02	0.01	275
衡阳	Hengyang	0.03	0.06	0.06	238
邵阳	Shaoyang	0.56	0.50	0.37	101
岳阳	Yueyang	3.23	0.48	0.28	129
常德	Changde	0.10	0.25	0.12	189
张家界	Zhangjiajie	0.07	0.07	0.07	223
益阳	Yiyang	0.15	0.10	0.09	206
郴州	Chenzhou	0.10	0.17	0.17	163
永州	Yongzhou	0.54	0.36	0.37	101
怀化	Huaihua	0.40	0.31	0.28	129
娄底	Loudi	0.41	0.20	0.10	199
广东	**Guangdong**	**8.81**	**7.23**	**6.20**	
广州	Guangzhou	0.60	0.25	0.23	146
韶关	Shaoguan	0.46	0.44	0.23	146
深圳	Shenzhen	0.27	0.08	0.07	223
珠海	Zhuhai	0.74	0.73	0.70	58
汕头	Shantou	0.04	0.05	0.05	245
佛山	Foshan	0.04	0.03	0.02	268
江门	Jiangmen	0.11	0.04	0.05	245
湛江	Zhanjiang	2.34	2.26	1.89	19
茂名	Maoming	1.19	0.93	0.90	47
肇庆	Zhaoqing	0.14	0.11	0.07	223
惠州	Huizhou	0.11	0.10	0.09	206
梅州	Meizhou	0.11	0.10	0.06	238
汕尾	Shanwei	1.02	0.77	0.46	84
河源	Heyuan	0.13	0.09	0.09	206
阳江	Yangjiang	0.57	0.47	0.45	86
清远	Qingyuan	0.21	0.18	0.14	179
东莞	Dongguan	0.07	0.09	0.07	223
中山	ZhongShan				
潮州	Chaozhou	0.02	0.02	0.02	268
揭阳	Jieyang	0.57	0.49	0.48	78
云浮	Yunfu	0.07	0.08	0.07	223
广西	**Guangxi**	**10.77**	**9.93**	**9.10**	
南宁	Nanning	1.54	1.55	1.49	26
柳州	Liuzhou	0.79	0.71	0.50	72
桂林	Guilin	0.64	0.60	0.54	69
梧州	Wuzhou	0.23	0.42	0.12	189
北海	Beihai	0.52	1.00	0.49	74
防城港	Fangchenggang	1.23	1.16	1.17	34
钦州	Qinzhou	0.54	0.53	0.47	83
贵港	Guigang	0.21	0.17	0.14	179
玉林	Yulin	1.14	1.10	0.90	47
百色	Baise	0.48	0.53	0.40	93

2-3 城镇单位第一产业就业人员 续表 3
Employed Persons in Primary Industry continued 3

单位：万人 (10 000 persons)

地名	City	2010	2012	2013	2013 排名 Ranking
贺州	Hezhou	0.34	0.35	0.16	168
河池	Hechi	0.59	0.53	0.35	109
来宾	Laibin	0.91	0.91	0.90	47
崇左	Chongzuo	1.61	1.63	1.49	26
海南	**Hainan**	**12.30**	**11.90**	**4.80**	
海口	Haikou	0.13	7.64	0.36	104
三亚	Sanya	0.08	0.61	0.48	78
重庆	**Chongqing**	**1.90**	**1.29**	**1.10**	
四川	**Sichuan**	**5.00**	**4.03**	**3.70**	
成都	Chengdu	0.23	0.20	2.81	11
自贡	Zigong	0.06	0.06	0.06	238
攀枝花	Panzhihua	0.12	0.08	0.08	216
泸州	Luzhou	0.21	0.17	0.13	186
德阳	Deyang	0.07	0.05	0.04	256
绵阳	Mianyang	0.16	0.13	0.11	196
广元	Guangyuan	0.10	0.09	0.03	259
遂宁	Suining	0.01	0.02	0.02	268
内江	Neijiang	0.19	0.11	0.08	216
乐山	Leshan	0.39	0.16	0.33	116
南充	Nanchong	0.26	0.11	0.15	172
眉山	Meishan	0.21	0.07	0.06	238
宜宾	Yibin	0.10	0.24	0.25	139
广安	Guangan	0.12	0.07	0.07	223
达州	Dazhou	0.40	0.36	0.30	121
雅安	Yaan	0.16	0.09	0.09	206
巴中	Bazhong	0.43	0.47	0.26	134
资阳	Ziyang	0.33	0.27	0.25	139
贵州	**Guizhou**	**2.10**	**1.62**	**1.60**	
贵阳	Guiyang	0.30	0.17	0.21	153
六盘水	Liupanshui	0.11	0.12	0.04	256
遵义	Zunyi	0.13	0.12	0.13	186
安顺	Anshun	0.31	0.20	0.20	155
毕节	Bijie		0.07	0.12	189
铜仁	Tongren		0.15	0.14	179
云南	**Yunnan**	**14.50**	**9.20**	**7.10**	
昆明	Kunming	0.80	0.33	0.34	112
曲靖	Qujing	0.53	0.39	0.36	104
玉溪	Yuxi	0.29	0.22	0.20	155
保山	Baoshan	0.54	0.49	0.38	98
昭通	Zhaotong	0.32	0.39	0.16	168
丽江	Lijiang	0.40	0.35	0.17	163
普洱	Puer	1.37	1.41	0.36	104
临沧	Lincang	1.12	1.11	1.11	36
西藏	**Tibet**	**0.90**	**0.57**	**0.80**	
拉萨	Lhasa	0.90	0.60	9.34	5
陕西	**Shaanxi**	**4.40**	**3.64**	**2.60**	
西安	Xi'an	0.39	0.35	0.28	129
铜川	Tongchuan	0.06	0.07	0.02	268
宝鸡	Baoji	0.50	0.28	0.26	134
咸阳	Xianyang	0.38	0.28	0.29	123
渭南	Weinan	1.06	1.54	0.66	61
延安	Yan'an	0.45	0.45	0.26	134
汉中	Hanzhong	0.43	0.35	0.27	133
榆林	Yulin	0.62	0.78	0.24	144
安康	Ankang	0.13	0.09	0.10	199
商洛	Shangluo	0.28	0.35	0.18	160
甘肃	**Gansu**	**5.30**	**5.55**	**5.20**	
兰州	Lanzhou	0.16	0.20	0.11	196
嘉峪关	Jiayuguan	0.01	0.02	0.01	275
金昌	Jinchang	0.33	0.31	0.31	117
白银	Baiyin	0.46	0.40	0.23	146
天水	Tianshui	0.48	0.48	0.48	78
武威	Wuwei	1.12	0.98	0.28	129
张掖	Zhangye	1.15	1.10	1.10	37
平凉	Pingliang	0.30	0.29	0.31	117
酒泉	Jiuquan	0.61	0.75	0.75	54
庆阳	Qingyang	0.05	0.07	0.05	245
定西	Dingxi	0.25	0.28	0.15	172
陇南	Longnan	0.53	0.41	0.49	74
青海	**Qinghai**	**1.70**	**1.57**	**1.40**	
西宁	Xining	0.14	0.15	0.12	189
宁夏	**Ningxia**	**2.64**	**2.38**	**2.00**	
银川	Yinchuan	1.22	1.12	1.05	40
石嘴山	Shizuishan	0.29	0.10	0.10	199
吴忠	Wuzhong	0.42	0.60	0.29	123
固原	Guyuan	0.29	0.40	0.24	144
中卫	Zhongwei	0.42	0.83	0.36	104
新疆	**Xinjiang**	**58.30**	**56.21**	**54.90**	
乌鲁木齐	Urumqi	1.23	1.09	1.05	40
克拉玛依	Karamay	0.04			

2-4 城镇单位第二产业就业人员
Employed Persons in Secondary Industry

单位：万人 (10 000 persons)

地名	City	2010	2012	2013	2013 排名 Ranking	地名	City	2010	2012	2013	2013 排名 Ranking
全国	**Nation Total**	**5777.20**	**7248.00**	**9220.80**		沈阳	Shenyang	41.27	47.40	70.91	28
北京	**Beijing**	**151.24**	**166.53**	**162.88**		大连	Dalian	47.57	57.64	73.42	22
天津	**Tianjin**	**97.74**	**162.64**	**165.47**		鞍山	Anshan	21.23	31.31	33.60	69
河北	**Hebei**	**203.90**	**276.87**	**285.01**		抚顺	Fushun	15.39	18.16	18.70	133
石家庄	Shijiazhuang	31.11	33.96	33.94	67	本溪	Benxi	12.93	15.36	17.05	141
唐山	Tangshan	43.13	51.49	49.81	47	丹东	Dandong	8.01	10.14	14.30	166
秦皇岛	Qinhuangdao	11.17	13.68	13.17	177	锦州	Jinzhou	8.05	11.99	14.25	167
邯郸	Handan	22.31	26.78	40.16	56	营口	Yingkou	7.48	14.03	14.59	160
邢台	Xingtai	12.23	20.60	20.06	119	阜新	Fuxin	7.95	11.37	12.10	189
保定	Baoding	29.22	55.72	53.75	40	辽阳	Liaoyang	8.38	9.10	9.90	207
张家口	Zhangjiakou	11.93	14.82	12.64	182	盘锦	Panjin	19.72	18.17	20.80	114
承德	Chengde	8.15	8.44	10.65	201	铁岭	Tieling	8.71	9.47	13.85	173
沧州	Cangzhou	14.62	20.67	19.72	123	朝阳	Chaoyang	9.10	14.66	13.07	179
廊坊	Langfang	14.58	19.67	20.53	116	葫芦岛	Huludao	11.29	8.87	14.96	156
衡水	Hengshui	5.45	11.04	10.58	202	**吉林**	**Jilin**	**88.22**	**98.58**	**141.49**	
山西	**Shanxi**	**181.76**	**227.56**	**222.98**		长春	Changchun	37.45	39.62	63.16	31
太原	Taiyuan	42.75	57.98	51.85	43	吉林	Jilin	14.26	18.99	21.04	112
大同	Datong	20.64	22.86	23.63	100	四平	Siping	7.38	6.76	6.29	248
阳泉	Yangquan	15.25	18.53	19.13	131	辽源	Liaoyuan	3.78	3.82	8.05	229
长治	Changzhi	19.70	19.99	24.96	93	通化	Tonghua	8.29	9.22	17.01	142
晋城	Jincheng	15.44	16.75	23.77	99	白山	Baishan	6.10	8.41	8.12	226
朔州	Shuozhou	7.42	9.38	9.78	209	松原	Songyuan	8.45	7.30	12.99	180
晋中	Jinzhong	17.31	16.28	17.55	138	白城	Baicheng	2.51	4.46	4.83	259
运城	Yuncheng	12.21	19.36	11.54	193	**黑龙江**	**Heilongjiang**	**152.41**	**155.74**	**157.21**	
忻州	Xinzhou	6.14	7.98	8.10	227	哈尔滨	Harbin	49.67	49.87	50.78	45
临汾	Linfen	12.19	15.03	14.17	169	齐齐哈尔	Qiqihar	12.75	13.27	12.20	188
吕梁	Luliang	12.71	23.42	18.50	135	鸡西	Jixi	11.52	11.35	9.71	210
内蒙古	**Inner Mongolia**	**69.85**	**85.51**	**98.64**		鹤岗	Hegang	10.31	10.32	9.65	212
呼和浩特	Hohhot	8.83	10.48	11.18	197	双鸭山	Shuangyashan	8.21	6.27	7.85	232
包头	Baotou	16.95	23.40	25.03	92	大庆	Daqing	27.34	28.75	27.72	84
乌海	Wuhai	6.16	6.58	6.42	244	伊春	Yichun	3.80	4.21	3.86	271
赤峰	Chifeng	10.20	11.32	13.36	174	佳木斯	Jiamusi	4.60	3.42	5.43	254
通辽	Tongliao	5.89	6.42	8.89	219	七台河	Qitaihe	9.12	9.26	8.13	225
鄂尔多斯	Erdos	6.87	10.60	16.03	145	牡丹江	Mudanjiang	5.98	6.51	8.30	224
呼伦贝尔	Hulunbuir	8.27	9.28	10.09	205	黑河	Heihe	2.54	3.95	3.88	270
巴彦淖尔	Bayannur	3.88	4.50	3.89	269	绥化	Suihua	6.57	8.56	9.70	211
乌兰察布	Ulanqab	2.80	2.93	3.75	272	**上海**	**Shanghai**	**158.16**	**273.47**	**254.21**	
辽宁	**Liaoning**	**227.08**	**277.67**	**341.50**		**江苏**	**Jiangsu**	**413.29**	**455.00**	**1006.43**	

2-4 城镇单位第二产业就业人员 续表 1

Employed Persons in Secondary Industry continued 1

单位：万人 (10 000 persons)

地名	City	2010	2012	2013	2013 排名 Ranking	地名	City	2010	2012	2013	2013 排名 Ranking
南京	Nanjing	59.59	71.13	110.05	13	池州	Chizhou	1.74	2.25	4.04	267
无锡	Wuxi	52.16	56.60	86.62	18	宣城	Xuancheng	3.87	11.30	11.48	194
徐州	Xuzhou	23.85	26.11	67.20	29	**福建**	**Fujian**	**317.60**	**428.89**	**415.03**	
常州	Changzhou	18.83	26.71	45.10	54	福州	Fuzhou	55.90	91.85	83.36	20
苏州	Suzhou	94.69	93.68	217.77	2	厦门	Xiamen	66.02	82.70	89.92	15
南通	Nantong	36.39	39.55	147.23	6	莆田	Putian	18.44	25.73	34.30	64
连云港	Lianyungang	13.67	14.17	24.06	96	三明	Sanming	8.69	11.21	9.40	214
淮安	Huaian	18.82	22.27	39.12	57	泉州	Quanzhou	116.37	145.35	130.67	8
盐城	Yancheng	24.37	25.48	55.79	38	漳州	Zhangzhou	22.39	29.22	29.78	78
扬州	Yangzhou	22.98	24.14	75.71	21	南平	Nanping	9.61	11.19	8.51	222
镇江	Zhenjiang	21.20	23.59	27.88	83	龙岩	Longyan	15.83	18.77	16.01	146
泰州	Taizhou	17.92	20.60	71.45	26	宁德	Ningde	4.35	12.87	13.08	178
宿迁	Suqian	8.82	10.97	38.45	58	**江西**	**Jiangxi**	**119.47**	**180.27**	**234.58**	
浙江	**Zhejiang**	**545.60**	**680.28**	**675.75**		南昌	Nanchang	32.11	54.50	73.30	23
杭州	Hangzhou	125.86	155.01	153.39	5	景德镇	Jingdezhen	8.80	10.48	10.05	206
宁波	Ningbo	92.07	117.02	112.05	11	萍乡	Pingxiang	6.85	6.54	11.38	195
温州	Wenzhou	72.51	70.08	61.49	34	九江	Jiujiang	15.44	21.75	21.16	111
嘉兴	Jiaxing	56.48	53.09	53.05	41	新余	Xinyu	5.79	6.77	8.91	218
湖州	Huzhou	25.07	31.37	31.82	72	鹰潭	Yingtan	4.36	4.43	7.61	234
绍兴	Shaoxing	85.03	106.48	111.53	12	赣州	Ganzhou	16.74	20.62	24.30	94
金华	Jinhua	26.47	59.82	60.07	36	吉安	Jian	3.87	5.83	16.26	144
衢州	Quzhou	7.50	9.10	9.25	216	宜春	Yichun	10.81	17.51	22.04	105
舟山	Zhoushan	6.63	6.55	7.04	241	抚州	Fuzhou	7.38	14.87	19.61	124
台州	Taizhou	42.80	66.00	71.10	27	上饶	Shangrao	7.32	16.97	19.96	120
丽水	Lishui	5.18	5.75	4.96	258	**山东**	**Shandong**	**514.76**	**630.69**	**721.80**	
安徽	**Anhui**	**159.86**	**225.22**	**282.91**		济南	Jinan	61.93	68.98	71.56	25
合肥	Hefei	32.93	64.46	88.67	16	青岛	Qingdao	75.61	77.27	86.71	17
芜湖	Wuhu	15.56	19.90	24.17	95	淄博	Zibo	40.53	51.44	65.35	30
蚌埠	Bengbu	5.89	11.15	12.07	190	枣庄	Zaozhuang	18.86	24.99	31.77	73
淮南	Huainan	20.90	22.44	22.14	104	东营	Dongying	22.90	29.25	32.17	71
马鞍山	Maanshan	9.68	10.32	13.34	175	烟台	Yantai	54.46	67.14	62.14	32
淮北	Huaibei	14.90	15.64	20.63	115	潍坊	Weifang	38.37	48.13	48.24	50
铜陵	Tongling	7.46	8.18	10.17	204	济宁	Jining	32.81	42.80	54.59	39
安庆	Anqing	5.63	7.85	13.89	172	泰安	Taian	34.35	44.22	50.02	46
黄山	Huangshan	2.43	2.96	3.61	274	威海	Weihai	25.21	40.52	36.87	60
滁州	Chuzhou	5.10	5.63	8.60	221	日照	Rizhao	9.54	9.73	18.25	136
阜阳	Fuyang	9.03	8.83	8.92	217	莱芜	Laiwu	9.17	11.73	12.94	181
宿州	Suzhou	7.81	9.70	14.38	164	临沂	Linyi	24.60	38.94	50.80	44
六安	Liuan	6.91	19.60	19.57	125	德州	Dezhou	17.37	18.24	26.40	87
亳州	Bozhou	4.54	5.01	7.23	236	聊城	Liaocheng	14.68	16.65	22.23	103

2-4 城镇单位第二产业就业人员 续表 2
Employed Persons in Secondary Industry continued 2

单位：万人 (10 000 persons)

地名	City	2010	2012	2013	2013 排名 Ranking	地名	City	2010	2012	2013	2013 排名 Ranking
滨州	Binzhou	24.45	28.21	34.25	65	常德	Changde	16.98	17.85	19.14	130
菏泽	Heze	9.92	12.45	17.51	140	张家界	Zhangjiajie	1.70	2.22	2.34	280
河南	**Henan**	**320.09**	**420.40**	**575.34**		益阳	Yiyang	8.03	10.79	12.53	184
郑州	Zhengzhou	50.39	93.11	112.29	10	郴州	Chenzhou	11.00	14.63	15.60	149
开封	Kaifeng	10.34	14.58	26.03	89	永州	Yongzhou	8.92	10.80	11.08	199
洛阳	Luoyang	23.81	28.90	36.63	61	怀化	Huaihua	5.96	7.97	7.87	231
平顶山	Pingdingshan	26.78	30.11	33.40	70	娄底	Loudi	13.12	14.43	15.15	154
安阳	Anyang	24.39	30.24	35.82	63	**广东**	**Guangdong**	**563.19**	**672.08**	**1206.97**	
鹤壁	Hebi	11.68	12.61	15.49	151	广州	Guangzhou	105.73	148.45	129.02	9
新乡	Xinxiang	21.48	21.91	46.26	53	韶关	Shaoguan	15.33	19.71	19.78	121
焦作	Jiaozuo	15.99	22.45	28.22	81	深圳	Shenzhen	138.71	145.82	297.59	1
濮阳	Puyang	16.49	19.21	26.60	85	珠海	Zhuhai	44.17	44.83	49.03	48
许昌	Xuchang	13.32	16.41	26.56	86	汕头	Shantou	13.27	32.48	33.61	68
漯河	Luohe	12.57	14.69	18.67	134	佛山	Foshan	29.14	37.67	131.84	7
三门峡	Sanmenxia	12.86	13.86	14.69	158	江门	Jiangmen	26.99	33.54	37.54	59
南阳	Nanyang	28.03	39.35	41.71	55	湛江	Zhanjiang	13.62	16.14	19.28	129
商丘	Shangqiu	11.61	15.98	25.23	91	茂名	Maoming	9.46	15.13	19.32	128
信阳	Xinyang	13.51	14.54	26.09	88	肇庆	Zhaoqing	12.60	15.37	21.95	106
周口	Zhoukou	12.43	14.39	31.03	75	惠州	Huizhou	60.50	65.22	59.74	37
驻马店	Zhumadian	14.41	18.06	30.62	76	梅州	Meizhou	6.88	6.83	11.64	192
湖北	**Hubei**	**306.65**	**334.98**	**391.65**		汕尾	Shanwei	6.46	8.27	15.20	153
武汉	Wuhan	89.04	100.91	102.28	14	河源	Heyuan	13.11	12.22	12.63	183
黄石	Huangshi	29.70	21.49	21.37	109	阳江	Yangjiang	6.49	7.32	12.52	185
十堰	Shiyan	21.50	28.74	31.71	74	清远	Qingyuan	14.77	13.34	15.98	147
宜昌	Yichang	31.27	27.44	48.08	51	东莞	Dongguan	8.82	8.60	204.02	3
襄阳	Xiangfan	22.77	38.09	48.85	49	中山	ZhongShan	17.99	19.91	71.73	24
鄂州	Ezhou	12.02	13.44	13.24	176	潮州	Chaozhou	5.04	5.41	12.44	186
荆门	Jingmen	15.94	19.85	21.77	107	揭阳	Jieyang	5.91	7.70	21.54	108
孝感	Xiaogan	35.16	40.62	47.75	52	云浮	Yunfu	8.20	8.12	10.57	203
荆州	Jingzhou	18.85	15.08	19.33	127	**广西**	**Guangxi**	**97.16**	**118.36**	**154.70**	
黄冈	Huanggang	18.52	13.64	20.28	117	南宁	Nanning	22.47	29.11	35.95	62
咸宁	Xianning	7.25	9.54	9.87	208	柳州	Liuzhou	16.49	20.31	34.06	66
随州	Suizhou	4.63	6.14	7.12	238	桂林	Guilin	9.07	12.11	16.47	143
湖南	**Hunan**	**215.84**	**244.60**	**259.74**		梧州	Wuzhou	5.19	4.96	8.44	223
长沙	Changsha	50.11	58.36	61.64	33	北海	Beihai	4.42	6.09	5.32	256
株洲	Zhuzhou	19.48	24.72	25.73	90	防城港	Fangchenggang	2.45	3.29	3.71	273
湘潭	Xiangtan	17.07	20.11	22.48	102	钦州	Qinzhou	3.81	5.91	8.01	230
衡阳	Hengyang	23.96	27.49	28.15	82	贵港	Guigang	3.59	3.95	5.08	257
邵阳	Shaoyang	12.04	12.59	14.23	168	玉林	Yulin	8.85	10.73	14.91	157
岳阳	Yueyang	27.47	22.64	23.80	98	百色	Baise	5.16	5.96	6.55	243

2-4 城镇单位第二产业就业人员 续表 3
Employed Persons in Secondary Industry continued 3

单位：万人 (10 000 persons)

地名	City	2010	2012	2013	2013 排名 Ranking	地名	City	2010	2012	2013	2013 排名 Ranking
贺州	Hezhou	2.09	1.97	2.28	281	丽江	Lijiang	2.51	3.22	2.90	279
河池	Hechi	5.47	5.71	5.62	253	普洱	Puer	4.53	6.20	7.06	239
来宾	Laibin	3.70	3.86	4.71	261	临沧	Lincang	2.07	4.19	5.39	255
崇左	Chongzuo	4.40	4.40	3.59	275	**西藏**	**Tibet**		**4.60**	**6.31**	
海南	**Hainan**	**10.88**	**10.78**	**12.33**		拉萨	Lhasa		4.60	6.31	247
海口	Haikou	10.08	9.87	11.21	196	**陕西**	**Shaanxi**	**136.65**	**156.81**	**214.85**	
三亚	Sanya	0.80	0.91	1.12	283	西安	Xi'an	57.22	72.60	83.37	19
重庆	**Chongqing**	**116.69**	**367.99**	**405.74**		铜川	Tongchuan	4.83	4.74	6.11	251
四川	**Sichuan**	**248.31**	**287.85**	**440.48**		宝鸡	Baoji	14.50	14.89	20.83	113
成都	Chengdu	90.91	115.03	202.14	4	咸阳	Xianyang	15.04	17.14	28.34	80
自贡	Zigong	7.21	7.81	11.14	198	渭南	Weinan	14.43	14.24	19.73	122
攀枝花	Panzhihua	11.48	12.31	17.55	138	延安	Yan'an	8.48	9.09	14.59	160
泸州	Luzhou	13.42	14.16	20.17	118	汉中	Hanzhong	8.97	9.42	11.87	191
德阳	Deyang	14.10	13.58	21.35	110	榆林	Yulin	7.68	7.91	17.66	137
绵阳	Mianyang	16.31	18.31	23.59	101	安康	Ankang	2.12	3.07	4.51	264
广元	Guangyuan	2.66	3.72	4.43	265	商洛	Shangluo	3.38	3.71	7.84	233
遂宁	Suining	8.02	8.61	10.85	200	**甘肃**	**Gansu**	**63.97**	**71.58**	**100.51**	
内江	Neijiang	10.66	10.85	13.91	171	兰州	Lanzhou	24.12	25.47	30.48	77
乐山	Leshan	16.08	14.80	15.27	152	嘉峪关	Jiayuguan	3.68	5.05	4.73	260
南充	Nanchong	6.87	9.72	19.49	126	金昌	Jinchang	5.10	7.73	8.68	220
眉山	Meishan	6.43	6.35	9.35	215	白银	Baiyin	7.29	6.92	9.51	213
宜宾	Yibin	18.41	20.87	18.88	132	天水	Tianshui	6.50	6.47	7.13	237
广安	Guangan	2.88	2.90	3.39	276	武威	Wuwei	2.34	2.31	6.12	250
达州	Dazhou	8.81	10.13	15.83	148	张掖	Zhangye	2.78	3.05	4.54	263
雅安	Yaan	2.87	3.35	3.37	277	平凉	Pingliang	4.37	6.04	6.22	249
巴中	Bazhong	4.93	8.14	14.67	159	酒泉	Jiuquan	2.96	3.53	6.92	242
资阳	Ziyang	6.26	7.21	15.10	155	庆阳	Qingyang	0.68	0.85	6.39	245
贵州	**Guizhou**	**57.08**	**89.05**	**98.27**		定西	Dingxi	1.92	1.93	5.75	252
贵阳	Guiyang	34.12	44.76	52.56	42	陇南	Longnan	2.23	2.23	4.04	267
六盘水	Liupanshui	11.31	14.83	14.37	165	**青海**	**Qinghai**	**11.52**	**15.69**	**17.03**	
遵义	Zunyi	8.30	13.46	14.50	163	西宁	Xining	11.52	15.69	15.55	150
安顺	Anshun	3.35	5.49	6.36	246	**宁夏**	**Ningxia**	**23.07**	**25.08**	**25.77**	
毕节	Bijie		7.14	7.42	235	银川	Yinchuan	13.95	13.93	14.52	162
铜仁	Tongren		3.37	3.06	278	石嘴山	Shizuishan	5.37	5.09	4.65	262
云南	**Yunnan**	**84.00**	**123.67**	**134.49**		吴忠	Wuzhong	2.19	3.57	4.16	266
昆明	Kunming	38.86	54.27	61.23	35	固原	Guyuan	0.54	0.73	0.65	284
曲靖	Qujing	17.34	26.71	28.79	79	中卫	Zhongwei	1.02	1.76	1.79	282
玉溪	Yuxi	8.14	12.97	13.98	170	**新疆**	**Xinjiang**	**28.11**	**38.20**	**36.27**	
保山	Baoshan	6.12	8.52	8.08	228	乌鲁木齐	Urumqi	16.46	23.62	23.92	97
昭通	Zhaotong	4.43	7.59	7.06	239	克拉玛依	Karamay	11.65	14.58	12.35	187

2-5 城镇单位第三产业就业人员
Employed Persons in Tertiary Industry

单位：万人 (10 000 persons)

地名	City	2010	2012	2013	2013 排名 Ranking	地名	City	2010	2012	2013	2013 排名 Ranking
全国	**Nation Total**	**8166.10**	**9659.70**	**8592.80**		沈阳	Shenyang	68.16	73.82	81.53	9
北京	**Beijing**	**492.16**	**548.30**	**576.25**		大连	Dalian	45.66	53.16	57.42	20
天津	**Tianjin**	**107.20**	**125.88**	**136.44**		鞍山	Anshan	19.00	23.43	28.88	65
河北	**Hebei**	**309.05**	**337.54**	**354.56**		抚顺	Fushun	10.82	12.32	13.69	187
石家庄	Shijiazhuang	52.63	56.46	58.74	19	本溪	Benxi	10.09	12.42	14.53	174
唐山	Tangshan	37.86	41.48	44.30	33	丹东	Dandong	12.91	16.43	16.95	152
秦皇岛	Qinhuangdao	18.38	19.68	20.95	115	锦州	Jinzhou	14.62	15.81	16.74	156
邯郸	Handan	34.01	37.53	40.03	41	营口	Yingkou	12.03	13.89	14.48	175
邢台	Xingtai	22.69	24.21	25.49	82	阜新	Fuxin	9.15	9.88	10.19	231
保定	Baoding	40.94	45.13	46.02	25	辽阳	Liaoyang	7.81	8.49	9.56	235
张家口	Zhangjiakou	21.24	24.46	25.81	78	盘锦	Panjin	10.90	10.93	12.24	206
承德	Chengde	17.05	17.55	19.24	129	铁岭	Tieling	11.40	11.76	12.66	198
沧州	Cangzhou	28.14	30.86	31.84	53	朝阳	Chaoyang	14.29	16.01	17.09	150
廊坊	Langfang	19.90	22.28	23.22	92	葫芦岛	Huludao	10.92	11.24	11.92	208
衡水	Hengshui	16.21	17.90	18.92	134	吉林	**Jilin**	**131.88**	**140.48**	**151.42**	
山西	**Shanxi**	**204.01**	**216.67**	**228.60**		长春	Changchun	54.03	59.27	61.88	15
太原	Taiyuan	41.56	45.22	44.64	30	吉林	Jilin	17.35	18.54	22.24	103
大同	Datong	21.27	21.57	22.68	100	四平	Siping	12.73	12.74	14.62	172
阳泉	Yangquan	8.45	9.00	9.48	239	辽源	Liaoyuan	4.69	4.93	5.33	275
长治	Changzhi	17.29	19.37	19.93	123	通化	Tonghua	10.96	11.70	12.37	202
晋城	Jincheng	11.56	12.02	14.01	183	白山	Baishan	8.90	8.07	8.64	244
朔州	Shuozhou	9.60	10.10	10.32	228	松原	Songyuan	10.62	12.20	12.26	205
晋中	Jinzhong	17.57	18.19	19.03	133	白城	Baicheng	12.60	13.03	14.08	182
运城	Yuncheng	19.54	21.11	24.98	85	黑龙江	**Heilongjiang**	**214.62**	**209.32**	**217.21**	
忻州	Xinzhou	16.23	17.02	17.88	143	哈尔滨	Harbin	80.00	80.78	81.63	8
临汾	Linfen	23.02	24.07	24.38	88	齐齐哈尔	Qiqihar	21.57	18.36	22.96	98
吕梁	Luliang	17.92	19.00	21.27	110	鸡西	Jixi	9.44	9.81	8.01	250
内蒙古	**Inner Mongolia**	**117.74**	**123.60**	**141.95**		鹤岗	Hegang	7.03	7.07	7.60	259
呼和浩特	Hohhot	22.31	23.16	29.94	60	双鸭山	Shuangyashan	9.99	7.23	7.66	258
包头	Baotou	15.33	15.67	17.74	147	大庆	Daqing	24.21	25.09	25.12	84
乌海	Wuhai	3.31	3.66	3.93	282	伊春	Yichun	4.18	5.33	5.45	273
赤峰	Chifeng	18.35	18.95	21.33	109	佳木斯	Jiamusi	13.47	11.10	10.85	221
通辽	Tongliao	12.63	13.04	14.38	176	七台河	Qitaihe	3.76	3.88	4.09	281
鄂尔多斯	Erdos	9.97	11.22	14.56	173	牡丹江	Mudanjiang	12.77	11.79	13.83	185
呼伦贝尔	Hulunbuir	15.89	16.80	18.04	140	黑河	Heihe	10.62	11.17	11.61	211
巴彦淖尔	Bayannur	8.49	9.10	9.39	240	绥化	Suihua	17.58	17.71	18.40	137
乌兰察布	Ulanqab	11.46	12.00	12.64	200	上海	**Shanghai**	**233.17**	**281.03**	**363.41**	
辽宁	**Liaoning**	**257.76**	**289.59**	**317.88**		江苏	**Jiangsu**	**340.54**	**366.29**	**485.44**	

2-5 城镇单位第三产业就业人员 续表 1
Employed Persons in Tertiary Industry continued 1

单位：万人 (10 000 persons)

地名	City	2010	2012	2013	2013 排名 Ranking	地名	City	2010	2012	2013	2013 排名 Ranking
南京	Nanjing	65.64	75.77	105.87	6	池州	Chizhou	5.23	5.49	6.55	266
无锡	Wuxi	30.55	31.29	41.25	37	宣城	Xuancheng	8.18	42.10	43.53	34
徐州	Xuzhou	36.11	35.84	41.11	38	**福建**	**Fujian**	**179.73**	**200.51**	**225.24**	
常州	Changzhou	19.21	22.03	26.32	72	福州	Fuzhou	48.84	51.64	59.19	18
苏州	Suzhou	36.03	39.88	75.62	13	厦门	Xiamen	29.03	35.12	40.12	40
南通	Nantong	25.59	27.79	35.94	46	莆田	Putian	10.21	11.44	12.32	203
连云港	Lianyungang	18.46	19.72	22.14	104	三明	Sanming	12.26	13.51	14.18	181
淮安	Huaian	19.33	19.43	23.22	92	泉州	Quanzhou	25.42	29.18	32.65	51
盐城	Yancheng	25.12	25.94	30.88	56	漳州	Zhangzhou	15.06	17.53	19.06	132
扬州	Yangzhou	17.02	18.64	25.38	83	南平	Nanping	12.84	13.72	15.27	168
镇江	Zhenjiang	15.91	16.80	18.69	135	龙岩	Longyan	14.20	15.24	18.09	139
泰州	Taizhou	18.99	19.91	23.09	95	宁德	Ningde	11.87	13.09	14.36	177
宿迁	Suqian	12.58	13.25	15.93	162	**江西**	**Jiangxi**	**163.71**	**181.14**	**199.69**	
浙江	**Zhejiang**	**332.21**	**385.94**	**393.13**		南昌	Nanchang	33.99	40.96	45.45	27
杭州	Hangzhou	106.70	126.76	129.00	4	景德镇	Jingdezhen	7.62	8.04	9.49	238
宁波	Ningbo	47.99	57.62	59.24	17	萍乡	Pingxiang	7.19	7.48	8.20	249
温州	Wenzhou	35.30	41.39	41.50	36	九江	Jiujiang	17.62	19.43	20.61	118
嘉兴	Jiaxing	23.84	26.02	26.63	71	新余	Xinyu	4.19	4.53	5.38	274
湖州	Huzhou	12.82	15.74	16.37	161	鹰潭	Yingtan	4.30	4.59	5.75	272
绍兴	Shaoxing	22.07	24.13	23.95	90	赣州	Ganzhou	24.93	27.41	29.35	63
金华	Jinhua	25.93	28.49	29.95	59	吉安	Jian	14.89	15.79	16.92	154
衢州	Quzhou	9.56	11.12	11.11	217	宜春	Yichun	16.48	17.53	19.75	124
舟山	Zhoushan	10.12	11.07	11.42	216	抚州	Fuzhou	12.81	14.07	16.46	160
台州	Taizhou	26.50	30.66	31.04	55	上饶	Shangrao	19.69	21.31	22.33	102
丽水	Lishui	11.39	12.94	12.92	197	**山东**	**Shandong**	**434.21**	**470.07**	**552.40**	
安徽	**Anhui**	**206.93**	**295.73**	**318.40**		济南	Jinan	65.76	72.37	76.43	11
合肥	Hefei	38.07	50.97	55.73	21	青岛	Qingdao	47.98	51.57	60.26	16
芜湖	Wuhu	11.11	16.50	17.99	141	淄博	Zibo	22.10	25.80	28.47	68
蚌埠	Bengbu	11.15	12.23	13.89	184	枣庄	Zaozhuang	16.52	16.22	19.34	128
淮南	Huainan	11.48	12.72	12.99	195	东营	Dongying	16.61	17.32	16.56	159
马鞍山	Maanshan	5.71	8.69	10.28	230	烟台	Yantai	35.66	37.31	45.74	26
淮北	Huaibei	5.94	6.69	7.95	252	潍坊	Weifang	35.28	35.45	44.38	32
铜陵	Tongling	3.83	4.16	5.14	278	济宁	Jining	30.25	33.82	37.50	42
安庆	Anqing	16.92	17.73	19.40	127	泰安	Taian	21.71	23.85	27.73	69
黄山	Huangshan	6.88	7.26	7.99	251	威海	Weihai	14.58	16.17	19.07	131
滁州	Chuzhou	11.90	12.67	13.16	192	日照	Rizhao	11.05	12.01	13.78	186
阜阳	Fuyang	19.77	20.49	20.13	121	莱芜	Laiwu	4.77	5.70	6.18	268
宿州	Suzhou	13.66	14.22	17.12	149	临沂	Linyi	30.82	32.90	49.98	24
六安	Liuan	14.42	51.50	51.71	23	德州	Dezhou	20.66	23.21	30.53	58
亳州	Bozhou	11.48	12.31	14.84	171	聊城	Liaocheng	20.57	22.76	26.09	76

2-5 城镇单位第三产业就业人员 续表 2
Employed Persons in Tertiary Industry continued 2

单位：万人 (10 000 persons)

地名	City	2010	2012	2013	2013 排名 Ranking	地名	City	2010	2012	2013	2013 排名 Ranking
滨州	Binzhou	13.02	14.68	18.13	138	常德	Changde	19.73	21.49	23.09	95
菏泽	Heze	26.87	28.93	32.23	52	张家界	Zhangjiajie	6.16	6.69	6.52	267
河南	**Henan**	**403.33**	**432.69**	**465.68**		益阳	Yiyang	15.89	17.20	16.82	155
郑州	Zhengzhou	57.88	68.71	79.35	10	郴州	Chenzhou	17.85	19.25	20.31	119
开封	Kaifeng	22.03	25.54	21.39	108	永州	Yongzhou	19.81	20.11	20.62	116
洛阳	Luoyang	29.90	31.98	35.99	45	怀化	Huaihua	19.26	20.85	20.62	116
平顶山	Pingdingshan	21.55	21.64	23.85	91	娄底	Loudi	13.24	14.40	15.12	169
安阳	Anyang	18.94	20.72	21.26	111	**广东**	**Guangdong**	**546.52**	**624.64**	**743.16**	
鹤壁	Hebi	6.01	6.51	6.84	265	广州	Guangzhou	140.04	178.15	195.34	2
新乡	Xinxiang	23.58	23.57	25.51	81	韶关	Shaoguan	14.82	14.69	15.73	163
焦作	Jiaozuo	15.73	16.82	21.08	112	深圳	Shenzhen	114.04	134.11	159.75	3
濮阳	Puyang	14.88	14.36	14.33	178	珠海	Zhuhai	18.24	19.88	24.83	86
许昌	Xuchang	15.29	16.56	17.53	148	汕头	Shantou	18.97	20.47	21.86	107
漯河	Luohe	10.48	10.50	11.45	215	佛山	Foshan	26.89	27.25	42.36	35
三门峡	Sanmenxia	11.22	12.23	13.15	193	江门	Jiangmen	17.75	19.69	21.93	106
南阳	Nanyang	41.29	43.00	45.32	28	湛江	Zhanjiang	24.72	25.99	29.08	64
商丘	Shangqiu	27.83	29.43	29.94	60	茂名	Maoming	20.29	22.26	24.61	87
信阳	Xinyang	28.80	30.72	33.99	49	肇庆	Zhaoqing	14.84	16.32	18.64	136
周口	Zhoukou	31.69	32.66	33.97	50	惠州	Huizhou	19.78	23.66	26.25	73
驻马店	Zhumadian	26.23	27.74	30.73	57	梅州	Meizhou	16.47	17.07	17.78	146
湖北	**Hubei**	**272.54**	**312.07**	**326.46**		汕尾	Shanwei	8.24	8.48	9.27	241
武汉	Wuhan	88.63	90.55	95.88	7	河源	Heyuan	11.44	11.46	12.66	198
黄石	Huangshi	13.71	10.24	11.85	210	阳江	Yangjiang	11.18	10.65	11.55	213
十堰	Shiyan	21.40	25.80	28.53	67	清远	Qingyuan	12.62	13.38	15.33	167
宜昌	Yichang	24.18	41.85	36.60	44	东莞	Dongguan	14.31	16.60	40.83	39
襄阳	Xiangfan	23.16	31.76	35.28	47	中山	ZhongShan	11.05	13.07	19.11	130
鄂州	Ezhou	6.17	6.57	7.10	264	潮州	Chaozhou	7.39	7.71	8.64	244
荆门	Jingmen	14.42	15.62	15.44	165	揭阳	Jieyang	14.23	14.79	17.04	151
孝感	Xiaogan	22.83	28.61	31.23	54	云浮	Yunfu	9.21	8.96	10.57	224
荆州	Jingzhou	19.90	19.87	21.02	113	**广西**	**Guangxi**	**195.98**	**215.51**	**226.82**	
黄冈	Huanggang	19.97	21.71	22.08	105	南宁	Nanning	46.54	49.78	53.11	22
咸宁	Xianning	11.94	12.54	13.61	191	柳州	Liuzhou	20.71	27.62	26.17	74
随州	Suizhou	6.23	6.95	7.84	256	桂林	Guilin	21.88	23.30	25.57	80
湖南	**Hunan**	**273.68**	**291.81**	**305.21**		梧州	Wuzhou	10.17	10.26	11.58	212
长沙	Changsha	60.40	65.56	68.57	14	北海	Beihai	6.95	7.67	7.95	252
株洲	Zhuzhou	15.95	17.42	19.63	125	防城港	Fangchenggang	5.23	5.94	6.11	269
湘潭	Xiangtan	12.50	12.17	12.93	196	钦州	Qinzhou	9.37	10.16	10.92	219
衡阳	Hengyang	27.70	29.06	29.57	62	贵港	Guigang	11.51	11.84	13.02	194
邵阳	Shaoyang	20.87	21.85	22.63	101	玉林	Yulin	17.31	19.11	19.95	122
岳阳	Yueyang	24.32	25.81	28.78	66	百色	Baise	12.52	13.22	14.20	180

2-5 城镇单位第三产业就业人员 续表 3
Employed Persons in Tertiary Industry continued 3

单位：万人 (10 000 persons)

地名	City	2010	2012	2013	2013 排名 Ranking	地名	City	2010	2012	2013	2013 排名 Ranking
贺州	Hezhou	6.41	7.19	7.51	260	丽江	Lijiang	5.81	6.70	7.86	255
河池	Hechi	12.18	13.03	13.69	187	普洱	Puer	8.19	9.14	9.91	232
来宾	Laibin	7.24	8.22	8.44	248	临沧	Lincang	6.83	7.82	8.46	247
崇左	Chongzuo	7.96	8.17	8.60	246	**西藏**	**Tibet**		**23.10**	**26.00**	
海南	**Hainan**	**28.93**	**35.62**	**46.56**		拉萨	Lhasa		23.10	26.00	77
海口	Haikou	22.88	27.47	37.05	43	**陕西**	**Shaanxi**	**215.17**	**234.44**	**272.35**	
三亚	Sanya	6.05	8.15	9.51	237	西安	Xi'an	82.76	92.64	114.77	5
重庆	**Chongqing**	**130.35**	**449.82**	**480.11**		铜川	Tongchuan	4.94	5.22	5.85	271
四川	**Sichuan**	**271.23**	**298.84**	**550.74**		宝鸡	Baoji	16.65	16.59	17.97	142
成都	Chengdu	80.91	97.06	324.35	1	咸阳	Xianyang	21.68	22.74	25.74	79
自贡	Zigong	9.27	9.50	10.69	223	渭南	Weinan	21.84	24.03	26.67	70
攀枝花	Panzhihua	5.58	6.22	7.17	263	延安	Yan'an	14.16	15.08	16.94	153
泸州	Luzhou	12.10	13.44	15.58	164	汉中	Hanzhong	15.61	16.60	17.88	143
德阳	Deyang	11.57	12.09	14.30	179	榆林	Yulin	17.61	19.13	23.15	94
绵阳	Mianyang	18.09	21.03	24.37	89	安康	Ankang	10.62	11.63	12.55	201
广元	Guangyuan	11.46	10.81	12.30	204	商洛	Shangluo	9.30	10.78	10.83	222
遂宁	Suining	8.14	8.86	9.59	234	**甘肃**	**Gansu**	**102.60**	**112.27**	**129.15**	
内江	Neijiang	9.51	10.84	10.89	220	兰州	Lanzhou	27.08	28.40	34.77	48
乐山	Leshan	12.37	12.86	13.66	189	嘉峪关	Jiayuguan	1.32	1.49	1.83	284
南充	Nanchong	18.81	20.37	22.70	99	金昌	Jinchang	2.01	2.12	2.78	283
眉山	Meishan	8.63	9.28	10.36	227	白银	Baiyin	7.59	8.00	9.15	242
宜宾	Yibin	15.01	15.42	16.69	157	天水	Tianshui	11.94	14.13	15.36	166
广安	Guangan	8.40	8.97	9.55	236	武威	Wuwei	6.43	7.29	7.80	257
达州	Dazhou	16.06	16.33	17.83	145	张掖	Zhangye	6.34	7.26	7.94	254
雅安	Yaan	6.76	6.68	7.19	262	平凉	Pingliang	8.26	8.99	9.07	243
巴中	Bazhong	9.08	9.19	11.55	213	酒泉	Jiuquan	6.00	6.70	7.33	261
资阳	Ziyang	9.48	9.89	11.97	207	庆阳	Qingyang	8.66	9.59	10.97	218
贵州	**Guizhou**	**75.14**	**114.77**	**130.07**		定西	Dingxi	8.46	9.37	10.29	229
贵阳	Guiyang	35.92	37.80	44.97	29	陇南	Longnan	8.51	8.93	11.86	209
六盘水	Liupanshui	8.19	9.35	10.55	225	**青海**	**Qinghai**	**16.99**	**17.87**	**36.92**	
遵义	Zunyi	21.91	24.26	26.16	75	西宁	Xining	16.99	17.87	20.25	120
安顺	Anshun	9.12	9.55	10.37	226	**宁夏**	**Ningxia**	**32.13**	**36.17**	**39.90**	
毕节	Bijie		20.19	23.08	97	银川	Yinchuan	14.91	18.46	19.47	126
铜仁	Tongren		13.62	14.94	170	石嘴山	Shizuishan	3.87	4.73	5.15	277
云南	**Yunnan**	**126.77**	**144.91**	**163.05**		吴忠	Wuzhong	4.93	4.11	5.94	270
昆明	Kunming	59.30	65.15	75.75	12	固原	Guyuan	4.78	4.84	5.16	276
曲靖	Qujing	15.34	19.39	20.99	114	中卫	Zhongwei	3.64	4.03	4.18	280
玉溪	Yuxi	10.39	12.24	13.64	190	**新疆**	**Xinjiang**	**33.55**	**42.68**	**49.17**	
保山	Baoshan	7.55	9.09	9.85	233	乌鲁木齐	Urumqi	29.48	38.31	44.41	31
昭通	Zhaotong	13.36	15.38	16.59	158	克拉玛依	Karamay	4.07	4.37	4.76	279

2-6 城镇单位国有单位就业人员
Urban Employed Person of State-owned Units

单位：万人 （10 000 persons）

地名	City	2010	2011	2012	2012 排名 Ranking	地名	City	2010	2011	2012	2012 排名 Ranking
全国	**Nation Total**	**6516.00**	**6704.00**	**6839.00**		沈阳	Shenyang	51.75	52.38	57.60	7
北京	**Beijing**	**189.00**	**188.80**	**189.48**		大连	Dalian	28.18	29.25	31.60	35
天津	**Tianjin**	**80.79**	**85.88**	**77.85**		鞍山	Anshan	31.65	30.94	32.60	32
河北	**Hebei**	**330.00**	**322.49**	**298.94**		抚顺	Fushun	15.57	11.32	11.90	191
石家庄	Shijiazhuang	58.53	58.66	58.70	6	本溪	Benxi	20.80	17.85	19.40	106
唐山	Tangshan	39.57	37.37	38.00	29	丹东	Dandong	13.81	13.90	15.00	157
秦皇岛	Qinhuangdao	16.45	15.47	16.10	137	锦州	Jinzhou	20.31	16.61	17.10	126
邯郸	Handan	42.81	43.25	45.40	18	营口	Yingkou	11.12	12.03	12.10	189
邢台	Xingtai	24.29	24.45	23.10	65	阜新	Fuxin	13.75	13.58	15.50	143
保定	Baoding	43.39	39.60	45.10	19	辽阳	Liaoyang	8.81	8.65	9.20	235
张家口	Zhangjiakou	22.85	23.82	23.50	62	盘锦	Panjin	25.95	32.95	32.50	33
承德	Chengde	16.52	15.95	16.50	131	铁岭	Tieling	13.90	13.12	13.60	171
沧州	Cangzhou	30.81	30.08	30.50	41	朝阳	Chaoyang	13.99	14.12	14.70	159
廊坊	Langfang	19.00	18.39	19.50	103	葫芦岛	Huludao	13.90	11.51	12.00	190
衡水	Hengshui	15.80	15.47	16.10	137	吉林	**Jilin**	**166.30**	**170.93**	**173.96**	
山西	**Shanxi**	**237.77**	**243.81**	**210.01**		长春	Changchun	48.09	48.65	50.50	11
太原	Taiyuan	39.67	41.91	40.00	27	吉林	Jilin	21.23	22.98	20.80	86
大同	Datong	10.11	19.64	20.50	90	四平	Siping	13.21	13.21	13.10	177
阳泉	Yangquan	19.15	20.77	21.40	77	辽源	Liaoyuan	7.74	7.99	7.90	253
长治	Changzhi	23.10	21.61	21.70	76	通化	Tonghua	12.54	12.57	12.50	185
晋城	Jincheng	11.98	11.63	11.90	191	白山	Baishan	11.42	12.35	11.90	191
朔州	Shuozhou	11.62	11.17	11.10	200	松原	Songyuan	13.05	13.34	13.60	171
晋中	Jinzhong	15.72	16.30	16.50	131	白城	Baicheng	15.41	15.64	15.80	140
运城	Yuncheng	22.06	22.67	23.30	64	黑龙江	**Heilongjiang**	**332.38**	**333.60**	**296.53**	
忻州	Xinzhou	18.96	19.96	20.00	96	哈尔滨	Harbin	70.11	73.07	76.10	5
临汾	Linfen	23.20	23.43	22.30	71	齐齐哈尔	Qiqihar	21.16	17.48	17.40	123
吕梁	Luliang	18.73	19.40	20.60	88	鸡西	Jixi	8.52	8.87	9.00	240
内蒙古	**Inner Mongolia**	**169.40**	**173.10**	**170.84**		鹤岗	Hegang	10.85	10.99	10.60	210
呼和浩特	Hohhot	21.15	21.87	22.40	69	双鸭山	Shuangyashan	7.49	7.65	7.70	257
包头	Baotou	12.89	13.40	13.40	174	大庆	Daqing	46.15	46.10	44.90	20
乌海	Wuhai	5.50	5.72	5.50	276	伊春	Yichun	15.07	15.44	16.20	135
赤峰	Chifeng	19.88	19.72	20.40	91	佳木斯	Jiamusi	12.72	13.20	13.30	176
通辽	Tongliao	18.75	18.70	18.90	110	七台河	Qitaihe	3.97	3.89	4.00	284
鄂尔多斯	Erdos	11.34	12.85	14.30	167	牡丹江	Mudanjiang	14.89	15.07	15.20	152
呼伦贝尔	Hulunbuir	20.45	20.63	20.90	83	黑河	Heihe	9.71	9.90	9.90	226
巴彦淖尔	Bayannur	10.48	10.41	10.60	210	绥化	Suihua	18.97	18.64	18.50	113
乌兰察布	Ulanqab	11.24	11.30	11.40	197	上海	**Shanghai**	**145.49**	**147.21**	**111.49**	
辽宁	**Liaoning**	**300.41**	**294.58**	**292.49**		江苏	**Jiangsu**	**281.21**	**291.00**	**293.34**	

2-6 城镇单位国有单位就业人员 续表 1
Urban Employed Person of State-owned Units continued 1

单位：万人 （10 000 persons）

地名	City	2010	2011	2012	2012 排名 Ranking	地名	City	2010	2011	2012	2012 排名 Ranking
南京	Nanjing	50.02	52.11	54.00	10	池州	Chizhou	4.79	4.85	4.90	278
无锡	Wuxi	16.61	17.50	17.80	118	宣城	Xuancheng	7.64	7.93	8.00	252
徐州	Xuzhou	40.62	40.83	41.50	22	**福建**	**Fujian**	**155.51**	**161.65**	**155.23**	
常州	Changzhou	14.45	15.21	15.60	141	福州	Fuzhou	35.76	37.18	31.60	35
苏州	Suzhou	22.63	23.34	23.80	61	厦门	Xiamen	17.46	19.27	18.40	114
南通	Nantong	20.23	21.07	22.00	74	莆田	Putian	9.98	10.02	9.30	233
连云港	Lianyungang	16.29	16.32	16.60	130	三明	Sanming	12.67	12.96	12.50	185
淮安	Huaian	18.16	18.48	18.10	115	泉州	Quanzhou	23.47	24.53	20.00	96
盐城	Yancheng	24.16	24.43	24.70	57	漳州	Zhangzhou	17.28	17.28	13.10	177
扬州	Yangzhou	17.66	19.64	19.20	107	南平	Nanping	12.58	12.95	11.10	200
镇江	Zhenjiang	14.42	15.16	15.60	141	龙岩	Longyan	11.76	12.45	11.10	200
泰州	Taizhou	13.49	13.99	14.10	168	宁德	Ningde	11.45	11.90	10.90	207
宿迁	Suqian	12.47	12.91	13.00	180	**江西**	**Jiangxi**	**200.61**	**200.45**	**187.20**	
浙江	**Zhejiang**	**215.43**	**224.08**	**212.98**		南昌	Nanchang	44.25	41.62	44.40	21
杭州	Hangzhou	54.53	56.95	56.30	8	景德镇	Jingdezhen	10.90	10.03	9.70	228
宁波	Ningbo	30.04	31.83	31.70	34	萍乡	Pingxiang	9.53	9.01	9.10	236
温州	Wenzhou	26.66	27.36	30.60	40	九江	Jiujiang	20.95	21.64	22.10	72
嘉兴	Jiaxing	15.23	14.73	14.90	158	新余	Xinyu	4.48	4.58	4.60	281
湖州	Huzhou	9.28	9.43	10.30	216	鹰潭	Yingtan	8.83	9.16	9.10	236
绍兴	Shaoxing	12.76	14.58	15.30	148	赣州	Ganzhou	25.85	27.25	26.80	51
金华	Jinhua	10.50	10.50	17.20	124	吉安	Jian	16.98	17.45	17.80	118
衢州	Quzhou	8.71	9.99	9.00	240	宜春	Yichun	18.65	18.60	19.20	107
舟山	Zhoushan	6.56	6.64	6.70	264	抚州	Fuzhou	15.21	16.12	17.10	126
台州	Taizhou	18.46	19.14	19.50	103	上饶	Shangrao	22.75	22.57	24.00	59
丽水	Lishui	9.80	10.10	10.30	216	**山东**	**Shandong**	**439.40**	**437.00**	**411.79**	
安徽	**Anhui**	**205.95**	**219.02**	**196.98**		济南	Jinan	50.10	47.10	47.20	16
合肥	Hefei	30.82	41.27	46.30	17	青岛	Qingdao	39.80	37.20	36.90	30
芜湖	Wuhu	8.56	11.52	12.60	183	淄博	Zibo	26.80	27.60	27.80	46
蚌埠	Bengbu	9.70	10.08	10.70	208	枣庄	Zaozhuang	25.10	23.90	23.50	62
淮南	Huainan	9.78	10.89	9.10	236	东营	Dongying	25.00	27.60	27.00	50
马鞍山	Maanshan	4.55	6.98	7.00	262	烟台	Yantai	31.70	31.10	31.10	38
淮北	Huaibei	15.79	16.46	16.80	128	潍坊	Weifang	30.70	29.70	30.40	42
铜陵	Tongling	5.98	6.76	6.90	263	济宁	Jining	40.80	43.10	48.50	13
安庆	Anqing	17.98	19.73	19.80	98	泰安	Taian	19.70	20.20	21.30	79
黄山	Huangshan	5.37	5.44	5.80	270	威海	Weihai	13.30	13.20	13.10	177
滁州	Chuzhou	11.68	12.13	12.40	188	日照	Rizhao	10.10	8.70	9.70	228
阜阳	Fuyang	20.15	20.39	19.80	98	莱芜	Laiwu	5.00	4.90	5.20	277
宿州	Suzhou	16.65	17.83	18.10	115	临沂	Linyi	30.00	29.60	30.80	39
六安	Liuan	14.71	15.14			德州	Dezhou	20.10	19.20	20.90	83
亳州	Bozhou	11.31	11.62	12.50	185	聊城	Liaocheng	20.00	20.90	19.70	100

2-6 城镇单位国有单位就业人员 续表 2
Urban Employed Person of State-owned Units continued 2

单位：万人 （10 000 persons）

地名	City	2010	2011	2012	2012 排名 Ranking	地名	City	2010	2011	2012	2012 排名 Ranking
滨州	Binzhou	12.50	14.00	14.40	166	常德	Changde	19.11	17.20	17.70	121
菏泽	Heze	26.40	26.80	27.70	47	张家界	Zhangjiajie	6.15	6.01	6.00	267
河南	**Henan**	**389.11**	**400.25**	**369.84**		益阳	Yiyang	15.97	15.90	15.30	148
郑州	Zhengzhou	52.56	53.55	55.00	9	郴州	Chenzhou	19.27	18.96	20.20	92
开封	Kaifeng	15.38	14.49	16.30	134	永州	Yongzhou	20.23	18.87	19.50	103
洛阳	Luoyang	30.97	33.47	34.40	31	怀化	Huaihua	20.23	19.28	20.10	95
平顶山	Pingdingshan	19.08	19.79	19.70	100	娄底	Loudi	16.33	15.10	15.40	145
安阳	Anyang	15.81	15.96	15.30	148	**广东**	**Guangdong**	**400.70**	**423.88**	**402.76**	
鹤壁	Hebi	5.17	5.19	5.60	272	广州	Guangzhou	87.00	97.37	97.80	3
新乡	Xinxiang	22.12	22.49	22.60	66	韶关	Shaoguan	14.60	14.95	15.10	155
焦作	Jiaozuo	13.45	13.46	13.80	170	深圳	Shenzhen	46.90	49.35	50.10	12
濮阳	Puyang	16.48	19.61	18.70	111	珠海	Zhuhai	10.20	11.01	11.30	199
许昌	Xuchang	13.52	15.19	15.50	143	汕头	Shantou	17.10	17.69	22.10	72
漯河	Luohe	9.42	9.67	9.80	227	佛山	Foshan	20.30	21.44	20.60	88
三门峡	Sanmenxia	12.38	12.99	13.00	180	江门	Jiangmen	14.10	14.05	14.60	163
南阳	Nanyang	37.90	39.78	41.30	23	湛江	Zhanjiang	28.30	29.15	29.20	44
商丘	Shangqiu	25.84	25.75	27.20	49	茂名	Maoming	21.40	22.23	21.20	80
信阳	Xinyang	29.42	29.85	31.20	37	肇庆	Zhaoqing	14.10	14.44	15.10	155
周口	Zhoukou	30.84	30.12	29.30	43	惠州	Huizhou	16.50	17.97	18.60	112
驻马店	Zhumadian	23.93	24.38	25.40	56	梅州	Meizhou	16.10	16.52	16.50	131
湖北	**Hubei**	**288.00**	**292.30**	**268.61**		汕尾	Shanwei	9.40	9.41	9.40	232
武汉	Wuhan	79.85	85.15	82.70	4	河源	Heyuan	10.90	10.87	10.70	208
黄石	Huangshi	12.95	11.06	11.10	200	阳江	Yangjiang	10.90	11.03	10.00	223
十堰	Shiyan	14.22	14.31	14.70	159	清远	Qingyuan	12.20	12.57	12.60	183
宜昌	Yichang	60.39	18.90	21.40	77	东莞	Dongguan	12.60	14.00	14.70	159
襄阳	Xiangfan	25.76	26.00	27.30	48	中山	ZhongShan	7.60	8.47	8.90	243
鄂州	Ezhou	5.89	5.62	4.50	282	潮州	Chaozhou	7.50	7.63	7.70	257
荆门	Jingmen	13.56	12.39	11.40	197	揭阳	Jieyang	14.80	15.18	15.30	148
孝感	Xiaogan	20.23	19.92	20.70	87	云浮	Yunfu	8.50	8.57	8.80	245
荆州	Jingzhou	20.36	21.19	22.00	74	**广西**	**Guangxi**	**203.30**	**209.49**	**210.93**	
黄冈	Huanggang	20.05	20.07	20.90	83	南宁	Nanning	38.70	46.81	47.50	15
咸宁	Xianning	11.32	9.85	11.00	205	柳州	Liuzhou	22.40	21.80	22.50	68
随州	Suizhou	5.86	6.01	5.80	270	桂林	Guilin	22.10	22.81	24.10	58
湖南	**Hunan**	**287.13**	**275.01**	**269.09**		梧州	Wuzhou	9.60	10.04	10.00	223
长沙	Changsha	43.28	40.42	41.30	23	北海	Beihai	7.20	7.60	7.80	256
株洲	Zhuzhou	16.06	16.33	16.80	128	防城港	Fangchenggang	6.50	6.88	7.30	261
湘潭	Xiangtan	14.01	11.12	11.00	205	钦州	Qinzhou	10.10	10.95	10.60	210
衡阳	Hengyang	27.14	25.13	25.70	55	贵港	Guigang	11.40	11.58	11.80	194
邵阳	Shaoyang	22.30	21.08	21.10	82	玉林	Yulin	17.80	18.34	18.10	115
岳阳	Yueyang	26.08	24.66	25.90	54	百色	Baise	15.00	15.32	15.90	139

2-6 城镇单位国有单位就业人员 续表 3
Urban Employed Person of State-owned Units continued 3

单位：万人 （10 000 persons）

地名	City	2010	2011	2012	2012 排名 Ranking	地名	City	2010	2011	2012	2012 排名 Ranking
贺州	Hezhou	7.00	7.19	7.60	259	丽江	Lijiang	8.09	5.36	5.60	272
河池	Hechi	13.60	13.87	14.10	168	普洱	Puer	9.20	9.90	10.40	215
来宾	Laibin	8.30	8.44	7.40	260	临沧	Lincang	7.65	7.91	8.20	250
崇左	Chongzuo	9.60	9.53	9.30	233	**西藏**	**Tibet**	**14.64**	**21.72**	**26.72**	
海南	**Hainan**	**53.10**	**53.30**	**44.40**		拉萨	Lhasa	2.28	8.17	8.90	243
海口	Haikou	15.90	15.69	24.00	59	**陕西**	**Shaanxi**	**253.20**	**263.52**	**237.05**	
三亚	Sanya	3.50	3.72	4.80	280	西安	Xi'an	88.84	91.62	108.30	1
重庆	**Chongqing**	**118.80**	**116.47**	**121.22**		铜川	Tongchuan	7.85	8.13	7.90	253
四川	**Sichuan**	**335.77**	**346.47**	**361.31**		宝鸡	Baoji	18.46	19.54	17.70	121
成都	Chengdu	92.06	97.64	104.10	2	咸阳	Xianyang	24.89	26.16	26.30	53
自贡	Zigong	8.88	9.01	9.10	236	渭南	Weinan	27.16	27.45	28.00	45
攀枝花	Panzhihua	12.80	14.38	13.40	174	延安	Yan'an	21.01	21.95	22.40	69
泸州	Luzhou	13.57	14.23	14.70	159	汉中	Hanzhong	15.81	15.82	16.20	135
德阳	Deyang	14.80	14.83	15.20	152	榆林	Yulin	21.79	21.79	22.60	66
绵阳	Mianyang	16.45	17.53	19.53	102	安康	Ankang	9.83	9.78	10.10	220
广元	Guangyuan	10.25	10.05	10.10	220	商洛	Shangluo	9.15	9.88	10.60	210
遂宁	Suining	7.82	7.87	8.40	249	**甘肃**	**Gansu**	**147.36**	**150.05**	**148.27**	
内江	Neijiang	11.74	11.40	11.50	196	兰州	Lanzhou	40.63	38.86	40.90	26
乐山	Leshan	11.62	11.61	11.60	195	嘉峪关	Jiayuguan	4.62	5.18	4.90	278
南充	Nanchong	18.08	19.66	20.20	92	金昌	Jinchang	6.10	6.69	8.80	245
眉山	Meishan	8.58	8.57	9.00	240	白银	Baiyin	7.90	7.84	8.20	250
宜宾	Yibin	15.68	15.78	15.40	145	天水	Tianshui	12.65	13.16	14.60	163
广安	Guangan	10.61	10.78	11.10	200	武威	Wuwei	8.36	8.30	8.60	248
达州	Dazhou	16.55	16.73	17.20	124	张掖	Zhangye	7.81	8.47	8.70	247
雅安	Yaan	6.26	6.35	6.50	265	平凉	Pingliang	12.11	12.37	12.70	182
巴中	Bazhong	9.56	9.82	10.00	223	酒泉	Jiuquan	6.30	6.11	6.50	265
资阳	Ziyang	9.44	9.63	9.70	228	庆阳	Qingyang	8.81	9.08	9.50	231
贵州	**Guizhou**	**156.67**	**170.54**	**166.15**		定西	Dingxi	8.96	9.66	10.10	220
贵阳	Guiyang	42.50	44.09	41.00	25	陇南	Longnan	9.76	9.98	10.20	218
六盘水	Liupanshui	8.41	13.89	14.60	163	**青海**	**Qinghai**	**37.94**	**41.57**	**34.82**	
遵义	Zunyi	23.53	25.29	26.50	52	西宁	Xining	17.81	20.25	21.20	80
安顺	Anshun	8.94	9.50	10.20	218	**宁夏**	**Ningxia**	**37.18**	**37.85**	**36.74**	
毕节	Bijie	17.50	18.72	20.20	92	银川	Yinchuan	15.07	16.50	17.80	118
铜仁	Tongren	12.71	12.86	13.60	171	石嘴山	Shizuishan	6.13	4.80	5.60	272
云南	**Yunnan**	**190.96**	**175.80**	**186.24**		吴忠	Wuzhong	5.41	5.77	6.00	267
昆明	Kunming	45.30	46.54	47.70	14	固原	Guyuan	5.23	5.32	5.60	272
曲靖	Qujing	18.76	18.70	19.20	107	中卫	Zhongwei	3.81	3.92	4.30	283
玉溪	Yuxi	9.79	10.22	10.50	214	**新疆**	**Xinjiang**	**184.15**	**192.32**	**201.84**	
保山	Baoshan	6.91	7.40	7.90	253	乌鲁木齐	Urumqi	31.50	25.92	39.20	28
昭通	Zhaotong	14.06	14.70	15.40	145	克拉玛依	Karamay	5.07	5.37	5.90	269

2-7 城镇单位城镇集体单位就业人员
Urban Employed Person of Collective-owned Units

单位：万人 （10 000 persons）

地名	City	2010	2011	2012	2012 排名 Ranking	地名	City	2010	2011	2012	2012 排名 Ranking
全国	**Nation Total**	**597.00**	**603.0**	**589.70**		沈阳	Shenyang	9.16	5.37	5.50	10
北京	**Beijing**	**22.71**	**20.10**	**17.53**		大连	Dalian	2.44	2.73	2.60	67
天津	**Tianjin**	**4.30**	**8.84**	**7.10**		鞍山	Anshan	9.46	5.36	6.20	4
河北	**Hebei**	**25.91**	**22.21**	**18.00**		抚顺	Fushun	9.41	1.71	2.00	89
石家庄	Shijiazhuang	5.07	4.94	3.90	27	本溪	Benxi	6.24	2.14	2.40	72
唐山	Tangshan	3.54	3.00	2.60	67	丹东	Dandong	2.63	1.66	1.50	131
秦皇岛	Qinhuangdao	0.91	0.81	0.60	220	锦州	Jinzhou	4.32	2.24	2.70	64
邯郸	Handan	2.84	2.80	2.90	54	营口	Yingkou	1.31	1.62	1.70	107
邢台	Xingtai	2.09	2.21	1.60	116	阜新	Fuxin	8.81	1.38	1.90	94
保定	Baoding	3.82	1.69	2.10	81	辽阳	Liaoyang	2.86	1.41	1.50	131
张家口	Zhangjiakou	2.16	2.36	2.70	64	盘锦	Panjin	0.43	0.50	0.80	202
承德	Chengde	0.62	0.73	0.80	202	铁岭	Tieling	5.48	2.11	2.10	81
沧州	Cangzhou	2.28	0.89	1.10	167	朝阳	Chaoyang	1.85	1.02	1.60	116
廊坊	Langfang	0.70	1.02	1.20	155	葫芦岛	Huludao	4.05	2.84	2.40	72
衡水	Hengshui	1.82	1.77	1.60	116	吉林	**Jilin**	**13.74**	**9.56**	**7.41**	
山西	**Shanxi**	**23.89**	**24.81**	**21.42**		长春	Changchun	4.21	3.11	2.90	54
太原	Taiyuan	4.77	4.91	4.30	21	吉林	Jilin	1.58	1.70	1.20	155
大同	Datong	2.94	3.09	3.00	51	四平	Siping	0.75	0.68	0.60	220
阳泉	Yangquan	2.59	2.68	2.90	54	辽源	Liaoyuan	0.34	0.36	0.40	245
长治	Changzhi	1.60	1.85	1.80	102	通化	Tonghua	1.05	1.01	1.00	179
晋城	Jincheng	1.90	1.65	1.60	116	白山	Baishan	0.38	0.46	0.50	235
朔州	Shuozhou	1.25	1.27	1.10	167	松原	Songyuan	0.72	0.74	0.70	215
晋中	Jinzhong	1.82	1.69	1.70	107	白城	Baicheng	0.94	0.75	0.80	202
运城	Yuncheng	1.88	2.19	2.00	89	黑龙江	**Heilongjiang**	**22.00**	**16.10**	**15.85**	
忻州	Xinzhou	1.63	1.83	1.80	102	哈尔滨	Harbin	12.53	6.66	6.00	5
临汾	Linfen	1.64	1.69	1.70	107	齐齐哈尔	Qiqihar	2.02	1.89	1.80	102
吕梁	Luliang	1.81	1.95	2.90	54	鸡西	Jixi	0.63	0.55	0.50	235
内蒙古	**Inner Mongolia**	**8.90**	**8.50**	**7.28**		鹤岗	Hegang	1.31	1.31	1.10	167
呼和浩特	Hohhot	1.00	0.97	1.00	179	双鸭山	Shuangyashan	0.55	0.53	0.50	235
包头	Baotou	2.51	2.20	2.00	89	大庆	Daqing	0.88	1.44	1.30	145
乌海	Wuhai	0.02	0.02			伊春	Yichun	0.93	0.82	0.80	202
赤峰	Chifeng	1.13	1.17	1.20	155	佳木斯	Jiamusi	0.72	0.74	0.80	202
通辽	Tongliao	0.93	0.90	0.80	202	七台河	Qitaihe	0.55	0.43	0.40	245
鄂尔多斯	Erdos	0.38	0.41	0.40	245	牡丹江	Mudanjiang	0.60	0.49	0.50	235
呼伦贝尔	Hulunbuir	0.60	0.60	0.60	220	黑河	Heihe	0.29	0.27	0.30	256
巴彦淖尔	Bayannur	0.50	0.50	0.50	235	绥化	Suihua	0.91	0.90	1.00	179
乌兰察布	Ulanqab	0.41	0.41	0.40	245	上海	**Shanghai**	**9.12**	**10.43**	**12.00**	
辽宁	**Liaoning**	**68.47**	**32.09**	**36.73**		江苏	**Jiangsu**	**30.31**	**31.20**	**38.75**	

2-7 城镇单位城镇集体单位就业人员　续表 1
Urban Employed Person of Collective-owned Units continued 1

单位：万人　　(10 000 persons)

地名	City	2010	2011	2012	2012 排名 Ranking	地名	City	2010	2011	2012	2012 排名 Ranking
南京	Nanjing	4.90	4.67	4.90	16	池州	Chizhou	0.34	0.36	0.30	256
无锡	Wuxi	1.37	1.36	1.20	155	宣城	Xuancheng	0.57	0.44	0.40	245
徐州	Xuzhou	3.12	3.26	2.90	54	福建	**Fujian**	**16.58**	**15.56**	**14.08**	
常州	Changzhou	1.36	1.32	1.40	140	福州	Fuzhou	3.61	3.98	3.10	48
苏州	Suzhou	2.72	2.94	2.70	64	厦门	Xiamen	2.88	1.65	1.30	145
南通	Nantong	2.29	2.26	2.50	71	莆田	Putian	0.98	0.64	0.60	220
连云港	Lianyungang	2.07	1.94	1.90	94	三明	Sanming	0.87	1.35	1.20	155
淮安	Huaian	1.79	2.01	1.60	116	泉州	Quanzhou	3.96	3.35	2.80	61
盐城	Yancheng	1.62	1.67	1.70	107	漳州	Zhangzhou	1.42	1.67	1.20	155
扬州	Yangzhou	3.01	3.08	3.20	44	南平	Nanping	0.80	0.88	0.70	215
镇江	Zhenjiang	1.83	1.93	1.90	94	龙岩	Longyan	1.34	1.34	1.40	140
泰州	Taizhou	3.85	4.39	4.00	23	宁德	Ningde	0.71	0.71	0.60	220
宿迁	Suqian	0.39	0.38	0.30	256	江西	**Jiangxi**	**14.04**	**18.75**	**15.39**	
浙江	**Zhejiang**	**28.90**	**28.46**	**22.27**		南昌	Nanchang	4.20	6.33	3.20	44
杭州	Hangzhou	5.21	5.29	5.60	9	景德镇	Jingdezhen	0.79	0.94	0.90	192
宁波	Ningbo	3.33	3.43	3.20	44	萍乡	Pingxiang	0.26	0.50	0.50	235
温州	Wenzhou	5.19	4.76	4.70	19	九江	Jiujiang	2.33	4.40	3.80	29
嘉兴	Jiaxing	1.64	1.46	1.50	131	新余	Xinyu	0.18	0.22	0.30	256
湖州	Huzhou	2.68	1.31	1.40	140	鹰潭	Yingtan	0.18	0.12	0.20	266
绍兴	Shaoxing	2.22	2.29	1.90	94	赣州	Ganzhou	1.37	1.37	1.60	116
金华	Jinhua	9.50	11.00	1.60	116	吉安	Jian	1.07	1.26	1.60	116
衢州	Quzhou	0.27	0.33	0.40	245	宜春	Yichun	0.64	0.98	0.90	192
舟山	Zhoushan	1.66	0.82	1.20	155	抚州	Fuzhou	1.48	1.10	1.60	116
台州	Taizhou	2.75	2.99	3.80	29	上饶	Shangrao	1.53	1.53	3.50	40
丽水	Lishui	0.76	0.62	0.50	235	山东	**Shandong**	**57.00**	**60.80**	**59.17**	
安徽	**Anhui**	**17.88**	**18.34**	**16.40**		济南	Jinan	5.00	3.40	4.80	18
合肥	Hefei	1.79	1.85	2.60	67	青岛	Qingdao	4.80	5.70	5.50	10
芜湖	Wuhu	0.22	0.30	0.30	256	淄博	Zibo	4.20	5.00	5.40	12
蚌埠	Bengbu	0.90	1.30	0.80	202	枣庄	Zaozhuang	4.20	3.90	4.40	20
淮南	Huainan	1.28	1.51	1.30	145	东营	Dongying	2.10	1.60	1.30	145
马鞍山	Maanshan	0.64	1.25	1.20	155	烟台	Yantai	4.60	6.10	5.70	7
淮北	Huaibei	0.90	0.92	0.90	192	潍坊	Weifang	2.90	2.60	3.80	29
铜陵	Tongling	0.17	0.06	0.10	278	济宁	Jining	4.30	5.90	5.70	7
安庆	Anqing	1.64	1.63	1.90	94	泰安	Taian	8.20	11.80	12.20	1
黄山	Huangshan	0.23	0.23	0.20	266	威海	Weihai	2.90	3.60	3.20	44
滁州	Chuzhou	0.94	0.94	1.00	179	日照	Rizhao	0.70	0.90	0.90	192
阜阳	Fuyang	2.24	2.77	1.30	145	莱芜	Laiwu	1.50	0.50	0.40	245
宿州	Suzhou	2.19	2.01	2.10	81	临沂	Linyi	4.30	1.90	2.10	81
六安	Liuan	1.78	1.81	1.80	102	德州	Dezhou	2.20	2.10	2.30	78
亳州	Bozhou	1.02	0.97	0.70	215	聊城	Liaocheng	1.40	1.30	1.20	155

2-7 城镇单位城镇集体单位就业人员 续表 2
Urban Employed Person of Collective-owned Units continued 2

单位：万人 （10 000 persons）

地名	City	2010	2011	2012	2012 排名 Ranking	地名	City	2010	2011	2012	2012 排名 Ranking
滨州	Binzhou	1.40	1.10	1.20	155	常德	Changde	1.67	1.60	1.70	107
菏泽	Heze	2.30	3.00	2.90	54	张家界	Zhangjiajie	0.57	0.52	0.40	245
河南	**Henan**	**50.41**	**51.66**	**46.09**		益阳	Yiyang	1.84	1.33	1.50	131
郑州	Zhengzhou	4.34	5.34	4.30	21	郴州	Chenzhou	1.35	0.95	1.00	179
开封	Kaifeng	3.52	4.24	3.80	29	永州	Yongzhou	1.51	1.87	2.10	81
洛阳	Luoyang	3.75	3.51	3.60	34	怀化	Huaihua	1.72	1.56	1.70	107
平顶山	Pingdingshan	3.72	3.38	3.10	48	娄底	Loudi	4.17	3.94	4.00	23
安阳	Anyang	1.79	2.16	3.00	51	**广东**	**Guangdong**	**57.70**	**62.83**	**58.52**	
鹤壁	Hebi	0.68	0.65	0.40	245	广州	Guangzhou	10.80	9.37	10.60	2
新乡	Xinxiang	4.04	4.15	4.00	23	韶关	Shaoguan	2.00	2.61	2.90	54
焦作	Jiaozuo	1.41	1.83	1.50	131	深圳	Shenzhen	1.50	1.64	1.70	107
濮阳	Puyang	0.93	0.87	0.80	202	珠海	Zhuhai	3.30	2.44	2.30	78
许昌	Xuchang	1.06	0.97	1.00	179	汕头	Shantou	5.90	8.82	3.40	42
漯河	Luohe	2.04	2.12	2.10	81	佛山	Foshan	2.40	2.44	2.00	89
三门峡	Sanmenxia	1.08	1.11	1.10	167	江门	Jiangmen	1.90	5.23	2.10	81
南阳	Nanyang	6.33	5.70	5.30	13	湛江	Zhanjiang	3.00	3.50	3.90	27
商丘	Shangqiu	2.77	3.11	3.60	34	茂名	Maoming	3.90	4.01	3.30	43
信阳	Xinyang	5.60	5.84	5.80	6	肇庆	Zhaoqing	1.20	1.58	1.60	116
周口	Zhoukou	3.42	3.46	3.60	34	惠州	Huizhou	2.50	2.15	2.40	72
驻马店	Zhumadian	2.42	2.28	2.40	72	梅州	Meizhou	1.70	1.77	1.60	116
湖北	**Hubei**	**22.00**	**18.20**	**15.25**		汕尾	Shanwei	1.70	1.53	1.90	94
武汉	Wuhan	7.09	4.53	4.00	23	河源	Heyuan	1.60	1.64	1.20	155
黄石	Huangshi	1.34	1.37	1.40	140	阳江	Yangjiang	3.90	3.46	3.60	34
十堰	Shiyan	0.98	0.90	1.10	167	清远	Qingyuan	0.60	0.59	0.80	202
宜昌	Yichang	1.78	1.20	3.00	51	东莞	Dongguan	3.50	3.41	3.60	34
襄阳	Xiangfan	1.21	0.90	1.30	145	中山	ZhongShan	2.00	1.27	1.00	179
鄂州	Ezhou	0.43	0.56	0.60	220	潮州	Chaozhou	1.30	1.52	1.50	131
荆门	Jingmen	1.25	1.50	1.30	145	揭阳	Jieyang	2.30	2.84	2.80	61
孝感	Xiaogan	2.98	1.66	1.70	107	云浮	Yunfu	0.70	0.97	1.00	179
荆州	Jingzhou	1.12	1.39	1.50	131	**广西**	**Guangxi**	**17.30**	**18.76**	**14.39**	
黄冈	Huanggang	0.76	1.01	0.80	202	南宁	Nanning	1.60	1.59	1.60	116
咸宁	Xianning	1.42	1.31	1.60	116	柳州	Liuzhou	1.80	2.00	1.60	116
随州	Suizhou	0.56	0.64	0.60	220	桂林	Guilin	1.70	1.65	1.80	102
湖南	**Hunan**	**33.24**	**27.84**	**23.65**		梧州	Wuzhou	0.90	0.86	0.90	192
长沙	Changsha	5.45	4.16	3.80	29	北海	Beihai	0.80	1.10	1.30	145
株洲	Zhuzhou	1.84	1.19	1.10	167	防城港	Fangchenggang	0.60	0.58	0.60	220
湘潭	Xiangtan	1.90	1.34	1.20	155	钦州	Qinzhou	1.10	1.05	1.10	167
衡阳	Hengyang	4.42	3.59	3.50	40	贵港	Guigang	1.20	1.35	1.50	131
邵阳	Shaoyang	3.09	2.34	2.40	72	玉林	Yulin	4.10	4.91	2.40	72
岳阳	Yueyang	2.79	2.75	2.60	67	百色	Baise	0.80	2.37	1.00	179

2-7 城镇单位城镇集体单位就业人员 续表 3
Urban Employed Person of Collective-owned Units continued 3

单位：万人 （10 000 persons）

地名	City	2010	2011	2012	2012 排名 Ranking	地名	City	2010	2011	2012	2012 排名 Ranking
贺州	Hezhou	0.30	0.22	0.20	266	丽江	Lijiang	0.31	0.40	0.40	245
河池	Hechi	1.50	1.28	1.40	140	普洱	Puer	0.28	0.34	0.30	256
来宾	Laibin	0.40	0.55	3.60	34	临沧	Lincang	0.16	0.28	0.30	256
崇左	Chongzuo	0.40	0.35	0.30	256	**西藏**	**Tibet**	**0.45**	**0.41**	**0.54**	
海南	**Hainan**	**3.90**	**3.61**	**3.03**		拉萨	Lhasa	0.21	0.20	0.20	266
海口	Haikou	1.70	1.22	1.41	139	**陕西**	**Shaanxi**	**15.00**	**15.24**	**18.89**	
三亚	Sanya	0.20	0.21	0.20	266	西安	Xi'an	4.75	5.33	5.10	14
重庆	**Chongqing**	**10.30**	**9.88**	**9.09**		铜川	Tongchuan	0.24	0.24	0.20	266
四川	**Sichuan**	**33.69**	**33.77**	**31.40**		宝鸡	Baoji	1.28	1.45	1.60	116
成都	Chengdu	7.99	8.76	8.00	3	咸阳	Xianyang	1.37	1.55	1.90	94
自贡	Zigong	1.51	1.18	1.10	167	渭南	Weinan	1.88	1.33	1.10	167
攀枝花	Panzhihua	0.73	0.56	0.50	235	延安	Yan'an	1.12	1.00	1.00	179
泸州	Luzhou	5.02	4.84	4.90	16	汉中	Hanzhong	1.36	1.33	1.30	145
德阳	Deyang	0.75	0.81	0.80	202	榆林	Yulin	1.01	1.14	1.10	167
绵阳	Mianyang	1.51	1.30	1.30	145	安康	Ankang	0.78	0.84	0.80	202
广元	Guangyuan	0.96	0.95	0.90	192	商洛	Shangluo	0.95	0.98	1.00	179
遂宁	Suining	2.74	3.06	3.10	48	**甘肃**	**Gansu**	**6.88**	**7.46**	**10.74**	
内江	Neijiang	1.53	1.17	1.10	167	兰州	Lanzhou	1.91	1.92	2.00	89
乐山	Leshan	0.95	0.99	1.10	167	嘉峪关	Jiayuguan	0.11	0.25	0.60	220
南充	Nanchong	2.15	1.90	2.20	80	金昌	Jinchang	0.40	0.42	0.40	245
眉山	Meishan	0.76	0.79	0.60	220	白银	Baiyin	1.00	0.92	0.90	192
宜宾	Yibin	0.72	0.73	0.60	220	天水	Tianshui	0.78	0.74	0.60	220
广安	Guangan	0.46	0.50	0.50	235	武威	Wuwei	0.60	0.65	0.60	220
达州	Dazhou	2.10	2.16	2.80	61	张掖	Zhangye	0.20	0.22	0.20	266
雅安	Yaan	0.29	0.31	0.20	266	平凉	Pingliang	0.29	0.69	0.70	215
巴中	Bazhong	1.23	1.95	2.10	81	酒泉	Jiuquan	0.18	0.21	0.50	235
资阳	Ziyang	1.47	0.88	1.00	179	庆阳	Qingyang	0.15	0.17	0.20	266
贵州	**Guizhou**	**7.26**	**7.66**	**6.15**		定西	Dingxi	0.18	0.15	0.10	278
贵阳	Guiyang	2.41	2.43	1.70	107	陇南	Longnan	0.61	0.59	0.60	220
六盘水	Liupanshui	0.15	0.30	0.30	256	**青海**	**Qinghai**	**1.72**	**1.86**	**1.26**	
遵义	Zunyi	1.02	0.96	0.10	278	西宁	Xining	1.25	1.37	1.00	179
安顺	Anshun	0.57	0.71	0.70	215	**宁夏**	**Ningxia**	**0.81**	**0.80**	**0.83**	
毕节	Bijie	0.66	0.77	0.80	202	银川	Yinchuan	0.28	0.24	0.20	266
铜仁	Tongren	0.78	0.85	0.90	192	石嘴山	Shizuishan	0.11	0.11	0.10	278
云南	**Yunnan**	**10.59**	**9.70**	**14.03**		吴忠	Wuzhong	0.19	0.22	0.20	266
昆明	Kunming	3.67	4.28	5.10	14	固原	Guyuan	0.12	0.12	0.10	278
曲靖	Qujing	1.14	1.30	1.90	94	中卫	Zhongwei	0.11	0.12	0.10	278
玉溪	Yuxi	0.58	0.55	0.90	192	**新疆**	**Xinjiang**	**3.14**	**3.39**	**2.91**	
保山	Baoshan	0.32	0.30	0.30	256	乌鲁木齐	Urumqi	0.84	0.87	0.90	192
昭通	Zhaotong	0.52	0.49	0.60	220	克拉玛依	Karamay	0.20	0.45	0.20	266

2-8 城镇私营单位就业人员
Employed Persons in Urban Private Units

单位：万人 （10 000 persons）

地名	City	2010	2012	2013	2013 排名 Ranking
全国	**Nation Total**	**6071.00**	**7557.0**	**8242.00**	
北京	**Beijing**	**193.50**	**509.22**	**535.25**	
天津	**Tianjin**	**146.47**	**191.35**	**217.48**	
河北	**Hebei**	**176.92**	**266.39**	**336.42**	
石家庄	Shijiazhuang	14.92	62.30	61.30	26
唐山	Tangshan	12.66	46.00	45.60	46
秦皇岛	Qinhuangdao	18.15	16.40	14.50	135
邯郸	Handan	15.00	29.00	30.40	69
邢台	Xingtai	19.56	20.70	23.20	88
保定	Baoding	28.28	38.60	37.00	54
张家口	Zhangjiakou	10.47	12.90	12.50	149
承德	Chengde	5.34	14.70	12.10	153
沧州	Cangzhou	23.97	32.10	32.80	59
廊坊	Langfang	16.50	21.70	18.30	108
衡水	Hengshui	12.07	16.70	17.80	113
山西	**Shanxi**	**123.63**	**171.34**	**232.62**	
太原	Taiyuan	26.49	36.50	39.20	52
大同	Datong	10.07	10.40	13.60	141
阳泉	Yangquan	4.89	5.90	5.90	228
长治	Changzhi	10.29	16.30	20.00	98
晋城	Jincheng	8.24	11.10	11.60	157
朔州	Shuozhou	7.15	10.60	13.30	145
晋中	Jinzhong	11.18	17.20	18.40	107
运城	Yuncheng	10.45	18.90	21.60	94
忻州	Xinzhou	12.58	14.90	14.70	133
临汾	Linfen	13.94	15.00	15.10	130
吕梁	Luliang	8.36	14.70	27.40	76
内蒙古	**Inner Mongolia**	**103.10**	**85.89**	**125.72**	
呼和浩特	Hohhot	24.25	30.20	30.60	68
包头	Baotou	26.30	35.80	39.90	50
乌海	Wuhai	3.50	5.00	6.00	227
赤峰	Chifeng	9.51	10.00	10.90	163
通辽	Tongliao	4.77	6.30	7.00	212
鄂尔多斯	Erdos	7.55	9.20	9.60	180
呼伦贝尔	Hulunbuir	5.68	7.20	7.20	209
巴彦淖尔	Bayannur	4.78	7.00	10.20	170
乌兰察布	Ulanqab	6.34	7.40	8.00	197
辽宁	**Liaoning**	**359.52**	**253.33**	**359.84**	
沈阳	Shenyang	98.32	67.30	72.70	20
大连	Dalian	88.59	158.90	169.30	4
鞍山	Anshan	23.72	7.80	7.50	203
抚顺	Fushun	14.53	8.50	8.50	189
本溪	Benxi	10.16	5.00	5.00	240
丹东	Dandong	14.65	7.30	7.30	205
锦州	Jinzhou	10.33	8.00	8.30	191
营口	Yingkou	24.08	9.70	9.70	177
阜新	Fuxin	13.85	8.90	9.70	177
辽阳	Liaoyang	11.41	7.20	7.30	205
盘锦	Panjin	8.09	6.30	7.20	209
铁岭	Tieling	14.56	7.30	9.70	177
朝阳	Chaoyang	17.88	8.80	6.70	218
葫芦岛	Huludao	9.35	7.90	8.20	193
吉林	**Jilin**	**74.89**	**106.07**	**157.07**	
长春	Changchun	16.13	30.80	29.90	70
吉林	Jilin	27.01	11.80	22.00	93
四平	Siping	1.21	11.20	7.80	198
辽源	Liaoyuan	7.72	7.10	3.80	258
通化	Tonghua	6.01	9.20	5.00	240
白山	Baishan	1.95	4.70	2.10	269
松原	Songyuan	4.34	5.90	3.10	262
白城	Baicheng	4.75	3.40	2.10	269
黑龙江	**Heilongjiang**	**147.65**	**120.22**	**155.41**	
哈尔滨	Harbin	38.40	62.30	57.40	29
齐齐哈尔	Qiqihar	6.00	10.30	11.50	158
鸡西	Jixi	3.68	4.30	4.20	256
鹤岗	Hegang	6.02	6.30	6.60	221
双鸭山	Shuangyashan	2.71	2.70	3.00	263
大庆	Daqing	17.26	20.00	21.20	96
伊春	Yichun	6.28	7.40	8.20	193
佳木斯	Jiamusi	6.29	7.90	8.30	191
七台河	Qitaihe	5.18	4.10	4.50	251
牡丹江	Mudanjiang	15.89	19.70	20.00	98
黑河	Heihe	3.96	4.60	5.00	240
绥化	Suihua	2.36	3.20	3.50	260
上海	**Shanghai**	**315.70**	**403.54**	**495.35**	
江苏	**Jiangsu**	**958.85**	**504.76**	**1171.15**	

2-8 城镇私营单位就业人员 续表 1
Employed Persons in Urban Private Units continued 1

单位：万人 （10 000 persons）

地名	City	2010	2012	2013	2013 排名 Ranking	地名	City	2010	2012	2013	2013 排名 Ranking
南京	Nanjing	112.71	130.70	163.40	6	池州	Chizhou	2.40	3.80	5.10	239
无锡	Wuxi	143.29	150.00	176.10	3	宣城	Xuancheng	9.13	14.40	16.60	121
徐州	Xuzhou	50.62	58.30	65.70	23	**福建**	**Fujian**	**278.38**	**455.63**	**474.71**	
常州	Changzhou	110.92	120.30	139.50	7	福州	Fuzhou	67.35	61.70	110.80	12
苏州	Suzhou	177.58	209.10	249.60	2	厦门	Xiamen	32.52	85.90	104.20	13
南通	Nantong	47.21	52.00	64.50	25	莆田	Putian	14.35	14.60	24.80	86
连云港	Lianyungang	25.69	30.00	31.50	62	三明	Sanming	23.53	18.70	32.00	61
淮安	Huaian	44.67	41.60	38.60	53	泉州	Quanzhou	64.20	57.80	94.40	15
盐城	Yancheng	55.97	59.70	65.50	24	漳州	Zhangzhou	19.69	17.30	31.10	66
扬州	Yangzhou	59.88	49.90	67.50	22	南平	Nanping	20.38	25.30	28.50	75
镇江	Zhenjiang	40.82	47.20	52.20	34	龙岩	Longyan	17.40	14.40	25.30	85
泰州	Taizhou	44.82	51.90	58.70	28	宁德	Ningde	18.95	17.80	32.40	60
宿迁	Suqian	39.20	41.50	49.90	38	**江西**	**Jiangxi**	**87.53**	**158.66**	**242.42**	
浙江	**Zhejiang**	**385.76**	**818.99**	**836.36**		南昌	Nanchang	3.67	37.50	41.40	48
杭州	Hangzhou	104.91	117.60	136.10	8	景德镇	Jingdezhen	6.22	9.00	9.30	182
宁波	Ningbo	99.33	161.30	116.40	11	萍乡	Pingxiang	8.89	26.70	34.50	55
温州	Wenzhou	62.91	71.70	87.30	17	九江	Jiujiang	1.96	25.70	29.40	72
嘉兴	Jiaxing	25.40	39.90	49.00	40	新余	Xinyu	5.27	10.70	8.60	187
湖州	Huzhou	16.13	22.80	24.30	87	鹰潭	Yingtan	4.23	4.40	5.00	240
绍兴	Shaoxing	36.09	37.40	55.50	30	赣州	Ganzhou	19.38	34.70	59.90	27
金华	Jinhua	62.71	71.30	84.50	18	吉安	Jian	11.33	28.50	29.10	73
衢州	Quzhou	13.20	23.30	26.10	80	宜春	Yichun	1.46	30.00	31.40	63
舟山	Zhoushan	6.41	15.80	14.50	135	抚州	Fuzhou	6.67	11.70	10.90	163
台州	Taizhou	33.86	70.50	73.80	19	上饶	Shangrao	18.45	19.40	26.00	82
丽水	Lishui	8.44	11.10	14.10	140	**山东**	**Shandong**	**371.10**	**599.62**	**819.64**	
安徽	**Anhui**	**133.29**	**193.92**	**306.29**		济南	Jinan	34.80	41.70	49.20	39
合肥	Hefei	42.14	55.00	54.90	31	青岛	Qingdao	96.20	117.80	116.80	10
芜湖	Wuhu	8.49	12.60	15.80	124	淄博	Zibo	19.70	20.70	23.20	88
蚌埠	Bengbu	6.50	8.50	7.30	205	枣庄	Zaozhuang	10.60	13.30	10.70	165
淮南	Huainan	3.46	4.90	6.10	226	东营	Dongying	8.60	10.80	10.10	173
马鞍山	Maanshan	6.17	10.70	11.80	156	烟台	Yantai	42.80	49.90	50.80	37
淮北	Huaibei	4.75	4.80	5.70	231	潍坊	Weifang	39.30	37.80	26.10	80
铜陵	Tongling	1.82	3.80	4.60	247	济宁	Jining	13.30	17.30	16.00	123
安庆	Anqing	7.86	12.90	14.70	133	泰安	Taian	11.50	13.00	15.70	126
黄山	Huangshan	3.64	6.40	4.70	246	威海	Weihai	14.70	17.60	17.60	114
滁州	Chuzhou	12.97	21.30	26.60	78	日照	Rizhao	13.60	17.30	9.90	175
阜阳	Fuyang	5.71	10.60	13.20	146	莱芜	Laiwu	6.60	6.50	7.60	200
宿州	Suzhou	3.24	4.50	5.60	234	临沂	Linyi	13.90	15.10	17.30	118
六安	Liuan	7.61	12.60	17.40	117	德州	Dezhou	10.10	10.20	9.80	176
亳州	Bozhou	3.77	9.70	12.70	147	聊城	Liaocheng	6.70	8.90	10.40	168

2-8 城镇私营单位就业人员 续表 2
Employed Persons in Urban Private Units continued 2

单位：万人 （10 000 persons）

地名	City	2010	2012	2013	2013 排名 Ranking
滨州	Binzhou	9.80	15.00	17.50	116
菏泽	Heze	10.50	11.10	11.30	162
河南	**Henan**	**177.45**	**421.08**	**660.06**	
郑州	Zhengzhou	75.01	80.80	87.60	16
开封	Kaifeng	15.70	22.10	19.20	103
洛阳	Luoyang	19.94	40.80	54.00	32
平顶山	Pingdingshan	5.12	11.00	17.10	119
安阳	Anyang	8.05	43.20	45.90	44
鹤壁	Hebi	2.18	3.50	4.60	247
新乡	Xinxiang	9.61	28.30	33.00	57
焦作	Jiaozuo	16.11	26.30	29.00	74
濮阳	Puyang	6.43	9.20	11.40	160
许昌	Xuchang	6.44	28.10	18.10	111
漯河	Luohe	3.23	9.50	4.40	253
三门峡	Sanmenxia	4.86	10.20	15.00	131
南阳	Nanyang	13.42	50.20	51.70	35
商丘	Shangqiu	8.09	15.70	19.70	100
信阳	Xinyang	2.73	11.50	12.40	151
周口	Zhoukou	17.85	17.30	17.60	114
驻马店	Zhumadian	14.72	20.00	25.90	84
湖北	**Hubei**	**184.00**	**279.62**	**412.65**	
武汉	Wuhan	38.56	85.40	46.60	43
黄石	Huangshi	16.60	18.00	18.20	109
十堰	Shiyan	13.22	20.70	21.50	95
宜昌	Yichang	20.20	27.60	29.70	71
襄阳	Xiangfan	17.56	4.90	26.40	79
鄂州	Ezhou	11.17	10.60	10.60	166
荆门	Jingmen	12.03	13.40	13.50	142
孝感	Xiaogan	21.33	29.70	33.10	56
荆州	Jingzhou	16.23	60.20	19.70	100
黄冈	Huanggang	10.12	15.20	17.00	120
咸宁	Xianning	5.88	3.00	12.50	149
随州	Suizhou	14.32	6.80	7.50	203
湖南	**Hunan**	**234.04**	**257.45**	**308.24**	
长沙	Changsha	34.51	37.90	39.60	51
株洲	Zhuzhou	12.17	12.90	13.40	144
湘潭	Xiangtan	6.49	5.20	5.70	231
衡阳	Hengyang	44.95	52.90	40.90	49
邵阳	Shaoyang	11.73	18.80	20.10	97
岳阳	Yueyang	10.48	25.10	14.40	137
常德	Changde	5.65	13.50	15.70	126
张家界	Zhangjiajie	1.95	5.70	2.50	265
益阳	Yiyang	3.28	7.50	11.50	158
郴州	Chenzhou	9.57	12.40	14.80	132
永州	Yongzhou	11.71	10.10	10.10	173
怀化	Huaihua	22.77	25.10	26.00	82
娄底	Loudi	6.23	5.20	5.80	230
广东	**Guangdong**	**885.60**	**818.38**	**1505.70**	
广州	Guangzhou	225.70	164.60	166.20	5
韶关	Shaoguan	5.00	6.20	6.70	218
深圳	Shenzhen		304.00	311.40	1
珠海	Zhuhai	17.90	17.10	15.80	124
汕头	Shantou				
佛山	Foshan		20.20	51.70	35
江门	Jiangmen	25.60	29.90		
湛江	Zhanjiang	12.40	26.50	10.20	170
茂名	Maoming	7.50	9.20	10.20	170
肇庆	Zhaoqing	7.60	26.50	10.60	166
惠州	Huizhou	35.30	9.20	8.50	189
梅州	Meizhou	4.10	4.10	4.30	255
汕尾	Shanwei		6.60	4.60	247
河源	Heyuan	12.80	6.40	9.20	183
阳江	Yangjiang	16.40	9.80	7.30	205
清远	Qingyuan	17.60	23.60	14.20	139
东莞	Dongguan				
中山	ZhongShan	10.90	99.80	52.90	33
潮州	Chaozhou	12.10	13.00	22.60	91
揭阳	Jieyang	9.00	10.30	7.60	200
云浮	Yunfu		1.90	1.70	272
广西	**Guangxi**	**100.00**	**127.70**	**177.67**	
南宁	Nanning	48.10	51.00	68.80	21
柳州	Liuzhou	21.40	28.50	32.90	58
桂林	Guilin	20.10	10.40	18.20	109
梧州	Wuzhou	5.10	8.10	6.80	216
北海	Beihai				
防城港	Fangchenggang	1.90	3.20	2.20	268
钦州	Qinzhou	4.30	5.40	15.20	129
贵港	Guigang	5.20	5.00	5.00	240
玉林	Yulin	19.10	25.80		
百色	Baise		6.50	8.70	186

2-8 城镇私营单位就业人员 续表 3
Employed Persons in Urban Private Units continued 3

单位：万人 (10 000 persons)

地名	City	2010	2012	2013	2013 排名 Ranking
贺州	Hezhou	1.60	2.30	2.30	266
河池	Hechi	8.90	20.90	7.60	200
来宾	Laibin	10.60	9.30		
崇左	Chongzuo	2.70	3.30	3.20	261
海南	**Hainan**	**41.60**	**32.10**	**51.33**	
海口	Haikou	31.60	40.90	47.40	41
三亚	Sanya	3.40	4.10	4.40	253
重庆	**Chongqing**	**210.30**	**214.32**	**271.71**	
四川	**Sichuan**	**285.85**	**248.31**	**453.53**	
成都	Chengdu	108.85	123.50	101.80	14
自贡	Zigong	11.00	15.50	18.60	106
攀枝花	Panzhihua	6.15	6.30	6.30	224
泸州	Luzhou	12.99	16.30	23.20	88
德阳	Deyang	10.33	11.60	12.70	147
绵阳	Mianyang	8.81	12.30	30.80	67
广元	Guangyuan	6.91	7.80	8.20	193
遂宁	Suining	9.92	10.10	8.10	196
内江	Neijiang	9.57	12.20	4.10	257
乐山	Leshan	8.91	9.00	6.40	223
南充	Nanchong	23.33	24.20	31.20	64
眉山	Meishan	4.80	5.20	7.20	209
宜宾	Yibin	16.30	18.20	22.50	92
广安	Guangan	9.66	11.10	11.40	160
达州	Dazhou	13.47	16.50	17.90	112
雅安	Yaan	4.61	5.20	6.60	221
巴中	Bazhong	3.35	5.60	5.70	231
资阳	Ziyang	5.96	7.30	6.20	225
贵州	**Guizhou**		**88.11**	**124.42**	
贵阳	Guiyang	15.53	16.40	45.80	45
六盘水	Liupanshui	2.85	10.90	15.70	126
遵义	Zunyi	5.80	15.10	18.80	104
安顺	Anshun	3.27	4.70	9.50	181
毕节	Bijie	3.57	6.70	12.10	153
铜仁	Tongren	1.07	7.80	12.10	153
云南	**Yunnan**	**276.30**	**185.37**	**227.87**	
昆明	Kunming		59.20	122.30	9
曲靖	Qujing	21.67	28.50	31.20	64
玉溪	Yuxi	5.26	5.40	16.50	122
保山	Baoshan	2.15	2.20	2.30	266
昭通	Zhaotong	5.97	8.50	19.60	102
丽江	Lijiang	0.94	1.00	1.00	274
普洱	Puer	4.62	9.10	9.00	184
临沧	Lincang	1.02	6.50	7.00	212
西藏	**Tibet**		**0.55**	**3.76**	
拉萨	Lhasa				
陕西	**Shaanxi**	**190.28**	**124.48**	**249.39**	
西安	Xi'an	67.10	74.40	46.80	42
铜川	Tongchuan	0.29	3.70	3.00	263
宝鸡	Baoji	18.84	18.80	13.50	142
咸阳	Xianyang	9.19	31.80	26.90	77
渭南	Weinan	22.52	26.80	12.30	152
延安	Yan'an	6.72	7.90	4.80	245
汉中	Hanzhong	2.31	16.30	9.00	184
榆林	Yulin	19.08	20.00	14.40	137
安康	Ankang	1.64	10.50	8.60	187
商洛	Shangluo	5.60	5.30	4.50	251
甘肃	**Gansu**	**59.42**	**44.66**	**97.64**	
兰州	Lanzhou	30.67	36.80	41.80	47
嘉峪关	Jiayuguan	1.16	1.50	1.70	272
金昌	Jinchang	2.10	3.30	3.60	259
白银	Baiyin	2.70	6.80	7.70	199
天水	Tianshui	4.22	9.10	10.40	168
武威	Wuwei	1.67	4.50	5.30	235
张掖	Zhangye	3.14	6.00	6.70	218
平凉	Pingliang	1.70	3.80	4.60	247
酒泉	Jiuquan	2.79	6.20	6.90	215
庆阳	Qingyang	1.70	5.20	7.00	212
定西	Dingxi	3.05	5.60	6.80	216
陇南	Longnan	2.17	4.60	5.30	235
青海	**Qinghai**	**14.51**	**16.30**	**28.11**	
西宁	Xining	8.80			
宁夏	**Ningxia**	**48.64**	**25.71**	**34.60**	
银川	Yinchuan	23.49	38.70	18.80	104
石嘴山	Shizuishan	7.06	9.40	5.30	235
吴忠	Wuzhong	8.95	9.00	5.20	238
固原	Guyuan	6.25	5.40	2.10	269
中卫	Zhongwei	2.90	4.20	5.90	228
新疆	**Xinjiang**	**65.36**	**84.57**	**104.76**	
乌鲁木齐	Urumqi	26.91	19.70		
克拉玛依	Karamay	2.33	2.80		

2-9 城镇单位就业人员平均工资
Average Wage of Urban Employed Persons

单位：元 (yuan)

地名	City	2010	2012	2013	2013 排名 Ranking
全国	**Nation Total**	**36539**	**46769**	**51483**	
北京	**Beijing**	**65683**	**84742**	**93006**	
天津	**Tianjin**	**52963**	**61514**	**67773**	
河北	**Hebei**	**32306**	**38658**	**41501**	
石家庄	Shijiazhuang	31460	39669	42488	135
唐山	Tangshan	37232	45838	47123	77
秦皇岛	Qinhuangdao	35825	44824	46399	87
邯郸	Handan	32123	38255	37402	219
邢台	Xingtai	30317	36278	38359	197
保定	Baoding	28089	34912	38108	204
张家口	Zhangjiakou	30592	35615	36916	229
承德	Chengde	29960	37787	41163	154
沧州	Cangzhou	33015	40114	42049	142
廊坊	Langfang	37224	44886	49110	59
衡水	Hengshui	25699	32800	36003	249
山西	**Shanxi**	**33544**	**44236**	**46407**	
太原	Taiyuan	37634	46831	51035	48
大同	Datong	34433	47646	50847	50
阳泉	Yangquan	42371	53972	47992	69
长治	Changzhi	33418	44304	44600	106
晋城	Jincheng	40029	54163	54500	29
朔州	Shuozhou	32530	44777	47181	75
晋中	Jinzhong	29024	42099	45458	95
运城	Yuncheng	23690	31912	34964	260
忻州	Xinzhou	24402	34443	38259	198
临汾	Linfen	26601	34555	39222	184
吕梁	Luliang	31048	46561	49648	57
内蒙古	**Inner Mongolia**	**35507**	**46557**	**50723**	
呼和浩特	Hohhot	37685	44402	48635	65
包头	Baotou	41403	51167	53100	40
乌海	Wuhai	39837	47547	53191	39
赤峰	Chifeng	31321	44531	47751	72
通辽	Tongliao	26432	38281	42929	130
鄂尔多斯	Erdos	53015	66892	68231	6
呼伦贝尔	Hulunbuir	33118	45892	49810	56
巴彦淖尔	Bayannur	30331	40391	44265	110
乌兰察布	Ulanqab	31006	41341	45588	94
辽宁	**Liaoning**	**35057**	**41858**	**45505**	
沈阳	Shenyang	41525	47639	49963	54
大连	Dalian	44617	54391	58437	18
鞍山	Anshan	32913	34206	39790	175
抚顺	Fushun	35148	38267	41818	147
本溪	Benxi	31823	37990	40606	163
丹东	Dandong	25863	28392	31979	279
锦州	Jinzhou	29450	37320	39861	173
营口	Yingkou	30592	35930	39405	181
阜新	Fuxin	25354	37598	39415	179
辽阳	Liaoyang	32028	39855	42608	133
盘锦	Panjin	28028	32748	36603	234
铁岭	Tieling	27959	35764	39168	186
朝阳	Chaoyang	29947	35839	38591	194
葫芦岛	Huludao	26041	34638	38424	196
吉林	**Jilin**	**29399**	**38407**	**42846**	
长春	Changchun	35723	46272	51564	45
吉林	Jilin	30992	39934	41248	152
四平	Siping	22307	31325	33893	270
辽源	Liaoyuan	23988	31564	36081	246
通化	Tonghua	24063	31561	35595	253
白山	Baishan	26422	32134	34063	268
松原	Songyuan	29328	36337	43035	129
白城	Baicheng	20668	25371	27705	283
黑龙江	**Heilongjiang**	**29603**	**36406**	**40794**	
哈尔滨	Harbin	31776	39450	44891	104
齐齐哈尔	Qiqihar	26770	32514	35795	252
鸡西	Jixi	28837	37486	40084	172
鹤岗	Hegang	29372	38976	38589	195
双鸭山	Shuangyashan	29515	35257	37905	209
大庆	Daqing	45679	54556	62089	10
伊春	Yichun	15985	24350	25542	284
佳木斯	Jiamusi	27028	66913	70979	4
七台河	Qitaihe	28714	37360	38697	191
牡丹江	Mudanjiang	27291	72283	78870	2
黑河	Heihe	24439	30688	33414	275
绥化	Suihua	20408	26952	29871	282
上海	**Shanghai**	**71874**	**78673**	**90908**	
江苏	**Jiangsu**	**40505**	**50639**	**57177**	

2-9 城镇单位就业人员平均工资 续表 1
Average Wage of Urban Employed Persons continued 1

单位：元 (yuan)

地名	City	2010	2012	2013	2013 排名 Ranking	地名	City	2010	2012	2013	2013 排名 Ranking
南京	Nanjing	48780	60404	64811	7	池州	Chizhou	31275	40829	42010	143
无锡	Wuxi	47006	56883	61744	12	宣城	Xuancheng	33499	43872	48913	62
徐州	Xuzhou	34243	44070	45310	96	**福建**	**Fujian**	**32647**	**44525**	**48538**	
常州	Changzhou	44214	55764	60802	14	福州	Fuzhou	34806	48089	53333	38
苏州	Suzhou	45566	57622	61995	11	厦门	Xiamen	40284	52526	55864	23
南通	Nantong	39448	49399	57546	19	莆田	Putian	27813	40056	43963	116
连云港	Lianyungang	33843	44124	45097	100	三明	Sanming	30610	41941	46552	85
淮安	Huaian	32786	41966	45055	101	泉州	Quanzhou	28908	41117	44895	103
盐城	Yancheng	30462	40357	43052	128	漳州	Zhangzhou	29535	42137	46610	83
扬州	Yangzhou	35429	44689	52582	42	南平	Nanping	28319	39822	44003	114
镇江	Zhenjiang	37675	47626	53447	36	龙岩	Longyan	30836	41168	45845	93
泰州	Taizhou	34488	42985	46190	92	宁德	Ningde	31292	43504	47020	78
宿迁	Suqian	27615	36624	41929	145	**江西**	**Jiangxi**	**29092**	**38512**	**42473**	
浙江	**Zhejiang**	**41505**	**50197**	**56571**		南昌	Nanchang	35038	42417	46330	88
杭州	Hangzhou	48772	56417	63664	8	景德镇	Jingdezhen	23249	33346	36453	239
宁波	Ningbo	43476	56257	60659	15	萍乡	Pingxiang	25332	33267	37480	217
温州	Wenzhou	37610	48212	54590	28	九江	Jiujiang	24744	32490	38200	200
嘉兴	Jiaxing	36319	48305	52945	41	新余	Xinyu	31455	39611	41737	148
湖州	Huzhou	36485	46287	49890	55	鹰潭	Yingtan	27917	34012	40662	162
绍兴	Shaoxing	35125	45614	49033	61	赣州	Ganzhou	23602	32416	40280	167
金华	Jinhua	39467	47196	51721	44	吉安	Jian	23093	31966	38122	202
衢州	Quzhou	44067	50899	55543	25	宜春	Yichun	24190	32216	37464	218
舟山	Zhoushan	43642	57294	61680	13	抚州	Fuzhou	21426	32072	40096	171
台州	Taizhou	40562	47007	50515	51	上饶	Shangrao	23428	32100	39571	176
丽水	Lishui	44979	56448	59783	16	**山东**	**Shandong**	**33321**	**41904**	**46998**	
安徽	**Anhui**	**34341**	**44601**	**47806**		济南	Jinan	36928	45040	53650	34
合肥	Hefei	39292	49712	54210	30	青岛	Qingdao	38136	48967	54829	27
芜湖	Wuhu	36591	46234	48496	66	淄博	Zibo	33690	41350	46564	84
蚌埠	Bengbu	28708	37348	42441	136	枣庄	Zaozhuang	30696	38671	42055	141
淮南	Huainan	45856	54995	58597	17	东营	Dongying	41805	49635	53828	32
马鞍山	Maanshan	42954	49756	53582	35	烟台	Yantai	32815	41303	47756	71
淮北	Huaibei	43013	55925	52383	43	潍坊	Weifang	33682	40058	45281	97
铜陵	Tongling	36633	45361	49051	60	济宁	Jining	35113	43625	46487	86
安庆	Anqing	27986	36259	39328	183	泰安	Taian	30734	39800	44444	109
黄山	Huangshan	30673	39427	43288	123	威海	Weihai	31839	38662	43619	122
滁州	Chuzhou	28758	40491	45156	99	日照	Rizhao	33172	38831	43085	126
阜阳	Fuyang	26273	35390	39470	178	莱芜	Laiwu	38265	40547	46863	80
宿州	Suzhou	28688	36546	36596	235	临沂	Linyi	30795	40305	44085	113
六安	Liuan	27088	35062	38624	193	德州	Dezhou	23939	33328	38838	190
亳州	Bozhou	27672	37082	37979	208	聊城	Liaocheng	25406	32843	37237	223

2-9 城镇单位就业人员平均工资 续表 2
Average Wage of Urban Employed Persons continued 2

单位：元 (yuan)

地名	City	2010	2012	2013	2013 排名 Ranking
滨州	Binzhou	27678	40019	44745	105
菏泽	Heze	21664	31850	35318	257
河南	**Henan**	**29819**	**37338**	**38301**	
郑州	Zhengzhou	32455	41086	44119	112
开封	Kaifeng	23948	31398	34797	262
洛阳	Luoyang	29059	37074	39559	177
平顶山	Pingdingshan	31506	40179	41839	146
安阳	Anyang	26211	33002	34348	267
鹤壁	Hebi	25542	33440	36839	230
新乡	Xinxiang	22616	30111	33427	274
焦作	Jiaozuo	25760	34684	37241	222
濮阳	Puyang	26092	35122	36814	232
许昌	Xuchang	26452	33672	35877	251
漯河	Luohe	20990	30829	34538	265
三门峡	Sanmenxia	29999	38690	42746	132
南阳	Nanyang	23127	30112	36071	247
商丘	Shangqiu	24075	30674	36300	243
信阳	Xinyang	24526	30482	33833	271
周口	Zhoukou	23784	31846	36372	240
驻马店	Zhumadian	21220	28968	31896	280
湖北	**Hubei**	**28092**	**39846**	**43899**	
武汉	Wuhan	31565	48942	53745	33
黄石	Huangshi	23879	34437	38037	206
十堰	Shiyan	22415	38574	43120	125
宜昌	Yichang	26893	34412	40291	166
襄阳	Xiangfan	23882	32962	37154	224
鄂州	Ezhou	31152	37672	38220	199
荆门	Jingmen	25446	36637	39160	187
孝感	Xiaogan	20136	28180	31602	281
荆州	Jingzhou	21563	31173	36023	248
黄冈	Huanggang	24177	31542	34007	269
咸宁	Xianning	22121	26908	33330	276
随州	Suizhou	22966	28431	32795	278
湖南	**Hunan**	**30483**	**38971**	**42726**	
长沙	Changsha	38338	50904	56381	21
株洲	Zhuzhou	33349	43307	46319	89
湘潭	Xiangtan	27292	38327	43078	127
衡阳	Hengyang	27614	33459	36361	242
邵阳	Shaoyang	24907	32263	36481	237
岳阳	Yueyang	25585	35720	38117	203
常德	Changde	28189	33933	38059	205
张家界	Zhangjiajie	26493	34454	38131	201
益阳	Yiyang	26334	34154	37835	210
郴州	Chenzhou	29859	37946	40792	159
永州	Yongzhou	27520	34693	37132	225
怀化	Huaihua	28751	35088	37670	214
娄底	Loudi	27369	34912	37984	207
广东	**Guangdong**	**40358**	**50278**	**53318**	
广州	Guangzhou	54807	63752	68594	5
韶关	Shaoguan	31873	40133	43958	117
深圳	Shenzhen	50456	59010	62626	9
珠海	Zhuhai	34405	48486	55884	22
汕头	Shantou	27742	37716	42286	138
佛山	Foshan	37079	46203	50158	53
江门	Jiangmen	27497	37983	42339	137
湛江	Zhanjiang	26787	33965	40176	169
茂名	Maoming	25811	36671	42607	134
肇庆	Zhaoqing	30114	39151	43989	115
惠州	Huizhou	29599	41506	47139	76
梅州	Meizhou	26672	37129	39412	180
汕尾	Shanwei	25501	34786	39220	185
河源	Heyuan	26379	35747	40787	160
阳江	Yangjiang	23586	33858	40128	170
清远	Qingyuan	32716	44590	46926	79
东莞	Dongguan	46576	57007	42806	131
中山	ZhongShan	40578	55480	48420	67
潮州	Chaozhou	24521	33404	37748	211
揭阳	Jieyang	22608	30752	41643	149
云浮	Yunfu	24758	34885	39816	174
广西	**Guangxi**	**30673**	**36386**	**41391**	
南宁	Nanning	37042	41331	48818	63
柳州	Liuzhou	37278	38223	43905	118
桂林	Guilin	30833	36049	42257	139
梧州	Wuzhou	28411	31427	33261	277
北海	Beihai	28063	34466	40878	158
防城港	Fangchenggang	29969	35485	41512	150
钦州	Qinzhou	28487	34499	37122	226
贵港	Guigang	26210	28787	36241	244
玉林	Yulin	26488	31678	37377	220
百色	Baise	28637	34023	37739	213

2-9 城镇单位就业人员平均工资 续表 3
Average Wage of Urban Employed Persons continued 3

单位：元 (yuan)

地名	City	2010	2012	2013	2013 排名 Ranking	地名	City	2010	2012	2013	2013 排名 Ranking
贺州	Hezhou	28282	33312	37589	216	丽江	Lijiang	29452	35975	41969	144
河池	Hechi	25953	30109	35451	256	普洱	Puer	27092	31340	34757	263
来宾	Laibin	30825	33471	39159	188	临沧	Lincang	26365	34059	36733	233
崇左	Chongzuo	25464	29674	35046	259	**西藏**	**Tibet**	**54397**	**51705**	**57773**	
海南	**Hainan**	**31025**	**39485**	**44971**		拉萨	Lhasa	46480	47008	71521	3
海口	Haikou	34192	40805	46231	91	**陕西**	**Shaanxi**	**34299**	**43073**	**47446**	
三亚	Sanya	33437	39955	46312	90	西安	Xi'an	37870	47566	50988	49
重庆	**Chongqing**	**35326**	**44498**	**50006**		铜川	Tongchuan	31046	38722	43897	119
四川	**Sichuan**	**26952**	**42339**	**47965**		宝鸡	Baoji	30943	39025	40257	168
成都	Chengdu	30515	46456	48358	68	咸阳	Xianyang	27786	38202	40753	161
自贡	Zigong	23223	40154	37081	227	渭南	Weinan	28628	39510	40337	165
攀枝花	Panzhihua	30029	46888	44220	111	延安	Yan'an	38313	47867	51459	46
泸州	Luzhou	22448	35688	37648	215	汉中	Hanzhong	30148	40739	42160	140
德阳	Deyang	28355	45769	41426	151	榆林	Yulin	40629	53216	55597	24
绵阳	Mianyang	26347	41530	40989	156	安康	Ankang	32903	40951	41180	153
广元	Guangyuan	25328	38901	37300	221	商洛	Shangluo	26171	34769	34832	261
遂宁	Suining	22621	35246	34633	264	**甘肃**	**Gansu**	**29588**	**37679**	**42833**	
内江	Neijiang	22340	35892	35479	254	兰州	Lanzhou	33966	44492	46621	82
乐山	Leshan	23865	36615	37742	212	嘉峪关	Jiayuguan	46948	51796	53378	37
南充	Nanchong	22197	36585	35981	250	金昌	Jinchang	42104	53087	47430	74
眉山	Meishan	22897	39476	36595	236	白银	Baiyin	34374	44866	43164	124
宜宾	Yibin	25265	39222	38674	192	天水	Tianshui	23936	34525	36368	241
广安	Guangan	22913	39466	36213	245	武威	Wuwei	21969	29731	33649	272
达州	Dazhou	22809	36325	35292	258	张掖	Zhangye	23009	33448	34488	266
雅安	Yaan	23065	35084	35464	255	平凉	Pingliang	31546	43431	39390	182
巴中	Bazhong	22996	33434	36825	231	酒泉	Jiuquan	33304	43687	41132	155
资阳	Ziyang	24224	35400	33587	273	庆阳	Qingyang	28590	37936	43657	121
贵州	**Guizhou**	**31458**	**41156**	**47364**		定西	Dingxi	27324	36839	36477	238
贵阳	Guiyang	30848	41767	49385	58	陇南	Longnan	26433	33859	36990	228
六盘水	Liupanshui	33983	41995	46658	81	**青海**	**Qinghai**	**37182**	**46483**	**51393**	
遵义	Zunyi	31335	43056	50504	52	西宁	Xining	32989	44031	48691	64
安顺	Anshun	29435	38403	44539	107	**宁夏**	**Ningxia**	**39144**	**47436**	**50476**	
毕节	Bijie	28498	40814	44981	102	银川	Yinchuan	43195	52807	55338	26
铜仁	Tongren	30366	38323	47952	70	石嘴山	Shizuishan	34222	41174	44465	108
云南	**Yunnan**	**30177**	**37629**	**42447**		吴忠	Wuzhong	34496	44765	47551	73
昆明	Kunming	34403	45094	51059	47	固原	Guyuan	35977	48697	53852	31
曲靖	Qujing	32520	37295	40479	164	中卫	Zhongwei	30974	39770	45262	98
玉溪	Yuxi	30243	40454	43874	120	**新疆**	**Xinjiang**	**32361**	**44576**	**49064**	
保山	Baoshan	23190	31088	38859	189	乌鲁木齐	Urumqi	41529	52418	57392	20
昭通	Zhaotong	28650	36113	40880	157	克拉玛依	Karamay	42767	73510	78964	1

2-10 城镇单位国有单位就业人员平均工资
Average Wage of Urban Employed Persons of State-owned Units

单位：元 (yuan)

地名	City	2010	2011	2012	2012 排名 Ranking	地名	City	2010	2011	2012	2012 排名 Ranking
全国	**Nation Total**	**38359**	**43483**	**48357**		沈阳	Shenyang	49968	52049	52548	54
北京	**Beijing**	**70320**	**81215**	**87299**		大连	Dalian	56729	62882	65597	26
天津	**Tianjin**	**59442**	**63773**	**68231**		鞍山	Anshan	37080	39501	38957	169
河北	**Hebei**	**32830**	**36782**	**39177**		抚顺	Fushun	34872	35786	37589	181
石家庄	Shijiazhuang	34168	37477	42520	124	本溪	Benxi	34791	41188	41222	140
唐山	Tangshan	35548	41210	43572	112	丹东	Dandong	30911	32315	32752	259
秦皇岛	Qinhuangdao	35046	37650	42096	129	锦州	Jinzhou	30164	33035	36709	192
邯郸	Handan	34849	38710	40269	148	营口	Yingkou	35068	36332	39564	156
邢台	Xingtai	28614	31523	34183	237	阜新	Fuxin	27670	36859	42410	127
保定	Baoding	29066	34580	36892	190	辽阳	Liaoyang	28211	31255	35021	220
张家口	Zhangjiakou	30164	33512	36255	194	盘锦	Panjin	13152	23546	25009	283
承德	Chengde	31013	35113	38080	175	铁岭	Tieling	23626	27777	30724	273
沧州	Cangzhou	36119	39498	42925	119	朝阳	Chaoyang	32169	33086	41216	141
廊坊	Langfang	36398	39290	44088	105	葫芦岛	Huludao	26517	31939	34260	234
衡水	Hengshui	25674	30088	34339	232	吉林	**Jilin**	**30661**	**35216**	**39335**	
山西	**Shanxi**	**33119**	**37164**	**40881**		长春	Changchun	38428	43419	48868	69
太原	Taiyuan	35663	41214	45949	93	吉林	Jilin	30881	34684	39140	168
大同	Datong	27993	31983	34386	230	四平	Siping	24743	30460	33570	247
阳泉	Yangquan	45549	52129	57860	41	辽源	Liaoyuan	25444	29304	33147	254
长治	Changzhi	38577	35526	39374	161	通化	Tonghua	26490	31202	34643	227
晋城	Jincheng	30978	34384	37321	184	白山	Baishan	29371	32816	34262	233
朔州	Shuozhou	35602	35297	39477	157	松原	Songyuan	24770	30749	33459	248
晋中	Jinzhong	27512	33724	37898	178	白城	Baicheng	21285	25128	25319	282
运城	Yuncheng	24546	28350	32125	263	黑龙江	**Heilongjiang**	**30675**	**34462**	**36814**	
忻州	Xinzhou	25834	31582	35354	210	哈尔滨	Harbin	33822	37005	40559	145
临汾	Linfen	26705	30105	32431	261	齐齐哈尔	Qiqihar	29723	30931	33235	251
吕梁	Luliang	28048	32068	41604	138	鸡西	Jixi	27298	30280	33725	243
内蒙古	**Inner Mongolia**	**37602**	**44143**	**49278**		鹤岗	Hegang	30539	39057	41149	142
呼和浩特	Hohhot	43042	43906	47571	79	双鸭山	Shuangyashan	26314	30267	30068	277
包头	Baotou	46112	52403	59112	35	大庆	Daqing	46773	51493	57949	39
乌海	Wuhai	47744	56787	63995	28	伊春	Yichun	15391	17392	22960	284
赤峰	Chifeng	33808	41859	47964	74	佳木斯	Jiamusi	28049	30923	81535	9
通辽	Tongliao	26185	35460	38672	173	七台河	Qitaihe	27460	30969	35093	218
鄂尔多斯	Erdos	56944	63526	69599	20	牡丹江	Mudanjiang	28166	31989	92094	1
呼伦贝尔	Hulunbuir	35095	41745	47801	78	黑河	Heihe	25537	27701	31615	269
巴彦淖尔	Bayannur	31399	37380	42095	130	绥化	Suihua	22327	24806	27199	281
乌兰察布	Ulanqab	32393	36365	43580	111	上海	**Shanghai**	**78651**	**83519**	**89739**	
辽宁	**Liaoning**	**36371**	**40553**	**43177**		江苏	**Jiangsu**	**51245**	**57002**	**61221**	

2-10 城镇单位国有单位就业人员平均工资 续表 1
Average Wage of Urban Employed Persons of State-owned Units continued 1

单位：元 (yuan)

地名	City	2010	2011	2012	2012 排名 Ranking	地名	City	2010	2011	2012	2012 排名 Ranking
南京	Nanjing	61673	67976	74560	14	池州	Chizhou	34071	40377	43339	113
无锡	Wuxi	76650	79480	85446	5	宣城	Xuancheng	34755	40663	45474	94
徐州	Xuzhou	37406	43102	47890	75	**福建**	**Fujian**	**41685**	**48587**	**54211**	
常州	Changzhou	61638	68289	73912	16	福州	Fuzhou	43481	50528	58753	37
苏州	Suzhou	75574	81343	88461	3	厦门	Xiamen	64219	70111	75806	11
南通	Nantong	56939	63230	68887	22	莆田	Putian	35626	42583	48573	70
连云港	Lianyungang	37386	43526	49535	63	三明	Sanming	31505	37603	43276	114
淮安	Huaian	39023	45383	51456	58	泉州	Quanzhou	44678	52542	63411	31
盐城	Yancheng	37240	42897	49231	65	漳州	Zhangzhou	35784	42108	49255	64
扬州	Yangzhou	45048	49749	53754	52	南平	Nanping	33414	38884	45344	96
镇江	Zhenjiang	51067	56014	62087	32	龙岩	Longyan	36029	42117	47556	80
泰州	Taizhou	48766	52026	55814	46	宁德	Ningde	32596	39717	43899	109
宿迁	Suqian	33151	38337	43956	107	**江西**	**Jiangxi**	**30985**	**36939**	**39422**	
浙江	**Zhejiang**	**65440**	**72383**	**73494**		南昌	Nanchang	37938	43606	47376	82
杭州	Hangzhou	71579	79657	82856	8	景德镇	Jingdezhen	26568	30029	36761	191
宁波	Ningbo	72632	81725	88219	4	萍乡	Pingxiang	24831	28651	31808	267
温州	Wenzhou	63463	67558	75303	12	九江	Jiujiang	26476	30540	34782	225
嘉兴	Jiaxing	59268	67860	74804	13	新余	Xinyu	32230	35761	37862	179
湖州	Huzhou	64181	70062	72896	17	鹰潭	Yingtan	29570	31679	35186	215
绍兴	Shaoxing	71207	78364	85297	6	赣州	Ganzhou	25875	29786	35130	216
金华	Jinhua	56334	61105	63840	29	吉安	Jian	23787	28138	32693	260
衢州	Quzhou	55705	58272	64776	27	宜春	Yichun	26467	29340	35258	214
舟山	Zhoushan	52410	62528	67450	23	抚州	Fuzhou	22964	26703	31131	271
台州	Taizhou	65978	65047	79338	10	上饶	Shangrao	24203	28634	32839	256
丽水	Lishui	53566	58379	63484	30	**山东**	**Shandong**	**38490**	**43469**	**47894**	
安徽	**Anhui**	**35014**	**40732**	**44818**		济南	Jinan	42511	47862	50986	60
合肥	Hefei	44724	48167	52583	53	青岛	Qingdao	51803	58744	66332	25
芜湖	Wuhu	45499	48073	51715	55	淄博	Zibo	43345	46701	50104	61
蚌埠	Bengbu	33918	38120	42486	125	枣庄	Zaozhuang	35313	42074	45301	98
淮南	Huainan	32912	39613	43937	108	东营	Dongying	49492	55493	60959	33
马鞍山	Maanshan	42827	44810	48904	68	烟台	Yantai	40231	43062	47221	83
淮北	Huaibei	44139	51938	57563	44	潍坊	Weifang	38130	41667	46014	92
铜陵	Tongling	46218	49411	51592	56	济宁	Jining	39919	45058	48927	67
安庆	Anqing	29853	35084	37701	180	泰安	Taian	32725	38294	42326	128
黄山	Huangshan	34779	40711	43148	115	威海	Weihai	40280	45015	47513	81
滁州	Chuzhou	29897	35087	39813	151	日照	Rizhao	39151	39556	43987	106
阜阳	Fuyang	25846	31951	36135	196	莱芜	Laiwu	34656	40511	42591	122
宿州	Suzhou	31394	38268	39615	154	临沂	Linyi	31834	38342	42946	118
六安	Liuan	28098	32377	35800	199	德州	Dezhou	25571	30013	34899	221
亳州	Bozhou	29259	33663	37366	183	聊城	Liaocheng	27671	31988	34805	224

2-10 城镇单位国有单位就业人员平均工资 续表 2
Average Wage of Urban Employed Persons of State-owned Units continued 2

单位：元 (yuan)

地名	City	2010	2011	2012	2012 排名 Ranking	地名	City	2010	2011	2012	2012 排名 Ranking
滨州	Binzhou	33682	37474	44739	101	常德	Changde	31833	32910	35700	204
菏泽	Heze	21818	26395	31494	270	张家界	Zhangjiajie	28608	32513	35738	202
河南	**Henan**	**31470**	**35386**	**39344**		益阳	Yiyang	28268	31431	34480	229
郑州	Zhengzhou	37032	40564	46645	89	郴州	Chenzhou	31233	35853	39573	155
开封	Kaifeng	25978	29858	34248	235	永州	Yongzhou	29910	32385	36013	198
洛阳	Luoyang	30988	34283	39259	166	怀化	Huaihua	29801	32272	36118	197
平顶山	Pingdingshan	27713	31553	35602	206	娄底	Loudi	27742	30812	34737	226
安阳	Anyang	28150	30275	35054	219	**广东**	**Guangdong**	**49610**	**54739**	**59423**	
鹤壁	Hebi	24663	27724	30715	274	广州	Guangzhou	73803	77883	84328	7
新乡	Xinxiang	25165	27866	32958	255	韶关	Shaoguan	36472	42671	46652	88
焦作	Jiaozuo	26237	28520	33696	244	深圳	Shenzhen	79734	85218	90492	2
濮阳	Puyang	26607	37780	41524	139	珠海	Zhuhai	65945	66774	70218	19
许昌	Xuchang	27180	30509	34379	231	汕头	Shantou	32592	39789	43147	116
漯河	Luohe	23301	27658	32301	262	佛山	Foshan	53706	56757	58860	36
三门峡	Sanmenxia	29863	32377	36346	193	江门	Jiangmen	36849	43940	47066	84
南阳	Nanyang	27433	31064	34884	222	湛江	Zhanjiang	27819	30449	35124	217
商丘	Shangqiu	23547	25436	28252	280	茂名	Maoming	26068	30150	35474	209
信阳	Xinyang	26363	28496	31817	266	肇庆	Zhaoqing	37856	42590	47885	76
周口	Zhoukou	25359	28618	33658	246	惠州	Huizhou	42919	49414	55221	49
驻马店	Zhumadian	23214	26023	30244	276	梅州	Meizhou	29047	33314	39335	162
湖北	**Hubei**	**35981**	**40345**	**41979**		汕尾	Shanwei	26001	29897	34095	238
武汉	Wuhan	40121	58578	58361	38	河源	Heyuan	30425	35311	39471	158
黄石	Huangshi	25336	31039	35291	212	阳江	Yangjiang	27319	30690	34842	223
十堰	Shiyan	23136	29065	35711	203	清远	Qingyuan	43837	49078	57603	43
宜昌	Yichang	31542	35362	33190	253	东莞	Dongguan	57275	61504	66857	24
襄阳	Xiangfan	25290	29875	34235	236	中山	ZhongShan	62367	66958	71887	18
鄂州	Ezhou	35579	39838	46179	91	潮州	Chaozhou	28773	32324	37535	182
荆门	Jingmen	27889	36043	37899	177	揭阳	Jieyang	23937	27847	31820	265
孝感	Xiaogan	23121	30097	33929	242	云浮	Yunfu	30168	36183	41689	136
荆州	Jingzhou	23896	28529	31924	264	**广西**	**Guangxi**	**32587**	**34886**	**37706**	
黄冈	Huanggang	25590	29674	32754	258	南宁	Nanning	44735	47418	46884	87
咸宁	Xianning	23516	28200	29984	278	柳州	Liuzhou	36988	39727	39401	160
随州	Suizhou	25046	29259	33338	250	桂林	Guilin	33012	35807	37180	186
湖南	**Hunan**	**32863**	**36654**	**40397**		梧州	Wuzhou	30933	32812	33976	240
长沙	Changsha	46901	52317	60561	34	北海	Beihai	31449	35718	37228	185
株洲	Zhuzhou	35337	38846	44101	104	防城港	Fangchenggang	30913	34924	35783	201
湘潭	Xiangtan	35107	36666	40339	146	钦州	Qinzhou	30606	31701	35523	208
衡阳	Hengyang	29246	32371	35554	207	贵港	Guigang	28236	27686	30272	275
邵阳	Shaoyang	27086	30477	33687	245	玉林	Yulin	27141	31892	32791	257
岳阳	Yueyang	25942	29699	33945	241	百色	Baise	29338	32771	34539	228

2-10 城镇单位国有单位就业人员平均工资 续表 3
Average Wage of Urban Employed Persons of State-owned Units continued 3

单位：元 (yuan)

地名	City	2010	2011	2012	2012 排名 Ranking
贺州	Hezhou	29960	31661	33411	249
河池	Hechi	28326	30875	31119	272
来宾	Laibin	30782	32132	33217	252
崇左	Chongzuo	26901	28074	29559	279
海南	**Hainan**	**32028**	**38219**	**40225**	
海口	Haikou	36904	45935	40307	147
三亚	Sanya	41203	46842	46955	85
重庆	**Chongqing**	**38075**	**44585**	**50523**	
四川	**Sichuan**	**37502**	**42828**	**47721**	
成都	Chengdu	46282	51381	56816	45
自贡	Zigong	33262	38890	44456	102
攀枝花	Panzhihua	37684	42471	47844	77
泸州	Luzhou	27679	32813	38445	174
德阳	Deyang	43657	44642	46917	86
绵阳	Mianyang	39243	45988	48168	72
广元	Guangyuan	29706	36451	39291	164
遂宁	Suining	31150	33881	40707	144
内江	Neijiang	31477	36990	39689	153
乐山	Leshan	33586	38543	42840	120
南充	Nanchong	27934	32960	39141	167
眉山	Meishan	31099	36261	42425	126
宜宾	Yibin	31549	36505	41918	133
广安	Guangan	28803	34662	39268	165
达州	Dazhou	28235	34052	38897	172
雅安	Yaan	27444	32177	36982	189
巴中	Bazhong	26725	32011	36223	195
资阳	Ziyang	31496	37600	41614	137
贵州	**Guizhou**	**32718**	**38914**	**43702**	
贵阳	Guiyang	33212	42468	46209	90
六盘水	Liupanshui	33090	38748	41980	132
遵义	Zunyi	32430	38355	45325	97
安顺	Anshun	31449	36158	41886	135
毕节	Bijie	28847	33126	43096	117
铜仁	Tongren	30510	34208	40168	149
云南	**Yunnan**	**34330**	**40379**	**43415**	
昆明	Kunming	41925	52539	57882	40
曲靖	Qujing	38486	42044	44842	99
玉溪	Yuxi	38601	50314	57759	42
保山	Baoshan	28115	32140	35339	211
昭通	Zhaotong	30733	35320	37007	188
丽江	Lijiang	32857	36394	39814	150
普洱	Puer	28773	29223	34067	239
临沧	Lincang	28175	31647	35285	213
西藏	**Tibet**	**55581**	**50770**	**52219**	
拉萨	Lhasa	50239	59996	69028	21
陕西	**Shaanxi**	**35495**	**41291**	**45526**	
西安	Xi'an	38122	44274	51030	59
铜川	Tongchuan	31993	34044	38912	171
宝鸡	Baoji	34347	38588	42617	121
咸阳	Xianyang	28767	33752	39413	159
渭南	Weinan	29879	35680	41038	143
延安	Yan'an	38183	42562	48210	71
汉中	Hanzhong	33247	37943	43887	110
榆林	Yulin	40918	44480	53908	51
安康	Ankang	35622	42034	44369	103
商洛	Shangluo	28861	32498	37163	187
甘肃	**Gansu**	**30475**	**33232**	**38401**	
兰州	Lanzhou	36978	41816	48081	73
嘉峪关	Jiayuguan	47941	54334	55684	47
金昌	Jinchang	43922	48576	54716	50
白银	Baiyin	31129	34898	39799	152
天水	Tianshui	27520	31544	39301	163
武威	Wuwei	23390	29337	31716	268
张掖	Zhangye	25144	28698	35788	200
平凉	Pingliang	32242	39915	44818	100
酒泉	Jiuquan	34094	35276	42530	123
庆阳	Qingyang	28627	34819	38914	170
定西	Dingxi	28930	34030	38000	176
陇南	Longnan	27778	30675	35646	205
青海	**Qinghai**	**42906**	**48618**	**50729**	
西宁	Xining	40161	46186	49231	65
宁夏	**Ningxia**	**37377**	**43325**	**46880**	
银川	Yinchuan	39170	46660	51483	57
石嘴山	Shizuishan	35658	39863	41994	131
吴忠	Wuzhong	35203	38340	45439	95
固原	Guyuan	36723	42531	49558	62
中卫	Zhongwei	31980	37225	41916	134
新疆	**Xinjiang**	**31390**	**36752**	**42479**	
乌鲁木齐	Urumqi	44927	51310	55487	48
克拉玛依	Karamay	41403	57385	74218	15

2-11 城镇单位城镇集体单位就业人员平均工资
Average Wage of Urban Employed Persons of Collative-owned Units

单位：元 (yuan)

地名	City	2010	2011	2012	2012 排名 Ranking	地名	City	2010	2011	2012	2012 排名 Ranking
全国	**Nation Total**	**24010**	**28791**	**33784**		沈阳	Shenyang	24706	27711	34700	112
北京	**Beijing**	**26607**	**32469**	**38552**		大连	Dalian	30412	36699	42140	52
天津	**Tianjin**	**40874**	**36050**	**40494**		鞍山	Anshan	17123	20182	21597	276
河北	**Hebei**	**22220**	**25196**	**28597**		抚顺	Fushun	19773	23070	24022	258
石家庄	Shijiazhuang	17770	22941	27761	216	本溪	Benxi	15416	19951	22249	271
唐山	Tangshan	26053	24423	29431	191	丹东	Dandong	17988	24445	23100	263
秦皇岛	Qinhuangdao	26439	25229	25555	243	锦州	Jinzhou	16943	25206	29185	196
邯郸	Handan	18998	23363	28192	209	营口	Yingkou	18720	22141	27112	226
邢台	Xingtai	19833	24107	29695	187	阜新	Fuxin	14712	20710	25006	247
保定	Baoding	22051	24146	28298	207	辽阳	Liaoyang	26196	31215	38013	79
张家口	Zhangjiakou	24543	27644	27302	222	盘锦	Panjin	20922	23102	18653	282
承德	Chengde	30883	34172	38913	70	铁岭	Tieling	14290	18600	20017	281
沧州	Cangzhou	23234	29818	35293	103	朝阳	Chaoyang	24800	30861	35849	98
廊坊	Langfang	28168	28418	31906	154	葫芦岛	Huludao	17604	18509	24270	254
衡水	Hengshui	21978	26633	30281	174	吉林	**Jilin**	**17060**	**25718**	**29506**	
山西	**Shanxi**	**21993**	**27669**	**32780**		长春	Changchun	19129	23952	28199	208
太原	Taiyuan	18255	22887	26372	234	吉林	Jilin	24361	29443	35283	104
大同	Datong	16755	22625	26088	238	四平	Siping	19947	30915	34837	110
阳泉	Yangquan	28339	35190	40426	62	辽源	Liaoyuan	16827	19913	29898	184
长治	Changzhi	23016	31072	33648	126	通化	Tonghua	16327	24315	26849	229
晋城	Jincheng	20626	25540	30910	166	白山	Baishan	21908	23341	24711	250
朔州	Shuozhou	27059	30197	29804	186	松原	Songyuan	23144	29041	33233	133
晋中	Jinzhong	24517	31757	38132	78	白城	Baicheng	22687	25188	26537	233
运城	Yuncheng	19709	25305	29520	189	黑龙江	**Heilongjiang**	**19969**	**25149**	**28762**	
忻州	Xinzhou	15002	21099	22171	272	哈尔滨	Harbin	21760	26576	30802	167
临汾	Linfen	32758	36681	40700	60	齐齐哈尔	Qiqihar	14438	17651	18085	283
吕梁	Luliang	25108	32315	49723	25	鸡西	Jixi	18430	23700	32374	149
内蒙古	**Inner Mongolia**	**29822**	**37963**	**45344**		鹤岗	Hegang	21982	29936	31498	160
呼和浩特	Hohhot	26412	33309	33457	129	双鸭山	Shuangyashan	25717	30123	31630	158
包头	Baotou	29496	35734	38264	76	大庆	Daqing	18606	31714	32981	136
乌海	Wuhai	17189	22697	22377	268	伊春	Yichun	14689	17328	21564	277
赤峰	Chifeng	28995	39108	48808	27	佳木斯	Jiamusi	15683	24419	130792	1
通辽	Tongliao	26013	37110	44599	41	七台河	Qitaihe	20116	21454	39489	68
鄂尔多斯	Erdos	47938	57504	63605	8	牡丹江	Mudanjiang	24092	34900	81918	3
呼伦贝尔	Hulunbuir	37421	52410	77738	4	黑河	Heihe	16770	23529	29248	195
巴彦淖尔	Bayannur	36381	44906	57592	12	绥化	Suihua	13738	18021	20621	278
乌兰察布	Ulanqab	26159	28631	40633	61	上海	**Shanghai**	**45395**	**51422**	**52786**	
辽宁	**Liaoning**	**20237**	**24591**	**28183**		江苏	**Jiangsu**	**31502**	**37302**	**42368**	

2-11 城镇单位城镇集体单位就业人员平均工资 续表 1

Average Wage of Urban Employed Persons of Collative-owned Units continued 1

单位：元 (yuan)

地名	City	2010	2011	2012	2012 排名 Ranking	地名	City	2010	2011	2012	2012 排名 Ranking
南京	Nanjing	32159	37105	43474	47	池州	Chizhou	28345	32521	45257	38
无锡	Wuxi	44007	49717	60411	11	宣城	Xuancheng	27227	33837	43935	43
徐州	Xuzhou	24377	30822	35540	100	福建	**Fujian**	**27234**	**34527**	**38576**	
常州	Changzhou	38609	47063	56293	13	福州	Fuzhou	23335	30412	33907	122
苏州	Suzhou	46676	54628	63844	6	厦门	Xiamen	22980	40395	47910	28
南通	Nantong	36666	42303	50892	24	莆田	Putian	30508	38769	38963	69
连云港	Lianyungang	25286	30788	37499	84	三明	Sanming	25783	31738	36180	91
淮安	Huaian	27025	32671	34851	109	泉州	Quanzhou	32813	37040	41682	55
盐城	Yancheng	31554	38337	41900	54	漳州	Zhangzhou	30058	35198	45114	39
扬州	Yangzhou	26798	29773	36401	89	南平	Nanping	21957	27759	37886	81
镇江	Zhenjiang	29633	35468	42475	51	龙岩	Longyan	29173	35106	36074	93
泰州	Taizhou	25463	31626	38758	73	宁德	Ningde	28641	41282	47104	33
宿迁	Suqian	27492	31656	35331	101	江西	**Jiangxi**	**18194**	**24265**	**29429**	
浙江	**Zhejiang**	**36038**	**41817**	**46789**		南昌	Nanchang	18422	24262	35275	105
杭州	Hangzhou	42929	49117	52689	19	景德镇	Jingdezhen	14854	28444	33419	130
宁波	Ningbo	43178	50052	61678	9	萍乡	Pingxiang	16957	22682	25541	244
温州	Wenzhou	26827	31250	38191	77	九江	Jiujiang	15167	22845	27220	223
嘉兴	Jiaxing	28992	33020	37536	83	新余	Xinyu	20305	27140	29667	188
湖州	Huzhou	35397	45123	47788	29	鹰潭	Yingtan	13849	23550	20572	279
绍兴	Shaoxing	45334	52457	51005	23	赣州	Ganzhou	22698	29354	33811	124
金华	Jinhua	32521	37037	53929	16	吉安	Jian	19418	22786	28171	210
衢州	Quzhou	38443	47298	53041	18	宜春	Yichun	23790	24907	30625	173
舟山	Zhoushan	26754	34457	35044	108	抚州	Fuzhou	17551	22208	28937	202
台州	Taizhou	37238	40715	43061	49	上饶	Shangrao	17418	22264	24685	251
丽水	Lishui	42487	48470	47235	31	山东	**Shandong**	**25626**	**29683**	**34001**	
安徽	**Anhui**	**24537**	**29205**	**34741**		济南	Jinan	24798	30256	32291	150
合肥	Hefei	29003	32203	37654	82	青岛	Qingdao	30685	40444	47225	32
芜湖	Wuhu	34601	38092	43761	45	淄博	Zibo	23369	31187	35325	102
蚌埠	Bengbu	23649	24476	28068	212	枣庄	Zaozhuang	21476	24449	27501	219
淮南	Huainan	20616	25490	29369	193	东营	Dongying	28875	31703	33943	121
马鞍山	Maanshan	25952	32932	37427	85	烟台	Yantai	25880	29109	32605	144
淮北	Huaibei	20529	25752	32608	143	潍坊	Weifang	30817	40820	40357	63
铜陵	Tongling	32616	20924	22675	265	济宁	Jining	19108	23214	26298	236
安庆	Anqing	25643	30811	33672	125	泰安	Taian	27023	28156	34488	115
黄山	Huangshan	26546	34362	42888	50	威海	Weihai	25476	30578	35671	99
滁州	Chuzhou	28241	35309	39597	67	日照	Rizhao	22043	25368	31155	163
阜阳	Fuyang	20267	26231	36022	95	莱芜	Laiwu	42055	23784	22143	273
宿州	Suzhou	20001	24831	28961	201	临沂	Linyi	30153	32313	36027	94
六安	Liuan	25447	31687	32876	139	德州	Dezhou	18993	24277	30207	176
亳州	Bozhou	23473	28015	41035	57	聊城	Liaocheng	20628	35833	36232	90

2-11 城镇单位城镇集体单位就业人员平均工资 续表 2

Average Wage of Urban Employed Persons of Collative-owned Units continued 2

单位：元 (yuan)

地名	City	2010	2011	2012	2012 排名 Ranking	地名	City	2010	2011	2012	2012 排名 Ranking
滨州	Binzhou	22588	29959	30642	171	常德	Changde	19176	22907	23647	261
菏泽	Heze	18978	21808	28050	214	张家界	Zhangjiajie	18825	21417	32568	145
河南	**Henan**	**20385**	**24220**	**27682**		益阳	Yiyang	21910	29696	32268	151
郑州	Zhengzhou	20665	28165	28379	205	郴州	Chenzhou	21446	24743	28100	211
开封	Kaifeng	22835	26366	29887	185	永州	Yongzhou	22427	28602	30252	175
洛阳	Luoyang	23355	27426	30732	169	怀化	Huaihua	22309	29747	27508	218
平顶山	Pingdingshan	24580	27436	32422	147	娄底	Loudi	25279	28029	33495	127
安阳	Anyang	20086	20411	28332	206	**广东**	**Guangdong**	**22470**	**25679**	**30947**	
鹤壁	Hebi	16061	23684	25624	242	广州	Guangzhou	27717	30313	34591	114
新乡	Xinxiang	21480	25094	27424	220	韶关	Shaoguan	19882	25201	31707	157
焦作	Jiaozuo	19105	21998	30738	168	深圳	Shenzhen	27801	31830	34444	116
濮阳	Puyang	15385	18418	23008	264	珠海	Zhuhai	20347	37768	43751	46
许昌	Xuchang	26606	33174	37123	87	汕头	Shantou	13988	19327	21900	275
漯河	Luohe	16994	20912	26157	237	佛山	Foshan	34849	40348	49230	26
三门峡	Sanmenxia	28155	28522	34184	119	江门	Jiangmen	23883	26007	31148	164
南阳	Nanyang	18906	21034	24005	259	湛江	Zhanjiang	17850	18651	21911	274
商丘	Shangqiu	17644	20830	24938	248	茂名	Maoming	17435	22032	30050	181
信阳	Xinyang	21052	23835	28563	204	肇庆	Zhaoqing	21655	25455	26682	231
周口	Zhoukou	20420	23923	26008	239	惠州	Huizhou	23292	28999	35895	97
驻马店	Zhumadian	16156	20734	24814	249	梅州	Meizhou	16069	20667	25488	245
湖北	**Hubei**	**24429**	**26988**	**32683**		汕尾	Shanwei	22062	29028	29148	197
武汉	Wuhan	21534	30447	34164	120	河源	Heyuan	18505	21400	24377	253
黄石	Huangshi	18559	21878	28064	213	阳江	Yangjiang	15209	19421	28772	203
十堰	Shiyan	16334	27287	34726	111	清远	Qingyuan	38444	42799	47541	30
宜昌	Yichang	19724	22512	32127	153	东莞	Dongguan	27391	30549	35977	96
襄阳	Xiangfan	17514	30563	30125	178	中山	ZhongShan	31891	33826	40271	64
鄂州	Ezhou	25547	28858	31075	165	潮州	Chaozhou	12221	14924	17079	284
荆门	Jingmen	19352	23657	29029	200	揭阳	Jieyang	17035	19250	22338	269
孝感	Xiaogan	18563	25124	27858	215	云浮	Yunfu	18603	23054	23801	260
荆州	Jingzhou	20112	24510	26628	232	**广西**	**Guangxi**	**21533**	**22123**	**28819**	
黄冈	Huanggang	22282	25156	33293	132	南宁	Nanning	24955	30848	32616	142
咸宁	Xianning	17532	23557	40720	59	柳州	Liuzhou	27198	31181	32382	148
随州	Suizhou	25608	29940	32970	137	桂林	Guilin	24036	25946	31792	156
湖南	**Hunan**	**22168**	**27034**	**29663**		梧州	Wuzhou	22876	23016	26847	230
长沙	Changsha	24257	27110	34297	118	北海	Beihai	27154	29241	29984	182
株洲	Zhuzhou	23857	30985	33364	131	防城港	Fangchenggang	24812	27646	29044	199
湘潭	Xiangtan	22627	28310	32721	140	钦州	Qinzhou	22448	23515	24176	255
衡阳	Hengyang	20692	28067	26854	228	贵港	Guigang	15425	15670	20240	280
邵阳	Shaoyang	20427	23667	29451	190	玉林	Yulin	18813	14089	29307	194
岳阳	Yueyang	19704	26067	27647	217	百色	Baise	20807	26727	29419	192

2-11 城镇单位城镇集体单位就业人员平均工资 续表 3
Average Wage of Urban Employed Persons of Collative-owned Units continued 3

单位：元 (yuan)

地名	City	2010	2011	2012	2012 排名 Ranking
贺州	Hezhou	33072	34163	39879	65
河池	Hechi	16475	21494	22620	267
来宾	Laibin	35266	34146	35171	106
崇左	Chongzuo	23843	28502	32532	146
海南	**Hainan**	**20733**	**25418**	**31715**	
海口	Haikou	21998	30213	35137	107
三亚	Sanya	25090	27629	30709	170
重庆	**Chongqing**	**24205**	**28490**	**30087**	
四川	**Sichuan**	**23645**	**28752**	**33409**	
成都	Chengdu	27448	31424	38491	75
自贡	Zigong	24440	27456	29909	183
攀枝花	Panzhihua	27619	33619	43137	48
泸州	Luzhou	19325	22690	26999	227
德阳	Deyang	34034	36398	38582	74
绵阳	Mianyang	29832	35465	45847	36
广元	Guangyuan	29550	40678	45001	40
遂宁	Suining	18512	27036	27196	224
内江	Neijiang	23988	28039	38849	72
乐山	Leshan	23250	28748	32914	138
南充	Nanchong	17491	25129	29052	198
眉山	Meishan	29701	38611	40992	58
宜宾	Yibin	21632	22425	25917	241
广安	Guangan	37662	38049	45842	37
达州	Dazhou	19430	25032	30204	177
雅安	Yaan	20595	21705	25361	246
巴中	Bazhong	17949	23770	30073	180
资阳	Ziyang	19511	25900	27383	221
贵州	**Guizhou**	**24703**	**31601**	**38882**	
贵阳	Guiyang	19430	22982	31563	159
六盘水	Liupanshui	25312	65612	60705	10
遵义	Zunyi	24994	30730	36951	88
安顺	Anshun	28437	34478	46045	35
毕节	Bijie	24339	33933	46574	34
铜仁	Tongren	22513	27593	33202	134
云南	**Yunnan**	**25137**	**34019**	**37211**	
昆明	Kunming	20891	26221	31841	155
曲靖	Qujing	28012	40133	34625	113
玉溪	Yuxi	19367	28423	30111	179
保山	Baoshan	22992	30433	53510	17
昭通	Zhaotong	31496	44324	44329	42
丽江	Lijiang	34336	39797	42139	53
普洱	Puer	47564	50258	63765	7
临沧	Lincang	27699	48333	87325	2
西藏	**Tibet**	**16447**	**15163**	**25966**	
拉萨	Lhasa	11889	14024	22634	266
陕西	**Shaanxi**	**20650**	**27336**	**32399**	
西安	Xi'an	12505	23241	30638	172
铜川	Tongchuan	18429	25423	25946	240
宝鸡	Baoji	24621	27560	32131	152
咸阳	Xianyang	19970	22795	27188	225
渭南	Weinan	20678	20475	24027	257
延安	Yan'an	29313	38557	38860	71
汉中	Hanzhong	29886	33839	37969	80
榆林	Yulin	38419	42767	51030	22
安康	Ankang	27878	33516	43764	44
商洛	Shangluo	20241	24733	31188	162
甘肃	**Gansu**	**22249**	**28129**	**32580**	
兰州	Lanzhou	25891	31636	33889	123
嘉峪关	Jiayuguan	32887	51537	37311	86
金昌	Jinchang	46681	48836	55706	14
白银	Baiyin	16265	26985	36120	92
天水	Tianshui	16078	19722	24435	252
武威	Wuwei	16153	22732	22261	270
张掖	Zhangye	21532	24231	32635	141
平凉	Pingliang	16559	22038	24076	256
酒泉	Jiuquan	29918	33335	41317	56
庆阳	Qingyang	27083	37373	34357	117
定西	Dingxi	26340	32077	33480	128
陇南	Longnan	17555	20430	23608	262
青海	**Qinghai**	**20672**	**23501**	**29341**	
西宁	Xining	17811	20274	26354	235
宁夏	**Ningxia**	**40815**	**38635**	**44330**	
银川	Yinchuan	43010	50040	55248	15
石嘴山	Shizuishan	42853	33447	39649	66
吴忠	Wuzhong	31665	28925	31327	161
固原	Guyuan	45194	51222	69750	5
中卫	Zhongwei	44794	43207	52138	20
新疆	**Xinjiang**	**31997**	**40102**	**46452**	
乌鲁木齐	Urumqi	30831	40650	51965	21
克拉玛依	Karamay	22850	29784	33139	135

2-12 城镇登记失业人员
Registered Unemployed Persons in Urban Areas

单位：人 (person)

地名	City	2010	2012	2013	2013 排名 Ranking	地名	City	2010	2012	2013	2013 排名 Ranking
全国	**Nation Total**	**9080000**	**9170000**	**9260000**		沈阳	Shenyang	77198	76958	84312	9
北京	**Beijing**	**77255**	**81000**	**75000**		大连	Dalian	71159	84780	95396	6
天津	**Tianjin**	**160983**	**204000**	**217000**		鞍山	Anshan	19952	20467	22128	103
河北	**Hebei**	**351000**	**368000**	**372000**		抚顺	Fushun	39737	36113	24620	88
石家庄	Shijiazhuang	50929	53394	53481	20	本溪	Benxi	28989	27159	29647	65
唐山	Tangshan	57885	59545	61000	15	丹东	Dandong	22000	22848	15278	157
秦皇岛	Qinhuangdao	18911	22389	37199	40	锦州	Jinzhou	17111	11035	14420	165
邯郸	Handan	50482	54743	51786	21	营口	Yingkou	21116	12419	12101	191
邢台	Xingtai	21110	22465	19038	126	阜新	Fuxin	17919	20254	19579	122
保定	Baoding	42605	47228	47000	26	辽阳	Liaoyang	11518	8715	11643	198
张家口	Zhangjiakou	32652	30393	37600	39	盘锦	Panjin	14267	16914	17472	140
承德	Chengde	24604	19408	19100	125	铁岭	Tieling	18492	13844	14540	163
沧州	Cangzhou	18919	23720	24435	89	朝阳	Chaoyang	17161	13236	9560	215
廊坊	Langfang	11945	11923	12500	187	葫芦岛	Huludao	19595	16084	16908	147
衡水	Hengshui	21323	25781	22700	98	吉林	**Jilin**	**227000**	**223000**	**226000**	
山西	**Shanxi**	**204000**	**210000**	**211000**		长春	Changchun	71208	88219	82403	10
太原	Taiyuan	41338	45262	46725	27	吉林	Jilin	22341	26714	30923	61
大同	Datong	52945	48991	55970	19	四平	Siping	22150	23323	21252	109
阳泉	Yangquan	9010	7900	8614	233	辽源	Liaoyuan	9678	11598	9544	216
长治	Changzhi	11685	12358	12032	192	通化	Tonghua	10949	8513	8872	228
晋城	Jincheng	6719	5287	4508	272	白山	Baishan	13210	11601	12267	189
朔州	Shuozhou	5945	5848	6663	253	松原	Songyuan	11120	15233	15004	160
晋中	Jinzhong	8730	9547	9613	213	白城	Baicheng	17902	15596	16350	153
运城	Yuncheng	10500	11390	13723	173	黑龙江	**Heilongjiang**	**362000**	**413000**	**414000**	
忻州	Xinzhou	8210	7825	7208	249	哈尔滨	Harbin	85100	95700	95091	7
临汾	Linfen	14511	14500	16646	151	齐齐哈尔	Qiqihar	34225	7690	35468	46
吕梁	Luliang	4820	8003			鸡西	Jixi	19020	21253	21809	105
内蒙古	**Inner Mongolia**	**208000**	**231000**	**238000**		鹤岗	Hegang	16216	16611	16765	149
呼和浩特	Hohhot	29749	9764	36553	43	双鸭山	Shuangyashan	9522	19256	10466	206
包头	Baotou	39203	46547	48722	24	大庆	Daqing	29566	40505	38501	36
乌海	Wuhai	8200	9010	8290	236	伊春	Yichun	21556	22254	22606	99
赤峰	Chifeng	25050	25128	26256	78	佳木斯	Jiamusi	20083	18692	19919	118
通辽	Tongliao	16503	16831	16993	146	七台河	Qitaihe	5809	7702	7533	244
鄂尔多斯	Erdos	7901	12642	15127	159	牡丹江	Mudanjiang	17133	20622	22224	101
呼伦贝尔	Hulunbuir	27855	28280	29193	68	黑河	Heihe	7092	7336	7108	250
巴彦淖尔	Bayannur	8966	19000	12381	188	绥化	Suihua	14749	21311	19623	121
乌兰察布	Ulanqab	33198	18020	18142	134	上海	**Shanghai**	**276000**	**267000**	**253000**	
辽宁	**Liaoning**	**389000**	**381000**	**396000**		江苏	**Jiangsu**	**406000**	**405000**	**376000**	

2-12 城镇登记失业人员 续表 1
Registered Unemployed Persons in Urban Areas continued 1

单位：人 (person)

地名	City	2010	2012	2013	2013 排名 Ranking	地名	City	2010	2012	2013	2013 排名 Ranking
南京	Nanjing	63550	66332	65960	13	池州	Chizhou	8205	9587	19849	119
无锡	Wuxi	45797	47044	42635	30	宣城	Xuancheng	9287	23000	9508	217
徐州	Xuzhou	33613	35369	33785	50	**福建**	**Fujian**	**145000**	**145000**	**147000**	
常州	Changzhou	31454	34013	32699	56	福州	Fuzhou	39125	33022	33750	51
苏州	Suzhou	45875	44273	44427	29	厦门	Xiamen	26517	32400	30600	63
南通	Nantong	36100	36454	34628	49	莆田	Putian	7690	6691	6958	251
连云港	Lianyungang	17976	15003	600501	1	三明	Sanming	9344	8266	8769	230
淮安	Huaian	23106	21234	20721	112	泉州	Quanzhou	14762	17407	18694	128
盐城	Yancheng	24487	23878	21114	110	漳州	Zhangzhou	11388	9817	9722	212
扬州	Yangzhou	32398	29695	27911	72	南平	Nanping	13565	16015	16664	150
镇江	Zhenjiang	16796	17512	15977	154	龙岩	Longyan	12911	13842	14580	162
泰州	Taizhou	21800	20621	18447	133	宁德	Ningde	9655	8006	7253	248
宿迁	Suqian	13700	13284	13523	176	**江西**	**Jiangxi**	**263000**	**257000**	**274000**	
浙江	**Zhejiang**	**311000**	**334000**	**334000**		南昌	Nanchang	53000	55160	11239	201
杭州	Hangzhou	48478	39700	46032	28	景德镇	Jingdezhen	11200	11300	17864	137
宁波	Ningbo	56642	82078	69230	12	萍乡	Pingxiang	13374	12252	12679	186
温州	Wenzhou	28668	25436	25232	84	九江	Jiujiang	21051	7666	9338	219
嘉兴	Jiaxing	27032	26649	26285	77	新余	Xinyu	14700	11452	11595	199
湖州	Huzhou	13561	13100	13400	177	鹰潭	Yingtan	9458	9719	10602	205
绍兴	Shaoxing	32295	39300	48015	25	赣州	Ganzhou	34409	29720	38764	35
金华	Jinhua	28027	26185	25841	81	吉安	Jian	19580	25159	22890	95
衢州	Quzhou	10450	12274	13111	180	宜春	Yichun	28321	27531	29112	70
舟山	Zhoushan	5985	5843	6160	255	抚州	Fuzhou	25651	21487	20492	115
台州	Taizhou	26501	29420	25182	85	上饶	Shangrao	28854	29800	33200	55
丽水	Lishui	9703	9363	8761	231	**山东**	**Shandong**	**445000**	**434000**	**422000**	
安徽	**Anhui**	**269000**	**313000**	**324000**		济南	Jinan	59650	47769	36771	42
合肥	Hefei	50881	21800	107686	4	青岛	Qingdao	61929	64252	70087	11
芜湖	Wuhu	14135	16569	17643	139	淄博	Zibo	27942	27104	29163	69
蚌埠	Bengbu	22045	17934	17096	145	枣庄	Zaozhuang	21073	18234	18660	129
淮南	Huainan	20254	20872	29951	64	东营	Dongying	9953	9370	9992	210
马鞍山	Maanshan	7494	9274	10201	209	烟台	Yantai	48900	49815	51192	22
淮北	Huaibei	17808	19666	20941	111	潍坊	Weifang	39872	40300	38213	37
铜陵	Tongling	9801	10190	9073	224	济宁	Jining	39827	31393	30845	62
安庆	Anqing	30320	26862	25309	83	泰安	Taian	24797	24821	19354	123
黄山	Huangshan	6208	6111	5889	260	威海	Weihai	7882	7916	8046	237
滁州	Chuzhou	13261	11449	10975	203	日照	Rizhao	13260	13035	12948	182
阜阳	Fuyang	11144	9591	6090	256	莱芜	Laiwu	6614	5346	5446	265
宿州	Suzhou	13561	9335	13237	178	临沂	Linyi	19196	19307	17204	144
六安	Liuan	15400	13981	17455	141	德州	Dezhou	20993	18393	17946	136
亳州	Bozhou	6587	12096	7802	240	聊城	Liaocheng	25413	25586	25599	82

2-12 城镇登记失业人员 续表 2
Registered Unemployed Persons in Urban Areas continued 2

单位：人 (person)

地名	City	2010	2012	2013	2013 排名 Ranking	地名	City	2010	2012	2013	2013 排名 Ranking
滨州	Binzhou	15085	13420	11955	194	常德	Changde	35636	36976	36856	41
菏泽	Heze	20174	19266	18474	132	张家界	Zhangjiajie	5833	6380	5317	268
河南	**Henan**	**382000**	**383000**	**402000**		益阳	Yiyang	16513	18296	24899	86
郑州	Zhengzhou	36223	50256	61335	14	郴州	Chenzhou	25302	29590	29472	66
开封	Kaifeng	25407	23706	18986	127	永州	Yongzhou	22997	24172	22145	102
洛阳	Luoyang	33426	39827	39271	33	怀化	Huaihua	31084	32910	35100	48
平顶山	Pingdingshan	21963	20580	20497	114	娄底	Loudi	29978	22713	26013	80
安阳	Anyang	20852	26437	27221	74	**广东**	**Guangdong**	**393000**	**396000**	**380000**	
鹤壁	Hebi	9913	5448	5537	263	广州	Guangzhou	306802	282963	305017	2
新乡	Xinxiang	25908	24249	26822	75	韶关	Shaoguan	43499	59573	12965	181
焦作	Jiaozuo	21160	17557	26374	76	深圳	Shenzhen	35302	38165	38787	34
濮阳	Puyang	9359	13741	14144	171	珠海	Zhuhai	12501	11339	10972	204
许昌	Xuchang	43100	38357	35383	47	汕头	Shantou	13127	15391	16781	148
漯河	Luohe	4014	7937	9155	222	佛山	Foshan	19628	23085	21580	106
三门峡	Sanmenxia	8999	7688	7526	245	江门	Jiangmen	21380	24119	24827	87
南阳	Nanyang	37047	38044	37640	38	湛江	Zhanjiang	23882	23374	20416	116
商丘	Shangqiu	25218	24226	27609	73	茂名	Maoming	30504	29796	24096	90
信阳	Xinyang	10355	8682	9154	223	肇庆	Zhaoqing	11662	4972	12781	184
周口	Zhoukou	31675	35072	35629	45	惠州	Huizhou	14996	16869	17317	143
驻马店	Zhumadian	15033	16041	11799	197	梅州	Meizhou	14200	13750	13173	179
湖北	**Hubei**	**557000**	**423000**	**402000**		汕尾	Shanwei	11314	12156	11961	193
武汉	Wuhan	109465	101108	93125	8	河源	Heyuan	13951	10940	10289	208
黄石	Huangshi	34711	27483	18100	135	阳江	Yangjiang	44404	12952	11519	200
十堰	Shiyan	29238	27405	29310	67	清远	Qingyuan	14257	14785	13672	174
宜昌	Yichang	22986	23184	23531	91	东莞	Dongguan	5303	6061	7289	247
襄阳	Xiangfan	41822	38705	41801	31	中山	ZhongShan	7068	9785	8973	226
鄂州	Ezhou	13000	13035	9300	221	潮州	Chaozhou	8362	8682	8742	232
荆门	Jingmen	17707	17969	17831	138	揭阳	Jieyang	11357	9708	8863	229
孝感	Xiaogan	21400	33963	32374	58	云浮	Yunfu	5825	5683	5089	270
荆州	Jingzhou	54222	56483	57808	18	**广西**	**Guangxi**	**191000**	**189000**	**180000**	
黄冈	Huanggang	28393	16000	31176	59	南宁	Nanning	35599	31167	31006	60
咸宁	Xianning	19959	17546	14471	164	柳州	Liuzhou	29574	28215	28680	71
随州	Suizhou	3674	6330	5716	261	桂林	Guilin	24021	24552	23071	94
湖南	**Hunan**	**432000**	**441000**	**456000**		梧州	Wuzhou	13405	13901	14334	167
长沙	Changsha	41335	58748	60751	16	北海	Beihai		9254	8877	227
株洲	Zhuzhou	24436	20381	21424	107	防城港	Fangchenggang	3916	3327	3505	277
湘潭	Xiangtan	21145	21471	22000	104	钦州	Qinzhou	9680	8000	8600	234
衡阳	Hengyang	35126	58642	59032	17	贵港	Guigang	10136	9562	5665	262
邵阳	Shaoyang	30800	31800	23237	93	玉林	Yulin	18367	15568	19304	124
岳阳	Yueyang	22236	27578	36507	44	百色	Baise	8400	10305	22500	100

2-12 城镇登记失业人员 续表 3
Registered Unemployed Persons in Urban Areas continued 3

单位：人 (person)

地名	City	2010	2012	2013	2013 排名 Ranking
贺州	Hezhou	8465	7900	4000	275
河池	Hechi	12550	12064	11941	195
来宾	Laibin	5664	6479	7916	239
崇左	Chongzuo	5303	4909	4005	274
海南	**Hainan**	**48000**	**36000**	**39000**	
海口	Haikou	9257	11345		
三亚	Sanya	2628	4403	3357	278
重庆	**Chongqing**	**130000**	**124000**	**121000**	
四川	**Sichuan**	**346000**	**407000**	**429000**	
成都	Chengdu	56214	64500	139600	3
自贡	Zigong	16030	23836	21264	108
攀枝花	Panzhihua	11337	15350	12198	190
泸州	Luzhou	16567	14744	15255	158
德阳	Deyang	15027	16334	17341	142
绵阳	Mianyang	30359	31433	33208	54
广元	Guangyuan	12150	19908	20705	113
遂宁	Suining	13786	33836	49094	23
内江	Neijiang	15721	14483	14998	161
乐山	Leshan	21554	23539	22701	97
南充	Nanchong	27115	36018	33581	53
眉山	Meishan	11517	13089	12764	185
宜宾	Yibin	18095	23269	23400	92
广安	Guangan	12495	12050	9338	219
达州	Dazhou	19850	18614	18518	131
雅安	Yaan	21080	5913	5327	267
巴中	Bazhong	11596	13125	13947	172
资阳	Ziyang	13606	14111	18575	130
贵州	**Guizhou**	**122000**	**126000**	**137000**	
贵阳	Guiyang	28353	29060	32391	57
六盘水	Liupanshui	12714	13626	14182	170
遵义	Zunyi	15900	22236	22822	96
安顺	Anshun	6745	7190	7402	246
毕节	Bijie		11984	12890	183
铜仁	Tongren		10726	15534	156
云南	**Yunnan**	**157000**	**174000**	**181000**	
昆明	Kunming	33700	38129	41051	32
曲靖	Qujing	32822	42000	10299	207
玉溪	Yuxi	5884	7430	7684	243
保山	Baoshan	7682	8240	8298	235
昭通	Zhaotong	15109	23253	15540	155
丽江	Lijiang	4366	5158	5413	266
普洱	Puer	10660	11186	11127	202
临沧	Lincang	6942	7105	8019	238
西藏	**Tibet**	**21000**	**16000**	**16000**	
拉萨	Lhasa		249		
陕西	**Shaanxi**	**214000**	**195000**	**211000**	
西安	Xi'an	120215	96121	101300	5
铜川	Tongchuan	2689	1810	7765	241
宝鸡	Baoji	19367	15223	14247	169
咸阳	Xianyang	22793	14966	19742	120
渭南	Weinan	16300	15366	14262	168
延安	Yan'an	9528	9824	9923	211
汉中	Hanzhong	15000	10154	13628	175
榆林	Yulin	10071	13322	9600	214
安康	Ankang	9300	9344	9350	218
商洛	Shangluo	57000	5665	6451	254
甘肃	**Gansu**	**107000**	**98000**	**93000**	
兰州	Lanzhou	23746	14400	14393	166
嘉峪关	Jiayuguan	2777	2809	2913	279
金昌	Jinchang	3786	4703	4515	271
白银	Baiyin	7305	6391	6050	257
天水	Tianshui	11023	10914	11827	196
武威	Wuwei	8214	5221	5484	264
张掖	Zhangye	4843	4255	4333	273
平凉	Pingliang	26653	12458	9004	225
酒泉	Jiuquan	5500	5524	5900	259
庆阳	Qingyang	11273	13162	16466	152
定西	Dingxi	7780	7035	6042	258
陇南	Longnan	6155	5700	5200	269
青海	**Qinghai**	**42000**	**41000**	**42000**	
西宁	Xining	25600	23500	20400	117
宁夏	**Ningxia**	**48000**	**46000**	**47000**	
银川	Yinchuan	22645	25180	26169	79
石嘴山	Shizuishan	31198	8543	7752	242
吴忠	Wuzhong	7716	10305	6829	252
固原	Guyuan	9487	3649	3657	276
中卫	Zhongwei	2123	2025	2449	280
新疆	**Xinjiang**	**110000**	**118000**	**119000**	
乌鲁木齐	Urumqi	29794	32770	33590	52
克拉玛依	Karamay	2890	1150	918	281

3

国民经济核算

National Accounts

3-1 地区生产总值
Gross Regional Product

单位：亿元 (100 million yuan)

地名	City	2010	2012	2013	2013 排名 Ranking
全国	**Nation Total**	**401512.8**	**518942.1**	**568845.2**	
北京	**Beijing**	**14113.60**	**17879.40**	**19500.56**	
天津	**Tianjin**	**9224.46**	**12893.88**	**14370.16**	
河北	**Hebei**	**20394.26**	**26575.01**	**28301.41**	
石家庄	Shijiazhuang	3401.02	4500.21	4863.70	25
唐山	Tangshan	4469.16	5861.64	6121.20	16
秦皇岛	Qinhuangdao	930.50	1139.37	1168.80	156
邯郸	Handan	2361.56	3024.29	3061.50	47
邢台	Xingtai	1212.09	1532.06	1604.60	105
保定	Baoding	2050.30	2720.90	2904.30	53
张家口	Zhangjiakou	966.42	1233.55	1317.00	138
承德	Chengde	888.96	1181.92	1272.10	141
沧州	Cangzhou	2203.12	2812.42	3013.00	49
廊坊	Langfang	1351.10	1794.33	1943.10	84
衡水	Hengshui	781.82	1011.03	1070.20	175
山西	**Shanxi**	**9200.86**	**12112.83**	**12602.24**	
太原	Taiyuan	1778.05	2311.43	2412.90	68
大同	Datong	695.91	931.39	967.40	195
阳泉	Yangquan	429.38	601.96	611.80	239
长治	Changzhi	920.23	1328.61	1333.70	135
晋城	Jincheng	730.54	1012.81	1031.90	181
朔州	Shuozhou	670.15	1007.12	1026.40	183
晋中	Jinzhong	763.84	986.56	1022.20	184
运城	Yuncheng	827.43	1068.65	1140.10	159
忻州	Xinzhou	437.46	620.94	654.70	232
临汾	Linfen	890.14	1221.08	1223.90	147
吕梁	Luliang	845.54	1230.42	1228.60	146
内蒙古	**Inner Mongolia**	**11672.00**	**15880.58**	**16832.38**	
呼和浩特	Hohhot	1865.71	2458.74	2705.40	59
包头	Baotou	2460.80	3209.14	3424.80	38
乌海	Wuhai	391.36	531.91	575.10	244
赤峰	Chifeng	1086.23	1556.82	1686.20	96
通辽	Tongliao	1176.62	1693.19	1781.80	91
鄂尔多斯	Erdos	2643.23	3656.80	3955.90	34
呼伦贝尔	Hulunbuir	932.01	1335.80	1430.80	121
巴彦淖尔	Bayannur	603.33	783.34	834.90	208
乌兰察布	Ulanqab	567.60	778.71	833.80	209
辽宁	**Liaoning**	**18457.30**	**24846.43**	**27077.65**	
沈阳	Shenyang	5017.54	6602.59	7158.60	11
大连	Dalian	5158.16	7002.83	7650.80	10
鞍山	Anshan	2125.01	2429.32	2623.30	62
抚顺	Fushun	895.16	1236.37	1340.40	133
本溪	Benxi	860.37	1112.36	1193.70	154
丹东	Dandong	728.89	1015.37	1107.30	167
锦州	Jinzhou	912.63	1242.71	1344.90	130
营口	Yingkou	1002.45	1381.18	1513.10	115
阜新	Fuxin	378.87	559.96	615.10	238
辽阳	Liaoyang	735.43	1000.49	1080.00	174
盘锦	Panjin	926.32	1244.96	1351.10	128
铁岭	Tieling	722.13	975.33	1031.30	182
朝阳	Chaoyang	656.41	920.63	1002.90	190
葫芦岛	Huludao	531.45	719.33	775.10	218
吉林	**Jilin**	**8667.58**	**11939.24**	**12981.46**	
长春	Changchun	3329.03	4456.64	5003.20	23
吉林	Jilin	1800.64	2430.07	2617.40	63
四平	Siping	779.55	1122.80	1210.30	149
辽源	Liaoyuan	410.14	605.12	700.30	224
通化	Tonghua	627.08	881.12	1003.50	189
白山	Baishan	433.16	643.02	673.60	229
松原	Songyuan	1102.85	1605.42	1650.50	103
白城	Baicheng	445.18	615.50	692.40	225
黑龙江	**Heilongjiang**	**10368.60**	**13691.58**	**14382.93**	
哈尔滨	Harbin	3664.85	4550.22	5010.80	22
齐齐哈尔	Qiqihar	880.46	1176.08	1230.40	145
鸡西	Jixi	419.49	582.34	570.90	245
鹤岗	Hegang	250.99	358.24	320.00	274
双鸭山	Shuangyashan	396.35	565.43	555.10	246
大庆	Daqing	2900.06	4001.07	4181.50	31
伊春	Yichun	202.44	260.03	284.50	277
佳木斯	Jiamusi	512.46	668.29	792.10	215
七台河	Qitaihe	305.22	298.91	241.00	282
牡丹江	Mudanjiang	764.98	981.10	1216.10	148
黑河	Heihe	261.10	366.08	389.60	266
绥化	Suihua	733.43	1063.54	1210.00	150
上海	**Shanghai**	**17165.98**	**20181.72**	**21602.12**	
江苏	**Jiangsu**	**41425.48**	**54058.22**	**59161.75**	

注：本表按当年价格计算。

Note: Data in this table are calculated at current prices.

3-1 地区生产总值 续表 1
Gross Regional Product continued 1

单位：亿元 (100 million yuan)

地名	City	2010	2012	2013	2013 排名 Ranking
南京	Nanjing	5130.65	7201.57	8011.80	8
无锡	Wuxi	5793.30	7568.15	8070.20	7
徐州	Xuzhou	2942.14	4016.58	4435.80	28
常州	Changzhou	3044.89	3969.87	4360.90	30
苏州	Suzhou	9228.91	12011.65	13015.70	3
南通	Nantong	3465.67	4558.67	5038.90	21
连云港	Lianyungang	1193.31	1603.42	1785.40	90
淮安	Huaian	1388.07	1920.91	2155.90	75
盐城	Yancheng	2332.76	3120.00	3475.50	37
扬州	Yangzhou	2229.49	2933.20	3252.00	42
镇江	Zhenjiang	1987.64	2630.42	2927.30	52
泰州	Taizhou	2048.72	2701.67	3006.90	50
宿迁	Suqian	1064.09	1522.03	1706.30	95
浙江	**Zhejiang**	**27722.31**	**34665.33**	**37568.49**	
杭州	Hangzhou	5949.17	7802.01	8343.50	6
宁波	Ningbo	5163.00	6582.21	7128.90	13
温州	Wenzhou	2925.04	3669.18	4003.90	32
嘉兴	Jiaxing	2300.20	2890.57	3147.70	45
湖州	Huzhou	1301.73	1664.30	1803.20	88
绍兴	Shaoxing	2795.20	3654.03	3967.30	33
金华	Jinhua	2110.04	2710.77	2958.80	51
衢州	Quzhou	755.48	972.25	1056.60	178
舟山	Zhoushan	644.32	853.18	930.90	197
台州	Taizhou	2426.45	2911.26	3153.30	44
丽水	Lishui	663.29	894.10	983.10	193
安徽	**Anhui**	**12359.33**	**17212.05**	**19038.87**	
合肥	Hefei	2701.61	4164.32	4672.90	27
芜湖	Wuhu	1108.63	1873.63	2099.50	77
蚌埠	Bengbu	638.05	890.22	1007.90	188
淮南	Huainan	604.18	781.76	819.40	210
马鞍山	Maanshan	810.72	1233.94	1293.00	139
淮北	Huaibei	461.64	620.54	703.70	223
铜陵	Tongling	466.70	621.30	680.60	226
安庆	Anqing	989.04	1359.70	1418.20	122
黄山	Huangshan	309.45	424.95	470.30	254
滁州	Chuzhou	695.65	970.74	1086.10	172
阜阳	Fuyang	721.51	962.53	1062.50	177
宿州	Suzhou	650.57	914.95	1014.30	185
六安	Liuan	676.11	918.19	1010.30	186
亳州	Bozhou	512.78	715.65	791.10	216
池州	Chizhou	300.84	417.45	462.20	256
宣城	Xuancheng	525.96	757.46	842.80	206
福建	**Fujian**	**14737.12**	**19701.78**	**21759.64**	
福州	Fuzhou	3123.41	4210.93	4678.50	26
厦门	Xiamen	2060.07	2815.17	3018.20	48
莆田	Putian	850.33	1200.38	1342.90	131
三明	Sanming	975.10	1334.82	1477.60	118
泉州	Quanzhou	3564.97	4702.70	5218.00	20
漳州	Zhangzhou	1430.71	2012.92	2236.00	71
南平	Nanping	728.65	995.08	1105.80	168
龙岩	Longyan	990.90	1356.78	1479.90	117
宁德	Ningde	738.61	1075.06	1238.70	144
江西	**Jiangxi**	**9451.26**	**12948.88**	**14338.50**	
南昌	Nanchang	2207.11	3000.52	3336.00	41
景德镇	Jingdezhen	461.50	628.25	680.30	227
萍乡	Pingxiang	520.39	733.06	798.30	214
九江	Jiujiang	1032.06	1420.10	1601.70	106
新余	Xinyu	631.22	830.32	845.10	205
鹰潭	Yingtan	344.89	482.17	553.50	247
赣州	Ganzhou	1119.74	1508.49	1673.30	99
吉安	Jian	720.53	1006.26	1123.90	163
宜春	Yichun	870.00	1247.60	1387.10	125
抚州	Fuzhou	630.01	825.04	940.60	196
上饶	Shangrao	901.00	1265.39	1401.30	123
山东	**Shandong**	**39169.92**	**50013.24**	**54684.33**	
济南	Jinan	3910.53	4803.67	5230.20	19
青岛	Qingdao	5666.19	7302.11	8006.60	9
淄博	Zibo	2866.75	3557.21	3801.20	35
枣庄	Zaozhuang	1362.04	1702.92	1830.60	87
东营	Dongying	2359.94	3000.66	3250.20	43
烟台	Yantai	4358.46	5281.38	5613.90	17
潍坊	Weifang	3090.92	4012.43	4420.70	29
济宁	Jining	2542.81	3189.37	3501.50	36
泰安	Taian	2051.68	2547.01	2790.70	58
威海	Weihai	1944.70	2337.86	2549.70	64
日照	Rizhao	1025.08	1352.57	1500.20	116
莱芜	Laiwu	546.33	631.41	653.50	233
临沂	Linyi	2399.99	3012.81	3336.80	40
德州	Dezhou	1657.82	2230.55	2460.60	66
聊城	Liaocheng	1622.38	2146.75	2365.90	69

3-1 地区生产总值 续表 2
Gross Regional Product continued 2

单位：亿元 (100 million yuan)

地名	City	2010	2012	2013	2013 排名 Ranking	地名	City	2010	2012	2013	2013 排名 Ranking
滨州	Binzhou	1551.52	1987.73	2155.70	76	常德	Changde	1491.57	2038.50	2264.90	70
菏泽	Heze	1227.09	1787.36	2050.00	80	张家界	Zhangjiajie	242.48	338.99	365.70	269
河南	**Henan**	**23092.36**	**29599.31**	**32155.86**		益阳	Yiyang	712.28	1020.28	1123.10	164
郑州	Zhengzhou	4040.89	5549.79	6201.80	15	郴州	Chenzhou	1081.76	1517.27	1685.50	97
开封	Kaifeng	927.16	1207.05	1363.50	126	永州	Yongzhou	767.01	1059.60	1175.50	155
洛阳	Luoyang	2320.25	2981.12	3140.80	46	怀化	Huaihua	674.92	1001.07	1117.70	166
平顶山	Pingdingshan	1310.84	1495.80	1556.90	111	娄底	Loudi	678.71	1002.65	1118.20	165
安阳	Anyang	1315.59	1566.90	1683.60	98	**广东**	**Guangdong**	**46013.06**	**57067.92**	**62163.97**	
鹤壁	Hebi	429.12	545.78	622.10	237	广州	Guangzhou	10748.28	13551.21	15420.10	1
新乡	Xinxiang	1189.94	1619.77	1766.10	93	韶关	Shaoguan	683.10	906.48	1010.10	187
焦作	Jiaozuo	1245.93	1551.35	1707.40	94	深圳	Shenzhen	9581.51	12590.06	14500.20	2
濮阳	Puyang	775.40	989.70	1130.50	161	珠海	Zhuhai	1208.60	1503.76	1662.40	100
许昌	Xuchang	1316.49	1716.19	1903.30	85	汕头	Shantou	1208.97	1425.01	1565.90	110
漯河	Luohe	680.49	797.12	861.50	202	佛山	Foshan	5651.52	6613.02	7010.20	14
三门峡	Sanmenxia	874.42	1127.32	1204.70	151	江门	Jiangmen	1570.42	1880.39	2000.20	82
南阳	Nanyang	1953.36	2340.73	2498.70	65	湛江	Zhanjiang	1405.06	1860.22	2060.00	79
商丘	Shangqiu	1143.79	1397.28	1538.20	114	茂名	Maoming	1492.09	1936.18	2160.20	74
信阳	Xinyang	1091.83	1397.32	1581.20	109	肇庆	Zhaoqing	1085.87	1462.35	1660.10	101
周口	Zhoukou	1228.30	1574.72	1790.70	89	惠州	Huizhou	1729.95	2367.55	2687.40	60
驻马店	Zhumadian	1053.71	1373.55	1542.00	113	梅州	Meizhou	612.85	744.75	800.00	213
湖北	**Hubei**	**15967.61**	**22250.45**	**24668.49**		汕尾	Shanwei	465.08	610.41	671.80	230
武汉	Wuhan	5515.76	8003.82	9051.30	5	河源	Heyuan	475.14	615.26	680.30	227
黄石	Huangshi	690.12	1040.95	1142.00	157	阳江	Yangjiang	639.84	887.03	1039.80	180
十堰	Shiyan	736.80	955.68	1080.60	173	清远	Qingyuan	1088.18	1025.03	1093.00	170
宜昌	Yichang	1547.32	2508.89	2818.10	55	东莞	Dongguan	4246.45	5010.17	5490.00	18
襄阳	Xiangfan	1538.30	2501.96	2814.00	56	中山	ZhongShan	1850.65	2441.04	2638.90	61
鄂州	Ezhou	395.29	560.39	630.90	236	潮州	Chaozhou	559.24	706.65	780.30	217
荆门	Jingmen	730.07	1085.26	1202.60	152	揭阳	Jieyang	1009.51	1396.79	1605.40	104
孝感	Xiaogan	800.67	1105.16	1238.90	143	云浮	Yunfu	400.97	530.29	602.30	242
荆州	Jingzhou	837.10	1196.02	1334.90	134	**广西**	**Guangxi**	**9569.85**	**13035.10**	**14378.00**	
黄冈	Huanggang	862.30	1192.88	1332.60	136	南宁	Nanning	1800.26	2503.18	2803.50	57
咸宁	Xianning	519.94	760.99	872.10	201	柳州	Liuzhou	1315.31	1820.61	2010.10	81
随州	Suizhou	401.66	590.52	661.90	231	桂林	Guilin	1103.56	1485.02	1657.90	102
湖南	**Hunan**	**16037.96**	**22154.23**	**24501.67**		梧州	Wuzhou	579.28	832.58	991.70	192
长沙	Changsha	4547.06	6399.91	7153.10	12	北海	Beihai	401.41	630.09	735.00	222
株洲	Zhuzhou	1275.48	1761.32	1949.40	83	防城港	Fangchenggang	320.42	443.99	525.10	250
湘潭	Xiangtan	894.01	1282.39	1443.10	120	钦州	Qinzhou	520.67	691.32	753.10	219
衡阳	Hengyang	1420.34	1957.70	2169.40	73	贵港	Guigang	544.66	679.18	742.00	220
邵阳	Shaoyang	727.29	1028.41	1130.00	162	玉林	Yulin	840.25	1102.08	1198.50	153
岳阳	Yueyang	1539.36	2199.92	2435.50	67	百色	Baise	573.99	755.24	803.60	211

3-1 地区生产总值 续表 3
Gross Regional Product continued 3

单位：亿元 (100 million yuan)

地名	City	2010	2012	2013	2013 排名 Ranking	地名	City	2010	2012	2013	2013 排名 Ranking
贺州	Hezhou	296.87	394.21	423.90	262	丽江	Lijiang	143.60	212.24	248.80	281
河池	Hechi	468.74	492.71	528.60	249	普洱	Puer	248.08	366.85	425.40	261
来宾	Laibin	405.22	514.29	515.60	252	临沧	Lincang	216.97	352.98	416.10	264
崇左	Chongzuo	392.37	530.51	584.60	243	**西藏**	**Tibet**	**508.75**	**701.03**	**807.67**	
海南	**Hainan**	**2064.50**	**2855.54**	**3146.46**		拉萨	Lhasa	178.91	260.04	304.90	275
海口	Haikou	617.19	818.76	904.60	198	**陕西**	**Shaanxi**	**10123.48**	**14453.68**	**16045.21**	
三亚	Sanya	242.21	330.96	373.20	268	西安	Xi'an	3241.69	4366.10	4884.10	24
重庆	**Chongqing**	**7925.58**	**11409.60**	**12656.69**		铜川	Tongchuan	187.73	273.31	322.00	273
四川	**Sichuan**	**17185.48**	**23872.80**	**26260.77**		宝鸡	Baoji	976.09	1374.33	1545.90	112
成都	Chengdu	5551.33	8138.94	9108.90	4	咸阳	Xianyang	1098.68	1573.68	1860.40	86
自贡	Zigong	647.73	884.80	1001.60	191	渭南	Weinan	801.42	1153.80	1349.00	129
攀枝花	Panzhihua	523.99	740.03	800.90	212	延安	Yan'an	885.42	1271.02	1354.10	127
泸州	Luzhou	714.79	1030.45	1140.50	158	汉中	Hanzhong	509.70	754.57	881.70	200
德阳	Deyang	921.27	1280.20	1395.90	124	榆林	Yulin	1756.67	2669.88	2846.80	54
绵阳	Mianyang	960.22	1346.42	1455.10	119	安康	Ankang	327.06	496.91	604.60	241
广元	Guangyuan	321.87	468.66	518.80	251	商洛	Shangluo	285.90	423.31	510.90	253
遂宁	Suining	495.23	682.41	736.60	221	**甘肃**	**Gansu**	**4120.75**	**5650.20**	**6268.01**	
内江	Neijiang	690.28	978.18	1069.30	176	兰州	Lanzhou	1100.39	1563.82	1776.30	92
乐山	Leshan	743.92	1037.75	1134.80	160	嘉峪关	Jiayuguan	184.32	269.15	226.20	283
南充	Nanchong	827.82	1180.36	1328.60	137	金昌	Jinchang	210.51	243.40	252.00	279
眉山	Meishan	552.25	775.22	860.00	203	白银	Baiyin	311.18	433.77	463.30	255
宜宾	Yibin	870.85	1242.76	1342.90	131	天水	Tianshui	300.23	412.87	454.30	257
广安	Guangan	537.22	752.22	835.10	207	武威	Wuwei	228.77	340.50	379.70	267
达州	Dazhou	819.20	1135.46	1245.40	142	张掖	Zhangye	212.70	291.93	336.00	272
雅安	Yaan	286.54	398.05	418.00	263	平凉	Pingliang	231.89	324.51	341.10	271
巴中	Bazhong	280.91	390.40	415.90	265	酒泉	Jiuquan	405.03	573.66	641.90	234
资阳	Ziyang	657.90	984.72	1092.40	171	庆阳	Qingyang	357.61	529.36	605.40	240
贵州	**Guizhou**	**4602.16**	**6852.20**	**8006.79**		定西	Dingxi	156.02	223.27	252.20	278
贵阳	Guiyang	1121.82	1710.30	2085.40	78	陇南	Longnan	169.43	225.98	249.50	280
六盘水	Liupanshui	500.63	753.65	882.10	199	**青海**	**Qinghai**	**1350.43**	**1893.54**	**2101.05**	
遵义	Zunyi	908.76	1361.93	1584.70	107	西宁	Xining	628.28	851.09	978.50	194
安顺	Anshun	232.90	367.62	429.20	260	**宁夏**	**Ningxia**	**1689.65**	**2341.29**	**2565.06**	
毕节	Bijie	600.85	884.96	1041.90	179	银川	Yinchuan	792.61	1150.93	1289.00	140
铜仁	Tongren	293.62	457.91	535.20	248	石嘴山	Shizuishan	298.60	409.97	446.40	259
云南	**Yunnan**	**7224.18**	**10309.47**	**11720.91**		吴忠	Wuzhong	217.16	315.03	351.90	270
昆明	Kunming	2120.30	3011.14	3415.30	39	固原	Guyuan	105.80	158.45	184.60	284
曲靖	Qujing	1005.55	1400.20	1583.90	108	中卫	Zhongwei	173.19	250.59	287.50	276
玉溪	Yuxi	736.43	1000.17	1102.50	169	**新疆**	**Xinjiang**	**5437.47**	**7505.31**	**8360.24**	
保山	Baoshan	260.90	389.96	449.70	258	乌鲁木齐	Urumqi	1338.52	2001.74	2202.90	72
昭通	Zhaotong	379.64	555.60	634.70	235	克拉玛依	Karamay	711.35	810.71	853.10	204

3-2 第一产业生产总值
Gross Regional Product by Primary Industry

单位：亿元 (100 million yuan)

地名	City	2010	2012	2013	2013 排名 Ranking
全国	**Nation Total**	**40533.60**	**52373.60**	**56957.00**	
北京	**Beijing**	**124.40**	**150.20**	**161.83**	
天津	**Tianjin**	**145.58**	**171.60**	**188.45**	
河北	**Hebei**	**2562.81**	**3186.66**	**3500.42**	
石家庄	Shijiazhuang	369.61	452.18	474.00	6
唐山	Tangshan	421.87	528.56	553.00	2
秦皇岛	Qinhuangdao	126.72	152.41	170.10	124
邯郸	Handan	307.95	383.90	395.00	17
邢台	Xingtai	189.73	240.35	254.80	66
保定	Baoding	303.65	378.12	409.40	15
张家口	Zhangjiakou	152.94	205.78	235.50	75
承德	Chengde	139.41	185.16	210.40	91
沧州	Cangzhou	252.65	319.18	313.10	37
廊坊	Langfang	157.48	198.40	199.00	103
衡水	Hengshui	154.20	189.03	168.30	126
山西	**Shanxi**	**554.48**	**698.32**	**773.81**	
太原	Taiyuan	30.28	36.02	38.60	268
大同	Datong	36.26	49.78	54.80	252
阳泉	Yangquan	6.58	9.19	10.30	280
长治	Changzhi	40.24	53.46	56.60	248
晋城	Jincheng	30.71	42.77	43.30	265
朔州	Shuozhou	40.54	50.93	61.70	239
晋中	Jinzhong	64.96	83.77	96.40	203
运城	Yuncheng	141.50	176.99	195.90	108
忻州	Xinzhou	49.22	57.22	63.40	236
临汾	Linfen	66.58	81.04	87.20	214
吕梁	Luliang	43.70	54.97	64.70	235
内蒙古	**Inner Mongolia**	**1095.28**	**1448.58**	**1599.41**	
呼和浩特	Hohhot	91.33	120.52	134.70	165
包头	Baotou	66.48	89.75	98.70	202
乌海	Wuhai	3.71	4.86	5.10	282
赤峰	Chifeng	177.37	237.54	260.90	58
通辽	Tongliao	178.26	232.88	257.40	62
鄂尔多斯	Erdos	70.81	90.14	95.70	204
呼伦贝尔	Hulunbuir	182.39	239.14	259.70	60
巴彦淖尔	Bayannur	119.06	151.19	160.00	136
乌兰察布	Ulanqab	93.96	121.52	131.00	174
辽宁	**Liaoning**	**1631.10**	**2155.82**	**2321.63**	
沈阳	Shenyang	232.75	315.20	335.50	30
大连	Dalian	345.10	451.37	477.60	5
鞍山	Anshan	93.01	124.43	131.90	171
抚顺	Fushun	54.82	85.11	94.60	207
本溪	Benxi	43.35	60.19	63.30	237
丹东	Dandong	100.09	140.01	147.80	152
锦州	Jinzhou	151.31	190.29	202.10	101
营口	Yingkou	77.23	103.56	109.60	195
阜新	Fuxin	92.66	125.40	133.40	168
辽阳	Liaoyang	45.86	63.28	67.60	231
盘锦	Panjin	81.52	108.43	114.50	193
铁岭	Tieling	142.18	193.30	205.80	97
朝阳	Chaoyang	135.80	205.03	218.40	82
葫芦岛	Huludao	71.63	95.91	101.60	199
吉林	**Jilin**	**1050.15**	**1412.11**	**1509.34**	
长春	Changchun	252.75	317.09	332.10	32
吉林	Jilin	194.42	242.71	252.40	68
四平	Siping	211.47	283.81	293.70	41
辽源	Liaoyuan	42.77	53.70	58.20	244
通化	Tonghua	65.08	87.13	94.20	209
白山	Baishan	44.03	53.57	59.10	243
松原	Songyuan	191.04	254.88	265.00	55
白城	Baicheng	83.43	110.58	115.60	189
黑龙江	**Heilongjiang**	**1302.90**	**2113.66**	**2516.79**	
哈尔滨	Harbin	412.72	506.79	592.60	1
齐齐哈尔	Qiqihar	192.07	284.76	280.40	45
鸡西	Jixi	107.17	165.22	166.60	129
鹤岗	Hegang	66.37	105.48	93.60	210
双鸭山	Shuangyashan	120.26	184.86	189.50	114
大庆	Daqing	95.01	154.21	175.60	121
伊春	Yichun	61.42	91.63	99.80	200
佳木斯	Jiamusi	146.45	201.74	256.00	64
七台河	Qitaihe	22.41	30.57	31.70	270
牡丹江	Mudanjiang	122.58	223.15	196.90	106
黑河	Heihe	116.93	182.64	186.80	115
绥化	Suihua	267.09	428.07	489.60	3
上海	**Shanghai**	**114.15**	**127.80**	**129.28**	
江苏	**Jiangsu**	**2540.10**	**3418.29**	**3646.08**	

注：本表按当年价格计算。

Note: Data in this table are calculated at current prices.

3-2 第一产业增加值 续表 1
Gross Regional Product by Primary Industry continued 1

单位：亿元 (100 million yuan)

地名	City	2010	2012	2013	2013 排名 Ranking	地名	City	2010	2012	2013	2013 排名 Ranking
南京	Nanjing	142.29	185.06	204.60	98	池州	Chizhou	45.70	62.15	67.40	232
无锡	Wuxi	104.94	137.22	148.50	151	宣城	Xuancheng	88.50	111.65	119.90	186
徐州	Xuzhou	282.82	382.46	432.40	10	**福建**	**Fujian**	**1363.67**	**1776.71**	**1936.31**	
常州	Changzhou	99.78	126.37	138.10	160	福州	Fuzhou	282.73	367.73	402.30	16
苏州	Suzhou	155.79	195.08	214.50	85	厦门	Xiamen	23.06	25.30	26.00	273
南通	Nantong	266.22	319.09	345.40	26	莆田	Putian	87.86	107.24	114.60	192
连云港	Lianyungang	182.60	232.40	259.20	61	三明	Sanming	168.26	211.00	231.00	78
淮安	Huaian	195.97	247.98	272.60	49	泉州	Quanzhou	132.18	160.57	171.00	123
盐城	Yancheng	374.21	456.13	489.20	4	漳州	Zhangzhou	254.70	320.45	345.50	25
扬州	Yangzhou	161.37	205.19	224.50	80	南平	Nanping	159.53	234.49	257.00	63
镇江	Zhenjiang	81.53	115.77	129.00	178	龙岩	Longyan	128.89	162.00	177.80	118
泰州	Taizhou	151.65	191.75	205.90	96	宁德	Ningde	136.61	201.35	223.70	81
宿迁	Suqian	187.09	226.80	235.00	77	**江西**	**Jiangxi**	**1206.98**	**1520.23**	**1636.49**	
浙江	**Zhejiang**	**1360.56**	**1667.88**	**1784.62**		南昌	Nanchang	120.56	147.19	157.20	141
杭州	Hangzhou	208.41	255.11	265.40	54	景德镇	Jingdezhen	38.09	48.97	52.30	255
宁波	Ningbo	219.13	268.52	276.40	47	萍乡	Pingxiang	42.32	53.12	56.30	249
温州	Wenzhou	93.69	114.22	115.40	190	九江	Jiujiang	98.04	118.29	130.10	177
嘉兴	Jiaxing	127.00	151.39	155.60	143	新余	Xinyu	37.88	48.21	51.00	257
湖州	Huzhou	104.22	122.65	125.60	183	鹰潭	Yingtan	32.81	41.46	44.60	264
绍兴	Shaoxing	149.67	184.80	193.30	111	赣州	Ganzhou	211.89	252.41	271.80	51
金华	Jinhua	108.03	134.46	140.20	157	吉安	Jian	143.00	180.51	197.10	105
衢州	Quzhou	64.68	79.75	83.20	220	宜春	Yichun	164.92	202.67	213.70	87
舟山	Zhoushan	62.02	83.06	95.70	204	抚州	Fuzhou	119.84	152.00	163.50	131
台州	Taizhou	160.42	200.91	213.30	88	上饶	Shangrao	151.90	192.83	207.20	95
丽水	Lishui	62.93	79.37	84.70	218	**山东**	**Shandong**	**3588.28**	**4281.70**	**4742.63**	
安徽	**Anhui**	**1729.02**	**2178.73**	**2348.09**		济南	Jinan	215.17	252.92	284.70	44
合肥	Hefei	132.74	229.05	247.20	71	青岛	Qingdao	276.99	324.41	352.40	23
芜湖	Wuhu	49.04	117.63	128.60	180	淄博	Zibo	105.30	123.75	137.80	161
蚌埠	Bengbu	121.16	158.86	172.40	122	枣庄	Zaozhuang	117.56	133.00	149.80	147
淮南	Huainan	47.59	60.61	66.20	234	东营	Dongying	87.38	104.34	117.20	188
马鞍山	Maanshan	28.53	73.46	79.60	223	烟台	Yantai	334.49	377.31	421.00	12
淮北	Huaibei	40.46	51.43	57.00	247	潍坊	Weifang	330.51	390.52	433.10	9
铜陵	Tongling	9.65	11.78	12.60	278	济宁	Jining	320.41	371.97	418.90	14
安庆	Anqing	156.32	196.17	213.80	86	泰安	Taian	195.31	233.05	260.10	59
黄山	Huangshan	39.44	48.54	53.00	254	威海	Weihai	153.94	180.11	203.50	99
滁州	Chuzhou	148.42	192.79	208.20	93	日照	Rizhao	100.26	117.64	131.50	172
阜阳	Fuyang	197.34	249.42	272.60	49	莱芜	Laiwu	38.61	44.20	49.30	259
宿州	Suzhou	181.46	237.35	251.20	69	临沂	Linyi	264.01	291.34	324.30	33
六安	Liuan	159.36	198.79	209.60	92	德州	Dezhou	210.51	244.39	273.50	48
亳州	Bozhou	137.15	181.13	195.00	109	聊城	Liaocheng	221.64	257.80	287.20	43

3-2 第一产业增加值 续表 2
Gross Regional Product by Primary Industry continued 2

单位：亿元 (100 million yuan)

地名	City	2010	2012	2013	2013 排名 Ranking	地名	City	2010	2012	2013	2013 排名 Ranking
滨州	Binzhou	155.48	189.51	211.00	90	常德	Changde	280.10	302.56	323.80	34
菏泽	Heze	220.18	241.01	255.00	65	张家界	Zhangjiajie	31.23	42.27	45.50	262
河南	**Henan**	**3258.09**	**3769.54**	**4058.98**		益阳	Yiyang	162.36	203.88	216.10	84
郑州	Zhengzhou	124.56	142.40	147.00	153	郴州	Chenzhou	126.75	157.04	167.40	128
开封	Kaifeng	219.31	257.66	280.40	45	永州	Yongzhou	190.56	244.17	263.40	56
洛阳	Luoyang	187.62	223.76	248.90	70	怀化	Huaihua	97.43	145.30	158.90	138
平顶山	Pingdingshan	114.72	145.85	162.50	134	娄底	Loudi	99.80	149.89	162.60	133
安阳	Anyang	159.07	187.32	199.20	102	**广东**	**Guangdong**	**2286.98**	**2847.26**	**3047.51**	
鹤壁	Hebi	48.83	58.13	61.00	240	广州	Guangzhou	188.56	213.76	228.90	79
新乡	Xinxiang	157.15	200.34	212.30	89	韶关	Shaoguan	95.90	123.13	131.30	173
焦作	Jiaozuo	101.30	122.42	133.10	169	深圳	Shenzhen	6.47	6.30	5.20	281
濮阳	Puyang	107.62	137.76	148.60	150	珠海	Zhuhai	32.36	39.02	43.10	266
许昌	Xuchang	149.96	177.82	185.00	116	汕头	Shantou	64.53	80.44	87.20	214
漯河	Luohe	86.66	98.01	107.50	197	佛山	Foshan	105.40	130.53	139.10	159
三门峡	Sanmenxia	70.00	90.57	99.70	201	江门	Jiangmen	117.03	149.51	158.80	139
南阳	Nanyang	401.18	423.62	449.80	7	湛江	Zhanjiang	289.31	384.97	421.40	11
商丘	Shangqiu	299.51	323.22	343.20	27	茂名	Maoming	274.52	344.12	373.20	20
信阳	Xinyang	288.04	377.64	419.50	13	肇庆	Zhaoqing	190.26	238.63	262.40	57
周口	Zhoukou	365.64	417.56	446.00	8	惠州	Huizhou	102.38	124.56	136.70	162
驻马店	Zhumadian	290.67	365.91	393.80	18	梅州	Meizhou	124.24	157.17	164.70	130
湖北	**Hubei**	**2147.00**	**2848.77**	**3098.16**		汕尾	Shanwei	77.59	99.28	108.30	196
武汉	Wuhan	170.04	301.21	335.40	31	河源	Heyuan	60.44	78.22	83.10	221
黄石	Huangshi	53.63	85.89	95.20	206	阳江	Yangjiang	140.28	176.02	192.90	112
十堰	Shiyan	77.80	121.16	143.00	155	清远	Qingyuan	119.98	152.78	167.70	127
宜昌	Yichang	176.50	305.20	336.00	29	东莞	Dongguan	16.57	18.76	20.10	276
襄阳	Xiangfan	234.70	357.18	386.50	19	中山	ZhongShan	50.74	62.17	66.90	233
鄂州	Ezhou	51.45	69.23	78.50	225	潮州	Chaozhou	40.34	49.44	54.90	251
荆门	Jingmen	145.10	178.69	190.30	113	揭阳	Jieyang	110.86	140.21	154.40	145
孝感	Xiaogan	171.18	225.00	243.10	73	云浮	Yunfu	100.74	125.49	135.20	164
荆州	Jingzhou	231.07	292.80	319.10	35	**广西**	**Guangxi**	**1675.06**	**2172.37**	**2343.57**	
黄冈	Huanggang	246.96	332.78	356.80	21	南宁	Nanning	244.43	322.96	349.90	24
咸宁	Xianning	100.98	145.30	162.90	132	柳州	Liuzhou	109.48	147.38	159.30	137
随州	Suizhou	86.57	114.28	124.80	184	桂林	Guilin	203.31	271.84	299.40	38
湖南	**Hunan**	**2325.50**	**3004.21**	**3099.23**		梧州	Wuzhou	79.96	104.84	115.30	191
长沙	Changsha	202.01	272.31	294.60	40	北海	Beihai	87.17	127.37	142.80	156
株洲	Zhuzhou	123.85	144.68	156.10	142	防城港	Fangchenggang	47.43	61.16	68.50	229
湘潭	Xiangtan	96.04	110.55	121.00	185	钦州	Qinzhou	132.21	166.81	181.80	117
衡阳	Hengyang	264.42	322.89	338.40	28	贵港	Guigang	108.05	148.68	160.80	135
邵阳	Shaoyang	173.71	252.75	254.10	67	玉林	Yulin	171.73	229.20	243.80	72
岳阳	Yueyang	215.53	256.58	270.90	52	百色	Baise	105.21	137.14	148.80	149

3-2 第一产业增加值 续表 3
Gross Regional Product by Primary Industry continued 3

单位：亿元 (100 million yuan)

地名	City	2010	2012	2013	2013 排名 Ranking	地名	City	2010	2012	2013	2013 排名 Ranking
贺州	Hezhou	63.68	85.43	92.60	211	丽江	Lijiang	26.00	36.61	41.10	267
河池	Hechi	97.87	126.34	133.80	167	普洱	Puer	73.66	112.88	130.60	176
来宾	Laibin	97.83	127.01	134.50	166	临沧	Lincang	71.48	107.64	127.80	182
崇左	Chongzuo	114.85	142.95	149.40	148	**西藏**	**Tibet**	**68.13**	**80.38**	**86.82**	
海南	**Hainan**	**539.83**	**711.54**	**756.47**		拉萨	Lhasa	9.14	10.78	11.70	279
海口	Haikou	45.99	55.92	58.10	245	**陕西**	**Shaanxi**	**988.45**	**1370.16**	**1526.05**	
三亚	Sanya	38.38	46.73	49.50	258	西安	Xi'an	140.06	195.59	217.80	83
重庆	**Chongqing**	**685.38**	**940.01**	**1016.74**		铜川	Tongchuan	14.18	19.47	21.70	275
四川	**Sichuan**	**2482.89**	**3297.21**	**3425.61**		宝鸡	Baoji	104.20	143.26	157.70	140
成都	Chengdu	285.09	348.10	353.20	22	咸阳	Xianyang	203.29	283.10	315.40	36
自贡	Zigong	84.68	109.39	119.40	187	渭南	Weinan	128.94	180.00	202.40	100
攀枝花	Panzhihua	21.49	25.77	27.90	271	延安	Yan'an	71.19	97.06	107.40	198
泸州	Luzhou	108.81	143.60	155.60	143	汉中	Hanzhong	110.39	159.47	177.70	119
德阳	Deyang	152.39	194.03	194.60	110	榆林	Yulin	92.16	125.88	139.70	158
绵阳	Mianyang	166.49	219.19	239.00	74	安康	Ankang	67.07	80.95	90.60	212
广元	Guangyuan	76.52	91.82	94.30	208	商洛	Shangluo	58.05	79.43	88.50	213
遂宁	Suining	109.39	150.37	132.50	170	**甘肃**	**Gansu**	**599.28**	**780.50**	**879.37**	
内江	Neijiang	112.39	163.31	176.30	120	兰州	Lanzhou	33.79	44.55	48.10	260
乐山	Leshan	100.08	123.72	130.90	175	嘉峪关	Jiayuguan	2.46	3.75	3.70	284
南充	Nanchong	201.62	270.47	297.20	39	金昌	Jinchang	11.18	13.39	15.60	277
眉山	Meishan	103.80	135.91	144.60	154	白银	Baiyin	37.64	48.58	53.30	253
宜宾	Yibin	133.84	181.94	198.60	104	天水	Tianshui	60.18	78.36	84.60	219
广安	Guangan	109.91	140.00	150.00	146	武威	Wuwei	60.45	81.66	87.00	217
达州	Dazhou	194.99	248.95	266.50	53	张掖	Zhangye	62.33	81.87	87.20	214
雅安	Yaan	49.97	60.39	63.30	237	平凉	Pingliang	50.59	68.52	76.00	227
巴中	Bazhong	81.65	93.00	79.00	224	酒泉	Jiuquan	54.19	68.86	68.00	230
资阳	Ziyang	151.81	216.13	235.10	76	庆阳	Qingyang	51.02	73.00	77.00	226
贵州	**Guizhou**	**625.03**	**891.91**	**1029.05**		定西	Dingxi	47.72	67.71	74.20	228
贵阳	Guiyang	57.10	72.28	81.50	222	陇南	Longnan	44.55	57.36	60.80	242
六盘水	Liupanshui	29.22	43.27	58.10	245	**青海**	**Qinghai**	**134.92**	**176.91**	**207.59**	
遵义	Zunyi	140.22	181.24	207.90	94	西宁	Xining	24.47	31.17	36.10	269
安顺	Anshun	40.30	53.19	61.00	240	**宁夏**	**Ningxia**	**159.29**	**199.40**	**222.98**	
毕节	Bijie	124.37	160.07	196.60	107	银川	Yinchuan	40.29	50.95	55.40	250
铜仁	Tongren	95.43	123.93	136.10	163	石嘴山	Shizuishan	17.99	22.37	24.30	274
云南	**Yunnan**	**1108.38**	**1654.55**	**1895.34**		吴忠	Wuzhong	37.18	46.89	51.80	256
昆明	Kunming	120.30	159.16	169.70	125	固原	Guyuan	30.86	38.12	45.40	263
曲靖	Qujing	183.52	262.30	289.20	42	中卫	Zhongwei	32.97	41.07	45.70	261
玉溪	Yuxi	69.60	97.44	112.40	194	**新疆**	**Xinjiang**	**1078.63**	**1320.57**	**1468.29**	
保山	Baoshan	79.00	122.92	128.50	181	乌鲁木齐	Urumqi	19.94	25.02	26.30	272
昭通	Zhaotong	74.45	113.35	128.70	179	克拉玛依	Karamay	3.52	4.62	5.00	283

3-3 第二产业生产总值
Gross Regional Product by Secondary Industry

单位：亿元 (100 million yuan)

地名	City	2010	2012	2013	2013 排名 Ranking	地名	City	2010	2012	2013	2013 排名 Ranking
全国	**Nation Total**	**187383.2**	**235162.0**	**249684.4**		沈阳	Shenyang	2529.93	3383.15	3709.30	11
北京	**Beijing**	**3388.40**	**4059.27**	**4352.30**		大连	Dalian	2624.49	3634.80	3892.00	9
天津	**Tianjin**	**4840.23**	**6663.82**	**7276.68**		鞍山	Anshan	1154.37	1293.15	1392.00	59
河北	**Hebei**	**10707.68**	**14003.57**	**14762.10**		抚顺	Fushun	525.46	736.74	794.80	117
石家庄	Shijiazhuang	1653.76	2240.66	2351.40	25	本溪	Benxi	536.01	674.60	712.90	135
唐山	Tangshan	2598.40	3473.79	3593.10	14	丹东	Dandong	373.19	508.53	547.30	170
秦皇岛	Qinhuangdao	367.79	447.68	444.80	202	锦州	Jinzhou	434.55	616.23	656.70	147
邯郸	Handan	1280.30	1620.84	1571.60	51	营口	Yingkou	554.67	738.99	797.70	115
邢台	Xingtai	674.06	829.61	840.60	103	阜新	Fuxin	158.46	255.80	285.00	243
保定	Baoding	1057.87	1495.91	1578.90	48	辽阳	Liaoyang	465.14	632.10	679.70	142
张家口	Zhangjiakou	415.18	529.04	554.60	169	盘锦	Panjin	616.49	843.55	911.40	92
承德	Chengde	453.70	625.40	649.80	150	铁岭	Tieling	381.03	505.20	521.80	175
沧州	Cangzhou	1115.22	1479.08	1574.80	49	朝阳	Chaoyang	332.55	455.60	500.00	184
廊坊	Langfang	723.81	968.62	1022.00	82	葫芦岛	Huludao	247.02	342.89	363.50	224
衡水	Hengshui	396.00	522.91	558.50	167	**吉林**	**Jilin**	**4506.31**	**6376.77**	**6858.23**	
山西	**Shanxi**	**5234.00**	**6731.56**	**6792.68**		长春	Changchun	1719.90	2291.88	2658.70	20
太原	Taiyuan	798.49	1035.57	1052.10	78	吉林	Jilin	896.02	1207.53	1279.90	66
大同	Datong	338.82	472.18	455.60	197	四平	Siping	333.24	513.69	562.70	166
阳泉	Yangquan	255.31	354.46	352.90	226	辽源	Liaoyuan	230.41	356.85	414.20	214
长治	Changzhi	601.67	894.94	867.10	98	通化	Tonghua	326.85	466.96	543.80	172
晋城	Jincheng	464.64	653.76	644.40	151	白山	Baishan	200.31	388.29	400.50	217
朔州	Shuozhou	379.01	596.05	575.10	165	松原	Songyuan	568.10	780.46	784.20	121
晋中	Jinzhong	418.27	538.42	535.80	173	白城	Baicheng	201.50	291.01	328.00	231
运城	Yuncheng	365.29	492.32	505.60	181	**黑龙江**	**Heilongjiang**	**5204.11**	**6073.61**	**5918.22**	
忻州	Xinzhou	195.08	320.47	327.40	232	哈尔滨	Harbin	1384.55	1638.87	1743.90	40
临汾	Linfen	519.28	758.78	732.70	132	齐齐哈尔	Qiqihar	357.74	439.28	451.30	198
吕梁	Luliang	585.07	901.03	867.40	97	鸡西	Jixi	177.50	238.26	220.00	251
内蒙古	**Inner Mongolia**	**6367.69**	**8801.50**	**9084.19**		鹤岗	Hegang	116.96	167.84	143.50	270
呼和浩特	Hohhot	678.95	802.31	826.70	108	双鸭山	Shuangyashan	177.48	258.01	239.00	249
包头	Baotou	1331.45	1685.08	1697.00	42	大庆	Daqing	2385.06	3235.93	3318.40	17
乌海	Wuhai	280.52	362.54	375.90	220	伊春	Yichun	79.46	87.91	92.70	278
赤峰	Chifeng	556.58	856.35	857.20	99	佳木斯	Jiamusi	133.88	172.46	201.50	257
通辽	Tongliao	689.71	1068.54	1027.40	81	七台河	Qitaihe	201.98	174.03	111.60	275
鄂尔多斯	Erdos	1551.43	2213.13	2369.30	24	牡丹江	Mudanjiang	303.15	422.60	498.90	185
呼伦贝尔	Hulunbuir	392.60	629.79	682.20	141	黑河	Heihe	44.71	62.59	68.10	282
巴彦淖尔	Bayannur	339.68	448.83	469.50	196	绥化	Suihua	181.47	285.69	337.40	229
乌兰察布	Ulanqab	296.74	418.63	437.10	206	**上海**	**Shanghai**	**7218.32**	**7854.77**	**8027.77**	
辽宁	**Liaoning**	**9976.80**	**13230.49**	**14269.46**		**江苏**	**Jiangsu**	**21753.93**	**27121.95**	**29094.03**	

注：本表按当年价格计算。

Note: Data in this table are calculated at current prices.

3-3 第二产业生产总值 续表 1
Gross Regional Product by Secondary Industry continued 1

单位：亿元 (100 million yuan)

地名	City	2010	2012	2013	2013 排名 Ranking	地名	City	2010	2012	2013	2013 排名 Ranking
南京	Nanjing	2327.86	3170.78	3450.60	16	池州	Chizhou	140.23	204.23	225.60	250
无锡	Wuxi	3208.79	4012.03	4207.40	6	宣城	Xuancheng	248.20	395.12	442.90	203
徐州	Xuzhou	1490.92	1968.52	2118.30	31	**福建**	**Fujian**	**7522.83**	**10187.94**	**11315.30**	
常州	Changzhou	1683.68	2100.76	2250.80	28	福州	Fuzhou	1401.92	1905.50	2133.60	30
苏州	Suzhou	5253.81	6502.25	6849.60	1	厦门	Xiamen	1024.51	1363.85	1434.80	58
南通	Nantong	1908.56	2414.11	2623.50	21	莆田	Putian	477.10	689.65	783.50	122
连云港	Lianyungang	545.07	736.14	807.40	113	三明	Sanming	480.22	677.79	771.90	123
淮安	Huaian	647.10	889.20	983.20	87	泉州	Quanzhou	2144.86	2890.41	3227.00	18
盐城	Yancheng	1096.55	1472.87	1636.00	45	漳州	Zhangzhou	652.04	961.10	1091.70	76
扬州	Yangzhou	1229.34	1554.46	1693.70	44	南平	Nanping	304.79	423.97	481.10	192
镇江	Zhenjiang	1120.63	1419.54	1549.40	53	龙岩	Longyan	527.69	752.07	796.00	116
泰州	Taizhou	1125.85	1434.53	1574.10	50	宁德	Ningde	317.22	512.23	627.60	153
宿迁	Suqian	479.14	589.82	815.60	110	**江西**	**Jiangxi**	**5122.88**	**6942.59**	**7671.38**	
浙江	**Zhejiang**	**14297.93**	**17316.32**	**18446.65**		南昌	Nanchang	1252.04	1693.65	1850.50	37
杭州	Hangzhou	2844.07	3572.63	3662.00	12	景德镇	Jingdezhen	280.51	373.78	396.50	219
宁波	Ningbo	2870.69	3516.84	3741.70	10	萍乡	Pingxiang	329.46	445.68	473.70	194
温州	Wenzhou	1533.46	1852.99	2015.50	35	九江	Jiujiang	579.71	808.84	898.20	94
嘉兴	Jiaxing	1339.57	1603.08	1726.70	41	新余	Xinyu	403.36	502.01	490.40	189
湖州	Huzhou	715.01	886.42	953.20	91	鹰潭	Yingtan	216.51	305.92	346.40	227
绍兴	Shaoxing	1566.61	1962.41	2102.90	33	赣州	Ganzhou	496.70	696.78	764.00	125
金华	Jinhua	1086.02	1344.69	1445.70	57	吉安	Jian	363.74	520.59	575.70	163
衢州	Quzhou	414.46	516.34	555.90	168	宜春	Yichun	492.22	702.20	765.90	124
舟山	Zhoushan	293.29	382.94	411.50	215	抚州	Fuzhou	314.47	435.93	489.00	191
台州	Taizhou	1254.33	1419.47	1515.60	55	上饶	Shangrao	459.18	662.54	715.50	134
丽水	Lishui	328.60	449.50	497.90	186	**山东**	**Shandong**	**21238.49**	**25735.73**	**27422.47**	
安徽	**Anhui**	**6436.62**	**9404.84**	**10403.96**		济南	Jinan	1637.45	1938.14	2053.20	34
合肥	Hefei	1456.64	2303.90	2583.70	22	青岛	Qingdao	2758.62	3402.23	3641.40	13
芜湖	Wuhu	722.79	1234.24	1388.20	60	淄博	Zibo	1766.57	2101.19	2171.40	29
蚌埠	Bengbu	300.95	445.08	515.70	177	枣庄	Zaozhuang	818.37	991.33	1037.60	80
淮南	Huainan	388.82	501.02	508.50	180	东营	Dongying	1712.20	2126.02	2258.40	27
马鞍山	Maanshan	563.55	818.86	834.10	107	烟台	Yantai	2566.49	2985.09	3075.10	19
淮北	Huaibei	298.37	410.36	473.20	195	潍坊	Weifang	1720.28	2166.17	2297.40	26
铜陵	Tongling	339.50	456.28	493.40	187	济宁	Jining	1356.47	1673.50	1789.80	39
安庆	Anqing	518.96	759.44	754.10	126	泰安	Taian	1099.45	1290.54	1367.80	61
黄山	Huangshan	135.41	196.55	218.10	253	威海	Weihai	1087.03	1249.30	1312.90	63
滁州	Chuzhou	342.01	507.59	575.60	164	日照	Rizhao	561.55	724.06	784.30	120
阜阳	Fuyang	282.76	397.51	436.60	207	莱芜	Laiwu	330.18	365.20	366.20	223
宿州	Suzhou	246.43	378.95	426.00	212	临沂	Linyi	1206.29	1463.45	1583.90	47
六安	Liuan	285.78	423.35	478.20	193	德州	Dezhou	899.55	1208.65	1301.70	64
亳州	Bozhou	191.56	288.80	320.10	235	聊城	Liaocheng	924.09	1186.38	1258.20	69

3-3 第二产业生产总值 续表 2

Gross Regional Product by Secondary Industry continued 2

单位：亿元 (100 million yuan)

地名	City	2010	2012	2013	2013 排名 Ranking	地名	City	2010	2012	2013	2013 排名 Ranking
滨州	Binzhou	847.31	1045.61	1106.10	74	常德	Changde	685.25	1008.45	1102.40	75
菏泽	Heze	648.54	974.22	1113.50	72	张家界	Zhangjiajie	60.07	85.43	92.90	277
河南	**Henan**	**13226.38**	**16672.20**	**17806.39**		益阳	Yiyang	288.41	458.68	505.20	182
郑州	Zhengzhou	2269.91	3132.92	3470.50	15	郴州	Chenzhou	594.42	878.89	967.90	89
开封	Kaifeng	400.65	533.26	609.60	155	永州	Yongzhou	278.63	410.61	447.30	200
洛阳	Luoyang	1396.21	1788.09	1813.40	38	怀化	Huaihua	288.90	449.18	489.80	190
平顶山	Pingdingshan	869.43	910.74	906.60	93	娄底	Loudi	364.86	552.03	604.60	157
安阳	Anyang	809.29	900.84	961.10	90	**广东**	**Guangdong**	**23014.53**	**27700.97**	**29427.49**	
鹤壁	Hebi	301.95	384.59	446.30	201	广州	Guangzhou	4002.27	4720.65	5227.40	3
新乡	Xinxiang	686.48	925.66	999.50	86	韶关	Shaoguan	285.38	379.57	428.30	211
焦作	Jiaozuo	855.31	1046.49	1151.00	71	深圳	Shenzhen	4523.37	5737.64	6296.80	2
濮阳	Puyang	515.33	644.53	748.10	127	珠海	Zhuhai	662.01	776.36	849.10	101
许昌	Xuchang	901.98	1150.13	1284.20	65	汕头	Shantou	678.22	740.20	817.80	109
漯河	Luohe	474.58	545.94	584.10	162	佛山	Foshan	3542.49	4113.34	4340.40	5
三门峡	Sanmenxia	599.18	766.41	799.80	114	江门	Jiangmen	872.21	960.82	1013.00	85
南阳	Nanyang	1017.07	1220.99	1264.70	68	湛江	Zhanjiang	577.60	723.10	814.30	112
商丘	Shangqiu	532.13	653.20	720.00	133	茂名	Maoming	590.76	789.55	893.40	95
信阳	Xinyang	460.87	558.34	639.60	152	肇庆	Zhaoqing	456.67	669.31	791.10	119
周口	Zhoukou	557.90	749.41	839.70	104	惠州	Huizhou	1019.57	1377.23	1550.60	52
驻马店	Zhumadian	441.28	588.21	675.00	143	梅州	Meizhou	252.43	269.14	289.60	241
湖北	**Hubei**	**7767.24**	**11193.10**	**12171.56**		汕尾	Shanwei	212.68	284.18	315.70	238
武汉	Wuhan	2532.82	3869.56	4396.20	4	河源	Heyuan	244.45	299.70	337.10	230
黄石	Huangshi	394.91	645.01	699.20	136	阳江	Yangjiang	271.63	408.93	513.80	179
十堰	Shiyan	402.10	490.25	547.00	171	清远	Qingyuan	616.38	416.58	430.70	210
宜昌	Yichang	890.12	1513.08	1693.80	43	东莞	Dongguan	2160.82	2375.64	2518.90	23
襄阳	Xiangfan	798.20	1428.10	1611.40	46	中山	ZhongShan	1074.10	1353.64	1463.70	56
鄂州	Ezhou	231.35	336.43	375.10	221	潮州	Chaozhou	309.34	388.74	435.90	208
荆门	Jingmen	353.13	587.55	651.90	149	揭阳	Jieyang	579.03	859.35	1013.80	84
孝感	Xiaogan	360.93	528.57	602.30	158	云浮	Yunfu	165.12	220.66	259.60	244
荆州	Jingzhou	325.33	522.54	596.20	161	**广西**	**Guangxi**	**4511.68**	**6247.43**	**6863.04**	
黄冈	Huanggang	328.16	464.87	521.30	176	南宁	Nanning	651.88	960.75	1110.90	73
咸宁	Xianning	241.96	359.73	423.10	213	柳州	Liuzhou	839.96	1147.36	1274.90	67
随州	Suizhou	181.66	284.39	320.30	234	桂林	Guilin	492.35	697.46	792.90	118
湖南	**Hunan**	**7343.19**	**10506.42**	**11517.35**		梧州	Wuzhou	341.23	525.22	654.80	148
长沙	Changsha	2437.03	3592.52	3947.00	8	北海	Beihai	167.88	303.75	373.70	222
株洲	Zhuzhou	736.86	1062.82	1170.30	70	防城港	Fangchenggang	159.77	233.56	296.10	240
湘潭	Xiangtan	499.38	765.65	851.80	100	钦州	Qinzhou	218.51	289.15	316.90	237
衡阳	Hengyang	645.73	949.51	1039.40	79	贵港	Guigang	248.25	273.38	303.40	239
邵阳	Shaoyang	278.02	398.07	439.50	204	玉林	Yulin	373.39	482.33	526.60	174
岳阳	Yueyang	834.23	1221.83	1338.90	62	百色	Baise	313.98	414.21	432.60	209

3-3 第二产业生产总值 续表 3
Gross Regional Product by Secondary Industry continued 3

单位：亿元 (100 million yuan)

地名	City	2010	2012	2013	2013 排名 Ranking	地名	City	2010	2012	2013	2013 排名 Ranking
贺州	Hezhou	139.57	183.53	196.30	258	丽江	Lijiang	55.10	89.74	112.70	274
河池	Hechi	216.29	174.34	189.80	261	普洱	Puer	83.78	133.56	162.30	265
来宾	Laibin	192.35	236.07	219.50	252	临沧	Lincang	76.18	150.56	175.70	262
崇左	Chongzuo	149.11	216.96	248.20	247	**西藏**	**Tibet**	**164.03**	**242.85**	**292.92**	
海南	**Hainan**	**571.00**	**804.47**	**871.29**		拉萨	Lhasa	55.76	90.70	107.60	276
海口	Haikou	148.81	201.67	217.00	254	**陕西**	**Shaanxi**	**5446.10**	**8075.87**	**8911.64**	
三亚	Sanya	50.22	68.18	73.80	281	西安	Xi'an	1406.72	1881.75	2117.70	32
重庆	**Chongqing**	**4359.12**	**5975.18**	**6397.92**		铜川	Tongchuan	116.50	176.82	215.10	255
四川	**Sichuan**	**8672.18**	**12333.28**	**13579.03**		宝鸡	Baoji	614.42	895.92	1017.50	83
成都	Chengdu	2480.90	3765.62	4181.50	7	咸阳	Xianyang	573.27	876.78	1076.20	77
自贡	Zigong	370.84	529.26	598.60	159	渭南	Weinan	394.55	610.67	743.20	130
攀枝花	Panzhihua	386.63	561.41	597.20	160	延安	Yan'an	635.49	934.85	978.10	88
泸州	Luzhou	403.71	624.03	684.40	140	汉中	Hanzhong	199.50	320.42	397.70	218
德阳	Deyang	532.72	770.31	838.40	106	榆林	Yulin	1205.77	1928.53	1985.60	36
绵阳	Mianyang	468.27	706.22	747.60	128	安康	Ankang	130.95	243.47	321.40	233
广元	Guangyuan	125.67	220.29	249.60	246	商洛	Shangluo	117.82	195.14	256.90	245
遂宁	Suining	254.69	359.20	406.50	216	**甘肃**	**Gansu**	**1984.97**	**2600.09**	**2821.04**	
内江	Neijiang	419.53	610.10	661.30	146	兰州	Lanzhou	529.18	744.70	614.50	154
乐山	Leshan	442.45	643.91	698.80	137	嘉峪关	Jiayuguan	147.76	220.21	163.30	264
南充	Nanchong	401.57	609.66	688.70	138	金昌	Jinchang	166.91	184.48	158.70	266
眉山	Meishan	303.31	443.33	491.20	188	白银	Baiyin	171.12	248.60	212.90	256
宜宾	Yibin	519.21	773.97	814.50	111	天水	Tianshui	113.27	162.59	121.30	272
广安	Guangan	259.25	392.68	437.40	205	武威	Wuwei	91.54	150.43	119.40	273
达州	Dazhou	409.59	605.23	661.90	145	张掖	Zhangye	75.40	103.68	88.50	279
雅安	Yaan	157.83	233.56	240.20	248	平凉	Pingliang	108.79	153.91	146.60	269
巴中	Bazhong	94.97	167.45	191.50	259	酒泉	Jiuquan	210.21	307.36	340.40	228
资阳	Ziyang	348.40	548.45	607.60	156	庆阳	Qingyang	214.86	329.50	360.00	225
贵州	**Guizhou**	**1800.06**	**2677.54**	**3243.70**		定西	Dingxi	39.17	60.19	64.60	283
贵阳	Guiyang	456.95	717.32	848.60	102	陇南	Longnan	48.51	69.10	74.60	280
六盘水	Liupanshui	303.22	441.57	503.80	183	**青海**	**Qinghai**	**744.63**	**1092.34**	**1204.31**	
遵义	Zunyi	379.69	626.23	744.10	129	西宁	Xining	320.76	439.52	514.50	178
安顺	Anshun	88.60	137.02	164.50	263	**宁夏**	**Ningxia**	**827.91**	**1159.37**	**1264.96**	
毕节	Bijie	259.73	390.97	449.80	199	银川	Yinchuan	400.24	619.05	688.60	139
铜仁	Tongren	77.22	131.79	155.00	268	石嘴山	Shizuishan	187.05	264.95	287.40	242
云南	**Yunnan**	**3223.49**	**4419.20**	**4927.82**		吴忠	Wuzhong	110.64	171.01	191.10	260
昆明	Kunming	960.86	1378.48	1537.10	54	固原	Guyuan	22.68	42.29	48.20	284
曲靖	Qujing	526.67	742.90	838.50	105	中卫	Zhongwei	70.66	111.06	129.30	271
玉溪	Yuxi	457.88	623.95	664.80	144	**新疆**	**Xinjiang**	**2592.15**	**3481.56**	**3765.97**	
保山	Baoshan	80.50	133.93	155.30	267	乌鲁木齐	Urumqi	600.41	829.01	875.10	96
昭通	Zhaotong	174.82	270.61	318.90	236	克拉玛依	Karamay	638.42	713.07	739.00	131

3-4 第三产业生产总值
Gross Regional Product by Tertiary Industry

单位：亿元 (100 million yuan)

地名	City	2010	2012	2013	2013 排名 Ranking	地名	City	2010	2012	2013	2013 排名 Ranking
全国	**Nation Total**	**173596.0**	**231406.5**	**262203.8**		沈阳	Shenyang	2254.86	2904.23	3113.80	11
北京	**Beijing**	**10600.80**	**13669.93**	**14986.43**		大连	Dalian	2188.57	2916.66	3281.30	10
天津	**Tianjin**	**4238.65**	**6058.46**	**6905.03**		鞍山	Anshan	877.63	1011.74	1099.40	56
河北	**Hebei**	**7123.77**	**9384.78**	**10038.89**		抚顺	Fushun	314.88	414.52	451.10	131
石家庄	Shijiazhuang	1377.66	1807.37	2038.30	23	本溪	Benxi	281.01	377.57	417.40	146
唐山	Tangshan	1448.89	1859.29	1975.10	25	丹东	Dandong	255.61	266.84	412.10	147
秦皇岛	Qinhuangdao	435.99	539.27	553.90	103	锦州	Jinzhou	326.77	436.19	486.10	117
邯郸	Handan	773.31	1019.55	1094.90	57	营口	Yingkou	370.55	538.63	605.90	94
邢台	Xingtai	348.31	462.10	509.20	110	阜新	Fuxin	127.75	178.76	196.70	239
保定	Baoding	688.78	846.88	916.10	62	辽阳	Liaoyang	224.43	305.11	332.60	180
张家口	Zhangjiakou	398.30	498.73	526.90	106	盘锦	Panjin	228.31	292.97	325.20	183
承德	Chengde	295.85	371.37	411.90	148	铁岭	Tieling	198.92	276.83	303.70	193
沧州	Cangzhou	835.26	1014.17	1125.10	54	朝阳	Chaoyang	188.06	260.01	284.50	200
廊坊	Langfang	469.80	627.31	722.10	81	葫芦岛	Huludao	212.80	280.54	310.00	188
衡水	Hengshui	231.63	299.09	343.50	175	吉林	**Jilin**	**3111.12**	**4150.36**	**4613.89**	
山西	**Shanxi**	**3412.38**	**4682.95**	**5035.75**		长春	Changchun	1356.38	1847.67	2012.50	24
太原	Taiyuan	949.28	1239.84	1322.20	46	吉林	Jilin	710.20	979.83	1085.20	58
大同	Datong	320.83	409.43	457.10	128	四平	Siping	234.84	325.30	353.90	168
阳泉	Yangquan	167.49	238.31	248.60	214	辽源	Liaoyuan	136.96	194.48	227.90	224
长治	Changzhi	278.32	380.21	410.00	149	通化	Tonghua	235.15	327.03	365.40	165
晋城	Jincheng	235.19	316.28	344.20	174	白山	Baishan	128.82	201.16	214.00	231
朔州	Shuozhou	250.60	360.14	389.60	159	松原	Songyuan	343.71	570.08	601.20	95
晋中	Jinzhong	280.60	364.37	390.00	158	白城	Baicheng	160.25	213.91	248.80	213
运城	Yuncheng	320.64	399.34	438.60	136	黑龙江	**Heilongjiang**	**3861.59**	**5540.31**	**5947.92**	
忻州	Xinzhou	193.15	243.25	263.90	208	哈尔滨	Harbin	1867.59	2404.56	2674.30	16
临汾	Linfen	304.29	381.27	404.00	151	齐齐哈尔	Qiqihar	330.65	452.03	498.80	112
吕梁	Luliang	216.76	274.41	296.50	196	鸡西	Jixi	134.83	178.85	184.30	245
内蒙古	**Inner Mongolia**	**4209.03**	**5630.50**	**6148.78**		鹤岗	Hegang	67.65	84.92	83.00	282
呼和浩特	Hohhot	1095.43	1535.92	1743.90	31	双鸭山	Shuangyashan	98.61	122.55	126.60	267
包头	Baotou	1062.87	1434.31	1629.10	35	大庆	Daqing	419.99	610.94	687.50	84
乌海	Wuhai	107.13	164.52	194.10	240	伊春	Yichun	61.57	80.49	92.00	279
赤峰	Chifeng	352.28	462.93	568.00	100	佳木斯	Jiamusi	232.13	294.09	334.70	178
通辽	Tongliao	308.64	391.77	497.00	113	七台河	Qitaihe	80.83	94.31	97.70	277
鄂尔多斯	Erdos	1020.98	1353.53	1490.90	38	牡丹江	Mudanjiang	339.25	370.00	520.30	109
呼伦贝尔	Hulunbuir	357.02	466.88	488.90	115	黑河	Heihe	99.46	120.86	134.80	262
巴彦淖尔	Bayannur	144.59	183.31	205.40	233	绥化	Suihua	284.87	349.78	383.00	161
乌兰察布	Ulanqab	176.90	238.56	265.70	207	上海	**Shanghai**	**9833.51**	**12199.15**	**13445.07**	
辽宁	**Liaoning**	**6849.40**	**9460.12**	**10486.56**		江苏	**Jiangsu**	**17131.45**	**23517.98**	**26421.64**	

注：本表按当年价格计算。

Note: Data in this table are calculated at current prices.

3-4 第三产业生产总值 续表 1
Gross Regional Product by Tertiary Industry continued 1

单位：亿元 (100 million yuan)

地名	City	2010	2012	2013	2013 排名 Ranking	地名	City	2010	2012	2013	2013 排名 Ranking
南京	Nanjing	2660.49	3845.73	4356.60	6	池州	Chizhou	114.91	151.07	169.30	252
无锡	Wuxi	2479.57	3418.90	3714.20	9	宣城	Xuancheng	189.26	250.69	280.10	202
徐州	Xuzhou	1168.40	1665.60	1885.10	27	**福建**	**Fujian**	**5850.62**	**7737.13**	**8508.03**	
常州	Changzhou	1261.43	1742.74	1972.00	26	福州	Fuzhou	1438.76	1937.70	2142.60	20
苏州	Suzhou	3819.31	5314.32	5951.60	3	厦门	Xiamen	1012.50	1426.02	1557.40	36
南通	Nantong	1290.89	1825.47	2070.00	22	莆田	Putian	285.36	403.49	444.80	135
连云港	Lianyungang	465.64	634.88	718.80	83	三明	Sanming	326.62	446.03	474.70	120
淮安	Huaian	545.00	783.73	900.10	64	泉州	Quanzhou	1287.93	1651.72	1819.90	30
盐城	Yancheng	862.00	1191.00	1350.30	42	漳州	Zhangzhou	523.97	731.37	798.80	75
扬州	Yangzhou	838.78	1173.55	1333.90	44	南平	Nanping	264.33	336.61	367.70	164
镇江	Zhenjiang	785.48	1095.11	1248.90	50	龙岩	Longyan	334.32	442.71	506.10	111
泰州	Taizhou	771.22	1075.39	1227.00	51	宁德	Ningde	284.78	361.49	387.50	160
宿迁	Suqian	397.86	578.38	655.70	87	**江西**	**Jiangxi**	**3121.40**	**4486.06**	**5030.63**	
浙江	**Zhejiang**	**12063.82**	**15681.13**	**17337.22**		南昌	Nanchang	834.50	1159.68	1328.30	45
杭州	Hangzhou	2896.69	3974.27	4416.10	5	景德镇	Jingdezhen	142.91	205.50	231.50	223
宁波	Ningbo	2073.18	2796.85	3110.80	12	萍乡	Pingxiang	148.61	234.26	268.30	206
温州	Wenzhou	1297.89	1701.98	1873.00	28	九江	Jiujiang	354.32	492.97	573.40	99
嘉兴	Jiaxing	833.63	1136.10	1265.30	49	新余	Xinyu	189.98	280.10	303.80	192
湖州	Huzhou	482.50	655.24	724.40	80	鹰潭	Yingtan	95.57	134.79	162.60	256
绍兴	Shaoxing	1078.93	1506.82	1671.10	34	赣州	Ganzhou	411.14	559.30	637.60	89
金华	Jinhua	915.99	1231.62	1372.90	41	吉安	Jian	213.79	305.16	351.10	170
衢州	Quzhou	276.34	376.16	417.60	145	宜春	Yichun	212.87	342.73	407.50	150
舟山	Zhoushan	289.00	387.18	423.60	142	抚州	Fuzhou	195.70	237.11	288.10	198
台州	Taizhou	1011.70	1290.87	1424.50	40	上饶	Shangrao	289.93	410.02	478.70	118
丽水	Lishui	271.76	365.23	400.60	154	**山东**	**Shandong**	**14343.14**	**19995.81**	**22519.23**	
安徽	**Anhui**	**4193.68**	**5628.48**	**6286.82**		济南	Jinan	2057.90	2612.61	2892.20	15
合肥	Hefei	1112.23	1631.37	1842.00	29	青岛	Qingdao	2630.58	3575.47	4012.80	8
芜湖	Wuhu	336.80	521.76	582.70	97	淄博	Zibo	994.89	1332.27	1492.10	37
蚌埠	Bengbu	215.94	286.28	319.80	186	枣庄	Zaozhuang	426.10	578.59	643.30	88
淮南	Huainan	167.77	220.13	244.70	217	东营	Dongying	560.36	770.30	874.60	67
马鞍山	Maanshan	218.64	341.62	379.30	162	烟台	Yantai	1457.48	1918.98	2117.80	21
淮北	Huaibei	122.81	158.75	173.50	250	潍坊	Weifang	1040.13	1455.74	1690.20	33
铜陵	Tongling	117.55	153.24	174.60	249	济宁	Jining	865.94	1143.90	1292.90	48
安庆	Anqing	313.76	404.09	450.40	134	泰安	Taian	756.92	1023.41	1162.80	52
黄山	Huangshan	134.60	179.86	199.20	237	威海	Weihai	703.73	908.45	1033.30	60
滁州	Chuzhou	205.22	270.36	302.30	194	日照	Rizhao	363.27	510.87	584.40	96
阜阳	Fuyang	241.41	315.60	353.30	169	莱芜	Laiwu	177.54	222.01	238.00	219
宿州	Suzhou	222.68	298.65	337.20	177	临沂	Linyi	929.69	1258.02	1428.60	39
六安	Liuan	230.97	296.05	322.60	184	德州	Dezhou	547.76	777.52	885.40	66
亳州	Bozhou	184.07	245.72	276.00	204	聊城	Liaocheng	476.65	702.57	820.60	73

3-4 第三产业生产总值 续表 2
Gross Regional Product by Tertiary Industry continued 2

单位：亿元 (100 million yuan)

地名	City	2010	2012	2013	2013 排名 Ranking	地名	City	2010	2012	2013	2013 排名 Ranking
滨州	Binzhou	548.73	752.61	838.60	69	常德	Changde	526.22	727.49	838.70	68
菏泽	Heze	358.37	572.13	681.50	85	张家界	Zhangjiajie	151.18	211.28	227.30	225
河南	**Henan**	**6607.89**	**9157.57**	**10290.49**		益阳	Yiyang	261.51	357.72	401.80	153
郑州	Zhengzhou	1646.43	2274.46	2584.40	17	郴州	Chenzhou	360.59	481.34	550.20	104
开封	Kaifeng	307.20	416.13	473.50	121	永州	Yongzhou	297.82	404.82	464.80	127
洛阳	Luoyang	736.42	969.28	1078.40	59	怀化	Huaihua	288.59	406.59	468.90	124
平顶山	Pingdingshan	326.68	439.21	487.80	116	娄底	Loudi	214.05	300.73	351.00	171
安阳	Anyang	347.22	478.73	523.40	107	**广东**	**Guangdong**	**20711.55**	**26519.69**	**29688.97**	
鹤壁	Hebi	78.34	103.07	114.80	269	广州	Guangzhou	6557.45	8616.79	9963.90	1
新乡	Xinxiang	346.31	493.78	554.30	102	韶关	Shaoguan	301.82	403.78	450.50	133
焦作	Jiaozuo	289.32	382.44	423.30	143	深圳	Shenzhen	5051.67	7206.12	8198.10	2
濮阳	Puyang	152.45	207.41	233.70	220	珠海	Zhuhai	514.23	688.38	770.20	79
许昌	Xuchang	264.55	388.24	434.20	139	汕头	Shantou	466.22	604.37	660.90	86
漯河	Luohe	119.26	153.18	169.90	251	佛山	Foshan	2003.63	2369.16	2530.80	19
三门峡	Sanmenxia	205.23	270.34	305.20	190	江门	Jiangmen	581.18	770.06	828.30	70
南阳	Nanyang	535.11	696.11	784.20	78	湛江	Zhanjiang	538.15	752.15	824.20	72
商丘	Shangqiu	312.16	420.85	475.10	119	茂名	Maoming	626.81	802.51	893.70	65
信阳	Xinyang	342.93	461.34	522.00	108	肇庆	Zhaoqing	438.94	554.41	606.60	93
周口	Zhoukou	304.77	407.75	451.00	132	惠州	Huizhou	608.00	865.76	991.10	61
驻马店	Zhumadian	321.77	419.43	473.20	122	梅州	Meizhou	236.19	318.44	345.70	173
湖北	**Hubei**	**6053.37**	**8208.58**	**9308.77**		汕尾	Shanwei	174.81	226.95	247.80	215
武汉	Wuhan	2812.90	3833.05	4319.70	7	河源	Heyuan	170.26	237.33	260.10	209
黄石	Huangshi	241.58	310.05	347.60	172	阳江	Yangjiang	227.93	302.08	333.10	179
十堰	Shiyan	256.90	344.27	390.60	157	清远	Qingyuan	351.83	455.68	494.60	114
宜昌	Yichang	480.70	690.61	788.40	77	东莞	Dongguan	2069.07	2615.78	2951.10	13
襄阳	Xiangfan	505.40	716.68	816.20	74	中山	ZhongShan	725.81	1025.24	1108.40	55
鄂州	Ezhou	112.49	154.73	177.40	246	潮州	Chaozhou	209.57	268.48	289.50	197
荆门	Jingmen	231.84	319.02	360.40	167	揭阳	Jieyang	319.62	397.23	437.20	137
孝感	Xiaogan	268.56	351.59	393.50	156	云浮	Yunfu	135.11	184.13	207.40	232
荆州	Jingzhou	280.70	380.68	419.60	144	**广西**	**Guangxi**	**3383.11**	**4615.30**	**5171.39**	
黄冈	Huanggang	287.18	395.23	454.50	130	南宁	Nanning	903.94	1219.48	1342.70	43
咸宁	Xianning	177.00	255.96	286.10	199	柳州	Liuzhou	365.87	525.87	575.80	98
随州	Suizhou	133.43	191.85	216.90	230	桂林	Guilin	407.89	515.71	565.60	101
湖南	**Hunan**	**6369.27**	**8643.60**	**9885.09**		梧州	Wuzhou	158.10	202.52	221.60	228
长沙	Changsha	1908.02	2535.08	2911.60	14	北海	Beihai	146.36	198.97	218.50	229
株洲	Zhuzhou	414.77	553.82	623.00	92	防城港	Fangchenggang	113.21	149.28	160.60	258
湘潭	Xiangtan	298.59	406.20	470.30	123	钦州	Qinzhou	169.95	235.35	255.10	210
衡阳	Hengyang	510.19	685.30	791.60	76	贵港	Guigang	188.35	257.13	277.90	203
邵阳	Shaoyang	275.56	377.60	436.50	138	玉林	Yulin	295.13	390.55	428.00	140
岳阳	Yueyang	489.60	721.51	825.70	71	百色	Baise	154.80	203.89	222.20	227

3-4 第三产业生产总值 续表 3
Gross Regional Product by Tertiary Industry continued 3

单位：亿元 (100 million yuan)

地名	City	2010	2012	2013	2013 排名 Ranking	地名	City	2010	2012	2013	2013 排名 Ranking
贺州	Hezhou	93.62	125.25	135.00	261	丽江	Lijiang	62.50	85.89	95.00	278
河池	Hechi	154.58	192.02	205.10	234	普洱	Puer	90.64	120.41	132.50	264
来宾	Laibin	115.04	151.22	161.60	257	临沧	Lincang	69.31	94.78	112.60	273
崇左	Chongzuo	128.41	170.60	186.90	243	**西藏**	**Tibet**	**276.59**	**377.80**	**427.93**	
海南	**Hainan**	**953.67**	**1339.53**	**1518.70**		拉萨	Lhasa	114.01	158.56	185.00	244
海口	Haikou	422.39	561.17	629.50	91	**陕西**	**Shaanxi**	**3688.93**	**5009.65**	**5607.52**	
三亚	Sanya	153.61	216.05	249.90	211	西安	Xi'an	1694.91	2288.76	2548.70	18
重庆	**Chongqing**	**2881.08**	**4494.41**	**5242.03**		铜川	Tongchuan	57.05	77.02	85.20	281
四川	**Sichuan**	**6030.41**	**8242.31**	**9256.13**		宝鸡	Baoji	257.47	335.15	370.80	163
成都	Chengdu	2785.34	4025.22	4574.20	4	咸阳	Xianyang	322.12	413.80	468.80	125
自贡	Zigong	192.21	246.15	283.60	201	渭南	Weinan	277.93	363.13	403.40	152
攀枝花	Panzhihua	115.87	152.85	175.80	247	延安	Yan'an	178.74	239.11	268.60	205
泸州	Luzhou	202.27	262.82	300.50	195	汉中	Hanzhong	199.81	274.68	306.30	189
德阳	Deyang	236.16	315.86	362.90	166	榆林	Yulin	458.74	615.47	721.50	82
绵阳	Mianyang	325.46	421.01	468.60	126	安康	Ankang	129.04	172.49	192.60	241
广元	Guangyuan	119.68	156.55	174.90	248	商洛	Shangluo	110.03	148.74	165.40	255
遂宁	Suining	131.15	172.84	197.60	238	**甘肃**	**Gansu**	**1536.50**	**2269.61**	**2567.60**	
内江	Neijiang	158.36	204.77	231.70	222	兰州	Lanzhou	537.41	774.57	913.00	63
乐山	Leshan	201.39	270.12	305.00	191	嘉峪关	Jiayuguan	34.10	45.18	54.00	283
南充	Nanchong	224.63	300.23	342.70	176	金昌	Jinchang	32.43	45.53	53.90	284
眉山	Meishan	145.14	195.98	224.20	226	白银	Baiyin	102.42	136.59	156.90	259
宜宾	Yibin	217.80	286.85	329.80	181	天水	Tianshui	126.77	171.92	201.20	236
广安	Guangan	168.06	219.54	247.70	216	武威	Wuwei	76.78	108.41	129.10	266
达州	Dazhou	214.62	281.28	317.10	187	张掖	Zhangye	74.98	106.37	130.80	265
雅安	Yaan	78.74	104.10	114.50	270	平凉	Pingliang	72.51	102.07	118.50	268
巴中	Bazhong	104.29	129.95	145.50	260	酒泉	Jiuquan	140.63	197.44	233.60	221
资阳	Ziyang	157.69	220.14	249.60	212	庆阳	Qingyang	91.74	126.87	168.40	253
贵州	**Guizhou**	**2177.07**	**3282.75**	**3734.04**		定西	Dingxi	69.13	95.37	113.50	272
贵阳	Guiyang	607.77	920.70	1155.30	53	陇南	Longnan	76.36	99.51	114.20	271
六盘水	Liupanshui	168.19	268.81	320.30	185	**青海**	**Qinghai**	**470.88**	**624.29**	**689.15**	
遵义	Zunyi	388.85	554.46	632.70	90	西宁	Xining	283.05	380.40	427.90	141
安顺	Anshun	104.00	177.41	203.70	235	**宁夏**	**Ningxia**	**702.45**	**982.52**	**1077.12**	
毕节	Bijie	216.76	333.92	395.60	155	银川	Yinchuan	352.08	480.93	545.00	105
铜仁	Tongren	120.97	202.19	244.10	218	石嘴山	Shizuishan	93.56	122.65	134.70	263
云南	**Yunnan**	**2892.31**	**4235.72**	**4897.75**		吴忠	Wuzhong	69.33	97.13	109.10	275
昆明	Kunming	1039.15	1473.50	1708.50	32	固原	Guyuan	52.26	78.05	91.00	280
曲靖	Qujing	295.36	395.00	456.30	129	中卫	Zhongwei	69.56	98.46	112.50	274
玉溪	Yuxi	208.95	279.00	325.30	182	**新疆**	**Xinjiang**	**1766.69**	**2703.18**	**3125.98**	
保山	Baoshan	101.40	143.11	166.00	254	乌鲁木齐	Urumqi	718.17	1147.71	1301.40	47
昭通	Zhaotong	130.37	171.64	187.10	242	克拉玛依	Karamay	69.41	93.01	109.10	275

3-5 地区生产总值指数
Indices of Gross Regional Product

（上年=100） (preceding year=100)

地名	City	2010	2012	2013	2013 排名 Ranking
全国	**Nation Total**	**110.4**	**107.7**	**107.7**	
北京	**Beijing**	**110.3**	**107.7**	**107.7**	
天津	**Tianjin**	**117.4**	**113.8**	**112.5**	
河北	**Hebei**	**112.2**	**109.6**	**108.2**	
石家庄	Shijiazhuang	112.3	110.4	109.4	197
唐山	Tangshan	113.1	110.4	108.3	247
秦皇岛	Qinhuangdao	112.3	109.1	107.0	268
邯郸	Handan	113.1	110.5	107.3	265
邢台	Xingtai	112.2	109.5	107.4	264
保定	Baoding	114.0	110.5	108.8	233
张家口	Zhangjiakou	114.2	110.0	108.0	258
承德	Chengde	111.4	110.5	109.3	201
沧州	Cangzhou	114.5	110.6	109.0	224
廊坊	Langfang	112.5	109.7	109.1	213
衡水	Hengshui	113.6	110.4	109.1	213
山西	**Shanxi**	**111.2**	**110.1**	**108.9**	
太原	Taiyuan	111.0	110.5	108.1	254
大同	Datong	114.2	110.0	108.3	247
阳泉	Yangquan	114.2	109.6	107.0	268
长治	Changzhi	113.7	110.6	108.5	241
晋城	Jincheng	113.7	111.1	109.3	201
朔州	Shuozhou	113.8	111.1	109.5	188
晋中	Jinzhong	114.0	110.2	109.1	213
运城	Yuncheng	115.6	107.8	109.2	210
忻州	Xinzhou	118.7	111.5	109.0	224
临汾	Linfen	116.9	110.1	108.5	241
吕梁	Luliang	121.0	110.8	109.5	188
内蒙古	**Inner Mongolia**	**115.0**	**111.5**	**109.0**	
呼和浩特	Hohhot	113.0	110.9	110.0	160
包头	Baotou	116.0	112.5	109.3	201
乌海	Wuhai	119.7	113.8	110.7	107
赤峰	Chifeng	115.2	113.5	109.2	210
通辽	Tongliao	116.0	113.2	109.7	180
鄂尔多斯	Erdos	119.0	113.0	109.6	184
呼伦贝尔	Hulunbuir	114.9	113.5	109.5	188
巴彦淖尔	Bayannur	113.5	110.2	109.0	224
乌兰察布	Ulanqab	111.0	110.0	109.1	213
辽宁	**Liaoning**	**114.2**	**109.5**	**108.7**	
沈阳	Shenyang	114.1	110.0	108.8	233
大连	Dalian	115.2	110.3	109.0	224
鞍山	Anshan	116.0	109.0	108.9	230
抚顺	Fushun	117.0	110.7	109.1	213
本溪	Benxi	116.0	110.0	109.5	188
丹东	Dandong	115.8	110.5	109.3	201
锦州	Jinzhou	116.2	110.4	108.8	233
营口	Yingkou	117.8	110.8	109.6	184
阜新	Fuxin	117.5	110.9	108.7	237
辽阳	Liaoyang	116.0	110.3	109.0	224
盘锦	Panjin	117.8	110.8	109.4	197
铁岭	Tieling	116.0	109.0	106.5	273
朝阳	Chaoyang	116.6	110.8	108.9	230
葫芦岛	Huludao	115.5	109.0	107.2	266
吉林	**Jilin**	**115.3**	**112.0**	**108.3**	
长春	Changchun	115.3	112.0	108.3	247
吉林	Jilin	112.5	111.5	108.3	247
四平	Siping	114.2	112.4	109.1	213
辽源	Liaoyuan	114.1	112.1	109.5	188
通化	Tonghua	117.1	112.1	112.4	39
白山	Baishan	117.2	112.4	106.4	275
松原	Songyuan	112.7	112.1	108.2	251
白城	Baicheng	119.3	112.2	112.1	46
黑龙江	**Heilongjiang**	**112.7**	**110.0**	**108.0**	
哈尔滨	Harbin	114.0	110.0	108.9	230
齐齐哈尔	Qiqihar	118.5	108.0	108.5	241
鸡西	Jixi	116.1	113.6	100.9	282
鹤岗	Hegang	116.1	113.5	90.5	283
双鸭山	Shuangyashan	125.1	113.5	101.6	281
大庆	Daqing	112.0	110.0	107.0	268
伊春	Yichun	115.7	112.7	110.2	144
佳木斯	Jiamusi	118.9	113.8	110.2	144
七台河	Qitaihe	125.1	108.3	86.0	284
牡丹江	Mudanjiang	116.2	114.1	112.2	44
黑河	Heihe	112.1	113.0	108.1	254
绥化	Suihua	114.8	112.3	112.0	49
上海	**Shanghai**	**110.3**	**107.5**	**107.7**	
江苏	**Jiangsu**	**112.7**	**110.1**	**109.6**	

注：本表按不变价格计算。

Note: Data in this table are calculated at constant prices.

3-5 地区生产总值指数 续表 1
Indices of Gross Regional Product continued 1

(上年=100) (preceding year=100)

地名	City	2010	2012	2013	2013 排名 Ranking	地名	City	2010	2012	2013	2013 排名 Ranking
南京	Nanjing	113.1	111.7	111.0	91	池州	Chizhou	116.1	112.3	110.2	144
无锡	Wuxi	113.2	110.1	109.3	201	宣城	Xuancheng	115.0	112.6	110.7	107
徐州	Xuzhou	114.0	113.2	111.8	60	**福建**	**Fujian**	**113.9**	**111.4**	**111.0**	
常州	Changzhou	113.1	111.5	110.9	99	福州	Fuzhou	114.2	112.1	111.5	67
苏州	Suzhou	113.3	110.1	109.6	184	厦门	Xiamen	115.1	112.1	109.4	197
南通	Nantong	113.0	111.8	111.8	60	莆田	Putian	115.3	112.8	112.5	36
连云港	Lianyungang	113.6	112.7	111.8	60	三明	Sanming	113.9	112.2	111.2	78
淮安	Huaian	113.8	113.1	112.0	49	泉州	Quanzhou	112.8	112.3	111.5	67
盐城	Yancheng	113.6	112.7	112.3	42	漳州	Zhangzhou	114.9	112.6	111.5	67
扬州	Yangzhou	113.5	111.7	112.0	49	南平	Nanping	111.7	111.0	111.2	78
镇江	Zhenjiang	113.3	112.8	112.1	46	龙岩	Longyan	113.9	112.0	111.2	78
泰州	Taizhou	113.5	112.5	111.8	60	宁德	Ningde	115.0	112.6	112.6	33
宿迁	Suqian	113.7	113.0	112.5	36	**江西**	**Jiangxi**	**114.0**	**111.0**	**110.1**	
浙江	**Zhejiang**	**111.9**	**108.0**	**108.2**		南昌	Nanchang	114.0	112.5	110.7	107
杭州	Hangzhou	112.0	109.0	108.0	258	景德镇	Jingdezhen	115.1	111.6	110.2	144
宁波	Ningbo	112.5	107.5	108.1	254	萍乡	Pingxiang	114.3	111.8	109.3	201
温州	Wenzhou	111.1	106.7	107.7	263	九江	Jiujiang	114.3	112.0	110.4	134
嘉兴	Jiaxing	113.7	108.7	109.3	201	新余	Xinyu	115.6	110.3	104.5	278
湖州	Huzhou	112.1	109.7	109.0	224	鹰潭	Yingtan	114.1	112.4	110.3	138
绍兴	Shaoxing	111.0	109.7	108.5	241	赣州	Ganzhou	113.8	111.9	110.5	122
金华	Jinhua	112.6	110.2	109.1	213	吉安	Jian	114.2	111.3	110.9	99
衢州	Quzhou	113.5	108.5	109.1	213	宜春	Yichun	114.1	111.6	110.1	156
舟山	Zhoushan	111.3	110.2	108.5	241	抚州	Fuzhou	115.0	110.8	110.3	138
台州	Taizhou	113.2	107.1	107.9	261	上饶	Shangrao	114.8	111.5	110.0	160
丽水	Lishui	112.9	110.5	109.2	210	**山东**	**Shandong**	**112.3**	**109.8**	**109.6**	
安徽	**Anhui**	**114.6**	**112.1**	**110.4**		济南	Jinan	112.7	109.5	109.6	184
合肥	Hefei	117.5	113.6	111.5	67	青岛	Qingdao	112.9	110.6	110.0	160
芜湖	Wuhu	118.2	113.8	112.0	49	淄博	Zibo	113.7	110.5	109.5	188
蚌埠	Bengbu	114.5	113.0	111.1	84	枣庄	Zaozhuang	112.6	110.7	110.1	156
淮南	Huainan	113.0	112.7	109.7	180	东营	Dongying	113.4	112.1	111.2	78
马鞍山	Maanshan	115.0	112.0	111.0	91	烟台	Yantai	114.1	110.3	110.2	144
淮北	Huaibei	114.2	113.2	109.1	213	潍坊	Weifang	113.3	110.6	110.6	113
铜陵	Tongling	117.1	111.0	111.3	75	济宁	Jining	112.9	111.0	111.0	91
安庆	Anqing	113.6	111.5	110.5	122	泰安	Taian	113.7	110.7	110.6	113
黄山	Huangshan	113.1	111.6	109.3	201	威海	Weihai	112.7	109.4	110.8	102
滁州	Chuzhou	115.6	113.1	111.1	84	日照	Rizhao	112.5	111.8	110.6	113
阜阳	Fuyang	113.6	111.7	109.7	180	莱芜	Laiwu	112.0	111.1	110.1	156
宿州	Suzhou	113.1	112.5	110.5	122	临沂	Linyi	112.9	111.8	111.0	91
六安	Liuan	113.7	111.0	108.0	258	德州	Dezhou	112.9	112.1	111.2	78
亳州	Bozhou	113.8	111.9	109.7	180	聊城	Liaocheng	113.2	112.7	110.0	160

3-5 地区生产总值指数 续表 2
Indices of Gross Regional Product continued 2

(上年=100) (preceding year=100)

地名	City	2010	2012	2013	2013 排名 Ranking	地名	City	2010	2012	2013	2013 排名 Ranking
滨州	Binzhou	113.5	110.8	109.8	176	常德	Changde	115.2	112.1	110.3	138
菏泽	Heze	114.3	113.0	112.0	49	张家界	Zhangjiajie	114.5	111.6	106.1	276
河南	**Henan**	**112.5**	**110.1**	**109.0**		益阳	Yiyang	114.7	111.9	110.5	122
郑州	Zhengzhou	113.0	112.2	110.0	160	郴州	Chenzhou	115.2	112.4	111.1	84
开封	Kaifeng	112.2	111.1	110.8	102	永州	Yongzhou	114.4	111.0	109.5	188
洛阳	Luoyang	113.3	110.0	107.2	266	怀化	Huaihua	114.8	112.0	110.3	138
平顶山	Pingdingshan	111.2	106.8	106.6	272	娄底	Loudi	114.3	111.9	110.6	113
安阳	Anyang	113.5	107.4	108.5	241	**广东**	**Guangdong**	**112.4**	**108.2**	**108.5**	
鹤壁	Hebi	113.4	110.9	112.5	36	广州	Guangzhou	113.2	110.5	111.6	66
新乡	Xinxiang	114.6	111.4	109.5	188	韶关	Shaoguan	112.5	110.0	112.1	46
焦作	Jiaozuo	111.9	111.2	110.7	107	深圳	Shenzhen	112.2	110.0	110.5	122
濮阳	Puyang	111.4	112.1	112.0	49	珠海	Zhuhai	112.9	107.0	110.5	122
许昌	Xuchang	113.6	112.2	110.6	113	汕头	Shantou	113.9	109.5	110.0	160
漯河	Luohe	114.7	112.1	109.4	197	佛山	Foshan	114.3	108.2	110.0	160
三门峡	Sanmenxia	115.2	112.0	109.1	213	江门	Jiangmen	114.5	108.1	109.8	176
南阳	Nanyang	111.6	110.1	108.7	237	湛江	Zhanjiang	114.2	109.6	112.0	49
商丘	Shangqiu	111.1	110.8	110.5	122	茂名	Maoming	114.1	110.6	113.2	24
信阳	Xinyang	111.6	110.5	109.1	213	肇庆	Zhaoqing	117.5	111.0	111.5	67
周口	Zhoukou	111.1	110.6	109.3	201	惠州	Huizhou	118.0	112.6	113.6	16
驻马店	Zhumadian	111.6	110.4	109.5	188	梅州	Meizhou	114.1	110.1	111.1	84
湖北	**Hubei**	**114.8**	**111.3**	**110.1**		汕尾	Shanwei	118.1	113.5	112.2	44
武汉	Wuhan	114.7	111.4	110.0	160	河源	Heyuan	113.3	111.6	112.0	49
黄石	Huangshi	115.7	112.0	109.8	176	阳江	Yangjiang	116.8	113.0	115.3	5
十堰	Shiyan	119.5	108.2	110.4	134	清远	Qingyuan	117.8	105.1	108.2	251
宜昌	Yichang	115.8	112.6	111.5	67	东莞	Dongguan	110.3	106.1	109.8	176
襄阳	Xiangfan	116.2	112.5	111.4	73	中山	ZhongShan	113.9	111.0	110.0	160
鄂州	Ezhou	115.3	112.1	110.5	122	潮州	Chaozhou	114.1	110.6	111.0	91
荆门	Jingmen	115.6	112.2	110.5	122	揭阳	Jieyang	119.6	111.3	114.5	9
孝感	Xiaogan	115.1	112.2	110.8	102	云浮	Yunfu	113.8	112.8	113.3	22
荆州	Jingzhou	113.2	111.1	110.4	134	**广西**	**Guangxi**	**114.2**	**111.3**	**110.2**	
黄冈	Huanggang	114.1	110.6	110.5	122	南宁	Nanning	114.2	112.3	110.3	138
咸宁	Xianning	115.9	112.2	110.6	113	柳州	Liuzhou	115.8	111.5	110.0	160
随州	Suizhou	115.2	112.0	110.6	113	桂林	Guilin	113.8	113.1	111.0	91
湖南	**Hunan**	**114.6**	**111.3**	**110.1**		梧州	Wuzhou	117.8	113.6	113.2	24
长沙	Changsha	115.5	113.0	112.0	49	北海	Beihai	117.6	121.7	113.3	22
株洲	Zhuzhou	115.4	112.0	110.5	122	防城港	Fangchenggang	117.8	112.2	112.4	39
湘潭	Xiangtan	115.2	112.3	111.0	91	钦州	Qinzhou	118.0	111.8	107.9	261
衡阳	Hengyang	115.1	111.8	110.2	144	贵港	Guigang	114.0	110.2	108.2	251
邵阳	Shaoyang	114.6	111.7	110.2	144	玉林	Yulin	115.7	110.9	110.0	160
岳阳	Yueyang	114.8	112.2	110.2	144	百色	Baise	115.0	109.2	108.6	240

3-5 地区生产总值指数 续表 3
Indices of Gross Regional Product continued 3

(上年=100) (preceding year=100)

地名	City	2010	2012	2013	2013 排名 Ranking	地名	City	2010	2012	2013	2013 排名 Ranking
贺州	Hezhou	113.1	109.0	108.7	237	丽江	Lijiang	115.2	115.8	114.2	11
河池	Hechi	112.5	99.3	106.0	277	普洱	Puer	114.2	115.6	113.4	18
来宾	Laibin	118.0	111.7	103.0	280	临沧	Lincang	112.2	116.8	113.6	16
崇左	Chongzuo	113.1	111.8	110.2	144	**西藏**	**Tibet**	**112.3**	**111.8**	**112.1**	
海南	**Hainan**	**116.0**	**109.1**	**109.9**		拉萨	Lhasa	113.0	112.2	112.4	39
海口	Haikou	118.2	109.3	109.9	175	**陕西**	**Shaanxi**	**114.6**	**112.9**	**111.0**	
三亚	Sanya	119.9	109.3	110.1	156	西安	Xi'an	114.5	111.8	111.1	84
重庆	**Chongqing**	**117.1**	**113.6**	**112.3**		铜川	Tongchuan	115.6	115.8	113.8	14
四川	**Sichuan**	**115.1**	**112.6**	**110.0**		宝鸡	Baoji	114.4	115.1	113.0	29
成都	Chengdu	115.0	113.1	110.2	144	咸阳	Xianyang	114.5	114.5	113.1	27
自贡	Zigong	115.6	113.9	111.3	75	渭南	Weinan	115.0	114.5	112.0	49
攀枝花	Panzhihua	115.1	114.1	110.7	107	延安	Yan'an	113.6	110.5	106.5	273
泸州	Luzhou	116.5	114.8	111.2	78	汉中	Hanzhong	115.1	115.2	112.7	32
德阳	Deyang	114.4	113.0	110.0	160	榆林	Yulin	118.3	112.0	108.8	233
绵阳	Mianyang	115.3	113.3	110.0	160	安康	Ankang	115.0	115.2	113.4	18
广元	Guangyuan	115.9	113.8	110.5	122	商洛	Shangluo	114.9	114.8	112.6	33
遂宁	Suining	115.3	113.9	111.1	84	**甘肃**	**Gansu**	**111.8**	**112.6**	**110.8**	
内江	Neijiang	116.2	113.6	110.3	138	兰州	Lanzhou	112.8	113.4	113.4	18
乐山	Leshan	116.2	114.4	110.4	134	嘉峪关	Jiayuguan	117.5	116.4	113.7	15
南充	Nanchong	115.3	114.2	111.0	91	金昌	Jinchang	111.3	116.5	115.3	5
眉山	Meishan	115.6	114.5	110.8	102	白银	Baiyin	113.9	114.7	112.6	33
宜宾	Yibin	115.6	114.1	108.1	254	天水	Tianshui	111.5	113.2	111.4	73
广安	Guangan	115.6	114.0	110.8	102	武威	Wuwei	113.5	115.1	112.8	30
达州	Dazhou	115.1	113.6	110.2	144	张掖	Zhangye	111.5	112.3	111.7	64
雅安	Yaan	115.3	114.0	103.9	279	平凉	Pingliang	114.5	113.8	111.1	84
巴中	Bazhong	114.7	114.0	110.7	107	酒泉	Jiuquan	117.5	116.1	112.3	42
资阳	Ziyang	117.0	114.3	110.6	113	庆阳	Qingyang	115.8	115.9	114.4	10
贵州	**Guizhou**	**112.8**	**113.6**	**112.5**		定西	Dingxi	111.5	112.7	111.3	75
贵阳	Guiyang	114.3	115.9	116.0	1	陇南	Longnan	111.8	112.8	111.7	64
六盘水	Liupanshui	115.8	116.0	115.9	2	**青海**	**Qinghai**	**115.3**	**112.3**	**110.8**	
遵义	Zunyi	114.7	115.9	114.0	13	西宁	Xining	118.2	115.0	114.1	12
安顺	Anshun	112.1	115.4	115.4	3	**宁夏**	**Ningxia**	**113.5**	**111.5**	**109.8**	
毕节	Bijie	114.6	115.3	115.1	7	银川	Yinchuan	114.8	112.5	110.0	160
铜仁	Tongren	112.9	115.3	115.4	3	石嘴山	Shizuishan	113.5	112.1	110.0	160
云南	**Yunnan**	**112.3**	**113.0**	**112.1**		吴忠	Wuzhong	111.9	113.8	110.6	113
昆明	Kunming	114.0	114.1	112.8	30	固原	Guyuan	109.6	112.0	111.9	59
曲靖	Qujing	113.1	113.0	113.1	27	中卫	Zhongwei	113.3	112.2	110.9	99
玉溪	Yuxi	112.8	112.2	110.2	144	**新疆**	**Xinjiang**	**110.6**	**112.0**	**111.0**	
保山	Baoshan	112.5	115.1	113.2	24	乌鲁木齐	Urumqi	112.3	117.3	115.0	8
昭通	Zhaotong	114.2	116.1	113.4	18	克拉玛依	Karamay	117.4	106.0	106.8	271

3-6 第一产业增加值指数
Indices of Added Value of Primary Industry

（上年=100） (preceding year=100)

地名	City	2010	2012	2013	2013 排名 Ranking	地名	City	2010	2012	2013	2013 排名 Ranking
全国	**Nation Total**	**104.3**	**104.5**	**104.0**		沈阳	Shenyang	106.0	105.1	104.7	109
北京	**Beijing**	**98.4**	**103.2**	**103.0**		大连	Dalian	106.0	105.1	104.8	88
天津	**Tianjin**	**103.3**	**103.0**	**103.7**		鞍山	Anshan	105.8	105.2	104.9	73
河北	**Hebei**	**103.5**	**104.0**	**103.5**		抚顺	Fushun	105.8	105.2	104.8	88
石家庄	Shijiazhuang	102.7	103.6	102.7	260	本溪	Benxi	105.8	104.0	104.7	109
唐山	Tangshan	104.7	104.2	103.5	197	丹东	Dandong	105.9	105.1	105.0	68
秦皇岛	Qinhuangdao	105.7	103.0	104.4	129	锦州	Jinzhou	105.9	105.3	104.8	88
邯郸	Handan	105.9	104.2	102.9	249	营口	Yingkou	106.0	105.1	104.9	73
邢台	Xingtai	104.7	104.0	102.9	249	阜新	Fuxin	118.1	105.4	104.9	73
保定	Baoding	104.3	104.2	103.6	186	辽阳	Liaoyang	112.8	105.2	104.8	88
张家口	Zhangjiakou	115.0	104.6	106.2	28	盘锦	Panjin	106.0	105.2	104.9	73
承德	Chengde	111.4	104.6	106.2	28	铁岭	Tieling	106.1	105.3	104.9	73
沧州	Cangzhou	106.4	104.2	102.3	264	朝阳	Chaoyang	119.2	105.4	104.9	73
廊坊	Langfang	102.2	103.0	96.5	282	葫芦岛	Huludao	106.5	105.0	104.8	88
衡水	Hengshui	106.8	103.7	102.1	266	吉林	**Jilin**	**103.3**	**105.3**	**104.0**	
山西	**Shanxi**	**106.1**	**106.3**	**104.5**		长春	Changchun	103.3	104.3	103.5	197
太原	Taiyuan	104.9	105.5	103.1	230	吉林	Jilin	105.2	105.0	104.1	149
大同	Datong	103.3	105.8	104.9	73	四平	Siping	106.9	105.3	103.9	167
阳泉	Yangquan	103.1	100.0	104.2	145	辽源	Liaoyuan	109.4	105.2	104.5	117
长治	Changzhi	108.0	105.5	104.5	117	通化	Tonghua	106.1	105.3	104.0	155
晋城	Jincheng	113.7	109.1	100.3	277	白山	Baishan	105.1	105.4	104.5	117
朔州	Shuozhou	108.0	105.5	104.9	73	松原	Songyuan	105.8	105.4	104.1	149
晋中	Jinzhong	106.3	106.5	106.3	22	白城	Baicheng	107.6	104.6	104.4	129
运城	Yuncheng	107.1	106.5	104.5	117	黑龙江	**Heilongjiang**	**106.2**	**106.5**	**105.1**	
忻州	Xinzhou	108.9	104.3	106.3	22	哈尔滨	Harbin	107.3	109.2	107.5	6
临汾	Linfen	109.9	105.8	104.9	73	齐齐哈尔	Qiqihar	110.6	111.1	105.5	49
吕梁	Luliang	103.0	105.2	104.1	149	鸡西	Jixi	110.8	113.4	106.7	17
内蒙古	**Inner Mongolia**	**106.1**	**105.6**	**105.2**		鹤岗	Hegang	119.7	110.4	91.0	283
呼和浩特	Hohhot	104.7	104.5	105.3	56	双鸭山	Shuangyashan	119.2	109.0	105.8	35
包头	Baotou	107.4	106.1	105.2	58	大庆	Daqing	110.0	111.0	107.0	12
乌海	Wuhai	107.0	106.5	104.8	88	伊春	Yichun	111.6	116.3	108.6	2
赤峰	Chifeng	106.4	107.7	105.4	53	佳木斯	Jiamusi	112.0	113.8	105.2	58
通辽	Tongliao	105.7	105.1	106.7	17	七台河	Qitaihe	107.3	107.4	104.0	155
鄂尔多斯	Erdos	104.5	103.6	103.0	240	牡丹江	Mudanjiang	114.9	115.7	108.5	3
呼伦贝尔	Hulunbuir	105.6	107.0	105.9	33	黑河	Heihe	111.7	117.1	105.6	43
巴彦淖尔	Bayannur	106.5	104.3	103.3	211	绥化	Suihua	114.2	110.9	107.9	4
乌兰察布	Ulanqab	107.6	103.7	105.8	35	上海	**Shanghai**	**93.4**	**100.5**	**97.1**	
辽宁	**Liaoning**	**105.8**	**105.1**	**104.8**		江苏	**Jiangsu**	**104.9**	**104.6**	**103.1**	

注：本表按不变价格计算。

Note: Data in this table are calculated at constant prices.

3-6 第一产业增加值指数 续表 1
Indices of Added Value of Primary Industry continued 1

(上年=100) (preceding year=100)

地名	City	2010	2012	2013	2013 排名 Ranking	地名	City	2010	2012	2013	2013 排名 Ranking
南京	Nanjing	104.1	104.9	103.4	207	池州	Chizhou	104.2	106.0	103.4	207
无锡	Wuxi	104.3	104.6	103.0	240	宣城	Xuancheng	104.6	105.8	103.1	230
徐州	Xuzhou	114.0	105.1	103.3	211	**福建**	**Fujian**	**103.3**	**104.2**	**104.4**	
常州	Changzhou	104.3	104.7	103.1	230	福州	Fuzhou	103.9	104.7	104.6	112
苏州	Suzhou	104.1	104.4	103.0	240	厦门	Xiamen	103.1	100.5	100.2	278
南通	Nantong	104.0	104.6	103.1	230	莆田	Putian	103.9	103.8	103.1	230
连云港	Lianyungang	105.1	105.7	103.1	230	三明	Sanming	103.2	104.3	104.8	88
淮安	Huaian	104.6	104.3	103.3	211	泉州	Quanzhou	103.0	101.6	102.1	266
盐城	Yancheng	104.3	104.0	103.2	223	漳州	Zhangzhou	104.2	104.5	104.8	88
扬州	Yangzhou	104.5	105.2	104.6	112	南平	Nanping	102.9	105.3	105.0	68
镇江	Zhenjiang	104.5	105.2	103.2	223	龙岩	Longyan	103.5	103.6	104.4	129
泰州	Taizhou	104.5	104.4	103.1	230	宁德	Ningde	104.6	105.5	105.8	35
宿迁	Suqian	105.3	104.3	103.0	240	**江西**	**Jiangxi**	**104.0**	**104.6**	**104.6**	
浙江	**Zhejiang**	**103.2**	**102.0**	**100.4**		南昌	Nanchang	105.4	104.6	103.1	230
杭州	Hangzhou	102.5	102.5	101.5	271	景德镇	Jingdezhen	105.1	104.1	104.0	155
宁波	Ningbo	103.7	99.7	98.8	281	萍乡	Pingxiang	108.0	104.6	103.2	223
温州	Wenzhou	104.3	101.7	99.2	280	九江	Jiujiang	103.8	104.2	104.0	155
嘉兴	Jiaxing	103.6	101.6	100.8	274	新余	Xinyu	105.4	104.5	103.2	223
湖州	Huzhou	104.0	102.4	100.7	275	鹰潭	Yingtan	105.1	104.5	104.5	117
绍兴	Shaoxing	103.8	103.0	103.1	230	赣州	Ganzhou	104.3	104.8	105.1	62
金华	Jinhua	112.5	104.0	101.2	272	吉安	Jian	104.0	104.7	105.1	62
衢州	Quzhou	104.3	103.0	101.1	273	宜春	Yichun	106.6	104.5	103.5	197
舟山	Zhoushan	105.1	105.5	107.6	5	抚州	Fuzhou	105.1	104.6	104.9	73
台州	Taizhou	104.3	102.5	100.6	276	上饶	Shangrao	105.3	104.5	103.8	175
丽水	Lishui	104.0	103.9	103.4	207	**山东**	**Shandong**	**103.6**	**104.7**	**103.8**	
安徽	**Anhui**	**104.6**	**105.5**	**103.5**		济南	Jinan	104.9	104.7	103.9	167
合肥	Hefei	103.5	105.4	103.2	223	青岛	Qingdao	101.4	103.2	102.1	266
芜湖	Wuhu	103.7	105.7	103.3	211	淄博	Zibo	104.8	105.2	103.3	211
蚌埠	Bengbu	105.1	106.0	103.9	167	枣庄	Zaozhuang	102.9	104.2	103.3	211
淮南	Huainan	104.9	105.6	103.6	186	东营	Dongying	104.6	104.0	103.5	197
马鞍山	Maanshan	103.8	105.2	103.5	197	烟台	Yantai	103.5	104.6	103.9	167
淮北	Huaibei	104.8	105.7	103.5	197	潍坊	Weifang	104.3	105.2	103.3	211
铜陵	Tongling	103.9	106.0	103.6	186	济宁	Jining	103.5	104.8	104.3	140
安庆	Anqing	104.5	105.5	103.3	211	泰安	Taian	104.4	104.7	103.7	182
黄山	Huangshan	104.7	105.2	103.0	240	威海	Weihai	101.3	105.0	104.3	140
滁州	Chuzhou	104.7	105.9	103.7	182	日照	Rizhao	104.5	104.1	103.5	197
阜阳	Fuyang	105.5	105.9	103.8	175	莱芜	Laiwu	103.1	105.9	103.1	230
宿州	Suzhou	105.3	106.1	104.0	155	临沂	Linyi	103.5	104.1	103.2	223
六安	Liuan	104.6	105.6	103.3	211	德州	Dezhou	103.2	105.2	103.8	175
亳州	Bozhou	105.0	106.1	103.8	175	聊城	Liaocheng	104.3	104.6	103.5	197

3-6 第一产业增加值指数 续表 2
Indices of Added Value of Primary Industry continued 2

(上年=100) (preceding year=100)

地名	City	2010	2012	2013	2013 排名 Ranking	地名	City	2010	2012	2013	2013 排名 Ranking
滨州	Binzhou	104.9	105.1	103.7	182	常德	Changde	104.4	103.8	102.8	254
菏泽	Heze	103.2	103.0	103.0	240	张家界	Zhangjiajie	104.1	104.3	102.7	260
河南	**Henan**	**104.5**	**104.5**	**104.3**		益阳	Yiyang	104.3	104.7	103.0	240
郑州	Zhengzhou	103.0	104.0	103.2	223	郴州	Chenzhou	104.4	104.3	102.8	254
开封	Kaifeng	104.6	104.5	104.5	117	永州	Yongzhou	104.4	104.5	102.9	249
洛阳	Luoyang	104.6	104.6	103.9	167	怀化	Huaihua	104.4	104.6	102.7	260
平顶山	Pingdingshan	104.2	104.2	104.4	129	娄底	Loudi	104.2	104.4	102.8	254
安阳	Anyang	104.4	104.3	104.0	155	**广东**	**Guangdong**	**104.5**	**103.8**	**102.5**	
鹤壁	Hebi	104.6	104.2	104.0	155	广州	Guangzhou	103.2	103.2	102.7	260
新乡	Xinxiang	104.5	104.5	104.4	129	韶关	Shaoguan	106.0	105.3	104.8	88
焦作	Jiaozuo	104.3	104.5	104.4	129	深圳	Shenzhen	91.4	100.1	80.2	284
濮阳	Puyang	104.7	104.6	104.6	112	珠海	Zhuhai	105.1	104.9	105.4	53
许昌	Xuchang	104.1	103.5	104.0	155	汕头	Shantou	105.0	104.2	103.9	167
漯河	Luohe	104.3	104.4	104.0	155	佛山	Foshan	104.7	102.3	102.8	254
三门峡	Sanmenxia	104.7	105.0	104.5	117	江门	Jiangmen	104.8	104.2	103.0	240
南阳	Nanyang	104.5	104.5	104.4	129	湛江	Zhanjiang	104.2	106.0	106.1	31
商丘	Shangqiu	104.5	104.7	104.5	117	茂名	Maoming	104.2	103.5	103.3	211
信阳	Xinyang	105.0	104.7	104.0	155	肇庆	Zhaoqing	105.4	104.0	105.6	43
周口	Zhoukou	104.9	104.5	104.3	140	惠州	Huizhou	104.0	102.9	103.6	186
驻马店	Zhumadian	104.7	104.6	104.5	117	梅州	Meizhou	106.6	105.0	105.6	43
湖北	**Hubei**	**104.6**	**104.7**	**104.7**		汕尾	Shanwei	106.1	105.9	103.9	167
武汉	Wuhan	104.5	104.5	104.5	117	河源	Heyuan	103.4	104.7	106.2	28
黄石	Huangshi	105.3	104.7	104.8	88	阳江	Yangjiang	105.7	103.8	105.1	62
十堰	Shiyan	105.1	105.0	105.0	68	清远	Qingyuan	106.7	106.3	104.8	88
宜昌	Yichang	105.2	104.6	104.8	88	东莞	Dongguan	101.6	100.0	99.7	279
襄阳	Xiangfan	105.3	104.7	104.8	88	中山	ZhongShan	103.1	102.6	102.2	265
鄂州	Ezhou	105.2	104.8	104.9	73	潮州	Chaozhou	104.5	105.0	104.9	73
荆门	Jingmen	105.0	104.5	104.8	88	揭阳	Jieyang	105.0	104.4	104.1	149
孝感	Xiaogan	105.0	104.6	104.8	88	云浮	Yunfu	104.7	104.3	104.0	155
荆州	Jingzhou	104.3	104.7	104.9	73	**广西**	**Guangxi**	**104.6**	**105.6**	**104.3**	
黄冈	Huanggang	104.3	104.6	104.8	88	南宁	Nanning	105.6	105.2	104.8	88
咸宁	Xianning	101.8	104.7	104.8	88	柳州	Liuzhou	105.4	106.1	105.0	68
随州	Suizhou	105.1	104.3	104.8	88	桂林	Guilin	104.9	106.7	105.2	58
湖南	**Hunan**	**104.3**	**103.0**	**102.8**		梧州	Wuzhou	104.7	105.1	104.8	88
长沙	Changsha	104.5	104.0	103.0	240	北海	Beihai	103.7	104.3	104.1	149
株洲	Zhuzhou	104.2	103.9	102.9	249	防城港	Fangchenggang	105.7	105.7	105.5	49
湘潭	Xiangtan	104.3	104.1	102.9	249	钦州	Qinzhou	104.9	106.5	104.6	112
衡阳	Hengyang	104.4	104.3	102.8	254	贵港	Guigang	104.6	106.1	104.9	73
邵阳	Shaoyang	104.5	104.6	102.8	254	玉林	Yulin	105.7	106.1	104.2	145
岳阳	Yueyang	104.2	103.8	102.1	266	百色	Baise	104.9	107.4	105.3	56

3-6 第一产业增加值指数 续表 3
Indices of Added Value of Primary Industry continued 3

(上年=100) (preceding year=100)

地名	City	2010	2012	2013	2013 排名 Ranking	地名	City	2010	2012	2013	2013 排名 Ranking
贺州	Hezhou	103.8	106.2	104.4	129	丽江	Lijiang	106.5	107.0	106.6	19
河池	Hechi	105.6	104.9	103.9	167	普洱	Puer	106.7	107.3	107.1	11
来宾	Laibin	105.1	107.7	105.1	62	临沧	Lincang	106.6	107.3	107.0	12
崇左	Chongzuo	107.0	105.2	104.2	145	**西藏**	**Tibet**	**103.2**	**103.4**	**103.8**	
海南	**Hainan**	**106.3**	**106.3**	**106.3**		拉萨	Lhasa	103.3	103.4	104.1	149
海口	Haikou	105.1	106.2	106.3	22	**陕西**	**Shaanxi**	**105.8**	**106.0**	**104.7**	
三亚	Sanya	105.3	107.1	106.4	21	西安	Xi'an	106.9	106.0	104.8	88
重庆	**Chongqing**	**106.1**	**105.3**	**104.7**		铜川	Tongchuan	107.7	106.3	104.9	73
四川	**Sichuan**	**104.4**	**104.5**	**103.6**		宝鸡	Baoji	106.9	105.7	104.5	117
成都	Chengdu	104.1	103.8	103.6	186	咸阳	Xianyang	107.8	106.1	104.6	112
自贡	Zigong	104.6	104.8	103.8	175	渭南	Weinan	107.3	106.0	104.7	109
攀枝花	Panzhihua	103.9	104.6	104.5	117	延安	Yan'an	107.0	106.1	104.3	140
泸州	Luzhou	104.2	104.9	104.3	140	汉中	Hanzhong	106.6	105.8	105.2	58
德阳	Deyang	104.1	104.4	103.6	186	榆林	Yulin	107.8	105.9	104.4	129
绵阳	Mianyang	104.0	104.0	103.5	197	安康	Ankang	106.4	105.7	105.1	62
广元	Guangyuan	104.6	104.9	103.6	186	商洛	Shangluo	106.5	105.9	105.0	68
遂宁	Suining	104.5	104.5	103.3	211	**甘肃**	**Gansu**	**105.5**	**106.8**	**105.6**	
内江	Neijiang	104.6	104.5	104.0	155	兰州	Lanzhou	105.0	106.7	105.8	35
乐山	Leshan	104.1	104.1	103.3	211	嘉峪关	Jiayuguan	107.1	106.2	105.5	49
南充	Nanchong	104.5	104.5	103.6	186	金昌	Jinchang	104.8	106.5	105.8	35
眉山	Meishan	104.4	104.7	103.6	186	白银	Baiyin	106.0	107.3	105.6	43
宜宾	Yibin	104.9	104.8	103.6	186	天水	Tianshui	107.5	106.9	105.6	43
广安	Guangan	104.5	104.7	103.5	197	武威	Wuwei	106.1	107.0	105.9	33
达州	Dazhou	104.4	104.6	103.7	182	张掖	Zhangye	106.0	106.1	105.5	49
雅安	Yaan	103.1	104.0	102.1	266	平凉	Pingliang	107.1	107.1	105.7	41
巴中	Bazhong	104.2	103.7	103.4	207	酒泉	Jiuquan	105.3	106.6	105.4	53
资阳	Ziyang	104.3	104.5	103.6	186	庆阳	Qingyang	106.3	107.5	105.6	43
贵州	**Guizhou**	**104.7**	**108.6**	**105.8**		定西	Dingxi	105.8	107.4	105.8	35
贵阳	Guiyang	108.0	108.5	106.3	22	陇南	Longnan	104.1	106.4	105.7	41
六盘水	Liupanshui	106.2	108.8	106.5	20	**青海**	**Qinghai**	**105.9**	**105.2**	**105.3**	
遵义	Zunyi	106.6	108.9	106.3	22	西宁	Xining	105.8	105.4	105.1	62
安顺	Anshun	106.1	109.0	106.3	22	**宁夏**	**Ningxia**	**107.4**	**105.8**	**104.5**	
毕节	Bijie	106.5	108.6	106.8	15	银川	Yinchuan	106.3	105.5	103.8	175
铜仁	Tongren	107.0	108.8	107.5	6	石嘴山	Shizuishan	106.4	104.7	104.2	145
云南	**Yunnan**	**104.2**	**106.7**	**106.8**		吴忠	Wuzhong	106.2	106.3	104.4	129
昆明	Kunming	104.8	106.4	106.8	15	固原	Guyuan	109.5	106.9	106.1	31
曲靖	Qujing	106.6	107.3	107.0	12	中卫	Zhongwei	107.4	105.3	104.4	129
玉溪	Yuxi	105.0	107.0	107.2	8	**新疆**	**Xinjiang**	**104.5**	**107.0**	**106.9**	
保山	Baoshan	106.0	106.5	107.2	8	乌鲁木齐	Urumqi	105.5	105.4	109.0	1
昭通	Zhaotong	104.9	107.3	107.2	8	克拉玛依	Karamay	103.9	105.4	103.8	175

3-7 第二产业增加值指数
Indices of Added Value of Secondary Industry

(上年=100) (preceding year=100)

地名	City	2010	2012	2013	2013 排名 Ranking	地名	City	2010	2012	2013	2013 排名 Ranking
全国	**Nation Total**	**112.3**	**107.9**	**107.8**		沈阳	Shenyang	115.2	111.3	110.1	219
北京	**Beijing**	**113.7**	**107.5**	**108.1**		大连	Dalian	120.7	110.6	109.4	239
天津	**Tianjin**	**120.2**	**115.2**	**112.7**		鞍山	Anshan	115.4	109.9	110.3	207
河北	**Hebei**	**113.4**	**111.5**	**109.0**		抚顺	Fushun	119.2	111.6	110.1	219
石家庄	Shijiazhuang	113.1	112.0	109.8	231	本溪	Benxi	117.6	110.0	109.9	227
唐山	Tangshan	114.6	111.9	109.4	239	丹东	Dandong	120.6	111.2	109.8	231
秦皇岛	Qinhuangdao	114.5	111.3	106.5	270	锦州	Jinzhou	118.9	111.9	109.7	235
邯郸	Handan	112.4	112.3	107.8	264	营口	Yingkou	118.5	111.5	110.5	199
邢台	Xingtai	114.1	111.1	108.2	258	阜新	Fuxin	120.8	113.6	110.9	183
保定	Baoding	115.8	112.2	110.2	214	辽阳	Liaoyang	115.2	111.1	109.7	235
张家口	Zhangjiakou	115.9	111.9	109.0	248	盘锦	Panjin	119.7	112.2	110.2	214
承德	Chengde	110.2	113.0	110.5	199	铁岭	Tieling	120.1	109.1	105.9	274
沧州	Cangzhou	114.1	112.9	110.5	199	朝阳	Chaoyang	116.0	112.4	111.1	175
廊坊	Langfang	113.5	111.4	109.0	248	葫芦岛	Huludao	120.3	112.1	106.5	270
衡水	Hengshui	114.6	112.7	110.7	191	吉林	**Jilin**	**119.0**	**114.0**	**108.8**	
山西	**Shanxi**	**118.3**	**110.8**	**110.2**		长春	Changchun	119.0	113.1	109.4	239
太原	Taiyuan	112.0	109.7	110.6	198	吉林	Jilin	112.5	113.8	108.7	254
大同	Datong	118.6	110.8	108.8	253	四平	Siping	121.7	115.7	111.2	172
阳泉	Yangquan	117.0	109.7	108.2	258	辽源	Liaoyuan	117.1	114.0	110.0	226
长治	Changzhi	116.7	111.5	109.9	227	通化	Tonghua	122.8	115.2	115.6	38
晋城	Jincheng	115.5	112.1	110.8	189	白山	Baishan	124.1	113.7	105.5	277
朔州	Shuozhou	116.0	112.6	111.9	141	松原	Songyuan	113.3	114.1	106.6	269
晋中	Jinzhong	118.0	111.5	112.1	133	白城	Baicheng	129.4	116.1	114.2	66
运城	Yuncheng	121.6	107.5	111.7	150	黑龙江	**Heilongjiang**	**114.5**	**110.3**	**106.6**	
忻州	Xinzhou	128.7	115.0	111.9	141	哈尔滨	Harbin	117.1	110.9	109.0	248
临汾	Linfen	121.0	111.2	110.3	207	齐齐哈尔	Qiqihar	127.2	106.6	109.3	243
吕梁	Luliang	125.8	111.9	110.9	183	鸡西	Jixi	125.5	116.7	96.9	282
内蒙古	**Inner Mongolia**	**118.2**	**113.3**	**110.7**		鹤岗	Hegang	116.7	116.8	87.6	283
呼和浩特	Hohhot	113.3	111.4	115.0	52	双鸭山	Shuangyashan	130.4	118.6	99.1	281
包头	Baotou	119.1	113.9	110.7	191	大庆	Daqing	111.2	109.8	106.2	273
乌海	Wuhai	124.0	115.1	111.8	145	伊春	Yichun	122.9	110.4	111.5	156
赤峰	Chifeng	120.9	117.7	111.1	175	佳木斯	Jiamusi	132.5	120.1	116.4	29
通辽	Tongliao	124.5	117.1	109.5	238	七台河	Qitaihe	131.2	109.3	77.6	284
鄂尔多斯	Erdos	119.9	115.4	111.4	164	牡丹江	Mudanjiang	122.3	115.5	114.4	62
呼伦贝尔	Hulunbuir	124.3	120.8	112.5	110	黑河	Heihe	117.2	114.7	111.5	156
巴彦淖尔	Bayannur	118.0	113.5	111.3	171	绥化	Suihua	119.5	121.1	121.6	4
乌兰察布	Ulanqab	112.6	110.7	111.4	164	上海	**Shanghai**	**116.8**	**103.1**	**106.1**	
辽宁	**Liaoning**	**116.8**	**109.8**	**108.9**		江苏	**Jiangsu**	**113.1**	**111.1**	**110.0**	

注：本表按不变价格计算。

Note: Data in this table are calculated at constant prices.

3-7 第二产业增加值指数 续表 1
Indices of Added Value of Secondary Industry continued 1

(上年=100) (preceding year=100)

地名	City	2010	2012	2013	2013 排名 Ranking	地名	City	2010	2012	2013	2013 排名 Ranking
南京	Nanjing	113.6	111.9	111.1	175	池州	Chizhou	124.0	114.0	112.3	119
无锡	Wuxi	113.1	109.3	108.7	254	宣城	Xuancheng	123.4	114.9	113.4	84
徐州	Xuzhou	113.4	114.5	112.3	119	**福建**	**Fujian**	**118.1**	**114.3**	**112.9**	
常州	Changzhou	113.2	111.7	111.2	172	福州	Fuzhou	119.1	114.9	113.2	89
苏州	Suzhou	113.3	107.8	107.5	266	厦门	Xiamen	116.9	113.3	111.1	175
南通	Nantong	113.7	112.4	112.0	137	莆田	Putian	120.4	115.6	114.3	63
连云港	Lianyungang	116.9	114.3	113.0	93	三明	Sanming	120.8	117.0	114.8	57
淮安	Huaian	116.5	115.4	113.2	89	泉州	Quanzhou	116.7	114.3	112.6	105
盐城	Yancheng	116.8	115.2	114.0	69	漳州	Zhangzhou	121.6	117.3	115.3	44
扬州	Yangzhou	114.6	112.1	112.3	119	南平	Nanping	117.6	117.9	115.0	52
镇江	Zhenjiang	113.8	113.1	112.5	110	龙岩	Longyan	119.2	114.6	114.5	61
泰州	Taizhou	114.5	113.1	112.1	133	宁德	Ningde	125.4	120.8	118.1	17
宿迁	Suqian	117.5	116.9	114.9	55	**江西**	**Jiangxi**	**118.2**	**113.1**	**111.7**	
浙江	**Zhejiang**	**112.4**	**107.3**	**108.4**		南昌	Nanchang	116.0	113.6	111.9	141
杭州	Hangzhou	112.5	107.4	107.4	267	景德镇	Jingdezhen	115.9	112.4	111.5	156
宁波	Ningbo	113.4	104.2	108.2	258	萍乡	Pingxiang	114.2	112.9	110.1	219
温州	Wenzhou	111.9	105.7	107.8	264	九江	Jiujiang	117.0	113.1	112.0	137
嘉兴	Jiaxing	115.3	107.8	109.9	227	新余	Xinyu	118.4	110.1	104.0	278
湖州	Huzhou	111.6	110.5	110.1	219	鹰潭	Yingtan	115.1	113.9	111.6	152
绍兴	Shaoxing	109.7	109.7	108.6	256	赣州	Ganzhou	116.3	113.7	113.0	93
金华	Jinhua	112.9	110.2	109.4	239	吉安	Jian	119.0	113.7	113.3	87
衢州	Quzhou	115.9	108.1	110.4	204	宜春	Yichun	119.3	113.6	112.4	114
舟山	Zhoushan	111.7	111.5	109.2	244	抚州	Fuzhou	118.9	113.3	112.9	96
台州	Taizhou	114.5	105.9	108.1	261	上饶	Shangrao	118.9	113.7	112.3	119
丽水	Lishui	115.4	111.8	111.2	172	**山东**	**Shandong**	**112.8**	**110.5**	**110.7**	
安徽	**Anhui**	**120.7**	**114.4**	**112.4**		济南	Jinan	111.0	109.2	110.1	219
合肥	Hefei	122.2	115.4	112.9	96	青岛	Qingdao	112.6	111.5	110.2	214
芜湖	Wuhu	122.8	115.5	113.8	76	淄博	Zibo	112.5	111.5	110.3	207
蚌埠	Bengbu	121.9	116.3	114.3	63	枣庄	Zaozhuang	110.4	111.7	111.4	164
淮南	Huainan	114.1	113.6	110.5	199	东营	Dongying	113.4	112.2	111.8	145
马鞍山	Maanshan	116.8	112.4	112.3	119	烟台	Yantai	112.1	110.2	110.8	189
淮北	Huaibei	118.2	114.9	110.4	204	潍坊	Weifang	113.2	111.7	111.5	156
铜陵	Tongling	120.8	111.1	112.9	96	济宁	Jining	113.1	112.0	111.6	152
安庆	Anqing	119.3	114.3	112.9	96	泰安	Taian	112.4	111.2	111.1	175
黄山	Huangshan	119.7	113.9	111.5	156	威海	Weihai	111.4	109.7	110.5	199
滁州	Chuzhou	124.4	116.6	114.3	63	日照	Rizhao	112.9	112.6	110.7	191
阜阳	Fuyang	123.0	115.7	112.9	96	莱芜	Laiwu	112.2	112.3	111.8	145
宿州	Suzhou	123.2	116.2	113.9	72	临沂	Linyi	113.0	113.5	112.2	128
六安	Liuan	123.8	115.3	110.7	191	德州	Dezhou	114.3	114.7	112.6	105
亳州	Bozhou	123.9	115.1	112.7	103	聊城	Liaocheng	113.8	114.8	111.1	175

3-7 第二产业增加值指数 续表 2
Indices of Added Value of Secondary Industry continued 2

(上年=100) (preceding year=100)

地名	City	2010	2012	2013	2013 排名 Ranking	地名	City	2010	2012	2013	2013 排名 Ranking
滨州	Binzhou	112.4	112.2	111.5	156	常德	Changde	121.0	114.1	110.7	191
菏泽	Heze	116.6	116.1	113.8	76	张家界	Zhangjiajie	119.9	112.3	109.8	231
河南	**Henan**	**114.8**	**111.4**	**110.0**		益阳	Yiyang	121.1	114.1	112.1	133
郑州	Zhengzhou	115.1	114.2	110.4	204	郴州	Chenzhou	120.9	114.0	111.9	141
开封	Kaifeng	114.9	114.3	114.0	69	永州	Yongzhou	120.3	114.0	110.1	219
洛阳	Luoyang	116.1	111.2	107.4	267	怀化	Huaihua	120.9	113.7	110.3	207
平顶山	Pingdingshan	112.0	106.0	106.4	272	娄底	Loudi	118.4	113.5	110.9	183
安阳	Anyang	116.3	108.3	110.2	214	**广东**	**Guangdong**	**114.7**	**107.3**	**107.7**	
鹤壁	Hebi	116.0	112.1	114.7	58	广州	Guangzhou	113.1	108.5	109.2	244
新乡	Xinxiang	118.5	113.5	110.9	183	韶关	Shaoguan	112.7	112.5	116.0	33
焦作	Jiaozuo	114.7	112.1	112.4	114	深圳	Shenzhen	114.1	107.3	109.0	248
濮阳	Puyang	112.9	114.5	114.1	68	珠海	Zhuhai	117.8	103.1	111.8	145
许昌	Xuchang	116.1	113.7	112.0	137	汕头	Shantou	116.1	111.9	112.1	133
漯河	Luohe	117.3	114.2	110.7	191	佛山	Foshan	115.0	109.2	111.4	164
三门峡	Sanmenxia	117.9	113.6	109.8	231	江门	Jiangmen	117.1	106.0	112.6	105
南阳	Nanyang	114.4	112.6	109.9	227	湛江	Zhanjiang	116.7	109.1	113.4	84
商丘	Shangqiu	113.5	113.9	113.9	72	茂名	Maoming	114.1	116.2	115.0	52
信阳	Xinyang	114.8	113.5	111.5	156	肇庆	Zhaoqing	130.8	118.6	115.7	36
周口	Zhoukou	115.6	115.1	113.1	92	惠州	Huizhou	123.8	114.4	116.0	33
驻马店	Zhumadian	114.8	114.7	112.3	119	梅州	Meizhou	117.8	112.6	113.0	93
湖北	**Hubei**	**120.2**	**113.2**	**111.3**		汕尾	Shanwei	124.7	118.9	118.3	16
武汉	Wuhan	117.8	113.2	110.3	207	河源	Heyuan	115.7	115.0	115.6	38
黄石	Huangshi	120.0	115.0	110.2	214	阳江	Yangjiang	122.1	118.5	123.4	1
十堰	Shiyan	130.8	106.4	112.2	128	清远	Qingyuan	120.0	103.4	108.5	257
宜昌	Yichang	119.1	114.7	112.6	105	东莞	Dongguan	116.7	105.8	110.3	207
襄阳	Xiangfan	120.9	115.9	113.3	87	中山	ZhongShan	115.7	114.1	110.9	183
鄂州	Ezhou	121.2	115.8	112.2	128	潮州	Chaozhou	115.6	111.1	114.2	66
荆门	Jingmen	122.1	116.2	112.4	114	揭阳	Jieyang	126.4	115.5	118.8	10
孝感	Xiaogan	122.2	115.6	114.0	69	云浮	Yunfu	121.4	116.4	119.9	5
荆州	Jingzhou	121.3	114.6	113.5	83	**广西**	**Guangxi**	**120.5**	**114.2**	**111.9**	
黄冈	Huanggang	118.5	114.9	112.7	103	南宁	Nanning	117.8	118.1	114.6	60
咸宁	Xianning	122.4	116.3	113.6	82	柳州	Liuzhou	120.4	111.7	111.6	152
随州	Suizhou	121.8	116.9	112.8	101	桂林	Guilin	120.7	119.3	115.5	40
湖南	**Hunan**	**120.2**	**112.8**	**110.9**		梧州	Wuzhou	125.3	117.5	116.8	26
长沙	Changsha	120.7	114.5	112.5	110	北海	Beihai	132.3	138.3	119.1	9
株洲	Zhuzhou	119.4	113.0	111.4	164	防城港	Fangchenggang	120.1	117.8	117.9	21
湘潭	Xiangtan	120.6	113.3	110.9	183	钦州	Qinzhou	130.6	114.4	110.3	207
衡阳	Hengyang	121.1	113.2	110.7	191	贵港	Guigang	120.6	112.0	111.1	175
邵阳	Shaoyang	120.7	113.2	111.6	152	玉林	Yulin	123.7	114.6	113.8	76
岳阳	Yueyang	120.6	113.8	111.0	182	百色	Baise	121.1	109.7	110.1	219

3-7 第二产业增加值指数 续表 3
Indices of Added Value of Secondary Industry continued 3

(上年=100) (preceding year=100)

地名	City	2010	2012	2013	2013 排名 Ranking	地名	City	2010	2012	2013	2013 排名 Ranking
贺州	Hezhou	119.9	110.9	112.0	137	丽江	Lijiang	122.0	121.4	123.2	2
河池	Hechi	117.0	93.2	108.1	261	普洱	Puer	120.4	123.3	123.1	3
来宾	Laibin	125.1	114.6	99.5	280	临沧	Lincang	115.7	126.3	118.5	15
崇左	Chongzuo	116.6	117.4	115.7	36	**西藏**	**Tibet**	**114.1**	**114.4**	**120.0**	
海南	**Hainan**	**119.2**	**111.0**	**109.2**		拉萨	Lhasa	114.7	117.2	117.5	22
海口	Haikou	121.2	110.3	108.9	252	**陕西**	**Shaanxi**	**118.0**	**114.8**	**112.6**	
三亚	Sanya	122.4	109.0	109.2	244	西安	Xi'an	118.0	111.8	113.9	72
重庆	**Chongqing**	**122.7**	**115.6**	**113.4**		铜川	Tongchuan	118.1	119.4	117.2	24
四川	**Sichuan**	**122.0**	**115.2**	**111.5**		宝鸡	Baoji	117.5	118.5	115.3	44
成都	Chengdu	119.8	115.6	112.2	128	咸阳	Xianyang	118.7	119.8	116.5	28
自贡	Zigong	121.1	116.7	112.6	105	渭南	Weinan	120.7	119.6	115.3	44
攀枝花	Panzhihua	117.5	115.5	111.7	150	延安	Yan'an	114.8	110.3	105.6	276
泸州	Luzhou	126.6	118.4	112.3	119	汉中	Hanzhong	119.6	121.8	118.6	11
德阳	Deyang	118.3	115.8	111.4	164	榆林	Yulin	119.1	113.6	109.6	237
绵阳	Mianyang	123.2	117.9	112.2	128	安康	Ankang	121.5	123.6	119.8	6
广元	Guangyuan	129.3	122.2	113.8	76	商洛	Shangluo	119.5	120.7	118.0	19
遂宁	Suining	124.7	118.6	113.9	72	**甘肃**	**Gansu**	**115.3**	**114.2**	**111.5**	
内江	Neijiang	123.8	116.8	111.4	164	兰州	Lanzhou	113.7	112.2	112.3	119
乐山	Leshan	120.7	117.5	111.5	156	嘉峪关	Jiayuguan	120.8	117.9	114.7	58
南充	Nanchong	123.5	119.6	113.8	76	金昌	Jinchang	112.1	117.3	116.2	32
眉山	Meishan	123.8	118.6	112.3	119	白银	Baiyin	117.7	116.6	115.2	47
宜宾	Yibin	121.7	116.9	108.0	263	天水	Tianshui	113.8	116.5	115.5	40
广安	Guangan	124.5	118.9	113.4	84	武威	Wuwei	119.1	118.6	116.4	29
达州	Dazhou	124.8	118.6	112.4	114	张掖	Zhangye	116.5	114.3	114.9	55
雅安	Yaan	122.2	118.3	103.2	279	平凉	Pingliang	119.7	116.0	112.5	110
巴中	Bazhong	130.3	123.6	115.5	40	酒泉	Jiuquan	125.1	120.2	115.1	50
资阳	Ziyang	125.4	118.8	112.8	101	庆阳	Qingyang	120.7	118.2	115.2	47
贵州	**Guizhou**	**116.6**	**116.8**	**114.1**		定西	Dingxi	113.5	117.7	115.8	35
贵阳	Guiyang	115.1	118.8	118.6	11	陇南	Longnan	119.6	118.3	117.4	23
六盘水	Liupanshui	117.9	115.9	116.6	27	**青海**	**Qinghai**	**119.3**	**114.1**	**112.3**	
遵义	Zunyi	119.1	119.3	118.6	11	西宁	Xining	121.2	118.3	118.0	19
安顺	Anshun	113.9	116.6	118.6	11	**宁夏**	**Ningxia**	**116.0**	**113.8**	**112.5**	
毕节	Bijie	119.8	117.1	117.2	24	银川	Yinchuan	119.0	115.1	111.8	145
铜仁	Tongren	118.2	115.3	119.6	8	石嘴山	Shizuishan	115.2	114.3	112.4	114
云南	**Yunnan**	**115.8**	**116.7**	**113.3**		吴忠	Wuzhong	114.2	118.8	113.8	76
昆明	Kunming	116.6	116.1	113.2	89	固原	Guyuan	112.2	118.5	116.4	29
曲靖	Qujing	115.5	115.5	115.2	47	中卫	Zhongwei	118.3	115.9	115.1	50
玉溪	Yuxi	115.5	113.0	109.1	247	**新疆**	**Xinjiang**	**112.6**	**113.7**	**113.6**	
保山	Baoshan	117.5	121.7	118.1	17	乌鲁木齐	Urumqi	111.2	116.4	115.4	43
昭通	Zhaotong	119.9	122.9	119.8	6	克拉玛依	Karamay	118.4	105.4	105.9	274

3-8 第三产业增加值指数
Indices of Added Value of Tertiary Industry

（上年=100） (preceding year=100)

地名	City	2010	2012	2013	2013 排名 Ranking
全国	**Nation Total**	**109.8**	**108.1**	**108.3**	
北京	**Beijing**	**109.3**	**107.9**	**107.6**	
天津	**Tianjin**	**114.2**	**112.6**	**112.5**	
河北	**Hebei**	**113.1**	**108.6**	**108.4**	
石家庄	Shijiazhuang	113.2	110.0	110.5	85
唐山	Tangshan	112.3	109.5	107.3	244
秦皇岛	Qinhuangdao	111.8	108.8	108.0	209
邯郸	Handan	116.4	109.7	108.0	209
邢台	Xingtai	111.5	109.2	107.7	231
保定	Baoding	115.1	110.4	108.5	193
张家口	Zhangjiakou	112.2	109.9	107.5	241
承德	Chengde	113.3	109.4	108.8	181
沧州	Cangzhou	117.4	109.2	108.7	186
廊坊	Langfang	114.1	109.0	112.8	29
衡水	Hengshui	114.7	110.5	110.1	103
山西	**Shanxi**	**109.4**	**109.7**	**107.5**	
太原	Taiyuan	110.5	111.3	106.1	267
大同	Datong	111.2	109.7	108.1	206
阳泉	Yangquan	110.5	109.7	105.0	279
长治	Changzhi	109.8	109.2	105.8	275
晋城	Jincheng	110.4	109.4	107.3	244
朔州	Shuozhou	111.9	109.5	106.1	267
晋中	Jinzhong	110.2	109.3	105.3	277
运城	Yuncheng	109.8	108.6	108.0	209
忻州	Xinzhou	113.9	109.1	106.1	267
临汾	Linfen	110.6	109.1	105.8	275
吕梁	Luliang	112.3	108.6	106.6	261
内蒙古	**Inner Mongolia**	**112.4**	**110.0**	**107.1**	
呼和浩特	Hohhot	113.3	111.1	107.9	216
包头	Baotou	114.2	111.2	107.9	216
乌海	Wuhai	111.8	110.9	108.6	190
赤峰	Chifeng	112.1	109.0	107.6	236
通辽	Tongliao	110.6	108.2	111.5	58
鄂尔多斯	Erdos	119.1	109.8	107.0	257
呼伦贝尔	Hulunbuir	110.8	108.0	107.2	252
巴彦淖尔	Bayannur	110.0	107.4	107.8	224
乌兰察布	Ulanqab	110.4	111.9	106.6	261
辽宁	**Liaoning**	**112.5**	**110.1**	**109.2**	
沈阳	Shenyang	113.7	108.9	107.6	236
大连	Dalian	110.8	110.6	109.1	154
鞍山	Anshan	117.9	108.3	107.3	244
抚顺	Fushun	115.3	110.0	107.9	216
本溪	Benxi	114.7	110.8	109.3	144
丹东	Dandong	113.1	111.4	110.0	110
锦州	Jinzhou	117.8	110.4	109.2	149
营口	Yingkou	119.0	111.0	109.2	149
阜新	Fuxin	113.8	111.2	108.4	201
辽阳	Liaoyang	118.0	109.7	108.3	204
盘锦	Panjin	117.7	108.8	108.8	181
铁岭	Tieling	114.4	111.1	108.5	193
朝阳	Chaoyang	116.2	111.6	107.4	242
葫芦岛	Huludao	112.8	106.4	109.0	163
吉林	**Jilin**	**112.6**	**111.3**	**108.7**	
长春	Changchun	112.6	111.8	107.8	224
吉林	Jilin	114.4	110.2	108.7	186
四平	Siping	111.3	113.3	109.8	119
辽源	Liaoyuan	110.5	110.5	110.1	103
通化	Tonghua	112.7	109.3	109.6	126
白山	Baishan	108.3	111.8	109.2	149
松原	Songyuan	114.8	112.3	112.9	25
白城	Baicheng	114.6	110.5	112.7	33
黑龙江	**Heilongjiang**	**111.8**	**110.8**	**110.4**	
哈尔滨	Harbin	113.5	109.4	109.0	163
齐齐哈尔	Qiqihar	115.2	107.8	109.3	144
鸡西	Jixi	110.2	109.2	102.1	282
鹤岗	Hegang	112.3	110.5	95.7	284
双鸭山	Shuangyashan	121.3	108.6	102.1	282
大庆	Daqing	116.3	111.0	111.0	70
伊春	Yichun	110.1	112.0	110.3	96
佳木斯	Jiamusi	117.3	110.0	108.9	178
七台河	Qitaihe	116.9	106.2	102.5	281
牡丹江	Mudanjiang	111.8	111.8	111.2	66
黑河	Heihe	110.4	107.0	109.9	116
绥化	Suihua	112.6	107.6	108.5	193
上海	**Shanghai**	**105.7**	**110.6**	**108.8**	
江苏	**Jiangsu**	**113.3**	**109.7**	**109.8**	

注：本表按不变价格计算。

Note: Data in this table are calculated at constant prices.

3-8 第三产业增加值指数 续表 1
Indices of Added Value of Tertiary Industry continued 1

(上年=100) (preceding year=100)

地名	City	2010	2012	2013	2013 排名 Ranking	地名	City	2010	2012	2013	2013 排名 Ranking
南京	Nanjing	113.0	111.8	111.3	63	池州	Chizhou	112.4	112.6	109.7	123
无锡	Wuxi	113.7	111.3	110.3	96	宣城	Xuancheng	110.8	112.1	109.6	126
徐州	Xuzhou	113.2	113.4	112.8	29	**福建**	**Fujian**	**110.6**	**109.1**	**109.6**	
常州	Changzhou	113.6	111.6	111.2	66	福州	Fuzhou	111.5	110.6	110.8	74
苏州	Suzhou	113.7	113.5	112.7	33	厦门	Xiamen	113.5	111.0	107.7	231
南通	Nantong	113.6	112.3	112.9	25	莆田	Putian	110.5	110.3	111.5	58
连云港	Lianyungang	113.3	113.3	113.1	20	三明	Sanming	110.1	108.2	107.9	216
淮安	Huaian	114.1	113.2	113.3	15	泉州	Quanzhou	107.8	109.8	110.2	100
盐城	Yancheng	113.6	112.9	113.4	13	漳州	Zhangzhou	111.5	110.2	109.1	154
扬州	Yangzhou	113.9	112.1	112.7	33	南平	Nanping	110.1	105.7	109.5	134
镇江	Zhenjiang	113.4	113.0	112.2	46	龙岩	Longyan	110.5	110.5	107.8	224
泰州	Taizhou	113.9	113.0	112.7	33	宁德	Ningde	109.2	105.7	107.9	216
宿迁	Suqian	113.0	112.0	113.0	24	**江西**	**Jiangxi**	**111.2**	**109.5**	**109.1**	
浙江	**Zhejiang**	**112.3**	**109.4**	**108.7**		南昌	Nanchang	112.2	111.9	109.8	119
杭州	Hangzhou	112.3	110.9	109.0	163	景德镇	Jingdezhen	116.2	111.7	109.1	154
宁波	Ningbo	112.2	111.8	108.8	181	萍乡	Pingxiang	116.2	111.2	109.0	163
温州	Wenzhou	110.5	108.2	108.0	209	九江	Jiujiang	114.0	112.2	109.1	154
嘉兴	Jiaxing	112.7	111.2	109.4	139	新余	Xinyu	112.9	111.9	106.0	271
湖州	Huzhou	114.5	109.9	109.0	163	鹰潭	Yingtan	115.4	111.7	109.1	154
绍兴	Shaoxing	114.1	110.8	109.0	163	赣州	Ganzhou	115.6	113.2	109.8	119
金华	Jinhua	113.5	111.0	109.6	126	吉安	Jian	113.3	111.2	110.0	110
衢州	Quzhou	112.8	110.4	109.0	163	宜春	Yichun	109.7	111.8	109.0	163
舟山	Zhoushan	112.2	109.8	107.9	216	抚州	Fuzhou	115.7	110.2	109.0	163
台州	Taizhou	112.9	109.1	108.7	186	上饶	Shangrao	113.5	111.3	108.9	178
丽水	Lishui	112.0	110.5	108.0	209	**山东**	**Shandong**	**113.5**	**109.8**	**109.2**	
安徽	**Anhui**	**110.1**	**111.0**	**109.5**		济南	Jinan	114.9	110.1	109.7	123
合肥	Hefei	112.7	112.3	110.6	83	青岛	Qingdao	114.4	110.5	110.5	85
芜湖	Wuhu	112.4	111.7	109.4	139	淄博	Zibo	117.4	109.4	108.7	186
蚌埠	Bengbu	109.8	111.9	109.5	134	枣庄	Zaozhuang	120.0	110.4	109.0	163
淮南	Huainan	112.4	112.3	109.1	154	东营	Dongying	114.5	113.1	110.3	96
马鞍山	Maanshan	111.7	112.5	109.1	154	烟台	Yantai	120.3	111.6	110.4	94
淮北	Huaibei	109.0	111.3	107.3	244	潍坊	Weifang	116.0	110.5	111.4	62
铜陵	Tongling	109.9	111.0	107.3	244	济宁	Jining	115.4	111.3	112.1	48
安庆	Anqing	110.5	109.3	109.3	144	泰安	Taian	118.1	111.4	111.3	63
黄山	Huangshan	109.8	110.8	108.5	193	威海	Weihai	117.8	109.7	112.5	39
滁州	Chuzhou	110.0	111.6	109.8	119	日照	Rizhao	114.3	112.5	112.1	48
阜阳	Fuyang	109.6	111.2	109.9	116	莱芜	Laiwu	113.0	109.7	108.3	204
宿州	Suzhou	110.5	113.1	110.8	74	临沂	Linyi	115.1	111.5	111.3	63
六安	Liuan	107.8	108.8	107.0	257	德州	Dezhou	113.8	110.2	111.2	66
亳州	Bozhou	110.6	112.5	110.2	100	聊城	Liaocheng	115.9	111.9	110.3	96

3-8 第三产业增加值指数 续表 2

Indices of Added Value of Tertiary Industry continued 2

（上年=100） (preceding year=100)

地名	City	2010	2012	2013	2013 排名 Ranking	地名	City	2010	2012	2013	2013 排名 Ranking
滨州	Binzhou	117.9	110.0	108.6	190	常德	Changde	113.9	113.6	113.2	18
菏泽	Heze	117.4	112.3	112.5	39	张家界	Zhangjiajie	114.4	113.0	105.3	277
河南	**Henan**	**111.4**	**110.2**	**108.8**		益阳	Yiyang	113.7	113.7	112.6	38
郑州	Zhengzhou	110.8	110.0	109.6	126	郴州	Chenzhou	111.4	112.3	112.2	46
开封	Kaifeng	113.5	111.0	110.0	110	永州	Yongzhou	114.3	112.0	112.5	39
洛阳	Luoyang	109.2	108.8	107.7	231	怀化	Huaihua	112.9	112.5	112.4	44
平顶山	Pingdingshan	111.5	109.7	107.7	231	娄底	Loudi	111.8	112.3	113.4	13
安阳	Anyang	110.5	106.6	106.0	271	**广东**	**Guangdong**	**110.6**	**109.5**	**109.9**	
鹤壁	Hebi	108.9	109.7	108.0	209	广州	Guangzhou	113.6	112.0	113.3	15
新乡	Xinxiang	110.6	109.9	108.5	193	韶关	Shaoguan	113.9	109.1	110.5	85
焦作	Jiaozuo	106.3	110.4	107.2	252	深圳	Shenzhen	110.1	112.3	111.7	56
濮阳	Puyang	110.1	108.8	109.1	154	珠海	Zhuhai	107.1	112.1	109.2	149
许昌	Xuchang	110.3	111.4	108.5	193	汕头	Shantou	111.8	107.3	107.9	216
漯河	Luohe	110.5	108.6	107.3	244	佛山	Foshan	113.4	106.6	107.6	236
三门峡	Sanmenxia	111.2	109.5	108.5	193	江门	Jiangmen	111.9	112.2	106.8	260
南阳	Nanyang	111.2	109.2	109.0	163	湛江	Zhanjiang	116.5	111.7	113.2	18
商丘	Shangqiu	113.2	111.1	109.4	139	茂名	Maoming	117.7	108.1	115.2	6
信阳	Xinyang	112.2	110.9	109.3	144	肇庆	Zhaoqing	111.4	105.3	108.5	193
周口	Zhoukou	109.5	109.1	107.4	242	惠州	Huizhou	110.6	111.1	111.0	70
驻马店	Zhumadian	112.6	109.0	109.6	126	梅州	Meizhou	113.6	109.8	111.5	58
湖北	**Hubei**	**111.3**	**110.8**	**110.0**		汕尾	Shanwei	114.7	109.5	106.9	259
武汉	Wuhan	112.5	110.0	110.0	110	河源	Heyuan	113.1	109.5	108.9	178
黄石	Huangshi	111.1	108.2	110.1	103	阳江	Yangjiang	117.2	110.9	109.6	126
十堰	Shiyan	110.6	112.0	109.2	149	清远	Qingyuan	117.6	106.4	108.8	181
宜昌	Yichang	113.5	111.3	111.6	57	东莞	Dongguan	104.1	106.5	109.4	139
襄阳	Xiangfan	114.6	110.5	110.7	78	中山	ZhongShan	112.0	107.1	109.0	163
鄂州	Ezhou	109.0	107.7	109.0	163	潮州	Chaozhou	114.0	111.0	107.3	244
荆门	Jingmen	113.3	110.4	110.5	85	揭阳	Jieyang	112.7	105.4	108.4	201
孝感	Xiaogan	111.6	112.1	109.6	126	云浮	Yunfu	110.8	113.8	110.1	103
荆州	Jingzhou	110.6	111.5	110.2	100	**广西**	**Guangxi**	**111.1**	**109.8**	**110.2**	
黄冈	Huanggang	116.2	110.1	111.9	53	南宁	Nanning	113.7	118.7	108.1	206
咸宁	Xianning	114.5	110.2	109.0	163	柳州	Liuzhou	109.8	111.6	107.6	236
随州	Suizhou	112.5	109.6	110.5	85	桂林	Guilin	110.3	119.8	107.3	244
湖南	**Hunan**	**111.7**	**112.2**	**111.4**		梧州	Wuzhou	110.2	119.0	107.9	216
长沙	Changsha	111.5	112.0	112.1	48	北海	Beihai	110.0	141.9	108.1	206
株洲	Zhuzhou	112.6	112.5	110.6	83	防城港	Fangchenggang	119.9	117.8	105.9	274
湘潭	Xiangtan	111.5	113.1	113.3	15	钦州	Qinzhou	115.5	111.5	106.3	264
衡阳	Hengyang	113.1	113.5	112.8	29	贵港	Guigang	112.0	110.4	106.2	265
邵阳	Shaoyang	114.4	114.1	112.8	29	玉林	Yulin	112.8	113.3	107.8	224
岳阳	Yueyang	110.7	112.8	111.8	54	百色	Baise	110.5	109.1	107.2	252

3-8 第三产业增加值指数 续表 3
Indices of Added Value of Tertiary Industry continued 3

(上年=100) (preceding year=100)

地名	City	2010	2012	2013	2013 排名 Ranking
贺州	Hezhou	110.1	109.1	106.1	267
河池	Hechi	111.4	90.5	104.9	280
来宾	Laibin	117.6	112.1	107.8	224
崇左	Chongzuo	114.0	117.4	107.8	224
海南	**Hainan**	**120.1**	**109.5**	**112.1**	
海口	Haikou	118.8	109.1	110.5	85
三亚	Sanya	123.5	115.4	111.1	69
重庆	**Chongqing**	**112.4**	**112.0**	**112.0**	
四川	**Sichuan**	**110.2**	**111.6**	**109.9**	
成都	Chengdu	111.8	111.5	108.8	181
自贡	Zigong	111.0	111.8	111.5	58
攀枝花	Panzhihua	109.0	110.5	108.0	209
泸州	Luzhou	107.3	111.7	112.0	51
德阳	Deyang	111.3	111.4	109.9	116
绵阳	Mianyang	110.2	110.4	109.1	154
广元	Guangyuan	111.4	109.1	110.0	110
遂宁	Suining	108.1	111.2	110.5	85
内江	Neijiang	107.9	110.7	110.7	78
乐山	Leshan	112.2	111.9	110.5	85
南充	Nanchong	110.2	112.0	111.0	70
眉山	Meishan	108.0	112.0	112.0	51
宜宾	Yibin	108.9	112.0	111.0	70
广安	Guangan	110.0	111.4	110.5	85
达州	Dazhou	107.0	110.6	110.4	94
雅安	Yaan	109.3	110.6	106.4	263
巴中	Bazhong	109.4	111.0	109.0	163
资阳	Ziyang	110.5	112.0	110.7	78
贵州	**Guizhou**	**112.1**	**112.1**	**112.6**	
贵阳	Guiyang	114.3	114.1	114.6	10
六盘水	Liupanshui	114.2	117.3	116.0	3
遵义	Zunyi	113.5	114.4	114.5	11
安顺	Anshun	113.1	116.5	115.4	5
毕节	Bijie	114.7	116.0	116.0	3
铜仁	Tongren	115.0	119.5	117.4	1
云南	**Yunnan**	**111.5**	**110.9**	**112.4**	
昆明	Kunming	112.6	113.0	113.1	20
曲靖	Qujing	112.4	111.8	112.4	44
玉溪	Yuxi	109.2	111.8	113.7	12
保山	Baoshan	113.5	115.8	112.9	25
昭通	Zhaotong	112.6	111.0	106.2	265
丽江	Lijiang	113.6	113.6	107.7	231
普洱	Puer	113.6	114.0	107.1	255
临沧	Lincang	113.9	114.5	112.9	25
西藏	**Tibet**	**113.7**	**112.0**	**108.7**	
拉萨	Lhasa	113.0	109.6	110.0	110
陕西	**Shaanxi**	**112.1**	**111.6**	**109.9**	
西安	Xi'an	112.5	112.2	109.3	144
铜川	Tongchuan	112.8	110.5	107.8	224
宝鸡	Baoji	109.4	109.9	109.5	134
咸阳	Xianyang	111.7	109.3	110.7	78
渭南	Weinan	110.6	110.4	109.6	126
延安	Yan'an	111.0	112.7	110.1	103
汉中	Hanzhong	114.3	112.9	109.5	134
榆林	Yulin	118.2	108.8	107.1	255
安康	Ankang	113.9	110.5	109.5	134
商洛	Shangluo	114.7	112.5	109.4	139
甘肃	**Gansu**	**109.9**	**112.5**	**111.5**	
兰州	Lanzhou	112.4	114.8	114.8	7
嘉峪关	Jiayuguan	105.9	110.3	110.7	78
金昌	Jinchang	108.4	115.6	113.1	20
白银	Baiyin	110.1	114.0	110.8	74
天水	Tianshui	111.0	113.0	110.1	103
武威	Wuwei	112.9	116.0	113.1	20
张掖	Zhangye	110.8	114.8	112.5	39
平凉	Pingliang	112.8	115.0	112.5	39
酒泉	Jiuquan	112.9	112.9	110.1	103
庆阳	Qingyang	109.4	114.5	116.4	2
定西	Dingxi	112.1	113.0	111.8	54
陇南	Longnan	110.2	112.6	110.8	74
青海	**Qinghai**	**112.1**	**111.1**	**109.8**	
西宁	Xining	116.1	111.8	109.7	123
宁夏	**Ningxia**	**111.6**	**109.7**	**107.5**	
银川	Yinchuan	111.1	110.1	108.4	201
石嘴山	Shizuishan	110.8	108.9	106.0	271
吴忠	Wuzhong	110.5	109.0	107.6	236
固原	Guyuan	108.6	111.4	112.7	33
中卫	Zhongwei	110.6	111.0	108.6	190
新疆	**Xinjiang**	**110.8**	**112.3**	**109.3**	
乌鲁木齐	Urumqi	113.3	118.3	114.8	7
克拉玛依	Karamay	110.0	111.7	114.8	7

3-9 人均地区生产总值
Per Capita Gross Regional Product

单位：元 (yuan)

地名	City	2010	2012	2013	2013 排名 Ranking
全国	**Nation Total**	**30015**	**38420**	**41908**	
北京	**Beijing**	**75856**	**87475**	**93213**	
天津	**Tianjin**	**72994**	**93173**	**99607**	
河北	**Hebei**	**28668**	**36584**	**38716**	
石家庄	Shijiazhuang	33915	43552	46574	108
唐山	Tangshan	59389	76643	79617	35
秦皇岛	Qinhuangdao	31182	37804	38530	147
邯郸	Handan	26143	32650	32899	173
邢台	Xingtai	17189	21361	22277	247
保定	Baoding	18451	24053	25513	222
张家口	Zhangjiakou	22517	28139	29908	192
承德	Chengde	25698	33791	36235	154
沧州	Cangzhou	31091	38949	41406	135
廊坊	Langfang	31844	40598	43628	122
衡水	Hengshui	18076	23101	24330	229
山西	**Shanxi**	**26283**	**33628**	**34813**	
太原	Taiyuan	46144	54440	56547	78
大同	Datong	21360	27815	28741	201
阳泉	Yangquan	31898	43702	44251	119
长治	Changzhi	27642	39523	39474	141
晋城	Jincheng	32329	44257	44940	114
朔州	Shuozhou	41107	58205	59003	64
晋中	Jinzhong	23575	30093	31015	184
运城	Yuncheng	16170	20628	21887	249
忻州	Xinzhou	14188	20081	21074	255
临汾	Linfen	20841	28031	27949	204
吕梁	Luliang	23013	32709	32484	175
内蒙古	**Inner Mongolia**	**47347**	**63886**	**67498**	
呼和浩特	Hohhot	65518	83906	90941	24
包头	Baotou	93441	118320	124586	7
乌海	Wuhai	73801	97617	104420	12
赤峰	Chifeng	24967	36070	39126	144
通辽	Tongliao	37489	54019	56955	76
鄂尔多斯	Erdos	138109	182680	196728	1
呼伦贝尔	Hulunbuir	36552	52649	56470	79
巴彦淖尔	Bayannur	36048	47012	49996	94
乌兰察布	Ulanqab	26459	36525	39215	142
辽宁	**Liaoning**	**42355**	**56649**	**61686**	
沈阳	Shenyang	62357	80480	86850	27
大连	Dalian	77704	102922	110600	10
鞍山	Anshan	58426	69211	72606	39
抚顺	Fushun	41810	58512	63922	54
本溪	Benxi	50612	64459	69118	41
丹东	Dandong	29893	42171	45596	112
锦州	Jinzhou	29264	40002	43497	125
营口	Yingkou	41452	56583	61937	58
阜新	Fuxin	20819	31049	34259	163
辽阳	Liaoyang	39686	53877	58236	69
盘锦	Panjin	66976	87153	94052	18
铁岭	Tieling	26556	32130	34143	164
朝阳	Chaoyang	21536	30765	33591	166
葫芦岛	Huludao	20302	27709	29915	191
吉林	**Jilin**	**31599**	**43415**	**47191**	
长春	Changchun	43936	58691	66286	45
吉林	Jilin	41479	56244	60877	61
四平	Siping	22942	33150	36292	152
辽源	Liaoyuan	33137	49479	57421	73
通化	Tonghua	27690	39111	44909	115
白山	Baishan	33524	50158	52831	83
松原	Songyuan	38136	55176	57639	71
白城	Baicheng	21973	30576	34411	162
黑龙江	**Heilongjiang**	**27076**	**35711**	**37509**	
哈尔滨	Harbin	36951	45810	50435	92
齐齐哈尔	Qiqihar	16309	22139	23191	236
鸡西	Jixi	22083	31076	30653	186
鹤岗	Hegang	23044	32968	29594	193
双鸭山	Shuangyashan	26215	37490	36983	150
大庆	Daqing	103576	142067	148209	4
伊春	Yichun	15924	20686	22911	239
佳木斯	Jiamusi	20254	27774	31613	178
七台河	Qitaihe	32891	32308	26122	215
牡丹江	Mudanjiang	27545	37001	41251	137
黑河	Heihe	14994	18892	22400	245
绥化	Suihua	12576	18474	21700	251
上海	**Shanghai**	**76074**	**85373**	**90092**	
江苏	**Jiangsu**	**52840**	**68347**	**74607**	

注：本表按当年价格计算。

Note: Data in this table are calculated at current prices.

3-9 人均地区生产总值 续表 1
Per Capita Gross Regional Product continued 1

单位：元 (yuan)

地名	City	2010	2012	2013	2013 排名 Ranking
南京	Nanjing	65273	88525	98011	14
无锡	Wuxi	92167	117357	124640	6
徐州	Xuzhou	34084	46877	51714	89
常州	Changzhou	67327	85040	92995	20
苏州	Suzhou	93043	114029	123209	8
南通	Nantong	48083	62506	69049	42
连云港	Lianyungang	26987	36470	40416	138
淮安	Huaian	28861	39992	44774	116
盐城	Yancheng	31640	43172	48150	102
扬州	Yangzhou	49786	65691	72775	38
镇江	Zhenjiang	64284	83651	92633	21
泰州	Taizhou	44118	58378	64917	49
宿迁	Suqian	22525	31827	35484	156
浙江	**Zhejiang**	**51711**	**63374**	**68462**	
杭州	Hangzhou	69828	111758	94566	17
宁波	Ningbo	69368	114065	93176	19
温州	Wenzhou	32586	45906	43632	121
嘉兴	Jiaxing	52143	84080	69164	40
湖州	Huzhou	45323	63714	61953	57
绍兴	Shaoxing	57580	82966	80212	34
金华	Jinhua	39897	57694	54656	80
衢州	Quzhou	35500	38476	49791	95
舟山	Zhoushan	58378	87883	81582	31
台州	Taizhou	41172	49438	52368	85
丽水	Lishui	31296	34132	46383	111
安徽	**Anhui**	**20888**	**28792**	**31684**	
合肥	Hefei	48312	55182	61555	59
芜湖	Wuhu	49013	52453	58532	68
蚌埠	Bengbu	20223	27999	31482	181
淮南	Huainan	26287	33489	34897	159
马鞍山	Maanshan	60712	56306	58733	67
淮北	Huaibei	22309	29285	32996	170
铜陵	Tongling	64496	84819	92599	22
安庆	Anqing	18647	25592	26596	214
黄山	Huangshan	22791	31454	34725	161
滁州	Chuzhou	17693	24650	27474	206
阜阳	Fuyang	9528	12617	13839	279
宿州	Suzhou	12195	17032	18768	264
六安	Liuan	12074	16270	17828	267
亳州	Bozhou	10615	14642	16071	274
池州	Chizhou	21476	29471	32541	174
宣城	Xuancheng	20779	29687	32928	171
福建	**Fujian**	**40025**	**52763**	**57856**	
福州	Fuzhou	44000	58202	64045	52
厦门	Xiamen	59323	77340	81572	32
莆田	Putian	30584	42871	47619	104
三明	Sanming	38866	53244	58986	65
泉州	Quanzhou	43963	57002	62679	55
漳州	Zhangzhou	29755	41333	45494	113
南平	Nanping	27450	37692	42127	130
龙岩	Longyan	38603	52896	57472	72
宁德	Ningde	26089	37921	43617	123
江西	**Jiangxi**	**21253**	**28800**	**31771**	
南昌	Nanchang	43961	58715	64678	51
景德镇	Jingdezhen	29155	39151	42130	129
萍乡	Pingxiang	28106	39186	42515	128
九江	Jiujiang	21863	29785	33500	168
新余	Xinyu	55538	72266	73275	37
鹰潭	Yingtan	30769	42449	48541	100
赣州	Ganzhou	13397	17873	19768	262
吉安	Jian	15002	20755	23126	237
宜春	Yichun	16080	22855	25352	223
抚州	Fuzhou	16134	20893	23780	233
上饶	Shangrao	13729	19077	21061	257
山东	**Shandong**	**41106**	**51768**	**56323**	
济南	Jinan	57947	69444	74994	36
青岛	Qingdao	65812	82680	89797	25
淄博	Zibo	63384	77876	82889	30
枣庄	Zaozhuang	36817	45262	48346	101
东营	Dongying	116404	145395	156356	2
烟台	Yantai	62254	75672	80357	33
潍坊	Weifang	34260	43681	47943	103
济宁	Jining	31541	39165	42796	127
泰安	Taian	37376	46130	50296	93
威海	Weihai	69187	83516	91010	23
日照	Rizhao	36870	47852	52778	84
莱芜	Laiwu	42392	48212	49390	97
临沂	Linyi	24067	29808	32902	172
德州	Dezhou	29858	39710	43542	124
聊城	Liaocheng	28444	36573	40084	139

3-9 人均地区生产总值 续表 2
Per Capita Gross Regional Product continued 2

单位：元 (yuan)

地名	City	2010	2012	2013	2013 排名 Ranking	地名	City	2010	2012	2013	2013 排名 Ranking
滨州	Binzhou	41643	52591	56771	77	常德	Changde	26551	35475	39169	143
菏泽	Heze	14829	21461	24542	228	张家界	Zhangjiajie	16238	22658	24259	230
河南	**Henan**	**24446**	**31499**	**34174**		益阳	Yiyang	16710	23572	25773	218
郑州	Zhengzhou	47608	62054	68073	44	郴州	Chenzhou	24015	32848	36256	153
开封	Kaifeng	19750	25922	29327	194	永州	Yongzhou	14853	20239	22210	248
洛阳	Luoyang	35762	45316	47569	105	怀化	Huaihua	14371	21018	23285	234
平顶山	Pingdingshan	26730	30380	31496	179	娄底	Loudi	17569	26367	29249	195
安阳	Anyang	25330	30624	33100	169	**广东**	**Guangdong**	**44736**	**54095**	**58540**	
鹤壁	Hebi	28531	34456	38919	146	广州	Guangzhou	87458	105909	119695	9
新乡	Xinxiang	21196	28598	31138	183	韶关	Shaoguan	24050	31702	35063	158
焦作	Jiaozuo	35767	44029	48545	99	深圳	Shenzhen	94296	123247	136948	5
濮阳	Puyang	21787	27654	31483	180	珠海	Zhuhai	77888	95471	104786	11
许昌	Xuchang	30536	39947	44297	118	汕头	Shantou	22776	26231	28661	203
漯河	Luohe	26974	31211	33568	167	佛山	Foshan	80313	91259	96310	16
三门峡	Sanmenxia	39176	50406	53863	81	江门	Jiangmen	35622	42028	44546	117
南阳	Nanyang	19145	23086	24692	227	湛江	Zhanjiang	20161	26240	28859	199
商丘	Shangqiu	15085	19029	21073	256	茂名	Maoming	25496	32678	36063	155
信阳	Xinyang	16936	22347	24754	226	肇庆	Zhaoqing	27987	36864	41479	134
周口	Zhoukou	12944	17734	20359	261	惠州	Huizhou	38650	50873	57144	74
驻马店	Zhumadian	14117	19592	22296	246	梅州	Meizhou	14554	17396	18603	266
湖北	**Hubei**	**27906**	**38572**	**42613**		汕尾	Shanwei	15845	20608	22560	242
武汉	Wuhan	56367	79482	89000	26	河源	Heyuan	16301	20536	22499	244
黄石	Huangshi	28481	42703	46750	107	阳江	Yangjiang	26676	36096	42017	131
十堰	Shiyan	21267	28470	32094	176	清远	Qingyuan	29487	27320	28928	197
宜昌	Yichang	38114	61517	68846	43	东莞	Dongguan	52798	60557	66109	46
襄阳	Xiangfan	27968	45167	50512	91	中山	ZhongShan	60797	77527	83393	29
鄂州	Ezhou	37928	53256	59791	62	潮州	Chaozhou	21107	26252	28837	200
荆门	Jingmen	25614	37649	41668	133	揭阳	Jieyang	17264	23532	26866	210
孝感	Xiaogan	16630	22886	25585	221	云浮	Yunfu	17074	22115	24863	225
荆州	Jingzhou	14707	20912	23259	235	**广西**	**Guangxi**	**20219**	**27952**	**30588**	
黄冈	Huanggang	13421	19220	21314	253	南宁	Nanning	26330	37016	38994	145
咸宁	Xianning	21129	30791	35166	157	柳州	Liuzhou	35230	47795	52342	86
随州	Suizhou	18381	27163	30377	188	桂林	Guilin	22780	30849	31765	177
湖南	**Hunan**	**24719**	**33480**	**36763**		梧州	Wuzhou	19430	28523	33710	165
长沙	Changsha	66464	89903	99570	13	北海	Beihai	25657	40372	46560	109
株洲	Zhuzhou	33604	45235	49723	96	防城港	Fangchenggang	37264	50302	58810	66
湘潭	Xiangtan	32305	46249	51717	88	钦州	Qinzhou	16421	22147	23957	232
衡阳	Hengyang	20419	27258	30030	190	贵港	Guigang	12932	16281	17650	269
邵阳	Shaoyang	10468	14406	15727	276	玉林	Yulin	15011	19822	21349	252
岳阳	Yueyang	28849	39968	43953	120	百色	Baise	16106	21539	22762	240

3-9 人均地区生产总值 续表 3
Per Capita Gross Regional Product continued 3

单位：元 (yuan)

地名	City	2010	2012	2013	2013 排名 Ranking	地名	City	2010	2012	2013	2013 排名 Ranking
贺州	Hezhou	14589	19922	21261	254	丽江	Lijiang	11680	16870	19661	263
河池	Hechi	12991	14472	15440	277	普洱	Puer	9773	14286	16491	272
来宾	Laibin	18385	24183	24069	231	临沧	Lincang	8988	14376	16839	271
崇左	Chongzuo	18734	26288	28886	198	**西藏**	**Tibet**	**17319**	**22936**	**26068**	
海南	**Hainan**	**23831**	**32377**	**35317**		拉萨	Lhasa	23775		51663	90
海口	Haikou	38731	38634	41955	132	**陕西**	**Shaanxi**	**27133**	**38564**	**42692**	
三亚	Sanya	42977	46366	64940	48	西安	Xi'an	38343	51166	56988	75
重庆	**Chongqing**		**38914**	**42795**		铜川	Tongchuan	22317	32556	38248	148
四川	**Sichuan**	**21182**	**29608**	**32454**		宝鸡	Baoji	26201	36826	41327	136
成都	Chengdu	41253	57624	63977	53	咸阳	Xianyang	22469	31982	37695	149
自贡	Zigong	23613	32787	36745	151	渭南	Weinan	15149	21717	25327	224
攀枝花	Panzhihua	43959	60391	65001	47	延安	Yan'an	40621	57876	61493	60
泸州	Luzhou	16698	24317	26848	211	汉中	Hanzhong	14907	22084	25769	219
德阳	Deyang	25335	35945	39573	140	榆林	Yulin	52437	79587	84634	28
绵阳	Mianyang	20053	29080	31237	182	安康	Ankang	12428	18878	22938	238
广元	Guangyuan	12313	18672	20443	260	商洛	Shangluo	12197	18097	21795	250
遂宁	Suining	14498	20908	22517	243	**甘肃**	**Gansu**	**16113**	**21978**	**24296**	
内江	Neijiang	18022	26341	28735	202	兰州	Lanzhou	30672	43175	48852	98
乐山	Leshan	22490	31942	34863	160	嘉峪关	Jiayuguan	83214	115123	96335	15
南充	Nanchong	13212	18757	21059	258	金昌	Jinchang	45374	52157	53854	82
眉山	Meishan	18586	26168	28934	196	白银	Baiyin	17956	25274	27004	209
宜宾	Yibin	19499	27865	30093	189	天水	Tianshui	9202	12593	13820	280
广安	Guangan	15588	23410	25933	216	武威	Wuwei	12250	18701	20975	259
达州	Dazhou	14623	20685	22632	241	张掖	Zhangye	17093	24204	27788	205
雅安	Yaan	18881	26157	27317	207	平凉	Pingliang	11202	15607	16364	273
巴中	Bazhong	8717	11823	12556	281	酒泉	Jiuquan	38305	52028	58041	70
资阳	Ziyang	16644	27283	30514	187	庆阳	Qingyang	15095	23882	27261	208
贵州	**Guizhou**	**13119**	**19710**	**22922**		定西	Dingxi	5530	8157	9106	284
贵阳	Guiyang	26209	38673	46479	110	陇南	Longnan	6020	8809	9699	283
六盘水	Liupanshui	17462	26402	30770	185	**青海**	**Qinghai**	**24115**	**33181**	**36510**	
遵义	Zunyi	14650	22296	25852	217	西宁	Xining	28428	38034	43346	126
安顺	Anshun	10014	16112	18725	265	**宁夏**	**Ningxia**	**26860**	**36394**	**39420**	
毕节	Bijie	9113	13569	15953	275	银川	Yinchuan	42771	56528	62437	56
铜仁	Tongren	9304	14833	17270	270	石嘴山	Shizuishan	41066	55564	59477	63
云南	**Yunnan**	**15752**	**22195**	**25083**		吴忠	Wuzhong	16607	24166	26622	212
昆明	Kunming	33549	46256	52094	87	固原	Guyuan	8187	12619	14718	278
曲靖	Qujing	17236	23661	26599	213	中卫	Zhongwei	15596	22779	25759	220
玉溪	Yuxi	32068	43037	47215	106	**新疆**	**Xinjiang**	**25034**	**33796**	**37181**	
保山	Baoshan	10469	15397	17658	268	乌鲁木齐	Urumqi	43039	59576	64695	50
昭通	Zhaotong	7193	10528	11933	282	克拉玛依	Karamay	121387	135018	149127	3

3-10 人均地区生产总值指数
Indices of Per Capita Gross Regional Product

单位：上年=100 (preceding year=100)

地名	City	2010	2012	2013	2013 排名 Ranking
全国	**Nation Total**	**109.9**	**107.1**	**107.1**	
北京	**Beijing**	**102.4**	**104.9**	**105.2**	
天津	**Tianjin**	**111.7**	**109.2**	**107.9**	
河北	**Hebei**	**110.6**	**108.9**	**107.5**	
石家庄	Shijiazhuang	110.4	109.3	108.3	227
唐山	Tangshan	111.9	109.8	107.7	249
秦皇岛	Qinhuangdao	111.7	108.5	106.3	272
邯郸	Handan	110.8	109.9	106.8	268
邢台	Xingtai	110.7	108.9	106.9	266
保定	Baoding	112.5	109.8	108.1	239
张家口	Zhangjiakou	112.3	109.4	107.5	255
承德	Chengde	110.3	110.1	108.9	202
沧州	Cangzhou	113.2	109.8	108.2	236
廊坊	Langfang	109.1	108.7	108.3	227
衡水	Hengshui	112.7	109.8	108.5	218
山西	**Shanxi**	**111.2**	**109.6**	**108.4**	
太原	Taiyuan	109.3	109.8	107.6	251
大同	Datong	114.2	109.4	107.7	249
阳泉	Yangquan	112.4	109.3	106.5	271
长治	Changzhi	112.9	110.1	108.0	241
晋城	Jincheng	112.6	110.9	108.9	202
朔州	Shuozhou	108.6	110.4	108.4	224
晋中	Jinzhong	113.5	109.6	108.5	218
运城	Yuncheng	113.7	107.2	108.6	217
忻州	Xinzhou	113.9	111.0	108.5	218
临汾	Linfen	115.3	109.6	107.9	243
吕梁	Luliang	120.1	110.2	108.9	202
内蒙古	**Inner Mongolia**	**114.4**	**111.1**	**108.7**	
呼和浩特	Hohhot	110.9	109.5	108.3	227
包头	Baotou	114.0	110.9	107.8	246
乌海	Wuhai	117.8	112.3	109.5	160
赤峰	Chifeng	115.9	113.8	109.3	173
通辽	Tongliao	115.8	113.3	109.9	139
鄂尔多斯	Erdos	114.6	111.4	109.1	186
呼伦贝尔	Hulunbuir	115.2	113.8	109.6	155
巴彦淖尔	Bayannur	114.1	110.2	109.0	195
乌兰察布	Ulanqab	111.5	110.3	109.4	164
辽宁	**Liaoning**	**113.4**	**109.4**	**108.6**	
沈阳	Shenyang	112.5	109.1	108.3	227
大连	Dalian	113.5	109.2	107.1	262
鞍山	Anshan	115.5	109.3	105.7	275
抚顺	Fushun	117.4	111.6	109.9	139
本溪	Benxi	114.7	110.0	109.4	164
丹东	Dandong	115.3	111.0	108.3	227
锦州	Jinzhou	115.7	110.9	109.4	164
营口	Yingkou	116.9	110.5	108.5	218
阜新	Fuxin	117.7	111.5	109.1	186
辽阳	Liaoyang	115.4	110.5	109.2	184
盘锦	Panjin	116.4	109.2	108.8	212
铁岭	Tieling	116.2	109.5	107.1	262
朝阳	Chaoyang	116.9	111.8	109.2	184
葫芦岛	Huludao	115.0	110.0	107.3	260
吉林	**Jilin**	**114.8**	**111.9**	**108.2**	
长春	Changchun	114.8	112.1	109.0	195
吉林	Jilin	112.4	112.0	108.8	212
四平	Siping	103.7	113.2	110.8	84
辽源	Liaoyuan	115.7	112.3	109.9	139
通化	Tonghua	117.4	112.4	113.3	15
白山	Baishan	117.7	112.8	107.0	264
松原	Songyuan	117.1	112.2	110.0	133
白城	Baicheng	119.6	113.0	112.2	35
黑龙江	**Heilongjiang**	**112.6**	**110.1**	**107.9**	
哈尔滨	Harbin	113.9	109.9	110.3	115
齐齐哈尔	Qiqihar	119.2	108.9	108.4	224
鸡西	Jixi	116.6	114.6	101.5	282
鹤岗	Hegang	116.5	113.7	91.0	283
双鸭山	Shuangyashan	124.6	114.0	102.1	281
大庆	Daqing	111.4	109.7	106.8	268
伊春	Yichun	116.0	113.5	111.5	57
佳木斯	Jiamusi	118.4	114.7	112.1	37
七台河	Qitaihe	123.4	108.5		
牡丹江	Mudanjiang	116.1	114.5	112.3	33
黑河	Heihe	112.0	113.0	108.2	236
绥化	Suihua	114.0	113.2	112.0	38
上海	**Shanghai**	**106.4**	**105.7**	**106.1**	
江苏	**Jiangsu**	**112.0**	**109.7**	**109.3**	

注：本表按不变价格计算。

Note: Data in this table are calculated at constant prices.

3-10 人均地区生产总值指数 续表 1
Indices of Per Capita Gross Regional Product continued 1

单位：上年=100 (preceding year=100)

地名	City	2010	2012	2013	2013 排名 Ranking	地名	City	2010	2012	2013	2013 排名 Ranking
南京	Nanjing	110.1	110.6	110.4	107	池州	Chizhou	117.2	111.1	110.2	120
无锡	Wuxi	110.8	109.3	108.9	202	宣城	Xuancheng	116.1	112.2	110.9	75
徐州	Xuzhou	114.7	113.3	111.6	53	**福建**	**Fujian**	**113.2**	**110.5**	**110.2**	
常州	Changzhou	110.7	110.3	110.4	107	福州	Fuzhou	113.1	110.9	110.4	107
苏州	Suzhou	105.7	109.7	109.3	173	厦门	Xiamen	109.1	110.4	107.6	251
南通	Nantong	111.9	111.7	111.7	47	莆田	Putian	115.2	112.2	111.7	47
连云港	Lianyungang	114.4	112.6	111.2	64	三明	Sanming	114.4	112.1	111.2	64
淮安	Huaian	114.1	113.1	111.8	44	泉州	Quanzhou	111.7	111.3	110.5	97
盐城	Yancheng	115.6	113.0	112.5	26	漳州	Zhangzhou	114.5	111.6	110.5	97
扬州	Yangzhou	113.6	111.6	111.9	42	南平	Nanping	112.6	111.3	111.8	44
镇江	Zhenjiang	111.9	112.0	111.5	57	龙岩	Longyan	114.6	111.7	110.8	84
泰州	Taizhou	113.7	112.3	111.7	47	宁德	Ningde	115.8	112.2	112.4	29
宿迁	Suqian	114.0	112.1	111.8	44	**江西**	**Jiangxi**	**113.2**	**110.4**	**109.7**	
浙江	**Zhejiang**	**109.5**	**107.7**	**107.8**		南昌	Nanchang	112.4	111.6	109.7	148
杭州	Hangzhou	108.7	108.1	107.3	260	景德镇	Jingdezhen	114.2	110.8	109.5	160
宁波	Ningbo	109.1	106.9	107.8	246	萍乡	Pingxiang	113.7	111.2	108.9	202
温州	Wenzhou	108.4	105.8	107.4	256	九江	Jiujiang	114.6	111.5	110.1	125
嘉兴	Jiaxing	110.3	108.2	108.9	202	新余	Xinyu	115.5	109.8	104.1	278
湖州	Huzhou	110.9	109.4	108.7	214	鹰潭	Yingtan	113.4	111.9	109.9	139
绍兴	Shaoxing	109.2	109.5	108.3	227	赣州	Ganzhou	113.7	111.5	110.1	125
金华	Jinhua	110.4	108.8	108.7	214	吉安	Jian	114.2	110.9	110.6	91
衢州	Quzhou	113.8	108.2	109.0	195	宜春	Yichun	115.6	111.1	109.8	145
舟山	Zhoushan	108.3	109.8	108.3	227	抚州	Fuzhou	114.2	110.2	109.9	139
台州	Taizhou	111.2	106.4	107.6	251	上饶	Shangrao	113.9	111.0	109.7	148
丽水	Lishui	113.1	110.6	109.1	186	**山东**	**Shandong**	**111.3**	**109.2**	**109.0**	
安徽	**Anhui**	**118.8**	**111.8**	**109.8**		济南	Jinan	111.1	108.5	108.7	214
合肥	Hefei	109.9	112.8	110.9	75	青岛	Qingdao	111.2	109.7	108.9	202
芜湖	Wuhu	118.7	114.4	111.7	47	淄博	Zibo	113.4	109.9	109.1	186
蚌埠	Bengbu	115.2	113.8	110.3	115	枣庄	Zaozhuang	111.3	110.1	109.3	173
淮南	Huainan	111.8	112.7	109.0	195	东营	Dongying	112.5	111.1	110.4	107
马鞍山	Maanshan	111.2	112.2	110.5	97	烟台	Yantai	114.5	110.2	110.1	125
淮北	Huaibei	112.4	113.1	108.4	224	潍坊	Weifang	112.0	109.9	110.2	120
铜陵	Tongling	117.6	110.0	111.0	71	济宁	Jining	112.0	110.5	110.5	97
安庆	Anqing	116.5	111.3	110.1	125	泰安	Taian	113.3	110.4	110.0	133
黄山	Huangshan	114.8	111.8	109.0	195	威海	Weihai	112.8	109.5	110.7	89
滁州	Chuzhou	118.2	113.0	110.6	91	日照	Rizhao	111.3	111.1	110.0	133
阜阳	Fuyang	118.9	111.5	109.0	195	莱芜	Laiwu	111.0	110.5	109.0	195
宿州	Suzhou	116.4	112.4	109.8	145	临沂	Linyi	111.6	111.4	110.6	91
六安	Liuan	118.3	107.9	107.4	256	德州	Dezhou	112.0	111.5	110.5	97
亳州	Bozhou	116.7	111.6	109.8	145	聊城	Liaocheng	110.9	111.8	109.4	164

3-10 人均地区生产总值指数 续表 2
Indices of Per Capita Gross Regional Product continued 2

单位：上年=100 (preceding year=100)

地名	City	2010	2012	2013	2013 排名 Ranking
滨州	Binzhou	112.5	110.2	109.3	173
菏泽	Heze	113.5	112.8	111.6	53
河南	**Henan**	**112.7**	**110.1**	**108.9**	
郑州	Zhengzhou	108.5	109.9	107.9	243
开封	Kaifeng	112.4	111.4	110.9	75
洛阳	Luoyang	112.1	109.7	106.9	266
平顶山	Pingdingshan	110.8	106.5	106.1	274
安阳	Anyang	113.9	108.3	109.1	186
鹤壁	Hebi	108.1	110.3	111.4	60
新乡	Xinxiang	112.6	111.8	109.3	173
焦作	Jiaozuo	109.8	111.6	110.9	75
濮阳	Puyang	109.9	112.1	111.6	53
许昌	Xuchang	113.6	112.4	110.5	97
漯河	Luohe	113.1	111.9	108.9	202
三门峡	Sanmenxia	114.8	112.1	109.1	186
南阳	Nanyang	110.3	110.8	108.9	202
商丘	Shangqiu	114.1	111.0	111.1	67
信阳	Xinyang	116.7	107.9	106.8	268
周口	Zhoukou	117.1	111.4	110.4	107
驻马店	Zhumadian	115.0	112.7	111.0	71
湖北	**Hubei**	**114.7**	**110.7**	**109.7**	
武汉	Wuhan	121.2	111.1	108.9	202
黄石	Huangshi	120.8	112.2	109.6	155
十堰	Shiyan	121.9	112.0	110.5	97
宜昌	Yichang	118.6	112.3	111.1	67
襄阳	Xiangfan	119.6	112.0	110.7	89
鄂州	Ezhou	127.8	113.9	110.2	120
荆门	Jingmen	121.5	112.0	110.4	107
孝感	Xiaogan	118.6	112.0	110.5	97
荆州	Jingzhou	120.2	114.3	110.0	133
黄冈	Huanggang	118.7	109.1	110.9	75
咸宁	Xianning	116.9	111.9	110.2	120
随州	Suizhou	116.4	111.6	110.3	115
湖南	**Hunan**	**112.9**	**110.7**	**109.3**	
长沙	Changsha	111.7	112.2	110.9	75
株洲	Zhuzhou	113.2	111.3	109.7	148
湘潭	Xiangtan	115.7	111.8	110.3	115
衡阳	Hengyang	111.7	111.4	109.6	155
邵阳	Shaoyang	111.9	110.9	109.5	160
岳阳	Yueyang	111.5	111.8	109.4	164
常德	Changde	113.0	111.7	109.6	155
张家界	Zhangjiajie	115.2	110.7	105.3	277
益阳	Yiyang	113.1	111.5	109.7	148
郴州	Chenzhou	113.1	111.8	110.3	115
永州	Yongzhou	113.7	110.4	108.3	227
怀化	Huaihua	113.6	111.6	109.4	164
娄底	Loudi	116.3	111.5	110.1	125
广东	**Guangdong**	**109.5**	**107.4**	**107.8**	
广州	Guangzhou	106.1	110.0	110.9	75
韶关	Shaoguan	113.2	109.3	111.3	63
深圳	Shenzhen	107.6	109.0	109.6	155
珠海	Zhuhai	111.0	106.3	109.7	148
汕头	Shantou	111.2	109.0	109.3	173
佛山	Foshan	109.2	107.7	109.5	160
江门	Jiangmen	112.4	107.7	109.4	164
湛江	Zhanjiang	113.4	108.8	111.2	64
茂名	Maoming	115.2	109.3	111.9	42
肇庆	Zhaoqing	115.7	110.2	110.5	97
惠州	Huizhou	112.5	111.7	112.8	22
梅州	Meizhou	112.9	109.5	110.6	91
汕尾	Shanwei	117.7	113.0	111.7	47
河源	Heyuan	111.2	110.6	111.0	71
阳江	Yangjiang	115.3	111.9	114.5	6
清远	Qingyuan	117.2	104.2	107.4	256
东莞	Dongguan	105.3	105.7	109.4	164
中山	ZhongShan	108.3	110.5	109.4	164
潮州	Chaozhou	112.5	110.1	110.4	107
揭阳	Jieyang	118.6	110.7	113.7	10
云浮	Yunfu	113.3	111.5	112.2	35
广西	**Guangxi**	**113.9**	**110.4**	**109.3**	
南宁	Nanning	113.4	111.2	109.3	173
柳州	Liuzhou	115.4	110.5	109.1	186
桂林	Guilin	113.7	112.1	111.6	53
梧州	Wuzhou	117.6	112.7	112.4	29
北海	Beihai	116.9	120.6	112.0	38
防城港	Fangchenggang	116.1	111.2	111.1	67
钦州	Qinzhou	117.6	110.8	107.0	264
贵港	Guigang	113.5	109.3	107.4	256
玉林	Yulin	115.2	109.9	109.1	186
百色	Baise	117.6	108.4	107.8	246

3-10 人均地区生产总值指数 续表 3
Indices of Per Capita Gross Regional Product continued 3

单位：上年=100 (preceding year=100)

地名	City	2010	2012	2013	2013 排名 Ranking	地名	City	2010	2012	2013	2013 排名 Ranking
贺州	Hezhou	113.2	108.1	107.9	243	丽江	Lijiang	112.8	115.1	113.5	12
河池	Hechi	113.3	98.7	105.4	276	普洱	Puer	113.5	114.9	112.9	20
来宾	Laibin	118.2	110.8	102.2	280	临沧	Lincang	111.0	116.0	112.9	20
崇左	Chongzuo	113.4	110.9	109.7	148	**西藏**	**Tibet**	**111.2**	**110.4**	**110.5**	
海南	**Hainan**	**115.0**	**108.0**	**108.7**		拉萨	Lhasa			110.1	125
海口	Haikou	116.5	107.1	108.3	227	**陕西**	**Shaanxi**	**114.4**	**112.6**	**110.6**	
三亚	Sanya	117.3	109.0	108.0	241	西安	Xi'an	113.8	111.3	110.6	91
重庆	**Chongqing**	**116.2**	**112.4**	**111.3**		铜川	Tongchuan	115.3	115.4	113.4	14
四川	**Sichuan**	**115.7**	**112.3**	**109.6**		宝鸡	Baoji	114.0	114.8	112.7	23
成都	Chengdu	109.3	112.5	109.3	173	咸阳	Xianyang	114.3	114.1	112.7	23
自贡	Zigong	118.4	113.2	110.2	120	渭南	Weinan	115.1	114.1	111.7	47
攀枝花	Panzhihua	112.0	113.3	110.1	125	延安	Yan'an	112.7	110.3	106.2	273
泸州	Luzhou	117.6	114.3	110.9	75	汉中	Hanzhong	115.2	115.1	112.5	26
德阳	Deyang	114.9	114.4	111.1	67	榆林	Yulin	118.3	111.9	108.5	218
绵阳	Mianyang	119.5	113.0	109.3	173	安康	Ankang	115.0	115.1	113.3	15
广元	Guangyuan	121.5	112.7	109.3	173	商洛	Shangluo	115.3	114.9	112.3	33
遂宁	Suining	120.6	113.7	110.8	84	**甘肃**	**Gansu**	**111.6**	**112.2**	**110.4**	
内江	Neijiang	120.1	113.4	110.0	133	兰州	Lanzhou	111.3	113.2	113.1	18
乐山	Leshan	118.3	114.1	110.1	125	嘉峪关	Jiayuguan	109.9	110.3	113.2	17
南充	Nanchong	115.0	114.0	110.8	84	金昌	Jinchang	111.1	116.2	115.0	3
眉山	Meishan	116.7	114.2	110.5	97	白银	Baiyin	115.3	114.4	112.7	23
宜宾	Yibin	115.4	114.2	108.1	239	天水	Tianshui	111.5	113.0	111.0	71
广安	Guangan	124.5	113.8	110.6	91	武威	Wuwei	121.7	115.4	113.5	12
达州	Dazhou	117.8	113.3	109.9	139	张掖	Zhangye	115.2	111.9	111.4	60
雅安	Yaan	115.9	113.3	103.3	279	平凉	Pingliang	114.4	113.5	110.9	75
巴中	Bazhong	112.3	113.5	110.4	107	酒泉	Jiuquan	113.2	115.7	112.0	38
资阳	Ziyang	125.4	115.5	111.5	57	庆阳	Qingyang	123.4	115.8	114.2	8
贵州	**Guizhou**	**114.7**	**113.5**	**111.9**		定西	Dingxi	116.1	109.6	110.0	133
贵阳	Guiyang		114.3	114.3	7	陇南	Longnan	118.1	115.9	111.4	60
六盘水	Liupanshui	116.8	115.9	115.6	1	**青海**	**Qinghai**	**114.5**	**111.3**	**109.9**	
遵义	Zunyi	117.3	116.0	113.6	11	西宁	Xining	117.2	114.0	113.1	18
安顺	Anshun		115.9	114.9	4	**宁夏**	**Ningxia**	**112.1**	**110.3**	**108.6**	
毕节	Bijie		115.5	114.9	4	银川	Yinchuan	111.4	111.3	108.5	218
铜仁	Tongren		115.4	115.1	2	石嘴山	Shizuishan	113.4	111.0	108.2	236
云南	**Yunnan**	**111.6**	**112.3**	**111.4**		吴忠	Wuzhong	112.1	112.5	109.1	186
昆明	Kunming	112.9	113.3	112.0	38	固原	Guyuan	116.7	110.6	113.8	9
曲靖	Qujing	112.7	112.2	112.4	29	中卫	Zhongwei	115.6	111.0	109.3	173
玉溪	Yuxi	112.1	112.1	109.7	148	**新疆**	**Xinjiang**	**109.3**	**110.8**	**109.6**	
保山	Baoshan	116.7	119.8	112.5	26	乌鲁木齐	Urumqi	102.7	112.1	110.8	84
昭通	Zhaotong	115.1	115.3	112.4	29	克拉玛依	Karamay	118.9	105.5	107.6	251

固定资产投资和房地产

Investment in Fixed Assets and Real Estate

4-1 固定资产投资额（不含农户）
Investment in Fixed Assets (Excluding Rural Households)

单位：亿元 （100 million yuan）

地名	City	2010	2012	2013	2013 排名 Ranking
全国	**National Total**	**241430.9**	**364854.1**	**435747.4**	
北京	**Beijing**	**4916.53**	**6064.90**	**6797.54**	
天津	**Tianjin**	**5896.52**	**7913.30**	**9103.01**	
河北	**Hebei**	**12922.66**	**19104.60**	**22629.77**	
石家庄	Shijiazhuang	2696.81	3673.33	4369.20	14
唐山	Tangshan	2218.43	3017.17	3575.90	18
秦皇岛	Qinhuangdao	409.67	723.74	770.30	192
邯郸	Handan	1596.32	2292.13	2661.20	30
邢台	Xingtai	754.15	1186.47	1417.80	83
保定	Baoding	1320.73	1888.45	2083.40	44
张家口	Zhangjiakou	800.93	1163.08	1271.90	101
承德	Chengde	695.07	996.75	1202.10	109
沧州	Cangzhou	1022.16	1891.87	2292.10	40
廊坊	Langfang	856.15	1282.12	1541.30	68
衡水	Hengshui	328.77	639.95	787.30	187
山西	**Shanxi**	**5526.60**	**8584.90**	**10745.35**	
太原	Taiyuan	852.29	1320.63	1670.70	62
大同	Datong	524.26	831.79	1036.30	133
阳泉	Yangquan	271.02	391.29	485.50	237
长治	Changzhi	534.01	866.96	1086.80	122
晋城	Jincheng	389.32	654.95	837.70	167
朔州	Shuozhou	361.00	610.62	774.70	190
晋中	Jinzhong	465.75	744.11	945.90	154
运城	Yuncheng	549.88	826.85	1008.90	138
忻州	Xinzhou	417.24	653.33	815.20	172
临汾	Linfen	506.72	822.45	1036.30	133
吕梁	Luliang	399.85	690.38	872.90	161
内蒙古	**Inner Mongolia**	**8688.00**	**11749.80**	**14072.39**	
呼和浩特	Hohhot	880.37	1301.43	1499.80	76
包头	Baotou	1774.85	2534.24	2991.40	26
乌海	Wuhai	238.72	346.67	417.00	257
赤峰	Chifeng	786.18	1322.29	1567.50	66
通辽	Tongliao	634.16	1281.58	1577.70	65
鄂尔多斯	Erdos	1866.95	2570.58	2996.00	25
呼伦贝尔	Hulunbuir	603.81	899.02	1080.00	123
巴彦淖尔	Bayannur	549.18	701.01	803.20	177
乌兰察布	Ulanqab	271.66	650.49	800.70	181
辽宁	**Liaoning**	**15106.33**	**21535.40**	**24791.40**	
沈阳	Shenyang	3271.30	5625.40	6383.90	3
大连	Dalian	3985.48	5624.40	6478.10	2
鞍山	Anshan	1109.29	1642.30	1858.40	57
抚顺	Fushun	674.62	953.52	1096.40	121
本溪	Benxi	461.54	720.68	843.00	165
丹东	Dandong	629.43	853.25	1003.70	140
锦州	Jinzhou	658.82	803.70	952.10	152
营口	Yingkou	1021.93	1085.09	1271.20	102
阜新	Fuxin	258.83	498.02	573.20	219
辽阳	Liaoyang	464.32	593.81	696.30	200
盘锦	Panjin	783.72	967.72	1137.70	116
铁岭	Tieling	904.70	906.21	1044.40	132
朝阳	Chaoyang	491.72	714.57	820.30	171
葫芦岛	Huludao	356.87	546.71	632.60	213
吉林	**Jilin**	**7395.23**	**9262.20**	**9725.76**	
长春	Changchun	2579.07	3070.92	3257.30	23
吉林	Jilin	1535.89	1899.87	1932.40	54
四平	Siping	446.35	554.41	640.40	212
辽源	Liaoyuan	405.62	493.42	501.60	233
通化	Tonghua	657.45	735.14	757.10	194
白山	Baishan	324.29	502.23	505.00	232
松原	Songyuan	624.08	966.93	988.30	144
白城	Baicheng	293.63	436.63	480.20	239
黑龙江	**Heilongjiang**	**6292.67**	**9375.40**	**11121.28**	
哈尔滨	Harbin	2295.56	3502.63	4383.10	12
齐齐哈尔	Qiqihar	483.53	677.35	801.40	179
鸡西	Jixi	155.49	277.54	272.20	273
鹤岗	Hegang	149.10	195.25	170.10	283
双鸭山	Shuangyashan	271.73	438.82	495.10	234
大庆	Daqing	994.84	1375.51	1527.90	69
伊春	Yichun	148.56	218.11	256.50	274
佳木斯	Jiamusi	242.91	384.34	486.30	236
七台河	Qitaihe	188.50	163.52	191.70	282
牡丹江	Mudanjiang	491.60	782.63	986.60	145
黑河	Heihe	138.40	213.95	243.40	276
绥化	Suihua	342.60	572.83	685.40	201
上海	**Shanghai**	**4630.47**	**5114.60**	**5644.13**	
江苏	**Jiangsu**	**17416.47**	**30473.70**	**35982.52**	

4-1 固定资产投资额（不含农户） 续表 1
Investment in Fixed Assets (Excluding Rural Households) continued 1

单位：亿元 （100 million yuan）

地名	City	2010	2012	2013	2013 排名 Ranking
南京	Nanjing	2623.96	4558.49	5093.80	6
无锡	Wuxi	2067.99	3618.07	3973.50	16
徐州	Xuzhou	1646.98	2685.89	3090.10	24
常州	Changzhou	1420.47	2621.56	2850.10	29
苏州	Suzhou	2705.27	5142.51	5822.10	5
南通	Nantong	1281.39	2886.47	3298.70	22
连云港	Lianyungang	920.82	1280.88	1350.10	91
淮安	Huaian	841.22	1247.99	1453.10	79
盐城	Yancheng	1054.95	1940.89	2217.70	41
扬州	Yangzhou	890.68	1783.65	2025.20	47
镇江	Zhenjiang	749.35	1500.67	1753.10	59
泰州	Taizhou	693.01	1454.59	1764.20	58
宿迁	Suqian	554.92	1025.56	1290.70	98
浙江	**Zhejiang**	**8438.08**	**17096.00**	**20194.07**	
杭州	Hangzhou	2138.78	3722.75	4263.90	15
宁波	Ningbo	1118.29	2901.43	3423.00	21
温州	Wenzhou	691.75	2110.34	2618.20	32
嘉兴	Jiaxing	819.02	1642.31	1910.20	56
湖州	Huzhou	358.71	970.73	1070.10	126
绍兴	Shaoxing	390.90	1722.56	2002.00	49
金华	Jinhua		1126.80	1364.40	89
衢州	Quzhou	385.34	566.13	670.70	204
舟山	Zhoushan	260.78	570.60	750.00	196
台州	Taizhou	556.72	1242.56	1507.90	73
丽水	Lishui	242.35	471.98	570.40	220
安徽	**Anhui**	**10281.29**	**14943.80**	**18091.21**	
合肥	Hefei	2950.16	3803.04	4535.40	10
芜湖	Wuhu	1206.80	1700.79	2040.70	46
蚌埠	Bengbu	432.25	872.79	1060.90	130
淮南	Huainan	350.61	639.70	800.50	182
马鞍山	Maanshan	682.95	1201.15	1431.60	82
淮北	Huaibei	354.08	577.21	700.50	199
铜陵	Tongling	353.41	534.30	650.20	208
安庆	Anqing	724.06	972.01	1185.70	111
黄山	Huangshan	425.02	445.17	525.10	229
滁州	Chuzhou	660.49	882.59	1075.80	124
阜阳	Fuyang	314.46	514.89	645.30	211
宿州	Suzhou	288.93	613.69	773.30	191
六安	Liuan	465.15	687.24	845.00	164
亳州	Bozhou	255.37	430.29	541.50	225
池州	Chizhou	272.21	374.74	461.50	245
宣城	Xuancheng	655.55	805.34	978.20	147
福建	**Fujian**	**7385.78**	**12182.50**	**15045.81**	
福州	Fuzhou	2027.33	3234.78	3834.20	17
厦门	Xiamen	904.74	1322.98	1337.30	92
莆田	Putian	367.54	900.71	1164.50	113
三明	Sanming	558.25	1092.86	1334.10	93
泉州	Quanzhou	1082.79	1963.42	2443.50	35
漳州	Zhangzhou	673.67	1444.08	1713.30	60
南平	Nanping	395.56	875.03	1186.60	110
龙岩	Longyan	412.63	974.26	1269.90	103
宁德	Ningde	296.28	613.72	910.00	160
江西	**Jiangxi**	**7856.94**	**10378.40**	**12434.95**	
南昌	Nanchang	1816.78	2393.03	2896.90	28
景德镇	Jingdezhen	423.88	456.69	538.70	227
萍乡	Pingxiang	590.46	690.40	827.10	170
九江	Jiujiang	856.99	1206.33	1507.80	74
新余	Xinyu	587.12	670.41	704.00	198
鹰潭	Yingtan	216.37	327.99	394.00	260
赣州	Ganzhou	650.07	1035.91	1330.90	94
吉安	Jian	676.54	885.91	1064.60	129
宜春	Yichun	552.79	926.98	1124.60	118
抚州	Fuzhou	576.02	661.41	794.10	185
上饶	Shangrao	756.82	987.51	1164.70	112
山东	**Shandong**	**18844.41**	**30319.80**	**35875.86**	
济南	Jinan	1784.27	2186.08	2638.30	31
青岛	Qingdao	2434.66	4153.91	5027.90	7
淄博	Zibo	1175.93	1743.33	2078.50	45
枣庄	Zaozhuang	515.92	1044.62	1238.20	105
东营	Dongying	1185.12	1963.00	2332.10	39
烟台	Yantai	2193.62	3043.92	3538.20	19
潍坊	Weifang	1751.71	3012.93	3429.90	20
济宁	Jining	1116.36	1809.74	2188.30	42
泰安	Taian	980.63	1774.48	1981.80	51
威海	Weihai	1059.18	1595.45	1923.70	55
日照	Rizhao	621.30	922.38	1069.00	127
莱芜	Laiwu	299.71	441.06	472.60	241
临沂	Linyi	1000.12	2016.66	2431.60	37
德州	Dezhou	1026.27	1401.62	1686.60	61
聊城	Liaocheng	578.30	1260.74	1511.10	72

4-1 固定资产投资额（不含农户） 续表 2
Investment in Fixed Assets (Excluding Rural Households) continued 2

单位：亿元 （100 million yuan）

地名	City	2010	2012	2013	2013 排名 Ranking
滨州	Binzhou	715.79	1262.73	1517.20	71
菏泽	Heze	405.49	687.11	810.80	173
河南	**Henan**	**13934.82**	**20558.60**	**25188.06**	
郑州	Zhengzhou	2421.31	3561.22	4380.20	13
开封	Kaifeng	394.72	738.21	941.70	156
洛阳	Luoyang	1548.81	2109.05	2519.00	33
平顶山	Pingdingshan	580.34	1004.99	1231.80	106
安阳	Anyang	760.06	1080.53	1328.60	95
鹤壁	Hebi	305.30	415.67	487.00	235
新乡	Xinxiang	1085.44	1271.72	1553.60	67
焦作	Jiaozuo	841.03	1120.21	1374.00	86
濮阳	Puyang	432.43	738.96	941.90	155
许昌	Xuchang	685.59	1111.47	1371.10	87
漯河	Luohe	351.57	526.79	648.30	210
三门峡	Sanmenxia	570.83	925.54	1113.00	119
南阳	Nanyang	1129.95	1721.11	2091.40	43
商丘	Shangqiu	690.39	1005.51	1246.80	104
信阳	Xinyang	855.05	1197.52	1447.30	80
周口	Zhoukou	592.84	931.22	1151.60	115
驻马店	Zhumadian	496.74	817.58	1014.90	137
湖北	**Hubei**	**9405.63**	**15148.70**	**18796.85**	
武汉	Wuhan	3651.45	5016.08	5974.50	4
黄石	Huangshi	448.42	736.41	947.70	153
十堰	Shiyan	382.76	653.95	853.50	163
宜昌	Yichang	825.02	1557.03	2023.90	48
襄阳	Xiangfan	752.99	1538.23	1998.60	50
鄂州	Ezhou	284.61	442.74	567.20	221
荆门	Jingmen	395.57	761.25	978.50	146
孝感	Xiaogan	488.83	940.31	1215.30	107
荆州	Jingzhou	530.45	995.49	1287.40	99
黄冈	Huanggang	650.11	1060.33	1365.60	88
咸宁	Xianning	366.82	739.31	953.00	151
随州	Suizhou	228.95	355.86	628.60	214
湖南	**Hunan**	**8617.98**	**13966.30**	**17225.19**	
长沙	Changsha	2842.75	3956.06	4593.40	9
株洲	Zhuzhou	749.04	1150.47	1505.30	75
湘潭	Xiangtan	582.20	893.86	1214.90	108
衡阳	Hengyang	537.52	1063.75	1437.30	81
邵阳	Shaoyang	567.44	761.61	1030.00	135
岳阳	Yueyang	733.90	1168.11	1485.30	77
常德	Changde	530.22	946.57	1284.20	100
张家界	Zhangjiajie	118.79	170.09	210.80	279
益阳	Yiyang	392.26	625.14	842.40	166
郴州	Chenzhou	731.10	1098.40	1474.10	78
永州	Yongzhou	538.60	802.90	1074.30	125
怀化	Huaihua	415.92	600.95	801.40	179
娄底	Loudi	329.00	581.91	787.60	186
广东	**Guangdong**	**12599.26**	**18250.10**	**21795.52**	
广州	Guangzhou	3138.91	3758.39	4447.30	11
韶关	Shaoguan	384.26	548.48	664.50	205
深圳	Shenzhen	1944.70	2314.43	2490.20	34
珠海	Zhuhai	486.05	787.62	960.90	149
汕头	Shantou	274.74	611.92	780.90	189
佛山	Foshan	959.37	2128.33	2375.60	38
江门	Jiangmen	465.13	850.41	1000.80	143
湛江	Zhanjiang	365.39	572.28	795.60	184
茂名	Maoming	140.50	427.37	660.50	206
肇庆	Zhaoqing	407.78	852.60	1007.80	139
惠州	Huizhou	778.34	1208.68	1401.30	84
梅州	Meizhou	157.15	230.14	280.50	272
汕尾	Shanwei	300.33	391.56	462.10	244
河源	Heyuan	161.83	278.59	342.70	267
阳江	Yangjiang	270.33	483.67	598.70	216
清远	Qingyuan	621.88	437.95	506.00	231
东莞	Dongguan	765.52	1180.35	1383.90	85
中山	ZhongShan	506.32	893.43	962.90	148
潮州	Chaozhou	116.26	224.16	253.60	275
揭阳	Jieyang	440.51	663.51	829.40	169
云浮	Yunfu	184.79	463.66	623.40	215
广西	**Guangxi**	**6383.26**	**9345.20**	**11383.93**	
南宁	Nanning	1389.30	2517.61	2432.70	36
柳州	Liuzhou	929.61	1615.22	1522.10	70
桂林	Guilin	758.52	1336.18	1308.50	97
梧州	Wuzhou	425.95	797.07	803.40	176
北海	Beihai	455.44	707.80	674.90	202
防城港	Fangchenggang	349.84	517.83	455.80	247
钦州	Qinzhou	374.04	561.68	559.00	222
贵港	Guigang	301.06	495.21	463.40	243
玉林	Yulin	535.63	969.42	953.60	150
百色	Baise	559.80	916.88	802.50	178

4-1 固定资产投资总额（不含农户） 续表 3
Investment in Fixed Assets (Excluding Rural Households) continued 3

单位：亿元 （100 million yuan）

地名	City	2010	2012	2013	2013 排名 Ranking	地名	City	2010	2012	2013	2013 排名 Ranking
贺州	Hezhou	307.53	542.37	451.80	248	丽江	Lijiang	196.01	231.40	372.70	264
河池	Hechi	272.92	221.82	296.90	268	普洱	Puer	207.06	333.26	450.60	250
来宾	Laibin	244.30	480.11	410.40	259	临沧	Lincang	156.16	411.36	417.30	256
崇左	Chongzuo	245.55	479.99	450.80	249	**西藏**	**Tibet**	**404.98**	**670.50**	**876.00**	
海南	**Hainan**	**1257.50**	**2064.40**	**2625.59**		拉萨	Lhasa	171.99	277.50	374.40	263
海口	Haikou	341.60	510.38	649.20	209	**陕西**	**Shaanxi**	**7569.90**	**11705.80**	**14533.51**	
三亚	Sanya	300.30	430.34	523.40	230	西安	Xi'an	2909.74	4038.76	4973.20	8
重庆	**Chongqing**	**6170.61**	**8610.40**	**10290.95**		铜川	Tongchuan	104.23	182.94	232.50	277
四川	**Sichuan**	**11061.38**	**16530.30**	**19755.29**		宝鸡	Baoji	664.45	1212.04	1581.40	64
成都	Chengdu	4032.63	5818.42	6501.10	1	咸阳	Xianyang	888.06	1486.34	1958.00	53
自贡	Zigong	255.52	414.91	531.60	228	渭南	Weinan	631.45	1065.02	1357.90	90
攀枝花	Panzhihua	299.18	452.28	545.70	224	延安	Yan'an	529.23	872.92	1153.30	114
泸州	Luzhou	326.24	667.08	866.40	162	汉中	Hanzhong	278.53	460.65	590.00	217
德阳	Deyang	535.68	689.83	807.40	174	榆林	Yulin	822.28	1493.97	1594.20	63
绵阳	Mianyang	698.06	860.48	1001.00	142	安康	Ankang	233.09	324.41	427.00	255
广元	Guangyuan	343.36	440.17	541.10	226	商洛	Shangluo	240.83	363.11	465.70	242
遂宁	Suining	400.44	628.49	804.90	175	**甘肃**	**Gansu**	**2808.55**	**5040.00**	**6407.20**	
内江	Neijiang	254.15	451.85	575.90	218	兰州	Lanzhou	591.98	1239.18	1316.90	96
乐山	Leshan	470.27	608.09	787.00	188	嘉峪关	Jiayuguan	47.37	93.35	103.00	284
南充	Nanchong	579.37	855.46	1102.80	120	金昌	Jinchang	98.21	184.87	201.70	280
眉山	Meishan	349.39	589.07	756.10	195	白银	Baiyin	174.55	320.88	352.00	266
宜宾	Yibin	435.21	735.64	935.40	157	天水	Tianshui	194.43	416.51	442.90	252
广安	Guangan	235.78	517.38	672.40	203	武威	Wuwei	167.41	415.95	450.00	251
达州	Dazhou	482.58	804.21	1002.90	141	张掖	Zhangye	112.02	209.59	227.00	278
雅安	Yaan	308.44	317.74	352.80	265	平凉	Pingliang	229.88	417.95	442.80	253
巴中	Bazhong	161.24	474.62	651.00	207	酒泉	Jiuquan	361.77	784.00	829.70	168
资阳	Ziyang	343.44	593.93	760.70	193	庆阳	Qingyang	300.64	751.88	797.30	183
贵州	**Guizhou**	**2609.36**	**5504.90**	**7102.78**		定西	Dingxi	164.98	392.29	413.30	258
贵阳	Guiyang	961.33	1897.35	1958.10	52	陇南	Longnan	208.63	410.35	438.80	254
六盘水	Liupanshui	233.30	766.39	722.40	197	**青海**	**Qinghai**	**840.01**	**1808.70**	**2285.30**	
遵义	Zunyi	430.31	1176.48	1068.30	128	西宁	Xining	269.94	688.43	925.40	159
安顺	Anshun	87.81	298.16	294.10	270	**宁夏**	**Ningxia**	**1292.80**	**2033.00**	**2577.79**	
毕节	Bijie	264.62	1052.81	928.70	158	银川	Yinchuan	625.96	889.89	1127.60	117
铜仁	Tongren	214.21	540.07	482.20	238	石嘴山	Shizuishan	195.45	332.00	378.00	262
云南	**Yunnan**	**5052.61**	**7553.50**	**9621.83**		吴忠	Wuzhong	183.77	365.05	476.70	240
昆明	Kunming	2121.11	2341.91	2931.50	27	固原	Guyuan	64.00	154.10	201.30	281
曲靖	Qujing	507.79	825.09	1020.80	136	中卫	Zhongwei	158.78	242.07	296.90	268
玉溪	Yuxi	248.44	287.13	393.70	261	**新疆**	**Xinjiang**	**3065.13**	**5858.00**	**7371.24**	
保山	Baoshan	170.28	222.63	288.30	271	乌鲁木齐	Urumqi	542.76	827.63	1055.90	131
昭通	Zhaotong	321.62	421.79	548.50	223	克拉玛依	Karamay	180.61	327.49	456.50	246

4-2 房地产开发投资额
Investment in Real Estate Development

单位：亿元 （100 million yuan）

地名	City	2010	2012	2013	2013 排名 Ranking	地名	City	2010	2012	2013	2013 排名 Ranking
全国	**National Total**	**48259.40**	**71803.80**	**86013.38**		沈阳	Shenyang	1481.19	1942.96	2184.00	1
北京	**Beijing**	**2901.07**	**3153.40**	**3483.40**		大连	Dalian	780.48	1396.52	1710.40	5
天津	**Tianjin**	**866.64**	**1260.00**	**1480.82**		鞍山	Anshan	235.86	384.77	455.90	38
河北	**Hebei**	**2264.94**	**3086.50**	**3445.42**		抚顺	Fushun	91.48	129.70	149.50	120
石家庄	Shijiazhuang	538.00	833.21	928.10	19	本溪	Benxi	60.70	104.41	132.70	141
唐山	Tangshan	338.39	516.52	569.10	33	丹东	Dandong	115.01	198.30	256.30	74
秦皇岛	Qinhuangdao	120.26	213.32	235.10	81	锦州	Jinzhou	117.12	138.09	188.00	102
邯郸	Handan	225.63	257.83	305.00	57	营口	Yingkou	197.94	306.97	307.50	55
邢台	Xingtai	62.39	90.93	124.80	150	阜新	Fuxin	35.89	91.58	132.80	140
保定	Baoding	273.94	347.91	334.10	49	辽阳	Liaoyang	65.41	126.18	146.90	125
张家口	Zhangjiakou	173.15	209.12	199.30	95	盘锦	Panjin	100.34	178.78	225.80	86
承德	Chengde	92.72	120.33	140.90	132	铁岭	Tieling	186.64	214.62	244.00	78
沧州	Cangzhou	112.62	150.01	184.50	104	朝阳	Chaoyang	75.56	107.86	135.10	136
廊坊	Langfang	249.10	243.07	303.50	58	葫芦岛	Huludao	55.96	135.05	181.90	106
衡水	Hengshui	78.73	104.28	120.80	154	吉林	**Jilin**	**921.01**	**1310.00**	**1252.43**	
山西	**Shanxi**	**592.24**	**1010.50**	**1308.63**		长春	Changchun	543.64	649.65	613.60	26
太原	Taiyuan	241.09	364.72	429.90	41	吉林	Jilin	139.61	248.80	229.90	82
大同	Datong	90.61	170.61	265.00	72	四平	Siping	26.93	58.67	48.60	241
阳泉	Yangquan	43.34	56.97	72.40	213	辽源	Liaoyuan	20.78	46.52	44.10	247
长治	Changzhi	32.76	75.92	94.20	181	通化	Tonghua	75.74	108.16	84.60	197
晋城	Jincheng	32.37	45.18	50.80	237	白山	Baishan	9.21	37.24	41.20	252
朔州	Shuozhou	19.78	46.40	90.10	186	松原	Songyuan	58.57	81.38	103.10	172
晋中	Jinzhong	29.81	70.31	76.90	208	白城	Baicheng	6.58	11.08	13.40	278
运城	Yuncheng	33.25	67.77	93.00	183	黑龙江	**Heilongjiang**	**843.12**	**1535.80**	**1604.83**	
忻州	Xinzhou	18.13	27.63	38.10	256	哈尔滨	Harbin	360.74	900.92	849.70	21
临汾	Linfen	31.37	55.56	65.60	220	齐齐哈尔	Qiqihar	58.75	156.49	117.20	160
吕梁	Luliang	19.71	29.38	32.50	259	鸡西	Jixi	17.27	43.61	24.70	265
内蒙古	**Inner Mongolia**	**1119.99**	**1291.40**	**1479.01**		鹤岗	Hegang	8.27	22.20	12.60	279
呼和浩特	Hohhot	254.35	447.99	581.70	31	双鸭山	Shuangyashan	22.80	39.57	20.50	272
包头	Baotou	202.83	158.56	206.50	91	大庆	Daqing	119.50	272.01	277.20	67
乌海	Wuhai	24.90	46.35	47.90	242	伊春	Yichun	11.04	65.40	9.80	281
赤峰	Chifeng	83.37	139.84	147.20	123	佳木斯	Jiamusi	47.75	79.98	69.80	215
通辽	Tongliao	57.79	42.63	69.20	216	七台河	Qitaihe	5.44	13.55	12.40	280
鄂尔多斯	Erdos	280.53	175.34	137.60	134	牡丹江	Mudanjiang	63.70	132.68	109.50	167
呼伦贝尔	Hulunbuir	49.79	90.75	108.00	168	黑河	Heihe	18.96	50.14	19.70	273
巴彦淖尔	Bayannur	56.17	66.42	58.30	230	绥化	Suihua	100.49	103.60	62.10	226
乌兰察布	Ulanqab	35.04	31.99	31.00	260	上海	**Shanghai**	**1980.68**	**2381.40**	**2819.59**	
辽宁	**Liaoning**	**3465.76**	**5455.80**	**6450.75**		江苏	**Jiangsu**	**4299.38**	**6206.10**	**7241.45**	

4-2 房地产开发投资额 续表 1
Investment in Real Estate Development continued 1

单位：亿元 （100 million yuan）

地名	City	2010	2012	2013	2013 排名 Ranking	地名	City	2010	2012	2013	2013 排名 Ranking
南京	Nanjing	748.35	971.96	1037.70	17	池州	Chizhou	66.49	98.61	105.70	170
无锡	Wuxi	612.67	974.37	1128.90	13	宣城	Xuancheng	82.19	185.70	189.10	101
徐州	Xuzhou	205.32	310.07	380.50	47	**福建**	**Fujian**	**1818.86**	**2824.10**	**3702.97**	
常州	Changzhou	409.91	597.01	681.40	25	福州	Fuzhou	670.69	972.27	1264.80	11
苏州	Suzhou	935.80	1263.36	1414.00	9	厦门	Xiamen	396.13	518.88	531.80	35
南通	Nantong	272.78	481.74	596.50	28	莆田	Putian	87.91	198.59	283.30	66
连云港	Lianyungang	132.36	162.23	174.10	110	三明	Sanming	94.82	139.98	162.00	115
淮安	Huaian	237.77	280.55	312.20	54	泉州	Quanzhou	203.11	395.50	585.50	30
盐城	Yancheng	165.47	273.41	327.30	51	漳州	Zhangzhou	159.62	254.49	356.10	48
扬州	Yangzhou	165.16	235.84	315.90	53	南平	Nanping	67.13	85.84	133.30	139
镇江	Zhenjiang	114.88	205.48	296.30	63	龙岩	Longyan	80.82	120.53	165.10	114
泰州	Taizhou	152.19	234.48	271.20	70	宁德	Ningde	58.62	138.04	221.10	87
宿迁	Suqian	147.63	218.64	305.50	56	**江西**	**Jiangxi**	**706.82**	**969.60**	**1174.58**	
浙江	**Zhejiang**	**3025.43**	**5226.30**	**6216.25**		南昌	Nanchang	230.15	344.36	406.10	44
杭州	Hangzhou	956.20	1597.36	1853.30	4	景德镇	Jingdezhen	25.72	52.04	42.70	249
宁波	Ningbo	557.27	884.35	1123.10	14	萍乡	Pingxiang	16.47	17.16	24.40	266
温州	Wenzhou	270.50	687.50	734.40	23	九江	Jiujiang	46.06	58.12	75.30	210
嘉兴	Jiaxing	270.39	415.88	510.80	36	新余	Xinyu	24.43	24.73	41.50	251
湖州	Huzhou	143.13	211.17	267.60	71	鹰潭	Yingtan	13.04	25.15	36.60	258
绍兴	Shaoxing	297.80	467.71	537.00	34	赣州	Ganzhou	100.48	163.27	196.60	96
金华	Jinhua	163.65	285.19	385.00	46	吉安	Jian	31.85	43.90	62.20	225
衢州	Quzhou	63.71	75.79	88.80	191	宜春	Yichun	49.80	80.97	101.00	176
舟山	Zhoushan	58.98	158.94	143.80	128	抚州	Fuzhou	74.63	66.09	81.40	201
台州	Taizhou	196.08	357.38	453.50	39	上饶	Shangrao	94.19	93.84	106.80	169
丽水	Lishui	47.73	84.99	118.90	158	**山东**	**Shandong**	**3249.37**	**4708.30**	**5444.53**	
安徽	**Anhui**	**2251.80**	**3151.60**	**3946.23**		济南	Jinan	484.50	663.32	721.20	24
合肥	Hefei	819.03	1182.44	1105.80	15	青岛	Qingdao	602.44	930.11	1048.50	16
芜湖	Wuhu	291.16	475.47	446.10	40	淄博	Zibo	166.99	155.66	200.40	94
蚌埠	Bengbu	73.84	244.71	325.30	52	枣庄	Zaozhuang	78.00	178.56	220.40	88
淮南	Huainan	78.35	211.68	128.20	146	东营	Dongying	100.30	147.75	175.80	108
马鞍山	Maanshan	85.05	277.38	255.70	76	烟台	Yantai	383.12	573.52	578.40	32
淮北	Huaibei	42.53	146.11	134.00	138	潍坊	Weifang	367.63	468.81	602.10	27
铜陵	Tongling	73.30	123.75	125.50	149	济宁	Jining	134.60	219.07	275.40	68
安庆	Anqing	92.22	124.13	149.80	118	泰安	Taian	75.10	108.94	126.20	148
黄山	Huangshan	125.76	159.34	142.50	129	威海	Weihai	269.80	366.19	411.80	43
滁州	Chuzhou	131.77	303.45	261.70	73	日照	Rizhao	63.33	65.99	72.00	214
阜阳	Fuyang	50.05	147.65	140.50	133	莱芜	Laiwu	18.34	35.24	36.70	257
宿州	Suzhou	47.14	119.07	142.50	129	临沂	Linyi	158.23	233.52	300.50	62
六安	Liuan	62.41	158.05	144.80	127	德州	Dezhou	90.19	141.31	195.80	97
亳州	Bozhou	43.52	148.76	149.10	121	聊城	Liaocheng	56.45	108.75	146.10	126

4-2 房地产开发投资额 续表 2

Investment in Real Estate Development continued 2

单位：亿元 （100 million yuan）

地名	City	2010	2012	2013	2013 排名 Ranking	地名	City	2010	2012	2013	2013 排名 Ranking
滨州	Binzhou	96.55	135.26	127.10	147	常德	Changde	61.70	94.81	121.80	153
菏泽	Heze	103.82	176.31	206.20	92	张家界	Zhangjiajie	22.49	44.52	68.00	218
河南	**Henan**	**2114.08**	**3035.30**	**3843.76**		益阳	Yiyang	63.00	92.56	100.90	177
郑州	Zhengzhou	775.16	1095.14	1445.30	8	郴州	Chenzhou	68.68	116.54	147.60	122
开封	Kaifeng	57.69	94.88	134.80	137	永州	Yongzhou	72.60	86.12	90.00	187
洛阳	Luoyang	179.90	274.51	302.00	60	怀化	Huaihua	44.73	79.35	118.40	159
平顶山	Pingdingshan	54.28	109.35	120.20	156	娄底	Loudi	40.98	81.14	119.40	157
安阳	Anyang	98.72	131.58	153.80	117	**广东**	**Guangdong**	**3659.69**	**5352.80**	**6489.59**	
鹤壁	Hebi	24.47	37.59	50.60	238	广州	Guangzhou	983.66	1370.45	1572.40	7
新乡	Xinxiang	117.64	172.85	227.30	83	韶关	Shaoguan	63.96	91.30	123.60	151
焦作	Jiaozuo	72.29	71.09	117.00	161	深圳	Shenzhen	458.47	736.84	876.90	20
濮阳	Puyang	41.60	57.90	72.70	212	珠海	Zhuhai	179.51	242.08	272.60	69
许昌	Xuchang	71.06	89.31	120.70	155	汕头	Shantou	49.31	83.35	147.00	124
漯河	Luohe	28.93	37.35	46.40	244	佛山	Foshan	485.52	638.46	737.30	22
三门峡	Sanmenxia	46.60	64.78	85.70	195	江门	Jiangmen	111.72	144.49	241.80	79
南阳	Nanyang	70.32	100.85	131.00	143	湛江	Zhanjiang	75.04	114.96	154.80	116
商丘	Shangqiu	89.98	140.37	189.70	100	茂名	Maoming	37.22	73.96	77.40	206
信阳	Xinyang	136.08	189.15	226.30	85	肇庆	Zhaoqing	91.14	145.45	171.50	111
周口	Zhoukou	125.09	173.14	207.20	90	惠州	Huizhou	267.86	482.17	593.50	29
驻马店	Zhumadian	107.05	168.25	181.30	107	梅州	Meizhou	26.18	44.05	77.00	207
湖北	**Hubei**	**1618.24**	**2539.50**	**3286.02**		汕尾	Shanwei	17.72	16.07	16.70	277
武汉	Wuhan	1017.40	1574.86	1905.60	3	河源	Heyuan	23.19	67.13	89.20	189
黄石	Huangshi	38.36	56.04	84.70	196	阳江	Yangjiang	51.97	77.18	89.00	190
十堰	Shiyan	41.08	76.64	101.10	175	清远	Qingyuan	125.22	180.72	187.80	103
宜昌	Yichang	105.78	176.59	203.20	93	东莞	Dongguan	298.99	377.32	497.70	37
襄阳	Xiangfan	106.52	186.19	301.90	61	中山	ZhongShan	241.79	346.41	399.10	45
鄂州	Ezhou	11.49	11.65	22.80	267	潮州	Chaozhou	18.22	28.57	41.90	250
荆门	Jingmen	52.58	64.31	87.80	192	揭阳	Jieyang	33.25	56.44	57.00	231
孝感	Xiaogan	49.60	74.98	111.10	164	云浮	Yunfu	19.75	35.40	65.40	222
荆州	Jingzhou	35.53	54.89	76.80	209	**广西**	**Guangxi**	**1206.22**	**1554.90**	**1614.63**	
黄冈	Huanggang	43.84	78.57	132.70	141	南宁	Nanning	317.50	362.73	416.40	42
咸宁	Xianning	59.57	84.96	112.10	162	柳州	Liuzhou	165.41	230.27	245.90	77
随州	Suizhou	21.66	19.79	29.20	263	桂林	Guilin	118.01	176.07	194.30	99
湖南	**Hunan**	**1469.33**	**2210.50**	**2628.32**		梧州	Wuzhou	60.05	71.89	91.20	185
长沙	Changsha	684.10	1032.00	1153.60	12	北海	Beihai	97.34	176.17	170.00	112
株洲	Zhuzhou	146.49	189.65	226.90	84	防城港	Fangchenggang	90.55	129.77	100.10	179
湘潭	Xiangtan	59.91	93.81	122.20	152	钦州	Qinzhou	65.39	68.44	72.90	211
衡阳	Hengyang	65.31	96.75	111.30	163	贵港	Guigang	45.31	48.99	54.30	234
邵阳	Shaoyang	47.03	75.49	102.70	173	玉林	Yulin	82.72	94.66	87.10	193
岳阳	Yueyang	70.37	102.06	109.90	166	百色	Baise	65.92	65.93	57.00	231

4-2 房地产开发投资额 续表 3
Investment in Real Estate Development continued 3

单位：亿元 （100 million yuan）

地名	City	2010	2012	2013	2013 排名 Ranking	地名	City	2010	2012	2013	2013 排名 Ranking
贺州	Hezhou	13.79	19.76	22.80	267	丽江	Lijiang	25.06	64.16	79.90	203
河池	Hechi	26.32	14.24	19.20	274	普洱	Puer	23.83	30.16	46.70	243
来宾	Laibin	24.67	61.96	53.00	235	临沧	Lincang	20.75	62.56	96.00	180
崇左	Chongzuo	33.25	34.06	30.40	262	**西藏**	**Tibet**	**8.96**	**6.90**	**9.68**	
海南	**Hainan**	**467.87**	**886.60**	**1196.76**		拉萨	Lhasa	7.15	5.44	7.20	284
海口	Haikou	103.79	175.55	256.30	74	**陕西**	**Shaanxi**	**1159.47**	**1835.90**	**2240.17**	
三亚	Sanya	132.84	238.45	302.80	59	西安	Xi'an	842.34	1281.90	1595.60	6
重庆	**Chongqing**	**1620.26**	**2508.40**	**3012.78**		铜川	Tongchuan	14.68	22.52	22.50	270
四川	**Sichuan**	**2194.63**	**3266.40**	**3853.00**		宝鸡	Baoji	63.70	75.88	81.30	202
成都	Chengdu	1278.34	1890.03	2110.30	2	咸阳	Xianyang	93.84	151.76	174.80	109
自贡	Zigong	54.00	62.77	77.80	205	渭南	Weinan	42.08	85.11	101.30	174
攀枝花	Panzhihua	34.20	54.69	51.20	236	延安	Yan'an	8.13	20.31	18.40	275
泸州	Luzhou	54.52	71.64	130.90	144	汉中	Hanzhong	38.22	73.41	69.10	217
德阳	Deyang	46.97	79.87	82.70	198	榆林	Yulin	28.33	52.49	89.70	188
绵阳	Mianyang	105.84	145.69	169.90	113	安康	Ankang	16.65	36.40	50.50	239
广元	Guangyuan	18.72	32.89	58.70	229	商洛	Shangluo	8.22	14.20	17.20	276
遂宁	Suining	67.90	76.79	86.00	194	**甘肃**	**Gansu**	**266.41**	**561.00**	**724.65**	
内江	Neijiang	41.01	58.03	78.60	204	兰州	Lanzhou	118.28	223.31	286.80	65
乐山	Leshan	58.79	75.46	110.20	165	嘉峪关	Jiayuguan	11.77	19.49	22.50	270
南充	Nanchong	102.23	187.07	207.90	89	金昌	Jinchang	4.83	7.68	9.10	283
眉山	Meishan	47.77	78.18	130.30	145	白银	Baiyin	11.75	19.87	22.80	267
宜宾	Yibin	60.22	104.52	141.10	131	天水	Tianshui	23.51	36.01	39.00	255
广安	Guangan	29.58	51.04	65.30	223	武威	Wuwei	11.18	22.90	30.80	261
达州	Dazhou	60.68	85.10	100.50	178	张掖	Zhangye	8.08	31.09	45.50	245
雅安	Yaan	11.91	30.01	27.00	264	平凉	Pingliang	16.41	29.67	40.00	254
巴中	Bazhong	27.27	49.28	64.00	224	酒泉	Jiuquan	13.74	28.29	41.20	252
资阳	Ziyang	74.65	109.60	137.00	135	庆阳	Qingyang	12.29	50.73	66.70	219
贵州	**Guizhou**	**556.69**	**1467.60**	**1942.54**		定西	Dingxi	18.31	45.21	60.40	228
贵阳	Guiyang	310.47	908.52	983.10	18	陇南	Longnan	3.14	5.95	9.50	282
六盘水	Liupanshui	26.25	55.48	81.70	200	**青海**	**Qinghai**	**108.19**	**189.70**	**247.61**	
遵义	Zunyi	44.57	128.87	239.00	80	西宁	Xining	95.40	158.23	195.30	98
安顺	Anshun	24.11	61.40	91.90	184	**宁夏**	**Ningxia**	**254.37**	**429.20**	**558.97**	
毕节	Bijie	52.61	89.58	149.60	119	银川	Yinchuan	160.82	275.70	330.80	50
铜仁	Tongren	28.14	63.08	94.10	182	石嘴山	Shizuishan	35.71	48.49	65.60	220
云南	**Yunnan**	**900.44**	**1782.10**	**2488.33**		吴忠	Wuzhong	27.31	37.95	56.10	233
昆明	Kunming	440.68	919.07	1291.70	10	固原	Guyuan	10.89	21.43	45.40	246
曲靖	Qujing	101.56	153.80	183.70	105	中卫	Zhongwei	19.64	45.58	61.10	227
玉溪	Yuxi	57.54	90.57	104.70	171	**新疆**	**Xinjiang**	**347.72**	**606.10**	**825.69**	
保山	Baoshan	16.74	50.77	82.50	199	乌鲁木齐	Urumqi	150.20	233.83	287.50	64
昭通	Zhaotong	17.43	36.11	50.40	240	克拉玛依	Karamay	9.19	25.33	42.80	248

4-3 商品房销售额
Total Sales of Commercialized Buildings

单位：亿元 （100 million yuan）

地名	City	2010	2012	2013	2013 排名 Ranking	地名	City	2010	2012	2013	2013 排名 Ranking
全国	**National Total**	**52721.24**	**64455.79**	**81428.28**		沈阳	Shenyang	945.05	1561.13	1436.10	7
北京	**Beijing**	**2915.36**	**3308.56**	**3530.82**		大连	Dalian	856.04	861.47	1009.90	15
天津	**Tianjin**	**1282.43**	**1365.53**	**1615.47**		鞍山	Anshan	202.42	312.31	366.50	47
河北	**Hebei**	**1650.00**	**2303.90**	**2779.69**		抚顺	Fushun	77.54	145.75	168.10	99
石家庄	Shijiazhuang	182.16	379.06	523.50	34	本溪	Benxi	76.16	170.85	196.90	88
唐山	Tangshan	197.10	490.08	538.20	33	丹东	Dandong	109.02	178.78	211.70	81
秦皇岛	Qinhuangdao	147.01	142.83	202.50	86	锦州	Jinzhou	122.20	158.13	188.70	91
邯郸	Handan	90.33	164.83	153.80	109	营口	Yingkou	184.28	268.21	270.40	62
邢台	Xingtai	56.16	62.85	81.20	181	阜新	Fuxin	33.57	58.85	80.20	184
保定	Baoding	106.32	133.21	129.50	129	辽阳	Liaoyang	60.29	96.66	116.80	143
张家口	Zhangjiakou	188.14	215.08	208.00	83	盘锦	Panjin	91.84	148.33	156.00	107
承德	Chengde	104.52	94.48	117.90	141	铁岭	Tieling	136.09	166.97	182.80	94
沧州	Cangzhou	125.26	129.83	211.50	82	朝阳	Chaoyang	69.34	151.49	231.40	73
廊坊	Langfang	399.87	417.36	502.00	36	葫芦岛	Huludao	99.50	83.87	143.60	118
衡水	Hengshui	53.14	74.30	111.70	153	吉林	**Jilin**	**868.80**	**1016.95**	**993.04**	
山西	**Shanxi**	**411.71**	**579.89**	**728.26**		长春	Changchun	446.91	503.05	510.40	35
太原	Taiyuan	187.49	221.48	295.20	60	吉林	Jilin	164.79	249.02	188.50	92
大同	Datong	23.99	47.22	55.80	216	四平	Siping	30.62	52.23	56.80	215
阳泉	Yangquan	28.03	34.90	28.00	255	辽源	Liaoyuan	19.22	12.40	17.90	269
长治	Changzhi	32.17	55.72	64.70	204	通化	Tonghua	46.08	61.75	59.60	211
晋城	Jincheng	18.44	26.59	38.40	240	白山	Baishan	26.71	12.29	24.30	262
朔州	Shuozhou	11.87	21.23	40.60	234	松原	Songyuan	47.24	23.80	40.50	235
晋中	Jinzhong	28.49	42.79	48.70	225	白城	Baicheng	4.81	5.03	9.90	280
运城	Yuncheng	32.92	66.89	65.60	202	黑龙江	**Heilongjiang**	**1011.95**	**1548.30**	**1582.34**	
忻州	Xinzhou	14.36	17.66	18.50	267	哈尔滨	Harbin	470.19	641.77	834.00	18
临汾	Linfen	17.43	32.13	47.60	226	齐齐哈尔	Qiqihar	70.89	95.54	113.80	150
吕梁	Luliang	16.51	13.27	25.20	261	鸡西	Jixi	20.05	38.21	21.20	264
内蒙古	**Inner Mongolia**	**1076.55**	**1022.80**	**1177.36**		鹤岗	Hegang	17.17	8.60	6.00	283
呼和浩特	Hohhot	193.71	260.38	220.00	77	双鸭山	Shuangyashan	9.60	34.00	10.30	277
包头	Baotou	266.57	161.80	214.20	80	大庆	Daqing	128.84	236.92	251.50	67
乌海	Wuhai	27.23	50.63	53.20	218	伊春	Yichun	13.32	11.88	13.60	273
赤峰	Chifeng	102.86	123.72	203.10	85	佳木斯	Jiamusi	66.62	51.68	60.80	208
通辽	Tongliao	48.32	51.86	59.40	212	七台河	Qitaihe	10.47	12.71	10.60	276
鄂尔多斯	Erdos	251.63	107.90	103.90	158	牡丹江	Mudanjiang	80.68	89.69	115.00	148
呼伦贝尔	Hulunbuir	70.69	140.24	159.50	105	黑河	Heihe	18.90	45.39	34.70	248
巴彦淖尔	Bayannur	41.87	32.95	65.90	201	绥化	Suihua	96.92	261.22	92.90	172
乌兰察布	Ulanqab	29.99	17.84	13.40	274	上海	**Shanghai**	**2959.94**	**2669.49**	**3911.57**	
辽宁	**Liaoning**	**3063.32**	**4362.78**	**4759.21**		江苏	**Jiangsu**	**5540.32**	**6067.01**	**7913.70**	

4-3 商品房销售额 续表 1
Total Sales of Commercialized Buildings continued 1

单位：亿元 （100 million yuan）

地名	City	2010	2012	2013	2013 排名 Ranking	地名	City	2010	2012	2013	2013 排名 Ranking
南京	Nanjing	787.38	960.98	1404.70	9	池州	Chizhou	64.10	88.22	76.30	186
无锡	Wuxi	811.45	776.67	715.80	21	宣城	Xuancheng	83.74	113.57	142.40	120
徐州	Xuzhou	232.55	342.75	457.30	40	**福建**	**Fujian**	**1611.32**	**2817.70**	**4232.08**	
常州	Changzhou	553.19	515.31	590.60	28	福州	Fuzhou	502.99	941.49	1411.80	8
苏州	Suzhou	1248.06	1336.43	1803.90	3	厦门	Xiamen	379.12	755.67	1071.90	13
南通	Nantong	357.44	401.98	581.50	30	莆田	Putian	79.55	139.62	224.90	75
连云港	Lianyungang	167.70	184.28	227.50	74	三明	Sanming	105.23	126.60	169.80	97
淮安	Huaian	232.61	300.04	386.80	45	泉州	Quanzhou	225.30	365.14	624.80	26
盐城	Yancheng	224.79	251.38	339.50	52	漳州	Zhangzhou	122.21	196.87	300.80	56
扬州	Yangzhou	304.73	375.87	449.80	41	南平	Nanping	62.60	86.45	140.70	122
镇江	Zhenjiang	203.86	233.79	355.30	48	龙岩	Longyan	64.72	93.44	155.40	108
泰州	Taizhou	248.61	199.64	298.20	57	宁德	Ningde	69.61	112.41	132.00	127
宿迁	Suqian	164.62	187.17	302.80	55	**江西**	**Jiangxi**	**776.41**	**1137.35**	**1647.90**	
浙江	**Zhejiang**	**4459.04**	**4262.66**	**5396.03**		南昌	Nanchang	237.80	442.82	597.50	27
杭州	Hangzhou	1396.77	1465.26	1711.20	4	景德镇	Jingdezhen	25.81	46.03	64.90	203
宁波	Ningbo	778.47	663.39	810.40	19	萍乡	Pingxiang	17.94	14.67	27.60	257
温州	Wenzhou	307.31	354.83	575.90	31	九江	Jiujiang	85.18	73.42	147.40	116
嘉兴	Jiaxing	378.08	322.48	439.80	42	新余	Xinyu	36.54	26.87	50.10	223
湖州	Huzhou	258.53	186.04	215.70	79	鹰潭	Yingtan	11.76	21.19	36.10	244
绍兴	Shaoxing	463.41	418.91	568.70	32	赣州	Ganzhou	131.45	204.58	309.10	54
金华	Jinhua	275.53	315.93	374.20	46	吉安	Jian	43.94	46.69	80.40	183
衢州	Quzhou	90.57	70.24	115.90	146	宜春	Yichun	65.00	88.37	112.20	152
舟山	Zhoushan	125.26	83.63	127.70	132	抚州	Fuzhou	57.86	96.24	122.80	138
台州	Taizhou	330.47	305.31	339.80	50	上饶	Shangrao	63.10	76.48	100.60	164
丽水	Lishui	53.77	76.63	116.70	144	**山东**	**Shandong**	**3665.12**	**4111.80**	**5215.12**	
安徽	**Anhui**	**1732.66**	**2329.88**	**3182.87**		济南	Jinan	332.64	450.10	587.50	29
合肥	Hefei	593.34	764.86	1023.00	14	青岛	Qingdao	894.84	766.07	978.60	16
芜湖	Wuhu	166.40	236.26	337.10	53	淄博	Zibo	240.37	207.36	248.10	69
蚌埠	Bengbu	75.20	113.87	193.40	89	枣庄	Zaozhuang	73.75	90.03	121.30	140
淮南	Huainan	82.34	83.94	108.50	154	东营	Dongying	137.90	168.78	187.70	93
马鞍山	Maanshan	56.15	113.14	148.00	114	烟台	Yantai	475.71	578.02	673.90	23
淮北	Huaibei	31.11	49.17	74.00	187	潍坊	Weifang	415.69	427.22	493.00	37
铜陵	Tongling	39.75	54.37	70.10	192	济宁	Jining	104.01	179.96	297.40	58
安庆	Anqing	85.07	122.35	199.00	87	泰安	Taian	99.23	139.22	179.10	95
黄山	Huangshan	52.83	57.85	70.70	191	威海	Weihai	281.85	323.15	396.30	43
滁州	Chuzhou	97.44	143.48	204.00	84	日照	Rizhao	41.68	50.74	81.40	180
阜阳	Fuyang	71.51	88.32	147.60	115	莱芜	Laiwu	11.88	31.31	28.30	254
宿州	Suzhou	49.10	111.46	149.10	113	临沂	Linyi	128.25	264.01	352.90	49
六安	Liuan	76.29	117.31	123.60	137	德州	Dezhou	120.62	152.86	234.40	71
亳州	Bozhou	20.37	71.72	116.10	145	聊城	Liaocheng	73.31	93.66	145.00	117

4-3 商品房销售额 续表 2
Total Sales of Commercialized Buildings continued 2

单位：亿元 (100 million yuan)

地名	City	2010	2012	2013	2013 排名 Ranking	地名	City	2010	2012	2013	2013 排名 Ranking
滨州	Binzhou	67.67	106.29	105.60	156	常德	Changde	717.54	94.52	102.40	160
菏泽	Heze	165.71	83.02	104.60	157	张家界	Zhangjiajie	209.93	19.37	25.60	260
河南	**Henan**	**1658.79**	**2286.67**	**3074.14**		益阳	Yiyang	444.30	77.71	97.10	171
郑州	Zhengzhou	772.70	901.62	1161.60	10	郴州	Chenzhou	483.59	104.01	126.90	134
开封	Kaifeng	41.62	67.06	100.20	166	永州	Yongzhou	421.90	94.66	117.80	142
洛阳	Luoyang	144.24	199.33	293.20	61	怀化	Huaihua	290.07	82.96	131.10	128
平顶山	Pingdingshan	30.94	44.66	71.60	190	娄底	Loudi	361.77	96.60	114.10	149
安阳	Anyang	74.67	98.20	127.20	133	**广东**	**Guangdong**	**5480.77**	**6407.81**	**8941.05**	
鹤壁	Hebi	18.98	30.90	43.50	230	广州	Guangzhou	1674.99	1754.75	2606.00	1
新乡	Xinxiang	81.74	124.38	191.10	90	韶关	Shaoguan	75.79	116.33	153.80	109
焦作	Jiaozuo	47.78	49.28	59.20	213	深圳	Shenzhen	892.55	1030.10	1436.30	6
濮阳	Puyang	33.60	64.94	100.60	164	珠海	Zhuhai	293.01	268.48	392.60	44
许昌	Xuchang	42.26	66.91	101.30	162	汕头	Shantou	73.13	114.70	126.30	135
漯河	Luohe	24.32	33.23	37.30	242	佛山	Foshan	668.13	646.25	852.50	17
三门峡	Sanmenxia	18.61	29.47	42.50	231	江门	Jiangmen	179.17	193.65	254.30	66
南阳	Nanyang	56.80	97.67	134.70	124	湛江	Zhanjiang	62.16	107.37	156.20	106
商丘	Shangqiu	55.85	113.36	141.50	121	茂名	Maoming	55.62	123.56	143.00	119
信阳	Xinyang	85.35	134.05	160.90	104	肇庆	Zhaoqing	140.31	175.82	231.60	72
周口	Zhoukou	43.33	80.98	100.80	103	惠州	Huizhou	311.17	478.42	672.10	24
驻马店	Zhumadian	74.74	123.82	175.10	96	梅州	Meizhou	31.67	61.92	84.80	177
湖北	**Hubei**	**1313.14**	**2036.20**	**2790.32**		汕尾	Shanwei	16.43	20.62	10.00	279
武汉	Wuhan	694.73	1157.51	1544.90	5	河源	Heyuan	25.58	50.20	88.80	175
黄石	Huangshi	43.38	57.51	70.10	192	阳江	Yangjiang	41.91	88.81	129.20	130
十堰	Shiyan	50.46	60.50	73.80	189	清远	Qingyuan	138.14	181.70	259.10	65
宜昌	Yichang	86.96	161.01	216.80	78	东莞	Dongguan	373.77	542.38	728.10	20
襄阳	Xiangfan	117.11	184.09	263.00	64	中山	ZhongShan	350.38	359.81	472.10	39
鄂州	Ezhou	18.72	17.70	19.40	265	潮州	Chaozhou	19.70	19.54	38.80	239
荆门	Jingmen	44.74	42.15	68.90	194	揭阳	Jieyang	34.62	36.95	39.30	237
孝感	Xiaogan	50.06	58.14	79.80	185	云浮	Yunfu	22.53	36.44	66.80	200
荆州	Jingzhou	39.54	48.58	68.00	198	**广西**	**Guangxi**	**995.19**	**1159.83**	**1375.79**	
黄冈	Huanggang	31.83	79.35	132.40	126	南宁	Nanning	342.84	377.59	489.00	38
咸宁	Xianning	43.74	68.02	92.50	173	柳州	Liuzhou	113.30	165.75	149.20	112
随州	Suizhou	30.23	29.16	33.70	250	桂林	Guilin	115.66	36.59	169.20	98
湖南	**Hunan**	**14068.47**	**2085.23**	**2525.64**		梧州	Wuzhou	34.26	45.28	64.10	205
长沙	Changsha	7423.31	931.56	1160.40	11	北海	Beihai	76.00	58.84	80.70	182
株洲	Zhuzhou	1534.59	213.80	235.10	70	防城港	Fangchenggang	48.82	48.43	51.00	222
湘潭	Xiangtan	577.11	65.54	91.50	174	钦州	Qinzhou	62.30	51.93	58.00	214
衡阳	Hengyang	682.32	103.43	125.50	136	贵港	Guigang	41.96	50.22	61.10	207
邵阳	Shaoyang	208.27	47.71	68.80	195	玉林	Yulin	59.93	89.29	100.00	167
岳阳	Yueyang	628.67	133.17	99.50	168	百色	Baise	32.60	41.60	50.10	223

4-3 商品房销售额 续表 3
Total Sales of Commercialized Buildings continued 3

单位：亿元 （100 million yuan）

地名	City	2010	2012	2013	2013 排名 Ranking	地名	City	2010	2012	2013	2013 排名 Ranking
贺州	Hezhou	5.37	10.74	14.00	272	丽江	Lijiang	23.80	60.58	54.50	217
河池	Hechi	21.58	17.05	19.00	266	普洱	Puer	26.24	46.03	36.60	243
来宾	Laibin	18.46	37.51	35.20	245	临沧	Lincang	14.17	18.34	26.70	259
崇左	Chongzuo	23.13	29.01	35.20	245	**西藏**	**Tibet**	**5.57**	**7.35**	**10.60**	
海南	**Hainan**	**746.61**	**735.57**	**1032.65**		拉萨	Lhasa	3.92	6.69	10.10	278
海口	Haikou	168.12	181.63	250.20	68	**陕西**	**Shaanxi**	**973.69**	**1420.75**	**1608.11**	
三亚	Sanya	243.88	209.24	265.60	63	西安	Xi'an	707.00	1017.74	1112.90	12
重庆	**Chongqing**	**1846.94**	**2297.35**	**2682.76**		铜川	Tongchuan	10.07	8.22	9.00	282
四川	**Sichuan**	**2647.34**	**3517.72**	**4020.27**		宝鸡	Baoji	53.98	67.80	85.80	176
成都	Chengdu	1519.33	2069.90	2121.60	2	咸阳	Xianyang	50.55	53.40	84.00	178
自贡	Zigong	60.80	71.97	103.10	159	渭南	Weinan	24.70	87.88	112.90	151
攀枝花	Panzhihua	28.91	36.94	67.90	199	延安	Yan'an	5.78	13.82	16.50	271
泸州	Luzhou	98.09	108.19	161.60	102	汉中	Hanzhong	42.89	54.15	52.90	219
德阳	Deyang	75.02	82.35	107.50	155	榆林	Yulin	34.29	48.90	59.70	210
绵阳	Mianyang	127.40	146.68	151.70	111	安康	Ankang	31.39	38.15	44.70	228
广元	Guangyuan	28.35	35.96	38.30	241	商洛	Shangluo	8.79	16.67	18.30	268
遂宁	Suining	46.02	81.89	102.10	161	**甘肃**	**Gansu**	**227.81**	**349.32**	**474.07**	
内江	Neijiang	70.75	73.51	81.80	179	兰州	Lanzhou	96.51	115.76	161.00	103
乐山	Leshan	85.65	76.23	98.30	170	嘉峪关	Jiayuguan	17.99	25.98	28.40	253
南充	Nanchong	106.04	171.14	223.90	76	金昌	Jinchang	12.11	9.78	11.40	275
眉山	Meishan	61.17	77.54	121.60	139	白银	Baiyin	17.13	23.10	29.00	252
宜宾	Yibin	82.77	129.07	162.30	100	天水	Tianshui	19.47	32.51	42.40	232
广安	Guangan	52.04	65.25	99.50	168	武威	Wuwei	0.13	8.43	9.80	281
达州	Dazhou	82.40	73.17	115.20	147	张掖	Zhangye	11.97	20.89	27.90	256
雅安	Yaan	10.25	22.03	23.80	263	平凉	Pingliang	2.77	23.07	30.20	251
巴中	Bazhong	26.27	51.92	61.30	206	酒泉	Jiuquan	11.27	24.46	43.80	229
资阳	Ziyang	70.73	123.64	162.00	101	庆阳	Qingyang	12.03	16.93	34.50	249
贵州	**Guizhou**	**581.01**	**900.08**	**1276.69**		定西	Dingxi	5.67	17.23	16.70	270
贵阳	Guiyang	353.46	502.55	650.50	25	陇南	Longnan	1.23	2.92	5.70	284
六盘水	Liupanshui	27.63	35.45	51.30	221	**青海**	**Qinghai**	**84.44**	**106.46**	**158.84**	
遵义	Zunyi	54.05	80.25	138.50	123	西宁	Xining	72.25	79.33	128.60	131
安顺	Anshun	17.33	51.40	68.30	197	**宁夏**	**Ningxia**	**309.22**	**317.58**	**443.70**	
毕节	Bijie	22.34	50.38	74.00	187	银川	Yinchuan	210.63	205.98	297.20	59
铜仁	Tongren	18.64	36.89	52.80	220	石嘴山	Shizuishan	29.31	31.37	39.00	238
云南	**Yunnan**	**934.60**	**1362.83**	**1487.24**		吴忠	Wuzhong	30.51	34.85	45.40	227
昆明	Kunming	455.06	603.97	701.90	22	固原	Guyuan	15.67	20.88	27.00	258
曲靖	Qujing	93.97	154.20	132.70	125	中卫	Zhongwei	23.10	24.51	35.10	247
玉溪	Yuxi	66.18	69.48	68.80	195	**新疆**	**Xinjiang**	**483.04**	**560.45**	**860.95**	
保山	Baoshan	21.95	39.90	40.70	233	乌鲁木齐	Urumqi	211.81	220.92	339.80	50
昭通	Zhaotong	14.28	46.79	39.60	236	克拉玛依	Karamay	15.28	19.60	60.70	209

4-4 商品住宅销售额
Total Sales of Commercialized Residential Buildings

单位：亿元 （100 million yuan）

地名	City	2010	2012	2013	2013 排名 Ranking	地名	City	2010	2012	2013	2013 排名 Ranking
全国	**National Total**	**44120.65**	**53467.18**	**67694.94**		沈阳	Shenyang	774.55	1318.55	1225.30	8
北京	**Beijing**	**2060.52**	**2455.50**	**2434.71**		大连	Dalian	761.55	733.29	867.70	13
天津	**Tianjin**	**1070.27**	**1210.57**	**1443.34**		鞍山	Anshan	182.86	223.79	289.20	51
河北	**Hebei**	**1488.78**	**1914.61**	**2329.12**		抚顺	Fushun	69.01	109.03	129.90	106
石家庄	Shijiazhuang	169.97	328.57	386.90	41	本溪	Benxi	37.48	128.87	129.80	108
唐山	Tangshan	170.43	348.68	448.40	34	丹东	Dandong	86.59	153.07	174.90	79
秦皇岛	Qinhuangdao	142.73	130.99	176.50	76	锦州	Jinzhou	105.11	143.06	174.60	80
邯郸	Handan	79.56	148.95	127.20	112	营口	Yingkou	164.34	219.96	216.00	67
邢台	Xingtai	51.44	58.86	72.80	180	阜新	Fuxin	24.06	41.65	56.20	196
保定	Baoding	98.85	117.00	123.80	119	辽阳	Liaoyang	49.85	82.27	96.90	147
张家口	Zhangjiakou	156.34	165.21	153.70	94	盘锦	Panjin	81.24	123.11	125.30	116
承德	Chengde	88.68	81.49	98.30	145	铁岭	Tieling	110.50	139.51	138.70	99
沧州	Cangzhou	111.73	103.66	172.30	82	朝阳	Chaoyang	56.51	118.19	187.60	73
廊坊	Langfang	371.37	363.49	472.50	33	葫芦岛	Huludao	84.00	76.86	129.90	106
衡水	Hengshui	47.70	67.72	96.90	147	吉林	**Jilin**	**735.91**	**836.80**	**839.73**	
山西	**Shanxi**	**357.37**	**513.20**	**625.14**		长春	Changchun	400.72	408.79	436.80	35
太原	Taiyuan	166.92	197.78	259.60	55	吉林	Jilin	138.52	210.63	163.50	88
大同	Datong	20.17	38.54	39.20	226	四平	Siping	33.07	43.67	47.50	212
阳泉	Yangquan	24.45	32.88	25.50	253	辽源	Liaoyuan	15.96	11.48	16.00	267
长治	Changzhi	27.89	46.33	52.60	205	通化	Tonghua	37.44	50.02	47.60	211
晋城	Jincheng	15.23	24.93	33.10	236	白山	Baishan	20.64	9.77	18.10	263
朔州	Shuozhou	8.39	17.16	30.20	243	松原	Songyuan	33.45	20.47	31.80	239
晋中	Jinzhong	25.60	41.77	45.70	216	白城	Baicheng	4.48	3.41	8.00	281
运城	Yuncheng	27.58	57.79	55.50	198	黑龙江	**Heilongjiang**	**833.05**	**1201.93**	**1305.90**	
忻州	Xinzhou	13.67	15.51	15.60	269	哈尔滨	Harbin	420.82	510.84	710.20	17
临汾	Linfen	14.31	28.60	44.90	217	齐齐哈尔	Qiqihar	53.98	63.22	87.80	161
吕梁	Luliang	13.15	11.91	23.30	258	鸡西	Jixi	12.59	33.71	19.50	262
内蒙古	**Inner Mongolia**	**766.47**	**769.39**	**874.45**		鹤岗	Hegang	14.61	7.42	5.50	283
呼和浩特	Hohhot	144.08	198.79	157.40	91	双鸭山	Shuangyashan	7.63	23.68	8.10	280
包头	Baotou	162.41	134.85	165.80	86	大庆	Daqing	106.23	187.38	207.20	70
乌海	Wuhai	22.48	38.49	43.40	220	伊春	Yichun	12.25	9.98	11.90	273
赤峰	Chifeng	89.74	96.18	157.90	90	佳木斯	Jiamusi	49.12	37.83	51.50	206
通辽	Tongliao	31.96	33.67	47.30	214	七台河	Qitaihe	9.38	11.54	9.90	275
鄂尔多斯	Erdos	173.02	73.19	81.60	171	牡丹江	Mudanjiang	55.90	69.85	93.30	151
呼伦贝尔	Hulunbuir	47.25	95.57	99.70	141	黑河	Heihe	13.87	31.29	25.10	255
巴彦淖尔	Bayannur	37.25	28.13	44.60	219	绥化	Suihua	69.91	196.50	62.00	188
乌兰察布	Ulanqab	25.66	15.39	10.40	274	上海	**Shanghai**	**2395.35**	**2208.96**	**3264.03**	
辽宁	**Liaoning**	**2587.66**	**3611.21**	**3941.86**		江苏	**Jiangsu**	**4536.63**	**5089.06**	**6777.70**	

4-4 商品住宅销售额 续表 1
Total Sales of Commercialized Residential Buildings continued 1

单位：亿元 （100 million yuan）

地名	City	2010	2012	2013	2013 排名 Ranking	地名	City	2010	2012	2013	2013 排名 Ranking
南京	Nanjing	696.45	847.76	1266.40	6	池州	Chizhou	40.09	61.78	53.80	201
无锡	Wuxi	656.65	607.36	581.50	23	宣城	Xuancheng	63.88	84.74	118.20	123
徐州	Xuzhou	197.62	292.99	388.30	40	**福建**	**Fujian**	**1300.13**	**2293.90**	**3410.57**	
常州	Changzhou	444.51	433.31	505.90	28	福州	Fuzhou	418.33	781.26	1122.70	9
苏州	Suzhou	971.53	1134.28	1548.40	3	厦门	Xiamen	276.63	622.11	846.20	15
南通	Nantong	311.69	344.79	493.30	31	莆田	Putian	64.65	112.52	176.20	77
连云港	Lianyungang	129.98	153.99	187.60	73	三明	Sanming	81.31	100.29	144.00	96
淮安	Huaian	194.07	244.29	309.20	46	泉州	Quanzhou	194.65	284.31	517.00	26
盐城	Yancheng	169.69	194.09	260.50	54	漳州	Zhangzhou	105.45	154.67	253.40	58
扬州	Yangzhou	272.50	323.62	398.60	38	南平	Nanping	54.62	74.58	119.20	121
镇江	Zhenjiang	154.94	204.28	320.50	45	龙岩	Longyan	43.87	70.25	115.90	125
泰州	Taizhou	208.08	157.40	262.50	53	宁德	Ningde	60.62	93.90	116.00	124
宿迁	Suqian	125.74	149.79	255.00	57	**江西**	**Jiangxi**	**670.34**	**931.39**	**1396.06**	
浙江	**Zhejiang**	**3577.49**	**3541.63**	**4513.88**		南昌	Nanchang	211.90	350.06	499.20	29
杭州	Hangzhou	1137.29	1223.17	1422.00	4	景德镇	Jingdezhen	23.85	40.50	56.10	197
宁波	Ningbo	580.90	522.29	663.70	19	萍乡	Pingxiang	16.75	12.75	24.90	256
温州	Wenzhou	266.00	318.29	506.00	27	九江	Jiujiang	80.32	69.32	137.50	100
嘉兴	Jiaxing	274.94	254.81	349.30	43	新余	Xinyu	33.83	23.81	36.00	231
湖州	Huzhou	194.74	154.57	175.20	78	鹰潭	Yingtan	10.37	19.66	32.60	237
绍兴	Shaoxing	372.80	351.13	481.10	32	赣州	Ganzhou	92.03	155.90	242.10	61
金华	Jinhua	243.55	264.19	302.60	47	吉安	Jian	37.14	35.88	64.60	184
衢州	Quzhou	74.01	56.61	101.60	140	宜春	Yichun	59.80	72.28	102.60	139
舟山	Zhoushan	109.82	54.25	114.30	126	抚州	Fuzhou	52.60	87.45	114.30	126
台州	Taizhou	283.00	276.50	299.50	49	上饶	Shangrao	51.75	63.79	86.70	164
丽水	Lishui	47.79	65.82	98.30	145	**山东**	**Shandong**	**3218.02**	**3529.51**	**4461.07**	
安徽	**Anhui**	**1408.41**	**1921.86**	**2662.04**		济南	Jinan	291.14	371.84	493.80	30
合肥	Hefei	475.17	642.94	883.20	12	青岛	Qingdao	776.83	638.90	839.10	16
芜湖	Wuhu	135.15	183.64	284.10	52	淄博	Zibo	220.52	183.09	220.90	66
蚌埠	Bengbu	62.90	96.62	166.30	85	枣庄	Zaozhuang	64.68	71.94	99.70	141
淮南	Huainan	73.40	70.73	88.50	158	东营	Dongying	132.78	151.06	174.30	81
马鞍山	Maanshan	50.51	102.92	125.90	114	烟台	Yantai	410.83	507.27	531.20	24
淮北	Huaibei	29.00	44.71	63.90	185	潍坊	Weifang	341.70	348.75	416.50	36
铜陵	Tongling	32.34	45.93	46.20	215	济宁	Jining	92.67	156.14	238.00	63
安庆	Anqing	70.30	104.13	161.00	89	泰安	Taian	89.49	116.16	154.00	93
黄山	Huangshan	42.73	43.93	55.30	199	威海	Weihai	261.48	283.62	354.50	42
滁州	Chuzhou	80.27	117.24	170.50	84	日照	Rizhao	36.92	47.06	72.90	179
阜阳	Fuyang	56.42	78.54	128.50	110	莱芜	Laiwu	8.97	31.07	27.90	248
宿州	Suzhou	43.82	86.88	125.00	117	临沂	Linyi	117.90	240.43	302.20	48
六安	Liuan	60.84	102.30	111.10	132	德州	Dezhou	111.35	128.79	213.70	68
亳州	Bozhou	16.34	54.80	80.90	172	聊城	Liaocheng	66.89	82.89	130.70	105

4-4 商品住宅销售额 续表 2

Total Sales of Commercialized Residential Buildings continued 2

单位：亿元 （100 million yuan）

地名	City	2010	2012	2013	2013 排名 Ranking	地名	City	2010	2012	2013	2013 排名 Ranking
滨州	Binzhou	49.01	98.03	95.00	150	常德	Changde	59.68	76.78	82.80	167
菏泽	Heze	144.87	72.49	96.70	149	张家界	Zhangjiajie	13.79	16.56	22.30	259
河南	**Henan**	**1454.57**	**1915.57**	**2516.26**		益阳	Yiyang	34.97	62.10	81.90	170
郑州	Zhengzhou	656.55	691.94	865.20	14	郴州	Chenzhou	45.43	93.07	113.20	130
开封	Kaifeng	38.64	61.56	86.30	165	永州	Yongzhou	34.30	80.80	98.50	144
洛阳	Luoyang	122.63	164.18	245.40	60	怀化	Huaihua	22.11	71.88	113.80	128
平顶山	Pingdingshan	28.09	41.75	63.70	186	娄底	Loudi	28.27	58.32	87.90	160
安阳	Anyang	68.14	83.84	109.40	135	**广东**	**Guangdong**	**4589.82**	**5488.39**	**7476.10**	
鹤壁	Hebi	17.54	28.13	35.80	233	广州	Guangzhou	1180.03	1354.31	1951.50	1
新乡	Xinxiang	71.21	116.32	164.00	87	韶关	Shaoguan	68.56	88.35	136.80	101
焦作	Jiaozuo	45.81	44.64	53.40	202	深圳	Shenzhen	784.30	927.84	1235.00	7
濮阳	Puyang	31.71	61.79	93.20	152	珠海	Zhuhai	263.96	246.07	343.60	44
许昌	Xuchang	39.23	59.48	87.00	163	汕头	Shantou	65.47	99.80	111.30	131
漯河	Luohe	22.79	31.10	34.40	235	佛山	Foshan	593.72	561.31	697.30	18
三门峡	Sanmenxia	16.98	27.61	35.90	232	江门	Jiangmen	167.20	179.63	227.50	65
南阳	Nanyang	51.63	88.50	123.50	120	湛江	Zhanjiang	54.56	91.34	147.50	95
商丘	Shangqiu	51.68	91.89	128.90	109	茂名	Maoming	51.29	113.32	130.90	104
信阳	Xinyang	72.43	115.17	125.50	115	肇庆	Zhaoqing	122.92	152.09	193.00	72
周口	Zhoukou	41.93	73.74	92.00	153	惠州	Huizhou	285.97	445.80	613.90	21
驻马店	Zhumadian	67.46	109.32	143.10	97	梅州	Meizhou	29.47	48.33	76.50	178
湖北	**Hubei**	**1134.64**	**1609.86**	**2310.04**		汕尾	Shanwei	16.33	19.18	8.80	278
武汉	Wuhan	606.01	958.78	1269.00	5	河源	Heyuan	22.91	47.92	80.20	173
黄石	Huangshi	37.78	51.64	56.70	195	阳江	Yangjiang	39.99	77.49	110.90	133
十堰	Shiyan	47.19	51.74	69.30	183	清远	Qingyuan	124.56	162.61	240.00	62
宜昌	Yichang	73.35	113.86	170.90	83	东莞	Dongguan	334.15	472.52	632.50	20
襄阳	Xiangfan	88.09	157.50	210.10	69	中山	ZhongShan	312.20	314.82	405.00	37
鄂州	Ezhou	17.77	15.99	17.70	265	潮州	Chaozhou	19.28	17.59	36.50	230
荆门	Jingmen	37.19	36.57	60.90	190	揭阳	Jieyang	33.27	35.27	37.30	229
孝感	Xiaogan	48.54	53.98	71.10	181	云浮	Yunfu	19.68	32.80	60.20	191
荆州	Jingzhou	35.36	45.23	61.90	189	**广西**	**Guangxi**	**881.70**	**995.82**	**1166.72**	
黄冈	Huanggang	27.52	68.21	113.50	129	南宁	Nanning	298.01	323.37	389.70	39
咸宁	Xianning	35.03	55.02	78.60	176	柳州	Liuzhou	97.28	138.33	126.70	113
随州	Suizhou	27.44	27.00	30.60	240	桂林	Guilin	106.27	121.44	157.20	92
湖南	**Hunan**	**1248.11**	**1711.55**	**2114.97**		梧州	Wuzhou	30.85	41.37	53.10	204
长沙	Changsha	701.92	776.13	946.50	11	北海	Beihai	73.23	56.05	78.50	177
株洲	Zhuzhou	123.93	174.33	205.90	71	防城港	Fangchenggang	38.63	45.21	48.90	207
湘潭	Xiangtan	51.93	59.68	79.80	174	钦州	Qinzhou	56.01	14.95	47.40	213
衡阳	Hengyang	58.06	71.81	106.60	137	贵港	Guigang	37.14	41.42	53.40	202
邵阳	Shaoyang	18.88	42.40	62.20	187	玉林	Yulin	7.04	66.07	82.40	169
岳阳	Yueyang	46.57	112.18	88.30	159	百色	Baise	29.48	37.28	41.60	223

4-4 商品住宅销售额 续表 3
Sales of Commercialized Residential Buildings continued 3

单位：亿元 （100 million yuan）

地名	City	2010	2012	2013	2013 排名 Ranking	地名	City	2010	2012	2013	2013 排名 Ranking
贺州	Hezhou	4.01	8.62	12.90	272	丽江	Lijiang	20.33	46.50	42.10	222
河池	Hechi	18.22	14.61	17.90	264	普洱	Puer	20.05	23.43	28.40	247
来宾	Laibin	15.41	30.07	30.50	242	临沧	Lincang	10.88	11.37	14.90	271
崇左	Chongzuo	20.98	26.64	26.60	249	**西藏**	**Tibet**	**5.17**	**6.16**	**8.85**	
海南	**Hainan**	**734.10**	**701.72**	**997.00**		拉萨	Lhasa	3.68	5.54	8.50	279
海口	Haikou	161.14	163.32	233.40	64	**陕西**	**Shaanxi**	**906.68**	**1215.57**	**1413.20**	
三亚	Sanya	243.82	203.49	259.10	56	西安	Xi'an	661.27	858.53	976.20	10
重庆	**Chongqing**	**1610.64**	**1972.42**	**2283.57**		铜川	Tongchuan	10.05	7.98	7.60	282
四川	**Sichuan**	**2330.85**	**2816.49**	**3308.58**		宝鸡	Baoji	52.41	64.79	79.00	175
成都	Chengdu	1334.38	1618.89	1714.90	2	咸阳	Xianyang	47.39	51.45	82.50	168
自贡	Zigong	54.16	65.66	92.60	154	渭南	Weinan	20.93	67.64	90.40	156
攀枝花	Panzhihua	25.02	33.10	57.00	192	延安	Yan'an	5.66	12.84	15.50	270
泸州	Luzhou	85.92	89.27	136.60	102	汉中	Hanzhong	39.46	49.38	48.00	209
德阳	Deyang	66.34	66.28	91.30	155	榆林	Yulin	31.01	40.19	48.00	209
绵阳	Mianyang	116.75	112.24	128.10	111	安康	Ankang	27.58	36.26	37.70	227
广元	Guangyuan	22.39	25.52	29.90	244	商洛	Shangluo	7.43	13.09	17.10	266
遂宁	Suining	42.93	66.93	87.60	162	**甘肃**	**Gansu**	**201.47**	**301.60**	**418.08**	
内江	Neijiang	64.62	65.63	69.50	182	兰州	Lanzhou	84.04	101.95	141.40	98
乐山	Leshan	76.24	66.19	90.10	157	嘉峪关	Jiayuguan	16.91	20.70	24.20	257
南充	Nanchong	97.77	145.78	178.80	75	金昌	Jinchang	11.42	9.51	9.00	276
眉山	Meishan	55.11	69.37	105.90	138	白银	Baiyin	15.44	16.99	25.20	254
宜宾	Yibin	69.14	101.77	124.50	118	天水	Tianshui	17.71	30.08	35.30	234
广安	Guangan	45.61	57.12	84.60	166	武威	Wuwei	0.13	8.26	8.90	277
达州	Dazhou	71.15	61.93	99.20	143	张掖	Zhangye	10.95	18.75	26.00	251
雅安	Yaan	8.89	18.72	21.70	260	平凉	Pingliang	1.73	20.89	28.60	246
巴中	Bazhong	22.19	40.31	48.20	208	酒泉	Jiuquan	9.22	23.39	40.70	224
资阳	Ziyang	59.25	95.60	132.20	103	庆阳	Qingyang	9.99	10.89	29.20	245
贵州	**Guizhou**	**501.63**	**739.96**	**988.77**		定西	Dingxi	4.72	13.70	15.80	268
贵阳	Guiyang	310.48	428.89	519.30	25	陇南	Longnan	0.77	2.43	4.50	284
六盘水	Liupanshui	22.92	32.41	37.50	228	**青海**	**Qinghai**	**77.10**	**91.14**	**146.29**	
遵义	Zunyi	46.30	63.85	110.50	134	西宁	Xining	66.10	69.16	119.20	121
安顺	Anshun	14.63	32.49	44.80	218	**宁夏**	**Ningxia**	**253.76**	**256.19**	**363.60**	
毕节	Bijie	18.35	34.76	54.20	200	银川	Yinchuan	171.06	162.61	245.70	59
铜仁	Tongren	15.69	32.52	43.20	221	石嘴山	Shizuishan	23.30	25.95	32.30	238
云南	**Yunnan**	**769.32**	**1077.10**	**1192.55**		吴忠	Wuzhong	27.73	30.71	39.80	225
昆明	Kunming	373.99	496.02	584.70	22	固原	Guyuan	11.40	16.73	20.00	261
曲靖	Qujing	77.04	118.21	108.90	136	中卫	Zhongwei	20.27	20.19	25.80	252
玉溪	Yuxi	63.07	55.75	57.00	192	**新疆**	**Xinjiang**	**416.41**	**458.14**	**710.74**	
保山	Baoshan	19.21	28.41	30.60	240	乌鲁木齐	Urumqi	182.94	185.85	295.90	50
昭通	Zhaotong	9.27	36.96	26.30	250	克拉玛依	Karamay	13.54	17.22	56.90	194

4-5 商品房销售面积
Floor Space of Commercialized Buildings Sold

单位：万平方米 （10 000 sq.m）

地名	City	2010	2012	2013	2013 排名 Ranking
全国	**National Total**	**104764.7**	**111303.6**	**130550.6**	
北京	**Beijing**	**1639.5**	**1943.7**	**1903.1**	
天津	**Tianjin**	**1564.5**	**1661.7**	**1847.1**	
河北	**Hebei**	**4662.1**	**5144.9**	**5676.0**	
石家庄	Shijiazhuang	469.3	768.7	951.2	23
唐山	Tangshan	482.0	835.6	1014.9	22
秦皇岛	Qinhuangdao	326.2	276.4	302.5	134
邯郸	Handan	275.7	431.8	355.8	110
邢台	Xingtai	225.4	206.8	245.4	160
保定	Baoding	399.9	419.6	327.9	121
张家口	Zhangjiakou	667.0	596.4	543.6	63
承德	Chengde	329.8	260.1	288.4	139
沧州	Cangzhou	422.6	359.2	481.5	76
廊坊	Langfang	819.9	710.2	774.6	40
衡水	Hengshui	244.4	280.0	390.1	99
山西	**Shanxi**	**1180.6**	**1497.9**	**1642.8**	
太原	Taiyuan	258.8	326.1	397.6	97
大同	Datong	80.7	110.2	120.6	233
阳泉	Yangquan	107.7	124.8	85.2	250
长治	Changzhi	122.5	167.5	181.6	189
晋城	Jincheng	61.4	71.5	86.6	249
朔州	Shuozhou	57.6	95.2	138.2	216
晋中	Jinzhong	114.6	108.7	126.9	226
运城	Yuncheng	176.0	264.6	229.4	171
忻州	Xinzhou	68.9	69.0	60.7	266
临汾	Linfen	67.5	108.6	135.8	217
吕梁	Luliang	64.8	51.7	80.1	255
内蒙古	**Inner Mongolia**	**3057.4**	**2523.5**	**2737.7**	
呼和浩特	Hohhot	471.9	478.2	420.5	91
包头	Baotou	597.7	354.3	408.3	94
乌海	Wuhai	83.5	116.3	125.8	229
赤峰	Chifeng	350.8	337.9	490.9	71
通辽	Tongliao	214.5	158.7	168.6	199
鄂尔多斯	Erdos	535.5	232.7	233.2	168
呼伦贝尔	Hulunbuir	253.9	420.8	463.0	81
巴彦淖尔	Bayannur	176.9	101.2	117.8	235
乌兰察布	Ulanqab	166.7	70.8	50.4	272
辽宁	**Liaoning**	**6800.5**	**8827.9**	**9292.3**	
沈阳	Shenyang	1746.5	2469.7	2262.3	2
大连	Dalian	1215.3	1076.4	1222.1	14
鞍山	Anshan	553.1	766.9	889.6	28
抚顺	Fushun	212.3	319.9	335.6	117
本溪	Benxi	227.6	476.2	527.1	66
丹东	Dandong	332.3	480.7	490.8	72
锦州	Jinzhou	353.0	500.4	528.1	64
营口	Yingkou	532.6	641.8	621.0	49
阜新	Fuxin	121.6	186.4	210.7	175
辽阳	Liaoyang	177.6	258.4	275.1	148
盘锦	Panjin	261.3	376.6	372.9	103
铁岭	Tieling	485.6	504.8	494.5	69
朝阳	Chaoyang	298.8	571.6	749.1	41
葫芦岛	Huludao	282.8	198.1	313.3	125
吉林	**Jilin**	**2382.1**	**2452.4**	**2215.0**	
长春	Changchun	863.1	908.0	847.1	32
吉林	Jilin	496.3	660.1	468.5	79
四平	Siping	175.1	182.3	173.5	195
辽源	Liaoyuan	87.9	44.8	52.1	270
通化	Tonghua	193.4	216.7	185.9	185
白山	Baishan	113.0	47.4	89.5	246
松原	Songyuan	165.1	72.0	105.1	242
白城	Baicheng	27.0	21.8	40.3	276
黑龙江	**Heilongjiang**	**2720.9**	**3806.8**	**3340.0**	
哈尔滨	Harbin	881.7	1168.3	1348.0	10
齐齐哈尔	Qiqihar	241.4	282.3	290.5	138
鸡西	Jixi	61.0	114.2	64.0	264
鹤岗	Hegang	79.6	28.1	17.7	283
双鸭山	Shuangyashan	37.8	107.1	39.3	277
大庆	Daqing	305.3	526.3	594.1	56
伊春	Yichun	77.2	49.9	49.2	273
佳木斯	Jiamusi	240.4	164.2	187.2	184
七台河	Qitaihe	39.3	34.9	29.8	279
牡丹江	Mudanjiang	246.2	260.1	304.5	132
黑河	Heihe	71.3	154.1	122.1	232
绥化	Suihua	404.5	878.9	259.6	155
上海	**Shanghai**	**2055.5**	**1898.5**	**2382.2**	
江苏	**Jiangsu**	**9485.5**	**9019.2**	**11454.8**	

4-5 商品房销售面积 续表 1
Floor Space of Commercialized Buildings Sold continued 1

单位：万平方米 （10 000 sq.m）

地名	City	2010	2012	2013	2013 排名 Ranking	地名	City	2010	2012	2013	2013 排名 Ranking
南京	Nanjing	823.2	950.9	1222.0	15	池州	Chizhou	181.2	213.8	152.3	209
无锡	Wuxi	1045.1	926.3	909.4	25	宣城	Xuancheng	258.8	265.7	306.6	129
徐州	Xuzhou	621.8	698.3	856.8	31	**福建**	**Fujian**	**2575.6**	**3258.9**	**4676.2**	
常州	Changzhou	915.7	756.8	876.0	30	福州	Fuzhou	597.8	841.5	1256.5	12
苏州	Suzhou	1514.0	1466.3	1875.1	4	厦门	Xiamen	426.8	615.3	786.7	38
南通	Nantong	739.5	712.5	1035.3	21	莆田	Putian	164.1	205.5	288.4	139
连云港	Lianyungang	474.2	419.1	489.6	73	三明	Sanming	228.4	218.7	263.5	153
淮安	Huaian	640.8	677.1	842.4	33	泉州	Quanzhou	444.1	553.7	908.7	26
盐城	Yancheng	581.3	548.2	742.3	42	漳州	Zhangzhou	286.3	351.2	489.6	73
扬州	Yangzhou	628.8	601.9	699.5	47	南平	Nanping	150.8	168.0	261.8	154
镇江	Zhenjiang	374.8	420.2	592.2	57	龙岩	Longyan	139.0	155.0	237.3	167
泰州	Taizhou	524.7	324.1	491.4	70	宁德	Ningde	138.2	150.0	183.6	188
宿迁	Suqian	603.6	517.5	822.7	35	**江西**	**Jiangxi**	**2469.7**	**2397.1**	**3167.1**	
浙江	**Zhejiang**	**4816.7**	**4005.3**	**4887.0**		南昌	Nanchang	520.8	689.9	841.5	34
杭州	Hangzhou	988.3	1089.6	1139.1	19	景德镇	Jingdezhen	107.8	122.0	159.0	205
宁波	Ningbo	693.6	590.2	730.1	44	萍乡	Pingxiang	70.3	38.5	63.9	265
温州	Wenzhou	228.5	204.3	349.7	113	九江	Jiujiang	292.9	196.5	304.8	130
嘉兴	Jiaxing	596.3	450.3	601.1	54	新余	Xinyu	151.3	78.1	131.8	220
湖州	Huzhou	411.8	273.6	308.5	128	鹰潭	Yingtan	35.5	54.5	78.7	256
绍兴	Shaoxing	610.3	483.7	607.7	52	赣州	Ganzhou	382.2	392.4	581.8	59
金华	Jinhua	147.5	322.5	392.7	98	吉安	Jian	173.1	121.8	184.4	186
衢州	Quzhou	170.9	104.1	170.2	198	宜春	Yichun	274.4	240.9	278.9	145
舟山	Zhoushan	138.2	78.4	107.0	239	抚州	Fuzhou	228.9	264.5	303.5	133
台州	Taizhou	462.9	319.7	351.7	112	上饶	Shangrao	232.6	198.1	238.8	165
丽水	Lishui	91.2	88.8	129.1	224	**山东**	**Shandong**	**9293.9**	**8632.8**	**10329.8**	
安徽	**Anhui**	**4113.9**	**4828.8**	**6265.4**		济南	Jinan	531.5	658.0	820.2	36
合肥	Hefei	1004.9	1242.5	1628.1	8	青岛	Qingdao	1360.7	950.9	1160.2	17
芜湖	Wuhu	320.2	427.0	612.7	50	淄博	Zibo	654.8	464.0	483.7	75
蚌埠	Bengbu	177.9	269.6	414.2	93	枣庄	Zaozhuang	225.8	233.7	313.9	124
淮南	Huainan	213.9	184.0	227.5	172	东营	Dongying	373.6	381.7	383.7	101
马鞍山	Maanshan	128.1	260.2	312.1	126	烟台	Yantai	1163.4	1053.2	1127.7	20
淮北	Huaibei	107.4	117.5	158.2	206	潍坊	Weifang	1388.7	1107.9	1240.8	13
铜陵	Tongling	86.6	113.8	126.2	227	济宁	Jining	351.7	499.3	734.8	43
安庆	Anqing	285.0	317.3	435.1	85	泰安	Taian	282.5	322.1	405.7	95
黄山	Huangshan	153.5	137.9	159.4	204	威海	Weihai	742.3	728.2	878.8	29
滁州	Chuzhou	282.6	341.5	472.5	77	日照	Rizhao	112.3	118.5	159.7	203
阜阳	Fuyang	194.1	202.3	299.0	135	莱芜	Laiwu	44.4	59.9	67.6	261
宿州	Suzhou	176.6	289.1	420.3	92	临沂	Linyi	456.8	727.8	901.1	27
六安	Liuan	217.4	262.2	275.2	147	德州	Dezhou	457.8	432.5	600.5	55
亳州	Bozhou	71.1	184.5	265.7	151	聊城	Liaocheng	242.4	254.5	366.1	106

4-5 商品房销售面积 续表 2
Floor Space of Commercialized Buildings Sold continued 2

单位：万平方米 （10 000 sq.m）

地名	City	2010	2012	2013	2013 排名 Ranking	地名	City	2010	2012	2013	2013 排名 Ranking
滨州	Binzhou	278.1	372.0	360.8	108	常德	Changde	319.1	269.8	252.5	158
菏泽	Heze	627.1	268.6	324.6	122	张家界	Zhangjiajie	81.0	60.7	74.7	258
河南	**Henan**	**5452.2**	**5968.5**	**7310.2**		益阳	Yiyang	194.3	257.5	309.9	127
郑州	Zhengzhou	1558.7	1441.9	1621.9	9	郴州	Chenzhou	224.4	350.1	363.5	107
开封	Kaifeng	148.0	191.7	253.0	157	永州	Yongzhou	239.5	392.1	468.9	78
洛阳	Luoyang	455.0	494.2	701.0	46	怀化	Huaihua	153.5	323.7	446.2	83
平顶山	Pingdingshan	128.4	138.3	217.4	174	娄底	Loudi	179.9	299.6	371.3	104
安阳	Anyang	339.9	337.8	399.4	96	**广东**	**Guangdong**	**7321.8**	**7899.0**	**9836.4**	
鹤壁	Hebi	77.9	101.1	149.0	211	广州	Guangzhou	1405.1	1333.1	1700.0	6
新乡	Xinxiang	360.5	436.8	571.9	60	韶关	Shaoguan	234.0	259.6	347.2	114
焦作	Jiaozuo	200.7	154.8	174.7	193	深圳	Shenzhen	465.6	525.8	588.6	58
濮阳	Puyang	148.8	206.8	284.2	143	珠海	Zhuhai	282.8	251.2	342.2	115
许昌	Xuchang	166.4	207.3	271.1	150	汕头	Shantou	171.0	189.9	173.0	196
漯河	Luohe	113.9	112.6	107.3	238	佛山	Foshan	885.5	802.2	940.7	24
三门峡	Sanmenxia	84.7	99.5	123.0	231	江门	Jiangmen	382.5	351.1	426.8	88
南阳	Nanyang	272.9	357.0	434.1	86	湛江	Zhanjiang	148.3	206.6	286.2	141
商丘	Shangqiu	271.3	400.0	528.0	65	茂名	Maoming	198.9	327.7	329.9	119
信阳	Xinyang	416.9	423.1	445.2	84	肇庆	Zhaoqing	342.2	373.6	465.4	80
周口	Zhoukou	235.2	301.0	330.7	118	惠州	Huizhou	627.3	826.7	1149.5	18
驻马店	Zhumadian	428.3	482.5	607.3	53	梅州	Meizhou	119.0	149.1	188.2	183
湖北	**Hubei**	**2558.9**	**4037.8**	**5298.5**		汕尾	Shanwei	57.5	54.7	21.2	282
武汉	Wuhan	1208.0	1576.1	2005.4	3	河源	Heyuan	90.1	128.2	192.4	179
黄石	Huangshi	140.2	158.2	189.1	181	阳江	Yangjiang	137.4	189.3	265.4	152
十堰	Shiyan	190.3	152.4	176.9	192	清远	Qingyuan	326.2	392.6	506.5	68
宜昌	Yichang	231.4	328.6	460.1	82	东莞	Dongguan	511.3	639.1	803.1	37
襄阳	Xiangfan	382.7	497.9	665.1	48	中山	ZhongShan	670.6	654.2	780.3	39
鄂州	Ezhou	64.6	46.7	56.8	267	潮州	Chaozhou	64.3	48.2	72.9	260
荆门	Jingmen	173.3	117.4	196.5	177	揭阳	Jieyang	138.0	110.7	110.4	236
孝感	Xiaogan	249.0	215.5	242.9	161	云浮	Yunfu	64.1	85.3	146.4	212
荆州	Jingzhou	145.6	136.0	174.4	194	**广西**	**Guangxi**	**2793.9**	**2759.3**	**2995.6**	
黄冈	Huanggang	170.0	256.7	421.3	90	南宁	Nanning	666.5	629.0	702.6	45
咸宁	Xianning	191.7	234.1	271.3	149	柳州	Liuzhou	291.9	349.5	280.4	144
随州	Suizhou	129.7	91.8	91.6	245	桂林	Guilin	323.6	322.7	383.4	102
湖南	**Hunan**	**4472.5**	**5150.5**	**5952.4**		梧州	Wuzhou	133.5	138.1	181.6	189
长沙	Changsha	1680.2	1526.9	1840.6	5	北海	Beihai	179.6	133.8	178.4	191
株洲	Zhuzhou	513.8	524.5	557.0	62	防城港	Fangchenggang	155.1	145.3	145.7	213
湘潭	Xiangtan	201.6	194.1	242.0	163	钦州	Qinzhou	200.0	143.3	155.3	208
衡阳	Hengyang	284.4	312.8	384.3	100	贵港	Guigang	140.7	137.4	156.2	207
邵阳	Shaoyang	111.1	169.7	230.1	170	玉林	Yulin	253.8	274.9	294.3	136
岳阳	Yueyang	241.4	400.7	304.6	131	百色	Baise	145.9	142.3	150.5	210

4-5 商品房销售面积 续表 3
Floor Space of Commercialized Buildings Sold continued 3

单位：万平方米 （10 000 sq.m）

地名	City	2010	2012	2013	2013 排名 Ranking	地名	City	2010	2012	2013	2013 排名 Ranking
贺州	Hezhou	26.7	43.4	47.2	274	丽江	Lijiang	94.2	188.8	126.1	228
河池	Hechi	91.7	57.8	64.6	263	普洱	Puer	121.1	130.6	106.8	241
来宾	Laibin	85.7	119.6	129.8	222	临沧	Lincang	55.5	61.0	73.3	259
崇左	Chongzuo	99.3	122.3	125.5	230	**西藏**	**Tibet**	**19.3**	**22.5**	**25.4**	
海南	**Hainan**	**854.7**	**931.8**	**1191.2**		拉萨	Lhasa	11.4	20.2	23.8	281
海口	Haikou	209.8	266.1	336.9	116	**陕西**	**Shaanxi**	**2590.2**	**2755.6**	**3045.7**	
三亚	Sanya	140.8	180.0	184.2	187	西安	Xi'an	1587.8	1538.9	1662.7	7
重庆	**Chongqing**	**4314.4**	**4522.4**	**4817.6**		铜川	Tongchuan	44.0	26.7	28.3	280
四川	**Sichuan**	**6396.9**	**6455.9**	**7312.8**		宝鸡	Baoji	198.4	220.5	242.7	162
成都	Chengdu	2559.3	2845.2	2948.0	1	咸阳	Xianyang	164.5	139.8	203.9	176
自贡	Zigong	201.8	189.4	238.9	164	渭南	Weinan	139.7	257.2	321.0	123
攀枝花	Panzhihua	115.0	80.8	133.9	218	延安	Yan'an	20.3	41.5	52.2	269
泸州	Luzhou	344.3	306.3	371.3	104	汉中	Hanzhong	165.3	185.0	164.3	202
德阳	Deyang	226.6	199.8	230.2	169	榆林	Yulin	92.3	122.0	139.1	215
绵阳	Mianyang	358.1	309.4	329.0	120	安康	Ankang	119.0	121.7	120.6	233
广元	Guangyuan	82.5	83.7	87.0	248	商洛	Shangluo	34.6	52.9	66.1	262
遂宁	Suining	197.0	200.0	248.8	159	**甘肃**	**Gansu**	**756.5**	**978.4**	**1220.0**	
内江	Neijiang	261.7	200.8	193.0	178	兰州	Lanzhou	228.2	214.3	292.2	137
乐山	Leshan	256.8	169.0	222.9	173	嘉峪关	Jiayuguan	67.5	83.1	84.2	251
南充	Nanchong	353.7	426.3	517.3	67	金昌	Jinchang	73.1	41.7	46.8	275
眉山	Meishan	192.5	199.5	286.2	141	白银	Baiyin	65.3	69.0	80.8	253
宜宾	Yibin	269.2	320.0	355.6	111	天水	Tianshui	84.3	98.8	108.0	237
广安	Guangan	215.3	178.4	237.9	166	武威	Wuwei	0.9	27.2	31.0	278
达州	Dazhou	286.3	181.9	256.6	156	张掖	Zhangye	44.7	76.4	94.2	243
雅安	Yaan	39.8	50.4	52.0	271	平凉	Pingliang	20.0	71.0	88.5	247
巴中	Bazhong	112.4	153.4	143.8	214	酒泉	Jiuquan	47.0	90.7	129.4	223
资阳	Ziyang	283.5	329.5	428.3	87	庆阳	Qingyang	36.6	39.4	83.4	252
贵州	**Guizhou**	**1731.0**	**2186.9**	**2972.3**		定西	Dingxi	24.9	56.7	52.9	268
贵阳	Guiyang	860.1	1040.6	1301.5	11	陇南	Longnan	5.2	10.3	15.6	284
六盘水	Liupanshui	108.0	119.1	131.3	221	**青海**	**Qinghai**	**281.0**	**263.0**	**381.6**	
遵义	Zunyi	207.2	214.7	358.2	109	西宁	Xining	217.1	169.0	277.8	146
安顺	Anshun	75.6	131.2	167.7	201	**宁夏**	**Ningxia**	**936.0**	**804.4**	**1048.3**	
毕节	Bijie	82.8	140.1	188.8	182	银川	Yinchuan	536.1	450.3	612.1	51
铜仁	Tongren	91.0	116.1	168.6	199	石嘴山	Shizuishan	123.4	102.0	133.7	219
云南	**Yunnan**	**2959.4**	**3237.7**	**3309.3**		吴忠	Wuzhong	109.8	104.1	128.2	225
昆明	Kunming	1242.5	1051.4	1211.2	16	固原	Guyuan	64.0	66.3	80.5	254
曲靖	Qujing	354.6	486.4	425.8	89	中卫	Zhongwei	102.7	81.7	93.8	244
玉溪	Yuxi	211.0	171.6	171.2	197	**新疆**	**Xinjiang**	**1564.9**	**1430.3**	**2017.0**	
保山	Baoshan	76.6	82.7	76.5	257	乌鲁木齐	Urumqi	476.7	402.9	566.3	61
昭通	Zhaotong	49.3	138.4	106.9	240	克拉玛依	Karamay	59.6	69.1	191.7	180

4-6 商品住宅销售面积
Floor Space of Commercialized Residential Buildings Sold

单位：万平方米 （10 000 sq.m）

地名	City	2010	2012	2013	2013 排名 Ranking
全国	**National Total**	**93376.6**	**98467.5**	**115722.7**	
北京	**Beijing**	**1201.4**	**1483.4**	**1363.7**	
天津	**Tianjin**	**1352.6**	**1511.4**	**1720.3**	
河北	**Hebei**	**4325.1**	**4622.5**	**5020.1**	
石家庄	Shijiazhuang	446.4	697.1	782.7	27
唐山	Tangshan	436.7	715.0	892.8	22
秦皇岛	Qinhuangdao	313.9	259.4	280.4	130
邯郸	Handan	252.2	401.5	314.0	115
邢台	Xingtai	217.9	198.4	231.5	158
保定	Baoding	377.8	370.5	317.6	112
张家口	Zhangjiakou	602.0	528.8	443.8	69
承德	Chengde	296.8	237.1	256.3	144
沧州	Cangzhou	389.9	304.6	420.2	75
廊坊	Langfang	762.7	651.3	724.3	35
衡水	Hengshui	228.7	258.9	356.4	97
山西	**Shanxi**	**1070.5**	**1390.4**	**1484.4**	
太原	Taiyuan	235.5	309.4	375.0	91
大同	Datong	73.4	99.3	98.2	236
阳泉	Yangquan	100.6	121.5	81.7	246
长治	Changzhi	113.9	150.9	157.0	195
晋城	Jincheng	55.3	68.5	78.6	248
朔州	Shuozhou	42.2	77.6	105.3	231
晋中	Jinzhong	109.0	107.2	120.9	219
运城	Yuncheng	157.4	240.4	208.2	167
忻州	Xinzhou	67.1	63.9	53.3	266
临汾	Linfen	60.1	102.9	130.5	214
吕梁	Luliang	56.2	49.8	75.6	250
内蒙古	**Inner Mongolia**	**2569.8**	**2104.2**	**2263.7**	
呼和浩特	Hohhot	394.8	414.3	340.0	101
包头	Baotou	474.0	314.2	352.3	98
乌海	Wuhai	75.4	100.1	112.5	225
赤峰	Chifeng	324.1	283.0	402.6	81
通辽	Tongliao	164.3	117.4	148.2	201
鄂尔多斯	Erdos	448.2	181.4	201.0	174
呼伦贝尔	Hulunbuir	196.9	326.8	345.6	100
巴彦淖尔	Bayannur	166.4	94.8	97.2	238
乌兰察布	Ulanqab	151.8	63.4	43.7	274
辽宁	**Liaoning**	**6013.5**	**7655.4**	**8014.8**	
沈阳	Shenyang	1516.1	2201.5	2017.4	2
大连	Dalian	1126.7	966.9	1104.0	14
鞍山	Anshan	512.2	584.8	690.5	39
抚顺	Fushun	197.6	267.9	289.1	126
本溪	Benxi	128.4	362.1	358.6	96
丹东	Dandong	293.0	437.9	444.5	68
锦州	Jinzhou	316.7	463.5	500.0	62
营口	Yingkou	491.1	555.3	536.6	55
阜新	Fuxin	101.2	149.1	166.4	188
辽阳	Liaoyang	159.5	236.7	244.3	148
盘锦	Panjin	239.5	326.3	321.0	110
铁岭	Tieling	414.5	441.0	398.0	82
朝阳	Chaoyang	266.3	473.2	648.2	41
葫芦岛	Huludao	250.7	189.3	296.2	123
吉林	**Jilin**	**2105.3**	**2159.4**	**1986.0**	
长春	Changchun	786.2	775.2	762.5	31
吉林	Jilin	444.7	598.8	426.7	73
四平	Siping	154.4	164.2	156.5	197
辽源	Liaoyuan	80.1	43.1	48.7	271
通化	Tonghua	169.9	189.1	162.3	191
白山	Baishan	99.2	40.6	76.0	249
松原	Songyuan	133.1	64.5	90.0	242
白城	Baicheng	25.4	17.0	35.2	276
黑龙江	**Heilongjiang**	**2385.7**	**3226.2**	**2944.2**	
哈尔滨	Harbin	809.9	1005.3	1206.6	10
齐齐哈尔	Qiqihar	198.0	211.5	242.8	150
鸡西	Jixi	47.6	103.8	60.1	264
鹤岗	Hegang	73.8	25.2	16.8	283
双鸭山	Shuangyashan	33.2	89.8	34.2	277
大庆	Daqing	283.3	443.4	541.0	54
伊春	Yichun	72.4	44.6	45.2	272
佳木斯	Jiamusi	201.8	137.7	169.8	183
七台河	Qitaihe	35.4	32.8	28.4	278
牡丹江	Mudanjiang	202.0	225.8	267.3	138
黑河	Heihe	59.3	127.0	101.0	233
绥化	Suihua	338.6	744.2	201.3	173
上海	**Shanghai**	**1685.4**	**1592.6**	**2015.8**	
江苏	**Jiangsu**	**8112.4**	**7923.4**	**10191.5**	

4-6 商品住宅销售面积 续表 1
Floor Space of Commercialized Residential Buildings Sold continued 1

单位：万平方米 （10 000 sq.m）

地名	City	2010	2012	2013	2013 排名 Ranking	地名	City	2010	2012	2013	2013 排名 Ranking
南京	Nanjing	754.8	876.3	1143.2	12	池州	Chizhou	129.1	170.9	126.5	215
无锡	Wuxi	880.0	784.6	780.8	28	宣城	Xuancheng	214.0	216.4	271.7	136
徐州	Xuzhou	548.7	623.8	765.8	30	**福建**	**Fujian**	**2139.3**	**2742.0**	**3957.5**	
常州	Changzhou	775.1	665.0	769.4	29	福州	Fuzhou	531.1	734.0	1105.5	13
苏州	Suzhou	1182.9	1263.1	1633.4	5	厦门	Xiamen	238.7	480.3	581.5	48
南通	Nantong	664.7	631.8	937.8	21	莆田	Putian	147.9	172.1	236.1	155
连云港	Lianyungang	401.1	372.1	427.7	72	三明	Sanming	195.8	187.7	237.6	152
淮安	Huaian	560.4	598.9	749.9	33	泉州	Quanzhou	395.7	461.4	783.5	26
盐城	Yancheng	490.5	467.8	589.9	45	漳州	Zhangzhou	259.2	292.9	428.8	71
扬州	Yangzhou	582.2	537.1	643.9	42	南平	Nanping	137.6	153.1	236.6	154
镇江	Zhenjiang	300.7	386.8	551.2	52	龙岩	Longyan	107.9	124.7	180.9	178
泰州	Taizhou	464.3	276.5	453.2	67	宁德	Ningde	125.5	136.0	167.0	186
宿迁	Suqian	508.9	439.7	745.2	34	**江西**	**Jiangxi**	**2265.7**	**2125.9**	**2846.0**	
浙江	**Zhejiang**	**3833.7**	**3316.2**	**4097.6**		南昌	Nanchang	489.3	595.3	751.9	32
杭州	Hangzhou	797.6	920.3	968.7	20	景德镇	Jingdezhen	103.6	112.7	147.7	203
宁波	Ningbo	497.8	458.7	582.0	47	萍乡	Pingxiang	68.0	35.6	60.8	263
温州	Wenzhou	192.5	181.9	317.4	113	九江	Jiujiang	278.5	189.8	290.1	125
嘉兴	Jiaxing	450.3	368.5	496.2	64	新余	Xinyu	145.2	72.4	99.2	235
湖州	Huzhou	314.1	229.4	250.9	145	鹰潭	Yingtan	33.9	51.9	74.3	253
绍兴	Shaoxing	489.1	394.1	506.7	60	赣州	Ganzhou	309.6	334.6	496.9	63
金华	Jinhua	132.0	279.5	323.7	108	吉安	Jian	156.6	104.1	161.8	192
衢州	Quzhou	135.5	83.4	144.8	204	宜春	Yichun	260.4	201.0	259.6	141
舟山	Zhoushan	115.8	53.2	96.6	239	抚州	Fuzhou	215.3	250.2	292.0	124
台州	Taizhou	390.6	276.0	301.2	122	上饶	Shangrao	205.4	178.2	211.8	165
丽水	Lishui	73.0	71.3	109.4	228	**山东**	**Shandong**	**8448.3**	**7745.9**	**9300.3**	
安徽	**Anhui**	**3604.9**	**4275.4**	**5573.5**		济南	Jinan	477.3	558.3	702.8	37
合肥	Hefei	863.9	1117.3	1451.7	7	青岛	Qingdao	1209.9	842.5	1050.6	17
芜湖	Wuhu	285.2	382.4	551.9	51	淄博	Zibo	604.8	423.1	441.8	70
蚌埠	Bengbu	155.6	243.4	380.5	87	枣庄	Zaozhuang	211.3	210.0	283.3	129
淮南	Huainan	202.0	170.3	209.6	166	东营	Dongying	362.6	343.1	363.4	94
马鞍山	Maanshan	118.6	240.4	286.2	128	烟台	Yantai	1039.0	963.5	991.3	19
淮北	Huaibei	102.4	110.2	143.5	206	潍坊	Weifang	1218.7	953.6	1095.0	15
铜陵	Tongling	77.0	102.7	97.8	237	济宁	Jining	328.2	453.1	657.1	40
安庆	Anqing	249.5	283.4	380.4	88	泰安	Taian	262.3	288.4	363.4	94
黄山	Huangshan	133.4	114.2	133.4	212	威海	Weihai	696.7	666.9	809.1	23
滁州	Chuzhou	251.1	300.3	421.9	74	日照	Rizhao	101.8	112.2	144.4	205
阜阳	Fuyang	176.2	188.4	277.5	132	莱芜	Laiwu	29.7	59.5	67.1	258
宿州	Suzhou	163.0	248.2	380.1	89	临沂	Linyi	429.4	679.5	808.0	24
六安	Liuan	188.9	235.6	256.8	143	德州	Dezhou	431.7	368.6	556.3	49
亳州	Bozhou	62.3	151.1	204.1	169	聊城	Liaocheng	221.6	228.1	332.9	104

4-6 商品住宅销售面积 续表 2
Floor Space of Commercialized Residential Buildings Sold continued 2

单位：万平方米 （10 000 sq.m）

地名	City	2010	2012	2013	2013 排名 Ranking	地名	City	2010	2012	2013	2013 排名 Ranking
滨州	Binzhou	242.2	351.1	327.0	107	常德	Changde	284.2	243.8	229.9	159
菏泽	Heze	581.1	244.4	306.8	118	张家界	Zhangjiajie	71.9	58.0	70.9	257
河南	**Henan**	**5092.5**	**5455.5**	**6561.4**		益阳	Yiyang	173.2	226.3	287.5	127
郑州	Zhengzhou	1428.6	1226.2	1313.5	9	郴州	Chenzhou	215.6	328.4	336.6	102
开封	Kaifeng	139.9	182.7	238.4	151	永州	Yongzhou	213.9	351.4	418.5	76
洛阳	Luoyang	405.4	440.2	637.2	43	怀化	Huaihua	136.2	301.6	415.8	77
平顶山	Pingdingshan	123.8	133.5	202.9	171	娄底	Loudi	160.2	246.3	328.0	105
安阳	Anyang	322.6	312.8	372.4	92	**广东**	**Guangdong**	**6552.8**	**7157.6**	**8831.0**	
鹤壁	Hebi	74.8	95.8	133.9	211	广州	Guangzhou	1111.7	1128.5	1398.5	8
新乡	Xinxiang	339.5	422.0	519.3	58	韶关	Shaoguan	219.4	234.9	327.4	106
焦作	Jiaozuo	194.6	148.0	165.6	189	深圳	Shenzhen	413.8	488.4	527.2	56
濮阳	Puyang	142.3	201.5	267.5	137	珠海	Zhuhai	251.0	230.7	307.5	117
许昌	Xuchang	158.7	199.3	244.0	149	汕头	Shantou	157.4	169.8	159.1	194
漯河	Luohe	110.2	109.0	103.1	232	佛山	Foshan	776.3	705.4	789.0	25
三门峡	Sanmenxia	80.0	95.3	113.9	223	江门	Jiangmen	360.5	330.0	387.7	85
南阳	Nanyang	258.7	334.0	410.4	79	湛江	Zhanjiang	139.9	182.8	275.4	133
商丘	Shangqiu	258.4	351.4	500.5	61	茂名	Maoming	186.4	302.5	309.8	116
信阳	Xinyang	373.8	385.0	390.3	84	肇庆	Zhaoqing	314.7	339.6	414.7	78
周口	Zhoukou	231.0	288.7	316.1	114	惠州	Huizhou	593.7	787.3	1092.8	16
驻马店	Zhumadian	408.6	453.1	552.9	50	梅州	Meizhou	114.0	128.2	174.0	182
湖北	**Hubei**	**2137.3**	**3620.1**	**4765.7**		汕尾	Shanwei	57.2	52.6	20.3	282
武汉	Wuhan	1091.5	1390.5	1763.4	3	河源	Heyuan	84.7	123.7	183.2	176
黄石	Huangshi	129.2	149.9	168.5	185	阳江	Yangjiang	133.2	175.8	245.3	146
十堰	Shiyan	181.6	135.6	169.7	184	清远	Qingyuan	306.5	368.9	483.0	65
宜昌	Yichang	217.0	280.8	406.5	80	东莞	Dongguan	469.9	583.4	724.0	36
襄阳	Xiangfan	352.6	468.8	586.9	46	中山	ZhongShan	606.6	594.0	698.3	38
鄂州	Ezhou	61.2	44.1	53.2	267	潮州	Chaozhou	62.6	44.2	71.0	256
荆门	Jingmen	157.2	106.1	178.5	179	揭阳	Jieyang	135.1	107.1	108.0	230
孝感	Xiaogan	244.5	210.2	233.7	156	云浮	Yunfu	58.2	80.1	134.8	210
荆州	Jingzhou	134.9	127.7	166.9	187	**广西**	**Guangxi**	**2607.2**	**2547.0**	**2765.2**	
黄冈	Huanggang	157.5	231.8	393.6	83	南宁	Nanning	601.8	575.5	633.1	44
咸宁	Xianning	171.5	207.2	245.3	146	柳州	Liuzhou	273.1	322.2	257.9	142
随州	Suizhou	122.7	86.9	88.1	244	桂林	Guilin	307.2	305.5	367.2	93
湖南	**Hunan**	**4142.6**	**4664.1**	**5411.5**		梧州	Wuzhou	124.6	131.5	161.7	193
长沙	Changsha	1624.0	1385.3	1640.0	4	北海	Beihai	174.1	131.0	175.7	180
株洲	Zhuzhou	445.2	482.8	520.3	57	防城港	Fangchenggang	145.2	140.1	142.4	208
湘潭	Xiangtan	188.7	181.9	218.6	162	钦州	Qinzhou	186.8	40.1	143.0	207
衡阳	Hengyang	264.9	271.7	349.6	99	贵港	Guigang	132.7	125.7	148.0	202
邵阳	Shaoyang	105.2	159.6	217.2	163	玉林	Yulin	26.1	221.7	260.2	140
岳阳	Yueyang	211.7	365.6	280.1	131	百色	Baise	137.1	135.7	139.7	209

4-6 商品住宅销售面积 续表 3
Floor Space of Commercialized Residential Buildings Sold continued 3

单位：万平方米 （10 000 sq.m）

地名	City	2010	2012	2013	2013 排名 Ranking	地名	City	2010	2012	2013	2013 排名 Ranking
贺州	Hezhou	21.9	38.6	44.7	273	丽江	Lijiang	88.0	150.6	108.9	229
河池	Hechi	83.5	53.7	62.7	261	普洱	Puer	106.4	90.4	93.2	240
来宾	Laibin	78.0	112.3	118.9	221	临沧	Lincang	50.1	46.8	54.1	265
崇左	Chongzuo	95.7	117.6	109.8	227	**西藏**	**Tibet**	**18.8**	**20.6**	**22.8**	
海南	**Hainan**	**834.2**	**898.3**	**1154.9**		拉萨	Lhasa	11.1	18.4	21.5	281
海口	Haikou	199.7	250.6	317.7	111	**陕西**	**Shaanxi**	**2471.9**	**2530.8**	**2831.2**	
三亚	Sanya	140.8	178.0	181.9	177	西安	Xi'an	1523.2	1383.9	1522.5	6
重庆	**Chongqing**	**3986.3**	**4105.1**	**4359.2**		铜川	Tongchuan	44.0	25.9	26.2	280
四川	**Sichuan**	**5849.3**	**5679.3**	**6505.3**		宝鸡	Baoji	193.3	209.6	231.6	157
成都	Chengdu	2289.9	2427.7	2555.4	1	咸阳	Xianyang	159.3	136.8	201.8	172
自贡	Zigong	188.0	180.8	226.6	161	渭南	Weinan	127.9	233.5	301.6	121
攀枝花	Panzhihua	108.2	76.3	122.7	216	延安	Yan'an	20.2	39.7	51.3	268
泸州	Luzhou	312.8	272.3	333.1	103	汉中	Hanzhong	157.8	176.9	156.4	198
德阳	Deyang	205.1	171.9	203.0	170	榆林	Yulin	84.6	113.0	119.5	220
绵阳	Mianyang	340.2	272.7	303.7	120	安康	Ankang	107.2	117.1	113.9	223
广元	Guangyuan	70.5	70.0	74.1	254	商洛	Shangluo	32.0	45.7	62.1	262
遂宁	Suining	189.5	180.2	229.5	160	**甘肃**	**Gansu**	**692.1**	**893.4**	**1134.8**	
内江	Neijiang	246.9	187.3	175.4	181	兰州	Lanzhou	206.8	198.7	272.0	134
乐山	Leshan	242.3	155.8	208.0	168	嘉峪关	Jiayuguan	64.2	66.8	73.2	255
南充	Nanchong	332.4	389.1	453.9	66	金昌	Jinchang	70.2	41.0	42.0	275
眉山	Meishan	180.4	185.9	262.7	139	白银	Baiyin	61.4	57.0	74.7	252
宜宾	Yibin	242.0	274.1	304.8	119	天水	Tianshui	79.0	95.2	100.5	234
广安	Guangan	196.4	163.9	215.2	164	武威	Wuwei	0.9	26.6	28.1	279
达州	Dazhou	266.3	169.1	237.4	153	张掖	Zhangye	42.0	71.8	90.2	241
雅安	Yaan	37.2	45.9	50.5	270	平凉	Pingliang	12.4	66.8	85.3	245
巴中	Bazhong	102.5	135.4	131.1	213	酒泉	Jiuquan	39.9	87.3	121.6	217
资阳	Ziyang	261.9	190.9	387.0	86	庆阳	Qingyang	33.3	29.4	75.3	251
贵州	**Guizhou**	**1596.0**	**2002.4**	**2647.0**		定西	Dingxi	22.8	49.9	50.8	269
贵阳	Guiyang	441.9	963.3	1163.6	11	陇南	Longnan	4.1	8.9	14.0	284
六盘水	Liupanshui	98.9	115.5	110.3	226	**青海**	**Qinghai**	**266.4**	**246.9**	**369.7**	
遵义	Zunyi	193.4	189.1	323.2	109	西宁	Xining	206.8	159.5	272.0	134
安顺	Anshun	71.2	115.5	149.7	200	**宁夏**	**Ningxia**	**816.8**	**707.6**	**928.3**	
毕节	Bijie	77.2	119.7	164.4	190	银川	Yinchuan	456.2	388.3	543.1	53
铜仁	Tongren	85.7	110.3	157.0	195	石嘴山	Shizuishan	110.8	91.5	121.3	218
云南	**Yunnan**	**2659.0**	**2789.7**	**2855.5**		吴忠	Wuzhong	101.4	95.3	118.4	222
昆明	Kunming	1097.4	917.7	1041.4	18	固原	Guyuan	52.1	59.4	66.1	259
曲靖	Qujing	327.9	421.3	379.8	90	中卫	Zhongwei	96.3	73.0	79.3	247
玉溪	Yuxi	204.6	152.3	154.0	199	**新疆**	**Xinjiang**	**1450.0**	**1274.8**	**1800.0**	
保山	Baoshan	71.3	69.6	65.1	260	乌鲁木齐	Urumqi	437.5	363.7	515.3	59
昭通	Zhaotong	40.6	125.9	89.0	243	克拉玛依	Karamay	55.5	62.8	187.0	175

5

财　政

Government Finance

5-1 公共财政预算收入
Public Budgetary Revenue

单位：亿元 （100 million yuan）

地名	City	2010	2012	2013	2013排名 Ranking	地名	City	2010	2012	2013	2013排名 Ranking
地方合计	**Region Total**	**40613.04**	**61078.29**	**69011.16**		沈阳	Shenyang	465.35	715.04	801.00	9
北京	**Beijing**	**2353.93**	**3314.93**	**3661.11**		大连	Dalian	500.83	750.11	850.16	7
天津	**Tianjin**	**1068.81**	**1760.02**	**2079.07**		鞍山	Anshan	180.03	234.39	239.25	53
河北	**Hebei**	**1331.85**	**2084.28**	**2295.62**		抚顺	Fushun	81.25	130.15	134.21	98
石家庄	Shijiazhuang	163.63	272.28	315.12	35	本溪	Benxi	74.60	123.52	129.70	100
唐山	Tangshan	195.84	301.09	318.42	34	丹东	Dandong	80.24	127.97	136.36	94
秦皇岛	Qinhuangdao	72.02	108.66	172.65	72	锦州	Jinzhou	81.07	131.50	136.09	96
邯郸	Handan	115.90	184.65	118.47	113	营口	Yingkou	100.11	170.22	184.25	67
邢台	Xingtai	57.10	85.61	180.30	70	阜新	Fuxin	30.07	64.03	70.50	186
保定	Baoding	91.03	159.93	172.28	73	辽阳	Liaoyang	76.48	110.21	111.32	121
张家口	Zhangjiakou	62.45	106.56	109.50	125	盘锦	Panjin	80.59	140.22	148.77	86
承德	Chengde	54.84	82.51	89.93	152	铁岭	Tieling	80.08	114.62	103.64	131
沧州	Cangzhou	91.30	142.58	205.43	61	朝阳	Chaoyang	66.25	107.09	112.49	119
廊坊	Langfang	105.86	172.15	102.50	133	葫芦岛	Huludao	55.94	83.98	88.38	156
衡水	Hengshui	27.97	50.73	68.53	189	吉林	**Jilin**	**602.41**	**1041.25**	**1156.96**	
山西	**Shanxi**	**969.67**	**1516.38**	**1701.62**		长春	Changchun	180.85	340.80	381.82	30
太原	Taiyuan	138.48	215.67	247.33	51	吉林	Jilin	73.19	119.03	139.97	92
大同	Datong	55.18	80.30	94.57	143	四平	Siping	27.90	56.58	60.56	211
阳泉	Yangquan	37.69	56.88	46.79	231	辽源	Liaoyuan	17.06	23.87	25.51	266
长治	Changzhi	77.90	133.49	148.66	87	通化	Tonghua	34.02	64.43	73.99	175
晋城	Jincheng	55.49	82.91	94.58	142	白山	Baishan	25.27	43.63	46.32	233
朔州	Shuozhou	55.75	84.25	95.30	140	松原	Songyuan	30.97	58.00	62.00	210
晋中	Jinzhong	64.75	99.23	115.13	116	白城	Baicheng	18.01	31.03	36.96	248
运城	Yuncheng	35.54	41.54	45.42	236	黑龙江	**Heilongjiang**	**755.58**	**1163.17**	**1277.40**	
忻州	Xinzhou	42.34	65.17	73.70	177	哈尔滨	Harbin	238.14	354.72	402.28	28
临汾	Linfen	75.44	110.78	118.15	114	齐齐哈尔	Qiqihar	51.36	55.01	64.43	203
吕梁	Luliang	72.96	141.95	163.98	77	鸡西	Jixi	25.98	43.27	33.44	253
内蒙古	**Inner Mongolia**	**1069.98**	**1552.75**	**1720.98**		鹤岗	Hegang	15.49	27.14	20.49	275
呼和浩特	Hohhot	126.76	178.64	182.02	69	双鸭山	Shuangyashan	20.61	32.16	28.99	259
包头	Baotou	139.18	185.76	215.12	58	大庆	Daqing	95.90	140.33	143.60	91
乌海	Wuhai	33.66	54.41	68.49	190	伊春	Yichun	8.32	12.38	14.84	283
赤峰	Chifeng	56.33	74.56	91.18	149	佳木斯	Jiamusi	20.85	39.83	43.47	238
通辽	Tongliao	64.83	89.17	103.63	132	七台河	Qitaihe	23.32	21.79	18.93	276
鄂尔多斯	Erdos	239.08	375.51	440.02	21	牡丹江	Mudanjiang	42.82	79.31	91.31	148
呼伦贝尔	Hulunbuir	55.98	79.36	87.14	157	黑河	Heihe	15.04	21.20	23.07	270
巴彦淖尔	Bayannur	38.28	49.61	57.93	219	绥化	Suihua	28.53	55.43	64.42	204
乌兰察布	Ulanqab	17.33	34.80	42.45	240	上海	**Shanghai**	**2873.58**	**3743.71**	**4109.51**	
辽宁	**Liaoning**	**2004.84**	**3105.38**	**3343.81**		江苏	**Jiangsu**	**4079.86**	**5860.69**	**6568.46**	

5-1 公共财政预算收入 续表 1
Public Budgetary Revenue continued 1

单位：亿元 （100 million yuan）

地名	City	2010	2012	2013	2013 排名 Ranking
南京	Nanjing	518.80	733.02	831.31	8
无锡	Wuxi	511.89	658.03	710.91	13
徐州	Xuzhou	222.16	366.76	422.84	25
常州	Changzhou	286.18	378.99	408.88	27
苏州	Suzhou	900.55	1204.33	1331.03	2
南通	Nantong	290.81	419.72	485.88	17
连云港	Lianyungang	141.39	208.94	233.30	55
淮安	Huaian	141.43	233.61	271.42	43
盐城	Yancheng	191.35	312.78	366.77	31
扬州	Yangzhou	167.78	225.00	259.26	45
镇江	Zhenjiang	138.10	215.48	254.52	47
泰州	Taizhou	170.80	223.62	251.28	48
宿迁	Suqian	89.57	158.13	185.12	65
浙江	**Zhejiang**	**2608.47**	**3441.23**	**3796.92**	
杭州	Hangzhou	671.34	859.99	945.20	5
宁波	Ningbo	530.93	725.50	792.81	10
温州	Wenzhou	228.49	289.64	323.98	33
嘉兴	Jiaxing	176.83	257.73	282.31	40
湖州	Huzhou	97.27	138.55	154.66	84
绍兴	Shaoxing	193.23	265.76	293.07	38
金华	Jinhua	155.93	214.89	242.47	52
衢州	Quzhou	46.98	63.42	72.75	180
舟山	Zhoushan	61.04	85.56	92.63	146
台州	Taizhou	164.88	220.42	247.73	50
丽水	Lishui	44.94	64.61	73.70	177
安徽	**Anhui**	**1149.40**	**1792.72**	**2075.08**	
合肥	Hefei	259.43	389.50	438.62	22
芜湖	Wuhu	94.84	178.91	213.99	59
蚌埠	Bengbu	42.90	164.72	92.84	144
淮南	Huainan	51.81	166.20	110.73	123
马鞍山	Maanshan	69.88	210.60	146.18	90
淮北	Huaibei	29.60	51.85	50.68	224
铜陵	Tongling	34.73	63.60	64.18	206
安庆	Anqing	50.57	170.27	98.46	137
黄山	Huangshan	30.79	56.32	59.38	216
滁州	Chuzhou	50.53	96.94	114.42	117
阜阳	Fuyang	41.18	69.31	85.46	162
宿州	Suzhou	26.15	53.30	66.35	196
六安	Liuan	42.70	69.53	81.83	164
亳州	Bozhou	23.30	85.12	64.38	205
池州	Chizhou	31.21	52.37	65.14	201
宣城	Xuancheng	49.83	86.94	107.67	127
福建	**Fujian**	**1151.49**	**1776.17**	**2119.45**	
福州	Fuzhou	247.82	382.02	453.97	19
厦门	Xiamen	289.17	432.27	500.56	16
莆田	Putian	47.63	77.45	94.92	141
三明	Sanming	49.64	77.44	89.85	153
泉州	Quanzhou	181.53	293.46	346.91	32
漳州	Zhangzhou	88.57	131.71	154.86	83
南平	Nanping	38.59	59.18	71.62	185
龙岩	Longyan	66.75	101.51	117.21	115
宁德	Ningde	40.51	70.64	88.69	155
江西	**Jiangxi**	**778.09**	**1371.99**	**1621.24**	
南昌	Nanchang	146.47	240.14	291.91	39
景德镇	Jingdezhen	38.76	66.64	73.77	176
萍乡	Pingxiang	41.11	74.09	85.52	161
九江	Jiujiang	71.06	141.87	176.15	71
新余	Xinyu	49.99	83.23	84.48	163
鹰潭	Yingtan	29.51	58.83	66.13	197
赣州	Ganzhou	79.01	141.28	184.37	66
吉安	Jian	57.10	103.50	121.44	109
宜春	Yichun	66.30	132.43	159.38	78
抚州	Fuzhou	55.43	87.25	100.48	135
上饶	Shangrao	72.56	134.16	164.43	76
山东	**Shandong**	**2749.38**	**4059.43**	**4559.95**	
济南	Jinan	266.13	380.82	482.07	18
青岛	Qingdao	452.61	670.18	788.93	11
淄博	Zibo	162.40	236.28	273.07	42
枣庄	Zaozhuang	76.71	116.37	130.72	99
东营	Dongying	104.88	158.71	183.79	68
烟台	Yantai	237.80	357.36	437.23	24
潍坊	Weifang	202.43	306.12	383.92	29
济宁	Jining	169.25	245.63	302.24	36
泰安	Taian	116.95	158.85	168.81	75
威海	Weihai	118.27	158.40	195.22	62
日照	Rizhao	55.61	78.86	100.09	136
莱芜	Laiwu	35.32	42.02	46.76	232
临沂	Linyi	115.48	170.07	216.10	57
德州	Dezhou	72.91	120.24	150.02	85
聊城	Liaocheng	70.50	104.49	135.55	97

5-1 公共财政预算收入 续表 2
Public Budgetary Revenue continued 2

单位：亿元 （100 million yuan）

地名	City	2010	2012	2013	2013 排名 Ranking	地名	City	2010	2012	2013	2013 排名 Ranking
滨州	Binzhou	103.99	150.46	170.07	74	常德	Changde	70.02	106.73	122.53	107
菏泽	Heze	84.69	140.30	159.30	79	张家界	Zhangjiajie	14.31	22.62	25.56	265
河南	**Henan**	**1381.32**	**2040.33**	**2415.45**		益阳	Yiyang	24.50	43.87	52.06	223
郑州	Zhengzhou	386.80	606.65	723.61	12	郴州	Chenzhou	62.71	119.68	146.54	89
开封	Kaifeng	37.03	61.92	80.74	166	永州	Yongzhou	33.01	59.47	70.01	187
洛阳	Luoyang	142.02	205.26	234.05	54	怀化	Huaihua	35.67	69.07	76.81	171
平顶山	Pingdingshan	80.58	107.36	119.74	111	娄底	Loudi	30.01	51.83	62.41	209
安阳	Anyang	65.05	83.57	92.20	147	**广东**	**Guangdong**	**4515.72**	**6229.18**	**7081.47**	
鹤壁	Hebi	22.15	32.66	39.64	242	广州	Guangzhou	872.65	1102.40	1141.80	3
新乡	Xinxiang	70.46	108.35	129.50	101	韶关	Shaoguan	47.81	61.48	71.78	184
焦作	Jiaozuo	63.34	85.13	97.34	139	深圳	Shenzhen	1106.82	1482.08	1731.26	1
濮阳	Puyang	30.17	48.09	60.51	212	珠海	Zhuhai	124.53	162.60	194.20	63
许昌	Xuchang	57.45	90.37	108.50	126	汕头	Shantou	72.65	96.34	112.11	120
漯河	Luohe	26.13	41.61	53.98	220	佛山	Foshan	306.05	384.08	438.21	23
三门峡	Sanmenxia	49.74	68.62	81.79	165	江门	Jiangmen	104.29	135.03	158.03	80
南阳	Nanyang	69.07	103.65	123.63	105	湛江	Zhanjiang	66.23	92.09	105.92	130
商丘	Shangqiu	43.00	70.19	85.84	159	茂名	Maoming	51.95	78.12	90.36	151
信阳	Xinyang	34.10	55.46	67.93	192	肇庆	Zhaoqing	76.80	103.81	120.77	110
周口	Zhoukou	38.31	60.13	76.05	172	惠州	Huizhou	131.23	200.88	250.17	49
驻马店	Zhumadian	36.44	58.91	71.93	183	梅州	Meizhou	38.95	56.27	69.37	188
湖北	**Hubei**	**1011.23**	**1823.05**	**2191.22**		汕尾	Shanwei	26.23	41.09	48.15	227
武汉	Wuhan	390.19	828.58	978.52	4	河源	Heyuan	25.09	37.64	48.79	225
黄石	Huangshi	34.10	65.64	78.36	170	阳江	Yangjiang	26.77	43.12	53.72	221
十堰	Shiyan	43.77	76.93	73.53	179	清远	Qingyuan	72.79	86.87	92.82	145
宜昌	Yichang	70.24	153.24	206.31	60	东莞	Dongguan	277.84	356.32	409.29	26
襄阳	Xiangfan	51.01	139.85	191.53	64	中山	ZhongShan	139.38	201.89	225.42	56
鄂州	Ezhou	15.66	32.58	38.43	244	潮州	Chaozhou	23.25	31.93	37.09	247
荆门	Jingmen	23.25	50.69	59.84	214	揭阳	Jieyang	38.65	56.70	66.69	195
孝感	Xiaogan	34.20	69.50	89.05	154	云浮	Yunfu	23.54	36.76	45.76	235
荆州	Jingzhou	27.60	56.76	71.95	182	**广西**	**Guangxi**	**771.99**	**1166.06**	**1317.60**	
黄冈	Huanggang	38.98	62.92	79.98	168	南宁	Nanning	156.10	229.72	256.25	46
咸宁	Xianning	23.34	45.82	58.71	217	柳州	Liuzhou	74.64	113.55	125.12	103
随州	Suizhou	9.53	22.99	29.67	258	桂林	Guilin	67.08	106.01	111.00	122
湖南	**Hunan**	**1081.69**	**1782.16**	**2030.88**		梧州	Wuzhou	32.42	73.83	85.74	160
长沙	Changsha	314.28	490.65	536.63	14	北海	Beihai	17.22	41.13	113.60	118
株洲	Zhuzhou	78.04	135.43	148.64	88	防城港	Fangchenggang	22.69	35.55	40.71	241
湘潭	Xiangtan	47.38	84.78	97.89	138	钦州	Qinzhou	22.36	33.58	136.12	95
衡阳	Hengyang	75.89	135.51	157.20	81	贵港	Guigang	21.44	26.57	31.22	255
邵阳	Shaoyang	31.53	53.66	68.15	191	玉林	Yulin	36.84	65.57	75.48	173
岳阳	Yueyang	51.90	90.48	106.00	128	百色	Baise	33.86	56.58	65.70	199

5-1 公共财政预算收入 续表 3
Public Budgetary Revenue continued 3

单位：亿元 （100 million yuan）

地名	City	2010	2012	2013	2013 排名 Ranking
贺州	Hezhou	12.13	19.21	21.95	273
河池	Hechi	22.95	22.17	26.97	262
来宾	Laibin	24.94	32.21	36.37	250
崇左	Chongzuo	26.16	39.49	47.49	228
海南	**Hainan**	**270.99**	**409.44**	**481.01**	
海口	Haikou	50.37	210.43	86.73	158
三亚	Sanya	42.22	60.25	67.50	193
重庆	**Chongqing**	**586.71**	**1703.49**	**1693.24**	
四川	**Sichuan**	**1561.67**	**2421.27**	**2784.10**	
成都	Chengdu	526.94	780.90	898.54	6
自贡	Zigong	21.84	32.99	38.33	245
攀枝花	Panzhihua	38.78	57.20	58.55	218
泸州	Luzhou	47.59	82.79	109.60	124
德阳	Deyang	45.80	75.53	80.47	167
绵阳	Mianyang	45.21	80.40	90.48	150
广元	Guangyuan	16.73	26.84	30.46	257
遂宁	Suining	17.77	28.45	33.56	252
内江	Neijiang	20.39	30.93	37.75	246
乐山	Leshan	45.77	70.40	75.11	174
南充	Nanchong	32.26	52.87	65.57	200
眉山	Meishan	24.69	48.81	63.61	208
宜宾	Yibin	55.65	82.97	101.60	134
广安	Guangan	21.28	32.80	38.62	243
达州	Dazhou	30.59	52.04	60.31	213
雅安	Yaan	15.65	30.22	22.94	271
巴中	Bazhong	7.82	20.06	27.35	261
资阳	Ziyang	24.47	40.73	48.44	226
贵州	**Guizhou**	**533.73**	**1014.05**	**1206.41**	
贵阳	Guiyang	136.30	241.19	277.21	41
六盘水	Liupanshui	49.29	103.50	123.59	106
遵义	Zunyi	57.59	113.00	136.77	93
安顺	Anshun	19.84	37.50	46.89	230
毕节	Bijie	62.11	110.43	125.62	102
铜仁	Tongren	18.16	36.57	44.75	237
云南	**Yunnan**	**871.19**	**1338.15**	**1611.30**	
昆明	Kunming	253.83	378.40	450.75	20
曲靖	Qujing	72.43	103.83	121.53	108
玉溪	Yuxi	64.73	90.22	105.97	129
保山	Baoshan	21.40	35.55	42.84	239
昭通	Zhaotong	25.62	39.47	47.47	229

地名	City	2010	2012	2013	2013 排名 Ranking
丽江	Lijiang	16.46	38.01	45.78	234
普洱	Puer	30.86	47.90	53.72	221
临沧	Lincang	14.51	30.22	36.85	249
西藏	**Tibet**	**32.00**	**86.58**	**95.02**	
拉萨	Lhasa	15.02	40.38	59.57	215
陕西	**Shaanxi**	**958.21**	**1600.69**	**1748.33**	
西安	Xi'an	241.86	396.96	501.98	15
铜川	Tongchuan	13.75	21.00	24.10	269
宝鸡	Baoji	38.78	64.85	72.02	181
咸阳	Xianyang	43.48	69.17	79.00	169
渭南	Weinan	34.00	55.06	65.06	202
延安	Yan'an	105.19	139.26	155.38	82
汉中	Hanzhong	18.62	30.09	35.83	251
榆林	Yulin	125.54	249.06	260.73	44
安康	Ankang	13.23	21.66	25.34	267
商洛	Shangluo	12.01	21.50	25.68	264
甘肃	**Gansu**	**353.58**	**520.40**	**607.27**	
兰州	Lanzhou	72.76	103.73	124.50	104
嘉峪关	Jiayuguan	8.34	12.85	15.33	282
金昌	Jinchang	10.22	13.32	15.87	281
白银	Baiyin	11.84	24.09	24.11	268
天水	Tianshui	14.39	23.05	27.60	260
武威	Wuwei	6.43	14.50	18.35	277
张掖	Zhangye	7.58	12.66	16.72	280
平凉	Pingliang	17.32	21.39	22.59	272
酒泉	Jiuquan	11.91	21.18	26.70	263
庆阳	Qingyang	30.02	53.11	63.73	207
定西	Dingxi	7.25	13.11	17.05	279
陇南	Longnan	15.32	16.01	21.48	274
青海	**Qinghai**	**110.22**	**186.42**	**223.86**	
西宁	Xining	34.52	54.77	67.11	194
宁夏	**Ningxia**	**153.55**	**263.96**	**308.34**	
银川	Yinchuan	64.04	113.13	118.82	112
石嘴山	Shizuishan	21.65	29.79	30.99	256
吴忠	Wuzhong	15.67	28.74	32.47	254
固原	Guyuan	5.26	10.33	10.73	284
中卫	Zhongwei	8.50	14.74	17.07	278
新疆	**Xinjiang**	**500.58**	**908.97**	**1128.49**	
乌鲁木齐	Urumqi	147.99	252.01	301.90	37
克拉玛依	Karamay	42.43	57.26	65.83	198

5-2 人均公共财政预算收入
Per Capita Public Budgetary Revenue

单位：元/人 （yuan/person）

地名	City	2010	2012	2013	2013 排名 Ranking
全国平均	**National Average**	**3036.0**	**4522.0**		
北京	**Beijing**	**12668.4**	**16217.9**	**17500.0**	
天津	**Tianjin**	**8476.5**	**12716.9**	**14411.0**	
河北	**Hebei**	**1873.3**	**2869.1**	**3140.0**	
石家庄	Shijiazhuang	1664.1	2719.3	3138.0	134
唐山	Tangshan	2666.5	4072.1	4301.2	90
秦皇岛	Qinhuangdao	2502.7	3740.4	5912.7	60
邯郸	Handan	1215.9	1871.8	1192.5	241
邢台	Xingtai	787.2	1193.7	2387.1	162
保定	Baoding	786.0	1371.1	1475.0	224
张家口	Zhangjiakou	1345.5	2277.4	2341.7	166
承德	Chengde	1472.5	2196.8	2382.3	163
沧州	Cangzhou	1260.7	1927.8	2741.6	149
廊坊	Langfang	2543.6	4011.9	2396.0	160
衡水	Hengshui	638.2	1147.7	1540.0	218
山西	**Shanxi**	**2771.2**	**4209.8**	**4700.0**	
太原	Taiyuan	3790.8	5902.3	6744.8	47
大同	Datong	1743.1	2516.5	2809.6	145
阳泉	Yangquan	2887.7	4315.6	3534.0	112
长治	Changzhi	2356.5	3982.4	4399.5	86
晋城	Jincheng	2564.5	3805.0	4322.7	89
朔州	Shuozhou	3523.6	4869.9	5480.2	66
晋中	Jinzhong	2020.4	3061.7	3513.3	114
运城	Yuncheng	705.6	801.8	872.0	269
忻州	Xinzhou	1378.1	2101.6	2372.1	164
临汾	Linfen	1725.6	2560.2	2772.2	147
吕梁	Luliang	1959.3	3773.3	4335.8	88
内蒙古	**Inner Mongolia**	**4373.8**	**6246.0**	**6901.0**	
呼和浩特	Hohhot	5548.2	7797.5	7842.3	37
包头	Baotou	6335.0	8345.0	9595.0	26
乌海	Wuhai	6665.3	9983.5	12430.1	15
赤峰	Chifeng	1299.5	1727.5	2115.5	178
通辽	Tongliao	2033.7	2787.4	3233.4	130
鄂尔多斯	Erdos	15840.5	24210.8	28721.9	2
呼伦贝尔	Hulunbuir	2061.7	2956.8	3440.2	118
巴彦淖尔	Bayannur	2191.6	2806.0	3131.4	135
乌兰察布	Ulanqab	601.1	1208.8	1489.0	220
辽宁	**Liaoning**	**4612.2**	**7080.2**	**7618.0**	
沈阳	Shenyang	6480.5	9880.3	11033.1	22
大连	Dalian	8552.1	12726.7	14387.5	10
鞍山	Anshan	5115.8	6677.8	6833.8	46
抚顺	Fushun	3663.9	5924.0	6139.5	59
本溪	Benxi	4812.0	8031.2	8488.2	31
丹东	Dandong	3315.7	5314.4	5679.3	63
锦州	Jinzhou	2621.3	4268.0	4434.3	82
营口	Yingkou	4254.7	7234.2	7880.7	36
阜新	Fuxin	1563.5	3338.4	3685.3	106
辽阳	Liaoyang	4170.1	6075.5	6177.6	57
盘锦	Panjin	6169.3	10786.2	11541.5	20
铁岭	Tieling	2620.4	3775.4	3431.8	119
朝阳	Chaoyang	1943.4	3142.3	3307.6	125
葫芦岛	Huludao	1983.6	2991.8	3156.4	133
吉林	**Jilin**	**2196.1**	**3087.1**	**4206.0**	
长春	Changchun	2386.8	4488.3	5058.6	73
吉林	Jilin	1686.0	2755.3	3255.1	128
四平	Siping	821.0	1670.5	1821.9	204
辽源	Liaoyuan	1378.4	1951.8	2091.0	181
通化	Tonghua	1502.2	2859.7	3312.0	124
白山	Baishan	1955.7	3403.3	3632.9	108
松原	Songyuan	1070.9	1993.1	2164.8	174
白城	Baicheng	887.6	1541.5	1851.7	203
黑龙江	**Heilongjiang**	**1973.5**	**3033.8**	**3331.0**	
哈尔滨	Harbin	2401.1	3570.8	4045.5	94
齐齐哈尔	Qiqihar	901.3	976.7	1154.7	244
鸡西	Jixi	1373.2	2327.6	1792.1	206
鹤岗	Hegang	1417.7	2496.8	1900.7	198
双鸭山	Shuangyashan	1363.2	2132.6	1931.4	194
大庆	Daqing	3449.6	5017.2	5250.5	69
伊春	Yichun	654.0	987.2	1201.6	239
佳木斯	Jiamusi	824.0	1656.1	1773.6	207
七台河	Qitaihe	2512.7	2355.7	2053.1	185
牡丹江	Mudanjiang	1579.9	3049.2	3514.6	113
黑河	Heihe	864.7	1236.2	1345.2	235
绥化	Suihua	489.3	956.5	1127.4	247
上海	**Shanghai**	**13609.5**	**15839.7**	**17139.0**	
江苏	**Jiangsu**	**5233.6**	**7409.7**	**8283.0**	

5-2 人均公共财政预算收入 续表 1
Per Capita Public Budgetary Revenue continued 1

单位：元/人 (yuan/person)

地名	City	2010	2012	2013	2013 排名 Ranking
南京	Nanjing	8220.6	11500.2	12973.0	14
无锡	Wuxi	10982.4	14030.5	15087.2	8
徐州	Xuzhou	2301.6	3728.8	4233.9	91
常州	Changzhou	7942.6	10417.5	11193.0	21
苏州	Suzhou	14171.4	18668.9	20452.2	5
南通	Nantong	3812.5	5486.5	6343.9	55
连云港	Lianyungang	2861.1	4112.2	4524.8	79
淮安	Huaian	2636.4	4286.4	4935.8	76
盐城	Yancheng	2350.0	3807.0	4456.0	81
扬州	Yangzhou	3655.7	4899.8	5647.1	64
镇江	Zhenjiang	5109.3	7933.7	9371.1	28
泰州	Taizhou	3386.8	4413.3	4955.2	75
宿迁	Suqian	1648.2	2835.4	3269.5	127
浙江	**Zhejiang**	**4911.1**	**6291.1**	**6919.0**	
杭州	Hangzhou	9782.7	12319.0	13433.8	13
宁波	Ningbo	9273.1	12571.5	13695.1	12
温州	Wenzhou	2918.3	3623.7	4031.1	96
嘉兴	Jiaxing	5191.7	7496.5	8178.2	33
湖州	Huzhou	3747.4	5304.4	5905.3	61
绍兴	Shaoxing	4408.4	6034.5	6641.1	50
金华	Jinhua	3352.1	4573.1	5137.1	72
衢州	Quzhou	1875.1	2509.7	2869.8	140
舟山	Zhoushan	6307.7	8811.5	9529.8	27
台州	Taizhou	2838.8	3742.9	4181.1	92
丽水	Lishui	1738.4	2466.0	2799.1	146
安徽	**Anhui**	**1902.8**	**2998.9**	**3453.0**	
合肥	Hefei	5260.2	5499.1	6169.1	58
芜湖	Wuhu	4127.1	4654.3	5572.7	65
蚌埠	Bengbu	1186.9	4493.2	2528.3	155
淮南	Huainan	2129.9	6792.0	4547.4	77
马鞍山	Maanshan	5421.3	9216.6	6400.2	54
淮北	Huaibei	1354.7	2355.7	2342.0	165
铜陵	Tongling	4693.2	8571.4	8649.6	30
安庆	Anqing	821.3	2748.5	1585.3	214
黄山	Huangshan	2075.8	3813.1	4031.2	95
滁州	Chuzhou	1121.6	2142.3	2538.2	154
阜阳	Fuyang	409.3	671.1	816.6	273
宿州	Suzhou	409.5	819.4	1025.8	256
六安	Liuan	605.4	979.4	1146.9	246
亳州	Bozhou	389.1	1399.1	1025.3	257
池州	Chizhou	1948.2	3238.7	4023.5	98
宣城	Xuancheng	1792.0	3110.6	3846.7	101
福建	**Fujian**	**3147.7**	**4756.8**	**5635.0**	
福州	Fuzhou	3860.7	5856.5	6926.6	44
厦门	Xiamen	16190.9	22980.9	25815.4	3
莆田	Putian	1481.2	2362.0	2860.8	142
三明	Sanming	1825.7	2828.3	3250.7	129
泉州	Quanzhou	2657.6	4245.0	4967.9	74
漳州	Zhangzhou	1870.4	2738.8	3190.4	132
南平	Nanping	1236.9	1887.1	2273.7	170
龙岩	Longyan	2266.2	3424.8	3905.7	99
宁德	Ningde	1199.7	2070.3	2573.0	152
江西	**Jiangxi**	**1750.7**	**3051.6**	**3592.0**	
南昌	Nanchang	2930.6	4699.4	5735.0	62
景德镇	Jingdezhen	2397.2	4024.2	4430.6	84
萍乡	Pingxiang	2192.4	3871.0	4431.1	83
九江	Jiujiang	1437.1	2806.5	3464.8	115
新余	Xinyu	4264.3	6941.6	6981.8	43
鹰潭	Yingtan	2441.5	4782.9	5320.2	68
赣州	Ganzhou	875.8	1531.5	1987.6	190
吉安	Jian	1160.4	2055.6	2393.8	161
宜春	Yichun	1196.9	2323.3	2768.9	148
抚州	Fuzhou	1380.4	2212.8	2539.9	153
上饶	Shangrao	988.2	2022.6	2471.1	156
山东	**Shandong**	**2886.6**	**4201.9**	**4697.0**	
济南	Jinan	4408.5	6264.5	7887.3	35
青岛	Qingdao	5929.8	8726.3	10224.6	23
淄博	Zibo	3849.4	5575.3	6432.7	53
枣庄	Zaozhuang	1972.4	2949.8	3306.0	126
东营	Dongying	5677.5	8546.6	9870.6	25
烟台	Yantai	3649.6	5489.4	6719.4	48
潍坊	Weifang	2324.6	3485.8	4358.3	87
济宁	Jining	2021.7	2900.0	3566.7	110
泰安	Taian	2101.9	2840.7	3020.9	136
威海	Weihai	4669.4	6243.6	7694.9	38
日照	Rizhao	1938.7	2732.5	3462.1	116
莱芜	Laiwu	2741.0	3319.1	3699.4	105
临沂	Linyi	1149.3	1571.2	1987.9	189
德州	Dezhou	1279.8	2084.6	2594.6	151
聊城	Liaocheng	1186.4	1743.5	2274.3	169

5-2 人均公共财政预算收入 续表 2
Per Capita Public Budgetary Revenue continued 2

单位：元/人 （yuan/person）

地名	City	2010	2012	2013	2013 排名 Ranking	地名	City	2010	2012	2013	2013 排名 Ranking
滨州	Binzhou	2755.4	3951.2	4460.3	80	常德	Changde	1122.3	1701.1	2005.4	187
菏泽	Heze	1024.3	1458.4	1663.9	211	张家界	Zhangjiajie	872.1	1336.1	1499.1	219
河南	**Henan**	**1462.5**	**2171.3**	**2567.0**		益阳	Yiyang	517.5	913.4	1082.6	252
郑州	Zhengzhou	5241.2	7952.9	9335.7	29	郴州	Chenzhou	1303.2	2591.0	2868.3	141
开封	Kaifeng	697.5	1138.4	1471.2	225	永州	Yongzhou	560.8	962.9	1117.7	248
洛阳	Luoyang	2031.1	2889.4	3390.1	121	怀化	Huaihua	701.8	1341.2	1480.5	223
平顶山	Pingdingshan	1503.4	1962.0	2233.5	171	娄底	Loudi	703.2	1186.6	1422.0	229
安阳	Anyang	1118.9	1411.9	1543.1	217	**广东**	**Guangdong**	**4501.7**	**5904.7**	**6669.0**	
鹤壁	Hebi	1376.5	1996.3	2409.7	159	广州	Guangzhou	10902.9	13470.2	13801.5	11
新乡	Xinxiang	1173.2	1762.4	2087.0	183	韶关	Shaoguan	1457.2	1873.8	2193.1	172
焦作	Jiaozuo	1728.5	2309.5	2648.0	150	深圳	Shenzhen	43761.7	53350.6	57882.3	1
濮阳	Puyang	741.2	1147.7	1443.1	227	珠海	Zhuhai	12008.7	15296.3	18048.3	6
许昌	Xuchang	1178.1	1829.0	2184.9	173	汕头	Shantou	1404.1	1813.6	2090.0	182
漯河	Luohe	942.4	1513.1	1965.8	192	佛山	Foshan	8288.2	10209.5	11544.0	19
三门峡	Sanmenxia	2163.5	3037.6	3611.0	109	江门	Jiangmen	2661.1	3437.6	4027.3	97
南阳	Nanyang	586.8	861.2	1058.2	253	湛江	Zhanjiang	946.5	1299.1	1483.9	222
商丘	Shangqiu	470.2	754.3	914.7	265	茂名	Maoming	700.9	1034.6	1199.5	240
信阳	Xinyang	393.9	741.9	792.2	276	肇庆	Zhaoqing	1837.1	2429.4	2817.1	144
周口	Zhoukou	315.2	487.3	674.0	281	惠州	Huizhou	3966.8	5865.1	7302.1	41
驻马店	Zhumadian	414.3	657.8	804.8	275	梅州	Meizhou	762.1	1083.2	1325.9	236
湖北	**Hubei**	**1767.3**	**3160.4**	**3785.0**		汕尾	Shanwei	765.2	1183.5	1376.1	232
武汉	Wuhan	4666.6	10049.5	11905.6	16	河源	Heyuan	709.4	1042.9	1362.8	234
黄石	Huangshi	1314.8	2516.9	2992.0	137	阳江	Yangjiang	958.7	1520.5	1892.9	199
十堰	Shiyan	1239.2	2215.7	2123.3	177	清远	Qingyuan	1771.8	2113.1	2276.7	167
宜昌	Yichang	1756.2	3841.6	5164.2	71	东莞	Dongguan	15414.1	19167.3	21770.7	4
襄阳	Xiangfan	864.6	2355.2	3221.2	131	中山	ZhongShan	9384.6	13334.9	14723.7	9
鄂州	Ezhou	1503.2	3094.0	3642.7	107	潮州	Chaozhou	896.3	1210.4	1394.4	231
荆门	Jingmen	773.1	1677.9	1984.1	191	揭阳	Jieyang	589.7	1048.3	983.2	258
孝感	Xiaogan	645.4	1316.5	1689.1	209	云浮	Yunfu	842.9	1282.6	1585.0	215
荆州	Jingzhou	418.1	856.1	1086.7	250	**广西**	**Guangxi**	**1632.4**	**2500.4**	**2803.0**	
黄冈	Huanggang	527.8	917.6	1163.0	243	南宁	Nanning	2221.7	3224.1	3564.0	111
咸宁	Xianning	802.6	1544.8	1962.2	193	柳州	Liuzhou	2016.6	3040.2	3360.7	123
随州	Suizhou	371.0	895.6	1153.6	245	桂林	Guilin	1301.8	2031.2	2126.8	176
湖南	**Hunan**	**1667.4**	**2963.1**	**3047.0**		梧州	Wuzhou	1009.2	2246.8	2914.3	139
长沙	Changsha	4820.2	7449.9	8109.9	34	北海	Beihai	1053.1	2448.2	6706.0	49
株洲	Zhuzhou	2015.7	3440.8	3737.5	104	防城港	Fangchenggang	2547.1	3885.2	4410.6	85
湘潭	Xiangtan	1604.8	2907.4	3365.1	122	钦州	Qinzhou	589.3	857.9	3461.9	117
衡阳	Hengyang	991.1	1697.3	2000.5	188	贵港	Guigang	414.9	502.5	584.6	283
邵阳	Shaoyang	404.7	671.3	848.1	271	玉林	Yulin	554.8	952.5	1083.9	251
岳阳	Yueyang	924.6	1584.3	1878.1	200	百色	Baise	842.1	1385.7	1602.4	213

5-2 人均公共财政预算收入 续表 3
Per Capita Public Budgetary Revenue continued 3

单位：元/人 (yuan/person)

地名	City	2010	2012	2013	2013 排名 Ranking
贺州	Hezhou	596.1	851.9	1100.8	249
河池	Hechi	567.5	545.1	658.8	282
来宾	Laibin	968.4	1234.1	1428.0	228
崇左	Chongzuo	1077.7	1605.3	1931.3	195
海南	**Hainan**	**3130.8**	**4624.1**	**5399.0**	
海口	Haikou	3161.2	12989.5	5340.5	67
三亚	Sanya	7491.1	10441.9	11739.1	17
重庆	**Chongqing**	**3315.2**	**5810.0**	**5725.0**	
四川	**Sichuan**	**1924.8**	**3002.9**	**3441.0**	
成都	Chengdu	4604.7	6684.1	7610.2	39
自贡	Zigong	667.4	1006.4	1164.7	242
攀枝花	Panzhihua	3478.7	5116.3	5232.4	70
泸州	Luzhou	953.5	1642.3	2162.6	175
德阳	Deyang	1178.1	1931.7	2053.9	184
绵阳	Mianyang	832.2	1476.9	1655.9	212
广元	Guangyuan	536.5	861.6	979.4	259
遂宁	Suining	462.5	749.9	888.5	266
内江	Neijiang	479.1	725.5	884.7	267
乐山	Leshan	1295.5	1984.2	2112.2	179
南充	Nanchong	428.6	697.6	863.6	270
眉山	Meishan	708.3	1392.2	1809.7	205
宜宾	Yibin	1036.4	1523.2	1852.3	202
广安	Guangan	454.6	700.1	822.6	272
达州	Dazhou	455.5	750.7	876.7	268
雅安	Yaan	1009.5	1935.9	1463.9	226
巴中	Bazhong	198.2	515.3	701.1	279
资阳	Ziyang	488.2	806.7	956.2	263
贵州	**Guizhou**	**1467.8**	**2916.9**	**3454.0**	
贵阳	Guiyang	3682.6	6426.6	7357.0	40
六盘水	Liupanshui	1566.3	3625.2	3814.5	103
遵义	Zunyi	750.3	1464.3	1765.0	208
安顺	Anshun	717.2	1643.3	2045.8	186
毕节	Bijie		1693.2	1923.4	196
铜仁	Tongren		856.8	1046.0	254
云南	**Yunnan**	**1900.6**	**2880.8**	**3448.0**	
昆明	Kunming	4379.7	6958.4	8269.1	32
曲靖	Qujing	1165.8	1692.1	1919.3	197
玉溪	Yuxi	2818.0	3892.1	4538.3	78
保山	Baoshan	850.9	1394.7	1672.1	210
昭通	Zhaotong	451.3	679.0	811.6	274
丽江	Lijiang	1366.2	3164.9	3831.0	102
普洱	Puer	1215.7	1907.6	2105.8	180
临沧	Lincang	601.1	1280.0	1558.8	216
西藏	**Tibet**	**1241.8**	**2834.1**	**3067.0**	
拉萨	Lhasa		6974.09	10096.6	24
陕西	**Shaanxi**	**2553.6**	**4270.8**	**4652.0**	
西安	Xi'an	3092.0	5000.1	6263.0	56
铜川	Tongchuan	1648.5	2459.0	2822.0	143
宝鸡	Baoji	1020.7	1690.6	1871.6	201
咸阳	Xianyang	839.0	1313.0	1488.9	221
渭南	Weinan	608.8	1034.4	1221.6	238
延安	Yan'an	4596.1	5946.2	6567.2	51
汉中	Hanzhong	488.0	785.0	930.2	264
榆林	Yulin	3469.8	6684.4	6921.4	45
安康	Ankang	435.3	708.8	961.3	262
商洛	Shangluo	511.2	865.9	1028.4	255
甘肃	**Gansu**	**1361.9**	**2024.1**	**2354.0**	
兰州	Lanzhou	2248.7	3217.4	3872.5	100
嘉峪关	Jiayuguan	4112.4	5491.5	6523.4	52
金昌	Jinchang	2173.1	2852.2	3391.0	120
白银	Baiyin	657.9	1356.4	1366.8	233
天水	Tianshui	396.2	615.5	732.3	278
武威	Wuwei	336.7	759.2	966.3	261
张掖	Zhangye	580.4	967.2	1275.4	237
平凉	Pingliang	751.7	916.1	975.0	260
酒泉	Jiuquan	1225.4	2139.4	2414.1	158
庆阳	Qingyang	1154.3	2026.3	2415.8	157
定西	Dingxi	241.7	479.0	571.8	284
陇南	Longnan	543.2	563.5	756.6	277
青海	**Qinghai**	**1968.7**	**3267.6**	**3890.0**	
西宁	Xining	1564.2	2767.6	2972.1	138
宁夏	**Ningxia**	**2446.8**	**4105.1**	**4739.0**	
银川	Yinchuan	4074.3	6868.9	6993.5	42
石嘴山	Shizuishan	2899.4	4036.6	4061.6	93
吴忠	Wuzhong	1137.3	2042.6	2275.4	168
固原	Guyuan	347.6	667.3	695.8	280
中卫	Zhongwei	724.1	1232.4	1414.3	230
新疆	**Xinjiang**	**2306.6**	**4092.6**	**5019.0**	
乌鲁木齐	Urumqi	6112.5	9937.3	11593.7	18
克拉玛依	Karamay	11040.9	15188.3	17415.3	7

5-3 公共财政预算收入中税收收入
Taxes of Public Budgetary Revenue

单位：亿元　　　　　　　　　　　　（100 million yuan）

地名	City	2010	2012	2013	2013 排名 Ranking	地名	City	2010	2012	2013	2013 排名 Ranking
地方合计	**Region Total**	**32701.49**	**47319.08**	**53890.88**		沈阳	Shenyang	368.07	575.37	650.85	11
北京	**Beijing**	**2251.59**	**3124.75**	**3514.52**		大连	Dalian	398.56	598.00	677.83	8
天津	**Tianjin**	**776.65**	**1105.56**	**1310.66**		鞍山	Anshan	124.62	157.13	164.43	60
河北	**Hebei**	**1074.04**	**1560.59**	**1724.87**		抚顺	Fushun	62.86	98.84	100.38	91
石家庄	Shijiazhuang	141.53	207.73	237.54	39	本溪	Benxi	55.72	96.00	97.23	96
唐山	Tangshan	162.88	230.22	238.02	38	丹东	Dandong	59.01	96.08	102.70	88
秦皇岛	Qinhuangdao	59.40	84.56	115.93	82	锦州	Jinzhou	66.88	99.31	102.69	89
邯郸	Handan	79.47	116.19	72.84	126	营口	Yingkou	81.17	127.05	137.33	69
邢台	Xingtai	44.83	63.66	117.94	79	阜新	Fuxin	25.04	44.71	50.33	181
保定	Baoding	67.30	100.14	125.70	73	辽阳	Liaoyang	56.99	79.03	81.40	112
张家口	Zhangjiakou	51.66	67.88	84.82	104	盘锦	Panjin	63.20	85.67	114.04	83
承德	Chengde	49.47	70.36	68.37	136	铁岭	Tieling	56.73	77.78	77.49	118
沧州	Cangzhou	73.61	105.16	178.96	54	朝阳	Chaoyang	51.42	106.65	81.41	111
廊坊	Langfang	94.98	145.74	80.84	113	葫芦岛	Huludao	38.91	58.39	65.21	145
衡水	Hengshui	22.40	38.01	50.23	182	**吉林**	**Jilin**	**439.31**	**760.57**	**856.41**	
山西	**Shanxi**	**692.71**	**1045.22**	**1136.89**		长春	Changchun	141.13	276.75	309.15	30
太原	Taiyuan	111.55	172.38	207.33	47	吉林	Jilin	50.15	77.48	95.50	97
大同	Datong	44.48	63.73	76.93	119	四平	Siping	17.99	35.93	37.21	219
阳泉	Yangquan	31.24	43.62	34.67	225	辽源	Liaoyuan	8.23	12.05	12.17	278
长治	Changzhi	52.67	75.73	80.63	114	通化	Tonghua	22.85	44.44	53.55	171
晋城	Jincheng	43.19	61.50	68.92	132	白山	Baishan	17.29	29.79	29.14	236
朔州	Shuozhou	36.28	60.52	68.20	137	松原	Songyuan	22.16	40.75	38.87	213
晋中	Jinzhong	42.64	65.39	71.42	129	白城	Baicheng	12.05	18.64	22.36	252
运城	Yuncheng	26.23	28.70	32.80	229	**黑龙江**	**Heilongjiang**	**556.97**	**837.80**	**912.82**	
忻州	Xinzhou	25.95	43.58	47.24	188	哈尔滨	Harbin	187.47	276.23	317.66	29
临汾	Linfen	41.78	51.58	54.12	169	齐齐哈尔	Qiqihar	27.40	33.83	39.12	212
吕梁	Luliang	51.16	88.66	89.57	102	鸡西	Jixi	18.01	24.80	21.15	255
内蒙古	**Inner Mongolia**	**752.81**	**1119.87**	**1215.20**		鹤岗	Hegang	11.91	14.17	13.11	271
呼和浩特	Hohhot	88.88	126.67	143.79	65	双鸭山	Shuangyashan	15.42	19.45	16.44	264
包头	Baotou	94.27	125.13	132.12	70	大庆	Daqing	77.59	104.10	108.23	85
乌海	Wuhai	23.38	31.99	30.33	235	伊春	Yichun	6.17	7.93	9.13	283
赤峰	Chifeng	37.15	58.71	69.17	131	佳木斯	Jiamusi	16.71	26.32	25.42	245
通辽	Tongliao	37.99	59.55	67.67	140	七台河	Qitaihe	17.66	14.97	12.82	275
鄂尔多斯	Erdos	192.35	300.25	318.66	27	牡丹江	Mudanjiang	30.08	42.46	46.35	193
呼伦贝尔	Hulunbuir	38.25	56.55	64.85	147	黑河	Heihe	9.47	12.18	12.89	274
巴彦淖尔	Bayannur	26.95	37.42	42.24	203	绥化	Suihua	19.00	31.86	35.73	220
乌兰察布	Ulanqab	14.29	29.57	35.32	222	**上海**	**Shanghai**	**2707.80**	**3426.79**	**3797.16**	
辽宁	**Liaoning**	**1516.65**	**2317.19**	**2521.62**		**江苏**	**Jiangsu**	**3312.61**	**4782.59**	**5419.49**	

5-3 公共财政预算收入中税收收入 续表 1
Taxes of Public Budgetary Revenue continued 1

单位：亿元 （100 million yuan）

地名	City	2010	2012	2013	2013 排名 Ranking
南京	Nanjing	437.77	602.79	684.47	7
无锡	Wuxi	440.86	540.01	579.11	12
徐州	Xuzhou	173.90	284.14	341.11	23
常州	Changzhou	237.74	303.89	327.18	26
苏州	Suzhou	783.22	1023.88	1138.33	2
南通	Nantong	225.24	339.51	399.89	15
连云港	Lianyungang	97.36	160.92	188.79	50
淮安	Huaian	98.51	180.93	221.39	43
盐城	Yancheng	138.73	251.38	302.51	31
扬州	Yangzhou	121.08	180.61	212.75	45
镇江	Zhenjiang	110.87	174.12	208.65	46
泰州	Taizhou	131.75	179.73	206.55	48
宿迁	Suqian	69.07	130.07	157.98	61
浙江	**Zhejiang**	**2464.96**	**3227.77**	**3545.66**	
杭州	Hangzhou	652.09	830.25	910.67	3
宁波	Ningbo	507.97	667.84	733.72	6
温州	Wenzhou	211.83	267.68	295.31	32
嘉兴	Jiaxing	177.86	249.83	267.74	35
湖州	Huzhou	93.26	132.26	145.05	63
绍兴	Shaoxing	187.60	252.62	276.50	34
金华	Jinhua	143.26	197.89	224.14	41
衢州	Quzhou	43.22	57.12	66.81	142
舟山	Zhoushan	59.51	78.42	81.80	108
台州	Taizhou	155.41	203.80	229.80	40
丽水	Lishui	39.34	56.72	65.07	146
安徽	**Anhui**	**866.55**	**1305.09**	**1520.22**	
合肥	Hefei	221.43	311.43	356.50	21
芜湖	Wuhu	83.02	144.33	170.05	56
蚌埠	Bengbu	34.08	56.81	67.97	138
淮南	Huainan	45.85	132.68	68.62	133
马鞍山	Maanshan	47.09	155.80	95.04	99
淮北	Huaibei	27.48	42.64	43.12	201
铜陵	Tongling	25.86	40.18	43.00	202
安庆	Anqing	35.20	57.43	69.63	130
黄山	Huangshan	22.66	36.11	41.63	205
滁州	Chuzhou	39.35	70.55	81.73	109
阜阳	Fuyang	33.01	52.00	65.36	144
宿州	Suzhou	19.01		46.62	191
六安	Liuan	30.42	50.31	59.43	156
亳州	Bozhou	17.60	35.41	49.97	183
池州	Chizhou	19.61	36.92	46.32	194
宣城	Xuancheng	40.54	66.06	78.43	116
福建	**Fujian**	**966.09**	**1440.34**	**1723.28**	
福州	Fuzhou	215.19	314.84	392.15	18
厦门	Xiamen	239.70	362.65	421.68	14
莆田	Putian	37.66	62.12	75.90	122
三明	Sanming	42.93	62.83	71.90	127
泉州	Quanzhou	160.30	240.78	281.69	33
漳州	Zhangzhou	67.64	100.86	122.90	75
南平	Nanping	32.84	47.54	56.10	163
龙岩	Longyan	57.40	79.75	91.44	101
宁德	Ningde	32.91	51.36	64.14	149
江西	**Jiangxi**	**585.11**	**978.08**	**1178.74**	
南昌	Nanchang	124.17	200.17	245.35	37
景德镇	Jingdezhen	29.68	46.17	52.69	174
萍乡	Pingxiang	33.85	59.26	66.99	141
九江	Jiujiang	57.20	105.06	131.39	71
新余	Xinyu	37.33	52.85	57.52	160
鹰潭	Yingtan	22.92	35.55	47.85	186
赣州	Ganzhou	61.82	111.39	143.34	66
吉安	Jian	40.61	67.10	84.16	106
宜春	Yichun	56.19	100.75	120.11	77
抚州	Fuzhou	41.89	65.31	76.66	120
上饶	Shangrao	54.33	96.10	109.79	84
山东	**Shandong**	**2149.90**	**3050.20**	**3533.49**	
济南	Jinan	209.13	289.55	381.88	19
青岛	Qingdao	377.06	524.56	650.99	10
淄博	Zibo	116.52	162.11	200.70	49
枣庄	Zaozhuang	60.49	85.55	98.39	93
东营	Dongying	81.73	111.61	142.09	67
烟台	Yantai	180.22	262.83	345.49	22
潍坊	Weifang	175.07	246.41	318.62	28
济宁	Jining	132.40	177.72	220.85	44
泰安	Taian	83.58	103.77	118.44	78
威海	Weihai	91.60	127.15	166.53	58
日照	Rizhao	46.21	59.45	75.71	123
莱芜	Laiwu	26.73	32.01	38.15	216
临沂	Linyi	88.00	135.04	184.34	52
德州	Dezhou	54.26	85.56	116.84	80
聊城	Liaocheng	48.69	70.03	100.96	90

5-3 公共财政预算收入中税收收入 续表 2
Taxes of Public Budgetary Revenue continued 2

单位：亿元 （100 million yuan）

地名	City	2010	2012	2013	2013 排名 Ranking
滨州	Binzhou	73.61	106.34	128.30	72
菏泽	Heze	68.56	104.69	123.54	74
河南	**Henan**	**1016.55**	**1469.57**	**1764.71**	
郑州	Zhengzhou	313.15	452.43	543.80	13
开封	Kaifeng	26.51	44.72	59.67	154
洛阳	Luoyang	103.50	148.54	169.14	57
平顶山	Pingdingshan	61.37	74.46	84.51	105
安阳	Anyang	45.13	55.73	66.59	143
鹤壁	Hebi	16.02	22.25	27.50	241
新乡	Xinxiang	51.65	78.52	95.24	98
焦作	Jiaozuo	45.74	55.57	64.80	148
濮阳	Puyang	24.29	39.39	48.32	185
许昌	Xuchang	43.67	69.65	81.62	110
漯河	Luohe	21.49	33.35	43.75	197
三门峡	Sanmenxia	37.68	47.04	55.39	164
南阳	Nanyang	54.15	82.59	99.46	92
商丘	Shangqiu	33.82	52.90	63.26	150
信阳	Xinyang	25.61	42.32	51.67	177
周口	Zhoukou	26.80	40.45	51.50	178
驻马店	Zhumadian	27.71	43.06	52.66	176
湖北	**Hubei**	**777.96**	**1324.44**	**1604.85**	
武汉	Wuhan	306.41	666.74	793.49	5
黄石	Huangshi	23.44	46.27	55.09	165
十堰	Shiyan	38.28	58.42	56.13	162
宜昌	Yichang	57.31	120.37	152.25	62
襄阳	Xiangfan	37.71	107.14	141.38	68
鄂州	Ezhou	11.97	24.33	27.90	240
荆门	Jingmen	15.82	36.83	42.06	204
孝感	Xiaogan	21.44	46.41	58.23	159
荆州	Jingzhou	19.99	42.46	53.39	172
黄冈	Huanggang	18.24	40.44	53.02	173
咸宁	Xianning	14.06	32.10	41.13	207
随州	Suizhou	6.43	17.08	21.79	253
湖南	**Hunan**	**730.84**	**1110.74**	**1299.15**	
长沙	Changsha	229.77	336.75	396.34	16
株洲	Zhuzhou	45.79	71.51	78.27	117
湘潭	Xiangtan	26.80	40.07	46.63	190
衡阳	Hengyang	40.38	66.32	83.07	107
邵阳	Shaoyang	17.90	27.11	34.82	224
岳阳	Yueyang	29.88	46.05	52.68	175

地名	City	2010	2012	2013	2013 排名 Ranking
常德	Changde	43.84	63.80	74.55	124
张家界	Zhangjiajie	8.71	12.99	14.76	269
益阳	Yiyang	16.61	28.41	34.18	227
郴州	Chenzhou	39.87	62.58	71.72	128
永州	Yongzhou	20.29	33.15	39.73	211
怀化	Huaihua	25.11	43.05	47.35	187
娄底	Loudi	22.12	34.63	40.93	208
广东	**Guangdong**	**3803.47**	**5073.88**	**5767.94**	
广州	Guangzhou	704.06	825.45	905.70	4
韶关	Shaoguan	34.76	41.29	46.78	189
深圳	Shenzhen	991.98	1329.98	1498.92	1
珠海	Zhuhai	103.10	122.62	145.05	63
汕头	Shantou	51.77	61.41	67.72	139
佛山	Foshan	252.13	300.25	333.39	24
江门	Jiangmen	84.96	105.55	121.55	76
湛江	Zhanjiang	45.20	52.31	59.50	155
茂名	Maoming	29.95	44.04	54.59	168
肇庆	Zhaoqing	48.26	65.57	76.57	121
惠州	Huizhou	105.05	154.20	186.08	51
梅州	Meizhou	28.98	39.71	49.27	184
汕尾	Shanwei	16.78	25.11	30.36	234
河源	Heyuan	20.36	28.59	34.37	226
阳江	Yangjiang	18.27	28.63	35.19	223
清远	Qingyuan	49.10	56.61	61.46	152
东莞	Dongguan	221.77	279.29	331.82	25
中山	ZhongShan	127.74	145.70	165.06	59
潮州	Chaozhou	19.74	25.50	28.90	237
揭阳	Jieyang	29.04	37.81	44.86	195
云浮	Yunfu	15.61	21.66	28.04	239
广西	**Guangxi**	**533.87**	**762.46**	**875.74**	
南宁	Nanning	110.00	158.02	181.77	53
柳州	Liuzhou	57.63	80.16	86.59	103
桂林	Guilin	44.29	59.33	68.47	134
梧州	Wuzhou	19.82	44.06	51.30	179
北海	Beihai	13.37	29.38	30.68	233
防城港	Fangchenggang	11.24	19.77	23.98	247
钦州	Qinzhou	14.24	21.07	116.74	81
贵港	Guigang	13.50	19.04	22.77	251
玉林	Yulin	23.42	36.85	43.48	199
百色	Baise	25.11	35.08	40.00	210

5-3 公共财政预算收入中税收收入 续表 3
Taxes of Public Budgetary Revenue continued 3

单位：亿元 （100 million yuan）

地名	City	2010	2012	2013	2013 排名 Ranking	地名	City	2010	2012	2013	2013 排名 Ranking
贺州	Hezhou	17.39	11.08	12.98	272	丽江	Lijiang	12.40	22.72	28.22	238
河池	Hechi	14.06	14.47	16.88	262	普洱	Puer	24.70	37.33	35.54	221
来宾	Laibin	10.40	17.89	20.34	257	临沧	Lincang	11.29	23.23	26.05	243
崇左	Chongzuo	13.02	21.58	25.32	246	**西藏**	**Tibet**	**25.28**	**70.07**	**71.54**	
海南	**Hainan**	**237.10**	**350.80**	**411.63**		拉萨	Lhasa	12.78	31.79	43.54	198
海口	Haikou	38.62	62.82	74.35	125	**陕西**	**Shaanxi**	**710.57**	**1131.55**	**1256.24**	
三亚	Sanya	38.30	53.59	58.68	157	西安	Xi'an	207.27	322.08	376.09	20
重庆	**Chongqing**	**621.56**	**970.17**	**1112.62**		铜川	Tongchuan	7.60	12.00	12.74	276
四川	**Sichuan**	**1180.58**	**1827.04**	**2103.51**		宝鸡	Baoji	29.81	41.66	46.38	192
成都	Chengdu	372.21	571.50	665.70	9	咸阳	Xianyang	31.19	48.26	54.69	167
自贡	Zigong	14.85	22.55	23.55	249	渭南	Weinan	23.27	38.96	44.51	196
攀枝花	Panzhihua	30.56	40.95	37.64	217	延安	Yan'an	49.48	86.81	93.10	100
泸州	Luzhou	35.92	59.50	54.83	166	汉中	Hanzhong	14.99	22.97	27.20	242
德阳	Deyang	35.56	54.83	51.21	180	榆林	Yulin	96.67	172.11	177.48	55
绵阳	Mianyang	34.28	55.39	56.54	161	安康	Ankang	9.82	13.63	16.72	263
广元	Guangyuan	12.36	19.82	20.75	256	商洛	Shangluo	8.68	12.36	15.50	268
遂宁	Suining	12.94	20.07	21.26	254	**甘肃**	**Gansu**	**220.29**	**347.78**	**417.73**	
内江	Neijiang	13.31	21.08	23.46	250	兰州	Lanzhou	58.10	81.68	98.37	94
乐山	Leshan	34.09	43.11	41.61	206	嘉峪关	Jiayuguan	7.66	11.22	12.98	272
南充	Nanchong	22.28	39.13	43.41	200	金昌	Jinchang	8.63	11.52	12.31	277
眉山	Meishan	17.88	32.96	37.55	218	白银	Baiyin	9.54	15.35	15.75	267
宜宾	Yibin	34.97	62.51	53.85	170	天水	Tianshui	10.13	14.34	17.89	261
广安	Guangan	12.13	19.99	20.18	258	武威	Wuwei	4.44	9.06	10.79	282
达州	Dazhou	22.16	37.71	38.76	214	张掖	Zhangye	5.71	9.58	11.37	281
雅安	Yaan	13.03	26.03	18.53	260	平凉	Pingliang	10.29	14.80	16.06	265
巴中	Bazhong	5.78	12.87	15.84	266	酒泉	Jiuquan	8.48	14.81	18.90	259
资阳	Ziyang	14.54	27.93	31.49	231	庆阳	Qingyang	13.63	33.79	40.09	209
贵州	**Guizhou**	**395.57**	**681.66**	**839.67**		定西	Dingxi	5.12	9.25	11.97	279
贵阳	Guiyang	118.79	193.65	222.34	42	陇南	Longnan	6.58	10.05	11.47	280
六盘水	Liupanshui	37.26	56.44	68.41	135	**青海**	**Qinghai**	**88.94**	**146.69**	**175.05**	
遵义	Zunyi	45.66	84.68	106.02	86	西宁	Xining	30.74	48.14	59.68	153
安顺	Anshun	14.70	26.86	33.54	228	**宁夏**	**Ningxia**	**126.79**	**207.02**	**237.49**	
毕节	Bijie	32.51	56.39	62.28	151	银川	Yinchuan	56.88	90.17	105.19	87
铜仁	Tongren	13.19	24.60	31.38	232	石嘴山	Shizuishan	17.51	22.85	23.65	248
云南	**Yunnan**	**702.16**	**1063.90**	**1215.66**		吴忠	Wuzhong	12.55	22.13	25.95	244
昆明	Kunming	226.04	338.87	395.91	17	固原	Guyuan	4.07	7.86	8.50	284
曲靖	Qujing	62.71	88.00	97.28	95	中卫	Zhongwei	7.03	11.47	13.49	270
玉溪	Yuxi	54.76	75.43	79.04	115	**新疆**	**Xinjiang**	**416.23**	**698.93**	**826.34**	
保山	Baoshan	17.20	27.79	32.58	230	乌鲁木齐	Urumqi	135.37	217.69	265.89	36
昭通	Zhaotong	21.20	32.07	38.37	215	克拉玛依	Karamay	38.13	50.74	58.36	158

5-4 公共财政预算收入中国内增值税收入
Domestic Value-added Tax of Public Budgetary Revenue

单位：亿元 （100 million yuan）

地名	City	2010	2012	2013	2013 排名 Ranking	地名	City	2010	2012	2013	2013 排名 Ranking
地方合计	**Region Total**	**5196.27**	**6737.16**	**8276.32**		沈阳	Shenyang	39.95	52.08	65.37	12
北京	**Beijing**	**210.01**	**314.00**	**574.89**		大连	Dalian	46.14	55.94	62.64	15
天津	**Tianjin**	**119.20**	**149.87**	**225.88**		鞍山	Anshan	19.54	18.76	18.77	68
河北	**Hebei**	**203.84**	**250.30**	**255.36**		抚顺	Fushun	8.83	9.10	9.77	137
石家庄	Shijiazhuang	16.00	19.36	21.28	59	本溪	Benxi	9.59	7.99	9.97	134
唐山	Tangshan	28.13	36.51	27.24	49	丹东	Dandong	5.24	5.93	5.75	199
秦皇岛	Qinhuangdao	6.00	7.34	14.45	89	锦州	Jinzhou	7.47	7.58	7.95	159
邯郸	Handan	15.96	16.60	6.91	175	营口	Yingkou	7.21	9.50	12.10	110
邢台	Xingtai	9.16	9.67	16.29	82	阜新	Fuxin	4.55	4.89	5.35	204
保定	Baoding	11.49	14.29	16.57	79	辽阳	Liaoyang	8.95	8.40	10.46	127
张家口	Zhangjiakou	6.30	7.12	7.88	160	盘锦	Panjin	13.44	16.16	18.76	69
承德	Chengde	5.38	7.98	8.10	154	铁岭	Tieling	5.39	5.75	5.94	196
沧州	Cangzhou	13.24	16.08	10.93	120	朝阳	Chaoyang	7.73	8.13	8.22	152
廊坊	Langfang	7.37	10.40	7.80	163	葫芦岛	Huludao	4.81	6.49	7.35	171
衡水	Hengshui	3.29	4.82	5.62	200	**吉林**	**Jilin**	**78.15**	**102.68**	**119.58**	
山西	**Shanxi**	**198.26**	**242.88**	**214.65**		长春	Changchun	21.27	31.05	40.08	35
太原	Taiyuan	20.84	23.33	25.14	54	吉林	Jilin	5.89	6.04	6.81	178
大同	Datong	11.80	14.83	11.82	112	四平	Siping	3.02	3.44	3.20	242
阳泉	Yangquan	8.74	11.17	6.77	180	辽源	Liaoyuan	1.02	1.32	1.04	280
长治	Changzhi	16.27	20.23	17.13	75	通化	Tonghua	3.86	5.63	5.86	198
晋城	Jincheng	13.35	15.42	14.17	91	白山	Baishan	2.49	2.91	2.49	258
朔州	Shuozhou	11.36	16.56	15.67	85	松原	Songyuan	5.47	6.54	4.74	212
晋中	Jinzhong	11.46	14.15	12.73	102	白城	Baicheng	2.55	2.89	2.85	250
运城	Yuncheng	7.15	5.46	6.93	174	**黑龙江**	**Heilongjiang**	**123.52**	**144.87**	**151.73**	
忻州	Xinzhou	6.60	10.43	8.65	149	哈尔滨	Harbin	25.72	29.12	33.91	42
临汾	Linfen	12.78	12.16	10.97	118	齐齐哈尔	Qiqihar	5.49	4.69	5.40	203
吕梁	Luliang	18.42	26.27	20.27	62	鸡西	Jixi	6.71	6.20	4.38	217
内蒙古	**Inner Mongolia**	**135.95**	**182.68**	**186.44**		鹤岗	Hegang	4.12	3.02	2.76	252
呼和浩特	Hohhot	9.88	10.95	12.94	101	双鸭山	Shuangyashan	3.33	3.43	2.86	249
包头	Baotou	15.73	15.80	16.38	81	大庆	Daqing	9.82	12.98	13.26	98
乌海	Wuhai	4.61	5.06	5.03	208	伊春	Yichun	1.54	1.03	0.81	284
赤峰	Chifeng	5.72	6.89	6.24	190	佳木斯	Jiamusi	2.43	2.76	2.93	248
通辽	Tongliao	5.69	6.64	6.42	186	七台河	Qitaihe	5.66	4.80	3.79	231
鄂尔多斯	Erdos	41.59	54.53	55.69	19	牡丹江	Mudanjiang	5.83	5.83	6.12	194
呼伦贝尔	Hulunbuir	4.19	6.86	7.97	158	黑河	Heihe	1.28	1.24	1.52	275
巴彦淖尔	Bayannur	3.38	4.06	4.16	223	绥化	Suihua	3.50	4.55	4.52	214
乌兰察布	Ulanqab	3.32	4.51	4.95	209	**上海**	**Shanghai**	**388.62**	**667.13**	**848.47**	
辽宁	**Liaoning**	**188.84**	**216.70**	**248.41**		**江苏**	**Jiangsu**	**562.60**	**708.75**	**859.26**	

5-4 公共财政预算收入中国内增值税收入 续表 1
Domestic Value-added Tax of Public Budgetary Revenue continued 1

单位：亿元 （100 million yuan）

地名	City	2010	2012	2013	2013 排名 Ranking	地名	City	2010	2012	2013	2013 排名 Ranking
南京	Nanjing	71.15	95.63	126.00	6	池州	Chizhou	1.91	3.09	6.16	193
无锡	Wuxi	92.92	107.47	123.87	7	宣城	Xuancheng	7.87	11.12	12.50	106
徐州	Xuzhou	28.68	34.64	39.52	37	**福建**	**Fujian**	**141.10**	**190.43**	**234.31**	
常州	Changzhou	39.96	51.57	60.73	16	福州	Fuzhou	25.11	34.80	46.31	27
苏州	Suzhou	160.16	208.92	252.92	2	厦门	Xiamen	39.39	47.68	64.15	14
南通	Nantong	39.37	45.38	56.30	17	莆田	Putian	5.43	8.35	10.89	122
连云港	Lianyungang	12.34	16.59	20.37	61	三明	Sanming	7.08	9.16	10.91	121
淮安	Huaian	14.83	18.50	21.48	58	泉州	Quanzhou	33.94	47.37	54.80	22
盐城	Yancheng	21.59	27.50	32.60	45	漳州	Zhangzhou	10.05	14.66	17.06	76
扬州	Yangzhou	23.55	28.79	35.23	40	南平	Nanping	4.58	6.35	7.75	165
镇江	Zhenjiang	20.84	23.35	29.78	47	龙岩	Longyan	11.09	15.14	14.68	88
泰州	Taizhou	31.08	35.41	39.12	38	宁德	Ningde	4.44	6.91	7.77	164
宿迁	Suqian	7.86	13.50	15.66	86	**江西**	**Jiangxi**	**84.79**	**107.41**	**146.43**	
浙江	**Zhejiang**	**398.82**	**507.57**	**651.67**		南昌	Nanchang	11.00	15.19	21.19	60
杭州	Hangzhou	89.23	109.26	171.60	4	景德镇	Jingdezhen	3.06	3.03	4.16	223
宁波	Ningbo	91.34	122.67	152.17	5	萍乡	Pingxiang	5.38	6.22	6.24	190
温州	Wenzhou	37.56	44.75	54.98	21	九江	Jiujiang	8.15	8.78	14.85	87
嘉兴	Jiaxing	34.29	45.41	55.90	18	新余	Xinyu	4.92	5.48	6.56	183
湖州	Huzhou	15.78	22.06	27.20	51	鹰潭	Yingtan	7.15	4.78	8.97	143
绍兴	Shaoxing	33.56	42.06	47.16	24	赣州	Ganzhou	8.44	14.11	17.68	73
金华	Jinhua	24.40	31.97	41.29	34	吉安	Jian	7.09	8.00	11.79	113
衢州	Quzhou	5.84	7.84	10.48	126	宜春	Yichun	9.21	14.16	20.04	64
舟山	Zhoushan	6.87	8.50	13.38	96	抚州	Fuzhou	3.94	4.96	10.29	133
台州	Taizhou	29.38	37.95	44.19	29	上饶	Shangrao	9.51	14.46	17.36	74
丽水	Lishui	6.42	9.95	11.25	116	**山东**	**Shandong**	**378.23**	**438.12**	**489.56**	
安徽	**Anhui**	**129.48**	**175.33**	**224.50**		济南	Jinan	27.68	33.33	42.88	30
合肥	Hefei	25.56	39.28	52.40	23	青岛	Qingdao	54.72	64.33	79.95	10
芜湖	Wuhu	11.12	22.19	36.07	39	淄博	Zibo	22.90	25.41	28.35	48
蚌埠	Bengbu	5.36	9.47	12.44	107	枣庄	Zaozhuang	9.93	9.90	10.70	125
淮南	Huainan	13.49	15.08	13.36	97	东营	Dongying	13.47	17.52	23.99	55
马鞍山	Maanshan	13.35	13.28	16.25	83	烟台	Yantai	31.84	37.87	42.28	32
淮北	Huaibei	8.87	8.46	8.00	156	潍坊	Weifang	34.51	36.73	41.71	33
铜陵	Tongling	5.11	6.65	7.57	167	济宁	Jining	32.41	34.31	33.70	44
安庆	Anqing	5.93	6.74	9.19	142	泰安	Taian	13.66	15.07	15.91	84
黄山	Huangshan	2.06	3.26	5.48	202	威海	Weihai	13.15	15.82	18.36	71
滁州	Chuzhou	6.16	8.24	10.44	131	日照	Rizhao	9.63	10.47	12.64	104
阜阳	Fuyang	7.31	10.20	11.62	115	莱芜	Laiwu	6.60	6.39	7.50	168
宿州	Suzhou	3.46	6.02	6.38	187	临沂	Linyi	16.51	20.04	27.04	52
六安	Liuan	3.98	6.80	7.50	168	德州	Dezhou	8.89	11.78	14.30	90
亳州	Bozhou	3.03	6.14	8.96	144	聊城	Liaocheng	12.27	13.36	17.02	77

5-4 公共财政预算收入中国内增值税收入 续表 2
Domestic Value-added Tax of Public Budgetary Revenue continued 2

单位：亿元 （100 million yuan）

地名	City	2010	2012	2013	2013 排名 Ranking	地名	City	2010	2012	2013	2013 排名 Ranking
滨州	Binzhou	20.38	23.65	23.14	56	常德	Changde	4.18	5.48	6.43	185
菏泽	Heze	9.72	12.76	13.42	95	张家界	Zhangjiajie	0.65	0.83	0.94	282
河南	**Henan**	**155.79**	**187.78**	**202.66**		益阳	Yiyang	3.01	4.12	4.68	213
郑州	Zhengzhou	31.68	41.51	45.70	28	郴州	Chenzhou	7.48	9.63	10.84	123
开封	Kaifeng	3.34	4.14	5.32	205	永州	Yongzhou	2.30	2.99	3.24	241
洛阳	Luoyang	17.56	19.14	19.94	65	怀化	Huaihua	3.19	3.79	4.04	227
平顶山	Pingdingshan	13.43	13.66	13.84	94	娄底	Loudi	4.45	5.59	6.87	176
安阳	Anyang	8.26	6.39	8.51	151	**广东**	**Guangdong**	**657.82**	**793.84**	**1058.85**	
鹤壁	Hebi	3.15	3.44	3.54	235	广州	Guangzhou	159.42	175.83	221.60	3
新乡	Xinxiang	8.95	11.37	11.67	114	韶关	Shaoguan	8.29	9.59	10.45	128
焦作	Jiaozuo	8.38	8.54	9.48	140	深圳	Shenzhen	161.08	187.55	274.10	1
濮阳	Puyang	5.08	6.79	6.62	182	珠海	Zhuhai	25.53	32.28	39.97	36
许昌	Xuchang	7.67	9.93	11.19	117	汕头	Shantou	14.06	17.34	17.88	72
漯河	Luohe	4.58	5.91	6.66	181	佛山	Foshan	59.84	66.14	78.45	11
三门峡	Sanmenxia	8.18	7.73	8.53	150	江门	Jiangmen	22.91	26.77	31.20	46
南阳	Nanyang	9.08	11.66	13.05	100	湛江	Zhanjiang	11.46	12.43	13.94	93
商丘	Shangqiu	7.56	9.39	8.96	144	茂名	Maoming	8.58	11.44	12.14	109
信阳	Xinyang	2.67	3.77	4.46	215	肇庆	Zhaoqing	8.00	9.61	10.78	124
周口	Zhoukou	3.17	3.76	4.24	221	惠州	Huizhou	29.22	40.85	47.03	25
驻马店	Zhumadian	3.56	4.38	5.30	206	梅州	Meizhou	6.80	8.61	9.69	139
湖北	**Hubei**	**125.57**	**162.39**	**225.68**		汕尾	Shanwei	2.57	2.92	3.18	244
武汉	Wuhan	39.27	72.18	81.20	9	河源	Heyuan	4.20	6.59	7.34	172
黄石	Huangshi	4.85	10.41	10.94	119	阳江	Yangjiang	3.35	5.16	6.00	195
十堰	Shiyan	4.83	8.74	10.31	132	清远	Qingyuan	7.43	8.59	9.92	135
宜昌	Yichang	6.84	12.78	16.45	80	东莞	Dongguan	62.63	83.02	103.72	8
襄阳	Xiangfan	6.73	12.56	14.15	92	中山	ZhongShan	31.26	40.32	46.47	26
鄂州	Ezhou	2.30	4.60	3.68	233	潮州	Chaozhou	7.23	8.77	9.29	141
荆门	Jingmen	2.47	4.60	4.88	211	揭阳	Jieyang	9.28	11.31	13.14	99
孝感	Xiaogan	3.09	6.80	7.48	170	云浮	Yunfu	2.78	3.60	4.35	219
荆州	Jingzhou	3.86	6.93	9.71	138	**广西**	**Guangxi**	**77.48**	**84.81**	**98.75**	
黄冈	Huanggang	3.05	6.20	6.86	177	南宁	Nanning	9.52	11.94	16.83	78
咸宁	Xianning	1.81	3.64	4.04	227	柳州	Liuzhou	11.38	11.94	12.65	103
随州	Suizhou	1.38	2.90	3.52	237	桂林	Guilin	4.96	5.12	5.93	197
湖南	**Hunan**	**112.57**	**152.22**	**175.11**		梧州	Wuzhou	2.62	2.89	3.59	234
长沙	Changsha	18.38	26.09	33.80	43	北海	Beihai	1.30	1.78	1.22	279
株洲	Zhuzhou	7.91	10.92	12.09	111	防城港	Fangchenggang	1.22	1.44	1.79	270
湘潭	Xiangtan	3.74	4.33	6.21	192	钦州	Qinzhou	1.41	1.15	2.72	253
衡阳	Hengyang	5.19	6.11	6.80	179	贵港	Guigang	2.28	2.57	2.69	255
邵阳	Shaoyang	2.72	3.93	4.26	220	玉林	Yulin	3.71	3.52	4.12	226
岳阳	Yueyang	5.93	8.65	10.45	128	百色	Baise	5.14	5.42	5.25	207

5-4 公共财政预算收入中国内增值税收入 续表 3
Domestic Value-added Tax of Public Budgetary Revenue continued 3

单位：亿元 （100 million yuan）

地名	City	2010	2012	2013	2013 排名 Ranking	地名	City	2010	2012	2013	2013 排名 Ranking
贺州	Hezhou	7.05	1.49	1.59	272	丽江	Lijiang	1.97	3.46	4.16	223
河池	Hechi	2.91	2.62	2.77	251	普洱	Puer	2.60	3.43	4.20	222
来宾	Laibin	2.46	2.41	2.27	261	临沧	Lincang	2.11	3.82	3.52	237
崇左	Chongzuo	2.65	3.39	3.54	235	**西藏**	**Tibet**	**3.50**	**7.69**	**10.77**	
海南	**Hainan**	**18.53**	**20.75**	**31.65**		拉萨	Lhasa	2.07	4.74	5.61	201
海口	Haikou	3.40	4.11	6.46	184	**陕西**	**Shaanxi**	**140.27**	**189.46**	**201.64**	
三亚	Sanya	0.60	0.69	1.23	278	西安	Xi'an	21.13	25.40	34.08	41
重庆	**Chongqing**	**45.90**	**86.33**	**107.25**		铜川	Tongchuan	2.17	2.83	2.00	263
四川	**Sichuan**	**149.65**	**205.68**	**235.45**		宝鸡	Baoji	5.96	7.29	7.83	162
成都	Chengdu	37.46	49.54	64.63	13	咸阳	Xianyang	6.19	7.62	8.91	147
自贡	Zigong	2.25	3.28	3.10	245	渭南	Weinan	5.75	8.22	8.90	148
攀枝花	Panzhihua	7.19	8.28	7.85	161	延安	Yan'an	17.04	24.86	26.35	53
泸州	Luzhou	4.68	8.38	7.98	157	汉中	Hanzhong	2.12	3.29	3.20	242
德阳	Deyang	6.83	10.80	10.45	128	榆林	Yulin	32.27	46.27	42.31	31
绵阳	Mianyang	4.26	6.16	6.98	173	安康	Ankang	1.35	1.76	1.92	264
广元	Guangyuan	1.22	1.71	2.03	262	商洛	Shangluo	0.87	1.12	1.44	276
遂宁	Suining	1.03	1.63	1.80	269	**甘肃**	**Gansu**	**44.09**	**60.52**	**63.65**	
内江	Neijiang	2.43	2.49	2.64	256	兰州	Lanzhou	10.14	10.39	12.58	105
乐山	Leshan	4.98	6.04	6.27	189	嘉峪关	Jiayuguan	2.14	2.29	2.31	260
南充	Nanchong	1.59	2.24	2.71	254	金昌	Jinchang	1.46	2.89	1.85	267
眉山	Meishan	2.22	2.69	3.35	239	白银	Baiyin	2.07	3.39	2.57	257
宜宾	Yibin	5.88	10.14	9.82	136	天水	Tianshui	2.10	2.91	3.29	240
广安	Guangan	1.80	2.06	1.85	267	武威	Wuwei	1.07	1.56	1.53	274
达州	Dazhou	3.21	4.15	3.91	230	张掖	Zhangye	1.43	1.73	1.44	276
雅安	Yaan	3.04	5.25	4.37	218	平凉	Pingliang	3.43	3.94	3.73	232
巴中	Bazhong	0.52	0.79	1.04	280	酒泉	Jiuquan	1.36	1.63	1.73	271
资阳	Ziyang	1.27	1.60	1.89	266	庆阳	Qingyang	3.94	10.80	12.29	108
贵州	**Guizhou**	**66.00**	**85.74**	**96.06**		定西	Dingxi	0.78	1.35	1.90	265
贵阳	Guiyang	10.36	13.83	22.34	57	陇南	Longnan	1.53	2.24	2.37	259
六盘水	Liupanshui	7.46	6.52	8.07	155	**青海**	**Qinghai**	**17.52**	**26.42**	**28.41**	
遵义	Zunyi	6.36	11.60	18.43	70	西宁	Xining	3.60	4.58	6.28	188
安顺	Anshun	1.81	2.39	2.96	247	**宁夏**	**Ningxia**	**20.25**	**26.23**	**31.88**	
毕节	Bijie	4.89	6.37	8.93	146	银川	Yinchuan	5.13	6.28	8.15	153
铜仁	Tongren	1.51	1.97	3.06	246	石嘴山	Shizuishan	4.29	3.54	4.45	216
云南	**Yunnan**	**112.78**	**148.00**	**158.22**		吴忠	Wuzhong	2.31	3.24	4.90	210
昆明	Kunming	35.52	46.31	55.22	20	固原	Guyuan	0.27	0.72	0.88	283
曲靖	Qujing	17.35	21.67	20.11	63	中卫	Zhongwei	1.25	1.49	1.58	273
玉溪	Yuxi	17.24	20.66	19.29	67	**新疆**	**Xinjiang**	**75.31**	**100.57**	**119.14**	
保山	Baoshan	2.36	3.78	3.99	229	乌鲁木齐	Urumqi	16.54	19.79	27.23	50
昭通	Zhaotong	5.47	6.81	7.75	165	克拉玛依	Karamay	13.80	17.19	19.90	66

5-5 公共财政预算收入中营业税收入
Business Tax of Public Budgetary Revenue

单位：亿元 （100 million yuan）

地名	City	2010	2012	2013	2013 排名 Ranking	地名	City	2010	2012	2013	2013 排名 Ranking
地方合计	**Region Total**	**11004.57**	**15542.91**	**17154.58**		沈阳	Shenyang	129.51	180.35	195.66	9
北京	**Beijing**	**855.40**	**1152.74**	**1034.79**		大连	Dalian	135.76	174.64	186.98	11
天津	**Tianjin**	**283.87**	**400.90**	**425.17**		鞍山	Anshan	30.04	34.84	40.54	67
河北	**Hebei**	**362.65**	**533.45**	**612.10**		抚顺	Fushun	15.57	21.45	19.97	132
石家庄	Shijiazhuang	57.04	87.89	98.32	28	本溪	Benxi	10.06	13.91	14.10	181
唐山	Tangshan	54.33	79.06	81.09	36	丹东	Dandong	16.52	21.93	25.39	102
秦皇岛	Qinhuangdao	24.11	32.57	38.04	72	锦州	Jinzhou	20.95	28.46	27.47	97
邯郸	Handan	25.68	35.75	30.20	88	营口	Yingkou	25.32	29.98	31.56	84
邢台	Xingtai	13.71	22.93	42.10	66	阜新	Fuxin	6.78	10.76	13.37	189
保定	Baoding	25.60	35.91	44.90	63	辽阳	Liaoyang	11.03	15.58	16.03	164
张家口	Zhangjiakou	20.82	27.98	33.57	80	盘锦	Panjin	16.96	25.66	28.51	95
承德	Chengde	19.10	26.13	25.92	101	铁岭	Tieling	11.39	13.15	13.58	187
沧州	Cangzhou	27.16	38.19	77.00	38	朝阳	Chaoyang	11.34	15.81	16.39	161
廊坊	Langfang	41.58	58.94	28.70	94	葫芦岛	Huludao	12.52	19.97	20.19	130
衡水	Hengshui	7.97	13.28	18.34	142	**吉林**	**Jilin**	**145.97**	**218.12**	**245.09**	
山西	**Shanxi**	**191.91**	**314.06**	**379.06**		长春	Changchun	34.82	50.96	54.22	53
太原	Taiyuan	37.35	64.28	73.47	39	吉林	Jilin	11.96	16.01	21.51	123
大同	Datong	10.95	16.37	23.71	109	四平	Siping	5.05	7.99	8.73	222
阳泉	Yangquan	5.69	9.05	8.12	228	辽源	Liaoyuan	1.94	3.33	3.07	279
长治	Changzhi	10.18	13.69	17.87	146	通化	Tonghua	6.08	12.07	12.15	199
晋城	Jincheng	7.80	11.92	13.68	186	白山	Baishan	4.34	5.84	6.20	253
朔州	Shuozhou	6.92	11.25	15.46	166	松原	Songyuan	5.44	6.54	7.46	236
晋中	Jinzhong	11.47	19.76	22.69	118	白城	Baicheng	3.80	4.90	6.04	254
运城	Yuncheng	7.58	9.59	10.59	210	**黑龙江**	**Heilongjiang**	**165.80**	**244.05**	**267.99**	
忻州	Xinzhou	8.18	13.61	15.27	170	哈尔滨	Harbin	71.43	110.24	125.56	23
临汾	Linfen	9.55	14.41	16.74	157	齐齐哈尔	Qiqihar	6.12	8.12	9.54	218
吕梁	Luliang	8.24	14.61	18.08	145	鸡西	Jixi	2.88	4.75	4.24	270
内蒙古	**Inner Mongolia**	**234.57**	**319.76**	**353.02**		鹤岗	Hegang	1.95	3.05	2.78	282
呼和浩特	Hohhot	33.72	53.58	58.94	50	双鸭山	Shuangyashan	2.90	4.22	3.58	274
包头	Baotou	25.65	34.29	38.83	71	大庆	Daqing	11.34	14.26	17.57	148
乌海	Wuhai	5.41	9.58	9.68	217	伊春	Yichun	1.47	2.45	2.73	283
赤峰	Chifeng	10.71	19.68	23.39	112	佳木斯	Jiamusi	4.81	7.45	5.66	257
通辽	Tongliao	9.88	13.59	15.10	172	七台河	Qitaihe	2.08	2.05	2.14	284
鄂尔多斯	Erdos	43.69	66.87	65.76	45	牡丹江	Mudanjiang	5.94	7.60	7.19	244
呼伦贝尔	Hulunbuir	11.33	17.66	20.36	128	黑河	Heihe	2.26	3.56	3.23	278
巴彦淖尔	Bayannur	7.78	12.60	14.64	176	绥化	Suihua	4.30	7.03	6.79	249
乌兰察布	Ulanqab	4.50	14.22	15.37	168	**上海**	**Shanghai**	**933.91**	**897.92**	**962.72**	
辽宁	**Liaoning**	**453.75**	**606.49**	**657.00**		**江苏**	**Jiangsu**	**1023.92**	**1659.67**	**1872.41**	

5-5 公共财政预算收入中营业税收入 续表 1
Business Tax of Public Budgetary Revenue continued 1

单位：亿元 （100 million yuan）

地名	City	2010	2012	2013	2013 排名 Ranking
南京	Nanjing	140.53	190.30	195.82	8
无锡	Wuxi	108.92	158.10	168.73	12
徐州	Xuzhou	56.42	106.90	134.70	19
常州	Changzhou	64.97	83.81	83.74	34
苏州	Suzhou	201.92	256.10	275.33	2
南通	Nantong	64.41	132.74	149.50	15
连云港	Lianyungang	30.99	67.33	82.80	35
淮安	Huaian	33.01	70.80	84.89	32
盐城	Yancheng	41.08	91.47	117.61	24
扬州	Yangzhou	36.61	59.64	70.28	41
镇江	Zhenjiang	35.15	66.97	84.30	33
泰州	Taizhou	33.51	55.44	69.35	42
宿迁	Suqian	24.10	47.20	66.82	44
浙江	**Zhejiang**	**816.68**	**1063.49**	**1069.97**	
杭州	Hangzhou	331.31	297.01	267.07	3
宁波	Ningbo	154.02	195.22	188.73	10
温州	Wenzhou	62.24	80.93	92.33	30
嘉兴	Jiaxing	56.55	67.84	71.48	40
湖州	Huzhou	29.50	38.25	39.77	69
绍兴	Shaoxing	52.10	69.65	78.22	37
金华	Jinhua	44.04	61.16	62.30	47
衢州	Quzhou	14.72	17.56	20.25	129
舟山	Zhoushan	22.87	30.01	25.10	104
台州	Taizhou	43.29	57.43	60.37	48
丽水	Lishui	13.11	19.36	20.17	131
安徽	**Anhui**	**291.93**	**451.42**	**502.26**	
合肥	Hefei	90.30	132.84	141.52	18
芜湖	Wuhu	27.56	51.29	48.87	58
蚌埠	Bengbu	11.57	18.83	24.73	105
淮南	Huainan	14.69	20.59	21.42	124
马鞍山	Maanshan	12.48	24.08	29.34	90
淮北	Huaibei	7.74	11.33	11.54	201
铜陵	Tongling	8.12	13.17	14.11	180
安庆	Anqing	13.34	21.51	28.01	96
黄山	Huangshan	9.95	14.97	14.93	174
滁州	Chuzhou	13.72	28.30	30.70	86
阜阳	Fuyang	12.09	18.69	20.96	127
宿州	Suzhou	7.42	20.12	16.63	158
六安	Liuan	13.10	20.92	23.61	110
亳州	Bozhou	7.13	20.31	16.84	153
池州	Chizhou	8.24	13.89	13.09	192
宣城	Xuancheng	12.84	20.20	25.17	103
福建	**Fujian**	**319.70**	**490.09**	**551.41**	
福州	Fuzhou	73.69	110.26	125.99	22
厦门	Xiamen	73.21	121.61	127.22	21
莆田	Putian	12.57	19.08	21.08	126
三明	Sanming	16.19	21.00	23.28	114
泉州	Quanzhou	43.44	63.64	68.92	43
漳州	Zhangzhou	20.51	30.08	36.82	74
南平	Nanping	12.03	17.97	18.67	139
龙岩	Longyan	15.48	18.74	22.40	120
宁德	Ningde	13.21	16.86	18.90	137
江西	**Jiangxi**	**204.38**	**363.46**	**423.50**	
南昌	Nanchang	54.26	87.11	102.04	26
景德镇	Jingdezhen	8.57	15.05	16.76	155
萍乡	Pingxiang	13.01	26.61	30.17	89
九江	Jiujiang	20.01	38.01	42.29	65
新余	Xinyu	12.43	19.48	22.08	121
鹰潭	Yingtan	6.01	13.52	16.04	163
赣州	Ganzhou	22.32	37.50	46.65	62
吉安	Jian	14.48	27.57	34.98	76
宜春	Yichun	16.21	32.49	37.33	73
抚州	Fuzhou	16.31	30.14	29.12	93
上饶	Shangrao	17.73	32.10	35.95	75
山东	**Shandong**	**631.51**	**896.64**	**1068.33**	
济南	Jinan	78.73	104.70	148.12	16
青岛	Qingdao	120.02	172.16	198.24	7
淄博	Zibo	24.66	35.34	50.33	57
枣庄	Zaozhuang	11.57	14.49	22.97	115
东营	Dongying	21.99	32.01	46.91	61
烟台	Yantai	45.43	66.31	94.57	29
潍坊	Weifang	45.38	65.39	100.36	27
济宁	Jining	26.23	37.68	59.46	49
泰安	Taian	16.83	23.23	34.21	79
威海	Weihai	25.93	35.02	55.59	52
日照	Rizhao	13.72	18.60	26.04	100
莱芜	Laiwu	6.98	8.44	10.25	214
临沂	Linyi	23.54	41.86	65.10	46
德州	Dezhou	14.99	24.47	38.86	70
聊城	Liaocheng	13.96	20.62	31.30	85

5-5 公共财政预算收入中营业税收入 续表 2
Business Tax of Public Budgetary Revenue continued 2

单位：亿元 （100 million yuan）

地名	City	2010	2012	2013	2013 排名 Ranking
滨州	Binzhou	17.56	24.30	32.55	82
菏泽	Heze	19.89	25.18	43.48	64
河南	**Henan**	**319.34**	**482.40**	**581.79**	
郑州	Zhengzhou	119.28	171.01	204.16	6
开封	Kaifeng	9.18	17.08	22.79	117
洛阳	Luoyang	27.92	46.47	52.52	55
平顶山	Pingdingshan	17.29	23.73	24.33	107
安阳	Anyang	12.44	17.25	19.40	134
鹤壁	Hebi	4.48	6.69	7.76	234
新乡	Xinxiang	14.52	24.08	29.31	91
焦作	Jiaozuo	11.75	16.75	18.95	136
濮阳	Puyang	6.96	12.83	16.76	155
许昌	Xuchang	11.07	18.95	23.37	113
漯河	Luohe	5.88	9.61	10.87	209
三门峡	Sanmenxia	9.43	12.19	15.39	167
南阳	Nanyang	15.62	24.99	30.56	87
商丘	Shangqiu	10.38	18.71	23.55	111
信阳	Xinyang	10.94	18.47	22.67	119
周口	Zhoukou	9.32	14.23	17.55	149
驻马店	Zhumadian	10.20	15.36	18.28	143
湖北	**Hubei**	**249.49**	**472.36**	**526.43**	
武汉	Wuhan	93.95	249.61	263.46	4
黄石	Huangshi	5.77	13.84	16.41	160
十堰	Shiyan	6.99	14.26	17.31	152
宜昌	Yichang	13.36	39.16	47.58	60
襄阳	Xiangfan	9.21	32.53	40.27	68
鄂州	Ezhou	3.13	8.46	8.20	227
荆门	Jingmen	4.60	12.39	13.27	190
孝感	Xiaogan	5.92	16.88	18.50	141
荆州	Jingzhou	6.36	17.08	18.54	140
黄冈	Huanggang	5.90	17.08	19.57	133
咸宁	Xianning	4.38	12.88	13.93	184
随州	Suizhou	2.22	6.81	7.44	238
湖南	**Hunan**	**256.80**	**387.52**	**451.16**	
长沙	Changsha	84.38	124.39	146.22	17
株洲	Zhuzhou	13.71	20.72	22.81	116
湘潭	Xiangtan	7.92	14.07	15.19	171
衡阳	Hengyang	12.12	17.97	18.74	138
邵阳	Shaoyang	5.61	8.82	11.44	203
岳阳	Yueyang	8.83	13.26	15.36	169
常德	Changde	10.69	14.98	16.83	154
张家界	Zhangjiajie	3.52	4.98	5.40	258
益阳	Yiyang	5.44	9.18	10.09	215
郴州	Chenzhou	9.35	15.42	17.68	147
永州	Yongzhou	6.08	9.47	10.95	206
怀化	Huaihua	7.07	12.40	12.94	193
娄底	Loudi	6.01	9.81	10.89	208
广东	**Guangdong**	**1244.26**	**1556.80**	**1636.20**	
广州	Guangzhou	177.73	174.76	162.35	13
韶关	Shaoguan	8.22	8.03	8.65	224
深圳	Shenzhen	350.60	421.02	423.22	1
珠海	Zhuhai	22.67	23.26	24.41	106
汕头	Shantou	9.24	9.94	10.28	213
佛山	Foshan	55.78	51.73	56.43	51
江门	Jiangmen	17.23	17.25	19.26	135
湛江	Zhanjiang	11.46	12.15	12.71	195
茂名	Maoming	5.81	6.52	8.12	228
肇庆	Zhaoqing	12.45	12.75	13.14	191
惠州	Huizhou	24.20	29.29	34.48	77
梅州	Meizhou	5.61	6.03	7.67	235
汕尾	Shanwei	3.70	3.35	3.55	276
河源	Heyuan	5.47	6.06	7.22	242
阳江	Yangjiang	5.15	7.16	7.85	231
清远	Qingyuan	13.01	14.06	13.94	183
东莞	Dongguan	45.87	51.82	50.53	56
中山	ZhongShan	25.58	29.39	29.23	92
潮州	Chaozhou	2.63	2.62	3.29	277
揭阳	Jieyang	4.08	4.72	5.83	256
云浮	Yunfu	4.05	4.32	5.01	260
广西	**Guangxi**	**207.44**	**262.32**	**304.20**	
南宁	Nanning	33.45	40.58	47.86	59
柳州	Liuzhou	13.45	14.14	16.55	159
桂林	Guilin	12.28	14.07	17.38	151
梧州	Wuzhou	5.34	5.94	6.88	248
北海	Beihai	4.01	7.39	8.66	223
防城港	Fangchenggang	3.90	6.10	7.15	245
钦州	Qinzhou	5.47	6.90	7.15	245
贵港	Guigang	4.25	5.25	6.55	251
玉林	Yulin	5.73	7.45	7.81	232
百色	Baise	6.10	6.82	7.34	240

5-5 公共财政预算收入中营业税收入 续表 3
Business Tax of Public Budgetary Revenue continued 3

单位：亿元 （100 million yuan）

地名	City	2010	2012	2013	2013 排名 Ranking	地名	City	2010	2012	2013	2013 排名 Ranking
贺州	Hezhou	3.59	2.53	2.97	280	丽江	Lijiang	5.76	7.99	11.14	205
河池	Hechi	4.09	4.10	4.80	261	普洱	Puer	6.06	8.87	9.89	216
来宾	Laibin	2.68	3.89	4.56	266	临沧	Lincang	3.88	7.49	8.46	226
崇左	Chongzuo	2.28	3.73	4.19	272	**西藏**	**Tibet**	**10.84**	**20.75**	**28.12**	
海南	**Hainan**	**112.35**	**132.41**	**158.96**		拉萨	Lhasa	5.41	11.05	14.98	173
海口	Haikou	15.42	17.62	24.06	108	**陕西**	**Shaanxi**	**265.94**	**392.90**	**428.44**	
三亚	Sanya	18.92	17.41	21.97	122	西安	Xi'an	86.04	128.76	131.64	20
重庆	**Chongqing**	**108.25**	**368.05**	**424.31**		铜川	Tongchuan	1.90	3.75	4.46	268
四川	**Sichuan**	**475.80**	**725.41**	**812.08**		宝鸡	Baoji	8.06	10.64	11.99	200
成都	Chengdu	125.11	198.35	218.57	5	咸阳	Xianyang	11.16	16.23	17.40	150
自贡	Zigong	4.20	6.93	8.05	230	渭南	Weinan	7.50	11.51	13.52	188
攀枝花	Panzhihua	6.48	7.92	8.95	220	延安	Yan'an	10.10	11.76	14.82	175
泸州	Luzhou	8.96	11.73	14.03	182	汉中	Hanzhong	6.81	9.32	10.51	212
德阳	Deyang	10.90	12.77	12.85	194	榆林	Yulin	19.92	31.93	32.03	83
绵阳	Mianyang	15.56	19.80	21.23	125	安康	Ankang	5.06	5.33	6.29	252
广元	Guangyuan	6.37	7.21	7.80	233	商洛	Shangluo	2.74	4.53	4.75	262
遂宁	Suining	5.09	7.00	7.31	241	**甘肃**	**Gansu**	**86.84**	**136.72**	**176.59**	
内江	Neijiang	3.92	6.45	8.86	221	兰州	Lanzhou	19.23	27.20	34.30	78
乐山	Leshan	10.12	11.02	13.71	185	嘉峪关	Jiayuguan	1.78	2.83	3.56	275
南充	Nanchong	8.36	14.61	18.12	144	金昌	Jinchang	1.94	2.68	2.91	281
眉山	Meishan	5.85	8.91	11.47	202	白银	Baiyin	2.76	3.83	4.62	264
宜宾	Yibin	7.55	11.77	14.38	178	天水	Tianshui	3.63	4.72	6.01	255
广安	Guangan	2.94	5.17	6.75	250	武威	Wuwei	1.62	3.59	4.20	271
达州	Dazhou	7.57	11.03	12.44	198	张掖	Zhangye	1.94	3.53	4.72	263
雅安	Yaan	4.16	4.90	4.62	264	平凉	Pingliang	2.54	3.78	4.34	269
巴中	Bazhong	2.74	5.04	7.10	247	酒泉	Jiuquan	3.26	5.73	7.20	243
资阳	Ziyang	4.21	8.95	9.16	219	庆阳	Qingyang	3.67	6.39	7.45	237
贵州	**Guizhou**	**136.73**	**241.53**	**300.78**		定西	Dingxi	2.44	4.17	5.27	259
贵阳	Guiyang	46.47	75.87	88.89	31	陇南	Longnan	2.51	3.58	4.07	273
六盘水	Liupanshui	8.73	15.89	15.54	165	**青海**	**Qinghai**	**34.44**	**59.17**	**70.44**	
遵义	Zunyi	15.18	28.08	32.60	81	西宁	Xining	15.34	24.04	27.44	98
安顺	Anshun	6.95	11.74	12.45	197	**宁夏**	**Ningxia**	**56.24**	**92.48**	**105.72**	
毕节	Bijie	10.02	14.23	16.27	162	银川	Yinchuan	29.34	45.60	53.58	54
铜仁	Tongren	5.14	8.56	11.36	204	石嘴山	Shizuishan	6.54	8.40	8.48	225
云南	**Yunnan**	**237.26**	**340.54**	**418.84**		吴忠	Wuzhong	5.74	10.24	10.93	207
昆明	Kunming	93.82	127.72	161.06	14	固原	Guyuan	2.52	5.12	4.50	267
曲靖	Qujing	16.85	23.38	27.14	99	中卫	Zhongwei	3.84	6.29	7.37	239
玉溪	Yuxi	10.47	13.61	14.28	179	**新疆**	**Xinjiang**	**151.27**	**259.31**	**305.67**	
保山	Baoshan	5.69	10.11	10.55	211	乌鲁木齐	Urumqi	58.37	97.18	110.18	25
昭通	Zhaotong	7.09	11.21	12.50	196	克拉玛依	Karamay	8.55	12.07	14.48	177

5-6 公共财政预算收入中企业所得税收入
Company Income Tax of Public Budgetary Revenue

单位：亿元 （100 million yuan）

地名	City	2010	2012	2013	2013 排名 Ranking
地方合计	**Region Total**	**5048.37**	**7571.60**	**7983.34**	
北京	**Beijing**	**513.09**	**752.47**	**802.12**	
天津	**Tianjin**	**125.89**	**187.70**	**204.38**	
河北	**Hebei**	**145.93**	**226.20**	**231.67**	
石家庄	Shijiazhuang	12.55	20.72	21.89	44
唐山	Tangshan	12.73	17.95	15.20	68
秦皇岛	Qinhuangdao	5.10	6.85	7.62	111
邯郸	Handan	5.87	8.74	6.06	140
邢台	Xingtai	4.10	5.22	10.00	92
保定	Baoding	5.83	8.74	9.75	96
张家口	Zhangjiakou	3.83	5.80	6.40	134
承德	Chengde	4.07	6.79	5.20	154
沧州	Cangzhou	5.18	8.31	14.15	69
廊坊	Langfang	8.44	13.82	6.05	141
衡水	Hengshui	1.97	3.81	5.03	158
山西	**Shanxi**	**117.75**	**214.39**	**202.07**	
太原	Taiyuan	16.47	25.03	25.84	39
大同	Datong	5.89	9.14	12.58	80
阳泉	Yangquan	5.47	8.69	7.57	112
长治	Changzhi	11.67	21.64	18.96	54
晋城	Jincheng	9.76	17.62	18.43	55
朔州	Shuozhou	5.69	13.66	12.05	84
晋中	Jinzhong	5.79	9.41	9.76	95
运城	Yuncheng	1.62	1.68	2.11	237
忻州	Xinzhou	3.33	6.41	6.35	137
临汾	Linfen	5.47	7.41	6.23	138
吕梁	Luliang	7.91	18.34	15.43	66
内蒙古	**Inner Mongolia**	**101.65**	**179.85**	**155.26**	
呼和浩特	Hohhot	8.62	14.87	16.31	63
包头	Baotou	8.30	18.08	13.55	74
乌海	Wuhai	3.85	3.94	2.65	221
赤峰	Chifeng	4.03	8.68	7.22	117
通辽	Tongliao	2.95	4.59	3.89	188
鄂尔多斯	Erdos	33.20	53.29	40.28	24
呼伦贝尔	Hulunbuir	3.76	5.75	6.47	130
巴彦淖尔	Bayannur	3.70	5.30	5.05	157
乌兰察布	Ulanqab	0.82	2.36	2.99	211
辽宁	**Liaoning**	**174.06**	**242.39**	**250.68**	
沈阳	Shenyang	50.33	74.86	81.61	11
大连	Dalian	56.03	74.36	77.47	13
鞍山	Anshan	12.93	14.84	13.88	70
抚顺	Fushun	5.15	7.96	7.66	110
本溪	Benxi	1.83	4.18	4.14	182
丹东	Dandong	4.55	7.45	7.85	108
锦州	Jinzhou	4.95	5.87	5.65	146
营口	Yingkou	6.52	8.36	10.65	90
阜新	Fuxin	2.17	4.02	3.89	188
辽阳	Liaoyang	8.94	8.45	7.24	116
盘锦	Panjin	3.25	5.48	5.62	148
铁岭	Tieling	4.27	4.86	4.97	159
朝阳	Chaoyang	4.28	5.52	4.22	178
葫芦岛	Huludao	2.44	3.72	3.91	187
吉林	**Jilin**	**60.82**	**111.21**	**121.86**	
长春	Changchun	22.71	44.02	50.22	18
吉林	Jilin	4.96	6.55	7.99	103
四平	Siping	1.87	2.74	3.11	210
辽源	Liaoyuan	0.85	1.53	1.56	256
通化	Tonghua	2.41	5.86	4.72	164
白山	Baishan	1.53	2.89	1.96	241
松原	Songyuan	1.48	2.24	2.08	238
白城	Baicheng	1.06	1.47	1.95	242
黑龙江	**Heilongjiang**	**61.60**	**97.89**	**98.81**	
哈尔滨	Harbin	24.29	38.69	40.26	25
齐齐哈尔	Qiqihar	3.59	4.47	5.54	150
鸡西	Jixi	1.38	3.08	2.73	220
鹤岗	Hegang	1.41	2.55	1.95	242
双鸭山	Shuangyashan	1.78	2.34	1.84	249
大庆	Daqing	5.69	10.41	10.47	91
伊春	Yichun	0.51	1.06	1.22	263
佳木斯	Jiamusi	2.99	5.59	4.67	166
七台河	Qitaihe	2.66	2.16	1.16	266
牡丹江	Mudanjiang	5.16	8.40	7.78	109
黑河	Heihe	1.44	2.49	2.51	225
绥化	Suihua	3.08	5.50	5.26	153
上海	**Shanghai**	**606.05**	**806.77**	**837.44**	
江苏	**Jiangsu**	**554.43**	**745.88**	**763.66**	

5-6 公共财政预算收入中企业所得税收入 续表 1
Company Income Tax of Public Budgetary Revenue continued 1

单位：亿元 （100 million yuan）

地名	City	2010	2012	2013	2013 排名 Ranking	地名	City	2010	2012	2013	2013 排名 Ranking
南京	Nanjing	68.79	93.01	100.38	8	池州	Chizhou	1.01	2.13	1.99	240
无锡	Wuxi	75.38	88.64	88.43	10	宣城	Xuancheng	2.06	3.90	4.17	181
徐州	Xuzhou	17.82	20.01	20.81	48	**福建**	**Fujian**	**156.91**	**251.76**	**271.05**	
常州	Changzhou	35.80	40.67	41.38	22	福州	Fuzhou	31.40	50.78	58.93	15
苏州	Suzhou	148.13	190.02	200.63	2	厦门	Xiamen	41.53	67.23	68.96	14
南通	Nantong	33.99	42.77	41.81	21	莆田	Putian	5.58	12.43	13.70	72
连云港	Lianyungang	9.77	13.09	5.64	147	三明	Sanming	3.96	7.77	8.27	101
淮安	Huaian	8.35	11.36	12.98	77	泉州	Quanzhou	25.44	44.26	47.85	19
盐城	Yancheng	13.19	21.95	25.72	40	漳州	Zhangzhou	9.02	13.75	15.94	64
扬州	Yangzhou	15.29	19.71	22.05	43	南平	Nanping	3.75	5.94	6.62	125
镇江	Zhenjiang	14.17	20.05	19.33	53	龙岩	Longyan	7.97	13.11	13.83	71
泰州	Taizhou	21.68	25.46	25.01	41	宁德	Ningde	3.02	5.08	6.42	133
宿迁	Suqian	6.51	16.02	17.18	59	**江西**	**Jiangxi**	**63.72**	**124.12**	**136.71**	
浙江	**Zhejiang**	**374.13**	**536.97**	**565.88**		南昌	Nanchang	12.52	25.77	30.13	37
杭州	Hangzhou	99.23	144.86	151.81	3	景德镇	Jingdezhen	1.81	3.68	4.21	179
宁波	Ningbo	80.57	115.74	126.66	4	萍乡	Pingxiang	1.98	2.57	2.42	229
温州	Wenzhou	28.10	39.90	39.47	26	九江	Jiujiang	5.24	11.63	13.37	75
嘉兴	Jiaxing	24.43	37.07	40.46	23	新余	Xinyu	3.88	3.95	6.36	136
湖州	Huzhou	11.23	19.20	19.92	52	鹰潭	Yingtan	1.24	2.77	3.28	204
绍兴	Shaoxing	24.50	37.09	36.69	28	赣州	Ganzhou	6.91	17.65	17.29	58
金华	Jinhua	16.50	27.61	30.93	36	吉安	Jian	2.98	5.78	7.96	104
衢州	Quzhou	4.22	9.00	8.32	100	宜春	Yichun	5.39	10.33	11.07	87
舟山	Zhoushan	7.57	8.93	8.22	102	抚州	Fuzhou	2.95	5.04	5.96	142
台州	Taizhou	22.40	31.09	33.44	31	上饶	Shangrao	4.05	9.14	9.96	93
丽水	Lishui	4.16	5.99	7.00	120	**山东**	**Shandong**	**293.31**	**441.64**	**445.95**	
安徽	**Anhui**	**106.59**	**184.50**	**190.46**		济南	Jinan	30.64	39.05	51.76	17
合肥	Hefei	22.13	34.43	34.92	29	青岛	Qingdao	53.46	79.52	90.55	9
芜湖	Wuhu	7.99	14.80	15.76	65	淄博	Zibo	13.47	17.77	20.22	51
蚌埠	Bengbu	2.08	3.78	4.38	173	枣庄	Zaozhuang	6.28	8.24	7.03	119
淮南	Huainan	2.15	19.40	4.29	175	东营	Dongying	6.84	10.66	13.11	76
马鞍山	Maanshan	3.40	17.34	4.79	163	烟台	Yantai	24.93	41.90	51.81	16
淮北	Huaibei	2.94	6.19	4.61	169	潍坊	Weifang	16.44	29.79	31.55	35
铜陵	Tongling	1.92	3.78	3.94	186	济宁	Jining	22.62	31.90	32.50	33
安庆	Anqing	2.16	4.69	5.84	143	泰安	Taian	6.44	9.24	10.69	88
黄山	Huangshan	1.35	2.69	2.46	227	威海	Weihai	9.25	12.28	17.36	57
滁州	Chuzhou	2.54	4.83	5.60	149	日照	Rizhao	7.02	8.54	10.68	89
阜阳	Fuyang	1.87	4.14	4.13	183	莱芜	Laiwu	1.55	4.00	4.48	171
宿州	Suzhou	0.84	2.19	3.18	209	临沂	Linyi	7.23	13.07	17.80	56
六安	Liuan	1.67	3.88	4.43	172	德州	Dezhou	4.95	7.55	11.45	86
亳州	Bozhou	0.93	2.00	2.77	217	聊城	Liaocheng	5.11	8.22	12.76	78

5-6 公共财政预算收入中企业所得税收入 续表 2
Company Income Tax of Public Budgetary Revenue continued 2

单位：亿元 （100 million yuan）

地名	City	2010	2012	2013	2013 排名 Ranking	地名	City	2010	2012	2013	2013 排名 Ranking
滨州	Binzhou	7.89	11.92	17.12	60	常德	Changde	1.55	2.75	2.97	212
菏泽	Heze	6.52	9.70	11.50	85	张家界	Zhangjiajie	0.60	1.08	1.32	260
河南	**Henan**	**136.63**	**209.13**	**235.60**		益阳	Yiyang	0.92	2.27	2.60	222
郑州	Zhengzhou	46.72	67.79	78.59	12	郴州	Chenzhou	1.50	3.09	3.66	194
开封	Kaifeng	1.90	3.49	4.00	185	永州	Yongzhou	0.86	1.72	2.29	234
洛阳	Luoyang	14.77	18.42	21.05	46	怀化	Huaihua	0.99	2.29	3.24	208
平顶山	Pingdingshan	4.34	5.88	6.22	139	娄底	Loudi	0.81	2.08	2.32	232
安阳	Anyang	3.68	5.42	6.50	128	**广东**	**Guangdong**	**678.75**	**891.03**	**974.68**	
鹤壁	Hebi	1.03	1.62	2.13	236	广州	Guangzhou	93.52	107.50	115.59	6
新乡	Xinxiang	6.93	11.29	12.27	82	韶关	Shaoguan	2.58	2.19	2.85	214
焦作	Jiaozuo	4.66	5.85	5.82	144	深圳	Shenzhen	214.48	269.73	288.42	1
濮阳	Puyang	1.17	2.64	3.26	206	珠海	Zhuhai	16.33	15.57	20.26	50
许昌	Xuchang	4.72	7.32	7.32	115	汕头	Shantou	7.91	7.16	7.50	114
漯河	Luohe	3.70	4.87	6.72	124	佛山	Foshan	28.31	39.75	38.63	27
三门峡	Sanmenxia	2.85	4.27	4.28	176	江门	Jiangmen	9.11	10.20	12.26	83
南阳	Nanyang	3.69	6.43	7.53	113	湛江	Zhanjiang	2.95	3.90	3.74	192
商丘	Shangqiu	3.01	4.01	4.67	166	茂名	Maoming	1.34	1.96	2.82	215
信阳	Xinyang	1.34	4.07	5.36	151	肇庆	Zhaoqing	3.17	3.60	4.34	174
周口	Zhoukou	1.47	3.60	4.70	165	惠州	Huizhou	9.71	11.37	16.34	62
驻马店	Zhumadian	2.11	4.00	5.06	156	梅州	Meizhou	2.69	2.53	3.43	202
湖北	**Hubei**	**106.91**	**196.87**	**215.23**		汕尾	Shanwei	1.17	1.45	1.94	244
武汉	Wuhan	40.50	113.34	124.49	5	河源	Heyuan	2.15	2.53	2.95	213
黄石	Huangshi	2.45	8.00	8.95	99	阳江	Yangjiang	1.94	2.50	3.28	204
十堰	Shiyan	3.41	8.25	7.06	118	清远	Qingyuan	4.35	5.06	5.14	155
宜昌	Yichang	4.71	16.78	15.31	67	东莞	Dongguan	24.50	29.63	33.30	32
襄阳	Xiangfan	3.08	9.33	12.63	79	中山	ZhongShan	13.43	15.20	16.99	61
鄂州	Ezhou	0.75	2.09	1.85	247	潮州	Chaozhou	1.96	2.71	3.32	203
荆门	Jingmen	1.12	3.43	3.54	197	揭阳	Jieyang	3.41	3.77	4.55	170
孝感	Xiaogan	1.57	4.95	6.58	126	云浮	Yunfu	0.93	1.38	1.73	250
荆州	Jingzhou	1.74	5.44	6.43	132	**广西**	**Guangxi**	**58.95**	**85.95**	**94.04**	
黄冈	Huanggang	1.36	1.68	2.33	231	南宁	Nanning	12.99	21.36	24.40	42
咸宁	Xianning	0.91	3.67	4.80	162	柳州	Liuzhou	7.10	10.15	9.92	94
随州	Suizhou	0.33	2.00	2.19	235	桂林	Guilin	5.00	5.81	7.90	106
湖南	**Hunan**	**60.29**	**120.07**	**136.17**		梧州	Wuzhou	2.09	2.70	3.26	206
长沙	Changsha	18.54	39.02	42.55	20	北海	Beihai	1.27	2.46	2.60	222
株洲	Zhuzhou	2.81	5.39	6.46	131	防城港	Fangchenggang	0.85	1.60	2.08	238
湘潭	Xiangtan	1.75	3.33	3.72	193	钦州	Qinzhou	1.28	2.33	2.46	227
衡阳	Hengyang	1.84	4.15	4.01	184	贵港	Guigang	0.99	1.98	2.42	229
邵阳	Shaoyang	0.88	1.87	2.50	226	玉林	Yulin	2.52	3.58	3.49	200
岳阳	Yueyang	1.40	2.95	3.83	190	百色	Baise	2.08	2.05	2.58	224

5-6 公共财政预算收入中企业所得税收入 续表 3
Company Income Tax of Public Budgetary Revenue continued 3

单位：亿元 （100 million yuan）

地名	City	2010	2012	2013	2013 排名 Ranking	地名	City	2010	2012	2013	2013 排名 Ranking
贺州	Hezhou	1.48	1.01	1.17	265	丽江	Lijiang	0.36	0.67	0.95	272
河池	Hechi	1.56	1.47	1.62	254	普洱	Puer	0.48	1.50	1.54	258
来宾	Laibin	1.21	1.92	1.60	255	临沧	Lincang	0.39	0.99	1.06	268
崇左	Chongzuo	2.07	2.51	1.67	253	**西藏**	**Tibet**	**3.55**	**10.91**	**12.51**	
海南	**Hainan**	**28.04**	**46.39**	**55.46**		拉萨	Lhasa	2.47	7.46	9.74	97
海口	Haikou	5.71	8.19	12.44	81	**陕西**	**Shaanxi**	**84.81**	**160.92**	**156.76**	
三亚	Sanya	3.19	5.63	6.97	121	西安	Xi'an	18.84	28.38	31.82	34
重庆	**Chongqing**	**33.90**	**119.80**	**135.82**		铜川	Tongchuan	0.45	0.85	0.57	281
四川	**Sichuan**	**141.50**	**246.45**	**266.57**		宝鸡	Baoji	2.11	2.85	2.77	217
成都	Chengdu	57.79	101.33	108.32	7	咸阳	Xianyang	2.21	4.57	3.65	195
自贡	Zigong	1.24	2.58	2.81	216	渭南	Weinan	1.21	2.11	1.85	247
攀枝花	Panzhihua	2.84	5.55	4.67	166	延安	Yan'an	3.65	9.16	9.70	98
泸州	Luzhou	7.23	14.96	13.70	72	汉中	Hanzhong	0.54	1.06	1.25	262
德阳	Deyang	2.99	6.81	7.90	106	榆林	Yulin	12.54	30.50	26.10	38
绵阳	Mianyang	2.23	5.55	6.49	129	安康	Ankang	0.35	0.67	0.77	277
广元	Guangyuan	0.82	1.38	1.55	257	商洛	Shangluo	0.43	0.52	0.63	280
遂宁	Suining	0.85	2.24	2.75	219	**甘肃**	**Gansu**	**19.99**	**36.53**	**40.10**	
内江	Neijiang	1.51	2.64	3.54	197	兰州	Lanzhou	4.35	7.72	7.96	104
乐山	Leshan	4.54	5.49	6.40	134	嘉峪关	Jiayuguan	0.61	0.91	1.00	269
南充	Nanchong	2.61	5.18	6.58	126	金昌	Jinchang	0.29	0.37	0.49	283
眉山	Meishan	2.19	3.92	4.26	177	白银	Baiyin	0.53	1.03	0.97	270
宜宾	Yibin	9.24	16.21	21.05	46	天水	Tianshui	0.42	0.59	0.77	277
广安	Guangan	1.64	3.33	3.50	199	武威	Wuwei	0.21	0.64	0.77	277
达州	Dazhou	2.30	4.35	4.97	159	张掖	Zhangye	0.32	0.71	0.78	276
雅安	Yaan	1.53	2.33	1.18	264	平凉	Pingliang	0.62	1.18	0.82	274
巴中	Bazhong	0.52	1.12	1.35	259	酒泉	Jiuquan	0.51	1.17	1.73	250
资阳	Ziyang	1.35	3.01	3.44	201	庆阳	Qingyang	0.20	0.46	0.81	275
贵州	**Guizhou**	**51.14**	**86.53**	**103.15**		定西	Dingxi	0.21	0.39	0.55	282
贵阳	Guiyang	18.14	26.86	20.60	49	陇南	Longnan	0.41	0.65	0.96	271
六盘水	Liupanshui	3.25	3.87	3.58	196	**青海**	**Qinghai**	**10.98**	**16.08**	**21.67**	
遵义	Zunyi	2.92	6.92	6.83	122	西宁	Xining	2.46	4.68	5.72	145
安顺	Anshun	0.99	3.15	2.30	233	**宁夏**	**Ningxia**	**14.08**	**25.39**	**25.87**	
毕节	Bijie	1.99	4.67	4.18	180	银川	Yinchuan	4.83	7.16	6.73	123
铜仁	Tongren	0.59	1.96	1.87	246	石嘴山	Shizuishan	0.91	1.55	1.88	245
云南	**Yunnan**	**82.28**	**135.82**	**146.65**		吴忠	Wuzhong	0.66	1.04	1.16	266
昆明	Kunming	13.48	19.98	21.45	45	固原	Guyuan	0.13	0.21	0.22	284
曲靖	Qujing	2.76	4.27	4.96	161	中卫	Zhongwei	0.31	0.56	0.86	273
玉溪	Yuxi	3.57	4.83	5.35	152	**新疆**	**Xinjiang**	**40.02**	**79.99**	**85.06**	
保山	Baoshan	0.54	1.16	1.72	252	乌鲁木齐	Urumqi	16.69	31.32	34.41	30
昭通	Zhaotong	0.80	1.28	1.30	261	克拉玛依	Karamay	2.61	3.71	3.77	191

5-7 公共财政预算收入中个人所得税收入
Personal Income Tax of Public Budgetary Revenue

单位：亿元 （100 million yuan）

地名	City	2010	2012	2013	2013 排名 Ranking	地名	City	2010	2012	2013	2013 排名 Ranking
地方合计	**Region Total**	**1934.30**	**2327.63**	**2612.54**		沈阳	Shenyang	17.32	17.60	19.77	17
北京	**Beijing**	**215.33**	**281.49**	**333.84**		大连	Dalian	21.24	21.13	22.90	13
天津	**Tianjin**	**42.96**	**49.56**	**58.31**		鞍山	Anshan	3.31	2.43	2.86	93
河北	**Hebei**	**47.05**	**50.19**	**54.60**		抚顺	Fushun	2.69	2.01	1.92	135
石家庄	Shijiazhuang	7.11	7.95	9.20	38	本溪	Benxi	2.23	2.26	1.60	155
唐山	Tangshan	7.45	7.67	7.11	46	丹东	Dandong	1.51	1.52	1.46	164
秦皇岛	Qinhuangdao	2.55	2.33	2.66	103	锦州	Jinzhou	2.37	2.16	1.90	138
邯郸	Handan	3.03	2.47	1.86	141	营口	Yingkou	1.66	1.52	1.87	140
邢台	Xingtai	1.65	1.68	3.15	85	阜新	Fuxin	0.94	1.04	1.09	196
保定	Baoding	2.62	2.89	3.18	83	辽阳	Liaoyang	2.11	1.47	1.85	142
张家口	Zhangjiakou	1.91	1.97	2.47	107	盘锦	Panjin	3.65	2.74	2.60	105
承德	Chengde	2.13	3.20	1.79	145	铁岭	Tieling	1.38	1.09	1.20	190
沧州	Cangzhou	2.79	2.59	5.47	56	朝阳	Chaoyang	2.55	2.75	1.93	133
廊坊	Langfang	3.18	3.86	2.69	102	葫芦岛	Huludao	1.24	1.19	1.21	186
衡水	Hengshui	0.87	1.02	1.37	170	**吉林**	**Jilin**	**23.39**	**26.85**	**28.06**	
山西	**Shanxi**	**31.95**	**43.10**	**48.87**		长春	Changchun	7.62	9.79	10.44	34
太原	Taiyuan	5.62	7.51	8.64	39	吉林	Jilin	2.53	2.58	2.74	100
大同	Datong	2.16	2.73	2.64	104	四平	Siping	0.75	0.60	0.64	239
阳泉	Yangquan	1.40	1.47	1.34	175	辽源	Liaoyuan	0.44	0.54	0.34	275
长治	Changzhi	2.77	3.50	4.12	71	通化	Tonghua	1.28	1.39	1.57	158
晋城	Jincheng	1.85	2.20	3.20	81	白山	Baishan	0.92	0.86	0.79	224
朔州	Shuozhou	1.33	2.04	2.79	98	松原	Songyuan	0.93	0.82	0.77	225
晋中	Jinzhong	2.28	3.20	3.52	76	白城	Baicheng	0.45	0.50	0.49	255
运城	Yuncheng	0.74	0.91	1.08	197	**黑龙江**	**Heilongjiang**	**25.07**	**28.39**	**35.63**	
忻州	Xinzhou	1.14	1.92	2.01	124	哈尔滨	Harbin	9.76	11.18	13.69	24
临汾	Linfen	1.56	2.03	2.00	126	齐齐哈尔	Qiqihar	1.51	1.58	1.95	132
吕梁	Luliang	1.51	2.58	2.87	92	鸡西	Jixi	1.00	1.60	1.38	169
内蒙古	**Inner Mongolia**	**39.34**	**47.61**	**44.97**		鹤岗	Hegang	0.91	1.06	1.02	199
呼和浩特	Hohhot	5.03	5.77	6.25	53	双鸭山	Shuangyashan	0.85	1.94	1.72	147
包头	Baotou	3.10	4.20	3.42	78	大庆	Daqing	5.22	4.09	5.31	58
乌海	Wuhai	1.42	1.72	1.21	186	伊春	Yichun	0.25	0.30	0.40	265
赤峰	Chifeng	2.10	2.17	2.24	120	佳木斯	Jiamusi	1.10	1.05	1.27	180
通辽	Tongliao	1.01	1.05	1.14	194	七台河	Qitaihe	0.60	0.63	0.77	225
鄂尔多斯	Erdos	10.93	13.52	11.85	31	牡丹江	Mudanjiang	1.87	2.71	3.47	77
呼伦贝尔	Hulunbuir	2.23	2.02	2.25	119	黑河	Heihe	0.68	0.71	0.83	220
巴彦淖尔	Bayannur	1.24	1.36	1.55	160	绥化	Suihua	0.65	1.20	2.45	110
乌兰察布	Ulanqab	0.59	0.69	0.72	231	**上海**	**Shanghai**	**261.20**	**318.10**	**355.22**	
辽宁	**Liaoning**	**64.20**	**60.92**	**64.15**		**江苏**	**Jiangsu**	**180.94**	**224.22**	**264.88**	

5-7 公共财政预算收入中个人所得税收入 续表 1
Personal Income Tax of Public Budgetary Revenue continued 1

单位：亿元 （100 million yuan）

地名	City	2010	2012	2013	2013 排名 Ranking	地名	City	2010	2012	2013	2013 排名 Ranking
南京	Nanjing	31.30	38.70	46.28	5	池州	Chizhou	0.47	0.65	0.58	245
无锡	Wuxi	28.17	31.60	34.44	7	宣城	Xuancheng	0.91	1.20	1.28	179
徐州	Xuzhou	7.39	8.41	7.58	43	**福建**	**Fujian**	**56.34**	**68.24**	**78.37**	
常州	Changzhou	14.53	19.90	20.89	14	福州	Fuzhou	15.43	19.11	23.19	12
苏州	Suzhou	48.12	56.64	64.62	2	厦门	Xiamen	14.51	17.13	19.85	16
南通	Nantong	13.13	19.50	28.22	9	莆田	Putian	1.80	2.73	2.81	97
连云港	Lianyungang	3.44	3.70	4.25	70	三明	Sanming	2.81	2.71	3.14	86
淮安	Huaian	3.81	5.08	6.94	49	泉州	Quanzhou	11.08	12.43	13.92	23
盐城	Yancheng	5.12	8.32	11.07	33	漳州	Zhangzhou	3.36	4.37	4.96	61
扬州	Yangzhou	5.57	6.12	12.30	28	南平	Nanping	1.91	2.64	2.98	90
镇江	Zhenjiang	5.52	6.99	7.15	45	龙岩	Longyan	3.02	4.31	4.35	69
泰州	Taizhou	5.76	7.13	7.10	48	宁德	Ningde	2.22	2.79	3.17	84
宿迁	Suqian	2.28	5.13	6.52	51	**江西**	**Jiangxi**	**20.27**	**26.52**	**28.77**	
浙江	**Zhejiang**	**151.08**	**178.93**	**193.84**		南昌	Nanchang	6.77	10.51	10.32	36
杭州	Hangzhou	39.20	49.87	57.32	3	景德镇	Jingdezhen	0.83	1.12	1.02	199
宁波	Ningbo	34.40	36.11	39.88	6	萍乡	Pingxiang	0.64	0.58	0.70	233
温州	Wenzhou	15.02	17.05	16.70	21	九江	Jiujiang	1.64	1.80	2.35	113
嘉兴	Jiaxing	9.66	12.19	12.21	29	新余	Xinyu	1.16	0.98	1.44	166
湖州	Huzhou	5.57	6.87	7.18	44	鹰潭	Yingtan	1.32	1.04	1.19	191
绍兴	Shaoxing	9.95	11.45	13.04	27	赣州	Ganzhou	2.53	4.59	4.60	63
金华	Jinhua	9.99	13.42	13.59	26	吉安	Jian	1.87	1.96	2.10	123
衢州	Quzhou	2.13	2.90	2.83	96	宜春	Yichun	1.32	1.61	1.99	129
舟山	Zhoushan	3.06	3.50	3.61	75	抚州	Fuzhou	0.80	0.79	1.22	185
台州	Taizhou	11.58	13.60	14.27	22	上饶	Shangrao	1.24	1.53	1.82	143
丽水	Lishui	3.23	4.08	4.36	68	**山东**	**Shandong**	**81.01**	**95.11**	**104.59**	
安徽	**Anhui**	**31.97**	**35.91**	**43.44**		济南	Jinan	8.77	10.18	17.57	19
合肥	Hefei	5.52	7.57	9.44	37	青岛	Qingdao	18.69	22.36	24.86	11
芜湖	Wuhu	2.82	2.40	3.37	79	淄博	Zibo	3.22	3.52	6.28	52
蚌埠	Bengbu	0.58	0.63	0.81	223	枣庄	Zaozhuang	1.29	0.99	1.91	136
淮南	Huainan	1.86	5.31	1.91	136	东营	Dongying	2.09	2.83	4.44	66
马鞍山	Maanshan	1.21	4.63	1.62	154	烟台	Yantai	4.33	6.55	13.66	25
淮北	Huaibei	0.54	0.60	0.57	246	潍坊	Weifang	3.39	3.60	6.11	54
铜陵	Tongling	0.47	0.57	0.74	228	济宁	Jining	4.37	4.17	5.98	55
安庆	Anqing	0.86	1.08	1.49	163	泰安	Taian	1.86	1.95	3.33	80
黄山	Huangshan	0.64	0.68	0.71	232	威海	Weihai	1.81	2.05	3.66	73
滁州	Chuzhou	0.84	0.97	1.21	186	日照	Rizhao	1.00	0.97	2.11	122
阜阳	Fuyang	0.63	0.81	0.88	213	莱芜	Laiwu	0.77	1.12	1.36	172
宿州	Suzhou	0.45	0.50	0.67	236	临沂	Linyi	1.95	2.05	3.65	74
六安	Liuan	0.75	0.87	0.89	212	德州	Dezhou	1.14	1.42	2.47	107
亳州	Bozhou	0.39	0.55	0.52	252	聊城	Liaocheng	1.18	1.54	2.85	95

5-7　公共财政预算收入中个人所得税收入　续表 2
Personal Income Tax of Public Budgetary Revenue continued 2

单位：亿元　　　　　　　　　　　　　　　　　　（100 million yuan）

地名	City	2010	2012	2013	2013 排名 Ranking	地名	City	2010	2012	2013	2013 排名 Ranking
滨州	Binzhou	0.96	1.37	2.36	112	常德	Changde	1.17	1.24	1.35	174
菏泽	Heze	0.82	1.17	2.00	126	张家界	Zhangjiajie	0.29	0.28	0.34	275
河南	**Henan**	**40.29**	**41.41**	**47.63**		益阳	Yiyang	0.80	0.93	0.86	215
郑州	Zhengzhou	15.03	16.43	20.26	15	郴州	Chenzhou	1.54	2.05	2.33	114
开封	Kaifeng	0.75	0.93	1.19	191	永州	Yongzhou	1.06	1.16	1.21	186
洛阳	Luoyang	5.24	4.04	5.06	60	怀化	Huaihua	0.97	1.23	0.98	205
平顶山	Pingdingshan	2.47	2.08	1.98	130	娄底	Loudi	0.72	0.75	0.73	230
安阳	Anyang	1.25	1.21	1.31	177	**广东**	**Guangdong**	**287.26**	**322.71**	**348.02**	
鹤壁	Hebi	0.52	0.76	0.54	250	广州	Guangzhou	47.22	43.96	48.98	4
新乡	Xinxiang	1.55	1.66	1.81	144	韶关	Shaoguan	1.39	1.06	1.25	183
焦作	Jiaozuo	1.44	1.35	1.57	158	深圳	Shenzhen	111.68	139.12	138.47	1
濮阳	Puyang	1.22	1.44	1.36	172	珠海	Zhuhai	5.06	4.61	5.44	57
许昌	Xuchang	1.39	2.02	2.01	124	汕头	Shantou	2.08	1.94	2.33	114
漯河	Luohe	0.67	0.78	0.99	202	佛山	Foshan	12.86	10.37	11.95	30
三门峡	Sanmenxia	1.67	1.39	1.27	180	江门	Jiangmen	3.30	3.05	3.19	82
南阳	Nanyang	1.97	1.98	2.47	107	湛江	Zhanjiang	1.94	1.68	1.98	130
商丘	Shangqiu	1.33	1.66	1.72	147	茂名	Maoming	0.90	0.83	0.99	202
信阳	Xinyang	1.00	1.23	1.32	176	肇庆	Zhaoqing	1.62	1.30	1.54	161
周口	Zhoukou	0.87	0.77	0.82	222	惠州	Huizhou	4.21	3.13	3.69	72
驻马店	Zhumadian	1.24	1.02	1.14	194	梅州	Meizhou	1.16	0.91	1.03	198
湖北	**Hubei**	**23.00**	**40.55**	**57.74**		汕尾	Shanwei	0.36	0.34	0.41	263
武汉	Wuhan	12.85	26.79	31.68	8	河源	Heyuan	0.69	0.51	0.66	237
黄石	Huangshi	0.60	1.58	1.76	146	阳江	Yangjiang	0.80	0.68	0.85	218
十堰	Shiyan	0.90	1.87	2.27	118	清远	Qingyuan	1.44	1.21	1.30	178
宜昌	Yichang	1.86	4.31	4.61	62	东莞	Dongguan	11.04	8.90	10.35	35
襄阳	Xiangfan	1.02	3.41	4.46	65	中山	ZhongShan	5.75	4.33	5.07	59
鄂州	Ezhou	0.23	0.65	0.86	215	潮州	Chaozhou	0.98	0.80	0.95	207
荆门	Jingmen	0.56	1.54	1.58	157	揭阳	Jieyang	1.11	1.19	1.37	170
孝感	Xiaogan	0.57	1.53	1.93	133	云浮	Yunfu	0.92	1.00	1.44	166
荆州	Jingzhou	0.61	1.47	1.67	151	**广西**	**Guangxi**	**25.84**	**24.19**	**27.74**	
黄冈	Huanggang	0.54	1.43	1.88	139	南宁	Nanning	5.41	5.79	6.55	50
咸宁	Xianning	0.37	0.81	1.00	201	柳州	Liuzhou	2.43	1.90	2.15	121
随州	Suizhou	0.27	0.70	0.97	206	桂林	Guilin	2.08	1.85	2.30	117
湖南	**Hunan**	**37.62**	**46.74**	**50.92**		梧州	Wuzhou	0.60	0.66	0.84	219
长沙	Changsha	12.43	15.76	17.38	20	北海	Beihai	0.32	0.48	0.22	282
株洲	Zhuzhou	1.79	2.45	2.86	93	防城港	Fangchenggang	0.35	0.35	0.37	271
湘潭	Xiangtan	1.15	1.21	1.39	168	钦州	Qinzhou	0.45	0.44	0.49	255
衡阳	Hengyang	1.56	2.16	2.42	111	贵港	Guigang	0.48	0.54	0.61	240
邵阳	Shaoyang	1.01	1.41	1.71	149	玉林	Yulin	1.01	0.84	0.95	207
岳阳	Yueyang	1.19	1.45	1.45	165	百色	Baise	0.76	0.58	0.70	233

5-7 公共财政预算收入中个人所得税收入 续表 3
Personal Income Tax of Public Budgetary Revenue continued 3

单位：亿元 （100 million yuan）

地名	City	2010	2012	2013	2013 排名 Ranking	地名	City	2010	2012	2013	2013 排名 Ranking
贺州	Hezhou	1.07	0.34	0.32	277	丽江	Lijiang	0.22	0.31	0.39	268
河池	Hechi	0.97	0.74	0.61	240	普洱	Puer	0.35	0.27	0.59	244
来宾	Laibin	0.34	0.29	0.37	271	临沧	Lincang	0.22	0.52	0.40	265
崇左	Chongzuo	0.40	0.31	0.38	270	**西藏**	**Tibet**	**1.98**	**23.80**	**11.48**	
海南	**Hainan**	**8.05**	**7.58**	**11.68**		拉萨	Lhasa	1.19	4.48	7.11	46
海口	Haikou	1.92	1.85	3.09	87	**陕西**	**Shaanxi**	**35.54**	**42.05**	**48.76**	
三亚	Sanya	0.72	0.71	1.27	180	西安	Xi'an	8.14	9.17	11.09	32
重庆	**Chongqing**	**12.29**	**32.98**	**37.54**		铜川	Tongchuan	0.23	0.30	0.52	252
四川	**Sichuan**	**57.76**	**73.40**	**88.10**		宝鸡	Baoji	0.58	0.68	0.61	240
成都	Chengdu	17.71	23.09	27.94	10	咸阳	Xianyang	0.74	0.94	0.99	202
自贡	Zigong	0.54	0.79	0.65	238	渭南	Weinan	0.56	0.71	0.83	220
攀枝花	Panzhihua	1.42	1.52	1.64	153	延安	Yan'an	1.14	1.19	1.24	184
泸州	Luzhou	1.36	1.55	1.60	155	汉中	Hanzhong	0.38	0.45	0.54	250
德阳	Deyang	1.14	1.46	2.70	101	榆林	Yulin	5.38	6.97	7.99	41
绵阳	Mianyang	1.31	2.36	2.76	99	安康	Ankang	0.25	0.42	0.45	260
广元	Guangyuan	0.25	0.48	0.74	228	商洛	Shangluo	0.30	0.28	0.26	278
遂宁	Suining	0.40	0.49	0.55	249	**甘肃**	**Gansu**	**11.13**	**13.54**	**14.78**	
内江	Neijiang	0.70	0.62	0.92	210	兰州	Lanzhou	2.16	2.79	3.02	89
乐山	Leshan	1.30	1.44	1.68	150	嘉峪关	Jiayuguan	0.25	0.25	0.24	279
南充	Nanchong	0.81	0.95	1.19	191	金昌	Jinchang	0.21	0.16	0.21	283
眉山	Meishan	0.78	0.81	0.90	211	白银	Baiyin	0.54	0.40	0.39	268
宜宾	Yibin	1.28	1.32	1.54	161	天水	Tianshui	0.27	0.31	0.35	274
广安	Guangan	0.40	0.48	0.57	246	武威	Wuwei	0.19	0.37	0.44	261
达州	Dazhou	1.45	1.55	1.66	152	张掖	Zhangye	0.24	0.35	0.36	273
雅安	Yaan	0.59	0.84	0.61	240	平凉	Pingliang	0.25	0.39	0.52	252
巴中	Bazhong	0.34	0.69	0.68	235	酒泉	Jiuquan	0.32	0.36	0.46	259
资阳	Ziyang	0.48	0.71	0.86	215	庆阳	Qingyang	0.38	0.55	0.49	255
贵州	**Guizhou**	**27.42**	**32.29**	**34.65**		定西	Dingxi	0.18	0.21	0.23	280
贵阳	Guiyang	7.64	8.46	8.19	40	陇南	Longnan	0.24	0.36	0.40	265
六盘水	Liupanshui	4.37	3.97	2.88	91	**青海**	**Qinghai**	**3.46**	**3.56**	**4.72**	
遵义	Zunyi	3.81	4.81	4.55	64	西宁	Xining	1.78	1.81	2.57	106
安顺	Anshun	0.99	1.07	0.93	209	**宁夏**	**Ningxia**	**5.57**	**6.68**	**7.39**	
毕节	Bijie	3.83	5.64	4.38	67	银川	Yinchuan	1.65	2.10	2.32	116
铜仁	Tongren	0.73	0.85	0.76	227	石嘴山	Shizuishan	0.47	0.55	0.57	246
云南	**Yunnan**	**3.23**	**37.10**	**40.76**		吴忠	Wuzhong	0.41	0.38	0.43	262
昆明	Kunming	5.76	6.94	7.74	42	固原	Guyuan	0.10	0.12	0.14	284
曲靖	Qujing	1.50	1.88	2.00	126	中卫	Zhongwei	0.16	0.18	0.23	280
玉溪	Yuxi	0.85	0.90	0.88	213	**新疆**	**Xinjiang**	**27.38**	**35.89**	**43.10**	
保山	Baoshan	0.35	0.42	0.41	263	乌鲁木齐	Urumqi	9.52	14.95	17.78	18
昭通	Zhaotong	0.49	0.45	0.47	258	克拉玛依	Karamay	2.88	2.67	3.03	88

5-8 公共财政预算支出
Public Budgetary Expenditure

单位：亿元　　　　（100 million yuan）

地名	City	2010	2012	2013	2013 排名 Ranking	地名	City	2010	2012	2013	2013 排名 Ranking
地方合计	**Region Total**	**73884.4**	**107188.3**	**119740.3**		沈阳	Shenyang	516.62	766.09	881.28	9
北京	**Beijing**	**2717.32**	**3685.31**	**4173.66**		大连	Dalian	611.47	890.96	1083.54	6
天津	**Tianjin**	**1376.84**	**2143.21**	**2549.21**		鞍山	Anshan	201.90	290.27	325.39	66
河北	**Hebei**	**2820.24**	**4079.44**	**4409.58**		抚顺	Fushun	150.25	200.20	224.94	143
石家庄	Shijiazhuang	305.16	464.09	522.94	27	本溪	Benxi	116.48	175.57	182.40	196
唐山	Tangshan	332.43	490.31	497.18	30	丹东	Dandong	134.66	196.94	224.32	144
秦皇岛	Qinhuangdao	135.74	199.97	367.13	48	锦州	Jinzhou	138.45	204.71	224.22	145
邯郸	Handan	263.86	379.58	294.82	90	营口	Yingkou	137.29	221.03	247.76	127
邢台	Xingtai	172.34	250.25	460.43	34	阜新	Fuxin	88.27	145.40	172.04	207
保定	Baoding	268.90	383.57	352.41	58	辽阳	Liaoyang	100.07	137.40	162.75	214
张家口	Zhangjiakou	181.73	266.56	200.32	171	盘锦	Panjin	109.82	182.18	195.26	178
承德	Chengde	155.92	235.80	259.19	114	铁岭	Tieling	141.58	200.29	219.53	150
沧州	Cangzhou	213.13	311.57	292.43	92	朝阳	Chaoyang	146.75	213.72	229.06	139
廊坊	Langfang	179.64	268.04	261.75	111	葫芦岛	Huludao	109.49	166.80	180.56	198
衡水	Hengshui	112.10	160.81	185.56	192	**吉林**	**Jilin**	**1787.25**	**2471.20**	**2744.81**	
山西	**Shanxi**	**1931.36**	**2759.46**	**3030.13**		长春	Changchun	382.93	555.51	632.97	17
太原	Taiyuan	189.64	277.76	319.11	72	吉林	Jilin	213.78	284.94	327.81	65
大同	Datong	132.78	186.56	234.06	134	四平	Siping	113.75	171.66	178.45	199
阳泉	Yangquan	60.07	88.41	86.46	274	辽源	Liaoyuan	64.02	82.65	93.80	268
长治	Changzhi	135.87	201.87	245.88	128	通化	Tonghua	119.91	176.15	200.64	168
晋城	Jincheng	89.51	129.83	157.32	222	白山	Baishan	100.08	140.09	137.16	238
朔州	Shuozhou	90.13	138.87	154.47	224	松原	Songyuan	104.28	142.59	160.11	217
晋中	Jinzhong	120.54	178.64	213.63	156	白城	Baicheng	92.17	142.71	156.04	223
运城	Yuncheng	134.81	192.71	229.35	138	**黑龙江**	**Heilongjiang**	**2253.27**	**3171.52**	**3369.18**	
忻州	Xinzhou	128.58	181.53	213.48	157	哈尔滨	Harbin	452.97	643.58	709.78	15
临汾	Linfen	159.76	222.82	265.26	107	齐齐哈尔	Qiqihar	208.09	263.78	282.19	99
吕梁	Luliang	151.00	246.47	292.29	93	鸡西	Jixi	85.56	116.46	119.40	250
内蒙古	**Inner Mongolia**	**2273.50**	**3425.99**	**3686.52**		鹤岗	Hegang	51.28	79.75	75.55	279
呼和浩特	Hohhot	177.17	276.29	294.84	89	双鸭山	Shuangyashan	70.67	99.41	102.86	260
包头	Baotou	204.96	291.02	355.26	55	大庆	Daqing	164.22	234.93	234.27	133
乌海	Wuhai	63.54	79.32	91.52	269	伊春	Yichun	63.73	81.70	99.72	264
赤峰	Chifeng	219.79	325.62	347.80	59	佳木斯	Jiamusi	121.81	175.18	199.31	173
通辽	Tongliao	184.46	255.56	298.40	87	七台河	Qitaihe	48.50	60.86	63.11	281
鄂尔多斯	Erdos	318.79	483.25	518.70	29	牡丹江	Mudanjiang	136.09	202.52	221.33	147
呼伦贝尔	Hulunbuir	207.90	294.44	314.02	75	黑河	Heihe	93.11	115.17	132.49	244
巴彦淖尔	Bayannur	123.53	182.81	192.29	180	绥化	Suihua	167.18	254.54	278.10	102
乌兰察布	Ulanqab	140.03	233.81	251.78	123	**上海**	**Shanghai**	**3302.89**	**4184.02**	**4528.61**	
辽宁	**Liaoning**	**3195.82**	**4558.59**	**5197.42**		**江苏**	**Jiangsu**	**4914.06**	**7027.67**	**7798.47**	

5-8 公共财政预算支出 续表 1
Public Budgetary Expenditure continued 1

单位：亿元 （100 million yuan）

地名	City	2010	2012	2013	2013 排名 Ranking	地名	City	2010	2012	2013	2013 排名 Ranking
南京	Nanjing	542.18	769.66	850.91	11	池州	Chizhou	68.11	112.72	130.68	246
无锡	Wuxi	488.68	648.61	711.49	14	宣城	Xuancheng	104.28	178.68	205.18	163
徐州	Xuzhou	325.72	530.05	595.61	20	**福建**	**Fujian**	**1695.09**	**2607.50**	**3068.80**	
常州	Changzhou	281.44	391.22	417.90	43	福州	Fuzhou	262.42	410.73	533.84	26
苏州	Suzhou	825.67	1113.47	1212.68	3	厦门	Xiamen	306.95	470.50	534.09	25
南通	Nantong	316.75	513.01	576.41	22	莆田	Putian	79.32	117.79	144.16	232
连云港	Lianyungang	202.75	312.55	362.38	53	三明	Sanming	97.01	153.22	187.36	187
淮安	Huaian	206.15	339.86	385.05	46	泉州	Quanzhou	229.64	356.44	422.21	40
盐城	Yancheng	291.90	473.48	555.62	23	漳州	Zhangzhou	147.52	221.77	262.25	110
扬州	Yangzhou	201.68	284.80	319.28	71	南平	Nanping	87.02	131.10	178.12	200
镇江	Zhenjiang	159.07	235.25	286.23	96	龙岩	Longyan	110.81	164.93	199.42	172
泰州	Taizhou	215.73	300.90	343.81	61	宁德	Ningde	86.61	142.18	185.95	190
宿迁	Suqian	168.36	272.40	311.16	78	**江西**	**Jiangxi**	**1923.26**	**3019.22**	**3470.30**	
浙江	**Zhejiang**	**3207.88**	**4161.88**	**4730.47**		南昌	Nanchang	232.03	345.99	419.37	41
杭州	Hangzhou	616.58	786.28	855.74	10	景德镇	Jingdezhen	77.87	121.35	135.89	240
宁波	Ningbo	600.66	828.44	939.89	8	萍乡	Pingxiang	86.70	134.34	149.60	229
温州	Wenzhou	310.78	387.79	437.96	36	九江	Jiujiang	166.52	298.01	338.20	62
嘉兴	Jiaxing	199.06	260.70	303.36	85	新余	Xinyu	77.69	126.12	127.06	247
湖州	Huzhou	127.12	167.51	197.61	175	鹰潭	Yingtan	57.46	87.97	100.45	262
绍兴	Shaoxing	221.95	278.71	312.11	77	赣州	Ganzhou	239.69	404.16	480.81	33
金华	Jinhua	211.52	271.95	322.25	68	吉安	Jian	158.36	246.94	285.29	98
衢州	Quzhou	107.09	138.89	165.51	211	宜春	Yichun	171.61	269.26	304.87	84
舟山	Zhoushan	105.03	155.22	189.83	185	抚州	Fuzhou	139.45	202.21	227.67	141
台州	Taizhou	222.76	287.93	329.03	63	上饶	Shangrao	191.68	304.26	356.20	54
丽水	Lishui	135.20	167.94	195.38	177	**山东**	**Shandong**	**4145.03**	**5904.52**	**6688.80**	
安徽	**Anhui**	**2587.61**	**3961.01**	**4349.69**		济南	Jinan	336.80	465.67	519.32	28
合肥	Hefei	317.72	572.29	630.85	18	青岛	Qingdao	532.39	765.98	1014.23	7
芜湖	Wuhu	144.43	302.21	319.63	70	淄博	Zibo	201.87	290.88	324.54	67
蚌埠	Bengbu	106.98	165.17	191.50	181	枣庄	Zaozhuang	128.95	187.19	207.80	159
淮南	Huainan	81.02	148.95	168.63	209	东营	Dongying	141.95	208.40	232.25	135
马鞍山	Maanshan	86.53	190.37	202.59	165	烟台	Yantai	323.86	476.87	541.74	24
淮北	Huaibei	65.93	108.53	108.72	257	潍坊	Weifang	291.04	425.59	493.96	31
铜陵	Tongling	57.32	96.39	100.59	261	济宁	Jining	252.20	362.49	428.27	38
安庆	Anqing	161.83	245.68	279.72	101	泰安	Taian	175.61	242.67	259.07	115
黄山	Huangshan	72.98	125.97	136.73	239	威海	Weihai	167.93	244.37	263.99	109
滁州	Chuzhou	128.12	231.03	250.87	125	日照	Rizhao	94.83	138.02	158.25	220
阜阳	Fuyang	164.35	272.29	312.65	76	莱芜	Laiwu	51.94	66.73	75.81	278
宿州	Suzhou	113.19	193.80	222.66	146	临沂	Linyi	236.46	348.98	405.50	44
六安	Liuan	153.93	251.09	286.00	97	德州	Dezhou	154.91	241.91	267.35	105
亳州	Bozhou	103.34	177.26	206.43	161	聊城	Liaocheng	144.60	217.00	258.25	116

5-8 公共财政预算支出 续表 2
Public Budgetary Expenditure continued 2

单位：亿元 (100 million yuan)

地名	City	2010	2012	2013	2013 排名 Ranking	地名	City	2010	2012	2013	2013 排名 Ranking
滨州	Binzhou	161.84	226.59	251.71	124	常德	Changde	177.30	254.97	317.38	73
菏泽	Heze	186.97	280.28	320.24	69	张家界	Zhangjiajie	55.09	80.83	87.90	272
河南	**Henan**	**3416.14**	**5006.40**	**5582.31**		益阳	Yiyang	116.75	172.24	200.64	168
郑州	Zhengzhou	426.80	700.70	816.16	12	郴州	Chenzhou	161.15	248.64	302.59	86
开封	Kaifeng	116.44	171.69	197.02	176	永州	Yongzhou	144.39	220.00	257.63	117
洛阳	Luoyang	230.80	345.11	373.37	47	怀化	Huaihua	145.55	222.53	257.14	118
平顶山	Pingdingshan	148.59	209.65	226.56	142	娄底	Loudi	106.66	165.20	189.16	186
安阳	Anyang	140.65	204.81	216.78	153	**广东**	**Guangdong**	**5421.54**	**7387.86**	**8411.00**	
鹤壁	Hebi	59.13	83.50	86.92	273	广州	Guangzhou	977.32	1343.65	1386.13	2
新乡	Xinxiang	159.53	241.50	267.76	104	韶关	Shaoguan	100.24	148.04	168.32	210
焦作	Jiaozuo	121.55	165.97	183.14	195	深圳	Shenzhen	1266.07	1569.01	1690.83	1
濮阳	Puyang	90.10	150.66	173.87	205	珠海	Zhuhai	166.41	212.20	252.03	122
许昌	Xuchang	117.23	178.39	202.56	166	汕头	Shantou	121.71	172.93	191.26	183
漯河	Luohe	69.97	111.70	126.54	248	佛山	Foshan	363.35	433.96	488.40	32
三门峡	Sanmenxia	95.26	137.13	154.07	225	江门	Jiangmen	132.98	188.12	212.61	158
南阳	Nanyang	247.11	386.56	428.29	37	湛江	Zhanjiang	153.65	218.24	265.44	106
商丘	Shangqiu	179.98	286.31	314.84	74	茂名	Maoming	122.49	192.27	218.59	152
信阳	Xinyang	173.76	277.11	304.88	83	肇庆	Zhaoqing	127.66	176.49	200.40	170
周口	Zhoukou	193.70	323.56	354.22	56	惠州	Huizhou	185.44	274.08	328.29	64
驻马店	Zhumadian	172.30	268.98	307.71	80	梅州	Meizhou	117.98	175.53	206.30	162
湖北	**Hubei**	**2465.18**	**3759.79**	**4371.65**		汕尾	Shanwei	56.51	87.99	105.31	259
武汉	Wuhan	583.55	885.55	1122.88	5	河源	Heyuan	94.55	134.47	169.72	208
黄石	Huangshi	102.49	139.99	150.79	227	阳江	Yangjiang	64.92	102.90	114.30	253
十堰	Shiyan	143.79	207.75	231.42	137	清远	Qingyuan	132.81	172.01	185.65	191
宜昌	Yichang	195.23	295.63	364.44	51	东莞	Dongguan	289.83	385.58	444.66	35
襄阳	Xiangfan	182.07	313.97	364.87	50	中山	ZhongShan	145.85	215.32	237.24	131
鄂州	Ezhou	42.17	62.68	70.87	280	潮州	Chaozhou	55.99	77.81	86.22	275
荆门	Jingmen	94.58	141.17	158.79	219	揭阳	Jieyang	94.68	149.48	163.75	213
孝感	Xiaogan	88.34	143.51	227.90	140	云浮	Yunfu	69.28	95.15	109.08	256
荆州	Jingzhou	163.15	158.88	255.92	120	**广西**	**Guangxi**	**2007.59**	**2985.23**	**3208.67**	
黄冈	Huanggang	183.08	271.95	305.16	82	南宁	Nanning	261.28	376.51	418.40	42
咸宁	Xianning	94.85	143.54	158.14	221	柳州	Liuzhou	155.03	221.16	240.58	130
随州	Suizhou	54.74	85.54	100.04	263	桂林	Guilin	183.59	261.33	286.56	95
湖南	**Hunan**	**2702.48**	**4119.00**	**4690.89**		梧州	Wuzhou	90.96	159.24	175.95	203
长沙	Changsha	403.33	624.62	701.82	16	北海	Beihai	63.04	100.45	99.47	265
株洲	Zhuzhou	156.98	230.28	259.75	113	防城港	Fangchenggang	52.57	74.73	88.48	270
湘潭	Xiangtan	106.81	158.60	183.42	193	钦州	Qinzhou	78.00	122.51	134.26	242
衡阳	Hengyang	209.33	304.30	364.28	52	贵港	Guigang	90.80	126.24	140.46	235
邵阳	Shaoyang	161.61	247.97	306.81	81	玉林	Yulin	129.37	192.65	203.73	164
岳阳	Yueyang	165.34	234.82	279.99	100	百色	Baise	137.67	214.85	231.69	136

5-8 公共财政预算支出 续表 3
Public Budgetary Expenditure continued 3

单位：亿元　　　　(100 million yuan)

地名	City	2010	2012	2013	2013 排名 Ranking	地名	City	2010	2012	2013	2013 排名 Ranking
贺州	Hezhou	61.23	97.69	107.26	258	丽江	Lijiang	59.11	106.73	113.20	254
河池	Hechi	120.97	175.27	198.04	174	普洱	Puer	114.11	170.09	201.64	167
来宾	Laibin	89.76	119.82	123.54	249	临沧	Lincang	90.77	160.62	181.33	197
崇左	Chongzuo	85.53	131.01	140.91	234	**西藏**	**Tibet**	**206.64**	**905.34**	**1014.31**	
海南	**Hainan**	**581.34**	**911.67**	**1011.17**		拉萨	Lhasa	51.35	578.16	626.72	19
海口	Haikou	79.84	113.85	132.00	245	**陕西**	**Shaanxi**	**2218.83**	**3323.80**	**3665.07**	
三亚	Sanya	53.50	82.73	88.42	271	西安	Xi'an	371.62	597.49	729.81	13
重庆	**Chongqing**	**1234.69**	**3046.36**	**3062.28**		铜川	Tongchuan	53.96	71.94	81.15	277
四川	**Sichuan**	**4257.98**	**5450.99**	**6220.91**		宝鸡	Baoji	133.06	203.53	220.39	149
成都	Chengdu	777.38	983.85	1161.75	4	咸阳	Xianyang	151.40	234.94	265.19	108
自贡	Zigong	81.16	128.80	139.94	236	渭南	Weinan	154.30	242.41	275.87	103
攀枝花	Panzhihua	75.06	108.17	115.06	252	延安	Yan'an	192.71	264.24	294.68	91
泸州	Luzhou	126.54	212.31	250.11	126	汉中	Hanzhong	126.79	195.84	214.40	155
德阳	Deyang	224.42	166.66	189.97	184	榆林	Yulin	237.19	398.88	422.22	39
绵阳	Mianyang	345.32	250.56	290.64	94	安康	Ankang	110.25	162.28	187.21	188
广元	Guangyuan	221.32	157.64	177.27	201	商洛	Shangluo	90.20	134.03	146.34	231
遂宁	Suining	88.85	133.32	144.11	233	**甘肃**	**Gansu**	**1468.58**	**2059.56**	**2309.62**	
内江	Neijiang	92.48	142.03	158.93	218	兰州	Lanzhou	146.93	202.60	242.34	129
乐山	Leshan	118.51	168.72	193.69	179	嘉峪关	Jiayuguan	12.19	19.22	22.54	284
南充	Nanchong	185.61	278.74	309.70	79	金昌	Jinchang	24.52	33.58	38.65	282
眉山	Meishan	96.53	413.29	172.66	206	白银	Baiyin	72.13	112.84	117.74	251
宜宾	Yibin	143.32	219.03	255.43	121	天水	Tianshui	111.47	159.14	173.90	204
广安	Guangan	97.54	148.66	162.57	215	武威	Wuwei	75.45	122.37	133.40	243
达州	Dazhou	150.27	240.35	255.96	119	张掖	Zhangye	58.94	85.36	96.41	267
雅安	Yaan	77.49	93.01	216.07	154	平凉	Pingliang	85.75	123.90	135.04	241
巴中	Bazhong	103.03	167.57	191.27	182	酒泉	Jiuquan	59.70	88.93	96.69	266
资阳	Ziyang	101.10	154.04	164.90	212	庆阳	Qingyang	113.66	158.61	183.36	194
贵州	**Guizhou**	**1631.48**	**2755.68**	**3082.66**		定西	Dingxi	90.72	148.67	176.92	202
贵阳	Guiyang	204.38	349.33	393.60	45	陇南	Longnan	137.07	147.04	160.32	216
六盘水	Liupanshui	111.12	187.84	219.17	151	**青海**	**Qinghai**	**743.40**	**1159.05**	**1228.05**	
遵义	Zunyi	194.20	320.20	366.76	49	西宁	Xining	108.70	185.32	207.57	160
安顺	Anshun	78.84	130.79	151.55	226	**宁夏**	**Ningxia**	**557.53**	**864.36**	**922.48**	
毕节	Bijie	205.43	318.96	346.95	60	银川	Yinchuan	119.92	186.74	220.53	148
铜仁	Tongren	125.54	206.91	235.97	132	石嘴山	Shizuishan	61.45	77.72	83.17	276
云南	**Yunnan**	**2285.72**	**3572.66**	**4096.51**		吴忠	Wuzhong	78.57	139.93	139.84	237
昆明	Kunming	346.29	525.50	585.76	21	固原	Guyuan	78.66	135.99	149.45	230
曲靖	Qujing	181.59	281.93	297.26	88	中卫	Zhongwei	58.42	100.84	110.60	255
玉溪	Yuxi	107.30	161.82	186.28	189	**新疆**	**Xinjiang**	**1698.91**	**2720.07**	**3067.12**	
保山	Baoshan	82.28	141.57	150.32	228	乌鲁木齐	Urumqi	159.61	295.60	353.20	57
昭通	Zhaotong	146.60	248.09	261.13	112	克拉玛依	Karamay	54.77	70.18	37.99	283

5-9 人均公共财政预算支出
Public Budgetary Expenditure Per Capita

单位：元/人 (yuan/person)

地名	City	2010	2012	2013	2013 排名 Ranking	地名	City	2010	2012	2013	2013 排名 Ranking
全国	**Nation Average**	**5523.2**	**7935.8**			沈阳	Shenyang	7194.5	10585.7	12138.8	32
北京	**Beijing**	**14624.0**	**18029.9**	**19950.0**		大连	Dalian	10441.4	15116.4	18337.1	9
天津	**Tianjin**	**10919.4**	**15485.6**	**17670.0**		鞍山	Anshan	5737.3	8269.8	9294.2	60
河北	**Hebei**	**3966.8**	**5615.6**	**6032.0**		抚顺	Fushun	6775.3	9112.4	10290.0	47
石家庄	Shijiazhuang	3103.5	4634.9	5207.5	200	本溪	Benxi	7513.4	11415.5	11937.2	33
唐山	Tangshan	4526.2	6631.2	6715.9	135	丹东	Dandong	5564.5	8178.6	9342.8	58
秦皇岛	Qinhuangdao	4717.0	6883.6	12572.9	27	锦州	Jinzhou	4476.7	6644.1	7306.0	108
邯郸	Handan	2768.1	3847.7	2967.5	280	营口	Yingkou	5834.9	9393.5	10597.1	40
邢台	Xingtai	2376.0	3489.3	6096.0	153	阜新	Fuxin	4589.5	7580.8	8993.2	67
保定	Baoding	2321.8	3288.5	3017.2	277	辽阳	Liaoyang	5456.4	7574.4	9031.6	66
张家口	Zhangjiakou	3915.4	5696.9	4284.0	240	盘锦	Panjin	8407.0	14013.7	15148.2	16
承德	Chengde	4186.6	6278.0	6866.0	124	铁岭	Tieling	4632.9	6597.2	7269.2	110
沧州	Cangzhou	2943.0	4212.7	3902.7	252	朝阳	Chaoyang	4304.9	6271.1	6735.1	133
廊坊	Langfang	4316.4	6246.6	6118.5	152	葫芦岛	Huludao	3882.5	5942.3	6448.6	147
衡水	Hengshui	2558.0	3638.2	4169.9	244	**吉林**	**Jilin**	**7139.9**	**8987.8**	**9978.0**	
山西	**Shanxi**	**5519.6**	**7660.9**	**8370.0**		长春	Changchun	5053.8	7316.1	8385.9	79
太原	Taiyuan	5191.2	7601.5	8702.2	75	吉林	Jilin	4924.6	6595.8	7623.5	101
大同	Datong	4194.5	5846.4	6953.7	120	四平	Siping	3347.2	5068.2	5368.5	190
阳泉	Yangquan	4602.4	6707.9	6530.2	143	辽源	Liaoyuan	5172.5	6758.0	7688.5	98
长治	Changzhi	4110.0	6022.4	7276.7	109	通化	Tonghua	5294.7	7818.5	8981.2	68
晋城	Jincheng	4136.7	5958.2	7190.1	111	白山	Baishan	7745.5	10927.5	10757.6	37
朔州	Shuozhou	5696.5	8027.2	8882.7	69	松原	Songyuan	3605.9	4900.0	5590.4	175
晋中	Jinzhong	3761.2	5511.9	6519.1	145	白城	Baicheng	4542.4	7089.4	7817.6	94
运城	Yuncheng	2676.7	3719.6	4403.0	234	**黑龙江**	**Heilongjiang**	**5944.8**	**8272.1**	**8786.0**	
忻州	Xinzhou	4185.1	5853.9	6870.9	123	哈尔滨	Harbin	4567.1	6478.6	7137.8	112
临汾	Linfen	3654.3	5149.5	6223.8	150	齐齐哈尔	Qiqihar	3651.8	4683.6	5057.2	206
吕梁	Luliang	4055.1	6551.6	7728.5	96	鸡西	Jixi	4522.2	6264.7	6398.7	148
内蒙古	**Inner Mongolia**	**10641.9**	**13781.1**	**14783.0**		鹤岗	Hegang	4693.4	7336.7	7008.3	117
呼和浩特	Hohhot	7754.6	12059.8	12703.1	26	双鸭山	Shuangyashan	4674.3	6592.2	6852.8	125
包头	Baotou	9329.1	13073.7	15845.7	13	大庆	Daqing	5907.2	8399.4	8565.6	76
乌海	Wuhai	12582.2	14554.1	16609.8	11	伊春	Yichun	5009.8	6515.2	8074.5	89
赤峰	Chifeng	5070.6	7544.5	8069.6	91	佳木斯	Jiamusi	4814.2	7284.0	8131.8	86
通辽	Tongliao	5786.4	7988.7	9310.5	59	七台河	Qitaihe	5225.7	6579.5	6844.9	126
鄂尔多斯	Erdos	21121.7	31157.3	33857.7	3	牡丹江	Mudanjiang	5021.2	7786.2	8519.2	77
呼伦贝尔	Hulunbuir	7656.6	10970.2	12397.2	30	黑河	Heihe	5353.0	6715.5	7725.4	97
巴彦淖尔	Bayannur	7072.2	10339.9	10394.1	46	绥化	Suihua	2867.4	4392.4	4867.0	216
乌兰察布	Ulanqab	4856.8	8121.2	8831.3	72	**上海**	**Shanghai**	**23482.9**	**17702.6**	**18887.0**	
辽宁	**Liaoning**	**7512.8**	**10393.5**	**11841.0**		**江苏**	**Jiangsu**	**6602.3**	**8885.1**	**9834.0**	

5-9 人均地方财政一般预算支出 续表 1
Public Budgetary Expenditure Per Capita continued 1

单位：元/人 (yuan/person)

地名	City	2010	2012	2013	2013 排名 Ranking	地名	City	2010	2012	2013	2013 排名 Ranking
南京	Nanjing	8591.0	12075.0	13278.9	22	池州	Chizhou	4251.6	6970.9	8071.6	90
无锡	Wuxi	10484.4	13829.6	15099.5	17	宣城	Xuancheng	3750.1	6392.8	7330.5	107
徐州	Xuzhou	3374.5	5388.9	5963.9	157	**福建**	**Fujian**	**4822.7**	**6983.1**	**8160.0**	
常州	Changzhou	7811.1	10753.7	11439.9	34	福州	Fuzhou	4088.1	6296.6	8145.3	85
苏州	Suzhou	12993.1	17260.4	18633.7	8	厦门	Xiamen	17186.5	25013.3	27544.6	4
南通	Nantong	4152.5	6706.0	7525.9	104	莆田	Putian	2466.6	3592.3	4344.8	235
连云港	Lianyungang	4102.8	6151.3	7028.3	115	三明	Sanming	3567.9	5596.1	6778.6	130
淮安	Huaian	3842.9	6236.0	7002.2	118	泉州	Quanzhou	3361.9	5156.1	6046.3	154
盐城	Yancheng	3584.9	5762.9	6750.3	132	漳州	Zhangzhou	3115.3	4611.6	5402.8	187
扬州	Yangzhou	4394.3	6202.1	6954.5	119	南平	Nanping	2789.1	4180.5	5654.6	170
镇江	Zhenjiang	5885.2	8661.6	10538.7	41	龙岩	Longyan	3762.1	5564.4	6645.1	139
泰州	Taizhou	4277.7	5938.4	6779.9	129	宁德	Ningde	2565.0	4167.1	5394.5	188
宿迁	Suqian	3098.0	4884.3	5495.6	180	**江西**	**Jiangxi**	**4122.3**	**6715.4**	**7689.0**	
浙江	**Zhejiang**	**6779.0**	**7608.6**	**8620.0**		南昌	Nanchang	4642.5	6770.8	8239.1	83
杭州	Hangzhou	8984.8	11263.1	12162.3	31	景德镇	Jingdezhen	4816.0	7327.9	8161.6	84
宁波	Ningbo	10491.0	14355.2	16235.8	12	萍乡	Pingxiang	4623.8	7018.8	7751.3	95
温州	Wenzhou	3969.3	4851.6	5449.3	183	九江	Jiujiang	3367.6	5895.4	6652.2	138
嘉兴	Jiaxing	5844.4	7582.9	8787.9	73	新余	Xinyu	6627.1	10518.8	10500.8	43
湖州	Huzhou	4897.3	6413.1	7545.2	102	鹰潭	Yingtan	4753.9	7152.0	8081.3	88
绍兴	Shaoxing	5063.7	6328.6	7072.5	114	赣州	Ganzhou	2656.9	4381.1	5183.4	202
金华	Jinhua	4547.2	5787.4	6827.3	127	吉安	Jian	3218.2	4904.5	5623.7	173
衢州	Quzhou	4274.2	5496.2	6529.0	144	宜春	Yichun	3098.1	4723.9	5296.6	194
舟山	Zhoushan	10853.6	15985.6	19529.8	7	抚州	Fuzhou	3472.8	5128.3	5755.1	166
台州	Taizhou	3835.3	4889.3	5553.2	178	上饶	Shangrao	2610.4	4587.1	5353.2	191
丽水	Lishui	5229.8	6409.9	7420.4	105	**山东**	**Shandong**	**4447.3**	**6111.7**	**6889.0**	
安徽	**Anhui**	**3799.4**	**6626.0**	**7239.0**		济南	Jinan	5579.1	7660.3	8496.7	78
合肥	Hefei	6442.1	8079.8	8872.7	70	青岛	Qingdao	6975.0	9973.7	13144.5	23
芜湖	Wuhu	6285.0	7861.9	8323.7	81	淄博	Zibo	4785.0	6863.6	7645.2	100
蚌埠	Bengbu	2959.8	4505.5	5215.1	199	枣庄	Zaozhuang	3315.7	4745.0	5255.4	198
淮南	Huainan	3330.7	6087.0	6925.3	122	东营	Dongying	7684.2	11222.4	12473.1	28
马鞍山	Maanshan	6713.0	8331.3	8870.0	71	烟台	Yantai	4970.5	7325.2	8325.5	80
淮北	Huaibei	3017.4	4930.9	5024.0	208	潍坊	Weifang	3342.1	4846.2	5607.4	174
铜陵	Tongling	7745.9	12990.6	13556.6	21	济宁	Jining	3012.5	4279.7	5053.9	207
安庆	Anqing	2628.2	3965.8	4503.6	231	泰安	Taian	3156.1	4339.6	4636.2	225
黄山	Huangshan	4920.1	8528.8	9282.4	61	威海	Weihai	6629.9	9632.2	10405.6	45
滁州	Chuzhou	2843.8	5105.6	5565.0	177	日照	Rizhao	3306.0	4782.4	5473.9	182
阜阳	Fuyang	1633.4	2636.4	2987.6	279	莱芜	Laiwu	4030.7	5270.9	5997.6	155
宿州	Suzhou	1772.4	2979.2	3442.5	269	临沂	Linyi	2353.4	3224.1	3730.1	258
六安	Liuan	2182.3	3537.0	4008.4	250	德州	Dezhou	2719.2	4194.0	4623.8	227
亳州	Bozhou	1725.7	2913.5	3287.6	273	聊城	Liaocheng	2433.5	3620.9	4333.1	236

5-9 人均地方财政一般预算支出 续表 2
Public Budgetary Expenditure Per Capita continued 2

单位：元/人 (yuan/person)

地名	City	2010	2012	2013	2013 排名 Ranking
滨州	Binzhou	4288.2	5950.4	6601.4	141
菏泽	Heze	2261.3	2913.5	3344.9	272
河南	**Henan**	**3202.4**	**5327.7**	**5932.0**	
郑州	Zhengzhou	5783.2	9185.9	10529.7	42
开封	Kaifeng	2193.2	3156.6	3590.0	264
洛阳	Luoyang	3300.9	4858.0	5408.0	186
平顶山	Pingdingshan	2772.3	3831.3	4226.1	242
安阳	Anyang	2419.2	3460.2	3628.1	263
鹤壁	Hebi	3674.5	5103.9	5283.9	196
新乡	Xinxiang	2656.4	3928.1	4315.2	238
焦作	Jiaozuo	3317.1	4502.7	4982.0	210
濮阳	Puyang	2213.7	3595.7	4146.7	245
许昌	Xuchang	2404.1	3610.4	4078.9	247
漯河	Luohe	2523.5	4061.8	4608.2	229
三门峡	Sanmenxia	4143.5	6070.4	6802.2	128
南阳	Nanyang	2099.3	3211.7	3665.9	262
商丘	Shangqiu	1968.2	3076.9	3355.1	271
信阳	Xinyang	2007.4	3707.2	3555.5	266
周口	Zhoukou	1593.5	2622.0	3139.4	276
驻马店	Zhumadian	1958.8	3003.3	3442.7	268
湖北	**Hubei**	**4634.0**	**6517.8**	**7552.0**	
武汉	Wuhan	6979.1	10740.4	13662.0	19
黄石	Huangshi	3951.8	5367.7	5757.5	165
十堰	Shiyan	4070.9	5983.6	6682.6	136
宜昌	Yichang	4881.2	7411.1	9122.4	64
襄阳	Xiangfan	3086.0	5287.5	6136.4	151
鄂州	Ezhou	4047.8	5952.5	6717.5	134
荆门	Jingmen	3145.1	4673.0	5264.9	197
孝感	Xiaogan	1667.1	2718.5	4322.8	237
荆州	Jingzhou	2471.6	2396.4	3865.3	254
黄冈	Huanggang	2478.9	3966.0	4437.4	233
咸宁	Xianning	3261.8	4839.5	5285.4	195
随州	Suizhou	2131.0	3332.3	3889.6	253
湖南	**Hunan**	**4029.5**	**6224.4**	**7038.0**	
长沙	Changsha	6186.0	9484.1	10606.3	39
株洲	Zhuzhou	4054.5	5850.6	6531.3	142
湘潭	Xiangtan	3617.7	5439.0	6305.3	149
衡阳	Hengyang	2733.8	3811.4	4635.8	226
邵阳	Shaoyang	2074.4	3102.0	3817.9	255
岳阳	Yueyang	2945.7	4111.7	4960.8	211
常德	Changde	2841.8	4063.9	5194.4	201
张家界	Zhangjiajie	3357.5	4774.4	5155.4	204
益阳	Yiyang	2465.9	3586.1	4172.2	243
郴州	Chenzhou	3348.9	5383.0	5922.7	159
永州	Yongzhou	2452.9	3562.2	4112.9	246
怀化	Huaihua	2863.8	4321.0	4956.4	212
娄底	Loudi	2499.4	3782.1	4309.9	239
广东	**Guangdong**	**6474.3**	**7003.0**	**7921.0**	
广州	Guangzhou	12210.7	16418.0	16754.9	10
韶关	Shaoguan	3055.2	4512.0	5142.7	205
深圳	Shenzhen	50058.1	56479.8	56530.6	2
珠海	Zhuhai	16047.3	19962.4	23422.9	6
汕头	Shantou	2352.2	3255.5	3565.6	265
佛山	Foshan	9840.0	11535.4	12866.2	25
江门	Jiangmen	3393.2	4789.2	5418.2	185
湛江	Zhanjiang	2195.9	3078.6	3718.7	261
茂名	Maoming	1652.5	2546.3	2901.8	282
肇庆	Zhaoqing	3053.7	4130.4	4674.6	223
惠州	Huizhou	5605.5	8002.3	9582.3	55
梅州	Meizhou	2308.5	3378.8	3943.0	251
汕尾	Shanwei	1648.5	2534.3	3009.7	278
河源	Heyuan	2673.2	3726.0	4740.8	220
阳江	Yangjiang	2324.9	3628.3	4027.5	249
清远	Qingyuan	3232.8	4184.1	4553.6	230
东莞	Dongguan	16079.3	20741.3	23652.1	5
中山	ZhongShan	9820.2	14221.9	15495.8	14
潮州	Chaozhou	2158.5	2949.6	3241.4	275
揭阳	Jieyang	1444.5	2763.5	2414.1	284
云浮	Yunfu	2480.7	3320.0	3778.3	257
广西	**Guangxi**	**3836.9**	**6401.3**	**6826.0**	
南宁	Nanning	3718.6	5284.4	5819.2	164
柳州	Liuzhou	4188.5	5921.3	6462.0	146
桂林	Guilin	3562.8	5007.3	5490.7	181
梧州	Wuzhou	2831.5	4846.0	5980.6	156
北海	Beihai	3855.4	5979.2	5871.9	160
防城港	Fangchenggang	5901.4	8167.2	9586.1	54
钦州	Qinzhou	2055.8	3130.0	3414.5	270
贵港	Guigang	1757.1	2387.3	2630.3	283
玉林	Yulin	1948.3	2798.5	2925.5	281
百色	Baise	3423.8	5262.1	5651.0	171

5-9 人均地方财政一般预算支出 续表 3
Public Budgetary Expenditure Per Capita continued 3

单位：元/人 (yuan/person)

地名	City	2010	2012	2013	2013 排名 Ranking	地名	City	2010	2012	2013	2013 排名 Ranking
贺州	Hezhou	3008.8	4332.2	5379.1	189	丽江	Lijiang	4906.2	8886.8	9472.8	57
河池	Hechi	2991.6	4309.6	4837.3	219	普洱	Puer	4495.2	6773.8	7904.4	93
来宾	Laibin	3485.3	4590.8	4850.4	217	临沧	Lincang	3760.3	6803.0	7670.5	99
崇左	Chongzuo	3523.5	5325.6	5730.4	167	**西藏**	**Tibet**		**29634.6**	**32738.0**	
海南	**Hainan**	**26951.3**	**10336.4**	**11350.0**		拉萨	Lhasa		99854.9	106223.7	1
海口	Haikou	5010.7	7027.8	8128.1	87	**陕西**	**Shaanxi**	**5788.2**	**8868.2**	**9751.0**	
三亚	Sanya	9492.5	14338.0	15377.4	15	西安	Xi'an	4751.0	7526.0	9105.6	65
重庆	**Chongqing**	**3753.4**	**10390.0**	**10354.0**		铜川	Tongchuan	6469.2	8423.9	9502.3	56
四川	**Sichuan**	**5119.1**	**6760.5**	**7688.0**		宝鸡	Baoji	3502.1	5305.8	5727.4	168
成都	Chengdu	6793.2	8421.2	9839.5	50	咸阳	Xianyang	2921.4	4459.8	4997.9	209
自贡	Zigong	2480.3	3929.2	4252.2	241	渭南	Weinan	2763.0	4554.0	5179.7	203
攀枝花	Panzhihua	6733.0	9675.3	10282.4	48	延安	Yan'an	8420.1	11282.7	12454.8	29
泸州	Luzhou	2535.2	4211.7	4935.1	213	汉中	Hanzhong	3323.1	5109.3	5565.9	176
德阳	Deyang	5772.6	4262.4	4848.6	218	榆林	Yulin	6555.7	10705.3	11208.4	35
绵阳	Mianyang	6356.4	4602.5	5319.2	192	安康	Ankang	3627.1	5310.2	7102.0	113
广元	Guangyuan	7097.9	5060.7	5700.0	169	商洛	Shangluo	3839.3	5397.9	5860.6	162
遂宁	Suining	2312.4	3514.0	3815.5	256	**甘肃**	**Gansu**	**6055.4**	**8010.8**	**8952.0**	
内江	Neijiang	2173.1	3331.7	3724.6	259	兰州	Lanzhou	4541.0	6284.1	7537.8	103
乐山	Leshan	3354.5	4755.4	5446.9	184	嘉峪关	Jiayuguan	6010.8	8213.7	9591.5	53
南充	Nanchong	2466.2	3677.8	4078.8	248	金昌	Jinchang	5213.7	7190.6	8258.5	82
眉山	Meishan	2769.2	11788.1	4912.1	214	白银	Baiyin	4007.9	6353.6	6674.6	137
宜宾	Yibin	2669.0	4021.1	4656.9	224	天水	Tianshui	3069.0	4249.4	4614.0	228
广安	Guangan	2083.8	3173.1	3462.6	267	武威	Wuwei	3951.1	6406.8	7024.7	116
达州	Dazhou	2237.7	3467.3	3720.9	260	张掖	Zhangye	4513.0	6521.0	7353.9	106
雅安	Yaan	4998.7	5958.4	13788.8	18	平凉	Pingliang	3721.6	5306.2	5828.2	163
巴中	Bazhong	2611.0	4304.4	4903.1	215	酒泉	Jiuquan	6142.6	8982.8	8742.3	74
资阳	Ziyang	2017.0	3050.9	3255.0	274	庆阳	Qingyang	4370.4	6051.5	6950.7	121
贵州	**Guizhou**	**9436.1**	**7926.6**	**8825.0**		定西	Dingxi	3024.9	5431.9	5932.9	158
贵阳	Guiyang	5522.0	9308.0	10445.9	44	陇南	Longnan	4859.9	5175.6	5647.1	172
六盘水	Liupanshui	3531.0	6579.3	6764.5	131	**青海**	**Qinghai**	**33685.3**	**20316.4**	**21340.0**	
遵义	Zunyi	2530.2	4149.3	4733.0	221	西宁	Xining	4925.5	9364.3	9192.6	62
安顺	Anshun	2849.9	5731.4	6612.1	140	**宁夏**	**Ningxia**	**8733.9**	**13442.6**	**14177.0**	
毕节	Bijie		4890.5	5312.4	193	银川	Yinchuan	7629.5	11338.2	12980.0	24
铜仁	Tongren		4847.9	5515.9	179	石嘴山	Shizuishan	8229.5	10531.2	10900.4	36
云南	**Yunnan**	**7976.9**	**7691.4**	**8767.0**		吴忠	Wuzhong	5702.6	9945.3	9799.6	51
昆明	Kunming	5975.1	9663.5	10745.9	38	固原	Guyuan	5197.6	8784.9	9692.0	52
曲靖	Qujing	2922.7	4594.7	4694.6	222	中卫	Zhongwei	4977.0	8431.4	9163.2	63
玉溪	Yuxi	4671.3	6981.0	7977.7	92	**新疆**	**Xinjiang**	**60558.6**	**12247.0**	**13640.0**	
保山	Baoshan	3271.6	5553.9	5867.3	161	乌鲁木齐	Urumqi	6592.5	11656.2	13563.7	20
昭通	Zhaotong	2582.6	4267.8	4464.5	232	克拉玛依	Karamay	14251.9	18615.4	10050.3	49

5-10 公共财政预算支出中教育支出
Public Budgetary Expenditure for Education

单位：亿元 (100 million yuan)

地名	City	2010	2012	2013	2013 排名 Ranking
地方合计	**Region Total**	**11829.06**	**20140.64**	**20895.11**	
北京	**Beijing**	**450.22**	**628.65**	**681.18**	
天津	**Tianjin**	**229.56**	**378.75**	**461.36**	
河北	**Hebei**	**514.30**	**865.54**	**837.63**	
石家庄	Shijiazhuang	70.01	109.28	116.16	19
唐山	Tangshan	60.24	97.55	97.25	30
秦皇岛	Qinhuangdao	21.70	34.88	85.47	39
邯郸	Handan	57.92	95.35	49.63	120
邢台	Xingtai	36.07	57.39	78.18	44
保定	Baoding	55.20	78.97	70.47	59
张家口	Zhangjiakou	29.12	51.63	34.43	179
承德	Chengde	29.93	51.46	54.65	95
沧州	Cangzhou	50.05	73.78	53.63	98
廊坊	Langfang	34.55	56.24	52.83	101
衡水	Hengshui	22.34	36.75	34.08	180
山西	**Shanxi**	**328.58**	**558.03**	**542.44**	
太原	Taiyuan	35.95	55.04	54.73	94
大同	Datong	33.23	44.28	39.91	155
阳泉	Yangquan	12.40	21.86	18.88	255
长治	Changzhi	28.04	44.48	41.20	149
晋城	Jincheng	18.89	30.15	31.12	196
朔州	Shuozhou	16.03	29.74	27.10	219
晋中	Jinzhong	23.24	39.49	44.79	135
运城	Yuncheng	28.54	45.45	52.33	103
忻州	Xinzhou	24.93	43.57	45.48	133
临汾	Linfen	30.50	46.81	43.67	139
吕梁	Luliang	33.52	60.83	61.62	72
内蒙古	**Inner Mongolia**	**322.11**	**439.97**	**456.87**	
呼和浩特	Hohhot	27.32	33.98	37.50	165
包头	Baotou	28.16	40.38	43.16	140
乌海	Wuhai	7.42	7.98	8.28	281
赤峰	Chifeng	46.59	66.80	73.39	53
通辽	Tongliao	31.24	38.81	42.01	145
鄂尔多斯	Erdos	43.85	59.23	58.50	82
呼伦贝尔	Hulunbuir	29.44	41.47	41.28	148
巴彦淖尔	Bayannur	16.26	19.83	22.15	240
乌兰察布	Ulanqab	17.89	30.17	31.12	196
辽宁	**Liaoning**	**405.39**	**728.79**	**669.48**	
沈阳	Shenyang	77.06	119.43	131.62	12
大连	Dalian	75.35	136.96	122.20	14
鞍山	Anshan	21.42	33.16	30.84	200
抚顺	Fushun	13.33	32.15	17.72	259
本溪	Benxi	15.68	24.25	25.30	227
丹东	Dandong	18.24	34.06	27.49	217
锦州	Jinzhou	17.37	33.67	24.98	228
营口	Yingkou	17.37	35.08	29.81	204
阜新	Fuxin	10.21	20.75	19.63	249
辽阳	Liaoyang	11.61	21.89	22.59	237
盘锦	Panjin	12.48	28.93	19.11	252
铁岭	Tieling	18.62	33.84	28.81	211
朝阳	Chaoyang	20.61	36.43	32.77	190
葫芦岛	Huludao	14.10	28.81	27.64	215
吉林	**Jilin**	**250.20**	**451.05**	**422.09**	
长春	Changchun	57.93	102.81	96.22	31
吉林	Jilin	33.08	54.71	52.43	102
四平	Siping	20.61	34.74	34.03	182
辽源	Liaoyuan	9.13	16.43	16.18	266
通化	Tonghua	15.98	31.35	29.09	210
白山	Baishan	11.72	24.20	22.46	239
松原	Songyuan	16.71	29.13	27.57	216
白城	Baicheng	14.65	29.35	25.71	224
黑龙江	**Heilongjiang**	**299.14**	**544.79**	**501.28**	
哈尔滨	Harbin	69.30	118.59	111.57	22
齐齐哈尔	Qiqihar	33.75	53.71	50.37	114
鸡西	Jixi	13.44	23.68	18.30	257
鹤岗	Hegang	8.11	14.62	12.71	275
双鸭山	Shuangyashan	10.00	18.59	17.66	260
大庆	Daqing	25.89	41.34	40.16	153
伊春	Yichun	7.28	11.67	10.42	278
佳木斯	Jiamusi	16.52	35.07	29.71	205
七台河	Qitaihe	7.30	11.08	7.83	282
牡丹江	Mudanjiang	16.38	38.82	34.97	176
黑河	Heihe	11.11	23.26	18.83	256
绥化	Suihua	26.26	55.73	49.94	115
上海	**Shanghai**	**417.28**	**648.95**	**679.54**	
江苏	**Jiangsu**	**865.36**	**1350.61**	**1434.99**	

5-10 公共财政预算支出中教育支出 续表 1
Public Budgetary Expenditure for Education continued 1

单位：亿元 (100 million yuan)

地名	City	2010	2012	2013	2013 排名 Ranking	地名	City	2010	2012	2013	2013 排名 Ranking
南京	Nanjing	76.50	124.99	125.89	13	池州	Chizhou	9.66	18.59	19.09	254
无锡	Wuxi	82.32	115.89	121.28	16	宣城	Xuancheng	15.19	26.08	31.57	194
徐州	Xuzhou	61.24	111.59	121.72	15	**福建**	**Fujian**	**327.77**	**562.30**	**574.91**	
常州	Changzhou	40.62	66.11	66.54	66	福州	Fuzhou	55.99	95.79	108.11	23
苏州	Suzhou	123.11	180.70	196.07	3	厦门	Xiamen	43.38	70.71	81.52	42
南通	Nantong	65.03	113.79	132.37	10	莆田	Putian	27.96	41.96	42.95	142
连云港	Lianyungang	30.71	57.40	63.35	70	三明	Sanming	20.69	38.27	39.40	157
淮安	Huaian	36.57	66.73	73.25	54	泉州	Quanzhou	60.21	82.63	91.92	37
盐城	Yancheng	49.24	93.60	104.66	24	漳州	Zhangzhou	28.61	40.56	47.72	127
扬州	Yangzhou	36.34	55.04	56.98	90	南平	Nanping	17.77	30.13	32.33	191
镇江	Zhenjiang	26.99	46.01	49.71	118	龙岩	Longyan	22.84	38.99	39.83	156
泰州	Taizhou	38.62	58.37	57.03	88	宁德	Ningde	19.32	34.80	35.37	173
宿迁	Suqian	40.10	63.43	68.07	64	**江西**	**Jiangxi**	**297.50**	**622.06**	**664.53**	
浙江	**Zhejiang**	**606.54**	**877.86**	**950.07**		南昌	Nanchang	34.83	63.52	73.43	52
杭州	Hangzhou	105.88	146.98	162.44	6	景德镇	Jingdezhen	9.77	18.35	21.06	247
宁波	Ningbo	89.27	141.70	148.48	7	萍乡	Pingxiang	9.32	20.88	23.92	233
温州	Wenzhou	79.34	103.64	116.35	18	九江	Jiujiang	23.97	55.29	65.06	68
嘉兴	Jiaxing	42.93	64.93	70.82	57	新余	Xinyu	8.48	18.46	19.10	253
湖州	Huzhou	25.11	37.11	41.53	147	鹰潭	Yingtan	5.82	12.70	14.31	271
绍兴	Shaoxing	45.06	67.25	70.56	58	赣州	Ganzhou	40.76	94.36	101.50	28
金华	Jinhua	48.37	72.38	76.60	47	吉安	Jian	25.03	54.94	61.86	71
衢州	Quzhou	21.66	31.11	33.67	185	宜春	Yichun	28.65	54.36	60.96	74
舟山	Zhoushan	12.14	21.34	22.95	235	抚州	Fuzhou	20.34	41.92	47.49	129
台州	Taizhou	51.57	73.97	77.60	45	上饶	Shangrao	36.07	69.74	82.88	41
丽水	Lishui	24.00	36.73	38.53	160	**山东**	**Shandong**	**770.45**	**1311.80**	**1399.67**	
安徽	**Anhui**	**386.31**	**717.94**	**736.59**		济南	Jinan	50.33	82.00	88.96	38
合肥	Hefei	37.01	99.92	104.47	25	青岛	Qingdao	86.07	143.24	172.34	5
芜湖	Wuhu	16.45	49.17	50.74	110	淄博	Zibo	40.37	73.36	76.02	48
蚌埠	Bengbu	17.06	29.32	33.90	183	枣庄	Zaozhuang	25.52	37.41	38.37	161
淮南	Huainan	12.79	23.19	22.51	238	东营	Dongying	25.10	47.42	44.19	137
马鞍山	Maanshan	12.06	29.76	31.31	195	烟台	Yantai	56.64	96.42	101.98	27
淮北	Huaibei	10.60	17.50	16.42	265	潍坊	Weifang	73.10	114.91	132.00	11
铜陵	Tongling	6.53	14.08	14.08	272	济宁	Jining	55.89	89.11	95.63	33
安庆	Anqing	35.99	53.77	57.13	86	泰安	Taian	30.61	47.70	51.46	107
黄山	Huangshan	8.22	12.94	12.88	274	威海	Weihai	31.71	49.18	54.81	93
滁州	Chuzhou	20.40	38.16	40.24	151	日照	Rizhao	20.48	31.61	32.10	193
阜阳	Fuyang	30.90	65.08	60.19	79	莱芜	Laiwu	12.28	17.21	17.84	258
宿州	Suzhou	28.16	43.84	43.12	141	临沂	Linyi	51.91	85.25	96.09	32
六安	Liuan	31.40	57.89	58.05	85	德州	Dezhou	28.61	51.67	60.46	75
亳州	Bozhou	20.80	40.79	38.07	162	聊城	Liaocheng	30.07	54.92	53.35	99

5-10 公共财政预算支出中教育支出 续表 2
Public Budgetary Expenditure for Education continued 2

单位：亿元 (100 million yuan)

地名	City	2010	2012	2013	2013 排名 Ranking	地名	City	2010	2012	2013	2013 排名 Ranking
滨州	Binzhou	30.81	51.34	51.57	106	常德	Changde	29.66	52.65	50.66	112
菏泽	Heze	37.45	68.40	69.15	63	张家界	Zhangjiajie	7.50	17.93	16.64	262
河南	**Henan**	**609.37**	**1106.51**	**1171.52**		益阳	Yiyang	19.85	33.76	35.38	172
郑州	Zhengzhou	67.32	124.02	133.07	9	郴州	Chenzhou	31.75	56.25	60.37	77
开封	Kaifeng	19.71	33.54	38.70	158	永州	Yongzhou	30.06	51.66	51.67	105
洛阳	Luoyang	44.50	79.19	74.92	50	怀化	Huaihua	24.37	50.14	49.71	118
平顶山	Pingdingshan	24.69	45.61	45.51	132	娄底	Loudi	16.31	35.62	36.32	170
安阳	Anyang	31.81	46.11	49.77	116	**广东**	**Guangdong**	**921.48**	**1501.22**	**1744.59**	
鹤壁	Hebi	9.41	16.65	19.74	248	广州	Guangzhou	112.63	223.50	253.95	2
新乡	Xinxiang	31.64	52.96	60.41	76	韶关	Shaoguan	18.65	30.96	35.22	174
焦作	Jiaozuo	19.61	33.13	38.04	163	深圳	Shenzhen	47.82	246.13	287.73	1
濮阳	Puyang	21.15	35.36	40.61	150	珠海	Zhuhai	25.97	43.86	51.08	108
许昌	Xuchang	23.86	41.91	47.67	128	汕头	Shantou	30.31	44.65	52.21	104
漯河	Luohe	11.05	22.58	25.59	226	佛山	Foshan	69.11	96.65	102.46	26
三门峡	Sanmenxia	18.11	29.25	32.96	188	江门	Jiangmen	26.30	44.02	50.44	113
南阳	Nanyang	45.18	81.41	94.54	35	湛江	Zhanjiang	35.09	53.27	69.34	62
商丘	Shangqiu	43.58	73.95	79.39	43	茂名	Maoming	31.41	50.68	59.13	80
信阳	Xinyang	40.04	75.10	74.39	51	肇庆	Zhaoqing	26.75	41.82	48.52	125
周口	Zhoukou	45.15	85.26	92.77	36	惠州	Huizhou	32.30	62.60	72.70	55
驻马店	Zhumadian	35.10	61.27	70.35	60	梅州	Meizhou	25.44	38.44	49.43	121
湖北	**Hubei**	**359.44**	**732.37**	**690.63**		汕尾	Shanwei	13.51	23.13	27.79	214
武汉	Wuhan	75.29	133.80	137.31	8	河源	Heyuan	19.86	30.05	34.64	178
黄石	Huangshi	14.76	25.90	21.53	245	阳江	Yangjiang	13.06	23.86	24.90	229
十堰	Shiyan	17.63	35.03	29.62	206	清远	Qingyuan	27.08	40.35	44.43	136
宜昌	Yichang	26.81	45.82	48.98	122	东莞	Dongguan	65.31	92.80	113.59	20
襄阳	Xiangfan	28.56	55.54	57.05	87	中山	ZhongShan	38.27	59.69	66.21	67
鄂州	Ezhou	6.04	11.13	10.58	276	潮州	Chaozhou	11.30	19.68	22.13	241
荆门	Jingmen	11.41	23.63	21.35	246	揭阳	Jieyang	24.70	38.65	46.67	131
孝感	Xiaogan	21.07	35.24	37.37	167	云浮	Yunfu	12.99	21.18	26.42	222
荆州	Jingzhou	23.31	36.08	36.97	168	**广西**	**Guangxi**	**366.84**	**589.24**	**609.93**	
黄冈	Huanggang	34.94	59.60	60.34	78	南宁	Nanning	42.98	66.07	70.32	61
咸宁	Xianning	13.42	26.04	25.62	225	柳州	Liuzhou	27.91	40.32	42.04	144
随州	Suizhou	9.38	16.50	14.85	270	桂林	Guilin	33.53	46.78	49.73	117
湖南	**Hunan**	**403.10**	**807.58**	**809.45**		梧州	Wuzhou	21.13	37.78	37.61	164
长沙	Changsha	53.93	116.68	118.74	17	北海	Beihai	11.88	17.17	16.99	261
株洲	Zhuzhou	22.07	43.10	37.44	166	防城港	Fangchenggang	6.15	12.12	10.31	279
湘潭	Xiangtan	14.86	25.77	27.11	218	钦州	Qinzhou	19.48	30.86	32.31	192
衡阳	Hengyang	29.66	56.02	58.26	84	贵港	Guigang	25.95	33.97	40.00	154
邵阳	Shaoyang	27.86	58.15	56.46	91	玉林	Yulin	34.38	50.55	52.97	100
岳阳	Yueyang	26.87	48.23	48.54	124	百色	Baise	26.83	51.05	47.31	130

5-10 公共财政预算支出中教育支出 续表 3
Public Budgetary Expenditure for Education continued 3

单位：亿元 (100 million yuan)

地名	City	2010	2012	2013	2013 排名 Ranking
贺州	Hezhou	14.15	23.12	22.06	242
河池	Hechi	26.22	37.84	41.69	146
来宾	Laibin	14.56	26.62	26.85	221
崇左	Chongzuo	13.70	27.63	29.37	208
海南	**Hainan**	**98.33**	**158.79**	**174.57**	
海口	Haikou	14.20	21.22	24.23	231
三亚	Sanya	8.37	12.18	13.87	273
重庆	**Chongqing**	**200.43**	**471.49**	**437.28**	
四川	**Sichuan**	**540.65**	**993.20**	**1036.41**	
成都	Chengdu	97.67	162.29	179.02	4
自贡	Zigong	12.77	22.20	22.78	236
攀枝花	Panzhihua	11.73	22.97	23.81	234
泸州	Luzhou	23.96	48.03	53.97	96
德阳	Deyang	16.37	28.19	28.76	212
绵阳	Mianyang	23.56	44.09	43.71	138
广元	Guangyuan	17.95	33.27	34.07	181
遂宁	Suining	15.58	28.97	26.29	223
内江	Neijiang	16.48	29.50	30.94	199
乐山	Leshan	16.54	30.34	33.61	186
南充	Nanchong	37.65	67.27	63.94	69
眉山	Meishan	14.73	26.16	30.56	202
宜宾	Yibin	25.39	47.92	50.68	111
广安	Guangan	19.47	33.07	35.52	171
达州	Dazhou	26.85	50.45	55.89	92
雅安	Yaan	7.83	14.23	15.47	268
巴中	Bazhong	18.03	14.23	34.68	177
资阳	Ziyang	19.01	40.42	33.68	184
贵州	**Guizhou**	**292.06**	**500.51**	**560.67**	
贵阳	Guiyang	35.30	62.61	71.08	56
六盘水	Liupanshui	23.33	34.97	40.17	152
遵义	Zunyi	42.96	73.97	76.78	46
安顺	Anshun	14.90	26.40	29.15	209
毕节	Bijie	44.93	76.01	84.88	40
铜仁	Tongren	24.81	46.68	51.04	109
云南	**Yunnan**	**374.79**	**674.82**	**685.97**	
昆明	Kunming	47.11	91.60	94.87	34
曲靖	Qujing	44.86	67.91	75.05	49
玉溪	Yuxi	19.52	25.46	31.07	198
保山	Baoshan	16.18	28.79	29.98	203
昭通	Zhaotong	33.03	57.58	58.35	83
丽江	Lijiang	9.83	18.91	19.55	250
普洱	Puer	17.40	28.52	28.24	213
临沧	Lincang	16.50	31.04	32.82	189
西藏	**Tibet**	**45.45**	**94.48**	**107.18**	
拉萨	Lhasa	8.95	40.94	48.33	126
陕西	**Shaanxi**	**377.79**	**703.34**	**710.11**	
西安	Xi'an	53.08	108.04	113.54	21
铜川	Tongchuan	7.91	16.44	16.52	264
宝鸡	Baoji	26.21	53.93	53.94	97
咸阳	Xianyang	34.57	63.37	61.21	73
渭南	Weinan	34.33	66.40	66.61	65
延安	Yan'an	30.29	54.57	57.01	89
汉中	Hanzhong	21.74	43.61	45.37	134
榆林	Yulin	49.38	96.60	98.08	29
安康	Ankang	21.87	46.20	48.70	123
商洛	Shangluo	20.13	38.74	38.57	159
甘肃	**Gansu**	**228.23**	**367.92**	**377.06**	
兰州	Lanzhou	29.54	40.38	42.95	142
嘉峪关	Jiayuguan	1.52	2.06	3.01	284
金昌	Jinchang	3.58	5.40	5.52	283
白银	Baiyin	15.37	23.29	22.02	243
天水	Tianshui	20.68	34.83	35.20	175
武威	Wuwei	13.58	20.88	21.71	244
张掖	Zhangye	8.79	14.99	16.07	267
平凉	Pingliang	16.91	30.75	33.44	187
酒泉	Jiuquan	8.72	14.22	16.55	263
庆阳	Qingyang	19.14	32.15	36.39	169
定西	Dingxi	18.22	30.73	29.59	207
陇南	Longnan	16.20	28.40	27.03	220
青海	**Qinghai**	**82.47**	**171.81**	**121.51**	
西宁	Xining	22.33	42.90	30.77	201
宁夏	**Ningxia**	**81.59**	**106.45**	**112.95**	
银川	Yinchuan	17.64	18.70	24.20	232
石嘴山	Shizuishan	9.40	12.51	10.58	276
吴忠	Wuzhong	4.39	17.80	19.13	251
固原	Guyuan	16.49	20.32	24.41	230
中卫	Zhongwei	10.68	13.50	15.29	269
新疆	**Xinjiang**	**313.84**	**473.86**	**532.67**	
乌鲁木齐	Urumqi	26.55	49.77	59.05	81
克拉玛依	Karamay	11.53	16.37	8.53	280

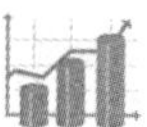

5-11 公共财政预算支出中科学技术支出
Public Budgetary Expenditure for Science and Technology

单位：亿元 (100 million yuan)

地名	City	2010	2012	2013	2013 排名 Ranking	地名	City	2010	2012	2013	2013 排名 Ranking
地方合计	**City Total**	**1588.88**	**2242.20**	**2715.31**		沈阳	Shenyang	15.35	24.64	27.79	10
北京	**Beijing**	**178.92**	**199.94**	**234.67**		大连	Dalian	26.60	39.29	46.26	5
天津	**Tianjin**	**43.25**	**76.45**	**92.81**		鞍山	Anshan	1.96	2.45	2.54	135
河北	**Hebei**	**29.65**	**44.74**	**49.76**		抚顺	Fushun	1.15	2.55	2.69	124
石家庄	Shijiazhuang	4.50	7.51	8.01	48	本溪	Benxi	1.14	2.38	2.88	120
唐山	Tangshan	4.77	10.59	9.05	42	丹东	Dandong	0.87	1.40	2.16	151
秦皇岛	Qinhuangdao	0.78	1.20	1.39	202	锦州	Jinzhou	1.23	2.45	2.57	132
邯郸	Handan	2.15	4.86	5.40	69	营口	Yingkou	2.01	3.51	3.79	95
邢台	Xingtai	0.84	1.18	1.28	215	阜新	Fuxin	0.21	1.20	1.27	216
保定	Baoding	2.17	1.90	2.46	139	辽阳	Liaoyang	1.46	2.03	2.05	163
张家口	Zhangjiakou	1.20	1.30	1.36	206	盘锦	Panjin	0.97	1.85	2.13	155
承德	Chengde	1.03	1.57	2.14	153	铁岭	Tieling	1.87	3.71	3.43	102
沧州	Cangzhou	1.18	1.48	2.07	162	朝阳	Chaoyang	0.98	2.10	1.66	190
廊坊	Langfang	2.35	3.37	3.16	110	葫芦岛	Huludao	0.94	2.06	2.38	146
衡水	Hengshui	0.67	0.73	0.79	251	**吉林**	**Jilin**	**19.12**	**24.96**	**37.22**	
山西	**Shanxi**	**20.12**	**33.32**	**62.06**		长春	Changchun	3.49	4.38	7.88	50
太原	Taiyuan	4.70	9.56	11.30	32	吉林	Jilin	2.40	3.37	4.43	80
大同	Datong	0.90	1.04	1.16	227	四平	Siping	0.38	0.55	0.71	255
阳泉	Yangquan	0.72	0.97	0.92	241	辽源	Liaoyuan	0.30	0.46	0.52	273
长治	Changzhi	1.46	2.58	2.82	122	通化	Tonghua	1.95	4.10	7.31	54
晋城	Jincheng	1.28	1.92	2.16	150	白山	Baishan	0.52	0.70	1.21	222
朔州	Shuozhou	0.73	1.24	1.41	201	松原	Songyuan	0.15	0.28	0.28	280
晋中	Jinzhong	1.01	1.41	1.73	183	白城	Baicheng	0.47	0.61	0.71	256
运城	Yuncheng	1.08	1.20	1.82	173	**黑龙江**	**Heilongjiang**	**27.69**	**37.64**	**38.61**	
忻州	Xinzhou	0.89	1.64	1.78	180	哈尔滨	Harbin	8.94	12.79	11.92	31
临汾	Linfen	1.04	1.46	1.69	187	齐齐哈尔	Qiqihar	1.48	1.04	0.94	239
吕梁	Luliang	1.17	1.87	2.59	130	鸡西	Jixi	0.33	0.89	0.38	279
内蒙古	**Inner Mongolia**	**21.39**	**27.61**	**31.64**		鹤岗	Hegang	0.46	0.42	0.91	243
呼和浩特	Hohhot	1.93	2.31	3.13	114	双鸭山	Shuangyashan	0.34	0.54	0.60	269
包头	Baotou	2.92	3.82	4.49	79	大庆	Daqing	1.24	1.98	2.55	134
乌海	Wuhai	0.78	1.07	2.42	143	伊春	Yichun	0.34	0.44	0.55	272
赤峰	Chifeng	0.80	1.16	1.29	214	佳木斯	Jiamusi	0.42	1.17	0.63	266
通辽	Tongliao	1.74	1.52	2.12	157	七台河	Qitaihe	0.11	0.24	0.15	283
鄂尔多斯	Erdos	2.86	4.79	3.99	87	牡丹江	Mudanjiang	2.07	1.93	2.38	147
呼伦贝尔	Hulunbuir	1.59	2.40	3.13	112	黑河	Heihe	0.32	0.53	1.15	228
巴彦淖尔	Bayannur	0.85	0.71	0.93	240	绥化	Suihua	0.64	1.64	0.85	248
乌兰察布	Ulanqab	0.56	0.57	1.02	234	**上海**	**Shanghai**	**202.03**	**245.43**	**257.66**	
辽宁	**Liaoning**	**68.90**	**101.24**	**118.99**		**江苏**	**Jiangsu**	**150.35**	**257.24**	**302.59**	

5-11 公共财政预算支出中科学技术支出 续表 1
Public Budgetary Expenditure for Science and Technology continued 1

单位：亿元 (100 million yuan)

地名	City	2010	2012	2013	2013 排名 Ranking	地名	City	2010	2012	2013	2013 排名 Ranking
南京	Nanjing	16.51	35.00	40.12	6	池州	Chizhou	1.02	1.41	1.79	177
无锡	Wuxi	18.97	29.49	35.10	8	宣城	Xuancheng	2.31	5.45	6.82	57
徐州	Xuzhou	4.54	12.59	14.49	26	**福建**	**Fujian**	**32.31**	**48.47**	**60.62**	
常州	Changzhou	8.71	18.93	22.11	14	福州	Fuzhou	4.18	6.48	8.63	47
苏州	Suzhou	35.71	66.59	76.37	2	厦门	Xiamen	9.60	13.81	16.38	21
南通	Nantong	9.99	14.37	19.07	18	莆田	Putian	1.22	1.88	2.60	129
连云港	Lianyungang	4.26	7.49	8.86	44	三明	Sanming	1.27	2.53	3.39	104
淮安	Huaian	4.48	7.44	8.88	43	泉州	Quanzhou	4.72	7.40	9.23	40
盐城	Yancheng	6.02	16.12	19.79	17	漳州	Zhangzhou	1.80	3.09	4.00	86
扬州	Yangzhou	6.78	9.81	10.46	36	南平	Nanping	1.01	1.46	1.72	186
镇江	Zhenjiang	5.24	10.24	10.70	34	龙岩	Longyan	1.48	2.68	3.50	100
泰州	Taizhou	4.38	5.82	7.71	52	宁德	Ningde	0.96	1.20	1.74	182
宿迁	Suqian	3.19	7.17	9.22	41	**江西**	**Jiangxi**	**18.26**	**27.50**	**46.32**	
浙江	**Zhejiang**	**121.40**	**165.98**	**191.87**		南昌	Nanchang	3.56	4.48	5.42	68
杭州	Hangzhou	28.86	40.19	46.26	4	景德镇	Jingdezhen	0.59	0.95	1.14	229
宁波	Ningbo	22.15	32.41	37.58	7	萍乡	Pingxiang	0.85	1.57	2.44	142
温州	Wenzhou	6.67	8.50	9.99	37	九江	Jiujiang	0.78	1.66	3.82	94
嘉兴	Jiaxing	7.54	10.46	12.06	30	新余	Xinyu	1.08	1.44	2.07	161
湖州	Huzhou	3.67	5.19	6.01	62	鹰潭	Yingtan	0.31	0.58	1.78	178
绍兴	Shaoxing	9.55	13.23	15.87	23	赣州	Ganzhou	1.00	1.50	4.53	78
金华	Jinhua	7.55	10.42	12.14	28	吉安	Jian	0.77	1.17	5.55	66
衢州	Quzhou	2.75	3.66	4.94	73	宜春	Yichun	1.13	1.95	3.66	96
舟山	Zhoushan	2.44	3.49	4.02	85	抚州	Fuzhou	0.85	1.81	2.40	145
台州	Taizhou	5.76	7.89	8.83	45	上饶	Shangrao	1.15	1.48	2.79	123
丽水	Lishui	2.45	3.54	3.82	93	**山东**	**Shandong**	**84.36**	**124.98**	**149.14**	
安徽	**Anhui**	**57.98**	**96.00**	**109.67**		济南	Jinan	6.21	10.12	10.88	33
合肥	Hefei	17.96	22.67	26.02	12	青岛	Qingdao	9.87	17.29	25.93	13
芜湖	Wuhu	10.01	20.38	26.33	11	淄博	Zibo	4.84	7.98	9.39	38
蚌埠	Bengbu	3.46	5.68	7.24	55	枣庄	Zaozhuang	1.55	1.91	1.78	179
淮南	Huainan	1.27	2.93	3.29	106	东营	Dongying	2.02	3.22	5.03	71
马鞍山	Maanshan	2.45	5.05	6.09	61	烟台	Yantai	10.63	13.14	14.82	25
淮北	Huaibei	0.83	1.47	1.34	209	潍坊	Weifang	7.22	12.58	15.37	24
铜陵	Tongling	1.20	4.38	4.86	75	济宁	Jining	5.27	6.78	7.80	51
安庆	Anqing	2.48	4.51	5.58	63	泰安	Taian	2.81	3.41	3.88	90
黄山	Huangshan	1.41	2.89	3.18	109	威海	Weihai	5.62	6.96	8.67	46
滁州	Chuzhou	1.33	3.17	3.48	101	日照	Rizhao	0.94	1.37	1.79	176
阜阳	Fuyang	0.59	1.88	1.90	172	莱芜	Laiwu	1.30	1.74	1.99	167
宿州	Suzhou	0.66	1.16	1.36	204	临沂	Linyi	3.29	4.18	4.77	76
六安	Liuan	0.85	2.44	2.65	126	德州	Dezhou	2.01	3.29	5.42	67
亳州	Bozhou	0.36	0.94	1.51	195	聊城	Liaocheng	2.07	3.21	3.64	97

5-11　公共财政预算支出中科学技术支出　续表 2
Public Budgetary Expenditure for Science and Technology continued 2

单位：亿元 (100 million yuan)

地名	City	2010	2012	2013	2013 排名 Ranking	地名	City	2010	2012	2013	2013 排名 Ranking
滨州	Binzhou	2.40	3.98	4.23	82	常德	Changde	1.03	1.47	2.03	164
菏泽	Heze	1.85	4.14	3.56	99	张家界	Zhangjiajie	0.22	0.50	0.39	278
河南	**Henan**	**44.67**	**69.64**	**80.00**		益阳	Yiyang	0.71	1.29	1.81	174
郑州	Zhengzhou	9.50	15.27	17.26	19	郴州	Chenzhou	2.33	3.50	3.98	88
开封	Kaifeng	1.22	1.86	2.21	148	永州	Yongzhou	0.85	1.09	1.55	193
洛阳	Luoyang	3.31	6.91	7.53	53	怀化	Huaihua	0.63	1.01	1.22	220
平顶山	Pingdingshan	1.64	2.48	2.66	125	娄底	Loudi	0.88	0.83	1.43	200
安阳	Anyang	2.47	3.60	4.12	83	**广东**	**Guangdong**	**214.44**	**246.71**	**344.94**	
鹤壁	Hebi	0.51	0.70	0.87	246	广州	Guangzhou	31.94	52.12	54.19	3
新乡	Xinxiang	2.58	2.95	3.64	98	韶关	Shaoguan	1.42	2.62	2.51	137
焦作	Jiaozuo	2.81	3.28	3.83	92	深圳	Shenzhen	99.84	79.12	132.98	1
濮阳	Puyang	1.09	1.84	2.20	149	珠海	Zhuhai	5.70	8.83	12.13	29
许昌	Xuchang	1.30	2.10	2.89	119	汕头	Shantou	1.45	2.40	2.64	127
漯河	Luohe	0.45	0.60	0.94	237	佛山	Foshan	11.34	16.83	16.37	22
三门峡	Sanmenxia	1.63	2.24	2.56	133	江门	Jiangmen	2.99	5.41	5.28	70
南阳	Nanyang	3.53	5.19	6.14	60	湛江	Zhanjiang	0.58	1.58	1.30	213
商丘	Shangqiu	1.24	1.87	2.01	166	茂名	Maoming	0.44	1.02	1.06	231
信阳	Xinyang	1.16	1.83	1.77	181	肇庆	Zhaoqing	2.30	3.86	3.40	103
周口	Zhoukou	1.38	2.63	3.05	116	惠州	Huizhou	3.57	5.10	5.56	65
驻马店	Zhumadian	1.80	2.80	3.34	105	梅州	Meizhou	0.99	2.43	1.26	218
湖北	**Hubei**	**30.09**	**54.39**	**77.21**		汕尾	Shanwei	0.40	0.68	0.83	250
武汉	Wuhan	11.70	20.65	31.60	9	河源	Heyuan	0.80	1.20	1.35	208
黄石	Huangshi	1.05	1.71	1.72	185	阳江	Yangjiang	0.80	1.31	1.20	224
十堰	Shiyan	0.98	2.54	3.16	111	清远	Qingyuan	1.33	1.96	2.10	158
宜昌	Yichang	2.89	4.80	6.29	58	东莞	Dongguan	7.98	18.54	17.03	20
襄阳	Xiangfan	1.81	4.56	4.67	77	中山	ZhongShan	6.72	10.96	10.56	35
鄂州	Ezhou	0.33	0.78	1.03	233	潮州	Chaozhou	0.44	1.49	0.57	271
荆门	Jingmen	0.72	1.47	2.14	154	揭阳	Jieyang	0.48	1.65	0.66	261
孝感	Xiaogan	1.06	2.34	2.62	128	云浮	Yunfu	1.14	1.56	1.80	175
荆州	Jingzhou	0.57	2.26	3.05	115	**广西**	**Guangxi**	**21.66**	**42.81**	**54.36**	
黄冈	Huanggang	2.09	3.68	4.94	74	南宁	Nanning	2.84	5.15	6.21	59
咸宁	Xianning	0.97	1.80	2.08	160	柳州	Liuzhou	2.09	3.19	4.11	84
随州	Suizhou	0.58	1.08	1.44	199	桂林	Guilin	1.90	3.15	4.30	81
湖南	**Hunan**	**35.04**	**48.19**	**55.46**		梧州	Wuzhou	0.27	1.71	2.47	138
长沙	Changsha	13.33	16.75	20.22	16	北海	Beihai	0.21	1.66	2.44	141
株洲	Zhuzhou	2.10	3.08	3.85	91	防城港	Fangchenggang	0.14	0.49	0.84	249
湘潭	Xiangtan	2.20	2.17	3.13	113	钦州	Qinzhou	0.22	1.10	1.34	210
衡阳	Hengyang	1.24	1.50	1.92	171	贵港	Guigang	0.16	0.57	1.01	235
邵阳	Shaoyang	0.63	0.65	0.99	236	玉林	Yulin	0.58	1.74	2.15	152
岳阳	Yueyang	1.80	2.93	3.25	108	百色	Baise	0.67	2.56	2.44	140

5-11 公共财政预算支出中科学技术支出 续表 3
Public Budgetary Expenditure for Science and Technology continued 3

单位：亿元 (100 million yuan)

地名	City	2010	2012	2013	2013 排名 Ranking
贺州	Hezhou	0.29	1.07	1.18	225
河池	Hechi	0.65	1.36	1.72	184
来宾	Laibin	0.31	1.18	1.52	194
崇左	Chongzuo	0.47	1.17	1.36	207
海南	**Hainan**	**7.47**	**12.06**	**13.83**	
海口	Haikou	0.96	1.61	1.93	169
三亚	Sanya	1.76	2.52	2.86	121
重庆	**Chongqing**	**17.90**	**29.84**	**38.65**	
四川	**Sichuan**	**34.71**	**59.40**	**69.51**	
成都	Chengdu	10.70	19.09	20.60	15
自贡	Zigong	0.70	1.32	2.12	156
攀枝花	Panzhihua	0.76	1.21	1.51	196
泸州	Luzhou	0.65	0.94	2.41	144
德阳	Deyang	0.93	2.28	2.54	136
绵阳	Mianyang	1.91	4.12	5.57	64
广元	Guangyuan	0.51	0.84	1.16	226
遂宁	Suining	0.43	0.73	0.89	245
内江	Neijiang	0.31	0.66	0.66	262
乐山	Leshan	1.07	1.44	1.59	191
南充	Nanchong	0.81	1.18	1.36	205
眉山	Meishan	0.35	0.58	0.74	252
宜宾	Yibin	1.55	2.57	3.03	118
广安	Guangan	0.28	0.58	0.72	254
达州	Dazhou	0.73	1.25	1.38	203
雅安	Yaan	0.43	2.58	1.27	217
巴中	Bazhong	0.32	0.52	0.63	265
资阳	Ziyang	0.80	1.73	1.92	170
贵州	**Guizhou**	**16.66**	**28.98**	**34.27**	
贵阳	Guiyang	3.61	6.59	9.36	39
六盘水	Liupanshui	0.62	0.99	1.21	223
遵义	Zunyi	1.40	2.99	3.26	107
安顺	Anshun	0.53	0.88	1.04	232
毕节	Bijie	0.00	1.39	1.31	212
铜仁	Tongren	0.00	0.53	0.65	264
云南	**Yunnan**	**21.43**	**32.67**	**42.59**	
昆明	Kunming	4.44	9.71	12.17	27
曲靖	Qujing	1.45	2.63	2.57	131
玉溪	Yuxi	1.28	1.66	2.09	159
保山	Baoshan	0.34	0.82	0.87	247
昭通	Zhaotong	0.87	1.20	1.23	219
丽江	Lijiang	0.46	0.69	0.89	244
普洱	Puer	0.84	0.88	1.12	230
临沧	Lincang	0.32	0.39	0.60	268
西藏	**Tibet**	**2.71**	**5.09**	**4.17**	
拉萨	Lhasa		4.10	0.28	281
陕西	**Shaanxi**	**25.25**	**34.94**	**38.02**	
西安	Xi'an	4.36	5.93	7.90	49
铜川	Tongchuan	0.22	0.38	0.43	276
宝鸡	Baoji	1.27	1.68	1.97	168
咸阳	Xianyang	0.82	1.25	1.45	198
渭南	Weinan	0.54	1.10	1.69	188
延安	Yan'an	1.68	2.15	2.03	165
汉中	Hanzhong	0.70	1.06	1.32	211
榆林	Yulin	3.23	4.82	4.96	72
安康	Ankang	0.47	0.61	0.59	270
商洛	Shangluo	0.44	0.64	0.72	253
甘肃	**Gansu**	**10.89**	**16.19**	**19.76**	
兰州	Lanzhou	2.02	2.80	3.05	117
嘉峪关	Jiayuguan	0.11	0.13	0.15	284
金昌	Jinchang	0.26	0.19	0.23	282
白银	Baiyin	0.30	0.67	0.66	260
天水	Tianshui	0.70	0.83	1.21	221
武威	Wuwei	0.21	0.29	0.42	277
张掖	Zhangye	0.33	0.49	0.62	267
平凉	Pingliang	0.40	0.64	0.65	263
酒泉	Jiuquan	0.45	0.68	0.91	242
庆阳	Qingyang	0.57	1.43	1.57	192
定西	Dingxi	0.59	0.97	0.94	238
陇南	Longnan	0.22	0.41	0.46	274
青海	**Qinghai**	**4.08**	**7.18**	**8.39**	
西宁	Xining	0.66	1.25	1.66	189
宁夏	**Ningxia**	**5.97**	**9.61**	**10.69**	
银川	Yinchuan	1.16	3.24	3.90	89
石嘴山	Shizuishan	0.19	0.39	0.71	257
吴忠	Wuzhong	0.34	0.68	0.69	258
固原	Guyuan	0.39	0.47	0.68	259
中卫	Zhongwei	0.28	0.38	0.46	275
新疆	**Xinjiang**	**20.19**	**33.01**	**39.85**	
乌鲁木齐	Urumqi	2.15	4.63	6.83	56
克拉玛依	Karamay	0.99	1.34	1.50	197

5-12 公共财政预算支出中社会保障和就业支出
Public Budgetary Expenditure for Social Safety Net and Employment Effort

单位：亿元 (100 million yuan)

地名	City	2010	2012	2013	2013 排名 Ranking	地名	City	2010	2012	2013	2013 排名 Ranking
地方合计	**Region Total**	**8680.32**	**11999.85**	**13849.72**		沈阳	Shenyang	94.80	125.34	137.90	3
北京	**Beijing**	**275.90**	**424.31**	**469.13**		大连	Dalian	92.31	122.69	133.63	4
天津	**Tianjin**	**137.74**	**201.17**	**229.28**		鞍山	Anshan	42.03	55.71	61.38	19
河北	**Hebei**	**358.78**	**470.21**	**528.62**		抚顺	Fushun	46.87	44.40	57.06	23
石家庄	Shijiazhuang	23.08	37.39	42.94	59	本溪	Benxi	21.68	27.21	28.75	124
唐山	Tangshan	44.85	48.61	52.52	33	丹东	Dandong	24.45	33.00	38.66	74
秦皇岛	Qinhuangdao	13.90	17.30	39.36	71	锦州	Jinzhou	30.04	37.59	44.01	51
邯郸	Handan	25.02	32.94	36.52	84	营口	Yingkou	26.27	35.33	39.39	70
邢台	Xingtai	18.04	25.60	58.78	20	阜新	Fuxin	22.20	24.39	26.33	154
保定	Baoding	34.10	52.09	27.54	139	辽阳	Liaoyang	22.67	24.06	28.22	134
张家口	Zhangjiakou	25.05	31.10	18.79	217	盘锦	Panjin	15.79	20.38	25.57	163
承德	Chengde	13.22	20.40	25.76	159	铁岭	Tieling	15.42	21.83	26.44	152
沧州	Cangzhou	16.58	24.12	26.79	145	朝阳	Chaoyang	28.44	37.25	40.51	65
廊坊	Langfang	15.38	24.10	22.53	187	葫芦岛	Huludao	22.44	29.06	35.04	91
衡水	Hengshui	11.31	14.33	18.54	219	**吉林**	**Jilin**	**253.36**	**304.00**	**360.19**	
山西	**Shanxi**	**274.46**	**354.61**	**419.02**		长春	Changchun	51.08	61.66	72.05	13
太原	Taiyuan	29.62	33.43	38.66	74	吉林	Jilin	42.13	48.99	56.15	24
大同	Datong	14.85	22.04	28.14	136	四平	Siping	22.05	27.60	31.61	105
阳泉	Yangquan	7.26	8.81	9.99	271	辽源	Liaoyuan	13.66	15.62	17.39	225
长治	Changzhi	12.12	22.10	36.08	86	通化	Tonghua	20.89	24.98	28.23	133
晋城	Jincheng	11.35	16.26	19.10	212	白山	Baishan	19.66	23.13	25.04	165
朔州	Shuozhou	7.34	10.61	12.27	257	松原	Songyuan	13.41	16.12	20.92	196
晋中	Jinzhong	16.76	25.63	24.17	174	白城	Baicheng	16.73	20.37	23.79	177
运城	Yuncheng	18.47	25.34	30.62	113	**黑龙江**	**Heilongjiang**	**306.06**	**458.20**	**542.33**	
忻州	Xinzhou	18.05	24.04	28.40	129	哈尔滨	Harbin	42.41	87.52	104.74	6
临汾	Linfen	23.66	29.56	36.42	85	齐齐哈尔	Qiqihar	28.99	39.07	46.19	44
吕梁	Luliang	11.74	20.44	24.44	171	鸡西	Jixi	13.49	17.05	22.70	184
内蒙古	**Inner Mongolia**	**292.44**	**435.47**	**491.01**		鹤岗	Hegang	5.15	9.79	11.35	262
呼和浩特	Hohhot	19.97	30.57	38.82	73	双鸭山	Shuangyashan	10.91	13.71	16.40	235
包头	Baotou	30.64	38.92	45.39	48	大庆	Daqing	15.53	22.03	31.04	110
乌海	Wuhai	7.50	8.16	7.89	279	伊春	Yichun	13.75	15.17	27.31	142
赤峰	Chifeng	26.18	41.05	53.56	29	佳木斯	Jiamusi	14.97	26.81	34.35	96
通辽	Tongliao	21.77	33.06	43.61	54	七台河	Qitaihe	4.71	7.30	10.40	269
鄂尔多斯	Erdos	29.53	43.57	40.33	66	牡丹江	Mudanjiang	15.40	21.72	28.65	126
呼伦贝尔	Hulunbuir	30.17	44.66	49.76	37	黑河	Heihe	8.20	16.12	20.08	208
巴彦淖尔	Bayannur	17.66	29.48	32.82	102	绥化	Suihua	19.24	29.94	41.75	61
乌兰察布	Ulanqab	23.96	41.72	53.68	28	**上海**	**Shanghai**	**362.56**	**443.01**	**468.01**	
辽宁	**Liaoning**	**579.84**	**727.71**	**824.03**		**江苏**	**Jiangsu**	**364.48**	**557.77**	**631.15**	

5-12 公共财政预算支出中社会保障和就业支出 续表 1
Public Budgetary Expenditure for Social Safety Net and Employment Effort continued 1

单位：亿元 (100 million yuan)

地名	City	2010	2012	2013	2013 排名 Ranking	地名	City	2010	2012	2013	2013 排名 Ranking
南京	Nanjing	45.94	74.07	82.88	9	池州	Chizhou	6.25	10.02	11.82	260
无锡	Wuxi	34.94	46.82	53.40	31	宣城	Xuancheng	9.37	15.87	18.45	220
徐州	Xuzhou	37.41	50.52	57.64	21	**福建**	**Fujian**	**148.24**	**205.28**	**240.66**	
常州	Changzhou	24.95	41.66	45.58	46	福州	Fuzhou	26.25	38.42	43.99	52
苏州	Suzhou	63.67	101.61	114.61	5	厦门	Xiamen	23.18	32.05	34.94	92
南通	Nantong	28.20	40.70	47.57	43	莆田	Putian	6.55	8.91	13.12	252
连云港	Lianyungang	13.23	20.62	23.52	178	三明	Sanming	7.93	11.62	14.55	247
淮安	Huaian	22.89	29.25	33.29	100	泉州	Quanzhou	16.84	27.45	31.56	106
盐城	Yancheng	25.59	38.78	45.53	47	漳州	Zhangzhou	15.22	23.15	25.15	164
扬州	Yangzhou	15.87	20.23	24.71	170	南平	Nanping	11.66	14.06	16.56	232
镇江	Zhenjiang	8.86	16.75	18.87	215	龙岩	Longyan	11.28	13.67	15.90	238
泰州	Taizhou	17.43	25.86	29.61	118	宁德	Ningde	10.65	14.70	17.61	224
宿迁	Suqian	19.32	28.94	31.68	104	**江西**	**Jiangxi**	**233.02**	**323.06**	**378.84**	
浙江	**Zhejiang**	**206.39**	**345.44**	**397.06**		南昌	Nanchang	31.27	37.84	44.63	50
杭州	Hangzhou	63.92	87.14	94.60	8	景德镇	Jingdezhen	11.38	16.72	18.89	214
宁波	Ningbo	34.43	79.01	97.56	7	萍乡	Pingxiang	11.43	17.60	20.18	204
温州	Wenzhou	17.88	27.75	29.24	122	九江	Jiujiang	23.17	34.43	39.20	72
嘉兴	Jiaxing	10.27	20.97	21.61	193	新余	Xinyu	7.50	9.46	10.85	264
湖州	Huzhou	7.70	13.57	16.06	237	鹰潭	Yingtan	6.99	8.87	11.17	263
绍兴	Shaoxing	14.51	21.34	26.06	156	赣州	Ganzhou	39.10	59.25	68.36	16
金华	Jinhua	15.64	22.58	26.36	153	吉安	Jian	17.07	27.02	34.06	97
衢州	Quzhou	7.81	11.75	14.81	246	宜春	Yichun	26.45	39.59	45.70	45
舟山	Zhoushan	5.28	7.54	8.44	276	抚州	Fuzhou	19.17	23.96	28.27	132
台州	Taizhou	13.98	24.26	28.41	128	上饶	Shangrao	21.83	35.33	40.20	68
丽水	Lishui	8.06	12.98	15.18	241	**山东**	**Shandong**	**416.77**	**596.48**	**681.98**	
安徽	**Anhui**	**334.15**	**459.19**	**533.64**		济南	Jinan	42.17	56.89	61.62	18
合肥	Hefei	20.06	44.04	52.51	34	青岛	Qingdao	36.07	55.80	71.99	14
芜湖	Wuhu	12.49	26.65	31.09	109	淄博	Zibo	24.10	31.51	35.71	88
蚌埠	Bengbu	12.40	18.34	19.83	209	枣庄	Zaozhuang	12.64	17.85	22.47	188
淮南	Huainan	10.59	15.01	18.73	218	东营	Dongying	9.26	13.96	16.73	230
马鞍山	Maanshan	6.73	15.62	18.24	221	烟台	Yantai	44.10	71.46	69.60	15
淮北	Huaibei	8.19	11.11	12.20	258	潍坊	Weifang	20.47	33.90	41.28	63
铜陵	Tongling	7.57	8.21	8.98	273	济宁	Jining	17.99	30.38	37.13	80
安庆	Anqing	17.16	27.56	31.12	108	泰安	Taian	19.44	28.62	30.01	116
黄山	Huangshan	8.26	13.76	15.01	244	威海	Weihai	28.95	27.76	31.34	107
滁州	Chuzhou	13.93	23.18	27.45	140	日照	Rizhao	11.01	13.64	16.65	231
阜阳	Fuyang	25.60	40.52	49.53	38	莱芜	Laiwu	6.17	6.94	8.06	277
宿州	Suzhou	7.66	15.78	20.54	201	临沂	Linyi	26.75	43.09	52.75	32
六安	Liuan	14.85	23.29	27.23	143	德州	Dezhou	18.29	27.96	33.29	100
亳州	Bozhou	13.86	23.47	29.41	120	聊城	Liaocheng	14.67	24.06	28.69	125

5-12 公共财政预算支出中社会保障和就业支出 续表 2

Public Budgetary Expenditure for Social Safety Net and Employment Effort continued 2

单位：亿元 (100 million yuan)

地名	City	2010	2012	2013	2013 排名 Ranking	地名	City	2010	2012	2013	2013 排名 Ranking
滨州	Binzhou	22.41	31.69	32.30	103	常德	Changde	37.43	46.27	55.70	25
菏泽	Heze	26.22	38.81	48.07	40	张家界	Zhangjiajie	8.30	11.71	12.50	255
河南	**Henan**	**461.22**	**631.61**	**731.41**		益阳	Yiyang	24.95	32.99	39.66	69
郑州	Zhengzhou	43.56	55.74	66.37	17	郴州	Chenzhou	24.08	33.88	40.21	67
开封	Kaifeng	18.95	23.59	27.82	137	永州	Yongzhou	25.81	35.13	43.25	56
洛阳	Luoyang	21.37	31.79	35.39	90	怀化	Huaihua	26.95	34.63	40.84	64
平顶山	Pingdingshan	19.03	25.17	29.43	119	娄底	Loudi	16.84	24.50	26.73	149
安阳	Anyang	14.92	18.45	21.55	194	**广东**	**Guangdong**	**469.58**	**611.04**	**746.97**	
鹤壁	Hebi	6.58	9.09	10.07	270	广州	Guangzhou	114.12	126.46	145.33	2
新乡	Xinxiang	13.54	22.59	25.64	162	韶关	Shaoguan	12.44	18.23	20.98	195
焦作	Jiaozuo	11.62	17.49	20.24	203	深圳	Shenzhen	62.00	66.78	78.50	10
濮阳	Puyang	14.35	21.18	24.91	168	珠海	Zhuhai	13.03	17.02	18.05	222
许昌	Xuchang	11.00	17.37	20.35	202	汕头	Shantou	9.64	19.12	23.03	181
漯河	Luohe	9.02	12.03	13.10	253	佛山	Foshan	24.91	31.94	34.36	95
三门峡	Sanmenxia	9.35	12.13	13.26	250	江门	Jiangmen	17.70	24.67	28.82	123
南阳	Nanyang	33.60	44.94	51.79	35	湛江	Zhanjiang	20.28	27.65	38.01	77
商丘	Shangqiu	24.06	37.24	43.16	58	茂名	Maoming	18.23	25.44	34.39	94
信阳	Xinyang	19.64	28.06	33.36	99	肇庆	Zhaoqing	14.53	17.78	22.98	182
周口	Zhoukou	25.24	43.98	48.01	41	惠州	Huizhou	18.48	21.96	26.77	148
驻马店	Zhumadian	23.70	36.43	43.96	53	梅州	Meizhou	19.14	26.06	29.91	117
湖北	**Hubei**	**361.72**	**501.13**	**605.70**		汕尾	Shanwei	7.82	11.89	14.28	248
武汉	Wuhan	91.90	117.73	149.25	1	河源	Heyuan	13.18	18.88	23.88	175
黄石	Huangshi	16.38	20.82	25.68	161	阳江	Yangjiang	8.07	11.43	15.76	239
十堰	Shiyan	21.03	29.17	33.53	98	清远	Qingyuan	14.16	18.19	22.90	183
宜昌	Yichang	21.25	32.20	37.20	79	东莞	Dongguan	26.40	24.19	26.66	150
襄阳	Xiangfan	36.52	43.57	53.41	30	中山	ZhongShan	10.83	17.01	19.10	212
鄂州	Ezhou	4.82	7.02	8.51	275	潮州	Chaozhou	7.17	8.45	10.76	265
荆门	Jingmen	13.75	19.94	22.02	190	揭阳	Jieyang	10.86	17.60	23.88	175
孝感	Xiaogan	9.34	22.01	25.95	157	云浮	Yunfu	7.21	11.91	14.90	245
荆州	Jingzhou	28.83	31.29	41.58	62	**广西**	**Guangxi**	**217.07**	**282.33**	**348.12**	
黄冈	Huanggang	27.92	41.54	47.73	42	南宁	Nanning	40.03	36.38	42.78	60
咸宁	Xianning	12.07	16.59	18.86	216	柳州	Liuzhou	18.08	18.39	21.87	192
随州	Suizhou	10.43	13.23	16.48	233	桂林	Guilin	14.75	22.63	28.37	130
湖南	**Hunan**	**396.40**	**525.71**	**625.94**		梧州	Wuzhou	12.59	14.27	15.38	240
长沙	Changsha	42.45	53.60	50.65	36	北海	Beihai	3.27	5.05	5.78	280
株洲	Zhuzhou	24.77	33.06	36.69	82	防城港	Fangchenggang	6.90	7.84	8.92	274
湘潭	Xiangtan	23.40	26.08	28.16	135	钦州	Qinzhou	7.23	12.75	15.12	243
衡阳	Hengyang	37.68	46.77	53.84	26	贵港	Guigang	6.22	11.17	15.17	242
邵阳	Shaoyang	28.96	40.69	53.83	27	玉林	Yulin	11.69	20.78	23.39	179
岳阳	Yueyang	29.95	41.78	49.14	39	百色	Baise	14.77	18.18	25.75	160

5-12 公共财政预算支出中社会保障和就业支出 续表 3

Public Budgetary Expenditure for Social Safety Net and Employment Effort continued 3

单位：亿元 (100 million yuan)

地名	City	2010	2012	2013	2013 排名 Ranking	地名	City	2010	2012	2013	2013 排名 Ranking
贺州	Hezhou	5.47	8.57	10.59	266	丽江	Lijiang	7.48	13.48	14.03	249
河池	Hechi	11.51	17.11	19.72	210	普洱	Puer	15.43	23.11	26.79	145
来宾	Laibin	8.05	8.17	10.48	268	临沧	Lincang	11.99	17.66	20.92	196
崇左	Chongzuo	10.39	12.90	16.14	236	**西藏**	**Tibet**	**11.34**	**65.54**	**72.94**	
海南	**Hainan**	**73.80**	**106.15**	**115.88**		拉萨	Lhasa	1.75	45.05	44.80	49
海口	Haikou	9.28	14.45	12.54	254	**陕西**	**Shaanxi**	**315.61**	**421.16**	**497.75**	
三亚	Sanya	3.61	4.94	5.57	281	西安	Xi'an	52.21	67.82	77.98	11
重庆	**Chongqing**	**149.54**	**403.05**	**431.89**		铜川	Tongchuan	6.57	9.40	11.70	261
四川	**Sichuan**	**513.65**	**680.21**	**833.51**		宝鸡	Baoji	22.77	23.87	28.60	127
成都	Chengdu	38.70	58.30	73.71	12	咸阳	Xianyang	15.18	22.10	29.34	121
自贡	Zigong	14.60	17.60	19.66	211	渭南	Weinan	18.60	28.09	34.66	93
攀枝花	Panzhihua	11.42	9.31	9.99	271	延安	Yan'an	14.49	17.20	27.45	140
泸州	Luzhou	19.08	26.58	30.46	114	汉中	Hanzhong	15.37	18.14	23.09	180
德阳	Deyang	19.09	20.44	24.40	173	榆林	Yulin	16.90	30.45	36.64	83
绵阳	Mianyang	23.65	28.00	35.89	87	安康	Ankang	13.04	12.97	16.78	229
广元	Guangyuan	17.04	20.26	22.38	189	商洛	Shangluo	8.11	10.46	12.39	256
遂宁	Suining	15.28	18.56	25.03	166	**甘肃**	**Gansu**	**215.09**	**294.64**	**346.77**	
内江	Neijiang	16.41	19.06	22.56	186	兰州	Lanzhou	14.85	20.51	27.69	138
乐山	Leshan	18.91	23.36	26.49	151	嘉峪关	Jiayuguan	1.61	2.39	2.68	284
南充	Nanchong	24.00	36.53	43.61	54	金昌	Jinchang	3.25	4.25	4.86	282
眉山	Meishan	13.22	16.88	20.65	200	白银	Baiyin	9.97	15.09	17.86	223
宜宾	Yibin	18.90	21.70	25.81	158	天水	Tianshui	21.08	29.54	37.36	78
广安	Guangan	13.81	16.96	20.71	199	武威	Wuwei	9.90	15.85	20.16	205
达州	Dazhou	27.93	34.58	38.24	76	张掖	Zhangye	8.66	11.72	16.46	234
雅安	Yaan	9.44	12.48	24.79	169	平凉	Pingliang	13.95	17.13	20.14	206
巴中	Bazhong	15.15	21.82	26.16	155	酒泉	Jiuquan	7.54	11.48	12.10	259
资阳	Ziyang	15.68	21.02	25.02	167	庆阳	Qingyang	15.09	23.54	28.32	131
贵州	**Guizhou**	**140.76**	**235.40**	**264.52**		定西	Dingxi	11.86	26.86	35.56	89
贵阳	Guiyang	16.93	25.06	27.17	144	陇南	Longnan	13.16	19.84	26.78	147
六盘水	Liupanshui	8.65	14.07	17.24	227	**青海**	**Qinghai**	**189.50**	**179.51**	**162.01**	
遵义	Zunyi	17.70	26.24	30.69	112	西宁	Xining	13.79	18.83	22.69	185
安顺	Anshun	9.31	13.99	16.89	228	**宁夏**	**Ningxia**	**35.03**	**89.60**	**102.77**	
毕节	Bijie	14.76	28.83	30.29	115	银川	Yinchuan	6.88	16.25	20.11	207
铜仁	Tongren	13.54	20.52	24.41	172	石嘴山	Shizuishan	3.29	7.49	8.05	278
云南	**Yunnan**	**304.69**	**439.06**	**505.45**		吴忠	Wuzhong	4.46	12.05	13.26	250
昆明	Kunming	40.81	54.94	57.32	22	固原	Guyuan	5.38	15.11	17.38	226
曲靖	Qujing	22.54	31.73	36.79	81	中卫	Zhongwei	3.46	9.44	10.56	267
玉溪	Yuxi	13.94	18.25	21.88	191	**新疆**	**Xinjiang**	**166.40**	**227.79**	**263.17**	
保山	Baoshan	12.26	16.69	20.92	196	乌鲁木齐	Urumqi	17.87	23.37	30.74	111
昭通	Zhaotong	19.39	41.88	43.25	56	克拉玛依	Karamay	2.76	5.12	3.98	283

5-13　公共财政预算支出中医疗卫生支出
Public Budgetary Expenditure for Medical and Health Care

单位：亿元　　(100 million yuan)

地名	City	2010	2012	2013	2013 排名 Ranking	地名	City	2010	2012	2013	2013 排名 Ranking
地方合计	**Region Total**	**4730.62**	**7170.82**	**8203.20**		沈阳	Shenyang	26.76	36.60	36.15	41
北京	**Beijing**	**186.82**	**256.06**	**276.13**		大连	Dalian	26.85	31.12	44.25	18
天津	**Tianjin**	**70.07**	**105.91**	**128.94**		鞍山	Anshan	11.94	12.92	14.77	194
河北	**Hebei**	**235.48**	**323.17**	**380.75**		抚顺	Fushun	6.53	7.28	8.13	253
石家庄	Shijiazhuang	27.59	41.83	48.26	11	本溪	Benxi	4.85	6.77	6.86	269
唐山	Tangshan	26.56	40.51	41.45	24	丹东	Dandong	6.05	8.20	9.87	241
秦皇岛	Qinhuangdao	11.24	19.63	40.98	26	锦州	Jinzhou	7.81	11.06	11.74	229
邯郸	Handan	24.28	33.72	25.16	92	营口	Yingkou	7.25	14.24	15.67	181
邢台	Xingtai	18.63	25.19	47.75	12	阜新	Fuxin	4.86	8.03	9.21	246
保定	Baoding	29.26	42.47	37.94	32	辽阳	Liaoyang	6.21	7.25	8.09	254
张家口	Zhangjiakou	16.50	20.64	17.61	156	盘锦	Panjin	4.60	6.41	7.70	258
承德	Chengde	11.63	18.45	28.64	61	铁岭	Tieling	7.48	10.12	12.40	220
沧州	Cangzhou	22.68	29.43	26.22	82	朝阳	Chaoyang	9.16	13.41	15.54	184
廊坊	Langfang	11.99	20.18	20.65	128	葫芦岛	Huludao	7.10	9.24	10.91	235
衡水	Hengshui	11.11	15.72	20.29	132	**吉林**	**Jilin**	**110.91**	**160.36**	**181.51**	
山西	**Shanxi**	**113.86**	**180.34**	**201.63**		长春	Changchun	25.57	40.07	46.20	13
太原	Taiyuan	10.12	17.15	19.05	139	吉林	Jilin	18.23	25.72	27.41	70
大同	Datong	7.44	14.03	16.00	179	四平	Siping	9.35	15.46	16.85	165
阳泉	Yangquan	3.82	6.47	7.40	264	辽源	Liaoyuan	4.15	6.30	7.70	258
长治	Changzhi	10.14	15.91	18.80	141	通化	Tonghua	7.13	12.06	15.41	185
晋城	Jincheng	6.37	10.19	12.56	217	白山	Baishan	7.65	9.37	8.72	249
朔州	Shuozhou	4.58	8.30	9.17	247	松原	Songyuan	7.32	11.41	13.66	205
晋中	Jinzhong	8.40	14.70	18.30	147	白城	Baicheng	7.89	11.28	13.02	211
运城	Yuncheng	10.66	18.80	23.19	104	**黑龙江**	**Heilongjiang**	**135.18**	**173.33**	**190.50**	
忻州	Xinzhou	9.16	15.31	17.91	153	哈尔滨	Harbin	31.00	42.59	44.93	17
临汾	Linfen	11.59	18.76	23.52	102	齐齐哈尔	Qiqihar	13.94	20.03	21.82	118
吕梁	Luliang	10.25	18.89	21.94	117	鸡西	Jixi	5.29	6.56	7.56	262
内蒙古	**Inner Mongolia**	**120.72**	**177.91**	**196.03**		鹤岗	Hegang	3.83	4.72	5.34	275
呼和浩特	Hohhot	9.81	15.44	16.97	163	双鸭山	Shuangyashan	5.21	5.86	7.10	266
包头	Baotou	7.90	12.01	14.93	189	大庆	Daqing	10.61	15.51	16.93	164
乌海	Wuhai	5.40	4.72	5.87	272	伊春	Yichun	3.33	4.56	4.87	279
赤峰	Chifeng	13.55	22.87	24.84	95	佳木斯	Jiamusi	8.72	11.43	12.92	213
通辽	Tongliao	10.78	19.34	18.70	142	七台河	Qitaihe	2.91	3.19	3.68	281
鄂尔多斯	Erdos	16.46	21.28	26.05	84	牡丹江	Mudanjiang	7.61	11.02	12.66	216
呼伦贝尔	Hulunbuir	13.85	18.74	21.39	122	黑河	Heihe	6.46	7.07	7.72	257
巴彦淖尔	Bayannur	7.03	10.48	13.21	210	绥化	Suihua	13.59	20.13	23.53	101
乌兰察布	Ulanqab	9.94	13.41	16.56	171	**上海**	**Shanghai**	**160.07**	**197.34**	**214.92**	
辽宁	**Liaoning**	**151.36**	**200.19**	**229.50**		**江苏**	**Jiangsu**	**249.69**	**418.14**	**475.86**	

5-13 公共财政预算支出中医疗卫生支出 续表 1
Public Budgetary Expenditure for Medical and Health Care continued 1

单位：亿元 (100 million yuan)

地名	City	2010	2012	2013	2013 排名 Ranking	地名	City	2010	2012	2013	2013 排名 Ranking
南京	Nanjing	31.60	45.34	48.52	10	池州	Chizhou	5.08	10.11	12.09	225
无锡	Wuxi	22.95	34.16	37.89	33	宣城	Xuancheng	9.40	18.73	22.47	111
徐州	Xuzhou	21.34	39.40	45.16	16	**福建**	**Fujian**	**117.58**	**185.99**	**224.23**	
常州	Changzhou	14.70	22.79	26.29	79	福州	Fuzhou	18.17	31.01	37.97	31
苏州	Suzhou	33.78	55.29	61.03	7	厦门	Xiamen	14.49	21.42	25.47	88
南通	Nantong	17.38	36.65	41.39	25	莆田	Putian	7.36	11.88	15.02	187
连云港	Lianyungang	9.99	17.03	20.53	130	三明	Sanming	7.91	12.51	15.64	182
淮安	Huaian	11.72	23.56	25.64	86	泉州	Quanzhou	16.71	28.56	34.19	47
盐城	Yancheng	19.85	36.87	44.17	19	漳州	Zhangzhou	11.64	19.18	23.97	98
扬州	Yangzhou	10.56	18.63	21.33	123	南平	Nanping	8.00	13.21	16.31	177
镇江	Zhenjiang	7.70	14.57	16.39	174	龙岩	Longyan	8.70	14.54	16.75	167
泰州	Taizhou	12.14	23.76	27.46	68	宁德	Ningde	8.14	13.51	16.64	170
宿迁	Suqian	9.17	17.93	21.11	126	**江西**	**Jiangxi**	**150.02**	**219.15**	**262.14**	
浙江	**Zhejiang**	**224.53**	**305.91**	**350.73**		南昌	Nanchang	20.89	30.97	37.45	34
杭州	Hangzhou	41.71	55.92	62.15	6	景德镇	Jingdezhen	4.63	8.23	7.73	256
宁波	Ningbo	36.59	56.38	62.21	5	萍乡	Pingxiang	6.12	9.06	9.67	244
温州	Wenzhou	23.30	29.94	34.95	44	九江	Jiujiang	16.21	23.06	27.73	66
嘉兴	Jiaxing	13.02	15.12	17.04	162	新余	Xinyu	3.67	6.03	6.68	270
湖州	Huzhou	8.29	11.95	14.83	192	鹰潭	Yingtan	3.81	7.16	7.26	265
绍兴	Shaoxing	15.25	20.68	25.58	87	赣州	Ganzhou	23.81	34.52	41.59	23
金华	Jinhua	16.44	25.67	29.21	58	吉安	Jian	15.22	21.43	26.57	77
衢州	Quzhou	8.04	11.15	13.69	204	宜春	Yichun	15.56	22.99	27.44	69
舟山	Zhoushan	7.49	10.27	11.52	230	抚州	Fuzhou	12.05	17.48	22.31	112
台州	Taizhou	13.86	19.20	23.67	100	上饶	Shangrao	21.52	30.57	37.16	38
丽水	Lishui	10.98	14.93	17.36	159	**山东**	**Shandong**	**250.77**	**422.91**	**485.86**	
安徽	**Anhui**	**184.22**	**319.39**	**361.80**		济南	Jinan	21.08	33.32	41.68	21
合肥	Hefei	13.52	35.02	37.19	37	青岛	Qingdao	19.78	33.86	41.66	22
芜湖	Wuhu	10.03	19.85	21.64	121	淄博	Zibo	12.59	19.98	22.10	113
蚌埠	Bengbu	9.09	15.66	18.15	149	枣庄	Zaozhuang	9.09	15.14	16.38	175
淮南	Huainan	6.48	12.07	12.93	212	东营	Dongying	6.81	12.31	14.02	201
马鞍山	Maanshan	5.58	12.81	14.39	198	烟台	Yantai	22.39	37.55	37.23	36
淮北	Huaibei	4.90	9.30	9.76	243	潍坊	Weifang	15.94	32.43	37.44	35
铜陵	Tongling	3.68	6.74	5.24	277	济宁	Jining	17.91	33.85	39.55	27
安庆	Anqing	17.12	27.33	32.24	53	泰安	Taian	13.23	22.47	24.45	97
黄山	Huangshan	6.05	9.64	10.23	240	威海	Weihai	7.78	13.09	14.46	196
滁州	Chuzhou	12.19	26.43	27.65	67	日照	Rizhao	6.86	11.52	13.40	207
阜阳	Fuyang	17.31	31.71	38.48	29	莱芜	Laiwu	3.32	4.59	5.39	274
宿州	Suzhou	14.35	21.42	27.35	71	临沂	Linyi	21.14	38.97	46.18	14
六安	Liuan	16.36	26.32	32.50	52	德州	Dezhou	12.37	21.93	25.40	90
亳州	Bozhou	13.17	23.10	26.84	74	聊城	Liaocheng	14.10	22.65	26.25	81

5-13 公共财政预算支出中医疗卫生支出 续表 2
Public Budgetary Expenditure for Medical and Health Care continued 2

单位：亿元 (100 million yuan)

地名	City	2010	2012	2013	2013 排名 Ranking
滨州	Binzhou	10.09	17.12	20.48	131
菏泽	Heze	17.59	33.89	38.08	30
河南	**Henan**	**270.21**	**425.99**	**492.48**	
郑州	Zhengzhou	27.59	46.05	58.18	8
开封	Kaifeng	10.73	18.99	22.00	116
洛阳	Luoyang	17.24	26.02	29.91	55
平顶山	Pingdingshan	13.22	19.54	23.03	105
安阳	Anyang	13.82	22.20	22.52	110
鹤壁	Hebi	4.22	6.54	7.00	267
新乡	Xinxiang	13.21	21.76	25.71	85
焦作	Jiaozuo	9.74	15.11	15.77	180
濮阳	Puyang	9.32	14.57	18.52	143
许昌	Xuchang	9.97	15.94	17.70	155
漯河	Luohe	7.25	10.99	12.28	222
三门峡	Sanmenxia	5.89	9.69	11.40	231
南阳	Nanyang	22.90	38.94	44.13	20
商丘	Shangqiu	18.09	29.70	36.44	40
信阳	Xinyang	15.88	24.26	29.47	57
周口	Zhoukou	21.60	40.90	45.97	15
驻马店	Zhumadian	18.99	30.51	35.33	43
湖北	**Hubei**	**179.13**	**267.99**	**322.08**	
武汉	Wuhan	38.33	56.98	70.10	4
黄石	Huangshi	6.40	10.35	12.12	224
十堰	Shiyan	9.23	14.68	17.99	152
宜昌	Yichang	11.01	20.30	26.35	78
襄阳	Xiangfan	9.68	21.03	25.35	91
鄂州	Ezhou	2.81	4.09	4.94	278
荆门	Jingmen	6.03	11.25	11.94	227
孝感	Xiaogan	5.24	14.46	18.49	144
荆州	Jingzhou	14.86	15.82	26.97	72
黄冈	Huanggang	15.66	26.82	29.71	56
咸宁	Xianning	8.00	12.04	13.82	203
随州	Suizhou	5.03	9.29	11.86	228
湖南	**Hunan**	**180.44**	**294.17**	**342.47**	
长沙	Changsha	17.21	30.82	34.59	45
株洲	Zhuzhou	9.54	17.56	20.64	129
湘潭	Xiangtan	6.76	11.81	13.31	209
衡阳	Hengyang	16.10	28.46	32.90	50
邵阳	Shaoyang	15.73	28.46	31.67	54
岳阳	Yueyang	13.42	22.01	25.46	89
常德	Changde	14.53	22.99	27.89	65
张家界	Zhangjiajie	4.46	7.34	7.58	260
益阳	Yiyang	11.60	18.30	19.94	134
郴州	Chenzhou	11.58	19.01	23.31	103
永州	Yongzhou	13.74	23.49	26.84	74
怀化	Huaihua	11.52	19.58	22.75	108
娄底	Loudi	9.16	16.18	18.28	148
广东	**Guangdong**	**304.04**	**505.14**	**569.32**	
广州	Guangzhou	51.39	74.88	86.90	2
韶关	Shaoguan	8.09	11.91	14.13	200
深圳	Shenzhen	14.16	105.30	106.92	1
珠海	Zhuhai	5.99	8.14	8.61	250
汕头	Shantou	11.74	19.54	22.72	109
佛山	Foshan	13.94	22.33	25.13	93
江门	Jiangmen	8.89	15.01	17.83	154
湛江	Zhanjiang	14.10	28.08	33.78	49
茂名	Maoming	12.98	23.45	24.67	96
肇庆	Zhaoqing	8.70	16.19	18.07	151
惠州	Huizhou	10.73	21.82	26.28	80
梅州	Meizhou	10.77	17.89	20.88	127
汕尾	Shanwei	4.63	8.56	11.01	234
河源	Heyuan	8.22	13.37	16.72	168
阳江	Yangjiang	5.57	10.25	10.73	238
清远	Qingyuan	10.34	17.52	19.50	138
东莞	Dongguan	5.31	12.86	17.14	161
中山	ZhongShan	4.76	7.40	8.33	251
潮州	Chaozhou	5.53	9.09	9.45	245
揭阳	Jieyang	9.73	18.81	22.07	114
云浮	Yunfu	6.01	10.82	12.44	219
广西	**Guangxi**	**165.49**	**253.17**	**285.61**	
南宁	Nanning	20.64	34.41	35.91	42
柳州	Liuzhou	12.10	17.93	19.55	137
桂林	Guilin	17.37	26.37	28.79	59
梧州	Wuzhou	7.99	14.79	16.34	176
北海	Beihai	4.56	8.05	9.11	248
防城港	Fangchenggang	3.64	4.96	5.99	271
钦州	Qinzhou	8.36	15.00	17.58	157
贵港	Guigang	10.04	17.19	20.07	133
玉林	Yulin	15.24	24.08	28.28	62
百色	Baise	12.84	19.01	21.80	119

5-13 公共财政预算支出中医疗卫生支出 续表 3
Public Budgetary Expenditure for Medical and Health Care continued 3

单位：亿元 (100 million yuan)

地名	City	2010	2012	2013	2013 排名 Ranking	地名	City	2010	2012	2013	2013 排名 Ranking
贺州	Hezhou	5.78	10.76	11.97	226	丽江	Lijiang	4.32	7.60	8.27	252
河池	Hechi	13.14	18.39	19.89	135	普洱	Puer	10.69	14.75	16.79	166
来宾	Laibin	7.25	10.30	12.23	223	临沧	Lincang	7.67	13.46	14.48	195
崇左	Chongzuo	6.16	11.71	12.91	214	**西藏**	**Tibet**	**32.04**	**36.12**	**40.29**	
海南	**Hainan**	**34.82**	**59.86**	**69.59**		拉萨	Lhasa	2.20	14.88	14.82	193
海口	Haikou	5.41	9.45	12.69	215	**陕西**	**Shaanxi**	**156.66**	**222.30**	**257.14**	
三亚	Sanya	3.00	4.32	4.78	280	西安	Xi'an	27.10	41.46	50.34	9
重庆	**Chongqing**	**94.87**	**167.43**	**198.05**		铜川	Tongchuan	3.55	4.30	5.27	276
四川	**Sichuan**	**263.34**	**424.26**	**487.20**		宝鸡	Baoji	11.12	15.78	18.88	140
成都	Chengdu	42.74	55.48	70.50	3	咸阳	Xianyang	14.94	22.47	28.26	63
自贡	Zigong	7.28	13.43	14.28	199	渭南	Weinan	13.02	21.62	26.91	73
攀枝花	Panzhihua	4.82	7.92	7.58	260	延安	Yan'an	12.96	18.26	21.19	124
泸州	Luzhou	10.96	19.66	22.95	107	汉中	Hanzhong	10.98	18.91	23.00	106
德阳	Deyang	8.80	15.97	16.45	173	榆林	Yulin	18.33	30.58	32.79	51
绵阳	Mianyang	11.86	21.46	23.82	99	安康	Ankang	9.74	14.05	16.48	172
广元	Guangyuan	8.85	13.74	18.10	150	商洛	Shangluo	7.42	11.25	13.54	206
遂宁	Suining	8.53	14.02	14.95	188	**甘肃**	**Gansu**	**100.40**	**148.21**	**165.86**	
内江	Neijiang	9.96	16.09	17.52	158	兰州	Lanzhou	12.51	17.19	21.17	125
乐山	Leshan	10.74	15.60	16.71	169	嘉峪关	Jiayuguan	0.96	1.22	1.27	284
南充	Nanchong	18.01	30.48	34.35	46	金昌	Jinchang	1.61	2.46	2.66	282
眉山	Meishan	8.95	16.32	17.16	160	白银	Baiyin	6.71	8.85	10.59	239
宜宾	Yibin	12.66	23.12	25.00	94	天水	Tianshui	9.46	16.96	18.39	145
广安	Guangan	11.01	19.29	21.67	120	武威	Wuwei	5.80	9.67	11.35	232
达州	Dazhou	14.24	26.56	28.66	60	张掖	Zhangye	5.18	6.79	7.42	263
雅安	Yaan	5.46	8.93	9.78	242	平凉	Pingliang	7.62	10.34	12.33	221
巴中	Bazhong	8.69	16.86	18.38	146	酒泉	Jiuquan	4.70	6.18	7.00	267
资阳	Ziyang	10.76	18.50	19.76	136	庆阳	Qingyang	8.61	13.11	14.41	197
贵州	**Guizhou**	**127.68**	**201.05**	**228.71**		定西	Dingxi	7.09	12.62	13.39	208
贵阳	Guiyang	12.21	20.88	26.58	76	陇南	Longnan	8.11	13.20	14.85	191
六盘水	Liupanshui	8.49	12.44	14.86	190	**青海**	**Qinghai**	**38.94**	**60.11**	**68.64**	
遵义	Zunyi	18.40	33.46	38.63	28	西宁	Xining	7.49	13.22	15.17	186
安顺	Anshun	7.51	14.36	13.91	202	**宁夏**	**Ningxia**	**34.02**	**46.09**	**53.77**	
毕节	Bijie	21.12	31.02	36.73	39	银川	Yinchuan	7.19	8.42	10.79	237
铜仁	Tongren	11.30	19.45	22.05	115	石嘴山	Shizuishan	3.42	4.85	5.71	273
云南	**Yunnan**	**183.70**	**266.94**	**300.57**		吴忠	Wuzhong	4.83	8.75	11.05	233
昆明	Kunming	18.53	27.74	34.04	48	固原	Guyuan	6.77	10.34	10.86	236
曲靖	Qujing	16.71	26.01	27.93	64	中卫	Zhongwei	4.09	6.63	7.88	255
玉溪	Yuxi	9.12	15.41	16.09	178	**新疆**	**Xinjiang**	**103.56**	**145.88**	**160.91**	
保山	Baoshan	7.29	13.31	15.55	183	乌鲁木齐	Urumqi	6.94	10.92	12.46	218
昭通	Zhaotong	16.70	24.43	26.09	83	克拉玛依	Karamay	5.64	6.70	2.48	283

5-14 公共财政预算支出中农林水事务支出
Public Budgetary Expenditure for Agriculture, Forestry and Water Conservancy

单位：亿元 (100 million yuan)

地名	City	2010	2012	2013	2013 排名 Ranking	地名	City	2010	2012	2013	2013 排名 Ranking
地方合计	**Region Total**	**7741.69**	**11471.39**	**12822.64**		沈阳	Shenyang	26.41	38.79	44.84	58
北京	**Beijing**	**158.64**	**222.69**	**297.62**		大连	Dalian	34.96	56.44	70.50	9
天津	**Tianjin**	**67.14**	**100.98**	**123.03**		鞍山	Anshan	11.66	19.83	20.99	202
河北	**Hebei**	**312.66**	**443.62**	**511.11**		抚顺	Fushun	11.09	17.60	24.26	183
石家庄	Shijiazhuang	24.66	39.89	50.25	38	本溪	Benxi	9.13	12.62	13.64	252
唐山	Tangshan	35.59	46.22	48.08	47	丹东	Dandong	19.34	23.74	30.01	137
秦皇岛	Qinhuangdao	12.79	17.17	39.97	78	锦州	Jinzhou	20.07	33.53	31.63	128
邯郸	Handan	25.61	34.86	36.71	94	营口	Yingkou	9.92	14.56	16.02	237
邢台	Xingtai	19.50	29.41	53.79	25	阜新	Fuxin	8.83	17.21	25.46	170
保定	Baoding	27.10	46.41	39.81	79	辽阳	Liaoyang	6.60	10.25	12.14	259
张家口	Zhangjiakou	18.81	30.61	18.39	222	盘锦	Panjin	14.16	19.42	20.28	209
承德	Chengde	20.30	33.28	32.80	117	铁岭	Tieling	17.47	28.04	32.25	125
沧州	Cangzhou	23.72	28.73	32.71	119	朝阳	Chaoyang	20.16	33.81	37.57	88
廊坊	Langfang	18.71	24.21	40.25	76	葫芦岛	Huludao	16.37	23.10	21.73	199
衡水	Hengshui	14.28	17.11	25.02	175	吉林	**Jilin**	**238.94**	**291.30**	**318.26**	
山西	**Shanxi**	**201.71**	**309.63**	**339.69**		长春	Changchun	32.13	35.56	41.72	69
太原	Taiyuan	8.81	18.21	17.57	227	吉林	Jilin	21.52	20.74	26.45	156
大同	Datong	12.24	15.72	19.96	214	四平	Siping	16.47	18.73	18.82	218
阳泉	Yangquan	3.79	5.86	5.72	280	辽源	Liaoyuan	6.74	7.14	9.51	271
长治	Changzhi	15.33	21.81	25.98	164	通化	Tonghua	16.80	18.55	22.27	197
晋城	Jincheng	10.93	16.63	18.63	220	白山	Baishan	9.88	13.58	15.68	240
朔州	Shuozhou	10.11	15.27	20.01	213	松原	Songyuan	17.55	20.82	26.29	158
晋中	Jinzhong	14.07	19.06	24.57	181	白城	Baicheng	16.28	23.88	27.53	152
运城	Yuncheng	16.71	26.24	33.08	116	黑龙江	**Heilongjiang**	**338.06**	**430.39**	**461.7**	
忻州	Xinzhou	16.81	22.43	29.82	138	哈尔滨	Harbin	62.84	63.32	69.06	11
临汾	Linfen	15.48	23.51	32.42	123	齐齐哈尔	Qiqihar	41.99	56.97	54.83	23
吕梁	Luliang	15.16	25.49	33.38	111	鸡西	Jixi	12.22	15.62	14.84	245
内蒙古	**Inner Mongolia**	**281.00**	**450.83**	**466.58**		鹤岗	Hegang	6.44	9.09	8.71	273
呼和浩特	Hohhot	20.24	33.71	34.66	101	双鸭山	Shuangyashan	11.19	12.79	13.30	255
包头	Baotou	15.32	30.15	30.04	136	大庆	Daqing	16.86	24.94	24.91	179
乌海	Wuhai	5.71	9.52	8.46	275	伊春	Yichun	10.95	10.86	11.91	260
赤峰	Chifeng	31.74	51.20	56.06	21	佳木斯	Jiamusi	26.99	32.02	45.31	57
通辽	Tongliao	29.15	47.47	52.80	29	七台河	Qitaihe	4.88	5.83	7.41	277
鄂尔多斯	Erdos	39.22	58.63	52.34	33	牡丹江	Mudanjiang	17.08	21.12	22.43	196
呼伦贝尔	Hulunbuir	28.53	44.18	52.60	31	黑河	Heihe	22.69	25.37	32.33	124
巴彦淖尔	Bayannur	22.89	34.31	33.78	110	绥化	Suihua	39.20	53.48	55.17	22
乌兰察布	Ulanqab	20.70	36.53	35.63	99	上海	**Shanghai**	**151.93**	**217.97**	**187.25**	
辽宁	**Liaoning**	**289.00**	**405.02**	**466.52**		江苏	**Jiangsu**	**489.16**	**754.09**	**868.34**	

5-14 公共财政预算支出中农林水事务支出 续表 1
Public Budgetary Expenditure for Agriculture, Forestry and Water Conservancy continued 1

单位：亿元 (100 million yuan)

地名	City	2010	2012	2013	2013 排名 Ranking	地名	City	2010	2012	2013	2013 排名 Ranking
南京	Nanjing	32.21	51.01	57.73	20	池州	Chizhou	8.61	12.83	14.51	248
无锡	Wuxi	28.30	44.82	52.36	32	宣城	Xuancheng	12.52	24.08	26.07	162
徐州	Xuzhou	43.74	81.91	101.24	1	**福建**	**Fujian**	**160.34**	**244.16**	**312.22**	
常州	Changzhou	21.04	28.61	34.58	102	福州	Fuzhou	14.71	29.90	37.91	86
苏州	Suzhou	62.15	86.56	100.48	2	厦门	Xiamen	9.60	13.83	14.30	251
南通	Nantong	36.00	62.90	70.23	10	莆田	Putian	6.82	11.67	15.84	238
连云港	Lianyungang	27.92	43.15	49.84	40	三明	Sanming	15.55	26.17	34.14	108
淮安	Huaian	27.39	50.42	52.85	28	泉州	Quanzhou	21.14	40.38	46.93	50
盐城	Yancheng	38.89	66.54	76.25	5	漳州	Zhangzhou	16.06	29.64	42.21	67
扬州	Yangzhou	21.71	35.87	38.53	83	南平	Nanping	13.13	19.36	31.95	126
镇江	Zhenjiang	13.30	22.26	26.21	160	龙岩	Longyan	13.03	20.04	30.33	135
泰州	Taizhou	25.86	39.46	46.41	51	宁德	Ningde	12.11	19.52	29.68	139
宿迁	Suqian	26.34	47.67	63.00	13	**江西**	**Jiangxi**	**232.34**	**384.77**	**438.54**	
浙江	**Zhejiang**	**290.37**	**408.20**	**513.03**		南昌	Nanchang	17.93	25.78	30.99	131
杭州	Hangzhou	31.97	44.88	50.62	37	景德镇	Jingdezhen	7.07	13.31	15.15	243
宁波	Ningbo	43.01	72.20	80.38	4	萍乡	Pingxiang	7.86	12.97	14.41	250
温州	Wenzhou	29.14	42.18	54.09	24	九江	Jiujiang	22.20	35.46	45.66	55
嘉兴	Jiaxing	15.34	23.00	33.17	115	新余	Xinyu	6.10	8.34	9.05	272
湖州	Huzhou	11.33	15.03	21.96	198	鹰潭	Yingtan	5.72	6.77	8.62	274
绍兴	Shaoxing	20.70	28.19	33.20	114	赣州	Ganzhou	33.82	54.82	60.60	18
金华	Jinhua	22.04	27.90	34.16	107	吉安	Jian	28.60	45.00	49.32	42
衢州	Quzhou	14.12	18.63	23.16	190	宜春	Yichun	27.87	40.64	48.00	48
舟山	Zhoushan	19.47	30.40	49.00	44	抚州	Fuzhou	22.73	30.34	36.99	92
台州	Taizhou	26.06	39.29	50.79	36	上饶	Shangrao	30.42	42.34	51.43	34
丽水	Lishui	17.91	25.73	36.66	95	**山东**	**Shandong**	**465.98**	**673.82**	**748.14**	
安徽	**Anhui**	**292.52**	**430.47**	**478.17**		济南	Jinan	23.03	29.04	30.94	132
合肥	Hefei	14.99	40.47	49.60	41	青岛	Qingdao	32.09	39.74	52.64	30
芜湖	Wuhu	7.49	22.06	25.44	171	淄博	Zibo	17.94	29.56	31.41	130
蚌埠	Bengbu	9.35	19.31	23.18	189	枣庄	Zaozhuang	11.31	17.12	19.80	215
淮南	Huainan	6.79	12.00	13.38	253	东营	Dongying	18.05	30.08	32.67	120
马鞍山	Maanshan	3.29	14.88	17.28	232	烟台	Yantai	37.94	64.00	71.48	8
淮北	Huaibei	5.45	10.43	11.16	263	潍坊	Weifang	28.77	51.47	59.79	19
铜陵	Tongling	2.20	4.47	4.98	281	济宁	Jining	29.30	43.39	48.59	45
安庆	Anqing	21.54	33.92	39.06	80	泰安	Taian	21.09	30.98	34.45	103
黄山	Huangshan	8.64	14.53	17.55	228	威海	Weihai	18.78	42.13	41.94	68
滁州	Chuzhou	20.10	39.40	44.81	59	日照	Rizhao	13.72	20.80	25.18	173
阜阳	Fuyang	20.30	34.04	41.53	71	莱芜	Laiwu	5.27	6.74	7.69	276
宿州	Suzhou	14.96	31.50	33.32	113	临沂	Linyi	28.56	37.14	46.33	53
六安	Liuan	24.92	42.26	49.12	43	德州	Dezhou	23.22	33.71	35.27	100
亳州	Bozhou	12.90	22.67	27.70	151	聊城	Liaocheng	18.77	28.95	31.92	127

5-14 公共财政预算支出中农林水事务支出 续表 2

Public Budgetary Expenditure for Agriculture, Forestry and Water Conservancy continued 2

单位：亿元 (100 million yuan)

地名	City	2010	2012	2013	2013 排名 Ranking	地名	City	2010	2012	2013	2013 排名 Ranking
滨州	Binzhou	21.34	33.96	34.10	109	常德	Changde	20.86	36.37	45.38	56
菏泽	Heze	27.53	36.37	40.53	74	张家界	Zhangjiajie	7.58	11.60	12.54	256
河南	**Henan**	**399.19**	**551.73**	**629.85**		益阳	Yiyang	13.40	24.20	27.05	153
郑州	Zhengzhou	30.35	52.05	60.61	17	郴州	Chenzhou	18.70	27.54	35.89	97
开封	Kaifeng	11.42	21.51	26.18	161	永州	Yongzhou	17.90	32.95	42.62	65
洛阳	Luoyang	19.34	36.05	43.59	62	怀化	Huaihua	18.07	26.39	32.60	121
平顶山	Pingdingshan	14.34	25.50	26.24	159	娄底	Loudi	11.78	16.83	20.21	210
安阳	Anyang	13.86	26.20	29.21	142	**广东**	**Guangdong**	**325.02**	**539.56**	**595.28**	
鹤壁	Hebi	5.42	8.58	10.33	268	广州	Guangzhou	38.92	63.55	73.69	7
新乡	Xinxiang	16.70	30.03	34.29	104	韶关	Shaoguan	10.27	18.06	20.32	208
焦作	Jiaozuo	10.27	16.98	20.07	212	深圳	Shenzhen		44.66	61.42	16
濮阳	Puyang	9.60	23.04	24.01	186	珠海	Zhuhai	7.62	10.79	11.37	262
许昌	Xuchang	11.00	20.55	26.01	163	汕头	Shantou	8.04	18.93	14.79	246
漯河	Luohe	5.65	12.14	14.64	247	佛山	Foshan	23.99	26.85	28.42	147
三门峡	Sanmenxia	10.36	16.52	17.98	226	江门	Jiangmen	12.30	20.58	23.55	188
南阳	Nanyang	32.02	57.10	66.25	12	湛江	Zhanjiang	17.22	24.44	27.98	150
商丘	Shangqiu	18.77	37.72	42.96	64	茂名	Maoming	11.41	19.89	20.35	207
信阳	Xinyang	21.85	41.58	43.70	61	肇庆	Zhaoqing	13.52	18.15	18.29	223
周口	Zhoukou	18.15	41.36	48.45	46	惠州	Huizhou	14.61	26.06	26.48	155
驻马店	Zhumadian	24.31	39.36	44.78	60	梅州	Meizhou	14.85	23.58	25.97	165
湖北	**Hubei**	**300.87**	**419.02**	**465.34**		汕尾	Shanwei	6.07	11.13	13.33	254
武汉	Wuhan	38.46	49.48	61.96	15	河源	Heyuan	14.75	18.02	20.86	204
黄石	Huangshi	9.91	13.19	14.47	249	阳江	Yangjiang	8.53	16.69	18.54	221
十堰	Shiyan	25.75	28.84	34.23	105	清远	Qingyuan	13.78	20.78	19.51	216
宜昌	Yichang	23.32	33.88	37.78	87	东莞	Dongguan	22.96	29.69	23.61	187
襄阳	Xiangfan	25.97	46.40	43.49	63	中山	ZhongShan	18.34	25.90	28.59	145
鄂州	Ezhou	4.70	6.16	7.22	278	潮州	Chaozhou	5.52	9.54	10.26	269
荆门	Jingmen	17.69	21.61	24.13	185	揭阳	Jieyang	8.02	15.78	17.54	229
孝感	Xiaogan	6.39	9.68	11.80	261	云浮	Yunfu	6.66	10.04	10.87	265
荆州	Jingzhou	27.79	11.59	41.25	73	**广西**	**Guangxi**	**260.26**	**369.07**	**371.90**	
黄冈	Huanggang	30.34	43.34	46.15	54	南宁	Nanning	18.98	32.33	37.32	91
咸宁	Xianning	14.12	22.90	24.92	178	柳州	Liuzhou	13.33	20.60	22.47	195
随州	Suizhou	10.08	16.89	16.89	235	桂林	Guilin	27.01	37.82	37.51	90
湖南	**Hunan**	**322.65**	**447.74**	**516.55**		梧州	Wuzhou	10.66	18.98	21.03	201
长沙	Changsha	25.56	40.04	53.37	26	北海	Beihai	7.06	23.17	17.02	234
株洲	Zhuzhou	10.84	17.67	20.69	205	防城港	Fangchenggang	5.91	10.15	9.91	270
湘潭	Xiangtan	7.54	12.22	16.67	236	钦州	Qinzhou	9.48	16.65	15.58	241
衡阳	Hengyang	18.51	32.07	38.49	84	贵港	Guigang	11.93	17.00	15.56	242
邵阳	Shaoyang	20.30	33.23	42.46	66	玉林	Yulin	16.21	24.46	23.10	191
岳阳	Yueyang	17.92	28.71	38.89	81	百色	Baise	18.48	32.74	32.47	122

5-14 公共财政预算支出中农林水事务支出 续表 3
Public Budgetary Expenditure for Agriculture, Forestry and Water Conservancy continued 3

单位：亿元 (100 million yuan)

地名	City	2010	2012	2013	2013 排名 Ranking	地名	City	2010	2012	2013	2013 排名 Ranking
贺州	Hezhou	9.88	13.91	14.97	244	丽江	Lijiang	7.97	17.41	19.25	217
河池	Hechi	17.31	26.15	30.75	133	普洱	Puer	17.21	27.98	29.31	141
来宾	Laibin	14.69	20.39	15.76	239	临沧	Lincang	15.24	26.69	28.55	146
崇左	Chongzuo	9.61	17.57	18.25	224	**西藏**	**Tibet**	**89.11**	**142.62**	**148.79**	
海南	**Hainan**	**87.68**	**123.62**	**139.03**		拉萨	Lhasa	4.31	90.72	86.49	3
海口	Haikou	6.45	9.74	11.16	263	**陕西**	**Shaanxi**	**267.16**	**376.45**	**419.62**	
三亚	Sanya	7.49	10.80	12.15	258	西安	Xi'an	25.14	45.11	49.94	39
重庆	**Chongqing**	**159.18**	**256.35**	**281.94**		铜川	Tongchuan	5.51	9.90	10.63	266
四川	**Sichuan**	**401.76**	**654.95**	**741.78**		宝鸡	Baoji	19.23	32.14	32.74	118
成都	Chengdu	37.26	53.70	75.91	6	咸阳	Xianyang	23.20	33.03	40.41	75
自贡	Zigong	8.83	16.54	18.11	225	渭南	Weinan	24.73	43.66	47.92	49
攀枝花	Panzhihua	6.46	10.83	12.31	257	延安	Yan'an	30.21	41.75	53.18	27
泸州	Luzhou	15.94	31.08	36.79	93	汉中	Hanzhong	16.44	28.42	33.35	112
德阳	Deyang	11.49	17.70	25.90	166	榆林	Yulin	36.00	57.27	62.15	14
绵阳	Mianyang	15.01	31.69	38.84	82	安康	Ankang	15.04	20.47	25.11	174
广元	Guangyuan	14.15	21.90	28.07	149	商洛	Shangluo	13.22	22.03	24.36	182
遂宁	Suining	10.97	17.99	20.87	203	**甘肃**	**Gansu**	**196.27**	**302.37**	**346.58**	
内江	Neijiang	11.54	18.69	22.76	193	兰州	Lanzhou	13.92	16.62	17.12	233
乐山	Leshan	13.94	21.65	22.85	192	嘉峪关	Jiayuguan	0.43	0.99	1.78	283
南充	Nanchong	20.72	40.08	46.40	52	金昌	Jinchang	3.16	5.50	6.73	279
眉山	Meishan	12.31	20.81	29.56	140	白银	Baiyin	8.77	17.24	18.68	219
宜宾	Yibin	16.76	29.37	35.75	98	天水	Tianshui	15.02	22.17	25.27	172
广安	Guangan	14.63	23.70	26.38	157	武威	Wuwei	17.40	21.81	24.98	176
达州	Dazhou	21.22	34.78	37.54	89	张掖	Zhangye	12.16	17.37	21.21	200
雅安	Yaan	6.44	11.83	2.01	282	平凉	Pingliang	11.71	18.13	20.45	206
巴中	Bazhong	13.81	25.64	24.91	179	酒泉	Jiuquan	9.06	16.23	17.43	230
资阳	Ziyang	16.16	24.74	28.10	148	庆阳	Qingyang	20.65	24.84	25.61	169
贵州	**Guizhou**	**246.76**	**361.87**	**400.31**		定西	Dingxi	14.98	26.58	40.06	77
贵阳	Guiyang	16.24	24.18	28.96	143	陇南	Longnan	13.19	22.66	31.45	129
六盘水	Liupanshui	16.06	21.89	28.96	143	**青海**	**Qinghai**	**69.50**	**134.31**	**159.69**	
遵义	Zunyi	32.54	46.21	51.02	35	西宁	Xining	10.88	18.56	24.96	177
安顺	Anshun	12.95	18.87	22.66	194	**宁夏**	**Ningxia**	**94.23**	**139.80**	**149.38**	
毕节	Bijie	32.14	40.22	41.62	70	银川	Yinchuan	13.71	22.26	25.75	168
铜仁	Tongren	25.09	35.19	36.13	96	石嘴山	Shizuishan	7.06	8.55	10.55	267
云南	**Yunnan**	**327.21**	**518.60**	**538.97**		吴忠	Wuzhong	14.61	28.29	26.65	154
昆明	Kunming	25.05	36.84	41.35	72	固原	Guyuan	14.24	26.06	30.63	134
曲靖	Qujing	30.59	42.00	38.07	85	中卫	Zhongwei	12.34	18.33	17.43	230
玉溪	Yuxi	14.88	20.81	25.90	166	**新疆**	**Xinjiang**	**220.50**	**365.39**	**387.42**	
保山	Baoshan	15.98	25.54	24.15	184	乌鲁木齐	Urumqi	7.30	15.18	20.12	211
昭通	Zhaotong	23.13	34.92	34.19	106	克拉玛依	Karamay	0.81	1.62	1.00	284

居民生活和社会保障

People's Living Conditions and Social Security

6-1 城镇居民人均可支配收入
Annual Per Capita Disposable Income of Urban Households

单位：元 (yuan)

地名	City	2010	2012	2013	2013 排名 Ranking
全国	**Nation Total**	**19109**	**24565**	**26955**	
北京	**Beijing**	**29073**	**36469**	**40321**	
天津	**Tianjin**	**24293**	**29626**	**32294**	
河北	**Hebei**	**16263**	**20543**	**22580**	
石家庄	Shijiazhuang	16263	23038	24074	114
唐山	Tangshan	16263	24358	26704	67
秦皇岛	Qinhuangdao	16263	22098	24021	115
邯郸	Handan	16263	21740	20807	207
邢台	Xingtai	16263	18639	18195	266
保定	Baoding	16263	19048	19840	224
张家口	Zhangjiakou	16263	18441	19641	232
承德	Chengde	16263	18706	19138	244
沧州	Cangzhou	16263	20805	22072	168
廊坊	Langfang	16263	24872	27090	65
衡水	Hengshui	16263	18504	17808	270
山西	**Shanxi**	**15648**	**20412**	**22456**	
太原	Taiyuan	17258	22587	24000	117
大同	Datong	16103	21622	21430	183
阳泉	Yangquan	17084	21749	23238	133
长治	Changzhi	17123	22545	22803	141
晋城	Jincheng	17353	22539	23250	132
朔州	Shuozhou	17558	23341	24013	116
晋中	Jinzhong	17394	22878	23714	124
运城	Yuncheng	14952	19661	20718	212
忻州	Xinzhou	14939	19493	20324	219
临汾	Linfen	16145	21464	21936	170
吕梁	Luliang	15278	20006	20145	221
内蒙古	**Inner Mongolia**	**17698**	**23150**	**25578**	
呼和浩特	Hohhot	25174	32646	32003	35
包头	Baotou	25862	33488	32694	32
乌海	Wuhai	19741	25447	28802	50
赤峰	Chifeng	14108	18678	21148	197
通辽	Tongliao	14263	18828	21349	187
鄂尔多斯	Erdos	25205	33140	32243	34
呼伦贝尔	Hulunbuir	14857	19492	22616	148
巴彦淖尔	Bayannur	14421	18455	20674	213
乌兰察布	Ulanqab	14202	18609	20895	203
辽宁	**Liaoning**	**17713**	**23223**	**22275**	
沈阳	Shenyang	20541	26431	29074	47
大连	Dalian	21293	27539	30238	40
鞍山	Anshan	18423	24194	26662	68
抚顺	Fushun	15303	20545	22702	145
本溪	Benxi	16775	22466	24960	92
丹东	Dandong	14536	19625	21745	172
锦州	Jinzhou	17375	22995	25340	86
营口	Yingkou	18055	23986	26600	70
阜新	Fuxin	12711	17123	19058	246
辽阳	Liaoyang	16570	22259	24619	100
盘锦	Panjin	21035	27533	30148	41
铁岭	Tieling	13730	18587	20576	214
朝阳	Chaoyang	12961	17112	18891	250
葫芦岛	Huludao	17371	22841	25304	87
吉林	**Jilin**	**15411**	**20208**	**19597**	
长春	Changchun	17922	22970	26034	76
吉林	Jilin	16936	22068	25937	77
四平	Siping	16459	21387	25530	83
辽源	Liaoyuan	16665	21252	25379	85
通化	Tonghua	16704	21627	25636	80
白山	Baishan	16356	21282	25555	82
松原	Songyuan	16800	21704	25933	78
白城	Baicheng	15904	20154	24291	109
黑龙江	**Heilongjiang**	**13857**	**17760**	**19597**	
哈尔滨	Harbin	17557	22477	25197	90
齐齐哈尔	Qiqihar	13377	17170	19064	245
鸡西	Jixi	13005	16980	17697	271
鹤岗	Hegang	12044	15698	16001	280
双鸭山	Shuangyashan	14157	18024	18734	254
大庆	Daqing	20016	25223	27755	61
伊春	Yichun	10317	13425	15370	284
佳木斯	Jiamusi	12186	15713	17863	269
七台河	Qitaihe	15002	17092	18134	267
牡丹江	Mudanjiang	12806	16704	19320	240
黑河	Heihe		18076	19693	229
绥化	Suihua		15300	17684	273
上海	**Shanghai**	**31838**	**40188**	**43851**	
江苏	**Jiangsu**	**22944**	**29677**	**32538**	

6-1 城镇居民人均可支配收入 续表 1
Annual Per Capita Disposable Income of Urban Households continued 1

单位：元 (yuan)

地名	City	2010	2012	2013	2013 排名 Ranking	地名	City	2010	2012	2013	2013 排名 Ranking
南京	Nanjing	27383	35092	38531	11	池州	Chizhou	15997	21386	23482	128
无锡	Wuxi	27750	35663	38999	10	宣城	Xuancheng	15141	20478	22731	143
徐州	Xuzhou	16762	21716	23770	123	**福建**	**Fujian**	**21781**	**28055**	**30816**	
常州	Changzhou	25875	33326	36611	16	福州	Fuzhou	22723	29399	32265	33
苏州	Suzhou	30366	39079	42748	3	厦门	Xiamen	29253	37576	41360	6
南通	Nantong	21825	28292	31059	37	莆田	Putian	19068	24690	27233	63
连云港	Lianyungang	15790	20816	22985	137	三明	Sanming	18194	23459	25724	79
淮安	Huaian	15983	20950	23107	134	泉州	Quanzhou	25155	32283	35430	21
盐城	Yancheng	16935	21941	24119	113	漳州	Zhangzhou	18482	23951	26471	71
扬州	Yangzhou	19537	25712	28145	58	南平	Nanping	17332	22235	24318	107
镇江	Zhenjiang	23224	30045	32977	30	龙岩	Longyan	18406	23765	26281	72
泰州	Taizhou	20255	26574	29112	46	宁德	Ningde	16815	21825	23951	119
宿迁	Suqian	12757	16991	18846	251	**江西**	**Jiangxi**	**15481**	**19860**	**21873**	
浙江	**Zhejiang**	**27359**	**34550**	**37851**		南昌	Nanchang	18276	23602	26151	74
杭州	Hangzhou	30035	35704	39310	8	景德镇	Jingdezhen	16657	21621	23991	118
宁波	Ningbo	30166	38043	41657	5	萍乡	Pingxiang	16381	21257	23496	127
温州	Wenzhou	27250	34820	37852	13	九江	Jiujiang	15764	20330	22504	153
嘉兴	Jiaxing	27487	35696	39087	9	新余	Xinyu	17358	22470	24751	98
湖州	Huzhou	25572	32987	36220	19	鹰潭	Yingtan	15618	19883	22090	167
绍兴	Shaoxing	30164	36911	40454	7	赣州	Ganzhou	14203	18704	20556	215
金华	Jinhua	25029	33164	36423	17	吉安	Jian	15547	20134	22278	159
衢州	Quzhou	21811	26232	28883	49	宜春	Yichun	14333	18896	20871	205
舟山	Zhoushan	26242	34224	37646	14	抚州	Fuzhou	14445	18932	20835	206
台州	Taizhou	27212	33979	37038	15	上饶	Shangrao	15535	20177	22195	164
丽水	Lishui	21093	26309	29045	48	**山东**	**Shandong**	**19946**	**25755**	**28264**	
安徽	**Anhui**	**15788**	**21024**	**23114**		济南	Jinan	25321	32570	35648	20
合肥	Hefei	19051	25434	28083	59	青岛	Qingdao	24998	32145	35227	22
芜湖	Wuhu	18727	23784	26264	73	淄博	Zibo	21784	28189	30889	38
蚌埠	Bengbu	15376	20629	22739	142	枣庄	Zaozhuang	17630	22960	25238	89
淮南	Huainan	15377	20733	22920	138	东营	Dongying	23796	30953	33983	25
马鞍山	Maanshan	23159	30937	34048	24	烟台	Yantai	23288	30045	32956	31
淮北	Huaibei	15191	20360	22460	155	潍坊	Weifang	19675	25817	28386	54
铜陵	Tongling	18690	24685	27154	64	济宁	Jining	19826	25454	27956	60
安庆	Anqing	15147	20453	22683	146	泰安	Taian	19953	25659	28201	57
黄山	Huangshan	15834	21208	23356	131	威海	Weihai	22235	28630	31442	36
滁州	Chuzhou	15104	20426	22591	150	日照	Rizhao	17558	22817	25090	91
阜阳	Fuyang	13981	18972	20933	202	莱芜	Laiwu	20988	26589	29179	45
宿州	Suzhou	14669	19731	21713	174	临沂	Linyi	21038	27624	30317	39
六安	Liuan	14508	19369	21275	191	德州	Dezhou	17410	22440	24812	96
亳州	Bozhou	15538	20488	22605	149	聊城	Liaocheng	17889	23685	26087	75

6-1 城镇居民人均可支配收入 续表 2
Annual Per Capita Disposable Income of Urban Households continued 2

单位：元 (yuan)

地名	City	2010	2012	2013	2013 排名 Ranking	地名	City	2010	2012	2013	2013 排名 Ranking
滨州	Binzhou	19686	25810	28363	55	常德	Changde	15502	19858	20766	209
菏泽	Heze	14419	19140	21236	192	张家界	Zhangjiajie	12705	15641	16580	279
河南	**Henan**	**15930**	**20443**	**22398**		益阳	Yiyang	15398	19765	18928	248
郑州	Zhengzhou	18897	24246	26615	69	郴州	Chenzhou	15342	20016	21634	177
开封	Kaifeng	13695	17545	19492	235	永州	Yongzhou	15041	19671	18526	261
洛阳	Luoyang	17639	22636	24820	94	怀化	Huaihua	12523	15666	17632	275
平顶山	Pingdingshan	16208	20610	22482	154	娄底	Loudi	15025	19194	18680	258
安阳	Anyang	16394	21042	23019	136	**广东**	**Guangdong**	**23898**	**30227**	**33090**	
鹤壁	Hebi	15059	19284	21228	194	广州	Guangzhou	30658	38054	42049	4
新乡	Xinxiang	15752	20159	22105	166	韶关	Shaoguan	18021	23184	25595	81
焦作	Jiaozuo	15781	20136	22058	169	深圳	Shenzhen	32381	40742	44653	2
濮阳	Puyang	15138	19511	21571	178	珠海	Zhuhai	25382	32978	36375	18
许昌	Xuchang	15171	19685	21717	173	汕头	Shantou	15179	20024	22206	163
漯河	Luohe	14769	19136	21174	196	佛山	Foshan	27245	34580	38038	12
三门峡	Sanmenxia	15032	19184	20938	200	江门	Jiangmen	21153	27017	29772	44
南阳	Nanyang	15077	19544	21653	176	湛江	Zhanjiang	15305	20227	22371	157
商丘	Shangqiu	14178	18312	20214	220	茂名	Maoming	14360	18034	20036	222
信阳	Xinyang	13348	17256	19150	243	肇庆	Zhaoqing	16832	21754	23930	120
周口	Zhoukou	12678	16503	18046	268	惠州	Huizhou	23565	29965	32991	29
驻马店	Zhumadian	13702	17671	19431	237	梅州	Meizhou	14728	18699	20737	210
湖北	**Hubei**	**16058**	**20840**	**22906**		汕尾	Shanwei	13915	18422	20485	217
武汉	Wuhan	20806	27061	29821	43	河源	Heyuan	13177	16520	18436	262
黄石	Huangshi	14665	19417	21330	188	阳江	Yangjiang	14641	19120	21434	182
十堰	Shiyan	12653	16011	17694	272	清远	Qingyuan	15768	19514	21368	185
宜昌	Yichang	15557	18775	20934	201	东莞	Dongguan	35690	42944	46594	1
襄阳	Xiangfan	14756	17532	19329	239	中山	ZhongShan	25357	31130	34274	23
鄂州	Ezhou	14788	19307	20878	204	潮州	Chaozhou	13669	17645	19674	230
荆门	Jingmen	15218	17678	19820	225	揭阳	Jieyang	14907	18901	20980	199
孝感	Xiaogan	14878	18091	19819	226	云浮	Yunfu	14613	18332	20440	218
荆州	Jingzhou	14708	17010	18706	257	**广西**	**Guangxi**	**17064**	**21243**	**23305**	
黄冈	Huanggang	12832	16765	18432	263	南宁	Nanning	18032	22561	24817	95
咸宁	Xianning	12968	16913	18581	259	柳州	Liuzhou	17766	22181	24355	106
随州	Suizhou	15280	19164	19806	228	桂林	Guilin	17949	22300	24552	101
湖南	**Hunan**	**16566**	**21319**	**23414**		梧州	Wuzhou	16427	20563	22537	151
长沙	Changsha	22814	30288	33662	26	北海	Beihai	16798	21202	23407	129
株洲	Zhuzhou	19643	25916	28698	51	防城港	Fangchenggang	17831	22203	24423	104
湘潭	Xiangtan	18059	23549	24810	97	钦州	Qinzhou	17356	21600	23695	125
衡阳	Hengyang	15635	20380	22297	158	贵港	Guigang	15531	19314	21361	186
邵阳	Shaoyang	11698	15457	17647	274	玉林	Yulin	17642	22171	24366	105
岳阳	Yueyang	17312	22111	21193	195	百色	Baise	15976	19561	21458	181

6-1 城镇居民人均可支配收入 续表 3
Annual Per Capita Disposable Income of Urban Households continued 3

单位：元 (yuan)

地名	City	2010	2012	2013	2013 排名 Ranking	地名	City	2010	2012	2013	2013 排名 Ranking
贺州	Hezhou	15802	19855	21682	175	丽江	Lijiang	13740	18621	21229	193
河池	Hechi	14889	17964	19653	231	普洱	Puer	13489	17267	19170	242
来宾	Laibin	17334	21499	23563	126	临沧	Lincang	12587	16398	18563	260
崇左	Chongzuo	15620	19370	21289	190	**西藏**	**Tibet**	**14980**	**18028**	**20023**	
海南	**Hainan**	**15581**	**20918**	**22929**		拉萨	Lhasa	16567	19545	21427	184
海口	Haikou	16720	22992	24461	103	**陕西**	**Shaanxi**	**15695**	**20734**	**22858**	
三亚	Sanya	17758	23295	25460	84	西安	Xi'an	15884	29982	33100	27
重庆	**Chongqing**	**17532**	**22968**	**25216**		铜川	Tongchuan	18978	21929	24495	102
四川	**Sichuan**	**15461**	**20307**	**22368**		宝鸡	Baoji	18914	25777	28509	52
成都	Chengdu	19920	26590	29968	42	咸阳	Xianyang	15918	25758	28488	53
自贡	Zigong	14538	19447	21489	180	渭南	Weinan	17880	21808	24164	112
攀枝花	Panzhihua	16882	22808	24906	93	延安	Yan'an	14509	24748	27643	62
泸州	Luzhou	15505	20746	22821	140	汉中	Hanzhong	17545	19827	22167	165
德阳	Deyang	16202	22374	24701	99	榆林	Yulin	14642	24140	26820	66
绵阳	Mianyang	15516	20755	23100	135	安康	Ankang	14811	20300	22533	152
广元	Guangyuan	12509	17012	18713	256	商洛	Shangluo	22297	19998	33007	28
遂宁	Suining	13778	18716	20737	210	**甘肃**	**Gansu**	**13189**	**17157**	**18965**	
内江	Neijiang	14324	19142	21114	198	兰州	Lanzhou	14062	18443	20767	208
乐山	Leshan	15237	20397	22661	147	嘉峪关	Jiayuguan	16742	22006	24294	108
南充	Nanchong	12638	17225	19206	241	金昌	Jinchang	17679	23295	23786	121
眉山	Meishan	14644	19766	21901	171	白银	Baiyin	14213	18533	18280	265
宜宾	Yibin	15261	20522	22718	144	天水	Tianshui	11507	15177	16892	278
广安	Guangan	14754	19973	22210	162	武威	Wuwei	11551	15397	17368	276
达州	Dazhou	12624	16949	18915	249	张掖	Zhangye	10855	14395	15877	281
雅安	Yaan	14906	20049	22254	160	平凉	Pingliang	11766	15506	17351	277
巴中	Bazhong	12413	16999	18937	247	酒泉	Jiuquan	15104	20062	22389	156
资阳	Ziyang	15298	20751	22867	139	庆阳	Qingyang	12453	16662	18761	253
贵州	**Guizhou**	**14143**	**18701**	**20667**		定西	Dingxi	10790	14281	15723	282
贵阳	Guiyang	16597	21796	23376	130	陇南	Longnan	10623	14077	15555	283
六盘水	Liupanshui	13919	18764	19625	233	**青海**	**Qinghai**	**13855**	**17566**	**19499**	
遵义	Zunyi	15279	19748	20504	216	西宁	Xining	14085	17634	19444	236
安顺	Anshun	14504	18617	19394	238	**宁夏**	**Ningxia**	**15344**	**19831**	**21833**	
毕节	Bijie	14308	19555	19851	223	银川	Yinchuan	16842	21620	23776	122
铜仁	Tongren	11000	15911	18366	264	石嘴山	Shizuishan	15466	20294	22224	161
云南	**Yunnan**	**16065**	**21075**	**23236**		吴忠	Wuzhong	13849	17845	19582	234
昆明	Kunming	18876	25240	28354	56	固原	Guyuan	13044	16854	18789	252
曲靖	Qujing	15940	21623	24262	111	中卫	Zhongwei	13980	17867	19810	227
玉溪	Yuxi	164741	21384	24276	110	**新疆**	**Xinjiang**	**13644**	**17921**	**19874**	
保山	Baoshan	14894	18907	21555	179	乌鲁木齐	Urumqi	14402	18385	21304	189
昭通	Zhaotong	12295	16394	18724	255	克拉玛依	Karamay	17295	22937	25249	88

6-2 城镇居民人均现金消费支出
Annual Per Capita Cash Consumption Expenditure of Urban Households

单位：元 (yuan)

地名	City	2010	2012	2013	2013 排名 Ranking
全国	**Nation Total**	**13471**	**16674**	**18023**	
北京	**Beijing**	**19934**	**24046**	**26275**	
天津	**Tianjin**	**16562**	**20024**	**21712**	
河北	**Hebei**	**10318**	**12531**	**13641**	
石家庄	Shijiazhuang	10568	13378	15292	140
唐山	Tangshan	13522	15605	17244	82
秦皇岛	Qinhuangdao	11081	12691	16718	99
邯郸	Handan	9438	12413	12539	229
邢台	Xingtai	10416	12090	11010	258
保定	Baoding	9626	11769	12422	233
张家口	Zhangjiakou	9874	11498	12517	231
承德	Chengde	9490	11604	11713	249
沧州	Cangzhou	10279	11883	13544	192
廊坊	Langfang	12673	15736	19019	50
衡水	Hengshui	9211	11928	11100	255
山西	**Shanxi**	**9793**	**12212**	**13166**	
太原	Taiyuan	12106	13970	14338	170
大同	Datong	10140	13441	11202	254
阳泉	Yangquan	10256	12504	13184	203
长治	Changzhi	10830	14052	12483	232
晋城	Jincheng	10586	16473	12141	242
朔州	Shuozhou	11713	15296	12264	238
晋中	Jinzhong	11972	14034	11826	248
运城	Yuncheng	9050	11777	11869	247
忻州	Xinzhou	9786	11045	10454	261
临汾	Linfen	9641	12494	11357	253
吕梁	Luliang	8145	9425	11012	257
内蒙古	**Inner Mongolia**	**13995**	**17717**	**19249**	
呼和浩特	Hohhot	16624	21095	22919	22
包头	Baotou	20994	25999	22968	21
乌海	Wuhai	16680	20921	22406	24
赤峰	Chifeng	10343	13138	13003	209
通辽	Tongliao	10403	14334	13877	181
鄂尔多斯	Erdos	22566	27488	24874	10
呼伦贝尔	Hulunbuir	11877	15157	16585	103
巴彦淖尔	Bayannur	10400	13372	14958	152
乌兰察布	Ulanqab	10875	12263	13205	202
辽宁	**Liaoning**	**13280**	**16594**	**18030**	
沈阳	Shenyang	16961	20003		
大连	Dalian	16580	20417		
鞍山	Anshan	13710	16389		
抚顺	Fushun	10007	13768		
本溪	Benxi	12119	16065		
丹东	Dandong	11323	14490		
锦州	Jinzhou	11802	16968		
营口	Yingkou	12223	16453		
阜新	Fuxin	9047	12797		
辽阳	Liaoyang	11071	15090		
盘锦	Panjin	13923	18153		
铁岭	Tieling	10323	14386		
朝阳	Chaoyang	9318	11376		
葫芦岛	Huludao	10969	12991		
吉林	**Jilin**	**11679**	**14614**	**15932**	
长春	Changchun	14400	22970	21929	31
吉林	Jilin	13223	22068	17660	71
四平	Siping	10831	21387	14925	155
辽源	Liaoyuan	11608	21252	19791	44
通化	Tonghua	10940	21627	16240	112
白山	Baishan	10722	21282	15995	118
松原	Songyuan	12501	21704	18268	60
白城	Baicheng	10509	20154	17570	76
黑龙江	**Heilongjiang**	**10684**	**12984**	**14162**	
哈尔滨	Harbin	13940	22477	18729	53
齐齐哈尔	Qiqihar	10044	17170	15179	144
鸡西	Jixi	10509	16980		
鹤岗	Hegang	9391	15698	12311	237
双鸭山	Shuangyashan	9699	18024	13218	200
大庆	Daqing	13051	25223	17638	74
伊春	Yichun	8182	13425	11700	251
佳木斯	Jiamusi	10586	15713		
七台河	Qitaihe	9345	17092	14183	172
牡丹江	Mudanjiang	10672	16704	16543	106
黑河	Heihe		18076		
绥化	Suihua		15300	12175	241
上海	**Shanghai**	**23200**	**26254**	**28155**	
江苏	**Jiangsu**	**14357**	**18825**	**20371**	

6-2 城镇居民人均现金消费支出 续表 1

Annual Per Capita Cash Consumption Expenditure of Urban Households continued 1

单位：元 (yuan)

地名	City	2010	2012	2013	2013 排名 Ranking	地名	City	2010	2012	2013	2013 排名 Ranking
南京	Nanjing	17409	22446	24591	13	池州	Chizhou	10777	14432	17023	89
无锡	Wuxi	17068	23000	25392	9	宣城	Xuancheng	11507	15402	18428	58
徐州	Xuzhou	10558	13730	15963	120	**福建**	**Fujian**	**14750**	**18593**	**20093**	
常州	Changzhou	17205	20918	22831	23	福州	Fuzhou	15778	20040	21695	33
苏州	Suzhou	18837	25157	26739	6	厦门	Xiamen	19961	24922	26864	5
南通	Nantong	13506	17858	19646	45	莆田	Putian	12621	16065	17683	70
连云港	Lianyungang	9984	12726	13992	180	三明	Sanming	12273	15685	16989	90
淮安	Huaian	11047	14458	16763	97	泉州	Quanzhou	15955	20053	21670	34
盐城	Yancheng	12026	15430	16678	101	漳州	Zhangzhou	12665	16231	17802	69
扬州	Yangzhou	12842	16492	17653	72	南平	Nanping	11284	13892	15014	149
镇江	Zhenjiang	13324	17897	19795	43	龙岩	Longyan	14483	17651	18915	52
泰州	Taizhou	12317	16499	18223	61	宁德	Ningde	11090	14368	15665	127
宿迁	Suqian	8536	11864	13135	206	**江西**	**Jiangxi**	**10619**	**12776**	**13851**	
浙江	**Zhejiang**	**17858**	**21545**	**23257**		南昌	Nanchang	13899	16450	17944	68
杭州	Hangzhou	20219	22518	24833	12	景德镇	Jingdezhen	11475	14104	15407	137
宁波	Ningbo	19420	22887	23129	20	萍乡	Pingxiang	11775	14488	15765	123
温州	Wenzhou	19832	23975	25624	8	九江	Jiujiang	10823	13174	14356	169
嘉兴	Jiaxing	16559	21720	24851	11	新余	Xinyu	12709	14427	15643	128
湖州	Huzhou	16207	19898	22127	28	鹰潭	Yingtan	10929	12587	13768	183
绍兴	Shaoxing	18267	22204	24469	14	赣州	Ganzhou	10662	12708	13754	185
金华	Jinhua	17386	21974	23172	19	吉安	Jian	8893	12667	13799	182
衢州	Quzhou	14867	16284	17406	81	宜春	Yichun	10098	11924	12965	212
舟山	Zhoushan	16717	20958	23461	18	抚州	Fuzhou	7474	11389	12361	235
台州	Taizhou	17933	20643	22212	27	上饶	Shangrao	10099	11749	12722	220
丽水	Lishui	15366	17878	19809	42	**山东**	**Shandong**	**13118**	**15778**	**17112**	
安徽	**Anhui**	**11513**	**15012**	**16285**		济南	Jinan	15973	20032	21667	35
合肥	Hefei	14012	18758	19445	48	青岛	Qingdao	17531	20391	22060	29
芜湖	Wuhu	12980	16992	17580	75	淄博	Zibo	13724	16917	18425	59
蚌埠	Bengbu	11242	13467	15492	133	枣庄	Zaozhuang	11409	14917	16201	113
淮南	Huainan	10688	14087	16311	110	东营	Dongying	14744	18001	19569	46
马鞍山	Maanshan	14184	18286	22369	25	烟台	Yantai	15792	20315	22006	30
淮北	Huaibei	9733	15207	15273	141	潍坊	Weifang	13819	16100	17482	78
铜陵	Tongling	12877	18144	21726	32	济宁	Jining	12500	16810	18502	56
安庆	Anqing	11026	13952	19252	49	泰安	Taian	13421	16734	18201	62
黄山	Huangshan	11069	14458	17198	85	威海	Weihai	15339	18549	20127	39
滁州	Chuzhou	11499	15964	18924	51	日照	Rizhao	12289	14458	15901	122
阜阳	Fuyang	11178	14736	16361	108	莱芜	Laiwu	13645	15664	16977	91
宿州	Suzhou	9322	12084	13402	197	临沂	Linyi	12325	14525	15529	131
六安	Liuan	10712	15059	17224	83	德州	Dezhou	11628	14179	15475	135
亳州	Bozhou	10273	12881	14940	153	聊城	Liaocheng	12767	15350	16766	96

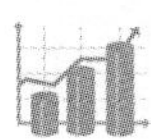

6-2 城镇居民人均现金消费支出 续表 2
Annual Per Capita Cash Consumption Expenditure of Urban Households continued 2

单位：元 (yuan)

地名	City	2010	2012	2013	2013 排名 Ranking	地名	City	2010	2012	2013	2013 排名 Ranking
滨州	Binzhou	13147	16008	17202	84	常德	Changde	11253	19858	15126	145
菏泽	Heze	9765	12452	13689	187	张家界	Zhangjiajie	9258	15641	12660	222
河南	**Henan**	**10838**	**13733**	**14822**		益阳	Yiyang	11279	19765	13488	193
郑州	Zhengzhou	12790	16610	18672	54	郴州	Chenzhou	10386	20016	12662	221
开封	Kaifeng	11378	13832	15449	136	永州	Yongzhou	9945	19671	10433	262
洛阳	Luoyang	12069	14927	15968	119	怀化	Huaihua	9013	15666	11958	246
平顶山	Pingdingshan	11502	14917	16324	109	娄底	Loudi	9354	19194	12818	217
安阳	Anyang	10559	13191	14003	179	**广东**	**Guangdong**	**18490**	**22396**	**24133**	
鹤壁	Hebi	9931	12090	13668	189	广州	Guangzhou	25012	30490	33157	2
新乡	Xinxiang	11257	14052	15042	148	韶关	Shaoguan	12910	16290	17643	73
焦作	Jiaozuo	11228	14146	14774	159	深圳	Shenzhen	22807	26728	28812	3
濮阳	Puyang	10108	12596	13088	208	珠海	Zhuhai	20370	24083	26131	7
许昌	Xuchang	10743	19685	15093	147	汕头	Shantou	13218	17986	19550	47
漯河	Luohe	10913	19136	15700	126	佛山	Foshan	21995	26164	28309	4
三门峡	Sanmenxia	11193	19184	18078	64	江门	Jiangmen	15561	18448	19906	41
南阳	Nanyang	11087	19544	16916	92	湛江	Zhanjiang	11825	15618	17117	88
商丘	Shangqiu	8734	18312	12604	225	茂名	Maoming	10182	14300	15487	134
信阳	Xinyang	9307	17256	12647	223	肇庆	Zhaoqing	12164	15729	17160	86
周口	Zhoukou	9980	16503	12551	228	惠州	Huizhou	19741	22279	24061	16
驻马店	Zhumadian	10183	17671	12108	243	梅州	Meizhou	11008	13121	14026	176
湖北	**Hubei**	**13576**	**14496**	**15749**		汕尾	Shanwei	10013	13800	15014	149
武汉	Wuhan	14490	27061	20157	38	河源	Heyuan	8371	11202	12232	239
黄石	Huangshi	10988	19417	14964	151	阳江	Yangjiang	10430	13330	14517	164
十堰	Shiyan	9216	16011	12994	210	清远	Qingyuan	10595	12399	13217	201
宜昌	Yichang	11638	18775	14743	161	东莞	Dongguan	25733	31369	33251	1
襄阳	Xiangfan	10897	17532	13425	196	中山	ZhongShan	18833	22288	24093	15
鄂州	Ezhou	10349	19307	12334	236	潮州	Chaozhou	11926	15554	16861	93
荆门	Jingmen	10393	17678	14123	175	揭阳	Jieyang	12164	14517	15998	117
孝感	Xiaogan	10508	18091	12990	211	云浮	Yunfu	10535	14406	15746	124
荆州	Jingzhou	10583	17010	12761	218	**广西**	**Guangxi**	**11490**	**14244**	**15418**	
黄冈	Huanggang	9282	16765	13768	183	南宁	Nanning	12337	15292	17127	87
咸宁	Xianning	9791	16913	13696	186	柳州	Liuzhou	11318	14115	15398	138
随州	Suizhou	11798	19164	14018	177	桂林	Guilin	11477	14470	15555	130
湖南	**Hunan**	**11825**	**14609**	**15887**		梧州	Wuzhou	10998	13630	14748	160
长沙	Changsha	16096	30288	22346	26	北海	Beihai	11695	14224	15191	143
株洲	Zhuzhou	12269	25916	18642	55	防城港	Fangchenggang	10698	13544	14792	158
湘潭	Xiangtan	12211	23549	17407	80	钦州	Qinzhou	10594	13095	14361	168
衡阳	Hengyang	11654	20380	16253	111	贵港	Guigang	10375	13123	14646	163
邵阳	Shaoyang	8170	15457	10813	259	玉林	Yulin	10716	13755	14938	154
岳阳	Yueyang	12177	22111	16037	116	百色	Baise	10297	12327	13448	194

6-2 城镇居民人均现金消费支出 续表 3

Annual Per Capita Cash Consumption Expenditure of Urban Households continued 3

单位：元 (yuan)

地名	City	2010	2012	2013	2013 排名 Ranking
贺州	Hezhou	9791	11706	12635	224
河池	Hechi	9773	11695	12021	245
来宾	Laibin	11462	13709	14676	162
崇左	Chongzuo	9438	11566	12378	234
海南	**Hainan**	**10927**	**14457**	**15593**	
海口	Haikou	12401	15760	16856	94
三亚	Sanya	13081	16975	18494	57
重庆	**Chongqing**		**16573**	**17814**	
四川	**Sichuan**	**12105**	**15050**	**16343**	
成都	Chengdu	14430	18814	20243	37
自贡	Zigong	10724	13648	15115	146
攀枝花	Panzhihua	12695	15286	16553	105
泸州	Luzhou	11293	15028	16757	98
德阳	Deyang	12706	16028	17506	77
绵阳	Mianyang	12268	15717	16714	100
广元	Guangyuan	9107	11911	13141	205
遂宁	Suining	11111	14883	16660	102
内江	Neijiang	11238	13402	15502	132
乐山	Leshan	11053	13921	14881	156
南充	Nanchong	9634	11816	12964	213
眉山	Meishan	10386	13427	14830	157
宜宾	Yibin	11677	14848	16180	114
广安	Guangan	9585	12144	13678	188
达州	Dazhou	9976	12510	13634	190
雅安	Yaan	10903	12850	14162	173
巴中	Bazhong	9694	12893	14215	171
资阳	Ziyang	12560	15193	16524	107
贵州	**Guizhou**	**10058**	**12586**	**13703**	
贵阳	Guiyang	12940	15718	17995	66
六盘水	Liupanshui	8358	10216	12537	230
遵义	Zunyi	10834	13288	12565	227
安顺	Anshun	10292	12853	12941	215
毕节	Bijie	10407	13267	11041	256
铜仁	Tongren	7096	11242	11703	250
云南	**Yunnan**	**11074**	**13884**	**15156**	
昆明	Kunming	13244	16881	16558	104
曲靖	Qujing	10919	14485	16139	115
玉溪	Yuxi	10621	13034	14399	166
保山	Baoshan	9484	12209	12593	226
昭通	Zhaotong	8369	9936	10696	260
丽江	Lijiang	9068	11294	12735	219
普洱	Puer	8859	11657	12942	214
临沧	Lincang	9282	11116	12221	240
西藏	**Tibet**	**9686**	**11184**	**12232**	
拉萨	Lhasa	11687	13953	15203	142
陕西	**Shaanxi**	**11822**	**15333**	**16680**	
西安	Xi'an	16543	21434	23848	17
铜川	Tongchuan	11181	15510	17460	79
宝鸡	Baoji	13258	17499	19912	40
咸阳	Xianyang	13845	18094	20338	36
渭南	Weinan	10130	13738	15382	139
延安	Yan'an	11633	16129	17970	67
汉中	Hanzhong	9519	13001	14008	178
榆林	Yulin	10315	14527	14394	167
安康	Ankang	10469	14368	15925	121
商洛	Shangluo	9169	13351	14409	165
甘肃	**Gansu**	**9895**	**12847**	**14021**	
兰州	Lanzhou	10930	14168	15716	125
嘉峪关	Jiayuguan	12076	14762	15628	129
金昌	Jinchang	14186	18754	18157	63
白银	Baiyin	10628	13906	12042	244
天水	Tianshui	8300	10469	10410	263
武威	Wuwei	8942	11316	13180	204
张掖	Zhangye	10136	12486	14128	174
平凉	Pingliang	7499	10172	11497	252
酒泉	Jiuquan	12139	16627	17997	65
庆阳	Qingyang	9693	12601	13447	195
定西	Dingxi	8077	10429	8818	265
陇南	Longnan	7714	10152	9368	264
青海	**Qinghai**	**9614**	**12346**	**13540**	
西宁	Xining	9421	12114	13607	191
宁夏	**Ningxia**	**11334**	**14067**	**15321**	
银川	Yinchuan	13589	16390	16844	95
石嘴山	Shizuishan	10870	14039	13396	198
吴忠	Wuzhong	9749	12386	13105	207
固原	Guyuan	8840	12494	12882	216
中卫	Zhongwei	9612	13245	13387	199
新疆	**Xinjiang**	**10197**	**13892**	**15206**	
乌鲁木齐	Urumqi	10239	13785		
克拉玛依	Karamay	15957	20392		

6-3 城镇居民人均食品消费支出
Annual Per Capita Food Consumption Expenditure of Urban Households

单位：元 (yuan)

地名	City	2010	2012	2013	2013 排名 Ranking
全国	**Nation Total**	**4805**	**6041**	**6312**	
北京	**Beijing**	**6393**	**7535**	**8170**	
天津	**Tianjin**	**5940**	**7344**	**7943**	
河北	**Hebei**	**3335**	**4211**	**4405**	
石家庄	Shijiazhuang	3661	4810		
唐山	Tangshan	4371	5291		
秦皇岛	Qinhuangdao	3833	4651		
邯郸	Handan	3213	4955		
邢台	Xingtai	3835	4247		
保定	Baoding	3599	4139		
张家口	Zhangjiakou	3722	4094		
承德	Chengde	3647	4816		
沧州	Cangzhou	3286	4089		
廊坊	Langfang	3775	4542		
衡水	Hengshui	3039	3820		
山西	**Shanxi**	**3053**	**3856**	**3677**	
太原	Taiyuan	3710	4652		
大同	Datong	3571	4746		
阳泉	Yangquan	3463	4002		
长治	Changzhi	3362	4246		
晋城	Jincheng	2915	4008		
朔州	Shuozhou	1383	4667		
晋中	Jinzhong	3121	4035		
运城	Yuncheng	2644	3340		
忻州	Xinzhou	2693	3576		
临汾	Linfen	2928	3319		
吕梁	Luliang	3012	3024		
内蒙古	**Inner Mongolia**	**4211**	**5463**	**6118**	
呼和浩特	Hohhot	4983	6492	6031	99
包头	Baotou	6639	8001	7392	36
乌海	Wuhai	4833	6165	6209	91
赤峰	Chifeng	3299	4270	3824	220
通辽	Tongliao	3272	4354	3638	227
鄂尔多斯	Erdos	5876	7254	5830	114
呼伦贝尔	Hulunbuir	3295	4830	4840	182
巴彦淖尔	Bayannur	3214	4026	3849	218
乌兰察布	Ulanqab	3666	4463	3948	212
辽宁	**Liaoning**	**4658**	**5809**	**5804**	
沈阳	Shenyang	5385	6327		
大连	Dalian	6145	7700		
鞍山	Anshan	4671	5521		
抚顺	Fushun	4041	4968		
本溪	Benxi	4780	6222		
丹东	Dandong	4470	3207		
锦州	Jinzhou	4191	5777		
营口	Yingkou	4511	6640		
阜新	Fuxin	3463	4667		
辽阳	Liaoyang	4202	5366		
盘锦	Panjin	4358	5256		
铁岭	Tieling	3567	4544		
朝阳	Chaoyang	3479	4109		
葫芦岛	Huludao	3772	4600		
吉林	**Jilin**	**3768**	**4635**	**4658**	
长春	Changchun	4642	5295	6093	96
吉林	Jilin	3891	4709	5539	140
四平	Siping	3772	4271	4843	180
辽源	Liaoyuan	3730	4832	5305	160
通化	Tonghua	4218	4661	5429	148
白山	Baishan	3788	4513	5559	136
松原	Songyuan	3536	4400	4592	191
白城	Baicheng	3393	3977	4197	208
黑龙江	**Heilongjiang**	**3785**	**4687**	**5070**	
哈尔滨	Harbin	4647	5797	6143	92
齐齐哈尔	Qiqihar	3922	4553	5215	166
鸡西	Jixi	3908	4648		
鹤岗	Hegang	3201	4556	4307	207
双鸭山	Shuangyashan	3188	3774	3844	219
大庆	Daqing	4260	4829	5468	145
伊春	Yichun	2971	4224	3891	215
佳木斯	Jiamusi	3932	4757		
七台河	Qitaihe	3597	4418	4774	186
牡丹江	Mudanjiang	3722	4841	5913	103
黑河	Heihe				
绥化	Suihua				
上海	**Shanghai**	**7777**	**9656**	**9823**	
江苏	**Jiangsu**	**5243**	**6658**	**7074**	

6-3 城镇居民人均食品消费支出 续表 1

Annual Per Capita Food Consumption Expenditure of Urban Households continued 1

单位：元 (yuan)

地名	City	2010	2012	2013	2013 排名 Ranking	地名	City	2010	2012	2013	2013 排名 Ranking
南京	Nanjing	6120	7827	8243	19	池州	Chizhou	4331	5550	6711	61
无锡	Wuxi	6357	8010	8787	10	宣城	Xuancheng	4622	5932	6959	51
徐州	Xuzhou	3712	4820	5380	151	**福建**	**Fujian**	**5791**	**7317**	**7425**	
常州	Changzhou	5605	7229	7884	25	福州	Fuzhou	6145	7755	8016	22
苏州	Suzhou	6607	8371	8861	9	厦门	Xiamen	7275	8873	9172	8
南通	Nantong	4803	6221	6776	57	莆田	Putian	5349	6731	7307	38
连云港	Lianyungang	3741	4689	5091	169	三明	Sanming	4948	6267	6844	54
淮安	Huaian	4003	5126	5800	119	泉州	Quanzhou	6059	7511	7901	24
盐城	Yancheng	4302	5228	5824	115	漳州	Zhangzhou	5333	7041	7446	33
扬州	Yangzhou	4782	6037	6583	67	南平	Nanping	4948	5821	6237	88
镇江	Zhenjiang	5318	6589	7056	45	龙岩	Longyan	5456	6696	7219	39
泰州	Taizhou	4518	5927	6341	78	宁德	Ningde	4662	6639	6820	55
宿迁	Suqian	3232	4438	4766	187	**江西**	**Jiangxi**	**4195**	**5018**	**5221**	
浙江	**Zhejiang**	**6118**	**7552**	**8008**		南昌	Nanchang	4782	5612	6316	80
杭州	Hangzhou	7790	8174	8528	13	景德镇	Jingdezhen	4306	5337	5698	126
宁波	Ningbo	6899	8518	8068	20	萍乡	Pingxiang	4404	5069	5675	128
温州	Wenzhou	7117	9074	9936	4	九江	Jiujiang	4368	5460	5470	144
嘉兴	Jiaxing	5444	7159	7709	29	新余	Xinyu	4471	5629	6029	100
湖州	Huzhou	5970	7346	7949	23	鹰潭	Yingtan	4253	5576	5702	124
绍兴	Shaoxing	6317	7817	8744	11	赣州	Ganzhou	4645	5087	5842	113
金华	Jinhua	5672	6629	6952	53	吉安	Jian	4006	5146	5533	142
衢州	Quzhou	5489	5836	6133	94	宜春	Yichun	4049	4836	5082	171
舟山	Zhoushan	5972	7525	8380	15	抚州	Fuzhou	3906	5393	5814	117
台州	Taizhou	6212	7175	7684	30	上饶	Shangrao	4576	5194	5346	155
丽水	Lishui	5389	6097	6719	60	**山东**	**Shandong**	**4206**	**5201**	**5626**	
安徽	**Anhui**	**4370**	**5815**	**6370**		济南	Jinan	5051	6162	6624	65
合肥	Hefei	5010	6421	7594	31	青岛	Qingdao	6553	7450	8052	21
芜湖	Wuhu	5012	6211	6971	49	淄博	Zibo	3918	5247	6143	92
蚌埠	Bengbu	4018	5580	6800	56	枣庄	Zaozhuang	3923	4914	5314	159
淮南	Huainan	4290	5681	6958	52	东营	Dongying	4183	5854	6500	72
马鞍山	Maanshan	5273	6855	8359	16	烟台	Yantai	5116	6934	7482	32
淮北	Huaibei	4056	6039	6967	50	潍坊	Weifang	3981	4902	5301	162
铜陵	Tongling	4541	6293	8632	12	济宁	Jining	4562	5696	6285	85
安庆	Anqing	4378	6340	8505	14	泰安	Taian	4242	5477	5666	129
黄山	Huangshan	4231	5734	5855	109	威海	Weihai	4415	5995	6349	77
滁州	Chuzhou	4256	6207	7155	42	日照	Rizhao	3578	4602	5412	150
阜阳	Fuyang	4390	5853	6219	90	莱芜	Laiwu	4005	5143	5546	138
宿州	Suzhou	3862	5010	4992	174	临沂	Linyi	3791	4543	4890	178
六安	Liuan	4374	5580	8349	17	德州	Dezhou	3804	4627	5026	172
亳州	Bozhou	3646	5086	6732	59	聊城	Liaocheng	3650	5121	5302	161

6-3 城镇居民人均食品消费支出 续表 2
Annual Per Capita Food Consumption Expenditure of Urban Households continued 2

单位：元 (yuan)

地名	City	2010	2012	2013	2013 排名 Ranking	地名	City	2010	2012	2013	2013 排名 Ranking
滨州	Binzhou	3781	4575	4843	180	常德	Changde	3785	5112	3528	234
菏泽	Heze	3538	4402	4776	185	张家界	Zhangjiajie	3225	3854	2365	239
河南	**Henan**	**3576**	**4608**	**4914**		益阳	Yiyang	4412	5240	3785	224
郑州	Zhengzhou	4223	5767	6057	97	郴州	Chenzhou	4051	4922	3599	230
开封	Kaifeng	3600	4295	4535	194	永州	Yongzhou	3672	4861	3532	232
洛阳	Luoyang	3802	4722	4458	199	怀化	Huaihua	3341	4210	3532	232
平顶山	Pingdingshan	3694	4703	5300	163	娄底	Loudi	3672	4513	3427	235
安阳	Anyang	3465	4230	4511	196	**广东**	**Guangdong**	**6747**	**8258**	**8857**	
鹤壁	Hebi	3054	3715	3869	217	广州	Guangzhou	8325	10361	11240	2
新乡	Xinxiang	3539	4293	4318	205	韶关	Shaoguan	5138	6470	7004	48
焦作	Jiaozuo	3541	4414	4391	204	深圳	Shenzhen	8105	9703	10388	3
濮阳	Puyang	3221	4393	4011	211	珠海	Zhuhai	7124	8841	9538	6
许昌	Xuchang	3223	4246	4432	201	汕头	Shantou	6456	7545		
漯河	Luohe	3684	5010	5325	157	佛山	Foshan	7417	9026	9710	5
三门峡	Sanmenxia	3386	4361	4486	197	江门	Jiangmen	5849	6910	7425	34
南阳	Nanyang	3676	5088	5602	131	湛江	Zhanjiang	5064	6529	7155	42
商丘	Shangqiu	3321	4055	4103	210	茂名	Maoming	4134	5755	6338	79
信阳	Xinyang	3954	5114	5222	165	肇庆	Zhaoqing	5169	6769	7344	37
周口	Zhoukou	3591	4172	3797	223	惠州	Huizhou	6095	7943		
驻马店	Zhumadian	3312	4118	3606	229	梅州	Meizhou	4601	5445	5807	118
湖北	**Hubei**	**5254**	**5838**	**6259**		汕尾	Shanwei	4420	5983	6540	70
武汉	Wuhan	5367	7522	7771	26	河源	Heyuan	3511	4885	5284	164
黄石	Huangshi	4312	5614	5852	111	阳江	Yangjiang	4415	5467	5952	102
十堰	Shiyan	3573	4739	5140	168	清远	Qingyuan	4585	5430	5750	121
宜昌	Yichang	4040	5241	5858	108	东莞	Dongguan	8733	11103	11704	1
襄阳	Xiangfan	4106	4899	5356	154	中山	ZhongShan	7378	8582	9228	7
鄂州	Ezhou	4650	5235	5586	135	潮州	Chaozhou	5270	6670	7183	41
荆门	Jingmen	3854	4900	5210	167	揭阳	Jieyang	5110	6025	6607	66
孝感	Xiaogan	4110	5047	5600	132	云浮	Yunfu	4452	5946		
荆州	Jingzhou	4448	5333	5420	149	**广西**	**Guangxi**	**4373**	**5553**	**5841**	
黄冈	Huanggang	3445	4587	5549	137	南宁	Nanning	4789	5994	6685	62
咸宁	Xianning	3880	5048	5357	153	柳州	Liuzhou	4484	5851	6282	86
随州	Suizhou	4716	6002	5659	130	桂林	Guilin	4765	5935	6398	76
湖南	**Hunan**	**4322**	**5442**	**5584**		梧州	Wuzhou	4789	6145	6465	74
长沙	Changsha	5413	6975	4732	188	北海	Beihai	5160	6666	7026	47
株洲	Zhuzhou	4409	5550	3817	221	防城港	Fangchenggang	4348	5439	5975	101
湘潭	Xiangtan	4095	5077	3910	213	钦州	Qinzhou	4601	3946	6577	69
衡阳	Hengyang	4635	5973	3874	216	贵港	Guigang	4110	5556	6127	95
邵阳	Shaoyang	3390	4096	3427	235	玉林	Yulin	4096	5808	5901	105
岳阳	Yueyang	4362	5358	3688	225	百色	Baise	3818	4934	5326	156

6-3 城镇居民人均食品消费支出 续表 3

Annual Per Capita Food Consumption Expenditure of Urban Households continued 3

单位：元 (yuan)

地名	City	2010	2012	2013	2013 排名 Ranking
贺州	Hezhou	3790	4664	4985	175
河池	Hechi	3967	4913	4809	184
来宾	Laibin	4034	5215	5546	138
崇左	Chongzuo	3810	4847	5084	170
海南	**Hainan**	**4896**	**6556**	**6979**	
海口	Haikou	5219	6852	7202	40
三亚	Sanya	5606	7604	8308	18
重庆	**Chongqing**		**6870**	**7245**	
四川	**Sichuan**	**4780**	**6074**	**6472**	
成都	Chengdu	5560	6873	7394	35
自贡	Zigong	4588	5605	6310	81
攀枝花	Panzhihua	5081	6500	6755	58
泸州	Luzhou	4691	6062	6638	63
德阳	Deyang	5064	6555	7070	44
绵阳	Mianyang	4749	6150	6452	75
广元	Guangyuan	3932	4839	5359	152
遂宁	Suining	5035	6575	7055	46
内江	Neijiang	4771	5609	6293	84
乐山	Leshan	4664	5866	6232	89
南充	Nanchong	4378	5455	5887	107
眉山	Meishan	4352	5329	5855	109
宜宾	Yibin	4725	6048	6625	64
广安	Guangan	4571	5449	6033	98
达州	Dazhou	4356	5645	6301	83
雅安	Yaan	4084	5128	5592	134
巴中	Bazhong	4024	5354	5785	120
资阳	Ziyang	4950	6032	6516	71
贵州	**Guizhou**	**4014**	**4993**	**4915**	
贵阳	Guiyang	4905	6011	6265	87
六盘水	Liupanshui	3871	5130	4651	190
遵义	Zunyi	4157	4977	4848	179
安顺	Anshun	4780	5524	5005	173
毕节	Bijie	3436	5148	4400	203
铜仁	Tongren	2753	3977	3899	214
云南	**Yunnan**	**4593**	**5468**	**5741**	
昆明	Kunming	5240	6242	5700	125
曲靖	Qujing	4013	5328	5892	106
玉溪	Yuxi	3951	4635	4822	183
保山	Baoshan	3889	4934	4911	176
昭通	Zhaotong	3710	4257	4580	192
丽江	Lijiang	3890	4681	5321	158
普洱	Puer	4127	5684	5746	122
临沧	Lincang	4351	5168	5468	145
西藏	**Tibet**	**4848**	**5518**	**5889**	
拉萨	Lhasa	5496	6213	6481	73
陕西	**Shaanxi**	**4381**	**5551**	**6076**	
西安	Xi'an	5177	6961	7738	27
铜川	Tongchuan	4006	5630	6310	81
宝鸡	Baoji	4994	7006	7720	28
咸阳	Xianyang	4642	5987	6581	68
渭南	Weinan	3216	5014	5598	133
延安	Yan'an	3653	4963	5517	143
汉中	Hanzhong	3724	5114	5535	141
榆林	Yulin	2948	4240	4465	198
安康	Ankang	4192	5413	5905	104
商洛	Shangluo	3306	4456	4707	189
甘肃	**Gansu**	**3702**	**4602**	**5163**	
兰州	Lanzhou	4244	5281	5691	127
嘉峪关	Jiayuguan	4222	5548	5713	123
金昌	Jinchang	4840	6287	5851	112
白银	Baiyin	3563	4999	4308	206
天水	Tianshui	2998	3873	3629	228
武威	Wuwei	3519	4565	4453	200
张掖	Zhangye	2937	4042	4512	195
平凉	Pingliang	2902	3310	3814	222
酒泉	Jiuquan	4148	5409	5818	116
庆阳	Qingyang	3440	4211	4405	202
定西	Dingxi	2976	3438	3256	237
陇南	Longnan	3026	4242	3131	238
青海	**Qinghai**	**3785**	**4667**	**4777**	
西宁	Xining	3863	4752	4903	177
宁夏	**Ningxia**	**3768**	**4769**	**4895**	
银川	Yinchuan	4358	5471	5434	147
石嘴山	Shizuishan	3820	5171	4576	193
吴忠	Wuzhong	3262	4139	4185	209
固原	Guyuan	2983	4310	3563	231
中卫	Zhongwei	3109	4260	3687	226
新疆	**Xinjiang**	**3695**	**5239**	**5324**	
乌鲁木齐	Urumqi	3891	5297		
克拉玛依	Karamay	4850	6511		

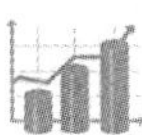

6-4 农村居民人均可支配收入
Annual Per Capita Net Income of Rural Households

单位：元 (yuan)

地名	City	2010	2012	2013	2013 排名 Ranking	地名	City	2010	2012	2013	2013 排名 Ranking
全国	**Nation Total**	**5919**	**7917**	**8896**		沈阳	Shenyang	10022	13045	14467	28
北京	**Beijing**	**13262**	**16476**	**18337**		大连	Dalian	12317	15990	17717	14
天津	**Tianjin**	**10075**	**14026**	**15841**		鞍山	Anshan	9250	12617	14207	31
河北	**Hebei**	**5958**	**8081**	**9102**		抚顺	Fushun	7203	10062	11310	76
石家庄	Shijiazhuang	6577	8993	9546	148	本溪	Benxi	7845	10800	12204	53
唐山	Tangshan	8310	10698	11674	64	丹东	Dandong	8340	11428	12822	46
秦皇岛	Qinhuangdao	6214	8315	9007	171	锦州	Jinzhou	7756	10788	12137	56
邯郸	Handan	6085	8447	9307	153	营口	Yingkou	8863	12080	13675	36
邢台	Xingtai	4966	6601	7446	229	阜新	Fuxin	6372	8772	9939	126
保定	Baoding	5446	7696	8533	196	辽阳	Liaoyang	8095	11183	12379	50
张家口	Zhangjiakou	4119	5564	6583	252	盘锦	Panjin	9750	12935	14462	29
承德	Chengde	4382	5546	6381	256	铁岭	Tieling	7739	10569	11869	63
沧州	Cangzhou	5528	7514	8470	201	朝阳	Chaoyang	6142	8689	9949	125
廊坊	Langfang	7589	10447	10985	87	葫芦岛	Huludao	6597	8983	9927	130
衡水	Hengshui	4370	6167	7182	235	**吉林**	**Jilin**	**6237**	**8598**	**9621**	
山西	**Shanxi**	**4736**	**6357**	**7154**		长春	Changchun	6665	9064	10060	118
太原	Taiyuan	7611	10079	11288	78	吉林	Jilin	6594	8955	10288	108
大同	Datong	4063	5642	6365	257	四平	Siping	6588	8760	9960	124
阳泉	Yangquan	6560	8683	9742	138	辽源	Liaoyuan	6324	8524	9845	133
长治	Changzhi	5960	8120	9119	160	通化	Tonghua	6572	8959	9935	128
晋城	Jincheng	5899	8037	9026	168	白山	Baishan	6134	8134	9231	156
朔州	Shuozhou	5903	8000	9040	166	松原	Songyuan	6167	8562	9373	150
晋中	Jinzhong	5809	7936	8991	173	白城	Baicheng	4504	6191	6743	250
运城	Yuncheng	4685	6381	7198	234	**黑龙江**	**Heilongjiang**	**6211**	**8604**	**9634**	
忻州	Xinzhou	3446	4776	5426	271	哈尔滨	Harbin	8020	9894	11371	72
临汾	Linfen	5287	6899	7768	220	齐齐哈尔	Qiqihar	6724	8797	9984	123
吕梁	Luliang	3890	5364	6067	261	鸡西	Jixi	7636	10422	11985	59
内蒙古	**Inner Mongolia**	**5530**	**7611**	**8596**		鹤岗	Hegang	6300	9365	10461	102
呼和浩特	Hohhot	8746	13161	11398	71	双鸭山	Shuangyashan	6882	9675	10689	96
包头	Baotou	8766	11421	11547	68	大庆	Daqing	8045	9732	11211	79
乌海	Wuhai	9245	12429	11878	61	伊春	Yichun	7280	9232	10155	112
赤峰	Chifeng	5010	7079	7284	232	佳木斯	Jiamusi	7111	9823	11099	82
通辽	Tongliao	6002	8501	8924	178	七台河	Qitaihe	6955	8253	9087	163
鄂尔多斯	Erdos	8756	11416	12107	57	牡丹江	Mudanjiang	9363	10565	12181	54
呼伦贝尔	Hulunbuir	6295	8807	9642	143	黑河	Heihe	7046	9326	10455	103
巴彦淖尔	Bayannur	8240	10717	11045	84	绥化	Suihua		7897	9089	162
乌兰察布	Ulanqab	4451	5853	6964	243	**上海**	**Shanghai**	**13978**	**17804**	**19595**	
辽宁	**Liaoning**	**6908**	**9384**	**10523**		**江苏**	**Jiangsu**	**9118**	**12202**	**13598**	

6-4 农村居民人均可支配收入 续表 1
Annual Per Capita Net Income of Rural Households continued 1

单位：元 (yuan)

地名	City	2010	2012	2013	2013 排名 Ranking	地名	City	2010	2012	2013	2013 排名 Ranking
南京	Nanjing	11128	14786	16531	16	池州	Chizhou	5827	7986	9080	164
无锡	Wuxi	14002	18509	20587	4	宣城	Xuancheng	6651	9036	10247	110
徐州	Xuzhou	7955	10762	12052	58	**福建**	**Fujian**	**7427**	**9967**	**11184**	
常州	Changzhou	12637	16737	18643	13	福州	Fuzhou	8543	11492	12910	44
苏州	Suzhou	14657	19396	21578	3	厦门	Xiamen	10033	13455	15008	23
南通	Nantong	9914	13231	14754	27	莆田	Putian	7663	10311	11600	67
连云港	Lianyungang	7039	9589	10745	93	三明	Sanming	6949	9375	10532	101
淮安	Huaian	7233	9838	11045	84	泉州	Quanzhou	9296	11915	13316	38
盐城	Yancheng	8751	11898	13344	37	漳州	Zhangzhou	7861	10389	11639	66
扬州	Yangzhou	9462	12686	14214	30	南平	Nanping	6759	8893	10031	120
镇江	Zhenjiang	10874	14518	16258	17	龙岩	Longyan	6931	9396	10578	100
泰州	Taizhou	9324	12493	13982	34	宁德	Ningde	6542	8829	10039	119
宿迁	Suqian	6975	9495	10703	95	**江西**	**Jiangxi**	**5789**	**7829**	**8781**	
浙江	**Zhejiang**	**11303**	**14552**	**16106**		南昌	Nanchang	7193	9730	10806	92
杭州	Hangzhou	13186	17017	18923	11	景德镇	Jingdezhen	6521	8865	10013	122
宁波	Ningbo	14261	18475	20534	7	萍乡	Pingxiang	7219	10000	11099	82
温州	Wenzhou	11416	14719	16194	18	九江	Jiujiang	5584	7785	8805	183
嘉兴	Jiaxing	14365	18636	20556	6	新余	Xinyu	7301	10048	11173	81
湖州	Huzhou	13288	17188	19044	10	鹰潭	Yingtan	6249	8803	9832	135
绍兴	Shaoxing	13651	17706	19618	9	赣州	Ganzhou	4182	5301	6014	264
金华	Jinhua	10201	13286	14788	26	吉安	Jian	5570	7103	8030	215
衢州	Quzhou	8270	10714	11924	60	宜春	Yichun	5799	8052	9115	161
舟山	Zhoushan	14265	18601	20573	5	抚州	Fuzhou	5848	8095	9059	165
台州	Taizhou	11307	14567	16126	19	上饶	Shangrao	5317	7011	7919	218
丽水	Lishui	6537	8855	10024	121	**山东**	**Shandong**	**6990**	**9447**	**10620**	
安徽	**Anhui**	**5285**	**7160**	**8098**		济南	Jinan	8903	11786	13248	40
合肥	Hefei	7117	9081	10352	106	青岛	Qingdao	10550	13990	15731	20
芜湖	Wuhu	7834	9675	10962	88	淄博	Zibo	9195	12378	13932	35
蚌埠	Bengbu	5565	7674	8741	188	枣庄	Zaozhuang	7103	9606	10878	89
淮南	Huainan	5746	7835	8869	179	东营	Dongying	8427	11489	13000	41
马鞍山	Maanshan	9331	10920	12340	52	烟台	Yantai	9916	13298	14952	24
淮北	Huaibei	5337	7286	8240	209	潍坊	Weifang	8872	11797	13273	39
铜陵	Tongling	7266	9847	11187	80	济宁	Jining	7450	10002	11348	75
安庆	Anqing	4985	6820	7748	221	泰安	Taian	7592	10194	11547	68
黄山	Huangshan	6716	9161	10389	104	威海	Weihai	10517	13962	15582	22
滁州	Chuzhou	5915	8091	9183	157	日照	Rizhao	7504	10026	11304	77
阜阳	Fuyang	4187	5922	6763	249	莱芜	Laiwu	8311	10887	12161	55
宿州	Suzhou	4766	6635	7571	225	临沂	Linyi	6761	9149	10389	104
六安	Liuan	4714	6535	7430	231	德州	Dezhou	7028	9602	10876	90
亳州	Bozhou	4689	6552	7456	228	聊城	Liaocheng	6377	8872	10083	117

6-4 农村居民人均可支配收入 续表 2
Annual Per Capita Net Income of Rural Households continued 2

单位：元 (yuan)

地名	City	2010	2012	2013	2013 排名 Ranking	地名	City	2010	2012	2013	2013 排名 Ranking
滨州	Binzhou	7194	10047	11358	74	常德	Changde	5635	8023	9629	144
菏泽	Heze	5812	8187	9309	152	张家界	Zhangjiajie	3668	4574	5669	269
河南	**Henan**	**5524**	**7525**	**8475**		益阳	Yiyang	5617	7958	10129	114
郑州	Zhengzhou	9225	12531	14009	33	郴州	Chenzhou	5207	7410	9692	140
开封	Kaifeng	5390	7414	8355	206	永州	Yongzhou	5061	7073	8863	180
洛阳	Luoyang	5680	7777	8756	186	怀化	Huaihua	3520	5024	5849	267
平顶山	Pingdingshan	5504	7518	8541	194	娄底	Loudi	3365	4762	7059	240
安阳	Anyang	6359	8618	9670	141	**广东**	**Guangdong**	**7890**	**10543**	**11669**	
鹤壁	Hebi	6813	9388	10608	99	广州	Guangzhou	12676	16788	18887	12
新乡	Xinxiang	6241	8647	9728	139	韶关	Shaoguan	6317	8580	9584	146
焦作	Jiaozuo	7512	10113	11367	73	深圳	Shenzhen				
濮阳	Puyang	5077	6945	7904	219	珠海	Zhuhai	10187	13399	14940	25
许昌	Xuchang	7197	9819	11007	86	汕头	Shantou	6518	9032	10097	115
漯河	Luohe	6460	8755	9876	132	佛山	Foshan	12202	15684	17503	15
三门峡	Sanmenxia	5787	7906	8926	176	江门	Jiangmen	8589	11345	12684	48
南阳	Nanyang	5666	7752	8729	190	湛江	Zhanjiang	6909	9561	10689	96
商丘	Shangqiu	4674	6426	7217	233	茂名	Maoming	6802	9506	10704	94
信阳	Xinyang	5311	7008	7982	217	肇庆	Zhaoqing	7524	10366	11662	65
周口	Zhoukou	4510	6199	6950	245	惠州	Huizhou	9077	12415	14029	32
驻马店	Zhumadian	4861	6599	7437	230	梅州	Meizhou	6367	9036	10148	113
湖北	**Hubei**	**5832**	**7852**	**8867**		汕尾	Shanwei	6316	8569	9563	147
武汉	Wuhan	8295	11190	12713	47	河源	Heyuan	5645	7772	8773	185
黄石	Huangshi	5525	7477	8492	198	阳江	Yangjiang	6655	9202	10315	107
十堰	Shiyan	3499	4566	5226	275	清远	Qingyuan	6386	8612	9662	142
宜昌	Yichang	5980	8046	9121	159	东莞	Dongguan	20486	24944	27214	1
襄阳	Xiangfan	6365	8684	9785	137	中山	ZhongShan	14928	19347	21727	2
鄂州	Ezhou	6645	9072	10210	111	潮州	Chaozhou	6373	8889	9938	127
荆门	Jingmen	6951	9387	10615	98	揭阳	Jieyang	6128	8046	9020	170
孝感	Xiaogan	5943	7988	9023	169	云浮	Yunfu	6744	9222	10283	109
荆州	Jingzhou	6453	8710	9909	131	**广西**	**Guangxi**	**4543**	**6008**	**6791**	
黄冈	Huanggang	4634	6142	6966	242	南宁	Nanning	5005	6777	7685	222
咸宁	Xianning	5606	7505	8480	200	柳州	Liuzhou	4935	6747	7663	223
随州	Suizhou	6279	8419	9490	149	桂林	Guilin	5487	7328	8361	205
湖南	**Hunan**	**5622**	**7440**	**8372**		梧州	Wuzhou	4879	6592	7475	227
长沙	Changsha	11206	15763	19713	8	北海	Beihai	5415	7227	8239	210
株洲	Zhuzhou	7658	10972	12908	45	防城港	Fangchenggang	5628	7539	8557	193
湘潭	Xiangtan	7817	11316	12673	49	钦州	Qinzhou	5340	7140	8054	214
衡阳	Hengyang	7220	10116	11876	62	贵港	Guigang	5289	7253	8189	211
邵阳	Shaoyang	3760	5136	6933	246	玉林	Yulin	5302	7269	8272	207
岳阳	Yueyang	5988	8326	9930	129	百色	Baise	3461	4774	5409	272

6-4 农村居民人均可支配收入 续表 3
Annual Per Capita Net Income of Rural Households continued 3

单位：元 (yuan)

地名	City	2010	2012	2013	2013 排名 Ranking
贺州	Hezhou	4298	5832	6557	254
河池	Hechi	3599	4620	5198	276
来宾	Laibin	4659	6231	7085	238
崇左	Chongzuo	4621	6263	7077	239
海南	**Hainan**	**5275**	**7408**	**8343**	
海口	Haikou	6173	8134	9155	158
三亚	Sanya	6502	8825	9795	136
重庆	**Chongqing**	**5277**	**7383**	**8332**	
四川	**Sichuan**	**5087**	**7001**	**7895**	
成都	Chengdu	8205	11301	12985	42
自贡	Zigong	5762	7955	8961	174
攀枝花	Panzhihua	6293	8728	9838	134
泸州	Luzhou	5388	7463	8455	203
德阳	Deyang	6486	8953	10094	116
绵阳	Mianyang	5940	8213	9257	155
广元	Guangyuan	4036	5649	6442	255
遂宁	Suining	5390	7488	8496	197
内江	Neijiang	5504	7602	8584	192
乐山	Leshan	5613	7746	8737	189
南充	Nanchong	4814	6726	7650	224
眉山	Meishan	5942	8236	9333	151
宜宾	Yibin	5610	7771	8806	182
广安	Guangan	5377	7474	8492	198
达州	Dazhou	5084	7047	8001	216
雅安	Yaan	5181	7187	8093	213
巴中	Bazhong	3847	5387	6137	260
资阳	Ziyang	5552	7708	8756	186
贵州	**Guizhou**	**3472**	**4753**	**5434**	
贵阳	Guiyang	5976	8488	9592	145
六盘水	Liupanshui	3601	5182	5934	265
遵义	Zunyi	4207	6061	6849	248
安顺	Anshun	3526	5088	5801	268
毕节	Bijie	3354	4926	5645	270
铜仁	Tongren	3222	4673	5397	273
云南	**Yunnan**	**3952**	**5417**	**6141**	
昆明	Kunming	5810	8040	9273	154
曲靖	Qujing	4130	5950	6861	247
玉溪	Yuxi	5747	7628	8925	177
保山	Baoshan	3626	5331	6275	258
昭通	Zhaotong	2768	3897	4604	280
丽江	Lijiang	3410	5094	6037	263
普洱	Puer	3456	5020	5873	266
临沧	Lincang	3279	5158	6066	262
西藏	**Tibet**	**4139**	**5719**	**6578**	
拉萨	Lhasa	5003	7082	8265	208
陕西	**Shaanxi**	**4105**	**5763**	**6503**	
西安	Xi'an	7750	11442	12930	43
铜川	Tongchuan	4789	7134	8140	212
宝鸡	Baoji	5040	7373	8376	204
咸阳	Xianyang	5056	7464	8538	195
渭南	Weinan	4372	6602	7565	226
延安	Yan'an	5173	7655	8781	184
汉中	Hanzhong	4183	6181	7053	241
榆林	Yulin	5113	7681	8687	191
安康	Ankang	3976	5815	6624	251
商洛	Shangluo	3605	5425	6223	259
甘肃	**Gansu**	**3425**	**4507**	**5108**	
兰州	Lanzhou	4588	6224	7114	237
嘉峪关	Jiayuguan	7865	10999	12352	51
金昌	Jinchang	5953	7885	8863	180
白银	Baiyin	3386	4497	5140	277
天水	Tianshui	2825	3864	4386	281
武威	Wuwei	4551	6135	6963	244
张掖	Zhangye	5575	7504	8465	202
平凉	Pingliang	3136	4215	4788	279
酒泉	Jiuquan	7234	9645	10851	91
庆阳	Qingyang	3154	4262	4888	278
定西	Dingxi	2702	3612	4085	282
陇南	Longnan	2299	3088	3536	283
青海	**Qinghai**	**3863**	**5364**	**6196**	
西宁	Xining	5521	7802	9004	172
宁夏	**Ningxia**	**4675**	**6180**	**6931**	
银川	Yinchuan	6161	8068	9036	167
石嘴山	Shizuishan	6060	7967	8928	175
吴忠	Wuzhong	5041	6370	7159	236
固原	Guyuan	3477	4690	5359	274
中卫	Zhongwei	4439	5927	6577	253
新疆	**Xinjiang**	**4643**	**6394**	**7296**	
乌鲁木齐	Urumqi	7466	10032	11496	70
克拉玛依	Karamay	10296	11735	15596	21

6-5 农村居民人均消费支出
Annual Per Capita Consumption Expenditure of Rural Households

单位：元 (yuan)

地名	City	2010	2012	2013	2013 排名 Ranking
全国	**Nation Total**	**4382**	**5908**	**6626**	
北京	**Beijing**	**9255**	**11879**	**13553**	
天津	**Tianjin**	**4937**	**8337**	**10155**	
河北	**Hebei**	**3845**	**5364**	**6134**	
石家庄	Shijiazhuang	3956	5439	6605	133
唐山	Tangshan	5980	8316	9424	33
秦皇岛	Qinhuangdao	4070	6110	7224	98
邯郸	Handan	2692	4023	6490	141
邢台	Xingtai	2864	4259	5301	204
保定	Baoding	2864	5083	6002	166
张家口	Zhangjiakou	3110	4364	4549	246
承德	Chengde	3672	5524	4224	254
沧州	Cangzhou	3525	5336	5890	172
廊坊	Langfang	3850	6764	8025	60
衡水	Hengshui	2779	4656	4474	249
山西	**Shanxi**	**3664**	**5566**	**5813**	
太原	Taiyuan	3879	6550	7407	83
大同	Datong	2472	4214	4640	241
阳泉	Yangquan	4047	5969	7713	69
长治	Changzhi	2935	4720	6349	146
晋城	Jincheng	3853	6044	7115	102
朔州	Shuozhou	3293	5416	6779	121
晋中	Jinzhong	3801	5971	6330	147
运城	Yuncheng	3067	4740	5651	185
忻州	Xinzhou	3041	3994	4724	234
临汾	Linfen	3381	4429	5119	212
吕梁	Luliang	3327	4305	4837	226
内蒙古	**Inner Mongolia**	**4461**	**6382**	**7268**	
呼和浩特	Hohhot	5526	8175	10446	24
包头	Baotou	6132	7869	6717	127
乌海	Wuhai	5115	10118	10903	22
赤峰	Chifeng	3572	5801	6878	115
通辽	Tongliao	4264	6764	7097	104
鄂尔多斯	Erdos	8458	10392	9773	28
呼伦贝尔	Hulunbuir	4522	6818	8399	51
巴彦淖尔	Bayannur	6325	8662	8306	53
乌兰察布	Ulanqab	2844	4468	5249	207
辽宁	**Liaoning**	**4490**	**5998**	**7159**	
沈阳	Shenyang	5388	6631		
大连	Dalian	6940	7639		
鞍山	Anshan	5188	6464		
抚顺	Fushun	4630	6510		
本溪	Benxi	5775	7967		
丹东	Dandong	5029	7418		
锦州	Jinzhou	3861	6274		
营口	Yingkou	5591	8046		
阜新	Fuxin	4119	5261		
辽阳	Liaoyang	3980	6669		
盘锦	Panjin	5012	6541		
铁岭	Tieling	4982	6301		
朝阳	Chaoyang	5178	6155		
葫芦岛	Huludao	3906	5212		
吉林	**Jilin**	**4147**	**6186**	**7380**	
长春	Changchun	3533	5855	6798	119
吉林	Jilin	4441	6014	7402	84
四平	Siping	4256	6328	6964	111
辽源	Liaoyuan	3892	6750	6514	139
通化	Tonghua	3506	6186	5993	167
白山	Baishan	2826	4786	5959	169
松原	Songyuan	3528	5720	6491	140
白城	Baicheng	3400	5761	5875	173
黑龙江	**Heilongjiang**	**4391**	**5718**	**6814**	
哈尔滨	Harbin	4666	5718	7361	86
齐齐哈尔	Qiqihar	5331	6821	7439	79
鸡西	Jixi	3956	6148		
鹤岗	Hegang				
双鸭山	Shuangyashan			5012	217
大庆	Daqing	4204		3916	259
伊春	Yichun				
佳木斯	Jiamusi	2323	3279		
七台河	Qitaihe			7148	99
牡丹江	Mudanjiang	5205			
黑河	Heihe				
绥化	Suihua			9078	40
上海	**Shanghai**	**10210**	**11972**	**14235**	
江苏	**Jiangsu**	**6543**	**9138**	**9910**	

6-5 农村居民人均消费支出 续表 1
Annual Per Capita Consumption Expenditure of Rural Households continued 1

单位：元 (yuan)

地名	City	2010	2012	2013	2013 排名 Ranking	地名	City	2010	2012	2013	2013 排名 Ranking
南京	Nanjing	8477	11114	12392	11	池州	Chizhou	3968	5839	6974	110
无锡	Wuxi	9790	12795	14147	6	宣城	Xuancheng	4522	6358	7601	72
徐州	Xuzhou	5216	6742	7246	96	**福建**	**Fujian**	**5498**	**7402**	**8151**	
常州	Changzhou	9924	12027	13563	8	福州	Fuzhou	6071	8336	9311	36
苏州	Suzhou	10397	14381	16251	2	厦门	Xiamen	7523	10152	11228	20
南通	Nantong	7240	9839	10931	21	莆田	Putian	5679	7733	8509	46
连云港	Lianyungang	4766	6210	6932	113	三明	Sanming	4862	6752	7517	74
淮安	Huaian	5216	6493	7373	85	泉州	Quanzhou	6782	8484	9526	31
盐城	Yancheng	5074	6998	7712	70	漳州	Zhangzhou	5524	7582	8267	54
扬州	Yangzhou	6782	8714	9725	29	南平	Nanping	4991	6502	7142	100
镇江	Zhenjiang	7848	10530	11995	14	龙岩	Longyan	5245	6837	7425	80
泰州	Taizhou	6476	8990	9862	26	宁德	Ningde	4469	6075	6863	117
宿迁	Suqian	4684	6594	7454	77	**江西**	**Jiangxi**	**3912**	**5130**	**5654**	
浙江	**Zhejiang**	**8929**	**10653**	**11760**		南昌	Nanchang	3992	5209	5682	182
杭州	Hangzhou	10267	13612	14600	4	景德镇	Jingdezhen	4200	5338	5924	171
宁波	Ningbo	9794	12699	13915	7	萍乡	Pingxiang	4762	6035	6580	135
温州	Wenzhou	8431	10820	11724	15	九江	Jiujiang	4131	5164	5738	180
嘉兴	Jiaxing	9274	12326	14261	5	新余	Xinyu	4879	6130	6695	130
湖州	Huzhou	9139	11077	12348	12	鹰潭	Yingtan	4028	5497	6032	165
绍兴	Shaoxing	9210	11107	12402	10	赣州	Ganzhou	3197	3945	4398	251
金华	Jinhua	7695	9272	10673	23	吉安	Jian	3495	4529	5031	215
衢州	Quzhou	5485	6857	7515	75	宜春	Yichun	3676	5269	5860	174
舟山	Zhoushan	10270	13589	14851	3	抚州	Fuzhou	3331	4364	4798	228
台州	Taizhou	8086	10148	11426	18	上饶	Shangrao	2757	4117	4569	245
丽水	Lishui	4947	6685	7423	82	**山东**	**Shandong**	**4807**	**6776**	**7393**	
安徽	**Anhui**	**4013**	**5556**	**5725**		济南	Jinan	5407	6932	7799	68
合肥	Hefei	4188	5253	5799	176	青岛	Qingdao	6662	8653	9799	27
芜湖	Wuhu	5231	6369	7131	101	淄博	Zibo	5676	7334	8133	57
蚌埠	Bengbu	3159	4065	4387	252	枣庄	Zaozhuang	4209	5640	6866	116
淮南	Huainan	3376	5437	5720	181	东营	Dongying	4985	7101	7813	65
马鞍山	Maanshan	6339	6782	8936	41	烟台	Yantai	5175	6603	7343	89
淮北	Huaibei	3881	4497	6266	154	潍坊	Weifang	5982	7487	8556	45
铜陵	Tongling	5387	7041	7232	97	济宁	Jining	4216	5437	6262	155
安庆	Anqing	3392	4888	5650	186	泰安	Taian	4273	5588	6319	149
黄山	Huangshan	4163	5249	6975	109	威海	Weihai	5728	7547	8493	47
滁州	Chuzhou	4027	5875	6824	118	日照	Rizhao	4144	4897	5314	202
阜阳	Fuyang	2686	3481	3795	261	莱芜	Laiwu	4620	6093	6737	124
宿州	Suzhou	3126	4470	4943	223	临沂	Linyi	3935	5536	6204	156
六安	Liuan	3807	4853	5123	211	德州	Dezhou	3045	4938	5432	197
亳州	Bozhou	3025	4569	4964	221	聊城	Liaocheng	3542	5190	5623	187

6-5 农村居民人均消费支出 续表 2

Annual Per Capita Consumption Expenditure of Rural Households continued 2

单位：元 (yuan)

地名	City	2010	2012	2013	2013 排名 Ranking	地名	City	2010	2012	2013	2013 排名 Ranking
滨州	Binzhou	4531	6994	7854	64	常德	Changde	4575	6380	7802	67
菏泽	Heze	3629	4696	5163	210	张家界	Zhangjiajie	3476	4490	4847	225
河南	**Henan**	**3682**	**5032**	**5628**		益阳	Yiyang	4637	6427	7453	78
郑州	Zhengzhou	6254	8967	10242	25	郴州	Chenzhou	3511	4886	6315	151
开封	Kaifeng	3352	4641	5460	195	永州	Yongzhou	3951	5289	5785	177
洛阳	Luoyang	4635	5979	6783	120	怀化	Huaihua	3072	3769	4968	220
平顶山	Pingdingshan	3168	4131	4876	224	娄底	Loudi	3224	4996	6744	123
安阳	Anyang	3726	5399	6735	125	**广东**	**Guangdong**	**5516**	**7459**	**8343**	
鹤壁	Hebi	3938	6475	7312	93	广州	Guangzhou	8986	10965	11688	16
新乡	Xinxiang	4593	6342	7002	106	韶关	Shaoguan	4930	6634	7326	90
焦作	Jiaozuo	4845	7435	8583	44	深圳	Shenzhen				
濮阳	Puyang	2911	4403	4980	219	珠海	Zhuhai	8071	10099	11416	19
许昌	Xuchang	4222	5549	6561	137	汕头	Shantou	5960	7296	7945	61
漯河	Luohe	3492	4797	5379	199	佛山	Foshan	8539	11458	12694	9
三门峡	Sanmenxia	4126	5765	6715	129	江门	Jiangmen	6412	8355	9396	34
南阳	Nanyang	4012	5454	6109	159	湛江	Zhanjiang	4579	6912	7907	63
商丘	Shangqiu	2890	3970	4772	231	茂名	Maoming	4320	6624	7625	71
信阳	Xinyang	3604	4331	5258	206	肇庆	Zhaoqing	5081	6430	7503	76
周口	Zhoukou	3344	4281	4827	227	惠州	Huizhou	6029	8286	9465	32
驻马店	Zhumadian	3670	4986	5769	178	梅州	Meizhou	5578	6729	7353	87
湖北	**Hubei**	**4091**	**5727**	**6280**		汕尾	Shanwei	5752	7138	7807	66
武汉	Wuhan	5631	8167	9127	39	河源	Heyuan	4949	6205	6946	112
黄石	Huangshi	4073	5859	6518	138	阳江	Yangjiang	6070	8486	9171	38
十堰	Shiyan	3100	4014	4540	247	清远	Qingyuan	4977	6767	7351	88
宜昌	Yichang	4071	5945	6762	122	东莞	Dongguan	11840	16189	17003	1
襄阳	Xiangfan	4252	6134	7091	105	中山	ZhongShan	9008	11321	12312	13
鄂州	Ezhou	3209	6573	7317	92	潮州	Chaozhou	6027	7635	8035	59
荆门	Jingmen	6951	6608	7268	94	揭阳	Jieyang	4745	6151	6595	134
孝感	Xiaogan	3987	5142	5768	179	云浮	Yunfu	5180	6861	7935	62
荆州	Jingzhou	3964	6526	7107	103	**广西**	**Guangxi**	**3455**	**4934**	**5206**	
黄冈	Huanggang	3511	5370	6092	160	南宁	Nanning	3354	5201	5987	168
咸宁	Xianning	3823	5556	6073	162	柳州	Liuzhou	3663	5830	6365	145
随州	Suizhou	4404	5738	6635	132	桂林	Guilin	3872	5770	6329	148
湖南	**Hunan**	**4310**	**5870**	**6610**		梧州	Wuzhou	2798	5106	5505	193
长沙	Changsha	7533	10155	11586	17	北海	Beihai	3170	4939	5825	175
株洲	Zhuzhou	5466	7656	8477	49	防城港	Fangchenggang	3470	4340	5955	170
湘潭	Xiangtan	5073	7128	9580	30	钦州	Qinzhou	2901	3755	4999	218
衡阳	Hengyang	4843	6382	6986	108	贵港	Guigang	3504	5166	5667	183
邵阳	Shaoyang	2942	3954	4637	243	玉林	Yulin	2910	4615	4952	222
岳阳	Yueyang	4990	6757	8082	58	百色	Baise	2859	3983	5612	189

6-5 农村居民人均消费支出 续表 3

Annual Per Capita Consumption Expenditure of Rural Households continued 3

单位：元 (yuan)

地名	City	2010	2012	2013	2013 排名 Ranking
贺州	Hezhou	2985	4094	5284	205
河池	Hechi	2099	3516	4667	240
来宾	Laibin	3545	5434	6077	161
崇左	Chongzuo	3581	5843	6907	114
海南	**Hainan**	**3446**	**4776**	**5466**	
海口	Haikou	3403	5887	6370	144
三亚	Sanya	3905	4903	5657	184
重庆	**Chongqing**	**3625**	**5019**	**5796**	
四川	**Sichuan**	**3898**	**5367**	**6309**	
成都	Chengdu	5796	7990	8457	50
自贡	Zigong	4300	5664	6172	157
攀枝花	Panzhihua	5439	7114	8481	48
泸州	Luzhou	4174	5445	6050	164
德阳	Deyang	5241	5792	6318	150
绵阳	Mianyang	4607	5772	6162	158
广元	Guangyuan	3416	4406	4782	230
遂宁	Suining	4049	4358	4638	242
内江	Neijiang	3997	5112	5427	198
乐山	Leshan	4394	4917	5350	201
南充	Nanchong	3376	4400	4580	244
眉山	Meishan	3933	4936	5615	188
宜宾	Yibin	4340	5404	5533	191
广安	Guangan	3138	4416	4752	232
达州	Dazhou	3552	4693	5039	214
雅安	Yaan	4507	5707	6650	131
巴中	Bazhong	3910	4934	5576	190
资阳	Ziyang	2924	4493	5226	208
贵州	**Guizhou**	**2853**	**3902**	**4740**	
贵阳	Guiyang	4741	6161	7267	95
六盘水	Liupanshui	2612	4001	5378	200
遵义	Zunyi	2790	4226	5521	192
安顺	Anshun	2210	3489	5171	209
毕节	Bijie	2499	3972	5019	216
铜仁	Tongren	2594	4250	4457	250
云南	**Yunnan**	**3398**	**4561**	**4744**	
昆明	Kunming	5701	6981	8397	52
曲靖	Qujing	3120	4029	4671	238
玉溪	Yuxi	5033	6733	8148	56
保山	Baoshan	3214	5006	5454	196
昭通	Zhaotong	2314	2572	3899	260
丽江	Lijiang	2184	3493	4098	258
普洱	Puer	2755	4426	4668	239
临沧	Lincang	2020	3444	4240	253
西藏	**Tibet**	**2667**	**2968**	**3574**	
拉萨	Lhasa	2482	2782	4163	255
陕西	**Shaanxi**	**3794**	**5115**	**5724**	
西安	Xi'an	5633	7774	8780	42
铜川	Tongchuan	4402	6443	7001	107
宝鸡	Baoji	4466	5934	6725	126
咸阳	Xianyang	3867	6057	6433	143
渭南	Weinan	3273	5494	6053	163
延安	Yan'an	3731	4971	6278	153
汉中	Hanzhong	3192	4597	5490	194
榆林	Yulin	4298	7223	7425	80
安康	Ankang	3536	4732	5311	203
商洛	Shangluo	2711	4443	4721	235
甘肃	**Gansu**	**2942**	**4146**	**4850**	
兰州	Lanzhou	3686	5078	6473	142
嘉峪关	Jiayuguan	5077	8817	9354	35
金昌	Jinchang	4147	7425	6717	127
白银	Baiyin	2955	4181	4676	237
天水	Tianshui	2413	3526	4783	229
武威	Wuwei	2160	3671	4517	248
张掖	Zhangye	4416	6410	7325	91
平凉	Pingliang	3090	5422	5112	213
酒泉	Jiuquan	6043	8022	9300	37
庆阳	Qingyang	2330	3878	4698	236
定西	Dingxi	2419	3628	4152	256
陇南	Longnan	2341	2964	4123	257
青海	**Qinghai**	**3775**	**5359**	**6060**	
西宁	Xining	5404	6914	7563	73
宁夏	**Ningxia**	**4013**	**5351**	**6490**	
银川	Yinchuan	5394	7089	8637	43
石嘴山	Shizuishan	4930	7222	8210	55
吴忠	Wuzhong	3763	5410	6574	136
固原	Guyuan	3085	4248	4731	233
中卫	Zhongwei	3877	5670	6286	152
新疆	**Xinjiang**	**3458**	**5301**	**6119**	
乌鲁木齐	Urumqi		8398		
克拉玛依	Karamay				

6-6 农村居民人均食品消费支出
Annual Per Capita Food Consumption Expenditure of Rural Households

单位：元 （yuan）

地名	City	2010	2012	2013	2013 排名 Ranking
全国	**Nation Total**	**1801**	**2324**	**2495**	
北京	**Beijing**	**2995**	**3945**	**4696**	
天津	**Tianjin**	**2061**	**3020**	**3540**	
河北	**Hebei**	**1351**	**1817**	**1963**	
石家庄	Shijiazhuang	1405	1809		
唐山	Tangshan	2086	2857		
秦皇岛	Qinhuangdao	1384	1993		
邯郸	Handan	1021	1511		
邢台	Xingtai	1098	1581		
保定	Baoding	1143	1804		
张家口	Zhangjiakou	1440	1891		
承德	Chengde	1697	2361		
沧州	Cangzhou	1289	1866		
廊坊	Langfang	1505	2172		
衡水	Hengshui	1162	1724		
山西	**Shanxi**	**1372**	**1860**	**1921**	
太原	Taiyuan	1312	2219		
大同	Datong	1141	2050		
阳泉	Yangquan	1444	2030		
长治	Changzhi	1167	1830		
晋城	Jincheng	1493	1995		
朔州	Shuozhou	1383	2129		
晋中	Jinzhong	1323	1849		
运城	Yuncheng	1147	1544		
忻州	Xinzhou	1319	1635		
临汾	Linfen	1237	1601		
吕梁	Luliang	1200	1716		
内蒙古	**Inner Mongolia**	**1675**	**2380**	**2583**	
呼和浩特	Hohhot	2061	2814	2708	91
包头	Baotou	2279	2927	2453	132
乌海	Wuhai	2014	3877	2762	77
赤峰	Chifeng	1479	2284	1842	206
通辽	Tongliao	1615	2376	1641	224
鄂尔多斯	Erdos	2464	3778	2177	172
呼伦贝尔	Hulunbuir	1539	2520	2032	188
巴彦淖尔	Bayannur	2460	3231	2096	177
乌兰察布	Ulanqab	1289	2146	2296	159
辽宁	**Liaoning**	**1714**	**2300**	**2519**	
沈阳	Shenyang	1991	2510		
大连	Dalian	2746	3139		
鞍山	Anshan	2023	2508		
抚顺	Fushun	1954	2742		
本溪	Benxi	2274	3244		
丹东	Dandong	2314	3266		
锦州	Jinzhou	1412	2052		
营口	Yingkou	2124	2866		
阜新	Fuxin	1474	1915		
辽阳	Liaoyang	1867	2337		
盘锦	Panjin	1964	2576		
铁岭	Tieling	2004	2231		
朝阳	Chaoyang	1931	2298		
葫芦岛	Huludao	1542	1923		
吉林	**Jilin**	**1523**	**2269**	**2438**	
长春	Changchun		2254	2944	62
吉林	Jilin		2337	2921	64
四平	Siping		2216	2538	120
辽源	Liaoyuan		2287	3482	39
通化	Tonghua		2507	2603	109
白山	Baishan		1904	2588	113
松原	Songyuan		1994	2866	70
白城	Baicheng		2364	2309	155
黑龙江	**Heilongjiang**	**1484**	**2165**	**2398**	
哈尔滨	Harbin	1880	2165	2872	68
齐齐哈尔	Qiqihar	1850	2403	2599	111
鸡西	Jixi	1893	2329		
鹤岗	Hegang				
双鸭山	Shuangyashan			1601	228
大庆	Daqing	1610		1479	234
伊春	Yichun				
佳木斯	Jiamusi	1046	1704		
七台河	Qitaihe			2795	75
牡丹江	Mudanjiang	1839			
黑河	Heihe				
绥化	Suihua				
上海	**Shanghai**	**3807**	**4848**	**5335**	
江苏	**Jiangsu**	**2492**	**3049**	**3283**	

6-6 农村居民人均食品消费支出 续表 1

Annual Per Capita Food Consumption Expenditure of Rural Households continued 1

单位：元 （yuan）

地名	City	2010	2012	2013	2013 排名 Ranking	地名	City	2010	2012	2013	2013 排名 Ranking
南京	Nanjing	3110	4147	4554	14	池州	Chizhou	1852	2433	2496	124
无锡	Wuxi	3375	4655	5065	8	宣城	Xuancheng	1811	2468	2819	72
徐州	Xuzhou	1962	2411	2593	112	**福建**	**Fujian**	**2537**	**3403**	**3601**	
常州	Changzhou	3480	4337	4799	13	福州	Fuzhou	2761	3687	4017	25
苏州	Suzhou	3527	4875	5429	4	厦门	Xiamen	3109	4413	4861	11
南通	Nantong	2623	3546	3864	28	莆田	Putian	2648	3521	3760	30
连云港	Lianyungang	1947	2259	2457	130	三明	Sanming	2244	3088	3423	43
淮安	Huaian	2053	2409	2670	100	泉州	Quanzhou	2868	3621	4048	22
盐城	Yancheng	1871	2543	2686	94	漳州	Zhangzhou	2577	3522	3736	31
扬州	Yangzhou	2578	3180	3435	42	南平	Nanping	2268	2937	3199	53
镇江	Zhenjiang	3076	3857	4276	19	龙岩	Longyan	2403	3106	3306	50
泰州	Taizhou	2217	2974	3210	51	宁德	Ningde	2113	2816	3137	55
宿迁	Suqian	2008	2479	2751	81	**江西**	**Jiangxi**	**1813**	**2333**	**2389**	
浙江	**Zhejiang**	**3056**	**3947**	**4191**		南昌	Nanchang	1936	2586	2437	136
杭州	Hangzhou	3333	4455	4820	12	景德镇	Jingdezhen	1948	2456	2588	113
宁波	Ningbo	4049	5293	5503	3	萍乡	Pingxiang	1849	2517	2678	96
温州	Wenzhou	3635	4943	5418	5	九江	Jiujiang	1717	2118	2460	129
嘉兴	Jiaxing	3064	3955	4450	18	新余	Xinyu	2101	2513	2672	99
湖州	Huzhou	3004	3583	3979	26	鹰潭	Yingtan	1853	2531	2635	108
绍兴	Shaoxing	3314	4186	4477	16	赣州	Ganzhou	1459	1791	2064	182
金华	Jinhua	2670	3246	3672	34	吉安	Jian	1669	2003	2073	180
衢州	Quzhou	2229	2720	2881	67	宜春	Yichun	1692	2273	2424	138
舟山	Zhoushan	4071	5183	5913	2	抚州	Fuzhou	1614	2176	1655	221
台州	Taizhou	2980	4021	4455	17	上饶	Shangrao	1414	1919	1944	195
丽水	Lishui	1889	2553	2732	85	**山东**	**Shandong**	**1804**	**2321**	**2554**	
安徽	**Anhui**	**1633**	**2181**	**2270**		济南	Jinan	1818	2465	2641	107
合肥	Hefei	2037	2363	2499	123	青岛	Qingdao	2365	3130	3415	44
芜湖	Wuhu	2175	2838	3136	56	淄博	Zibo	1864	2572	2731	86
蚌埠	Bengbu	1380	1743	1920	200	枣庄	Zaozhuang	1558	2021	2307	156
淮南	Huainan	1486	2184	2376	146	东营	Dongying	1734	2351	2417	140
马鞍山	Maanshan	2483	2612	3353	48	烟台	Yantai	1982	2594	2785	76
淮北	Huaibei	1431	1719	2257	163	潍坊	Weifang	1747	2356	2503	122
铜陵	Tongling	2158	2542	2825	71	济宁	Jining	1596	2137	2339	152
安庆	Anqing	1722	2388	2485	127	泰安	Taian	1572	2052	2269	162
黄山	Huangshan	1874	2404	3209	52	威海	Weihai	2060	2367	2916	65
滁州	Chuzhou	1680	2409	2953	61	日照	Rizhao	1752	1858	1919	201
阜阳	Fuyang	1207	1474	1598	229	莱芜	Laiwu	1753	2200	2448	133
宿州	Suzhou	1446	1615	1924	197	临沂	Linyi	1580	2075	2279	160
六安	Liuan	1816	2461	2550	119	德州	Dezhou	1333	1601	1820	210
亳州	Bozhou	1311	1647	1833	209	聊城	Liaocheng	1418	1926	2054	185

6-6 农村居民人均食品消费支出 续表 2

Annual Per Capita Food Consumption Expenditure of Rural Households continued 2

单位：元 （yuan）

地名	City	2010	2012	2013	2013 排名 Ranking	地名	City	2010	2012	2013	2013 排名 Ranking
滨州	Binzhou	1413	2093	2251	164	常德	Changde	2125	2610	1360	235
菏泽	Heze	1472	1810	2001	189	张家界	Zhangjiajie	1795	2159	978	238
河南	**Henan**	**1371**	**1702**	**1938**		益阳	Yiyang	2119	2790	1565	231
郑州	Zhengzhou	1889	2203	2455	131	郴州	Chenzhou	1705	2199	1598	229
开封	Kaifeng	1140	1555	1797	213	永州	Yongzhou	1882	2391	1815	212
洛阳	Luoyang	1395	1719	1979	192	怀化	Huaihua	1738	2148	1354	236
平顶山	Pingdingshan	1273	1522	1738	217	娄底	Loudi	1688	2371	1652	222
安阳	Anyang	1197	1535	2001	189	广东	**Guangdong**	**2630**	**3659**	**3737**	
鹤壁	Hebi	1451	2096	2644	104	广州	Guangzhou	4126	4879	5167	6
新乡	Xinxiang	1457	1806	2199	167	韶关	Shaoguan	2687	3244	3568	37
焦作	Jiaozuo	1479	2018	2402	141	深圳	Shenzhen				
濮阳	Puyang	1051	1584	1630	226	珠海	Zhuhai	3631	4504	5056	9
许昌	Xuchang	1329	1685	2059	183	汕头	Shantou	2865	3480	3781	29
漯河	Luohe	1225	1550	1691	220	佛山	Foshan	3236	4480	4935	10
三门峡	Sanmenxia	1419	1831	1965	194	江门	Jiangmen		3604	4529	15
南阳	Nanyang	1525	2086	2298	158	湛江	Zhanjiang	2285	3539	4032	24
商丘	Shangqiu	1081	1549	1844	205	茂名	Maoming	2065	3067	3537	38
信阳	Xinyang	1780	2068	2495	125	肇庆	Zhaoqing	2517	3137	3653	35
周口	Zhoukou	1250	1542	1632	225	惠州	Huizhou	2715	3671	4174	20
驻马店	Zhumadian	1529	1891	2083	179	梅州	Meizhou	2611	3095	3407	45
湖北	**Hubei**	**1763**	**2154**	**2308**		汕尾	Shanwei	2630	3390	3677	33
武汉	Wuhan	2329	3245	3459	40	河源	Heyuan	2382	3049	3401	46
黄石	Huangshi	1773	2317	2567	118	阳江	Yangjiang		3836	4128	21
十堰	Shiyan	1351	1782	1924	197	清远	Qingyuan	2455	3328	3609	36
宜昌	Yichang	1787	2238	2581	115	东莞	Dongguan	4447	5980	6291	1
襄阳	Xiangfan	1016	2446	2800	74	中山	ZhongShan	3891	4574	5082	7
鄂州	Ezhou	1077	3121	3337	49	潮州	Chaozhou	2750	3444	3698	32
荆门	Jingmen	4786	2172	2870	69	揭阳	Jieyang	2259	2866	3073	58
孝感	Xiaogan	1827	2240	2508	121	云浮	Yunfu	2778	3499	4039	23
荆州	Jingzhou	1788	2616	2676	98	广西	**Guangxi**	**1675**	**2086**	**2085**	
黄冈	Huanggang	1525	2075	2345	151	南宁	Nanning	1636	2431	2749	83
咸宁	Xianning	1710	2272	2400	142	柳州	Liuzhou	1820	2520	2749	83
随州	Suizhou	1994	2236	2642	105	桂林	Guilin	1827	2559	2714	88
湖南	**Hunan**	**2088**	**2575**	**2537**		梧州	Wuzhou	1531	2224	2339	152
长沙	Changsha	2838	3756	2059	183	北海	Beihai	1701	2354	2303	157
株洲	Zhuzhou	2382	3039	1733	218	防城港	Fangchenggang	1865	1949	3156	54
湘潭	Xiangtan	2297	2840	1544	233	钦州	Qinzhou	1568	1573	1836	208
衡阳	Hengyang	2444	3076	1647	223	贵港	Guigang	1648	2346	2571	116
邵阳	Shaoyang	1525	1910	1199	237	玉林	Yulin	1418	2088	2155	174
岳阳	Yueyang	1836	2540	1616	227	百色	Baise	1474	1316	2421	139

6-6 农村居民人均食品消费支出 续表 3

Annual Per Capita Food Consumption Expenditure of Rural Households continued 3

单位：元 (yuan)

地名	City	2010	2012	2013	2013 排名 Ranking	地名	City	2010	2012	2013	2013 排名 Ranking
贺州	Hezhou	1480	1302	2147	175	丽江	Lijiang	1061	1833	2224	166
河池	Hechi	1297	1281	1940	196	普洱	Puer	1636	2337	2191	168
来宾	Laibin	1554	2131	2350	149	临沧	Lincang	1130	1616	1921	199
崇左	Chongzuo	1432	2346	2709	90	**西藏**	**Tibet**	**1326**	**1592**	**1939**	
海南	**Hainan**	**1724**	**2410**	**2625**		拉萨	Lhasa	970	1370	1870	203
海口	Haikou	1505	3093	3070	59	**陕西**	**Shaanxi**	**1299**	**1520**	**1821**	
三亚	Sanya	1944	2312	2762	77	西安	Xi'an	1833	2630	2894	66
重庆	**Chongqing**	**1750**	**2216**	**2539**		铜川	Tongchuan	1454	1863	2682	95
四川	**Sichuan**	**1881**	**2514**	**2665**		宝鸡	Baoji	1365	1620	1769	215
成都	Chengdu	2429	3284	3441	41	咸阳	Xianyang	1211	1790	2348	150
自贡	Zigong	2401	2725	2923	63	渭南	Weinan	1035	2060	2274	161
攀枝花	Panzhihua	2438	3397	3941	27	延安	Yan'an	1338	1698	2038	186
泸州	Luzhou	2071	2667	3005	60	汉中	Hanzhong	1390	1883	2180	171
德阳	Deyang	2327	2871	3080	57	榆林	Yulin	1692	2606	2642	105
绵阳	Mianyang	2012	2511	2661	101	安康	Ankang	1575	2073	2186	169
广元	Guangyuan	1453	2082	2185	170	商洛	Shangluo	1060	1439	1554	232
遂宁	Suining	1778	2092	2241	165	**甘肃**	**Gansu**	**1315**	**1649**	**1799**	
内江	Neijiang	2077	2490	2717	87	兰州	Lanzhou	1624	2052	2374	148
乐山	Leshan	2066	2274	2427	137	嘉峪关	Jiayuguan	2205	3005	2601	110
南充	Nanchong	1806	2383	2376	146	金昌	Jinchang	1648	2209	2086	178
眉山	Meishan	1861	2237	2659	102	白银	Baiyin	1338	1845	1991	191
宜宾	Yibin	1941	2860	2712	89	天水	Tianshui	1129	1503	1819	211
广安	Guangan	1849	2429	2489	126	武威	Wuwei	730	1475	1869	204
达州	Dazhou	1865	2422	2570	117	张掖	Zhangye	1770	2380	2758	80
雅安	Yaan	2068	2637	2470	128	平凉	Pingliang	1282	2261	1741	216
巴中	Bazhong	2010	2398	2706	92	酒泉	Jiuquan	2070	3039	3357	47
资阳	Ziyang	1699	2391	2444	135	庆阳	Qingyang	971	1372	1839	207
贵州	**Guizhou**	**1319**	**1741**	**2036**		定西	Dingxi	1138	1532	1782	214
贵阳	Guiyang	1736	2380	2649	103	陇南	Longnan	1261	1375	1693	219
六盘水	Liupanshui	1370	1976	2690	93	**青海**	**Qinghai**	**1443**	**1859**	**1872**	
遵义	Zunyi	1323	1792	2381	145	西宁	Xining	1634	2217	2446	134
安顺	Anshun	1223	1762	2320	154	**宁夏**	**Ningxia**	**1542**	**1891**	**2022**	
毕节	Bijie	1175	1786	2384	144	银川	Yinchuan	1931	2188	2807	73
铜仁	Tongren	1274	1926	2035	187	石嘴山	Shizuishan	1904	2034	2762	77
云南	**Yunnan**	**1605**	**2081**	**2098**		吴忠	Wuzhong	1510	1523	2395	143
昆明	Kunming	1781	2539	2750	82	固原	Guyuan	1494	1249	1969	193
曲靖	Qujing	1396	1856	2139	176	中卫	Zhongwei	1338	1573	2072	181
玉溪	Yuxi	1932	2351	2677	97	**新疆**	**Xinjiang**	**1394**	**1891**	**2072**	
保山	Baoshan	1541	2109	2158	173	乌鲁木齐	Urumqi		2754		
昭通	Zhaotong	1298	1002	1893	202	克拉玛依	Karamay				

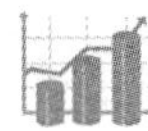

6-7 城乡居民人民币储蓄存款余额
Household Saving Deposits at Year-end

单位：亿元 (100 million yuan)

地名	City	2010	2012	2013	2013 排名 Ranking	地名	City	2010	2012	2013	2013 排名 Ranking
全国	**Nation Total**	**303302.5**	**399551.0**	**447601.6**		沈阳	Shenyang	5970.16	4318.84	4765.48	10
北京	**Beijing**	**17003.11**	**21644.94**	**23086.40**		大连	Dalian	6159.00	4160.47	4483.77	12
天津	**Tianjin**	**5558.23**	**7055.38**	**7612.30**		鞍山	Anshan	1079.14	1437.40	1582.97	60
河北	**Hebei**	**15678.43**	**20665.09**	**23357.20**		抚顺	Fushun	372.98	807.89	889.24	135
石家庄	Shijiazhuang	3272.10	3735.50	4157.60	15	本溪	Benxi	504.91	600.01	656.72	183
唐山	Tangshan	2716.11	3305.07	3652.79	20	丹东	Dandong	476.43	893.01	992.94	123
秦皇岛	Qinhuangdao	896.02	1150.19	1311.66	74	锦州	Jinzhou	583.29	904.50	1018.30	117
邯郸	Handan	1318.74	1790.81	2014.17	45	营口	Yingkou	813.55	805.94	922.72	134
邢台	Xingtai	814.13	1454.71	1655.93	58	阜新	Fuxin	359.35	442.81	509.77	211
保定	Baoding	1158.32	2657.01	3036.23	29	辽阳	Liaoyang	513.99	678.37	760.51	168
张家口	Zhangjiakou	918.31	1119.75	1268.62	79	盘锦	Panjin	440.22	676.77	769.95	164
承德	Chengde	766.25	888.22	1032.49	115	铁岭	Tieling	484.33	620.30	700.21	179
沧州	Cangzhou	894.57	1845.65	2092.44	40	朝阳	Chaoyang	434.80	733.32	838.98	147
廊坊	Langfang	1322.08	1581.56	1829.43	52	葫芦岛	Huludao	505.66	712.06	795.20	159
衡水	Hengshui	457.60	1160.39	1308.55	76	吉林	**Jilin**	**5147.26**	**6875.10**	**7745.30**	
山西	**Shanxi**	**9222.97**	**11997.03**	**13339.40**		长春	Changchun	4557.44	2767.38	3107.16	27
太原	Taiyuan	5054.75	3021.50	3307.99	24	吉林	Jilin	715.40	1141.97	1276.24	78
大同	Datong	597.21	1220.11	1367.23	69	四平	Siping	364.58	537.60	612.16	193
阳泉	Yangquan	369.08	605.39	653.71	184	辽源	Liaoyuan	171.26	240.95	273.74	264
长治	Changzhi	631.17	981.33	1109.03	100	通化	Tonghua	341.68	498.88	560.11	202
晋城	Jincheng	522.92	756.54	825.46	151	白山	Baishan	243.59	327.22	357.80	246
朔州	Shuozhou	197.68	596.29	661.08	181	松原	Songyuan	281.98	405.90	470.28	219
晋中	Jinzhong	469.64	1087.03	1215.33	85	白城	Baicheng	192.58	259.82	305.09	259
运城	Yuncheng	499.86	878.16	1000.16	120	黑龙江	**Heilongjiang**	**7254.71**	**9269.20**	**10058.60**	
忻州	Xinzhou	352.40	878.54	1011.39	119	哈尔滨	Harbin	4126.95	3320.67	3593.56	21
临汾	Linfen	549.93	1068.67	1175.40	92	齐齐哈尔	Qiqihar	540.40	781.58	879.03	138
吕梁	Luliang	406.11	919.50	1031.95	116	鸡西	Jixi	224.98	501.52	561.34	201
内蒙古	**Inner Mongolia**	**4618.11**	**6597.22**	**7455.20**		鹤岗	Hegang	226.68	301.51	333.61	253
呼和浩特	Hohhot	2522.52	1243.27	1414.62	66	双鸭山	Shuangyashan	247.04	363.88	404.72	234
包头	Baotou	1037.29	1035.02	1157.92	94	大庆	Daqing	409.78	1147.55	1169.29	93
乌海	Wuhai	279.82	260.17	299.05	262	伊春	Yichun	104.05	309.84	338.88	250
赤峰	Chifeng	465.93	767.02	861.63	144	佳木斯	Jiamusi	342.26	545.21	621.20	191
通辽	Tongliao	464.00	365.47	428.59	229	七台河	Qitaihe	164.03	223.70	228.19	277
鄂尔多斯	Erdos	1562.10	1031.67	1179.39	91	牡丹江	Mudanjiang	313.06	675.48	823.94	152
呼伦贝尔	Hulunbuir	430.54	594.67	659.93	182	黑河	Heihe	174.76	336.58	369.13	244
巴彦淖尔	Bayannur	346.36	354.63	415.76	233	绥化	Suihua	301.87	553.93	638.05	188
乌兰察布	Ulanqab	241.12	410.80	461.70	221	上海	**Shanghai**	**15650.24**	**19506.70**	**20486.30**	
辽宁	**Liaoning**	**13690.27**	**17785.88**	**19659.50**		江苏	**Jiangsu**	**23334.48**	**30057.19**	**33823.90**	

6-7 城乡居民人民币储蓄存款余额 续表 1
Household Saving Deposits at Year-end continued 1

单位：亿元 (100 million yuan)

地名	City	2010	2012	2013	2013 排名 Ranking
南京	Nanjing	10384.84	4465.37	4883.29	9
无锡	Wuxi	6160.60	3731.83	4086.84	18
徐州	Xuzhou	1436.44	1794.72	2089.77	41
常州	Changzhou	3011.67	2473.27	2753.31	32
苏州	Suzhou	10133.15	5787.75	6408.32	4
南通	Nantong	2843.14	3588.06	4130.22	17
连云港	Lianyungang	946.26	723.59	823.19	153
淮安	Huaian	8426.34	806.86	931.81	132
盐城	Yancheng	1310.40	1519.33	1788.34	54
扬州	Yangzhou	1486.06	1697.51	1931.02	49
镇江	Zhenjiang	1563.34	1301.36	1475.49	64
泰州	Taizhou	1460.69	1546.53	1786.01	55
宿迁	Suqian	625.61	621.02	736.29	172
浙江	**Zhejiang**	**20612.16**	**26406.81**	**28923.00**	
杭州	Hangzhou	15078.73	6022.08	6339.75	5
宁波	Ningbo	9414.20	4175.96	4562.36	11
温州	Wenzhou	5516.68	3616.96	3821.25	19
嘉兴	Jiaxing	2753.64	2144.49	2438.21	36
湖州	Huzhou	1461.32	1078.46	1243.80	82
绍兴	Shaoxing	3934.27	2492.09	2724.25	33
金华	Jinhua	3096.47	2668.17	3005.13	30
衢州	Quzhou	788.22	606.38	704.08	178
舟山	Zhoushan	1017.72	503.69	544.64	206
台州	Taizhou	3055.82	2371.99	2698.13	35
丽水	Lishui	821.46	726.54	846.38	146
安徽	**Anhui**	**7788.48**	**11178.62**	**12924.90**	
合肥	Hefei	4214.08	2065.57	2355.77	37
芜湖	Wuhu	1033.45	866.71	999.99	121
蚌埠	Bengbu	386.92	531.41	604.20	194
淮南	Huainan	644.64	571.38	651.59	185
马鞍山	Maanshan	523.11	637.58	749.48	170
淮北	Huaibei	304.76	424.56	470.84	218
铜陵	Tongling	388.49	265.68	309.63	257
安庆	Anqing	547.07	1067.01	1252.46	81
黄山	Huangshan	281.01	375.71	440.32	225
滁州	Chuzhou	473.76	599.25	712.04	177
阜阳	Fuyang	441.49	1053.29	1216.78	84
宿州	Suzhou	307.68	665.08	762.96	167
六安	Liuan	485.25	723.24	876.48	141
亳州	Bozhou	244.78	554.40	639.16	187
池州	Chizhou	247.69	314.11	371.96	243
宣城	Xuancheng	385.56	465.90	540.39	207
福建	**Fujian**	**8101.02**	**10507.39**	**11847.30**	
福州	Fuzhou	5005.53	2939.46	3296.65	25
厦门	Xiamen	3621.72	1680.19	1950.10	47
莆田	Putian	616.71	654.81	773.64	163
三明	Sanming	697.66	537.53	601.04	195
泉州	Quanzhou	2600.56	2375.79	2706.70	34
漳州	Zhangzhou	836.20	814.84	943.41	130
南平	Nanping	617.60	539.37	613.14	192
龙岩	Longyan	723.39	524.97	524.97	208
宁德	Ningde	718.56	408.18	468.88	220
江西	**Jiangxi**	**6113.24**	**8471.86**	**9725.20**	
南昌	Nanchang	3461.52	1853.57	2051.16	42
景德镇	Jingdezhen	227.00	345.16	394.53	239
萍乡	Pingxiang	227.96	318.38	366.73	245
九江	Jiujiang	638.02	822.11	963.44	129
新余	Xinyu	352.33	306.40	339.63	249
鹰潭	Yingtan	220.03	228.95	258.87	267
赣州	Ganzhou	846.37	1327.76	1527.33	62
吉安	Jian	373.98	825.96	977.22	127
宜春	Yichun	508.67	899.53	1045.28	112
抚州	Fuzhou	325.29	636.33	730.06	174
上饶	Shangrao	577.22	906.59	1069.88	107
山东	**Shandong**	**19648.21**	**26343.31**	**29796.10**	
济南	Jinan	6319.09	2888.74	3267.78	26
青岛	Qingdao	5886.23	3757.60	4140.59	16
淄博	Zibo	1686.13	1690.22	1884.20	51
枣庄	Zaozhuang	727.71	695.09	779.81	162
东营	Dongying	1148.11	941.29	1051.34	111
烟台	Yantai	2511.91	2767.33	3078.69	28
潍坊	Weifang	2514.81	2459.05	2792.76	31
济宁	Jining	1366.43	1730.65	1950.32	46
泰安	Taian	917.60	1185.88	1375.11	68
威海	Weihai	1121.73	1205.74	1336.69	71
日照	Rizhao	960.79	660.76	758.05	169
莱芜	Laiwu	464.70	377.90	417.86	232
临沂	Linyi	1538.21	1941.66	2250.30	39
德州	Dezhou	909.84	1107.54	1266.44	80
聊城	Liaocheng	919.65	1018.54	1185.41	89

6-7 城乡居民人民币储蓄存款余额 续表 2
Household Saving Deposits at Year-end continued 2

单位：亿元 (100 million yuan)

地名	City	2010	2012	2013	2013 排名 Ranking	地名	City	2010	2012	2013	2013 排名 Ranking
滨州	Binzhou	1020.39	711.17	833.51	149	常德	Changde	480.70	939.32	1108.64	101
菏泽	Heze	797.66	1219.92	1427.23	65	张家界	Zhangjiajie	188.03	225.89	263.89	265
河南	**Henan**	**12883.70**	**17469.01**	**20232.10**		益阳	Yiyang	313.08	613.02	729.39	175
郑州	Zhengzhou	5717.55	3845.46	4475.32	14	郴州	Chenzhou	369.10	876.72	996.67	122
开封	Kaifeng	402.49	658.31	763.83	166	永州	Yongzhou	362.66	748.43	864.54	143
洛阳	Luoyang	1113.88	1465.16	1659.85	57	怀化	Huaihua	356.08	692.24	806.11	156
平顶山	Pingdingshan	694.39	911.95	1034.80	114	娄底	Loudi	399.32	557.71	636.52	189
安阳	Anyang	608.50	892.25	1056.02	110	**广东**	**Guangdong**	**36318.66**	**45533.78**	**49891.30**	
鹤壁	Hebi	268.43	220.37	257.14	268	广州	Guangzhou	16284.31	11310.69	12496.69	1
新乡	Xinxiang	712.34	928.51	1084.63	105	韶关	Shaoguan	346.28	702.00	787.84	160
焦作	Jiaozuo	470.98	638.08	722.91	176	深圳	Shenzhen	13708.16	8389.06	9289.37	2
濮阳	Puyang	231.60	592.52	686.07	180	珠海	Zhuhai	1472.54	1216.75	1340.62	70
许昌	Xuchang	562.35	743.29	866.66	142	汕头	Shantou	661.52	1534.46	1679.13	56
漯河	Luohe	301.20	367.37	438.52	226	佛山	Foshan	4868.99	5164.86	5602.58	6
三门峡	Sanmenxia	340.20	492.12	549.92	205	江门	Jiangmen	973.75	1853.10	2029.88	43
南阳	Nanyang	827.50	1366.92	1586.56	59	湛江	Zhanjiang	714.40	1246.23	1410.98	67
商丘	Shangqiu	607.67	968.91	1098.58	103	茂名	Maoming	361.30	984.04	1135.23	97
信阳	Xinyang	570.09	1104.25	130.61	282	肇庆	Zhaoqing	642.04	854.43	981.92	126
周口	Zhoukou	563.18	1112.87	1311.63	75	惠州	Huizhou	1097.66	1351.44	1533.96	61
驻马店	Zhumadian	499.44	1020.39	1196.83	88	梅州	Meizhou	331.10	757.67	885.49	136
湖北	**Hubei**	**9798.05**	**13419.72**	**15507.00**		汕尾	Shanwei	130.20	296.29	337.14	252
武汉	Wuhan	9093.71	4622.96	5117.43	8	河源	Heyuan	338.69	415.52	480.14	217
黄石	Huangshi	478.94	516.15	597.18	196	阳江	Yangjiang	283.93	494.59	556.98	203
十堰	Shiyan	404.70	685.89	786.93	161	清远	Qingyuan	520.62	741.99	837.54	148
宜昌	Yichang	1415.86	1033.11	1200.10	86	东莞	Dongguan	3329.82	4204.20	4476.43	13
襄阳	Xiangfan	688.25	1115.58	1320.05	72	中山	ZhongShan	1329.89	1753.58	1932.67	48
鄂州	Ezhou	141.71	198.13	236.75	275	潮州	Chaozhou	205.91	585.92	644.16	186
荆门	Jingmen	317.21	618.41	732.74	173	揭阳	Jieyang	400.68	947.98	1128.99	99
孝感	Xiaogan	389.60	792.23	943.17	131	云浮	Yunfu	278.34	462.00	519.18	210
荆州	Jingzhou	461.07	1005.76	1180.67	90	**广西**	**Guangxi**	**5702.43**	**7900.77**	**9118.90**	
黄冈	Huanggang	392.18	992.91	1197.89	87	南宁	Nanning	4142.30	1863.80	2321.16	38
咸宁	Xianning	226.88	381.98	448.83	224	柳州	Liuzhou	1046.17	871.87	989.38	125
随州	Suizhou	172.52	421.02	499.16	214	桂林	Guilin	789.34	1088.54	1232.23	83
湖南	**Hunan**	**9022.58**	**12578.29**	**14539.70**		梧州	Wuzhou	321.34	412.42	482.13	216
长沙	Changsha	6353.68	2981.31	3482.97	22	北海	Beihai	239.03	356.93	403.85	235
株洲	Zhuzhou	550.63	942.53	1080.00	106	防城港	Fangchenggang	178.17	213.36	242.83	274
湘潭	Xiangtan	545.91	703.37	822.65	154	钦州	Qinzhou	321.45	368.50	430.24	228
衡阳	Hengyang	530.71	1314.50	1508.95	63	贵港	Guigang	279.41	499.44	586.23	197
邵阳	Shaoyang	348.54	953.92	1100.46	102	玉林	Yulin	397.18	757.28	881.73	137
岳阳	Yueyang	437.18	744.25	856.43	145	百色	Baise	391.03	381.35	460.59	222

6-7 城乡居民人民币储蓄存款余额 续表 3
Household Saving Deposits at Year-end continued 3

单位：亿元 (100 million yuan)

地名	City	2010	2012	2013	2013 排名 Ranking	地名	City	2010	2012	2013	2013 排名 Ranking
贺州	Hezhou	144.51	215.27	252.79	271	丽江	Lijiang	193.92	216.69	253.97	270
河池	Hechi	275.01	386.81	449.65	223	普洱	Puer	232.00	258.85	303.07	260
来宾	Laibin	182.78	220.31	254.34	269	临沧	Lincang	168.14	183.16	214.85	278
崇左	Chongzuo	161.88	268.20	316.93	255	**西藏**	**Tibet**	**267.13**	**403.91**	**496.00**	
海南	**Hainan**	**1667.14**	**2172.70**	**2465.40**		拉萨	Lhasa		223.83		
海口	Haikou	1933.26	952.15	1062.10	108	**陕西**	**Shaanxi**	**7957.78**	**10770.05**	**12249.40**	
三亚	Sanya	228.65	291.69	345.26	248	西安	Xi'an	6591.73	4787.03	5357.05	7
重庆	**Chongqing**	**5839.66**	**8361.64**	**9622.30**		铜川	Tongchuan	79.40	216.93	248.60	273
四川	**Sichuan**	**13650.83**	**19438.27**	**22597.30**		宝鸡	Baoji	436.95	910.64	1037.67	113
成都	Chengdu	12139.43	7060.03	8151.59	3	咸阳	Xianyang	454.66	988.54	1148.19	96
自贡	Zigong	248.24	541.12	634.37	190	渭南	Weinan	471.52	876.43	990.62	124
攀枝花	Panzhihua	380.31	358.99	396.65	237	延安	Yan'an	360.97	501.54	571.82	200
泸州	Luzhou	406.72	757.31	876.59	140	汉中	Hanzhong	300.08	707.72	831.10	150
德阳	Deyang	592.39	928.66	1057.33	109	榆林	Yulin	898.82	954.63	1088.76	104
绵阳	Mianyang	877.28	1122.03	1311.91	73	安康	Ankang	211.34	421.29	501.69	213
广元	Guangyuan	238.93	472.90	553.02	204	商洛	Shangluo	156.50	348.39	403.30	236
遂宁	Suining	276.37	507.74	575.78	199	**甘肃**	**Gansu**	**3598.24**	**5050.08**	**5878.50**	
内江	Neijiang	266.90	638.58	746.29	171	兰州	Lanzhou	2359.28	1743.18	2021.56	44
乐山	Leshan	585.87	771.21	925.74	133	嘉峪关	Jiayuguan	174.45	96.66	118.61	283
南充	Nanchong	424.82	1121.19	1302.51	77	金昌	Jinchang	140.69	134.59	153.87	280
眉山	Meishan	281.58	649.22	877.96	139	白银	Baiyin	186.64	260.15	290.53	263
宜宾	Yibin	447.84	672.74	766.74	165	天水	Tianshui	215.00	440.55	522.82	209
广安	Guangan	251.60	681.68	795.90	158	武威	Wuwei	161.13	324.75	392.77	240
达州	Dazhou	363.46	951.17	1133.69	98	张掖	Zhangye	132.34	234.92	259.55	266
雅安	Yaan	238.90	309.82	376.98	241	平凉	Pingliang	254.96	295.98	347.91	247
巴中	Bazhong	129.22	403.89	482.26	215	酒泉	Jiuquan	242.20	367.13	422.74	230
资阳	Ziyang	281.77	690.79	803.78	157	庆阳	Qingyang	139.97	340.59	395.05	238
贵州	**Guizhou**	**3244.99**	**4806.09**	**5919.10**		定西	Dingxi	143.60	263.55	314.96	256
贵阳	Guiyang	2588.73	1498.20	1827.14	53	陇南	Longnan	177.80	267.99	323.35	254
六盘水	Liupanshui	361.68	321.46	376.84	242	**青海**	**Qinghai**	**868.22**	**1275.27**	**1504.20**	
遵义	Zunyi	598.16	931.95	1150.86	95	西宁	Xining	1542.08	823.15	972.50	128
安顺	Anshun	229.65	246.39	306.86	258	**宁夏**	**Ningxia**	**1170.25**	**1679.43**	**1887.20**	
毕节	Bijie		415.85	509.40	212	银川	Yinchuan	1641.06	901.47	1015.22	118
铜仁	Tongren		332.81	421.72	231	石嘴山	Shizuishan	270.07	284.12	300.99	261
云南	**Yunnan**	**5719.97**	**7744.66**	**8969.80**		吴忠	Wuzhong	243.51	215.83	251.19	272
昆明	Kunming	6498.57	2967.02	3355.28	23	固原	Guyuan	60.83	122.26	144.21	281
曲靖	Qujing	629.93	688.74	807.01	155	中卫	Zhongwei	160.41	156.15	176.10	279
玉溪	Yuxi	465.66	499.60	577.37	198	**新疆**	**Xinjiang**	**3713.47**	**5281.83**	**5884.50**	
保山	Baoshan	228.70	285.48	338.66	251	乌鲁木齐	Urumqi	2074.74	1715.97	1896.30	50
昭通	Zhaotong	286.34	367.65	435.88	227	克拉玛依	Karamay	150.64	231.33	236.32	276

6-8 城乡居民人均储蓄存款余额
Per Capita of Household Saving Deposits at Year-end

单位：元/人 yuan/person

地名	City	2010	2012	2013	2013 排名 Ranking
全国	**Nation Total**	**22619.2**	**29508.1**	**32894.5**	
北京	**Beijing**	**86697.5**	**104615.5**	**109155.6**	
天津	**Tianjin**	**42778.7**	**49931.9**	**51714.0**	
河北	**Hebei**	**21795.0**	**28355.0**	**31852.2**	
石家庄	Shijiazhuang	32158.2	35966.7	39596.2	67
唐山	Tangshan	35823.1	43096.5	47389.6	38
秦皇岛	Qinhuangdao	29967.2	38060.7	43075.8	51
邯郸	Handan	14352.8	19285.0	21599.6	170
邢台	Xingtai	11444.0	20235.2	22944.8	155
保定	Baoding	10334.7	23407.7	26596.3	122
张家口	Zhangjiakou	21115.4	25483.6	28747.3	105
承德	Chengde	22043.9	25334.2	29373.7	103
沧州	Cangzhou	12523.8	25478.3	28624.3	106
廊坊	Langfang	30295.1	35628.6	40945.1	62
衡水	Hengshui	10529.1	26438.6	29679.1	97
山西	**Shanxi**	**25805.0**	**33223.6**	**36747.7**	
太原	Taiyuan	120208.1	70993.9	77325.5	5
大同	Datong	17982.7	36345.4	40510.6	64
阳泉	Yangquan	26959.5	43900.6	47164.9	40
长治	Changzhi	18914.2	29119.7	32734.1	82
晋城	Jincheng	22935.0	33022.3	35874.1	75
朔州	Shuozhou	11519.6	34368.1	37906.0	72
晋中	Jinzhong	14441.6	33070.5	36772.6	74
运城	Yuncheng	9726.8	16903.9	19145.5	199
忻州	Xinzhou	11478.8	28349.1	32478.7	84
临汾	Linfen	12726.9	24471.5	26768.4	121
吕梁	Luliang	10887.7	24377.0	27206.7	119
内蒙古	**Inner Mongolia**	**18680.2**	**26494.9**	**29844.7**	
呼和浩特	Hohhot	87770.4	42159.0	47138.3	41
包头	Baotou	39054.5	37885.2	41862.7	56
乌海	Wuhai	52303.1	47476.3	54077.8	24
赤峰	Chifeng	10740.7	17784.0	20009.9	193
通辽	Tongliao	14777.2	11665.3	13710.5	249
鄂尔多斯	Erdos	80107.7	51480.5	58443.5	16
呼伦贝尔	Hulunbuir	16910.5	23458.4	26063.4	126
巴彦淖尔	Bayannur	20752.5	21248.1	24880.9	134
乌兰察布	Ulanqab	11261.9	19295.3	21747.5	167
辽宁	**Liaoning**	**31294.9**	**40523.8**	**44782.5**	
沈阳	Shenyang	73651.2	52489.5	57714.4	17
大连	Dalian	92062.8	60366.6	64579.7	8
鞍山	Anshan	29598.0	39729.0	43873.8	49
抚顺	Fushun	17445.2	38434.4	42506.6	54
本溪	Benxi	29526.9	34763.1	38004.6	71
丹东	Dandong	19485.7	36734.4	40929.1	63
锦州	Jinzhou	18659.3	29205.8	32986.8	80
营口	Yingkou	33507.1	33003.2	37754.7	73
阜新	Fuxin	19755.2	24614.4	28446.8	108
辽阳	Liaoyang	27648.9	36549.9	41042.1	60
盘锦	Panjin	31624.9	47161.3	53543.3	26
铁岭	Tieling	17819.5	23154.2	26264.5	124
朝阳	Chaoyang	14279.1	24517.4	28153.6	110
葫芦岛	Huludao	19270.5	27429.2	30750.2	91
吉林	**Jilin**	**18737.8**	**25000.4**	**28154.5**	
长春	Changchun	59364.9	36562.1		
吉林	Jilin	16203.9	26508.0		
四平	Siping	10767.2	15985.6		
辽源	Liaoyuan	14550.6	19750.2		
通化	Tonghua	14695.8	22211.8		
白山	Baishan	18781.3	25584.0		
松原	Songyuan	9787.5	14006.3		
白城	Baicheng	9472.9	12991.0		
黑龙江	**Heilongjiang**	**18925.0**	**24176.3**	**26228.4**	
哈尔滨	Harbin	38779.9	31203.5	33767.7	78
齐齐哈尔	Qiqihar	10063.3	14554.6	16369.2	232
鸡西	Jixi	12076.1	26919.9	30082.7	95
鹤岗	Hegang	21405.1	28471.0	30747.2	92
双鸭山	Shuangyashan	16885.9	24872.0	27663.6	114
大庆	Daqing	14101.1	39488.9	41376.2	58
伊春	Yichun	9055.9	26966.3	29493.5	98
佳木斯	Jiamusi	13406.0	21355.8	25262.2	131
七台河	Qitaihe	17810.1	24288.5	24803.1	135
牡丹江	Mudanjiang	11180.7	24124.5	28510.1	107
黑河	Heihe	10433.6	20094.4	21523.6	171
绥化	Suihua	5568.6	10218.2	11481.9	263
上海	**Shanghai**	**67964.7**	**81960.9**	**84829.4**	
江苏	**Jiangsu**	**29652.5**	**37951.0**	**42604.7**	

6-8 城乡居民人均储蓄存款余额 续表 1
Per Capita of Household Saving Deposits at Year-end continued 1

单位：元/人 yuan/person

地名	City	2010	2012	2013	2013 排名 Ranking	地名	City	2010	2012	2013	2013 排名 Ranking
南京	Nanjing	129680.8	54716.0	59639.6	13	池州	Chizhou	17654.2	22136.2	26157.7	125
无锡	Wuxi	96621.6	57723.5	63029.6	9	宣城	Xuancheng	15215.3	18230.6	21084.4	175
徐州	Xuzhou	16737.9	20956.5	24325.1	144	**福建**	**Fujian**	**21936.1**	**28034.7**	**31391.9**	
常州	Changzhou	65570.9	52768.7	58681.0	15	福州	Fuzhou	70351.8	40432.7	44913.5	46
苏州	Suzhou	96792.0	54865.4	60575.9	12	厦门	Xiamen	102569.3	45781.8	52281.5	28
南通	Nantong	39043.4	49171.7	56593.9	19	莆田	Putian	22191.7	23302.8	27337.3	117
连云港	Lianyungang	21520.6	16419.2	18590.6	211	三明	Sanming	27873.0	21501.1	23946.0	146
淮安	Huaian	175402.7	16799.1	19304.0	197	泉州	Quanzhou	31991.1	28658.5	32376.8	86
盐城	Yancheng	18039.6	21054.9	24769.2	136	漳州	Zhangzhou	17384.7	16629.3	19136.2	201
扬州	Yangzhou	33312.3	38001.1	43199.5	50	南平	Nanping	23340.7	20508.3	23402.1	151
镇江	Zhenjiang	50187.5	41247.5	46618.9	43	龙岩	Longyan	28257.4	20426.9	20347.7	186
泰州	Taizhou	31609.8	33402.3	38541.5	69	宁德	Ningde	25462.7	14372.6	16509.9	230
宿迁	Suqian	13246.0	12943.4	15278.8	245	**江西**	**Jiangxi**	**13700.7**	**18809.6**	**21506.4**	
浙江	**Zhejiang**	**37844.8**	**48214.0**	**52606.4**		南昌	Nanchang	68504.3	36117.8	39567.2	68
杭州	Hangzhou	173219.1	68417.2	71684.2	7	景德镇	Jingdezhen	14285.4	21438.4	24368.6	143
宁波	Ningbo	123692.0	54666.4	59537.6	14	萍乡	Pingxiang	12282.5	16989.6	19486.0	195
温州	Wenzhou	60390.6	39503.7	41548.9	57	九江	Jiujiang	13483.0	17224.2	20117.7	188
嘉兴	Jiaxing	61124.1	47194.0	53504.8	27	新余	Xinyu	30906.2	26620.4	29379.9	102
湖州	Huzhou	50494.9	37124.3	42654.2	53	鹰潭	Yingtan	19540.8	20118.5	22668.1	157
绍兴	Shaoxing	80078.7	50416.5	55046.4	22	赣州	Ganzhou	10097.5	15709.4	18015.2	215
金华	Jinhua	57705.4	49419.7	55363.5	21	吉安	Jian	7765.5	17016.0	20082.7	189
衢州	Quzhou	37127.9	28602.7	33148.9	79	宜春	Yichun	9379.9	16459.9	19081.4	204
舟山	Zhoushan	90787.2	44183.2	47691.7	36	抚州	Fuzhou	8304.4	16113.6	18426.5	213
台州	Taizhou	51152.0	39500.2	44685.8	47	上饶	Shangrao	8763.0	13647.3	16054.7	235
丽水	Lishui	38784.6	34319.2	39885.8	66	**山东**	**Shandong**	**20492.7**	**27200.1**	**30613.5**	
安徽	**Anhui**	**13075.2**	**18668.4**	**21434.3**		济南	Jinan	92682.5	41564.6	46689.2	42
合肥	Hefei	73827.7	27278.0	30952.2	90	青岛	Qingdao	67510.3	42367.8	46191.4	44
芜湖	Wuhu	45647.0	24223.2	27808.3	112	淄博	Zibo	37196.8	36912.5	41023.2	61
蚌埠	Bengbu	12209.5	16695.3	18764.1	209	枣庄	Zaozhuang	19488.9	18427.6	20515.9	185
淮南	Huainan	27584.1	24428.4	27644.9	115	东营	Dongying	56362.9	45407.2	50424.1	30
马鞍山	Maanshan	38267.2	29047.1	33944.0	76	烟台	Yantai	36049.3	39629.5	44050.4	48
淮北	Huaibei	14395.9	19998.3	21981.4	164	潍坊	Weifang	27659.6	26682.4	30273.8	94
铜陵	Tongling	53658.6	36195.7	42069.6	55	济宁	Jining	16886.2	21214.2	23767.0	147
安庆	Anqing	10293.0	20056.6	23432.4	150	泰安	Taian	16689.7	21448.4	24696.7	137
黄山	Huangshan	20662.5	27768.5	32471.9	85	威海	Weihai	39990.4	43093.0	47636.8	37
滁州	Chuzhou	12021.3	15190.1	17971.7	216	日照	Rizhao	34277.1	23315.5	26588.8	123
阜阳	Fuyang	5798.4	13788.3	15769.5	239	莱芜	Laiwu	35773.9	28759.7	31347.6	89
宿州	Suzhou	5738.2	12366.7	14048.3	247	临沂	Linyi	15296.5	19178.8	22150.8	162
六安	Liuan	8637.5	12798.4	15422.8	242	德州	Dezhou	16322.9	19668.6	22331.9	161
亳州	Bozhou	5035.5	11325.7	12912.4	258	聊城	Liaocheng	15861.6	17284.0	20054.3	190

6-8　城乡居民人均储蓄存款余额　续表 2
Per Capita of Household Saving Deposits at Year-end continued 2

单位：元/人　　yuan/person

地名	City	2010	2012	2013	2013 排名 Ranking	地名	City	2010	2012	2013	2013 排名 Ranking
滨州	Binzhou	27195.8	18769.3	21899.9	165	常德	Changde	8411.3	16307.6	19098.1	203
菏泽	Heze	9608.1	14630.8	17055.8	223	张家界	Zhangjiajie	12722.0	15039.4	17453.3	219
河南	**Henan**	**13698.0**	**18572.2**	**21493.8**		益阳	Yiyang	7267.3	14118.4	16679.3	227
郑州	Zhengzhou	66014.9	42585.3	48692.5	34	郴州	Chenzhou	8052.0	18923.4	21364.8	174
开封	Kaifeng	8605.7	14148.2	16440.5	231	永州	Yongzhou	6980.9	14234.1	16229.3	234
洛阳	Luoyang	16995.4	22233.0	25092.1	133	怀化	Huaihua	7509.0	14497.1	16707.0	226
平顶山	Pingdingshan	14156.7	18501.6	20875.5	176	娄底	Loudi	10550.1	14630.4	16601.9	229
安阳	Anyang	11767.6	17553.7	20747.0	178	**广东**	**Guangdong**	**34785.0**	**42980.7**	**46872.7**	
鹤壁	Hebi	17075.8	13877.3	15981.2	236	广州	Guangzhou	128122.0	88096.3	96671.2	2
新乡	Xinxiang	12473.1	16378.8	19112.4	202	韶关	Shaoguan	12235.9	24468.3	27232.5	118
焦作	Jiaozuo	13293.2	18127.2	20572.3	182	深圳	Shenzhen	132165.1	79539.8	87396.5	3
濮阳	Puyang	6433.4	16468.1	19142.5	200	珠海	Zhuhai	94272.5	76863.6	84316.0	4
许昌	Xuchang	13047.5	17301.9	20168.9	187	汕头	Shantou	12259.4	28165.6	30646.7	93
漯河	Luohe	11821.1	14361.6	17030.0	224	佛山	Foshan	67634.2	71121.8	76789.7	6
三门峡	Sanmenxia	15228.1	22048.2	5450.1	269	江门	Jiangmen	21877.1	41336.2	45128.5	45
南阳	Nanyang	8055.9	13468.5	21802.4	166	湛江	Zhanjiang	10199.9	17530.3	19687.2	194
商丘	Shangqiu	8263.1	13232.8	17227.2	220	茂名	Maoming	6201.5	16488.5	18879.7	207
信阳	Xinyang	9344.2	17259.3	1486.9	270	肇庆	Zhaoqing	16370.3	21457.4	24413.7	142
周口	Zhoukou	6300.2	12636.1	19022.9	205	惠州	Huizhou	23857.0	28914.1	32637.4	83
驻马店	Zhumadian	6911.7	14709.4	167389.2	1	梅州	Meizhou	7799.7	17644.9	20559.2	184
湖北	**Hubei**	**17118.1**	**23221.5**	**26740.8**		汕尾	Shanwei	4430.2	9979.6	11290.8	265
武汉	Wuhan	92935.2	45681.5	50072.7	32	河源	Heyuan	11449.9	13804.6	15804.6	238
黄石	Huangshi	19717.8	21145.0	24424.5	141	阳江	Yangjiang	11708.3	20023.8	22458.7	159
十堰	Shiyan	12113.1	20431.6	23372.0	152	清远	Qingyuan	14055.6	19702.4	22092.8	163
宜昌	Yichang	34873.5	25271.8	29285.0	104	东莞	Dongguan	40484.2	50701.9	53822.7	25
襄阳	Xiangfan	12513.6	20096.8	23610.2	149	中山	ZhongShan	42583.8	55581.0	60890.7	11
鄂州	Ezhou	13508.8	18798.0	22398.3	160	潮州	Chaozhou	7706.1	21700.8	23752.3	148
荆门	Jingmen	11037.2	21435.4	25380.8	130	揭阳	Jieyang	6810.8	15916.4	18832.1	208
孝感	Xiaogan	8091.5	16392.1	19434.8	196	云浮	Yunfu	11779.1	19114.8	21383.1	173
荆州	Jingzhou	8100.4	17586.3	20572.7	181	**广西**	**Guangxi**	**12369.7**	**16874.8**	**19323.8**	
黄冈	Huanggang	6364.5	15932.5	19160.1	198	南宁	Nanning	62178.1	27445.2	33865.7	77
咸宁	Xianning	9211.4	15433.6	18061.5	214	柳州	Liuzhou	27831.1	22794.0	25658.2	128
随州	Suizhou	7979.7	19330.4	22897.0	156	桂林	Guilin	16624.7	22495.1	25245.5	132
湖南	**Hunan**	**13732.8**	**18946.1**	**21730.2**		梧州	Wuzhou	11150.0	14080.5	16321.1	233
长沙	Changsha	90238.3	41714.1	48233.9	35	北海	Beihai	15531.3	22777.8	25399.5	129
株洲	Zhuzhou	14276.0	24124.0	27446.0	116	防城港	Fangchenggang	20550.5	24054.2	27010.7	120
湘潭	Xiangtan	19837.0	25292.1	29380.2	101	钦州	Qinzhou	10436.6	11761.8	13619.4	250
衡阳	Hengyang	7424.6	18262.0	20813.1	177	贵港	Guigang	6783.5	11928.4	13888.3	248
邵阳	Shaoyang	4928.5	13304.4	15284.2	244	玉林	Yulin	7238.6	13568.9	15680.7	240
岳阳	Yueyang	7983.6	13475.5	15406.2	243	百色	Baise	11278.6	10839.9	12992.5	257

6-8 城乡居民人均储蓄存款余额 续表 3
Per Capita of Household Saving Deposits at Year-end continued 3

单位：元/人 yuan/person

地名	City	2010	2012	2013	2013 排名 Ranking	地名	City	2010	2012	2013	2013 排名 Ranking
贺州	Hezhou	7395.4	10833.9	12639.6	259	丽江	Lijiang	15753.3	17170.6	20013.7	192
河池	Hechi	8162.9	11323.5	13101.6	256	普洱	Puer	9112.5	10052.3	11728.8	262
来宾	Laibin	8704.0	10318.8	11835.2	261	临沧	Lincang	6913.5	7436.4	8666.8	266
崇左	Chongzuo	8118.5	13277.3	15627.6	241	**西藏**	**Tibet**	**8898.4**	**13114.0**	**15897.4**	
海南	**Hainan**	**19193.4**	**24494.9**	**27546.4**		拉萨	Lhasa		38658.6		
海口	Haikou	94489.7	44472.1	48921.9	33	**陕西**	**Shaanxi**	**21304.8**	**28697.2**	**32543.6**	
三亚	Sanya	33378.8	40400.7	47167.0	39	西安	Xi'an	77787.7	55969.0	62378.3	10
重庆	**Chongqing**	**20244.3**	**28392.7**	**32398.3**		铜川	Tongchuan	9509.3	25794.7	29490.2	99
四川	**Sichuan**	**16968.1**	**24069.2**	**27873.8**		宝鸡	Baoji	11749.1	24368.2	27708.1	113
成都	Chengdu	86413.9	49795.7	57012.1	18	咸阳	Xianyang	9282.5	20055.5	23233.4	153
自贡	Zigong	9266.3	19945.3	23169.2	154	渭南	Weinan	8913.4	16471.1	18578.7	212
攀枝花	Panzhihua	31327.0	29162.3	32169.5	88	延安	Yan'an	16490.2	22818.2	25921.3	127
泸州	Luzhou	9642.4	17819.1	20645.0	179	汉中	Hanzhong	8779.3	20705.7	24265.6	145
德阳	Deyang	16382.5	26300.2	30003.6	96	榆林	Yulin	26798.4	28437.0	32307.4	87
绵阳	Mianyang	19013.5	24181.7	28056.2	111	安康	Ankang	8032.9	15994.5	19017.8	206
广元	Guangyuan	9618.7	18691.6	21729.6	168	商洛	Shangluo	6679.5	14875.6	17190.9	221
遂宁	Suining	8495.7	15536.8	17581.2	218	**甘肃**	**Gansu**	**14055.6**	**19589.1**	**22767.2**	
内江	Neijiang	7207.7	17175.4	20034.5	191	兰州	Lanzhou	65191.5	48008.3	55506.8	20
乐山	Leshan	18104.8	23700.4	28432.0	109	嘉峪关	Jiayuguan	75194.1	41307.4	50259.3	31
南充	Nanchong	6765.8	17796.6	20619.1	180	金昌	Jinchang	30321.5	28820.1	32808.6	81
眉山	Meishan	9541.7	21888.8	29481.4	100	白银	Baiyin	10914.7	15134.0	16970.3	225
宜宾	Yibin	10014.3	15083.9	17172.2	222	天水	Tianshui	6582.9	13423.2	15876.7	237
广安	Guangan	7850.2	21196.6	24686.6	138	武威	Wuwei	8868.0	17823.8	21700.0	169
达州	Dazhou	6647.0	17316.1	20563.9	183	张掖	Zhangye	11019.0	19447.2	21432.3	172
雅安	Yaan	15852.8	20289.3	24575.2	140	平凉	Pingliang	12316.9	14216.1	16670.3	228
巴中	Bazhong	3934.8	12209.6	14539.1	246	酒泉	Jiuquan	22078.6	33254.2	38153.3	70
资阳	Ziyang	7688.2	19247.4	22508.4	158	庆阳	Qingyang	6322.2	15355.8	17771.1	217
贵州	**Guizhou**	**9327.4**	**13794.7**	**16902.1**		定西	Dingxi	5316.6	9518.0	11366.4	264
贵阳	Guiyang	59799.7	33652.3	40405.5	65	陇南	Longnan	6918.3	10427.5	12557.5	260
六盘水	Liupanshui	12672.9	11243.8	13107.6	255	**青海**	**Qinghai**	**15429.5**	**22256.0**	**26024.2**	
遵义	Zunyi	9753.1	15235.4	18734.4	210	西宁	Xining	69809.1	36633.2	42879.4	52
安顺	Anshun	9985.0	10792.3	13335.8	253	**宁夏**	**Ningxia**	**18487.4**	**25957.2**	**28856.3**	
毕节	Bijie		6374.2	7791.4	268	银川	Yinchuan	81889.4	44060.0		
铜仁	Tongren		10756.6	13586.3	251	石嘴山	Shizuishan	37148.2	38291.3		
云南	**Yunnan**	**12430.4**	**16623.0**	**19137.6**		吴忠	Wuzhong	18994.4	16438.0		
昆明	Kunming	100925.1	45415.9	50999.9	29	固原	Guyuan	4933.5	9672.2		
曲靖	Qujing	10758.9	11602.8	13508.7	252	中卫	Zhongwei	14811.9	14106.0		
玉溪	Yuxi	20193.3	21442.1	24673.9	139	**新疆**	**Xinjiang**	**16995.3**	**23653.5**	**25991.6**	
保山	Baoshan	9126.0	11239.3	13259.9	254	乌鲁木齐	Urumqi	66647.7	51222.9	54806.5	23
昭通	Zhaotong	5491.7	6942.0	8159.4	267	克拉玛依	Karamay	38527.6	53058.4	41315.4	59

6-9 城镇居民人均住房建筑面积
Per Capita Floor Space of Residential Building in Urban Areas

单位：平方米　　　　　　　　　　　　　　　　　　　　　　　　　　　　　　　（sq.m）

地名	City	2011	2012	2013	2013 排名 Ranking	地名	City	2011	2012	2013	2013 排名 Ranking
全国	**Nation Total**	**32.7**	**32.9**			沈阳	Shenyang	28.1	26.3		
北京	**Beijing**	**29.4**				大连	Dalian	27.0	27.3		
天津	**Tianjin**	**23.3**				鞍山	Anshan	25.2	25.9		
河北	**Hebei**	**32.2**				抚顺	Fushun	23.8	24.6		
石家庄	Shijiazhuang	29.3	29.9			本溪	Benxi	22.7	23.5		
唐山	Tangshan	25.3	25.6			丹东	Dandong	25.1	25.5		
秦皇岛	Qinhuangdao	29.3	29.8			锦州	Jinzhou	30.8	32.1		
邯郸	Handan	28.9	28.7			营口	Yingkou	29.8	31.9		
邢台	Xingtai	34.2	33.8			阜新	Fuxin	24.9	25.3		
保定	Baoding	34.2	33.6			辽阳	Liaoyang	27.5	28.2		
张家口	Zhangjiakou	27.7	26.8			盘锦	Panjin	30.5	31.3		
承德	Chengde	25.2	25.9			铁岭	Tieling	29.1	30.3		
沧州	Cangzhou	32.3	33.1			朝阳	Chaoyang	27.2	28.1		
廊坊	Langfang	34.4	35.0			葫芦岛	Huludao	28.5	29.8		
衡水	Hengshui	29.9	30.8			吉林	**Jilin**	**28.9**			
山西	**Shanxi**	**30.2**				长春	Changchun	28.8	29.2	30.1	173
太原	Taiyuan	28.6	29.0			吉林	Jilin	30.3	30.1	29.9	175
大同	Datong	24.3	26.3			四平	Siping	28.2	28.2	29.5	181
阳泉	Yangquan	29.0	28.8			辽源	Liaoyuan	24.1	24.8	25.4	208
长治	Changzhi	33.5	30.1			通化	Tonghua	25.9	26.9	28.1	194
晋城	Jincheng	32.5	32.1			白山	Baishan	27.1	27.6	24.9	209
朔州	Shuozhou	28.2	28.0			松原	Songyuan	30.0	30.4	28.8	190
晋中	Jinzhong	31.3	31.3			白城	Baicheng	29.5	31.0	33.3	137
运城	Yuncheng	36.1	35.8			黑龙江	**Heilongjiang**	**25.4**			
忻州	Xinzhou	32.3	23.7			哈尔滨	Harbin	26.6	27.0	38.2	75
临汾	Linfen	35.0	35.0			齐齐哈尔	Qiqihar	24.3	25.1	25.8	206
吕梁	Luliang	27.6	28.1			鸡西	Jixi	24.2	25.6	25.5	207
内蒙古	**Inner Mongolia**	**29.4**				鹤岗	Hegang	22.8	24.2	26.5	203
呼和浩特	Hohhot	30.9	31.5	35.4	113	双鸭山	Shuangyashan	24.9	25.1	24.6	211
包头	Baotou	33.0	33.1	34.0	124	大庆	Daqing	28.3	28.1	28.5	191
乌海	Wuhai	31.4	31.5	33.5	134	伊春	Yichun	24.0	24.6	23.1	215
赤峰	Chifeng	27.9	28.9	30.2	172	佳木斯	Jiamusi	26.4	26.5	28.5	191
通辽	Tongliao	27.1	27.6	27.9	198	七台河	Qitaihe	26.6	27.0	29.2	185
鄂尔多斯	Erdos	38.0	38.0	35.1	117	牡丹江	Mudanjiang	26.9	26.9	29.9	175
呼伦贝尔	Hulunbuir	27.8	27.8	26.9	202	黑河	Heihe				
巴彦淖尔	Bayannur	23.2	31.1	24.2	212	绥化	Suihua				
乌兰察布	Ulanqab	23.8	23.8	22.4	217	上海	**Shanghai**				
辽宁	**Liaoning**	**27.3**				江苏	**Jiangsu**		**34.7**		

6-9 城镇居民人均住房建筑面积 续表 1
Per Capita Floor Space of Residential Building in Urban Areas continued 1

单位：平方米 （sq.m）

地名	City	2011	2012	2013	2013 排名 Ranking	地名	City	2011	2012	2013	2013 排名 Ranking
南京	Nanjing	31.8	32.3	32.8	144	池州	Chizhou	37.9	38.9	38.3	74
无锡	Wuxi	36.2	36.4	38.0	76	宣城	Xuancheng	30.6	31.3	37.8	80
徐州	Xuzhou	34.7	35.0	37.5	84	**福建**	**Fujian**	**37.9**			
常州	Changzhou	37.0	37.5	41.5	41	福州	Fuzhou	33.2	32.4	37.0	90
苏州	Suzhou	36.1	36.1	43.1	32	厦门	Xiamen	32.6	33.4	32.8	144
南通	Nantong	39.5	39.8	40.1	54	莆田	Putian	38.9	39.3	41.5	41
连云港	Lianyungang	36.9	37.4	39.1	65	三明	Sanming	37.4	37.7	35.3	115
淮安	Huaian	34.9	35.5	37.1	87	泉州	Quanzhou	41.6	40.8	46.0	17
盐城	Yancheng	36.8	37.2	37.2	86	漳州	Zhangzhou	35.3	35.4	39.4	62
扬州	Yangzhou	36.2	37.4	37.6	83	南平	Nanping	34.1	34.9	37.7	82
镇江	Zhenjiang	39.4	39.1	40.4	49	龙岩	Longyan	42.9	43.4	42.6	36
泰州	Taizhou	39.0	39.3	40.4	49	宁德	Ningde	39.1	40.6	43.1	32
宿迁	Suqian	38.9	38.9	39.9	55	**江西**	**Jiangxi**	**39.4**			
浙江	**Zhejiang**	**36.9**				南昌	Nanchang	33.0	34.1		
杭州	Hangzhou	33.9	34.3	31.9	152	景德镇	Jingdezhen	34.6	35.7		
宁波	Ningbo	35.3	35.0	33.6	130	萍乡	Pingxiang	34.9	35.1		
温州	Wenzhou	41.9	41.3	41.7	39	九江	Jiujiang	33.9	34.2		
嘉兴	Jiaxing	35.6	35.6	39.5	61	新余	Xinyu	40.2	40.2		
湖州	Huzhou	38.0	36.5	36.5	95	鹰潭	Yingtan	34.1	34.1		
绍兴	Shaoxing	35.1	35.3	40.2	52	赣州	Ganzhou	40.3	41.0		
金华	Jinhua	47.1	49.3	51.3	6	吉安	Jian	39.9	39.9		
衢州	Quzhou	40.4	39.0	36.8	92	宜春	Yichun	48.3	49.5		
舟山	Zhoushan	32.4	32.4	33.2	139	抚州	Fuzhou	37.9	37.3		
台州	Taizhou	43.0	44.2	44.6	24	上饶	Shangrao	39.8	41.1		
丽水	Lishui	43.4	39.8	41.5	41	**山东**	**Shandong**	**33.2**			
安徽	**Anhui**	**32.1**				济南	Jinan	30.3	30.1		
合肥	Hefei	28.5	28.8	30.9	164	青岛	Qingdao	27.7	27.9	29.1	186
芜湖	Wuhu	29.5	30.4	31.8	153	淄博	Zibo	34.4	34.9	36.4	100
蚌埠	Bengbu	26.7	26.2	34.7	120	枣庄	Zaozhuang	30.7	30.7	32.0	151
淮南	Huainan	25.9	26.9	27.2	201	东营	Dongying	36.7	37.1	37.3	85
马鞍山	Maanshan	29.2	37.5	30.4	169	烟台	Yantai	29.9	30.1	29.9	175
淮北	Huaibei	25.8	26.8	33.1	140	潍坊	Weifang	34.9	35.0	30.3	171
铜陵	Tongling	28.4	30.0	28.0	195	济宁	Jining	31.9	32.2	24.9	209
安庆	Anqing	36.4	33.7	33.9	125	泰安	Taian	32.0	32.0	24.0	213
黄山	Huangshan	36.1	37.2	36.0	104	威海	Weihai	42.8	29.4	29.4	183
滁州	Chuzhou	30.9	32.8	28.0	195	日照	Rizhao	36.6	36.1	37.1	87
阜阳	Fuyang	34.9	36.0	48.7	13	莱芜	Laiwu	38.0	38.2	39.0	66
宿州	Suzhou	30.4	35.1	36.0	104	临沂	Linyi	36.5	36.5	36.5	95
六安	Liuan	38.2	37.5	30.6	167	德州	Dezhou	32.6	33.3	33.4	135
亳州	Bozhou	46.8	46.2	41.7	39	聊城	Liaocheng	34.6	34.7	35.0	118

6-9 城镇居民人均住房建筑面积 续表 2
Per Capita Floor Space of Residential Building in Urban Areas continued 2

单位：平方米 (sq.m)

地名	City	2011	2012	2013	2013 排名 Ranking	地名	City	2011	2012	2013	2013 排名 Ranking
滨州	Binzhou	36.8	37.3	38.0	76	常德	Changde	41.1	42.6	47.8	15
菏泽	Heze	35.7	36.1	36.5	95	张家界	Zhangjiajie	47.9	47.5	63.3	1
河南	**Henan**	**34.1**				益阳	Yiyang	38.5	38.3	44.6	24
郑州	Zhengzhou	30.8	31.0	36.7	94	郴州	Chenzhou	35.1	35.6	39.7	59
开封	Kaifeng	35.2	35.4	35.4	113	永州	Yongzhou	43.0	43.1	49.2	10
洛阳	Luoyang	32.8	33.3	36.0	104	怀化	Huaihua	32.3	32.5	34.5	122
平顶山	Pingdingshan	36.0	36.2	38.0	76	娄底	Loudi	33.0	34.2	48.3	14
安阳	Anyang	33.1	33.1	40.2	52	**广东**	**Guangdong**	**34.4**			
鹤壁	Hebi	33.1	36.6	39.2	64	广州	Guangzhou	21.9	22.5	22.7	216
新乡	Xinxiang	36.1	37.2	35.7	110	韶关	Shaoguan	34.9	35.8	36.2	103
焦作	Jiaozuo	40.4	41.0	41.5	41	深圳	Shenzhen	27.9	27.9	27.6	200
濮阳	Puyang	32.4	32.1	32.9	143	珠海	Zhuhai	30.1	29.3		
许昌	Xuchang	39.5	39.6	49.0	11	汕头	Shantou	29.1	29.9		
漯河	Luohe	43.0	43.0	45.3	19	佛山	Foshan	38.4	38.8	38.8	71
三门峡	Sanmenxia	35.5	35.8	40.7	47	江门	Jiangmen	30.4	30.7	30.9	164
南阳	Nanyang	43.0	43.4	43.3	30	湛江	Zhanjiang	34.4	30.1		
商丘	Shangqiu	41.8	41.7	40.7	47	茂名	Maoming	32.6	32.7	32.7	147
信阳	Xinyang	39.0	39.4	38.7	72	肇庆	Zhaoqing	27.8	21.1		
周口	Zhoukou	41.3	44.2	38.0	76	惠州	Huizhou	32.7	35.3		
驻马店	Zhumadian	34.6	34.1	42.3	37	梅州	Meizhou	31.6	32.1		
湖北	**Hubei**	**35.5**				汕尾	Shanwei	33.2	33.6	34.6	121
武汉	Wuhan	32.3	33.5	34.8	119	河源	Heyuan	33.0	37.5		
黄石	Huangshi	31.6	40.6	31.1	159	阳江	Yangjiang	48.6	48.1		
十堰	Shiyan	29.6	29.5	29.5	181	清远	Qingyuan	30.1	30.3		
宜昌	Yichang	35.6	35.6	42.7	35	东莞	Dongguan	65.8	58.4		
襄阳	Xiangfan	30.9	35.7	41.9	38	中山	ZhongShan	34.3	34.6		
鄂州	Ezhou	37.3	36.8			潮州	Chaozhou	31.4	30.9	30.9	164
荆门	Jingmen	34.9	35.0	38.4	73	揭阳	Jieyang	36.5	36.9		
孝感	Xiaogan	38.0	39.7	39.9	55	云浮	Yunfu	31.2	30.6		
荆州	Jingzhou	35.8	37.1	39.7	59	**广西**	**Guangxi**	**29.3**			
黄冈	Huanggang	48.0	49.0	37.1	87	南宁	Nanning	33.7	31.6	32.2	150
咸宁	Xianning	43.0	44.5	45.9	18	柳州	Liuzhou	36.6	36.6	36.5	95
随州	Suizhou	40.0	42.7	43.0	34	桂林	Guilin	38.1	38.5	39.9	55
湖南	**Hunan**	**39.7**				梧州	Wuzhou	39.1	39.2	47.6	16
长沙	Changsha	35.6	34.8	41.4	45	北海	Beihai		56.7	45.0	20
株洲	Zhuzhou	42.6	39.6	49.6	8	防城港	Fangchenggang	43.4	44.1	55.7	4
湘潭	Xiangtan	35.6	36.3	49.5	9	钦州	Qinzhou	45.1	43.7	43.7	27
衡阳	Hengyang	35.5	35.2	43.2	31	贵港	Guigang	57.7	58.6	61.0	2
邵阳	Shaoyang	38.0	38.7	43.4	28	玉林	Yulin	60.8	62.3		
岳阳	Yueyang	43.8	43.7	43.8	26	百色	Baise	39.5	39.4	44.9	22

6-9 城镇居民人均住房建筑面积 续表 3
Per Capita Floor Space of Residential Building in Urban Areas continued 3

单位：平方米 (sq.m)

地名	City	2011	2012	2013	2013 排名 Ranking
贺州	Hezhou	52.0	49.8	48.9	12
河池	Hechi	53.4	52.6	57.0	3
来宾	Laibin	34.6	34.6		
崇左	Chongzuo	38.3	37.7	38.9	70
海南	**Hainan**	**29.5**			
海口	Haikou	29.9	29.8	30.0	174
三亚	Sanya	34.4	34.1	25.9	205
重庆	**Chongqing**	**28.4**			
四川	**Sichuan**	**32.2**			
成都	Chengdu	30.7	32.9	32.8	144
自贡	Zigong	30.3	31.1	31.3	157
攀枝花	Panzhihua	51.0	28.7	29.0	188
泸州	Luzhou	33.7	33.3	33.8	129
德阳	Deyang	34.3	34.7	35.6	111
绵阳	Mianyang	32.9	32.8	36.5	95
广元	Guangyuan	31.0	33.3	33.3	137
遂宁	Suining	36.9	36.3	36.4	100
内江	Neijiang	35.3	35.6	35.9	108
乐山	Leshan	54.0	35.0	35.2	116
南充	Nanchong	52.0	34.0	33.6	130
眉山	Meishan	39.1		39.3	63
宜宾	Yibin	36.0	33.0	33.9	125
广安	Guangan	39.7	41.0	41.3	46
达州	Dazhou	34.2	30.1	33.9	125
雅安	Yaan		30.2	35.8	109
巴中	Bazhong	56.0	37.0	32.4	149
资阳	Ziyang	35.0	34.7	36.8	92
贵州	**Guizhou**	**27.8**			
贵阳	Guiyang	22.3	22.7	31.0	162
六盘水	Liupanshui	28.4	29.5	28.0	195
遵义	Zunyi	32.0	31.1	36.3	102
安顺	Anshun	27.7	27.3	35.5	112
毕节	Bijie	27.7	28.9	37.0	90
铜仁	Tongren	27.9	27.4	39.9	55
云南	**Yunnan**	**37.4**			
昆明	Kunming	33.6	35.1	43.4	28
曲靖	Qujing	37.4	38.3	45.0	20
玉溪	Yuxi	43.7	45.2	44.7	23
保山	Baoshan	37.5	38.0	39.0	66
昭通	Zhaotong	31.2	31.9	30.4	169

地名	City	2011	2012	2013	2013 排名 Ranking
丽江	Lijiang	39.2	41.9	54.6	5
普洱	Puer	31.3	31.0	29.8	180
临沧	Lincang	39.6	40.0	40.3	51
西藏	**Tibet**	**36.6**			
拉萨	Lhasa	36.7	35.8	50.3	7
陕西	**Shaanxi**	**29.3**			
西安	Xi'an	27.3	33.0	33.4	135
铜川	Tongchuan	28.7	19.7	34.4	123
宝鸡	Baoji	28.3	31.7	31.0	162
咸阳	Xianyang	36.5	36.1	36.0	104
渭南	Weinan	36.1	36.7	37.8	80
延安	Yan'an	29.3	30.3	31.2	158
汉中	Hanzhong	29.5	30.8	33.0	142
榆林	Yulin	30.2	29.0	29.0	188
安康	Ankang	35.5	38.7	39.0	66
商洛	Shangluo	34.7	38.7	39.0	66
甘肃	**Gansu**	**28.0**			
兰州	Lanzhou		25.4	29.9	175
嘉峪关	Jiayuguan		31.2	33.6	130
金昌	Jinchang		30.8	33.6	130
白银	Baiyin		27.6	32.6	148
天水	Tianshui		26.3	26.0	204
武威	Wuwei		32.1	31.4	156
张掖	Zhangye		31.9	29.1	186
平凉	Pingliang		30.6	33.9	125
酒泉	Jiuquan		31.9	31.1	159
庆阳	Qingyang		33.1	30.5	168
定西	Dingxi		29.9	28.4	193
陇南	Longnan		31.9	27.8	199
青海	**Qinghai**	**26.0**		23.7	214
西宁	Xining	25.8	25.8	29.9	175
宁夏	**Ningxia**	**30.3**			
银川	Yinchuan	30.4	30.5	31.1	159
石嘴山	Shizuishan	30.8	30.9	29.4	183
吴忠	Wuzhong	29.2	29.8	33.1	140
固原	Guyuan	34.5	32.4	31.8	153
中卫	Zhongwei	29.1	30.0	31.6	155
新疆	**Xinjiang**	**28.9**			
乌鲁木齐	Urumqi	27.3	27.4		
克拉玛依	Karamay	30.2	30.4		

6-10 农村居民人均住房面积
Per Capita Living Space of Rural Household

单位：平方米 （sq.m）

地名	City	2010	2012	2013	2013 排名 Ranking	地名	City	2010	2012	2013	2013 排名 Ranking
全国	**Nation Total**	**34.1**	**37.1**			沈阳	Shenyang	26.2	30.7		
北京	**Beijing**	**40.6**	**38.2**			大连	Dalian	30.5	32.3		
天津	**Tianjin**	**28.8**	**30.3**			鞍山	Anshan	27.9	28.5		
河北	**Hebei**	**32.2**	**35.0**			抚顺	Fushun	24.2	26.7		
石家庄	Shijiazhuang	40.0	40.3			本溪	Benxi	24.8	25.5		
唐山	Tangshan	33.4	37.3			丹东	Dandong	27.1	27.0		
秦皇岛	Qinhuangdao	31.1	33.2			锦州	Jinzhou	29.7	30.0		
邯郸	Handan	34.8	36.7			营口	Yingkou	28.4	28.9		
邢台	Xingtai	33.1	34.2			阜新	Fuxin	26.8	28.3		
保定	Baoding	31.0	26.0			辽阳	Liaoyang	27.7	27.7		
张家口	Zhangjiakou	21.7	22.5			盘锦	Panjin	33.5	35.4		
承德	Chengde	23.0	29.1			铁岭	Tieling	27.5	27.7		
沧州	Cangzhou	28.0	32.1			朝阳	Chaoyang	27.1	28.2		
廊坊	Langfang	31.6	38.1			葫芦岛	Huludao	26.4	28.4		
衡水	Hengshui	28.0	30.0			**吉林**	**Jilin**	**22.9**	**24.7**		
山西	**Shanxi**	**28.3**	**30.6**			长春	Changchun		25.8	29.5	190
太原	Taiyuan	32.9	37.5			吉林	Jilin		24.0	22.7	223
大同	Datong	20.3	23.1			四平	Siping		25.5	25.6	209
阳泉	Yangquan	30.9	27.9			辽源	Liaoyuan		22.4	23.8	219
长治	Changzhi	36.5	39.0			通化	Tonghua		24.6	27.5	198
晋城	Jincheng	34.9	36.7			白山	Baishan		22.1	17.9	233
朔州	Shuozhou	21.0	26.0			松原	Songyuan		26.3	25.4	210
晋中	Jinzhong	29.4	28.5			白城	Baicheng		26.4	29.9	188
运城	Yuncheng	31.1	40.2			**黑龙江**	**Heilongjiang**	**22.8**	**24.8**		
忻州	Xinzhou	22.4	24.9			哈尔滨	Harbin	24.4	24.8	26.0	206
临汾	Linfen	30.4	33.0			齐齐哈尔	Qiqihar	28.6	19.5	26.0	206
吕梁	Luliang	26.0	24.0			鸡西	Jixi	22.0	21.9	21.9	228
内蒙古	**Inner Mongolia**	**22.1**	**24.9**			鹤岗	Hegang				
呼和浩特	Hohhot	27.3	26.7	34.1	162	双鸭山	Shuangyashan				
包头	Baotou	29.6	30.1	31.0	180	大庆	Daqing	28.6			
乌海	Wuhai	29.9	32.2	40.0	106	伊春	Yichun	22.8	22.0		
赤峰	Chifeng	23.1	25.1	26.3	202	佳木斯	Jiamusi	21.9	22.3	28.0	197
通辽	Tongliao	22.1	23.8	25.3	211	七台河	Qitaihe			22.1	225
鄂尔多斯	Erdos	33.8	40.0	42.8	82	牡丹江	Mudanjiang	25.9			
呼伦贝尔	Hulunbuir	22.1	25.0	26.0	206	黑河	Heihe				
巴彦淖尔	Bayannur	27.0	28.0	29.2	194	绥化	Suihua				
乌兰察布	Ulanqab	18.9	16.1	22.0	226	**上海**	**Shanghai**	**59.7**	**60.4**		
辽宁	**Liaoning**	**27.3**	**29.3**			**江苏**	**Jiangsu**	**46.3**	**50.8**		

6-10 农村居民人均住房面积 续表 1
Per Capita Living Space of Rural Household continued 1

单位：平方米 (sq.m)

地名	City	2010	2012	2013	2013 排名 Ranking	地名	City	2010	2012	2013	2013 排名 Ranking
南京	Nanjing	49.9	59.3	59.9	15	池州	Chizhou	39.9	42.9	43.0	78
无锡	Wuxi	58.5	67.6	68.2	6	宣城	Xuancheng	36.8	38.0	39.0	120
徐州	Xuzhou	41.6	45.6	48.0	47	**福建**	**Fujian**	**47.5**	**50.8**		
常州	Changzhou	58.4	60.3	56.0	22	福州	Fuzhou	48.1	48.0	50.0	39
苏州	Suzhou	68.0	68.3	74.0	3	厦门	Xiamen	59.9	60.0	60.0	14
南通	Nantong	53.6	54.6	55.7	25	莆田	Putian	69.5	66.0	57.0	19
连云港	Lianyungang	35.3	42.1	43.0	78	三明	Sanming	46.0	49.0	49.0	44
淮安	Huaian	36.3	43.3	46.4	54	泉州	Quanzhou	51.0	55.0	55.0	28
盐城	Yancheng	39.0	45.1	46.9	52	漳州	Zhangzhou	37.0	41.0	40.0	106
扬州	Yangzhou	42.2	50.1	48.6	45	南平	Nanping	47.8	47.0	48.0	47
镇江	Zhenjiang	48.6	56.2	51.0	35	龙岩	Longyan	49.6	53.0	53.0	30
泰州	Taizhou	49.4	56.9	55.9	24	宁德	Ningde	35.1	43.0	44.0	66
宿迁	Suqian	34.2	42.3	44.0	66	**江西**	**Jiangxi**	**40.3**	**47.0**		
浙江	**Zhejiang**	**60.3**	**62.1**			南昌	Nanchang	45.3	50.1	52.2	32
杭州	Hangzhou	71.2	71.0	70.4	5	景德镇	Jingdezhen	49.7	57.4	61.1	13
宁波	Ningbo	56.0	58.3	58.9	17	萍乡	Pingxiang	49.6	55.5	57.0	19
温州	Wenzhou	43.0	45.8	42.2	86	九江	Jiujiang	40.8	45.8	47.0	50
嘉兴	Jiaxing	69.1	72.4	71.6	4	新余	Xinyu	49.7	55.9	56.0	22
湖州	Huzhou	58.0	68.0	67.9	8	鹰潭	Yingtan	55.6	55.0	52.4	31
绍兴	Shaoxing	67.6	64.8			赣州	Ganzhou	32.5	38.8	38.6	124
金华	Jinhua	63.6	64.6	62.4	11	吉安	Jian	38.9	39.1	43.4	72
衢州	Quzhou	55.8	66.0	66.7	9	宜春	Yichun	41.1	57.3	47.0	50
舟山	Zhoushan	48.6	49.1	49.3	43	抚州	Fuzhou	32.0	42.4	44.0	66
台州	Taizhou	57.0	55.3	55.5	27	上饶	Shangrao	35.9	46.1	45.0	59
丽水	Lishui	48.0	52.7	52.0	33	**山东**	**Shandong**	**34.7**	**38.4**		
安徽	**Anhui**	**32.1**	**35.3**			济南	Jinan	39.8	40.0	43.9	70
合肥	Hefei	33.4	34.2	35.0	150	青岛	Qingdao	31.0	32.3	33.5	167
芜湖	Wuhu	38.2	35.7	37.2	135	淄博	Zibo	35.4	36.9	38.2	127
蚌埠	Bengbu	34.3	37.8	40.1	104	枣庄	Zaozhuang	34.1	40.8	37.0	136
淮南	Huainan	37.2	39.5	40.3	101	东营	Dongying	34.1	37.4	39.4	116
马鞍山	Maanshan	36.8	38.8	36.4	139	烟台	Yantai	35.4	34.6	35.8	145
淮北	Huaibei	40.3	40.2	41.7	90	潍坊	Weifang	38.1	36.8	38.2	127
铜陵	Tongling	38.4	41.5	45.0	59	济宁	Jining	34.7	35.5	37.3	133
安庆	Anqing	36.1	35.0	35.5	148	泰安	Taian	37.7	42.9	43.2	76
黄山	Huangshan	39.0	40.9	41.8	89	威海	Weihai	39.8	39.6	40.3	101
滁州	Chuzhou	31.8	33.6	34.0	163	日照	Rizhao	36.9	36.4	43.5	71
阜阳	Fuyang	29.3	32.6	33.3	168	莱芜	Laiwu	37.0	39.7	41.6	93
宿州	Suzhou	32.0	35.2	37.0	136	临沂	Linyi	31.3	33.7	34.2	161
六安	Liuan	31.8	33.9	34.6	157	德州	Dezhou	34.0	35.4	36.0	143
亳州	Bozhou	32.8	37.4	38.8	122	聊城	Liaocheng	35.7	38.1	39.9	113

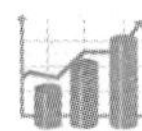

6-10　农村居民人均住房面积　续表 2
Per Capita Living Space of Rural Household continued 2

单位：平方米　　　　(sq.m)

地名	City	2010	2012	2013	2013 排名 Ranking
滨州	Binzhou	36.5	41.0	45.1	58
菏泽	Heze	31.9	35.5	36.2	141
河南	**Henan**	**34.5**	**37.9**		
郑州	Zhengzhou	56.0	61.0	58.2	18
开封	Kaifeng	30.5	36.7	38.0	130
洛阳	Luoyang	38.5	41.6	43.3	74
平顶山	Pingdingshan	31.8	37.6	39.4	116
安阳	Anyang	35.6	34.6	41.4	95
鹤壁	Hebi	35.7	41.7	42.3	85
新乡	Xinxiang	38.6	40.1	40.4	100
焦作	Jiaozuo	41.2	44.9	45.3	55
濮阳	Puyang	26.9	31.3	33.0	169
许昌	Xuchang	36.7	41.7	39.0	120
漯河	Luohe	32.9	37.7	39.8	115
三门峡	Sanmenxia	34.9	39.2	36.2	141
南阳	Nanyang	32.3	37.6	34.4	160
商丘	Shangqiu	31.5	39.9	38.8	122
信阳	Xinyang	33.1	33.5	30.5	184
周口	Zhoukou	27.1	35.7	34.0	163
驻马店	Zhumadian	29.7	32.6	30.8	182
湖北	**Hubei**	**41.0**	**45.0**		
武汉	Wuhan	48.8	51.4	47.8	49
黄石	Huangshi	42.3	50.6	50.9	37
十堰	Shiyan	32.8	36.0	34.9	154
宜昌	Yichang	45.7	49.2	49.9	41
襄阳	Xiangfan	38.7	45.2	42.2	86
鄂州	Ezhou	42.5	46.0		
荆门	Jingmen	37.7	44.5	44.6	62
孝感	Xiaogan	34.7	38.6	39.1	119
荆州	Jingzhou	37.1	40.3	45.3	55
黄冈	Huanggang	42.2	43.8	44.2	65
咸宁	Xianning	41.7	49.4	46.5	53
随州	Suizhou	42.3	38.3	40.0	106
湖南	**Hunan**	**42.0**	**46.5**		
长沙	Changsha	59.5	62.6	62.0	12
株洲	Zhuzhou	55.5	58.7	59.9	15
湘潭	Xiangtan	49.8	49.6	68.1	7
衡阳	Hengyang	50.9	49.8	51.3	34
邵阳	Shaoyang	34.0	39.4	44.3	64
岳阳	Yueyang	42.4	45.5	51.0	35
常德	Changde	47.3	51.5	55.7	25
张家界	Zhangjiajie	35.7	46.6	56.2	21
益阳	Yiyang	42.2	47.2	53.9	29
郴州	Chenzhou	38.2	35.2	41.7	90
永州	Yongzhou	35.0	37.3	48.4	46
怀化	Huaihua	33.4	36.8	43.4	72
娄底	Loudi	40.8	49.3	63.5	10
广东	**Guangdong**	**29.2**	**31.7**		
广州	Guangzhou	43.7	45.3	45.3	55
韶关	Shaoguan	30.1	33.0	35.3	149
深圳	Shenzhen				
珠海	Zhuhai	33.1	37.5	38.6	124
汕头	Shantou	18.7	19.0	19.4	232
佛山	Foshan	48.7	49.9	50.0	39
江门	Jiangmen		29.0	29.5	190
湛江	Zhanjiang	28.5	31.5	32.7	172
茂名	Maoming	38.6	41.8	44.9	61
肇庆	Zhaoqing	25.5	28.5	29.1	195
惠州	Huizhou	28.6	32.8	35.6	147
梅州	Meizhou	31.6	33.9	31.5	178
汕尾	Shanwei	25.5	25.7	26.1	205
河源	Heyuan	27.6	28.8	29.4	192
阳江	Yangjiang		33.0	42.8	82
清远	Qingyuan	30.9	30.3	31.6	176
东莞	Dongguan	52.1	50.3		
中山	ZhongShan	41.8	42.1	42.5	84
潮州	Chaozhou	23.1	23.6	24.3	217
揭阳	Jieyang	22.8	24.4	24.6	214
云浮	Yunfu	27.0	31.6	31.6	176
广西	**Guangxi**	**33.9**	**36.0**		
南宁	Nanning	36.8	40.8	37.4	132
柳州	Liuzhou	29.3	39.5	40.1	104
桂林	Guilin	38.0	42.1	44.6	62
梧州	Wuzhou	29.6	34.4	33.0	169
北海	Beihai	38.5	38.3	23.0	222
防城港	Fangchenggang	30.1	33.6	38.1	129
钦州	Qinzhou	26.8	26.4	26.4	201
贵港	Guigang	32.6	41.1	34.7	155
玉林	Yulin	26.8	33.6		
百色	Baise	28.9	33.0	31.0	180

6-10 农村居民人均住房面积 续表 3
Per Capita Living Space of Rural Household continued 3

单位：平方米 （sq.m）

地名	City	2010	2012	2013	2013 排名 Ranking
贺州	Hezhou	34.7		30.1	186
河池	Hechi	25.6	35.4	32.3	174
来宾	Laibin	36.0	38.5		
崇左	Chongzuo	34.5	41.0	41.5	94
海南	**Hainan**	**24.7**	**25.3**		
海口	Haikou	31.6	31.8	31.9	175
三亚	Sanya	28.6	30.3	30.8	182
重庆	**Chongqing**	**37.6**	**41.1**		
四川	**Sichuan**	**36.6**	**37.9**		
成都	Chengdu	48.8	52.2	50.9	37
自贡	Zigong	37.0	35.0	36.8	138
攀枝花	Panzhihua	34.0	37.0	43.0	78
泸州	Luzhou	38.0	38.7	40.0	106
德阳	Deyang	38.0	36.4	36.3	140
绵阳	Mianyang	43.0	38.9	40.3	101
广元	Guangyuan	41.0	35.0	39.2	118
遂宁	Suining	35.0	43.3	43.3	74
内江	Neijiang	34.0	34.4	34.7	155
乐山	Leshan	43.0	40.0	39.9	113
南充	Nanchong	35.0	37.0	37.5	131
眉山	Meishan	38.0		41.0	97
宜宾	Yibin	40.0	40.0	40.8	98
广安	Guangan	39.0	40.0	41.7	90
达州	Dazhou	39.0	37.5	37.3	133
雅安	Yaan	38.0	32.2	41.1	96
巴中	Bazhong	34.0	32.5	32.7	172
资阳	Ziyang	40.0	38.0	38.5	126
贵州	**Guizhou**	**27.0**	**29.6**		
贵阳	Guiyang	46.7	57.1	42.2	86
六盘水	Liupanshui	27.6	30.2	35.0	150
遵义	Zunyi	31.0	34.5	34.6	157
安顺	Anshun	27.0	31.1	24.0	218
毕节	Bijie	23.0	24.8	29.3	193
铜仁	Tongren	29.1	33.0	29.8	189
云南	**Yunnan**	**29.0**	**31.7**		
昆明	Kunming	45.8	45.7	44.0	66
曲靖	Qujing	31.0	31.0	29.0	196
玉溪	Yuxi	43.5	42.8	43.2	76
保山	Baoshan	27.4	29.0	30.0	187
昭通	Zhaotong	23.9	26.4	23.1	221

地名	City	2010	2012	2013	2013 排名 Ranking
丽江	Lijiang	25.3	33.5	40.5	99
普洱	Puer	22.3	24.8	24.9	212
临沧	Lincang	17.6	23.0	24.5	215
西藏	**Tibet**	**25.3**	**28.8**		
拉萨	Lhasa	22.6	30.7	27.2	200
陕西	**Shaanxi**	**31.7**	**36.9**		
西安	Xi'an	66.7	78.0	81.0	2
铜川	Tongchuan	32.0	36.1	49.5	42
宝鸡	Baoji	32.7	33.0	35.0	150
咸阳	Xianyang	38.5	40.5	43.0	78
渭南	Weinan	32.7	35.0	36.0	143
延安	Yan'an	24.1	27.8	27.5	198
汉中	Hanzhong	34.7	40.1	40.0	106
榆林	Yulin	26.6	33.6	34.5	159
安康	Ankang	35.0	39.5	40.0	106
商洛	Shangluo	34.6	32.0	35.0	150
甘肃	**Gansu**	**21.0**	**24.1**		
兰州	Lanzhou	23.8	33.0	31.2	179
嘉峪关	Jiayuguan	34.7	37.0	33.9	166
金昌	Jinchang	34.4	42.0	83.2	1
白银	Baiyin	22.6	25.0	22.6	224
天水	Tianshui	17.5	20.0	21.3	230
武威	Wuwei	40.0	28.0	24.8	213
张掖	Zhangye	32.6	36.0	26.3	202
平凉	Pingliang	22.4	24.0	23.5	220
酒泉	Jiuquan	17.7	40.0	32.8	171
庆阳	Qingyang	21.3	23.0	24.5	215
定西	Dingxi	19.3	19.0	21.6	229
陇南	Longnan	23.6	26.0	22.0	226
青海	**Qinghai**	**21.4**	**29.7**		
西宁	Xining	34.3	35.4	40.0	106
宁夏	**Ningxia**	**24.9**	**25.9**		
银川	Yinchuan	38.9	44.7	35.7	146
石嘴山	Shizuishan	31.6	34.8	34.0	163
吴忠	Wuzhong	29.7	27.0	30.2	185
固原	Guyuan	19.3	19.8	20.2	231
中卫	Zhongwei	24.2	28.6	26.2	204
新疆	**Xinjiang**	**24.0**	**27.2**		
乌鲁木齐	Urumqi	38.1	31.0		
克拉玛依	Karamay				

6-11 私有汽车拥有量
Number of Private Vehicles Owned

单位：辆 （unit）

地名	City	2010	2012	2013	2013 排名 Ranking
全国	**Nation Total**	**59387080**	**88386000**	**105016827**	
北京	**Beijing**	**3715068**	**4055474**	**4249494**	
天津	**Tianjin**	**1256999**	**1855351**	**2243613**	
河北	**Hebei**	**4041575**	**6240422**	**7194607**	
石家庄	Shijiazhuang	727466	1069201	983655	22
唐山	Tangshan	696560	1015275	929358	24
秦皇岛	Qinhuangdao	236818	350979	316139	95
邯郸	Handan	450472	636805	518128	49
邢台	Xingtai	331987	480957	393449	70
保定	Baoding	705993	1085043	920921	25
张家口	Zhangjiakou	248178	366767	303165	99
承德	Chengde	158028	231305	177675	163
沧州	Cangzhou	504005	744932	711746	33
廊坊	Langfang	408211	599758	552619	44
衡水	Hengshui	234985	361031	311950	97
山西	**Shanxi**	**1865984**	**2704497**	**3188773**	
太原	Taiyuan	459607	648485	756516	31
大同	Datong	106774	244980	295604	103
阳泉	Yangquan	80896	112952	133544	191
长治	Changzhi	191173	233195	287801	106
晋城	Jincheng	150851	176693	222505	138
朔州	Shuozhou	54195	82774	98395	231
晋中	Jinzhong	231652	296953	350400	82
运城	Yuncheng	244802	288241	369722	76
忻州	Xinzhou	137982	159181	191856	160
临汾	Linfen	216768	274403	334631	89
吕梁	Luliang	168513	186638	225950	136
内蒙古	**Inner Mongolia**	**1474731**	**2236575**	**2638560**	
呼和浩特	Hohhot	259185	422106	513244	51
包头	Baotou	230353	344142	389771	71
乌海	Wuhai	70200	138172	107839	219
赤峰	Chifeng	291465	247040	450352	57
通辽	Tongliao	305015	233801	269527	112
鄂尔多斯	Erdos	150000	395386	424524	60
呼伦贝尔	Hulunbuir	101582	122484	166570	170
巴彦淖尔	Bayannur	80048	132566	194861	158
乌兰察布	Ulanqab	105652	123653	198355	155
辽宁	**Liaoning**	**1988119**	**3048210**	**3559401**	
沈阳	Shenyang	707838	812027	1133021	14
大连	Dalian	739675	722605	1003590	20
鞍山	Anshan	264683	230157	384432	72
抚顺	Fushun	181880	140958	175455	166
本溪	Benxi	100050	69041	121435	202
丹东	Dandong	188325	118052	278380	109
锦州	Jinzhou	368610	209989	396345	67
营口	Yingkou	183288	164975	262660	116
阜新	Fuxin	306267	141126	305385	98
辽阳	Liaoyang	227040	112456	213133	144
盘锦	Panjin	136075	148959	197400	156
铁岭	Tieling	281605	126134	375484	74
朝阳	Chaoyang	427621	212019	494663	53
葫芦岛	Huludao	201642	131934	269371	113
吉林	**Jilin**	**1144913**	**1701895**	**2061270**	
长春	Changchun	505205	706208	837726	28
吉林	Jilin	216649	285923	326346	93
四平	Siping	121298	192456	226668	135
辽源	Liaoyuan	45640	60469	69008	255
通化	Tonghua	82500	105529	118918	203
白山	Baishan	44842	57768	56560	261
松原	Songyuan	154431	204714	260663	119
白城	Baicheng	74302	113120	136910	189
黑龙江	**Heilongjiang**	**1396536**	**2013653**	**2310633**	
哈尔滨	Harbin	468701	700260	808305	30
齐齐哈尔	Qiqihar	169693			
鸡西	Jixi	109816	125302	144853	182
鹤岗	Hegang	29858	45230	47440	267
双鸭山	Shuangyashan	39788	97229		
大庆	Daqing	230190	314410	326986	91
伊春	Yichun	22401	32309		
佳木斯	Jiamusi				
七台河	Qitaihe	32000	40540	40540	270
牡丹江	Mudanjiang	90120	182177		
黑河	Heihe				
绥化	Suihua	8231	19772	30492	273
上海	**Shanghai**	**1037051**	**1411615**	**1632320**	
江苏	**Jiangsu**	**4181285**	**6466850**	**7804287**	

6-11 私有汽车拥有量 续表 1
Number of Private Vehicles Owned continued 1

单位：辆 （unit）

地名	City	2010	2012	2013	2013 排名 Ranking	地名	City	2010	2012	2013	2013 排名 Ranking
南京	Nanjing	647562	963645	1177291	13	池州	Chizhou	32284	50519	58864	258
无锡	Wuxi	521407	764492	896073	27	宣城	Xuancheng	86395	11373	138488	187
徐州	Xuzhou	356532	517040	590898	41	**福建**	**Fujian**	**1519318**	**2308804**	**2774908**	
常州	Changzhou	339434	523417	620271	37	福州	Fuzhou	330352	497158	593651	39
苏州	Suzhou	981650	1447145	1730457	3	厦门	Xiamen	284745	437989	545432	48
南通	Nantong	355328	571391	716637	32	莆田	Putian	65608	107678	133325	192
连云港	Lianyungang	146448	223427	270128	111	三明	Sanming	73018	108559	128808	197
淮安	Huaian	124905	200917	245209	124	泉州	Quanzhou	408143	590710	701352	34
盐城	Yancheng	207710	333321	402818	64	漳州	Zhangzhou	126009	201055	234965	129
扬州	Yangzhou	178389	281691	349418	83	南平	Nanping	63093	96833	114795	205
镇江	Zhenjiang	147295	231258	280043	108	龙岩	Longyan	135368	198762	230072	130
泰州	Taizhou	169165	274197	336340	88	宁德	Ningde	55173	89174	109742	218
宿迁	Suqian	169843	240741	285750	107	**江西**	**Jiangxi**	**873814**	**1495759**	**1907125**	
浙江	**Zhejiang**	**4315235**	**6433394**	**7638729**		南昌	Nanchang	203953	326173	406783	63
杭州	Hangzhou	942585	1408653	1678453	5	景德镇	Jingdezhen	52699	84886	98549	229
宁波	Ningbo	532965	895247	1060489	17	萍乡	Pingxiang	38124	66613	84915	244
温州	Wenzhou	674836	964222	1119252	15	九江	Jiujiang	105004	173601	219188	140
嘉兴	Jiaxing	265802	451331	551324	45	新余	Xinyu	34088	55280	67298	257
湖州	Huzhou	180041	294027	357849	79	鹰潭	Yingtan	22121	39877	48986	266
绍兴	Shaoxing	346672	518814	621339	36	赣州	Ganzhou	152701	263903	343695	87
金华	Jinhua	517447	759193	907181	26	吉安	Jian	74765	116337	146409	181
衢州	Quzhou	99318	150522	176343	165	宜春	Yichun	111507	180288	229167	132
舟山	Zhoushan	39063	60677	72811	252	抚州	Fuzhou	52665	88024	112440	209
台州	Taizhou	481717	691389	812341	29	上饶	Shangrao	99980	166965	211588	145
丽水	Lishui	116539	168436	198885	154	**山东**	**Shandong**	**5771075**	**8775634**	**10395464**	
安徽	**Anhui**	**1368463**	**2234091**	**2745685**		济南	Jinan	670465	907299	1051380	19
合肥	Hefei	250403	486532	619789	38	青岛	Qingdao	729966	1057712	1249590	9
芜湖	Wuhu	90999	189723	224086	137	淄博	Zibo	373721	506304	587036	42
蚌埠	Bengbu	55918	85168	106687	221	枣庄	Zaozhuang	233435	324630	346768	85
淮南	Huainan	45751	76930	97452	233	东营	Dongying	279344	373384	425160	59
马鞍山	Maanshan	41994	88884	105949	222	烟台	Yantai	631748	836576	961528	23
淮北	Huaibei	65058	99755	111383	212	潍坊	Weifang	935879	1302215	1464720	7
铜陵	Tongling	24689	41856	51824	265	济宁	Jining	409787	544438	626315	35
安庆	Anqing	120980	183314	227997	134	泰安	Taian	259842	346086	401295	65
黄山	Huangshan	42833	64052	75118	251	威海	Weihai	263595	370555	423374	61
滁州	Chuzhou	91396	116800	136759	190	日照	Rizhao	176291	254932	303033	100
阜阳	Fuyang	189074	278965	326495	92	莱芜	Laiwu	104278	132673	147063	180
宿州	Suzhou	138078	163726	163342	174	临沂	Linyi	652175	935753	1113314	16
六安	Liuan	153224	209937	238374	126	德州	Dezhou	331411	477519	550407	46
亳州	Bozhou	157249	213955	210557	146	聊城	Liaocheng	405537	472559	515607	50

6-11　私有汽车拥有量　续表 2
Number of Private Vehicles Owned continued 2

单位：辆　　　　(unit)

地名	City	2010	2012	2013	2013 排名 Ranking	地名	City	2010	2012	2013	2013 排名 Ranking
滨州	Binzhou	309800	424681	488356	55	常德	Changde	104254	164183	199368	153
菏泽	Heze	329045	414613	468584	56	张家界	Zhangjiajie	30968	46522	56200	262
河南	**Henan**	**2947564**	**4678042**	**5806383**		益阳	Yiyang	96621	142065	169138	168
郑州	Zhengzhou	777605	1203452	1481255	6	郴州	Chenzhou	134137	180268	209738	147
开封	Kaifeng	155557	217847	250995	123	永州	Yongzhou	98152	133159	159018	176
洛阳	Luoyang	282820	413741	500157	52	怀化	Huaihua	72780	153318	113966	207
平顶山	Pingdingshan	176333	243652	288748	105	娄底	Loudi	106893	61415	176514	164
安阳	Anyang	240506	318833	347476	84	**广东**	**Guangdong**	**6281233**	**8634620**	**9959311**	
鹤壁	Hebi	63004	91801	112843	208	广州	Guangzhou	1261160	1646931	1726966	4
新乡	Xinxiang	239442	346722	419036	62	韶关	Shaoguan	78230	112962	130238	195
焦作	Jiaozuo	149803	204676	240205	125	深圳	Shenzhen	1301631	1780799	2123761	2
濮阳	Puyang	196863	279251	320720	94	珠海	Zhuhai	157798	216136	253146	121
许昌	Xuchang	155659	226269	273926	110	汕头	Shantou	223325	312733	359275	78
漯河	Luohe	76691	107143	124742	200	佛山	Foshan	791313	1066317	1224299	10
三门峡	Sanmenxia	124052	147736	171334	167	江门	Jiangmen	224812	302712	351326	81
南阳	Nanyang	220249	346647	400937	66	湛江	Zhanjiang	115782	177198	206663	148
商丘	Shangqiu	270906	335870	380130	73	茂名	Maoming	134923	196724	237007	127
信阳	Xinyang	176704	191112	228665	133	肇庆	Zhaoqing	120318	168052	202795	150
周口	Zhoukou	288892	323795	394558	69	惠州	Huizhou	208425	305145	360883	77
驻马店	Zhumadian	130365	228259	262060	118	梅州	Meizhou	88353	134919	162369	175
湖北	**Hubei**	**1486487**	**2274544**	**2829367**		汕尾	Shanwei	22300	32060	39742	271
武汉	Wuhan	780000	810468	995973	21	河源	Heyuan	59198	89251	104075	225
黄石	Huangshi	54500	79365	95060	234	阳江	Yangjiang	72668	112901	138132	188
十堰	Shiyan	99105	141846	163564	173	清远	Qingyuan	104093	159871	202068	151
宜昌	Yichang	148146	210636	269093	114	东莞	Dongguan	740238	1016060	1195220	12
襄阳	Xiangfan	197040	220712	299085	101	中山	ZhongShan	313775	421890	492585	54
鄂州	Ezhou	16223	61253	26339	275	潮州	Chaozhou	96149	129227	150383	178
荆门	Jingmen	75509	111975	141727	184	揭阳	Jieyang	119258	169678	196420	157
孝感	Xiaogan	30256	93657	112036	211	云浮	Yunfu	56141	91439	111243	213
荆州	Jingzhou	101401	147201	180115	162	**广西**	**Guangxi**	**1083336**	**1774208**	**2230139**	
黄冈	Huanggang	83439	130785	165566	171	南宁	Nanning	292736	476696	593476	40
咸宁	Xianning	61996	84019	104354	224	柳州	Liuzhou	154217	236929	291635	104
随州	Suizhou	46592	72070	81036	247	桂林	Guilin	132797	208368	258504	120
湖南	**Hunan**	**1692449**	**2615879**	**3184871**		梧州	Wuzhou	41874	70793	566468	43
长沙	Changsha	546834	856813	1055542	18	北海	Beihai	54637	83900	344392	86
株洲	Zhuzhou	120972	182596	216748	143	防城港	Fangchenggang	29231	48375	58659	260
湘潭	Xiangtan	84797	134120	158016	177	钦州	Qinzhou	39390	59806	47000	269
衡阳	Hengyang	133277	188372	222354	139	贵港	Guigang	58973	97607	123260	201
邵阳	Shaoyang	120228	184522	229605	131	玉林	Yulin	108945	176223	217259	142
岳阳	Yueyang	98940	171946	219044	141	百色	Baise	59973	97459	126493	198

6-11 私有汽车拥有量 续表 3
Number of Private Vehicles Owned continued 3

单位：辆 (unit)

地名	City	2010	2012	2013	2013 排名 Ranking	地名	City	2010	2012	2013	2013 排名 Ranking
贺州	Hezhou	34410	56892	394900	68	丽江	Lijiang	38732	73385	90699	238
河池	Hechi	53299	89225	112392	210	普洱	Puer	80336	117956	132345	193
来宾	Laibin	37656	55212	70747	254	临沧	Lincang		51623	52197	264
崇左	Chongzuo	20972	45940	58688	259	**西藏**	**Tibet**	**110318**	**152164**	**195376**	
海南	**Hainan**	**280903**	**426810**	**514045**		拉萨	Lhasa	81988	102618	99908	227
海口	Haikou	182623	270815	327408	90	**陕西**	**Shaanxi**	**1441129**	**2307940**	**2807930**	
三亚	Sanya	37705	63023	78310	248	西安	Xi'an	778902	1174425	1412211	8
重庆	**Chongqing**	**741488**	**1171024**	**1483657**		铜川	Tongchuan	36492	41521	47033	268
四川	**Sichuan**	**2809524**	**4088875**	**4855182**		宝鸡	Baoji	93891	127477	149325	179
成都	Chengdu	1396000	1925500	2271414	1	咸阳	Xianyang	116103	173279	204096	149
自贡	Zigong	52244	80325	97839	232	渭南	Weinan	205237	277933	312502	96
攀枝花	Panzhihua	60087	80443	93895	235	延安	Yan'an	144707	176661	193852	159
泸州	Luzhou	56693	100238	130855	194	汉中	Hanzhong	79634	107585	128854	196
德阳	Deyang	183763	195830	262199	117	榆林	Yulin	255161	385680	433290	58
绵阳	Mianyang		257929	298488	102	安康	Ankang	47771	67123	78137	249
广元	Guangyuan	62707	92938	106863	220	商洛	Shangluo	40301	49911	55648	263
遂宁	Suining	55399	83733	99848	228	**甘肃**	**Gansu**	**527351**	**901689**	**1145422**	
内江	Neijiang	52256	79501	98402	230	兰州	Lanzhou	120100	206900	263171	115
乐山	Leshan	95347	139390	168395	169	嘉峪关	Jiayuguan	15400	24700	30006	274
南充	Nanchong	102573	151984	189314	161	金昌	Jinchang	21600	32800	37418	272
眉山	Meishan	74842	122221	139543	186	白银	Baiyin	60500	92500	109807	217
宜宾	Yibin	68148	109727	140322	185	天水	Tianshui	54000	88066	110263	215
广安	Guangan	40063	65990	82941	246	武威	Wuwei	46200	72000	91146	236
达州	Dazhou	52772	89124	109862	216	张掖	Zhangye	40300	67000	83603	245
雅安	Yaan	42071	74000	88037	241	平凉	Pingliang	45580	73300	90074	240
巴中	Bazhong	38901	53118	85990	242	酒泉	Jiuquan	51100	78000	90727	237
资阳	Ziyang	57786	87920	103073	226	庆阳	Qingyang	60400	100600	126368	199
贵州	**Guizhou**	**878065**	**1322146**	**1662819**		定西	Dingxi	52200	87900	115300	204
贵阳	Guiyang	512066	463523	550298	47	陇南	Longnan	46600	61600	71847	253
六盘水	Liupanshui	95366	137273	164096	172	**青海**	**Qinghai**	**199467**	**357792**	**446745**	
遵义	Zunyi	39483	207848	252409	122	西宁	Xining				
安顺	Anshun	41819	76187	114174	206	**宁夏**	**Ningxia**	**309364**	**534949**	**653330**	
毕节	Bijie	63019	102321	143609	183	银川	Yinchuan	177270	307035	374029	75
铜仁	Tongren		67906	90250	239	石嘴山	Shizuishan	45193	66398	75360	250
云南	**Yunnan**	**1855688**	**2737927**	**3185387**		吴忠	Wuzhong	60058	89736	104960	223
昆明	Kunming	1173869	1513557	1202649	11	固原	Guyuan	53465	74335	85801	243
曲靖	Qujing	734549	314100	353900	80	中卫	Zhongwei	35616	56620	68631	256
玉溪	Yuxi	156581	187746	235698	128	**新疆**	**Xinjiang**	**792548**	**1425181**	**1711994**	
保山	Baoshan	70443	98324	110916	214	乌鲁木齐	Urumqi				
昭通	Zhaotong	83980	121126	201934	152	克拉玛依	Karamay				

6-12 城镇职工基本养老保险参保人数
Number of Employees Joining Urban Basic Pension Insurance

单位：万人 (10 000 persons)

地名	City	2011	2012	2013	2013 排名 Ranking	地名	City	2011	2012	2013	2013 排名 Ranking
全国	**Nation Total**	**28391.3**	**30426.8**	**32218.4**		沈阳	Shenyang	308.0	320.7	345.8	12
北京	**Beijing**	**1089.4**	**1206.4**	**1311.3**		大连	Dalian	172.3	176.3	192.3	32
天津	**Tianjin**	**458.7**	**490.3**	**520.7**		鞍山	Anshan	91.6	90.0	88.3	79
河北	**Hebei**	**1059.8**	**1125.6**	**1194.7**		抚顺	Fushun	90.1	92.9	100.1	65
石家庄	Shijiazhuang	162.3	174.5	186.6	35	本溪	Benxi	84.2	86.9	95.3	72
唐山	Tangshan	171.8	185.8	197.9	30	丹东	Dandong	73.4	76.0	83.7	86
秦皇岛	Qinhuangdao	60.1	67.4	71.2	106	锦州	Jinzhou	66.4	70.0	75.8	97
邯郸	Handan	104.6	106.5	113.0	54	营口	Yingkou	66.9	48.7	53.5	137
邢台	Xingtai	54.4	56.1	59.9	121	阜新	Fuxin	46.9	45.9	50.1	150
保定	Baoding	106.8	112.3	117.0	52	辽阳	Liaoyang	54.8	57.1	61.9	115
张家口	Zhangjiakou	70.9	74.3	78.2	94	盘锦	Panjin	53.9	55.5	59.6	122
承德	Chengde	45.3	50.2	54.0	134	铁岭	Tieling	49.9	51.9	45.0	168
沧州	Cangzhou	70.6	75.9	81.2	88	朝阳	Chaoyang	47.6	49.3	54.2	131
廊坊	Langfang	56.8	62.8	72.6	101	葫芦岛	Huludao	46.9	47.7	52.2	141
衡水	Hengshui	41.6	43.7	46.4	162	**吉林**	**Jilin**	**617.5**	**632.2**	**655.2**	
山西	**Shanxi**	**623.8**	**648.7**	**672.4**		长春	Changchun	167.5	177.8	188.3	34
太原	Taiyuan	119.2	122.5	135.6	45	吉林	Jilin	99.6	102.6	106.4	60
大同	Datong	40.5	41.4	71.7	104	四平	Siping	52.8	51.2	53.7	136
阳泉	Yangquan	24.8	24.4	30.6	209	辽源	Liaoyuan	22.9	23.5	24.4	225
长治	Changzhi	32.9	45.8	42.7	173	通化	Tonghua	46.9	49.0	51.5	143
晋城	Jincheng	28.6	32.2	41.7	176	白山	Baishan	35.1	36.4	37.7	187
朔州	Shuozhou	13.1	17.7	18.4	244	松原	Songyuan	30.2	31.2	32.2	203
晋中	Jinzhong	41.9	37.1	49.0	153	白城	Baicheng	17.2	30.1	31.5	207
运城	Yuncheng	45.8	47.7	57.6	125	**黑龙江**	**Heilongjiang**	**981.0**	**1013.0**	**1062.1**	
忻州	Xinzhou	35.0	37.5	38.8	183	哈尔滨	Harbin	121.3	119.6	123.1	50
临汾	Linfen	37.6	39.6	60.9	117	齐齐哈尔	Qiqihar	47.8	43.8	49.7	151
吕梁	Luliang	13.5	14.1	24.9	224	鸡西	Jixi	18.1	19.2	24.2	226
内蒙古	**Inner Mongolia**	**452.4**	**471.9**	**496.5**		鹤岗	Hegang	16.3	17.0	11.6	264
呼和浩特	Hohhot	42.4	37.4	38.7	184	双鸭山	Shuangyashan	16.8	17.1	19.3	240
包头	Baotou	56.2	82.4	85.1	83	大庆	Daqing	33.6	38.2	47.7	158
乌海	Wuhai	14.8	15.6	16.3	252	伊春	Yichun	25.2	29.0	28.7	214
赤峰	Chifeng	28.8	30.2	31.6	206	佳木斯	Jiamusi	23.8	24.1	99.2	68
通辽	Tongliao	22.4	23.0	23.4	229	七台河	Qitaihe	13.5	14.2	27.3	217
鄂尔多斯	Erdos	23.0	24.9	26.1	218	牡丹江	Mudanjiang	47.8	29.6	33.2	197
呼伦贝尔	Hulunbuir	47.5	107.0	108.7	55	黑河	Heihe	16.8	20.0	20.2	238
巴彦淖尔	Bayannur	27.1	26.9	33.1	198	绥化	Suihua	25.6	26.4	30.6	210
乌兰察布	Ulanqab	24.9	14.1	14.7	256	**上海**	**Shanghai**	**1382.7**	**1416.9**	**1429.9**	
辽宁	**Liaoning**	**1556.6**	**1609.2**	**1729.5**		**江苏**	**Jiangsu**	**2223.9**	**2427.5**	**2582.1**	

6-12 城镇职工基本养老保险参保人数 续表 1
Number of Employees Joining Urban Basic Pension Insurance continued 1

单位：万人 (10 000 persons)

地名	City	2011	2012	2013	2013 排名 Ranking	地名	City	2011	2012	2013	2013 排名 Ranking
南京	Nanjing	235.8	268.9	358.4	11	池州	Chizhou	11.8	9.9	10.6	270
无锡	Wuxi	212.5	219.6	290.3	17	宣城	Xuancheng	40.2	31.9	34.8	191
徐州	Xuzhou	95.1	101.5	108.2	58	**福建**	**Fujian**	**695.1**	**756.5**	**812.8**	
常州	Changzhou	113.8	121.1	126.0	49	福州	Fuzhou	135.2	148.1	164.3	37
苏州	Suzhou	381.8	475.9	492.4	8	厦门	Xiamen	194.1	210.5	222.3	26
南通	Nantong	119.0	129.3	258.6	20	莆田	Putian	28.3	26.4	31.9	205
连云港	Lianyungang	43.5	49.7	78.5	93	三明	Sanming	46.7	48.8	51.0	145
淮安	Huaian	59.3	70.6	83.5	87	泉州	Quanzhou	87.7	111.2	114.1	53
盐城	Yancheng	88.5	98.8	135.6	44	漳州	Zhangzhou	52.9	47.8	61.6	116
扬州	Yangzhou	83.6	93.0	99.2	69	南平	Nanping	47.6	50.5	53.2	138
镇江	Zhenjiang	74.7	78.5	106.8	59	龙岩	Longyan	34.5	37.7	41.6	177
泰州	Taizhou	71.5	75.9	334.9	14	宁德	Ningde	32.0	29.3	32.4	201
宿迁	Suqian	31.1	35.5	46.7	161	**江西**	**Jiangxi**	**653.0**	**707.4**	**754.2**	
浙江	**Zhejiang**	**1919.2**	**2183.3**	**2375.4**		南昌	Nanchang	116.0	132.2	153.6	41
杭州	Hangzhou	428.1	492.6	530.7	4	景德镇	Jingdezhen	36.2	36.6	39.4	180
宁波	Ningbo	434.4	474.3	508.9	7	萍乡	Pingxiang	31.7	34.6	33.0	199
温州	Wenzhou	217.3	240.3	237.0	22	九江	Jiujiang	72.1	75.7	78.7	91
嘉兴	Jiaxing	167.2	193.0	209.4	28	新余	Xinyu	27.3	28.0	28.6	215
湖州	Huzhou	71.3	97.5	108.6	56	鹰潭	Yingtan	16.7	18.2	18.8	242
绍兴	Shaoxing	155.0	188.7	211.8	27	赣州	Ganzhou	65.4	71.9	78.9	90
金华	Jinhua	117.5	117.1	130.6	48	吉安	Jian	42.9	46.7	60.1	120
衢州	Quzhou	49.1	56.8	50.5	149	宜春	Yichun	61.6	65.0	69.0	111
舟山	Zhoushan	33.2	39.2	40.9	178	抚州	Fuzhou	46.2	50.3	53.0	139
台州	Taizhou	134.1	148.7	161.0	38	上饶	Shangrao	66.9	73.7	78.0	95
丽水	Lishui	41.9	46.6	50.9	148	**山东**	**Shandong**	**1907.1**	**2063.2**	**2259.6**	
安徽	**Anhui**	**729.3**	**783.8**	**811.3**		济南	Jinan	164.7	175.0	232.5	24
合肥	Hefei	113.1	132.4	135.9	43	青岛	Qingdao	285.9	303.1	377.0	9
芜湖	Wuhu	47.5	50.4	51.8	142	淄博	Zibo	98.6	103.0	252.2	21
蚌埠	Bengbu	45.5	49.5	51.4	144	枣庄	Zaozhuang	53.2	65.8	69.6	109
淮南	Huainan	28.8	31.6	32.5	200	东营	Dongying	24.7	33.7	46.2	164
马鞍山	Maanshan	35.8	38.3	60.6	118	烟台	Yantai	127.6	181.5	225.0	25
淮北	Huaibei	33.0	36.1	38.9	182	潍坊	Weifang	149.0	161.3	168.9	36
铜陵	Tongling	16.4	19.1	25.0	223	济宁	Jining	109.0	129.3	134.8	46
安庆	Anqing	47.8	55.1	57.3	126	泰安	Taian	90.6	115.0	120.1	51
黄山	Huangshan	18.9	21.0	21.4	235	威海	Weihai	82.9	89.1	103.1	63
滁州	Chuzhou	38.4	42.4	43.8	171	日照	Rizhao	30.1	42.0	51.0	147
阜阳	Fuyang	31.2	32.6	33.5	196	莱芜	Laiwu	32.9	26.4	84.7	85
宿州	Suzhou	22.9	26.1	35.7	189	临沂	Linyi	109.8	116.2	678.6	2
六安	Liuan	30.6	43.6	32.3	202	德州	Dezhou	52.9	70.2	73.9	100
亳州	Bozhou	14.1	15.4	16.7	249	聊城	Liaocheng	50.2	52.5	78.7	92

6-12　城镇职工基本养老保险参保人数　续表 2
Number of Employees Joining Urban Basic Pension Insurance　continued 2

单位：万人　　(10 000 persons)

地名	City	2011	2012	2013	2013 排名 Ranking
滨州	Binzhou	43.5	55.4	60.3	119
菏泽	Heze	72.5	93.7	75.4	98
河南	**Henan**	**1168.4**	**1270.6**	**1350.0**	
郑州	Zhengzhou	172.1	224.8	263.4	19
开封	Kaifeng	56.1	57.7	30.3	211
洛阳	Luoyang	87.6	100.3	106.0	61
平顶山	Pingdingshan	57.5	62.4	69.5	110
安阳	Anyang	72.9	61.6	79.9	89
鹤壁	Hebi	16.4	17.3	18.1	245
新乡	Xinxiang	71.5	76.1	336.1	13
焦作	Jiaozuo	44.9	52.7	54.0	135
濮阳	Puyang	27.4	28.7	29.9	212
许昌	Xuchang	41.5	42.2	54.2	132
漯河	Luohe	22.1	24.0	26.1	219
三门峡	Sanmenxia	27.5	28.8	29.9	213
南阳	Nanyang	79.5	68.0	88.1	80
商丘	Shangqiu	29.2	30.7	44.2	170
信阳	Xinyang	53.8	58.5	48.4	156
周口	Zhoukou	31.9	33.7	34.4	195
驻马店	Zhumadian	30.8	37.2	34.6	194
湖北	**Hubei**	**1113.4**	**1171.4**	**1219.4**	
武汉	Wuhan	333.3	350.6	368.2	10
黄石	Huangshi	53.9	35.0	58.7	124
十堰	Shiyan	29.6	37.2	38.2	186
宜昌	Yichang	88.1	93.2	98.0	70
襄阳	Xiangfan	85.3	91.2	93.3	74
鄂州	Ezhou	20.7	21.4	42.4	174
荆门	Jingmen	41.4	44.2	159.2	39
孝感	Xiaogan	45.2	44.8	43.4	172
荆州	Jingzhou	78.2	84.8	90.2	76
黄冈	Huanggang	51.1	52.9	55.5	129
咸宁	Xianning	17.8	32.8	34.7	192
随州	Suizhou	18.4	18.7	19.7	239
湖南	**Hunan**	**988.2**	**1048.0**	**1091.7**	
长沙	Changsha	155.3	174.7	199.7	29
株洲	Zhuzhou	49.7	53.0	55.3	130
湘潭	Xiangtan	34.8	37.7	38.5	185
衡阳	Hengyang	78.5	66.1	89.7	77
邵阳	Shaoyang	62.8	49.9	48.6	154
岳阳	Yueyang	73.2	74.1	77.1	96
常德	Changde		82.9	91.1	75
张家界	Zhangjiajie		10.2	10.8	269
益阳	Yiyang		26.1	25.7	220
郴州	Chenzhou		43.4	45.2	167
永州	Yongzhou		51.0	52.4	140
怀化	Huaihua		21.2	22.4	230
娄底	Loudi		31.0	21.7	234
广东	**Guangdong**		**3800.7**	**4183.0**	
广州	Guangzhou		534.8	602.9	3
韶关	Shaoguan		43.1	48.2	157
深圳	Shenzhen		751.7	813.9	1
珠海	Zhuhai		94.4	105.4	62
汕头	Shantou		77.9	108.3	57
佛山	Foshan		289.7	305.4	15
江门	Jiangmen		131.6	0.0	283
湛江	Zhanjiang		93.2	99.3	67
茂名	Maoming		61.2	273.6	18
肇庆	Zhaoqing		62.2	72.1	103
惠州	Huizhou		190.0	197.6	31
梅州	Meizhou		67.4	70.1	108
汕尾	Shanwei		39.0	45.3	166
河源	Heyuan		41.5	44.9	169
阳江	Yangjiang		34.7	46.8	160
清远	Qingyuan		59.2	75.3	99
东莞	Dongguan		481.0	521.9	5
中山	ZhongShan		179.6	190.0	33
潮州	Chaozhou		44.1	51.0	146
揭阳	Jieyang		59.7	70.4	107
云浮	Yunfu		30.3	41.9	175
广西	**Guangxi**		**483.8**	**538.4**	
南宁	Nanning		87.1	94.7	73
柳州	Liuzhou		53.3	84.8	84
桂林	Guilin		40.5	66.8	112
梧州	Wuzhou		28.4	31.1	208
北海	Beihai		11.2	19.3	241
防城港	Fangchenggang		9.7	13.5	261
钦州	Qinzhou		12.1	14.4	257
贵港	Guigang		9.8	22.4	232
玉林	Yulin		31.2	34.6	193
百色	Baise			21.2	236

6-12 城镇职工基本养老保险参保人数 续表 3
Number of Employees Joining Urban Basic Pension Insurance continued 3

单位：万人 (10 000 persons)

地名	City	2011	2012	2013	2013 排名 Ranking	地名	City	2011	2012	2013	2013 排名 Ranking
贺州	Hezhou		10.6	11.1	267	丽江	Lijiang		6.5	7.7	278
河池	Hechi		20.8	22.4	231	普洱	Puer		13.0	15.3	255
来宾	Laibin		12.2	16.5	251	临沧	Lincang		8.4	14.1	259
崇左	Chongzuo		12.8	14.1	258	**西藏**	**Tibet**		**11.2**	**14.0**	
海南	**Hainan**		**199.9**	**231.5**		拉萨	Lhasa		1.9	15.9	253
海口	Haikou		40.6	46.9	159	**陕西**	**Shaanxi**		**588.6**	**685.0**	
三亚	Sanya		15.8	16.5	250	西安	Xi'an		234.4	292.3	16
重庆	**Chongqing**		**647.6**	**773.1**		铜川	Tongchuan		17.0	17.8	246
四川	**Sichuan**		**1494.2**	**1720.3**		宝鸡	Baoji		49.0	54.1	133
成都	Chengdu		442.5	514.5	6	咸阳	Xianyang		47.8	72.3	102
自贡	Zigong		28.5	62.5	114	渭南	Weinan		37.1	39.3	181
攀枝花	Panzhihua		44.3	35.2	190	延安	Yan'an		18.2	99.6	66
泸州	Luzhou		53.5	96.3	71	汉中	Hanzhong		31.0	36.8	188
德阳	Deyang		82.5	232.7	23	榆林	Yulin		19.2	25.5	221
绵阳	Mianyang		80.9	102.0	64	安康	Ankang		12.9	17.3	247
广元	Guangyuan		37.1	46.1	165	商洛	Shangluo		13.6	145.5	42
遂宁	Suining		45.2	56.2	128	**甘肃**	**Gansu**		**263.0**	**288.4**	
内江	Neijiang		56.9	56.6	127	兰州	Lanzhou		33.8	40.3	179
乐山	Leshan		45.4	88.8	78	嘉峪关	Jiayuguan		7.8	9.4	274
南充	Nanchong		72.0	86.2	81	金昌	Jinchang		4.0	4.1	282
眉山	Meishan		42.4	49.1	152	白银	Baiyin		7.0	8.2	277
宜宾	Yibin		59.7	71.3	105	天水	Tianshui		12.7	11.9	263
广安	Guangan		39.9	23.6	228	武威	Wuwei		9.5	7.7	279
达州	Dazhou		65.4	48.5	155	张掖	Zhangye		9.6	10.4	271
雅安	Yaan		23.2	27.8	216	平凉	Pingliang		9.7	9.8	273
巴中	Bazhong		23.9	18.8	243	酒泉	Jiuquan		9.9	11.0	268
资阳	Ziyang		55.1	66.7	113	庆阳	Qingyang		7.3	7.3	280
贵州	**Guizhou**		**282.1**	**337.3**		定西	Dingxi		8.4	9.1	276
贵阳	Guiyang		104.1	134.3	47	陇南	Longnan		5.1	5.3	281
六盘水	Liupanshui		7.2	9.2	275	**青海**	**Qinghai**		**81.5**	**90.3**	
遵义	Zunyi		35.3	46.4	163	西宁	Xining		29.6	32.0	204
安顺	Anshun		13.6	16.9	248	**宁夏**	**Ningxia**		**121.4**	**143.8**	
毕节	Bijie		14.0	0.0	283	银川	Yinchuan		52.1	58.9	123
铜仁	Tongren		8.8	10.1	272	石嘴山	Shizuishan		31.1	20.4	237
云南	**Yunnan**		**342.8**	**384.3**		吴忠	Wuzhong		14.9	15.8	254
昆明	Kunming		102.6	159.0	40	固原	Guyuan		51.3	13.6	260
曲靖	Qujing		21.5	25.1	222	中卫	Zhongwei		9.8	13.0	262
玉溪	Yuxi		23.5	22.3	233	**新疆**	**Xinjiang**		**431.5**	**476.3**	
保山	Baoshan		9.7	11.3	265	乌鲁木齐	Urumqi		75.0	86.0	82
昭通	Zhaotong		11.5	11.3	266	克拉玛依	Karamay		22.5	23.8	227

6-13　城镇基本医疗保险参保人数
Number of Persons Joining Urban Basic Medical Care Insurance

单位：万人　　(10 000 persons)

地名	City	2011	2012	2013	2013 排名 Ranking	地名	City	2011	2012	2013	2013 排名 Ranking
全国	**Nation Total**	**47343.2**	**53641.3**	**57072.6**		沈阳	Shenyang	339.9	351.2	122.9	39
北京	**Beijing**	**1347.8**	**1431.6**	**1514.9**		大连	Dalian	433.9	453.1	368.1	8
天津	**Tianjin**	**972.8**	**981.3**	**1001.5**		鞍山	Anshan	113.5	115.5	63.8	82
河北	**Hebei**	**1562.2**	**1644.4**	**1674.5**		抚顺	Fushun	103.6	145.0	115.9	41
石家庄	Shijiazhuang	240.7	269.3	135.9	32	本溪	Benxi	95.5	106.1	78.6	67
唐山	Tangshan	215.8	225.2	151.8	26	丹东	Dandong	99.8	103.1	79.4	64
秦皇岛	Qinhuangdao	91.4	92.5	57.8	104	锦州	Jinzhou	118.4	124.9	97.9	54
邯郸	Handan	175.1	181.8	103.6	50	营口	Yingkou	60.9	112.2	68.9	75
邢台	Xingtai	148.1	164.4	61.4	90	阜新	Fuxin	82.2	84.5	55.6	112
保定	Baoding	186.6	189.3	102.1	51	辽阳	Liaoyang	79.8	81.7	58.6	100
张家口	Zhangjiakou	114.3	116.0	63.0	85	盘锦	Panjin	98.2	108.0	49.9	132
承德	Chengde	87.7	93.1	43.2	151	铁岭	Tieling	102.4	74.5	57.3	106
沧州	Cangzhou	103.3	103.6	60.7	92	朝阳	Chaoyang	44.5	99.0	45.0	145
廊坊	Langfang	89.0	94.3	60.5	93	葫芦岛	Huludao	88.1	90.6	57.6	105
衡水	Hengshui	59.5	63.1	46.4	143	吉林	**Jilin**	**1350.6**	**1370.0**	**1378.6**	
山西	**Shanxi**	**1005.1**	**1055.9**	**1086.3**		长春	Changchun	399.2	403.2	161.4	22
太原	Taiyuan	220.7	232.9	149.1	28	吉林	Jilin	93.0	236.2	94.4	57
大同	Datong	128.7	130.9	87.9	60	四平	Siping	54.7	135.1	56.3	111
阳泉	Yangquan	58.2	60.6	38.3	171	辽源	Liaoyuan	26.0	60.8	26.4	216
长治	Changzhi	50.3	97.6	55.1	113	通化	Tonghua	111.4	114.4	48.2	136
晋城	Jincheng	54.8	57.7	39.4	163	白山	Baishan	42.4	96.3	42.8	152
朔州	Shuozhou	37.4	38.6	12.3	267	松原	Songyuan	37.2	90.4	40.4	161
晋中	Jinzhong	78.6	80.7	53.5	118	白城	Baicheng	37.0	81.7	37.1	178
运城	Yuncheng	78.5	83.6	27.9	206	黑龙江	**Heilongjiang**	**1578.0**	**1580.3**	**1580.4**	
忻州	Xinzhou	60.0	64.8	32.1	194	哈尔滨	Harbin	211.0	364.1	218.6	14
临汾	Linfen	50.4	100.0	18.2	243	齐齐哈尔	Qiqihar	91.2	172.0	74.4	72
吕梁	Luliang	28.1	76.2	31.5	199	鸡西	Jixi	89.3	89.5	47.1	142
内蒙古	**Inner Mongolia**	**907.3**	**967.7**	**986.2**		鹤岗	Hegang	48.2	48.2	24.6	222
呼和浩特	Hohhot	104.6	91.5	53.5	119	双鸭山	Shuangyashan	20.9	44.2	17.5	245
包头	Baotou	76.6	130.8	78.8	66	大庆	Daqing	137.5	138.4	85.9	61
乌海	Wuhai	45.1	24.6	21.3	227	伊春	Yichun	55.0	60.5	30.3	200
赤峰	Chifeng	98.9	104.2	49.1	133	佳木斯	Jiamusi	38.0	93.9	27.6	211
通辽	Tongliao	86.6	101.2	37.1	177	七台河	Qitaihe	24.0	25.1	17.5	244
鄂尔多斯	Erdos	54.1	60.3	33.1	192	牡丹江	Mudanjiang	96.4	91.4	53.8	117
呼伦贝尔	Hulunbuir	132.7	138.0	58.5	101	黑河	Heihe	20.6	36.3	7.0	280
巴彦淖尔	Bayannur	62.0	62.7	21.1	228	绥化	Suihua	95.1	95.1	10.2	274
乌兰察布	Ulanqab	25.0	76.7	26.4	215	上海	**Shanghai**	**1591.8**	**1638.6**	**1650.5**	
辽宁	**Liaoning**	**2120.1**	**2251.9**	**2333.3**		江苏	**Jiangsu**	**3500.5**	**3608.8**	**3427.6**	

6-13 城镇基本医疗保险参保人数 续表 1
Number of Persons Joining Urban Basic Medical Care Insurance continued 1

单位：万人 (10 000 persons)

地名	City	2011	2012	2013	2013 排名 Ranking
南京	Nanjing	309.0	420.4	275.4	11
无锡	Wuxi	258.9	415.7	219.5	13
徐州	Xuzhou	138.0	145.9	109.6	45
常州	Changzhou	149.1	187.5	130.0	33
苏州	Suzhou	437.6	823.9	400.1	6
南通	Nantong	150.6	249.1	123.2	38
连云港	Lianyungang	60.7	67.3	51.9	125
淮安	Huaian	67.1	76.6	60.9	91
盐城	Yancheng	115.9	303.0	88.1	59
扬州	Yangzhou	101.4	163.4	85.6	62
镇江	Zhenjiang	80.5	142.5	65.4	81
泰州	Taizhou	100.4	170.1	82.4	63
宿迁	Suqian	43.3	125.9	39.0	166
浙江	**Zhejiang**	**2244.1**	**2806.8**	**4121.1**	
杭州	Hangzhou	386.3	804.8	448.4	4
宁波	Ningbo	305.0	430.5	346.3	9
温州	Wenzhou	139.5	176.5	153.4	25
嘉兴	Jiaxing	146.1	221.4	180.9	19
湖州	Huzhou	76.5	114.3	96.2	55
绍兴	Shaoxing	141.0	156.2	173.1	20
金华	Jinhua	100.5	113.4	125.4	36
衢州	Quzhou	45.5	155.1	53.0	121
舟山	Zhoushan	32.4	51.4	35.8	185
台州	Taizhou	92.6	161.1	122.3	40
丽水	Lishui	29.5	239.3	35.2	187
安徽	**Anhui**	**1612.9**	**1660.0**	**1660.8**	
合肥	Hefei	112.2	308.8	142.1	29
芜湖	Wuhu	54.6	58.7	62.0	89
蚌埠	Bengbu	42.2	104.2	44.7	146
淮南	Huainan	49.0	110.8	51.5	127
马鞍山	Maanshan	39.8	46.6	47.8	139
淮北	Huaibei	41.7	42.5	31.7	198
铜陵	Tongling	25.8	27.2	27.9	207
安庆	Anqing	39.3	117.9	43.4	150
黄山	Huangshan	15.8	39.2	18.2	242
滁州	Chuzhou	36.1	106.8	39.2	165
阜阳	Fuyang	34.6	127.3	36.1	183
宿州	Suzhou	26.8	56.1	29.0	203
六安	Liuan	31.3	108.0	34.0	190
亳州	Bozhou	18.7	19.7	19.5	236

地名	City	2011	2012	2013	2013 排名 Ranking
池州	Chizhou	13.3	27.8	13.4	262
宣城	Xuancheng	26.9	31.2	0.0	
福建	**Fujian**	**1217.2**	**1262.9**	**1283.8**	
福州	Fuzhou	118.6	337.3	141.8	30
厦门	Xiamen	259.3	280.7	195.3	17
莆田	Putian	38.4	51.2	32.0	197
三明	Sanming	82.8	71.2	40.7	160
泉州	Quanzhou	166.1	261.0	101.6	53
漳州	Zhangzhou	44.9	77.0	51.8	126
南平	Nanping	88.2	69.7	41.2	157
龙岩	Longyan	35.0	69.0	38.3	172
宁德	Ningde	60.9	103.0	28.9	204
江西	**Jiangxi**	**1329.7**	**1438.6**	**1476.6**	
南昌	Nanchang	79.5	165.0	71.5	73
景德镇	Jingdezhen	26.1	51.7	32.2	193
萍乡	Pingxiang	86.7	86.2	43.9	148
九江	Jiujiang	58.8	137.5	54.5	116
新余	Xinyu	51.1	51.6	27.5	212
鹰潭	Yingtan	30.3	31.3	14.1	259
赣州	Ganzhou	61.7	203.4	63.1	84
吉安	Jian	42.6	123.2	39.8	162
宜春	Yichun	66.3	155.4	68.3	79
抚州	Fuzhou	36.6	102.3	37.5	175
上饶	Shangrao	149.4	149.1	60.3	95
山东	**Shandong**	**2947.8**	**3101.2**	**3647.9**	
济南	Jinan	275.2	283.8	183.2	18
青岛	Qingdao	267.7	359.0	302.4	10
淄博	Zibo	195.9	205.5	124.3	37
枣庄	Zaozhuang	120.6	122.5	56.4	109
东营	Dongying	54.2	93.6	60.3	94
烟台	Yantai	253.7	276.3	207.6	16
潍坊	Weifang	137.0	263.5	156.0	24
济宁	Jining	205.9	239.6	110.9	44
泰安	Taian	188.5	199.2	102.0	52
威海	Weihai	84.6	86.9	89.3	58
日照	Rizhao	73.7	83.4	33.5	191
莱芜	Laiwu	40.3	41.0	26.7	214
临沂	Linyi	198.0	201.9	104.8	47
德州	Dezhou	135.5	69.2	68.8	76
聊城	Liaocheng	151.5	155.7	57.2	107

6-13 城镇基本医疗保险参保人数 续表 2
Number of Persons Joining Urban Basic Medical Care Insurance continued 2

单位：万人 (10 000 persons)

地名	City	2011	2012	2013	2013 排名 Ranking	地名	City	2011	2012	2013	2013 排名 Ranking
滨州	Binzhou	56.3	95.2	58.3	102	常德	Changde	57.2	58.2	0.0	282
菏泽	Heze	209.6	213.3	68.5	78	张家界	Zhangjiajie	13.4	34.4	10.3	273
河南	**Henan**	**2122.3**	**2222.2**	**2297.2**		益阳	Yiyang	41.7	124.6	41.9	155
郑州	Zhengzhou	116.4	148.4	129.6	34	郴州	Chenzhou	49.4	49.5	50.2	130
开封	Kaifeng	37.6	38.6	38.7	168	永州	Yongzhou	44.2	168.6	44.2	147
洛阳	Luoyang	198.9	202.2	104.5	48	怀化	Huaihua	116.4	116.9	43.7	149
平顶山	Pingdingshan	66.2	128.4	69.1	74	娄底	Loudi	30.4	56.0	37.9	174
安阳	Anyang	121.5	122.2	59.8	98	**广东**	**Guangdong**	**6767.1**	**8421.8**	**9179.8**	
鹤壁	Hebi	38.8	39.2	14.9	254	广州	Guangzhou	724.9	768.2	538.3	3
新乡	Xinxiang	68.3	142.2	77.4	69	韶关	Shaoguan	84.2	87.4	49.9	131
焦作	Jiaozuo	100.5	94.0	48.0	138	深圳	Shenzhen	503.9	556.1	999.5	1
濮阳	Puyang	50.1	80.5	39.3	164	珠海	Zhuhai	101.6	150.1	107.9	46
许昌	Xuchang	38.1	90.8	41.2	159	汕头	Shantou	145.4	491.2	48.9	134
漯河	Luohe	32.4	78.1	36.8	180	佛山	Foshan	442.3	448.2	258.3	12
三门峡	Sanmenxia	64.0	64.9	34.4	189	江门	Jiangmen	377.4	380.9	0.0	282
南阳	Nanyang	158.3	159.6	78.2	68	湛江	Zhanjiang	53.9	65.6	58.2	103
商丘	Shangqiu	42.0	153.2	42.4	154	茂名	Maoming	66.4	718.6	41.7	156
信阳	Xinyang	132.8	134.0	13.5	261	肇庆	Zhaoqing	94.3	394.6	59.9	97
周口	Zhoukou	51.2	54.1	56.5	108	惠州	Huizhou	134.9	392.4	159.3	23
驻马店	Zhumadian	116.0	121.4	45.4	144	梅州	Meizhou	81.3	459.1	38.9	167
湖北	**Hubei**	**1932.5**	**1960.3**	**1960.6**		汕尾	Shanwei	75.8	80.4	27.0	213
武汉	Wuhan	379.7	575.5	381.5	7	河源	Heyuan	25.4	63.9	28.2	205
黄石	Huangshi	106.4	111.3	50.2	129	阳江	Yangjiang	22.6	247.4	25.3	219
十堰	Shiyan	43.2	99.0	48.3	135	清远	Qingyuan	395.6	400.0	54.8	114
宜昌	Yichang	135.7	137.1	78.9	65	东莞	Dongguan	602.4	616.9	618.1	2
襄阳	Xiangfan	77.7	182.6	75.3	71	中山	ZhongShan	244.9	250.7	163.5	21
鄂州	Ezhou	16.4	28.3	16.9	247	潮州	Chaozhou	29.8	60.0	34.8	188
荆门	Jingmen	85.7	87.5	36.0	184	揭阳	Jieyang	565.8	565.8	27.6	210
孝感	Xiaogan	123.1	121.1	128.4	35	云浮	Yunfu	36.6	260.5	19.7	233
荆州	Jingzhou	59.5	57.9	63.0	86	**广西**	**Guangxi**	**981.3**	**1011.5**	**1031.0**	
黄冈	Huanggang	162.8	166.9	47.6	140	南宁	Nanning	165.9	169.0	94.7	56
咸宁	Xianning	81.2	81.4	25.1	220	柳州	Liuzhou	70.2	143.5	75.7	70
随州	Suizhou	16.5	47.6	16.4	251	桂林	Guilin	116.7	119.3	56.3	110
湖南	**Hunan**	**1941.2**	**2341.9**	**2316.2**		梧州	Wuzhou	63.2	64.5	27.6	209
长沙	Changsha	140.7	279.0	151.1	27	北海	Beihai	45.2	46.3	19.0	238
株洲	Zhuzhou	56.1	131.3	54.7	115	防城港	Fangchenggang	9.6	30.4	9.1	275
湘潭	Xiangtan	49.5	97.3	47.5	141	钦州	Qinzhou	14.7	44.2	16.9	248
衡阳	Hengyang	163.4	174.9	68.7	77	贵港	Guigang	53.2	53.9	21.5	226
邵阳	Shaoyang	88.6	88.8	52.4	122	玉林	Yulin	74.1	80.0	29.8	201
岳阳	Yueyang	205.5	217.8	68.0	80	百色	Baise		49.3	24.4	223

6-13 城镇基本医疗保险参保人数 续表 3

Number of Persons Joining Urban Basic Medical Care Insurance continued 3

单位：万人 (10 000 persons)

地名	City	2011	2012	2013	2013 排名 Ranking	地名	City	2011	2012	2013	2013 排名 Ranking
贺州	Hezhou	32.9	30.9	7.3	279	丽江	Lijiang	9.9	17.7	10.5	272
河池	Hechi	54.6	59.2	15.6	253	普洱	Puer	18.1	33.7	19.7	234
来宾	Laibin	34.7	31.7	11.3	270	临沧	Lincang	22.2	22.5	14.4	257
崇左	Chongzuo	43.7	46.0	15.8	252	**西藏**	**Tibet**	**43.7**	**50.1**	**54.8**	
海南	**Hainan**	**352.4**	**378.5**	**406.5**		拉萨	Lhasa	3.2	9.4	4.4	281
海口	Haikou	39.5	42.7	37.9	173	**陕西**	**Shaanxi**	**1090.4**	**1118.8**	**1244.3**	
三亚	Sanya	18.8	42.3	19.5	235	西安	Xi'an	404.3	413.2	211.2	15
重庆	**Chongqing**	**1324.8**	**3219.1**	**3234.8**		铜川	Tongchuan	36.9	37.5	18.9	240
四川	**Sichuan**	**2248.4**	**2383.8**	**2486.0**		宝鸡	Baoji	50.7	101.2	52.2	124
成都	Chengdu	476.9	552.6	416.7	5	咸阳	Xianyang	60.3	126.1	62.9	87
自贡	Zigong	79.8	80.8	36.4	182	渭南	Weinan	56.4	138.2	58.9	99
攀枝花	Panzhihua	65.1	68.6	38.6	170	延安	Yan'an	75.6	103.6	32.0	196
泸州	Luzhou	81.8	90.0	38.7	169	汉中	Hanzhong	38.2	76.9	36.9	179
德阳	Deyang	107.1	59.4	63.2	83	榆林	Yulin	62.6	67.2	35.5	186
绵阳	Mianyang	115.9	128.9	62.8	88	安康	Ankang	18.6	43.2	18.8	241
广元	Guangyuan	67.0	68.0	32.0	195	商洛	Shangluo	41.4	43.1	14.3	258
遂宁	Suining	65.5	44.5	24.0	224	**甘肃**	**Gansu**	**590.8**	**616.5**	**622.8**	
内江	Neijiang	81.2	84.7	36.7	181	兰州	Lanzhou	79.1	79.9	103.6	49
乐山	Leshan	55.7	107.3	53.3	120	嘉峪关	Jiayuguan	7.6	8.0	8.4	277
南充	Nanchong	148.6	156.9	50.8	128	金昌	Jinchang	11.6	20.5	11.4	269
眉山	Meishan	60.6	64.8	25.6	218	白银	Baiyin	21.1	45.1	21.8	225
宜宾	Yibin	93.3	94.5	48.1	137	天水	Tianshui	58.9	55.6	27.7	208
广安	Guangan	76.1	77.0	19.8	232	武威	Wuwei	13.4	30.4	12.7	266
达州	Dazhou	102.1	102.3	37.4	176	张掖	Zhangye	13.3	29.2	12.2	268
雅安	Yaan	30.9	33.6	21.0	229	平凉	Pingliang	36.0	36.1	11.0	271
巴中	Bazhong	52.8	51.0	17.0	246	酒泉	Jiuquan	31.3	30.3	13.1	264
资阳	Ziyang	73.0	86.0	41.2	158	庆阳	Qingyang	12.7	28.0	13.9	260
贵州	**Guizhou**	**629.0**	**648.3**	**672.1**		定西	Dingxi	30.8	29.4	14.6	255
贵阳	Guiyang	105.6	109.2	112.7	42	陇南	Longnan	30.2	29.6	13.4	263
六盘水	Liupanshui	63.0	64.7	29.6	202	**青海**	**Qinghai**	**151.6**	**172.3**	**181.3**	
遵义	Zunyi	118.2	49.5	52.3	123	西宁	Xining	23.2	25.0	16.6	250
安顺	Anshun	38.4	39.2	19.4	237	**宁夏**	**Ningxia**	**188.8**	**561.8**	**565.5**	
毕节	Bijie	52.9	55.8	25.6	217	银川	Yinchuan	53.8	145.1	60.0	96
铜仁	Tongren	16.0	45.2	16.6	249	石嘴山	Shizuishan	65.5	65.1	19.0	239
云南	**Yunnan**	**865.8**	**882.4**	**1118.8**		吴忠	Wuzhong	12.1	12.9	12.8	265
昆明	Kunming	325.0	280.5	141.3	31	固原	Guyuan	142.5	15.7	8.3	278
曲靖	Qujing	89.4	90.7	42.7	153	中卫	Zhongwei	104.2	104.8	8.6	276
玉溪	Yuxi	23.5	50.0	25.0	221	**新疆**	**Xinjiang**	**825.2**	**851.9**	**877.1**	
保山	Baoshan	31.3	31.3	14.6	256	乌鲁木齐	Urumqi	99.1	161.9	111.3	43
昭通	Zhaotong	40.4	36.8	20.4	230	克拉玛依	Karamay	18.9	27.5	20.3	231

6-14 失业保险参保人数
Persons Covered by Unemployment Insurance

单位：万人 (10 000 persons)

地名	City	2011	2012	2013	2013 排名 Ranking
全国	**Nation Total**	**14317.1**	**15224.7**	**16416.8**	
北京	**Beijing**	**881.0**	**1006.7**	**1025.1**	
天津	**Tianjin**	**258.8**	**268.7**	**278.7**	
河北	**Hebei**	**498.7**	**501.7**	**505.0**	
石家庄	Shijiazhuang	89.8	89.9	90.2	31
唐山	Tangshan	76.8	79.4	79.8	39
秦皇岛	Qinhuangdao	30.7	31.1	31.9	110
邯郸	Handan	66.1	66.3	66.8	47
邢台	Xingtai	34.2	34.3	34.4	97
保定	Baoding	51.9	52.1	50.2	63
张家口	Zhangjiakou	38.5	38.5	38.6	83
承德	Chengde	26.1	25.0	23.6	152
沧州	Cangzhou	34.6	35.1	35.8	89
廊坊	Langfang	24.8	24.8	25.0	143
衡水	Hengshui	18.3	18.3	18.3	192
山西	**Shanxi**	**309.4**	**391.0**	**400.7**	
太原	Taiyuan	69.3	78.8	81.6	37
大同	Datong	42.5	43.7	44.8	71
阳泉	Yangquan	20.0	24.1	25.0	141
长治	Changzhi	26.1	39.7	40.5	78
晋城	Jincheng	21.1	26.9	28.5	127
朔州	Shuozhou	12.5	17.7	18.2	195
晋中	Jinzhong	24.1	31.9	32.2	106
运城	Yuncheng	24.7	25.0	33.7	100
忻州	Xinzhou	19.0	19.9	20.8	174
临汾	Linfen	26.0	34.2	34.8	95
吕梁	Luliang	16.6	30.8	31.7	112
内蒙古	**Inner Mongolia**	**232.5**	**232.8**	**233.4**	
呼和浩特	Hohhot	41.4	40.4	40.5	77
包头	Baotou	43.1	43.3	43.3	72
乌海	Wuhai	10.5	9.8	9.8	244
赤峰	Chifeng	27.5	26.5	26.6	134
通辽	Tongliao	18.0	18.0	18.0	197
鄂尔多斯	Erdos	15.1	16.1	16.9	201
呼伦贝尔	Hulunbuir	30.6	30.0	30.7	119
巴彦淖尔	Bayannur	10.6	10.6	10.6	239
乌兰察布	Ulanqab	13.5	13.8	13.8	220
辽宁	**Liaoning**	**632.3**	**660.7**	**663.2**	
沈阳	Shenyang	126.5	133.3	134.3	17
大连	Dalian	131.1	131.4	142.7	16
鞍山	Anshan	60.5	61.0	62.4	48
抚顺	Fushun	51.6	51.6	49.0	64
本溪	Benxi	39.0	39.2	39.7	79
丹东	Dandong	27.0	27.2	25.8	138
锦州	Jinzhou	35.6	35.8	33.0	102
营口	Yingkou	22.3	22.6	22.6	161
阜新	Fuxin	22.0	23.0	21.0	172
辽阳	Liaoyang	21.6	21.9	22.3	163
盘锦	Panjin	27.2	28.3	34.4	96
铁岭	Tieling	31.5	21.1	23.0	158
朝阳	Chaoyang	20.5	24.1	24.0	150
葫芦岛	Huludao	25.1	26.4	24.7	145
吉林	**Jilin**	**247.2**	**251.5**	**258.8**	
长春	Changchun	83.3	87.0	90.0	32
吉林	Jilin	39.8	39.8	42.6	74
四平	Siping	22.2	22.3	22.8	160
辽源	Liaoyuan	8.3	8.3	8.4	257
通化	Tonghua	18.8	18.9	19.1	188
白山	Baishan	13.4	13.5	13.6	222
松原	Songyuan	14.8	15.2	15.3	207
白城	Baicheng	14.2	14.1	14.1	218
黑龙江	**Heilongjiang**	**474.5**	**476.2**	**477.4**	
哈尔滨	Harbin	125.8	125.8	125.8	20
齐齐哈尔	Qiqihar	48.5	48.6	48.6	65
鸡西	Jixi	19.8	20.0	20.0	181
鹤岗	Hegang	10.1	10.2	10.2	242
双鸭山	Shuangyashan	10.3	12.1	12.2	230
大庆	Daqing	20.3	10.5	20.6	175
伊春	Yichun	12.2	12.3	12.3	229
佳木斯	Jiamusi	18.9	18.6	19.0	189
七台河	Qitaihe	9.1	9.7	9.8	243
牡丹江	Mudanjiang	17.9	18.2	18.8	191
黑河	Heihe	6.9	7.0	7.0	271
绥化	Suihua	30.5	30.9	31.0	117
上海	**Shanghai**	**604.2**	**617.4**	**625.7**	
江苏	**Jiangsu**	**1238.2**	**1332.2**	**1389.3**	

6-14 失业保险参保人数 续表 1
Persons Covered by Unemployment Insurance continued 1

单位：万人 (10 000 persons)

地名	City	2011	2012	2013	2013 排名 Ranking	地名	City	2011	2012	2013	2013 排名 Ranking
南京	Nanjing	218.6	229.6	236.0	7	池州	Chizhou	7.3	7.1	7.1	268
无锡	Wuxi	169.6	178.6	194.8	10	宣城	Xuancheng	14.5	13.1	13.2	
徐州	Xuzhou	73.8	79.1	83.1	36	**福建**	**Fujian**	**430.9**	**459.1**	**496.7**	
常州	Changzhou	88.9	96.0	100.1	29	福州	Fuzhou	91.5	101.3	110.1	22
苏州	Suzhou	282.1	307.8	317.0	4	厦门	Xiamen	148.7	160.5	169.6	12
南通	Nantong	82.7	96.1	97.4	30	莆田	Putian	26.4	18.9	24.1	149
连云港	Lianyungang	29.7	32.4	33.8	99	三明	Sanming	24.8	25.8	27.6	129
淮安	Huaian	50.3	57.1	61.1	51	泉州	Quanzhou	51.8	56.4	60.7	53
盐城	Yancheng	61.1	65.2	67.5	46	漳州	Zhangzhou	26.4	27.8	31.5	115
扬州	Yangzhou	57.5	59.4	61.8	50	南平	Nanping	26.0	26.4	28.8	125
镇江	Zhenjiang	44.1	46.6	47.8	67	龙岩	Longyan	22.7	28.8	29.9	120
泰州	Taizhou	52.8	57.0	60.4	54	宁德	Ningde	12.1	13.3	15.9	205
宿迁	Suqian	26.9	27.4	28.6	126	**江西**	**Jiangxi**	**263.5**	**272.2**	**271.1**	
浙江	**Zhejiang**	**980.6**	**1065.6**	**1144.3**		南昌	Nanchang	56.7	61.8	58.5	55
杭州	Hangzhou	277.5	299.8	316.4	5	景德镇	Jingdezhen	12.0	13.5	13.6	221
宁波	Ningbo	200.6	216.2	231.7	8	萍乡	Pingxiang	14.0	14.5	14.7	213
温州	Wenzhou	88.2	95.6	102.0	27	九江	Jiujiang	33.0	33.5	34.0	98
嘉兴	Jiaxing	86.3	94.8	104.1	26	新余	Xinyu	12.0	10.6	10.4	240
湖州	Huzhou	47.3	52.7	57.8	57	鹰潭	Yingtan	7.1	7.7	7.8	264
绍兴	Shaoxing	90.0	99.7	108.9	23	赣州	Ganzhou	34.1	34.5	35.1	94
金华	Jinhua	61.3	65.4	70.6	44	吉安	Jian	21.1	21.7	22.1	165
衢州	Quzhou	19.3	21.5	23.3	157	宜春	Yichun	25.0	25.4	26.0	137
舟山	Zhoushan	18.1	19.1	20.3	176	抚州	Fuzhou	19.8	19.9	20.1	178
台州	Taizhou	74.9	82.3	89.5	33	上饶	Shangrao	28.8	28.6	29.0	124
丽水	Lishui	16.9	18.6	20.0	179	**山东**	**Shandong**	**964.9**	**1009.8**	**1089.6**	
安徽	**Anhui**	**397.7**	**402.2**	**409.0**		济南	Jinan	103.7	111.1	120.0	21
合肥	Hefei	89.5	98.3	105.1	25	青岛	Qingdao	155.6	164.1	171.0	11
芜湖	Wuhu	31.3	34.1	35.1	92	淄博	Zibo	67.7	68.6	71.8	41
蚌埠	Bengbu	20.6	21.1	21.3	170	枣庄	Zaozhuang	33.8	34.4	36.6	87
淮南	Huainan	30.0	29.4	29.2	123	东营	Dongying	12.7	16.0	19.8	182
马鞍山	Maanshan	22.8	24.1	24.7	144	烟台	Yantai	95.6	101.7	105.5	24
淮北	Huaibei	24.1	24.7	25.0	140	潍坊	Weifang	69.4	72.4	81.5	38
铜陵	Tongling	14.2	14.6	14.8	212	济宁	Jining	61.4	68.7	71.1	43
安庆	Anqing	25.7	24.4	23.6	153	泰安	Taian	49.6	50.1	55.1	59
黄山	Huangshan	9.0	9.1	9.4	250	威海	Weihai	45.9	47.5	50.8	62
滁州	Chuzhou	22.0	21.6	21.2	171	日照	Rizhao	15.7	16.4	21.4	169
阜阳	Fuyang	27.0	26.5	25.0	142	莱芜	Laiwu	15.6	15.9	18.3	193
宿州	Suzhou	21.6	21.2	20.2	177	临沂	Linyi	48.8	50.0	52.7	60
六安	Liuan	22.5	20.6	17.5	198	德州	Dezhou	27.8	29.2	32.4	104
亳州	Bozhou	15.5	15.5	15.1	209	聊城	Liaocheng	28.4	28.6	31.1	116

6-14 失业保险参保人数 续表 2
Persons Covered by Unemployment Insurance continued 2

单位：万人 (10 000 persons)

地名	City	2011	2012	2013	2013 排名 Ranking	地名	City	2011	2012	2013	2013 排名 Ranking
滨州	Binzhou	20.3	23.0	37.6	85	常德	Changde	23.1	23.7	24.3	146
菏泽	Heze	29.1	29.4	31.5	114	张家界	Zhangjiajie	9.3	9.6	9.7	246
河南	**Henan**	**701.2**	**724.2**	**741.3**		益阳	Yiyang	20.1	20.0	20.0	180
郑州	Zhengzhou	92.7	131.2	133.1	18	郴州	Chenzhou	26.1	26.2	27.5	131
开封	Kaifeng	21.1	21.3	24.3	147	永州	Yongzhou	21.7	21.4	21.5	168
洛阳	Luoyang	30.2	60.8	61.1	52	怀化	Huaihua	23.1	23.6	24.3	148
平顶山	Pingdingshan	47.0	47.4	46.0	68	娄底	Loudi	28.6	29.0	31.6	113
安阳	Anyang	40.3	40.5	40.5	76	**广东**	**Guangdong**	**1875.4**	**2008.7**	**2702.2**	
鹤壁	Hebi	15.5	15.8	14.7	214	广州	Guangzhou	362.5	391.7	413.2	2
新乡	Xinxiang	44.8	45.1	44.9	70	韶关	Shaoguan	27.0	27.6	28.0	128
焦作	Jiaozuo	35.2	35.4	35.1	93	深圳	Shenzhen	300.1	340.6	930.4	1
濮阳	Puyang	30.3	31.0	29.4	122	珠海	Zhuhai	82.3	86.3	87.4	35
许昌	Xuchang	27.0	27.5	27.5	130	汕头	Shantou	58.2	65.7	69.8	45
漯河	Luohe	17.1	17.6	17.1	199	佛山	Foshan	181.2	194.1	208.8	9
三门峡	Sanmenxia	22.8	23.2	22.2	164	江门	Jiangmen	62.0	66.2	71.2	42
南阳	Nanyang	62.8	63.8	62.2	49	湛江	Zhanjiang	35.3	35.8	36.4	88
商丘	Shangqiu	35.0	35.3	35.2	91	茂名	Maoming	25.3	26.4	26.1	136
信阳	Xinyang	39.4	39.7	13.2	223	肇庆	Zhaoqing	36.6	38.8	41.1	75
周口	Zhoukou	38.1	39.5	38.4	84	惠州	Huizhou	91.0	92.5	127.4	19
驻马店	Zhumadian	36.9	38.9	38.6	82	梅州	Meizhou	22.6	22.9	23.5	154
湖北	**Hubei**	**498.2**	**508.6**	**511.3**		汕尾	Shanwei	13.5	14.6	15.0	210
武汉	Wuhan	146.9	157.6	168.2	13	河源	Heyuan	25.1	26.1	26.9	133
黄石	Huangshi	30.9	31.3	31.0	118	阳江	Yangjiang	17.8	18.8	19.7	183
十堰	Shiyan	21.8	24.2	27.3	132	清远	Qingyuan	29.4	33.6	35.6	90
宜昌	Yichang	44.9	46.0	48.5	66	东莞	Dongguan	299.4	312.8	322.4	3
襄阳	Xiangfan	45.3	44.7	46.0	69	中山	ZhongShan	139.9	146.7	149.4	14
鄂州	Ezhou	7.7	8.0	8.0	261	潮州	Chaozhou	33.9	35.3	36.6	86
荆门	Jingmen	17.5	17.8	18.0	196	揭阳	Jieyang	17.8	18.7	19.2	186
孝感	Xiaogan	24.1	24.1	23.3	156	云浮	Yunfu	14.6	16.7	16.8	202
荆州	Jingzhou	35.2	30.4	32.1	107	**广西**	**Guangxi**	**240.8**	**243.4**	**253.4**	
黄冈	Huanggang	25.5	23.6	21.0	173	南宁	Nanning	40.4	40.6	42.7	73
咸宁	Xianning	12.4	12.5	14.3	216	柳州	Liuzhou	29.4	29.6	32.6	103
随州	Suizhou	11.6	11.5	11.7	234	桂林	Guilin	24.1	24.3	25.3	139
湖南	**Hunan**	**415.6**	**449.9**	**461.7**		梧州	Wuzhou	12.0	12.3	12.7	225
长沙	Changsha	81.9	95.3	101.5	28	北海	Beihai	10.5	10.9	11.6	235
株洲	Zhuzhou	29.1	30.4	31.9	109	防城港	Fangchenggang	5.5	5.7	5.8	277
湘潭	Xiangtan	31.3	32.2	32.0	108	钦州	Qinzhou	8.0	8.1	7.8	263
衡阳	Hengyang	38.6	51.0	51.9	61	贵港	Guigang	10.8	11.2	10.9	238
邵阳	Shaoyang	26.3	27.4	26.6	135	玉林	Yulin	13.8	14.6	15.3	208
岳阳	Yueyang	32.0	33.2	33.5	101	百色	Baise		11.7	11.5	236

6-14 失业保险参保人数 续表 3
Persons Covered by Unemployment Insurance continued 3

单位：万人　　　　(10 000 persons)

地名	City	2011	2012	2013	2013 排名 Ranking	地名	City	2011	2012	2013	2013 排名 Ranking
贺州	Hezhou	6.3	6.4	6.5	274	丽江	Lijiang	3.0	3.0	3.2	281
河池	Hechi	12.9	11.7	11.8	233	普洱	Puer	9.3	9.4	9.7	247
来宾	Laibin	7.2	7.3	7.0	270	临沧	Lincang	7.2	7.9	8.3	258
崇左	Chongzuo	7.3	7.4	7.3	266	**西藏**	**Tibet**	**9.6**	**10.6**	**11.0**	
海南	**Hainan**	**126.0**	**139.5**	**150.8**		拉萨	Lhasa	1.2	1.2	1.3	282
海口	Haikou	31.6	36.0	0.0		**陕西**	**Shaanxi**	**332.2**	**339.1**	**339.7**	
三亚	Sanya	15.7	16.8	19.6	184	西安	Xi'an	134.8	139.8	145.6	15
重庆	**Chongqing**	**268.6**	**323.5**	**389.7**		铜川	Tongchuan	11.4	18.8	9.5	248
四川	**Sichuan**	**536.8**	**585.5**	**613.5**		宝鸡	Baoji	32.1	32.2	32.2	105
成都	Chengdu	249.9	280.4	297.8	6	咸阳	Xianyang	40.5	41.9	39.0	80
自贡	Zigong	12.6	12.5	12.5	228	渭南	Weinan	33.0	33.0	29.7	121
攀枝花	Panzhihua	21.7	22.2	21.6	167	延安	Yan'an	18.5	18.3	19.0	190
泸州	Luzhou	16.6	19.0	19.2	187	汉中	Hanzhong	21.8	22.1	22.4	162
德阳	Deyang	27.2	29.8	31.8	111	榆林	Yulin	17.0	17.1	18.3	194
绵阳	Mianyang	21.9	22.8	23.7	151	安康	Ankang	9.0	9.2	9.5	249
广元	Guangyuan	13.6	13.7	14.2	217	商洛	Shangluo	11.2	11.3	12.7	226
遂宁	Suining	8.0	8.2	8.6	255	**甘肃**	**Gansu**	**163.8**	**163.6**	**163.1**	
内江	Neijiang	12.6	12.5	12.5	227	兰州	Lanzhou	56.1	56.1	57.4	58
乐山	Leshan	17.6	17.8	19.3	185	嘉峪关	Jiayuguan	4.4	5.2	5.4	279
南充	Nanchong	18.6	18.2	17.0	200	金昌	Jinchang	7.9	7.4	7.3	267
眉山	Meishan	7.8	8.8	9.1	251	白银	Baiyin	13.0	12.1	11.9	232
宜宾	Yibin	22.3	22.6	22.8	159	天水	Tianshui	14.9	14.8	14.5	215
广安	Guangan	7.7	8.1	9.7	245	武威	Wuwei	6.3	6.4	6.4	275
达州	Dazhou	15.6	15.5	15.8	206	张掖	Zhangye	6.9	6.9	6.9	273
雅安	Yaan	5.8	6.2	6.4	276	平凉	Pingliang	9.0	8.9	8.7	254
巴中	Bazhong	6.5	6.5	7.0	272	酒泉	Jiuquan	7.2	6.9	7.0	269
资阳	Ziyang	9.7	9.0	9.1	252	庆阳	Qingyang	8.1	8.3	8.3	259
贵州	**Guizhou**	**160.5**	**173.5**	**185.2**		定西	Dingxi	8.3	8.2	8.3	260
贵阳	Guiyang	48.1	53.1	58.4	56	陇南	Longnan	1.0	0.6	0.9	283
六盘水	Liupanshui	9.0	10.0	10.3	241	**青海**	**Qinghai**	**37.3**	**37.9**	**38.5**	
遵义	Zunyi	18.3	20.4	21.6	166	西宁	Xining	15.9	16.3	16.6	203
安顺	Anshun	7.4	8.0	8.6	256	**宁夏**	**Ningxia**	**60.0**	**70.5**	**71.3**	
毕节	Bijie	12.4	14.1	14.9	211	银川	Yinchuan	33.4	34.4	39.0	81
铜仁	Tongren	7.5	8.4	8.8	253	石嘴山	Shizuishan	10.5	10.8	11.9	231
云南	**Yunnan**	**216.8**	**224.7**	**232.5**		吴忠	Wuzhong	7.5	7.8	7.8	262
昆明	Kunming	78.7	82.2	88.0	34	固原	Guyuan	4.6	4.8	4.1	280
曲靖	Qujing	22.7	23.1	23.4	155	中卫	Zhongwei	4.5	5.0	5.5	278
玉溪	Yuxi	12.7	13.3	14.0	219	**新疆**	**Xinjiang**	**260.2**	**273.7**	**283.9**	
保山	Baoshan	7.1	7.3	7.8	265	乌鲁木齐	Urumqi	68.0	72.1	75.1	40
昭通	Zhaotong	10.5	10.7	10.9	237	克拉玛依	Karamay	15.4	16.1	16.5	204

7

土地资源管理

Land Resources Administration

7-1 建设用地土地供应面积
Area of Construction Use Land Supplied

单位：公顷 (hectare)

地名	City	2010	2012	2013	2013 排名 Ranking	地名	City	2010	2012	2013	2013 排名 Ranking
全国	**Nation Total**	**432561.4**	**711281.3**	**750835.5**		沈阳	Shenyang	3970.80	5989.72	7186.48	7
北京	**Beijing**	**2412.63**	**1636.03**	**2287.49**		大连	Dalian	5316.07	5585.98	6311.69	10
天津	**Tianjin**	**6655.00**	**8936.12**	**6165.25**		鞍山	Anshan	2405.09	1710.84	2364.32	102
河北	**Hebei**	**18126.85**	**21016.28**	**40739.37**		抚顺	Fushun	1216.29	1659.14	1477.88	177
石家庄	Shijiazhuang	1522.90	2467.70	1894.91	136	本溪	Benxi	1809.18	755.27	1344.71	188
唐山	Tangshan	2819.40	5356.02	8904.11	4	丹东	Dandong	1383.20	909.84	1467.74	180
秦皇岛	Qinhuangdao	935.75	1129.03	3626.52	48	锦州	Jinzhou	1319.57	981.17	2484.49	97
邯郸	Handan	1679.46	1434.61	1914.20	131	营口	Yingkou	4361.96	4294.14	1741.17	149
邢台	Xingtai	1115.23	1306.31	3901.90	39	阜新	Fuxin	886.84	705.73	924.50	228
保定	Baoding	1596.54	1727.90	3176.64	61	辽阳	Liaoyang	1067.55	1605.44	1166.04	208
张家口	Zhangjiakou	1392.55	1726.87	3820.29	42	盘锦	Panjin	1051.22	3853.02	2154.39	118
承德	Chengde	896.89	1067.10	5826.43	13	铁岭	Tieling	2379.43	683.55	2245.71	110
沧州	Cangzhou	3488.43	1975.85	2541.52	94	朝阳	Chaoyang	1031.27	1460.92	2382.68	101
廊坊	Langfang	1778.33	1813.69	3879.33	40	葫芦岛	Huludao	1070.21	774.68	2317.11	106
衡水	Hengshui	901.38	1011.19	1253.52	196	**吉林**	**Jilin**	**9310.63**	**10797.44**	**9258.48**	
山西	**Shanxi**	**7114.75**	**16779.12**	**17410.39**		长春	Changchun	3853.09	4640.10	3450.41	53
太原	Taiyuan	977.32	1662.70	1458.09	182	吉林	Jilin	1094.60	1630.13	1416.35	183
大同	Datong	989.73	1178.07	1896.59	135	四平	Siping	701.38	711.46	771.58	241
阳泉	Yangquan	299.55	998.92	558.87	260	辽源	Liaoyuan	395.21	648.63	255.52	280
长治	Changzhi	431.49	889.00	895.94	232	通化	Tonghua	484.28	563.67	680.78	251
晋城	Jincheng	609.38	1287.98	743.22	243	白山	Baishan	1377.07	621.85	590.60	259
朔州	Shuozhou	706.39	1394.33	1404.67	184	松原	Songyuan	195.47	364.49	742.09	245
晋中	Jinzhong	605.94	1948.80	3303.35	55	白城	Baicheng	688.73	404.89	489.94	261
运城	Yuncheng	755.50	3070.76	1108.68	213	**黑龙江**	**Heilongjiang**	**14530.55**	**15517.92**	**20366.64**	
忻州	Xinzhou	368.84	862.79	2129.96	119	哈尔滨	Harbin	3514.86	2550.87	4162.60	34
临汾	Linfen	689.37	2320.00	2343.34	103	齐齐哈尔	Qiqihar	778.47	1207.81	1030.59	222
吕梁	Luliang	681.23	1165.76	1567.69	166	鸡西	Jixi	234.43	468.50	1749.41	147
内蒙古	**Inner Mongolia**	**21938.08**	**32954.29**	**32077.94**		鹤岗	Hegang	215.21	231.14	367.70	273
呼和浩特	Hohhot	981.62	1435.13	1570.36	165	双鸭山	Shuangyashan	384.48	465.07	440.08	266
包头	Baotou	1450.38	1296.26	1749.96	146	大庆	Daqing	3358.86	1225.97	2302.65	108
乌海	Wuhai	1014.02	848.86	336.27	275	伊春	Yichun	233.40	785.93	2533.55	95
赤峰	Chifeng	1131.64	4257.64	2928.77	76	佳木斯	Jiamusi	905.92	1339.65	1243.61	197
通辽	Tongliao	2338.89	2108.02	3144.44	63	七台河	Qitaihe	102.14	1190.33	254.09	281
鄂尔多斯	Erdos	7210.73	4872.90	6186.37	11	牡丹江	Mudanjiang	1014.15	1191.09	2931.17	75
呼伦贝尔	Hulunbuir	1978.07	4106.86	3261.61	58	黑河	Heihe	685.46	783.59	321.21	276
巴彦淖尔	Bayannur	1650.94	3945.26	2405.05	100	绥化	Suihua	1232.53	2347.85	1843.21	138
乌兰察布	Ulanqab	798.64	2221.89	2695.95	90	**上海**	**Shanghai**	**2926.14**	**2343.20**	**2265.59**	
辽宁	**Liaoning**	**29268.68**	**30969.44**	**35568.90**		**江苏**	**Jiangsu**	**37873.85**	**48392.31**	**52483.37**	

7-1 建设用地土地供应面积 续表 1
Area of Construction Use Land Supplied continued 1

单位：公顷 (hectare)

地名	City	2010	2012	2013	2013 排名 Ranking	地名	City	2010	2012	2013	2013 排名 Ranking
南京	Nanjing	2979.20	4372.49	4324.54	28	池州	Chizhou	640.51	1563.65	1523.65	170
无锡	Wuxi	5253.22	4668.44	5208.29	18	宣城	Xuancheng	1179.16	2910.76	2797.79	80
徐州	Xuzhou	2793.73	4825.81	3187.12	60	福建	**Fujian**	**12391.84**	**14121.74**	**21020.87**	
常州	Changzhou	3647.00	3439.54	3290.68	56	福州	Fuzhou	2162.00	2670.75	3691.56	46
苏州	Suzhou	4827.76	6167.11	6376.54	9	厦门	Xiamen	1967.97	967.67	1077.21	216
南通	Nantong	3926.48	5015.46	5417.73	17	莆田	Putian	498.17	690.22	743.15	244
连云港	Lianyungang	1978.24	2693.06	5200.29	19	三明	Sanming	1464.99	2002.46	1671.30	155
淮安	Huaian	2015.36	2068.15	3036.76	67	泉州	Quanzhou	1736.36	2238.58	4228.65	31
盐城	Yancheng	4289.60	5486.88	6061.99	12	漳州	Zhangzhou	1737.54	2273.51	3564.44	50
扬州	Yangzhou	2218.83	2234.48	2340.67	104	南平	Nanping	1024.59	1008.27	1608.16	161
镇江	Zhenjiang	542.06	2363.37	2700.69	89	龙岩	Longyan	1084.69	1445.60	2723.54	87
泰州	Taizhou	1596.82	2572.99	2478.39	98	宁德	Ningde	715.53	824.66	1712.86	154
宿迁	Suqian	1805.55	2394.53	2859.68	78	江西	**Jiangxi**	**17908.29**	**23438.20**	**33819.74**	
浙江	**Zhejiang**	**27932.57**	**31318.23**	**29643.76**		南昌	Nanchang	3576.07	2668.87	5128.17	21
杭州	Hangzhou	6216.95	5667.54	5761.38	14	景德镇	Jingdezhen	504.20	485.91	726.24	246
宁波	Ningbo	5603.70	6186.12	4941.54	24	萍乡	Pingxiang	476.45	573.05	1193.34	204
温州	Wenzhou	1112.55	2422.09	3000.88	70	九江	Jiujiang	1504.40	2871.54	4421.98	27
嘉兴	Jiaxing	3251.48	5244.05	2200.88	112	新余	Xinyu	354.90	649.08	1201.10	203
湖州	Huzhou	1451.78	1429.72	1723.38	152	鹰潭	Yingtan	602.77	941.72	1261.51	195
绍兴	Shaoxing	2076.69	2496.62	2563.95	92	赣州	Ganzhou	2909.30	2504.08	7263.76	6
金华	Jinhua	1875.53	1396.48	2475.10	99	吉安	Jian	2315.58	2523.87	2975.00	71
衢州	Quzhou	1487.54	1151.10	1070.64	217	宜春	Yichun	1754.10	4327.60	3626.96	47
舟山	Zhoushan	1459.51	1427.67	991.79	225	抚州	Fuzhou	2005.33	2892.10	2773.28	82
台州	Taizhou	2194.95	1804.32	2948.07	72	上饶	Shangrao	1905.20	2955.39	3248.40	59
丽水	Lishui	1201.88	2092.52	1966.14	128	山东	**Shandong**	**45372.12**	**43596.88**	**62059.01**	
安徽	**Anhui**	**17524.25**	**34828.65**	**38031.50**		济南	Jinan	2568.33	2107.43	3748.20	45
合肥	Hefei	2553.61	4947.63	3816.93	43	青岛	Qingdao	5682.46	5816.70	7473.02	5
芜湖	Wuhu	2417.63	2200.64	4801.60	25	淄博	Zibo	2267.17	1545.62	3164.70	62
蚌埠	Bengbu	690.12	1501.41	1504.20	173	枣庄	Zaozhuang	1166.67	982.00	1636.84	158
淮南	Huainan	845.59	835.90	1581.01	163	东营	Dongying	2264.51	2432.57	4039.83	38
马鞍山	Maanshan	927.90	2186.21	1229.55	198	烟台	Yantai	5141.95	2754.25	5030.04	22
淮北	Huaibei	913.68	1805.74	804.26	238	潍坊	Weifang	7512.94	8120.36	9166.20	3
铜陵	Tongling	703.41	719.24	1009.24	223	济宁	Jining	2411.58	2074.36	2788.62	81
安庆	Anqing	896.48	2192.37	1913.15	132	泰安	Taian	1622.13	1536.71	2189.94	114
黄山	Huangshan	676.03	700.30	1766.83	143	威海	Weihai	2945.89	3864.04	3558.98	51
滁州	Chuzhou	1178.43	2472.89	4284.42	30	日照	Rizhao	1187.84	1300.81	1348.82	187
阜阳	Fuyang	668.29	2345.23	2562.30	93	莱芜	Laiwu	754.23	537.12	1288.47	193
宿州	Suzhou	879.46	1657.25	1494.98	175	临沂	Linyi	3106.67	3265.86	5709.88	15
六安	Liuan	804.23	3808.44	2521.62	96	德州	Dezhou	1379.74	2130.41	3349.19	54
亳州	Bozhou	752.73	1352.59	1904.78	134	聊城	Liaocheng	1763.47	1495.53	3287.33	57

7-1 建设用地土地供应面积 续表 2
Area of Construction Use Land Supplied continued 2

单位：公顷 (hectare)

地名	City	2010	2012	2013	2013 排名 Ranking	地名	City	2010	2012	2013	2013 排名 Ranking
滨州	Binzhou	1805.18	1575.84	2037.73	126	常德	Changde	1130.99	980.46	1521.13	172
菏泽	Heze	1791.37	1057.27	2241.24	111	张家界	Zhangjiajie	351.67	189.69	389.01	272
河南	**Henan**	**17546.75**	**48095.14**	**41893.68**		益阳	Yiyang	1165.55	983.89	1067.35	219
郑州	Zhengzhou	2920.13	6203.23	4784.34	26	郴州	Chenzhou	918.42	1467.36	1730.24	150
开封	Kaifeng	980.55	1159.43	1632.12	159	永州	Yongzhou	591.19	1731.05	1386.78	186
洛阳	Luoyang	1763.85	14176.91	2316.71	107	怀化	Huaihua	1556.79	5662.10	2318.32	105
平顶山	Pingdingshan	1588.16	1497.42	1303.78	192	娄底	Loudi	309.95	922.83	1552.44	169
安阳	Anyang	1076.78	1324.17	2256.08	109	**广东**	**Guangdong**	**16395.55**	**34463.41**	**25315.17**	
鹤壁	Hebi	519.25	853.87	947.36	226	广州	Guangzhou	3146.23	4225.64	2808.79	79
新乡	Xinxiang	917.40	2860.24	3529.47	52	韶关	Shaoguan	511.81	4052.60	1220.00	201
焦作	Jiaozuo	891.31	2948.29	9576.05	1	深圳	Shenzhen	428.11	494.88	667.38	252
濮阳	Puyang	373.88	1133.42	2753.21	84	珠海	Zhuhai	1031.14	1109.25	775.90	240
许昌	Xuchang	1060.91	1322.11	1477.07	179	汕头	Shantou	247.59	180.45	269.58	279
漯河	Luohe	452.94	1114.99	759.06	242	佛山	Foshan	1430.69	3306.72	2863.51	77
三门峡	Sanmenxia	710.80	4880.14	1842.61	139	江门	Jiangmen	1299.25	2479.63	1114.99	212
南阳	Nanyang	1752.47	2025.97	1398.84	185	湛江	Zhanjiang	737.17	2713.14	1912.25	133
商丘	Shangqiu	775.70	2131.70	2754.72	83	茂名	Maoming	328.94	1082.32	721.56	247
信阳	Xinyang	474.15	1593.57	1308.32	190	肇庆	Zhaoqing	660.04	2153.32	1493.25	176
周口	Zhoukou	458.70	1601.90	1187.02	206	惠州	Huizhou	1345.23	1987.25	2118.13	120
驻马店	Zhumadian	829.78	1267.78	2066.94	122	梅州	Meizhou	398.93	1836.79	2038.53	125
湖北	**Hubei**	**16872.89**	**25644.72**	**33849.44**		汕尾	Shanwei	65.42	101.23	225.38	283
武汉	Wuhan	4707.93	4020.28	9453.20	2	河源	Heyuan	376.46	524.12	649.73	253
黄石	Huangshi	629.38	965.80	2052.69	124	阳江	Yangjiang	1003.14	1406.79	475.54	262
十堰	Shiyan	681.35	1409.05	2200.69	113	清远	Qingyuan	1129.67	1969.84	2186.26	116
宜昌	Yichang	2120.13	1979.61	3037.73	66	东莞	Dongguan	793.38	1143.98	1867.69	137
襄阳	Xiangfan	1418.78	2897.57	3043.50	65	中山	ZhongShan	974.54	634.62	416.11	269
鄂州	Ezhou	710.66	917.27	832.64	234	潮州	Chaozhou	38.70	666.34	320.80	277
荆门	Jingmen	910.72	2299.95	1307.40	191	揭阳	Jieyang	223.03	834.23	455.45	263
孝感	Xiaogan	1059.99	1878.46	1189.10	205	云浮	Yunfu	226.07	1560.29	714.35	249
荆州	Jingzhou	1374.60	2798.00	1760.96	144	**广西**	**Guangxi**	**10399.88**	**30012.07**	**23364.64**	
黄冈	Huanggang	1030.31	2341.59	3008.11	69	南宁	Nanning	2090.24	4209.61	3014.50	68
咸宁	Xianning	882.67	1486.44	1621.33	160	柳州	Liuzhou	1496.90	3698.98	2932.29	74
随州	Suizhou	329.68	624.51	1220.08	200	桂林	Guilin	1174.44	2197.66	3878.67	41
湖南	**Hunan**	**13425.00**	**24087.80**	**23824.37**		梧州	Wuzhou	589.56	4798.74	831.90	235
长沙	Changsha	3771.49	4786.64	4992.80	23	北海	Beihai	324.09	1071.43	612.70	258
株洲	Zhuzhou	761.74	1336.89	1720.63	153	防城港	Fangchenggang	554.18	1256.88	1522.55	171
湘潭	Xiangtan	609.16	966.20	1226.48	199	钦州	Qinzhou	996.40	1959.00	631.33	256
衡阳	Hengyang	829.09	1601.89	1662.63	156	贵港	Guigang	332.76	1161.24	1743.86	148
邵阳	Shaoyang	504.15	1501.02	850.23	233	玉林	Yulin	626.72	718.09	3052.59	64
岳阳	Yueyang	747.87	1449.62	1498.08	174	百色	Baise	630.99	2976.35	1560.20	168

7-1 建设用地土地供应面积 续表 3
Area of Construction Use Land Supplied continued 3

单位：公顷 (hectare)

地名	City	2010	2012	2013	2013 排名 Ranking	地名	City	2010	2012	2013	2013 排名 Ranking
贺州	Hezhou	886.30	793.74	829.93	236	丽江	Lijiang	194.51	2715.96	2708.21	88
河池	Hechi	284.30	1555.66	1007.05	224	普洱	Puer	218.81	390.62	906.78	230
来宾	Laibin	113.13	1002.49	1329.11	189	临沧	Lincang	197.64	513.53	617.68	257
崇左	Chongzuo	299.86	2612.21	417.95	268	**西藏**	**Tibet**	**1121.91**	**624.83**	**1085.13**	
海南	**Hainan**	**2646.82**	**8281.27**	**2536.24**		拉萨	Lhasa	319.77	274.60	351.02	274
海口	Haikou	439.53	896.09	216.18	284	**陕西**	**Shaanxi**	**7544.49**	**15569.52**	**25182.66**	
三亚	Sanya	169.34	292.43	440.21	265	西安	Xi'an	1803.40	3256.87	4174.03	33
重庆	**Chongqing**	**11240.07**	**12704.78**	**14515.06**		铜川	Tongchuan	363.55	276.37	292.73	278
四川	**Sichuan**	**14630.73**	**33296.95**	**31279.69**		宝鸡	Baoji	417.24	2163.14	1206.26	202
成都	Chengdu	5114.18	7751.82	5179.85	20	咸阳	Xianyang	903.71	1684.58	2615.83	91
自贡	Zigong	338.73	655.24	1124.38	211	渭南	Weinan	470.61	1094.87	2174.12	117
攀枝花	Panzhihua	300.68	889.84	449.59	264	延安	Yan'an	292.34	1445.08	3787.72	44
泸州	Luzhou	1232.23	1356.38	897.70	231	汉中	Hanzhong	242.31	574.39	1128.84	210
德阳	Deyang	995.81	2629.02	1980.07	127	榆林	Yulin	2215.38	3602.72	7099.48	8
绵阳	Mianyang	953.74	3491.19	1729.68	151	安康	Ankang	649.53	566.82	1757.81	145
广元	Guangyuan	441.29	1878.63	1030.94	221	商洛	Shangluo	186.41	904.66	945.84	227
遂宁	Suining	592.84	686.03	1778.84	142	**甘肃**	**Gansu**	**6135.91**	**18544.79**	**20951.39**	
内江	Neijiang	388.87	1604.51	712.35	250	兰州	Lanzhou	793.72	1038.64	1477.34	178
乐山	Leshan	770.23	1016.71	2942.49	73	嘉峪关	Jiayuguan	711.51	1577.76	1779.21	141
南充	Nanchong	562.72	1866.15	1581.00	164	金昌	Jinchang	420.80	486.52	1288.41	194
眉山	Meishan	460.94	1392.05	1948.23	130	白银	Baiyin	363.11	1002.13	1960.99	129
宜宾	Yibin	599.57	1484.01	1168.87	207	天水	Tianshui	222.61	648.91	390.00	271
广安	Guangan	406.53	1417.07	1661.44	157	武威	Wuwei	460.73	1950.88	2741.39	85
达州	Dazhou	368.67	833.35	2074.16	121	张掖	Zhangye	288.30	1148.73	2186.67	115
雅安	Yaan	376.84	1285.35	390.67	270	平凉	Pingliang	187.75	383.51	639.16	254
巴中	Bazhong	91.47	785.41	633.58	255	酒泉	Jiuquan	1233.28	6140.61	4080.18	36
资阳	Ziyang	223.17	1351.36	1562.54	167	庆阳	Qingyang	340.34	2085.76	1827.70	140
贵州	**Guizhou**	**16492.75**	**44165.80**	**29481.11**		定西	Dingxi	709.89	1219.10	1079.10	214
贵阳	Guiyang	2407.94	5169.01	3619.77	49	陇南	Longnan	42.15	502.01	437.50	267
六盘水	Liupanshui	495.44	4346.94	913.90	229	**青海**	**Qinghai**	**2026.61**	**7648.06**	**9398.56**	
遵义	Zunyi	2607.17	5502.09	4144.14	35	西宁	Xining	420.06	1101.44	1033.39	220
安顺	Anshun	338.24	4335.05	4187.23	32	**宁夏**	**Ningxia**	**6324.18**	**7864.77**	**9734.03**	
毕节	Bijie	633.93	4888.17	4311.15	29	银川	Yinchuan	2682.19	2851.58	4074.88	37
铜仁	Tongren	776.86	5782.39	5506.64	16	石嘴山	Shizuishan	1461.50	1240.83	1077.46	215
云南	**Yunnan**	**9979.03**	**13705.05**	**16575.17**		吴忠	Wuzhong	889.27	1541.51	2052.77	123
昆明	Kunming	1346.02	2696.45	2729.44	86	固原	Guyuan	713.58	716.59	1068.40	218
曲靖	Qujing	1293.87	1023.53	816.37	237	中卫	Zhongwei	577.63	1514.25	1460.51	181
玉溪	Yuxi	662.77	588.53	717.97	248	**新疆**	**Xinjiang**	**8492.12**	**49926.51**	**38650.82**	
保山	Baoshan	614.17	557.39	782.10	239	乌鲁木齐	Urumqi	1844.59	945.49	1584.23	162
昭通	Zhaotong	283.00	291.18	252.30	282	克拉玛依	Karamay	265.02	1403.46	1140.69	209

7-2 建设用地划拨土地面积
Land Area of Construction Use Land Supplied by Allocation

单位：公顷 (hectare)

地名	City	2010	2012	2013	2013 排名 Ranking
全国	**Nation Total**	**138267.3**	**377133.5**	**373275.3**	
北京	**Beijing**	**260.10**	**415.34**	**361.07**	
天津	**Tianjin**	**1372.41**	**3843.69**	**1777.53**	
河北	**Hebei**	**2408.36**	**3795.25**	**20884.06**	
石家庄	Shijiazhuang	302.72	1140.26	483.59	187
唐山	Tangshan	380.63	295.87	3885.89	9
秦皇岛	Qinhuangdao	62.63	261.53	2844.93	19
邯郸	Handan	318.06	67.42	333.94	217
邢台	Xingtai	144.91	122.39	2377.58	30
保定	Baoding	271.40	363.41	1481.86	76
张家口	Zhangjiakou	249.26	970.19	2612.81	24
承德	Chengde	205.56	205.46	4569.26	7
沧州	Cangzhou	357.03	230.44	813.87	131
廊坊	Langfang	54.41	98.29	1439.44	77
衡水	Hengshui	61.76	40.00	40.90	281
山西	**Shanxi**	**2337.87**	**9642.72**	**10081.84**	
太原	Taiyuan	422.43	934.81	703.08	146
大同	Datong	618.34	406.43	1092.71	107
阳泉	Yangquan	43.77	770.13	428.30	198
长治	Changzhi	110.07	207.37	417.83	200
晋城	Jincheng	239.90	930.67	332.60	219
朔州	Shuozhou	153.85	757.48	609.92	161
晋中	Jinzhong	110.18	1236.05	2450.03	28
运城	Yuncheng	98.16	2343.47	279.93	232
忻州	Xinzhou	124.22	240.94	1582.18	67
临汾	Linfen	168.72	1396.04	1356.96	83
吕梁	Luliang	248.23	419.33	828.29	127
内蒙古	**Inner Mongolia**	**6777.34**	**17963.93**	**18107.27**	
呼和浩特	Hohhot	199.40	421.12	579.02	166
包头	Baotou	627.48	501.63	498.89	184
乌海	Wuhai	490.41	320.51	35.03	282
赤峰	Chifeng	237.50	2688.95	1256.12	89
通辽	Tongliao	265.79	1163.19	1722.25	52
鄂尔多斯	Erdos	2664.92	1585.84	5043.08	5
呼伦贝尔	Hulunbuir	774.29	2561.06	1527.31	71
巴彦淖尔	Bayannur	396.22	2700.64	1228.93	92
乌兰察布	Ulanqab	165.45	895.33	1222.61	93
辽宁	**Liaoning**	**7100.75**	**13263.49**	**17177.79**	
沈阳	Shenyang	823.81	2867.90	4704.05	6
大连	Dalian	467.12	2903.96	3208.01	13
鞍山	Anshan	88.16	253.31	738.04	142
抚顺	Fushun	345.83	913.67	593.77	163
本溪	Benxi	1319.70	416.80	700.46	147
丹东	Dandong	757.01	312.25	497.49	185
锦州	Jinzhou	251.89	262.98	784.44	136
营口	Yingkou	1162.49	2356.48	422.27	199
阜新	Fuxin	401.21	86.02	262.55	235
辽阳	Liaoyang	349.29	597.76	621.82	160
盘锦	Panjin	80.89	1440.25	672.93	152
铁岭	Tieling	487.35	133.17	1119.43	105
朝阳	Chaoyang	382.44	596.92	1417.06	79
葫芦岛	Huludao	183.56	122.01	1435.47	78
吉林	**Jilin**	**2543.82**	**4217.87**	**2364.88**	
长春	Changchun	1384.08	2557.54	806.33	132
吉林	Jilin	185.15	464.82	128.59	269
四平	Siping	55.91	126.32	166.00	258
辽源	Liaoyuan	136.42	251.93	27.11	283
通化	Tonghua	151.00	45.24	215.48	244
白山	Baishan	197.82	311.39	214.34	246
松原	Songyuan	12.47	100.85	415.10	202
白城	Baicheng	232.13	153.61	155.83	262
黑龙江	**Heilongjiang**	**7116.18**	**7850.31**	**12024.08**	
哈尔滨	Harbin	1418.64	883.28	2006.90	41
齐齐哈尔	Qiqihar	137.43	414.26	248.81	237
鸡西	Jixi	49.80	120.27	1379.92	81
鹤岗	Hegang	44.75	68.05	170.81	257
双鸭山	Shuangyashan	101.93	221.04	164.82	259
大庆	Daqing	2641.83	91.09	1534.28	70
伊春	Yichun	91.13	667.14	2293.59	33
佳木斯	Jiamusi	439.84	995.17	759.71	140
七台河	Qitaihe	22.32	1026.86	141.69	266
牡丹江	Mudanjiang	189.73	721.21	2230.88	35
黑河	Heihe	333.24	120.30	117.65	270
绥化	Suihua	204.12	1362.37	506.72	183
上海	**Shanghai**	**992.20**	**855.97**	**928.10**	
江苏	**Jiangsu**	**8570.35**	**14727.17**	**16310.54**	

7-2 建设用地划拨土地面积 续表 1

Land Area of Construction Use Land Supplied by Allocation continued 1

单位：公顷 (hectare)

地名	City	2010	2012	2013	2013 排名 Ranking	地名	City	2010	2012	2013	2013 排名 Ranking
南京	Nanjing	1577.68	2442.45	2528.70	25	池州	Chizhou	0.17	767.77	541.38	176
无锡	Wuxi	2589.17	2683.97	3076.72	15	宣城	Xuancheng	178.22	1694.00	1242.80	90
徐州	Xuzhou	472.29	2087.44	551.61	171	福建	**Fujian**	**4069.25**	**4362.49**	**10311.18**	
常州	Changzhou	1264.88	703.43	1086.95	108	福州	Fuzhou	810.55	683.79	1205.23	95
苏州	Suzhou	674.71	2002.93	2061.89	39	厦门	Xiamen	928.58	464.31	685.84	150
南通	Nantong	722.65	662.82	1128.03	103	莆田	Putian	90.10	188.00	200.83	249
连云港	Lianyungang	92.22	233.24	507.30	182	三明	Sanming	728.70	911.48	686.29	148
淮安	Huaian	205.78	114.10	1305.81	85	泉州	Quanzhou	587.50	714.04	2659.32	23
盐城	Yancheng	239.63	1317.53	1691.92	55	漳州	Zhangzhou	125.41	535.24	1687.90	56
扬州	Yangzhou	308.90	599.46	332.69	218	南平	Nanping	520.49	240.26	763.33	138
镇江	Zhenjiang	2.10	880.34	1016.13	111	龙岩	Longyan	111.42	431.95	1659.99	59
泰州	Taizhou	129.23	814.26	490.74	186	宁德	Ningde	166.51	193.42	762.45	139
宿迁	Suqian	291.11	185.19	532.05	178	江西	**Jiangxi**	**8858.34**	**12617.47**	**18180.02**	
浙江	**Zhejiang**	**9992.24**	**19106.51**	**13467.66**		南昌	Nanchang	1942.99	1209.16	2667.01	22
杭州	Hangzhou	2873.04	3604.92	2928.65	18	景德镇	Jingdezhen	63.34	257.77	286.55	230
宁波	Ningbo	3302.73	3833.11	2319.56	32	萍乡	Pingxiang	276.77	329.83	548.90	172
温州	Wenzhou	496.92	1649.21	1705.92	54	九江	Jiujiang	401.71	906.64	1773.51	49
嘉兴	Jiaxing	633.01	3884.69	716.17	144	新余	Xinyu	126.33	258.46	438.54	194
湖州	Huzhou	129.13	508.26	211.29	247	鹰潭	Yingtan	289.71	509.17	627.04	157
绍兴	Shaoxing	349.68	1296.68	864.73	126	赣州	Ganzhou	1826.00	1322.62	5451.58	3
金华	Jinhua	363.31	585.20	1056.43	109	吉安	Jian	1571.94	1638.87	1830.91	47
衢州	Quzhou	362.50	708.65	454.28	193	宜春	Yichun	176.57	2665.05	1748.79	50
舟山	Zhoushan	71.65	511.60	475.19	189	抚州	Fuzhou	1006.56	1870.28	1140.72	101
台州	Taizhou	754.11	1004.94	1585.57	66	上饶	Shangrao	1176.41	1649.62	1666.49	58
丽水	Lishui	656.15	1519.23	1149.88	100	山东	**Shandong**	**7424.50**	**9257.07**	**19667.02**	
安徽	**Anhui**	**4936.19**	**18444.83**	**18881.15**		济南	Jinan	799.24	493.02	1869.22	46
合肥	Hefei	1267.46	3007.30	2062.64	38	青岛	Qingdao	1877.42	1808.98	2813.29	20
芜湖	Wuhu	699.25	580.53	2708.19	21	淄博	Zibo	193.20	506.74	1055.01	110
蚌埠	Bengbu	154.56	530.09	356.22	214	枣庄	Zaozhuang	395.65	310.14	329.42	221
淮南	Huainan	583.54	425.37	1192.11	97	东营	Dongying	474.35	304.57	1805.27	48
马鞍山	Maanshan	431.78	1412.45	378.24	210	烟台	Yantai	636.09	662.10	1617.44	64
淮北	Huaibei	141.91	1385.92	557.64	169	潍坊	Weifang	425.94	1132.93	1992.46	43
铜陵	Tongling	62.04	193.80	455.85	192	济宁	Jining	173.12	462.85	408.22	203
安庆	Anqing	81.59	1271.41	1138.13	102	泰安	Taian	252.29	469.50	908.15	120
黄山	Huangshan	273.08	214.12	1268.41	88	威海	Weihai	287.80	422.61	624.95	158
滁州	Chuzhou	85.83	1089.71	1681.12	57	日照	Rizhao	409.50	311.57	251.15	236
阜阳	Fuyang	68.04	1516.38	1366.16	82	莱芜	Laiwu	234.69	71.74	369.04	211
宿州	Suzhou	202.98	650.41	547.36	173	临沂	Linyi	453.75	1118.81	1650.53	60
六安	Liuan	183.52	2176.94	1173.78	98	德州	Dezhou	112.87	288.00	1290.61	87
亳州	Bozhou	405.87	716.12	518.07	180	聊城	Liaocheng	373.14	85.15	1506.55	73

7-2 建设用地划拨土地面积 续表 2

Land Area of Construction Use Land Supplied by Allocation continued 2

单位：公顷 (hectare)

地名	City	2010	2012	2013	2013 排名 Ranking	地名	City	2010	2012	2013	2013 排名 Ranking
滨州	Binzhou	118.43	387.70	770.03	137	常德	Changde	397.84	310.33	586.73	165
菏泽	Heze	207.02	420.65	405.67	204	张家界	Zhangjiajie	72.32	44.57	227.76	241
河南	**Henan**	**5543.79**	**30994.09**	**22273.68**		益阳	Yiyang	684.55	402.13	380.59	208
郑州	Zhengzhou	1468.74	3267.29	1645.84	61	郴州	Chenzhou	226.49	857.86	805.63	133
开封	Kaifeng	261.76	517.97	544.33	174	永州	Yongzhou	103.82	1317.34	623.96	159
洛阳	Luoyang	406.16	12702.56	913.01	119	怀化	Huaihua	928.75	4985.64	1608.84	65
平顶山	Pingdingshan	796.66	672.21	305.27	226	娄底	Loudi	37.32	598.18	942.35	117
安阳	Anyang	402.34	583.99	819.90	130	**广东**	**Guangdong**	**3454.49**	**22044.73**	**10891.03**	
鹤壁	Hebi	60.54	380.13	174.02	256	广州	Guangzhou	1372.84	3239.15	1399.65	80
新乡	Xinxiang	73.86	1599.20	1979.33	44	韶关	Shaoguan	35.21	3516.72	468.26	190
焦作	Jiaozuo	174.57	1364.63	8171.01	1	深圳	Shenzhen	139.39	3.29	130.17	268
濮阳	Puyang	111.08	589.95	2124.76	36	珠海	Zhuhai	288.51	549.97	326.54	223
许昌	Xuchang	270.11	653.93	541.54	175	汕头	Shantou	99.29	52.21	105.93	272
漯河	Luohe	162.77	501.69	214.58	245	佛山	Foshan	180.35	2024.51	1551.06	69
三门峡	Sanmenxia	154.95	4363.98	1208.64	94	江门	Jiangmen	205.88	1325.53	273.35	234
南阳	Nanyang	921.62	853.83	359.46	213	湛江	Zhanjiang	173.89	1686.97	1119.63	104
商丘	Shangqiu	145.55	889.98	1522.79	72	茂名	Maoming	188.24	840.41	142.69	264
信阳	Xinyang	30.78	1135.85	715.45	145	肇庆	Zhaoqing	18.65	1439.19	401.90	206
周口	Zhoukou	67.96	586.74	282.73	231	惠州	Huizhou	67.87	998.00	827.80	128
驻马店	Zhumadian	34.34	330.14	751.03	141	梅州	Meizhou	15.41	1542.17	1485.37	74
湖北	**Hubei**	**3695.44**	**9564.33**	**15434.27**		汕尾	Shanwei	12.09	3.70	40.93	280
武汉	Wuhan	1693.19	1392.13	6782.60	2	河源	Heyuan	81.92	261.78	224.58	242
黄石	Huangshi	96.84	457.69	286.96	229	阳江	Yangjiang	136.49	449.04	50.19	279
十堰	Shiyan	174.33	585.62	1155.96	99	清远	Qingyuan	115.61	1545.99	1001.34	113
宜昌	Yichang	194.21	515.32	827.80	128	东莞	Dongguan	93.86	703.39	953.69	116
襄阳	Xiangfan	465.81	879.31	1116.68	106	中山	ZhongShan	96.96	18.23	5.45	284
鄂州	Ezhou	14.31	320.88	181.35	254	潮州	Chaozhou	7.83	499.17	88.20	277
荆门	Jingmen	80.56	973.49	428.80	197	揭阳	Jieyang	74.12	351.15	93.99	275
孝感	Xiaogan	106.42	377.79	182.00	253	云浮	Yunfu	20.08	994.16	200.31	250
荆州	Jingzhou	416.92	1456.48	354.54	215	**广西**	**Guangxi**	**4074.59**	**22123.37**	**14705.42**	
黄冈	Huanggang	149.67	1291.03	1716.69	53	南宁	Nanning	1124.46	3292.94	2123.95	37
咸宁	Xianning	102.21	437.46	156.78	261	柳州	Liuzhou	913.51	2740.47	2040.73	40
随州	Suizhou	14.80	78.24	592.96	164	桂林	Guilin	488.45	1601.74	3174.44	14
湖南	**Hunan**	**5065.29**	**15444.25**	**13222.97**		梧州	Wuzhou	46.87	4227.50	306.96	224
长沙	Changsha	1721.98	2878.61	2945.89	17	北海	Beihai	31.75	562.34	208.01	248
株洲	Zhuzhou	402.06	982.47	996.72	115	防城港	Fangchenggang	117.69	513.31	416.53	201
湘潭	Xiangtan	143.96	245.97	686.19	149	钦州	Qinzhou	53.89	1396.40	81.79	278
衡阳	Hengyang	121.24	713.00	554.02	170	贵港	Guigang	193.06	820.50	1240.42	91
邵阳	Shaoyang	62.26	961.42	378.45	209	玉林	Yulin	39.19	214.80	2459.93	27
岳阳	Yueyang	114.40	825.65	790.94	135	百色	Baise	308.20	2147.67	937.35	118

7-2 建设用地划拨土地面积 续表 3
Land Area of Construction Use Land Supplied by Allocation continued 3

单位：公顷 (hectare)

地名	City	2010	2012	2013	2013 排名 Ranking
贺州	Hezhou	625.70	362.48	510.97	181
河池	Hechi	38.99	1243.40	434.23	196
来宾	Laibin	13.18	635.73	666.70	153
崇左	Chongzuo	79.64	2364.10	103.43	273
海南	**Hainan**	**837.53**	**6332.25**	**618.03**	
海口	Haikou	311.86	682.39	102.78	274
三亚	Sanya	52.38	45.51	277.33	233
重庆	**Chongqing**	**5746.01**	**6305.38**	**6237.88**	
四川	**Sichuan**	**3358.72**	**19879.97**	**15799.08**	
成都	Chengdu	1697.00	4502.47	2004.89	42
自贡	Zigong	51.97	293.33	435.99	195
攀枝花	Panzhihua	22.97	406.09	151.28	263
泸州	Luzhou	145.58	621.03	196.63	251
德阳	Deyang	66.42	1674.52	1003.28	112
绵阳	Mianyang	181.14	2108.73	657.28	154
广元	Guangyuan	167.13	1386.21	304.87	227
遂宁	Suining	275.33	308.61	678.29	151
内江	Neijiang	88.18	1238.60	236.08	240
乐山	Leshan	58.09	476.85	2348.43	31
南充	Nanchong	47.42	1346.85	540.89	177
眉山	Meishan	11.79	565.54	904.13	121
宜宾	Yibin	89.32	689.62	391.47	207
广安	Guangan	52.00	1021.23	901.26	123
达州	Dazhou	41.72	342.05	1623.26	63
雅安	Yaan	42.16	1041.80	141.79	265
巴中	Bazhong	17.55	391.67	245.20	239
资阳	Ziyang	37.80	681.04	895.50	124
贵州	**Guizhou**	**13139.45**	**34784.25**	**20148.41**	
贵阳	Guiyang	1107.04	3351.34	1971.84	45
六盘水	Liupanshui	152.21	3679.71	466.92	191
遵义	Zunyi	2155.54	4187.47	2500.95	26
安顺	Anshun	174.88	3925.61	3427.97	11
毕节	Bijie	344.58	3353.76	3268.16	12
铜仁	Tongren	649.53	5063.52	4434.80	8
云南	**Yunnan**	**3994.05**	**6273.05**	**8556.62**	
昆明	Kunming	122.57	682.86	476.06	188
曲靖	Qujing	604.85	354.15	331.02	220
玉溪	Yuxi	159.65	126.73	327.69	222
保山	Baoshan	132.92	105.70	186.67	252
昭通	Zhaotong	78.59	30.02	116.13	271

地名	City	2010	2012	2013	2013 排名 Ranking
丽江	Lijiang	32.07	2528.03	2443.98	29
普洱	Puer	52.15	212.67	558.77	168
临沧	Lincang	45.54	252.05	305.32	225
西藏	**Tibet**	**781.77**	**398.48**	**687.14**	
拉萨	Lhasa	65.14	135.22	218.26	243
陕西	**Shaanxi**	**3487.35**	**8181.21**	**16682.62**	
西安	Xi'an	1016.21	1720.76	2271.14	34
铜川	Tongchuan	205.72	214.80	157.12	260
宝鸡	Baoji	35.47	1520.50	136.52	267
咸阳	Xianyang	254.72	667.70	1343.18	84
渭南	Weinan	71.28	388.95	1562.64	68
延安	Yan'an	168.42	1363.78	3491.22	10
汉中	Hanzhong	30.47	206.57	567.46	167
榆林	Yulin	1102.03	1163.28	5252.34	4
安康	Ankang	572.89	215.22	1303.94	86
商洛	Shangluo	30.13	719.66	597.06	162
甘肃	**Gansu**	**3374.86**	**11298.76**	**12240.26**	
兰州	Lanzhou	290.56	378.45	246.79	238
嘉峪关	Jiayuguan	568.39	878.34	791.70	134
金昌	Jinchang	311.12	176.51	999.54	114
白银	Baiyin	111.78	505.39	1200.99	96
天水	Tianshui	36.60	467.20	176.59	255
武威	Wuwei	265.84	1092.96	1624.96	62
张掖	Zhangye	31.76	776.70	883.89	125
平凉	Pingliang	90.81	311.53	364.19	212
酒泉	Jiuquan	711.96	3409.59	2986.95	16
庆阳	Qingyang	222.11	1901.59	1482.76	75
定西	Dingxi	470.32	796.99	524.74	179
陇南	Longnan	8.76	429.15	294.43	228
青海	**Qinghai**	**1085.02**	**5292.41**	**7868.34**	
西宁	Xining	54.84	214.16	404.40	205
宁夏	**Ningxia**	**2931.69**	**3122.85**	**4255.01**	
银川	Yinchuan	1311.95	1166.18	1747.26	51
石嘴山	Shizuishan	606.86	417.87	335.40	216
吴忠	Wuzhong	344.37	649.08	902.49	122
固原	Guyuan	431.30	595.84	634.02	156
中卫	Zhongwei	237.21	293.88	635.84	155
新疆	**Xinjiang**	**2937.41**	**34730.05**	**23130.39**	
乌鲁木齐	Urumqi	770.95	243.32	93.55	276
克拉玛依	Karamay	122.21	1174.86	733.15	143

7-3 建设用地出让土地面积
Land Area of Construction Use Land Supplied by Granting

单位：公顷 (hectare)

地名	City	2010	2012	2013	2013 排名 Ranking	地名	City	2010	2012	2013	2013 排名 Ranking
全国	**Nation Total**	**293717.8**	**332432.3**	**374804.0**		沈阳	Shenyang	3146.99	3121.82	2482.43	20
北京	**Beijing**	**2152.53**	**1220.70**	**1926.42**		大连	Dalian	4848.46	2134.91	2118.63	33
天津	**Tianjin**	**5282.59**	**5092.43**	**4387.72**		鞍山	Anshan	2316.93	1457.52	1626.28	62
河北	**Hebei**	**15710.71**	**17221.03**	**19852.92**		抚顺	Fushun	863.42	745.47	884.11	150
石家庄	Shijiazhuang	1220.19	1327.44	1411.32	77	本溪	Benxi	489.47	338.47	644.24	192
唐山	Tangshan	2438.77	5060.15	5018.22	2	丹东	Dandong	626.19	597.59	970.25	138
秦皇岛	Qinhuangdao	873.06	867.51	781.59	165	锦州	Jinzhou	1067.68	718.20	1301.90	90
邯郸	Handan	1361.40	1367.18	1580.26	64	营口	Yingkou	3199.47	1937.65	1318.90	86
邢台	Xingtai	970.32	1183.93	1524.31	67	阜新	Fuxin	485.63	619.71	661.94	189
保定	Baoding	1325.14	1364.49	1694.78	56	辽阳	Liaoyang	718.27	1007.68	524.20	220
张家口	Zhangjiakou	1143.29	756.69	1207.48	104	盘锦	Panjin	970.33	2412.77	1393.50	82
承德	Chengde	683.62	861.64	1257.01	98	铁岭	Tieling	1892.08	550.38	1126.28	112
沧州	Cangzhou	3131.39	1745.42	1725.43	54	朝阳	Chaoyang	648.83	864.00	965.62	139
廊坊	Langfang	1723.92	1715.40	2439.88	22	葫芦岛	Huludao	886.65	652.67	881.63	151
衡水	Hengshui	839.62	971.19	1212.62	103	吉林	**Jilin**	**6750.32**	**6539.01**	**6890.14**	
山西	**Shanxi**	**4768.03**	**7135.73**	**7328.55**		长春	Changchun	2454.87	2082.56	2644.07	15
太原	Taiyuan	554.89	727.90	755.01	175	吉林	Jilin	908.42	1165.31	1287.76	94
大同	Datong	371.39	771.63	803.88	161	四平	Siping	645.48	585.14	605.58	203
阳泉	Yangquan	255.78	228.79	130.57	281	辽源	Liaoyuan	258.79	396.71	228.41	270
长治	Changzhi	321.41	681.63	478.10	227	通化	Tonghua	333.28	518.43	461.83	231
晋城	Jincheng	360.64	357.31	410.62	241	白山	Baishan	1177.93	310.46	376.26	248
朔州	Shuozhou	552.54	636.18	794.75	162	松原	Songyuan	183.00	263.64	326.98	255
晋中	Jinzhong	495.76	712.75	853.32	153	白城	Baicheng	456.59	251.29	334.11	254
运城	Yuncheng	657.34	727.30	828.75	157	黑龙江	**Heilongjiang**	**7350.06**	**7560.93**	**8177.50**	
忻州	Xinzhou	244.62	621.85	547.78	215	哈尔滨	Harbin	2095.19	1666.67	2153.50	30
临汾	Linfen	520.65	923.96	986.38	134	齐齐哈尔	Qiqihar	637.96	793.55	781.96	164
吕梁	Luliang	433.00	746.43	739.39	178	鸡西	Jixi	184.62	348.24	369.49	249
内蒙古	**Inner Mongolia**	**15160.56**	**14983.04**	**13964.54**		鹤岗	Hegang	129.70	81.67	124.71	282
呼和浩特	Hohhot	782.22	1014.01	991.34	132	双鸭山	Shuangyashan	277.92	242.07	274.71	264
包头	Baotou	822.91	794.63	1251.07	99	大庆	Daqing	716.44	1134.87	768.38	169
乌海	Wuhai	523.61	528.36	301.24	259	伊春	Yichun	139.62	113.33	234.35	268
赤峰	Chifeng	894.09	1561.37	1672.65	58	佳木斯	Jiamusi	466.09	341.06	475.45	229
通辽	Tongliao	2073.10	944.83	1422.19	75	七台河	Qitaihe	70.81	156.53	105.18	284
鄂尔多斯	Erdos	4545.81	3287.06	1143.29	111	牡丹江	Mudanjiang	824.42	463.32	631.47	193
呼伦贝尔	Hulunbuir	1203.78	1545.80	1734.30	52	黑河	Heihe	352.22	663.29	203.56	272
巴彦淖尔	Bayannur	1254.72	1244.62	1176.11	107	绥化	Suihua	1027.48	985.48	1336.49	85
乌兰察布	Ulanqab	633.19	1326.56	1473.34	72	上海	**Shanghai**	**1933.94**	**1487.22**	**1337.49**	
辽宁	**Liaoning**	**22160.40**	**17158.84**	**16899.92**		江苏	**Jiangsu**	**29262.40**	**33654.30**	**36171.21**	

7-3 建设用地出让土地面积 续表 1
Land Area of Construction Use Land Supplied by Granting continued 1

单位：公顷 (hectare)

地名	City	2010	2012	2013	2013 排名 Ranking	地名	City	2010	2012	2013	2013 排名 Ranking
南京	Nanjing	1401.52	1930.03	1795.85	48	池州	Chizhou	640.34	795.88	982.27	136
无锡	Wuxi	2628.46	1975.71	2129.95	32	宣城	Xuancheng	1000.94	1216.75	1554.99	65
徐州	Xuzhou	2321.45	2738.37	2635.51	16	**福建**	**Fujian**	**8278.63**	**9725.59**	**10623.98**	
常州	Changzhou	2382.12	2736.11	2203.72	29	福州	Fuzhou	1351.45	1986.96	2486.33	19
苏州	Suzhou	4153.05	4164.17	4314.65	6	厦门	Xiamen	995.42	503.37	390.45	244
南通	Nantong	3203.83	4442.64	4289.70	7	莆田	Putian	408.07	495.59	515.42	222
连云港	Lianyungang	1886.02	2459.82	4692.99	3	三明	Sanming	736.29	1090.98	984.83	135
淮安	Huaian	1809.58	1954.05	1730.95	53	泉州	Quanzhou	1148.86	1497.51	1519.36	68
盐城	Yancheng	4049.97	4169.35	4370.07	5	漳州	Zhangzhou	1612.14	1738.28	1876.54	44
扬州	Yangzhou	1904.41	1635.02	2007.98	38	南平	Nanping	504.11	768.01	844.83	155
镇江	Zhenjiang	539.97	1480.96	1684.56	57	龙岩	Longyan	973.27	1013.65	1063.55	124
泰州	Taizhou	1467.59	1758.72	1987.65	39	宁德	Ningde	549.02	631.23	942.66	141
宿迁	Suqian	1514.43	2209.34	2327.63	24	**江西**	**Jiangxi**	**9049.66**	**10820.73**	**15635.71**	
浙江	**Zhejiang**	**17607.47**	**11741.97**	**15493.39**		南昌	Nanchang	1632.78	1459.71	2461.16	21
杭州	Hangzhou	3011.05	1592.87	2152.45	31	景德镇	Jingdezhen	440.86	228.13	439.70	236
宁波	Ningbo	2300.97	2353.02	2621.98	17	萍乡	Pingxiang	199.67	243.22	644.44	191
温州	Wenzhou	615.64	772.88	1294.96	91	九江	Jiujiang	1102.69	1964.90	2648.47	14
嘉兴	Jiaxing	2618.47	1359.35	1482.29	71	新余	Xinyu	228.57	390.62	762.56	171
湖州	Huzhou	1322.65	921.46	1512.09	69	鹰潭	Yingtan	313.06	432.55	630.46	194
绍兴	Shaoxing	1727.01	1199.93	1699.22	55	赣州	Ganzhou	1083.30	1181.46	1812.18	47
金华	Jinhua	1512.22	811.27	1418.67	76	吉安	Jian	743.64	885.00	1144.09	110
衢州	Quzhou	1125.04	442.45	616.36	200	宜春	Yichun	1577.53	1707.54	1878.18	43
舟山	Zhoushan	1387.86	916.06	516.60	221	抚州	Fuzhou	998.77	1021.82	1632.57	61
台州	Taizhou	1440.84	799.38	1362.50	83	上饶	Shangrao	728.79	1305.78	1581.92	63
丽水	Lishui	545.72	573.29	816.26	160	**山东**	**Shandong**	**37945.58**	**34339.19**	**42390.70**	
安徽	**Anhui**	**12588.06**	**16383.82**	**19150.35**		济南	Jinan	1769.09	1614.40	1878.98	42
合肥	Hefei	1286.15	1940.33	1754.28	51	青岛	Qingdao	3805.04	4007.72	4659.73	4
芜湖	Wuhu	1718.39	1620.11	2093.41	35	淄博	Zibo	2073.97	1038.89	2109.69	34
蚌埠	Bengbu	535.56	971.32	1147.98	109	枣庄	Zaozhuang	771.02	671.86	1307.42	88
淮南	Huainan	262.05	410.53	388.90	246	东营	Dongying	1790.16	2128.00	2234.56	27
马鞍山	Maanshan	496.12	773.75	851.31	154	烟台	Yantai	4504.73	2091.53	3411.31	9
淮北	Huaibei	771.76	419.83	246.62	267	潍坊	Weifang	7086.99	6987.44	7173.74	1
铜陵	Tongling	641.37	525.45	553.40	212	济宁	Jining	2238.46	1611.50	2380.39	23
安庆	Anqing	814.89	920.95	775.02	167	泰安	Taian	1369.84	1067.21	1281.79	95
黄山	Huangshan	402.95	486.18	498.42	225	威海	Weihai	2658.09	3441.43	2934.03	12
滁州	Chuzhou	1092.61	1383.18	2603.31	18	日照	Rizhao	778.35	989.24	1097.67	117
阜阳	Fuyang	600.25	828.86	1196.13	105	莱芜	Laiwu	519.54	465.38	919.44	145
宿州	Suzhou	676.48	1006.83	947.61	140	临沂	Linyi	2652.91	2147.05	4059.35	8
六安	Liuan	620.71	1631.49	822.14	159	德州	Dezhou	1266.87	1842.41	2058.58	36
亳州	Bozhou	346.87	636.47	1347.84	84	聊城	Liaocheng	1389.42	1410.38	1780.78	49

7-3 建设用地出让土地面积 续表 2
Land Area of Construction Use Land Supplied by Granting continued 2

单位：公顷 (hectare)

地名	City	2010	2012	2013	2013 排名 Ranking	地名	City	2010	2012	2013	2013 排名 Ranking
滨州	Binzhou	1686.75	1188.14	1267.69	97	常德	Changde	727.91	670.13	934.40	143
菏泽	Heze	1584.35	1636.62	1835.56	46	张家界	Zhangjiajie	279.35	145.12	161.25	276
河南	**Henan**	**11992.83**	**17098.73**	**19544.38**		益阳	Yiyang	480.99	581.76	686.76	186
郑州	Zhengzhou	1441.26	2935.94	3138.50	11	郴州	Chenzhou	691.93	609.50	924.61	144
开封	Kaifeng	718.79	641.46	1087.79	120	永州	Yongzhou	487.37	413.71	762.82	170
洛阳	Luoyang	1357.69	1474.35	1403.70	81	怀化	Huaihua	628.04	676.46	709.48	181
平顶山	Pingdingshan	791.50	825.22	998.50	131	娄底	Loudi	272.63	324.65	610.10	202
安阳	Anyang	674.44	738.19	1436.18	74	**广东**	**Guangdong**	**12937.06**	**12418.69**	**14424.14**	
鹤壁	Hebi	458.71	473.74	773.35	168	广州	Guangzhou	1773.39	986.49	1409.14	78
新乡	Xinxiang	843.54	1261.04	1550.13	66	韶关	Shaoguan	476.60	535.88	751.74	176
焦作	Jiaozuo	716.74	1583.65	1405.04	80	深圳	Shenzhen	288.72	491.59	537.21	218
濮阳	Puyang	262.80	543.47	628.45	196	珠海	Zhuhai	742.63	559.28	449.36	234
许昌	Xuchang	790.80	668.18	935.53	142	汕头	Shantou	148.30	128.24	163.65	274
漯河	Luohe	290.17	613.30	544.47	216	佛山	Foshan	1250.34	1282.21	1312.44	87
三门峡	Sanmenxia	555.85	516.17	626.59	198	江门	Jiangmen	1093.38	1154.09	841.64	156
南阳	Nanyang	830.85	1172.13	1039.38	129	湛江	Zhanjiang	559.29	1026.17	792.61	163
商丘	Shangqiu	630.15	1241.71	1231.93	101	茂名	Maoming	140.70	241.90	578.88	208
信阳	Xinyang	443.37	457.72	592.86	206	肇庆	Zhaoqing	641.38	714.14	1091.35	119
周口	Zhoukou	390.74	1015.16	904.29	147	惠州	Huizhou	1277.36	980.25	1290.33	93
驻马店	Zhumadian	795.44	937.30	1247.68	100	梅州	Meizhou	383.52	294.62	553.16	213
湖北	**Hubei**	**13176.29**	**16068.80**	**18411.65**		汕尾	Shanwei	23.33	97.52	184.45	273
武汉	Wuhan	3014.74	2616.67	2667.10	13	河源	Heyuan	294.55	262.34	425.15	239
黄石	Huangshi	532.55	508.10	1765.73	50	阳江	Yangjiang	866.65	957.75	425.35	238
十堰	Shiyan	507.02	823.44	1044.73	125	清远	Qingyuan	1014.06	423.85	1184.93	106
宜昌	Yichang	1925.92	1464.30	2209.92	28	东莞	Dongguan	699.52	440.59	914.01	146
襄阳	Xiangfan	952.25	2018.14	1926.80	40	中山	ZhongShan	877.58	616.39	410.66	240
鄂州	Ezhou	696.35	596.39	651.30	190	潮州	Chaozhou	30.87	167.17	232.60	269
荆门	Jingmen	830.16	1326.46	878.60	152	揭阳	Jieyang	148.91	483.08	361.45	250
孝感	Xiaogan	953.56	1500.67	1007.11	130	云浮	Yunfu	205.99	566.14	514.04	223
荆州	Jingzhou	957.23	1341.52	1406.42	79	**广西**	**Guangxi**	**6325.14**	**7883.20**	**8657.12**	
黄冈	Huanggang	880.64	1050.55	1291.42	92	南宁	Nanning	965.78	916.67	890.55	149
咸宁	Xianning	780.46	1045.97	1464.54	73	柳州	Liuzhou	583.39	958.50	891.56	148
随州	Suizhou	314.88	546.27	627.12	197	桂林	Guilin	685.84	595.91	702.13	183
湖南	**Hunan**	**8354.97**	**8643.01**	**10601.40**		梧州	Wuzhou	542.68	571.25	524.94	219
长沙	Changsha	2049.51	1907.50	2046.91	37	北海	Beihai	292.34	509.09	404.69	243
株洲	Zhuzhou	359.69	354.43	723.92	180	防城港	Fangchenggang	436.48	743.57	1106.02	115
湘潭	Xiangtan	465.19	720.23	540.29	217	钦州	Qinzhou	942.51	562.60	549.54	214
衡阳	Hengyang	707.86	888.89	1108.61	114	贵港	Guigang	139.70	340.74	503.44	224
邵阳	Shaoyang	441.89	539.60	471.79	230	玉林	Yulin	587.53	503.29	592.67	207
岳阳	Yueyang	633.47	623.98	707.14	182	百色	Baise	322.80	828.68	622.85	199

7-3 建设用地出让土地面积 续表 3

Land Area of Construction Use Land Supplied by Granting continued 3

单位：公顷 (hectare)

地名	City	2010	2012	2013	2013 排名 Ranking	地名	City	2010	2012	2013	2013 排名 Ranking
贺州	Hezhou	260.60	431.26	318.97	256	丽江	Lijiang	162.44	187.94	264.24	265
河池	Hechi	245.31	306.76	572.82	209	普洱	Puer	166.66	177.95	348.01	252
来宾	Laibin	99.96	366.76	662.42	188	临沧	Lincang	152.10	261.48	312.36	258
崇左	Chongzuo	220.22	248.11	314.52	257	**西藏**	**Tibet**	**338.81**	**226.35**	**377.43**	
海南	**Hainan**	**1809.29**	**1944.34**	**1918.21**		拉萨	Lhasa	254.63	139.39	132.76	280
海口	Haikou	127.67	213.70	113.39	283	**陕西**	**Shaanxi**	**4057.15**	**7388.31**	**8500.04**	
三亚	Sanya	116.97	246.92	162.89	275	西安	Xi'an	787.19	1536.12	1902.89	41
重庆	**Chongqing**	**5495.06**	**6399.40**	**8277.18**		铜川	Tongchuan	157.83	61.57	135.60	279
四川	**Sichuan**	**11272.01**	**13416.98**	**15480.61**		宝鸡	Baoji	381.77	642.64	1069.74	123
成都	Chengdu	3417.17	3249.35	3174.96	10	咸阳	Xianyang	648.99	1016.88	1272.65	96
自贡	Zigong	286.75	361.91	688.39	185	渭南	Weinan	399.33	705.92	611.48	201
攀枝花	Panzhihua	277.71	483.75	298.31	260	延安	Yan'an	123.91	81.31	296.50	261
泸州	Luzhou	1086.65	735.35	701.07	184	汉中	Hanzhong	211.84	367.82	561.38	210
德阳	Deyang	929.40	954.50	976.78	137	榆林	Yulin	1113.36	2439.44	1847.14	45
绵阳	Mianyang	772.60	1382.46	1072.40	121	安康	Ankang	76.64	351.60	453.87	232
广元	Guangyuan	274.16	492.42	726.07	179	商洛	Shangluo	156.29	185.00	348.79	251
遂宁	Suining	317.51	377.42	1100.55	116	**甘肃**	**Gansu**	**2761.05**	**7241.23**	**8711.13**	
内江	Neijiang	300.69	365.91	476.27	228	兰州	Lanzhou	503.16	660.19	1230.55	102
乐山	Leshan	712.13	539.86	594.07	205	嘉峪关	Jiayuguan	143.12	694.62	987.50	133
南充	Nanchong	515.30	519.30	1040.11	128	金昌	Jinchang	109.67	310.01	288.87	262
眉山	Meishan	449.15	826.52	1044.10	126	白银	Baiyin	251.33	496.74	760.00	173
宜宾	Yibin	510.26	794.39	777.40	166	天水	Tianshui	186.01	181.71	213.42	271
广安	Guangan	354.54	395.84	760.19	172	武威	Wuwei	194.89	857.92	1116.43	113
达州	Dazhou	326.95	491.30	450.90	233	张掖	Zhangye	256.53	372.03	1302.78	89
雅安	Yaan	334.68	243.55	248.88	266	平凉	Pingliang	96.94	71.98	274.98	263
巴中	Bazhong	73.93	393.74	388.38	247	酒泉	Jiuquan	521.32	2731.02	1093.23	118
资阳	Ziyang	185.37	670.32	667.04	187	庆阳	Qingyang	118.23	184.17	344.94	253
贵州	**Guizhou**	**3353.30**	**9280.68**	**9259.23**		定西	Dingxi	239.57	422.11	554.36	211
贵阳	Guiyang	1300.90	1817.67	1647.94	59	陇南	Longnan	33.39	72.86	143.07	277
六盘水	Liupanshui	343.23	667.23	446.98	235	**青海**	**Qinghai**	**931.69**	**2008.86**	**1529.86**	
遵义	Zunyi	451.64	1314.62	1643.19	60	西宁	Xining	365.22	887.29	628.99	195
安顺	Anshun	163.36	409.44	759.26	174	**宁夏**	**Ningxia**	**3392.49**	**4741.92**	**5479.02**	
毕节	Bijie	289.35	1534.41	1043.00	127	银川	Yinchuan	1370.24	1685.40	2327.62	25
铜仁	Tongren	127.33	718.87	1071.84	122	石嘴山	Shizuishan	854.64	822.96	742.07	177
云南	**Yunnan**	**5984.99**	**7432.00**	**8018.56**		吴忠	Wuzhong	544.90	892.44	1150.28	108
昆明	Kunming	1223.45	2013.59	2253.38	26	固原	Guyuan	282.28	120.74	434.37	237
曲靖	Qujing	689.02	669.38	485.35	226	中卫	Zhongwei	340.43	1220.38	824.67	158
玉溪	Yuxi	503.11	461.80	390.29	245	**新疆**	**Xinjiang**	**5535.74**	**15175.29**	**15383.50**	
保山	Baoshan	481.25	451.69	595.43	204	乌鲁木齐	Urumqi	1073.65	702.17	1490.68	70
昭通	Zhaotong	204.41	261.15	136.17	278	克拉玛依	Karamay	142.81	228.60	407.54	242

7-4 建设用地新增土地供应面积
Newly Increased Area of Construction Use Land Supplied

单位：公顷 (hectare)

地名	City	2010	2012	2013	2013 排名 Ranking	地名	City	2010	2012	2013	2013 排名 Ranking
全国	**Nation Total**	**171369.0**	**292591.2**	**309617.9**		沈阳	Shenyang	1889.00	2318.54	1928.57	32
北京	**Beijing**	**1130.00**	**876.32**	**1543.35**		大连	Dalian	1402.00	883.95	1234.45	72
天津	**Tianjin**	**2382.00**	**4197.60**	**3935.81**		鞍山	Anshan	1154.00	1189.28	1314.23	70
河北	**Hebei**	**5547.00**	**11036.81**	**14902.57**		抚顺	Fushun	403.00	418.21	471.88	199
石家庄	Shijiazhuang	724.00	1091.16	1163.18	82	本溪	Benxi	241.00	203.82	339.24	236
唐山	Tangshan	669.00	1564.71	1511.69	52	丹东	Dandong	428.00	225.50	361.09	225
秦皇岛	Qinhuangdao	427.00	651.94	1101.33	85	锦州	Jinzhou	294.00	418.56	426.91	209
邯郸	Handan	697.00	1219.77	1179.57	79	营口	Yingkou	661.00	568.72	477.73	198
邢台	Xingtai	277.00	852.46	1144.79	83	阜新	Fuxin	294.00	468.44	399.87	215
保定	Baoding	513.00	1094.99	1186.75	77	辽阳	Liaoyang	428.00	831.30	332.80	237
张家口	Zhangjiakou	457.00	593.59	788.51	129	盘锦	Panjin	366.00	202.98	438.05	206
承德	Chengde	376.00	714.91	2859.27	12	铁岭	Tieling	1234.00	250.88	1028.14	94
沧州	Cangzhou	513.00	1156.73	1192.40	75	朝阳	Chaoyang	476.00	496.62	483.36	197
廊坊	Langfang	671.00	1416.58	2155.57	23	葫芦岛	Huludao	256.00	248.29	442.24	204
衡水	Hengshui	224.00	679.98	619.50	159	吉林	**Jilin**	**2877.00**	**4927.11**	**5396.25**	
山西	**Shanxi**	**2747.00**	**5835.87**	**7184.98**		长春	Changchun	1411.00	1687.49	2286.04	19
太原	Taiyuan	306.00	635.36	539.72	182	吉林	Jilin	346.00	931.92	1029.33	93
大同	Datong	242.00	657.20	924.34	116	四平	Siping	144.00	377.27	398.22	216
阳泉	Yangquan	159.00	147.39	123.99	277	辽源	Liaoyuan	116.00	246.34	184.29	267
长治	Changzhi	184.00	570.11	405.60	214	通化	Tonghua	53.00	380.71	355.97	226
晋城	Jincheng	213.00	309.14	394.22	218	白山	Baishan	478.00	228.17	229.90	259
朔州	Shuozhou	286.00	538.55	930.23	114	松原	Songyuan	50.00	223.21	316.38	240
晋中	Jinzhong	210.00	476.59	651.04	153	白城	Baicheng	173.00	120.41	228.55	260
运城	Yuncheng	373.00	658.47	704.73	142	黑龙江	**Heilongjiang**	**3248.00**	**4843.74**	**5207.64**	
忻州	Xinzhou	173.00	536.07	448.97	201	哈尔滨	Harbin	1073.00	1381.56	1643.17	40
临汾	Linfen	264.00	653.08	879.46	119	齐齐哈尔	Qiqihar	160.00	323.93	355.74	228
吕梁	Luliang	339.00	653.91	1182.68	78	鸡西	Jixi	42.00	165.57	262.34	250
内蒙古	**Inner Mongolia**	**7674.00**	**11247.12**	**8921.99**		鹤岗	Hegang	89.00	46.99	14.10	284
呼和浩特	Hohhot	416.00	775.70	787.46	130	双鸭山	Shuangyashan	117.00	131.63	178.38	268
包头	Baotou	734.00	583.11	818.37	126	大庆	Daqing	190.00	590.28	448.08	202
乌海	Wuhai	327.00	313.84	201.52	264	伊春	Yichun	9.00	26.50	133.49	274
赤峰	Chifeng	442.00	1073.78	1333.15	67	佳木斯	Jiamusi	112.00	175.98	299.77	243
通辽	Tongliao	438.00	507.48	518.45	188	七台河	Qitaihe	38.00	139.75	48.67	283
鄂尔多斯	Erdos	2974.00	2085.49	676.79	149	牡丹江	Mudanjiang	217.00	282.91	394.25	217
呼伦贝尔	Hulunbuir	515.00	1131.59	939.58	109	黑河	Heihe	219.00	527.64	102.24	281
巴彦淖尔	Bayannur	484.00	1183.31	993.66	101	绥化	Suihua	507.00	812.19	1011.62	98
乌兰察布	Ulanqab	357.00	1120.53	1315.53	69	上海	**Shanghai**	**325.00**	**616.13**	**512.92**	
辽宁	**Liaoning**	**9525.00**	**8725.10**	**9678.55**		江苏	**Jiangsu**	**24697.00**	**28612.33**	**29882.90**	

7-4 建设用地新增土地供应面积 续表 1
Newly Increased Area of Construction Use Land Supplied continued 1

单位：公顷 (hectare)

地名	City	2010	2012	2013	2013 排名 Ranking	地名	City	2010	2012	2013	2013 排名 Ranking
南京	Nanjing	2292.00	3225.55	2999.89	10	池州	Chizhou	368.00	758.64	845.58	124
无锡	Wuxi	4195.00	3389.40	3838.58	4	宣城	Xuancheng	340.00	860.06	938.60	111
徐州	Xuzhou	1791.00	3030.54	1596.18	45	**福建**	**Fujian**	**5039.00**	**11990.47**	**18429.47**	
常州	Changzhou	2845.00	2002.03	2138.57	25	福州	Fuzhou	776.00	2252.76	3008.08	9
苏州	Suzhou	2313.00	3423.27	3437.17	6	厦门	Xiamen	271.00	734.18	682.34	146
南通	Nantong	2972.00	2547.85	2761.40	15	莆田	Putian	241.00	535.94	601.73	162
连云港	Lianyungang	452.00	886.36	1021.28	97	三明	Sanming	518.00	1801.95	1395.11	61
淮安	Huaian	1330.00	1096.25	2083.47	27	泉州	Quanzhou	762.00	2061.17	4043.39	3
盐城	Yancheng	2002.00	3265.59	4118.95	2	漳州	Zhangzhou	840.00	1819.73	3343.16	7
扬州	Yangzhou	1646.00	1431.45	1221.52	74	南平	Nanping	627.00	906.42	1491.46	54
镇江	Zhenjiang	339.00	1239.65	1481.97	56	龙岩	Longyan	607.00	1215.27	2407.59	18
泰州	Taizhou	1312.00	1962.07	1653.21	39	宁德	Ningde	394.00	663.05	1456.60	57
宿迁	Suqian	1207.00	1112.33	1530.71	49	**江西**	**Jiangxi**	**6080.00**	**9706.16**	**13608.19**	
浙江	**Zhejiang**	**21372.00**	**22550.81**	**19752.14**		南昌	Nanchang	834.00	1115.51	2087.14	26
杭州	Hangzhou	4986.00	4492.01	4906.94	1	景德镇	Jingdezhen	279.00	213.27	355.77	227
宁波	Ningbo	4281.00	4919.14	2828.38	14	萍乡	Pingxiang	143.00	221.59	593.25	167
温州	Wenzhou	895.00	1928.06	2211.84	21	九江	Jiujiang	650.00	1545.12	1956.61	31
嘉兴	Jiaxing	2661.00	1811.75	1372.32	66	新余	Xinyu	148.00	258.58	601.15	163
湖州	Huzhou	1189.00	1057.91	874.97	120	鹰潭	Yingtan	206.00	390.02	567.16	175
绍兴	Shaoxing	1461.00	1883.34	1532.47	48	赣州	Ganzhou	1013.00	1213.81	2047.99	28
金华	Jinhua	1568.00	1155.77	1482.07	55	吉安	Jian	568.00	1203.13	1187.33	76
衢州	Quzhou	1237.00	1003.37	690.70	145	宜春	Yichun	1079.00	1555.59	1389.67	62
舟山	Zhoushan	482.00	1104.36	595.25	164	抚州	Fuzhou	654.00	909.26	1446.01	59
台州	Taizhou	1529.00	1433.66	2146.98	24	上饶	Shangrao	507.00	1080.28	1376.12	65
丽水	Lishui	1084.00	1761.45	1110.22	84	**山东**	**Shandong**	**17218.00**	**21603.07**	**29290.76**	
安徽	**Anhui**	**6056.00**	**10911.44**	**9955.86**		济南	Jinan	986.00	1201.88	1383.36	64
合肥	Hefei	719.00	779.09	771.19	132	青岛	Qingdao	1926.00	2048.34	2937.52	11
芜湖	Wuhu	873.00	861.23	931.51	112	淄博	Zibo	586.00	775.31	1517.41	51
蚌埠	Bengbu	226.00	588.07	680.30	147	枣庄	Zaozhuang	367.00	511.82	1026.58	96
淮南	Huainan	119.00	278.16	233.56	258	东营	Dongying	1526.00	1720.68	1905.53	33
马鞍山	Maanshan	197.00	558.61	545.94	179	烟台	Yantai	1692.00	1264.49	2459.51	17
淮北	Huaibei	401.00	631.24	164.75	271	潍坊	Weifang	2306.00	2994.55	3807.39	5
铜陵	Tongling	323.00	180.21	238.45	257	济宁	Jining	1011.00	1231.73	1670.32	38
安庆	Anqing	458.00	792.53	490.79	196	泰安	Taian	730.00	946.61	940.88	108
黄山	Huangshan	214.00	341.47	346.91	233	威海	Weihai	824.00	1267.52	993.61	102
滁州	Chuzhou	370.00	699.80	726.85	136	日照	Rizhao	602.00	661.93	706.99	141
阜阳	Fuyang	393.00	607.82	849.30	123	莱芜	Laiwu	368.00	414.46	751.97	133
宿州	Suzhou	363.00	820.28	492.40	195	临沂	Linyi	1334.00	1810.70	3314.93	8
六安	Liuan	305.00	985.37	594.27	165	德州	Dezhou	560.00	1205.65	1632.06	42
亳州	Bozhou	158.00	398.67	533.21	185	聊城	Liaocheng	872.00	1117.74	1607.42	44

7-4 建设用地新增土地供应面积 续表 2
Newly Increased Area of Construction Use Land Supplied continued 2

单位：公顷 (hectare)

地名	City	2010	2012	2013	2013 排名 Ranking
滨州	Binzhou	882.00	971.32	1058.95	90
菏泽	Heze	645.00	1458.35	1576.33	46
河南	**Henan**	**6236.00**	**12308.05**	**13822.20**	
郑州	Zhengzhou	715.00	2524.20	2632.45	16
开封	Kaifeng	376.00	433.80	928.65	115
洛阳	Luoyang	541.00	1062.31	966.81	104
平顶山	Pingdingshan	764.00	654.64	694.74	144
安阳	Anyang	348.00	515.22	718.48	139
鹤壁	Hebi	275.00	328.38	506.10	189
新乡	Xinxiang	305.00	884.15	944.06	107
焦作	Jiaozuo	391.00	701.07	698.39	143
濮阳	Puyang	143.00	363.03	503.01	192
许昌	Xuchang	448.00	541.80	773.33	131
漯河	Luohe	136.00	426.45	350.64	231
三门峡	Sanmenxia	365.00	348.52	352.48	230
南阳	Nanyang	339.00	873.86	746.25	134
商丘	Shangqiu	332.00	884.02	1065.08	89
信阳	Xinyang	152.00	338.83	371.72	223
周口	Zhoukou	197.00	768.52	638.60	155
驻马店	Zhumadian	410.00	659.26	931.39	113
湖北	**Hubei**	**8096.00**	**12309.47**	**13902.77**	
武汉	Wuhan	1788.00	2216.26	2253.78	20
黄石	Huangshi	205.00	400.41	1383.74	63
十堰	Shiyan	476.00	795.43	1073.13	88
宜昌	Yichang	1331.00	993.61	1673.06	37
襄阳	Xiangfan	534.00	1582.90	1835.69	35
鄂州	Ezhou	348.00	483.56	614.43	161
荆门	Jingmen	626.00	702.42	425.21	210
孝感	Xiaogan	475.00	1203.44	557.47	177
荆州	Jingzhou	550.00	918.63	796.41	128
黄冈	Huanggang	584.00	715.22	712.08	140
咸宁	Xianning	465.00	867.44	1032.97	92
随州	Suizhou	187.00	450.10	545.57	180
湖南	**Hunan**	**3424.00**	**7122.29**	**9576.72**	
长沙	Changsha	679.00	1229.18	2198.45	22
株洲	Zhuzhou	223.00	669.36	724.81	137
湘潭	Xiangtan	97.00	622.21	494.05	193
衡阳	Hengyang	360.00	721.63	938.97	110
邵阳	Shaoyang	323.00	357.34	331.73	238
岳阳	Yueyang	243.00	708.04	859.64	122
常德	Changde	369.00	540.60	949.03	106
张家界	Zhangjiajie	80.00	95.19	126.79	275
益阳	Yiyang	193.00	458.03	534.99	183
郴州	Chenzhou	331.00	468.45	624.23	158
永州	Yongzhou	128.00	367.93	615.95	160
怀化	Huaihua	240.00	503.85	593.64	166
娄底	Loudi	106.00	248.67	431.08	208
广东	**Guangdong**	**4940.00**	**28818.67**	**16917.36**	
广州	Guangzhou	1204.00	3765.02	1989.45	30
韶关	Shaoguan	170.00	3813.83	894.89	117
深圳	Shenzhen	128.00	282.54	167.98	270
珠海	Zhuhai	61.00	813.03	424.22	211
汕头	Shantou	53.00	88.07	152.74	272
佛山	Foshan	106.00	2106.69	1499.12	53
江门	Jiangmen	488.00	2106.57	577.38	172
湛江	Zhanjiang	236.00	2319.02	1395.52	60
茂名	Maoming	43.00	988.89	379.87	220
肇庆	Zhaoqing	221.00	1887.00	996.68	99
惠州	Huizhou	162.00	1251.84	1098.14	86
梅州	Meizhou	84.00	1682.86	1564.85	47
汕尾	Shanwei		95.07	109.55	279
河源	Heyuan	235.00	479.76	524.36	187
阳江	Yangjiang	338.00	1306.07	376.38	222
清远	Qingyuan	494.00	1753.69	1826.27	36
东莞	Dongguan	392.00	1054.94	1639.97	41
中山	ZhongShan	366.00	475.61	245.87	254
潮州	Chaozhou	6.00	383.70	241.08	256
揭阳	Jieyang	72.00	722.18	286.56	246
云浮	Yunfu	83.00	1442.32	526.45	186
广西	**Guangxi**	**2155.00**	**5758.32**	**5646.93**	
南宁	Nanning	465.00	918.48	646.09	154
柳州	Liuzhou	189.00	746.06	670.75	151
桂林	Guilin	176.00	417.75	442.39	203
梧州	Wuzhou	235.00	451.09	440.84	205
北海	Beihai	46.00	151.06	277.35	249
防城港	Fangchenggang	168.00	240.03	354.57	229
钦州	Qinzhou	141.00	623.46	285.70	247
贵港	Guigang	31.00	183.47	297.75	244
玉林	Yulin	214.00	364.92	661.75	152
百色	Baise	184.00	630.53	547.56	178

7-4　建设用地新增土地供应面积　续表 3
Newly Increased Area of Construction Use Land Supplied continued 3

单位：公顷　　(hectare)

地名	City	2010	2012	2013	2013 排名 Ranking	地名	City	2010	2012	2013	2013 排名 Ranking
贺州	Hezhou	120.00	339.02	209.45	263	丽江	Lijiang	49.00	152.10	673.38	150
河池	Hechi	65.00	228.34	252.06	253	普洱	Puer	77.00	144.23	211.13	262
来宾	Laibin	16.00	277.16	257.89	251	临沧	Lincang	49.00	284.58	323.48	239
崇左	Chongzuo	104.00	186.95	302.77	242	**西藏**	**Tibet**	**988.00**	**413.12**	**636.92**	
海南	**Hainan**	**675.00**	**4723.19**	**1293.04**		拉萨	Lhasa	213.00	174.88	303.57	241
海口	Haikou	27.00	58.87	78.17	282	**陕西**	**Shaanxi**	**2765.00**	**6594.56**	**7731.19**	
三亚	Sanya	44.00	241.90	152.04	273	西安	Xi'an	239.00	1185.97	1629.45	43
重庆	**Chongqing**	**3222.00**	**3851.87**	**4744.62**		铜川	Tongchuan	101.00	68.35	125.18	276
四川	**Sichuan**	**5276.00**	**11155.52**	**13040.54**		宝鸡	Baoji	159.00	571.48	953.23	105
成都	Chengdu	1741.00	2803.22	2830.13	13	咸阳	Xianyang	409.00	914.44	1164.75	81
自贡	Zigong	111.00	306.56	637.09	156	渭南	Weinan	202.00	647.52	886.71	118
攀枝花	Panzhihua	63.00	314.99	170.07	269	延安	Yan'an	68.00	227.36	244.20	255
泸州	Luzhou	690.00	637.61	630.45	157	汉中	Hanzhong	110.00	284.97	505.45	190
德阳	Deyang	599.00	750.28	592.55	168	榆林	Yulin	844.00	2215.60	1448.05	58
绵阳	Mianyang	345.00	1111.99	840.41	125	安康	Ankang	556.00	309.92	432.51	207
广元	Guangyuan	16.00	422.45	592.28	169	商洛	Shangluo	76.00	168.94	341.65	234
遂宁	Suining	57.00	249.89	449.29	200	**甘肃**	**Gansu**	**2566.00**	**6883.96**	**7937.89**	
内江	Neijiang	123.00	740.44	379.03	221	兰州	Lanzhou	196.00	255.49	994.75	100
乐山	Leshan	192.00	398.00	504.30	191	嘉峪关	Jiayuguan	72.00	694.60	976.43	103
南充	Nanchong	276.00	365.19	534.89	184	金昌	Jinchang	307.00	324.24	287.33	245
眉山	Meishan	359.00	554.81	810.17	127	白银	Baiyin	171.00	265.50	371.24	224
宜宾	Yibin	262.00	703.65	720.52	138	天水	Tianshui	118.00	121.28	189.71	266
广安	Guangan	138.00	300.90	591.17	170	武威	Wuwei	172.00	795.42	1027.29	95
达州	Dazhou	97.00	211.23	349.74	232	张掖	Zhangye	209.00	738.91	1226.58	73
雅安	Yaan	51.00	202.48	199.70	265	平凉	Pingliang	32.00	92.09	282.13	248
巴中	Bazhong	0.00	238.82	255.93	252	酒泉	Jiuquan	997.00	2513.96	1034.66	91
资阳	Ziyang	64.00	591.42	557.66	176	庆阳	Qingyang	96.00	248.17	340.22	235
贵州	**Guizhou**	**4231.00**	**8613.93**	**8972.94**		定西	Dingxi	113.00	535.97	493.48	194
贵阳	Guiyang	837.00	1492.84	1324.47	68	陇南	Longnan	12.00	57.52	113.43	278
六盘水	Liupanshui	257.00	511.79	569.17	173	**青海**	**Qinghai**	**925.00**	**2262.30**	**1834.42**	
遵义	Zunyi	2020.00	1153.12	1293.27	71	西宁	Xining	217.00	751.32	568.54	174
安顺	Anshun	80.00	314.95	1179.23	80	**宁夏**	**Ningxia**	**2051.00**	**4139.50**	**4840.82**	
毕节	Bijie	82.00	1530.62	1526.52	50	银川	Yinchuan	801.00	1325.99	2014.52	29
铜仁	Tongren	39.00	1092.10	861.70	121	石嘴山	Shizuishan	525.00	615.97	589.58	171
云南	**Yunnan**	**4479.00**	**6458.85**	**7091.58**		吴忠	Wuzhong	364.00	913.05	1084.88	87
昆明	Kunming	567.00	1550.35	1874.11	34	固原	Guyuan	141.00	83.37	419.78	212
曲靖	Qujing	287.00	561.44	411.96	213	中卫	Zhongwei	219.00	1201.12	732.07	135
玉溪	Yuxi	361.00	418.01	227.09	261	**新疆**	**Xinjiang**	**3424.00**	**13497.46**	**13424.60**	
保山	Baoshan	258.00	399.48	540.29	181	乌鲁木齐	Urumqi	307.00	377.38	679.03	148
昭通	Zhaotong	190.00	196.81	103.12	280	克拉玛依	Karamay	36.00	130.96	390.32	219

7-5 建设用地新增划拨土地面积
Newly Increased Area of Construction Use Land Supplied by Allocation

单位：公顷 (hectare)

地名	City	2010	2012	2013	2013 排名 Ranking
全国	**Nation Total**	**28626.94**	**65794.02**	**63445.35**	
北京	**Beijing**	**14.60**	**21.01**	**1.83**	
天津	**Tianjin**	**22.90**	**302.30**	**567.82**	
河北	**Hebei**	**159.55**	**101.39**	**2771.36**	
石家庄	Shijiazhuang	44.25	49.35	4.22	183
唐山	Tangshan	15.00		45.13	112
秦皇岛	Qinhuangdao	5.09	7.30	502.74	38
邯郸	Handan	18.13		22.68	144
邢台	Xingtai		3.78	2.32	195
保定	Baoding	2.38	5.82	14.83	152
张家口	Zhangjiakou	13.75	16.09	2.29	196
承德	Chengde	0.16	11.75	1741.21	5
沧州	Cangzhou	56.27	7.30	139.15	72
廊坊	Langfang	2.22		296.78	55
衡水	Hengshui	2.31			
山西	**Shanxi**	**40.89**	**49.90**	**1564.43**	
太原	Taiyuan	0.43	31.69	2.56	193
大同	Datong		0.42	207.22	58
阳泉	Yangquan			1.23	200
长治	Changzhi	7.62	6.21	10.56	163
晋城	Jincheng	13.44		8.98	167
朔州	Shuozhou			397.19	45
晋中	Jinzhong	4.00			
运城	Yuncheng	1.23	9.97	69.96	97
忻州	Xinzhou	4.46	0.79	117.44	79
临汾	Linfen	9.71		115.95	80
吕梁	Luliang		0.82	573.34	36
内蒙古	**Inner Mongolia**	**687.29**	**890.45**	**79.83**	
呼和浩特	Hohhot			2.80	190
包头	Baotou	350.45	10.84	23.59	141
乌海	Wuhai	112.39	13.68		
赤峰	Chifeng	0.32			
通辽	Tongliao	10.25	32.85	1.14	201
鄂尔多斯	Erdos	0.30	8.02	0.49	209
呼伦贝尔	Hulunbuir	196.28	358.94	43.53	113
巴彦淖尔	Bayannur		91.83	3.11	188
乌兰察布	Ulanqab	4.27	32.27	3.10	189
辽宁	**Liaoning**	**114.14**	**66.16**	**860.98**	
沈阳	Shenyang	8.95		64.42	102
大连	Dalian	5.12		165.95	68
鞍山	Anshan			7.22	174
抚顺	Fushun	0.36		25.30	136
本溪	Benxi			21.56	148
丹东	Dandong	57.85	15.22	42.36	115
锦州	Jinzhou				
营口	Yingkou				
阜新	Fuxin	2.44			
辽阳	Liaoyang	39.42	49.89	48.47	110
盘锦	Panjin			10.18	164
铁岭	Tieling			410.14	43
朝阳	Chaoyang			23.40	142
葫芦岛	Huludao		1.05	41.99	116
吉林	**Jilin**	**46.33**	**9.30**	**45.48**	
长春	Changchun			0.50	208
吉林	Jilin				
四平	Siping				
辽源	Liaoyuan	45.67			
通化	Tonghua				
白山	Baishan	0.66			
松原	Songyuan		9.25	39.67	118
白城	Baicheng		0.05	5.31	180
黑龙江	**Heilongjiang**	**728.94**	**196.64**	**103.23**	
哈尔滨	Harbin	108.89	8.19	56.64	103
齐齐哈尔	Qiqihar	2.32	25.71	6.05	178
鸡西	Jixi				
鹤岗	Hegang	18.97		5.07	181
双鸭山	Shuangyashan			8.02	170
大庆	Daqing	0.10			
伊春	Yichun				
佳木斯	Jiamusi	0.72		3.24	187
七台河	Qitaihe	5.28			
牡丹江	Mudanjiang		0.86		
黑河	Heihe	154.06			
绥化	Suihua	42.11	34.14	16.21	151
上海	**Shanghai**				
江苏	**Jiangsu**	**6977.14**	**11662.85**	**13075.50**	

7-5 建设用地新增划拨土地面积 续表 1

Newly Increased Area of Construction Use Land Supplied by Allocation continued 1

单位：公顷 (hectare)

地名	City	2010	2012	2013	2013 排名 Ranking	地名	City	2010	2012	2013	2013 排名 Ranking
南京	Nanjing	1260.15	2048.26	1823.85	4	池州	Chizhou			93.45	84
无锡	Wuxi	2292.51	2207.98	2551.89	3	宣城	Xuancheng	7.94	53.85	2.70	191
徐州	Xuzhou	430.19	1630.64	300.71	54	福建	**Fujian**	**1074.07**	**3933.84**	**9890.78**	
常州	Changzhou	1134.43	509.30	925.94	20	福州	Fuzhou	105.29	618.67	1146.38	17
苏州	Suzhou	296.32	1435.09	1658.14	6	厦门	Xiamen	123.86	355.83	503.44	37
南通	Nantong	566.98	488.87	823.13	22	莆田	Putian	27.66	175.13	196.14	66
连云港	Lianyungang	49.41	182.93	358.27	50	三明	Sanming	67.13	889.74	647.85	33
淮安	Huaian	144.40	83.33	1252.25	15	泉州	Quanzhou	212.50	709.56	2647.75	1
盐城	Yancheng	217.82	1188.48	1613.88	8	漳州	Zhangzhou	51.40	406.11	1648.50	7
扬州	Yangzhou	230.92	516.61	265.86	59	南平	Nanping	362.19	226.99	739.90	28
镇江	Zhenjiang	2.10	522.09	632.02	34	龙岩	Longyan	68.35	411.17	1611.32	9
泰州	Taizhou	101.30	735.02	407.07	44	宁德	Ningde	55.68	140.62	749.50	26
宿迁	Suqian	250.62	114.24	462.49	39	江西	**Jiangxi**	**443.27**	**1769.43**	**1921.72**	
浙江	**Zhejiang**	**8418.03**	**14080.10**	**10596.09**		南昌	Nanchang	11.78	44.68	126.99	76
杭州	Hangzhou	2131.72	2733.72	2617.24	2	景德镇	Jingdezhen	2.31	2.76	9.51	166
宁波	Ningbo	2803.30	3453.70	1585.25	10	萍乡	Pingxiang		4.00	21.99	146
温州	Wenzhou	439.52	1465.70	1399.25	12	九江	Jiujiang		3.40	120.64	78
嘉兴	Jiaxing	588.79	910.33	580.94	35	新余	Xinyu		2.67	40.55	117
湖州	Huzhou	87.68	462.26	139.56	71	鹰潭	Yingtan				
绍兴	Shaoxing	288.21	1130.44	678.99	32	赣州	Ganzhou	358.25	392.61	740.79	27
金华	Jinhua	349.08	442.50	737.51	29	吉安	Jian	13.63	547.44	397.14	46
衢州	Quzhou	342.84	642.19	320.38	53	宜春	Yichun	0.47	495.61	223.80	61
舟山	Zhoushan	54.05	492.30	326.83	52	抚州	Fuzhou	35.07	177.21	85.03	88
台州	Taizhou	712.68	943.91	1413.48	11	上饶	Shangrao	21.77	99.06	155.28	69
丽水	Lishui	620.16	1403.05	796.64	24	山东	**Shandong**	**1016.44**	**196.75**	**746.59**	
安徽	**Anhui**	**28.99**	**777.44**	**447.37**		济南	Jinan	56.49			
合肥	Hefei			111.07	82	青岛	Qingdao	343.54	12.63	0.46	210
芜湖	Wuhu					淄博	Zibo		16.59	51.16	109
蚌埠	Bengbu		5.99	11.69	160	枣庄	Zaozhuang			0.65	206
淮南	Huainan		28.61			东营	Dongying	279.66	25.49	88.80	86
马鞍山	Maanshan					烟台	Yantai	206.54		30.76	129
淮北	Huaibei		535.89	55.01	105	潍坊	Weifang	1.64		169.09	67
铜陵	Tongling	1.00				济宁	Jining	16.49	13.77	24.44	139
安庆	Anqing		2.40	0.18	216	泰安	Taian	0.21	45.35		
黄山	Huangshan	1.97	0.79			威海	Weihai		39.00	75.81	94
滁州	Chuzhou			7.28	173	日照	Rizhao			38.49	121
阜阳	Fuyang			112.76	81	莱芜	Laiwu			21.80	147
宿州	Suzhou	11.82				临沂	Linyi	5.55	33.70	75.57	95
六安	Liuan	0.90	15.13	29.56	131	德州	Dezhou			87.15	87
亳州	Bozhou		27.58			聊城	Liaocheng		8.09	78.01	93

7-5 建设用地新增划拨土地面积 续表 2
Newly Increased Area of Construction Use Land Supplied by Allocation continued 2

单位：公顷 (hectare)

地名	City	2010	2012	2013	2013 排名 Ranking
滨州	Binzhou	31.43			
菏泽	Heze	74.87	2.13	4.42	182
河南	**Henan**	**484.01**	**418.94**	**802.58**	
郑州	Zhengzhou	80.81	191.34	72.83	96
开封	Kaifeng			67.20	99
洛阳	Luoyang	0.42	2.91	30.57	130
平顶山	Pingdingshan	357.02		55.90	104
安阳	Anyang	1.70		0.46	210
鹤壁	Hebi				
新乡	Xinxiang		168.26	79.97	91
焦作	Jiaozuo		3.14	2.67	192
濮阳	Puyang	2.49	1.68	3.79	186
许昌	Xuchang	6.19	4.48		
漯河	Luohe			0.36	212
三门峡	Sanmenxia	28.38	13.62		
南阳	Nanyang	3.47	26.00	54.88	106
商丘	Shangqiu		6.25	382.23	48
信阳	Xinyang	3.32	1.25		
周口	Zhoukou	0.20		8.58	168
驻马店	Zhumadian			43.13	114
湖北	**Hubei**	**287.17**	**247.81**	**790.76**	
武汉	Wuhan	170.67	5.69	29.39	132
黄石	Huangshi			12.66	158
十堰	Shiyan	97.37	35.95	108.76	83
宜昌	Yichang	0.23		139.67	70
襄阳	Xiangfan			427.36	42
鄂州	Ezhou				
荆门	Jingmen	7.68			
孝感	Xiaogan		23.78	6.03	179
荆州	Jingzhou	10.28	2.61	13.52	156
黄冈	Huanggang				
咸宁	Xianning		3.92		
随州	Suizhou			10.63	162
湖南	**Hunan**	**76.01**	**746.55**	**1690.44**	
长沙	Changsha	3.88		760.33	25
株洲	Zhuzhou		355.08	33.77	125
湘潭	Xiangtan		11.73		
衡阳	Hengyang	0.44	3.08		
邵阳	Shaoyang	19.56			
岳阳	Yueyang	0.46	248.69	363.78	49
常德	Changde	10.19	49.84	352.55	51
张家界	Zhangjiajie	2.89		22.32	145
益阳	Yiyang	6.55			
郴州	Chenzhou	13.22	19.71	39.35	120
永州	Yongzhou	13.69	45.50	88.99	85
怀化	Huaihua	5.12		11.63	161
娄底	Loudi		12.93	6.18	177
广东	**Guangdong**	**93.25**	**20940.24**	**9356.31**	
广州	Guangzhou	1.05	3124.01	1209.42	16
韶关	Shaoguan		3490.30	440.57	40
深圳	Shenzhen	6.45	1.59	24.97	137
珠海	Zhuhai		396.82	272.22	57
汕头	Shantou		33.75	78.16	92
佛山	Foshan	41.00	1760.90	1293.30	13
江门	Jiangmen	6.50	1306.72	133.71	74
湛江	Zhanjiang		1632.82	1039.53	18
茂名	Maoming		834.79	128.16	75
肇庆	Zhaoqing		1379.48	241.72	60
惠州	Huizhou		897.78	709.92	31
梅州	Meizhou	0.22	1523.77	1287.93	14
汕尾	Shanwei		0.98	36.78	123
河源	Heyuan	35.75	248.91	220.73	62
阳江	Yangjiang		447.50	39.38	119
清远	Qingyuan	0.04	1504.33	977.95	19
东莞	Dongguan		698.07	916.15	21
中山	ZhongShan		11.08	1.00	203
潮州	Chaozhou	2.24	320.68	84.91	89
揭阳	Jieyang		334.25	23.21	143
云浮	Yunfu		991.70	196.59	65
广西	**Guangxi**	**138.89**	**520.62**	**421.95**	
南宁	Nanning	112.09	232.30	6.69	175
柳州	Liuzhou		18.71	69.08	98
桂林	Guilin	0.62	46.46	52.30	108
梧州	Wuzhou	6.73	6.67		
北海	Beihai		4.67		
防城港	Fangchenggang	0.31	8.29	0.67	204
钦州	Qinzhou		179.08		
贵港	Guigang	2.00			
玉林	Yulin	1.60		210.12	64
百色	Baise	4.01	4.08	46.55	111

7-5 建设用地新增划拨土地面积 续表 3

Newly Increased Area of Construction Use Land Supplied by Allocation continued 3

单位：公顷 (hectare)

地名	City	2010	2012	2013	2013 排名 Ranking
贺州	Hezhou	10.12		9.61	165
河池	Hechi	1.32	5.24	7.91	171
来宾	Laibin		2.31		
崇左	Chongzuo	0.10	12.83	19.02	149
海南	**Hainan**	**29.90**	**3448.22**	**8.98**	
海口	Haikou				
三亚	Sanya				
重庆	**Chongqing**	**54.66**	**22.69**	**134.56**	
四川	**Sichuan**	**75.45**	**875.75**	**1257.07**	
成都	Chengdu	12.30			
自贡	Zigong		0.97		
攀枝花	Panzhihua			24.23	140
泸州	Luzhou	5.07			
德阳	Deyang				
绵阳	Mianyang				
广元	Guangyuan	1.23	58.95	14.42	154
遂宁	Suining		3.38	1.09	202
内江	Neijiang		621.32	33.79	124
乐山	Leshan		5.15	7.87	172
南充	Nanchong	1.25	20.37		
眉山	Meishan	1.83			
宜宾	Yibin	15.62	1.20	12.85	157
广安	Guangan	1.20	1.49	4.19	184
达州	Dazhou	0.02			
雅安	Yaan		3.86		
巴中	Bazhong	0.18		0.26	214
资阳	Ziyang		20.45	3.84	185
贵州	**Guizhou**	**2331.09**	**1332.50**	**2337.09**	
贵阳	Guiyang	6.20		0.26	214
六盘水	Liupanshui	4.87	3.58	286.09	56
遵义	Zunyi	1775.71	34.95	0.58	207
安顺	Anshun		90.54	820.87	23
毕节	Bijie		257.86	722.92	30
铜仁	Tongren		587.08	80.08	90
云南	**Yunnan**	**1090.00**	**415.33**	**587.31**	
昆明	Kunming	4.39	41.52	1.31	199
曲靖	Qujing	146.34	17.82		
玉溪	Yuxi		12.34	0.32	213
保山	Baoshan	0.03	0.40	24.82	138
昭通	Zhaotong	33.91	4.07	14.66	153

地名	City	2010	2012	2013	2013 排名 Ranking
丽江	Lijiang	0.42	1.96	428.69	41
普洱	Puer		21.83		
临沧	Lincang		42.09	27.99	133
西藏	**Tibet**	**749.65**	**279.13**	**519.60**	
拉萨	Lhasa	52.15	94.39	216.63	63
陕西	**Shaanxi**	**525.44**	**313.52**	**543.39**	
西安	Xi'an				
铜川	Tongchuan		14.13	11.88	159
宝鸡	Baoji			14.11	155
咸阳	Xianyang		65.03	0.67	204
渭南	Weinan	4.37	13.88	386.25	47
延安	Yan'an	14.79	175.99	2.54	194
汉中	Hanzhong		41.90	31.06	128
榆林	Yulin	6.89		17.66	150
安康	Ankang	499.39	0.81	53.90	107
商洛	Shangluo		1.79	25.34	135
甘肃	**Gansu**	**1153.76**	**840.91**	**538.28**	
兰州	Lanzhou			6.38	176
嘉峪关	Jiayuguan	43.49			
金昌	Jinchang	217.95	63.15	38.28	122
白银	Baiyin	58.95	1.38	67.20	99
天水	Tianshui	2.00		8.33	169
武威	Wuwei	96.21		1.45	198
张掖	Zhangye	10.00	414.66	32.36	127
平凉	Pingliang		23.93	64.78	101
酒泉	Jiuquan	661.99	0.34	32.52	126
庆阳	Qingyang	5.00	96.02	27.90	134
定西	Dingxi	53.81	162.62	1.57	197
陇南	Longnan	0.28	0.31		
青海	**Qinghai**	**376.02**	**464.62**	**698.54**	
西宁	Xining		10.05	123.47	77
宁夏	**Ningxia**	**2.42**	**50.98**		
银川	Yinchuan				
石嘴山	Shizuishan				
吴忠	Wuzhong	2.42	50.16		
固原	Guyuan				
中卫	Zhongwei		0.82		
新疆	**Xinjiang**	**1386.61**	**818.65**	**1085.48**	
乌鲁木齐	Urumqi	284.26	35.83		
克拉玛依	Karamay	23.54	53.36	137.45	73

7-6　建设用地新增出让土地面积
Newly Increased Area of Construction Use Land Supplied by Granting

单位：公顷　　　　　　　　　　　　　　　　　　　　　　　　　　　　　　　(hectare)

地名	City	2010	2012	2013	2013 排名 Ranking	地名	City	2010	2012	2013	2013 排名 Ranking
全国	**Nation Total**	**142370.8**	**226287.6**	**245326.6**		沈阳	Shenyang	1880.13	2318.54	1864.15	14
北京	**Beijing**	**1115.74**	**855.31**	**1541.52**		大连	Dalian	1396.66	883.95	983.51	71
天津	**Tianjin**	**2359.35**	**3895.29**	**3367.98**		鞍山	Anshan	1153.99	1189.28	1307.02	42
河北	**Hebei**	**5387.94**	**10935.42**	**12131.21**		抚顺	Fushun	402.32	418.21	446.58	185
石家庄	Shijiazhuang	679.39	1041.81	1158.96	55	本溪	Benxi	240.51	203.82	317.68	223
唐山	Tangshan	653.83	1564.71	1466.57	29	丹东	Dandong	369.86	210.28	318.73	222
秦皇岛	Qinhuangdao	421.85	644.64	598.59	144	锦州	Jinzhou	294.08	418.56	406.03	194
邯郸	Handan	679.09	1219.77	1156.89	56	营口	Yingkou	660.80	568.72	477.73	178
邢台	Xingtai	277.45	848.68	1142.47	57	阜新	Fuxin	291.35	468.44	399.87	196
保定	Baoding	510.38	1089.17	1171.92	52	辽阳	Liaoyang	388.99	781.42	284.33	233
张家口	Zhangjiakou	443.15	577.50	786.21	98	盘锦	Panjin	365.95	202.98	427.87	189
承德	Chengde	375.86	703.15	1118.06	58	铁岭	Tieling	1234.41	250.88	618.00	140
沧州	Cangzhou	456.73	1149.43	1053.26	62	朝阳	Chaoyang	476.07	496.62	459.96	180
廊坊	Langfang	668.58	1416.58	1858.79	16	葫芦岛	Huludao	255.81	247.24	400.24	195
衡水	Hengshui	221.64	679.98	619.50	139	**吉林**	**Jilin**	**2830.43**	**4917.81**	**5350.76**	
山西	**Shanxi**	**2706.08**	**5785.97**	**5620.55**		长春	Changchun	1411.26	1687.49	2285.54	8
太原	Taiyuan	305.36	603.67	537.16	159	吉林	Jilin	346.02	931.92	1029.33	64
大同	Datong	241.67	656.77	657.12	131	四平	Siping	144.15	377.27	398.22	197
阳泉	Yangquan	159.15	147.39	122.77	272	辽源	Liaoyuan	70.12	246.34	184.29	262
长治	Changzhi	176.07	563.90	395.04	198	通化	Tonghua	53.02	380.71	355.97	209
晋城	Jincheng	199.44	309.14	385.24	202	白山	Baishan	477.72	228.17	229.90	253
朔州	Shuozhou	285.79	538.55	533.04	164	松原	Songyuan	49.62	213.95	276.71	238
晋中	Jinzhong	205.91	476.59	651.04	132	白城	Baicheng	173.34	120.36	223.24	255
运城	Yuncheng	371.30	648.50	634.77	136	**黑龙江**	**Heilongjiang**	**2518.56**	**4647.10**	**5104.41**	
忻州	Xinzhou	168.21	535.27	331.53	220	哈尔滨	Harbin	964.31	1373.37	1586.54	24
临汾	Linfen	254.10	653.08	763.50	104	齐齐哈尔	Qiqihar	157.55	298.22	349.69	214
吕梁	Luliang	339.18	653.09	609.34	142	鸡西	Jixi	41.65	165.57	262.34	241
内蒙古	**Inner Mongolia**	**6986.97**	**10356.68**	**8842.16**		鹤岗	Hegang	70.52	46.99	9.33	284
呼和浩特	Hohhot	415.51	775.70	784.66	99	双鸭山	Shuangyashan	116.72	131.63	170.37	265
包头	Baotou	384.04	572.27	794.79	95	大庆	Daqing	190.17	590.28	448.08	184
乌海	Wuhai	214.61	300.16	201.52	259	伊春	Yichun	8.80	26.50	133.49	271
赤峰	Chifeng	441.19	1073.78	1333.15	38	佳木斯	Jiamusi	110.98	175.98	296.53	230
通辽	Tongliao	427.98	747.63	517.31	166	七台河	Qitaihe	32.69	139.75	48.67	283
鄂尔多斯	Erdos	2973.61	2077.47	676.30	126	牡丹江	Mudanjiang	216.63	282.05	394.25	199
呼伦贝尔	Hulunbuir	319.02	772.64	896.05	82	黑河	Heihe	65.33	527.64	102.24	277
巴彦淖尔	Bayannur	484.19	1091.48	990.54	69	绥化	Suihua	464.61	778.05	995.42	68
乌兰察布	Ulanqab	353.10	1088.27	1312.43	40	**上海**	**Shanghai**	**324.60**	**616.13**	**512.92**	
辽宁	**Liaoning**	**9410.93**	**8658.94**	**8711.71**		**江苏**	**Jiangsu**	**17694.52**	**16943.35**	**16805.95**	

7-6 建设用地新增出让土地面积 续表 1

Newly Increased Area of Construction Use Land Supplied by Granting continued 1

单位：公顷 (hectare)

地名	City	2010	2012	2013	2013 排名 Ranking	地名	City	2010	2012	2013	2013 排名 Ranking
南京	Nanjing	1032.30	1177.29	1176.04	51	池州	Chizhou	368.48	758.64	752.13	106
无锡	Wuxi	1882.61	1177.15	1285.24	45	宣城	Xuancheng	332.40	806.21	935.89	79
徐州	Xuzhou	1360.72	1399.90	1295.47	43	**福建**	**Fujian**	**3964.56**	**8022.98**	**8452.98**	
常州	Changzhou	1710.98	1492.74	1212.63	49	福州	Fuzhou	671.12	1634.08	1861.70	15
苏州	Suzhou	2017.04	1988.18	1779.03	19	厦门	Xiamen	147.43	378.34	177.97	264
南通	Nantong	2404.60	2058.98	1938.27	12	莆田	Putian	213.58	354.18	378.68	203
连云港	Lianyungang	403.00	703.44	663.02	129	三明	Sanming	451.25	912.21	747.09	108
淮安	Huaian	1186.10	1012.92	831.22	90	泉州	Quanzhou	549.83	1324.59	1345.68	37
盐城	Yancheng	1783.79	2077.10	2505.07	6	漳州	Zhangzhou	788.83	1413.62	1694.66	20
扬州	Yangzhou	1409.27	914.84	955.65	73	南平	Nanping	265.14	679.43	751.57	107
镇江	Zhenjiang	336.89	715.68	849.95	87	龙岩	Longyan	538.95	804.10	796.27	94
泰州	Taizhou	1210.46	1227.05	1246.14	46	宁德	Ningde	338.42	522.43	699.36	120
宿迁	Suqian	956.74	998.09	1068.22	60	**江西**	**Jiangxi**	**5636.47**	**7936.73**	**11686.47**	
浙江	**Zhejiang**	**12621.52**	**8000.96**	**8513.96**		南昌	Nanchang	821.95	1070.84	1960.15	11
杭州	Hangzhou	2521.25	1288.54	1650.02	21	景德镇	Jingdezhen	276.61	210.51	346.26	216
宁波	Ningbo	1478.18	1465.44	1243.13	47	萍乡	Pingxiang	142.71	217.59	571.26	152
温州	Wenzhou	455.20	462.36	812.59	91	九江	Jiujiang	650.35	1541.71	1835.97	17
嘉兴	Jiaxing	2072.12	901.42	788.97	97	新余	Xinyu	147.87	255.92	560.59	155
湖州	Huzhou	1101.03	595.65	735.40	111	鹰潭	Yingtan	205.63	390.02	567.16	153
绍兴	Shaoxing	1172.63	752.90	853.47	86	赣州	Ganzhou	655.10	821.20	1307.20	41
金华	Jinhua	1218.58	713.26	744.56	109	吉安	Jian	554.42	655.69	790.19	96
衢州	Quzhou	894.30	361.18	370.32	206	宜春	Yichun	1078.19	1059.98	1165.87	53
舟山	Zhoushan	427.56	612.06	268.42	239	抚州	Fuzhou	618.70	732.05	1360.97	36
台州	Taizhou	816.40	489.75	733.50	112	上饶	Shangrao	484.95	981.22	1220.84	48
丽水	Lishui	464.27	358.40	313.59	225	**山东**	**Shandong**	**16201.59**	**21406.32**	**28544.17**	
安徽	**Anhui**	**6026.73**	**10133.99**	**9508.49**		济南	Jinan	929.79	1201.88	1383.36	34
合肥	Hefei	718.93	779.09	660.13	130	青岛	Qingdao	1582.28	2035.70	2937.06	3
芜湖	Wuhu	872.75	861.23	931.51	80	淄博	Zibo	586.11	758.72	1466.25	30
蚌埠	Bengbu	226.01	582.08	668.61	127	枣庄	Zaozhuang	367.25	511.82	1025.93	65
淮南	Huainan	118.63	249.55	233.56	252	东营	Dongying	1246.60	1695.20	1816.73	18
马鞍山	Maanshan	196.51	558.61	545.94	158	烟台	Yantai	1485.20	1264.49	2428.75	7
淮北	Huaibei	401.03	95.34	109.74	275	潍坊	Weifang	2304.71	2994.55	3638.31	1
铜陵	Tongling	322.39	180.21	238.45	251	济宁	Jining	994.77	1217.96	1645.88	22
安庆	Anqing	458.36	790.13	490.61	177	泰安	Taian	729.30	901.26	940.88	75
黄山	Huangshan	212.27	340.69	346.91	215	威海	Weihai	824.15	1228.52	917.81	81
滁州	Chuzhou	369.60	699.80	719.56	116	日照	Rizhao	602.07	661.93	668.50	128
阜阳	Fuyang	393.14	607.82	736.55	110	莱芜	Laiwu	368.30	414.46	730.18	114
宿州	Suzhou	351.49	820.28	492.40	175	临沂	Linyi	1328.25	1777.00	3239.35	2
六安	Liuan	304.12	970.23	564.71	154	德州	Dezhou	560.14	1205.65	1544.91	26
亳州	Bozhou	157.78	371.09	533.21	163	聊城	Liaocheng	872.38	1109.65	1529.41	28

7-6 建设用地新增出让土地面积 续表 2

Newly Increased Area of Construction Use Land Supplied by Granting continued 2

单位：公顷 (hectare)

地名	City	2010	2012	2013	2013 排名 Ranking
滨州	Binzhou	850.26	971.32	1058.95	61
菏泽	Heze	570.04	1456.21	1571.90	25
河南	**Henan**	**5751.63**	**11889.11**	**13019.62**	
郑州	Zhengzhou	633.98	2332.86	2559.62	5
开封	Kaifeng	375.52	433.80	861.45	85
洛阳	Luoyang	540.19	1059.40	936.24	78
平顶山	Pingdingshan	406.68	654.64	638.85	134
安阳	Anyang	346.49	515.22	718.02	117
鹤壁	Hebi	275.47	328.38	506.10	168
新乡	Xinxiang	304.59	715.90	864.09	84
焦作	Jiaozuo	391.28	697.93	695.72	121
濮阳	Puyang	140.85	361.35	499.22	171
许昌	Xuchang	441.83	537.32	773.33	103
漯河	Luohe	136.36	426.45	350.28	212
三门峡	Sanmenxia	336.91	334.90	352.48	211
南阳	Nanyang	335.14	847.85	691.37	122
商丘	Shangqiu	331.58	877.77	682.85	124
信阳	Xinyang	148.91	337.57	371.72	205
周口	Zhoukou	196.30	768.52	630.02	138
驻马店	Zhumadian	409.54	659.26	888.25	83
湖北	**Hubei**	**7809.31**	**12061.67**	**13112.00**	
武汉	Wuhan	1617.28	2210.57	2224.40	9
黄石	Huangshi	205.23	400.41	1371.08	35
十堰	Shiyan	378.82	759.49	946.37	74
宜昌	Yichang	1330.42	993.61	1533.39	27
襄阳	Xiangfan	533.71	1582.90	1408.33	33
鄂州	Ezhou	348.27	483.56	614.43	141
荆门	Jingmen	618.51	702.42	425.21	190
孝感	Xiaogan	474.89	1179.66	551.44	157
荆州	Jingzhou	539.63	916.22	782.89	100
黄冈	Huanggang	584.24	715.22	712.08	118
咸宁	Xianning	464.55	863.52	1032.97	63
随州	Suizhou	186.96	450.10	534.94	161
湖南	**Hunan**	**3348.40**	**6375.74**	**7886.28**	
长沙	Changsha	675.32	1229.18	1438.12	31
株洲	Zhuzhou	223.43	314.28	691.04	123
湘潭	Xiangtan	97.42	610.47	494.05	174
衡阳	Hengyang	359.91	718.55	938.97	77
邵阳	Shaoyang	303.53	357.34	331.73	219
岳阳	Yueyang	242.78	459.35	495.86	173

地名	City	2010	2012	2013	2013 排名 Ranking
常德	Changde	359.15	490.75	596.48	145
张家界	Zhangjiajie	76.78	95.19	104.47	276
益阳	Yiyang	186.09	458.03	534.99	160
郴州	Chenzhou	318.25	448.74	584.88	149
永州	Yongzhou	113.93	322.44	526.96	165
怀化	Huaihua	234.98	503.85	582.01	150
娄底	Loudi	106.46	235.74	424.90	191
广东	**Guangdong**	**4846.35**	**7878.43**	**7561.04**	
广州	Guangzhou	1202.77	641.01	780.03	102
韶关	Shaoguan	169.90	323.52	454.32	181
深圳	Shenzhen	121.21	280.95	143.01	270
珠海	Zhuhai	60.88	416.21	152.01	268
汕头	Shantou	53.12	54.31	74.58	281
佛山	Foshan	65.45	345.79	205.82	258
江门	Jiangmen	481.01	799.85	443.67	187
湛江	Zhanjiang	235.65	686.20	356.00	208
茂名	Maoming	42.61	154.10	251.71	245
肇庆	Zhaoqing	220.56	507.52	754.96	105
惠州	Huizhou	161.71	354.06	388.22	201
梅州	Meizhou	83.31	159.08	276.92	237
汕尾	Shanwei		94.09	72.77	282
河源	Heyuan	199.69	230.85	303.62	228
阳江	Yangjiang	338.29	858.57	337.00	218
清远	Qingyuan	493.74	249.36	848.32	88
东莞	Dongguan	392.08	356.87	723.83	115
中山	ZhongShan	366.05	464.53	244.87	247
潮州	Chaozhou	3.38	63.02	156.17	266
揭阳	Jieyang	71.53	387.93	263.35	240
云浮	Yunfu	83.41	450.62	329.86	221
广西	**Guangxi**	**2015.72**	**5237.70**	**5224.97**	
南宁	Nanning	353.00	686.18	639.40	133
柳州	Liuzhou	188.78	727.35	601.67	143
桂林	Guilin	175.35	371.29	390.09	200
梧州	Wuzhou	228.44	444.43	440.84	188
北海	Beihai	45.61	146.40	277.35	236
防城港	Fangchenggang	167.27	231.74	353.90	210
钦州	Qinzhou	141.17	444.38	285.70	232
贵港	Guigang	29.31	183.47	297.75	229
玉林	Yulin	212.34	364.92	451.63	182
百色	Baise	180.36	626.45	501.01	169

7-6 建设用地新增出让土地面积 续表 3
Newly Increased Area of Construction Use Land Supplied by Granting continued 3

单位：公顷 (hectare)

地名	City	2010	2012	2013	2013 排名 Ranking	地名	City	2010	2012	2013	2013 排名 Ranking
贺州	Hezhou	110.02	339.02	199.85	260	丽江	Lijiang	48.47	150.13	244.69	248
河池	Hechi	63.52	223.11	244.15	249	普洱	Puer	77.12	122.40	211.13	257
来宾	Laibin	16.27	274.85	257.89	242	临沧	Lincang	49.05	242.50	295.49	231
崇左	Chongzuo	104.39	174.12	283.75	234	**西藏**	**Tibet**	**236.98**	**133.98**	**117.32**	
海南	**Hainan**	**644.95**	**1274.97**	**1284.06**		拉萨	Lhasa	160.57	80.50	86.94	279
海口	Haikou	26.75	58.87	78.17	280	**陕西**	**Shaanxi**	**2239.39**	**6281.04**	**7187.80**	
三亚	Sanya	43.74	241.90	152.04	267	西安	Xi'an	239.17	1185.97	1629.45	23
重庆	**Chongqing**	**3166.96**	**3829.18**	**4610.06**		铜川	Tongchuan	101.07	54.22	113.31	274
四川	**Sichuan**	**5200.63**	**10279.77**	**11783.48**		宝鸡	Baoji	158.69	571.48	939.13	76
成都	Chengdu	1728.63	2803.22	2830.13	4	咸阳	Xianyang	409.38	849.41	1164.08	54
自贡	Zigong	110.97	305.60	637.09	135	渭南	Weinan	197.25	633.64	500.46	170
攀枝花	Panzhihua	63.39	314.99	145.84	269	延安	Yan'an	53.41	51.36	241.66	250
泸州	Luzhou	684.94	637.61	630.45	137	汉中	Hanzhong	109.80	243.07	474.39	179
德阳	Deyang	599.35	750.28	592.55	146	榆林	Yulin	837.46	2215.60	1430.39	32
绵阳	Mianyang	345.45	1111.99	840.41	89	安康	Ankang	56.87	309.11	378.61	204
广元	Guangyuan	15.25	363.49	577.86	151	商洛	Shangluo	76.29	167.15	316.31	224
遂宁	Suining	57.17	246.51	448.20	183	**甘肃**	**Gansu**	**1412.38**	**6043.06**	**7399.61**	
内江	Neijiang	123.50	119.12	345.24	217	兰州	Lanzhou	196.39	255.49	988.37	70
乐山	Leshan	191.56	392.86	496.43	172	嘉峪关	Jiayuguan	28.51	694.60	976.43	72
南充	Nanchong	275.05	344.83	534.89	162	金昌	Jinchang	89.10	261.09	249.05	246
眉山	Meishan	357.58	554.81	810.17	92	白银	Baiyin	111.59	264.13	304.04	227
宜宾	Yibin	246.20	702.45	707.67	119	天水	Tianshui	116.37	121.28	181.39	263
广安	Guangan	136.43	299.41	586.98	148	武威	Wuwei	76.08	795.42	1025.83	66
达州	Dazhou	96.93	211.23	349.74	213	张掖	Zhangye	199.22	324.25	1194.22	50
雅安	Yaan	51.47	198.62	199.70	261	平凉	Pingliang	32.36	68.16	217.35	256
巴中	Bazhong		238.82	255.67	243	酒泉	Jiuquan	334.70	2513.62	1002.13	67
资阳	Ziyang	63.99	570.97	553.82	156	庆阳	Qingyang	91.28	152.14	312.32	226
贵州	**Guizhou**	**1899.80**	**7281.43**	**6635.86**		定西	Dingxi	58.98	373.35	491.91	176
贵阳	Guiyang	831.19	1492.84	1324.22	39	陇南	Longnan	11.31	57.21	113.43	273
六盘水	Liupanshui	251.79	508.21	283.08	235	**青海**	**Qinghai**	**538.79**	**1797.68**	**1135.52**	
遵义	Zunyi	244.14	1118.17	1292.68	44	西宁	Xining	216.74	741.26	445.07	186
安顺	Anshun	80.32	224.41	358.36	207	**宁夏**	**Ningxia**	**2048.16**	**4088.52**	**4840.82**	
毕节	Bijie	81.65	1272.75	803.60	93	银川	Yinchuan	800.52	1325.99	2014.52	10
铜仁	Tongren	39.09	505.01	781.61	101	石嘴山	Shizuishan	525.34	615.97	589.58	147
云南	**Yunnan**	**3388.90**	**6043.53**	**6504.27**		吴忠	Wuzhong	362.01	862.88	1084.88	59
昆明	Kunming	562.61	1508.83	1872.80	13	固原	Guyuan	140.85	83.37	419.78	192
曲靖	Qujing	270.23	543.62	411.96	193	中卫	Zhongwei	219.44	1200.31	732.07	113
玉溪	Yuxi	361.00	405.67	226.77	254	**新疆**	**Xinjiang**	**2036.49**	**12678.81**	**12328.60**	
保山	Baoshan	257.47	399.08	515.47	167	乌鲁木齐	Urumqi	23.01	341.55	679.03	125
昭通	Zhaotong	156.49	192.74	88.46	278	克拉玛依	Karamay	12.74	77.61	252.88	244

7-7 建设用地出让土地成交价款

Transaction Price Value of Construction Use Land Supplied by Granting

单位：亿元 (100 million yuan)

地名	City	2010	2012	2013	2013 排名 Ranking
全国	**Nation Total**	**27464.48**	**28042.28**	**43745.30**	
北京	**Beijing**	**1318.87**	**656.45**	**1782.10**	
天津	**Tianjin**	**852.96**	**529.03**	**819.66**	
河北	**Hebei**	**1076.32**	**1133.96**	**1682.19**	
石家庄	Shijiazhuang	130.02	175.84	262.65	39
唐山	Tangshan	162.06	226.04	330.76	29
秦皇岛	Qinhuangdao	118.16	95.91	76.00	129
邯郸	Handan	121.53	103.28	143.97	71
邢台	Xingtai	48.44	56.12	71.27	140
保定	Baoding	92.47	85.27	117.93	81
张家口	Zhangjiakou	55.87	35.01	95.48	105
承德	Chengde	48.40	51.82	82.17	118
沧州	Cangzhou	73.99	71.85	99.85	100
廊坊	Langfang	193.68	166.66	335.12	28
衡水	Hengshui	31.72	66.16	66.99	149
山西	**Shanxi**	**265.95**	**428.50**	**635.68**	
太原	Taiyuan	63.49	65.81	183.52	56
大同	Datong	62.40	77.35	104.85	90
阳泉	Yangquan	9.63	12.34	6.87	275
长治	Changzhi	8.25	30.65	29.33	226
晋城	Jincheng	26.86	21.18	26.05	234
朔州	Shuozhou	21.90	37.78	73.13	135
晋中	Jinzhong	16.52	40.70	45.50	185
运城	Yuncheng	15.63	26.71	38.66	205
忻州	Xinzhou	10.79	30.24	43.81	189
临汾	Linfen	18.75	64.74	59.33	161
吕梁	Luliang	11.67	21.00	24.62	236
内蒙古	**Inner Mongolia**	**487.98**	**554.99**	**542.22**	
呼和浩特	Hohhot	59.88	93.79	145.48	69
包头	Baotou	44.89	57.70	71.38	139
乌海	Wuhai	15.02	9.23	13.08	261
赤峰	Chifeng	37.41	56.92	71.43	138
通辽	Tongliao	21.36	20.82	34.85	214
鄂尔多斯	Erdos	215.91	141.71	41.40	196
呼伦贝尔	Hulunbuir	24.32	44.79	48.25	182
巴彦淖尔	Bayannur	18.24	53.64	29.49	225
乌兰察布	Ulanqab	9.74	35.05	55.29	172
辽宁	**Liaoning**	**1916.70**	**1775.96**	**1971.04**	
沈阳	Shenyang	292.94	451.67	485.30	17
大连	Dalian	870.96	450.73	485.74	16
鞍山	Anshan	218.89	146.36	166.46	62
抚顺	Fushun	41.38	67.33	91.44	109
本溪	Benxi	13.46	24.80	39.54	200
丹东	Dandong	30.31	62.48	48.45	181
锦州	Jinzhou	39.96	47.08	129.98	75
营口	Yingkou	176.76	181.03	148.37	66
阜新	Fuxin	25.89	29.84	39.31	202
辽阳	Liaoyang	48.42	48.88	56.27	168
盘锦	Panjin	47.33	129.46	78.60	125
铁岭	Tieling	56.73	38.89	76.97	128
朝阳	Chaoyang	20.04	59.37	61.87	155
葫芦岛	Huludao	33.62	38.06	62.74	154
吉林	**Jilin**	**406.22**	**448.72**	**486.06**	
长春	Changchun	281.63	240.93	288.14	33
吉林	Jilin	48.61	73.18	81.12	120
四平	Siping	13.24	28.92	25.50	235
辽源	Liaoyuan	6.25	18.35	6.22	277
通化	Tonghua	14.62	30.24	28.71	227
白山	Baishan	22.76	7.68	11.80	264
松原	Songyuan	5.31	12.88	11.04	269
白城	Baicheng	6.35	8.85	12.99	262
黑龙江	**Heilongjiang**	**356.43**	**351.04**	**472.88**	
哈尔滨	Harbin	214.68	147.13	278.52	35
齐齐哈尔	Qiqihar	19.28	40.58	26.10	233
鸡西	Jixi	3.22	7.58	9.26	270
鹤岗	Hegang	1.86	2.20	6.25	276
双鸭山	Shuangyashan	4.74	8.15	7.66	272
大庆	Daqing	42.90	69.19	47.89	183
伊春	Yichun	2.07	2.78	4.69	279
佳木斯	Jiamusi	5.64	6.29	13.69	259
七台河	Qitaihe	1.18	2.97	2.22	283
牡丹江	Mudanjiang	26.88	19.47	28.21	229
黑河	Heihe	6.24	8.30	3.75	282
绥化	Suihua	21.96	19.46	30.19	222
上海	**Shanghai**	**880.09**	**601.67**	**1090.52**	
江苏	**Jiangsu**	**3821.81**	**3889.08**	**6114.96**	

7-7 建设用地出让土地成交价款 续表 1

Transaction Price Value of Construction Use Land Supplied by Granting continued 1

单位：亿元 (100 million yuan)

地名	City	2010	2012	2013	2013 排名 Ranking	地名	City	2010	2012	2013	2013 排名 Ranking
南京	Nanjing	521.96	415.91	943.09	3	池州	Chizhou	37.32	33.82	145.79	68
无锡	Wuxi	626.32	283.64	391.47	24	宣城	Xuancheng	67.94	44.05	124.29	79
徐州	Xuzhou	189.39	279.09	421.51	23	福建	**Fujian**	**1138.42**	**1033.21**	**1579.61**	
常州	Changzhou	339.35	492.26	499.26	13	福州	Fuzhou	366.03	301.31	495.55	14
苏州	Suzhou	679.87	586.89	1135.45	2	厦门	Xiamen	329.01	174.63	230.47	46
南通	Nantong	380.85	573.11	806.90	4	莆田	Putian	52.88	56.23	101.07	97
连云港	Lianyungang	87.12	105.21	268.50	38	三明	Sanming	38.14	53.18	97.59	102
淮安	Huaian	209.88	189.44	193.68	54	泉州	Quanzhou	126.84	175.78	195.97	52
盐城	Yancheng	299.22	316.08	422.72	22	漳州	Zhangzhou	82.66	73.09	154.36	63
扬州	Yangzhou	221.98	213.49	325.51	30	南平	Nanping	47.90	41.88	56.17	169
镇江	Zhenjiang	64.63	149.31	179.98	58	龙岩	Longyan	39.75	99.18	147.76	67
泰州	Taizhou	117.24	149.52	246.30	44	宁德	Ningde	55.21	57.93	100.67	98
宿迁	Suqian	83.99	135.13	280.60	34	江西	**Jiangxi**	**602.72**	**770.22**	**1338.45**	
浙江	**Zhejiang**	**3640.02**	**2029.55**	**4125.14**		南昌	Nanchang	149.76	160.49	350.45	26
杭州	Hangzhou	1025.21	564.48	1431.37	1	景德镇	Jingdezhen	24.14	24.97	39.16	203
宁波	Ningbo	692.82	459.15	731.11	6	萍乡	Pingxiang	10.42	17.43	69.69	147
温州	Wenzhou	305.66	191.18	513.02	12	九江	Jiujiang	89.41	117.65	221.12	48
嘉兴	Jiaxing	298.71	169.42	248.76	43	新余	Xinyu	11.29	12.00	35.79	210
湖州	Huzhou	161.25	77.38	144.08	70	鹰潭	Yingtan	21.23	32.22	37.72	207
绍兴	Shaoxing	282.96	208.35	323.23	31	赣州	Ganzhou	101.69	141.02	184.97	55
金华	Jinhua	303.36	99.20	230.64	45	吉安	Jian	47.72	58.43	100.15	99
衢州	Quzhou	82.27	26.77	57.46	165	宜春	Yichun	57.02	85.77	124.80	78
舟山	Zhoushan	142.01	54.10	60.93	159	抚州	Fuzhou	41.35	43.27	79.83	123
台州	Taizhou	279.25	131.69	303.52	32	上饶	Shangrao	48.70	76.98	94.77	106
丽水	Lishui	66.52	47.83	81.03	121	山东	**Shandong**	**2544.35**	**2599.05**	**3490.18**	
安徽	**Anhui**	**1092.93**	**1262.48**	**2265.29**		济南	Jinan	309.57	365.70	460.29	20
合肥	Hefei	187.61	306.06	483.63	18	青岛	Qingdao	535.02	430.45	458.84	21
芜湖	Wuhu	199.28	152.35	194.55	53	淄博	Zibo	86.87	90.16	182.05	57
蚌埠	Bengbu	52.04	79.28	116.27	83	枣庄	Zaozhuang	65.05	100.66	179.53	59
淮南	Huainan	27.47	31.66	43.77	190	东营	Dongying	61.06	105.92	117.93	82
马鞍山	Maanshan	52.25	56.91	102.06	93	烟台	Yantai	253.83	120.97	272.58	37
淮北	Huaibei	47.91	25.72	20.51	244	潍坊	Weifang	275.70	284.68	377.89	25
铜陵	Tongling	54.16	51.48	81.46	119	济宁	Jining	294.61	157.67	249.47	42
安庆	Anqing	62.53	64.06	52.47	173	泰安	Taian	71.46	79.47	95.67	104
黄山	Huangshan	44.59	33.45	29.49	224	威海	Weihai	176.29	311.72	260.24	40
滁州	Chuzhou	89.11	59.55	174.17	60	日照	Rizhao	39.67	115.01	122.44	80
阜阳	Fuyang	41.75	61.69	197.28	51	莱芜	Laiwu	16.72	13.99	26.13	232
宿州	Suzhou	39.01	68.16	99.04	101	临沂	Linyi	135.27	128.92	277.54	36
六安	Liuan	43.51	77.75	107.32	87	德州	Dezhou	56.44	109.24	152.50	65
亳州	Bozhou	27.47	72.07	224.98	47	聊城	Liaocheng	57.87	61.73	91.46	108

7-7 建设用地出让土地成交价款 续表 2

Transaction Price Value of Construction Use Land Supplied by Granting continued 2

单位：亿元 (100 million yuan)

地名	City	2010	2012	2013	2013 排名 Ranking
滨州	Binzhou	59.54	59.40	58.33	163
菏泽	Heze	49.40	63.36	107.29	88
河南	**Henan**	**651.35**	**1083.47**	**1503.37**	
郑州	Zhengzhou	159.51	330.99	494.51	15
开封	Kaifeng	46.65	40.35	80.24	122
洛阳	Luoyang	57.70	93.33	111.99	85
平顶山	Pingdingshan	32.38	45.40	96.38	103
安阳	Anyang	61.26	44.17	66.38	150
鹤壁	Hebi	18.54	27.96	32.31	217
新乡	Xinxiang	21.73	39.91	59.24	162
焦作	Jiaozuo	27.02	52.08	61.17	158
濮阳	Puyang	12.17	52.51	44.01	188
许昌	Xuchang	39.89	38.72	77.75	127
漯河	Luohe	9.85	36.87	48.57	179
三门峡	Sanmenxia	22.51	24.37	24.27	237
南阳	Nanyang	42.54	53.67	61.45	157
商丘	Shangqiu	26.64	55.28	82.94	117
信阳	Xinyang	33.13	31.22	44.12	187
周口	Zhoukou	11.91	60.56	50.64	177
驻马店	Zhumadian	27.92	56.08	67.39	148
湖北	**Hubei**	**765.88**	**982.33**	**1619.31**	
武汉	Wuhan	363.29	371.84	674.91	8
黄石	Huangshi	22.30	27.93	127.88	77
十堰	Shiyan	34.03	38.38	47.52	184
宜昌	Yichang	71.23	89.76	154.23	64
襄阳	Xiangfan	41.85	93.06	131.79	73
鄂州	Ezhou	27.43	38.16	31.36	218
荆门	Jingmen	24.01	53.42	39.58	199
孝感	Xiaogan	34.66	46.36	74.99	131
荆州	Jingzhou	37.58	42.79	88.71	112
黄冈	Huanggang	20.12	41.80	69.85	145
咸宁	Xianning	32.47	44.45	58.26	164
随州	Suizhou	18.29	24.98	35.08	212
湖南	**Hunan**	**499.59**	**782.73**	**1190.78**	
长沙	Changsha	180.65	286.76	474.55	19
株洲	Zhuzhou	33.37	29.14	78.77	124
湘潭	Xiangtan	23.23	60.38	52.37	174
衡阳	Hengyang	27.80	51.99	84.48	115
邵阳	Shaoyang	25.71	37.18	42.07	193
岳阳	Yueyang	28.05	39.71	63.61	153

地名	City	2010	2012	2013	2013 排名 Ranking
常德	Changde	31.61	54.29	84.79	114
张家界	Zhangjiajie	17.73	17.07	19.57	246
益阳	Yiyang	22.21	35.98	43.36	192
郴州	Chenzhou	29.71	52.22	72.10	137
永州	Yongzhou	19.96	22.29	38.72	204
怀化	Huaihua	41.48	58.73	73.81	132
娄底	Loudi	13.78	26.23	45.06	186
广东	**Guangdong**	**1350.02**	**1517.19**	**3254.50**	
广州	Guangzhou	364.28	297.83	760.40	5
韶关	Shaoguan	19.32	22.09	69.85	146
深圳	Shenzhen	50.85	97.55	548.48	11
珠海	Zhuhai	92.78	121.15	335.86	27
汕头	Shantou	12.34	15.07	49.01	178
佛山	Foshan	269.35	387.43	550.99	9
江门	Jiangmen	38.33	54.23	73.57	133
湛江	Zhanjiang	26.25	49.23	105.30	89
茂名	Maoming	6.06	11.57	51.70	176
肇庆	Zhaoqing	23.86	37.54	70.63	143
惠州	Huizhou	101.39	92.58	102.58	92
梅州	Meizhou	17.68	21.44	41.68	194
汕尾	Shanwei	0.99	4.18	8.89	271
河源	Heyuan	14.59	15.76	35.79	211
阳江	Yangjiang	38.43	34.94	21.75	242
清远	Qingyuan	41.82	24.97	70.34	144
东莞	Dongguan	135.78	114.10	215.56	49
中山	ZhongShan	67.67	51.38	57.37	166
潮州	Chaozhou	5.77	17.41	17.92	248
揭阳	Jieyang	16.07	22.06	30.20	221
云浮	Yunfu	6.41	24.69	36.66	208
广西	**Guangxi**	**424.68**	**504.65**	**634.28**	
南宁	Nanning	183.14	115.79	101.39	96
柳州	Liuzhou	35.17	101.63	130.95	74
桂林	Guilin	28.79	32.98	65.19	151
梧州	Wuzhou	33.00	37.01	28.34	228
北海	Beihai	23.53	21.64	34.25	215
防城港	Fangchenggang	15.77	25.67	36.47	209
钦州	Qinzhou	27.23	29.72	43.41	191
贵港	Guigang	5.61	15.94	31.15	220
玉林	Yulin	34.17	30.15	41.41	195
百色	Baise	14.77	29.28	40.65	198

7-7 建设用地出让土地成交价款 续表 3

Transaction Price Value of Construction Use Land Supplied by Granting continued 3

单位：亿元 (100 million yuan)

地名	City	2010	2012	2013	2013 排名 Ranking	地名	City	2010	2012	2013	2013 排名 Ranking
贺州	Hezhou	6.12	14.17	23.59	238	丽江	Lijiang	1.99	9.16	14.01	258
河池	Hechi	6.52	14.19	15.11	255	普洱	Puer	9.30	15.74	21.71	243
来宾	Laibin	3.88	28.48	29.54	223	临沧	Lincang	3.18	9.53	14.24	257
崇左	Chongzuo	6.98	8.02	12.83	263	**西藏**	**Tibet**	**6.67**	**5.90**	**7.95**	
海南	**Hainan**	**202.50**	**210.22**	**245.86**		拉萨	Lhasa	5.68	3.06	4.35	281
海口	Haikou	17.00	30.34	39.52	201	**陕西**	**Shaanxi**	**265.33**	**539.27**	**701.78**	
三亚	Sanya	51.49	79.35	61.49	156	西安	Xi'an	130.97	276.51	253.53	41
重庆	**Chongqing**	**732.88**	**1187.28**	**1722.75**		铜川	Tongchuan	6.76	3.26	6.00	278
四川	**Sichuan**	**1116.80**	**1361.94**	**1995.32**		宝鸡	Baoji	17.25	22.68	59.95	160
成都	Chengdu	535.07	616.60	715.86	7	咸阳	Xianyang	33.96	42.75	88.91	111
自贡	Zigong	26.03	27.27	51.87	175	渭南	Weinan	16.21	27.48	31.32	219
攀枝花	Panzhihua	21.40	19.31	17.98	247	延安	Yan'an	7.40	10.72	23.24	239
泸州	Luzhou	49.59	35.93	78.34	126	汉中	Hanzhong	9.71	24.32	40.81	197
德阳	Deyang	58.58	44.16	57.17	167	榆林	Yulin	34.19	111.04	132.15	72
绵阳	Mianyang	47.97	86.30	90.64	110	安康	Ankang	2.33	13.22	48.51	180
广元	Guangyuan	17.87	23.28	35.00	213	商洛	Shangluo	6.56	7.29	17.35	250
遂宁	Suining	41.31	16.38	101.95	94	**甘肃**	**Gansu**	**135.47**	**125.67**	**237.77**	
内江	Neijiang	26.14	37.05	91.93	107	兰州	Lanzhou	66.53	28.65	72.42	136
乐山	Leshan	64.04	59.82	55.46	171	嘉峪关	Jiayuguan	1.12	3.54	2.01	284
南充	Nanchong	64.74	58.06	168.27	61	金昌	Jinchang	0.76	2.68	7.02	274
眉山	Meishan	21.00	62.77	103.08	91	白银	Baiyin	5.03	5.34	16.99	252
宜宾	Yibin	36.77	58.07	75.89	130	天水	Tianshui	13.59	16.09	19.61	245
广安	Guangan	27.89	31.12	73.45	134	武威	Wuwei	5.21	9.53	15.41	254
达州	Dazhou	31.43	29.76	70.77	142	张掖	Zhangye	8.09	6.87	17.09	251
雅安	Yaan	12.24	5.06	11.05	268	平凉	Pingliang	4.13	3.60	11.73	265
巴中	Bazhong	8.77	48.58	64.39	152	酒泉	Jiuquan	5.67	10.37	15.82	253
资阳	Ziyang	12.32	83.33	111.39	86	庆阳	Qingyang	8.20	18.26	22.18	240
贵州	**Guizhou**	**197.34**	**548.99**	**766.71**		定西	Dingxi	9.27	10.11	17.71	249
贵阳	Guiyang	99.84	181.79	199.88	50	陇南	Longnan	0.63	2.02	4.63	280
六盘水	Liupanshui	9.70	34.51	32.89	216	**青海**	**Qinghai**	**47.54**	**43.57**	**69.90**	
遵义	Zunyi	19.09	69.36	128.40	76	西宁	Xining	41.74	29.93	55.81	170
安顺	Anshun	9.51	21.86	83.47	116	**宁夏**	**Ningxia**	**89.92**	**93.75**	**175.26**	
毕节	Bijie	9.98	110.50	101.42	95	银川	Yinchuan	40.49	44.78	114.71	84
铜仁	Tongren	8.89	28.11	71.03	141	石嘴山	Shizuishan	17.85	8.64	11.57	266
云南	**Yunnan**	**438.16**	**757.73**	**899.09**		吴忠	Wuzhong	12.60	18.64	27.30	231
昆明	Kunming	248.00	437.28	549.26	10	固原	Guyuan	10.32	4.27	7.32	273
曲靖	Qujing	28.20	51.89	38.56	206	中卫	Zhongwei	8.65	17.41	14.37	256
玉溪	Yuxi	24.54	26.14	22.18	241	**新疆**	**Xinjiang**	**138.55**	**233.68**	**324.68**	
保山	Baoshan	16.64	20.95	27.31	230	乌鲁木齐	Urumqi	42.80	40.62	86.26	113
昭通	Zhaotong	15.19	14.57	11.28	267	克拉玛依	Karamay	2.67	7.15	13.52	260

7-8 供应工矿仓储用地面积
Area of Land Supplied for Industry, Mining and Warehousing

单位：公顷 (hectare)

地名	City	2010	2012	2013	2013 排名 Ranking	地名	City	2010	2012	2013	2013 排名 Ranking
全国	**Nation Total**	**153977.6**	**207194.5**	**213521.0**		沈阳	Shenyang	1677.98	1383.92	1280.72	22
北京	**Beijing**	**844.49**	**530.88**	**502.86**		大连	Dalian	2140.55	1131.48	2121.50	8
天津	**Tianjin**	**2642.73**	**3702.43**	**2788.08**		鞍山	Anshan	942.03	587.47	639.53	106
河北	**Hebei**	**8679.30**	**9943.17**	**10803.90**		抚顺	Fushun	517.48	436.65	510.24	136
石家庄	Shijiazhuang	645.34	696.26	624.89	108	本溪	Benxi	312.30	179.09	324.49	194
唐山	Tangshan	1523.73	3230.43	3590.50	3	丹东	Dandong	285.58	257.76	368.33	176
秦皇岛	Qinhuangdao	315.49	199.04	293.26	205	锦州	Jinzhou	627.19	414.18	811.99	74
邯郸	Handan	619.72	989.50	893.83	66	营口	Yingkou	762.74	918.09	487.26	148
邢台	Xingtai	539.18	712.26	1046.97	46	阜新	Fuxin	262.14	465.04	341.91	187
保定	Baoding	638.25	843.43	571.03	121	辽阳	Liaoyang	393.10	817.91	258.52	217
张家口	Zhangjiakou	361.36	325.16	469.00	153	盘锦	Panjin	458.20	1131.61	574.76	120
承德	Chengde	288.07	436.52	622.26	109	铁岭	Tieling	966.91	173.54	498.55	143
沧州	Cangzhou	2644.78	1316.33	1188.34	33	朝阳	Chaoyang	470.62	429.66	594.44	114
廊坊	Langfang	669.05	730.01	786.39	78	葫芦岛	Huludao	457.94	322.67	424.82	160
衡水	Hengshui	434.33	464.23	717.42	90	吉林	**Jilin**	**3344.29**	**3721.68**	**4311.06**	
山西	**Shanxi**	**2460.12**	**4522.15**	**3503.69**		长春	Changchun	1409.71	1130.20	1536.01	16
太原	Taiyuan	246.32	478.51	315.57	199	吉林	Jilin	434.55	659.46	790.58	77
大同	Datong	52.18	197.19	172.01	251	四平	Siping	361.53	284.11	334.25	192
阳泉	Yangquan	94.68	128.63	60.76	278	辽源	Liaoyuan	127.74	194.31	174.31	249
长治	Changzhi	260.62	428.14	214.41	230	通化	Tonghua	216.48	301.34	251.74	219
晋城	Jincheng	177.60	210.88	228.39	224	白山	Baishan	77.85	216.57	174.04	250
朔州	Shuozhou	304.12	653.80	298.66	204	松原	Songyuan	73.04	134.63	455.44	158
晋中	Jinzhong	314.83	444.53	502.93	141	白城	Baicheng	480.74	150.37	259.19	216
运城	Yuncheng	329.97	449.38	405.52	165	黑龙江	**Heilongjiang**	**3066.40**	**4260.04**	**5237.43**	
忻州	Xinzhou	61.08	387.75	279.41	208	哈尔滨	Harbin	789.36	864.13	897.65	65
临汾	Linfen	318.24	548.11	516.45	133	齐齐哈尔	Qiqihar	366.20	456.25	522.72	132
吕梁	Luliang	300.48	595.21	509.56	137	鸡西	Jixi	71.84	191.41	159.89	255
内蒙古	**Inner Mongolia**	**7779.21**	**10162.43**	**10149.85**		鹤岗	Hegang	109.42	124.00	162.05	254
呼和浩特	Hohhot	212.64	170.06	364.91	179	双鸭山	Shuangyashan	127.07	67.47	96.57	272
包头	Baotou	450.01	436.32	842.08	70	大庆	Daqing	232.06	519.21	956.25	57
乌海	Wuhai	377.34	455.52	235.95	222	伊春	Yichun	56.77	24.61	109.67	267
赤峰	Chifeng	546.67	1680.37	1146.14	37	佳木斯	Jiamusi	168.53	228.27	317.64	198
通辽	Tongliao	1721.94	624.16	1063.21	43	七台河	Qitaihe	61.36	133.76	79.24	275
鄂尔多斯	Erdos	1237.89	1837.25	1569.78	15	牡丹江	Mudanjiang	314.14	127.05	347.58	186
呼伦贝尔	Hulunbuir	848.96	1356.26	1015.30	49	黑河	Heihe	109.27	570.52	102.36	271
巴彦淖尔	Bayannur	585.46	755.62	774.45	81	绥化	Suihua	460.71	677.94	1064.25	42
乌兰察布	Ulanqab	346.71	920.08	654.30	102	上海	**Shanghai**	**692.58**	**908.96**	**523.35**	
辽宁	**Liaoning**	**10274.76**	**8649.05**	**9237.05**		江苏	**Jiangsu**	**16100.98**	**18858.65**	**16675.06**	

7-8 供应工矿仓储用地面积 续表 1
Area of Land Supplied for Industry, Mining and Warehousing continued 1

单位：公顷 (hectare)

地名	City	2010	2012	2013	2013 排名 Ranking	地名	City	2010	2012	2013	2013 排名 Ranking
南京	Nanjing	866.93	1199.04	657.20	101	池州	Chizhou	334.89	604.14	404.16	167
无锡	Wuxi	1161.09	1151.49	1242.60	27	宣城	Xuancheng	630.17	921.63	901.88	63
徐州	Xuzhou	1283.87	1264.85	942.20	58	**福建**	**Fujian**	**5439.26**	**6332.47**	**6303.31**	
常州	Changzhou	1318.63	1584.11	1040.91	47	福州	Fuzhou	728.38	883.26	1171.31	35
苏州	Suzhou	2486.52	2665.39	2113.07	9	厦门	Xiamen	517.93	269.54	219.55	229
南通	Nantong	1616.74	1925.53	1306.16	21	莆田	Putian	288.16	315.82	324.19	195
连云港	Lianyungang	1064.00	1526.88	2516.96	4	三明	Sanming	530.60	880.35	591.18	115
淮安	Huaian	747.80	872.60	711.66	91	泉州	Quanzhou	707.27	961.44	973.75	56
盐城	Yancheng	2413.82	2304.05	2032.56	11	漳州	Zhangzhou	1131.82	1351.55	1217.92	30
扬州	Yangzhou	1043.06	916.31	1172.26	34	南平	Nanping	265.36	495.35	538.24	130
镇江	Zhenjiang	360.00	796.83	883.62	67	龙岩	Longyan	841.58	625.43	696.92	93
泰州	Taizhou	887.95	1115.22	1188.55	32	宁德	Ningde	428.15	549.73	570.24	122
宿迁	Suqian	850.56	1536.34	867.32	68	**江西**	**Jiangxi**	**5694.95**	**6852.27**	**9875.09**	
浙江	**Zhejiang**	**10505.67**	**7523.40**	**8259.41**		南昌	Nanchang	853.02	866.73	1498.46	17
杭州	Hangzhou	1567.70	1041.30	929.96	60	景德镇	Jingdezhen	213.96	137.23	206.23	234
宁波	Ningbo	1143.13	1439.18	1264.02	25	萍乡	Pingxiang	116.48	146.79	339.97	191
温州	Wenzhou	384.71	385.57	460.23	157	九江	Jiujiang	602.52	1142.24	1429.85	18
嘉兴	Jiaxing	1766.36	772.82	719.79	88	新余	Xinyu	120.02	289.47	542.20	128
湖州	Huzhou	757.82	628.98	923.42	62	鹰潭	Yingtan	126.60	197.97	413.09	162
绍兴	Shaoxing	1063.46	692.65	812.30	73	赣州	Ganzhou	741.85	615.04	1157.76	36
金华	Jinhua	1059.20	587.83	846.27	69	吉安	Jian	521.88	588.25	719.29	89
衢州	Quzhou	899.72	319.88	408.77	163	宜春	Yichun	1205.76	1200.64	1280.04	23
舟山	Zhoushan	476.97	547.71	389.41	172	抚州	Fuzhou	768.80	794.51	1310.02	20
台州	Taizhou	937.83	561.88	938.14	59	上饶	Shangrao	424.04	873.40	978.17	54
丽水	Lishui	448.78	545.61	567.10	123	**山东**	**Shandong**	**19632.25**	**19931.09**	**24098.13**	
安徽	**Anhui**	**7437.57**	**9743.85**	**9616.82**		济南	Jinan	880.04	751.40	829.19	71
合肥	Hefei	931.55	1083.81	792.85	76	青岛	Qingdao	1814.00	1882.19	2439.27	6
芜湖	Wuhu	1119.45	946.31	1081.71	39	淄博	Zibo	515.22	577.29	1271.14	24
蚌埠	Bengbu	179.03	518.48	504.59	139	枣庄	Zaozhuang	448.33	281.98	491.22	145
淮南	Huainan	212.47	185.16	399.41	169	东营	Dongying	1458.14	1343.09	2187.11	7
马鞍山	Maanshan	319.02	522.50	360.15	180	烟台	Yantai	1848.04	1109.26	1249.99	26
淮北	Huaibei	494.13	277.69	164.07	253	潍坊	Weifang	4268.05	5462.56	4993.77	2
铜陵	Tongling	354.08	191.78	188.45	238	济宁	Jining	975.15	681.04	986.67	52
安庆	Anqing	430.25	536.45	586.15	116	泰安	Taian	931.92	567.31	635.38	107
黄山	Huangshan	139.33	201.00	166.22	252	威海	Weihai	986.58	923.47	1025.05	48
滁州	Chuzhou	501.47	942.00	1056.15	44	日照	Rizhao	603.41	549.93	559.77	125
阜阳	Fuyang	363.92	526.95	614.55	112	莱芜	Laiwu	329.19	370.30	745.67	85
宿州	Suzhou	443.12	506.90	370.72	175	临沂	Linyi	1302.25	1150.40	2088.29	10
六安	Liuan	308.24	940.19	793.33	75	德州	Dezhou	672.70	1159.32	1220.61	29
亳州	Bozhou	146.20	280.68	620.21	111	聊城	Liaocheng	819.25	941.78	1224.81	28

7-8 供应工矿仓储用地面积 续表 2
Area of Land Supplied for Industry, Mining and Warehousing continued 2

单位：公顷 (hectare)

地名	City	2010	2012	2013	2013 排名 Ranking
滨州	Binzhou	1073.24	1092.94	1095.90	38
菏泽	Heze	706.73	1086.82	1054.32	45
河南	**Henan**	**6645.83**	**9878.58**	**10420.74**	
郑州	Zhengzhou	687.27	1483.79	1074.33	40
开封	Kaifeng	329.70	317.44	515.74	134
洛阳	Luoyang	1073.27	895.46	705.14	92
平顶山	Pingdingshan	530.52	447.47	466.47	154
安阳	Anyang	431.85	464.86	826.59	72
鹤壁	Hebi	309.27	241.10	523.05	131
新乡	Xinxiang	374.26	684.09	900.48	64
焦作	Jiaozuo	480.19	1095.61	928.68	61
濮阳	Puyang	123.76	276.18	490.53	146
许昌	Xuchang	349.77	413.52	358.58	182
漯河	Luohe	211.84	396.91	268.17	213
三门峡	Sanmenxia	385.43	290.39	477.41	149
南阳	Nanyang	443.50	732.19	693.42	94
商丘	Shangqiu	311.89	917.90	682.25	100
信阳	Xinyang	91.63	211.66	277.12	210
周口	Zhoukou	206.80	530.46	466.43	155
驻马店	Zhumadian	304.88	479.54	766.32	83
湖北	**Hubei**	**7664.18**	**11098.14**	**11725.90**	
武汉	Wuhan	1355.85	1727.98	1685.53	13
黄石	Huangshi	372.07	344.84	1331.07	19
十堰	Shiyan	192.29	507.34	621.87	110
宜昌	Yichang	1431.50	1051.09	1609.31	14
襄阳	Xiangfan	819.05	1613.18	1193.62	31
鄂州	Ezhou	234.42	250.76	358.84	181
荆门	Jingmen	482.51	906.22	499.56	142
孝感	Xiaogan	642.95	1089.64	495.23	144
荆州	Jingzhou	701.45	1127.31	986.04	53
黄冈	Huanggang	668.47	985.85	977.82	55
咸宁	Xianning	161.05	467.75	778.17	79
随州	Suizhou	146.62	384.22	405.47	166
湖南	**Hunan**	**3386.83**	**3877.83**	**4526.33**	
长沙	Changsha	618.82	750.02	692.37	96
株洲	Zhuzhou	74.05	156.43	275.29	211
湘潭	Xiangtan	248.33	430.62	299.89	203
衡阳	Hengyang	334.34	361.90	545.16	127
邵阳	Shaoyang	121.96	203.44	185.19	242
岳阳	Yueyang	358.76	386.07	365.53	178
常德	Changde	427.03	365.54	394.90	170
张家界	Zhangjiajie	53.88	23.49	29.61	283
益阳	Yiyang	288.60	357.80	379.75	174
郴州	Chenzhou	354.12	271.34	418.47	161
永州	Yongzhou	216.89	248.81	507.62	138
怀化	Huaihua	74.77	118.02	174.78	248
娄底	Loudi	140.87	112.98	213.26	231
广东	**Guangdong**	**6453.45**	**7412.60**	**7338.01**	
广州	Guangzhou	1253.84	542.54	688.54	99
韶关	Shaoguan	349.29	376.03	357.21	184
深圳	Shenzhen	62.40	89.23	108.51	268
珠海	Zhuhai	547.12	345.48	178.28	246
汕头	Shantou	83.77	104.95	128.65	263
佛山	Foshan	548.32	926.75	1008.82	50
江门	Jiangmen	823.78	806.04	503.42	140
湛江	Zhanjiang	278.33	853.59	405.64	164
茂名	Maoming	52.90	188.10	221.83	227
肇庆	Zhaoqing	388.31	538.65	599.37	113
惠州	Huizhou	266.16	535.06	770.30	82
梅州	Meizhou	157.60	151.72	159.32	256
汕尾	Shanwei	3.58	57.55	153.52	200
河源	Heyuan	88.33	114.30	205.38	235
阳江	Yangjiang	343.59	387.20	232.84	223
清远	Qingyuan	264.76	200.95	465.73	156
东莞	Dongguan	284.51	215.17	402.64	168
中山	ZhongShan	435.14	259.28	211.74	232
潮州	Chaozhou	16.55	130.05	211.15	233
揭阳	Jieyang	44.13	288.84	103.89	270
云浮	Yunfu	161.04	310.09	221.26	228
广西	**Guangxi**	**3083.94**	**4848.84**	**4191.58**	
南宁	Nanning	632.43	581.32	584.55	117
柳州	Liuzhou	319.59	703.69	563.46	124
桂林	Guilin	285.08	286.17	272.35	212
梧州	Wuzhou	348.56	287.36	341.54	188
北海	Beihai	135.16	402.70	257.89	218
防城港	Fangchenggang	196.52	467.02	307.70	201
钦州	Qinzhou	216.41	222.91	227.34	225
贵港	Guigang	36.59	342.99	300.63	202
玉林	Yulin	324.93	256.78	191.47	237
百色	Baise	171.83	666.26	286.77	206

7-8 供应工矿仓储用地面积 续表 3
Area of Land Supplied for Industry, Mining and Warehousing continued 3

单位：公顷 (hectare)

地名	City	2010	2012	2013	2013 排名 Ranking	地名	City	2010	2012	2013	2013 排名 Ranking
贺州	Hezhou	111.25	209.23	108.43	269	丽江	Lijiang	37.60	12.71	92.54	274
河池	Hechi	179.22	185.01	158.87	257	普洱	Puer	58.69	41.74	93.03	273
来宾	Laibin	21.24	105.35	433.97	159	临沧	Lincang	78.37	79.89	70.13	277
崇左	Chongzuo	105.15	132.06	156.64	259	**西藏**	**Tibet**	**101.92**	**58.57**	**186.16**	
海南	**Hainan**	**463.33**	**540.71**	**376.84**		拉萨	Lhasa	66.27	13.21	37.08	280
海口	Haikou	47.49	92.50	6.55	284	**陕西**	**Shaanxi**	**2532.25**	**4178.26**	**11088.24**	
三亚	Sanya	21.34	40.12	32.12	281	西安	Xi'an	378.56	560.81	999.47	51
重庆	**Chongqing**	**2891.81**	**2573.25**	**2844.53**		铜川	Tongchuan	99.48	10.67	73.62	276
四川	**Sichuan**	**5493.80**	**8455.87**	**7628.55**		宝鸡	Baoji	258.58	377.32	355.51	185
成都	Chengdu	1481.91	1907.45	1906.61	12	咸阳	Xianyang	437.50	590.61	692.48	95
自贡	Zigong	120.93	241.56	358.37	183	渭南	Weinan	266.18	442.47	280.39	207
攀枝花	Panzhihua	164.43	485.53	175.67	247	延安	Yan'an	76.33	9.72	2454.08	5
泸州	Luzhou	611.38	460.37	331.26	193	汉中	Hanzhong	81.40	128.92	132.06	262
德阳	Deyang	536.07	624.03	557.22	126	榆林	Yulin	868.88	1823.50	5774.81	1
绵阳	Mianyang	276.42	950.57	469.89	152	安康	Ankang	6.52	180.95	138.27	261
广元	Guangyuan	144.77	347.53	511.58	135	商洛	Shangluo	58.82	53.29	187.55	239
遂宁	Suining	114.14	199.94	318.96	197	**甘肃**	**Gansu**	**1520.82**	**6495.98**	**4731.14**	
内江	Neijiang	187.16	200.61	187.11	240	兰州	Lanzhou	105.06	589.50	689.21	98
乐山	Leshan	300.61	269.09	242.43	221	嘉峪关	Jiayuguan	82.76	577.58	157.02	258
南充	Nanchong	240.29	274.76	320.52	196	金昌	Jinchang	252.69	191.73	116.84	264
眉山	Meishan	209.50	607.12	640.38	105	白银	Baiyin	168.95	412.70	579.04	118
宜宾	Yibin	272.63	521.50	389.13	173	天水	Tianshui	113.32	154.64	113.56	265
广安	Guangan	233.97	311.50	259.45	215	武威	Wuwei	161.38	964.87	538.59	129
达州	Dazhou	115.93	372.28	278.43	209	张掖	Zhangye	76.68	186.50	742.13	86
雅安	Yaan	272.44	221.63	183.96	243	平凉	Pingliang	22.06	70.94	180.17	245
巴中	Bazhong	5.27	89.94	29.62	282	酒泉	Jiuquan	348.40	1262.54	652.83	103
资阳	Ziyang	114.27	290.78	199.92	236	庆阳	Qingyang	32.57	1623.69	366.92	177
贵州	**Guizhou**	**1792.53**	**6043.78**	**4462.55**		定西	Dingxi	103.41	287.89	340.11	190
贵阳	Guiyang	462.68	881.05	650.85	104	陇南	Longnan	22.89	86.47	111.64	266
六盘水	Liupanshui	309.77	425.92	223.37	226	**青海**	**Qinghai**	**606.41**	**3663.82**	**2572.25**	
遵义	Zunyi	344.00	925.63	691.72	97	西宁	Xining	173.96	594.39	311.59	200
安顺	Anshun	82.31	242.33	341.31	189	**宁夏**	**Ningxia**	**1632.91**	**3767.96**	**3402.84**	
毕节	Bijie	211.80	899.11	488.07	147	银川	Yinchuan	640.26	1432.51	1068.14	41
铜仁	Tongren	41.90	428.75	389.82	171	石嘴山	Shizuishan	618.91	727.45	575.07	119
云南	**Yunnan**	**2646.93**	**2460.36**	**2890.36**		吴忠	Wuzhong	259.97	585.45	775.90	80
昆明	Kunming	646.04	575.40	475.11	150	固原	Guyuan	64.66	58.28	263.75	214
曲靖	Qujing	358.84	327.68	185.48	241	中卫	Zhongwei	49.11	964.26	719.98	87
玉溪	Yuxi	208.86	220.98	242.59	220	**新疆**	**Xinjiang**	**2466.15**	**16188.48**	**13249.82**	
保山	Baoshan	86.50	93.23	182.49	244	乌鲁木齐	Urumqi	431.58	402.52	750.75	84
昭通	Zhaotong	44.20	91.47	37.69	279	克拉玛依	Karamay	96.23	587.16	472.63	151

7-9 供应商业服务用地面积
Area of Land Supplied for Commercial and Service Uses

单位：公顷 (hectare)

地名	City	2010	2012	2013	2013 排名 Ranking	地名	City	2010	2012	2013	2013 排名 Ranking
全国	**Nation Total**	**38905.15**	**50939.34**	**67042.26**		沈阳	Shenyang	283.42	473.71	354.94	41
北京	**Beijing**	**400.08**	**149.00**	**353.59**		大连	Dalian	441.30	565.96	302.98	54
天津	**Tianjin**	**590.24**	**499.07**	**491.59**		鞍山	Anshan	112.69	180.14	155.87	134
河北	**Hebei**	**1694.86**	**2333.32**	**2920.31**		抚顺	Fushun	110.42	128.58	143.29	149
石家庄	Shijiazhuang	92.64	158.01	205.22	92	本溪	Benxi	132.88	57.56	111.87	182
唐山	Tangshan	322.60	674.60	807.97	8	丹东	Dandong	79.99	84.85	84.83	219
秦皇岛	Qinhuangdao	137.10	304.68	154.79	137	锦州	Jinzhou	100.41	146.04	626.16	10
邯郸	Handan	175.36	101.46	189.28	103	营口	Yingkou	1112.94	260.00	267.06	65
邢台	Xingtai	89.02	113.77	101.98	196	阜新	Fuxin	74.38	47.13	105.35	190
保定	Baoding	123.98	119.44	321.20	51	辽阳	Liaoyang	143.40	81.44	143.80	147
张家口	Zhangjiakou	185.55	110.87	270.76	63	盘锦	Panjin	125.06	455.02	381.66	36
承德	Chengde	144.18	190.84	247.48	75	铁岭	Tieling	285.86	90.98	156.31	132
沧州	Cangzhou	173.73	96.22	158.26	130	朝阳	Chaoyang	49.35	100.68	128.40	163
廊坊	Langfang	140.72	302.85	325.54	48	葫芦岛	Huludao	207.94	146.52	176.77	115
衡水	Hengshui	109.98	160.58	137.83	154	吉林	**Jilin**	**892.22**	**1237.54**	**885.61**	
山西	**Shanxi**	**743.08**	**1097.91**	**1489.27**		长春	Changchun	333.77	770.96	326.77	47
太原	Taiyuan	60.47	97.83	167.83	123	吉林	Jilin	99.27	122.36	190.93	101
大同	Datong	99.06	213.12	244.59	76	四平	Siping	72.78	53.95	74.50	233
阳泉	Yangquan	45.10	45.76	25.97	276	辽源	Liaoyuan	44.57	82.03	27.80	273
长治	Changzhi	9.31	91.28	89.29	215	通化	Tonghua	50.87	42.50	71.18	236
晋城	Jincheng	54.56	77.07	61.75	250	白山	Baishan	167.54	34.96	63.33	248
朔州	Shuozhou	97.80	75.27	205.97	91	松原	Songyuan	28.95	19.98	22.36	277
晋中	Jinzhong	73.80	73.18	133.51	155	白城	Baicheng	39.67	23.74	46.55	262
运城	Yuncheng	62.33	83.85	175.81	116	黑龙江	**Heilongjiang**	**1040.96**	**1305.50**	**1686.48**	
忻州	Xinzhou	99.26	143.74	132.47	158	哈尔滨	Harbin	229.02	232.30	523.42	21
临汾	Linfen	81.64	121.34	156.26	133	齐齐哈尔	Qiqihar	57.27	160.41	117.28	175
吕梁	Luliang	59.75	65.46	95.82	206	鸡西	Jixi	18.88	43.40	54.22	256
内蒙古	**Inner Mongolia**	**3154.32**	**2796.60**	**2247.01**		鹤岗	Hegang	9.53	16.64	12.54	281
呼和浩特	Hohhot	165.53	359.82	259.36	70	双鸭山	Shuangyashan	9.18	81.67	81.65	222
包头	Baotou	83.54	112.21	167.61	124	大庆	Daqing	123.84	178.95	167.02	125
乌海	Wuhai	45.07	58.30	27.52	274	伊春	Yichun	24.39	64.63	124.38	167
赤峰	Chifeng	132.45	195.83	198.41	96	佳木斯	Jiamusi	58.38	101.75	97.05	204
通辽	Tongliao	149.90	92.27	158.84	129	七台河	Qitaihe	3.89	9.41	9.87	283
鄂尔多斯	Erdos	1588.16	766.34	162.59	127	牡丹江	Mudanjiang	129.18	82.15	132.69	157
呼伦贝尔	Hulunbuir	147.07	316.93	323.01	50	黑河	Heihe	63.55	44.98	63.99	245
巴彦淖尔	Bayannur	316.77	243.76	216.86	85	绥化	Suihua	117.59	126.83	143.58	148
乌兰察布	Ulanqab	144.78	166.31	385.04	35	上海	**Shanghai**	**561.45**	**155.48**	**249.12**	
辽宁	**Liaoning**	**3260.02**	**2181.61**	**3139.28**		江苏	**Jiangsu**	**3699.52**	**5853.34**	**8262.43**	

7-9 供应商业服务用地面积 续表 1
Area of Land Supplied for Commercial and Service Uses continued 1

单位：公顷 (hectare)

地名	City	2010	2012	2013	2013 排名 Ranking	地名	City	2010	2012	2013	2013 排名 Ranking
南京	Nanjing	108.37	148.35	285.60	59	池州	Chizhou	183.05	74.82	351.10	44
无锡	Wuxi	465.28	283.06	469.37	25	宣城	Xuancheng	192.19	188.77	380.15	38
徐州	Xuzhou	370.47	509.68	631.99	9	**福建**	**Fujian**	**935.02**	**1324.86**	**1532.30**	
常州	Changzhou	407.08	468.08	486.99	23	福州	Fuzhou	175.60	442.29	480.03	24
苏州	Suzhou	436.56	784.44	907.33	6	厦门	Xiamen	100.23	139.14	82.79	220
南通	Nantong	482.86	1175.50	1219.87	2	莆田	Putian	28.48	46.82	80.33	225
连云港	Lianyungang	260.68	597.21	1739.78	1	三明	Sanming	101.38	77.46	168.49	121
淮安	Huaian	354.59	405.81	525.01	19	泉州	Quanzhou	112.82	145.95	183.18	108
盐城	Yancheng	282.52	856.98	904.43	7	漳州	Zhangzhou	195.48	118.26	169.40	119
扬州	Yangzhou	347.02	185.69	343.62	45	南平	Nanping	127.43	133.76	126.46	165
镇江	Zhenjiang	15.91	96.59	158.10	131	龙岩	Longyan	63.08	173.22	138.64	153
泰州	Taizhou	95.88	138.90	124.60	166	宁德	Ningde	30.50	47.96	102.98	194
宿迁	Suqian	72.30	203.06	465.75	27	**江西**	**Jiangxi**	**1084.78**	**1370.72**	**2488.78**	
浙江	**Zhejiang**	**1830.49**	**1276.09**	**2671.21**		南昌	Nanchang	288.85	152.41	403.82	33
杭州	Hangzhou	483.54	182.64	469.21	26	景德镇	Jingdezhen	76.99	49.25	148.63	140
宁波	Ningbo	373.60	298.53	559.63	15	萍乡	Pingxiang	34.09	30.99	88.53	216
温州	Wenzhou	66.78	125.39	269.82	64	九江	Jiujiang	159.83	264.55	465.31	28
嘉兴	Jiaxing	243.59	153.01	291.14	57	新余	Xinyu	5.40	24.15	96.39	205
湖州	Huzhou	185.04	55.33	186.87	105	鹰潭	Yingtan	44.08	60.34	91.68	208
绍兴	Shaoxing	75.83	153.66	241.24	77	赣州	Ganzhou	122.81	279.26	361.09	40
金华	Jinhua	139.11	95.94	195.64	98	吉安	Jian	117.28	114.31	141.34	150
衢州	Quzhou	76.15	31.98	117.78	173	宜春	Yichun	121.83	170.09	273.15	61
舟山	Zhoushan	55.30	24.47	39.90	266	抚州	Fuzhou	31.94	53.24	128.42	162
台州	Taizhou	98.96	77.95	154.81	136	上饶	Shangrao	81.67	172.12	290.43	58
丽水	Lishui	32.59	77.19	145.17	146	**山东**	**Shandong**	**5069.53**	**5217.40**	**6667.53**	
安徽	**Anhui**	**1761.66**	**2775.47**	**3936.83**		济南	Jinan	179.63	280.73	273.13	62
合肥	Hefei	132.17	489.45	539.50	17	青岛	Qingdao	457.29	1092.27	523.56	20
芜湖	Wuhu	120.95	164.26	542.74	16	淄博	Zibo	154.82	128.92	263.50	68
蚌埠	Bengbu	66.56	165.15	202.10	94	枣庄	Zaozhuang	122.83	176.55	337.42	46
淮南	Huainan	15.76	61.92	26.40	275	东营	Dongying	104.53	187.97	211.39	89
马鞍山	Maanshan	31.04	46.22	184.65	107	烟台	Yantai	563.77	251.84	398.26	34
淮北	Huaibei	52.37	72.74	107.34	188	潍坊	Weifang	1213.28	565.21	1086.44	3
铜陵	Tongling	113.44	92.05	119.67	172	济宁	Jining	518.63	454.56	608.02	12
安庆	Anqing	86.51	169.08	100.10	199	泰安	Taian	128.56	202.22	263.20	69
黄山	Huangshan	121.56	187.66	180.66	112	威海	Weihai	346.09	375.20	413.67	31
滁州	Chuzhou	224.56	174.33	367.35	39	日照	Rizhao	35.29	80.30	146.54	143
阜阳	Fuyang	110.24	145.44	101.73	197	莱芜	Laiwu	71.23	35.39	75.23	232
宿州	Suzhou	80.51	182.08	212.61	88	临沂	Linyi	500.60	554.36	965.13	4
六安	Liuan	102.41	295.91	201.15	95	德州	Dezhou	103.17	388.51	443.03	29
亳州	Bozhou	110.13	183.64	237.82	78	聊城	Liaocheng	171.43	108.21	231.35	81

7-9 供应商业服务用地面积 续表 2

Area of Land Supplied for Commercial and Service Uses continued 2

单位：公顷 (hectare)

地名	City	2010	2012	2013	2013 排名 Ranking	地名	City	2010	2012	2013	2013 排名 Ranking
滨州	Binzhou	196.25	100.51	111.78	183	常德	Changde	102.16	110.27	155.67	135
菏泽	Heze	202.13	234.64	315.89	52	张家界	Zhangjiajie	72.86	30.29	56.29	255
河南	**Henan**	**1069.34**	**1954.34**	**2885.16**		益阳	Yiyang	40.12	91.27	111.07	185
郑州	Zhengzhou	88.83	260.44	407.21	32	郴州	Chenzhou	51.57	67.56	187.79	104
开封	Kaifeng	63.26	58.96	181.71	109	永州	Yongzhou	33.23	55.48	70.11	239
洛阳	Luoyang	78.21	134.30	178.39	113	怀化	Huaihua	193.04	241.81	150.15	138
平顶山	Pingdingshan	11.20	103.48	145.37	145	娄底	Loudi	47.66	81.77	140.05	151
安阳	Anyang	85.18	140.49	230.66	82	**广东**	**Guangdong**	**1385.03**	**1531.17**	**2061.12**	
鹤壁	Hebi	23.87	70.88	77.66	229	广州	Guangzhou	164.29	178.30	283.12	60
新乡	Xinxiang	77.55	110.87	149.22	139	韶关	Shaoguan	20.77	43.62	104.27	193
焦作	Jiaozuo	70.84	138.15	181.66	110	深圳	Shenzhen	10.86	30.05	99.52	201
濮阳	Puyang	11.25	62.52	123.84	168	珠海	Zhuhai	98.37	59.80	101.14	198
许昌	Xuchang	70.30	95.60	236.31	79	汕头	Shantou	19.87	4.40	14.98	279
漯河	Luohe	20.19	42.87	77.76	227	佛山	Foshan	212.66	225.47	305.22	53
三门峡	Sanmenxia	43.58	113.56	77.70	228	江门	Jiangmen	30.92	217.11	73.28	235
南阳	Nanyang	113.49	127.51	117.43	174	湛江	Zhanjiang	58.81	32.28	89.72	214
商丘	Shangqiu	67.07	100.21	197.03	97	茂名	Maoming	25.05	17.36	132.11	160
信阳	Xinyang	81.95	87.91	90.20	211	肇庆	Zhaoqing	66.22	67.97	220.41	83
周口	Zhoukou	28.66	167.61	192.67	100	惠州	Huizhou	209.02	122.09	89.91	213
驻马店	Zhumadian	133.93	138.98	220.35	84	梅州	Meizhou	34.02	26.60	115.87	178
湖北	**Hubei**	**1666.36**	**1896.47**	**2458.75**		汕尾	Shanwei	18.85	7.31	13.45	280
武汉	Wuhan	405.14	220.37	435.36	30	河源	Heyuan	55.09	34.29	48.37	260
黄石	Huangshi	48.95	45.15	104.97	191	阳江	Yangjiang	115.12	71.71	34.81	268
十堰	Shiyan	103.65	134.37	215.51	86	清远	Qingyuan	114.55	20.79	76.38	231
宜昌	Yichang	244.35	159.70	256.00	73	东莞	Dongguan	80.15	49.36	63.59	247
襄阳	Xiangfan	97.04	251.99	264.07	67	中山	ZhongShan	29.76	214.13	56.85	254
鄂州	Ezhou	50.63	52.08	63.01	249	潮州	Chaozhou		3.73	4.00	284
荆门	Jingmen	88.42	164.19	215.29	87	揭阳	Jieyang	5.70	45.86	57.05	253
孝感	Xiaogan	108.06	104.12	64.63	244	云浮	Yunfu	14.05	58.04	77.08	230
荆州	Jingzhou	78.92	80.36	133.26	156	**广西**	**Guangxi**	**769.25**	**981.05**	**1694.55**	
黄冈	Huanggang	133.93	262.74	208.32	90	南宁	Nanning	138.20	77.10	67.39	241
咸宁	Xianning	130.45	101.47	204.23	93	柳州	Liuzhou	83.30	64.86	51.29	258
随州	Suizhou	34.61	28.93	29.71	271	桂林	Guilin	198.49	61.42	139.44	152
湖南	**Hunan**	**1238.49**	**1459.30**	**1865.04**		梧州	Wuzhou	27.11	119.64	58.38	252
长沙	Changsha	357.31	291.23	381.52	37	北海	Beihai	11.24	32.67	37.48	267
株洲	Zhuzhou	34.62	75.36	111.16	184	防城港	Fangchenggang	59.15	177.43	620.65	11
湘潭	Xiangtan	42.88	68.09	98.73	202	钦州	Qinzhou	103.34	61.43	98.68	203
衡阳	Hengyang	104.68	136.23	167.96	122	贵港	Guigang	9.77	69.22	41.86	265
邵阳	Shaoyang	69.53	115.85	69.21	240	玉林	Yulin	74.03	50.24	171.40	118
岳阳	Yueyang	82.96	63.25	102.68	195	百色	Baise	30.04	77.32	116.95	177

7-9 供应商业服务用地面积 续表 3
Area of Land Supplied for Commercial and Service Uses continued 3

单位：公顷 (hectare)

地名	City	2010	2012	2013	2013 排名 Ranking	地名	City	2010	2012	2013	2013 排名 Ranking
贺州	Hezhou	6.57	23.13	107.95	187	丽江	Lijiang	7.21	81.80	123.26	169
河池	Hechi	2.55	70.99	33.15	269	普洱	Puer	33.07	67.81	148.15	141
来宾	Laibin	15.93	43.71	90.71	210	临沧	Lincang	40.90	120.52	146.65	142
崇左	Chongzuo	9.53	51.89	59.22	251	**西藏**	**Tibet**	**113.63**	**71.38**	**230.45**	
海南	**Hainan**	**437.10**	**463.07**	**515.49**		拉萨	Lhasa	99.67	34.26	52.81	257
海口	Haikou	3.64	55.51	48.96	259	**陕西**	**Shaanxi**	**353.29**	**933.70**	**1341.89**	
三亚	Sanya	58.34	99.38	80.51	224	西安	Xi'an	69.34	207.21	256.29	72
重庆	**Chongqing**	**354.89**	**766.77**	**1089.36**		铜川	Tongchuan	10.66	10.49	20.85	278
四川	**Sichuan**	**1362.91**	**2097.02**	**3047.00**		宝鸡	Baoji	35.42	67.80	266.09	66
成都	Chengdu	505.40	716.64	526.62	18	咸阳	Xianyang	33.27	81.07	168.86	120
自贡	Zigong	39.17	50.85	113.07	181	渭南	Weinan	34.92	80.32	91.16	209
攀枝花	Panzhihua	22.66	27.40	29.34	272	延安	Yan'an	26.21	26.97	31.94	270
泸州	Luzhou	155.69	57.44	91.81	207	汉中	Hanzhong	16.23	82.23	43.54	264
德阳	Deyang	76.60	164.91	126.78	164	榆林	Yulin	76.42	201.60	295.66	55
绵阳	Mianyang	68.01	153.09	256.72	71	安康	Ankang	12.00	111.52	85.61	218
广元	Guangyuan	41.63	60.12	109.93	186	商洛	Shangluo	38.82	64.48	81.88	221
遂宁	Suining	63.63	103.54	186.07	106	**甘肃**	**Gansu**	**320.69**	**2058.49**	**2446.69**	
内江	Neijiang	19.60	37.00	70.52	238	兰州	Lanzhou	67.65	33.84	115.03	180
乐山	Leshan	124.00	148.73	165.42	126	嘉峪关	Jiayuguan	25.66	100.53	908.72	5
南充	Nanchong	77.12	72.29	291.38	56	金昌	Jinchang	8.77	50.19	115.46	179
眉山	Meishan	29.26	125.39	132.16	159	白银	Baiyin	10.72	32.23	99.90	200
宜宾	Yibin	42.94	77.94	120.06	171	天水	Tianshui	27.90	97.18	78.06	226
广安	Guangan	21.82	40.13	325.44	49	武威	Wuwei	8.53	95.97	352.08	43
达州	Dazhou	22.90	45.62	90.11	212	张掖	Zhangye	32.17	67.97	175.65	117
雅安	Yaan	8.23	11.37	65.59	243	平凉	Pingliang	28.50	16.53	48.08	261
巴中	Bazhong	12.54	96.18	104.75	192	酒泉	Jiuquan	39.84	1417.37	189.68	102
资阳	Ziyang	2.24	88.20	176.85	114	庆阳	Qingyang	19.09	33.34	74.13	234
贵州	**Guizhou**	**452.82**	**2166.80**	**2161.10**		定西	Dingxi	38.31	61.75	123.04	170
贵阳	Guiyang	107.41	288.16	505.58	22	陇南	Longnan	4.16	14.84	11.96	282
六盘水	Liupanshui	19.30	172.01	63.67	246	**青海**	**Qinghai**	**108.35**	**285.48**	**398.67**	
遵义	Zunyi	45.78	228.18	117.20	176	西宁	Xining	54.86	115.90	145.67	144
安顺	Anshun	40.26	122.70	233.89	80	**宁夏**	**Ningxia**	**774.78**	**678.15**	**1027.30**	
毕节	Bijie	52.18	157.90	192.72	99	银川	Yinchuan	445.70	252.53	585.02	13
铜仁	Tongren	40.98	101.85	255.23	74	石嘴山	Shizuishan	128.70	60.61	106.68	189
云南	**Yunnan**	**1005.05**	**1684.93**	**2146.74**		吴忠	Wuzhong	78.79	118.37	180.72	111
昆明	Kunming	181.69	410.38	578.75	14	固原	Guyuan	59.54	27.21	87.63	217
曲靖	Qujing	50.87	116.90	81.18	223	中卫	Zhongwei	62.04	219.44	67.26	242
玉溪	Yuxi	144.74	93.34	70.54	237	**新疆**	**Xinjiang**	**774.96**	**1700.31**	**2651.60**	
保山	Baoshan	223.86	86.31	160.01	128	乌鲁木齐	Urumqi	92.14	53.31	354.39	42
昭通	Zhaotong	60.16	62.82	46.10	263	克拉玛依	Karamay	27.17	88.00	128.75	161

7-10 供应住宅用地面积
Area of Land Supplied for Residential Uses

单位：公顷 (hectare)

地名	City	2010	2012	2013	2013 排名 Ranking	地名	City	2010	2012	2013	2013 排名 Ranking
全国	**Nation Total**	**115272.5**	**114664.6**	**141966.6**		沈阳	Shenyang	1108.99	1253.47	1103.20	21
北京	**Beijing**	**786.19**	**613.60**	**961.00**		大连	Dalian	2209.18	848.23	1002.36	26
天津	**Tianjin**	**2571.90**	**1580.03**	**1331.72**		鞍山	Anshan	1221.14	691.33	783.25	38
河北	**Hebei**	**5413.39**	**4591.90**	**7396.54**		抚顺	Fushun	310.22	274.75	253.63	170
石家庄	Shijiazhuang	491.72	495.39	642.42	55	本溪	Benxi	186.13	122.12	269.13	160
唐山	Tangshan	648.85	690.49	1149.02	18	丹东	Dandong	257.93	251.48	207.59	200
秦皇岛	Qinhuangdao	430.84	387.77	720.32	47	锦州	Jinzhou	369.73	178.61	295.05	149
邯郸	Handan	655.03	275.53	638.91	56	营口	Yingkou	1671.89	824.36	560.18	70
邢台	Xingtai	357.54	389.96	460.78	94	阜新	Fuxin	168.36	135.64	275.37	157
保定	Baoding	556.56	397.31	764.47	42	辽阳	Liaoyang	191.74	169.07	236.40	181
张家口	Zhangjiakou	586.48	349.71	540.84	75	盘锦	Panjin	385.73	828.66	571.35	69
承德	Chengde	268.89	227.92	392.73	117	铁岭	Tieling	643.95	283.50	453.11	97
沧州	Cangzhou	326.32	373.13	462.60	92	朝阳	Chaoyang	117.23	333.09	598.28	66
廊坊	Langfang	824.70	644.62	1255.87	14	葫芦岛	Huludao	262.98	197.90	761.73	43
衡水	Hengshui	266.47	360.07	368.58	126	吉林	**Jilin**	**2837.72**	**2675.97**	**2305.64**	
山西	**Shanxi**	**1816.40**	**2271.18**	**2770.95**		长春	Changchun	1015.63	986.15	851.23	34
太原	Taiyuan	300.52	200.96	277.82	156	吉林	Jilin	424.48	475.29	333.41	135
大同	Datong	480.45	485.59	495.93	79	四平	Siping	231.50	240.84	194.83	210
阳泉	Yangquan	132.98	125.34	72.67	269	辽源	Liaoyuan	134.45	154.19	32.47	282
长治	Changzhi	56.76	168.29	231.00	186	通化	Tonghua	165.34	184.94	160.26	229
晋城	Jincheng	100.23	121.62	169.28	226	白山	Baishan	543.79	97.94	238.48	179
朔州	Shuozhou	105.68	240.55	315.76	137	松原	Songyuan	80.90	119.83	142.00	235
晋中	Jinzhong	123.78	220.24	252.76	171	白城	Baicheng	81.00	107.94	113.17	247
运城	Yuncheng	153.23	220.08	246.98	174	黑龙江	**Heilongjiang**	**4624.75**	**3092.60**	**2907.34**	
忻州	Xinzhou	93.28	148.92	208.59	198	哈尔滨	Harbin	1322.05	606.83	723.46	46
临汾	Linfen	133.24	179.04	319.03	136	齐齐哈尔	Qiqihar	279.24	256.66	220.59	191
吕梁	Luliang	136.23	160.56	181.13	219	鸡西	Jixi	97.31	124.54	198.61	205
内蒙古	**Inner Mongolia**	**4940.09**	**3826.55**	**3004.93**		鹤岗	Hegang	53.16	39.32	87.08	265
呼和浩特	Hohhot	420.02	480.13	393.20	116	双鸭山	Shuangyashan	154.88	173.36	139.90	237
包头	Baotou	362.41	295.05	312.45	139	大庆	Daqing	362.03	442.26	194.49	211
乌海	Wuhai	253.87	51.37	43.86	276	伊春	Yichun	93.88	100.86	195.78	208
赤峰	Chifeng	246.12	316.23	310.77	140	佳木斯	Jiamusi	376.74	97.28	98.83	256
通辽	Tongliao	299.15	230.66	184.52	216	七台河	Qitaihe	18.18	35.12	121.80	242
鄂尔多斯	Erdos	1828.43	785.31	227.40	188	牡丹江	Mudanjiang	438.03	287.77	254.96	167
呼伦贝尔	Hulunbuir	365.30	484.79	452.07	98	黑河	Heihe	239.28	61.49	40.61	277
巴彦淖尔	Bayannur	297.11	243.04	217.19	194	绥化	Suihua	531.72	222.35	273.76	158
乌兰察布	Ulanqab	160.83	401.03	447.34	99	上海	**Shanghai**	**704.13**	**487.13**	**525.58**	
辽宁	**Liaoning**	**9105.20**	**6392.21**	**7370.63**		江苏	**Jiangsu**	**10874.29**	**10916.46**	**13288.16**	

7-10 供应住宅用地面积 续表 1
Area of Land Supplied for Residential Uses continued 1

单位：公顷 (hectare)

地名	City	2010	2012	2013	2013 排名 Ranking	地名	City	2010	2012	2013	2013 排名 Ranking
南京	Nanjing	709.54	703.37	900.02	29	池州	Chizhou	117.59	196.69	305.22	145
无锡	Wuxi	1539.11	1012.43	841.11	35	宣城	Xuancheng	189.80	281.03	399.45	111
徐州	Xuzhou	843.72	1438.71	1156.25	17	**福建**	**Fujian**	**2112.92**	**2273.05**	**2851.70**	
常州	Changzhou	793.48	791.56	961.47	28	福州	Fuzhou	655.81	602.68	638.71	57
苏州	Suzhou	1336.19	1051.57	1834.60	4	厦门	Xiamen	348.12	121.58	93.70	262
南通	Nantong	1058.31	1318.19	1885.62	2	莆田	Putian	120.54	203.57	203.60	203
连云港	Lianyungang	560.01	392.25	443.57	101	三明	Sanming	92.51	192.63	303.08	146
淮安	Huaian	764.91	690.79	472.80	87	泉州	Quanzhou	328.04	461.70	474.79	85
盐城	Yancheng	1307.89	1075.32	1577.15	8	漳州	Zhangzhou	299.43	286.71	492.51	80
扬州	Yangzhou	614.82	690.12	607.53	64	南平	Nanping	104.88	115.30	180.56	220
镇江	Zhenjiang	159.79	582.15	711.78	50	龙岩	Longyan	81.77	205.02	257.77	162
泰州	Taizhou	474.54	659.17	826.55	37	宁德	Ningde	81.83	83.85	206.98	201
宿迁	Suqian	711.98	510.82	1069.72	23	**江西**	**Jiangxi**	**2891.21**	**3476.36**	**5652.91**	
浙江	**Zhejiang**	**7466.36**	**5955.67**	**7773.34**		南昌	Nanchang	554.67	481.86	1055.92	24
杭州	Hangzhou	1475.00	880.00	1285.29	12	景德镇	Jingdezhen	181.64	67.88	116.14	246
宁波	Ningbo	2081.83	1540.04	1457.81	10	萍乡	Pingxiang	57.48	205.61	254.54	168
温州	Wenzhou	267.38	641.74	1031.16	25	九江	Jiujiang	396.17	630.60	996.60	27
嘉兴	Jiaxing	773.47	570.78	634.63	59	新余	Xinyu	116.14	73.20	121.57	244
湖州	Huzhou	395.03	322.97	409.40	108	鹰潭	Yingtan	199.90	210.38	204.91	202
绍兴	Shaoxing	656.96	537.52	839.37	36	赣州	Ganzhou	375.48	547.61	1234.75	15
金华	Jinhua	418.29	229.54	622.17	62	吉安	Jian	136.12	238.33	371.77	125
衢州	Quzhou	278.56	234.08	153.85	231	宜春	Yichun	310.92	443.75	475.64	84
舟山	Zhoushan	328.26	95.62	89.80	263	抚州	Fuzhou	234.10	231.67	347.55	131
台州	Taizhou	456.62	371.66	780.10	40	上饶	Shangrao	328.61	345.48	473.53	86
丽水	Lishui	334.96	531.72	469.76	89	**山东**	**Shandong**	**12857.15**	**9647.28**	**14406.96**	
安徽	**Anhui**	**4766.31**	**6695.52**	**9197.73**		济南	Jinan	785.10	551.32	780.20	39
合肥	Hefei	457.23	563.42	711.89	49	青岛	Qingdao	1881.40	1243.89	1664.64	5
芜湖	Wuhu	910.79	574.94	880.27	31	淄博	Zibo	398.82	264.98	611.21	63
蚌埠	Bengbu	339.35	336.18	485.33	82	枣庄	Zaozhuang	239.06	225.11	438.71	103
淮南	Huainan	351.81	270.24	647.62	54	东营	Dongying	308.12	572.59	558.29	72
马鞍山	Maanshan	189.86	259.26	416.89	106	烟台	Yantai	1813.34	643.70	2110.75	1
淮北	Huaibei	315.07	839.93	388.39	118	潍坊	Weifang	1686.46	1208.77	1631.70	6
铜陵	Tongling	196.81	272.60	254.47	169	济宁	Jining	704.86	443.29	739.58	44
安庆	Anqing	328.67	300.38	353.40	130	泰安	Taian	398.14	391.89	738.57	45
黄山	Huangshan	175.20	140.51	141.45	236	威海	Weihai	1379.72	1786.02	1480.53	9
滁州	Chuzhou	389.66	504.44	1450.89	11	日照	Rizhao	184.60	442.80	388.15	119
阜阳	Fuyang	146.73	265.44	602.77	65	莱芜	Laiwu	128.80	88.80	121.69	243
宿州	Suzhou	219.84	471.74	387.53	120	临沂	Linyi	996.66	513.09	1276.69	13
六安	Liuan	195.90	713.87	527.40	78	德州	Dezhou	484.52	328.91	589.39	67
亳州	Bozhou	117.21	395.03	685.55	51	聊城	Liaocheng	397.22	331.26	458.31	95

7-10 供应住宅用地面积 续表 2

Area of Land Supplied for Residential Uses continued 2

单位：公顷 (hectare)

地名	City	2010	2012	2013	2013 排名 Ranking	地名	City	2010	2012	2013	2013 排名 Ranking
滨州	Binzhou	371.13	293.42	286.02	151	常德	Changde	195.82	235.02	384.94	123
菏泽	Heze	699.18	317.45	532.54	76	张家界	Zhangjiajie	151.31	98.82	93.86	261
河南	**Henan**	**5174.84**	**6526.24**	**7691.31**		益阳	Yiyang	147.90	152.11	201.92	204
郑州	Zhengzhou	1070.61	1095.60	1625.67	7	郴州	Chenzhou	275.17	394.04	344.52	133
开封	Kaifeng	347.36	306.21	636.19	58	永州	Yongzhou	230.58	140.71	191.26	214
洛阳	Luoyang	249.76	579.02	776.57	41	怀化	Huaihua	354.74	349.32	398.56	112
平顶山	Pingdingshan	400.61	438.93	402.31	109	娄底	Loudi	81.01	164.34	395.50	115
安阳	Anyang	311.66	314.87	360.46	128	**广东**	**Guangdong**	**4818.47**	**3395.82**	**5277.28**	
鹤壁	Hebi	154.55	232.46	198.35	206	广州	Guangzhou	448.39	375.87	622.63	61
新乡	Xinxiang	390.73	665.22	529.97	77	韶关	Shaoguan	102.23	107.63	299.40	147
焦作	Jiaozuo	193.26	419.72	360.98	127	深圳	Shenzhen	78.31	129.51	179.15	222
濮阳	Puyang	162.35	245.72	396.23	113	珠海	Zhuhai	299.25	79.25	148.54	233
许昌	Xuchang	345.65	208.28	344.89	132	汕头	Shantou	26.15	11.41	40.19	278
漯河	Luohe	72.33	178.82	222.01	190	佛山	Foshan	542.06	359.33	556.51	73
三门峡	Sanmenxia	139.90	127.73	129.52	241	江门	Jiangmen	220.16	200.37	216.52	195
南阳	Nanyang	324.65	361.24	306.55	143	湛江	Zhanjiang	117.71	159.86	257.50	163
商丘	Shangqiu	239.11	433.73	542.42	74	茂名	Maoming	63.11	32.48	231.66	185
信阳	Xinyang	279.15	195.62	241.35	177	肇庆	Zhaoqing	166.80	169.83	178.52	223
周口	Zhoukou	146.58	357.08	234.20	182	惠州	Huizhou	824.72	399.67	400.32	110
驻马店	Zhumadian	346.56	365.98	383.65	124	梅州	Meizhou	193.82	121.52	282.37	154
湖北	**Hubei**	**4278.38**	**4539.25**	**6691.46**		汕尾	Shanwei	0.90	33.06	32.84	281
武汉	Wuhan	1575.88	804.34	1834.70	3	河源	Heyuan	151.72	155.36	183.79	217
黄石	Huangshi	114.89	121.17	283.16	153	阳江	Yangjiang	286.34	219.98	144.23	234
十堰	Shiyan	191.09	183.07	198.02	207	清远	Qingyuan	613.99	206.77	585.59	68
宜昌	Yichang	284.18	317.49	471.10	88	东莞	Dongguan	221.08	103.61	339.28	134
襄阳	Xiangfan	187.35	356.83	631.94	60	中山	ZhongShan	334.66	144.64	99.02	255
鄂州	Ezhou	405.60	254.10	165.68	228	潮州	Chaozhou	14.18	84.25	68.31	271
荆门	Jingmen	274.49	293.17	226.58	189	揭阳	Jieyang	80.95	125.78	192.00	213
孝感	Xiaogan	177.62	377.00	395.52	114	云浮	Yunfu	31.94	175.65	218.92	193
荆州	Jingzhou	172.36	200.67	411.64	107	**广西**	**Guangxi**	**2876.33**	**2255.50**	**2640.73**	
黄冈	Huanggang	83.01	543.69	874.08	32	南宁	Nanning	517.25	206.10	208.28	199
咸宁	Xianning	491.07	474.91	484.20	83	柳州	Liuzhou	235.11	373.96	313.30	138
随州	Suizhou	131.17	149.65	239.98	178	桂林	Guilin	173.49	248.83	446.42	100
湖南	**Hunan**	**3869.41**	**4176.01**	**4824.13**		梧州	Wuzhou	171.76	159.05	172.55	225
长沙	Changsha	1221.31	1226.24	1183.49	16	北海	Beihai	106.08	110.65	106.70	252
株洲	Zhuzhou	257.74	146.92	295.64	148	防城港	Fangchenggang	185.87	69.00	83.11	266
湘潭	Xiangtan	179.03	228.84	262.72	161	钦州	Qinzhou	633.30	199.62	195.12	209
衡阳	Hengyang	302.00	456.89	433.70	104	贵港	Guigang	210.68	120.01	214.45	196
邵阳	Shaoyang	245.97	284.59	230.53	187	玉林	Yulin	181.66	150.88	238.10	180
岳阳	Yueyang	200.03	215.57	291.99	150	百色	Baise	150.94	125.68	184.71	215

7-10 供应住宅用地面积 续表 3
Area of Land Supplied for Residential Uses continued 3

单位：公顷 (hectare)

地名	City	2010	2012	2013	2013 排名 Ranking	地名	City	2010	2012	2013	2013 排名 Ranking
贺州	Hezhou	94.59	86.90	106.76	251	丽江	Lijiang	115.34	103.50	95.02	260
河池	Hechi	44.91	107.07	119.72	245	普洱	Puer	72.30	82.94	132.91	240
来宾	Laibin	62.79	241.52	150.50	232	临沧	Lincang	42.47	137.48	68.69	270
崇左	Chongzuo	107.90	56.24	101.00	254	**西藏**	**Tibet**	**133.46**	**121.40**	**137.98**	
海南	**Hainan**	**1017.90**	**940.34**	**933.25**		拉萨	Lhasa	84.47	110.73	62.92	272
海口	Haikou	78.90	77.71	54.33	275	**陕西**	**Shaanxi**	**1583.05**	**2605.23**	**3541.32**	
三亚	Sanya	54.96	40.30	56.60	274	西安	Xi'an	422.37	764.17	871.49	33
重庆	**Chongqing**	**2958.44**	**3619.58**	**4836.59**		铜川	Tongchuan	135.19	78.84	37.30	279
四川	**Sichuan**	**4669.47**	**4682.20**	**5773.93**		宝鸡	Baoji	96.94	272.48	469.42	90
成都	Chengdu	1530.44	807.93	1121.75	20	咸阳	Xianyang	236.42	335.12	440.95	102
自贡	Zigong	137.17	82.32	256.89	164	渭南	Weinan	150.15	222.60	356.49	129
攀枝花	Panzhihua	95.47	103.39	81.54	267	延安	Yan'an	84.20	71.08	107.76	250
泸州	Luzhou	332.61	254.21	307.63	141	汉中	Hanzhong	133.17	217.18	454.18	96
德阳	Deyang	337.53	431.04	384.99	122	榆林	Yulin	208.26	451.27	461.03	93
绵阳	Mianyang	397.94	402.14	306.23	144	安康	Ankang	60.88	103.09	244.05	176
广元	Guangyuan	90.65	134.95	109.56	249	商洛	Shangluo	55.47	89.38	98.65	257
遂宁	Suining	151.31	121.92	678.87	52	**甘肃**	**Gansu**	**1285.37**	**1443.21**	**2304.50**	
内江	Neijiang	154.32	159.93	256.66	165	兰州	Lanzhou	361.21	237.69	489.29	81
乐山	Leshan	284.70	187.40	180.43	221	嘉峪关	Jiayuguan	52.51	39.97	4.71	284
南充	Nanchong	197.71	184.20	431.19	105	金昌	Jinchang	45.46	33.41	81.47	268
眉山	Meishan	210.09	442.72	285.12	152	白银	Baiyin	78.21	128.85	132.93	239
宜宾	Yibin	200.74	329.06	255.89	166	天水	Tianshui	61.72	74.59	104.67	253
广安	Guangan	130.46	118.18	214.15	197	武威	Wuwei	74.34	202.43	278.37	155
达州	Dazhou	204.24	91.22	219.89	192	张掖	Zhangye	153.09	129.44	462.66	91
雅安	Yaan	54.66	46.74	36.10	280	平凉	Pingliang	59.23	18.59	96.30	259
巴中	Bazhong	57.85	283.35	273.06	159	酒泉	Jiuquan	89.91	152.80	167.34	227
资阳	Ziyang	71.56	428.23	307.01	142	庆阳	Qingyang	70.99	106.67	97.54	258
贵州	**Guizhou**	**1635.32**	**3631.30**	**4640.37**		定西	Dingxi	154.64	208.14	249.58	172
贵阳	Guiyang	802.77	599.61	650.60	53	陇南	Longnan	6.30	27.55	17.09	283
六盘水	Liupanshui	16.64	156.77	154.21	230	**青海**	**Qinghai**	**545.06**	**937.14**	**446.82**	
遵义	Zunyi	216.13	575.77	1140.25	19	西宁	Xining	147.31	217.74	181.40	218
安顺	Anshun	70.68	161.66	232.32	184	**宁夏**	**Ningxia**	**1479.34**	**1129.62**	**1553.04**	
毕节	Bijie	119.76	617.95	715.41	48	银川	Yinchuan	426.63	559.04	886.73	30
铜仁	Tongren	47.95	257.42	558.60	71	石嘴山	Shizuishan	412.42	84.92	135.69	238
云南	**Yunnan**	**2429.46**	**3544.84**	**3634.79**		吴忠	Wuzhong	219.53	311.32	246.76	175
昆明	Kunming	341.83	868.42	1090.76	22	固原	Guyuan	188.23	63.09	173.55	224
曲靖	Qujing	332.04	370.88	249.42	173	中卫	Zhongwei	232.52	111.25	110.32	248
玉溪	Yuxi	157.88	177.87	87.41	264	**新疆**	**Xinjiang**	**2750.22**	**6621.35**	**5293.99**	
保山	Baoshan	160.96	305.04	233.81	183	乌鲁木齐	Urumqi	652.35	302.55	385.86	121
昭通	Zhaotong	103.16	102.67	57.67	273	克拉玛依	Karamay	42.43	152.94	193.98	212

7-11 供应普通商品住房用地面积
Area of Land Supplied for Ordinary Commercial Housing

单位：公顷 (hectare)

地名	City	2010	2012	2013	2013 排名 Ranking	地名	City	2010	2012	2013	2013 排名 Ranking
全国	**Nation Total**	**97887.90**	**84647.3**	**112913.4**		沈阳	Shenyang	1079.67	1234.97	1065.77	13
北京	**Beijing**	**684.65**	**409.03**	**779.14**		大连	Dalian	2143.11	788.28	898.43	19
天津	**Tianjin**	**2010.94**	**776.03**	**1054.71**		鞍山	Anshan	1220.58	644.06	782.09	22
河北	**Hebei**	**5045.79**	**4199.48**	**6472.40**		抚顺	Fushun	264.94	213.43	234.20	154
石家庄	Shijiazhuang	446.83	428.56	554.18	48	本溪	Benxi	32.24	95.80	204.31	177
唐山	Tangshan	565.78	674.45	1128.13	12	丹东	Dandong	251.78	234.35	182.76	196
秦皇岛	Qinhuangdao	406.30	344.27	325.71	114	锦州	Jinzhou	331.85	157.00	254.43	144
邯郸	Handan	558.24	258.85	488.49	60	营口	Yingkou	1363.29	756.31	550.59	49
邢台	Xingtai	341.32	330.62	363.16	97	阜新	Fuxin	144.76	99.84	213.35	169
保定	Baoding	551.28	382.23	745.40	25	辽阳	Liaoyang	173.53	120.31	208.16	174
张家口	Zhangjiakou	545.57	290.96	471.46	65	盘锦	Panjin	384.81	828.66	569.33	44
承德	Chengde	252.56	209.43	373.82	93	铁岭	Tieling	627.91	277.61	453.11	70
沧州	Cangzhou	312.10	337.66	424.32	74	朝阳	Chaoyang	115.40	322.13	593.32	41
廊坊	Langfang	811.80	596.83	1244.31	9	葫芦岛	Huludao	219.52	174.36	273.01	136
衡水	Hengshui	254.01	345.62	353.38	102	吉林	**Jilin**	**2376.41**	**2105.35**	**2001.50**	
山西	**Shanxi**	**1217.12**	**1561.63**	**2222.24**		长春	Changchun	801.51	720.43	807.68	21
太原	Taiyuan	188.49	111.25	243.56	149	吉林	Jilin	367.43	381.24	300.16	124
大同	Datong	206.20	310.40	382.85	87	四平	Siping	229.63	228.18	188.46	192
阳泉	Yangquan	116.00	71.37	42.97	271	辽源	Liaoyuan	61.50	118.81	25.18	279
长治	Changzhi	47.30	159.18	175.61	202	通化	Tonghua	124.67	156.89	133.51	226
晋城	Jincheng	77.31	60.00	116.95	230	白山	Baishan	535.70	67.24	157.31	215
朔州	Shuozhou	88.25	173.04	268.20	139	松原	Songyuan	80.90	105.34	99.75	236
晋中	Jinzhong	91.05	161.93	194.77	187	白城	Baicheng	64.80	78.62	89.80	243
运城	Yuncheng	142.74	185.55	231.26	159	黑龙江	**Heilongjiang**	**3602.05**	**2260.76**	**2175.42**	
忻州	Xinzhou	74.21	87.38	130.17	227	哈尔滨	Harbin	1098.35	526.68	688.18	30
临汾	Linfen	120.10	161.89	308.61	121	齐齐哈尔	Qiqihar	210.19	221.64	160.87	213
吕梁	Luliang	65.48	79.65	127.29	228	鸡西	Jixi	93.33	111.92	148.60	218
内蒙古	**Inner Mongolia**	**4231.72**	**3193.74**	**2585.42**		鹤岗	Hegang	45.93	22.45	22.30	280
呼和浩特	Hohhot	385.96	475.68	352.91	103	双鸭山	Shuangyashan	140.91	93.48	98.99	238
包头	Baotou	282.31	197.27	236.05	151	大庆	Daqing	361.13	429.12	194.20	188
乌海	Wuhai	100.66	22.48	32.93	276	伊春	Yichun	23.92	30.58	10.07	283
赤峰	Chifeng	241.89	272.97	303.67	123	佳木斯	Jiamusi	313.60	73.24	88.45	245
通辽	Tongliao	274.84	223.59	180.93	198	七台河	Qitaihe	14.73	20.30	100.22	235
鄂尔多斯	Erdos	1657.44	562.03	202.41	178	牡丹江	Mudanjiang	412.31	261.97	218.73	165
呼伦贝尔	Hulunbuir	248.04	409.65	351.15	105	黑河	Heihe	186.51	48.29	33.27	275
巴彦淖尔	Bayannur	290.06	224.56	181.13	197	绥化	Suihua	430.71	205.34	248.24	146
乌兰察布	Ulanqab	140.45	329.78	409.10	80	上海	**Shanghai**	**669.40**	**393.69**	**511.61**	
辽宁	**Liaoning**	**8353.39**	**5947.09**	**6482.87**		江苏	**Jiangsu**	**8908.12**	**8414.26**	**11328.14**	

7-11 供应普通商品住房用地面积 续表 1
Area of Land Supplied for Ordinary Commercial Housing continued 1

单位：公顷 (hectare)

地名	City	2010	2012	2013	2013 排名 Ranking	地名	City	2010	2012	2013	2013 排名 Ranking
南京	Nanjing	411.45	333.89	486.87	61	池州	Chizhou	117.59	97.42	214.81	168
无锡	Wuxi	886.23	467.59	579.25	43	宣城	Xuancheng	177.82	109.27	290.80	126
徐州	Xuzhou	658.26	753.04	1029.35	15	**福建**	**Fujian**	**1960.82**	**2169.83**	**2772.35**	
常州	Changzhou	646.14	612.67	664.70	33	福州	Fuzhou	625.85	586.09	633.27	36
苏州	Suzhou	991.02	935.35	1683.19	2	厦门	Xiamen	331.23	120.71	86.95	246
南通	Nantong	1004.10	1295.06	1651.15	3	莆田	Putian	105.63	199.13	200.91	182
连云港	Lianyungang	534.56	359.12	423.54	75	三明	Sanming	80.89	188.43	286.04	129
淮安	Huaian	725.24	638.91	459.59	68	泉州	Quanzhou	295.26	437.04	473.99	64
盐城	Yancheng	1268.58	893.09	1505.73	5	漳州	Zhangzhou	291.41	271.04	489.55	59
扬州	Yangzhou	582.69	586.25	530.77	53	南平	Nanping	95.89	112.54	169.94	207
镇江	Zhenjiang	159.79	564.66	593.66	40	龙岩	Longyan	76.93	179.62	231.46	158
泰州	Taizhou	466.21	512.44	756.33	24	宁德	Ningde	57.72	75.23	200.23	183
宿迁	Suqian	573.88	462.19	964.00	17	**江西**	**Jiangxi**	**2421.31**	**2607.91**	**3553.99**	
浙江	**Zhejiang**	**6100.29**	**2266.36**	**4196.54**		南昌	Nanchang	487.48	408.92	536.61	51
杭州	Hangzhou	1294.68	322.17	726.07	26	景德镇	Jingdezhen	146.68	37.23	79.67	250
宁波	Ningbo	1179.08	540.13	702.40	29	萍乡	Pingxiang	47.62	129.25	219.34	164
温州	Wenzhou	228.40	189.93	475.18	62	九江	Jiujiang	386.19	437.37	757.39	23
嘉兴	Jiaxing	694.92	275.45	379.45	89	新余	Xinyu	103.14	72.21	113.25	231
湖州	Huzhou	383.49	204.20	335.70	111	鹰潭	Yingtan	126.75	176.04	157.98	214
绍兴	Shaoxing	631.99	306.12	620.55	37	赣州	Ganzhou	231.25	370.44	462.62	67
金华	Jinhua	353.39	110.35	321.35	115	吉安	Jian	123.84	174.27	282.47	131
衢州	Quzhou	257.05	53.24	70.89	256	宜春	Yichun	277.58	341.59	395.34	83
舟山	Zhoushan	315.09	73.20	70.41	257	抚州	Fuzhou	211.78	167.49	197.34	185
台州	Taizhou	437.99	143.26	340.68	108	上饶	Shangrao	278.99	293.10	352.00	104
丽水	Lishui	324.20	48.31	153.86	216	**山东**	**Shandong**	**11986.78**	**8769.36**	**12702.53**	
安徽	**Anhui**	**3409.49**	**3672.94**	**6222.17**		济南	Jinan	599.04	505.90	676.12	32
合肥	Hefei	229.97	264.87	385.91	86	青岛	Qingdao	1733.28	1004.61	1366.09	8
芜湖	Wuhu	372.13	195.30	319.51	118	淄博	Zibo	373.46	222.87	559.37	46
蚌埠	Bengbu	279.34	276.03	432.34	72	枣庄	Zaozhuang	225.55	213.33	410.44	79
淮南	Huainan	123.65	138.78	205.02	175	东营	Dongying	301.65	535.27	540.09	50
马鞍山	Maanshan	181.01	198.30	315.23	119	烟台	Yantai	1764.86	611.04	2074.25	1
淮北	Huaibei	259.86	339.31	284.05	130	潍坊	Weifang	1683.69	1195.69	1616.87	4
铜陵	Tongling	169.65	222.24	228.73	161	济宁	Jining	689.18	414.28	712.15	28
安庆	Anqing	309.63	234.62	212.31	171	泰安	Taian	302.31	306.64	388.27	85
黄山	Huangshan	152.08	85.97	76.06	252	威海	Weihai	1379.72	1742.12	1448.92	6
滁州	Chuzhou	363.97	249.15	1143.26	10	日照	Rizhao	139.12	353.01	307.47	122
阜阳	Fuyang	117.71	128.85	456.64	69	莱芜	Laiwu	110.08	67.35	102.45	234
宿州	Suzhou	157.85	316.57	354.94	101	临沂	Linyi	833.66	437.65	872.76	20
六安	Liuan	189.22	340.64	359.56	98	德州	Dezhou	470.29	288.43	424.81	73
亳州	Bozhou	90.53	257.54	561.75	45	聊城	Liaocheng	383.45	325.40	446.95	71

7-11　供应普通商品住房用地面积　续表 2
Area of Land Supplied for Ordinary Commercial Housing continued 2

单位：公顷 (hectare)

地名	City	2010	2012	2013	2013 排名 Ranking	地名	City	2010	2012	2013	2013 排名 Ranking
滨州	Binzhou	354.34	248.48	234.29	153	常德	Changde	189.56	188.36	312.59	120
菏泽	Heze	643.10	297.27	521.22	54	张家界	Zhangjiajie	144.76	86.79	67.43	263
河南	**Henan**	**4062.05**	**5608.77**	**6574.23**		益阳	Yiyang	121.97	119.10	175.39	203
郑州	Zhengzhou	566.17	1023.95	1442.68	7	郴州	Chenzhou	254.24	257.89	286.85	128
开封	Kaifeng	324.17	255.56	373.26	94	永州	Yongzhou	225.60	104.76	176.47	201
洛阳	Luoyang	197.95	516.31	717.97	27	怀化	Huaihua	332.95	289.12	357.64	100
平顶山	Pingdingshan	231.33	265.02	358.71	99	娄底	Loudi	76.08	128.59	254.07	145
安阳	Anyang	266.15	295.66	336.89	109	**广东**	**Guangdong**	**4571.79**	**3268.94**	**5096.95**	
鹤壁	Hebi	123.37	177.16	166.14	210	广州	Guangzhou	325.98	318.08	500.80	56
新乡	Xinxiang	385.54	612.13	497.04	57	韶关	Shaoguan	102.11	102.24	297.42	125
焦作	Jiaozuo	164.32	325.60	269.14	138	深圳	Shenzhen	59.48	128.23	176.80	200
濮阳	Puyang	112.09	213.74	320.61	116	珠海	Zhuhai	297.92	79.15	144.10	221
许昌	Xuchang	326.01	154.96	330.36	113	汕头	Shantou	23.32	11.41	39.79	273
漯河	Luohe	57.26	175.49	195.43	186	佛山	Foshan	541.70	358.52	554.62	47
三门峡	Sanmenxia	117.78	109.00	72.73	254	江门	Jiangmen	215.18	194.71	212.80	170
南阳	Nanyang	249.82	330.96	262.05	140	湛江	Zhanjiang	113.48	159.71	255.41	143
商丘	Shangqiu	216.61	378.54	474.26	63	茂名	Maoming	63.11	30.42	231.66	157
信阳	Xinyang	263.46	156.42	219.82	163	肇庆	Zhaoqing	166.66	163.00	173.53	205
周口	Zhoukou	126.35	317.91	201.23	181	惠州	Huizhou	821.03	394.54	397.14	82
驻马店	Zhumadian	333.68	300.36	335.92	110	梅州	Meizhou	190.80	121.07	281.69	132
湖北	**Hubei**	**3976.82**	**3785.94**	**5238.02**		汕尾	Shanwei	0.90	32.47	30.82	277
武汉	Wuhan	1449.79	546.21	1139.42	11	河源	Heyuan	71.28	136.69	172.25	206
黄石	Huangshi	106.24	112.51	274.56	135	阳江	Yangjiang	284.64	214.94	142.39	222
十堰	Shiyan	190.68	172.77	183.03	195	清远	Qingyuan	611.71	205.93	585.11	42
宜昌	Yichang	227.65	247.41	319.78	117	东莞	Dongguan	221.08	94.13	331.65	112
襄阳	Xiangfan	174.68	335.98	533.61	52	中山	ZhongShan	334.66	141.59	99.02	237
鄂州	Ezhou	405.60	254.10	165.68	211	潮州	Chaozhou	14.18	83.62	68.31	262
荆门	Jingmen	256.57	248.93	201.26	180	揭阳	Jieyang	80.67	125.49	184.73	194
孝感	Xiaogan	168.71	307.57	378.21	91	云浮	Yunfu	31.91	172.99	216.92	167
荆州	Jingzhou	140.06	179.73	378.29	90	**广西**	**Guangxi**	**2520.83**	**1887.08**	**2329.67**	
黄冈	Huanggang	63.90	512.28	601.10	39	南宁	Nanning	395.06	194.71	198.39	184
咸宁	Xianning	484.80	437.25	464.28	66	柳州	Liuzhou	169.86	288.19	278.68	133
随州	Suizhou	126.60	141.62	211.95	172	桂林	Guilin	148.64	222.96	343.38	107
湖南	**Hunan**	**3420.62**	**3068.38**	**3806.63**		梧州	Wuzhou	165.81	146.51	122.73	229
长沙	Changsha	1003.79	799.98	913.52	18	北海	Beihai	106.08	49.37	95.90	240
株洲	Zhuzhou	241.59	120.69	260.97	142	防城港	Fangchenggang	166.83	53.92	68.82	261
湘潭	Xiangtan	170.83	191.09	134.62	225	钦州	Qinzhou	622.72	190.74	189.80	191
衡阳	Hengyang	259.11	364.35	367.91	95	贵港	Guigang	136.32	110.47	211.16	173
邵阳	Shaoyang	238.45	209.93	192.68	190	玉林	Yulin	174.81	137.52	228.79	160
岳阳	Yueyang	141.02	150.83	233.08	156	百色	Baise	135.57	103.70	173.71	204

7-11 供应普通商品住房用地面积 续表 3
Area of Land Supplied for Ordinary Commercial Housing continued 3

单位：公顷 (hectare)

地名	City	2010	2012	2013	2013 排名 Ranking	地名	City	2010	2012	2013	2013 排名 Ranking
贺州	Hezhou	87.42	75.09	98.68	239	丽江	Lijiang	115.34	87.98	77.22	251
河池	Hechi	43.50	54.03	92.57	241	普洱	Puer	71.70	67.82	91.02	242
来宾	Laibin	62.78	217.94	140.68	223	临沧	Lincang	30.92	48.19	45.96	270
崇左	Chongzuo	105.42	41.92	86.37	247	**西藏**	**Tibet**	**108.84**	**96.34**	**128.99**	
海南	**Hainan**	**804.20**	**831.36**	**811.82**		拉萨	Lhasa	80.34	94.69	62.92	264
海口	Haikou	60.02	51.85	52.63	266	**陕西**	**Shaanxi**	**1099.94**	**1999.57**	**2630.32**	
三亚	Sanya	1.88	34.08	18.68	281	西安	Xi'an	319.15	594.29	504.70	55
重庆	**Chongqing**	**2148.40**	**2656.97**	**4211.63**		铜川	Tongchuan	46.69	28.53	33.56	274
四川	**Sichuan**	**4297.51**	**3502.53**	**4727.81**		宝鸡	Baoji	85.65	193.00	407.84	81
成都	Chengdu	1373.76	583.64	683.44	31	咸阳	Xianyang	226.85	283.25	390.01	84
自贡	Zigong	130.28	68.55	217.38	166	渭南	Weinan	96.49	166.59	243.90	148
攀枝花	Panzhihua	89.66	96.23	70.25	258	延安	Yan'an	9.99	51.62	71.29	255
泸州	Luzhou	319.58	215.13	204.55	176	汉中	Hanzhong	110.54	172.09	379.55	88
德阳	Deyang	264.52	190.83	275.21	134	榆林	Yulin	134.62	382.67	343.55	106
绵阳	Mianyang	384.84	330.62	289.57	127	安康	Ankang	27.81	65.76	186.63	193
广元	Guangyuan	83.72	111.34	109.18	233	商洛	Shangluo	42.13	61.76	69.29	259
遂宁	Suining	139.74	82.59	648.46	35	**甘肃**	**Gansu**	**961.17**	**796.26**	**1720.28**	
内江	Neijiang	127.21	144.13	240.82	150	兰州	Lanzhou	275.03	119.64	420.94	76
乐山	Leshan	282.67	118.05	165.57	212	嘉峪关	Jiayuguan	33.09	33.18	3.31	284
南充	Nanchong	195.52	174.95	418.15	77	金昌	Jinchang	23.06	30.27	56.56	265
眉山	Meishan	210.09	439.98	261.53	141	白银	Baiyin	50.50	49.28	81.06	249
宜宾	Yibin	178.36	187.80	234.39	152	天水	Tianshui	43.46	60.37	69.10	260
广安	Guangan	124.87	100.31	168.58	208	武威	Wuwei	45.74	29.43	111.72	232
达州	Dazhou	195.22	77.18	180.34	199	张掖	Zhangye	147.60	105.28	413.70	78
雅安	Yaan	45.40	7.73	26.23	278	平凉	Pingliang	43.27	15.13	46.43	269
巴中	Bazhong	57.85	250.36	246.42	147	酒泉	Jiuquan	61.15	83.64	146.16	219
资阳	Ziyang	71.15	287.65	271.76	137	庆阳	Qingyang	59.83	92.28	84.11	248
贵州	**Guizhou**	**1135.41**	**2918.47**	**3838.31**		定西	Dingxi	112.02	109.67	167.64	209
贵阳	Guiyang	529.96	462.71	490.92	58	陇南	Longnan	3.98	14.20	16.56	282
六盘水	Liupanshui	12.22	124.58	145.41	220	**青海**	**Qinghai**	**231.12**	**317.40**	**293.18**	
遵义	Zunyi	145.42	511.79	1013.88	16	西宁	Xining	137.68	152.73	137.57	224
安顺	Anshun	46.48	117.64	201.91	179	**宁夏**	**Ningxia**	**1140.24**	**553.71**	**1034.03**	
毕节	Bijie	46.25	528.66	612.45	38	银川	Yinchuan	276.81	254.52	656.71	34
铜仁	Tongren	45.30	202.75	376.21	92	石嘴山	Shizuishan	281.90	25.53	51.76	267
云南	**Yunnan**	**2325.93**	**2743.09**	**3222.31**		吴忠	Wuzhong	198.29	182.93	193.97	189
昆明	Kunming	323.97	694.81	1036.08	14	固原	Guyuan	154.72	48.39	89.23	244
曲靖	Qujing	318.51	224.19	233.39	155	中卫	Zhongwei	228.52	42.35	42.36	272
玉溪	Yuxi	156.76	111.48	74.79	253	**新疆**	**Xinjiang**	**2104.74**	**1865.07**	**2188.20**	
保山	Baoshan	160.41	247.79	226.80	162	乌鲁木齐	Urumqi	549.93	248.73	366.69	96
昭通	Zhaotong	99.19	95.52	46.79	268	克拉玛依	Karamay	19.41	9.29	152.93	217

7-12 供应经济适用住房用地面积
Area of Land Supplied for Economically Affordable House

单位：公顷 (hectare)

地名	City	2010	2012	2013	2013 排名 Ranking	地名	City	2010	2012	2013	2013 排名 Ranking
全国	**Nation Total**	**13292.14**	**20245.62**	**22072.37**		沈阳	Shenyang	28.15	12.05	16.05	162
北京	**Beijing**	**96.83**	**193.00**	**106.60**		大连	Dalian	66.07	53.24	98.40	47
天津	**Tianjin**	**560.77**	**745.31**	**273.85**		鞍山	Anshan		32.35		
河北	**Hebei**	**272.30**	**213.11**	**659.81**		抚顺	Fushun	45.28	46.79	19.19	151
石家庄	Shijiazhuang	39.89	59.07	55.14	76	本溪	Benxi	148.78	22.05	64.82	68
唐山	Tangshan	32.51	9.37	20.89	145	丹东	Dandong	3.74	15.96	24.57	130
秦皇岛	Qinhuangdao	22.62	33.54	383.15	14	锦州	Jinzhou	37.89	20.14	40.62	97
邯郸	Handan	84.04	4.92	4.63	218	营口	Yingkou	305.75	36.77	9.59	187
邢台	Xingtai	16.10	29.42	94.19	51	阜新	Fuxin	23.60	30.91	62.02	71
保定	Baoding	3.49	4.47	13.03	172	辽阳	Liaoyang	18.21	48.55	21.57	143
张家口	Zhangjiakou	39.96	40.07	46.88	84	盘锦	Panjin			2.02	236
承德	Chengde	15.91	6.65	9.30	188	铁岭	Tieling	16.05	5.75		
沧州	Cangzhou	1.76	7.76	23.41	134	朝阳	Chaoyang	1.53	9.97	3.98	223
廊坊	Langfang	7.50	12.02	3.94	224	葫芦岛	Huludao	43.46	23.14	423.25	11
衡水	Hengshui	8.52	5.82	5.25	214	吉林	**Jilin**	**407.77**	**437.03**	**229.94**	
山西	**Shanxi**	**241.84**	**444.40**	**334.04**		长春	Changchun	198.08	221.91	26.57	126
太原	Taiyuan	61.00	87.11	27.20	125	吉林	Jilin	52.44	62.04	19.55	148
大同	Datong	19.77		17.62	159	四平	Siping	1.80	4.08	6.00	206
阳泉	Yangquan	15.59	46.42	27.80	123	辽源	Liaoyuan	70.79	35.38	5.76	210
长治	Changzhi	8.05	9.11	38.87	100	通化	Tonghua	32.70	24.09	22.67	138
晋城	Jincheng	22.71	50.23	22.05	141	白山	Baishan	3.61	22.38	73.25	61
朔州	Shuozhou	16.61	47.81	39.45	99	松原	Songyuan			30.13	118
晋中	Jinzhong	32.73	53.57	47.48	83	白城	Baicheng	10.01	25.23	15.80	163
运城	Yuncheng	5.19	31.39	11.38	179	黑龙江	**Heilongjiang**	**829.79**	**699.98**	**609.66**	
忻州	Xinzhou	12.79	32.75	59.41	72	哈尔滨	Harbin	217.43	66.47	17.23	161
临汾	Linfen	7.42	11.01	5.89	208	齐齐哈尔	Qiqihar	61.81	30.83	53.60	78
吕梁	Luliang	39.98	75.18	36.88	106	鸡西	Jixi	3.98	12.62	45.14	87
内蒙古	**Inner Mongolia**	**516.50**	**453.73**	**289.52**		鹤岗	Hegang	2.63	8.44	24.88	129
呼和浩特	Hohhot	34.07	4.34	34.99	109	双鸭山	Shuangyashan	13.98	78.73	40.91	96
包头	Baotou	77.67	66.74	69.59	67	大庆	Daqing	0.82	12.24	0.06	254
乌海	Wuhai	43.50	28.86	8.40	190	伊春	Yichun	7.51	64.18	185.71	28
赤峰	Chifeng	2.99	8.11	1.45	240	佳木斯	Jiamusi	58.14			
通辽	Tongliao	17.95				七台河	Qitaihe		4.83	0.25	253
鄂尔多斯	Erdos	155.88	215.59	19.54	149	牡丹江	Mudanjiang		8.12	33.74	111
呼伦贝尔	Hulunbuir	90.76	47.16	83.12	58	黑河	Heihe	42.81	7.32	3.87	225
巴彦淖尔	Bayannur	3.24	0.77	6.27	204	绥化	Suihua	87.60	8.62	14.90	166
乌兰察布	Ulanqab	14.11	33.71	15.70	164	上海	**Shanghai**	**31.08**	**59.46**	**6.64**	
辽宁	**Liaoning**	**738.51**	**357.69**	**786.09**		江苏	**Jiangsu**	**1380.63**	**1748.61**	**1558.89**	

7-12 供应经济适用住房用地面积 续表 1
Area of Land Supplied for Economically Affordable House continued 1

单位：公顷 (hectare)

地名	City	2010	2012	2013	2013 排名 Ranking	地名	City	2010	2012	2013	2013 排名 Ranking
南京	Nanjing	285.77	302.36	399.49	12	池州	Chizhou		25.49	70.01	65
无锡	Wuxi	175.18	157.45	174.52	29	宣城	Xuancheng	10.09	127.30	84.67	57
徐州	Xuzhou	175.36	630.12	120.53	39	**福建**	**Fujian**	**78.65**	**42.45**	**26.09**	
常州	Changzhou	104.64	68.14	141.13	31	福州	Fuzhou	2.81	9.78	0.42	251
苏州	Suzhou	343.15	96.01	124.83	34	厦门	Xiamen	16.89	0.87		
南通	Nantong	53.53	4.49	199.62	26	莆田	Putian	12.72	1.87	1.06	242
连云港	Lianyungang	11.91	27.51	11.51	178	三明	Sanming	0.69		3.54	229
淮安	Huaian	39.67	49.41	13.20	171	泉州	Quanzhou	22.18	2.41		
盐城	Yancheng	14.89	143.37	39.55	98	漳州	Zhangzhou	6.19	5.82	1.02	243
扬州	Yangzhou	31.59	103.81	52.67	79	南平	Nanping		1.40	7.92	192
镇江	Zhenjiang		3.72	106.43	43	龙岩	Longyan	2.79	12.48	5.39	213
泰州	Taizhou	7.10	132.67	69.69	66	宁德	Ningde	14.38	7.81	6.75	200
宿迁	Suqian	137.85	29.55	105.72	44	**江西**	**Jiangxi**	**278.88**	**337.68**	**1461.77**	
浙江	**Zhejiang**	**1290.01**	**3494.68**	**3497.65**		南昌	Nanchang	47.98	19.46	458.62	7
杭州	Hangzhou	164.43	521.86	557.08	4	景德镇	Jingdezhen	24.36	16.01	31.40	115
宁波	Ningbo	887.69	983.23	739.09	1	萍乡	Pingxiang	0.54	59.48	22.23	140
温州	Wenzhou	18.89	439.89	545.32	5	九江	Jiujiang	2.95	15.85	37.44	105
嘉兴	Jiaxing	78.55	287.28	251.87	22	新余	Xinyu			1.71	239
湖州	Huzhou	10.97	110.75	70.72	64	鹰潭	Yingtan	50.51	31.18	30.76	116
绍兴	Shaoxing	6.76	224.05	211.19	25	赣州	Ganzhou	123.35	87.75	617.98	3
金华	Jinhua	63.94	112.78	299.54	18	吉安	Jian	6.61	23.43	25.20	128
衢州	Quzhou	18.14	166.09	73.25	61	宜春	Yichun	3.59	49.61	27.97	122
舟山	Zhoushan	12.71	21.42	9.79	185	抚州	Fuzhou	13.20	21.56	131.58	33
台州	Taizhou	17.87	213.28	427.85	9	上饶	Shangrao	5.79	13.34	76.88	60
丽水	Lishui	10.06	414.06	311.97	17	**山东**	**Shandong**	**775.92**	**668.79**	**1554.92**	
安徽	**Anhui**	**1274.11**	**2056.29**	**2517.64**		济南	Jinan	185.37	13.72	101.48	45
合肥	Hefei	223.09	233.66	297.71	19	青岛	Qingdao	143.89	201.27	286.63	20
芜湖	Wuhu	514.51	188.92	492.81	6	淄博	Zibo	2.38	36.27	38.55	103
蚌埠	Bengbu	59.76	19.46	4.41	221	枣庄	Zaozhuang	11.52	6.12	23.20	136
淮南	Huainan	226.31	73.92	431.93	8	东营	Dongying	4.48	24.52	14.94	165
马鞍山	Maanshan	6.42	29.14	94.88	50	烟台	Yantai	48.48	32.65	34.38	110
淮北	Huaibei	55.21	474.77	92.50	53	潍坊	Weifang		9.09	4.95	216
铜陵	Tongling	22.97	33.61	25.74	127	济宁	Jining	9.54	19.45	21.75	142
安庆	Anqing	8.00	27.57	87.58	56	泰安	Taian	95.83	69.29	345.17	15
黄山	Huangshan	11.45	49.54	63.76	69	威海	Weihai		40.30	29.49	119
滁州	Chuzhou	25.69	201.12	270.84	21	日照	Rizhao	7.26	47.82	29.47	120
阜阳	Fuyang	27.70	68.85	121.13	37	莱芜	Laiwu	18.72	21.07	19.24	150
宿州	Suzhou	50.13	125.05	5.98	207	临沂	Linyi	162.42	68.71	396.66	13
六安	Liuan	1.95	269.15	120.89	38	德州	Dezhou	11.70	20.13	151.83	30
亳州	Bozhou	23.75	61.91	93.84	52	聊城	Liaocheng	5.25	5.19	7.74	194

7-12 供应经济适用住房用地面积 续表 2

Area of Land Supplied for Economically Affordable House continued 2

单位：公顷 (hectare)

地名	City	2010	2012	2013	2013 排名 Ranking	地名	City	2010	2012	2013	2013 排名 Ranking
滨州	Binzhou	15.46	32.88	38.87	100	常德	Changde	2.77	29.98	32.88	112
菏泽	Heze	53.62	20.18	10.58	182	张家界	Zhangjiajie	3.42	8.95	24.32	131
河南	**Henan**	**973.82**	**574.71**	**715.58**		益阳	Yiyang	19.09	28.26	0.74	244
郑州	Zhengzhou	491.54	60.32	123.98	36	郴州	Chenzhou	15.44	111.15	41.17	94
开封	Kaifeng	23.19	38.95	248.48	23	永州	Yongzhou	3.44	21.17	7.14	197
洛阳	Luoyang	35.87	50.78	36.27	107	怀化	Huaihua	17.70	50.41	38.81	102
平顶山	Pingdingshan	161.80	155.37	30.19	117	娄底	Loudi	0.64	30.70	114.80	41
安阳	Anyang	40.03	6.40	14.88	167	**广东**	**Guangdong**	**151.50**	**81.99**	**139.13**	
鹤壁	Hebi	25.69		12.61	174	广州	Guangzhou	121.48	51.31	117.10	40
新乡	Xinxiang	2.30	3.14	3.60	227	韶关	Shaoguan	0.13	1.72	1.80	238
焦作	Jiaozuo	14.37	74.27	57.72	74	深圳	Shenzhen	13.16			
濮阳	Puyang	50.27	30.71	50.24	80	珠海	Zhuhai	1.33			
许昌	Xuchang	13.55	48.22	4.46	219	汕头	Shantou			0.40	252
漯河	Luohe	11.32		17.46	160	佛山	Foshan	0.36			
三门峡	Sanmenxia	1.44	14.08	54.20	77	江门	Jiangmen	2.02	4.25		
南阳	Nanyang	69.02	18.62	18.30	157	湛江	Zhanjiang	2.29	0.05		
商丘	Shangqiu	7.63	13.63	18.37	155	茂名	Maoming		1.00		
信阳	Xinyang	2.17	34.03	7.04	198	肇庆	Zhaoqing	0.05	0.52	3.36	230
周口	Zhoukou	15.68	15.93	17.77	158	惠州	Huizhou	3.69	5.12	2.75	234
驻马店	Zhumadian	7.94	10.26			梅州	Meizhou	0.50	0.45	0.60	248
湖北	**Hubei**	**243.49**	**546.21**	**1048.39**		汕尾	Shanwei		0.58		
武汉	Wuhan	124.42	239.55	687.77	2	河源	Heyuan	3.15	16.03	5.85	209
黄石	Huangshi	8.65	2.99	6.68	201	阳江	Yangjiang	0.78			
十堰	Shiyan	0.09	5.69	11.77	176	清远	Qingyuan	2.28	0.06		
宜昌	Yichang	50.89	42.59	110.15	42	东莞	Dongguan				
襄阳	Xiangfan	3.69	10.44	27.46	124	中山	ZhongShan				
鄂州	Ezhou					潮州	Chaozhou				
荆门	Jingmen	14.45	35.77	4.69	217	揭阳	Jieyang	0.29	0.30	7.27	196
孝感	Xiaogan	0.36	13.22	0.67	246	云浮	Yunfu		0.60		
荆州	Jingzhou	21.38	10.34	4.45	220	**广西**	**Guangxi**	**304.59**	**171.52**	**239.89**	
黄冈	Huanggang	8.30	11.60	100.85	46	南宁	Nanning	117.19	10.02	2.99	232
咸宁	Xianning	2.36	2.62			柳州	Liuzhou	61.21	57.16	23.02	137
随州	Suizhou	3.70	5.90	23.98	132	桂林	Guilin	19.47	18.14	97.33	48
湖南	**Hunan**	**338.93**	**869.83**	**715.55**		梧州	Wuzhou		3.75	45.03	89
长沙	Changsha	203.02	381.90	195.13	27	北海	Beihai				
株洲	Zhuzhou	16.15	15.09	1.99	237	防城港	Fangchenggang	10.95	11.11	12.20	175
湘潭	Xiangtan	3.02	34.51	124.64	35	钦州	Qinzhou	7.59	0.60	0.61	247
衡阳	Hengyang	32.88	86.97	43.18	91	贵港	Guigang	74.36	4.67	0.55	249
邵阳	Shaoyang	3.38	28.57	23.74	133	玉林	Yulin	3.33	4.71	6.65	202
岳阳	Yueyang	15.31	37.76	45.13	88	百色	Baise	4.09	8.20	5.76	210

7-12 供应经济适用住房用地面积 续表 3
Area of Land Supplied for Economically Affordable House continued 3

单位：公顷 (hectare)

地名	City	2010	2012	2013	2013 排名 Ranking
贺州	Hezhou	3.41	5.43	6.94	199
河池	Hechi	1.05	40.20	22.57	139
来宾	Laibin	0.00		3.56	228
崇左	Chongzuo	1.95	7.53	12.69	173
海南	**Hainan**	**124.48**	**98.78**	**63.44**	
海口	Haikou	16.31	22.35	0.74	244
三亚	Sanya	37.33	6.22	36.10	108
重庆	**Chongqing**	**542.87**	**532.19**	**418.02**	
四川	**Sichuan**	**274.83**	**862.32**	**887.83**	
成都	Chengdu	125.38	201.03	426.17	10
自贡	Zigong	4.40	8.51	28.33	121
攀枝花	Panzhihua	2.54	3.78	9.71	186
泸州	Luzhou	7.32	27.57	95.36	49
德阳	Deyang	67.23	220.16	92.39	54
绵阳	Mianyang	3.41	62.76	7.81	193
广元	Guangyuan	4.37	22.10		
遂宁	Suining	6.73	18.13	18.36	156
内江	Neijiang	16.51	10.72	5.55	212
乐山	Leshan	2.03	42.04	13.53	170
南充	Nanchong	1.17	1.92	7.71	195
眉山	Meishan		1.29	19.83	146
宜宾	Yibin	17.86	124.80	18.97	153
广安	Guangan	0.17	15.88	42.33	92
达州	Dazhou	5.73	4.49	37.69	104
雅安	Yaan	6.44	29.63	8.27	191
巴中	Bazhong		32.66	14.34	168
资阳	Ziyang		1.23	2.19	235
贵州	**Guizhou**	**411.83**	**407.84**	**419.83**	
贵阳	Guiyang	262.03	76.42	136.31	32
六盘水	Liupanshui	3.73	3.12	3.68	226
遵义	Zunyi	59.96	39.81	90.72	55
安顺	Anshun	7.38	21.35	21.22	144
毕节	Bijie	58.40	6.84	58.60	73
铜仁	Tongren	1.97	27.77	19.03	152
云南	**Yunnan**	**38.37**	**44.89**	**178.84**	
昆明	Kunming	13.89	13.52	11.29	180
曲靖	Qujing	6.60	21.83	4.05	222
玉溪	Yuxi				
保山	Baoshan			0.53	250
昭通	Zhaotong			3.35	231
丽江	Lijiang		2.27	10.20	184
普洱	Puer	0.60	1.56	10.40	183
临沧	Lincang	7.53	0.02	0.03	255
西藏	**Tibet**	**5.39**	**13.44**	**0.13**	
拉萨	Lhasa		13.44		
陕西	**Shaanxi**	**279.65**	**388.37**	**608.88**	
西安	Xi'an	61.48	133.94	317.23	16
铜川	Tongchuan	57.37	43.21		
宝鸡	Baoji	6.08	19.55	2.76	233
咸阳	Xianyang	8.57	36.67	31.41	114
渭南	Weinan	53.65	36.67	80.57	59
延安	Yan'an	13.65	11.80	18.40	154
汉中	Hanzhong	15.03	39.50	48.90	82
榆林	Yulin	62.86	51.08	57.72	74
安康	Ankang	0.66	15.32	45.44	86
商洛	Shangluo	0.30	10.63	6.44	203
甘肃	**Gansu**	**204.86**	**365.18**	**279.35**	
兰州	Lanzhou	76.60	114.85	63.26	70
嘉峪关	Jiayuguan	17.83	5.76	1.40	241
金昌	Jinchang	11.59	3.14	5.00	215
白银	Baiyin	21.31	46.01	19.57	147
天水	Tianshui	6.65	8.56	31.45	113
武威	Wuwei	11.63	13.98	11.64	177
张掖	Zhangye	4.96	23.98	42.01	93
平凉	Pingliang		1.33	43.99	90
酒泉	Jiuquan	19.29	65.21	9.04	189
庆阳	Qingyang	7.37	8.19	6.17	205
定西	Dingxi	21.22	59.37	45.80	85
陇南	Longnan	2.14	10.09		
青海	**Qinghai**	**48.77**	**418.52**	**28.97**	
西宁	Xining	9.58	61.19	10.78	181
宁夏	**Ningxia**	**269.27**	**381.76**	**361.14**	
银川	Yinchuan	135.26	287.96	216.29	24
石嘴山	Shizuishan	130.35	25.67	49.15	81
吴忠	Wuzhong		21.17	23.36	135
固原	Guyuan	3.67	7.53	72.33	63
中卫	Zhongwei		39.42		
新疆	**Xinjiang**	**305.91**	**2535.86**	**2054.29**	
乌鲁木齐	Urumqi	89.32	53.58	13.67	169
克拉玛依	Karamay	22.96	109.07	41.06	95

7-13 供应廉租住房用地面积
Area of Land Supplied for Cheap Rent House

单位：公顷 (hectare)

地名	City	2010	2012	2013	2013 排名 Ranking
全国	**Nation Total**	**3380.87**	**9545.24**	**3731.38**	
北京	**Beijing**	**0.63**	**11.57**	**2.32**	
天津	**Tianjin**		**58.65**		
河北	**Hebei**	**92.67**	**171.79**	**92.93**	
石家庄	Shijiazhuang	5.00	7.75	26.12	29
唐山	Tangshan	47.99	6.67		
秦皇岛	Qinhuangdao	1.87	9.84		
邯郸	Handan	12.75	11.75	37.99	16
邢台	Xingtai	0.11	29.93	0.93	177
保定	Baoding	1.79	8.09	2.97	139
张家口	Zhangjiakou	0.95	18.69	9.19	68
承德	Chengde	0.42	11.84	5.11	111
沧州	Cangzhou	12.46	24.01	4.71	114
廊坊	Langfang	5.40	34.60	1.56	160
衡水	Hengshui	3.94	8.63	4.35	121
山西	**Shanxi**	**311.66**	**225.49**	**155.84**	
太原	Taiyuan	5.25	2.59	7.06	91
大同	Datong	254.48	135.52	95.46	3
阳泉	Yangquan	1.40	7.54	1.90	149
长治	Changzhi	1.41		4.40	120
晋城	Jincheng	0.21	11.39	0.57	190
朔州	Shuozhou	0.82	19.71	4.60	117
晋中	Jinzhong		4.74	2.35	144
运城	Yuncheng	5.30	3.34	3.31	133
忻州	Xinzhou	6.28	28.79	18.41	39
临汾	Linfen	5.73	6.14	4.53	118
吕梁	Luliang	30.77	5.72	13.25	51
内蒙古	**Inner Mongolia**	**191.02**	**179.09**	**95.53**	
呼和浩特	Hohhot		0.11	5.30	110
包头	Baotou	2.42	31.04	6.34	101
乌海	Wuhai	109.71	0.02	1.01	174
赤峰	Chifeng	1.24	35.15	4.96	113
通辽	Tongliao	6.36	7.07	3.35	131
鄂尔多斯	Erdos	15.12	7.69	3.01	138
呼伦贝尔	Hulunbuir	26.51	27.98	14.41	47
巴彦淖尔	Bayannur	3.81	17.71	13.60	50
乌兰察布	Ulanqab	6.28	37.54	17.95	41
辽宁	**Liaoning**	**13.30**	**82.55**	**67.82**	

地名	City	2010	2012	2013	2013 排名 Ranking
沈阳	Shenyang	1.16	6.45		
大连	Dalian		6.71		
鞍山	Anshan	0.56	14.93	1.16	169
抚顺	Fushun		14.52	0.24	201
本溪	Benxi	5.11	4.28		
丹东	Dandong	2.40	1.17	0.15	206
锦州	Jinzhou		1.46		
营口	Yingkou	2.85	31.28		
阜新	Fuxin				
辽阳	Liaoyang		0.22		
盘锦	Panjin	0.91			
铁岭	Tieling		0.14		
朝阳	Chaoyang	0.30	0.99	0.80	181
葫芦岛	Huludao		0.40	65.47	6
吉林	**Jilin**	**53.27**	**133.60**	**61.29**	
长春	Changchun	16.03	43.81	10.88	61
吉林	Jilin	4.61	32.01	12.71	54
四平	Siping	0.07	8.58	0.37	195
辽源	Liaoyuan	2.16		1.54	161
通化	Tonghua	7.70	3.95	4.07	124
白山	Baishan	4.48	8.32	7.92	78
松原	Songyuan		14.49	12.12	56
白城	Baicheng	6.19	4.09	7.57	85
黑龙江	**Heilongjiang**	**191.29**	**131.87**	**96.48**	
哈尔滨	Harbin	6.27	13.68	8.35	75
齐齐哈尔	Qiqihar	7.24	4.19	5.43	109
鸡西	Jixi			0.15	206
鹤岗	Hegang	4.59	8.43	39.91	13
双鸭山	Shuangyashan		1.14		
大庆	Daqing	0.09	0.84	0.09	209
伊春	Yichun	62.45	6.10		
佳木斯	Jiamusi	5.00	24.04	10.37	63
七台河	Qitaihe	3.45	10.00	16.44	43
牡丹江	Mudanjiang	25.72	17.67		
黑河	Heihe	9.96	5.89	3.48	128
绥化	Suihua	13.42	8.39	7.91	79
上海	**Shanghai**		**59.46**		
江苏	**Jiangsu**	**430.88**	**1748.61**	**303.12**	

7-13 供应廉租住房用地面积 续表 1
Area of Land Supplied for Cheap Rent House continued 1

单位：公顷 (hectare)

地名	City	2010	2012	2013	2013 排名 Ranking
南京	Nanjing		7.98	4.69	115
无锡	Wuxi	411.27	382.53	84.80	4
徐州	Xuzhou	9.65	55.55	3.49	127
常州	Changzhou	4.02	110.75	140.01	1
苏州	Suzhou	2.02	20.21	7.90	80
南通	Nantong	0.69	18.64	27.24	26
连云港	Lianyungang	0.33	5.62		
淮安	Huaian				
盐城	Yancheng	2.64	38.87	26.89	28
扬州	Yangzhou			7.44	86
镇江	Zhenjiang		13.77	0.66	187
泰州	Taizhou		14.06		
宿迁	Suqian	0.26	19.09		
浙江	**Zhejiang**	**41.10**	**190.42**	**19.15**	
杭州	Hangzhou	15.88	35.97		
宁波	Ningbo	15.05	16.68	7.58	84
温州	Wenzhou	2.87	11.92	8.02	76
嘉兴	Jiaxing		8.05	0.37	195
湖州	Huzhou	0.57	8.02	0.35	197
绍兴	Shaoxing	0.90	3.45		
金华	Jinhua	0.52	6.41	0.85	178
衢州	Quzhou	3.37	14.75	1.22	168
舟山	Zhoushan	0.46	1.00		
台州	Taizhou	0.76	14.82		
丽水	Lishui	0.70	69.35	0.74	185
安徽	**Anhui**	**82.72**	**966.28**	**148.15**	
合肥	Hefei	4.17	64.89	3.50	126
芜湖	Wuhu	24.15	190.72	6.79	95
蚌埠	Bengbu	0.25	40.69	23.04	32
淮南	Huainan	1.85	57.54	6.03	104
马鞍山	Maanshan	2.43	31.82	1.10	172
淮北	Huaibei		25.85		
铜陵	Tongling	4.19	16.75		
安庆	Anqing	11.04	38.20	1.16	169
黄山	Huangshan	11.67	5.00		
滁州	Chuzhou		54.16	6.74	97
阜阳	Fuyang	1.32	67.74	18.41	39
宿州	Suzhou	11.86	30.12	9.17	70
六安	Liuan	4.73	104.09	42.07	11
亳州	Bozhou	2.92	75.57	7.59	83
池州	Chizhou		73.78	1.83	151
宣城	Xuancheng	1.88	44.46	20.72	33
福建	**Fujian**	**52.96**	**60.77**	**18.93**	
福州	Fuzhou	27.14	6.81		
厦门	Xiamen				
莆田	Putian	2.20	2.57		
三明	Sanming	10.93	4.20	8.02	76
泉州	Quanzhou	3.88	22.25	0.80	181
漳州	Zhangzhou	1.83	9.84		
南平	Nanping	2.07	1.36	1.51	163
龙岩	Longyan	2.04	12.92	8.60	74
宁德	Ningde	2.87	0.82		
江西	**Jiangxi**	**167.18**	**527.07**	**275.32**	
南昌	Nanchang	19.21	53.48	50.72	8
景德镇	Jingdezhen	10.60	10.94	4.17	123
萍乡	Pingxiang	9.23	16.88	12.97	52
九江	Jiujiang	7.03	177.37	38.01	15
新余	Xinyu	13.00	0.99	6.61	99
鹰潭	Yingtan	22.63	3.15	9.26	67
赣州	Ganzhou	20.88	89.42	82.61	5
吉安	Jian	5.67	40.62	42.53	10
宜春	Yichun	11.47	52.55	7.29	88
抚州	Fuzhou	9.00	42.62	1.60	158
上饶	Shangrao	38.46	39.04	19.55	35
山东	**Shandong**	**85.92**	**208.97**	**62.20**	
济南	Jinan	0.69	31.70		
青岛	Qingdao	4.24	37.86	0.12	208
淄博	Zibo	22.98	5.84		
枣庄	Zaozhuang	1.99	5.67		
东营	Dongying	1.99	12.80		
烟台	Yantai			0.29	199
潍坊	Weifang	2.77	3.99		
济宁	Jining	6.13	9.56	1.27	166
泰安	Taian		15.96		
威海	Weihai		3.45		
日照	Rizhao	38.22	41.97	51.21	7
莱芜	Laiwu		0.37		
临沂	Linyi	0.58	6.74		
德州	Dezhou	2.53	20.35	8.86	71
聊城	Liaocheng		0.67		

7-13 供应廉租住房用地面积 续表 2
Area of Land Supplied for Cheap Rent House continued 2

单位：公顷 (hectare)

地名	City	2010	2012	2013	2013 排名 Ranking
滨州	Binzhou	1.34	12.05	0.46	194
菏泽	Heze	2.46			
河南	**Henan**	**138.97**	**342.69**	**168.86**	
郑州	Zhengzhou	12.90	11.33		
开封	Kaifeng		11.70	6.95	92
洛阳	Luoyang	15.94	11.93	11.71	58
平顶山	Pingdingshan	7.48	18.53		
安阳	Anyang	5.48	12.80		
鹤壁	Hebi	5.50	55.30	19.60	34
新乡	Xinxiang	2.89	49.96	26.93	27
焦作	Jiaozuo	14.57	19.85	1.65	156
濮阳	Puyang		1.28		
许昌	Xuchang	6.09	5.11	3.06	137
漯河	Luohe	3.75	3.33	5.10	112
三门峡	Sanmenxia	20.69	4.65		
南阳	Nanyang	5.82	11.66	17.02	42
商丘	Shangqiu	14.87	41.56	39.14	14
信阳	Xinyang	13.52	5.17	2.31	145
周口	Zhoukou	4.55	23.24	7.37	87
驻马店	Zhumadian	4.94	55.30	28.02	25
湖北	**Hubei**	**48.44**	**154.31**	**121.80**	
武汉	Wuhan	1.67	18.59		
黄石	Huangshi		5.67	0.83	179
十堰	Shiyan	0.32	4.61	0.65	188
宜昌	Yichang	5.65	27.49	30.91	20
襄阳	Xiangfan	8.99	10.40	11.81	57
鄂州	Ezhou				
荆门	Jingmen	3.47	8.47	4.35	121
孝感	Xiaogan	0.93	7.96	5.97	105
荆州	Jingzhou	8.90	10.60	5.51	106
黄冈	Huanggang	10.81	19.81	41.01	12
咸宁	Xianning	3.91	30.49	5.46	108
随州	Suizhou	0.87	2.13		
湖南	**Hunan**	**66.68**	**237.80**	**109.45**	
长沙	Changsha	14.50	44.35	3.82	125
株洲	Zhuzhou		11.14	3.33	132
湘潭	Xiangtan	3.30	3.24	3.47	129
衡阳	Hengyang	6.67	5.58	2.09	147
邵阳	Shaoyang	4.13	46.09	6.39	100
岳阳	Yueyang	6.74	26.98	8.66	72
常德	Changde	3.49	16.68	32.58	19
张家界	Zhangjiajie	3.13	3.07	0.82	180
益阳	Yiyang	6.85	4.76	0.78	184
郴州	Chenzhou	4.86	24.99	11.43	59
永州	Yongzhou	1.54	14.77	7.65	81
怀化	Huaihua	4.09	9.79	0.26	200
娄底	Loudi	3.92	5.06	18.44	38
广东	**Guangdong**	**14.73**	**39.05**	**11.12**	
广州	Guangzhou	0.93	6.48		
韶关	Shaoguan		3.61	0.18	204
深圳	Shenzhen	5.67	1.28		
珠海	Zhuhai		0.10		
汕头	Shantou				
佛山	Foshan		0.81		
江门	Jiangmen	2.97	1.41		
湛江	Zhanjiang	1.94	0.10	1.32	164
茂名	Maoming		1.06		
肇庆	Zhaoqing	0.05	0.54	1.30	165
惠州	Huizhou				
梅州	Meizhou	2.24			
汕尾	Shanwei				
河源	Heyuan		2.64		
阳江	Yangjiang		5.04	0.50	193
清远	Qingyuan	0.92	0.77	0.20	203
东莞	Dongguan		9.48	7.63	82
中山	ZhongShan		3.05		
潮州	Chaozhou		0.63		
揭阳	Jieyang				
云浮	Yunfu		2.06		
广西	**Guangxi**	**50.91**	**196.90**	**32.42**	
南宁	Nanning	5.00	1.37	6.90	93
柳州	Liuzhou	4.04	28.61	1.25	167
桂林	Guilin	5.38	7.72	5.50	107
梧州	Wuzhou	5.95	8.79	0.79	183
北海	Beihai		61.28		
防城港	Fangchenggang	8.08	3.97	2.09	147
钦州	Qinzhou	2.99	8.28	0.22	202
贵港	Guigang		4.86	1.72	154
玉林	Yulin	3.52	8.65	2.42	143
百色	Baise	11.29	13.77	3.12	136

7-13 供应廉租住房用地面积 续表 3
Area of Land Supplied for Cheap Rent House continued 3

单位：公顷 (hectare)

地名	City	2010	2012	2013	2013 排名 Ranking	地名	City	2010	2012	2013	2013 排名 Ranking
贺州	Hezhou	3.76	6.39			丽江	Lijiang		13.26	0.18	204
河池	Hechi	0.36	12.84	1.62	157	普洱	Puer		13.56	2.23	146
来宾	Laibin		23.58	6.27	102	临沧	Lincang	4.02	89.27	6.87	94
崇左	Chongzuo	0.54	6.79	0.53	191	**西藏**	**Tibet**	**19.23**	**11.62**	**8.86**	
海南	**Hainan**	**52.25**	**10.20**	**2.28**		拉萨	Lhasa	4.13	2.60		
海口	Haikou	2.57	3.52			**陕西**	**Shaanxi**	**127.41**	**217.13**	**173.45**	
三亚	Sanya					西安	Xi'an	41.74	35.94	34.73	17
重庆	**Chongqing**	**136.50**	**430.41**	**122.78**		铜川	Tongchuan	31.13	7.10	1.15	171
四川	**Sichuan**	**72.37**	**316.71**	**132.87**		宝鸡	Baoji	5.20	59.93	15.29	45
成都	Chengdu	11.91	22.62	12.14	55	咸阳	Xianyang	1.00	25.21	1.69	155
自贡	Zigong	2.49	5.27	11.16	60	渭南	Weinan		19.34	30.74	21
攀枝花	Panzhihua	3.27	3.38	1.57	159	延安	Yan'an	23.75	7.66	12.97	52
泸州	Luzhou	5.71	11.51	3.28	134	汉中	Hanzhong	7.60	5.59	24.13	31
德阳	Deyang	5.78	20.04	15.54	44	榆林	Yulin	10.78	17.52	24.47	30
绵阳	Mianyang	9.70	8.76	8.63	73	安康	Ankang	0.07	22.01	9.41	66
广元	Guangyuan	2.57	1.51	0.35	197	商洛	Shangluo	6.13	16.83	18.88	36
遂宁	Suining	4.84	21.20	10.67	62	**甘肃**	**Gansu**	**119.35**	**281.77**	**106.32**	
内江	Neijiang	5.31	5.08	9.89	65	兰州	Lanzhou	9.58	3.20	3.18	135
乐山	Leshan		27.30			嘉峪关	Jiayuguan	1.60	1.04		
南充	Nanchong	1.02	7.33	3.38	130	金昌	Jinchang	10.80		1.75	152
眉山	Meishan		1.44	2.58	141	白银	Baiyin	6.40	33.56	29.94	22
宜宾	Yibin	4.52	16.46	0.67	186	天水	Tianshui	11.61	5.66	1.10	172
广安	Guangan	5.42	2.00			武威	Wuwei	16.97	159.02	4.50	119
达州	Dazhou	3.28	9.54	1.85	150	张掖	Zhangye	0.53	0.18	6.66	98
雅安	Yaan	2.83	9.38	1.52	162	平凉	Pingliang	15.96	2.13	0.95	176
巴中	Bazhong		0.34	9.96	64	酒泉	Jiuquan	9.47	3.95	2.53	142
资阳	Ziyang	0.41	139.35	29.62	23	庆阳	Qingyang	3.79	6.20	7.26	89
贵州	**Guizhou**	**88.08**	**304.98**	**221.93**		定西	Dingxi	21.39	39.10	28.38	24
贵阳	Guiyang	10.78	60.49	13.68	49	陇南	Longnan	0.19	3.27	0.53	191
六盘水	Liupanshui	0.70	29.06			**青海**	**Qinghai**	**265.17**	**201.22**	**84.86**	
遵义	Zunyi	10.75	24.18	6.77	96	西宁	Xining	0.05	3.83	0.59	189
安顺	Anshun	16.83	22.67	9.19	68	**宁夏**	**Ningxia**	**62.44**	**194.15**	**102.96**	
毕节	Bijie	15.11	82.44	18.79	37	银川	Yinchuan	14.56	16.55	1.73	153
铜仁	Tongren	0.68	26.89	123.26	2	石嘴山	Shizuishan	0.17	33.72	34.45	18
云南	**Yunnan**	**64.20**	**751.32**	**71.40**		吴忠	Wuzhong	13.86	107.22	13.91	48
昆明	Kunming	3.96	160.09	14.56	46	固原	Guyuan	29.84	7.17	6.22	103
曲靖	Qujing	6.94	124.87	2.94	140	中卫	Zhongwei	4.00	29.48	46.65	9
玉溪	Yuxi	1.12	66.39	4.67	116	**新疆**	**Xinjiang**	**339.57**	**2185.83**	**860.93**	
保山	Baoshan	0.56	57.25	1.00	175	乌鲁木齐	Urumqi	13.10	0.22		
昭通	Zhaotong	3.97	7.14	7.07	90	克拉玛依	Karamay	0.06			

7-14 供应其他用地面积
Area of Land Supplied for Other Uses

单位：公顷 (hectare)

地名	City	2010	2012	2013	2013 排名 Ranking
全国	**Nation Total**	**124406.1**	**338482.9**	**328305.7**	
北京	**Beijing**	**381.87**	**342.55**	**470.04**	
天津	**Tianjin**	**850.13**	**3154.59**	**1553.87**	
河北	**Hebei**	**2339.31**	**4147.89**	**19618.62**	
石家庄	Shijiazhuang	293.20	1118.04	422.38	191
唐山	Tangshan	324.22	760.50	3356.62	9
秦皇岛	Qinhuangdao	52.32	237.54	2458.15	21
邯郸	Handan	229.35	68.13	192.18	247
邢台	Xingtai	129.50	90.32	2292.17	27
保定	Baoding	277.76	367.73	1519.94	55
张家口	Zhangjiakou	259.16	941.12	2539.69	19
承德	Chengde	195.75	211.82	4563.97	3
沧州	Cangzhou	343.60	190.18	732.32	133
廊坊	Langfang	143.86	136.21	1511.53	56
衡水	Hengshui	90.60	26.30	29.68	281
山西	**Shanxi**	**2095.15**	**8887.88**	**9646.48**	
太原	Taiyuan	370.01	885.41	696.87	138
大同	Datong	358.04	202.16	984.06	104
阳泉	Yangquan	26.79	699.19	399.47	193
长治	Changzhi	104.79	201.29	361.24	203
晋城	Jincheng	276.99	878.41	283.80	222
朔州	Shuozhou	198.79	424.70	584.28	154
晋中	Jinzhong	93.53	1200.84	2414.14	23
运城	Yuncheng	209.97	2317.46	280.37	224
忻州	Xinzhou	115.23	182.38	1509.48	57
临汾	Linfen	156.25	1471.51	1351.60	68
吕梁	Luliang	184.77	344.53	781.17	127
内蒙古	**Inner Mongolia**	**6064.46**	**16168.70**	**16676.15**	
呼和浩特	Hohhot	183.41	425.13	552.89	161
包头	Baotou	554.43	452.69	427.83	189
乌海	Wuhai	337.74	283.67	28.94	282
赤峰	Chifeng	206.41	2065.21	1273.45	76
通辽	Tongliao	167.90	1160.93	1737.87	42
鄂尔多斯	Erdos	2556.25	1483.99	4226.61	7
呼伦贝尔	Hulunbuir	616.74	1948.88	1471.23	61
巴彦淖尔	Bayannur	451.60	2702.84	1196.54	82
乌兰察布	Ulanqab	146.31	734.47	1209.27	81
辽宁	**Liaoning**	**6628.70**	**13109.57**	**15821.94**	
沈阳	Shenyang	900.42	2878.63	4447.62	5
大连	Dalian	525.05	3040.32	2884.86	14
鞍山	Anshan	129.23	251.90	785.67	125
抚顺	Fushun	278.17	819.16	570.71	156
本溪	Benxi	1177.87	396.49	639.21	147
丹东	Dandong	759.70	315.75	806.99	121
锦州	Jinzhou	222.24	242.35	751.29	130
营口	Yingkou	814.40	2291.68	426.67	190
阜新	Fuxin	381.96	57.93	201.88	242
辽阳	Liaoyang	339.32	537.02	527.32	170
盘锦	Panjin	82.23	1437.74	626.62	148
铁岭	Tieling	482.70	135.52	1137.75	89
朝阳	Chaoyang	394.07	597.50	1061.56	95
葫芦岛	Huludao	141.36	107.59	953.78	108
吉林	**Jilin**	**2236.40**	**3162.26**	**1756.17**	
长春	Changchun	1093.99	1752.79	736.39	132
吉林	Jilin	136.30	373.02	101.43	271
四平	Siping	35.57	132.56	168.00	251
辽源	Liaoyuan	88.44	218.10	20.94	284
通化	Tonghua	51.58	34.89	197.60	245
白山	Baishan	587.88	272.39	114.75	263
松原	Songyuan	12.58	90.05	122.29	260
白城	Baicheng	87.32	122.85	71.04	276
黑龙江	**Heilongjiang**	**5798.43**	**6859.79**	**10535.37**	
哈尔滨	Harbin	1174.43	847.61	2018.07	34
齐齐哈尔	Qiqihar	75.76	334.49	170.01	250
鸡西	Jixi	46.40	109.15	1336.69	69
鹤岗	Hegang	43.09	51.18	106.02	268
双鸭山	Shuangyashan	93.34	142.57	121.96	261
大庆	Daqing	2640.92	85.55	984.90	103
伊春	Yichun	58.36	595.83	2103.71	32
佳木斯	Jiamusi	302.28	912.36	730.09	134
七台河	Qitaihe	18.72	1012.04	43.18	279
牡丹江	Mudanjiang	132.81	694.12	2195.95	28
黑河	Heihe	273.36	106.60	114.24	264
绥化	Suihua	122.51	1320.74	361.63	202
上海	**Shanghai**	**967.99**	**791.62**	**967.54**	
江苏	**Jiangsu**	**7199.06**	**12763.86**	**14257.72**	

7-14 供应其他用地面积 续表 1
Area of Land Supplied for Other Uses continued 1

单位：公顷 (hectare)

地名	City	2010	2012	2013	2013 排名 Ranking	地名	City	2010	2012	2013	2013 排名 Ranking
南京	Nanjing	1294.36	2321.73	2481.73	20	池州	Chizhou	4.98	688.00	463.17	182
无锡	Wuxi	2087.74	2221.45	2655.21	17	宣城	Xuancheng	167.00	1519.33	1116.30	90
徐州	Xuzhou	295.67	1612.56	456.69	185	**福建**	**Fujian**	**3904.64**	**4191.35**	**10333.56**	
常州	Changzhou	1127.81	595.79	801.31	124	福州	Fuzhou	602.21	742.52	1401.52	65
苏州	Suzhou	568.48	1665.71	1521.54	54	厦门	Xiamen	1001.68	437.42	681.16	142
南通	Nantong	768.57	686.25	1006.09	99	莆田	Putian	60.98	124.01	135.02	259
连云港	Lianyungang	93.55	176.72	499.97	177	三明	Sanming	740.50	852.02	608.55	150
淮安	Huaian	148.06	98.95	1327.29	71	泉州	Quanzhou	588.23	669.49	2596.93	18
盐城	Yancheng	285.38	1250.53	1547.86	51	漳州	Zhangzhou	110.82	516.99	1684.60	43
扬州	Yangzhou	213.94	442.37	217.26	236	南平	Nanping	526.92	263.85	762.90	129
镇江	Zhenjiang	6.37	887.79	947.19	110	龙岩	Longyan	98.26	441.94	1630.21	46
泰州	Taizhou	138.44	659.69	338.69	208	宁德	Ningde	175.05	143.11	832.66	119
宿迁	Suqian	170.70	144.30	456.89	184	**江西**	**Jiangxi**	**8237.35**	**11738.85**	**15802.96**	
浙江	**Zhejiang**	**8130.05**	**16563.07**	**10939.79**		南昌	Nanchang	1879.53	1167.87	2169.97	30
杭州	Hangzhou	2690.71	3563.61	3076.93	10	景德镇	Jingdezhen	31.60	231.54	255.24	230
宁波	Ningbo	2005.14	2908.38	1660.08	45	萍乡	Pingxiang	268.40	189.66	510.30	174
温州	Wenzhou	393.69	1269.39	1239.67	79	九江	Jiujiang	345.87	834.15	1530.22	53
嘉兴	Jiaxing	468.06	3747.44	555.32	160	新余	Xinyu	113.33	262.26	440.94	188
湖州	Huzhou	113.89	422.45	203.69	241	鹰潭	Yingtan	232.19	473.03	551.84	163
绍兴	Shaoxing	280.44	1112.79	671.04	143	赣州	Ganzhou	1669.16	1062.17	4510.15	4
金华	Jinhua	258.93	483.17	811.03	120	吉安	Jian	1540.31	1582.99	1742.60	41
衢州	Quzhou	233.11	565.15	390.23	196	宜春	Yichun	115.59	2558.12	1598.13	48
舟山	Zhoushan	598.99	759.86	472.68	180	抚州	Fuzhou	970.49	1812.68	987.30	102
台州	Taizhou	701.54	792.83	1075.01	93	上饶	Shangrao	1070.88	1564.40	1506.28	58
丽水	Lishui	385.56	938.01	784.11	126	**山东**	**Shandong**	**7813.19**	**8801.10**	**16886.39**	
安徽	**Anhui**	**3558.71**	**15613.81**	**15280.13**		济南	Jinan	723.55	523.98	1865.68	37
合肥	Hefei	1032.66	2810.94	1772.69	39	青岛	Qingdao	1529.77	1598.36	2845.56	15
芜湖	Wuhu	266.44	515.14	2296.89	26	淄博	Zibo	1198.30	574.43	1018.86	98
蚌埠	Bengbu	105.19	481.60	312.18	215	枣庄	Zaozhuang	356.45	298.36	369.50	198
淮南	Huainan	265.55	318.58	507.59	175	东营	Dongying	393.71	328.92	1083.04	92
马鞍山	Maanshan	387.98	1358.23	267.86	227	烟台	Yantai	916.79	749.45	1271.04	77
淮北	Huaibei	52.10	615.38	144.46	257	潍坊	Weifang	345.14	883.82	1454.29	62
铜陵	Tongling	39.07	162.81	446.66	187	济宁	Jining	212.93	495.47	454.35	186
安庆	Anqing	51.05	1186.45	873.50	114	泰安	Taian	163.52	375.29	552.79	162
黄山	Huangshan	239.94	171.13	1278.49	75	威海	Weihai	233.50	779.35	639.74	146
滁州	Chuzhou	62.75	852.12	1410.02	64	日照	Rizhao	364.54	227.77	254.36	231
阜阳	Fuyang	47.39	1407.39	1243.24	78	莱芜	Laiwu	225.01	42.63	345.89	206
宿州	Suzhou	135.99	496.52	524.12	171	临沂	Linyi	307.16	1048.00	1379.77	66
六安	Liuan	197.67	1858.47	999.74	100	德州	Dezhou	119.35	253.67	1096.15	91
亳州	Bozhou	379.19	493.25	361.20	204	聊城	Liaocheng	375.57	114.27	1372.86	67

7-14 供应其他用地面积 续表 2
Area of Land Supplied for Other Uses continued 2

单位：公顷 (hectare)

地名	City	2010	2012	2013	2013 排名 Ranking
滨州	Binzhou	164.56	88.97	544.03	165
菏泽	Heze	183.33	418.36	338.49	209
河南	**Henan**	**4656.74**	**29735.98**	**20896.46**	
郑州	Zhengzhou	1073.43	3363.39	1677.13	44
开封	Kaifeng	240.23	476.82	298.48	218
洛阳	Luoyang	362.61	12568.13	656.60	144
平顶山	Pingdingshan	645.84	507.54	289.63	221
安阳	Anyang	248.10	403.94	838.37	118
鹤壁	Hebi	31.55	309.43	148.30	256
新乡	Xinxiang	74.86	1400.05	1949.80	36
焦作	Jiaozuo	147.01	1294.81	8104.73	1
濮阳	Puyang	76.51	549.01	1742.62	40
许昌	Xuchang	295.19	604.72	537.29	168
漯河	Luohe	148.59	496.39	191.12	248
三门峡	Sanmenxia	141.88	4348.47	1157.98	87
南阳	Nanyang	870.83	805.03	281.44	223
商丘	Shangqiu	157.63	679.85	1333.01	70
信阳	Xinyang	21.42	1098.39	699.64	137
周口	Zhoukou	76.66	546.74	293.72	220
驻马店	Zhumadian	44.41	283.28	696.61	140
湖北	**Hubei**	**3263.97**	**8110.86**	**12973.36**	
武汉	Wuhan	1371.05	1267.58	5497.61	2
黄石	Huangshi	93.47	454.63	333.48	210
十堰	Shiyan	194.32	584.28	1165.29	85
宜昌	Yichang	160.10	451.33	701.31	136
襄阳	Xiangfan	315.34	675.58	953.87	107
鄂州	Ezhou	20.00	360.33	245.12	232
荆门	Jingmen	65.30	936.37	365.97	200
孝感	Xiaogan	131.36	307.69	233.72	233
荆州	Jingzhou	421.86	1389.66	230.02	234
黄冈	Huanggang	144.89	549.32	947.88	109
咸宁	Xianning	100.10	439.31	154.73	255
随州	Suizhou	17.27	61.70	544.92	164
湖南	**Hunan**	**4930.77**	**14574.66**	**12608.86**	
长沙	Changsha	1574.06	2519.14	2735.43	16
株洲	Zhuzhou	395.32	958.19	1038.54	97
湘潭	Xiangtan	138.91	238.65	565.14	158
衡阳	Hengyang	88.09	646.87	515.80	172
邵阳	Shaoyang	66.70	897.13	365.30	201
岳阳	Yueyang	106.12	784.73	737.88	131
常德	Changde	405.98	269.62	585.61	152
张家界	Zhangjiajie	73.62	37.09	209.26	239
益阳	Yiyang	688.92	382.28	374.61	197
郴州	Chenzhou	237.56	734.42	779.45	128
永州	Yongzhou	110.49	1286.05	617.79	149
怀化	Huaihua	934.25	4952.96	1594.82	49
娄底	Loudi	40.42	563.73	803.63	123
广东	**Guangdong**	**3738.61**	**22114.82**	**10638.76**	
广州	Guangzhou	1279.70	3128.93	1214.50	80
韶关	Shaoguan	39.52	3525.31	459.12	183
深圳	Shenzhen	276.54	246.10	280.20	225
珠海	Zhuhai	86.40	624.70	347.95	205
汕头	Shantou	117.80	59.69	85.77	275
佛山	Foshan	127.65	1795.17	992.96	101
江门	Jiangmen	224.40	1256.11	321.77	212
湛江	Zhanjiang	282.32	1667.41	1159.39	86
茂名	Maoming	187.88	844.38	135.96	258
肇庆	Zhaoqing	38.71	1376.87	494.96	179
惠州	Huizhou	44.44	929.53	857.60	116
梅州	Meizhou	13.50	1536.95	1480.97	60
汕尾	Shanwei	42.09	3.30	25.57	283
河源	Heyuan	81.32	220.18	212.19	237
阳江	Yangjiang	258.10	727.90	63.66	277
清远	Qingyuan	136.37	1541.32	1058.56	96
东莞	Dongguan	207.64	775.84	1062.19	94
中山	ZhongShan	174.97	16.57	48.50	278
潮州	Chaozhou	7.97	448.31	37.34	280
揭阳	Jieyang	92.25	373.74	102.50	270
云浮	Yunfu	19.05	1016.51	197.09	246
广西	**Guangxi**	**3670.36**	**21926.67**	**14837.78**	
南宁	Nanning	802.36	3345.09	2154.29	31
柳州	Liuzhou	858.89	2556.46	2004.24	35
桂林	Guilin	517.38	1601.25	3020.47	12
梧州	Wuzhou	42.14	4232.68	259.43	229
北海	Beihai	71.61	525.42	210.63	238
防城港	Fangchenggang	112.64	543.43	511.10	173
钦州	Qinzhou	43.36	1475.04	110.18	266
贵港	Guigang	75.71	629.02	1186.92	84
玉林	Yulin	46.11	260.19	2451.63	22
百色	Baise	278.18	2107.09	971.76	106

7-14 供应其他用地面积 续表 3
Area of Land Supplied for Other Uses continued 3

单位：公顷 (hectare)

地名	City	2010	2012	2013	2013 排名 Ranking	地名	City	2010	2012	2013	2013 排名 Ranking
贺州	Hezhou	673.89	474.47	506.80	176	丽江	Lijiang	34.37	2517.95	2397.38	24
河池	Hechi	57.63	1192.60	695.30	141	普洱	Puer	54.75	198.14	532.69	169
来宾	Laibin	13.18	611.91	653.96	145	临沧	Lincang	35.90	175.63	332.21	211
崇左	Chongzuo	77.28	2372.03	101.08	272	**西藏**	**Tibet**	**772.91**	**373.49**	**530.54**	
海南	**Hainan**	**728.49**	**6337.14**	**710.66**		拉萨	Lhasa	69.35	116.40	198.20	243
海口	Haikou	309.50	670.35	106.34	267	**陕西**	**Shaanxi**	**3075.90**	**7852.34**	**9211.21**	
三亚	Sanya	34.71	112.63	270.98	226	西安	Xi'an	933.13	1724.68	2046.78	33
重庆	**Chongqing**	**5034.92**	**5745.18**	**5744.58**		铜川	Tongchuan	118.22	176.37	160.97	254
四川	**Sichuan**	**3104.55**	**18061.86**	**14830.21**		宝鸡	Baoji	26.29	1445.54	115.25	262
成都	Chengdu	1596.43	4319.79	1624.87	47	咸阳	Xianyang	196.52	677.78	1313.53	72
自贡	Zigong	41.45	280.50	396.05	194	渭南	Weinan	19.37	349.48	1446.07	63
攀枝花	Panzhihua	18.12	273.52	163.04	253	延安	Yan'an	105.60	1337.32	1193.94	83
泸州	Luzhou	132.55	584.36	167.01	252	汉中	Hanzhong	11.50	146.05	499.06	178
德阳	Deyang	45.62	1409.05	911.08	111	榆林	Yulin	1061.83	1126.34	567.97	157
绵阳	Mianyang	211.36	1985.38	696.85	139	安康	Ankang	570.14	171.26	1289.88	73
广元	Guangyuan	164.24	1336.04	299.87	217	商洛	Shangluo	33.30	697.51	577.76	155
遂宁	Suining	263.76	260.63	594.95	151	**甘肃**	**Gansu**	**3009.03**	**8547.12**	**11469.05**	
内江	Neijiang	27.80	1206.97	198.07	244	兰州	Lanzhou	259.80	177.61	183.81	249
乐山	Leshan	60.92	411.49	2354.22	25	嘉峪关	Jiayuguan	550.58	859.68	708.76	135
南充	Nanchong	47.60	1334.90	537.90	167	金昌	Jinchang	113.88	211.18	974.64	105
眉山	Meishan	12.10	215.82	890.56	112	白银	Baiyin	105.23	428.35	1149.12	88
宜宾	Yibin	83.27	555.51	403.79	192	天水	Tianshui	19.67	322.50	93.71	273
广安	Guangan	20.29	947.25	862.39	115	武威	Wuwei	216.48	687.61	1572.35	50
达州	Dazhou	25.60	324.23	1485.73	59	张掖	Zhangye	26.36	764.82	806.23	122
雅安	Yaan	41.51	1005.60	105.02	269	平凉	Pingliang	77.96	277.46	314.61	214
巴中	Bazhong	15.82	315.93	226.14	235	酒泉	Jiuquan	755.13	3307.90	3070.33	11
资阳	Ziyang	35.10	544.16	878.77	113	庆阳	Qingyang	217.69	322.06	1289.12	74
贵州	**Guizhou**	**12612.08**	**32323.92**	**18217.10**		定西	Dingxi	413.54	661.32	366.37	199
贵阳	Guiyang	1035.09	3400.18	1812.75	38	陇南	Longnan	8.80	373.15	296.82	219
六盘水	Liupanshui	149.73	3592.25	472.66	181	**青海**	**Qinghai**	**766.78**	**2761.62**	**5980.83**	
遵义	Zunyi	2001.26	3772.50	2194.98	29	西宁	Xining	43.93	173.42	394.73	195
安顺	Anshun	144.99	3808.36	3379.72	8	**宁夏**	**Ningxia**	**2437.16**	**2289.04**	**3750.84**	
毕节	Bijie	250.19	3213.21	2914.95	13	银川	Yinchuan	1169.61	607.50	1534.99	52
铜仁	Tongren	646.03	4994.37	4302.99	6	石嘴山	Shizuishan	301.46	367.85	260.02	228
云南	**Yunnan**	**3897.59**	**6014.92**	**7903.29**		吴忠	Wuzhong	330.98	526.37	849.39	117
昆明	Kunming	176.46	842.25	584.82	153	固原	Guyuan	401.15	568.01	543.47	166
曲靖	Qujing	552.10	208.06	300.30	216	中卫	Zhongwei	233.97	219.31	562.96	159
玉溪	Yuxi	151.30	96.34	317.44	213	**新疆**	**Xinjiang**	**2500.79**	**25416.38**	**17455.41**	
保山	Baoshan	142.86	72.80	205.79	240	乌鲁木齐	Urumqi	668.52	187.10	93.23	274
昭通	Zhaotong	75.47	34.22	110.85	265	克拉玛依	Karamay	99.18	575.36	345.33	207

7-15 供应公共管理与公共服务用地面积
Area of Land Supplied for Public Management and Public Services

单位：公顷 (hectare)

地名	City	2010	2012	2013	2013 排名 Ranking	地名	City	2010	2012	2013	2013 排名 Ranking
全国	**Nation Total**	**52945.6**	**100397.0**	**95745.1**		沈阳	Shenyang	462.63	1329.70	1274.43	8
北京	**Beijing**	**350.19**	**299.83**	**401.58**		大连	Dalian	386.62	1125.37	1635.66	3
天津	**Tianjin**	**356.75**	**1076.29**	**968.51**		鞍山	Anshan	112.19	68.86	283.32	89
河北	**Hebei**	**1372.59**	**1396.33**	**3645.91**		抚顺	Fushun	222.37	86.53	313.45	78
石家庄	Shijiazhuang	162.14	265.71	128.69	183	本溪	Benxi	488.34	40.21	362.74	66
唐山	Tangshan	99.20	180.69	231.41	110	丹东	Dandong	430.95	100.65	131.89	181
秦皇岛	Qinhuangdao	39.68	81.65	598.44	37	锦州	Jinzhou	172.91	162.27	278.00	91
邯郸	Handan	174.52	46.83	131.71	182	营口	Yingkou	812.38	309.19	168.04	150
邢台	Xingtai	129.23	87.00	133.04	179	阜新	Fuxin	210.05	47.14	119.79	196
保定	Baoding	193.71	132.49	182.21	135	辽阳	Liaoyang	86.57	422.36	260.86	98
张家口	Zhangjiakou	143.93	176.85	145.73	165	盘锦	Panjin	56.49	138.02	176.41	143
承德	Chengde	72.86	133.58	1507.54	6	铁岭	Tieling	349.34	76.18	133.48	178
沧州	Cangzhou	163.91	165.03	263.49	95	朝阳	Chaoyang	185.57	142.33	329.73	75
廊坊	Langfang	114.54	106.60	311.76	79	葫芦岛	Huludao	140.77	101.99	211.36	121
衡水	Hengshui	78.87	19.91	11.90	280	吉林	**Jilin**	**1531.04**	**1629.09**	**818.99**	
山西	**Shanxi**	**1287.27**	**2037.32**	**1311.47**		长春	Changchun	663.79	954.86	292.89	86
太原	Taiyuan	262.87	330.26	221.29	114	吉林	Jilin	126.49	311.23	73.27	227
大同	Datong	113.65	189.21	116.34	198	四平	Siping	19.03	87.60	92.33	213
阳泉	Yangquan	17.71	121.61	30.84	266	辽源	Liaoyuan	77.21	42.56	17.34	279
长治	Changzhi	89.49	82.04	56.28	245	通化	Tonghua	48.49	29.05	125.47	187
晋城	Jincheng	115.06	126.20	76.16	225	白山	Baishan	427.36	32.60	61.97	240
朔州	Shuozhou	124.97	98.11	74.86	226	松原	Songyuan	7.78	59.41	46.84	254
晋中	Jinzhong	83.08	302.55	241.65	104	白城	Baicheng	74.39	80.60	25.77	273
运城	Yuncheng	190.34	256.74	125.03	189	黑龙江	**Heilongjiang**	**1833.35**	**1579.20**	**2871.15**	
忻州	Xinzhou	109.03	135.68	133.02	180	哈尔滨	Harbin	784.18	472.54	856.83	20
临汾	Linfen	102.73	206.34	127.64	185	齐齐哈尔	Qiqihar	62.09	114.07	116.06	200
吕梁	Luliang	78.33	188.58	108.35	208	鸡西	Jixi	35.28	33.54	208.90	123
内蒙古	**Inner Mongolia**	**2654.50**	**4010.47**	**3614.71**		鹤岗	Hegang	38.00	48.73	22.51	274
呼和浩特	Hohhot	122.31	254.57	286.49	88	双鸭山	Shuangyashan	86.29	96.94	54.06	250
包头	Baotou	157.18	208.86	300.12	83	大庆	Daqing	237.13	55.42	296.29	84
乌海	Wuhai	316.25	30.07	27.68	271	伊春	Yichun	58.36	96.36	38.04	263
赤峰	Chifeng	160.19	745.70	255.27	99	佳木斯	Jiamusi	37.60	153.10	170.05	148
通辽	Tongliao	99.88	305.59	757.67	22	七台河	Qitaihe	4.66	13.98	8.76	281
鄂尔多斯	Erdos	763.65	725.14	748.32	24	牡丹江	Mudanjiang	67.78	159.73	638.78	32
呼伦贝尔	Hulunbuir	317.29	230.99	263.44	96	黑河	Heihe	98.32	56.49	87.81	217
巴彦淖尔	Bayannur	137.73	441.05	245.93	101	绥化	Suihua	112.10	81.78	242.13	103
乌兰察布	Ulanqab	119.74	138.81	293.75	85	上海	**Shanghai**	**459.35**	**387.14**	**500.65**	
辽宁	**Liaoning**	**4117.18**	**4150.80**	**5679.17**		江苏	**Jiangsu**	**3030.45**	**5488.16**	**4796.43**	

注：2012年开始采用新的土地分类。

Note: These indicators are using the new land use type after 2012.

7-15 供应公共管理与公共服务用地面积　续表 1
Area of Land Supplied for Public Management and Public Services continued 1

单位：公顷　　(hectare)

地名	City	2010	2012	2013	2013 排名 Ranking	地名	City	2010	2012	2013	2013 排名 Ranking
南京	Nanjing	370.07	887.83	959.76	13	池州	Chizhou	3.98	121.14	167.16	151
无锡	Wuxi	663.91	1030.24	871.54	19	宣城	Xuancheng	54.28	163.08	235.60	107
徐州	Xuzhou	221.25	884.98	359.94	67	**福建**	**Fujian**	**1474.59**	**1694.28**	**2277.72**	
常州	Changzhou	570.52	117.14	325.92	77	福州	Fuzhou	418.71	343.37	594.58	38
苏州	Suzhou	330.37	560.75	645.18	31	厦门	Xiamen	470.99	186.94	100.16	209
南通	Nantong	159.65	211.13	189.90	132	莆田	Putian	23.35	59.42	45.01	258
连云港	Lianyungang	78.91	164.50	80.92	221	三明	Sanming	98.72	205.51	213.47	120
淮安	Huaian	124.49	88.26	206.47	125	泉州	Quanzhou	161.21	252.71	570.49	42
盐城	Yancheng	183.66	290.30	229.78	111	漳州	Zhangzhou	65.88	269.19	193.24	129
扬州	Yangzhou	77.34	152.60	159.71	155	南平	Nanping	51.02	92.81	151.84	161
镇江	Zhenjiang	6.37	453.70	529.45	47	龙岩	Longyan	70.00	173.45	223.69	113
泰州	Taizhou	123.91	530.70	141.75	170	宁德	Ningde	114.70	110.87	185.23	134
宿迁	Suqian	120.00	116.03	96.12	211	**江西**	**Jiangxi**	**3438.04**	**4926.05**	**5454.80**	
浙江	**Zhejiang**	**3390.07**	**10100.65**	**6023.89**		南昌	Nanchang	1050.19	417.69	701.14	28
杭州	Hangzhou	1304.30	1668.83	1608.36	4	景德镇	Jingdezhen	29.60	74.36	123.16	191
宁波	Ningbo	538.03	1393.87	888.41	16	萍乡	Pingxiang	29.43	70.51	155.48	158
温州	Wenzhou	229.67	704.04	730.99	26	九江	Jiujiang	99.24	258.26	523.06	48
嘉兴	Jiaxing	312.44	3334.86	200.31	127	新余	Xinyu	43.82	47.93	122.39	194
湖州	Huzhou	74.92	196.45	147.17	164	鹰潭	Yingtan	110.53	145.58	383.56	65
绍兴	Shaoxing	126.54	849.46	417.63	62	赣州	Ganzhou	697.96	684.83	1271.65	9
金华	Jinhua	113.08	261.95	425.94	60	吉安	Jian	580.51	823.23	594.02	39
衢州	Quzhou	127.79	456.70	301.36	82	宜春	Yichun	42.10	1287.62	344.74	70
舟山	Zhoushan	29.98	486.87	267.86	93	抚州	Fuzhou	509.22	386.41	682.73	29
台州	Taizhou	296.45	358.70	610.66	36	上饶	Shangrao	245.43	729.63	552.86	44
丽水	Lishui	236.86	588.92	425.20	61	**山东**	**Shandong**	**4582.66**	**3098.43**	**5687.41**	
安徽	**Anhui**	**1438.72**	**5498.71**	**4819.53**		济南	Jinan	398.84	219.72	267.75	94
合肥	Hefei	225.12	429.28	461.17	56	青岛	Qingdao	799.85	545.65	1088.94	11
芜湖	Wuhu	149.71	433.87	815.77	21	淄博	Zibo	1131.42	338.36	510.35	50
蚌埠	Bengbu	92.60	85.88	80.82	222	枣庄	Zaozhuang	76.78	42.71	139.89	171
淮南	Huainan	152.71	173.15	152.20	160	东营	Dongying	253.88	216.96	216.34	117
马鞍山	Maanshan	204.16	749.87	109.11	207	烟台	Yantai	338.11	238.14	592.14	41
淮北	Huaibei	42.82	337.94	91.77	214	潍坊	Weifang	292.69	355.96	592.28	40
铜陵	Tongling	37.24	32.68	3.51	284	济宁	Jining	135.37	255.66	193.05	130
安庆	Anqing	50.68	374.00	472.06	54	泰安	Taian	151.26	77.42	176.95	141
黄山	Huangshan	81.21	92.96	207.55	124	威海	Weihai	195.95	320.76	534.64	46
滁州	Chuzhou	14.60	660.02	280.56	90	日照	Rizhao	201.21	47.90	59.68	241
阜阳	Fuyang	40.76	503.66	348.71	68	莱芜	Laiwu	46.86	42.63	326.89	76
宿州	Suzhou	44.60	115.43	72.66	230	临沂	Linyi	231.73	60.99	451.05	57
六安	Liuan	164.03	743.86	757.28	23	德州	Dezhou	93.94	139.97	210.29	122
亳州	Bozhou	58.93	333.35	240.14	105	聊城	Liaocheng	46.28	85.61	135.15	176

7-15 供应公共管理与公共服务用地面积 续表 2
Area of Land Supplied for Public Management and Public Services continued 2

单位：公顷 (hectare)

地名	City	2010	2012	2013	2013 排名 Ranking
滨州	Binzhou	37.48	54.97	68.90	232
菏泽	Heze	151.03	55.03	123.12	192
河南	**Henan**	**2056.26**	**7185.82**	**5701.26**	
郑州	Zhengzhou	622.39	1738.16	872.43	18
开封	Kaifeng	54.31	142.97	179.91	138
洛阳	Luoyang	75.70	797.12	505.05	51
平顶山	Pingdingshan	142.91	190.96	144.98	167
安阳	Anyang	171.31	101.78	165.89	153
鹤壁	Hebi	25.21	152.33	63.71	236
新乡	Xinxiang	55.76	270.48	549.89	45
焦作	Jiaozuo	131.02	929.53	1215.38	10
濮阳	Puyang	58.06	65.35	220.88	115
许昌	Xuchang	112.93	83.94	62.76	238
漯河	Luohe	80.68	213.26	89.65	216
三门峡	Sanmenxia	121.18	577.06	57.52	243
南阳	Nanyang	173.72	242.80	181.75	137
商丘	Shangqiu	134.26	312.79	471.45	55
信阳	Xinyang	12.77	865.74	391.19	63
周口	Zhoukou	43.61	322.58	182.20	136
驻马店	Zhumadian	40.41	178.98	346.61	69
湖北	**Hubei**	**1272.50**	**1991.86**	**4386.01**	
武汉	Wuhan	635.46	791.11	2238.22	1
黄石	Huangshi	53.67	141.35	191.15	131
十堰	Shiyan	69.72	50.51	439.57	58
宜昌	Yichang	56.29	149.17	236.22	106
襄阳	Xiangfan	51.83	106.24	187.89	133
鄂州	Ezhou	18.90	9.08	84.90	218
荆门	Jingmen	16.39	67.06	113.62	204
孝感	Xiaogan	24.99	104.10	169.55	149
荆州	Jingzhou	115.34	67.09	155.32	159
黄冈	Huanggang	84.64	253.43	148.50	163
咸宁	Xianning	60.73	137.42	70.52	231
随州	Suizhou	10.21	17.15	31.22	265
湖南	**Hunan**	**1450.55**	**2858.60**	**4070.04**	
长沙	Changsha	534.50	1228.66	1853.74	2
株洲	Zhuzhou	179.79	194.58	336.76	72
湘潭	Xiangtan	64.69	158.03	176.54	142
衡阳	Hengyang	49.53	100.60	73.04	228
邵阳	Shaoyang	48.33	190.89	157.12	157
岳阳	Yueyang	64.56	87.84	175.19	145
常德	Changde	91.62	46.53	304.59	80
张家界	Zhangjiajie	50.24	19.02	151.82	162
益阳	Yiyang	79.15	79.93	63.70	237
郴州	Chenzhou	124.19	72.23	113.83	203
永州	Yongzhou	54.38	365.24	216.41	116
怀化	Huaihua	48.06	190.11	224.15	112
娄底	Loudi	22.43	58.89	124.58	190
广东	**Guangdong**	**2272.67**	**4829.53**	**2789.03**	
广州	Guangzhou	758.78	932.63	338.13	71
韶关	Shaoguan	35.46	27.32	19.86	276
深圳	Shenzhen	121.09	237.64	116.21	199
珠海	Zhuhai	63.41	36.02	120.05	195
汕头	Shantou	104.76	42.67	38.16	262
佛山	Foshan	116.25	250.28	177.60	139
江门	Jiangmen	96.76	314.66	127.95	184
湛江	Zhanjiang	190.96	274.67	261.24	97
茂名	Maoming	1.51	155.64	59.54	242
肇庆	Zhaoqing	30.99	142.43	162.22	154
惠州	Huizhou	44.32	816.24	246.32	100
梅州	Meizhou	12.19	597.22	133.94	177
汕尾	Shanwei	13.39	2.72	17.69	278
河源	Heyuan	80.72	218.48	177.07	140
阳江	Yangjiang	164.16	404.41	62.24	239
清远	Qingyuan	53.62	120.39	170.39	147
东莞	Dongguan	186.11	117.83	437.28	59
中山	ZhongShan	132.71	16.49	29.50	267
潮州	Chaozhou	7.97	7.39	20.17	275
揭阳	Jieyang	43.45	64.56	28.50	269
云浮	Yunfu	14.05	49.86	44.95	259
广西	**Guangxi**	**1819.91**	**3869.93**	**2350.98**	
南宁	Nanning	387.49	739.45	621.84	35
柳州	Liuzhou	552.41	1484.90	388.61	64
桂林	Guilin	173.82	332.76	515.69	49
梧州	Wuzhou	39.69	70.25	27.76	270
北海	Beihai	70.28	125.59	46.70	255
防城港	Fangchenggang	71.46	82.20	68.26	233
钦州	Qinzhou	34.97	73.26	65.29	234
贵港	Guigang	75.71	71.84	90.97	215
玉林	Yulin	43.71	115.84	48.84	252
百色	Baise	145.61	224.62	166.58	152

7-15 供应公共管理与公共服务用地面积 续表 3
Area of Land Supplied for Public Management and Public Services continued 3

单位：公顷 (hectare)

地名	City	2010	2012	2013	2013 排名 Ranking
贺州	Hezhou	90.69	212.20	19.52	277
河池	Hechi	43.60	68.75	197.03	128
来宾	Laibin	13.18	102.46	46.23	256
崇左	Chongzuo	77.28	165.72	47.67	253
海南	**Hainan**	**572.65**	**1805.47**	**370.12**	
海口	Haikou	177.26	51.74	5.36	283
三亚	Sanya	12.27	103.53	111.25	205
重庆	**Chongqing**	**1702.40**	**1172.67**	**1748.86**	
四川	**Sichuan**	**1573.45**	**7613.44**	**3891.72**	
成都	Chengdu	551.71	2190.16	712.54	27
自贡	Zigong	38.85	58.41	176.26	144
攀枝花	Panzhihua	16.45	162.98	36.24	264
泸州	Luzhou	116.55	440.12	122.57	193
德阳	Deyang	43.82	551.70	216.28	118
绵阳	Mianyang	185.38	1234.97	231.50	109
广元	Guangyuan	135.91	545.75	138.43	174
遂宁	Suining	43.85	206.35	206.39	126
内江	Neijiang	26.52	137.69	55.98	246
乐山	Leshan	32.73	163.39	746.84	25
南充	Nanchong	47.60	335.83	54.72	248
眉山	Meishan	6.64	63.70	83.20	220
宜宾	Yibin	51.08	297.30	144.00	168
广安	Guangan	18.49	102.22	330.78	73
达州	Dazhou	22.21	154.04	76.66	224
雅安	Yaan	31.27	188.07	7.56	282
巴中	Bazhong	15.82	110.88	64.66	235
资阳	Ziyang	9.15	388.36	173.04	146
贵州	**Guizhou**	**1638.85**	**8228.10**	**3796.21**	
贵阳	Guiyang	551.33	2226.39	562.53	43
六盘水	Liupanshui	45.40	87.91	55.25	247
遵义	Zunyi	120.26	584.37	635.17	34
安顺	Anshun	136.57	2647.08	286.73	87
毕节	Bijie	88.27	378.58	500.09	53
铜仁	Tongren	285.63	497.65	1062.72	12
云南	**Yunnan**	**1383.01**	**1674.69**	**1639.94**	
昆明	Kunming	139.89	591.21	272.00	92
曲靖	Qujing	318.02	116.27	159.59	156
玉溪	Yuxi	46.20	45.97	26.60	272
保山	Baoshan	12.74	26.15	57.04	244
昭通	Zhaotong	40.41	21.92	83.48	219
丽江	Lijiang	7.39	47.14	45.64	257
普洱	Puer	15.82	98.07	135.85	175
临沧	Lincang	31.68	46.62	139.11	172
西藏	**Tibet**	**695.36**	**270.56**	**216.57**	
拉萨	Lhasa	69.35	108.72	141.98	169
陕西	**Shaanxi**	**1049.23**	**1866.48**	**2733.46**	
西安	Xi'an	659.84	888.33	879.25	17
铜川	Tongchuan	35.03	26.77	29.35	268
宝鸡	Baoji	26.22	200.11	100.11	210
咸阳	Xianyang	18.05	141.37	113.85	202
渭南	Weinan	19.06	114.92	233.17	108
延安	Yan'an	99.99	24.12	956.07	15
汉中	Hanzhong	7.31	91.60	117.04	197
榆林	Yulin	130.69	205.40	38.45	261
安康	Ankang	25.38	110.51	138.94	173
商洛	Shangluo	27.65	63.36	127.23	186
甘肃	**Gansu**	**1737.82**	**2991.41**	**6472.76**	
兰州	Lanzhou	111.47	117.79	145.40	166
嘉峪关	Jiayuguan	540.58	589.92	668.15	30
金昌	Jinchang	50.05	100.14	959.64	14
白银	Baiyin	34.38	328.64	637.65	33
天水	Tianshui	14.77	77.64	43.25	260
武威	Wuwei	128.59	112.50	1316.43	7
张掖	Zhangye	26.36	95.59	500.43	52
平凉	Pingliang	77.32	53.19	245.67	102
酒泉	Jiuquan	363.00	1106.76	1601.24	5
庆阳	Qingyang	39.19	72.67	77.84	223
定西	Dingxi	103.78	175.00	48.93	251
陇南	Longnan	8.43	132.88	54.22	249
青海	**Qinghai**	**255.18**	**591.54**	**379.06**	
西宁	Xining	15.97	148.76	125.09	188
宁夏	**Ningxia**	**1092.23**	**758.97**	**1071.80**	
银川	Yinchuan	493.89	232.21	329.98	74
石嘴山	Shizuishan	177.24	116.55	110.64	206
吴忠	Wuzhong	247.90	212.63	302.03	81
固原	Guyuan	101.47	60.61	213.65	119
中卫	Zhongwei	71.73	136.96	115.50	201
新疆	**Xinjiang**	**1056.80**	**5315.17**	**5255.46**	
乌鲁木齐	Urumqi	135.64	185.07	72.91	229
克拉玛依	Karamay	72.65	185.59	92.77	212

城市建设

Urban Construction

8-1 城市城区面积（辖区）
Urban Area (Districts under City)

单位：平方公里 (sq. km)

地名	City	2010	2012	2013	2013 排名 Ranking	地名	City	2010	2012	2013	2013 排名 Ranking
全国	**National Total**	**178691.7**	**183039.4**	**183416.1**		沈阳	Shenyang	1506.00	3125.64	3133.04	2
北京	**Beijing**	**12187.00**	**12187.00**	**12187.00**		大连	Dalian	1194.00	1170.00	1170.00	16
天津	**Tianjin**	**2236.12**	**2334.47**	**2334.47**		鞍山	Anshan	624.29	624.29	624.29	49
河北	**Hebei**	**6521.74**	**6611.24**	**6477.93**		抚顺	Fushun	545.39	628.43	628.43	48
石家庄	Shijiazhuang	212.54	305.72	305.72	118	本溪	Benxi	1023.84	1518.00	1518.00	10
唐山	Tangshan	1230.20	1230.20	1230.20	13	丹东	Dandong	226.11	226.11	226.11	147
秦皇岛	Qinhuangdao	363.20	363.20	363.20	98	锦州	Jinzhou	436.00	436.00	436.00	73
邯郸	Handan	434.00	417.20	417.20	77	营口	Yingkou	183.72	183.72	183.72	166
邢台	Xingtai	114.80	114.80	114.80	204	阜新	Fuxin	448.00	448.00	448.00	70
保定	Baoding	312.30	312.30	327.04	109	辽阳	Liaoyang	632.51	728.19	728.19	41
张家口	Zhangjiakou	376.27	376.27	376.27	95	盘锦	Panjin	266.00	266.00	266.00	129
承德	Chengde	760.07	771.19	733.84	39	铁岭	Tieling	203.65	203.65	203.65	154
沧州	Cangzhou	183.00	183.00	183.00	167	朝阳	Chaoyang	533.00	570.00	570.00	55
廊坊	Langfang	292.00	292.00	292.00	123	葫芦岛	Huludao	575.00	575.00	575.00	54
衡水	Hengshui	273.40	273.40	273.40	127	吉林	**Jilin**	**7376.83**	**3956.61**	**3596.28**	
山西	**Shanxi**	**3348.34**	**3427.17**	**2998.81**		长春	Changchun	422.14	449.34	470.29	67
太原	Taiyuan	1416.03	1450.00	1000.00	23	吉林	Jilin	1042.75	1038.53	498.75	65
大同	Datong	130.20	130.20	130.20	195	四平	Siping	835.00	87.30	87.40	227
阳泉	Yangquan	51.58	52.92	53.72	263	辽源	Liaoyuan	442.44	46.33	46.30	269
长治	Changzhi	76.20	76.20	76.20	239	通化	Tonghua	761.00	63.95	64.75	245
晋城	Jincheng	147.00	152.00	152.00	189	白山	Baishan	100.00	383.79	383.79	92
朔州	Shuozhou	148.00	159.10	159.10	182	松原	Songyuan	1000.00	80.00	80.00	235
晋中	Jinzhong	53.40	53.40	53.40	264	白城	Baicheng	912.00	49.11	49.11	268
运城	Yuncheng	44.50	44.50	56.00	260	黑龙江	**Heilongjiang**	**2589.48**	**2718.31**	**2765.69**	
忻州	Xinzhou	183.00	183.00	183.00	167	哈尔滨	Harbin	359.21	383.02	390.54	88
临汾	Linfen	43.00	60.00	60.00	254	齐齐哈尔	Qiqihar	139.63	139.63	139.63	192
吕梁	Luliang	25.10	25.10	25.10	284	鸡西	Jixi	79.23	79.23	79.23	237
内蒙古	**Inner Mongolia**	**8537.05**	**8500.97**	**8355.93**		鹤岗	Hegang	85.00	85.00	85.00	233
呼和浩特	Hohhot	265.05	265.05	322.42	112	双鸭山	Shuangyashan	118.00	118.00	118.00	202
包头	Baotou	885.00	885.00	885.00	28	大庆	Daqing	285.81	305.39	315.54	114
乌海	Wuhai	1754.00	1754.00	1754.00	7	伊春	Yichun	171.39	174.85	174.87	171
赤峰	Chifeng	560.00	560.00	560.00	59	佳木斯	Jiamusi	93.50	98.08	96.98	218
通辽	Tongliao	65.80	75.63	75.63	240	七台河	Qitaihe	62.37	307.00	307.00	116
鄂尔多斯	Erdos	195.58	195.58	195.58	160	牡丹江	Mudanjiang	86.30	86.30	88.58	223
呼伦贝尔	Hulunbuir	209.41	209.41	265.40	131	黑河	Heihe	27.88	27.88	27.88	281
巴彦淖尔	Bayannur	668.00	698.00	698.00	43	绥化	Suihua	51.79	92.77	92.77	220
乌兰察布	Ulanqab	404.80	51.98	60.00	254	上海	**Shanghai**	**6340.50**	**6340.50**	**6340.50**	
辽宁	**Liaoning**	**11655.67**	**13966.53**	**13973.93**		江苏	**Jiangsu**	**12462.84**	**13957.00**	**14307.61**	

8-1 城市城区面积（辖区） 续表 1
Urban Area (Districts under City) continued 1

单位：平方公里 (sq. km)

地名	City	2010	2012	2013	2013 排名 Ranking	地名	City	2010	2012	2013	2013 排名 Ranking
南京	Nanjing	3092.71	4003.81	4226.41	1	池州	Chizhou	252.93	252.93	252.93	136
无锡	Wuxi	1143.35	1164.58	1164.58	17	宣城	Xuancheng	131.17	131.17	131.77	193
徐州	Xuzhou	427.45	427.45	427.45	75	**福建**	**Fujian**	**4361.84**	**4500.88**	**4298.70**	
常州	Changzhou	384.38	384.38	384.38	91	福州	Fuzhou	1043.00	1043.00	1043.00	19
苏州	Suzhou	1211.93	1523.88	1523.88	9	厦门	Xiamen	230.00	264.31	281.61	126
南通	Nantong	214.67	385.00	387.00	90	莆田	Putian	244.00	244.00	244.00	137
连云港	Lianyungang	673.05	673.50	673.50	44	三明	Sanming	220.00	220.00	220.00	150
淮安	Huaian	227.00	227.00	227.00	146	泉州	Quanzhou	529.00	529.00	529.00	64
盐城	Yancheng	218.28	324.19	324.19	111	漳州	Zhangzhou	95.24	95.24	95.24	219
扬州	Yangzhou	274.96	415.34	415.34	79	南平	Nanping	165.81	165.81	165.81	177
镇江	Zhenjiang	555.43	555.43	555.43	61	龙岩	Longyan	185.00	185.00	185.00	164
泰州	Taizhou	349.74	349.74	408.74	83	宁德	Ningde	105.50	107.50	107.50	208
宿迁	Suqian	220.00	220.00	346.21	103	**江西**	**Jiangxi**	**1719.32**	**1949.64**	**2113.46**	
浙江	**Zhejiang**	**10256.38**	**10515.23**	**10991.68**		南昌	Nanchang	215.00	222.00	330.00	108
杭州	Hangzhou	1019.53	1022.41	1022.41	21	景德镇	Jingdezhen	160.00	198.50	198.50	158
宁波	Ningbo	778.00	778.00	778.00	34	萍乡	Pingxiang	42.10	85.70	85.70	231
温州	Wenzhou	585.05	585.05	730.03	40	九江	Jiujiang	114.97	104.85	104.85	210
嘉兴	Jiaxing	224.00	224.00	224.00	148	新余	Xinyu	160.00	230.00	230.00	143
湖州	Huzhou	627.46	640.65	640.65	47	鹰潭	Yingtan	57.65	63.00	63.00	248
绍兴	Shaoxing	226.04	226.04	497.04	66	赣州	Ganzhou	85.13	106.14	112.12	205
金华	Jinhua	379.64	379.64	379.64	94	吉安	Jian	218.20	223.20	228.70	145
衢州	Quzhou	200.10	200.10	200.10	156	宜春	Yichun	88.00	88.00	88.00	225
舟山	Zhoushan	408.52	408.52	579.99	53	抚州	Fuzhou	81.30	85.30	85.30	232
台州	Taizhou	749.98	749.98	749.98	36	上饶	Shangrao	55.80	60.20	61.88	251
丽水	Lishui	266.13	266.13	266.13	128	**山东**	**Shandong**	**19631.65**	**21421.45**	**21635.26**	
安徽	**Anhui**	**5041.16**	**5569.09**	**5852.01**		济南	Jinan	1210.00	1210.00	1210.00	14
合肥	Hefei	565.50	575.60	777.03	35	青岛	Qingdao	1405.25	1789.25	1963.20	5
芜湖	Wuhu	230.00	721.70	721.70	42	淄博	Zibo	792.70	655.80	661.62	45
蚌埠	Bengbu	284.60	284.60	365.48	96	枣庄	Zaozhuang	442.13	470.00	349.02	102
淮南	Huainan	415.45	415.45	415.45	78	东营	Dongying	1089.10	1089.10	1099.20	18
马鞍山	Maanshan	105.85	175.84	175.84	170	烟台	Yantai	898.33	901.41	901.41	26
淮北	Huaibei	210.00	210.00	210.00	153	潍坊	Weifang	1186.53	1186.54	1186.54	15
铜陵	Tongling	180.60	180.60	180.60	169	济宁	Jining	480.00	727.47	880.37	29
安庆	Anqing	311.39	311.39	311.40	115	泰安	Taian	272.22	405.82	405.82	84
黄山	Huangshan	445.80	445.80	445.80	71	威海	Weihai	230.00	230.00	230.00	143
滁州	Chuzhou	282.60	282.60	282.60	125	日照	Rizhao	362.00	362.00	403.70	85
阜阳	Fuyang	332.67	332.67	332.67	106	莱芜	Laiwu	452.40	423.99	614.14	50
宿州	Suzhou	164.51	164.51	164.51	179	临沂	Linyi	1171.65	1277.63	1277.63	12
六安	Liuan	136.12	166.12	166.12	175	德州	Dezhou	539.00	539.00	539.00	63
亳州	Bozhou	66.82	86.90	86.90	229	聊城	Liaocheng	412.69	412.69	412.69	81

8-1 城市城区面积（辖区） 续表 2
Urban Area (Districts under City) continued 2

单位：平方公里 (sq. km)

地名	City	2010	2012	2013	2013 排名 Ranking	地名	City	2010	2012	2013	2013 排名 Ranking
滨州	Binzhou	534.54	559.44	559.44	60	常德	Changde	339.16	339.16	339.16	104
菏泽	Heze	359.54	359.54	389.96	89	张家界	Zhangjiajie	142.60	142.60	60.10	253
河南	**Henan**	**4101.39**	**4628.01**	**4658.01**		益阳	Yiyang	66.30	88.00	88.00	225
郑州	Zhengzhou	439.07	439.07	439.07	72	郴州	Chenzhou	580.00	580.00	580.00	52
开封	Kaifeng	121.25	121.25	121.25	198	永州	Yongzhou	77.37	91.37	100.00	214
洛阳	Luoyang	331.42	331.42	331.42	107	怀化	Huaihua	52.00	62.00	62.00	250
平顶山	Pingdingshan	260.03	260.03	260.03	133	娄底	Loudi	60.00	62.00	62.20	249
安阳	Anyang	153.00	153.00	153.00	187	**广东**	**Guangdong**	**18130.10**	**15984.06**	**16136.49**	
鹤壁	Hebi	130.42	130.42	130.42	194	广州	Guangzhou	3843.43	1387.24	1395.52	11
新乡	Xinxiang	103.00	110.00	140.00	191	韶关	Shaoguan	1392.50	1392.50	92.10	221
焦作	Jiaozuo	94.90	102.00	102.00	213	深圳	Shenzhen	1991.64	1991.64	1996.78	4
濮阳	Puyang	50.00	153.56	153.56	186	珠海	Zhuhai	745.38	745.38	745.38	37
许昌	Xuchang	97.00	97.00	97.00	217	汕头	Shantou	607.88	607.88	607.88	51
漯河	Luohe	106.82	106.82	106.82	209	佛山	Foshan	663.10	736.17	734.72	38
三门峡	Sanmenxia	30.00	30.00	30.00	280	江门	Jiangmen	580.06	566.00	566.00	56
南阳	Nanyang	231.81	640.77	640.77	46	湛江	Zhanjiang	92.19	110.00	110.00	206
商丘	Shangqiu	103.00	103.00	103.00	212	茂名	Maoming	116.05	116.05	116.05	203
信阳	Xinyang	259.51	259.51	259.51	134	肇庆	Zhaoqing	392.78	392.78	393.80	86
周口	Zhoukou	100.00	100.00	100.00	214	惠州	Huizhou	999.19	921.37	981.19	24
驻马店	Zhumadian	185.00	185.00	185.00	164	梅州	Meizhou	168.00	168.00	168.00	173
湖北	**Hubei**	**9057.18**	**9052.31**	**7348.70**		汕尾	Shanwei	94.21	59.39	282.66	124
武汉	Wuhan	2718.00	2718.00	888.42	27	河源	Heyuan	28.54	30.84	31.86	278
黄石	Huangshi	237.00	237.00	237.00	140	阳江	Yangjiang	285.00	357.00	357.00	100
十堰	Shiyan	319.00	319.00	319.00	113	清远	Qingyuan	271.30	523.00	363.23	97
宜昌	Yichang	541.00	541.00	541.00	62	东莞	Dongguan	2465.00	2465.00	2465.00	3
襄阳	Xiangfan	337.80	337.80	337.80	105	中山	ZhongShan	167.30	170.10	262.44	132
鄂州	Ezhou	240.67	240.67	240.67	138	潮州	Chaozhou	41.68	152.27	152.27	188
荆门	Jingmen	194.00	194.00	194.00	161	揭阳	Jieyang	181.00	181.00	1031.00	20
孝感	Xiaogan	87.10	87.10	87.10	228	云浮	Yunfu	84.00	84.00	84.00	234
荆州	Jingzhou	66.40	69.05	71.77	243	**广西**	**Guangxi**	**5656.72**	**6067.38**	**6103.62**	
黄冈	Huanggang	31.13	33.23	33.23	277	南宁	Nanning	841.08	841.08	841.08	30
咸宁	Xianning	100.00	100.00	165.00	178	柳州	Liuzhou	437.11	464.39	464.39	69
随州	Suizhou	216.00	216.00	266.00	129	桂林	Guilin	565.00	565.00	565.00	57
湖南	**Hunan**	**4121.85**	**4623.47**	**4312.18**		梧州	Wuzhou	307.00	307.00	307.00	116
长沙	Changsha	954.55	1007.66	1007.66	22	北海	Beihai	957.00	957.00	957.00	25
株洲	Zhuzhou	470.33	837.00	837.00	31	防城港	Fangchenggang	233.13	233.13	233.13	141
湘潭	Xiangtan	418.00	418.00	168.21	172	钦州	Qinzhou	96.27	354.38	354.38	101
衡阳	Hengyang	120.00	123.68	123.68	197	贵港	Guigang	301.50	301.50	301.50	120
邵阳	Shaoyang	67.00	67.00	67.00	244	玉林	Yulin	219.04	302.04	302.04	119
岳阳	Yueyang	155.00	155.00	155.00	185	百色	Baise	362.60	377.89	362.60	99

8-1 城市城区面积（辖区） 续表 3
Urban Area (Districts under City) continued 3

单位：平方公里 (sq. km)

地名	City	2010	2012	2013	2013 排名 Ranking	地名	City	2010	2012	2013	2013 排名 Ranking
贺州	Hezhou	60.65	72.15	72.15	242	丽江	Lijiang	22.00	26.00	26.00	282
河池	Hechi	80.00	80.00	80.00	235	普洱	Puer	48.00	50.00	50.00	266
来宾	Laibin	76.52	92.00	92.00	222	临沧	Lincang	20.00	33.93	33.93	276
崇左	Chongzuo	34.02	34.00	50.00	266	**西藏**	**Tibet**	**782.00**	**337.00**	**339.00**	
海南	**Hainan**	**833.03**	**1149.13**	**1264.98**		拉萨	Lhasa	295.00	295.00	297.00	122
海口	Haikou	215.00	562.40	562.40	58	**陕西**	**Shaanxi**	**1430.60**	**1504.44**	**1555.04**	
三亚	Sanya	60.00	74.70	188.00	162	西安	Xi'an	331.67	380.00	430.00	74
重庆	**Chongqing**	**5695.83**	**6105.70**	**6133.93**		铜川	Tongchuan	55.00	55.00	55.00	262
四川	**Sichuan**	**5772.84**	**6204.99**	**6432.92**		宝鸡	Baoji	104.53	156.30	156.30	184
成都	Chengdu	778.73	779.77	779.77	32	咸阳	Xianyang	74.75	78.00	78.00	238
自贡	Zigong	566.50	778.32	778.32	33	渭南	Weinan	171.00	202.00	202.00	155
攀枝花	Panzhihua	329.18	326.66	326.66	110	延安	Yan'an	43.25	43.34	43.34	270
泸州	Luzhou	410.38	411.38	411.38	82	汉中	Hanzhong	86.00	86.00	86.00	230
德阳	Deyang	57.20	65.10	74.01	241	榆林	Yulin	119.00	119.00	119.00	200
绵阳	Mianyang	362.10	465.00	465.00	68	安康	Ankang	30.00	160.00	160.00	181
广元	Guangyuan	216.70	216.70	216.70	152	商洛	Shangluo	230.00	39.40	40.00	272
遂宁	Suining	284.10	298.62	298.62	121	**甘肃**	**Gansu**	**1426.32**	**1292.43**	**1450.12**	
内江	Neijiang	204.09	204.09	240.00	139	兰州	Lanzhou	205.74	212.07	220.30	149
乐山	Leshan	92.83	93.21	166.73	174	嘉峪关	Jiayuguan	120.00	120.00	120.00	199
南充	Nanchong	420.00	420.00	420.00	76	金昌	Jinchang	42.00	42.00	42.00	271
眉山	Meishan	56.50	56.50	56.50	259	白银	Baiyin	99.24	99.24	99.24	216
宜宾	Yibin	60.00	97.35	103.75	211	天水	Tianshui	58.61	60.00	60.00	254
广安	Guangan	111.31	111.31	141.31	190	武威	Wuwei	28.50	31.00	31.00	279
达州	Dazhou	89.00	89.00	159.00	183	张掖	Zhangye	33.69	53.70	200.00	157
雅安	Yaan	164.50	196.89	196.89	159	平凉	Pingliang	255.00	255.00	255.00	135
巴中	Bazhong	160.29	160.29	160.29	180	酒泉	Jiuquan	232.00	232.00	232.00	142
资阳	Ziyang	176.20	181.24	185.20	163	庆阳	Qingyang	25.44	25.44	25.44	283
贵州	**Guizhou**	**1658.36**	**1816.64**	**1828.34**		定西	Dingxi	200.00	35.88	35.88	275
贵阳	Guiyang	414.77	414.77	414.77	80	陇南	Longnan	40.00	40.00	40.00	272
六盘水	Liupanshui	129.00	129.00	129.00	196	**青海**	**Qinghai**	**512.28**	**512.28**	**559.78**	
遵义	Zunyi	220.00	220.00	220.00	150	西宁	Xining	380.00	380.00	380.00	93
安顺	Anshun	109.48	109.48	109.48	207	**宁夏**	**Ningxia**	**2049.72**	**2103.16**	**2106.16**	
毕节	Bijie	43.87	166.09	166.09	176	银川	Yinchuan	1773.50	1773.50	1773.50	6
铜仁	Tongren	23.50	40.10	53.30	265	石嘴山	Shizuishan	118.20	118.20	118.20	201
云南	**Yunnan**	**1929.97**	**2143.79**	**3337.32**		吴忠	Wuzhong	29.91	60.00	60.00	254
昆明	Kunming	472.57	632.57	1749.00	8	固原	Guyuan	34.62	36.66	39.46	274
曲靖	Qujing	56.00	66.00	55.86	261	中卫	Zhongwei	52.00	64.70	64.70	246
玉溪	Yuxi	46.70	59.82	88.12	224	**新疆**	**Xinjiang**	**1267.62**	**1558.54**	**1620.20**	
保山	Baoshan	33.10	40.00	60.00	254	乌鲁木齐	Urumqi	342.67	368.40	391.20	87
昭通	Zhaotong	61.00	61.00	61.00	252	克拉玛依	Karamay	57.16	57.13	63.94	247

8-2　城市建成区面积（辖区）
Area of Built District (Districts under City)

单位：平方公里　　　　(sq. km)

地名	City	2010	2012	2013	2013 排名 Ranking
全国	**National Total**	**40058.01**	**45565.76**	**47855.28**	
北京	**Beijing**		**1261.11**	**1306.45**	
天津	**Tianjin**	**686.71**	**722.14**	**747.26**	
河北	**Hebei**	**1619.67**	**1738.89**	**1787.24**	
石家庄	Shijiazhuang	202.90	216.60	216.50	37
唐山	Tangshan	234.00	247.00	249.00	32
秦皇岛	Qinhuangdao	89.48	94.76	97.26	104
邯郸	Handan	110.55	117.48	120.52	72
邢台	Xingtai	70.00	71.96	79.21	131
保定	Baoding	132.33	140.94	144.22	61
张家口	Zhangjiakou	84.00	86.00	86.00	121
承德	Chengde	99.75	112.81	114.36	77
沧州	Cangzhou	46.48	60.84	63.69	170
廊坊	Langfang	59.45	63.60	64.50	167
衡水	Hengshui	43.56	45.80	46.40	222
山西	**Shanxi**	**864.73**	**1013.84**	**1040.69**	
太原	Taiyuan	245.00	310.00	320.00	21
大同	Datong	108.00	108.00	108.00	90
阳泉	Yangquan	51.58	52.92	53.72	200
长治	Changzhi	59.30	59.30	59.30	188
晋城	Jincheng	35.40	51.00	52.00	204
朔州	Shuozhou	36.60	41.60	41.60	236
晋中	Jinzhong	39.14	50.00	53.00	203
运城	Yuncheng	30.00	40.00	46.00	224
忻州	Xinzhou	30.10	32.00	32.00	262
临汾	Linfen	37.40	54.00	54.00	199
吕梁	Luliang	18.00	22.50	23.80	276
内蒙古	**Inner Mongolia**	**1038.32**	**1132.78**	**1206.21**	
呼和浩特	Hohhot	166.20	209.63	259.07	28
包头	Baotou	183.49	186.00	186.00	44
乌海	Wuhai	62.92	62.92	62.92	174
赤峰	Chifeng	81.00	89.00	103.90	97
通辽	Tongliao	65.80	75.63	61.20	177
鄂尔多斯	Erdos	112.58	112.58	112.58	81
呼伦贝尔	Hulunbuir	40.00	47.96	59.46	187
巴彦淖尔	Bayannur	38.00	38.00	42.00	234
乌兰察布	Ulanqab	40.75	51.98	60.00	182
辽宁	**Liaoning**	**2220.53**	**2329.08**	**2386.49**	

地名	City	2010	2012	2013	2013 排名 Ranking
沈阳	Shenyang	412.00	455.00	455.00	9
大连	Dalian	390.00	395.00	395.50	14
鞍山	Anshan	158.00	166.55	167.18	51
抚顺	Fushun	130.38	131.03	134.40	65
本溪	Benxi	106.50	108.00	109.00	86
丹东	Dandong	53.40	53.40	53.40	201
锦州	Jinzhou	71.45	71.60	77.10	136
营口	Yingkou	99.24	103.81	109.55	84
阜新	Fuxin	76.50	76.50	76.50	138
辽阳	Liaoyang	97.85	103.42	104.18	96
盘锦	Panjin	60.83	66.90	69.56	154
铁岭	Tieling	43.96	45.08	57.00	192
朝阳	Chaoyang	40.00	40.00	43.00	232
葫芦岛	Huludao	75.15	80.00	80.80	128
吉林	**Jilin**	**1237.38**	**1293.82**	**1344.02**	
长春	Changchun	393.71	433.78	452.03	10
吉林	Jilin	165.63	165.63	165.63	52
四平	Siping	51.42	53.81	54.20	197
辽源	Liaoyuan	46.30	46.33	46.30	223
通化	Tonghua	48.50	48.82	50.33	208
白山	Baishan	40.00	36.36	46.74	220
松原	Songyuan	42.70	46.71	47.80	216
白城	Baicheng	38.11	42.13	42.13	233
黑龙江	**Heilongjiang**	**1637.98**	**1725.45**	**1758.38**	
哈尔滨	Harbin	359.21	383.02	390.54	17
齐齐哈尔	Qiqihar	134.72	139.63	139.63	64
鸡西	Jixi	79.23	79.23	79.23	130
鹤岗	Hegang	43.48	50.72	53.22	202
双鸭山	Shuangyashan	58.80	58.80	58.00	191
大庆	Daqing	213.32	232.74	240.88	35
伊春	Yichun	161.19	164.77	167.37	50
佳木斯	Jiamusi	93.50	98.08	96.98	106
七台河	Qitaihe	62.37	67.77	70.43	150
牡丹江	Mudanjiang	76.08	77.38	78.05	135
黑河	Heihe	20.00	20.00	20.00	281
绥化	Suihua	30.65	33.00	35.00	253
上海	**Shanghai**	**998.78**	**998.75**	**998.75**	
江苏	**Jiangsu**	**3271.09**	**3655.05**	**3809.60**	

8-2 城市建成区面积（辖区） 续表 1
Area of Built District (Districts under City) continued 1

单位：平方公里 (sq. km)

地名	City	2010	2012	2013	2013 排名 Ranking	地名	City	2010	2012	2013	2013 排名 Ranking
南京	Nanjing	618.64	653.05	713.29	4	池州	Chizhou	35.00	36.93	36.93	249
无锡	Wuxi	231.30	315.90	325.10	20	宣城	Xuancheng	43.00	48.35	49.00	212
徐州	Xuzhou	239.00	253.00	253.00	29	**福建**	**Fujian**	**1059.00**	**1203.14**	**1263.18**	
常州	Changzhou	153.05	183.24	185.67	45	福州	Fuzhou	220.22	240.12	248.12	33
苏州	Suzhou	329.29	436.53	441.03	11	厦门	Xiamen	230.00	264.30	281.60	26
南通	Nantong	125.21	156.26	171.50	48	莆田	Putian	54.82	54.82	54.90	196
连云港	Lianyungang	120.00	140.00	150.00	57	三明	Sanming	27.84	33.08	33.80	257
淮安	Huaian	120.00	136.00	140.00	63	泉州	Quanzhou	150.00	176.50	188.50	43
盐城	Yancheng	88.50	94.50	95.50	108	漳州	Zhangzhou	50.59	56.44	59.28	189
扬州	Yangzhou	82.00	128.00	132.00	67	南平	Nanping	25.76	28.18	28.18	268
镇江	Zhenjiang	108.60	120.00	128.00	68	龙岩	Longyan	38.00	42.00	45.00	228
泰州	Taizhou	65.00	70.10	96.45	107	宁德	Ningde	19.23	23.39	25.30	273
宿迁	Suqian	65.00	70.00	74.78	140	**江西**	**Jiangxi**	**933.78**	**1077.61**	**1151.42**	
浙江	**Zhejiang**	**2128.96**	**2296.33**	**2399.24**		南昌	Nanchang	201.50	215.00	249.50	31
杭州	Hangzhou	412.59	452.62	462.48	8	景德镇	Jingdezhen	72.84	75.39	78.68	134
宁波	Ningbo	271.59	289.83	294.95	23	萍乡	Pingxiang	42.10	44.50	50.50	206
温州	Wenzhou	174.60	204.00	204.90	39	九江	Jiujiang	89.47	99.77	100.23	101
嘉兴	Jiaxing	93.61	103.82	108.52	89	新余	Xinyu	53.00	70.00	72.00	146
湖州	Huzhou	77.92	88.30	92.10	113	鹰潭	Yingtan	23.68	32.00	33.00	260
绍兴	Shaoxing	100.06	114.71	197.46	41	赣州	Ganzhou	76.30	89.02	95.00	109
金华	Jinhua	71.98	74.36	76.68	137	吉安	Jian	35.03	45.53	50.03	210
衢州	Quzhou	58.21	64.26	66.60	163	宜春	Yichun	50.00	60.00	65.00	166
舟山	Zhoushan	52.39	56.01	59.69	184	抚州	Fuzhou	50.30	55.00	56.48	193
台州	Taizhou	116.19	116.19	116.19	76	上饶	Shangrao	38.28	46.88	47.68	217
丽水	Lishui	31.89	33.28	33.33	258	**山东**	**Shandong**	**3566.15**	**3926.97**	**4187.48**	
安徽	**Anhui**	**1491.32**	**1696.01**	**1777.26**		济南	Jinan	347.00	363.25	371.67	19
合肥	Hefei	325.91	378.00	393.00	15	青岛	Qingdao	282.33	374.64	469.56	7
芜湖	Wuhu	135.00	150.00	155.00	55	淄博	Zibo	224.50	237.89	250.01	30
蚌埠	Bengbu	104.80	114.50	119.05	74	枣庄	Zaozhuang	119.16	145.96	146.04	60
淮南	Huainan	97.45	102.00	106.00	94	东营	Dongying	108.08	110.95	112.95	80
马鞍山	Maanshan	78.50	86.00	89.00	116	烟台	Yantai	265.47	273.20	276.45	27
淮北	Huaibei	62.97	79.50	79.63	129	潍坊	Weifang	140.00	156.00	168.21	49
铜陵	Tongling	47.85	51.54	69.17	156	济宁	Jining	88.90	124.60	175.79	47
安庆	Anqing	77.32	81.00	81.00	127	泰安	Taian	106.80	114.20	121.20	71
黄山	Huangshan	43.92	53.50	59.50	186	威海	Weihai	132.00	138.00	142.00	62
滁州	Chuzhou	60.10	77.49	82.90	126	日照	Rizhao	89.80	95.80	97.10	105
阜阳	Fuyang	76.43	90.42	97.55	103	莱芜	Laiwu	58.00	81.00	120.00	73
宿州	Suzhou	53.23	67.00	70.00	152	临沂	Linyi	165.70	195.60	204.90	39
六安	Liuan	60.80	67.50	70.20	151	德州	Dezhou	60.00	95.53	107.42	92
亳州	Bozhou	36.00	42.55	48.98	213	聊城	Liaocheng	69.00	69.97	73.73	141

8-2 城市建成区面积（辖区） 续表 2
Area of Built District (Districts under City) continued 2

单位：平方公里 (sq. km)

地名	City	2010	2012	2013	2013 排名 Ranking	地名	City	2010	2012	2013	2013 排名 Ranking
滨州	Binzhou	85.50	113.20	113.60	79	常德	Changde	76.22	81.80	85.92	122
菏泽	Heze	76.60	84.00	90.00	115	张家界	Zhangjiajie	28.21	29.86	32.86	261
河南	**Henan**	**2014.40**	**2219.07**	**2289.08**		益阳	Yiyang	54.00	65.00	66.00	165
郑州	Zhengzhou	342.66	372.96	382.66	18	郴州	Chenzhou	62.00	71.96	73.05	142
开封	Kaifeng	95.05	97.95	98.86	102	永州	Yongzhou	56.43	58.43	59.70	183
洛阳	Luoyang	180.54	186.85	191.85	42	怀化	Huaihua	52.00	60.00	61.00	178
平顶山	Pingdingshan	71.00	71.60	72.50	143	娄底	Loudi	42.00	46.00	47.15	218
安阳	Anyang	76.00	78.00	79.00	133	**广东**	**Guangdong**	**4618.07**	**5026.44**	**5232.11**	
鹤壁	Hebi	50.90	60.82	63.76	169	广州	Guangzhou	952.03	1009.71	1023.63	1
新乡	Xinxiang	97.05	110.00	110.10	82	韶关	Shaoguan	81.83	87.81	92.10	113
焦作	Jiaozuo	94.90	101.57	101.93	100	深圳	Shenzhen	830.01	863.43	871.19	3
濮阳	Puyang	37.15	46.00	50.30	209	珠海	Zhuhai	123.64	123.64	123.64	69
许昌	Xuchang	80.00	80.00	84.00	124	汕头	Shantou	175.00	214.16	247.39	34
漯河	Luohe	60.00	60.00	61.00	178	佛山	Foshan	151.53	154.23	157.28	54
三门峡	Sanmenxia	30.00	30.00	30.00	266	江门	Jiangmen	128.66	156.89	158.20	53
南阳	Nanyang	98.52	147.42	148.99	58	湛江	Zhanjiang	81.23	105.67	107.92	91
商丘	Shangqiu	60.00	62.00	62.13	176	茂名	Maoming	69.70	102.72	103.32	98
信阳	Xinyang	68.00	77.20	84.00	124	肇庆	Zhaoqing	79.95	94.28	94.66	110
周口	Zhoukou	51.00	60.00	63.00	173	惠州	Huizhou	214.96	229.30	237.00	36
驻马店	Zhumadian	52.90	65.00	69.00	157	梅州	Meizhou	45.00	47.82	50.00	211
湖北	**Hubei**	**1701.03**	**1889.61**	**2006.71**		汕尾	Shanwei	14.37	15.67	15.67	283
武汉	Wuhan	484.01	520.30	543.28	5	河源	Heyuan	28.54	30.84	31.86	263
黄石	Huangshi	66.00	72.50	87.61	118	阳江	Yangjiang	48.37	45.42	46.47	221
十堰	Shiyan	62.14	65.60	72.24	145	清远	Qingyuan	56.85	60.40	60.82	180
宜昌	Yichang	92.23	123.60	152.60	56	东莞	Dongguan	820.26	888.21	902.95	2
襄阳	Xiangfan	90.57	107.61	116.79	75	中山	ZhongShan	87.30	88.20	106.00	94
鄂州	Ezhou	52.30	55.78	60.07	181	潮州	Chaozhou	41.68	41.68	41.68	235
荆门	Jingmen	50.50	53.19	54.05	198	揭阳	Jieyang	57.74	68.10	109.00	86
孝感	Xiaogan	32.70	37.30	37.50	244	云浮	Yunfu	18.81	20.62	20.81	280
荆州	Jingzhou	66.40	69.05	71.77	147	**广西**	**Guangxi**	**940.47**	**1083.57**	**1153.64**	
黄冈	Huanggang	30.03	32.02	33.02	259	南宁	Nanning	215.23	242.05	283.02	25
咸宁	Xianning	62.60	63.79	72.30	144	柳州	Liuzhou	135.06	172.10	177.54	46
随州	Suizhou	43.00	45.00	45.00	228	桂林	Guilin	63.00	66.00	67.13	162
湖南	**Hunan**	**1321.05**	**1465.07**	**1504.95**		梧州	Wuzhou	36.10	37.00	37.50	244
长沙	Changsha	272.39	282.46	287.51	24	北海	Beihai	57.80	66.58	71.42	148
株洲	Zhuzhou	96.77	124.23	132.63	66	防城港	Fangchenggang	30.63	33.98	34.58	254
湘潭	Xiangtan	73.38	77.08	79.20	132	钦州	Qinzhou	69.79	86.17	87.57	119
衡阳	Hengyang	96.00	114.00	114.30	78	贵港	Guigang	55.72	66.51	68.52	158
邵阳	Shaoyang	48.50	54.00	56.00	194	玉林	Yulin	56.66	66.56	66.56	164
岳阳	Yueyang	82.50	86.50	88.00	117	百色	Baise	33.00	34.97	37.39	246

8-2 城市建成区面积（辖区） 续表 3
Area of Built District (Districts under City) continued 3

单位：平方公里 (sq. km)

地名	City	2010	2012	2013	2013 排名 Ranking	地名	City	2010	2012	2013	2013 排名 Ranking
贺州	Hezhou	28.85	32.00	31.01	264	丽江	Lijiang	21.79	23.00	23.20	278
河池	Hechi	18.80	19.62	21.00	279	普洱	Puer	24.00	24.50	24.50	274
来宾	Laibin	29.00	35.00	37.00	248	临沧	Lincang	13.30	15.18	18.25	282
崇左	Chongzuo	22.00	22.00	26.00	271	**西藏**	**Tibet**	**84.88**	**119.70**	**120.29**	
海南	**Hainan**	**221.32**	**265.59**	**296.03**		拉萨	Lhasa	62.88	93.60	93.49	112
海口	Haikou	91.67	123.60	123.60	70	**陕西**	**Shaanxi**	**758.48**	**863.51**	**915.02**	
三亚	Sanya	28.20	33.79	62.40	175	西安	Xi'an	326.53	375.00	424.00	12
重庆	**Chongqing**	**870.23**	**1051.71**	**1114.92**		铜川	Tongchuan	38.44	44.11	44.12	230
四川	**Sichuan**	**1629.73**	**1901.72**	**2058.11**		宝鸡	Baoji	92.06	97.78	86.34	120
成都	Chengdu	455.56	515.53	528.90	6	咸阳	Xianyang	65.00	69.31	70.95	149
自贡	Zigong	80.40	100.18	106.48	93	渭南	Weinan	40.00	42.50	45.50	226
攀枝花	Panzhihua	54.60	66.39	69.38	155	延安	Yan'an	25.95	36.00	36.00	251
泸州	Luzhou	82.66	101.05	109.37	85	汉中	Hanzhong	33.20	34.00	34.10	255
德阳	Deyang	53.51	64.29	69.79	153	榆林	Yulin	40.00	50.00	52.00	204
绵阳	Mianyang	102.85	107.50	110.00	83	安康	Ankang	30.00	37.50	39.00	241
广元	Guangyuan	38.13	45.00	50.43	207	商洛	Shangluo	13.10	20.60	26.00	271
遂宁	Suining	50.08	69.08	75.90	139	**甘肃**	**Gansu**	**632.80**	**681.55**	**726.66**	
内江	Neijiang	40.45	45.20	58.01	190	兰州	Lanzhou	196.26	198.67	207.00	38
乐山	Leshan	53.84	64.10	68.01	159	嘉峪关	Jiayuguan	49.50	63.00	68.00	160
南充	Nanchong	78.00	101.00	109.00	86	金昌	Jinchang	36.69	39.36	39.36	240
眉山	Meishan	44.50	45.00	45.20	227	白银	Baiyin	55.17	58.16	59.55	185
宜宾	Yibin	56.60	79.85	93.52	111	天水	Tianshui	42.24	45.80	45.80	225
广安	Guangan	30.00	34.00	46.90	219	武威	Wuwei	28.50	31.00	31.00	265
达州	Dazhou	45.00	50.95	68.00	160	张掖	Zhangye	33.69	37.22	63.10	172
雅安	Yaan	21.00	27.90	29.20	267	平凉	Pingliang	36.00	36.00	36.00	251
巴中	Bazhong	17.50	18.00	28.00	269	酒泉	Jiuquan	38.00	46.80	48.00	214
资阳	Ziyang	36.00	41.04	43.03	231	庆阳	Qingyang	21.30	23.50	24.20	275
贵州	**Guizhou**	**463.96**	**586.06**	**695.40**		定西	Dingxi	23.40	23.44	23.47	277
贵阳	Guiyang	162.00	211.34	299.00	22	陇南	Longnan	10.40	10.40	10.40	284
六盘水	Liupanshui	38.50	38.50	40.12	238	**青海**	**Qinghai**	**113.88**	**122.11**	**157.36**	
遵义	Zunyi	62.00	62.00	63.25	171	西宁	Xining	66.77	75.00	85.00	123
安顺	Anshun	32.00	38.60	40.80	237	**宁夏**	**Ningxia**	**343.79**	**399.57**	**420.69**	
毕节	Bijie	20.00	36.51	38.83	242	银川	Yinchuan	120.57	135.11	148.61	59
铜仁	Tongren	23.00	33.90	33.90	256	石嘴山	Shizuishan	99.64	102.80	102.80	99
云南	**Yunnan**	**751.34**	**859.87**	**935.77**		吴忠	Wuzhong	28.21	45.00	48.00	214
昆明	Kunming	295.03	334.10	407.37	13	固原	Guyuan	34.62	36.66	39.46	239
曲靖	Qujing	56.00	66.00	55.86	195	中卫	Zhongwei	32.04	36.10	37.62	243
玉溪	Yuxi	23.23	44.06	36.43	250	**新疆**	**Xinjiang**	**838.21**	**959.64**	**1064.87**	
保山	Baoshan	21.00	24.80	26.50	270	乌鲁木齐	Urumqi	342.67	368.40	391.20	16
昭通	Zhaotong	26.48	36.00	37.10	247	克拉玛依	Karamay	57.16	57.13	63.94	168

8-3 城市建设用地面积（辖区）
Area of Urban Construction Land (Districts under City)

单位：平方公里 (sq. km)

地名	City	2010	2012	2013	2013 排名 Ranking	地名	City	2010	2012	2013	2013 排名 Ranking
全国	**National Total**	**39758.42**	**45750.67**	**47108.50**		沈阳	Shenyang	412.00	455.00	455.00	6
北京	**Beijing**		**1445.01**	**1504.79**		大连	Dalian	405.70	382.35	388.65	12
天津	**Tianjin**	**686.71**	**722.14**	**736.35**		鞍山	Anshan	158.19	151.44	151.55	57
河北	**Hebei**	**1571.72**	**1609.33**	**1651.51**		抚顺	Fushun	130.38	131.03	134.40	67
石家庄	Shijiazhuang	206.19	212.75	215.15	34	本溪	Benxi	69.90	91.70	92.40	105
唐山	Tangshan	229.79	192.42	192.42	41	丹东	Dandong	53.40	53.40	53.40	189
秦皇岛	Qinhuangdao	95.44	94.49	97.06	101	锦州	Jinzhou	71.45	71.60	77.10	131
邯郸	Handan	117.50	117.48	120.52	73	营口	Yingkou	99.24	110.00	110.00	79
邢台	Xingtai	70.00	71.96	79.21	124	阜新	Fuxin	71.20	70.37	160.16	52
保定	Baoding	132.33	134.68	137.96	64	辽阳	Liaoyang	97.85	103.42	104.18	91
张家口	Zhangjiakou	87.39	90.19	85.19	119	盘锦	Panjin	60.83	66.90	69.56	147
承德	Chengde	54.86	62.36	64.05	160	铁岭	Tieling	43.96	45.08	50.00	201
沧州	Cangzhou	42.17	60.84	63.69	162	朝阳	Chaoyang	31.00	39.80	42.80	217
廊坊	Langfang	59.45	63.60	64.50	159	葫芦岛	Huludao	75.15	68.61	75.85	133
衡水	Hengshui	39.04	41.98	42.58	220	吉林	**Jilin**	**1171.77**	**1209.78**	**1263.97**	
山西	**Shanxi**	**847.15**	**944.09**	**972.65**		长春	Changchun	388.16	411.92	424.50	8
太原	Taiyuan	218.93	274.00	284.00	22	吉林	Jilin	150.22	150.92	161.36	50
大同	Datong	107.99	107.99	108.00	85	四平	Siping	49.35	53.51	54.00	188
阳泉	Yangquan	40.41	41.53	42.55	221	辽源	Liaoyuan	46.34	46.33	46.30	209
长治	Changzhi	53.88	56.37	57.63	180	通化	Tonghua	44.56	49.19	50.23	199
晋城	Jincheng	50.40	50.80	51.90	194	白山	Baishan	33.99	33.35	41.92	222
朔州	Shuozhou	31.56	40.04	40.24	232	松原	Songyuan	42.70	46.45	47.21	205
晋中	Jinzhong	51.19	50.00	52.00	193	白城	Baicheng	33.89	39.82	40.97	228
运城	Yuncheng	42.96	37.10	41.40	224	黑龙江	**Heilongjiang**	**1737.50**	**1747.71**	**1763.68**	
忻州	Xinzhou	28.92	31.52	31.52	256	哈尔滨	Harbin	359.21	374.25	381.75	13
临汾	Linfen	36.55	50.44	50.49	197	齐齐哈尔	Qiqihar	139.63	139.63	139.63	63
吕梁	Luliang	18.28	20.26	21.86	269	鸡西	Jixi	79.23	78.85	78.85	127
内蒙古	**Inner Mongolia**	**1123.44**	**1198.84**	**1187.54**		鹤岗	Hegang	70.77	50.71	53.21	190
呼和浩特	Hohhot	166.14	209.63	247.65	26	双鸭山	Shuangyashan	54.90	57.41	57.21	181
包头	Baotou	184.05	186.00	186.00	43	大庆	Daqing	285.81	305.39	315.54	19
乌海	Wuhai	56.73	56.93	56.93	182	伊春	Yichun	156.76	156.96	156.96	54
赤峰	Chifeng	87.05	78.68	80.28	123	佳木斯	Jiamusi	93.50	98.08	83.40	120
通辽	Tongliao	65.80	74.44	61.20	169	七台河	Qitaihe	62.37	67.77	70.60	142
鄂尔多斯	Erdos	142.58	155.00	155.00	55	牡丹江	Mudanjiang	75.05	82.92	88.58	110
呼伦贝尔	Hulunbuir	75.32	102.13	59.46	174	黑河	Heihe	27.88	20.00	20.00	276
巴彦淖尔	Bayannur	37.00	35.00	39.50	233	绥化	Suihua	30.65	30.89	34.40	247
乌兰察布	Ulanqab	38.41	39.00	52.18	192	上海	**Shanghai**		**2904.25**	**2915.56**	
辽宁	**Liaoning**	**2171.23**	**2261.31**	**2407.63**		江苏	**Jiangsu**	**3424.75**	**3701.86**	**3874.49**	

8-3 城市建设用地面积（辖区） 续表 1
Area of Urban Construction Land (Districts under City) continued 1

单位：平方公里 (sq. km)

地名	City	2010	2012	2013	2013 排名 Ranking	地名	City	2010	2012	2013	2013 排名 Ranking
南京	Nanjing	647.28	647.22	708.12	2	池州	Chizhou	36.79	37.06	37.06	240
无锡	Wuxi	214.76	278.01	286.60	21	宣城	Xuancheng	42.40	41.28	42.78	218
徐州	Xuzhou	184.60	213.96	228.14	31	**福建**	**Fujian**	**1019.07**	**1126.05**	**1174.97**	
常州	Changzhou	153.05	174.60	185.58	44	福州	Fuzhou	235.11	220.22	226.90	32
苏州	Suzhou	329.09	433.46	438.72	7	厦门	Xiamen	230.00	264.30	281.60	23
南通	Nantong	179.38	202.41	214.29	35	莆田	Putian	58.73	50.43	50.43	198
连云港	Lianyungang	162.62	175.34	180.30	46	三明	Sanming	27.84	33.08	33.80	250
淮安	Huaian	203.99	211.90	213.00	36	泉州	Quanzhou	89.70	135.10	143.20	60
盐城	Yancheng	87.30	93.85	94.84	103	漳州	Zhangzhou	50.57	56.43	59.01	178
扬州	Yangzhou	90.00	126.62	130.58	68	南平	Nanping	25.76	28.18	28.18	262
镇江	Zhenjiang	108.60	120.00	128.00	69	龙岩	Longyan	36.85	39.70	43.97	215
泰州	Taizhou	88.20	105.98	137.87	65	宁德	Ningde	23.73	32.76	32.76	254
宿迁	Suqian	69.30	73.21	77.55	130	**江西**	**Jiangxi**	**966.32**	**1034.27**	**1086.22**	
浙江	**Zhejiang**	**2245.93**	**2246.68**	**2413.15**		南昌	Nanchang	201.50	208.80	217.80	33
杭州	Hangzhou	374.62	394.00	409.42	10	景德镇	Jingdezhen	67.84	70.41	73.52	135
宁波	Ningbo	307.33	336.88	346.82	16	萍乡	Pingxiang	42.10	44.31	50.18	200
温州	Wenzhou	148.63	150.37	158.35	53	九江	Jiujiang	92.04	97.27	100.17	96
嘉兴	Jiaxing	101.44	103.82	108.52	84	新余	Xinyu	53.00	65.14	66.38	153
湖州	Huzhou	142.25	92.56	106.93	87	鹰潭	Yingtan	29.00	26.27	27.21	265
绍兴	Shaoxing	95.87	103.86	208.13	37	赣州	Ganzhou	76.30	89.02	93.12	104
金华	Jinhua	71.65	74.36	76.68	132	吉安	Jian	35.03	45.53	46.22	210
衢州	Quzhou	57.15	62.23	65.37	156	宜春	Yichun	50.00	60.00	65.00	158
舟山	Zhoushan	51.61	51.85	55.47	186	抚州	Fuzhou	57.22	55.00	56.48	183
台州	Taizhou	139.63	151.23	161.24	51	上饶	Shangrao	49.02	44.57	47.20	206
丽水	Lishui	31.62	35.32	35.36	246	**山东**	**Shandong**	**3526.37**	**3854.39**	**3828.28**	
安徽	**Anhui**	**1539.96**	**1682.02**	**1763.15**		济南	Jinan	346.90	363.24	371.67	14
合肥	Hefei	325.91	350.15	364.04	15	青岛	Qingdao	280.71	364.38	202.77	38
芜湖	Wuhu	135.00	150.00	153.50	56	淄博	Zibo	220.76	233.89	245.13	27
蚌埠	Bengbu	104.50	114.38	119.00	74	枣庄	Zaozhuang	117.99	143.43	141.97	62
淮南	Huainan	96.72	100.20	104.91	89	东营	Dongying	119.81	110.12	111.40	78
马鞍山	Maanshan	92.07	96.16	99.76	97	烟台	Yantai	262.70	270.93	275.84	25
淮北	Huaibei	77.12	85.00	85.25	118	潍坊	Weifang	142.46	152.83	168.21	49
铜陵	Tongling	47.85	50.32	67.51	151	济宁	Jining	88.28	123.03	174.13	48
安庆	Anqing	77.32	85.29	88.40	111	泰安	Taian	106.80	113.35	121.20	72
黄山	Huangshan	41.81	37.91	40.66	231	威海	Weihai	132.00	138.00	142.00	61
滁州	Chuzhou	68.00	87.26	101.66	95	日照	Rizhao	89.80	95.80	97.10	100
阜阳	Fuyang	75.76	89.80	96.81	102	莱芜	Laiwu	58.00	81.00	81.00	121
宿州	Suzhou	63.58	66.18	69.60	146	临沂	Linyi	158.99	190.84	198.37	40
六安	Liuan	60.80	67.50	70.20	144	德州	Dezhou	59.95	95.53	107.42	86
亳州	Bozhou	40.48	53.05	53.13	191	聊城	Liaocheng	60.17	64.27	68.03	150

8-3 城市建设用地面积（辖区） 续表 2
Area of Urban Construction Land (Districts under City) continued 2

单位：平方公里 (sq. km)

地名	City	2010	2012	2013	2013 排名 Ranking
滨州	Binzhou	75.56	104.28	109.88	80
菏泽	Heze	76.50	83.90	89.90	108
河南	**Henan**	**1947.18**	**2083.42**	**2143.61**	
郑州	Zhengzhou	315.71	335.38	343.77	17
开封	Kaifeng	95.04	97.95	98.86	98
洛阳	Luoyang	180.38	185.19	189.59	42
平顶山	Pingdingshan	71.00	71.60	72.50	137
安阳	Anyang	75.99	77.86	78.45	129
鹤壁	Hebi	49.77	60.82	63.76	161
新乡	Xinxiang	97.05	102.67	102.67	93
焦作	Jiaozuo	94.69	101.53	101.93	94
濮阳	Puyang	37.14	45.80	50.00	201
许昌	Xuchang	78.60	72.90	73.00	136
漯河	Luohe	57.46	59.15	59.92	173
三门峡	Sanmenxia	29.33	29.80	29.80	260
南阳	Nanyang	91.13	114.82	117.42	75
商丘	Shangqiu	60.00	61.26	61.95	166
信阳	Xinyang	61.40	71.50	71.53	140
周口	Zhoukou	43.56	45.90	46.20	211
驻马店	Zhumadian	52.00	56.00	65.80	155
湖北	**Hubei**	**1968.81**	**2126.73**	**2062.08**	
武汉	Wuhan	732.21	807.70	708.04	3
黄石	Huangshi	65.70	72.36	79.11	126
十堰	Shiyan	62.14	65.60	72.24	138
宜昌	Yichang	125.61	130.56	136.36	66
襄阳	Xiangfan	90.58	107.61	112.26	77
鄂州	Ezhou	51.79	55.78	60.07	172
荆门	Jingmen	50.50	53.18	54.05	187
孝感	Xiaogan	26.22	26.36	26.56	266
荆州	Jingzhou	66.40	69.05	71.77	139
黄冈	Huanggang	30.03	32.02	33.02	252
咸宁	Xianning	65.27	50.38	40.97	228
随州	Suizhou	38.76	38.76	38.76	236
湖南	**Hunan**	**1458.58**	**1430.16**	**1444.65**	
长沙	Changsha	272.39	282.46	287.51	20
株洲	Zhuzhou	96.77	107.43	109.12	82
湘潭	Xiangtan	99.09	91.04	79.20	125
衡阳	Hengyang	94.00	104.31	114.03	76
邵阳	Shaoyang	47.72	50.58	51.41	195
岳阳	Yueyang	79.04	86.50	87.00	112
常德	Changde	75.48	79.20	85.92	115
张家界	Zhangjiajie	25.46	31.62	32.86	253
益阳	Yiyang	54.00	75.70	61.70	168
郴州	Chenzhou	143.90	62.81	63.43	163
永州	Yongzhou	55.36	58.34	59.28	177
怀化	Huaihua	50.65	58.31	59.39	176
娄底	Loudi	51.70	55.49	47.15	207
广东	**Guangdong**	**4774.76**	**4083.37**	**4000.64**	
广州	Guangzhou	657.72	656.52	687.80	4
韶关	Shaoguan	81.83	87.81	92.10	106
深圳	Shenzhen	817.47			
珠海	Zhuhai	341.69	365.72	122.93	70
汕头	Shantou	206.46	227.88	243.13	29
佛山	Foshan	166.62	142.21	182.54	45
江门	Jiangmen	150.69	158.71	147.00	59
湛江	Zhanjiang	92.19	96.35	98.55	99
茂名	Maoming	62.85	89.31	91.61	107
肇庆	Zhaoqing	82.00	93.03	85.85	116
惠州	Huizhou	203.96	215.97	228.63	30
梅州	Meizhou	45.00	47.79	49.91	203
汕尾	Shanwei	73.40	66.20	15.67	280
河源	Heyuan	28.52	30.36	31.30	258
阳江	Yangjiang	48.34	37.75	41.18	227
清远	Qingyuan	56.85	60.40	55.68	185
东莞	Dongguan	954.82	1003.94	1019.71	1
中山	ZhongShan	87.30	101.32	103.32	92
潮州	Chaozhou	41.68	41.68	41.68	223
揭阳	Jieyang			81.00	121
云浮	Yunfu		20.36	17.10	278
广西	**Guangxi**	**908.64**	**1029.77**	**1099.40**	
南宁	Nanning	215.23	236.75	277.83	24
柳州	Liuzhou	135.06	172.10	177.54	47
桂林	Guilin	63.00	66.00	67.13	152
梧州	Wuzhou	30.74	35.86	37.15	239
北海	Beihai	57.80	65.38	70.21	143
防城港	Fangchenggang	30.04	20.74	21.41	272
钦州	Qinzhou	64.29	85.63	86.67	113
贵港	Guigang	55.72	58.90	60.91	171
玉林	Yulin	56.41	64.05	65.84	154
百色	Baise	31.32	33.62	34.28	249

8-3 城市建设用地面积（辖区） 续表 3
Area of Urban Construction Land (Districts under City) continued 3

单位：平方公里 (sq. km)

地名	City	2010	2012	2013	2013 排名 Ranking
贺州	Hezhou	23.20	27.08	27.56	263
河池	Hechi	15.45	18.32	20.55	274
来宾	Laibin	28.93	35.00	37.00	241
崇左	Chongzuo	13.11	13.88	14.06	282
海南	**Hainan**	**260.73**	**253.38**	**288.13**	
海口	Haikou	112.17	117.50	121.99	71
三亚	Sanya	52.64	33.55	62.17	165
重庆	**Chongqing**	**855.67**	**859.47**	**920.55**	
四川	**Sichuan**	**1610.31**	**1855.64**	**2003.67**	
成都	Chengdu	441.82	506.49	519.19	5
自贡	Zigong	80.40	100.18	106.48	88
攀枝花	Panzhihua	67.09	65.07	68.52	149
泸州	Luzhou	81.03	96.22	104.54	90
德阳	Deyang	53.51	64.10	69.79	145
绵阳	Mianyang	102.85	106.34	109.84	81
广元	Guangyuan	33.84	41.89	47.43	204
遂宁	Suining	48.70	64.57	69.45	148
内江	Neijiang	40.45	45.20	58.01	179
乐山	Leshan	51.93	55.61	61.17	170
南充	Nanchong	78.00	101.00	109.00	83
眉山	Meishan	42.04	42.54	42.74	219
宜宾	Yibin	59.18	79.85	89.54	109
广安	Guangan	30.00	34.00	46.70	208
达州	Dazhou	45.00	53.83	74.30	134
雅安	Yaan	17.80	21.23	21.69	270
巴中	Bazhong	15.90	23.10	29.40	261
资阳	Ziyang	36.00	38.83	41.37	225
贵州	**Guizhou**	**477.07**	**555.53**	**600.71**	
贵阳	Guiyang	170.85	211.34	243.89	28
六盘水	Liupanshui	58.07	36.67	38.40	237
遵义	Zunyi	61.59	61.88	61.91	167
安顺	Anshun	26.59	34.36	36.32	243
毕节	Bijie	32.73	36.51	38.83	235
铜仁	Tongren	23.50	29.32	31.32	257
云南	**Yunnan**	**832.86**	**846.58**	**790.68**	
昆明	Kunming	414.83	498.60	335.22	18
曲靖	Qujing	54.88	2.34	55.86	184
玉溪	Yuxi	21.17	0.50	21.57	271
保山	Baoshan	12.48	20.79	21.19	273
昭通	Zhaotong	23.07	26.03	27.36	264
丽江	Lijiang	21.39	20.00	20.43	275
普洱	Puer	21.72	22.72	22.94	268
临沧	Lincang	11.41	16.89	17.15	277
西藏	**Tibet**	**82.51**	**111.03**	**111.05**	
拉萨	Lhasa	62.88	86.47	86.49	114
陕西	**Shaanxi**	**704.86**	**776.18**	**885.04**	
西安	Xi'an	277.31	318.00	420.00	9
铜川	Tongchuan	46.87	48.85	44.10	214
宝鸡	Baoji	82.65	96.78	85.84	117
咸阳	Xianyang	65.00	69.30	70.94	141
渭南	Weinan	52.11	42.57	45.43	213
延安	Yan'an	24.07	24.06	35.99	244
汉中	Hanzhong	21.07	31.05	31.90	255
榆林	Yulin	40.00	40.00	41.37	225
安康	Ankang	29.90	37.00	38.00	238
商洛	Shangluo	12.30	12.83	16.00	279
甘肃	**Gansu**	**594.35**	**642.69**	**657.79**	
兰州	Lanzhou	184.64	198.07	198.44	39
嘉峪关	Jiayuguan	46.30	61.93	65.22	157
金昌	Jinchang	36.71	39.35	39.35	234
白银	Baiyin	53.42	56.82	59.45	175
天水	Tianshui	42.24	45.80	45.80	212
武威	Wuwei	24.31	30.35	30.85	259
张掖	Zhangye	33.40	32.98	34.33	248
平凉	Pingliang	33.11	33.19	33.20	251
酒泉	Jiuquan	30.57	39.05	40.90	230
庆阳	Qingyang	20.15	22.63	25.41	267
定西	Dingxi	18.50	14.02	14.74	281
陇南	Longnan	9.20	9.20	9.20	283
青海	**Qinghai**	**113.45**	**121.98**	**149.39**	
西宁	Xining	66.77	75.00	78.48	128
宁夏	**Ningxia**	**284.37**	**332.94**	**356.65**	
银川	Yinchuan	120.57	135.11	148.61	58
石嘴山	Shizuishan	37.72	50.75	51.27	196
吴忠	Wuzhong	27.85	38.44	43.58	216
固原	Guyuan	29.72	33.35	35.91	245
中卫	Zhongwei	34.01	35.35	36.88	242
新疆	**Xinjiang**	**852.35**	**954.07**	**1050.52**	
乌鲁木齐	Urumqi	342.67	368.40	391.20	11
克拉玛依	Karamay	49.52	56.38	62.38	164

8-4 城市居住用地面积（辖区）
Area of Urban Residential Land (Districts under City)

单位：平方公里 (sq. km)

地名	City	2010	2012	2013	2013 排名 Ranking	地名	City	2010	2012	2013	2013 排名 Ranking
全国	**National Total**	**12404.04**	**14283.43**	**14691.41**		沈阳	Shenyang	133.00	152.00	152.00	6
北京	**Beijing**		**405.40**			大连	Dalian	119.70	128.01	129.91	9
天津	**Tianjin**	**186.53**	**194.79**	**199.20**		鞍山	Anshan	38.54	42.57	42.70	70
河北	**Hebei**	**507.37**	**558.46**	**573.76**		抚顺	Fushun	31.98	33.31	33.72	93
石家庄	Shijiazhuang	58.75	78.00	80.00	25	本溪	Benxi	24.07	27.86	27.96	117
唐山	Tangshan	68.17	71.17	71.17	31	丹东	Dandong	18.29	20.22	20.22	166
秦皇岛	Qinhuangdao	21.43	23.00	24.51	133	锦州	Jinzhou	34.04	34.14	34.64	87
邯郸	Handan	37.42	38.07	39.82	76	营口	Yingkou	31.49	33.45	33.45	94
邢台	Xingtai	29.75	29.76	31.78	103	阜新	Fuxin	26.11	25.80	43.40	66
保定	Baoding	40.07	42.37	43.18	67	辽阳	Liaoyang	34.51	36.62	36.95	82
张家口	Zhangjiakou	25.20	25.58	20.58	160	盘锦	Panjin	24.20	24.07	24.93	129
承德	Chengde	16.16	20.74	19.64	169	铁岭	Tieling	15.96	16.36	20.23	165
沧州	Cangzhou	15.48	23.15	24.27	134	朝阳	Chaoyang	10.00	12.00	12.00	230
廊坊	Langfang	20.12	21.37	21.58	156	葫芦岛	Huludao	19.50	21.60	22.10	145
衡水	Hengshui	9.53	9.53	9.90	250	吉林	**Jilin**	**413.19**	**428.70**	**458.29**	
山西	**Shanxi**	**260.94**	**309.85**	**326.99**		长春	Changchun	111.27	116.42	122.84	11
太原	Taiyuan	48.00	62.00	65.00	37	吉林	Jilin	44.29	47.62	49.58	50
大同	Datong	35.20	35.23	43.00	69	四平	Siping	22.43	22.73	23.00	141
阳泉	Yangquan	14.88	15.13	15.21	208	辽源	Liaoyuan	27.61	27.61	27.60	119
长治	Changzhi	14.27	15.01	15.95	201	通化	Tonghua	17.09	19.10	19.24	174
晋城	Jincheng	22.11	32.00	31.00	107	白山	Baishan	15.83	13.22	19.30	172
朔州	Shuozhou	9.28	12.05	12.07	229	松原	Songyuan	14.96	15.00	15.00	211
晋中	Jinzhong	13.67	16.00	18.00	183	白城	Baicheng	10.41	11.51	11.72	233
运城	Yuncheng	16.29	18.29	19.15	175	黑龙江	**Heilongjiang**	**625.94**	**624.51**	**632.75**	
忻州	Xinzhou	11.42	11.60	11.60	234	哈尔滨	Harbin	107.76	118.37	120.20	12
临汾	Linfen	16.00	21.96	21.98	150	齐齐哈尔	Qiqihar	44.32	44.32	44.32	63
吕梁	Luliang	6.23	6.83	7.17	265	鸡西	Jixi	47.80	47.80	47.80	52
内蒙古	**Inner Mongolia**	**332.55**	**386.09**	**398.69**		鹤岗	Hegang	38.96	18.77	19.28	173
呼和浩特	Hohhot	42.33	77.00	83.33	23	双鸭山	Shuangyashan	29.90	30.00	30.00	109
包头	Baotou	51.29	56.30	56.30	43	大庆	Daqing	69.00	78.34	79.85	26
乌海	Wuhai	20.00	20.00	17.85	185	伊春	Yichun	62.40	63.08	63.08	39
赤峰	Chifeng	29.34	37.86	37.88	80	佳木斯	Jiamusi	24.33	26.51	27.40	120
通辽	Tongliao	17.99	22.39	15.39	206	七台河	Qitaihe	22.45	25.81	27.35	121
鄂尔多斯	Erdos	44.78	44.78	44.78	60	牡丹江	Mudanjiang	29.54	32.34	35.03	86
呼伦贝尔	Hulunbuir	17.72	17.73	21.69	155	黑河	Heihe	7.28	5.50	5.50	274
巴彦淖尔	Bayannur	13.00	18.00	21.00	158	绥化	Suihua	12.32	10.44	10.56	244
乌兰察布	Ulanqab	14.20	14.20	21.80	154	上海	**Shanghai**		**1065.55**	**1058.89**	
辽宁	**Liaoning**	**729.12**	**783.94**	**816.96**		江苏	**Jiangsu**	**1024.54**	**1143.75**	**1205.43**	

8-4 城市居住用地面积（辖区） 续表 1
Area of Urban Residential Land (Districts under City) continued 1

单位：平方公里 (sq. km)

地名	City	2010	2012	2013	2013 排名 Ranking	地名	City	2010	2012	2013	2013 排名 Ranking
南京	Nanjing	178.41	175.35	198.41	4	池州	Chizhou	13.32	13.98	13.98	218
无锡	Wuxi	62.92	90.61	94.20	20	宣城	Xuancheng	12.10	10.47	10.85	241
徐州	Xuzhou	58.18	51.31	53.36	46	**福建**	**Fujian**	**316.42**	**359.60**	**370.40**	
常州	Changzhou	44.34	51.44	51.99	47	福州	Fuzhou	97.26	94.50	96.50	18
苏州	Suzhou	76.86	122.41	124.50	10	厦门	Xiamen	46.18	59.94	66.24	34
南通	Nantong	55.39	65.99	68.31	33	莆田	Putian	15.99	15.99	15.99	200
连云港	Lianyungang	74.36	77.56	79.05	27	三明	Sanming	7.70	9.85	9.90	250
淮安	Huaian	62.23	76.12	76.00	29	泉州	Quanzhou	29.00	43.00	45.00	58
盐城	Yancheng	27.10	31.64	32.31	98	漳州	Zhangzhou	15.76	16.83	17.04	190
扬州	Yangzhou	26.11	40.64	42.04	71	南平	Nanping	9.32	7.15	7.15	266
镇江	Zhenjiang	25.23	32.40	35.50	85	龙岩	Longyan	8.69	9.46	10.56	244
泰州	Taizhou	33.74	32.14	44.03	64	宁德	Ningde	8.16	12.14	12.14	228
宿迁	Suqian	19.66	19.34	20.52	161	**江西**	**Jiangxi**	**278.27**	**320.70**	**336.21**	
浙江	**Zhejiang**	**614.53**	**626.96**	**677.78**		南昌	Nanchang	50.64	68.59	71.01	32
杭州	Hangzhou	94.74	104.47	109.03	15	景德镇	Jingdezhen	18.76	19.89	19.91	168
宁波	Ningbo	65.86	72.64	76.17	28	萍乡	Pingxiang	12.50	13.80	15.60	203
温州	Wenzhou	34.18	35.55	39.00	77	九江	Jiujiang	29.52	31.55	32.80	97
嘉兴	Jiaxing	28.68	29.70	31.80	102	新余	Xinyu	18.60	23.87	24.20	135
湖州	Huzhou	36.35	24.03	31.47	105	鹰潭	Yingtan	8.65	6.15	6.39	271
绍兴	Shaoxing	36.91	38.71	61.45	40	赣州	Ganzhou	18.59	25.06	27.67	118
金华	Jinhua	19.35	19.85	20.47	162	吉安	Jian	8.84	9.64	9.78	252
衢州	Quzhou	13.32	14.11	14.66	212	宜春	Yichun	11.90	13.90	14.65	213
舟山	Zhoushan	17.79	17.91	19.60	170	抚州	Fuzhou	17.55	17.69	18.00	183
台州	Taizhou	38.20	42.61	44.78	60	上饶	Shangrao	23.85	25.89	26.68	123
丽水	Lishui	10.10	10.75	10.77	242	**山东**	**Shandong**	**1040.88**	**1143.35**	**1139.33**	
安徽	**Anhui**	**488.33**	**542.78**	**568.14**		济南	Jinan	89.52	92.36	95.56	19
合肥	Hefei	103.38	104.48	108.67	16	青岛	Qingdao	81.75	105.12	54.37	44
芜湖	Wuhu	32.20	33.50	34.50	88	淄博	Zibo	73.07	79.38	81.24	24
蚌埠	Bengbu	35.26	37.80	38.24	78	枣庄	Zaozhuang	42.39	45.41	46.50	56
淮南	Huainan	36.70	40.90	43.12	68	东营	Dongying	36.66	36.80	37.35	81
马鞍山	Maanshan	21.67	24.16	22.10	145	烟台	Yantai	73.51	75.95	75.37	30
淮北	Huaibei	21.00	32.00	32.06	99	潍坊	Weifang	49.29	54.62	61.32	41
铜陵	Tongling	13.00	13.70	18.24	181	济宁	Jining	31.11	37.92	50.62	48
安庆	Anqing	27.43	29.75	31.53	104	泰安	Taian	39.70	43.60	46.62	55
黄山	Huangshan	12.20	15.50	16.16	197	威海	Weihai	33.77	39.05	40.47	75
滁州	Chuzhou	18.99	25.03	29.43	113	日照	Rizhao	25.59	28.42	28.81	115
阜阳	Fuyang	38.47	45.19	48.79	51	莱芜	Laiwu	14.69	21.00	21.15	157
宿州	Suzhou	19.41	21.22	24.80	130	临沂	Linyi	44.95	53.73	54.26	45
六安	Liuan	20.57	22.58	23.26	138	德州	Dezhou	9.32	26.00	29.13	114
亳州	Bozhou	15.45	17.55	17.55	188	聊城	Liaocheng	16.31	17.03	17.70	186

8-4 城市居住用地面积（辖区） 续表 2
Area of Urban Residential Land (Districts under City) continued 2

单位：平方公里 (sq. km)

地名	City	2010	2012	2013	2013 排名 Ranking
滨州	Binzhou	27.84	30.96	32.05	100
菏泽	Heze	26.55	29.35	31.05	106
河南	**Henan**	**578.68**	**612.01**	**633.82**	
郑州	Zhengzhou	79.73	86.54	88.02	21
开封	Kaifeng	31.85	31.92	31.98	101
洛阳	Luoyang	61.69	62.43	64.43	38
平顶山	Pingdingshan	27.50	27.50	28.00	116
安阳	Anyang	23.18	24.36	24.62	132
鹤壁	Hebi	12.57	13.44	15.05	209
新乡	Xinxiang	29.76	29.76	29.76	111
焦作	Jiaozuo	31.99	35.73	36.31	83
濮阳	Puyang	10.00	14.40	16.70	191
许昌	Xuchang	21.19	19.00	19.10	176
漯河	Luohe	15.50	16.01	16.01	198
三门峡	Sanmenxia	9.39	9.22	9.22	257
南阳	Nanyang	23.06	33.26	34.18	90
商丘	Shangqiu	15.44	10.98	10.98	240
信阳	Xinyang	18.22	20.51	22.07	148
周口	Zhoukou	12.40	12.60	12.65	226
驻马店	Zhumadian	11.28	12.60	16.20	195
湖北	**Hubei**	**580.36**	**652.38**	**648.41**	
武汉	Wuhan	219.12	238.80	221.07	2
黄石	Huangshi	15.21	18.24	20.24	164
十堰	Shiyan	18.37	21.32	21.81	153
宜昌	Yichang	31.61	34.56	35.67	84
襄阳	Xiangfan	28.82	33.46	34.11	91
鄂州	Ezhou	12.84	14.47	16.67	192
荆门	Jingmen	13.42	15.02	15.29	207
孝感	Xiaogan	2.13	2.20	2.20	283
荆州	Jingzhou	17.73	18.52	18.96	178
黄冈	Huanggang	10.17	10.37	10.57	243
咸宁	Xianning	20.86	21.52	22.35	144
随州	Suizhou	13.77	13.77	13.77	219
湖南	**Hunan**	**475.45**	**507.62**	**510.96**	
长沙	Changsha	105.91	111.65	112.74	13
株洲	Zhuzhou	32.52	44.27	44.89	59
湘潭	Xiangtan	27.50	26.60	26.77	122
衡阳	Hengyang	31.00	35.19	38.12	79
邵阳	Shaoyang	17.21	18.42	19.01	177
岳阳	Yueyang	23.60	24.60	24.70	131
常德	Changde	20.95	22.51	23.14	139
张家界	Zhangjiajie	9.74	10.52	8.72	258
益阳	Yiyang	19.98	26.00	26.00	125
郴州	Chenzhou	40.50	22.96	22.99	142
永州	Yongzhou	14.76	15.36	15.05	209
怀化	Huaihua	14.00	16.12	16.42	193
娄底	Loudi	18.28	21.30	16.20	195
广东	**Guangdong**	**1446.64**	**1279.29**	**1254.61**	
广州	Guangzhou	191.84	195.22	198.68	3
韶关	Shaoguan	26.48	27.81	29.81	110
深圳	Shenzhen	213.99			
珠海	Zhuhai	113.64	117.82	44.35	62
汕头	Shantou	84.29	89.30	97.08	17
佛山	Foshan	54.23	47.92	61.22	42
江门	Jiangmen	44.47	47.72	43.99	65
湛江	Zhanjiang	30.93	32.89	32.99	96
茂名	Maoming	23.35	33.30	34.30	89
肇庆	Zhaoqing	21.80	21.71	25.14	128
惠州	Huizhou	63.27	63.40	65.53	36
梅州	Meizhou	9.18	10.75	13.64	221
汕尾	Shanwei	20.40	22.49	6.50	269
河源	Heyuan	8.56	9.03	9.23	256
阳江	Yangjiang	11.40	10.37	11.43	236
清远	Qingyuan	19.37	17.75	15.77	202
东莞	Dongguan	257.88	272.69	276.69	1
中山	ZhongShan	23.86	32.42	33.10	95
潮州	Chaozhou	14.15	14.15	14.16	214
揭阳	Jieyang			24.20	135
云浮	Yunfu		2.80	2.40	282
广西	**Guangxi**	**283.69**	**322.49**	**333.57**	
南宁	Nanning	69.87	79.15	84.74	22
柳州	Liuzhou	28.43	46.33	46.95	54
桂林	Guilin	17.80	18.40	18.06	182
梧州	Wuzhou	10.57	12.17	12.20	227
北海	Beihai	24.20	25.60	25.60	126
防城港	Fangchenggang	8.45	4.87	4.87	277
钦州	Qinzhou	18.52	21.20	21.84	152
贵港	Guigang	17.93	19.19	19.42	171
玉林	Yulin	23.43	25.28	26.17	124
百色	Baise	12.37	13.37	13.74	220

8-4 城市居住用地面积（辖区） 续表 3
Area of Urban Residential Land (Districts under City) continued 3

单位：平方公里 (sq. km)

地名	City	2010	2012	2013	2013 排名 Ranking	地名	City	2010	2012	2013	2013 排名 Ranking
贺州	Hezhou	4.54	8.14	8.19	259	丽江	Lijiang	8.20	4.00	4.06	279
河池	Hechi	4.57	5.28	6.14	272	普洱	Puer	4.85	4.85	4.90	276
来宾	Laibin	8.01	9.78	10.26	247	临沧	Lincang	4.06	7.14	7.43	263
崇左	Chongzuo	3.93	3.94	3.95	280	**西藏**	**Tibet**	**28.97**	**40.26**	**46.02**	
海南	**Hainan**	**83.03**	**91.42**	**98.82**		拉萨	Lhasa	23.17	35.21	40.97	74
海口	Haikou	39.20	46.61	49.80	49	**陕西**	**Shaanxi**	**217.69**	**210.91**	**234.67**	
三亚	Sanya	10.23	8.65	11.34	238	西安	Xi'an	65.70	75.50	111.00	14
重庆	**Chongqing**	**282.15**	**277.56**	**294.87**		铜川	Tongchuan	17.74	18.58	9.30	254
四川	**Sichuan**	**526.12**	**587.76**	**639.43**		宝鸡	Baoji	22.53	13.28	10.16	249
成都	Chengdu	154.43	174.23	179.06	5	咸阳	Xianyang	12.05	15.45	15.57	205
自贡	Zigong	27.04	32.71	34.03	92	渭南	Weinan	20.22	15.32	18.38	180
攀枝花	Panzhihua	18.60	18.12	18.60	179	延安	Yan'an	13.71	13.71	13.10	223
泸州	Luzhou	21.48	27.18	29.56	112	汉中	Hanzhong	4.70	5.70	5.70	273
德阳	Deyang	16.03	13.91	20.32	163	榆林	Yulin	17.10	9.25	9.25	255
绵阳	Mianyang	27.96	29.15	30.15	108	安康	Ankang	18.60	22.26	22.50	143
广元	Guangyuan	8.56	8.34	12.00	230	商洛	Shangluo	3.75	3.95	3.00	281
遂宁	Suining	18.71	21.52	23.11	140	**甘肃**	**Gansu**	**168.15**	**184.60**	**189.40**	
内江	Neijiang	13.79	17.31	22.06	149	兰州	Lanzhou	56.47	47.63	47.71	53
乐山	Leshan	14.20	16.25	20.74	159	嘉峪关	Jiayuguan	10.41	12.08	13.01	224
南充	Nanchong	32.50	39.50	41.62	72	金昌	Jinchang	5.59	6.83	6.83	268
眉山	Meishan	17.00	16.30	16.30	194	白银	Baiyin	15.76	16.13	17.10	189
宜宾	Yibin	22.23	22.68	25.35	127	天水	Tianshui	9.21	9.36	9.36	253
广安	Guangan	9.22	10.70	16.00	199	武威	Wuwei	8.74	20.00	20.00	167
达州	Dazhou	13.09	15.41	22.09	147	张掖	Zhangye	7.61	14.52	15.60	203
雅安	Yaan	5.70	6.66	6.85	267	平凉	Pingliang	12.87	13.30	13.30	222
巴中	Bazhong	6.00	7.50	8.00	261	酒泉	Jiuquan	9.47	9.75	10.20	248
资阳	Ziyang	8.64	9.96	10.33	246	庆阳	Qingyang	7.61	7.69	7.69	262
贵州	**Guizhou**	**128.29**	**169.64**	**190.93**		定西	Dingxi	3.94	5.12	5.14	275
贵阳	Guiyang	43.22	46.62	65.74	35	陇南	Longnan	6.42	6.42	6.42	270
六盘水	Liupanshui	11.98	11.00	11.52	235	**青海**	**Qinghai**	**43.93**	**53.37**	**68.61**	
遵义	Zunyi	13.56	14.06	14.16	214	西宁	Xining	30.44	39.58	41.12	73
安顺	Anshun	9.34	11.15	11.79	232	**宁夏**	**Ningxia**	**104.13**	**114.17**	**118.87**	
毕节	Bijie	8.30	10.39	11.39	237	银川	Yinchuan	37.67	42.77	45.49	57
铜仁	Tongren	5.41	14.00	14.00	217	石嘴山	Shizuishan	25.92	21.85	21.85	151
云南	**Yunnan**	**353.74**	**348.44**	**292.71**		吴忠	Wuzhong	11.41	13.19	14.01	216
昆明	Kunming	212.78	233.59	144.36	7	固原	Guyuan	10.28	12.03	12.85	225
曲靖	Qujing	20.61	1.72	17.57	187	中卫	Zhongwei	9.75	10.81	11.10	239
玉溪	Yuxi	6.30	0.02	4.54	278	**新疆**	**Xinjiang**	**284.41**	**342.48**	**372.89**	
保山	Baoshan	3.74	6.80	7.20	264	乌鲁木齐	Urumqi	99.20	126.53	134.36	8
昭通	Zhaotong	8.56	7.73	8.13	260	克拉玛依	Karamay	19.31	20.21	23.33	137

8-5 城市公共管理与公共服务设施用地面积（辖区）
Area of Land for Administration and Public Services (Districts under City)

单位：平方公里 (sq. km)

地名	City	2012	2013	2013 排名 Ranking	地名	City	2012	2013	2013 排名 Ranking
全国	**National Total**	**4481.77**	**4448.11**		沈阳	Shenyang	43.00	43.00	16
北京	**Beijing**				大连	Dalian	29.29	30.14	21
天津	**Tianjin**	**49.35**	**49.00**		鞍山	Anshan	12.96	12.96	63
河北	**Hebei**	**167.62**	**170.13**		抚顺	Fushun	9.50	9.33	96
石家庄	Shijiazhuang	22.60	22.60	37	本溪	Benxi	6.72	6.80	142
唐山	Tangshan	26.99	26.99	27	丹东	Dandong	3.68	3.68	225
秦皇岛	Qinhuangdao	7.23	7.43	132	锦州	Jinzhou	8.27	8.37	110
邯郸	Handan	17.77	17.98	45	营口	Yingkou	8.85	8.85	101
邢台	Xingtai	5.75	6.23	155	阜新	Fuxin	3.44	8.16	115
保定	Baoding	11.29	11.57	73	辽阳	Liaoyang	3.31	3.34	235
张家口	Zhangjiakou	6.83	6.83	141	盘锦	Panjin	5.59	5.63	169
承德	Chengde	7.47	7.51	130	铁岭	Tieling	6.84	5.20	178
沧州	Cangzhou	4.77	4.93	186	朝阳	Chaoyang	2.00	2.00	266
廊坊	Langfang	3.19	3.48	231	葫芦岛	Huludao	3.05	3.10	239
衡水	Hengshui	3.87	3.87	221	吉林	**Jilin**	**100.73**	**106.11**	
山西	**Shanxi**	**121.44**	**123.93**		长春	Changchun	40.23	43.05	15
太原	Taiyuan	38.00	40.00	18	吉林	Jilin	13.42	13.42	60
大同	Datong	13.74	13.40	61	四平	Siping	4.23	4.35	204
阳泉	Yangquan	2.30	1.82	272	辽源	Liaoyuan	2.35	1.86	270
长治	Changzhi	12.82	12.96	63	通化	Tonghua	3.89	4.08	211
晋城	Jincheng	12.00	12.00	69	白山	Baishan	2.27	2.18	260
朔州	Shuozhou	3.48	3.51	229	松原	Songyuan	3.60	3.60	227
晋中	Jinzhong	4.00	4.00	214	白城	Baicheng	2.78	3.11	238
运城	Yuncheng	1.00	1.52	275	黑龙江	**Heilongjiang**	**162.67**	**177.43**	
忻州	Xinzhou	4.53	4.53	197	哈尔滨	Harbin	48.58	48.97	10
临汾	Linfen	4.60	4.61	195	齐齐哈尔	Qiqihar	11.43	11.43	74
吕梁	Luliang	3.79	4.01	213	鸡西	Jixi	2.07	2.07	263
内蒙古	**Inner Mongolia**	**115.73**	**123.11**		鹤岗	Hegang	1.65	1.93	269
呼和浩特	Hohhot	26.67	28.87	23	双鸭山	Shuangyashan	4.20	4.20	208
包头	Baotou	14.82	14.82	55	大庆	Daqing	42.36	43.25	13
乌海	Wuhai	3.21	6.32	152	伊春	Yichun	11.17	11.17	78
赤峰	Chifeng	7.58	7.68	123	佳木斯	Jiamusi	1.00	15.04	53
通辽	Tongliao	8.58	8.34	111	七台河	Qitaihe	6.18	6.18	158
鄂尔多斯	Erdos	17.82	17.82	46	牡丹江	Mudanjiang	7.43	7.66	125
呼伦贝尔	Hulunbuir	2.91	3.91	220	黑河	Heihe	3.94	3.94	219
巴彦淖尔	Bayannur	1.20	1.35	278	绥化	Suihua	4.20	2.93	244
乌兰察布	Ulanqab	2.50	4.11	209	上海	**Shanghai**	**160.16**	**161.73**	
辽宁	**Liaoning**	**177.98**	**183.20**		江苏	**Jiangsu**	**305.71**	**312.91**	

8-5 城市公共管理与公共服务设施用地面积（辖区） 续表 1
Area of Land for Administration and Public Services (Districts under City) continued 1

单位：平方公里 (sq. km)

地名	City	2012	2013	2013 排名 Ranking	地名	City	2012	2013	2013 排名 Ranking
南京	Nanjing	78.71	83.23	3	池州	Chizhou	3.30	3.30	236
无锡	Wuxi	12.39	18.80	42	宣城	Xuancheng	3.24	3.36	234
徐州	Xuzhou	28.63	28.89	22	**福建**	**Fujian**	**143.56**	**149.94**	
常州	Changzhou	9.89	10.58	87	福州	Fuzhou	28.00	28.40	24
苏州	Suzhou	27.45	27.95	25	厦门	Xiamen	43.32	45.36	11
南通	Nantong	24.26	24.81	30	莆田	Putian	11.00	11.00	80
连云港	Lianyungang	10.60	10.70	82	三明	Sanming	2.27	2.29	257
淮安	Huaian	5.70	4.00	214	泉州	Quanzhou	19.00	18.00	43
盐城	Yancheng	11.69	5.56	173	漳州	Zhangzhou	7.39	7.39	134
扬州	Yangzhou	9.96	10.49	89	南平	Nanping	3.56	3.56	228
镇江	Zhenjiang	8.40	8.80	102	龙岩	Longyan	2.91	5.81	168
泰州	Taizhou	9.03	14.31	58	宁德	Ningde	3.10	3.10	239
宿迁	Suqian	6.96	7.96	116	**江西**	**Jiangxi**	**94.31**	**96.52**	
浙江	**Zhejiang**	**195.82**	**208.98**		南昌	Nanchang	11.90	12.42	66
杭州	Hangzhou	60.44	61.71	5	景德镇	Jingdezhen	4.00	4.23	207
宁波	Ningbo	15.76	16.57	50	萍乡	Pingxiang	4.00	4.52	198
温州	Wenzhou	10.54	11.81	72	九江	Jiujiang	5.90	6.76	144
嘉兴	Jiaxing	5.31	5.63	169	新余	Xinyu	8.37	8.46	107
湖州	Huzhou	7.69	7.94	117	鹰潭	Yingtan	0.59	0.63	282
绍兴	Shaoxing	5.28	11.29	75	赣州	Ganzhou	10.72	10.96	81
金华	Jinhua	6.12	6.24	154	吉安	Jian	7.02	7.04	138
衢州	Quzhou	4.13	4.52	198	宜春	Yichun	4.30	4.80	190
舟山	Zhoushan	7.05	7.50	131	抚州	Fuzhou	5.41	5.29	176
台州	Taizhou	12.54	17.53	47	上饶	Shangrao	2.91	2.96	243
丽水	Lishui	6.07	6.07	161	**山东**	**Shandong**	**435.57**	**407.08**	
安徽	**Anhui**	**164.13**	**158.42**		济南	Jinan	57.50	58.27	7
合肥	Hefei	57.13	59.39	6	青岛	Qingdao	45.28	22.70	36
芜湖	Wuhu	8.00	8.50	106	淄博	Zibo	19.92	19.78	41
蚌埠	Bengbu	6.91	7.01	139	枣庄	Zaozhuang	19.62	16.11	51
淮南	Huainan	6.60	7.52	128	东营	Dongying	14.83	14.83	54
马鞍山	Maanshan	9.51	7.32	136	烟台	Yantai	17.30	21.48	38
淮北	Huaibei	6.50	6.51	149	潍坊	Weifang	19.74	4.10	210
铜陵	Tongling	3.94	5.12	181	济宁	Jining	5.60	12.14	68
安庆	Anqing	5.43	5.43	175	泰安	Taian	10.00	10.69	85
黄山	Huangshan	4.53	4.27	206	威海	Weihai	9.76	9.81	91
滁州	Chuzhou	7.07	7.52	128	日照	Rizhao	4.83	4.90	188
阜阳	Fuyang	4.82	4.69	194	莱芜	Laiwu	12.82	6.63	146
宿州	Suzhou	9.59	1.60	274	临沂	Linyi	23.09	23.56	33
六安	Liuan	4.65	4.70	192	德州	Dezhou	7.04	21.40	39
亳州	Bozhou	6.58	6.58	148	聊城	Liaocheng	6.83	6.95	140

8-5 城市公共管理与公共服务设施用地面积（辖区） 续表 2

Area of Land for Administration and Public Services (Districts under City) continued 2

单位：平方公里 (sq. km)

地名	City	2012	2013	2013 排名 Ranking	地名	City	2012	2013	2013 排名 Ranking
滨州	Binzhou	13.30	14.22	59	常德	Changde	13.65	12.28	67
菏泽	Heze	8.77	8.97	100	张家界	Zhangjiajie	4.91	7.56	126
河南	**Henan**	**242.86**	**250.56**		益阳	Yiyang		4.00	214
郑州	Zhengzhou	50.35	51.14	9	郴州	Chenzhou	9.68	6.00	162
开封	Kaifeng	12.57	12.61	65	永州	Yongzhou	4.89	5.01	185
洛阳	Luoyang	23.29	23.39	34	怀化	Huaihua	10.60	10.70	82
平顶山	Pingdingshan	4.89	4.89	189	娄底	Loudi	8.12	7.80	122
安阳	Anyang	9.86	9.92	90	**广东**	**Guangdong**	**413.49**	**365.29**	
鹤壁	Hebi	5.98	6.13	159	广州	Guangzhou	107.42	99.33	1
新乡	Xinxiang	15.30	15.30	52	韶关	Shaoguan	10.37	10.57	88
焦作	Jiaozuo	20.13	14.54	56	深圳	Shenzhen			
濮阳	Puyang	3.00	3.00	242	珠海	Zhuhai	46.03	14.37	57
许昌	Xuchang	6.00	6.00	162	汕头	Shantou	25.38	25.89	29
漯河	Luohe	4.50	4.40	203	佛山	Foshan	11.03	12.97	62
三门峡	Sanmenxia	3.69	3.69	224	江门	Jiangmen	10.05	9.23	97
南阳	Nanyang	17.60	18.00	43	湛江	Zhanjiang	11.87	11.97	70
商丘	Shangqiu	6.20	6.20	157	茂名	Maoming	5.75	5.85	166
信阳	Xinyang	1.91	10.70	82	肇庆	Zhaoqing	9.96	7.87	119
周口	Zhoukou	5.10	5.10	182	惠州	Huizhou	23.19	23.91	32
驻马店	Zhumadian	8.60	9.80	92	梅州	Meizhou	7.76	7.83	120
湖北	**Hubei**	**271.43**	**237.51**		汕尾	Shanwei	5.17	1.42	276
武汉	Wuhan	105.40	85.47	2	河源	Heyuan	1.92	2.06	264
黄石	Huangshi	7.39	8.24	113	阳江	Yangjiang	2.12	2.34	256
十堰	Shiyan	8.06	8.42	109	清远	Qingyuan	10.76	7.81	121
宜昌	Yichang	23.84	23.98	31	东莞	Dongguan	59.71	44.91	12
襄阳	Xiangfan	11.23	11.97	70	中山	ZhongShan	7.27	7.41	133
鄂州	Ezhou	4.64	4.80	190	潮州	Chaozhou	1.61	1.61	273
荆门	Jingmen	7.29	7.34	135	揭阳	Jieyang		9.10	99
孝感	Xiaogan	4.00	4.00	214	云浮	Yunfu	3.80	2.80	247
荆州	Jingzhou	8.31	8.44	108	**广西**	**Guangxi**	**116.72**	**123.41**	
黄冈	Huanggang	5.38	5.58	172	南宁	Nanning	34.13	39.00	19
咸宁	Xianning	9.51	2.23	259	柳州	Liuzhou	17.20	17.37	48
随州	Suizhou	4.50	4.50	200	桂林	Guilin	6.50	6.80	142
湖南	**Hunan**	**195.09**	**189.03**		梧州	Wuzhou	4.52	4.70	192
长沙	Changsha	51.22	43.15	14	北海	Beihai	9.40	9.40	94
株洲	Zhuzhou	10.41	10.59	86	防城港	Fangchenggang	2.05	2.05	265
湘潭	Xiangtan	18.00	11.28	76	钦州	Qinzhou	7.02	7.22	137
衡阳	Hengyang	10.21	11.22	77	贵港	Guigang	4.98	5.08	183
邵阳	Shaoyang	6.55	6.50	150	玉林	Yulin	9.34	9.50	93
岳阳	Yueyang	9.40	9.40	94	百色	Baise	3.39	3.40	233

8-5 城市公共管理与公共服务设施用地面积（辖区） 续表 3
Area of Land for Administration and Public Services (Districts under City) continued 3

单位：平方公里 (sq. km)

地名	City	2012	2013	2013 排名 Ranking	地名	City	2012	2013	2013 排名 Ranking
贺州	Hezhou	6.37	6.38	151	丽江	Lijiang	2.00	2.14	262
河池	Hechi	2.43	2.55	251	普洱	Puer	7.90	7.93	118
来宾	Laibin	1.20	1.36	277	临沧	Lincang	0.69	0.86	280
崇左	Chongzuo	1.83	1.83	271	**西藏**	**Tibet**	**10.51**	**11.42**	
海南	**Hainan**	**31.35**	**40.20**		拉萨	Lhasa	4.30	5.21	177
海口	Haikou	22.25	23.00	35	**陕西**	**Shaanxi**	**130.04**	**98.33**	
三亚	Sanya	1.20	8.25	112	西安	Xi'an	84.40	57.00	8
重庆	**Chongqing**	**79.85**	**83.95**		铜川	Tongchuan	7.91	2.70	249
四川	**Sichuan**	**213.60**	**218.95**		宝鸡	Baoji	7.84	7.68	123
成都	Chengdu	73.38	75.76	4	咸阳	Xianyang	9.18	9.18	98
自贡	Zigong	5.83	6.12	160	渭南	Weinan	3.76	4.04	212
攀枝花	Panzhihua	3.70	3.86	222	延安	Yan'an	2.15	2.71	248
泸州	Luzhou	6.10	6.68	145	汉中	Hanzhong	2.60	2.60	250
德阳	Deyang	12.03	5.83	167	榆林	Yulin	4.57	4.57	196
绵阳	Mianyang	16.35	16.95	49	安康	Ankang	2.83	2.83	245
广元	Guangyuan	5.16	5.63	169	商洛	Shangluo	1.28	2.00	266
遂宁	Suining	8.07	3.48	231	**甘肃**	**Gansu**	**72.00**	**73.43**	
内江	Neijiang	3.77	4.50	200	兰州	Lanzhou	20.12	20.12	40
乐山	Leshan	3.71	7.56	126	嘉峪关	Jiayuguan	6.00	6.00	162
南充	Nanchong	10.60	11.13	79	金昌	Jinchang	8.76	8.76	103
眉山	Meishan	3.50	3.50	230	白银	Baiyin	4.80	5.16	179
宜宾	Yibin	7.88	8.74	104	天水	Tianshui	3.24	3.24	237
广安	Guangan	5.04	6.60	147	武威	Wuwei	2.00	2.00	266
达州	Dazhou	4.12	6.25	153	张掖	Zhangye	2.30	2.50	252
雅安	Yaan	2.22	2.28	258	平凉	Pingliang	5.90	5.90	165
巴中	Bazhong	3.00	4.00	214	酒泉	Jiuquan	3.15	3.65	226
资阳	Ziyang	2.91	3.02	241	庆阳	Qingyang	5.16	5.16	179
贵州	**Guizhou**	**64.94**	**73.67**		定西	Dingxi	2.45	2.82	246
贵阳	Guiyang	35.07	42.74	17	陇南	Longnan	0.86	0.86	280
六盘水	Liupanshui	5.00	5.02	184	**青海**	**Qinghai**	**13.58**	**11.76**	
遵义	Zunyi	5.00	5.50	174	西宁	Xining	4.13	4.31	205
安顺	Anshun	2.25	2.38	255	**宁夏**	**Ningxia**	**47.13**	**50.79**	
毕节	Bijie	3.40	3.74	223	银川	Yinchuan	25.05	27.00	26
铜仁	Tongren	2.50	2.50	252	石嘴山	Shizuishan	2.16	2.16	261
云南	**Yunnan**	**93.64**	**95.55**		吴忠	Wuzhong	5.10	6.23	155
昆明	Kunming	48.15	37.17	20	固原	Guyuan	4.30	4.50	200
曲靖	Qujing	0.11	8.22	114	中卫	Zhongwei	4.64	4.92	187
玉溪	Yuxi	0.08	0.08	283	**新疆**	**Xinjiang**	**90.76**	**95.77**	
保山	Baoshan	1.00	1.00	279	乌鲁木齐	Urumqi	24.92	26.46	28
昭通	Zhaotong	2.30	2.41	254	克拉玛依	Karamay	8.36	8.71	105

8-6 城市商业服务业设施用地面积（辖区）
Area of Land for Commercial and Business Facilities (Districts under City)

单位：平方公里 (sq. km)

地名	City	2012	2013	2013 排名 Ranking	地名	City	2012	2013	2013 排名 Ranking
全国	**National Total**	**3084.76**	**2956.41**		沈阳	Shenyang	21.00	21.00	20
北京	**Beijing**				大连	Dalian	13.81	15.81	26
天津	**Tianjin**	**40.00**	**40.08**		鞍山	Anshan	0.49	0.49	265
河北	**Hebei**	**99.41**	**105.59**		抚顺	Fushun	4.37	6.09	99
石家庄	Shijiazhuang	12.99	13.53	33	本溪	Benxi	12.72	12.72	40
唐山	Tangshan				丹东	Dandong	2.68	2.68	187
秦皇岛	Qinhuangdao	12.53	13.03	38	锦州	Jinzhou	2.45	2.65	189
邯郸	Handan	10.09	10.61	56	营口	Yingkou	30.42	30.42	10
邢台	Xingtai	5.10	5.85	105	阜新	Fuxin	3.63	13.45	36
保定	Baoding	5.39	5.51	113	辽阳	Liaoyang	7.72	8.00	77
张家口	Zhangjiakou	6.05	6.05	102	盘锦	Panjin	3.29	3.89	157
承德	Chengde	3.43	4.10	148	铁岭	Tieling	0.55	0.10	274
沧州	Cangzhou	2.99	3.62	161	朝阳	Chaoyang	2.00	2.00	214
廊坊	Langfang	2.70	2.70	184	葫芦岛	Huludao	6.20	6.35	95
衡水	Hengshui	4.79	4.86	129	吉林	**Jilin**	**80.14**	**88.60**	
山西	**Shanxi**	**40.13**	**39.81**		长春	Changchun	19.69	21.30	18
太原	Taiyuan				吉林	Jilin		6.80	88
大同	Datong	6.81	9.40	67	四平	Siping	7.33	7.29	79
阳泉	Yangquan	4.24	0.82	254	辽源	Liaoyuan	3.09	0.79	255
长治	Changzhi	0.31	0.33	271	通化	Tonghua	10.81	10.93	54
晋城	Jincheng	3.20	3.20	167	白山	Baishan	2.64	1.32	234
朔州	Shuozhou	4.88	4.90	126	松原	Songyuan	1.50	1.50	230
晋中	Jinzhong	5.37	5.37	116	白城	Baicheng	2.27	2.35	202
运城	Yuncheng	1.00	1.34	233	黑龙江	**Heilongjiang**	**141.79**	**86.61**	
忻州	Xinzhou	1.23	1.23	237	哈尔滨	Harbin	20.55	21.12	19
临汾	Linfen	4.10	4.12	146	齐齐哈尔	Qiqihar	6.46	6.46	92
吕梁	Luliang	0.22	0.40	269	鸡西	Jixi	2.61	2.61	190
内蒙古	**Inner Mongolia**	**80.80**	**73.04**		鹤岗	Hegang	3.55	3.76	159
呼和浩特	Hohhot	6.64	8.71	70	双鸭山	Shuangyashan	10.30	10.30	59
包头	Baotou	9.83	9.83	61	大庆	Daqing	71.83	12.15	46
乌海	Wuhai	14.70	6.61	90	伊春	Yichun	5.34	5.34	117
赤峰	Chifeng	0.65	0.86	252	佳木斯	Jiamusi	3.63	4.88	128
通辽	Tongliao	4.64	4.64	131	七台河	Qitaihe		0.20	272
鄂尔多斯	Erdos	15.43	15.43	28	牡丹江	Mudanjiang		1.24	236
呼伦贝尔	Hulunbuir	3.04	4.17	144	黑河	Heihe	1.36	1.36	232
巴彦淖尔	Bayannur	0.50	0.65	258	绥化	Suihua	1.15	1.16	242
乌兰察布	Ulanqab	2.50	2.56	193	上海	**Shanghai**	**135.21**	**137.54**	
辽宁	**Liaoning**	**150.40**	**165.82**		江苏	**Jiangsu**	**300.44**	**308.06**	

8-6 城市商业服务业设施用地面积（辖区） 续表 1
Area of Land for Commercial and Business Facilities (Districts under City) continued 1

单位：平方公里 (sq. km)

地名	City	2012	2013	2013 排名 Ranking	地名	City	2012	2013	2013 排名 Ranking
南京	Nanjing	32.95	43.22	4	池州	Chizhou	2.17	2.17	206
无锡	Wuxi	30.27	24.80	15	宣城	Xuancheng	2.47	2.56	193
徐州	Xuzhou	0.46	5.71	109	**福建**	**Fujian**	**73.48**	**79.86**	
常州	Changzhou	8.10	8.82	68	福州	Fuzhou	8.50	9.50	66
苏州	Suzhou	25.91	26.30	13	厦门	Xiamen	10.11	12.43	42
南通	Nantong	56.19	57.03	1	莆田	Putian	1.00	1.00	248
连云港	Lianyungang	9.05	9.57	64	三明	Sanming	0.97	1.05	247
淮安	Huaian	16.75	19.00	24	泉州	Quanzhou	24.00	25.00	14
盐城	Yancheng	23.66	11.02	53	漳州	Zhangzhou	0.10	0.49	265
扬州	Yangzhou	9.44	10.47	57	南平	Nanping	0.83	0.83	253
镇江	Zhenjiang	6.00	6.30	96	龙岩	Longyan	1.58	2.80	180
泰州	Taizhou	7.35	11.22	52	宁德	Ningde	1.97	1.97	219
宿迁	Suqian	3.79	4.29	139	**江西**	**Jiangxi**	**88.74**	**92.58**	
浙江	**Zhejiang**	**176.91**	**197.99**		南昌	Nanchang	27.16	28.76	11
杭州	Hangzhou	36.63	39.36	5	景德镇	Jingdezhen	5.51	5.73	108
宁波	Ningbo	18.00	19.12	23	萍乡	Pingxiang	0.50	0.57	262
温州	Wenzhou	34.96	35.46	7	九江	Jiujiang	5.90	5.91	103
嘉兴	Jiaxing	11.62	17.65	25	新余	Xinyu	1.09	1.20	239
湖州	Huzhou	8.07	8.69	71	鹰潭	Yingtan	1.15	1.19	240
绍兴	Shaoxing	8.37	12.76	39	赣州	Ganzhou	4.39	4.44	135
金华	Jinhua	5.89	6.08	100	吉安	Jian	10.32	10.40	58
衢州	Quzhou	2.61	2.70	184	宜春	Yichun	6.46	6.76	89
舟山	Zhoushan	2.37	2.53	197	抚州	Fuzhou	3.34	3.37	165
台州	Taizhou	0.64	0.64	259	上饶	Shangrao	1.44	1.89	220
丽水	Lishui	1.99	1.99	218	**山东**	**Shandong**	**276.36**	**257.99**	
安徽	**Anhui**	**142.39**	**132.36**		济南	Jinan	20.52	21.52	17
合肥	Hefei	11.78	12.24	45	青岛	Qingdao	18.02	13.05	37
芜湖	Wuhu	15.00	15.50	27	淄博	Zibo	12.45	13.99	30
蚌埠	Bengbu	3.35	3.49	163	枣庄	Zaozhuang	13.79	12.30	43
淮南	Huainan	8.50	7.18	82	东营	Dongying	13.50	13.69	32
马鞍山	Maanshan	10.53	4.24	141	烟台	Yantai	29.31	26.33	12
淮北	Huaibei	8.60	8.66	72	潍坊	Weifang			
铜陵	Tongling	4.40	5.80	106	济宁	Jining	3.50	5.61	111
安庆	Anqing	2.68	2.68	187	泰安	Taian	10.71	11.45	49
黄山	Huangshan	2.24	2.84	179	威海	Weihai	8.65	8.65	73
滁州	Chuzhou	3.70	4.50	133	日照	Rizhao	6.31	6.40	94
阜阳	Fuyang	4.79	5.05	124	莱芜	Laiwu	10.40	4.72	130
宿州	Suzhou	15.07	9.70	63	临沂	Linyi	10.51	10.72	55
六安	Liuan	4.18	4.36	137	德州	Dezhou	5.94		
亳州	Bozhou	13.50	13.50	35	聊城	Liaocheng	5.11	5.62	110

8-6 城市商业服务业设施用地面积（辖区） 续表 2
Area of Land for Commercial and Business Facilities (Districts under City) continued 2

单位：平方公里 (sq. km)

地名	City	2012	2013	2013 排名 Ranking	地名	City	2012	2013	2013 排名 Ranking
滨州	Binzhou	1.43	2.16	207	常德	Changde	9.45	4.44	135
菏泽	Heze	2.98	3.38	164	张家界	Zhangjiajie	1.40	1.40	231
河南	**Henan**	**130.96**	**110.22**		益阳	Yiyang		3.00	170
郑州	Zhengzhou	12.21	12.69	41	郴州	Chenzhou	4.20	4.20	143
开封	Kaifeng	7.04	7.09	84	永州	Yongzhou	7.15	7.26	80
洛阳	Luoyang	37.55	8.19	75	怀化	Huaihua	1.68	1.68	226
平顶山	Pingdingshan	4.00	4.00	152	娄底	Loudi	10.23	8.10	76
安阳	Anyang	2.36	2.44	199	**广东**	**Guangdong**	**310.72**	**276.44**	
鹤壁	Hebi	3.97	4.00	152	广州	Guangzhou	51.25	51.67	2
新乡	Xinxiang	5.51	5.51	113	韶关	Shaoguan	8.78	8.78	69
焦作	Jiaozuo	0.55	4.49	134	深圳	Shenzhen			
濮阳	Puyang	5.00	5.00	125	珠海	Zhuhai	48.57	13.83	31
许昌	Xuchang	3.90	3.90	155	汕头	Shantou	31.87	33.91	9
漯河	Luohe	2.00	2.00	214	佛山	Foshan	8.10	9.78	62
三门峡	Sanmenxia	1.60	1.60	227	江门	Jiangmen	6.90	6.41	93
南阳	Nanyang	4.25	4.56	132	湛江	Zhanjiang	11.30	12.30	43
商丘	Shangqiu	1.81	1.81	224	茂名	Maoming	1.15	1.30	235
信阳	Xinyang	1.65	2.60	191	肇庆	Zhaoqing	21.54	4.33	138
周口	Zhoukou	4.10	4.15	146	惠州	Huizhou	12.56	13.51	34
驻马店	Zhumadian	5.00	5.87	104	梅州	Meizhou	3.26	3.28	166
湖北	**Hubei**	**106.88**	**123.26**		汕尾	Shanwei	4.99	1.10	245
武汉	Wuhan	19.40	35.28	8	河源	Heyuan	0.93	0.98	249
黄石	Huangshi	0.11	0.72	256	阳江	Yangjiang	2.66	2.93	174
十堰	Shiyan	1.60	1.86	221	清远	Qingyuan	3.70	6.87	87
宜昌	Yichang	6.79	6.89	86	东莞	Dongguan	43.30	47.69	3
襄阳	Xiangfan	5.09	5.09	123	中山	ZhongShan	5.80	6.07	101
鄂州	Ezhou	2.64	2.88	177	潮州	Chaozhou	2.56	2.56	193
荆门	Jingmen	2.65	2.70	184	揭阳	Jieyang		7.40	78
孝感	Xiaogan	3.11	3.11	169	云浮	Yunfu	4.20	3.20	167
荆州	Jingzhou	2.24	2.25	205	**广西**	**Guangxi**	**54.26**	**61.88**	
黄冈	Huanggang	2.63	2.93	174	南宁	Nanning	13.07	15.20	29
咸宁	Xianning		0.98	249	柳州	Liuzhou	10.81	11.31	50
随州	Suizhou	4.26	4.26	140	桂林	Guilin	0.08	0.08	275
湖南	**Hunan**	**85.19**	**99.04**		梧州	Wuzhou	2.21	2.50	198
长沙	Changsha	10.09	19.34	22	北海	Beihai	0.71	4.00	152
株洲	Zhuzhou	3.98	4.11	147	防城港	Fangchenggang	0.54	0.54	263
湘潭	Xiangtan		5.21	118	钦州	Qinzhou	5.77	5.77	107
衡阳	Hengyang	3.02	4.02	150	贵港	Guigang	2.94	2.96	173
邵阳	Shaoyang	3.74	3.75	160	玉林	Yulin	9.43	9.51	65
岳阳	Yueyang	5.40	5.50	115	百色	Baise	0.92	0.94	251

8-6 城市商业服务业设施用地面积（辖区） 续表 3
Area of Land for Commercial and Business Facilities (Districts under City) continued 3

单位：平方公里 (sq. km)

地名	City	2012	2013	2013 排名 Ranking	地名	City	2012	2013	2013 排名 Ranking
贺州	Hezhou	1.83	1.85	222	丽江	Lijiang	2.00	2.05	211
河池	Hechi	0.45	0.51	264	普洱	Puer	2.37	2.38	200
来宾	Laibin	0.96	1.15	243	临沧	Lincang	1.20	2.57	192
崇左	Chongzuo	0.43	0.43	267	**西藏**	**Tibet**	**11.70**	**11.70**	
海南	**Hainan**	**5.13**	**10.43**		拉萨	Lhasa	8.50	8.50	74
海口	Haikou		3.00	170	**陕西**	**Shaanxi**	**100.64**	**64.18**	
三亚	Sanya	0.50	2.79	181	西安	Xi'an	70.50	36.00	6
重庆	**Chongqing**	**52.14**	**57.06**		铜川	Tongchuan	0.72	0.72	256
四川	**Sichuan**	**125.18**	**108.64**		宝鸡	Baoji	13.52	10.30	59
成都	Chengdu	21.65	11.58	47	咸阳	Xianyang	0.42	0.42	268
自贡	Zigong	4.85	5.16	120	渭南	Weinan	2.19	2.28	204
攀枝花	Panzhihua	5.89	6.15	98	延安	Yan'an	1.53	2.54	196
泸州	Luzhou	5.10	5.14	121	汉中	Hanzhong	5.10	5.10	122
德阳	Deyang	10.12	2.89	176	榆林	Yulin	0.64	0.64	259
绵阳	Mianyang	6.01	6.21	97	安康	Ankang	1.17	1.17	241
广元	Guangyuan	2.02	2.11	208	商洛	Shangluo	1.86	2.00	214
遂宁	Suining	12.11	5.21	118	**甘肃**	**Gansu**	**49.12**	**45.16**	
内江	Neijiang	0.98	1.57	228	兰州	Lanzhou	11.29	11.31	50
乐山	Leshan	9.36	7.09	84	嘉峪关	Jiayuguan	7.14	7.25	81
南充	Nanchong	6.50	7.13	83	金昌	Jinchang			
眉山	Meishan	6.50	6.50	91	白银	Baiyin	2.58	2.88	177
宜宾	Yibin	4.02	4.21	142	天水	Tianshui	1.22	1.22	238
广安	Guangan	2.10	2.75	182	武威	Wuwei	3.00	3.00	170
达州	Dazhou	2.60	5.57	112	张掖	Zhangye	2.36	2.36	201
雅安	Yaan	2.00	2.01	213	平凉	Pingliang	4.00	4.01	151
巴中	Bazhong	1.50	2.00	214	酒泉	Jiuquan	4.50	4.90	126
资阳	Ziyang	1.53	1.70	225	庆阳	Qingyang	2.20	0.02	277
贵州	**Guizhou**	**33.32**	**34.22**		定西	Dingxi	3.12		
贵阳	Guiyang	11.42	11.56	48	陇南	Longnan	0.40	0.40	269
六盘水	Liupanshui	1.00	1.15	243	**青海**	**Qinghai**	**4.20**	**7.00**	
遵义	Zunyi	2.00	2.10	209	西宁	Xining	1.95	2.04	212
安顺	Anshun	2.21	2.34	203	**宁夏**	**Ningxia**	**15.86**	**18.11**	
毕节	Bijie	4.03	4.04	149	银川	Yinchuan	0.57	1.83	223
铜仁	Tongren	1.10	1.10	245	石嘴山	Shizuishan	3.51	3.51	162
云南	**Yunnan**	**109.78**	**48.77**		吴忠	Wuzhong	2.35	2.71	183
昆明	Kunming	86.79	20.60	21	固原	Guyuan	1.33	1.56	229
曲靖	Qujing	0.12	0.13	273	中卫	Zhongwei	3.45	3.85	158
玉溪	Yuxi	0.05	0.05	276	**新疆**	**Xinjiang**	**63.48**	**74.37**	
保山	Baoshan	0.60	0.60	261	乌鲁木齐	Urumqi	22.63	24.03	16
昭通	Zhaotong	2.00	2.10	209	克拉玛依	Karamay	3.75	3.90	155

8-7 城市工业用地面积（辖区）
Area of Land for Industrial, Manufacturing (Districts under City)

单位：平方公里 (sq. km)

地名	City	2010	2012	2013	2013 排名 Ranking
全国	**National Total**	**8689.49**	**8721.44**	**9149.58**	
北京	**Beijing**		**313.47**		
天津	**Tianjin**	**155.66**	**165.14**	**168.83**	
河北	**Hebei**	**314.84**	**244.20**	**235.37**	
石家庄	Shijiazhuang	31.13	8.85	8.27	186
唐山	Tangshan	72.00	31.31	31.31	58
秦皇岛	Qinhuangdao	16.45	17.00	4.72	222
邯郸	Handan	16.78	14.00	14.49	134
邢台	Xingtai	16.32	12.78	13.95	139
保定	Baoding	38.29	39.84	40.46	39
张家口	Zhangjiakou	18.05	18.05	18.05	110
承德	Chengde	8.64	11.61	12.19	155
沧州	Cangzhou	7.10	9.83	10.34	164
廊坊	Langfang	6.03	6.98	7.04	193
衡水	Hengshui	4.37	2.00	2.14	261
山西	**Shanxi**	**171.35**	**184.69**	**178.31**	
太原	Taiyuan	63.53	73.00	77.00	13
大同	Datong	19.51	25.35	14.70	131
阳泉	Yangquan	10.84	10.64	10.55	163
长治	Changzhi	11.78	12.54	12.70	152
晋城	Jincheng	6.85	3.60	3.60	242
朔州	Shuozhou	4.57	0.98	0.98	275
晋中	Jinzhong	9.68	8.00	8.00	189
运城	Yuncheng	5.01	5.01	5.89	209
忻州	Xinzhou	4.23	4.50	4.50	226
临汾	Linfen	3.00	1.30	1.30	271
吕梁	Luliang	5.11	5.29	5.38	215
内蒙古	**Inner Mongolia**	**205.62**	**213.63**	**193.16**	
呼和浩特	Hohhot	25.85	28.97	43.36	37
包头	Baotou	52.46	52.40	52.40	27
乌海	Wuhai	14.70	3.72	7.27	192
赤峰	Chifeng	21.48	14.29	14.65	132
通辽	Tongliao	10.08	15.16	9.16	175
鄂尔多斯	Erdos	4.56	4.43	4.43	229
呼伦贝尔	Hulunbuir	21.52	48.41	8.41	183
巴彦淖尔	Bayannur	3.00	1.50	1.65	267
乌兰察布	Ulanqab	2.60	2.60	8.10	188
辽宁	**Liaoning**	**506.75**	**518.51**	**560.93**	

地名	City	2010	2012	2013	2013 排名 Ranking
沈阳	Shenyang	82.00	99.00	99.00	8
大连	Dalian	86.10	93.42	92.78	11
鞍山	Anshan	53.95	55.33	55.31	25
抚顺	Fushun	40.31	44.19	45.15	34
本溪	Benxi	23.11	21.38	21.90	89
丹东	Dandong	11.50	13.18	13.18	144
锦州	Jinzhou	12.83	12.83	12.85	150
营口	Yingkou	28.60	6.30	6.30	201
阜新	Fuxin	11.63	12.17	39.71	42
辽阳	Liaoyang	26.69	26.89	27.01	64
盘锦	Panjin	10.96	18.85	19.65	106
铁岭	Tieling	8.33	8.53	9.40	171
朝阳	Chaoyang	2.50	9.00	9.00	176
葫芦岛	Huludao	19.00	13.29	19.78	105
吉林	**Jilin**	**242.87**	**250.05**	**260.88**	
长春	Changchun	94.91	100.74	100.62	7
吉林	Jilin	44.13	60.51	61.85	23
四平	Siping	10.70	8.51	8.45	182
辽源	Liaoyuan	8.82	8.82	8.81	178
通化	Tonghua	9.68	2.01	2.53	252
白山	Baishan	5.29	3.63	6.11	205
松原	Songyuan	7.90	5.85	5.85	210
白城	Baicheng	5.71	11.36	11.57	158
黑龙江	**Heilongjiang**	**338.80**	**272.62**	**330.87**	
哈尔滨	Harbin	82.98	82.11	83.17	12
齐齐哈尔	Qiqihar	39.80	29.72	29.72	60
鸡西	Jixi	9.94	9.94	9.94	169
鹤岗	Hegang	11.89	10.65	11.27	160
双鸭山	Shuangyashan	10.00	1.62	1.62	268
大庆	Daqing	67.35	20.89	73.89	15
伊春	Yichun	19.17	18.33	18.33	109
佳木斯	Jiamusi	16.07	17.15	17.67	114
七台河	Qitaihe	13.47	14.95	15.79	120
牡丹江	Mudanjiang	16.14	17.52	18.72	108
黑河	Heihe	4.13	2.13	2.13	262
绥化	Suihua	4.50	6.24	10.22	166
上海	**Shanghai**		**736.80**	**733.11**	
江苏	**Jiangsu**	**896.33**	**839.49**	**883.64**	

8-7 城市工业用地面积（辖区） 续表 1

Area of Land for Industrial, Manufacturing (Districts under City) continued 1

单位：平方公里 (sq. km)

地名	City	2010	2012	2013	2013 排名 Ranking	地名	City	2010	2012	2013	2013 排名 Ranking
南京	Nanjing	161.81	162.13	168.13	4	池州	Chizhou	5.27	4.46	4.46	227
无锡	Wuxi	56.57	75.10	74.50	14	宣城	Xuancheng	10.40	13.73	14.22	135
徐州	Xuzhou	35.15	26.05	26.16	68	**福建**	**Fujian**	**219.32**	**235.21**	**242.21**	
常州	Changzhou	35.94	44.09	45.77	32	福州	Fuzhou	37.85	36.20	37.20	49
苏州	Suzhou	119.80	131.16	131.70	5	厦门	Xiamen	63.00	92.84	93.97	10
南通	Nantong	52.48	9.28	12.09	156	莆田	Putian	10.89	11.00	11.00	162
连云港	Lianyungang	34.10	41.37	43.97	35	三明	Sanming	10.18	12.17	12.60	153
淮安	Huaian	46.30	37.90	39.00	44	泉州	Quanzhou	18.00	4.00	6.00	207
盐城	Yancheng	21.90	4.53	25.92	71	漳州	Zhangzhou	13.54	14.47	14.80	130
扬州	Yangzhou	27.75	37.78	38.06	46	南平	Nanping	5.73	6.30	6.30	201
镇江	Zhenjiang	35.71	33.00	34.50	53	龙岩	Longyan	7.55	7.60	7.34	191
泰州	Taizhou	25.15	33.04	36.35	50	宁德	Ningde	2.46	3.69	3.69	241
宿迁	Suqian	16.37	21.26	21.61	92	**江西**	**Jiangxi**	**193.07**	**197.98**	**201.70**	
浙江	**Zhejiang**	**573.55**	**541.32**	**574.55**		南昌	Nanchang	37.45	37.19	37.83	48
杭州	Hangzhou	51.25	67.42	68.46	20	景德镇	Jingdezhen	18.93	19.71	19.85	103
宁波	Ningbo	118.28	126.63	128.30	6	萍乡	Pingxiang	7.65	7.67	8.68	179
温州	Wenzhou	34.66	3.68	3.87	236	九江	Jiujiang	23.44	24.27	23.66	80
嘉兴	Jiaxing	27.61	24.33	18.98	107	新余	Xinyu	11.05	12.87	12.93	149
湖州	Huzhou	35.23	28.54	35.39	52	鹰潭	Yingtan	2.85	2.91	2.99	249
绍兴	Shaoxing	23.00	24.72	61.33	24	赣州	Ganzhou	11.50	21.63	22.03	87
金华	Jinhua	16.07	17.27	17.81	111	吉安	Jian	7.40	4.05	4.05	234
衢州	Quzhou	18.47	21.52	22.47	85	宜春	Yichun	7.10	7.95	8.40	184
舟山	Zhoushan	7.46	6.62	6.88	197	抚州	Fuzhou	6.73	11.04	11.08	161
台州	Taizhou	46.29	49.75	51.66	29	上饶	Shangrao	5.68	2.14	2.18	258
丽水	Lishui	3.53	3.83	3.85	237	**山东**	**Shandong**	**775.69**	**819.51**	**807.86**	
安徽	**Anhui**	**327.39**	**301.43**	**347.57**		济南	Jinan	65.33	69.26	70.78	18
合肥	Hefei	61.88	69.52	72.27	16	青岛	Qingdao	65.67	82.47	47.44	31
芜湖	Wuhu	26.00	13.00	13.00	148	淄博	Zibo	66.39	67.08	70.08	19
蚌埠	Bengbu	21.20	21.20	22.93	83	枣庄	Zaozhuang	16.40	19.99	21.71	91
淮南	Huainan	15.50	15.00	16.79	118	东营	Dongying	24.80	20.72	20.92	96
马鞍山	Maanshan	28.15	20.95	38.28	45	烟台	Yantai	60.78	62.52	62.97	21
淮北	Huaibei	19.08	20.00	20.05	101	潍坊	Weifang	36.16	32.80	32.80	55
铜陵	Tongling	9.30	9.96	13.18	144	济宁	Jining	26.04	34.10	40.33	40
安庆	Anqing	24.01	25.37	25.85	72	泰安	Taian	19.40	21.00	22.32	86
黄山	Huangshan	5.94	7.45	8.28	185	威海	Weihai	39.78	51.06	52.11	28
滁州	Chuzhou	19.30	23.96	27.38	63	日照	Rizhao	18.59	21.59	21.88	90
阜阳	Fuyang	9.02	13.97	14.96	127	莱芜	Laiwu	7.29	16.74	21.46	94
宿州	Suzhou	13.19	1.50	14.50	133	临沂	Linyi	29.09	34.09	35.87	51
六安	Liuan	12.05	12.58	13.01	147	德州	Dezhou	15.62	26.29	20.78	97
亳州	Bozhou	7.96	1.92	1.92	265	聊城	Liaocheng	14.46	18.22	20.34	100

8-7 城市工业用地面积（辖区） 续表 2

Area of Land for Industrial, Manufacturing (Districts under City) continued 2

单位：平方公里 (sq. km)

地名	City	2010	2012	2013	2013 排名 Ranking	地名	City	2010	2012	2013	2013 排名 Ranking
滨州	Binzhou	15.33	22.16	23.42	82	常德	Changde	18.67	19.46	20.56	99
菏泽	Heze	17.36	21.28	23.48	81	张家界	Zhangjiajie	1.02	1.50	1.50	270
河南	**Henan**	**338.30**	**305.91**	**343.22**		益阳	Yiyang	12.85	26.00	5.00	216
郑州	Zhengzhou	35.73	30.31	31.66	56	郴州	Chenzhou	25.40	4.20	4.70	223
开封	Kaifeng	21.28	21.88	21.93	88	永州	Yongzhou	5.90	5.71	6.05	206
洛阳	Luoyang	37.64	2.67	33.03	54	怀化	Huaihua	5.00	5.00	5.00	216
平顶山	Pingdingshan	15.54	15.54	15.54	123	娄底	Loudi	9.92	2.23	2.23	256
安阳	Anyang	16.56	15.12	14.83	129	**广东**	**Guangdong**	**1364.34**	**950.10**	**969.53**	
鹤壁	Hebi	15.60	15.60	16.37	119	广州	Guangzhou	213.48	175.52	178.12	3
新乡	Xinxiang	22.60	25.60	25.04	76	韶关	Shaoguan	21.92	19.99	17.68	113
焦作	Jiaozuo	16.27	19.89	22.60	84	深圳	Shenzhen	296.21			
濮阳	Puyang	5.39	5.50	5.50	213	珠海	Zhuhai	76.20	77.42	15.11	126
许昌	Xuchang	13.27	10.00	10.00	167	汕头	Shantou	38.84	25.17	26.85	66
漯河	Luohe	7.55	5.59	5.59	212	佛山	Foshan	40.13	36.72	54.36	26
三门峡	Sanmenxia	3.55	2.54	2.49	253	江门	Jiangmen	49.52	42.81	39.66	43
南阳	Nanyang	17.47	23.12	23.86	79	湛江	Zhanjiang	17.04	17.31	17.31	116
商丘	Shangqiu	6.00	2.73	1.82	266	茂名	Maoming	12.25	11.86	11.86	157
信阳	Xinyang	14.29	15.70	13.98	138	肇庆	Zhaoqing	17.96	7.03	26.13	69
周口	Zhoukou	4.40	4.10	4.10	233	惠州	Huizhou	65.12	60.52	62.37	22
驻马店	Zhumadian	11.78	12.00	13.60	142	梅州	Meizhou	7.56	6.88	4.82	220
湖北	**Hubei**	**434.55**	**485.49**	**508.76**		汕尾	Shanwei	16.90	11.97	2.18	258
武汉	Wuhan	154.85	183.70	179.15	2	河源	Heyuan	6.26	6.30	6.30	201
黄石	Huangshi	19.44	22.74	25.26	75	阳江	Yangjiang	5.93	4.86	4.91	219
十堰	Shiyan	18.01	20.65	25.66	74	清远	Qingyuan	19.64	10.28	7.02	194
宜昌	Yichang	31.72	34.86	37.84	47	东莞	Dongguan	329.44	329.54	352.23	1
襄阳	Xiangfan	26.86	43.46	43.93	36	中山	ZhongShan	26.85	25.20	25.80	73
鄂州	Ezhou	12.89	13.69	14.22	135	潮州	Chaozhou	8.09	7.45	7.44	190
荆门	Jingmen	12.35	13.04	13.15	146	揭阳	Jieyang			28.30	62
孝感	Xiaogan	6.11	6.11	6.31	200	云浮	Yunfu		2.60	2.60	250
荆州	Jingzhou	16.23	18.03	19.85	103	**广西**	**Guangxi**	**171.89**	**162.72**	**169.04**	
黄冈	Huanggang	5.47	6.27	6.47	199	南宁	Nanning	20.50	27.11	28.96	61
咸宁	Xianning	13.03	13.44	9.92	170	柳州	Liuzhou	40.27	37.58	39.80	41
随州	Suizhou	9.20	9.20	9.20	174	桂林	Guilin	14.50	13.75	13.80	140
湖南	**Hunan**	**257.27**	**227.18**	**198.11**		梧州	Wuzhou	10.38	5.10	5.50	213
长沙	Changsha	30.08	30.26	25.03	77	北海	Beihai	7.50	4.00	4.00	235
株洲	Zhuzhou	23.66	25.98	25.98	70	防城港	Fangchenggang	2.19	2.21	2.21	257
湘潭	Xiangtan	31.10	23.65	17.49	115	钦州	Qinzhou	14.99	20.53	20.77	98
衡阳	Hengyang	21.60	25.22	26.52	67	贵港	Guigang	13.13	13.41	13.79	141
邵阳	Shaoyang	3.36	3.01	3.03	248	玉林	Yulin	8.75	1.90	2.18	258
岳阳	Yueyang	17.20	17.20	17.20	117	百色	Baise	6.81	6.92	6.93	196

8-7 城市工业用地面积（辖区） 续表 3
Area of Land for Industrial, Manufacturing (Districts under City) continued 3

单位：平方公里 (sq. km)

地名	City	2010	2012	2013	2013 排名 Ranking	地名	City	2010	2012	2013	2013 排名 Ranking
贺州	Hezhou	5.24	3.73	3.73	240	丽江	Lijiang	0.98	2.00	2.00	264
河池	Hechi	3.57	3.90	4.54	225	普洱	Puer	2.37	0.40	0.40	280
来宾	Laibin	3.91	5.42	5.62	211	临沧	Lincang	0.40		1.20	272
崇左	Chongzuo	2.38	2.38	2.38	255	**西藏**	**Tibet**	**7.95**	**12.13**	**11.21**	
海南	**Hainan**	**20.47**	**17.62**	**20.42**		拉萨	Lhasa	7.17	10.13	9.21	173
海口	Haikou	10.20	10.52	12.31	154	**陕西**	**Shaanxi**	**136.29**	**79.90**	**114.01**	
三亚	Sanya	0.59	0.65	0.65	277	西安	Xi'an	61.29	13.40	50.00	30
重庆	**Chongqing**	**200.94**	**183.19**	**195.56**		铜川	Tongchuan	8.41	8.53	8.53	180
四川	**Sichuan**	**344.84**	**350.49**	**408.97**		宝鸡	Baoji	17.92	19.16	15.54	123
成都	Chengdu	89.93	86.41	97.45	9	咸阳	Xianyang	15.20	12.21	12.72	151
自贡	Zigong	20.68	24.37	26.87	65	渭南	Weinan	9.13	5.07	3.50	243
攀枝花	Panzhihua	24.18	19.53	20.94	95	延安	Yan'an	1.53	0.25	2.43	254
泸州	Luzhou	14.20	15.80	17.69	112	汉中	Hanzhong	4.40	4.40	4.40	230
德阳	Deyang	16.14	9.91	19.96	102	榆林	Yulin	4.68	4.68	4.68	224
绵阳	Mianyang	27.14	28.30	29.80	59	安康	Ankang	0.80	1.41	2.03	263
广元	Guangyuan	6.06	8.55	9.96	168	商洛	Shangluo	1.48	0.30	0.50	278
遂宁	Suining	7.75	2.59	13.60	142	**甘肃**	**Gansu**	**99.73**	**96.67**	**103.77**	
内江	Neijiang	6.98	12.48	14.88	128	兰州	Lanzhou	21.36	31.65	31.65	57
乐山	Leshan	10.76	7.12	8.89	177	嘉峪关	Jiayuguan	7.14	6.98	6.98	195
南充	Nanchong	11.60	14.00	15.60	122	金昌	Jinchang	14.83	15.73	15.73	121
眉山	Meishan	5.56	4.46	4.46	227	白银	Baiyin	12.45	20.50	21.48	93
宜宾	Yibin	3.43	21.03	24.06	78	天水	Tianshui	8.40	10.33	10.33	165
广安	Guangan	5.71	3.46	4.73	221	武威	Wuwei	4.50	1.15	1.15	273
达州	Dazhou	11.40	13.00	14.14	137	张掖	Zhangye	5.49	1.60	1.60	269
雅安	Yaan	2.93	3.12	3.17	246	平凉	Pingliang	4.38	0.38	0.38	281
巴中	Bazhong	0.65	0.70	0.90	276	酒泉	Jiuquan	4.50	2.50	2.60	250
资阳	Ziyang	9.36	11.20	11.38	159	庆阳	Qingyang	1.20	0.60	3.80	239
贵州	**Guizhou**	**86.25**	**86.70**	**93.62**		定西	Dingxi	2.10	0.60	3.36	245
贵阳	Guiyang	32.34	35.10	42.35	38	陇南	Longnan	0.40	0.16	0.16	283
六盘水	Liupanshui	15.02	9.00	9.30	172	**青海**	**Qinghai**	**17.94**	**10.53**	**11.90**	
遵义	Zunyi	8.00	7.00	6.00	207	西宁	Xining	11.39	3.98	4.13	232
安顺	Anshun	5.03	6.35	6.71	198	**宁夏**	**Ningxia**	**26.21**	**32.70**	**34.43**	
毕节	Bijie	6.80	7.86	8.25	187	银川	Yinchuan	14.78	15.15	15.47	125
铜仁	Tongren	0.14	3.82	3.82	238	石嘴山	Shizuishan	1.19	8.53	8.53	180
云南	**Yunnan**	**121.51**	**47.29**	**93.44**		吴忠	Wuzhong	1.60	2.91	4.26	231
昆明	Kunming	73.27	11.73	45.52	33	固原	Guyuan	1.30	0.48	0.50	278
曲靖	Qujing	9.20	0.18	6.15	204	中卫	Zhongwei	2.85	3.12	3.12	247
玉溪	Yuxi	2.00	0.35	0.35	282	**新疆**	**Xinjiang**	**139.77**	**143.24**	**154.60**	
保山	Baoshan	1.23	1.00	1.00	274	乌鲁木齐	Urumqi	65.90	67.47	71.65	17
昭通	Zhaotong	1.94	4.70	4.94	218	克拉玛依	Karamay	4.34	3.73	3.45	244

8-8 城市物流仓储用地面积（辖区）
Area of Land for Logistics and Warehouse (Districts under City)

单位：平方公里 (sq. km)

地名	City	2010	2012	2013	2013 排名 Ranking
全国	**National Total**	**1186.99**	**1378.45**	**1415.17**	
北京	**Beijing**		**38.39**		
天津	**Tianjin**	**23.46**	**52.99**	**54.98**	
河北	**Hebei**	**60.53**	**57.50**	**70.02**	
石家庄	Shijiazhuang	7.87	3.95	3.87	77
唐山	Tangshan	7.25	4.36	4.36	71
秦皇岛	Qinhuangdao	5.18	4.65	16.84	7
邯郸	Handan	6.54	11.65	11.65	15
邢台	Xingtai	1.86	1.91	1.92	158
保定	Baoding	2.99	3.27	3.38	87
张家口	Zhangjiakou	6.05	6.05	6.05	50
承德	Chengde	1.19	1.35	1.65	171
沧州	Cangzhou	4.28	2.56	2.56	115
廊坊	Langfang	2.87	2.87	2.87	102
衡水	Hengshui	2.00	1.44	1.44	186
山西	**Shanxi**	**30.13**	**36.67**	**37.04**	
太原	Taiyuan	8.80	9.50	9.00	23
大同	Datong	3.70	6.28	6.70	41
阳泉	Yangquan	1.37	1.37	1.31	193
长治	Changzhi	2.59	2.59	2.59	113
晋城	Jincheng	1.23			
朔州	Shuozhou	0.87	1.85	1.85	163
晋中	Jinzhong	2.57	2.73	2.73	107
运城	Yuncheng	1.80	1.83	2.00	149
忻州	Xinzhou	0.71	0.71	0.71	243
临汾	Linfen	0.96	1.53	1.53	180
吕梁	Luliang	0.63	0.81	0.88	231
内蒙古	**Inner Mongolia**	**42.73**	**39.30**	**38.17**	
呼和浩特	Hohhot	5.92	4.28	4.53	68
包头	Baotou	6.03	7.50	7.50	30
乌海	Wuhai	1.80	2.90	1.12	207
赤峰	Chifeng	2.01	1.28	1.54	178
通辽	Tongliao	3.26	5.29	5.29	60
鄂尔多斯	Erdos	1.55	0.94	0.94	226
呼伦贝尔	Hulunbuir	6.00	5.01	5.01	63
巴彦淖尔	Bayannur	2.00	0.75	0.83	236
乌兰察布	Ulanqab	1.20	1.20	1.10	210
辽宁	**Liaoning**	**77.03**	**76.19**	**79.86**	
沈阳	Shenyang	8.00	10.00	10.00	18
大连	Dalian	18.10	18.67	17.97	6
鞍山	Anshan	3.41	3.25	3.25	91
抚顺	Fushun	4.91	4.91	4.91	64
本溪	Benxi	1.68	0.93	0.93	227
丹东	Dandong	1.79	1.29	1.29	194
锦州	Jinzhou	1.71	1.71	1.71	169
营口	Yingkou	6.40	6.40	6.40	45
阜新	Fuxin	2.98	1.72	6.72	40
辽阳	Liaoyang	7.05	7.05	7.05	36
盘锦	Panjin	3.71	1.97	1.97	153
铁岭	Tieling	1.17	1.17	0.10	274
朝阳	Chaoyang	2.00	2.80	2.80	104
葫芦岛	Huludao	2.50	2.52	2.52	119
吉林	**Jilin**	**40.76**	**35.58**	**36.13**	
长春	Changchun	11.47	11.82	12.26	12
吉林	Jilin	3.35	1.59	1.65	171
四平	Siping	1.66	1.92		
辽源	Liaoyuan	0.84	0.84	0.84	235
通化	Tonghua	1.01	2.11	1.96	154
白山	Baishan	1.28	0.25	0.53	248
松原	Songyuan	1.11	1.10	1.10	210
白城	Baicheng	2.72	3.18	3.18	96
黑龙江	**Heilongjiang**	**81.83**	**73.95**	**81.79**	
哈尔滨	Harbin	8.26	8.50	8.80	24
齐齐哈尔	Qiqihar	7.60	7.71	7.71	29
鸡西	Jixi	1.93	1.93	1.93	156
鹤岗	Hegang	1.55	0.84	1.02	218
双鸭山	Shuangyashan	1.50	3.60	3.60	84
大庆	Daqing	20.04	13.10	20.91	1
伊春	Yichun	6.78	5.23	5.23	61
佳木斯	Jiamusi	3.78	4.12	3.48	86
七台河	Qitaihe	6.09	6.09	6.09	48
牡丹江	Mudanjiang	3.22	3.51	3.53	85
黑河	Heihe	1.25	1.15	1.15	204
绥化	Suihua	1.60	1.37	1.37	188
上海	**Shanghai**		**86.29**	**85.54**	
江苏	**Jiangsu**	**92.52**	**101.93**	**112.14**	

注：本表2011年及以前年份数据统计口径为仓储用地。

Note: The table data statistics caliber and before the year of 2011 warehouse land.

8-8 城市物流仓储用地面积（辖区） 续表 1
Area of Land for Logistics and Warehouse (Districts under City) continued 1

单位：平方公里 (sq. km)

地名	City	2010	2012	2013	2013 排名 Ranking	地名	City	2010	2012	2013	2013 排名 Ranking
南京	Nanjing	16.27	15.97	18.46	5	池州	Chizhou	1.33	1.35	1.35	190
无锡	Wuxi	4.61	6.70	6.70	41	宣城	Xuancheng	0.90	0.07	0.08	275
徐州	Xuzhou	4.22	19.76	20.82	2	**福建**	**Fujian**	**22.05**	**30.97**	**31.85**	
常州	Changzhou	2.94	3.57	3.81	79	福州	Fuzhou	2.50	2.40	2.40	123
苏州	Suzhou	4.31	6.75	6.75	39	厦门	Xiamen	6.41	7.37	8.24	27
南通	Nantong	5.49	2.84	3.19	95	莆田	Putian	0.36	0.01	0.01	277
连云港	Lianyungang	7.78	8.76	9.02	22	三明	Sanming	1.15	1.91	2.00	149
淮安	Huaian	4.15	6.17	11.00	16	泉州	Quanzhou	1.20	5.10	5.30	59
盐城	Yancheng	4.50	2.11	2.08	143	漳州	Zhangzhou	0.83	0.83	0.83	236
扬州	Yangzhou	2.15	1.58	1.63	174	南平	Nanping	1.03	1.09	1.09	213
镇江	Zhenjiang	7.82	4.80	5.10	62	龙岩	Longyan	1.50	1.80	0.99	223
泰州	Taizhou	2.77	2.84	3.37	88	宁德	Ningde	0.09	0.19	0.19	271
宿迁	Suqian	2.28	0.66	0.86	234	**江西**	**Jiangxi**	**24.23**	**29.47**	**30.79**	
浙江	**Zhejiang**	**47.34**	**52.92**	**54.50**		南昌	Nanchang	3.32	3.65	3.81	79
杭州	Hangzhou	6.44	9.16	9.08	21	景德镇	Jingdezhen	3.05	3.38	5.71	55
宁波	Ningbo	11.24	11.99	12.07	13	萍乡	Pingxiang	1.03	1.04	1.18	202
温州	Wenzhou	3.38	6.97	7.01	37	九江	Jiujiang	1.70	1.90	1.92	158
嘉兴	Jiaxing	1.60	1.59	1.75	167	新余	Xinyu	1.53	1.93	2.12	137
湖州	Huzhou	2.96	1.45	1.26	197	鹰潭	Yingtan	1.00	1.10	1.13	206
绍兴	Shaoxing	1.18	1.19	3.62	83	赣州	Ganzhou	2.10	1.11	1.11	209
金华	Jinhua	3.39	3.56	3.77	81	吉安	Jian	1.21	1.50	1.52	181
衢州	Quzhou	1.06	1.78	1.89	160	宜春	Yichun	1.25	2.60	3.85	78
舟山	Zhoushan	0.43	0.43	0.43	254	抚州	Fuzhou	1.07	1.20	1.21	200
台州	Taizhou	2.44	2.78	2.78	105	上饶	Shangrao	0.98	0.19	0.19	271
丽水	Lishui	0.28	0.35	0.35	259	**山东**	**Shandong**	**110.87**	**120.49**	**105.02**	
安徽	**Anhui**	**37.29**	**49.58**	**51.32**		济南	Jinan	7.60	7.88	7.91	28
合肥	Hefei	5.13	4.16	4.32	73	青岛	Qingdao	14.29	18.37	6.58	44
芜湖	Wuhu	3.50	4.00	4.00	75	淄博	Zibo	4.24	6.55	6.70	41
蚌埠	Bengbu	2.37	8.64	8.74	25	枣庄	Zaozhuang	3.99	5.88	4.91	64
淮南	Huainan	2.20	3.70	2.19	132	东营	Dongying	2.51	2.11	2.11	138
马鞍山	Maanshan	3.59	2.36	2.62	111	烟台	Yantai	7.51	7.53	6.15	46
淮北	Huaibei	0.71	1.10	1.10	210	潍坊	Weifang	5.53	5.40	5.40	58
铜陵	Tongling	3.40	3.65	4.84	66	济宁	Jining	6.10	2.25	5.41	57
安庆	Anqing	1.89	3.63	4.33	72	泰安	Taian	0.75	0.76	0.81	239
黄山	Huangshan	0.43	0.57	0.52	249	威海	Weihai	3.40	1.85	2.19	132
滁州	Chuzhou	2.10	2.17	2.19	132	日照	Rizhao	3.80	4.04	4.09	74
阜阳	Fuyang	1.12	1.78	2.83	103	莱芜	Laiwu	1.57	3.22	1.05	216
宿州	Suzhou	3.55	2.65	2.70	108	临沂	Linyi	4.46	7.33	7.50	30
六安	Liuan	0.63	1.16	1.28	195	德州	Dezhou	3.65	4.10	2.40	123
亳州	Bozhou	0.89	4.50	4.50	69	聊城	Liaocheng	2.92	1.89	2.19	132

8-8 城市物流仓储用地面积（辖区） 续表 2

Area of Land for Logistics and Warehouse (Districts under City) continued 2

单位：平方公里 (sq. km)

地名	City	2010	2012	2013	2013 排名 Ranking	地名	City	2010	2012	2013	2013 排名 Ranking
滨州	Binzhou	1.53	2.49	2.32	127	常德	Changde	2.41	2.85	3.17	97
菏泽	Heze	1.39	1.39	1.99	152	张家界	Zhangjiajie	5.74			
河南	**Henan**	**61.54**	**72.66**	**71.80**		益阳	Yiyang	0.73	1.00	1.00	219
郑州	Zhengzhou	13.63	13.65	13.79	10	郴州	Chenzhou	3.30	1.05	1.94	155
开封	Kaifeng	2.30	2.30	2.33	126	永州	Yongzhou	1.90	2.46	2.48	121
洛阳	Luoyang	2.39	10.05	10.35	17	怀化	Huaihua	4.00	4.10	4.40	70
平顶山	Pingdingshan	3.27	3.27	3.27	90	娄底	Loudi	1.36	1.36	1.36	189
安阳	Anyang	2.85	3.20	3.20	93	**广东**	**Guangdong**	**102.92**	**93.62**	**95.76**	
鹤壁	Hebi	1.03	1.03	1.03	217	广州	Guangzhou	18.18	18.28	18.52	4
新乡	Xinxiang	2.76	3.05	3.05	99	韶关	Shaoguan	1.09	2.09	2.09	141
焦作	Jiaozuo	1.23	1.03	1.08	214	深圳	Shenzhen	13.48			
濮阳	Puyang	1.30	1.50	1.50	183	珠海	Zhuhai	15.90	7.87	5.85	53
许昌	Xuchang	3.82	4.00	4.00	75	汕头	Shantou	7.85	13.14	13.99	9
漯河	Luohe	2.03	2.11	2.11	138	佛山	Foshan	4.56	9.12	9.46	20
三门峡	Sanmenxia	0.28	0.25	0.25	264	江门	Jiangmen	2.98	1.82	1.84	164
南阳	Nanyang	2.67	3.65	3.74	82	湛江	Zhanjiang	3.11	3.31	3.31	89
商丘	Shangqiu	1.30	0.60	0.60	245	茂名	Maoming	2.83	2.08	2.08	143
信阳	Xinyang	3.01	4.05	1.89	160	肇庆	Zhaoqing	1.19	1.21	1.15	204
周口	Zhoukou	2.20	2.20	2.20	130	惠州	Huizhou	5.00	5.45	6.08	49
驻马店	Zhumadian	0.37	0.90	1.12	207	梅州	Meizhou	1.89	2.01	2.02	147
湖北	**Hubei**	**59.36**	**65.33**	**67.05**		汕尾	Shanwei	1.20	0.60	0.24	267
武汉	Wuhan	15.94	16.80	20.73	3	河源	Heyuan	0.62	0.78	0.88	231
黄石	Huangshi	1.72	1.78	2.09	141	阳江	Yangjiang	0.50	1.40	1.54	178
十堰	Shiyan	2.40	2.91	2.91	101	清远	Qingyuan	0.21	0.18	0.30	262
宜昌	Yichang	2.73	4.81	4.82	67	东莞	Dongguan	7.74	11.06	12.01	14
襄阳	Xiangfan	1.16	1.16	1.16	203	中山	ZhongShan	0.76	0.97	0.97	224
鄂州	Ezhou	1.37	2.05	2.27	129	潮州	Chaozhou	0.42	0.40	0.40	256
荆门	Jingmen	2.12	1.04	1.07	215	揭阳	Jieyang			0.90	229
孝感	Xiaogan	1.20	1.20	1.20	201	云浮	Yunfu		1.10	1.00	219
荆州	Jingzhou	1.75	1.75	1.75	167	**广西**	**Guangxi**	**30.17**	**38.43**	**42.35**	
黄冈	Huanggang	0.42	0.42	0.42	255	南宁	Nanning	6.25	5.08	6.78	38
咸宁	Xianning	0.94	0.97	0.23	268	柳州	Liuzhou	4.27	6.88	7.36	32
随州	Suizhou	1.63	1.63	1.63	174	桂林	Guilin	2.54	2.59	2.59	113
湖南	**Hunan**	**54.99**	**43.12**	**43.30**		梧州	Wuzhou	1.57	1.84	1.84	164
长沙	Changsha	7.15	7.05	7.25	33	北海	Beihai	0.47	0.67	1.71	169
株洲	Zhuzhou	2.20	2.48	2.53	117	防城港	Fangchenggang	1.93	1.93	1.93	156
湘潭	Xiangtan	2.99	3.97	1.61	176	钦州	Qinzhou	2.88	8.25	8.32	26
衡阳	Hengyang	3.15	2.24	2.54	116	贵港	Guigang	2.15	2.68	2.68	109
邵阳	Shaoyang	3.00	2.00	2.02	147	玉林	Yulin	1.16	2.06	2.19	132
岳阳	Yueyang	3.10	3.20	3.20	93	百色	Baise	1.41	1.67	1.88	162

8-8 城市物流仓储用地面积（辖区） 续表 3

Area of Land for Logistics and Warehouse (Districts under City) continued 3

单位：平方公里 (sq. km)

地名	City	2010	2012	2013	2013 排名 Ranking	地名	City	2010	2012	2013	2013 排名 Ranking
贺州	Hezhou	0.65	0.36	0.36	258	丽江	Lijiang	0.12	2.00	2.08	143
河池	Hechi	1.01	0.21	0.44	252	普洱	Puer	0.40	2.07	2.08	143
来宾	Laibin	1.00	1.41	1.41	187	临沧	Lincang	0.31	0.32	0.34	260
崇左	Chongzuo	0.45	0.45	0.45	251	**西藏**	**Tibet**	**2.60**	**1.50**	**1.50**	
海南	**Hainan**	**3.58**	**4.31**	**4.31**		拉萨	Lhasa	1.75			
海口	Haikou	1.26	2.32	2.32	127	**陕西**	**Shaanxi**	**22.76**	**21.07**	**18.50**	
三亚	Sanya	0.40	0.15	0.15	273	西安	Xi'an	11.61	9.20	6.00	52
重庆	**Chongqing**	**16.87**	**19.13**	**19.26**		铜川	Tongchuan	0.37	0.37	0.33	261
四川	**Sichuan**	**34.97**	**36.95**	**44.51**		宝鸡	Baoji	3.04	2.78	2.78	105
成都	Chengdu	6.60	6.64	7.17	34	咸阳	Xianyang	2.41	2.41	2.41	122
自贡	Zigong	0.71	1.28	1.35	190	渭南	Weinan	0.75	0.59	0.63	244
攀枝花	Panzhihua	3.60	3.52	3.16	98	延安	Yan'an	0.25	1.42	0.27	263
泸州	Luzhou	1.43	1.49	1.52	181	汉中	Hanzhong	1.35	1.35	1.35	190
德阳	Deyang	0.55	0.72	0.78	242	榆林	Yulin	0.80	0.80	0.80	240
绵阳	Mianyang	1.71	1.78	1.81	166	安康	Ankang	0.20	0.24	0.25	264
广元	Guangyuan	1.08	1.09	1.28	195	商洛	Shangluo	0.30	0.23	2.00	149
遂宁	Suining	0.73	0.92	2.53	117	**甘肃**	**Gansu**	**22.14**	**22.91**	**23.38**	
内江	Neijiang	0.69	0.46	1.61	176	兰州	Lanzhou	2.29	6.13	6.13	47
乐山	Leshan	1.06	1.03	1.24	199	嘉峪关	Jiayuguan	1.87	2.51	2.51	120
南充	Nanchong	3.74	5.00	5.65	56	金昌	Jinchang	1.09	1.46	1.46	185
眉山	Meishan	0.83	0.83	0.83	236	白银	Baiyin	3.32	1.26	1.26	197
宜宾	Yibin	3.08	2.47	2.61	112	天水	Tianshui	5.79	5.79	5.79	54
广安	Guangan	0.48	1.26	1.65	171	武威	Wuwei	0.80			
达州	Dazhou	0.91	0.61	3.24	92	张掖	Zhangye	1.29	2.20	2.20	130
雅安	Yaan	0.32	0.44	0.44	252	平凉	Pingliang	0.34	0.96	0.96	225
巴中	Bazhong	0.20	0.25	0.25	264	酒泉	Jiuquan	2.50	0.80	0.80	240
资阳	Ziyang	0.36	0.38	0.40	256	庆阳	Qingyang	0.60	0.72	0.60	245
贵州	**Guizhou**	**17.57**	**22.65**	**15.76**		定西	Dingxi	0.40	0.01	0.60	245
贵阳	Guiyang	6.17	13.43	6.02	51	陇南	Longnan	0.16	0.02	0.02	276
六盘水	Liupanshui	1.81	1.00	0.90	229	**青海**	**Qinghai**	**5.02**	**14.88**	**16.03**	
遵义	Zunyi	1.00	1.00	1.00	219	西宁	Xining	3.28	13.14	13.14	11
安顺	Anshun	0.66	0.83	0.88	231	**宁夏**	**Ningxia**	**10.64**	**11.58**	**12.63**	
毕节	Bijie	2.20	2.98	2.98	100	银川	Yinchuan	5.42	6.36	7.12	35
铜仁	Tongren	1.90	1.60	2.10	140	石嘴山	Shizuishan	1.35	0.20	0.20	270
云南	**Yunnan**	**22.34**	**28.76**	**28.39**		吴忠	Wuzhong	0.17	0.17	0.23	268
昆明	Kunming	10.07	13.81	9.96	19	固原	Guyuan	0.41	1.35	1.50	183
曲靖	Qujing	1.33	0.10	2.67	110	中卫	Zhongwei	0.72	0.84	0.92	228
玉溪	Yuxi	0.52				**新疆**	**Xinjiang**	**28.75**	**37.72**	**41.49**	
保山	Baoshan	0.30	0.50	0.50	250	乌鲁木齐	Urumqi	13.38	14.91	15.84	8
昭通	Zhaotong	0.96	1.00	1.00	219	克拉玛依	Karamay	0.79	2.39	2.40	123

8-9 城市道路交通设施用地面积（辖区）
Area of Land for Roads, Street and Transportation (Districts under City)

单位：平方公里 (sq. km)

地名	City	2012	2013	2013 排名 Ranking	地名	City	2012	2013	2013 排名 Ranking
全国	**National Total**	**5462.72**	**5786.57**		沈阳	Shenyang	50.00	50.00	16
北京	**Beijing**				大连	Dalian	52.98	53.26	13
天津	**Tianjin**	**116.34**	**119.64**		鞍山	Anshan	13.92	13.92	86
河北	**Hebei**	**199.37**	**210.31**		抚顺	Fushun	7.63	7.73	160
石家庄	Shijiazhuang	37.39	37.92	21	本溪	Benxi	13.76	13.76	87
唐山	Tangshan				丹东	Dandong	7.43	7.43	168
秦皇岛	Qinhuangdao	18.75	18.75	55	锦州	Jinzhou	6.96	6.96	173
邯郸	Handan	13.25	13.25	94	营口	Yingkou	15.34	15.34	74
邢台	Xingtai	7.50	9.99	129	阜新	Fuxin	18.30	26.10	38
保定	Baoding	17.53	17.99	59	辽阳	Liaoyang	14.72	14.72	78
张家口	Zhangjiakou	15.85	15.85	70	盘锦	Panjin	8.46	8.57	151
承德	Chengde	7.96	8.94	140	铁岭	Tieling	0.71	3.80	232
沧州	Cangzhou	12.44	12.78	100	朝阳	Chaoyang	1.00	1.00	272
廊坊	Langfang	11.50	11.54	114	葫芦岛	Huludao	8.45	8.50	152
衡水	Hengshui	6.81	6.83	177	吉林	**Jilin**	**155.63**	**150.01**	
山西	**Shanxi**	**74.24**	**84.89**		长春	Changchun	64.91	67.06	7
太原	Taiyuan	20.50	22.00	46	吉林	Jilin	5.84	5.84	196
大同	Datong	5.51	6.20	192	四平	Siping	2.00	3.35	240
阳泉	Yangquan	2.84	7.59	165	辽源	Liaoyuan	0.60	3.40	239
长治	Changzhi	8.82	8.82	144	通化	Tonghua	5.59	5.76	201
晋城	Jincheng		1.00	272	白山	Baishan	6.25	6.40	185
朔州	Shuozhou	4.78	4.81	217	松原	Songyuan	8.13	8.34	156
晋中	Jinzhong	1.38	1.38	266	白城	Baicheng	7.36	7.48	167
运城	Yuncheng	2.00	3.12	245	黑龙江	**Heilongjiang**	**201.06**	**209.49**	
忻州	Xinzhou	5.35	5.35	208	哈尔滨	Harbin	47.38	49.51	17
临汾	Linfen	3.90	3.90	229	齐齐哈尔	Qiqihar	17.75	17.75	61
吕梁	Luliang	1.41	1.74	262	鸡西	Jixi	8.82	8.82	144
内蒙古	**Inner Mongolia**	**139.87**	**129.33**		鹤岗	Hegang	8.80	9.22	134
呼和浩特	Hohhot	13.82	20.06	52	双鸭山	Shuangyashan	4.20	4.20	224
包头	Baotou	18.90	18.90	54	大庆	Daqing	51.58	52.07	15
乌海	Wuhai	7.70	11.47	115	伊春	Yichun	5.83	5.83	197
赤峰	Chifeng	2.61	0.66	277	佳木斯	Jiamusi	8.02	8.87	143
通辽	Tongliao	5.98	5.98	195	七台河	Qitaihe	1.51	1.58	263
鄂尔多斯	Erdos	31.98	31.98	27	牡丹江	Mudanjiang	12.31	12.41	105
呼伦贝尔	Hulunbuir	10.19	5.80	198	黑河	Heihe	2.12	2.12	254
巴彦淖尔	Bayannur	0.10	0.40	279	绥化	Suihua	3.78	6.45	184
乌兰察布	Ulanqab	7.20	1.37	267	上海	**Shanghai**	**414.51**	**418.86**	
辽宁	**Liaoning**	**256.41**	**271.13**		江苏	**Jiangsu**	**411.31**	**450.40**	

8-9 城市道路交通设施用地面积（辖区） 续表 1

Area of Land for Roads, Street and Transportation (Districts under City) continued 1

单位：平方公里 (sq. km)

地名	City	2012	2013	2013 排名 Ranking	地名	City	2012	2013	2013 排名 Ranking
南京	Nanjing	84.94	90.20	3	池州	Chizhou	7.63	7.63	164
无锡	Wuxi	29.16	31.70	29	宣城	Xuancheng	8.76	9.08	138
徐州	Xuzhou	7.89	13.24	95	**福建**	**Fujian**	**116.84**	**124.64**	
常州	Changzhou	22.45	27.85	34	福州	Fuzhou	28.90	30.00	30
苏州	Suzhou	59.54	60.22	12	厦门	Xiamen	14.88	16.74	66
南通	Nantong	33.50	34.78	23	莆田	Putian	3.50	3.50	238
连云港	Lianyungang	20.81	20.81	47	三明	Sanming	4.12	4.17	225
淮安	Huaian	4.18	3.00	246	泉州	Quanzhou	15.00	15.90	69
盐城	Yancheng	10.96	13.43	89	漳州	Zhangzhou	10.68	11.58	113
扬州	Yangzhou	12.94	13.36	90	南平	Nanping	4.58	4.58	220
镇江	Zhenjiang	16.40	17.50	62	龙岩	Longyan	6.49	7.40	169
泰州	Taizhou	13.76	16.88	64	宁德	Ningde	7.71	7.71	161
宿迁	Suqian	13.06	13.30	91	**江西**	**Jiangxi**	**126.65**	**142.30**	
浙江	**Zhejiang**	**324.41**	**336.66**		南昌	Nanchang	31.99	34.40	24
杭州	Hangzhou	62.33	65.62	8	景德镇	Jingdezhen	5.11	5.19	212
宁波	Ningbo	61.29	62.81	9	萍乡	Pingxiang	6.40	7.25	172
温州	Wenzhou	25.66	27.92	33	九江	Jiujiang	13.22	14.16	83
嘉兴	Jiaxing	5.00	5.08	213	新余	Xinyu	1.65	1.80	260
湖州	Huzhou	9.46	7.29	170	鹰潭	Yingtan	5.27	5.38	207
绍兴	Shaoxing	14.24	17.93	60	赣州	Ganzhou	13.90	14.68	79
金华	Jinhua	14.98	15.40	72	吉安	Jian	6.02	6.04	194
衢州	Quzhou	10.96	11.46	116	宜春	Yichun	10.85	11.60	112
舟山	Zhoushan	8.17	8.91	141	抚州	Fuzhou	8.95	9.10	137
台州	Taizhou	8.31	9.14	135	上饶	Shangrao	3.72	3.98	228
丽水	Lishui	3.19	3.19	244	**山东**	**Shandong**	**444.54**	**493.16**	
安徽	**Anhui**	**198.07**	**224.84**		济南	Jinan	66.79	67.64	6
合肥	Hefei	46.86	48.71	18	青岛	Qingdao	50.93	37.86	22
芜湖	Wuhu	16.50	18.00	58	淄博	Zibo	25.31	29.95	31
蚌埠	Bengbu	18.11	19.89	53	枣庄	Zaozhuang	8.46	13.14	97
淮南	Huainan	10.50	12.46	104	东营	Dongying	3.34	3.58	237
马鞍山	Maanshan	3.61	12.41	105	烟台	Yantai	35.56	32.73	26
淮北	Huaibei	6.50	6.53	182	潍坊	Weifang	3.30	24.15	42
铜陵	Tongling	7.90	10.25	126	济宁	Jining	20.11	25.89	39
安庆	Anqing	3.85	3.86	231	泰安	Taian	19.00	20.45	49
黄山	Huangshan	1.62	1.82	259	威海	Weihai	19.87	20.55	48
滁州	Chuzhou	14.99	20.18	51	日照	Rizhao	13.30	13.47	88
阜阳	Fuyang	13.06	14.10	84	莱芜	Laiwu	3.01	10.02	128
宿州	Suzhou	8.39	8.45	154	临沂	Linyi	19.42	23.11	43
六安	Liuan	9.23	10.12	127	德州	Dezhou	12.87	18.48	56
亳州	Bozhou	3.69	3.72	236	聊城	Liaocheng	9.29	9.29	133

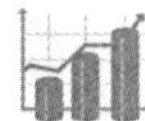

8-9 城市道路交通设施用地面积（辖区） 续表 2

Area of Land for Roads, Street and Transportation (Districts under City) continued 2

单位：平方公里 (sq. km)

地名	City	2012	2013	2013 排名 Ranking	地名	City	2012	2013	2013 排名 Ranking
滨州	Binzhou	15.54	16.79	65	常德	Changde	3.85	14.52	80
菏泽	Heze	11.46	12.06	108	张家界	Zhangjiajie	6.52	6.71	178
河南	**Henan**	**323.04**	**334.18**		益阳	Yiyang	1.30	1.30	268
郑州	Zhengzhou	59.53	61.65	10	郴州	Chenzhou	7.92	9.14	135
开封	Kaifeng	12.68	13.26	93	永州	Yongzhou	7.44	7.71	161
洛阳	Luoyang	27.07	27.27	35	怀化	Huaihua	5.60	5.80	198
平顶山	Pingdingshan	10.53	10.73	125	娄底	Loudi	1.60	1.80	260
安阳	Anyang	12.80	13.15	96	**广东**	**Guangdong**	**512.84**	**512.65**	
鹤壁	Hebi	9.61	9.68	130	广州	Guangzhou	76.82	78.12	4
新乡	Xinxiang	11.00	11.00	122	韶关	Shaoguan	10.04	11.04	121
焦作	Jiaozuo	12.61	12.64	102	深圳	Shenzhen			
濮阳	Puyang	6.20	6.90	174	珠海	Zhuhai	9.38	8.58	150
许昌	Xuchang	12.00	12.00	109	汕头	Shantou	25.19	26.45	37
漯河	Luohe	7.90	8.07	158	佛山	Foshan	8.45	15.40	72
三门峡	Sanmenxia	5.54	5.54	205	江门	Jiangmen	26.49	24.54	41
南阳	Nanyang	20.24	20.37	50	湛江	Zhanjiang	6.71	7.70	163
商丘	Shangqiu	9.37	9.44	132	茂名	Maoming	6.60	6.65	179
信阳	Xinyang	13.00	13.00	98	肇庆	Zhaoqing	15.41	14.26	81
周口	Zhoukou	8.70	8.80	146	惠州	Huizhou	25.86	28.76	32
驻马店	Zhumadian	10.22	11.43	117	梅州	Meizhou	7.58	8.76	148
湖北	**Hubei**	**254.87**	**194.64**		汕尾	Shanwei	12.88	2.56	249
武汉	Wuhan	163.10	92.97	2	河源	Heyuan	5.02	5.02	214
黄石	Huangshi	10.66	11.12	120	阳江	Yangjiang	5.72	6.31	186
十堰	Shiyan	3.31	3.79	235	清远	Qingyuan	15.00	6.23	189
宜昌	Yichang	10.57	11.88	111	东莞	Dongguan	172.71	169.43	1
襄阳	Xiangfan	5.76	8.47	153	中山	ZhongShan	17.07	17.22	63
鄂州	Ezhou	3.87	3.99	227	潮州	Chaozhou	4.09	4.09	226
荆门	Jingmen	1.28	1.50	264	揭阳	Jieyang		8.40	155
孝感	Xiaogan	1.27	1.27	269	云浮	Yunfu	1.20	1.20	270
荆州	Jingzhou	12.06	12.38	107	**广西**	**Guangxi**	**174.13**	**200.87**	
黄冈	Huanggang	0.44	0.54	278	南宁	Nanning	37.03	52.28	14
咸宁	Xianning		0.22	281	柳州	Liuzhou	30.97	31.72	28
随州	Suizhou	1.09	1.09	271	桂林	Guilin	7.90	8.80	146
湖南	**Hunan**	**110.11**	**164.19**		梧州	Wuzhou	7.55	7.56	166
长沙	Changsha	8.25	44.00	19	北海	Beihai	9.00	15.00	75
株洲	Zhuzhou	10.51	10.74	124	防城港	Fangchenggang	5.96	6.48	183
湘潭	Xiangtan	10.42	11.13	119	钦州	Qinzhou	14.02	14.02	85
衡阳	Hengyang	17.31	18.25	57	贵港	Guigang	10.96	11.99	110
邵阳	Shaoyang	4.65	4.69	219	玉林	Yulin	9.35	9.47	131
岳阳	Yueyang	3.80	3.80	232	百色	Baise	4.30	4.31	222

8-9 城市道路交通设施用地面积（辖区） 续表 3

Area of Land for Roads, Street and Transportation (Districts under City) continued 3

单位：平方公里 (sq. km)

地名	City	2012	2013	2013 排名 Ranking	地名	City	2012	2013	2013 排名 Ranking
贺州	Hezhou	2.85	3.24	242	丽江	Lijiang	2.50	2.50	250
河池	Hechi	2.05	2.19	253	普洱	Puer	2.18	2.20	251
来宾	Laibin	7.54	8.21	157	临沧	Lincang	1.35	2.87	248
崇左	Chongzuo	1.87	2.00	255	**西藏**	**Tibet**	**7.10**	**8.37**	
海南	**Hainan**	**49.15**	**51.74**		拉萨	Lhasa	4.40	5.67	202
海口	Haikou	28.00	22.44	45	**陕西**	**Shaanxi**	**99.03**	**143.81**	
三亚	Sanya	3.91	14.21	82	西安	Xi'an	37.60	77.00	5
重庆	**Chongqing**	**138.93**	**152.84**		铜川	Tongchuan	7.82	7.82	159
四川	**Sichuan**	**214.46**	**230.55**		宝鸡	Baoji	12.95	12.95	99
成都	Chengdu	26.29	27.17	36	咸阳	Xianyang	13.26	13.27	92
自贡	Zigong	12.36	12.57	103	渭南	Weinan	7.85	6.23	189
攀枝花	Panzhihua	4.44	5.30	209	延安	Yan'an	1.17	6.31	186
泸州	Luzhou	15.81	16.51	67	汉中	Hanzhong	3.20	3.20	243
德阳	Deyang	12.38	14.83	77	榆林	Yulin	4.89	5.80	198
绵阳	Mianyang	15.47	15.49	71	安康	Ankang	1.46	1.46	265
广元	Guangyuan	6.37	6.86	176	商洛	Shangluo	1.08	2.00	255
遂宁	Suining	10.97	12.75	101	**甘肃**	**Gansu**	**82.79**	**79.30**	
内江	Neijiang	6.73	8.91	141	兰州	Lanzhou	39.92	39.92	20
乐山	Leshan	9.07	6.22	191	嘉峪关	Jiayuguan	4.00	4.23	223
南充	Nanchong	14.60	16.00	68	金昌	Jinchang	0.77	0.77	274
眉山	Meishan	6.15	6.15	193	白银	Baiyin	5.21	5.22	210
宜宾	Yibin	13.65	14.99	76	天水	Tianshui	6.90	6.90	174
广安	Guangan	5.56	7.28	171	武威	Wuwei	3.00	3.00	246
达州	Dazhou	8.65	11.23	118	张掖	Zhangye	1.90	1.90	258
雅安	Yaan	3.79	3.90	229	平凉	Pingliang	4.90	4.90	216
巴中	Bazhong	0.15	0.25	280	酒泉	Jiuquan	4.35	4.35	221
资阳	Ziyang	5.03	5.22	210	庆阳	Qingyang	4.46	0.71	275
贵州	**Guizhou**	**70.42**	**63.52**		定西	Dingxi	0.01	0.01	282
贵阳	Guiyang	45.31	33.63	25	陇南	Longnan	0.70	0.70	276
六盘水	Liupanshui	4.67	5.01	215	**青海**	**Qinghai**	**7.91**	**14.47**	
遵义	Zunyi	3.25	3.35	240	西宁	Xining	4.85	5.61	203
安顺	Anshun	5.12	5.41	206	**宁夏**	**Ningxia**	**52.07**	**55.76**	
毕节	Bijie	1.35	1.93	257	银川	Yinchuan	21.11	23.01	44
铜仁	Tongren	2.20	2.20	251	石嘴山	Shizuishan	10.36	10.88	123
云南	**Yunnan**	**72.67**	**87.61**		吴忠	Wuzhong	5.80	6.64	180
昆明	Kunming	30.58	25.47	40	固原	Guyuan	6.10	6.30	188
曲靖	Qujing	0.10	9.07	139	中卫	Zhongwei	5.35	5.57	204
玉溪	Yuxi		6.62	181	**新疆**	**Xinjiang**	**113.95**	**126.41**	
保山	Baoshan	3.80	3.80	232	乌鲁木齐	Urumqi	57.11	60.64	11
昭通	Zhaotong	4.50	4.73	218	克拉玛依	Karamay	8.27	8.69	149

8-10 城市公用设施用地面积（辖区）
Area of Land for Municipal Utilities (Districts under City)

单位：平方公里 (sq. km)

地名	City	2010	2012	2013	2013 排名 Ranking
全国	**National Total**	**1387.15**	**2130.24**	**2093.45**	
北京	**Beijing**		**39.64**		
天津	**Tianjin**	**19.88**	**20.93**	**21.46**	
河北	**Hebei**	**53.78**	**85.26**	**85.96**	
石家庄	Shijiazhuang	11.23	10.09	9.89	37
唐山	Tangshan	4.98	4.98	26.88	5
秦皇岛	Qinhuangdao	3.78	4.43	4.67	91
邯郸	Handan	4.50	4.79	4.86	86
邢台	Xingtai	1.81	1.86	1.95	182
保定	Baoding	3.18	4.07	4.55	92
张家口	Zhangjiakou	1.98	1.98	1.98	180
承德	Chengde	1.67	1.32	1.29	222
沧州	Cangzhou	1.17	1.73	1.73	194
廊坊	Langfang	2.46	2.46	2.76	138
衡水	Hengshui	1.19	1.19	1.19	228
山西	**Shanxi**	**56.94**	**78.56**	**81.22**	
太原	Taiyuan	24.05	41.00	41.00	2
大同	Datong	2.70	2.22	1.60	199
阳泉	Yangquan	1.22	1.22	1.22	227
长治	Changzhi	2.94	3.04	3.04	132
晋城	Jincheng	1.34		1.00	243
朔州	Shuozhou	1.26	2.12	2.14	168
晋中	Jinzhong	13.42	11.20	11.20	27
运城	Yuncheng	1.33	4.50	4.80	88
忻州	Xinzhou	0.62	1.99	1.99	179
临汾	Linfen	1.62	2.73	2.73	143
吕梁	Luliang	1.19	1.39	1.59	201
内蒙古	**Inner Mongolia**	**30.78**	**73.55**	**74.31**	
呼和浩特	Hohhot	4.83	37.74	38.94	3
包头	Baotou	2.59	2.60	2.60	152
乌海	Wuhai	1.95	1.95	0.91	250
赤峰	Chifeng	5.24	4.66	6.66	62
通辽	Tongliao	1.02	4.35	4.35	97
鄂尔多斯	Erdos	1.64	1.60	1.60	199
呼伦贝尔	Hulunbuir	1.90	2.92	3.13	126
巴彦淖尔	Bayannur	2.00	0.05	0.42	277
乌兰察布	Ulanqab	1.50	7.00	1.70	196
辽宁	**Liaoning**	**59.10**	**67.62**	**69.79**	
沈阳	Shenyang	10.00	11.00	11.00	29
大连	Dalian	10.30	10.22	10.93	31
鞍山	Anshan	4.84	4.97	4.97	82
抚顺	Fushun	5.45	5.34	5.60	70
本溪	Benxi	1.34	1.88	1.88	185
丹东	Dandong	1.14	0.84	0.84	256
锦州	Jinzhou	2.14	2.14	2.74	142
营口	Yingkou	4.00	4.32	4.32	99
阜新	Fuxin	1.27	1.40	1.44	208
辽阳	Liaoyang	2.34	2.52	2.52	154
盘锦	Panjin	2.38	1.11	1.16	232
铁岭	Tieling	1.76	5.99	5.92	68
朝阳	Chaoyang	0.50	1.00	1.00	243
葫芦岛	Huludao	2.55	2.95	2.95	135
吉林	**Jilin**	**34.42**	**61.83**	**64.03**	
长春	Changchun	12.67	26.66	25.58	8
吉林	Jilin	3.96	13.42	13.42	21
四平	Siping	0.24	1.99	3.20	120
辽源	Liaoyuan	1.41	1.41	1.40	214
通化	Tonghua	1.30	1.51	1.52	205
白山	Baishan	0.53	0.36	0.71	261
松原	Songyuan	0.65	0.87	1.17	231
白城	Baicheng	1.26	0.55	0.61	265
黑龙江	**Heilongjiang**	**41.71**	**75.73**	**71.32**	
哈尔滨	Harbin	6.47	10.29	10.64	32
齐齐哈尔	Qiqihar	3.84	14.07	14.07	17
鸡西	Jixi	1.44	1.44	1.44	208
鹤岗	Hegang	1.01	1.24	1.37	216
双鸭山	Shuangyashan	0.60	1.19	1.19	228
大庆	Daqing	10.62	11.34	11.54	25
伊春	Yichun	3.00	6.22	6.22	65
佳木斯	Jiamusi	1.27	2.28	2.28	163
七台河	Qitaihe	1.20	8.42	8.60	44
牡丹江	Mudanjiang	1.59	1.83	1.86	187
黑河	Heihe	0.89	0.89	0.89	254
绥化	Suihua	2.71	2.45	0.45	276
上海	**Shanghai**		**117.88**	**130.28**	
江苏	**Jiangsu**	**97.84**	**159.75**	**150.74**	

注：本表2011年及以前年份数据统计口径为市政公用设施用地。

Note: The table data statistics caliber and before the year of 2011 green space area.

8-10 城市公用设施用地面积（辖区） 续表 1
Area of Land for Municipal Utilities (Districts under City) continued 1

单位：平方公里 (sq. km)

地名	City	2010	2012	2013	2013 排名 Ranking	地名	City	2010	2012	2013	2013 排名 Ranking
南京	Nanjing	22.84	20.85	23.34	10	池州	Chizhou	0.77	0.79	0.79	258
无锡	Wuxi	7.42	6.93	7.20	54	宣城	Xuancheng	0.80	0.51	0.53	269
徐州	Xuzhou	5.44	21.46	21.52	12	**福建**	**Fujian**	**32.07**	**49.41**	**51.31**	
常州	Changzhou	5.52	5.97	6.50	63	福州	Fuzhou	4.66	4.20	4.30	100
苏州	Suzhou	5.71	8.09	8.63	43	厦门	Xiamen	7.07	7.95	8.10	49
南通	Nantong	3.62	3.66	4.51	94	莆田	Putian	2.47	2.47	2.47	158
连云港	Lianyungang	3.08	3.08	3.08	130	三明	Sanming	0.89	1.18	1.18	230
淮安	Huaian	4.37	28.75	26.00	7	泉州	Quanzhou	3.50	8.00	10.00	35
盐城	Yancheng	4.30	4.26	1.39	215	漳州	Zhangzhou	1.97	3.64	3.64	111
扬州	Yangzhou	2.45	2.17	2.24	166	南平	Nanping	0.88	0.14	0.14	281
镇江	Zhenjiang	3.72	4.60	4.9	83	龙岩	Longyan	1.78	1.83	1.02	239
泰州	Taizhou	3.22	3.53	4.80	88	宁德	Ningde	0.26	0.30	0.30	279
宿迁	Suqian	1.17	0.47	0.69	262	**江西**	**Jiangxi**	**30.70**	**51.08**	**54.98**	
浙江	**Zhejiang**	**78.48**	**107.01**	**112.52**		南昌	Nanchang	3.96	4.66	4.87	85
杭州	Hangzhou	19.83	10.59	10.62	33	景德镇	Jingdezhen	3.07	6.71	6.79	61
宁波	Ningbo	6.12	13.40	13.81	18	萍乡	Pingxiang	2.30	4.70	5.32	74
温州	Wenzhou	8.16	8.16	8.43	46	九江	Jiujiang	2.51	2.81	2.85	136
嘉兴	Jiaxing	2.10	16.22	16.98	14	新余	Xinyu	2.30	9.01	9.30	39
湖州	Huzhou	4.70	2.13	2.02	176	鹰潭	Yingtan	0.55	2.60	2.65	145
绍兴	Shaoxing	1.38	1.59	8.73	42	赣州	Ganzhou	1.50	2.11	2.13	170
金华	Jinhua	1.77	1.81	1.87	186	吉安	Jian	1.83	2.48	2.62	150
衢州	Quzhou	1.76	1.80	1.86	187	宜春	Yichun	1.80	2.94	3.44	119
舟山	Zhoushan	1.06	1.60	1.68	198	抚州	Fuzhou	1.52	0.92	0.94	248
台州	Taizhou	4.46	16.52	16.62	15	上饶	Shangrao	1.12	0.16	1.16	232
丽水	Lishui	1.73	5.02	5.02	80	**山东**	**Shandong**	**121.76**	**180.15**	**172.51**	
安徽	**Anhui**	**43.12**	**76.18**	**66.51**		济南	Jinan	12.07	13.35	13.76	20
合肥	Hefei	6.22	6.80	7.06	57	青岛	Qingdao	8.37	17.34	6.24	64
芜湖	Wuhu	1.37	11.00	11.00	29	淄博	Zibo	5.72	5.53	5.68	69
蚌埠	Bengbu	2.93	9.73	10.04	34	枣庄	Zaozhuang	4.97	9.31	7.09	56
淮南	Huainan	6.40	5.40	4.45	95	东营	Dongying	5.27	8.17	8.27	48
马鞍山	Maanshan	6.25	13.05	2.56	153	烟台	Yantai	8.63	12.94	12.03	24
淮北	Huaibei	0.53	1.50	1.52	205	潍坊	Weifang	4.80	22.48	23.22	11
铜陵	Tongling	2.35	2.61	3.46	117	济宁	Jining	3.25	8.72	12.16	23
安庆	Anqing	2.27	8.36	8.50	45	泰安	Taian	0.90	0.95	1.02	239
黄山	Huangshan	1.38	0.65	0.26	280	威海	Weihai	3.52	1.54	1.84	190
滁州	Chuzhou	1.81	2.63	2.75	140	日照	Rizhao	3.60	4.21	4.27	101
阜阳	Fuyang	1.24	1.37	1.54	204	莱芜	Laiwu	3.02	4.73	1.14	234
宿州	Suzhou	1.84	1.84	1.85	189	临沂	Linyi	4.91	12.73	12.86	22
六安	Liuan	1.13	1.96	2.11	171	德州	Dezhou	2.85	2.52	1.89	184
亳州	Bozhou	1.66	2.10	2.10	172	聊城	Liaocheng	3.34	0.59	0.63	263

8-10 城市公用设施用地面积（辖区） 续表 2
Area of Land for Municipal Utilities (Districts under City) continued 2

单位：平方公里 (sq. km)

地名	City	2010	2012	2013	2013 排名 Ranking
滨州	Binzhou	1.90	2.62	2.76	138
菏泽	Heze	0.90	1.15	1.25	224
河南	**Henan**	**68.42**	**98.11**	**90.25**	
郑州	Zhengzhou	13.25	13.56	13.81	18
开封	Kaifeng	2.25	2.57	2.61	151
洛阳	Luoyang	3.99	3.58	3.88	107
平顶山	Pingdingshan	1.35	1.35	1.35	218
安阳	Anyang	2.58	2.80	2.85	136
鹤壁	Hebi	1.65	1.65	1.96	181
新乡	Xinxiang	2.38	2.65	2.65	145
焦作	Jiaozuo	3.45	2.64	1.58	202
濮阳	Puyang	2.30	2.00	2.00	177
许昌	Xuchang	5.36	7.00	7.00	59
漯河	Luohe	2.03	7.50	7.43	52
三门峡	Sanmenxia	0.78	0.90	0.90	253
南阳	Nanyang	4.90	5.00	5.00	81
商丘	Shangqiu	2.27	2.97	2.97	134
信阳	Xinyang	1.35	10.67	0.73	259
周口	Zhoukou	2.80	3.10	3.15	125
驻马店	Zhumadian	1.25	4.48	5.44	71
湖北	**Hubei**	**72.89**	**104.77**	**105.16**	
武汉	Wuhan	24.44	27.80	26.57	6
黄石	Huangshi	3.31	3.46	3.46	117
十堰	Shiyan	2.56	2.64	2.68	144
宜昌	Yichang	3.30	5.93	6.08	67
襄阳	Xiangfan	2.25	3.47	3.47	116
鄂州	Ezhou	2.59	2.84	3.17	122
荆门	Jingmen	1.58	4.30	4.35	97
孝感	Xiaogan	1.14	5.27	5.27	77
荆州	Jingzhou	1.23	4.30	1.25	224
黄冈	Huanggang	1.67	3.90	3.90	106
咸宁	Xianning	2.05		0.09	282
随州	Suizhou	1.23	1.23	1.23	226
湖南	**Hunan**	**60.44**	**127.25**	**88.60**	
长沙	Changsha	6.45	41.57	4.11	104
株洲	Zhuzhou	2.57	1.84	2.03	175
湘潭	Xiangtan	3.16	4.07	1.44	208
衡阳	Hengyang	3.60	2.94	3.08	130
邵阳	Shaoyang	2.82	2.93	3.10	128
岳阳	Yueyang	2.20	11.20	11.20	27
常德	Changde	3.33	3.33	3.51	112
张家界	Zhangjiajie	0.27	4.96	5.16	79
益阳	Yiyang	1.60	16.00	16.00	16
郴州	Chenzhou	9.70	1.05	1.05	236
永州	Yongzhou	7.60	7.95	8.00	50
怀化	Huaihua	1.50	7.32	7.38	53
娄底	Loudi	1.02	6.43	5.44	71
广东	**Guangdong**	**184.28**	**128.41**	**156.00**	
广州	Guangzhou	71.61	6.23	36.57	4
韶关	Shaoguan	0.93	1.43	4.13	103
深圳	Shenzhen	17.94			
珠海	Zhuhai	8.83	10.95	7.97	51
汕头	Shantou	6.35	7.34	8.28	47
佛山	Foshan	2.56	1.70	2.64	149
江门	Jiangmen	3.41	5.51	4.86	86
湛江	Zhanjiang	1.47	11.49	11.49	26
茂名	Maoming	1.63	7.05	7.05	58
肇庆	Zhaoqing	4.34	5.10	0.81	257
惠州	Huizhou	5.90	6.50	7.13	55
梅州	Meizhou	1.00	0.48	0.48	275
汕尾	Shanwei	1.90	1.37	0.61	265
河源	Heyuan	1.82	2.87	3.17	122
阳江	Yangjiang	1.20	0.84	0.93	249
清远	Qingyuan	0.92	0.53	1.44	208
东莞	Dongguan	21.51	27.15	25.45	9
中山	ZhongShan	5.28	2.23	2.25	165
潮州	Chaozhou	0.52	0.58	0.58	268
揭阳	Jieyang			1.10	235
云浮	Yunfu		2.10	2.10	172
广西	**Guangxi**	**35.24**	**48.69**	**47.27**	
南宁	Nanning	5.51	6.29	8.97	40
柳州	Liuzhou	9.81	3.64	3.77	108
桂林	Guilin	1.33	4.82	4.90	83
梧州	Wuzhou	0.84	2.00	2.36	160
北海	Beihai	1.00	8.00	2.50	157
防城港	Fangchenggang	0.95	0.97	1.01	241
钦州	Qinzhou	1.76	1.77	1.77	193
贵港	Guigang	2.14	2.27	2.34	162
玉林	Yulin	1.73	2.22	2.27	164
百色	Baise	2.72	0.95	0.97	247

8-10 城市公用设施用地面积（辖区） 续表 3
Area of Land for Municipal Utilities (Districts under City) continued 3

单位：平方公里 (sq. km)

地名	City	2010	2012	2013	2013 排名 Ranking	地名	City	2010	2012	2013	2013 排名 Ranking
贺州	Hezhou	1.88	3.76	3.76	109	丽江	Lijiang	1.00	1.50	1.58	202
河池	Hechi	0.16	2.23	2.35	161	普洱	Puer	0.45	0.45	0.50	271
来宾	Laibin	2.00	5.12	5.32	74	临沧	Lincang	1.12	0.56	0.51	270
崇左	Chongzuo	1.26	1.40	1.41	213	**西藏**	**Tibet**	**3.96**	**11.91**	**7.91**	
海南	**Hainan**	**6.22**	**11.84**	**13.52**		拉萨	Lhasa	2.56	10.21	6.21	66
海口	Haikou	1.24	2.11	2.47	158	**陕西**	**Shaanxi**	**21.27**	**35.18**	**33.73**	
三亚	Sanya	0.53	0.06	0.98	246	西安	Xi'an	4.97	12.10	10.00	35
重庆	**Chongqing**	**23.85**	**25.27**	**25.64**		铜川	Tongchuan	1.82	1.82	1.82	191
四川	**Sichuan**	**47.06**	**135.01**	**137.80**		宝鸡	Baoji	4.14	3.69	3.69	110
成都	Chengdu	9.58	81.53	82.58	1	咸阳	Xianyang	3.16	3.16	3.16	124
自贡	Zigong	1.83	2.11	2.21	167	渭南	Weinan	0.91	0.81	0.87	255
攀枝花	Panzhihua	2.02	3.44	3.51	112	延安	Yan'an	0.71	0.71	0.91	250
泸州	Luzhou	1.51	1.65	2.14	168	汉中	Hanzhong	0.79	2.00	2.00	177
德阳	Deyang	0.83	1.95	1.04	238	榆林	Yulin	1.50	4.72	4.72	90
绵阳	Mianyang	2.32	2.42	2.52	154	安康	Ankang	1.70	4.35	4.36	96
广元	Guangyuan	1.79	2.30	2.65	145	商洛	Shangluo	0.13	0.13	0.50	271
遂宁	Suining	0.53	1.08	1.37	216	**甘肃**	**Gansu**	**23.25**	**26.79**	**31.51**	
内江	Neijiang	1.71	1.04	1.34	219	兰州	Lanzhou	8.74	5.34	5.34	73
乐山	Leshan	3.65	4.00	1.33	220	嘉峪关	Jiayuguan	1.33	0.60	0.60	267
南充	Nanchong	2.25	3.80	4.53	93	金昌	Jinchang	0.83	1.43	1.43	212
眉山	Meishan	2.90	3.10	3.10	128	白银	Baiyin	2.47	2.64	2.65	145
宜宾	Yibin	2.35	1.22	1.26	223	天水	Tianshui	0.28	4.17	4.17	102
广安	Guangan	1.65	2.10	2.75	140	武威	Wuwei	0.26		0.50	271
达州	Dazhou	1.15	1.74	2.51	156	张掖	Zhangye	0.28	3.50	3.50	114
雅安	Yaan	0.67	1.01	1.05	236	平凉	Pingliang	0.63	0.72	0.72	260
巴中	Bazhong	0.68	3.00	4.00	105	酒泉	Jiuquan	1.10	1.00	1.00	243
资阳	Ziyang	0.72	0.96	1.01	241	庆阳	Qingyang	0.74	0.78	5.29	76
贵州	**Guizhou**	**13.38**	**25.81**	**29.52**		定西	Dingxi	0.64	0.01	0.01	283
贵阳	Guiyang	5.13	2.74	5.27	77	陇南	Longnan	0.50	0.50	0.50	271
六盘水	Liupanshui	1.87	3.00	3.20	120	**青海**	**Qinghai**	**11.80**	**9.22**	**5.24**	
遵义	Zunyi	1.20	9.80	9.89	37	西宁	Xining	10.49	2.48	3.11	127
安顺	Anshun	1.03	1.63	1.72	195	**宁夏**	**Ningxia**	**14.02**	**15.96**	**16.70**	
毕节	Bijie	1.10	1.50	1.50	207	银川	Yinchuan	5.17	8.61	8.74	41
铜仁	Tongren	0.45	1.20	1.70	196	石嘴山	Shizuishan	3.96	0.91	0.91	250
云南	**Yunnan**	**58.51**	**61.06**	**30.86**		吴忠	Wuzhong	1.25	1.32	1.81	192
昆明	Kunming	41.76	42.83	6.89	60	固原	Guyuan	1.20	1.86	1.90	183
曲靖	Qujing	1.15	0.01	3.50	114	中卫	Zhongwei	1.57	1.98	2.05	174
玉溪	Yuxi	0.80		1.30	221	**新疆**	**Xinjiang**	**41.98**	**60.02**	**66.80**	
保山	Baoshan	0.89	0.40	0.40	278	乌鲁木齐	Urumqi	21.78	18.57	19.72	13
昭通	Zhaotong	1.53	0.60	0.63	263	克拉玛依	Karamay	3.24	2.55	3.00	133

8-11 城市绿地与广场用地面积（辖区）

Area of Land for Green Space and Square (Districts under City)

单位：平方公里　　　　(sq. km)

地名	City	2010	2012	2013	2013 排名 Ranking
全国	**National Total**	**4060.23**	**4771.19**	**5063.01**	
北京	**Beijing**		**146.50**		
天津	**Tianjin**	**77.01**	**82.60**	**83.16**	
河北	**Hebei**	**154.85**	**197.51**	**200.37**	
石家庄	Shijiazhuang	27.74	38.88	39.07	16
唐山	Tangshan	14.09	31.71	31.71	28
秦皇岛	Qinhuangdao	7.37	6.90	7.11	163
邯郸	Handan	8.70	7.86	7.86	147
邢台	Xingtai	2.25	7.30	7.54	156
保定	Baoding	9.33	10.92	11.32	92
张家口	Zhangjiakou	9.24	9.80	9.80	114
承德	Chengde	7.51	8.48	8.73	126
沧州	Cangzhou	3.37	3.37	3.46	237
廊坊	Langfang	12.11	12.53	12.53	82
衡水	Hengshui	10.19	12.35	12.35	83
山西	**Shanxi**	**87.01**	**98.51**	**100.46**	
太原	Taiyuan	24.00	30.00	30.00	33
大同	Datong	7.60	12.85	13.00	77
阳泉	Yangquan	3.49	3.79	4.03	226
长治	Changzhi	1.24	1.24	1.24	274
晋城	Jincheng	6.68		0.10	282
朔州	Shuozhou	7.46	9.90	9.98	113
晋中	Jinzhong	1.32	1.32	1.32	272
运城	Yuncheng	3.07	3.47	3.58	236
忻州	Xinzhou	1.61	1.61	1.61	266
临汾	Linfen	2.71	10.32	10.32	107
吕梁	Luliang	0.34	0.52	0.69	278
内蒙古	**Inner Mongolia**	**139.55**	**149.87**	**157.73**	
呼和浩特	Hohhot	26.57	14.51	19.85	53
包头	Baotou	19.93	23.65	23.65	42
乌海	Wuhai	2.75	2.75	5.38	191
赤峰	Chifeng	9.50	9.75	10.35	106
通辽	Tongliao	5.57	8.05	8.05	140
鄂尔多斯	Erdos	26.22	38.02	38.02	20
呼伦贝尔	Hulunbuir	11.91	11.92	7.34	160
巴彦淖尔	Bayannur	2.00	12.90	13.20	76
乌兰察布	Ulanqab	0.80	1.80	11.44	90
辽宁	**Liaoning**	**214.21**	**230.26**	**259.94**	
沈阳	Shenyang	58.00	69.00	69.00	5
大连	Dalian	38.30	35.95	37.85	21
鞍山	Anshan	17.48	17.95	17.95	61
抚顺	Fushun	21.60	21.78	21.87	47
本溪	Benxi	4.41	6.45	6.45	179
丹东	Dandong	5.96	4.08	4.08	224
锦州	Jinzhou	3.10	3.10	7.18	162
营口	Yingkou	4.42	4.92	4.92	204
阜新	Fuxin	8.20	3.91	21.18	49
辽阳	Liaoyang	3.85	4.59	4.59	211
盘锦	Panjin	5.94	3.56	3.76	231
铁岭	Tieling	4.59	4.93	5.25	196
朝阳	Chaoyang	4.50	10.00	13.00	77
葫芦岛	Huludao	9.40	10.55	10.55	103
吉林	**Jilin**	**100.59**	**97.12**	**99.92**	
长春	Changchun	28.37	31.45	31.79	27
吉林	Jilin	11.46	8.52	8.80	125
四平	Siping	3.03	4.80	4.27	216
辽源	Liaoyuan	1.61	1.61	1.60	268
通化	Tonghua	3.59	4.17	4.21	220
白山	Baishan	4.22	4.73	5.37	192
松原	Songyuan	8.44	10.40	10.65	100
白城	Baicheng	3.02	0.81	0.95	277
黑龙江	**Heilongjiang**	**183.54**	**195.38**	**173.42**	
哈尔滨	Harbin	33.77	38.47	39.34	15
齐齐哈尔	Qiqihar	8.46	8.17	8.17	136
鸡西	Jixi	2.24	4.24	4.24	218
鹤岗	Hegang	4.75	5.21	5.36	193
双鸭山	Shuangyashan	2.10	2.30	2.10	259
大庆	Daqing	15.63	15.95	21.88	46
伊春	Yichun	34.65	41.76	41.76	14
佳木斯	Jiamusi	35.37	35.37	3.78	230
七台河	Qitaihe	4.78	4.81	4.81	206
牡丹江	Mudanjiang	7.49	7.98	8.13	138
黑河	Heihe	4.41	2.91	2.91	249
绥化	Suihua	2.75	1.26	1.26	273
上海	**Shanghai**		**187.85**	**189.61**	
江苏	**Jiangsu**	**344.83**	**439.48**	**451.17**	

注：本表2011年及以前年份数据统计口径为绿地面积。

Note: The table data statistics caliber and before the year of 2011 green space area.

8-11 城市绿地与广场用地面积（辖区） 续表 1
Area of Land for Green Space and Square (Districts under City) continued 1

单位：平方公里 (sq. km)

地名	City	2010	2012	2013	2013 排名 Ranking	地名	City	2010	2012	2013	2013 排名 Ranking
南京	Nanjing	65.43	76.32	83.13	2	池州	Chizhou	1.92	3.38	3.38	240
无锡	Wuxi	16.20	26.85	28.70	34	宣城	Xuancheng	4.40	2.03	2.10	259
徐州	Xuzhou	14.38	58.40	58.44	6	**福建**	**Fujian**	**105.95**	**116.98**	**124.76**	
常州	Changzhou	22.84	29.09	30.26	32	福州	Fuzhou	22.01	17.52	18.60	56
苏州	Suzhou	42.60	52.15	52.67	7	厦门	Xiamen	26.94	27.89	30.52	30
南通	Nantong	8.26	6.69	9.57	115	莆田	Putian	5.46	5.46	5.46	189
连云港	Lianyungang	3.14	4.11	4.10	223	三明	Sanming	0.70	0.61	0.61	279
淮安	Huaian	29.05	36.33	35.00	25	泉州	Quanzhou	12.10	17.00	18.00	59
盐城	Yancheng	6.60	5.00	3.13	246	漳州	Zhangzhou	0.83	2.49	3.24	242
扬州	Yangzhou	4.44	12.11	12.29	84	南平	Nanping	2.07	4.53	4.53	213
镇江	Zhenjiang	4.32	14.40	15.40	67	龙岩	Longyan	7.44	8.03	8.05	140
泰州	Taizhou	4.29	4.29	6.91	169	宁德	Ningde	1.70	3.66	3.66	234
宿迁	Suqian	10.15	7.67	8.32	132	**江西**	**Jiangxi**	**106.18**	**125.32**	**131.14**	
浙江	**Zhejiang**	**239.24**	**221.33**	**250.17**		南昌	Nanchang	22.52	23.66	24.70	39
杭州	Hangzhou	61.35	42.96	45.54	11	景德镇	Jingdezhen	5.76	6.10	6.11	184
宁波	Ningbo	14.79	17.17	17.97	60	萍乡	Pingxiang	6.10	6.20	7.06	164
温州	Wenzhou	21.68	24.85	24.85	38	九江	Jiujiang	7.87	11.72	12.11	85
嘉兴	Jiaxing	8.47	10.05	10.65	100	新余	Xinyu	3.10	6.35	6.37	181
湖州	Huzhou	19.53	11.19	12.87	80	鹰潭	Yingtan	8.35	6.50	6.85	172
绍兴	Shaoxing	5.27	9.76	31.02	29	赣州	Ganzhou	8.29	10.10	10.10	111
金华	Jinhua	4.28	4.88	5.04	199	吉安	Jian	2.96	4.50	4.77	208
衢州	Quzhou	4.40	5.32	5.81	188	宜春	Yichun	9.00	11.00	11.50	89
舟山	Zhoushan	6.23	7.70	7.94	146	抚州	Fuzhou	8.48	6.45	7.49	157
台州	Taizhou	15.83	18.08	18.09	58	上饶	Shangrao	5.13	8.12	8.16	137
丽水	Lishui	3.86	4.12	4.12	222	**山东**	**Shandong**	**389.32**	**434.42**	**445.33**	
安徽	**Anhui**	**179.74**	**207.46**	**213.99**		济南	Jinan	35.06	35.58	36.23	24
合肥	Hefei	48.28	49.42	51.38	8	青岛	Qingdao	18.22	26.85	14.53	69
芜湖	Wuhu	37.61	49.00	49.00	9	淄博	Zibo	13.71	17.67	17.71	62
蚌埠	Bengbu	7.96	8.64	8.66	128	枣庄	Zaozhuang	11.87	20.97	20.21	50
淮南	Huainan	9.00	9.60	11.20	93	东营	Dongying	8.89	10.65	10.65	100
马鞍山	Maanshan	5.09	11.99	10.23	110	烟台	Yantai	28.30	29.82	38.78	17
淮北	Huaibei	8.59	8.80	8.82	124	潍坊	Weifang	8.02	14.49	17.22	63
铜陵	Tongling	3.70	4.16	6.62	176	济宁	Jining	3.02	10.83	21.97	45
安庆	Anqing	6.15	6.22	6.22	182	泰安	Taian	7.20	7.33	7.84	148
黄山	Huangshan	5.17	5.15	6.51	178	威海	Weihai	15.69	6.22	6.38	180
滁州	Chuzhou	5.54	7.71	7.71	152	日照	Rizhao	12.58	13.10	13.28	75
阜阳	Fuyang	4.59	4.82	4.85	205	莱芜	Laiwu	11.94	9.08	14.83	68
宿州	Suzhou	5.92	5.92	6.00	187	临沂	Linyi	28.05	29.94	30.49	31
六安	Liuan	9.75	11.16	11.36	91	德州	Dezhou	5.81	10.50	13.34	74
亳州	Bozhou	1.19	3.21	3.26	241	聊城	Liaocheng	7.34	5.31	5.31	195

8-11 城市绿地与广场用地面积（辖区） 续表 2

Area of Land for Green Space and Square (Districts under City) continued 2

单位：平方公里 (sq. km)

地名	City	2010	2012	2013	2013 排名 Ranking	地名	City	2010	2012	2013	2013 排名 Ranking
滨州	Binzhou	11.71	15.78	16.16	66	常德	Changde	4.10	4.10	4.30	215
菏泽	Heze	6.80	7.52	7.72	149	张家界	Zhangjiajie	0.75	1.81	1.81	264
河南	**Henan**	**250.70**	**297.87**	**309.56**		益阳	Yiyang	2.04	5.40	5.40	190
郑州	Zhengzhou	64.12	69.23	71.01	4	郴州	Chenzhou	19.70	11.75	13.41	72
开封	Kaifeng	6.73	6.99	7.05	165	永州	Yongzhou	6.76	7.38	7.72	149
洛阳	Luoyang	14.81	18.55	19.05	55	怀化	Huaihua	6.00	7.89	8.01	142
平顶山	Pingdingshan	4.52	4.52	4.72	209	娄底	Loudi	3.38	4.22	4.22	219
安阳	Anyang	7.03	7.36	7.44	158	**广东**	**Guangdong**	**420.15**	**394.90**	**370.36**	
鹤壁	Hebi	1.83	9.54	9.54	116	广州	Guangzhou	26.78	25.78	26.79	36
新乡	Xinxiang	8.34	10.36	10.36	105	韶关	Shaoguan	6.81	7.30	8.00	143
焦作	Jiaozuo	8.75	8.95	8.69	127	深圳	Shenzhen	54.75			#N/A
濮阳	Puyang	6.00	8.20	9.40	118	珠海	Zhuhai	15.77	47.68	12.87	80
许昌	Xuchang	11.72	11.00	11.00	94	汕头	Shantou	11.45	10.49	10.68	99
漯河	Luohe	12.30	13.54	14.31	70	佛山	Foshan	22.98	19.17	16.71	64
三门峡	Sanmenxia	5.51	6.06	6.11	184	江门	Jiangmen	13.64	17.41	16.47	65
南阳	Nanyang	6.51	7.70	7.71	152	湛江	Zhanjiang	8.38	1.47	1.48	270
商丘	Shangqiu	17.49	26.60	28.13	35	茂名	Maoming	11.20	21.52	22.52	44
信阳	Xinyang	3.04	4.01	6.56	177	肇庆	Zhaoqing	12.02	11.07	6.16	183
周口	Zhoukou	4.90	6.00	6.05	186	惠州	Huizhou	11.65	18.49	21.34	48
驻马店	Zhumadian	0.75	2.20	2.34	254	梅州	Meizhou	16.38	9.07	9.08	122
湖北	**Hubei**	**164.27**	**185.58**	**177.29**		汕尾	Shanwei	8.60	6.73	1.06	276
武汉	Wuhan	48.91	52.70	46.80	10	河源	Heyuan	3.27	3.51	3.66	234
黄石	Huangshi	7.98	7.98	7.98	145	阳江	Yangjiang	17.93	9.78	10.79	97
十堰	Shiyan	4.26	5.11	5.11	197	清远	Qingyuan	4.94	2.20	10.24	109
宜昌	Yichang	9.19	9.20	9.20	121	东莞	Dongguan	84.22	87.78	91.30	1
襄阳	Xiangfan	3.82	3.98	4.06	225	中山	ZhongShan	7.13	10.36	10.50	104
鄂州	Ezhou	8.24	11.58	12.07	87	潮州	Chaozhou	10.19	10.84	10.84	96
荆门	Jingmen	8.19	8.56	8.65	129	揭阳	Jieyang			1.60	268
孝感	Xiaogan	3.20	3.20	3.20	244	云浮	Yunfu		2.56	1.80	265
荆州	Jingzhou	6.89	6.89	6.89	171	**广西**	**Guangxi**	**91.99**	**112.33**	**121.01**	
黄冈	Huanggang	2.49	2.61	2.61	252	南宁	Nanning	30.49	34.89	41.90	13
咸宁	Xianning	4.79	4.94	4.95	202	柳州	Liuzhou	7.40	18.69	19.26	54
随州	Suizhou	3.08	3.08	3.08	247	桂林	Guilin	11.00	11.96	12.10	86
湖南	**Hunan**	**125.65**	**134.60**	**151.42**		梧州	Wuzhou	0.47	0.47	0.49	280
长沙	Changsha	22.32	22.37	31.89	26	北海	Beihai	7.00	8.00	8.00	143
株洲	Zhuzhou	5.98	7.96	8.25	135	防城港	Fangchenggang	8.07	2.21	2.32	255
湘潭	Xiangtan	3.92	4.33	4.27	216	钦州	Qinzhou	3.71	7.07	6.96	167
衡阳	Hengyang	4.01	8.18	10.28	108	贵港	Guigang	2.47	2.47	2.65	251
邵阳	Shaoyang	8.90	9.28	9.31	119	玉林	Yulin	3.59	4.47	4.55	212
岳阳	Yueyang	10.60	11.70	12.00	88	百色	Baise	1.74	2.10	2.11	258

8-11 城市绿地与广场用地面积（辖区） 续表 3
Area of Land for Green Space and Square (Districts under City) continued 3

单位：平方公里 (sq. km)

地名	City	2010	2012	2013	2013 排名 Ranking	地名	City	2010	2012	2013	2013 排名 Ranking
贺州	Hezhou	2.02	0.04	0.05	283	丽江	Lijiang	6.80	4.00	4.02	227
河池	Hechi	1.74	1.77	1.83	263	普洱	Puer	1.14	2.50	2.55	253
来宾	Laibin	2.72	3.57	3.67	233	临沧	Lincang	1.66	5.63	1.37	271
崇左	Chongzuo	1.12	1.58	1.61	266	**西藏**	**Tibet**	**4.12**	**15.92**	**12.92**	
海南	**Hainan**	**42.22**	**42.56**	**48.69**		拉萨	Lhasa	3.22	13.72	10.72	98
海口	Haikou	7.34	5.69	6.65	175	**陕西**	**Shaanxi**	**58.83**	**99.41**	**177.81**	
三亚	Sanya	18.75	18.43	23.80	41	西安	Xi'an	13.95	15.30	73.00	3
重庆	**Chongqing**	**71.50**	**83.40**	**91.37**		铜川	Tongchuan	2.44	3.10	12.88	79
四川	**Sichuan**	**145.27**	**191.55**	**214.82**		宝鸡	Baoji	10.23	23.56	22.74	43
成都	Chengdu	29.49	36.36	38.42	19	咸阳	Xianyang	10.41	13.21	14.21	71
自贡	Zigong	10.76	16.67	18.17	57	渭南	Weinan	4.36	6.98	9.50	117
攀枝花	Panzhihua	6.68	6.43	7.00	166	延安	Yan'an	3.12	3.12	7.72	149
泸州	Luzhou	16.83	23.09	25.30	37	汉中	Hanzhong	2.83	6.70	7.55	155
德阳	Deyang	2.71	3.08	4.14	221	榆林	Yulin	1.60	10.45	10.91	95
绵阳	Mianyang	6.58	6.86	6.91	169	安康	Ankang	2.60	3.28	3.40	239
广元	Guangyuan	1.50	6.34	6.94	168	商洛	Shangluo	3.95	4.00	4.00	228
遂宁	Suining	4.78	7.31	7.40	159	**甘肃**	**Gansu**	**100.03**	**107.81**	**111.84**	
内江	Neijiang	2.39	2.43	3.14	245	兰州	Lanzhou	35.71	35.99	36.26	23
乐山	Leshan	4.72	5.07	8.10	139	嘉峪关	Jiayuguan	13.30	22.62	24.64	40
南充	Nanchong	4.50	7.00	7.34	160	金昌	Jinchang	6.54	4.37	4.37	214
眉山	Meishan	1.60	1.70	1.90	262	白银	Baiyin	7.29	3.70	3.70	232
宜宾	Yibin	8.52	6.90	8.32	132	天水	Tianshui	4.53	4.79	4.79	207
广安	Guangan	4.04	3.78	4.94	203	武威	Wuwei	0.33	1.20	1.20	275
达州	Dazhou	4.60	7.70	9.27	120	张掖	Zhangye	7.61	4.60	4.67	210
雅安	Yaan	1.22	1.99	1.99	261	平凉	Pingliang	3.01	3.03	3.03	248
巴中	Bazhong	4.64	7.00	10.00	112	酒泉	Jiuquan	5.70	13.00	13.40	73
资阳	Ziyang	5.76	6.86	8.31	134	庆阳	Qingyang	0.85	1.02	2.14	257
贵州	**Guizhou**	**82.86**	**82.05**	**99.47**		定西	Dingxi	7.12	2.70	2.80	250
贵阳	Guiyang	26.54	21.65	36.58	22	陇南	Longnan	0.14	0.14	0.14	281
六盘水	Liupanshui	9.75	2.00	2.30	256	**青海**	**Qinghai**	**5.19**	**8.29**	**14.38**	
遵义	Zunyi	20.69	19.77	19.91	52	西宁	Xining	1.79	4.89	5.02	200
安顺	Anshun	2.44	4.82	5.09	198	**宁夏**	**Ningxia**	**30.60**	**43.47**	**49.36**	
毕节	Bijie	4.50	5.00	5.00	201	银川	Yinchuan	12.26	15.49	19.95	51
铜仁	Tongren	9.00	2.90	3.90	229	石嘴山	Shizuishan	0.60	3.23	3.23	243
云南	**Yunnan**	**56.26**	**84.94**	**113.35**		吴忠	Wuzhong	3.60	7.60	7.69	154
昆明	Kunming	11.16	31.12	45.25	12	固原	Guyuan	5.12	5.90	6.80	173
曲靖	Qujing	2.50		8.55	131	中卫	Zhongwei	5.20	5.16	5.35	194
玉溪	Yuxi	1.80		8.63	130	**新疆**	**Xinjiang**	**88.57**	**102.42**	**118.19**	
保山	Baoshan	1.51	6.69	6.69	174	乌鲁木齐	Urumqi	32.26	36.26	38.50	18
昭通	Zhaotong	0.52	3.20	3.42	238	克拉玛依	Karamay	5.28	7.12	8.90	123

8-12 城市本年征用土地面积（辖区）
Area of Land Requisition This Year (Districts under City)

单位：平方公里 (sq. km)

地名	City	2010	2012	2013	2013 排名 Ranking
全国	**National Total**	**1641.57**	**2161.48**	**1831.57**	
北京	**Beijing**	**46.48**	**42.16**	**34.91**	
天津	**Tianjin**	**43.96**	**55.70**	**41.13**	
河北	**Hebei**	**37.08**	**19.72**	**28.94**	
石家庄	Shijiazhuang	2.38			
唐山	Tangshan	2.45			
秦皇岛	Qinhuangdao	4.37	6.19	7.08	52
邯郸	Handan				
邢台	Xingtai	0.13			
保定	Baoding	1.45	3.38	4.59	71
张家口	Zhangjiakou				
承德	Chengde			1.27	148
沧州	Cangzhou	2.15	1.00	2.23	117
廊坊	Langfang	2.14	1.34	1.72	133
衡水	Hengshui	1.26	0.75	1.12	155
山西	**Shanxi**	**16.61**	**26.75**	**25.85**	
太原	Taiyuan	8.69	10.50	11.00	35
大同	Datong				
阳泉	Yangquan	0.10	0.42	0.80	166
长治	Changzhi	2.57	1.73		
晋城	Jincheng				
朔州	Shuozhou	0.50	0.78	0.60	170
晋中	Jinzhong	0.91	2.09	2.52	111
运城	Yuncheng				
忻州	Xinzhou		1.90		
临汾	Linfen		2.10	2.15	119
吕梁	Luliang	2.05	1.09	2.84	97
内蒙古	**Inner Mongolia**	**14.12**	**17.94**	**16.55**	
呼和浩特	Hohhot			1.75	131
包头	Baotou				
乌海	Wuhai		1.92	0.25	184
赤峰	Chifeng	4.77			
通辽	Tongliao		3.40	3.40	91
鄂尔多斯	Erdos				
呼伦贝尔	Hulunbuir	0.97			
巴彦淖尔	Bayannur				
乌兰察布	Ulanqab			4.81	68
辽宁	**Liaoning**	**128.20**	**194.81**	**105.36**	
沈阳	Shenyang	38.90	66.20	30.86	4
大连	Dalian	28.12	40.58	30.50	6
鞍山	Anshan	9.11	8.40	2.84	97
抚顺	Fushun	4.05	2.46	3.70	87
本溪	Benxi	5.11	8.59	8.59	46
丹东	Dandong	4.50	13.35	6.75	56
锦州	Jinzhou	1.56	0.15	1.07	157
营口	Yingkou	1.59			
阜新	Fuxin	14.00	13.25		
辽阳	Liaoyang	9.79	11.17	6.90	55
盘锦	Panjin	1.80	1.00	1.42	142
铁岭	Tieling	0.42	0.50	0.50	174
朝阳	Chaoyang				
葫芦岛	Huludao		12.33		
吉林	**Jilin**	**59.00**	**55.99**	**40.26**	
长春	Changchun	44.33	27.90	24.79	10
吉林	Jilin	5.19			
四平	Siping		5.96	2.03	123
辽源	Liaoyuan				
通化	Tonghua	0.60	1.11	0.37	180
白山	Baishan	0.37	0.42		
松原	Songyuan	1.14	2.20	3.65	88
白城	Baicheng	0.65	2.44	2.78	101
黑龙江	**Heilongjiang**	**28.30**	**39.65**	**19.87**	
哈尔滨	Harbin	13.90	15.88	7.52	50
齐齐哈尔	Qiqihar		3.60	0.70	169
鸡西	Jixi		2.46	1.75	131
鹤岗	Hegang	0.66	0.26		
双鸭山	Shuangyashan		0.80	0.80	166
大庆	Daqing	6.66	7.83	0.53	173
伊春	Yichun		0.01		
佳木斯	Jiamusi				
七台河	Qitaihe		1.19	1.57	137
牡丹江	Mudanjiang	2.63	2.97	2.70	104
黑河	Heihe				
绥化	Suihua		0.30	1.30	145
上海	**Shanghai**		**42.04**	**35.51**	
江苏	**Jiangsu**	**195.45**	**245.90**	**175.17**	

8-12 城市本年征用土地面积（辖区） 续表 1

Area of Land Requisition This Year (Districts under City) continued 1

单位：平方公里 (sq. km)

地名	City	2010	2012	2013	2013 排名 Ranking
南京	Nanjing	35.96	53.16	27.57	8
无锡	Wuxi	24.25	23.73	24.67	11
徐州	Xuzhou	1.73		1.45	141
常州	Changzhou	18.67	29.91	20.28	15
苏州	Suzhou		1.34	6.68	58
南通	Nantong	8.25	6.43	3.78	84
连云港	Lianyungang	12.67	11.05	2.62	107
淮安	Huaian	11.59	19.44	18.00	20
盐城	Yancheng	6.53	7.97	3.25	93
扬州	Yangzhou	3.40	5.58	5.53	64
镇江	Zhenjiang	10.99	7.61	7.05	53
泰州	Taizhou	8.79		0.78	168
宿迁	Suqian	7.00	12.70	3.32	92
浙江	**Zhejiang**	**107.36**	**115.24**	**140.47**	
杭州	Hangzhou	27.68	12.53	20.52	14
宁波	Ningbo	4.93	15.68	3.41	90
温州	Wenzhou	5.54	6.22	7.97	48
嘉兴	Jiaxing	7.89	2.75	2.91	96
湖州	Huzhou	2.20	2.20	2.34	115
绍兴	Shaoxing	1.16	2.42	8.85	45
金华	Jinhua	3.24	1.76	16.45	21
衢州	Quzhou	4.79	8.79	16.07	22
舟山	Zhoushan	6.52	4.38	2.82	99
台州	Taizhou	5.78	7.66	4.29	76
丽水	Lishui	2.76	1.01	1.80	129
安徽	**Anhui**	**109.30**	**128.62**	**137.36**	
合肥	Hefei	17.96	10.81	13.40	28
芜湖	Wuhu	11.02	11.77	14.50	24
蚌埠	Bengbu	5.00	5.22	8.91	44
淮南	Huainan	12.05	10.40	10.47	38
马鞍山	Maanshan	5.53	25.02		
淮北	Huaibei	4.52	5.10	5.98	61
铜陵	Tongling	3.40	3.50	13.60	27
安庆	Anqing	5.20	4.45	4.46	74
黄山	Huangshan	1.27	1.61	1.55	138
滁州	Chuzhou	16.01	12.83	18.13	19
阜阳	Fuyang	3.96	4.21	12.67	34
宿州	Suzhou	3.08	4.90	2.60	108
六安	Liuan	3.66	2.03	4.26	77
亳州	Bozhou	8.18	5.22	4.35	75

地名	City	2010	2012	2013	2013 排名 Ranking
池州	Chizhou		3.55	4.06	78
宣城	Xuancheng	2.50	4.30	5.11	66
福建	**Fujian**	**23.79**	**72.49**	**86.86**	
福州	Fuzhou		13.28	13.28	29
厦门	Xiamen		12.12	19.11	17
莆田	Putian	1.90	2.00	2.00	125
三明	Sanming				
泉州	Quanzhou		3.50	5.00	67
漳州	Zhangzhou	3.56	6.81	4.68	70
南平	Nanping	0.27	2.17	2.17	118
龙岩	Longyan	3.46	4.41	3.95	81
宁德	Ningde	1.63	1.86	4.48	73
江西	**Jiangxi**	**20.97**	**65.85**	**97.60**	
南昌	Nanchang		22.24	21.38	13
景德镇	Jingdezhen				
萍乡	Pingxiang			51.38	2
九江	Jiujiang				
新余	Xinyu	3.60	2.61	1.24	151
鹰潭	Yingtan				
赣州	Ganzhou	3.50	8.45	9.02	43
吉安	Jian	0.08	0.15	0.15	188
宜春	Yichun		4.00		
抚州	Fuzhou		7.83	7.36	51
上饶	Shangrao	2.23	7.78		
山东	**Shandong**	**98.71**	**150.70**	**100.08**	
济南	Jinan	21.27	18.55	12.72	32
青岛	Qingdao	11.70	22.80	6.23	60
淄博	Zibo	7.99	11.60	26.10	9
枣庄	Zaozhuang	1.40	5.77	6.74	57
东营	Dongying	3.11	10.23	1.36	143
烟台	Yantai	12.93	9.02	10.80	36
潍坊	Weifang	1.88			
济宁	Jining			5.71	63
泰安	Taian				
威海	Weihai	3.00	3.00	4.00	80
日照	Rizhao		2.40	1.30	145
莱芜	Laiwu	1.66	0.74		
临沂	Linyi	4.05	5.00	3.09	94
德州	Dezhou				
聊城	Liaocheng	1.24	3.00	3.76	85

8-12 城市本年征用土地面积（辖区） 续表 2

Area of Land Requisition This Year (Districts under City) continued 2

单位：平方公里 (sq. km)

地名	City	2010	2012	2013	2013 排名 Ranking
滨州	Binzhou	3.00	2.21	0.33	181
菏泽	Heze	2.41	6.30	3.75	86
河南	**Henan**	**67.01**	**44.66**	**41.38**	
郑州	Zhengzhou	19.35	9.52	7.81	49
开封	Kaifeng	8.74	8.10	9.34	40
洛阳	Luoyang	15.73			
平顶山	Pingdingshan				
安阳	Anyang	0.38			
鹤壁	Hebi	0.43	4.04		
新乡	Xinxiang				
焦作	Jiaozuo				
濮阳	Puyang	4.00	0.80	1.10	156
许昌	Xuchang				
漯河	Luohe				
三门峡	Sanmenxia	0.12			
南阳	Nanyang	3.76	0.77	2.67	105
商丘	Shangqiu				
信阳	Xinyang	12.64	1.68		
周口	Zhoukou				
驻马店	Zhumadian	1.10	1.30	1.00	159
湖北	**Hubei**	**79.94**	**34.28**	**108.29**	
武汉	Wuhan	44.66		64.80	1
黄石	Huangshi				
十堰	Shiyan	4.82	4.82		
宜昌	Yichang	0.48	0.66	2.57	110
襄阳	Xiangfan	15.35	5.08	12.69	33
鄂州	Ezhou	1.02	1.45	2.13	120
荆门	Jingmen				
孝感	Xiaogan	0.50	1.50	1.50	139
荆州	Jingzhou	0.75	1.25	2.72	103
黄冈	Huanggang	0.90	1.00	1.00	159
咸宁	Xianning				
随州	Suizhou	0.05	0.70	0.85	164
湖南	**Hunan**	**48.92**	**69.07**	**64.39**	
长沙	Changsha				
株洲	Zhuzhou		8.28	15.24	23
湘潭	Xiangtan	2.11	20.71	13.27	30
衡阳	Hengyang	6.06	5.73	2.00	125
邵阳	Shaoyang	7.96	0.30	0.31	182
岳阳	Yueyang	0.10	1.00	0.50	174
常德	Changde		3.80	3.80	82
张家界	Zhangjiajie	0.21	0.74	2.40	114
益阳	Yiyang	2.80	2.30	3.80	82
郴州	Chenzhou	10.00	2.73	4.05	79
永州	Yongzhou	1.61	0.67	1.27	148
怀化	Huaihua		0.02	0.04	191
娄底	Loudi	2.14	2.36	2.12	122
广东	**Guangdong**	**95.74**	**286.26**	**84.71**	
广州	Guangzhou	33.72	24.14	9.22	41
韶关	Shaoguan				
深圳	Shenzhen				
珠海	Zhuhai	1.95	0.82		
汕头	Shantou				
佛山	Foshan		154.79	6.98	54
江门	Jiangmen	3.63	0.74	3.49	89
湛江	Zhanjiang	2.14	8.38	0.54	172
茂名	Maoming	3.50	3.50	2.80	100
肇庆	Zhaoqing			14.48	25
惠州	Huizhou	12.04	3.25	0.93	163
梅州	Meizhou	0.25	19.05	1.13	154
汕尾	Shanwei	0.10	0.60	1.89	127
河源	Heyuan		3.17		
阳江	Yangjiang				
清远	Qingyuan	0.41	0.50	6.51	59
东莞	Dongguan	8.42	13.94	9.40	39
中山	ZhongShan	7.26	3.01	0.94	162
潮州	Chaozhou		32.62		
揭阳	Jieyang			0.15	188
云浮	Yunfu	8.81	2.09	1.36	143
广西	**Guangxi**	**101.44**	**88.94**	**102.04**	
南宁	Nanning	6.09	28.97	30.54	5
柳州	Liuzhou	7.34	5.44	12.78	31
桂林	Guilin	1.00	0.06		
梧州	Wuzhou	7.23	1.20	4.58	72
北海	Beihai	4.14	9.64	5.82	62
防城港	Fangchenggang		0.31	0.40	179
钦州	Qinzhou	17.38	5.84	10.52	37
贵港	Guigang	10.37	2.33	2.42	113
玉林	Yulin	4.09	2.36	0.47	178
百色	Baise	0.47	0.26	2.03	123

8-12 城市本年征用土地面积（辖区） 续表 3
Area of Land Requisition This Year (Districts under City) continued 3

单位：平方公里 (sq. km)

地名	City	2010	2012	2013	2013 排名 Ranking
贺州	Hezhou	7.62	4.40	5.33	65
河池	Hechi	0.05	0.83	0.85	164
来宾	Laibin	23.41	13.38	13.75	26
崇左	Chongzuo	3.86	4.20	0.21	185
海南	**Hainan**	**0.10**	**11.17**	**5.05**	
海口	Haikou				
三亚	Sanya				
重庆	**Chongqing**	**48.02**	**75.33**	**81.54**	
四川	**Sichuan**	**86.33**	**71.11**	**75.87**	
成都	Chengdu	15.91	8.24	28.38	7
自贡	Zigong	8.74	7.75		
攀枝花	Panzhihua	0.70	2.83	2.77	102
泸州	Luzhou	12.81	3.32	9.20	42
德阳	Deyang	2.17	2.81	4.75	69
绵阳	Mianyang				
广元	Guangyuan	1.97	0.18	0.19	187
遂宁	Suining		0.06		
内江	Neijiang	3.25	4.10	1.80	129
乐山	Leshan	0.06			
南充	Nanchong	7.00	10.40	8.35	47
眉山	Meishan	2.30	4.10	2.92	95
宜宾	Yibin	7.03	6.00		
广安	Guangan			0.20	186
达州	Dazhou		4.67	2.30	116
雅安	Yaan		1.20	0.26	183
巴中	Bazhong	0.30	0.50	0.50	174
资阳	Ziyang	5.52	1.30	1.84	128
贵州	**Guizhou**	**5.26**	**17.07**	**12.47**	
贵阳	Guiyang				
六盘水	Liupanshui				
遵义	Zunyi				
安顺	Anshun	2.00			
毕节	Bijie		3.65	1.71	134
铜仁	Tongren				
云南	**Yunnan**	**85.23**	**62.48**	**66.45**	
昆明	Kunming	44.73	26.24	37.44	3
曲靖	Qujing				
玉溪	Yuxi				
保山	Baoshan	0.55	1.00	1.00	159
昭通	Zhaotong	3.00	3.00	1.30	145

地名	City	2010	2012	2013	2013 排名 Ranking
丽江	Lijiang			1.01	158
普洱	Puer	0.33	2.58	2.60	108
临沧	Lincang	2.12	1.89	1.60	135
西藏	**Tibet**	**2.94**			
拉萨	Lhasa	2.94			
陕西	**Shaanxi**	**41.52**	**28.68**	**21.53**	
西安	Xi'an	38.43	27.80	19.21	16
铜川	Tongchuan				
宝鸡	Baoji				
咸阳	Xianyang				
渭南	Weinan	2.08	0.48	0.48	177
延安	Yan'an				
汉中	Hanzhong				
榆林	Yulin				
安康	Ankang			1.47	140
商洛	Shangluo				
甘肃	**Gansu**	**23.83**	**52.88**	**36.26**	
兰州	Lanzhou	11.38	28.87	18.25	18
嘉峪关	Jiayuguan				
金昌	Jinchang	1.26	0.91	1.16	153
白银	Baiyin	1.29	0.75	1.25	150
天水	Tianshui		1.37		
武威	Wuwei	1.00	5.00		
张掖	Zhangye	0.16	2.48	2.48	112
平凉	Pingliang		0.45		
酒泉	Jiuquan				
庆阳	Qingyang	1.39	2.13	2.13	120
定西	Dingxi	0.50	1.16	1.24	151
陇南	Longnan				
青海	**Qinghai**	**0.01**	**2.89**	**7.11**	
西宁	Xining				
宁夏	**Ningxia**	**8.30**	**10.69**	**6.79**	
银川	Yinchuan				
石嘴山	Shizuishan				
吴忠	Wuzhong	2.70	4.26	2.63	106
固原	Guyuan	0.99	1.50	1.60	135
中卫	Zhongwei	0.91	4.34	0.14	190
新疆	**Xinjiang**	**17.65**	**32.41**	**31.77**	
乌鲁木齐	Urumqi	9.42	14.11	22.51	12
克拉玛依	Karamay	0.30	0.24	0.60	170

8-13 城市本年征用耕地面积（辖区）
Area of Arable Land Requisition This Year (Districts under City)

单位：平方公里 (sq. km)

地名	City	2010	2012	2013	2013 排名 Ranking
全国	**National Total**	**708.96**	**992.24**	**782.90**	
北京	**Beijing**	**17.53**	**7.07**	**8.49**	
天津	**Tianjin**	**18.65**	**25.53**	**19.62**	
河北	**Hebei**	**12.86**	**7.16**	**11.15**	
石家庄	Shijiazhuang	2.38			
唐山	Tangshan	0.26			
秦皇岛	Qinhuangdao	2.47	1.01	2.38	58
邯郸	Handan				
邢台	Xingtai				
保定	Baoding	1.23	2.84	2.29	62
张家口	Zhangjiakou				
承德	Chengde			0.72	112
沧州	Cangzhou	1.31	0.60	1.59	81
廊坊	Langfang	1.12	0.51	0.42	123
衡水	Hengshui	0.56	0.30	0.64	114
山西	**Shanxi**	**8.02**	**13.29**	**12.13**	
太原	Taiyuan	4.45	5.50	6.00	28
大同	Datong				
阳泉	Yangquan				
长治	Changzhi	1.65	1.23		
晋城	Jincheng				
朔州	Shuozhou				
晋中	Jinzhong				
运城	Yuncheng				
忻州	Xinzhou		1.63		
临汾	Linfen		1.30	1.31	88
吕梁	Luliang	0.56	0.77	1.01	101
内蒙古	**Inner Mongolia**	**1.39**	**3.34**	**4.97**	
呼和浩特	Hohhot			0.88	105
包头	Baotou				
乌海	Wuhai				
赤峰	Chifeng				
通辽	Tongliao		0.42	0.42	123
鄂尔多斯	Erdos				
呼伦贝尔	Hulunbuir				
巴彦淖尔	Bayannur				
乌兰察布	Ulanqab			3.26	45
辽宁	**Liaoning**	**60.24**	**102.33**	**59.83**	
沈阳	Shenyang	24.50	41.40	22.63	2
大连	Dalian	7.53	14.29	10.90	12
鞍山	Anshan	4.30	4.00	1.52	82
抚顺	Fushun			3.35	43
本溪	Benxi	2.91	3.70	3.07	48
丹东	Dandong	4.00	6.55	5.50	31
锦州	Jinzhou	0.87	0.15		
营口	Yingkou				
阜新	Fuxin	7.30	5.17		
辽阳	Liaoyang	6.53	7.30	5.19	33
盘锦	Panjin		0.80	1.14	97
铁岭	Tieling	0.04	0.10	0.10	145
朝阳	Chaoyang				
葫芦岛	Huludao		7.19		
吉林	**Jilin**	**40.73**	**35.39**	**27.03**	
长春	Changchun	33.64	22.05	16.57	5
吉林	Jilin	2.96			
四平	Siping			1.46	83
辽源	Liaoyuan				
通化	Tonghua	0.41	0.57	0.20	135
白山	Baishan	0.37	0.34		
松原	Songyuan	0.42	1.73	2.95	50
白城	Baicheng		2.12	2.21	63
黑龙江	**Heilongjiang**	**3.37**	**8.83**	**6.93**	
哈尔滨	Harbin				
齐齐哈尔	Qiqihar		1.64		
鸡西	Jixi		1.31	1.26	94
鹤岗	Hegang	0.43	0.06		
双鸭山	Shuangyashan		0.50	0.80	109
大庆	Daqing			0.36	128
伊春	Yichun				
佳木斯	Jiamusi				
七台河	Qitaihe		0.31		
牡丹江	Mudanjiang	1.54	1.65		
黑河	Heihe			2.47	56
绥化	Suihua		0.30		
上海	**Shanghai**		**25.48**	**21.01**	
江苏	**Jiangsu**	**88.21**	**104.28**	**70.23**	

8-13 城市本年征用耕地面积（辖区） 续表 1
Area of Arable Land Requisition This Year (Districts under City) continued 1

单位：平方公里 (sq. km)

地名	City	2010	2012	2013	2013 排名 Ranking
南京	Nanjing	14.67	21.30	9.71	13
无锡	Wuxi	10.00	8.67	9.13	15
徐州	Xuzhou	0.71		0.51	121
常州	Changzhou	11.27	10.01	8.57	18
苏州	Suzhou		0.45	1.69	79
南通	Nantong	4.14	1.84	1.66	80
连云港	Lianyungang	8.53	3.33	1.28	91
淮安	Huaian	6.80	6.26	6.00	28
盐城	Yancheng	4.50	6.40	2.30	60
扬州	Yangzhou		1.60	2.40	57
镇江	Zhenjiang	4.27	3.25	2.30	60
泰州	Taizhou				
宿迁	Suqian		5.80	1.07	98
浙江	**Zhejiang**	**65.94**	**65.36**	**67.75**	
杭州	Hangzhou	18.37	7.62	10.97	11
宁波	Ningbo	2.78	9.68	2.20	64
温州	Wenzhou	4.62	4.15	4.09	37
嘉兴	Jiaxing	6.20	1.95	1.91	74
湖州	Huzhou	0.80	0.80	1.86	76
绍兴	Shaoxing	0.98	1.73	6.42	26
金华	Jinhua	2.17	1.20		
衢州	Quzhou	2.01	3.64	6.00	28
舟山	Zhoushan	3.24	2.27	1.27	92
台州	Taizhou	1.19	2.21	2.71	51
丽水	Lishui	1.15	0.16	0.24	132
安徽	**Anhui**	**61.18**	**52.38**	**67.74**	
合肥	Hefei	13.47	5.73	6.25	27
芜湖	Wuhu	5.59	4.65	6.80	21
蚌埠	Bengbu	3.00	3.37	3.34	44
淮南	Huainan	7.66	6.71	6.78	22
马鞍山	Maanshan	2.78			
淮北	Huaibei	2.39	2.90	4.00	38
铜陵	Tongling		1.67	0.16	138
安庆	Anqing				
黄山	Huangshan	0.99	0.43	0.81	108
滁州	Chuzhou	10.34	8.28	11.85	10
阜阳	Fuyang	2.01	1.92	8.67	17
宿州	Suzhou	2.96	3.70	1.95	73
六安	Liuan	1.99	0.72	2.70	52
亳州	Bozhou	5.85	5.00	4.00	38

地名	City	2010	2012	2013	2013 排名 Ranking
池州	Chizhou		1.18	3.13	47
宣城	Xuancheng				
福建	**Fujian**	**7.41**	**19.88**	**38.53**	
福州	Fuzhou		5.33	5.33	32
厦门	Xiamen		4.39	15.67	7
莆田	Putian	1.30	1.90	1.90	75
三明	Sanming				
泉州	Quanzhou				
漳州	Zhangzhou	0.59	0.29		
南平	Nanping	0.03	0.40	0.40	125
龙岩	Longyan	2.09	1.83	2.49	55
宁德	Ningde	0.58	0.55	1.97	72
江西	**Jiangxi**	**4.16**	**29.04**	**33.36**	
南昌	Nanchang		10.78	8.97	16
景德镇	Jingdezhen				
萍乡	Pingxiang			15.20	8
九江	Jiujiang				
新余	Xinyu	0.31	0.20	0.85	106
鹰潭	Yingtan				
赣州	Ganzhou	1.80	4.29	4.58	34
吉安	Jian				
宜春	Yichun		2.00		
抚州	Fuzhou		2.59	2.50	54
上饶	Shangrao	0.56	6.78		
山东	**Shandong**	**38.05**	**66.96**	**41.79**	
济南	Jinan	12.10	10.09	7.28	20
青岛	Qingdao	5.78	11.53	1.27	92
淄博	Zibo	4.15	7.04	16.50	6
枣庄	Zaozhuang	0.47	1.15	1.24	95
东营	Dongying	1.10		0.60	115
烟台	Yantai	2.26	2.27	3.14	46
潍坊	Weifang	0.43			
济宁	Jining				
泰安	Taian				
威海	Weihai			0.93	103
日照	Rizhao				
莱芜	Laiwu				
临沂	Linyi	0.22	0.25	0.89	104
德州	Dezhou				
聊城	Liaocheng		3.00	3.76	42

8-13 城市本年征用耕地面积（辖区） 续表 2

Area of Arable Land Requisition This Year (Districts under City) continued 2

单位：平方公里 (sq. km)

地名	City	2010	2012	2013	2013 排名 Ranking
滨州	Binzhou		0.19	0.14	139
菏泽	Heze	1.66	4.40	2.58	53
河南	**Henan**	**27.02**	**19.23**	**17.92**	
郑州	Zhengzhou				
开封	Kaifeng	6.01	5.50	6.69	24
洛阳	Luoyang	11.79			
平顶山	Pingdingshan				
安阳	Anyang				
鹤壁	Hebi	0.27	3.23		
新乡	Xinxiang				
焦作	Jiaozuo				
濮阳	Puyang			0.60	115
许昌	Xuchang				
漯河	Luohe				
三门峡	Sanmenxia				
南阳	Nanyang	1.66	0.66	1.42	85
商丘	Shangqiu				
信阳	Xinyang	6.03			
周口	Zhoukou				
驻马店	Zhumadian				
湖北	**Hubei**	**15.23**	**5.14**	**44.82**	
武汉	Wuhan	13.40		32.89	1
黄石	Huangshi				
十堰	Shiyan				
宜昌	Yichang				
襄阳	Xiangfan		3.39	8.52	19
鄂州	Ezhou	0.51	0.88	1.30	89
荆门	Jingmen				
孝感	Xiaogan				
荆州	Jingzhou	0.06			
黄冈	Huanggang				
咸宁	Xianning				
随州	Suizhou				
湖南	**Hunan**	**11.65**	**31.00**	**14.67**	
长沙	Changsha				
株洲	Zhuzhou				
湘潭	Xiangtan	0.92	12.83		
衡阳	Hengyang	2.46	2.85		
邵阳	Shaoyang	0.21	0.19	0.21	134
岳阳	Yueyang				

地名	City	2010	2012	2013	2013 排名 Ranking
常德	Changde		2.10	2.10	66
张家界	Zhangjiajie	0.17	0.74	0.60	115
益阳	Yiyang	1.00	1.07	3.07	48
郴州	Chenzhou	0.50	1.06	2.31	59
永州	Yongzhou	0.20	0.15	0.36	128
怀化	Huaihua				
娄底	Loudi	1.09	1.12	0.98	102
广东	**Guangdong**	**26.43**	**161.69**	**20.82**	
广州	Guangzhou	11.95	6.84	2.18	65
韶关	Shaoguan				
深圳	Shenzhen				
珠海	Zhuhai	0.45	0.27		
汕头	Shantou				
佛山	Foshan		131.08	1.86	76
江门	Jiangmen	1.29	0.23	0.73	111
湛江	Zhanjiang		3.68		
茂名	Maoming		2.40	2.00	69
肇庆	Zhaoqing				
惠州	Huizhou	1.81	0.23	0.22	133
梅州	Meizhou	0.07	5.29	0.14	139
汕尾	Shanwei		0.36	0.85	106
河源	Heyuan		0.52		
阳江	Yangjiang				
清远	Qingyuan	0.40	0.13	3.94	41
东莞	Dongguan	2.12	2.42	1.36	86
中山	ZhongShan	2.86	1.32	0.12	143
潮州	Chaozhou				
揭阳	Jieyang				
云浮	Yunfu	3.34	1.12	0.05	147
广西	**Guangxi**	**40.43**	**38.50**	**36.05**	
南宁	Nanning	3.04	13.62	14.35	9
柳州	Liuzhou	5.09	1.34	6.61	25
桂林	Guilin				
梧州	Wuzhou			0.59	119
北海	Beihai	1.89	3.38	1.75	78
防城港	Fangchenggang				
钦州	Qinzhou	0.22			
贵港	Guigang	7.29	0.86	2.09	67
玉林	Yulin	2.06	2.36	0.47	122
百色	Baise				

8-13 城本年征用耕地面积（辖区） 续表 3

Area of Arable Land Requisition This Year (Districts under City) continued 3

单位：平方公里 (sq. km)

地名	City	2010	2012	2013	2013 排名 Ranking
贺州	Hezhou	6.09	3.08	4.33	36
河池	Hechi		0.58	0.65	113
来宾	Laibin	9.58	2.00	2.00	69
崇左	Chongzuo	3.17	3.23	0.13	141
海南	**Hainan**		**1.23**	**0.63**	
海口	Haikou				
三亚	Sanya				
重庆	**Chongqing**	**14.23**	**35.48**	**43.91**	
四川	**Sichuan**	**45.58**	**34.96**	**22.34**	
成都	Chengdu	11.40	1.05	3.97	40
自贡	Zigong	5.15	4.72		
攀枝花	Panzhihua	0.70	0.71	0.40	125
泸州	Luzhou	8.20	1.20	4.54	35
德阳	Deyang	2.17	2.01	0.60	115
绵阳	Mianyang				
广元	Guangyuan		0.06	0.07	146
遂宁	Suining				
内江	Neijiang	2.51	3.28	1.22	96
乐山	Leshan				
南充	Nanchong	1.00	4.40	2.00	69
眉山	Meishan	1.14	2.46		
宜宾	Yibin	0.95	2.98		
广安	Guangan			0.20	135
达州	Dazhou		2.63	1.06	99
雅安	Yaan		0.80	0.20	135
巴中	Bazhong				
资阳	Ziyang	4.14	1.08	1.44	84
贵州	**Guizhou**	**0.28**	**7.11**	**3.04**	
贵阳	Guiyang				
六盘水	Liupanshui				
遵义	Zunyi				
安顺	Anshun	0.20			
毕节	Bijie		0.94	1.02	100
铜仁	Tongren				
云南	**Yunnan**	**43.95**	**22.32**	**33.08**	
昆明	Kunming	20.13	7.28	17.51	4
曲靖	Qujing				
玉溪	Yuxi				
保山	Baoshan	0.35	0.54	0.54	120
昭通	Zhaotong	2.50	1.33	1.30	89
丽江	Lijiang			0.40	125
普洱	Puer				
临沧	Lincang	0.80	0.74		
西藏	**Tibet**	**0.71**			
拉萨	Lhasa	0.71			
陕西	**Shaanxi**	**30.59**	**17.48**	**8.18**	
西安	Xi'an	28.15	17.20	6.72	23
铜川	Tongchuan				
宝鸡	Baoji				
咸阳	Xianyang				
渭南	Weinan	1.73	0.28	0.28	130
延安	Yan'an				
汉中	Hanzhong				
榆林	Yulin				
安康	Ankang				
商洛	Shangluo				
甘肃	**Gansu**	**12.62**	**28.09**	**16.92**	
兰州	Lanzhou	6.50	17.18	9.16	14
嘉峪关	Jiayuguan				
金昌	Jinchang	0.57	0.04		
白银	Baiyin	0.81	0.08		
天水	Tianshui		1.37		
武威	Wuwei	1.00	1.50		
张掖	Zhangye	0.13	2.01	2.01	68
平凉	Pingliang		0.21		
酒泉	Jiuquan				
庆阳	Qingyang	0.11	0.11	0.11	144
定西	Dingxi	0.20	0.23	0.26	131
陇南	Longnan				
青海	**Qinghai**		**0.27**	**5.02**	
西宁	Xining				
宁夏	**Ningxia**	**6.70**	**8.78**	**3.74**	
银川	Yinchuan				
石嘴山	Shizuishan				
吴忠	Wuzhong	2.60	4.26	1.36	86
固原	Guyuan	0.70	0.88	0.80	109
中卫	Zhongwei	0.91	3.32	0.13	141
新疆	**Xinjiang**	**5.80**	**14.64**	**21.20**	
乌鲁木齐	Urumqi	3.83	3.62	19.07	3
克拉玛依	Karamay				

8-14 城市维护建设资金(财政性资金)收入（辖区）
Revenue of Urban Maintenance and Construction Fund (Fiscal Budget) (Districts under City)

单位：万元 (10 000 yuan)

地名	City	2010	2012	2013	2013 排名 Ranking
全国	**Nation Total**	**85704996**	**119233467**	**143227465**	
北京	**Beijing**	**5886970**	**18436572**	**18019329**	
天津	**Tianjin**	**1516602**	**1687948**	**1489158**	
河北	**Hebei**	**3115491**	**3575184**	**3921088**	
石家庄	Shijiazhuang	410377	623340	627966	36
唐山	Tangshan	617009	252988	248956	82
秦皇岛	Qinhuangdao	346299	376538	239069	86
邯郸	Handan	419186	419941	704363	33
邢台	Xingtai	55600	40964	37183	232
保定	Baoding	296291	330261	449552	53
张家口	Zhangjiakou	96036	97472	96616	174
承德	Chengde	46963	46000	43893	218
沧州	Cangzhou	95169	96308	96572	175
廊坊	Langfang	107104	69974	112809	158
衡水	Hengshui	23645	46014	97189	173
山西	**Shanxi**	**1890382**	**1921217**	**2183889**	
太原	Taiyuan	690751	766172	895487	26
大同	Datong	589139	77109	66785	190
阳泉	Yangquan	86952	78641	35143	238
长治	Changzhi	71849	112686	141795	138
晋城	Jincheng	204	4539	4241	281
朔州	Shuozhou	118346	220611	154138	130
晋中	Jinzhong	84160	315240	171655	120
运城	Yuncheng	33245	28662	21672	256
忻州	Xinzhou	19764	20575	324466	68
临汾	Linfen	72372	120136	57182	200
吕梁	Luliang	14028	23625	110715	159
内蒙古	**Inner Mongolia**	**2016567**	**1726507**	**1150610**	
呼和浩特	Hohhot	143959	218142	223666	95
包头	Baotou	194937	209322	230432	92
乌海	Wuhai	72670	120641	19606	259
赤峰	Chifeng	173710	34993	33812	242
通辽	Tongliao	87642	268822	6468	278
鄂尔多斯	Erdos	880253	230843	186690	111
呼伦贝尔	Hulunbuir	34567	114246	47560	214
巴彦淖尔	Bayannur	1450	5718	8160	275
乌兰察布	Ulanqab	33975	13647	12115	273
辽宁	**Liaoning**	**4617395**	**6376488**	**6600036**	
沈阳	Shenyang	692324	1666059	1797090	14
大连	Dalian	477648	812439	963809	24
鞍山	Anshan	1955871	1108974	858660	28
抚顺	Fushun	123387	338181	498715	47
本溪	Benxi	99424	156300	255160	80
丹东	Dandong	103943	69262	78509	181
锦州	Jinzhou	72452	90008	147017	133
营口	Yingkou	99609	99720	99890	169
阜新	Fuxin	42632	98348	103774	165
辽阳	Liaoyang	219210	421822	290777	70
盘锦	Panjin	109439	110189	127557	146
铁岭	Tieling	13522	30970	35821	236
朝阳	Chaoyang	40227	51920	38276	228
葫芦岛	Huludao	33656	29762	160795	125
吉林	**Jilin**	**883223**	**1369846**	**1197171**	
长春	Changchun	463853	761351	562184	42
吉林	Jilin	58000	65000	70000	187
四平	Siping	8913	4447	28070	253
辽源	Liaoyuan	26909	35684	36110	235
通化	Tonghua	21689	31295	28344	252
白山	Baishan	37594	43330	51306	210
松原	Songyuan	8935	25317	35376	237
白城	Baicheng	18307	39022	20749	257
黑龙江	**Heilongjiang**	**1186674**	**2126914**	**2047882**	
哈尔滨	Harbin	345790	583346	408540	54
齐齐哈尔	Qiqihar	103597	76305	171976	118
鸡西	Jixi	16570	59279	36355	234
鹤岗	Hegang	24609	21588	19462	260
双鸭山	Shuangyashan	30149	35798	20688	258
大庆	Daqing	223668	638875	608459	39
伊春	Yichun	62307	86884	102193	167
佳木斯	Jiamusi	91623	32545	34310	240
七台河	Qitaihe	13444	70099	51388	208
牡丹江	Mudanjiang	28419	147826	171741	119
黑河	Heihe	15945	15020	12408	272
绥化	Suihua	14496	25750	38976	227
上海	**Shanghai**	**1960933**	**2372764**	**2231751**	
江苏	**Jiangsu**	**8008899**	**10292341**	**12228642**	

8-14 城市维护建设资金(财政性资金)收入（辖区） 续表 1
Revenue of Urban Maintenance and Construction Fund (Fiscal Budget) (Districts under City) continued 1

单位：万元 (10 000 yuan)

地名	City	2010	2012	2013	2013 排名 Ranking	地名	City	2010	2012	2013	2013 排名 Ranking
南京	Nanjing	1737698	2081571	2753832	7	池州	Chizhou	65881	102190	122438	148
无锡	Wuxi	535568	488054	394326	56	宣城	Xuancheng	103185	232000	285000	71
徐州	Xuzhou	169651	296441	346829	62	**福建**	**Fujian**	**4656971**	**5579730**	**6593051**	
常州	Changzhou	297868	328105	399774	55	福州	Fuzhou	2747179	978086	1071718	20
苏州	Suzhou	1365198	1523086	2513854	8	厦门	Xiamen	546055	2167829	2787875	6
南通	Nantong	363404	1013900	871567	27	莆田	Putian	53450	37974	36531	233
连云港	Lianyungang	207428	147185	449579	52	三明	Sanming	8923	7202	26413	254
淮安	Huaian	212091	347910	227058	94	泉州	Quanzhou	345200	713000	725000	32
盐城	Yancheng	82886	107211	138828	142	漳州	Zhangzhou	36867	51074	216698	98
扬州	Yangzhou	201999	109672	477354	49	南平	Nanping	28167	45369	41927	221
镇江	Zhenjiang	646642	798829	1124206	19	龙岩	Longyan	115652	138218	143995	136
泰州	Taizhou	117332	112210	235156	88	宁德	Ningde	174527	177738	193826	107
宿迁	Suqian	42294	149618	188513	110	**江西**	**Jiangxi**	**2422959**	**3594547**	**3155494**	
浙江	**Zhejiang**	**6108113**	**5352956**	**8131248**		南昌	Nanchang	125773	318475	279145	73
杭州	Hangzhou	2237771	1427371	1612456	15	景德镇	Jingdezhen	13687	56147	56320	201
宁波	Ningbo	815389	752498	762323	30	萍乡	Pingxiang	51200	111301	156320	126
温州	Wenzhou	94515	452305	2401098	10	九江	Jiujiang	665900	199508	242262	83
嘉兴	Jiaxing	261755	79397	99451	170	新余	Xinyu	118293	305127	235069	89
湖州	Huzhou	274925	175671	217947	97	鹰潭	Yingtan	113836	129948	192226	108
绍兴	Shaoxing	180767	176062	366982	60	赣州	Ganzhou	174601	76830	64641	192
金华	Jinhua	67290	67973	156000	127	吉安	Jian	167206	195295	199530	104
衢州	Quzhou	98802	115650	170906	122	宜春	Yichun	174159	274125	389000	58
舟山	Zhoushan	146504	182797	238505	87	抚州	Fuzhou	123561	415824	218537	96
台州	Taizhou	126916	130604	171648	121	上饶	Shangrao	142829	559244	150244	132
丽水	Lishui	58456	99948	101802	168	**山东**	**Shandong**	**10377521**	**10257592**	**9866852**	
安徽	**Anhui**	**2902962**	**3908590**	**4716342**		济南	Jinan	951069	996423	1427455	17
合肥	Hefei	597267	830742	518013	46	青岛	Qingdao	4752449	3537032	2433889	9
芜湖	Wuhu	616024	771464	650032	35	淄博	Zibo	145597	192432	216029	100
蚌埠	Bengbu	331579	372193	1044283	22	枣庄	Zaozhuang	162441	261043	239924	84
淮南	Huainan	224036	220080	261879	78	东营	Dongying	231469	473681	389680	57
马鞍山	Maanshan	228717	143875	141344	140	烟台	Yantai	429225	537377	622955	38
淮北	Huaibei	81340	88160	343398	63	潍坊	Weifang	162854	242055	180158	115
铜陵	Tongling	29178	29611	29782	247	济宁	Jining	142668	236927	468155	51
安庆	Anqing	79137	100530	120000	152	泰安	Taian	244194	230318	230190	93
黄山	Huangshan	68456	77133	80226	180	威海	Weihai	128946	136753	153163	131
滁州	Chuzhou	138826	315026	209721	101	日照	Rizhao	168122	113703	118578	154
阜阳	Fuyang	56548	23613	146070	134	莱芜	Laiwu	53012	53074	54042	206
宿州	Suzhou	12722	68544	60099	198	临沂	Linyi	252508	350361	385480	59
六安	Liuan	54679	89534	137308	143	德州	Dezhou	97815	159612	234200	90
亳州	Bozhou	51395	109942	114048	157	聊城	Liaocheng	64766	60304	106190	161

8-14 城市维护建设资金(财政性资金)收入（辖区） 续表 2

Revenue of Urban Maintenance and Construction Fund (Fiscal Budget) (Districts under City) continued 2

单位：万元 (10 000 yuan)

地名	City	2010	2012	2013	2013 排名 Ranking
滨州	Binzhou	78755	83062	155365	128
菏泽	Heze	69140	80514	123365	147
河南	**Henan**	**2381809**	**3059135**	**3286281**	
郑州	Zhengzhou	1205952	1189035	907919	25
开封	Kaifeng	117063	140735	182352	114
洛阳	Luoyang	38016	39955	61283	196
平顶山	Pingdingshan	130426	137574	239416	85
安阳	Anyang	38155	46436	40789	223
鹤壁	Hebi	24182	40607	118059	155
新乡	Xinxiang	35676	67357	233533	91
焦作	Jiaozuo	130885	252610	178978	116
濮阳	Puyang	60780	50964	65000	191
许昌	Xuchang	56796	90368	51203	211
漯河	Luohe	58325	16236	19385	261
三门峡	Sanmenxia	22389	38875	37282	231
南阳	Nanyang	52098	164471	201826	103
商丘	Shangqiu	22626	36956	57725	199
信阳	Xinyang	23912	25689	40501	224
周口	Zhoukou	49778	39726	55325	204
驻马店	Zhumadian	18700	16696	30822	245
湖北	**Hubei**	**1561968**	**2458489**	**4678894**	
武汉	Wuhan	406770	475834	2135082	13
黄石	Huangshi	62525	58745	102255	166
十堰	Shiyan	175056	42263	271500	76
宜昌	Yichang	145952	516294	271909	75
襄阳	Xiangfan	192652	527059	797720	29
鄂州	Ezhou	97828	90648	139579	141
荆门	Jingmen	16944	21453	29358	250
孝感	Xiaogan	15700	31260	52000	207
荆州	Jingzhou	33135	62034	44490	216
黄冈	Huanggang	16480	21130	33836	241
咸宁	Xianning	90859	9717	13831	270
随州	Suizhou	12300	12300	17600	263
湖南	**Hunan**	**2004494**	**2890702**	**3113637**	
长沙	Changsha	602633	617456	624500	37
株洲	Zhuzhou	279587	260168	120531	151
湘潭	Xiangtan	34150	80921	282110	72
衡阳	Hengyang	20658	59300	141649	139
邵阳	Shaoyang	55792	80877	98763	172
岳阳	Yueyang	146356	162988	154380	129
常德	Changde	195847	186000	191000	109
张家界	Zhangjiajie	5037	5753	5860	280
益阳	Yiyang	85132	191903	176103	117
郴州	Chenzhou	72418	215746	203576	102
永州	Yongzhou	118929	185787	198168	105
怀化	Huaihua	17881	18602	136877	144
娄底	Loudi	62196	263976	265120	77
广东	**Guangdong**	**9315084**	**10648858**	**16743729**	
广州	Guangzhou	2511190	2191312	3166523	4
韶关	Shaoguan	89614	202667	537144	43
深圳	Shenzhen	132886	208222	182998	113
珠海	Zhuhai	1867958	943940	3750704	2
汕头	Shantou	33895	60519	66930	189
佛山	Foshan	1609100	892568	1557394	16
江门	Jiangmen	307168	306085	496586	48
湛江	Zhanjiang	296750	227724	587045	41
茂名	Maoming	50082	53152	48028	213
肇庆	Zhaoqing	267468	353194	518143	45
惠州	Huizhou	226235	609071	587168	40
梅州	Meizhou	79121	122453	295536	69
汕尾	Shanwei	12680	24425	18075	262
河源	Heyuan	22393	116891	195206	106
阳江	Yangjiang	33027	38283		
清远	Qingyuan	125436	138356	329851	67
东莞	Dongguan	585254	2488824	2267215	12
中山	ZhongShan	113168	357409	252074	81
潮州	Chaozhou	28604	81161	88511	176
揭阳	Jieyang	20733	16065	34621	239
云浮	Yunfu	42947	250704	144011	135
广西	**Guangxi**	**2722649**	**3252268**	**4891693**	
南宁	Nanning	1447620	1524615	2367022	11
柳州	Liuzhou	529239	781054	1053687	21
桂林	Guilin	98538	177347	522348	44
梧州	Wuzhou	64514	66136	82338	178
北海	Beihai	30724	116348	117184	156
防城港	Fangchenggang	100928	61440	110568	160
钦州	Qinzhou	71664	25873	32537	243
贵港	Guigang	21452	43829	85778	177
玉林	Yulin	141541	70890	76847	182
百色	Baise	21082	31395	63279	194

8-14 城市维护建设资金(财政性资金)收入(辖区) 续表 3

Revenue of Urban Maintenance and Construction Fund (Fiscal Budget) (Districts under City) continued 3

单位：万元 (10 000 yuan)

地名	City	2010	2012	2013	2013 排名 Ranking	地名	City	2010	2012	2013	2013 排名 Ranking
贺州	Hezhou	6091	27073	30405	246	丽江	Lijiang	31757	33732	30999	244
河池	Hechi	37573	32081	38152	229	普洱	Puer	50812	55540	56110	202
来宾	Laibin	25666	128638	119319	153	临沧	Lincang	9430	12489	49695	212
崇左	Chongzuo	35278	37531	46673	215	**西藏**	**Tibet**	**13138**	**8324**	**8144**	
海南	**Hainan**	**245421**	**665467**	**1236708**		拉萨	Lhasa	9345	8264	8081	276
海口	Haikou	60079	104762	166819	124	**陕西**	**Shaanxi**	**2060164**	**3441368**	**4797778**	
三亚	Sanya	47850	58559	670236	34	西安	Xi'an	1397733	2170117	3412590	3
重庆	**Chongqing**	**1950298**	**3623844**	**4344439**		铜川	Tongchuan	18776	13349	69954	188
四川	**Sichuan**	**1929600**	**3596997**	**3747591**		宝鸡	Baoji	188268	308260	340170	65
成都	Chengdu	680325	1632416	1225948	18	咸阳	Xianyang	44130	103336	51329	209
自贡	Zigong	29839	42001	44053	217	渭南	Weinan	36219	87642	43732	219
攀枝花	Panzhihua	35138	85658	76768	183	延安	Yan'an	58088	64613	29740	248
泸州	Luzhou	45043	136632	469469	50	汉中	Hanzhong	13262	29333	29426	249
德阳	Deyang	44274	90287	98790	171	榆林	Yulin	63352	244000	338579	66
绵阳	Mianyang	116535	104202	76213	185	安康	Ankang	167400	261294	278098	74
广元	Guangyuan	107311	77121	121640	150	商洛	Shangluo	35158	57079	63730	193
遂宁	Suining	35286	50634	55420	203	**甘肃**	**Gansu**	**421293**	**765360**	**1100287**	
内江	Neijiang	13572	57571	105211	163	兰州	Lanzhou	120222	369607	731403	31
乐山	Leshan	77158	52338	76653	184	嘉峪关	Jiayuguan	25594	47796	39679	226
南充	Nanchong	98170	17035C	169470	123	金昌	Jinchang	24602	19373	15497	268
眉山	Meishan	12312	76086	80586	179	白银	Baiyin	17572	22392	13807	271
宜宾	Yibin	163208	374547	341483	64	天水	Tianshui	8432	37315	43519	220
广安	Guangan	47070	10041	104455	164	武威	Wuwei	26051	55357	28734	251
达州	Dazhou	20521	18725	131183	145	张掖	Zhangye	9350	9575	3506	283
雅安	Yaan	2780	54135	75949	186	平凉	Pingliang	18511	14806	15845	265
巴中	Bazhong	53212	213456	260112	79	酒泉	Jiuquan	16701	13233	9070	274
资阳	Ziyang	9743	36159	16309	264	庆阳	Qingyang	95424	48392	38057	230
贵州	**Guizhou**	**389972**	**406502**	**4433704**		定西	Dingxi	5123	26915	22809	255
贵阳	Guiyang	259749	133750	3843290	1	陇南	Longnan	18066	53959	54554	205
六盘水	Liupanshui	1837	54065	15657	266	**青海**	**Qinghai**	**154783**	**244529**	**324395**	
遵义	Zunyi	20583	34671	40389	225	西宁	Xining	120571	215088	216458	99
安顺	Anshun	18636	14803	15620	267	**宁夏**	**Ningxia**	**385876**	**676989**	**625674**	
毕节	Bijie	590	32681	359640	61	银川	Yinchuan	111326	146256	143130	137
铜仁	Tongren	2451	7283	4240	282	石嘴山	Shizuishan	71609	105913	105627	162
云南	**Yunnan**	**1923960**	**3169577**	**4056277**		吴忠	Wuzhong	18896	39713	41685	222
昆明	Kunming	961108	2091018	2869682	5	固原	Guyuan	25747	99382	121787	149
曲靖	Qujing	76702	39172	60320	197	中卫	Zhongwei	37044	99747	62654	195
玉溪	Yuxi	36443	37429	14521	269	**新疆**	**Xinjiang**	**692825**	**1745862**	**2305691**	
保山	Baoshan	12103	11566	6372	279	乌鲁木齐	Urumqi	165227	707983	968746	23
昭通	Zhaotong	25278	5427	7372	277	克拉玛依	Karamay	67373	164785	185520	112

8-15 城市维护建设资金支出（财政性资金）（辖区）

Expenditure of Urban Maintenance and Construction Fund (Fiscal Budget) (Districts under City)

单位：万元 (10 000 yuan)

地名	City	2010	2012	2013	2013 排名 Ranking
全国	**Nation Total**	**75080799**	**101981275**	**108047393**	
北京	**Beijing**	**6215691**	**8106944**	**10309528**	
天津	**Tianjin**	**1592922**	**1688364**	**1476679**	
河北	**Hebei**	**3043449**	**3208252**	**3678869**	
石家庄	Shijiazhuang	410507	623340	614317	30
唐山	Tangshan	616009	252988	248956	63
秦皇岛	Qinhuangdao	341328	354408	237692	68
邯郸	Handan	350869	382341	704363	23
邢台	Xingtai	55600	40964	37183	221
保定	Baoding	306844	330261	445148	40
张家口	Zhangjiakou	94369	98016	95873	152
承德	Chengde	46963	56143	42335	209
沧州	Cangzhou	95169	96308	96572	151
廊坊	Langfang	107104	69974	112809	136
衡水	Hengshui	27169	75212	54171	190
山西	**Shanxi**	**2080377**	**2573185**	**1871240**	
太原	Taiyuan	690751	797154	695863	24
大同	Datong	739492	557433	454366	39
阳泉	Yangquan	92162	78641	35001	225
长治	Changzhi	74075	112686	127426	123
晋城	Jincheng	204	4539	4241	277
朔州	Shuozhou	118346	220611	154138	108
晋中	Jinzhong	87913	233482	28433	237
运城	Yuncheng	33245	28242	21672	246
忻州	Xinzhou	19764	184225	38169	218
临汾	Linfen	74137	120136	57182	184
吕梁	Luliang	13183	19324	108846	139
内蒙古	**Inner Mongolia**	**1755347**	**1632103**	**982616**	
呼和浩特	Hohhot	141777	249466	206074	82
包头	Baotou	126522	56337	58456	183
乌海	Wuhai	107846	130526	15485	259
赤峰	Chifeng	100954	33773	33834	228
通辽	Tongliao	72234	268822	6468	272
鄂尔多斯	Erdos	825256	183501	184235	92
呼伦贝尔	Hulunbuir	39578	127186	47560	199
巴彦淖尔	Bayannur	1450	2954	2446	281
乌兰察布	Ulanqab	22940	76646	75841	168
辽宁	**Liaoning**	**2429628**	**4229221**	**3992524**	
沈阳	Shenyang	639209	1666069	1797090	10
大连	Dalian	474880	752047	712311	22
鞍山	Anshan	248074	83610	20200	250
抚顺	Fushun	122116	150912	53295	193
本溪	Benxi	102113	191705	110793	137
丹东	Dandong	104028	69262	78509	167
锦州	Jinzhou	78738	121558	170510	97
营口	Yingkou	99609	99720	99890	148
阜新	Fuxin	32162	120538	62321	181
辽阳	Liaoyang	47757	153276	17051	257
盘锦	Panjin	109731	93886	86946	159
铁岭	Tieling	13522	18262	35821	222
朝阳	Chaoyang	40227	52793	38276	217
葫芦岛	Huludao	33656	22068	160795	104
吉林	**Jilin**	**953627**	**1608405**	**1132756**	
长春	Changchun	467275	787826	562184	33
吉林	Jilin	58000	65000	70000	174
四平	Siping	7664	130080	2987	280
辽源	Liaoyuan	37200	64908	50000	198
通化	Tonghua	21689	31295	28344	238
白山	Baishan	43429	45983	47280	200
松原	Songyuan	60940	55300	12722	261
白城	Baicheng	18307	48972	19047	252
黑龙江	**Heilongjiang**	**1185874**	**2163245**	**1545490**	
哈尔滨	Harbin	345790	583346		
齐齐哈尔	Qiqihar	103597	76305	171976	96
鸡西	Jixi	16570	57395	30863	232
鹤岗	Hegang	24613	20371	19462	251
双鸭山	Shuangyashan	30073	35798	21273	248
大庆	Daqing	223668	604279	522633	36
伊春	Yichun	62307	86884	102193	144
佳木斯	Jiamusi	91623	32545	32600	229
七台河	Qitaihe	13060	69391	51380	196
牡丹江	Mudanjiang	28419	215898	174353	95
黑河	Heihe	15945	16182	12408	263
绥化	Suihua	14496	25750	38976	216
上海	**Shanghai**	**3503084**	**2382074**	**1697598**	
江苏	**Jiangsu**	**7679303**	**9500522**	**12828832**	

8-15 城市维护建设资金支出（财政性资金）（辖区） 续表 1

Expenditure of Urban Maintenance and Construction Fund (Fiscal Budget) (Districts under City) continued 1

单位：万元 (10 000 yuan)

地名	City	2010	2012	2013	2013 排名 Ranking
南京	Nanjing	1638585	2006768	2586514	4
无锡	Wuxi	535568	488054	394326	46
徐州	Xuzhou	169652	296441	298407	53
常州	Changzhou	297318	306682	399774	44
苏州	Suzhou	1393528	1341915	2354820	5
南通	Nantong	722095	1167331	2060418	9
连云港	Lianyungang	198090	145062	420515	42
淮安	Huaian	225725	347910	227058	75
盐城	Yancheng	80839	107211	127370	124
扬州	Yangzhou	209471	471680	372958	49
镇江	Zhenjiang	166605	193886	260237	62
泰州	Taizhou	107422	107780	230466	73
宿迁	Suqian	42118	139038	188488	91
浙江	**Zhejiang**	**5732752**	**4855338**	**5631206**	
杭州	Hangzhou	2049529	1255491	1383443	12
宁波	Ningbo	811028	747272	757265	20
温州	Wenzhou	71415	170072	188898	89
嘉兴	Jiaxing	172941	48724	95267	153
湖州	Huzhou	275789	243117	221396	76
绍兴	Shaoxing	180842	179086	370718	50
金华	Jinhua	71675	67967	155098	107
衢州	Quzhou	98867	103724	159575	105
舟山	Zhoushan	142461	177845	230363	74
台州	Taizhou	110799	110087	190229	88
丽水	Lishui	55404	99863	100689	147
安徽	**Anhui**	**2677535**	**4337081**	**4457010**	
合肥	Hefei	563516	816273	491309	38
芜湖	Wuhu	613238	732141	649224	27
蚌埠	Bengbu	107472	340883	439365	41
淮南	Huainan	223663	220143	260709	61
马鞍山	Maanshan	221841	243565	299867	52
淮北	Huaibei	81746	309961	234174	70
铜陵	Tongling	26219	160623	286638	55
安庆	Anqing	79190	100500	120000	129
黄山	Huangshan	69477	77037	79068	165
滁州	Chuzhou	133575	309476	204962	83
阜阳	Fuyang	54310	23353	146070	112
宿州	Suzhou	12090	68394	60099	182
六安	Liuan	54679	85844	137308	119
亳州	Bozhou	51395	109742	114048	134
池州	Chizhou	65533	102311	122843	128
宣城	Xuancheng	101515	230754	285000	56
福建	**Fujian**	**3355289**	**6734107**	**3993737**	
福州	Fuzhou	1486942	1106106	858954	19
厦门	Xiamen	546055	3715870	1318491	13
莆田	Putian	53450	35850	29968	233
三明	Sanming	8923	7202	25898	243
泉州	Quanzhou	419500	699000	754700	21
漳州	Zhangzhou	26733	50464	55796	187
南平	Nanping	28167	45369	41927	211
龙岩	Longyan	115652	138218	143995	114
宁德	Ningde	76055	77534	1260	282
江西	**Jiangxi**	**2405355**	**3605071**	**2217577**	
南昌	Nanchang	120692	754796	145455	113
景德镇	Jingdezhen	135731	62559	62765	179
萍乡	Pingxiang	51200	111275	109342	138
九江	Jiujiang	597745	205093	239364	67
新余	Xinyu	118293	301860	235069	69
鹰潭	Yingtan	80749	129056	7044	271
赣州	Ganzhou	174601	74914	7808	268
吉安	Jian	187130	193987	193679	86
宜春	Yichun	174147	278728	388491	47
抚州	Fuzhou	195127	336077	88078	157
上饶	Shangrao	142829	552138	113105	135
山东	**Shandong**	**5474926**	**7847438**	**7235612**	
济南	Jinan	997725	996394	1452884	11
青岛	Qingdao	1051964	1439813	668603	25
淄博	Zibo	121389	175136	208691	81
枣庄	Zaozhuang	161258	244730	231462	72
东营	Dongying	92815	468584	408591	43
烟台	Yantai	372635	536774	575209	32
潍坊	Weifang	168680	236267	170127	99
济宁	Jining	135119	237121	295781	54
泰安	Taian	245126	220000	209000	80
威海	Weihai	127986	135937	133186	121
日照	Rizhao	166630	118740	50155	197
莱芜	Laiwu	50008	52014	52303	194
临沂	Linyi	246046	374401	395887	45
德州	Dezhou	95430	159612	204512	84
聊城	Liaocheng	56990	73521	101098	146

8-15 城市维护建设资金支出（财政性资金）（辖区） 续表 2
Expenditure of Urban Maintenance and Construction Fund (Fiscal Budget) (Districts under City) continued 2

单位：万元 (10 000 yuan)

地名	City	2010	2012	2013	2013 排名 Ranking
滨州	Binzhou	78233	81705	147335	111
菏泽	Heze	69141	80514	123365	126
河南	**Henan**	**2078148**	**2752148**	**2420625**	
郑州	Zhengzhou	1205952	1189035	907919	17
开封	Kaifeng	75823	139129	105625	140
洛阳	Luoyang	36694	43541	53653	192
平顶山	Pingdingshan	46307	34940	27765	239
安阳	Anyang	37518	46300	39350	215
鹤壁	Hebi	23968	36302	118379	131
新乡	Xinxiang	46443	69411	83197	161
焦作	Jiaozuo	59236	120112	41616	213
濮阳	Puyang	10785	50964	63623	177
许昌	Xuchang	36601	125751	78877	166
漯河	Luohe	45282	13646	17964	255
三门峡	Sanmenxia	22389	38875	26126	242
南阳	Nanyang	48545	153321	168218	102
商丘	Shangqiu	21669	81409	56592	185
信阳	Xinyang	23813	24158	35032	224
周口	Zhoukou	49778	39726	55325	188
驻马店	Zhumadian	18675	16633	32594	230
湖北	**Hubei**	**1307256**	**2038845**	**3862493**	
武汉	Wuhan	320000	358018	2135082	8
黄石	Huangshi	62525	58745	89317	155
十堰	Shiyan	142639	182747	266098	60
宜昌	Yichang	145952	516294	271909	59
襄阳	Xiangfan	70552	79778	82940	163
鄂州	Ezhou	97828	90648	139579	116
荆门	Jingmen	16944	42008	29426	234
孝感	Xiaogan	15700	31260	52000	195
荆州	Jingzhou	33135	62034	45920	203
黄冈	Huanggang	16480	21130	33836	227
咸宁	Xianning	90630	8150	12888	260
随州	Suizhou	12300	12300	17600	256
湖南	**Hunan**	**2028183**	**2862082**	**2891536**	
长沙	Changsha	569487	617456	624500	28
株洲	Zhuzhou	486537	374320	193212	87
湘潭	Xiangtan	55648	54761	282110	57
衡阳	Hengyang	20000	59605	150784	110
邵阳	Shaoyang	55792	80877	89990	154
岳阳	Yueyang	146356	162989	151262	109
常德	Changde	20637	186000		
张家界	Zhangjiajie	5383	4792	5500	275
益阳	Yiyang	91752	193027	181915	93
郴州	Chenzhou	79575	215456	188853	90
永州	Yongzhou	104373	185787	198168	85
怀化	Huaihua	17881	18602	138788	118
娄底	Loudi	47395	134533	139444	117
广东	**Guangdong**	**6977019**	**8777348**	**10670319**	
广州	Guangzhou	2450282	2053180	2768664	3
韶关	Shaoguan	24167	26144	12610	262
深圳	Shenzhen	132886	153170	177710	94
珠海	Zhuhai	1435388	904447	617432	29
汕头	Shantou	87009	272920	579184	31
佛山	Foshan	183619	561191	867144	18
江门	Jiangmen	125286	162980	213383	79
湛江	Zhanjiang	335080	225383	245267	65
茂名	Maoming	16928	28551	18374	253
肇庆	Zhaoqing	348784	372049	649553	26
惠州	Huizhou	228380	563362	539543	34
梅州	Meizhou	64351	132159	240445	64
汕尾	Shanwei	12680	24425	18075	254
河源	Heyuan	22393	116741	168450	101
阳江	Yangjiang	33027	38193	45708	204
清远	Qingyuan	7779	19170	24824	244
东莞	Dongguan	444827	2378713	2267215	7
中山	ZhongShan	133327	140645	220643	77
潮州	Chaozhou	23493	32698	85039	160
揭阳	Jieyang	21741	15923	28445	236
云浮	Yunfu	11853	11394	34114	226
广西	**Guangxi**	**2694094**	**3048818**	**4754936**	
南宁	Nanning	1447620	1524615	2306812	6
柳州	Liuzhou	529239	577488	998303	15
桂林	Guilin	98538	167921	522731	35
梧州	Wuzhou	64619	62852	72774	172
北海	Beihai	30899	112438	117603	132
防城港	Fangchenggang	97760	56739	103195	143
钦州	Qinzhou	66810	26171	29187	235
贵港	Guigang	19107	41943	83153	162
玉林	Yulin	140599	69860	70131	173
百色	Baise	20320	29456	63279	178

8-15 城市维护建设资金支出（财政性资金）（辖区）续表 3
Expenditure of Urban Maintenance and Construction Fund (Fiscal Budget) (Districts under City) continued 3

单位：万元 (10 000 yuan)

地名	City	2010	2012	2013	2013 排名 Ranking	地名	City	2010	2012	2013	2013 排名 Ranking
贺州	Hezhou	6065	27030	43956	207	丽江	Lijiang	31875	37679	31000	231
河池	Hechi	37571	57760	38152	219	普洱	Puer	51182	56550	56110	186
来宾	Laibin	25593	128602	115887	133	临沧	Lincang	9710	13670	9560	264
崇左	Chongzuo	26899	37113	46245	201	**西藏**	**Tibet**	**11353**	**7467**	**8352**	
海南	**Hainan**	**249151**	**516373**	**349682**		拉萨	Lhasa	7581	7307	8030	267
海口	Haikou	74137	104762	124871	125	**陕西**	**Shaanxi**	**2239864**	**3964042**	**5628273**	
三亚	Sanya	33061	26001	87307	158	西安	Xi'an	1396774	2157696	3386824	1
重庆	**Chongqing**	**1917066**	**3607139**	**4084579**		铜川	Tongchuan	56061	126907	168749	100
四川	**Sichuan**	**1818786**	**3308919**	**3138505**		宝鸡	Baoji	188268	320860	381483	48
成都	Chengdu	705868	1699901	1318283	14	咸阳	Xianyang	162973	412893	521374	37
自贡	Zigong	29839	42001	44053	206	渭南	Weinan	32679	84337	161897	103
攀枝花	Panzhihua	35352	74063	74023	171	延安	Yan'an	57338	67913	46217	202
泸州	Luzhou	44463	136288	156309	106	汉中	Hanzhong	32541	96316	98644	150
德阳	Deyang	44274	90287	98790	149	榆林	Yulin	52583	244000	338769	51
绵阳	Mianyang	115391	103850	75589	169	安康	Ankang	167400	261294	278098	58
广元	Guangyuan	60415	76893	122926	127	商洛	Shangluo	35038	59290	63928	176
遂宁	Suining	35275	48359	54625	189	**甘肃**	**Gansu**	**442365**	**703478**	**532158**	
内江	Neijiang	13559	57534	101534	145	兰州	Lanzhou	118655	309667	243372	66
乐山	Leshan	76323	52391	75430	170	嘉峪关	Jiayuguan	26243	58976	20518	249
南充	Nanchong	100500	196620	231930	71	金昌	Jinchang	24602	19373	15497	258
眉山	Meishan	12312	76086	80586	164	白银	Baiyin	17572	28556	27134	240
宜宾	Yibin	103442	53325	44229	205	天水	Tianshui	8471	37457	43519	208
广安	Guangan	47070	12443	104455	142	武威	Wuwei	24728	28241	6422	273
达州	Dazhou	18630	23639	131214	122	张掖	Zhangye	10160	5546	3506	279
雅安	Yaan	2780	54135	68166	175	平凉	Pingliang	45257	19869	21641	247
巴中	Bazhong	10407	154864	119615	130	酒泉	Jiuquan	16701	130	9064	266
资阳	Ziyang	9015	39631	7236	270	庆阳	Qingyang	95424	48680	38057	220
贵州	**Guizhou**	**447265**	**513260**	**328054**		定西	Dingxi	5042	26915	22808	245
贵阳	Guiyang	330640	148328	143252	115	陇南	Longnan	13814	53223	54029	191
六盘水	Liupanshui	2367	2673	4147	278	**青海**	**Qinghai**	**154783**	**241168**	**323912**	
遵义	Zunyi	20123	34671	35800	223	西宁	Xining	120571	215188	216452	78
安顺	Anshun	13055	62962	9500	265	**宁夏**	**Ningxia**	**305836**	**552785**	**566622**	
毕节	Bijie	6110	29023	40131	214	银川	Yinchuan	86109	122327	134016	120
铜仁	Tongren	2186	6046	6224	274	石嘴山	Shizuishan	72893	107133	105601	141
云南	**Yunnan**	**1685076**	**2884786**	**3463140**		吴忠	Wuzhong	18896	39712	41683	212
昆明	Kunming	939165	2059614	2785142	2	固原	Guyuan	24156	99424	88277	156
曲靖	Qujing	68734	38901	42331	210	中卫	Zhongwei	37044	99765	62654	180
玉溪	Yuxi	40792	32184	26274	241	**新疆**	**Xinjiang**	**639395**	**1731267**	**1972933**	
保山	Baoshan	12870	17700	4486	276	乌鲁木齐	Urumqi	165227	707983	968746	16
昭通	Zhaotong	25278	5427	7372	269	克拉玛依	Karamay	60382	115367	170340	98

8-16 城市市政公用设施建设固定资产投资额（辖区）
Fixed Assets Investment in Urban Service Facilities (Districts under City)

单位：万元 (10 000 yuan)

地名	City	2010	2012	2013	2013 排名 Ranking
全国	**Nation Total**	**143058687**	**152964082**	**163497892**	
北京	**Beijing**	**8541126**	**12162405**	**10671442**	
天津	**Tianjin**	**6009490**	**6540958**	**6336421**	
河北	**Hebei**	**8526761**	**5202841**	**4485540**	
石家庄	Shijiazhuang	1494183	1030696	1231729	28
唐山	Tangshan	2190198	421129	252059	106
秦皇岛	Qinhuangdao	429991	539988	340268	76
邯郸	Handan	803804	397692	287599	97
邢台	Xingtai	663984	261677	77268	197
保定	Baoding	294471	166938	118287	168
张家口	Zhangjiakou	492258	292382	205489	123
承德	Chengde	328661	290930	56562	217
沧州	Cangzhou	150126	95784	111687	175
廊坊	Langfang	336604	87885	254239	105
衡水	Hengshui	245370	134790	95133	186
山西	**Shanxi**	**2258567**	**3356831**	**5552150**	
太原	Taiyuan	780811	1209732	3326245	5
大同	Datong	672705	520111	456096	57
阳泉	Yangquan	97045	103063	99984	180
长治	Changzhi	61265	122982	192319	127
晋城	Jincheng	2669	130502	112995	174
朔州	Shuozhou	117849	197818	155744	145
晋中	Jinzhong	122303	224482	280406	99
运城	Yuncheng	25193	63062	77041	198
忻州	Xinzhou	54500	221728	220032	115
临汾	Linfen	74137	132816	207716	122
吕梁	Luliang	10767	46386	51647	223
内蒙古	**Inner Mongolia**	**3663044**	**6079229**	**4280135**	
呼和浩特	Hohhot	355810	923993	527996	50
包头	Baotou	869045	1072358	790218	34
乌海	Wuhai	139354	192441	69465	205
赤峰	Chifeng	174630	232792	315422	87
通辽	Tongliao	94921	265392	276626	100
鄂尔多斯	Erdos	1062387	1404338	453883	60
呼伦贝尔	Hulunbuir	196242	453903	258058	104
巴彦淖尔	Bayannur	451700	298947	339781	77
乌兰察布	Ulanqab	79121	726074	378108	68
辽宁	**Liaoning**	**6746292**	**8262694**	**5357009**	
沈阳	Shenyang	3593773	4966546	3048887	7
大连	Dalian	1442714	889350	635917	40
鞍山	Anshan	138845	231997	141151	151
抚顺	Fushun	279218	444895	438731	63
本溪	Benxi	66682	121902	83434	193
丹东	Dandong	86162	354185	50822	225
锦州	Jinzhou	122839	120228	177314	136
营口	Yingkou	123291	73068	13644	268
阜新	Fuxin	41812	71717	71784	203
辽阳	Liaoyang	152085	202908	106697	179
盘锦	Panjin	104571	59670	49028	228
铁岭	Tieling	17480	24758	115154	171
朝阳	Chaoyang	41954	59699	37651	241
葫芦岛	Huludao	80069	18417	11098	274
吉林	**Jilin**	**2152685**	**2728689**	**2798995**	
长春	Changchun	1442023	1917746	2070234	12
吉林	Jilin	228767	76613	133940	159
四平	Siping	19564	36418	12298	272
辽源	Liaoyuan	13412	55958	34427	246
通化	Tonghua	70540	25955	7155	279
白山	Baishan	43504	48583	24453	257
松原	Songyuan	60470	52900	13509	269
白城	Baicheng	33085	52949	53371	222
黑龙江	**Heilongjiang**	**3048439**	**3553700**	**3067853**	
哈尔滨	Harbin	2092434	2058076	1380283	23
齐齐哈尔	Qiqihar	73425	53626	133619	160
鸡西	Jixi	25718	71768	93574	188
鹤岗	Hegang	50240	40920	39348	235
双鸭山	Shuangyashan	29810	46221	57139	216
大庆	Daqing	214058	312596	378059	69
伊春	Yichun	58727	137161	185222	131
佳木斯	Jiamusi	126985	24759	53599	221
七台河	Qitaihe	22622	79034	33941	248
牡丹江	Mudanjiang	38832	181378	162635	139
黑河	Heihe	18556	18992	12313	271
绥化	Suihua	17096	49986	51198	224
上海	**Shanghai**	**4769428**	**3393269**	**2947856**	
江苏	**Jiangsu**	**13299989**	**13797311**	**17456549**	

8-16 城市市政公用设施建设固定资产投资额（辖区） 续表 1
Fixed Assets Investment in Urban Service Facilities (Districts under City) continued 1

单位：万元 (10 000 yuan)

地名	City	2010	2012	2013	2013 排名 Ranking	地名	City	2010	2012	2013	2013 排名 Ranking
南京	Nanjing	2764279	3999657	5824902	2	池州	Chizhou	92215	279142	248039	109
无锡	Wuxi	2816435	884811	1208635	29	宣城	Xuancheng	242763	341375	352610	73
徐州	Xuzhou	308785	497687	445709	62	**福建**	**Fujian**	**3850761**	**5108988**	**4723197**	
常州	Changzhou	1412021	1441032	1293080	25	福州	Fuzhou	1679485	1070667	1116846	32
苏州	Suzhou	1145287	1088731	1825037	17	厦门	Xiamen	534554	974679	859481	33
南通	Nantong	1100991	1831296	2005746	13	莆田	Putian	454845	580412	732175	36
连云港	Lianyungang	244502	407642	709586	39	三明	Sanming	8440	3685	30589	253
淮安	Huaian	305802	298056	127904	164	泉州	Quanzhou	229420	923264	542158	48
盐城	Yancheng	225176	68295	92415	189	漳州	Zhangzhou	197180	483239	445838	61
扬州	Yangzhou	289141	496005	545683	46	南平	Nanping	40289	20631	33014	250
镇江	Zhenjiang	747350	886955	1374159	24	龙岩	Longyan	91154	148687	139870	152
泰州	Taizhou	184213	112819	247846	110	宁德	Ningde	76055	81614	110144	176
宿迁	Suqian	65332	220834	214274	118	**江西**	**Jiangxi**	**4210145**	**7813525**	**4928715**	
浙江	**Zhejiang**	**5339364**	**6533208**	**7498585**		南昌	Nanchang	283754	2761493	1707016	18
杭州	Hangzhou	1414876	1440705	1861001	15	景德镇	Jingdezhen	127913	166245	125397	165
宁波	Ningbo	1503364	1707729	1833839	16	萍乡	Pingxiang	94715	119458	159320	142
温州	Wenzhou	135005	1047127	1272273	27	九江	Jiujiang	1326866	1505127	472835	53
嘉兴	Jiaxing	299618	96330	116517	169	新余	Xinyu	355090	738605	314048	88
湖州	Huzhou	307221	151291	136860	154	鹰潭	Yingtan	55809	95348	74612	200
绍兴	Shaoxing	162757	150968	462590	55	赣州	Ganzhou	685581	226177	132096	161
金华	Jinhua	56815	46637	115901	170	吉安	Jian	154704	212193	211726	121
衢州	Quzhou	47708	56127	63185	209	宜春	Yichun	225759	533326	543333	47
舟山	Zhoushan	81614	116172	213114	120	抚州	Fuzhou	414079	401515	484132	51
台州	Taizhou	132233	122631	143615	149	上饶	Shangrao	148379	488854	153167	146
丽水	Lishui	136558	156275	218486	116	**山东**	**Shandong**	**7896810**	**9150818**	**9542068**	
安徽	**Anhui**	**4756917**	**6339795**	**7182564**		济南	Jinan	787538	1003467	1432823	22
合肥	Hefei	844908	810014	1207118	30	青岛	Qingdao	2059597	1786825	1467867	21
芜湖	Wuhu	622873	774015	782207	35	淄博	Zibo	373884	260734	281448	98
蚌埠	Bengbu	395255	752062	574061	43	枣庄	Zaozhuang	174226	280485	303013	93
淮南	Huainan	517803	607716	478930	52	东营	Dongying	109091	579467	455201	58
马鞍山	Maanshan	417855	660621	572042	44	烟台	Yantai	485503	493354	603935	42
淮北	Huaibei	225281	314461	320040	83	潍坊	Weifang	200740	217594	216010	117
铜陵	Tongling	150424	122768	249624	107	济宁	Jining	274208	300969	323232	81
安庆	Anqing	105324	97582	331699	78	泰安	Taian	231505	242278	258844	103
黄山	Huangshan	83976	91767	99726	181	威海	Weihai	218972	237061	259819	102
滁州	Chuzhou	304663	310662	311160	90	日照	Rizhao	360650	411721	413712	66
阜阳	Fuyang	121221	102639	184953	132	莱芜	Laiwu	151000	180000	200200	124
宿州	Suzhou	115007	345052	356269	72	临沂	Linyi	400196	404079	454729	59
六安	Liuan	68388	74103	134426	158	德州	Dezhou	323252	540568	316466	85
亳州	Bozhou	108304	126909	153122	147	聊城	Liaocheng	103398	121563	316882	84

8-16 城市市政公用设施建设固定资产投资额（辖区） 续表 2
Fixed Assets Investment in Urban Service Facilities (Districts under City) continued 2

单位：万元 (10 000 yuan)

地名	City	2010	2012	2013	2013 排名 Ranking
滨州	Binzhou	115662	149447	96092	185
菏泽	Heze	94601	64985	75189	199
河南	**Henan**	**2242336**	**3046018**	**3668732**	
郑州	Zhengzhou	1062514	1079420	1687920	19
开封	Kaifeng	104896	129780	231148	114
洛阳	Luoyang	75267	161488	188803	128
平顶山	Pingdingshan	59456	56753	98810	182
安阳	Anyang	76333	46741	15277	266
鹤壁	Hebi	38076	28841	58324	215
新乡	Xinxiang	40486	54047	50258	226
焦作	Jiaozuo	47162	116863	198410	125
濮阳	Puyang	3915	64764	62496	210
许昌	Xuchang	2462	63282	45727	231
漯河	Luohe	45242	69215	29793	255
三门峡	Sanmenxia	27297	70950	32314	251
南阳	Nanyang	139549	366686	177601	134
商丘	Shangqiu	25876	114300	54830	219
信阳	Xinyang	49511	41804	70432	204
周口	Zhoukou	61230	41340	61918	211
驻马店	Zhumadian	29934	71405	65531	207
湖北	**Hubei**	**6148789**	**8577231**	**9740366**	
武汉	Wuhan	4859000	6645218	7352613	1
黄石	Huangshi	214944	175117	187040	129
十堰	Shiyan	114814	188924	214158	119
宜昌	Yichang	125339	294614	291573	96
襄阳	Xiangfan	88129	275510	459513	56
鄂州	Ezhou	97828	90648	129499	162
荆门	Jingmen	100002	98206	136037	155
孝感	Xiaogan	38040	130380	134800	157
荆州	Jingzhou	42315	60825	34298	247
黄冈	Huanggang	34030	29220	30306	254
咸宁	Xianning	10650	13276	13981	267
随州	Suizhou	7048	17000	23329	258
湖南	**Hunan**	**5197309**	**6340166**	**6997807**	
长沙	Changsha	1717959	1679690	1578495	20
株洲	Zhuzhou	386570	600712	464209	54
湘潭	Xiangtan	367100	670434	714444	37
衡阳	Hengyang	676505	508199	619555	41
邵阳	Shaoyang	64948	108199	179252	133
岳阳	Yueyang	213481	401769	345980	75
常德	Changde	396418	279554	307072	92
张家界	Zhangjiajie	90157	64109	27550	256
益阳	Yiyang	73796	57312	84200	192
郴州	Chenzhou	337507	712404	1148814	31
永州	Yongzhou	123713	168956	248770	108
怀化	Huaihua	151380	313537	315727	86
娄底	Loudi	149485	293894	373393	70
广东	**Guangdong**	**20425281**	**6586058**	**7322206**	
广州	Guangzhou	6463223	2022147	2717289	9
韶关	Shaoguan	10727	8403	4200	280
深圳	Shenzhen	2029095	1935336	2102895	11
珠海	Zhuhai	606730	655154	712541	38
汕头	Shantou	53537	28813	50071	227
佛山	Foshan	335628	236487	68779	206
江门	Jiangmen	91581	221060	158706	143
湛江	Zhanjiang	18122	76022	93806	187
茂名	Maoming	2429	10472	17208	262
肇庆	Zhaoqing	288021	219078	247169	111
惠州	Huizhou	194602	131150	134910	156
梅州	Meizhou	50829	17015	12032	273
汕尾	Shanwei	11880	19500	21700	260
河源	Heyuan	212167	177794	38172	238
阳江	Yangjiang	28564	25248	38961	236
清远	Qingyuan	7507	15675	128981	163
东莞	Dongguan	9574959	277016	427070	64
中山	ZhongShan	102769	47806	120182	167
潮州	Chaozhou	9796	7471		
揭阳	Jieyang	42770	102881	8028	277
云浮	Yunfu	7423	6312	38140	239
广西	**Guangxi**	**4391407**	**3367433**	**4476795**	
南宁	Nanning	1522437	757615	1885360	14
柳州	Liuzhou	798066	468061	534845	49
桂林	Guilin	400573	406935	567431	45
梧州	Wuzhou	68199	63336	85593	191
北海	Beihai	163878	117711	168069	138
防城港	Fangchenggang	316509	141584	155765	144
钦州	Qinzhou	219420	270387	294021	95
贵港	Guigang	78564	69712	73998	202
玉林	Yulin	270375	228666	185287	130
百色	Baise	140150	39193	11064	275

8-16 城市市政公用设施建设固定资产投资额（辖区） 续表 3

Fixed Assets Investment in Urban Service Facilities (Districts under City) continued 3

单位：万元 (10 000 yuan)

地名	City	2010	2012	2013	2013 排名 Ranking	地名	City	2010	2012	2013	2013 排名 Ranking
贺州	Hezhou	14145	56404	44120	233	丽江	Lijiang	22515	6280	9861	276
河池	Hechi	34227	46275	12425	270	普洱	Puer	28172	20000	15298	265
来宾	Laibin	148769	397053	152374	148	临沧	Lincang	10077	42063	23061	259
崇左	Chongzuo	25932	41680	80856	194	**西藏**	**Tibet**	**28344**	**45585**	**47910**	
海南	**Hainan**	**296222**	**698192**	**308436**		拉萨	Lhasa	28344	39058	36584	244
海口	Haikou	72131	474786	96151	184	**陕西**	**Shaanxi**	**3457448**	**4032828**	**4759427**	
三亚	Sanya	65819	24501	108166	178	西安	Xi'an	2748881	2477694	3071033	6
重庆	**Chongqing**	**5756056**	**4607586**	**5140261**		铜川	Tongchuan	69386	105877	162555	140
四川	**Sichuan**	**3664555**	**6530341**	**8675968**		宝鸡	Baoji	105826	243379	74151	201
成都	Chengdu	1852554	3934694	5131564	3	咸阳	Xianyang	142536	302667	347190	74
自贡	Zigong	245890	287741	413718	65	渭南	Weinan	58732	76179	161689	141
攀枝花	Panzhihua	38507	67754	114689	172	延安	Yan'an	47520	61971	63215	208
泸州	Luzhou	77770	165798	311891	89	汉中	Hanzhong	4860	92187	58708	214
德阳	Deyang	116550	116237	142267	150	榆林	Yulin	28145	234994	328479	79
绵阳	Mianyang	120165	165386	326916	80	安康	Ankang	165753	261294	263638	101
广元	Guangyuan	51665	104089	177341	135	商洛	Shangluo	31988	54786	53706	220
遂宁	Suining	45179	124732	175902	137	**甘肃**	**Gansu**	**944242**	**2013513**	**3406765**	
内江	Neijiang	44602	107182	311088	91	兰州	Lanzhou	602895	1472719	2927046	8
乐山	Leshan	32970	34096	58726	213	嘉峪关	Jiayuguan	15679	50255	36935	243
南充	Nanchong	96000	188320	231930	113	金昌	Jinchang	29322	8815	37355	242
眉山	Meishan	12161	82609	194023	126	白银	Baiyin	54979	36807	30756	252
宜宾	Yibin	114771	331708	87520	190	天水	Tianshui	25909	80022	80431	195
广安	Guangan	43100	24583	114463	173	武威	Wuwei	39908	43631	15735	264
达州	Dazhou	19911	31606	121310	166	张掖	Zhangye	14722	1848		
雅安	Yaan	15665	52695	47893	229	平凉	Pingliang	43849	57890	109794	177
巴中	Bazhong	5535	129805	38023	240	酒泉	Jiuquan	25579	33618	38185	237
资阳	Ziyang	199923	176397	301771	94	庆阳	Qingyang	46085	76209	35856	245
贵州	**Guizhou**	**911371**	**1385437**	**5332325**		定西	Dingxi	14090	26418		
贵阳	Guiyang	821368	789180	3795972	4	陇南	Longnan	12069	52823	59450	212
六盘水	Liupanshui	1026	4168	1576	281	**青海**	**Qinghai**	**265163**	**416236**	**454993**	
遵义	Zunyi	10878	13000	7750	278	西宁	Xining	210203	388893	320149	82
安顺	Anshun	9850	155403	369314	71	**宁夏**	**Ningxia**	**356655**	**334884**	**450988**	
毕节	Bijie	1889		399699	67	银川	Yinchuan	199242	127955	137097	153
铜仁	Tongren	8808	67990	78677	196	石嘴山	Shizuishan	53474	43368	33480	249
云南	**Yunnan**	**2908549**	**1278326**	**2097970**		吴忠	Wuzhong	38108	40849	41682	234
昆明	Kunming	1928961	538755	1284008	26	固原	Guyuan	18011	63465	56124	218
曲靖	Qujing	265198	124953	96891	183	中卫	Zhongwei	8273	28102	44217	232
玉溪	Yuxi	38647	36260	15973	263	**新疆**	**Xinjiang**	**995143**	**3679987**	**3787954**	
保山	Baoshan	5890	26647	47197	230	乌鲁木齐	Urumqi	403842	2269224	2400796	10
昭通	Zhaotong	105486	61280	20043	261	克拉玛依	Karamay	57041	133830	236004	112

8-17 城市市政供水设施建设投资额（辖区）

Fixed Assets Investment of Water Supply in Urban Service Facilities (Districts under City)

单位：万元 (10 000 yuan)

地名 City		2010	2012	2013	2013 排名 Ranking	地名 City		2010	2012	2013	2013 排名 Ranking
全国	**Nation Total**	**4268294**	**4103827**	**5246760**		沈阳	Shenyang	66541	68811	105784	7
北京	**Beijing**	**259746**	**200013**	**628193**		大连	Dalian	154460	4411	33744	23
天津	**Tianjin**	**83758**	**40081**	**30029**		鞍山	Anshan	25090	58468	6897	89
河北	**Hebei**	**82966**	**88115**	**246875**		抚顺	Fushun	6820	16398	9514	74
石家庄	Shijiazhuang	4900	200	6316	97	本溪	Benxi	1393	5848	2145	162
唐山	Tangshan	2596		1850	167	丹东	Dandong	4622	6562	6491	94
秦皇岛	Qinhuangdao	2073	5878			锦州	Jinzhou	3780	6935	5865	101
邯郸	Handan	10286	8190	1000	201	营口	Yingkou	3131	4407		
邢台	Xingtai	1350	7690	4083	127	阜新	Fuxin	8604	5900	8124	82
保定	Baoding	1300	2700	1400	184	辽阳	Liaoyang	7866	1220	1258	192
张家口	Zhangjiakou	10091	17936	31706	26	盘锦	Panjin	377	850	1698	174
承德	Chengde	2880	15660	2400	157	铁岭	Tieling	2152	1738	2212	159
沧州	Cangzhou	10721	3360	1297	190	朝阳	Chaoyang	600	1904	749	211
廊坊	Langfang		379	173618	2	葫芦岛	Huludao	11500		3000	144
衡水	Hengshui	8328	3206	224	220	吉林	**Jilin**	**53759**	**100458**	**123621**	
山西	**Shanxi**	**48653**	**71964**	**107301**		长春	Changchun	19472	75284	75243	9
太原	Taiyuan	16020	17600	64200	11	吉林	Jilin	4258	1787	13752	51
大同	Datong	20000	30776	5027	113	四平	Siping				
阳泉	Yangquan	1564				辽源	Liaoyuan		2900	2900	146
长治	Changzhi	1065	2650			通化	Tonghua	3000	2103	4133	125
晋城	Jincheng		524			白山	Baishan	2330	220	700	213
朔州	Shuozhou	5000	4489	3793	129	松原	Songyuan	1050	300	5000	114
晋中	Jinzhong	244	7000	18500	39	白城	Baicheng	730	2505	1000	201
运城	Yuncheng					黑龙江	**Heilongjiang**	**49260**	**93367**	**111217**	
忻州	Xinzhou		5770	2700	149	哈尔滨	Harbin	4800		18524	38
临汾	Linfen	3263	1285			齐齐哈尔	Qiqihar	583	2951	5155	111
吕梁	Luliang					鸡西	Jixi	13648	455	4196	124
内蒙古	**Inner Mongolia**	**116720**	**260040**	**98600**		鹤岗	Hegang	534	277	11281	64
呼和浩特	Hohhot	4557	2588	10644	69	双鸭山	Shuangyashan	1200	3671	3372	136
包头	Baotou	3518	14000	2700	149	大庆	Daqing	8937	43000	15578	49
乌海	Wuhai	1448	8789	12710	59	伊春	Yichun	7844	5320	8834	80
赤峰	Chifeng	46190	11150	12577	61	佳木斯	Jiamusi	3300		1058	199
通辽	Tongliao		6410	124	223	七台河	Qitaihe		1980	560	214
鄂尔多斯	Erdos	9275	164373	800	208	牡丹江	Mudanjiang			5735	103
呼伦贝尔	Hulunbuir	39326	11696	16760	47	黑河	Heihe	500	500	2700	149
巴彦淖尔	Bayannur		9200	9095	79	绥化	Suihua			5500	107
乌兰察布	Ulanqab	800	1640	1301	188	上海	**Shanghai**	**397909**	**254264**	**123836**	
辽宁	**Liaoning**	**328914**	**208020**	**219603**		江苏	**Jiangsu**	**635100**	**614522**	**820103**	

8-17 城市市政供水设施建设投资额（辖区） 续表 1

Fixed Assets Investment of Water Supply in Urban Service Facilities (Districts under City) continued 1

单位：万元 (10 000 yuan)

地名	City	2010	2012	2013	2013 排名 Ranking
南京	Nanjing	108884	147927	191799	1
无锡	Wuxi	53672	74610	52551	16
徐州	Xuzhou	310	10161	19415	37
常州	Changzhou	59969	48919	11751	63
苏州	Suzhou	34768	23140	40185	20
南通	Nantong	34671	99471	140671	6
连云港	Lianyungang	5113	17903	33187	24
淮安	Huaian		11600	1850	167
盐城	Yancheng			9500	75
扬州	Yangzhou	16896	17704	11026	65
镇江	Zhenjiang	18676	11200	43775	18
泰州	Taizhou	1000	1050	7200	86
宿迁	Suqian	8200	1500	18000	43
浙江	**Zhejiang**	**240451**	**204532**	**212775**	
杭州	Hangzhou	72403	13525	20064	34
宁波	Ningbo	22580	17075	7158	88
温州	Wenzhou	481	5396	15194	53
嘉兴	Jiaxing	19566	11921	3271	137
湖州	Huzhou	4177		4496	121
绍兴	Shaoxing	3322	5465	30068	27
金华	Jinhua	494	559	1330	186
衢州	Quzhou	3071	4531	8608	81
舟山	Zhoushan	1446	8255	13630	55
台州	Taizhou	9965	6827	7280	85
丽水	Lishui	2500	3149	5960	100
安徽	**Anhui**	**93108**	**198007**	**263062**	
合肥	Hefei	17246	37560	55877	15
芜湖	Wuhu	10838	19758	41937	19
蚌埠	Bengbu	2550	3800	17560	46
淮南	Huainan	4608	6540	5149	112
马鞍山	Maanshan	2390	13230	15202	52
淮北	Huaibei	2531		27400	29
铜陵	Tongling	4022	4000	4395	122
安庆	Anqing	3183	3948	5283	109
黄山	Huangshan	6607	2209	4927	116
滁州	Chuzhou	3079	48675	4792	120
阜阳	Fuyang	4072	3310	7193	87
宿州	Suzhou	4026	2540	10600	70
六安	Liuan	1430	5081	13320	57
亳州	Bozhou	13847	159	2620	152

地名	City	2010	2012	2013	2013 排名 Ranking
池州	Chizhou	1484	2980	1700	173
宣城	Xuancheng	5633	8282	2123	165
福建	**Fujian**	**92791**	**173531**	**122193**	
福州	Fuzhou		2503	2241	158
厦门	Xiamen	44634	79666	95817	8
莆田	Putian	8247	2000		
三明	Sanming	570	20	710	212
泉州	Quanzhou	1982	10008	2888	147
漳州	Zhangzhou	765	3000	320	218
南平	Nanping	2086	1771		
龙岩	Longyan	1292	5375	1142	197
宁德	Ningde	1300	7377	3807	128
江西	**Jiangxi**	**95408**	**77017**	**123409**	
南昌	Nanchang	4882	26818	59317	14
景德镇	Jingdezhen	1046	28	1000	201
萍乡	Pingxiang	5920	1965	1643	175
九江	Jiujiang	12300	1755	3065	142
新余	Xinyu	1560	6393	1615	177
鹰潭	Yingtan	2626	1571		
赣州	Ganzhou				
吉安	Jian	10026	9080	2439	156
宜春	Yichun	1218	803	544	215
抚州	Fuzhou	16857	10978	10700	68
上饶	Shangrao	10468	820	1369	185
山东	**Shandong**	**384331**	**362110**	**457230**	
济南	Jinan	94253	54860	149431	4
青岛	Qingdao	55481	83547	19759	36
淄博	Zibo	26198	47182	64201	10
枣庄	Zaozhuang	6644	7690	9890	73
东营	Dongying		12192	37749	22
烟台	Yantai	41328	14665	17970	44
潍坊	Weifang	6393	2238	17675	45
济宁	Jining	1272	2908	2140	164
泰安	Taian	3615	3250	9099	78
威海	Weihai	25619	27684	21901	33
日照	Rizhao	8502	18993	12814	58
莱芜	Laiwu	1695	5741	3140	141
临沂	Linyi	52373	29279	9909	72
德州	Dezhou		4000	4869	118
聊城	Liaocheng	1850	2440	3179	139

8-17 城市市政供水设施建设投资额（辖区） 续表 2
Fixed Assets Investment of Water Supply in Urban Service Facilities (Districts under City) continued 2

单位：万元 (10 000 yuan)

地名	City	2010	2012	2013	2013 排名 Ranking
滨州	Binzhou	2389	2681		
菏泽	Heze	420	500	1570	179
河南	**Henan**	**40624**	**94553**	**112649**	
郑州	Zhengzhou	9896	37266	61799	12
开封	Kaifeng	121	1707	1195	195
洛阳	Luoyang	500	1604	1501	180
平顶山	Pingdingshan		7390	12073	62
安阳	Anyang	1700	2321	781	210
鹤壁	Hebi	497	2446	1451	182
新乡	Xinxiang	354	140	1251	193
焦作	Jiaozuo	488	1280	2852	148
濮阳	Puyang		400		
许昌	Xuchang		4139	900	205
漯河	Luohe	1015	1200		
三门峡	Sanmenxia	98	1583	48	227
南阳	Nanyang	3902	12820	6804	91
商丘	Shangqiu	930	6300	1500	181
信阳	Xinyang	4000	1500	3790	130
周口	Zhoukou	3693	3240	1711	172
驻马店	Zhumadian	1210	1378	1308	187
湖北	**Hubei**	**49351**	**130919**	**91418**	
武汉	Wuhan	22376	36367		
黄石	Huangshi	500	17625	12706	60
十堰	Shiyan		5107	5708	105
宜昌	Yichang	2928	3518	1639	176
襄阳	Xiangfan		2198		
鄂州	Ezhou	4722	4433	5000	114
荆门	Jingmen	4200	4378	3600	134
孝感	Xiaogan	500	5800	15800	48
荆州	Jingzhou	1500	5879	5281	110
黄冈	Huanggang	1100	1300		
咸宁	Xianning		190		
随州	Suizhou				
湖南	**Hunan**	**116825**	**92188**	**138667**	
长沙	Changsha	40007			
株洲	Zhuzhou	13676	15140	13560	56
湘潭	Xiangtan	772	18078	22868	31
衡阳	Hengyang	829	1318	6220	98
邵阳	Shaoyang	795	2737	3633	132
岳阳	Yueyang	4181	6160	6693	93
常德	Changde			2200	160
张家界	Zhangjiajie	4450		6000	99
益阳	Yiyang	1756		1840	169
郴州	Chenzhou	19620	24542	9268	76
永州	Yongzhou		3900	1165	196
怀化	Huaihua	650	1783	15234	51
娄底	Loudi	1080	5950		
广东	**Guangdong**	**569854**	**133468**	**52403**	
广州	Guangzhou	451486	18476	15418	50
韶关	Shaoguan	1705	400	350	217
深圳	Shenzhen	15748			
珠海	Zhuhai	12648	11622	2605	154
汕头	Shantou	11117		233	219
佛山	Foshan	9715	68827	18225	42
江门	Jiangmen	7845	5553	3144	140
湛江	Zhanjiang				
茂名	Maoming	929	4893	3049	143
肇庆	Zhaoqing	6295	2712	5340	108
惠州	Huizhou	1120	8500		
梅州	Meizhou				
汕尾	Shanwei				
河源	Heyuan	468	1513	833	207
阳江	Yangjiang				
清远	Qingyuan	339			
东莞	Dongguan	41572		58	226
中山	ZhongShan	328	5758		
潮州	Chaozhou				
揭阳	Jieyang				
云浮	Yunfu	800	1650	400	216
广西	**Guangxi**	**79997**	**126756**	**128133**	
南宁	Nanning	23487	11190	50904	17
柳州	Liuzhou	1306	1679	5722	104
桂林	Guilin	17868	11402	4097	126
梧州	Wuzhou	3121	2305	1591	178
北海	Beihai	3036	4813	3629	133
防城港	Fangchenggang	3014	14949	7612	83
钦州	Qinzhou	7851	14888	11024	66
贵港	Guigang	3395	3907	1285	191
玉林	Yulin	3049	35277	6720	92
百色	Baise	800	234	163	222

8-17 城市市政供水设施建设投资额（辖区） 续表 3
Fixed Assets Investment of Water Supply in Urban Service Facilities (Districts under City) continued 3

单位：万元 (10 000 yuan)

地名	City	2010	2012	2013	2013 排名 Ranking
贺州	Hezhou			1234	194
河池	Hechi	888			
来宾	Laibin	1500	8038	9222	77
崇左	Chongzuo	110	480	3200	138
海南	**Hainan**	**11967**	**17775**	**29952**	
海口	Haikou	4911	13110	22808	32
三亚	Sanya	1210	115	1800	170
重庆	**Chongqing**	**100880**	**119377**	**128750**	
四川	**Sichuan**	**88770**	**85105**	**248693**	
成都	Chengdu	43196	14439	164920	3
自贡	Zigong	5189			
攀枝花	Panzhihua	1762	2269	6829	90
泸州	Luzhou	2069	5732	6460	95
德阳	Deyang	1766	6810	5798	102
绵阳	Mianyang	4556	8287	3778	131
广元	Guangyuan	2861	6827	2618	153
遂宁	Suining	1111	7593		
内江	Neijiang	361	3355		
乐山	Leshan	1175	854	1783	171
南充	Nanchong	4000	5000	3500	135
眉山	Meishan	100	10033	891	206
宜宾	Yibin	24	1272		
广安	Guangan	2270	228	7543	84
达州	Dazhou	1900	900	800	208
雅安	Yaan			18480	41
巴中	Bazhong	850			
资阳	Ziyang	1603	843	1140	198
贵州	**Guizhou**	**7795**	**46267**	**105924**	
贵阳	Guiyang	4815		20029	35
六盘水	Liupanshui				
遵义	Zunyi				
安顺	Anshun		2520	60935	13
毕节	Bijie			2141	163
铜仁	Tongren		11990		
云南	**Yunnan**	**41916**	**98781**	**111842**	
昆明	Kunming	26811	24977	39384	21
曲靖	Qujing	2158	44850	10980	67
玉溪	Yuxi				
保山	Baoshan				
昭通	Zhaotong			2514	155

地名	City	2010	2012	2013	2013 排名 Ranking
丽江	Lijiang				
普洱	Puer			220	221
临沧	Lincang				
西藏	**Tibet**				
拉萨	Lhasa				
陕西	**Shaanxi**	**47115**	**41336**	**72969**	
西安	Xi'an	18000	10900	32495	25
铜川	Tongchuan				
宝鸡	Baoji	16100	27550	6380	96
咸阳	Xianyang	5430		2156	161
渭南	Weinan		1180	18500	39
延安	Yan'an	6205	206	915	204
汉中	Hanzhong		69	63	225
榆林	Yulin	500		10000	71
安康	Ankang				
商洛	Shangluo	580		1300	189
甘肃	**Gansu**	**20839**	**47406**	**30994**	
兰州	Lanzhou	5844	20525	23620	30
嘉峪关	Jiayuguan	375		4380	123
金昌	Jinchang				
白银	Baiyin	8419	4490		
天水	Tianshui	2000		1014	200
武威	Wuwei	2719	20284		
张掖	Zhangye	230			
平凉	Pingliang	204		120	224
酒泉	Jiuquan	848			
庆阳	Qingyang			1860	166
定西	Dingxi				
陇南	Longnan	200	1725		
青海	**Qinghai**	**33422**	**7566**	**23317**	
西宁	Xining	26993	6000	4885	117
宁夏	**Ningxia**	**40224**	**18037**	**17848**	
银川	Yinchuan	16723	1996	2955	145
石嘴山	Shizuishan	16391	11407	5522	106
吴忠	Wuzhong	941	957	4800	119
固原	Guyuan				
中卫	Zhongwei			1441	183
新疆	**Xinjiang**	**55841**	**98252**	**265154**	
乌鲁木齐	Urumqi	10700	25600	142409	5
克拉玛依	Karamay	5891	12261	29217	28

8-18 城市市政燃气设施建设投资额（辖区）

Fixed Assets Investment of Gas Supply in Urban Service Facilities (Districts under City)

单位：万元 (10 000 yuan)

地名	City	2010	2012	2013	2013 排名 Ranking
全国	**Nation Total**	**2907816**	**4144852**	**4256123**	
北京	**Beijing**	**182583**	**253410**	**683563**	
天津	**Tianjin**	**133368**	**159272**	**372001**	
河北	**Hebei**	**240440**	**238308**	**209320**	
石家庄	Shijiazhuang	16100	30000	19800	28
唐山	Tangshan	49138	20474	24224	22
秦皇岛	Qinhuangdao	10819	1280	2696	144
邯郸	Handan	17114	9460		
邢台	Xingtai	11200	8400	11531	46
保定	Baoding	3026	36111	800	191
张家口	Zhangjiakou	57588	19500	29846	15
承德	Chengde	4369	12600	300	208
沧州	Cangzhou	3007	2800	2900	139
廊坊	Langfang	3022	3916	4394	105
衡水	Hengshui	5350	1043	1287	182
山西	**Shanxi**	**97264**	**270464**	**147151**	
太原	Taiyuan	28700	182389	86500	3
大同	Datong	35000	13936	5000	92
阳泉	Yangquan	1515	4399	2215	157
长治	Changzhi	19284	132	660	197
晋城	Jincheng		339		
朔州	Shuozhou		6445	750	193
晋中	Jinzhong		15000	27000	17
运城	Yuncheng				
忻州	Xinzhou	4980	2600	1025	187
临汾	Linfen		2000	2000	163
吕梁	Luliang		4775	5343	89
内蒙古	**Inner Mongolia**	**84233**	**97081**	**113625**	
呼和浩特	Hohhot	11594	6472	24539	21
包头	Baotou	42264	15987	42600	11
乌海	Wuhai	535	23065	1622	172
赤峰	Chifeng	7300	820	7351	68
通辽	Tongliao	604	1190	1522	176
鄂尔多斯	Erdos	13043	14557	3455	125
呼伦贝尔	Hulunbuir				
巴彦淖尔	Bayannur		4000	6500	75
乌兰察布	Ulanqab	3240	15000	5000	92
辽宁	**Liaoning**	**123984**	**206221**	**168290**	
沈阳	Shenyang	31920	104584	47659	7
大连	Dalian	30671	8644	11008	47
鞍山	Anshan	13252	10238	10104	52
抚顺	Fushun	1316	10465	6817	74
本溪	Benxi	498	5615	19615	30
丹东	Dandong	6814	4617	10777	49
锦州	Jinzhou	4795	2728	2854	140
营口	Yingkou	2227	2132	6999	73
阜新	Fuxin	296	2900	374	205
辽阳	Liaoyang	4781	5450	4750	98
盘锦	Panjin	580	1644	1795	169
铁岭	Tieling	891	9746	16585	34
朝阳	Chaoyang	883		1343	180
葫芦岛	Huludao	3633	160		
吉林	**Jilin**	**108001**	**80208**	**40780**	
长春	Changchun	16159	35708	7245	69
吉林	Jilin	68872	7779	2550	147
四平	Siping	200	4000	9400	59
辽源	Liaoyuan				
通化	Tonghua		1500		
白山	Baishan	1204	1200	800	191
松原	Songyuan	390	1000	360	206
白城	Baicheng			13000	42
黑龙江	**Heilongjiang**	**53238**	**106511**	**69659**	
哈尔滨	Harbin				
齐齐哈尔	Qiqihar	3105	2963	5678	85
鸡西	Jixi		350	3291	129
鹤岗	Hegang	3271	4530	1000	189
双鸭山	Shuangyashan				
大庆	Daqing	31955	975	4067	112
伊春	Yichun		8500	9326	60
佳木斯	Jiamusi	2250	2835	4600	101
七台河	Qitaihe	50	30900	5814	82
牡丹江	Mudanjiang	1000	4500	5800	83
黑河	Heihe				
绥化	Suihua			1490	177
上海	**Shanghai**	**187926**	**138720**	**236174**	
江苏	**Jiangsu**	**209311**	**239189**	**264461**	

8-18 城市市政燃气设施建设投资额（辖区） 续表 1
Fixed Assets Investment of Gas Supply in Urban Service Facilities (Districts under City) continued 1

单位：万元 (10 000 yuan)

地名	City	2010	2012	2013	2013 排名 Ranking	地名	City	2010	2012	2013	2013 排名 Ranking
南京	Nanjing	20382	50669	8029	63	池州	Chizhou	3225	3237	18065	33
无锡	Wuxi	38678	15203	5543	86	宣城	Xuancheng	1862	2106	3400	126
徐州	Xuzhou	5000				**福建**	**Fujian**	**60834**	**50646**	**15913**	
常州	Changzhou	11196	18483	23896	23	福州	Fuzhou	4972	7083	2381	153
苏州	Suzhou	19254	25931	36514	12	厦门	Xiamen	14294	10877		
南通	Nantong	14608	6291	13744	41	莆田	Putian	5671	3000		
连云港	Lianyungang	2880	1768	4799	97	三明	Sanming	950	380	117	216
淮安	Huaian		2840	1159	184	泉州	Quanzhou	22000		500	200
盐城	Yancheng	4818				漳州	Zhangzhou	4100	2806	2425	152
扬州	Yangzhou	4644	8454	8290	62	南平	Nanping	50			
镇江	Zhenjiang	10131	11831	11570	45	龙岩	Longyan	1429	14000	3724	119
泰州	Taizhou	1800		1816	168	宁德	Ningde	1229	3162	1400	179
宿迁	Suqian	9500	14100	9801	54	**江西**	**Jiangxi**	**66967**	**745094**	**148136**	
浙江	**Zhejiang**	**119041**	**1157165**	**183991**		南昌	Nanchang		121947		
杭州	Hangzhou	24424	45569	56418	4	景德镇	Jingdezhen			98142	2
宁波	Ningbo	18148	22965	18750	31	萍乡	Pingxiang	1500	900	5100	91
温州	Wenzhou		15500	26974	18	九江	Jiujiang	37863	549829	3621	121
嘉兴	Jiaxing	31075	5939	10779	48	新余	Xinyu	8087	4005	2104	159
湖州	Huzhou	14064	9151	7143	70	鹰潭	Yingtan		7050		
绍兴	Shaoxing	5108	8738	21600	26	赣州	Ganzhou		7709		
金华	Jinhua	973	696	2704	142	吉安	Jian	1383		226	213
衢州	Quzhou	138	764	1600	173	宜春	Yichun	2099	3924	4666	99
舟山	Zhoushan	1385	2235	3080	134	抚州	Fuzhou	12070	3295	2700	143
台州	Taizhou	539	6711	2244	156	上饶	Shangrao	1235	1250	3141	133
丽水	Lishui	571	300	4038	113	**山东**	**Shandong**	**355215**	**424822**	**320707**	
安徽	**Anhui**	**82614**	**110600**	**198389**		济南	Jinan	16285	32772	26193	20
合肥	Hefei	11237	12632	22424	24	青岛	Qingdao	34874	41742	33336	14
芜湖	Wuhu	2081	14823	20503	27	淄博	Zibo	44379	4535	16106	35
蚌埠	Bengbu	8040	2410	3200	131	枣庄	Zaozhuang	7136	12024	9762	56
淮南	Huainan	3627	2332	4080	111	东营	Dongying	259		1950	166
马鞍山	Maanshan	4200	6581	15813	36	烟台	Yantai	3189	6144	2000	163
淮北	Huaibei	7210	2000	28500	16	潍坊	Weifang	4262	6143	5373	88
铜陵	Tongling	7525	8019	11875	44	济宁	Jining	10000		1013	188
安庆	Anqing	2680	2500	4100	110	泰安	Taian	15815	100000	51358	6
黄山	Huangshan	3060	3560	6190	78	威海	Weihai	12874	14057	15408	37
滁州	Chuzhou	4880	3880	2916	138	日照	Rizhao	2000	24350	18117	32
阜阳	Fuyang	2100	8709	2054	161	莱芜	Laiwu	69700	23650	7040	71
宿州	Suzhou	3038	2012	3300	127	临沂	Linyi	41584	40975	34292	13
六安	Liuan	2119	2115	2065	160	德州	Dezhou		7989	4182	108
亳州	Bozhou	5159	6769	2706	141	聊城	Liaocheng	830	2102	2456	151

8-18 城市市政燃气设施建设投资额（辖区） 续表 2

Fixed Assets Investment of Gas Supply in Urban Service Facilities (Districts under City) continued 2

单位：万元 (10 000 yuan)

地名	City	2010	2012	2013	2013 排名 Ranking
滨州	Binzhou	676	807	431	204
菏泽	Heze	200	1800	5800	83
河南	**Henan**	**85960**	**141830**	**114734**	
郑州	Zhengzhou	24584	19247	9693	58
开封	Kaifeng	1064	7048	4522	104
洛阳	Luoyang	190	6916	9753	57
平顶山	Pingdingshan	922	5219	13763	40
安阳	Anyang	5036	800	4210	107
鹤壁	Hebi	1803	5477	1944	167
新乡	Xinxiang	6817	3167	1131	186
焦作	Jiaozuo	2367	17985	14141	39
濮阳	Puyang		10500	299	210
许昌	Xuchang		10569	10569	51
漯河	Luohe	945	5000	3000	136
三门峡	Sanmenxia	4170	2146	688	195
南阳	Nanyang	1286	8139	2294	155
商丘	Shangqiu	829	9840	1147	185
信阳	Xinyang		2590	3220	130
周口	Zhoukou	5397	180	1528	175
驻马店	Zhumadian	255	1411		
湖北	**Hubei**	**144094**	**80576**	**73452**	
武汉	Wuhan	45750	1		
黄石	Huangshi	11630	9100		
十堰	Shiyan	31000	4711	8750	61
宜昌	Yichang	5074	6855	6358	77
襄阳	Xiangfan	17104	8000		
鄂州	Ezhou	6000	4700	5000	92
荆门	Jingmen	804	1375		
孝感	Xiaogan	200			
荆州	Jingzhou	1291	3051	3777	118
黄冈	Huanggang				
咸宁	Xianning				
随州	Suizhou				
湖南	**Hunan**	**64237**	**41318**	**54088**	
长沙	Changsha	18300	9200		
株洲	Zhuzhou	11312	19782	3507	122
湘潭	Xiangtan	2455	2054	3648	120
衡阳	Hengyang	2425	662		
邵阳	Shaoyang	1200	2200	3491	124
岳阳	Yueyang	500		4600	101
常德	Changde				
张家界	Zhangjiajie		1200		
益阳	Yiyang	4800			
郴州	Chenzhou			3914	117
永州	Yongzhou			6010	80
怀化	Huaihua	5000	2600	7800	65
娄底	Loudi	2000	2670	1600	173
广东	**Guangdong**	**110079**	**155654**	**105251**	
广州	Guangzhou	27811	29378	12918	43
韶关	Shaoguan	200	463	220	214
深圳	Shenzhen	37544	75699	47096	8
珠海	Zhuhai	1047	3424	10742	50
汕头	Shantou	3891	1086	1641	171
佛山	Foshan	11032	8384	5401	87
江门	Jiangmen	4138	8541	4628	100
湛江	Zhanjiang				
茂名	Maoming	1500	2500	2000	163
肇庆	Zhaoqing	6592	9367	2500	148
惠州	Huizhou	2278	1548	640	198
梅州	Meizhou		1000	1174	109
汕尾	Shanwei				
河源	Heyuan		1046	1300	181
阳江	Yangjiang				
清远	Qingyuan		7017	6106	79
东莞	Dongguan	71	45		
中山	ZhongShan	11295	856	619	199
潮州	Chaozhou				
揭阳	Jieyang	465	1000		
云浮	Yunfu	1200			
广西	**Guangxi**	**31474**	**30466**	**113342**	
南宁	Nanning	8784	8305	45090	10
柳州	Liuzhou	2466	1519	4004	114
桂林	Guilin	1053	6935	3192	132
梧州	Wuzhou	530	1341	2023	162
北海	Beihai	8000		300	208
防城港	Fangchenggang	4985	1584	3961	116
钦州	Qinzhou	450	600	750	193
贵港	Guigang	590	3780	1681	170
玉林	Yulin	1789	2442	7396	67
百色	Baise	100	650	2460	150

8-18 城市市政燃气设施建设投资额（辖区） 续表 3

Fixed Assets Investment in Gas Supply of Urban Service Facilities (Districts under City) continued 3

单位：万元 (10 000 yuan)

地名	City	2010	2012	2013	2013 排名 Ranking
贺州	Hezhou				
河池	Hechi		3110		
来宾	Laibin	200	3000	3500	123
崇左	Chongzuo	1000		15000	38
海南	**Hainan**	**7896**	**1856**	**2119**	
海口	Haikou				
三亚	Sanya	6000	1856	2119	158
重庆	**Chongqing**	**86081**	**26200**	**29739**	
四川	**Sichuan**	**47388**	**53566**	**86401**	
成都	Chengdu	13055	5189	19640	29
自贡	Zigong	914	832	3000	136
攀枝花	Panzhihua	240	308	22317	25
泸州	Luzhou	1059	2734	2310	154
德阳	Deyang	4500			
绵阳	Mianyang	3000	8098	5978	81
广元	Guangyuan	1538	870	1287	182
遂宁	Suining	1459	2952	491	201
内江	Neijiang	128	731	4310	106
乐山	Leshan	911	1009	3028	135
南充	Nanchong	3000	3800	3300	127
眉山	Meishan	120		460	203
宜宾	Yibin	1120	199	15	217
广安	Guangan	2931	2805		
达州	Dazhou	800	11506	2490	149
雅安	Yaan			4004	114
巴中	Bazhong	601			
资阳	Ziyang	1524	4518	6434	76
贵州	**Guizhou**	**6085**	**30445**	**77024**	
贵阳	Guiyang	4991	12091	55408	5
六盘水	Liupanshui				
遵义	Zunyi				
安顺	Anshun		954	2685	146
毕节	Bijie				
铜仁	Tongren				
云南	**Yunnan**	**11054**	**3984**	**9772**	
昆明	Kunming	4676			
曲靖	Qujing	4875		8000	64
玉溪	Yuxi				
保山	Baoshan				
昭通	Zhaotong	230	600	174	215

地名	City	2010	2012	2013	2013 排名 Ranking
丽江	Lijiang				
普洱	Puer			260	211
临沧	Lincang				
西藏	**Tibet**				
拉萨	Lhasa				
陕西	**Shaanxi**	**34435**	**77495**	**58887**	
西安	Xi'an	17847	18071	26384	19
铜川	Tongchuan	4272			
宝鸡	Baoji	4500	25800	5270	90
咸阳	Xianyang	2800	9835	914	190
渭南	Weinan				
延安	Yan'an	1332	48	470	202
汉中	Hanzhong		5969	4849	96
榆林	Yulin	1500	16400	10000	53
安康	Ankang				
商洛	Shangluo	368			
甘肃	**Gansu**	**12261**	**18899**	**60572**	
兰州	Lanzhou	8129		45368	9
嘉峪关	Jiayuguan	32	453	1462	178
金昌	Jinchang			680	196
白银	Baiyin		5442	4592	103
天水	Tianshui		201	320	207
武威	Wuwei				
张掖	Zhangye				
平凉	Pingliang	4100			
酒泉	Jiuquan			5000	92
庆阳	Qingyang			260	211
定西	Dingxi				
陇南	Longnan				
青海	**Qinghai**	**3729**	**7812**	**1405**	
西宁	Xining	2567	6850		
宁夏	**Ningxia**	**100133**	**24300**	**24257**	
银川	Yinchuan	99821	14703	7714	66
石嘴山	Shizuishan	272	1533		
吴忠	Wuzhong	40	2580	7000	72
固原	Guyuan				
中卫	Zhongwei		1084	2689	145
新疆	**Xinjiang**	**57891**	**172740**	**272920**	
乌鲁木齐	Urumqi	22675	79872	197893	1
克拉玛依	Karamay	10865	7334	9765	55

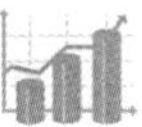

8-19 城市市政集中供热设施建设投资额（辖区）

Fixed Assets Investment of Central Heating in Urban Service Facilities (Districts under City)

单位：万元 (10 000 yuan)

地名	City	2010	2012	2013	2013 排名 Ranking
全国	**Nation Total**	**4332455**	**6302635**	**5960491**	
北京	**Beijing**	**496568**	**691449**	**605975**	
天津	**Tianjin**	**70439**	**58738**	**64560**	
河北	**Hebei**	**768645**	**498758**	**426356**	
石家庄	Shijiazhuang	318982	56600	126680	5
唐山	Tangshan	107989	34681	59486	21
秦皇岛	Qinhuangdao	16013	13698	1456	105
邯郸	Handan	22300	15295	2000	100
邢台	Xingtai	11600	12000	5900	81
保定	Baoding	1730		607	110
张家口	Zhangjiakou	97000	53569	35171	30
承德	Chengde	9341	84020	6696	77
沧州	Cangzhou	16357	4915	4645	93
廊坊	Langfang	26549	5566	9347	69
衡水	Hengshui	3700	6238	14000	56
山西	**Shanxi**	**224561**	**854342**	**687015**	
太原	Taiyuan	24961	583941	458400	1
大同	Datong	38000	43982	19853	43
阳泉	Yangquan	11090	16093	34963	31
长治	Changzhi	8500	15000	5100	88
晋城	Jincheng		10628		
朔州	Shuozhou	5850	60050	45424	23
晋中	Jinzhong	66310	19000	24200	36
运城	Yuncheng				
忻州	Xinzhou	32000	9200	61	112
临汾	Linfen	13800	22580	20020	41
吕梁	Luliang	3350		5343	87
内蒙古	**Inner Mongolia**	**374920**	**578718**	**554596**	
呼和浩特	Hohhot	42240	70561	45095	25
包头	Baotou	67773	92450	68800	18
乌海	Wuhai	8725	14604	6221	80
赤峰	Chifeng	27391	32335	36196	29
通辽	Tongliao	6700	11002	16811	48
鄂尔多斯	Erdos	85022	196782	12000	60
呼伦贝尔	Hulunbuir	27287	20299	97737	10
巴彦淖尔	Bayannur	33000	13050	26000	34
乌兰察布	Ulanqab	5000	63000	93613	11
辽宁	**Liaoning**	**717638**	**909507**	**748396**	

地名	City	2010	2012	2013	2013 排名 Ranking
沈阳	Shenyang	106568	181465	84300	13
大连	Dalian	206765	40023	79668	16
鞍山	Anshan	3600	66233	89006	12
抚顺	Fushun	35694	113553	217918	4
本溪	Benxi	13728	28354	20851	38
丹东	Dandong	6989	300000	5900	81
锦州	Jinzhou	11920	11520	20243	40
营口	Yingkou	35138			
阜新	Fuxin	14053	14054	8200	72
辽阳	Liaoyang	64898	11915	19036	45
盘锦	Panjin	14401	8701	4665	92
铁岭	Tieling	890	4267	75176	17
朝阳	Chaoyang	11600	10141	7560	73
葫芦岛	Huludao	5800	2800		
吉林	**Jilin**	**294835**	**201860**	**188325**	
长春	Changchun	137822	53456	80924	14
吉林	Jilin	35810	13500	9910	68
四平	Siping	13000			
辽源	Liaoyuan	2300		15000	53
通化	Tonghua	28400	1500	1580	103
白山	Baishan	445	1200	3008	98
松原	Songyuan	11751	1000		
白城	Baicheng	14355		5500	84
黑龙江	**Heilongjiang**	**239959**	**106511**	**823070**	
哈尔滨	Harbin	22477	108703	236645	3
齐齐哈尔	Qiqihar	2362	18200	16483	51
鸡西	Jixi	3500	27169	23556	37
鹤岗	Hegang	1861	7004	11311	64
双鸭山	Shuangyashan	800	20288	36378	28
大庆	Daqing	32719	82954	117463	6
伊春	Yichun	24291	75405	114491	7
佳木斯	Jiamusi	45000	4256	26891	33
七台河	Qitaihe	8830	3253	16615	50
牡丹江	Mudanjiang	9192	5400	12439	59
黑河	Heihe	6000	10759	5508	83
绥化	Suihua	3000	25600	11733	62
上海	**Shanghai**				
江苏	**Jiangsu**	**2033**	**9768**		

8-19 城市市政集中供热设施建设投资额（辖区） 续表 1
Fixed Assets Investment of Central Heating in Urban Service Facilities (Districts under City) continued 1

单位：万元 (10 000 yuan)

地名	City	2010	2012	2013	2013 排名 Ranking
南京	Nanjing		9768		
浙江	**Zhejiang**	**5131**	**2446**	**8890**	
杭州	Hangzhou	1000			
宁波	Ningbo	1639	1989	4900	91
温州	Wenzhou				
绍兴	Shaoxing			1100	106
安徽	**Anhui**	**12092**	**20290**	**27825**	
合肥	Hefei	9250	12910	15685	52
淮南	Huainan	1791		1020	107
滁州	Chuzhou	551		6600	78
宿州	Suzhou	500		4200	94
山东	**Shandong**	**643338**	**701319**	**907551**	
济南	Jinan	133604	115382	106238	8
青岛	Qingdao	67331	94427	80616	15
淄博	Zibo	19504	19953	37860	26
枣庄	Zaozhuang	2900	32400	62920	20
东营	Dongying	6671	33167	19159	44
烟台	Yantai	28069	15326	14239	55
潍坊	Weifang	7500	233770	10640	66
济宁	Jining	10000		12000	60
泰安	Taian	9948	18366	57467	22
威海	Weihai	50814	55126	102794	9
日照	Rizhao	55650	13230	10210	67
莱芜	Laiwu	6275	2800	20530	39
临沂	Linyi	12949	57489	66622	19
德州	Dezhou		23908	24794	35
聊城	Liaocheng	3702	1865	16774	49
滨州	Binzhou	12476	23000	15000	53
菏泽	Heze	3500	6000	2000	100
河南	**Henan**	**141445**	**116210**	**181058**	
郑州	Zhengzhou	47917	32112	45371	24
开封	Kaifeng	4000	14654	6255	79
洛阳	Luoyang	5300	4151	5391	86
平顶山	Pingdingshan		1200	1824	102
安阳	Anyang	8571	460		
鹤壁	Hebi	1205	859	36440	27
新乡	Xinxiang	1341	8500	11730	63
焦作	Jiaozuo	650	3112	11138	65
许昌	Xuchang		300	7433	74
漯河	Luohe		2200		
三门峡	Sanmenxia	5000	460	801	109
南阳	Nanyang	3655	9000	2301	99
商丘	Shangqiu	3300		7337	75
驻马店	Zhumadian	4368	5509	5000	90
湖北	**Hubei**	**759**	**6636**	**480**	
黄石	Huangshi		1000		
十堰	Shiyan		5636	480	111
襄阳	Xiangfan	759			
重庆	**Chongqing**	**16025**			
陕西	**Shaanxi**	**79313**	**101485**	**51298**	
西安	Xi'an	48513	15520	27484	32
铜川	Tongchuan				
宝鸡	Baoji	17600	36500	4050	95
咸阳	Xianyang	10000	8465	1493	104
渭南	Weinan	2700	3000		
延安	Yan'an			12671	58
榆林	Yulin	500	38000		
甘肃	**Gansu**	**66474**	**103789**	**81210**	
兰州	Lanzhou	18983	11093	17823	47
嘉峪关	Jiayuguan	658	11408	9073	70
白银	Baiyin		9664		
天水	Tianshui		2871	3375	97
武威	Wuwei	14675			
张掖	Zhangye	2585	504		
平凉	Pingliang		24500	20000	42
酒泉	Jiuquan	10645	25000	19000	46
庆阳	Qingyang	8358	2700	3400	96
定西	Dingxi		2699		
陇南	Longnan	4200	1000		
青海	**Qinghai**	**433**	**12331**	**22030**	
西宁	Xining	433	12266		
宁夏	**Ningxia**	**33403**	**39143**	**37734**	
银川	Yinchuan	15326	13563	7318	76
石嘴山	Shizuishan	8671	1589	5028	89
吴忠	Wuzhong	1300	10530	5500	84
固原	Guyuan	2710	7861	13128	57
中卫	Zhongwei	1360	2000	960	108
新疆	**Xinjiang**	**144444**	**803664**	**544122**	
乌鲁木齐	Urumqi	83198	534600	395030	2
克拉玛依	Karamay	7105	6994	8348	71

8-20 城市市政轨道交通建设投资额（辖区）
Fixed Assets Investment of Urban Rail Transit System in Urban Service Facilities (Districts under City)

单位：万元 (10 000 yuan)

地名	City	2010	2012	2013	2013 排名 Ranking
全国	**Nation Total**	**18125781**	**20644539**	**24550639**	
北京	**Beijing**	**3914519**	**3852795**	**2931064**	
天津	**Tianjin**	**702058**	**923076**	**1080188**	
河北	**Hebei**		**111**	**187964**	
石家庄	Shijiazhuang		111	185127	22
山西	**Shanxi**		**1200**		
阳泉	Yangquan		1200		
内蒙古	**Inner Mongolia**		**3000**		
包头	Baotou		3000		
辽宁	**Liaoning**	**1301484**	**1145697**	**223452**	
沈阳	Shenyang	618264	491307	133618	25
大连	Dalian	683220	654390	89834	26
吉林	**Jilin**	**239493**	**175077**	**306184**	
长春	Changchun	239493	175077	306184	17
黑龙江	**Heilongjiang**	**252769**	**72200**	**176604**	
哈尔滨	Harbin	252769	72200	176604	23
上海	**Shanghai**	**2296190**	**1771279**	**1202936**	
江苏	**Jiangsu**	**1317628**	**2783848**	**4202645**	
南京	Nanjing	398685	1573290	2369889	1
无锡	Wuxi	401169	532104	637912	12
苏州	Suzhou	517774	628454	1194844	6
浙江	**Zhejiang**	**928898**	**1484016**	**1872251**	
杭州	Hangzhou	508974	760614	847603	7
宁波	Ningbo	419924	723402	789204	8
安徽	**Anhui**	**57493**	**55175**	**225440**	
合肥	Hefei	57493	55175	225440	21
福建	**Fujian**	**354200**	**331210**	**295651**	
福州	Fuzhou	354200	295948	295651	18
厦门	Xiamen		35262		
江西	**Jiangxi**	**112894**	**725600**	**591232**	
南昌	Nanchang	112894	725600	591232	13
山东	**Shandong**	**156160**	**240733**	**393983**	
济南	Jinan				
青岛	Qingdao	156160	240583	393983	16
淄博	Zibo		150		
河南	**Henan**	**280000**	**281656**	**485595**	
郑州	Zhengzhou	280000	281656	485595	14
湖北	**Hubei**	**1012900**	**1404168**	**1625806**	
武汉	Wuhan	1012900	1404012	1617578	3
宜昌	Yichang		156		
湖南	**Hunan**	**183386**	**464100**	**240081**	
长沙	Changsha	183386	464100	240081	20
广东	**Guangdong**	**2816178**	**2377075**	**3852962**	
广州	Guangzhou	1198807	958620	1774171	2
深圳	Shenzhen	1438442	1194916	1484416	4
珠海	Zhuhai	1100			
佛山	Foshan	149219	65691	90	27
肇庆	Zhaoqing	28610	155158	172154	24
东莞	Dongguan		30	421631	15
广西	**Guangxi**	**10393**	**105306**	**274638**	
南宁	Nanning	10393	105306	274638	19
重庆	**Chongqing**	**1169406**	**995152**	**816416**	
四川	**Sichuan**	**392454**	**820487**	**1369540**	
成都	Chengdu	392454	820487	1369540	5
云南	**Yunnan**	**176370**		**770447**	9
昆明	Kunming	176370		770447	9
陕西	**Shaanxi**	**450908**	**631578**	**670845**	
西安	Xi'an	450908	631578	670845	11

8-21 城市市政道路桥梁建设投资额（辖区）
Fixed Assets Investment of Road and Bridge in Urban Service Facilities (Districts under City)

单位：万元 (10 000 yuan)

地名	City	2010	2012	2013	2013 排名 Ranking
全国	**Nation Total**	**66956858**	**74024553**	**83556096**	
北京	**Beijing**	**1778292**	**3355409**	**2876596**	
天津	**Tianjin**	**4120952**	**3042803**	**3849848**	
河北	**Hebei**	**4671358**	**2360788**	**1953031**	
石家庄	Shijiazhuang	732042	655397	558919	26
唐山	Tangshan	1219003	203862	120308	118
秦皇岛	Qinhuangdao	322985	375962	264339	65
邯郸	Handan	566038	216958	244890	70
邢台	Xingtai	367682	87051	39164	188
保定	Baoding	156314	110572	93445	137
张家口	Zhangjiakou	271488	77792	53516	166
承德	Chengde	241300	74000	35193	197
沧州	Cangzhou	43143	52529	32787	202
廊坊	Langfang	198133	20694	49646	173
衡水	Hengshui	107654	110620	42653	182
山西	**Shanxi**	**1297255**	**1416391**	**3771604**	
太原	Taiyuan	493308	239136	2307846	4
大同	Datong	410000	303179	334119	51
阳泉	Yangquan	56603	68343	52517	169
长治	Changzhi	14897	76096	173284	88
晋城	Jincheng	2249	106181	98518	132
朔州	Shuozhou	88783	61621	51193	170
晋中	Jinzhong	39040	128487	155399	96
运城	Yuncheng	17550	31989	71957	157
忻州	Xinzhou		180500	204800	78
临汾	Linfen	44015	64165	178020	86
吕梁	Luliang	3127	25630	36287	194
内蒙古	**Inner Mongolia**	**1789918**	**3474372**	**2122315**	
呼和浩特	Hohhot	140298	536149	204222	79
包头	Baotou	574074	610955	361682	45
乌海	Wuhai	49836	87944	17823	226
赤峰	Chifeng	58355	156524	191836	82
通辽	Tongliao	51165	147087	220425	75
鄂尔多斯	Erdos	460228	830221	374074	44
呼伦贝尔	Hulunbuir	103406	394533	106191	126
巴彦淖尔	Bayannur	209700	172556	130585	110
乌兰察布	Ulanqab	62822	285384	50404	172
辽宁	**Liaoning**	**2447279**	**3545010**	**2889585**	

地名	City	2010	2012	2013	2013 排名 Ranking
沈阳	Shenyang	1528363	2782180	2203188	5
大连	Dalian	265109	79137	315663	56
鞍山	Anshan	77085	30325	14762	232
抚顺	Fushun	54711	157284	96568	133
本溪	Benxi	42515	25159	26583	211
丹东	Dandong	60376	15035	14374	236
锦州	Jinzhou	79991	46288	24591	214
营口	Yingkou	12441	15264	2520	271
阜新	Fuxin	13669	12693	11530	246
辽阳	Liaoyang	51877	63312	29290	206
盘锦	Panjin	69002	35747	35633	195
铁岭	Tieling	4520	6728	14450	235
朝阳	Chaoyang	20022	24625	12831	241
葫芦岛	Huludao	53076	11912	4613	266
吉林	**Jilin**	**1127066**	**1928225**	**1856491**	
长春	Changchun	862141	1520477	1481874	8
吉林	Jilin	99742	45509	84255	148
四平	Siping	6364	32418	2898	270
辽源	Liaoyuan	10070	48000	11400	247
通化	Tonghua	21900	10578	1442	274
白山	Baishan	17376	25897	19195	223
松原	Songyuan	26576	12000	770	277
白城	Baicheng	9600	29171	21346	219
黑龙江	**Heilongjiang**	**1511906**	**1541232**	**1106739**	
哈尔滨	Harbin	1177341	1154071	594300	23
齐齐哈尔	Qiqihar	11780	8711	85213	146
鸡西	Jixi	5000	31821	34252	199
鹤岗	Hegang	27385	5575	7863	254
双鸭山	Shuangyashan	17000	16089	14504	234
大庆	Daqing	109988	46895	121345	117
伊春	Yichun	18251	16816	23040	217
佳木斯	Jiamusi	58959	13698	13565	238
七台河	Qitaihe	4027	15276		
牡丹江	Mudanjiang	7709	113468	103979	128
黑河	Heihe	9800	1400	1137	275
绥化	Suihua	2600	12100	14614	233
上海	**Shanghai**	**1022470**	**603836**	**723038**	
江苏	**Jiangsu**	**7862161**	**6543401**	**7155721**	

8-21 城市市政道路桥梁建设投资额（辖区） 续表 1
Fixed Assets Investment of Road and Bridge in Urban Service Facilities (Districts under City) continued 1

单位：万元 (10 000 yuan)

地名	City	2010	2012	2013	2013 排名 Ranking	地名	City	2010	2012	2013	2013 排名 Ranking
南京	Nanjing	1651645	1696965	1777383	7	池州	Chizhou	58372	186772	155289	97
无锡	Wuxi	1893473	177657	347972	47	宣城	Xuancheng	156259	244987	256090	67
徐州	Xuzhou	116341	304908	108825	123	**福建**	**Fujian**	**2394391**	**3212368**	**2784922**	
常州	Changzhou	1037268	888554	731390	18	福州	Fuzhou	911657	551442	430025	38
苏州	Suzhou	369920	239560	433786	36	厦门	Xiamen	383079	342975	322737	54
南通	Nantong	788573	1221329	1171065	9	莆田	Putian	368250	531405	489588	30
连云港	Lianyungang	151324	257236	500641	29	三明	Sanming	4599	2305	16858	227
淮安	Huaian	231769	158530	84691	147	泉州	Quanzhou	190816	843175	532410	27
盐城	Yancheng	157000	49350	66840	162	漳州	Zhangzhou	94825	320555	344764	48
扬州	Yangzhou	160796	307773	325088	53	南平	Nanping	28380	13604	27651	209
镇江	Zhenjiang	449145	423774	673739	21	龙岩	Longyan	53818	76028	101656	129
泰州	Taizhou	110947	85345	158087	93	宁德	Ningde	28801	55095	101202	130
宿迁	Suqian	19105	94520	136437	106	**江西**	**Jiangxi**	**2539040**	**3494090**	**2982250**	
浙江	**Zhejiang**	**2786719**	**3128279**	**4015387**		南昌	Nanchang	110760	1207713	826117	15
杭州	Hangzhou	543543	517920	778961	16	景德镇	Jingdezhen	55042	530	19655	222
宁波	Ningbo	954493	866173	924722	13	萍乡	Pingxiang	68735	90520	134127	107
温州	Wenzhou	53745	498245	842575	14	九江	Jiujiang	850717	293714	423124	39
嘉兴	Jiaxing	172454	41096	53290	167	新余	Xinyu	157839	516509	184893	84
湖州	Huzhou	76110	38755	35196	196	鹰潭	Yingtan	53183	57166	57732	165
绍兴	Shaoxing	117330	105295	278582	62	赣州	Ganzhou	632024	187521	105977	127
金华	Jinhua	23412	31692	99054	131	吉安	Jian	61568	62456	131566	109
衢州	Quzhou	23244	22053	18633	224	宜春	Yichun	183128	175111	396491	41
舟山	Zhoushan	45034	75751	170369	89	抚州	Fuzhou	100087	132790	248914	69
台州	Taizhou	92135	48559	106854	124	上饶	Shangrao	95336	437735	125150	116
丽水	Lishui	92094	113124	128238	114	**山东**	**Shandong**	**3924985**	**3952703**	**3800748**	
安徽	**Anhui**	**3065935**	**4118822**	**4378952**		济南	Jinan	275081	558054	693592	20
合肥	Hefei	576735	536800	710054	19	青岛	Qingdao	1485793	677181	355055	46
芜湖	Wuhu	399725	538188	474657	32	淄博	Zibo	149663	71058	85578	145
蚌埠	Bengbu	279116	527957	460611	33	枣庄	Zaozhuang	108513	111755	114802	121
淮南	Huainan	325584	297112	210450	77	东营	Dongying	15387	229844	152107	98
马鞍山	Maanshan	239146	484313	377056	43	烟台	Yantai	272151	185842	329644	52
淮北	Huaibei	155300	243901	143000	104	潍坊	Weifang	91381	60587	94621	135
铜陵	Tongling	117001	70253	93862	136	济宁	Jining	181504	223561	127310	115
安庆	Anqing	84157	63322	296543	57	泰安	Taian	152283	90713	70899	158
黄山	Huangshan	44490	56401	53082	168	威海	Weihai	41851	45469	62192	163
滁州	Chuzhou	161979	156944	162555	92	日照	Rizhao	132755	77555	168806	91
阜阳	Fuyang	80075	59554	149505	100	莱芜	Laiwu	50093	99399	87681	141
宿州	Suzhou	55541	293772	255944	68	临沂	Linyi	148706	157711	257901	66
六安	Liuan	39510	51242	90638	139	德州	Dezhou	210739	479241	227786	72
亳州	Bozhou	66483	77069	73008	155	聊城	Liaocheng	5189	92020	169742	90

8-21 城市市政道路桥梁建设投资额（辖区） 续表 2
Fixed Assets Investment of Road and Bridge in Urban Service Facilities (Districts under City) continued 2

单位：万元 (10 000 yuan)

地名	City	2010	2012	2013	2013 排名 Ranking	地名	City	2010	2012	2013	2013 排名 Ranking
滨州	Binzhou	46387	58600	30952	205	常德	Changde	211668	193561	186717	83
菏泽	Heze	34017	20608	32225	204	张家界	Zhangjiajie	60577	61100	21250	220
河南	**Henan**	**1193887**	**1584366**	**1962610**		益阳	Yiyang	56576	40451	37672	191
郑州	Zhengzhou	610053	584057	935041	12	郴州	Chenzhou	258502	181053	271961	64
开封	Kaifeng	86431	65144	146498	101	永州	Yongzhou	112813	101614	174898	87
洛阳	Luoyang	42840	126186	156396	95	怀化	Huaihua	8178	74932	86714	143
平顶山	Pingdingshan	39127	27155	40050	185	娄底	Loudi	78785	161030	227357	73
安阳	Anyang	50233	17759	730	278	**广东**	**Guangdong**	**3279124**	**2399678**	**2453434**	
鹤壁	Hebi	16778	10143	14303	237	广州	Guangzhou	1679476	593751	577794	24
新乡	Xinxiang	16337	31691	23350	216	韶关	Shaoguan	4150	2302	3066	269
焦作	Jiaozuo	38593	69029	156429	94	深圳	Shenzhen	274590	525437	511366	28
濮阳	Puyang		26740	32590	203	珠海	Zhuhai	420459	510956	613708	22
许昌	Xuchang	2102	27985	6003	259	汕头	Shantou	10735	13120	33449	200
漯河	Luohe	21130	45322	18608	225	佛山	Foshan	58038	46655	26372	212
三门峡	Sanmenxia	11349	45500	24133	215	江门	Jiangmen	41250	147589	111100	122
南阳	Nanyang	64548	179577	119268	119	湛江	Zhanjiang	15195	57284	76424	153
商丘	Shangqiu	3067	52700	7700	255	茂名	Maoming		2714	6623	258
信阳	Xinyang	14051	12573	11620	245	肇庆	Zhaoqing	164109	24090	60814	164
周口	Zhoukou	22737	13806	45350	181	惠州	Huizhou	136751	71729	75889	154
驻马店	Zhumadian	8001	8630	8000	253	梅州	Meizhou	28856	15052	6844	257
湖北	**Hubei**	**3064360**	**4852427**	**5818043**		汕尾	Shanwei	8880	4500	15600	229
武汉	Wuhan	2353455	3735991	4173853	1	河源	Heyuan	155716	70858	22800	218
黄石	Huangshi	95347	72463	87281	142	阳江	Yangjiang	22529	25248	38961	189
十堰	Shiyan	68499	146682	193284	81	清远	Qingyuan	6713		89755	140
宜昌	Yichang	91422	241976	223450	74	东莞	Dongguan	21817	18883		
襄阳	Xiangfan	38832	231395	431877	37	中山	ZhongShan	34989	13802	48076	176
鄂州	Ezhou	63655	60355	84202	149	潮州	Chaozhou	6962	6591		
荆门	Jingmen	70338	51950	78414	151	揭阳	Jieyang	21082	80782	5784	262
孝感	Xiaogan	18200	100	51000	171	云浮	Yunfu	1412	3010	28300	207
荆州	Jingzhou	7738	44986	21157	221	**广西**	**Guangxi**	**3221009**	**2260162**	**2989480**	
黄冈	Huanggang	15750	15220	27804	208	南宁	Nanning	959763	541347	1060413	10
咸宁	Xianning	10300	1386	5252	265	柳州	Liuzhou	641113	321401	460352	34
随州	Suizhou	6438		1709	272	桂林	Guilin	298635	225817	433827	35
湖南	**Hunan**	**3430888**	**3156209**	**3416303**		梧州	Wuzhou	47005	36569	46283	177
长沙	Changsha	1336900	471086	318133	55	北海	Beihai	129340	100659	106227	125
株洲	Zhuzhou	314098	304075	342953	49	防城港	Fangchenggang	283022	101391	130259	112
湘潭	Xiangtan	150933	461626	571514	25	钦州	Qinzhou	194633	149764	234381	71
衡阳	Hengyang	393288	440150	483872	31	贵港	Guigang	47525	51247	67903	161
邵阳	Shaoyang	37658	85912	146120	102	玉林	Yulin	231350	168309	115148	120
岳阳	Yueyang	166060	291945	202944	80	百色	Baise	125076	34718	7273	256

8-21 城市市政道路桥梁建设投资额（辖区） 续表 3

Fixed Assets Investment of Road and Bridge in Urban Service Facilities (Districts under City) continued 3

单位：万元 (10 000 yuan)

地名	City	2010	2012	2013	2013 排名 Ranking
贺州	Hezhou	9473	27517	40276	184
河池	Hechi	19500	37100	10540	249
来宾	Laibin	98337	290097	130521	111
崇左	Chongzuo	21430	35924	48838	174
海南	**Hainan**	**135874**	**462692**	**151733**	
海口	Haikou		288898	38678	190
三亚	Sanya	17099	13356	48352	175
重庆	**Chongqing**	**3128742**	**2569957**	**3196532**	
四川	**Sichuan**	**2373445**	**4564414**	**5915951**	
成都	Chengdu	1201256	2940663	3358822	2
自贡	Zigong	181063	218210	338355	50
攀枝花	Panzhihua	28979	50595	69359	159
泸州	Luzhou	43266	112762	184302	85
德阳	Deyang	72796	99534	129290	113
绵阳	Mianyang	80797	111579	285064	59
广元	Guangyuan	36737	68895	131781	108
遂宁	Suining	22703	70726	86663	144
内江	Neijiang	31665	67818	277794	63
乐山	Leshan	22346	16373	35147	198
南充	Nanchong	35000	85600	144630	103
眉山	Meishan	10446	66149	149740	99
宜宾	Yibin	22335	30477	3750	267
广安	Guangan	14123	17993	77855	152
达州	Dazhou	13700	19200	94874	134
雅安	Yaan	14031	46119	15149	230
巴中	Bazhong	105	97709	37069	192
资阳	Ziyang	131520	169136	217199	76
贵州	**Guizhou**	**835059**	**1186129**	**4581444**	
贵阳	Guiyang	774610	755616	3273321	3
六盘水	Liupanshui	1026	2580	1576	273
遵义	Zunyi	6500		900	276
安顺	Anshun	9850	135355	278902	61
毕节	Bijie	1140		391308	42
铜仁	Tongren	6808	56000	78677	150
云南	**Yunnan**	**1808022**	**834891**	**874886**	
昆明	Kunming	1349091	419849	402253	40
曲靖	Qujing	19090		25525	213
玉溪	Yuxi	28735	33268	13208	240
保山	Baoshan	2000	22318	46126	179
昭通	Zhaotong	74737	55946	11784	244
丽江	Lijiang	6061	2680	9503	250
普洱	Puer	19941	8000	5855	261
临沧	Lincang	1690	31679	3680	268
西藏	**Tibet**	**15203**	**43267**	**41884**	
拉萨	Lhasa	15203	39058	36584	193
陕西	**Shaanxi**	**996486**	**1488116**	**1763915**	
西安	Xi'an	776916	759915	989840	11
铜川	Tongchuan	4442	7167	5870	260
宝鸡	Baoji	23030	100419	40890	183
咸阳	Xianyang	23842	203770	284678	60
渭南	Weinan	38542	24807	92819	138
延安	Yan'an	31967	54158	46179	178
汉中	Hanzhong	4450	35106	12000	243
榆林	Yulin	17024	122295	139064	105
安康	Ankang	34276	30706		
商洛	Shangluo	16435	54786	39883	186
甘肃	**Gansu**	**494608**	**1459512**	**2323596**	
兰州	Lanzhou	330052	1208824	2117640	6
嘉峪关	Jiayuguan	10676	24960	5463	264
金昌	Jinchang	26982	5284	11075	248
白银	Baiyin	6711	9744	14930	231
天水	Tianshui	6033	26578	32864	201
武威	Wuwei	22514	18552	15735	228
张掖	Zhangye	11907	1344		
平凉	Pingliang	25000	16360	39524	187
酒泉	Jiuquan	4143	7692	12829	242
庆阳	Qingyang	25298	51919	13363	239
定西	Dingxi	11333	12125		
陇南	Longnan	5829	44489	45400	180
青海	**Qinghai**	**147522**	**299172**	**354026**	
西宁	Xining	129457	280303	294927	58
宁夏	**Ningxia**	**75452**	**160696**	**133946**	
银川	Yinchuan	22921	66723	68594	160
石嘴山	Shizuishan	13951	17519	5601	263
吴忠	Wuzhong	19686	16638	9031	251
固原	Guyuan	8806	43956	27533	210
中卫	Zhongwei		4650	8739	252
新疆	**Xinjiang**	**417450**	**985136**	**1311086**	
乌鲁木齐	Urumqi	193579	479445	776018	17
克拉玛依	Karamay	9872	30931	72762	156

8-22 城市市政排水设施建设投资额（辖区）
Fixed Assets Investment of Sewerage in Urban Service Facilities (Districts under City)

单位：万元 (10 000 yuan)

地名	City	2010	2012	2013	2013 排名 Ranking
全国	**Nation Total**	**9015609**	**7044835**	**7789246**	
北京	**Beijing**	**172688**	**400789**	**521821**	
天津	**Tianjin**	**249114**	**96370**	**95393**	
河北	**Hebei**	**538504**	**265854**	**283389**	
石家庄	Shijiazhuang	91367	115500	132945	5
唐山	Tangshan	207013	18701	31063	49
秦皇岛	Qinhuangdao	6598	18613	12357	97
邯郸	Handan	10305	27958		
邢台	Xingtai	1232	789	849	229
保定	Baoding	27682	6346	110	246
张家口	Zhangjiakou	12766	4146	560	238
承德	Chengde	18836	11950	5940	153
沧州	Cangzhou	34712	8254	28628	54
廊坊	Langfang	29000	6530	2290	203
衡水	Hengshui			814	230
山西	**Shanxi**	**201559**	**49193**	**88019**	
太原	Taiyuan	70218		21900	70
大同	Datong	82585	2340	4633	170
阳泉	Yangquan	2427			
长治	Changzhi	16895	26500	8000	133
晋城	Jincheng			8477	127
朔州	Shuozhou	6000	1380	1380	221
晋中	Jinzhong	5574	6300	6750	139
运城	Yuncheng	1623			
忻州	Xinzhou	500		10946	113
临汾	Linfen	6080	1800	2000	207
吕梁	Luliang	4290			
内蒙古	**Inner Mongolia**	**398943**	**296501**	**290337**	
呼和浩特	Hohhot	47953	81065	35431	46
包头	Baotou	60957	85456	73850	16
乌海	Wuhai	150	4855	2528	197
赤峰	Chifeng	26756	15120	40508	37
通辽	Tongliao	4285	2670	11367	108
鄂尔多斯	Erdos	32712	28387	28329	55
呼伦贝尔	Hulunbuir	18814	9943	11160	110
巴彦淖尔	Bayannur	167000	2000	45800	31
乌兰察布	Ulanqab	1759	1050	5438	160
辽宁	**Liaoning**	**135585**	**669831**	**290714**	

地名	City	2010	2012	2013	2013 排名 Ranking
沈阳	Shenyang	32306	424579	92081	9
大连	Dalian	23796	14666	53428	23
鞍山	Anshan	12618	50738	8553	125
抚顺	Fushun	2738	57024	43169	35
本溪	Benxi	1644	30361	8210	130
丹东	Dandong		871	681	235
锦州	Jinzhou	1700		2000	207
营口	Yingkou	5520	2527	1730	213
阜新	Fuxin	836	12291	20296	72
辽阳	Liaoyang	9223	16354	14526	87
盘锦	Panjin	8369	71	2642	195
铁岭	Tieling	292	70		
朝阳	Chaoyang		15600	7160	137
葫芦岛	Huludao	5090		1569	218
吉林	**Jilin**	**113705**	**50882**	**68066**	
长春	Changchun	42205		9096	121
吉林	Jilin	1060		12298	98
四平	Siping				
辽源	Liaoyuan			4000	178
通化	Tonghua	15400			
白山	Baishan	13909	1202		
松原	Songyuan	10348	4600	64	250
白城	Baicheng	6350	5173	8588	124
黑龙江	**Heilongjiang**	**228375**	**135233**	**170024**	
哈尔滨	Harbin	61923	1160	3365	185
齐齐哈尔	Qiqihar	38228	13697	14060	88
鸡西	Jixi	2670	7562	24624	63
鹤岗	Hegang	8687	6186	1419	220
双鸭山	Shuangyashan	8755	4530	675	236
大庆	Daqing	7259	9091	29500	53
伊春	Yichun	5044	18201	13903	90
佳木斯	Jiamusi	11600	800	2800	193
七台河	Qitaihe	7925	4431	4224	177
牡丹江	Mudanjiang	380	32650	26387	57
黑河	Heihe		2600	800	231
绥化	Suihua	5683		1700	215
上海	**Shanghai**	**342661**	**170844**	**150206**	
江苏	**Jiangsu**	**847735**	**720955**	**1193026**	

8-22 城市市政排水设施建设投资额（辖区） 续表 1

Fixed Assets Investment of Sewerage in Urban Service Facilities (Districts under City) continued 1

单位：万元　　(10 000 yuan)

地名	City	2010	2012	2013	2013 排名 Ranking	地名	City	2010	2012	2013	2013 排名 Ranking
南京	Nanjing	273190	227865	478558	1	池州	Chizhou	3933	23053	18661	78
无锡	Wuxi	124730	33822	40280	38	宣城	Xuancheng	20024	3140	5000	164
徐州	Xuzhou	17471	6100	35479	45	福建	**Fujian**	**145390**	**192917**	**179033**	
常州	Changzhou	9571	25902	45038	33	福州	Fuzhou	35322	54323	25422	59
苏州	Suzhou	29458	24612	22350	69	厦门	Xiamen	27521	58889	66587	17
南通	Nantong	112358	156381	325892	2	莆田	Putian	32567	16707	13848	91
连云港	Lianyungang	3900	16639	6200	149	三明	Sanming			2447	198
淮安	Huaian		32486	3175	190	泉州	Quanzhou	2114	18404	2253	204
盐城	Yancheng		800	2405	199	漳州	Zhangzhou	5573	11193	12164	101
扬州	Yangzhou	521	12246	19705	75	南平	Nanping	3830	1070	1150	225
镇江	Zhenjiang	32455	24367	39400	39	龙岩	Longyan	2915	3500	2000	207
泰州	Taizhou	4000	350	12202	100	宁德	Ningde	1772	5990	2568	196
宿迁	Suqian	8444	1230	4000	178	江西	**Jiangxi**	**177934**	**144547**	**144519**	
浙江	**Zhejiang**	**343652**	**255704**	**361312**		南昌	Nanchang		31083	50100	27
杭州	Hangzhou	51859	28192	53568	22	景德镇	Jingdezhen	3700	7228		
宁波	Ningbo	53171	9659	24457	64	萍乡	Pingxiang	3560	1947	3650	183
温州	Wenzhou	14576	50679	59159	20	九江	Jiujiang	44834	8000	3200	189
嘉兴	Jiaxing	23881	7720	5879	155	新余	Xinyu	85270	23438	4324	174
湖州	Huzhou	3050	9634	1300	224	鹰潭	Yingtan		11900	11800	104
绍兴	Shaoxing	4404	9701	45515	32	赣州	Ganzhou	17080	9688	9740	119
金华	Jinhua	11994	1833	7000	138	吉安	Jian	1500	8500	200	245
衢州	Quzhou	6077	8905	5047	162	宜春	Yichun	3900	4231	24670	62
舟山	Zhoushan	8045	5196	11424	107	抚州	Fuzhou	8560	15740	9900	118
台州	Taizhou	23955	23066	8490	126	上饶	Shangrao	900	1520		
丽水	Lishui	6361	370	18586	79	山东	**Shandong**	**592851**	**518098**	**712356**	
安徽	**Anhui**	**241288**	**355283**	**564795**		济南	Jinan	189400	75251	130843	6
合肥	Hefei	43321	6080	52858	24	青岛	Qingdao	34398	70718	35540	44
芜湖	Wuhu	17994	28645	90022	10	淄博	Zibo	14854	9782	12940	95
蚌埠	Bengbu	20488	6050	32040	48	枣庄	Zaozhuang	10830	19221	38588	41
淮南	Huainan	33852	37151	77207	14	东营	Dongying	968	42035	63750	18
马鞍山	Maanshan	14784	68361	9063	122	烟台	Yantai	18951	17538	55626	21
淮北	Huaibei	8350	26320	38000	42	潍坊	Weifang	14524	4543	867	228
铜陵	Tongling	5705	21635	51247	25	济宁	Jining	25325	5000	6580	141
安庆	Anqing	3538	7516	4271	175	泰安	Taian	13002	1550	23543	65
黄山	Huangshan	7966	6267	11878	103	威海	Weihai	21783	27518	16350	83
滁州	Chuzhou	7030	19320	8027	132	日照	Rizhao	7350	12090	25755	58
阜阳	Fuyang	15221	7439	8130	131	莱芜	Laiwu	5300	17925	9348	120
宿州	Suzhou	4075	5020	18550	80	临沂	Linyi	22592	8158	11479	105
六安	Liuan	4869	9674	11121	111	德州	Dezhou	32300	17850	20000	73
亳州	Bozhou	13750	10213	29529	52	聊城	Liaocheng	1237	11007	84100	12

8-22 城市市政排水设施建设投资额（辖区） 续表 2
Fixed Assets Investment of Sewerage in Urban Service Facilities (Districts under City) continued 2

单位：万元 (10 000 yuan)

地名	City	2010	2012	2013	2013 排名 Ranking
滨州	Binzhou	12772	1862	8249	129
菏泽	Heze	16058	820	6310	147
河南	**Henan**	**200684**	**256864**	**220413**	
郑州	Zhengzhou	18518	14500	48997	28
开封	Kaifeng			6321	146
洛阳	Luoyang	20699	2537	4852	168
平顶山	Pingdingshan	3660	4027	22550	68
安阳	Anyang	4310	1798	5000	164
鹤壁	Hebi	5610	1288	773	233
新乡	Xinxiang	2427	3919	1700	215
焦作	Jiaozuo	150	10345	5710	157
濮阳	Puyang		19124	1821	212
许昌	Xuchang	60	3540	3970	180
漯河	Luohe	16902	15043	800	231
三门峡	Sanmenxia	70	261	110	246
南阳	Nanyang	48689	41141	28147	56
商丘	Shangqiu	17000	23960	2300	202
信阳	Xinyang	1220	350	6100	151
周口	Zhoukou	12610	13624	5088	161
驻马店	Zhumadian	5631	25240	17249	81
湖北	**Hubei**	**244247**	**947621**	**455987**	
武汉	Wuhan	129891	749817	280572	3
黄石	Huangshi	13107	13957	6534	144
十堰	Shiyan	5187	19140	3203	188
宜昌	Yichang	2514	21592	19043	76
襄阳	Xiangfan	6269	25633	12075	102
鄂州	Ezhou	11320	11310	14000	89
荆门	Jingmen	6900	442	16127	85
孝感	Xiaogan	2200	14500	23000	66
荆州	Jingzhou				
黄冈	Huanggang	4980	2100	1370	222
咸宁	Xianning			5007	163
随州	Suizhou			5500	159
湖南	**Hunan**	**195493**	**180476**	**383320**	
长沙	Changsha	39913	58059	42112	36
株洲	Zhuzhou	16422	16870	86939	11
湘潭	Xiangtan	16204	2185	36650	43
衡阳	Hengyang	6959	5605	22700	67
邵阳	Shaoyang	12760	450	12881	96
岳阳	Yueyang	30360	31582	45853	30
常德	Changde	21755	7031	6519	145
张家界	Zhangjiajie	800		300	241
益阳	Yiyang	5262	3681	5884	154
郴州	Chenzhou	16161		19751	74
永州	Yongzhou	6000	14050	25305	60
怀化	Huaihua		2700	34246	47
娄底	Loudi	7500	6030	10050	117
广东	**Guangdong**	**2123562**	**261968**	**231817**	
广州	Guangzhou	1818524	105924	99399	7
韶关	Shaoguan	1880	1355	564	237
深圳	Shenzhen		5680	3166	191
珠海	Zhuhai	35377	61060	16795	82
汕头	Shantou	23821	13854	2750	194
佛山	Foshan	43279	132	3505	184
江门	Jiangmen	18121	12410	10061	116
湛江	Zhanjiang	1042	10844	6646	140
茂名	Maoming		60	300	241
肇庆	Zhaoqing	13377	7457	1048	227
惠州	Huizhou	13484	3040	11340	109
梅州	Meizhou	1708		76	249
汕尾	Shanwei	3000	3000	100	248
河源	Heyuan			2000	207
阳江	Yangjiang				
清远	Qingyuan			11086	112
东莞	Dongguan	56063	10101	1507	219
中山	ZhongShan	31280	1324	31037	50
潮州	Chaozhou	2834	880		
揭阳	Jieyang	1100		2244	205
云浮	Yunfu	3600	1034	4440	173
广西	**Guangxi**	**392515**	**144828**	**332279**	
南宁	Nanning	263368	17589	197613	4
柳州	Liuzhou	32512	33811	59231	19
桂林	Guilin	13539	5564	5624	158
梧州	Wuzhou	13322	2244	6552	142
北海	Beihai	1965	6683	14760	86
防城港	Fangchenggang	7694	13227	3903	181
钦州	Qinzhou	9683	22684	5944	152
贵港	Guigang	4337	600	1909	211
玉林	Yulin	5202	1655	7543	136
百色	Baise	5297			

8-22 城市市政排水设施建设投资额（辖区） 续表 3

Fixed Assets Investment of Sewerage in Urban Service Facilities (Districts under City) continued 3

单位：万元 (10 000 yuan)

地名	City	2010	2012	2013	2013 排名 Ranking	地名	City	2010	2012	2013	2013 排名 Ranking
贺州	Hezhou	3710		2400	200	丽江	Lijiang	1850			
河池	Hechi	5513				普洱	Puer	5231	5800	6552	142
来宾	Laibin	4000	10482	4796	169	临沧	Lincang		550		
崇左	Chongzuo		680	9000	123	**西藏**	**Tibet**		**786**	**4800**	
海南	**Hainan**	**62734**	**114712**	**85190**		拉萨	Lhasa				
海口	Haikou	46310	98672	24865	61	**陕西**	**Shaanxi**	**150391**	**97578**	**155716**	
三亚	Sanya	6286	5865	48983	29	西安	Xi'an	103886	33273	29672	51
重庆	**Chongqing**	71549	154071	**100891**		铜川	Tongchuan	9436			
四川	**Sichuan**	**121658**	**244019**	**304383**		宝鸡	Baoji	20000	20160	3360	186
成都	Chengdu	22378	51968	97151	8	咸阳	Xianyang	2310	19400	20912	71
自贡	Zigong	1800	23090	6161	150	渭南	Weinan	1190	13070	13610	92
攀枝花	Panzhihua	2287	1049	1702	214	延安	Yan'an	4959	4607	350	240
泸州	Luzhou	12835	10868	3147	192	汉中	Hanzhong			18900	77
德阳	Deyang	6820	4990	4240	176	榆林	Yulin	1830		38759	40
绵阳	Mianyang	10134	13861	10168	115	安康	Ankang				
广元	Guangyuan	2200	17615	10909	114	商洛	Shangluo	5580		1653	217
遂宁	Suining	2280	32867	7786	135	**甘肃**	**Gansu**	**100885**	**48750**	**26431**	
内江	Neijiang	500	4960	5825	156	兰州	Lanzhou	73668	15438	4959	166
乐山	Leshan	5671	9491	245	244	嘉峪关	Jiayuguan	95	2245	4590	171
南充	Nanchong	28000	39500	44500	34	金昌	Jinchang				
眉山	Meishan	18	1400	12298	98	白银	Baiyin	280			
宜宾	Yibin	4778	2050			天水	Tianshui	5100	2898	486	239
广安	Guangan	4235				武威	Wuwei		2244		
达州	Dazhou			2400	200	张掖	Zhangye				
雅安	Yaan		3576	3360	186	平凉	Pingliang	8300	7370	16230	84
巴中	Bazhong	3190	3310	262	243	酒泉	Jiuquan	6694			
资阳	Ziyang		1900	76998	15	庆阳	Qingyang	4629	6420		
贵州	**Guizhou**	**25876**	**34773**	**103516**		定西	Dingxi	199	4130		
贵阳	Guiyang	8172	20595	51172	26	陇南	Longnan	1250			
六盘水	Liupanshui		300			**青海**	**Qinghai**	**32691**	**8247**	**11475**	
遵义	Zunyi	2288	5500	4550	172	西宁	Xining	21500	7800	8000	133
安顺	Anshun		3479	11470	106	**宁夏**	**Ningxia**	**16544**	**7294**	**35125**	
毕节	Bijie	749		6250	148	银川	Yinchuan	4836	1905	1328	223
铜仁	Tongren					石嘴山	Shizuishan	6865		13035	94
云南	**Yunnan**	**436480**	**94676**	**46140**		吴忠	Wuzhong	3327		4900	167
昆明	Kunming	315881	47005	1150	225	固原	Guyuan	793	4408	13180	93
曲靖	Qujing	42247	21382	3750	182	中卫	Zhongwei	358		752	234
玉溪	Yuxi					**新疆**	**Xinjiang**	**110316**	**125171**	**178753**	
保山	Baoshan	3000	2329			乌鲁木齐	Urumqi	34200	16000	81000	13
昭通	Zhaotong	1921	2326	2180	206	克拉玛依	Karamay	17128	12998	8430	128

8-23 城市市政园林绿化建设投资额（辖区）
Fixed Assets Investment of Landscaping in Urban Service Facilities (Districts under City)

单位：万元 (10 000 yuan)

地名	City	2010	2012	2013	2013 排名 Ranking
全国	**Nation Total**	**22970392**	**17986674**	**16474231**	
北京	**Beijing**	**654687**	**1538045**	**949632**	
天津	**Tianjin**	**140439**	**582542**	**349591**	
河北	**Hebei**	**1139362**	**636925**	**421697**	
石家庄	Shijiazhuang	312817	115303	79321	46
唐山	Tangshan	145459	35481	5976	189
秦皇岛	Qinhuangdao	54786	32900	44502	75
邯郸	Handan	117312	111700	3409	213
邢台	Xingtai	32809	3600	3863	208
保定	Baoding	29049		82	251
张家口	Zhangjiakou	31290	64439	54690	67
承德	Chengde	23198	62500	2046	228
沧州	Cangzhou	34250	22930	35604	90
廊坊	Langfang	40400	41980	13000	147
衡水	Hengshui	119508	8840	15430	139
山西	**Shanxi**	**297291**	**501599**	**332240**	
太原	Taiyuan	131925	111656	66239	57
大同	Datong	87120	125218	85282	44
阳泉	Yangquan	23006	4200	6409	183
长治	Changzhi	624	2604	2515	221
晋城	Jincheng				
朔州	Shuozhou	9612	59489	53204	68
晋中	Jinzhong	10835	36245	37887	86
运城	Yuncheng	4100	31073	5084	193
忻州	Xinzhou	2860	18000		
临汾	Linfen	3677	39840	5130	192
吕梁	Luliang		15981	3817	211
内蒙古	**Inner Mongolia**	**784633**	**1262789**	**931634**	
呼和浩特	Hohhot	90561	211902	138102	21
包头	Baotou	115761	195072	231627	6
乌海	Wuhai	70000	49586	25276	113
赤峰	Chifeng	7181	11339	21814	122
通辽	Tongliao	31622	96496	25332	112
鄂尔多斯	Erdos	395667	163584	32915	97
呼伦贝尔	Hulunbuir	3700	15188	26210	110
巴彦淖尔	Bayannur	42000	96641	56681	66
乌兰察布	Ulanqab	5000	360000	218852	8
辽宁	**Liaoning**	**288607**	**1207368**	**630673**	

地名	City	2010	2012	2013	2013 排名 Ranking
沈阳	Shenyang	92922	662811	253091	4
大连	Dalian	21976	52954	31037	99
鞍山	Anshan	6000	15995	10360	162
抚顺	Fushun	3200	77052	61635	59
本溪	Benxi	2800	25934	3945	206
丹东	Dandong	5049	25837	12375	152
锦州	Jinzhou	20573	52757	110000	29
营口	Yingkou	64422	47770	2325	222
阜新	Fuxin	3095	21693	21739	123
辽阳	Liaoyang	13036	75700	36372	89
盘锦	Panjin	5630	12657	2595	220
铁岭	Tieling	8312	1947	6161	187
朝阳	Chaoyang	3470		7406	175
葫芦岛	Huludao	900	3500	1916	229
吉林	**Jilin**	**120506**	**148830**	**196742**	
长春	Changchun	71909	45658	105181	32
吉林	Jilin	2968	5700	5000	194
四平	Siping				
辽源	Liaoyuan	300	822	1127	236
通化	Tonghua	1840			
白山	Baishan	7848	3355		
松原	Songyuan	6355	20000	7315	179
白城	Baicheng	1200	1800		
黑龙江	**Heilongjiang**	**172685**	**260315**	**296455**	
哈尔滨	Harbin	55844	119322	142587	19
齐齐哈尔	Qiqihar	16000	3009	3307	215
鸡西	Jixi	900	1928	295	250
鹤岗	Hegang	7564	15463	4101	203
双鸭山	Shuangyashan	2055	1643	350	248
大庆	Daqing	20608	38200	85970	43
伊春	Yichun	1593	5336	4251	202
佳木斯	Jiamusi	5876	2920		
七台河	Qitaihe	1790	10161	6728	181
牡丹江	Mudanjiang	14626	15970	4000	205
黑河	Heihe	2256	2622	668	247
绥化	Suihua	5000	8800	7623	173
上海	**Shanghai**	**282119**	**193000**	**322456**	
江苏	**Jiangsu**	**1792150**	**2159628**	**2763700**	

8-23 城市市政园林绿化建设投资额（辖区） 续表 1

Fixed Assets Investment of Landscaping in Urban Service Facilities (Districts under City) continued 1

单位：万元 (10 000 yuan)

地名	City	2010	2012	2013	2013 排名 Ranking	地名	City	2010	2012	2013	2013 排名 Ranking
南京	Nanjing	291333	154595	727044	1	池州	Chizhou	16867	29334	12908	148
无锡	Wuxi	204742	51415	124377	24	宣城	Xuancheng	58282	64850	78200	48
徐州	Xuzhou	159834	150747	173366	11	**福建**	**Fujian**	**360633**	**475659**	**547060**	
常州	Changzhou	76884	373697	239775	5	福州	Fuzhou	202776	133057	140100	20
苏州	Suzhou	157283	142388	87513	41	厦门	Xiamen	8007	48013	118806	26
南通	Nantong	129719	172442	167001	15	莆田	Putian	23200	15300	69240	55
连云港	Lianyungang	74027	109744	160040	17	三明	Sanming	2106	800	6902	180
淮安	Huaian	74033	91200	34945	92	泉州	Quanzhou	966	31821	1026	240
盐城	Yancheng	63358	17245	13170	146	漳州	Zhangzhou	34595	124869	77172	52
扬州	Yangzhou	68738	98891	45891	72	南平	Nanping	3051	4036	3826	210
镇江	Zhenjiang	116759	277464	597675	2	龙岩	Longyan	25400	27750	27378	109
泰州	Taizhou	66466	26074	52290	69	宁德	Ningde	11035	2000	1167	234
宿迁	Suqian	20083	106833	41044	83	**江西**	**Jiangxi**	**948889**	**930401**	**604607**	
浙江	**Zhejiang**	**389492**	**722560**	**634166**		南昌	Nanchang	52223	341058	142932	18
杭州	Hangzhou	100772	64023	77846	50	景德镇	Jingdezhen	56454	46562		
宁波	Ningbo	27300	16184	58127	65	萍乡	Pingxiang	15000	24126	14300	141
温州	Wenzhou	11358	337248	88523	40	九江	Jiujiang	360188	96619	30147	102
嘉兴	Jiaxing	33734	14218	28232	107	新余	Xinyu	84635	48285	31349	98
湖州	Huzhou	70760	37345	79558	45	鹰潭	Yingtan		700	2300	223
绍兴	Shaoxing	1187	5125	77371	51	赣州	Ganzhou	36477	6960	7368	176
金华	Jinhua	19123	10859	2906	218	吉安	Jian	77367	35134	64097	58
衢州	Quzhou	8911	11537	16787	134	宜春	Yichun	34878	114042	107921	30
舟山	Zhoushan	3167	2453	3745	212	抚州	Fuzhou	102172	118759	120290	25
台州	Taizhou	4711	7065	11803	156	上饶	Shangrao	38204	36270	23491	116
丽水	Lishui	33950	39212	50293	70	**山东**	**Shandong**	**1083450**	**1760138**	**1758498**	
安徽	**Anhui**	**908628**	**1033701**	**1135567**		济南	Jinan	55383	22840	104150	34
合肥	Hefei	94166	86480	89926	38	青岛	Qingdao	89368	400277	183810	10
芜湖	Wuhu	166867	57031	67737	56	淄博	Zibo	58414	80042	43686	78
蚌埠	Bengbu	63384	195275	58550	63	枣庄	Zaozhuang	23156	93589	61025	60
淮南	Huainan	142537	243850	168080	13	东营	Dongying	11999	163229	163646	16
马鞍山	Maanshan	28307	87485	135684	22	烟台	Yantai	89671	48258	105098	33
淮北	Huaibei	48820	40170	78000	49	潍坊	Weifang	72014	18513	78834	47
铜陵	Tongling	2929	1869	60628	61	济宁	Jining	44680	65000	172289	12
安庆	Anqing	5763	700	20000	128	泰安	Taian	29105	14218	40740	84
黄山	Huangshan	17250	22038	22135	121	威海	Weihai	41832	47486	33892	96
滁州	Chuzhou	113907	68482	117628	27	日照	Rizhao	123503	121780	87072	42
阜阳	Fuyang	15860	21580	13285	145	莱芜	Laiwu	7200	29350	72019	54
宿州	Suzhou	33597	12842	49465	71	临沂	Linyi	63498	107213	72942	53
六安	Liuan	19890	3617	12500	150	德州	Dezhou	73013	4900	34685	93
亳州	Bozhou	7010	32689	36591	88	聊城	Liaocheng	14712	7077	19016	131

8-23 城市市政园林绿化建设投资额（辖区） 续表 2
Fixed Assets Investment of Landscaping in Urban Service Facilities (Districts under City) continued 2

单位：万元 (10 000 yuan)

地名	City	2010	2012	2013	2013 排名 Ranking
滨州	Binzhou	39417	62487	41214	82
菏泽	Heze	35666	305211	24600	114
河南	**Henan**	**252500**	**501140**	**487733**	
郑州	Zhengzhou	59688	92095	96212	37
开封	Kaifeng	12938	7213	20300	127
洛阳	Luoyang	5738	17471	10910	160
平顶山	Pingdingshan	14079	11559	4446	200
安阳	Anyang	5655	22311	4050	204
鹤壁	Hebi	10848	7990	910	243
新乡	Xinxiang	12865	6630	10843	161
焦作	Jiaozuo	4853	14705	7980	172
濮阳	Puyang	3915	8000	25536	111
许昌	Xuchang	300	16220	15540	138
漯河	Luohe	4500		4790	197
三门峡	Sanmenxia	6100	21000	6534	182
南阳	Nanyang	7522	112229	2069	227
商丘	Shangqiu	750	21500	30800	100
信阳	Xinyang	30240	24791	45620	73
周口	Zhoukou	16593	10390	8241	170
驻马店	Zhumadian	4309	28979	33974	95
湖北	**Hubei**	**312204**	**554619**	**702679**	
武汉	Wuhan	122965	355579	451573	3
黄石	Huangshi	49950	34893	22896	119
十堰	Shiyan	3311	5000	2733	219
宜昌	Yichang	13446	12573	12740	149
襄阳	Xiangfan	24072	5000	15421	140
鄂州	Ezhou	8631	4350	9947	164
荆门	Jingmen	17610	4556	8030	171
孝感	Xiaogan	15700	17480	45000	74
荆州	Jingzhou	17586	5811	3358	214
黄冈	Huanggang	10400	7400	1132	235
咸宁	Xianning	350	9000	3040	216
随州	Suizhou	610	17000	16120	137
湖南	**Hunan**	**228165**	**379454**	**330119**	
长沙	Changsha	25500	76533	58524	64
株洲	Zhuzhou	5425	8625	17250	132
湘潭	Xiangtan	27309	45952	29904	103
衡阳	Hengyang	15900	500		
邵阳	Shaoyang	2475	13200	12413	151
岳阳	Yueyang		4000	17040	133

地名	City	2010	2012	2013	2013 排名 Ranking
常德	Changde	41381	11200	7356	177
张家界	Zhangjiajie		209		
益阳	Yiyang	3580	5861	7325	178
郴州	Chenzhou	33765	110523	107551	31
永州	Yongzhou	4500	27040	22472	120
怀化	Huaihua	7000	41118	16300	135
娄底	Loudi	6520	1680	4700	198
广东	**Guangdong**	**9805087**	**432893**	**108530**	
广州	Guangzhou	194173	9480	4908	196
韶关	Shaoguan	2792	180		
深圳	Shenzhen	16550	16801	8259	169
珠海	Zhuhai	4708	3180	10944	159
汕头	Shantou	706		1068	238
佛山	Foshan	22117	333	3918	207
江门	Jiangmen	2570	30061	23327	117
湛江	Zhanjiang	677	3136	4550	199
茂名	Maoming		255	80	252
肇庆	Zhaoqing	6354	1186	1665	231
惠州	Huizhou	34435	37632	11870	155
梅州	Meizhou	10095	354	938	242
汕尾	Shanwei				
河源	Heyuan	43898	1737	7418	174
阳江	Yangjiang	3632			
清远	Qingyuan			21595	124
东莞	Dongguan	9421958	197090		
中山	ZhongShan	833	1500	1000	241
潮州	Chaozhou				
揭阳	Jieyang	20123	6880		
云浮	Yunfu	353	366	5000	194
广西	**Guangxi**	**482261**	**555224**	**553764**	
南宁	Nanning	173616	72403	230634	7
柳州	Liuzhou	114835	106394	330	249
桂林	Guilin	52645	109280	98528	36
梧州	Wuzhou	2216	8510	28071	108
北海	Beihai	2727	348	41500	81
防城港	Fangchenggang	16530	9178	8348	168
钦州	Qinzhou	2875	50672	41622	79
贵港	Guigang	13739	3920	1066	239
玉林	Yulin	20671	15051	44075	77
百色	Baise	5660	1603	721	244

8-23 城市市政园林绿化建设投资额（辖区） 续表 3

Fixed Assets Investment of Landscaping in Urban Service Facilities (Districts under City) continued 3

单位：万元 (10 000 yuan)

地名	City	2010	2012	2013	2013 排名 Ranking
贺州	Hezhou	280	28318		
河池	Hechi	6330	7905	1357	233
来宾	Laibin	41657	85436	3840	209
崇左	Chongzuo	1880	4516	4400	201
海南	**Hainan**	**26765**	**74181**	**14250**	
海口	Haikou		58106	6350	184
三亚	Sanya	21047	3309	6096	188
重庆	**Chongqing**	**1060050**	**653055**	**598675**	
四川	**Sichuan**	**227904**	**325801**	**399068**	
成都	Chengdu	53546	16547	29063	105
自贡	Zigong	46824	41568	58606	62
攀枝花	Panzhihua	4433	12541	11925	154
泸州	Luzhou	12296	32188	115030	28
德阳	Deyang	17792	4903	2939	217
绵阳	Mianyang	4958	3363	6300	185
广元	Guangyuan	6053	1780	6200	186
遂宁	Suining	16358	4378	13442	143
内江	Neijiang	2821	15898	20572	125
乐山	Leshan	149	5674	16124	136
南充	Nanchong	18000	35000	29400	104
眉山	Meishan	1335	3789	30634	101
宜宾	Yibin	246	64430	11200	158
广安	Guangan	5636	3137	5765	191
达州	Dazhou	3088		5946	190
雅安	Yaan	165			
巴中	Bazhong	468	20531	692	246
资阳	Ziyang	3400			
贵州	**Guizhou**	**21513**	**73255**	**143344**	
贵阳	Guiyang	19138	878	88605	39
六盘水	Liupanshui				
遵义	Zunyi			2300	223
安顺	Anshun		11795	13356	144
毕节	Bijie				
铜仁	Tongren	2000			
云南	**Yunnan**	**106647**	**71243**	**81351**	
昆明	Kunming	19383	19281	23082	118
曲靖	Qujing	8510		10000	163
玉溪	Yuxi	745			
保山	Baoshan	890		1071	237
昭通	Zhaotong	12483			

地名	City	2010	2012	2013	2013 排名 Ranking
丽江	Lijiang	7104			
普洱	Puer	3000	6200	1851	230
临沧	Lincang	6898	9834	19381	130
西藏	**Tibet**	**2923**	**1532**		
拉萨	Lhasa	2923			
陕西	**Shaanxi**	**758271**	**273413**	**459033**	
西安	Xi'an	593417	159099	188951	9
铜川	Tongchuan	18122	2754	39688	85
宝鸡	Baoji	17300	11200		
咸阳	Xianyang	81571	5757	34042	94
渭南	Weinan	11000	16750	24290	115
延安	Yan'an	93	1000	2235	226
汉中	Hanzhong	200	10000	20000	128
榆林	Yulin	4500	56300	100386	35
安康	Ankang	7178		37158	87
商洛	Shangluo	6190		1400	232
甘肃	**Gansu**	**152514**	**260029**	**253909**	
兰州	Lanzhou	110891	198056	131339	23
嘉峪关	Jiayuguan	3717	10469	11657	157
金昌	Jinchang	1781	3275	20435	120
白银	Baiyin	843	3300		
天水	Tianshui	12704	10750	35382	91
武威	Wuwei		2551		
张掖	Zhangye				
平凉	Pingliang	6245	8210	29000	106
酒泉	Jiuquan	3085	846	706	245
庆阳	Qingyang	7800	7750	8807	166
定西	Dingxi	2558	6160		
陇南	Longnan	120	3609	8750	167
青海	**Qinghai**	**17796**	**11878**	**31752**	
西宁	Xining	5853	7424	11932	153
宁夏	**Ningxia**	**43094**	**40292**	**72636**	
银川	Yinchuan	28167	9626	41549	80
石嘴山	Shizuishan	5800	10205		
吴忠	Wuzhong	8063	10144	9067	165
固原	Guyuan	1064	2525	2283	225
中卫	Zhongwei		2200	13711	142
新疆	**Xinjiang**	**109127**	**365165**	**362670**	
乌鲁木齐	Urumqi	26733	248363	167331	14
克拉玛依	Karamay	4189	40936	44384	76

8-24 城市市政市容环境卫生建设投资额（辖区）
Fixed Assets Investment of Environmental Sanitation in Urban Service Facilities (Districts under City)

单位：万元 (10 000 yuan)

地名	City	2010	2012	2013	2013 排名 Ranking
全国	**Nation Total**	**3015940**	**2964754**	**4084153**	
北京	**Beijing**	**223438**	**245277**	**1283523**	
天津	**Tianjin**	**64495**	**85321**	**4040**	
河北	**Hebei**	**111998**	**106510**	**59749**	
石家庄	Shijiazhuang	5695	2585	199	203
唐山	Tangshan	3565	48250	6709	50
秦皇岛	Qinhuangdao	1622	13900	12327	32
邯郸	Handan			26800	14
邢台	Xingtai	1320	1049		
保定	Baoding	1220			
张家口	Zhangjiakou	12035			
承德	Chengde	9230	15000	200	202
沧州	Cangzhou	6466	996	750	153
廊坊	Langfang	4000	8820	1944	126
衡水	Hengshui	830	1743	2225	118
山西	**Shanxi**	**40630**	**34052**	**67086**	
太原	Taiyuan	15679		5900	61
大同	Datong		680	2182	120
阳泉	Yangquan	840		2600	108
长治	Changzhi				
晋城	Jincheng				
朔州	Shuozhou	1780	339		
晋中	Jinzhong		6450	6670	51
运城	Yuncheng	1000			
忻州	Xinzhou	14160	5658		
临汾	Linfen	3302	1146	546	170
吕梁	Luliang			2200	119
内蒙古	**Inner Mongolia**	**113277**	**64371**	**169028**	
呼和浩特	Hohhot	18207	15256	69963	4
包头	Baotou	4698	13201	8959	39
乌海	Wuhai	8660	3598	3285	99
赤峰	Chifeng	1457	5384	5140	69
通辽	Tongliao	545	537	1045	149
鄂尔多斯	Erdos	66440	6434	2310	115
呼伦贝尔	Hulunbuir	3709	2244		
巴彦淖尔	Bayannur		1500	65120	5
乌兰察布	Ulanqab	500		3500	95
辽宁	**Liaoning**	**150367**	**219080**	**32757**	
沈阳	Shenyang	40677	157848	4425	80
大连	Dalian	52318	30555	546	170
鞍山	Anshan	1200		1469	137
抚顺	Fushun	9226	2760	3110	101
本溪	Benxi	2104	590	2085	122
丹东	Dandong	2312	1263	224	200
锦州	Jinzhou	80		10800	36
营口	Yingkou	412	968	70	211
阜新	Fuxin	1259	2186	1521	134
辽阳	Liaoyang	404	359	1465	138
盘锦	Panjin	6137			
铁岭	Tieling	91	262	570	167
朝阳	Chaoyang	5379	7429	602	165
葫芦岛	Huludao	70	45		
吉林	**Jilin**	**70564**	**36949**	**16733**	
长春	Changchun	52822	12086	4487	77
吉林	Jilin		2338	6175	58
四平	Siping				
辽源	Liaoyuan	742			
通化	Tonghua		5914		
白山	Baishan	392	3237	750	153
松原	Songyuan	4000			
白城	Baicheng		300		
黑龙江	**Heilongjiang**	**33730**	**78204**	**111939**	
哈尔滨	Harbin	20361	40251	49999	8
齐齐哈尔	Qiqihar	1367	4095	3723	92
鸡西	Jixi		2483	3360	98
鹤岗	Hegang	938	1885	2373	114
双鸭山	Shuangyashan			1860	127
大庆	Daqing		5240	1656	131
伊春	Yichun	1425	7570	11377	33
佳木斯	Jiamusi		250	4685	76
七台河	Qitaihe				
牡丹江	Mudanjiang	470	4350	4295	84
黑河	Heihe		1111	1500	136
绥化	Suihua	813		8538	41
上海	**Shanghai**	**58236**	**149831**	**61267**	
江苏	**Jiangsu**	**149205**	**212947**	**355046**	

8-24 城市市政市容环境卫生建设投资额（辖区） 续表 1
Fixed Assets Investment of Environmental Sanitation in Urban Service Facilities (Districts under City) continued 1

单位：万元 (10 000 yuan)

地名	City	2010	2012	2013	2013 排名 Ranking
南京	Nanjing	13108	115921	242920	3
无锡	Wuxi	14940			
徐州	Xuzhou		800	6600	53
常州	Changzhou	57966	16887	4468	78
苏州	Suzhou	3076	2786	6645	52
南通	Nantong	500	9138	8653	40
连云港	Lianyungang	63	1400	4719	75
淮安	Huaian		1400	2084	123
盐城	Yancheng		900	500	176
扬州	Yangzhou	1865	1626	16250	27
镇江	Zhenjiang	19394	8381	3500	95
泰州	Taizhou			16251	26
宿迁	Suqian		2651	4992	71
浙江	**Zhejiang**	**95147**	**132773**	**69657**	
杭州	Hangzhou	2478	1381	522	173
宁波	Ningbo		694	1300	143
温州	Wenzhou	4550	4997	4403	82
嘉兴	Jiaxing	4075	2304	2014	124
湖州	Huzhou	221	1634	6737	49
绍兴	Shaoxing	922	1998	3964	91
金华	Jinhua	423	659	2626	106
衢州	Quzhou	1517	196	2820	105
舟山	Zhoushan	16194	734	733	155
台州	Taizhou	742	30390	1339	140
丽水	Lishui	1082	120	730	156
安徽	**Anhui**	**79827**	**121712**	**137170**	
合肥	Hefei	10929	41416	34286	12
芜湖	Wuhu	1280	6220	6300	55
蚌埠	Bengbu	17977	1700	2100	121
淮南	Huainan	5653	9078	12944	30
马鞍山	Maanshan	1206	377	323	190
淮北	Huaibei	3070	70	4460	79
铜陵	Tongling	13046	547	1323	141
安庆	Anqing	6003			
黄山	Huangshan	4603	1292	1514	135
滁州	Chuzhou	2041	944	2481	112
阜阳	Fuyang	3893	1399	4056	87
宿州	Suzhou	1030	2020	559	169
六安	Liuan	570	2374	4782	73
亳州	Bozhou	2055	10	1720	129
池州	Chizhou	542	4931	130	208
宣城	Xuancheng	703	7710	7797	43
福建	**Fujian**	**213498**	**147638**	**58178**	
福州	Fuzhou	89372	994	2293	116
厦门	Xiamen	33823	29385	21850	19
莆田	Putian	16910	12000	14	213
三明	Sanming	215	180	3555	93
泉州	Quanzhou	948	3953	517	174
漳州	Zhangzhou	14000	14114	4815	72
南平	Nanping	1995		300	193
龙岩	Longyan	1800	21234	3970	90
宁德	Ningde	24480	2380		
江西	**Jiangxi**	**61536**	**59225**	**47565**	
南昌	Nanchang	2526	23702	37318	11
景德镇	Jingdezhen	11671			
萍乡	Pingxiang			500	176
九江	Jiujiang	20964	2862	3521	94
新余	Xinyu	1619	448	397	189
鹰潭	Yingtan				
赣州	Ganzhou			315	191
吉安	Jian	2600	4495	128	209
宜春	Yichun	289	2015	241	199
抚州	Fuzhou		1622	3000	102
上饶	Shangrao	336	259	16	212
山东	**Shandong**	**171077**	**243773**	**212262**	
济南	Jinan	8334	23061	25625	16
青岛	Qingdao	27165	50953	31849	13
淄博	Zibo	1387	2936	6119	59
枣庄	Zaozhuang	5810	106	4779	74
东营	Dongying	22577	13000	7760	44
烟台	Yantai	1995	43968	19000	21
潍坊	Weifang	866			
济宁	Jining	27			
泰安	Taian	437	5420	5603	63
威海	Weihai	14678	15862	1810	128
日照	Rizhao	16040	41067	15205	28
莱芜	Laiwu	10737	885	442	182
临沂	Linyi	740	140	696	160
德州	Dezhou	16300	2680	150	207
聊城	Liaocheng	143	52	18634	23

8-24 城市市政市容环境卫生建设投资额（辖区） 续表 2
Fixed Assets Investment of Environmental Sanitation in Urban Service Facilities (Districts under City) continued 2

单位：万元 (10 000 yuan)

地名	City	2010	2012	2013	2013 排名 Ranking	地名	City	2010	2012	2013	2013 排名 Ranking
滨州	Binzhou		190	246	198	常德	Changde	42352	13291		
菏泽	Heze	740	356	436	184	张家界	Zhangjiajie		1600		
河南	**Henan**	**29467**	**69399**	**103940**		益阳	Yiyang	1710	1706	5072	70
郑州	Zhengzhou	11858	18487	5212	66	郴州	Chenzhou	1559	13685	59298	6
开封	Kaifeng	342	34014	46057	10	永州	Yongzhou	400	7220	11185	34
洛阳	Luoyang		2623			怀化	Huaihua	1622	603	5570	64
平顶山	Pingdingshan	1668	203	4104	86	娄底	Loudi	880	3990	7326	47
安阳	Anyang	828	1292	506	175	广东	**Guangdong**	**588574**	**141521**	**133729**	
鹤壁	Hebi	1335	641	2503	111	广州	Guangzhou	470146	66344	12635	31
新乡	Xinxiang	345		253	196	韶关	Shaoguan		20		
焦作	Jiaozuo	61	407	160	205	深圳	Shenzhen	21110	5617	48217	9
濮阳	Puyang			250	197	珠海	Zhuhai	8321	1554	3162	100
许昌	Xuchang		529	1312	142	汕头	Shantou	2046	753	10930	35
漯河	Luohe	750	450	2595	109	佛山	Foshan	32211		700	159
三门峡	Sanmenxia					江门	Jiangmen	8762	15211	6221	56
南阳	Nanyang	2169	3780	16718	25	湛江	Zhanjiang	250	4758	6186	57
商丘	Shangqiu			4046	88	茂名	Maoming			5156	68
信阳	Xinyang			82	210	肇庆	Zhaoqing	2571	756	402	188
周口	Zhoukou	200	100			惠州	Huizhou	4302	5951	24787	17
驻马店	Zhumadian	6160	258			梅州	Meizhou	8600			
湖北	**Hubei**	**198154**	**194977**	**102822**		汕尾	Shanwei		12000	6000	60
武汉	Wuhan	111706	169353	52730	7	河源	Heyuan	3985	3240	1021	151
黄石	Huangshi	44410	5538	17243	24	阳江	Yangjiang				
十堰	Shiyan	4300				清远	Qingyuan	455		439	183
宜昌	Yichang	1102	5395	7411	45	东莞	Dongguan	5234	10369		
襄阳	Xiangfan	383	443			中山	ZhongShan	8944	4009	185	204
鄂州	Ezhou	3500	3500	5500	65	潮州	Chaozhou				
荆门	Jingmen		1510	4278	85	揭阳	Jieyang				
孝感	Xiaogan	1240				云浮	Yunfu	58			
荆州	Jingzhou	14200	398	725	157	广西	**Guangxi**	**84073**	**86008**	**83424**	
黄冈	Huanggang	1800	3200			南宁	Nanning	20205	1475	26068	15
咸宁	Xianning					柳州	Liuzhou	4107	3257	5206	67
随州	Suizhou					桂林	Guilin	13635	43722	22163	18
湖南	**Hunan**	**133458**	**265525**	**433104**		梧州	Wuzhou		1367	1073	148
长沙	Changsha	3600	156052	313538	1	北海	Beihai	10299	5208	1653	132
株洲	Zhuzhou	2740				防城港	Fangchenggang	1264	1055	1682	130
湘潭	Xiangtan	1658	22394	2289	117	钦州	Qinzhou	3026	2077	300	193
衡阳	Hengyang	33077	2143	14713	29	贵港	Guigang	2432	852	154	206
邵阳	Shaoyang	8860				玉林	Yulin	5707	5932	4405	81
岳阳	Yueyang	680	17710	7350	46	百色	Baise	2563	1388	447	181

8-24 城市市政市容环境卫生建设投资额（辖区） 续表 3

Fixed Assets Investment of Environmental Sanitation in Urban Service Facilities (Districts under City) continued 3

单位：万元 (10 000 yuan)

地名	City	2010	2012	2013	2013 排名 Ranking
贺州	Hezhou	191	569	210	201
河池	Hechi	1796	960	528	172
来宾	Laibin	3075		495	178
崇左	Chongzuo	1512	80	418	186
海南	**Hainan**	**18106**	**23326**	**10418**	
海口	Haikou		16000	3450	97
三亚	Sanya	7747		1077	147
重庆	**Chongqing**	**12527**	**27757**	**57119**	
四川	**Sichuan**	**46199**	**38937**	**36431**	
成都	Chengdu	3633	1349	1099	146
自贡	Zigong				
攀枝花	Panzhihua	286	175	2377	113
泸州	Luzhou	3545	1514	643	164
德阳	Deyang	461			
绵阳	Mianyang	2805	11238	1228	144
广元	Guangyuan	2276	7432	10246	37
遂宁	Suining	1217	147		
内江	Neijiang	113	3120	2587	110
乐山	Leshan	2718	695	1529	133
南充	Nanchong	5000	7420	6600	53
眉山	Meishan	82	1238		
宜宾	Yibin	375	76		
广安	Guangan	9915	420		
达州	Dazhou	423			
雅安	Yaan	387		4300	83
巴中	Bazhong		2800		
资阳	Ziyang				
贵州	**Guizhou**	**14000**	**5068**	**11500**	
贵阳	Guiyang	9642		584	166
六盘水	Liupanshui		1288		
遵义	Zunyi	1090			
安顺	Anshun		1300	1966	125
毕节	Bijie				
铜仁	Tongren				
云南	**Yunnan**	**39905**	**63017**	**17715**	
昆明	Kunming	27393	26010	2604	107
曲靖	Qujing				
玉溪	Yuxi	1198	930	1224	145
保山	Baoshan				
昭通	Zhaotong		2408	480	179
丽江	Lijiang	7500			
普洱	Puer			560	168
临沧	Lincang				
西藏	**Tibet**				
拉萨	Lhasa				
陕西	**Shaanxi**	**68258**	**42338**	**40701**	
西安	Xi'an	33314	13643	6846	48
铜川	Tongchuan	6152	12200	5680	62
宝鸡	Baoji	3596	850	10061	38
咸阳	Xianyang	12583		2995	103
渭南	Weinan		5565	420	185
延安	Yan'an	2834	1829	272	195
汉中	Hanzhong	210	463	2896	104
榆林	Yulin	491	1999	8411	42
安康	Ankang				
商洛	Shangluo	2835		470	180
甘肃	**Gansu**	**88815**	**10289**	**27377**	
兰州	Lanzhou	51947	555	18688	22
嘉峪关	Jiayuguan		720	310	192
金昌	Jinchang	559	256	689	162
白银	Baiyin	34926		900	152
天水	Tianshui		3600	690	161
武威	Wuwei				
张掖	Zhangye				
平凉	Pingliang		1450		
酒泉	Jiuquan	164	80	650	163
庆阳	Qingyang		100		
定西	Dingxi		1304		
陇南	Longnan		2000	4000	89
青海	**Qinghai**	**8789**	**980**	**10988**	
西宁	Xining	7900		405	187
宁夏	**Ningxia**	**7910**	**5063**	**3332**	
银川	Yinchuan	2480			
石嘴山	Shizuishan	752	1115	718	158
吴忠	Wuzhong	262		1384	139
固原	Guyuan	3996	710		
中卫	Zhongwei		1553	1030	150
新疆	**Xinjiang**	**40680**	**52886**	**325553**	
乌鲁木齐	Urumqi	29757	31344	284694	2
克拉玛依	Karamay	1541	5302	19007	20

8-25 城市市政公用设施建设新增固定资产投资额（辖区）
Newly Added Fixed Assets Investment in Urban Service Facilities (Districts under City)

单位：万元 (10 000 yuan)

地名	City	2010	2012	2013	2013 排名 Ranking
全国	**Nation Total**	**88147149**	**93908964**	**101924845**	
北京	**Beijing**	**3345022**	**3174952**	**3986618**	
天津	**Tianjin**	**1901462**	**1429853**	**1459913**	
河北	**Hebei**	**5136977**	**4418829**	**3522760**	
石家庄	Shijiazhuang	841269	846748	1231729	10
唐山	Tangshan	554837	198644	176722	103
秦皇岛	Qinhuangdao	289265	469628	200143	95
邯郸	Handan	588252	366072	6036	263
邢台	Xingtai	662557	251423	45233	199
保定	Baoding	294451	166938	17495	240
张家口	Zhangjiakou	492138	292382	260489	72
承德	Chengde	200950	284320	56385	184
沧州	Cangzhou	73446	40071	29757	228
廊坊	Langfang	55871	75005	253919	73
衡水	Hengshui	139899	134714	98633	148
山西	**Shanxi**	**1208573**	**2431760**	**4991083**	
太原	Taiyuan	247446	1179361	3326245	3
大同	Datong	453760	278989	307313	57
阳泉	Yangquan	55040	55238	59415	177
长治	Changzhi	50688	49210	33491	221
晋城	Jincheng			112995	136
朔州	Shuozhou	10723	90800	133477	123
晋中	Jinzhong	67446	127065	225182	81
运城	Yuncheng	25193	33478	8940	260
忻州	Xinzhou	44352	221728	220032	85
临汾	Linfen	57160	44267	207716	91
吕梁	Luliang	6477	46386	51647	190
内蒙古	**Inner Mongolia**	**2683104**	**4153773**	**3171927**	
呼和浩特	Hohhot	247846	704233	407410	43
包头	Baotou	544923	266929	413675	42
乌海	Wuhai	118710	150200	51127	192
赤峰	Chifeng	91051	142500	221714	83
通辽	Tongliao	73400	259443	224027	82
鄂尔多斯	Erdos	889980	1127549	368610	47
呼伦贝尔	Hulunbuir	152468	360812	205917	93
巴彦淖尔	Bayannur	329000	211526	265224	70
乌兰察布	Ulanqab	48420	580552	324660	52
辽宁	**Liaoning**	**5310915**	**6864716**	**5450048**	
沈阳	Shenyang	3503328	4612572	3703489	2
大连	Dalian	494581	232571	264971	71
鞍山	Anshan	107474	164928	130539	127
抚顺	Fushun	269269	441455	360226	48
本溪	Benxi	51164	67027	56601	182
丹东	Dandong	83959	320946	36318	216
锦州	Jinzhou	56936	48497	146807	118
营口	Yingkou	117775	78924	12994	249
阜新	Fuxin	23383	54988	78310	160
辽阳	Liaoyang	96226	174750	106697	141
盘锦	Panjin	104571	36225	36395	215
铁岭	Tieling	17480	24758	115154	135
朝阳	Chaoyang	37004	42441	13185	248
葫芦岛	Huludao	39703	18417	7200	262
吉林	**Jilin**	**1590440**	**2136547**	**979138**	
长春	Changchun	1188423	1403328	541447	32
吉林	Jilin	24738	48656	38636	208
四平	Siping	13000	35418	2570	266
辽源	Liaoyuan	13412	31022	12527	251
通化	Tonghua	28933	25955	3022	265
白山	Baishan	23440	48325	21468	233
松原	Songyuan	60470	52900	1130	272
白城	Baicheng	30945	44403	15225	246
黑龙江	**Heilongjiang**	**1872650**	**2566023**	**2038933**	
哈尔滨	Harbin	1172389	1140319	641812	28
齐齐哈尔	Qiqihar	27838	39356	74333	163
鸡西	Jixi	22400	68571	83960	157
鹤岗	Hegang	52232	40898	35068	218
双鸭山	Shuangyashan	29802	22953	57139	181
大庆	Daqing	214058	312313	359069	49
伊春	Yichun	56919	137056	87734	155
佳木斯	Jiamusi	16391	20503	53599	186
七台河	Qitaihe	15832	79034	31941	224
牡丹江	Mudanjiang	38232	181378	156835	113
黑河	Heihe	18556	21727	11913	256
绥化	Suihua	17096	49986	42117	205
上海	**Shanghai**	**3704836**	**2374523**	**4306404**	
江苏	**Jiangsu**	**11141951**	**8891860**	**10421623**	

8-25 城市市政公用设施建设新增固定资产投资额（辖区） 续表 1

Newly Added Fixed Assets Investment in Urban Service Facilities (Districts under City) continued 1

单位：万元 (10 000 yuan)

地名	City	2010	2012	2013	2013 排名 Ranking	地名	City	2010	2012	2013	2013 排名 Ranking
南京	Nanjing	1932517	1188163	1034475	15	池州	Chizhou	99680	296740	173618	105
无锡	Wuxi	2329882	384927	423662	39	宣城	Xuancheng	180121	231560	112606	137
徐州	Xuzhou	303131	575857	403861	44	福建	**Fujian**	**2069601**	**3109090**	**3247844**	
常州	Changzhou	1977722	607632	1143627	12	福州	Fuzhou	708744	17973	648824	27
苏州	Suzhou	555204	1037897	988955	16	厦门	Xiamen	100071	555012	757305	21
南通	Nantong	922481	1428395	1964074	4	莆田	Putian	454045	580412	447103	38
连云港	Lianyungang	205087	298471	416302	41	三明	Sanming	7576	3685	26475	230
淮安	Huaian	305802	298056	125860	129	泉州	Quanzhou	220464	899835	538497	33
盐城	Yancheng	151304	46445	101775	147	漳州	Zhangzhou	63234	219051	115471	134
扬州	Yangzhou	316599	381885	583292	30	南平	Nanping	2300	18954	24687	231
镇江	Zhenjiang	354862	866710	1400850	8	龙岩	Longyan	88362	148687	139869	120
泰州	Taizhou	138764	122229	216244	87	宁德	Ningde	63996	79894	33462	222
宿迁	Suqian	65332	220834	227838	80	江西	**Jiangxi**	**2843733**	**2725364**	**2357957**	
浙江	**Zhejiang**	**3446333**	**3910912**	**4408457**		南昌	Nanchang	27505	572566	95144	152
杭州	Hangzhou	575862	763782	1092087	13	景德镇	Jingdezhen		134816	18505	238
宁波	Ningbo	1188336	802521	746300	23	萍乡	Pingxiang	66890	6460	70905	167
温州	Wenzhou	56881	600429	708485	24	九江	Jiujiang	1326179	445591	421030	40
嘉兴	Jiaxing	203450	88819	105324	143	新余	Xinyu	212589	328379	192466	98
湖州	Huzhou	295504	112257	110632	139	鹰潭	Yingtan				
绍兴	Shaoxing	188088	54051	277783	65	赣州	Ganzhou	469176	48903	132096	125
金华	Jinhua	52189	37814	68720	168	吉安	Jian	151470	166834	209784	90
衢州	Quzhou	40319	54286	53191	188	宜春	Yichun	184337	102052	166458	110
舟山	Zhoushan	64122	71210	36973	213	抚州	Fuzhou	76283	396985	478132	35
台州	Taizhou	58791	79228	134072	122	上饶	Shangrao	116045	92744	95893	151
丽水	Lishui	148948	24789	86777	156	山东	**Shandong**	**4620312**	**6464288**	**7068424**	
安徽	**Anhui**	**2577343**	**4199787**	**4847505**		济南	Jinan	260494	373565	748913	22
合肥	Hefei	483825	385032	973538	17	青岛	Qingdao	403232	882938	951961	18
芜湖	Wuhu	379118	314836	220341	84	淄博	Zibo	303602	224467	219793	86
蚌埠	Bengbu	236251	461360	668643	25	枣庄	Zaozhuang	145228	266547	284485	64
淮南	Huainan	41871	554883	147126	117	东营	Dongying	102362	344246	243975	77
马鞍山	Maanshan	224073	274723	287552	63	烟台	Yantai	218538	155592	267011	69
淮北	Huaibei	47362	304741	182600	101	潍坊	Weifang	178476	166004	209967	89
铜陵	Tongling	25139	62854	249627	75	济宁	Jining	272936	279905	326032	51
安庆	Anqing	68794	99631	184655	100	泰安	Taian	203768	231088	116158	133
黄山	Huangshan	66255	84571	81458	158	威海	Weihai	184988	246138	239510	79
滁州	Chuzhou	208073	237908	198356	96	日照	Rizhao	271331	323758	297374	60
阜阳	Fuyang	127992	100060	188058	99	莱芜	Laiwu	85992	79196	159230	112
宿州	Suzhou	80715	112678	117208	132	临沂	Linyi	399996	387604	449211	37
六安	Liuan	54420	63490	112301	138	德州	Dezhou	214302	532780	316466	55
亳州	Bozhou	108304	126149	166472	109	聊城	Liaocheng	24955	121088	269762	67

8-25 城市市政公用设施建设新增固定资产投资额（辖区） 续表 2
Newly Added Fixed Assets Investment in Urban Service Facilities (Districts under City) continued 2

单位：万元 (10 000 yuan)

地名	City	2010	2012	2013	2013 排名 Ranking
滨州	Binzhou	103846	119180	91706	153
菏泽	Heze	88155	62292	78941	159
河南	**Henan**	**1294903**	**2403111**	**2271050**	
郑州	Zhengzhou	259313	569472	630773	29
开封	Kaifeng	104896	129780	211648	88
洛阳	Luoyang	40060	142081	171982	107
平顶山	Pingdingshan	47610	27646	66566	170
安阳	Anyang	76333	46741	15277	245
鹤壁	Hebi	19468	26786	21947	232
新乡	Xinxiang	40486	57060	50258	193
焦作	Jiaozuo	47162	91652	129665	128
濮阳	Puyang	3915	46764	62496	174
许昌	Xuchang	2462	63282	45727	198
漯河	Luohe	32989	69215	29793	227
三门峡	Sanmenxia	27297	70950	30547	225
南阳	Nanyang	87575	412758	74367	162
商丘	Shangqiu	19708	114300	53341	187
信阳	Xinyang	43195	35554	73127	165
周口	Zhoukou	57230	41340	32807	223
驻马店	Zhumadian	42966	54965	63157	172
湖北	**Hubei**	**4540902**	**8336211**	**9472895**	
武汉	Wuhan	3507596	6626204	7352613	1
黄石	Huangshi	211124	174193	173476	106
十堰	Shiyan	41979	153397	140261	119
宜昌	Yichang	91279	188963	243421	78
襄阳	Xiangfan	87888	262946	459513	36
鄂州	Ezhou	90701	87531	138422	121
荆门	Jingmen	76434	97906	106506	142
孝感	Xiaogan	15400	120050	125000	130
荆州	Jingzhou	27699	88845	35848	217
黄冈	Huanggang	15050	19900	30306	226
咸宁	Xianning	10420	13276	2340	267
随州	Suizhou	2711	17000	13700	247
湖南	**Hunan**	**3650309**	**2413929**	**2135903**	
长沙	Changsha	1441400	516478	45028	201
株洲	Zhuzhou	192905	349693	380277	45
湘潭	Xiangtan	111531	203572	133280	124
衡阳	Hengyang	676505	220920	73000	166
邵阳	Shaoyang	51611	59014	176326	104
岳阳	Yueyang	166900	271819	319480	54
常德	Changde	388782	280864	304177	59
张家界	Zhangjiajie		28800	26900	229
益阳	Yiyang	35882	54495	52216	189
郴州	Chenzhou	176107	51072	12940	250
永州	Yongzhou	54590	41224	41002	207
怀化	Huaihua	55172	24008	310948	56
娄底	Loudi	47090			
广东	**Guangdong**	**12204434**	**4276556**	**2968834**	
广州	Guangzhou	1387287	766780	1291911	9
韶关	Shaoguan	4142	9287	1502	271
深圳	Shenzhen	46172	2041066	270365	66
珠海	Zhuhai	199644	563647	663583	26
汕头	Shantou	42044	28513	46436	197
佛山	Foshan	294181	115601	97428	150
江门	Jiangmen	36411	123556	160677	111
湛江	Zhanjiang		3350	51180	191
茂名	Maoming	2682	9263	11062	257
肇庆	Zhaoqing	188024	52366	21411	234
惠州	Huizhou	10612	107893	58378	179
梅州	Meizhou				
汕尾	Shanwei	10880	14700	12493	252
河源	Heyuan	205739	177378	12416	255
阳江	Yangjiang	28564			
清远	Qingyuan	9253	16540	18736	237
东莞	Dongguan	9538960	83069	4706	264
中山	ZhongShan	74479	47806	120434	131
潮州	Chaozhou		993		
揭阳	Jieyang			8028	261
云浮	Yunfu	1256	4014		
广西	**Guangxi**	**2023461**	**1851561**	**3179619**	
南宁	Nanning	528223	170224	908492	19
柳州	Liuzhou	506987	547470	799657	20
桂林	Guilin	391938	164491	544047	31
梧州	Wuzhou	26122	48544	57450	180
北海	Beihai	10085	69195	150434	115
防城港	Fangchenggang	78671	92930	97871	149
钦州	Qinzhou	33117	106646	177733	102
贵港	Guigang	21598	28140	49559	194
玉林	Yulin	192184	180816	37195	212
百色	Baise	15642	21580	1791	268

8-25 城市市政公用设施建设新增固定资产投资额（辖区） 续表 3

Newly Added Fixed Assets Investment in Urban Service Facilities (Districts under City) continued 3

单位：万元 (10 000 yuan)

地名	City	2010	2012	2013	2013 排名 Ranking	地名	City	2010	2012	2013	2013 排名 Ranking
贺州	Hezhou	5337	33300	44120	202	丽江	Lijiang	18777	5000	9861	259
河池	Hechi	599	33466	12425	254	普洱	Puer	9870	20000	15298	244
来宾	Laibin	52598	131802	131479	126	临沧	Lincang	9591	42063	45157	200
崇左	Chongzuo	9505	3104	9886	258	**西藏**	**Tibet**	**20019**	**17527**	**6526**	
海南	**Hainan**	**102202**	**656783**	**210602**		拉萨	Lhasa	20019	11000		
海口	Haikou	24288	382863	64971	171	**陕西**	**Shaanxi**	**1946436**	**1849253**	**2344378**	
三亚	Sanya	47355	14829	89082	154	西安	Xi'an	1340468	477286	1043186	14
重庆	**Chongqing**	**2798739**	**2265339**	**4132028**		铜川	Tongchuan	40896	5954	58895	178
四川	**Sichuan**	**2078176**	**4116962**	**4070256**		宝鸡	Baoji	102814	170829	59670	175
成都	Chengdu	895367	2082771	1656871	5	咸阳	Xianyang	131615	302667	248365	76
自贡	Zigong	238580	287287	293493	62	渭南	Weinan	58732	76179	148289	116
攀枝花	Panzhihua	19235	96072	73679	164	延安	Yan'an	50197	81153	34963	219
泸州	Luzhou	51973	123456	197240	97	汉中	Hanzhong	4860	78301	56509	183
德阳	Deyang	95338	97789	101849	146	榆林	Yulin	28145	234994	328479	50
绵阳	Mianyang	41083	96420	306357	58	安康	Ankang	165753	257019	253202	74
广元	Guangyuan	40450	123372	107552	140	商洛	Shangluo		54786		
遂宁	Suining	37369	140663	67835	169	**甘肃**	**Gansu**	**363108**	**414658**	**1899739**	
内江	Neijiang	10016	64993	203927	94	兰州	Lanzhou	92671	38239	1482664	7
乐山	Leshan	32995	42753	33821	220	嘉峪关	Jiayuguan	15679	49300	36935	214
南充	Nanchong	96000	188320	206730	92	金昌	Jinchang	29322	8815	37356	211
眉山	Meishan	3873	21139	47920	195	白银	Baiyin	46545	31487	21356	235
宜宾	Yibin	143	21437	1765	269	天水	Tianshui	16653	25701	62873	173
广安	Guangan	46600	24583	46900	196	武威	Wuwei	39908	47842	15735	243
达州	Dazhou	8735	24606	12438	253	张掖	Zhangye	14492	1430		
雅安	Yaan		14111	419	273	平凉	Pingliang	13104	56310	103394	144
巴中	Bazhong	2240	126505	37578	210	酒泉	Jiuquan	25579	33618	38185	209
资阳	Ziyang	9981	176397	296711	61	庆阳	Qingyang	42085	40647	16256	242
贵州	**Guizhou**	**758257**	**1418573**	**2474694**		定西	Dingxi	13790	10987		
贵阳	Guiyang	680865	827562	1192577	11	陇南	Longnan	120	6834	59450	176
六盘水	Liupanshui		8488	1576	270	**青海**	**Qinghai**	**238657**	**421090**	**425738**	
遵义	Zunyi	12463				西宁	Xining	195203	388902	320149	53
安顺	Anshun	9850	155403	369314	46	**宁夏**	**Ningxia**	**227034**	**312119**	**265539**	
毕节	Bijie	1889		155441	114	银川	Yinchuan	147941	125721	74689	161
铜仁	Tongren	8276	67102	268335	68	石嘴山	Shizuishan	1324	26482	17953	239
云南	**Yunnan**	**1803397**	**1288675**	**1291217**		吴忠	Wuzhong	38108	40849	41682	206
昆明	Kunming	1155782	714431	522983	34	固原	Guyuan	17565	60755	56124	185
曲靖	Qujing	265198	124953	103154	145	中卫	Zhongwei	4203	28102	42937	204
玉溪	Yuxi	40538	21740	17035	241	**新疆**	**Xinjiang**	**643863**	**3014340**	**2517193**	
保山	Baoshan	5890	26647	43580	203	乌鲁木齐	Urumqi	190942	1857409	1594239	6
昭通	Zhaotong	105486	61280	20043	236	克拉玛依	Karamay	33932	107441	171480	108

8-26 城市供水综合生产能力（辖区）
Integrated Production Capacity of Urban Water Supply (Districts under City)

单位：万立方米/日 (10, 000 m³/day)

地名	City	2010	2012	2013	2013 排名 Ranking	地名	City	2010	2012	2013	2013 排名 Ranking
全国	**Nation Total**	**27601.5**	**27177.3**	**28373.4**		沈阳	Shenyang	175.4	193.5	193.4	19
北京	**Beijing**	**1604.1**	**1644.2**	**2554.5**		大连	Dalian	164.6	163.0	163.0	28
天津	**Tianjin**	**405.2**	**439.5**	**453.5**		鞍山	Anshan	158.3	163.0	163.0	28
河北	**Hebei**	**888.9**	**974.2**	**887.8**		抚顺	Fushun	130.3	131.0	129.0	39
石家庄	Shijiazhuang	103.7	126.7	126.7	41	本溪	Benxi	154.5	117.6	117.6	45
唐山	Tangshan	129.0	130.0	130.0	38	丹东	Dandong	93.5	47.4	48.4	109
秦皇岛	Qinhuangdao	41.7	44.0	41.7	123	锦州	Jinzhou	82.6	72.6	79.1	63
邯郸	Handan	98.5	98.5	98.5	55	营口	Yingkou	50.0	56.3	56.3	92
邢台	Xingtai	53.6	53.6	53.6	97	阜新	Fuxin	38.0	38.0	38.0	135
保定	Baoding	41.0	98.0	37.2	137	辽阳	Liaoyang	92.6	87.2	65.8	79
张家口	Zhangjiakou	100.3	100.3	75.3	69	盘锦	Panjin	30.6	30.6	30.5	158
承德	Chengde	29.8	30.6	31.7	153	铁岭	Tieling	21.5	21.6	22.1	195
沧州	Cangzhou	25.0	25.0	25.0	186	朝阳	Chaoyang	25.3	28.6	28.6	164
廊坊	Langfang	22.5	22.7	22.7	194	葫芦岛	Huludao	37.9	41.0	41.0	126
衡水	Hengshui	10.9	10.1	12.9	244	吉林	**Jilin**	**735.5**	**747.5**	**730.8**	
山西	**Shanxi**	**356.0**	**442.5**	**434.6**		长春	Changchun	110.4	124.4	124.4	42
太原	Taiyuan	111.3	182.1	184.6	21	吉林	Jilin	411.0	375.5	344.4	8
大同	Datong	56.6	55.3	54.0	96	四平	Siping	19.6	23.6	23.6	189
阳泉	Yangquan	26.8	26.1	26.1	179	辽源	Liaoyuan	18.0	30.0	31.0	155
长治	Changzhi	41.3	28.8	28.8	163	通化	Tonghua	14.0	14.0	15.3	234
晋城	Jincheng	13.0	26.0	19.0	214	白山	Baishan	14.1	16.8	16.9	225
朔州	Shuozhou	11.7	18.0	18.0	220	松原	Songyuan	17.1	18.6	18.9	216
晋中	Jinzhong	9.0	10.0	12.4	245	白城	Baicheng	14.0	11.0	11.0	249
运城	Yuncheng	16.0	16.0	16.0	230	黑龙江	**Heilongjiang**	**830.2**	**891.0**	**798.1**	
忻州	Xinzhou	6.6	6.6	6.6	271	哈尔滨	Harbin	223.4	221.1	174.2	25
临汾	Linfen	14.6	14.6	14.8	237	齐齐哈尔	Qiqihar	34.9	39.0	40.0	129
吕梁	Luliang	4.9	4.9	4.9	279	鸡西	Jixi	29.0	26.0	26.2	178
内蒙古	**Inner Mongolia**	**341.6**	**378.7**	**378.1**		鹤岗	Hegang	26.0	20.6	20.6	200
呼和浩特	Hohhot	55.3	55.6	54.7	94	双鸭山	Shuangyashan	26.5	26.5	26.5	174
包头	Baotou	52.7	62.7	60.9	84	大庆	Daqing	167.7	192.7	193.0	20
乌海	Wuhai	48.4	48.4	49.4	105	伊春	Yichun	23.9	27.3	28.2	167
赤峰	Chifeng	39.7	39.7	41.2	125	佳木斯	Jiamusi	44.5	46.0	46.0	115
通辽	Tongliao	45.8	45.8	45.8	116	七台河	Qitaihe	34.1	68.3	31.9	152
鄂尔多斯	Erdos	10.3	18.0	19.8	212	牡丹江	Mudanjiang	130.2	130.3	128.0	40
呼伦贝尔	Hulunbuir	14.0	14.0	10.0	253	黑河	Heihe	7.5	7.5	7.5	269
巴彦淖尔	Bayannur	4.4	8.1	8.1	265	绥化	Suihua	19.9	21.2	9.6	259
乌兰察布	Ulanqab	6.1	9.6	8.7	263	上海	**Shanghai**	**1465.6**	**1145.0**	**1124.0**	
辽宁	**Liaoning**	**1391.1**	**1339.1**	**1320.2**		江苏	**Jiangsu**	**2714.7**	**2749.8**	**2902.6**	

8-26 城市供水综合生产能力（辖区） 续表 1

Integrated Production Capacity of Urban Water Supply (Districts under City) continued 1

单位：万立方米/日 (10, 000 m³/day)

地名	City	2010	2012	2013	2013 排名 Ranking	地名	City	2010	2012	2013	2013 排名 Ranking
南京	Nanjing	645.8	633.8	641.4	4	池州	Chizhou	9.5	17.0	17.0	224
无锡	Wuxi	241.0	260.0	280.0	10	宣城	Xuancheng	19.7	20.1	20.6	200
徐州	Xuzhou	94.2	95.5	93.0	58	**福建**	**Fujian**	**676.4**	**721.0**	**721.9**	
常州	Changzhou	182.5	197.5	196.0	16	福州	Fuzhou	148.5	156.7	153.7	31
苏州	Suzhou	242.1	348.9	378.9	6	厦门	Xiamen	116.0	121.8	147.7	32
南通	Nantong	137.5	132.5	167.5	27	莆田	Putian	38.9	38.9	28.0	168
连云港	Lianyungang	39.1	39.1	39.1	131	三明	Sanming	74.9	74.9	75.0	70
淮安	Huaian	50.4	69.9	69.9	76	泉州	Quanzhou	42.0	55.3	58.0	88
盐城	Yancheng	30.0	34.0	43.5	120	漳州	Zhangzhou	32.5	32.5	26.5	174
扬州	Yangzhou	71.0	80.7	80.7	62	南平	Nanping	16.5	16.5	14.0	240
镇江	Zhenjiang	54.5	68.0	59.0	86	龙岩	Longyan	15.8	20.8	26.8	172
泰州	Taizhou	57.0	42.0	42.0	122	宁德	Ningde	7.5	13.0	13.0	242
宿迁	Suqian	23.5	26.0	26.0	180	**江西**	**Jiangxi**	**459.2**	**435.9**	**444.5**	
浙江	**Zhejiang**	**1519.9**	**1537.8**	**1675.5**		南昌	Nanchang	153.0	133.5	138.5	36
杭州	Hangzhou	320.0	320.0	350.0	7	景德镇	Jingdezhen	23.9	24.8	20.4	205
宁波	Ningbo	247.0	225.0	225.0	12	萍乡	Pingxiang	23.5	15.0	16.5	226
温州	Wenzhou	110.0	110.0	110.0	47	九江	Jiujiang	34.0	34.0	34.0	143
嘉兴	Jiaxing	49.1	71.8	70.5	75	新余	Xinyu	20.5	20.5	20.5	203
湖州	Huzhou	47.4	47.4	47.4	114	鹰潭	Yingtan	10.0	10.0	10.0	253
绍兴	Shaoxing	81.2	94.9	220.3	13	赣州	Ganzhou	37.0	37.0	37.0	138
金华	Jinhua	50.8	53.8	55.8	93	吉安	Jian	21.0	21.0	25.0	186
衢州	Quzhou	94.0	76.0	73.0	72	宜春	Yichun	11.3	16.4	16.4	228
舟山	Zhoushan	29.0	24.9	24.9	188	抚州	Fuzhou	22.0	21.0	21.0	198
台州	Taizhou	53.8	52.3	49.3	106	上饶	Shangrao	15.1	24.1	21.1	197
丽水	Lishui	20.0	20.0	20.0	208	**山东**	**Shandong**	**1477.6**	**1644.5**	**1701.9**	
安徽	**Anhui**	**1992.8**	**1029.4**	**1074.0**		济南	Jinan	175.7	193.2	195.7	17
合肥	Hefei	112.0	125.0	175.0	24	青岛	Qingdao	130.5	153.7	167.7	26
芜湖	Wuhu	92.0	102.0	100.0	54	淄博	Zibo	139.4	164.9	175.8	23
蚌埠	Bengbu	77.3	77.2	77.2	67	枣庄	Zaozhuang	65.0	69.8	69.2	78
淮南	Huainan	59.0	48.0	48.0	113	东营	Dongying	64.5	74.5	84.5	60
马鞍山	Maanshan	930.8	124.3	120.5	44	烟台	Yantai	73.7	91.8	104.3	51
淮北	Huaibei	41.5	41.5	41.6	124	潍坊	Weifang	42.7	74.8	77.6	66
铜陵	Tongling	403.0	209.6	209.6	15	济宁	Jining	63.0	56.0	75.0	70
安庆	Anqing	56.6	56.9	56.9	90	泰安	Taian	29.6	29.0	29.0	162
黄山	Huangshan	21.4	21.7	21.4	196	威海	Weihai	39.2	39.2	39.2	130
滁州	Chuzhou	18.0	32.0	32.0	150	日照	Rizhao	31.7	33.7	33.4	147
阜阳	Fuyang	35.5	45.5	45.5	118	莱芜	Laiwu	25.5	25.5	25.5	185
宿州	Suzhou	26.5	26.5	26.5	174	临沂	Linyi	54.2	60.9	59.8	85
六安	Liuan	25.0	20.5	20.5	203	德州	Dezhou	28.0	41.0	41.0	127
亳州	Bozhou	9.0	10.5	10.5	251	聊城	Liaocheng	17.9	22.7	25.8	183

8-26 城市供水综合生产能力（辖区） 续表 2
Integrated Production Capacity of Urban Water Supply (Districts under City) continued 2

单位：万立方米/日 (10, 000 m³/day)

地名	City	2010	2012	2013	2013 排名 Ranking	地名	City	2010	2012	2013	2013 排名 Ranking
滨州	Binzhou	42.5	44.2	44.2	119	常德	Changde	37.5	41.0	43.4	121
菏泽	Heze	18.7	18.8	18.9	217	张家界	Zhangjiajie	14.5	14.5	13.5	241
河南	**Henan**	**1010.3**	**1042.3**	**1047.3**		益阳	Yiyang	34.0	32.0	32.0	150
郑州	Zhengzhou	124.4	109.4	109.4	48	郴州	Chenzhou	35.7	32.5	33.5	144
开封	Kaifeng	62.5	62.5	62.5	81	永州	Yongzhou	55.3	50.0	51.0	102
洛阳	Luoyang	79.3	85.3	85.3	59	怀化	Huaihua	31.4	30.4	29.6	160
平顶山	Pingdingshan	61.2	60.9	61.0	83	娄底	Loudi	24.0	18.0	18.0	220
安阳	Anyang	79.0	79.0	79.0	64	**广东**	**Guangdong**	**3497.4**	**3531.4**	**3496.5**	
鹤壁	Hebi	38.3	38.3	38.3	134	广州	Guangzhou	684.3	702.7	663.5	3
新乡	Xinxiang	62.0	62.0	62.0	82	韶关	Shaoguan	36.5	36.5	36.5	139
焦作	Jiaozuo	55.6	57.3	57.3	89	深圳	Shenzhen	692.5	692.0	674.0	2
濮阳	Puyang	27.6	35.6	35.6	140	珠海	Zhuhai	107.4	102.5	102.2	53
许昌	Xuchang	30.0	39.0	39.0	132	汕头	Shantou	131.2	131.2	131.2	37
漯河	Luohe	33.4	33.4	33.4	146	佛山	Foshan	294.0	288.1	283.6	9
三门峡	Sanmenxia	14.5	14.5	14.5	238	江门	Jiangmen	87.7	88.6	96.1	56
南阳	Nanyang	54.5	72.6	72.8	73	湛江	Zhanjiang	48.4	48.1	48.2	111
商丘	Shangqiu	37.3	37.3	37.3	136	茂名	Maoming	96.6	65.9	34.9	142
信阳	Xinyang	26.8	26.8	26.8	172	肇庆	Zhaoqing	50.5	50.7	50.7	103
周口	Zhoukou	16.0	19.0	19.0	214	惠州	Huizhou	113.0	115.0	115.0	46
驻马店	Zhumadian	22.5	22.8	22.8	193	梅州	Meizhou	12.0	16.0	16.0	230
湖北	**Hubei**	**1326.3**	**1328.0**	**1336.6**		汕尾	Shanwei	16.5	16.5	16.5	226
武汉	Wuhan	473.3	475.6	482.6	5	河源	Heyuan	19.1	19.1	19.1	213
黄石	Huangshi	86.6	72.7	72.7	74	阳江	Yangjiang	26.0	26.0	26.0	180
十堰	Shiyan	42.7	49.2	48.2	110	清远	Qingyuan	33.8	20.0	31.0	155
宜昌	Yichang	71.2	76.2	76.2	68	东莞	Dongguan	700.0	728.6	756.9	1
襄阳	Xiangfan	102.1	102.6	107.6	49	中山	ZhongShan		20.0	20.0	208
鄂州	Ezhou	23.0	24.0	23.0	191	潮州	Chaozhou	44.0	44.0		
荆门	Jingmen	48.2	48.2	48.2	111	揭阳	Jieyang	30.0	25.0	35.3	141
孝感	Xiaogan	28.5	28.2	28.3	166	云浮	Yunfu	14.0	15.0	15.0	235
荆州	Jingzhou	73.5	57.0	56.6	91	**广西**	**Guangxi**	**604.4**	**665.0**	**684.2**	
黄冈	Huanggang	23.0	23.0	23.0	191	南宁	Nanning	135.2	146.5	146.5	33
咸宁	Xianning	16.0	16.0	16.0	230	柳州	Liuzhou	114.3	134.2	142.2	35
随州	Suizhou	28.0	26.0	26.0	180	桂林	Guilin	48.2	46.7	45.6	117
湖南	**Hunan**	**979.4**	**999.5**	**991.0**		梧州	Wuzhou	36.5	27.5	39.0	132
长沙	Changsha	180.0	215.7	215.7	14	北海	Beihai	32.7	32.5	32.5	149
株洲	Zhuzhou	128.5	103.5	103.5	52	防城港	Fangchenggang	13.0	16.0	20.0	208
湘潭	Xiangtan	48.7	48.6	48.6	107	钦州	Qinzhou	16.4	32.3	32.7	148
衡阳	Hengyang	74.1	69.0	69.7	77	贵港	Guigang	31.0	36.0	31.5	154
邵阳	Shaoyang	67.5	66.8	51.5	101	玉林	Yulin	17.0	18.5	18.5	219
岳阳	Yueyang	102.6	106.0	107.4	50	百色	Baise	13.2	16.2	16.2	229

8-26 城市供水综合生产能力（辖区） 续表 3

Integrated Production Capacity of Urban Water Supply (Districts under City) continued 3

单位：万立方米/日 (10, 000 m³/day)

地名	City	2010	2012	2013	2013 排名 Ranking	地名	City	2010	2012	2013	2013 排名 Ranking
贺州	Hezhou	10.0	8.0	8.0	266	丽江	Lijiang	6.5	7.5	7.5	267
河池	Hechi	53.5	53.5	53.5	98	普洱	Puer	6.5	4.2	4.2	282
来宾	Laibin	11.8	20.2	20.2	206	临沧	Lincang	5.6	7.3	7.3	270
崇左	Chongzuo	5.0	5.0	5.0	275	**西藏**	**Tibet**	**31.2**	**59.8**	**34.0**	
海南	**Hainan**	**173.0**	**151.7**	**152.2**		拉萨	Lhasa	29.7	56.4	31.0	155
海口	Haikou	106.0	80.7	81.2	61	**陕西**	**Shaanxi**	**371.1**	**380.5**	**370.8**	
三亚	Sanya	24.0	25.8	25.8	183	西安	Xi'an	185.8	190.2	182.6	22
重庆	**Chongqing**	**412.3**	**447.8**	**491.2**		铜川	Tongchuan	12.0	15.0	14.2	239
四川	**Sichuan**	**804.5**	**822.8**	**871.4**		宝鸡	Baoji	26.4	28.4	28.4	165
成都	Chengdu	225.5	226.3	262.3	11	咸阳	Xianyang	53.9	54.0	54.0	95
自贡	Zigong	37.0	31.5	26.5	174	渭南	Weinan	17.3	20.6	20.6	202
攀枝花	Panzhihua	56.3	58.3	58.3	87	延安	Yan'an	5.0	5.0	5.0	275
泸州	Luzhou	60.9	77.7	77.7	65	汉中	Hanzhong	11.0	10.0	10.0	253
德阳	Deyang	23.5	23.5	33.5	144	榆林	Yulin	9.5	9.5	9.5	260
绵阳	Mianyang	43.2	39.9	51.6	100	安康	Ankang	13.7	11.7	10.5	252
广元	Guangyuan	12.2	16.4	17.1	223	商洛	Shangluo	6.2	6.1	6.1	272
遂宁	Suining	16.9	20.7	20.1	207	**甘肃**	**Gansu**	**398.2**	**370.4**	**372.1**	
内江	Neijiang	20.0	18.8	18.8	218	兰州	Lanzhou	156.5	150.8	155.8	30
乐山	Leshan	32.5	32.5	27.0	171	嘉峪关	Jiayuguan	83.9	51.7	51.6	99
南充	Nanchong	25.0	28.0	28.0	168	金昌	Jinchang	33.0	33.0	30.0	159
眉山	Meishan	10.0	12.2	11.7	248	白银	Baiyin	44.9	48.4	48.4	108
宜宾	Yibin	22.9	18.5	20.0	208	天水	Tianshui	9.9	11.0	11.0	249
广安	Guangan	6.5	8.5	8.5	264	武威	Wuwei	10.0	10.0	10.0	253
达州	Dazhou	18.9	19.6	28.0	170	张掖	Zhangye	12.0	12.0	11.9	247
雅安	Yaan	16.5	13.0	13.0	242	平凉	Pingliang	5.0	4.6	4.6	281
巴中	Bazhong	5.0	5.5	9.5	260	酒泉	Jiuquan	10.7	15.4	15.4	233
资阳	Ziyang	18.8	28.8	29.1	161	庆阳	Qingyang	5.3	5.3	5.3	273
贵州	**Guizhou**	**241.1**	**250.4**	**240.7**		定西	Dingxi	5.0	5.0	5.0	275
贵阳	Guiyang	126.6	125.4	121.0	43	陇南	Longnan	1.6	1.7	1.7	283
六盘水	Liupanshui	10.0	10.0	10.0	253	**青海**	**Qinghai**	**84.6**	**84.6**	**95.0**	
遵义	Zunyi	23.4	23.4	23.4	190	西宁	Xining	50.4	50.4	50.4	104
安顺	Anshun	9.7	9.3	9.3	262	**宁夏**	**Ningxia**	**136.4**	**144.3**	**145.1**	
毕节	Bijie	14.9	19.3	12.0	246	银川	Yinchuan	44.0	39.4	40.2	128
铜仁	Tongren	13.5	17.3	17.3	222	石嘴山	Shizuishan	51.7	63.7	63.7	80
云南	**Yunnan**	**299.3**	**353.1**	**350.1**		吴忠	Wuzhong	10.1	10.0	10.0	253
昆明	Kunming	147.9	201.9	194.2	18	固原	Guyuan	6.1	5.1	5.1	274
曲靖	Qujing	18.5	19.0	21.0	198	中卫	Zhongwei	5.2	4.6	4.8	280
玉溪	Yuxi	15.0	15.0	15.0	235	**新疆**	**Xinjiang**	**373.1**	**425.8**	**493.3**	
保山	Baoshan	6.0	7.0	7.5	267	乌鲁木齐	Urumqi	120.4	125.4	145.4	34
昭通	Zhaotong	3.6	5.0	5.0	275	克拉玛依	Karamay	74.4	74.5	94.5	57

8-27 城市供水管道长度（辖区）
Length of Water Supply Pipelines (Districts under City)

单位：公里 (km)

地名	City	2010	2012	2013	2013 排名 Ranking
全国	**Nation Total**	**539778**	**591872**	**646413**	
北京	**Beijing**	**25147**	**23674**	**32581**	
天津	**Tianjin**	**10744**	**12926**	**13411**	
河北	**Hebei**	**14288**	**15344**	**15207**	
石家庄	Shijiazhuang	1426	1497	1532	74
唐山	Tangshan	1924	1968	1968	61
秦皇岛	Qinhuangdao	980	1020	1020	118
邯郸	Handan	1047	1148	1181	100
邢台	Xingtai	567	723	660	174
保定	Baoding	807	915	932	132
张家口	Zhangjiakou	1098	1131	875	143
承德	Chengde	493	599	614	183
沧州	Cangzhou	496	496	496	198
廊坊	Langfang	584	615	632	178
衡水	Hengshui	265	263	256	257
山西	**Shanxi**	**7414**	**8550**	**9176**	
太原	Taiyuan	1290	1422	1733	65
大同	Datong	1178	1233	1270	93
阳泉	Yangquan	909	895	918	136
长治	Changzhi	639	863	941	131
晋城	Jincheng	364	650	675	169
朔州	Shuozhou	291	306	319	242
晋中	Jinzhong	410	415	434	214
运城	Yuncheng	200	254	254	258
忻州	Xinzhou	309	371	407	220
临汾	Linfen	381	385	476	202
吕梁	Luliang	171	178	183	274
内蒙古	**Inner Mongolia**	**8561**	**9967**	**10290**	
呼和浩特	Hohhot	712	724	754	159
包头	Baotou	1548	1608	1609	72
乌海	Wuhai	1860	2094	2095	55
赤峰	Chifeng	830	1114	1156	106
通辽	Tongliao	540	550	560	190
鄂尔多斯	Erdos	679	757	772	157
呼伦贝尔	Hulunbuir	193	237	251	260
巴彦淖尔	Bayannur	141	362	443	212
乌兰察布	Ulanqab	292	314	319	243
辽宁	**Liaoning**	**29123**	**32062**	**33118**	
沈阳	Shenyang	2815	3156	3422	21
大连	Dalian	4752	5249	5321	11
鞍山	Anshan	2606	2776	2884	33
抚顺	Fushun	2162	2217	2241	43
本溪	Benxi	856	949	1013	121
丹东	Dandong	1117	1160	1178	101
锦州	Jinzhou	1048	1376	1467	80
营口	Yingkou	1831	2187	2187	45
阜新	Fuxin	1844	1988	2039	58
辽阳	Liaoyang	1259	1301	1307	89
盘锦	Panjin	832	952	991	124
铁岭	Tieling	839	893	915	137
朝阳	Chaoyang	528	568	596	185
葫芦岛	Huludao	845	1110	1110	111
吉林	**Jilin**	**8935**	**9600**	**10608**	
长春	Changchun	1872	2062	2175	48
吉林	Jilin	1186	1230	1256	94
四平	Siping	431	431	976	128
辽源	Liaoyuan	296	362	477	201
通化	Tonghua	525	453	520	195
白山	Baishan	342	361	373	232
松原	Songyuan	408	412	415	216
白城	Baicheng	356	384	376	230
黑龙江	**Heilongjiang**	**11413**	**12847**	**13207**	
哈尔滨	Harbin	1612	2075	2114	53
齐齐哈尔	Qiqihar	1030	1076	1101	112
鸡西	Jixi	629	672	707	165
鹤岗	Hegang	542	553	585	186
双鸭山	Shuangyashan	363	403	407	220
大庆	Daqing	1500	1763	1878	63
伊春	Yichun	1027	1168	1222	97
佳木斯	Jiamusi	578	638	624	181
七台河	Qitaihe	692	735	740	161
牡丹江	Mudanjiang	592	599	599	184
黑河	Heihe	183	184	184	273
绥化	Suihua	384	443	413	217
上海	**Shanghai**	**32462**	**34904**	**36217**	
江苏	**Jiangsu**	**63807**	**71413**	**75988**	

8-27 城市供水管道长度（辖区） 续表 1
Length of Water Supply Pipelines (Districts under City) continued 1

单位：公里 (km)

地名	City	2010	2012	2013	2013 排名 Ranking	地名	City	2010	2012	2013	2013 排名 Ranking
南京	Nanjing	8673	8884	10233	6	池州	Chizhou	324	381	394	224
无锡	Wuxi	6293	4637	5081	12	宣城	Xuancheng	494	1398	1450	81
徐州	Xuzhou	2760	2815	2975	29	**福建**	**Fujian**	**14650**	**16743**	**15889**	
常州	Changzhou	7488	11393	11613	4	福州	Fuzhou	1563	1953	2126	52
苏州	Suzhou	6354	7611	7944	8	厦门	Xiamen	3144	3587	3715	18
南通	Nantong	2159	2691	2863	34	莆田	Putian	663	782	835	147
连云港	Lianyungang	1202	1931	2037	59	三明	Sanming	894	1011	455	209
淮安	Huaian	3889	4504	4504	13	泉州	Quanzhou	4217	4935	4055	16
盐城	Yancheng	1899	1848	2079	56	漳州	Zhangzhou	359	466	474	203
扬州	Yangzhou	2042	2954	3117	27	南平	Nanping	207	313	332	239
镇江	Zhenjiang	2034	2293	2354	41	龙岩	Longyan	184	214	233	267
泰州	Taizhou	1206	1271	2167	49	宁德	Ningde	182	190	235	265
宿迁	Suqian	813	1143	1273	92	**江西**	**Jiangxi**	**9807**	**11831**	**13524**	
浙江	**Zhejiang**	**38982**	**44841**	**49298**		南昌	Nanchang	2707	2960	3209	25
杭州	Hangzhou	6510	8093	9079	7	景德镇	Jingdezhen	536	665	680	167
宁波	Ningbo	2688	2935	3017	28	萍乡	Pingxiang	371	458	986	125
温州	Wenzhou	1982	1958	2470	39	九江	Jiujiang	919	1170	1318	88
嘉兴	Jiaxing	762	883	900	140	新余	Xinyu	466	513	525	194
湖州	Huzhou	2385	2742	2859	35	鹰潭	Yingtan	127	171	193	271
绍兴	Shaoxing	2012	2219	4239	15	赣州	Ganzhou	1222	1524	1638	68
金华	Jinhua	1108	1224	1297	90	吉安	Jian	499	563	574	187
衢州	Quzhou	977	1116	1157	104	宜春	Yichun	463	503	566	188
舟山	Zhoushan	1154	1286	1422	82	抚州	Fuzhou	606	657	648	175
台州	Taizhou	2036	2896	3143	26	上饶	Shangrao	289	338	375	231
丽水	Lishui	800	983	1062	114	**山东**	**Shandong**	**37313**	**41934**	**43944**	
安徽	**Anhui**	**14730**	**18869**	**20450**		济南	Jinan	3055	3558	3553	20
合肥	Hefei	2468	3127	3600	19	青岛	Qingdao	4926	5643	5766	10
芜湖	Wuhu	1199	1411	1479	79	淄博	Zibo	2127	2235	2446	40
蚌埠	Bengbu	772	917	977	127	枣庄	Zaozhuang	1241	1598	1654	66
淮南	Huainan	1471	1437	1500	76	东营	Dongying	1042	1138	1157	105
马鞍山	Maanshan	1149	1889	1931	62	烟台	Yantai	2715	3020	3220	24
淮北	Huaibei	651	862	930	133	潍坊	Weifang	1190	2100	2157	51
铜陵	Tongling	646	883	1127	110	济宁	Jining	664	720	996	123
安庆	Anqing	733	851	905	139	泰安	Taian	1406	1483	1513	75
黄山	Huangshan	412	584	669	171	威海	Weihai	1726	2106	2277	42
滁州	Chuzhou	465	575	628	179	日照	Rizhao	1229	1440	1484	78
阜阳	Fuyang	996	1113	1173	103	莱芜	Laiwu	684	763	930	134
宿州	Suzhou	637	633	675	169	临沂	Linyi	1380	1554	1634	69
六安	Liuan	392	342	394	225	德州	Dezhou	649	703	779	154
亳州	Bozhou	662	774	799	151	聊城	Liaocheng	916	964	966	129

8-27 城市供水管道长度（辖区） 续表 2
Length of Water Supply Pipelines (Districts under City) continued 2

单位：公里 (km)

地名	City	2010	2012	2013	2013 排名 Ranking	地名	City	2010	2012	2013	2013 排名 Ranking
滨州	Binzhou	944	1271	1346	86	常德	Changde	824	992	1378	83
菏泽	Heze	222	247	268	256	张家界	Zhangjiajie	371	395	405	222
河南	**Henan**	**17299**	**19288**	**19954**		益阳	Yiyang	304	331	408	218
郑州	Zhengzhou	2568	2838	2902	32	郴州	Chenzhou	1231	1201	1228	96
开封	Kaifeng	1075	1181	1248	95	永州	Yongzhou	791	836	840	146
洛阳	Luoyang	1328	1484	1592	73	怀化	Huaihua	879	913	1010	122
平顶山	Pingdingshan	1174	1190	1207	99	娄底	Loudi	326	370	378	229
安阳	Anyang	755	784	788	153	**广东**	**Guangdong**	**79816**	**75935**	**92361**	
鹤壁	Hebi	546	604	627	180	广州	Guangzhou	15942	16739	17287	2
新乡	Xinxiang	589	673	712	164	韶关	Shaoguan	1666	2053	2096	54
焦作	Jiaozuo	821	951	986	126	深圳	Shenzhen	14481	5351	15945	3
濮阳	Puyang	140	156	156	278	珠海	Zhuhai	2745	2890	2928	31
许昌	Xuchang	428	525	547	191	汕头	Shantou	2168	2561	2641	36
漯河	Luohe	473	473	472	206	佛山	Foshan	4396	4412	4387	14
三门峡	Sanmenxia	188	240	240	261	江门	Jiangmen	1925	1971	2000	60
南阳	Nanyang	1000	1281	1325	87	湛江	Zhanjiang	645	1157	1212	98
商丘	Shangqiu	362	490	506	197	茂名	Maoming	820	881	912	138
信阳	Xinyang	1296	1296	1296	91	肇庆	Zhaoqing	1379	1633	1861	64
周口	Zhoukou	273	326	339	238	惠州	Huizhou	1450	1701	2182	46
驻马店	Zhumadian	308	384	435	213	梅州	Meizhou	380	895	385	228
湖北	**Hubei**	**22827**	**26146**	**27794**		汕尾	Shanwei	462	466	473	205
武汉	Wuhan	9757	10772	11529	5	河源	Heyuan	757	841	860	144
黄石	Huangshi	745	771	823	149	阳江	Yangjiang	700	740	774	156
十堰	Shiyan	442	450	474	204	清远	Qingyuan	1937	1681	2181	47
宜昌	Yichang	986	1332	1356	84	东莞	Dongguan	16268	17543	20063	1
襄阳	Xiangfan	688	828	828	148	中山	ZhongShan	1345	1632	1628	70
鄂州	Ezhou	997	817	922	135	潮州	Chaozhou	459	527	562	189
荆门	Jingmen	475	500	526	193	揭阳	Jieyang	466	506	792	152
孝感	Xiaogan	335	396	408	218	云浮	Yunfu	1000	1020	1028	117
荆州	Jingzhou	1208	1361	1651	67	**广西**	**Guangxi**	**12843**	**14424**	**15196**	
黄冈	Huanggang	239	261	272	255	南宁	Nanning	2733	3126	3401	22
咸宁	Xianning	240	286	287	251	柳州	Liuzhou	2202	2424	2487	37
随州	Suizhou	445	616	662	173	桂林	Guilin	1235	1513	1610	71
湖南	**Hunan**	**14400**	**16747**	**18208**		梧州	Wuzhou	357	378	391	227
长沙	Changsha	2012	2211	2211	44	北海	Beihai	1015	1106	1143	108
株洲	Zhuzhou	1222	1870	2063	57	防城港	Fangchenggang	368	401	445	211
湘潭	Xiangtan	848	1135	1154	107	钦州	Qinzhou	621	702	723	163
衡阳	Hengyang	890	933	1138	109	贵港	Guigang	967	1020	1057	115
邵阳	Shaoyang	595	670	706	166	玉林	Yulin	639	748	806	150
岳阳	Yueyang	585	690	860	145	百色	Baise	283	340	354	234

8-27 城市供水管道长度（辖区） 续表 3

Length of Water Supply Pipelines (Districts under City) continued 3

单位：公里 (km)

地名	City	2010	2012	2013	2013 排名 Ranking	地名	City	2010	2012	2013	2013 排名 Ranking
贺州	Hezhou	428	432	471	207	丽江	Lijiang	202	240	152	279
河池	Hechi	283	292	294	249	普洱	Puer	231	238	252	259
来宾	Laibin	518	645	665	172	临沧	Lincang	265	293	317	244
崇左	Chongzuo	164	171	180	275	**西藏**	**Tibet**	**753**	**835**	**856**	
海南	**Hainan**	**2525**	**3451**	**3680**		拉萨	Lhasa	688	763	759	158
海口	Haikou	861	938	1017	120	**陕西**	**Shaanxi**	**4926**	**5948**	**6175**	
三亚	Sanya	625	669	679	168	西安	Xi'an	1995	2789	2938	30
重庆	**Chongqing**	**9190**	**9534**	**10619**		铜川	Tongchuan	347	395	395	223
四川	**Sichuan**	**20656**	**22880**	**24832**		宝鸡	Baoji	854	897	899	141
成都	Chengdu	5194	5753	6378	9	咸阳	Xianyang	340	340	346	236
自贡	Zigong	1848	2124	2164	50	渭南	Weinan	204	240	292	250
攀枝花	Panzhihua	1046	1146	1178	102	延安	Yan'an	145	151	151	280
泸州	Luzhou	568	975	1064	113	汉中	Hanzhong	240	277	286	252
德阳	Deyang	452	468	487	199	榆林	Yulin	295	295	295	248
绵阳	Mianyang	1617	2149	2484	38	安康	Ankang	151	165	164	277
广元	Guangyuan	281	409	460	208	商洛	Shangluo	85		101	283
遂宁	Suining	343	584	618	182	**甘肃**	**Gansu**	**4357**	**4719**	**4974**	
内江	Neijiang	375	406	425	215	兰州	Lanzhou	871	760	877	142
乐山	Leshan	1000	1131	1354	85	嘉峪关	Jiayuguan	554	753	777	155
南充	Nanchong	440	692	750	160	金昌	Jinchang	337	351	352	235
眉山	Meishan	747	368	393	226	白银	Baiyin	284	290	300	247
宜宾	Yibin	751	685	737	162	天水	Tianshui	182	203	203	270
广安	Guangan	235	289	327	240	武威	Wuwei	194	221	221	268
达州	Dazhou	430	547	634	177	张掖	Zhangye	170	186	237	263
雅安	Yaan	136	243	273	254	平凉	Pingliang	293	298	306	245
巴中	Bazhong	177	202	235	264	酒泉	Jiuquan	236	339	340	237
资阳	Ziyang	449	474	480	200	庆阳	Qingyang	345	357	369	233
贵州	**Guizhou**	**5979**	**7466**	**7845**		定西	Dingxi	154	156	176	276
贵阳	Guiyang	3290	3536	3802	17	陇南	Longnan	63	65	65	284
六盘水	Liupanshui	230	950	950	130	**青海**	**Qinghai**	**1383**	**1534**	**2081**	
遵义	Zunyi	283	305	305	246	西宁	Xining	829	959	1020	119
安顺	Anshun	143	153	238	262	**宁夏**	**Ningxia**	**2382**	**1996**	**2117**	
毕节	Bijie	363	598	515	196	银川	Yinchuan	841	580	641	176
铜仁	Tongren	109	148	148	281	石嘴山	Shizuishan	559	523	528	192
云南	**Yunnan**	**6559**	**8011**	**8672**		吴忠	Wuzhong	169	195	211	269
昆明	Kunming	2568	3196	3396	23	固原	Guyuan	173	186	186	272
曲靖	Qujing	369	433	445	210	中卫	Zhongwei	98	98	113	282
玉溪	Yuxi	285	306	327	241	**新疆**	**Xinjiang**	**6507**	**7450**	**8142**	
保山	Baoshan	186	235	235	265	乌鲁木齐	Urumqi	1323	1432	1498	77
昭通	Zhaotong	246	269	279	253	克拉玛依	Karamay	1015	1034	1040	116

8-28 城市供水总量（辖区）
The Quantity of Urban Water Supply (Districts under City)

单位：万立方米 (10 000 m³)

地名	City	2010	2012	2013	2013 排名 Ranking	地名	City	2010	2012	2013	2013 排名 Ranking
全国	**Nation Total**	**5078745**	**5230326**	**5373022**		沈阳	Shenyang	52461	56641	59677	9
北京	**Beijing**	**155557**	**159646**	**187477**		大连	Dalian	40730	40896	40972	19
天津	**Tianjin**	**68970**	**77218**	**78631**		鞍山	Anshan	31129	30554	31178	33
河北	**Hebei**	**166430**	**172396**	**170173**		抚顺	Fushun	16102	20697	21646	47
石家庄	Shijiazhuang	27629	33531	35081	27	本溪	Benxi	22778	24962	25753	44
唐山	Tangshan	28932	26170	25979	43	丹东	Dandong	5157	6005	6100	149
秦皇岛	Qinhuangdao	10308	12920	11288	85	锦州	Jinzhou	15052	14006	13587	73
邯郸	Handan	16627	16537	14258	69	营口	Yingkou	5930	6650	7099	133
邢台	Xingtai	7080	6764	8146	118	阜新	Fuxin	7805	7997	7847	122
保定	Baoding	10000	9338	9597	99	辽阳	Liaoyang	15846	13530	11429	83
张家口	Zhangjiakou	8226	8384	8384	114	盘锦	Panjin	7244	7721	7637	126
承德	Chengde	5453	5907	5497	156	铁岭	Tieling	4006	3583	3550	216
沧州	Cangzhou	3509	3794	3919	202	朝阳	Chaoyang	4321	5035	4912	178
廊坊	Langfang	4435	4833	4791	181	葫芦岛	Huludao	5620	7363	7278	129
衡水	Hengshui	3603	3327	2317	248	**吉林**	**Jilin**	**100743**	**106530**	**107419**	
山西	**Shanxi**	**76772**	**82438**	**84037**		长春	Changchun	31315	34951	37047	24
太原	Taiyuan	28047	31107	32348	32	吉林	Jilin	25458	23455	21176	48
大同	Datong	8060	8716	8792	108	四平	Siping	2525	3831	3759	210
阳泉	Yangquan	5888	4954	5062	173	辽源	Liaoyuan	2838	3692	3702	213
长治	Changzhi	8108	7522	7663	125	通化	Tonghua	4860	2985	3890	204
晋城	Jincheng	1954	3296	3912	203	白山	Baishan	2585	4479	3870	206
朔州	Shuozhou	2506	2696	2917	231	松原	Songyuan	4800	5045	5293	166
晋中	Jinzhong	2604	3322	3312	221	白城	Baicheng	3487	2639	1807	264
运城	Yuncheng	2771	3712	3712	212	**黑龙江**	**Heilongjiang**	**164235**	**152154**	**145192**	
忻州	Xinzhou	2062	2156	2231	250	哈尔滨	Harbin	37652	38653	35731	25
临汾	Linfen	2653	2906	2855	233	齐齐哈尔	Qiqihar	7462	9181	9531	100
吕梁	Luliang	1238	1433	1005	279	鸡西	Jixi	7880	7165	7208	131
内蒙古	**Inner Mongolia**	**62757**	**64870**	**71578**		鹤岗	Hegang	4768	5258	4725	183
呼和浩特	Hohhot	11859	13718	13836	72	双鸭山	Shuangyashan	2837	2822	2822	235
包头	Baotou	14587	13565	16990	56	大庆	Daqing	28390	33224	30131	35
乌海	Wuhai	3168	2746	4221	195	伊春	Yichun	4270	4853	4854	180
赤峰	Chifeng	9728	10364	10493	92	佳木斯	Jiamusi	7805	7820	6628	142
通辽	Tongliao	5276	5132	5121	171	七台河	Qitaihe	5237	5338	5635	152
鄂尔多斯	Erdos	2394	3015	3472	219	牡丹江	Mudanjiang	43592	22711	55374	10
呼伦贝尔	Hulunbuir	2296	2468	2178	254	黑河	Heihe	659	1083	1110	276
巴彦淖尔	Bayannur	1613	1989	2126	256	绥化	Suihua	1371	2086	1940	261
乌兰察布	Ulanqab	2029	1276	1508	272	**上海**	**Shanghai**	**336637**	**309704**	**319072**	
辽宁	**Liaoning**	**261879**	**274953**	**278710**		**江苏**	**Jiangsu**	**482821**	**492791**	**489286**	

8-28 城市供水总量（辖区） 续表 1
The Quantity of Urban Water Supply (Districts under City) continued 1

单位：万立方米 (10 000 m³)

地名	City	2010	2012	2013	2013 排名 Ranking	地名	City	2010	2012	2013	2013 排名 Ranking
南京	Nanjing	112326	121401	126656	4	池州	Chizhou	2462	2535	2689	237
无锡	Wuxi	45907	45257	43021	17	宣城	Xuancheng	2337	2270	3013	228
徐州	Xuzhou	19957	22029	23363	45	**福建**	**Fujian**	**132627**	**146328**	**159302**	
常州	Changzhou	30031	27416	26465	41	福州	Fuzhou	24974	30166	33596	29
苏州	Suzhou	52348	79575	70278	7	厦门	Xiamen	31667	35729	38638	21
南通	Nantong	21189	20803	21688	46	莆田	Putian	6200	8516	13500	74
连云港	Lianyungang	9839	10099	10074	94	三明	Sanming	6922	6989	6637	140
淮安	Huaian	25590	19257	19366	51	泉州	Quanzhou	14049	13786	13995	71
盐城	Yancheng	6623	7328	7210	130	漳州	Zhangzhou	4242	4563	4744	182
扬州	Yangzhou	12534	16819	17529	54	南平	Nanping	2537	2578	2625	238
镇江	Zhenjiang	16660	16096	16750	57	龙岩	Longyan	4922	6902	7046	135
泰州	Taizhou	5321	7038	8945	106	宁德	Ningde	1869	1274	1764	266
宿迁	Suqian	5044	6108	6873	136	**江西**	**Jiangxi**	**91278**	**94595**	**103480**	
浙江	**Zhejiang**	**270044**	**281165**	**304982**		南昌	Nanchang	33950	33972	39555	20
杭州	Hangzhou	53565	58183	60747	8	景德镇	Jingdezhen	6258	5589	4873	179
宁波	Ningbo	43375	46325	47309	14	萍乡	Pingxiang	3068	3578	3955	200
温州	Wenzhou	25837	24713	26390	42	九江	Jiujiang	8679	7678	8188	117
嘉兴	Jiaxing	11282	11685	12178	80	新余	Xinyu	4609	5548	5573	153
湖州	Huzhou	8783	8873	8877	107	鹰潭	Yingtan	1779	1959	1981	259
绍兴	Shaoxing	10640	11775	32915	31	赣州	Ganzhou	4887	5887	7724	123
金华	Jinhua	5621	6890	6221	148	吉安	Jian	3037	2807	2876	232
衢州	Quzhou	10300	4875	5030	174	宜春	Yichun	3508	3890	4191	196
舟山	Zhoushan	4524	4405	4662	185	抚州	Fuzhou	3751	4954	5021	176
台州	Taizhou	13227	13425	14075	70	上饶	Shangrao	3192	4015	4397	192
丽水	Lishui	3874	4157	4180	197	**山东**	**Shandong**	**290866**	**327449**	**331898**	
安徽	**Anhui**	**160816**	**156888**	**161140**		济南	Jinan	27037	33250	33569	30
合肥	Hefei	29453	34573	37596	22	青岛	Qingdao	36159	42791	43134	16
芜湖	Wuhu	15457	16448	15809	62	淄博	Zibo	26741	26929	27102	38
蚌埠	Bengbu	14918	14419	15784	63	枣庄	Zaozhuang	8046	9115	9516	101
淮南	Huainan	10879	9484	9722	98	东营	Dongying	9711	9618	9413	102
马鞍山	Maanshan	22145	17765	17033	55	烟台	Yantai	14693	15749	15710	64
淮北	Huaibei	5518	5719	5530	155	潍坊	Weifang	9116	15070	15285	65
铜陵	Tongling	13309	6654	6395	147	济宁	Jining	10830	12360	16039	60
安庆	Anqing	8721	9437	8744	109	泰安	Taian	6607	6405	6630	141
黄山	Huangshan	2968	3524	3588	215	威海	Weihai	6017	6378	6655	139
滁州	Chuzhou	3073	4967	5748	151	日照	Rizhao	5920	6768	6716	138
阜阳	Fuyang	6007	6746	6769	137	莱芜	Laiwu	3751	4553	4462	190
宿州	Suzhou	6390	5400	5073	172	临沂	Linyi	15484	17086	18693	52
六安	Liuan	4625	4524	4546	187	德州	Dezhou	7057	7536	7132	132
亳州	Bozhou	2426	2935	2993	229	聊城	Liaocheng	4788	5647	6446	145

8-28 城市供水总量（辖区） 续表 2
The Quantity of Urban Water Supply (Districts under City) continued 2

单位：万立方米 (10 000 m³)

地名	City	2010	2012	2013	2013 排名 Ranking
滨州	Binzhou	5823	6936	7408	127
菏泽	Heze	4071	4106	4591	186
河南	**Henan**	**179122**	**188538**	**188711**	
郑州	Zhengzhou	37724	35825	35413	26
开封	Kaifeng	7683	3649	8479	113
洛阳	Luoyang	13631	4918	16218	59
平顶山	Pingdingshan	10215	5210	10985	88
安阳	Anyang	11294	4968	9922	96
鹤壁	Hebi	4843	2950	5487	157
新乡	Xinxiang	10863	12366	12598	78
焦作	Jiaozuo	8084	7851	8003	120
濮阳	Puyang	5037	5116	5457	158
许昌	Xuchang	4088	4448	4409	191
漯河	Luohe	9950	9872	9918	97
三门峡	Sanmenxia	1898	1825	2140	255
南阳	Nanyang	6532	9120	9254	103
商丘	Shangqiu	4989	3854	3847	208
信阳	Xinyang	3956	3766	3848	207
周口	Zhoukou	1895	2944	3131	226
驻马店	Zhumadian	4225	5076	5170	168
湖北	**Hubei**	**253421**	**259049**	**261815**	
武汉	Wuhan	111964	121552	126257	5
黄石	Huangshi	13038	13919	10558	90
十堰	Shiyan	11494	9749	10009	95
宜昌	Yichang	9906	11077	10764	89
襄阳	Xiangfan	15433	16078	16269	58
鄂州	Ezhou	6561	3835	3940	201
荆门	Jingmen	7770	7262	7350	128
孝感	Xiaogan	2947	3467	3510	217
荆州	Jingzhou	7595	8220	8252	116
黄冈	Huanggang	3896	4066	3882	205
咸宁	Xianning	3257	2837	2979	230
随州	Suizhou	3318	3756	3760	209
湖南	**Hunan**	**189223**	**186471**	**190166**	
长沙	Changsha	46431	49562	52973	11
株洲	Zhuzhou	16324	17229	17689	53
湘潭	Xiangtan	10480	11681	12050	81
衡阳	Hengyang	20710	19135	14787	67
邵阳	Shaoyang	6733	7611	7693	124
岳阳	Yueyang	16298	15275	15931	61
常德	Changde	6267	8491	8649	110
张家界	Zhangjiajie	2415	3103	2620	239
益阳	Yiyang	4300	5200	5400	162
郴州	Chenzhou	8725	7113	6418	146
永州	Yongzhou	9256	9142	8531	112
怀化	Huaihua	4861	4725	4723	184
娄底	Loudi	4634	4482	5029	175
广东	**Guangdong**	**806144**	**817348**	**815410**	
广州	Guangzhou	190806	191432	196329	1
韶关	Shaoguan	8293	8376	8565	111
深圳	Shenzhen	156470	160361	159138	3
珠海	Zhuhai	26497	33829	33704	28
汕头	Shantou	28500	28592	28946	36
佛山	Foshan	42761	56895	46496	15
江门	Jiangmen	18367	19770	20792	49
湛江	Zhanjiang	9429	11925	12225	79
茂名	Maoming	20242	11971	5427	160
肇庆	Zhaoqing	10507	11496	11320	84
惠州	Huizhou	23735	24949	26534	40
梅州	Meizhou	3943	4981	4341	193
汕尾	Shanwei	3429	3574	3053	227
河源	Heyuan	4818	5543	5542	154
阳江	Yangjiang	3840	4211	4237	194
清远	Qingyuan	9808	4912	7056	134
东莞	Dongguan	165607	161155	160831	2
中山	ZhongShan	13725	14107	14404	68
潮州	Chaozhou	4835	5212	5179	167
揭阳	Jieyang	4578	2532	8322	115
云浮	Yunfu	2274	2837	2852	234
广西	**Guangxi**	**147291**	**156785**	**161657**	
南宁	Nanning	37578	40215	42582	18
柳州	Liuzhou	39445	47016	48977	12
桂林	Guilin	11076	11111	11104	87
梧州	Wuzhou	5148	5782	5311	164
北海	Beihai	4937	5115	5163	169
防城港	Fangchenggang	2672	3597	4084	198
钦州	Qinzhou	4437	4922	4923	177
贵港	Guigang	11010	9538	9102	105
玉林	Yulin	5089	5552	5859	150
百色	Baise	4576	4176	4491	189

8-28 城市供水总量（辖区） 续表 3
The Quantity of Urban Water Supply (Districts under City) continued 3

单位：万立方米 (10 000 m³)

地名	City	2010	2012	2013	2013 排名 Ranking	地名	City	2010	2012	2013	2013 排名 Ranking
贺州	Hezhou	2148	2125	2611	240	丽江	Lijiang	1355	1525	1700	268
河池	Hechi	3579	2336	2486	242	普洱	Puer	1121	1206	1326	273
来宾	Laibin	2073	2415	2424	244	临沧	Lincang	1062	1258	1108	277
崇左	Chongzuo	1282	1134	1205	275	**西藏**	**Tibet**	**7681**	**13043**	**11953**	
海南	**Hainan**	**33546**	**39045**	**40835**		拉萨	Lhasa	6860	12002	11279	86
海口	Haikou	19015	19066	20293	50	**陕西**	**Shaanxi**	**81335**	**84703**	**88990**	
三亚	Sanya	8412	10318	10500	91	西安	Xi'an	39097	43848	48445	13
重庆	**Chongqing**	**86926**	**95903**	**104996**		铜川	Tongchuan	1572	1650	1654	269
四川	**Sichuan**	**173858**	**190304**	**195829**		宝鸡	Baoji	7179	7252	6535	144
成都	Chengdu	65778	76021	78750	6	咸阳	Xianyang	12670	12827	13032	77
自贡	Zigong	5639	6439	5295	165	渭南	Weinan	4421	5308	5390	163
攀枝花	Panzhihua	12173	12776	13257	76	延安	Yan'an	1491	1709	1856	263
泸州	Luzhou	9063	10747	10458	93	汉中	Hanzhong	2221	2518	2553	241
德阳	Deyang	5248	4985	5430	159	榆林	Yulin	1359	1834	2003	258
绵阳	Mianyang	7731	8943	9178	104	安康	Ankang	4218	1597	1550	270
广元	Guangyuan	2670	3104	3323	220	商洛	Shangluo	988		1007	278
遂宁	Suining	2571	3645	3608	214	**甘肃**	**Gansu**	**62713**	**54243**	**55059**	
内江	Neijiang	3801	3075	3502	218	兰州	Lanzhou	28355	26828	26772	39
乐山	Leshan	4584	4359	4542	188	嘉峪关	Jiayuguan	3322	3657	3727	211
南充	Nanchong	7100	7910	8140	119	金昌	Jinchang	8834	2700	3132	225
眉山	Meishan	2976	2845	3141	224	白银	Baiyin	7121	6574	6606	143
宜宾	Yibin	5166	5125	3142	223	天水	Tianshui	3635	3265	3265	222
广安	Guangan	1211	1585	1981	259	武威	Wuwei	1657	1714	1714	267
达州	Dazhou	3080	3394	5402	161	张掖	Zhangye	1704	2112	2087	257
雅安	Yaan	3385	2405	2421	245	平凉	Pingliang	1444	1077	1216	274
巴中	Bazhong	1451	1804	2245	249	酒泉	Jiuquan	2576	2153	2179	253
资阳	Ziyang	2105	2393	2413	246	庆阳	Qingyang	657	685	730	282
贵州	**Guizhou**	**44117**	**48886**	**51339**		定西	Dingxi	509	520	610	283
贵阳	Guiyang	24398	25887	28384	37	陇南	Longnan	234	411	437	284
六盘水	Liupanshui	2191	3388	2447	243	**青海**	**Qinghai**	**18572**	**22946**	**24562**	
遵义	Zunyi	5455	4893	5126	170	西宁	Xining	12402	14633	15243	66
安顺	Anshun	1757	2158	2227	251	**宁夏**	**Ningxia**	**28656**	**28369**	**29174**	
毕节	Bijie	1339	2531	1775	265	银川	Yinchuan	10525	11468	11835	82
铜仁	Tongren	1498	1779	2214	252	石嘴山	Shizuishan	9127	8349	7965	121
云南	**Yunnan**	**66444**	**59717**	**72147**		吴忠	Wuzhong	2320	2361	2363	247
昆明	Kunming	33459	25930	37457	23	固原	Guyuan	1318	738	916	280
曲靖	Qujing	4045	3989	4011	199	中卫	Zhongwei	1248	6611	801	281
玉溪	Yuxi	2360	2661	2781	236	**新疆**	**Xinjiang**	**77263**	**85851**	**87999**	
保山	Baoshan	1129	1820	1888	262	乌鲁木齐	Urumqi	29771	30363	30826	34
昭通	Zhaotong	1357	1638	1530	271	克拉玛依	Karamay	11947	12902	13375	75

8-29 城市人均日生活用水量(辖区)
Urban Domestic Water Use per Capita (Districts under City)

单位：升 (liter)

地名	City	2010	2012	2013	2013 排名 Ranking	地名	City	2010	2012	2013	2013 排名 Ranking
全国	**Nation Total**	**171.4**	**171.8**	**173.5**		沈阳	Shenyang	152.5	150.5	163.1	103
北京	**Beijing**	**174.9**	**171.8**	**196.9**		大连	Dalian	106.3	143.6	135.8	164
天津	**Tianjin**	**132.0**	**134.1**	**142.3**		鞍山	Anshan	163.2	161.0	152.8	124
河北	**Hebei**	**123.0**	**126.2**	**125.8**		抚顺	Fushun	73.6	70.2	71.0	277
石家庄	Shijiazhuang	116.1	119.8	133.9	169	本溪	Benxi	94.7	113.9	109.3	225
唐山	Tangshan	173.8	183.0	170.6	92	丹东	Dandong	93.7	124.8	115.7	208
秦皇岛	Qinhuangdao	138.5	191.4	187.2	71	锦州	Jinzhou	137.0	124.4	126.9	181
邯郸	Handan	118.5	122.1	94.1	252	营口	Yingkou	91.4	87.8	87.9	260
邢台	Xingtai	132.0	52.3	94.1	253	阜新	Fuxin	109.0	126.1	118.6	199
保定	Baoding	107.8	114.2	113.5	214	辽阳	Liaoyang	165.9	160.9	159.2	108
张家口	Zhangjiakou	84.2	84.3	83.6	268	盘锦	Panjin	116.0	112.0	113.2	216
承德	Chengde	137.6	142.4	121.4	190	铁岭	Tieling	115.6	114.8	121.0	192
沧州	Cangzhou	63.5	87.0	104.8	231	朝阳	Chaoyang	114.4	72.0	74.3	274
廊坊	Langfang	136.2	158.7	151.0	131	葫芦岛	Huludao	86.9	142.1	143.2	152
衡水	Hengshui	112.3	86.8	86.8	263	吉林	**Jilin**	**121.0**	**111.6**	**119.3**	
山西	**Shanxi**	**106.4**	**110.9**	**111.2**		长春	Changchun	139.4	118.8	130.7	177
太原	Taiyuan	93.5	114.8	117.6	201	吉林	Jilin	119.5	123.0	123.0	187
大同	Datong	91.6	100.0	99.7	245	四平	Siping	53.2	100.1	98.0	247
阳泉	Yangquan	133.2	105.8	115.8	207	辽源	Liaoyuan	64.0	63.5	65.6	278
长治	Changzhi	154.9	158.9	162.8	104	通化	Tonghua	100.0	88.3	115.4	210
晋城	Jincheng	154.8	115.9	125.1	183	白山	Baishan	78.4	79.7	65.6	279
朔州	Shuozhou	100.9	102.3	109.9	224	松原	Songyuan	188.1	149.3	159.0	109
晋中	Jinzhong	110.8	104.8	85.3	265	白城	Baicheng	145.2	130.1	117.8	200
运城	Yuncheng	141.7	101.1	101.1	242	黑龙江	**Heilongjiang**	**123.9**	**125.5**	**119.3**	
忻州	Xinzhou	71.8	76.6	79.4	272	哈尔滨	Harbin	147.7	141.4	146.8	138
临汾	Linfen	98.7	108.3	110.2	222	齐齐哈尔	Qiqihar	99.1	108.8	111.6	220
吕梁	Luliang	99.8	99.8	82.1	270	鸡西	Jixi	164.2	148.7	151.1	130
内蒙古	**Inner Mongolia**	**88.5**	**91.1**	**97.5**		鹤岗	Hegang	87.3	92.0	99.8	244
呼和浩特	Hohhot	87.6	73.8	82.2	269	双鸭山	Shuangyashan	104.8	101.7	101.7	240
包头	Baotou	78.5	88.9	87.7	261	大庆	Daqing	169.3	191.2	115.2	212
乌海	Wuhai	56.9	57.3	91.1	258	伊春	Yichun	90.5	98.2	96.1	249
赤峰	Chifeng	107.0	96.6	96.8	248	佳木斯	Jiamusi	124.4	108.7	103.0	237
通辽	Tongliao	104.7	123.1	115.9	206	七台河	Qitaihe	79.9	84.5	88.9	259
鄂尔多斯	Erdos	66.6	85.4	113.5	215	牡丹江	Mudanjiang	94.2	102.7	92.4	255
呼伦贝尔	Hulunbuir	138.2	123.2	120.0	197	黑河	Heihe	72.7	95.7	94.6	251
巴彦淖尔	Bayannur	105.0	141.9	132.2	171	绥化	Suihua	106.0	135.7	112.2	218
乌兰察布	Ulanqab	53.8	71.0	85.1	266	上海	**Shanghai**	**174.8**	**186.5**	**192.0**	
辽宁	**Liaoning**	**121.0**	**128.1**	**128.7**		江苏	**Jiangsu**	**220.4**	**215.4**	**209.8**	

8-29 城市人均日生活用水量(辖区) 续表 1

Urban Domestic Water Use per Capita (Districts under City) continued 1

单位：升 (liter)

地名	City	2010	2012	2013	2013 排名 Ranking	地名	City	2010	2012	2013	2013 排名 Ranking
南京	Nanjing	314.8	298.5	281.8	13	池州	Chizhou	126.5	121.0	122.7	188
无锡	Wuxi	228.3	204.4	209.5	48	宣城	Xuancheng	135.0	136.1	157.4	112
徐州	Xuzhou	163.9	146.4	145.6	141	**福建**	**Fujian**	**186.6**	**178.4**	**180.9**	
常州	Changzhou	238.7	226.8	226.3	41	福州	Fuzhou	260.1	241.1	245.4	30
苏州	Suzhou	295.1	318.6	273.2	16	厦门	Xiamen	129.7	150.1	156.9	116
南通	Nantong	236.2	175.3	186.0	73	莆田	Putian	179.7	134.7	156.2	119
连云港	Lianyungang	96.2	141.1	144.7	144	三明	Sanming	226.6	226.3	187.4	70
淮安	Huaian	256.7	173.6	174.0	84	泉州	Quanzhou	178.9	142.6	139.7	159
盐城	Yancheng	142.4	171.4	168.0	95	漳州	Zhangzhou	182.8	142.6	184.5	75
扬州	Yangzhou	150.6	212.2	227.6	37	南平	Nanping	161.9	181.4	199.5	59
镇江	Zhenjiang	199.6	216.9	226.5	40	龙岩	Longyan	139.8	170.1	173.2	87
泰州	Taizhou	111.6	127.9	116.3	205	宁德	Ningde	199.1	123.5	119.4	198
宿迁	Suqian	119.6	123.7	124.0	186	**江西**	**Jiangxi**	**184.4**	**175.7**	**174.0**	
浙江	**Zhejiang**	**185.4**	**195.8**	**192.3**		南昌	Nanchang	266.8	277.1	266.8	17
杭州	Hangzhou	255.7	251.5	250.4	23	景德镇	Jingdezhen	183.5	192.1	166.7	96
宁波	Ningbo	290.3	300.4	286.4	11	萍乡	Pingxiang	118.9	116.2	117.0	203
温州	Wenzhou	219.1	196.6	170.7	90	九江	Jiujiang	141.6	127.8	138.3	161
嘉兴	Jiaxing	152.3	170.7	168.2	94	新余	Xinyu	200.1	181.3	180.1	78
湖州	Huzhou	154.2	157.2	161.6	106	鹰潭	Yingtan	184.8	131.0	132.0	172
绍兴	Shaoxing	151.6	148.6	163.3	101	赣州	Ganzhou	138.8	143.0	143.7	149
金华	Jinhua	122.7	150.1	156.1	120	吉安	Jian	178.9	155.3	143.3	151
衢州	Quzhou	185.5	192.1	190.2	66	宜春	Yichun	148.8	146.5	152.0	126
舟山	Zhoushan	130.2	128.9	120.1	196	抚州	Fuzhou	197.4	158.0	161.0	107
台州	Taizhou	185.8	181.7	197.8	62	上饶	Shangrao	149.6	129.5	144.6	145
丽水	Lishui	158.6	157.5	173.3	86	**山东**	**Shandong**	**129.5**	**131.6**	**134.9**	
安徽	**Anhui**	**160.8**	**165.5**	**166.2**		济南	Jinan	111.7	138.1	140.6	158
合肥	Hefei	238.4	216.8	220.4	43	青岛	Qingdao	178.1	180.1	177.2	82
芜湖	Wuhu	152.9	168.9	163.4	100	淄博	Zibo	129.7	119.0	124.9	184
蚌埠	Bengbu	194.2	191.2	188.8	68	枣庄	Zaozhuang	117.5	116.8	120.3	193
淮南	Huainan	121.8	122.3	125.7	182	东营	Dongying	124.0	134.3	146.6	139
马鞍山	Maanshan	219.9	195.4	192.4	65	烟台	Yantai	127.6	139.8	151.5	129
淮北	Huaibei	106.3	107.1	104.4	233	潍坊	Weifang	102.8	121.9	117.5	202
铜陵	Tongling	128.6	217.6	237.4	34	济宁	Jining	183.8	120.3	151.6	128
安庆	Anqing	143.7	142.0	121.7	189	泰安	Taian	170.0	153.5	155.0	122
黄山	Huangshan	139.8	149.8	142.4	154	威海	Weihai	122.3	125.4	129.0	178
滁州	Chuzhou	126.8	153.1	148.1	135	日照	Rizhao	100.0	126.5	128.1	180
阜阳	Fuyang	124.8	132.4	134.6	166	莱芜	Laiwu	129.5	126.3	112.6	217
宿州	Suzhou	183.2	166.5	165.2	97	临沂	Linyi	144.2	161.2	162.5	105
六安	Liuan	78.1	102.0	101.8	239	德州	Dezhou	140.3	108.0	105.2	230
亳州	Bozhou	152.5	152.2	142.4	155	聊城	Liaocheng	133.9	128.1	150.0	133

8-29 城市人均日生活用水量(辖区) 续表 2
Urban Domestic Water Use per Capita (Districts under City) continued 2

单位：升 (liter)

地名	City	2010	2012	2013	2013 排名 Ranking
滨州	Binzhou	101.7	101.1	92.4	256
菏泽	Heze	124.6	110.6	112.2	218
河南	**Henan**	**109.1**	**104.1**	**105.4**	
郑州	Zhengzhou	106.0	86.6	87.3	262
开封	Kaifeng	83.3	84.8	94.9	250
洛阳	Luoyang	89.3	105.4	106.8	228
平顶山	Pingdingshan	106.3	111.1	114.3	213
安阳	Anyang	134.2	136.4	144.1	147
鹤壁	Hebi	136.6	109.5	115.5	209
新乡	Xinxiang	130.6	142.4	107.2	227
焦作	Jiaozuo	87.0	95.9	104.2	235
濮阳	Puyang	128.8	129.3	130.8	176
许昌	Xuchang	109.7	105.4	105.9	229
漯河	Luohe	149.8	143.0	143.9	148
三门峡	Sanmenxia	102.3	114.3	131.6	173
南阳	Nanyang	92.5	102.6	108.7	226
商丘	Shangqiu	150.5	106.2	102.4	238
信阳	Xinyang	141.7	130.9	135.1	165
周口	Zhoukou	115.5	141.8	143.6	150
驻马店	Zhumadian	134.5	105.6	104.4	232
湖北	**Hubei**	**211.5**	**215.7**	**214.8**	
武汉	Wuhan	256.2	297.6	307.6	8
黄石	Huangshi	220.3	241.5	144.5	146
十堰	Shiyan	279.1	242.4	254.6	21
宜昌	Yichang	129.2	158.3	157.4	113
襄阳	Xiangfan	247.5	252.3	249.6	25
鄂州	Ezhou	280.9	200.1	201.5	54
荆门	Jingmen	201.0	160.4	158.9	110
孝感	Xiaogan	190.1	156.3	156.3	118
荆州	Jingzhou	169.9	169.7	182.0	77
黄冈	Huanggang	260.5	248.5	247.2	27
咸宁	Xianning	160.2	126.5	116.9	204
随州	Suizhou	147.9	135.6	104.2	234
湖南	**Hunan**	**220.4**	**212.8**	**215.0**	
长沙	Changsha	364.2	340.2	354.1	2
株洲	Zhuzhou	266.3	240.7	245.8	29
湘潭	Xiangtan	182.5	182.9	196.0	63
衡阳	Hengyang	167.0	133.5	143.0	153
邵阳	Shaoyang	167.7	164.7	158.4	111
岳阳	Yueyang	183.3	192.9	208.7	49
常德	Changde	155.5	218.5	178.7	81
张家界	Zhangjiajie	241.8	147.6	183.6	76
益阳	Yiyang	130.6	112.5	120.1	195
郴州	Chenzhou	237.9	246.2	246.2	28
永州	Yongzhou	205.8	199.8	198.2	61
怀化	Huaihua	240.2	150.8	153.5	123
娄底	Loudi	225.3	197.6	214.3	47
广东	**Guangdong**	**250.0**	**246.7**	**242.0**	
广州	Guangzhou	366.4	313.6	330.2	3
韶关	Shaoguan	255.0	250.6	249.7	24
深圳	Shenzhen	216.4	226.4	227.1	38
珠海	Zhuhai	189.4	320.0	282.6	12
汕头	Shantou	190.4	195.9	204.3	52
佛山	Foshan	332.3	326.9	320.1	6
江门	Jiangmen	220.5	221.4	202.7	53
湛江	Zhanjiang	247.6	222.3	200.4	58
茂名	Maoming	247.4	250.8	260.8	20
肇庆	Zhaoqing	273.5	276.2	278.3	15
惠州	Huizhou	229.8	237.1	237.0	35
梅州	Meizhou	163.5	304.1	184.6	74
汕尾	Shanwei	147.9	182.3	186.6	72
河源	Heyuan	267.0	233.5	279.1	14
阳江	Yangjiang	139.6	208.0	214.8	44
清远	Qingyuan	311.0	186.2	320.9	5
东莞	Dongguan	221.4	245.9	227.0	39
中山	ZhongShan	402.7	240.5	134.2	168
潮州	Chaozhou	160.8	212.5	214.8	45
揭阳	Jieyang	89.0	71.6	55.0	283
云浮	Yunfu	197.6	228.4	243.3	31
广西	**Guangxi**	**249.7**	**248.1**	**239.9**	
南宁	Nanning	321.0	308.2	314.1	7
柳州	Liuzhou	219.8	262.6	201.1	56
桂林	Guilin	324.2	299.0	302.7	9
梧州	Wuzhou	235.9	234.2	247.9	26
北海	Beihai	259.7	253.6	238.6	33
防城港	Fangchenggang	195.4	205.2	207.6	50
钦州	Qinzhou	293.0	216.9	214.4	46
贵港	Guigang	193.8	168.2	178.8	80
玉林	Yulin	177.5	164.8	170.6	91
百色	Baise	276.3	267.2	292.6	10

8-29 城市人均日生活用水量(辖区） 续表 3

Urban Domestic Water Use per Capita (Districts under City) continued 3

单位：升 (liter)

地名	City	2010	2012	2013	2013 排名 Ranking	地名	City	2010	2012	2013	2013 排名 Ranking
贺州	Hezhou	223.8	217.4	200.7	57	丽江	Lijiang	137.4	245.8	265.8	18
河池	Hechi	186.5	212.3	221.1	42	普洱	Puer	153.3	143.6	145.1	143
来宾	Laibin	180.4	191.5	187.6	69	临沧	Lincang	185.1	209.5	173.8	85
崇左	Chongzuo	200.9	185.7	199.0	60	**西藏**	**Tibet**	**218.9**	**127.7**	**330.0**	
海南	**Hainan**	**264.5**	**237.2**	**222.9**		拉萨	Lhasa	232.8	113.6	362.0	1
海口	Haikou	299.0	248.5	232.9	36	**陕西**	**Shaanxi**	**165.7**	**174.7**	**179.5**	
三亚	Sanya	285.6	320.1	262.1	19	西安	Xi'an	198.5	241.8	241.8	32
重庆	**Chongqing**	**136.8**	**148.8**	**154.0**		铜川	Tongchuan	73.6	77.2	56.4	282
四川	**Sichuan**	**196.7**	**195.6**	**193.5**		宝鸡	Baoji	131.8	118.5	137.4	163
成都	Chengdu	289.9	317.6	322.6	4	咸阳	Xianyang	198.6	135.3	152.7	125
自贡	Zigong	112.0	96.8	101.5	241	渭南	Weinan	125.1	146.9	146.4	140
攀枝花	Panzhihua	207.5	201.6	206.0	51	延安	Yan'an	104.8	109.7	120.3	194
泸州	Luzhou	126.3	132.9	134.2	167	汉中	Hanzhong	134.6	158.2	157.1	115
德阳	Deyang	167.9	111.6	128.5	179	榆林	Yulin	82.1	104.5	86.8	264
绵阳	Mianyang	161.0	163.7	145.4	142	安康	Ankang	210.3	110.5	110.2	223
广元	Guangyuan	161.6	173.7	169.1	93	商洛	Shangluo	155.4	194.2	132.6	170
遂宁	Suining	123.3	126.6	101.0	243	**甘肃**	**Gansu**	**155.1**	**144.0**	**142.2**	
内江	Neijiang	130.3	112.2	121.1	191	兰州	Lanzhou	189.9	190.6	194.3	64
乐山	Leshan	157.4	160.7	157.3	114	嘉峪关	Jiayuguan	157.5	152.5	163.3	102
南充	Nanchong	182.7	156.6	156.4	117	金昌	Jinchang	168.4	171.9	172.2	88
眉山	Meishan	174.2	163.1	171.8	89	白银	Baiyin	264.8	197.9	163.9	98
宜宾	Yibin	227.1	173.3	64.8	280	天水	Tianshui	138.6	134.6	131.6	174
广安	Guangan	97.2	91.2	91.9	257	武威	Wuwei	119.4	100.7	98.1	246
达州	Dazhou	178.2	175.9	179.8	79	张掖	Zhangye	147.2	155.3	149.4	134
雅安	Yaan	142.9	152.5	148.1	136	平凉	Pingliang	85.5	52.0	62.2	281
巴中	Bazhong	80.5	90.9	131.1	175	酒泉	Jiuquan	118.8	94.6	93.2	254
资阳	Ziyang	137.7	139.5	139.4	160	庆阳	Qingyang	78.1	72.2	79.3	273
贵州	**Guizhou**	**130.5**	**144.9**	**152.4**		定西	Dingxi	38.8	44.7	49.3	284
贵阳	Guiyang	148.5	166.3	177.1	83	陇南	Longnan	51.8	83.8	81.4	271
六盘水	Liupanshui	131.7	190.1	201.1	55	**青海**	**Qinghai**	**179.0**	**194.2**	**179.6**	
遵义	Zunyi	154.9	137.3	141.5	156	西宁	Xining	175.8	193.1	189.1	67
安顺	Anshun	72.5	87.0	84.3	267	**宁夏**	**Ningxia**	**177.6**	**156.5**	**144.7**	
毕节	Bijie	75.8	168.2	155.3	121	银川	Yinchuan	175.9	163.0	163.5	99
铜仁	Tongren	134.5	117.3	147.7	137	石嘴山	Shizuishan	233.2	211.4	140.7	157
云南	**Yunnan**	**146.2**	**118.3**	**130.0**		吴忠	Wuzhong	181.1	160.2	151.6	127
昆明	Kunming	149.9	99.2	115.3	211	固原	Guyuan	122.4	57.4	73.2	275
曲靖	Qujing	104.4	98.8	124.1	185	中卫	Zhongwei	151.3	73.7	73.0	276
玉溪	Yuxi	203.6	152.0	137.4	162	**新疆**	**Xinjiang**	**150.8**	**171.0**	**168.7**	
保山	Baoshan	100.2	119.4	111.1	221	乌鲁木齐	Urumqi	142.5	148.7	150.0	132
昭通	Zhaotong	92.6	117.3	103.6	236	克拉玛依	Karamay	206.3	234.7	254.2	22

8-30 城市用水普及率(辖区)
Urban Water Coverage Rate (Districts under City)

单位：% (%)

地名	City	2010	2012	2013	2013 排名 Ranking
全国	**Nation Total**	**96.68**	**97.16**	**97.56**	
北京	**Beijing**	**100.00**	**100.00**	**100.00**	
天津	**Tianjin**	**100.00**	**100.00**	**100.00**	
河北	**Hebei**	**99.97**	**99.96**	**99.85**	
石家庄	Shijiazhuang	100.00	100.00	100.00	1
唐山	Tangshan	100.00	100.00	100.00	1
秦皇岛	Qinhuangdao	100.00	100.00	100.00	1
邯郸	Handan	100.00	100.00	100.00	1
邢台	Xingtai	100.00	100.00	100.00	1
保定	Baoding	100.00	100.00	100.00	1
张家口	Zhangjiakou	100.00	100.00	100.00	1
承德	Chengde	100.00	100.00	100.00	1
沧州	Cangzhou	100.00	100.00	100.00	1
廊坊	Langfang	100.00	100.00	100.00	1
衡水	Hengshui	100.00	99.72	100.00	1
山西	**Shanxi**	**97.26**	**97.64**	**98.14**	
太原	Taiyuan	100.00	100.00	100.00	1
大同	Datong	100.00	100.00	100.00	1
阳泉	Yangquan	100.00	100.00	100.00	1
长治	Changzhi	95.00	96.30	97.20	191
晋城	Jincheng	100.00	96.50	99.08	140
朔州	Shuozhou	98.11	98.60	99.06	144
晋中	Jinzhong	96.50	97.01	100.00	1
运城	Yuncheng	93.02	94.00	94.00	236
忻州	Xinzhou	90.00	93.04	94.03	234
临汾	Linfen	92.12	92.89	93.01	243
吕梁	Luliang	94.48	95.02	95.02	225
内蒙古	**Inner Mongolia**	**87.97**	**94.43**	**96.23**	
呼和浩特	Hohhot	95.50	98.63	98.35	167
包头	Baotou	90.86	99.43	99.44	130
乌海	Wuhai	99.84	97.53	97.84	179
赤峰	Chifeng	84.70	91.67	95.20	221
通辽	Tongliao	79.44	92.67	94.49	228
鄂尔多斯	Erdos	97.21	99.37	99.29	133
呼伦贝尔	Hulunbuir	71.92	91.19	94.49	228
巴彦淖尔	Bayannur	80.52	93.37	95.50	219
乌兰察布	Ulanqab	86.96	92.01	97.00	195
辽宁	**Liaoning**	**97.44**	**98.45**	**98.77**	
沈阳	Shenyang	100.00	100.00	100.00	1
大连	Dalian	100.00	100.00	100.00	1
鞍山	Anshan	97.73	98.56	100.00	1
抚顺	Fushun	98.59	96.51	98.63	164
本溪	Benxi	97.56	91.34	97.89	178
丹东	Dandong	94.59	97.50	100.00	1
锦州	Jinzhou	100.00	100.00	100.00	1
营口	Yingkou	86.19	98.98	97.17	192
阜新	Fuxin	99.64	99.68	98.77	158
辽阳	Liaoyang	100.00	100.00	100.00	1
盘锦	Panjin	100.00	100.00	100.00	1
铁岭	Tieling	97.50	97.74	97.70	180
朝阳	Chaoyang	91.18	98.82	98.84	154
葫芦岛	Huludao	100.00	100.00	100.00	1
吉林	**Jilin**	**89.60**	**92.38**	**93.84**	
长春	Changchun	99.46	99.70	99.46	128
吉林	Jilin	97.84	98.00	98.20	170
四平	Siping	65.34	71.44	75.20	275
辽源	Liaoyuan	82.33	98.22	97.25	189
通化	Tonghua	88.26	87.37	91.69	250
白山	Baishan	91.51	81.00	82.31	267
松原	Songyuan	92.24	95.31	95.46	220
白城	Baicheng	92.02	98.09	98.09	174
黑龙江	**Heilongjiang**	**88.43**	**94.14**	**95.46**	
哈尔滨	Harbin	89.17	100.00	100.00	1
齐齐哈尔	Qiqihar	97.68	98.61	98.75	159
鸡西	Jixi	97.23	98.88	98.45	166
鹤岗	Hegang	86.45	80.99	86.37	264
双鸭山	Shuangyashan	99.78	99.79	100.00	1
大庆	Daqing	83.18	91.11	93.37	240
伊春	Yichun	69.53	73.47	74.95	276
佳木斯	Jiamusi	90.21	93.88	96.29	207
七台河	Qitaihe	86.41	93.42	96.03	211
牡丹江	Mudanjiang	92.08	95.65	96.07	209
黑河	Heihe	81.56	92.05	94.01	235
绥化	Suihua	96.31	95.31	94.28	233
上海	**Shanghai**	**100.00**	**100.00**	**100.00**	
江苏	**Jiangsu**	**99.56**	**99.70**	**99.69**	

8-30 城市用水普及率(辖区) 续表 1
Urban Water Coverage Rate (Districts under City) continued 1

单位：% (%)

地名	City	2010	2012	2013	2013 排名 Ranking	地名	City	2010	2012	2013	2013 排名 Ranking
南京	Nanjing	100.00	100.00	99.98	103	池州	Chizhou	93.83	98.28	99.01	149
无锡	Wuxi	100.00	100.00	100.00	1	宣城	Xuancheng	98.58	97.62	99.11	137
徐州	Xuzhou	99.44	98.08	99.44	130	**福建**	**Fujian**	**99.50**	**99.13**	**99.42**	
常州	Changzhou	100.00	100.00	100.00	1	福州	Fuzhou	99.86	99.37	99.99	101
苏州	Suzhou	100.00	100.00	100.00	1	厦门	Xiamen	100.00	100.00	100.00	1
南通	Nantong	100.00	100.00	100.00	1	莆田	Putian	99.00	99.46	99.64	124
连云港	Lianyungang	100.00	100.00	100.00	1	三明	Sanming	98.87	99.87	99.87	108
淮安	Huaian	93.94	99.20	98.60	165	泉州	Quanzhou	98.71	98.75	98.84	154
盐城	Yancheng	100.00	100.00	100.00	1	漳州	Zhangzhou	99.39	99.70	99.78	115
扬州	Yangzhou	99.81	99.02	100.00	1	南平	Nanping	99.61	100.00	100.00	1
镇江	Zhenjiang	100.00	100.00	100.00	1	龙岩	Longyan	99.37	99.45	99.61	125
泰州	Taizhou	100.00	100.00	100.00	1	宁德	Ningde	99.13	99.13	99.16	136
宿迁	Suqian	100.00	100.00	100.00	1	**江西**	**Jiangxi**	**97.43**	**97.67**	**97.73**	
浙江	**Zhejiang**	**99.79**	**99.88**	**99.97**		南昌	Nanchang	99.79	98.90	98.85	153
杭州	Hangzhou	100.00	100.00	100.00	1	景德镇	Jingdezhen	99.67	99.60	99.80	113
宁波	Ningbo	100.00	100.00	100.00	1	萍乡	Pingxiang	100.00	100.00	100.00	1
温州	Wenzhou	100.00	100.00	100.00	1	九江	Jiujiang	100.00	100.00	100.00	1
嘉兴	Jiaxing	100.00	100.00	100.00	1	新余	Xinyu	100.00	100.00	100.00	1
湖州	Huzhou	100.00	100.00	100.00	1	鹰潭	Yingtan	94.72	96.33	96.73	201
绍兴	Shaoxing	100.00	100.00	100.00	1	赣州	Ganzhou	100.00	100.00	99.78	115
金华	Jinhua	99.86	100.00	100.00	1	吉安	Jian	94.63	94.72	93.15	241
衢州	Quzhou	100.00	100.00	100.00	1	宜春	Yichun	90.11	95.15	95.18	222
舟山	Zhoushan	99.44	99.86	99.89	107	抚州	Fuzhou	99.88	98.24	99.08	140
台州	Taizhou	99.33	100.00	100.00	1	上饶	Shangrao	99.70	99.76	99.72	119
丽水	Lishui	100.00	100.00	100.00	1	**山东**	**Shandong**	**99.57**	**99.85**	**99.85**	
安徽	**Anhui**	**96.06**	**98.02**	**98.40**		济南	Jinan	100.00	100.00	100.00	1
合肥	Hefei	97.22	99.76	99.78	115	青岛	Qingdao	100.00	100.00	100.00	1
芜湖	Wuhu	100.00	100.00	100.00	1	淄博	Zibo	100.00	100.00	100.00	1
蚌埠	Bengbu	99.67	100.00	100.00	1	枣庄	Zaozhuang	99.10	99.24	99.26	134
淮南	Huainan	97.28	98.70	99.17	135	东营	Dongying	96.30	100.00	100.00	1
马鞍山	Maanshan	100.00	100.00	100.00	1	烟台	Yantai	99.84	99.87	100.00	1
淮北	Huaibei	97.01	99.00	99.03	147	潍坊	Weifang	100.00	100.00	100.00	1
铜陵	Tongling	96.63	99.91	100.00	1	济宁	Jining	100.00	100.00	100.00	1
安庆	Anqing	91.86	97.21	100.00	1	泰安	Taian	100.00	100.00	100.00	1
黄山	Huangshan	99.33	98.10	98.69	160	威海	Weihai	100.00	100.00	100.00	1
滁州	Chuzhou	99.79	99.81	99.87	108	日照	Rizhao	100.00	100.00	100.00	1
阜阳	Fuyang	92.01	92.57	92.76	245	莱芜	Laiwu	100.00	100.00	100.00	1
宿州	Suzhou	98.92	99.28	99.96	104	临沂	Linyi	100.00	100.00	100.00	1
六安	Liuan	99.16	100.00	99.49	127	德州	Dezhou	99.87	100.00	100.00	1
亳州	Bozhou	97.46	91.18	91.22	255	聊城	Liaocheng	100.00	98.38	99.11	137

8-30 城市用水普及率(辖区) 续表 2
Urban Water Coverage Rate (Districts under City) continued 2

单位：% (%)

地名	City	2010	2012	2013	2013 排名 Ranking	地名	City	2010	2012	2013	2013 排名 Ranking
滨州	Binzhou	100.00	100.00	100.00	1	常德	Changde	96.59	99.44	95.97	213
菏泽	Heze	94.62	100.00	98.19	172	张家界	Zhangjiajie	97.53	96.75	96.86	197
河南	**Henan**	**91.03**	**91.76**	**92.16**		益阳	Yiyang	84.44	82.95	82.58	266
郑州	Zhengzhou	100.00	100.00	100.00	1	郴州	Chenzhou	92.23	100.00	96.63	203
开封	Kaifeng	97.65	97.12	97.58	183	永州	Yongzhou	98.77	98.92	99.08	140
洛阳	Luoyang	97.78	92.78	98.83	156	怀化	Huaihua	97.33	97.70	97.42	187
平顶山	Pingdingshan	80.69	96.68	96.91	196	娄底	Loudi	97.60	98.29	99.79	114
安阳	Anyang	100.00	100.00	100.00	1	**广东**	**Guangdong**	**98.37**	**97.62**	**97.47**	
鹤壁	Hebi	97.88	93.72	93.65	238	广州	Guangzhou	99.56	99.70	99.71	121
新乡	Xinxiang	97.20	98.94	99.08	140	韶关	Shaoguan	93.88	97.39	96.50	204
焦作	Jiaozuo	99.80	99.82	99.83	111	深圳	Shenzhen	100.00	100.00	100.00	1
濮阳	Puyang	90.62	89.15	91.49	252	珠海	Zhuhai	99.70	99.69	99.66	123
许昌	Xuchang	96.86	96.83	96.85	198	汕头	Shantou	98.57	96.12	92.51	246
漯河	Luohe	91.29	92.33	91.45	253	佛山	Foshan	100.00	100.00	100.00	1
三门峡	Sanmenxia	88.61	98.07	98.05	175	江门	Jiangmen	96.80	98.41	97.70	180
南阳	Nanyang	70.19	70.96	68.55	283	湛江	Zhanjiang	99.37	99.40	97.55	184
商丘	Shangqiu	64.35	61.46	64.92	284	茂名	Maoming	100.00	99.81	99.84	110
信阳	Xinyang	96.00	95.17	96.21	208	肇庆	Zhaoqing	99.94	99.96	99.96	104
周口	Zhoukou	93.70	92.78	95.80	216	惠州	Huizhou	96.57	97.63	97.53	185
驻马店	Zhumadian	63.38	77.83	81.64	269	梅州	Meizhou	96.16	77.69	96.49	205
湖北	**Hubei**	**97.59**	**98.24**	**98.19**		汕尾	Shanwei	95.07	93.74	93.44	239
武汉	Wuhan	100.00	100.00	100.00	1	河源	Heyuan	99.89	100.00	100.00	1
黄石	Huangshi	99.97	100.00	100.00	1	阳江	Yangjiang	100.00	100.00	100.00	1
十堰	Shiyan	88.35	94.76	96.40	206	清远	Qingyuan	99.98	99.98	98.79	157
宜昌	Yichang	100.00	100.00	100.00	1	东莞	Dongguan	99.50	97.32	100.00	1
襄阳	Xiangfan	99.62	97.91	99.06	144	中山	ZhongShan	100.00	100.00	100.00	1
鄂州	Ezhou	100.00	100.00	100.00	1	潮州	Chaozhou	100.00	100.00	100.00	1
荆门	Jingmen	100.00	100.00	100.00	1	揭阳	Jieyang	97.60	63.68	72.49	278
孝感	Xiaogan	97.40	96.62	97.03	194	云浮	Yunfu	98.48	99.07	99.72	119
荆州	Jingzhou	98.27	98.43	99.02	148	**广西**	**Guangxi**	**94.65**	**95.30**	**95.91**	
黄冈	Huanggang	97.21	98.01	98.28	169	南宁	Nanning	95.10	95.38	96.81	200
咸宁	Xianning	84.34	92.30	91.51	251	柳州	Liuzhou	99.80	97.93	97.93	176
随州	Suizhou	94.51	91.86	93.09	242	桂林	Guilin	78.27	88.30	88.13	261
湖南	**Hunan**	**95.17**	**96.42**	**96.86**		梧州	Wuzhou	93.88	95.78	95.70	217
长沙	Changsha	100.00	99.98	100.00	1	北海	Beihai	97.08	99.72	99.73	118
株洲	Zhuzhou	98.89	100.00	100.00	1	防城港	Fangchenggang	100.00	100.00	100.00	1
湘潭	Xiangtan	97.54	97.85	97.69	182	钦州	Qinzhou	99.56	99.76	97.25	189
衡阳	Hengyang	100.00	94.06	95.07	223	贵港	Guigang	91.38	99.97	100.00	1
邵阳	Shaoyang	92.08	82.64	94.40	231	玉林	Yulin	100.00	100.00	100.00	1
岳阳	Yueyang	95.54	99.95	100.00	1	百色	Baise	100.00	100.00	100.00	1

8-30 城市用水普及率(辖区) 续表 3
Urban Water Coverage Rate (Districts under City) continued 3

单位：% (%)

地名	City	2010	2012	2013	2013 排名 Ranking	地名	City	2010	2012	2013	2013 排名 Ranking
贺州	Hezhou	99.15	64.46	70.60	280	丽江	Lijiang	99.50	100.00	100.00	1
河池	Hechi	99.26	95.18	98.12	173	普洱	Puer	73.30	100.00	98.20	170
来宾	Laibin	90.55	96.67	96.84	199	临沧	Lincang	94.84	88.83	87.05	263
崇左	Chongzuo	100.00	92.60	72.28	279	**西藏**	**Tibet**	**97.42**	**75.39**	**96.95**	
海南	**Hainan**	**89.43**	**97.74**	**98.38**		拉萨	Lhasa	99.22	75.22	97.28	188
海口	Haikou	100.00	99.98	99.68	122	**陕西**	**Shaanxi**	**99.39**	**96.15**	**96.52**	
三亚	Sanya	91.23	98.91	99.01	149	西安	Xi'an	100.00	100.00	100.00	1
重庆	**Chongqing**	**94.05**	**93.84**	**96.25**		铜川	Tongchuan	95.67	94.58	94.80	227
四川	**Sichuan**	**90.80**	**92.04**	**91.76**		宝鸡	Baoji	99.85	100.00	100.00	1
成都	Chengdu	95.79	98.26	98.33	168	咸阳	Xianyang	96.00	96.38	92.42	247
自贡	Zigong	83.93	75.08	69.15	282	渭南	Weinan	99.38	99.76	99.32	132
攀枝花	Panzhihua	96.12	93.22	92.94	244	延安	Yan'an	86.01	86.85	87.90	262
泸州	Luzhou	89.68	90.82	90.82	257	汉中	Hanzhong	75.70	80.54	81.00	270
德阳	Deyang	98.67	98.57	97.91	177	榆林	Yulin	95.14	88.42	93.68	237
绵阳	Mianyang	97.96	99.02	99.06	144	安康	Ankang	84.74	90.51	90.17	260
广元	Guangyuan	90.94	94.66	92.32	248	商洛	Shangluo	94.94	67.95	90.45	259
遂宁	Suining	76.42	79.55	82.24	268	**甘肃**	**Gansu**	**91.57**	**92.77**	**93.68**	
内江	Neijiang	78.00	97.52	85.81	265	兰州	Lanzhou	94.96	93.93	95.07	223
乐山	Leshan	91.28	93.06	96.05	210	嘉峪关	Jiayuguan	100.00	100.00	100.00	1
南充	Nanchong	96.98	96.99	97.17	192	金昌	Jinchang	100.00	99.48	100.00	1
眉山	Meishan	99.58	96.69	95.57	218	白银	Baiyin	97.80	100.00	100.00	1
宜宾	Yibin	100.00	95.96	96.65	202	天水	Tianshui	76.09	79.13	80.67	271
广安	Guangan	72.82	93.57	99.50	126	武威	Wuwei	94.12	90.38	91.02	256
达州	Dazhou	94.91	73.18	73.18	277	张掖	Zhangye	99.01	100.00	100.00	1
雅安	Yaan	100.00	99.14	99.46	128	平凉	Pingliang	95.39	99.34	99.83	111
巴中	Bazhong	94.18	93.84	94.29	232	酒泉	Jiuquan	100.00	100.00	100.00	1
资阳	Ziyang	88.32	93.93	94.89	226	庆阳	Qingyang	95.88	98.47	98.67	162
贵州	**Guizhou**	**94.10**	**92.07**	**92.86**		定西	Dingxi	86.81	91.99	95.99	212
贵阳	Guiyang	96.22	94.49	94.43	230	陇南	Longnan	48.16	64.37	69.29	281
六盘水	Liupanshui	98.32	91.86	79.06	273	**青海**	**Qinghai**	**99.87**	**99.90**	**99.08**	
遵义	Zunyi	100.00	99.07	98.68	161	西宁	Xining	99.85	99.99	99.99	101
安顺	Anshun	86.21	91.24	95.91	214	**宁夏**	**Ningxia**	**98.23**	**92.30**	**96.51**	
毕节	Bijie	79.59	91.73	91.98	249	银川	Yinchuan	99.48	92.08	98.94	152
铜仁	Tongren	95.65	78.83	79.48	272	石嘴山	Shizuishan	99.29	99.98	100.00	1
云南	**Yunnan**	**96.50**	**94.32**	**97.92**		吴忠	Wuzhong	89.06	89.77	91.32	254
昆明	Kunming	99.69	93.37	99.11	137	固原	Guyuan	99.19	95.86	95.91	214
曲靖	Qujing	100.00	100.00	99.01	149	中卫	Zhongwei	97.99	70.05	77.37	274
玉溪	Yuxi	100.00	96.06	98.67	162	**新疆**	**Xinjiang**	**99.17**	**99.13**	**98.08**	
保山	Baoshan	90.03	86.92	90.61	258	乌鲁木齐	Urumqi	99.93	99.95	99.95	106
昭通	Zhaotong	96.30	97.36	97.48	186	克拉玛依	Karamay	100.00	100.00	100.00	1

8-31 城市人工煤气供气总量(辖区)
Total Urban Man-made Coal Gas Supplied (Districts under City)

单位：万立方米 (10 000 m³)

地名	City	2010	2012	2013	2013 排名 Ranking
全国	**Nation Total**	**2799380**	**769686**	**627989**	
北京	**Beijing**				
天津	**Tianjin**				
河北	**Hebei**	**89834**	**89595**	**71058**	
石家庄	Shijiazhuang	1046	1346	5503	18
唐山	Tangshan	53727	58591	35736	3
秦皇岛	Qinhuangdao				
邯郸	Handan	9162	7275	7636	16
邢台	Xingtai	14856	11379	9944	13
保定	Baoding				
张家口	Zhangjiakou	5879	5583	5584	17
承德	Chengde	3205	3287	4575	23
沧州	Cangzhou				
廊坊	Langfang				
衡水	Hengshui				
山西	**Shanxi**	**87203**	**87787**	**56556**	
太原	Taiyuan	49764	55013	30303	5
大同	Datong				
阳泉	Yangquan				
长治	Changzhi	11482	6015		
晋城	Jincheng				
朔州	Shuozhou				
晋中	Jinzhong	3928	7232	5060	20
运城	Yuncheng				
忻州	Xinzhou	4775	1166	719	42
临汾	Linfen	9771	10824	15415	9
吕梁	Luliang	2838	3340	930	40
内蒙古	**Inner Mongolia**	**3069**	**2786**	**3500**	
呼和浩特	Hohhot				
包头	Baotou	3069	2786	3500	28
乌海	Wuhai				
赤峰	Chifeng				
通辽	Tongliao				
鄂尔多斯	Erdos				
呼伦贝尔	Hulunbuir				
巴彦淖尔	Bayannur				
乌兰察布	Ulanqab				
辽宁	**Liaoning**	**55177**	**59736**	**59264**	
沈阳	Shenyang				
大连	Dalian	22357	24435	25523	6
鞍山	Anshan	13107	15164	15178	10
抚顺	Fushun				
本溪	Benxi	4738	4647	4796	21
丹东	Dandong	4024	4102	4114	25
锦州	Jinzhou	8276	9140	9148	15
营口	Yingkou				
阜新	Fuxin				
辽阳	Liaoyang				
盘锦	Panjin				
铁岭	Tieling				
朝阳	Chaoyang	2004	2133	389	44
葫芦岛	Huludao				
吉林	**Jilin**	**16727**	**17086**	**16575**	
长春	Changchun	14327	14641	13073	12
吉林	Jilin				
四平	Siping				
辽源	Liaoyuan				
通化	Tonghua	2400	2445	3502	27
白山	Baishan				
松原	Songyuan				
白城	Baicheng				
黑龙江	**Heilongjiang**	**7587**	**8185**	**8443**	
哈尔滨	Harbin				
齐齐哈尔	Qiqihar				
鸡西	Jixi	1055	1100	1100	38
鹤岗	Hegang				
双鸭山	Shuangyashan	693	735	735	41
大庆	Daqing				
伊春	Yichun				
佳木斯	Jiamusi				
七台河	Qitaihe	4089	4410	4592	22
牡丹江	Mudanjiang	1750	1940	2016	35
黑河	Heihe				
绥化	Suihua				
上海	**Shanghai**	**142167**	**90438**	**59345**	
江苏	**Jiangsu**	**1931995**	**4889**	**3940**	

8-31 城市人工煤气供气总量(辖区） 续表 1

Total Urban Man-made Coal Gas Supplied (Districts under City) continued 1

单位：万立方米 (10 000 m³)

地名	City	2010	2012	2013	2013 排名 Ranking
南京	Nanjing	1918223			
无锡	Wuxi				
徐州	Xuzhou	1662			
常州	Changzhou				
苏州	Suzhou	7432	4449	3940	26
南通	Nantong	4677	440		
连云港	Lianyungang				
淮安	Huaian				
盐城	Yancheng				
扬州	Yangzhou				
镇江	Zhenjiang				
泰州	Taizhou				
宿迁	Suqian				
浙江	**Zhejiang**	**484**	**463**	**500**	
杭州	Hangzhou				
宁波	Ningbo				
温州	Wenzhou				
嘉兴	Jiaxing				
湖州	Huzhou				
绍兴	Shaoxing				
金华	Jinhua				
衢州	Quzhou	447	463	500	43
舟山	Zhoushan				
台州	Taizhou				
丽水	Lishui				
安徽	**Anhui**				
合肥	Hefei				
芜湖	Wuhu				
蚌埠	Bengbu				
淮南	Huainan				
马鞍山	Maanshan				
淮北	Huaibei				
铜陵	Tongling				
安庆	Anqing				
黄山	Huangshan				
滁州	Chuzhou				
阜阳	Fuyang				
宿州	Suzhou				
六安	Liuan				
亳州	Bozhou				
池州	Chizhou				
宣城	Xuancheng				
福建	**Fujian**	**2673**	**3080**	**2927**	
福州	Fuzhou				
厦门	Xiamen				
莆田	Putian				
三明	Sanming	2673	3080	2927	31
泉州	Quanzhou				
漳州	Zhangzhou				
南平	Nanping				
龙岩	Longyan				
宁德	Ningde				
江西	**Jiangxi**	**58208**	**48497**	**36049**	
南昌	Nanchang	16785	8027		
景德镇	Jingdezhen	22709	22402	14895	11
萍乡	Pingxiang	15642	17355	19983	7
九江	Jiujiang				
新余	Xinyu	3072	713	1171	37
鹰潭	Yingtan				
赣州	Ganzhou				
吉安	Jian				
宜春	Yichun				
抚州	Fuzhou				
上饶	Shangrao				
山东	**Shandong**	**35730**	**21316**	**9210**	
济南	Jinan	5294	4300	3000	30
青岛	Qingdao	9153	8148		
淄博	Zibo	7996			
枣庄	Zaozhuang	4154	3139	2772	32
东营	Dongying				
烟台	Yantai				
潍坊	Weifang	6837	4117	3438	29
济宁	Jining				
泰安	Taian				
威海	Weihai				
日照	Rizhao				
莱芜	Laiwu				
临沂	Linyi				
德州	Dezhou				
聊城	Liaocheng				

8-31 城市人工煤气供气总量(辖区) 续表 2

Total Urban Man-made Coal Gas Supplied (Districts under City) continued 2

单位：万立方米 (10 000 m³)

地名	City	2010	2012	2013	2013 排名 Ranking	地名	City	2010	2012	2013	2013 排名 Ranking
滨州	Binzhou					常德	Changde				
菏泽	Heze					张家界	Zhangjiajie				
河南	**Henan**	**109500**	**85359**	**60052**		益阳	Yiyang				
郑州	Zhengzhou	520				郴州	Chenzhou				
开封	Kaifeng					永州	Yongzhou				
洛阳	Luoyang	29759	11928			怀化	Huaihua				
平顶山	Pingdingshan	4605	2121	1028	39	娄底	Loudi	2017	2707	2765	33
安阳	Anyang	54998	45000	43000	2	**广东**	**Guangdong**	**7037**	**2509**		
鹤壁	Hebi					广州	Guangzhou	3432	2509		
新乡	Xinxiang					韶关	Shaoguan				
焦作	Jiaozuo					深圳	Shenzhen				
濮阳	Puyang					珠海	Zhuhai				
许昌	Xuchang					汕头	Shantou				
漯河	Luohe					佛山	Foshan				
三门峡	Sanmenxia					江门	Jiangmen				
南阳	Nanyang	3086	10336	9225	14	湛江	Zhanjiang				
商丘	Shangqiu					茂名	Maoming				
信阳	Xinyang					肇庆	Zhaoqing				
周口	Zhoukou					惠州	Huizhou				
驻马店	Zhumadian					梅州	Meizhou				
湖北	**Hubei**	**12042**	**5100**			汕尾	Shanwei				
武汉	Wuhan	8443	5100			河源	Heyuan				
黄石	Huangshi	499				阳江	Yangjiang				
十堰	Shiyan					清远	Qingyuan				
宜昌	Yichang	3100				东莞	Dongguan				
襄阳	Xiangfan					中山	ZhongShan				
鄂州	Ezhou					潮州	Chaozhou				
荆门	Jingmen					揭阳	Jieyang				
孝感	Xiaogan					云浮	Yunfu				
荆州	Jingzhou					**广西**	**Guangxi**	**4517**	**4423**	**4533**	
黄冈	Huanggang					南宁	Nanning				
咸宁	Xianning					柳州	Liuzhou	4320	4226	4339	24
随州	Suizhou					桂林	Guilin				
湖南	**Hunan**	**3044**	**2707**	**2765**		梧州	Wuzhou				
长沙	Changsha					北海	Beihai				
株洲	Zhuzhou					防城港	Fangchenggang				
湘潭	Xiangtan					钦州	Qinzhou				
衡阳	Hengyang					贵港	Guigang				
邵阳	Shaoyang	1027				玉林	Yulin				
岳阳	Yueyang					百色	Baise				

8-31 城市人工煤气供气总量(辖区) 续表 3
Total Urban Man-made Coal Gas Supplied (Districts under City) continued 3

单位：万立方米 (10 000 m³)

地名	City	2010	2012	2013	2013 排名 Ranking	地名	City	2010	2012	2013	2013 排名 Ranking
贺州	Hezhou					丽江	Lijiang				
河池	Hechi	197	197	195	45	普洱	Puer				
来宾	Laibin					临沧	Lincang				
崇左	Chongzuo					**西藏**	**Tibet**				
海南	**Hainan**					拉萨	Lhasa				
海口	Haikou					**陕西**	**Shaanxi**				
三亚	Sanya					西安	Xi'an				
重庆	**Chongqing**					铜川	Tongchuan				
四川	**Sichuan**	**159719**	**159925**	**165003**		宝鸡	Baoji				
成都	Chengdu					咸阳	Xianyang				
自贡	Zigong					渭南	Weinan				
攀枝花	Panzhihua	159719	159925	165003	1	延安	Yan'an				
泸州	Luzhou					汉中	Hanzhong				
德阳	Deyang					榆林	Yulin				
绵阳	Mianyang					安康	Ankang				
广元	Guangyuan					商洛	Shangluo				
遂宁	Suining					**甘肃**	**Gansu**	**9438**	**1658**	**1722**	
内江	Neijiang					兰州	Lanzhou				
乐山	Leshan					嘉峪关	Jiayuguan	1928	1658	1722	36
南充	Nanchong					金昌	Jinchang				
眉山	Meishan					白银	Baiyin	7510			
宜宾	Yibin					天水	Tianshui				
广安	Guangan					武威	Wuwei				
达州	Dazhou					张掖	Zhangye				
雅安	Yaan					平凉	Pingliang				
巴中	Bazhong					酒泉	Jiuquan				
资阳	Ziyang					庆阳	Qingyang				
贵州	**Guizhou**	**26963**	**34167**	**23788**		定西	Dingxi				
贵阳	Guiyang	22364	26909	18112	8	陇南	Longnan				
六盘水	Liupanshui	3628	6680	5081	19	**青海**	**Qinghai**				
遵义	Zunyi					西宁	Xining				
安顺	Anshun					**宁夏**	**Ningxia**	**697**	**137**	**132**	
毕节	Bijie	98				银川	Yinchuan				
铜仁	Tongren					石嘴山	Shizuishan	697	137	132	46
云南	**Yunnan**	**33818**	**37653**	**40535**		吴忠	Wuzhong				
昆明	Kunming	26975	30531	33506	4	固原	Guyuan				
曲靖	Qujing					中卫	Zhongwei				
玉溪	Yuxi					**新疆**	**Xinjiang**	**1752**	**2190**	**2090**	
保山	Baoshan					乌鲁木齐	Urumqi	1752	2190	2090	34
昭通	Zhaotong					克拉玛依	Karamay				

8-32 城市天然气供气总量(辖区)
Total Urban Natural Gas Supplied (Districts under City)

单位：万立方米 (10 000 m³)

地名	City	2010	2012	2013	2013 排名 Ranking
全国	**Nation Total**	**4875808**	**7950377**	**9009904**	
北京	**Beijing**	**719740**	**924763**	**989484**	
天津	**Tianjin**	**169453**	**256241**	**281885**	
河北	**Hebei**	**106740**	**214451**	**244012**	
石家庄	Shijiazhuang	13373	23267	28691	41
唐山	Tangshan	19752	26883	27470	42
秦皇岛	Qinhuangdao	13000	20650	20650	57
邯郸	Handan	11814	17799	18576	65
邢台	Xingtai	7439	15901	17687	66
保定	Baoding	8160	11243	16206	74
张家口	Zhangjiakou	39	44	44	256
承德	Chengde	19	261	632	229
沧州	Cangzhou	4800	6381	8130	121
廊坊	Langfang	8125	11638	16530	70
衡水	Hengshui	1110	1801	3170	178
山西	**Shanxi**	**141440**	**213502**	**233051**	
太原	Taiyuan	32323	51809	55438	26
大同	Datong	9212	10706	10782	102
阳泉	Yangquan	58750	79997	82810	16
长治	Changzhi	1856	2056	3844	161
晋城	Jincheng	14735	18054	15701	79
朔州	Shuozhou	4080	4438	5112	147
晋中	Jinzhong	1084	1605	3493	171
运城	Yuncheng	361	5965	7246	126
忻州	Xinzhou	2785	4355	6184	134
临汾	Linfen		2900	1558	207
吕梁	Luliang				
内蒙古	**Inner Mongolia**	**69531**	**113040**	**104732**	
呼和浩特	Hohhot	30623	42050	37474	35
包头	Baotou	30831	50171	42284	32
乌海	Wuhai	1440	2965	2965	183
赤峰	Chifeng	140	1072	683	228
通辽	Tongliao	711	1775	1616	205
鄂尔多斯	Erdos	4809	8760	9869	104
呼伦贝尔	Hulunbuir				
巴彦淖尔	Bayannur	52	3463	3485	172
乌兰察布	Ulanqab	730	301	2552	190
辽宁	**Liaoning**	**66173**	**85701**	**97745**	
沈阳	Shenyang	31889	43332	47277	28
大连	Dalian				
鞍山	Anshan	1459	598	1311	210
抚顺	Fushun	7567	7899	11808	98
本溪	Benxi	28	185	919	218
丹东	Dandong	171	495	496	236
锦州	Jinzhou	121	378	933	216
营口	Yingkou	1404	1793	1913	200
阜新	Fuxin	3080	3342	4039	159
辽阳	Liaoyang	1180	2266	2754	185
盘锦	Panjin	1263	2013	2240	195
铁岭	Tieling	3723	4138	4364	154
朝阳	Chaoyang			904	220
葫芦岛	Huludao	3129	6330	6315	133
吉林	**Jilin**	**43462**	**69697**	**85834**	
长春	Changchun	26282	29975	36297	37
吉林	Jilin	6608	21320	25399	45
四平	Siping	2764	3277	3281	177
辽源	Liaoyuan		148	945	215
通化	Tonghua				
白山	Baishan	104	198	230	246
松原	Songyuan	5400	6700	7350	124
白城	Baicheng	260	1243	1352	209
黑龙江	**Heilongjiang**	**72497**	**88191**	**111136**	
哈尔滨	Harbin	29083	33323	46118	31
齐齐哈尔	Qiqihar	18090	23937	21791	55
鸡西	Jixi				
鹤岗	Hegang	1046	1370	1395	208
双鸭山	Shuangyashan				
大庆	Daqing	22035	25574	37374	36
伊春	Yichun				
佳木斯	Jiamusi	2243	3010	3752	163
七台河	Qitaihe				
牡丹江	Mudanjiang				
黑河	Heihe				
绥化	Suihua			50	255
上海	**Shanghai**	**450032**	**631126**	**690885**	
江苏	**Jiangsu**	**472309**	**691763**	**765836**	

8-32 城市天然气供气总量(辖区) 续表 1
Total Urban Natural Gas Supplied (Districts under City) continued 1

单位：万立方米 (10 000 m³)

地名	City	2010	2012	2013	2013 排名 Ranking	地名	City	2010	2012	2013	2013 排名 Ranking
南京	Nanjing	57891	82413	86128	14	池州	Chizhou	934	2022	2204	196
无锡	Wuxi	41635	56521	62975	20	宣城	Xuancheng	1188	2111	2626	188
徐州	Xuzhou	13524	23270	13982	88	**福建**	**Fujian**	**51101**	**95325**	**112446**	
常州	Changzhou	48099	55209	58829	23	福州	Fuzhou	7413	13608	16318	73
苏州	Suzhou	55899	90312	109599	10	厦门	Xiamen	9085	17053	22058	53
南通	Nantong	810	9670	15761	78	莆田	Putian	1502	5320	6361	131
连云港	Lianyungang	7223	8485	9828	105	三明	Sanming				
淮安	Huaian	7433	13489	14584	86	泉州	Quanzhou	2405	4000	4297	156
盐城	Yancheng	5696	8050	9600	108	漳州	Zhangzhou	877	1886	2338	192
扬州	Yangzhou	6885	12636	15164	82	南平	Nanping				
镇江	Zhenjiang	20497	27119	30271	38	龙岩	Longyan			399	240
泰州	Taizhou	2559	13785	15577	80	宁德	Ningde			244	245
宿迁	Suqian	3735	8487	11471	100	**江西**	**Jiangxi**	**11263**	**41910**	**56127**	
浙江	**Zhejiang**	**118884**	**191322**	**230091**		南昌	Nanchang	1407	11093	16004	75
杭州	Hangzhou	45839	55623	57566	24	景德镇	Jingdezhen	1586	7356	12842	93
宁波	Ningbo	22464	42747	61395	21	萍乡	Pingxiang	1830	2495	4800	151
温州	Wenzhou	1063	1535	3657	167	九江	Jiujiang	1290	2292	6628	129
嘉兴	Jiaxing	5109	20694	14640	84	新余	Xinyu		7950	3029	180
湖州	Huzhou	7573	12645	15283	81	鹰潭	Yingtan		121	169	248
绍兴	Shaoxing	13509	14353	30170	39	赣州	Ganzhou	1686	3000	3319	175
金华	Jinhua	790	1558	3123	179	吉安	Jian	730	1119	1282	211
衢州	Quzhou	1074	3180	4067	158	宜春	Yichun	1210	2645	3746	164
舟山	Zhoushan	1676	2224	2639	187	抚州	Fuzhou	200	1901	2167	197
台州	Taizhou	25	1036	2262	194	上饶	Shangrao	488	715	765	224
丽水	Lishui					**山东**	**Shandong**	**326931**	**518344**	**610755**	
安徽	**Anhui**	**112190**	**171251**	**199095**		济南	Jinan	20814	35000	41000	33
合肥	Hefei	22411	32924	38659	34	青岛	Qingdao	35681	68397	70918	18
芜湖	Wuhu	18677	26877	28851	40	淄博	Zibo	62870	91613	93780	12
蚌埠	Bengbu	11178	18250	23460	49	枣庄	Zaozhuang	2966	3917	4798	152
淮南	Huainan	7801	9574	9250	113	东营	Dongying	25240	25762	26907	43
马鞍山	Maanshan	13136	15948	18962	63	烟台	Yantai	13110	20196	24633	47
淮北	Huaibei	2398	5669	5594	141	潍坊	Weifang	8821	15184	22860	50
铜陵	Tongling	9596	12216	18774	64	济宁	Jining	8673	12859	17504	67
安庆	Anqing	918	4357	5292	144	泰安	Taian	17100	30755	47023	29
黄山	Huangshan		483	909	219	威海	Weihai	5441	5762	6338	132
滁州	Chuzhou	9628	12545	13858	90	日照	Rizhao	2175	3928	7255	125
阜阳	Fuyang	6400	8700	9260	112	莱芜	Laiwu	3037	4368	9150	115
宿州	Suzhou	1709	2750	2696	186	临沂	Linyi	12831	31215	56935	25
六安	Liuan	2328	4752	5609	140	德州	Dezhou	5685	12559	15113	83
亳州	Bozhou	1287	2469	2763	184	聊城	Liaocheng	10190	16741	15905	77

8-32 城市天然气供气总量(辖区) 续表 2
Total Urban Natural Gas Supplied (Districts under City) continued 2

单位：万立方米 (10 000 m³)

地名	City	2010	2012	2013	2013 排名 Ranking	地名	City	2010	2012	2013	2013 排名 Ranking
滨州	Binzhou	8190	11625	12420	95	常德	Changde	10822	12000	25007	46
菏泽	Heze	10814	13687	14595	85	张家界	Zhangjiajie	85	298	416	239
河南	**Henan**	**158928**	**241272**	**288625**		益阳	Yiyang	2500	4486	4876	150
郑州	Zhengzhou	52171	75742	86524	13	郴州	Chenzhou	270	670	1676	202
开封	Kaifeng	6115	11315	11558	99	永州	Yongzhou		9	37	257
洛阳	Luoyang	4165	17866	21949	54	怀化	Huaihua		23	139	251
平顶山	Pingdingshan	20951	8038	8666	119	娄底	Loudi		370	380	241
安阳	Anyang	12165	14953	17397	68	**广东**	**Guangdong**	**170266**	**1174509**	**1231702**	
鹤壁	Hebi	1821	3051	3313	176	广州	Guangzhou	61285	85732	132896	7
新乡	Xinxiang	8480	11920	13870	89	韶关	Shaoguan	1376	2563	3807	162
焦作	Jiaozuo	11750	19142	20265	59	深圳	Shenzhen	40425	919550	874470	1
濮阳	Puyang	5120	5301	5701	139	珠海	Zhuhai		2830	4973	149
许昌	Xuchang	2149	3740	4248	157	汕头	Shantou	979	1565	1814	201
漯河	Luohe	1769	1967	2123	198	佛山	Foshan	17532	65921	84040	15
三门峡	Sanmenxia	290	4534	12066	97	江门	Jiangmen	375	3727	5055	148
南阳	Nanyang	139	1535	3947	160	湛江	Zhanjiang	4926	7828	8024	122
商丘	Shangqiu	789	2257	3676	165	茂名	Maoming	36	561	887	222
信阳	Xinyang	2363	8865	10400	103	肇庆	Zhaoqing	2001	4548	5729	138
周口	Zhoukou	4241	5633	6829	128	惠州	Huizhou	450	1973	3582	168
驻马店	Zhumadian	2027	2497	2600	189	梅州	Meizhou	418	563	375	242
湖北	**Hubei**	**152833**	**240807**	**285324**		汕尾	Shanwei	3	45	62	253
武汉	Wuhan	78444	120031	140000	6	河源	Heyuan	14	320		
黄石	Huangshi	11014	15923	19445	61	阳江	Yangjiang	804	1160	1222	212
十堰	Shiyan			2000	199	清远	Qingyuan	641	2705	4316	155
宜昌	Yichang	10577	12818	13514	91	东莞	Dongguan	23414	43195	60975	22
襄阳	Xiangfan	10234	15549	16905	69	中山	ZhongShan	5313	7294	7803	123
鄂州	Ezhou	3000	3500	3500	170	潮州	Chaozhou	9703	20032	22525	52
荆门	Jingmen	5483	8621	9410	111	揭阳	Jieyang	18	66	6075	135
孝感	Xiaogan	457	1214	1219	213	云浮	Yunfu	22	155	248	244
荆州	Jingzhou	6803	8505	12631	94	**广西**	**Guangxi**	**10320**	**16904**	**22234**	
黄冈	Huanggang	978	1761	2400	191	南宁	Nanning	4235	6554	9456	110
咸宁	Xianning	1452	1859	6018	136	柳州	Liuzhou	1874	3070	3539	169
随州	Suizhou	700	1607	1634	204	桂林	Guilin	1244	2401	3000	182
湖南	**Hunan**	**111757**	**161274**	**199746**		梧州	Wuzhou	180	552	710	226
长沙	Changsha	36000	49475	67421	19	北海	Beihai	1481	1883	2263	193
株洲	Zhuzhou	13524	23544	23602	48	防城港	Fangchenggang	17	68	120	252
湘潭	Xiangtan	8763	12542	14536	87	钦州	Qinzhou	257	561	723	225
衡阳	Hengyang	14221	19214	19610	60	贵港	Guigang	352	451	631	230
邵阳	Shaoyang	598	1670	3330	174	玉林	Yulin	309	500	932	217
岳阳	Yueyang	6759	10000	12230	96	百色	Baise		1	17	259

8-32 城市天然气供气总量(辖区) 续表 3
Total Urban Natural Gas Supplied (Districts under City) continued 3

单位：万立方米 (10 000 m³)

地名	City	2010	2012	2013	2013 排名 Ranking
贺州	Hezhou				
河池	Hechi				
来宾	Laibin				
崇左	Chongzuo				
海南	**Hainan**	**14264**	**17664**	**25280**	
海口	Haikou	10031	12143	19071	62
三亚	Sanya	3062	3233	3363	173
重庆	**Chongqing**	**254021**	**324965**	**324336**	
四川	**Sichuan**	**525686**	**568317**	**590236**	
成都	Chengdu	219413	210903	211163	3
自贡	Zigong	14908	22933	22654	51
攀枝花	Panzhihua	1	5	5	261
泸州	Luzhou	71788	75532	79057	17
德阳	Deyang	48194	54014	46439	30
绵阳	Mianyang	36244	41584	47803	27
广元	Guangyuan	5654	8694	9129	116
遂宁	Suining	8470	10416	9784	106
内江	Neijiang	5191	7917	8994	117
乐山	Leshan	15107	16584	25504	44
南充	Nanchong	8940	11465	16396	72
眉山	Meishan	7755	4409	4790	153
宜宾	Yibin	7814	10564	9666	107
广安	Guangan	2749	5055	5825	137
达州	Dazhou	6619	7417	8570	120
雅安	Yaan	2525	4644	5229	145
巴中	Bazhong	3007	6369	6491	130
资阳	Ziyang	6485	6630	5134	146
贵州	**Guizhou**	**3546**	**9853**	**16078**	
贵阳	Guiyang	1826	5830	9592	109
六盘水	Liupanshui				
遵义	Zunyi	880	2400	3019	181
安顺	Anshun	5	170	450	238
毕节	Bijie		270	496	235
铜仁	Tongren				
云南	**Yunnan**	**119**	**1207**	**2286**	
昆明	Kunming		335	900	221
曲靖	Qujing		47	16	260
玉溪	Yuxi			509	233
保山	Baoshan	7	460	470	237
昭通	Zhaotong	58	260	265	243
丽江	Lijiang	25	25	25	258
普洱	Puer				
临沧	Lincang				
西藏	**Tibet**			**127500**	
拉萨	Lhasa			127500	8
陕西	**Shaanxi**	**164654**	**221162**	**238667**	
西安	Xi'an	105807	138050	147044	5
铜川	Tongchuan	4530	7400	8760	118
宝鸡	Baoji	13049	17493	20385	58
咸阳	Xianyang	17441	16172	16400	71
渭南	Weinan	4600	7147	7114	127
延安	Yan'an	6810	7811	9164	114
汉中	Hanzhong	10	915	1636	203
榆林	Yulin	10565	20800	21773	56
安康	Ankang		245	500	234
商洛	Shangluo	268	652	702	227
甘肃	**Gansu**	**72917**	**112098**	**134044**	
兰州	Lanzhou	70182	98493	114891	9
嘉峪关	Jiayuguan	43	142	146	250
金昌	Jinchang		972	1136	214
白银	Baiyin	134	4662	5336	143
天水	Tianshui		750	798	223
武威	Wuwei		1405	3667	166
张掖	Zhangye		170	165	249
平凉	Pingliang	7	17	605	231
酒泉	Jiuquan	366	506	552	232
庆阳	Qingyang	116	1551	1600	206
定西	Dingxi		62	62	254
陇南	Longnan		169	181	247
青海	**Qinghai**	**61557**	**111917**	**118969**	
西宁	Xining	54255	102749	103798	11
宁夏	**Ningxia**	**108485**	**179132**	**210854**	
银川	Yinchuan	86937	147354	172394	4
石嘴山	Shizuishan	11852	13290	13290	92
吴忠	Wuzhong	3507	5062	5355	142
固原	Guyuan				
中卫	Zhongwei	1280	5978	11361	101
新疆	**Xinjiang**	**134711**	**262670**	**380880**	
乌鲁木齐	Urumqi	66491	144054	231251	2
克拉玛依	Karamay	3829	10295	15938	76

8-33 城市液化石油气供气总量(辖区)
Total Urban LPG Supplied (Districts under City)

单位：吨 (ton)

地名	City	2010	2012	2013	2013 排名 Ranking
全国	**Nation Total**	**12680054**	**11148032**	**11097298**	
北京	**Beijing**	**323104**	**418156**	**472980**	
天津	**Tianjin**	**53368**	**49105**	**49490**	
河北	**Hebei**	**205007**	**205388**	**183591**	
石家庄	Shijiazhuang	14106	32051	30348	55
唐山	Tangshan	10557	9921	9870	124
秦皇岛	Qinhuangdao	8083	4547	2893	223
邯郸	Handan	7546	5554	4995	186
邢台	Xingtai	7335	5288	7292	149
保定	Baoding	6758	4357	3249	215
张家口	Zhangjiakou	5633	5640	5640	172
承德	Chengde	4857	5150	4455	192
沧州	Cangzhou	3656	3191	3210	216
廊坊	Langfang	2648	3100	2900	222
衡水	Hengshui	3996	4129	3900	202
山西	**Shanxi**	**63331**	**90534**	**74399**	
太原	Taiyuan	31440	32475	33623	49
大同	Datong	5000	10612	10697	117
阳泉	Yangquan	1558	1029	857	257
长治	Changzhi	5557	10906	3774	205
晋城	Jincheng	1772	1095	1589	244
朔州	Shuozhou	1300	1300	1300	251
晋中	Jinzhong	1983	2730	2600	227
运城	Yuncheng				
忻州	Xinzhou	3600	3560	4050	197
临汾	Linfen	3800	14600	4200	193
吕梁	Luliang	1250	1420		
内蒙古	**Inner Mongolia**	**74251**	**98496**	**69174**	
呼和浩特	Hohhot	7760	15173		
包头	Baotou	11260	9392	9720	126
乌海	Wuhai	1510	1508	1331	249
赤峰	Chifeng	12459	15615	15510	88
通辽	Tongliao	3030	7500	6660	159
鄂尔多斯	Erdos	3800	2880	2700	225
呼伦贝尔	Hulunbuir	2945	6824	7040	152
巴彦淖尔	Bayannur	15010	15010		
乌兰察布	Ulanqab	2440	3296	3785	204
辽宁	**Liaoning**	**395058**	**516426**	**495244**	
沈阳	Shenyang	31800	156000	149000	10
大连	Dalian	155588	157816	158312	8
鞍山	Anshan	5321	5100	5100	182
抚顺	Fushun	38100	33921	38742	40
本溪	Benxi	4080	9257	6650	160
丹东	Dandong	5430	5280	5186	180
锦州	Jinzhou	6350	4669	111	269
营口	Yingkou	20000	12006	6005	167
阜新	Fuxin	4910	5100	5210	178
辽阳	Liaoyang	11606	10978	11372	110
盘锦	Panjin	13504	14655	14655	93
铁岭	Tieling	2926	3110	3118	218
朝阳	Chaoyang	5980	5980	5976	168
葫芦岛	Huludao	1000	4161	4052	196
吉林	**Jilin**	**214818**	**220874**	**181420**	
长春	Changchun	79187	68563	32556	51
吉林	Jilin	48000	44500	43337	36
四平	Siping	6100	9000	9000	132
辽源	Liaoyuan	7332	6993	5506	175
通化	Tonghua	2100	2110	2090	235
白山	Baishan	3732	5135	4895	187
松原	Songyuan	13300	12600	11000	113
白城	Baicheng	7612	7663	7525	146
黑龙江	**Heilongjiang**	**219784**	**206057**	**218023**	
哈尔滨	Harbin	82800	60480	69350	25
齐齐哈尔	Qiqihar	6070	5100	6500	163
鸡西	Jixi	3994	5573	5526	174
鹤岗	Hegang	2612	4179	7774	142
双鸭山	Shuangyashan	3888	4000	4000	199
大庆	Daqing	13246	15378	11237	111
伊春	Yichun	6850	8296	8578	136
佳木斯	Jiamusi	9100	22090	23700	68
七台河	Qitaihe	22200	2580	2460	229
牡丹江	Mudanjiang	20005	19001	18041	84
黑河	Heihe	1200	1230	1400	248
绥化	Suihua	4000	4300	4700	188
上海	**Shanghai**	**398427**	**392514**	**397314**	
江苏	**Jiangsu**	**766586**	**735757**	**700765**	

8-33 城市液化石油气供气总量(辖区) 续表 1
Total Urban LPG Supplied (Districts under City) continued 1

单位：吨 (ton)

地名	City	2010	2012	2013	2013 排名 Ranking
南京	Nanjing	146476	114673	119147	14
无锡	Wuxi	55005	65988	44122	35
徐州	Xuzhou	29336	31030	28480	60
常州	Changzhou	11037	7043	6123	165
苏州	Suzhou	68005	62000	86976	19
南通	Nantong	37434	39821	30490	54
连云港	Lianyungang	9600	10500	9246	130
淮安	Huaian	24878	38206	37551	43
盐城	Yancheng	26972	29000	24500	66
扬州	Yangzhou	24726	42871	35707	45
镇江	Zhenjiang	31265	38269	24830	64
泰州	Taizhou	19445	18025	24029	67
宿迁	Suqian	7023	16150	12301	103
浙江	**Zhejiang**	**877956**	**776396**	**821658**	
杭州	Hangzhou	114427	111742	119178	13
宁波	Ningbo	222036	138584	133323	12
温州	Wenzhou	108000	105080	115010	16
嘉兴	Jiaxing	28079	20127	24811	65
湖州	Huzhou	10703	11656	4679	190
绍兴	Shaoxing	18371	152212	30293	56
金华	Jinhua	23899	30481	35503	46
衢州	Quzhou	8102	8265	5626	173
舟山	Zhoushan	29786	23829	28923	58
台州	Taizhou	61161	61428	61770	27
丽水	Lishui	11097	12217	12348	101
安徽	**Anhui**	**615770**	**537160**	**619620**	
合肥	Hefei	65284	34388	33966	48
芜湖	Wuhu	29520	26003	18000	85
蚌埠	Bengbu	14010	9000	2400	231
淮南	Huainan	25500	18400	11645	106
马鞍山	Maanshan				
淮北	Huaibei	21550	11250	12201	104
铜陵	Tongling	17945	15725	530	263
安庆	Anqing	361594	327408	449177	3
黄山	Huangshan	10817	12370	12929	99
滁州	Chuzhou	5875	6115	6050	166
阜阳	Fuyang	3940	6927	7865	138
宿州	Suzhou	7500	7446	7450	147
六安	Liuan	7760	7240	7410	148
亳州	Bozhou	14100	20155	19950	76
池州	Chizhou	2783	2822	2715	224
宣城	Xuancheng	3100	3600	3600	209
福建	**Fujian**	**333758**	**288978**	**277846**	
福州	Fuzhou	75234	60497	56305	29
厦门	Xiamen	89954	84906	77254	22
莆田	Putian	19208	14727	12980	98
三明	Sanming	3618	1500	1921	239
泉州	Quanzhou	42150	31742	31730	53
漳州	Zhangzhou	16545	15274	15068	91
南平	Nanping	4500	4355	5070	183
龙岩	Longyan	8942	8904	7589	144
宁德	Ningde	7867	6665	7785	141
江西	**Jiangxi**	**188847**	**204258**	**223399**	
南昌	Nanchang	48731	34816	43215	37
景德镇	Jingdezhen	26177	24800	23305	70
萍乡	Pingxiang	4920	5720	13817	96
九江	Jiujiang	18375	16841	15151	89
新余	Xinyu	1569	1614	1614	243
鹰潭	Yingtan	8000	9630	7005	153
赣州	Ganzhou	5500	8100	8580	135
吉安	Jian	5282	4590	4605	191
宜春	Yichun	11830	15306	20403	75
抚州	Fuzhou	11180	23356	23356	69
上饶	Shangrao	10982	18000	18367	82
山东	**Shandong**	**760332**	**511489**	**484287**	
济南	Jinan	28566	50700	45000	34
青岛	Qingdao	80073	54341	41302	38
淄博	Zibo	59928	31257	46648	32
枣庄	Zaozhuang	11909	12721	11523	107
东营	Dongying	10606	10484	10762	116
烟台	Yantai	29587	42584	37634	42
潍坊	Weifang	15727	8800	8800	133
济宁	Jining	1988	3988	6988	155
泰安	Taian	800	1021	1021	255
威海	Weihai	3318	2452	7845	139
日照	Rizhao	9644	13308	12896	100
莱芜	Laiwu	13141	11818	9414	129
临沂	Linyi	60919	55542	45902	33
德州	Dezhou	2985	1700	6576	162
聊城	Liaocheng	4000	5000	5200	179

8-33 城市液化石油气供气总量(辖区) 续表 2
Total Urban LPG Supplied (Districts under City) continued 2

单位：吨 (ton)

地名	City	2010	2012	2013	2013 排名 Ranking
滨州	Binzhou	9100	55000	52650	30
菏泽	Heze	278972	26950	28807	59
河南	**Henan**	**241602**	**234450**	**227208**	
郑州	Zhengzhou	65700	67200	63024	26
开封	Kaifeng	8075	7790	10248	118
洛阳	Luoyang	28005	22235	22123	71
平顶山	Pingdingshan	108			
安阳	Anyang	7657	7257	7206	150
鹤壁	Hebi	4830	1418	1418	247
新乡	Xinxiang	4970	2430	1200	253
焦作	Jiaozuo	3578	2690	2117	234
濮阳	Puyang				
许昌	Xuchang	8275	6763	6776	158
漯河	Luohe	10685	10505	9512	128
三门峡	Sanmenxia	2985	2410	2410	230
南阳	Nanyang	19219	21208	20605	74
商丘	Shangqiu	14530	14068	13901	95
信阳	Xinyang	10890	10772	10160	121
周口	Zhoukou	4100	4095	4000	199
驻马店	Zhumadian	3260	3270	3270	213
湖北	**Hubei**	**421507**	**386152**	**361641**	
武汉	Wuhan	215200	168563	175000	7
黄石	Huangshi	26326	26700	26926	62
十堰	Shiyan	18055	14057	9012	131
宜昌	Yichang	1664	9688	7821	140
襄阳	Xiangfan	20986	22513	13779	97
鄂州	Ezhou	7700	7300	7000	154
荆门	Jingmen	15657	16637	7645	143
孝感	Xiaogan	3191	10092	10098	122
荆州	Jingzhou	8200	7758	5034	184
黄冈	Huanggang	7699	5190	3750	206
咸宁	Xianning	6000	5500	5300	176
随州	Suizhou	9270	8470		
湖南	**Hunan**	**252906**	**201279**	**195167**	
长沙	Changsha	83000	19499	18500	81
株洲	Zhuzhou	10865	3600	3000	220
湘潭	Xiangtan	11000	8400	8600	134
衡阳	Hengyang	13500	18675	14500	94
邵阳	Shaoyang	3200	3542	3501	210
岳阳	Yueyang	8912	4202	3610	207

地名	City	2010	2012	2013	2013 排名 Ranking
常德	Changde	11605	12775	11792	105
张家界	Zhangjiajie	6650	11267	11000	113
益阳	Yiyang	9700	14600	15100	90
郴州	Chenzhou	14000	18771	18800	80
永州	Yongzhou	17165	17575	11500	108
怀化	Huaihua	18880	19200	21000	73
娄底	Loudi	3500	6050	6255	164
广东	**Guangdong**	**5055955**	**3872441**	**3889033**	
广州	Guangzhou	1087766	899250	994646	2
韶关	Shaoguan	40504	10742	10810	115
深圳	Shenzhen	1406466	1305709	1114252	1
珠海	Zhuhai	810000	160000	135000	11
汕头	Shantou	188300	188000	193000	6
佛山	Foshan	84638	67218	244224	5
江门	Jiangmen	80560	87498	77498	21
湛江	Zhanjiang	45000	40120	40100	39
茂名	Maoming	81404	33056	33124	50
肇庆	Zhaoqing	75737	62206	16070	86
惠州	Huizhou	72775	76862	84455	20
梅州	Meizhou	22134	22200	21253	72
汕尾	Shanwei	20400	20348	18235	83
河源	Heyuan	26697	36454	29011	57
阳江	Yangjiang	100003	83793	118252	15
清远	Qingyuan	26964	29488	32335	52
东莞	Dongguan	344762	312920	291648	4
中山	ZhongShan	43488	34095	34231	47
潮州	Chaozhou	212770	108005	75183	23
揭阳	Jieyang	27010	28250	70300	24
云浮	Yunfu	5249	6582	5234	177
广西	**Guangxi**	**303804**	**326110**	**309475**	
南宁	Nanning	86406	93000	90675	18
柳州	Liuzhou	54971	56116	52346	31
桂林	Guilin	22089	21896	19333	79
梧州	Wuzhou	7331	7475	6915	157
北海	Beihai	16500	18450	19902	77
防城港	Fangchenggang	10060	9400	9693	127
钦州	Qinzhou	8394	9162	9811	125
贵港	Guigang	8200	9856	11406	109
玉林	Yulin	29081	38445	35958	44
百色	Baise	5655	5684	5644	171

8-33 城市液化石油气供气总量(辖区) 续表 3
Total Urban LPG Supplied (Districts under City) continued 3

单位：吨 (ton)

地名	City	2010	2012	2013	2013 排名 Ranking
贺州	Hezhou	6000	6500	6630	161
河池	Hechi	5021	5038	5018	185
来宾	Laibin	7200	7476	7564	145
崇左	Chongzuo	2868	2986	3201	217
海南	**Hainan**	**63959**	**55344**	**91151**	
海口	Haikou	35710	22401	58500	28
三亚	Sanya	8624	11637	10093	123
重庆	**Chongqing**	**92807**	**93315**	**87922**	
四川	**Sichuan**	**191071**	**180447**	**183581**	
成都	Chengdu	121536	105079	110036	17
自贡	Zigong				
攀枝花	Panzhihua	5832	5755	5134	181
泸州	Luzhou	2161	2274	2297	232
德阳	Deyang	2185	4491	2604	226
绵阳	Mianyang	3340	3932	3610	207
广元	Guangyuan	2500	1735	1190	254
遂宁	Suining				
内江	Neijiang	9238	17800	19496	78
乐山	Leshan	120	121	120	268
南充	Nanchong	5350	5470	5810	170
眉山	Meishan	3110	2510	2259	233
宜宾	Yibin		353	550	262
广安	Guangan				
达州	Dazhou				
雅安	Yaan	303			
巴中	Bazhong	700	590	500	264
资阳	Ziyang	3010	3498	3487	211
贵州	**Guizhou**	**63772**	**66101**	**71027**	
贵阳	Guiyang	36000	36000	38000	41
六盘水	Liupanshui		485	485	265
遵义	Zunyi	10170	10090	10192	120
安顺	Anshun	3750	3883	4002	198
毕节	Bijie	480	1582	1643	242
铜仁	Tongren	1885	1905	2005	237
云南	**Yunnan**	**166108**	**174936**	**196004**	
昆明	Kunming	124203	133319	153575	9
曲靖	Qujing	8543	4680	4680	189
玉溪	Yuxi	5490	6694	6980	156
保山	Baoshan	1797	1913	1950	238
昭通	Zhaotong	810	700	560	261
丽江	Lijiang	3100	2991	2996	221
普洱	Puer	1400	1581	1858	241
临沧	Lincang	1902	3702	3986	201
西藏	**Tibet**	**5521**	**25918**	**20394**	
拉萨	Lhasa	5373	22658	15733	87
陕西	**Shaanxi**	**43381**	**31516**	**32732**	
西安	Xi'an	8110		2031	236
铜川	Tongchuan	3950	1288	1327	250
宝鸡	Baoji	715	1587	831	258
咸阳	Xianyang	11100	11100	11136	112
渭南	Weinan	4554	2402	2583	228
延安	Yan'an	5830	6055	5962	169
汉中	Hanzhong	3900	3880	3880	203
榆林	Yulin				
安康	Ankang	2121	2600	3100	219
商洛	Shangluo	1037	634	634	259
甘肃	**Gansu**	**185523**	**151392**	**73971**	
兰州	Lanzhou	101377	101250	26230	63
嘉峪关	Jiayuguan	40	42	42	270
金昌	Jinchang	980	500	450	266
白银	Baiyin	900	1900	1880	240
天水	Tianshui	9015	6705	7083	151
武威	Wuwei	3370	3360	3360	212
张掖	Zhangye	4450	4260	4140	194
平凉	Pingliang	2449	3160	3259	214
酒泉	Jiuquan	15430	15000	15000	92
庆阳	Qingyang	7785	8218	8245	137
定西	Dingxi	601	602	624	260
陇南	Longnan	567	1008	913	256
青海	**Qinghai**	**7142**	**6834**	**5366**	
西宁	Xining	5146	4448	4129	195
宁夏	**Ningxia**	**14984**	**17086**	**18444**	
银川	Yinchuan	7684	11084	12321	102
石嘴山	Shizuishan	425	278	259	267
吴忠	Wuzhong	2676	2011	1503	246
固原	Guyuan	1472	1208	1208	252
中卫	Zhongwei	1116	931	1520	245
新疆	**Xinjiang**	**79617**	**73123**	**64973**	
乌鲁木齐	Urumqi	19620	26625	27340	61
克拉玛依	Karamay	22250	16525	10220	119

8-34 城市燃气普及率(辖区)
Urban Gas Coverage Rate (Districts under City)

单位：% (%)

地名	City	2010	2012	2013	2013 排名 Ranking	地名	City	2010	2012	2013	2013 排名 Ranking
全国	**Nation Total**	**92.04**	**93.15**	**94.25**		沈阳	Shenyang	100.00	100.00	100.00	1
北京	**Beijing**	**100.00**	**100.00**	**100.00**		大连	Dalian	99.98	99.98	99.98	50
天津	**Tianjin**	**100.00**	**100.00**	**100.00**		鞍山	Anshan	97.57	98.53	100.00	1
河北	**Hebei**	**99.07**	**99.79**	**98.35**		抚顺	Fushun	95.78	97.60	97.60	135
石家庄	Shijiazhuang	100.00	100.00	100.00	1	本溪	Benxi	85.27	91.77	93.40	186
唐山	Tangshan	100.00	100.00	100.00	1	丹东	Dandong	94.59	97.50	97.99	129
秦皇岛	Qinhuangdao	100.00	100.00	100.00	1	锦州	Jinzhou	98.63	98.65	99.09	97
邯郸	Handan	100.00	100.00	100.00	1	营口	Yingkou	95.38	98.42	94.02	180
邢台	Xingtai	99.06	99.22	100.00	1	阜新	Fuxin	71.90	73.62	75.01	250
保定	Baoding	99.52	99.22	83.95	233	辽阳	Liaoyang	89.49	95.08	98.02	124
张家口	Zhangjiakou	86.40	99.40	99.41	84	盘锦	Panjin	100.00	100.00	100.00	1
承德	Chengde	99.36	99.85	99.87	60	铁岭	Tieling	97.39	97.28	97.36	138
沧州	Cangzhou	100.00	100.00	100.00	1	朝阳	Chaoyang	92.67	94.53	94.69	175
廊坊	Langfang	100.00	100.00	99.98	50	葫芦岛	Huludao	90.40	98.19	98.40	112
衡水	Hengshui	99.47	99.53	99.73	68	吉林	**Jilin**	**85.64**	**89.46**	**91.43**	
山西	**Shanxi**	**89.94**	**95.18**	**96.10**		长春	Changchun	98.00	98.08	98.40	112
太原	Taiyuan	98.64	99.00	99.00	99	吉林	Jilin	95.55	96.30	97.00	142
大同	Datong	86.79	98.00	98.60	110	四平	Siping	81.09	93.18	98.15	120
阳泉	Yangquan	91.66	93.02	93.16	188	辽源	Liaoyuan	70.28	78.81	80.78	244
长治	Changzhi	83.00	84.50	89.00	215	通化	Tonghua	78.98	79.07	91.56	201
晋城	Jincheng	99.79	99.19	99.31	90	白山	Baishan	78.89	75.64	80.85	243
朔州	Shuozhou	89.01	92.64	93.25	187	松原	Songyuan	93.83	94.05	96.29	151
晋中	Jinzhong	96.99	98.00	98.00	126	白城	Baicheng	82.59	81.86	83.27	236
运城	Yuncheng	97.67	98.86	98.86	103	黑龙江	**Heilongjiang**	**84.67**	**83.39**	**85.58**	
忻州	Xinzhou	95.00	96.32	91.13	202	哈尔滨	Harbin	97.57	100.00	100.00	1
临汾	Linfen	89.66	97.93	99.19	93	齐齐哈尔	Qiqihar	95.30	96.62	96.97	144
吕梁	Luliang	86.71	93.61	93.61	182	鸡西	Jixi	78.08	82.45	84.17	232
内蒙古	**Inner Mongolia**	**79.26**	**84.39**	**87.93**		鹤岗	Hegang	48.74	47.84	63.36	265
呼和浩特	Hohhot	92.40	94.01	92.60	195	双鸭山	Shuangyashan	85.21	50.21	52.68	274
包头	Baotou	94.66	95.74	95.93	155	大庆	Daqing	97.71	99.79	99.87	60
乌海	Wuhai	68.45	79.16	67.63	259	伊春	Yichun	74.32	35.60	35.87	280
赤峰	Chifeng	94.97	95.90	96.15	152	佳木斯	Jiamusi	72.97	79.01	85.93	226
通辽	Tongliao	87.73	92.47	92.60	195	七台河	Qitaihe	86.90	67.00	70.57	255
鄂尔多斯	Erdos	70.33	81.69	82.11	240	牡丹江	Mudanjiang	85.85	90.04	88.35	221
呼伦贝尔	Hulunbuir	66.02	82.28	85.16	228	黑河	Heihe	70.92	79.50	90.04	209
巴彦淖尔	Bayannur	71.07	84.84	88.63	219	绥化	Suihua	57.78	56.88	61.14	267
乌兰察布	Ulanqab	52.80	51.98	84.98	230	上海	**Shanghai**	**100.00**	**100.00**	**100.00**	
辽宁	**Liaoning**	**94.19**	**96.02**	**96.15**		江苏	**Jiangsu**	**99.12**	**99.43**	**99.59**	

8-34 城市燃气普及率(辖区) 续表 1
Urban Gas Coverage Rate (Districts under City) continued 1

单位：% (%)

地名	City	2010	2012	2013	2013 排名 Ranking	地名	City	2010	2012	2013	2013 排名 Ranking
南京	Nanjing	99.50	99.65	99.22	91	池州	Chizhou	89.66	98.48	99.14	96
无锡	Wuxi	99.60	99.80	100.00	1	宣城	Xuancheng	83.61	91.11	96.89	145
徐州	Xuzhou	99.04	99.30	99.53	79	**福建**	**Fujian**	**98.92**	**98.60**	**98.85**	
常州	Changzhou	99.00	99.70	100.00	1	福州	Fuzhou	99.61	99.50	99.52	80
苏州	Suzhou	100.00	100.00	100.00	1	厦门	Xiamen	100.00	100.00	100.00	1
南通	Nantong	100.00	100.00	100.00	1	莆田	Putian	97.99	98.75	99.03	98
连云港	Lianyungang	99.73	96.29	95.91	156	三明	Sanming	96.99	99.57	99.60	73
淮安	Huaian	96.96	100.00	100.00	1	泉州	Quanzhou	99.11	96.80	97.00	142
盐城	Yancheng	99.43	99.51	99.40	86	漳州	Zhangzhou	98.12	98.41	98.74	108
扬州	Yangzhou	97.01	99.53	99.63	71	南平	Nanping	98.59	97.66	99.43	83
镇江	Zhenjiang	100.00	100.00	100.00	1	龙岩	Longyan	95.66	98.76	98.78	106
泰州	Taizhou	97.96	99.29	99.50	81	宁德	Ningde	98.83	98.89	98.96	100
宿迁	Suqian	93.04	99.82	99.90	54	**江西**	**Jiangxi**	**92.36**	**94.40**	**95.10**	
浙江	**Zhejiang**	**99.07**	**99.49**	**99.80**		南昌	Nanchang	94.00	94.70	94.78	174
杭州	Hangzhou	100.00	100.00	100.00	1	景德镇	Jingdezhen	96.75	96.30	98.34	116
宁波	Ningbo	100.00	100.00	100.00	1	萍乡	Pingxiang	94.68	95.12	100.00	1
温州	Wenzhou	96.00	98.16	99.90	54	九江	Jiujiang	97.30	99.23	99.39	89
嘉兴	Jiaxing	98.70	100.00	100.00	1	新余	Xinyu	98.82	99.38	99.41	84
湖州	Huzhou	99.52	100.00	100.00	1	鹰潭	Yingtan	56.53	93.21	94.20	178
绍兴	Shaoxing	99.62	99.70	99.89	56	赣州	Ganzhou	97.36	97.35	97.67	134
金华	Jinhua	99.52	100.00	100.00	1	吉安	Jian	91.17	96.59	97.22	141
衢州	Quzhou	95.02	96.99	98.00	126	宜春	Yichun	95.03	95.04	95.07	167
舟山	Zhoushan	98.77	98.95	98.94	101	抚州	Fuzhou	99.09	99.08	99.62	72
台州	Taizhou	99.02	100.00	100.00	1	上饶	Shangrao	91.33	95.32	95.41	161
丽水	Lishui	100.00	100.00	100.00	1	**山东**	**Shandong**	**99.30**	**99.48**	**99.58**	
安徽	**Anhui**	**90.52**	**94.61**	**96.14**		济南	Jinan	100.00	100.00	100.00	1
合肥	Hefei	97.77	98.29	98.31	117	青岛	Qingdao	100.00	100.00	100.00	1
芜湖	Wuhu	100.00	100.00	100.00	1	淄博	Zibo	100.00	100.00	100.00	1
蚌埠	Bengbu	89.94	100.00	100.00	1	枣庄	Zaozhuang	99.28	99.40	99.40	86
淮南	Huainan	90.18	92.82	94.83	173	东营	Dongying	95.48	98.35	99.80	66
马鞍山	Maanshan	100.00	100.00	100.00	1	烟台	Yantai	99.79	99.82	100.00	1
淮北	Huaibei	92.07	97.99	98.15	120	潍坊	Weifang	99.90	100.00	100.00	1
铜陵	Tongling	98.99	99.91	100.00	1	济宁	Jining	99.38	96.60	96.84	146
安庆	Anqing	91.19	90.50	94.07	179	泰安	Taian	100.00	99.81	100.00	1
黄山	Huangshan	98.90	97.00	98.03	123	威海	Weihai	99.83	100.00	100.00	1
滁州	Chuzhou	99.60	99.67	99.82	65	日照	Rizhao	99.09	99.40	99.40	86
阜阳	Fuyang	67.24	80.13	87.42	223	莱芜	Laiwu	99.68	99.86	99.88	57
宿州	Suzhou	89.25	94.00	95.14	164	临沂	Linyi	99.67	99.63	99.66	70
六安	Liuan	79.85	89.72	97.79	132	德州	Dezhou	99.95	100.00	100.00	1
亳州	Bozhou	87.01	89.96	89.97	210	聊城	Liaocheng	91.70	98.92	99.58	77

8-34 城市燃气普及率(辖区) 续表 2
Urban Gas Coverage Rate (Districts under City) continued 2

单位：% (%)

地名	City	2010	2012	2013	2013 排名 Ranking	地名	City	2010	2012	2013	2013 排名 Ranking
滨州	Binzhou	100.00	100.00	100.00	1	常德	Changde	98.20	96.99	95.80	157
菏泽	Heze	99.93	99.70	99.69	69	张家界	Zhangjiajie	95.16	84.84	85.66	227
河南	**Henan**	**73.43**	**77.94**	**81.98**		益阳	Yiyang	81.13	88.33	92.19	197
郑州	Zhengzhou	88.54	90.06	90.07	208	郴州	Chenzhou	85.00	97.53	96.60	150
开封	Kaifeng	82.84	83.10	91.05	203	永州	Yongzhou	83.25	86.54	89.34	212
洛阳	Luoyang	36.34	46.93	73.11	253	怀化	Huaihua	75.02	97.74	88.45	220
平顶山	Pingdingshan	77.69	84.39	86.14	224	娄底	Loudi	94.40	93.39	95.05	169
安阳	Anyang	97.49	97.70	98.01	125	**广东**	**Guangdong**	**95.75**	**94.93**	**96.89**	
鹤壁	Hebi	79.97	83.57	87.92	222	广州	Guangzhou	99.21	99.45	99.60	73
新乡	Xinxiang	96.18	97.72	97.86	131	韶关	Shaoguan	86.51	90.53	93.59	183
焦作	Jiaozuo	90.98	91.15	92.03	200	深圳	Shenzhen	96.04	91.60	100.00	1
濮阳	Puyang	86.70	86.58	89.03	213	珠海	Zhuhai	99.64	97.66	99.56	78
许昌	Xuchang	88.94	88.46	88.64	218	汕头	Shantou	96.87	97.80	98.00	126
漯河	Luohe	92.60	86.85	82.08	241	佛山	Foshan	98.49	93.07	99.85	62
三门峡	Sanmenxia	52.80	85.98	88.66	217	江门	Jiangmen	97.46	98.41	98.43	111
南阳	Nanyang	69.15	69.94	67.90	258	湛江	Zhanjiang	98.86	99.16	99.17	95
商丘	Shangqiu	57.82	68.35	74.63	252	茂名	Maoming	94.53	99.92	99.18	94
信阳	Xinyang	92.09	93.89	97.46	136	肇庆	Zhaoqing	95.76	95.69	98.75	107
周口	Zhoukou	74.30	76.94	82.88	238	惠州	Huizhou	95.18	93.54	94.86	172
驻马店	Zhumadian	57.04	59.27	59.53	268	梅州	Meizhou	92.08	92.79	93.08	189
湖北	**Hubei**	**91.75**	**95.09**	**95.09**		汕尾	Shanwei	95.35	96.77	93.44	185
武汉	Wuhan	92.73	99.02	99.76	67	河源	Heyuan	100.00	100.00	100.00	1
黄石	Huangshi	98.63	98.68	98.72	109	阳江	Yangjiang	99.73	93.77	95.20	163
十堰	Shiyan	93.93	90.51	95.71	159	清远	Qingyuan	98.45	99.88	98.37	114
宜昌	Yichang	92.79	92.85	92.86	193	东莞	Dongguan	97.22	97.62	97.93	130
襄阳	Xiangfan	96.98	99.28	99.83	63	中山	ZhongShan	100.00	99.80	100.00	1
鄂州	Ezhou	89.64	93.18	94.49	176	潮州	Chaozhou	100.00	100.00	100.00	1
荆门	Jingmen	100.00	100.00	100.00	1	揭阳	Jieyang	89.40	91.00	80.98	242
孝感	Xiaogan	90.15	92.96	93.55	184	云浮	Yunfu	90.08	92.66	95.10	166
荆州	Jingzhou	91.02	94.22	96.00	153	**广西**	**Guangxi**	**92.35**	**93.26**	**93.58**	
黄冈	Huanggang	95.78	95.02	99.60	73	南宁	Nanning	99.26	100.00	99.96	52
咸宁	Xianning	89.55	99.60	90.54	206	柳州	Liuzhou	95.00	94.30	94.43	177
随州	Suizhou	90.85	90.55	89.43	211	桂林	Guilin	91.97	100.00	99.88	57
湖南	**Hunan**	**86.50**	**91.33**	**91.93**		梧州	Wuzhou	99.07	93.34	98.09	122
长沙	Changsha	98.96	99.92	99.20	92	北海	Beihai	99.71	99.86	99.88	57
株洲	Zhuzhou	95.01	98.82	98.82	105	防城港	Fangchenggang	89.67	93.49	92.92	191
湘潭	Xiangtan	95.47	97.34	97.39	137	钦州	Qinzhou	94.46	95.50	96.66	149
衡阳	Hengyang	97.00	95.11	96.83	147	贵港	Guigang	75.04	95.29	100.00	1
邵阳	Shaoyang	73.06	59.20	85.02	229	玉林	Yulin	98.22	98.86	98.87	102
岳阳	Yueyang	94.44	98.95	98.18	119	百色	Baise	54.01	49.55	50.28	276

8-34 城市燃气普及率(辖区) 续表 3
Urban Gas Coverage Rate (Districts under City) continued 3

单位：% (%)

地名	City	2010	2012	2013	2013 排名 Ranking	地名	City	2010	2012	2013	2013 排名 Ranking
贺州	Hezhou	95.04	59.35	61.60	266	丽江	Lijiang	95.51	90.97	90.98	204
河池	Hechi	79.47	80.40	80.66	245	普洱	Puer	53.67	76.19	76.22	249
来宾	Laibin	87.46	90.00	90.88	205	临沧	Lincang	35.84	64.94	66.83	260
崇左	Chongzuo	91.95	83.20	66.27	262	**西藏**	**Tibet**	**79.83**	**29.79**	**38.62**	
海南	**Hainan**	**82.44**	**92.15**	**94.59**		拉萨	Lhasa	89.30	22.65	26.67	284
海口	Haikou	99.02	95.75	95.47	160	**陕西**	**Shaanxi**	**90.39**	**94.11**	**93.75**	
三亚	Sanya	81.05	99.26	98.21	118	西安	Xi'an	99.32	100.00	100.00	1
重庆	**Chongqing**	**92.02**	**93.32**	**93.09**		铜川	Tongchuan	73.38	74.04	74.99	251
四川	**Sichuan**	**84.39**	**87.96**	**89.68**		宝鸡	Baoji	98.56	98.75	98.84	104
成都	Chengdu	94.42	96.95	97.29	140	咸阳	Xianyang	96.48	96.13	92.74	194
自贡	Zigong	73.03	77.42	85.94	225	渭南	Weinan	86.70	83.40	84.73	231
攀枝花	Panzhihua	87.21	96.55	98.37	114	延安	Yan'an	93.99	94.02	95.00	170
泸州	Luzhou	79.68	83.21	83.64	235	汉中	Hanzhong	67.64	90.93	97.71	133
德阳	Deyang	85.84	91.02	95.39	162	榆林	Yulin	77.14	90.79	92.11	199
绵阳	Mianyang	98.18	99.18	99.50	81	安康	Ankang	59.56	88.64	58.83	270
广元	Guangyuan	78.71	87.62	83.68	234	商洛	Shangluo	77.82	90.54	92.99	190
遂宁	Suining	73.79	79.46	80.39	246	**甘肃**	**Gansu**	**74.29**	**77.81**	**80.22**	
内江	Neijiang	72.48	84.05	78.00	248	兰州	Lanzhou	90.37	88.71	90.10	207
乐山	Leshan	81.32	91.73	93.98	181	嘉峪关	Jiayuguan	100.00	100.00	100.00	1
南充	Nanchong	95.60	96.31	96.70	148	金昌	Jinchang	49.86	59.53	65.04	264
眉山	Meishan	99.84	98.83	97.36	138	白银	Baiyin	62.38	70.25	78.62	247
宜宾	Yibin	90.14	93.22	92.89	192	天水	Tianshui	57.36	63.28	66.29	261
广安	Guangan	74.43	99.31	99.59	76	武威	Wuwei	52.16	51.89	56.66	272
达州	Dazhou	93.24	57.33	68.22	256	张掖	Zhangye	98.49	100.00	100.00	1
雅安	Yaan	58.62	81.00	95.94	154	平凉	Pingliang	57.38	66.38	71.55	254
巴中	Bazhong	92.47	87.89	92.14	198	酒泉	Jiuquan	99.42	99.68	100.00	1
资阳	Ziyang	82.48	85.47	89.02	214	庆阳	Qingyang	76.37	82.08	83.09	237
贵州	**Guizhou**	**69.72**	**71.35**	**74.86**		定西	Dingxi	43.96	55.88	59.02	269
贵阳	Guiyang	95.57	93.08	94.98	171	陇南	Longnan	25.92	46.52	48.85	277
六盘水	Liupanshui	79.29	89.26	95.13	165	**青海**	**Qinghai**	**90.79**	**92.65**	**84.76**	
遵义	Zunyi	74.52	62.20	67.98	257	西宁	Xining	93.71	94.99	95.06	168
安顺	Anshun	22.54	44.11	46.75	278	**宁夏**	**Ningxia**	**88.01**	**79.67**	**89.08**	
毕节	Bijie	14.53	47.83	41.27	279	银川	Yinchuan	98.28	81.86	99.94	53
铜仁	Tongren	34.78	26.28	27.04	283	石嘴山	Shizuishan	99.29	93.02	95.75	158
云南	**Yunnan**	**76.40**	**66.46**	**71.53**		吴忠	Wuzhong	84.37	81.47	82.44	239
昆明	Kunming	95.97	78.95	88.83	216	固原	Guyuan	67.53	53.38	54.41	273
曲靖	Qujing	80.90	24.15	28.97	282	中卫	Zhongwei	38.82	56.12	57.70	271
玉溪	Yuxi	86.48	55.32	31.33	281	**新疆**	**Xinjiang**	**95.80**	**96.60**	**96.37**	
保山	Baoshan	43.30	42.31	50.90	275	乌鲁木齐	Urumqi	99.60	99.83	99.83	63
昭通	Zhaotong	59.71	65.40	65.86	263	克拉玛依	Karamay	100.00	100.00	100.00	1

8-35 城市集中供热面积(辖区)
Urban Central Heated Area (Districts under City)

单位：万立方米 (10 000 m³)

地名	City	2010	2012	2013	2013 排名 Ranking
全国	**Nation Total**	**435668**	**518368**	**571677**	
北京	**Beijing**	**46715**	**52555**	**54591**	
天津	**Tianjin**	**24034**	**30000**	**32897**	
河北	**Hebei**	**38683**	**44670**	**50220**	
石家庄	Shijiazhuang	8031	12251	13394	5
唐山	Tangshan	4503	5332	5792	18
秦皇岛	Qinhuangdao	3326	3794	3975	25
邯郸	Handan	2884	3345	3564	30
邢台	Xingtai	1960	2110	2110	53
保定	Baoding	3239	1430	3110	35
张家口	Zhangjiakou	2260	2293	2293	50
承德	Chengde	1355	1663	1792	65
沧州	Cangzhou	1398	1590	1828	62
廊坊	Langfang	1537	1745	1992	58
衡水	Hengshui	670	940	1010	95
山西	**Shanxi**	**28739**	**36056**	**39826**	
太原	Taiyuan	7483	9650	11058	7
大同	Datong	4934	6370	6412	16
阳泉	Yangquan	1829	2284	2418	47
长治	Changzhi	2555	2665	2730	43
晋城	Jincheng	1032	1786	2020	55
朔州	Shuozhou	1004	1928	2386	48
晋中	Jinzhong	1760	2311	2677	44
运城	Yuncheng	1241	1260	1811	63
忻州	Xinzhou	800	924	903	99
临汾	Linfen	1540	1701	1772	66
吕梁	Luliang	850	1000	1050	94
内蒙古	**Inner Mongolia**	**25340**	**32921**	**39020**	
呼和浩特	Hohhot	6469	7900	8772	11
包头	Baotou	5256	5874	6965	13
乌海	Wuhai	1275	1300	1841	61
赤峰	Chifeng	2296	3351	3580	29
通辽	Tongliao	1399	2140	2249	51
鄂尔多斯	Erdos	2363	3928	5237	20
呼伦贝尔	Hulunbuir	902	1141	1267	87
巴彦淖尔	Bayannur	1020	1253	1410	83
乌兰察布	Ulanqab	703	963	1381	85
辽宁	**Liaoning**	**74526**	**87108**	**92109**	
沈阳	Shenyang	22500	24200	25900	1
大连	Dalian	15496	18383	19120	2
鞍山	Anshan	4500	5336	5673	19
抚顺	Fushun	3380	3850	4464	22
本溪	Benxi	2053	2709	2748	42
丹东	Dandong	2104	2528	2905	38
锦州	Jinzhou	2904	3251	3302	32
营口	Yingkou	1875	2557	2557	45
阜新	Fuxin	2314	2738	3088	36
辽阳	Liaoyang	2261	2656	2835	41
盘锦	Panjin	2419	3418	2865	40
铁岭	Tieling	1489	1833	2101	54
朝阳	Chaoyang	2060	2210	2300	49
葫芦岛	Huludao	1772	1905	1905	59
吉林	**Jilin**	**31718**	**38296**	**42823**	
长春	Changchun	12166	13306	15832	4
吉林	Jilin	4231	5605	6011	17
四平	Siping	984	1486	1634	69
辽源	Liaoyuan	1121	1329	1478	78
通化	Tonghua	1280	1450	1550	73
白山	Baishan	761	1373	1411	82
松原	Songyuan		1232	1538	75
白城	Baicheng	1162	1225	1255	88
黑龙江	**Heilongjiang**	**37513**	**48336**	**53804**	
哈尔滨	Harbin	13058	17555	19055	3
齐齐哈尔	Qiqihar	3187	3528	3678	28
鸡西	Jixi	910	1458	1569	71
鹤岗	Hegang	1143	1390	1665	67
双鸭山	Shuangyashan	650	1264	1662	68
大庆	Daqing	6050	6900	8252	12
伊春	Yichun	1200	1650	1866	60
佳木斯	Jiamusi	2300	2500	2550	46
七台河	Qitaihe	870	1137	1353	86
牡丹江	Mudanjiang	2413	2685	2994	37
黑河	Heihe	652	818	843	102
绥化	Suihua	804	1094	1211	89
江苏	**Jiangsu**	**9946**			
南京	Nanjing	8			
徐州	Xuzhou	1201			
南通	Nantong	9			
连云港	Lianyungang	224			
扬州	Yangzhou	8330			
浙江	**Zhejiang**	**3992**	**8575**	**7710**	
杭州	Hangzhou	55			

8-35 城市集中供热面积(辖区) 续表 1
Urban Central Heated Area (Districts under City) continued 1

单位：万立方米 (10 000 m³)

地名	City	2010	2012	2013	2013 排名 Ranking	地名	City	2010	2012	2013	2013 排名 Ranking
宁波	Ningbo	122	4365	4365	23	漯河	Luohe	28	1152	152	126
湖州	Huzhou	164				三门峡	Sanmenxia	330	465	520	114
绍兴	Shaoxing	1240	1417	2202	52	南阳	Nanyang	346	365	421	120
金华	Jinhua	109	109	109	129	商丘	Shangqiu	117	300	310	123
台州	Taizhou	28				驻马店	Zhumadian	120	126	151	127
安徽	**Anhui**	**2464**	**2966**	**2329**		**湖北**	**Hubei**	**978**	**1682**	**1745**	
合肥	Hefei	2300	2620	2000	57	黄石	Huangshi		11	30	131
淮南	Huainan	60	219	205	124	十堰	Shiyan	591	808	848	101
淮北	Huaibei	79	83	79	130	襄阳	Xiangfan	353	368	368	122
安庆	Anqing	1	4	4	135	**四川**	**Sichuan**	**14**			
滁州	Chuzhou	16	16	16	133	绵阳	Mianyang	14			
阜阳	Fuyang	2	2	2	136	**陕西**	**Shaanxi**	**9263**	**12308**	**15963**	
宿州	Suzhou	6	18	19	132	西安	Xi'an	5994	8217	10579	8
山东	**Shandong**	**54710**	**67423**	**75721**		宝鸡	Baoji	1799	1985	2018	56
济南	Jinan	6283	8262	8896	10	咸阳	Xianyang	559	718	1100	92
青岛	Qingdao	7225	10503	11224	6	渭南	Weinan	120	185	197	125
淄博	Zibo	3824	3625	4599	21	延安	Yan'an	336	410	494	117
枣庄	Zaozhuang	1095	1225	1382	84	榆林	Yulin	427	780	1532	76
东营	Dongying	2721	2978	3299	33	**甘肃**	**Gansu**	**10544**	**12943**	**15437**	
烟台	Yantai	5520	6781	6884	14	兰州	Lanzhou	4212	4511	6621	15
潍坊	Weifang	2744	2913	3841	26	嘉峪关	Jiayuguan	928	1076	1180	90
济宁	Jining	1615	2252	2870	39	金昌	Jinchang	452	702	762	105
泰安	Taian	1550	1550	1550	73	白银	Baiyin	969	1199	1482	77
威海	Weihai	2453	2985	3197	34	天水	Tianshui	420	565	653	109
日照	Rizhao	1147	1390	1420	81	武威	Wuwei	833	900	480	119
莱芜	Laiwu	1107	1129	1152	91	张掖	Zhangye	300	440	500	116
临沂	Linyi	1657	2256	3316	31	平凉	Pingliang	490	715	720	106
德州	Dezhou	980	1500	1556	72	酒泉	Jiuquan	640	930	985	96
聊城	Liaocheng	931	1208	1632	70	庆阳	Qingyang	267	396	406	121
滨州	Binzhou	576	946	1094	93	定西	Dingxi	182	496	582	111
菏泽	Heze	412	565	590	110	陇南	Longnan		13	14	134
河南	**Henan**	**10738**	**13006**	**15152**		**青海**	**Qinghai**	**208**	**304**	**451**	
郑州	Zhengzhou	2261	3349	3815	27	西宁	Xining	34	130	133	128
开封	Kaifeng	500	565	565	112	**宁夏**	**Ningxia**	**6380**	**7373**	**8236**	
洛阳	Luoyang	1640	810	1450	79	银川	Yinchuan	3452	3914	4093	24
平顶山	Pingdingshan	520	865	679	108	石嘴山	Shizuishan	1131	1307	1436	80
安阳	Anyang	920	721	942	98	吴忠	Wuzhong	717	778	782	103
鹤壁	Hebi	361	442	482	118	固原	Guyuan	225	399	870	100
新乡	Xinxiang	280	425	542	113	中卫	Zhongwei	390	470	520	114
焦作	Jiaozuo	652	779	946	97	**新疆**	**Xinjiang**	**19162**	**21844**	**23452**	
濮阳	Puyang	620	631	692	107	乌鲁木齐	Urumqi	8723	9151	9023	9
许昌	Xuchang	710	710	765	104	克拉玛依	Karamay	1560	1762	1804	64

8-36 城市轨道交通路线长度(辖区)
Length of Lines of Urban Rail Transit System (Districts under City)

单位：公里 (km)

地名	City	2010	2012	2013	2013 排名 Ranking
全国	**All Nation**	**1428.87**	**2008.53**	**2213.28**	
北京	**Beijing**	**336.00**	**442.00**	**453.00**	
天津	**Tianjin**	**79.40**	**138.56**	**142.66**	
辽宁	**Liaoning**	**114.67**	**136.69**	**136.69**	
沈阳	Shenyang	27.90	49.92	49.92	7
大连	Dalian	86.77	86.77	86.77	3
吉林	**Jilin**	**31.96**	**31.96**	**47.17**	
长春	Changchun	31.96	31.96	47.17	8
上海	**Shanghai**	**450.44**	**461.80**	**548.18**	
江苏	**Jiangsu**	**83.46**	**110.36**	**143.05**	
南京	Nanjing	83.46	84.62	84.75	4
苏州	Suzhou		25.74	52.30	6
湖北	**Hubei**	**28.68**	**28.68**	**54.38**	
武汉	Wuhan	28.68	28.68	54.38	5
广东	**Guangdong**	**286.84**	**484.49**	**452.04**	
广州	Guangzhou	235.04	235.67	241.02	1
深圳	Shenzhen	37.00	178.86	178.86	2
佛山	Foshan	14.80	32.16	32.16	10
东莞	Dongguan		37.80		
重庆	**Chongqing**	**17.42**	**130.57**	**169.51**	
四川	**Sichuan**		**22.40**	**41.30**	
成都	Chengdu		22.40	41.30	9
云南	**Yunnan**		**18.02**		
昆明	Kunming		18.02		

8-37 城市道路长度(辖区)
Length of Urban Roads (Districts under City)

单位：公里 (km)

地名	City	2010	2012	2013	2013 排名 Ranking	地名	City	2010	2012	2013	2013 排名 Ranking
全国	**Nation Total**	**294443**	**327081**	**336304**		沈阳	Shenyang	2895	3138	3527	9
北京	**Beijing**	**6355**	**7894**	**7931**		大连	Dalian	2899	2942	3025	12
天津	**Tianjin**	**5439**	**6462**	**6933**		鞍山	Anshan	552	589	622	110
河北	**Hebei**	**11639**	**12419**	**12632**		抚顺	Fushun	746	831	854	75
石家庄	Shijiazhuang	1475	1557	1598	33	本溪	Benxi	794	728	734	95
唐山	Tangshan	1577	1596	1599	32	丹东	Dandong	462	499	499	135
秦皇岛	Qinhuangdao	698	730	736	94	锦州	Jinzhou	513	535	548	122
邯郸	Handan	1138	1221	1086	63	营口	Yingkou	536	546	547	123
邢台	Xingtai	510	530	492	137	阜新	Fuxin	339	345	347	184
保定	Baoding	674	702	970	68	辽阳	Liaoyang	858	990	1065	65
张家口	Zhangjiakou	474	523	534	129	盘锦	Panjin	483	468	468	145
承德	Chengde	500	514	524	131	铁岭	Tieling	320	330	330	194
沧州	Cangzhou	307	361	362	177	朝阳	Chaoyang	253	257	268	221
廊坊	Langfang	450	472	472	143	葫芦岛	Huludao	321	385	400	166
衡水	Hengshui	343	357	360	178	吉林	**Jilin**	**8543**	**8056**	**8388**	
山西	**Shanxi**	**5733**	**6382**	**6649**		长春	Changchun	3659	2850	3009	13
太原	Taiyuan	1780	1870	1980	25	吉林	Jilin	1030	990	1000	66
大同	Datong	761	896	921	70	四平	Siping	234	353	353	180
阳泉	Yangquan	430	434	435	153	辽源	Liaoyuan	312	207	215	237
长治	Changzhi	362	376	381	169	通化	Tonghua	218	289	292	210
晋城	Jincheng	165	205	210	241	白山	Baishan	276	318	321	198
朔州	Shuozhou	169	227	236	229	松原	Songyuan	187	197	210	241
晋中	Jinzhong	235	272	306	203	白城	Baicheng	195	198	198	244
运城	Yuncheng	178	211	211	239	黑龙江	**Heilongjiang**	**10091**	**11128**	**12102**	
忻州	Xinzhou	134	171	191	248	哈尔滨	Harbin	1427	1974	2761	14
临汾	Linfen	216	229	232	230	齐齐哈尔	Qiqihar	528	534	537	128
吕梁	Luliang	120	133	146	268	鸡西	Jixi	363	368	396	167
内蒙古	**Inner Mongolia**	**6447**	**7299**	**8223**		鹤岗	Hegang	322	350	380	172
呼和浩特	Hohhot	720	770	905	72	双鸭山	Shuangyashan	361	373	381	169
包头	Baotou	1304	1356	1411	44	大庆	Daqing	2276	2482	2482	17
乌海	Wuhai	480	556	556	119	伊春	Yichun	789	813	840	78
赤峰	Chifeng	379	457	597	115	佳木斯	Jiamusi	291	308	311	201
通辽	Tongliao	379	418	485	138	七台河	Qitaihe	528	531	531	130
鄂尔多斯	Erdos	867	1052	1188	53	牡丹江	Mudanjiang	762	762	805	86
呼伦贝尔	Hulunbuir	215	296	352	181	黑河	Heihe	81	82	82	281
巴彦淖尔	Bayannur	372	400	542	126	绥化	Suihua	172	174	185	250
乌兰察布	Ulanqab	263	306	373	176	上海	**Shanghai**	**4713**	**4775**	**4865**	
辽宁	**Liaoning**	**14238**	**15513**	**16244**		江苏	**Jiangsu**	**31899**	**34966**	**36975**	

8-37 城市道路长度(辖区） 续表 1
Length of Urban Roads (Districts under City) continued 1

单位：公里 (km)

地名	City	2010	2012	2013	2013 排名 Ranking	地名	City	2010	2012	2013	2013 排名 Ranking
南京	Nanjing	5599	6615	7142	1	池州	Chizhou	364	408	416	159
无锡	Wuxi	4609	3306	3358	10	宣城	Xuancheng	243	317	341	187
徐州	Xuzhou	1600	2110	2600	16	**福建**	**Fujian**	**6756**	**8210**	**7808**	
常州	Changzhou	1753	1892	1956	26	福州	Fuzhou	1101	1171	1181	54
苏州	Suzhou	2904	3571	3677	8	厦门	Xiamen	1213	1976	1777	29
南通	Nantong	981	1680	1853	28	莆田	Putian	669	692	702	99
连云港	Lianyungang	1023	1058	1069	64	三明	Sanming	280	280	284	216
淮安	Huaian	955	1642	1703	30	泉州	Quanzhou	485	866	875	73
盐城	Yancheng	567	661	684	101	漳州	Zhangzhou	301	319	327	195
扬州	Yangzhou	1055	1457	1512	39	南平	Nanping	246	247	247	226
镇江	Zhenjiang	1223	1306	1333	48	龙岩	Longyan	329	343	346	185
泰州	Taizhou	902	959	1138	56	宁德	Ningde	151	158	167	257
宿迁	Suqian	631	732	799	89	**江西**	**Jiangxi**	**5742**	**6477**	**6865**	
浙江	**Zhejiang**	**15550**	**17672**	**18777**		南昌	Nanchang	965	1059	1107	60
杭州	Hangzhou	2194	2458	2479	18	景德镇	Jingdezhen	350	357	402	165
宁波	Ningbo	1439	1526	1582	35	萍乡	Pingxiang	221	242	250	223
温州	Wenzhou	1059	1322	1415	43	九江	Jiujiang	817	817	844	77
嘉兴	Jiaxing	652	753	801	87	新余	Xinyu	356	419	441	150
湖州	Huzhou	577	618	630	109	鹰潭	Yingtan	127	127	127	274
绍兴	Shaoxing	480	517	1169	55	赣州	Ganzhou	255	310	339	190
金华	Jinhua	591	636	658	105	吉安	Jian	245	321	333	192
衢州	Quzhou	435	466	503	134	宜春	Yichun	281	322	356	179
舟山	Zhoushan	300	358	544	125	抚州	Fuzhou	379	424	436	152
台州	Taizhou	1937	2067	2158	19	上饶	Shangrao	302	379	404	164
丽水	Lishui	162	169	171	254	**山东**	**Shandong**	**32944**	**36566**	**37821**	
安徽	**Anhui**	**10157**	**11571**	**12287**		济南	Jinan	4498	4675	4749	6
合肥	Hefei	2013	2068	2111	22	青岛	Qingdao	3409	4281	4334	7
芜湖	Wuhu	1147	1306	1406	45	淄博	Zibo	1254	1490	1532	37
蚌埠	Bengbu	663	720	778	90	枣庄	Zaozhuang	790	1078	1115	59
淮南	Huainan	683	719	742	93	东营	Dongying	716	785	820	81
马鞍山	Maanshan	386	441	461	148	烟台	Yantai	1522	1731	1592	34
淮北	Huaibei	574	606	631	108	潍坊	Weifang	1489	1605	1673	31
铜陵	Tongling	286	293	293	208	济宁	Jining	803	1035	1318	50
安庆	Anqing	470	529	580	117	泰安	Taian	752	777	800	88
黄山	Huangshan	306	354	374	175	威海	Weihai	746	761	813	84
滁州	Chuzhou	300	444	504	133	日照	Rizhao	1252	1321	1362	46
阜阳	Fuyang	520	621	688	100	莱芜	Laiwu	768	770	907	71
宿州	Suzhou	459	572	583	116	临沂	Linyi	1913	2019	2137	21
六安	Liuan	268	436	471	144	德州	Dezhou	605	838	846	76
亳州	Bozhou	677	770	810	85	聊城	Liaocheng	487	553	672	103

8-37 城市道路长度(辖区) 续表 2

Length of Urban Roads (Districts under City) continued 2

单位：公里 (km)

地名	City	2010	2012	2013	2013 排名 Ranking	地名	City	2010	2012	2013	2013 排名 Ranking
滨州	Binzhou	588	736	827	79	常德	Changde	480	587	608	113
菏泽	Heze	516	570	610	112	张家界	Zhangjiajie	292	304	305	205
河南	**Henan**	**9414**	**10798**	**11236**		益阳	Yiyang	319	511	539	127
郑州	Zhengzhou	1338	1446	1520	38	郴州	Chenzhou	247	266	285	214
开封	Kaifeng	388	448	464	147	永州	Yongzhou	310	365	381	169
洛阳	Luoyang	552	635	711	98	怀化	Huaihua	220	241	249	225
平顶山	Pingdingshan	261	266	279	217	娄底	Loudi	262	232	239	228
安阳	Anyang	425	440	440	151	**广东**	**Guangdong**	**40847**	**41388**	**36762**	
鹤壁	Hebi	271	312	325	196	广州	Guangzhou	6986	7100	7127	2
新乡	Xinxiang	440	458	461	148	韶关	Shaoguan	562	568	568	118
焦作	Jiaozuo	395	429	433	155	深圳	Shenzhen	12613	11115	6364	3
濮阳	Puyang	209	250	266	222	珠海	Zhuhai	1485	1388	2109	23
许昌	Xuchang	250	270	286	213	汕头	Shantou	1318	1322	1326	49
漯河	Luohe	335	343	350	182	佛山	Foshan	1360	2230	1556	36
三门峡	Sanmenxia	133	151	161	260	江门	Jiangmen	1289	1327	1347	47
南阳	Nanyang	687	1295	1318	50	湛江	Zhanjiang	718	1111	477	141
商丘	Shangqiu	346	380	380	172	茂名	Maoming	214	237	241	227
信阳	Xinyang	390	402	411	161	肇庆	Zhaoqing	542	617	633	107
周口	Zhoukou	203	213	225	233	惠州	Huizhou	1305	1341	1432	42
驻马店	Zhumadian	320	334	339	190	梅州	Meizhou	458	480	484	139
湖北	**Hubei**	**14168**	**17461**	**17502**		汕尾	Shanwei	174	188	194	247
武汉	Wuhan	2682	5245	4833	5	河源	Heyuan	126	139	143	269
黄石	Huangshi	685	704	724	96	阳江	Yangjiang	332	337	349	183
十堰	Shiyan	744	799	820	81	清远	Qingyuan	1342	769	938	69
宜昌	Yichang	952	1075	1129	57	东莞	Dongguan	5341	6106	6185	4
襄阳	Xiangfan	680	734	776	91	中山	ZhongShan	487	433	435	153
鄂州	Ezhou	613	765	823	80	潮州	Chaozhou	162	208	212	238
荆门	Jingmen	375	402	430	156	揭阳	Jieyang	285	303	380	172
孝感	Xiaogan	341	369	467	146	云浮	Yunfu	72	76	81	282
荆州	Jingzhou	774	802	814	83	**广西**	**Guangxi**	**6439**	**7021**	**7342**	
黄冈	Huanggang	363	382	390	168	南宁	Nanning	1307	1356	1440	41
咸宁	Xianning	207	243	250	223	柳州	Liuzhou	883	934	974	67
随州	Suizhou	200	200	220	234	桂林	Guilin	441	469	505	132
湖南	**Hunan**	**8585**	**10367**	**10911**		梧州	Wuzhou	290	319	333	192
长沙	Changsha	1781	2090	2142	20	北海	Beihai	368	403	408	162
株洲	Zhuzhou	893	1424	1509	40	防城港	Fangchenggang	243	270	287	212
湘潭	Xiangtan	490	508	551	120	钦州	Qinzhou	328	376	419	157
衡阳	Hengyang	676	836	857	74	贵港	Guigang	327	338	345	186
邵阳	Shaoyang	356	386	408	162	玉林	Yulin	502	532	545	124
岳阳	Yueyang	592	656	682	102	百色	Baise	173	190	190	249

8-37 城市道路长度(辖区) 续表 3
Length of Urban Roads (Districts under City) continued 3

单位：公里 (km)

地名	City	2010	2012	2013	2013 排名 Ranking	地名	City	2010	2012	2013	2013 排名 Ranking
贺州	Hezhou	149	152	164	259	丽江	Lijiang	87	91	115	276
河池	Hechi	115	132	135	271	普洱	Puer	73	83	112	277
来宾	Laibin	88	159	183	251	临沧	Lincang	63	66	68	283
崇左	Chongzuo	169	169	170	255	**西藏**	**Tibet**	**341**	**396**	**407**	
海南	**Hainan**	**1435**	**2104**	**2144**		拉萨	Lhasa	275	311	322	197
海口	Haikou	572	1107	1122	58	**陕西**	**Shaanxi**	**4810**	**5422**	**5802**	
三亚	Sanya	214	225	230	232	西安	Xi'an	2428	2829	3081	11
重庆	**Chongqing**	**5130**	**5956**	**6221**		铜川	Tongchuan	278	293	293	208
四川	**Sichuan**	**9584**	**11287**	**11866**		宝鸡	Baoji	462	490	493	136
成都	Chengdu	2610	2797	2707	15	咸阳	Xianyang	217	278	307	202
自贡	Zigong	605	1046	1090	62	渭南	Weinan	320	313	318	199
攀枝花	Panzhihua	517	698	712	97	延安	Yan'an	105	113	127	274
泸州	Luzhou	433	571	638	106	汉中	Hanzhong	185	193	195	246
德阳	Deyang	237	264	275	219	榆林	Yulin	215	264	295	207
绵阳	Mianyang	742	749	759	92	安康	Ankang	181	193	201	243
广元	Guangyuan	257	293	340	188	商洛	Shangluo	107	108	134	272
遂宁	Suining	290	469	666	104	**甘肃**	**Gansu**	**3399**	**3580**	**3796**	
内江	Neijiang	162	176	211	239	兰州	Lanzhou	906	927	1093	61
乐山	Leshan	525	576	617	111	嘉峪关	Jiayuguan	282	308	313	200
南充	Nanchong	415	470	477	141	金昌	Jinchang	161	180	169	256
眉山	Meishan	316	334	340	188	白银	Baiyin	396	403	413	160
宜宾	Yibin	156	254	306	203	天水	Tianshui	305	305	305	205
广安	Guangan	105	113	159	262	武威	Wuwei	145	151	155	264
达州	Dazhou	101	123	109	278	张掖	Zhangye	101	121	130	273
雅安	Yaan	130	156	159	262	平凉	Pingliang	151	168	175	253
巴中	Bazhong	71	74	83	280	酒泉	Jiuquan	279	280	285	214
资阳	Ziyang	160	195	198	244	庆阳	Qingyang	143	150	151	267
贵州	**Guizhou**	**2257**	**2521**	**3118**		定西	Dingxi	69	87	92	279
贵阳	Guiyang	872	872	1284	52	陇南	Longnan	41	41	42	284
六盘水	Liupanshui	160	170	177	252	**青海**	**Qinghai**	**711**	**773**	**902**	
遵义	Zunyi	276	276	276	218	西宁	Xining	433	470	484	139
安顺	Anshun	158	192	219	235	**宁夏**	**Ningxia**	**1852**	**1948**	**2040**	
毕节	Bijie	103	134	154	265	银川	Yinchuan	506	563	598	114
铜仁	Tongren	152	199	217	236	石嘴山	Shizuishan	494	550	550	121
云南	**Yunnan**	**4049**	**4855**	**5229**		吴忠	Wuzhong	123	151	166	258
昆明	Kunming	1420	1737	1913	27	固原	Guyuan	324	201	232	230
曲靖	Qujing	205	285	291	211	中卫	Zhongwei	115	149	152	266
玉溪	Yuxi	127	270	272	220	**新疆**	**Xinjiang**	**5178**	**5813**	**6527**	
保山	Baoshan	138	161	161	260	乌鲁木齐	Urumqi	1632	1740	2037	24
昭通	Zhaotong	119	137	140	270	克拉玛依	Karamay	379	396	419	157

8-38 城市道路面积(辖区)
Surface Area of Urban Roads (Districts under City)

单位：万平方米 (10 000 m²)

地名	City	2010	2012	2013	2013 排名 Ranking
全国	**Nation Total**	**521322**	**607449**	**644155**	
北京	**Beijing**	**9395**	**13509**	**13884**	
天津	**Tianjin**	**9159**	**11611**	**12440**	
河北	**Hebei**	**26639**	**28433**	**29304**	
石家庄	Shijiazhuang	4147	4285	4560	18
唐山	Tangshan	2981	3040	3050	38
秦皇岛	Qinhuangdao	1752	1876	1900	70
邯郸	Handan	2983	3259	3157	37
邢台	Xingtai	1278	1530	1367	100
保定	Baoding	1714	1980	2437	54
张家口	Zhangjiakou	1241	1323	1347	103
承德	Chengde	693	712	733	181
沧州	Cangzhou	883	939	942	142
廊坊	Langfang	856	884	884	152
衡水	Hengshui	642	678	687	189
山西	**Shanxi**	**10312**	**12233**	**13614**	
太原	Taiyuan	2432	2904	3570	28
大同	Datong	1767	2007	2026	66
阳泉	Yangquan	581	602	611	201
长治	Changzhi	473	557	628	198
晋城	Jincheng	379	529	549	210
朔州	Shuozhou	477	645	663	192
晋中	Jinzhong	616	769	1010	132
运城	Yuncheng	332	433	601	204
忻州	Xinzhou	238	435	507	221
临汾	Linfen	503	510	527	216
吕梁	Luliang	243	291	294	263
内蒙古	**Inner Mongolia**	**12476**	**15502**	**17418**	
呼和浩特	Hohhot	1609	1949	2169	61
包头	Baotou	2246	2422	2504	49
乌海	Wuhai	744	766	857	159
赤峰	Chifeng	819	1314	1676	82
通辽	Tongliao	865	959	1049	125
鄂尔多斯	Erdos	2217	2904	2914	39
呼伦贝尔	Hulunbuir	377	742	954	138
巴彦淖尔	Bayannur	714	822	943	140
乌兰察布	Ulanqab	534	682	864	156
辽宁	**Liaoning**	**23658**	**26200**	**28091**	
沈阳	Shenyang	5706	6647	7777	8
大连	Dalian	4135	4098	4362	19
鞍山	Anshan	1282	1353	1427	94
抚顺	Fushun	1189	1337	1386	98
本溪	Benxi	925	1016	1024	131
丹东	Dandong	958	1051	1051	124
锦州	Jinzhou	952	1010	1075	119
营口	Yingkou	713	718	720	184
阜新	Fuxin	461	497	503	222
辽阳	Liaoyang	998	1247	1331	105
盘锦	Panjin	984	923	923	146
铁岭	Tieling	814	833	833	163
朝阳	Chaoyang	374	385	401	246
葫芦岛	Huludao	528	548	557	209
吉林	**Jilin**	**13243**	**14362**	**15344**	
长春	Changchun	6260	6457	6760	12
吉林	Jilin	1295	1318	1344	104
四平	Siping	354	547	547	211
辽源	Liaoyuan	646	501	525	217
通化	Tonghua	259	395	400	247
白山	Baishan	349	404	407	244
松原	Songyuan	502	542	759	176
白城	Baicheng	254	266	266	267
黑龙江	**Heilongjiang**	**13569**	**16252**	**17899**	
哈尔滨	Harbin	3296	4624	5767	14
齐齐哈尔	Qiqihar	875	906	944	139
鸡西	Jixi	543	577	642	197
鹤岗	Hegang	353	413	436	235
双鸭山	Shuangyashan	314	357	378	252
大庆	Daqing	2697	3195	3394	33
伊春	Yichun	734	796	831	164
佳木斯	Jiamusi	468	531	541	213
七台河	Qitaihe	423	485	485	226
牡丹江	Mudanjiang	874	962	981	134
黑河	Heihe	155	178	178	281
绥化	Suihua	213	216	248	270
上海	**Shanghai**	**9299**	**9717**	**9932**	
江苏	**Jiangsu**	**53723**	**62438**	**66970**	

8-38 城市道路面积(辖区) 续表 1
Surface Area of Urban Roads (Districts under City) continued 1

单位：万平方米 (10 000 m²)

地名	City	2010	2012	2013	2013 排名 Ranking	地名	City	2010	2012	2013	2013 排名 Ranking
南京	Nanjing	9576	11424	12761	2	池州	Chizhou	654	736	741	179
无锡	Wuxi	5580	5936	6081	13	宣城	Xuancheng	540	822	872	155
徐州	Xuzhou	2467	3239	3750	25	**福建**	**Fujian**	**12560**	**15183**	**14799**	
常州	Changzhou	3023	3451	3719	26	福州	Fuzhou	2327	2563	2591	46
苏州	Suzhou	5928	7698	8005	6	厦门	Xiamen	2994	3780	3570	28
南通	Nantong	1871	3364	3816	24	莆田	Putian	784	817	827	165
连云港	Lianyungang	1642	1711	1748	78	三明	Sanming	332	332	346	255
淮安	Huaian	2091	2632	2810	43	泉州	Quanzhou	932	2201	1852	71
盐城	Yancheng	1350	1641	1679	81	漳州	Zhangzhou	765	817	855	160
扬州	Yangzhou	1612	2217	2329	56	南平	Nanping	236	237	251	269
镇江	Zhenjiang	1823	1971	2114	64	龙岩	Longyan	396	437	441	233
泰州	Taizhou	1413	1733	2199	60	宁德	Ningde	284	302	332	256
宿迁	Suqian	1266	1535	1724	79	**江西**	**Jiangxi**	**11330**	**13630**	**14652**	
浙江	**Zhejiang**	**30381**	**33575**	**35633**		南昌	Nanchang	1806	2391	2549	48
杭州	Hangzhou	4754	5284	5426	16	景德镇	Jingdezhen	728	761	808	167
宁波	Ningbo	2379	2786	2869	41	萍乡	Pingxiang	593	663	681	190
温州	Wenzhou	2339	2463	2657	45	九江	Jiujiang	1331	1432	1499	91
嘉兴	Jiaxing	1196	1371	1438	93	新余	Xinyu	814	1067	1083	117
湖州	Huzhou	1882	1992	2031	65	鹰潭	Yingtan	299	300	300	261
绍兴	Shaoxing	1207	1305	2501	50	赣州	Ganzhou	691	798	990	133
金华	Jinhua	1390	1505	1571	87	吉安	Jian	511	606	716	186
衢州	Quzhou	771	812	930	145	宜春	Yichun	605	733	774	173
舟山	Zhoushan	520	778	1042	129	抚州	Fuzhou	916	1001	1060	123
台州	Taizhou	2371	2599	2722	44	上饶	Shangrao	686	885	939	143
丽水	Lishui	411	423	423	240	**山东**	**Shandong**	**60615**	**71390**	**74646**	
安徽	**Anhui**	**19927**	**24693**	**27070**		济南	Jinan	5907	7251	7452	9
合肥	Hefei	4323	4854	5470	15	青岛	Qingdao	5893	7528	7859	7
芜湖	Wuhu	2583	2974	3204	36	淄博	Zibo	2523	3673	3684	27
蚌埠	Bengbu	1186	1434	1607	84	枣庄	Zaozhuang	1668	2351	2381	55
淮南	Huainan	1059	1287	1469	92	东营	Dongying	1858	2022	2267	58
马鞍山	Maanshan	968	1161	1206	111	烟台	Yantai	3034	3405	3244	35
淮北	Huaibei	864	1017	1066	121	潍坊	Weifang	3094	3337	3449	32
铜陵	Tongling	476	501	501	223	济宁	Jining	1898	3484	4241	20
安庆	Anqing	937	1002	1081	118	泰安	Taian	1506	1566	1680	80
黄山	Huangshan	546	669	703	188	威海	Weihai	1801	1826	1910	68
滁州	Chuzhou	792	1335	1510	89	日照	Rizhao	1561	1707	1792	75
阜阳	Fuyang	1147	1392	1584	86	莱芜	Laiwu	1367	1369	1675	83
宿州	Suzhou	840	1156	1258	109	临沂	Linyi	3722	3921	4153	21
六安	Liuan	447	1121	1207	110	德州	Dezhou	1231	2348	2438	53
亳州	Bozhou	958	1243	1349	102	聊城	Liaocheng	1773	1888	2115	63

8-38 城市道路面积(辖区) 续表 2

Surface Area of Urban Roads (Districts under City) continued 2

单位：万平方米 (10 000 m²)

地名	City	2010	2012	2013	2013 排名 Ranking	地名	City	2010	2012	2013	2013 排名 Ranking
滨州	Binzhou	1159	1479	1508	90	常德	Changde	950	1120	1120	115
菏泽	Heze	1056	1264	1369	99	张家界	Zhangjiajie	337	370	375	253
河南	**Henan**	**21768**	**25458**	**26843**		益阳	Yiyang	617	830	842	162
郑州	Zhengzhou	3158	3564	3836	23	郴州	Chenzhou	321	850	910	148
开封	Kaifeng	1010	1258	1326	107	永州	Yongzhou	709	782	845	161
洛阳	Luoyang	1650	2041	2269	57	怀化	Huaihua	299	406	436	235
平顶山	Pingdingshan	958	999	1048	126	娄底	Loudi	482	427	442	232
安阳	Anyang	898	964	965	136	**广东**	**Guangdong**	**55869**	**62787**	**64864**	
鹤壁	Hebi	603	688	722	183	广州	Guangzhou	9731	10140	10241	4
新乡	Xinxiang	1028	1070	1084	116	韶关	Shaoguan	720	729	729	182
焦作	Jiaozuo	1056	1193	1201	112	深圳	Shenzhen	8941	10629	11496	3
濮阳	Puyang	405	583	648	195	珠海	Zhuhai	3385	3007	4633	17
许昌	Xuchang	538	597	606	202	汕头	Shantou	2492	2497	2500	51
漯河	Luohe	761	788	805	168	佛山	Foshan	2339	4003	3325	34
三门峡	Sanmenxia	207	289	316	259	江门	Jiangmen	1942	2196	2228	59
南阳	Nanyang	1088	1859	1908	69	湛江	Zhanjiang	1609	2514	972	135
商丘	Shangqiu	719	888	888	150	茂名	Maoming	487	531	536	214
信阳	Xinyang	783	828	859	157	肇庆	Zhaoqing	869	1014	1062	122
周口	Zhoukou	629	658	712	187	惠州	Huizhou	1882	2010	2116	62
驻马店	Zhumadian	868	1021	1046	128	梅州	Meizhou	693	758	765	174
湖北	**Hubei**	**24599**	**28755**	**29180**		汕尾	Shanwei	244	252	260	268
武汉	Wuhan	7273	9027	8384	5	河源	Heyuan	314	392	409	243
黄石	Huangshi	1227	1374	1425	95	阳江	Yangjiang	597	612	652	194
十堰	Shiyan	746	848	911	147	清远	Qingyuan	569	1061	1403	97
宜昌	Yichang	1368	1638	1767	77	东莞	Dongguan	11853	12943	13322	1
襄阳	Xiangfan	1188	1388	1588	85	中山	ZhongShan	1089	1053	1047	127
鄂州	Ezhou	786	999	1074	120	潮州	Chaozhou	399	419	433	237
荆门	Jingmen	645	739	790	170	揭阳	Jieyang	418	485	754	177
孝感	Xiaogan	554	701	718	185	云浮	Yunfu	86	86	91	283
荆州	Jingzhou	755	856	890	149	**广西**	**Guangxi**	**12118**	**13662**	**14631**	
黄冈	Huanggang	738	776	800	169	南宁	Nanning	3205	3334	3527	30
咸宁	Xianning	418	491	515	219	柳州	Liuzhou	1494	1593	1807	74
随州	Suizhou	383	415	468	228	桂林	Guilin	699	780	880	153
湖南	**Hunan**	**15972**	**18902**	**19735**		梧州	Wuzhou	509	594	606	202
长沙	Changsha	3618	3958	4037	22	北海	Beihai	745	802	858	158
株洲	Zhuzhou	1413	1738	1837	72	防城港	Fangchenggang	507	588	628	198
湘潭	Xiangtan	1140	1218	1360	101	钦州	Qinzhou	728	909	1038	130
衡阳	Hengyang	1432	2005	2009	67	贵港	Guigang	716	752	780	171
邵阳	Shaoyang	775	885	938	144	玉林	Yulin	783	925	943	140
岳阳	Yueyang	807	853	877	154	百色	Baise	311	427	427	239

8-38 城市道路面积(辖区） 续表 3
Surface Area of Urban Roads (Districts under City) continued 3

单位：万平方米 (10 000 m²)

地名	City	2010	2012	2013	2013 排名 Ranking	地名	City	2010	2012	2013	2013 排名 Ranking
贺州	Hezhou	276	285	309	260	丽江	Lijiang	224	240	179	279
河池	Hechi	157	201	209	276	普洱	Puer	272	196	216	273
来宾	Laibin	250	498	574	207	临沧	Lincang	150	183	189	278
崇左	Chongzuo	185	186	190	277	**西藏**	**Tibet**	**596**	**793**	**814**	
海南	**Hainan**	**3152**	**4504**	**4608**		拉萨	Lhasa	519	623	644	196
海口	Haikou	1572	2439	2488	52	**陕西**	**Shaanxi**	**10537**	**12137**	**12698**	
三亚	Sanya	383	396	404	245	西安	Xi'an	5342	6333	7017	11
重庆	**Chongqing**	**9931**	**11936**	**12723**		铜川	Tongchuan	438	460	460	229
四川	**Sichuan**	**18743**	**22628**	**24700**		宝鸡	Baoji	1233	1292	1294	108
成都	Chengdu	6460	7441	7443	10	咸阳	Xianyang	836	1059	1165	113
自贡	Zigong	794	1091	1157	114	渭南	Weinan	673	784	374	254
攀枝花	Panzhihua	565	717	762	175	延安	Yan'an	178	195	216	273
泸州	Luzhou	785	1150	1329	106	汉中	Hanzhong	258	286	292	264
德阳	Deyang	533	653	671	191	榆林	Yulin	447	488	570	208
绵阳	Mianyang	1484	1501	1530	88	安康	Ankang	470	491	517	218
广元	Guangyuan	376	451	512	220	商洛	Shangluo	184	179	179	279
遂宁	Suining	625	855	1782	76	**甘肃**	**Gansu**	**6599**	**7093**	**7958**	
内江	Neijiang	303	358	439	234	兰州	Lanzhou	2162	2219	2860	42
乐山	Leshan	688	785	823	166	嘉峪关	Jiayuguan	334	373	385	249
南充	Nanchong	964	1330	1410	96	金昌	Jinchang	399	440	460	229
眉山	Meishan	454	518	535	215	白银	Baiyin	555	582	626	200
宜宾	Yibin	311	440	494	225	天水	Tianshui	596	597	597	205
广安	Guangan	286	326	432	238	武威	Wuwei	259	276	292	264
达州	Dazhou	156	197	211	275	张掖	Zhangye	321	395	418	241
雅安	Yaan	215	285	296	262	平凉	Pingliang	521	558	580	206
巴中	Bazhong	45	82	100	282	酒泉	Jiuquan	429	434	453	231
资阳	Ziyang	335	463	469	227	庆阳	Qingyang	198	245	269	266
贵州	**Guizhou**	**3604**	**4103**	**5967**		定西	Dingxi	161	214	229	272
贵阳	Guiyang	1348	1348	2584	47	陇南	Longnan	64	64	66	284
六盘水	Liupanshui	320	340	393	248	**青海**	**Qinghai**	**1357**	**1529**	**1785**	
遵义	Zunyi	385	385	385	249	西宁	Xining	737	823	886	151
安顺	Anshun	254	323	418	241	**宁夏**	**Ningxia**	**3889**	**4619**	**4964**	
毕节	Bijie	196	266	325	257	银川	Yinchuan	1652	1809	1837	72
铜仁	Tongren	159	204	243	271	石嘴山	Shizuishan	623	737	737	180
云南	**Yunnan**	**7983**	**10297**	**9906**		吴忠	Wuzhong	373	463	499	224
昆明	Kunming	2815	4056	3454	31	固原	Guyuan	398	510	742	178
曲靖	Qujing	698	770	780	171	中卫	Zhongwei	350	536	542	212
玉溪	Yuxi	326	654	662	193	**新疆**	**Xinjiang**	**8323**	**9517**	**11086**	
保山	Baoshan	206	324	324	258	乌鲁木齐	Urumqi	2005	2225	2914	39
昭通	Zhaotong	336	376	383	251	克拉玛依	Karamay	823	869	955	137

8-39 城市人均道路面积(辖区)
Urban Road Surface Area per Capita (Districts under City)

单位：平方米 (m²)

地名	City	2010	2012	2013	2013 排名 Ranking	地名	City	2010	2012	2013	2013 排名 Ranking
全国	**Nation Total**	**13.2**	**14.4**	**14.9**		沈阳	Shenyang	11.9	11.6	13.6	170
北京	**Beijing**	**5.6**	**7.6**	**7.6**		大连	Dalian	14.1	13.9	13.5	171
天津	**Tianjin**	**14.9**	**17.9**	**18.7**		鞍山	Anshan	8.2	8.5	8.8	258
河北	**Hebei**	**17.4**	**17.8**	**18.2**		抚顺	Fushun	9.0	10.0	10.4	235
石家庄	Shijiazhuang	16.9	17.1	18.2	91	本溪	Benxi	10.1	10.8	10.8	231
唐山	Tangshan	15.1	15.4	15.5	131	丹东	Dandong	14.3	16.5	16.2	118
秦皇岛	Qinhuangdao	19.4	19.7	19.7	76	锦州	Jinzhou	9.7	10.2	11.2	222
邯郸	Handan	19.6	20.9	19.2	80	营口	Yingkou	7.5	7.3	7.2	273
邢台	Xingtai	20.0	17.1	14.9	141	阜新	Fuxin	5.9	6.4	6.4	277
保定	Baoding	15.2	16.3	19.9	73	辽阳	Liaoyang	12.6	15.8	16.6	111
张家口	Zhangjiakou	14.5	15.2	15.4	135	盘锦	Panjin	15.0	13.2	13.4	175
承德	Chengde	13.0	13.2	13.4	173	铁岭	Tieling	18.0	18.5	18.5	89
沧州	Cangzhou	15.2	15.3	17.2	106	朝阳	Chaoyang	7.0	6.6	6.6	275
廊坊	Langfang	16.5	16.9	16.8	107	葫芦岛	Huludao	11.4	12.0	12.2	203
衡水	Hengshui	17.2	18.8	18.8	84	吉林	**Jilin**	**12.4**	**12.6**	**13.6**	
山西	**Shanxi**	**10.7**	**11.8**	**12.9**		长春	Changchun	20.2	17.9	18.7	85
太原	Taiyuan	8.1	8.8	10.5	234	吉林	Jilin	10.1	10.3	10.5	233
大同	Datong	13.8	15.7	15.6	128	四平	Siping	5.5	8.7	9.2	251
阳泉	Yangquan	9.9	10.3	10.3	238	辽源	Liaoyuan	13.0	9.9	10.3	239
长治	Changzhi	6.7	7.4	8.4	264	通化	Tonghua	5.5	8.6	8.4	263
晋城	Jincheng	11.5	12.6	12.6	194	白山	Baishan	9.2	9.9	10.1	240
朔州	Shuozhou	15.8	16.4	16.8	108	松原	Songyuan	10.6	11.3	15.7	127
晋中	Jinzhong	15.2	16.3	21.1	65	白城	Baicheng	9.0	9.4	9.4	248
运城	Yuncheng	7.7	10.1	14.0	159	黑龙江	**Heilongjiang**	**10.0**	**11.8**	**13.2**	
忻州	Xinzhou	8.8	15.5	17.9	95	哈尔滨	Harbin	7.9	10.7	14.0	157
临汾	Linfen	11.6	11.0	10.9	228	齐齐哈尔	Qiqihar	8.0	8.3	8.7	260
吕梁	Luliang	10.5	10.8	10.9	226	鸡西	Jixi	7.3	8.0	8.9	257
内蒙古	**Inner Mongolia**	**14.9**	**17.7**	**19.7**		鹤岗	Hegang	6.3	7.1	7.8	268
呼和浩特	Hohhot	10.2	10.3	11.4	214	双鸭山	Shuangyashan	6.8	7.6	8.1	266
包头	Baotou	12.8	13.8	14.2	155	大庆	Daqing	20.4	23.8	23.7	45
乌海	Wuhai	13.6	14.0	13.4	174	伊春	Yichun	9.8	10.4	10.8	229
赤峰	Chifeng	9.2	14.8	17.7	99	佳木斯	Jiamusi	7.5	8.8	9.0	254
通辽	Tongliao	17.2	19.1	21.3	60	七台河	Qitaihe	11.0	12.0	12.0	205
鄂尔多斯	Erdos	30.9	42.6	48.0	1	牡丹江	Mudanjiang	12.4	13.6	13.8	164
呼伦贝尔	Hulunbuir	13.1	24.0	29.9	13	黑河	Heihe	11.0	12.4	12.4	199
巴彦淖尔	Bayannur	19.2	22.7	24.7	38	绥化	Suihua	6.8	6.7	7.5	270
乌兰察布	Ulanqab	16.6	19.6	26.0	27	上海	**Shanghai**	**4.0**	**4.1**	**4.1**	
辽宁	**Liaoning**	**11.2**	**11.6**	**12.1**		江苏	**Jiangsu**	**21.3**	**22.4**	**23.2**	

8-39 城市人均道路面积(辖区) 续表 1
Urban Road Surface Area per Capita (Districts under City) continued 1

单位：平方米 (m²)

地名	City	2010	2012	2013	2013 排名 Ranking	地名	City	2010	2012	2013	2013 排名 Ranking
南京	Nanjing	19.4	20.1	21.3	62	池州	Chizhou	23.7	24.3	24.4	41
无锡	Wuxi	23.5	24.4	24.7	36	宣城	Xuancheng	19.7	25.5	26.6	23
徐州	Xuzhou	16.3	21.5	22.5	52	**福建**	**Fujian**	**12.6**	**14.1**	**13.4**	
常州	Changzhou	22.9	24.5	25.5	33	福州	Fuzhou	11.3	11.4	11.3	221
苏州	Suzhou	27.6	27.7	27.9	15	厦门	Xiamen	10.8	13.9	12.6	193
南通	Nantong	18.9	22.6	26.4	25	莆田	Putian	14.9	14.6	14.8	143
连云港	Lianyungang	22.4	20.8	21.1	64	三明	Sanming	14.5	14.3	15.2	136
淮安	Huaian	17.1	19.2	20.4	70	泉州	Quanzhou	11.6	19.2	15.5	131
盐城	Yancheng	19.2	21.4	21.4	58	漳州	Zhangzhou	17.9	18.6	18.9	82
扬州	Yangzhou	20.8	20.7	21.3	63	南平	Nanping	11.5	11.3	12.0	207
镇江	Zhenjiang	20.8	22.5	23.9	44	龙岩	Longyan	13.2	14.3	14.2	154
泰州	Taizhou	22.2	26.1	24.5	40	宁德	Ningde	12.3	12.5	13.3	179
宿迁	Suqian	26.8	27.4	27.7	18	**江西**	**Jiangxi**	**13.8**	**15.0**	**15.3**	
浙江	**Zhejiang**	**16.7**	**17.9**	**17.8**		南昌	Nanchang	8.5	10.6	10.4	236
杭州	Hangzhou	14.3	14.5	14.1	156	景德镇	Jingdezhen	16.1	16.1	16.3	115
宁波	Ningbo	14.5	15.9	15.7	126	萍乡	Pingxiang	16.0	16.3	15.4	134
温州	Wenzhou	16.0	15.9	13.8	167	九江	Jiujiang	21.1	22.1	22.9	50
嘉兴	Jiaxing	17.5	17.7	17.7	98	新余	Xinyu	21.4	23.7	23.6	46
湖州	Huzhou	22.5	23.2	23.4	47	鹰潭	Yingtan	18.8	13.8	13.8	165
绍兴	Shaoxing	17.1	16.7	17.8	96	赣州	Ganzhou	10.2	10.1	11.0	225
金华	Jinhua	23.9	25.3	25.7	31	吉安	Jian	16.1	16.9	17.8	97
衢州	Quzhou	25.6	25.8	27.8	17	宜春	Yichun	13.8	13.6	14.0	159
舟山	Zhoushan	11.6	15.7	18.4	90	抚州	Fuzhou	18.1	18.7	19.9	72
台州	Taizhou	23.5	25.7	26.8	22	上饶	Shangrao	20.6	21.1	21.8	56
丽水	Lishui	12.7	12.7	12.4	197	**山东**	**Shandong**	**22.2**	**24.7**	**25.3**	
安徽	**Anhui**	**16.0**	**18.5**	**19.6**		济南	Jinan	21.0	24.8	24.9	35
合肥	Hefei	17.5	15.8	16.5	112	青岛	Qingdao	21.3	24.0	24.7	39
芜湖	Wuhu	21.8	25.9	27.5	19	淄博	Zibo	16.3	22.7	23.3	48
蚌埠	Bengbu	13.7	16.1	17.5	101	枣庄	Zaozhuang	18.9	24.8	25.5	32
淮南	Huainan	10.1	12.1	13.9	162	东营	Dongying	28.6	31.1	34.5	6
马鞍山	Maanshan	17.1	17.8	18.0	92	烟台	Yantai	21.0	23.6	22.3	53
淮北	Huaibei	10.3	12.0	12.9	187	潍坊	Weifang	24.6	26.5	27.2	21
铜陵	Tongling	11.5	11.5	11.5	211	济宁	Jining	28.8	32.4	31.6	10
安庆	Anqing	15.7	15.5	16.6	110	泰安	Taian	24.9	23.2	25.7	30
黄山	Huangshan	18.2	19.8	20.1	71	威海	Weihai	30.5	30.8	31.8	9
滁州	Chuzhou	24.3	36.4	39.4	2	日照	Rizhao	25.0	26.8	27.4	20
阜阳	Fuyang	15.5	18.3	20.6	67	莱芜	Laiwu	28.9	27.9	27.9	14
宿州	Suzhou	18.1	23.3	24.2	43	临沂	Linyi	21.8	21.7	21.4	57
六安	Liuan	7.5	19.5	20.5	68	德州	Dezhou	20.2	35.8	34.9	5
亳州	Bozhou	37.4	38.7	38.2	4	聊城	Liaocheng	28.8	29.5	32.9	8

8-39 城市人均道路面积(辖区） 续表 2
Urban Road Surface Area per Capita (Districts under City) continued 2

单位：平方米 （m²）

地名	City	2010	2012	2013	2013 排名 Ranking	地名	City	2010	2012	2013	2013 排名 Ranking
滨州	Binzhou	16.5	21.0	20.5	69	常德	Changde	15.3	17.5	16.4	114
菏泽	Heze	14.8	18.1	19.3	79	张家界	Zhangjiajie	15.7	17.2	16.8	109
河南	**Henan**	**10.3**	**11.1**	**11.6**		益阳	Yiyang	10.2	12.8	12.6	192
郑州	Zhengzhou	6.3	6.0	6.6	276	郴州	Chenzhou	6.1	14.7	15.2	136
开封	Kaifeng	11.6	14.2	14.9	141	永州	Yongzhou	13.8	15.1	16.1	119
洛阳	Luoyang	6.8	7.8	9.0	254	怀化	Huaihua	9.3	8.1	8.7	261
平顶山	Pingdingshan	9.5	11.2	11.3	218	娄底	Loudi	12.9	9.1	9.3	249
安阳	Anyang	12.7	13.6	13.5	172	**广东**	**Guangdong**	**12.7**	**13.4**	**13.1**	
鹤壁	Hebi	14.4	15.2	15.9	122	广州	Guangzhou	11.2	10.0	9.6	244
新乡	Xinxiang	13.7	14.1	14.3	151	韶关	Shaoguan	13.4	13.5	13.3	179
焦作	Jiaozuo	14.0	15.6	15.6	129	深圳	Shenzhen	8.6	10.1	10.8	230
濮阳	Puyang	9.3	13.1	13.9	161	珠海	Zhuhai	23.3	22.4	29.9	12
许昌	Xuchang	12.1	12.3	12.4	201	汕头	Shantou	10.8	10.3	10.0	241
漯河	Luohe	14.0	14.3	14.4	146	佛山	Foshan	12.0	18.9	15.4	133
三门峡	Sanmenxia	6.9	9.3	9.6	245	江门	Jiangmen	17.7	19.1	18.8	83
南阳	Nanyang	9.0	12.5	12.4	199	湛江	Zhanjiang	24.2	30.1	11.3	218
商丘	Shangqiu	7.5	9.1	9.2	251	茂名	Maoming	10.1	10.9	11.0	224
信阳	Xinyang	16.7	17.3	17.4	103	肇庆	Zhaoqing	17.1	19.4	19.3	78
周口	Zhoukou	21.0	21.5	23.0	49	惠州	Huizhou	16.1	13.8	13.9	163
驻马店	Zhumadian	20.4	22.2	22.6	51	梅州	Meizhou	16.8	18.4	18.0	93
湖北	**Hubei**	**14.1**	**15.9**	**15.9**		汕尾	Shanwei	9.8	10.6	11.2	223
武汉	Wuhan	11.4	14.4	13.3	176	河源	Heyuan	11.6	13.5	13.8	166
黄石	Huangshi	16.9	18.9	19.4	77	阳江	Yangjiang	14.5	15.0	16.4	113
十堰	Shiyan	14.0	15.1	15.8	124	清远	Qingyuan	11.9	22.1	31.4	11
宜昌	Yichang	17.3	20.3	21.3	61	东莞	Dongguan	20.0	21.5	21.4	59
襄阳	Xiangfan	15.4	16.2	18.5	88	中山	ZhongShan	18.6	13.9	15.1	138
鄂州	Ezhou	19.4	24.3	25.8	29	潮州	Chaozhou	10.2	11.4	12.0	205
荆门	Jingmen	13.8	15.6	16.3	116	揭阳	Jieyang	5.3	5.9	3.6	282
孝感	Xiaogan	19.5	18.2	18.5	87	云浮	Yunfu	4.0	3.8	4.3	281
荆州	Jingzhou	10.6	11.3	12.2	202	**广西**	**Guangxi**	**14.3**	**14.7**	**15.5**	
黄冈	Huanggang	25.1	25.8	26.4	24	南宁	Nanning	14.7	13.4	14.3	150
咸宁	Xianning	12.6	14.2	13.1	183	柳州	Liuzhou	10.6	10.2	11.4	217
随州	Suizhou	11.7	10.9	9.5	247	桂林	Guilin	8.5	9.5	10.7	232
湖南	**Hunan**	**13.0**	**13.5**	**13.8**		梧州	Wuzhou	12.2	14.1	14.3	149
长沙	Changsha	14.3	12.6	12.8	189	北海	Beihai	21.7	22.3	20.9	66
株洲	Zhuzhou	16.8	16.7	17.4	102	防城港	Fangchenggang	32.6	36.5	38.3	3
湘潭	Xiangtan	15.4	15.5	17.3	104	钦州	Qinzhou	32.0	31.5	33.6	7
衡阳	Hengyang	15.3	17.7	17.7	99	贵港	Guigang	17.7	19.6	19.8	75
邵阳	Shaoyang	12.9	12.2	12.9	186	玉林	Yulin	14.2	14.0	14.2	152
岳阳	Yueyang	12.4	13.2	13.3	177	百色	Baise	14.0	17.5	17.3	104

8-39 城市人均道路面积(辖区) 续表 3
Urban Road Surface Area per Capita (Districts under City) continued 3

单位：平方米 (m²)

地名	City	2010	2012	2013	2013 排名 Ranking	地名	City	2010	2012	2013	2013 排名 Ranking
贺州	Hezhou	16.7	9.7	10.9	226	丽江	Lijiang	18.6	17.9	13.1	182
河池	Hechi	6.8	8.7	8.9	256	普洱	Puer	12.6	9.4	9.7	243
来宾	Laibin	9.0	16.6	18.7	86	临沧	Lincang	10.8	11.9	11.3	218
崇左	Chongzuo	14.2	14.4	11.4	215	**西藏**	**Tibet**	**13.3**	**14.2**	**13.2**	
海南	**Hainan**	**13.8**	**18.9**	**18.7**		拉萨	Lhasa	13.5	13.7	12.5	195
海口	Haikou	14.2	19.5	19.8	74	**陕西**	**Shaanxi**	**13.4**	**14.7**	**14.7**	
三亚	Sanya	13.5	13.9	12.1	204	西安	Xi'an	15.6	17.9	18.0	94
重庆	**Chongqing**	**9.4**	**10.7**	**11.2**		铜川	Tongchuan	11.0	11.1	11.4	215
四川	**Sichuan**	**11.8**	**12.7**	**13.2**		宝鸡	Baoji	15.7	14.6	16.0	121
成都	Chengdu	14.9	16.2	15.9	123	咸阳	Xianyang	10.1	11.8	12.4	197
自贡	Zigong	8.9	9.5	10.4	237	渭南	Weinan	16.8	18.7	8.5	262
攀枝花	Panzhihua	8.8	10.8	11.5	210	延安	Yan'an	5.1	4.8	5.4	278
泸州	Luzhou	9.4	11.4	11.6	209	汉中	Hanzhong	6.3	7.4	7.5	269
德阳	Deyang	12.4	12.8	13.0	184	榆林	Yulin	12.8	12.8	15.0	140
绵阳	Mianyang	17.0	15.3	12.9	185	安康	Ankang	13.9	15.3	16.1	120
广元	Guangyuan	11.6	13.5	13.7	168	商洛	Shangluo	14.3	12.0	11.4	213
遂宁	Suining	11.5	13.0	25.0	34	**甘肃**	**Gansu**	**12.2**	**12.6**	**14.0**	
内江	Neijiang	6.0	6.9	7.2	272	兰州	Lanzhou	10.9	11.2	14.5	145
乐山	Leshan	12.8	14.3	14.7	144	嘉峪关	Jiayuguan	16.8	14.8	15.8	125
南充	Nanchong	12.1	12.9	13.3	178	金昌	Jinchang	22.1	22.9	24.7	37
眉山	Meishan	14.6	15.9	16.2	117	白银	Baiyin	13.7	14.1	15.0	139
宜宾	Yibin	8.2	7.7	8.1	265	天水	Tianshui	8.7	8.8	8.7	259
广安	Guangan	9.3	10.2	12.7	191	武威	Wuwei	10.2	8.7	9.1	253
达州	Dazhou	4.7	3.9	3.4	283	张掖	Zhangye	16.7	21.7	22.2	54
雅安	Yaan	8.7	11.1	11.5	212	平凉	Pingliang	18.7	18.5	19.1	81
巴中	Bazhong	1.6	2.1	2.9	284	酒泉	Jiuquan	13.9	12.6	12.9	188
资阳	Ziyang	11.4	14.1	14.4	148	庆阳	Qingyang	11.1	13.4	14.4	147
贵州	**Guizhou**	**6.7**	**6.8**	**9.6**		定西	Dingxi	9.0	12.0	12.7	190
贵阳	Guiyang	6.2	5.3	9.7	242	陇南	Longnan	4.2	4.3	4.3	280
六盘水	Liupanshui	10.2	10.8	12.4	196	**青海**	**Qinghai**	**11.4**	**11.2**	**10.9**	
遵义	Zunyi	5.3	5.2	5.1	279	西宁	Xining	7.4	7.2	7.2	274
安顺	Anshun	5.0	6.3	8.1	267	**宁夏**	**Ningxia**	**17.4**	**17.6**	**18.8**	
毕节	Bijie	8.0	10.9	13.3	181	银川	Yinchuan	15.3	13.7	14.2	153
铜仁	Tongren	6.9	6.3	7.5	271	石嘴山	Shizuishan	15.8	15.8	15.5	130
云南	**Yunnan**	**10.9**	**11.9**	**12.3**		吴忠	Wuzhong	20.1	23.6	24.2	42
昆明	Kunming	8.4	9.6	9.2	250	固原	Guyuan	19.1	20.9	27.9	16
曲靖	Qujing	11.0	11.2	13.6	169	中卫	Zhongwei	19.0	25.9	25.9	28
玉溪	Yuxi	16.2	21.7	22.0	55	**新疆**	**Xinjiang**	**13.2**	**14.2**	**15.7**	
保山	Baoshan	12.4	12.5	11.7	208	乌鲁木齐	Urumqi	7.2	7.5	9.6	246
昭通	Zhaotong	12.9	14.0	14.0	158	克拉玛依	Karamay	23.6	24.1	26.3	26

8-40 城市污水排放量(辖区)
Annual Quantity of Urban Wastewater Discharged (Districts under City)

单位：万立方米 (10 000 m³)

地名	City	2010	2012	2013	2013 排名 Ranking	地名	City	2010	2012	2013	2013 排名 Ranking
全国	**Nation Total**	**3786983**	**4167602**	**4274525**		沈阳	Shenyang	54429	51126	52320	8
北京	**Beijing**	**141651**	**152010**	**155317**		大连	Dalian	28242	34881	37188	16
天津	**Tianjin**	**65235**	**74473**	**78694**		鞍山	Anshan	19300	21397	21825	34
河北	**Hebei**	**132798**	**148329**	**149382**		抚顺	Fushun	9774	14489	15153	51
石家庄	Shijiazhuang	24583	30665	30966	23	本溪	Benxi	18731	18374	19315	43
唐山	Tangshan	20285	22506	22466	33	丹东	Dandong	3970	4804	4810	150
秦皇岛	Qinhuangdao	9163	10646	10293	73	锦州	Jinzhou	10536	9812	9810	77
邯郸	Handan	12959	13016	12149	67	营口	Yingkou	4624	5080	5512	137
邢台	Xingtai	4828	6165	5755	131	阜新	Fuxin	5630	5997	6277	118
保定	Baoding	8500	9354	8505	84	辽阳	Liaoyang	9854	9480	8205	88
张家口	Zhangjiakou	5806	6675	6708	110	盘锦	Panjin	5795	6272	6707	111
承德	Chengde	4635	4609	4588	159	铁岭	Tieling	3349	3360	2840	209
沧州	Cangzhou	2842	3517	3650	185	朝阳	Chaoyang	3351	5037	4689	153
廊坊	Langfang	3675	3671	4140	165	葫芦岛	Huludao	5340	5518	5849	126
衡水	Hengshui	3468	3522	3522	188	吉林	**Jilin**	**75270**	**81629**	**84289**	
山西	**Shanxi**	**60181**	**61355**	**63359**		长春	Changchun	23555	24466	26327	26
太原	Taiyuan	22556	22256	23010	32	吉林	Jilin	17821	18764	18379	46
大同	Datong	5840	6155	6330	115	四平	Siping	1870	2682	2682	218
阳泉	Yangquan	3547	3614	3797	177	辽源	Liaoyuan	2280	2780	2788	211
长治	Changzhi	6000	5921	6006	122	通化	Tonghua	3509	2089	2096	239
晋城	Jincheng	2100	2732	2779	212	白山	Baishan	2034	3189	2714	215
朔州	Shuozhou	1934	2018	2061	241	松原	Songyuan	3680	3813	4589	158
晋中	Jinzhong	1953	2491	2484	226	白城	Baicheng	2440	1229	1266	266
运城	Yuncheng	2700	2600	2600	222	黑龙江	**Heilongjiang**	**108443**	**121945**	**119785**	
忻州	Xinzhou	1330	1901	2541	224	哈尔滨	Harbin	32016	34633	36428	20
临汾	Linfen	2449	2541	2430	228	齐齐哈尔	Qiqihar	7265	7740	7764	96
吕梁	Luliang	750	1021	805	278	鸡西	Jixi	5500	5500	5300	143
内蒙古	**Inner Mongolia**	**46543**	**50488**	**52789**		鹤岗	Hegang	3812	3891	3503	191
呼和浩特	Hohhot	9488	10974	11096	69	双鸭山	Shuangyashan	1825	2060	2060	242
包头	Baotou	8232	8583	9033	80	大庆	Daqing	19365	25003	21159	38
乌海	Wuhai	2534	2440	3020	204	伊春	Yichun	2563	3413	3424	193
赤峰	Chifeng	6983	7981	8742	83	佳木斯	Jiamusi	6020	5800	5850	125
通辽	Tongliao	4523	4800	5000	148	七台河	Qitaihe	3650	3750	3945	170
鄂尔多斯	Erdos	1908	2311	2584	223	牡丹江	Mudanjiang	14185	16498	16498	48
呼伦贝尔	Hulunbuir	1923	2300	2085	240	黑河	Heihe	540	989	1131	271
巴彦淖尔	Bayannur	1380	1400	1489	262	绥化	Suihua	1300	1470	1450	263
乌兰察布	Ulanqab	1853	1026	1056	272	上海	**Shanghai**	**231374**	**236803**	**233600**	
辽宁	**Liaoning**	**204370**	**220454**	**225766**		江苏	**Jiangsu**	**363096**	**388975**	**393453**	

8-40 城市污水排放量(辖区) 续表 1

Annual Quantity of Urban Wastewater Discharged (Districts under City) continued 1

单位：万立方米 （10 000 m³ ）

地名	City	2010	2012	2013	2013 排名 Ranking	地名	City	2010	2012	2013	2013 排名 Ranking
南京	Nanjing	80490	89638	93155	4	池州	Chizhou	1620	1878	2030	244
无锡	Wuxi	38685	38468	36568	18	宣城	Xuancheng	1750	1675	2157	237
徐州	Xuzhou	18106	19690	19998	41	**福建**	**Fujian**	**95884**	**111913**	**113550**	
常州	Changzhou	24025	21933	21172	37	福州	Fuzhou	20208	23834	24861	28
苏州	Suzhou	40989	58778	58216	7	厦门	Xiamen	22049	25833	26173	27
南通	Nantong	15792	19848	20490	39	莆田	Putian	4905	7376	7661	98
连云港	Lianyungang	7181	7232	7253	103	三明	Sanming	4225	4892	4646	155
淮安	Huaian	13387	14442	15025	52	泉州	Quanzhou	8953	9701	9889	76
盐城	Yancheng	5299	5862	5768	129	漳州	Zhangzhou	3400	3656	3836	176
扬州	Yangzhou	10121	13574	14333	54	南平	Nanping	1842	2011	1968	246
镇江	Zhenjiang	12495	12877	13390	59	龙岩	Longyan	3931	5415	5556	135
泰州	Taizhou	3768	5628	7153	104	宁德	Ningde	1330	892	1237	267
宿迁	Suqian	4020	4887	5499	138	**江西**	**Jiangxi**	**70453**	**75575**	**78247**	
浙江	**Zhejiang**	**206415**	**221437**	**235798**		南昌	Nanchang	27297	31104	29803	24
杭州	Hangzhou	43746	47330	45432	9	景德镇	Jingdezhen	3945	3913	3891	173
宁波	Ningbo	32531	37060	37847	15	萍乡	Pingxiang	2450	3189	3516	189
温州	Wenzhou	17802	19450	18737	45	九江	Jiujiang	6238	5432	5998	123
嘉兴	Jiaxing	8027	8180	8750	82	新余	Xinyu	3687	4565	4622	157
湖州	Huzhou	6500	6510	6564	113	鹰潭	Yingtan	1765	1613	1752	253
绍兴	Shaoxing	9789	8627	24711	29	赣州	Ganzhou	3402	4121	5420	140
金华	Jinhua	4216	5167	4666	154	吉安	Jian	2364	2020	2738	214
衢州	Quzhou	8184	3657	3873	175	宜春	Yichun	2456	2725	2934	206
舟山	Zhoushan	3393	3430	3590	186	抚州	Fuzhou	3139	3469	3515	190
台州	Taizhou	8996	10534	10707	70	上饶	Shangrao	2551	2811	3079	201
丽水	Lishui	2711	3015	3031	203	**山东**	**Shandong**	**244417**	**277438**	**281135**	
安徽	**Anhui**	**124449**	**131535**	**135346**		济南	Jinan	22980	28263	28534	25
合肥	Hefei	30856	36146	36527	19	青岛	Qingdao	30735	36372	36664	17
芜湖	Wuhu	9789	13093	12647	65	淄博	Zibo	22730	22889	23035	31
蚌埠	Bengbu	13100	11670	13399	58	枣庄	Zaozhuang	6854	7748	8089	91
淮南	Huainan	10400	7890	7640	99	东营	Dongying	6512	7502	7625	100
马鞍山	Maanshan	15665	12454	12998	61	烟台	Yantai	12489	13387	13354	60
淮北	Huaibei	4348	4566	4699	152	潍坊	Weifang	7408	12809	12992	62
铜陵	Tongling	3143	5153	4726	151	济宁	Jining	9206	10506	13634	56
安庆	Anqing	5596	6620	6123	120	泰安	Taian	5624	5444	5636	134
黄山	Huangshan	2008	2872	2906	207	威海	Weihai	5115	5421	5657	133
滁州	Chuzhou	2766	4409	5173	145	日照	Rizhao	5032	5753	5708	132
阜阳	Fuyang	4500	5289	5768	129	莱芜	Laiwu	3188	3853	3793	178
宿州	Suzhou	5210	3780	3680	182	临沂	Linyi	12414	14370	15889	49
六安	Liuan	3600	3212	3183	198	德州	Dezhou	5998	6405	6062	121
亳州	Bozhou	2358	3145	3695	181	聊城	Liaocheng	4070	4800	5479	139

8-40 城市污水排放量(辖区) 续表 2

Annual Quantity of Urban Wastewater Discharged (Districts under City) continued 2

单位：万立方米 (10 000 m³)

地名	City	2010	2012	2013	2013 排名 Ranking	地名	City	2010	2012	2013	2013 排名 Ranking
滨州	Binzhou	4949	5896	6296	116	常德	Changde	5680	5813	5791	127
菏泽	Heze	3460	3490	3902	172	张家界	Zhangjiajie	1925	2200	1989	245
河南	**Henan**	**147413**	**164967**	**167742**		益阳	Yiyang	4300	5280	5317	142
郑州	Zhengzhou	32065	32120	31877	22	郴州	Chenzhou	4695	5690	5134	147
开封	Kaifeng	5815	6368	8226	87	永州	Yongzhou	6791	7059	6525	114
洛阳	Luoyang	11383	14280	15195	50	怀化	Huaihua	4109	3861	3672	183
平顶山	Pingdingshan	9398	10049	10085	74	娄底	Loudi	4850	5848	3772	179
安阳	Anyang	8485	8120	7980	95	**广东**	**Guangdong**	**506546**	**615166**	**636504**	
鹤壁	Hebi	3390	3754	3890	174	广州	Guangzhou	93847	152604	141356	2
新乡	Xinxiang	8691	9893	10079	75	韶关	Shaoguan	5127	6782	6872	107
焦作	Jiaozuo	8106	8559	8465	85	深圳	Shenzhen	104798	136340	149457	1
濮阳	Puyang	3826	4345	4350	161	珠海	Zhuhai	17285	22674	23596	30
许昌	Xuchang	3270	3558	3527	187	汕头	Shantou	19950	20014	20262	40
漯河	Luohe	8553	7789	7261	102	佛山	Foshan	36198	39981	39327	13
三门峡	Sanmenxia	1329	1450	2036	243	江门	Jiangmen	10103	15816	16634	47
南阳	Nanyang	4474	6753	6758	109	湛江	Zhanjiang	7530	10836	12155	66
商丘	Shangqiu	4777	9760	8297	86	茂名	Maoming	3468	4136	4225	163
信阳	Xinyang	3326	3561	3655	184	肇庆	Zhaoqing	7112	8093	7003	106
周口	Zhoukou	1432	2546	2685	217	惠州	Huizhou	18153	20211	21447	36
驻马店	Zhumadian	3334	3802	4019	167	梅州	Meizhou	3154	3264	3044	202
湖北	**Hubei**	**169150**	**171706**	**177323**		汕尾	Shanwei	2091	2248	2137	238
武汉	Wuhan	60801	66420	71643	5	河源	Heyuan	3839	3998	3939	171
黄石	Huangshi	10100	9387	8861	81	阳江	Yangjiang	2558	3158	3178	199
十堰	Shiyan	8045	7600	8007	93	清远	Qingyuan	2556	3929	5344	141
宜昌	Yichang	7925	8058	8112	89	东莞	Dongguan	109527	95169	103338	3
襄阳	Xiangfan	12346	12823	12773	64	中山	ZhongShan	10431	12696	12964	63
鄂州	Ezhou	2450	2705	2758	213	潮州	Chaozhou	3868	4188	4072	166
荆门	Jingmen	4556	5084	5145	146	揭阳	Jieyang	2117	2026	6289	117
孝感	Xiaogan	2618	2779	2880	208	云浮	Yunfu	1879	2269	2281	234
荆州	Jingzhou	7035	7294	6602	112	**广西**	**Guangxi**	**115256**	**121395**	**125443**	
黄冈	Huanggang	3140	3475	3256	196	南宁	Nanning	30062	30161	31936	21
咸宁	Xianning	1704	2200	2216	236	柳州	Liuzhou	31556	37613	39181	14
随州	Suizhou	2800	3068	3186	197	桂林	Guilin	7997	8473	8100	90
湖南	**Hunan**	**153696**	**159155**	**152006**		梧州	Wuzhou	3825	4626	4249	162
长沙	Changsha	35927	40375	42169	11	北海	Beihai	3226	3887	3711	180
株洲	Zhuzhou	13000	13479	13481	57	防城港	Fangchenggang	2015	2681	2940	205
湘潭	Xiangtan	13200	10146	9767	78	钦州	Qinzhou	3386	3713	3498	192
衡阳	Hengyang	11650	13500	11126	68	贵港	Guigang	8809	7737	8039	92
邵阳	Shaoyang	6600	7968	5770	128	玉林	Yulin	3817	4335	5215	144
岳阳	Yueyang	12400	13310	13860	55	百色	Baise	3661	2923	3356	194

8-40 城市污水排放量(辖区) 续表 3

Annual Quantity of Urban Wastewater Discharged (Districts under City) continued 3

单位：万立方米 (10 000 m³)

地名	City	2010	2012	2013	2013 排名 Ranking	地名	City	2010	2012	2013	2013 排名 Ranking
贺州	Hezhou	1503	1573	1880	247	丽江	Lijiang	1100	1097	1223	268
河池	Hechi	3150	1937	1822	250	普洱	Puer	908	846	938	274
来宾	Laibin	1762	1862	1771	252	临沧	Lincang	637	905	900	276
崇左	Chongzuo	961	794	844	277	**西藏**	**Tibet**	**6770**	**7831**	**9393**	
海南	**Hainan**	**27811**	**25625**	**27194**		拉萨	Lhasa	6020	6981	7593	101
海口	Haikou	12914	14117	15000	53	**陕西**	**Shaanxi**	**68104**	**71442**	**77504**	
三亚	Sanya	10472	4646	4934	149	西安	Xi'an	33232	38188	43868	10
重庆	**Chongqing**	**64622**	**76782**	**82991**		铜川	Tongchuan	1169	1552	1555	260
四川	**Sichuan**	**136520**	**149029**	**164898**		宝鸡	Baoji	6237	6982	7111	105
成都	Chengdu	55404	62684	69589	6	咸阳	Xianyang	10259	9033	9123	79
自贡	Zigong	4502	5141	6844	108	渭南	Weinan	3544	4277	4472	160
攀枝花	Panzhihua	9751	10236	10475	72	延安	Yan'an	1342	1452	1665	259
泸州	Luzhou	7223	7960	7984	94	汉中	Hanzhong	2000	2343	2345	230
德阳	Deyang	3761	3971	5514	136	榆林	Yulin	960	1538	1405	264
绵阳	Mianyang	6753	7130	7677	97	安康	Ankang	3900	1278	1329	265
广元	Guangyuan	2280	2524	2667	220	商洛	Shangluo	738	916	950	273
遂宁	Suining	2397	2717	2669	219	**甘肃**	**Gansu**	**41940**	**40073**	**39928**	
内江	Neijiang	1826	2452	2700	216	兰州	Lanzhou	22318	19785	19285	44
乐山	Leshan	3368	3212	3293	195	嘉峪关	Jiayuguan	2680	2776	2814	210
南充	Nanchong	5660	5820	5995	124	金昌	Jinchang	2040	2292	2293	232
眉山	Meishan	2376	2275	2514	225	白银	Baiyin	4161	4604	4628	156
宜宾	Yibin	3978	2449	2293	232	天水	Tianshui	2084	2390	2398	229
广安	Guangan	860	1480	1740	254	武威	Wuwei	1576	1291	1212	269
达州	Dazhou	2161	2538	4207	164	张掖	Zhangye	1363	1596	1697	256
雅安	Yaan	1600	1807	1851	248	平凉	Pingliang	1070	755	905	275
巴中	Bazhong	1510	1704	1825	249	酒泉	Jiuquan	1600	1507	1526	261
资阳	Ziyang	1478	1678	1691	257	庆阳	Qingyang	514	588	583	281
贵州	**Guizhou**	**32533**	**40107**	**41984**		定西	Dingxi	316	380	428	283
贵阳	Guiyang	16952	19037	19932	42	陇南	Longnan	365	300	308	284
六盘水	Liupanshui	1801	2541	1715	255	**青海**	**Qinghai**	**12889**	**16198**	**17198**	
遵义	Zunyi	3900	3810	3998	168	西宁	Xining	7799	10246	10636	71
安顺	Anshun	1493	1928	1802	251	**宁夏**	**Ningxia**	**28047**	**29143**	**25765**	
毕节	Bijie	1138	2780	3126	200	银川	Yinchuan	10525	13281	544	282
铜仁	Tongren	1089	1362	2473	227	石嘴山	Shizuishan	5642	6918	2252	235
云南	**Yunnan**	**58711**	**68307**	**69978**		吴忠	Wuzhong	2261	2292	2302	231
昆明	Kunming	37050	41302	41469	12	固原	Guyuan	486	566	645	280
曲靖	Qujing	3016	3950	3980	169	中卫	Zhongwei	656	740	724	279
玉溪	Yuxi	2200	2738	2660	221	**新疆**	**Xinjiang**	**46396**	**56317**	**58164**	
保山	Baoshan	890	1400	1669	258	乌鲁木齐	Urumqi	18388	21317	21581	35
昭通	Zhaotong	1144	1156	1156	270	克拉玛依	Karamay	4876	5944	6198	119

8-41 城市排水管道长度(辖区)
Length of Urban Drainage Pipelines (Districts under City)

单位：公里 (km)

地名	City	2010	2012	2013	2013 排名 Ranking
全国	**Nation Total**	**369553**	**439080**	**464878**	
北京	**Beijing**	**10172**	**12665**	**13505**	
天津	**Tianjin**	**15140**	**17756**	**18644**	
河北	**Hebei**	**14576**	**15787**	**15869**	
石家庄	Shijiazhuang	2074	2182	2208	34
唐山	Tangshan	2218	2279	2279	32
秦皇岛	Qinhuangdao	1313	1379	1411	57
邯郸	Handan	1441	1564	1621	48
邢台	Xingtai	745	806	710	126
保定	Baoding	1062	1153	833	102
张家口	Zhangjiakou	662	666	666	133
承德	Chengde	334	444	461	174
沧州	Cangzhou	404	532	535	155
廊坊	Langfang	402	523	542	153
衡水	Hengshui	361	388	388	192
山西	**Shanxi**	**5459**	**6530**	**6676**	
太原	Taiyuan	1473	1720	1470	54
大同	Datong	488	574	604	142
阳泉	Yangquan	330	351	352	203
长治	Changzhi	254	378	383	196
晋城	Jincheng	327	342	354	202
朔州	Shuozhou	457	510	510	161
晋中	Jinzhong	474	579	710	126
运城	Yuncheng	291	367	378	197
忻州	Xinzhou	132	286	345	206
临汾	Linfen	35	59	91	277
吕梁	Luliang	200	221	244	231
内蒙古	**Inner Mongolia**	**8514**	**10012**	**11208**	
呼和浩特	Hohhot	962	1174	1418	56
包头	Baotou	1750	1982	1997	38
乌海	Wuhai	260	289	289	221
赤峰	Chifeng	469	597	725	123
通辽	Tongliao	586	620	731	119
鄂尔多斯	Erdos	1823	2059	2065	35
呼伦贝尔	Hulunbuir	318	425	484	168
巴彦淖尔	Bayannur	557	619	1090	78
乌兰察布	Ulanqab	246	292	311	213
辽宁	**Liaoning**	**14070**	**15945**	**16420**	
沈阳	Shenyang	3738	3789	3981	15
大连	Dalian	2459	2587	2654	21
鞍山	Anshan	860	892	905	91
抚顺	Fushun	842	917	921	89
本溪	Benxi	336	357	361	200
丹东	Dandong	684	780	782	112
锦州	Jinzhou	476	482	493	166
营口	Yingkou	526	549	550	150
阜新	Fuxin	259	274	275	224
辽阳	Liaoyang	742	868	878	95
盘锦	Panjin	555	613	613	141
铁岭	Tieling	461	464	464	173
朝阳	Chaoyang	251	613	636	135
葫芦岛	Huludao	176	622	628	137
吉林	**Jilin**	**7738**	**8910**	**9607**	
长春	Changchun	3801	4645	4853	11
吉林	Jilin	816	857	892	94
四平	Siping	206	214	214	245
辽源	Liaoyuan	114	114	160	260
通化	Tonghua	123	110	165	256
白山	Baishan	140	163	156	261
松原	Songyuan	193	217	223	238
白城	Baicheng	240	274	308	214
黑龙江	**Heilongjiang**	**7504**	**9376**	**9583**	
哈尔滨	Harbin	1796	2613	2748	19
齐齐哈尔	Qiqihar	693	711	723	124
鸡西	Jixi	289	298	307	215
鹤岗	Hegang	266	282	284	222
双鸭山	Shuangyashan	238	260	261	226
大庆	Daqing	1297	1521	1521	52
伊春	Yichun	266	367	404	187
佳木斯	Jiamusi	346	730	420	185
七台河	Qitaihe	141	144	151	263
牡丹江	Mudanjiang	387	387	387	195
黑河	Heihe	98	101	101	272
绥化	Suihua	151	177	199	246
上海	**Shanghai**	**11483**	**18191**	**18809**	
江苏	**Jiangsu**	**46867**	**56887**	**62194**	

8-41 城市排水管道长度(辖区) 续表 1
Length of Urban Drainage Pipelines (Districts under City) continued 1

单位：公里 (km)

地名	City	2010	2012	2013	2013 排名 Ranking	地名	City	2010	2012	2013	2013 排名 Ranking
南京	Nanjing	4948	5982	7398	6	池州	Chizhou	414	529	534	156
无锡	Wuxi	8880	12250	12536	1	宣城	Xuancheng	524	647	675	132
徐州	Xuzhou	1334	1569	2016	37	**福建**	**Fujian**	**9686**	**11483**	**12289**	
常州	Changzhou	3627	4214	5003	10	福州	Fuzhou	1448	1924	1939	44
苏州	Suzhou	5360	7321	7631	4	厦门	Xiamen	1737	2180	2610	23
南通	Nantong	1757	2148	2507	25	莆田	Putian	1245	1532	1272	67
连云港	Lianyungang	1228	1371	1429	55	三明	Sanming	113	130	193	248
淮安	Huaian	1599	1941	1970	41	泉州	Quanzhou	1011	1149	1375	62
盐城	Yancheng	786	1041	1092	77	漳州	Zhangzhou	734	782	807	108
扬州	Yangzhou	1584	2170	2232	33	南平	Nanping	72	83	154	262
镇江	Zhenjiang	1646	1906	1969	42	龙岩	Longyan	219	239	247	230
泰州	Taizhou	838	906	1582	49	宁德	Ningde	138	161	186	251
宿迁	Suqian	647	771	978	84	**江西**	**Jiangxi**	**7340**	**9484**	**10573**	
浙江	**Zhejiang**	**26367**	**29786**	**33501**		南昌	Nanchang	1239	1944	1980	40
杭州	Hangzhou	3904	4280	4454	13	景德镇	Jingdezhen	646	705	709	128
宁波	Ningbo	3407	3794	4492	12	萍乡	Pingxiang	246	329	488	167
温州	Wenzhou	1539	1613	2674	20	九江	Jiujiang	853	998	1101	76
嘉兴	Jiaxing	727	795	852	101	新余	Xinyu	591	758	782	112
湖州	Huzhou	1652	1792	1813	46	鹰潭	Yingtan	61	78	173	253
绍兴	Shaoxing	982	1075	2393	26	赣州	Ganzhou	463	575	706	129
金华	Jinhua	1323	1447	1503	53	吉安	Jian	317	492	506	162
衢州	Quzhou	952	1069	1146	74	宜春	Yichun	380	455	555	148
舟山	Zhoushan	703	844	899	92	抚州	Fuzhou	569	687	729	121
台州	Taizhou	1567	1844	1940	43	上饶	Shangrao	531	621	719	125
丽水	Lishui	427	468	522	159	**山东**	**Shandong**	**34301**	**43357**	**46025**	
安徽	**Anhui**	**13136**	**19885**	**21891**		济南	Jinan	2177	2357	2328	29
合肥	Hefei	3611	5963	6679	7	青岛	Qingdao	4708	6814	6537	8
芜湖	Wuhu	1311	2206	632	136	淄博	Zibo	1785	2405	2550	24
蚌埠	Bengbu	763	992	2288	31	枣庄	Zaozhuang	930	1142	1227	68
淮南	Huainan	646	680	701	130	东营	Dongying	756	925	959	86
马鞍山	Maanshan	595	1315	1380	60	烟台	Yantai	2328	2791	3065	18
淮北	Huaibei	125	163	163	258	潍坊	Weifang	1433	1684	1997	38
铜陵	Tongling	256	799	1075	79	济宁	Jining	969	1045	1347	66
安庆	Anqing	624	957	1014	82	泰安	Taian	797	897	858	97
黄山	Huangshan	566	395	457	176	威海	Weihai	1043	2540	2631	22
滁州	Chuzhou	589	981	1153	73	日照	Rizhao	1006	1254	1377	61
阜阳	Fuyang	458	596	677	131	莱芜	Laiwu	798	846	1020	81
宿州	Suzhou	605	718	755	118	临沂	Linyi	1845	1997	2302	30
六安	Liuan	324	425	452	179	德州	Dezhou	792	925	930	88
亳州	Bozhou	547	852	963	85	聊城	Liaocheng	874	916	1114	75

8-41 城市排水管道长度(辖区) 续表 2

Length of Urban Drainage Pipelines (Districts under City) continued 2

单位：公里 (km)

地名	City	2010	2012	2013	2013 排名 Ranking
滨州	Binzhou	590	1300	1352	64
菏泽	Heze	509	697	773	115
河南	**Henan**	**14733**	**17292**	**18297**	
郑州	Zhengzhou	2939	3204	3377	17
开封	Kaifeng	628	747	798	109
洛阳	Luoyang	1201	1394	1538	50
平顶山	Pingdingshan	392	429	438	183
安阳	Anyang	768	817	817	105
鹤壁	Hebi	340	385	400	189
新乡	Xinxiang	765	810	820	103
焦作	Jiaozuo	662	792	816	106
濮阳	Puyang	266	400	404	187
许昌	Xuchang	429	470	499	165
漯河	Luohe	451	464	466	171
三门峡	Sanmenxia	159	191	193	248
南阳	Nanyang	811	1120	1218	69
商丘	Shangqiu	237	391	391	191
信阳	Xinyang	285	310	331	209
周口	Zhoukou	450	540	554	149
驻马店	Zhumadian	476	643	656	134
湖北	**Hubei**	**16577**	**18634**	**20030**	
武汉	Wuhan	7543	8173	9010	3
黄石	Huangshi	602	751	853	100
十堰	Shiyan	473	568	590	143
宜昌	Yichang	582	759	893	93
襄阳	Xiangfan	665	756	819	104
鄂州	Ezhou	645	525	583	144
荆门	Jingmen	539	672	730	120
孝感	Xiaogan	279	315	328	210
荆州	Jingzhou	385	431	465	172
黄冈	Huanggang	203	209	217	241
咸宁	Xianning	180	230	236	235
随州	Suizhou	236	256	256	228
湖南	**Hunan**	**8882**	**11402**	**12050**	
长沙	Changsha	1274	2062	2062	36
株洲	Zhuzhou	291	818	914	90
湘潭	Xiangtan	724	818	959	86
衡阳	Hengyang	924	992	998	83
邵阳	Shaoyang	480	762	857	98
岳阳	Yueyang	874	1185	1204	71
常德	Changde	483	506	533	157
张家界	Zhangjiajie	96	220	225	237
益阳	Yiyang	333	265	281	223
郴州	Chenzhou	390	406	290	219
永州	Yongzhou	343	429	453	178
怀化	Huaihua	221	304	346	205
娄底	Loudi	376	437	444	182
广东	**Guangdong**	**42507**	**41056**	**36098**	
广州	Guangzhou	8501	9450	9550	2
韶关	Shaoguan	497	505	505	164
深圳	Shenzhen	12844	10420		
珠海	Zhuhai	1281	1379	1398	58
汕头	Shantou	1661	1658	1666	47
佛山	Foshan	1672	2144	2392	27
江门	Jiangmen	1242	1362	1385	59
湛江	Zhanjiang	449	605	618	140
茂名	Maoming	291	362	368	199
肇庆	Zhaoqing	568	718	785	111
惠州	Huizhou	1473	2208	2340	28
梅州	Meizhou	298	372	516	160
汕尾	Shanwei	215	234	242	233
河源	Heyuan	206	383	388	192
阳江	Yangjiang			388	192
清远	Qingyuan			581	145
东莞	Dongguan	5857	3948	7428	5
中山	ZhongShan	899	980	1053	80
潮州	Chaozhou	307	320	328	210
揭阳	Jieyang	212		66	282
云浮	Yunfu	57	80	84	278
广西	**Guangxi**	**6417**	**7726**	**8309**	
南宁	Nanning	716	753	763	116
柳州	Liuzhou	1012	1101	1195	72
桂林	Guilin	485	504	546	151
梧州	Wuzhou	156	194	217	241
北海	Beihai	308	521	810	107
防城港	Fangchenggang	231	399	461	174
钦州	Qinzhou	449	561	619	139
贵港	Guigang	320	332	356	201
玉林	Yulin	619	720	727	122
百色	Baise	256	297	297	217

8-41 城市排水管道长度(辖区) 续表 3
Length of Urban Drainage Pipelines (Districts under City) continued 3

单位：公里 (km)

地名	City	2010	2012	2013	2013 排名 Ranking	地名	City	2010	2012	2013	2013 排名 Ranking
贺州	Hezhou	209	214	219	240	丽江	Lijiang	118	124	398	190
河池	Hechi	322	370	217	241	普洱	Puer	221	223	456	177
来宾	Laibin	210	431	477	169	临沧	Lincang	185	215	215	244
崇左	Chongzuo	89	97	98	273	**西藏**	**Tibet**	**293**	**355**	**546**	
海南	**Hainan**	**2946**	**3015**	**3357**		拉萨	Lhasa	216	231	235	236
海口	Haikou	1154	1447	1527	51	**陕西**	**Shaanxi**	**5666**	**6383**	**6767**	
三亚	Sanya	818	540	777	114	西安	Xi'an	3388	4022	4192	14
重庆	**Chongqing**	**7073**	**8851**	**9497**		铜川	Tongchuan	180	196	196	247
四川	**Sichuan**	**14498**	**18753**	**19519**		宝鸡	Baoji	494	528	538	154
成都	Chengdu	5213	6234	6305	9	咸阳	Xianyang	230	235	293	218
自贡	Zigong	455	478	125	269	渭南	Weinan	289	315	348	204
攀枝花	Panzhihua	545	607	624	138	延安	Yan'an	89	92	92	276
泸州	Luzhou	632	783	873	96	汉中	Hanzhong	130	141	143	266
德阳	Deyang	360	447	470	170	榆林	Yulin	364	364	425	184
绵阳	Mianyang	1016	1184	1854	45	安康	Ankang	110	167	185	252
广元	Guangyuan	313	438	527	158	商洛	Shangluo	178	70	80	279
遂宁	Suining	487	667	756	117	**甘肃**	**Gansu**	**3092**	**3282**	**3881**	
内江	Neijiang	222	292	306	216	兰州	Lanzhou	724	832	1360	63
乐山	Leshan	456	560	581	145	嘉峪关	Jiayuguan	344	359	376	198
南充	Nanchong	730	1120	1210	70	金昌	Jinchang	87	93	96	275
眉山	Meishan	260	428	445	181	白银	Baiyin	153	165	168	254
宜宾	Yibin	153	503	506	162	天水	Tianshui	323	315	315	212
广安	Guangan	232	243	256	228	武威	Wuwei	138	147	147	265
达州	Dazhou	415	603	78	280	张掖	Zhangye	215	127	137	267
雅安	Yaan	180	238	243	232	平凉	Pingliang	286	304	335	208
巴中	Bazhong	185	211	238	234	酒泉	Jiuquan	258	264	264	225
资阳	Ziyang	214	290	290	219	庆阳	Qingyang	159	186	187	250
贵州	**Guizhou**	**3327**	**3648**	**5260**		定西	Dingxi	95	135	135	268
贵阳	Guiyang	1798	1910	3517	16	陇南	Longnan	56	56	56	283
六盘水	Liupanshui	70	70	75	281	**青海**	**Qinghai**	**1014**	**1155**	**1391**	
遵义	Zunyi	222	222	222	239	西宁	Xining	619	749	797	110
安顺	Anshun	295	315	345	206	**宁夏**	**Ningxia**	**1384**	**1242**	**1362**	
毕节	Bijie	75	139	165	256	银川	Yinchuan	451	531	544	152
铜仁	Tongren	129	149	149	264	石嘴山	Shizuishan	302	88	103	271
云南	**Yunnan**	**4419**	**5276**	**6064**		吴忠	Wuzhong	98	119	123	270
昆明	Kunming	524	840	856	99	固原	Guyuan	154	191	260	227
曲靖	Qujing	458	540	571	147	中卫	Zhongwei	91	93	97	274
玉溪	Yuxi	475	448	449	180	**新疆**	**Xinjiang**	**4372**	**4956**	**5660**	
保山	Baoshan	132	156	161	259	乌鲁木齐	Urumqi	1172	1302	1352	64
昭通	Zhaotong	108	167	167	255	克拉玛依	Karamay	405	392	414	186

8-42 城市污水处理总量(辖区)
Total Quantity of Urban Wastewater Treated (Districts under City)

单位：万立方米 (10 000 m²)

地名	City	2010	2012	2013	2013 排名 Ranking	地名	City	2010	2012	2013	2013 排名 Ranking
全国	**Nation Total**	**3117032**	**3638238**	**3818948**		沈阳	Shenyang	40067	44536	49704	8
北京	**Beijing**	**116288**	**126411**	**131405**		大连	Dalian	25531	33172	35687	15
天津	**Tianjin**	**55645**	**65712**	**70852**		鞍山	Anshan	13623	17119	19007	37
河北	**Hebei**	**122567**	**139822**	**141270**		抚顺	Fushun	8899	10381	11364	66
石家庄	Shijiazhuang	23448	29396	29250	22	本溪	Benxi	16310	16060	18237	43
唐山	Tangshan	19088	21338	21300	31	丹东	Dandong	1951	4083	4301	149
秦皇岛	Qinhuangdao	8439	9852	9779	68	锦州	Jinzhou	6339	8101	8275	77
邯郸	Handan	11889	12692	11848	63	营口	Yingkou	3443	4538	5512	120
邢台	Xingtai	4080	5179	5214	127	阜新	Fuxin	3054	3328	3209	177
保定	Baoding	7640	8605	8207	78	辽阳	Liaoyang	8044	8108	8205	79
张家口	Zhangjiakou	5080	6095	6170	107	盘锦	Panjin	3649	6272	6707	100
承德	Chengde	4017	4454	4376	148	铁岭	Tieling	2859	3010	2840	190
沧州	Cangzhou	2418	3372	3650	160	朝阳	Chaoyang	2295	3240	3650	160
廊坊	Langfang	3164	3205	3629	163	葫芦岛	Huludao	4496	4691	5009	132
衡水	Hengshui	3000	2830	2805	192	吉林	**Jilin**	**55641**	**67222**	**70979**	
山西	**Shanxi**	**51111**	**53980**	**55988**		长春	Changchun	21072	21076	21437	30
太原	Taiyuan	18916	18807	19559	36	吉林	Jilin	16307	17638	17285	44
大同	Datong	4566	5071	5267	125	四平	Siping	1850	2012	2013	230
阳泉	Yangquan	2944	3409	3411	175	辽源	Liaoyuan	1900	2359	2680	198
长治	Changzhi	5520	5460	5560	119	通化	Tonghua	1800	1877	1937	233
晋城	Jincheng	2001	2595	2640	201	白山	Baishan	450	1695	1706	241
朔州	Shuozhou	1864	1962	2014	229	松原	Songyuan	3000	3546	4396	146
晋中	Jinzhong	1875	2397	2397	211	白城	Baicheng	261	740	786	275
运城	Yuncheng	2430	2382	2392	212	黑龙江	**Heilongjiang**	**61513**	**74111**	**90654**	
忻州	Xinzhou	1249	1806	2414	209	哈尔滨	Harbin	18307	31731	32955	20
临汾	Linfen	2114	2298	2208	217	齐齐哈尔	Qiqihar	4901	5640	5714	117
吕梁	Luliang	566	902	732	277	鸡西	Jixi	1825	1833	1833	239
内蒙古	**Inner Mongolia**	**37490**	**43204**	**46563**		鹤岗	Hegang	460	1616	1591	249
呼和浩特	Hohhot	7315	8783	8959	72	双鸭山	Shuangyashan	185	1596	878	272
包头	Baotou	6785	7299	7734	83	大庆	Daqing	19365	8128	20440	34
乌海	Wuhai	2275	2259	2809	191	伊春	Yichun	570	1274	1274	260
赤峰	Chifeng	5749	6846	7697	84	佳木斯	Jiamusi	3250	2313	3915	153
通辽	Tongliao	3898	4800	4972	133	七台河	Qitaihe		1580	2020	226
鄂尔多斯	Erdos	1766	2300	2536	203	牡丹江	Mudanjiang	6450	6936	6909	97
呼伦贝尔	Hulunbuir	1550	2013	1957	232	黑河	Heihe	540	986	1018	270
巴彦淖尔	Bayannur	1191	1225	1399	258	绥化	Suihua	730	1460	1450	256
乌兰察布	Ulanqab	1577	1005	1040	269	上海	**Shanghai**	**192714**	**216166**	**203523**	
辽宁	**Liaoning**	**153131**	**186475**	**203287**		江苏	**Jiangsu**	**317926**	**352759**	**362536**	

8-42 城市污水处理总量(辖区) 续表 1

Total Quantity of Urban Wastewater Treated (Districts under City) continued 1

单位：万立方米 （10 000 m³）

地名	City	2010	2012	2013	2013 排名 Ranking	地名	City	2010	2012	2013	2013 排名 Ranking
南京	Nanjing	71493	84802	87767	4	池州	Chizhou	1458	1695	1855	236
无锡	Wuxi	36818	36743	35148	17	宣城	Xuancheng	1588	1403	1881	235
徐州	Xuzhou	14786	17134	18298	42	福建	**Fujian**	**80960**	**95795**	**99145**	
常州	Changzhou	21584	20565	19991	35	福州	Fuzhou	17601	20187	21472	29
苏州	Suzhou	37030	53989	55592	7	厦门	Xiamen	19866	23430	23979	26
南通	Nantong	14430	17864	18810	39	莆田	Putian	4253	6225	6551	103
连云港	Lianyungang	5846	6018	6079	108	三明	Sanming	3424	4110	3935	152
淮安	Huaian	10919	11352	11945	61	泉州	Quanzhou	7700	8453	8623	73
盐城	Yancheng	4345	5006	4962	135	漳州	Zhangzhou	2992	3250	3415	174
扬州	Yangzhou	8998	12617	13337	53	南平	Nanping	1523	1689	1751	240
镇江	Zhenjiang	10762	11590	12400	57	龙岩	Longyan	3539	4868	4965	134
泰州	Taizhou	3154	4792	6398	104	宁德	Ningde	982	775	1076	267
宿迁	Suqian	3336	4155	4953	137	江西	**Jiangxi**	**56948**	**63671**	**65024**	
浙江	**Zhejiang**	**170781**	**193751**	**210529**		南昌	Nanchang	20473	27888	27111	24
杭州	Hangzhou	41733	45197	46251	9	景德镇	Jingdezhen	3942	2722	2776	194
宁波	Ningbo	27720	32665	34184	19	萍乡	Pingxiang	2260	2853	2918	186
温州	Wenzhou	12462	16218	16545	45	九江	Jiujiang	6114	5390	5964	112
嘉兴	Jiaxing	7004	7372	7908	81	新余	Xinyu	3687	4418	4622	142
湖州	Huzhou	5532	5867	5974	111	鹰潭	Yingtan	1375	1528	1643	245
绍兴	Shaoxing	8322	8197	21809	28	赣州	Ganzhou	2832	2602	2513	204
金华	Jinhua	3162	4545	4153	150	吉安	Jian	1898	1843	2488	206
衢州	Quzhou	6191	3122	3417	173	宜春	Yichun	2280	2537	2733	196
舟山	Zhoushan	2548	2815	3095	182	抚州	Fuzhou	2919	2707	3203	178
台州	Taizhou	6807	9069	9539	69	上饶	Shangrao	2302	2530	2781	193
丽水	Lishui	1965	2610	2652	200	山东	**Shandong**	**222691**	**261415**	**266888**	
安徽	**Anhui**	**110082**	**124338**	**130229**		济南	Jinan	22211	27497	28190	23
合肥	Hefei	30798	35675	36089	14	青岛	Qingdao	27136	33221	34605	18
芜湖	Wuhu	7342	12032	11887	62	淄博	Zibo	21521	22017	21906	27
蚌埠	Bengbu	11438	11489	13392	51	枣庄	Zaozhuang	6258	7176	7534	87
淮南	Huainan	9027	7721	7501	88	东营	Dongying	5753	6915	7151	95
马鞍山	Maanshan	13787	11658	12655	56	烟台	Yantai	11326	12985	12718	55
淮北	Huaibei	4044	4446	4590	143	潍坊	Weifang	6916	12375	12102	60
铜陵	Tongling	2169	4162	4041	151	济宁	Jining	8047	9917	12759	54
安庆	Anqing	5003	6344	5995	110	泰安	Taian	5067	5119	5322	122
黄山	Huangshan	1936	2578	2655	199	威海	Weihai	4726	5188	5312	123
滁州	Chuzhou	2505	4074	4929	138	日照	Rizhao	4568	5381	5373	121
阜阳	Fuyang	3915	4669	5192	128	莱芜	Laiwu	2933	3515	3576	166
宿州	Suzhou	3246	3561	3647	162	临沂	Linyi	11573	13938	14945	47
六安	Liuan	2910	2858	2901	187	德州	Dezhou	5079	6213	5757	115
亳州	Bozhou	2271	3048	3581	165	聊城	Liaocheng	3856	4369	5184	129

8-42 城市污水处理总量(辖区) 续表 2
Total Quantity of Urban Wastewater Treated (Districts under City) continued 2

单位：万立方米 (10 000 m³)

地名	City	2010	2012	2013	2013 排名 Ranking
滨州	Binzhou	4593	5643	5738	116
菏泽	Heze	2167	2624	3495	171
河南	**Henan**	**129134**	**144882**	**152373**	
郑州	Zhengzhou	31167	30776	30557	21
开封	Kaifeng	5117	5620	6037	109
洛阳	Luoyang	10875	14258	14977	46
平顶山	Pingdingshan	9241	9748	9075	70
安阳	Anyang	8289	7933	7797	82
鹤壁	Hebi	2797	3108	3229	176
新乡	Xinxiang	7603	8686	9071	71
焦作	Jiaozuo	6898	7369	7390	91
濮阳	Puyang	2044	3693	3875	154
许昌	Xuchang	3170	3450	3420	172
漯河	Luohe	5540	5500	6900	98
三门峡	Sanmenxia	1320	1400	1887	234
南阳	Nanyang	2791	3291	6261	105
商丘	Shangqiu	4777	7095	7187	93
信阳	Xinyang	2694	2991	3542	168
周口	Zhoukou	1075	2049	2149	220
驻马店	Zhumadian	3068	3500	3700	158
湖北	**Hubei**	**137043**	**149584**	**162407**	
武汉	Wuhan	57735	58970	68345	5
黄石	Huangshi	8202	8261	8188	80
十堰	Shiyan	5853	6826	7399	90
宜昌	Yichang	7100	7291	7382	92
襄阳	Xiangfan	10788	11547	11647	65
鄂州	Ezhou	2004	2438	2446	207
荆门	Jingmen	3850	4652	4403	145
孝感	Xiaogan	2230	2565	2736	195
荆州	Jingzhou	5633	6120	5953	113
黄冈	Huanggang	2900	3347	3160	179
咸宁	Xianning	1457	1926	2015	228
随州	Suizhou	1291	2868	2876	189
湖南	**Hunan**	**115194**	**136616**	**134310**	
长沙	Changsha	32622	40145	40710	10
株洲	Zhuzhou	10558	12010	12257	59
湘潭	Xiangtan	10837	8728	8580	74
衡阳	Hengyang	7436	8403	8409	76
邵阳	Shaoyang	4066	6879	4684	139
岳阳	Yueyang	9277	11816	12329	58
常德	Changde	4245	4524	5230	126
张家界	Zhangjiajie	1193	1722	1606	248
益阳	Yiyang	3766	4576	4388	147
郴州	Chenzhou	2635	4607	4633	141
永州	Yongzhou	3625	4989	5304	124
怀化	Huaihua	2931	3294	3064	184
娄底	Loudi	3931	4703	3030	185
广东	**Guangdong**	**436041**	**543394**	**586519**	
广州	Guangzhou	90993	126253	129171	2
韶关	Shaoguan	3643	5553	5598	118
深圳	Shenzhen	104062	131017	143808	1
珠海	Zhuhai	13623	19624	20886	32
汕头	Shantou	14174	18059	18630	40
佛山	Foshan	32209	36636	37079	13
江门	Jiangmen	8123	13942	14779	49
湛江	Zhanjiang	7007	10472	10935	67
茂名	Maoming	2872	3549	3663	159
肇庆	Zhaoqing	5826	6911	6590	102
惠州	Huizhou	15459	18606	20811	33
梅州	Meizhou	2239	1741	2435	208
汕尾	Shanwei	1080	1924	1838	238
河源	Heyuan	3429	3574	3521	169
阳江	Yangjiang	1823	2637	2600	202
清远	Qingyuan	1572	3284	4479	144
东莞	Dongguan	92753	90515	98382	3
中山	ZhongShan	9538	11515	11758	64
潮州	Chaozhou	3192	3610	3513	170
揭阳	Jieyang	1220	1637	4659	140
云浮	Yunfu	1846	2237	2250	216
广西	**Guangxi**	**96160**	**106563**	**107570**	
南宁	Nanning	28039	28590	25934	25
柳州	Liuzhou	28718	34191	35655	16
桂林	Guilin	7690	7711	7474	89
梧州	Wuzhou	1613	4047	3718	157
北海	Beihai	2615	3205	3098	181
防城港	Fangchenggang	716	1837	2073	224
钦州	Qinzhou	2754	2487	3077	183
贵港	Guigang	7606	6722	7184	94
玉林	Yulin	3750	4315	5168	130
百色	Baise	897	1810	1850	237

8-42 城市污水处理总量(辖区) 续表 3
Total Quantity of Urban Wastewater Treated (Districts under City) continued 3

单位：万立方米 (10 000 m²)

地名	City	2010	2012	2013	2013 排名 Ranking	地名	City	2010	2012	2013	2013 排名 Ranking
贺州	Hezhou	932	1076	1266	261	丽江	Lijiang	987	1029	1173	264
河池	Hechi	2918	1722	1623	246	普洱	Puer	300	683	763	276
来宾	Laibin	1344	1440	1458	255	临沧	Lincang	333	710	810	274
崇左	Chongzuo	178	404	428	280	**西藏**	**Tibet**		**5**	**6**	
海南	**Hainan**	**15260**	**19301**	**20381**		拉萨	Lhasa		5	6	284
海口	Haikou	11290	12437	13350	52	**陕西**	**Shaanxi**	**50522**	**63221**	**69007**	
三亚	Sanya	3133	3704	3834	155	西安	Xi'an	28716	34408	40139	12
重庆	**Chongqing**	**59229**	**69155**	**77968**		铜川	Tongchuan	820	1323	1388	259
四川	**Sichuan**	**102163**	**124630**	**137238**		宝鸡	Baoji	5813	6604	6650	101
成都	Chengdu	50238	57762	61942	6	咸阳	Xianyang	5329	8026	7546	86
自贡	Zigong	3831	4637	6197	106	渭南	Weinan	2662	3600	3720	156
攀枝花	Panzhihua	2373	6699	8532	75	延安	Yan'an	1167	1278	1485	252
泸州	Luzhou	3347	6667	6710	99	汉中	Hanzhong	1950	2110	2117	223
德阳	Deyang	3150	3542	4962	135	榆林	Yulin	650	1081	1181	263
绵阳	Mianyang	6010	6546	7052	96	安康	Ankang	460	1099	1140	266
广元	Guangyuan	1670	1964	2164	219	商洛	Shangluo	589	900	900	271
遂宁	Suining	1986	2552	2490	205	**甘肃**	**Gansu**	**26250**	**30207**	**32440**	
内江	Neijiang	1419	2035	2298	214	兰州	Lanzhou	12845	13401	14781	48
乐山	Leshan	1789	2453	2682	197	嘉峪关	Jiayuguan	1960	2285	2410	210
南充	Nanchong	3425	4670	5010	131	金昌	Jinchang	1914	2289	2293	215
眉山	Meishan	1791	1975	2185	218	白银	Baiyin	2165	3006	3125	180
宜宾	Yibin	1460	1861	2017	227	天水	Tianshui	1355	1996	1995	231
广安	Guangan	780	1475	1615	247	武威	Wuwei	1396	1212	1201	262
达州	Dazhou	1314	1560	1674	243	张掖	Zhangye	1022	1369	1477	253
雅安	Yaan	1000	1114	1164	265	平凉	Pingliang	873	681	862	273
巴中	Bazhong	1339	1390	1501	251	酒泉	Jiuquan	806	1398	1440	257
资阳	Ziyang	1266	1448	1528	250	庆阳	Qingyang	450	530	526	279
贵州	**Guizhou**	**28249**	**36554**	**39453**		定西	Dingxi	250	314	388	282
贵阳	Guiyang	16139	18099	18937	38	陇南	Longnan	365	280	300	283
六盘水	Liupanshui	1655	1680	1692	242	**青海**	**Qinghai**	**5611**	**9777**	**10600**	
遵义	Zunyi	2334	3034	3547	167	西宁	Xining	4293	7293	7594	85
安顺	Anshun	1366	1646	1671	244	**宁夏**	**Ningxia**	**21876**	**27207**	**24331**	
毕节	Bijie	1021	2780	2879	188	银川	Yinchuan	9662	13281	14214	50
铜仁	Tongren	748	1337	2370	213	石嘴山	Shizuishan	2321	6227	2126	222
云南	**Yunnan**	**54829**	**64716**	**64415**		吴忠	Wuzhong	2035	2062	2073	224
昆明	Kunming	37050	40916	40638	11	固原	Guyuan	355	379	390	281
曲靖	Qujing	2520	3560	3600	164	中卫	Zhongwei	656	740	724	278
玉溪	Yuxi	2103	2241	2128	221	**新疆**	**Xinjiang**	**33983**	**47495**	**51058**	
保山	Baoshan	850	1125	1469	254	乌鲁木齐	Urumqi	11153	18067	18302	41
昭通	Zhaotong	900	1053	1060	268	克拉玛依	Karamay	4492	5497	5818	114

8-43 城市建成区排水管道密度(辖区)

Density of Drainage Pipeline in Built District (Districts under City)

单位：公里/平方公里 (km/sq.km)

地名	City	2010	2012	2013	2013 排名 Ranking	地名	City	2010	2012	2013	2013 排名 Ranking
全国	**Nation Total**	**8.97**	**9.64**	**9.71**		沈阳	Shenyang	9.07	8.35	8.75	115
北京	**Beijing**		**10.04**	**10.34**		大连	Dalian	6.31	6.55	6.71	183
天津	**Tianjin**	**22.05**	**24.59**	**24.95**		鞍山	Anshan	5.44	5.35	5.41	221
河北	**Hebei**	**9.00**	**9.08**	**8.88**		抚顺	Fushun	6.46	7.00	6.85	176
石家庄	Shijiazhuang	10.22	10.09	10.20	86	本溪	Benxi	3.15	3.31	3.31	262
唐山	Tangshan	9.48	9.23	9.15	106	丹东	Dandong	12.81	14.61	14.64	33
秦皇岛	Qinhuangdao	14.67	14.55	14.51	35	锦州	Jinzhou	6.66	6.74	6.40	194
邯郸	Handan	13.03	13.31	13.45	45	营口	Yingkou	5.30	5.29	5.02	232
邢台	Xingtai	10.64	11.20	8.96	109	阜新	Fuxin	3.39	3.58	3.60	256
保定	Baoding	8.03	8.18	5.77	206	辽阳	Liaoyang	7.58	8.39	8.43	126
张家口	Zhangjiakou	7.88	7.75	7.75	154	盘锦	Panjin	9.12	9.16	8.81	112
承德	Chengde	3.35	3.93	4.03	249	铁岭	Tieling	10.49	10.30	8.15	139
沧州	Cangzhou	8.69	8.74	8.41	127	朝阳	Chaoyang	6.28	15.34	14.80	31
廊坊	Langfang	6.76	8.23	8.40	128	葫芦岛	Huludao	2.34	7.78	7.77	153
衡水	Hengshui	8.29	8.47	8.36	130	吉林	**Jilin**	**6.25**	**6.89**	**7.15**	
山西	**Shanxi**	**6.31**	**6.44**	**6.41**		长春	Changchun	9.65	10.71	10.74	77
太原	Taiyuan	6.01	5.55	4.59	237	吉林	Jilin	4.93	5.17	5.39	223
大同	Datong	4.52	5.31	5.60	213	四平	Siping	4.01	3.98	3.95	251
阳泉	Yangquan	6.40	6.63	6.55	188	辽源	Liaoyuan	2.46	2.46	3.46	259
长治	Changzhi	4.28	6.38	6.46	191	通化	Tonghua	2.54	2.26	3.28	263
晋城	Jincheng	9.24	6.80	6.81	178	白山	Baishan	3.50	4.48	3.34	261
朔州	Shuozhou	12.49	12.27	12.27	56	松原	Songyuan	4.52	4.64	4.67	236
晋中	Jinzhong	12.11	11.57	13.40	46	白城	Baicheng	6.30	6.50	7.32	164
运城	Yuncheng	9.70	9.16	8.21	135	黑龙江	**Heilongjiang**	**4.58**	**5.43**	**5.45**	
忻州	Xinzhou	4.39	8.92	10.79	75	哈尔滨	Harbin	5.00	6.82	7.04	170
临汾	Linfen	0.94	1.09	1.69	279	齐齐哈尔	Qiqihar	5.14	5.09	5.18	230
吕梁	Luliang	11.11	9.82	10.24	84	鸡西	Jixi	3.65	3.75	3.88	253
内蒙古	**Inner Mongolia**	**8.20**	**8.84**	**9.29**		鹤岗	Hegang	6.12	5.55	5.34	225
呼和浩特	Hohhot	5.79	5.60	5.48	217	双鸭山	Shuangyashan	4.05	4.42	4.51	239
包头	Baotou	9.54	10.65	10.74	77	大庆	Daqing	6.08	6.54	6.32	195
乌海	Wuhai	4.13	4.59	4.59	237	伊春	Yichun	1.65	2.23	2.41	273
赤峰	Chifeng	5.79	6.71	6.98	172	佳木斯	Jiamusi	3.70	7.44	4.33	243
通辽	Tongliao	8.91	8.19	11.94	60	七台河	Qitaihe	2.26	2.12	2.15	275
鄂尔多斯	Erdos	16.19	18.29	18.35	10	牡丹江	Mudanjiang	5.09	5.00	4.96	233
呼伦贝尔	Hulunbuir	7.95	8.86	8.14	140	黑河	Heihe	4.90	5.06	5.06	231
巴彦淖尔	Bayannur	14.66	16.29	25.95	3	绥化	Suihua	4.93	5.37	5.68	211
乌兰察布	Ulanqab	6.04	5.62	5.19	228	上海	**Shanghai**	**11.50**	**18.21**	**18.83**	
辽宁	**Liaoning**	**6.34**	**6.85**	**6.88**		江苏	**Jiangsu**	**14.33**	**15.56**	**16.33**	

8-43 城市建成区排水管道密度(辖区) 续表 1

Density of Drainage Pipeline in Built District (Districts under City) continued 1

单位：公里/平方公里 (km/sq.km)

地名	City	2010	2012	2013	2013 排名 Ranking	地名	City	2010	2012	2013	2013 排名 Ranking
南京	Nanjing	8.00	9.16	10.37	80	池州	Chizhou	11.83	14.32	14.46	36
无锡	Wuxi	38.39	38.78	38.56	1	宣城	Xuancheng	12.19	13.38	13.78	41
徐州	Xuzhou	5.58	6.20	7.97	147	福建	**Fujian**	**9.15**	**9.54**	**9.73**	
常州	Changzhou	23.70	23.00	26.94	2	福州	Fuzhou	6.58	8.01	7.82	152
苏州	Suzhou	16.28	16.77	17.30	11	厦门	Xiamen	7.55	8.25	9.27	105
南通	Nantong	14.03	13.75	14.62	34	莆田	Putian	22.71	27.94	23.17	4
连云港	Lianyungang	10.23	9.80	9.53	99	三明	Sanming	4.06	3.93	5.70	209
淮安	Huaian	13.33	14.27	14.07	38	泉州	Quanzhou	6.74	6.51	7.29	165
盐城	Yancheng	8.88	11.02	11.44	66	漳州	Zhangzhou	14.51	13.86	13.62	43
扬州	Yangzhou	19.32	16.96	16.91	15	南平	Nanping	2.80	2.94	5.48	217
镇江	Zhenjiang	15.16	15.88	15.38	24	龙岩	Longyan	5.76	5.68	5.48	217
泰州	Taizhou	12.89	12.92	16.41	19	宁德	Ningde	7.18	6.88	7.34	163
宿迁	Suqian	9.95	11.01	13.08	48	江西	**Jiangxi**	**7.86**	**8.80**	**9.18**	
浙江	**Zhejiang**	**12.38**	**12.97**	**13.96**		南昌	Nanchang	6.15	9.04	7.93	149
杭州	Hangzhou	9.46	9.46	9.63	97	景德镇	Jingdezhen	8.87	9.35	9.01	107
宁波	Ningbo	12.54	13.09	15.23	26	萍乡	Pingxiang	5.84	7.39	9.66	96
温州	Wenzhou	8.81	7.91	13.05	49	九江	Jiujiang	9.53	10.00	10.98	72
嘉兴	Jiaxing	7.77	7.65	7.85	151	新余	Xinyu	11.15	10.83	10.87	74
湖州	Huzhou	21.20	20.29	19.69	5	鹰潭	Yingtan	2.58	2.45	5.24	227
绍兴	Shaoxing	9.81	9.38	12.12	58	赣州	Ganzhou	6.07	6.45	7.43	162
金华	Jinhua	18.38	19.46	19.60	7	吉安	Jian	9.05	10.81	10.11	88
衢州	Quzhou	16.35	16.64	17.21	12	宜春	Yichun	7.60	7.58	8.53	121
舟山	Zhoushan	13.42	15.06	15.06	30	抚州	Fuzhou	11.31	12.49	12.90	50
台州	Taizhou	13.49	15.87	16.69	17	上饶	Shangrao	13.87	13.25	15.08	29
丽水	Lishui	13.39	14.06	15.66	20	山东	**Shandong**	**9.62**	**11.04**	**10.99**	
安徽	**Anhui**	**8.81**	**11.72**	**12.32**		济南	Jinan	6.27	6.49	6.26	198
合肥	Hefei	11.08	15.78	16.99	14	青岛	Qingdao	16.68	18.19	13.92	39
芜湖	Wuhu	9.71	14.71	14.76	32	淄博	Zibo	7.95	10.11	10.20	86
蚌埠	Bengbu	7.28	8.66	8.88	110	枣庄	Zaozhuang	7.80	7.82	8.40	128
淮南	Huainan	6.63	6.67	6.61	184	东营	Dongying	6.99	8.34	8.49	124
马鞍山	Maanshan	7.58	15.29	15.50	22	烟台	Yantai	8.77	10.22	11.09	71
淮北	Huaibei	1.99	2.05	2.05	277	潍坊	Weifang	10.24	10.80	11.87	63
铜陵	Tongling	5.35	15.50	15.54	21	济宁	Jining	10.90	8.39	7.66	157
安庆	Anqing	8.07	11.82	12.52	52	泰安	Taian	7.46	7.85	7.08	167
黄山	Huangshan	12.89	7.38	7.69	156	威海	Weihai	7.90	18.41	18.53	9
滁州	Chuzhou	9.80	12.66	13.91	40	日照	Rizhao	11.20	13.09	14.19	37
阜阳	Fuyang	5.99	6.59	6.94	173	莱芜	Laiwu	13.76	10.45	8.50	122
宿州	Suzhou	11.37	10.72	10.78	76	临沂	Linyi	11.13	10.21	11.24	69
六安	Liuan	5.33	6.29	6.44	192	德州	Dezhou	13.20	9.68	8.66	118
亳州	Bozhou	15.19	20.02	19.66	6	聊城	Liaocheng	12.67	13.10	15.10	28

8-43 城市建成区排水管道密度(辖区) 续表 2

Density of Drainage Pipeline in Built District (Districts under City) continued 2

单位：公里/平方公里 (km/sq.km)

地名	City	2010	2012	2013	2013 排名 Ranking	地名	City	2010	2012	2013	2013 排名 Ranking
滨州	Binzhou	6.90	11.48	11.90	62	常德	Changde	6.34	6.19	6.20	200
菏泽	Heze	6.64	8.30	8.59	119	张家界	Zhangjiajie	3.40	7.36	6.84	177
河南	**Henan**	**7.31**	**7.79**	**7.99**		益阳	Yiyang	6.17	4.07	4.25	245
郑州	Zhengzhou	8.58	8.59	8.82	111	郴州	Chenzhou	6.29	5.64	3.97	250
开封	Kaifeng	6.61	7.62	8.08	142	永州	Yongzhou	6.08	7.35	7.59	160
洛阳	Luoyang	6.65	7.46	8.02	144	怀化	Huaihua	4.25	5.07	5.67	212
平顶山	Pingdingshan	5.52	6.00	6.04	202	娄底	Loudi	8.95	9.50	9.42	101
安阳	Anyang	10.11	10.47	10.35	81	**广东**	**Guangdong**	**9.20**	**8.17**	**6.90**	
鹤壁	Hebi	6.68	6.34	6.28	197	广州	Guangzhou	8.93	9.36	9.33	103
新乡	Xinxiang	7.88	7.37	7.45	161	韶关	Shaoguan	6.07	5.75	5.49	216
焦作	Jiaozuo	6.98	7.80	8.01	145	深圳	Shenzhen	15.47	12.07		
濮阳	Puyang	7.16	8.69	8.04	143	珠海	Zhuhai	10.36	11.16	11.31	68
许昌	Xuchang	5.36	5.87	5.94	203	汕头	Shantou	9.49	7.74	6.73	180
漯河	Luohe	7.52	7.73	7.64	158	佛山	Foshan	11.03	13.90	15.21	27
三门峡	Sanmenxia	5.30	6.36	6.44	192	江门	Jiangmen	9.56	8.68	8.76	114
南阳	Nanyang	8.23	7.59	8.18	136	湛江	Zhanjiang	5.53	5.73	5.73	208
商丘	Shangqiu	3.95	6.31	6.29	196	茂名	Maoming	4.18	3.53	3.56	257
信阳	Xinyang	4.19	4.02	3.95	251	肇庆	Zhaoqing	7.10	7.62	8.29	133
周口	Zhoukou	8.82	8.99	8.80	113	惠州	Huizhou	6.85	9.63	9.87	92
驻马店	Zhumadian	9.00	9.89	9.51	100	梅州	Meizhou	6.62	7.78	10.32	83
湖北	**Hubei**	**9.75**	**9.86**	**9.98**		汕尾	Shanwei	14.96	14.93	15.44	23
武汉	Wuhan	15.58	15.71	16.58	18	河源	Heyuan	7.22	12.43	12.18	57
黄石	Huangshi	9.12	10.36	9.74	94	阳江	Yangjiang			8.34	131
十堰	Shiyan	7.61	8.66	8.16	138	清远	Qingyuan			9.56	98
宜昌	Yichang	6.31	6.14	5.85	204	东莞	Dongguan	7.14	4.44	8.23	134
襄阳	Xiangfan	7.34	7.03	7.01	171	中山	ZhongShan	10.30	11.11	9.94	90
鄂州	Ezhou	12.23	9.41	9.71	95	潮州	Chaozhou	7.37	7.69	7.87	150
荆门	Jingmen	10.67	12.63	13.50	44	揭阳	Jieyang	3.67		0.60	283
孝感	Xiaogan	8.53	8.45	8.75	115	云浮	Yunfu	3.03	3.88	4.06	248
荆州	Jingzhou	5.80	6.24	6.48	189	**广西**	**Guangxi**	**6.82**	**7.13**	**7.20**	
黄冈	Huanggang	6.76	6.53	6.57	186	南宁	Nanning	3.33	3.11	2.70	267
咸宁	Xianning	2.88	3.61	3.26	264	柳州	Liuzhou	7.49	6.40	6.73	180
随州	Suizhou	5.49	5.69	5.69	210	桂林	Guilin	7.70	7.64	8.13	141
湖南	**Hunan**	**6.72**	**7.78**	**8.01**		梧州	Wuzhou	4.32	5.25	5.78	205
长沙	Changsha	4.68	7.30	7.17	166	北海	Beihai	5.33	7.83	11.35	67
株洲	Zhuzhou	3.01	6.59	6.89	174	防城港	Fangchenggang	7.54	11.75	13.33	47
湘潭	Xiangtan	9.87	10.61	12.11	59	钦州	Qinzhou	6.43	6.51	7.07	168
衡阳	Hengyang	9.63	8.70	8.73	117	贵港	Guigang	5.74	4.99	5.19	228
邵阳	Shaoyang	9.90	14.11	15.30	25	玉林	Yulin	10.92	10.81	10.92	73
岳阳	Yueyang	10.59	13.70	13.68	42	百色	Baise	7.76	8.49	7.94	148

8-43 城市建成区排水管道密度(辖区) 续表 3

Density of Drainage Pipeline in Built District (Districts under City) continued 3

单位：公里/平方公里 (km/sq.km)

地名	City	2010	2012	2013	2013 排名 Ranking	地名	City	2010	2012	2013	2013 排名 Ranking
贺州	Hezhou	7.24	6.68	7.05	169	丽江	Lijiang	5.42	5.37	17.16	13
河池	Hechi	17.13	18.88	10.33	82	普洱	Puer	9.21	9.08	18.61	8
来宾	Laibin	7.24	12.32	12.89	51	临沧	Lincang	13.91	14.19	11.80	64
崇左	Chongzuo	4.05	4.41	3.75	254	**西藏**	**Tibet**	**3.45**	**2.97**	**4.54**	
海南	**Hainan**	**13.31**	**11.35**	**11.34**		拉萨	Lhasa	3.44	2.47	2.52	271
海口	Haikou	12.59	11.71	12.36	54	**陕西**	**Shaanxi**	**7.47**	**7.39**	**7.40**	
三亚	Sanya	29.01	15.99	12.45	53	西安	Xi'an	10.38	10.73	9.89	91
重庆	**Chongqing**	**8.13**	**8.42**	**8.52**		铜川	Tongchuan	4.68	4.43	4.45	241
四川	**Sichuan**	**8.90**	**9.86**	**9.48**		宝鸡	Baoji	5.37	5.40	6.23	199
成都	Chengdu	11.44	12.09	11.92	61	咸阳	Xianyang	3.54	3.39	4.13	247
自贡	Zigong	5.66	4.78	1.18	280	渭南	Weinan	7.23	7.41	7.64	158
攀枝花	Panzhihua	9.98	9.15	9.00	108	延安	Yan'an	3.43	2.54	2.54	270
泸州	Luzhou	7.65	7.75	7.98	146	汉中	Hanzhong	3.92	4.14	4.21	246
德阳	Deyang	6.73	6.95	6.74	179	榆林	Yulin	9.10	7.28	8.17	137
绵阳	Mianyang	9.88	11.01	16.85	16	安康	Ankang	3.67	4.45	4.75	234
广元	Guangyuan	8.21	9.73	10.44	79	商洛	Shangluo	13.59	3.40	3.08	265
遂宁	Suining	9.72	9.65	9.96	89	**甘肃**	**Gansu**	**4.89**	**4.82**	**5.34**	
内江	Neijiang	5.49	6.46	5.28	226	兰州	Lanzhou	3.69	4.19	6.57	186
乐山	Leshan	8.47	8.74	8.54	120	嘉峪关	Jiayuguan	6.95	5.70	5.53	214
南充	Nanchong	9.36	11.09	11.10	70	金昌	Jinchang	2.37	2.36	2.45	272
眉山	Meishan	5.84	9.52	9.84	93	白银	Baiyin	2.77	2.83	2.82	266
宜宾	Yibin	2.70	6.30	5.41	221	天水	Tianshui	7.65	6.88	6.88	175
广安	Guangan	7.73	7.15	5.46	220	武威	Wuwei	4.84	4.74	4.74	235
达州	Dazhou	9.22	11.84	1.15	281	张掖	Zhangye	6.38	3.40	2.17	274
雅安	Yaan	8.57	8.52	8.31	132	平凉	Pingliang	7.94	8.45	9.31	104
巴中	Bazhong	10.57	11.72	8.50	122	酒泉	Jiuquan	6.79	5.64	5.50	215
资阳	Ziyang	5.94	7.05	6.73	180	庆阳	Qingyang	7.46	7.89	7.74	155
贵州	**Guizhou**	**7.17**	**6.22**	**7.56**		定西	Dingxi	4.06	5.76	5.76	207
贵阳	Guiyang	11.10	9.04	11.76	65	陇南	Longnan	5.38	5.38	5.38	224
六盘水	Liupanshui	1.82	1.82	1.87	278	**青海**	**Qinghai**	**8.90**	**9.46**	**8.84**	
遵义	Zunyi	3.58	3.58	3.51	258	西宁	Xining	9.27	9.99	9.37	102
安顺	Anshun	9.22	8.16	8.45	125	**宁夏**	**Ningxia**	**4.03**	**3.11**	**3.24**	
毕节	Bijie	3.75	3.81	4.26	244	银川	Yinchuan	3.74	3.93	3.66	255
铜仁	Tongren	5.61	4.39	4.39	242	石嘴山	Shizuishan	3.03	0.86	1.00	282
云南	**Yunnan**	**5.88**	**6.14**	**6.48**		吴忠	Wuzhong	3.47	2.64	2.56	269
昆明	Kunming	1.78	2.52	2.10	276	固原	Guyuan	4.45	5.21	6.60	185
曲靖	Qujing	8.18	8.18	10.22	85	中卫	Zhongwei	2.84	2.57	2.59	268
玉溪	Yuxi	20.45	10.18	12.32	55	**新疆**	**Xinjiang**	**5.22**	**5.16**	**5.32**	
保山	Baoshan	6.29	6.29	6.08	201	乌鲁木齐	Urumqi	3.42	3.53	3.46	259
昭通	Zhaotong	4.08	4.65	4.51	239	克拉玛依	Karamay	7.09	6.87	6.47	190

8-44 城市污水处理率(辖区)

Urban Wastewater Treatment Rate (Districts under City)

单位：% (%)

地名	City	2010	2012	2013	2013 排名 Ranking
全国	**Nation Total**	**82.31**	**87.30**	**89.34**	
北京	**Beijing**	**82.09**	**83.16**	**84.60**	
天津	**Tianjin**	**85.30**	**88.24**	**90.03**	
河北	**Hebei**	**92.30**	**94.26**	**94.57**	
石家庄	Shijiazhuang	95.38	95.86	94.46	70
唐山	Tangshan	94.10	94.81	94.81	67
秦皇岛	Qinhuangdao	92.10	92.54	95.01	60
邯郸	Handan	91.74	95.68	97.52	30
邢台	Xingtai	84.51	84.01	90.60	138
保定	Baoding	89.88	92.00	96.50	40
张家口	Zhangjiakou	87.50	91.31	91.98	112
承德	Chengde	86.67	96.64	95.38	53
沧州	Cangzhou	85.08	95.88	100.00	1
廊坊	Langfang	86.10	87.31	87.66	191
衡水	Hengshui	86.51	87.31	79.64	252
山西	**Shanxi**	**84.93**	**87.98**	**88.37**	
太原	Taiyuan	83.86	84.50	85.00	216
大同	Datong	78.18	82.39	83.21	227
阳泉	Yangquan	83.00	94.32	89.83	161
长治	Changzhi	92.00	92.21	92.57	104
晋城	Jincheng	95.29	94.99	95.00	62
朔州	Shuozhou	96.38	97.25	97.72	27
晋中	Jinzhong	96.01	96.23	96.50	40
运城	Yuncheng	90.00	91.62	92.00	111
忻州	Xinzhou	93.91	95.00	95.00	62
临汾	Linfen	86.32	90.45	90.86	135
吕梁	Luliang	75.47	88.34	90.93	131
内蒙古	**Inner Mongolia**	**80.55**	**85.57**	**88.21**	
呼和浩特	Hohhot	77.10	80.03	80.74	246
包头	Baotou	82.42	85.04	85.62	211
乌海	Wuhai	89.78	92.58	93.01	98
赤峰	Chifeng	82.33	85.77	88.05	186
通辽	Tongliao	86.18	100.00	99.44	11
鄂尔多斯	Erdos	92.56	99.52	98.14	24
呼伦贝尔	Hulunbuir	80.60	87.52	93.86	88
巴彦淖尔	Bayannur	86.30	87.50	93.96	85
乌兰察布	Ulanqab	85.11	98.00	98.48	22
辽宁	**Liaoning**	**74.93**	**84.59**	**90.04**	
沈阳	Shenyang	73.61	87.11	95.00	62
大连	Dalian	90.40	95.10	95.96	45
鞍山	Anshan	70.59	80.01	87.09	197
抚顺	Fushun	91.05	71.65	75.00	259
本溪	Benxi	87.07	87.40	94.42	72
丹东	Dandong	49.14	84.99	89.42	164
锦州	Jinzhou	60.17	82.56	84.35	219
营口	Yingkou	74.46	89.33	100.00	1
阜新	Fuxin	54.25	55.49	51.12	275
辽阳	Liaoyang	81.63	85.53	100.00	1
盘锦	Panjin	62.97	100.00	100.00	1
铁岭	Tieling	85.37	89.58	100.00	1
朝阳	Chaoyang	68.49	64.32	77.84	254
葫芦岛	Huludao	84.19	85.01	86.64	202
吉林	**Jilin**	**73.92**	**82.35**	**84.21**	
长春	Changchun	89.46	86.15	81.43	241
吉林	Jilin	91.50	94.00	94.05	83
四平	Siping	98.93	75.02	75.06	258
辽源	Liaoyuan	83.33	84.86	96.13	43
通化	Tonghua	51.30	89.84	92.41	105
白山	Baishan	22.12	53.15	62.86	270
松原	Songyuan	81.52	93.01	95.79	49
白城	Baicheng	10.70	60.21	62.09	271
黑龙江	**Heilongjiang**	**56.72**	**60.77**	**75.68**	
哈尔滨	Harbin	57.18	91.62	90.47	140
齐齐哈尔	Qiqihar	67.46	72.87	73.60	261
鸡西	Jixi	33.18	33.33	34.58	283
鹤岗	Hegang	12.07	41.53	45.42	278
双鸭山	Shuangyashan	10.14	77.48	42.62	279
大庆	Daqing	100.00	32.51	96.60	38
伊春	Yichun	22.24	37.33	37.21	282
佳木斯	Jiamusi	53.99	39.88	66.92	268
七台河	Qitaihe		42.13	51.20	274
牡丹江	Mudanjiang	45.47	42.04	41.88	280
黑河	Heihe	100.00	99.70	90.01	154
绥化	Suihua	56.15	99.32	99.90	10
上海	**Shanghai**	**83.29**	**91.29**	**87.12**	
江苏	**Jiangsu**	**87.56**	**90.69**	**92.14**	

8-44 城市污水处理率(辖区) 续表 1
Urban Wastewater Treatment Rate (Districts under City) continued 1

单位：% (%)

地名	City	2010	2012	2013	2013 排名 Ranking	地名	City	2010	2012	2013	2013 排名 Ranking
南京	Nanjing	88.82	94.60	94.22	79	池州	Chizhou	90.00	90.26	91.38	120
无锡	Wuxi	95.17	95.52	96.12	44	宣城	Xuancheng	90.74	83.76	87.20	195
徐州	Xuzhou	81.66	87.02	91.50	118	**福建**	**Fujian**	**84.44**	**85.60**	**87.31**	
常州	Changzhou	89.84	93.76	94.42	72	福州	Fuzhou	87.10	84.70	86.37	204
苏州	Suzhou	90.34	91.85	95.49	51	厦门	Xiamen	90.10	90.70	91.62	117
南通	Nantong	91.38	90.00	91.80	115	莆田	Putian	86.71	84.40	85.51	213
连云港	Lianyungang	81.41	83.21	83.81	222	三明	Sanming	81.04	84.02	84.70	218
淮安	Huaian	81.56	78.60	79.50	253	泉州	Quanzhou	86.00	87.13	87.20	195
盐城	Yancheng	82.00	85.40	86.03	207	漳州	Zhangzhou	88.00	88.89	89.03	173
扬州	Yangzhou	88.90	92.95	93.05	97	南平	Nanping	82.68	84.00	88.97	177
镇江	Zhenjiang	86.13	90.01	92.61	103	龙岩	Longyan	90.03	89.90	89.36	166
泰州	Taizhou	83.70	85.15	89.44	163	宁德	Ningde	73.83	86.88	86.98	199
宿迁	Suqian	82.99	85.03	90.07	152	**江西**	**Jiangxi**	**80.83**	**84.25**	**83.10**	
浙江	**Zhejiang**	**82.74**	**87.50**	**89.28**		南昌	Nanchang	75.00	89.66	90.97	130
杭州	Hangzhou	95.40	95.49	95.50	50	景德镇	Jingdezhen	99.92	69.56	71.34	264
宁波	Ningbo	85.21	88.14	90.32	144	萍乡	Pingxiang	92.24	89.46	82.99	231
温州	Wenzhou	70.00	83.38	88.30	183	九江	Jiujiang	98.01	99.23	99.43	12
嘉兴	Jiaxing	87.26	90.12	90.38	142	新余	Xinyu	100.00	96.78	100.00	1
湖州	Huzhou	85.11	90.12	91.01	127	鹰潭	Yingtan	77.90	94.73	93.78	89
绍兴	Shaoxing	85.01	95.02	88.26	184	赣州	Ganzhou	83.25	63.14	46.37	277
金华	Jinhua	75.00	87.96	89.01	174	吉安	Jian	80.29	91.24	90.87	134
衢州	Quzhou	75.65	85.38	88.23	185	宜春	Yichun	92.83	93.10	93.15	94
舟山	Zhoushan	75.10	82.07	86.21	206	抚州	Fuzhou	92.99	78.03	91.12	126
台州	Taizhou	75.67	86.09	89.09	170	上饶	Shangrao	90.24	90.02	90.32	144
丽水	Lishui	72.48	86.57	87.50	192	**山东**	**Shandong**	**91.11**	**94.22**	**94.93**	
安徽	**Anhui**	**88.46**	**94.53**	**96.22**		济南	Jinan	96.65	97.29	98.79	18
合肥	Hefei	99.81	98.70	98.80	17	青岛	Qingdao	88.29	91.34	94.38	75
芜湖	Wuhu	75.00	91.90	93.99	84	淄博	Zibo	94.68	96.19	95.10	58
蚌埠	Bengbu	87.31	98.45	99.95	9	枣庄	Zaozhuang	91.30	92.62	93.14	96
淮南	Huainan	86.80	97.86	98.18	23	东营	Dongying	88.34	92.17	93.78	89
马鞍山	Maanshan	88.01	93.60	97.36	32	烟台	Yantai	90.69	97.00	95.24	56
淮北	Huaibei	93.01	97.36	97.68	29	潍坊	Weifang	93.36	96.61	93.15	94
铜陵	Tongling	69.01	80.77	85.51	213	济宁	Jining	87.41	94.39	93.58	91
安庆	Anqing	89.40	95.83	97.91	26	泰安	Taian	90.10	94.03	94.43	71
黄山	Huangshan	96.41	89.76	91.36	121	威海	Weihai	92.39	95.70	93.90	86
滁州	Chuzhou		92.40	95.28	54	日照	Rizhao	90.78	93.54	94.13	80
阜阳	Fuyang	87.00	88.28	90.01	154	莱芜	Laiwu	92.00	91.23	94.28	77
宿州	Suzhou	62.30	94.21	99.10	14	临沂	Linyi	93.23	97.00	94.06	82
六安	Liuan	80.83	88.96	91.14	124	德州	Dezhou	84.68	97.00	94.97	66
亳州	Bozhou	96.31	96.62	96.91	36	聊城	Liaocheng	94.74	91.02	94.62	69

8-44 城市污水处理率(辖区) 续表 2
Urban Wastewater Treatment Rate (Districts under City) continued 2

单位：% (%)

地名	City	2010	2012	2013	2013 排名 Ranking	地名	City	2010	2012	2013	2013 排名 Ranking
滨州	Binzhou	92.81	95.71	91.14	124	常德	Changde	74.74	77.83	90.31	146
菏泽	Heze	62.63	75.18	89.57	162	张家界	Zhangjiajie	61.97	78.27	80.74	246
河南	**Henan**	**87.60**	**87.83**	**90.84**		益阳	Yiyang	87.58	86.67	82.53	233
郑州	Zhengzhou	97.20	95.82	95.86	47	郴州	Chenzhou	56.12	80.96	90.24	149
开封	Kaifeng	88.00	88.25	73.39	262	永州	Yongzhou	53.38	70.67	81.29	243
洛阳	Luoyang	95.54	99.85	98.57	21	怀化	Huaihua	71.33	85.30	83.44	226
平顶山	Pingdingshan	98.33	97.00	89.99	158	娄底	Loudi	81.05	80.42	80.33	248
安阳	Anyang	97.69	97.70	97.71	28	**广东**	**Guangdong**	**86.08**	**88.33**	**92.15**	
鹤壁	Hebi	82.51	82.79	83.01	230	广州	Guangzhou	96.96	82.73	91.36	121
新乡	Xinxiang	87.48	87.80	90.00	156	韶关	Shaoguan	71.06	81.88	81.46	238
焦作	Jiaozuo	85.10	86.10	87.30	194	深圳	Shenzhen	99.30	96.10	96.22	42
濮阳	Puyang	53.42	84.99	89.08	171	珠海	Zhuhai	78.81	86.55	88.52	182
许昌	Xuchang	96.94	96.96	96.97	35	汕头	Shantou	71.05	90.23	91.95	113
漯河	Luohe	64.77	70.61	95.03	59	佛山	Foshan	88.98	91.63	94.28	77
三门峡	Sanmenxia	99.32	96.55	92.68	101	江门	Jiangmen	80.40	88.15	88.85	179
南阳	Nanyang	62.38	48.74	92.65	102	湛江	Zhanjiang	93.05	96.64	89.96	160
商丘	Shangqiu	100.00	72.69	86.62	203	茂名	Maoming	82.81	85.81	86.70	201
信阳	Xinyang	81.00	83.99	96.91	36	肇庆	Zhaoqing	81.92	85.39	94.10	81
周口	Zhoukou	75.07	80.48	80.04	249	惠州	Huizhou	85.16	92.06	97.03	34
驻马店	Zhumadian	92.02	92.05	92.06	110	梅州	Meizhou	70.99	53.34	79.99	251
湖北	**Hubei**	**81.02**	**87.12**	**91.59**		汕尾	Shanwei	51.65	85.57	86.01	208
武汉	Wuhan	94.96	88.78	95.40	52	河源	Heyuan	89.32	89.39	89.39	165
黄石	Huangshi	81.21	88.00	92.40	107	阳江	Yangjiang	71.27	83.50	81.81	236
十堰	Shiyan	72.75	89.81	92.41	105	清远	Qingyuan	61.50	83.57	83.81	222
宜昌	Yichang	89.59	90.45	91.00	128	东莞	Dongguan	84.69	95.11	95.20	57
襄阳	Xiangfan	87.38	90.05	91.18	123	中山	ZhongShan	91.44	90.70	90.70	136
鄂州	Ezhou	81.80	90.13	88.69	181	潮州	Chaozhou	82.52	86.20	86.27	205
荆门	Jingmen	84.50	91.50	85.58	212	揭阳	Jieyang	57.63	80.82	74.08	260
孝感	Xiaogan	85.18	92.30	95.00	62	云浮	Yunfu	98.24	98.56	98.64	20
荆州	Jingzhou	80.07	83.90	90.17	151	**广西**	**Guangxi**	**83.43**	**87.78**	**85.75**	
黄冈	Huanggang	92.36	96.32	97.05	33	南宁	Nanning	93.27	94.79	81.21	244
咸宁	Xianning	85.50	87.55	90.93	131	柳州	Liuzhou	91.01	90.90	91.00	128
随州	Suizhou	46.11	93.48	90.27	148	桂林	Guilin	96.16	91.01	92.27	108
湖南	**Hunan**	**74.95**	**85.84**	**88.36**		梧州	Wuzhou	42.17	87.48	87.50	192
长沙	Changsha	90.80	99.43	96.54	39	北海	Beihai	81.06	82.45	83.48	225
株洲	Zhuzhou	81.22	89.10	90.92	133	防城港	Fangchenggang	35.53	68.53	70.51	265
湘潭	Xiangtan	82.10	86.02	87.85	190	钦州	Qinzhou	81.33	66.98	87.96	188
衡阳	Hengyang	63.83	62.24	75.58	257	贵港	Guigang	86.34	86.88	89.36	166
邵阳	Shaoyang	61.61	86.33	81.81	236	玉林	Yulin	98.24	99.08	99.10	14
岳阳	Yueyang	74.81	88.78	88.95	178	百色	Baise	24.50	61.92	55.13	273

8-44 城市污水处理率(辖区) 续表 3
Urban Wastewater Treatment Rate (Districts under City) continued 3

单位：% (%)

地名	City	2010	2012	2013	2013 排名 Ranking
贺州	Hezhou	62.01	68.41	67.34	267
河池	Hechi	92.63	88.87	89.08	171
来宾	Laibin	76.28	77.34	82.33	234
崇左	Chongzuo	18.52	50.87	50.71	276
海南	**Hainan**	**54.87**	**75.32**	**74.95**	
海口	Haikou	87.42	88.10	89.00	176
三亚	Sanya	29.92	79.73	77.71	255
重庆	**Chongqing**	**91.65**	**90.07**	**93.95**	
四川	**Sichuan**	**74.83**	**83.63**	**83.23**	
成都	Chengdu	90.68	92.15	89.01	174
自贡	Zigong	85.10	90.20	90.55	139
攀枝花	Panzhihua	24.34	65.44	81.45	239
泸州	Luzhou	46.34	83.76	84.04	221
德阳	Deyang	83.75	89.20	89.99	158
绵阳	Mianyang	89.00	91.81	91.86	114
广元	Guangyuan	73.25	77.81	81.14	245
遂宁	Suining	82.85	93.94	93.29	93
内江	Neijiang	77.71	83.00	85.11	215
乐山	Leshan	53.12	76.38	81.45	239
南充	Nanchong	60.51	80.24	83.57	224
眉山	Meishan	75.38	86.81	86.91	200
宜宾	Yibin	36.70	75.99	87.96	188
广安	Guangan	90.70	99.66	92.82	99
达州	Dazhou	60.81	61.47	39.79	281
雅安	Yaan	62.50	61.65	62.88	269
巴中	Bazhong	88.68	81.57	82.25	235
资阳	Ziyang	85.66	86.32	90.36	143
贵州	**Guizhou**	**86.83**	**91.39**	**93.97**	
贵阳	Guiyang	95.20	95.07	95.01	60
六盘水	Liupanshui	91.89	66.11	98.66	19
遵义	Zunyi	59.85	79.63	88.72	180
安顺	Anshun	91.49	85.36	92.73	100
毕节	Bijie	89.72	100.00	92.10	109
铜仁	Tongren	68.69	98.20	95.84	48
云南	**Yunnan**	**93.39**	**94.74**	**92.05**	
昆明	Kunming	100.00	99.06	98.00	25
曲靖	Qujing	83.55	90.13	90.45	141
玉溪	Yuxi	95.59	81.85	80.00	250
保山	Baoshan	95.51	80.36	88.02	187
昭通	Zhaotong	78.67	91.09	91.70	116
丽江	Lijiang	89.73	93.80	95.91	46
普洱	Puer	33.04	80.73	81.34	242
临沧	Lincang	52.28	78.45	90.00	156
西藏	**Tibet**		**0.06**	**0.06**	
拉萨	Lhasa		0.07	0.08	284
陕西	**Shaanxi**	**74.18**	**88.49**	**89.04**	
西安	Xi'an	86.41	90.10	91.50	118
铜川	Tongchuan	70.15	85.23	89.26	168
宝鸡	Baoji	93.20	94.59	93.52	92
咸阳	Xianyang	51.94	88.85	82.71	232
渭南	Weinan	75.11	84.17	83.18	229
延安	Yan'an	86.96	88.02	89.19	169
汉中	Hanzhong	97.50	90.06	90.28	147
榆林	Yulin	67.71	70.29	84.06	220
安康	Ankang	11.79	86.01	85.78	209
商洛	Shangluo	79.81	98.25	94.74	68
甘肃	**Gansu**	**62.59**	**75.38**	**81.25**	
兰州	Lanzhou	57.55	67.73	76.65	256
嘉峪关	Jiayuguan	73.13	82.31	85.64	210
金昌	Jinchang	93.82	99.85	100.00	1
白银	Baiyin	52.03	65.30	67.52	266
天水	Tianshui	65.02	83.50	83.19	228
武威	Wuwei	88.58	93.85	99.09	16
张掖	Zhangye	74.98	85.78	87.04	198
平凉	Pingliang	81.59	90.16	95.25	55
酒泉	Jiuquan	50.38	92.76	94.36	76
庆阳	Qingyang	87.55	90.14	90.22	150
定西	Dingxi	79.11	82.63	90.65	137
陇南	Longnan	100.00	93.33	97.40	31
青海	**Qinghai**	**43.53**	**60.36**	**61.64**	
西宁	Xining	55.05	71.18	71.40	263
宁夏	**Ningxia**	**78.00**	**93.36**	**94.43**	
银川	Yinchuan	91.80	100.00	99.40	13
石嘴山	Shizuishan	41.14	90.01	94.40	74
吴忠	Wuzhong	90.00	89.97	90.05	153
固原	Guyuan	73.05	66.96	60.47	272
中卫	Zhongwei	100.00	100.00	100.00	1
新疆	**Xinjiang**	**73.25**	**84.34**	**87.78**	
乌鲁木齐	Urumqi	60.65	84.75	84.81	217
克拉玛依	Karamay	92.12	92.47	93.87	87

8-45 城市绿化覆盖面积(辖区)
Urban Green Coverage Area (Districts under City)

单位：公顷 (hectare)

地名	City	2010	2012	2013	2013 排名 Ranking	地名	City	2010	2012	2013	2013 排名 Ranking
全国	**Nation Total**	**2452658**	**2747866**	**2808936**		沈阳	Shenyang	27328	29192	29219	10
北京	**Beijing**	**65348**	**68204**	**70111**		大连	Dalian	18666	18668	18719	21
天津	**Tianjin**	**23265**	**26875**	**26101**		鞍山	Anshan	6097	6310	6463	74
河北	**Hebei**	**81819**	**83775**	**86731**		抚顺	Fushun	6164	6508	6604	72
石家庄	Shijiazhuang	9762	9998	10461	43	本溪	Benxi	5082	86955	87239	5
唐山	Tangshan	11178	10033	10245	46	丹东	Dandong	4443	2467	2510	190
秦皇岛	Qinhuangdao	5136	5361	5448	89	锦州	Jinzhou	3956	3977	4385	114
邯郸	Handan	8963	9476	9320	50	营口	Yingkou	4166	4417	4417	113
邢台	Xingtai	5540	5555	5681	86	阜新	Fuxin	2981	3286	3424	141
保定	Baoding	5899	5209	5963	81	辽阳	Liaoyang	3809	4189	4261	119
张家口	Zhangjiakou	3236	3665	3665	138	盘锦	Panjin	2401	2676	2752	172
承德	Chengde	4175	4514	4698	104	铁岭	Tieling	1726	1773	2242	203
沧州	Cangzhou	1942	2264	2361	198	朝阳	Chaoyang	2507	2622	2727	176
廊坊	Langfang	4484	4665	4572	109	葫芦岛	Huludao	2878	3035	3105	152
衡水	Hengshui	1806	1791	1911	221	吉林	**Jilin**	**43820**	**45108**	**43430**	
山西	**Shanxi**	**34607**	**41512**	**43271**		长春	Changchun	15618	15525	12568	33
太原	Taiyuan	9089	12112	12762	31	吉林	Jilin	8002	8057	8000	61
大同	Datong	4046	4504	4681	105	四平	Siping	1677	1842	1842	226
阳泉	Yangquan	3134	3235	3288	147	辽源	Liaoyuan	1643	1799	1818	227
长治	Changzhi	2847	2669	2688	179	通化	Tonghua	1537	1746	1770	229
晋城	Jincheng	1600	2515	2597	182	白山	Baishan	1204	1275	1283	258
朔州	Shuozhou	1591	1931	1934	218	松原	Songyuan	1712	1920	2045	215
晋中	Jinzhong	1725	1880	1930	219	白城	Baicheng	1231	1233	1234	262
运城	Yuncheng	1315	1488	1760	230	黑龙江	**Heilongjiang**	**78727**	**82945**	**84344**	
忻州	Xinzhou	520	788	996	272	哈尔滨	Harbin	13787	14181	14353	29
临汾	Linfen	1583	2136	2047	214	齐齐哈尔	Qiqihar	6186	6187	6187	79
吕梁	Luliang	654	880	937	275	鸡西	Jixi	3328	3365	3179	149
内蒙古	**Inner Mongolia**	**41059**	**49723**	**52511**		鹤岗	Hegang	2358	3033	3073	154
呼和浩特	Hohhot	6169	7798	7908	63	双鸭山	Shuangyashan	2719	2733	2733	174
包头	Baotou	7845	7984	8074	58	大庆	Daqing	23386	24427	25282	13
乌海	Wuhai	2168	2560	2561	184	伊春	Yichun	4478	4619	4656	106
赤峰	Chifeng	2773	3368	4023	129	佳木斯	Jiamusi	3768	4031	4031	128
通辽	Tongliao	2079	2836	2837	161	七台河	Qitaihe	2546	2737	2744	173
鄂尔多斯	Erdos	7991	11155	11002	41	牡丹江	Mudanjiang	5205	5223	5248	94
呼伦贝尔	Hulunbuir	991	1093	1317	255	黑河	Heihe	479	607	652	281
巴彦淖尔	Bayannur	1244	1292	1607	237	绥化	Suihua	805	915	989	273
乌兰察布	Ulanqab	1559	1940	2340	199	上海	**Shanghai**	**130160**	**134405**	**134904**	
辽宁	**Liaoning**	**106020**	**192045**	**194503**		江苏	**Jiangsu**	**258969**	**277481**	**287465**	

8-45 城市绿化覆盖面积(辖区) 续表 1
Urban Green Coverage Area (Districts under City) continued 1

单位：公顷 (hectare)

地名	City	2010	2012	2013	2013 排名 Ranking	地名	City	2010	2012	2013	2013 排名 Ranking
南京	Nanjing	84848	89850	93503	3	池州	Chizhou	1554	1699	1714	234
无锡	Wuxi	17988	18727	19106	19	宣城	Xuancheng	3518	3679	3811	134
徐州	Xuzhou	14726	14940	15773	26	**福建**	**Fujian**	**55914**	**62054**	**65159**	
常州	Changzhou	8139	8594	8862	51	福州	Fuzhou	10138	10866	11227	38
苏州	Suzhou	15415	26114	26559	11	厦门	Xiamen	16363	18131	18878	20
南通	Nantong	5380	7186	8165	57	莆田	Putian	2363	2520	2529	188
连云港	Lianyungang	18125	19736	20156	17	三明	Sanming	1418	1430	1532	242
淮安	Huaian	7359	8283	8540	52	泉州	Quanzhou	6845	7448	8012	60
盐城	Yancheng	4199	4570	4633	108	漳州	Zhangzhou	2121	2337	2463	195
扬州	Yangzhou	4065	7835	8025	59	南平	Nanping	1039	1264	1345	252
镇江	Zhenjiang	6773	7329	7677	67	龙岩	Longyan	1880	2115	2235	204
泰州	Taizhou	6153	6907	7986	62	宁德	Ningde	801	1002	1100	268
宿迁	Suqian	8486	9377	9827	47	**江西**	**Jiangxi**	**48924**	**50752**	**53185**	
浙江	**Zhejiang**	**91111**	**138877**	**144481**		南昌	Nanchang	8619	9247	10584	42
杭州	Hangzhou	17693	33582	34053	7	景德镇	Jingdezhen	7469	4048	4055	127
宁波	Ningbo	10853	11659	11871	36	萍乡	Pingxiang	1968	2049	2059	212
温州	Wenzhou	3822	7383	7907	64	九江	Jiujiang	5045	5168	5200	95
嘉兴	Jiaxing	4665	5190	5403	91	新余	Xinyu	2863	3767	3779	135
湖州	Huzhou	4241	4618	4807	100	鹰潭	Yingtan	1121	1245	1335	253
绍兴	Shaoxing	6178	6851	10291	45	赣州	Ganzhou	3730	3942	4001	131
金华	Jinhua	2865	2912	2928	157	吉安	Jian	2011	2627	2843	160
衢州	Quzhou	2455	2682	2780	168	宜春	Yichun	2123	2585	2801	165
舟山	Zhoushan	2109	15112	15317	27	抚州	Fuzhou	2785	2626	2733	174
台州	Taizhou	5306	5301	5402	92	上饶	Shangrao	1851	2213	2286	201
丽水	Lishui	1320	1485	1514	244	**山东**	**Shandong**	**179333**	**199899**	**217366**	
安徽	**Anhui**	**85281**	**95952**	**101449**		济南	Jinan	12853	13803	14494	28
合肥	Hefei	12737	15288	16683	23	青岛	Qingdao	19203	23720	30627	9
芜湖	Wuhu	5165	5925	6325	76	淄博	Zibo	15996	17081	17568	22
蚌埠	Bengbu	4600	5055	5415	90	枣庄	Zaozhuang	4717	6138	6140	80
淮南	Huainan	4380	4549	4709	103	东营	Dongying	6062	6526	7150	70
马鞍山	Maanshan	5241	5639	5787	84	烟台	Yantai	11228	11894	11921	34
淮北	Huaibei	3801	3953	4094	125	潍坊	Weifang	8305	9174	9811	48
铜陵	Tongling	2492	3173	4284	117	济宁	Jining	6162	6162	8334	55
安庆	Anqing	10783	10965	11206	39	泰安	Taian	5141	5223	5539	87
黄山	Huangshan	13190	13691	13920	30	威海	Weihai	6698	7098	7294	69
滁州	Chuzhou	3457	4363	4536	110	日照	Rizhao	3740	4107	4227	122
阜阳	Fuyang	3332	3784	4110	124	莱芜	Laiwu	3014	3482	6393	75
宿州	Suzhou	2062	3261	3376	143	临沂	Linyi	10593	11609	11898	35
六安	Liuan	2720	2926	2934	156	德州	Dezhou	2455	4080	4652	107
亳州	Bozhou	1520	1842	2060	211	聊城	Liaocheng	4272	4760	5150	96

8-45 城市绿化覆盖面积(辖区) 续表 2

Urban Green Coverage Area (Districts under City) continued 2

单位：公顷 （hectare）

地名	City	2010	2012	2013	2013 排名 Ranking
滨州	Binzhou	3446	5558	5726	85
菏泽	Heze	3679	4128	4284	117
河南	**Henan**	**78108**	**88232**	**92732**	
郑州	Zhengzhou	13332	14836	15920	25
开封	Kaifeng	3393	3632	3812	133
洛阳	Luoyang	5955	6736	7149	71
平顶山	Pingdingshan	2940	3049	3127	151
安阳	Anyang	2912	3050	3140	150
鹤壁	Hebi	2054	2458	2470	192
新乡	Xinxiang	4002	4543	4492	112
焦作	Jiaozuo	3852	3927	4057	126
濮阳	Puyang	1651	1751	2048	213
许昌	Xuchang	3118	3194	3294	146
漯河	Luohe	2423	2443	2520	189
三门峡	Sanmenxia	1304	1304	1304	257
南阳	Nanyang	3072	6227	6274	78
商丘	Shangqiu	2289	2530	2573	183
信阳	Xinyang	4345	4560	4849	99
周口	Zhoukou	2249	2607	2757	171
驻马店	Zhumadian	2142	2631	2795	166
湖北	**Hubei**	**80294**	**91713**	**94677**	
武汉	Wuhan	17991	19870	20758	16
黄石	Huangshi	2632	2759	2808	163
十堰	Shiyan	12468	12500	12591	32
宜昌	Yichang	3770	5077	6295	77
襄阳	Xiangfan	5111	6400	6525	73
鄂州	Ezhou	1935	2020	2065	210
荆门	Jingmen	2016	2104	2144	207
孝感	Xiaogan	1482	1713	1723	233
荆州	Jingzhou	2642	2747	2803	164
黄冈	Huanggang	1115	1177	1187	266
咸宁	Xianning	2664	3863	3863	132
随州	Suizhou	1400	4480	4780	101
湖南	**Hunan**	**54509**	**60071**	**61879**	
长沙	Changsha	9857	10729	11206	39
株洲	Zhuzhou	4104	5143	5500	88
湘潭	Xiangtan	4607	4759	4860	98
衡阳	Hengyang	4053	3998	4008	130
邵阳	Shaoyang	2038	2472	2620	181
岳阳	Yueyang	3413	3479	3568	139
常德	Changde	3304	3554	3734	137
张家界	Zhangjiajie	1539	1709	1547	241
益阳	Yiyang	2169	2496	2561	184
郴州	Chenzhou	2292	2815	3097	153
永州	Yongzhou	1970	2190	2365	197
怀化	Huaihua	1918	2166	2198	206
娄底	Loudi	2220	2753	2781	167
广东	**Guangdong**	**488980**	**465408**	**474212**	
广州	Guangzhou	140768	140974	142240	1
韶关	Shaoguan	3774	4050	4247	120
深圳	Shenzhen	97592	97670	98635	2
珠海	Zhuhai	32456	33050	33125	8
汕头	Shantou	7113	8943	10344	44
佛山	Foshan	11737	8998	9378	49
江门	Jiangmen	9537	11173	11461	37
湛江	Zhanjiang	5565	5704	5799	83
茂名	Maoming	5188	3675	3749	136
肇庆	Zhaoqing	7834	7409	7447	68
惠州	Huizhou	6528	7951	8531	54
梅州	Meizhou	2114	2244	2340	199
汕尾	Shanwei	1300	681	658	280
河源	Heyuan	21930	1366	1412	250
阳江	Yangjiang	17560	1911	1915	220
清远	Qingyuan	2281	2459	2469	193
东莞	Dongguan	79446	89678	92189	4
中山	ZhongShan	4234	4146	4305	115
潮州	Chaozhou	1780	1845	1845	225
揭阳	Jieyang	2797	3317	3510	140
云浮	Yunfu	1194	1238	1249	261
广西	**Guangxi**	**65692**	**72785**	**75674**	
南宁	Nanning	37125	38603	40352	6
柳州	Liuzhou	7111	7886	8279	56
桂林	Guilin	2790	2805	2822	162
梧州	Wuzhou	2101	2253	2273	202
北海	Beihai	2068	2534	2774	170
防城港	Fangchenggang	1092	1179	1204	265
钦州	Qinzhou	1549	3186	3283	148
贵港	Guigang	1464	1660	1676	236
玉林	Yulin	2195	2824	2716	178
百色	Baise	1406	1560	1588	239

8-45 城市绿化覆盖面积(辖区) 续表 3
Urban Green Coverage Area (Districts under City) continued 3

单位：公顷 （hectare）

地名	City	2010	2012	2013	2013 排名 Ranking	地名	City	2010	2012	2013	2013 排名 Ranking
贺州	Hezhou	662	1408	1452	245	丽江	Lijiang	778	960	982	274
河池	Hechi	576	640	652	281	普洱	Puer	1346	1020	1023	271
来宾	Laibin	1015	1264	1305	256	临沧	Lincang	546	700	701	279
崇左	Chongzuo	762	809	1047	270	**西藏**	**Tibet**	**2778**	**4398**	**4263**	
海南	**Hainan**	**50564**	**52470**	**16549**		拉萨	Lhasa	2548	2548	2091	209
海口	Haikou	4046	5191	5253	93	**陕西**	**Shaanxi**	**33232**	**38668**	**41067**	
三亚	Sanya	1357	1531	2847	159	西安	Xi'an	13823	16764	19242	18
重庆	**Chongqing**	**41244**	**51689**	**52996**		铜川	Tongchuan	2371	2498	1944	217
四川	**Sichuan**	**80157**	**92255**	**98537**		宝鸡	Baoji	3527	4520	4520	111
成都	Chengdu	18335	20757	21246	15	咸阳	Xianyang	2669	2900	3025	155
自贡	Zigong	3071	3955	4286	116	渭南	Weinan	1530	1659	1773	228
攀枝花	Panzhihua	2214	2554	2719	177	延安	Yan'an	1204	1410	1437	247
泸州	Luzhou	3830	4709	4995	97	汉中	Hanzhong	1400	1445	1452	245
德阳	Deyang	2063	2575	2780	168	榆林	Yulin	2245	2468	2468	194
绵阳	Mianyang	3932	4066	4229	121	安康	Ankang	1044	1441	1581	240
广元	Guangyuan	1424	1681	1878	224	商洛	Shangluo	1382	1400	1400	251
遂宁	Suining	5866	5893	5897	82	**甘肃**	**Gansu**	**19898**	**23069**	**25912**	
内江	Neijiang	1405	1965	2509	191	兰州	Lanzhou	5495	6548	7730	65
乐山	Leshan	2167	2887	3420	142	嘉峪关	Jiayuguan	1815	2340	2546	186
南充	Nanchong	3263	4350	4769	102	金昌	Jinchang	1188	1209	1422	249
眉山	Meishan	1424	1837	1880	223	白银	Baiyin	1258	1738	1891	222
宜宾	Yibin	2360	3076	3300	145	天水	Tianshui	1487	1549	1589	238
广安	Guangan	1253	1510	1745	232	武威	Wuwei	611	620	623	284
达州	Dazhou	1679	1783	2545	187	张掖	Zhangye	901	1344	2140	208
雅安	Yaan	1689	2018	1213	264	平凉	Pingliang	1830	1952	2007	216
巴中	Bazhong	630	631	1279	259	酒泉	Jiuquan	1546	1621	1752	231
资阳	Ziyang	1271	1600	1686	235	庆阳	Qingyang	395	711	734	278
贵州	**Guizhou**	**34190**	**38873**	**40286**		定西	Dingxi	596	610	624	283
贵阳	Guiyang	20952	22766	23578	14	陇南	Longnan	1252	1254	1256	260
六盘水	Liupanshui	1200	1215	1520	243	**青海**	**Qinghai**	**3409**	**4121**	**5107**	
遵义	Zunyi	2322	2671	2671	180	西宁	Xining	2345	2902	3345	144
安顺	Anshun	2187	2630	2866	158	**宁夏**	**Ningxia**	**19672**	**21969**	**23765**	
毕节	Bijie	208	1216	1216	263	银川	Yinchuan	5701	6165	7694	66
铜仁	Tongren	801	855	855	277	石嘴山	Shizuishan	8506	8536	8538	53
云南	**Yunnan**	**31903**	**39210**	**38866**		吴忠	Wuzhong	1617	2428	2444	196
昆明	Kunming	12545	16884	16065	24	固原	Guyuan	991	1035	1098	269
曲靖	Qujing	2210	2674	2200	205	中卫	Zhongwei	953	1375	1436	248
玉溪	Yuxi	993	1283	1331	254	**新疆**	**Xinjiang**	**43671**	**53328**	**57402**	
保山	Baoshan	732	853	913	276	乌鲁木齐	Urumqi	17316	24197	25404	12
昭通	Zhaotong	821	1116	1152	267	克拉玛依	Karamay	2897	4089	4176	123

8-46 城市建成区绿化覆盖率(辖区)
Green Coverage Rate of Urban Built District (Districts under City)

单位：%　　(%)

地名	City	2010	2012	2013	2013 排名 Ranking
全国	**Nation Total**	**38.62**	**39.59**	**39.70**	
北京	**Beijing**		**46.20**	**47.10**	
天津	**Tianjin**	**32.06**	**34.88**	**34.93**	
河北	**Hebei**	**42.73**	**40.98**	**41.20**	
石家庄	Shijiazhuang	43.03	41.02	42.99	56
唐山	Tangshan	46.00	40.62	41.14	108
秦皇岛	Qinhuangdao	49.97	49.10	48.74	6
邯郸	Handan	47.20	49.10	46.61	12
邢台	Xingtai	40.60	39.33	37.32	215
保定	Baoding	44.58	36.96	40.36	136
张家口	Zhangjiakou	38.52	41.45	41.45	102
承德	Chengde	41.85	39.82	40.89	116
沧州	Cangzhou	41.76	37.20	37.05	219
廊坊	Langfang	46.80	46.59	44.50	32
衡水	Hengshui	41.30	39.10	41.19	106
山西	**Shanxi**	**38.01**	**38.60**	**40.02**	
太原	Taiyuan	35.75	39.07	39.88	148
大同	Datong	37.46	41.70	43.34	50
阳泉	Yangquan	39.74	40.85	41.23	105
长治	Changzhi	48.01	45.01	45.33	23
晋城	Jincheng	44.77	32.78	45.12	27
朔州	Shuozhou	42.84	42.76	42.84	63
晋中	Jinzhong	40.09	37.60	36.42	228
运城	Yuncheng	41.50	37.20	38.26	198
忻州	Xinzhou	17.28	24.63	31.13	261
临汾	Linfen	42.33	37.39	37.91	210
吕梁	Luliang	36.33	39.11	39.35	163
内蒙古	**Inner Mongolia**	**33.35**	**36.17**	**36.19**	
呼和浩特	Hohhot	35.69	36.06	29.18	266
包头	Baotou	39.98	42.00	42.31	75
乌海	Wuhai	34.46	40.69	40.69	124
赤峰	Chifeng	34.23	37.84	38.70	189
通辽	Tongliao	31.60	37.50	46.34	14
鄂尔多斯	Erdos	36.61	42.03	42.83	64
呼伦贝尔	Hulunbuir	24.78	22.79	22.12	280
巴彦淖尔	Bayannur	32.74	34.00	38.24	199
乌兰察布	Ulanqab	37.89	37.32	38.98	178
辽宁	**Liaoning**	**39.32**	**40.17**	**40.17**	
沈阳	Shenyang	42.01	42.22	42.22	77
大连	Dalian	45.17	44.68	44.75	29
鞍山	Anshan	38.59	37.89	38.66	190
抚顺	Fushun	39.48	41.91	41.57	95
本溪	Benxi	46.96	47.70	49.74	5
丹东	Dandong	37.79	37.98	38.78	185
锦州	Jinzhou	39.02	39.23	41.71	93
营口	Yingkou	41.49	41.73	39.54	159
阜新	Fuxin	38.33	41.25	42.03	86
辽阳	Liaoyang	38.93	40.50	40.90	114
盘锦	Panjin	38.52	40.00	39.56	158
铁岭	Tieling	39.26	39.33	39.33	164
朝阳	Chaoyang	29.73	32.60	32.77	252
葫芦岛	Huludao	38.30	37.94	38.43	194
吉林	**Jilin**	**34.12**	**33.94**	**31.40**	
长春	Changchun	38.58	35.09	27.18	271
吉林	Jilin	45.72	46.08	45.75	20
四平	Siping	31.41	33.92	33.71	248
辽源	Liaoyuan	35.12	38.83	39.27	167
通化	Tonghua	30.60	35.76	35.17	238
白山	Baishan	29.88	35.07	27.45	270
松原	Songyuan	40.05	41.10	42.28	76
白城	Baicheng	31.46	28.51	28.53	268
黑龙江	**Heilongjiang**	**34.89**	**35.98**	**35.99**	
哈尔滨	Harbin	38.38	37.02	36.10	231
齐齐哈尔	Qiqihar	40.01	38.61	38.61	192
鸡西	Jixi	39.13	42.47	40.12	141
鹤岗	Hegang	41.93	43.08	41.81	90
双鸭山	Shuangyashan	42.74	42.91	43.50	46
大庆	Daqing	38.44	43.21	45.30	24
伊春	Yichun	26.71	26.91	26.71	272
佳木斯	Jiamusi	40.30	41.10	41.57	95
七台河	Qitaihe	40.82	40.12	38.71	188
牡丹江	Mudanjiang	38.55	38.78	38.77	186
黑河	Heihe	23.95	30.35	32.60	253
绥化	Suihua	26.26	25.91	26.40	274
上海	**Shanghai**	**38.15**	**38.29**	**38.36**	
江苏	**Jiangsu**	**42.07**	**42.17**	**42.44**	

8-46 城市建成区绿化覆盖率(辖区) 续表 1
Green Coverage Rate of Urban Built District (Districts under City) continued 1

单位：% (%)

地名	City	2010	2012	2013	2013 排名 Ranking	地名	City	2010	2012	2013	2013 排名 Ranking
南京	Nanjing	44.38	44.02	44.06	39	池州	Chizhou	39.14	40.43	40.83	118
无锡	Wuxi	42.62	42.68	42.78	65	宣城	Xuancheng	35.12	38.82	41.00	112
徐州	Xuzhou	41.26	42.21	42.87	61	**福建**	**Fujian**	**40.97**	**42.03**	**42.77**	
常州	Changzhou	42.15	42.21	42.87	61	福州	Fuzhou	40.27	40.60	42.70	67
苏州	Suzhou	42.70	41.89	42.06	84	厦门	Xiamen	40.40	41.76	41.84	89
南通	Nantong	40.60	41.27	42.17	79	莆田	Putian	43.10	45.97	46.05	17
连云港	Lianyungang	38.73	39.91	39.93	146	三明	Sanming	40.48	41.11	41.51	99
淮安	Huaian	39.60	40.04	40.74	123	泉州	Quanzhou	40.48	42.20	42.50	69
盐城	Yancheng	39.20	40.23	40.42	134	漳州	Zhangzhou	41.93	41.39	41.50	100
扬州	Yangzhou	43.60	43.03	43.21	51	南平	Nanping	40.33	44.85	47.37	11
镇江	Zhenjiang	42.14	42.29	42.37	74	龙岩	Longyan	42.13	42.17	42.58	68
泰州	Taizhou	40.82	41.00	40.53	131	宁德	Ningde	40.04	41.34	42.09	83
宿迁	Suqian	40.57	41.33	42.10	81	**江西**	**Jiangxi**	**46.62**	**45.95**	**45.09**	
浙江	**Zhejiang**	**38.30**	**39.86**	**40.26**		南昌	Nanchang	42.76	43.00	42.41	72
杭州	Hangzhou	39.95	40.07	40.23	138	景德镇	Jingdezhen	53.57	53.69	51.54	4
宁波	Ningbo	38.04	38.23	38.28	197	萍乡	Pingxiang	46.72	46.02	40.75	122
温州	Wenzhou	21.89	35.62	38.07	205	九江	Jiujiang	56.39	51.80	51.88	3
嘉兴	Jiaxing	41.09	42.18	42.11	80	新余	Xinyu	49.17	53.37	52.06	2
湖州	Huzhou	49.78	48.20	48.26	8	鹰潭	Yingtan	47.34	38.91	40.45	133
绍兴	Shaoxing	40.35	41.06	40.77	120	赣州	Ganzhou	45.09	40.60	38.65	191
金华	Jinhua	39.80	38.97	38.02	206	吉安	Jian	42.22	45.55	45.75	20
衢州	Quzhou	42.17	41.15	41.17	107	宜春	Yichun	42.46	43.08	43.09	54
舟山	Zhoushan	40.24	38.76	38.52	193	抚州	Fuzhou	48.01	47.71	48.35	7
台州	Taizhou	44.27	43.24	43.91	42	上饶	Shangrao	48.35	47.21	47.94	10
丽水	Lishui	41.33	43.06	43.86	43	**山东**	**Shandong**	**41.47**	**42.12**	**42.63**	
安徽	**Anhui**	**37.50**	**38.80**	**39.85**		济南	Jinan	37.04	38.00	39.00	175
合肥	Hefei	38.82	39.92	41.88	88	青岛	Qingdao	43.38	44.70	44.71	30
芜湖	Wuhu	38.20	39.50	39.97	145	淄博	Zibo	42.20	43.25	44.16	38
蚌埠	Bengbu	37.00	37.21	38.81	183	枣庄	Zaozhuang	37.48	40.20	40.19	139
淮南	Huainan	39.83	39.71	39.72	155	东营	Dongying	38.57	40.41	42.73	66
马鞍山	Maanshan	42.73	43.63	43.82	44	烟台	Yantai	42.05	43.29	43.12	53
淮北	Huaibei	43.16	44.16	44.61	31	潍坊	Weifang	40.10	40.59	40.67	125
铜陵	Tongling	40.17	40.20	45.86	19	济宁	Jining	43.64	35.38	35.89	236
安庆	Anqing	38.48	38.89	40.90	114	泰安	Taian	43.81	43.88	43.95	41
黄山	Huangshan	48.82	47.25	46.34	14	威海	Weihai	47.12	47.92	47.95	9
滁州	Chuzhou	36.24	39.80	39.16	171	日照	Rizhao	41.10	42.29	42.96	58
阜阳	Fuyang	33.02	33.15	33.26	250	莱芜	Laiwu	44.22	42.12	44.40	33
宿州	Suzhou	38.02	38.60	38.16	202	临沂	Linyi	46.58	43.02	41.61	94
六安	Liuan	40.79	38.67	39.29	165	德州	Dezhou	40.33	42.49	42.98	57
亳州	Bozhou	39.53	40.89	39.93	146	聊城	Liaocheng	44.20	44.08	46.52	13

8-46 城市建成区绿化覆盖率(辖区) 续表 2
Green Coverage Rate of Urban Built District (Districts under City) continued 2

单位：% (%)

地名	City	2010	2012	2013	2013 排名 Ranking
滨州	Binzhou	38.96	43.84	44.26	36
菏泽	Heze	40.14	41.95	40.89	116
河南	**Henan**	**36.56**	**36.90**	**37.60**	
郑州	Zhengzhou	34.88	36.08	38.00	207
开封	Kaifeng	34.43	35.82	37.21	217
洛阳	Luoyang	32.98	35.94	37.26	216
平顶山	Pingdingshan	38.08	39.41	40.00	143
安阳	Anyang	37.49	38.73	39.18	169
鹤壁	Hebi	40.08	40.41	38.74	187
新乡	Xinxiang	41.24	41.30	40.80	119
焦作	Jiaozuo	39.59	38.66	39.80	152
濮阳	Puyang	44.44	38.07	38.91	181
许昌	Xuchang	38.93	39.86	39.15	172
漯河	Luohe	38.32	38.65	39.28	166
三门峡	Sanmenxia	43.47	43.47	43.47	48
南阳	Nanyang	29.51	25.14	25.19	275
商丘	Shangqiu	38.15	40.81	41.42	103
信阳	Xinyang	42.38	42.41	42.42	71
周口	Zhoukou	38.14	38.95	39.00	175
驻马店	Zhumadian	40.28	40.31	40.35	137
湖北	**Hubei**	**37.74**	**38.86**	**38.12**	
武汉	Wuhan	37.17	38.19	38.21	200
黄石	Huangshi	39.88	38.06	31.98	259
十堰	Shiyan	45.32	46.04	43.06	55
宜昌	Yichang	40.88	41.08	41.25	104
襄阳	Xiangfan	36.38	45.30	45.22	25
鄂州	Ezhou	37.00	36.21	34.38	246
荆门	Jingmen	39.92	39.56	39.67	157
孝感	Xiaogan	40.21	45.12	45.15	26
荆州	Jingzhou	39.79	39.78	39.05	174
黄冈	Huanggang	32.97	32.85	32.16	258
咸宁	Xianning	37.60	41.78	36.86	220
随州	Suizhou	31.98	36.89	43.56	45
湖南	**Hunan**	**36.64**	**37.01**	**37.63**	
长沙	Changsha	36.19	37.98	38.98	178
株洲	Zhuzhou	42.41	41.40	41.47	101
湘潭	Xiangtan	40.38	40.41	40.42	134
衡阳	Hengyang	38.95	35.07	35.07	240
邵阳	Shaoyang	32.97	35.00	36.02	233
岳阳	Yueyang	41.37	40.22	40.55	129

地名	City	2010	2012	2013	2013 排名 Ranking
常德	Changde	43.35	43.45	43.46	49
张家界	Zhangjiajie	37.72	33.59	39.14	173
益阳	Yiyang	40.17	38.40	38.80	184
郴州	Chenzhou	36.97	39.12	42.40	73
永州	Yongzhou	31.35	34.57	36.63	224
怀化	Huaihua	30.38	35.10	36.02	233
娄底	Loudi	39.79	39.91	39.53	160
广东	**Guangdong**	**41.31**	**41.23**	**41.50**	
广州	Guangzhou	41.96	40.50	41.01	111
韶关	Shaoguan	46.12	46.12	46.11	16
深圳	Shenzhen	45.04	45.06	45.07	28
珠海	Zhuhai	50.25	52.15	57.13	1
汕头	Shantou	40.65	41.76	41.81	90
佛山	Foshan	37.11	38.36	39.70	156
江门	Jiangmen	40.74	42.46	43.14	52
湛江	Zhanjiang	45.77	40.73	40.76	121
茂名	Maoming	44.45	29.60	32.41	255
肇庆	Zhaoqing	36.09	35.19	35.45	237
惠州	Huizhou	30.06	34.68	36.00	235
梅州	Meizhou	42.84	42.87	42.88	60
汕尾	Shanwei	41.20	41.74	41.99	87
河源	Heyuan	44.11	44.29	44.32	34
阳江	Yangjiang	38.45	38.15	38.30	196
清远	Qingyuan	40.12	40.70	40.59	127
东莞	Dongguan	43.37	44.96	45.95	18
中山	ZhongShan	38.97	47.01	40.62	126
潮州	Chaozhou	42.71	44.27	44.27	35
揭阳	Jieyang	35.21	37.47	29.84	265
云浮	Yunfu	39.45	39.67	39.74	154
广西	**Guangxi**	**34.96**	**37.50**	**37.65**	
南宁	Nanning	40.36	42.00	42.10	81
柳州	Liuzhou	38.12	40.91	41.57	95
桂林	Guilin	44.29	42.50	42.04	85
梧州	Wuzhou	39.14	38.97	38.99	177
北海	Beihai	35.78	38.06	38.84	182
防城港	Fangchenggang	33.82	32.96	33.11	251
钦州	Qinzhou	22.20	34.29	34.46	245
贵港	Guigang	26.26	24.93	24.42	277
玉林	Yulin	33.02	38.03	36.52	226
百色	Baise	36.70	39.03	37.10	218

8-46 城市建成区绿化覆盖率(辖区) 续表 3
Green Coverage Rate of Urban Built District (Districts under City) continued 3

单位：% (%)

地名	City	2010	2012	2013	2013 排名 Ranking
贺州	Hezhou	22.77	41.47	44.21	37
河池	Hechi	28.30	30.33	28.90	267
来宾	Laibin	35.00	35.69	34.86	241
崇左	Chongzuo	29.82	32.64	36.77	222
海南	**Hainan**	**42.63**	**41.19**	**42.06**	
海口	Haikou	44.14	42.00	42.50	69
三亚	Sanya	48.12	45.31	45.63	22
重庆	**Chongqing**	**40.57**	**42.94**	**41.66**	
四川	**Sichuan**	**37.88**	**38.69**	**38.41**	
成都	Chengdu	39.43	39.38	40.17	140
自贡	Zigong	38.10	38.80	39.50	161
攀枝花	Panzhihua	40.55	38.47	39.19	168
泸州	Luzhou	39.00	40.30	39.85	149
德阳	Deyang	38.27	40.05	39.83	150
绵阳	Mianyang	37.89	37.82	38.09	203
广元	Guangyuan	36.56	37.02	36.86	220
遂宁	Suining	37.66	35.55	32.56	254
内江	Neijiang	34.64	36.11	37.51	213
乐山	Leshan	37.91	37.29	35.13	239
南充	Nanchong	38.12	40.10	41.00	112
眉山	Meishan	31.75	37.56	37.99	208
宜宾	Yibin	38.98	36.13	32.19	257
广安	Guangan	41.67	44.26	36.35	229
达州	Dazhou	35.76	35.00	32.24	256
雅安	Yaan	39.81	41.29	41.54	98
巴中	Bazhong	35.03	35.06	38.20	201
资阳	Ziyang	35.00	38.74	39.18	169
贵州	**Guizhou**	**29.58**	**32.80**	**34.46**	
贵阳	Guiyang	37.24	40.47	43.50	46
六盘水	Liupanshui	24.68	25.04	24.60	276
遵义	Zunyi	34.61	40.24	41.14	108
安顺	Anshun	14.00	21.76	22.99	279
毕节	Bijie	8.50	32.35	30.41	263
铜仁	Tongren	34.04	24.25	24.25	278
云南	**Yunnan**	**37.31**	**39.30**	**37.76**	
昆明	Kunming	41.36	44.47	39.40	162
曲靖	Qujing	38.93	40.06	36.13	230
玉溪	Yuxi	34.35	26.83	36.53	225
保山	Baoshan	34.86	33.19	33.32	249
昭通	Zhaotong	31.00	31.00	31.05	262
丽江	Lijiang	35.34	40.00	40.56	128
普洱	Puer	56.08	41.63	41.76	92
临沧	Lincang	37.07	42.23	38.41	195
西藏	**Tibet**	**25.40**	**32.41**	**18.06**	
拉萨	Lhasa	32.25	21.69		
陕西	**Shaanxi**	**38.29**	**40.36**	**40.19**	
西安	Xi'an	40.43	42.00	42.20	78
铜川	Tongchuan	42.51	42.62	44.03	40
宝鸡	Baoji	14.23	45.12	40.09	142
咸阳	Xianyang	40.11	39.68	40.52	132
渭南	Weinan	37.10	37.48	37.52	212
延安	Yan'an	36.30	39.00	39.75	153
汉中	Hanzhong	37.65	38.00	38.09	203
榆林	Yulin	32.35	36.22	38.96	180
安康	Ankang	34.80	38.40	40.54	130
商洛	Shangluo	39.77	26.70	21.15	281
甘肃	**Gansu**	**27.12**	**30.02**	**32.07**	
兰州	Lanzhou	25.02	30.01	34.52	244
嘉峪关	Jiayuguan	36.67	37.14	37.38	214
金昌	Jinchang	32.38	30.72	36.10	231
白银	Baiyin	22.73	29.11	31.60	260
天水	Tianshui	35.20	33.82	34.54	243
武威	Wuwei	21.40	19.97	20.06	282
张掖	Zhangye	26.74	36.11	33.77	247
平凉	Pingliang	29.94	33.33	34.83	242
酒泉	Jiuquan	36.50	34.64	36.44	227
庆阳	Qingyang	18.40	30.26	30.17	264
定西	Dingxi	25.43	25.98	26.50	273
陇南	Longnan	2.69	2.98	3.08	283
青海	**Qinghai**	**29.38**	**32.50**	**31.20**	
西宁	Xining	35.12	37.49	37.76	211
宁夏	**Ningxia**	**38.75**	**38.37**	**38.49**	
银川	Yinchuan	43.03	41.68	41.06	110
石嘴山	Shizuishan	41.00	39.80	39.81	151
吴忠	Wuzhong	38.53	39.51	40.00	143
固原	Guyuan	28.63	28.23	27.83	269
中卫	Zhongwei	26.00	36.54	36.68	223
新疆	**Xinjiang**	**36.42**	**35.88**	**36.40**	
乌鲁木齐	Urumqi	34.80	37.00	37.93	209
克拉玛依	Karamay	42.90	42.92	42.93	59

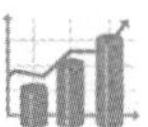

8-47 城市公园绿地面积(辖区)

Area of Urban Parks and Green Space (Districts under City)

单位：公顷 (hectare)

地名	City	2010	2012	2013	2013 排名 Ranking	地名	City	2010	2012	2013	2013 排名 Ranking
全国	**Nation Total**	**441276**	**517815**	**547356**		沈阳	Shenyang	6085	7112	7112	5
北京	**Beijing**	**19020**	**21178**	**23223**		大连	Dalian	3510	3607	3627	21
天津	**Tianjin**	**5266**	**6846**	**7279**		鞍山	Anshan	1617	1747	1814	57
河北	**Hebei**	**21849**	**22320**	**22609**		抚顺	Fushun	1185	1301	1382	73
石家庄	Shijiazhuang	3530	3557	3783	18	本溪	Benxi	828	913	975	113
唐山	Tangshan	2981	2960	2972	30	丹东	Dandong	560	690	715	150
秦皇岛	Qinhuangdao	1793	1929	1980	50	锦州	Jinzhou	896	913	1228	83
邯郸	Handan	2988	3281	2983	29	营口	Yingkou	959	1018	1018	108
邢台	Xingtai	1006	1020	1068	101	阜新	Fuxin	817	921	946	116
保定	Baoding	1491	1108	1270	80	辽阳	Liaoyang	674	720	767	144
张家口	Zhangjiakou	946	970	1080	99	盘锦	Panjin	488	739	804	135
承德	Chengde	1450	1344	1320	79	铁岭	Tieling	437	448	539	191
沧州	Cangzhou	582	610	580	182	朝阳	Chaoyang	468	475	541	189
廊坊	Langfang	674	691	691	157	葫芦岛	Huludao	596	682	682	161
衡水	Hengshui	424	434	447	218	吉林	**Jilin**	**10974**	**12486**	**13284**	
山西	**Shanxi**	**9061**	**11224**	**11821**		长春	Changchun	4249	4966	5018	9
太原	Taiyuan	2576	3416	4258	14	吉林	Jilin	1524	1537	1523	68
大同	Datong	876	1652	1058	103	四平	Siping	461	510	551	186
阳泉	Yangquan	526	558	561	184	辽源	Liaoyuan	363	380	384	236
长治	Changzhi	864	745	751	148	通化	Tonghua	429	545	546	187
晋城	Jincheng	456	556	558	185	白山	Baishan	383	403	404	230
朔州	Shuozhou	280	422	422	226	松原	Songyuan	497	566	841	125
晋中	Jinzhong	431	605	605	179	白城	Baicheng	221	223	224	268
运城	Yuncheng	395	429	431	223	黑龙江	**Heilongjiang**	**15284**	**16142**	**16478**	
忻州	Xinzhou	58	199	364	243	哈尔滨	Harbin	4198	4333	4333	13
临汾	Linfen	592	612	643	165	齐齐哈尔	Qiqihar	1091	1091	1091	98
吕梁	Luliang	315	320	334	250	鸡西	Jixi	695	695	775	140
内蒙古	**Inner Mongolia**	**10352**	**13618**	**14951**		鹤岗	Hegang	842	874	834	129
呼和浩特	Hohhot	2422	2853	2853	35	双鸭山	Shuangyashan	739	690	690	158
包头	Baotou	2100	2221	2255	41	大庆	Daqing	1779	1918	2081	46
乌海	Wuhai	522	782	782	137	伊春	Yichun	1518	1561	1572	66
赤峰	Chifeng	746	1282	1533	67	佳木斯	Jiamusi	740	840	847	122
通辽	Tongliao	741	779	779	138	七台河	Qitaihe	457	480	483	207
鄂尔多斯	Erdos	1024	1800	1813	58	牡丹江	Mudanjiang	739	749	759	146
呼伦贝尔	Hulunbuir	549	687	687	159	黑河	Heihe	236	210	210	270
巴彦淖尔	Bayannur	252	308	627	167	绥化	Suihua	135	245	300	256
乌兰察布	Ulanqab	600	1140	1166	90	上海	**Shanghai**	**16053**	**16848**	**17142**	
辽宁	**Liaoning**	**21593**	**24710**	**25708**		江苏	**Jiangsu**	**33585**	**38069**	**40413**	

8-47 城市公园绿地面积(辖区) 续表 1
Area of Urban Parks and Green Space (Districts under City) continued 1

单位：公顷 (hectare)

地名	City	2010	2012	2013	2013 排名 Ranking	地名	City	2010	2012	2013	2013 排名 Ranking
南京	Nanjing	6773	7908	8725	4	池州	Chizhou	498	518	518	197
无锡	Wuxi	3418	3554	3616	22	宣城	Xuancheng	387	371	411	228
徐州	Xuzhou	2234	2430	2720	36	**福建**	**Fujian**	**10972**	**13004**	**13891**	
常州	Changzhou	1632	1759	1873	54	福州	Fuzhou	2288	2544	2954	32
苏州	Suzhou	3615	4271	4341	12	厦门	Xiamen	2807	3105	3244	26
南通	Nantong	1038	1905	2070	47	莆田	Putian	582	709	710	152
连云港	Lianyungang	880	1129	1168	89	三明	Sanming	274	291	292	258
淮安	Huaian	1341	1650	1793	59	泉州	Quanzhou	845	1574	1667	62
盐城	Yancheng	821	921	944	117	漳州	Zhangzhou	448	546	615	175
扬州	Yangzhou	1483	1858	1899	52	南平	Nanping	240	283	288	260
镇江	Zhenjiang	1397	1483	1576	65	龙岩	Longyan	335	365	375	239
泰州	Taizhou	594	634	834	129	宁德	Ningde	315	335	349	247
宿迁	Suqian	574	703	810	134	**江西**	**Jiangxi**	**10733**	**12817**	**13553**	
浙江	**Zhejiang**	**20090**	**23420**	**24852**		南昌	Nanchang	1915	2718	2959	31
杭州	Hangzhou	5017	5635	5820	8	景德镇	Jingdezhen	709	740	738	149
宁波	Ningbo	1725	1853	1927	51	萍乡	Pingxiang	447	470	474	210
温州	Wenzhou	883	2006	2182	43	九江	Jiujiang	1142	1104	1127	94
嘉兴	Jiaxing	883	1054	1094	97	新余	Xinyu	602	832	835	128
湖州	Huzhou	1277	1407	1433	71	鹰潭	Yingtan	202	270	310	254
绍兴	Shaoxing	1085	1183	1878	53	赣州	Ganzhou	829	948	1103	96
金华	Jinhua	707	709	709	153	吉安	Jian	425	607	684	160
衢州	Quzhou	394	426	472	211	宜春	Yichun	637	807	830	131
舟山	Zhoushan	675	724	756	147	抚州	Fuzhou	842	880	887	119
台州	Taizhou	1073	1165	1178	87	上饶	Shangrao	513	576	617	173
丽水	Lishui	340	367	367	241	**山东**	**Shandong**	**43191**	**47318**	**49518**	
安徽	**Anhui**	**13630**	**15941**	**17223**		济南	Jinan	2890	3017	3094	27
合肥	Hefei	3269	3533	3890	17	青岛	Qingdao	4027	4573	4649	10
芜湖	Wuhu	1120	1560	1610	63	淄博	Zibo	2333	2489	2498	40
蚌埠	Bengbu	611	789	1026	107	枣庄	Zaozhuang	1118	1387	1361	76
淮南	Huainan	1207	1250	1270	80	东营	Dongying	1119	1205	1374	75
马鞍山	Maanshan	792	1032	1052	105	烟台	Yantai	2795	3080	3415	24
淮北	Huaibei	1121	1229	1229	82	潍坊	Weifang	2173	2225	2248	42
铜陵	Tongling	454	611	626	168	济宁	Jining	892	1190	1834	56
安庆	Anqing	578	589	775	140	泰安	Taian	1198	1285	1011	109
黄山	Huangshan	435	494	524	194	威海	Weihai	1443	1489	1513	69
滁州	Chuzhou	413	508	508	200	日照	Rizhao	1331	1393	1463	70
阜阳	Fuyang	555	730	772	143	莱芜	Laiwu	892	907	1137	93
宿州	Suzhou	489	531	611	177	临沂	Linyi	3269	3629	3662	20
六安	Liuan	713	827	827	132	德州	Dezhou	1169	1650	1712	61
亳州	Bozhou	280	330	406	229	聊城	Liaocheng	705	749	839	126

8-47 城市公园绿地面积(辖区) 续表 2

Area of Urban Parks and Green Space (Districts under City) continued 2

单位：公顷 (hectare)

地名	City	2010	2012	2013	2013 排名 Ranking	地名	City	2010	2012	2013	2013 排名 Ranking
滨州	Binzhou	1178	1287	1375	74	常德	Changde	876	910	976	112
菏泽	Heze	741	816	836	127	张家界	Zhangjiajie	165	363	222	269
河南	**Henan**	**18361**	**21202**	**22226**		益阳	Yiyang	458	510	528	193
郑州	Zhengzhou	3095	3565	3895	16	郴州	Chenzhou	424	593	663	163
开封	Kaifeng	455	697	799	136	永州	Yongzhou	290	374	425	224
洛阳	Luoyang	1743	1826	1869	55	怀化	Huaihua	262	377	390	233
平顶山	Pingdingshan	863	910	952	115	娄底	Loudi	340	447	456	216
安阳	Anyang	606	672	697	155	**广东**	**Guangdong**	**58514**	**74029**	**78857**	
鹤壁	Hebi	587	653	653	164	广州	Guangzhou	10319	19935	21165	1
新乡	Xinxiang	714	767	775	140	韶关	Shaoguan	630	636	667	162
焦作	Jiaozuo	713	758	776	139	深圳	Shenzhen	16987	17508	17750	2
濮阳	Puyang	548	548	624	169	珠海	Zhuhai	1989	2552	2867	34
许昌	Xuchang	505	505	508	200	汕头	Shantou	2819	3167	3491	23
漯河	Luohe	825	825	825	133	佛山	Foshan	2005	2294	2615	38
三门峡	Sanmenxia	482	482	482	209	江门	Jiangmen	1205	1947	2052	49
南阳	Nanyang	1257	2651	2660	37	湛江	Zhanjiang	846	1078	1112	95
商丘	Shangqiu	509	565	584	181	茂名	Maoming	486	588	613	176
信阳	Xinyang	654	676	697	155	肇庆	Zhaoqing	1150	1188	1192	85
周口	Zhoukou	301	313	321	252	惠州	Huizhou	1304	2168	2567	39
驻马店	Zhumadian	399	452	466	213	梅州	Meizhou	486	488	545	188
湖北	**Hubei**	**16818**	**19042**	**19936**		汕尾	Shanwei	266	307	308	255
武汉	Wuhan	5685	6227	6622	6	河源	Heyuan	327	351	366	242
黄石	Huangshi	866	906	911	118	阳江	Yangjiang	437	455	458	215
十堰	Shiyan	532	639	955	114	清远	Qingyuan	538	554	712	151
宜昌	Yichang	860	1138	1175	88	东莞	Dongguan	9075	9956	10404	3
襄阳	Xiangfan	829	984	1190	86	中山	ZhongShan	693	1089	1212	84
鄂州	Ezhou	573	624	621	170	潮州	Chaozhou	406	471	471	212
荆门	Jingmen	480	480	485	205	揭阳	Jieyang	1008	1299	1781	60
孝感	Xiaogan	286	440	448	217	云浮	Yunfu	263	290	290	259
荆州	Jingzhou	677	734	760	145	**广西**	**Guangxi**	**8331**	**10585**	**10812**	
黄冈	Huanggang	327	387	397	232	南宁	Nanning	2149	3235	3394	25
咸宁	Xianning	310	490	490	203	柳州	Liuzhou	1804	2094	2094	45
随州	Suizhou	337	381	447	218	桂林	Guilin	753	846	846	124
湖南	**Hunan**	**10969**	**12366**	**12857**		梧州	Wuzhou	379	357	360	245
长沙	Changsha	2522	2804	2913	33	北海	Beihai	295	369	445	220
株洲	Zhuzhou	1071	1071	1143	92	防城港	Fangchenggang	162	128	133	279
湘潭	Xiangtan	646	687	709	153	钦州	Qinzhou	183	215	232	266
衡阳	Hengyang	864	865	880	121	贵港	Guigang	488	507	521	196
邵阳	Shaoyang	505	580	620	171	玉林	Yulin	564	737	634	166
岳阳	Yueyang	556	583	607	178	百色	Baise	204	225	236	264

8-47 城市公园绿地面积(辖区) 续表 3
Area of Urban Parks and Green Space (Districts under City) continued 3

单位：公顷 （hectare）

地名	City	2010	2012	2013	2013 排名 Ranking
贺州	Hezhou	91	344	344	248
河池	Hechi	117	151	155	276
来宾	Laibin	184	315	315	253
崇左	Chongzuo	98	111	143	278
海南	**Hainan**	**2561**	**2871**	**3068**	
海口	Haikou	1303	1418	1578	64
三亚	Sanya	541	541	541	189
重庆	**Chongqing**	**14032**	**20275**	**20436**	
四川	**Sichuan**	**16133**	**19188**	**20908**	
成都	Chengdu	5732	6262	6310	7
自贡	Zigong	722	974	1164	91
攀枝花	Panzhihua	527	582	616	174
泸州	Luzhou	698	925	1035	106
德阳	Deyang	414	495	516	199
绵阳	Mianyang	908	985	1078	100
广元	Guangyuan	288	406	438	221
遂宁	Suining	410	579	585	180
内江	Neijiang	327	414	522	195
乐山	Leshan	382	443	498	202
南充	Nanchong	688	1005	1065	102
眉山	Meishan	367	369	380	238
宜宾	Yibin	602	812	847	122
广安	Guangan	473	522	620	171
达州	Dazhou	482	495	885	120
雅安	Yaan	384	245	249	262
巴中	Bazhong	258	258	485	205
资阳	Ziyang	168	298	298	257
贵州	**Guizhou**	**3969**	**5666**	**7104**	
贵阳	Guiyang	2186	3257	4104	15
六盘水	Liupanshui	77	80	95	282
遵义	Zunyi	360	600	994	110
安顺	Anshun	62	90	124	280
毕节	Bijie	12	366	488	204
铜仁	Tongren	84	86	86	283
云南	**Yunnan**	**6811**	**9007**	**8514**	
昆明	Kunming	2796	4014	3709	19
曲靖	Qujing	590	642	517	198
玉溪	Yuxi	204	566	251	261
保山	Baoshan	183	196	196	271
昭通	Zhaotong	204	150	158	275

地名	City	2010	2012	2013	2013 排名 Ranking
丽江	Lijiang	360	420	423	225
普洱	Puer	310	230	235	265
临沧	Lincang	544	100	174	274
西藏	**Tibet**	**260**	**524**	**557**	
拉萨	Lhasa	202	202	180	273
陕西	**Shaanxi**	**8402**	**9552**	**10138**	
西安	Xi'an	3253	3819	4380	11
铜川	Tongchuan	389	438	460	214
宝鸡	Baoji	1118	1174	990	111
咸阳	Xianyang	1114	1319	1410	72
渭南	Weinan	475	511	537	192
延安	Yan'an	338	386	390	233
汉中	Hanzhong	577	576	576	183
榆林	Yulin	249	390	401	231
安康	Ankang	339	315	357	246
商洛	Shangluo	146	148	148	277
甘肃	**Gansu**	**4392**	**5373**	**6677**	
兰州	Lanzhou	1714	1762	2058	48
嘉峪关	Jiayuguan	330	361	361	244
金昌	Jinchang	269	275	329	251
白银	Baiyin	269	349	382	237
天水	Tianshui	384	432	417	227
武威	Wuwei	97	473	483	207
张掖	Zhangye	302	543	1339	78
平凉	Pingliang	216	245	245	263
酒泉	Jiuquan	303	310	343	249
庆阳	Qingyang	80	110	121	281
定西	Dingxi	165	185	190	272
陇南	Longnan	20	22	22	284
青海	**Qinghai**	**1014**	**1344**	**1581**	
西宁	Xining	897	1220	1358	77
宁夏	**Ningxia**	**3626**	**4132**	**4621**	
银川	Yinchuan	1556	1832	2173	44
石嘴山	Shizuishan	1038	1055	1055	104
吴忠	Wuzhong	356	389	433	222
固原	Guyuan	178	219	232	266
中卫	Zhongwei	214	364	390	233
新疆	**Xinjiang**	**5430**	**6718**	**7119**	
乌鲁木齐	Urumqi	2063	2750	3061	28
克拉玛依	Karamay	315	346	371	240

8-48 城市人均公园绿地面积(辖区)
Area of Urban Public Recreational Green Space per Capita (Districts under City)

单位：平方米 (m²)

地名	City	2010	2012	2013	2013 排名 Ranking	地名	City	2010	2012	2013	2013 排名 Ranking
全国	**Nation Total**	**11.2**	**12.3**	**12.6**		沈阳	Shenyang	12.7	12.5	12.4	139
北京	**Beijing**	**11.3**	**11.9**	**15.7**		大连	Dalian	12.0	12.2	11.2	177
天津	**Tianjin**	**8.6**	**10.5**	**11.0**		鞍山	Anshan	10.4	11.0	11.2	178
河北	**Hebei**	**14.2**	**14.0**	**14.1**		抚顺	Fushun	9.0	9.7	10.4	204
石家庄	Shijiazhuang	14.4	14.2	15.1	56	本溪	Benxi	9.0	9.7	10.3	209
唐山	Tangshan	15.1	15.0	15.1	56	丹东	Dandong	8.4	10.8	11.0	183
秦皇岛	Qinhuangdao	19.9	20.2	20.6	15	锦州	Jinzhou	9.2	9.2	12.8	125
邯郸	Handan	19.6	21.0	18.1	27	营口	Yingkou	10.1	10.3	10.2	214
邢台	Xingtai	15.7	11.4	11.7	164	阜新	Fuxin	10.5	11.8	12.1	151
保定	Baoding	13.3	9.2	10.4	206	辽阳	Liaoyang	8.5	9.1	9.5	234
张家口	Zhangjiakou	11.0	11.2	12.3	142	盘锦	Panjin	7.5	10.6	11.6	165
承德	Chengde	27.2	24.8	24.2	7	铁岭	Tieling	9.7	9.9	12.0	157
沧州	Cangzhou	10.0	9.9	10.6	192	朝阳	Chaoyang	8.8	8.1	8.9	253
廊坊	Langfang	13.0	13.2	13.2	114	葫芦岛	Huludao	12.9	14.9	15.0	63
衡水	Hengshui	11.3	12.0	12.2	146	**吉林**	**Jilin**	**10.3**	**11.0**	**11.8**	
山西	**Shanxi**	**9.4**	**10.8**	**11.2**		长春	Changchun	13.7	13.8	13.9	93
太原	Taiyuan	8.6	10.4	12.5	136	吉林	Jilin	11.9	12.0	11.9	158
大同	Datong	6.8	12.9	8.2	262	四平	Siping	7.2	8.2	9.3	239
阳泉	Yangquan	9.0	9.5	9.5	236	辽源	Liaoyuan	7.3	7.5	7.5	270
长治	Changzhi	12.2	9.9	10.0	219	通化	Tonghua	9.2	11.8	11.5	172
晋城	Jincheng	13.8	13.2	12.8	129	白山	Baishan	10.1	9.9	10.1	216
朔州	Shuozhou	9.3	10.7	10.7	190	松原	Songyuan	10.5	11.9	17.3	33
晋中	Jinzhong	10.6	12.9	12.6	132	白城	Baicheng	7.8	7.9	7.9	267
运城	Yuncheng	9.2	10.0	10.0	219	**黑龙江**	**Heilongjiang**	**11.3**	**11.8**	**12.1**	
忻州	Xinzhou	2.2	7.1	12.9	123	哈尔滨	Harbin	10.1	10.1	10.5	198
临汾	Linfen	13.6	13.2	13.3	110	齐齐哈尔	Qiqihar	10.0	10.0	10.0	219
吕梁	Luliang	13.6	11.9	12.4	138	鸡西	Jixi	9.3	9.6	10.8	188
内蒙古	**Inner Mongolia**	**12.4**	**15.5**	**16.9**		鹤岗	Hegang	14.9	15.0	15.0	61
呼和浩特	Hohhot	15.4	15.1	15.0	59	双鸭山	Shuangyashan	16.0	14.7	14.8	69
包头	Baotou	12.0	12.6	12.7	130	大庆	Daqing	13.5	14.3	14.5	78
乌海	Wuhai	9.5	14.3	12.2	144	伊春	Yichun	20.2	20.4	20.5	16
赤峰	Chifeng	8.4	14.4	16.2	47	佳木斯	Jiamusi	11.9	13.9	14.0	91
通辽	Tongliao	14.7	15.5	15.8	50	七台河	Qitaihe	11.9	11.9	12.0	156
鄂尔多斯	Erdos	14.3	26.4	29.9	4	牡丹江	Mudanjiang	10.5	10.6	10.7	191
呼伦贝尔	Hulunbuir	19.1	22.2	21.5	12	黑河	Heihe	16.7	14.6	14.6	74
巴彦淖尔	Bayannur	6.8	8.5	16.4	45	绥化	Suihua	4.3	7.7	9.0	247
乌兰察布	Ulanqab	18.6	32.8	35.0	2	**上海**	**Shanghai**	**7.0**	**7.1**	**7.1**	
辽宁	**Liaoning**	**10.2**	**10.9**	**11.1**		**江苏**	**Jiangsu**	**13.3**	**13.6**	**14.0**	

8-48 城市人均公园绿地面积(辖区) 续表 1
Area of Urban Public Recreational Green Space per Capita (Districts under City) continued 1

单位：平方米 (m²)

地名	City	2010	2012	2013	2013 排名 Ranking	地名	City	2010	2012	2013	2013 排名 Ranking
南京	Nanjing	13.7	13.9	14.6	77	池州	Chizhou	18.1	17.1	17.1	37
无锡	Wuxi	14.4	14.6	14.7	72	宣城	Xuancheng	14.1	11.5	12.5	135
徐州	Xuzhou	14.7	16.1	16.3	46	**福建**	**Fujian**	**11.0**	**12.1**	**12.6**	
常州	Changzhou	12.4	12.5	12.8	125	福州	Fuzhou	11.2	11.3	12.8	124
苏州	Suzhou	16.9	15.3	15.1	54	厦门	Xiamen	10.1	11.4	11.5	173
南通	Nantong	10.5	12.8	14.3	82	莆田	Putian	11.0	12.7	12.7	131
连云港	Lianyungang	12.0	13.7	14.1	89	三明	Sanming	11.9	12.6	12.8	128
淮安	Huaian	11.0	12.0	13.0	121	泉州	Quanzhou	10.6	13.7	13.9	93
盐城	Yancheng	11.7	12.0	12.0	153	漳州	Zhangzhou	10.5	12.4	13.6	103
扬州	Yangzhou	19.1	17.3	17.3	34	南平	Nanping	11.7	13.5	13.8	100
镇江	Zhenjiang	16.0	16.9	17.8	28	龙岩	Longyan	11.2	11.9	12.1	152
泰州	Taizhou	9.3	9.5	9.3	239	宁德	Ningde	13.6	13.8	13.9	92
宿迁	Suqian	12.1	12.5	13.0	120	**江西**	**Jiangxi**	**13.0**	**14.1**	**14.1**	
浙江	**Zhejiang**	**11.1**	**12.5**	**12.4**		南昌	Nanchang	9.0	12.0	12.0	153
杭州	Hangzhou	15.1	15.5	15.1	55	景德镇	Jingdezhen	15.7	15.7	14.9	66
宁波	Ningbo	10.5	10.6	10.6	194	萍乡	Pingxiang	12.1	11.5	10.7	189
温州	Wenzhou	6.0	13.0	11.3	176	九江	Jiujiang	18.1	17.0	17.2	36
嘉兴	Jiaxing	12.9	13.6	13.5	105	新余	Xinyu	15.8	18.5	18.2	26
湖州	Huzhou	15.3	16.4	16.5	44	鹰潭	Yingtan	12.7	12.4	14.3	83
绍兴	Shaoxing	15.4	15.2	13.4	107	赣州	Ganzhou	12.2	12.0	12.2	145
金华	Jinhua	12.2	11.9	11.6	166	吉安	Jian	13.4	17.0	17.0	38
衢州	Quzhou	13.1	13.5	14.1	88	宜春	Yichun	14.5	15.0	15.0	60
舟山	Zhoushan	15.1	14.6	13.3	109	抚州	Fuzhou	16.6	16.4	16.6	43
台州	Taizhou	10.6	11.5	11.6	167	上饶	Shangrao	15.4	13.8	14.3	81
丽水	Lishui	10.5	11.0	10.8	187	**山东**	**Shandong**	**15.8**	**16.4**	**16.8**	
安徽	**Anhui**	**11.0**	**11.9**	**12.5**		济南	Jinan	10.3	10.3	10.4	206
合肥	Hefei	13.2	11.5	11.8	160	青岛	Qingdao	14.6	14.6	14.6	75
芜湖	Wuhu	9.5	13.6	13.8	99	淄博	Zibo	15.1	15.4	15.8	51
蚌埠	Bengbu	7.0	8.9	11.2	180	枣庄	Zaozhuang	12.6	14.6	14.6	75
淮南	Huainan	11.5	11.8	12.0	155	东营	Dongying	17.3	18.6	20.9	14
马鞍山	Maanshan	14.0	15.8	15.7	52	烟台	Yantai	19.4	21.3	23.5	8
淮北	Huaibei	13.3	14.5	14.9	67	潍坊	Weifang	17.3	17.7	17.7	29
铜陵	Tongling	10.9	14.0	14.3	80	济宁	Jining	13.6	11.1	13.7	102
安庆	Anqing	9.7	9.1	11.9	159	泰安	Taian	19.8	19.9	19.9	19
黄山	Huangshan	14.5	14.7	15.0	62	威海	Weihai	24.5	25.1	25.2	5
滁州	Chuzhou	12.7	13.9	13.2	111	日照	Rizhao	21.3	21.9	22.3	9
阜阳	Fuyang	7.5	9.6	10.0	222	莱芜	Laiwu	18.9	18.5	19.0	20
宿州	Suzhou	10.5	10.7	11.7	162	临沂	Linyi	19.2	20.0	18.9	21
六安	Liuan	12.0	14.4	14.1	90	德州	Dezhou	19.2	25.1	24.5	6
亳州	Bozhou	10.9	10.3	11.5	170	聊城	Liaocheng	11.5	11.7	13.1	119

8-48 城市人均公园绿地面积(辖区) 续表 2
Area of Urban Public Recreational Green Space per Capita (Districts under City) continued 2

单位：平方米 (m²)

地名	City	2010	2012	2013	2013 排名 Ranking	地名	City	2010	2012	2013	2013 排名 Ranking
滨州	Binzhou	16.8	18.3	18.7	22	常德	Changde	14.1	14.2	14.3	84
菏泽	Heze	10.4	11.7	11.8	160	张家界	Zhangjiajie	7.7	16.8	10.0	226
河南	**Henan**	**8.7**	**9.2**	**9.6**		益阳	Yiyang	7.6	7.8	7.9	266
郑州	Zhengzhou	6.2	6.0	6.7	275	郴州	Chenzhou	8.0	10.2	11.1	182
开封	Kaifeng	5.2	7.8	9.0	251	永州	Yongzhou	5.6	7.2	8.1	264
洛阳	Luoyang	7.2	6.9	7.4	272	怀化	Huaihua	8.1	7.6	7.7	269
平顶山	Pingdingshan	8.6	10.2	10.3	211	娄底	Loudi	9.1	9.5	9.6	232
安阳	Anyang	8.6	9.4	9.8	230	**广东**	**Guangdong**	**13.3**	**15.8**	**15.9**	
鹤壁	Hebi	14.0	14.4	14.4	79	广州	Guangzhou	11.9	19.6	19.9	18
新乡	Xinxiang	9.5	10.1	10.2	212	韶关	Shaoguan	11.8	11.8	12.1	148
焦作	Jiaozuo	9.4	9.9	10.1	215	深圳	Shenzhen	16.4	16.6	16.7	41
濮阳	Puyang	12.6	12.4	13.4	108	珠海	Zhuhai	13.7	19.0	18.5	24
许昌	Xuchang	11.4	10.4	10.4	202	汕头	Shantou	12.2	13.1	13.9	93
漯河	Luohe	15.2	14.9	14.8	69	佛山	Foshan	10.2	10.9	12.1	150
三门峡	Sanmenxia	16.1	15.5	14.7	73	江门	Jiangmen	11.0	16.9	17.4	32
南阳	Nanyang	10.3	17.8	17.3	35	湛江	Zhanjiang	12.7	12.9	12.9	122
商丘	Shangqiu	5.3	5.8	6.1	278	茂名	Maoming	10.0	12.1	12.6	133
信阳	Xinyang	13.9	14.1	14.1	87	肇庆	Zhaoqing	22.7	22.7	21.7	11
周口	Zhoukou	10.0	10.2	10.4	204	惠州	Huizhou	11.1	14.9	16.8	39
驻马店	Zhumadian	9.1	9.8	10.1	216	梅州	Meizhou	11.8	11.9	12.8	125
湖北	**Hubei**	**9.6**	**10.5**	**10.8**		汕尾	Shanwei	10.7	12.9	13.2	112
武汉	Wuhan	8.9	9.9	10.5	197	河源	Heyuan	12.1	12.1	12.4	141
黄石	Huangshi	12.0	12.4	12.4	140	阳江	Yangjiang	10.6	11.1	11.5	169
十堰	Shiyan	10.0	11.3	11.4	175	清远	Qingyuan	11.3	11.5	15.9	49
宜昌	Yichang	10.9	14.1	14.2	86	东莞	Dongguan	15.3	16.5	16.7	41
襄阳	Xiangfan	10.8	11.5	13.9	97	中山	ZhongShan	11.9	14.3	17.4	31
鄂州	Ezhou	14.1	15.2	14.9	64	潮州	Chaozhou	10.3	12.8	13.1	118
荆门	Jingmen	10.3	10.1	10.0	223	揭阳	Jieyang	12.9	15.9	8.4	259
孝感	Xiaogan	10.1	11.4	11.6	168	云浮	Yunfu	12.1	12.8	13.5	104
荆州	Jingzhou	9.5	9.7	10.4	200	**广西**	**Guangxi**	**9.8**	**11.4**	**11.5**	
黄冈	Huanggang	11.1	12.9	13.1	117	南宁	Nanning	9.8	13.0	13.7	101
咸宁	Xianning	9.3	14.1	12.5	137	柳州	Liuzhou	12.8	13.4	13.2	114
随州	Suizhou	10.3	10.0	9.1	246	桂林	Guilin	9.2	10.3	10.3	208
湖南	**Hunan**	**8.9**	**8.8**	**9.0**		梧州	Wuzhou	9.1	8.5	8.5	258
长沙	Changsha	10.0	8.9	9.2	242	北海	Beihai	8.6	10.3	10.9	185
株洲	Zhuzhou	12.7	10.3	10.8	186	防城港	Fangchenggang	10.4	7.9	8.1	263
湘潭	Xiangtan	8.7	8.8	9.0	248	钦州	Qinzhou	8.1	7.4	7.5	271
衡阳	Hengyang	9.2	7.6	7.8	268	贵港	Guigang	12.1	13.2	13.2	113
邵阳	Shaoyang	8.4	8.0	8.5	257	玉林	Yulin	10.3	11.2	9.6	233
岳阳	Yueyang	8.5	9.0	9.2	241	百色	Baise	9.2	9.2	9.5	234

8-48 城市人均公园绿地面积(辖区) 续表 3
Area of Urban Public Recreational Green Space per Capita (Districts under City) continued 3

单位：平方米 (m²)

地名	City	2010	2012	2013	2013 排名 Ranking
贺州	Hezhou	5.5	11.7	12.1	148
河池	Hechi	5.1	6.5	6.6	276
来宾	Laibin	6.6	10.5	10.3	209
崇左	Chongzuo	7.5	8.6	8.6	255
海南	**Hainan**	**11.2**	**12.0**	**12.5**	
海口	Haikou	11.8	11.3	12.6	134
三亚	Sanya	19.0	19.0	16.2	48
重庆	**Chongqing**	**13.2**	**18.1**	**18.0**	
四川	**Sichuan**	**10.2**	**10.8**	**11.2**	
成都	Chengdu	13.2	13.7	13.4	106
自贡	Zigong	8.1	8.5	10.4	201
攀枝花	Panzhihua	8.2	8.8	9.3	238
泸州	Luzhou	8.3	9.2	9.0	248
德阳	Deyang	9.7	9.7	10.0	223
绵阳	Mianyang	10.4	10.0	9.1	245
广元	Guangyuan	8.9	12.2	11.7	163
遂宁	Suining	7.6	8.8	8.2	261
内江	Neijiang	6.4	8.0	8.6	255
乐山	Leshan	7.1	8.1	8.9	252
南充	Nanchong	8.7	9.8	10.0	223
眉山	Meishan	11.8	11.3	11.5	170
宜宾	Yibin	16.0	14.2	13.9	93
广安	Guangan	15.3	16.3	18.2	25
达州	Dazhou	14.4	9.8	14.2	85
雅安	Yaan	15.5	9.5	9.6	231
巴中	Bazhong	8.8	7.6	13.9	97
资阳	Ziyang	5.7	9.1	9.1	244
贵州	**Guizhou**	**7.3**	**9.4**	**11.4**	
贵阳	Guiyang	10.1	12.8	15.5	53
六盘水	Liupanshui	2.4	2.5	3.0	281
遵义	Zunyi	4.9	8.1	13.1	116
安顺	Anshun	1.2	1.8	2.4	283
毕节	Bijie	0.5	15.0	20.0	17
铜仁	Tongren	3.7	2.7	2.6	282
云南	**Yunnan**	**9.3**	**10.4**	**10.6**	
昆明	Kunming	8.4	9.5	9.9	227
曲靖	Qujing	9.3	9.3	9.0	248
玉溪	Yuxi	10.1	18.8	8.3	260
保山	Baoshan	11.0	7.5	7.1	273
昭通	Zhaotong	7.9	5.6	5.8	279
丽江	Lijiang	29.9	31.3	31.0	3
普洱	Puer	13.9	11.0	10.6	193
临沧	Lincang	2.2	6.5	10.4	203
西藏	**Tibet**	**5.8**	**9.4**	**9.0**	
拉萨	Lhasa	55.3	4.4	3.5	280
陕西	**Shaanxi**	**10.7**	**11.6**	**11.8**	
西安	Xi'an	9.5	10.8	11.2	178
铜川	Tongchuan	9.7	10.6	11.4	174
宝鸡	Baoji	86.8	13.3	12.3	143
咸阳	Xianyang	13.4	14.7	15.0	58
渭南	Weinan	11.9	12.2	12.2	147
延安	Yan'an	9.6	9.6	9.8	228
汉中	Hanzhong	14.1	15.0	14.8	68
榆林	Yulin	7.1	10.3	10.6	196
安康	Ankang	10.0	9.8	11.1	181
商洛	Shangluo	11.4	9.9	9.4	237
甘肃	**Gansu**	**8.1**	**9.5**	**11.8**	
兰州	Lanzhou	8.6	8.9	10.5	199
嘉峪关	Jiayuguan	16.6	14.3	14.8	69
金昌	Jinchang	14.9	14.3	17.7	30
白银	Baiyin	6.7	8.5	9.2	243
天水	Tianshui	5.6	6.3	6.9	274
武威	Wuwei	3.8	14.9	14.9	64
张掖	Zhangye	15.7	29.8	71.2	1
平凉	Pingliang	7.8	8.1	8.1	264
酒泉	Jiuquan	9.8	9.0	9.8	229
庆阳	Qingyang	4.5	6.0	6.5	277
定西	Dingxi	9.2	10.4	10.6	194
陇南	Longnan	1.3	1.5	1.4	284
青海	**Qinghai**	**8.5**	**9.8**	**9.7**	
西宁	Xining	8.9	10.6	11.0	184
宁夏	**Ningxia**	**16.2**	**15.7**	**17.5**	
银川	Yinchuan	14.4	13.8	16.8	39
石嘴山	Shizuishan	26.4	22.6	22.2	10
吴忠	Wuzhong	19.2	19.8	21.0	13
固原	Guyuan	8.5	9.0	8.7	254
中卫	Zhongwei	11.6	17.6	18.7	23
新疆	**Xinjiang**	**8.6**	**10.0**	**10.1**	
乌鲁木齐	Urumqi	7.4	9.2	10.1	216
克拉玛依	Karamay	9.0	9.6	10.2	212

8-49 城市道路清扫保洁面积（辖区）
Surface Area of Urban Roads Cleaned and Maintained (Districts under City)

单位：万平方米 （10 000m²）

地名	City	2010	2012	2013	2013 排名 Ranking
全国	**Nation Total**	**485033**	**573507**	**646014**	
北京	**Beijing**	**13804**	**14346**	**14234**	
天津	**Tianjin**	**7322**	**8723**	**10098**	
河北	**Hebei**	**20050**	**23128**	**24614**	
石家庄	Shijiazhuang	3283	4359	4380	21
唐山	Tangshan	2014	2139	2477	43
秦皇岛	Qinhuangdao	837	848	902	142
邯郸	Handan	1853	2000	2465	44
邢台	Xingtai	1052	1369	1369	93
保定	Baoding	1449	1687	1843	61
张家口	Zhangjiakou	1045	1045	1045	120
承德	Chengde	517	684	707	175
沧州	Cangzhou	570	670	710	174
廊坊	Langfang	700	929	986	132
衡水	Hengshui	640	734	821	153
山西	**Shanxi**	**10609**	**12637**	**14659**	
太原	Taiyuan	3551	3650	4460	20
大同	Datong	1164	1379	1379	91
阳泉	Yangquan	479	527	580	200
长治	Changzhi	631	795	921	140
晋城	Jincheng	382	616	616	190
朔州	Shuozhou	354	641	681	180
晋中	Jinzhong	750	981	1400	85
运城	Yuncheng	598	598	598	195
忻州	Xinzhou	238	434	434	230
临汾	Linfen	420	443	450	227
吕梁	Luliang	296	296	302	259
内蒙古	**Inner Mongolia**	**9674**	**12755**	**17171**	
呼和浩特	Hohhot	1511	1849	3383	34
包头	Baotou	1845	2547	2436	46
乌海	Wuhai	632	632	630	188
赤峰	Chifeng	681	1294	1380	90
通辽	Tongliao	734	671	671	181
鄂尔多斯	Erdos	1396	2002	3740	25
呼伦贝尔	Hulunbuir	346	405	711	173
巴彦淖尔	Bayannur	560	700	738	167
乌兰察布	Ulanqab	243	243	481	221
辽宁	**Liaoning**	**28122**	**33403**	**35713**	
沈阳	Shenyang	11155	11977	13107	4
大连	Dalian	4126	4761	5068	16
鞍山	Anshan	1336	2986	2986	38
抚顺	Fushun	1330	1507	1553	72
本溪	Benxi	598	844	851	146
丹东	Dandong	752	765	759	163
锦州	Jinzhou	925	971	1017	125
营口	Yingkou	675	750	757	164
阜新	Fuxin	480	480	480	222
辽阳	Liaoyang	902	1110	1032	124
盘锦	Panjin	681	730	940	138
铁岭	Tieling	762	822	1001	128
朝阳	Chaoyang	562	750	750	166
葫芦岛	Huludao	638	818	803	155
吉林	**Jilin**	**13037**	**13287**	**13831**	
长春	Changchun	4561	4517	4645	19
吉林	Jilin	1595	1634	1634	68
四平	Siping	520	673	650	185
辽源	Liaoyuan	384	395	395	238
通化	Tonghua	350	424	597	196
白山	Baishan	295	306	314	258
松原	Songyuan	674	830	848	148
白城	Baicheng	330	260	270	264
黑龙江	**Heilongjiang**	**14937**	**18320**	**20283**	
哈尔滨	Harbin	4835	6689	7125	11
齐齐哈尔	Qiqihar	1018	1007	1051	117
鸡西	Jixi	314	565	376	244
鹤岗	Hegang	302	364	382	243
双鸭山	Shuangyashan	199	264	270	264
大庆	Daqing	2200	2600	3502	33
伊春	Yichun	848	956	989	131
佳木斯	Jiamusi	842	531	541	206
七台河	Qitaihe	389	389	389	239
牡丹江	Mudanjiang	891	1204	1400	85
黑河	Heihe	309	410	410	234
绥化	Suihua	309	310	506	217
上海	**Shanghai**	**15879**	**17294**	**17385**	
江苏	**Jiangsu**	**44088**	**48098**	**52029**	

8-49 城市道路清扫保洁面积(辖区) 续表 1
Surface Area of Urban Roads Cleaned and Maintained (Districts under City) continued 1

单位：万平方米 (10 000m²)

地名	City	2010	2012	2013	2013 排名 Ranking	地名	City	2010	2012	2013	2013 排名 Ranking
南京	Nanjing	7393	7409	8182	8	池州	Chizhou	722	702	702	176
无锡	Wuxi	2969	4835	4920	17	宣城	Xuancheng	360	805	805	154
徐州	Xuzhou	2032	1609	1684	67	福建	**Fujian**	**11433**	**12696**	**15585**	
常州	Changzhou	2333	2543	2544	41	福州	Fuzhou	2122	1916	3273	36
苏州	Suzhou	8835	8648	8959	7	厦门	Xiamen	2004	2352	3620	28
南通	Nantong	2159	2647	4044	22	莆田	Putian	500	1000	1000	129
连云港	Lianyungang	1140	1795	1426	84	三明	Sanming	255	255	255	268
淮安	Huaian	1800	2142	2242	53	泉州	Quanzhou	1955	2190	2190	54
盐城	Yancheng	1135	1450	1480	77	漳州	Zhangzhou	652	779	798	158
扬州	Yangzhou	1232	1572	1590	70	南平	Nanping	141	176	229	272
镇江	Zhenjiang	1154	1372	1399	88	龙岩	Longyan	268	287	318	257
泰州	Taizhou	837	915	1776	64	宁德	Ningde	178	198	224	274
宿迁	Suqian	870	1058	1460	81	江西	**Jiangxi**	**9911**	**11964**	**11721**	
浙江	**Zhejiang**	**27805**	**30973**	**34699**		南昌	Nanchang	2447	2919	2051	57
杭州	Hangzhou	4609	5006	6412	13	景德镇	Jingdezhen	364	330	330	253
宁波	Ningbo	2591	3093	3208	37	萍乡	Pingxiang	346	446	550	205
温州	Wenzhou	2400	2745	2745	40	九江	Jiujiang	784	1191	1191	106
嘉兴	Jiaxing	1352	1491	1544	75	新余	Xinyu	845	963	993	130
湖州	Huzhou	1072	1194	1204	105	鹰潭	Yingtan	150	171	167	280
绍兴	Shaoxing	615	615	1729	66	赣州	Ganzhou	647	914	864	145
金华	Jinhua	1123	1168	1386	89	吉安	Jian	316	345	348	251
衢州	Quzhou	764	929	929	139	宜春	Yichun	605	675	774	160
舟山	Zhoushan	549	608	700	177	抚州	Fuzhou	846	903	1010	126
台州	Taizhou	1882	2246	2372	48	上饶	Shangrao	686	800	849	147
丽水	Lishui	660	697	738	167	山东	**Shandong**	**48528**	**56109**	**82996**	
安徽	**Anhui**	**17339**	**22229**	**24081**		济南	Jinan	3399	3542	4040	23
合肥	Hefei	3409	5419	5641	14	青岛	Qingdao	3251	5172	5131	15
芜湖	Wuhu	2583	2017	2170	55	淄博	Zibo	2844	3057	25374	1
蚌埠	Bengbu	930	1048	1167	107	枣庄	Zaozhuang	2038	1641	1556	71
淮南	Huainan	1004	1444	1500	76	东营	Dongying	1525	2190	2250	52
马鞍山	Maanshan	900	1000	1050	118	烟台	Yantai	2482	2775	2980	39
淮北	Huaibei	715	715	693	178	潍坊	Weifang	3219	3341	3553	30
铜陵	Tongling	736	987	1131	111	济宁	Jining	861	1153	1903	58
安庆	Anqing	890	1277	1351	96	泰安	Taian	1357	1442	1442	82
黄山	Huangshan	375	452	578	201	威海	Weihai	1263	1324	1351	96
滁州	Chuzhou	704	1097	1206	104	日照	Rizhao	1698	1861	1858	60
阜阳	Fuyang	558	814	837	150	莱芜	Laiwu	1212	1253	1362	95
宿州	Suzhou	725	902	1297	100	临沂	Linyi	2651	4702	7110	12
六安	Liuan	680	720	735	169	德州	Dezhou	900	1006	1006	127
亳州	Bozhou	518	920	1230	103	聊城	Liaocheng	575	780	1085	115

8-49 城市道路清扫保洁面积(辖区) 续表 2

Surface Area of Urban Roads Cleaned and Maintained (Districts under City) continued 2

单位：万平方米 (10 000m²)

地名	City	2010	2012	2013	2013 排名 Ranking
滨州	Binzhou	1292	1867	1890	59
菏泽	Heze	1550	1780	1780	63
河南	**Henan**	**20892**	**23569**	**25540**	
郑州	Zhengzhou	3338	3652	3838	24
开封	Kaifeng	984	984	1400	85
洛阳	Luoyang	1608	2175	2339	50
平顶山	Pingdingshan	676	999	1048	119
安阳	Anyang	898	964	964	135
鹤壁	Hebi	722	680	692	179
新乡	Xinxiang	1007	1050	1065	116
焦作	Jiaozuo	1015	1100	1469	80
濮阳	Puyang	507	572	640	186
许昌	Xuchang	345	494	530	209
漯河	Luohe	548	556	600	193
三门峡	Sanmenxia	188	240	240	270
南阳	Nanyang	1575	1947	2054	56
商丘	Shangqiu	580	732	803	155
信阳	Xinyang	657	671	671	181
周口	Zhoukou	488	502	512	213
驻马店	Zhumadian	653	710	776	159
湖北	**Hubei**	**16941**	**21086**	**23456**	
武汉	Wuhan	6640	8857	10040	6
黄石	Huangshi	731	757	757	164
十堰	Shiyan	609	687	712	172
宜昌	Yichang	840	705	1041	122
襄阳	Xiangfan	764	1281	1610	69
鄂州	Ezhou	390	410	410	234
荆门	Jingmen	356	318	358	247
孝感	Xiaogan	317	318	349	250
荆州	Jingzhou	500	974	974	134
黄冈	Huanggang	296	330	353	249
咸宁	Xianning	390	485	485	219
随州	Suizhou	218	390	523	211
湖南	**Hunan**	**12331**	**16216**	**17296**	
长沙	Changsha	2954	3608	3610	29
株洲	Zhuzhou	705	1056	1124	112
湘潭	Xiangtan	905	1075	1108	113
衡阳	Hengyang	831	1550	1550	74
邵阳	Shaoyang	545	700	800	157
岳阳	Yueyang	659	745	760	161
常德	Changde	850	878	898	143
张家界	Zhangjiajie	161	302	359	246
益阳	Yiyang	535	729	945	137
郴州	Chenzhou	630	990	1038	123
永州	Yongzhou	767	897	964	135
怀化	Huaihua	373	407	431	232
娄底	Loudi	380	510	513	212
广东	**Guangdong**	**62768**	**71791**	**75126**	
广州	Guangzhou	9480	10218	11427	5
韶关	Shaoguan	1182	1169	627	189
深圳	Shenzhen	13079	17087	17816	2
珠海	Zhuhai	2542	3375	3719	26
汕头	Shantou	1418	1850	1810	62
佛山	Foshan	3204	3425	3301	35
江门	Jiangmen	1264	2412	2407	47
湛江	Zhanjiang	1079	1184	1155	108
茂名	Maoming	433	441	442	228
肇庆	Zhaoqing	946	1345	1366	94
惠州	Huizhou	2604	2277	2504	42
梅州	Meizhou	693	758	760	161
汕尾	Shanwei	245	320	325	255
河源	Heyuan	330	502	512	213
阳江	Yangjiang	684	728	728	170
清远	Qingyuan	612	731	978	133
东莞	Dongguan	13467	15717	16609	3
中山	ZhongShan	1123	1216	1374	92
潮州	Chaozhou	399	419	433	231
揭阳	Jieyang	477	500	170	278
云浮	Yunfu	245	285	460	225
广西	**Guangxi**	**11005**	**11601**	**12927**	
南宁	Nanning	3867	3236	3527	32
柳州	Liuzhou	1494	1589	1740	65
桂林	Guilin	1254	1237	1237	102
梧州	Wuzhou	290	383	385	242
北海	Beihai	578	906	1135	110
防城港	Fangchenggang	415	540	594	197
钦州	Qinzhou	499	798	872	144
贵港	Guigang	310	318	325	255
玉林	Yulin	410	429	457	226
百色	Baise	266	403	527	210

8-49 城市道路清扫保洁面积(辖区) 续表 3
Surface Area of Urban Roads Cleaned and Maintained (Districts under City) continued 3

单位：万平方米 （10 000m²）

地名	City	2010	2012	2013	2013 排名 Ranking	地名	City	2010	2012	2013	2013 排名 Ranking
贺州	Hezhou	220	226	226	273	丽江	Lijiang	185	190	220	275
河池	Hechi	120	132	135	282	普洱	Puer	182	280	280	262
来宾	Laibin	244	256	479	223	临沧	Lincang	90	180	190	277
崇左	Chongzuo	142	142	170	278	**西藏**	**Tibet**	**539**	**678**	**1739**	
海南	**Hainan**	**4076**	**6384**	**6535**		拉萨	Lhasa	479	518	587	198
海口	Haikou	1735	3548	3548	31	**陕西**	**Shaanxi**	**10546**	**12267**	**14515**	
三亚	Sanya	1120	1325	1476	78	西安	Xi'an	5891	6298	8012	9
重庆	**Chongqing**	**6136**	**10311**	**10989**		铜川	Tongchuan	290	375	403	236
四川	**Sichuan**	**15173**	**19318**	**21020**		宝鸡	Baoji	1000	1064	1093	114
成都	Chengdu	3639	4519	4857	18	咸阳	Xianyang	759	806	847	149
自贡	Zigong	528	1091	1145	109	渭南	Weinan	371	467	563	202
攀枝花	Panzhihua	501	557	585	199	延安	Yan'an	465	720	830	152
泸州	Luzhou	698	783	833	151	汉中	Hanzhong	306	397	430	233
德阳	Deyang	465	598	600	193	榆林	Yulin	863	1450	1551	73
绵阳	Mianyang	1484	1095	1345	98	安康	Ankang	180	219	219	276
广元	Guangyuan	369	465	493	218	商洛	Shangluo	106	121	130	283
遂宁	Suining	611	1441	1472	79	**甘肃**	**Gansu**	**5816**	**6235**	**7298**	
内江	Neijiang	303	330	439	229	兰州	Lanzhou	1332	1633	2348	49
乐山	Leshan	619	868	907	141	嘉峪关	Jiayuguan	480	454	604	191
南充	Nanchong	847	1195	1258	101	金昌	Jinchang	610	610	715	171
眉山	Meishan	425	517	553	204	白银	Baiyin	496	549	559	203
宜宾	Yibin	445	642	653	183	天水	Tianshui	283	290	290	260
广安	Guangan	250	365	636	187	武威	Wuwei	295	254	254	269
达州	Dazhou	260	230	370	245	张掖	Zhangye	365	388	388	240
雅安	Yaan	211	274	275	263	平凉	Pingliang	490	510	510	216
巴中	Bazhong	210	282	330	253	酒泉	Jiuquan	535	535	535	207
资阳	Ziyang	290	329	356	248	庆阳	Qingyang	258	245	269	266
贵州	**Guizhou**	**3405**	**4910**	**5300**		定西	Dingxi	96	160	160	281
贵阳	Guiyang	1300	2237	2289	51	陇南	Longnan	54	57	62	284
六盘水	Liupanshui	264	265	290	260	**青海**	**Qinghai**	**1951**	**2070**	**2430**	
遵义	Zunyi	414	510	512	213	西宁	Xining	1272	1368	1431	83
安顺	Anshun	235	254	265	267	**宁夏**	**Ningxia**	**3347**	**5021**	**6716**	
毕节	Bijie	87	350	470	224	银川	Yinchuan	1503	2544	3697	27
铜仁	Tongren	420	485	485	219	石嘴山	Shizuishan	464	844	1042	121
云南	**Yunnan**	**9726**	**15643**	**13713**		吴忠	Wuzhong	319	530	531	208
昆明	Kunming	5621	10165	7993	10	固原	Guyuan	270	280	388	240
曲靖	Qujing	342	643	653	183	中卫	Zhongwei	450	455	602	192
玉溪	Yuxi	320	307	400	237	**新疆**	**Xinjiang**	**7843**	**10445**	**12315**	
保山	Baoshan	175	220	230	271	乌鲁木齐	Urumqi	1846	2225	2440	45
昭通	Zhaotong	207	336	336	252	克拉玛依	Karamay	1108	1271	1305	99

8-50 城市生活垃圾清运量(辖区)

Quantity of Urban Domestic Garbage Collected and Transported (Districts under City)

单位：万吨 （10 000 tons）

地名	City	2010	2012	2013	2013 排名 Ranking	地名	City	2010	2012	2013	2013 排名 Ranking
全国	**Nation Total**	**15804.8**	**17080.9**	**17238.6**		沈阳	Shenyang	215.0	246.9	248.0	9
北京	**Beijing**	**633.0**	**648.3**	**671.7**		大连	Dalian	80.0	121.3	121.9	17
天津	**Tianjin**	**183.7**	**185.8**	**200.0**		鞍山	Anshan	52.6	54.9	54.9	47
河北	**Hebei**	**589.3**	**577.4**	**585.3**		抚顺	Fushun	50.0	50.0	49.9	53
石家庄	Shijiazhuang	98.0	86.1	81.6	31	本溪	Benxi	33.9	47.9	39.2	72
唐山	Tangshan	46.1	57.7	57.8	46	丹东	Dandong	23.2	20.4	20.6	158
秦皇岛	Qinhuangdao	48.1	29.0	26.4	117	锦州	Jinzhou	32.0	28.9	28.6	106
邯郸	Handan	40.4	45.7	36.4	77	营口	Yingkou	40.0	32.7	32.7	91
邢台	Xingtai	18.3	18.4	19.1	171	阜新	Fuxin	43.9	44.0	44.0	60
保定	Baoding	33.5	40.3	42.2	63	辽阳	Liaoyang	16.8	24.3	24.3	128
张家口	Zhangjiakou	47.2	49.0	49.4	55	盘锦	Panjin	16.0	22.3	23.0	137
承德	Chengde	20.4	36.6	39.5	70	铁岭	Tieling	15.5	13.4	14.2	228
沧州	Cangzhou	18.4	18.8	19.3	169	朝阳	Chaoyang	32.0	32.0	32.0	94
廊坊	Langfang	14.3	14.9	16.5	205	葫芦岛	Huludao	20.8	22.4	21.9	146
衡水	Hengshui	15.9	15.9	16.0	211	吉林	**Jilin**	**499.4**	**508.6**	**485.4**	
山西	**Shanxi**	**361.2**	**392.4**	**394.6**		长春	Changchun	123.5	121.7	114.0	21
太原	Taiyuan	110.0	117.0	121.4	18	吉林	Jilin	36.9	33.8	34.3	86
大同	Datong	36.0	41.1	41.1	64	四平	Siping	23.0	23.9	10.1	261
阳泉	Yangquan	15.9	14.5	17.6	194	辽源	Liaoyuan	24.0	35.0	35.0	83
长治	Changzhi	18.8	17.8	19.0	176	通化	Tonghua	18.3	22.6	35.9	80
晋城	Jincheng	12.8	14.5	15.6	217	白山	Baishan	20.5	20.7	19.0	175
朔州	Shuozhou	16.1	17.0	18.4	183	松原	Songyuan	18.0	21.0	21.2	152
晋中	Jinzhong	11.8	16.6	18.5	182	白城	Baicheng	10.3	15.5	19.1	172
运城	Yuncheng	19.5	18.0	18.0	187	黑龙江	**Heilongjiang**	**782.4**	**710.0**	**581.9**	
忻州	Xinzhou	12.1	17.4	11.3	249	哈尔滨	Harbin	119.3	125.6	131.4	15
临汾	Linfen	18.5	14.1	14.1	229	齐齐哈尔	Qiqihar	56.9	58.8	61.5	41
吕梁	Luliang	8.2	10.2	10.3	258	鸡西	Jixi	27.1	40.0	21.0	153
内蒙古	**Inner Mongolia**	**334.0**	**385.9**	**350.1**		鹤岗	Hegang	70.6	68.7	24.4	127
呼和浩特	Hohhot	59.1	60.0	59.5	43	双鸭山	Shuangyashan	47.5	20.1	18.0	187
包头	Baotou	80.3	69.9	51.4	52	大庆	Daqing	28.0	42.7	33.9	88
乌海	Wuhai	22.0	22.0	25.0	125	伊春	Yichun	86.3	90.6	91.8	28
赤峰	Chifeng	33.7	50.6	52.1	51	佳木斯	Jiamusi	46.7	44.0	19.0	173
通辽	Tongliao	20.1	20.7	20.7	157	七台河	Qitaihe	25.5	25.5	12.5	241
鄂尔多斯	Erdos	26.1	20.0	21.6	149	牡丹江	Mudanjiang	31.7	22.4	22.4	142
呼伦贝尔	Hulunbuir	11.0	26.9	11.3	248	黑河	Heihe	8.5	9.5	6.9	273
巴彦淖尔	Bayannur	14.8	15.1	16.8	197	绥化	Suihua	19.0	18.7	22.5	141
乌兰察布	Ulanqab	10.8	14.9	12.0	245	上海	**Shanghai**	**732.0**	**716.0**	**735.0**	
辽宁	**Liaoning**	**837.3**	**929.9**	**927.1**		江苏	**Jiangsu**	**1017.1**	**1210.1**	**1202.7**	

8-50 城市生活垃圾清运量(辖区) 续表 1
Quantity of Urban Domestic Garbage Collected and Transported (Districts under City) continued 1

单位：万吨 (10 000 tons)

地名	City	2010	2012	2013	2013 排名 Ranking	地名	City	2010	2012	2013	2013 排名 Ranking
南京	Nanjing	184.8	224.5	250.4	8	池州	Chizhou	10.3	11.7	13.6	232
无锡	Wuxi	99.3	108.9	114.3	20	宣城	Xuancheng	15.2	9.8	10.7	255
徐州	Xuzhou	44.4	51.6	59.3	44	**福建**	**Fujian**	**417.3**	**493.8**	**551.8**	
常州	Changzhou	52.0	58.1	59.3	45	福州	Fuzhou	76.0	91.2	92.6	27
苏州	Suzhou	121.4	182.9	145.6	12	厦门	Xiamen	94.5	121.0	123.0	16
南通	Nantong	38.3	53.1	49.0	56	莆田	Putian	27.4	34.0	34.5	84
连云港	Lianyungang	18.3	24.0	24.2	131	三明	Sanming	12.6	12.6	12.6	240
淮安	Huaian	24.6	40.1	40.3	68	泉州	Quanzhou	35.3	37.8	44.5	59
盐城	Yancheng	22.1	22.6	23.9	134	漳州	Zhangzhou	13.7	15.4	17.8	191
扬州	Yangzhou	31.7	43.4	46.6	57	南平	Nanping	7.3	7.8	7.9	268
镇江	Zhenjiang	23.0	25.6	25.9	120	龙岩	Longyan	16.7	21.5	18.5	181
泰州	Taizhou	18.4	19.4	26.9	114	宁德	Ningde	9.2	7.3	9.6	265
宿迁	Suqian	16.1	19.5	20.1	159	**江西**	**Jiangxi**	**284.0**	**327.2**	**339.0**	
浙江	**Zhejiang**	**959.0**	**1055.0**	**1123.3**		南昌	Nanchang	74.4	81.9	65.4	40
杭州	Hangzhou	211.7	233.6	264.2	4	景德镇	Jingdezhen	14.6	14.6	14.6	227
宁波	Ningbo	87.7	99.7	105.5	23	萍乡	Pingxiang	15.3	16.8	15.4	220
温州	Wenzhou	95.1	105.3	83.7	30	九江	Jiujiang	17.6	19.3	21.2	151
嘉兴	Jiaxing	18.4	22.4	25.3	124	新余	Xinyu	13.8	16.3	16.0	211
湖州	Huzhou	28.2	33.6	41.0	65	鹰潭	Yingtan	6.9	7.5	6.6	276
绍兴	Shaoxing	20.4	29.4	68.9	36	赣州	Ganzhou	35.6	35.0	39.2	73
金华	Jinhua	30.1	33.6	34.0	87	吉安	Jian	11.7	12.0	16.2	209
衢州	Quzhou	11.4	12.5	15.1	224	宜春	Yichun	8.9	15.9	16.2	210
舟山	Zhoushan	20.9	23.0	27.2	113	抚州	Fuzhou	17.2	18.5	19.2	170
台州	Taizhou	66.9	79.3	69.6	35	上饶	Shangrao	12.4	19.1	34.5	85
丽水	Lishui	19.3	20.1	20.1	163	**山东**	**Shandong**	**992.0**	**1062.4**	**1007.4**	
安徽	**Anhui**	**435.3**	**442.1**	**455.9**		济南	Jinan	93.1	100.6	103.7	25
合肥	Hefei	66.4	92.0	99.5	26	青岛	Qingdao	138.9	147.4	110.5	22
芜湖	Wuhu	36.0	34.4	38.1	75	淄博	Zibo	54.9	61.0	54.9	47
蚌埠	Bengbu	33.0	29.2	28.2	110	枣庄	Zaozhuang	53.8	51.4	32.4	93
淮南	Huainan	41.3	31.6	31.5	96	东营	Dongying	18.8	17.7	22.8	138
马鞍山	Maanshan	17.9	19.1	19.8	165	烟台	Yantai	50.9	61.6	52.8	50
淮北	Huaibei	11.1	19.5	29.6	102	潍坊	Weifang	29.1	37.6	43.9	61
铜陵	Tongling	10.7	12.9	13.2	236	济宁	Jining	31.7	22.4	46.5	58
安庆	Anqing	30.5	38.3	35.3	82	泰安	Taian	16.8	21.6	22.6	140
黄山	Huangshan	15.4	10.2	10.2	259	威海	Weihai	25.4	29.4	20.8	155
滁州	Chuzhou	16.4	11.9	12.0	244	日照	Rizhao	20.0	18.8	22.7	139
阜阳	Fuyang	27.0	25.0	25.4	123	莱芜	Laiwu	15.9	25.6	20.8	156
宿州	Suzhou	18.0	18.0	17.0	196	临沂	Linyi	52.3	58.5	67.2	38
六安	Liuan	18.1	18.3	18.6	179	德州	Dezhou	19.9	21.9	24.3	129
亳州	Bozhou	10.5	10.4	10.4	257	聊城	Liaocheng	16.1	19.1	22.2	145

8-50 城市生活垃圾清运量(辖区) 续表 2

Quantity of Urban Domestic Garbage Collected and Transported (Districts under City) continued 2

单位：万吨 (10 000 tons)

地名	City	2010	2012	2013	2013 排名 Ranking	地名	City	2010	2012	2013	2013 排名 Ranking
滨州	Binzhou	14.6	23.4	25.5	122	常德	Changde	20.4	22.7	23.1	136
菏泽	Heze	25.1	25.5	24.7	126	张家界	Zhangjiajie	12.9	15.2	20.1	159
河南	**Henan**	**694.6**	**795.8**	**805.6**		益阳	Yiyang	17.8	16.3	19.5	168
郑州	Zhengzhou	164.4	173.3	179.7	11	郴州	Chenzhou	20.1	24.3	29.5	103
开封	Kaifeng	31.5	37.6	26.0	119	永州	Yongzhou	19.8	20.8	21.8	148
洛阳	Luoyang	39.0	78.5	76.6	32	怀化	Huaihua	18.7	17.7	18.0	187
平顶山	Pingdingshan	29.4	30.5	30.5	98	娄底	Loudi	11.9	15.3	15.3	222
安阳	Anyang	28.0	36.0	36.0	78	**广东**	**Guangdong**	**1938.6**	**2136.9**	**2092.1**	
鹤壁	Hebi	13.0	14.9	16.0	211	广州	Guangzhou	356.6	413.4	394.3	2
新乡	Xinxiang	27.0	34.5	36.5	76	韶关	Shaoguan	22.3	23.0	18.6	180
焦作	Jiaozuo	30.5	27.8	28.5	107	深圳	Shenzhen	479.3	489.8	521.7	1
濮阳	Puyang	16.4	16.4	16.6	201	珠海	Zhuhai	62.5	60.5	66.6	39
许昌	Xuchang	16.8	22.8	23.3	135	汕头	Shantou	67.6	70.7	74.3	34
漯河	Luohe	18.5	21.0	21.9	147	佛山	Foshan	73.5	99.0	74.5	33
三门峡	Sanmenxia	9.3	9.2	9.7	264	江门	Jiangmen	43.1	42.3	40.7	67
南阳	Nanyang	40.3	41.4	49.8	54	湛江	Zhanjiang	27.0	32.9	30.2	99
商丘	Shangqiu	35.2	37.9	30.0	100	茂名	Maoming	19.1	19.2	21.0	153
信阳	Xinyang	12.6	19.4	19.5	167	肇庆	Zhaoqing	14.2	15.4	16.6	202
周口	Zhoukou	13.1	10.3	11.3	249	惠州	Huizhou	47.9	73.6	67.7	37
驻马店	Zhumadian	17.5	18.5	18.6	178	梅州	Meizhou	13.9	15.0	18.3	184
湖北	**Hubei**	**711.1**	**716.6**	**745.8**		汕尾	Shanwei	9.1	9.1	10.2	260
武汉	Wuhan	219.1	225.0	263.7	5	河源	Heyuan	12.7	19.3	19.6	166
黄石	Huangshi	29.1	29.1	29.0	105	阳江	Yangjiang	12.2	12.7	13.7	231
十堰	Shiyan	29.7	31.6	31.8	95	清远	Qingyuan	15.9	22.6	29.8	101
宜昌	Yichang	30.8	30.5	33.0	90	东莞	Dongguan	357.3	384.4	380.8	3
襄阳	Xiangfan	33.2	25.2	27.8	111	中山	ZhongShan	28.1	58.3	24.2	133
鄂州	Ezhou	15.0	13.2	13.2	237	潮州	Chaozhou	15.3	26.7	26.8	115
荆门	Jingmen	18.1	18.1	16.6	204	揭阳	Jieyang	33.0	30.2	25.8	121
孝感	Xiaogan	9.7	11.5	12.7	239	云浮	Yunfu	5.5	6.6	6.3	279
荆州	Jingzhou	30.0	22.2	22.4	143	**广西**	**Guangxi**	**245.1**	**266.2**	**302.3**	
黄冈	Huanggang	14.9	18.1	18.2	186	南宁	Nanning	57.9	75.8	88.2	29
咸宁	Xianning	28.0	16.4	13.8	230	柳州	Liuzhou	33.3	37.3	39.5	71
随州	Suizhou	12.0	24.3	22.3	144	桂林	Guilin	24.6	28.8	31.4	97
湖南	**Hunan**	**505.2**	**565.4**	**616.8**		梧州	Wuzhou	8.0	8.8	11.6	247
长沙	Changsha	106.9	143.7	182.6	10	北海	Beihai	14.9	14.8	17.0	195
株洲	Zhuzhou	33.1	39.4	43.0	62	防城港	Fangchenggang	7.0	6.1	6.5	278
湘潭	Xiangtan	23.9	26.5	27.2	112	钦州	Qinzhou	12.8	15.1	16.7	198
衡阳	Hengyang	36.5	39.4	39.0	74	贵港	Guigang	11.6	10.7	18.7	177
邵阳	Shaoyang	25.6	17.0	16.6	200	玉林	Yulin	16.5	16.7	16.3	207
岳阳	Yueyang	18.9	19.5	24.2	132	百色	Baise	8.0	5.0	5.4	282

8-50 城市生活垃圾清运量(辖区) 续表 3
Quantity of Urban Domestic Garbage Collected and Transported (Districts under City) continued 3

单位：万吨 (10 000 tons)

地名	City	2010	2012	2013	2013 排名 Ranking	地名	City	2010	2012	2013	2013 排名 Ranking
贺州	Hezhou	6.2	6.5	7.2	272	丽江	Lijiang	6.0	6.2	13.5	234
河池	Hechi	5.8	3.8	4.1	283	普洱	Puer	5.8	6.6	7.7	269
来宾	Laibin	4.6	5.0	6.8	274	临沧	Lincang	4.6	5.1	7.7	271
崇左	Chongzuo	4.6	4.6	4.0	284	**西藏**	**Tibet**	**16.3**	**25.6**	**24.1**	
海南	**Hainan**	**97.7**	**110.2**	**125.3**		拉萨	Lhasa	14.2	21.9	20.1	159
海口	Haikou	42.0	53.5	61.5	41	**陕西**	**Shaanxi**	**388.3**	**433.1**	**437.3**	
三亚	Sanya	19.7	24.0	26.1	118	西安	Xi'an	209.3	251.2	255.7	6
重庆	**Chongqing**	**256.7**	**335.3**	**349.8**		铜川	Tongchuan	17.1	17.1	15.0	225
四川	**Sichuan**	**656.0**	**702.8**	**750.7**		宝鸡	Baoji	23.6	27.9	29.2	104
成都	Chengdu	262.1	238.4	253.6	7	咸阳	Xianyang	23.2	27.8	28.5	108
自贡	Zigong	23.6	24.8	32.6	92	渭南	Weinan	15.5	15.2	15.6	218
攀枝花	Panzhihua	21.8	23.1	19.9	164	延安	Yan'an	10.2	11.8	12.4	243
泸州	Luzhou	26.8	29.6	33.6	89	汉中	Hanzhong	10.2	12.1	12.5	241
德阳	Deyang	10.0	15.2	15.4	221	榆林	Yulin	19.9	21.0	24.2	130
绵阳	Mianyang	24.5	27.0	28.2	109	安康	Ankang	34.0	22.6	16.4	206
广元	Guangyuan	13.5	16.6	15.8	215	商洛	Shangluo	5.8	6.4	6.7	275
遂宁	Suining	15.7	35.9	39.7	69	**甘肃**	**Gansu**	**278.3**	**270.5**	**272.8**	
内江	Neijiang	15.0	15.2	17.7	192	兰州	Lanzhou	124.1	118.2	119.6	19
乐山	Leshan	17.2	18.1	16.3	208	嘉峪关	Jiayuguan	8.1	8.7	9.6	266
南充	Nanchong	28.1	34.6	35.6	81	金昌	Jinchang	12.8	13.1	9.1	267
眉山	Meishan	11.2	18.0	18.0	187	白银	Baiyin	16.5	15.9	15.9	214
宜宾	Yibin	16.2	22.1	26.7	116	天水	Tianshui	32.1	21.3	21.5	150
广安	Guangan	7.2	9.7	11.9	246	武威	Wuwei	14.5	16.6	16.6	202
达州	Dazhou	13.1	13.1	20.1	159	张掖	Zhangye	7.0	7.6	7.7	269
雅安	Yaan	11.0	14.3	11.2	252	平凉	Pingliang	10.7	13.0	13.4	235
巴中	Bazhong	11.3	16.4	13.1	238	酒泉	Jiuquan	10.5	11.0	11.1	254
资阳	Ziyang	12.4	16.0	18.2	185	庆阳	Qingyang	9.9	14.2	15.6	218
贵州	**Guizhou**	**213.3**	**235.7**	**248.4**		定西	Dingxi	7.0	5.0	6.5	277
贵阳	Guiyang	75.8	89.4	103.9	24	陇南	Longnan	5.8	5.9	5.6	281
六盘水	Liupanshui	15.1	16.0	10.5	256	**青海**	**Qinghai**	**86.3**	**66.3**	**74.1**	
遵义	Zunyi	29.9	34.4	35.9	79	西宁	Xining	74.2	53.6	54.3	49
安顺	Anshun	17.1	15.3	15.2	223	**宁夏**	**Ningxia**	**91.9**	**116.2**	**106.0**	
毕节	Bijie	10.1	16.0	16.6	199	银川	Yinchuan	26.3	41.2	41.0	66
铜仁	Tongren	15.0	11.3	11.2	253	石嘴山	Shizuishan	17.1	20.0	13.6	233
云南	**Yunnan**	**265.5**	**306.7**	**324.1**		吴忠	Wuzhong	13.8	17.0	17.7	192
昆明	Kunming	102.6	143.7	141.8	13	固原	Guyuan	9.8	10.8	10.0	263
曲靖	Qujing	17.8	18.5	19.0	173	中卫	Zhongwei	9.0	10.9	11.3	249
玉溪	Yuxi	12.5	6.8	6.0	280	**新疆**	**Xinjiang**	**303.3**	**352.7**	**352.3**	
保山	Baoshan	15.8	9.7	10.0	262	乌鲁木齐	Urumqi	104.4	136.1	132.3	14
昭通	Zhaotong	14.1	14.8	14.9	226	克拉玛依	Karamay	14.2	16.9	15.8	216

8-51 城市生活垃圾处理量(辖区)
Volume of Urban Domestic Garbage Treated (Districts under City)

单位：万吨 （10 000 tons）

地名	City	2010	2012	2013	2013 排名 Ranking
全国	**Nation Total**	**14338.0**	**15940.5**	**16391.5**	
北京	**Beijing**	**613.7**	**642.6**	**667.0**	
天津	**Tianjin**	**183.7**	**185.4**	**193.6**	
河北	**Hebei**	**571.3**	**563.0**	**566.1**	
石家庄	Shijiazhuang	98.0	86.1	81.6	30
唐山	Tangshan	46.1	57.7	57.8	44
秦皇岛	Qinhuangdao	48.1	29.0	26.4	113
邯郸	Handan	40.4	45.7	36.4	72
邢台	Xingtai	18.3	18.4	19.1	161
保定	Baoding	33.5	40.3	42.2	60
张家口	Zhangjiakou	37.8	43.8	43.0	59
承德	Chengde	20.2	36.6	39.3	64
沧州	Cangzhou	14.6	17.4	18.6	166
廊坊	Langfang	13.7	14.2	15.8	204
衡水	Hengshui	15.9	15.9	16.0	200
山西	**Shanxi**	**265.8**	**332.4**	**355.8**	
太原	Taiyuan	110.0	117.0	121.4	17
大同	Datong	29.9	35.6	37.3	68
阳泉	Yangquan	15.9	14.5	15.7	205
长治	Changzhi	18.8	17.8	19.0	163
晋城	Jincheng	12.0	14.5	15.6	206
朔州	Shuozhou	12.2	14.9	18.4	169
晋中	Jinzhong	3.7	12.9	14.0	221
运城	Yuncheng	17.6	17.1	17.1	185
忻州	Xinzhou				
临汾	Linfen	9.6	14.1	14.1	220
吕梁	Luliang	8.2	10.2	10.3	252
内蒙古	**Inner Mongolia**	**310.5**	**371.0**	**329.4**	
呼和浩特	Hohhot	57.8	58.9	58.7	43
包头	Baotou	77.9	67.8	48.9	52
乌海	Wuhai	18.2	18.8	21.8	143
赤峰	Chifeng	33.7	50.6	52.1	48
通辽	Tongliao	20.1	20.7	17.0	187
鄂尔多斯	Erdos	25.7	19.6	20.5	150
呼伦贝尔	Hulunbuir	9.0	24.6	7.2	267
巴彦淖尔	Bayannur	14.3	14.6	16.3	196
乌兰察布	Ulanqab	10.8	14.6	11.8	238
辽宁	**Liaoning**	**752.3**	**877.7**	**912.0**	
沈阳	Shenyang	215.0	246.9	248.0	9
大连	Dalian	80.0	121.3	121.9	15
鞍山	Anshan	52.6	54.9	54.9	45
抚顺	Fushun	50.0	50.0	49.9	50
本溪	Benxi	33.9	47.4	39.2	65
丹东	Dandong	23.2	20.4	20.6	149
锦州	Jinzhou	27.7	28.9	28.6	102
营口	Yingkou	37.4		32.7	84
阜新	Fuxin	39.9	40.0	43.8	57
辽阳	Liaoyang	16.8	24.3	24.3	122
盘锦	Panjin	16.0	22.3	23.0	131
铁岭	Tieling	13.2	11.2	14.2	219
朝阳	Chaoyang	9.0	32.0	32.0	86
葫芦岛	Huludao	14.6	22.4	21.9	140
吉林	**Jilin**	**457.4**	**473.9**	**474.9**	
长春	Changchun	123.3	117.3	113.6	21
吉林	Jilin	36.9	33.8	34.3	79
四平	Siping	23.0	8.6	9.7	256
辽源	Liaoyuan	21.0	35.0	35.0	76
通化	Tonghua	18.3	21.8	25.3	120
白山	Baishan	20.5	20.7	18.9	164
松原	Songyuan	14.6	19.0	20.3	151
白城	Baicheng	10.3	14.8	18.3	171
黑龙江	**Heilongjiang**	**315.7**	**361.8**	**339.8**	
哈尔滨	Harbin	98.9	107.1	114.7	19
齐齐哈尔	Qiqihar	29.0	29.5	31.0	90
鸡西	Jixi	19.8	27.0	17.8	177
鹤岗	Hegang				
双鸭山	Shuangyashan	18.0	16.5	14.6	216
大庆	Daqing	23.2	22.4	30.5	93
伊春	Yichun			1.8	281
佳木斯	Jiamusi	35.2	36.5	17.5	182
七台河	Qitaihe	25.5	25.5	12.5	234
牡丹江	Mudanjiang	31.7	22.4	22.4	135
黑河	Heihe	6.5	6.9	6.9	269
绥化	Suihua		13.2	17.6	180
上海	**Shanghai**	**599.2**	**598.5**	**665.8**	
江苏	**Jiangsu**	**1016.8**	**1199.1**	**1193.9**	

8-51 城市生活垃圾处理量(辖区) 续表 1

Volume of Urban Domestic Garbage Treated (Districts under City) continued 1

单位：万吨 （10 000 tons）

地名	City	2010	2012	2013	2013 排名 Ranking	地名	City	2010	2012	2013	2013 排名 Ranking
南京	Nanjing	184.8	224.5	250.4	8	池州	Chizhou	9.1	11.7	13.6	224
无锡	Wuxi	99.3	108.9	114.3	20	宣城	Xuancheng	15.2	9.8	10.7	246
徐州	Xuzhou	44.4	51.6	59.3	41	**福建**	**Fujian**	**416.5**	**486.9**	**543.6**	
常州	Changzhou	52.0	58.1	59.2	42	福州	Fuzhou	76.0	88.6	91.7	27
苏州	Suzhou	121.4	182.9	145.6	12	厦门	Xiamen	94.5	119.8	122.0	14
南通	Nantong	38.3	53.1	49.0	51	莆田	Putian	27.4	33.5	34.2	80
连云港	Lianyungang	18.3	24.0	24.2	124	三明	Sanming	12.1	12.3	12.3	235
淮安	Huaian	24.6	29.1	32.0	87	泉州	Quanzhou	35.3	37.4	44.2	55
盐城	Yancheng	22.1	22.6	23.9	128	漳州	Zhangzhou	13.6	15.2	17.7	179
扬州	Yangzhou	31.7	43.4	46.6	53	南平	Nanping	7.3	7.7	7.8	263
镇江	Zhenjiang	23.0	25.6	25.9	115	龙岩	Longyan	16.7	21.2	18.4	168
泰州	Taizhou	18.4	19.4	26.9	110	宁德	Ningde	9.2	7.3	8.8	260
宿迁	Suqian	16.1	19.5	20.1	152	**江西**	**Jiangxi**	**284.0**	**327.2**	**339.0**	
浙江	**Zhejiang**	**958.4**	**1048.0**	**1123.3**		南昌	Nanchang	74.4	81.9	65.4	36
杭州	Hangzhou	211.7	233.6	264.2	4	景德镇	Jingdezhen	14.6	14.6	14.6	217
宁波	Ningbo	87.7	99.7	105.5	23	萍乡	Pingxiang	15.3	16.8	15.4	207
温州	Wenzhou	95.1	105.3	83.7	29	九江	Jiujiang	17.6	19.3	21.2	146
嘉兴	Jiaxing	18.4	22.4	25.3	119	新余	Xinyu	13.8	16.3	16.0	200
湖州	Huzhou	28.2	33.6	41.0	61	鹰潭	Yingtan	6.9	7.5	6.6	272
绍兴	Shaoxing	20.4	29.4	68.9	33	赣州	Ganzhou	35.6	35.0	39.2	66
金华	Jinhua	30.1	32.3	34.0	81	吉安	Jian	11.7	12.0	16.2	197
衢州	Quzhou	11.4	12.5	15.1	211	宜春	Yichun	8.9	15.9	16.2	199
舟山	Zhoushan	20.9	23.0	27.2	109	抚州	Fuzhou	17.8	18.5	19.2	160
台州	Taizhou	66.9	79.3	69.6	32	上饶	Shangrao	12.4	19.1	34.5	78
丽水	Lishui	19.3	20.1	20.1	154	**山东**	**Shandong**	**955.3**	**1053.5**	**1002.0**	
安徽	**Anhui**	**416.1**	**421.2**	**450.5**		济南	Jinan	84.5	92.5	98.3	26
合肥	Hefei	66.4	92.0	99.5	24	青岛	Qingdao	138.9	147.4	110.5	22
芜湖	Wuhu	36.0	32.7	36.7	70	淄博	Zibo	54.9	61.0	54.9	45
蚌埠	Bengbu	33.0	29.2	28.2	104	枣庄	Zaozhuang	46.8	50.6	32.4	85
淮南	Huainan	41.3	31.6	30.9	92	东营	Dongying	18.8	17.7	22.8	132
马鞍山	Maanshan	17.9	18.3	19.3	159	烟台	Yantai	50.9	61.6	52.8	47
淮北	Huaibei	9.8	19.5	29.6	98	潍坊	Weifang	29.0	37.6	43.9	56
铜陵	Tongling	10.1	12.9	13.2	228	济宁	Jining	28.3	22.4	46.5	54
安庆	Anqing	27.4	25.7	34.7	77	泰安	Taian	16.8	21.6	22.6	134
黄山	Huangshan	13.9	10.2	10.2	253	威海	Weihai	25.4	29.4	20.8	147
滁州	Chuzhou	16.4	11.9	12.0	236	日照	Rizhao	20.0	18.8	22.7	133
阜阳	Fuyang	27.0	23.3	23.9	128	莱芜	Laiwu	15.9	25.6	20.8	148
宿州	Suzhou	18.0	18.0	16.8	188	临沂	Linyi	52.3	58.5	67.2	34
六安	Liuan	17.1	18.3	18.6	165	德州	Dezhou	19.5	21.9	24.3	123
亳州	Bozhou	10.5	10.4	10.4	250	聊城	Liaocheng	16.1	19.1	22.2	138

8-51 城市生活垃圾处理量(辖区) 续表 2
Volume of Urban Domestic Garbage Treated (Districts under City) continued 2

单位：万吨 (10 000 tons)

地名	City	2010	2012	2013	2013 排名 Ranking	地名	City	2010	2012	2013	2013 排名 Ranking
滨州	Binzhou	14.6	23.4	25.5	117	常德	Changde	20.4	22.7	23.1	130
菏泽	Heze	23.6	25.5	24.7	121	张家界	Zhangjiajie	12.0	15.2	20.1	152
河南	**Henan**	**616.5**	**724.6**	**725.4**		益阳	Yiyang	17.8	16.3	19.5	157
郑州	Zhengzhou	147.3	155.5	161.2	11	郴州	Chenzhou	20.1	24.3	29.5	99
开封	Kaifeng	31.5	37.0	17.8	178	永州	Yongzhou	15.5	20.8	21.8	142
洛阳	Luoyang	38.3	66.8	64.1	37	怀化	Huaihua	18.7	17.7	16.5	190
平顶山	Pingdingshan	25.0	28.1	28.1	105	娄底	Loudi	11.9	15.3	15.3	209
安阳	Anyang	26.5	36.0	36.0	73	**广东**	**Guangdong**	**1764.2**	**1943.7**	**1946.2**	
鹤壁	Hebi	11.8	13.2	14.8	214	广州	Guangzhou	327.9	332.3	343.2	3
新乡	Xinxiang	27.0	34.5	36.5	71	韶关	Shaoguan	22.3	23.0	18.2	172
焦作	Jiaozuo	26.1	27.0	27.8	106	深圳	Shenzhen	453.4	466.0	513.1	1
濮阳	Puyang	14.8	15.0	15.1	212	珠海	Zhuhai	57.8	60.5	66.6	35
许昌	Xuchang	16.2	22.0	22.4	136	汕头	Shantou	43.6	46.5	59.9	39
漯河	Luohe	18.5	20.9	21.9	141	佛山	Foshan	73.5	93.3	74.0	31
三门峡	Sanmenxia	9.0	8.5	8.5	261	江门	Jiangmen	43.1	42.3	40.7	62
南阳	Nanyang	29.9	34.0	34.0	81	湛江	Zhanjiang	26.3	32.1	30.2	95
商丘	Shangqiu	23.5	25.4	25.5	118	茂名	Maoming	8.0	19.2	19.7	155
信阳	Xinyang	11.7	18.1	18.1	174	肇庆	Zhaoqing	13.9	15.2	16.4	194
周口	Zhoukou		8.1	10.4	251	惠州	Huizhou	47.9	73.6	59.7	40
驻马店	Zhumadian	16.1	17.0	17.1	184	梅州	Meizhou	13.9	15.0	18.3	170
湖北	**Hubei**	**677.1**	**666.5**	**718.3**		汕尾	Shanwei	9.1	7.3	8.2	262
武汉	Wuhan	219.1	225.0	263.7	5	河源	Heyuan	12.3	19.3	19.6	156
黄石	Huangshi	29.1	29.1	29.0	101	阳江	Yangjiang	12.2	12.7	13.7	223
十堰	Shiyan	27.7	31.6	31.8	88	清远	Qingyuan	15.9	22.6	29.8	97
宜昌	Yichang	27.7	27.4	30.2	94	东莞	Dongguan	350.8	384.4	380.8	2
襄阳	Xiangfan	26.8	22.4	27.7	107	中山	ZhongShan	28.1	58.3	24.2	126
鄂州	Ezhou	15.0	13.2	13.2	229	潮州	Chaozhou	15.3	26.7	26.8	111
荆门	Jingmen	18.1	18.1	16.6	189	揭阳	Jieyang	29.7	27.8	24.0	127
孝感	Xiaogan	9.1	11.5	12.7	233	云浮	Yunfu	5.5	6.6	6.3	274
荆州	Jingzhou	30.0	22.2	22.4	137	**广西**	**Guangxi**	**227.9**	**260.9**	**297.4**	
黄冈	Huanggang	13.9	17.2	18.1	174	南宁	Nanning	57.9	75.8	88.2	28
咸宁	Xianning	24.0	16.4	13.8	222	柳州	Liuzhou	33.3	36.3	39.5	63
随州	Suizhou	12.0	24.3	21.3	145	桂林	Guilin	24.6	28.8	31.4	89
湖南	**Hunan**	**464.1**	**554.9**	**607.9**		梧州	Wuzhou	8.0	8.8	11.6	240
长沙	Changsha	106.9	143.7	182.6	10	北海	Beihai	14.9	14.8	17.0	186
株洲	Zhuzhou	33.1	39.4	43.0	58	防城港	Fangchenggang	2.9	5.8	6.2	275
湘潭	Xiangtan	23.9	26.5	27.2	108	钦州	Qinzhou	12.8	14.4	15.3	210
衡阳	Hengyang	36.5	39.4	39.0	67	贵港	Guigang	11.3	10.3	18.4	167
邵阳	Shaoyang	25.6	16.4	15.9	202	玉林	Yulin	16.5	16.7	16.3	195
岳阳	Yueyang	18.9	19.5	24.2	125	百色	Baise	8.0	5.0	5.4	278

8-51 城市生活垃圾处理量(辖区） 续表 3
Volume of Urban Domestic Garbage Treated (Districts under City) continued 3

单位：万吨 （10 000 tons）

地名	City	2010	2012	2013	2013 排名 Ranking	地名	City	2010	2012	2013	2013 排名 Ranking
贺州	Hezhou	6.2	6.5	7.2	268	丽江	Lijiang	6.0	6.2	13.5	225
河池	Hechi	5.8	3.8	4.1	279	普洱	Puer	5.5	6.2	7.4	266
来宾	Laibin	4.6	4.9	6.8	270	临沧	Lincang	4.6	5.0	7.5	265
崇左	Chongzuo	0.7	2.9	2.5	280	**西藏**	**Tibet**	**14.2**	**24.8**	**2.9**	
海南	**Hainan**	**77.7**	**110.1**	**125.2**		拉萨	Lhasa	14.2	21.9		
海口	Haikou	42.0	53.5	61.5	38	**陕西**	**Shaanxi**	**334.0**	**421.1**	**421.8**	
三亚	Sanya	19.7	24.0	26.1	114	西安	Xi'an	204.1	250.8	255.3	6
重庆	**Chongqing**	**254.4**	**332.9**	**347.8**		铜川	Tongchuan	14.5	15.1	13.2	227
四川	**Sichuan**	**619.8**	**664.4**	**722.4**		宝鸡	Baoji	23.6	27.9	29.2	100
成都	Chengdu	262.1	238.4	253.6	7	咸阳	Xianyang	12.4	25.9	26.6	112
自贡	Zigong	20.2	22.4	30.0	96	渭南	Weinan	14.2	13.2	11.8	237
攀枝花	Panzhihua	20.7	22.3	19.4	158	延安	Yan'an	8.4	10.4	11.0	243
泸州	Luzhou	26.8	29.6	33.0	83	汉中	Hanzhong	10.2	10.5	10.5	248
德阳	Deyang	10.0	15.2	15.4	208	榆林	Yulin	16.9	20.7	22.1	139
绵阳	Mianyang	24.5	27.0	28.2	103	安康	Ankang	18.0	22.1	16.4	191
广元	Guangyuan	10.3	13.0	13.2	230	商洛	Shangluo	5.8	6.4	6.7	271
遂宁	Suining	14.0	31.0	37.2	69	**甘肃**	**Gansu**	**272.3**	**265.3**	**269.5**	
内江	Neijiang	11.0	11.3	11.7	239	兰州	Lanzhou	124.1	118.2	119.6	18
乐山	Leshan	16.6	17.6	16.2	197	嘉峪关	Jiayuguan	8.1	8.7	9.6	257
南充	Nanchong	23.4	29.4	31.0	91	金昌	Jinchang	12.8	13.1	9.1	259
眉山	Meishan	10.6	18.0	18.0	176	白银	Baiyin	14.7	13.4	14.7	215
宜宾	Yibin	15.0	21.0	25.8	116	天水	Tianshui	32.1	21.3	21.5	144
广安	Guangan	7.0	9.6	11.0	244	武威	Wuwei	14.4	16.4	16.4	193
达州	Dazhou	10.3	10.7	17.4	183	张掖	Zhangye	6.3	7.6	7.7	264
雅安	Yaan	9.5	13.3	11.0	245	平凉	Pingliang	10.5	12.9	13.3	226
巴中	Bazhong	11.0	12.8	12.9	231	酒泉	Jiuquan	10.0	10.8	11.1	242
资阳	Ziyang	11.8	15.2	18.2	173	庆阳	Qingyang	9.3	13.1	14.4	218
贵州	**Guizhou**	**203.6**	**223.4**	**235.9**		定西	Dingxi	5.6	4.7	6.4	273
贵阳	Guiyang	71.0	85.6	99.1	25	陇南	Longnan	5.8	5.8	5.6	277
六盘水	Liupanshui	15.1	16.0	10.5	249	**青海**	**Qinghai**	**71.1**	**62.0**	**69.4**	
遵义	Zunyi	28.2	32.8	35.9	74	西宁	Xining	61.9	49.5	50.3	49
安顺	Anshun	16.5	9.9	10.7	247	**宁夏**	**Ningxia**	**85.0**	**107.5**	**98.0**	
毕节	Bijie	9.6	16.0	16.4	191	银川	Yinchuan	26.3	38.2	35.9	75
铜仁	Tongren	14.0	10.6	10.2	254	石嘴山	Shizuishan	14.5	17.3	12.8	232
云南	**Yunnan**	**253.0**	**305.1**	**317.5**		吴忠	Wuzhong	13.8	16.8	17.5	181
昆明	Kunming	99.3	143.5	138.8	13	固原	Guyuan	9.0	9.8	9.3	258
曲靖	Qujing	17.8	18.5	19.0	162	中卫	Zhongwei	8.1	10.9	11.3	241
玉溪	Yuxi	11.2	6.8	6.0	276	**新疆**	**Xinjiang**	**286.5**	**331.3**	**329.4**	
保山	Baoshan	15.0	9.6	9.9	255	乌鲁木齐	Urumqi	101.5	124.5	121.7	16
昭通	Zhaotong	14.1	14.8	14.9	213	克拉玛依	Karamay	14.2	16.9	15.8	203

8-52 城市生活垃圾处理率(辖区)
Urban Domestic Garbage Treatment Rate (Districts under City)

单位：% (%)

地名	City	2010	2012	2013	2013 排名 Ranking
全国	**Nation Total**	**90.72**	**93.32**	**95.09**	
北京	**Beijing**	**96.95**	**99.12**	**99.30**	
天津	**Tianjin**	**100.00**	**99.81**	**96.80**	
河北	**Hebei**	**96.95**	**97.50**	**96.71**	
石家庄	Shijiazhuang	100.00	100.00	100.00	1
唐山	Tangshan	100.00	100.00	100.00	1
秦皇岛	Qinhuangdao	100.00	100.00	100.00	1
邯郸	Handan	100.00	100.00	100.00	1
邢台	Xingtai	100.00	99.73	100.00	1
保定	Baoding	100.00	100.00	100.00	1
张家口	Zhangjiakou	80.13	89.29	87.00	259
承德	Chengde	99.02	100.00	99.29	171
沧州	Cangzhou	79.30	92.61	96.27	206
廊坊	Langfang	95.79	95.70	95.50	212
衡水	Hengshui	100.00	100.00	100.00	1
山西	**Shanxi**	**73.58**	**84.71**	**90.18**	
太原	Taiyuan	100.00	100.00	100.00	1
大同	Datong	83.08	86.56	90.60	246
阳泉	Yangquan	100.00	100.00	88.98	249
长治	Changzhi	100.00	100.00	100.00	1
晋城	Jincheng	93.97	100.00	100.00	1
朔州	Shuozhou	75.47	87.93	100.00	1
晋中	Jinzhong	31.01	77.47	75.30	273
运城	Yuncheng	90.00	95.00	95.00	217
忻州	Xinzhou				
临汾	Linfen	52.00	100.00	100.00	1
吕梁	Luliang	100.00	100.00	100.00	1
内蒙古	**Inner Mongolia**	**92.98**	**96.13**	**94.10**	
呼和浩特	Hohhot	97.88	98.17	98.74	183
包头	Baotou	97.00	97.00	95.13	215
乌海	Wuhai	82.68	85.45	87.16	256
赤峰	Chifeng	100.00	100.00	100.00	1
通辽	Tongliao	100.00	100.00	82.00	266
鄂尔多斯	Erdos	98.58	98.00	95.10	216
呼伦贝尔	Hulunbuir	81.82	91.48	63.94	278
巴彦淖尔	Bayannur	96.28	96.65	97.50	198
乌兰察布	Ulanqab	100.00	98.05	98.06	191
辽宁	**Liaoning**	**89.85**	**94.38**	**98.36**	
沈阳	Shenyang	100.00	100.00	100.00	1
大连	Dalian	100.00	100.00	100.00	1
鞍山	Anshan	100.00	100.00	100.00	1
抚顺	Fushun	100.00	100.00	100.00	1
本溪	Benxi	100.00	99.06	99.95	160
丹东	Dandong	100.00	100.00	100.00	1
锦州	Jinzhou	86.69	100.00	100.00	1
营口	Yingkou	93.50		100.00	1
阜新	Fuxin	90.89	90.91	99.55	167
辽阳	Liaoyang	100.00	100.00	100.00	1
盘锦	Panjin	100.00	100.00	100.00	1
铁岭	Tieling	85.16	83.98	100.00	1
朝阳	Chaoyang	28.13	100.00	100.00	1
葫芦岛	Huludao	70.16	100.00	100.00	1
吉林	**Jilin**	**91.57**	**93.19**	**97.85**	
长春	Changchun	99.84	96.39	99.66	166
吉林	Jilin	100.00	100.00	100.00	1
四平	Siping	100.00	35.94	96.00	208
辽源	Liaoyuan	87.50	100.00	100.00	1
通化	Tonghua	99.78	96.54	97.45	200
白山	Baishan	100.00	100.00	99.83	163
松原	Songyuan	81.11	90.48	95.75	209
白城	Baicheng	100.00	95.48	95.60	210
黑龙江	**Heilongjiang**	**40.36**	**50.95**	**58.40**	
哈尔滨	Harbin	82.91	85.30	87.29	255
齐齐哈尔	Qiqihar	50.96	50.14	50.43	280
鸡西	Jixi	73.06	67.57	84.74	262
鹤岗	Hegang				
双鸭山	Shuangyashan	37.89	81.93	81.11	267
大庆	Daqing	82.86	52.32	90.03	247
伊春	Yichun			1.99	281
佳木斯	Jiamusi	75.37	82.95	92.11	233
七台河	Qitaihe	100.00	100.00	100.00	1
牡丹江	Mudanjiang	100.00	100.00	100.00	1
黑河	Heihe	76.47	72.54	100.00	1
绥化	Suihua		70.59	78.36	271
上海	**Shanghai**	**81.86**	**83.59**	**90.58**	
江苏	**Jiangsu**	**99.97**	**99.09**	**99.27**	

8-52 城市生活垃圾处理率(辖区) 续表 1

Urban Domestic Garbage Treatment Rate (Districts under City) continued 1

单位：% (%)

地名	City	2010	2012	2013	2013 排名 Ranking	地名	City	2010	2012	2013	2013 排名 Ranking
南京	Nanjing	100.00	100.00	100.00	1	池州	Chizhou	88.07	99.91	99.91	161
无锡	Wuxi	100.00	100.00	100.00	1	宣城	Xuancheng	100.00	100.00	100.00	1
徐州	Xuzhou	100.00	99.98	100.00	1	**福建**	**Fujian**	**99.81**	**98.60**	**98.51**	
常州	Changzhou	100.00	100.00	99.99	158	福州	Fuzhou	100.00	98.23	98.97	180
苏州	Suzhou	100.00	100.00	100.00	1	厦门	Xiamen	100.00	99.00	99.20	173
南通	Nantong	100.00	100.00	100.00	1	莆田	Putian	100.00	98.53	99.10	174
连云港	Lianyungang	100.00	100.00	100.00	1	三明	Sanming	96.19	97.77	97.85	194
淮安	Huaian	100.00	72.57	79.34	270	泉州	Quanzhou	100.00	99.02	99.21	172
盐城	Yancheng	100.00	100.00	100.00	1	漳州	Zhangzhou	99.34	98.96	99.06	176
扬州	Yangzhou	100.00	100.00	100.00	1	南平	Nanping	100.00	98.97	99.00	177
镇江	Zhenjiang	100.00	100.00	100.00	1	龙岩	Longyan	99.64	99.02	99.09	175
泰州	Taizhou	100.00	100.00	100.00	1	宁德	Ningde	100.00	100.00	91.01	244
宿迁	Suqian	100.00	100.00	100.00	1	**江西**	**Jiangxi**	**100.00**	**100.00**	**100.00**	
浙江	**Zhejiang**	**99.94**	**99.33**	**100.00**		南昌	Nanchang	100.00	100.00	99.99	158
杭州	Hangzhou	100.00	100.00	100.00	1	景德镇	Jingdezhen	100.00	100.00	100.00	1
宁波	Ningbo	100.00	100.00	100.00	1	萍乡	Pingxiang	100.00	100.00	100.00	1
温州	Wenzhou	100.00	100.00	100.00	1	九江	Jiujiang	100.00	100.00	100.00	1
嘉兴	Jiaxing	100.00	100.00	100.00	1	新余	Xinyu	100.00	100.00	100.00	1
湖州	Huzhou	100.00	100.00	100.00	1	鹰潭	Yingtan	100.00	100.00	100.00	1
绍兴	Shaoxing	100.00	100.00	100.00	1	赣州	Ganzhou	100.00	100.00	100.00	1
金华	Jinhua	100.00	96.01	100.00	1	吉安	Jian	100.00	100.00	100.00	1
衢州	Quzhou	100.00	100.00	100.00	1	宜春	Yichun	100.00	100.00	100.00	1
舟山	Zhoushan	100.00	100.00	100.00	1	抚州	Fuzhou	100.00	100.00	100.00	1
台州	Taizhou	100.00	100.00	100.00	1	上饶	Shangrao	100.00	100.00	100.00	1
丽水	Lishui	100.00	100.00	100.00	1	**山东**	**Shandong**	**96.30**	**99.17**	**99.47**	
安徽	**Anhui**	**95.59**	**95.28**	**98.82**		济南	Jinan	90.78	91.98	94.82	219
合肥	Hefei	99.97	100.00	100.00	1	青岛	Qingdao	100.00	100.00	100.00	1
芜湖	Wuhu	100.00	95.00	96.20	207	淄博	Zibo	100.00	100.00	100.00	1
蚌埠	Bengbu	100.00	100.00	100.00	1	枣庄	Zaozhuang	87.04	98.50	100.00	1
淮南	Huainan	100.00	100.00	98.13	190	东营	Dongying	100.00	100.00	100.00	1
马鞍山	Maanshan	100.00	96.02	97.50	198	烟台	Yantai	100.00	100.00	100.00	1
淮北	Huaibei	88.69	100.00	100.00	1	潍坊	Weifang	99.79	100.00	100.00	1
铜陵	Tongling	94.30	100.00	100.00	1	济宁	Jining	89.24	100.00	100.00	1
安庆	Anqing	89.58	67.00	98.16	188	泰安	Taian	100.00	100.00	100.00	1
黄山	Huangshan	90.31	100.00	100.00	1	威海	Weihai	100.00	100.00	100.00	1
滁州	Chuzhou	100.00	100.00	100.00	1	日照	Rizhao	100.00	100.00	100.00	1
阜阳	Fuyang	100.00	93.28	94.00	220	莱芜	Laiwu	100.00	100.00	100.00	1
宿州	Suzhou	99.78	100.00	98.70	185	临沂	Linyi	100.00	100.00	100.00	1
六安	Liuan	94.42	99.95	100.00	1	德州	Dezhou	98.24	100.00	100.00	1
亳州	Bozhou	100.00	100.00	100.00	1	聊城	Liaocheng	100.00	100.00	100.00	1

8-52 城市生活垃圾处理率(辖区) 续表 2

Urban Domestic Garbage Treatment Rate (Districts under City) continued 2

单位：% (%)

地名	City	2010	2012	2013	2013 排名 Ranking	地名	City	2010	2012	2013	2013 排名 Ranking
滨州	Binzhou	100.00	100.00	100.00	1	常德	Changde	100.00	100.00	100.00	1
菏泽	Heze	93.79	100.00	100.00	1	张家界	Zhangjiajie	93.02	100.00	100.00	1
河南	**Henan**	**88.75**	**91.05**	**90.04**		益阳	Yiyang	100.00	100.00	100.00	1
郑州	Zhengzhou	89.61	89.75	89.72	248	郴州	Chenzhou	100.00	100.00	100.00	1
开封	Kaifeng	100.00	98.40	68.38	275	永州	Yongzhou	78.16	100.00	100.00	1
洛阳	Luoyang	98.15	85.07	83.72	264	怀化	Huaihua	100.00	100.00	91.67	239
平顶山	Pingdingshan	85.18	92.06	92.10	234	娄底	Loudi	100.00	100.00	100.00	1
安阳	Anyang	94.64	100.00	100.00	1	**广东**	**Guangdong**	**91.01**	**90.96**	**93.02**	
鹤壁	Hebi	90.49	88.73	92.50	231	广州	Guangzhou	91.96	80.38	87.05	258
新乡	Xinxiang	100.00	100.00	100.00	1	韶关	Shaoguan	100.00	100.00	98.14	189
焦作	Jiaozuo	85.75	97.34	97.32	202	深圳	Shenzhen	94.60	95.13	98.36	187
濮阳	Puyang	90.52	91.28	90.96	245	珠海	Zhuhai	92.34	100.00	100.00	1
许昌	Xuchang	96.13	96.27	96.29	205	汕头	Shantou	64.41	65.70	80.62	268
漯河	Luohe	100.00	99.48	100.00	1	佛山	Foshan	100.00	94.21	99.35	170
三门峡	Sanmenxia	96.77	92.39	87.39	254	江门	Jiangmen	100.00	100.00	100.00	1
南阳	Nanyang	74.21	82.17	68.25	276	湛江	Zhanjiang	97.41	97.72	100.00	1
商丘	Shangqiu	66.84	67.17	84.87	261	茂名	Maoming	41.91	100.00	93.81	222
信阳	Xinyang	93.02	93.20	92.73	227	肇庆	Zhaoqing	97.88	98.51	98.73	184
周口	Zhoukou		78.83	92.09	235	惠州	Huizhou	100.00	100.00	88.16	252
驻马店	Zhumadian	91.84	91.89	91.89	238	梅州	Meizhou	100.00	100.00	100.00	1
湖北	**Hubei**	**95.21**	**93.00**	**96.31**		汕尾	Shanwei	100.00	79.96	80.00	269
武汉	Wuhan	100.00	100.00	100.00	1	河源	Heyuan	96.54	100.00	100.00	1
黄石	Huangshi	100.00	100.00	100.00	1	阳江	Yangjiang	100.00	100.00	100.00	1
十堰	Shiyan	93.28	100.00	100.00	1	清远	Qingyuan	100.00	100.00	100.00	1
宜昌	Yichang	89.78	89.90	91.57	240	东莞	Dongguan	98.19	100.00	100.00	1
襄阳	Xiangfan	80.51	88.97	99.42	169	中山	ZhongShan	100.00	100.00	100.00	1
鄂州	Ezhou	100.00	100.00	100.00	1	潮州	Chaozhou	100.00	100.00	100.00	1
荆门	Jingmen	100.00	100.00	100.00	1	揭阳	Jieyang	90.00	92.11	93.00	226
孝感	Xiaogan	94.12	100.00	100.00	1	云浮	Yunfu	100.00	100.00	100.00	1
荆州	Jingzhou	100.00	100.00	100.00	1	**广西**	**Guangxi**	**93.01**	**98.00**	**98.39**	
黄冈	Huanggang	93.29	95.03	99.45	168	南宁	Nanning	100.00	100.00	100.00	1
咸宁	Xianning	85.71	100.00	100.00	1	柳州	Liuzhou	100.00	97.48	100.00	1
随州	Suizhou	100.00	100.00	95.52	211	桂林	Guilin	100.00	100.00	100.00	1
湖南	**Hunan**	**91.86**	**98.14**	**98.56**		梧州	Wuzhou	100.00	100.00	100.00	1
长沙	Changsha	100.00	100.00	100.00	1	北海	Beihai	100.00	100.00	100.00	1
株洲	Zhuzhou	100.00	100.00	100.00	1	防城港	Fangchenggang	41.43	95.24	95.00	217
湘潭	Xiangtan	100.00	100.00	100.00	1	钦州	Qinzhou	100.00	95.69	91.18	242
衡阳	Hengyang	100.00	100.00	100.00	1	贵港	Guigang	97.59	97.00	98.50	186
邵阳	Shaoyang	100.00	96.47	95.40	214	玉林	Yulin	100.00	100.00	100.00	1
岳阳	Yueyang	100.00	100.00	100.00	1	百色	Baise	100.00	100.00	100.00	1

8-52 城市生活垃圾处理率(辖区) 续表 3

Urban Domestic Garbage Treatment Rate (Districts under City) continued 3

单位：% (%)

地名	City	2010	2012	2013	2013 排名 Ranking	地名	City	2010	2012	2013	2013 排名 Ranking
贺州	Hezhou	100.00	100.00	100.00	1	丽江	Lijiang	100.00	100.00	100.00	1
河池	Hechi	100.00	100.00	100.00	1	普洱	Puer	94.48	94.98	96.74	203
来宾	Laibin	100.00	99.80	100.00	1	临沧	Lincang	100.00	98.81	97.39	201
崇左	Chongzuo	14.73	63.97	61.56	279	**西藏**	**Tibet**	**87.30**	**96.88**	**11.94**	
海南	**Hainan**	**79.52**	**99.91**	**99.90**		拉萨	Lhasa	100.00	100.00		
海口	Haikou	100.00	100.00	100.00	1	**陕西**	**Shaanxi**	**86.02**	**97.23**	**96.44**	
三亚	Sanya	100.00	100.00	100.00	1	西安	Xi'an	97.48	99.84	99.86	162
重庆	**Chongqing**	**99.13**	**99.28**	**99.43**		铜川	Tongchuan	85.03	88.23	88.30	251
四川	**Sichuan**	**94.48**	**94.55**	**96.23**		宝鸡	Baoji	100.00	100.00	100.00	1
成都	Chengdu	100.00	100.00	100.00	1	咸阳	Xianyang	53.45	93.23	93.35	225
自贡	Zigong	85.48	90.48	92.00	237	渭南	Weinan	91.62	86.83	75.83	272
攀枝花	Panzhihua	95.00	96.75	97.62	196	延安	Yan'an	82.03	88.02	88.77	250
泸州	Luzhou	100.00	100.00	100.00	1	汉中	Hanzhong	100.00	86.78	84.00	263
德阳	Deyang	100.00	100.00	100.00	1	榆林	Yulin	84.77	98.57	91.32	241
绵阳	Mianyang	100.00	100.00	100.00	1	安康	Ankang	52.94	97.79	100.00	1
广元	Guangyuan	76.02	78.47	82.99	265	商洛	Shangluo	99.32	100.00	100.00	1
遂宁	Suining	89.06	86.35	93.73	223	**甘肃**	**Gansu**	**97.84**	**98.05**	**98.79**	
内江	Neijiang	73.00	74.41	65.91	277	兰州	Lanzhou	100.00	100.00	100.00	1
乐山	Leshan	96.05	96.96	99.74	164	嘉峪关	Jiayuguan	100.00	100.00	100.00	1
南充	Nanchong	83.27	85.06	87.06	257	金昌	Jinchang	100.00	100.00	100.00	1
眉山	Meishan	94.38	100.00	100.00	1	白银	Baiyin	88.79	83.96	92.58	230
宜宾	Yibin	92.59	94.98	96.57	204	天水	Tianshui	100.00	100.00	100.00	1
广安	Guangan	97.22	99.90	92.60	229	武威	Wuwei	99.31	98.98	98.98	179
达州	Dazhou	78.16	81.20	86.35	260	张掖	Zhangye	90.52	100.00	100.00	1
雅安	Yaan	86.30	93.14	97.58	197	平凉	Pingliang	98.41	99.23	99.73	165
巴中	Bazhong	97.35	77.72	97.79	195	酒泉	Jiuquan	95.24	98.18	100.00	1
资阳	Ziyang	95.30	95.18	100.00	1	庆阳	Qingyang	93.84	92.25	92.31	232
贵州	**Guizhou**	**95.47**	**94.80**	**94.97**		定西	Dingxi	80.00	94.00	98.00	192
贵阳	Guiyang	93.74	95.68	95.43	213	陇南	Longnan	100.00	99.66	100.00	1
六盘水	Liupanshui	100.00	100.00	100.00	1	**青海**	**Qinghai**	**82.34**	**93.51**	**93.70**	
遵义	Zunyi	94.35	95.21	100.00	1	西宁	Xining	83.37	92.52	92.67	228
安顺	Anshun	96.49	64.71	70.28	274	**宁夏**	**Ningxia**	**92.53**	**92.49**	**92.50**	
毕节	Bijie	94.96	100.00	98.83	182	银川	Yinchuan	100.00	92.71	87.56	253
铜仁	Tongren	93.33	93.81	91.07	243	石嘴山	Shizuishan	85.01	86.79	94.00	220
云南	**Yunnan**	**95.31**	**99.45**	**97.94**		吴忠	Wuzhong	100.00	98.82	98.88	181
昆明	Kunming	96.80	99.90	97.88	193	固原	Guyuan	91.84	90.74	93.42	224
曲靖	Qujing	100.00	100.00	100.00	1	中卫	Zhongwei	89.56	100.00	100.00	1
玉溪	Yuxi	89.60	100.00	100.00	1	**新疆**	**Xinjiang**	**94.45**	**93.93**	**93.49**	
保山	Baoshan	94.94	98.97	99.00	177	乌鲁木齐	Urumqi	97.25	91.43	92.04	236
昭通	Zhaotong	100.00	100.00	100.00	1	克拉玛依	Karamay	100.00	100.00	100.00	1

8-53 城市公共交通汽（电）车营运车辆数
Number of Buses and Trolley Buses under Operation

单位：辆 (unit)

地名	City	2010	2012	2013	2013 排名 Ranking	地名	City	2010	2012	2013	2013 排名 Ranking
全国	**Nation Total**	**383161**	**432021**	**414736**		沈阳	Shenyang	5013	5232	5510	11
北京	**Beijing**	**24011**	**25831**	**23592**		大连	Dalian	4696	4972	5037	13
天津	**Tianjin**	**7413**	**9031**	**9670**		鞍山	Anshan	1508	1635	1649	46
河北	**Hebei**	**14630**	**16493**	**20175**		抚顺	Fushun	1175	1277	1231	61
石家庄	Shijiazhuang	4460	4197	4552	17	本溪	Benxi	736	760	715	111
唐山	Tangshan	2034	1795	2427	34	丹东	Dandong	725	594	625	127
秦皇岛	Qinhuangdao	1036	841	934	88	锦州	Jinzhou	591	993	543	145
邯郸	Handan	2708	2219	2899	28	营口	Yingkou	660	746	822	99
邢台	Xingtai	2259	1267	1451	51	阜新	Fuxin	361	464	452	163
保定	Baoding	2007	1298	2389	35	辽阳	Liaoyang	538	496	539	147
张家口	Zhangjiakou	1240	872	1391	58	盘锦	Panjin	419	488	488	159
承德	Chengde	643	634	838	95	铁岭	Tieling	400	346	365	192
沧州	Cangzhou	1190	566	1447	52	朝阳	Chaoyang	201	245	243	234
廊坊	Langfang	491	558	693	114	葫芦岛	Huludao	409	638	665	122
衡水	Hengshui	986	363	1154	70	吉林	**Jilin**	**10421**	**10912**	**8129**	
山西	**Shanxi**	**6609**	**7851**	**7968**		长春	Changchun	4433	4575	4724	15
太原	Taiyuan	2213	3054	2824	29	吉林	Jilin	950	1180	1201	62
大同	Datong	811	866	1066	76	四平	Siping	275	234	280	219
阳泉	Yangquan	612	748	804	102	辽源	Liaoyuan	350	379	384	185
长治	Changzhi	434	678	678	117	通化	Tonghua	296	356	370	189
晋城	Jincheng	307	566	507	155	白山	Baishan	330	306	368	190
朔州	Shuozhou	187	217	251	231	松原	Songyuan	512	546	546	144
晋中	Jinzhong	394	407	407	175	白城	Baicheng	228	231	256	230
运城	Yuncheng	319	350	909	91	黑龙江	**Heilongjiang**	**13567**	**14364**	**12804**	
忻州	Xinzhou	111	112	112	272	哈尔滨	Harbin	5173	5433	5990	9
临汾	Linfen	313	302	314	207	齐齐哈尔	Qiqihar	876	1027	1027	78
吕梁	Luliang	267	96	96	279	鸡西	Jixi	706	909	739	108
内蒙古	**Inner Mongolia**	**5771**	**5586**	**7427**		鹤岗	Hegang	418	502	584	135
呼和浩特	Hohhot	1902	2261	3643	25	双鸭山	Shuangyashan	326	310	333	202
包头	Baotou	1342	1342	1194	64	大庆	Daqing	2615	2807	1605	49
乌海	Wuhai	403	387	393	181	伊春	Yichun	238	295	513	153
赤峰	Chifeng	474	444	574	139	佳木斯	Jiamusi	366	404	410	174
通辽	Tongliao	260	388	382	187	七台河	Qitaihe	375	403	499	158
鄂尔多斯	Erdos	333	396	485	160	牡丹江	Mudanjiang	778	729	780	104
呼伦贝尔	Hulunbuir	278	206	384	185	黑河	Heihe	95	95	99	278
巴彦淖尔	Bayannur	111	111	111	273	绥化	Suihua	275	212	225	243
乌兰察布	Ulanqab	117	161	261	228	上海	**Shanghai**	**20297**	**19825**	**16717**	
辽宁	**Liaoning**	**19770**	**20968**	**18884**		江苏	**Jiangsu**	**27561**	**30956**	**27145**	

8-53 城市公共交通汽（电）车营运车辆数 续表 1
Number of Buses and Trolley Buses under Operation continued 1

单位：辆 （unit）

地名	City	2010	2012	2013	2013 排名 Ranking	地名	City	2010	2012	2013	2013 排名 Ranking
南京	Nanjing	6178	6239	6946	7	池州	Chizhou	159	258	278	223
无锡	Wuxi	3135	3144	3261	27	宣城	Xuancheng	174	220	220	245
徐州	Xuzhou	2149	2125	2067	40	**福建**	**Fujian**	**10306**	**11823**	**11036**	
常州	Changzhou	2518	2590	2705	31	福州	Fuzhou	3566	3483	4310	20
苏州	Suzhou	3204	4389	4493	18	厦门	Xiamen	3363	3893	3880	23
南通	Nantong	722	1288	1408	56	莆田	Putian	279	283	436	170
连云港	Lianyungang	574	741	780	104	三明	Sanming	282	308	312	208
淮安	Huaian	841	884	991	81	泉州	Quanzhou	1649	1051	936	87
盐城	Yancheng	436	423	549	143	漳州	Zhangzhou	472	275	401	177
扬州	Yangzhou	1354	1354	1416	53	南平	Nanping	194	230	219	247
镇江	Zhenjiang	1032	1006	1176	67	龙岩	Longyan	286	507	344	198
泰州	Taizhou	479	615	656	123	宁德	Ningde	316	185	198	253
宿迁	Suqian	502	623	697	113	**江西**	**Jiangxi**	**6266**	**7852**	**7093**	
浙江	**Zhejiang**	**21589**	**23060**	**20531**		南昌	Nanchang	2490	3801	3484	26
杭州	Hangzhou	7345	7450	8249	4	景德镇	Jingdezhen	438	398	395	179
宁波	Ningbo	3455	4046	4454	19	萍乡	Pingxiang	323	367	392	183
温州	Wenzhou	2038	2294	2156	39	九江	Jiujiang	517	418	426	171
嘉兴	Jiaxing	1006	1042	1025	80	新余	Xinyu	391	416	519	150
湖州	Huzhou	669	641	677	118	鹰潭	Yingtan	150	159	159	263
绍兴	Shaoxing	757	761	1408	56	赣州	Ganzhou	451	504	516	151
金华	Jinhua	918	656	580	136	吉安	Jian	242	234	285	218
衢州	Quzhou	653	223	245	233	宜春	Yichun	263	334	342	199
舟山	Zhoushan	621	643	604	134	抚州	Fuzhou	260	277	315	206
台州	Taizhou	485	586	844	94	上饶	Shangrao	229	228	260	229
丽水	Lishui	190	240	289	216	**山东**	**Shandong**	**27752**	**32869**	**27669**	
安徽	**Anhui**	**9626**	**11992**	**12051**		济南	Jinan	4239	4710	4652	16
合肥	Hefei	2628	3704	3854	24	青岛	Qingdao	4664	5397	6179	8
芜湖	Wuhu	1426	1202	1281	60	淄博	Zibo	2030	2344	2433	33
蚌埠	Bengbu	774	1138	1181	66	枣庄	Zaozhuang	910	1138	1197	63
淮南	Huainan	832	940	828	97	东营	Dongying	605	868	961	85
马鞍山	Maanshan	458	625	542	146	烟台	Yantai	1740	2012	2249	38
淮北	Huaibei	1033	807	524	148	潍坊	Weifang	1109	1174	1134	73
铜陵	Tongling	301	463	523	149	济宁	Jining	1014	1198	1363	59
安庆	Anqing	321	398	500	156	泰安	Taian	668	1025	1097	74
黄山	Huangshan	248	272	279	222	威海	Weihai	920	846	926	90
滁州	Chuzhou	258	328	415	172	日照	Rizhao	440	545	552	141
阜阳	Fuyang	602	601	683	116	莱芜	Laiwu	450	960	988	82
宿州	Suzhou	241	307	280	219	临沂	Linyi	1697	1652	1530	50
六安	Liuan	329	373	393	181	德州	Dezhou	745	734	734	109
亳州	Bozhou	70	100	270	226	聊城	Liaocheng	465	637	649	124

8-53 城市公共交通汽（电）车营运车辆数 续表 2

Number of Buses and Trolley Buses under Operation continued 2

单位：辆　　　　(unit)

地名	City	2010	2012	2013	2013 排名 Ranking	地名	City	2010	2012	2013	2013 排名 Ranking
滨州	Binzhou	383	1237	619	131	常德	Changde	537	632	623	129
菏泽	Heze	380	440	406	176	张家界	Zhangjiajie	195	195	327	203
河南	**Henan**	**16096**	**18137**	**16913**		益阳	Yiyang	380	529	787	103
郑州	Zhengzhou	4788	5548	5745	10	郴州	Chenzhou	634	670	876	92
开封	Kaifeng	548	722	1634	47	永州	Yongzhou	469	608	630	126
洛阳	Luoyang	1280	1527	1709	45	怀化	Huaihua	359	438	438	168
平顶山	Pingdingshan	598	561	668	120	娄底	Loudi	282	183	201	252
安阳	Anyang	743	709	605	133	**广东**	**Guangdong**	**41933**	**53089**	**62943**	
鹤壁	Hebi	333	337	341	200	广州	Guangzhou	11501	12211	13010	2
新乡	Xinxiang	1030	1081	817	101	韶关	Shaoguan	422	523	368	190
焦作	Jiaozuo	649	601	689	115	深圳	Shenzhen	26796	29846	30590	1
濮阳	Puyang	366	366	360	195	珠海	Zhuhai	1377	1873	1938	42
许昌	Xuchang	517	564	550	142	汕头	Shantou	1057	1323	1159	69
漯河	Luohe	777	800	946	86	佛山	Foshan	3687	5449	5396	12
三门峡	Sanmenxia	243	255	238	235	江门	Jiangmen	792	988	977	84
南阳	Nanyang	460	449	449	166	湛江	Zhanjiang	578	721	755	107
商丘	Shangqiu	810	1168	1188	65	茂名	Maoming	216	303	303	211
信阳	Xinyang	257	241	273	225	肇庆	Zhaoqing	299	392	450	164
周口	Zhoukou	216	252	231	239	惠州	Huizhou	1178	1558	1916	43
驻马店	Zhumadian	247	392	470	162	梅州	Meizhou	303	349	399	178
湖北	**Hubei**	**16541**	**16982**	**14523**		汕尾	Shanwei	2445	156	210	250
武汉	Wuhan	7001	7375	7594	6	河源	Heyuan	220	258	191	256
黄石	Huangshi	879	710	820	100	阳江	Yangjiang	143	164	171	260
十堰	Shiyan	848	887	856	93	清远	Qingyuan	371	418	633	125
宜昌	Yichang	988	1053	1031	77	东莞	Dongguan	1443	1656	1416	53
襄阳	Xiangfan	811	1008	1145	72	中山	ZhongShan	2125	2240	2363	36
鄂州	Ezhou	248	372	564	140	潮州	Chaozhou	175	227	229	241
荆门	Jingmen	429	489	500	156	揭阳	Jieyang	142	312	274	224
孝感	Xiaogan	484	316	484	161	云浮	Yunfu	85	101	195	255
荆州	Jingzhou	1103	729	763	106	**广西**	**Guangxi**	**6839**	**7430**	**7529**	
黄冈	Huanggang	110	132	132	269	南宁	Nanning	2601	2784	2710	30
咸宁	Xianning	178	297	299	213	柳州	Liuzhou	1052	1033	1149	71
随州	Suizhou	486	421	335	201	桂林	Guilin	680	755	1090	75
湖南	**Hunan**	**12344**	**13148**	**12376**		梧州	Wuzhou	301	297	345	197
长沙	Changsha	3557	3775	4157	21	北海	Beihai	227	252	288	217
株洲	Zhuzhou	1473	1349	1162	68	防城港	Fangchenggang	168	272	267	227
湘潭	Xiangtan	1026	842	713	112	钦州	Qinzhou	300	413	516	151
衡阳	Hengyang	817	886	986	83	贵港	Guigang	221	221	187	257
邵阳	Shaoyang	337	331	450	164	玉林	Yulin	215	227	234	238
岳阳	Yueyang	946	936	1026	79	百色	Baise	105	108	144	266

8-53 城市公共交通汽（电）车营运车辆数 续表 3
Number of Buses and Trolley Buses under Operation continued 3

单位：辆 （unit）

地名	City	2010	2012	2013	2013 排名 Ranking
贺州	Hezhou	140	121	137	268
河池	Hechi	135	159	169	261
来宾	Laibin	187	182	247	232
崇左	Chongzuo	36	46	46	284
海南	**Hainan**	**1964**	**2614**	**2235**	
海口	Haikou	1120	1624	1624	48
三亚	Sanya	441	566	611	132
重庆	**Chongqing**	**7660**	**8540**	**12088**	
四川	**Sichuan**	**15288**	**19628**	**18474**	
成都	Chengdu	6763	9890	10176	3
自贡	Zigong	747	785	832	96
攀枝花	Panzhihua	559	613	723	110
泸州	Luzhou	738	715	933	89
德阳	Deyang	288	345	365	192
绵阳	Mianyang	1010	1195	1409	55
广元	Guangyuan	241	353	365	192
遂宁	Suining	229	208	220	245
内江	Neijiang	631	659	666	121
乐山	Leshan	294	344	438	168
南充	Nanchong	550	684	625	127
眉山	Meishan	157	187	236	237
宜宾	Yibin	466	626	672	119
广安	Guangan	40	75	75	280
达州	Dazhou	145	222	222	244
雅安	Yaan	48	100	111	273
巴中	Bazhong	120	210	176	259
资阳	Ziyang	176	219	230	240
贵州	**Guizhou**	**4584**	**5031**	**3921**	
贵阳	Guiyang	2124	2299	2286	37
六盘水	Liupanshui	391	486	395	179
遵义	Zunyi	509	603	623	129
安顺	Anshun	260	248	297	214
毕节	Bijie		96	196	254
铜仁	Tongren		123	124	270
云南	**Yunnan**	**7135**	**8187**	**6402**	
昆明	Kunming	5368	4681	4877	14
曲靖	Qujing	629	579	579	138
玉溪	Yuxi	126	126	102	276
保山	Baoshan	199	215	215	249
昭通	Zhaotong	141	192	218	248
丽江	Lijiang	177	200	210	250
普洱	Puer	121	131	141	267
临沧	Lincang	54	54	60	282
西藏	**Tibet**	**940**	**396**	**317**	
拉萨	Lhasa		355	317	205
陕西	**Shaanxi**	**9953**	**10948**	**11282**	
西安	Xi'an	7107	7695	8128	5
铜川	Tongchuan	198	276	301	212
宝鸡	Baoji	623	751	826	98
咸阳	Xianyang	404	576	580	136
渭南	Weinan	305	306	320	204
延安	Yan'an	222	344	415	172
汉中	Hanzhong	164	209	227	242
榆林	Yulin	209	259	280	219
安康	Ankang	102	102	102	276
商洛	Shangluo	62	83	103	275
甘肃	**Gansu**	**4382**	**5214**	**5159**	
兰州	Lanzhou	2149	2693	2696	32
嘉峪关	Jiayuguan	92	106	120	271
金昌	Jinchang	199	153	153	265
白银	Baiyin	250	301	297	214
天水	Tianshui	291	369	392	183
武威	Wuwei	176	306	304	210
张掖	Zhangye	179	185	187	257
平凉	Pingliang	246	238	238	235
酒泉	Jiuquan	271	289	305	209
庆阳	Qingyang	350	350	350	196
定西	Dingxi	68	82	69	281
陇南	Longnan	25	29	48	283
青海	**Qinghai**	**2175**	**2067**	**1943**	
西宁	Xining	1932	1867	1885	44
宁夏	**Ningxia**	**2382**	**3042**	**3078**	
银川	Yinchuan	1401	1615	1942	41
石嘴山	Shizuishan	195	199	168	262
吴忠	Wuzhong	295	375	373	188
固原	Guyuan	139	109	156	264
中卫	Zhongwei	168	419	439	167
新疆	**Xinjiang**	**7353**	**8155**	**4662**	
乌鲁木齐	Urumqi	3634	3914	4149	22
克拉玛依	Karamay	299	470	513	153

8-54 城市出租汽车数
Number of Taxis

单位：辆 （unit）

地名	City	2010	2012	2013	2013 排名 Ranking	地名	City	2010	2012	2013	2013 排名 Ranking
全国	**Nation Total**	**986190**	**1026678**	**928952**		沈阳	Shenyang	17200	17844	19021	2
北京	**Beijing**	**66646**	**66646**	**67046**		大连	Dalian	10173	10592	10693	13
天津	**Tianjin**	**31940**	**31940**	**31940**		鞍山	Anshan	5375	5375	5375	39
河北	**Hebei**	**46016**	**49130**	**63788**		抚顺	Fushun	4121	4121	4121	53
石家庄	Shijiazhuang	9646	6873	6710	26	本溪	Benxi	3249	4004	2724	78
唐山	Tangshan	4642	4154	6610	29	丹东	Dandong	3335	1932	1932	103
秦皇岛	Qinhuangdao	4306	3607	4344	49	锦州	Jinzhou	4987	3882	4293	51
邯郸	Handan	6949	4860	7185	23	营口	Yingkou	4835	4836	4997	43
邢台	Xingtai	3906	2873	2863	73	阜新	Fuxin	2558	2558	2771	75
保定	Baoding	6205	3036	6543	30	辽阳	Liaoyang	3579	3584	3579	58
张家口	Zhangjiakou	5033	3951	5474	38	盘锦	Panjin	3238	3187	3187	64
承德	Chengde	5821	2459	5892	34	铁岭	Tieling	2183	2183	2184	92
沧州	Cangzhou	7015	2066	7503	22	朝阳	Chaoyang	3338	1971	1971	102
廊坊	Langfang	5960	2030	8252	19	葫芦岛	Huludao	2877	4363	4363	48
衡水	Hengshui	2146	1324	2412	87	吉林	**Jilin**	**54933**	**55457**	**32748**	
山西	**Shanxi**	**28848**	**29700**	**26313**		长春	Changchun	16967	16967	16967	3
太原	Taiyuan	8652	8719	8719	17	吉林	Jilin	4998	5258	4863	46
大同	Datong	4983	4970	4970	44	四平	Siping	2763	3057	3057	67
阳泉	Yangquan	1552	2017	2236	91	辽源	Liaoyuan	1095	1049	1049	177
长治	Changzhi	1800	1801	1801	116	通化	Tonghua	1387	1387	1423	149
晋城	Jincheng	1453	1897	1453	148	白山	Baishan	1682	1401	1397	153
朔州	Shuozhou	923	1123	994	188	松原	Songyuan	2177	2177	2177	93
晋中	Jinzhong	902	1180	1327	158	白城	Baicheng	1763	1815	1815	114
运城	Yuncheng	1805	1805	1805	115	黑龙江	**Heilongjiang**	**61129**	**62651**	**47266**	
忻州	Xinzhou	713	713	713	223	哈尔滨	Harbin	14366	15519	15587	6
临汾	Linfen	1862	1862	1862	108	齐齐哈尔	Qiqihar	3060	3159	3159	65
吕梁	Luliang	450	450	433	260	鸡西	Jixi	3135	4658	2935	71
内蒙古	**Inner Mongolia**	**37131**	**37778**	**26907**		鹤岗	Hegang	1773	1773	1915	105
呼和浩特	Hohhot	5568	5564	5564	36	双鸭山	Shuangyashan	1100	1100	1100	171
包头	Baotou	5890	5827	5827	35	大庆	Daqing	2989	7831	6699	27
乌海	Wuhai	951	953	953	193	伊春	Yichun	3488	5397	5312	41
赤峰	Chifeng	4041	3783	3251	62	佳木斯	Jiamusi	6316	2559	2559	82
通辽	Tongliao	2949	2949	2949	70	七台河	Qitaihe	1000	1000	1547	138
鄂尔多斯	Erdos	2194	2501	2517	84	牡丹江	Mudanjiang	2619	2819	2919	72
呼伦贝尔	Hulunbuir	2121	2131	2432	86	黑河	Heihe	956	950	981	190
巴彦淖尔	Bayannur	936	1237	1237	165	绥化	Suihua	2753	2344	2553	83
乌兰察布	Ulanqab	2800	3496	2177	93	上海	**Shanghai**	**50007**	**50683**	**50612**	
辽宁	**Liaoning**	**79890**	**79868**	**71211**		江苏	**Jiangsu**	**46075**	**47269**	**37795**	

8-54 城市出租汽车数 续表 1
Number of Taxis continued 1

单位：辆 （unit）

地名	City	2010	2012	2013	2013 排名 Ranking	地名	City	2010	2012	2013	2013 排名 Ranking
南京	Nanjing	10145	10795	11612	10	池州	Chizhou	598	599	600	232
无锡	Wuxi	2641	4040	4040	54	宣城	Xuancheng	733	999	999	187
徐州	Xuzhou	3760	3710	3866	55	**福建**	**Fujian**	**16782**	**18325**	**17162**	
常州	Changzhou	2542	2542	3042	68	福州	Fuzhou	5809	5610	6682	28
苏州	Suzhou	3604	5048	4303	50	厦门	Xiamen	4574	4960	4961	45
南通	Nantong	1277	1472	1472	147	莆田	Putian	808	867	984	189
连云港	Lianyungang	1611	1611	1611	129	三明	Sanming	339	339	374	270
淮安	Huaian	913	1113	1373	156	泉州	Quanzhou	2820	1617	1862	108
盐城	Yancheng	1010	1010	1010	182	漳州	Zhangzhou	1300	1002	1002	183
扬州	Yangzhou	1838	2461	2574	81	南平	Nanping	241	237	241	280
镇江	Zhenjiang	1253	1323	1323	159	龙岩	Longyan	381	480	500	253
泰州	Taizhou	739	824	800	212	宁德	Ningde	1166	477	556	240
宿迁	Suqian	770	770	769	216	**江西**	**Jiangxi**	**10854**	**11998**	**11809**	
浙江	**Zhejiang**	**32532**	**34165**	**27029**		南昌	Nanchang	4003	4753	5153	42
杭州	Hangzhou	9362	10344	10904	12	景德镇	Jingdezhen	595	595	595	235
宁波	Ningbo	3842	4101	4627	47	萍乡	Pingxiang	670	700	700	224
温州	Wenzhou	3709	3770	3770	56	九江	Jiujiang	1585	1514	1517	143
嘉兴	Jiaxing	873	973	973	192	新余	Xinyu	531	531	636	230
湖州	Huzhou	815	825	825	208	鹰潭	Yingtan	271	271	271	278
绍兴	Shaoxing	901	941	1704	124	赣州	Ganzhou	692	792	1120	169
金华	Jinhua	796	976	976	191	吉安	Jian	376	393	393	268
衢州	Quzhou	461	491	521	247	宜春	Yichun	404	404	504	252
舟山	Zhoushan	1053	733	802	211	抚州	Fuzhou	329	329	409	264
台州	Taizhou	1448	1505	1518	142	上饶	Shangrao	511	510	511	250
丽水	Lishui	409	409	409	264	**山东**	**Shandong**	**57687**	**58758**	**48637**	
安徽	**Anhui**	**36681**	**37142**	**34824**		济南	Jinan	8867	9020	8357	18
合肥	Hefei	8395	10546	8925	16	青岛	Qingdao	9539	9693	9826	15
芜湖	Wuhu	3504	3522	3525	59	淄博	Zibo	8079	6083	6084	33
蚌埠	Bengbu	2291	2484	2485	85	枣庄	Zaozhuang	804	834	834	207
淮南	Huainan	3292	3056	3078	66	东营	Dongying	3244	3404	3405	61
马鞍山	Maanshan	2298	2298	2298	89	烟台	Yantai	2209	2169	2169	95
淮北	Huaibei	1626	1630	1630	128	潍坊	Weifang	2166	4601	2298	89
铜陵	Tongling	1584	1584	1584	133	济宁	Jining	1360	1560	1561	136
安庆	Anqing	1119	1782	1782	119	泰安	Taian	1292	1292	1292	162
黄山	Huangshan	525	525	525	246	威海	Weihai	1526	1541	1543	139
滁州	Chuzhou	1257	1257	1257	164	日照	Rizhao	968	968	1068	175
阜阳	Fuyang	1805	1788	1788	117	莱芜	Laiwu	1600	1600	1600	130
宿州	Suzhou	1298	1460	1498	144	临沂	Linyi	2750	2750	2750	77
六安	Liuan	1850	1850	1850	111	德州	Dezhou	2405	2405	2405	88
亳州	Bozhou	1000	1001	1000	185	聊城	Liaocheng	1416	1416	1416	150

8-54 城市出租汽车数 续表 2
Number of Taxis continued 2

单位：辆 （unit）

地名	City	2010	2012	2013	2013 排名 Ranking	地名	City	2010	2012	2013	2013 排名 Ranking
滨州	Binzhou	714	714	714	222	常德	Changde	1126	1146	1146	168
菏泽	Heze	1313	1315	1315	160	张家界	Zhangjiajie	725	725	1030	179
河南	**Henan**	**44525**	**45518**	**39528**		益阳	Yiyang	860	977	1000	185
郑州	Zhengzhou	10607	10607	10608	14	郴州	Chenzhou	1846	1710	1649	127
开封	Kaifeng	3066	2636	3679	57	永州	Yongzhou	540	500	700	224
洛阳	Luoyang	4267	4267	4267	52	怀化	Huaihua	800	800	800	212
平顶山	Pingdingshan	2080	2080	2080	99	娄底	Loudi	1215	850	850	204
安阳	Anyang	1359	1359	1359	157	广东	**Guangdong**	**59972**	**62243**	**63159**	
鹤壁	Hebi	674	670	670	228	广州	Guangzhou	18991	19943	21437	1
新乡	Xinxiang	1338	1738	1738	122	韶关	Shaoguan	740	740	755	219
焦作	Jiaozuo	1398	1398	1398	152	深圳	Shenzhen	14340	15300	15973	5
濮阳	Puyang	1745	1745	1745	120	珠海	Zhuhai	1852	1852	2165	96
许昌	Xuchang	1388	1385	1396	154	汕头	Shantou	1232	1373	1384	155
漯河	Luohe	1100	1100	1100	171	佛山	Foshan	3345	3344	3425	60
三门峡	Sanmenxia	482	400	400	266	江门	Jiangmen	490	569	569	239
南阳	Nanyang	1500	1860	1860	110	湛江	Zhanjiang	1234	1234	1300	161
商丘	Shangqiu	2846	2847	2848	74	茂名	Maoming	188	411	527	245
信阳	Xinyang	1903	1846	1904	106	肇庆	Zhaoqing	883	860	883	199
周口	Zhoukou	928	928	928	194	惠州	Huizhou	1650	1663	1732	123
驻马店	Zhumadian	1548	1548	1548	137	梅州	Meizhou	590	330	421	261
湖北	**Hubei**	**31325**	**33520**	**28589**		汕尾	Shanwei		360	360	273
武汉	Wuhan	13997	16597	16597	4	河源	Heyuan	495	495	495	256
黄石	Huangshi	922	1550	1580	135	阳江	Yangjiang	529	440	441	259
十堰	Shiyan	700	830	810	210	清远	Qingyuan	370	370	520	248
宜昌	Yichang	1834	1704	1704	124	东莞	Dongguan	7671	7691	7691	21
襄阳	Xiangfan	1700	1700	2100	98	中山	ZhongShan	1487	1384	1581	134
鄂州	Ezhou	400	400	499	254	潮州	Chaozhou	873	875	862	203
荆门	Jingmen	500	800	800	212	揭阳	Jieyang	712	1059	513	249
孝感	Xiaogan	779	900	900	197	云浮	Yunfu	243	135	125	284
荆州	Jingzhou	1588	1588	1588	132	广西	**Guangxi**	**13566**	**15015**	**16419**	
黄冈	Huanggang	593	593	593	236	南宁	Nanning	4795	5670	6520	31
咸宁	Xianning	656	656	656	229	柳州	Liuzhou	1751	1861	1869	107
随州	Suizhou	760	759	762	218	桂林	Guilin	1930	1930	2677	79
湖南	**Hunan**	**44525**	**24031**	**22297**		梧州	Wuzhou	766	745	605	231
长沙	Changsha	6280	6420	6915	25	北海	Beihai	585	555	555	241
株洲	Zhuzhou	2837	2827	1995	101	防城港	Fangchenggang	115	138	138	283
湘潭	Xiangtan	1721	1400	1927	104	钦州	Qinzhou	500	580	577	238
衡阳	Hengyang	1471	1400	1400	151	贵港	Guigang	366	365	365	272
邵阳	Shaoyang	780	780	1100	171	玉林	Yulin	599	599	599	233
岳阳	Yueyang	1651	1770	1785	118	百色	Baise	535	1348	1285	163

8-54 城市出租汽车数 续表 3
Number of Taxis continued 3

单位：辆 （unit）

地名	City	2010	2012	2013	2013 排名 Ranking
贺州	Hezhou	419	380	419	262
河池	Hechi	300	300	300	276
来宾	Laibin	365	370	370	271
崇左	Chongzuo	152	143	140	282
海南	**Hainan**	**3978**	**4998**	**4611**	
海口	Haikou	2116	2711	2761	76
三亚	Sanya	1082	1234	1850	111
重庆	**Chongqing**	**14021**	**15520**	**20431**	
四川	**Sichuan**	**27022**	**31818**	**29217**	
成都	Chengdu	13979	14009	14853	7
自贡	Zigong	1096	1096	1096	174
攀枝花	Panzhihua	1475	1477	1477	145
泸州	Luzhou	1503	1539	1539	140
德阳	Deyang	850	850	850	204
绵阳	Mianyang	1077	1447	1477	145
广元	Guangyuan	628	597	597	234
遂宁	Suining	454	530	725	220
内江	Neijiang	700	700	700	224
乐山	Leshan	817	846	880	200
南充	Nanchong	966	1207	1207	167
眉山	Meishan	418	418	418	263
宜宾	Yibin	982	1011	1011	181
广安	Guangan	359	359	385	269
达州	Dazhou	1013	1063	1063	176
雅安	Yaan	637	236	306	275
巴中	Bazhong	324	362	398	267
资阳	Ziyang	260	235	235	281
贵州	**Guizhou**	**9091**	**13266**	**10854**	
贵阳	Guiyang	3271	6511	6463	32
六盘水	Liupanshui	1228	1213	917	196
遵义	Zunyi	1137	1637	1673	126
安顺	Anshun	624	602	768	217
毕节	Bijie		450	537	243
铜仁	Tongren		496	496	255
云南	**Yunnan**	**15164**	**17302**	**12480**	
昆明	Kunming	6321	7975	7985	20
曲靖	Qujing	1595	1589	1589	131
玉溪	Yuxi	317	317	550	242
保山	Baoshan	450	450	450	258
昭通	Zhaotong	580	581	581	237
丽江	Lijiang	776	776	776	215
普洱	Puer	249	249	249	279
临沧	Lincang	300	300	300	276
西藏	**Tibet**	**1357**	**1379**	**11604**	
拉萨	Lhasa		1160	11604	11
陕西	**Shaanxi**	**21288**	**22657**	**23839**	
西安	Xi'an	12786	14139	12115	9
铜川	Tongchuan	990	965	1025	180
宝鸡	Baoji	1764	3169	3233	63
咸阳	Xianyang	1305	2742	2993	69
渭南	Weinan	795	900	900	197
延安	Yan'an	700	700	850	204
汉中	Hanzhong	860	870	870	202
榆林	Yulin	997	1001	1001	184
安康	Ankang	531	544	533	244
商洛	Shangluo	319	319	319	274
甘肃	**Gansu**	**19309**	**19324**	**18689**	
兰州	Lanzhou	6738	6745	7152	24
嘉峪关	Jiayuguan	612	703	717	221
金昌	Jinchang	510	510	510	251
白银	Baiyin	3125	1880	2050	100
天水	Tianshui	1380	1369	2147	97
武威	Wuwei	3120	1152	1101	170
张掖	Zhangye	1266	1225	1225	166
平凉	Pingliang	544	666	922	195
酒泉	Jiuquan	810	820	820	209
庆阳	Qingyang	1300	1300	879	201
定西	Dingxi	505	445	491	257
陇南	Longnan	570	300	675	227
青海	**Qinghai**	**7119**	**7119**	**5853**	
西宁	Xining	5516	5516	5516	37
宁夏	**Ningxia**	**12978**	**13107**	**12581**	
银川	Yinchuan	5006	5278	5364	40
石嘴山	Shizuishan	2269	2268	1739	121
吴忠	Wuzhong	1046	1046	1046	178
固原	Guyuan	2750	2585	2585	80
中卫	Zhongwei	1118	1802	1847	113
新疆	**Xinjiang**	**24546**	**28351**	**13714**	
乌鲁木齐	Urumqi	7950	10046	12188	8
克拉玛依	Karamay	1526	1526	1526	141

8-55 每万人拥有公共交通车辆

Number of Public Transportation Vehicles per 10 000 Population

单位：辆 (unit)

地名	City	2010	2012	2013	2013 排名 Ranking	地名	City	2010	2012	2013	2013 排名 Ranking
全国	**Nation Average**	**11.20**	**12.15**	**10.01**		沈阳	Shenyang	9.73	10.02	10.50	74
北京	**Beijing**	**14.24**	**23.43**	**18.95**		大连	Dalian	15.43	16.62	16.72	20
天津	**Tianjin**	**12.05**	**17.34**	**11.77**		鞍山	Anshan	10.27	10.77	10.89	66
河北	**Hebei**	**9.53**	**11.29**	**15.55**		抚顺	Fushun	8.49	8.86	8.59	96
石家庄	Shijiazhuang	18.29	16.99	18.04	14	本溪	Benxi	7.74	8.07	7.64	119
唐山	Tangshan	6.61	5.52	8.01	110	丹东	Dandong	9.20	7.56	7.97	111
秦皇岛	Qinhuangdao	11.99	9.62	10.61	69	锦州	Jinzhou	6.33	10.59	5.56	177
邯郸	Handan	18.28	14.98	20.80	7	营口	Yingkou	7.30	8.16	8.96	87
邢台	Xingtai	31.59	14.86	16.71	21	阜新	Fuxin	4.58	5.96	5.83	172
保定	Baoding	18.92	11.98	22.34	5	辽阳	Liaoyang	7.16	5.63	6.14	164
张家口	Zhangjiakou	13.79	9.69	16.30	22	盘锦	Panjin	6.87	7.64	7.62	120
承德	Chengde	11.02	10.79	14.22	31	铁岭	Tieling	8.97	7.84	8.32	102
沧州	Cangzhou	22.07	10.57	27.08	4	朝阳	Chaoyang	3.49	4.03	4.01	222
廊坊	Langfang	6.11	6.83	8.42	99	葫芦岛	Huludao	4.09	6.48	6.76	139
衡水	Hengshui	20.10	7.19	28.15	3	吉林	**Jilin**	**9.75**	**9.75**	**9.45**	
山西	**Shanxi**	**6.83**	**8.47**	**7.92**		长春	Changchun	12.22	12.60	12.98	47
太原	Taiyuan	7.76	10.75	9.91	79	吉林	Jilin	5.18	6.47	6.61	146
大同	Datong	5.20	5.52	6.04	169	四平	Siping	4.50	3.88	4.75	198
阳泉	Yangquan	8.85	10.65	11.38	60	辽源	Liaoyuan	7.31	8.01	8.11	107
长治	Changzhi	5.97	9.69	9.55	81	通化	Tonghua	6.61	8.06	8.34	101
晋城	Jincheng	8.81	15.64	13.77	39	白山	Baishan	5.55	5.17	6.38	153
朔州	Shuozhou	2.87	3.03	3.48	234	松原	Songyuan	8.71	9.22	9.61	80
晋中	Jinzhong	6.62	6.77	6.70	142	白城	Baicheng	4.47	4.57	5.14	188
运城	Yuncheng	4.84	5.09	13.16	43	黑龙江	**Heilongjiang**	**10.00**	**11.26**	**9.40**	
忻州	Xinzhou	2.10	2.03	2.02	264	哈尔滨	Harbin	10.96	11.53	12.65	48
临汾	Linfen	3.74	3.75	3.90	226	齐齐哈尔	Qiqihar	6.19	7.38	7.42	123
吕梁	Luliang	9.61	3.37	3.41	236	鸡西	Jixi	8.03	10.63	8.67	94
内蒙古	**Inner Mongolia**	**6.89**	**7.05**	**10.74**		鹤岗	Hegang	6.18	7.46	8.75	93
呼和浩特	Hohhot	15.78	18.53	29.25	2	双鸭山	Shuangyashan	6.49	6.23	6.73	140
包头	Baotou	9.42	9.24	8.16	105	大庆	Daqing	19.60	20.81	11.77	55
乌海	Wuhai	7.60	7.06	7.11	126	伊春	Yichun	2.94	3.66	6.50	150
赤峰	Chifeng	3.90	3.60	4.60	205	佳木斯	Jiamusi	4.46	5.00	5.18	187
通辽	Tongliao	3.39	4.57	4.46	210	七台河	Qitaihe	6.55	7.06	8.77	91
鄂尔多斯	Erdos	12.80	15.05	18.04	14	牡丹江	Mudanjiang	8.75	8.22	8.76	92
呼伦贝尔	Hulunbuir	10.24	7.47	10.41	75	黑河	Heihe	4.95	5.02	4.71	201
巴彦淖尔	Bayannur	1.97	1.98	1.86	267	绥化	Suihua	3.06	2.39	2.59	251
乌兰察布	Ulanqab	3.84	5.01	8.30	103	上海	**Shanghai**	**8.82**	**11.91**	**12.25**	
辽宁	**Liaoning**	**9.35**	**11.11**	**9.87**		江苏	**Jiangsu**	**10.91**	**13.36**	**8.46**	

8-55 每万人拥有公共交通车辆 续表 1
Number of Public Transportation Vehicles per 10 000 Population continued 1

单位：辆 (unit)

地名	City	2010	2012	2013	2013 排名 Ranking	地名	City	2010	2012	2013	2013 排名 Ranking
南京	Nanjing	11.27	11.28	10.80	68	池州	Chizhou	2.40	3.84	4.15	216
无锡	Wuxi	13.14	13.04	13.44	42	宣城	Xuancheng	2.02	2.54	2.54	252
徐州	Xuzhou	6.87	6.62	6.33	155	**福建**	**Fujian**	**10.32**	**12.16**	**11.59**	
常州	Changzhou	11.06	11.24	11.67	56	福州	Fuzhou	18.91	18.13	22.13	6
苏州	Suzhou	13.21	13.34	13.50	41	厦门	Xiamen	18.66	20.39	19.72	8
南通	Nantong	3.41	6.08	6.63	143	莆田	Putian	1.29	1.29	1.96	265
连云港	Lianyungang	6.13	7.67	7.94	113	三明	Sanming	9.96	10.94	11.04	64
淮安	Huaian	3.02	3.13	3.45	235	泉州	Quanzhou	15.99	10.12	8.91	88
盐城	Yancheng	2.67	2.54	3.27	239	漳州	Zhangzhou	8.50	4.85	6.98	130
扬州	Yangzhou	11.05	5.88	6.13	165	南平	Nanping	3.90	4.63	4.38	211
镇江	Zhenjiang	9.97	9.74	11.38	60	龙岩	Longyan	4.84	10.32	6.91	132
泰州	Taizhou	5.79	7.39	4.02	221	宁德	Ningde	7.11	4.02	4.21	215
宿迁	Suqian	3.14	3.79	4.14	217	**江西**	**Jiangxi**	**7.61**	**10.01**	**7.62**	
浙江	**Zhejiang**	**11.87**	**13.96**	**12.17**		南昌	Nanchang	11.75	16.88	15.39	26
杭州	Hangzhou	16.89	16.73	18.30	13	景德镇	Jingdezhen	9.48	8.60	8.44	98
宁波	Ningbo	15.47	17.89	19.57	9	萍乡	Pingxiang	3.78	4.22	4.50	208
温州	Wenzhou	13.98	15.33	14.28	30	九江	Jiujiang	8.05	6.43	6.51	149
嘉兴	Jiaxing	12.01	12.28	11.99	52	新余	Xinyu	4.42	4.77	5.85	171
湖州	Huzhou	6.14	5.85	6.16	162	鹰潭	Yingtan	6.35	6.84	6.80	137
绍兴	Shaoxing	11.64	11.59	6.50	150	赣州	Ganzhou	6.97	7.72	7.79	116
金华	Jinhua	9.85	6.98	6.13	165	吉安	Jian	4.44	4.22	5.09	190
衢州	Quzhou	7.90	2.68	2.93	246	宜春	Yichun	2.50	3.09	3.11	243
舟山	Zhoushan	8.91	9.14	8.55	97	抚州	Fuzhou	2.27	2.33	2.64	250
台州	Taizhou	3.13	3.73	5.35	181	上饶	Shangrao	5.74	5.58	6.28	158
丽水	Lishui	4.91	6.11	7.30	125	**山东**	**Shandong**	**10.18**	**12.76**	**9.27**	
安徽	**Anhui**	**7.73**	**10.14**	**6.09**		济南	Jinan	12.18	13.37	13.09	45
合肥	Hefei	12.19	16.67	16.01	24	青岛	Qingdao	16.93	14.83	16.86	19
芜湖	Wuhu	12.79	9.74	9.41	84	淄博	Zibo	7.26	8.34	8.62	95
蚌埠	Bengbu	8.36	12.23	11.40	59	枣庄	Zaozhuang	4.08	5.04	5.28	185
淮南	Huainan	4.58	5.23	4.62	204	东营	Dongying	7.26	10.39	11.41	58
马鞍山	Maanshan	7.17	7.62	6.58	147	烟台	Yantai	9.73	11.16	12.38	49
淮北	Huaibei	9.41	7.27	4.91	195	潍坊	Weifang	6.09	6.41	6.16	162
铜陵	Tongling	6.71	10.34	11.57	57	济宁	Jining	9.04	9.77	7.67	118
安庆	Anqing	4.36	5.43	6.81	136	泰安	Taian	4.21	6.45	6.87	133
黄山	Huangshan	5.67	6.21	6.34	154	威海	Weihai	14.19	12.90	13.99	35
滁州	Chuzhou	4.81	6.06	7.70	117	日照	Rizhao	3.57	4.23	4.23	213
阜阳	Fuyang	2.91	2.82	3.16	242	莱芜	Laiwu	3.55	7.60	7.81	115
宿州	Suzhou	1.30	1.63	1.50	272	临沂	Linyi	8.05	6.65	6.08	167
六安	Liuan	1.76	1.99	2.08	262	德州	Dezhou	11.42	12.06	12.04	51
亳州	Bozhou	0.43	0.60	1.62	271	聊城	Liaocheng	4.02	5.54	5.57	176

8-55 每万人拥有公共交通车辆 续表 2
Number of Public Transportation Vehicles per 10 000 Population continued 2

单位：辆 (unit)

地名	City	2010	2012	2013	2013 排名 Ranking	地名	City	2010	2012	2013	2013 排名 Ranking
滨州	Binzhou	6.02	19.15	9.47	82	常德	Changde	3.80	4.51	4.48	209
菏泽	Heze	2.49	2.92	2.71	247	张家界	Zhangjiajie	3.92	3.75	6.22	161
河南	**Henan**	**7.58**	**8.60**	**7.66**		益阳	Yiyang	2.85	3.92	5.81	174
郑州	Zhengzhou	9.39	9.45	11.11	63	郴州	Chenzhou	8.80	9.14	11.88	53
开封	Kaifeng	6.40	8.33	18.72	12	永州	Yongzhou	3.87	5.25	5.49	179
洛阳	Luoyang	7.71	7.77	8.84	89	怀化	Huaihua	9.87	11.91	11.80	54
平顶山	Pingdingshan	5.79	5.39	6.82	134	娄底	Loudi	6.03	3.87	4.22	214
安阳	Anyang	6.83	6.40	5.29	184	**广东**	**Guangdong**	**9.53**	**13.42**	**16.29**	
鹤壁	Hebi	5.39	5.48	5.45	180	广州	Guangzhou	17.31	18.01	18.95	10
新乡	Xinxiang	10.16	10.48	7.86	114	韶关	Shaoguan	4.53	5.68	3.98	224
焦作	Jiaozuo	7.72	6.24	7.01	128	深圳	Shenzhen	103.11	103.77	98.53	1
濮阳	Puyang	5.38	5.25	5.26	186	珠海	Zhuhai	13.15	17.58	17.85	17
许昌	Xuchang	12.48	13.57	13.14	44	汕头	Shantou	2.05	2.52	2.18	261
漯河	Luohe	5.52	5.72	6.79	138	佛山	Foshan	9.94	14.43	14.14	33
三门峡	Sanmenxia	8.29	8.53	7.95	112	江门	Jiangmen	5.73	7.11	7.00	129
南阳	Nanyang	2.44	2.31	2.41	255	湛江	Zhanjiang	3.77	4.42	4.74	199
商丘	Shangqiu	4.58	6.45	6.48	152	茂名	Maoming	1.63	2.26	2.23	259
信阳	Xinyang	1.74	1.62	1.83	269	肇庆	Zhaoqing	5.57	7.14	8.17	104
周口	Zhoukou	4.03	4.30	4.34	212	惠州	Huizhou	8.80	11.28	13.80	38
驻马店	Zhumadian	3.66	4.81	5.83	172	梅州	Meizhou	9.50	10.88	4.13	218
湖北	**Hubei**	**9.47**	**11.25**	**9.57**		汕尾	Shanwei	44.94	2.99	4.04	220
武汉	Wuhan	13.45	14.38	14.82	29	河源	Heyuan	7.06	8.90	6.31	156
黄石	Huangshi	12.31	9.91	13.06	46	阳江	Yangjiang	2.09	2.42	2.49	254
十堰	Shiyan	15.75	16.44	15.75	25	清远	Qingyuan	5.66	6.39	4.72	200
宜昌	Yichang	7.94	8.40	8.09	108	东莞	Dongguan	7.94	8.85	7.49	121
襄阳	Xiangfan	3.61	4.46	5.05	191	中山	ZhongShan	14.24	14.74	15.34	27
鄂州	Ezhou	2.29	3.40	5.14	188	潮州	Chaozhou	4.99	6.45	1.41	275
荆门	Jingmen	6.26	6.91	7.41	124	揭阳	Jieyang	2.03	4.39	1.34	276
孝感	Xiaogan	5.06	3.30	5.04	193	云浮	Yunfu	2.81	3.30	6.27	159
荆州	Jingzhou	9.78	6.45	6.82	134	**广西**	**Guangxi**	**8.07**	**9.18**	**5.32**	
黄冈	Huanggang	3.00	3.71	3.71	230	南宁	Nanning	9.61	10.14	6.96	131
咸宁	Xianning	2.98	4.82	4.80	197	柳州	Liuzhou	10.02	9.00	9.93	78
随州	Suizhou	7.44	9.30	6.71	141	桂林	Guilin	8.98	9.96	14.21	32
湖南	**Hunan**	**10.01**	**10.38**	**9.15**		梧州	Wuzhou	5.88	5.76	6.62	144
长沙	Changsha	14.71	12.67	13.89	36	北海	Beihai	3.68	4.03	4.53	207
株洲	Zhuzhou	18.25	14.12	12.23	50	防城港	Fangchenggang	3.11	5.00	4.83	196
湘潭	Xiangtan	11.86	9.49	8.13	106	钦州	Qinzhou	2.17	2.92	3.53	233
衡阳	Hengyang	8.28	8.88	10.59	70	贵港	Guigang	1.16	1.15	0.96	282
邵阳	Shaoyang	4.87	4.79	6.52	148	玉林	Yulin	2.12	2.17	2.20	260
岳阳	Yueyang	8.63	8.41	9.46	83	百色	Baise	2.98	3.11	4.07	219

8-55 每万人拥有公共交通车辆 续表 3
Number of Public Transportation Vehicles per 10 000 Population continued 3

单位：辆 （unit）

地名	City	2010	2012	2013	2013 排名 Ranking	地名	City	2010	2012	2013	2013 排名 Ranking
贺州	Hezhou	1.24	1.09	1.20	280	丽江	Lijiang	11.62	13.25	13.82	37
河池	Hechi	4.01	4.57	5.04	193	普洱	Puer	4.07	5.88	4.57	206
来宾	Laibin	1.74	1.66	2.36	256	临沧	Lincang	1.67	1.70	1.87	266
崇左	Chongzuo	0.99	1.28	1.26	278	**西藏**	**Tibet**	**20.91**	**8.59**	**10.57**	
海南	**Hainan**	**8.61**	**11.60**	**10.12**		拉萨	Lhasa			10.57	72
海口	Haikou	6.98	10.05	9.95	77	**陕西**	**Shaanxi**	**12.64**	**15.58**	**8.62**	
三亚	Sanya	7.74	9.89	10.59	70	西安	Xi'an	12.63	13.43	14.00	34
重庆	**Chongqing**	**7.23**	**9.00**	**6.76**		铜川	Tongchuan	2.61	3.64	3.96	225
四川	**Sichuan**	**9.65**	**13.34**	**7.28**		宝鸡	Baoji	4.36	5.24	5.76	175
成都	Chengdu	12.64	17.85	18.01	16	咸阳	Xianyang	4.48	6.33	6.29	157
自贡	Zigong	5.00	5.22	5.50	178	渭南	Weinan	3.12	3.11	3.22	240
攀枝花	Panzhihua	8.10	8.90	10.52	73	延安	Yan'an	4.85	7.40	8.84	89
泸州	Luzhou	5.03	4.81	6.24	160	汉中	Hanzhong	2.97	3.71	4.00	223
德阳	Deyang	4.35	5.05	5.30	183	榆林	Yulin	4.01	4.75	5.05	191
绵阳	Mianyang	8.27	9.63	11.23	62	安康	Ankang	1.01	1.00	1.00	281
广元	Guangyuan	2.61	3.77	3.90	226	商洛	Shangluo	1.13	1.50	1.86	267
遂宁	Suining	1.52	1.39	1.45	274	**甘肃**	**Gansu**	**8.10**	**10.04**	**6.01**	
内江	Neijiang	4.46	4.63	4.66	202	兰州	Lanzhou	10.22	13.05	10.91	65
乐山	Leshan	2.55	2.97	3.77	228	嘉峪关	Jiayuguan	4.22	5.36	5.99	170
南充	Nanchong	2.84	3.50	3.18	241	金昌	Jinchang	9.75	6.63	6.62	144
眉山	Meishan	1.84	2.16	2.71	247	白银	Baiyin	5.00	6.12	6.07	168
宜宾	Yibin	5.76	5.00	5.31	182	天水	Tianshui	2.24	2.79	2.94	245
广安	Guangan	0.32	0.60	0.59	284	武威	Wuwei	1.72	3.01	2.99	244
达州	Dazhou	3.40	5.07	3.73	229	张掖	Zhangye	3.44	3.59	3.60	232
雅安	Yaan	1.37	1.60	1.78	270	平凉	Pingliang	4.83	4.42	4.63	203
巴中	Bazhong	0.87	1.52	1.29	277	酒泉	Jiuquan	6.71	7.10	7.46	122
资阳	Ziyang	1.62	1.99	2.08	262	庆阳	Qingyang	9.77	9.40	9.28	86
贵州	**Guizhou**	**8.46**	**8.80**	**6.01**		定西	Dingxi	1.46	1.76	1.48	273
贵阳	Guiyang	9.57	10.24	10.03	76	陇南	Longnan	0.43	0.50	0.86	283
六盘水	Liupanshui	7.88	9.73	8.39	100	**青海**	**Qinghai**	**18.30**	**16.60**	**12.68**	
遵义	Zunyi	5.92	6.94	7.05	127	西宁	Xining	19.06	20.35	15.21	28
安顺	Anshun	3.00	2.83	3.36	237	**宁夏**	**Ningxia**	**10.63**	**12.46**	**11.16**	
毕节	Bijie		0.63	1.26	278	银川	Yinchuan	14.77	16.11	18.79	11
铜仁	Tongren		2.71	2.69	249	石嘴山	Shizuishan	4.28	4.12	3.69	231
云南	**Yunnan**	**9.74**	**10.25**	**9.92**		吴忠	Wuzhong	7.81	9.51	9.32	85
昆明	Kunming	20.63	17.17	17.76	18	固原	Guyuan	3.11	2.36	3.36	237
曲靖	Qujing	9.02	7.92	8.06	109	中卫	Zhongwei	4.24	10.39	10.83	67
玉溪	Yuxi	2.54	2.93	2.35	257	**新疆**	**Xinjiang**	**11.66**	**13.91**	**15.82**	
保山	Baoshan	2.21	2.36	2.34	258	乌鲁木齐	Urumqi	15.56	15.54	16.16	23
昭通	Zhaotong	1.69	2.25	2.54	252	克拉玛依	Karamay	7.97	12.51	13.53	40

能源和环境

Energy and Environment

9-1 全社会用电量
Annual Electricity Consumption

单位：万千瓦时 （10 000 kwh）

地名	City	2010	2012	2013	2013 排名 Ranking
城市合计	**Prefecture Cities**	**218346196**	**248543801**	**264501562**	
北京	**Beijing**	**7909810**	**8535845**	**8913540**	
天津	**Tianjin**	**6753678**	**7224850**	**7744916**	
河北	**Hebei**	**10465004**	**12085350**	**13496406**	
石家庄	Shijiazhuang	1316611	1440928	1492236	40
唐山	Tangshan	4659232	5231221	5650821	4
秦皇岛	Qinhuangdao	467975	559006	729351	94
邯郸	Handan	545290	677746	1533065	38
邢台	Xingtai	525945	495570	491311	131
保定	Baoding	542218	778858	771190	88
张家口	Zhangjiakou	690420	738572	732379	93
承德	Chengde	512789	432234	461542	138
沧州	Cangzhou	519383	816585	694136	97
廊坊	Langfang	361999	633412	653024	104
衡水	Hengshui	323142	281218	287351	188
山西	**Shanxi**	**4957728**	**6174687**	**6278526**	
太原	Taiyuan	2019443	2311059	2299961	21
大同	Datong	619656	704999	788230	84
阳泉	Yangquan	505641	808106	784159	85
长治	Changzhi	400864	410413	397400	156
晋城	Jincheng	163873	188427	199154	212
朔州	Shuozhou	338164	512848	505733	124
晋中	Jinzhong	200141	276013	308012	182
运城	Yuncheng	362119	487769	501738	126
忻州	Xinzhou	79388	109288	110739	247
临汾	Linfen	220486	289765	296800	186
吕梁	Luliang	47953	76000	86600	257
内蒙古	**Inner Mongolia**	**6469140**	**6569537**	**6593797**	
呼和浩特	Hohhot	1269961	553000	628331	105
包头	Baotou	1909655	2357809	2376017	20
乌海	Wuhai	1180348	1565686	1593784	34
赤峰	Chifeng	454097	536117	576849	112
通辽	Tongliao	597011	973823	705293	95
鄂尔多斯	Erdos	758437	229118	227351	200
呼伦贝尔	Hulunbuir	86271	91114	146892	236
巴彦淖尔	Bayannur	111021	132536	189971	216
乌兰察布	Ulanqab	102339	130334	149309	234
辽宁	**Liaoning**	**11960548**	**12842991**	**12873723**	
沈阳	Shenyang	2033395	2326455	2479961	17
大连	Dalian	1996630	2256215	2631966	15
鞍山	Anshan	1581463	1548396	1635265	32
抚顺	Fushun	1059277	1013273	1073571	62
本溪	Benxi	1256254	1270718	1285880	49
丹东	Dandong	251454	287510		
锦州	Jinzhou	505023	479634	479210	136
营口	Yingkou	889976	871109	1005255	67
阜新	Fuxin	337270	375598	389705	159
辽阳	Liaoyang	768598	955105	955105	70
盘锦	Panjin	482800	452099	518600	120
铁岭	Tieling	96087	142216	146193	237
朝阳	Chaoyang	154170	249927	273012	191
葫芦岛	Huludao	548151	614736		
吉林	**Jilin**	**3504055**	**3651767**	**3774148**	
长春	Changchun	1286042	1137106	1294022	48
吉林	Jilin	1002543	1100391	1090432	59
四平	Siping	383308	417576	335238	178
辽源	Liaoyuan	159424	183491	212521	204
通化	Tonghua	216349	191393	210617	206
白山	Baishan	213038	213795	202011	211
松原	Songyuan	195231	327133	343116	174
白城	Baicheng	48120	80882	86191	258
黑龙江	**Heilongjiang**	**5180326**	**5606627**	**4982537**	
哈尔滨	Harbin	1323300	1525932	1573203	35
齐齐哈尔	Qiqihar	450000	602254		
鸡西	Jixi	305225	352767	389626	160
鹤岗	Hegang	231981	258129	340370	175
双鸭山	Shuangyashan	193455			
大庆	Daqing	1656487	1846009	1873443	28
伊春	Yichun	173203	204406	205184	209
佳木斯	Jiamusi	127000	157052	185328	219
七台河	Qitaihe	275329	287794	263222	193
牡丹江	Mudanjiang	324664	221626		
黑河	Heihe	59182	84658	84991	259
绥化	Suihua	60500	66000	67170	266
上海	**Shanghai**	**12958700**	**13534500**	**14106000**	
江苏	**Jiangsu**	**17088969**	**21839741**	**24505148**	

注：本章全国数和各省数为城市合计数。

Note: Data of national and provinces are prefecture cities in this chapter.

9-1 全社会用电量 续表 1
Annual Electricity Consumption continued 1

单位：万千瓦时 （10 000 kwh）

地名	City	2010	2012	2013	2013 排名 Ranking
南京	Nanjing	3547502	4039334	4626718	8
无锡	Wuxi	2507785	2604597	2761769	14
徐州	Xuzhou	1499408	1951645	2031639	25
常州	Changzhou	2151749	2541410	2803051	13
苏州	Suzhou	2692950	5140791	5492795	5
南通	Nantong	1097437	858332	1344137	47
连云港	Lianyungang	331797	431228	484067	132
淮安	Huaian	696662	829136	913463	73
盐城	Yancheng	366404	420733	460602	139
扬州	Yangzhou	609643	989823	1082080	61
镇江	Zhenjiang	848956	1014686	1084280	60
泰州	Taizhou	399557	458012	762225	89
宿迁	Suqian	339119	560014	658322	103
浙江	**Zhejiang**	**11546484**	**13265115**	**15970132**	
杭州	Hangzhou	3926426	4449519	4840497	7
宁波	Ningbo	2537433	3012523	3081224	11
温州	Wenzhou	1159208	1203312	1228977	54
嘉兴	Jiaxing	738037	930296	991233	69
湖州	Huzhou	596188	702950	755944	91
绍兴	Shaoxing	485155	548642	2447315	18
金华	Jinhua	355567	427253	491643	130
衢州	Quzhou	530607	630272	675752	99
舟山	Zhoushan	315390	324500	339076	176
台州	Taizhou	761636	865363	942172	72
丽水	Lishui	140837	170485	176299	222
安徽	**Anhui**	**5641784**	**6536973**	**7321850**	
合肥	Hefei	856458	1085783	1170320	56
芜湖	Wuhu	527315	737276	859505	75
蚌埠	Bengbu	285422	334386	392545	158
淮南	Huainan	477568	514430	551361	117
马鞍山	Maanshan	972025	1043359	1122121	58
淮北	Huaibei	308658	279963	336780	177
铜陵	Tongling	459581	503841	579237	111
安庆	Anqing	324125	355056	408002	150
黄山	Huangshan	94035	120717	125306	244
滁州	Chuzhou	162978	205379	210107	207
阜阳	Fuyang	248624	325012	368972	165
宿州	Suzhou	206120	289971	319598	180
六安	Liuan	178203	188547	239326	199
亳州	Bozhou	81634	123711	144637	238

地名	City	2010	2012	2013	2013 排名 Ranking
池州	Chizhou	164993	257561	296446	187
宣城	Xuancheng	110715	171981	197587	214
福建	**Fujian**	**5007755**	**6116853**	**6395120**	
福州	Fuzhou	937800	1070480	1144165	57
厦门	Xiamen	1550100	1875722	2002650	26
莆田	Putian	436831	523016	518439	121
三明	Sanming	328905	392576	394300	157
泉州	Quanzhou	703472	799256	814315	78
漳州	Zhangzhou	278378	481200	517997	122
南平	Nanping	342977	448320	441351	141
龙岩	Longyan	348570	411750	413703	148
宁德	Ningde	80722	114533	148200	235
江西	**Jiangxi**	**3187234**	**3497567**	**3843113**	
南昌	Nanchang	1008000	1217000	1494124	39
景德镇	Jingdezhen	184497	155911	163209	225
萍乡	Pingxiang	380075	450208	429611	143
九江	Jiujiang	408977	319184	380300	161
新余	Xinyu	638327	591329	560365	115
鹰潭	Yingtan	57414	67686	70683	265
赣州	Ganzhou	160840	202558	205083	210
吉安	Jian	70390	141888	137443	242
宜春	Yichun	111002	141097	162380	226
抚州	Fuzhou	109509	141280	159675	231
上饶	Shangrao	58203	69426	80240	261
山东	**Shandong**	**16401475**	**18909913**	**19966703**	
济南	Jinan	1894606	1820033	1827981	29
青岛	Qingdao	1877516	2148190	2034910	24
淄博	Zibo	2570255	2640467	2600268	16
枣庄	Zaozhuang	536445	665473	700378	96
东营	Dongying	1019390	1322437	1472134	41
烟台	Yantai	972597	1115687	1230845	53
潍坊	Weifang	1058761	1127435	1356713	46
济宁	Jining	781427	688993	991696	68
泰安	Taian	366252	429765	403895	151
威海	Weihai	435765	489839	512877	123
日照	Rizhao	968785	1302667	1247698	51
莱芜	Laiwu	978714	995720	1042604	64
临沂	Linyi	1207960	1492600	1623727	33
德州	Dezhou	393775	503727	563993	114
聊城	Liaocheng	426778	1163900	1262090	50

9-1 全社会用电量 续表 2

Annual Electricity Consumption continued 2

单位：万千瓦时 （10 000 kwh）

地名	City	2010	2012	2013	2013 排名 Ranking	地名	City	2010	2012	2013	2013 排名 Ranking
滨州	Binzhou	568684	481598	495775	128	常德	Changde	193930	228887	259866	194
菏泽	Heze	343765	521382	599119	107	张家界	Zhangjiajie	73793	90573	97527	251
河南	**Henan**	**13519063**	**14684127**	**15392818**		益阳	Yiyang	171642	202374	215279	201
郑州	Zhengzhou	2887213	3413701	3618523	10	郴州	Chenzhou	340016	379100	401800	152
开封	Kaifeng	358825	432600	480758	134	永州	Yongzhou	190885	220376	211286	205
洛阳	Luoyang	2809681	2471959	2440217	19	怀化	Huaihua	213547	163440	187106	218
平顶山	Pingdingshan	708696	782350	797948	82	娄底	Loudi	268596	479343	665939	102
安阳	Anyang	1291473	1349051	1458334	43	**广东**	**Guangdong**	**31477111**	**35631318**	**35693194**	
鹤壁	Hebi	268496	289853	351595	171	广州	Guangzhou	5629954	6244969	6397985	2
新乡	Xinxiang	584882	723473	757705	90	韶关	Shaoguan	459495	549191	606000	106
焦作	Jiaozuo	1315224	1428404	1471965	42	深圳	Shenzhen	6635406	7221044	7297680	1
濮阳	Puyang	371330	463231	492549	129	珠海	Zhuhai	1022561	1174724	1247341	52
许昌	Xuchang	219253	275070	300228	185	汕头	Shantou	1235327	1536322		
漯河	Luohe	249138	336810	351731	170	佛山	Foshan	4630795	5069529	5270608	6
三门峡	Sanmenxia	281167	206347	179533	220	江门	Jiangmen	871199	967877	1018789	66
南阳	Nanyang	634776	669764	752777	92	湛江	Zhanjiang	400813	654000	564419	113
商丘	Shangqiu	869297	943055	944882	71	茂名	Maoming	398718	432387	480736	135
信阳	Xinyang	298002	394522	420396	145	肇庆	Zhaoqing	331382	289730	419068	146
周口	Zhoukou	121518	124483	151183	232	惠州	Huizhou	1173823	1419567	1545632	37
驻马店	Zhumadian	250092	379454	422494	144	梅州	Meizhou	121340	167565	193299	215
湖北	**Hubei**	**6927194**	**7606630**	**8058988**		汕尾	Shanwei		29559	91745	254
武汉	Wuhan	3117800	3476037	3768151	9	河源	Heyuan	210168	201217	213481	203
黄石	Huangshi	638721	627606	671001	101	阳江	Yangjiang	179209	271364	415082	147
十堰	Shiyan	375120	367428	360877	168	清远	Qingyuan	454816	665456	831694	76
宜昌	Yichang	779215	804426	802981	79	东莞	Dongguan	5619998	6042842	6225139	3
襄阳	Xiangfan	409771	493169	594588	108	中山	ZhongShan	1870513	2064930	2171019	23
鄂州	Ezhou	553894	552027	589298	110	潮州	Chaozhou	140303	149901	593936	109
荆门	Jingmen	227911	350520	345866	173	揭阳	Jieyang		378838		
孝感	Xiaogan	104723	147492	169208	223	云浮	Yunfu	91291	100306	109541	250
荆州	Jingzhou	279168	459323	397891	155	**广西**	**Guangxi**	**4456268**	**5202113**	**5540873**	
黄冈	Huanggang	62525	82428	89730	255	南宁	Nanning	854042	1012123	1067842	63
咸宁	Xianning	234284	153362	159677	230	柳州	Liuzhou	724039	739463	774610	86
随州	Suizhou	144062	92812	109720	249	桂林	Guilin	237250	252902	266322	192
湖南	**Hunan**	**4999429**	**5935778**	**6525852**		梧州	Wuzhou	202829	234792	280031	190
长沙	Changsha	943789	1268341	1373249	44	北海	Beihai	132079	257653	301333	184
株洲	Zhuzhou	648163	702653	798579	81	防城港	Fangchenggang	147347	272269	310802	181
湘潭	Xiangtan	754268	782176	788764	83	钦州	Qinzhou	141570	372927	399251	154
衡阳	Hengyang	536875	660792	671584	100	贵港	Guigang	343170	306862	333119	179
邵阳	Shaoyang	114019	135622	161730	227	玉林	Yulin	213848	200314	214432	202
岳阳	Yueyang	549906	622101	693143	98	百色	Baise	414830	424816	503567	125

9-1 全社会用电量 续表 3
Annual Electricity Consumption continued 3

单位：万千瓦时 （10 000 kwh）

地名	City	2010	2012	2013	2013 排名 Ranking	地名	City	2010	2012	2013	2013 排名 Ranking
贺州	Hezhou	279703	373032	437214	142	丽江	Lijiang	45994	48348	43717	268
河池	Hechi	139620	130548	150342	233	普洱	Puer	51865	40614	70742	264
来宾	Laibin	572247	533524	408226	149	临沧	Lincang	30139	37361	46196	267
崇左	Chongzuo	53694	90888	93782	252	**西藏**	**Tibet**				
海南	**Hainan**	**555888**	**716847**	**802826**		拉萨	Lhasa				
海口	Haikou	391263	526700	555210	116	**陕西**	**Shaanxi**	**3134042**	**3731722**	**4117891**	
三亚	Sanya	164625	190147	247514	197	西安	Xi'an	1628535	1921600	2186579	22
重庆	**Chongqing**	**4680337**	**5476605**	**6416839**		铜川	Tongchuan	580857	600252	526897	119
四川	**Sichuan**	**6854005**	**8186968**	**8627141**		宝鸡	Baoji	314362	353275	377301	163
成都	Chengdu	2181060	2631489	2843239	12	咸阳	Xianyang	151402	129616	140576	240
自贡	Zigong	275748	324712	306400	183	渭南	Weinan		77313	89468	256
攀枝花	Panzhihua	955421	1093997	891774	74	延安	Yan'an	109211	152422	160074	229
泸州	Luzhou	263020	295688	366134	166	汉中	Hanzhong	89406	117796	78401	262
德阳	Deyang	269843	282038	286767	189	榆林	Yulin	119017	217237	359146	169
绵阳	Mianyang	288581	336741	476195	137	安康	Ankang	112652	131790	165393	224
广元	Guangyuan	314615	296541	365725	167	商洛	Shangluo	28600	30421	34056	272
遂宁	Suining	102545	133523	144461	239	**甘肃**	**Gansu**	**3573429**	**4411874**	**4267513**	
内江	Neijiang	96161	143148	161482	228	兰州	Lanzhou	1473092	1672923	1370989	45
乐山	Leshan	770842	774453	773143	87	嘉峪关	Jiayuguan	593739	1298559	1562917	36
南充	Nanchong	206736	243093	250618	196	金昌	Jinchang				
眉山	Meishan	224784	528579	536971	118	白银	Baiyin	761582	792177	825641	77
宜宾	Yibin	402537	425129	377605	162	天水	Tianshui	213493	222985		
广安	Guangan	112970	103911	198622	213	武威	Wuwei	126764	107007	139869	241
达州	Dazhou	204240	276632	254371	195	张掖	Zhangye	205890	33892	35349	271
雅安	Yaan	59498	157611	208154	208	平凉	Pingliang	80450	120323	119560	245
巴中	Bazhong	34695	45460	75282	263	酒泉	Jiuquan	75610	96316	114101	246
资阳	Ziyang	90709	94223	110198	248	庆阳	Qingyang	23000	40723	41881	270
贵州	**Guizhou**	**2349165**	**3297340**	**3489431**		定西	Dingxi	10055	12108	13912	273
贵阳	Guiyang	1470703	1595293	1745085	30	陇南	Longnan	9754	14861	43294	269
六盘水	Liupanshui	255416	466527	482367	133	**青海**	**Qinghai**	**640184**	**728957**	**1106501**	
遵义	Zunyi	358504	475099	456494	140	西宁	Xining	640184	728957	799664	80
安顺	Anshun	264542	342655	374607	164	**宁夏**	**Ningxia**	**1889815**	**1526483**	**3135183**	
毕节	Bijie		180306	189236	217	银川	Yinchuan	422831			
铜仁	Tongren		237460	241642	198	石嘴山	Shizuishan	1131000	1278559	1195674	55
云南	**Yunnan**	**2701456**	**2965038**	**2174961**		吴忠	Wuzhong	210230	168200	177100	221
昆明	Kunming	919188	2035210	1036234	65	固原	Guyuan	38287	79724	83515	260
曲靖	Qujing	1112400	239044	348170	172	中卫	Zhongwei	87467		1678894	31
玉溪	Yuxi	364793	318248	399687	153	**新疆**	**Xinjiang**	**1556120**	**2049685**	**2385892**	
保山	Baoshan	60468	87572	93246	253	乌鲁木齐	Urumqi	1134410	1589621	1887672	27
昭通	Zhaotong	116609	158641	136969	243	克拉玛依	Karamay	421710	460064	498220	127

9-2 工业用电量
Electricity Consumption for Industry

单位：万千瓦时 （10 000 kwh）

地名	City	2010	2012	2013	2013 排名 Ranking
城市合计	**Prefecture Cities**	**151670192**	**169193302**	**178447050**	
北京	**Beijing**	**3014775**	**2903446**	**3027853**	
天津	**Tianjin**	**4922699**	**51021108**	**5463727**	
河北	**Hebei**	**8550597**	**9739027**	**10761845**	
石家庄	Shijiazhuang	852086	911693	869617	52
唐山	Tangshan	4331561	4815820	5195783	1
秦皇岛	Qinhuangdao	350174	377031	439485	113
邯郸	Handan	419820	550893	1352959	28
邢台	Xingtai	419107	381805	369077	126
保定	Baoding	326178	500802	494980	97
张家口	Zhangjiakou	545516	567130	559507	83
承德	Chengde	458271	363465	388110	120
沧州	Cangzhou	357235	620320	450480	105
廊坊	Langfang	247687	461123	462879	103
衡水	Hengshui	242962	188945	178968	187
山西	**Shanxi**	**3717136**	**4529478**	**4141043**	
太原	Taiyuan	1504023	1724960	1630143	20
大同	Datong	459594	493913	558696	84
阳泉	Yangquan	425749	606723	560526	81
长治	Changzhi	328940	323613	306365	141
晋城	Jincheng	127458	144879	150881	197
朔州	Shuozhou	269705	456643	465361	102
晋中	Jinzhong	132913	134100	143200	198
运城	Yuncheng	247431	373749	39561	253
忻州	Xinzhou	46370	53425	69610	240
临汾	Linfen	145313	188773	184300	185
吕梁	Luliang	29640	28700	32400	257
内蒙古	**Inner Mongolia**	**4958388**	**5392637**	**5107206**	
呼和浩特	Hohhot	436439	201000	265235	155
包头	Baotou	1776599	2193117	2141658	15
乌海	Wuhai	1129662	1502401	1329393	30
赤峰	Chifeng	272046	358166	370423	124
通辽	Tongliao	523765	811099	583715	76
鄂尔多斯	Erdos	648604	118133	109447	209
呼伦贝尔	Hulunbuir	52418	49832	92327	223
巴彦淖尔	Bayannur	72925	85092	132469	202
乌兰察布	Ulanqab	45930	73797	82539	232
辽宁	**Liaoning**	**8490140**	**8910757**	**9198824**	
沈阳	Shenyang	1059822	1111283	1221312	34
大连	Dalian	1337558	1494061	1811990	18
鞍山	Anshan	1369432	1348718	1421353	26
抚顺	Fushun	946539	892805	942891	48
本溪	Benxi	1161231	1173968	1180210	36
丹东	Dandong	172789	192100		
锦州	Jinzhou	413660	363249	167037	193
营口	Yingkou	742377	706217	833712	54
阜新	Fuxin	269335	292951	297635	143
辽阳	Liaoyang	534445	574049	574049	78
盘锦	Panjin	285697	413141	438000	114
铁岭	Tieling	45332	107656	107397	212
朝阳	Chaoyang	101220	185429	203238	181
葫芦岛	Huludao	50703	55130		
吉林	**Jilin**	**2591187**	**2771918**	**2706696**	
长春	Changchun	752246	762807	801405	55
吉林	Jilin	885121	928307	936783	50
四平	Siping	312755	330366	214694	177
辽源	Liaoyuan	123811	139200	174083	191
通化	Tonghua	188781	153414	168830	192
白山	Baishan	161697	148565	108779	210
松原	Songyuan	143517	257685	262878	157
白城	Baicheng	23259	51574	39244	255
黑龙江	**Heilongjiang**	**3942660**	**3997028**	**3484105**	
哈尔滨	Harbin	721800	785322	772963	59
齐齐哈尔	Qiqihar	340000	413433		
鸡西	Jixi	248463	261328	232673	171
鹤岗	Hegang	171210	176197	249833	162
双鸭山	Shuangyashan	179278			
大庆	Daqing	1550070	1704850	1725429	19
伊春	Yichun	131004	144198	114731	207
佳木斯	Jiamusi	71100	80011	98737	220
七台河	Qitaihe	210970	212975	195168	182
牡丹江	Mudanjiang	255635	124990		
黑河	Heihe	46630	76124	76619	235
绥化	Suihua	16500	17600	17952	265
上海	**Shanghai**	**7866100**	**7862500**	**7994500**	
江苏	**Jiangsu**	**12397483**	**15830721**	**17454662**	

9-2 工业用电量 续表 1
Electricity Consumption for Industry continued 1

单位：万千瓦时 (10 000 kwh)

地名	City	2010	2012	2013	2013 排名 Ranking	地名	City	2010	2012	2013	2013 排名 Ranking
南京	Nanjing	2296124	2520751	2867065	8	池州	Chizhou	126560	203348	240985	167
无锡	Wuxi	1899827	1879643	1940069	17	宣城	Xuancheng	57343	109604	124351	205
徐州	Xuzhou	1195500	1557021	1588975	22	**福建**	**Fujian**	**2894854**	**3497012**	**3582995**	
常州	Changzhou	1681577	1961658	2154766	13	福州	Fuzhou	328400	361209	370394	125
苏州	Suzhou	1905634	3969926	4180034	4	厦门	Xiamen	898400	1061961	1135949	37
南通	Nantong	838683	625672	966163	46	莆田	Putian	256467	274204	259645	159
连云港	Lianyungang	191819	253117	283472	148	三明	Sanming	278242	325583	322678	134
淮安	Huaian	516414	593112	636443	71	泉州	Quanzhou	439090	493297	484674	99
盐城	Yancheng	227718	240976	249550	163	漳州	Zhangzhou	148700	287100	312952	138
扬州	Yangzhou	407707	658294	697009	66	南平	Nanping	277010	368314	355085	129
镇江	Zhenjiang	689165	811309	846658	53	龙岩	Longyan	242760	287849	281318	150
泰州	Taizhou	290497	322592	534321	86	宁德	Ningde	25785	37495	60300	243
宿迁	Suqian	256818	436650	510137	94	**江西**	**Jiangxi**	**2127099**	**2199526**	**2402528**	
浙江	**Zhejiang**	**8171357**	**9121721**	**11072582**		南昌	Nanchang	526480	591000	785620	57
杭州	Hangzhou	2583460	2789334	2960819	7	景德镇	Jingdezhen	153042	118200	122010	206
宁波	Ningbo	1938747	2260968	2262718	10	萍乡	Pingxiang	316468	371837	344563	132
温州	Wenzhou	753824	746335	735419	63	九江	Jiujiang	262010	217175	272200	153
嘉兴	Jiaxing	587923	734622	768964	60	新余	Xinyu	589491	513053	487900	98
湖州	Huzhou	440622	508943	532200	88	鹰潭	Yingtan	23748	27067	26085	262
绍兴	Shaoxing	357015	396203	2013613	16	赣州	Ganzhou	86416	100951	95832	222
金华	Jinhua	222253	263243	302977	142	吉安	Jian	35592	96039	84134	229
衢州	Quzhou	460348	539532	571817	79	宜春	Yichun	57009	68363	73649	237
舟山	Zhoushan	198658	180671	180537	186	抚州	Fuzhou	60230	82021	91234	225
台州	Taizhou	545261	598744	643060	69	上饶	Shangrao	16613	13820	19301	264
丽水	Lishui	83246	103126	100458	218	**山东**	**Shandong**	**12761282**	**14314990**	**15121824**	
安徽	**Anhui**	**3990657**	**4350303**	**4859764**		济南	Jinan	1174780	959459	963649	47
合肥	Hefei	369124	433114	441803	111	青岛	Qingdao	1204458	1300887	1199839	35
芜湖	Wuhu	388879	550745	650363	68	淄博	Zibo	2272515	2299303	2226243	11
蚌埠	Bengbu	182646	213017	242158	166	枣庄	Zaozhuang	419488	497234	511384	93
淮南	Huainan	371191	373348	394104	119	东营	Dongying	933985	1232090	1365580	27
马鞍山	Maanshan	893765	890359	1001988	43	烟台	Yantai	718507	812657	893888	51
淮北	Huaibei	259018	207385	246507	164	潍坊	Weifang	806727	866023	1025138	42
铜陵	Tongling	413556	443187	512468	92	济宁	Jining	647455	523293	753594	62
安庆	Anqing	257552	270613	312348	139	泰安	Taian	229680	240633	224120	174
黄山	Huangshan	41119	50929	49284	248	威海	Weihai	302300	347088	360800	128
滁州	Chuzhou	109518	118817	83377	230	日照	Rizhao	835614	1026242	1043181	41
阜阳	Fuyang	165371	196322	223233	175	莱芜	Laiwu	904515	898510	938892	49
宿州	Suzhou	127959	172348	185738	184	临沂	Linyi	964392	1143377	1233881	33
六安	Liuan	66602	79802	109948	208	德州	Dezhou	294275	384780	447395	107
亳州	Bozhou	26748	37365	41109	252	聊城	Liaocheng	318508	1012934	1090207	39

9-2 工业用电量 续表 2
Electricity Consumption for Industry continued 2

单位：万千瓦时 （10 000 kwh）

地名	City	2010	2012	2013	2013 排名 Ranking	地名	City	2010	2012	2013	2013 排名 Ranking
滨州	Binzhou	494363	395322	401773	117	常德	Changde	108220	92547	104354	216
菏泽	Heze	239720	375158	442260	110	张家界	Zhangjiajie	22700	25785	28869	261
河南	**Henan**	**11081584**	**11587439**	**11901233**		益阳	Yiyang	107980	121167	140275	201
郑州	Zhengzhou	2043505	2350111	2420614	9	郴州	Chenzhou	128526	232314	279900	151
开封	Kaifeng	249374	300552	311453	140	永州	Yongzhou	117044	121652	107789	211
洛阳	Luoyang	2555346	2209841	2152996	14	怀化	Huaihua	93424	4510	4550	270
平顶山	Pingdingshan	607329	656547	659362	67	娄底	Loudi	249812	390882	561179	80
安阳	Anyang	1159916	1180375	1269194	32	广东	**Guangdong**	**20838729**	**22854102**	**23105568**	
鹤壁	Hebi	222285	233390	285161	147	广州	Guangzhou	3054991	3135824	3197361	6
新乡	Xinxiang	435479	533763	548926	85	韶关	Shaoguan	329949	392156	444500	109
焦作	Jiaozuo	1252349	1311219	1346814	29	深圳	Shenzhen	3974097	4232405	4393588	3
濮阳	Puyang	302574	370426	394397	118	珠海	Zhuhai	650805	725808	774433	58
许昌	Xuchang	155987	197452	210827	179	汕头	Shantou	802743	938824		
漯河	Luohe	170967	233063	225504	173	佛山	Foshan	3515947	3699098	3798092	5
三门峡	Sanmenxia	258708	181139	156838	195	江门	Jiangmen	595250	649627	707863	65
南阳	Nanyang	479639	452246	522698	90	湛江	Zhanjiang	225598	330881	352752	130
商丘	Shangqiu	751384	788106	762038	61	茂名	Maoming	320929	337313	379911	123
信阳	Xinyang	172129	225659	227796	172	肇庆	Zhaoqing	218920	165936	285572	146
周口	Zhoukou	80191	71118	89881	226	惠州	Huizhou	783682	997183	1083545	40
驻马店	Zhumadian	184422	292432	316734	136	梅州	Meizhou	66200	75536	104121	217
湖北	**Hubei**	**4843711**	**5012332**	**5273194**		汕尾	Shanwei		11432	44841	250
武汉	Wuhan	1913385	2016330	2185527	12	河源	Heyuan	149558	115255	126186	203
黄石	Huangshi	532690	527468	560275	82	阳江	Yangjiang	56118	183098	317301	135
十堰	Shiyan	285275	259322	240710	168	清远	Qingyuan	360047	533499	598409	75
宜昌	Yichang	643885	633061	609374	74	东莞	Dongguan	4355690	4522891	4537990	2
襄阳	Xiangfan	280956	316992	385796	121	中山	ZhongShan	1289415	1366291	1458375	23
鄂州	Ezhou	485340	471514	499106	95	潮州	Chaozhou	28030	57789	428280	115
荆门	Jingmen	188233	270580	267732	154	揭阳	Jieyang		317721		
孝感	Xiaogan	40662	67762	82290	233	云浮	Yunfu	60760	65535	72448	239
荆州	Jingzhou	196956	262519	261408	158	广西	**Guangxi**	**3122590**	**3381834**	**3719990**	
黄冈	Huanggang	30568	42471	39323	254	南宁	Nanning	392257	407175	480439	100
咸宁	Xianning	171151	98981	84445	228	柳州	Liuzhou	541225	507246	533788	87
随州	Suizhou	74610	45332	57208	244	桂林	Guilin	100635	88865	98156	221
湖南	**Hunan**	**2921387**	**3432325**	**3778328**		梧州	Wuzhou	150261	170405	212224	178
长沙	Changsha	223612	332841	383172	122	北海	Beihai	43609	141596	177191	189
株洲	Zhuzhou	474020	498562	512885	91	防城港	Fangchenggang	102938	198537	233496	170
湘潭	Xiangtan	524731	624809	623460	72	钦州	Qinzhou	78640	272433	295321	144
衡阳	Hengyang	386342	447596	447532	106	贵港	Guigang	275579	219679	235232	169
邵阳	Shaoyang	53114	64598	86620	227	玉林	Yulin	139610	95474	107341	213
岳阳	Yueyang	431862	475062	497743	96	百色	Baise	379046	380501	446643	108

9-2 工业用电量 续表 3
Electricity Consumption for Industry continued 3

单位：万千瓦时 （10 000 kwh）

地名	City	2010	2012	2013	2013 排名 Ranking
贺州	Hezhou	237294	308312	368766	127
河池	Hechi	109080	89637	107223	214
来宾	Laibin	532059	479983	350920	131
崇左	Chongzuo	40357	21991	73250	238
海南	**Hainan**	**120560**	**167534**	**182603**	
海口	Haikou	99222	144900	152610	196
三亚	Sanya	21338	22634	29993	259
重庆	**Chongqing**	**3222492**	**3813387**	**4121536**	
四川	**Sichuan**	**4620537**	**5183924**	**5355584**	
成都	Chengdu	1024362	1217294	1327738	31
自贡	Zigong	206437	239511	177663	188
攀枝花	Panzhihua	883763	851508	798803	56
泸州	Luzhou	196309	186343	216849	176
德阳	Deyang	195635	191203	192873	183
绵阳	Mianyang	122853	173438	286007	145
广元	Guangyuan	239110	219706	279029	152
遂宁	Suining	48909	55079	67455	241
内江	Neijiang	32860	66673	77427	234
乐山	Leshan	676119	657147	526109	89
南充	Nanchong	111330	131971	125831	204
眉山	Meishan	170072	461698	453755	104
宜宾	Yibin	355682	308625	244231	165
广安	Guangan	97967	88845	141549	199
达州	Dazhou	159467	157748	208151	180
雅安	Yaan	34828	112928	159085	194
巴中	Bazhong	10600	14450	17552	266
资阳	Ziyang	54234	49757	55477	246
贵州	**Guizhou**	**1658642**	**2254737**	**2229818**	
贵阳	Guiyang	1046488	1044331	994064	44
六盘水	Liupanshui	178609	382600	406300	116
遵义	Zunyi	236815	319209	282933	149
安顺	Anshun	196730	244692	263734	156
毕节	Bijie		102711	106351	215
铜仁	Tongren		161194	176436	190
云南	**Yunnan**	**1286934**	**2114137**	**1471300**	
昆明	Kunming	584556	1569234	640159	70
曲靖	Qujing	239308	106213	312976	137
玉溪	Yuxi	316647	270685	332867	133
保山	Baoshan	36119	44184	51981	247
昭通	Zhaotong	51669	79626	61998	242
丽江	Lijiang	10781	8034	1016	273
普洱	Puer	29054	14182	41234	251
临沧	Lincang	18800	21979	29069	260
西藏	**Tibet**				
拉萨	Lhasa				
陕西	**Shaanxi**	**1665684**	**1857248**	**1961966**	
西安	Xi'an	684755	714700	717618	64
铜川	Tongchuan	542014	550569	474543	101
宝鸡	Baoji	199081	249706	256033	161
咸阳	Xianyang	55866	45941	83118	231
渭南	Weinan		21632	20133	263
延安	Yan'an	57521	78153	99250	219
汉中	Hanzhong	44478	46558	13997	267
榆林	Yulin	24792	96698	258738	160
安康	Ankang	44777	44802	35300	256
商洛	Shangluo	12400	8489	3236	271
甘肃	**Gansu**	**2705184**	**3504789**	**3307579**	
兰州	Lanzhou	1094818	1199276	982131	45
嘉峪关	Jiayuguan	536200	1201508	1425983	25
金昌	Jinchang				
白银	Baiyin	722682	767831	621543	73
天水	Tianshui	71885	73418		
武威	Wuwei	98117	67448	57044	245
张掖	Zhangye	74661	12516	12634	268
平凉	Pingliang	50326	91233	91244	224
酒泉	Jiuquan	40458	57192	74164	236
庆阳	Qingyang	12422	29587	32109	258
定西	Dingxi	1600	2020	2357	272
陇南	Longnan	2015	2760	8370	269
青海	**Qinghai**	**463297**	**522873**	**869225**	
西宁	Xining	463297	522873	575055	77
宁夏	**Ningxia**	**1528125**	**1367525**	**2897225**	
银川	Yinchuan	243696			
石嘴山	Shizuishan	1097000	1185891	1114880	38
吴忠	Wuzhong	176492	135000	141500	200
固原	Guyuan	10483	46634	48800	249
中卫	Zhongwei	454		1592045	21
新疆	**Xinjiang**	**1194322**	**1615944**	**1891747**	
乌鲁木齐	Urumqi	813356	1210261	1450372	24
克拉玛依	Karamay	380966	405683	441375	112

9-3 城乡居民生活用电量
Household Electricity Consumption for Urban and Rural Residential

单位：万千瓦时 （10 000 kwh）

地名	City	2010	2012	2013	2013 排名 Ranking
城市合计	**Prefecture Cities**	**26605611**	**31930012**	**33938455**	
北京	**Beijing**	**1357608**	**1579908**	**1529046**	
天津	**Tianjin**	**674061**	**736869**	**751732**	
河北	**Hebei**	**653582**	**717039**	**842397**	
石家庄	Shijiazhuang	160102	150622	168529	41
唐山	Tangshan	71259	96548	103765	59
秦皇岛	Qinhuangdao	56242	68108	84050	85
邯郸	Handan	65463	79263	62792	114
邢台	Xingtai	44733	37993	55218	126
保定	Baoding	84365	67603	122607	51
张家口	Zhangjiakou	35338	50347	52508	136
承德	Chengde	25506	31142	33253	196
沧州	Cangzhou	40436	40956	49140	147
廊坊	Langfang	41547	66390	75498	94
衡水	Hengshui	28591	28067	35037	188
山西	**Shanxi**	**464572**	**566310**	**620835**	
太原	Taiyuan	192006	233240	260107	28
大同	Datong	63991	76850	88297	76
阳泉	Yangquan	22000	25125	27170	223
长治	Changzhi	31077	40859	46174	157
晋城	Jincheng	11992	15213	16343	252
朔州	Shuozhou	11786	9715	10048	267
晋中	Jinzhong	27500	32800	31800	201
运城	Yuncheng	38926	50701	52841	133
忻州	Xinzhou	12924	13062	12155	260
临汾	Linfen	38178	47045	53900	129
吕梁	Luliang	14192	21700	22000	243
内蒙古	**Inner Mongolia**	**401289**	**537592**	**557993**	
呼和浩特	Hohhot	95054	128000	145436	47
包头	Baotou	129545	159946	172068	39
乌海	Wuhai	19946	25363	26695	226
赤峰	Chifeng	42935	50084	53919	128
通辽	Tongliao	31096	82331	52678	134
鄂尔多斯	Erdos	31428	30362	31023	208
呼伦贝尔	Hulunbuir	12171	16494	25176	234
巴彦淖尔	Bayannur	11814	23200	26699	225
乌兰察布	Ulanqab	27300	21812	24299	236
辽宁	**Liaoning**	**1098409**	**1195597**	**1237709**	
沈阳	Shenyang	384908	400562	420246	14
大连	Dalian	234977	267841	284191	26
鞍山	Anshan	75303	83017	88273	77
抚顺	Fushun	58103	62146	68018	104
本溪	Benxi	45329	42222	50067	140
丹东	Dandong	36615	47650		
锦州	Jinzhou	30059	47043	94243	68
营口	Yingkou	55733	56688	62192	116
阜新	Fuxin	33819	38690	41333	171
辽阳	Liaoyang	33331	36794	36794	183
盘锦	Panjin	32821	28799	31620	202
铁岭	Tieling	24832	28056	30163	211
朝阳	Chaoyang	23191	23422	30569	209
葫芦岛	Huludao	29388	32667		
吉林	**Jilin**	**448369**	**439644**	**439954**	
长春	Changchun	230581	181056	198141	32
吉林	Jilin	84081	94218	93526	70
四平	Siping	24554	27975	21918	244
辽源	Liaoyuan	23889	29543	17771	250
通化	Tonghua	22433	25477	28033	220
白山	Baishan	29604	36245	25462	232
松原	Songyuan	19751	29581	31498	205
白城	Baicheng	13476	15549	23605	237
黑龙江	**Heilongjiang**	**635467**	**777235**	**635524**	
哈尔滨	Harbin	222400	293816	310328	24
齐齐哈尔	Qiqihar	82000	77487		
鸡西	Jixi	30625	30362	35523	185
鹤岗	Hegang	43249	53626	53320	130
双鸭山	Shuangyashan	12156			
大庆	Daqing	57902	66064	70439	99
伊春	Yichun	42199	46695	31049	207
佳木斯	Jiamusi	35600	54693	44033	163
七台河	Qitaihe	36301	44544	33290	195
牡丹江	Mudanjiang	20609	53195		
黑河	Heihe	8426	8500	8324	270
绥化	Suihua	44000	48253	49218	145
上海	**Shanghai**	**1689500**	**1873800**	**2050400**	
江苏	**Jiangsu**	**2024311**	**2450165**	**3098288**	

9-3 城乡居民生活用电量 续表 1

Household Electricity Consumption for Urban and Rural Residential continued 1

单位：万千瓦时 （10 000 kwh）

地名	City	2010	2012	2013	2013 排名 Ranking	地名	City	2010	2012	2013	2013 排名 Ranking
南京	Nanjing	498679	560073	675488	6	池州	Chizhou	21751	26627	27156	224
无锡	Wuxi	253527	273565	326663	20	宣城	Xuancheng	23221	62377	38510	181
徐州	Xuzhou	141959	179378	206248	31	**福建**	**Fujian**	**1055245**	**1317180**	**1377912**	
常州	Changzhou	209858	243576	193409	33	福州	Fuzhou	304700	343695	364728	17
苏州	Suzhou	306963	456214	521894	9	厦门	Xiamen	305720	377552	397365	15
南通	Nantong	127471	91999	377974	16	莆田	Putian	107201	149110	151798	44
连云港	Lianyungang	60701	74927	85368	83	三明	Sanming	22558	26424	27475	222
淮安	Huaian	99924	125608	147390	46	泉州	Quanzhou	133423	168273	175721	38
盐城	Yancheng	70189	85553	101465	60	漳州	Zhangzhou	60595	111300	109810	56
扬州	Yangzhou	90253	158775	184641	37	南平	Nanping	39163	38111	39390	179
镇江	Zhenjiang	75045	84706	97452	65	龙岩	Longyan	57237	66804	69425	101
泰州	Taizhou	47193	57021	108274	57	宁德	Ningde	24648	35911	42200	169
宿迁	Suqian	42549	58770	72022	98	**江西**	**Jiangxi**	**448655**	**515003**	**671590**	
浙江	**Zhejiang**	**1422193**	**1742669**	**2057402**		南昌	Nanchang	150960	185400	313524	23
杭州	Hangzhou	507378	636188	715234	4	景德镇	Jingdezhen	31098	29519	33753	193
宁波	Ningbo	241472	296978	320387	21	萍乡	Pingxiang	34462	42480	47792	151
温州	Wenzhou	208993	240667	254254	29	九江	Jiujiang	70200	52396	56738	123
嘉兴	Jiaxing	58899	72739	87116	80	新余	Xinyu	35768	32398	31580	204
湖州	Huzhou	71259	87181	100419	62	鹰潭	Yingtan	11214	12934	15503	254
绍兴	Shaoxing	51870	60734	191942	36	赣州	Ganzhou	32521	48130	45318	158
金华	Jinhua	60160	76146	88017	79	吉安	Jian	14435	19857	22811	240
衢州	Quzhou	33417	43069	49921	142	宜春	Yichun	24740	34273	40073	176
舟山	Zhoushan	46569	56923	60514	120	抚州	Fuzhou	25900	33619	38321	182
台州	Taizhou	118844	142300	156840	43	上饶	Shangrao	17357	23997	26177	227
丽水	Lishui	23332	29744	32758	198	**山东**	**Shandong**	**1569941**	**1742808**	**1962674**	
安徽	**Anhui**	**831259**	**989994**	**1089478**		济南	Jinan	299230	334462	336923	18
合肥	Hefei	217548	260138	300875	25	青岛	Qingdao	272321	316730	315468	22
芜湖	Wuhu	63711	49404	85901	82	淄博	Zibo	148353	163948	193120	34
蚌埠	Bengbu	48319	50603	63671	112	枣庄	Zaozhuang	94642	78815	92523	71
淮南	Huainan	65349	81402	88885	74	东营	Dongying	35192	29929	35175	187
马鞍山	Maanshan	36349	58919	64677	109	烟台	Yantai	105294	113552	131404	49
淮北	Huaibei	27914	37323	46328	154	潍坊	Weifang	85039	84340	121569	52
铜陵	Tongling	22066	26749	29056	217	济宁	Jining	52745	67486	99627	63
安庆	Anqing	52671	41012	44640	160	泰安	Taian	57868	63177	79271	89
黄山	Huangshan	19121	26592	29109	216	威海	Weihai	56670	47894	53233	131
滁州	Chuzhou	21848	27914	31183	206	日照	Rizhao	48845	63817	73598	95
阜阳	Fuyang	48076	68037	44149	162	莱芜	Laiwu	35229	45071	48836	148
宿州	Suzhou	42888	56727	65038	107	临沂	Linyi	123951	155790	170052	40
六安	Liuan	56625	64142	70275	100	德州	Dezhou	36269	36712	42363	167
亳州	Bozhou	35170	52028	60025	121	聊城	Liaocheng	44024	47080	64149	111

9-3 城乡居民生活用电量 续表 2

Household Electricity Consumption for Urban and Rural Residential continued 2

单位：万千瓦时 （10 000 kwh）

地名	City	2010	2012	2013	2013 排名 Ranking	地名	City	2010	2012	2013	2013 排名 Ranking
滨州	Binzhou	31263	34629	40236	175	常德	Changde	55300	59124	61005	117
菏泽	Heze	43006	59376	65127	106	张家界	Zhangjiajie	16595	23913	30229	210
河南	**Henan**	**1046712**	**1320517**	**1542125**		益阳	Yiyang	34480	46482	48546	149
郑州	Zhengzhou	315780	400754	464875	12	郴州	Chenzhou	56680	85100	49500	143
开封	Kaifeng	57665	58960	77965	92	永州	Yongzhou	49100	46663	52551	135
洛阳	Luoyang	72949	111492	125649	50	怀化	Huaihua	25477	8271	9873	268
平顶山	Pingdingshan	51892	59924	66639	105	娄底	Loudi	15469	43093	49490	144
安阳	Anyang	71815	81053	95934	66	**广东**	**Guangdong**	**4332726**	**5272952**	**5072602**	
鹤壁	Hebi	18646	22411	24387	235	广州	Guangzhou	1083087	1289859	1282044	1
新乡	Xinxiang	70908	74893	79182	90	韶关	Shaoguan	55542	63871	64200	110
焦作	Jiaozuo	42158	47452	52361	138	深圳	Shenzhen	826906	1043007	1039391	2
濮阳	Puyang	32362	42028	43234	164	珠海	Zhuhai	136194	161671	168438	42
许昌	Xuchang	34068	39176	44760	159	汕头	Shantou	288603	340572		
漯河	Luohe	42714	53651	62289	115	佛山	Foshan	466701	570296	605033	8
三门峡	Sanmenxia	17918	20208	21399	245	江门	Jiangmen	69348	74374	117245	55
南阳	Nanyang	60995	100258	139452	48	湛江	Zhanjiang	106028	157118	76627	93
商丘	Shangqiu	59296	77035	94157	69	茂名	Maoming	36603	45690	48095	150
信阳	Xinyang	51956	70030	78760	91	肇庆	Zhaoqing	37689	44473	52377	137
周口	Zhoukou	19238	24304	28757	218	惠州	Huizhou	139134	181358	191978	35
驻马店	Zhumadian	26352	36888	42325	168	梅州	Meizhou	35330	44086	46654	153
湖北	**Hubei**	**993077**	**1166003**	**1266379**		汕尾	Shanwei		9518	46904	152
武汉	Wuhan	535799	633621	678267	5	河源	Heyuan	32084	41603	43141	166
黄石	Huangshi	40922	50000	54961	127	阳江	Yangjiang	31657	36785	40362	174
十堰	Shiyan	38670	43548	49957	141	清远	Qingyuan	40970	56397	79791	88
宜昌	Yichang	69493	78176	88259	78	东莞	Dongguan	582056	712042	720611	3
襄阳	Xiangfan	74928	96254	100584	61	中山	ZhongShan	265870	315023	328273	19
鄂州	Ezhou	36387	46383	52217	139	潮州	Chaozhou	81862	68617	103898	58
荆门	Jingmen	20556	35384	38742	180	揭阳	Jieyang				
孝感	Xiaogan	37060	48130	55243	125	云浮	Yunfu	17062	16592	17540	251
荆州	Jingzhou	54610	67844	64942	108	**广西**	**Guangxi**	**630258**	**867368**	**893434**	
黄冈	Huanggang	15340	23564	25784	231	南宁	Nanning	191656	255784	267470	27
咸宁	Xianning	32527	19709	31605	203	柳州	Liuzhou	90497	118813	120454	54
随州	Suizhou	36785	23390	25818	230	桂林	Guilin	70495	86545	88334	75
湖南	**Hunan**	**879530**	**1100195**	**1147621**		梧州	Wuzhou	26708	32451	32397	199
长沙	Changsha	344333	464827	489662	11	北海	Beihai	39466	51960	56194	124
株洲	Zhuzhou	69678	70069	90359	73	防城港	Fangchenggang	24480	27327	29178	215
湘潭	Xiangtan	59897	67859	60613	118	钦州	Qinzhou	16572	45394	46258	155
衡阳	Hengyang	62294	72800	87038	81	贵港	Guigang	41997	59220	62817	113
邵阳	Shaoyang	36190	39091	34078	192	玉林	Yulin	38762	57291	58335	122
岳阳	Yueyang	54037	72903	84677	84	百色	Baise	21376	27614	29983	213

9-3 城乡居民生活用电量 续表 3

Household Electricity Consumption for Urban and Rural Residential continued 3

单位：万千瓦时 （10 000 kwh）

地名	City	2010	2012	2013	2013 排名 Ranking	地名	City	2010	2012	2013	2013 排名 Ranking
贺州	Hezhou	25873	40077	41196	172	丽江	Lijiang	7559	10348	12077	262
河池	Hechi	8640	18228	13898	256	普洱	Puer	11840	12681	13804	257
来宾	Laibin	25115	34006	34419	189	临沧	Lincang	6360	8209	9284	269
崇左	Chongzuo	8621	12658	12501	259	**西藏**	**Tibet**				
海南	**Hainan**	**100808**	**134821**	**159478**		拉萨	Lhasa				
海口	Haikou	56958	83400	90523	72	**陕西**	**Shaanxi**	**605459**	**820445**	**924007**	
三亚	Sanya	43850	51421	68955	102	西安	Xi'an	403385	524200	650983	7
重庆	**Chongqing**	**721744**	**903057**	**1042702**		铜川	Tongchuan	18917	25243	26142	228
四川	**Sichuan**	**1014642**	**1325123**	**1327675**		宝鸡	Baoji	38123	59168	60561	119
成都	Chengdu	420270	492002	515925	10	咸阳	Xianyang	45335	44570	23120	238
自贡	Zigong	39970	46529	46200	156	渭南	Weinan		31301	32016	200
攀枝花	Panzhihua	27562	39084	39439	178	延安	Yan'an	20309	27310	25235	233
泸州	Luzhou	50600	63412	73576	96	汉中	Hanzhong	23662	33550	19186	247
德阳	Deyang	36544	41620	41745	170	榆林	Yulin	16238	24434	27644	221
绵阳	Mianyang	60907	76642	82251	87	安康	Ankang	28801	36380	43205	165
广元	Guangyuan	31677	33948	34327	190	商洛	Shangluo	10689	14289	15915	253
遂宁	Suining	31564	29826	40622	173	**甘肃**	**Gansu**	**260595**	**291139**	**251640**	
内江	Neijiang	35372	46590	49151	146	兰州	Lanzhou	112937	118915	120991	53
乐山	Leshan	57018	67837	68357	103	嘉峪关	Jiayuguan	18183	20498	19657	246
南充	Nanchong	53186	65102	72992	97	金昌	Jinchang				
眉山	Meishan	33493	37559	40001	177	白银	Baiyin	21171	24346	28541	219
宜宾	Yibin	43256	65584	83009	86	天水	Tianshui	42746	56336		
广安	Guangan	7873	14090	19087	248	武威	Wuwei	10457	16613	22472	242
达州	Dazhou	29887	118884	18010	249	张掖	Zhangye	12446	8082	12123	261
雅安	Yaan	15648	31339	33725	194	平凉	Pingliang	11834	9964	10964	265
巴中	Bazhong	18236	25637	36137	184	酒泉	Jiuquan	13527	16798	15475	255
资阳	Ziyang	21579	29438	33121	197	庆阳	Qingyang	8356	5137	5230	271
贵州	**Guizhou**	**477483**	**654079**	**652983**		定西	Dingxi	2700	2350	2623	272
贵阳	Guiyang	298658	384836	425758	13	陇南	Longnan	6238	12100	13564	258
六盘水	Liupanshui	29330	44026			**青海**	**Qinghai**	**77600**	**93915**	**104303**	
遵义	Zunyi	121689	93980	95849	67	西宁	Xining	77600	93915	98294	64
安顺	Anshun	27806	40746	44267	161	**宁夏**	**Ningxia**	**96879**	**32082**	**56600**	
毕节	Bijie		52559	52885	132	银川	Yinchuan	56300			
铜仁	Tongren		37932	34224	191	石嘴山	Shizuishan	14800	15268	22956	239
云南	**Yunnan**	**441468**	**601408**	**398175**		吴忠	Wuzhong	9900	11000	11200	264
昆明	Kunming	334632	465976	245283	30	固原	Guyuan	8759	5814	11700	263
曲靖	Qujing	27810	29119	35194	186	中卫	Zhongwei	7120		10744	266
玉溪	Yuxi	21413	21626	22794	241	**新疆**	**Xinjiang**	**152169**	**165095**	**175797**	
保山	Baoshan	17052	25434	30150	212	乌鲁木齐	Urumqi	131970	140163	149800	45
昭通	Zhaotong	14802	28015	29589	214	克拉玛依	Karamay	20199	24932	25997	229

9-4 工业废水排放量
Volume of Industrial Waste Water Discharged

单位：万吨 (10 000 tons)

地名	City	2010	2012	2013	2013 排名 Ranking
城市合计	**Prefecture Cities**	**2254365**	**2093042**	**2045371**	
北京	**Beijing**	**8198**	**9190**	**9486**	
天津	**Tianjin**	**19680**	**19117**	**18692**	
河北	**Hebei**	**111185**	**122645**	**109532**	
石家庄	Shijiazhuang	19254	31058	27753	5
唐山	Tangshan	18170	19396	12589	34
秦皇岛	Qinhuangdao	5608	6055	6156	115
邯郸	Handan	7686	5906	7125	94
邢台	Xingtai	9293	14806	14318	29
保定	Baoding	17866	15774	14271	30
张家口	Zhangjiakou	6983	6263	6032	117
承德	Chengde	6290	1421	1638	248
沧州	Cangzhou	6871	11666	8925	70
廊坊	Langfang	6662	5616	5066	138
衡水	Hengshui	6502	4684	5659	124
山西	**Shanxi**	**45102**	**45726**	**45226**	
太原	Taiyuan	2557	3161	4085	164
大同	Datong	4832	5985	5387	134
阳泉	Yangquan	1134	500	583	272
长治	Changzhi	5241	8659	8065	82
晋城	Jincheng	5188	5689	5701	122
朔州	Shuozhou	1535	1167	1626	249
晋中	Jinzhong	2189	3929	3101	190
运城	Yuncheng	11854	5448	4839	149
忻州	Xinzhou	1452	2338	2379	215
临汾	Linfen	3068	7329	6443	106
吕梁	Luliang	6052	1521	3017	193
内蒙古	**Inner Mongolia**	**33064**	**30569**	**27494**	
呼和浩特	Hohhot	2374	2186	2082	229
包头	Baotou	4833	7394	7426	88
乌海	Wuhai	4352	3024	852	264
赤峰	Chifeng	2723	2253	2677	206
通辽	Tongliao	2880	4475	3309	184
鄂尔多斯	Erdos	3377	1783	2041	233
呼伦贝尔	Hulunbuir	6357	5124	5693	123
巴彦淖尔	Bayannur	4718	2696	2053	232
乌兰察布	Ulanqab	1450	1634	1361	258
辽宁	**Liaoning**	**70524**	**84240**	**84505**	
沈阳	Shenyang	6140	7705	8533	76
大连	Dalian	27421	30795	26154	8
鞍山	Anshan	5548	6516	6322	108
抚顺	Fushun	3031	2835	2089	227
本溪	Benxi	2591	4461	2953	195
丹东	Dandong	4070	5518	5521	130
锦州	Jinzhou	3859	6534	4940	144
营口	Yingkou	3197	2937	2790	202
阜新	Fuxin	544	4183	3615	176
辽阳	Liaoyang	2942	7372	6807	98
盘锦	Panjin	2446		9712	59
铁岭	Tieling	1682	1758	1667	247
朝阳	Chaoyang	3823	970	810	267
葫芦岛	Huludao	3230	2656	2592	209
吉林	**Jilin**	**35440**	**40271**	**38273**	
长春	Changchun	5815	5309	5482	132
吉林	Jilin	15584	10615	10366	51
四平	Siping	1385	3567	3552	178
辽源	Liaoyuan	1062	1214	1387	257
通化	Tonghua	6807	13698	11904	37
白山	Baishan	1984	1461	1259	259
松原	Songyuan	751	2485	2559	211
白城	Baicheng	2052	1922	1764	245
黑龙江	**Heilongjiang**	**34920**	**43152**	**41594**	
哈尔滨	Harbin	3283	6497	4487	157
齐齐哈尔	Qiqihar	6089	7066	7006	95
鸡西	Jixi	3057	3283	2638	208
鹤岗	Hegang	2705	4007	3272	185
双鸭山	Shuangyashan	1107	3094	3063	191
大庆	Daqing	8786	6565	5174	136
伊春	Yichun	757	1438	829	265
佳木斯	Jiamusi	3185	1270	1950	237
七台河	Qitaihe	2671	2932	2288	220
牡丹江	Mudanjiang	2793	3435	1925	238
黑河	Heihe	161	1222	1196	260
绥化	Suihua	326	2343	7766	83
上海	**Shanghai**	**36696**	**47700**	**45400**	
江苏	**Jiangsu**	**262031**	**236095**	**220558**	

9-4 工业废水排放量 续表 1
Volume of Industrial Waste Water Discharged continued 1

单位：万吨 (10 000 tons)

地名	City	2010	2012	2013	2013 排名 Ranking	地名	City	2010	2012	2013	2013 排名 Ranking
南京	Nanjing	33784	24223	25291	10	池州	Chizhou	1485	1459	2174	223
无锡	Wuxi	35846	22987	23093	13	宣城	Xuancheng	6883	4316	5749	121
徐州	Xuzhou	9122	16050	15376	24	**福建**	**Fujian**	**124159**	**105955**	**104566**	
常州	Changzhou	37715	14630	12017	35	福州	Fuzhou	4920	5333	4682	154
苏州	Suzhou	64055	70754	66916	1	厦门	Xiamen	4457	26948	27256	6
南通	Nantong	15708	18200	14584	28	莆田	Putian	1700	2283	1852	239
连云港	Lianyungang	3538	6390	5618	126	三明	Sanming	15816	15074	13337	31
淮安	Huaian	10484	9951	8348	79	泉州	Quanzhou	19544	20535	20080	16
盐城	Yancheng	13028	20117	17555	19	漳州	Zhangzhou	62845	23039	25413	9
扬州	Yangzhou	9059	9387	9731	58	南平	Nanping	9399	7427	6900	96
镇江	Zhenjiang	8187	9982	9665	60	龙岩	Longyan	3977	3729	3599	177
泰州	Taizhou	15493	8331	7514	85	宁德	Ningde	1501	1587	1447	252
宿迁	Suqian	6012	5093	4850	148	**江西**	**Jiangxi**	**72481**	**72544**	**68230**	
浙江	**Zhejiang**	**216068**	**175297**	**188380**		南昌	Nanchang	10536	10929	10602	48
杭州	Hangzhou	80468	42724	39186	2	景德镇	Jingdezhen	5296	8511	6431	107
宁波	Ningbo	18970	20125	19666	17	萍乡	Pingxiang	1808	2462	2353	218
温州	Wenzhou	17008	7913	7433	87	九江	Jiujiang	8784	10056	11050	41
嘉兴	Jiaxing	19812	23267	21130	15	新余	Xinyu	5681	5715	5395	133
湖州	Huzhou	10888	11069	10789	43	鹰潭	Yingtan	4725	2877	2803	199
绍兴	Shaoxing	30230	30418	27245	7	赣州	Ganzhou	10437	11255	10738	45
金华	Jinhua	12309	9667	8710	72	吉安	Jian	11201	4910	3935	170
衢州	Quzhou	12256	14575	14856	25	宜春	Yichun	4286	7175	6584	101
舟山	Zhoushan	1493	1951	2094	226	抚州	Fuzhou	4543	4010	3539	180
台州	Taizhou	5709	6152	31025	3	上饶	Shangrao	5184	4644	4800	152
丽水	Lishui	6926	7436	6246	110	**山东**	**Shandong**	**208261**	**184717**	**188807**	
安徽	**Anhui**	**70976**	**67262**	**74559**		济南	Jinan	5594	6653	8596	75
合肥	Hefei	3290	5971	6018	118	青岛	Qingdao	10800	11145	10641	47
芜湖	Wuhu	4305	3148	7365	90	淄博	Zibo	21212	16621	15460	23
蚌埠	Bengbu	5742	4144	4172	161	枣庄	Zaozhuang	16185	10412	10188	52
淮南	Huainan	5607	10787	10686	46	东营	Dongying	10559	10153	10111	54
马鞍山	Maanshan	5563	6914	6745	99	烟台	Yantai	8386	9359	9530	62
淮北	Huaibei	1818	2881	2520	212	潍坊	Weifang	21496	28191	28103	4
铜陵	Tongling	4512	5035	5654	125	济宁	Jining	16212	16855	15680	21
安庆	Anqing	5644	4708	4863	147	泰安	Taian	4579	8423	8224	81
黄山	Huangshan	2102	632	626	270	威海	Weihai	2872	2479	2740	204
滁州	Chuzhou	7643	5089	6460	105	日照	Rizhao	9977	7868	15557	22
阜阳	Fuyang	2575	2878	2820	197	莱芜	Laiwu	2659	2011	1388	256
宿州	Suzhou	3688	4049	3963	169	临沂	Linyi	10077	10335	9833	56
六安	Liuan	3436	2803	2689	205	德州	Dezhou	19335	8354	9353	64
亳州	Bozhou	1527	2448	2055	231	聊城	Liaocheng	20873	9316	8510	77

9-4 工业废水排放量 续表 2
Volume of Industrial Waste Water Discharged continued 2

单位：万吨 (10 000 tons)

地名	City	2010	2012	2013	2013 排名 Ranking	地名	City	2010	2012	2013	2013 排名 Ranking
滨州	Binzhou	15013	16831	15921	20	常德	Changde	12575	12855	11601	40
菏泽	Heze	12432	9711	8972	69	张家界	Zhangjiajie	429	579	552	273
河南	**Henan**	**143284**	**135747**	**126752**		益阳	Yiyang	7548	4117	4970	143
郑州	Zhengzhou	13484	14041	11837	38	郴州	Chenzhou	6768	10099	9014	66
开封	Kaifeng	5462	9395	8647	73	永州	Yongzhou	3854	4084	4073	165
洛阳	Luoyang	5741	8410	7741	84	怀化	Huaihua	6471	6181	6246	110
平顶山	Pingdingshan	6107	7757	8978	67	娄底	Loudi	9856	6828	7159	92
安阳	Anyang	15585	7283	5508	131	**广东**	**Guangdong**	**186359**	**154625**	**163784**	
鹤壁	Hebi	5680	4627	3874	172	广州	Guangzhou	26023		22558	14
新乡	Xinxiang	16098	13238	13088	32	韶关	Shaoguan	6028	10889	10780	44
焦作	Jiaozuo	21807	11572	10868	42	深圳	Shenzhen	9001	11937	12012	36
濮阳	Puyang	9370	7475	7155	93	珠海	Zhuhai	6124	5524	5538	128
许昌	Xuchang	3371	6052	5562	127	汕头	Shantou	6150	5097		
漯河	Luohe	7849	3078	2753	203	佛山	Foshan	26683	20396	14822	26
三门峡	Sanmenxia	3602	6687	6861	97	江门	Jiangmen	11457	14413	11750	39
南阳	Nanyang	11070	7382	6263	109	湛江	Zhanjiang	5455	824	6205	112
商丘	Shangqiu	4354	10032	9554	61	茂名	Maoming	5523	5206	4626	155
信阳	Xinyang	4487	2318	2089	227	肇庆	Zhaoqing	8844	12593	10153	53
周口	Zhoukou	2852	9667	9492	63	惠州	Huizhou	6029	8300	8320	80
驻马店	Zhumadian	6365	6732	6482	104	梅州	Meizhou	3431	5749	5066	138
湖北	**Hubei**	**88192**	**87070**	**77354**		汕尾	Shanwei	3679	1902	1794	242
武汉	Wuhan	22465	20704	14700	27	河源	Heyuan	3247		1583	250
黄石	Huangshi	7749	5095	5037	141	阳江	Yangjiang	3125	2046	2026	235
十堰	Shiyan	2700	2244	2144	224	清远	Qingyuan	3055	4088	3695	175
宜昌	Yichang	14484	20635	18419	18	东莞	Dongguan	29992	26909	23463	11
襄阳	Xiangfan	11328	8515	8619	74	中山	ZhongShan	11381	8622	8914	71
鄂州	Ezhou	2073	2250	2278	221	潮州	Chaozhou	4237	2994	2982	194
荆门	Jingmen	7177	4362	3825	174	揭阳	Jieyang	3369	3671	6074	116
孝感	Xiaogan	5928	5441	5111	137	云浮	Yunfu	3526	3465	1423	253
荆州	Jingzhou	6104	10579	10387	50	**广西**	**Guangxi**	**140094**	**110671**	**89510**	
黄冈	Huanggang	3704	3308	3045	192	南宁	Nanning	12426	12496	9752	57
咸宁	Xianning	2462	2137	2018	236	柳州	Liuzhou		13303	8495	78
随州	Suizhou	2018	1800	1771	244	桂林	Guilin	3527	4999	4005	167
湖南	**Hunan**	**93658**	**92568**	**89707**		梧州	Wuzhou	4085	5516	4401	158
长沙	Changsha	4336	3777	4049	166	北海	Beihai	1369	2291	1830	240
株洲	Zhuzhou	7900	5992	7227	91	防城港	Fangchenggang	5889	3108	1555	251
湘潭	Xiangtan	7557	6053	5526	129	钦州	Qinzhou	4093	1921	2918	196
衡阳	Hengyang	7180	13118	7469	86	贵港	Guigang	15762	13267	9936	55
邵阳	Shaoyang	6939	5208	9135	65	玉林	Yulin	3838	3789	3266	186
岳阳	Yueyang	12245	13677	12686	33	百色	Baise	4698	8204	7393	89

9-4 工业废水排放量 续表 3
Volume of Industrial Waste Water Discharged continued 3

单位：万吨 (10 000 tons)

地名	City	2010	2012	2013	2013 排名 Ranking
贺州	Hezhou	2946	3419	2408	214
河池	Hechi	23701	19198	23110	12
来宾	Laibin	51252	9955	6556	102
崇左	Chongzuo	6508	9205	3885	171
海南	**Hainan**	**536**	**951**	**893**	
海口	Haikou	513	879	824	266
三亚	Sanya	23	72	69	283
重庆	**Chongqing**	**45180**	**30611**	**33450**	
四川	**Sichuan**	**88742**	**65622**	**61993**	
成都	Chengdu	12558	11780	10524	49
自贡	Zigong	2781	2293	1828	241
攀枝花	Panzhihua	1904	4011	4138	162
泸州	Luzhou	6267	3707	3541	179
德阳	Deyang	5448	6386	6638	100
绵阳	Mianyang	9492	6798	5788	120
广元	Guangyuan	2783	399	364	277
遂宁	Suining	3560	1529	1111	262
内江	Neijiang	2654	2904	3146	189
乐山	Leshan	6342	3947	4297	160
南充	Nanchong	1133	3110	3229	187
眉山	Meishan	10409	6448	3974	168
宜宾	Yibin	12256	8404	5825	119
广安	Guangan	2547	1615	3368	183
达州	Dazhou	3225	232	2062	230
雅安	Yaan	1943	1028	1168	261
巴中	Bazhong	827	303	347	278
资阳	Ziyang	2613	728	645	269
贵州	**Guizhou**	**9214**	**18222**	**17924**	
贵阳	Guiyang	2380	2009	2262	222
六盘水	Liupanshui	3912	5324	4093	163
遵义	Zunyi	2203	2805	2563	210
安顺	Anshun	719	2094	2097	225
毕节	Bijie		5466	6197	113
铜仁	Tongren		524	712	268
云南	**Yunnan**	**17911**	**32029**	**31210**	
昆明	Kunming	4435	5193	4808	151
曲靖	Qujing	3078	3224	3224	188
玉溪	Yuxi	1510	4994	5045	140
保山	Baoshan	3645	7930	6542	103
昭通	Zhaotong	365	1102	1419	254
丽江	Lijiang	132	2969	2808	198
普洱	Puer	2456	2124	2796	201
临沧	Lincang	2290	4493	4568	156
西藏	**Tibet**		**333**	**333**	
拉萨	Lhasa		333	333	280
陕西	**Shaanxi**	**47084**	**36313**	**35113**	
西安	Xi'an	13840	10224	8973	68
铜川	Tongchuan	328	433	424	276
宝鸡	Baoji	11521	5639	4779	153
咸阳	Xianyang	7149	6033	5234	135
渭南	Weinan	3245	2581	3861	173
延安	Yan'an	1390	2648	2357	217
汉中	Hanzhong	2244	2262	2327	219
榆林	Yulin	5099	4719	4344	159
安康	Ankang	292	419	453	275
商洛	Shangluo	1976	1355	2361	216
甘肃	**Gansu**	**13727**	**22954**	**24293**	
兰州	Lanzhou	2529	4800	4910	145
嘉峪关	Jiayuguan	2566	1505	2659	207
金昌	Jinchang	1614	1848	1720	246
白银	Baiyin	1463	1046	613	271
天水	Tianshui	475	541	500	274
武威	Wuwei	741	947	3409	181
张掖	Zhangye	987	2035	2035	234
平凉	Pingliang	1410	4252	5017	142
酒泉	Jiuquan	733	3632	1043	263
庆阳	Qingyang	180	266	334	279
定西	Dingxi	187	298	279	281
陇南	Longnan	842	1784	1774	243
青海	**Qinghai**	**4052**	**3185**	**4377**	
西宁	Xining	4052	3185	2798	200
宁夏	**Ningxia**	**20144**	**10176**	**13671**	
银川	Yinchuan	5894	593	6194	114
石嘴山	Shizuishan	1864	1230	1399	255
吴忠	Wuzhong	6944	2703	2437	213
固原	Guyuan	142	1146	248	282
中卫	Zhongwei	5300	4504	3393	182
新疆	**Xinjiang**	**7402**	**7487**	**9705**	
乌鲁木齐	Urumqi	5822	5748	4889	146
克拉玛依	Karamay	1580	1739	4816	150

9-5 工业二氧化硫产生量
Volume of Industry Sulfur Dioxide Produced

单位：吨 (ton)

地名	City	2011	2012	2013	2013 排名 Ranking	地名	City	2011	2012	2013	2013 排名 Ranking
城市合计	**Prefecture Cities**	**48709109**	**53547134**	**55618829**		沈阳	Shenyang	180971	202174	219002	78
北京	**Beijing**	**154714**	**159493**	**156984**		大连	Dalian	204728	219996	242863	64
天津	**Tianjin**	**554913**	**623909**	**711656**		鞍山	Anshan	121609	140506	146957	109
河北	**Hebei**	**3555783**	**3232634**	**3308818**		抚顺	Fushun	144582	134739	128207	124
石家庄	Shijiazhuang	632407	704746	706861	11	本溪	Benxi	75810	82237	79817	187
唐山	Tangshan	701127	665548	714740	9	丹东	Dandong	35079	56522	78049	188
秦皇岛	Qinhuangdao	548320	155867	151430	107	锦州	Jinzhou	101369	94743	82089	184
邯郸	Handan	515933	539615	531766	21	营口	Yingkou	69711	91967	97536	168
邢台	Xingtai	179565	178016	228228	73	阜新	Fuxin	157607	157443	145488	111
保定	Baoding	237581	211559	156859	105	辽阳	Liaoyang	77044	120534	109044	155
张家口	Zhangjiakou	265797	252125	270734	54	盘锦	Panjin			93741	171
承德	Chengde	159338	172385	173346	98	铁岭	Tieling	140951	103368	106279	160
沧州	Cangzhou	135489	138364	163145	103	朝阳	Chaoyang	66953	151849	115816	146
廊坊	Langfang	74751	97649	90279	174	葫芦岛	Huludao	638852	550680	536729	20
衡水	Hengshui	105475	116760	121430	134	**吉林**	**Jilin**	**511216**	**528461**	**535992**	
山西	**Shanxi**	**2644736**	**3333101**	**3392143**		长春	Changchun	112175	133965	137315	118
太原	Taiyuan	350273	379452	358000	42	吉林	Jilin	122243	112423	105192	161
大同	Datong	436932	426266	454877	27	四平	Siping	77582	74813	74526	192
阳泉	Yangquan	223007	224329	216558	80	辽源	Liaoyuan	32061	34337	38508	224
长治	Changzhi	333920	420329	396209	37	通化	Tonghua	67420	62974	64753	199
晋城	Jincheng	176688	255130	234357	69	白山	Baishan	37918	42164	46811	217
朔州	Shuozhou	175921	345058	365226	40	松原	Songyuan	32850	31803	31810	236
晋中	Jinzhong	124278	368647	402763	34	白城	Baicheng	28967	35982	37077	226
运城	Yuncheng	151000	125361	109843	153	**黑龙江**	**Heilongjiang**	**415623**	**434488**	**453777**	
忻州	Xinzhou	172985	178018	215292	82	哈尔滨	Harbin	128767	147566	118419	141
临汾	Linfen	287411	397329	428275	32	齐齐哈尔	Qiqihar	5478	6291	6291	275
吕梁	Luliang	212321	213182	210743	84	鸡西	Jixi	25101	9404	33687	230
内蒙古	**Inner Mongolia**	**3795508**	**4157334**	**3695263**		鹤岗	Hegang	24173	27683	26205	247
呼和浩特	Hohhot	384596	392000	399558	35	双鸭山	Shuangyashan	40926	40206	42908	220
包头	Baotou	924157	547781	552068	18	大庆	Daqing	66066	61820	70215	196
乌海	Wuhai	118277	317454	330461	45	伊春	Yichun	15542	17002	20252	256
赤峰	Chifeng	674615	698790	841866	7	佳木斯	Jiamusi	18484	20111	20543	255
通辽	Tongliao	97437	411497	399511	36	七台河	Qitaihe	32797	16796	30891	240
鄂尔多斯	Erdos	608990	650949	708700	10	牡丹江	Mudanjiang	23839	41449	38407	225
呼伦贝尔	Hulunbuir	95436	116637	119937	135	黑河	Heihe	21452	32804	31749	237
巴彦淖尔	Bayannur	87000	402426	93478	173	绥化	Suihua	12998	13356	14210	261
乌兰察布	Ulanqab	805000	619800	249684	59	**上海**	**Shanghai**	**534287**			
辽宁	**Liaoning**	**2015266**	**2106758**	**2181617**		**江苏**	**Jiangsu**	**2709267**	**3720415**	**3198521**	

9-5 工业二氧化硫产生量 续表 1
Volume of Industry Sulfur Dioxide Produced continued 1

单位：吨 (ton)

地名	City	2011	2012	2013	2013 排名 Ranking	地名	City	2011	2012	2013	2013 排名 Ranking
南京	Nanjing	247183	972793	509201	22	池州	Chizhou	65994	81827	93886	170
无锡	Wuxi	308886	278907	289912	49	宣城	Xuancheng	20541	32521	31498	238
徐州	Xuzhou	425868	432140	459921	24	**福建**	**Fujian**	**880845**	**972962**	**962599**	
常州	Changzhou	163211	107316	116913	144	福州	Fuzhou	268501	223551	240433	65
苏州	Suzhou	573794	582531	600132	15	厦门	Xiamen	51324	49957	54309	209
南通	Nantong	244521	219825	215375	81	莆田	Putian	37862	35534	62657	201
连云港	Lianyungang	47127	66649	106433	159	三明	Sanming	65810	81484	83983	181
淮安	Huaian	70442	125532	127202	126	泉州	Quanzhou	201383	335225	236134	68
盐城	Yancheng	65793	96538	134021	122	漳州	Zhangzhou	96277	102265	132657	123
扬州	Yangzhou	190889	186566	186856	93	南平	Nanping	23035	21109	19456	257
镇江	Zhenjiang	278518	498796	285362	51	龙岩	Longyan	57174	58012	70369	195
泰州	Taizhou	54921	107597	127168	127	宁德	Ningde	79479	65825	62601	202
宿迁	Suqian	38114	45225	40025	223	**江西**	**Jiangxi**	**2050073**	**2376003**	**2448622**	
浙江	**Zhejiang**	**2245192**	**2168312**	**1701669**		南昌	Nanchang	59236	87523		
杭州	Hangzhou	152743	162175	171357	99	景德镇	Jingdezhen	37697	37412	76470	189
宁波	Ningbo	1113077	991959	576750	16	萍乡	Pingxiang	97716	102868	100379	164
温州	Wenzhou	130896	125861	116749	145	九江	Jiujiang	147956	225987	255311	57
嘉兴	Jiaxing	165327	209580	200736	86	新余	Xinyu	115191	107794	109740	154
湖州	Huzhou	91657	93349	86923	178	鹰潭	Yingtan	1218008	1405869	1469398	3
绍兴	Shaoxing	109282	128697	119101	136	赣州	Ganzhou	76996	32140	32282	234
金华	Jinhua	105761	103326	101775	163	吉安	Jian	100872	91460	111352	152
衢州	Quzhou	87053	95581	83106	182	宜春	Yichun	100768	185572	189204	91
舟山	Zhoushan	28533	26684	28202	245	抚州	Fuzhou	22750	22909	22418	252
台州	Taizhou	231382	201921	189040	92	上饶	Shangrao	72883	76469	82068	186
丽水	Lishui	29481	29179	27930	246	**山东**	**Shandong**	**4139011**	**4853136**	**5714808**	
安徽	**Anhui**	**2289845**	**2158513**	**3016184**		济南	Jinan	134811	283642	266895	55
合肥	Hefei	88612	98341	123335	131	青岛	Qingdao	249237	190869	263991	56
芜湖	Wuhu	84325	108735	113162	150	淄博	Zibo	585756	602660	601157	14
蚌埠	Bengbu	52635	54441	53486	210	枣庄	Zaozhuang	138117	218620	228465	72
淮南	Huainan	222552	216873	238897	66	东营	Dongying	302430	375256	364660	41
马鞍山	Maanshan	127116	161246	179238	95	烟台	Yantai	379429	391671	447712	29
淮北	Huaibei	67488	62981	74755	191	潍坊	Weifang	537249	537249	381419	38
铜陵	Tongling	1354264	1082084	1796688	1	济宁	Jining	303173	353002	473863	23
安庆	Anqing	34955	87647	114980	148	泰安	Taian	258971	269931	227237	75
黄山	Huangshan	4106	3238	3184	277	威海	Weihai	48206	7207	118881	138
滁州	Chuzhou	22179	26981	30199	241	日照	Rizhao	157050	161947	127630	125
阜阳	Fuyang	55607	55336	55829	207	莱芜	Laiwu	222368	255477	227648	74
宿州	Suzhou	55977	54437	76018	190	临沂	Linyi	239915	224671	248528	63
六安	Liuan	16009	17741	17449	259	德州	Dezhou	276317	282163	282810	53
亳州	Bozhou	17485	14084	13580	263	聊城	Liaocheng		292238	1030817	4

9-5 工业二氧化硫产生量 续表 2
Volume of Industry Sulfur Dioxide Produced continued 2

单位：吨 (ton)

地名	City	2011	2012	2013	2013 排名 Ranking	地名	City	2011	2012	2013	2013 排名 Ranking
滨州	Binzhou	115957	195205	205389	85	常德	Changde	131054	105834	107886	157
菏泽	Heze	190025	211328	217706	79	张家界	Zhangjiajie	25431	22124	24907	249
河南	**Henan**	**2710276**	**2855395**	**2870404**		益阳	Yiyang	121031	110870	135978	120
郑州	Zhengzhou	236478	369074	307883	46	郴州	Chenzhou	210815	294649	305216	47
开封	Kaifeng	110851	109012	114297	149	永州	Yongzhou	38879	45409	43257	219
洛阳	Luoyang	604247	500663	459703	25	怀化	Huaihua	77314	74523	73733	194
平顶山	Pingdingshan	261442	274900	285680	50	娄底	Loudi	72165	176342	194577	88
安阳	Anyang	255365	312377	369741	39	广东	**Guangdong**	**1695842**	**1859835**	**2578802**	
鹤壁	Hebi	91614	89781	99334	165	广州	Guangzhou			445344	30
新乡	Xinxiang	154789	173941	190489	89	韶关	Shaoguan	97034	97957	116940	143
焦作	Jiaozuo	90234	120107	118468	140	深圳	Shenzhen	35185	36683	35342	228
濮阳	Puyang	44202	51323	48151	215	珠海	Zhuhai	103011	90308	89681	175
许昌	Xuchang	130235	125651	122165	133	汕头	Shantou	110955		106970	158
漯河	Luohe	62548	62151	49101	214	佛山	Foshan	179563	191917	221862	77
三门峡	Sanmenxia	225850	232128	237697	67	江门	Jiangmen	169116	163060	176441	96
南阳	Nanyang	170148	144445	144445	114	湛江	Zhanjiang	87870	95344	119028	137
商丘	Shangqiu	83516	75307	116966	142	茂名	Maoming	93774	361854	439518	31
信阳	Xinyang	102995	117233	96399	169	肇庆	Zhaoqing	31933	32689	49378	213
周口	Zhoukou	22533	25699	23716	250	惠州	Huizhou	101397	96922	82137	183
驻马店	Zhumadian	63229	71602	86169	179	梅州	Meizhou	102294	110500	139357	117
湖北	**Hubei**	**1566690**	**1897526**	**2647534**		汕尾	Shanwei	43303	82181	65552	197
武汉	Wuhan	268458	250913	248900	61	河源	Heyuan	47015			
黄石	Huangshi	610269	667346	799292	8	阳江	Yangjiang	38929	57359	55548	208
十堰	Shiyan	28801	27054	25617	248	清远	Qingyuan	56743	48633	29048	243
宜昌	Yichang	124435	404707	921272	6	东莞	Dongguan	274618	278375	249413	60
襄阳	Xiangfan	80594	52268	60024	204	中山	ZhongShan	22306	31529	32510	231
鄂州	Ezhou	102837	87930	98789	166	潮州	Chaozhou	16900			
荆门	Jingmen	116182	108143	98395	167	揭阳	Jieyang	42493	43222	89485	176
孝感	Xiaogan	84852	69047	136487	119	云浮	Yunfu	41403	41302	35248	229
荆州	Jingzhou	71553	112326	104515	162	广西	**Guangxi**	**1382290**	**1692976**	**1691922**	
黄冈	Huanggang	39005	62315	62579	203	南宁	Nanning	54230	111421	126980	128
咸宁	Xianning	35104	50728	87133	177	柳州	Liuzhou	126966	187351	189556	90
随州	Suizhou	4600	4749	4531	276	桂林	Guilin	102305	127436	125570	130
湖南	**Hunan**	**1411676**	**1408823**	**1528364**		梧州	Wuzhou	11095	11280	13610	262
长沙	Changsha	70420	55808	47614	216	北海	Beihai	32370	42255	40511	222
株洲	Zhuzhou	290997	38965	31397	239	防城港	Fangchenggang	108131	52582	56159	206
湘潭	Xiangtan	99847	114668	118527	139	钦州	Qinzhou	19552	70608	50948	212
衡阳	Hengyang	100990	172704	185207	94	贵港	Guigang	114339	58365	64732	200
邵阳	Shaoyang	25913	64510	111647	151	玉林	Yulin	8626	10576	9167	271
岳阳	Yueyang	146820	132417	148418	108	百色	Baise		194419	155704	106

9-5 工业二氧化硫产生量 续表 3
Volume of Industry Sulfur Dioxide Produced continued 3

单位：吨 (ton)

地名	City	2011	2012	2013	2013 排名 Ranking	地名	City	2011	2012	2013	2013 排名 Ranking
贺州	Hezhou	28875	21685	143765	115	丽江	Lijiang	7500	7458	6831	273
河池	Hechi	592086	371703	291862	48	普洱	Puer	10483	13254	11073	268
来宾	Laibin	175308	425092	411100	33	临沧	Lincang	28091	28547	28251	244
崇左	Chongzuo	8407	8203	12258	266	**西藏**	**Tibet**	**923**	**1091**	**1092**	
海南	**Hainan**		**1834**	**1801**		拉萨	Lhasa	923	1091	1092	280
海口	Haikou		1834	1798	279	**陕西**	**Shaanxi**	**1721115**	**1894330**	**1739963**	
三亚	Sanya			3	281	西安	Xi'an	98000	255908	146422	110
重庆	**Chongqing**	**1526334**	**1285476**	**1404981**		铜川	Tongchuan	21423	92352	93510	172
四川	**Sichuan**	**1459810**	**1753812**	**1828252**		宝鸡	Baoji	266468	192222	249844	58
成都	Chengdu	108723	122398	115512	147	咸阳	Xianyang	144177	209138	213619	83
自贡	Zigong	42410	31875	36539	227	渭南	Weinan	766550	597553	547915	19
攀枝花	Panzhihua	130898	151074	158621	104	延安	Yan'an	22308	19732	18557	258
泸州	Luzhou	172233	176307	170305	100	汉中	Hanzhong	101544	68747	142537	116
德阳	Deyang	104563	107505	32474	232	榆林	Yulin	266500	283764	282869	52
绵阳	Mianyang	100727	89467	82086	185	安康	Ankang	11028	11124	12398	265
广元	Guangyuan	26359	21111	20930	254	商洛	Shangluo	23117	163790	32292	233
遂宁	Suining	10327	11598	12024	267	**甘肃**	**Gansu**	**2458952**	**2726419**	**2612915**	
内江	Neijiang	156181	167084	233516	70	兰州	Lanzhou	180421	160969	167921	101
乐山	Leshan	70095	64823	74127	193	嘉峪关	Jiayuguan	87240	65530	64951	198
南充	Nanchong	10606	11360	9782	270	金昌	Jinchang	1364205	1506050	1522900	2
眉山	Meishan	29959		23245	251	白银	Baiyin	594422	742075	552235	17
宜宾	Yibin	173926	378325	450541	28	天水	Tianshui	18993	28447	21782	253
广安	Guangan	147595	238856	248653	62	武威	Wuwei	1560	1523	32015	235
达州	Dazhou	127835	126612	108760	156	张掖	Zhangye	41408	51413	51014	211
雅安	Yaan	38712	46678	42476	221	平凉	Pingliang	128787	148853	123005	132
巴中	Bazhong	2816	1997	1970	278	酒泉	Jiuquan	18581	720	45990	218
资阳	Ziyang	5845	6742	6691	274	庆阳	Qingyang	7381	6995	7872	272
贵州	**Guizhou**	**2138193**	**2269361**	**2203849**		定西	Dingxi	6051	6417	10743	269
贵阳	Guiyang	343061	157236	174859	97	陇南	Longnan	9903	7427	12487	264
六盘水	Liupanshui	570386	642141	667585	13	**青海**	**Qinghai**	**115142**	**133510**	**152190**	
遵义	Zunyi	79026	320366	198414	87	西宁	Xining	115142	133510	134316	121
安顺	Anshun	202357	213310	85351	180	**宁夏**	**Ningxia**	**849266**	**1015513**	**1016553**	
毕节	Bijie	797859	790095	932197	5	银川	Yinchuan	262375	362115	350693	43
铜仁	Tongren	145504	146213	145443	112	石嘴山	Shizuishan	264907	340877	345841	44
云南	**Yunnan**	**996320**	**1524815**	**1471872**		吴忠	Wuzhong	218768	229205	232350	71
昆明	Kunming	450000	552412	457048	26	固原	Guyuan	38538	33645	29440	242
曲靖	Qujing	396341	682216	682107	12	中卫	Zhongwei	64678	49671	58229	205
玉溪	Yuxi	74301	118897	126426	129	**新疆**	**Xinjiang**	**180000**	**400899**	**389682**	
保山	Baoshan	15043	18109	15290	260	乌鲁木齐	Urumqi	130000	231151	223269	76
昭通	Zhaotong	14561	103922	144846	113	克拉玛依	Karamay	50000	169748	166413	102

9-6 工业二氧化硫排放量
Volume of Sulfur Dioxide Emission

单位：吨 (ton)

地名	City	2010	2012	2013	2013 排名 Ranking	地名	City	2010	2012	2013	2013 排名 Ranking
城市合计	**Prefecture Cities**	**16931974**	**17131450**	**16526300**		沈阳	Shenyang	77385	96756	130672	16
北京	**Beijing**	**56844**	**59330**	**52041**		大连	Dalian	78866	114589	102938	40
天津	**Tianjin**	**217620**	**215481**	**207793**		鞍山	Anshan	77532	122876	124889	20
河北	**Hebei**	**994138**	**1238738**	**1165288**		抚顺	Fushun	50553	55891	51430	117
石家庄	Shijiazhuang	137934	179942	181532	8	本溪	Benxi	87528	75796	70002	84
唐山	Tangshan	238061	313051	282806	1	丹东	Dandong	27955	33594	34200	175
秦皇岛	Qinhuangdao	44737	71727	72501	78	锦州	Jinzhou	61739	47340	36584	162
邯郸	Handan	161805	202792	184980	6	营口	Yingkou	77072	50723	52069	115
邢台	Xingtai	96139	99770	91811	50	阜新	Fuxin	52912	102154	102913	41
保定	Baoding	53984	75312	79253	67	辽阳	Liaoyang	30513	49893	44580	134
张家口	Zhangjiakou	92997	82991	77689	69	盘锦	Panjin	17561		58565	104
承德	Chengde	71294	83407	72424	79	铁岭	Tieling	52802	36283	33061	177
沧州	Cangzhou	25832	44476	40689	149	朝阳	Chaoyang	41530	59262	50542	119
廊坊	Langfang	32302	51098	48607	123	葫芦岛	Huludao	63011	78589	72920	77
衡水	Hengshui	39053	34169	32996	179	**吉林**	**Jilin**	**287362**	**328887**	**306539**	
山西	**Shanxi**	**1094983**	**1075279**	**1129897**		长春	Changchun	60528	69046	57246	109
太原	Taiyuan	94233	101780	88900	55	吉林	Jilin	66448	81809	69924	85
大同	Datong	97416	135097	128026	19	四平	Siping	56644	45291	44618	133
阳泉	Yangquan	109377	98713	93767	48	辽源	Liaoyuan	11048	13501	19724	223
长治	Changzhi	121102	136945	131999	15	通化	Tonghua	38143	45389	37207	158
晋城	Jincheng	98125	82579	82246	61	白山	Baishan	24097	22552	28003	195
朔州	Shuozhou	137040	114780	108902	30	松原	Songyuan	16846	31667	31112	183
晋中	Jinzhong	96699	111377	104113	37	白城	Baicheng	13608	19632	18705	229
运城	Yuncheng	121407	121687	128741	17	**黑龙江**	**Heilongjiang**	**404438**	**319508**	**282962**	
忻州	Xinzhou	78831	65524	63634	93	哈尔滨	Harbin	54000	80740	65987	89
临汾	Linfen	66627	92469	91101	51	齐齐哈尔	Qiqihar	54940	48750	4875	278
吕梁	Luliang	74126	14328	108468	31	鸡西	Jixi	19762	24068	21384	211
内蒙古	**Inner Mongolia**	**934607**	**1073604**	**1072020**		鹤岗	Hegang	32703	16573	14501	250
呼和浩特	Hohhot	74041	99375	96190	45	双鸭山	Shuangyashan	54489	29662	17556	234
包头	Baotou	174718	209781	197650	5	大庆	Daqing	60515	55054	47034	125
乌海	Wuhai	100000	112397	112317	27	伊春	Yichun	10515	17002	20252	219
赤峰	Chifeng	47524	126137	123085	21	佳木斯	Jiamusi	37268	13045	12930	255
通辽	Tongliao	78030	83055	117500	23	七台河	Qitaihe	18767	17502	16594	240
鄂尔多斯	Erdos	225519	225666	212067	2	牡丹江	Mudanjiang	42691	23140	23131	207
呼伦贝尔	Hulunbuir	99489	85120	76915	71	黑河	Heihe	16790	24491	24508	201
巴彦淖尔	Bayannur	72370	71193	77493	70	绥化	Suihua	1998	13356	14210	251
乌兰察布	Ulanqab	62916	60880	58803	103	**上海**	**Shanghai**	**221476**	**240100**	**172900**	
辽宁	**Liaoning**	**796959**	**923746**	**965365**		**江苏**	**Jiangsu**	**1207743**	**959209**	**909479**	

9-6 工业二氧化硫排放量 续表 1
Volume of Sulfur Dioxide Emission continued 1

单位：吨 (ton)

地名	City	2010	2012	2013	2013 排名 Ranking	地名	City	2010	2012	2013	2013 排名 Ranking
南京	Nanjing	115507	119155	110665	29	池州	Chizhou	21847	16017	15883	244
无锡	Wuxi	99857	86833	83213	59	宣城	Xuancheng	10045	20346	19790	221
徐州	Xuzhou	85851	142678	134558	14	**福建**	**Fujian**	**384135**	**351565**	**341993**	
常州	Changzhou	48000	35984	35830	167	福州	Fuzhou	93635	76225	76043	72
苏州	Suzhou	496377	183401	164970	11	厦门	Xiamen	44454	18526	18772	228
南通	Nantong	60740	69821	63010	96	莆田	Putian	17648	13720	11227	259
连云港	Lianyungang	34430	40629	43462	139	三明	Sanming	63064	48168	46386	128
淮安	Huaian	39597	46937	44957	131	泉州	Quanzhou	53546	100569	90615	52
盐城	Yancheng	31966	40343	44815	132	漳州	Zhangzhou	19017	27628	36156	165
扬州	Yangzhou	65994	46046	45803	130	南平	Nanping	34933	20818	19123	224
镇江	Zhenjiang	56402	70455	63190	95	龙岩	Longyan	40931	28918	28726	193
泰州	Taizhou	52950	51979	50372	120	宁德	Ningde	16907	16993	14945	248
宿迁	Suqian	20072	24948	24634	200	**江西**	**Jiangxi**	**469134**	**555659**	**543492**	
浙江	**Zhejiang**	**548291**	**604530**	**584704**		南昌	Nanchang	30636	43470	40756	148
杭州	Hangzhou	88682	86181	82021	62	景德镇	Jingdezhen	35902	27634	27954	196
宁波	Ningbo	109840	144356	134630	13	萍乡	Pingxiang	42358	87127	90051	53
温州	Wenzhou	61788	36695	34479	173	九江	Jiujiang	66817	92076	93816	47
嘉兴	Jiaxing	67198	76572	72960	76	新余	Xinyu	45654	60637	58335	105
湖州	Huzhou	50976	38474	36806	161	鹰潭	Yingtan	25501	18892	18937	226
绍兴	Shaoxing	54882	59280	59635	102	赣州	Ganzhou	29559	50885	52420	113
金华	Jinhua	28045	39547	37141	159	吉安	Jian	48140	36823	35374	169
衢州	Quzhou	26322	37428	43359	140	宜春	Yichun	86721	83384	71715	82
舟山	Zhoushan	22634	13769	13687	252	抚州	Fuzhou	22366	19908	19748	222
台州	Taizhou	24552	44209	43170	141	上饶	Shangrao	35480	34823	34386	174
丽水	Lishui	13372	28019	26816	199	**山东**	**Shandong**	**1382874**	**1545966**	**1358226**	
安徽	**Anhui**	**483911**	**469562**	**450402**		济南	Jinan	70297	103187	81118	63
合肥	Hefei	31988	45572	41483	146	青岛	Qingdao	86190	72562	69337	87
芜湖	Wuhu	40765	36789	38116	154	淄博	Zibo	163602	219273	206723	3
蚌埠	Bengbu	17735	18700	16970	239	枣庄	Zaozhuang	75952	75264	60372	99
淮南	Huainan	98680	67899	60770	98	东营	Dongying	70995	55457	52818	112
马鞍山	Maanshan	60543	67717	64723	90	烟台	Yantai	88047	86655	79834	65
淮北	Huaibei	51200	44859	43581	138	潍坊	Weifang	116122	126921	128227	18
铜陵	Tongling	40126	37869	36889	160	济宁	Jining	118716	131236	122930	22
安庆	Anqing	17409	17130	17168	238	泰安	Taian	67699	70980	60160	101
黄山	Huangshan	2440	3238	3184	279	威海	Weihai	31785	39702	36212	163
滁州	Chuzhou	13451	17702	18522	230	日照	Rizhao	49592	56392	52084	114
阜阳	Fuyang	10405	19201	18267	232	莱芜	Laiwu	58497	88387	73084	75
宿州	Suzhou	14847	30002	29360	189	临沂	Linyi	87757	99439	105438	35
六安	Liuan	15809	14085	13645	253	德州	Dezhou	103475	84228	78214	68
亳州	Bozhou	14579	12436	12051	256	聊城	Liaocheng	71865	79316	1724	282

9-6 工业二氧化硫排放量 续表 2
Volume of Sulfur Dioxide Emission continued 2

单位：吨 (ton)

地名	City	2010	2012	2013	2013 排名 Ranking
滨州	Binzhou	70668	79872	80330	64
菏泽	Heze	51615	77095	69621	86
河南	**Henan**	**1072032**	**1089681**	**1019661**	
郑州	Zhengzhou	116857	141246	106123	34
开封	Kaifeng	28322	44496	42892	143
洛阳	Luoyang	211027	136354	117413	24
平顶山	Pingdingshan	114674	102966	113426	25
安阳	Anyang	93059	118149	113310	26
鹤壁	Hebi	48337	36623	40460	150
新乡	Xinxiang	40145	58943	57033	110
焦作	Jiaozuo	78217	68835	60357	100
濮阳	Puyang	23670	24243	23277	206
许昌	Xuchang	22772	38317	38099	155
漯河	Luohe	17907	22442	18359	231
三门峡	Sanmenxia	114668	107849	104992	36
南阳	Nanyang	51762	64761	61731	97
商丘	Shangqiu	31116	34450	36033	166
信阳	Xinyang	48900	36002	33706	176
周口	Zhoukou	11926	22175	20604	216
驻马店	Zhumadian	18673	31829	31846	182
湖北	**Hubei**	**488409**	**522464**	**503808**	
武汉	Wuhan	87256	100072	97600	44
黄石	Huangshi	74480	83362	82400	60
十堰	Shiyan	25210	18342	18071	233
宜昌	Yichang	69389	65349	55077	111
襄阳	Xiangfan	46861	46667	43958	136
鄂州	Ezhou	42527	31083	35752	168
荆门	Jingmen	41168	37083	34602	171
孝感	Xiaogan	36275	45394	42991	142
荆州	Jingzhou	30111	48486	43985	135
黄冈	Huanggang	13922	20531	17441	235
咸宁	Xianning	13400	21768	24009	203
随州	Suizhou	7810	4327	7922	270
湖南	**Hunan**	**603667**	**488238**	**580782**	
长沙	Changsha	54678	21209	21173	212
株洲	Zhuzhou	57883	35636	41671	144
湘潭	Xiangtan	66704	42869	46242	129
衡阳	Hengyang	56543	86499	83738	58
邵阳	Shaoyang	15852	17054	15794	245
岳阳	Yueyang	57114	60156	58231	106
常德	Changde	47728	39364	37246	157
张家界	Zhangjiajie	6379	20438	23280	205
益阳	Yiyang	62145	49085	51294	118
郴州	Chenzhou	40587	47044	39244	152
永州	Yongzhou	20762	24582	23679	204
怀化	Huaihua	42160	40095	39017	153
娄底	Loudi	75132	4207	100173	43
广东	**Guangdong**	**794914**	**628605**	**715086**	
广州	Guangzhou			63331	94
韶关	Shaoguan	48325	50789	48861	122
深圳	Shenzhen	32641	9847	8193	268
珠海	Zhuhai	35587	30151	22653	209
汕头	Shantou	25002	23539	29060	190
佛山	Foshan	99100	84626	79441	66
江门	Jiangmen	44712		57857	107
湛江	Zhanjiang	43785	25379	22877	208
茂名	Maoming	33665	30478	30106	186
肇庆	Zhaoqing	31420	29220	29647	188
惠州	Huizhou	33058	35501	30029	187
梅州	Meizhou	42405	35400	37739	156
汕尾	Shanwei	17585	17516	11794	258
河源	Heyuan	21692		10506	261
阳江	Yangjiang	16102	20962	18974	225
清远	Qingyuan	54614	25983	21109	213
东莞	Dongguan	99913	118663	112132	28
中山	ZhongShan	46050	27363	22490	210
潮州	Chaozhou	13338	17300	13444	254
揭阳	Jieyang	20321	14643	17398	236
云浮	Yunfu	35599	31245	27445	197
广西	**Guangxi**	**773395**	**471621**	**437998**	
南宁	Nanning	65696	30626	33045	178
柳州	Liuzhou		53506	46717	126
桂林	Guilin	48181	39191	36176	164
梧州	Wuzhou	48800	8797	9870	263
北海	Beihai	34185	12637	11912	257
防城港	Fangchenggang	31585	21462	20246	220
钦州	Qinzhou	44140	16989	16179	242
贵港	Guigang	66744	20663	20506	218
玉林	Yulin	73031	7754	8644	266
百色	Baise	80179	95939	84093	57

9-6 工业二氧化硫排放量 续表 3
Volume of Sulfur Dioxide Emission continued 3

单位：吨 (ton)

地名	City	2010	2012	2013	2013 排名 Ranking
贺州	Hezhou	26667	5369	11224	260
河池	Hechi	59315	54542	47132	124
来宾	Laibin	171282	97516	85054	56
崇左	Chongzuo	23590	6630	7200	273
海南	**Hainan**	**104**	**1834**	**1801**	
海口	Haikou	92	1834	1798	281
三亚	Sanya	12		3	284
重庆	**Chongqing**	**572747**	**509788**	**494415**	
四川	**Sichuan**	**859458**	**766665**	**690279**	
成都	Chengdu	61928	56730	52040	116
自贡	Zigong	36611	31337	26995	198
攀枝花	Panzhihua	100568	111301	106256	32
泸州	Luzhou	91275	46571	41528	145
德阳	Deyang	22641	19389	16039	243
绵阳	Mianyang	46081	35973	35002	170
广元	Guangyuan	35365	21111	20930	214
遂宁	Suining	10989	7859	6694	275
内江	Neijiang	64586	84414	103305	39
乐山	Leshan	77516	51907	46698	127
南充	Nanchong	5733	9230	7881	271
眉山	Meishan	20818	27076	20775	215
宜宾	Yibin	86786	138162	106171	33
广安	Guangan	74851	56912	66405	88
达州	Dazhou	85222	55375	20602	217
雅安	Yaan	6652	4899	4899	277
巴中	Bazhong	8676	1996	1968	280
资阳	Ziyang	23160	6423	6091	276
贵州	**Guizhou**	**387562**	**666623**	**645374**	
贵阳	Guiyang	84508	65259	70602	83
六盘水	Liupanshui	88517	204043	183321	7
遵义	Zunyi	66804	85711	93948	46
安顺	Anshun	147733	80645	76017	73
毕节	Bijie		184433	181304	9
铜仁	Tongren		46532	40182	151
云南	**Yunnan**	**309400**	**412445**	**411622**	
昆明	Kunming	94265	113277	101669	42
曲靖	Qujing	172800	175178	175178	10
玉溪	Yuxi	10056	29899	43911	137
保山	Baoshan	7169	16996	15136	247
昭通	Zhaotong	9037	31519	32441	180
丽江	Lijiang	3723	7387	6831	274
普洱	Puer	8723	9642	8205	267
临沧	Lincang	3627	28547	28251	194
西藏	**Tibet**		**1075**	**1075**	
拉萨	Lhasa		1075	1075	283
陕西	**Shaanxi**	**707045**	**635603**	**587733**	
西安	Xi'an	81504	83063	64664	91
铜川	Tongchuan	16343	18098	17196	237
宝鸡	Baoji	57851	30534	28785	192
咸阳	Xianyang	86305	67248	57755	108
渭南	Weinan	287814	152298	143012	12
延安	Yan'an	11196	17616	16515	241
汉中	Hanzhong	37980	30294	30837	185
榆林	Yulin	110499	206242	200778	4
安康	Ankang	5983	9649	9394	265
商洛	Shangluo	11570	20561	18797	227
甘肃	**Gansu**	**413130**	**451168**	**392887**	
兰州	Lanzhou	69800	70151	72148	80
嘉峪关	Jiayuguan	24518	50986	50362	121
金昌	Jinchang	86896	104951	103732	38
白银	Baiyin	110014	106941	10226	262
天水	Tianshui	7412	9910	9419	264
武威	Wuwei	4830	1523	32015	181
张掖	Zhangye	21084	30398	28910	191
平凉	Pingliang	59643	33796	30956	184
酒泉	Jiuquan	14500	25961	24435	202
庆阳	Qingyang	4084	5740	15167	246
定西	Dingxi	3707	6217	8062	269
陇南	Longnan	6642	4594	7455	272
青海	**Qinghai**	**72874**	**71408**	**89713**	
西宁	Xining	72874	71408	71839	81
宁夏	**Ningxia**	**264353**	**295140**	**295535**	
银川	Yinchuan	24150	105743	92369	49
石嘴山	Shizuishan	112839	91060	89780	54
吴忠	Wuzhong	77043	65799	64137	92
固原	Guyuan	4210	17911	14749	249
中卫	Zhongwei	46111	14627	34500	172
新疆	**Xinjiang**	**128370**	**157928**	**115430**	
乌鲁木齐	Urumqi	94146	109802	74216	74
克拉玛依	Karamay	34224	48126	41214	147

9-7 工业烟（粉）尘去除量
Volume of Industrial Soot (dust) Removed

单位：吨 (ton)

地名	City	2010	2012	2013	2013 排名 Ranking
城市合计	**Prefecture Cities**	**350039826**	**652647691**	**673158409**	
北京	**Beijing**	**1907537**			
天津	**Tianjin**	**4844544**		**6640410**	
河北	**Hebei**	**28066850**	**52024973**	**43463827**	
石家庄	Shijiazhuang	3823559	10118477	525134	231
唐山	Tangshan	9065052		16358017	1
秦皇岛	Qinhuangdao	1621884	2150402	2079644	116
邯郸	Handan	3436523	13393265	9598433	4
邢台	Xingtai	1380090	3200655	3353160	65
保定	Baoding	1384577	2075174	1326353	166
张家口	Zhangjiakou	4047624	2637588	4322258	39
承德	Chengde	1023200		2062026	119
沧州	Cangzhou	1063010	16085660	1742600	140
廊坊	Langfang	395438	1358270	1353856	160
衡水	Hengshui	825893	1005482	742337	206
山西	**Shanxi**	**22497240**	**49666377**	**40477012**	
太原	Taiyuan	3245803	5840526	4847500	30
大同	Datong	431046	7288138	5981599	22
阳泉	Yangquan	824681	1631633	2084849	115
长治	Changzhi	3861692	7006418	5794274	23
晋城	Jincheng	1161946	3158347	2850068	83
朔州	Shuozhou	5329117	8477636	8661529	5
晋中	Jinzhong	1238888	4879498	71771	268
运城	Yuncheng	2655982	2753679	2759780	86
忻州	Xinzhou	1460688	288868	311602	244
临汾	Linfen	1038993	5264804	4081858	45
吕梁	Luliang	1248404	3076830	3032182	77
内蒙古	**Inner Mongolia**	**22565763**	**33164287**	**47102348**	
呼和浩特	Hohhot	114583	2812079	6827550	16
包头	Baotou	3925911	7001813	6545382	20
乌海	Wuhai	1667838	5330661	4076554	46
赤峰	Chifeng	2482606	2958589	3374301	64
通辽	Tongliao	4206570	9323453	9603156	3
鄂尔多斯	Erdos	4566000		7419989	13
呼伦贝尔	Hulunbuir	2077043	3468966	3799953	54
巴彦淖尔	Bayannur	978778	2062936	2312187	100
乌兰察布	Ulanqab	2546434	205790	3143276	71
辽宁	**Liaoning**	**21224033**	**29108234**	**28878374**	

地名	City	2010	2012	2013	2013 排名 Ranking
沈阳	Shenyang	2343064	2079448	2108881	112
大连	Dalian	2166019	5445970	4179954	41
鞍山	Anshan	2580049	2224012	1982473	124
抚顺	Fushun	3994381	2483680	2062756	118
本溪	Benxi	323802	2521091	2482995	94
丹东	Dandong	414370	707944	909000	194
锦州	Jinzhou	707539	1067686	858193	201
营口	Yingkou	1596373	1947922	1918319	130
阜新	Fuxin	1514400	1466430	1747437	139
辽阳	Liaoyang	171719	3278714	3844503	53
盘锦	Panjin	267218		684955	210
铁岭	Tieling	2999867	2248712	3621175	58
朝阳	Chaoyang	467571	1126473	977501	189
葫芦岛	Huludao	1677661	2510152	1500232	152
吉林	**Jilin**	**9128389**	**13054022**	**11650824**	
长春	Changchun	1577651	620462	1661896	145
吉林	Jilin	3390524	4887572	3868669	50
四平	Siping	924900	2301561	1651845	147
辽源	Liaoyuan	707543	1225078	918819	193
通化	Tonghua	1074155	1337587	1453281	156
白山	Baishan	1213714	1179714	1133072	178
松原	Songyuan	143791	593978	581923	224
白城	Baicheng	96111	908070	381319	241
黑龙江	**Heilongjiang**	**11328804**	**14719184**	**15266819**	
哈尔滨	Harbin	1639587	4031270	3864927	51
齐齐哈尔	Qiqihar	24757	24757	24757	273
鸡西	Jixi	867134	611724	1359507	159
鹤岗	Hegang	177308	1547819	1493252	153
双鸭山	Shuangyashan	377889	873281	864217	200
大庆	Daqing	4225279	1754865	1319166	167
伊春	Yichun	345971	15502	721281	207
佳木斯	Jiamusi	757180	1366793	1289878	168
七台河	Qitaihe	1765183	2059202	1869426	132
牡丹江	Mudanjiang	349417	1819788	1707103	142
黑河	Heihe	425501	604340	582561	223
绥化	Suihua	373598	9843	170744	256
上海	**Shanghai**	**4723090**			
江苏	**Jiangsu**	**23441959**	**41179332**	**39164114**	

9-7 工业烟（粉）尘去除量 续表 1
Volume of Industrial Soot(dust) Removed continued 1

单位：吨 (ton)

地名	City	2010	2012	2013	2013 排名 Ranking	地名	City	2010	2012	2013	2013 排名 Ranking
南京	Nanjing	3008848	5684896	5396989	26	池州	Chizhou	439507	811911	866657	199
无锡	Wuxi	3506771	4726407	5633367	25	宣城	Xuancheng	75705	2342011	2206937	108
徐州	Xuzhou	5639852	8710897	7611744	12	**福建**	**Fujian**	**6713858**	**16788387**	**19220306**	
常州	Changzhou	1359084	2198838	2071449	117	福州	Fuzhou	1373417	1697679	2918549	80
苏州	Suzhou	3904745	6242918	6229796	21	厦门	Xiamen	617166	488518	440731	237
南通	Nantong	1635979	2182914	2279475	102	莆田	Putian	197220	156102	216175	252
连云港	Lianyungang		957766	1868082	133	三明	Sanming	1339433	3695706	4496687	37
淮安	Huaian	1445387	2800988	1719501	141	泉州	Quanzhou	1033656	1578995	1544949	149
盐城	Yancheng	489295	2309931	1277259	169	漳州	Zhangzhou	699910	793033	952415	190
扬州	Yangzhou	90948	1554891	1653530	146	南平	Nanping	768104	779671	704894	208
镇江	Zhenjiang	1416549	2523609	2118987	110	龙岩	Longyan	684258	6494332	7385189	14
泰州	Taizhou	72843	963805	899237	195	宁德	Ningde	694	1104351	560717	227
宿迁	Suqian	119105	321472	404698	239	**江西**	**Jiangxi**	**8359036**	**15225640**	**16584657**	
浙江	**Zhejiang**	**12466130**	**26302116**	**25873586**		南昌	Nanchang	127397	753404		
杭州	Hangzhou	1061174	4063616	4172829	42	景德镇	Jingdezhen	660735	6641	1052076	184
宁波	Ningbo	5777233	6062220	6796256	18	萍乡	Pingxiang	690514	15741	1341268	163
温州	Wenzhou	865893	1083830	1084490	182	九江	Jiujiang	1084513	2179830	2279099	103
嘉兴	Jiaxing	1121435	2252120	2115343	111	新余	Xinyu	667668	1643317	1477147	155
湖州	Huzhou	789284	4160278	3580830	59	鹰潭	Yingtan	471387	843927	1136993	177
绍兴	Shaoxing	307883	1493593	1333616	165	赣州	Ganzhou	196978	1567399	2219154	107
金华	Jinhua	728650	2809302	2010074	123	吉安	Jian	676147	666523	655131	212
衢州	Quzhou	370438	3585174	3531549	62	宜春	Yichun	2491643	3632551	3568048	60
舟山	Zhoushan	272331	177781	114444	263	抚州	Fuzhou	5240	6489	6598	277
台州	Taizhou	1147402	528139	1011337	187	上饶	Shangrao	1286814	3909818	2849143	84
丽水	Lishui	24407	86063	122818	260	**山东**	**Shandong**	**35964478**	**61883307**	**63409388**	
安徽	**Anhui**	**16851337**	**38851280**	**40351511**		济南	Jinan	2186420	4656409	4140877	43
合肥	Hefei	1435799	4503070	4770975	32	青岛	Qingdao	2178880	2672791	2573400	91
芜湖	Wuhu	254236	7219301	7757411	10	淄博	Zibo	3240587	7779217	6949682	15
蚌埠	Bengbu	550887	97634	100467	266	枣庄	Zaozhuang	1522004	5467897	5694585	24
淮南	Huainan	5840534	8613708	8646126	6	东营	Dongying	1173165	1372440	1338461	164
马鞍山	Maanshan	1703589	3777723	4551509	34	烟台	Yantai	1883089	4425059	4994525	27
淮北	Huaibei	1545903	1328986	610694	218	潍坊	Weifang	3068977	4441232	4894350	28
铜陵	Tongling	1097855	4961977	4701887	33	济宁	Jining	4482982	6345205	8459756	7
安庆	Anqing	734522	1777144	1481993	154	泰安	Taian	1808673	3447157	2350670	98
黄山	Huangshan	5135	16978	16472	274	威海	Weihai	493462	1204627	1185624	175
滁州	Chuzhou	29396	949608	1186099	174	日照	Rizhao	1197323	3196529	3561092	61
阜阳	Fuyang	1186166	1227240	1352850	161	莱芜	Laiwu	2155712	3820672	3974017	49
宿州	Suzhou	793298	1011744	1846949	134	临沂	Linyi	2218632	4101197	4222145	40
六安	Liuan	98168	175946	216083	253	德州	Dezhou	3011137	2586383	1921635	129
亳州	Bozhou	11428	36299	38402	270	聊城	Liaocheng	2135341	2257064	2691167	89

9-7　工业烟（粉）尘去除量　续表 2
Volume of Industrial Soot(dust) Removed　continued 2

单位：吨 (ton)

地名	City	2010	2012	2013	2013 排名 Ranking
滨州	Binzhou	2172529	2131857	2480607	95
菏泽	Heze	1035565	1977571	1976795	125
河南	**Henan**	**26628529**	**62635424**	**50855668**	
郑州	Zhengzhou	3555305	10193815	10193815	2
开封	Kaifeng	818221	3951621	317579	243
洛阳	Luoyang	3096929	12641243	6827141	17
平顶山	Pingdingshan	4280392	7234294	7716020	11
安阳	Anyang	1397165	3196194	3063547	75
鹤壁	Hebi	1387207	1776987	2106021	113
新乡	Xinxiang	1275577	4602547	3276417	67
焦作	Jiaozuo	1357532	3406070	3764211	57
濮阳	Puyang	563181	1913227	2041581	121
许昌	Xuchang	1189415	2994549	2053699	120
漯河	Luohe	284380	933322	682635	211
三门峡	Sanmenxia	2109958	3230949	3230949	68
南阳	Nanyang	2544585	1759734	1759734	137
商丘	Shangqiu	1177934	1339849	920900	192
信阳	Xinyang	723665	825533	896465	196
周口	Zhoukou	64854	262397	251872	249
驻马店	Zhumadian	802229	2373093	1753082	138
湖北	**Hubei**	**11727777**	**16015570**	**23440912**	
武汉	Wuhan	2473257	3205296	2874300	82
黄石	Huangshi	2608460	2139688	3861592	52
十堰	Shiyan	479368	850497	604472	221
宜昌	Yichang	360634	1717289	1925613	128
襄阳	Xiangfan	408823	2800741	3020574	78
鄂州	Ezhou	1525718	2156273	1525000	150
荆门	Jingmen	1864377		4869951	29
孝感	Xiaogan	396995	992296	1550358	148
荆州	Jingzhou	317730	533654	508710	232
黄冈	Huanggang	176701	246925	987098	188
咸宁	Xianning	1111309	1351390	1685807	144
随州	Suizhou	4405	21521	27437	272
湖南	**Hunan**	**5687585**	**22943367**	**25674425**	
长沙	Changsha	103169	1316949	1141000	176
株洲	Zhuzhou	399923	1879323	1878232	131
湘潭	Xiangtan	669156	6639735	6652307	19
衡阳	Hengyang	669300	3237845	3137845	72
邵阳	Shaoyang	76498	487878	651139	213
岳阳	Yueyang	1096192	2007604	1220387	173

地名	City	2010	2012	2013	2013 排名 Ranking
常德	Changde	196202	1653089	1695711	143
张家界	Zhangjiajie	57707	248091	291319	246
益阳	Yiyang	88506	1067860	885637	198
郴州	Chenzhou	1924006	3086522	3000370	79
永州	Yongzhou	10764	473624	494903	234
怀化	Huaihua	97636	484675	607954	219
娄底	Loudi	298526	360172	4017621	47
广东	**Guangdong**	**9136944**	**15139130**	**17894575**	
广州	Guangzhou			3114074	73
韶关	Shaoguan	1268622	288018	458739	236
深圳	Shenzhen	408996	391967	388863	240
珠海	Zhuhai	760362	733858	822876	204
汕头	Shantou	496129	520413	853454	202
佛山	Foshan	996915	1992461	1967613	126
江门	Jiangmen	1136126	1437621	1419523	157
湛江	Zhanjiang	107101	115671	1014024	186
茂名	Maoming	166538	711201	689290	209
肇庆	Zhaoqing	170016	1726361	1836659	135
惠州	Huizhou	106689	1745228		
梅州	Meizhou	774751	953300	2251838	104
汕尾	Shanwei	35523	570995	490997	235
河源	Heyuan	6872			
阳江	Yangjiang	95603	422175	573319	226
清远	Qingyuan	563497	1182438	612820	216
东莞	Dongguan	647084	1247392	621988	214
中山	ZhongShan	221091	292973	109375	265
潮州	Chaozhou	498262			
揭阳	Jieyang	244370	394617	243960	250
云浮	Yunfu	432397	412441	425163	238
广西	**Guangxi**	**4514218**	**19249579**	**20516957**	
南宁	Nanning	475428	2509792	2692039	88
柳州	Liuzhou		3159873	4001089	48
桂林	Guilin	591446	375765	358175	242
梧州	Wuzhou	16800	43813	76625	267
北海	Beihai	441633	593044	542295	228
防城港	Fangchenggang	577586	1017451	1111943	179
钦州	Qinzhou	288854	546958	281591	247
贵港	Guigang	903484	2624446	2521452	92
玉林	Yulin	7508	1285767	1349089	162
百色	Baise	198304	2358877	2127119	109

9-7 工业烟（粉）尘去除量 续表 3
Volume of Industrial Soot(dust) Removed continued 3

单位：吨 (ton)

地名	City	2010	2012	2013	2013 排名 Ranking	地名	City	2010	2012	2013	2013 排名 Ranking
贺州	Hezhou	7946	431515	1109201	180	丽江	Lijiang	1389	542649	500958	233
河池	Hechi	78395	598426	612228	217	普洱	Puer	52379	124234	135889	258
来宾	Laibin	804848	3415413	3436018	63	临沧	Lincang	22302	132545	130289	259
崇左	Chongzuo	121986	288439	298093	245	**西藏**	**Tibet**		**198494**	**198494**	
海南	**Hainan**	**629**	**980**	**542**		拉萨	Lhasa		198494	198494	254
海口	Haikou	629	980	542	279	**陕西**	**Shaanxi**	**8352138**	**21938310**	**18622114**	
三亚	Sanya					西安	Xi'an	1299580	1287720	1267723	171
重庆	**Chongqing**	**3773199**	**17302086**	**20166984**		铜川	Tongchuan	161705	803950	1107064	181
四川	**Sichuan**	**11784721**	**27567979**	**24779748**		宝鸡	Baoji	747323	1842506	2744655	87
成都	Chengdu	727269	3484497	2342401	99	咸阳	Xianyang	1036462	2718528	1963062	127
自贡	Zigong	127504	262709	184645	255	渭南	Weinan	3263834	4152235	4383305	38
攀枝花	Panzhihua	2321338	2549668	2663186	90	延安	Yan'an	89273	114949	115629	262
泸州	Luzhou	956323	1211492	1065674	183	汉中	Hanzhong	312281	2186306	2235041	105
德阳	Deyang	334391	935899	809035	205	榆林	Yulin	1101521	8087282	4093321	44
绵阳	Mianyang	1072225	2382433	2232063	106	安康	Ankang	319170	626839	601191	222
广元	Guangyuan	71559	1124212	1015843	185	商洛	Shangluo	20989	117995	111123	264
遂宁	Suining	7377	42759	41907	269	**甘肃**	**Gansu**	**3456664**	**11798785**	**13736796**	
内江	Neijiang	802810	1930335	1781062	136	兰州	Lanzhou	1079974	3814615	3780795	55
乐山	Leshan	1096925	3337678	3213168	69	嘉峪关	Jiayuguan	122611	1172641	1268191	170
南充	Nanchong	538	10627	9400	276	金昌	Jinchang	567139	662583	925000	191
眉山	Meishan	165937	798109	535926	229	白银	Baiyin	719634	2299400	2103982	114
宜宾	Yibin	597881	2522831	2492645	93	天水	Tianshui	10032	976984	890536	197
广安	Guangan	2134817	3671769	3188006	70	武威	Wuwei	11010	136327	216569	251
达州	Dazhou	1176299	2465599	2826492	85	张掖	Zhangye	100197	462154	838696	203
雅安	Yaan	167812	696818	261206	248	平凉	Pingliang	756319	1693525	2312186	101
巴中	Bazhong	1240	132	1350	278	酒泉	Jiuquan	21300	201763	158741	257
资阳	Ziyang	22476	140412	115739	261	庆阳	Qingyang	707	65244	13962	275
贵州	**Guizhou**	**8802107**	**14607169**	**22083841**		定西	Dingxi	3086	313517	606754	220
贵阳	Guiyang	1042180	1045924	3079328	74	陇南	Longnan	64655	32	621384	215
六盘水	Liupanshui	4416603	4763703	4789076	31	**青海**	**Qinghai**	**915839**	**2238784**	**2439848**	
遵义	Zunyi	2150336	2277613	2901274	81	西宁	Xining	915839	2238784	2392883	97
安顺	Anshun	1192988	137917	1392656	158	**宁夏**	**Ningxia**	**15848376**	**9564703**	**14881191**	
毕节	Bijie		4625941	8412749	8	银川	Yinchuan	534338	4259790	4540633	35
铜仁	Tongren		1756071	1508758	151	石嘴山	Shizuishan	11245517		4504278	36
云南	**Yunnan**	**8353345**	**15497335**	**15888667**		吴忠	Wuzhong	337643	3869477	3779354	56
昆明	Kunming	1252969	3707063	3053334	76	固原	Guyuan	6924	32570	29560	271
曲靖	Qujing	6881100	7877354	7877264	9	中卫	Zhongwei	3723954	1402866	2027366	122
玉溪	Yuxi	86068	938789	1231964	172	**新疆**	**Xinjiang**	**974706**	**3982857**	**3894471**	
保山	Baoshan	13297	453600	534903	230	乌鲁木齐	Urumqi	966256	3294265	3318686	66
昭通	Zhaotong	43841	1721101	2424066	96	克拉玛依	Karamay	8450	688592	575785	225

9-8 工业烟（粉）尘排放量
Volume of Industrial Soot (dust) Emission

单位：吨 (ton)

地名	City	2010	2012	2013	2013 排名 Ranking	地名	City	2010	2012	2013	2013 排名 Ranking
城市合计	**Prefecture Cities**	**5378758**	**14088302**	**12421546**		沈阳	Shenyang	60363	53191	60425	29
北京	**Beijing**	**21266**	**30844**	**27182**		大连	Dalian	24171	52149	46332	53
天津	**Tianjin**	**53831**	**59036**	**62766**		鞍山	Anshan	30205	85418	98218	12
河北	**Hebei**	**322623**	**1055732**	**1182151**		抚顺	Fushun	17937	49096	48169	49
石家庄	Shijiazhuang	32631	98364	105012	9	本溪	Benxi	26543	60809	61697	28
唐山	Tangshan	98670	409921	478574	2	丹东	Dandong	1378	30699	39000	72
秦皇岛	Qinhuangdao	11365	78836	78092	20	锦州	Jinzhou	41158	34138	20004	154
邯郸	Handan	34697	195790	213885	3	营口	Yingkou	45221	32350	33569	91
邢台	Xingtai	36357	89289	98121	13	阜新	Fuxin	28368	27460	24785	126
保定	Baoding	14652	36703	39071	71	辽阳	Liaoyang	13599	90454	34575	83
张家口	Zhangjiakou	28188	30542	42559	61	盘锦	Panjin	5316		18110	168
承德	Chengde	21383	28127	32032	99	铁岭	Tieling	31722	25260	24120	130
沧州	Cangzhou	6134	47863	54621	37	朝阳	Chaoyang	45750	50251	48209	48
廊坊	Langfang	9855	26360	24139	129	葫芦岛	Huludao	10684	20459	19552	156
衡水	Hengshui	28691	13937	16045	178	**吉林**	**Jilin**	**199922**	**176364**	**229190**	
山西	**Shanxi**	**487490**	**5951819**	**3928679**		长春	Changchun	94173	40803	72970	22
太原	Taiyuan	34814	42084	37003	73	吉林	Jilin	33507	35677	34109	86
大同	Datong	77185	62421	58068	34	四平	Siping	12245	24343	35007	79
阳泉	Yangquan	18891	25639	23408	135	辽源	Liaoyuan	10687	8497	9589	232
长治	Changzhi	64370	203124	182355	5	通化	Tonghua	19949	17620	18520	163
晋城	Jincheng	48202	70116	67812	23	白山	Baishan	13730	11426	10600	227
朔州	Shuozhou	24847	28915	30527	102	松原	Songyuan	6223	29823	39914	69
晋中	Jinzhong	36121	73201	3153822	1	白城	Baicheng	9408	8175	8481	238
运城	Yuncheng	48997	58670	58990	32	**黑龙江**	**Heilongjiang**	**232434**	**349229**	**424341**	
忻州	Xinzhou	15163	97107	107333	8	哈尔滨	Harbin	30000	52257	82323	18
临汾	Linfen	57998	5168812	93071	15	齐齐哈尔	Qiqihar	3476	3476	3476	269
吕梁	Luliang	60902	121730	116290	7	鸡西	Jixi	23695	68785	81107	19
内蒙古	**Inner Mongolia**	**294618**	**665361**	**573628**		鹤岗	Hegang	14739	26471	26775	116
呼和浩特	Hohhot	12731	18372	48822	47	双鸭山	Shuangyashan	26387	37753	55986	35
包头	Baotou	32563	78946	98460	11	大庆	Daqing	29715	31461	29463	107
乌海	Wuhai	19316	39267	42433	62	伊春	Yichun	25549	15502	19467	157
赤峰	Chifeng	10836	22472	25366	120	佳木斯	Jiamusi	15900	34977	40248	66
通辽	Tongliao	73440	138162	134138	6	七台河	Qitaihe	26895	18883	17025	173
鄂尔多斯	Erdos	97957	260939	103541	10	牡丹江	Mudanjiang	29471	39463	46770	52
呼伦贝尔	Hulunbuir	14056	60478	63934	27	黑河	Heihe	5617	10539	9569	233
巴彦淖尔	Bayannur	13390	27228	32156	97	绥化	Suihua	990	9662	12132	212
乌兰察布	Ulanqab	20329	19497	24778	127	**上海**	**Shanghai**	**41793**	**87100**	**67200**	
辽宁	**Liaoning**	**382415**	**611734**	**576765**		**江苏**	**Jiangsu**	**291765**	**406993**	**455569**	

9-8 工业烟（粉）尘排放量 续表 1
Volume of Industrial Soot (dust) Emission continued 1

单位：吨 (ton)

地名	City	2010	2012	2013	2013 排名 Ranking
南京	Nanjing	33788	40679	65256	25
无锡	Wuxi	38909	48169	44330	58
徐州	Xuzhou	24257	45883	52174	42
常州	Changzhou	19582	35837	35161	78
苏州	Suzhou	46272	54382	65042	26
南通	Nantong	38457	36399	33970	87
连云港	Lianyungang	7356	16570	19179	159
淮安	Huaian	16823	19740	20886	151
盐城	Yancheng	19145	23694	29705	104
扬州	Yangzhou	7796	12286	16050	177
镇江	Zhenjiang	12375	18080	21489	147
泰州	Taizhou	16826	17765	15584	181
宿迁	Suqian	10179	37509	36743	75
浙江	**Zhejiang**	**160507**	**236209**	**295603**	
杭州	Hangzhou	30860	33015	40243	67
宁波	Ningbo	28386	32135	25275	121
温州	Wenzhou	5666	19164	18783	162
嘉兴	Jiaxing	18900	25206	23769	133
湖州	Huzhou	10648	25398	27626	113
绍兴	Shaoxing	17883	15693	30944	101
金华	Jinhua	13796	28418	33241	92
衢州	Quzhou	8936	23625	58555	33
舟山	Zhoushan	17508	5305	4558	261
台州	Taizhou	5856	13016	12297	209
丽水	Lishui	2068	15234	20312	153
安徽	**Anhui**	**208479**	**351493**	**323043**	
合肥	Hefei	10604	41120	42387	63
芜湖	Wuhu	12958	48381	27065	115
蚌埠	Bengbu	9960	9082	12642	205
淮南	Huainan	38388	21847	22710	138
马鞍山	Maanshan	8814	31525	32178	96
淮北	Huaibei	17981	25604	23084	136
铜陵	Tongling	8530	18788	16748	175
安庆	Anqing	8582	10479	8610	237
黄山	Huangshan	2619	1892	2474	279
滁州	Chuzhou	17927	37392	36995	74
阜阳	Fuyang	3891	12199	12812	201
宿州	Suzhou	9230	13981	14592	190
六安	Liuan	4790	14616	10622	226
亳州	Bozhou	4964	5455	6312	247
池州	Chizhou	16106	13624	12030	214
宣城	Xuancheng	5969	45508	41782	65
福建	**Fujian**	**99951**	**234007**	**233458**	
福州	Fuzhou	8590	37487	43483	59
厦门	Xiamen	2252	2507	2113	280
莆田	Putian	5399	4700	4557	262
三明	Sanming	22826	35301	33878	88
泉州	Quanzhou	23452	52294	52626	40
漳州	Zhangzhou	5594	9842	10816	223
南平	Nanping	20619	16687	14922	188
龙岩	Longyan	5824	48917	46201	54
宁德	Ningde	5395	26272	24862	124
江西	**Jiangxi**	**138954**	**319336**	**303455**	
南昌	Nanchang	6264	11115	11413	220
景德镇	Jingdezhen	8230	11522	14930	187
萍乡	Pingxiang	16018	42721	39713	70
九江	Jiujiang	23141	33645	32227	95
新余	Xinyu	4124	30553	29895	103
鹰潭	Yingtan	2261	3424	3732	268
赣州	Ganzhou	20471	64887	49427	46
吉安	Jian	12213	16494	16769	174
宜春	Yichun	16698	43161	45293	55
抚州	Fuzhou	21805	35682	34658	82
上饶	Shangrao	7729	26132	25398	119
山东	**Shandong**	**292695**	**533672**	**542371**	
济南	Jinan	19709	51609	47117	51
青岛	Qingdao	12334	26308	27803	112
淄博	Zibo	38271	58999	47252	50
枣庄	Zaozhuang	13142	24068	21651	145
东营	Dongying	5873	5810	5636	253
烟台	Yantai	15137	32161	34945	80
潍坊	Weifang	26081	36761	33823	89
济宁	Jining	22090	45823	59809	30
泰安	Taian	18248	19577	14241	192
威海	Weihai	8238	6629	7999	241
日照	Rizhao	7427	30809	29328	108
莱芜	Laiwu	12858	78499	76489	21
临沂	Linyi	31344	40363	45082	56
德州	Dezhou	27590	19171	16400	176
聊城	Liaocheng	6725	16890	18293	165

9-8 工业烟（粉）尘排放量 续表 2

Volume of Industrial Soot (dust) Emission continued 2

单位：吨 (ton)

地名	City	2010	2012	2013	2013 排名 Ranking	地名	City	2010	2012	2013	2013 排名 Ranking
滨州	Binzhou	14952	18163	21842	143	常德	Changde	10516	19376	20730	152
菏泽	Heze	12676	22032	34661	81	张家界	Zhangjiajie	3513	2565	2822	274
河南	**Henan**	**466021**	**480442**	**498995**		益阳	Yiyang	23555	34631	34235	85
郑州	Zhengzhou	45011	51242	33823	89	郴州	Chenzhou	33928	24511	24356	128
开封	Kaifeng	36252	23805	21564	146	永州	Yongzhou	10951	43651	44891	57
洛阳	Luoyang	92344	46088	51633	43	怀化	Huaihua	18267	18173	22283	140
平顶山	Pingdingshan	60082	73976	86534	17	娄底	Loudi	14652	17560	34446	84
安阳	Anyang	28160	81205	93336	14	**广东**	**Guangdong**	**231205**	**240947**	**282103**	
鹤壁	Hebi	11703	9751	14000	193	广州	Guangzhou			11008	222
新乡	Xinxiang	14855	14699	14286	191	韶关	Shaoguan	3835	6525	4473	263
焦作	Jiaozuo	32880	29808	33177	93	深圳	Shenzhen	912	828	753	282
濮阳	Puyang	21386	14792	11460	219	珠海	Zhuhai	8041	11150	9595	231
许昌	Xuchang	6327	14686	17822	169	汕头	Shantou	4937	4783	7539	245
漯河	Luohe	9632	5917	4791	257	佛山	Foshan	33401	42338	49831	45
三门峡	Sanmenxia	44816	23541	23541	134	江门	Jiangmen	17861	10183	12510	206
南阳	Nanyang	12914	18507	17154	172	湛江	Zhanjiang	12851	10146	9892	230
商丘	Shangqiu	13568	36882	35346	77	茂名	Maoming	23593	10442	11489	218
信阳	Xinyang	15819	6533	9288	235	肇庆	Zhaoqing	32040	24780	31909	100
周口	Zhoukou	4859	9773	9411	234	惠州	Huizhou	3237	21297	23017	137
驻马店	Zhumadian	15413	19237	21829	144	梅州	Meizhou	6106	5700	5767	251
湖北	**Hubei**	**166093**	**255283**	**276865**		汕尾	Shanwei	3341	10889	4135	265
武汉	Wuhan	12537	20496	18200	166	河源	Heyuan	817		4645	260
黄石	Huangshi	13668	21531	24800	125	阳江	Yangjiang	8215	11700	11544	217
十堰	Shiyan	5805	18775	15368	185	清远	Qingyuan	10671	31323	32456	94
宜昌	Yichang	9427	15083	13998	194	东莞	Dongguan	29124	15095	15543	183
襄阳	Xiangfan	14735	18128	18178	167	中山	ZhongShan	13927	12399	17401	170
鄂州	Ezhou	13171	17500	19460	158	潮州	Chaozhou	7448	3328	3225	270
荆门	Jingmen	15351	64384	65330	24	揭阳	Jieyang	4402	2555	2962	273
孝感	Xiaogan	12481	13273	25228	122	云浮	Yunfu	6446	5486	12409	208
荆州	Jingzhou	47320	14609	13700	197	**广西**	**Guangxi**	**235657**	**268526**	**259453**	
黄冈	Huanggang	6594	24612	24963	123	南宁	Nanning	24506	25012	20950	150
咸宁	Xianning	12100	14168	25965	118	柳州	Liuzhou		51875	54890	36
随州	Suizhou	2904	12724	11675	216	桂林	Guilin	10514	16068	15417	184
湖南	**Hunan**	**212660**	**272387**	**306444**		梧州	Wuzhou	20005	9161	9129	236
长沙	Changsha	24746	11976	19000	160	北海	Beihai	5188	6730	5180	255
株洲	Zhuzhou	5983	5769	5758	252	防城港	Fangchenggang	9951	12112	12198	210
湘潭	Xiangtan	16895	23795	23883	131	钦州	Qinzhou	13785	7888	5844	250
衡阳	Hengyang	29500	23430	23812	132	贵港	Guigang	57050	54924	52976	38
邵阳	Shaoyang	4291	18618	22060	141	玉林	Yulin	38895	10254	10805	224
岳阳	Yueyang	15863	28332	28168	111	百色	Baise	10150	31242	28599	110

9-8 工业烟（粉）尘排放量 续表 3
Volume of Industrial Soot (dust) Emission continued 3

单位：吨 (ton)

地名	City	2010	2012	2013	2013 排名 Ranking	地名	City	2010	2012	2013	2013 排名 Ranking
贺州	Hezhou	7682	5372	5458	254	丽江	Lijiang	1185	11732	11754	215
河池	Hechi	5109	12613	15022	186	普洱	Puer	2171	12241	12172	211
来宾	Laibin	21091	11834	10487	228	临沧	Lincang	880	3919	3773	267
崇左	Chongzuo	11731	13441	12498	207	**西藏**	**Tibet**		**647**	**658**	
海南	**Hainan**	**127**	**995**	**1451**		拉萨	Lhasa		647	658	283
海口	Haikou	93	727	1230	281	**陕西**	**Shaanxi**	**119473**	**369535**	**349311**	
三亚	Sanya	34	268	221	284	西安	Xi'an	16675	17463	13658	198
重庆	**Chongqing**	**102132**	**166142**	**179841**		铜川	Tongchuan	3336	41583	35508	76
四川	**Sichuan**	**240530**	**255056**	**237838**		宝鸡	Baoji	8714	12342	15900	179
成都	Chengdu	28901	24723	21452	149	咸阳	Xianyang	11757	15684	29636	105
自贡	Zigong	13556	5497	3114	272	渭南	Weinan	19223	22482	11177	221
攀枝花	Panzhihua	25025	41656	43001	60	延安	Yan'an	7000	21324	5850	249
泸州	Luzhou	9014	8311	6196	248	汉中	Hanzhong	20672	17534	18483	164
德阳	Deyang	5332	13795	10717	225	榆林	Yulin	22168	206949	206706	4
绵阳	Mianyang	19843	8496	7950	242	安康	Ankang	3649	8604	8033	240
广元	Guangyuan	19667	18239	17310	171	商洛	Shangluo	6279	5570	4360	264
遂宁	Suining	1392	4234	2764	275	**甘肃**	**Gansu**	**71738**	**145522**	**160777**	
内江	Neijiang	24199	13908	13866	195	兰州	Lanzhou	9356	33598	40109	68
乐山	Leshan	21472	28556	29249	109	嘉峪关	Jiayuguan	7884	20365	22617	139
南充	Nanchong	2076	4579	4003	266	金昌	Jinchang	13815	11669	6800	246
眉山	Meishan	28201	22994	12798	202	白银	Baiyin	14027	12155	13077	199
宜宾	Yibin	7550	17130	15577	182	天水	Tianshui	4246	7652	3142	271
广安	Guangan	8888	13791	21460	148	武威	Wuwei	2901	8047	10226	229
达州	Dazhou	7307	14883	12792	204	张掖	Zhangye	8092	17174	15768	180
雅安	Yaan	2786	7700	8418	239	平凉	Pingliang	4756	9806	26223	117
巴中	Bazhong	8681	2338	2481	278	酒泉	Jiuquan	3208	12639	13007	200
资阳	Ziyang	6640	4226	4690	259	庆阳	Qingyang	1404	5152	4706	258
贵州	**Guizhou**	**66004**	**128557**	**155975**		定西	Dingxi	1599	7265	2600	276
贵阳	Guiyang	12601	19743	22024	142	陇南	Longnan	450		2502	277
六盘水	Liupanshui	27023	40961	59656	31	**青海**	**Qinghai**	**21034**	**49367**	**99730**	
遵义	Zunyi	9836	9298	12079	213	西宁	Xining	21034	49367	52765	39
安顺	Anshun	16544	17495	13801	196	**宁夏**	**Ningxia**	**123433**	**159270**	**184628**	
毕节	Bijie		21291	29572	106	银川	Yinchuan	8329	26348	27170	114
铜仁	Tongren		19769	18843	161	石嘴山	Shizuishan	72071	71236	86843	16
云南	**Yunnan**	**54905**	**163733**	**144519**		吴忠	Wuzhong	14200	12394	12795	203
昆明	Kunming	7905	58332	32132	98	固原	Guyuan	1000	9441	7760	244
曲靖	Qujing	24900	42170	42170	64	中卫	Zhongwei	27833	39851	50060	44
玉溪	Yuxi	4325	12204	19976	155	**新疆**	**Xinjiang**	**39003**	**62964**	**57557**	
保山	Baoshan	1442	7920	7948	243	乌鲁木齐	Urumqi	32993	51109	52441	41
昭通	Zhaotong	12097	15215	14594	189	克拉玛依	Karamay	6010	11855	5116	256

9-9 工业固体废物综合利用率

Ratio of Industrial Solid Wastes Comprehensively Utilized

单位：%　　　　(%)

地名	City	2010	2012	2013	2013 排名 Ranking	地名	City	2010	2012	2013	2013 排名 Ranking
城市合计	**Prefecture Cities**					沈阳	Shenyang	95.68	95.19	92.69	127
北京	**Beijing**	**65.82**	**78.96**	**86.58**		大连	Dalian	95.90	95.56	90.33	147
天津	**Tianjin**	**98.57**	**99.62**	**99.39**		鞍山	Anshan	19.10	24.78	24.19	275
河北	**Hebei**					抚顺	Fushun	43.87	23.36	40.41	262
石家庄	Shijiazhuang	93.36	49.47	98.61	47	本溪	Benxi	37.85	15.09	16.24	281
唐山	Tangshan	80.55		73.32	215	丹东	Dandong	98.00	26.98	96.20	86
秦皇岛	Qinhuangdao	59.57	37.04	49.32	250	锦州	Jinzhou	62.52	72.58	93.32	118
邯郸	Handan	89.97	50.02	95.40	96	营口	Yingkou	99.40	84.33	86.01	170
邢台	Xingtai	94.62	48.25	94.47	109	阜新	Fuxin	96.25	89.45	85.63	172
保定	Baoding	70.78	48.16	89.64	156	辽阳	Liaoyang	100.00	72.59	74.00	212
张家口	Zhangjiakou	33.27	23.27	38.93	265	盘锦	Panjin	94.75		92.15	133
承德	Chengde	12.20	4.74	5.49	282	铁岭	Tieling	67.39	69.14	67.70	223
沧州	Cangzhou	99.60	49.95	99.58	29	朝阳	Chaoyang	54.09	55.53	57.96	239
廊坊	Langfang	99.41	49.61	98.90	42	葫芦岛	Huludao	65.13	58.88	54.03	245
衡水	Hengshui	100.00	49.94	99.77	27	吉林	**Jilin**				
山西	**Shanxi**					长春	Changchun	99.58	99.79	99.79	26
太原	Taiyuan	52.27	53.77	54.51	244	吉林	Jilin	43.00	48.00	81.88	189
大同	Datong	68.94	78.69	90.86	142	四平	Siping	87.36	93.74	92.05	134
阳泉	Yangquan	23.40	21.80	23.30	276	辽源	Liaoyuan	100.00	99.90	95.78	89
长治	Changzhi	67.87	67.34	67.05	224	通化	Tonghua	85.49	81.24	90.26	149
晋城	Jincheng	75.21	80.75	78.34	203	白山	Baishan	43.32	39.71	63.60	229
朔州	Shuozhou	48.35	83.64	86.67	168	松原	Songyuan	99.45	96.36	88.99	159
晋中	Jinzhong	90.89	81.61	83.12	184	白城	Baicheng	80.76	85.85	95.10	103
运城	Yuncheng	70.80	63.44	64.10	226	黑龙江	**Heilongjiang**				
忻州	Xinzhou	88.67	85.44	85.55	174	哈尔滨	Harbin	89.68		93.85	115
临汾	Linfen	80.98	73.34	80.85	193	齐齐哈尔	Qiqihar	67.10	71.45	71.00	217
吕梁	Luliang	91.67	83.71	81.42	191	鸡西	Jixi	64.80	91.10	90.10	152
内蒙古	**Inner Mongolia**					鹤岗	Hegang	83.69	74.11	88.08	165
呼和浩特	Hohhot	38.62	35.74	35.74	268	双鸭山	Shuangyashan	75.00	48.80	65.42	225
包头	Baotou	81.06	47.71	48.10	252	大庆	Daqing	70.77	96.20	96.42	83
乌海	Wuhai	68.85	59.28	61.33	234	伊春	Yichun	79.01	77.00	83.50	181
赤峰	Chifeng	38.37	18.07	25.64	274	佳木斯	Jiamusi	70.45	81.41	81.51	190
通辽	Tongliao	86.04	85.00	85.00	176	七台河	Qitaihe	86.82	85.53	87.00	167
鄂尔多斯	Erdos	78.00	86.53	36.73	266	牡丹江	Mudanjiang	96.37	97.99	100.00	2
呼伦贝尔	Hulunbuir	25.22	76.60	43.00	259	黑河	Heihe	96.07	93.21	93.28	120
巴彦淖尔	Bayannur	96.98	13.00	62.32	232	绥化	Suihua	100.00	100.00	100.00	2
乌兰察布	Ulanqab	75.41	57.00	73.40	214	上海	**Shanghai**	**96.16**	**97.34**	**97.12**	
辽宁	**Liaoning**					江苏	**Jiangsu**				

9-9 工业固体废物综合利用率 续表 1
Ratio of Industrial Solid Wastes Comprehensively Utilized continued 1

单位：%　　(%)

地名	City	2010	2012	2013	2013 排名 Ranking	地名	City	2010	2012	2013	2013 排名 Ranking
南京	Nanjing	88.82	92.00	91.20	137	池州	Chizhou	86.22	81.29	100.00	2
无锡	Wuxi	97.12	91.00	91.00	140	宣城	Xuancheng	100.00	79.75	83.97	179
徐州	Xuzhou	99.98	93.20	99.20	32	**福建**	**Fujian**				
常州	Changzhou	94.90	98.00	98.20	54	福州	Fuzhou	98.14	90.00	94.32	110
苏州	Suzhou	98.71	94.70	97.90	64	厦门	Xiamen	87.27	95.98	94.18	113
南通	Nantong	98.20	97.90	98.00	61	莆田	Putian	95.71	92.84	100.00	2
连云港	Lianyungang	91.89	92.10	95.30	97	三明	Sanming	59.96	81.72	85.02	175
淮安	Huaian	99.73	95.50	97.70	67	泉州	Quanzhou	93.53	95.25	96.22	85
盐城	Yancheng	93.00	83.30	79.60	195	漳州	Zhangzhou	98.58	95.48	94.76	107
扬州	Yangzhou	97.43	98.90	97.70	67	南平	Nanping	75.99	88.68	80.59	194
镇江	Zhenjiang	92.85	98.30	98.10	58	龙岩	Longyan	87.25	88.83	86.34	169
泰州	Taizhou	99.80	98.20	98.20	54	宁德	Ningde	89.05	94.63	95.19	99
宿迁	Suqian	99.99	83.30	89.80	155	**江西**	**Jiangxi**				
浙江	**Zhejiang**					南昌	Nanchang	93.62	98.70	97.80	65
杭州	Hangzhou	94.13	91.77	94.00	114	景德镇	Jingdezhen	91.70	95.03	97.51	72
宁波	Ningbo	89.66	91.59	90.06	153	萍乡	Pingxiang	88.17	96.37	95.45	93
温州	Wenzhou	95.00	96.15	98.99	39	九江	Jiujiang	60.39	47.85	47.40	256
嘉兴	Jiaxing	97.60	95.31	95.00	104	新余	Xinyu	85.00	91.74	92.40	129
湖州	Huzhou	96.49	96.03	96.27	84	鹰潭	Yingtan	92.48	91.10	92.30	131
绍兴	Shaoxing	93.15	92.00	92.70	126	赣州	Ganzhou	82.10	83.60	83.00	186
金华	Jinhua	98.59	98.97	98.20	54	吉安	Jian	96.57	96.40	97.26	75
衢州	Quzhou	97.20	94.88	93.11	123	宜春	Yichun	97.00	90.41	99.00	35
舟山	Zhoushan	99.75	98.74	99.83	24	抚州	Fuzhou	86.81	95.00	89.00	157
台州	Taizhou	97.61	94.20	96.44	82	上饶	Shangrao	5.47	13.30	18.36	279
丽水	Lishui	94.99	95.70	96.77	79	**山东**	**Shandong**				
安徽	**Anhui**					济南	Jinan	97.53	99.83	98.72	46
合肥	Hefei	98.76	93.95	93.27	121	青岛	Qingdao	98.60	95.90	94.87	106
芜湖	Wuhu	96.61	95.67	98.10	58	淄博	Zibo	90.51	96.60	95.18	100
蚌埠	Bengbu	99.94	99.11	99.05	34	枣庄	Zaozhuang	99.90	99.88	99.98	14
淮南	Huainan	91.34	88.37	88.82	162	东营	Dongying	92.54	94.61	98.50	49
马鞍山	Maanshan	65.17	93.50	70.21	218	烟台	Yantai	88.52	80.90	83.71	180
淮北	Huaibei	96.45	95.14	92.52	128	潍坊	Weifang	89.89	91.60	99.98	14
铜陵	Tongling	76.01	83.13	83.12	184	济宁	Jining	94.37	84.70	91.19	138
安庆	Anqing	99.24	98.21	96.90	78	泰安	Taian	97.47	99.80	98.47	51
黄山	Huangshan	87.60	75.00	74.76	210	威海	Weihai	95.70	91.18	93.31	119
滁州	Chuzhou	97.52	96.36	96.77	79	日照	Rizhao	99.99	99.53	98.93	41
阜阳	Fuyang	92.86	99.97	99.97	17	莱芜	Laiwu	96.00	93.58	98.00	61
宿州	Suzhou	90.90	46.00	60.33	236	临沂	Linyi	96.62	90.03	90.71	144
六安	Liuan	71.97	74.49	77.00	204	德州	Dezhou	99.98	94.69	99.12	33
亳州	Bozhou	99.88	99.85	99.84	23	聊城	Liaocheng	89.12	95.50	98.37	53

9-9 工业固体废物综合利用率 续表 2
Ratio of Industrial Solid Wastes Comprehensively Utilized continued 2

单位：% (%)

地名	City	2010	2012	2013	2013 排名 Ranking
滨州	Binzhou	100.00	82.00	83.46	182
菏泽	Heze	100.00	100.00	100.00	2
河南	**Henan**				
郑州	Zhengzhou	84.57	78.30	73.55	213
开封	Kaifeng	100.00	93.70	100.00	2
洛阳	Luoyang	35.19	56.34	59.61	237
平顶山	Pingdingshan	80.86	91.86	95.60	92
安阳	Anyang	89.46	91.27	85.60	173
鹤壁	Hebi	92.09	92.60	94.25	112
新乡	Xinxiang	100.00	98.15	97.60	70
焦作	Jiaozuo	77.28	59.57	57.20	240
濮阳	Puyang	89.01	95.24	95.20	98
许昌	Xuchang	98.28	97.91	98.80	43
漯河	Luohe	100.00	99.34	99.98	14
三门峡	Sanmenxia	39.44	34.16	34.16	270
南阳	Nanyang	84.27	69.90	69.92	219
商丘	Shangqiu	99.85	99.71	98.99	39
信阳	Xinyang	99.95	98.71	98.80	43
周口	Zhoukou	98.72	96.79	95.89	87
驻马店	Zhumadian	97.08	97.82	98.60	48
湖北	**Hubei**				
武汉	Wuhan	98.59	95.05	95.00	104
黄石	Huangshi	62.47	79.81	94.31	111
十堰	Shiyan	71.54	52.23	39.60	264
宜昌	Yichang	47.34	46.52	47.90	254
襄阳	Xiangfan	94.31	97.43	98.10	58
鄂州	Ezhou	98.51	90.78	90.22	150
荆门	Jingmen	96.33	90.97	92.21	132
孝感	Xiaogan	99.08	99.75	69.31	222
荆州	Jingzhou	143.24	100.00	34.64	269
黄冈	Huanggang	80.93	95.85	92.33	130
咸宁	Xianning	98.56	45.30	56.20	242
随州	Suizhou	97.32	97.32	99.90	18
湖南	**Hunan**				
长沙	Changsha	99.70	91.48	85.67	171
株洲	Zhuzhou	82.66	89.57	88.86	160
湘潭	Xiangtan	96.90	95.74	96.56	81
衡阳	Hengyang	80.54	81.08	82.02	188
邵阳	Shaoyang	91.75	64.74	63.95	227
岳阳	Yueyang	96.12	91.94	93.00	124
常德	Changde	93.39	96.49	97.96	63
张家界	Zhangjiajie	93.00	96.46	97.24	76
益阳	Yiyang	99.96	99.00	88.85	161
郴州	Chenzhou	70.87	49.08	47.97	253
永州	Yongzhou	94.00	82.21	83.00	186
怀化	Huaihua	37.95	30.58	30.19	272
娄底	Loudi	99.15	91.00	98.48	50
广东	**Guangdong**				
广州	Guangzhou			95.17	101
韶关	Shaoguan	82.28	77.46	78.63	202
深圳	Shenzhen	134.74	78.38	78.69	201
珠海	Zhuhai	98.20	96.36	92.81	125
汕头	Shantou	94.92	97.70	97.61	69
佛山	Foshan	99.52	92.71	93.14	122
江门	Jiangmen	95.88	88.48	90.84	143
湛江	Zhanjiang	91.28	95.11	97.73	66
茂名	Maoming	87.99	94.53	95.89	87
肇庆	Zhaoqing	72.05	99.99	46.34	257
惠州	Huizhou	93.30	99.41		
梅州	Meizhou	99.42	99.00	99.00	35
汕尾	Shanwei	89.18	99.56	99.61	28
河源	Heyuan	70.61		36.47	267
阳江	Yangjiang	99.25	99.85	99.87	20
清远	Qingyuan	87.95	82.28	88.50	163
东莞	Dongguan	94.98	78.05	78.94	200
中山	ZhongShan	85.21	88.81	62.66	231
潮州	Chaozhou	99.41	99.88	99.86	22
揭阳	Jieyang	99.73	99.99	99.88	19
云浮	Yunfu	82.63	78.65	78.95	199
广西	**Guangxi**				
南宁	Nanning	94.02	91.20	94.64	108
柳州	Liuzhou		96.02	93.54	117
桂林	Guilin	90.87	87.74	88.40	164
梧州	Wuzhou	41.62	79.46	76.94	205
北海	Beihai	73.84	82.00	99.87	20
防城港	Fangchenggang	100.00	99.91	99.53	30
钦州	Qinzhou	92.38	97.39	97.34	74
贵港	Guigang	90.79	83.07	79.14	197
玉林	Yulin	94.00	75.52	89.00	157
百色	Baise	25.13	58.43	49.72	249

9-9 工业固体废物综合利用率 续表 3
Ratio of Industrial Solid Wastes Comprehensively Utilized continued 3

单位：% (%)

地名	City	2010	2012	2013	2013 排名 Ranking	地名	City	2010	2012	2013	2013 排名 Ranking
贺州	Hezhou	69.73	61.15	75.00	208	丽江	Lijiang	74.38	76.20	91.70	135
河池	Hechi	44.84	10.23	32.18	271	普洱	Puer	81.89	41.86	42.50	260
来宾	Laibin	92.58	72.12	72.42	216	临沧	Lincang	93.01	77.04	79.17	196
崇左	Chongzuo	93.67	63.34	53.10	246	**西藏**	**Tibet**				
海南	**Hainan**					拉萨	Lhasa		18.60	1.86	283
海口	Haikou	96.97	89.00	93.76	116	**陕西**	**Shaanxi**				
三亚	Sanya	99.46	100.00	100.00	2	西安	Xi'an	98.05	95.90	95.43	94
重庆	**Chongqing**	**80.40**	**81.65**	**84.00**		铜川	Tongchuan	82.31	97.10	100.00	2
四川	**Sichuan**					宝鸡	Baoji	26.86	60.30	50.32	248
成都	Chengdu	99.57	98.65	99.00	35	咸阳	Xianyang	99.01	99.57	95.70	90
自贡	Zigong	92.46	100.00	90.60	145	渭南	Weinan	47.49	99.00	100.00	2
攀枝花	Panzhihua	16.89	22.38	17.60	280	延安	Yan'an	87.75	62.48	79.12	198
泸州	Luzhou	76.49	92.91	90.00	154	汉中	Hanzhong	44.00	42.10	52.39	247
德阳	Deyang	81.00	99.99	99.99	13	榆林	Yulin	97.41	97.31	97.00	77
绵阳	Mianyang	88.03	98.93	98.18	57	安康	Ankang	93.30	90.59	90.18	151
广元	Guangyuan	93.04	99.31	100.00	2	商洛	Shangluo	4.56	16.88	19.60	278
遂宁	Suining	99.99	100.00	99.00	35	**甘肃**	**Gansu**				
内江	Neijiang	90.28	83.13	90.60	145	兰州	Lanzhou	78.94	99.00	97.40	73
乐山	Leshan	93.79	93.00	95.42	95	嘉峪关	Jiayuguan	33.46	28.89	47.61	255
南充	Nanchong	99.67	98.70	81.00	192	金昌	Jinchang	18.50	16.98	21.41	277
眉山	Meishan	99.64	100.00	100.00	2	白银	Baiyin	34.75	50.00	55.99	243
宜宾	Yibin	92.04	89.93	91.09	139	天水	Tianshui	81.23	85.58	95.11	102
广安	Guangan	99.16	95.16	74.33	211	武威	Wuwei	74.00	86.82	83.30	183
达州	Dazhou	99.77	98.93	99.81	25	张掖	Zhangye	72.24	68.76	69.86	220
雅安	Yaan	64.24	100.00	48.78	251	平凉	Pingliang	78.68	46.00	69.50	221
巴中	Bazhong	94.00	95.70	95.70	90	酒泉	Jiuquan	90.00	90.00	61.55	233
资阳	Ziyang	99.99	99.30	99.32	31	庆阳	Qingyang	96.32	98.10	98.39	52
贵州	**Guizhou**					定西	Dingxi	75.36	85.15	84.15	178
贵阳	Guiyang	56.17	59.10	60.75	235	陇南	Longnan	81.72	75.81	57.11	241
六盘水	Liupanshui	43.96	58.70	43.08	258	**青海**	**Qinghai**	**83.56**			
遵义	Zunyi	66.00	97.12	98.80	43	西宁	Xining	83.56	97.63	97.58	71
安顺	Anshun	76.52	77.00	75.51	207	**宁夏**	**Ningxia**				
毕节	Bijie		64.64	63.91	228	银川	Yinchuan	75.38	81.18	84.78	177
铜仁	Tongren		68.32	59.49	238	石嘴山	Shizuishan	53.74	64.48	74.90	209
云南	**Yunnan**					吴忠	Wuzhong	90.01	71.33	76.00	206
昆明	Kunming	96.11	43.29	40.90	261	固原	Guyuan	99.20	94.74	106.45	1
曲靖	Qujing	51.43	62.77	62.77	230	中卫	Zhongwei	60.61	95.24	91.58	136
玉溪	Yuxi	53.00	34.86	26.76	273	**新疆**	**Xinjiang**				
保山	Baoshan	67.74	67.80	90.94	141	乌鲁木齐	Urumqi	68.20	88.95	87.64	166
昭通	Zhaotong	44.13	47.20	39.74	263	克拉玛依	Karamay	63.55	99.52	90.27	148

10

农　业

Agriculture

10-1 农业乡村户数
Rural Households

单位：万户 (10 000 households)

地名	City	2010	2012	2013	2013 排名 Ranking	地名	City	2010	2012	2013	2013 排名 Ranking
全国	**Nation Total**					沈阳	Shenyang	91.1	87.3	87.4	109
北京	**Beijing**	**216.0**				大连	Dalian	94.1	88.7	87.7	108
天津	**Tianjin**	**130.3**				鞍山	Anshan	54.5	55.4	55.3	178
河北	**Hebei**	**1525.6**				抚顺	Fushun	27.0	27.1	27.3	228
石家庄	Shijiazhuang	178.0	178.8	180.3	16	本溪	Benxi	15.2	15.5	15.5	249
唐山	Tangshan	162.8	163.1	162.2	26	丹东	Dandong	44.0	44.4	45.0	194
秦皇岛	Qinhuangdao	65.1	66.7	67.4	147	锦州	Jinzhou	61.5	61.6	59.9	168
邯郸	Handan	181.8	184.8	186.0	10	营口	Yingkou	44.4	45.2	44.9	195
邢台	Xingtai	153.6	156.2	158.2	29	阜新	Fuxin	34.1	34.5	34.2	217
保定	Baoding	240.7	243.9	246.3	1	辽阳	Liaoyang	35.4	36.2	36.9	207
张家口	Zhangjiakou	116.9	123.0	124.7	53	盘锦	Panjin	22.2	23.6	24.3	234
承德	Chengde	86.9	88.7	90.3	101	铁岭	Tieling	62.7	63.3	63.4	159
沧州	Cangzhou	155.5	158.7	160.6	27	朝阳	Chaoyang	77.6	77.7	77.7	125
廊坊	Langfang	82.3	83.0	83.4	114	葫芦岛	Huludao	59.1	59.6	59.8	170
衡水	Hengshui	102.0	104.2	104.8	80	**吉林**	**Jilin**	**411.3**			
山西	**Shanxi**	**694.4**				长春	Changchun	118.4	120.2	120.4	59
太原	Taiyuan	33.8	36.0	36.7	211	吉林	Jilin	58.5	59.0	59.4	171
大同	Datong	56.3	63.9	65.4	155	四平	Siping	58.1	59.5	59.9	169
阳泉	Yangquan	26.5	29.5	30.7	222	辽源	Liaoyuan	19.5	20.0	20.0	240
长治	Changzhi	68.4	76.8	78.8	124	通化	Tonghua	34.3	35.7	36.0	214
晋城	Jincheng	52.6	56.0	57.1	174	白山	Baishan	12.4	12.6	12.8	252
朔州	Shuozhou	35.0	38.3	39.6	203	松原	Songyuan	52.4	53.2	53.5	182
晋中	Jinzhong	78.2	90.4	92.6	99	白城	Baicheng	34.5	37.0	37.3	205
运城	Yuncheng	103.2	112.9	116.1	63	**黑龙江**	**Heilongjiang**	**509.1**			
忻州	Xinzhou	75.7	90.8	92.8	98	哈尔滨	Harbin	133.7	134.4	135.3	40
临汾	Linfen	80.6	93.9	95.8	94	齐齐哈尔	Qiqihar	93.6	96.1	97.9	92
吕梁	Luliang	84.2	103.5	106.6	76	鸡西	Jixi	19.4	19.4	19.5	242
内蒙古	**Inner Mongolia**	**364.0**				鹤岗	Hegang	6.6	6.8	6.8	259
呼和浩特	Hohhot	29.9	30.2	30.9	221	双鸭山	Shuangyashan	14.1	14.2	14.1	251
包头	Baotou	17.0	17.7	18.2	243	大庆	Daqing	36.8	36.6	36.9	208
乌海	Wuhai	0.9	0.9	0.9	264	伊春	Yichun	4.9	4.9	4.9	263
赤峰	Chifeng	100.9	104.5	109.9	68	佳木斯	Jiamusi	36.0	36.1	36.2	212
通辽	Tongliao	60.7	63.8	66.1	153	七台河	Qitaihe	9.6	9.5	9.3	256
鄂尔多斯	Erdos	18.6	19.5	19.9	241	牡丹江	Mudanjiang	30.6	31.3	31.6	220
呼伦贝尔	Hulunbuir	19.3	37.5	34.4	216	黑河	Heihe	21.7	22.4	22.7	237
巴彦淖尔	Bayannur	26.5	27.0	28.5	225	绥化	Suihua	100.3	100.7	100.7	87
乌兰察布	Ulanqab	44.9	43.3	46.5	193	**上海**	**Shanghai**	**114.2**			
辽宁	**Liaoning**	**722.9**				**江苏**	**Jiangsu**	**1483.3**			

10-1 农业乡村户数 续表 1
Rural Households continued 1

单位：万户 (10 000 households)

地名	City	2010	2012	2013	2013 排名 Ranking
南京	Nanjing	65.2	64.2	64.2	156
无锡	Wuxi	72.5	64.5	63.3	160
徐州	Xuzhou	187.3	181.2	179.5	18
常州	Changzhou	78.7	76.2	75.3	128
苏州	Suzhou	97.6	91.4	90.1	103
南通	Nantong	212.6	204.6	202.4	6
连云港	Lianyungang	91.9	90.4	89.8	104
淮安	Huaian	100.0	99.2	99.0	89
盐城	Yancheng	188.1	184.9	184.6	11
扬州	Yangzhou	102.1	102.6	102.7	82
镇江	Zhenjiang	58.2	57.6	57.7	173
泰州	Taizhou	121.9	120.5	119.7	60
宿迁	Suqian	107.3	107.3	108.2	72
浙江	**Zhejiang**	**1254.2**			
杭州	Hangzhou	131.8	129.3	132.2	45
宁波	Ningbo	180.5	174.8	175.3	22
温州	Wenzhou	184.6	183.3	186.3	9
嘉兴	Jiaxing	74.7	75.9	75.3	127
湖州	Huzhou	61.3	61.9	63.9	157
绍兴	Shaoxing	137.6	139.1	144.0	36
金华	Jinhua	173.0	175.8	176.2	20
衢州	Quzhou	61.4	62.1	63.3	161
舟山	Zhoushan	23.7	23.9	23.7	235
台州	Taizhou	164.0	166.3	169.7	23
丽水	Lishui	61.7	64.6	68.0	145
安徽	**Anhui**	**1424.3**			
合肥	Hefei	71.8	125.5	125.1	52
芜湖	Wuhu	45.4	75.0	72.2	137
蚌埠	Bengbu	67.8	70.7	72.4	136
淮南	Huainan	35.7	36.9	36.8	209
马鞍山	Maanshan	19.0	40.5	40.3	200
淮北	Huaibei	35.4	36.8	36.8	210
铜陵	Tongling	9.8	10.0	9.9	255
安庆	Anqing	139.8	141.6	141.6	37
黄山	Huangshan	36.6	37.1	37.1	206
滁州	Chuzhou	93.2	93.8	94.1	95
阜阳	Fuyang	218.5	221.5	224.1	4
宿州	Suzhou	137.2	137.2	133.9	43
六安	Liuan	173.5	129.5	180.6	15
亳州	Bozhou	128.0	129.5	130.5	47
池州	Chizhou	38.8	39.6	39.7	202
宣城	Xuancheng	71.2	73.1	74.0	133
福建	**Fujian**	**712.3**			
福州	Fuzhou	131.5	132.7	134.6	41
厦门	Xiamen	11.5	12.6	12.6	253
莆田	Putian	64.7	66.0	66.3	151
三明	Sanming	53.1	54.7	55.3	179
泉州	Quanzhou	144.5	152.1	152.0	31
漳州	Zhangzhou	104.1	106.5	106.1	77
南平	Nanping	64.8	66.3	66.5	149
龙岩	Longyan	66.2	68.6	69.7	142
宁德	Ningde	72.1	74.1	74.1	132
江西	**Jiangxi**	**867.3**			
南昌	Nanchang	70.0	73.3	74.1	131
景德镇	Jingdezhen	26.7	27.0	27.2	229
萍乡	Pingxiang	34.2	35.1	35.7	215
九江	Jiujiang	90.7	91.8	92.1	100
新余	Xinyu	22.3	22.5	22.8	236
鹰潭	Yingtan	21.2	21.6	22.0	238
赣州	Ganzhou	172.8	177.7	179.9	17
吉安	Jian	97.2	99.7	101.3	85
宜春	Yichun	108.4	111.5	112.5	66
抚州	Fuzhou	77.1	79.6	80.9	121
上饶	Shangrao	146.7	149.5	150.8	32
山东	**Shandong**	**2146.1**			
济南	Jinan	99.7	100.6		
青岛	Qingdao	154.9	155.7		
淄博	Zibo	88.0	89.3		
枣庄	Zaozhuang	78.6	80.0		
东营	Dongying	33.5	34.6		
烟台	Yantai	175.0	171.5		
潍坊	Weifang	206.2	204.0		
济宁	Jining	181.9	185.5		
泰安	Taian	122.0	123.2		
威海	Weihai	65.1	64.2		
日照	Rizhao	82.1	83.3		
莱芜	Laiwu	31.9	31.7		
临沂	Linyi	267.5	278.5		
德州	Dezhou	125.8	125.8		
聊城	Liaocheng	135.3	135.5		

10-1 农业乡村户数 续表 2
Rural Households continued 2

单位：万户 (10 000 households)

地名	City	2010	2012	2013	2013 排名 Ranking
滨州	Binzhou	96.2	94.1		
菏泽	Heze	202.5	205.7		
河南	**Henan**	**2061.0**			
郑州	Zhengzhou	106.0	105.1	102.8	81
开封	Kaifeng	97.1	99.0	99.5	88
洛阳	Luoyang	129.8	129.4	124.4	54
平顶山	Pingdingshan	103.7	102.7	102.0	83
安阳	Anyang	119.1	122.0	122.5	56
鹤壁	Hebi	27.9	26.6	25.9	231
新乡	Xinxiang	109.5	109.9	105.8	78
焦作	Jiaozuo	62.8	63.6	63.8	158
濮阳	Puyang	74.0	74.5	74.5	129
许昌	Xuchang	86.8	83.3	82.2	118
漯河	Luohe	53.7	54.4	54.5	180
三门峡	Sanmenxia	43.7	44.2	44.3	197
南阳	Nanyang	240.8	244.2	244.3	2
商丘	Shangqiu	193.8	193.6	194.6	7
信阳	Xinyang	178.6	180.7	181.0	14
周口	Zhoukou	236.4	237.6	233.2	3
驻马店	Zhumadian	185.2	182.9	182.4	13
湖北	**Hubei**	**1152.0**			
武汉	Wuhan	76.1	77.3	77.2	126
黄石	Huangshi	34.7	37.6	37.6	204
十堰	Shiyan	65.5	65.6	65.7	154
宜昌	Yichang	86.6	87.4	88.2	106
襄阳	Xiangfan	95.5	101.0	101.3	86
鄂州	Ezhou	20.8	20.9	20.9	239
荆门	Jingmen	49.4	50.2	49.8	192
孝感	Xiaogan	104.5	104.8	105.7	79
荆州	Jingzhou	104.8	106.9	107.2	73
黄冈	Huanggang	152.2	154.5	154.5	30
咸宁	Xianning	51.1	52.4	52.4	188
随州	Suizhou	51.4	51.8	52.6	187
湖南	**Hunan**	**1568.8**			
长沙	Changsha	132.1	133.9	135.6	39
株洲	Zhuzhou	76.9	78.1	79.2	123
湘潭	Xiangtan	62.7	61.9	61.9	165
衡阳	Hengyang	166.1	165.5	166.9	24
邵阳	Shaoyang	182.5	184.8	187.3	8
岳阳	Yueyang	128.4	128.4	127.5	51
常德	Changde	152.0	154.9	159.5	28
张家界	Zhangjiajie	42.3	41.9	42.0	198
益阳	Yiyang	106.9	107.8	109.2	70
郴州	Chenzhou	114.5	121.1	121.8	58
永州	Yongzhou	132.5	135.8	137.3	38
怀化	Huaihua	116.1	118.8	118.3	62
娄底	Loudi	96.8	98.8	98.8	90
广东	**Guangdong**	**1686.6**			
广州	Guangzhou	140.0	144.3	147.2	34
韶关	Shaoguan	60.4	62.3	63.1	162
深圳	Shenzhen				
珠海	Zhuhai	17.2	15.6	16.4	248
汕头	Shantou	88.1	91.2	94.0	96
佛山	Foshan	89.0	93.8	90.3	101
江门	Jiangmen	85.7	85.6	85.6	113
湛江	Zhanjiang	143.1	147.0	148.6	33
茂名	Maoming	132.4	126.9	127.9	50
肇庆	Zhaoqing	87.4	90.4	89.7	105
惠州	Huizhou	76.1	80.1	82.8	116
梅州	Meizhou	118.1	114.6	114.0	65
汕尾	Shanwei	66.7	68.8	69.8	140
河源	Heyuan	72.7	75.2	69.7	143
阳江	Yangjiang	66.3	66.8	67.5	146
清远	Qingyuan	86.0	86.4	86.4	112
东莞	Dongguan	48.8	50.4	51.0	190
中山	ZhongShan	60.6	64.4	66.5	150
潮州	Chaozhou	55.1	56.0	56.1	175
揭阳	Jieyang	121.9	128.7	123.6	55
云浮	Yunfu	70.9	71.7	71.8	138
广西	**Guangxi**	**1029.1**			
南宁	Nanning	131.4	132.2	133.1	44
柳州	Liuzhou	58.7	61.6	62.4	164
桂林	Guilin	107.6	106.7	106.9	75
梧州	Wuzhou	70.0	71.5	73.6	135
北海	Beihai	21.9	24.1	24.4	233
防城港	Fangchenggang	16.0	16.6	17.0	245
钦州	Qinzhou	77.5	81.6	83.3	115
贵港	Guigang	112.2	113.9	115.7	64
玉林	Yulin	122.0	127.9	129.6	48
百色	Baise	76.0	78.2	80.0	122

10-1 农业乡村户数 续表 3
Rural Households continued 3

单位：万户 (10 000 households)

地名	City	2010	2012	2013	2013 排名 Ranking
贺州	Hezhou	47.0	50.9	51.6	189
河池	Hechi	86.0	90.8	96.1	93
来宾	Laibin	51.9	52.8	53.1	185
崇左	Chongzuo	50.8	52.3	53.0	186
海南	**Hainan**	**125.3**			
海口	Haikou	16.1	17.5	16.8	246
三亚	Sanya	6.2	6.4	6.6	262
重庆	**Chongqing**	**727.8**			
四川	**Sichuan**	**2056.2**			
成都	Chengdu	227.7	224.9	222.0	5
自贡	Zigong	71.6	71.5	71.4	139
攀枝花	Panzhihua	14.8	15.1	15.2	250
泸州	Luzhou	116.7	118.7	118.9	61
德阳	Deyang	106.7	108.9	109.5	69
绵阳	Mianyang	133.6	133.6	134.0	42
广元	Guangyuan	68.9	69.4	69.4	144
遂宁	Suining	79.9	82.6	82.7	117
内江	Neijiang	107.0	108.9	108.4	71
乐山	Leshan	84.1	82.1	82.1	119
南充	Nanchong	178.4	176.1	175.8	21
眉山	Meishan	87.2	87.7	87.9	107
宜宾	Yibin	122.2	121.6	122.2	57
广安	Guangan	108.0	109.6	110.1	67
达州	Dazhou	160.6	162.0	162.6	25
雅安	Yaan	40.0	40.4	41.1	199
巴中	Bazhong	81.1	81.8	81.5	120
资阳	Ziyang	128.8	129.9	129.5	49
贵州	**Guizhou**	**858.8**			
贵阳	Guiyang	53.1	55.7	55.9	177
六盘水	Liupanshui	68.9	72.8	73.9	134
遵义	Zunyi	165.2	174.7	176.6	19
安顺	Anshun	56.5	59.3	60.0	167
毕节	Bijie	174.0	180.6	183.2	12
铜仁	Tongren	92.3	97.3	98.3	91
云南	**Yunnan**	**947.0**			
昆明	Kunming	86.8	87.1	87.1	111
曲靖	Qujing	142.5	145.3	146.8	35
玉溪	Yuxi	51.5	53.0	54.3	181
保山	Baoshan	56.9	59.0	60.3	166
昭通	Zhaotong	125.9	130.8	132.1	46

地名	City	2010	2012	2013	2013 排名 Ranking
丽江	Lijiang	26.4	26.9	27.1	230
普洱	Puer	53.6	56.5	55.9	176
临沧	Lincang	48.7	49.2	50.0	191
西藏	**Tibet**	**48.0**			
拉萨	Lhasa	6.2	6.8	6.9	258
陕西	**Shaanxi**	**712.0**			
西安	Xi'an	101.4	101.9	101.4	84
铜川	Tongchuan	11.2	11.8	11.8	254
宝鸡	Baoji	70.4	69.9	69.8	141
咸阳	Xianyang	95.5	93.5	92.8	97
渭南	Weinan	110.9	109.1	107.2	74
延安	Yan'an	37.8	39.0	39.8	201
汉中	Hanzhong	87.2	87.6	87.2	110
榆林	Yulin	75.1	74.2	74.4	130
安康	Ankang	65.0	66.5	67.3	148
商洛	Shangluo	54.6	54.0	53.3	183
甘肃	**Gansu**	**480.6**			
兰州	Lanzhou	33.9	34.1	33.2	218
嘉峪关	Jiayuguan	0.6	0.6	0.6	265
金昌	Jinchang	6.4	6.5	6.7	261
白银	Baiyin	30.8	31.6	32.2	219
天水	Tianshui	65.9	65.9	66.3	152
武威	Wuwei	37.3	36.2	36.2	213
张掖	Zhangye	26.6	27.1	27.4	227
平凉	Pingliang	44.3	44.7	44.8	196
酒泉	Jiuquan	17.3	17.5	17.4	244
庆阳	Qingyang	52.2	52.9	53.3	183
定西	Dingxi	61.2	62.1	62.7	163
陇南	Longnan	57.2	58.7	58.4	172
青海	**Qinghai**	**87.5**			
西宁	Xining	24.7	25.4	24.8	232
宁夏	**Ningxia**	**103.6**			
银川	Yinchuan	15.6	16.2	16.7	247
石嘴山	Shizuishan	8.4	8.3	8.6	257
吴忠	Wuzhong	26.8	27.3	27.9	226
固原	Guyuan	29.0	28.9	29.0	223
中卫	Zhongwei	23.4	25.2	28.9	224
新疆	**Xinjiang**	**255.2**			
乌鲁木齐	Urumqi	6.0	6.7	6.7	260
克拉玛依	Karamay	0.1	0.1	0.1	266

10-2 常用耕地面积
Cultivated Land

单位：千公顷 (1000 hectares)

地名	City	2010	2012	2013	2013 排名 Ranking
全国	**Nation Total**	**121715.9**	**121715.9**	**121715.9**	
北京	**Beijing**	**231.7**	**231.7**	**231.7**	
天津	**Tianjin**	**441.1**	**441.1**	**441.1**	
河北	**Hebei**	**6317.3**	**6317.3**	**6317.3**	
石家庄	Shijiazhuang	554.3	554.3		
唐山	Tangshan	545.7	545.7		
秦皇岛	Qinhuangdao	165.8	165.8		
邯郸	Handan	651.9	651.9		
邢台	Xingtai	647.0	647.0		
保定	Baoding	762.5	762.5		
张家口	Zhangjiakou	682.2	682.2		
承德	Chengde	264.1	264.1		
沧州	Cangzhou	705.6	705.6		
廊坊	Langfang	366.2	366.2		
衡水	Hengshui	556.1	556.1		
山西	**Shanxi**	**4055.8**	**4055.8**	**4055.8**	
太原	Taiyuan	127.3	127.3	127.3	171
大同	Datong	372.3	372.3	372.4	67
阳泉	Yangquan	68.3	68.3	68.3	192
长治	Changzhi	346.2	346.2	346.2	77
晋城	Jincheng	192.2	192.2	192.2	134
朔州	Shuozhou	365.9	365.9	365.9	71
晋中	Jinzhong	364.1	364.1	364.1	73
运城	Yuncheng	549.4	549.4	549.4	36
忻州	Xinzhou	649.5	649.5	649.5	26
临汾	Linfen	494.6	494.6	494.6	43
吕梁	Luliang	525.9	525.9	525.9	38
内蒙古	**Inner Mongolia**	**7148.5**	**7147.2**	**7147.2**	
呼和浩特	Hohhot	565.4	568.8	560.2	35
包头	Baotou	422.1	422.1	426.0	59
乌海	Wuhai	8.6	7.0	8.3	209
赤峰	Chifeng	1405.9	1008.1	1409.9	6
通辽	Tongliao	1347.7	1074.4	1350.9	7
鄂尔多斯	Erdos	407.0	402.9	411.5	62
呼伦贝尔	Hulunbuir	10.2	1143.7	1784.3	4
巴彦淖尔	Bayannur	702.3	581.5	706.5	24
乌兰察布	Ulanqab	913.8	889.0	908.5	13
辽宁	**Liaoning**	**4085.2**	**4085.3**	**4085.3**	

地名	City	2010	2012	2013	2013 排名 Ranking
沈阳	Shenyang	682.5	682.5		
大连	Dalian	361.1	361.1		
鞍山	Anshan	239.6	239.6		
抚顺	Fushun	125.7	125.7		
本溪	Benxi	68.2	68.2		
丹东	Dandong	206.7	206.7		
锦州	Jinzhou	391.0	391.0		
营口	Yingkou	113.4	113.4		
阜新	Fuxin	367.7	367.7		
辽阳	Liaoyang	176.3	176.3		
盘锦	Panjin	128.9	128.9		
铁岭	Tieling	542.0	542.0		
朝阳	Chaoyang	456.1	456.1		
葫芦岛	Huludao	225.9	225.9		
吉林	**Jilin**	**5578.4**	**5534.6**	**5534.6**	
长春	Changchun	1224.3	1308.0	1307.0	8
吉林	Jilin	584.1	598.5	596.5	30
四平	Siping	849.8	850.6	852.0	16
辽源	Liaoyuan	179.8	237.1	241.4	114
通化	Tonghua	282.3	309.3	309.5	88
白山	Baishan	46.2	48.1	48.8	197
松原	Songyuan	953.7	1187.8	1203.9	9
白城	Baicheng	794.0	896.1	906.3	14
黑龙江	**Heilongjiang**	**11830.1**	**11830.1**	**11830.1**	
哈尔滨	Harbin	1826.1	1826.1	1967.0	2
齐齐哈尔	Qiqihar	2237.3	2237.3	2399.7	1
鸡西	Jixi	476.2	414.1	490.7	44
鹤岗	Hegang	218.7	160.1	216.9	122
双鸭山	Shuangyashan	801.9	404.8	420.9	60
大庆	Daqing	804.1	627.5	799.0	20
伊春	Yichun	259.2	204.9	259.1	107
佳木斯	Jiamusi	1236.0	1148.4	1666.4	5
七台河	Qitaihe	175.2	152.1	194.9	132
牡丹江	Mudanjiang	651.1	488.4	613.6	28
黑河	Heihe	1108.4	851.0	1188.4	10
绥化	Suihua	1779.1	1657.4	1912.7	3
上海	**Shanghai**	**201.0**	**244.0**	**244.0**	
江苏	**Jiangsu**	**4763.8**	**4763.8**	**4763.8**	

10-2 常用耕地面积 续表 1
Cultivated Land continued 1

单位：千公顷 (1000 hectares)

地名	City	2010	2012	2013	2013 排名 Ranking
南京	Nanjing	242.1	242.1	242.1	112
无锡	Wuxi	139.5	139.5	139.5	164
徐州	Xuzhou	591.0	591.0	591.0	32
常州	Changzhou	177.7	177.7	177.7	138
苏州	Suzhou	231.1	231.1	231.1	119
南通	Nantong	468.5	468.5	468.5	49
连云港	Lianyungang	369.1	369.1	369.1	69
淮安	Huaian	487.7	487.7	487.7	45
盐城	Yancheng	781.4	781.4	781.4	22
扬州	Yangzhou	304.0	304.0	304.0	91
镇江	Zhenjiang	171.5	171.5	171.5	143
泰州	Taizhou	316.7	316.7	316.7	87
宿迁	Suqian	438.4	438.4	438.4	56
浙江	**Zhejiang**	**1920.9**	**1920.9**	**1920.9**	
杭州	Hangzhou				
宁波	Ningbo				
温州	Wenzhou				
嘉兴	Jiaxing				
湖州	Huzhou				
绍兴	Shaoxing				
金华	Jinhua				
衢州	Quzhou				
舟山	Zhoushan				
台州	Taizhou				
丽水	Lishui				
安徽	**Anhui**	**4181.3**	**5730.2**	**5730.2**	
合肥	Hefei	218.8	337.2	336.0	80
芜湖	Wuhu	82.8	175.1	175.4	141
蚌埠	Bengbu	293.3	294.9	296.7	95
淮南	Huainan	114.4	113.3	113.2	177
马鞍山	Maanshan	48.4	124.7	124.4	173
淮北	Huaibei	135.9	133.7	134.0	167
铜陵	Tongling	23.6	23.4	23.5	205
安庆	Anqing	298.3	299.1	303.2	92
黄山	Huangshan	47.6	46.6	46.4	199
滁州	Chuzhou	404.2	407.6	407.6	65
阜阳	Fuyang	574.5	575.3	574.3	33
宿州	Suzhou	481.1	480.4	480.1	46
六安	Liuan	433.0	435.4	436.1	57
亳州	Bozhou	499.4	500.2	498.3	42
池州	Chizhou	82.2	83.0	83.3	187
宣城	Xuancheng	153.3	154.5	155.6	153
福建	**Fujian**	**1501.9**	**1330.1**	**1330.1**	
福州	Fuzhou	192.7	153.2	160.1	151
厦门	Xiamen	21.1	20.4	19.8	206
莆田	Putian	74.8	74.9	74.8	188
三明	Sanming	192.1	193.5	194.3	133
泉州	Quanzhou	147.6	147.0	146.2	161
漳州	Zhangzhou	180.0	180.1	179.8	137
南平	Nanping	235.0	235.4	236.7	118
龙岩	Longyan	163.9	165.0	165.5	146
宁德	Ningde	136.8	137.3	161.6	149
江西	**Jiangxi**	**2827.1**	**2827.1**	**2827.1**	
南昌	Nanchang	259.8	259.8		
景德镇	Jingdezhen	84.3	84.3		
萍乡	Pingxiang	64.2	64.2		
九江	Jiujiang	295.5	295.5		
新余	Xinyu	82.0	82.0		
鹰潭	Yingtan	88.1	88.1		
赣州	Ganzhou	368.4	368.4		
吉安	Jian	420.4	420.4		
宜春	Yichun	470.0	470.0		
抚州	Fuzhou	314.1	314.1		
上饶	Shangrao	380.4	380.4		
山东	**Shandong**	**7510.8**	**7515.3**	**7515.3**	
济南	Jinan	360.7	360.7	360.3	74
青岛	Qingdao	512.8	512.8	528.1	37
淄博	Zibo	207.1	207.1	211.1	124
枣庄	Zaozhuang	240.8	240.8	237.2	117
东营	Dongying	220.0	220.0	223.5	121
烟台	Yantai	446.0	446.0	446.9	55
潍坊	Weifang	783.9	783.9	798.3	21
济宁	Jining	600.6	600.6	609.8	29
泰安	Taian	343.4	343.4	364.7	72
威海	Weihai	191.7	191.7	195.9	130
日照	Rizhao	229.6	229.6	241.5	113
莱芜	Laiwu	68.6	68.6	72.4	191
临沂	Linyi	842.6	842.6	843.8	17
德州	Dezhou	619.0	619.0	639.7	27
聊城	Liaocheng	565.6	565.6	565.5	34

10-2 常用耕地面积 续表 2
Cultivated Land continued 2

单位：千公顷 (1000 hectares)

地名	City	2010	2012	2013	2013 排名 Ranking
滨州	Binzhou	447.1	447.1	465.2	50
菏泽	Heze	831.3	831.3	831.8	19
河南	**Henan**	**7926.4**	**7926.4**	**7926.4**	
郑州	Zhengzhou	295.7	295.7	331.8	82
开封	Kaifeng	394.0	394.0	416.2	61
洛阳	Luoyang	356.1	356.1	432.6	58
平顶山	Pingdingshan	312.9	312.9	321.8	85
安阳	Anyang	394.6	394.6	410.0	63
鹤壁	Hebi	96.4	96.4	121.8	176
新乡	Xinxiang	403.1	403.1	475.5	47
焦作	Jiaozuo	181.7	181.7	195.6	131
濮阳	Puyang	248.4	248.4	283.6	97
许昌	Xuchang	325.6	325.6	339.5	79
漯河	Luohe	165.7	165.7	190.5	135
三门峡	Sanmenxia	163.2	163.2	177.0	140
南阳	Nanyang	941.2	941.2	1056.9	11
商丘	Shangqiu	666.6	666.6	708.4	23
信阳	Xinyang	568.6	568.6	839.8	18
周口	Zhoukou	826.2	826.2	857.8	15
驻马店	Zhumadian	827.3	827.3	951.6	12
湖北	**Hubei**	**3323.9**	**4664.1**	**4664.1**	
武汉	Wuhan	207.1	202.1	197.6	129
黄石	Huangshi	89.8	89.6	89.4	186
十堰	Shiyan	244.5	174.0	177.1	139
宜昌	Yichang	230.1	258.7	266.4	105
襄阳	Xiangfan	436.9	449.6	452.2	52
鄂州	Ezhou	40.9	40.6	40.4	201
荆门	Jingmen	257.3	265.0	266.7	104
孝感	Xiaogan	261.3	262.3	266.8	103
荆州	Jingzhou	464.8	467.8	468.7	48
黄冈	Huanggang	377.3	343.5	343.6	78
咸宁	Xianning	155.9	156.6	158.7	152
随州	Suizhou	144.9	142.9	143.4	162
湖南	**Hunan**	**3346.7**	**3789.4**	**3789.4**	
长沙	Changsha	248.1	248.1		
株洲	Zhuzhou	178.9	178.9		
湘潭	Xiangtan	122.9	122.9		
衡阳	Hengyang	329.1	329.1		
邵阳	Shaoyang	348.9	348.9		
岳阳	Yueyang	284.5	284.5		
常德	Changde	408.4	408.4		
张家界	Zhangjiajie	92.0	92.0		
益阳	Yiyang	242.0	242.0		
郴州	Chenzhou	234.4	234.4		
永州	Yongzhou	288.6	288.6		
怀化	Huaihua	265.7	265.7		
娄底	Loudi	149.9	149.9		
广东	**Guangdong**	**2878.5**	**2830.7**	**2830.7**	
广州	Guangzhou	100.7	99.1	98.2	183
韶关	Shaoguan	220.6	131.6	131.6	170
深圳	Shenzhen				
珠海	Zhuhai	14.8	14.8	18.1	207
汕头	Shantou		73.8	73.8	190
佛山	Foshan	37.7	37.8	37.5	202
江门	Jiangmen	132.9	132.9	132.9	169
湛江	Zhanjiang	445.3	460.5	464.5	51
茂名	Maoming	225.6	252.4	252.4	109
肇庆	Zhaoqing	109.0	189.4	149.4	159
惠州	Huizhou	115.3	110.1	110.1	178
梅州	Meizhou	16.3	164.2	164.3	148
汕尾	Shanwei	94.5	97.9	97.9	184
河源	Heyuan	110.6	128.7	141.9	163
阳江	Yangjiang	104.7	104.3	104.3	181
清远	Qingyuan	220.6	270.4	271.0	100
东莞	Dongguan	13.9	37.9	37.4	203
中山	ZhongShan		50.6	50.6	196
潮州	Chaozhou		74.6	74.6	189
揭阳	Jieyang	86.2	124.2	124.2	174
云浮	Yunfu	99.6	99.0	99.1	182
广西	**Guangxi**	**4424.6**	**4217.5**	**4217.5**	
南宁	Nanning		686.4	692.2	25
柳州	Liuzhou	354.7	353.6	352.6	76
桂林	Guilin	283.7	329.4	334.1	81
梧州	Wuzhou	140.1	111.4	139.2	165
北海	Beihai	124.7	124.5	125.3	172
防城港	Fangchenggang	91.7	91.6	92.2	185
钦州	Qinzhou		212.0	227.0	120
贵港	Guigang	323.6	322.7	323.2	84
玉林	Yulin	242.3		240.5	116
百色	Baise			450.8	54

10-2 常用耕地面积 续表 3
Cultivated Land continued 3

单位：千公顷 (1000 hectares)

地名	City	2010	2012	2013	2013 排名 Ranking	地名	City	2010	2012	2013	2013 排名 Ranking
贺州	Hezhou	121.2	163.9	124.2	174	丽江	Lijiang	95.0	103.3	104.4	180
河池	Hechi	374.1	374.1	367.0	70	普洱	Puer	206.5	210.9	211.3	123
来宾	Laibin		407.9	409.3	64	临沧	Lincang	241.4	270.6	270.3	101
崇左	Chongzuo	519.6	520.2	521.3	39	**西藏**	**Tibet**	**203.0**	**361.6**	**361.6**	
海南	**Hainan**	**419.1**	**727.5**	**727.5**		拉萨	Lhasa	25.3	35.1	34.9	204
海口	Haikou	47.0	46.9	46.8	198	**陕西**	**Shaanxi**	**2860.5**	**4050.3**	**4050.3**	
三亚	Sanya	11.0	14.1	13.6	208	西安	Xi'an	255.5	246.6	244.2	110
重庆	**Chongqing**	**2235.9**	**2235.9**	**2235.9**		铜川	Tongchuan	62.7	64.6	64.7	194
四川	**Sichuan**	**4010.7**	**5947.4**	**5947.4**		宝鸡	Baoji	306.8	300.0	300.0	94
成都	Chengdu	356.5	323.5	321.5	86	咸阳	Xianyang	359.2	359.6	356.9	75
自贡	Zigong	134.6	137.4	138.4	166	渭南	Weinan	521.0	521.5	519.4	40
攀枝花	Panzhihua	40.0	40.8	41.4	200	延安	Yan'an	234.6	240.4	240.6	115
泸州	Luzhou	209.5	210.3	210.8	125	汉中	Hanzhong	203.6	205.3	205.1	127
德阳	Deyang	185.0	185.1	184.6	136	榆林	Yulin	574.3	580.6	594.9	31
绵阳	Mianyang	280.6	281.9	282.1	98	安康	Ankang	195.5	197.9	197.8	128
广元	Guangyuan	166.1	168.8	168.8	145	商洛	Shangluo	132.3	133.6	133.4	168
遂宁	Suining	154.5	154.0	154.1	156	**甘肃**	**Gansu**	**3493.8**	**4658.8**	**4658.8**	
内江	Neijiang	164.4	164.4	164.5	147	兰州	Lanzhou	209.5	268.7	209.2	126
乐山	Leshan	150.2	149.9	149.7	158	嘉峪关	Jiayuguan	2.8	4.0	2.8	210
南充	Nanchong	300.7	302.3	302.4	93	金昌	Jinchang	67.7	89.3	67.5	193
眉山	Meishan	171.2	170.7	170.6	144	白银	Baiyin	301.4	398.7	307.3	89
宜宾	Yibin	243.4	243.1	242.4	111	天水	Tianshui	381.4	514.7	379.2	66
广安	Guangan	173.4	173.4	173.2	142	武威	Wuwei	254.7	359.3	254.1	108
达州	Dazhou	301.3	304.5	306.2	90	张掖	Zhangye	234.6	253.3	259.3	106
雅安	Yaan	54.6	56.2	56.1	195	平凉	Pingliang	372.2	384.7	370.8	68
巴中	Bazhong	152.8	152.4	152.6	157	酒泉	Jiuquan	157.2	166.7	160.2	150
资阳	Ziyang	270.1	268.3	268.8	102	庆阳	Qingyang	445.9	664.7	451.9	53
贵州	**Guizhou**	**1761.6**	**4485.3**	**4485.3**		定西	Dingxi	514.3	675.3	513.9	41
贵阳	Guiyang	97.8	95.6			陇南	Longnan	287.9	553.3	286.4	96
六盘水	Liupanshui	107.8	310.7			**青海**	**Qinghai**	**542.7**	**542.7**	**542.7**	
遵义	Zunyi	390.3	846.2			西宁	Xining	145.8	145.8	148.2	160
安顺	Anshun	106.4	106.5			**宁夏**	**Ningxia**	**1134.9**	**1107.1**	**1107.1**	
毕节	Bijie	369.3	997.3			银川	Yinchuan	129.4	128.8		
铜仁	Tongren	175.3	176.7			石嘴山	Shizuishan	78.1	78.4		
云南	**Yunnan**	**4230.1**	**6072.1**	**6072.1**		吴忠	Wuzhong	339.9	312.0		
昆明	Kunming	157.5	155.7	154.5	155	固原	Guyuan	356.1	355.0		
曲靖	Qujing	281.1	272.4	273.0	99	中卫	Zhongwei	231.3	229.3		
玉溪	Yuxi	108.0	253.1	108.0	179	**新疆**	**Xinjiang**	**4124.6**	**4124.6**	**4124.6**	
保山	Baoshan	155.6	155.3	154.8	154	乌鲁木齐	Urumqi	55.4	55.4		
昭通	Zhaotong	327.6	326.9	326.8	83	克拉玛依	Karamay	21.9	21.9		

10-3 农业机械总动力
Total Power of Agricultural Machinery

单位：万千瓦 (10 000 kw)

地名	City	2010	2012	2013	2013 排名 Ranking
全国	**Nation Total**	**92780.5**	**102559.0**	**103906.8**	
北京	**Beijing**	**276.0**	**241.1**	**207.7**	
天津	**Tianjin**	**587.8**	**568.1**	**554.2**	
河北	**Hebei**	**10151.3**	**10553.8**	**10762.7**	
石家庄	Shijiazhuang	1959.7	1983.8	1996.6	1
唐山	Tangshan	1080.0	1148.5	1179.8	10
秦皇岛	Qinhuangdao	295.0	303.6	332.8	87
邯郸	Handan	1372.8	1452.4	1479.6	2
邢台	Xingtai	929.1	954.9	980.0	15
保定	Baoding	1165.4	1217.3	1242.0	9
张家口	Zhangjiakou	289.8	306.0	316.0	94
承德	Chengde	310.1	349.0	370.8	76
沧州	Cangzhou	1174.8	1215.3	1246.3	8
廊坊	Langfang	673.7	683.9	689.1	28
衡水	Hengshui	900.8	939.0	953.6	16
山西	**Shanxi**	**2809.2**	**3056.1**	**3183.3**	
太原	Taiyuan	120.3	128.4	133.6	222
大同	Datong	160.6	176.1	185.0	178
阳泉	Yangquan	121.5	130.4	133.6	223
长治	Changzhi	176.2	198.5	208.8	157
晋城	Jincheng	225.3	240.2	244.9	132
朔州	Shuozhou	206.1	223.1	233.0	142
晋中	Jinzhong	321.1	349.9	363.4	79
运城	Yuncheng	605.3	658.5	685.7	29
忻州	Xinzhou	216.1	236.7	249.7	127
临汾	Linfen	405.1	439.9	458.4	62
吕梁	Luliang	251.6	274.4	287.3	111
内蒙古	**Inner Mongolia**	**3034.0**	**3280.6**	**3430.6**	
呼和浩特	Hohhot	206.2	226.1	236.4	138
包头	Baotou	149.2	155.3	156.3	207
乌海	Wuhai	7.7	7.8	8.0	281
赤峰	Chifeng	434.0	492.2	527.8	48
通辽	Tongliao	558.8	571.8	598.4	33
鄂尔多斯	Erdos	256.9	278.8	290.9	107
呼伦贝尔	Hulunbuir	379.1	381.2	395.8	72
巴彦淖尔	Bayannur	357.0	420.6	449.5	63
乌兰察布	Ulanqab	188.8	203.2	207.4	161
辽宁	**Liaoning**	**2408.3**	**2526.9**	**2632.0**	
沈阳	Shenyang		326.3	343.6	85
大连	Dalian		356.5	367.1	77
鞍山	Anshan		155.4	162.0	200
抚顺	Fushun		73.3	78.9	255
本溪	Benxi		56.5	59.0	268
丹东	Dandong		188.9	199.0	165
锦州	Jinzhou		277.7	285.0	113
营口	Yingkou		116.0	119.2	230
阜新	Fuxin		236.7	246.0	131
辽阳	Liaoyang		69.8	72.1	261
盘锦	Panjin		76.4	79.1	253
铁岭	Tieling		244.9	257.9	124
朝阳	Chaoyang		192.0	199.5	164
葫芦岛	Huludao		156.5	89.9	247
吉林	**Jilin**	**2145.0**	**2554.7**	**2730.0**	
长春	Changchun	427.0	513.9	554.8	42
吉林	Jilin	281.0	328.2	351.9	81
四平	Siping	217.0	261.0	279.9	115
辽源	Liaoyuan	89.0	113.8	121.8	227
通化	Tonghua	136.0	150.8	159.5	203
白山	Baishan	39.0	44.2	45.5	272
松原	Songyuan	458.0	543.8	580.1	37
白城	Baicheng	359.0	416.4	438.1	65
黑龙江	**Heilongjiang**	**3736.3**	**4552.9**	**4849.3**	
哈尔滨	Harbin	753.2	891.1	926.7	19
齐齐哈尔	Qiqihar	592.6	692.8	735.2	24
鸡西	Jixi	162.5	189.4	208.3	158
鹤岗	Hegang	65.0	82.2	88.5	248
双鸭山	Shuangyashan	124.8	156.3	169.2	191
大庆	Daqing	267.3	299.3	315.1	97
伊春	Yichun	59.5	68.5	75.1	258
佳木斯	Jiamusi	285.9	382.2	410.1	69
七台河	Qitaihe	45.6	56.0	60.1	266
牡丹江	Mudanjiang	164.7	207.7	228.5	146
黑河	Heihe	213.9	241.4	259.9	123
绥化	Suihua	345.9	444.4	491.8	55
上海	**Shanghai**	**104.2**	**112.7**	**113.2**	
江苏	**Jiangsu**	**3937.3**	**4214.6**	**4405.6**	

10-3 农业机械总动力 续表 1
Total Power of Agricultural Machinery continued 1

单位：万千瓦 (10 000 kw)

地名	City	2010	2012	2013	2013 排名 Ranking
南京	Nanjing	206.2	215.5	218.1	152
无锡	Wuxi	110.2	107.2	101.0	241
徐州	Xuzhou	563.7	615.2	626.7	31
常州	Changzhou	150.2	158.5	159.2	204
苏州	Suzhou	162.2	169.0	165.0	195
南通	Nantong	325.5	350.7	365.5	78
连云港	Lianyungang	387.3	474.5	512.1	52
淮安	Huaian	392.0	460.4	518.4	51
盐城	Yancheng	510.8	563.7	596.4	34
扬州	Yangzhou	222.7	235.8	246.8	130
镇江	Zhenjiang	142.8	137.8	151.3	211
泰州	Taizhou	218.2	247.5	254.3	125
宿迁	Suqian	545.5	478.8	499.4	53
浙江	**Zhejiang**	**2499.9**	**2489.4**	**2462.2**	
杭州	Hangzhou	322.0	343.4	348.4	83
宁波	Ningbo	326.1	344.0	323.7	90
温州	Wenzhou	229.8	213.3	222.7	149
嘉兴	Jiaxing	158.6	154.8	152.3	210
湖州	Huzhou	163.1	168.0	165.2	193
绍兴	Shaoxing	246.1	243.3	234.7	140
金华	Jinhua	246.5	258.3	262.7	122
衢州	Quzhou	158.9	164.7	163.9	196
舟山	Zhoushan	171.9	215.6	156.4	206
台州	Taizhou	360.0	367.7	320.1	91
丽水	Lishui	103.3	110.8	112.0	235
安徽	**Anhui**	**5409.8**	**5902.8**	**6140.3**	
合肥	Hefei	188.4	378.4	397.1	71
芜湖	Wuhu	106.3	190.3	197.5	168
蚌埠	Bengbu	482.3	504.4	524.4	49
淮南	Huainan	169.6	178.6	181.3	181
马鞍山	Maanshan	49.1	129.1	137.8	217
淮北	Huaibei	240.3	257.1	268.4	118
铜陵	Tongling	37.3	37.7	38.0	276
安庆	Anqing	265.1	296.3	312.4	99
黄山	Huangshan	67.0	74.8	77.9	256
滁州	Chuzhou	576.1	638.8	654.9	30
阜阳	Fuyang	598.2	662.6	690.1	27
宿州	Suzhou	732.7	787.7	805.0	21
六安	Liuan	604.4	668.0	706.5	26
亳州	Bozhou	683.6	760.7	796.8	22

地名	City	2010	2012	2013	2013 排名 Ranking
池州	Chizhou	104.0	114.5	120.3	228
宣城	Xuancheng	207.4	223.9	232.1	144
福建	**Fujian**	**1206.2**	**1286.8**	**1336.8**	
福州	Fuzhou	160.3	161.6	162.7	199
厦门	Xiamen	41.7	41.3	41.3	275
莆田	Putian	75.0	78.0	79.0	254
三明	Sanming	119.5	135.8	150.1	213
泉州	Quanzhou	236.7	247.0	247.6	129
漳州	Zhangzhou	196.9	207.3	213.3	156
南平	Nanping	161.4	189.7	208.0	159
龙岩	Longyan	104.3	110.1	115.5	231
宁德	Ningde	110.3	115.9	119.4	229
江西	**Jiangxi**	**3805.0**	**4599.7**	**2014.1**	
南昌	Nanchang		470.0	215.5	154
景德镇	Jingdezhen		188.4	72.3	260
萍乡	Pingxiang		170.2	82.9	250
九江	Jiujiang		444.3	206.5	162
新余	Xinyu		128.3	57.1	269
鹰潭	Yingtan		94.6	68.2	262
赣州	Ganzhou		667.4	289.7	109
吉安	Jian		613.4	269.0	117
宜春	Yichun		705.3	304.3	102
抚州	Fuzhou		499.6	215.5	155
上饶	Shangrao		562.0	233.1	141
山东	**Shandong**	**11629.0**	**12419.9**	**12739.8**	
济南	Jinan	509.7	538.7	552.1	43
青岛	Qingdao	763.6	797.7	809.3	20
淄博	Zibo	334.5	352.4	358.7	80
枣庄	Zaozhuang	274.0	309.2	326.4	89
东营	Dongying	225.0	238.0	244.7	133
烟台	Yantai	859.0	928.7	943.2	17
潍坊	Weifang	1230.4	1322.0	1360.2	6
济宁	Jining	939.5	1024.2	1056.7	14
泰安	Taian	452.5	500.9	519.5	50
威海	Weihai	531.8	543.9	544.7	44
日照	Rizhao	295.5	309.2	312.2	100
莱芜	Laiwu	99.3	105.0	106.8	237
临沂	Linyi	863.6	912.9	930.0	18
德州	Dezhou	1302.5	1390.1	1439.9	4
聊城	Liaocheng	1041.8	1138.4	1178.6	11

10-3　农业机械总动力　续表 2
Total Power of Agricultural Machinery continued 2

单位：万千瓦　　(10 000 kw)

地名	City	2010	2012	2013	2013 排名 Ranking
滨州	Binzhou	546.2	579.5	591.5	35
菏泽	Heze	1360.2	1429.0	1465.3	3
河南	**Henan**	**10195.9**	**10872.7**	**11150.0**	
郑州	Zhengzhou	504.3	547.2	561.5	40
开封	Kaifeng	668.4	696.7	712.6	25
洛阳	Luoyang	457.9	478.2	492.0	54
平顶山	Pingdingshan	344.9	377.2	394.4	73
安阳	Anyang	568.9	602.0	617.9	32
鹤壁	Hebi	216.1	231.7	235.1	139
新乡	Xinxiang	678.6	725.7	741.4	23
焦作	Jiaozuo	378.4	392.6	400.6	70
濮阳	Puyang	407.4	432.9	442.2	64
许昌	Xuchang	355.1	369.4	374.9	75
漯河	Luohe	250.0	261.2	267.8	119
三门峡	Sanmenxia	165.0	173.5	175.2	185
南阳	Nanyang	1120.5	1252.7	1307.9	7
商丘	Shangqiu	1123.1	1161.6	1176.1	12
信阳	Xinyang	461.1	552.7	580.0	38
周口	Zhoukou	1064.2	1119.7	1143.7	13
驻马店	Zhumadian	1326.9	1388.2	1416.2	5
湖北	**Hubei**	**3371.0**	**3842.2**	**4081.1**	
武汉	Wuhan	214.6	234.0	263.7	121
黄石	Huangshi	69.8	82.7	90.2	246
十堰	Shiyan	135.3	179.0	197.5	169
宜昌	Yichang	245.0	277.5	293.1	105
襄阳	Xiangfan	515.0	573.1	588.8	36
鄂州	Ezhou	46.1	60.4	63.6	265
荆门	Jingmen	340.8	404.1	426.2	67
孝感	Xiaogan	203.2	232.6	243.5	134
荆州	Jingzhou	445.7	511.6	556.8	41
黄冈	Huanggang	237.1	288.2		
咸宁	Xianning	144.1	168.1	179.8	184
随州	Suizhou	178.0	194.0	197.4	170
湖南	**Hunan**	**4651.6**	**5189.2**	**5434.0**	
长沙	Changsha	486.7	542.0	562.3	39
株洲	Zhuzhou	243.5	277.6	295.0	104
湘潭	Xiangtan	256.9	265.9	272.3	116
衡阳	Hengyang	397.8	460.1	489.3	56
邵阳	Shaoyang	362.1	405.8	415.0	68
岳阳	Yueyang	468.4	514.1	530.5	47
常德	Changde	481.5	514.1	540.6	46
张家界	Zhangjiajie	92.1	99.6	103.4	240
益阳	Yiyang	398.4	455.4	465.1	60
郴州	Chenzhou	336.8	384.4	435.4	66
永州	Yongzhou	457.7	514.2	543.1	45
怀化	Huaihua	288.3	314.9	346.5	84
娄底	Loudi	258.4	296.4	289.4	110
广东	**Guangdong**	**2253.4**	**2496.7**	**2564.9**	
广州	Guangzhou	217.6	195.7	195.6	172
韶关	Shaoguan	124.3	137.6	146.1	214
深圳	Shenzhen		2.4	2.6	283
珠海	Zhuhai	24.1	25.6	27.9	279
汕头	Shantou	39.9	44.4	45.4	273
佛山	Foshan	113.5	106.6	100.0	242
江门	Jiangmen	158.2	167.6	181.1	182
湛江	Zhanjiang	436.1	471.0	479.3	57
茂名	Maoming	159.4	165.5	167.6	192
肇庆	Zhaoqing	139.1	156.9	163.8	197
惠州	Huizhou	119.6	126.0	135.3	220
梅州	Meizhou	126.5	135.4	136.2	218
汕尾	Shanwei	83.9	90.7	94.9	244
河源	Heyuan	48.3	59.5	75.2	257
阳江	Yangjiang	79.1	88.9	92.2	245
清远	Qingyuan	103.2	109.3	114.3	233
东莞	Dongguan	36.8	39.1	41.8	274
中山	ZhongShan	69.8	72.0	73.5	259
潮州	Chaozhou	27.5	48.2	49.2	271
揭阳	Jieyang	57.6	65.0	66.0	263
云浮	Yunfu	95.1	106.9	110.0	236
广西	**Guangxi**	**2767.7**	**3195.9**	**3383.0**	
南宁	Nanning	393.8	427.9	459.3	61
柳州	Liuzhou	157.9	183.7	197.5	167
桂林	Guilin	364.8	432.8	466.1	59
梧州	Wuzhou	100.9	118.6	128.7	224
北海	Beihai	121.3	130.5	133.7	221
防城港	Fangchenggang	66.4	75.3	80.3	251
钦州	Qinzhou	130.3	153.2	165.1	194
贵港	Guigang	256.2	291.8	314.1	98
玉林	Yulin	266.3	296.9	315.9	95
百色	Baise	240.0	276.6	286.6	112

10-3 农业机械总动力 续表 3
Total Power of Agricultural Machinery continued 3

单位：万千瓦 (10 000 kw)

地名	City	2010	2012	2013	2013 排名 Ranking
贺州	Hezhou	96.0	117.2	122.0	226
河池	Hechi	267.7	302.3	316.7	93
来宾	Laibin	136.8	164.8	173.4	188
崇左	Chongzuo	172.6	216.3	224.8	148
海南	**Hainan**	**421.5**	**479.7**	**502.1**	
海口	Haikou	42.6	57.3	59.1	267
三亚	Sanya	25.8	33.0	37.7	277
重庆	**Chongqing**		**1162.0**	**1198.9**	
四川	**Sichuan**	**3155.1**	**3694.0**	**3953.1**	
成都	Chengdu	288.2	320.3	342.2	86
自贡	Zigong	83.6	97.8	103.9	239
攀枝花	Panzhihua	56.4	64.1	65.3	264
泸州	Luzhou	140.4	177.3	193.9	173
德阳	Deyang	157.1	183.5	188.7	176
绵阳	Mianyang	229.1	268.4	281.4	114
广元	Guangyuan	211.9	241.4	252.7	126
遂宁	Suining	100.4	108.5	112.8	234
内江	Neijiang	122.3	136.0	145.9	215
乐山	Leshan	163.6	194.0	207.4	160
南充	Nanchong	189.6	219.1	242.0	137
眉山	Meishan	182.5	215.2	225.7	147
宜宾	Yibin	171.5	198.4	216.3	153
广安	Guangan	133.1	168.0	187.8	177
达州	Dazhou	174.7	199.5	220.5	150
雅安	Yaan	126.1	149.8	156.2	208
巴中	Bazhong	123.7	143.0	153.0	209
资阳	Ziyang	151.1	178.2	199.9	163
贵州	**Guizhou**	**1730.3**	**2106.7**	**2240.8**	
贵阳	Guiyang	154.8	153.1	161.5	201
六盘水	Liupanshui	69.3	172.5	180.1	183
遵义	Zunyi	278.0	335.4	350.5	82
安顺	Anshun	120.3	162.1	169.9	190
毕节	Bijie	206.1	268.0	315.3	96
铜仁	Tongren	231.9	277.6	290.2	108
云南	**Yunnan**	**2411.0**	**2874.5**	**3070.3**	
昆明	Kunming	270.0	295.8	301.0	103
曲靖	Qujing	26.0	295.0	316.8	92
玉溪	Yuxi	206.9	242.2	247.9	128
保山	Baoshan	13.2	148.8	190.7	175
昭通	Zhaotong	130.7	180.8	193.7	174
丽江	Lijiang	63.9	75.3	80.3	252
普洱	Puer	17.2	208.3	219.6	151
临沧	Lincang	117.7	153.8	172.9	189
西藏	**Tibet**	**412.0**	**465.0**	**517.3**	
拉萨	Lhasa	77.0	94.0	115.3	232
陕西	**Shaanxi**	**1889.3**	**2350.2**	**2452.7**	
西安	Xi'an	267.7	282.2	291.0	106
铜川	Tongchuan	39.2	44.9	49.4	270
宝鸡	Baoji	181.2	225.2	242.0	136
咸阳	Xianyang	249.1	283.1	330.0	88
渭南	Weinan	402.4	441.9	472.5	58
延安	Yan'an	164.4	181.3	196.1	171
汉中	Hanzhong	135.2	163.9	181.9	180
榆林	Yulin	253.5	288.5	311.6	101
安康	Ankang	113.0	145.0	157.6	205
商洛	Shangluo	71.5	79.9	83.0	249
甘肃	**Gansu**	**1977.6**	**2279.1**	**2418.5**	
兰州	Lanzhou	151.1	153.3	159.5	202
嘉峪关	Jiayuguan	10.6	11.2	12.0	280
金昌	Jinchang	89.3	95.9	98.3	243
白银	Baiyin	175.0	212.2	230.6	145
天水	Tianshui	116.0	135.1	151.2	212
武威	Wuwei	342.0	379.0	391.5	74
张掖	Zhangye	200.0	226.1	243.4	135
平凉	Pingliang	94.5	121.7	135.9	219
酒泉	Jiuquan	194.3	225.6	232.9	143
庆阳	Qingyang	310.9	154.5	163.4	198
定西	Dingxi	211.0	244.1	263.7	120
陇南	Longnan	134.7	164.3	174.9	186
青海	**Qinghai**	**421.3**	**435.0**	**410.6**	
西宁	Xining	140.0	134.9	128.3	225
宁夏	**Ningxia**	**729.1**	**787.3**	**802.0**	
银川	Yinchuan	163.7	183.3	182.5	179
石嘴山	Shizuishan	100.7	104.9	105.8	238
吴忠	Wuzhong	178.5	198.1	197.7	166
固原	Guyuan	153.9	177.8	174.7	187
中卫	Zhongwei	132.4	147.2	141.4	216
新疆	**Xinjiang**	**1642.9**	**1968.9**	**2165.9**	
乌鲁木齐	Urumqi	27.8	29.9	30.8	278
克拉玛依	Karamay	3.1	3.0	3.1	282

10-4 化肥施用量
Consumption of Chemical Fertilizer

单位：万吨 (10 000 tons)

地名	City	2010	2012	2013	2013 排名 Ranking	地名	City	2010	2012	2013	2013 排名 Ranking
全国	**Nation Total**	**5561.7**	**5838.8**	**5911.9**		沈阳	Shenyang	19.5	20.0	20.7	94
北京	**Beijing**	**13.7**	**13.7**	**12.8**		大连	Dalian	16.1	16.2	16.7	118
天津	**Tianjin**	**25.5**	**24.5**	**24.3**		鞍山	Anshan	9.3	9.6	9.5	189
河北	**Hebei**	**322.9**	**329.3**	**331.0**		抚顺	Fushun	3.3	3.4	3.5	259
石家庄	Shijiazhuang	48.4	48.9	48.8	19	本溪	Benxi	1.3	1.3	1.3	276
唐山	Tangshan	38.2	38.5	38.6	36	丹东	Dandong	7.1	7.4	7.6	218
秦皇岛	Qinhuangdao	14.0	14.6	14.7	129	锦州	Jinzhou	16.4	16.8	17.0	115
邯郸	Handan	47.3	47.9	47.9	21	营口	Yingkou	6.1	6.0	6.1	237
邢台	Xingtai	34.5	35.4	35.5	44	阜新	Fuxin	12.9	14.7	15.4	125
保定	Baoding	44.6	46.9	46.9	22	辽阳	Liaoyang	5.4	4.9	5.4	243
张家口	Zhangjiakou	9.8	10.3	11.1	168	盘锦	Panjin	5.0	4.7	4.7	253
承德	Chengde	10.6	10.8	11.2	167	铁岭	Tieling	19.7	22.1	23.0	83
沧州	Cangzhou	32.3	31.7	31.7	52	朝阳	Chaoyang	9.4	11.2	12.3	152
廊坊	Langfang	16.7	16.8	16.7	117	葫芦岛	Huludao	8.5	8.5	8.6	205
衡水	Hengshui	26.7	27.7	28.0	64	吉林	**Jilin**	**371.7**	**206.7**	**216.8**	
山西	**Shanxi**	**110.4**	**118.3**	**121.0**		长春	Changchun	93.2	101.6	103.8	1
太原	Taiyuan	2.6	2.9	2.9	265	吉林	Jilin	52.9	56.8	59.3	11
大同	Datong	8.1	8.8	9.1	198	四平	Siping	62.7	68.2	70.6	7
阳泉	Yangquan	1.4	1.3	1.4	275	辽源	Liaoyuan	14.5	18.4	18.8	108
长治	Changzhi	11.0	11.9	12.6	148	通化	Tonghua	26.4	29.3	29.9	58
晋城	Jincheng	6.9	7.1	6.9	224	白山	Baishan	3.5	3.7	3.7	258
朔州	Shuozhou	6.9	7.4	8.5	207	松原	Songyuan	66.3	72.7	78.3	4
晋中	Jinzhong	10.3	11.2	11.1	172	白城	Baicheng	39.4	43.7	45.0	26
运城	Yuncheng	27.4	29.4	29.7	60	黑龙江	**Heilongjiang**	**214.9**	**240.3**	**245.0**	
忻州	Xinzhou	12.7	13.0	12.3	152	哈尔滨	Harbin	43.6	47.1	48.6	20
临汾	Linfen	15.7	17.0	17.8	111	齐齐哈尔	Qiqihar	25.0	27.9	28.7	63
吕梁	Luliang	7.3	8.1	8.9	199	鸡西	Jixi	4.3	4.6	4.7	252
内蒙古	**Inner Mongolia**	**177.2**	**189.0**	**202.4**		鹤岗	Hegang	3.6	4.2	4.2	254
呼和浩特	Hohhot	10.7	11.6	11.6	162	双鸭山	Shuangyashan	5.5	6.2	6.4	229
包头	Baotou	6.6	7.0	7.6	217	大庆	Daqing	11.1	12.2	11.8	159
乌海	Wuhai	0.4	0.3	0.3	283	伊春	Yichun	2.0	2.4	2.4	272
赤峰	Chifeng	26.1	28.2	32.4	51	佳木斯	Jiamusi	18.6	21.3	19.8	102
通辽	Tongliao	53.0	54.2	56.8	13	七台河	Qitaihe	1.4	1.4	2.8	268
鄂尔多斯	Erdos	9.9	11.1	10.6	175	牡丹江	Mudanjiang	7.6	8.2	8.5	208
呼伦贝尔	Hulunbuir	1.6	20.9	23.4	80	黑河	Heihe	11.7	11.8	12.7	146
巴彦淖尔	Bayannur	24.7	24.1	24.8	68	绥化	Suihua	31.1	34.3	34.6	46
乌兰察布	Ulanqab	9.0	9.0	8.8	201	上海	**Shanghai**	**11.8**	**11.0**	**10.8**	
辽宁	**Liaoning**	**140.1**	**146.9**	**151.8**		江苏	**Jiangsu**	**341.1**	**331.0**	**326.8**	

10-4 化肥施用量 续表 1
Consumption of Chemical Fertilizer continued 1

单位：万吨 (10 000 tons)

地名	City	2010	2012	2013	2013 排名 Ranking	地名	City	2010	2012	2013	2013 排名 Ranking
南京	Nanjing	9.0	8.2	8.1	213	池州	Chizhou	5.8	5.9	6.3	230
无锡	Wuxi	6.5	6.0	5.7	240	宣城	Xuancheng	13.8	14.0	14.3	134
徐州	Xuzhou	70.3	67.1	65.0	9	**福建**	**Fujian**	**121.0**	**120.9**	**120.6**	
常州	Changzhou	6.7	6.3	6.3	230	福州	Fuzhou	8.7	8.7	8.8	200
苏州	Suzhou	9.2	8.5	8.1	212	厦门	Xiamen	2.3	2.4	2.4	273
南通	Nantong	24.5	23.8	23.5	78	莆田	Putian	6.7	6.4	6.2	234
连云港	Lianyungang	33.8	33.8	34.2	49	三明	Sanming	13.0	13.2	13.2	143
淮安	Huaian	36.7	38.0	38.8	35	泉州	Quanzhou	15.2	14.9	14.8	128
盐城	Yancheng	60.7	55.7	54.1	16	漳州	Zhangzhou	38.7	39.1	39.0	34
扬州	Yangzhou	19.0	19.5	19.9	101	南平	Nanping	15.9	15.7	15.7	123
镇江	Zhenjiang	7.0	5.9	5.7	241	龙岩	Longyan	11.3	11.1	11.1	171
泰州	Taizhou	19.3	17.9	17.6	112	宁德	Ningde	9.3	9.4	9.4	191
宿迁	Suqian	38.4	40.3	39.9	32	**江西**	**Jiangxi**	**137.6**	**141.3**	**141.6**	
浙江	**Zhejiang**	**92.2**	**92.2**	**92.4**		南昌	Nanchang	14.9	14.9	14.9	126
杭州	Hangzhou	11.5	10.8	10.3	178	景德镇	Jingdezhen	3.2	3.4	3.4	260
宁波	Ningbo	10.9	11.2	11.3	165	萍乡	Pingxiang	3.6	4.0	4.0	255
温州	Wenzhou	8.9	8.6	8.7	203	九江	Jiujiang	16.1	15.9	15.9	122
嘉兴	Jiaxing	10.5	10.5	10.5	177	新余	Xinyu	2.9	2.8	3.0	262
湖州	Huzhou	5.5	5.3	5.3	245	鹰潭	Yingtan	3.0	2.9	3.0	263
绍兴	Shaoxing	10.4	10.5	10.5	176	赣州	Ganzhou	22.4	23.0	23.9	76
金华	Jinhua	11.2	12.0	12.4	151	吉安	Jian	17.5	18.3	18.1	110
衢州	Quzhou	7.5	7.5	7.5	219	宜春	Yichun	20.8	21.0	21.8	87
舟山	Zhoushan	0.5	0.5	0.5	280	抚州	Fuzhou	19.9	20.8	19.1	107
台州	Taizhou	9.1	9.0	9.3	193	上饶	Shangrao	13.2	14.4	14.5	133
丽水	Lishui	6.2	6.2	6.3	233	**山东**	**Shandong**	**475.3**	**476.3**	**472.7**	
安徽	**Anhui**	**319.8**	**333.5**	**338.4**		济南	Jinan	23.4	23.3	23.1	82
合肥	Hefei	19.7	31.4	31.6	53	青岛	Qingdao	29.9	29.1	29.1	62
芜湖	Wuhu	6.8	15.5	16.5	119	淄博	Zibo	9.9	9.9	9.8	184
蚌埠	Bengbu	28.4	29.6	30.5	55	枣庄	Zaozhuang	21.7	21.2	21.3	91
淮南	Huainan	13.3	14.1	14.1	139	东营	Dongying	11.4	12.0	12.2	154
马鞍山	Maanshan	2.8	9.0	8.7	204	烟台	Yantai	39.1	37.6	38.3	38
淮北	Huaibei	8.6	10.0	9.9	183	潍坊	Weifang	58.3	56.4	54.3	14
铜陵	Tongling	2.2	2.4	2.5	271	济宁	Jining	46.6	46.6	44.0	27
安庆	Anqing	21.9	23.7	24.4	70	泰安	Taian	20.2	20.3	20.6	95
黄山	Huangshan	3.9	4.0	3.9	256	威海	Weihai	10.3	10.9	11.5	163
滁州	Chuzhou	32.1	33.9	34.3	47	日照	Rizhao	13.0	12.7	12.1	155
阜阳	Fuyang	37.3	39.3	40.0	31	莱芜	Laiwu	3.8	3.7	3.8	257
宿州	Suzhou	33.0	33.6	34.2	48	临沂	Linyi	43.4	41.9	41.8	29
六安	Liuan	36.6	37.0	37.1	42	德州	Dezhou	32.7	38.6	38.6	37
亳州	Bozhou	30.0	30.1	30.3	57	聊城	Liaocheng	42.0	42.0	41.8	29

10-4 化肥施用量 续表 2
Consumption of Chemical Fertilizer continued 2

单位：万吨 (10 000 tons)

地名	City	2010	2012	2013	2013 排名 Ranking	地名	City	2010	2012	2013	2013 排名 Ranking
滨州	Binzhou	21.2	21.2	20.9	92	常德	Changde	33.2	32.7	31.4	54
菏泽	Heze	48.4	49.1	49.3	18	张家界	Zhangjiajie	5.6	6.1	6.2	235
河南	**Henan**	**655.2**	**684.4**	**696.4**		益阳	Yiyang	22.2	23.9	24.1	71
郑州	Zhengzhou	22.7	24.1	23.4	79	郴州	Chenzhou	18.5	19.7	20.5	96
开封	Kaifeng	28.7	29.5	30.3	56	永州	Yongzhou	22.4	23.3	23.6	77
洛阳	Luoyang	23.6	24.1	23.9	75	怀化	Huaihua	10.7	10.8	10.6	174
平顶山	Pingdingshan	35.0	35.8	37.3	40	娄底	Loudi	9.3	9.6	8.4	209
安阳	Anyang	42.3	43.8	45.6	23	**广东**	**Guangdong**	**237.3**	**245.4**	**243.9**	
鹤壁	Hebi	7.5	7.7	8.0	214	广州	Guangzhou	10.8	10.7	11.1	170
新乡	Xinxiang	49.0	51.2	52.3	17	韶关	Shaoguan	35.2	11.4	11.7	160
焦作	Jiaozuo	20.2	19.8	20.2	98	深圳	Shenzhen	0.7	0.5	0.5	281
濮阳	Puyang	25.9	26.4	27.6	65	珠海	Zhuhai	1.0	0.7	0.6	278
许昌	Xuchang	31.0	30.9	29.8	59	汕头	Shantou	5.3	5.6	5.6	242
漯河	Luohe	17.1	16.8	17.4	114	佛山	Foshan	5.3	5.1	4.8	251
三门峡	Sanmenxia	9.2	9.9	9.9	182	江门	Jiangmen	39.5	12.6	12.9	144
南阳	Nanyang	79.9	87.2	87.1	2	湛江	Zhanjiang	41.8	43.9	45.4	25
商丘	Shangqiu	70.2	77.1	79.5	3	茂名	Maoming	32.9	33.8	34.0	50
信阳	Xinyang	47.3	52.9	54.3	15	肇庆	Zhaoqing	18.1	19.1	19.5	105
周口	Zhoukou	74.1	73.3	75.3	5	惠州	Huizhou	8.9	9.4	9.4	192
驻马店	Zhumadian	69.1	71.6	72.1	6	梅州	Meizhou	15.7	16.1	16.1	121
湖北	**Hubei**	**350.8**	**354.9**	**351.9**		汕尾	Shanwei	6.4	6.9	6.8	225
武汉	Wuhan	16.4	15.5	14.9	127	河源	Heyuan	6.7	7.1	7.1	221
黄石	Huangshi	4.7	5.0	5.4	244	阳江	Yangjiang	11.3	11.9	12.1	156
十堰	Shiyan	12.8	14.3	14.3	136	清远	Qingyuan	20.1	19.2	17.6	112
宜昌	Yichang	35.7	37.6	38.2	39	东莞	Dongguan	0.8	0.7	0.6	279
襄阳	Xiangfan	53.2	57.7	59.3	12	中山	ZhongShan	3.1	2.8	2.9	264
鄂州	Ezhou	12.0	12.0	9.8	186	潮州	Chaozhou	4.2	4.8	5.2	247
荆门	Jingmen	29.3	28.8	35.0	45	揭阳	Jieyang	12.1	12.5	11.3	164
孝感	Xiaogan	21.8	21.0	20.8	93	云浮	Yunfu	8.4	9.0	8.8	202
荆州	Jingzhou	37.4	35.8	36.0	43	**广西**	**Guangxi**	**237.2**	**249.0**	**255.7**	
黄冈	Huanggang	49.7	51.0	39.8	33	南宁	Nanning	43.0	44.3	45.5	24
咸宁	Xianning	11.4	11.9	11.9	158	柳州	Liuzhou	18.5	19.8	19.6	103
随州	Suizhou	16.5	16.0	16.2	120	桂林	Guilin	22.4	22.7	23.2	81
湖南	**Hunan**	**236.6**	**249.1**	**248.2**		梧州	Wuzhou	6.8	7.0	7.0	222
长沙	Changsha	17.6	20.5	20.3	97	北海	Beihai	6.2	6.3	6.5	227
株洲	Zhuzhou	12.1	12.7	12.6	147	防城港	Fangchenggang	5.0	5.3	6.3	230
湘潭	Xiangtan	11.7	12.4	12.6	149	钦州	Qinzhou	24.9	25.8	26.3	66
衡阳	Hengyang	21.9	23.5	24.0	72	贵港	Guigang	19.2	19.8	20.0	99
邵阳	Shaoyang	22.3	22.7	22.2	85	玉林	Yulin	16.0	16.5	16.8	116
岳阳	Yueyang	21.7	23.4	24.0	73	百色	Baise	10.2	11.1	11.6	161

10-4 化肥施用量 续表 3
Consumption of Chemical Fertilizer continued 3

单位：万吨 (10 000 tons)

地名	City	2010	2012	2013	2013 排名 Ranking	地名	City	2010	2012	2013	2013 排名 Ranking
贺州	Hezhou	5.3	19.7	19.6	104	丽江	Lijiang	7.5	8.5	8.6	206
河池	Hechi	11.9	12.8	13.3	142	普洱	Puer	6.2	7.5	8.0	215
来宾	Laibin	22.0	23.6	24.5	69	临沧	Lincang	15.4	19.2	19.9	100
崇左	Chongzuo	25.8	28.7	29.6	61	**西藏**	**Tibet**	**4.7**	**5.0**	**5.7**	
海南	**Hainan**	**46.4**	**45.5**	**47.6**		拉萨	Lhasa	1.1	1.7	1.8	274
海口	Haikou	3.1	3.3	3.2	261	**陕西**	**Shaanxi**	**196.8**	**239.8**	**241.7**	
三亚	Sanya	1.8	4.5	2.8	267	西安	Xi'an	23.6	24.3	24.0	74
重庆	**Chongqing**	**91.8**	**96.0**	**96.6**		铜川	Tongchuan	4.9	5.2	5.1	248
四川	**Sichuan**	**248.0**	**253.0**	**251.1**		宝鸡	Baoji	21.5	25.8	26.2	67
成都	Chengdu	17.2	15.8	15.6	124	咸阳	Xianyang	41.4	66.3	67.0	8
自贡	Zigong	8.5	9.0	9.2	195	渭南	Weinan	48.9	58.3	60.1	10
攀枝花	Panzhihua	3.0	2.8	2.9	266	延安	Yan'an	11.4	13.3	14.2	137
泸州	Luzhou	10.3	10.6	11.1	169	汉中	Hanzhong	14.6	13.9	14.2	138
德阳	Deyang	20.0	19.8	19.3	106	榆林	Yulin	12.9	14.7	13.4	141
绵阳	Mianyang	21.0	21.6	21.7	89	安康	Ankang	8.5	11.4	11.2	166
广元	Guangyuan	11.3	12.0	12.0	157	商洛	Shangluo	6.1	6.2	5.9	239
遂宁	Suining	14.4	14.4	14.6	131	**甘肃**	**Gansu**	**85.3**	**92.1**	**94.7**	
内江	Neijiang	11.8	12.2	12.5	150	兰州	Lanzhou	4.3	4.5	4.8	250
乐山	Leshan	9.1	9.5	9.5	190	嘉峪关	Jiayuguan	0.2	0.3	0.3	284
南充	Nanchong	23.3	24.1	22.4	84	金昌	Jinchang	2.0	2.3	2.7	269
眉山	Meishan	14.5	14.9	14.7	130	白银	Baiyin	4.9	4.9	5.2	246
宜宾	Yibin	10.6	9.8	9.8	187	天水	Tianshui	7.3	7.7	7.9	216
广安	Guangan	10.7	11.2	11.0	173	武威	Wuwei	15.6	14.8	14.1	140
达州	Dazhou	20.0	21.0	21.7	88	张掖	Zhangye	8.1	9.5	10.1	180
雅安	Yaan	5.0	5.0	5.0	249	平凉	Pingliang	8.1	9.1	9.7	188
巴中	Bazhong	13.3	14.0	14.3	134	酒泉	Jiuquan	7.3	8.1	8.2	210
资阳	Ziyang	8.8	9.1	9.1	197	庆阳	Qingyang	9.2	10.2	10.1	179
贵州	**Guizhou**	**86.5**	**98.2**	**97.4**		定西	Dingxi	6.9	8.8	9.2	196
贵阳	Guiyang	6.4	6.7	6.4	228	陇南	Longnan	6.1	6.7	6.7	226
六盘水	Liupanshui	6.8	6.9	6.9	223	**青海**	**Qinghai**	**8.2**	**9.3**	**9.8**	
遵义	Zunyi	15.5	21.9	22.0	86	西宁	Xining	2.1	2.8	2.6	270
安顺	Anshun	6.1	6.1	6.1	236	**宁夏**	**Ningxia**	**102.6**	**39.4**	**40.4**	
毕节	Bijie	20.6	21.3	21.5	90	银川	Yinchuan	25.1	9.2	9.8	184
铜仁	Tongren	8.6	9.5	10.0	181	石嘴山	Shizuishan	15.6	6.8	7.3	220
云南	**Yunnan**	**184.6**	**210.2**	**219.0**		吴忠	Wuzhong	24.2	9.0	9.2	194
昆明	Kunming	17.3	17.9	18.2	109	固原	Guyuan	17.7	7.0	6.0	238
曲靖	Qujing	30.5	35.5	37.3	41	中卫	Zhongwei	20.0	7.4	8.2	211
玉溪	Yuxi	38.4	9.0	42.4	28	**新疆**	**Xinjiang**	**167.6**	**192.7**	**203.2**	
保山	Baoshan	11.3	12.4	12.8	145	乌鲁木齐	Urumqi	1.0	0.9	0.9	277
昭通	Zhaotong	13.1	14.2	14.6	132	克拉玛依	Karamay	0.4	0.4	0.4	282

10-5 农村用电量

Electricity Consumed in Rural Areas

单位：亿千瓦小时 (100 million kwh)

地名	City	2010	2012	2013	2013 排名 Ranking	地名	City	2010	2012	2013	2013 排名 Ranking
全国	**Nation Total**	**6632.30**	**8104.90**	**8549.50**		沈阳	Shenyang	45.85			
北京	**Beijing**	**44.38**	**47.30**	**48.50**		大连	Dalian	78.10			
天津	**Tianjin**	**50.99**	**51.60**	**69.20**		鞍山	Anshan	45.40			
河北	**Hebei**	**511.81**	**593.90**	**616.40**		抚顺	Fushun	11.16			
石家庄	Shijiazhuang	71.35	78.50	79.63	19	本溪	Benxi	1.47			
唐山	Tangshan	14.70	142.40	153.15	10	丹东	Dandong	13.79			
秦皇岛	Qinhuangdao	9.05	23.30	25.06	53	锦州	Jinzhou	17.82			
邯郸	Handan	17.69	59.20	61.24	27	营口	Yingkou	25.98			
邢台	Xingtai	121.78	32.20	33.39	41	阜新	Fuxin	8.05			
保定	Baoding	64.89	47.40	48.95	32	辽阳	Liaoyang	35.01			
张家口	Zhangjiakou	44.32	12.40	10.35	110	盘锦	Panjin	7.67			
承德	Chengde	64.20	16.70	18.90	62	铁岭	Tieling	11.89			
沧州	Cangzhou	26.13	75.20	77.29	23	朝阳	Chaoyang	34.47			
廊坊	Langfang	28.28	77.70	78.74	21	葫芦岛	Huludao	7.98			
衡水	Hengshui	49.43	28.90	29.67	47	吉林	**Jilin**	**39.50**	**46.10**	**48.20**	
山西	**Shanxi**	**81.18**	**95.00**	**99.80**		长春	Changchun	10.37	12.50	12.38	92
太原	Taiyuan	4.84	5.30	5.51	168	吉林	Jilin	4.83	5.10	5.57	167
大同	Datong	2.96	3.20	3.39	207	四平	Siping	5.12	5.80	5.89	163
阳泉	Yangquan	7.05	6.60	6.69	152	辽源	Liaoyuan	1.51	1.50	2.23	231
长治	Changzhi	7.15	8.10	8.13	137	通化	Tonghua	2.93	3.20	3.21	212
晋城	Jincheng	6.84	7.30	7.87	142	白山	Baishan	0.82	0.90	0.88	246
朔州	Shuozhou	2.02	2.10	2.26	229	松原	Songyuan	5.07	5.30	5.28	172
晋中	Jinzhong	11.26	13.40	14.62	78	白城	Baicheng	2.82	3.30	3.49	205
运城	Yuncheng	20.86	26.40	27.56	51	黑龙江	**Heilongjiang**	**52.73**	**64.30**	**67.00**	
忻州	Xinzhou	5.09	5.80	5.91	162	哈尔滨	Harbin	15.08	17.30	17.70	64
临汾	Linfen	6.20	7.80	8.29	134	齐齐哈尔	Qiqihar	5.63	6.10	7.28	147
吕梁	Luliang	6.90	8.90	9.57	119	鸡西	Jixi	2.27	2.90	3.07	214
内蒙古	**Inner Mongolia**	**48.41**	**55.20**	**59.60**		鹤岗	Hegang	0.40	0.50	0.52	248
呼和浩特	Hohhot		4.00	4.63	179	双鸭山	Shuangyashan	1.78	2.10	2.21	232
包头	Baotou	2.97	3.20	3.56	203	大庆	Daqing	3.54	4.10	4.01	197
乌海	Wuhai	0.30	0.30	0.31	250	伊春	Yichun	0.60	0.60	0.68	247
赤峰	Chifeng	15.99	19.40	21.09	57	佳木斯	Jiamusi	4.08	5.90	6.24	155
通辽	Tongliao		10.20	10.81	105	七台河	Qitaihe	0.69	1.20	1.06	244
鄂尔多斯	Erdos	4.51	4.60	4.51	181	牡丹江	Mudanjiang	3.95	4.50	4.64	178
呼伦贝尔	Hulunbuir	2.15	2.60	3.25	210	黑河	Heihe	1.64	2.40	2.43	226
巴彦淖尔	Bayannur	3.99	4.20	4.46	185	绥化	Suihua	8.55	10.60	11.61	97
乌兰察布	Ulanqab	2.10	2.40	2.59	223	上海	**Shanghai**	**195.48**	**209.00**	**874.40**	
辽宁	**Liaoning**	**344.65**	**373.40**	**394.80**		江苏	**Jiangsu**	**1472.89**	**1696.40**	**1801.90**	

10-5 农村用电量 续表 1
Electricity Consumed in Rural Areas continued 1

单位：亿千瓦小时 (100 million kwh)

地名	City	2010	2012	2013	2013 排名 Ranking	地名	City	2010	2012	2013	2013 排名 Ranking
南京	Nanjing	28.62	30.80	31.53	43	池州	Chizhou	2.93	3.40	3.67	199
无锡	Wuxi	337.12	372.60	384.97	3	宣城	Xuancheng	8.84	10.00	10.98	101
徐州	Xuzhou	50.23	59.60	63.38	25	**福建**	**Fujian**	**257.49**	**312.90**	**346.70**	
常州	Changzhou	155.94	157.40	176.25	8	福州	Fuzhou	73.16	108.00	112.71	13
苏州	Suzhou	486.29	556.10	581.69	1	厦门	Xiamen	1.97	2.40	2.52	224
南通	Nantong	120.94	144.50	154.84	9	莆田	Putian	11.10	12.10	12.45	91
连云港	Lianyungang	24.20	28.80	30.18	46	三明	Sanming	11.06	12.60	13.17	86
淮安	Huaian	10.58	12.60	13.48	84	泉州	Quanzhou	109.94	116.80	125.41	11
盐城	Yancheng	57.96	69.20	75.42	24	漳州	Zhangzhou	16.07	18.40	19.91	60
扬州	Yangzhou	39.74	52.80	57.63	30	南平	Nanping	9.60	12.80	13.79	83
镇江	Zhenjiang	53.97	72.20	78.81	20	龙岩	Longyan	15.04	16.90	17.66	65
泰州	Taizhou	84.91	105.80	114.22	12	宁德	Ningde	9.56	12.80	29.06	49
宿迁	Suqian	22.37	34.20	39.46	35	**江西**	**Jiangxi**	**71.57**	**84.60**	**90.90**	
浙江	**Zhejiang**	**765.15**	**869.90**	**904.90**		南昌	Nanchang	11.59	13.60	14.27	80
杭州	Hangzhou	109.37	109.70	108.90	15	景德镇	Jingdezhen	2.21	2.70	2.66	220
宁波	Ningbo	153.54	173.80	185.26	6	萍乡	Pingxiang	4.49	5.00	5.32	170
温州	Wenzhou	71.43	90.30	83.78	18	九江	Jiujiang	7.90	9.90	10.85	104
嘉兴	Jiaxing	85.67	101.10	111.39	14	新余	Xinyu	2.64	2.40	3.38	208
湖州	Huzhou	35.32	37.10	37.80	36	鹰潭	Yingtan	0.80	3.00	3.09	213
绍兴	Shaoxing	168.10	195.30	203.74	5	赣州	Ganzhou	8.81	10.10	10.71	106
金华	Jinhua	36.51	39.60	43.27	34	吉安	Jian	6.54	7.70	8.59	129
衢州	Quzhou	8.96	9.50	9.85	115	宜春	Yichun	9.51	11.80	12.00	95
舟山	Zhoushan	10.70	12.20	12.85	88	抚州	Fuzhou	4.16	4.80	4.97	173
台州	Taizhou	80.77	95.80	102.44	16	上饶	Shangrao	12.92	13.70	15.06	75
丽水	Lishui	4.77	5.40	5.63	165	**山东**	**Shandong**	**439.03**	**465.80**	**471.40**	
安徽	**Anhui**	**107.41**	**128.80**	**138.40**		济南	Jinan	25.57	26.00	26.35	52
合肥	Hefei	5.45	14.40	15.30	73	青岛	Qingdao	42.68	42.70	35.91	38
芜湖	Wuhu	5.80	12.60	12.33	93	淄博	Zibo	53.38	52.30	49.29	31
蚌埠	Bengbu	5.13	6.90	8.09	138	枣庄	Zaozhuang	24.45	29.00	30.69	45
淮南	Huainan	6.88	7.90	8.41	133	东营	Dongying	4.35	4.80	4.81	175
马鞍山	Maanshan	1.71	4.50	4.82	174	烟台	Yantai	76.88	83.40	90.64	17
淮北	Huaibei	1.58	2.00	2.50	225	潍坊	Weifang	56.49	59.10	62.18	26
铜陵	Tongling	1.59	1.60	1.99	233	济宁	Jining	13.62	14.80	15.51	72
安庆	Anqing	12.87	14.70	16.03	70	泰安	Taian	9.10	9.90	10.22	112
黄山	Huangshan	1.76	2.10	2.24	230	威海	Weihai	20.14	20.70	16.86	68
滁州	Chuzhou	7.68	8.90	9.36	122	日照	Rizhao	7.85	9.00	10.32	111
阜阳	Fuyang	9.54	11.80	12.71	89	莱芜	Laiwu	9.96	9.90	7.67	144
宿州	Suzhou	6.20	8.00	8.46	132	临沂	Linyi	32.11	29.70	31.35	44
六安	Liuan	9.68	12.20	12.99	87	德州	Dezhou	7.82	7.90	11.08	100
亳州	Bozhou	6.56	7.80	8.52	131	聊城	Liaocheng	11.90	13.30	13.82	82

10-5 农村用电量 续表 2
Electricity Consumed in Rural Areas continued 2

单位：亿千瓦小时 (100 million kwh)

地名	City	2010	2012	2013	2013 排名 Ranking	地名	City	2010	2012	2013	2013 排名 Ranking
滨州	Binzhou	10.15	10.30	10.54	107	常德	Changde	8.84	9.60	11.39	98
菏泽	Heze	32.58	43.20	44.12	33	张家界	Zhangjiajie	1.49	1.70	1.75	241
河南	**Henan**	**269.41**	**290.00**	**305.40**		益阳	Yiyang	6.39	8.20	8.86	124
郑州	Zhengzhou	40.67	39.90	37.70	37	郴州	Chenzhou	5.61	6.30	6.39	154
开封	Kaifeng	8.22	8.30	8.59	129	永州	Yongzhou	6.24	7.00	7.29	146
洛阳	Luoyang	21.31	24.50	24.55	54	怀化	Huaihua	4.79	5.40	5.73	164
平顶山	Pingdingshan	8.66	10.20	10.92	102	娄底	Loudi	4.98	5.70	6.65	153
安阳	Anyang	25.08	23.40	29.35	48	**广东**	**Guangdong**	**1044.26**	**1187.50**	**1234.80**	
鹤壁	Hebi	2.14	2.30	2.30	228	广州	Guangzhou	160.17	181.20	183.60	7
新乡	Xinxiang	54.17	57.20	61.16	28	韶关	Shaoguan	3.29	3.80	4.30	189
焦作	Jiaozuo	11.13	13.40	13.96	81	深圳	Shenzhen				
濮阳	Puyang	6.14	7.30	8.29	134	珠海	Zhuhai	2.43	12.30	13.48	84
许昌	Xuchang	9.01	10.00	9.52	121	汕头	Shantou	23.86	26.90	28.55	50
漯河	Luohe	4.44	4.90	4.17	194	佛山	Foshan	205.22	228.30	239.75	4
三门峡	Sanmenxia	3.17	3.50	3.62	200	江门	Jiangmen	50.95	55.20	59.40	29
南阳	Nanyang	16.98	19.20	19.94	59	湛江	Zhanjiang	12.60	16.50	18.00	63
商丘	Shangqiu	15.30	18.80	21.74	55	茂名	Maoming	7.62	8.50	8.77	126
信阳	Xinyang	12.49	13.90	15.06	75	肇庆	Zhaoqing	10.43	12.80	14.29	79
周口	Zhoukou	13.20	14.60	15.30	73	惠州	Huizhou	30.71	34.80	35.44	39
驻马店	Zhumadian	15.61	16.80	17.35	66	梅州	Meizhou	7.39	8.70	9.88	114
湖北	**Hubei**	**109.78**	**112.30**	**130.10**		汕尾	Shanwei	8.11	9.70	9.89	113
武汉	Wuhan	13.28	12.10	12.07	94	河源	Heyuan	4.09	5.50	6.21	157
黄石	Huangshi	9.43	11.50	11.27	99	阳江	Yangjiang	3.71	5.90	6.20	159
十堰	Shiyan	3.72	4.90	5.31	171	清远	Qingyuan	5.31	5.70	5.97	161
宜昌	Yichang	6.64	8.80	9.73	117	东莞	Dongguan	395.05	440.40	451.12	2
襄阳	Xiangfan	6.95	8.80	9.35	123	中山	ZhongShan	74.21	74.70	78.27	22
鄂州	Ezhou	0.85	4.30	4.50	182	潮州	Chaozhou	19.15	31.00	34.30	40
荆门	Jingmen	5.73	8.80	9.56	120	揭阳	Jieyang	14.37	15.90	16.50	69
孝感	Xiaogan	0.60	8.70	11.73	96	云浮	Yunfu	5.99	9.90	10.92	102
荆州	Jingzhou	12.18	13.80	14.87	77	**广西**	**Guangxi**	**50.22**	**63.30**	**68.40**	
黄冈	Huanggang	24.15	18.50	19.91	60	南宁	Nanning	7.67	8.40	8.72	127
咸宁	Xianning	3.70	4.10	4.34	187	柳州	Liuzhou	3.52	4.20	4.73	176
随州	Suizhou	3.30	4.10	4.49	184	桂林	Guilin	4.87	5.80	6.21	157
湖南	**Hunan**	**98.63**	**110.20**	**118.60**		梧州	Wuzhou	3.31	3.70	4.06	196
长沙	Changsha	21.04	21.20	21.46	56	北海	Beihai		1.70	1.80	240
株洲	Zhuzhou	6.50	7.30	7.79	143	防城港	Fangchenggang	1.15	1.70	1.91	235
湘潭	Xiangtan	4.32	5.40	6.10	160	钦州	Qinzhou	2.81	5.40	4.30	189
衡阳	Hengyang	12.37	14.60	17.15	67	贵港	Guigang	3.82	4.20	4.41	186
邵阳	Shaoyang	7.97	9.10	8.67	128	玉林	Yulin	5.99	7.70	8.19	136
岳阳	Yueyang	6.54	7.20	7.62	145	百色	Baise	3.97	7.70	8.04	139

10-5 农村用电量 续表 3
Electricity Consumed in Rural Areas continued 3

单位：亿千瓦小时 (100 million kwh)

地名	City	2010	2012	2013	2013 排名 Ranking	地名	City	2010	2012	2013	2013 排名 Ranking
贺州	Hezhou	2.15	2.50	2.60	222	丽江	Lijiang	1.09	1.30	1.40	243
河池	Hechi	4.90	6.50	7.20	150	普洱	Puer	1.86	2.10	2.61	221
来宾	Laibin	3.18	3.80	4.34	187	临沧	Lincang	1.31	1.60	1.82	238
崇左	Chongzuo	2.05	2.30	2.35	227	**西藏**	**Tibet**	**0.76**	**1.00**	**1.10**	
海南	**Hainan**	**5.95**	**8.60**	**9.60**		拉萨	Lhasa	0.09	0.10	0.14	251
海口	Haikou	1.32	3.90	1.90	236	**陕西**	**Shaanxi**	**121.00**	**142.50**	**113.00**	
三亚	Sanya	0.23	0.80	0.50	249	西安	Xi'an				
重庆	**Chongqing**	**64.77**	**73.80**	**76.10**		铜川	Tongchuan				
四川	**Sichuan**	**141.66**	**156.00**	**163.50**		宝鸡	Baoji				
成都	Chengdu	31.59	31.90	32.42	42	咸阳	Xianyang				
自贡	Zigong	3.76	4.10	4.29	191	渭南	Weinan				
攀枝花	Panzhihua	1.55	1.90	1.94	234	延安	Yan'an				
泸州	Luzhou	5.21	6.20	7.27	148	汉中	Hanzhong				
德阳	Deyang	17.70	19.20	20.14	58	榆林	Yulin				
绵阳	Mianyang	9.28	10.00	10.47	109	安康	Ankang				
广元	Guangyuan	2.56	2.80	3.05	215	商洛	Shangluo				
遂宁	Suining	2.97	3.40	3.48	206	**甘肃**	**Gansu**	**42.85**	**47.80**	**50.40**	
内江	Neijiang	7.76	8.40	8.80	125	兰州	Lanzhou	4.19	4.30	4.50	182
乐山	Leshan	7.86	9.50	9.71	118	嘉峪关	Jiayuguan	0.11	0.10	0.11	252
南充	Nanchong	5.76	6.10	6.22	156	金昌	Jinchang	1.74	1.90	1.87	237
眉山	Meishan	6.31	6.70	7.22	149	白银	Baiyin	3.93	4.40	4.53	180
宜宾	Yibin	8.43	10.00	10.53	108	天水	Tianshui	2.98	3.30	3.50	204
广安	Guangan	4.11	4.50	4.73	176	武威	Wuwei	5.94	6.50	7.03	151
达州	Dazhou	6.96	7.80	8.02	140	张掖	Zhangye	3.31	3.80	4.22	192
雅安	Yaan	3.93	4.10	4.20	193	平凉	Pingliang	2.62	2.90	2.93	218
巴中	Bazhong	2.36	2.90	3.24	211	酒泉	Jiuquan	3.27	3.60	3.73	198
资阳	Ziyang	5.30	7.10	7.98	141	庆阳	Qingyang	3.89	5.00	5.37	169
贵州	**Guizhou**	**41.70**	**54.50**	**61.90**		定西	Dingxi	2.37	3.00	3.26	209
贵阳	Guiyang		4.20			陇南	Longnan	2.92	3.20	2.96	217
六盘水	Liupanshui		2.20			**青海**	**Qinghai**	**3.83**	**4.50**	**4.50**	
遵义	Zunyi		14.10			西宁	Xining	1.22	1.50	1.54	242
安顺	Anshun		2.70			**宁夏**	**Ningxia**	**10.96**	**12.80**	**13.80**	
毕节	Bijie		10.90			银川	Yinchuan	2.84	3.40	3.60	201
铜仁	Tongren		7.10			石嘴山	Shizuishan	0.84	0.90	0.90	245
云南	**Yunnan**	**61.67**	**73.80**	**82.40**		吴忠	Wuzhong	3.39	3.50	3.60	201
昆明	Kunming	8.10	9.00	9.83	116	固原	Guyuan	1.60	2.10	2.70	219
曲靖	Qujing	7.39	9.50	12.48	90	中卫	Zhongwei	2.29	2.80	3.00	216
玉溪	Yuxi	12.87	14.10	15.90	71	**新疆**	**Xinjiang**	**64.29**	**75.80**	**83.90**	
保山	Baoshan	2.85	3.70	4.10	195	乌鲁木齐	Urumqi	1.76	2.00	1.82	238
昭通	Zhaotong	4.27	5.20	5.59	166	克拉玛依	Karamay	0.05		0.04	253

10-6 有效灌溉面积
Irrigated Area

单位：千公顷 (1000 hectares)

地名	City	2010	2012	2013	2013 排名 Ranking
全国	**Nation Total**	**60347.7**	**62490.5**	**63473.3**	
北京	**Beijing**	**162.6**	**207.5**	**153.0**	
天津	**Tianjin**	**344.6**	**337.0**	**308.9**	
河北	**Hebei**	**4520.9**	**4603.1**	**4349.0**	
石家庄	Shijiazhuang	480.3	502.8	507.9	15
唐山	Tangshan	485.2	490.6	462.4	28
秦皇岛	Qinhuangdao	134.5	123.3	129.9	153
邯郸	Handan	547.3	550.5	525.0	14
邢台	Xingtai	531.1	566.5	559.2	11
保定	Baoding	665.5	661.6	644.3	4
张家口	Zhangjiakou	251.7	263.8	248.9	67
承德	Chengde	145.5	151.8	108.3	173
沧州	Cangzhou	525.5	542.4	456.8	29
廊坊	Langfang	276.6	272.7	230.4	76
衡水	Hengshui	477.7	477.0	476.0	23
山西	**Shanxi**	**1274.2**	**1319.1**	**1382.8**	
太原	Taiyuan	49.2	48.1	51.0	238
大同	Datong	124.6	130.1	134.2	148
阳泉	Yangquan	8.7	8.3	8.4	278
长治	Changzhi	75.3	83.4	85.4	201
晋城	Jincheng	42.1	41.8	43.5	248
朔州	Shuozhou	120.5	123.7	135.9	147
晋中	Jinzhong	141.1	144.5	154.2	126
运城	Yuncheng	330.7	377.9	391.4	39
忻州	Xinzhou	129.1	129.6	131.5	152
临汾	Linfen	137.5	140.1	145.5	135
吕梁	Luliang	115.4	91.7	101.8	179
内蒙古	**Inner Mongolia**	**3027.5**	**3125.2**	**2957.8**	
呼和浩特	Hohhot	195.6	199.2	205.5	85
包头	Baotou	142.3	144.3	127.3	156
乌海	Wuhai		8.5	6.7	280
赤峰	Chifeng	455.1	462.4	405.9	36
通辽	Tongliao	652.5	655.3	640.2	5
鄂尔多斯	Erdos		209.1	242.7	70
呼伦贝尔	Hulunbuir	179.0	249.6	191.4	93
巴彦淖尔	Bayannur	569.1	594.4	652.7	3
乌兰察布	Ulanqab	115.6	254.1	169.1	111
辽宁	**Liaoning**	**1537.5**	**1698.8**	**1407.8**	
沈阳	Shenyang	240.6	260.9	257.5	63
大连	Dalian	110.3	114.7	69.1	220
鞍山	Anshan	88.7	91.6	72.8	217
抚顺	Fushun	43.5	47.3	33.7	256
本溪	Benxi	20.2	21.1	17.3	273
丹东	Dandong	70.8	83.3	77.6	212
锦州	Jinzhou	197.4	208.7	157.2	124
营口	Yingkou	87.0	87.0	73.2	215
阜新	Fuxin	81.0	114.7	98.0	184
辽阳	Liaoyang	94.2	98.1	68.0	221
盘锦	Panjin	109.0	110.8	95.5	187
铁岭	Tieling	153.9	184.6	157.3	123
朝阳	Chaoyang	169.9	193.3	158.9	120
葫芦岛	Huludao	70.9	82.8	72.0	218
吉林	**Jilin**	**1726.8**	**1851.9**	**1510.1**	
长春	Changchun	240.7	255.4	255.7	64
吉林	Jilin	180.4	180.8	181.0	105
四平	Siping	185.0	191.8	192.0	92
辽源	Liaoyuan	30.6	31.6	31.6	259
通化	Tonghua	106.2	109.5	109.6	171
白山	Baishan	4.4	4.3	4.3	281
松原	Songyuan	508.6	555.4	556.0	12
白城	Baicheng	391.1	436.1	436.6	33
黑龙江	**Heilongjiang**	**3884.3**	**4776.5**	**5342.1**	
哈尔滨	Harbin	304.3		728.6	1
齐齐哈尔	Qiqihar	494.9		624.2	6
鸡西	Jixi	130.5		166.1	113
鹤岗	Hegang	96.9		147.6	134
双鸭山	Shuangyashan	54.5		82.7	206
大庆	Daqing	469.9		473.0	24
伊春	Yichun	26.1		48.2	245
佳木斯	Jiamusi	257.1		570.4	10
七台河	Qitaihe	13.0		19.7	269
牡丹江	Mudanjiang	76.8		83.9	204
黑河	Heihe	31.7		62.5	228
绥化	Suihua	352.6		479.5	22
上海	**Shanghai**	**201.0**	**199.0**	**184.1**	
江苏	**Jiangsu**	**3819.7**	**3929.7**	**3785.3**	

10-6 有效灌溉面积 续表 1
Irrigated Area continued 1

单位：千公顷 (1000 hectares)

地名	City	2010	2012	2013	2013 排名 Ranking	地名	City	2010	2012	2013	2013 排名 Ranking
南京	Nanjing	189.8	196.1	189.5	95	池州	Chizhou	83.5	84.6	95.0	188
无锡	Wuxi	132.2	116.8	94.7	190	宣城	Xuancheng	148.1	149.8	200.7	87
徐州	Xuzhou	465.2	473.0	438.1	32	**福建**	**Fujian**	**967.5**	**968.5**	**1122.4**	
常州	Changzhou	140.0	129.3	97.1	185	福州	Fuzhou	114.4	121.9	106.8	175
苏州	Suzhou	209.7	179.9	188.4	96	厦门	Xiamen	17.9	18.1	16.6	274
南通	Nantong	408.8	416.0	381.5	40	莆田	Putian	51.3	45.7	48.4	244
连云港	Lianyungang	320.3	331.6	311.4	51	三明	Sanming	140.2	136.6	166.6	112
淮安	Huaian	317.8	333.9	396.0	37	泉州	Quanzhou	112.9	140.2	193.1	91
盐城	Yancheng	621.6	674.4	682.7	2	漳州	Zhangzhou	137.3	121.3	154.7	125
扬州	Yangzhou	266.8	286.3	251.8	65	南平	Nanping	182.2	160.3	182.4	103
镇江	Zhenjiang	132.5	134.3	118.6	163	龙岩	Longyan	1007.1	112.4	139.6	140
泰州	Taizhou	276.4	284.9	322.6	46	宁德	Ningde	104.2	112.1	114.2	165
宿迁	Suqian	338.8	373.4	312.8	50	**江西**	**Jiangxi**	**1852.4**	**1907.1**	**1995.6**	
浙江	**Zhejiang**	**1451.0**	**1471.0**	**1409.4**		南昌	Nanchang	193.0	191.1	186.7	99
杭州	Hangzhou	163.0	167.1	153.4	129	景德镇	Jingdezhen	53.3	51.2	50.1	240
宁波	Ningbo	189.1	191.5	174.1	109	萍乡	Pingxiang	23.2	37.8	40.9	249
温州	Wenzhou	125.2	127.0	113.4	167	九江	Jiujiang	181.4	203.0	198.3	89
嘉兴	Jiaxing	198.8	198.8	180.6	106	新余	Xinyu	47.4	48.7	51.2	237
湖州	Huzhou	134.5	136.4	135.9	146	鹰潭	Yingtan	51.4	51.8	58.5	232
绍兴	Shaoxing	160.6	160.3	153.0	130	赣州	Ganzhou	261.5	262.2	278.9	61
金华	Jinhua	159.5	160.0	158.0	122	吉安	Jian	293.2	304.7	293.1	57
衢州	Quzhou	93.4	95.5	111.6	168	宜春	Yichun	280.9	286.7	304.7	54
舟山	Zhoushan	12.9	13.9	14.9	275	抚州	Fuzhou	214.1	217.2	223.3	81
台州	Taizhou	127.4	128.5	123.4	159	上饶	Shangrao	238.9	250.1	310.1	53
丽水	Lishui	86.5	92.1	91.2	194	**山东**	**Shandong**	**4955.3**	**5058.1**	**4729.0**	
安徽	**Anhui**	**3519.8**	**3585.1**	**4305.5**		济南	Jinan	246.8		250.9	66
合肥	Hefei	245.0	364.2	455.4	30	青岛	Qingdao	329.0		302.8	55
芜湖	Wuhu	87.6	199.9	196.6	90	淄博	Zibo	125.9		136.6	144
蚌埠	Bengbu	204.8	212.1	225.6	79	枣庄	Zaozhuang	153.8		163.9	114
淮南	Huainan	103.7	104.7	121.9	160	东营	Dongying	165.6		185.7	100
马鞍山	Maanshan	52.2	129.0	147.9	133	烟台	Yantai	273.7		240.4	71
淮北	Huaibei	140.7	145.0	141.5	139	潍坊	Weifang	531.9		497.1	18
铜陵	Tongling	26.0	25.0	23.9	264	济宁	Jining	439.0		468.5	25
安庆	Anqing	257.1	258.5	324.1	45	泰安	Taian	252.3		228.7	77
黄山	Huangshan	43.3	42.9	50.0	241	威海	Weihai	149.7		118.7	162
滁州	Chuzhou	355.5	357.7	485.8	20	日照	Rizhao	119.3		98.6	183
阜阳	Fuyang	370.2	384.1	394.5	38	莱芜	Laiwu	38.0		37.3	252
宿州	Suzhou	369.2	379.0	411.0	35	临沂	Linyi	379.8		357.7	43
六安	Liuan	382.4	386.0	584.9	8	德州	Dezhou	449.5		467.2	27
亳州	Bozhou	310.1	336.1	446.8	31	聊城	Liaocheng	490.6		489.1	19

10-6 有效灌溉面积 续表 2
Irrigated Area continued 2

单位：千公顷 (1000 hectares)

地名	City	2010	2012	2013	2013 排名 Ranking	地名	City	2010	2012	2013	2013 排名 Ranking
滨州	Binzhou	306.3		361.5	41	常德	Changde	394.0	467.9	468.1	26
菏泽	Heze	504.3		617.7	7	张家界	Zhangjiajie	50.2	50.9	51.7	236
河南	**Henan**	**5081.0**	**5205.6**	**4969.1**		益阳	Yiyang	222.0	235.3	235.5	73
郑州	Zhengzhou	196.0	196.3	200.8	86	郴州	Chenzhou	169.9	185.3	186.7	98
开封	Kaifeng	322.4	323.9	349.0	44	永州	Yongzhou	243.2	286.8	286.9	58
洛阳	Luoyang	140.1	141.9	139.3	141	怀化	Huaihua	189.0	190.2	191.3	94
平顶山	Pingdingshan	200.3	206.0	184.4	101	娄底	Loudi	114.1	91.6	92.4	192
安阳	Anyang	297.1	298.8	296.2	56	**广东**	**Guangdong**	**1273.5**	**1874.4**	**1770.8**	
鹤壁	Hebi	83.5	83.2	90.7	195	广州	Guangzhou	80.7	79.9	80.4	210
新乡	Xinxiang	328.2	329.1	360.2	42	韶关	Shaoguan	92.3	94.1	96.3	186
焦作	Jiaozuo	161.5	162.1	180.0	107	深圳	Shenzhen		0.4	0.4	283
濮阳	Puyang	219.6	221.1	233.9	74	珠海	Zhuhai	19.1	17.7	17.8	271
许昌	Xuchang	238.2	240.8	244.7	69	汕头	Shantou	31.5	31.1	31.5	260
漯河	Luohe	150.4	152.1	131.7	151	佛山	Foshan	42.5	38.8	36.6	253
三门峡	Sanmenxia	54.1	53.4	47.5	246	江门	Jiangmen	102.0	105.7	102.7	178
南阳	Nanyang	468.5	469.3	480.6	21	湛江	Zhanjiang	127.0	141.0	144.7	137
商丘	Shangqiu	599.4	600.0	583.8	9	茂名	Maoming	107.0	112.0	113.5	166
信阳	Xinyang	459.2	469.8	497.8	17	肇庆	Zhaoqing	103.8	100.5	100.4	181
周口	Zhoukou	599.0	611.8	538.9	13	惠州	Huizhou	71.9	78.2	77.2	213
驻马店	Zhumadian	543.4	570.9	503.9	16	梅州	Meizhou	90.5	9.5	94.9	189
湖北	**Hubei**	**2187.2**	**2548.9**	**2791.4**		汕尾	Shanwei	34.9	38.0	38.0	250
武汉	Wuhan	157.2	162.0	162.1	116	河源	Heyuan	59.0	68.4	80.7	209
黄石	Huangshi	38.1	49.2	52.2	234	阳江	Yangjiang	63.5	61.4	74.2	214
十堰	Shiyan	40.2	30.4	36.6	254	清远	Qingyuan	92.2	94.7	94.6	191
宜昌	Yichang	106.4	109.5	111.3	169	东莞	Dongguan	8.4	26.8	13.4	277
襄阳	Xiangfan	234.3	266.3	271.1	62	中山	ZhongShan	20.4	30.7	20.6	267
鄂州	Ezhou	27.8	27.8	27.8	263	潮州	Chaozhou	18.6	29.0	22.5	266
荆门	Jingmen	188.0	196.4	208.1	84	揭阳	Jieyang	54.7	67.9	64.3	226
孝感	Xiaogan	226.8	220.3	232.8	75	云浮	Yunfu	52.9	80.8	60.3	231
荆州	Jingzhou	405.5	414.9	416.5	34	**广西**	**Guangxi**	**1523.0**	**1541.3**	**1586.4**	
黄冈	Huanggang	234.2	279.4	236.9	72	南宁	Nanning	218.1	256.8	246.7	68
咸宁	Xianning	85.6	91.2	92.3	193	柳州	Liuzhou	97.7	100.5	109.5	172
随州	Suizhou	126.7	124.6	124.0	157	桂林	Guilin	218.7	218.5	213.1	82
湖南	**Hunan**	**2726.7**	**2715.8**	**3084.3**		梧州	Wuzhou	70.6	70.7	72.9	216
长沙	Changsha	228.2	223.5	223.5	80	北海	Beihai	46.6	46.6	50.5	239
株洲	Zhuzhou	144.1	159.4	160.4	118	防城港	Fangchenggang	27.8	28.7	28.8	262
湘潭	Xiangtan	116.6	132.9	139.0	142	钦州	Qinzhou	82.9	83.1	86.2	198
衡阳	Hengyang	255.8	286.7	286.7	59	贵港	Guigang	153.7	153.7	153.7	127
邵阳	Shaoyang	255.0	281.3	282.4	60	玉林	Yulin	146.5	143.2	143.8	138
岳阳	Yueyang	259.9	314.5	314.9	49	百色	Baise	108.7	108.8	105.9	176

10-6 有效灌溉面积 续表 3
Irrigated Area continued 3

单位：千公顷 (1000 hectares)

地名	City	2010	2012	2013	2013 排名 Ranking
贺州	Hezhou	65.7	66.0	65.5	225
河池	Hechi	86.4	88.0	86.0	199
来宾	Laibin	99.9	104.7	105.4	177
崇左	Chongzuo	77.5	82.3	85.7	200
海南	**Hainan**	**179.9**	**256.8**	**260.9**	
海口	Haikou	17.2	82.8	18.9	270
三亚	Sanya	6.8	34.2	7.6	279
重庆	**Chongqing**	**685.3**	**703.0**	**675.2**	
四川	**Sichuan**	**2553.1**	**2662.7**	**2616.5**	
成都	Chengdu	320.3	310.2	311.0	52
自贡	Zigong	80.2	86.7	88.3	196
攀枝花	Panzhihua	28.8	29.9	31.4	261
泸州	Luzhou	115.7	126.7	132.3	150
德阳	Deyang	148.8	142.9	145.4	136
绵阳	Mianyang	210.6	213.8	212.7	83
广元	Guangyuan	87.8	84.1	84.6	202
遂宁	Suining	120.4	114.7	116.4	164
内江	Neijiang	115.5	116.8	119.9	161
乐山	Leshan	101.0	126.6	127.9	155
南充	Nanchong	206.6	180.1	187.4	97
眉山	Meishan	176.2	158.7	161.4	117
宜宾	Yibin	124.8	154.9	160.2	119
广安	Guangan	94.9	85.2	88.1	197
达州	Dazhou	161.1	145.6	148.0	132
雅安	Yaan	42.6	52.0	52.0	235
巴中	Bazhong	76.3	78.8	83.4	205
资阳	Ziyang	167.1	169.5	171.9	110
贵州	**Guizhou**	**1195.3**	**1214.6**	**926.9**	
贵阳	Guiyang	30.5	80.8	84.0	203
六盘水	Liupanshui	7.8	59.6	65.5	224
遵义	Zunyi	149.0	309.9	318.4	47
安顺	Anshun	53.7	79.0	80.8	208
毕节	Bijie	165.9	193.6	198.9	88
铜仁	Tongren	123.6	145.9	153.4	128
云南	**Yunnan**	**1588.4**	**1677.9**	**1660.3**	
昆明	Kunming	129.5	128.9	134.1	149
曲靖	Qujing	180.1	188.0	182.3	104
玉溪	Yuxi	81.7	79.8	70.2	219
保山	Baoshan	109.9	118.7	137.5	143
昭通	Zhaotong	126.9	38.3	66.0	223
丽江	Lijiang	6.9	71.6	61.8	229
普洱	Puer	115.2	120.0	124.0	158
临沧	Lincang	87.9	97.5	101.4	180
西藏	**Tibet**	**167.0**	**251.0**	**239.3**	
拉萨	Lhasa	32.8	32.7	31.7	258
陕西	**Shaanxi**	**1284.9**	**1277.2**	**1209.9**	
西安	Xi'an		173.7	163.1	115
铜川	Tongchuan	14.3	15.8	17.5	272
宝鸡	Baoji	159.3	161.3	148.3	131
咸阳	Xianyang	232.6	227.5	227.4	78
渭南	Weinan	313.9	318.1	318.3	48
延安	Yan'an	31.7	32.2	22.7	265
汉中	Hanzhong	123.2	124.8	107.9	174
榆林	Yulin	111.3	111.5	128.6	154
安康	Ankang	60.3	60.6	37.8	251
商洛	Shangluo	38.7	39.6	20.6	268
甘肃	**Gansu**	**1098.9**	**1297.6**	**1284.1**	
兰州	Lanzhou	79.4	81.0	81.2	207
嘉峪关	Jiayuguan	2.8	2.8	2.8	282
金昌	Jinchang	60.4	60.0	61.7	230
白银	Baiyin	93.5	97.7	99.0	182
天水	Tianshui	34.5	35.4	35.6	255
武威	Wuwei	183.7	183.7	183.9	102
张掖	Zhangye	161.4	176.1	176.2	108
平凉	Pingliang	44.3	44.9	45.1	247
酒泉	Jiuquan	155.5	158.9	158.6	121
庆阳	Qingyang	46.4	47.9	48.8	242
定西	Dingxi	60.7	61.0	63.6	227
陇南	Longnan	62.5	66.0	66.6	222
青海	**Qinghai**	**251.7**	**251.7**	**186.9**	
西宁	Xining				
宁夏	**Ningxia**	**427.2**	**491.4**	**498.6**	
银川	Yinchuan	128.7	128.1	109.7	170
石嘴山	Shizuishan	78.1	78.4	77.8	211
吴忠	Wuzhong	122.2	127.4	136.6	145
固原	Guyuan	37.8	37.9	31.7	257
中卫	Zhongwei	60.3	60.3	53.6	233
新疆	**Xinjiang**	**4065.3**	**4029.1**	**4769.9**	
乌鲁木齐	Urumqi	44.8	45.0	48.5	243
克拉玛依	Karamay	10.1	10.5	13.7	276

10-7 农作物播种面积
Total Sown Area

单位：千公顷 (1000 hectares)

地名	City	2010	2012	2013	2013 排名 Ranking
全国	**Nation Total**	**160675.0**	**163416.0**	**164627.0**	
北京	**Beijing**	**317.3**	**282.7**	**242.5**	
天津	**Tianjin**	**459.3**	**479.0**	**473.5**	
河北	**Hebei**	**8718.4**	**8781.8**	**8749.2**	
石家庄	Shijiazhuang	1020.6	1009.5	1006.9	34
唐山	Tangshan	790.5	803.3	804.4	52
秦皇岛	Qinhuangdao	220.7	221.7	219.7	213
邯郸	Handan	1079.8	1071.2	1062.2	28
邢台	Xingtai	1012.5	1019.6	1018.7	31
保定	Baoding	1217.0	1224.4	1218.0	17
张家口	Zhangjiakou	690.8	700.7	703.1	68
承德	Chengde	359.7	379.1	383.0	143
沧州	Cangzhou	1135.9	1151.7	1135.5	22
廊坊	Langfang	496.5	496.0	480.6	115
衡水	Hengshui	850.2	852.7	846.1	50
山西	**Shanxi**	**3763.9**	**3808.1**	**3782.4**	
太原	Taiyuan	113.6	108.1	107.2	241
大同	Datong	319.1	321.7	322.2	161
阳泉	Yangquan	58.9	58.6	58.9	252
长治	Changzhi	280.1	279.2	275.8	177
晋城	Jincheng	218.2	210.0	208.7	215
朔州	Shuozhou	331.7	335.1	345.3	152
晋中	Jinzhong	334.5	323.0	322.1	162
运城	Yuncheng	789.7	782.9	801.7	54
忻州	Xinzhou	470.3	479.2	475.8	116
临汾	Linfen	560.2	559.5	560.8	95
吕梁	Luliang	407.7	401.0	399.3	137
内蒙古	**Inner Mongolia**	**7003.0**	**7154.0**	**7211.2**	
呼和浩特	Hohhot	443.4	444.4	449.8	123
包头	Baotou	310.1	312.3	314.5	163
乌海	Wuhai	7.7	6.7	6.9	264
赤峰	Chifeng	1078.2	1111.0	1119.1	25
通辽	Tongliao	1109.6	1120.0	1128.6	23
鄂尔多斯	Erdos	379.0	381.5	383.2	142
呼伦贝尔	Hulunbuir	1537.4	1585.4	1596.3	7
巴彦淖尔	Bayannur	633.0	551.1	555.5	96
乌兰察布	Ulanqab	595.0	619.7	626.3	79
辽宁	**Liaoning**	**4184.9**	**4210.6**	**4208.8**	
沈阳	Shenyang	654.8	667.4	629.3	77
大连	Dalian	332.8	328.0	329.1	157
鞍山	Anshan	251.8	253.7	250.3	191
抚顺	Fushun	115.9	117.8	127.1	236
本溪	Benxi	59.9	59.3	58.3	253
丹东	Dandong	206.8	207.0	204.7	216
锦州	Jinzhou	445.9	453.4	448.1	125
营口	Yingkou	112.1	109.8	105.5	244
阜新	Fuxin	464.4	530.6	500.4	109
辽阳	Liaoyang	164.0	164.7	161.6	228
盘锦	Panjin	145.3	144.4	145.3	233
铁岭	Tieling	569.0	586.4	572.4	93
朝阳	Chaoyang	423.0	500.1	485.5	114
葫芦岛	Huludao	239.2	238.9	242.6	201
吉林	**Jilin**	**5221.4**	**5315.1**	**5413.1**	
长春	Changchun	1257.2	1344.1	1340.3	11
吉林	Jilin	683.8	691.9	696.9	69
四平	Siping	843.7	915.7	915.6	44
辽源	Liaoyuan	164.3	230.4	229.8	210
通化	Tonghua	305.8	326.1	327.2	159
白山	Baishan	62.6	64.2	64.3	250
松原	Songyuan	950.9	1217.8	1210.4	19
白城	Baicheng	868.5	1026.4	988.3	36
黑龙江	**Heilongjiang**	**14250.0**	**12237.0**	**12200.8**	
哈尔滨	Harbin	1983.5	2024.2	2033.4	2
齐齐哈尔	Qiqihar	2287.3	2291.5	2292.8	1
鸡西	Jixi	476.2	484.9	492.7	111
鹤岗	Hegang	194.3	203.2	203.3	217
双鸭山	Shuangyashan	419.1	420.7	420.9	131
大庆	Daqing	724.4	751.4	751.1	63
伊春	Yichun	240.7	243.2	241.6	202
佳木斯	Jiamusi	1255.5	1304.5	1304.5	12
七台河	Qitaihe	175.2	177.5	177.8	224
牡丹江	Mudanjiang	588.2	635.8	638.8	75
黑河	Heihe	1141.5	1210.3	1222.3	16
绥化	Suihua	1785.2	1920.1	1914.5	3
上海	**Shanghai**	**401.2**	**387.9**	**377.3**	
江苏	**Jiangsu**	**7619.6**	**7651.6**	**7683.6**	

10-7 农作物播种面积 续表 1
Total Sown Area continued 1

单位：千公顷 (1000 hectares)

地名	City	2010	2012	2013	2013 排名 Ranking	地名	City	2010	2012	2013	2013 排名 Ranking
南京	Nanjing	335.3	328.9	324.5	160	池州	Chizhou	198.4	202.3	202.0	218
无锡	Wuxi	180.9	182.9	178.7	223	宣城	Xuancheng	354.4	355.1	354.8	149
徐州	Xuzhou	1099.1	1124.6	1126.6	24	**福建**	**Fujian**	**2270.9**	**2263.1**	**2292.2**	
常州	Changzhou	231.0	226.4	224.2	211	福州	Fuzhou	261.7	260.7	263.2	182
苏州	Suzhou	269.9	263.1	257.6	184	厦门	Xiamen	29.2	27.8	27.2	259
南通	Nantong	855.0	847.0	843.5	51	莆田	Putian	109.1	105.3	106.5	243
连云港	Lianyungang	591.9	621.6	628.8	78	三明	Sanming	406.7	417.9	430.2	129
淮安	Huaian	779.5	793.1	799.3	56	泉州	Quanzhou	255.6	244.1	245.2	196
盐城	Yancheng	1460.1	1460.7	1460.1	8	漳州	Zhangzhou	258.5	258.4	260.0	183
扬州	Yangzhou	500.1	507.4	510.3	103	南平	Nanping	424.9	429.9	436.1	128
镇江	Zhenjiang	238.3	239.7	237.4	204	龙岩	Longyan	297.0	304.6	308.3	167
泰州	Taizhou	572.0	580.5	582.3	91	宁德	Ningde	228.3	232.7	240.4	203
宿迁	Suqian	704.0	707.1	705.8	66	**江西**	**Jiangxi**	**5457.7**	**5524.9**	**5552.6**	
浙江	**Zhejiang**	**2484.7**	**2324.2**	**2311.9**		南昌	Nanchang	532.7		547.8	99
杭州	Hangzhou	381.8	370.1	365.7	148	景德镇	Jingdezhen	155.7		157.3	229
宁波	Ningbo	318.6	309.5	307.9	168	萍乡	Pingxiang	139.3		150.9	232
温州	Wenzhou	256.3	247.1	245.7	194	九江	Jiujiang	527.8		542.1	100
嘉兴	Jiaxing	340.2	340.5	340.2	154	新余	Xinyu	138.1		137.3	234
湖州	Huzhou	224.8	224.3	223.1	212	鹰潭	Yingtan	149.7		153.8	231
绍兴	Shaoxing	329.8	331.1	330.7	155	赣州	Ganzhou	764.1		766.6	59
金华	Jinhua	273.7	274.8	272.1	178	吉安	Jian	922.9		934.7	43
衢州	Quzhou	223.6	230.2	230.8	207	宜春	Yichun	902.7		936.7	42
舟山	Zhoushan	24.1	23.3	23.1	261	抚州	Fuzhou	603.3		593.7	88
台州	Taizhou	265.4	251.4	252.9	189	上饶	Shangrao	783.8		793.5	57
丽水	Lishui	176.9	170.7	169.7	226	**山东**	**Shandong**	**10818.2**	**10867.0**	**10976.4**	
安徽	**Anhui**	**9054.9**	**8969.6**	**8945.6**		济南	Jinan	620.9	609.9	591.7	90
合肥	Hefei	497.0	750.3	743.3	64	青岛	Qingdao	753.9	723.0	709.9	65
芜湖	Wuhu	206.0	381.2	374.5	145	淄博	Zibo	307.2	298.8	285.1	173
蚌埠	Bengbu	645.9	631.3	629.8	76	枣庄	Zaozhuang	406.7	395.5	385.5	140
淮南	Huainan	248.4	241.8	243.8	198	东营	Dongying	279.2	282.9	287.6	171
马鞍山	Maanshan	96.7	242.9	235.8	205	烟台	Yantai	557.8	548.1	511.6	102
淮北	Huaibei	287.8	253.9	255.0	187	潍坊	Weifang	1128.7	1116.7	1069.9	27
铜陵	Tongling	47.3	46.0	45.8	255	济宁	Jining	1066.0	989.5	972.5	39
安庆	Anqing	783.3	777.5	781.5	58	泰安	Taian	631.6	621.2	593.6	89
黄山	Huangshan	131.3	130.4	129.5	235	威海	Weihai	261.5	259.0	249.9	192
滁州	Chuzhou	860.7	872.5	877.1	48	日照	Rizhao	270.8	271.0	256.4	186
阜阳	Fuyang	1221.9	1212.7	1217.6	18	莱芜	Laiwu	91.3	87.6	86.3	246
宿州	Suzhou	986.6	996.9	999.8	35	临沂	Linyi	1100.4	1100.4	1059.3	29
六安	Liuan	894.3	899.3	897.0	45	德州	Dezhou	1096.1	1033.8	1013.0	33
亳州	Bozhou	1035.2	1048.0	1055.3	30	聊城	Liaocheng	1066.8	1022.9	986.6	37

10-7 农作物播种面积 续表 2
Total Sown Area continued 2

单位：千公顷 (1000 hectares)

地名	City	2010	2012	2013	2013 排名 Ranking	地名	City	2010	2012	2013	2013 排名 Ranking
滨州	Binzhou	614.1	618.3	604.5	86	常德	Changde	121.6	1197.9	1225.3	15
菏泽	Heze	1487.9	1397.8	1394.1	10	张家界	Zhangjiajie	21.8	217.5	230.0	209
河南	**Henan**	**14248.7**	**14262.2**	**14323.5**		益阳	Yiyang	70.8	739.0	763.5	60
郑州	Zhengzhou	509.8	507.5	503.5	106	郴州	Chenzhou	59.0	605.1	616.0	80
开封	Kaifeng	795.9	799.6	800.2	55	永州	Yongzhou	87.7	886.5	894.3	46
洛阳	Luoyang	694.2	699.7	705.1	67	怀化	Huaihua	58.6	591.1	606.9	84
平顶山	Pingdingshan	545.6	549.4	551.2	97	娄底	Loudi	36.3	369.4	378.1	144
安阳	Anyang	745.4	750.0	754.3	62	广东	**Guangdong**	**4524.5**	**4629.6**	**4698.1**	
鹤壁	Hebi	191.3	193.1	192.6	219	广州	Guangzhou	261.4	263.0	265.9	181
新乡	Xinxiang	786.1	797.7	802.8	53	韶关	Shaoguan	312.6	324.3	329.6	156
焦作	Jiaozuo	350.7	354.1	354.7	150	深圳	Shenzhen	6.4	5.8	5.4	265
濮阳	Puyang	493.7	500.4	502.6	108	珠海	Zhuhai	17.7	18.6	18.6	262
许昌	Xuchang	598.7	605.2	607.9	83	汕头	Shantou	117.7	119.3	121.7	239
漯河	Luohe	369.2	368.7	369.6	146	佛山	Foshan	108.0	111.7	106.9	242
三门峡	Sanmenxia	244.3	251.9	251.9	190	江门	Jiangmen	280.8	287.1	285.7	172
南阳	Nanyang	1855.6	1863.1	1865.5	4	湛江	Zhanjiang	606.5	629.6	649.8	74
商丘	Shangqiu	1379.8	1391.9	1400.8	9	茂名	Maoming	405.2	413.8	414.6	134
信阳	Xinyang	1226.4	1226.7	1229.0	14	肇庆	Zhaoqing	336.5	344.0	349.5	151
周口	Zhoukou	1698.9	1711.1	1719.8	5	惠州	Huizhou	241.5	249.8	256.5	185
驻马店	Zhumadian	1629.8	1651.1	1663.3	6	梅州	Meizhou	339.4	344.7	345.1	153
湖北	**Hubei**	**7556.3**	**8078.9**	**8106.2**		汕尾	Shanwei	154.5	159.9	164.1	227
武汉	Wuhan	541.5	548.0	551.2	98	河源	Heyuan	224.8	228.8	233.0	206
黄石	Huangshi	227.2	240.0	243.0	199	阳江	Yangjiang	240.3	241.4	242.8	200
十堰	Shiyan	434.8	452.2	467.0	118	清远	Qingyuan	340.4	354.4	366.2	147
宜昌	Yichang	578.5	599.9	609.8	82	东莞	Dongguan	24.6	24.8	24.5	260
襄阳	Xiangfan	894.6	960.8	964.9	40	中山	ZhongShan	45.3	45.8	45.8	255
鄂州	Ezhou	121.6	121.0	120.5	240	潮州	Chaozhou	63.9	64.4	64.0	251
荆门	Jingmen	578.8	586.6	606.8	85	揭阳	Jieyang	205.4	207.8	217.0	214
孝感	Xiaogan	593.6	603.3	612.6	81	云浮	Yunfu	185.5	190.6	191.1	220
荆州	Jingzhou	1032.5	1067.3	1078.5	26	广西	**Guangxi**	**5896.9**	**6082.6**	**6137.2**	
黄冈	Huanggang	949.0	1004.0	1017.4	32	南宁	Nanning	922.7	944.0	948.5	41
咸宁	Xianning	397.4	414.8	417.9	133	柳州	Liuzhou	397.3	408.5	409.1	136
随州	Suizhou	300.6	316.4	327.8	158	桂林	Guilin	651.3	678.9	694.1	71
湖南	**Hunan**	**821.6**	**8511.9**	**8650.0**		梧州	Wuzhou	277.7	287.7	291.9	170
长沙	Changsha	63.4	656.7	671.6	72	北海	Beihai	181.3	183.3	185.3	222
株洲	Zhuzhou	37.8	387.8	398.5	138	防城港	Fangchenggang	114.4	121.5	124.6	237
湘潭	Xiangtan	31.5	308.7	313.6	165	钦州	Qinzhou	363.7	376.4	385.3	141
衡阳	Hengyang	91.0	957.4	972.9	38	贵港	Guigang	419.3	438.6	448.5	124
邵阳	Shaoyang	80.6	822.9	863.1	49	玉林	Yulin	473.6	489.0	494.3	110
岳阳	Yueyang	86.2	865.9	877.5	47	百色	Baise	482.4	501.9	508.1	105

10-7 农作物播种面积 续表 3
Total Sown Area continued 3

单位：千公顷 (1000 hectares)

地名	City	2010	2012	2013	2013 排名 Ranking	地名	City	2010	2012	2013	2013 排名 Ranking
贺州	Hezhou	236.6	240.4	246.0	193	丽江	Lijiang	16.4	185.9	185.9	221
河池	Hechi	458.8	486.3	487.1	113	普洱	Puer	426.3	481.5	489.6	112
来宾	Laibin	425.6	447.1	447.8	126	临沧	Lincang	429.6	489.9	503.1	107
崇左	Chongzuo	474.3	500.8	509.7	104	**西藏**	**Tibet**	**240.0**	**244.0**	**248.6**	
海南	**Hainan**	**833.7**	**854.6**	**848.2**		拉萨	Lhasa	38.2	38.5	38.4	257
海口	Haikou	77.4	82.8	83.0	247	**陕西**	**Shaanxi**	**4185.6**	**4238.3**	**4269.0**	
三亚	Sanya	29.8	34.2	33.4	258	西安	Xi'an	501.2	467.7	466.3	119
重庆	**Chongqing**	**3359.4**	**3477.7**	**3515.9**		铜川	Tongchuan	83.0	78.8	79.3	248
四川	**Sichuan**	**9979.3**	**9657.0**	**9682.2**		宝鸡	Baoji	444.8	420.0	419.2	132
成都	Chengdu	793.9				咸阳	Xianyang	552.4	522.3	524.2	101
自贡	Zigong	318.4				渭南	Weinan	758.8	703.7	696.7	70
攀枝花	Panzhihua	68.9				延安	Yan'an	252.6	241.7	245.5	195
泸州	Luzhou	494.1				汉中	Hanzhong	448.0	438.1	442.3	127
德阳	Deyang	467.1				榆林	Yulin	595.0	576.0	581.9	92
绵阳	Mianyang	669.5				安康	Ankang	453.8	449.4	453.5	121
广元	Guangyuan	418.7				商洛	Shangluo	286.2	279.2	283.8	174
遂宁	Suining	424.5				**甘肃**	**Gansu**	**3995.2**	**4099.8**	**4155.9**	
内江	Neijiang	446.8				兰州	Lanzhou	213.4	222.2	230.1	208
乐山	Leshan	362.8				嘉峪关	Jiayuguan	3.9	4.0	4.2	266
南充	Nanchong	913.1				金昌	Jinchang	70.5	74.1	73.8	249
眉山	Meishan	442.0				白银	Baiyin	297.0	303.8	303.8	169
宜宾	Yibin	544.1				天水	Tianshui	437.9	449.5	454.1	120
广安	Guangan	496.9				武威	Wuwei	243.6	242.8	244.5	197
达州	Dazhou	841.2				张掖	Zhangye	238.7	263.2	271.6	179
雅安	Yaan	179.4				平凉	Pingliang	449.2	455.9	474.3	117
巴中	Bazhong	462.5				酒泉	Jiuquan	166.7	169.1	171.3	225
资阳	Ziyang	761.2				庆阳	Qingyang	628.8	646.4	659.3	73
贵州	**Guizhou**	**4889.3**	**5182.9**	**5390.1**		定西	Dingxi	551.5	570.7	569.5	94
贵阳	Guiyang	265.1	272.2	282.2	175	陇南	Longnan	413.2	421.3	424.3	130
六盘水	Liupanshui	241.6	244.0	252.9	188	**青海**	**Qinghai**	**5163.0**	**554.2**	**555.8**	
遵义	Zunyi	1177.0	1235.9	1267.6	13	西宁	Xining	124.1	122.1	122.0	238
安顺	Anshun	248.2	263.6	271.6	180	**宁夏**	**Ningxia**	**1247.9**	**1241.2**	**1264.7**	
毕节	Bijie	1029.5	1109.1	1168.0	20	银川	Yinchuan	166.5	165.5	154.6	230
铜仁	Tongren	530.3	573.7	603.5	87	石嘴山	Shizuishan	92.1	97.8	99.2	245
云南	**Yunnan**	**6118.5**	**6920.4**	**7148.2**		吴忠	Wuzhong	298.7	309.4	310.4	166
昆明	Kunming	420.0	449.2	451.4	122	固原	Guyuan	391.9	386.4	386.6	139
曲靖	Qujing	990.3	1115.4	1145.4	21	中卫	Zhongwei	298.7	321.2	313.9	164
玉溪	Yuxi	245.9	269.4	275.9	176	**新疆**	**Xinjiang**	**4758.6**	**5123.9**	**5212.3**	
保山	Baoshan	376.7	412.6	413.0	135	乌鲁木齐	Urumqi	54.9	50.4	51.5	254
昭通	Zhaotong	692.7	750.2	763.0	61	克拉玛依	Karamay	10.1	10.3	11.0	263

10-8 粮食作物播种面积
Sown Area of Grain Crops

单位：千公顷 （1000 hectares）

地名	City	2010	2012	2013	2013 排名 Ranking	地名	City	2010	2012	2013	2013 排名 Ranking
全国	**Nation Total**	**109876.0**	**111205.0**	**111956.0**		沈阳	Shenyang	506.8	503.3	466.3	73
北京	**Beijing**	**223.5**	**193.9**	**158.9**		大连	Dalian	282.9	277.8	276.6	125
天津	**Tianjin**	**311.8**	**322.9**	**332.8**		鞍山	Anshan	210.5	212.2	208.9	160
河北	**Hebei**	**6282.2**	**6302.4**	**6315.9**		抚顺	Fushun	98.4	98.6	98.4	227
石家庄	Shijiazhuang	772.6	764.6	758.5	28	本溪	Benxi	50.1	49.9	49.5	245
唐山	Tangshan	478.7	490.5	487.9	66	丹东	Dandong	166.5	165.4	162.6	185
秦皇岛	Qinhuangdao	147.1	148.1	146.3	197	锦州	Jinzhou	351.4	358.0	352.7	104
邯郸	Handan	774.3	775.3	767.6	27	营口	Yingkou	96.6	94.5	89.4	232
邢台	Xingtai	717.6	718.1	716.6	34	阜新	Fuxin	288.6	311.9	295.7	117
保定	Baoding	918.8	921.5	914.8	17	辽阳	Liaoyang	142.3	141.2	139.1	204
张家口	Zhangjiakou	465.0	475.3	469.3	72	盘锦	Panjin	129.0	127.4	128.1	214
承德	Chengde	283.6	291.7	294.5	118	铁岭	Tieling	435.5	457.5	456.8	76
沧州	Cangzhou	883.0	898.3	885.8	19	朝阳	Chaoyang	343.4	381.0	363.8	98
廊坊	Langfang	317.8	313.3	300.0	115	葫芦岛	Huludao	188.3	189.3	189.5	170
衡水	Hengshui	594.0	594.6	588.4	49	吉林	**Jilin**	**4492.2**	**4610.3**	**4789.9**	
山西	**Shanxi**	**3239.2**	**3291.5**	**3274.3**		长春	Changchun	1150.5	1245.3	1245.5	6
太原	Taiyuan	84.8	81.8	80.5	235	吉林	Jilin	636.5	645.3	652.0	44
大同	Datong	275.6	278.9	279.5	122	四平	Siping	768.9	857.9	858.6	20
阳泉	Yangquan	55.3	56.7	56.9	242	辽源	Liaoyuan	158.2	224.8	223.8	152
长治	Changzhi	255.5	253.9	250.3	141	通化	Tonghua	273.7	293.0	292.9	119
晋城	Jincheng	207.5	199.6	197.3	168	白山	Baishan	50.5	49.3	49.3	246
朔州	Shuozhou	265.9	268.4	273.5	130	松原	Songyuan	795.3	1032.4	1061.1	11
晋中	Jinzhong	288.7	277.8	273.1	131	白城	Baicheng	642.5	804.8	815.1	24
运城	Yuncheng	652.5	667.4	686.5	38	黑龙江	**Heilongjiang**	**13549.0**	**11519.5**	**11564.4**	
忻州	Xinzhou	420.9	426.4	427.2	84	哈尔滨	Harbin	1900.3	1923.9	1932.3	2
临汾	Linfen	508.9	509.4	512.8	63	齐齐哈尔	Qiqihar	2144.9	2188.9	2220.6	1
吕梁	Luliang	358.7	353.9	352.8	103	鸡西	Jixi	459.2	472.3	481.3	69
内蒙古	**Inner Mongolia**	**5499.0**	**5589.4**	**5617.3**		鹤岗	Hegang	190.3	197.9	200.4	165
呼和浩特	Hohhot	321.4	325.0	326.7	111	双鸭山	Shuangyashan	390.0	398.9	402.1	89
包头	Baotou	225.3	227.8	229.0	151	大庆	Daqing	654.3	672.6	676.8	39
乌海	Wuhai	5.0	4.5	4.6	262	伊春	Yichun	228.2	230.2	229.8	150
赤峰	Chifeng	875.1	897.8	902.3	18	佳木斯	Jiamusi	1201.0	1255.4	1262.2	5
通辽	Tongliao	913.3	925.5	930.1	16	七台河	Qitaihe	161.0	162.4	163.8	183
鄂尔多斯	Erdos	233.8	240.8	241.9	144	牡丹江	Mudanjiang	498.1	535.2	534.5	58
呼伦贝尔	Hulunbuir	1308.4	1330.6	1337.3	4	黑河	Heihe	1115.0	1158.8	1185.3	9
巴彦淖尔	Bayannur	315.9	263.4	264.6	137	绥化	Suihua	1736.0	1841.8	1865.9	3
乌兰察布	Ulanqab	491.2	477.2	479.5	70	上海	**Shanghai**	**179.2**	**187.6**	**168.5**	
辽宁	**Liaoning**	**3179.3**	**3217.3**	**3226.4**		江苏	**Jiangsu**	**5282.4**	**5336.6**	**5360.8**	

10-8 粮食作物播种面积 续表 1
Sown Area of Grain Crops continued 1

单位：千公顷 （1000 hectares）

地名	City	2010	2012	2013	2013 排名 Ranking	地名	City	2010	2012	2013	2013 排名 Ranking
南京	Nanjing	161.1	163.4	161.4	187	池州	Chizhou	116.6	115.4	115.9	220
无锡	Wuxi	118.7	115.1	112.0	222	宣城	Xuancheng	226.8	230.1	231.0	149
徐州	Xuzhou	714.1	730.5	729.8	32	**福建**	**Fujian**	**1232.3**	**1201.1**	**1202.1**	
常州	Changzhou	161.5	155.7	150.3	195	福州	Fuzhou	116.0	106.9	105.1	225
苏州	Suzhou	161.7	159.7	154.3	191	厦门	Xiamen	7.9	7.3	7.0	261
南通	Nantong	528.8	522.2	519.7	61	莆田	Putian	54.9	50.0	49.3	246
连云港	Lianyungang	485.1	497.6	498.7	65	三明	Sanming	212.4	210.9	213.8	156
淮安	Huaian	646.3	653.7	657.7	43	泉州	Quanzhou	159.9	146.8	145.4	199
盐城	Yancheng	949.0	965.4	972.3	14	漳州	Zhangzhou	119.1	117.2	116.1	219
扬州	Yangzhou	410.3	419.0	419.8	85	南平	Nanping	251.1	248.1	249.3	142
镇江	Zhenjiang	177.3	177.1	176.7	177	龙岩	Longyan	176.0	180.9	182.3	174
泰州	Taizhou	433.2	438.9	438.5	80	宁德	Ningde	134.9	133.0	133.9	210
宿迁	Suqian	570.7	571.9	572.7	51	**江西**	**Jiangxi**	**3639.1**	**3675.9**	**3690.9**	
浙江	**Zhejiang**	**1275.8**	**1251.6**	**1253.7**		南昌	Nanchang	364.9		370	96
杭州	Hangzhou	174.7	165.4	163.9	182	景德镇	Jingdezhen	93.4		93.9	230
宁波	Ningbo	151.1	148.5	148.6	196	萍乡	Pingxiang	81.4		83.41	233
温州	Wenzhou	163.1	156.6	155.6	190	九江	Jiujiang	273.1		276.62	124
嘉兴	Jiaxing	200.1	207.9	208.1	162	新余	Xinyu	100.6		100.04	226
湖州	Huzhou	134.6	136.1	136.1	207	鹰潭	Yingtan	116.2		119.6	216
绍兴	Shaoxing	184.8	187.8	188.8	171	赣州	Ganzhou	515.0		513.62	62
金华	Jinhua	158.1	154.8	153.4	193	吉安	Jian	651.6		663.53	42
衢州	Quzhou	132.0	134.0	134.0	209	宜春	Yichun	615.4		636.4	46
舟山	Zhoushan	11.1	10.6	10.7	259	抚州	Fuzhou	408.4		409.2	88
台州	Taizhou	152.4	137.4	140.1	202	上饶	Shangrao	581.4		596.75	48
丽水	Lishui	102.3	97.3	96.9	228	**山东**	**Shandong**	**7084.8**	**7202.3**	**7294.6**	
安徽	**Anhui**	**6616.4**	**6622.0**	**6625.3**		济南	Jinan	467.4	455.1	444.7	78
合肥	Hefei	282.6	483.2	485.0	67	青岛	Qingdao	535.6	514.3	500.4	64
芜湖	Wuhu	122.1	197.9	198.7	167	淄博	Zibo	256.1	247.1	234.3	148
蚌埠	Bengbu	473.9	455.7	457.6	75	枣庄	Zaozhuang	284.4	276.7	267.1	136
淮南	Huainan	212.2	203.3	204.1	163	东营	Dongying	121.0	115.1	129.0	213
马鞍山	Maanshan	66.7	153.2	153.5	192	烟台	Yantai	397.5	391.2	356.1	102
淮北	Huaibei	264.2	234.4	235.4	147	潍坊	Weifang	799.5	779.7	736.0	30
铜陵	Tongling	26.5	27.8	28.0	253	济宁	Jining	662.3	659.9	649.7	45
安庆	Anqing	454.2	455.0	456.6	77	泰安	Taian	432.1	418.6	389.7	91
黄山	Huangshan	65.4	64.8	64.4	238	威海	Weihai	172.7	167.8	158.3	188
滁州	Chuzhou	689.5	709.9	712.8	35	日照	Rizhao	185.5	182.2	165.8	181
阜阳	Fuyang	1002.2	996.9	1000.9	12	莱芜	Laiwu	52.8	50.0	48.1	248
宿州	Suzhou	787.1	802.6	806.0	25	临沂	Linyi	744.1	738.9	696.5	36
六安	Liuan	689.0	716.1	719.3	33	德州	Dezhou	890.0	839.9	833.4	23
亳州	Bozhou	854.1	850.7	854.2	21	聊城	Liaocheng	776.1	763.7	733.3	31

10-8 粮食作物播种面积 续表 2
Sown Area of Grain Crops continued 2

单位：千公顷 （1000 hectares）

地名	City	2010	2012	2013	2013 排名 Ranking	地名	City	2010	2012	2013	2013 排名 Ranking
滨州	Binzhou	439.8	433.0	431.4	83	常德	Changde	67.5	684.5	695.3	37
菏泽	Heze	1018.0	967.6	968.5	15	张家界	Zhangjiajie	13.6	131.9	139.0	205
河南	**Henan**	**9740.2**	**9985.2**	**10081.8**		益阳	Yiyang	41.8	414.1	416.9	87
郑州	Zhengzhou	361.8	363.1	363.4	100	郴州	Chenzhou	34.9	341.2	342.2	107
开封	Kaifeng	458.5	472.6	482.1	68	永州	Yongzhou	56.8	552.5	543.0	56
洛阳	Luoyang	524.2	530.9	528.8	59	怀化	Huaihua	32.6	315.7	322.7	112
平顶山	Pingdingshan	413.2	417.3	418.7	86	娄底	Loudi	27.1	268.6	271.6	132
安阳	Anyang	541.2	555.3	562.5	53	**广东**	**Guangdong**	**2531.9**	**2540.2**	**2507.6**	
鹤壁	Hebi	165.1	169.2	169.5	179	广州	Guangzhou	89.8	89.9	89.8	231
新乡	Xinxiang	605.2	623.1	627.8	47	韶关	Shaoguan	158.4	158.9	157.1	189
焦作	Jiaozuo	268.3	272.8	274.4	128	深圳	Shenzhen				
濮阳	Puyang	380.2	387.9	389.6	92	珠海	Zhuhai	8.1	7.6	7.1	260
许昌	Xuchang	429.5	435.7	437.3	81	汕头	Shantou	714.0	71.7	71.3	236
漯河	Luohe	263.4	266.6	267.3	135	佛山	Foshan	20.8	20.7	20.7	255
三门峡	Sanmenxia	163.0	168.1	169.4	180	江门	Jiangmen	193.2	195.0	191.2	169
南阳	Nanyang	1124.8	1162.3	1177.9	10	湛江	Zhanjiang	291.1	292.5	288.0	120
商丘	Shangqiu	926.8	959.5	980.8	13	茂名	Maoming	253.8	254.1	248.8	143
信阳	Xinyang	822.8	842.5	843.8	22	肇庆	Zhaoqing	202.4	203.2	202.0	164
周口	Zhoukou	1130.2	1177.2	1209.4	7	惠州	Huizhou	120.2	120.9	116.7	218
驻马店	Zhumadian	1160.0	1186.0	1193.8	8	梅州	Meizhou	218.4	218.7	214.7	155
湖北	**Hubei**	**4068.4**	**4180.1**	**4258.4**		汕尾	Shanwei	95.6	95.9	95.3	229
武汉	Wuhan	238.2	229.5	222.5	153	河源	Heyuan	164.1	164.4	163.8	184
黄石	Huangshi	133.3	140.7	139.6	203	阳江	Yangjiang	146.4	146.8	145.9	198
十堰	Shiyan	273.5	274.4	276.4	127	清远	Qingyuan	179.3	179.6	179.2	175
宜昌	Yichang	316.3	327.0	329.3	110	东莞	Dongguan	2.8	2.8	2.7	263
襄阳	Xiangfan	667.7	751.3	756.8	29	中山	ZhongShan	15.0	15.1	14.9	257
鄂州	Ezhou	56.2	58.2	59.2	240	潮州	Chaozhou	45.4	45.8	44.3	250
荆门	Jingmen	341.5	356.2	364.5	97	揭阳	Jieyang	136.8	137.2	136.9	206
孝感	Xiaogan	349.5	353.8	356.3	101	云浮	Yunfu	118.9	119.4	117.4	217
荆州	Jingzhou	539.5	574.8	584.0	50	**广西**	**Guangxi**	**3061.1**	**3069.1**	**3076.0**	
黄冈	Huanggang	521.0	535.8	535.6	57	南宁	Nanning	438.7	442.0	442.9	79
咸宁	Xianning	204.5	212.6	212.3	158	柳州	Liuzhou	166.2	168.8	170.3	178
随州	Suizhou	219.7	230.7	235.7	146	桂林	Guilin	370.8	377.9	385.5	93
湖南	**Hunan**	**480.9**	**4908.0**	**4936.6**		梧州	Wuzhou	158.0	159.7	162.0	186
长沙	Changsha	37.9	371.2	371.1	95	北海	Beihai	81.4	80.4	81.4	234
株洲	Zhuzhou	26.7	258.6	261.8	139	防城港	Fangchenggang	47.3	49.1	50.0	244
湘潭	Xiangtan	22.0	212.8	213.6	157	钦州	Qinzhou	215.2	216.4	220.2	154
衡阳	Hengyang	57.1	556.8	552.3	54	贵港	Guigang	269.8	274.9	282.3	121
邵阳	Shaoyang	55.2	550.8	570.6	52	玉林	Yulin	323.2	327.2	329.4	109
岳阳	Yueyang	54.2	536.4	545.1	55	百色	Baise	271.8	276.8	276.4	126

10-8 粮食作物播种面积 续表 3

Sown Area of Grain Crops continued 3

单位：千公顷 (1000 hectares)

地名	City	2010	2012	2013	2013 排名 Ranking	地名	City	2010	2012	2013	2013 排名 Ranking
贺州	Hezhou	137.7	139.0	140.3	201	丽江	Lijiang	12.7	135.3	135.3	208
河池	Hechi	273.2	276.6	278.5	123	普洱	Puer	312.1	345.0	345.3	106
来宾	Laibin	171.0	174.3	177.5	176	临沧	Lincang	263.3	291.3	297.5	116
崇左	Chongzuo	119.7	121.0	122.4	215	**西藏**	**Tibet**	**170.2**	**170.9**	**175.9**	
海南	**Hainan**	**437.2**	**438.6**	**421.8**		拉萨	Lhasa	25.9	26.1	26.5	254
海口	Haikou	39.8	41.9	40.9	251	**陕西**	**Shaanxi**	**3159.7**	**3127.5**	**3105.1**	
三亚	Sanya	13.0	14.3	13.4	258	西安	Xi'an	414.5	381.7	378.6	94
重庆	**Chongqing**	**2243.9**	**2259.6**	**2253.9**		铜川	Tongchuan	63.1	59.3	59.8	239
四川	**Sichuan**	**6402.0**	**6468.2**	**6469.9**		宝鸡	Baoji	357.5	337.5	337.5	108
成都	Chengdu					咸阳	Xianyang	430.9	400.3	398.8	90
自贡	Zigong					渭南	Weinan	583.8	521.6	520.1	60
攀枝花	Panzhihua					延安	Yan'an	209.6	197.8	199.4	166
泸州	Luzhou					汉中	Hanzhong	285.9	268.9	269.2	134
德阳	Deyang					榆林	Yulin	498.8	471.2	474.0	71
绵阳	Mianyang					安康	Ankang	287.5	269.9	269.9	133
广元	Guangyuan					商洛	Shangluo	221.9	209.8	209.9	159
遂宁	Suining					**甘肃**	**Gansu**	**2799.8**	**2839.4**	**2858.7**	
内江	Neijiang					兰州	Lanzhou	130.0	130.2	130.8	212
乐山	Leshan					嘉峪关	Jiayuguan	0.9	1.2	1.2	265
南充	Nanchong					金昌	Jinchang	48.2	48.4	47.8	249
眉山	Meishan					白银	Baiyin	240.0	239.5	240.1	145
宜宾	Yibin					天水	Tianshui	312.6	311.7	313.1	113
广安	Guangan					武威	Wuwei	150.0	135.2	132.6	211
达州	Dazhou					张掖	Zhangye	166.7	180.6	185.1	172
雅安	Yaan					平凉	Pingliang	327.5	334.7	349.5	105
巴中	Bazhong					酒泉	Jiuquan	47.4	38.7	39.3	252
资阳	Ziyang					庆阳	Qingyang	431.8	453.1	464.4	74
贵州	**Guizhou**	**3029.5**	**3054.3**	**3118.4**		定西	Dingxi	436.3	449.4	436.8	82
贵阳	Guiyang	118.9	110.9	113.5	221	陇南	Longnan	312.8	312.9	312.7	114
六盘水	Liupanshui	180.4	180.2	183.5	173	**青海**	**Qinghai**	**274.5**	**280.2**	**280.0**	
遵义	Zunyi	759.3	755.6	769.0	26	西宁	Xining	61.3	58.1	57.0	241
安顺	Anshun	144.1	142.8	143.2	200	**宁夏**	**Ningxia**	**844.0**	**828.3**	**801.6**	
毕节	Bijie	636.2	652.9	674.7	40	银川	Yinchuan	123.2	121.1	111.1	223
铜仁	Tongren	352.6	351.8	363.5	99	石嘴山	Shizuishan	67.1	66.9	66.7	237
云南	**Yunnan**	**4274.4**	**4399.6**	**4499.4**		吴忠	Wuzhong	213.0	213.4	208.7	161
昆明	Kunming	261.9	280.4	273.9	129	固原	Guyuan	278.9	265.9	262.6	138
曲靖	Qujing	579.9	670.4	670.8	41	中卫	Zhongwei	161.8	160.9	152.6	194
玉溪	Yuxi	96.6	108.0	111.0	224	**新疆**	**Xinjiang**	**1991.6**	**2131.2**	**2234.8**	
保山	Baoshan	237.2	257.4	260.0	140	乌鲁木齐	Urumqi	28.0	21.9	19.3	256
昭通	Zhaotong	496.1	548.2	55.3	243	克拉玛依	Karamay	0.6	0.5	1.3	264

11

工 业

Industry

11-1 工业生产总值
Gross Industrial Output Value

单位：亿元 (100 million yuan)

地名	City	2010	2012	2013	2013 排名 Ranking	地名	City	2010	2012	2013	2013 排名 Ranking
全国	**Nation Total**	**160722.2**	**199670.7**	**210689.4**		沈阳	Shenyang	2283.51	3046.91	3348.60	12
北京	**Beijing**	**2763.99**	**3294.32**	**3536.89**		大连	Dalian	2309.49	3207.43	3438.50	8
天津	**Tianjin**	**4410.85**	**6123.06**	**6678.60**		鞍山	Anshan	1046.31	1159.86	1245.70	57
河北	**Hebei**	**9554.03**	**12511.60**	**13194.76**		抚顺	Fushun	452.43	627.62	674.70	120
石家庄	Shijiazhuang	1469.89	1993.59	2099.90	25	本溪	Benxi	488.99	608.59	641.50	129
唐山	Tangshan	2395.22	3243.82	3354.90	10	丹东	Dandong	314.86	428.54	458.10	174
秦皇岛	Qinhuangdao	319.80	376.48	373.50	209	锦州	Jinzhou	377.54	549.63	585.90	148
邯郸	Handan	1160.02	1473.50	1416.40	47	营口	Yingkou	497.64	660.35	711.90	113
邢台	Xingtai	624.28	761.87	774.90	100	阜新	Fuxin	133.46	214.94	237.20	243
保定	Baoding	877.02	1259.39	1329.40	53	辽阳	Liaoyang	437.28	594.10	638.70	132
张家口	Zhangjiakou	352.47	441.85	463.30	173	盘锦	Panjin	567.37	778.05	840.30	89
承德	Chengde	398.91	553.77	575.50	150	铁岭	Tieling	341.93	458.50	472.30	171
沧州	Cangzhou	1007.02	1338.35	1430.50	46	朝阳	Chaoyang	285.05	375.56	407.50	196
廊坊	Langfang	614.30	824.85	871.50	85	葫芦岛	Huludao	209.42	285.83	304.10	229
衡水	Hengshui	363.50	474.09	505.80	166	吉林	**Jilin**	**3929.31**	**5582.48**	**6033.35**	
山西	**Shanxi**	**4657.97**	**6023.55**	**6032.99**		长春	Changchun	1469.63	1922.48	2222.10	21
太原	Taiyuan	596.88	784.28	772.30	101	吉林	Jilin	766.60	1044.45	1115.80	67
大同	Datong	298.80	419.56	401.50	199	四平	Siping	310.86	488.02	529.90	161
阳泉	Yangquan	227.76	318.46	316.30	225	辽源	Liaoyuan	196.71	315.44	365.50	213
长治	Changzhi	576.37	861.14	830.20	92	通化	Tonghua	291.84	413.63	468.30	172
晋城	Jincheng	443.89	610.49	605.50	143	白山	Baishan	241.82	358.29	377.40	205
朔州	Shuozhou	364.10	572.81	550.10	154	松原	Songyuan	522.11	692.07	691.50	114
晋中	Jinzhong	378.97	489.12	483.10	169	白城	Baicheng	184.29	267.80	313.70	226
运城	Yuncheng	315.25	424.30	433.00	186	黑龙江	**Heilongjiang**	**4608.27**	**5240.65**	**5090.34**	
忻州	Xinzhou	176.04	292.80	296.60	230	哈尔滨	Harbin	1021.55	1127.95	1191.90	61
临汾	Linfen	474.63	701.23	675.70	119	齐齐哈尔	Qiqihar	336.69	411.88	426.50	190
吕梁	Luliang	568.68	879.29	843.70	88	鸡西	Jixi	170.34	228.35	211.40	248
内蒙古	**Inner Mongolia**	**5618.40**	**7735.78**	**7944.40**		鹤岗	Hegang	112.10	161.38	137.90	262
呼和浩特	Hohhot	557.05	637.56	650.10	125	双鸭山	Shuangyashan	163.44	241.40	224.70	245
包头	Baotou	1188.78	1491.30	1527.20	40	大庆	Daqing	2319.96	3157.40	3243.50	15
乌海	Wuhai	258.01	328.19	337.00	220	伊春	Yichun	67.38	73.81	77.80	276
赤峰	Chifeng	483.46	745.45	735.50	110	佳木斯	Jiamusi	112.99	146.56	173.60	253
通辽	Tongliao	633.86	986.21	941.20	79	七台河	Qitaihe	198.18	169.91	108.60	272
鄂尔多斯	Erdos	1391.12	1971.68	2109.50	24	牡丹江	Mudanjiang	268.16	377.70	450.20	180
呼伦贝尔	Hulunbuir	336.93	546.03	587.60	147	黑河	Heihe	35.62	50.34	55.40	279
巴彦淖尔	Bayannur	285.79	384.43	403.20	198	绥化	Suihua	150.24	245.92	296.10	231
乌兰察布	Ulanqab	266.97	373.71	389.80	200	上海	**Shanghai**	**6536.21**	**7097.76**	**7236.69**	
辽宁	**Liaoning**	**8789.27**	**11605.07**	**12510.27**		江苏	**Jiangsu**	**19277.65**	**23908.47**	**25612.24**	

注：本表按当年价格计算。

Note: Data in this table are calculated at current prices.

11-1 工业生产总值 续表 1
Gross Industrial Output Value continued 1

单位：亿元 (100 million yuan)

地名	City	2010	2012	2013	2013 排名 Ranking	地名	City	2010	2012	2013	2013 排名 Ranking
南京	Nanjing	2005.21	2748.46	2997.60	17	池州	Chizhou	103.33	156.38	175.30	252
无锡	Wuxi	2986.52	3717.88	3893.60	5	宣城	Xuancheng	201.80	333.82	376.40	207
徐州	Xuzhou	1268.61	1666.62	1793.50	32	**福建**	**Fujian**	**6397.71**	**8541.94**	**9455.32**	
常州	Changzhou	1530.86	1900.55	2036.30	28	福州	Fuzhou	1127.59	1481.99	1654.50	35
苏州	Suzhou	4916.49	6055.10	6370.40	1	厦门	Xiamen	865.92	1153.77	1212.20	59
南通	Nantong	1568.49	1992.11	2168.20	22	莆田	Putian	405.01	568.88	639.00	131
连云港	Lianyungang	431.84	583.31	642.70	127	三明	Sanming	412.51	565.33	639.40	130
淮安	Huaian	537.00	737.20	819.60	95	泉州	Quanzhou	1961.46	2595.57	2892.60	18
盐城	Yancheng	935.51	1258.22	1405.00	48	漳州	Zhangzhou	570.56	818.45	917.30	81
扬州	Yangzhou	1074.61	1344.66	1468.80	43	南平	Nanping	243.80	328.97	366.90	212
镇江	Zhenjiang	1039.78	1309.54	1431.00	45	龙岩	Longyan	447.99	622.95	642.50	128
泰州	Taizhou	981.02	1237.05	1362.30	51	宁德	Ningde	261.74	418.91	514.60	164
宿迁	Suqian	386.37	589.82	679.20	118	**江西**	**Jiangxi**	**4286.76**	**5828.20**	**6434.41**	
浙江	**Zhejiang**	**12657.78**	**15338.02**	**16368.43**		南昌	Nanchang	952.75	1290.93	1398.60	50
杭州	Hangzhou	2502.09	3168.75	3246.70	14	景德镇	Jingdezhen	243.77	329.50	348.20	215
宁波	Ningbo	2586.17	3170.07	3378.00	9	萍乡	Pingxiang	302.71	404.75	428.80	189
温州	Wenzhou	1387.65	1625.00	1768.00	33	九江	Jiujiang	478.70	679.87	756.70	102
嘉兴	Jiaxing	1192.96	1443.02	1560.90	38	新余	Xinyu	360.11	444.75	430.20	187
湖州	Huzhou	637.57	796.75	861.10	86	鹰潭	Yingtan	205.04	285.14	322.30	223
绍兴	Shaoxing	1398.07	1751.79	1882.10	31	赣州	Ganzhou	425.14	603.48	656.70	124
金华	Jinhua	938.87	1164.53	1256.70	56	吉安	Jian	310.87	447.73	494.70	168
衢州	Quzhou	349.46	442.16	477.30	170	宜春	Yichun	439.60	633.39	689.40	116
舟山	Zhoushan	218.52	295.81	319.10	224	抚州	Fuzhou	254.65	362.93	408.00	195
台州	Taizhou	1135.75	1273.64	1357.40	52	上饶	Shangrao	379.10	552.53	595.20	145
丽水	Lishui	278.00	384.90	430.20	187	**山东**	**Shandong**	**18861.45**	**22798.33**	**24222.16**	
安徽	**Anhui**	**5407.40**	**8025.84**	**8928.02**		济南	Jinan	1352.42	1603.08	1690.60	34
合肥	Hefei	1121.64	1813.90	2053.60	27	青岛	Qingdao	2454.19	6041.31	3248.40	13
芜湖	Wuhu	645.29	1117.44	1264.40	55	淄博	Zibo	1612.07	1897.61	1950.80	29
蚌埠	Bengbu	260.95	391.38	456.70	178	枣庄	Zaozhuang	749.34	905.60	943.00	78
淮南	Huainan	345.82	442.82	447.10	181	东营	Dongying	1612.02	2007.59	2130.70	23
马鞍山	Maanshan	520.75	745.36	756.70	102	烟台	Yantai	2319.02	2694.25	2757.80	19
淮北	Huaibei	273.67	377.12	437.60	183	潍坊	Weifang	1545.55	1952.43	2063.20	26
铜陵	Tongling	315.20	423.43	457.90	175	济宁	Jining	1237.23	1514.29	1613.80	36
安庆	Anqing	450.96	672.94	661.80	122	泰安	Taian	950.02	1110.93	1173.80	63
黄山	Huangshan	100.31	152.05	171.40	254	威海	Weihai	982.13	1122.80	1174.40	62
滁州	Chuzhou	298.51	446.09	509.00	165	日照	Rizhao	494.95	634.20	685.90	117
阜阳	Fuyang	242.62	344.71	380.20	203	莱芜	Laiwu	302.71	332.50	331.10	222
宿州	Suzhou	214.43	333.60	376.50	206	临沂	Linyi	1009.32	1202.68	1297.30	54
六安	Liuan	233.06	354.25	404.20	197	德州	Dezhou	794.79	1048.54	1127.10	66
亳州	Bozhou	155.06	241.00	269.20	235	聊城	Liaocheng	854.03	1088.10	1149.60	65

11-1 工业生产总值 续表 2
Gross Industrial Output Value continued 2

单位：亿元 (100 million yuan)

地名	City	2010	2012	2013	2013 排名 Ranking	地名	City	2010	2012	2013	2013 排名 Ranking
滨州	Binzhou	767.26	948.62	1101.60	69	常德	Changde	617.27	916.99	1001.40	73
菏泽	Heze	553.13	858.05	984.30	74	张家界	Zhangjiajie	48.20	70.39	76.50	277
河南	**Henan**	**11950.88**	**15017.56**	**15960.60**		益阳	Yiyang	259.56	416.86	457.30	177
郑州	Zhengzhou	1996.37	2802.47	3101.40	16	郴州	Chenzhou	553.31	818.58	899.00	83
开封	Kaifeng	368.34	487.10	555.90	152	永州	Yongzhou	236.78	349.43	379.80	204
洛阳	Luoyang	1243.78	1583.20	1590.00	37	怀化	Huaihua	256.27	400.77	436.20	184
平顶山	Pingdingshan	821.08	845.53	835.80	90	娄底	Loudi	330.21	501.06	545.50	158
安阳	Anyang	731.77	805.67	855.50	87	**广东**	**Guangdong**	**21462.72**	**25810.07**	**27426.26**	
鹤壁	Hebi	283.38	356.47	413.70	192	广州	Guangzhou	3644.96	4264.16	4754.90	3
新乡	Xinxiang	602.34	812.40	873.70	84	韶关	Shaoguan	246.91	321.49	360.30	214
焦作	Jiaozuo	804.18	984.42	1083.60	71	深圳	Shenzhen	4233.23	5355.85	5889.10	2
濮阳	Puyang	476.42	593.16	690.80	115	珠海	Zhuhai	619.39	720.25	775.60	99
许昌	Xuchang	847.53	1076.57	1201.50	60	汕头	Shantou	629.27	679.26	751.90	104
漯河	Luohe	452.72	515.18	548.90	155	佛山	Foshan	3419.18	3976.10	4201.80	4
三门峡	Sanmenxia	562.42	714.50	741.10	107	江门	Jiangmen	833.28	913.78	964.00	75
南阳	Nanyang	910.56	1082.50	1110.00	68	湛江	Zhanjiang	524.36	644.87	726.20	111
商丘	Shangqiu	464.48	570.47	624.40	138	茂名	Maoming	550.72	730.82	826.50	93
信阳	Xinyang	376.95	449.86	520.50	163	肇庆	Zhaoqing	411.87	616.23	737.90	108
周口	Zhoukou	492.45	664.44	798.90	96	惠州	Huizhou	960.82	1296.40	1464.70	44
驻马店	Zhumadian	393.04	519.09	594.90	146	梅州	Meizhou	208.51	225.17	241.20	242
湖北	**Hubei**	**6726.53**	**9735.15**	**10531.37**		汕尾	Shanwei	180.78	260.37	291.10	232
武汉	Wuhan	2079.82	3203.66	3645.30	6	河源	Heyuan	227.14	277.63	311.60	228
黄石	Huangshi	361.76	581.91	631.20	137	阳江	Yangjiang	238.21	359.72	457.80	176
十堰	Shiyan	377.92	452.45	498.00	167	清远	Qingyuan	569.40	370.63	385.70	202
宜昌	Yichang	818.32	1386.98	1550.70	39	东莞	Dongguan	2078.45	2297.51	2436.10	20
襄阳	Xiangfan	733.20	1304.30	1470.50	42	中山	ZhongShan	1022.01	1291.41	1404.20	49
鄂州	Ezhou	213.05	310.23	344.20	218	潮州	Chaozhou	293.59	368.48	412.60	193
荆门	Jingmen	330.54	551.45	611.00	141	揭阳	Jieyang	541.04	810.96	962.70	76
孝感	Xiaogan	316.47	474.87	535.80	160	云浮	Yunfu	146.82	195.25	231.90	244
荆州	Jingzhou	293.27	475.34	539.80	159	**广西**	**Guangxi**	**3860.46**	**5279.26**	**5749.65**	
黄冈	Huanggang	262.46	366.27	410.80	194	南宁	Nanning	483.78	706.11	820.60	94
咸宁	Xianning	218.81	329.25	386.70	201	柳州	Liuzhou	776.84	1055.69	1166.60	64
随州	Suizhou	164.03	250.29	281.40	234	桂林	Guilin	417.93	585.55	662.70	121
湖南	**Hunan**	**6305.11**	**9138.50**	**10001.00**		梧州	Wuzhou	304.60	479.88	605.00	144
长沙	Changsha	2020.68	3051.94	3352.30	11	北海	Beihai	144.92	267.77	332.80	221
株洲	Zhuzhou	656.38	948.32	1042.10	72	防城港	Fangchenggang	138.19	197.64	257.00	236
湘潭	Xiangtan	452.48	699.26	778.10	98	钦州	Qinzhou	187.91	237.24	250.10	238
衡阳	Hengyang	562.74	834.64	913.60	82	贵港	Guigang	218.78	229.15	253.10	237
邵阳	Shaoyang	237.85	339.88	373.20	210	玉林	Yulin	324.14	404.39	434.10	185
岳阳	Yueyang	752.43	1109.96	1216.80	58	百色	Baise	273.49	361.92	373.90	208

11-1 工业生产总值 续表 3
Gross Industrial Output Value continued 3

单位：亿元 (100 million yuan)

地名	City	2010	2012	2013	2013 排名 Ranking	地名	City	2010	2012	2013	2013 排名 Ranking
贺州	Hezhou	105.91	136.10	143.60	260	丽江	Lijiang	33.10	56.68	73.10	278
河池	Hechi	180.08	132.96	143.00	261	普洱	Puer	53.83	84.72	104.00	273
来宾	Laibin	168.00	189.06	169.20	256	临沧	Lincang	53.71	112.53	130.20	265
崇左	Chongzuo	127.53	184.06	210.60	249	**西藏**	**Tibet**	**39.73**	**55.35**	**61.16**	
海南	**Hainan**	**385.21**	**521.15**	**551.11**		拉萨	Lhasa	19.72			
海口	Haikou	101.76	136.67	144.70	259	**陕西**	**Shaanxi**	**4558.97**	**6847.41**	**7507.34**	
三亚	Sanya	12.74	17.00	17.90	283	西安	Xi'an	1003.57	1328.71	1484.60	41
重庆	**Chongqing**	**3697.83**	**4981.01**	**5249.65**		铜川	Tongchuan	103.99	159.29	195.40	251
四川	**Sichuan**	**7431.45**	**10550.53**	**11578.55**		宝鸡	Baoji	497.40	735.89	834.30	91
成都	Chengdu	2062.82	3127.61	3493.10	7	咸阳	Xianyang	480.70	743.94	925.70	80
自贡	Zigong	339.70	488.44	546.20	156	渭南	Weinan	339.71	533.55	656.80	123
攀枝花	Panzhihua	364.63	533.07	564.90	151	延安	Yan'an	614.45	904.64	944.20	77
泸州	Luzhou	377.15	588.19	637.50	134	汉中	Hanzhong	146.32	245.70	312.90	227
德阳	Deyang	484.26	718.50	783.80	97	榆林	Yulin	1178.34	1928.07	1943.60	30
绵阳	Mianyang	398.39	607.42	637.70	133	安康	Ankang	86.15	179.91	248.40	239
广元	Guangyuan	105.01	189.91	215.10	246	商洛	Shangluo	64.49	118.96	171.40	254
遂宁	Suining	218.88	305.29	341.80	219	**甘肃**	**Gansu**	**1602.87**	**2070.24**	**2225.22**	
内江	Neijiang	386.64	570.69	616.80	139	兰州	Lanzhou	399.06	562.42	614.50	140
乐山	Leshan	414.42	601.63	649.80	126	嘉峪关	Jiayuguan	143.44	213.33	163.30	257
南充	Nanchong	333.02	498.05	550.90	153	金昌	Jinchang	152.36	162.93	158.70	258
眉山	Meishan	268.00	390.53	425.90	191	白银	Baiyin	144.09	212.59	212.90	247
宜宾	Yibin	476.89	712.17	743.10	106	天水	Tianshui	80.12	115.76	121.30	266
广安	Guangan	199.39	310.82	345.70	217	武威	Wuwei	60.47	109.07	119.40	267
达州	Dazhou	366.26	544.20	584.40	149	张掖	Zhangye	55.42	75.52	88.50	275
雅安	Yaan	135.10	202.76	208.20	250	平凉	Pingliang	88.42	125.40	114.20	269
巴中	Bazhong	61.37	102.10	114.10	270	酒泉	Jiuquan	173.03	258.72	285.60	233
资阳	Ziyang	315.28	496.19	546.20	156	庆阳	Qingyang	193.48	301.28	346.00	216
贵州	**Guizhou**	**1516.87**	**2217.06**	**2686.52**		定西	Dingxi	24.59	38.58	40.00	281
贵阳	Guiyang	352.77	534.73	608.30	142	陇南	Longnan	33.62	49.36	52.30	280
六盘水	Liupanshui	278.58	402.52	452.40	179	**青海**	**Qinghai**	**613.65**	**895.89**	**970.53**	
遵义	Zunyi	333.67	541.84	634.50	135	西宁	Xining	275.40	377.19	440.80	182
安顺	Anshun	76.40	114.46	133.10	264	**宁夏**	**Ningxia**	**643.05**	**878.63**	**944.50**	
毕节	Bijie	226.82	333.06	373.10	211	银川	Yinchuan	298.70	471.92	523.30	162
铜仁	Tongren	57.17	99.63	112.20	271	石嘴山	Shizuishan	162.67	228.85	246.10	240
云南	**Yunnan**	**2604.07**	**3450.72**	**3767.58**		吴忠	Wuzhong	87.82	123.81	136.30	263
昆明	Kunming	709.62	1008.42	1100.10	70	固原	Guyuan	11.82	23.02	26.80	282
曲靖	Qujing	468.78	657.30	736.40	109	中卫	Zhongwei	50.79	79.52	92.40	274
玉溪	Yuxi	437.53	598.33	634.20	136	**新疆**	**Xinjiang**	**2161.39**	**2850.06**	**3024.27**	
保山	Baoshan	59.30	100.06	115.60	268	乌鲁木齐	Urumqi	514.76	714.01	746.80	105
昭通	Zhaotong	132.63	206.11	242.00	241	克拉玛依	Karamay	623.47	692.07	715.70	112

11-2　工业生产总值指数
Indices of Gross Industrial Output Value

单位：上年=100　　(preceding year=100)

地名	City	2010	2012	2013	2013 排名 Ranking
全国	**Nation Total**	**112.1**	**107.7**	**107.6**	
北京	**Beijing**	**114.9**			
天津	**Tianjin**	**120.8**			
河北	**Hebei**	**113.5**			
石家庄	Shijiazhuang	113.4	112.4	110.5	205
唐山	Tangshan	115.0	112.0	109.7	235
秦皇岛	Qinhuangdao	115.6	112.1	105.9	271
邯郸	Handan	113.5	112.5	107.9	257
邢台	Xingtai	114.0	111.2	108.6	253
保定	Baoding	115.2	112.9	111.1	178
张家口	Zhangjiakou	115.0	112.3	109.7	235
承德	Chengde	110.7	113.1	111.3	169
沧州	Cangzhou	113.4	113.4	111.0	183
廊坊	Langfang	113.2	111.5	109.4	248
衡水	Hengshui	113.7	112.7	110.9	190
山西	**Shanxi**	**119.5**			
太原	Taiyuan	112.5	112.2	110.1	224
大同	Datong	120.0	111.9	109.7	235
阳泉	Yangquan	118.7	110.7	107.9	257
长治	Changzhi	116.6	111.8	110.0	227
晋城	Jincheng	115.5	112.5	110.8	194
朔州	Shuozhou	117.4	112.8	111.0	183
晋中	Jinzhong	118.1	112.5	112.7	115
运城	Yuncheng	121.6	106.8	112.4	126
忻州	Xinzhou	130.8	115.2	112.0	135
临汾	Linfen	121.9	111.9	111.6	155
吕梁	Luliang	126.8	112.1	111.0	183
内蒙古	**Inner Mongolia**	**118.8**			
呼和浩特	Hohhot	114.3	110.0	117.2	26
包头	Baotou	119.8	114.8	111.6	155
乌海	Wuhai	123.9	114.9	111.6	155
赤峰	Chifeng	120.9	118.0	111.3	169
通辽	Tongliao	126.7	117.7	111.0	183
鄂尔多斯	Erdos	120.1	115.6	111.9	141
呼伦贝尔	Hulunbuir	125.9	120.9	112.5	123
巴彦淖尔	Bayannur	120.6	114.6	112.7	115
乌兰察布	Ulanqab	113.0	110.2	112.2	129
辽宁	**Liaoning**	**116.9**			
沈阳	Shenyang	115.1	111.5	110.0	227
大连	Dalian	121.0	110.7	110.0	227
鞍山	Anshan	115.2	109.8	110.3	216
抚顺	Fushun	116.3	111.9	110.1	224
本溪	Benxi	117.5	109.8	110.2	221
丹东	Dandong	120.2	111.3	109.5	243
锦州	Jinzhou	118.9	113.3	109.6	239
营口	Yingkou	118.0	111.6	110.6	202
阜新	Fuxin	118.7	113.3	109.6	239
辽阳	Liaoyang	115.0	111.1	109.8	233
盘锦	Panjin	119.6	112.8	110.3	216
铁岭	Tieling	118.9	109.0	105.3	276
朝阳	Chaoyang	115.5	110.7	110.2	221
葫芦岛	Huludao	118.2	112.4	106.9	267
吉林	**Jilin**	**120.8**			
长春	Changchun	120.8	112.1	110.0	227
吉林	Jilin	113.5	110.0	108.2	255
四平	Siping	122.3	115.9	110.7	198
辽源	Liaoyuan	121.9	114.2	109.5	243
通化	Tonghua	126.7	112.1	114.2	64
白山	Baishan	126.1	113.5	105.5	273
松原	Songyuan	114.7	110.7	107.2	264
白城	Baicheng	130.6	115.8	113.5	84
黑龙江	**Heilongjiang**	**115.0**			
哈尔滨	Harbin	117.1	108.3	109.5	243
齐齐哈尔	Qiqihar	128.4	106.2	110.4	211
鸡西	Jixi	126.2	116.9	97.3	281
鹤岗	Hegang	117.1	117.1	87.7	282
双鸭山	Shuangyashan	132.5	119.8	99.9	279
大庆	Daqing	111.3	109.9	106.5	268
伊春	Yichun	126.1	112.0	112.8	110
佳木斯	Jiamusi	138.4	121.4	118.2	20
七台河	Qitaihe	131.7	109.5	77.7	283
牡丹江	Mudanjiang	124.2	116.1	115.3	45
黑河	Heihe	119.4	115.0	113.5	84
绥化	Suihua	121.7	134.3	124.5	4
上海	**Shanghai**	**117.5**			
江苏	**Jiangsu**	**113.3**			

注：本表按不变价格计算。

Note: Data in this table are calculated at constant prices.

11-2 工业生产总值指数 续表 1
Indices of Gross Industrial Output Value continued 1

单位：上年=100 (preceding year=100)

地名	City	2010	2012	2013	2013 排名 Ranking	地名	City	2010	2012	2013	2013 排名 Ranking
南京	Nanjing	114.4	111.0	111.1	178	池州	Chizhou	125.5	116.7	114.5	58
无锡	Wuxi	113.2	109.0	109.0	250	宣城	Xuancheng	126.0	116.0	114.3	62
徐州	Xuzhou	115.7	114.4	113.1	98	**福建**	**Fujian**	**118.0**			
常州	Changzhou	113.3	111.7	111.6	155	福州	Fuzhou	118.8	114.1	113.2	92
苏州	Suzhou	113.3	107.4	107.5	261	厦门	Xiamen	118.8	113.6	111.9	141
南通	Nantong	114.3	112.3	112.3	128	莆田	Putian	120.1	113.9	113.3	89
连云港	Lianyungang	117.8	115.4	113.9	72	三明	Sanming	120.7	115.8	114.3	62
淮安	Huaian	117.4	116.1	113.4	86	泉州	Quanzhou	116.5	113.5	112.6	119
盐城	Yancheng	117.0	115.7	115.1	49	漳州	Zhangzhou	121.7	115.5	114.2	64
扬州	Yangzhou	114.8	111.8	113.2	92	南平	Nanping	116.9	117.5	113.7	76
镇江	Zhenjiang	114.9	112.7	113.0	101	龙岩	Longyan	118.4	113.3	113.6	80
泰州	Taizhou	114.6	113.2	112.8	110	宁德	Ningde	127.1	119.7	117.5	23
宿迁	Suqian	119.3	117.5	115.5	42	**江西**	**Jiangxi**	**119.9**			
浙江	**Zhejiang**	**112.7**				南昌	Nanchang	118.8	113.7	111.7	152
杭州	Hangzhou	112.7	108.5	107.8	259	景德镇	Jingdezhen	115.6	113.0	111.8	147
宁波	Ningbo	114.3	104.4	108.4	254	萍乡	Pingxiang	113.7	113.5	110.2	221
温州	Wenzhou	112.4	104.2	107.6	260	九江	Jiujiang	120.0	113.9	112.5	123
嘉兴	Jiaxing	116.3	108.4	110.4	211	新余	Xinyu	118.5	110.1	103.9	277
湖州	Huzhou	111.8	111.3	110.8	194	鹰潭	Yingtan	114.8	113.5	111.4	166
绍兴	Shaoxing	109.4	109.9	109.0	250	赣州	Ganzhou	117.9	114.0	112.8	110
金华	Jinhua	111.6	110.5	109.6	239	吉安	Jian	121.9	113.2	113.7	76
衢州	Quzhou	116.4	108.5	111.0	183	宜春	Yichun	121.8	113.9	112.6	119
舟山	Zhoushan	114.5	112.6	109.9	231	抚州	Fuzhou	119.4	114.2	113.3	89
台州	Taizhou	115.1	105.8	108.0	256	上饶	Shangrao	119.5	113.2	113.0	101
丽水	Lishui	116.0	112.4	112.2	129	**山东**	**Shandong**	**112.8**			
安徽	**Anhui**	**121.9**				济南	Jinan	110.7	109.7	110.6	202
合肥	Hefei	123.6	117.0	114.1	69	青岛	Qingdao	112.3	111.9	110.4	211
芜湖	Wuhu	123.9	116.4	114.5	58	淄博	Zibo	112.0	111.5	110.5	205
蚌埠	Bengbu	123.7	116.9	114.9	52	枣庄	Zaozhuang	110.3	111.7	111.5	163
淮南	Huainan	113.9	114.1	111.1	178	东营	Dongying	113.4	112.4	112.1	134
马鞍山	Maanshan	117.2	112.9	112.9	106	烟台	Yantai	112.0	111.2	111.0	183
淮北	Huaibei	119.1	115.2	110.7	198	潍坊	Weifang	113.2	112.0	111.7	152
铜陵	Tongling	121.9	111.2	113.2	92	济宁	Jining	112.5	112.0	111.8	147
安庆	Anqing	121.3	115.3	113.7	76	泰安	Taian	111.3	111.8	111.6	155
黄山	Huangshan	121.6	116.2	113.4	86	威海	Weihai	111.2	109.7	110.7	198
滁州	Chuzhou	125.5	117.2	115.1	49	日照	Rizhao	113.3	112.4	110.9	190
阜阳	Fuyang	125.1	116.5	113.8	74	莱芜	Laiwu	112.6	112.1	112.2	129
宿州	Suzhou	123.8	116.8	114.4	61	临沂	Linyi	113.0	113.7	112.8	110
六安	Liuan	127.0	117.0	111.5	163	德州	Dezhou	114.6	114.6	113.1	98
亳州	Bozhou	125.1	116.7	113.9	72	聊城	Liaocheng	113.6	115.0	111.2	175

11-2 工业生产总值指数 续表 2
Indices of Gross Industrial Output Value continued 2

单位：上年=100 (preceding year=100)

地名	City	2010	2012	2013	2013 排名 Ranking	地名	City	2010	2012	2013	2013 排名 Ranking
滨州	Binzhou	112.7	112.7	111.9	141	常德	Changde	121.9	114.3	110.9	190
菏泽	Heze	117.4	117.5	114.2	64	张家界	Zhangjiajie	120.4	113.3	110.3	216
河南	**Henan**	**115.4**				益阳	Yiyang	121.4	113.0	112.0	135
郑州	Zhengzhou	115.6	115.2	110.3	216	郴州	Chenzhou	120.9	114.1	111.8	147
开封	Kaifeng	115.9	114.1	113.8	74	永州	Yongzhou	120.3	114.0	110.4	211
洛阳	Luoyang	117.1	111.0	107.2	264	怀化	Huaihua	122.0	113.6	110.5	205
平顶山	Pingdingshan	112.2	105.6	106.2	269	娄底	Loudi	118.8	113.5	110.5	205
安阳	Anyang	117.3	108.6	110.1	224	**广东**	**Guangdong**	**114.9**			
鹤壁	Hebi	115.9	111.4	114.6	55	广州	Guangzhou	112.7	109.1	109.9	231
新乡	Xinxiang	119.7	113.8	110.8	194	韶关	Shaoguan	112.2	111.9	116.1	34
焦作	Jiaozuo	115.0	112.4	112.6	119	深圳	Shenzhen	113.9	107.3	109.3	249
濮阳	Puyang	113.6	114.9	114.2	64	珠海	Zhuhai	118.3	102.7	110.6	202
许昌	Xuchang	116.5	113.7	112.0	135	汕头	Shantou	116.8	112.5	112.6	119
漯河	Luohe	117.5	114.1	110.5	205	佛山	Foshan	115.1	109.6	111.9	141
三门峡	Sanmenxia	118.5	113.4	109.5	243	江门	Jiangmen	117.6	106.0	113.0	101
南阳	Nanyang	115.1	112.6	109.7	235	湛江	Zhanjiang	117.8	108.5	113.6	80
商丘	Shangqiu	114.3	114.7	113.6	80	茂名	Maoming	114.2	116.4	115.2	48
信阳	Xinyang	115.6	114.3	111.8	147	肇庆	Zhaoqing	132.0	120.4	117.1	27
周口	Zhoukou	115.8	115.4	113.2	92	惠州	Huizhou	124.5	115.0	116.6	30
驻马店	Zhumadian	115.2	114.5	111.9	141	梅州	Meizhou	117.9	113.6	114.0	71
湖北	**Hubei**	**121.3**				汕尾	Shanwei	125.3	121.1	120.4	10
武汉	Wuhan	120.5	113.7	110.3	216	河源	Heyuan	117.1	115.8	115.7	37
黄石	Huangshi	120.0	115.8	110.5	205	阳江	Yangjiang	122.7	119.5	124.8	3
十堰	Shiyan	134.7	106.1	111.4	166	清远	Qingyuan	121.1	104.0	109.5	243
宜昌	Yichang	118.8	115.2	113.2	92	东莞	Dongguan	117.5	106.0	110.4	211
襄阳	Xiangfan	121.1	115.9	113.3	89	中山	ZhongShan	116.3	114.5	111.6	155
鄂州	Ezhou	125.0	116.0	111.9	141	潮州	Chaozhou	115.8	111.6	114.2	64
荆门	Jingmen	122.9	116.1	112.4	126	揭阳	Jieyang	127.4	116.4	119.7	13
孝感	Xiaogan	122.9	115.8	112.9	106	云浮	Yunfu	122.0	117.3	121.3	8
荆州	Jingzhou	121.3	115.5	113.0	101	**广西**	**Guangxi**	**120.4**			
黄冈	Huanggang	120.8	115.3	112.9	106	南宁	Nanning	115.9	118.7	114.8	54
咸宁	Xianning	122.2	115.9	113.1	98	柳州	Liuzhou	119.9	111.6	111.0	183
随州	Suizhou	123.1	115.6	112.7	115	桂林	Guilin	120.2	119.8	115.3	45
湖南	**Hunan**	**121.2**				梧州	Wuzhou	126.8	119.0	117.5	23
长沙	Changsha	121.6	115.7	113.2	92	北海	Beihai	133.5	141.9	119.8	12
株洲	Zhuzhou	120.1	112.9	111.6	155	防城港	Fangchenggang	117.4	117.8	119.5	14
湘潭	Xiangtan	121.3	113.4	111.1	178	钦州	Qinzhou	131.4	111.5	107.3	263
衡阳	Hengyang	121.8	113.6	111.1	178	贵港	Guigang	120.8	110.4	110.7	198
邵阳	Shaoyang	121.5	113.2	111.5	163	玉林	Yulin	122.5	113.3	112.9	106
岳阳	Yueyang	121.3	113.9	111.3	169	百色	Baise	121.4	109.1	109.8	233

11-2 工业生产总值指数 续表 3
Indices of Gross Industrial Output Value continued 3

单位：上年=100 (preceding year=100)

地名	City	2010	2012	2013	2013 排名 Ranking	地名	City	2010	2012	2013	2013 排名 Ranking
贺州	Hezhou	119.6	109.1	112.2	129	丽江	Lijiang	122.9	123.9	126.0	1
河池	Hechi	114.7	90.5	107.0	266	普洱	Puer	117.8	127.0	125.8	2
来宾	Laibin	123.2	112.1	98.0	280	临沧	Lincang	111.4	115.6	118.7	16
崇左	Chongzuo	115.0	117.4	115.9	35	**西藏**	**Tibet**	**113.3**			
海南	**Hainan**	**117.6**				拉萨	Lhasa	115.4			
海口	Haikou	121.1	109.1	106.0	270	**陕西**	**Shaanxi**	**118.7**			
三亚	Sanya	121.8	115.4	105.4	275	西安	Xi'an	118.1	112.4	114.5	58
重庆	**Chongqing**	**122.9**				铜川	Tongchuan	119.0	120.6	118.0	21
四川	**Sichuan**	**122.9**				宝鸡	Baoji	118.6	120.0	115.7	37
成都	Chengdu	120.5	116.5	113.0	101	咸阳	Xianyang	119.9	121.5	117.5	23
自贡	Zigong	123.3	116.8	111.3	169	渭南	Weinan	121.8	121.2	115.6	40
攀枝花	Panzhihua	118.0	116.2	112.2	129	延安	Yan'an	115.0	110.3	105.5	273
泸州	Luzhou	128.9	117.9	111.2	175	汉中	Hanzhong	120.6	124.7	120.7	9
德阳	Deyang	119.2	116.7	111.3	169	榆林	Yulin	119.4	113.6	109.6	239
绵阳	Mianyang	123.9	117.9	112.0	135	安康	Ankang	123.3	130.2	122.8	6
广元	Guangyuan	131.5	122.1	113.7	76	商洛	Shangluo	122.6	128.2	123.2	5
遂宁	Suining	126.7	118.0	112.8	110	**甘肃**	**Gansu**	**115.8**			
内江	Neijiang	124.6	117.6	111.3	169	兰州	Lanzhou	111.8	111.8	114.1	69
乐山	Leshan	121.0	116.9	111.2	175	嘉峪关	Jiayuguan	121.2	118.1	114.6	55
南充	Nanchong	127.0	117.8	111.7	152	金昌	Jinchang	112.3	117.6	116.6	30
眉山	Meishan	125.8	116.6	110.8	194	白银	Baiyin	118.6	117.2	115.7	37
宜宾	Yibin	122.5	116.8	107.4	262	天水	Tianshui	113.0	117.6	116.4	32
广安	Guangan	126.5	120.3	112.7	115	武威	Wuwei	119.7	121.1	118.3	18
达州	Dazhou	127.4	118.9	110.9	190	张掖	Zhangye	119.1	114.6	115.8	36
雅安	Yaan	125.1	118.1	103.7	278	平凉	Pingliang	120.2	116.5	112.5	123
巴中	Bazhong	129.6	116.6	111.6	155	酒泉	Jiuquan	128.5	121.6	115.5	42
资阳	Ziyang	125.2	117.5	111.8	147	庆阳	Qingyang	121.5	118.7	117.0	28
贵州	**Guizhou**	**115.7**				定西	Dingxi	114.0	120.2	117.6	22
贵阳	Guiyang	114.9	116.2	116.8	29	陇南	Longnan	121.1	120.4	118.8	15
六盘水	Liupanshui	118.1	115.5	115.4	44	**青海**	**Qinghai**	**119.3**			
遵义	Zunyi	118.8	117.4	113.6	80	西宁	Xining	123.1	119.5	118.3	18
安顺	Anshun	113.2	115.7	115.3	45	**宁夏**	**Ningxia**	**114.4**			
毕节	Bijie	116.5	116.4	115.0	51	银川	Yinchuan	119.1	115.2	112.0	135
铜仁	Tongren	117.1	115.6	115.6	40	石嘴山	Shizuishan	114.3	114.1	112.0	135
云南	**Yunnan**	**114.6**				吴忠	Wuzhong	113.9	112.7	113.4	86
昆明	Kunming	113.9	115.6	111.4	166	固原	Guyuan	109.0	112.6	121.7	7
曲靖	Qujing	114.9	115.2	114.9	52	中卫	Zhongwei	114.5	114.8	114.6	55
玉溪	Yuxi	116.2	112.7	108.7	252	**新疆**	**Xinjiang**	**113.5**			
保山	Baoshan	118.1	120.2	118.5	17	乌鲁木齐	Urumqi	112.2	116.6	116.3	33
昭通	Zhaotong	119.5	123.2	120.4	10	克拉玛依	Karamay	118.6	105.0	105.8	272

11-3 规模以上工业企业单位数
Number of Industrial Enterprises above Designated Size

单位：个 (uni)

地名	City	2010	2012	2013	2013 排名 Ranking	地名	City	2010	2012	2013	2013 排名 Ranking
全国	**Nation Total**	**452872**	**343769**	**352546**		沈阳	Shenyang	5252	4034	3901	18
北京	**Beijing**	**6885**	**3692**	**3701**		大连	Dalian	4684	3142	3101	24
天津	**Tianjin**	**7947**	**5342**	**5383**		鞍山	Anshan	2455	1186	1229	77
河北	**Hebei**	**13927**	**12360**	**12649**		抚顺	Fushun	1410	922	967	111
石家庄	Shijiazhuang	2576	2388	2277	41	本溪	Benxi	624	564	647	150
唐山	Tangshan	1568	1311	1347	70	丹东	Dandong	1054	821	792	132
秦皇岛	Qinhuangdao	642	406	406	205	锦州	Jinzhou	1005	815	826	128
邯郸	Handan	1095	972	1169	84	营口	Yingkou	1651	1447	1468	65
邢台	Xingtai	1010	986	1117	90	阜新	Fuxin	461	574	603	161
保定	Baoding	1848	1613	1593	61	辽阳	Liaoyang	891	701	665	144
张家口	Zhangjiakou	530	435	550	173	盘锦	Panjin	708	498	534	178
承德	Chengde	553	461	539	177	铁岭	Tieling	1848	1596	1301	74
沧州	Cangzhou	1919	1774	1993	45	朝阳	Chaoyang	1222	720	817	129
廊坊	Langfang	1223	1073	1179	82	葫芦岛	Huludao	566	326	328	222
衡水	Hengshui	968	941	1094	93	吉林	**Jilin**	**6181**	**5286**	**5353**	
山西	**Shanxi**	**4240**	**3905**	**3946**		长春	Changchun	1606	1081	1109	91
太原	Taiyuan	480	458	435	196	吉林	Jilin	1177	1121	1097	92
大同	Datong	203	169	176	252	四平	Siping	557	502	503	181
阳泉	Yangquan	186	160	163	258	辽源	Liaoyuan	351	304	313	226
长治	Changzhi	386	354	356	217	通化	Tonghua	604	532	552	172
晋城	Jincheng	284	241	251	238	白山	Baishan	448	418	412	201
朔州	Shuozhou	224	261	268	234	松原	Songyuan	642	560	604	159
晋中	Jinzhong	533	512	516	179	白城	Baicheng	315	304	308	227
运城	Yuncheng	564	462	496	184	黑龙江	**Heilongjiang**	**4596**	**3911**	**4098**	
忻州	Xinzhou	323	330	331	220	哈尔滨	Harbin	1425	1148	1342	71
临汾	Linfen	458	374	372	212	齐齐哈尔	Qiqihar	411	302	324	224
吕梁	Luliang	597	582	601	162	鸡西	Jixi	154	167	160	259
内蒙古	**Inner Mongolia**	**4611**	**4244**	**4377**		鹤岗	Hegang	136	181	196	247
呼和浩特	Hohhot	320	273	279	231	双鸭山	Shuangyashan	195	193	196	247
包头	Baotou	715	618	654	146	大庆	Daqing	630	413	442	194
乌海	Wuhai	176	153	154	261	伊春	Yichun	182	112	126	269
赤峰	Chifeng	593	532	563	168	佳木斯	Jiamusi	321	306	365	215
通辽	Tongliao	572	616	601	162	七台河	Qitaihe	137	117	106	272
鄂尔多斯	Erdos	451	371	390	209	牡丹江	Mudanjiang	505	451	492	185
呼伦贝尔	Hulunbuir	447	394	409	203	黑河	Heihe	113	99	93	275
巴彦淖尔	Bayannur	282	275	280	230	绥化	Suihua	202	267	396	206
乌兰察布	Ulanqab	429	382	388	210	上海	**Shanghai**	**16684**	**9772**	**9782**	
辽宁	**Liaoning**	**23832**	**17347**	**17561**		江苏	**Jiangsu**	**64136**	**45859**	**46387**	

11-3 规模以上工业企业单位数 续表 1
Number of Industrial Enterprises above Designated Size continued 1

单位：个 (unit)

地名	City	2010	2012	2013	2013 排名 Ranking	地名	City	2010	2012	2013	2013 排名 Ranking
南京	Nanjing	3917	2593	2783	28	池州	Chizhou	614	431	466	190
无锡	Wuxi	7988	5248	5400	6	宣城	Xuancheng	1381	1001	1181	81
徐州	Xuzhou	3412	2859	2874	27	**福建**	**Fujian**	**19227**	**15333**	**15806**	
常州	Changzhou	6375	3869	4245	15	福州	Fuzhou	2877	2119	2205	43
苏州	Suzhou	13538	10444	10776	1	厦门	Xiamen	2213	1658	1668	58
南通	Nantong	7589	4941	5107	8	莆田	Putian	1347	942	1029	98
连云港	Lianyungang	1648	1388	1649	59	三明	Sanming	1640	1662	1690	56
淮安	Huaian	2399	1941	2226	42	泉州	Quanzhou	5186	4270	4405	13
盐城	Yancheng	3827	2816	2920	26	漳州	Zhangzhou	2273	1692	1867	50
扬州	Yangzhou	3847	2560	2748	31	南平	Nanping	1260	910	941	113
镇江	Zhenjiang	3125	2446	2781	29	龙岩	Longyan	1398	965	987	105
泰州	Taizhou	4012	2531	2631	33	宁德	Ningde	1033	1115	1323	73
宿迁	Suqian	2471	2236	2590	35	**江西**	**Jiangxi**	**7976**	**7217**	**7601**	
浙江	**Zhejiang**	**64364**	**36496**	**36904**		南昌	Nanchang	1156	1015	1078	96
杭州	Hangzhou	10370	5927	6284	4	景德镇	Jingdezhen	437	292	304	228
宁波	Ningbo	12492	6804	7167	2	萍乡	Pingxiang	801	597	642	151
温州	Wenzhou	9096	4290	4521	12	九江	Jiujiang	904	846	1009	101
嘉兴	Jiaxing	7311	4324	4707	11	新余	Xinyu	371	279	304	228
湖州	Huzhou	3561	2428	2577	36	鹰潭	Yingtan	183	194	212	244
绍兴	Shaoxing	5545	3682	4079	17	赣州	Ganzhou	891	961	1018	99
金华	Jinhua	5965	3248	3871	19	吉安	Jian	777	764	935	116
衢州	Quzhou	1411	940	1004	102	宜春	Yichun	853	831	945	112
舟山	Zhoushan	659	383	414	200	抚州	Fuzhou	832	668	761	135
台州	Taizhou	7308	3378	3733	20	上饶	Shangrao	771	558	652	148
丽水	Lishui	1654	1100	1202	80	**山东**	**Shandong**	**44037**	**37625**	**38654**	
安徽	**Anhui**	**16277**	**14514**	**15114**		济南	Jinan	2021	1647	1902	48
合肥	Hefei	2229	2087	2334	40	青岛	Qingdao	5674	4817	4917	9
芜湖	Wuhu	1785	1793	1837	52	淄博	Zibo	3413	3177	3131	23
蚌埠	Bengbu	863	685	738	136	枣庄	Zaozhuang	1795	1430	1507	62
淮南	Huainan	589	465	608	158	东营	Dongying	895	860	940	114
马鞍山	Maanshan	791	750	895	120	烟台	Yantai	3447	2725	2767	30
淮北	Huaibei	673	657	732	137	潍坊	Weifang	5089	4160	4281	14
铜陵	Tongling	281	204	245	240	济宁	Jining	3907	1551	1954	47
安庆	Anqing	1527	1474	1673	57	泰安	Taian	1665	1788	1958	46
黄山	Huangshan	517	474	503	181	威海	Weihai	1812	1602	1631	60
滁州	Chuzhou	1237	884	1253	76	日照	Rizhao	854	557	596	165
阜阳	Fuyang	685	836	897	119	莱芜	Laiwu	466	339	486	187
宿州	Suzhou	856	847	982	106	临沂	Linyi	4027	3754	4137	16
六安	Liuan	1028	930	1018	99	德州	Dezhou	3248	3226	3728	21
亳州	Bozhou	423	581	657	145	聊城	Liaocheng	2403	2332	2620	34

11-3 规模以上工业企业单位数 续表 2
Number of Industrial Enterprises above Designated Size continued 2

单位：个 (unit)

地名	City	2010	2012	2013	2013 排名 Ranking
滨州	Binzhou	1246	1122	1367	69
菏泽	Heze	2088	2491	2538	38
河南	**Henan**	**19574**	**19237**	**19773**	
郑州	Zhengzhou	2595	2741	2736	32
开封	Kaifeng	1184	1150	1254	75
洛阳	Luoyang	1686	1642	1770	53
平顶山	Pingdingshan	854	708	784	133
安阳	Anyang	956	876	937	115
鹤壁	Hebi	483	489	555	171
新乡	Xinxiang	1261	1146	1162	85
焦作	Jiaozuo	1109	1155	1211	78
濮阳	Puyang	665	795	875	123
许昌	Xuchang	1286	1280	1433	66
漯河	Luohe	658	563	599	164
三门峡	Sanmenxia	664	609	637	152
南阳	Nanyang	1440	1381	1423	67
商丘	Shangqiu	783	855	979	107
信阳	Xinyang	1193	1022	1088	94
周口	Zhoukou	1081	1097	1128	89
驻马店	Zhumadian	1433	1421	1471	64
湖北	**Hubei**	**16106**	**12441**	**13441**	
武汉	Wuhan	2968	2103	2340	39
黄石	Huangshi	704	553	687	143
十堰	Shiyan	915	617	856	125
宜昌	Yichang	1252	1130	1380	68
襄阳	Xiangfan	1555	1398	1708	54
鄂州	Ezhou	510	462	487	186
荆门	Jingmen	1173	863	971	109
孝感	Xiaogan	1199	1035	1142	86
荆州	Jingzhou	1225	846	999	104
黄冈	Huanggang	1577	882	1134	87
咸宁	Xianning	801	724	830	127
随州	Suizhou	592	529	632	153
湖南	**Hunan**	**13844**	**12785**	**13323**	
长沙	Changsha	2615	2280	2540	37
株洲	Zhuzhou	1471	1314	1486	63
湘潭	Xiangtan	860	837	884	122
衡阳	Hengyang	1123	1171	1175	83
邵阳	Shaoyang	888	784	895	120
岳阳	Yueyang	1389	1324	1327	72
常德	Changde	983	862	930	117
张家界	Zhangjiajie	161	151	165	257
益阳	Yiyang	819	827	903	118
郴州	Chenzhou	1212	1080	1133	88
永州	Yongzhou	742	673	705	142
怀化	Huaihua	618	580	561	169
娄底	Loudi	649	665	713	139
广东	**Guangdong**	**53418**	**37790**	**38094**	
广州	Guangzhou	6969	4373	4812	10
韶关	Shaoguan	559	482	556	170
深圳	Shenzhen	8249	5835	6520	3
珠海	Zhuhai	1347	927	1054	97
汕头	Shantou	2580	1880	1845	51
佛山	Foshan	7684	5950	6163	5
江门	Jiangmen	3246	1851	2007	44
湛江	Zhanjiang	850	695	772	134
茂名	Maoming	792	675	844	126
肇庆	Zhaoqing	1131	1046	1086	95
惠州	Huizhou	1853	1430	1702	55
梅州	Meizhou	521	326	368	214
汕尾	Shanwei	452	257	251	238
河源	Heyuan	440	383	436	195
阳江	Yangjiang	596	530	572	167
清远	Qingyuan	813	497	513	180
东莞	Dongguan	5899	4526	5361	7
中山	ZhongShan	5063	3192	2973	25
潮州	Chaozhou	1245	768	865	124
揭阳	Jieyang	2525	1731	1884	49
云浮	Yunfu	604	460	621	155
广西	**Guangxi**	**6583**	**5239**	**5396**	
南宁	Nanning	1236	940	969	110
柳州	Liuzhou	931	786	816	130
桂林	Guilin	801	634	649	149
梧州	Wuzhou	466	398	424	198
北海	Beihai	236	175	187	249
防城港	Fangchenggang	166	153	168	256
钦州	Qinzhou	462	256	269	233
贵港	Guigang	415	367	410	202
玉林	Yulin	755	614	626	154
百色	Baise	266	217	243	241

11-3 规模以上工业企业单位数 续表 3
Number of Industrial Enterprises above Designated Size continued 3

单位：个 (unit)

地名	City	2010	2012	2013	2013 排名 Ranking	地名	City	2010	2012	2013	2013 排名 Ranking
贺州	Hezhou	213	166	174	253	丽江	Lijiang	78	77	79	278
河池	Hechi	277	221	223	243	普洱	Puer	117	120	131	267
来宾	Laibin	202	190	201	245	临沧	Lincang	84	88	116	270
崇左	Chongzuo	171	136	150	262	**西藏**	**Tibet**	**97**	**64**	**70**	
海南	**Hainan**	**497**	**377**	**391**		拉萨	Lhasa	62	45	57	281
海口	Haikou	186	154	150	262	**陕西**	**Shaanxi**	**4564**	**4284**	**4489**	
三亚	Sanya	27	29	27	284	西安	Xi'an	1126	936	1002	103
重庆	**Chongqing**	**7130**	**4985**	**5237**		铜川	Tongchuan	130	127	147	264
四川	**Sichuan**	**13706**	**12719**	**13163**		宝鸡	Baoji	501	448	454	192
成都	Chengdu	3887	3188	3248	22	咸阳	Xianyang	671	641	708	141
自贡	Zigong	577	500	540	176	渭南	Weinan	527	413	417	199
攀枝花	Panzhihua	388	338	376	211	延安	Yan'an	118	113	115	271
泸州	Luzhou	681	574	604	159	汉中	Hanzhong	353	297	357	216
德阳	Deyang	1054	1142	1207	79	榆林	Yulin	651	665	710	140
绵阳	Mianyang	924	825	729	138	安康	Ankang	282	363	409	203
广元	Guangyuan	313	382	371	213	商洛	Shangluo	136	150	187	249
遂宁	Suining	438	441	450	193	**甘肃**	**Gansu**	**2001**	**1735**	**1830**	
内江	Neijiang	574	491	461	191	兰州	Lanzhou	466	379	395	207
乐山	Leshan	832	636	653	147	嘉峪关	Jiayuguan	40	40	48	282
南充	Nanchong	515	516	578	166	金昌	Jinchang	54	38	67	279
眉山	Meishan	564	578	609	157	白银	Baiyin	179	165	179	251
宜宾	Yibin	526	564	541	175	天水	Tianshui	201	121	141	265
广安	Guangan	330	429	476	188	武威	Wuwei	178	124	160	259
达州	Dazhou	455	461	501	183	张掖	Zhangye	171	158	174	253
雅安	Yaan	386	326	328	222	平凉	Pingliang	89	113	127	268
巴中	Bazhong	115	141	170	255	酒泉	Jiuquan	274	241	277	232
资阳	Ziyang	563	615	619	156	庆阳	Qingyang	72	86	103	273
贵州	**Guizhou**	**2963**	**2752**	**3139**		定西	Dingxi	84	81	92	276
贵阳	Guiyang	613	401	469	189	陇南	Longnan	101	75	84	277
六盘水	Liupanshui	208	247	330	221	**青海**	**Qinghai**	**555**	**423**	**465**	
遵义	Zunyi	532	489	806	131	西宁	Xining	242	196	226	242
安顺	Anshun	189	216	263	236	**宁夏**	**Ningxia**	**975**	**865**	**935**	
毕节	Bijie	353	337	352	218	银川	Yinchuan	355	328	391	208
铜仁	Tongren	212	257	435	196	石嘴山	Shizuishan	301	234	264	235
云南	**Yunnan**	**3599**	**3211**	**3382**		吴忠	Wuzhong	195	190	255	237
昆明	Kunming	1099	878	976	108	固原	Guyuan	29	23	28	283
曲靖	Qujing	532	508	542	174	中卫	Zhongwei	94	91	103	273
玉溪	Yuxi	352	302	318	225	**新疆**	**Xinjiang**	**2465**	**1959**	**2102**	
保山	Baoshan	144	121	139	266	乌鲁木齐	Urumqi	463	370	347	219
昭通	Zhaotong	251	204	200	246	克拉玛依	Karamay	102	65	66	280

11-4 规模以上工业企业工业总产值
Gross Industrial Output Value of Industrial Enterprises above Designated Size

单位：亿元 (100 million yuan)

地名	City	2010	2012	2013	2013 排名 Ranking	地名	City	2010	2012	2013	2013 排名 Ranking
全国	**Nation Total**	**698590.5**	**902891.4**	**1008926.6**		沈阳	Shenyang	9612.53	12702.33	13735.18	8
北京	**Beijing**	**13699.84**	**15596.21**	**17370.89**		大连	Dalian	7701.84	10350.82	11521.57	14
天津	**Tianjin**	**16751.82**	**23427.50**	**26227.46**		鞍山	Anshan	2439.28	2985.94	3353.59	78
河北	**Hebei**	**31143.30**	**43048.65**	**45066.65**		抚顺	Fushun	1655.33	2432.13	2713.78	96
石家庄	Shijiazhuang	5655.34	7643.15	7624.69	32	本溪	Benxi	1511.35	2202.87	2412.11	113
唐山	Tangshan	7545.03	9962.84	10430.47	21	丹东	Dandong	865.08	1287.83	1361.43	187
秦皇岛	Qinhuangdao	1131.55	1500.81	1508.49	172	锦州	Jinzhou	1672.05	2449.03	2822.39	92
邯郸	Handan	4107.32	5393.76	5098.51	48	营口	Yingkou	2233.27	2646.49	2944.60	90
邢台	Xingtai	1764.60	2485.53	2695.74	97	阜新	Fuxin	447.77	773.52	896.93	226
保定	Baoding	2874.86	4113.55	4133.37	64	辽阳	Liaoyang	1612.52	2109.54	2096.75	125
张家口	Zhangjiakou	893.48	1199.54	1333.82	189	盘锦	Panjin	1676.36	2471.61	2826.04	91
承德	Chengde	1203.52	1706.57	1849.30	145	铁岭	Tieling	2355.13	3457.25	2764.55	94
沧州	Cangzhou	2817.39	4506.82	5311.69	46	朝阳	Chaoyang	946.62	1254.89	1446.38	181
廊坊	Langfang	2169.38	3168.31	3443.56	73	葫芦岛	Huludao	766.95	1015.03	996.81	219
衡水	Hengshui	980.81	1367.78	1637.02	163	**吉林**	**Jilin**	**13098.35**	**19019.09**	**20908.51**	
山西	**Shanxi**	**12471.33**	**16243.20**	**16372.99**		长春	Changchun	5884.16	8294.17	9228.04	25
太原	Taiyuan	2000.34	2588.74	2503.97	109	吉林	Jilin	2104.15	3032.86	3140.14	83
大同	Datong	737.59	1075.55	1051.91	215	四平	Siping	1036.47	1710.80	1944.22	138
阳泉	Yangquan	542.61	741.33	715.99	240	辽源	Liaoyuan	585.65	1022.95	1181.38	205
长治	Changzhi	1433.28	2072.63	2017.09	131	通化	Tonghua	869.98	1362.06	1652.61	159
晋城	Jincheng	851.12	1117.63	1017.88	218	白山	Baishan	674.08	1168.08	1218.90	200
朔州	Shuozhou	828.51	1322.77	1324.13	193	松原	Songyuan	1219.48	1958.56	1975.94	137
晋中	Jinzhong	1029.37	1361.89	1332.83	191	白城	Baicheng	259.25	469.62	567.27	249
运城	Yuncheng	1261.85	1410.64	1676.20	158	**黑龙江**	**Heilongjiang**	**9535.15**	**12006.67**	**13156.66**	
忻州	Xinzhou	411.69	722.61	801.61	232	哈尔滨	Harbin	2036.38	2851.64	3399.26	75
临汾	Linfen	1380.10	1915.78	1926.91	140	齐齐哈尔	Qiqihar	832.06	891.92	960.08	223
吕梁	Luliang	1442.51	1913.61	2004.47	135	鸡西	Jixi	248.62	436.87	398.79	260
内蒙古	**Inner Mongolia**	**13406.11**	**16441.57**	**18182.43**		鹤岗	Hegang	233.91	387.06	293.69	270
呼和浩特	Hohhot	1188.52	1304.87	1495.38	175	双鸭山	Shuangyashan	361.88	632.32	678.88	242
包头	Baotou	2412.24	3268.99	3371.82	77	大庆	Daqing	3287.96	4280.34	4481.40	57
乌海	Wuhai	545.32	658.51	717.01	239	伊春	Yichun	194.57	178.82	202.97	275
赤峰	Chifeng	1265.84	1868.38	2074.32	128	佳木斯	Jiamusi	313.94	506.49	623.01	245
通辽	Tongliao	1809.75	2559.24	2965.02	89	七台河	Qitaihe	444.78	367.60	237.10	273
鄂尔多斯	Erdos	2681.07	3968.54	4267.94	61	牡丹江	Mudanjiang	446.37	731.09	913.14	224
呼伦贝尔	Hulunbuir	740.69	1094.71	1346.93	188	黑河	Heihe	75.48	121.70	127.33	281
巴彦淖尔	Bayannur	777.46	799.55	863.35	227	绥化	Suihua	326.88	620.82	841.01	230
乌兰察布	Ulanqab	677.42	951.77	1080.67	212	**上海**	**Shanghai**	**30114.41**	**31896.88**	**32088.88**	
辽宁	**Liaoning**	**36219.42**	**48139.28**	**51892.10**		**江苏**	**Jiangsu**	**92056.48**	**117972.98**	**131526.70**	

注：本表2012年全国数和地区数为城市合计数（下三表同）。

Note: Data of national and provinces are prefecture cities in this chapter in 2012.

11-4 规模以上工业企业工业总产值 续表 1

Gross Industrial Output Value of Industrial Enterprises above Designated Size continued 1

单位：亿元 (100 million yuan)

地名	City	2010	2012	2013	2013 排名 Ranking	地名	City	2010	2012	2013	2013 排名 Ranking
南京	Nanjing	8609.50	11437.80	12563.09	10	池州	Chizhou	297.30	490.93	552.91	250
无锡	Wuxi	12971.08	14446.85	14876.33	6	宣城	Xuancheng	1067.76	1282.76	1500.68	173
徐州	Xuzhou	5112.97	8882.29	10523.10	20	**福建**	**Fujian**	**21901.23**	**29695.97**	**33853.36**	
常州	Changzhou	7396.09	8970.30	10035.82	22	福州	Fuzhou	4545.41	5954.89	6786.33	37
苏州	Suzhou	24651.67	28745.54	30276.29	1	厦门	Xiamen	3688.95	4486.35	4716.21	52
南通	Nantong	7383.16	9890.12	11253.96	15	莆田	Putian	1266.53	1676.62	2008.92	134
连云港	Lianyungang	1936.28	3413.38	4101.08	65	三明	Sanming	1328.85	2248.65	2574.75	103
淮安	Huaian	2439.11	3952.61	4638.11	54	泉州	Quanzhou	6260.41	8378.49	9379.11	23
盐城	Yancheng	3938.33	5554.35	6370.51	40	漳州	Zhangzhou	1938.92	2722.37	3259.21	79
扬州	Yangzhou	5753.34	7198.48	8324.21	29	南平	Nanping	777.36	1132.96	1317.29	194
镇江	Zhenjiang	4190.42	6105.69	7178.79	35	龙岩	Longyan	1177.34	1266.52	1488.43	178
泰州	Taizhou	4916.08	7127.29	8397.24	28	宁德	Ningde	917.45	1829.11	2323.12	116
宿迁	Suqian	1137.37	2248.28	2988.16	88	**江西**	**Jiangxi**	**13835.61**	**20873.12**	**24710.57**	
浙江	**Zhejiang**	**51394.20**	**58707.60**	**62603.24**		南昌	Nanchang	2765.50	3856.50	4437.52	58
杭州	Hangzhou	11081.04	12962.28	12407.98	11	景德镇	Jingdezhen	685.62	968.46	1086.34	211
宁波	Ningbo	10853.55	12155.08	13010.09	9	萍乡	Pingxiang	1013.02	1331.27	1499.50	174
温州	Wenzhou	4496.56	4246.62	4516.56	55	九江	Jiujiang	1476.55	2778.84	3515.69	70
嘉兴	Jiaxing	5102.85	6039.93	6893.67	36	新余	Xinyu	1188.50	1361.59	1434.52	183
湖州	Huzhou	2666.53	3333.83	3828.02	67	鹰潭	Yingtan	1164.90	1665.85	1888.48	144
绍兴	Shaoxing	6797.39	8551.25	9339.31	24	赣州	Ganzhou	1267.89	2180.07	2611.75	100
金华	Jinhua	3411.79	3791.97	4226.35	62	吉安	Jian	1132.94	1856.74	2220.22	119
衢州	Quzhou	1087.12	1331.00	1448.52	180	宜春	Yichun	1230.50	2016.24	2560.26	106
舟山	Zhoushan	979.05	1199.83	1333.56	190	抚州	Fuzhou	738.78	1028.34	1250.89	197
台州	Taizhou	3630.80	3530.81	3805.76	68	上饶	Shangrao	1171.42	1829.20	2205.40	120
丽水	Lishui	1140.51	1562.99	1793.41	149	**山东**	**Shandong**	**83851.40**	**113717.11**	**130135.15**	
安徽	**Anhui**	**18732.00**	**28386.53**	**32949.17**		济南	Jinan	4413.51	4248.29	4777.47	51
合肥	Hefei	4197.72	6600.14	7526.58	33	青岛	Qingdao	10662.83	14053.36	16104.11	5
芜湖	Wuhu	2251.01	4250.02	4808.86	50	淄博	Zibo	7742.34	10333.93	11207.04	16
蚌埠	Bengbu	772.68	1486.29	1822.62	147	枣庄	Zaozhuang	2822.88	3132.94	3384.12	76
淮南	Huainan	788.93	994.07	1075.53	213	东营	Dongying	6037.86	10267.48	11997.18	12
马鞍山	Maanshan	1318.30	2016.95	2377.39	114	烟台	Yantai	10129.98	12320.06	13891.44	7
淮北	Huaibei	881.41	1454.23	1637.49	162	潍坊	Weifang	7529.22	10428.25	11609.80	13
铜陵	Tongling	1104.23	1629.02	1780.90	150	济宁	Jining	3857.18	4353.09	5052.90	49
安庆	Anqing	1315.94	2124.25	2574.44	104	泰安	Taian	3770.07	5474.69	6188.35	41
黄山	Huangshan	330.69	447.20	511.13	254	威海	Weihai	4408.96	5626.87	6003.10	43
滁州	Chuzhou	1052.97	1604.69	2002.94	136	日照	Rizhao	2172.15	2447.50	2686.29	98
阜阳	Fuyang	703.70	1043.56	1306.55	195	莱芜	Laiwu	1202.58	1520.07	1594.76	165
宿州	Suzhou	676.92	941.28	1202.50	204	临沂	Linyi	4593.53	7196.58	8629.90	27
六安	Liuan	832.71	1402.22	1525.01	170	德州	Dezhou	3855.76	6360.87	7717.92	31
亳州	Bozhou	324.33	618.91	743.65	236	聊城	Liaocheng	4026.86	6649.82	7502.58	34

11-4 规模以上工业企业工业总产值 续表 2
Gross Industrial Output Value of Industrial Enterprises above Designated Size continued 2

单位：亿元 (100 million yuan)

地名	City	2010	2012	2013	2013 排名 Ranking	地名	City	2010	2012	2013	2013 排名 Ranking
滨州	Binzhou	3683.90	4973.15	6512.73	39	常德	Changde	1262.67	1876.19	2159.66	123
菏泽	Heze	2532.03	4330.18	5275.45	47	张家界	Zhangjiajie	108.94	114.30	137.31	278
河南	**Henan**	**34995.53**	**51363.43**	**58338.18**		益阳	Yiyang	808.09	1315.87	1565.98	167
郑州	Zhengzhou	5913.76	9412.98	10934.65	19	郴州	Chenzhou	1440.08	2441.10	2787.20	93
开封	Kaifeng	1001.39	1635.56	2014.11	133	永州	Yongzhou	594.07	695.93	829.55	231
洛阳	Luoyang	3518.98	5902.80	6157.23	42	怀化	Huaihua	699.89	827.45	900.38	225
平顶山	Pingdingshan	1952.75	2275.88	2437.59	111	娄底	Loudi	1038.25	1472.18	1650.92	160
安阳	Anyang	2399.83	2909.76	3198.73	82	**广东**	**Guangdong**	**85824.64**	**96777.70**	**109747.93**	
鹤壁	Hebi	919.81	1321.49	1560.29	169	广州	Guangzhou	13831.25	16066.43	17198.72	3
新乡	Xinxiang	2132.77	3230.31	3461.40	71	韶关	Shaoguan	773.37	1000.18	1160.59	206
焦作	Jiaozuo	2561.87	3519.02	4220.64	63	深圳	Shenzhen	18526.82	21363.05	23095.21	2
濮阳	Puyang	1473.63	2115.53	2607.54	101	珠海	Zhuhai	2976.18	3072.56	3460.86	72
许昌	Xuchang	2330.63	3737.25	4418.74	59	汕头	Shantou	1897.57	2111.54	2481.80	110
漯河	Luohe	1434.68	1882.74	2033.73	130	佛山	Foshan	14527.47	14653.96	17121.88	4
三门峡	Sanmenxia	2027.56	3096.09	3200.33	81	江门	Jiangmen	3828.91	2519.47	3107.86	84
南阳	Nanyang	2016.16	2929.74	2994.89	87	湛江	Zhanjiang	1404.95	1717.67	2041.37	129
商丘	Shangqiu	1221.11	1902.27	2242.35	118	茂名	Maoming	1360.15	1775.52	2146.12	124
信阳	Xinyang	985.15	1472.69	1771.90	151	肇庆	Zhaoqing	1744.19	2816.44	3410.29	74
周口	Zhoukou	1263.26	2294.59	2996.98	86	惠州	Huizhou	3905.17	5477.28	6605.29	38
驻马店	Zhumadian	973.64	1724.73	2007.07	127	梅州	Meizhou	455.97	501.73	567.99	240
湖北	**Hubei**	**21623.12**	**30981.48**	**36808.35**		汕尾	Shanwei	432.42	760.63	968.72	221
武汉	Wuhan	6424.60	10065.72	11188.31	17	河源	Heyuan	832.73	953.66	1209.16	202
黄石	Huangshi	1160.63	1622.60	2095.64	126	阳江	Yangjiang	693.46	1197.42	1564.09	168
十堰	Shiyan	1313.10	1363.81	1709.63	155	清远	Qingyuan	2887.04	1334.44	1432.42	184
宜昌	Yichang	2218.30	3894.93	4396.28	60	东莞	Dongguan	7739.09	9492.55	11023.45	18
襄阳	Xiangfan	681.37	3833.50	5417.68	45	中山	ZhongShan	5023.63	5702.16	5673.75	44
鄂州	Ezhou	664.13	1063.90	1234.68	198	潮州	Chaozhou	723.12	891.63	1088.31	210
荆门	Jingmen	852.09	2200.58	2605.44	102	揭阳	Jieyang	1794.82	2828.79	3604.19	69
孝感	Xiaogan	1032.90	1878.53	2198.59	121	云浮	Yunfu	466.34	540.57	785.87	234
荆州	Jingzhou	936.71	1519.88	1896.66	143	**广西**	**Guangxi**	**9644.13**	**15529.72**	**18220.01**	
黄冈	Huanggang	844.23	1206.53	1495.37	176	南宁	Nanning	1285.40	2109.33	2557.13	107
咸宁	Xianning	654.47	1214.72	1514.53	171	柳州	Liuzhou	2388.79	3426.89	3917.85	66
随州	Suizhou	509.77	886.76	1055.55	214	桂林	Guilin	942.86	1585.51	1922.42	142
湖南	**Hunan**	**19008.83**	**28799.91**	**32233.35**		梧州	Wuzhou	715.72	1366.63	1739.67	153
长沙	Changsha	4165.43	7058.32	7777.64	30	北海	Beihai	332.56	1026.20	1304.30	196
株洲	Zhuzhou	1714.94	2324.64	2718.60	95	防城港	Fangchenggang	453.93	767.23	964.41	222
湘潭	Xiangtan	1496.25	2333.56	2562.68	105	钦州	Qinzhou	481.74	1093.63	1130.58	209
衡阳	Hengyang	1883.25	2778.23	3042.90	85	贵港	Guigang	470.30	624.08	737.59	238
邵阳	Shaoyang	712.70	1221.47	1444.03	182	玉林	Yulin	702.90	1028.54	1233.70	199
岳阳	Yueyang	2784.33	4341.27	4656.52	53	百色	Baise	574.31	882.74	974.45	220

11-4 规模以上工业企业工业总产值 续表 3
Gross Industrial Output Value of Industrial Enterprises above Designated Size continued 3

单位：亿元 (100 million yuan)

地名	City	2010	2012	2013	2013 排名 Ranking	地名	City	2010	2012	2013	2013 排名 Ranking
贺州	Hezhou	178.55	303.51	364.14	266	丽江	Lijiang	88.80	125.74	148.63	277
河池	Hechi	352.77	297.89	345.78	267	普洱	Puer	96.37	164.65	200.18	276
来宾	Laibin	368.28	563.65	502.90	255	临沧	Lincang	89.89	161.36	212.09	274
崇左	Chongzuo	306.57	453.89	525.08	252	**西藏**	**Tibet**	**62.21**	**58.27**	**71.74**	
海南	**Hainan**	**1381.25**	**571.93**	**555.98**		拉萨	Lhasa	37.82	58.27	71.74	282
海口	Haikou	417.97	513.02	499.55	256	**陕西**	**Shaanxi**	**11199.84**	**15407.14**	**17155.27**	
三亚	Sanya	40.02	55.91	56.42	283	西安	Xi'an	3130.15	4023.19	4497.62	56
重庆	**Chongqing**	**9143.55**	**13095.12**	**15785.41**		铜川	Tongchuan	249.05	445.74	549.66	251
四川	**Sichuan**	**23147.38**	**28727.63**	**32474.76**		宝鸡	Baoji	1340.45	1986.69	2258.52	117
成都	Chengdu	5809.73	7849.13	9171.16	26	咸阳	Xianyang	1401.92	2251.31	2506.76	108
自贡	Zigong	1108.17	1341.51	1590.47	166	渭南	Weinan	1039.83	1605.87	1728.47	154
攀枝花	Panzhihua	953.46	1283.14	1429.18	185	延安	Yan'an	1227.31	1510.09	1493.07	177
泸州	Luzhou	1027.72	1160.16	1402.16	186	汉中	Hanzhong	404.41	670.83	856.10	228
德阳	Deyang	1541.21	2284.69	2623.19	99	榆林	Yulin	1917.70	2134.65	2197.53	122
绵阳	Mianyang	1248.20	1821.13	1823.97	146	安康	Ankang	192.15	448.35	608.99	246
广元	Guangyuan	320.23	569.31	624.97	244	商洛	Shangluo	176.99	330.42	458.56	257
遂宁	Suining	619.35	1014.05	1136.07	207	**甘肃**	**Gansu**	**4902.03**	**6900.35**	**7753.83**	
内江	Neijiang	1292.56	1438.23	1642.07	161	兰州	Lanzhou	1765.50	2084.36	2414.95	112
乐山	Leshan	1197.35	1425.79	1632.98	164	嘉峪关	Jiayuguan	511.34	717.72	850.26	229
南充	Nanchong	1124.58	1562.29	1815.08	148	金昌	Jinchang	565.01	724.80	787.68	233
眉山	Meishan	755.55	822.46	1023.73	217	白银	Baiyin	391.04	647.32	695.49	241
宜宾	Yibin	1230.73	1698.89	1703.83	156	天水	Tianshui	156.93	245.97	300.53	268
广安	Guangan	606.59	975.51	1133.81	208	武威	Wuwei	163.09	324.56	397.33	261
达州	Dazhou	863.29	1047.32	1024.85	216	张掖	Zhangye	142.55	199.55	255.04	272
雅安	Yaan	316.93	387.27	394.22	262	平凉	Pingliang	142.43	274.83	297.20	269
巴中	Bazhong	175.72	306.93	379.16	264	酒泉	Jiuquan	483.69	696.69	749.48	235
资阳	Ziyang	1173.41	1739.83	1923.87	141	庆阳	Qingyang	396.53	779.21	743.29	237
贵州	**Guizhou**	**4206.37**	**4833.55**	**6105.02**		定西	Dingxi	47.03	101.51	132.46	279
贵阳	Guiyang	1499.37	1592.90	2014.31	132	陇南	Longnan	65.78	103.84	130.11	280
六盘水	Liupanshui	633.58	1077.93	1211.60	201	**青海**	**Qinghai**	**1481.99**	**1031.17**	**1498.01**	
遵义	Zunyi	730.80	1092.67	1478.36	179	西宁	Xining	878.09	1031.17	1204.51	203
安顺	Anshun	192.89	327.43	420.43	258	**宁夏**	**Ningxia**	**1924.39**	**3087.61**	**3554.49**	
毕节	Bijie	285.67	515.51	588.82	247	银川	Yinchuan	935.56	1647.57	1928.03	139
铜仁	Tongren	124.66	227.11	391.49	263	石嘴山	Shizuishan	511.64	649.90	660.32	243
云南	**Yunnan**	**6464.63**	**6710.23**	**7443.71**		吴忠	Wuzhong	301.58	448.93	519.29	253
昆明	Kunming	2226.65	3011.34	3224.76	80	固原	Guyuan	15.28	35.65	39.66	284
曲靖	Qujing	1005.40	1455.03	1682.01	157	中卫	Zhongwei	158.71	305.56	407.18	259
玉溪	Yuxi	941.44	1258.46	1329.09	192	**新疆**	**Xinjiang**	**5341.90**	**3843.82**	**4135.84**	
保山	Baoshan	108.00	207.55	269.13	271	乌鲁木齐	Urumqi	1674.76	2150.78	2372.53	115
昭通	Zhaotong	204.06	326.11	377.83	265	克拉玛依	Karamay	1330.85	1693.04	1763.31	152

11-5 规模以上工业企业内资企业工业总产值
Gross Industrial Output Value of Domestic Funded Enterprises in Industrial Enterprises above Designated Size

单位：亿元 (100 million yuan)

地名	City	2010	2012	2013	2013 排名 Ranking	地名	City	2010	2012	2013	2013 排名 Ranking
全国	**Nation Total**	**508673.0**	**680146.3**	**765338.6**		沈阳	Shenyang	7498.66	9979.08	10699.12	6
北京	**Beijing**	**8220.82**	**9736.14**	**10614.40**		大连	Dalian	4914.05	7113.29	7899.45	17
天津	**Tianjin**	**9703.34**	**13886.26**	**15510.00**		鞍山	Anshan	2323.38	2845.59	3198.74	64
河北	**Hebei**	**26609.08**	**37504.01**	**39541.20**		抚顺	Fushun	1543.64	2293.54	2575.58	86
石家庄	Shijiazhuang	5238.56	7105.67	7114.92	25	本溪	Benxi	1121.60	1694.11	1893.36	124
唐山	Tangshan	6456.17	8648.67	8970.37	12	丹东	Dandong	713.92	1110.52	1156.79	193
秦皇岛	Qinhuangdao	678.53	907.87	915.92	216	锦州	Jinzhou	1432.20	2186.87	2531.16	88
邯郸	Handan	3377.35	4640.64	4431.28	45	营口	Yingkou	1687.13	2081.70	2342.76	96
邢台	Xingtai	1324.47	1980.12	2225.17	103	阜新	Fuxin	395.53	725.34	832.48	223
保定	Baoding	2477.30	3619.52	3772.18	57	辽阳	Liaoyang	1412.87	1874.39	1834.82	131
张家口	Zhangjiakou	767.43	1093.09	1222.24	185	盘锦	Panjin	1612.91	2377.23	2707.89	81
承德	Chengde	1190.54	1686.74	1825.94	132	铁岭	Tieling	2252.91	3344.73	2665.85	82
沧州	Cangzhou	2490.30	3926.52	4667.09	41	朝阳	Chaoyang	926.38	1224.98	1415.96	166
廊坊	Langfang	1705.22	2627.46	2873.78	76	葫芦岛	Huludao	752.61	998.43	973.61	210
衡水	Hengshui	902.99	1267.71	1522.31	157	吉林	**Jilin**	**9897.90**	**16946.54**	**18384.75**	
山西	**Shanxi**	**11789.81**	**15051.58**	**15152.32**		长春	Changchun	3163.68	6823.17	7380.66	20
太原	Taiyuan	1841.79	2190.96	2029.98	112	吉林	Jilin	1982.19	2865.45	2955.97	74
大同	Datong	704.94	1012.18	980.41	209	四平	Siping	964.59	1603.33	1817.92	133
阳泉	Yangquan	525.47	722.69	695.96	236	辽源	Liaoyuan	561.96	993.21	1144.98	196
长治	Changzhi	1388.23	1988.28	1931.89	123	通化	Tonghua	838.02	1258.16	1509.62	159
晋城	Jincheng	729.90	906.51	816.93	225	白山	Baishan	624.20	1090.25	1134.65	198
朔州	Shuozhou	804.87	1296.97	1295.31	178	松原	Songyuan	1163.65	1903.20	1944.37	121
晋中	Jinzhong	955.15	1256.18	1233.47	183	白城	Baicheng	229.66	109.77	496.59	252
运城	Yuncheng	1231.04	1376.92	1638.94	147	黑龙江	**Heilongjiang**	**8690.90**	**10924.19**	**11969.16**	
忻州	Xinzhou	409.46	722.61	801.61	226	哈尔滨	Harbin	1634.58	2364.22	2796.15	79
临汾	Linfen	1323.71	1861.78	1877.77	126	齐齐哈尔	Qiqihar	743.07	772.79	837.09	221
吕梁	Luliang	1322.90	1716.50	1850.04	130	鸡西	Jixi	219.44	387.21	371.82	263
内蒙古	**Inner Mongolia**	**12225.41**	**15332.88**	**16751.21**		鹤岗	Hegang	230.99	382.23	289.39	269
呼和浩特	Hohhot	881.06	944.93	1161.15	192	双鸭山	Shuangyashan	356.01	614.24	677.30	237
包头	Baotou	2267.10	3113.09	3179.96	65	大庆	Daqing	3186.59	4078.36	4250.30	48
乌海	Wuhai	544.32	657.99	712.97	234	伊春	Yichun	180.63	167.69	190.58	274
赤峰	Chifeng	1191.70	1808.29	2019.01	113	佳木斯	Jiamusi	254.41	447.62	571.04	246
通辽	Tongliao	1597.60	2363.05	2644.41	83	七台河	Qitaihe	444.39	366.82	236.83	272
鄂尔多斯	Erdos	2439.98	3773.09	3929.14	54	牡丹江	Mudanjiang	378.13	657.55	836.65	222
呼伦贝尔	Hulunbuir	688.08	1041.95	1290.27	180	黑河	Heihe	68.72	117.56	123.64	280
巴彦淖尔	Bayannur	684.47	715.83	777.04	229	绥化	Suihua	292.61	567.90	788.36	227
乌兰察布	Ulanqab	669.96	914.66	1037.26	203	上海	**Shanghai**	**11706.73**	**12480.23**	**12033.37**	
辽宁	**Liaoning**	**29311.14**	**39849.81**	**42727.57**		江苏	**Jiangsu**	**55463.97**	**73035.43**	**83187.13**	

11-5 规模以上工业企业内资企业工业总产值 续表 1
Gross Industrial Output Value of Domestic Funded Enterprises in Industrial Enterprises above Designated Size continued 1

单位：亿元 (100 million yuan)

地名	City	2010	2012	2013	2013 排名 Ranking	地名	City	2010	2012	2013	2013 排名 Ranking
南京	Nanjing	5348.05	6830.97	7427.64	19	池州	Chizhou	282.37	469.97	529.94	248
无锡	Wuxi	8045.96	9156.39	9709.71	9	宣城	Xuancheng	973.28	1196.93	1411.95	168
徐州	Xuzhou	4461.62	8085.55	9638.91	10	**福建**	**Fujian**	**11243.66**	**16789.83**	**20036.82**	
常州	Changzhou	4943.23	6203.46	6901.84	27	福州	Fuzhou	2210.27	3184.99	3794.89	56
苏州	Suzhou	8337.57	9875.11	10809.64	5	厦门	Xiamen	911.69	1049.69	1156.28	194
南通	Nantong	4444.33	6330.49	7343.60	21	莆田	Putian	776.87	1120.08	1370.51	173
连云港	Lianyungang	1388.15	2591.35	3172.13	66	三明	Sanming	1217.48	2096.16	2442.95	91
淮安	Huaian	2043.71	3070.02	3553.34	59	泉州	Quanzhou	2742.36	3976.49	4695.72	40
盐城	Yancheng	3055.47	4213.00	4792.58	37	漳州	Zhangzhou	938.12	1573.46	1948.59	120
扬州	Yangzhou	4278.35	5289.51	6083.80	31	南平	Nanping	668.79	1007.55	1175.12	189
镇江	Zhenjiang	2692.40	4052.99	4755.25	38	龙岩	Longyan	923.59	1040.22	1231.20	184
泰州	Taizhou	3544.92	5239.17	6241.70	29	宁德	Ningde	854.49	1740.90	2221.57	104
宿迁	Suqian	1081.70	2097.42	2757.00	80	**江西**	**Jiangxi**	**11484.86**	**17610.71**	**20988.78**	
浙江	**Zhejiang**	**38290.04**	**43340.20**	**46990.84**		南昌	Nanchang	2038.28	3070.94	3552.84	60
杭州	Hangzhou	7725.78	9111.31	8645.52	13	景德镇	Jingdezhen	650.75	913.35	1034.27	204
宁波	Ningbo	6409.68	7113.45	7994.83	15	萍乡	Pingxiang	993.00	1298.19	1454.98	165
温州	Wenzhou	4126.80	3875.20	4144.41	50	九江	Jiujiang	1288.89	2344.32	3014.83	70
嘉兴	Jiaxing	3346.17	4042.46	4661.96	42	新余	Xinyu	855.40	1082.85	1143.39	197
湖州	Huzhou	2042.54	2534.25	2937.95	75	鹰潭	Yingtan	1153.68	1632.73	1855.75	129
绍兴	Shaoxing	5248.45	6701.79	7253.93	24	赣州	Ganzhou	867.67	1603.04	1937.63	122
金华	Jinhua	3068.95	3393.92	3821.54	55	吉安	Jian	922.51	1490.18	1815.44	134
衢州	Quzhou	995.23	1209.00	1335.41	177	宜春	Yichun	1059.74	1769.22	2261.37	102
舟山	Zhoushan	833.79	870.90	1201.22	186	抚州	Fuzhou	678.29	941.62	1162.98	191
台州	Taizhou	3156.10	2982.97	3254.10	62	上饶	Shangrao	976.64	1464.27	1755.31	139
丽水	Lishui	1096.87	1504.96	1739.96	142	**山东**	**Shandong**	**69485.46**	**96352.13**	**111660.51**	
安徽	**Anhui**	**16163.43**	**24822.06**	**28760.80**		济南	Jinan	4021.64	3830.19	4313.44	47
合肥	Hefei	3250.77	5210.14	5839.23	34	青岛	Qingdao	7467.13	10131.97	11876.47	1
芜湖	Wuhu	1722.53	3503.53	3956.85	53	淄博	Zibo	6793.19	9141.96	9887.62	8
蚌埠	Bengbu	648.47	1370.68	1707.56	144	枣庄	Zaozhuang	2647.56	2950.78	3164.17	67
淮南	Huainan	734.92	919.09	996.51	207	东营	Dongying	5582.43	9609.13	11241.24	3
马鞍山	Maanshan	1122.85	1835.28	2160.54	107	烟台	Yantai	6321.30	7786.16	8997.89	11
淮北	Huaibei	840.76	1381.11	1555.40	154	潍坊	Weifang	6358.24	9108.28	10457.17	7
铜陵	Tongling	985.05	1332.53	1396.10	170	济宁	Jining	3332.88	3870.63	4467.43	44
安庆	Anqing	1256.57	2037.60	2473.51	90	泰安	Taian	3606.78	5285.91	5975.49	32
黄山	Huangshan	320.48	435.46	497.21	251	威海	Weihai	2934.18	3924.23	4314.07	46
滁州	Chuzhou	899.85	1406.99	1751.10	140	日照	Rizhao	1651.92	1703.72	1995.83	116
阜阳	Fuyang	666.39	993.81	1265.60	181	莱芜	Laiwu	1166.27	1500.58	1573.17	153
宿州	Suzhou	643.02	873.14	1126.91	200	临沂	Linyi	3818.45	6334.42	7663.98	18
六安	Liuan	730.55	1341.15	1354.73	176	德州	Dezhou	3593.73	6022.15	7295.17	23
亳州	Bozhou	321.62	614.65	737.65	233	聊城	Liaocheng	3926.28	6491.61	7311.52	22

11-5 规模以上工业企业内资企业工业总产值 续表 2

Gross Industrial Output Value of Domestic Funded Enterprises in Industrial Enterprises above Designated Size continued 2

单位：亿元 （100 million yuan）

地名	City	2010	2012	2013	2013 排名 Ranking
滨州	Binzhou	3421.12	4621.79	6189.91	30
菏泽	Heze	2337.00	4038.61	4935.94	36
河南	**Henan**	**32673.16**	**47161.02**	**53443.19**	
郑州	Zhengzhou	5298.13	7401.14	8481.15	14
开封	Kaifeng	975.59	1597.79	1957.85	118
洛阳	Luoyang	3398.98	5682.84	5936.58	33
平顶山	Pingdingshan	1803.46	2144.93	2322.35	99
安阳	Anyang	2374.64	5852.32	3133.17	68
鹤壁	Hebi	893.35	1273.23	1502.22	161
新乡	Xinxiang	1922.46	2975.12	3200.75	63
焦作	Jiaozuo	2392.90	3356.86	4046.55	51
濮阳	Puyang	1414.26	2039.33	2498.74	89
许昌	Xuchang	2245.08	3593.08	4246.53	49
漯河	Luohe	1132.51	1448.42	1537.51	156
三门峡	Sanmenxia	1839.73	2866.74	2980.59	71
南阳	Nanyang	1935.90	2811.44	2856.76	77
商丘	Shangqiu	1205.97	1877.64	2215.63	105
信阳	Xinyang	959.44	1423.72	1716.00	143
周口	Zhoukou	1187.06	2180.08	2843.61	78
驻马店	Zhumadian	908.99	1636.14	1967.19	117
湖北	**Hubei**	**17276.45**	**25533.48**	**30538.96**	
武汉	Wuhan	4406.42	7256.27	7943.52	16
黄石	Huangshi	916.08	1429.74	1637.92	148
十堰	Shiyan	585.20	921.25	1128.29	199
宜昌	Yichang	2026.64	3595.84	4044.93	52
襄阳	Xiangfan	-376.44	3210.29	4728.60	39
鄂州	Ezhou	622.60	1000.75	1152.02	195
荆门	Jingmen	771.72	2024.54	2434.37	92
孝感	Xiaogan	924.25	1694.16	1997.30	115
荆州	Jingzhou	837.32	1389.07	1755.67	138
黄冈	Huanggang	682.17	1091.18	1365.47	175
咸宁	Xianning	596.32	1096.92	1367.00	174
随州	Suizhou	445.34	823.47	983.86	208
湖南	**Hunan**	**17606.88**	**26787.22**	**29691.09**	
长沙	Changsha	3785.58	6527.62	6969.59	26
株洲	Zhuzhou	1553.47	2183.45	2562.11	87
湘潭	Xiangtan	1374.29	2088.95	2282.03	101
衡阳	Hengyang	1777.98	2499.91	2643.52	84
邵阳	Shaoyang	691.19	1175.30	1396.30	169
岳阳	Yueyang	2631.58	4160.82	4484.08	43
常德	Changde	1132.00	1717.30	2000.45	114
张家界	Zhangjiajie	101.09	107.86	129.85	279
益阳	Yiyang	746.42	1218.20	1455.36	164
郴州	Chenzhou	1330.03	2283.70	2578.51	85
永州	Yongzhou	531.72	624.98	759.59	230
怀化	Huaihua	677.42	800.52	856.36	218
娄底	Loudi	1011.54	1398.61	1573.33	152
广东	**Guangdong**	**36165.37**	**48975.31**	**56975.30**	
广州	Guangzhou	4369.76	6711.01	6598.68	28
韶关	Shaoguan	575.74	825.67	965.29	211
深圳	Shenzhen	6665.83	9527.40	11071.47	4
珠海	Zhuhai	976.04	1176.39	1415.77	167
汕头	Shantou	1192.60	1618.73	1948.81	119
佛山	Foshan	8822.96	9721.83	11579.28	2
江门	Jiangmen	1504.86	1209.98	1502.40	160
湛江	Zhanjiang	629.62	1024.22	1264.12	182
茂名	Maoming	1211.63	1699.13	2066.34	110
肇庆	Zhaoqing	680.42	1739.78	2131.20	108
惠州	Huizhou	1225.32	2023.50	2395.95	93
梅州	Meizhou	311.37	306.16	440.00	253
汕尾	Shanwei	200.22	419.11	590.15	243
河源	Heyuan	426.57	573.98	696.66	235
阳江	Yangjiang	340.76	883.70	1184.36	188
清远	Qingyuan	1555.16	875.71	913.66	217
东莞	Dongguan	1773.23	2717.50	3490.47	61
中山	ZhongShan	1933.79	2488.95	2350.22	95
潮州	Chaozhou	422.69	664.88	825.71	224
揭阳	Jieyang	1082.40	2300.98	2964.86	73
云浮	Yunfu	264.40	376.71	570.85	247
广西	**Guangxi**	**7668.28**	**1275.37**	**15013.50**	
南宁	Nanning	1103.02	1744.61	2065.64	111
柳州	Liuzhou	1771.60	2633.76	3111.58	69
桂林	Guilin	860.51	1458.20	1759.14	137
梧州	Wuzhou	565.63	1212.94	1546.08	155
北海	Beihai	219.98	813.35	1028.78	205
防城港	Fangchenggang	238.13	453.18	637.36	240
钦州	Qinzhou	393.86	907.53	942.85	214
贵港	Guigang	385.73	523.36	627.54	241
玉林	Yulin	471.06	791.34	956.42	212
百色	Baise	551.73	833.78	917.72	215

11-5 规模以上工业企业内资企业工业总产值 续表 3
Gross Industrial Output Value of Domestic Funded Enterprises in Industrial Enterprises above Designated Size continued 3

单位：亿元 (100 million yuan)

地名	City	2010	2012	2013	2013 排名 Ranking
贺州	Hezhou	158.61	263.64	289.85	268
河池	Hechi	332.52	279.88	325.99	265
来宾	Laibin	318.07	489.30	427.67	255
崇左	Chongzuo	207.94	310.78	376.89	260
海南	**Hainan**	**712.51**	**465.60**	**459.76**	
海口	Haikou	326.50	414.54	107.08	281
三亚	Sanya	35.27	51.06	52.69	283
重庆	**Chongqing**	**7384.98**	**9810.59**	**11421.17**	
四川	**Sichuan**	**21213.61**	**25283.51**	**27998.95**	
成都	Chengdu	4532.02	5210.13	5629.60	35
自贡	Zigong	1055.21	1271.86	1518.29	158
攀枝花	Panzhihua	924.82	1256.88	1393.94	171
泸州	Luzhou	1008.56	1143.96	1380.29	172
德阳	Deyang	1391.91	2043.92	2357.06	94
绵阳	Mianyang	1171.96	1735.47	1741.33	141
广元	Guangyuan	304.19	541.34	587.33	244
遂宁	Suining	597.93	981.57	1089.89	202
内江	Neijiang	1245.27	1404.94	1582.86	151
乐山	Leshan	1156.99	1385.10	1592.36	150
南充	Nanchong	1098.42	1520.97	1767.65	135
眉山	Meishan	704.80	760.19	952.48	213
宜宾	Yibin	1199.22	1655.85	1657.73	146
广安	Guangan	589.98	948.92	1113.74	201
达州	Dazhou	852.26	1033.92	1013.88	206
雅安	Yaan	303.20	366.16	374.30	262
巴中	Bazhong	175.32	306.12	376.59	261
资阳	Ziyang	1164.54	1716.21	1869.65	127
贵州	**Guizhou**	**4048.82**	**4691.97**	**5910.01**	
贵阳	Guiyang	1429.68	1495.37	1885.46	125
六盘水	Liupanshui	610.23	1060.81	1186.13	187
遵义	Zunyi	721.82	1079.16	1463.04	163
安顺	Anshun	185.99	319.34	401.27	256
毕节	Bijie	283.06	511.70	585.22	245
铜仁	Tongren	123.91	225.60	388.89	259
云南	**Yunnan**	**6073.90**	**6360.42**	**7076.09**	
昆明	Kunming	2014.25	2775.87	2980.27	72
曲靖	Qujing	964.10	1404.29	1637.56	149
玉溪	Yuxi	918.54	1225.85	1292.60	179
保山	Baoshan	98.79	197.72	256.11	270
昭通	Zhaotong	198.71	318.53	370.80	264

地名	City	2010	2012	2013	2013 排名 Ranking
丽江	Lijiang	86.12	122.53	144.22	276
普洱	Puer	89.89	156.64	186.66	275
临沧	Lincang	88.14	158.99	207.85	273
西藏	**Tibet**	**56.77**	**52.88**	**66.16**	
拉萨	Lhasa	39.04	52.88	66.16	282
陕西	**Shaanxi**	**10158.18**	**14122.75**	**15835.67**	
西安	Xi'an	2506.04	3199.18	3716.70	58
铜川	Tongchuan	230.95	420.26	523.46	249
宝鸡	Baoji	1233.42	1817.49	2073.91	109
咸阳	Xianyang	1199.33	2078.03	2291.27	100
渭南	Weinan	996.40	1573.09	1691.21	145
延安	Yan'an	1224.36	1507.44	1491.75	162
汉中	Hanzhong	397.28	659.76	839.29	220
榆林	Yulin	1899.64	2109.45	2166.09	106
安康	Ankang	183.94	440.22	601.43	242
商洛	Shangluo	173.96	317.82	440.58	254
甘肃	**Gansu**	**4803.16**	**6781.46**	**7617.95**	
兰州	Lanzhou	1708.50	2012.96	2331.72	97
嘉峪关	Jiayuguan	511.34	717.72	850.26	219
金昌	Jinchang	565.01	724.80	787.68	228
白银	Baiyin	369.24	623.44	671.29	238
天水	Tianshui	153.96	240.93	294.11	267
武威	Wuwei	162.52	321.60	392.86	258
张掖	Zhangye	139.52	196.60	250.44	271
平凉	Pingliang	142.43	274.83	297.20	266
酒泉	Jiuquan	476.25	686.78	738.14	232
庆阳	Qingyang	391.17	777.05	741.67	231
定西	Dingxi	46.80	100.92	132.46	277
陇南	Longnan	65.78	103.84	130.11	278
青海	**Qinghai**	**1315.48**	**962.18**	**1439.20**	
西宁	Xining	726.95	962.18	1165.32	190
宁夏	**Ningxia**	**1821.77**	**2981.08**	**3454.95**	
银川	Yinchuan	857.32	1576.63	1858.83	128
石嘴山	Shizuishan	493.97	633.19	646.14	239
吴忠	Wuzhong	298.17	434.51	510.12	250
固原	Guyuan	15.28	35.65	39.66	284
中卫	Zhongwei	154.62	301.10	400.20	257
新疆	**Xinjiang**	**5224.15**	**3799.78**	**4087.75**	
乌鲁木齐	Urumqi	1647.09	2112.52	2326.76	98
克拉玛依	Karamay	1329.17	1687.27	1760.99	136

11-6 规模以上工业企业港澳台商投资企业工业总产值

Gross Industrial Output Value of Enterprises with Funds from Hong Kong, Macao & Taiwan in Industrial Enterprises above Designated Size

单位：亿元 （100 million yuan）

地名	City	2010	2012	2013	2013 排名 Ranking	地名	City	2010	2012	2013	2013 排名 Ranking
全国	**Nation Total**	**65358.00**	**81591.38**	**90383.57**		沈阳	Shenyang	453.03	459.94	433.18	42
北京	**Beijing**	**1114.48**	**1123.23**	**1168.90**		大连	Dalian	280.06	350.80	709.48	30
天津	**Tianjin**	**1455.47**	**2584.08**	**2893.36**		鞍山	Anshan	39.82	50.63	50.87	147
河北	**Hebei**	**1978.55**	**2203.47**	**2047.34**		抚顺	Fushun	40.31	55.25	56.91	139
石家庄	Shijiazhuang	209.53	299.07	274.24	59	本溪	Benxi	300.78	389.28	399.62	45
唐山	Tangshan	550.70	573.95	538.74	36	丹东	Dandong	34.10	37.47	41.85	158
秦皇岛	Qinhuangdao	168.46	153.52	201.86	71	锦州	Jinzhou	57.11	111.47	126.39	92
邯郸	Handan	452.24	325.89	339.15	51	营口	Yingkou	153.49	143.77	174.37	77
邢台	Xingtai	175.98	241.43	212.33	67	阜新	Fuxin	32.76	16.66	21.56	188
保定	Baoding	131.38	228.63	94.76	103	辽阳	Liaoyang	121.55	154.81	174.30	78
张家口	Zhangjiakou	9.46	15.46	16.82	207	盘锦	Panjin	9.64	8.15	12.69	213
承德	Chengde	7.82	12.27	14.04	211	铁岭	Tieling	38.25	41.33	41.17	160
沧州	Cangzhou	82.88	169.62	170.33	80	朝阳	Chaoyang	9.66	17.08	15.39	209
廊坊	Langfang	150.67	141.38	137.21	86	葫芦岛	Huludao	0.82	0.26	0.24	265
衡水	Hengshui	39.43	42.25	47.85	151	**吉林**	**Jilin**	**489.13**	**871.55**	**937.74**	
山西	**Shanxi**	**155.77**	**577.11**	**676.89**		长春	Changchun	376.54	656.09	700.19	33
太原	Taiyuan	5.27	264.75	356.14	49	吉林	Jilin	35.73	64.48	78.69	116
大同	Datong	1.70	0.49	2.69	251	四平	Siping	31.59	51.63	61.34	132
阳泉	Yangquan	5.44	6.61	6.09	232	辽源	Liaoyuan	6.99	15.77	18.94	200
长治	Changzhi	1.85	2.85	5.88	239	通化	Tonghua	10.11	32.14	33.90	168
晋城	Jincheng	3.44	101.97	102.55	100	白山	Baishan	17.53	42.22	36.59	165
朔州	Shuozhou	8.32	10.59	11.33	217	松原	Songyuan	0.78	2.03	2.12	257
晋中	Jinzhong	46.52	50.12	53.55	143	白城	Baicheng	4.47	7.19	5.98	238
运城	Yuncheng	4.94	8.45	8.42	224	**黑龙江**	**Heilongjiang**	**159.20**	**290.49**	**300.13**	
忻州	Xinzhou	0.72				哈尔滨	Harbin	31.60	40.91	79.88	114
临汾	Linfen	50.88	49.39	44.93	153	齐齐哈尔	Qiqihar	8.50	30.61	27.69	175
吕梁	Luliang	26.68	81.90	84.41	111	鸡西	Jixi	27.82	46.70	25.22	179
内蒙古	**Inner Mongolia**	**281.24**	**251.90**	**275.90**		鹤岗	Hegang	0.91	3.36	2.63	252
呼和浩特	Hohhot	101.28	88.49	92.72	104	双鸭山	Shuangyashan	5.87	19.08	1.58	260
包头	Baotou	24.09	16.36	24.19	182	大庆	Daqing	48.41	122.36	129.46	91
乌海	Wuhai	0.52	0.21	0.21	267	伊春	Yichun	4.36	2.35	2.86	249
赤峰	Chifeng	39.13	25.59	17.92	202	佳木斯	Jiamusi	4.17	1.49	2.78	250
通辽	Tongliao	19.35	28.15	43.01	156	七台河	Qitaihe	0.18			
鄂尔多斯	Erdos	17.82	15.86	21.44	189	牡丹江	Mudanjiang	18.86	14.51	17.57	204
呼伦贝尔	Hulunbuir	13.76	19.18	18.97	199	黑河	Heihe	4.33	1.54	0.61	263
巴彦淖尔	Bayannur	49.47	45.53	49.54	149	绥化	Suihua	2.88	8.59	9.86	221
乌兰察布	Ulanqab	4.26	12.53	7.91	230	**上海**	**Shanghai**	**5347.54**	**4944.57**	**5053.59**	
辽宁	**Liaoning**	**1571.38**	**1836.89**	**2258.01**		**江苏**	**Jiangsu**	**10041.26**	**13645.50**	**14898.34**	

11-6 规模以上工业企业港澳台商投资企业工业总产值 续表 1

Gross Industrial Output Value of Enterprises with Funds from Hong Kong, Macao & Taiwan in Industrial Enterprises above Designated Size continued 1

单位：亿元 （100 million yuan）

地名	City	2010	2012	2013	2013 排名 Ranking	地名	City	2010	2012	2013	2013 排名 Ranking
南京	Nanjing	538.28	642.83	761.30	28	池州	Chizhou	4.62	10.06	8.12	228
无锡	Wuxi	1665.78	1809.58	1830.85	9	宣城	Xuancheng	26.36	20.99	24.37	181
徐州	Xuzhou	296.89	389.03	472.05	40	**福建**	**Fujian**	**5613.55**	**6844.33**	**7538.36**	
常州	Changzhou	888.46	956.63	1243.69	18	福州	Fuzhou	1224.32	1438.58	1581.41	12
苏州	Suzhou	3626.67	4978.41	4968.99	2	厦门	Xiamen	1023.90	1245.05	1305.57	17
南通	Nantong	1104.44	1257.15	1386.87	15	莆田	Putian	282.49	335.00	379.74	46
连云港	Lianyungang	132.31	170.67	182.56	76	三明	Sanming	74.39	113.17	87.45	109
淮安	Huaian	94.59	596.03	768.38	26	泉州	Quanzhou	2147.48	2642.41	2919.92	7
盐城	Yancheng	204.91	283.48	304.25	57	漳州	Zhangzhou	646.40	850.33	1020.55	21
扬州	Yangzhou	685.69	982.41	1008.13	22	南平	Nanping	39.22	39.47	46.27	152
镇江	Zhenjiang	565.12	931.81	1128.52	20	龙岩	Longyan	140.17	130.01	136.21	88
泰州	Taizhou	389.00	554.97	700.69	32	宁德	Ningde	35.18	50.32	61.24	134
宿迁	Suqian	21.76	92.50	142.06	84	**江西**	**Jiangxi**	**987.60**	**1761.66**	**1998.71**	
浙江	**Zhejiang**	**5871.97**	**7560.68**	**7731.33**		南昌	Nanchang	162.07	269.80	304.85	56
杭州	Hangzhou	1328.39	1480.36	1450.95	14	景德镇	Jingdezhen	20.33	31.81	20.06	194
宁波	Ningbo	2413.14	2886.27	2954.78	6	萍乡	Pingxiang	10.42	15.50	23.23	184
温州	Wenzhou	108.09	101.07	105.99	97	九江	Jiujiang	101.04	283.47	338.09	52
嘉兴	Jiaxing	638.47	764.58	890.43	23	新余	Xinyu	20.96	75.46	61.47	131
湖州	Huzhou	293.55	444.38	476.30	39	鹰潭	Yingtan	6.45	6.59	6.85	233
绍兴	Shaoxing	896.73	1257.07	1356.49	16	赣州	Ganzhou	230.58	326.07	379.26	47
金华	Jinhua	142.19	189.91	235.26	64	吉安	Jian	110.24	200.48	200.01	72
衢州	Quzhou	36.64	40.43	24.87	180	宜春	Yichun	101.65	143.11	171.43	79
舟山	Zhoushan	9.77	167.11	10.68	219	抚州	Fuzhou	48.04	66.03	67.23	128
台州	Taizhou	190.16	205.79	196.09	73	上饶	Shangrao	175.79	343.34	426.21	43
丽水	Lishui	5.85	23.70	29.48	172	**山东**	**Shandong**	**2895.05**	**3513.79**	**4070.02**	
安徽	**Anhui**	**804.94**	**1470.37**	**1758.22**		济南	Jinan	96.73	98.38	114.74	95
合肥	Hefei	162.06	453.42	599.99	35	青岛	Qingdao	490.40	682.57	832.96	25
芜湖	Wuhu	158.34	206.08	227.12	66	淄博	Zibo	354.91	206.68	272.84	60
蚌埠	Bengbu	74.55	68.26	87.76	108	枣庄	Zaozhuang	80.69	69.17	92.29	105
淮南	Huainan	51.11	61.77	62.33	130	东营	Dongying	235.99	275.70	326.01	55
马鞍山	Maanshan	25.21	41.58	51.90	145	烟台	Yantai	616.44	740.64	883.55	24
淮北	Huaibei	20.59	43.13	48.32	150	潍坊	Weifang	356.62	469.49	522.82	37
铜陵	Tongling	92.25	275.57	335.61	53	济宁	Jining	49.75	67.08	84.88	110
安庆	Anqing	34.49	55.37	55.85	141	泰安	Taian	14.81	23.11	30.24	170
黄山	Huangshan	5.68	7.14	8.26	225	威海	Weihai	102.89	122.88	136.50	87
滁州	Chuzhou	35.62	72.17	97.96	102	日照	Rizhao	44.36	28.00	29.78	171
阜阳	Fuyang	4.70	8.15	1.93	258	莱芜	Laiwu	20.81	2.78	3.19	246
宿州	Suzhou	20.92	48.97	55.80	142	临沂	Linyi	161.94	230.44	267.19	62
六安	Liuan	77.66	96.32	90.39	106	德州	Dezhou	37.97	28.85	52.87	144
亳州	Bozhou	0.23	1.40	2.51	254	聊城	Liaocheng	29.33	51.67	44.65	154

11-6 规模以上工业企业港澳台商投资企业工业总产值 续表 2

Gross Industrial Output Value of Enterprises with Funds from Hong Kong, Macao & Taiwan in Industrial Enterprises above Designated Size continued 2

单位：亿元 (100 million yuan)

地名	City	2010	2012	2013	2013 排名 Ranking	地名	City	2010	2012	2013	2013 排名 Ranking
滨州	Binzhou	140.87	228.87	170.00	81	常德	Changde	95.95	123.69	124.99	93
菏泽	Heze	76.24	177.48	205.51	68	张家界	Zhangjiajie	4.91	4.67		
河南	**Henan**	**915.51**	**2328.41**	**3090.74**		益阳	Yiyang	40.55	76.04	88.10	107
郑州	Zhengzhou	195.47	1440.57	1991.01	8	郴州	Chenzhou	87.40	141.61	190.80	74
开封	Kaifeng	5.58	10.07	17.41	206	永州	Yongzhou	45.16	61.58	58.65	138
洛阳	Luoyang	21.94	50.84	81.67	112	怀化	Huaihua	11.19	9.19	8.10	229
平顶山	Pingdingshan	103.98	92.98	76.86	118	娄底	Loudi	18.65	60.63	62.59	129
安阳	Anyang	8.66	21.96	34.42	167	**广东**	**Guangdong**	**21813.34**	**22438.24**	**25162.29**	
鹤壁	Hebi	13.17	17.41	22.42	186	广州	Guangzhou	2863.46	2802.34	3148.22	4
新乡	Xinxiang	19.34	48.15	51.60	146	韶关	Shaoguan	138.49	149.46	137.22	85
焦作	Jiaozuo	69.83	70.17	72.82	121	深圳	Shenzhen	5003.04	5235.12	5564.69	1
濮阳	Puyang	33.68	39.38	61.26	133	珠海	Zhuhai	718.79	673.41	762.54	27
许昌	Xuchang	23.39	17.63	25.39	178	汕头	Shantou	214.38	227.76	235.05	65
漯河	Luohe	248.97	302.03	340.45	50	佛山	Foshan	2701.56	2752.26	3101.14	5
三门峡	Sanmenxia	36.24	45.36	108.91	96	江门	Jiangmen	1388.40	925.22	1152.39	19
南阳	Nanyang	38.65	68.12	79.54	115	湛江	Zhanjiang	348.38	385.26	692.06	34
商丘	Shangqiu	9.44	17.56	21.18	191	茂名	Maoming	37.10	49.82	49.94	148
信阳	Xinyang	9.79	31.40	37.33	164	肇庆	Zhaoqing	469.50	641.01	753.50	29
周口	Zhoukou	7.82	25.40	39.13	162	惠州	Huizhou	1153.69	1407.88	1617.91	11
驻马店	Zhumadian	11.52	29.39	29.35	173	梅州	Meizhou	89.58	66.14	72.63	123
湖北	**Hubei**	**1100.33**	**1753.68**	**1841.81**		汕尾	Shanwei	179.46	270.38	327.67	54
武汉	Wuhan	455.19	741.07	702.43	31	河源	Heyuan	198.90	231.99	512.50	38
黄石	Huangshi	12.47	233.17	249.95	63	阳江	Yangjiang	128.97	197.08	203.96	70
十堰	Shiyan	2.65	6.17	8.20	226	清远	Qingyuan	1049.49	366.90	417.59	44
宜昌	Yichang	159.33	234.94	271.82	61	东莞	Dongguan	3296.62	3790.77	4086.11	3
襄阳	Xiangfan	483.08	112.78	132.71	89	中山	ZhongShan	1328.17	1641.05	1508.28	13
鄂州	Ezhou	16.02	30.72	40.88	161	潮州	Chaozhou	114.24	115.47	169.83	82
荆门	Jingmen	44.30	77.13	77.27	117	揭阳	Jieyang	290.62	388.55	462.16	41
孝感	Xiaogan	68.72	90.86	98.99	101	云浮	Yunfu	100.51	120.39	186.92	75
荆州	Jingzhou	50.39	66.34	69.25	125	**广西**	**Guangxi**	**569.94**	**942.35**	**1177.62**	
黄冈	Huanggang	81.03	63.67	76.29	119	南宁	Nanning	87.72	190.00	278.24	58
咸宁	Xianning	38.32	60.34	72.69	122	柳州	Liuzhou	34.07	40.69	43.51	155
随州	Suizhou	31.00	36.49	41.33	159	桂林	Guilin	13.08	17.30	23.98	183
湖南	**Hunan**	**719.02**	**1047.46**	**1209.00**		梧州	Wuzhou	100.47	90.70	129.74	90
长沙	Changsha	121.40	281.52	371.70	48	北海	Beihai	74.34	152.27	204.55	69
株洲	Zhuzhou	80.21	65.47	75.48	120	防城港	Fangchenggang	42.33	28.21	30.35	169
湘潭	Xiangtan	17.25	60.25	68.39	126	钦州	Qinzhou	56.49	127.81	115.90	94
衡阳	Hengyang	76.67	88.25	80.87	113	贵港	Guigang	43.53	60.43	69.28	124
邵阳	Shaoyang	10.75	17.53	18.99	198	玉林	Yulin	35.96	85.39	105.00	98
岳阳	Yueyang	69.19	57.04	60.35	135	百色	Baise	22.48	48.96	56.74	140

11-6 规模以上工业企业港澳台商投资企业工业总产值 续表 3
Gross Industrial Output Value of Enterprises with Funds from Hong Kong, Macao & Taiwan in Industrial Enterprises above Designated Size continued 3

单位：亿元 （100 million yuan）

地名	City	2010	2012	2013	2013 排名 Ranking
贺州	Hezhou	12.09	30.78	67.29	127
河池	Hechi	3.26	4.84	6.13	236
来宾	Laibin	5.02	28.11	34.53	166
崇左	Chongzuo	37.80	36.86	12.39	215
海南	**Hainan**	**17.38**	**21.90**	**19.22**	
海口	Haikou	12.81	21.90	19.22	195
三亚	Sanya				
重庆	**Chongqing**	**456.22**	**1469.18**	**1668.01**	
四川	**Sichuan**	**568.57**	**1662.25**	**2083.83**	
成都	Chengdu	279.80	1303.00	1657.68	10
自贡	Zigong	4.80	10.58	13.60	212
攀枝花	Panzhihua	2.19	3.67	17.55	205
泸州	Luzhou	2.58	3.81	6.23	235
德阳	Deyang	75.67	141.77	165.34	83
绵阳	Mianyang	17.16	31.05	29.23	174
广元	Guangyuan	0.72	2.07	4.32	242
遂宁	Suining	10.98	8.06	12.29	216
内江	Neijiang	36.27	14.20	26.62	176
乐山	Leshan	23.40	22.31	20.55	192
南充	Nanchong	20.74	20.16	21.27	190
眉山	Meishan	13.61	17.11	22.38	187
宜宾	Yibin	14.63	37.51	37.52	163
广安	Guangan	13.90	18.27	14.30	210
达州	Dazhou	11.03	13.41	10.98	218
雅安	Yaan	9.16	10.94	17.81	203
巴中	Bazhong	0.40	0.81	1.67	259
资阳	Ziyang	2.72	3.51	4.49	240
贵州	**Guizhou**	**57.93**	**43.28**	**55.03**	
贵阳	Guiyang	24.88	28.63	26.56	177
六盘水	Liupanshui				
遵义	Zunyi	3.56	1.23	3.11	247
安顺	Anshun	5.16	8.09	19.16	196
毕节	Bijie	2.00	3.81	3.61	244
铜仁	Tongren	0.75	1.52	2.60	253
云南	**Yunnan**	**140.53**	**133.08**	**154.00**	
昆明	Kunming	65.31	88.86	103.24	99
曲靖	Qujing	3.08	13.36	8.55	223
玉溪	Yuxi	13.05	14.81	16.40	208
保山	Baoshan	5.31	7.47	9.89	220
昭通	Zhaotong	5.35	7.58	7.03	231
丽江	Lijiang	2.68		0.24	265
普洱	Puer	1.49		6.36	234
临沧	Lincang	1.35	1.00	2.28	256
西藏	**Tibet**				
拉萨	Lhasa				
陕西	**Shaanxi**	**162.93**	**178.09**	**196.77**	
西安	Xi'an	23.47	34.71	42.00	157
铜川	Tongchuan				
宝鸡	Baoji	36.22	68.96	58.90	137
咸阳	Xianyang	92.91	49.99	59.65	136
渭南	Weinan	2.44	6.39	6.01	237
延安	Yan'an				
汉中	Hanzhong	1.76	1.95	8.16	227
榆林	Yulin	2.28	3.05	3.60	245
安康	Ankang	0.60	0.44	0.47	264
商洛	Shangluo	3.03	12.60	17.98	201
甘肃	**Gansu**	**26.24**	**27.10**	**32.33**	
兰州	Lanzhou	19.64	19.19	20.22	193
嘉峪关	Jiayuguan				
金昌	Jinchang				
白银	Baiyin	0.73	1.44	3.68	243
天水	Tianshui	0.48	0.79	1.04	261
武威	Wuwei	0.58	2.96	4.47	241
张掖	Zhangye				
平凉	Pingliang				
酒泉	Jiuquan	4.34	2.57	2.92	248
庆阳	Qingyang				
定西	Dingxi		0.15		
陇南	Longnan				
青海	**Qinghai**	**7.97**	**10.05**	**32.02**	
西宁	Xining	5.12	10.05	12.40	214
宁夏	**Ningxia**	**20.70**	**32.40**	**30.26**	
银川	Yinchuan	18.31	20.46	19.09	197
石嘴山	Shizuishan	2.39	3.80	2.36	255
吴忠	Wuzhong		8.13	8.81	222
固原	Guyuan				
中卫	Zhongwei				
新疆	**Xinjiang**	**36.67**	**24.30**	**23.78**	
乌鲁木齐	Urumqi	10.49	19.79	23.02	185
克拉玛依	Karamay	0.91	4.51	0.77	262

11-7 规模以上工业企业外商投资企业工业总产值
Gross Industrial Output Value of Foreign Funded Enterprises in Industrial Enterprises above Designated Size

单位：亿元 (100 million yuan)

地名	City	2010	2012	2013	2013 排名 Ranking	地名	City	2010	2012	2013	2013 排名 Ranking
全国	**Nation Total**	**124560.0**	**141153.7**	**153204.5**		沈阳	Shenyang	1660.84	2263.61	2602.88	10
北京	**Beijing**	**4364.54**	**4736.85**	**5587.58**		大连	Dalian	2507.72	2886.73	2912.64	9
天津	**Tianjin**	**5593.01**	**6957.16**	**7824.10**		鞍山	Anshan	76.08	89.72	103.98	116
河北	**Hebei**	**2555.67**	**3341.17**	**3478.11**		抚顺	Fushun	71.38	83.34	81.29	134
石家庄	Shijiazhuang	207.25	238.41	235.53	75	本溪	Benxi	88.97	119.47	119.13	108
唐山	Tangshan	538.16	740.22	921.36	33	丹东	Dandong	117.06	139.84	162.78	90
秦皇岛	Qinhuangdao	284.56	439.42	390.70	57	锦州	Jinzhou	182.74	150.69	164.83	89
邯郸	Handan	277.74	427.23	328.07	61	营口	Yingkou	392.64	421.02	427.47	54
邢台	Xingtai	264.15	263.98	258.24	73	阜新	Fuxin	19.48	31.52	42.90	171
保定	Baoding	266.19	265.40	266.42	70	辽阳	Liaoyang	78.11	80.34	87.63	132
张家口	Zhangjiakou	116.59	90.99	94.76	126	盘锦	Panjin	53.81	86.24	105.47	115
承德	Chengde	5.16	7.56	9.32	236	铁岭	Tieling	63.97	71.19	57.52	156
沧州	Cangzhou	244.21	410.37	474.27	48	朝阳	Chaoyang	10.57	12.83	15.03	227
廊坊	Langfang	313.49	399.47	432.57	52	葫芦岛	Huludao	13.53	16.34	22.96	210
衡水	Hengshui	38.16	57.82	66.87	146	吉林	**Jilin**	**2711.32**	**1201.01**	**1586.03**	
山西	**Shanxi**	**525.75**	**614.51**	**543.79**		长春	Changchun	2343.94	814.92	1147.20	30
太原	Taiyuan	153.28	133.03	117.84	109	吉林	Jilin	86.23	102.94	105.49	114
大同	Datong	30.95	62.88	68.82	145	四平	Siping	40.29	55.84	64.96	147
阳泉	Yangquan	11.09	12.04	13.05	231	辽源	Liaoyuan	16.70	13.97	17.47	224
长治	Changzhi	43.20	81.51	79.31	138	通化	Tonghua	21.85	71.75	109.10	113
晋城	Jincheng	117.78	109.16	98.40	123	白山	Baishan	32.35	35.62	47.66	165
朔州	Shuozhou	15.32	15.20	17.49	223	松原	Songyuan	55.05	53.32	29.46	197
晋中	Jinzhong	27.71	55.60	45.81	168	白城	Baicheng	25.12	52.66	64.71	148
运城	Yuncheng	25.87	25.27	28.84	198	黑龙江	**Heilongjiang**	**685.05**	**791.99**	**887.36**	
忻州	Xinzhou	1.51				哈尔滨	Harbin	370.21	446.51	523.23	46
临汾	Linfen	5.51	4.62	4.22	251	齐齐哈尔	Qiqihar	80.48	88.53	95.30	125
吕梁	Luliang	92.92	115.21	70.02	144	鸡西	Jixi	1.37	2.97	1.75	260
内蒙古	**Inner Mongolia**	**899.45**	**856.78**	**1155.32**		鹤岗	Hegang	2.00	1.47	1.67	261
呼和浩特	Hohhot	206.18	271.46	241.51	74	双鸭山	Shuangyashan				
包头	Baotou	121.05	106.54	167.67	87	大庆	Daqing	52.96	79.62	101.64	119
乌海	Wuhai	0.48	0.31	3.83	253	伊春	Yichun	9.58	8.78	9.53	235
赤峰	Chifeng	35.01	34.50	37.38	181	佳木斯	Jiamusi	55.35	57.38	49.19	163
通辽	Tongliao	192.79	167.04	277.60	69	七台河	Qitaihe	0.21	0.78	0.27	267
鄂尔多斯	Erdos	223.27	179.59	317.36	63	牡丹江	Mudanjiang	49.38	59.02	58.91	152
呼伦贝尔	Hulunbuir	38.85	33.58	37.69	180	黑河	Heihe	2.43	2.59	3.08	257
巴彦淖尔	Bayannur	43.53	38.18	36.78	182	绥化	Suihua	31.39	44.34	42.79	172
乌兰察布	Ulanqab	3.20	24.59	35.50	186	上海	**Shanghai**	**13060.13**	**14472.08**	**15001.91**	
辽宁	**Liaoning**	**5336.91**	**6452.58**	**6906.51**		江苏	**Jiangsu**	**26551.24**	**31292.05**	**33441.23**	

11-7 规模以上工业企业外商投资企业工业总产值 续表 1
Gross Industrial Output Value of Foreign Funded Enterprises in Industrial Enterprises above Designated Size continued 1

单位：亿元 （100 million yuan）

地名	City	2010	2012	2013	2013 排名 Ranking	地名	City	2010	2012	2013	2013 排名 Ranking
南京	Nanjing	2723.16	3964.00	4374.16	4	池州	Chizhou	10.31	10.90	14.85	229
无锡	Wuxi	3259.34	3480.88	3335.77	8	宣城	Xuancheng	68.12	64.84	64.36	149
徐州	Xuzhou	354.45	407.71	412.14	56	**福建**	**Fujian**	**5044.02**	**6062.10**	**6278.18**	
常州	Changzhou	1564.39	1810.20	1890.28	18	福州	Fuzhou	1110.82	1331.32	1410.02	24
苏州	Suzhou	12687.43	13892.02	14497.66	1	厦门	Xiamen	1753.36	2191.60	2254.37	16
南通	Nantong	1834.40	2302.49	2523.49	13	莆田	Putian	207.17	221.55	258.67	72
连云港	Lianyungang	415.82	651.36	746.39	35	三明	Sanming	36.97	39.32	44.34	170
淮安	Huaian	300.81	286.56	316.39	64	泉州	Quanzhou	1370.57	1759.60	1763.47	21
盐城	Yancheng	677.95	1057.87	1273.68	28	漳州	Zhangzhou	354.41	298.59	290.07	68
扬州	Yangzhou	789.29	926.56	1232.29	29	南平	Nanping	69.36	85.94	95.90	124
镇江	Zhenjiang	932.89	1120.89	1295.02	26	龙岩	Longyan	113.57	96.29	121.03	107
泰州	Taizhou	982.16	1333.15	1454.85	23	宁德	Ningde	27.79	37.89	40.32	176
宿迁	Suqian	33.91	58.35	89.10	130	**江西**	**Jiangxi**	**1363.15**	**150.74**	**1723.08**	
浙江	**Zhejiang**	**7232.19**	**7806.72**	**7881.07**		南昌	Nanchang	565.16	515.77	579.83	42
杭州	Hangzhou	2025.48	2370.61	2311.51	15	景德镇	Jingdezhen	14.53	23.30	32.02	192
宁波	Ningbo	2030.73	2155.35	2060.48	17	萍乡	Pingxiang	9.60	17.57	21.29	213
温州	Wenzhou	261.67	272.36	266.17	71	九江	Jiujiang	86.61	151.05	162.77	91
嘉兴	Jiaxing	1118.21	1232.89	1341.28	25	新余	Xinyu	312.14	203.28	229.66	76
湖州	Huzhou	330.44	355.20	413.77	55	鹰潭	Yingtan	4.76	26.53	25.87	206
绍兴	Shaoxing	652.22	592.40	728.88	37	赣州	Ganzhou	169.63	250.97	294.86	67
金华	Jinhua	200.66	208.14	169.55	86	吉安	Jian	100.19	166.09	204.77	81
衢州	Quzhou	55.25	81.57	88.24	131	宜春	Yichun	69.11	103.92	127.46	104
舟山	Zhoushan	135.49	161.83	121.65	106	抚州	Fuzhou	12.44	20.69	20.68	214
台州	Taizhou	284.54	342.05	355.56	59	上饶	Shangrao	18.99	21.58	23.87	209
丽水	Lishui	37.79	34.66	23.97	208	**山东**	**Shandong**	**11470.89**	**13851.20**	**14404.62**	
安徽	**Anhui**	**1763.63**	**2094.09**	**2430.16**		济南	Jinan	295.14	319.73	349.29	60
合肥	Hefei	784.89	936.58	1087.36	31	青岛	Qingdao	2705.30	3238.81	3394.67	7
芜湖	Wuhu	370.14	540.41	624.88	41	淄博	Zibo	594.25	985.29	1046.59	32
蚌埠	Bengbu	49.66	47.35	27.30	202	枣庄	Zaozhuang	94.64	112.99	127.66	103
淮南	Huainan	2.90	13.22	16.69	225	东营	Dongying	219.44	382.65	429.93	53
马鞍山	Maanshan	170.24	140.09	164.95	88	烟台	Yantai	3192.24	3793.25	4010.00	5
淮北	Huaibei	20.06	30.00	33.77	189	潍坊	Weifang	814.36	850.48	629.81	40
铜陵	Tongling	26.93	20.92	49.20	162	济宁	Jining	474.55	415.39	500.59	47
安庆	Anqing	24.88	31.29	45.09	169	泰安	Taian	148.48	165.67	182.62	82
黄山	Huangshan	4.53	4.60	5.66	246	威海	Weihai	1371.90	1579.76	1552.53	22
滁州	Chuzhou	117.50	125.53	153.88	94	日照	Rizhao	475.87	715.78	660.68	39
阜阳	Fuyang	32.61	41.59	39.02	177	莱芜	Laiwu	15.50	16.71	18.40	220
宿州	Suzhou	12.98	19.16	19.79	218	临沂	Linyi	613.13	631.72	698.72	38
六安	Liuan	24.50	64.75	79.88	136	德州	Dezhou	224.06	299.87	369.88	58
亳州	Bozhou	2.48	2.86	3.49	255	聊城	Liaocheng	71.26	106.54	146.41	97

11-7 规模以上工业企业外商投资企业工业总产值 续表 2
Gross Industrial Output Value of Foreign Funded Enterprises in Industrial Enterprises above Designated Size continued 2

单位：亿元 （100 million yuan）

地名	City	2010	2012	2013	2013 排名 Ranking	地名	City	2010	2012	2013	2013 排名 Ranking
滨州	Binzhou	121.91	122.48	152.82	95	常德	Changde	34.72	35.20	34.22	187
菏泽	Heze	118.79	114.08	134.00	102	张家界	Zhangjiajie	2.93	1.78	7.45	240
河南	**Henan**	**1406.85**	**1874.00**	**1804.24**		益阳	Yiyang	21.11	21.63	22.53	212
郑州	Zhengzhou	420.16	571.27	462.50	49	郴州	Chenzhou	22.64	15.79	17.89	221
开封	Kaifeng	20.22	29.70	38.86	178	永州	Yongzhou	17.19	9.06	11.31	234
洛阳	Luoyang	98.06	169.12	138.98	100	怀化	Huaihua	11.26	17.44	35.91	183
平顶山	Pingdingshan	45.31	37.97	38.38	179	娄底	Loudi	8.06	12.94	14.99	228
安阳	Anyang	16.53	35.47	31.14	194	**广东**	**Guangdong**	**23705.89**	**25364.15**	**27610.34**	
鹤壁	Hebi	13.29	30.65	35.65	185	广州	Guangzhou	6318.77	6553.08	7451.82	2
新乡	Xinxiang	190.97	207.05	209.05	79	韶关	Shaoguan	21.32	25.05	58.08	155
焦作	Jiaozuo	99.15	91.99	101.26	120	深圳	Shenzhen	6678.51	6600.53	6459.04	3
濮阳	Puyang	25.69	36.82	47.54	166	珠海	Zhuhai	1275.73	1222.77	1282.56	27
许昌	Xuchang	62.16	126.54	146.83	96	汕头	Shantou	274.51	265.06	297.94	65
漯河	Luohe	53.20	132.28	155.77	93	佛山	Foshan	1951.23	2179.88	2441.46	14
三门峡	Sanmenxia	151.59	183.99	110.83	112	江门	Jiangmen	520.01	384.28	453.07	50
南阳	Nanyang	41.62	50.18	58.59	153	湛江	Zhanjiang	317.54	308.20	85.19	133
商丘	Shangqiu	5.70	7.08	5.54	248	茂名	Maoming	23.45	26.56	29.84	196
信阳	Xinyang	15.93	17.57	18.56	219	肇庆	Zhaoqing	249.82	435.65	525.51	45
周口	Zhoukou	68.38	89.11	114.24	110	惠州	Huizhou	1467.76	2045.90	2591.44	11
驻马店	Zhumadian	53.13	59.21	90.64	129	梅州	Meizhou	29.68	39.43	46.37	167
湖北	**Hubei**	**3246.34**	**3694.31**	**4427.58**		汕尾	Shanwei	25.77	71.13	50.90	159
武汉	Wuhan	1562.99	2068.38	2542.36	12	河源	Heyuan	148.27	147.69		
黄石	Huangshi	232.08	159.69	207.77	80	阳江	Yangjiang	90.32	116.65	175.76	84
十堰	Shiyan	725.25	466.40	573.14	43	清远	Qingyuan	181.71	91.84	101.17	121
宜昌	Yichang	32.33	64.16	79.53	137	东莞	Dongguan	2494.80	2984.28	3446.88	6
襄阳	Xiangfan	574.73	510.43	556.37	44	中山	ZhongShan	1358.96	1572.16	1815.25	20
鄂州	Ezhou	25.51	32.43	41.77	173	潮州	Chaozhou	107.47	111.28	92.78	128
荆门	Jingmen	36.07	98.91	93.80	127	揭阳	Jieyang	93.73	139.27	177.17	83
孝感	Xiaogan	39.93	93.51	102.30	117	云浮	Yunfu	76.55	43.47	28.10	200
荆州	Jingzhou	49.00	64.47	71.74	142	**广西**	**Guangxi**	**1405.91**	**1872.00**	**2028.88**	
黄冈	Huanggang	81.03	51.68	53.61	157	南宁	Nanning	94.66	174.72	213.26	77
咸宁	Xianning	19.83	57.46	74.84	139	柳州	Liuzhou	583.12	752.40	762.76	34
随州	Suizhou	33.43	26.80	30.35	195	桂林	Guilin	69.27	110.02	139.31	99
湖南	**Hunan**	**682.93**	**965.23**	**1333.26**		梧州	Wuzhou	49.62	63.00	63.84	150
长沙	Changsha	258.43	249.18	436.35	51	北海	Beihai	38.24	60.58	70.98	143
株洲	Zhuzhou	81.25	75.73	81.01	135	防城港	Fangchenggang	173.48	285.84	296.69	66
湘潭	Xiangtan	104.70	184.36	212.26	78	钦州	Qinzhou	31.39	58.30	71.83	141
衡阳	Hengyang	28.60	190.06	318.51	62	贵港	Guigang	41.04	40.28	40.76	174
邵阳	Shaoyang	10.75	28.64	28.74	199	玉林	Yulin	195.88	151.81	172.29	85
岳阳	Yueyang	83.56	123.41	112.09	111	百色	Baise	0.10			268

11-7 规模以上工业企业外商投资企业工业总产值 续表 3
Gross Industrial Output Value of Foreign Funded Enterprises in Industrial Enterprises above Designated Size continued 3

单位：亿元 （100 million yuan）

地名	City	2010	2012	2013	2013 排名 Ranking	地名	City	2010	2012	2013	2013 排名 Ranking
贺州	Hezhou	6.10	9.09	7.00	243	丽江	Lijiang		3.21	4.16	252
河池	Hechi	16.99	13.47	13.66	230	普洱	Puer	4.98	8.00	7.16	241
来宾	Laibin	45.19	46.24	40.70	175	临沧	Lincang	0.40	1.37	1.95	259
崇左	Chongzuo	60.84	106.25	135.80	101	**西藏**	**Tibet**		**5.39**	**5.58**	
海南	**Hainan**	**651.36**	**84.42**	**76.99**		拉萨	Lhasa		5.39	5.58	247
海口	Haikou	78.66	79.57	73.25	140	**陕西**	**Shaanxi**	**878.74**	**1106.31**	**1122.83**	
三亚	Sanya	4.75	4.85	3.74	254	西安	Xi'an	600.64	789.30	738.92	36
重庆	**Chongqing**	**1302.35**	**1815.36**	**2696.22**		铜川	Tongchuan	18.10	25.48	26.21	204
四川	**Sichuan**	**1365.20**	**1781.86**	**2391.98**		宝鸡	Baoji	70.81	100.23	125.71	105
成都	Chengdu	997.91	1336.00	1883.88	19	咸阳	Xianyang	109.68	123.29	155.84	92
自贡	Zigong	48.16	59.07	58.58	154	渭南	Weinan	40.99	26.39	31.25	193
攀枝花	Panzhihua	26.45	22.58	17.68	222	延安	Yan'an	2.95	2.65	1.31	
泸州	Luzhou	16.58	12.38	15.64	226	汉中	Hanzhong	5.38	9.12	8.65	237
德阳	Deyang	73.63	99.00	100.80	122	榆林	Yulin	15.78	22.15	27.84	201
绵阳	Mianyang	59.08	54.60	53.41	158	安康	Ankang	7.62	7.69	7.09	242
广元	Guangyuan	15.32	25.90	33.32	190	商洛	Shangluo				
遂宁	Suining	10.44	24.42	33.89	188	**甘肃**	**Gansu**	**72.63**	**91.79**	**103.55**	
内江	Neijiang	11.02	19.09	32.59	191	兰州	Lanzhou	37.36	52.21	63.01	151
乐山	Leshan	16.96	18.38	20.07	217	嘉峪关	Jiayuguan				
南充	Nanchong	5.42	21.17	26.17	205	金昌	Jinchang				
眉山	Meishan	37.14	45.16	48.87	164	白银	Baiyin	21.07	22.44	20.51	215
宜宾	Yibin	16.88	5.53	8.58	238	天水	Tianshui	2.48	4.25	5.38	249
广安	Guangan	2.71	8.32	5.78	245	武威	Wuwei				
达州	Dazhou					张掖	Zhangye	3.02	2.96	4.61	250
雅安	Yaan	4.57	10.17	2.11	258	平凉	Pingliang			0.00	268
巴中	Bazhong			0.90		酒泉	Jiuquan	3.10	7.34	8.42	239
资阳	Ziyang	6.15	20.10	49.72	161	庆阳	Qingyang	5.36	2.15	1.62	262
贵州	**Guizhou**	**99.62**	**98.30**	**139.98**		定西	Dingxi	0.23	0.43		
贵阳	Guiyang	44.81	68.90	102.30	118	陇南	Longnan				
六盘水	Liupanshui	23.35	17.12	25.47	207	**青海**	**Qinghai**	**158.54**	**58.94**	**26.79**	
遵义	Zunyi	5.41	12.29	12.21	232	西宁	Xining	146.02	58.94	26.79	203
安顺	Anshun	1.73				**宁夏**	**Ningxia**	**81.92**	**74.14**	**69.27**	
毕节	Bijie	0.60				银川	Yinchuan	59.93	50.48	50.12	160
铜仁	Tongren					石嘴山	Shizuishan	15.28	12.91	11.81	233
云南	**Yunnan**		**216.73**	**213.63**		吴忠	Wuzhong	3.40	6.29	0.36	266
昆明	Kunming		146.61	141.24	98	固原	Guyuan				
曲靖	Qujing	38.22	37.38	35.89	184	中卫	Zhongwei	4.09	4.47	6.98	244
玉溪	Yuxi	9.85	17.79	20.09	216	**新疆**	**Xinjiang**	**81.07**	**19.73**	**24.30**	
保山	Baoshan	3.89	2.36	3.13	256	乌鲁木齐	Urumqi	17.17	18.47	22.75	211
昭通	Zhaotong					克拉玛依	Karamay	0.77	1.26	1.55	263

11-8 规模以上工业企业资产总计
Total Assets of Industrial Enterprises above Designated Size

单位：亿元 （100 million yuan）

地名	City	2010	2012	2013	2013 排名 Ranking
全国	**Nation Total**	**592881.89**	**768421.20**	**850625.85**	
北京	**Beijing**	**22750.58**	**28613.16**	**31398.28**	
天津	**Tianjin**	**14584.31**	**19986.14**	**22059.41**	
河北	**Hebei**	**24943.75**	**33567.18**	**36040.17**	
石家庄	Shijiazhuang	2767.54	4027.73	4591.28	38
唐山	Tangshan	7283.48	9174.47	9776.22	11
秦皇岛	Qinhuangdao	1271.73	1622.65	1694.96	134
邯郸	Handan	3447.65	4228.19	4431.56	41
邢台	Xingtai	1433.48	1866.69	1985.60	114
保定	Baoding	2396.16	3124.13	3353.95	65
张家口	Zhangjiakou	1338.07	1663.53	1828.98	125
承德	Chengde	1243.17	1753.02	2020.96	112
沧州	Cangzhou	1735.43	3136.38	3164.23	68
廊坊	Langfang	1433.73	2062.83	2125.24	104
衡水	Hengshui	593.32	907.56	1067.18	190
山西	**Shanxi**	**18505.94**	**25342.08**	**28058.27**	
太原	Taiyuan	3005.65	3811.73	4153.36	47
大同	Datong	1549.95	1642.31	2201.29	97
阳泉	Yangquan	1034.19	1216.06	1278.34	164
长治	Changzhi	2198.57	2885.77	2985.32	72
晋城	Jincheng	1632.80	2598.58	2804.54	75
朔州	Shuozhou	1050.42	1894.34	2169.84	98
晋中	Jinzhong	1510.32	2132.63	2442.09	87
运城	Yuncheng	1457.64	1734.83	2021.29	111
忻州	Xinzhou	792.83	1222.54	1372.62	160
临汾	Linfen	1471.15	2051.72	2264.82	95
吕梁	Luliang	2308.51	3593.98	4016.92	51
内蒙古	**Inner Mongolia**	**14691.38**	**21754.23**	**23141.71**	
呼和浩特	Hohhot	1315.64	1811.90	2065.42	109
包头	Baotou	2870.79	3629.69	4139.29	49
乌海	Wuhai	707.68	1126.72	1279.63	163
赤峰	Chifeng	996.87	1231.27	1401.91	158
通辽	Tongliao	952.52	1230.51	1440.78	154
鄂尔多斯	Erdos	3944.31	6298.58	6699.25	24
呼伦贝尔	Hulunbuir	897.76	1447.78	1754.76	130
巴彦淖尔	Bayannur	788.72	918.16	1063.43	191
乌兰察布	Ulanqab	713.25	971.20	1162.38	179
辽宁	**Liaoning**	**29076.78**	**34779.77**	**37989.29**	
沈阳	Shenyang	2389.58	7420.34	8152.27	16
大连	Dalian	2542.71	8676.96	9816.58	10
鞍山	Anshan	975.58	3343.59	3784.75	56
抚顺	Fushun	509.31	1324.96	1452.96	153
本溪	Benxi	929.97	1668.83	1875.52	120
丹东	Dandong	186.69	708.33	769.74	221
锦州	Jinzhou	364.20	1013.86	1129.03	183
营口	Yingkou	720.60	1811.89	2134.40	103
阜新	Fuxin	285.29	793.06	849.85	210
辽阳	Liaoyang	404.92	1504.61	1636.15	140
盘锦	Panjin	937.72	1853.08	2141.45	102
铁岭	Tieling	686.55	1891.22	1962.37	115
朝阳	Chaoyang	280.34	947.82	1083.00	188
葫芦岛	Huludao	376.56	971.84	977.27	195
吉林	**Jilin**	**10196.15**	**13896.98**	**15257.90**	
长春	Changchun	4429.59	6034.65	6671.44	25
吉林	Jilin	1729.03	2446.84	2579.96	80
四平	Siping	638.06	690.45	853.57	209
辽源	Liaoyuan	377.72	511.98	630.78	237
通化	Tonghua	724.68	910.56	1018.01	194
白山	Baishan	391.97	530.49	565.48	243
松原	Songyuan	1100.49	1568.29	2013.44	113
白城	Baicheng	304.06	393.45	408.90	266
黑龙江	**Heilongjiang**	**10471.17**	**13223.14**	**14059.17**	
哈尔滨	Harbin	2642.98	3250.97	3535.23	62
齐齐哈尔	Qiqihar	894.49	1206.02	1254.33	168
鸡西	Jixi	352.30	480.03	485.97	254
鹤岗	Hegang	210.91	328.90	345.27	269
双鸭山	Shuangyashan	364.29	484.61	517.99	250
大庆	Daqing	3463.89	3956.83	4250.36	44
伊春	Yichun	218.31	239.99	231.90	278
佳木斯	Jiamusi	316.27	430.48	473.34	259
七台河	Qitaihe	428.02	476.54	478.08	255
牡丹江	Mudanjiang	421.27	548.12	1273.49	166
黑河	Heihe	114.37	173.91	185.09	279
绥化	Suihua	276.89	469.99	601.96	241
上海	**Shanghai**	**27555.88**	**31160.89**	**33538.26**	
江苏	**Jiangsu**	**66134.06**	**84550.41**	**92081.69**	

11-8 规模以上工业企业资产总计 续表 1
Total Assets of Industrial Enterprises above Designated Size continued 1

单位：亿元 （100 million yuan）

地名	City	2010	2012	2013	2013 排名 Ranking	地名	City	2010	2012	2013	2013 排名 Ranking
南京	Nanjing	6960.77	8539.68	9423.67	12	池州	Chizhou	242.48	389.92	475.75	257
无锡	Wuxi	10917.48	13281.51	13979.64	3	宣城	Xuancheng	606.56	838.40	964.28	198
徐州	Xuzhou	3038.84	4791.14	5338.27	31	**福建**	**Fujian**	**16058.70**	**21385.98**	**24671.06**	
常州	Changzhou	5259.12	6754.38	7374.10	19	福州	Fuzhou	3121.07	4068.32	4687.93	37
苏州	Suzhou	19351.14	23331.48	24696.71	1	厦门	Xiamen	3055.25	3972.45	4324.20	43
南通	Nantong	4425.78	6247.99	6732.44	23	莆田	Putian	744.79	1036.20	1187.56	175
连云港	Lianyungang	1584.43	1927.74	2265.18	94	三明	Sanming	842.11	1210.05	1277.04	165
淮安	Huaian	1223.78	1635.99	1917.32	118	泉州	Quanzhou	4021.34	5738.85	6585.51	26
盐城	Yancheng	2174.20	3094.87	3490.05	63	漳州	Zhangzhou	1371.38	1952.18	2627.78	77
扬州	Yangzhou	2925.62	3639.70	4037.28	50	南平	Nanping	607.25	817.59	904.83	203
镇江	Zhenjiang	3247.13	4346.53	4887.41	34	龙岩	Longyan	1102.38	1586.63	1666.53	138
泰州	Taizhou	2931.37	3846.99	4151.28	48	宁德	Ningde	633.28	1003.72	1687.99	135
宿迁	Suqian	707.62	1527.13	1874.22	121	**江西**	**Jiangxi**	**8424.86**	**11967.66**	**13640.12**	
浙江	**Zhejiang**	**47282.79**	**55654.17**	**59633.11**		南昌	Nanchang	1872.02	2637.64	3014.73	70
杭州	Hangzhou	9937.41	11983.52	12680.28	5	景德镇	Jingdezhen	485.37	728.07	858.58	207
宁波	Ningbo	9426.71	10643.47	11440.14	7	萍乡	Pingxiang	396.52	500.24	632.48	235
温州	Wenzhou	4446.24	4485.61	4538.37	39	九江	Jiujiang	950.50	1229.13	1628.83	141
嘉兴	Jiaxing	5065.09	6297.58	6939.54	22	新余	Xinyu	1041.66	1190.01	1297.91	162
湖州	Huzhou	2059.87	2528.41	2878.35	73	鹰潭	Yingtan	841.27	1387.18	1589.28	144
绍兴	Shaoxing	6328.56	7450.37	8170.25	15	赣州	Ganzhou	657.48	1074.14	1247.87	169
金华	Jinhua	3383.00	3833.33	4375.57	42	吉安	Jian	520.58	590.23	742.81	227
衢州	Quzhou	968.17	1304.70	1501.41	150	宜春	Yichun	680.23	997.24	1189.13	174
舟山	Zhoushan	1232.28	1531.10	1703.62	133	抚州	Fuzhou	268.00	342.06	474.46	258
台州	Taizhou	3259.22	3585.48	3882.40	52	上饶	Shangrao	711.22	798.18	964.05	199
丽水	Lishui	957.11	1168.47	1257.68	167	**山东**	**Shandong**	**53761.28**	**71107.66**	**78881.06**	
安徽	**Anhui**	**15930.28**	**33797.65**	**25168.07**		济南	Jinan	3831.82	4351.02	4689.84	36
合肥	Hefei	3272.22	4994.68	5651.06	30	青岛	Qingdao	6491.53	7825.64	8722.26	13
芜湖	Wuhu	1887.49	3484.18	3777.16	57	淄博	Zibo	4147.82	5302.24	5716.93	29
蚌埠	Bengbu	589.48	845.78	950.51	201	枣庄	Zaozhuang	1430.86	1772.49	1946.71	117
淮南	Huainan	1589.26	1920.83	2077.81	107	东营	Dongying	4069.77	6651.97	7748.73	18
马鞍山	Maanshan	1390.72	2015.94	2270.51	93	烟台	Yantai	5361.38	6545.36	7252.50	20
淮北	Huaibei	1296.62	1804.70	2076.94	108	潍坊	Weifang	4649.11	6181.31	7191.06	21
铜陵	Tongling	1038.74	1350.91	1504.79	149	济宁	Jining	3835.36	4869.06	6092.52	27
安庆	Anqing	761.33	1177.30	1436.65	155	泰安	Taian	2379.95	3356.02	3729.23	58
黄山	Huangshan	179.74	268.67	309.27	274	威海	Weihai	2595.09	3203.81	3605.28	59
滁州	Chuzhou	687.95	1156.68	1415.20	156	日照	Rizhao	1638.70	2073.26	2457.46	86
阜阳	Fuyang	502.28	718.61	833.92	212	莱芜	Laiwu	1273.51	992.52	1086.07	187
宿州	Suzhou	382.86	530.88	637.26	234	临沂	Linyi	2381.40	3400.50	3878.41	53
六安	Liuan	550.70	903.74	1022.01	193	德州	Dezhou	2289.13	3151.93	3535.26	61
亳州	Bozhou	242.16	396.44	503.06	252	聊城	Liaocheng	2454.12	3179.68	4196.14	46

11-8 规模以上工业企业资产总计 续表 2

Total Assets of Industrial Enterprises above Designated Size continued 2

单位：亿元 （100 million yuan）

地名	City	2010	2012	2013	2013 排名 Ranking	地名	City	2010	2012	2013	2013 排名 Ranking
滨州	Binzhou	2455.91	4182.30	4987.19	32	常德	Changde	963.70	1366.73	1494.78	151
菏泽	Heze	1173.46	2027.01	2428.37	88	张家界	Zhangjiajie	151.27	94.35	106.35	282
河南	**Henan**	**23467.42**	**35174.81**	**42021.92**		益阳	Yiyang	492.32	640.43	781.77	219
郑州	Zhengzhou	3898.77	7036.68	8528.60	14	郴州	Chenzhou	984.71	1208.31	1399.91	159
开封	Kaifeng	752.41	1200.54	1572.40	145	永州	Yongzhou	363.29	469.76	526.23	248
洛阳	Luoyang	3286.18	3750.39	4467.70	40	怀化	Huaihua	509.77	576.22	617.62	240
平顶山	Pingdingshan	1879.13	2059.88	2555.41	82	娄底	Loudi	926.00	1398.47	1098.35	186
安阳	Anyang	1297.36	1752.92	2161.43	100	**广东**	**Guangdong**	**62626.90**	**71343.84**	**77943.52**	
鹤壁	Hebi	531.79	719.85	975.86	196	广州	Guangzhou	11265.51	12156.23	13545.09	4
新乡	Xinxiang	1409.29	2140.51	2232.57	96	韶关	Shaoguan	844.34	1044.31	1203.00	173
焦作	Jiaozuo	1354.37	2086.17	2521.92	83	深圳	Shenzhen	18132.47	18458.35	20210.17	2
濮阳	Puyang	816.85	1230.58	1550.96	147	珠海	Zhuhai	2695.19	3532.79	4210.92	45
许昌	Xuchang	1284.71	2405.74	2991.96	71	汕头	Shantou	1276.81	1773.70	1880.38	119
漯河	Luohe	721.60	1005.03	1231.50	171	佛山	Foshan	7357.25	8814.87	10128.47	9
三门峡	Sanmenxia	1358.61	2092.68	2302.56	92	江门	Jiangmen	2243.15	2320.45	2620.56	78
南阳	Nanyang	1328.51	2133.82	2583.27	79	湛江	Zhanjiang	997.54	1469.32	1673.44	136
商丘	Shangqiu	865.00	1273.93	1553.50	146	茂名	Maoming	507.30	697.88	857.50	208
信阳	Xinyang	523.40	719.49	1162.44	178	肇庆	Zhaoqing	1024.95	1448.22	1624.67	142
周口	Zhoukou	711.01	1411.24	1810.30	126	惠州	Huizhou	2816.43	3530.70	3797.70	55
驻马店	Zhumadian	706.64	1145.07	2093.56	106	梅州	Meizhou	479.04	573.34	619.57	239
湖北	**Hubei**	**20894.32**	**26877.66**	**30131.82**		汕尾	Shanwei	311.01	598.62	458.86	261
武汉	Wuhan	7494.72	9539.98	10925.87	8	河源	Heyuan	535.07	648.20	761.18	223
黄石	Huangshi	1059.88	1571.88	1753.10	131	阳江	Yangjiang	449.66	632.96	806.34	216
十堰	Shiyan	2396.43	2695.04	2573.63	81	清远	Qingyuan	1151.34	1105.71	1229.15	172
宜昌	Yichang	3398.86	4264.82	4836.04	35	东莞	Dongguan	6001.71	7206.02	8103.32	17
襄阳	Xiangfan	1333.97	2020.08	2467.39	85	中山	ZhongShan	2779.32	3192.02	3359.73	64
鄂州	Ezhou	422.68	534.32	519.55	249	潮州	Chaozhou	487.57	576.64	629.81	238
荆门	Jingmen	622.23	919.19	1030.29	192	揭阳	Jieyang	897.20	1109.86	1406.45	157
孝感	Xiaogan	675.66	1000.55	1176.78	176	云浮	Yunfu	374.02	453.66	528.95	247
荆州	Jingzhou	639.35	855.52	1154.09	181	**广西**	**Guangxi**	**8667.45**	**11759.56**	**13063.37**	
黄冈	Huanggang	512.30	649.51	881.71	205	南宁	Nanning	971.23	1581.00	1794.40	127
咸宁	Xianning	342.25	574.19	769.38	222	柳州	Liuzhou	1890.20	2408.08	2806.10	74
随州	Suizhou	251.12	385.34	458.24	262	桂林	Guilin	695.66	982.05	1104.74	185
湖南	**Hunan**	**13038.95**	**17784.25**	**19031.64**		梧州	Wuzhou	409.71	626.11	744.29	226
长沙	Changsha	3493.59	4927.57	6016.56	28	北海	Beihai	291.86	480.00	540.79	246
株洲	Zhuzhou	1254.38	1614.69	1847.22	122	防城港	Fangchenggang	391.69	559.25	666.43	232
湘潭	Xiangtan	1149.99	1496.86	1667.21	137	钦州	Qinzhou	485.23	730.67	860.94	206
衡阳	Hengyang	761.53	1067.85	1241.63	170	贵港	Guigang	426.19	532.56	637.35	233
邵阳	Shaoyang	350.72	530.37	631.41	236	玉林	Yulin	469.06	659.28	730.86	228
岳阳	Yueyang	1224.93	1679.66	1775.31	129	百色	Baise	823.56	1000.12	1163.50	177

11-8 规模以上工业企业资产总计 续表 3
Total Assets of Industrial Enterprises above Designated Size continued 3

单位：亿元 （100 million yuan）

地名	City	2010	2012	2013	2013 排名 Ranking	地名	City	2010	2012	2013	2013 排名 Ranking
贺州	Hezhou	139.14	152.95	333.30	271	丽江	Lijiang	102.86	323.08	691.13	229
河池	Hechi	702.66	786.44	785.66	218	普洱	Puer	306.49	541.47	806.35	215
来宾	Laibin	433.75	532.22	556.39	244	临沧	Lincang	398.67	569.95	550.62	245
崇左	Chongzuo	291.00	384.00	450.65	263	**西藏**	**Tibet**	**315.21**	**506.86**	**548.63**	
海南	**Hainan**	**1621.38**	**2023.16**	**2328.02**		拉萨	Lhasa	240.99	380.10	446.40	265
海口	Haikou	451.70	653.52	684.90	230	**陕西**	**Shaanxi**	**14688.70**	**20591.16**	**22443.11**	
三亚	Sanya	57.06	81.12	105.60	283	西安	Xi'an	3459.92	4649.37	4977.61	33
重庆	**Chongqing**	**8099.01**	**11113.36**	**13135.92**		铜川	Tongchuan	334.65	450.35	466.27	260
四川	**Sichuan**	**22564.76**	**30362.89**	**34729.16**		宝鸡	Baoji	1310.49	1617.74	1612.28	143
成都	Chengdu	5531.83	10255.39	12606.49	6	咸阳	Xianyang	1214.22	1817.42	1843.90	123
自贡	Zigong	675.84	910.50	1067.68	189	渭南	Weinan	1466.22	1838.88	1961.93	116
攀枝花	Panzhihua	1773.22	2594.04	2099.09	105	延安	Yan'an	2180.00	2875.11	3074.33	69
泸州	Luzhou	589.12	917.75	1117.77	184	汉中	Hanzhong	522.15	809.99	803.04	217
德阳	Deyang	2222.87	2220.11	2356.22	89	榆林	Yulin	3058.12	3218.71	3333.55	66
绵阳	Mianyang	1335.78	1863.31	2163.59	99	安康	Ankang	207.02	304.87	331.84	272
广元	Guangyuan	263.17	366.28	496.47	253	商洛	Shangluo	210.07	345.86	357.23	268
遂宁	Suining	300.06	509.24	585.87	242	**甘肃**	**Gansu**	**6509.32**	**9146.01**	**10159.43**	
内江	Neijiang	570.38	830.92	974.72	197	兰州	Lanzhou	1857.15	2260.38	2502.93	84
乐山	Leshan	1277.76	1592.99	1706.68	132	嘉峪关	Jiayuguan	875.03	1330.27	1534.95	148
南充	Nanchong	815.41	1028.00	1159.52	180	金昌	Jinchang	788.17	1282.64	1658.66	139
眉山	Meishan	504.43	685.34	818.45	213	白银	Baiyin	567.14	873.40	900.47	204
宜宾	Yibin	1253.48	1828.50	2759.05	76	天水	Tianshui	224.94	252.90	307.43	275
广安	Guangan	299.75	451.61	512.28	251	武威	Wuwei	162.56	246.24	333.70	270
达州	Dazhou	765.39	853.28	960.79	200	张掖	Zhangye	190.50	238.31	296.16	276
雅安	Yaan	771.62	881.52	948.93	202	平凉	Pingliang	323.64	377.40	392.85	267
巴中	Bazhong	63.78	94.95	120.81	281	酒泉	Jiuquan	728.35	1117.79	1136.71	182
资阳	Ziyang	466.08	704.17	817.91	214	庆阳	Qingyang	403.98	614.98	681.61	231
贵州	**Guizhou**	**5960.13**	**8302.29**	**9703.64**		定西	Dingxi	93.47	131.23	178.11	280
贵阳	Guiyang	2335.38	2863.18	3210.90	67	陇南	Longnan	143.70	224.78	272.44	277
六盘水	Liupanshui	1023.23	1392.42	1842.49	124	**青海**	**Qinghai**	**3053.61**	**4041.92**	**4597.68**	
遵义	Zunyi	864.30	1355.58	1789.91	128	西宁	Xining	1770.79	2002.19	2321.98	91
安顺	Anshun	316.61	393.05	476.84	256	**宁夏**	**Ningxia**	**3293.16**	**4860.19**	**5588.03**	
毕节	Bijie	483.49	712.99	845.50	211	银川	Yinchuan	1266.53	2533.77	2327.16	90
铜仁	Tongren	115.77	159.89	322.26	273	石嘴山	Shizuishan	551.41	682.67	754.79	224
云南	**Yunnan**	**9611.09**	**13076.97**	**15344.41**		吴忠	Wuzhong	466.36	669.86	752.09	225
昆明	Kunming	2834.64	3582.86	3830.88	54	固原	Guyuan	33.61	52.66	61.36	284
曲靖	Qujing	1415.36	1953.85	2146.12	101	中卫	Zhongwei	338.16	587.57	773.99	220
玉溪	Yuxi	949.96	1225.04	1335.60	161	**新疆**	**Xinjiang**	**7911.97**	**11669.17**	**14328.01**	
保山	Baoshan	238.29	431.64	447.06	264	乌鲁木齐	Urumqi	2245.68	3241.83	3600.51	60
昭通	Zhaotong	400.00	702.24	1493.95	152	克拉玛依	Karamay	1571.22	1817.19	2061.75	110

11-9 规模以上工业企业负债总计
Total Liabilities of Industrial Enterprises above Designated Size

单位：亿元 （100 million yuan）

地名	City	2010	2012	2013	2013 排名 Ranking
全国	**Nation Total**	**340396.4**	**445371.8**	**491708.3**	
北京	**Beijing**	**11548.07**	**14837.22**	**16363.61**	
天津	**Tianjin**	**8825.23**	**12686.19**	**14095.77**	
河北	**Hebei**	**15136.72**	**19939.47**	**21164.61**	
石家庄	Shijiazhuang	1496.73	2107.47	2282.95	52
唐山	Tangshan	4707.05	6010.21	6479.23	9
秦皇岛	Qinhuangdao	886.51	1140.91	1189.74	113
邯郸	Handan	2092.96	2531.22	2516.10	44
邢台	Xingtai	758.11	1012.66	1068.79	122
保定	Baoding	1450.07	1838.48	1970.96	64
张家口	Zhangjiakou	855.01	1179.89	1328.11	97
承德	Chengde	880.96	1209.57	1375.77	93
沧州	Cangzhou	840.64	1227.07	1261.80	109
廊坊	Langfang	861.57	1206.45	1137.17	118
衡水	Hengshui	307.09	475.54	554.00	195
山西	**Shanxi**	**12142.27**	**17639.40**	**20011.00**	
太原	Taiyuan	1955.69	2639.66	2934.31	33
大同	Datong	1047.90	1126.17	1664.24	75
阳泉	Yangquan	605.64	771.10	840.48	142
长治	Changzhi	1537.88	2036.88	2104.17	60
晋城	Jincheng	934.67	1585.23	1764.35	67
朔州	Shuozhou	569.59	1213.59	1432.13	91
晋中	Jinzhong	1098.00	1677.69	1973.75	63
运城	Yuncheng	965.52	1201.69	1441.76	89
忻州	Xinzhou	507.62	727.33	925.37	135
临汾	Linfen	991.59	1556.42	1760.84	68
吕梁	Luliang	1542.08	2664.01	3086.00	32
内蒙古	**Inner Mongolia**	**8090.91**	**13323.58**	**13893.68**	
呼和浩特	Hohhot	896.36	1210.61	1342.30	95
包头	Baotou	1775.28	2519.16	2721.89	40
乌海	Wuhai	498.36	821.19	966.78	133
赤峰	Chifeng	528.70	683.38	833.48	147
通辽	Tongliao	537.08	544.02	622.83	183
鄂尔多斯	Erdos	1928.59	3188.06	3588.32	26
呼伦贝尔	Hulunbuir	571.07	871.06	1052.53	125
巴彦淖尔	Bayannur	434.42	612.84	716.44	166
乌兰察布	Ulanqab	517.00	712.61	816.04	149
辽宁	**Liaoning**	**16232.06**	**20147.42**	**22219.96**	
沈阳	Shenyang	3247.23	4001.84	4373.31	18
大连	Dalian	4685.99	5314.86	6237.59	10
鞍山	Anshan	1335.22	1827.07	2032.21	61
抚顺	Fushun	531.68	735.08	838.21	144
本溪	Benxi	1227.99	1149.61	1264.71	108
丹东	Dandong	308.76	443.06	444.50	220
锦州	Jinzhou	390.35	488.09	521.81	202
营口	Yingkou	783.67	1035.29	1244.73	111
阜新	Fuxin	359.49	505.83	531.20	199
辽阳	Liaoyang	547.11	784.53	907.23	139
盘锦	Panjin	881.47	1158.28	1295.24	104
铁岭	Tieling	461.28	755.76	741.86	159
朝阳	Chaoyang	375.07	620.39	722.40	164
葫芦岛	Huludao	713.98	782.88	675.59	174
吉林	**Jilin**	**5474.03**	**7499.40**	**8354.55**	
长春	Changchun	2483.70	3342.11	3945.46	21
吉林	Jilin	925.83	1385.26	1484.65	86
四平	Siping	319.53	351.18	385.47	231
辽源	Liaoyuan	228.63	343.48	367.67	233
通化	Tonghua	405.31	480.06	507.63	208
白山	Baishan	213.63	319.73	350.46	235
松原	Songyuan	496.38	655.46	837.49	145
白城	Baicheng	164.65	218.34	218.63	266
黑龙江	**Heilongjiang**	**5776.59**	**7585.08**	**8033.28**	
哈尔滨	Harbin	1728.49	2111.91	2328.04	48
齐齐哈尔	Qiqihar	497.72	725.45	747.52	158
鸡西	Jixi	286.44	363.51	368.41	232
鹤岗	Hegang	185.13	249.07	263.41	260
双鸭山	Shuangyashan	266.52	302.77	332.32	240
大庆	Daqing	1120.84	1447.21	1637.17	77
伊春	Yichun	156.05	200.67	177.65	273
佳木斯	Jiamusi	197.97	259.65	285.76	255
七台河	Qitaihe	303.17	337.71	347.00	237
牡丹江	Mudanjiang	252.60	322.10	891.55	140
黑河	Heihe	67.90	119.36	121.85	278
绥化	Suihua	156.51	231.05	297.56	249
上海	**Shanghai**	**14500.46**	**15772.54**	**16885.77**	
江苏	**Jiangsu**	**37878.51**	**48417.22**	**52286.71**	

11-9 规模以上工业企业负债总计 续表 1

Total Liabilities of Industrial Enterprises above Designated Size continued 1

单位：亿元 （100 million yuan）

地名	City	2010	2012	2013	2013 排名 Ranking	地名	City	2010	2012	2013	2013 排名 Ranking
南京	Nanjing	4027.15	4958.85	5488.23	12	池州	Chizhou	147.21	220.33	267.60	258
无锡	Wuxi	6357.83	7817.20	8181.48	3	宣城	Xuancheng	354.56	475.50	540.62	197
徐州	Xuzhou	1578.52	2598.36	2832.46	37	**福建**	**Fujian**	**8469.33**	**11417.84**	**13489.28**	
常州	Changzhou	3149.52	4120.79	4455.50	17	福州	Fuzhou	1730.79	2285.77	2654.53	41
苏州	Suzhou	11143.67	13474.80	14029.78	1	厦门	Xiamen	1625.44	2129.81	2315.60	49
南通	Nantong	2486.32	3469.89	3761.97	24	莆田	Putian	412.30	579.08	668.59	176
连云港	Lianyungang	911.75	1110.17	1284.58	107	三明	Sanming	482.66	696.13	734.83	161
淮安	Huaian	680.06	850.99	982.64	130	泉州	Quanzhou	1902.82	2810.48	3296.30	29
盐城	Yancheng	1175.63	1740.86	1923.15	65	漳州	Zhangzhou	739.13	1059.44	1499.95	83
扬州	Yangzhou	1534.20	1933.85	2129.92	59	南平	Nanping	295.18	404.84	461.77	215
镇江	Zhenjiang	1808.72	2479.41	2830.97	38	龙岩	Longyan	477.76	806.10	811.39	151
泰州	Taizhou	1788.97	2126.82	2243.01	55	宁德	Ningde	409.26	646.19	1141.26	117
宿迁	Suqian	344.48	692.41	853.09	141	**江西**	**Jiangxi**	**4700.44**	**6653.96**	**7402.14**	
浙江	**Zhejiang**	**28681.36**	**33516.05**	**35787.46**		南昌	Nanchang	1116.08	1464.46	1669.09	73
杭州	Hangzhou	5797.97	7013.95	7366.60	4	景德镇	Jingdezhen	284.71	513.99	610.44	186
宁波	Ningbo	5813.21	6601.71	7036.33	7	萍乡	Pingxiang	175.77	190.27	234.28	264
温州	Wenzhou	2698.77	2662.66	2637.92	42	九江	Jiujiang	606.37	689.03	911.56	137
嘉兴	Jiaxing	3035.23	3736.03	4093.07	20	新余	Xinyu	664.83	787.37	839.36	143
湖州	Huzhou	1207.49	1488.08	1693.95	72	鹰潭	Yingtan	366.80	731.75	806.68	152
绍兴	Shaoxing	3816.83	4454.88	4881.29	14	赣州	Ganzhou	373.57	635.36	658.47	178
金华	Jinhua	2191.41	2438.99	2767.52	39	吉安	Jian	189.71	228.60	280.94	256
衢州	Quzhou	582.51	782.48	908.81	138	宜春	Yichun	391.35	552.98	660.69	177
舟山	Zhoushan	913.54	1099.75	1250.63	110	抚州	Fuzhou	126.94	187.71	248.21	263
台州	Taizhou	2011.67	2180.98	2354.62	47	上饶	Shangrao	404.30	421.70	482.41	213
丽水	Lishui	592.90	708.50	712.35	167	**山东**	**Shandong**	**28969.89**	**39241.58**	**44011.52**	
安徽	**Anhui**	**9565.86**	**13612.01**	**14957.10**		济南	Jinan	2392.65	2736.33	2874.11	36
合肥	Hefei	1993.17	2979.18	3328.65	28	青岛	Qingdao	3552.54	4595.04	5144.73	13
芜湖	Wuhu	1165.07	2038.89	2256.60	53	淄博	Zibo	2214.15	2863.72	3102.74	31
蚌埠	Bengbu	309.69	480.11	524.55	201	枣庄	Zaozhuang	745.03	972.41	1043.24	126
淮南	Huainan	1091.81	1332.26	1462.57	88	东营	Dongying	1548.00	3265.64	3868.56	22
马鞍山	Maanshan	781.23	1218.62	1302.86	103	烟台	Yantai	2625.18	3244.62	3730.60	25
淮北	Huaibei	806.07	1110.25	1308.06	100	潍坊	Weifang	2648.57	3601.45	4250.05	19
铜陵	Tongling	733.62	942.12	1041.09	127	济宁	Jining	2204.58	2885.95	3849.99	23
安庆	Anqing	358.98	598.16	695.20	169	泰安	Taian	1446.89	1986.88	2246.18	54
黄山	Huangshan	99.10	143.00	163.23	275	威海	Weihai	1360.63	1494.14	1703.32	70
滁州	Chuzhou	366.96	643.78	790.33	155	日照	Rizhao	982.74	1404.38	1740.13	69
阜阳	Fuyang	306.40	391.20	464.22	214	莱芜	Laiwu	855.30	651.02	708.08	168
宿州	Suzhou	233.18	286.25	344.52	238	临沂	Linyi	1273.39	1787.59	2129.95	58
六安	Liuan	310.00	522.40	580.85	192	德州	Dezhou	1000.83	1253.48	1376.64	92
亳州	Bozhou	142.20	229.94	295.87	250	聊城	Liaocheng	1186.76	1579.12	2358.31	46

11-9 规模以上工业企业负债总计 续表 2

Total Liabilities of Industrial Enterprises above Designated Size continued 2

单位：亿元 (100 million yuan)

地名	City	2010	2012	2013	2013 排名 Ranking	地名	City	2010	2012	2013	2013 排名 Ranking
滨州	Binzhou	1462.76	2619.43	3286.79	30	常德	Changde	476.92	683.11	726.04	163
菏泽	Heze	566.59	1032.55	1285.01	106	张家界	Zhangjiajie	84.26	55.02	65.15	283
河南	**Henan**	**12960.96**	**18087.58**	**20506.42**		益阳	Yiyang	320.78	371.42	440.92	222
郑州	Zhengzhou	2134.90	3915.42	4597.17	16	郴州	Chenzhou	405.38	529.34	638.70	180
开封	Kaifeng	282.66	423.76	488.73	211	永州	Yongzhou	182.03	223.91	252.77	262
洛阳	Luoyang	1909.51	2127.57	2483.50	45	怀化	Huaihua	331.65	382.23	397.17	226
平顶山	Pingdingshan	1117.81	1226.96	1492.86	84	娄底	Loudi	670.95	676.17	694.73	170
安阳	Anyang	822.74	1122.01	1345.54	94	**广东**	**Guangdong**	**35073.74**	**41508.50**	**44656.62**	
鹤壁	Hebi	380.20	481.82	531.18	200	广州	Guangzhou	6332.04	6445.46	7353.92	5
新乡	Xinxiang	738.76	1114.42	1227.69	112	韶关	Shaoguan	562.01	685.72	777.27	156
焦作	Jiaozuo	764.73	974.80	1062.57	124	深圳	Shenzhen	9439.26	11380.03	12450.87	2
濮阳	Puyang	391.76	518.66	539.67	198	珠海	Zhuhai	1648.11	2144.37	2630.27	43
许昌	Xuchang	592.46	903.53	1100.82	121	汕头	Shantou	460.86	744.97	735.33	160
漯河	Luohe	331.55	347.49	386.67	230	佛山	Foshan	4480.16	5354.35	5700.42	11
三门峡	Sanmenxia	842.83	1221.45	1316.27	99	江门	Jiangmen	1214.28	1382.25	1531.46	82
南阳	Nanyang	768.86	1128.11	1307.32	101	湛江	Zhanjiang	663.98	1151.62	1340.94	96
商丘	Shangqiu	508.85	678.50	795.59	154	茂名	Maoming	249.27	344.27	447.61	219
信阳	Xinyang	277.33	321.26	504.46	209	肇庆	Zhaoqing	499.30	691.13	814.39	150
周口	Zhoukou	315.96	494.49	592.97	191	惠州	Huizhou	1771.83	2153.47	2238.39	56
驻马店	Zhumadian	354.34	486.69	614.30	184	梅州	Meizhou	251.80	293.85	329.56	241
湖北	**Hubei**	**12259.18**	**15759.18**	**16968.39**		汕尾	Shanwei	162.86	279.93	218.54	267
武汉	Wuhan	4716.24	6062.78	7024.06	8	河源	Heyuan	290.59	362.44	435.85	223
黄石	Huangshi	683.30	1006.26	1126.02	119	阳江	Yangjiang	293.66	393.59	519.77	203
十堰	Shiyan	1314.92	1508.33	1173.46	114	清远	Qingyuan	713.70	602.66	726.07	162
宜昌	Yichang	2094.02	2586.81	2915.01	35	东莞	Dongguan	3525.30	4189.56	4823.75	15
襄阳	Xiangfan	790.78	1113.26	1319.01	98	中山	ZhongShan	1630.56	1866.89	2024.41	62
鄂州	Ezhou	264.19	316.34	313.29	244	潮州	Chaozhou	260.59	262.55	280.92	257
荆门	Jingmen	321.76	483.32	515.68	204	揭阳	Jieyang	413.72	527.49	612.10	185
孝感	Xiaogan	319.31	500.98	604.00	187	云浮	Yunfu	209.87	251.90	291.24	253
荆州	Jingzhou	367.47	450.07	600.58	188	**广西**	**Guangxi**	**5413.29**	**7345.60**	**8215.16**	
黄冈	Huanggang	249.54	352.26	461.11	216	南宁	Nanning	536.52	931.60	1017.95	128
咸宁	Xianning	161.89	291.93	348.79	236	柳州	Liuzhou	1166.78	1570.17	1901.39	66
随州	Suizhou	128.66	176.70	213.95	268	桂林	Guilin	410.43	573.61	628.94	182
湖南	**Hunan**	**7504.26**	**9821.07**	**10284.76**		梧州	Wuzhou	223.03	358.22	396.13	228
长沙	Changsha	1848.35	2791.69	3455.14	27	北海	Beihai	196.32	266.64	291.24	253
株洲	Zhuzhou	733.44	850.96	990.73	129	防城港	Fangchenggang	264.59	378.40	458.06	217
湘潭	Xiangtan	779.90	1023.19	1068.33	123	钦州	Qinzhou	304.42	422.45	512.19	206
衡阳	Hengyang	500.49	613.59	717.32	165	贵港	Guigang	235.92	280.84	365.60	234
邵阳	Shaoyang	163.14	239.44	292.04	252	玉林	Yulin	273.99	391.20	418.33	225
岳阳	Yueyang	716.93	838.18	835.14	146	百色	Baise	574.65	718.92	825.48	148

11-9 规模以上工业企业负债总计 续表 3

Total Liabilities of Industrial Enterprises above Designated Size continued 3

单位：亿元 （100 million yuan）

地名	City	2010	2012	2013	2013 排名 Ranking	地名	City	2010	2012	2013	2013 排名 Ranking
贺州	Hezhou	73.80	133.54	195.32	270	丽江	Lijiang	65.91	239.79	441.21	221
河池	Hechi	534.81	611.39	640.90	179	普洱	Puer	234.27	423.92	600.52	189
来宾	Laibin	331.27	405.83	431.82	224	临沧	Lincang	283.72	416.08	394.76	229
崇左	Chongzuo	175.92	227.09	299.38	248	**西藏**	**Tibet**	**58.38**	**163.38**	**186.68**	
海南	**Hainan**	**861.92**	**1042.32**	**1243.36**		拉萨	Lhasa	42.36	118.93	85.04	280
海口	Haikou	209.50	312.76	308.54	246	**陕西**	**Shaanxi**	**8348.75**	**11719.05**	**12581.24**	
三亚	Sanya	37.53	50.62	66.46	281	西安	Xi'an	1989.79	2764.13	2930.86	34
重庆	**Chongqing**	**4879.66**	**7003.22**	**8315.09**		铜川	Tongchuan	216.45	289.66	311.95	245
四川	**Sichuan**	**13889.83**	**18721.46**	**21804.19**		宝鸡	Baoji	754.54	970.98	952.56	134
成都	Chengdu	3163.54	6088.08	7175.22	6	咸阳	Xianyang	679.21	996.88	975.67	131
自贡	Zigong	448.94	575.23	688.37	171	渭南	Weinan	905.67	1195.26	1303.96	102
攀枝花	Panzhihua	1339.52	2057.29	1463.30	87	延安	Yan'an	1250.53	1627.55	1581.92	80
泸州	Luzhou	314.71	533.19	671.67	175	汉中	Hanzhong	354.16	570.16	548.53	196
德阳	Deyang	1571.45	1529.29	1608.06	78	榆林	Yulin	1562.92	1487.21	1664.30	74
绵阳	Mianyang	885.04	1173.28	1434.48	90	安康	Ankang	133.56	169.52	144.79	277
广元	Guangyuan	163.11	215.66	342.09	239	商洛	Shangluo	131.47	244.43	254.35	261
遂宁	Suining	97.57	194.05	212.03	269	**甘肃**	**Gansu**	**4065.50**	**5701.95**	**6537.52**	
内江	Neijiang	294.10	403.83	483.85	212	兰州	Lanzhou	1186.60	1448.56	1663.11	76
乐山	Leshan	800.51	1057.36	1145.75	116	嘉峪关	Jiayuguan	536.30	901.39	971.01	132
南充	Nanchong	407.07	461.28	511.11	207	金昌	Jinchang	476.27	747.83	1110.45	120
眉山	Meishan	313.82	396.49	448.05	218	白银	Baiyin	355.56	560.76	579.51	193
宜宾	Yibin	652.22	975.74	1700.51	71	天水	Tianshui	132.81	154.16	180.12	272
广安	Guangan	186.54	271.45	295.87	250	武威	Wuwei	100.57	134.88	218.92	265
达州	Dazhou	621.59	602.85	679.75	172	张掖	Zhangye	124.23	147.85	184.12	271
雅安	Yaan	539.61	616.54	678.83	173	平凉	Pingliang	230.31	260.05	266.27	259
巴中	Bazhong	40.28	51.08	65.50	282	酒泉	Jiuquan	477.96	707.43	758.80	157
资阳	Ziyang	228.97	332.51	396.81	227	庆阳	Qingyang	201.16	296.16	323.27	243
贵州	**Guizhou**	**3865.34**	**5388.12**	**6155.22**		定西	Dingxi	62.45	84.81	113.24	279
贵阳	Guiyang	1649.92	2021.81	2286.50	51	陇南	Longnan	77.10	128.58	164.32	274
六盘水	Liupanshui	653.08	894.48	1286.93	105	**青海**	**Qinghai**	**1946.26**	**2656.60**	**3045.69**	
遵义	Zunyi	387.00	593.21	796.58	153	西宁	Xining	1224.34	1397.32	1593.83	79
安顺	Anshun	204.61	260.02	324.51	242	**宁夏**	**Ningxia**	**2010.12**	**3236.63**	**3717.57**	
毕节	Bijie	356.33	530.46	633.11	181	银川	Yinchuan	692.66	1646.60	1533.54	81
铜仁	Tongren	78.29	104.32	162.77	276	石嘴山	Shizuishan	346.37	452.74	500.34	210
云南	**Yunnan**	**5735.24**	**8255.51**	**9918.34**		吴忠	Wuzhong	323.12	466.09	514.88	205
昆明	Kunming	1676.88	2143.38	2298.25	50	固原	Guyuan	19.98	30.80	34.27	284
曲靖	Qujing	890.06	1341.61	1487.85	85	中卫	Zhongwei	220.80	440.07	574.34	194
玉溪	Yuxi	347.60	536.38	594.10	190	**新疆**	**Xinjiang**	**3958.66**	**6672.60**	**8615.65**	
保山	Baoshan	157.51	298.91	308.25	247	乌鲁木齐	Urumqi	999.33	1807.93	2134.84	57
昭通	Zhaotong	230.65	450.53	1166.34	115	克拉玛依	Karamay	620.62	743.99	920.46	136

11-10 规模以上工业企业所有者权益
Owners' Equity of Industrial Enterprises above Designated Size

单位：亿元 （100 million yuan）

地名	City	2010	2012	2013	2013 排名 Ranking
全国	**Nation Total**	**251160.4**	**320614.1**	**358917.5**	
北京	**Beijing**	**11202.50**	**13774.66**	**15034.67**	
天津	**Tianjin**	**5759.08**	**7271.83**	**7963.64**	
河北	**Hebei**	**9687.76**	**13508.91**	**14875.56**	
石家庄	Shijiazhuang	1259.48	1890.82	2308.33	31
唐山	Tangshan	2531.47	3146.65	3296.99	17
秦皇岛	Qinhuangdao	384.90	481.37	505.22	167
邯郸	Handan	1346.72	1676.12	1915.46	40
邢台	Xingtai	667.77	847.43	916.81	100
保定	Baoding	935.23	1277.56	1382.99	67
张家口	Zhangjiakou	481.36	481.28	500.87	169
承德	Chengde	357.66	540.54	645.20	137
沧州	Cangzhou	881.43	1889.75	1902.43	44
廊坊	Langfang	560.45	851.98	988.07	90
衡水	Hengshui	281.29	425.42	513.18	163
山西	**Shanxi**	**6330.97**	**7643.12**	**8047.27**	
太原	Taiyuan	1039.36	1176.17	1217.93	70
大同	Datong	500.92	515.44	536.00	159
阳泉	Yangquan	427.63	444.11	437.68	183
长治	Changzhi	658.86	844.22	870.31	103
晋城	Jincheng	698.13	1011.93	1040.12	87
朔州	Shuozhou	473.98	659.97	731.93	123
晋中	Jinzhong	409.49	453.83	468.30	175
运城	Yuncheng	488.99	531.27	576.58	149
忻州	Xinzhou	284.10	472.11	438.86	182
临汾	Linfen	477.99	490.84	509.08	164
吕梁	Luliang	763.70	925.27	928.91	98
内蒙古	**Inner Mongolia**	**5982.08**	**8370.91**	**9248.03**	
呼和浩特	Hohhot	408.13	597.16	721.29	129
包头	Baotou	1087.19	1108.67	1407.95	65
乌海	Wuhai	208.68	304.23	311.05	220
赤峰	Chifeng	465.70	543.05	563.13	152
通辽	Tongliao	413.25	673.64	802.36	112
鄂尔多斯	Erdos	1994.63	3088.02	3077.07	21
呼伦贝尔	Hulunbuir	324.18	574.79	698.57	132
巴彦淖尔	Bayannur	349.55	304.94	343.09	208
乌兰察布	Ulanqab	188.84	252.61	341.73	210
辽宁	**Liaoning**	**12082.43**	**14448.05**	**15769.33**	
沈阳	Shenyang	2790.04	3383.12	3724.85	13
大连	Dalian	2609.91	3306.34	3534.64	15
鞍山	Anshan	1501.82	1511.22	1736.37	50
抚顺	Fushun	467.94	589.49	607.89	143
本溪	Benxi	490.42	513.16	604.34	144
丹东	Dandong	251.30	257.53	316.05	219
锦州	Jinzhou	361.73	511.66	591.79	146
营口	Yingkou	697.02	770.02	861.17	105
阜新	Fuxin	198.45	285.99	316.51	218
辽阳	Liaoyang	551.77	717.29	726.63	125
盘锦	Panjin	693.53	669.43	841.31	108
铁岭	Tieling	650.99	1115.95	1217.42	71
朝阳	Chaoyang	285.28	323.82	356.26	205
葫芦岛	Huludao	223.07	188.50	307.67	221
吉林	**Jilin**	**4678.85**	**6326.40**	**6903.35**	
长春	Changchun	1927.19	2657.94	2714.66	26
吉林	Jilin	797.45	1049.47	1078.60	83
四平	Siping	309.79	334.97	455.45	179
辽源	Liaoyuan	148.62	164.46	261.78	232
通化	Tonghua	317.57	426.25	504.66	168
白山	Baishan	175.47	205.31	210.88	243
松原	Songyuan	602.42	911.49	1126.18	79
白城	Baicheng	35.54	173.62	188.26	253
黑龙江	**Heilongjiang**	**4668.40**	**5624.77**	**6025.89**	
哈尔滨	Harbin	914.05	1135.85	1207.19	73
齐齐哈尔	Qiqihar	394.32	480.44	506.80	166
鸡西	Jixi	65.32	116.05	117.56	272
鹤岗	Hegang	25.58	79.61	81.87	277
双鸭山	Shuangyashan	96.40	181.42	185.67	256
大庆	Daqing	2338.93	2508.02	2613.19	27
伊春	Yichun	61.62	38.74	54.25	281
佳木斯	Jiamusi	117.50	169.25	187.58	254
七台河	Qitaihe	124.82	138.44	131.05	268
牡丹江	Mudanjiang	159.81	225.12	381.94	197
黑河	Heihe	46.38	54.33	63.25	279
绥化	Suihua	113.88	235.84	304.40	222
上海	**Shanghai**	**19055.42**	**15350.79**	**16652.49**	
江苏	**Jiangsu**	**28255.55**	**36064.93**	**39794.98**	

11-10 规模以上工业企业所有者权益 续表 1

Owners' Equity of Industrial Enterprises above Designated Size continued 1

单位：亿元 （100 million yuan）

地名	City	2010	2012	2013	2013 排名 Ranking
南京	Nanjing	2933.62	3580.83	3935.44	9
无锡	Wuxi	4559.65	5464.31	5798.16	4
徐州	Xuzhou	1460.32	2192.78	2505.81	30
常州	Changzhou	2109.60	2633.59	2918.60	23
苏州	Suzhou	8207.47	9856.69	10666.93	1
南通	Nantong	1939.45	2778.10	2970.47	22
连云港	Lianyungang	672.68	817.56	980.60	92
淮安	Huaian	543.72	785.00	934.68	96
盐城	Yancheng	998.57	1354.01	1566.90	56
扬州	Yangzhou	1391.42	1705.85	1907.36	43
镇江	Zhenjiang	1438.41	1867.12	2056.44	35
泰州	Taizhou	1142.40	1720.17	1908.27	41
宿迁	Suqian	363.14	834.71	1021.13	89
浙江	**Zhejiang**	**18601.43**	**22076.81**	**23845.65**	
杭州	Hangzhou	4139.45	4950.89	5300.16	5
宁波	Ningbo	3613.50	4025.59	4396.72	7
温州	Wenzhou	1747.47	1819.16	1886.99	46
嘉兴	Jiaxing	2029.87	2552.76	2840.61	25
湖州	Huzhou	852.39	1036.71	1182.08	75
绍兴	Shaoxing	2511.73	2995.89	3288.95	18
金华	Jinhua	1191.59	1388.31	1592.11	54
衢州	Quzhou	385.66	520.87	591.51	147
舟山	Zhoushan	318.74	431.35	452.79	180
台州	Taizhou	1247.56	1401.87	1523.37	59
丽水	Lishui	364.21	459.22	539.56	158
安徽	**Anhui**	**6308.09**	**9061.31**	**10210.97**	
合肥	Hefei	1267.12	1987.68	2286.87	32
芜湖	Wuhu	709.90	1432.41	1512.93	60
蚌埠	Bengbu	278.34	361.86	418.85	188
淮南	Huainan	497.23	587.89	614.08	140
马鞍山	Maanshan	606.94	793.36	963.20	94
淮北	Huaibei	489.26	681.80	764.53	118
铜陵	Tongling	304.06	407.91	464.61	176
安庆	Anqing	396.99	565.31	726.65	124
黄山	Huangshan	80.62	125.03	145.22	264
滁州	Chuzhou	315.72	505.80	611.53	141
阜阳	Fuyang	194.92	323.64	367.63	201
宿州	Suzhou	148.45	240.66	301.87	223
六安	Liuan	233.49	374.89	430.30	187
亳州	Bozhou	98.45	163.41	202.19	249

地名	City	2010	2012	2013	2013 排名 Ranking
池州	Chizhou	94.64	167.20	203.24	248
宣城	Xuancheng	250.21	342.47	414.78	190
福建	**Fujian**	**7567.00**	**9844.02**	**11181.78**	
福州	Fuzhou	1385.84	1746.22	2002.50	37
厦门	Xiamen	1427.81	1830.94	2000.34	38
莆田	Putian	329.61	452.58	500.21	170
三明	Sanming	358.94	513.91	533.84	160
泉州	Quanzhou	2110.72	2874.89	3236.13	20
漳州	Zhangzhou	629.85	882.45	1108.66	80
南平	Nanping	310.94	410.30	435.84	186
龙岩	Longyan	624.47	780.34	853.99	107
宁德	Ningde	222.98	352.38	546.68	154
江西	**Jiangxi**	**3724.43**	**5193.22**	**6237.98**	
南昌	Nanchang	755.94	1173.18	1345.63	68
景德镇	Jingdezhen	200.66	214.07	248.13	235
萍乡	Pingxiang	220.75	309.98	398.21	196
九江	Jiujiang	344.14	540.11	717.27	130
新余	Xinyu	376.83	402.64	458.54	178
鹰潭	Yingtan	474.47	655.43	782.59	116
赣州	Ganzhou	283.91	438.78	589.40	148
吉安	Jian	330.87	361.64	461.87	177
宜春	Yichun	288.88	444.25	528.44	161
抚州	Fuzhou	141.06	154.35	226.25	242
上饶	Shangrao	306.93	376.47	481.64	173
山东	**Shandong**	**24791.38**	**31500.46**	**34869.54**	
济南	Jinan	1439.17	1614.69	1801.04	48
青岛	Qingdao	2938.99	3230.60	3535.56	14
淄博	Zibo	1933.67	2438.52	2587.15	28
枣庄	Zaozhuang	685.83	800.07	894.84	102
东营	Dongying	2521.77	3386.33	3803.05	12
烟台	Yantai	2736.20	3300.73	3477.91	16
潍坊	Weifang	2000.54	2579.85	2892.86	24
济宁	Jining	1630.77	1983.11	2227.73	33
泰安	Taian	933.06	1369.14	1467.46	62
威海	Weihai	1234.46	1709.67	1890.71	45
日照	Rizhao	655.96	668.88	711.47	131
莱芜	Laiwu	418.21	341.50	368.75	200
临沂	Linyi	1108.02	1612.91	1698.83	51
德州	Dezhou	1288.30	1898.45	2077.54	34
聊城	Liaocheng	1267.36	1600.56	1799.34	49

11-10 规模以上工业企业所有者权益 续表 2
Owners' Equity of Industrial Enterprises above Designated Size continued 2

单位：亿元 （100 million yuan）

地名	City	2010	2012	2013	2013 排名 Ranking	地名	City	2010	2012	2013	2013 排名 Ranking
滨州	Binzhou	993.15	1562.87	1684.11	52	常德	Changde	486.78	683.55	766.47	117
菏泽	Heze	606.88	994.46	1128.04	78	张家界	Zhangjiajie	67.01	39.33	40.19	282
河南	**Henan**	**10506.46**	**16854.27**	**21515.50**		益阳	Yiyang	171.54	268.95	338.95	211
郑州	Zhengzhou	1763.87	3097.93	3866.60	11	郴州	Chenzhou	579.33	678.86	756.99	120
开封	Kaifeng	469.75	765.27	1077.63	84	永州	Yongzhou	181.27	245.85	268.53	230
洛阳	Luoyang	1376.67	1588.09	1962.11	39	怀化	Huaihua	178.13	193.99	200.38	250
平顶山	Pingdingshan	761.32	823.62	1059.92	85	娄底	Loudi	254.95	722.25	399.26	195
安阳	Anyang	474.62	628.04	804.90	111	**广东**	**Guangdong**	**27461.84**	**29610.21**	**33286.90**	
鹤壁	Hebi	151.59	234.44	437.52	185	广州	Guangzhou	4933.46	5696.68	6164.70	3
新乡	Xinxiang	670.53	1016.94	1028.43	88	韶关	Shaoguan	282.13	357.28	418.83	189
焦作	Jiaozuo	589.64	1091.06	144.19	265	深圳	Shenzhen	8686.97	7052.90	7700.08	2
濮阳	Puyang	425.09	727.56	940.51	95	珠海	Zhuhai	1045.96	1385.72	1576.00	55
许昌	Xuchang	692.25	1491.13	1867.61	47	汕头	Shantou	803.01	1025.21	1140.02	76
漯河	Luohe	390.05	631.67	824.57	110	佛山	Foshan	2864.65	3345.60	4373.04	8
三门峡	Sanmenxia	515.78	864.92	974.60	93	江门	Jiangmen	1013.99	933.89	1081.12	82
南阳	Nanyang	559.65	972.57	1217.41	72	湛江	Zhanjiang	331.94	310.73	325.78	216
商丘	Shangqiu	356.15	589.39	749.95	121	茂名	Maoming	252.02	347.73	406.46	193
信阳	Xinyang	246.07	388.14	652.86	136	肇庆	Zhaoqing	516.43	748.62	792.59	113
周口	Zhoukou	395.05	907.29	1188.36	74	惠州	Huizhou	1041.35	1375.36	1553.51	57
驻马店	Zhumadian	352.30	639.52	1452.10	64	梅州	Meizhou	226.12	277.01	288.30	226
湖北	**Hubei**	**8577.11**	**11039.62**	**13163.43**		汕尾	Shanwei	146.89	318.15	239.75	238
武汉	Wuhan	2773.20	3464.41	3887.77	10	河源	Heyuan	242.63	282.65	320.99	217
黄石	Huangshi	376.58	564.53	623.79	139	阳江	Yangjiang	155.17	237.09	281.24	227
十堰	Shiyan	2586.32	1181.84	1392.92	66	清远	Qingyuan	429.00	500.48	484.46	172
宜昌	Yichang	1304.84	1672.89	1907.78	42	东莞	Dongguan	2475.01	3004.35	3254.93	19
襄阳	Xiangfan	423.56	891.97	1096.79	81	中山	ZhongShan	1142.63	1318.37	1325.09	69
鄂州	Ezhou	158.49	215.73	205.10	247	潮州	Chaozhou	226.61	313.01	348.25	206
荆门	Jingmen	298.56	434.09	508.29	165	揭阳	Jieyang	482.29	578.50	784.04	115
孝感	Xiaogan	684.56	493.82	570.24	150	云浮	Yunfu	163.56	200.87	233.63	241
荆州	Jingzhou	271.88	400.75	548.45	153	**广西**	**Guangxi**	**3211.63**	**4295.15**	**4848.21**	
黄冈	Huanggang	262.76	290.58	404.54	194	南宁	Nanning	428.07	640.39	762.62	119
咸宁	Xianning	180.36	279.16	406.97	192	柳州	Liuzhou	723.42	826.87	903.96	101
随州	Suizhou	122.46	202.79	236.02	240	桂林	Guilin	282.17	398.30	475.80	174
湖南	**Hunan**	**5534.59**	**7961.85**	**8746.88**		梧州	Wuzhou	178.25	263.03	334.91	214
长沙	Changsha	1645.24	2134.99	2547.50	29	北海	Beihai	92.83	207.40	244.08	237
株洲	Zhuzhou	520.94	763.73	854.78	106	防城港	Fangchenggang	125.16	179.33	199.49	251
湘潭	Xiangtan	370.09	473.67	594.98	145	钦州	Qinzhou	180.45	308.21	345.09	207
衡阳	Hengyang	261.04	454.25	520.51	162	贵港	Guigang	189.75	249.74	268.76	229
邵阳	Shaoyang	187.57	290.79	335.43	213	玉林	Yulin	193.23	262.01	297.57	224
岳阳	Yueyang	508.00	841.48	933.18	97	百色	Baise	243.57	280.32	335.50	212

11-10 规模以上工业企业所有者权益 续表 3

Owners' Equity of Industrial Enterprises above Designated Size continued 3

单位：亿元 （100 million yuan）

地名	City	2010	2012	2013	2013 排名 Ranking	地名	City	2010	2012	2013	2013 排名 Ranking
贺州	Hezhou	74.19	100.00	137.65	267	丽江	Lijiang	34.49	83.29	247.88	236
河池	Hechi	165.48	174.46	156.94	258	普洱	Puer	71.63	122.48	205.83	246
来宾	Laibin	98.38	125.09	123.41	271	临沧	Lincang	114.73	153.87	155.86	260
崇左	Chongzuo	115.03	154.95	174.17	257	**西藏**	**Tibet**	**223.22**	**343.16**	**361.95**	
海南	**Hainan**	**757.79**	**981.34**	**1084.66**		拉萨	Lhasa	172.71	260.99	294.20	225
海口	Haikou	241.56	340.11	342.66	209	**陕西**	**Shaanxi**	**6311.19**	**8823.27**	**9861.87**	
三亚	Sanya	19.32	30.50	33.13	283	西安	Xi'an	1462.93	1871.60	2046.74	36
重庆	**Chongqing**	**3205.78**	**4082.76**	**4820.83**		铜川	Tongchuan	116.87	159.36	154.33	261
四川	**Sichuan**	**8571.93**	**11471.16**	**12924.97**		宝鸡	Baoji	552.64	644.86	659.73	133
成都	Chengdu	2339.15	4115.84	5056.22	6	咸阳	Xianyang	530.16	817.46	868.23	104
自贡	Zigong	221.94	332.59	373.19	199	渭南	Weinan	556.43	634.47	657.97	135
攀枝花	Panzhihua	432.82	535.17	633.85	138	延安	Yan'an	929.37	1244.01	1492.42	61
泸州	Luzhou	272.94	377.12	446.11	181	汉中	Hanzhong	167.29	238.07	254.51	233
德阳	Deyang	637.95	683.54	725.35	127	榆林	Yulin	1489.54	1720.06	1669.25	53
绵阳	Mianyang	445.99	681.41	722.81	128	安康	Ankang	72.43	133.29	187.06	255
广元	Guangyuan	97.89	143.67	149.34	263	商洛	Shangluo	78.34	100.66	102.88	276
遂宁	Suining	200.10	313.62	361.16	202	**甘肃**	**Gansu**	**2411.02**	**3423.55**	**3621.91**	
内江	Neijiang	272.59	418.68	484.69	171	兰州	Lanzhou	661.02	809.29	827.86	109
乐山	Leshan	471.28	525.14	546.36	155	嘉峪关	Jiayuguan	334.61	428.83	563.62	151
南充	Nanchong	405.37	553.12	610.04	142	金昌	Jinchang	311.58	534.71	542.96	157
眉山	Meishan	187.05	284.22	358.41	203	白银	Baiyin	210.49	307.51	437.56	184
宜宾	Yibin	598.38	854.28	1054.98	86	天水	Tianshui	91.05	95.02	124.66	270
广安	Guangan	109.76	174.38	206.62	244	武威	Wuwei	61.12	110.26	113.51	273
达州	Dazhou	132.33	246.98	275.38	228	张掖	Zhangye	65.37	89.18	110.08	274
雅安	Yaan	231.22	258.97	261.88	231	平凉	Pingliang	82.85	116.29	126.12	269
巴中	Bazhong	23.31	43.43	54.26	280	酒泉	Jiuquan	249.46	406.81	373.88	198
资阳	Ziyang	232.06	364.26	413.94	191	庆阳	Qingyang	201.27	318.32	358.14	204
贵州	**Guizhou**	**2081.15**	**2886.54**	**3548.42**		定西	Dingxi	30.74	46.27	64.60	278
贵阳	Guiyang	683.66	839.51	923.44	99	陇南	Longnan	65.38	94.90	103.82	275
六盘水	Liupanshui	369.50	494.15	544.00	156	**青海**	**Qinghai**	**1084.12**	**1381.69**	**1551.99**	
遵义	Zunyi	474.27	753.98	983.57	91	西宁	Xining	526.12	603.93	725.87	126
安顺	Anshun	107.53	132.04	150.93	262	**宁夏**	**Ningxia**	**1153.29**	**1612.69**	**1870.46**	
毕节	Bijie	126.12	177.29	206.20	245	银川	Yinchuan	484.21	882.79	790.75	114
铜仁	Tongren	36.80	54.57	156.88	259	石嘴山	Shizuishan	173.47	227.48	248.98	234
云南	**Yunnan**	**3857.72**	**4801.03**	**5426.07**		吴忠	Wuzhong	139.93	201.73	236.63	239
昆明	Kunming	1157.76	1439.49	1532.63	58	固原	Guyuan	13.33	20.72	26.55	284
曲靖	Qujing	521.82	591.92	658.34	134	中卫	Zhongwei	112.46	146.65	199.37	252
玉溪	Yuxi	601.07	688.66	741.50	122	**新疆**	**Xinjiang**	**3888.40**	**4985.61**	**5622.36**	
保山	Baoshan	80.00	132.73	138.81	266	乌鲁木齐	Urumqi	1232.34	1431.88	1465.61	63
昭通	Zhaotong	168.65	251.71	330.31	215	克拉玛依	Karamay	948.93	1072.82	1138.91	77

11-11 规模以上工业企业主营业务收入
Revenue from Principal Business of Industrial Enterprises above Designated Size

单位：亿元 (100 million yuan)

地名	City	2010	2012	2013	2013 排名 Ranking
全国	**Nation Total**	**697744.0**	**929291.5**	**1029149.8**	
北京	**Beijing**	**14807.11**	**16905.14**	**18624.82**	
天津	**Tianjin**	**17319.62**	**23645.72**	**27011.12**	
河北	**Hebei**	**31628.93**	**43643.84**	**45766.25**	
石家庄	Shijiazhuang	5553.67	7663.37	8403.31	28
唐山	Tangshan	7980.95	10376.69	10849.46	18
秦皇岛	Qinhuangdao	1176.80	1561.38	1622.19	166
邯郸	Handan	4311.41	6077.12	5201.30	47
邢台	Xingtai	1788.89	2430.87	2572.92	105
保定	Baoding	2866.16	3880.41	4254.45	59
张家口	Zhangjiakou	831.20	1088.96	1132.27	209
承德	Chengde	1245.69	1643.20	1831.10	146
沧州	Cangzhou	2816.26	4493.99	5104.54	48
廊坊	Langfang	2142.98	3118.65	3294.48	77
衡水	Hengshui	914.92	1309.20	1500.22	178
山西	**Shanxi**	**12712.50**	**18118.94**	**18404.65**	
太原	Taiyuan	2057.79	3374.36	3470.00	73
大同	Datong	801.40	1617.44	1728.08	152
阳泉	Yangquan	597.36	816.55	621.41	242
长治	Changzhi	1368.27	1853.87	1787.19	148
晋城	Jincheng	992.99	1332.10	1202.61	200
朔州	Shuozhou	804.63	1164.60	1161.91	204
晋中	Jinzhong	1050.12	1347.34	1393.35	187
运城	Yuncheng	1207.36	1407.12	1650.98	160
忻州	Xinzhou	394.71	628.87	685.81	236
临汾	Linfen	1411.11	1959.11	1932.99	139
吕梁	Luliang	1474.43	1815.57	1893.79	143
内蒙古	**Inner Mongolia**	**13387.83**	**18135.15**	**19550.83**	
呼和浩特	Hohhot	1153.97	1248.21	1722.54	153
包头	Baotou	2520.05	3033.59	3190.36	83
乌海	Wuhai	557.70	664.82	678.53	237
赤峰	Chifeng	1241.33	1803.96	1994.18	134
通辽	Tongliao	1814.02	2512.10	2886.61	91
鄂尔多斯	Erdos	2790.13	4273.98	4407.33	57
呼伦贝尔	Hulunbuir	724.53	1046.56	1301.14	192
巴彦淖尔	Bayannur	685.10	721.48	793.68	231
乌兰察布	Ulanqab	666.87	854.37	1032.11	219
辽宁	**Liaoning**	**36049.59**	**48199.85**	**52150.40**	
沈阳	Shenyang	9399.62	12609.05	13426.31	8
大连	Dalian	7468.41	9924.26	10875.36	17
鞍山	Anshan	2716.91	3093.83	3400.65	75
抚顺	Fushun	1653.15	2392.02	2681.35	98
本溪	Benxi	1597.82	2055.05	2223.21	125
丹东	Dandong	909.57	1267.27	1320.01	191
锦州	Jinzhou	1625.38	2392.22	2760.02	96
营口	Yingkou	2276.77	2610.15	2937.55	89
阜新	Fuxin	409.64	727.78	856.94	226
辽阳	Liaoyang	1599.96	2111.35	2087.66	130
盘锦	Panjin	1624.39	2442.96	2815.66	94
铁岭	Tieling	2322.04	3463.84	2772.62	95
朝阳	Chaoyang	938.38	1228.34	1398.21	186
葫芦岛	Huludao	785.14	992.52	1005.04	221
吉林	**Jilin**	**12528.35**	**19835.58**	**21950.72**	
长春	Changchun	5660.60	8642.88	9615.37	24
吉林	Jilin	2097.85	3036.98	3124.15	84
四平	Siping	923.26	1498.58	1669.43	157
辽源	Liaoyuan	538.83	977.69	1160.67	205
通化	Tonghua	802.26	1316.42	1568.56	170
白山	Baishan	630.27	1098.84	1143.06	207
松原	Songyuan	1213.78	1982.42	2319.23	119
白城	Baicheng	252.19	440.78	532.20	247
黑龙江	**Heilongjiang**	**9899.14**	**12526.14**	**13569.81**	
哈尔滨	Harbin	2051.12	2507.78	2986.61	88
齐齐哈尔	Qiqihar	817.23	888.00	942.62	224
鸡西	Jixi	247.06	342.67	311.73	266
鹤岗	Hegang	221.17	274.23	207.81	271
双鸭山	Shuangyashan	348.73	611.67	645.25	240
大庆	Daqing	3665.56	4307.89	4501.90	55
伊春	Yichun	178.64	168.65	196.68	272
佳木斯	Jiamusi	315.59	505.76	627.13	241
七台河	Qitaihe	410.67	300.89	223.23	268
牡丹江	Mudanjiang	441.17	762.28	1684.98	155
黑河	Heihe	72.49	100.42	123.45	279
绥化	Suihua	307.20	599.75	812.09	230
上海	**Shanghai**	**32084.08**	**34096.29**	**34533.53**	
江苏	**Jiangsu**	**91077.41**	**119286.8**	**132270.4**	

11-11 规模以上工业企业主营业务收入 续表 1
Revenue from Principal Business of Industrial Enterprises above Designated Size continued 1

单位：亿元 （100 million yuan）

地名	City	2010	2012	2013	2013 排名 Ranking	地名	City	2010	2012	2013	2013 排名 Ranking
南京	Nanjing	8625.35	11283.26	12428.16	10	池州	Chizhou	276.26	468.52	544.62	246
无锡	Wuxi	12879.78	14191.69	14450.48	6	宣城	Xuancheng	992.99	1221.98	1453.12	181
徐州	Xuzhou	5102.14	8837.26	10506.88	22	福建	**Fujian**	**21479.37**	**29206.84**	**32847.14**	
常州	Changzhou	7274.88	9097.95	10223.05	23	福州	Fuzhou	4203.70	5688.49	6490.31	38
苏州	Suzhou	24577.51	28998.80	29937.18	1	厦门	Xiamen	3677.58	4549.75	4782.35	50
南通	Nantong	7254.56	9690.95	11093.04	15	莆田	Putian	1241.05	1648.25	1978.06	136
连云港	Lianyungang	1905.48	3346.45	4041.62	64	三明	Sanming	1300.40	2226.16	2526.29	108
淮安	Huaian	2411.10	3953.91	4731.24	51	泉州	Quanzhou	5993.32	8214.19	9126.72	25
盐城	Yancheng	3891.66	5561.88	6297.05	41	漳州	Zhangzhou	1867.97	2693.90	3216.99	80
扬州	Yangzhou	5637.77	7037.79	8189.53	29	南平	Nanping	729.36	1096.89	1253.22	194
镇江	Zhenjiang	4009.31	5975.34	7021.31	36	龙岩	Longyan	1127.90	1352.50	1513.75	174
泰州	Taizhou	4742.55	6918.60	8149.57	30	宁德	Ningde	851.96	1736.71	2223.41	124
宿迁	Suqian	1124.30	2213.14	2821.44	92	江西	**Jiangxi**	**14196.68**	**22533.38**	**26700.22**	
浙江	**Zhejiang**	**50536.31**	**57682.73**	**61765.48**		南昌	Nanchang	2760.17	3855.03	4506.83	54
杭州	Hangzhou	10843.24	12528.86	12425.65	11	景德镇	Jingdezhen	678.56	946.23	1052.72	217
宁波	Ningbo	10396.63	11795.98	12594.24	9	萍乡	Pingxiang	1049.99	1340.63	1514.45	173
温州	Wenzhou	4365.64	4010.58	4176.55	62	九江	Jiujiang	1507.60	3006.90	3859.74	67
嘉兴	Jiaxing	5013.12	5907.52	6708.11	37	新余	Xinyu	1230.26	1433.63	1538.86	171
湖州	Huzhou	2672.05	3365.13	3777.04	68	鹰潭	Yingtan	1456.60	2408.42	3055.19	85
绍兴	Shaoxing	6693.85	8333.61	9079.80	26	赣州	Ganzhou	1258.68	2092.58	2576.63	103
金华	Jinhua	3318.58	3594.80	4052.47	63	吉安	Jian	1122.47	2001.60	2337.53	117
衢州	Quzhou	1108.97	1368.40	1587.02	168	宜春	Yichun	1221.20	2136.49	2691.87	97
舟山	Zhoushan	877.73	1020.98	1067.64	215	抚州	Fuzhou	733.95	1015.18	1248.65	195
台州	Taizhou	3487.00	3334.40	3571.68	71	上饶	Shangrao	1177.20	2007.93	2317.74	120
丽水	Lishui	1125.47	1523.19	1753.03	151	山东	**Shandong**	**83663.00**	**118086.92**	**132318.98**	
安徽	**Anhui**	**18164.60**	**28905.07**	**33079.46**		济南	Jinan	4422.95	4766.50	4949.87	49
合肥	Hefei	3733.01	6911.14	7830.86	31	青岛	Qingdao	10545.17	13827.12	14933.41	5
芜湖	Wuhu	2111.56	3901.24	4515.50	53	淄博	Zibo	7713.05	10206.05	10827.92	20
蚌埠	Bengbu	752.59	1414.83	1672.42	156	枣庄	Zaozhuang	2761.25	3144.25	3437.55	74
淮南	Huainan	792.68	1022.84	1072.55	214	东营	Dongying	5888.01	10284.45	11941.94	12
马鞍山	Maanshan	1477.99	2216.16	2581.71	102	烟台	Yantai	10019.53	12388.09	13847.96	7
淮北	Huaibei	934.72	1694.29	2244.83	123	潍坊	Weifang	7486.72	10542.05	11488.01	13
铜陵	Tongling	1249.17	2007.03	2213.74	126	济宁	Jining	3908.66	4738.39	5407.34	44
安庆	Anqing	1314.55	2087.20	2564.50	106	泰安	Taian	3584.30	5536.97	6308.90	40
黄山	Huangshan	303.56	426.87	490.98	253	威海	Weihai	4284.45	5522.36	6076.24	42
滁州	Chuzhou	965.83	1637.90	1967.11	138	日照	Rizhao	1928.49	2271.94	2607.53	99
阜阳	Fuyang	694.47	1044.98	1299.85	193	莱芜	Laiwu	1506.29	1370.36	1436.96	182
宿州	Suzhou	670.10	928.41	1169.29	203	临沂	Linyi	4637.88	7508.14	8679.83	27
六安	Liuan	786.61	1331.22	1467.50	179	德州	Dezhou	3941.04	6526.49	7787.84	32
亳州	Bozhou	316.85	590.47	700.23	235	聊城	Liaocheng	4061.87	6703.86	7510.34	33

11-11 规模以上工业企业主营业务收入 续表 2

Revenue from Principal Business of Industrial Enterprises above Designated Size continued 2

单位：亿元 (100 million yuan)

地名	City	2010	2012	2013	2013 排名 Ranking
滨州	Binzhou	3782.38	6133.65	7256.09	35
菏泽	Heze	2501.77	4500.67	5357.14	46
河南	**Henan**	**36163.12**	**52276.38**	**59454.79**	
郑州	Zhengzhou	5942.31	9603.42	11016.28	16
开封	Kaifeng	1003.05	1657.98	2059.07	132
洛阳	Luoyang	3917.63	5384.81	5860.63	43
平顶山	Pingdingshan	2011.01	2207.48	2335.85	118
安阳	Anyang	2430.90	2762.73	3196.70	82
鹤壁	Hebi	919.10	1337.75	1538.32	172
新乡	Xinxiang	2165.17	2979.44	3489.81	72
焦作	Jiaozuo	2622.42	3699.55	4220.58	60
濮阳	Puyang	1550.33	2167.51	2607.09	100
许昌	Xuchang	2316.79	3666.49	4279.82	58
漯河	Luohe	1620.61	1901.23	2246.47	122
三门峡	Sanmenxia	2103.44	3153.79	3247.79	79
南阳	Nanyang	2009.77	2893.05	3207.74	81
商丘	Shangqiu	1405.51	2075.26	2447.48	111
信阳	Xinyang	995.26	1477.23	1795.19	147
周口	Zhoukou	1281.91	2352.66	3036.31	86
驻马店	Zhumadian	1023.29	1686.77	2054.57	133
湖北	**Hubei**	**21151.56**	**32325.95**	**37864.54**	
武汉	Wuhan	7639.32	9665.08	11123.30	14
黄石	Huangshi	1337.14	2094.00	2503.73	109
十堰	Shiyan	1137.81	1346.99	1612.07	167
宜昌	Yichang	1989.81	3782.78	4428.57	56
襄阳	Xiangfan	1949.61	3510.84	4220.08	61
鄂州	Ezhou	641.96	1019.34	1179.83	201
荆门	Jingmen	1177.33	2146.15	2545.50	107
孝感	Xiaogan	975.63	1803.56	2116.74	128
荆州	Jingzhou	847.00	1405.01	1772.44	150
黄冈	Huanggang	741.84	1093.14	1389.25	188
咸宁	Xianning	580.55	1132.94	1420.88	184
随州	Suizhou	487.44	880.20	1046.18	218
湖南	**Hunan**	**18669.79**	**27823.31**	**31616.57**	
长沙	Changsha	4138.73	6268.14	7393.64	34
株洲	Zhuzhou	1643.70	2164.85	2574.57	104
湘潭	Xiangtan	1473.62	2280.22	2583.47	101
衡阳	Hengyang	1830.86	2696.46	3011.07	87
邵阳	Shaoyang	695.42	1181.61	1429.58	183
岳阳	Yueyang	2725.32	4215.45	4563.75	52
常德	Changde	1209.50	1824.92	2102.71	129
张家界	Zhangjiajie	106.35	107.98	124.33	278
益阳	Yiyang	797.57	1293.57	1575.53	169
郴州	Chenzhou	1437.27	2449.30	2818.90	93
永州	Yongzhou	587.52	678.97	813.92	229
怀化	Huaihua	677.60	791.41	859.89	225
娄底	Loudi	1096.50	1456.87	1646.39	162
广东	**Guangdong**	**84114.85**	**93821.74**	**103654.98**	
广州	Guangzhou	13624.65	14595.82	16500.36	3
韶关	Shaoguan	768.97	937.67	1104.43	210
深圳	Shenzhen	18813.72	20990.98	22309.68	2
珠海	Zhuhai	3058.87	3467.34	3878.08	66
汕头	Shantou	1805.34	2072.74	2420.28	113
佛山	Foshan	13733.60	13980.37	16424.68	4
江门	Jiangmen	3639.89	2464.21	2902.08	90
湛江	Zhanjiang	1328.82	1618.78	1917.20	141
茂名	Maoming	1364.57	1778.35	2138.82	127
肇庆	Zhaoqing	1689.05	2745.09	3265.33	78
惠州	Huizhou	3892.63	5503.05	6477.20	39
梅州	Meizhou	438.65	484.77	522.41	249
汕尾	Shanwei	415.83	739.78	954.17	223
河源	Heyuan	757.50	928.70	1062.09	216
阳江	Yangjiang	657.55	1178.48	1505.64	177
清远	Qingyuan	2771.05	1299.99	1381.13	189
东莞	Dongguan	7708.17	9612.66	10830.33	19
中山	ZhongShan	4710.39	5203.63	5372.01	45
潮州	Chaozhou	715.49	883.82	1075.88	213
揭阳	Jieyang	1780.50	2782.95	3573.59	70
云浮	Yunfu	439.61	552.55	745.83	233
广西	**Guangxi**	**9235.85**	**14733.63**	**16726.00**	
南宁	Nanning	1226.64	2023.57	2440.05	112
柳州	Liuzhou	2415.83	3318.01	3644.34	69
桂林	Guilin	861.05	1496.15	1783.92	149
梧州	Wuzhou	684.39	1301.49	1650.70	161
北海	Beihai	310.68	957.49	1205.11	199
防城港	Fangchenggang	427.60	687.51	838.96	227
钦州	Qinzhou	429.54	1049.78	1095.99	211
贵港	Guigang	455.16	672.00	710.05	234
玉林	Yulin	680.93	986.51	1148.38	206
百色	Baise	523.31	724.51	781.80	232

11-11 规模以上工业企业主营业务收入 续表 3
Revenue from Principal Business of Industrial Enterprises above Designated Size continued 3

单位：亿元 (100 million yuan)

地名	City	2010	2012	2013	2013 排名 Ranking	地名	City	2010	2012	2013	2013 排名 Ranking
贺州	Hezhou	166.39	281.01	338.05	263	丽江	Lijiang	65.85	121.12	145.33	277
河池	Hechi	330.40	322.10	326.39	265	普洱	Puer	88.96	154.03	176.66	276
来宾	Laibin	345.75	516.62	451.71	256	临沧	Lincang	85.57	144.60	184.59	274
崇左	Chongzuo	278.37	411.34	460.84	255	**西藏**	**Tibet**	**59.70**	**91.88**	**93.37**	
海南	**Hainan**	**1322.83**	**1697.10**	**1640.70**		拉萨	Lhasa	45.07	66.98	73.60	282
海口	Haikou	411.02	505.80	488.43	254	**陕西**	**Shaanxi**	**10888.80**	**16328.25**	**17763.00**	
三亚	Sanya	41.34	54.90	55.41	283	西安	Xi'an	2889.51	3644.89	4038.11	65
重庆	**Chongqing**	**9039.03**	**12880.32**	**15417.07**		铜川	Tongchuan	256.87	477.95	517.54	250
四川	**Sichuan**	**23062.82**	**31427.16**	**35251.84**		宝鸡	Baoji	1212.02	1692.71	1632.17	163
成都	Chengdu	5626.12	9341.43	10783.98	21	咸阳	Xianyang	1370.30	2161.29	2454.08	110
自贡	Zigong	1085.33	1323.18	1513.11	175	渭南	Weinan	1054.52	1558.53	1455.51	180
攀枝花	Panzhihua	1060.96	1356.70	1627.64	165	延安	Yan'an	1217.78	1808.64	1652.01	159
泸州	Luzhou	1020.49	1140.27	1404.23	185	汉中	Hanzhong	397.15	746.54	836.60	228
德阳	Deyang	1488.66	2128.80	2406.47	115	榆林	Yulin	1853.88	1987.99	1975.84	137
绵阳	Mianyang	1275.97	1811.13	1979.56	135	安康	Ankang	178.84	452.12	566.95	245
广元	Guangyuan	320.47	566.69	618.27	243	商洛	Shangluo	138.02	327.39	387.21	257
遂宁	Suining	640.75	1040.53	1176.50	202	**甘肃**	**Gansu**	**5175.56**	**7787.26**	**8443.65**	
内江	Neijiang	1286.38	1434.36	1652.69	158	兰州	Lanzhou	1742.53	2079.25	2259.83	121
乐山	Leshan	1168.93	1346.71	1512.64	176	嘉峪关	Jiayuguan	610.87	1096.22	1351.95	190
南充	Nanchong	1129.95	1551.26	1834.82	145	金昌	Jinchang	1059.32	1719.58	2068.99	131
眉山	Meishan	743.40	833.87	1010.21	220	白银	Baiyin	400.54	692.15	666.48	238
宜宾	Yibin	1272.74	1846.21	1860.20	144	天水	Tianshui	154.03	156.39	187.95	273
广安	Guangan	605.56	972.47	1136.35	208	武威	Wuwei	110.57	211.33	280.72	267
达州	Dazhou	882.08	1005.78	1077.39	212	张掖	Zhangye	108.84	152.05	181.95	275
雅安	Yaan	288.81	375.27	378.16	259	平凉	Pingliang	136.20	207.31	209.53	270
巴中	Bazhong	170.93	306.31	363.08	260	酒泉	Jiuquan	369.80	527.10	516.26	251
资阳	Ziyang	1161.85	1740.55	1911.51	142	庆阳	Qingyang	311.91	696.52	650.98	239
贵州	**Guizhou**	**3926.01**	**5966.52**	**6878.40**		定西	Dingxi	44.95	79.03	121.10	280
贵阳	Guiyang	1488.54	2116.89	2414.59	114	陇南	Longnan	66.02	76.15	92.98	281
六盘水	Liupanshui	561.83	830.80	974.78	222	**青海**	**Qinghai**	**1525.08**	**1889.37**	**2045.38**	
遵义	Zunyi	653.71	999.70	1213.16	198	西宁	Xining	996.51	1098.79	1225.89	197
安顺	Anshun	183.78	273.05	330.29	264	**宁夏**	**Ningxia**	**1879.99**	**2981.46**	**3374.49**	
毕节	Bijie	249.34	478.52	523.47	248	银川	Yinchuan	799.97	1615.65	1629.29	164
铜仁	Tongren	116.89	190.45	347.74	262	石嘴山	Shizuishan	409.79	545.79	578.09	244
云南	**Yunnan**	**6356.24**	**8942.15**	**9773.14**		吴忠	Wuzhong	314.10	439.92	509.75	252
昆明	Kunming	2309.47	3133.30	3324.39	76	固原	Guyuan	13.88	25.89	37.40	284
曲靖	Qujing	1000.38	1407.37	1690.83	154	中卫	Zhongwei	151.35	290.42	384.56	258
玉溪	Yuxi	895.76	1146.41	1237.90	196	**新疆**	**Xinjiang**	**5492.61**	**7510.67**	**8608.03**	
保山	Baoshan	100.67	188.60	222.77	269	乌鲁木齐	Urumqi	1678.93	2164.70	2364.24	116
昭通	Zhaotong	189.26	306.98	353.47	261	克拉玛依	Karamay	1424.05	1763.38	1918.44	140

11-12 规模以上工业企业利润总额
Total Profits of Industrial Enterprises above Designated Size

单位：亿元 （100 million yuan）

地名	City	2010	2012	2013	2013 排名 Ranking
全国	**Nation Total**	**53049.66**	**61910.06**	**62831.02**	
北京	**Beijing**	**1028.34**	**1267.89**	**1254.78**	
天津	**Tianjin**	**1552.05**	**2100.66**	**1992.76**	
河北	**Hebei**	**2141.47**	**2559.47**	**2560.86**	
石家庄	Shijiazhuang	412.98	562.72	668.82	22
唐山	Tangshan	456.60	589.16	564.99	27
秦皇岛	Qinhuangdao	45.43	18.42	24.38	239
邯郸	Handan	190.76	202.63	148.84	123
邢台	Xingtai	137.42	134.44	131.90	134
保定	Baoding	238.48	255.07	222.99	74
张家口	Zhangjiakou	56.63	74.14	64.38	196
承德	Chengde	122.31	121.31	127.46	139
沧州	Cangzhou	247.23	342.40	348.98	46
廊坊	Langfang	170.74	175.07	169.26	105
衡水	Hengshui	62.89	84.10	88.86	169
山西	**Shanxi**	**958.25**	**1010.91**	**547.91**	
太原	Taiyuan	81.61	103.26	14.98	254
大同	Datong	32.52	28.92	18.66	248
阳泉	Yangquan	41.71	27.81	4.95	274
长治	Changzhi	135.96	155.26	127.82	137
晋城	Jincheng	148.16	179.51	104.43	155
朔州	Shuozhou	120.98	177.17	83.72	173
晋中	Jinzhong	39.77	56.62	13.72	256
运城	Yuncheng	49.47	41.87	69.95	190
忻州	Xinzhou	50.26	68.70	69.47	191
临汾	Linfen	70.49	37.38	26.59	236
吕梁	Luliang	173.00	118.72	50.44	213
内蒙古	**Inner Mongolia**	**1688.44**	**1931.69**	**1682.55**	
呼和浩特	Hohhot	187.96	99.95	145.05	127
包头	Baotou	188.47	220.60	212.81	83
乌海	Wuhai	91.48	53.40	71.60	189
赤峰	Chifeng	129.62	143.58	138.31	131
通辽	Tongliao	136.52	169.95	186.79	97
鄂尔多斯	Erdos	685.82	900.95	902.47	8
呼伦贝尔	Hulunbuir	68.08	88.92	148.43	124
巴彦淖尔	Bayannur	44.27	51.10	44.02	216
乌兰察布	Ulanqab	48.69	14.06	32.45	230
辽宁	**Liaoning**	**2371.35**	**2435.69**	**2461.58**	
沈阳	Shenyang	673.25	730.46	772.45	14
大连	Dalian	532.62	514.06	594.00	26
鞍山	Anshan	186.85	80.80	194.93	90
抚顺	Fushun	83.82	15.02	65.00	195
本溪	Benxi	55.58	69.32	92.93	164
丹东	Dandong	75.67	72.33	56.28	208
锦州	Jinzhou	138.17	169.35	209.78	84
营口	Yingkou	194.82	207.15	283.90	55
阜新	Fuxin	28.47	34.58	42.92	218
辽阳	Liaoyang	171.60	136.18	117.97	147
盘锦	Panjin	12.25	151.59	145.26	126
铁岭	Tieling	99.60	210.46	163.99	110
朝阳	Chaoyang	91.02	88.32	111.01	150
葫芦岛	Huludao	19.39	-49.97	100.11	158
吉林	**Jilin**	**843.21**	**1215.04**	**1230.10**	
长春	Changchun	509.02	657.43	753.15	16
吉林	Jilin	56.18	70.32	57.99	207
四平	Siping	38.15	52.98	58.93	206
辽源	Liaoyuan	16.00	22.97	20.15	242
通化	Tonghua	29.12	64.96	83.17	174
白山	Baishan	22.04	34.55	21.13	241
松原	Songyuan	115.49	227.21	202.98	87
白城	Baicheng	9.81	16.31	17.20	249
黑龙江	**Heilongjiang**	**1248.82**	**1338.56**	**1150.21**	
哈尔滨	Harbin	118.80	115.04	132.81	133
齐齐哈尔	Qiqihar	81.01	51.54	54.81	210
鸡西	Jixi	17.25	6.32	4.14	275
鹤岗	Hegang	12.54	5.31	-7.62	283
双鸭山	Shuangyashan	17.03	42.49	32.46	229
大庆	Daqing	814.66	975.63	799.29	13
伊春	Yichun	10.06	-3.43	6.86	271
佳木斯	Jiamusi	35.29	32.59	34.28	227
七台河	Qitaihe	57.25	-4.99	-11.12	284
牡丹江	Mudanjiang	26.31	42.52	55.66	209
黑河	Heihe	3.27	8.53	11.49	262
绥化	Suihua	41.35	55.91	68.80	192
上海	**Shanghai**	**2299.66**	**2149.42**	**2415.20**	
江苏	**Jiangsu**	**5970.56**	**7250.20**	**7834.06**	

11-12 规模以上工业企业利润总额 续表 1
Total Profits of Industrial Enterprises above Designated Size continued 1

单位：亿元 （100 million yuan）

地名	City	2010	2012	2013	2013 排名 Ranking	地名	City	2010	2012	2013	2013 排名 Ranking
南京	Nanjing	497.91	604.44	751.27	17	池州	Chizhou	19.21	40.13	52.74	211
无锡	Wuxi	945.91	878.69	741.88	18	宣城	Xuancheng	109.73	98.26	128.15	136
徐州	Xuzhou	457.80	743.38	856.08	10	**福建**	**Fujian**	**1754.18**	**2023.27**	**1959.45**	
常州	Changzhou	413.47	443.77	512.56	32	福州	Fuzhou	324.06	385.76	422.51	41
苏州	Suzhou	1507.06	1252.70	1305.95	1	厦门	Xiamen	276.75	247.30	234.53	71
南通	Nantong	553.09	786.59	828.49	12	莆田	Putian	92.73	123.27	153.14	117
连云港	Lianyungang	165.82	273.20	301.21	54	三明	Sanming	41.22	66.47	79.82	179
淮安	Huaian	124.39	209.13	218.77	80	泉州	Quanzhou	627.32	658.25	717.23	19
盐城	Yancheng	217.08	396.91	404.19	42	漳州	Zhangzhou	161.61	222.27	268.49	63
扬州	Yangzhou	417.53	498.81	540.53	29	南平	Nanping	45.61	60.76	74.01	187
镇江	Zhenjiang	228.08	363.11	427.23	40	龙岩	Longyan	136.27	133.65	113.26	148
泰州	Taizhou	343.88	538.06	605.06	25	宁德	Ningde	42.83	125.53	162.02	111
宿迁	Suqian	112.86	250.83	305.83	52	**江西**	**Jiangxi**	**856.81**	**1506.51**	**1756.66**	
浙江	**Zhejiang**	**3174.75**	**3112.65**	**3385.87**		南昌	Nanchang	126.25	204.91	244.57	67
杭州	Hangzhou	764.47	771.58	854.14	11	景德镇	Jingdezhen	26.14	36.42	48.04	215
宁波	Ningbo	657.77	553.21	701.68	20	萍乡	Pingxiang	113.78	154.75	185.10	100
温州	Wenzhou	262.42	209.82	236.81	68	九江	Jiujiang	81.32	154.38	259.80	64
嘉兴	Jiaxing	321.10	279.94	356.39	44	新余	Xinyu	89.36	35.91	59.66	205
湖州	Huzhou	144.14	168.41	220.27	77	鹰潭	Yingtan	75.30	97.90	99.09	160
绍兴	Shaoxing	405.27	454.67	505.50	34	赣州	Ganzhou	58.88	99.06	172.34	104
金华	Jinhua	194.72	232.33	231.96	72	吉安	Jian	77.88	150.68	192.02	94
衢州	Quzhou	81.20	97.98	97.54	162	宜春	Yichun	99.38	191.70	235.13	70
舟山	Zhoushan	48.86	10.00	11.70	261	抚州	Fuzhou	30.91	40.21	75.69	186
台州	Taizhou	307.17	180.77	197.53	88	上饶	Shangrao	77.61	109.20	185.22	99
丽水	Lishui	97.38	129.18	148.17	125	**山东**	**Shandong**	**6107.99**	**8016.35**	**8507.73**	
安徽	**Anhui**	**1445.57**	**1870.26**	**1758.77**		济南	Jinan	334.81	219.51	250.03	65
合肥	Hefei	385.77	495.33	508.10	33	青岛	Qingdao	582.80	742.40	895.68	9
芜湖	Wuhu	117.98	204.24	276.03	59	淄博	Zibo	624.48	763.51	761.54	15
蚌埠	Bengbu	45.58	61.73	62.06	199	枣庄	Zaozhuang	198.72	185.28	185.88	98
淮南	Huainan	44.82	52.37	19.01	246	东营	Dongying	705.20	1187.55	1239.74	4
马鞍山	Maanshan	117.54	108.27	151.20	119	烟台	Yantai	790.14	967.06	1045.54	6
淮北	Huaibei	62.12	82.28	61.46	200	潍坊	Weifang	528.43	571.68	647.12	23
铜陵	Tongling	32.93	58.44	63.11	198	济宁	Jining	433.25	282.04	329.02	49
安庆	Anqing	111.65	154.63	186.98	96	泰安	Taian	299.09	405.21	452.52	37
黄山	Huangshan	25.33	22.27	34.00	228	威海	Weihai	259.89	306.61	344.87	47
滁州	Chuzhou	80.92	178.89	219.46	78	日照	Rizhao	143.31	189.64	80.35	177
阜阳	Fuyang	75.21	79.35	84.60	171	莱芜	Laiwu	57.37	20.78	27.28	234
宿州	Suzhou	41.05	50.68	60.17	204	临沂	Linyi	322.59	457.40	549.65	28
六安	Liuan	79.28	117.39	119.01	145	德州	Dezhou	327.19	500.23	518.70	31
亳州	Bozhou	38.15	66.01	82.66	175	聊城	Liaocheng	292.74	445.80	524.80	30

11-12 规模以上工业企业利润总额 续表 2
Total Profits of Industrial Enterprises above Designated Size continued 2

单位：亿元 （100 million yuan）

地名	City	2010	2012	2013	2013 排名 Ranking	地名	City	2010	2012	2013	2013 排名 Ranking
滨州	Binzhou	217.12	297.29	303.22	53	常德	Changde	105.24	176.28	204.08	86
菏泽	Heze	204.45	377.28	452.56	36	张家界	Zhangjiajie	17.84	2.68	2.26	278
河南	**Henan**	**3302.22**	**4016.39**	**4410.82**		益阳	Yiyang	53.93	71.07	83.90	172
郑州	Zhengzhou	715.48	913.71	976.89	7	郴州	Chenzhou	149.96	186.52	194.32	91
开封	Kaifeng	124.23	174.15	193.89	92	永州	Yongzhou	52.99	36.71	41.76	221
洛阳	Luoyang	212.08	221.14	236.62	69	怀化	Huaihua	48.98	43.29	49.78	214
平顶山	Pingdingshan	145.33	129.40	160.76	113	娄底	Loudi	51.04	86.12	109.45	152
安阳	Anyang	188.24	156.77	220.89	76	**广东**	**Guangdong**	**6239.64**	**5464.90**	**5854.93**	
鹤壁	Hebi	57.51	65.93	89.26	168	广州	Guangzhou	1031.27	825.60	1105.69	5
新乡	Xinxiang	169.87	175.89	205.06	85	韶关	Shaoguan	35.07	31.32	67.47	194
焦作	Jiaozuo	234.66	275.61	319.04	50	深圳	Shenzhen	1599.02	1135.83	1277.62	3
濮阳	Puyang	118.28	182.15	217.46	82	珠海	Zhuhai	191.24	164.38	249.89	66
许昌	Xuchang	276.96	357.50	379.69	43	汕头	Shantou	173.28	164.88	190.54	95
漯河	Luohe	213.03	228.67	269.39	62	佛山	Foshan	1073.34	1140.50	1285.29	2
三门峡	Sanmenxia	202.30	258.54	228.73	73	江门	Jiangmen	251.08	127.96	156.08	116
南阳	Nanyang	141.78	208.05	218.88	79	湛江	Zhanjiang	148.57	111.56	100.57	157
商丘	Shangqiu	107.35	116.81	148.98	122	茂名	Maoming	116.09	98.56	143.03	129
信阳	Xinyang	64.37	86.86	107.70	153	肇庆	Zhaoqing	98.18	192.20	218.17	81
周口	Zhoukou	194.29	262.74	335.47	40	惠州	Huizhou	196.32	219.32	279.93	57
驻马店	Zhumadian	80.90	125.87	158.29	115	梅州	Meizhou	51.31	29.94	38.81	224
湖北	**Hubei**	**1668.55**	**2046.28**	**2080.66**		汕尾	Shanwei	13.45	31.52	36.78	225
武汉	Wuhan	366.91	392.96	480.54	35	河源	Heyuan	83.79	58.07	77.87	184
黄石	Huangshi	54.71	62.23	89.77	166	阳江	Yangjiang	88.03	137.15	173.58	103
十堰	Shiyan	149.79	180.66	192.47	93	清远	Qingyuan	163.96	74.89	75.80	185
宜昌	Yichang	208.84	297.03	448.24	39	东莞	Dongguan	352.36	291.67	313.75	51
襄阳	Xiangfan	118.41	357.66	351.67	45	中山	ZhongShan	273.96	283.77	274.48	60
鄂州	Ezhou	18.99	26.15	42.44	219	潮州	Chaozhou	62.34	78.86	100.91	156
荆门	Jingmen	55.79	107.96	131.56	135	揭阳	Jieyang	189.75	227.19	278.36	58
孝感	Xiaogan	48.64	103.57	121.83	144	云浮	Yunfu	47.23	39.74	51.82	212
荆州	Jingzhou	36.81	75.65	118.38	146	**广西**	**Guangxi**	**771.59**	**932.83**	**874.00**	
黄冈	Huanggang	33.73	70.33	98.55	161	南宁	Nanning	112.56	176.02	166.85	106
咸宁	Xianning	38.18	114.40	135.60	132	柳州	Liuzhou	126.25	130.35	127.48	138
随州	Suizhou	28.97	101.59	110.23	151	桂林	Guilin	107.05	177.28	160.07	114
湖南	**Hunan**	**1451.45**	**1790.96**	**1585.06**		梧州	Wuzhou	35.22	73.77	144.76	128
长沙	Changsha	432.40	520.88	610.67	24	北海	Beihai	33.23	86.07	105.66	154
株洲	Zhuzhou	98.42	119.09	141.63	130	防城港	Fangchenggang	52.76	45.14	39.68	223
湘潭	Xiangtan	107.15	71.35	113.22	149	钦州	Qinzhou	1.50	-6.96	6.85	272
衡阳	Hengyang	147.64	160.22	176.27	102	贵港	Guigang	83.35	61.12	61.22	201
邵阳	Shaoyang	64.14	88.74	124.81	140	玉林	Yulin	73.79	69.59	80.26	178
岳阳	Yueyang	98.43	189.16	150.93	120	百色	Baise	40.09	19.79	7.70	270

11-12 规模以上工业企业利润总额 续表 3
Total Profits of Industrial Enterprises above Designated Size continued 3

单位：亿元 （100 million yuan）

地名	City	2010	2012	2013	2013 排名 Ranking	地名	City	2010	2012	2013	2013 排名 Ranking
贺州	Hezhou	7.49	27.89	43.53	217	丽江	Lijiang	8.70	15.30	26.55	237
河池	Hechi	26.25	24.99	-1.49	282	普洱	Puer	8.66	12.21	19.76	243
来宾	Laibin	24.16	3.60	8.12	269	临沧	Lincang	11.26	16.94	18.94	247
崇左	Chongzuo	40.01	55.67	72.25	188	**西藏**	**Tibet**	**10.82**	**12.89**	**7.17**	
海南	**Hainan**	**140.04**	**133.35**	**110.80**		拉萨	Lhasa	6.86	5.03	-1.27	281
海口	Haikou	34.92	39.99	34.30	226	**陕西**	**Shaanxi**	**1469.57**	**2057.22**	**1973.32**	
三亚	Sanya	3.73	2.58	1.24	280	西安	Xi'an	192.95	165.08	182.37	101
重庆	**Chongqing**	**518.59**	**645.39**	**878.43**		铜川	Tongchuan	20.77	26.58	15.38	253
四川	**Sichuan**	**1661.85**	**2333.76**	**2168.37**		宝鸡	Baoji	58.61	132.46	89.88	165
成都	Chengdu	391.64	643.67	672.15	21	咸阳	Xianyang	140.61	236.64	274.18	61
自贡	Zigong	65.00	81.37	77.93	183	渭南	Weinan	57.55	63.71	19.71	244
攀枝花	Panzhihua	49.89	38.59	60.29	203	延安	Yan'an	222.32	350.17	150.32	121
泸州	Luzhou	92.11	140.15	122.36	143	汉中	Hanzhong	16.75	20.20	12.47	257
德阳	Deyang	120.84	154.85	152.77	118	榆林	Yulin	583.86	511.01	449.61	38
绵阳	Mianyang	93.93	106.51	99.15	159	安康	Ankang	22.66	58.88	63.59	197
广元	Guangyuan	14.50	33.92	31.71	231	商洛	Shangluo	9.01	9.72	15.84	251
遂宁	Suining	48.31	81.81	86.60	170	**甘肃**	**Gansu**	**231.70**	**285.23**	**286.71**	
内江	Neijiang	73.25	78.29	95.61	163	兰州	Lanzhou	43.94	-22.67	24.06	240
乐山	Leshan	99.31	88.17	78.79	181	嘉峪关	Jiayuguan	20.03	13.88	10.71	263
南充	Nanchong	80.18	132.37	123.22	142	金昌	Jinchang	26.60	19.91	12.26	258
眉山	Meishan	45.64	67.49	67.99	193	白银	Baiyin	12.48	21.03	15.69	252
宜宾	Yibin	148.41	240.62	221.60	75	天水	Tianshui	4.64	3.63	6.49	273
广安	Guangan	30.19	52.39	60.83	202	武威	Wuwei	5.56	5.12	11.97	259
达州	Dazhou	41.49	77.29	89.47	167	张掖	Zhangye	8.69	9.48	8.97	268
雅安	Yaan	29.15	36.36	31.03	232	平凉	Pingliang	12.70	10.10	10.37	264
巴中	Bazhong	3.00	7.32	9.58	266	酒泉	Jiuquan	6.15	17.05	11.93	260
资阳	Ziyang	92.54	159.02	161.28	112	庆阳	Qingyang	72.45	180.64	165.52	107
贵州	**Guizhou**	**317.63**	**627.02**	**477.33**		定西	Dingxi	1.66	2.24	3.49	276
贵阳	Guiyang	61.02	151.63	123.61	141	陇南	Longnan	10.62	10.87	9.94	265
六盘水	Liupanshui	59.04	94.21	28.55	233	**青海**	**Qinghai**	**182.02**	**168.89**	**141.34**	
遵义	Zunyi	134.53	245.03	282.33	56	西宁	Xining	43.36	17.31	14.83	255
安顺	Anshun	13.02	12.76	26.76	235	**宁夏**	**Ningxia**	**138.00**	**131.22**	**139.11**	
毕节	Bijie	14.83	38.92	42.20	220	银川	Yinchuan	49.87	89.33	78.69	182
铜仁	Tongren	3.24	5.01	40.38	222	石嘴山	Shizuishan	13.53	10.62	9.39	267
云南	**Yunnan**	**599.34**	**586.52**	**549.08**		吴忠	Wuzhong	13.40	4.64	16.93	250
昆明	Kunming	153.91	168.46	164.04	108	固原	Guyuan	2.82	2.81	2.67	277
曲靖	Qujing	73.14	64.41	79.37	180	中卫	Zhongwei	7.91	1.79	1.71	279
玉溪	Yuxi	87.00	90.86	81.80	176	**新疆**	**Xinjiang**	**852.43**	**888.64**	**795.40**	
保山	Baoshan	13.00	16.39	19.43	245	乌鲁木齐	Urumqi	197.88	175.25	164.04	108
昭通	Zhaotong	15.89	15.96	24.79	238	克拉玛依	Karamay	230.05	226.21	197.52	89

11-13 规模以上工业企业应交增值税

Value-added Tax Payable of Industrial Enterprises above Designated Size

单位：亿元 （100 million yuan）

地名	City	2010	2012	2013	2013 排名 Ranking	地名	City	2010	2012	2013	2013 排名 Ranking
全国	**Nation Total**	**22472.72**	**29566.64**	**30130.82**		沈阳	Shenyang	224.31	245.58	270.86	28
北京	**Beijing**	**409.79**	**455.76**	**521.77**		大连	Dalian	164.31	349.82	378.60	13
天津	**Tianjin**	**656.54**	**903.27**	**859.33**		鞍山	Anshan	85.81	97.63	118.47	68
河北	**Hebei**	**872.28**	**1165.91**	**1112.99**		抚顺	Fushun	42.06	33.13	45.85	178
石家庄	Shijiazhuang	139.10	170.64	187.42	45	本溪	Benxi	30.90	41.88	67.05	130
唐山	Tangshan	221.71	316.38	286.21	25	丹东	Dandong	29.17	37.11	38.27	199
秦皇岛	Qinhuangdao	28.60	41.76	39.84	192	锦州	Jinzhou	47.83	60.99	74.72	114
邯郸	Handan	105.32	149.38	99.40	88	营口	Yingkou	113.97	115.43	140.64	57
邢台	Xingtai	53.87	71.08	63.82	137	阜新	Fuxin	17.19	19.84	21.06	232
保定	Baoding	84.95	105.76	108.91	75	辽阳	Liaoyang	26.25	44.70	42.82	184
张家口	Zhangjiakou	31.74	40.79	38.75	195	盘锦	Panjin	54.85	64.89	84.19	102
承德	Chengde	48.04	61.72	68.36	125	铁岭	Tieling	58.34	101.56	83.84	103
沧州	Cangzhou	81.64	115.61	116.49	69	朝阳	Chaoyang	27.11	26.56	64.19	135
廊坊	Langfang	57.29	64.73	72.44	118	葫芦岛	Huludao	20.57	25.78	27.35	221
衡水	Hengshui	20.02	28.03	31.34	214	吉林	**Jilin**	**355.00**	**541.78**	**610.06**	
山西	**Shanxi**	**714.39**	**829.51**	**735.30**		长春	Changchun	180.53	249.26	329.07	19
太原	Taiyuan	69.49	74.82	67.41	129	吉林	Jilin	49.24	98.94	100.71	86
大同	Datong	55.54	67.39	50.41	162	四平	Siping	18.56	18.56	18.16	238
阳泉	Yangquan	43.90	43.67	38.56	197	辽源	Liaoyuan	10.99	15.45	12.96	255
长治	Changzhi	75.85	90.32	83.50	104	通化	Tonghua	20.07	30.07	40.02	170
晋城	Jincheng	67.89	84.47	71.25	121	白山	Baishan	16.06	23.12	32.87	209
朔州	Shuozhou	79.84	105.07	94.08	93	松原	Songyuan	40.45	62.31	52.42	158
晋中	Jinzhong	64.26	68.92	63.38	138	白城	Baicheng	2.65	6.88	6.46	272
运城	Yuncheng	34.55	33.40	39.81	193	黑龙江	**Heilongjiang**	**509.51**	**618.42**	**603.47**	
忻州	Xinzhou	25.83	43.12	46.25	176	哈尔滨	Harbin	86.21	91.30	96.27	91
临汾	Linfen	72.23	77.94	67.86	126	齐齐哈尔	Qiqihar	35.89	32.06	35.13	205
吕梁	Luliang	100.02	115.13	102.29	84	鸡西	Jixi	17.55	20.78	17.24	240
内蒙古	**Inner Mongolia**	**586.32**	**749.77**	**792.40**		鹤岗	Hegang	12.34	14.21	10.80	266
呼和浩特	Hohhot	62.43	54.68	50.12	163	双鸭山	Shuangyashan	16.67	33.16	36.92	201
包头	Baotou	104.46	107.53	115.75	70	大庆	Daqing	250.56	321.54	293.88	24
乌海	Wuhai	31.97	33.38	33.85	207	伊春	Yichun	5.56	4.45	4.76	277
赤峰	Chifeng	40.65	40.70	36.09	203	佳木斯	Jiamusi	8.39	12.28	13.54	253
通辽	Tongliao	45.26	86.54	79.92	108	七台河	Qitaihe	23.48	17.16	11.81	259
鄂尔多斯	Erdos	189.99	251.66	316.50	21	牡丹江	Mudanjiang	17.46	31.12	41.87	186
呼伦贝尔	Hulunbuir	26.28	45.66	69.11	124	黑河	Heihe	2.93	4.65	5.20	276
巴彦淖尔	Bayannur	14.75	18.33	14.44	247	绥化	Suihua	10.01	16.59	19.61	236
乌兰察布	Ulanqab	19.41	20.44	20.94	233	上海	**Shanghai**	**816.97**	**856.36**	**905.28**	
辽宁	**Liaoning**	**968.69**	**1295.54**	**1250.00**		江苏	**Jiangsu**	**2692.69**	**3708.77**	**3985.16**	

11-13 规模以上工业企业应交增值税 续表 1

Value-added Tax Payable of Industrial Enterprises above Designated Size continued 1

单位：亿元 （100 million yuan）

地名	City	2010	2012	2013	2013 排名 Ranking	地名	City	2010	2012	2013	2013 排名 Ranking
南京	Nanjing	348.29	492.16	344.92	16	池州	Chizhou	8.67	12.93	17.58	239
无锡	Wuxi	252.57	333.52	326.90	20	宣城	Xuancheng	32.22	38.86	50.67	160
徐州	Xuzhou	254.94	405.47	486.85	5	**福建**	**Fujian**	**555.85**	**869.60**	**916.88**	
常州	Changzhou	184.91	256.59	293.91	23	福州	Fuzhou	87.43	184.57	201.67	42
苏州	Suzhou	451.41	486.44	491.27	4	厦门	Xiamen	66.31	78.41	82.33	105
南通	Nantong	250.79	335.37	413.20	9	莆田	Putian	21.34	40.60	46.31	175
连云港	Lianyungang	75.60	122.41	145.65	54	三明	Sanming	41.41	61.88	67.77	127
淮安	Huaian	64.34	89.66	103.01	81	泉州	Quanzhou	171.56	233.67	257.11	30
盐城	Yancheng	147.50	238.39	234.26	34	漳州	Zhangzhou	67.47	139.78	177.56	48
扬州	Yangzhou	245.29	299.65	334.56	18	南平	Nanping	16.76	30.00	40.68	189
镇江	Zhenjiang	126.77	182.47	220.88	35	龙岩	Longyan	44.19	47.44	52.63	157
泰州	Taizhou	188.62	309.36	358.06	14	宁德	Ningde	22.63	53.25	65.72	132
宿迁	Suqian	38.10	77.58	106.34	77	**江西**	**Jiangxi**	**421.87**	**675.27**	**853.41**	
浙江	**Zhejiang**	**1412.68**	**1590.69**	**1627.38**		南昌	Nanchang	76.11	103.37	120.40	65
杭州	Hangzhou	305.99	361.02	380.77	12	景德镇	Jingdezhen	20.14	22.46	30.52	217
宁波	Ningbo	277.04	300.78	337.69	17	萍乡	Pingxiang	45.63	52.93	55.66	152
温州	Wenzhou	157.30	125.68	144.16	55	九江	Jiujiang	38.56	63.42	94.28	92
嘉兴	Jiaxing	146.10	191.00	205.30	40	新余	Xinyu	21.77	27.76	32.00	211
湖州	Huzhou	73.04	85.70	99.60	87	鹰潭	Yingtan	23.45	35.59	58.55	148
绍兴	Shaoxing	155.71	187.53	200.17	43	赣州	Ganzhou	43.12	67.34	107.22	76
金华	Jinhua	96.60	102.59	118.69	67	吉安	Jian	43.82	70.32	93.09	94
衢州	Quzhou	29.97	41.85	48.60	169	宜春	Yichun	50.44	79.64	103.00	82
舟山	Zhoushan	13.45	15.64	16.07	242	抚州	Fuzhou	20.14	25.49	49.59	166
台州	Taizhou	102.90	102.96	115.31	71	上饶	Shangrao	41.07	67.71	109.08	74
丽水	Lishui	32.70	38.82	43.98	180	**山东**	**Shandong**	**2545.93**	**3426.20**	**3698.52**	
安徽	**Anhui**	**672.57**	**909.63**	**866.98**		济南	Jinan	131.99	114.73	142.44	56
合肥	Hefei	160.23	243.94	245.69	31	青岛	Qingdao	305.36	441.95	524.00	2
芜湖	Wuhu	83.51	147.36	167.70	52	淄博	Zibo	287.35	363.16	385.90	11
蚌埠	Bengbu	22.70	27.92	27.76	220	枣庄	Zaozhuang	111.46	121.28	135.41	59
淮南	Huainan	57.63	66.44	54.89	154	东营	Dongying	235.45	376.65	410.54	10
马鞍山	Maanshan	71.10	56.69	77.70	110	烟台	Yantai	210.48	263.23	284.76	26
淮北	Huaibei	43.07	61.34	58.33	149	潍坊	Weifang	201.72	213.09	245.57	32
铜陵	Tongling	21.85	21.47	32.21	210	济宁	Jining	156.69	152.93	181.63	46
安庆	Anqing	37.50	45.59	63.98	136	泰安	Taian	136.53	187.33	215.62	37
黄山	Huangshan	8.53	8.94	15.98	243	威海	Weihai	98.96	154.34	168.40	51
滁州	Chuzhou	29.84	52.36	63.25	140	日照	Rizhao	53.72	49.22	38.68	196
阜阳	Fuyang	27.80	48.63	63.14	141	莱芜	Laiwu	29.30	16.06	16.08	241
宿州	Suzhou	12.61	22.28	29.27	218	临沂	Linyi	93.18	157.05	205.64	39
六安	Liuan	20.11	32.04	31.93	212	德州	Dezhou	149.89	257.89	310.13	22
亳州	Bozhou	10.95	22.82	23.39	229	聊城	Liaocheng	152.82	169.62	189.04	44

11-13 规模以上工业企业应交增值税 续表 2

Value-added Tax Payable of Industrial Enterprises above Designated Size continued 2

单位：亿元 （100 million yuan）

地名	City	2010	2012	2013	2013 排名 Ranking	地名	City	2010	2012	2013	2013 排名 Ranking
滨州	Binzhou	91.25	123.28	134.58	60	常德	Changde	67.28	112.78	120.52	64
菏泽	Heze	93.78	182.61	219.96	36	张家界	Zhangjiajie	3.80	4.26	4.46	279
河南	**Henan**	**1147.72**	**1452.56**	**1436.60**		益阳	Yiyang	31.16	54.46	71.39	120
郑州	Zhengzhou	261.21	387.98	432.09	7	郴州	Chenzhou	72.97	176.92	140.05	58
开封	Kaifeng	30.98	45.56	47.59	171	永州	Yongzhou	21.44	27.88	31.09	216
洛阳	Luoyang	94.52	100.91	98.18	90	怀化	Huaihua	22.09	25.30	26.96	223
平顶山	Pingdingshan	73.08	81.37	88.55	99	娄底	Loudi	63.64	60.24	70.83	122
安阳	Anyang	74.35	74.38	76.69	111	**广东**	**Guangdong**	**2280.56**	**2866.35**	**2539.07**	
鹤壁	Hebi	23.63	28.49	35.44	204	广州	Guangzhou	469.63	440.24	517.36	3
新乡	Xinxiang	45.21	51.23	55.48	153	韶关	Shaoguan	29.11	41.11	43.86	181
焦作	Jiaozuo	101.41	111.16	120.56	63	深圳	Shenzhen	470.83	636.76	710.41	1
濮阳	Puyang	36.26	52.97	64.82	133	珠海	Zhuhai	64.24	70.43	104.39	80
许昌	Xuchang	104.10	140.98	152.38	53	汕头	Shantou	51.61	53.33	59.98	146
漯河	Luohe	31.48	37.90	41.34	187	佛山	Foshan	318.39	360.34	421.78	8
三门峡	Sanmenxia	40.71	43.75	46.63	174	江门	Jiangmen	109.04	76.34	84.70	101
南阳	Nanyang	77.54	92.06	91.84	96	湛江	Zhanjiang	43.84	79.29	90.69	98
商丘	Shangqiu	37.32	46.13	51.46	159	茂名	Maoming	53.21	104.93	207.27	38
信阳	Xinyang	27.20	38.97	44.63	179	肇庆	Zhaoqing	61.63	90.72	98.69	89
周口	Zhoukou	38.16	49.06	66.84	131	惠州	Huizhou	118.75	268.72	269.15	29
驻马店	Zhumadian	25.37	37.11	47.16	172	梅州	Meizhou	22.38	26.86	27.22	222
湖北	**Hubei**	**639.08**	**838.79**	**946.77**		汕尾	Shanwei	9.63	11.15	11.45	262
武汉	Wuhan	228.90	250.52	345.92	15	河源	Heyuan	20.22	30.33	31.19	215
黄石	Huangshi	18.50	40.96	49.74	165	阳江	Yangjiang	21.85	46.33	56.22	151
十堰	Shiyan	17.05	51.52	53.55	155	清远	Qingyuan	61.61	35.46	40.51	190
宜昌	Yichang	77.00	96.49	203.50	41	东莞	Dongguan	108.19	196.92	242.93	33
襄阳	Xiangfan	48.96	86.09	122.60	62	中山	ZhongShan	145.09	169.68	180.42	47
鄂州	Ezhou	18.02	25.77	31.45	213	潮州	Chaozhou	28.73	34.78	41.10	188
荆门	Jingmen	24.89	43.72	52.99	156	揭阳	Jieyang	56.25	75.16	79.18	109
孝感	Xiaogan	25.12	37.19	48.77	168	云浮	Yunfu	16.48	17.47	24.51	226
荆州	Jingzhou	16.62	29.26	50.05	164	**广西**	**Guangxi**	**320.65**	**528.62**	**528.11**	
黄冈	Huanggang	15.90	33.27	43.29	183	南宁	Nanning	46.07	71.92	80.73	106
咸宁	Xianning	12.28	28.35	46.86	173	柳州	Liuzhou	68.98	81.93	80.25	107
随州	Suizhou	12.81	32.13	34.43	206	桂林	Guilin	35.66	57.45	61.13	143
湖南	**Hunan**	**830.66**	**1132.62**	**1123.73**		梧州	Wuzhou	17.29	69.56	110.24	73
长沙	Changsha	182.95	191.86	272.74	27	北海	Beihai	7.53	54.58	64.39	134
株洲	Zhuzhou	94.05	107.90	131.48	61	防城港	Fangchenggang	6.10	11.31	9.43	268
湘潭	Xiangtan	48.86	66.45	75.08	112	钦州	Qinzhou	12.09	18.08	21.69	231
衡阳	Hengyang	64.39	102.02	102.62	83	贵港	Guigang	13.41	17.21	19.22	237
邵阳	Shaoyang	28.18	49.13	61.01	144	玉林	Yulin	26.36	30.12	39.19	194
岳阳	Yueyang	114.66	156.94	173.83	50	百色	Baise	29.32	38.05	26.11	225

11-13 规模以上工业企业应交增值税 续表 3
Value-added Tax Payable of Industrial Enterprises above Designated Size continued 3

单位：亿元 （100 million yuan）

地名	City	2010	2012	2013	2013 排名 Ranking
贺州	Hezhou	5.86	12.31	13.58	252
河池	Hechi	18.59	16.18	12.98	254
来宾	Laibin	15.81	15.75	13.67	251
崇左	Chongzuo	13.72	19.90	3.27	280
海南	**Hainan**	**60.46**	**67.97**	**62.78**	
海口	Haikou	15.29	18.91	20.12	235
三亚	Sanya	2.22	2.55	2.54	282
重庆	**Chongqing**	**341.75**	**406.39**	**579.91**	
四川	**Sichuan**	**945.28**	**1283.83**	**1244.38**	
成都	Chengdu	217.36	406.86	443.75	6
自贡	Zigong	48.90	58.35	60.00	145
攀枝花	Panzhihua	38.61	44.57	57.15	150
泸州	Luzhou	44.47	53.13	61.95	142
德阳	Deyang	59.50	69.75	75.03	113
绵阳	Mianyang	56.23	87.18	92.54	95
广元	Guangyuan	10.53	14.30	13.94	249
遂宁	Suining	30.18	46.77	48.98	167
内江	Neijiang	57.33	68.55	73.02	117
乐山	Leshan	47.25	49.81	43.50	182
南充	Nanchong	44.22	60.76	63.30	139
眉山	Meishan	28.87	36.68	37.93	200
宜宾	Yibin	58.00	77.76	74.01	115
广安	Guangan	19.32	26.06	26.68	224
达州	Dazhou	26.17	22.06	24.02	228
雅安	Yaan	14.90	22.75	22.30	230
巴中	Bazhong	2.66	6.24	10.89	265
资阳	Ziyang	40.37	65.39	59.31	147
贵州	**Guizhou**	**193.20**	**300.64**	**313.83**	
贵阳	Guiyang	58.88	97.64	105.80	79
六盘水	Liupanshui	34.78	36.63	36.72	202
遵义	Zunyi	38.69	73.31	87.19	100
安顺	Anshun	8.40	10.27	11.57	260
毕节	Bijie	23.41	31.50	33.41	208
铜仁	Tongren	3.69	6.41	8.49	270
云南	**Yunnan**	**337.57**	**463.85**	**440.13**	
昆明	Kunming	91.01	122.56	120.25	66
曲靖	Qujing	50.84	67.18	70.82	123
玉溪	Yuxi	59.28	77.68	71.40	119
保山	Baoshan	5.52	11.02	10.97	264
昭通	Zhaotong	16.44	24.82	24.50	227
丽江	Lijiang	3.90	10.32	12.29	257
普洱	Puer	6.35	9.86	12.34	256
临沧	Lincang	6.34	9.25	10.56	267
西藏	**Tibet**	**5.01**	**7.70**	**8.23**	
拉萨	Lhasa	3.69	4.81	5.23	275
陕西	**Shaanxi**	**584.23**	**893.13**	**856.04**	
西安	Xi'an	98.00	112.65	101.60	85
铜川	Tongchuan	14.17	19.40	20.81	234
宝鸡	Baoji	41.28	61.55	50.63	161
咸阳	Xianyang	51.99	95.81	106.06	78
渭南	Weinan	37.01	50.66	38.53	198
延安	Yan'an	90.80	159.23	114.90	72
汉中	Hanzhong	11.52	20.95	11.57	260
榆林	Yulin	184.74	190.30	176.35	49
安康	Ankang	12.12	26.81	28.01	219
商洛	Shangluo	5.67	15.23	11.44	263
甘肃	**Gansu**	**165.56**	**214.40**	**192.28**	
兰州	Lanzhou	60.64	66.50	67.43	128
嘉峪关	Jiayuguan	17.39	15.49	13.86	250
金昌	Jinchang	17.64	19.80	12.07	258
白银	Baiyin	10.68	20.20	14.25	248
天水	Tianshui	7.11	4.39	5.74	274
武威	Wuwei	3.70	3.32	2.81	281
张掖	Zhangye	3.95	5.47	4.52	278
平凉	Pingliang	11.08	15.40	15.77	244
酒泉	Jiuquan	11.13	11.84	9.25	269
庆阳	Qingyang	14.89	41.70	40.02	191
定西	Dingxi	1.35	1.22	1.83	283
陇南	Longnan	3.53	5.00	5.77	273
青海	**Qinghai**	**80.66**	**87.95**	**90.91**	
西宁	Xining	36.36	33.66	42.02	185
宁夏	**Ningxia**	**71.12**	**97.48**	**99.65**	
银川	Yinchuan	20.25	53.14	46.21	177
石嘴山	Shizuishan	13.88	14.64	15.49	245
吴忠	Wuzhong	11.72	15.52	15.34	246
固原	Guyuan	0.52	1.59	1.54	284
中卫	Zhongwei	6.09	6.28	8.03	271
新疆	**Xinjiang**	**261.52**	**327.88**	**329.47**	
乌鲁木齐	Urumqi	52.63	67.79	73.38	116
克拉玛依	Karamay	90.30	93.13	91.84	96

12

建筑业

Construction

12-1 建筑业企业单位数
Number of Construction Enterprises

单位：个 （unit）

地名	City	2010	2012	2013	2013 排名 Ranking
全国	**Nation Total**	**71863**	**75280**	**79528**	
北京	**Beijing**	**3262**	**3178**	**3114**	
天津	**Tianjin**	**1438**	**1535**	**1600**	
河北	**Hebei**	**2132**	**2347**	**2395**	
石家庄	Shijiazhuang	271	272	266	71
唐山	Tangshan	296	324	335	57
秦皇岛	Qinhuangdao	207	218	220	91
邯郸	Handan	240	306	308	64
邢台	Xingtai	165	168	164	131
保定	Baoding	247	291	281	70
张家口	Zhangjiakou	124	155	155	139
承德	Chengde	197	199	195	119
沧州	Cangzhou	212	213	214	98
廊坊	Langfang	209	218	215	97
衡水	Hengshui	121	135	147	146
山西	**Shanxi**	**1727**	**2016**	**2189**	
太原	Taiyuan	821	840	914	15
大同	Datong	204	171	200	115
阳泉	Yangquan	78	69	80	219
长治	Changzhi	146	142	146	149
晋城	Jincheng	71	77	86	214
朔州	Shuozhou	78	104	105	190
晋中	Jinzhong	118	145	151	142
运城	Yuncheng	129	131	145	150
忻州	Xinzhou	110	109	123	168
临汾	Linfen	128	133	133	156
吕梁	Luliang	87	95	98	200
内蒙古	**Inner Mongolia**	**787**	**828**	**866**	
呼和浩特	Hohhot	171	191	193	120
包头	Baotou	98	101	97	203
乌海	Wuhai	32	37	41	270
赤峰	Chifeng	116	120	115	180
通辽	Tongliao	44	51	56	248
鄂尔多斯	Erdos	166	160	192	121
呼伦贝尔	Hulunbuir	74	74	73	233
巴彦淖尔	Bayannur	53	53	54	249
乌兰察布	Ulanqab	41	41	43	266
辽宁	**Liaoning**	**4612**	**5547**	**6005**	
沈阳	Shenyang	1542	1885	1899	1
大连	Dalian	1378	1669	1644	3
鞍山	Anshan	319	419	403	46
抚顺	Fushun	164	228	200	115
本溪	Benxi	186	235	196	118
丹东	Dandong	201	224	239	81
锦州	Jinzhou	190	241	247	78
营口	Yingkou	157	218	232	82
阜新	Fuxin	159	218	221	89
辽阳	Liaoyang	217	274	259	73
盘锦	Panjin	176	200	205	106
铁岭	Tieling	93	111	116	178
朝阳	Chaoyang	159	213	216	95
葫芦岛	Huludao	161	293	294	68
吉林	**Jilin**	**932**	**1653**	**1854**	
长春	Changchun	366	985	1109	10
吉林	Jilin	161	292	331	58
四平	Siping	153	92	106	188
辽源	Liaoyuan	82	85	92	209
通化	Tonghua	97	117	123	168
白山	Baishan	99	94	110	183
松原	Songyuan	104	139	151	142
白城	Baicheng	57	46	46	261
黑龙江	**Heilongjiang**	**1945**	**2038**	**1965**	
哈尔滨	Harbin	890	910	921	14
齐齐哈尔	Qiqihar	132	126	114	181
鸡西	Jixi	82	93	93	207
鹤岗	Hegang	59	75	67	238
双鸭山	Shuangyashan	55	59	53	250
大庆	Daqing	235	236	231	83
伊春	Yichun	53	53	59	246
佳木斯	Jiamusi	70	75	74	232
七台河	Qitaihe	27	40	38	273
牡丹江	Mudanjiang	182	160	162	133
黑河	Heihe	51	61	60	245
绥化	Suihua	81	123	110	183
上海	**Shanghai**	**2983**	**2963**	**2860**	
江苏	**Jiangsu**	**8893**	**8743**	**9305**	

12-1 建筑业企业单位数 续表 1
Number of Construction Enterprises continued 1

单位：个 （unit）

地名	City	2010	2012	2013	2013 排名 Ranking	地名	City	2010	2012	2013	2013 排名 Ranking
南京	Nanjing	1517	1605	1687	2	池州	Chizhou	84	94	96	205
无锡	Wuxi	598	574	592	29	宣城	Xuancheng	117	127	126	163
徐州	Xuzhou	364	390	443	40	**福建**	**Fujian**	**2180**	**2387**	**2646**	
常州	Changzhou	564	594	648	26	福州	Fuzhou	748	884	957	12
苏州	Suzhou	1454	1476	1481	6	厦门	Xiamen	466	509	566	31
南通	Nantong	890	946	944	13	莆田	Putian	145	172	205	106
连云港	Lianyungang	214	231	304	65	三明	Sanming	140	178	197	117
淮安	Huaian	624	579	661	24	泉州	Quanzhou	491	497	514	33
盐城	Yancheng	668	709	746	21	漳州	Zhangzhou	165	185	206	105
扬州	Yangzhou	743	763	758	20	南平	Nanping	148	188	203	110
镇江	Zhenjiang	374	381	401	47	龙岩	Longyan	187	219	249	76
泰州	Taizhou	640	673	687	22	宁德	Ningde	116	127	136	152
宿迁	Suqian	299	333	357	53	**江西**	**Jiangxi**	**1276**	**1507**	**1626**	
浙江	**Zhejiang**	**5052**	**5550**	**5884**		南昌	Nanchang	439	481	495	35
杭州	Hangzhou	1331	1430	1515	4	景德镇	Jingdezhen	54	42	38	273
宁波	Ningbo	753	922	976	11	萍乡	Pingxiang	95	78	78	222
温州	Wenzhou	547	617	639	27	九江	Jiujiang	142	164	159	136
嘉兴	Jiaxing	271	308	325	60	新余	Xinyu	60	69	76	228
湖州	Huzhou	178	205	216	95	鹰潭	Yingtan	40	42	42	268
绍兴	Shaoxing	541	620	661	24	赣州	Ganzhou	124	203	218	92
金华	Jinhua	583	666	687	22	吉安	Jian	106	131	134	153
衢州	Quzhou	197	212	226	85	宜春	Yichun	129	180	192	121
舟山	Zhoushan	118	122	133	156	抚州	Fuzhou	85	84	109	185
台州	Taizhou	408	411	438	42	上饶	Shangrao	117	158	176	127
丽水	Lishui	184	213	250	75	**山东**	**Shandong**	**6135**	**5661**	**5756**	
安徽	**Anhui**	**2432**	**2539**	**2675**		济南	Jinan	739	468	463	38
合肥	Hefei	703	835	840	18	青岛	Qingdao	640	596	580	30
芜湖	Wuhu	164	200	212	102	淄博	Zibo	477	418	392	49
蚌埠	Bengbu	128	144	150	144	枣庄	Zaozhuang	262	222	225	86
淮南	Huainan	67	68	81	218	东营	Dongying	211	211	222	88
马鞍山	Maanshan	137	153	147	146	烟台	Yantai	932	817	830	19
淮北	Huaibei	57	54	53	250	潍坊	Weifang	581	500	519	32
铜陵	Tongling	84	91	105	190	济宁	Jining	372	361	379	51
安庆	Anqing	237	243	242	80	泰安	Taian	346	337	341	56
黄山	Huangshan	76	82	79	220	威海	Weihai	380	445	440	41
滁州	Chuzhou	124	134	141	151	日照	Rizhao	227	209	211	104
阜阳	Fuyang	108	126	127	161	莱芜	Laiwu	151	135	134	153
宿州	Suzhou	100	127	158	137	临沂	Linyi	360	356	362	52
六安	Liuan	130	143	158	137	德州	Dezhou	198	181	201	113
亳州	Bozhou	34	41	42	268	聊城	Liaocheng	201	207	212	102

12-1 建筑业企业单位数 续表 2
Number of Construction Enterprises continued 2

单位：个 （unit）

地名	City	2010	2012	2013	2013 排名 Ranking	地名	City	2010	2012	2013	2013 排名 Ranking
滨州	Binzhou	216	213	218	92	常德	Changde	120	119	121	172
菏泽	Heze	189	171	183	124	张家界	Zhangjiajie	31	29	30	279
河南	**Henan**	**4294**	**4332**	**4697**		益阳	Yiyang	101	100	102	195
郑州	Zhengzhou	1250	1413	1508	5	郴州	Chenzhou	91	100	106	188
开封	Kaifeng	188	229	262	72	永州	Yongzhou	87	90	91	211
洛阳	Luoyang	383	411	415	44	怀化	Huaihua	90	90	93	207
平顶山	Pingdingshan	197	188	205	106	娄底	Loudi	111	109	117	176
安阳	Anyang	189	202	247	78	**广东**	**Guangdong**	**4249**	**4144**	**4395**	
鹤壁	Hebi	53	58	83	216	广州	Guangzhou	779	786	882	17
新乡	Xinxiang	318	351	393	48	韶关	Shaoguan	76	99	101	197
焦作	Jiaozuo	172	178	202	111	深圳	Shenzhen	808	822	898	16
濮阳	Puyang	186	196	213	99	珠海	Zhuhai	144	170	309	63
许昌	Xuchang	111	117	126	163	汕头	Shantou	212	191	186	123
漯河	Luohe	82	89	95	206	佛山	Foshan	497	443	424	43
三门峡	Sanmenxia	126	130	152	141	江门	Jiangmen	165	158	160	135
南阳	Nanyang	328	331	347	54	湛江	Zhanjiang	106	122	128	160
商丘	Shangqiu	141	166	179	125	茂名	Maoming	97	118	125	165
信阳	Xinyang	186	200	213	99	肇庆	Zhaoqing	119	101	98	200
周口	Zhoukou	162	183	201	113	惠州	Huizhou	111	112	121	172
驻马店	Zhumadian	206	219	225	86	梅州	Meizhou	146	155	153	140
湖北	**Hubei**	**2846**	**2774**	**3197**		汕尾	Shanwei	38	37	36	276
武汉	Wuhan	1349	1169	1275	8	河源	Heyuan	85	102	104	192
黄石	Huangshi	115	117	124	166	阳江	Yangjiang	95	123	117	176
十堰	Shiyan	132	156	218	92	清远	Qingyuan	80	69	72	234
宜昌	Yichang	322	224	291	69	东莞	Dongguan	444	473	502	34
襄阳	Xiangfan	296	307	322	61	中山	ZhongShan	314	315	327	59
鄂州	Ezhou	68	77	75	230	潮州	Chaozhou	83	80	77	225
荆门	Jingmen	91	109	127	161	揭阳	Jieyang	107	117	112	182
孝感	Xiaogan	131	130	122	170	云浮	Yunfu	45	44	45	263
荆州	Jingzhou	173	179	202	111	**广西**	**Guangxi**	**977**	**1053**	**1092**	
黄冈	Huanggang	224	202	229	84	南宁	Nanning	466	476	480	37
咸宁	Xianning	63	94	98	200	柳州	Liuzhou	89	90	78	222
随州	Suizhou	86	78	68	237	桂林	Guilin	161	157	161	134
湖南	**Hunan**	**1822**	**1906**	**1984**		梧州	Wuzhou	31	46	46	261
长沙	Changsha	517	555	598	28	北海	Beihai	47	44	48	259
株洲	Zhuzhou	177	172	178	126	防城港	Fangchenggang	57	52	49	257
湘潭	Xiangtan	130	116	121	172	钦州	Qinzhou	50	52	59	246
衡阳	Hengyang	174	170	169	129	贵港	Guigang	48	48	45	263
邵阳	Shaoyang	116	111	109	185	玉林	Yulin	65	69	72	234
岳阳	Yueyang	209	209	221	89	百色	Baise	60	71	62	243

12-1 建筑业企业单位数 续表 3
Number of Construction Enterprises continued 3

单位：个 （unit）

地名	City	2010	2012	2013	2013 排名 Ranking	地名	City	2010	2012	2013	2013 排名 Ranking
贺州	Hezhou	28	34	35	277	丽江	Lijiang	61	60	62	243
河池	Hechi	44	45	47	260	普洱	Puer	208	89	92	209
来宾	Laibin	36	37	33	278	临沧	Lincang	190	48	49	257
崇左	Chongzuo	40	42	39	272	**西藏**	**Tibet**	**175**	**175**	**164**	
海南	**Hainan**	**104**	**120**	**146**		拉萨	Lhasa	80	88	79	220
海口	Haikou	93	81	107	187	**陕西**	**Shaanxi**	**982**	**1249**	**1397**	
三亚	Sanya	20	19	18	284	西安	Xi'an	322	390	415	44
重庆	**Chongqing**	**2326**	**2334**	**2394**		铜川	Tongchuan	28	29	28	280
四川	**Sichuan**	**3414**	**3193**	**3389**		宝鸡	Baoji	76	119	132	159
成都	Chengdu	1524	1551	1478	7	咸阳	Xianyang	61	84	86	214
自贡	Zigong	168	146	133	156	渭南	Weinan	90	88	104	192
攀枝花	Panzhihua	80	84	91	211	延安	Yan'an	63	111	116	178
泸州	Luzhou	188	186	164	131	汉中	Hanzhong	98	105	102	195
德阳	Deyang	243	244	255	74	榆林	Yulin	163	248	300	67
绵阳	Mianyang	272	268	386	50	安康	Ankang	54	78	78	222
广元	Guangyuan	199	184	172	128	商洛	Shangluo	54	54	66	239
遂宁	Suining	173	156	148	145	**甘肃**	**Gansu**	**757**	**1108**	**1225**	
内江	Neijiang	130	126	119	175	兰州	Lanzhou	329	464	493	36
乐山	Leshan	197	156	147	146	嘉峪关	Jiayuguan	19	24	27	281
南充	Nanchong	249	250	249	76	金昌	Jinchang	27	36	37	275
眉山	Meishan	126	126	134	153	白银	Baiyin	53	72	70	236
宜宾	Yibin	231	218	213	99	天水	Tianshui	72	90	87	213
广安	Guangan	103	113	99	198	武威	Wuwei	41	47	50	254
达州	Dazhou	99	124	124	166	张掖	Zhangye	60	89	104	192
雅安	Yaan	51	49	52	253	平凉	Pingliang	38	49	53	250
巴中	Bazhong	101	98	97	203	酒泉	Jiuquan	44	68	77	225
资阳	Ziyang	120	118	122	170	庆阳	Qingyang	60	69	77	225
贵州	**Guizhou**	**550**	**558**	**605**		定西	Dingxi	43	61	66	239
贵阳	Guiyang	268	278	303	66	陇南	Longnan	46	74	83	216
六盘水	Liupanshui	27	26	27	281	**青海**	**Qinghai**	**369**	**367**	**381**	
遵义	Zunyi	94	95	99	198	西宁	Xining	326	312	314	62
安顺	Anshun	19	23	22	283	**宁夏**	**Ningxia**	**474**	**508**	**514**	
毕节	Bijie	45	50	50	254	银川	Yinchuan	301	331	343	55
铜仁	Tongren	34	38	41	270	石嘴山	Shizuishan	45	47	43	266
云南	**Yunnan**	**1932**	**2080**	**2236**		吴忠	Wuzhong	72	73	75	230
昆明	Kunming	2048	1107	1127	9	固原	Guyuan	43	42	44	265
曲靖	Qujing	190	206	205	106	中卫	Zhongwei	42	48	50	254
玉溪	Yuxi	151	160	169	129	**新疆**	**Xinjiang**	**806**	**887**	**972**	
保山	Baoshan	52	58	63	242	乌鲁木齐	Urumqi	485	435	445	39
昭通	Zhaotong	90	75	76	228	克拉玛依	Karamay	53	61	64	241

12-2 建筑业企业从业人员
Employees of Construction Enterprises

单位：万人 （10 000 persons）

地名	City	2010	2011	2012	2012 排名 Ranking
全国	**Nation Total**	**4160.40**	**3852.50**	**4267.20**	
北京	**Beijing**	**59.90**	**49.60**	**48.47**	
天津	**Tianjin**	**65.50**	**65.38**	**32.24**	
河北	**Hebei**	**128.60**	**120.50**	**134.54**	
石家庄	Shijiazhuang	14.50	13.11	13.54	72
唐山	Tangshan	18.70	16.96	16.16	58
秦皇岛	Qinhuangdao	5.90	4.93	5.23	167
邯郸	Handan	15.40	11.85	15.74	61
邢台	Xingtai	6.90	5.83	5.92	154
保定	Baoding	23.60	27.95	32.95	33
张家口	Zhangjiakou	7.50	4.00	4.40	190
承德	Chengde	5.80	5.68	4.70	179
沧州	Cangzhou	11.00	10.79	12.42	77
廊坊	Langfang	13.90	13.74	18.82	54
衡水	Hengshui	5.50	5.66	5.10	170
山西	**Shanxi**	**75.20**	**62.45**	**66.27**	
太原	Taiyuan	41.10	30.22	30.99	34
大同	Datong	3.70	3.38	3.67	204
阳泉	Yangquan	3.30	3.58	4.59	183
长治	Changzhi	2.90	2.70	2.31	235
晋城	Jincheng	2.10	2.10	2.61	226
朔州	Shuozhou	2.30	2.32	3.06	218
晋中	Jinzhong	4.00	3.80	4.46	188
运城	Yuncheng	4.50	4.93	4.84	175
忻州	Xinzhou	3.10	2.80	2.89	222
临汾	Linfen	6.10	4.89	4.86	173
吕梁	Luliang	1.80	1.74	1.98	243
内蒙古	**Inner Mongolia**	**44.30**	**41.05**	**36.66**	
呼和浩特	Hohhot	8.60	6.84	6.36	141
包头	Baotou	8.30	12.16	6.25	145
乌海	Wuhai	1.00	3.40	1.59	253
赤峰	Chifeng	7.40	6.50	6.14	148
通辽	Tongliao	2.20	1.47	2.31	235
鄂尔多斯	Erdos	6.30	8.38	7.21	129
呼伦贝尔	Hulunbuir	3.40	2.92	2.28	238
巴彦淖尔	Bayannur	4.10	3.14	1.62	250
乌兰察布	Ulanqab	1.10	1.21	1.60	251
辽宁	**Liaoning**	**270.10**	**171.70**	**199.40**	
沈阳	Shenyang	67.50	34.53	55.77	17
大连	Dalian	77.80	55.12	59.00	15
鞍山	Anshan	17.70	10.67	14.93	63
抚顺	Fushun	11.30	6.39	11.98	84
本溪	Benxi	7.00	5.89	9.55	105
丹东	Dandong	10.80	5.26	10.38	94
锦州	Jinzhou	8.20	5.81	12.32	79
营口	Yingkou	9.30	6.70	9.38	107
阜新	Fuxin	4.60	4.47	6.27	144
辽阳	Liaoyang	10.90	4.91	7.90	121
盘锦	Panjin	8.70	5.30	8.29	119
铁岭	Tieling	11.20	10.34	11.40	88
朝阳	Chaoyang	13.90	7.03	21.01	50
葫芦岛	Huludao	11.20	9.28	12.30	80
吉林	**Jilin**	**42.00**	**34.32**	**53.13**	
长春	Changchun	19.90	13.53	26.08	38
吉林	Jilin	5.00	6.12	5.89	155
四平	Siping	3.90	1.89	3.54	209
辽源	Liaoyuan	3.70	3.03	5.88	156
通化	Tonghua	1.50	1.94	2.88	223
白山	Baishan	1.50	1.49	2.03	242
松原	Songyuan	3.70	3.53	4.48	186
白城	Baicheng	1.30	1.12	0.95	271
黑龙江	**Heilongjiang**	**56.20**	**49.08**	**49.24**	
哈尔滨	Harbin	30.10	24.88	23.26	47
齐齐哈尔	Qiqihar	3.00	2.54	2.43	232
鸡西	Jixi	2.10	1.96	1.96	244
鹤岗	Hegang	1.00	1.39	1.50	257
双鸭山	Shuangyashan	1.30	1.40	1.47	258
大庆	Daqing	6.50	5.57	5.97	152
伊春	Yichun	0.80	1.01	1.14	268
佳木斯	Jiamusi	4.00	2.78	3.55	208
七台河	Qitaihe	0.70	0.75	0.64	282
牡丹江	Mudanjiang	2.70	2.69	2.86	224
黑河	Heihe	0.90	0.84	1.33	262
绥化	Suihua	2.50	2.78	2.55	228
上海	**Shanghai**	**96.10**	**96.86**	**87.73**	
江苏	**Jiangsu**	**591.80**	**620.90**	**739.34**	

12-2 建筑业企业从业人员 续表 1
Employees of Construction Enterprises continued 1

单位：万人 （10 000 persons）

地名	City	2010	2011	2012	2012 排名 Ranking	地名	City	2010	2011	2012	2012 排名 Ranking
南京	Nanjing	60.40	64.85	77.39	9	池州	Chizhou	3.20	3.97	3.93	199
无锡	Wuxi	25.50	24.49	25.48	39	宣城	Xuancheng	4.20	4.90	5.01	172
徐州	Xuzhou	33.80	40.90	46.70	23	**福建**	**Fujian**	**229.60**	**219.09**	**185.35**	
常州	Changzhou	36.10	30.78	43.41	25	福州	Fuzhou	88.50	67.33	76.76	10
苏州	Suzhou	56.30	54.62	54.79	18	厦门	Xiamen	58.80	55.86	60.74	14
南通	Nantong	107.20	121.81	157.27	2	莆田	Putian	7.00	10.04	12.80	76
连云港	Lianyungang	17.90	20.42	24.60	44	三明	Sanming	7.70	10.51	11.14	90
淮安	Huaian	37.80	44.44	48.33	21	泉州	Quanzhou	31.40	35.96	39.20	28
盐城	Yancheng	42.40	43.77	51.43	20	漳州	Zhangzhou	9.00	8.78	12.05	83
扬州	Yangzhou	70.70	69.32	79.14	8	南平	Nanping	3.40	4.32	4.74	178
镇江	Zhenjiang	15.40	13.40	14.66	65	龙岩	Longyan	17.90	19.58	24.75	43
泰州	Taizhou	66.70	55.51	79.76	7	宁德	Ningde	5.90	6.71	7.48	127
宿迁	Suqian	21.70	36.58	37.24	30	**江西**	**Jiangxi**	**86.10**	**85.02**	**107.27**	
浙江	**Zhejiang**	**615.70**	**541.84**	**640.77**		南昌	Nanchang	33.30	31.69	42.20	26
杭州	Hangzhou	111.70	91.55	100.29	3	景德镇	Jingdezhen	2.30	1.86	2.19	240
宁波	Ningbo	74.40	86.68	95.59	4	萍乡	Pingxiang	2.90	3.70	3.62	206
温州	Wenzhou	36.40	40.44	46.26	24	九江	Jiujiang	9.90	9.34	9.77	103
嘉兴	Jiaxing	30.10	24.67	27.48	37	新余	Xinyu	2.50	3.11	2.97	221
湖州	Huzhou	14.10	11.76	16.33	56	鹰潭	Yingtan	3.00	3.40	4.85	174
绍兴	Shaoxing	143.60	149.26	171.37	1	赣州	Ganzhou	7.10	5.08	5.93	153
金华	Jinhua	74.00	52.92	91.62	5	吉安	Jian	4.70	4.98	6.14	148
衢州	Quzhou	12.00	13.17	14.49	66	宜春	Yichun	4.90	5.61	6.87	135
舟山	Zhoushan	6.50	6.63	6.41	140	抚州	Fuzhou	7.30	7.13	9.19	109
台州	Taizhou	55.70	57.55	63.28	13	上饶	Shangrao	8.30	9.12	13.78	67
丽水	Lishui	7.70	7.20	7.80	122	**山东**	**Shandong**	**314.70**	**270.68**	**277.42**	
安徽	**Anhui**	**158.00**	**167.01**	**169.60**		济南	Jinan	47.30	29.49	35.36	31
合肥	Hefei	58.90	75.19	72.34	11	青岛	Qingdao	34.90	18.30	20.47	52
芜湖	Wuhu	10.20	10.15	10.68	92	淄博	Zibo	32.70	33.09	33.67	32
蚌埠	Bengbu	6.50	5.15	6.70	136	枣庄	Zaozhuang	13.10	14.26	15.77	60
淮南	Huainan	5.80	5.00	2.56	227	东营	Dongying	9.80	8.80	9.82	101
马鞍山	Maanshan	7.90	8.08	8.41	116	烟台	Yantai	26.60	21.66	20.97	51
淮北	Huaibei	3.50	3.88	4.48	186	潍坊	Weifang	28.00	25.46	22.62	48
铜陵	Tongling	4.30	4.14	4.21	194	济宁	Jining	17.80	16.94	16.04	59
安庆	Anqing	11.70	11.70	11.73	86	泰安	Taian	29.90	30.53	27.79	36
黄山	Huangshan	4.10	4.23	3.94	197	威海	Weihai	11.20	10.40	8.65	113
滁州	Chuzhou	6.40	7.00	8.36	118	日照	Rizhao	8.10	6.26	7.49	125
阜阳	Fuyang	5.10	5.37	5.61	160	莱芜	Laiwu	4.40	4.05	4.77	177
宿州	Suzhou	7.40	7.25	8.08	120	临沂	Linyi	18.60	20.69	24.95	42
六安	Liuan	10.20	9.49	11.19	89	德州	Dezhou	8.40	7.77	7.20	130
亳州	Bozhou	1.50	1.51	1.66	248	聊城	Liaocheng	5.40	5.45	5.56	161

12-2 建筑业企业从业人员 续表 2
Employees of Construction Enterprises continued 2

单位：万人 (10 000 persons)

地名	City	2010	2011	2012	2012 排名 Ranking	地名	City	2010	2011	2012	2012 排名 Ranking
滨州	Binzhou	6.80	6.56	6.09	150	常德	Changde	8.20	8.33	9.65	104
菏泽	Heze	11.70	10.97	10.07	99	张家界	Zhangjiajie	1.30	1.34	1.30	263
河南	**Henan**	**235.00**	**228.92**	**226.75**		益阳	Yiyang	4.70	4.54	4.68	180
郑州	Zhengzhou	58.40	46.35	47.48	22	郴州	Chenzhou	3.90	4.05	5.82	157
开封	Kaifeng	8.20	8.86	8.46	114	永州	Yongzhou	5.80	5.45	5.73	159
洛阳	Luoyang	27.00	30.49	28.29	35	怀化	Huaihua	2.90	2.97	3.85	200
平顶山	Pingdingshan	5.80	6.53	6.15	147	娄底	Loudi	5.50	5.22	6.57	139
安阳	Anyang	23.70	24.26	25.23	40	**广东**	**Guangdong**	**196.30**	**190.28**	**190.50**	
鹤壁	Hebi	3.10	3.01	2.43	232	广州	Guangzhou	39.70	39.14	40.25	27
新乡	Xinxiang	21.10	20.34	21.38	49	韶关	Shaoguan	5.70	5.92	7.10	133
焦作	Jiaozuo	5.80	5.25	4.83	176	深圳	Shenzhen	45.60	44.55	52.26	19
濮阳	Puyang	8.20	8.08	8.87	111	珠海	Zhuhai	4.40	2.90	3.46	210
许昌	Xuchang	5.30	5.75	6.31	143	汕头	Shantou	14.40	13.02	13.02	73
漯河	Luohe	3.90	3.46	3.29	215	佛山	Foshan	11.00	10.34	11.66	87
三门峡	Sanmenxia	5.10	5.01	4.58	184	江门	Jiangmen	8.50	11.29	7.26	128
南阳	Nanyang	15.20	14.70	12.35	78	湛江	Zhanjiang	10.30	8.92	9.79	102
商丘	Shangqiu	9.20	9.72	9.34	108	茂名	Maoming	8.30	8.68	10.00	100
信阳	Xinyang	13.60	14.00	13.63	69	肇庆	Zhaoqing	4.10	2.78	3.05	220
周口	Zhoukou	9.20	9.11	10.31	96	惠州	Huizhou	3.20	2.96	3.34	212
驻马店	Zhumadian	10.90	12.24	12.82	75	梅州	Meizhou	9.10	7.78	7.01	134
湖北	**Hubei**	**198.60**	**141.11**	**170.44**		汕尾	Shanwei	1.30	0.95	0.78	275
武汉	Wuhan	65.30	65.84	70.90	12	河源	Heyuan	1.70	1.86	1.69	247
黄石	Huangshi	6.60	7.06	6.67	137	阳江	Yangjiang	5.50	5.22	5.23	167
十堰	Shiyan	7.10	4.34	6.01	151	清远	Qingyuan	3.40	2.88	2.48	231
宜昌	Yichang	14.30	12.90	12.30	80	东莞	Dongguan	5.70	6.07	6.35	142
襄阳	Xiangfan	10.50	11.17	13.78	67	中山	ZhongShan	5.30	5.45	5.06	171
鄂州	Ezhou	4.20	3.66	3.73	202	潮州	Chaozhou	1.50	1.49	1.45	259
荆门	Jingmen	3.20	3.44	3.94	197	揭阳	Jieyang	5.70	6.26	5.42	164
孝感	Xiaogan	8.20	9.82	13.62	70	云浮	Yunfu	1.80	1.84	1.65	249
荆州	Jingzhou	7.50	7.31	4.01	196	**广西**	**Guangxi**	**59.10**	**59.48**	**67.03**	
黄冈	Huanggang	18.60	4.83	18.24	55	南宁	Nanning	19.60	29.70	20.30	53
咸宁	Xianning	3.00	3.02	3.67	204	柳州	Liuzhou	12.70	11.51	12.87	74
随州	Suizhou	2.60	1.13	3.29	215	桂林	Guilin	5.50	4.44	5.80	158
湖南	**Hunan**	**150.40**	**155.45**	**118.72**		梧州	Wuzhou	1.20	1.52	1.53	255
长沙	Changsha	68.50	72.92	25.07	41	北海	Beihai	1.40	1.44	1.41	260
株洲	Zhuzhou	10.60	9.95	12.09	82	防城港	Fangchenggang	1.80	1.89	2.28	238
湘潭	Xiangtan	8.70	7.73	10.68	92	钦州	Qinzhou	4.80	4.50	6.65	138
衡阳	Hengyang	12.60	15.39	13.61	71	贵港	Guigang	1.50	1.60	1.39	261
邵阳	Shaoyang	8.90	8.59	8.37	117	玉林	Yulin	6.90	4.88	5.34	166
岳阳	Yueyang	7.60	7.85	10.12	98	百色	Baise	1.50	1.18	1.23	265

12-2 建筑业企业从业人员 续表 3
Employees of Construction Enterprises continued 3

单位：万人 （10 000 persons）

地名	City	2010	2011	2012	2012 排名 Ranking	地名	City	2010	2011	2012	2012 排名 Ranking
贺州	Hezhou	0.70	0.59	0.39	283	丽江	Lijiang	0.90	0.93	1.09	270
河池	Hechi	1.60	1.42	1.60	251	普洱	Puer	4.40	5.24	2.50	229
来宾	Laibin	0.70	1.06	1.53	255	临沧	Lincang	5.30	1.76	1.57	254
崇左	Chongzuo	0.60	0.54	0.69	279	**西藏**	**Tibet**		**5.03**	**3.59**	
海南	**Hainan**	**11.00**	**5.50**	**5.90**		拉萨	Lhasa		2.89	2.16	241
海口	Haikou	8.20	3.72	4.32	193	**陕西**	**Shaanxi**	**104.70**	**90.88**	**79.63**	
三亚	Sanya	0.70	0.51			西安	Xi'an	53.90	49.21	39.12	29
重庆	**Chongqing**	**139.30**	**134.84**	**140.88**		铜川	Tongchuan	1.20	1.40	0.67	280
四川	**Sichuan**	**292.20**	**249.46**	**218.88**		宝鸡	Baoji	14.00	6.48	5.50	162
成都	Chengdu	130.10	93.42	81.32	6	咸阳	Xianyang	12.00	10.47	9.50	106
自贡	Zigong	6.70	8.24	7.71	124	渭南	Weinan	7.90	5.65	5.16	169
攀枝花	Panzhihua	7.00	5.22	3.33	213	延安	Yan'an	2.00	2.26	2.37	234
泸州	Luzhou	17.30	16.11	16.26	57	汉中	Hanzhong	4.20	3.42	4.33	192
德阳	Deyang	16.50	13.54	10.34	95	榆林	Yulin	3.50	4.76	4.41	189
绵阳	Mianyang	12.60	11.94	11.75	85	安康	Ankang	2.00	2.29	2.86	224
广元	Guangyuan	4.20	5.40	4.39	191	商洛	Shangluo	3.10	4.00	3.60	207
遂宁	Suining	8.40	8.52	8.46	114	**甘肃**	**Gansu**	**45.80**	**46.00**	**56.10**	
内江	Neijiang	11.70	9.91	7.73	123	兰州	Lanzhou	13.20	14.26	15.29	62
乐山	Leshan	5.80	6.01	5.36	165	嘉峪关	Jiayuguan	0.50	0.49	0.84	274
南充	Nanchong	17.30	18.41	14.76	64	金昌	Jinchang	2.10	1.85	4.58	184
眉山	Meishan	7.00	6.36	7.20	130	白银	Baiyin	2.80	2.94	3.42	211
宜宾	Yibin	8.50	8.45	8.73	112	天水	Tianshui	2.90	2.67	3.16	217
广安	Guangan	11.60	11.03	10.83	91	武威	Wuwei	2.50	2.60	4.15	195
达州	Dazhou	12.50	9.44	10.24	97	张掖	Zhangye	1.40	1.92	2.29	237
雅安	Yaan	1.10	1.14	1.17	267	平凉	Pingliang	4.20	3.75	6.23	146
巴中	Bazhong	6.10	7.27	7.17	132	酒泉	Jiuquan	4.10	3.17	2.50	229
资阳	Ziyang	5.80	7.43	0.78	275	庆阳	Qingyang	3.90	3.82	3.69	203
贵州	**Guizhou**	**33.80**	**33.14**	**35.52**		定西	Dingxi	3.20	3.38	4.60	181
贵阳	Guiyang	22.70	22.47	23.75	46	陇南	Longnan	1.30	0.97	1.71	246
六盘水	Liupanshui	1.00	1.06	1.20	266	**青海**	**Qinghai**	**9.00**	**8.92**	**11.74**	
遵义	Zunyi	3.90	3.65	3.79	201	西宁	Xining	6.30	7.13	9.15	110
安顺	Anshun	0.70	0.81	0.75	277	**宁夏**	**Ningxia**	**9.80**	**10.11**	**8.97**	
毕节	Bijie	0.70	0.76	0.86	273	银川	Yinchuan	5.80	6.53	5.43	163
铜仁	Tongren	1.40	1.11	1.12	269	石嘴山	Shizuishan	0.80	0.74	0.75	277
云南	**Yunnan**	**78.60**	**89.44**	**74.86**		吴忠	Wuzhong	1.60	1.50	1.29	264
昆明	Kunming	48.00	54.27	56.95	16	固原	Guyuan	0.70	0.71	0.65	281
曲靖	Qujing	7.80	6.12	7.49	125	中卫	Zhongwei	0.90	0.63	0.90	272
玉溪	Yuxi	2.90	3.26	3.30	214	**新疆**	**Xinjiang**	**56.50**	**52.73**	**30.30**	
保山	Baoshan	3.30	4.35	4.60	181	乌鲁木齐	Urumqi	22.70	19.75	24.59	45
昭通	Zhaotong	1.90	1.54	1.96	244	克拉玛依	Karamay	2.80	2.29	3.06	218

12-3 建筑业企业总产值
Gross Output Value of Construction

单位：亿元 （100 million yuan）

地名	City	2010	2012	2013	2013 排名 Ranking
全国	**Nation Total**	**96031.1**	**137217.9**	**159313.0**	
北京	**Beijing**	**5196.0**	**6588.3**	**7407.1**	
天津	**Tianjin**	**2424.5**	**3258.6**	**3670.5**	
河北	**Hebei**	**3231.5**	**4865.1**	**5203.9**	
石家庄	Shijiazhuang	558.7	921.3	1010.3	35
唐山	Tangshan	563.8	608.7	614.4	54
秦皇岛	Qinhuangdao	166.1	205.2	205.3	137
邯郸	Handan	314.7	422.3	448.8	66
邢台	Xingtai	87.6	137.7	149.5	173
保定	Baoding	602.8	1055.4	1184.6	28
张家口	Zhangjiakou	204.0	247.9	238.2	122
承德	Chengde	139.7	167.1	167.1	164
沧州	Cangzhou	192.6	307.8	381.8	77
廊坊	Langfang	342.8	690.8	725.8	44
衡水	Hengshui	58.9	100.8	119.2	189
山西	**Shanxi**	**2143.5**	**2668.2**	**2983.8**	
太原	Taiyuan	1343.9	1601.4	1998.4	20
大同	Datong	96.6	127.1	121.4	187
阳泉	Yangquan	100.8	145.1	123.1	185
长治	Changzhi	62.2	118.0	145.3	174
晋城	Jincheng	35.7	57.4	71.0	232
朔州	Shuozhou	48.0	58.0	64.8	239
晋中	Jinzhong	140.5	154.9	175.4	159
运城	Yuncheng	93.7	127.3	117.5	191
忻州	Xinzhou	41.0	55.6	67.2	237
临汾	Linfen	152.7	164.5	79.1	218
吕梁	Luliang	28.2	58.9	71.1	231
内蒙古	**Inner Mongolia**	**1125.6**	**1441.0**	**1540.5**	
呼和浩特	Hohhot	201.8	245.5	278.1	109
包头	Baotou	192.2	235.5	238.8	121
乌海	Wuhai	40.1	60.0	70.0	233
赤峰	Chifeng	133.1	159.2	189.2	146
通辽	Tongliao	63.7	64.1	64.8	239
鄂尔多斯	Erdos	275.8	434.6	471.8	63
呼伦贝尔	Hulunbuir	69.6	84.1	101.4	204
巴彦淖尔	Bayannur	73.6	54.5	57.8	243
乌兰察布	Ulanqab	26.1	41.8	42.5	254
辽宁	**Liaoning**	**4690.3**	**7547.4**	**8743.4**	
沈阳	Shenyang	1055.2	1715.5	2008.5	19
大连	Dalian	1321.8	2030.4	2287.4	13
鞍山	Anshan	373.2	551.3	637.3	52
抚顺	Fushun	228.2	370.9	408.9	71
本溪	Benxi	159.4	286.3	330.1	91
丹东	Dandong	193.3	303.2	367.4	81
锦州	Jinzhou	209.5	277.1	315.7	95
营口	Yingkou	155.9	307.9	382.1	76
阜新	Fuxin	85.7	217.3	263.4	114
辽阳	Liaoyang	162.1	260.9	274.4	110
盘锦	Panjin	210.7	299.7	306.4	98
铁岭	Tieling	206.8	286.0	310.6	97
朝阳	Chaoyang	165.7	324.2	383.4	75
葫芦岛	Huludao	162.9	312.5	354.1	84
吉林	**Jilin**	**1350.2**	**1990.4**	**2200.2**	
长春	Changchun	669.8	913.8	913.8	40
吉林	Jilin	159.0	287.1	287.1	105
四平	Siping	59.0	79.1	79.1	219
辽源	Liaoyuan	47.0	84.0	84.0	216
通化	Tonghua	138.3	184.9	184.9	150
白山	Baishan	44.3	75.1	75.1	226
松原	Songyuan	146.9	256.3	256.3	116
白城	Baicheng	25.4	28.3	28.1	270
黑龙江	**Heilongjiang**	**1769.7**	**2374.0**	**2450.6**	
哈尔滨	Harbin	1081.3	1499.0	1555.3	25
齐齐哈尔	Qiqihar	64.5	77.9	71.6	230
鸡西	Jixi	36.5	53.1	40.2	256
鹤岗	Hegang	21.9	32.3	24.5	275
双鸭山	Shuangyashan	26.1	26.0	19.2	277
大庆	Daqing	230.6	255.5	219.8	129
伊春	Yichun	19.3	22.9	26.7	271
佳木斯	Jiamusi	71.9	95.8	97.4	206
七台河	Qitaihe	15.9	16.6	12.2	281
牡丹江	Mudanjiang	103.0	146.9	181.5	156
黑河	Heihe	26.7	52.9	56.8	244
绥化	Suihua	58.6	75.8	77.6	222
上海	**Shanghai**	**4300.2**	**4843.4**	**5102.8**	
江苏	**Jiangsu**	**12405.9**	**18423.6**	**21712.2**	

12-3 建筑业企业总产值 续表 1
Gross Output Value of Construction continued 1

单位：亿元 （100 million yuan）

地名	City	2010	2012	2013	2013 排名 Ranking	地名	City	2010	2012	2013	2013 排名 Ranking
南京	Nanjing	1643.3	2645.7	3065.4	7	池州	Chizhou	46.5	73.2	94.2	209
无锡	Wuxi	499.5	570.7	644.1	51	宣城	Xuancheng	61.9	108.9	123.4	184
徐州	Xuzhou	535.7	881.7	1089.7	33	**福建**	**Fujian**	**3062.2**	**4424.5**	**5459.4**	
常州	Changzhou	735.5	1050.2	1158.5	29	福州	Fuzhou	1161.5	1663.5	2081.4	17
苏州	Suzhou	1275.6	1745.0	1974.8	21	厦门	Xiamen	558.0	802.9	921.5	39
南通	Nantong	2731.2	4423.8	5339.8	2	莆田	Putian	125.4	248.0	373.1	79
连云港	Lianyungang	330.2	431.5	555.1	58	三明	Sanming	156.4	306.1	393.1	73
淮安	Huaian	571.9	839.0	1032.1	34	泉州	Quanzhou	508.5	793.5	976.6	36
盐城	Yancheng	649.4	945.4	1107.8	32	漳州	Zhangzhou	157.2	253.8	300.9	100
扬州	Yangzhou	1553.4	2241.8	2625.7	10	南平	Nanping	61.0	85.8	110.3	195
镇江	Zhenjiang	321.2	370.9	458.5	65	龙岩	Longyan	247.9	414.2	471.2	64
泰州	Taizhou	1264.1	1751.2	2009.2	18	宁德	Ningde	86.3	145.5	184.4	151
宿迁	Suqian	294.9	526.7	651.6	49	**江西**	**Jiangxi**	**1691.5**	**2789.6**	**3459.5**	
浙江	**Zhejiang**	**12210.9**	**17332.7**	**20066.4**		南昌	Nanchang	792.4	1334.0	1708.4	23
杭州	Hangzhou	2663.8	3307.6	3755.5	4	景德镇	Jingdezhen	38.4	32.8	41.0	255
宁波	Ningbo	1425.1	2509.1	3135.5	6	萍乡	Pingxiang	47.0	70.9	87.1	213
温州	Wenzhou	610.8	964.7	1149.1	30	九江	Jiujiang	205.5	266.9	280.3	108
嘉兴	Jiaxing	589.9	844.3	942.5	38	新余	Xinyu	59.2	103.2	118.3	190
湖州	Huzhou	354.2	464.9	526.7	60	鹰潭	Yingtan	65.2	140.4	144.8	175
绍兴	Shaoxing	3263.4	4847.7	5523.3	1	赣州	Ganzhou	113.1	157.8	202.0	140
金华	Jinhua	1566.7	2321.3	2711.6	9	吉安	Jian	60.5	131.7	159.7	168
衢州	Quzhou	225.6	300.1	371.9	80	宜春	Yichun	69.6	135.3	160.3	167
舟山	Zhoushan	133.8	163.6	179.8	157	抚州	Fuzhou	102.2	140.7	207.9	135
台州	Taizhou	1034.4	1448.1	1695.9	24	上饶	Shangrao	138.5	280.1	361.7	82
丽水	Lishui	141.1	161.2	208.2	134	**山东**	**Shandong**	**55496.6**	**7281.3**	**8332.7**	
安徽	**Anhui**	**2865.0**	**4230.4**	**4970.3**		济南	Jinan	894.3	1207.5	1384.8	26
合肥	Hefei	1359.6	2145.3	2535.2	11	青岛	Qingdao	813.7	1013.1	1134.2	31
芜湖	Wuhu	250.9	343.7	383.7	74	淄博	Zibo	505.3	757.0	843.3	41
蚌埠	Bengbu	118.1	243.6	336.3	89	枣庄	Zaozhuang	159.2	224.8	281.2	106
淮南	Huainan	142.9	71.4	85.8	214	东营	Dongying	238.3	297.3	323.3	93
马鞍山	Maanshan	160.6	264.4	271.9	112	烟台	Yantai	500.9	566.3	621.8	53
淮北	Huaibei	47.7	83.4	76.1	224	潍坊	Weifang	447.4	580.8	702.7	45
铜陵	Tongling	60.4	86.0	103.4	201	济宁	Jining	289.5	427.6	565.0	57
安庆	Anqing	111.3	150.3	169.8	163	泰安	Taian	486.0	613.3	690.4	47
黄山	Huangshan	41.3	64.9	67.4	236	威海	Weihai	166.8	215.3	234.2	125
滁州	Chuzhou	94.8	154.2	199.0	143	日照	Rizhao	147.9	191.1	223.9	127
阜阳	Fuyang	74.7	117.6	131.0	180	莱芜	Laiwu	45.1	71.4	69.6	235
宿州	Suzhou	85.0	141.5	172.9	161	临沂	Linyi	287.6	418.7	578.2	56
六安	Liuan	114.1	155.1	183.1	152	德州	Dezhou	129.5	198.9	252.2	117
亳州	Bozhou	18.5	26.8	32.3	264	聊城	Liaocheng	102.8	151.7	185.1	149

12-3 建筑业企业总产值 续表 2
Gross Output Value of Construction continued 2

单位：亿元 （100 million yuan）

地名	City	2010	2012	2013	2013 排名 Ranking	地名	City	2010	2012	2013	2013 排名 Ranking
滨州	Binzhou	148.0	172.0	177.1	158	常德	Changde	114.7	175.2	218.9	130
菏泽	Heze	134.1	174.5	200.8	142	张家界	Zhangjiajie	25.5	28.7	31.8	265
河南	**Henan**	**4400.6**	**6009.1**	**7082.4**		益阳	Yiyang	67.5	109.5	139.7	177
郑州	Zhengzhou	1352.3	1817.0	2264.4	14	郴州	Chenzhou	76.3	131.6	171.0	162
开封	Kaifeng	105.8	164.0	198.5	144	永州	Yongzhou	77.7	113.4	138.4	178
洛阳	Luoyang	877.7	1214.4	1202.4	27	怀化	Huaihua	62.4	93.5	109.1	196
平顶山	Pingdingshan	88.7	121.6	130.4	181	娄底	Loudi	85.0	137.8	182.4	154
安阳	Anyang	319.1	410.8	532.3	59	**广东**	**Guangdong**	**4742.1**	**6514.4**	**7729.2**	
鹤壁	Hebi	34.3	42.4	50.6	249	广州	Guangzhou	1296.2	1763.2	2216.2	16
新乡	Xinxiang	238.7	344.6	418.9	68	韶关	Shaoguan	102.8	166.1	213.9	133
焦作	Jiaozuo	87.5	108.1	122.0	186	深圳	Shenzhen	1461.0	2103.0	2422.3	12
濮阳	Puyang	139.0	192.4	224.9	126	珠海	Zhuhai	100.8	184.5	291.5	104
许昌	Xuchang	85.0	106.1	120.3	188	汕头	Shantou	219.1	292.4	361.3	83
漯河	Luohe	35.3	42.9	51.5	248	佛山	Foshan	315.4	338.5	403.2	72
三门峡	Sanmenxia	82.4	112.6	126.6	183	江门	Jiangmen	119.2	173.3	203.6	139
南阳	Nanyang	197.8	260.5	292.7	102	湛江	Zhanjiang	168.1	248.7	334.5	90
商丘	Shangqiu	170.4	229.0	272.2	111	茂名	Maoming	134.7	271.7	325.4	92
信阳	Xinyang	207.2	278.2	321.7	94	肇庆	Zhaoqing	99.4	103.7	108.6	197
周口	Zhoukou	184.1	250.7	299.0	101	惠州	Huizhou	69.8	93.7	103.3	202
驻马店	Zhumadian	175.5	284.8	342.0	87	梅州	Meizhou	125.9	169.7	185.4	148
湖北	**Hubei**	**4344.4**	**7043.4**	**8343.4**		汕尾	Shanwei	15.4	11.5	9.6	284
武汉	Wuhan	2344.1	4040.6	4879.2	3	河源	Heyuan	20.7	33.9	39.4	257
黄石	Huangshi	146.9	210.0	243.7	120	阳江	Yangjiang	66.2	81.6	115.1	193
十堰	Shiyan	179.5	222.6	305.8	99	清远	Qingyuan	52.8	64.8	73.4	229
宜昌	Yichang	325.6	690.4	701.0	46	东莞	Dongguan	122.1	157.6	187.9	147
襄阳	Xiangfan	313.4	493.7	581.0	55	中山	ZhongShan	133.7	160.1	160.8	165
鄂州	Ezhou	54.3	77.7	95.8	208	潮州	Chaozhou	26.0	30.8	34.7	260
荆门	Jingmen	47.2	67.8	93.7	210	揭阳	Jieyang	75.1	91.4	107.1	199
孝感	Xiaogan	132.4	240.3	314.3	96	云浮	Yunfu	17.9	24.1	30.1	268
荆州	Jingzhou	107.4	156.0	197.1	145	**广西**	**Guangxi**	**1222.3**	**1867.1**	**2271.4**	
黄冈	Huanggang	292.9	489.0	649.3	50	南宁	Nanning	466.4	719.2	836.0	42
咸宁	Xianning	48.3	80.2	98.4	205	柳州	Liuzhou	241.1	378.5	482.5	62
随州	Suizhou	39.3	49.7	65.8	238	桂林	Guilin	129.2	197.6	236.1	124
湖南	**Hunan**	**3161.7**	**4407.9**	**5256.0**		梧州	Wuzhou	28.6	23.0	25.8	273
长沙	Changsha	1740.2	2329.9	2729.4	8	北海	Beihai	33.5	45.2	53.7	245
株洲	Zhuzhou	210.9	332.2	410.9	69	防城港	Fangchenggang	41.3	71.7	74.6	228
湘潭	Xiangtan	149.0	202.1	250.3	118	钦州	Qinzhou	61.2	126.9	201.3	141
衡阳	Hengyang	250.9	309.1	352.0	85	贵港	Guigang	23.6	40.2	52.0	246
邵阳	Shaoyang	134.1	182.6	223.1	128	玉林	Yulin	110.5	128.4	173.7	160
岳阳	Yueyang	149.4	237.3	262.9	115	百色	Baise	22.2	23.9	28.1	269

12-3 建筑业企业总产值 续表 3
Gross Output Value of Construction continued 3

单位：亿元 (100 million yuan)

地名	City	2010	2012	2013	2013 排名 Ranking	地名	City	2010	2012	2013	2013 排名 Ranking
贺州	Hezhou	7.3	10.5	12.1	282	丽江	Lijiang	21.3	33.8	33.1	263
河池	Hechi	26.7	41.4	46.6	252	普洱	Puer	104.1	63.3	77.5	223
来宾	Laibin	169.2	44.7	45.0	253	临沧	Lincang	77.0	48.5	51.6	247
崇左	Chongzuo	12.1	17.2	19.5	276	**西藏**	**Tibet**	**121.9**	**86.4**	**82.1**	
海南	**Hainan**	**199.5**	**283.1**	**285.3**		拉萨	Lhasa	103.7	67.0	63.0	242
海口	Haikou	143.1	211.0	203.9	138	**陕西**	**Shaanxi**	**3063.6**	**3529.4**	**3993.8**	
三亚	Sanya	23.5	33.0	33.7	261	西安	Xi'an	1820.3	1874.2	2228.4	15
重庆	**Chongqing**	**2534.3**	**3975.7**	**4731.9**		铜川	Tongchuan	26.1	29.7	31.4	266
四川	**Sichuan**	**4200.9**	**6240.3**	**7239.5**		宝鸡	Baoji	264.2	277.7	351.2	86
成都	Chengdu	2097.4	3328.3	3657.1	5	咸阳	Xianyang	389.9	457.4	518.5	61
自贡	Zigong	85.1	124.2	160.4	166	渭南	Weinan	221.1	328.6	215.6	132
攀枝花	Panzhihua	125.7	164.5	182.2	155	延安	Yan'an	54.3	84.1	84.9	215
泸州	Luzhou	176.0	293.8	410.9	70	汉中	Hanzhong	52.3	87.7	102.9	203
德阳	Deyang	253.8	213.7	236.3	123	榆林	Yulin	108.9	156.6	206.0	136
绵阳	Mianyang	186.2	227.6	280.8	107	安康	Ankang	30.2	55.3	69.9	234
广元	Guangyuan	51.6	76.5	91.2	211	商洛	Shangluo	59.4	112.6	112.3	194
遂宁	Suining	105.1	130.5	155.6	170	**甘肃**	**Gansu**	**752.0**	**1364.6**	**1708.3**	
内江	Neijiang	105.4	125.6	144.1	176	兰州	Lanzhou	334.9	517.5	764.6	43
乐山	Leshan	77.6	106.6	115.3	192	嘉峪关	Jiayuguan	15.1	30.6	35.0	259
南充	Nanchong	215.1	355.8	434.0	67	金昌	Jinchang	48.4	102.9	105.8	200
眉山	Meishan	108.8	123.2	155.3	171	白银	Baiyin	37.2	63.2	76.1	225
宜宾	Yibin	96.4	145.8	183.0	153	天水	Tianshui	33.3	62.8	78.4	220
广安	Guangan	156.0	225.4	268.7	113	武威	Wuwei	33.6	75.5	97.0	207
达州	Dazhou	135.0	200.0	245.8	119	张掖	Zhangye	21.9	45.3	64.6	241
雅安	Yaan	11.5	15.9	16.8	278	平凉	Pingliang	32.1	84.7	81.3	217
巴中	Bazhong	113.2	238.5	292.1	103	酒泉	Jiuquan	74.5	113.1	129.1	182
资阳	Ziyang	68.8	130.1	158.1	169	庆阳	Qingyang	50.6	79.1	107.7	198
贵州	**Guizhou**	**623.0**	**1039.2**	**1365.0**		定西	Dingxi	33.3	74.0	90.7	212
贵阳	Guiyang	469.1	789.5	971.9	37	陇南	Longnan	10.6	22.3	26.3	272
六盘水	Liupanshui	12.9	26.4	31.4	267	**青海**	**Qinghai**	**279.6**	**325.8**	**396.4**	
遵义	Zunyi	55.9	95.6	137.7	179	西宁	Xining	225.6	266.6	340.8	88
安顺	Anshun	4.9	9.1	13.3	280	**宁夏**	**Ningxia**	**342.7**	**467.0**	**564.7**	
毕节	Bijie	6.5	10.9	14.8	279	银川	Yinchuan	225.9	282.9	375.0	78
铜仁	Tongren	12.7	14.0	24.8	274	石嘴山	Shizuishan	36.9	49.8	35.2	258
云南	**Yunnan**	**1511.9**	**2383.7**	**2888.8**		吴忠	Wuzhong	41.6	67.9	77.9	221
昆明	Kunming	1120.9	1507.0	1841.3	22	固原	Guyuan	16.4	31.0	33.3	262
曲靖	Qujing	133.8	173.2	218.7	131	中卫	Zhongwei	22.0	35.3	47.6	250
玉溪	Yuxi	39.6	71.2	9.9	283	**新疆**	**Xinjiang**	**969.5**	**1622.3**	**2071.5**	
保山	Baoshan	30.4	61.5	74.8	227	乌鲁木齐	Urumqi	413.1	607.0	670.1	48
昭通	Zhaotong	30.5	46.6	46.9	251	克拉玛依	Karamay	75.5	119.0	149.5	172

12-4 建筑业企业房屋建筑施工面积
Floor Space of Buildings under Construction

单位：万平方米 （10 000 sq.m）

地名	City	2010	2012	2013	2013 排名 Ranking	地名	City	2010	2012	2013	2013 排名 Ranking
全国	**Nation Total**	**708023.5**	**986427.5**	**1129967.7**		沈阳	Shenyang	5733.0	10485.0	12223.1	17
北京	**Beijing**	**29440.4**	**41660.3**	**48791.3**		大连	Dalian	8664.6	12246.5	11206.0	21
天津	**Tianjin**	**7564.3**	**12484.9**	**12791.0**		鞍山	Anshan	2381.8	3414.2	3158.6	69
河北	**Hebei**	**23471.5**	**35270.4**	**35847.6**		抚顺	Fushun	1205.9	1372.0	1347.3	139
石家庄	Shijiazhuang	3863.0	6046.9	7224.4	36	本溪	Benxi	779.5	982.0	1070.2	165
唐山	Tangshan	3630.9	4641.6	4275.7	53	丹东	Dandong	856.5	956.2	1076.6	164
秦皇岛	Qinhuangdao	1200.8	1654.6	1662.6	117	锦州	Jinzhou	1322.5	1679.4	1532.5	124
邯郸	Handan	2506.3	3581.1	3691.1	60	营口	Yingkou	1115.6	1720.4	2248.2	85
邢台	Xingtai	808.3	1104.6	1194.1	154	阜新	Fuxin	608.3	1039.7	1250.8	149
保定	Baoding	4394.3	7828.1	8184.8	32	辽阳	Liaoyang	539.8	865.1	961.6	175
张家口	Zhangjiakou	1658.9	1790.4	1893.0	105	盘锦	Panjin	525.9	903.0	1125.7	160
承德	Chengde	916.9	980.8	829.6	184	铁岭	Tieling	1254.5	1382.1	1508.7	129
沧州	Cangzhou	1573.5	2291.8	2058.6	99	朝阳	Chaoyang	1010.4	1852.8	2154.8	88
廊坊	Langfang	2221.8	4382.1	4463.9	49	葫芦岛	Huludao	808.7	1142.5	1424.7	133
衡水	Hengshui	696.9	968.4	982.2	174	吉林	**Jilin**	**5900.7**	**13133.1**	**12202.6**	
山西	**Shanxi**	**7289.5**	**10991.1**	**12868.6**		长春	Changchun	2283.7	5209.8	5564.5	44
太原	Taiyuan	3349.0	5901.0	8126.0	33	吉林	Jilin	514.7	1323.8	1770.3	109
大同	Datong	544.5	721.4	778.6	190	四平	Siping	326.3	454.9	619.8	206
阳泉	Yangquan	352.9	587.3	600.0	211	辽源	Liaoyuan	255.0	714.5	531.4	222
长治	Changzhi	522.5	788.2	903.2	179	通化	Tonghua	845.1	1063.2	1026.5	170
晋城	Jincheng	191.7	288.2	369.6	244	白山	Baishan	244.6	463.4	482.1	228
朔州	Shuozhou	146.0	142.8	153.5	274	松原	Songyuan	617.8	1061.1	1168.9	155
晋中	Jinzhong	418.9	484.8	547.4	219	白城	Baicheng	147.1	165.8	137.8	277
运城	Yuncheng	525.0	844.7	731.7	195	黑龙江	**Heilongjiang**	**7170.7**	**8563.5**	**8085.5**	
忻州	Xinzhou	271.4	286.2	335.7	249	哈尔滨	Harbin	3856.9	4824.8	4336.9	52
临汾	Linfen	473.1	606.0	250.4	261	齐齐哈尔	Qiqihar	390.9	336.3	327.1	253
吕梁	Luliang	494.6	340.4	311.1	255	鸡西	Jixi	174.4	207.8	165.0	272
内蒙古	**Inner Mongolia**	**7577.9**	**10550.7**	**8906.0**		鹤岗	Hegang	254.4	326.9	283.5	258
呼和浩特	Hohhot	1333.6	1742.2	1765.7	110	双鸭山	Shuangyashan	184.3	177.0	127.3	279
包头	Baotou	1453.5	1883.0	2059.8	97	大庆	Daqing	297.2	286.8	1760.0	111
乌海	Wuhai	334.3	389.7	463.8	229	伊春	Yichun	169.4	169.7	176.5	269
赤峰	Chifeng	1132.0	2924.4	1277.8	147	佳木斯	Jiamusi	529.0	499.2	549.2	218
通辽	Tongliao	382.1	395.5	394.7	239	七台河	Qitaihe	90.2	104.6	95.5	281
鄂尔多斯	Erdos	957.6	1140.6	652.6	200	牡丹江	Mudanjiang	526.1	798.3	1157.4	156
呼伦贝尔	Hulunbuir	405.9	497.2	576.9	215	黑河	Heihe	177.4	228.7	187.5	266
巴彦淖尔	Bayannur	697.4	597.7	524.3	223	绥化	Suihua	432.5	465.1	412.7	233
乌兰察布	Ulanqab	289.9	485.8	600.6	210	上海	**Shanghai**	**22996.8**	**27961.5**	**29148.7**	
辽宁	**Liaoning**	**26807.0**	**40049.8**	**44279.7**		江苏	**Jiangsu**	**119035.5**	**166779.1**	**192982.1**	

12-4 建筑业企业房屋建筑施工面积 续表 1
Floor Space of Buildings under Construction continued 1

单位：万平方米 （10 000 sq.m）

地名	City	2010	2012	2013	2013 排名 Ranking
南京	Nanjing	10639.1	16622.6	17621.0	12
无锡	Wuxi	4146.3	4430.6	5240.6	45
徐州	Xuzhou	4872.4	7702.9	9979.0	25
常州	Changzhou	6225.5	8765.1	10079.1	24
苏州	Suzhou	8323.9	11013.8	12135.8	18
南通	Nantong	35745.3	54420.5	61239.1	1
连云港	Lianyungang	2637.2	3451.1	5189.2	46
淮安	Huaian	6716.4	8054.1	9914.5	26
盐城	Yancheng	7030.3	8942.5	10485.2	23
扬州	Yangzhou	13578.1	17651.7	21201.6	10
镇江	Zhenjiang	1682.2	1904.8	2191.3	86
泰州	Taizhou	14830.5	18977.1	21661.5	9
宿迁	Suqian	2608.5	4842.4	6044.5	41
浙江	**Zhejiang**	**123587.0**	**166969.2**	**185443.1**	
杭州	Hangzhou	22650.4	26362.7	29537.6	4
宁波	Ningbo	14288.6	22343.2	25043.3	6
温州	Wenzhou	7009.4	10095.2	11217.6	20
嘉兴	Jiaxing	6186.5	7957.9	8477.6	31
湖州	Huzhou	2941.6	3666.3	4099.3	56
绍兴	Shaoxing	34390.6	47377.7	51214.8	2
金华	Jinhua	19075.1	29175.4	32301.7	3
衢州	Quzhou	2229.6	2616.7	2833.7	74
舟山	Zhoushan	1231.7	1582.3	1576.7	123
台州	Taizhou	12370.9	14619.4	17255.4	14
丽水	Lishui	1212.6	1172.4	1459.9	132
安徽	**Anhui**	**23295.7**	**33335.6**	**37117.2**	
合肥	Hefei	9008.1	16050.7	17571.0	13
芜湖	Wuhu	1829.5	2361.1	2441.2	83
蚌埠	Bengbu	852.7	2290.0	2497.5	80
淮南	Huainan	1752.0	405.0	401.9	237
马鞍山	Maanshan	1024.6	1959.8	2058.9	98
淮北	Huaibei	234.1	297.2	366.7	245
铜陵	Tongling	579.7	761.1	914.8	178
安庆	Anqing	1630.4	1772.8	1926.6	102
黄山	Huangshan	622.4	676.6	652.5	201
滁州	Chuzhou	902.5	1341.1	1597.1	120
阜阳	Fuyang	848.4	1175.9	1290.1	143
宿州	Suzhou	537.0	699.4	777.8	191
六安	Liuan	1329.4	1526.4	1671.0	116
亳州	Bozhou	185.4	236.1	269.7	259
池州	Chizhou	422.7	747.0	798.6	188
宣城	Xuancheng	753.0	1035.1	1038.6	168
福建	**Fujian**	**28406.9**	**41821.8**	**48509.5**	
福州	Fuzhou	10588.3	16121.1	18311.8	11
厦门	Xiamen	4543.0	5322.9	6218.2	40
莆田	Putian	1455.3	3007.5	3403.1	64
三明	Sanming	1580.6	2936.1	3897.5	58
泉州	Quanzhou	4925.9	6899.7	8541.8	30
漳州	Zhangzhou	1691.4	2101.7	2146.1	90
南平	Nanping	532.9	789.8	807.4	187
龙岩	Longyan	2150.3	3201.3	3398.0	65
宁德	Ningde	939.1	1441.7	1530.1	126
江西	**Jiangxi**	**13669.7**	**18889.4**	**24897.2**	
南昌	Nanchang	6226.8	8274.9	11152.1	22
景德镇	Jingdezhen	403.9	555.1	407.5	236
萍乡	Pingxiang	292.4	335.7	388.8	240
九江	Jiujiang	1340.4	1615.8	1508.9	128
新余	Xinyu	390.9	624.9	652.6	199
鹰潭	Yingtan	450.6	752.5	575.8	216
赣州	Ganzhou	677.1	960.9	1317.4	142
吉安	Jian	794.1	1255.6	1483.2	130
宜春	Yichun	889.4	1379.3	1576.9	122
抚州	Fuzhou	1096.1	1269.1	1977.8	100
上饶	Shangrao	1107.9	1865.7	2103.4	93
山东	**Shandong**	**44828.8**	**56902.1**	**64055.4**	
济南	Jinan	4654.4	6556.1	7696.3	34
青岛	Qingdao	6972.1	8281.6	9335.5	28
淄博	Zibo	4486.3	6273.6	7357.8	35
枣庄	Zaozhuang	1592.3	2125.8	2607.8	76
东营	Dongying	775.6	849.0	945.0	176
烟台	Yantai	3931.9	3970.0	4256.9	54
潍坊	Weifang	5286.9	6332.2	7172.3	37
济宁	Jining	2575.5	3448.1	4352.4	51
泰安	Taian	3165.9	3595.7	3718.3	59
威海	Weihai	2134.7	2469.6	2580.8	77
日照	Rizhao	711.8	1191.2	1281.0	146
莱芜	Laiwu	425.2	1091.7	507.5	225
临沂	Linyi	3189.8	4488.7	5734.9	43
德州	Dezhou	1287.9	1552.6	1755.2	112
聊城	Liaocheng	1421.7	1987.4	2444.2	82

12-4 建筑业企业房屋建筑施工面积 续表 2
Floor Space of Buildings under Construction continued 2

单位：万平方米 （10 000 sq.m）

地名	City	2010	2012	2013	2013 排名 Ranking	地名	City	2010	2012	2013	2013 排名 Ranking
滨州	Binzhou	901.1	1247.4	1198.8	153	常德	Changde	1118.7	1520.2	1947.2	101
菏泽	Heze	1315.9	1441.4	1645.3	118	张家界	Zhangjiajie	245.0	346.4	355.9	246
河南	**Henan**	**28677.1**	**38328.7**	**43422.9**		益阳	Yiyang	688.8	922.9	1053.0	166
郑州	Zhengzhou	8876.9	12001.6	14221.6	16	郴州	Chenzhou	768.9	1208.8	1399.4	135
开封	Kaifeng	1035.1	1356.8	1865.9	106	永州	Yongzhou	915.3	1292.7	1530.2	125
洛阳	Luoyang	3680.0	6385.5	6323.6	39	怀化	Huaihua	664.9	776.2	861.0	181
平顶山	Pingdingshan	775.6	1051.4	1003.6	172	娄底	Loudi	671.3	903.4	1108.6	163
安阳	Anyang	3223.6	3838.5	4773.1	48	**广东**	**Guangdong**	**33140.4**	**42431.7**	**53506.1**	
鹤壁	Hebi	317.2	450.4	413.6	232	广州	Guangzhou	7135.5	9119.7	15055.7	15
新乡	Xinxiang	1768.7	2077.1	2257.8	84	韶关	Shaoguan	781.8	1031.8	1145.5	159
焦作	Jiaozuo	642.0	895.0	836.4	183	深圳	Shenzhen	5980.3	9731.9	11502.8	19
濮阳	Puyang	637.7	800.4	1030.0	169	珠海	Zhuhai	877.4	1004.8	1270.7	148
许昌	Xuchang	681.6	827.4	1018.9	171	汕头	Shantou	2381.6	3016.6	3478.4	63
漯河	Luohe	438.1	475.7	516.6	224	佛山	Foshan	3335.6	3240.4	3288.9	67
三门峡	Sanmenxia	363.0	404.8	408.9	234	江门	Jiangmen	1640.1	1713.2	2119.1	92
南阳	Nanyang	1201.7	1379.9	1710.3	113	湛江	Zhanjiang	1943.7	2971.0	3187.3	68
商丘	Shangqiu	1139.2	1508.7	1529.7	127	茂名	Maoming	1770.8	2840.6	2933.1	73
信阳	Xinyang	1421.5	1780.1	1913.6	104	肇庆	Zhaoqing	728.5	760.6	772.3	192
周口	Zhoukou	1299.1	1470.5	1691.7	115	惠州	Huizhou	942.9	1073.0	1410.9	134
驻马店	Zhumadian	991.1	1327.7	1583.5	121	梅州	Meizhou	1315.8	1299.4	1340.8	140
湖北	**Hubei**	**11620.9**	**39113.9**	**47915.0**		汕尾	Shanwei	175.1	127.5	92.8	282
武汉	Wuhan	12662.3	20900.1	26369.0	5	河源	Heyuan	218.8	247.4	252.7	260
黄石	Huangshi	1458.2	1509.7	1802.4	108	阳江	Yangjiang	825.3	820.9	1109.0	162
十堰	Shiyan	472.7	835.4	1249.9	150	清远	Qingyuan	632.9	645.8	613.3	207
宜昌	Yichang	821.6	1699.4	2100.6	94	东莞	Dongguan	733.4	777.6	790.4	189
襄阳	Xiangfan	1259.1	2727.2	3901.1	57	中山	ZhongShan	601.0	757.3	573.8	217
鄂州	Ezhou	510.9	621.6	843.6	182	潮州	Chaozhou	373.1	531.1	629.8	205
荆门	Jingmen	379.0	639.8	771.9	193	揭阳	Jieyang	559.4	526.2	595.7	212
孝感	Xiaogan	1434.7	2468.3	3081.6	70	云浮	Yunfu	187.3	194.9	234.2	262
荆州	Jingzhou	973.6	1249.3	1471.6	131	**广西**	**Guangxi**	**10742.3**	**15076.6**	**18198.0**	
黄冈	Huanggang	2672.4	3526.9	4219.9	55	南宁	Nanning	3136.3	4605.1	5840.6	42
咸宁	Xianning	468.7	703.5	643.6	203	柳州	Liuzhou	2436.6	4130.9	5002.4	47
随州	Suizhou	456.3	576.0	689.0	197	桂林	Guilin	1297.0	1654.0	2191.0	87
湖南	**Hunan**	**27680.3**	**36412.2**	**43141.9**		梧州	Wuzhou	226.7	839.3	927.1	177
长沙	Changsha	15052.2	19728.7	23322.8	7	北海	Beihai	329.5	301.1	372.5	243
株洲	Zhuzhou	1486.2	1927.7	2501.4	78	防城港	Fangchenggang	223.5	344.1	407.7	235
湘潭	Xiangtan	1545.4	1755.0	2068.7	96	钦州	Qinzhou	660.9	933.4	1150.5	158
衡阳	Hengyang	1816.3	2581.2	2943.2	71	贵港	Guigang	233.0	363.8	435.2	230
邵阳	Shaoyang	1555.5	2064.3	2465.4	81	玉林	Yulin	1378.5	1294.1	1613.7	119
岳阳	Yueyang	984.0	1151.6	1289.1	144	百色	Baise	187.0	197.2	207.5	265

12-4 建筑业企业房屋建筑施工面积 续表 3
Floor Space of Buildings under Construction continued 3

单位：万平方米 (10 000 sq.m)

地名	City	2010	2012	2013	2013 排名 Ranking	地名	City	2010	2012	2013	2013 排名 Ranking
贺州	Hezhou	170.9	92.0	208.8	264	丽江	Lijiang	168.3	192.0	186.4	267
河池	Hechi	368.0	314.1	335.9	248	普洱	Puer	367.6	311.0	431.2	231
来宾	Laibin	107.5	677.3	330.0	251	临沧	Lincang	378.8	292.8	292.3	257
崇左	Chongzuo	76.4	75.1	88.0	283	**西藏**	**Tibet**	**272.4**	**198.8**	**211.9**	
海南	**Hainan**	**1429.7**	**2281.2**	**2192.0**		拉萨	Lhasa	174.5	119.9	145.4	276
海口	Haikou	1122.7	1942.4	1851.7	107	**陕西**	**Shaanxi**	**11490.7**	**17065.7**	**19250.0**	
三亚	Sanya	56.9	75.0	75.8	284	西安	Xi'an	4592.6	7531.1	9753.5	27
重庆	**Chongqing**	**19489.4**	**26269.7**	**29745.9**		铜川	Tongchuan	223.2	326.6	375.3	242
四川	**Sichuan**	**29440.8**	**38550.9**	**49382.8**		宝鸡	Baoji	1997.4	1757.0	2094.1	95
成都	Chengdu	12668.8	17266.4	22115.3	8	咸阳	Xianyang	1442.8	2310.6	2724.5	75
自贡	Zigong	859.3	1033.5	1337.1	141	渭南	Weinan	909.2	1396.7	1358.8	138
攀枝花	Panzhihua	240.4	466.3	543.9	220	延安	Yan'an	342.9	503.4	506.4	226
泸州	Luzhou	1887.5	2544.4	3652.5	61	汉中	Hanzhong	708.7	991.2	1201.8	152
德阳	Deyang	1539.9	1886.0	2124.8	91	榆林	Yulin	551.4	931.6	1205.7	151
绵阳	Mianyang	1663.4	1947.9	2149.6	89	安康	Ankang	315.2	599.7	733.7	194
广元	Guangyuan	439.2	513.8	591.4	213	商洛	Shangluo	321.0	588.4	644.2	202
遂宁	Suining	1017.6	1025.6	1115.9	161	**甘肃**	**Gansu**	**5032.6**	**8165.9**	**10238.2**	
内江	Neijiang	876.3	933.3	1042.0	167	兰州	Lanzhou	1841.9	3283.2	4409.9	50
乐山	Leshan	781.5	751.2	897.4	180	嘉峪关	Jiayuguan	90.8	127.8	153.5	275
南充	Nanchong	1971.9	2539.0	2936.8	72	金昌	Jinchang	335.2	451.0	539.9	221
眉山	Meishan	715.5	945.0	1154.3	157	白银	Baiyin	248.3	338.1	343.9	247
宜宾	Yibin	856.1	1075.2	1281.6	145	天水	Tianshui	335.9	555.1	603.6	208
广安	Guangan	939.1	1054.3	1374.0	137	武威	Wuwei	159.4	492.9	582.7	214
达州	Dazhou	1284.7	1855.0	1925.6	103	张掖	Zhangye	149.0	418.9	602.9	209
雅安	Yaan	111.5	138.8	133.1	278	平凉	Pingliang	352.8	495.3	640.7	204
巴中	Bazhong	675.6	1318.7	1693.2	114	酒泉	Jiuquan	277.3	512.8	684.8	198
资阳	Ziyang	620.6	955.6	983.2	173	庆阳	Qingyang	418.4	358.0	400.7	238
贵州	**Guizhou**	**5756.4**	**8257.7**	**12174.3**		定西	Dingxi	447.6	603.7	697.2	196
贵阳	Guiyang	3471.8	5644.0	6330.7	38	陇南	Longnan	112.6	147.5	162.1	273
六盘水	Liupanshui	96.2	115.0	170.5	270	**青海**	**Qinghai**	**693.1**	**774.4**	**1136.6**	
遵义	Zunyi	1003.6	1004.0	2498.4	79	西宁	Xining	452.6	540.1	814.9	185
安顺	Anshun	103.8	129.0	167.2	271	**宁夏**	**Ningxia**	**2596.9**	**3736.8**	**4665.9**	
毕节	Bijie	83.0	83.0	120.2	280	银川	Yinchuan	1642.2	2385.3	3326.7	66
铜仁	Tongren	177.1	215.0	295.8	256	石嘴山	Shizuishan	324.5	400.2	329.3	252
云南	**Yunnan**	**8872.3**	**13374.0**	**15649.9**		吴忠	Wuzhong	362.0	481.9	503.0	227
昆明	Kunming	3547.5	7896.3	9220.6	29	固原	Guyuan	85.7	143.0	182.2	268
曲靖	Qujing	915.8	1056.1	1374.6	136	中卫	Zhongwei	182.6	326.5	335.3	250
玉溪	Yuxi	375.1	661.9	812.8	186	**新疆**	**Xinjiang**	**6620.1**	**11026.5**	**13210.8**	
保山	Baoshan	203.3	287.8	375.4	241	乌鲁木齐	Urumqi	1764.6	3144.6	3644.0	62
昭通	Zhaotong	230.9	325.1	320.3	254	克拉玛依	Karamay	106.9	329.5	212.5	263

12-5 建筑业企业房屋建筑竣工面积
Floor Space of Buildings Completed in Construction

单位：万平方米 （10 000 sq.m）

地名	City	2010	2012	2013	2013 排名 Ranking	地名	City	2010	2012	2013	2013 排名 Ranking
全国	**Nation Total**	**277450.2**	**358736.2**	**389244.9**		沈阳	Shenyang	1839.5	2349.2	3013.2	27
北京	**Beijing**	**5933.2**	**8406.2**	**8212.7**		大连	Dalian	4209.2	5287.9	4940.3	14
天津	**Tianjin**	**2419.2**	**2876.7**	**3394.7**		鞍山	Anshan	937.7	1243.7	1467.2	56
河北	**Hebei**	**9100.9**	**12419.9**	**12336.0**		抚顺	Fushun	869.3	911.4	1106.7	80
石家庄	Shijiazhuang	1155.6	1619.7	1763.8	47	本溪	Benxi	453.0	634.0	737.1	129
唐山	Tangshan	1156.4	1362.4	1450.6	58	丹东	Dandong	380.4	626.2	716.7	132
秦皇岛	Qinhuangdao	427.9	454.9	552.7	148	锦州	Jinzhou	645.3	1005.3	1032.4	91
邯郸	Handan	847.4	1359.2	1313.5	64	营口	Yingkou	626.1	841.5	1187.3	73
邢台	Xingtai	413.2	529.4	516.2	158	阜新	Fuxin	235.4	552.3	695.2	136
保定	Baoding	2108.6	3058.8	3249.6	23	辽阳	Liaoyang	342.8	535.5	535.7	154
张家口	Zhangjiakou	812.0	962.3	988.3	97	盘锦	Panjin	369.7	535.5	890.1	108
承德	Chengde	396.9	429.0	362.0	193	铁岭	Tieling	979.6	1087.5	1203.6	71
沧州	Cangzhou	726.6	1035.5	920.2	104	朝阳	Chaoyang	654.1	1089.7	1466.6	57
廊坊	Langfang	754.2	1125.9	1189.9	72	葫芦岛	Huludao	461.1	766.6	794.3	121
衡水	Hengshui	302.2	482.9	501.3	162	吉林	**Jilin**	**4272.9**	**6026.6**	**6325.4**	
山西	**Shanxi**	**2585.4**	**3161.7**	**3498.3**		长春	Changchun	1634.6	2140.0	2402.0	36
太原	Taiyuan	843.7	1270.7	1514.9	55	吉林	Jilin	332.1	809.0	858.5	110
大同	Datong	230.1	227.6	427.2	179	四平	Siping	303.0	381.3	402.3	183
阳泉	Yangquan	131.4	154.5	193.2	233	辽源	Liaoyuan	121.0	239.6	304.2	203
长治	Changzhi	218.5	317.9	312.5	202	通化	Tonghua	734.3	578.8	660.0	142
晋城	Jincheng	131.9	118.6	133.7	256	白山	Baishan	128.6	283.7	219.4	227
朔州	Shuozhou	94.3	93.1	100.5	263	松原	Songyuan	609.0	1022.8	946.2	100
晋中	Jinzhong	151.2	187.6	190.8	234	白城	Baicheng	79.0	123.1	135.0	255
运城	Yuncheng	285.6	286.6	393.8	185	黑龙江	**Heilongjiang**	**3619.9**	**4340.8**	**4115.7**	
忻州	Xinzhou	181.1	181.6	182.9	238	哈尔滨	Harbin	1356.1	1759.8	1850.5	44
临汾	Linfen	163.7	197.0	135.2	254	齐齐哈尔	Qiqihar	237.7	246.6	197.2	231
吕梁	Luliang	153.9	126.7	137.5	253	鸡西	Jixi	131.1	118.3	83.0	269
内蒙古	**Inner Mongolia**	**3805.2**	**3659.0**	**3624.7**		鹤岗	Hegang	120.4	136.4	99.3	264
呼和浩特	Hohhot	374.4	526.1	544.5	152	双鸭山	Shuangyashan	84.2	117.7	63.9	275
包头	Baotou	431.4	552.1	615.8	144	大庆	Daqing	267.6	182.6	283.0	209
乌海	Wuhai	187.9	179.8	223.6	224	伊春	Yichun	136.2	144.6	147.5	252
赤峰	Chifeng	781.6	699.7	834.4	117	佳木斯	Jiamusi	369.5	393.6	418.1	181
通辽	Tongliao	248.7	257.4	232.4	222	七台河	Qitaihe	59.6	54.7	54.7	282
鄂尔多斯	Erdos	651.0	490.1	266.8	212	牡丹江	Mudanjiang	300.8	435.3	543.9	153
呼伦贝尔	Hulunbuir	326.4	306.7	423.0	180	黑河	Heihe	124.9	198.3	156.3	250
巴彦淖尔	Bayannur	290.9	198.5	156.9	249	绥化	Suihua	369.9	454.2	371.4	191
乌兰察布	Ulanqab	134.3	177.3	189.5	236	上海	**Shanghai**	**6217.1**	**6476.1**	**6274.3**	
辽宁	**Liaoning**	**13003.3**	**17465.4**	**18738.4**		江苏	**Jiangsu**	**48560.1**	**61241.7**	**67932.4**	

12-5 建筑业企业房屋建筑竣工面积 续表 1
Floor Space of Buildings Completed in Construction continued 1

单位：万平方米 （10 000 sq.m）

地名	City	2010	2012	2013	2013 排名 Ranking	地名	City	2010	2012	2013	2013 排名 Ranking
南京	Nanjing	3962.7	5065.7	5966.0	11	池州	Chizhou	273.0	376.4	480.7	166
无锡	Wuxi	1894.5	1852.8	1707.5	49	宣城	Xuancheng	367.8	429.5	476.2	168
徐州	Xuzhou	2530.6	3247.3	3853.5	20	**福建**	**Fujian**	**9095.8**	**12343.8**	**13187.1**	
常州	Changzhou	2659.1	3067.9	3450.4	21	福州	Fuzhou	2875.5	4044.1	4740.3	15
苏州	Suzhou	3344.2	4067.1	4378.5	16	厦门	Xiamen	1177.8	1226.6	1333.9	60
南通	Nantong	10912.2	16294.8	16692.6	2	莆田	Putian	345.8	803.2	1101.7	81
连云港	Lianyungang	1454.5	1584.5	2626.7	31	三明	Sanming	508.3	1082.2	1261.4	69
淮安	Huaian	3127.2	3316.2	3437.4	22	泉州	Quanzhou	2207.3	2332.1	2585.2	32
盐城	Yancheng	3120.4	3979.2	4100.6	17	漳州	Zhangzhou	633.8	952.6	778.3	123
扬州	Yangzhou	6749.3	7507.0	8669.9	7	南平	Nanping	157.3	246.8	259.7	216
镇江	Zhenjiang	653.3	772.9	797.3	120	龙岩	Longyan	895.5	1252.3	1322.5	62
泰州	Taizhou	6755.3	8317.7	9537.1	6	宁德	Ningde	294.5	403.9	477.8	167
宿迁	Suqian	1396.7	2168.6	2714.9	29	**江西**	**Jiangxi**	**6488.1**	**10148.8**	**11883.8**	
浙江	**Zhejiang**	**45099.2**	**55467.8**	**60569.3**		南昌	Nanchang	2167.6	3284.5	4041.6	19
杭州	Hangzhou	8219.9	8388.4	9613.1	5	景德镇	Jingdezhen	140.4	136.6	350.8	196
宁波	Ningbo	4585.7	6056.6	7841.9	8	萍乡	Pingxiang	179.5	202.5	222.5	226
温州	Wenzhou	1942.9	2207.2	2473.2	34	九江	Jiujiang	759.4	1013.3	1085.6	84
嘉兴	Jiaxing	2334.6	2976.7	3112.8	26	新余	Xinyu	212.1	330.3	393.7	186
湖州	Huzhou	1419.0	1611.9	1634.9	53	鹰潭	Yingtan	96.6	304.3	211.6	228
绍兴	Shaoxing	13575.0	18047.2	19280.7	1	赣州	Ganzhou	353.4	616.0	844.1	114
金华	Jinhua	6593.3	8723.3	9723.4	4	吉安	Jian	496.7	821.7	895.4	105
衢州	Quzhou	1063.8	1305.8	1439.3	59	宜春	Yichun	640.2	998.0	1091.2	83
舟山	Zhoushan	297.1	396.1	396.7	184	抚州	Fuzhou	654.9	813.1	1101.5	82
台州	Taizhou	4445.4	5191.9	5327.0	13	上饶	Shangrao	787.3	1628.6	1643.3	52
丽水	Lishui	622.6	562.7	706.4	134	**山东**	**Shandong**	**19179.7**	**21526.9**	**22634.7**	
安徽	**Anhui**	**10512.4**	**13346.2**	**14257.4**		济南	Jinan	1305.6	1637.7	2012.1	41
合肥	Hefei	3290.2	5470.2	6038.7	10	青岛	Qingdao	2158.3	2027.4	2114.4	40
芜湖	Wuhu	858.2	1021.5	1041.5	89	淄博	Zibo	1799.9	2641.1	2800.0	28
蚌埠	Bengbu	432.8	565.1	852.3	111	枣庄	Zaozhuang	778.3	860.5	1151.6	75
淮南	Huainan	328.5	141.8	195.9	232	东营	Dongying	440.1	467.6	503.1	161
马鞍山	Maanshan	559.6	780.1	881.3	109	烟台	Yantai	1814.5	1730.6	1739.3	48
淮北	Huaibei	145.2	156.1	190.3	235	潍坊	Weifang	2133.3	2417.5	2465.7	35
铜陵	Tongling	244.6	290.9	316.5	201	济宁	Jining	1293.4	1381.5	1850.3	45
安庆	Anqing	960.9	1047.4	1013.4	94	泰安	Taian	2322.7	2209.0	2129.6	39
黄山	Huangshan	294.8	316.9	345.1	197	威海	Weihai	831.6	929.8	967.4	99
滁州	Chuzhou	640.1	725.0	850.6	112	日照	Rizhao	316.0	517.0	583.3	145
阜阳	Fuyang	368.7	435.3	518.9	157	莱芜	Laiwu	221.3	354.1	292.2	207
宿州	Suzhou	336.6	412.8	475.6	169	临沂	Linyi	1540.4	1618.5	2237.8	37
六安	Liuan	842.7	1000.7	1000.4	96	德州	Dezhou	516.9	662.5	745.1	126
亳州	Bozhou	142.1	176.4	173.5	245	聊城	Liaocheng	561.8	682.2	782.7	122

12-5 建筑业企业房屋建筑竣工面积 续表 2
Floor Space of Buildings Completed in Construction continued 2

单位：万平方米 （10 000 sq.m）

地名	City	2010	2012	2013	2013 排名 Ranking	地名	City	2010	2012	2013	2013 排名 Ranking
滨州	Binzhou	348.3	630.6	535.4	155	常德	Changde	566.3	641.9	739.4	127
菏泽	Heze	797.2	768.2	827.5	118	张家界	Zhangjiajie	129.8	121.5	174.8	244
河南	**Henan**	**13156.0**	**16397.6**	**17244.3**		益阳	Yiyang	281.3	520.2	733.3	131
郑州	Zhengzhou	2601.7	3667.8	4076.1	18	郴州	Chenzhou	400.5	675.1	554.6	147
开封	Kaifeng	524.1	539.3	668.4	141	永州	Yongzhou	622.4	846.4	933.8	101
洛阳	Luoyang	954.1	1602.2	1600.4	54	怀化	Huaihua	207.6	348.8	360.5	194
平顶山	Pingdingshan	270.7	360.0	387.9	189	娄底	Loudi	303.9	427.0	548.2	149
安阳	Anyang	1862.0	2097.8	2662.9	30	**广东**	**Guangdong**	**10163.6**	**13485.4**	**13323.6**	
鹤壁	Hebi	151.4	173.3	222.8	225	广州	Guangzhou	1509.2	2859.3	2556.7	33
新乡	Xinxiang	1087.1	1220.7	1256.0	70	韶关	Shaoguan	294.2	821.2	566.5	146
焦作	Jiaozuo	347.7	380.2	343.4	198	深圳	Shenzhen	1426.2	1743.8	2009.9	42
濮阳	Puyang	456.9	540.5	657.2	143	珠海	Zhuhai	273.2	336.9	480.9	165
许昌	Xuchang	414.9	449.7	464.1	170	汕头	Shantou	637.0	851.1	1013.1	95
漯河	Luohe	257.9	252.3	300.2	206	佛山	Foshan	1007.7	1059.7	1161.5	74
三门峡	Sanmenxia	180.2	200.8	168.3	247	江门	Jiangmen	582.2	324.5	838.1	116
南阳	Nanyang	704.3	715.7	849.0	113	湛江	Zhanjiang	636.0	270.8	1061.5	87
商丘	Shangqiu	813.2	1038.5	1107.0	79	茂名	Maoming	745.4	1243.5	1309.6	65
信阳	Xinyang	1043.1	1234.4	1285.9	67	肇庆	Zhaoqing	253.9	288.4	322.6	199
周口	Zhoukou	771.7	945.6	1051.8	88	惠州	Huizhou	300.0	555.1	436.0	176
驻马店	Zhumadian	618.1	803.8	923.9	102	梅州	Meizhou	494.3	164.7	546.0	150
湖北	**Hubei**	**2558.9**	**20397.3**	**22076.4**		汕尾	Shanwei	103.7	367.4	59.6	279
武汉	Wuhan	5701.9	9223.5	10104.0	3	河源	Heyuan	136.9	475.2	168.0	248
黄石	Huangshi	566.6	904.2	1019.5	93	阳江	Yangjiang	316.9	798.7	300.6	205
十堰	Shiyan	233.5	411.4	508.4	159	清远	Qingyuan	304.1	276.9	253.9	218
宜昌	Yichang	488.6	885.9	1021.9	92	东莞	Dongguan	312.0	93.7	391.9	187
襄阳	Xiangfan	756.8	1422.1	1664.9	51	中山	ZhongShan	279.1	389.0	265.1	213
鄂州	Ezhou	390.0	395.6	453.9	172	潮州	Chaozhou	82.1	110.2	181.7	239
荆门	Jingmen	264.0	330.3	388.9	188	揭阳	Jieyang	391.5	342.1	436.5	175
孝感	Xiaogan	911.2	1596.4	1804.5	46	云浮	Yunfu	78.7	113.0	79.5	271
荆州	Jingzhou	594.5	740.6	776.2	124	**广西**	**Guangxi**	**4093.8**	**5028.7**	**5814.8**	
黄冈	Huanggang	1841.5	2730.9	3140.6	25	南宁	Nanning	971.6	1131.1	1315.2	63
咸宁	Xianning	272.9	464.6	504.2	160	柳州	Liuzhou	661.7	228.2	977.4	98
随州	Suizhou	317.6	335.6	452.5	173	桂林	Guilin	457.2	445.0	354.3	195
湖南	**Hunan**	**10573.4**	**13398.8**	**15528.5**		梧州	Wuzhou	114.4	87.0	73.1	274
长沙	Changsha	4267.6	5005.6	6200.9	9	北海	Beihai	100.6	182.3	132.8	257
株洲	Zhuzhou	693.3	1007.6	1069.6	86	防城港	Fangchenggang	149.2	234.1	236.5	220
湘潭	Xiangtan	545.9	696.1	762.2	125	钦州	Qinzhou	293.9	470.1	679.6	137
衡阳	Hengyang	874.1	1249.0	1298.5	66	贵港	Guigang	154.0	242.0	171.8	246
邵阳	Shaoyang	790.1	889.4	1116.7	77	玉林	Yulin	727.8	719.4	891.9	106
岳阳	Yueyang	827.4	880.1	922.8	103	百色	Baise	107.1	131.4	108.8	262

12-5 建筑业企业房屋建筑竣工面积 续表 3
Floor Space of Buildings Completed in Construction continued 3

单位：万平方米 （10 000 sq.m）

地名	City	2010	2012	2013	2013 排名 Ranking	地名	City	2010	2012	2013	2013 排名 Ranking
贺州	Hezhou	19.3	54.8	35.2	284	丽江	Lijiang	87.4	149.0	127.6	260
河池	Hechi	192.1	45.3	263.3	214	普洱	Puer	170.8	168.0	180.5	240
来宾	Laibin	90.3	89.0	154.5	251	临沧	Lincang	186.2	192.0	128.0	259
崇左	Chongzuo	60.5	58.3	61.5	278	**西藏**	**Tibet**	**151.8**	**138.2**	**119.9**	
海南	**Hainan**	**508.7**	**811.8**	**907.7**		拉萨	Lhasa	53.8	80.7	77.7	272
海口	Haikou	366.0	585.1	677.7	138	**陕西**	**Shaanxi**	**3781.3**	**5386.7**	**6133.2**	
三亚	Sanya	40.6	57.0	59.1	281	西安	Xi'an	1391.9	1985.3	2230.0	38
重庆	**Chongqing**	**8292.0**	**11601.8**	**12184.4**		铜川	Tongchuan	38.8	63.4	49.3	283
四川	**Sichuan**	**12086.3**	**15750.0**	**18294.3**		宝鸡	Baoji	617.3	583.7	733.6	130
成都	Chengdu	3726.6	5192.9	5788.0	12	咸阳	Xianyang	429.2	838.9	1109.4	78
自贡	Zigong	393.5	466.3	460.5	171	渭南	Weinan	323.0	472.5	532.5	156
攀枝花	Panzhihua	90.9	95.9	277.1	210	延安	Yan'an	102.6	118.5	132.5	258
泸州	Luzhou	1086.3	1337.9	1705.0	50	汉中	Hanzhong	267.0	337.0	413.8	182
德阳	Deyang	636.4	644.3	843.8	115	榆林	Yulin	263.5	423.0	488.9	164
绵阳	Mianyang	642.7	691.9	703.3	135	安康	Ankang	115.7	211.3	263.2	215
广元	Guangyuan	175.7	224.1	203.9	229	商洛	Shangluo	190.5	315.8	321.2	200
遂宁	Suining	572.5	592.6	707.9	133	**甘肃**	**Gansu**	**2013.9**	**3227.4**	**3751.2**	
内江	Neijiang	405.8	416.1	500.1	163	兰州	Lanzhou	458.4	843.6	1136.5	76
乐山	Leshan	412.6	393.4	387.7	190	嘉峪关	Jiayuguan	48.5	84.5	62.7	277
南充	Nanchong	1029.0	1651.0	1897.4	43	金昌	Jinchang	180.4	180.8	187.1	237
眉山	Meishan	428.4	529.5	670.2	140	白银	Baiyin	113.7	159.1	176.2	243
宜宾	Yibin	442.0	619.9	675.7	139	天水	Tianshui	134.0	208.4	254.6	217
广安	Guangan	506.9	553.2	737.6	128	武威	Wuwei	110.9	287.9	429.3	178
达州	Dazhou	785.3	831.4	807.6	119	张掖	Zhangye	80.9	185.6	274.1	211
雅安	Yaan	68.1	81.6	75.3	273	平凉	Pingliang	191.4	272.8	301.2	204
巴中	Bazhong	274.2	746.0	1034.1	90	酒泉	Jiuquan	195.5	411.6	429.6	177
资阳	Ziyang	296.1	522.7	545.9	151	庆阳	Qingyang	203.0	190.2	202.4	230
贵州	**Guizhou**	**1349.7**	**1863.3**	**2450.5**		定西	Dingxi	95.4	206.7	246.4	219
贵阳	Guiyang	631.8	1028.0	1268.1	68	陇南	Longnan	44.8	45.0	59.1	280
六盘水	Liupanshui	47.7	48.0	87.9	268	**青海**	**Qinghai**	**273.2**	**344.1**	**417.4**	
遵义	Zunyi	243.8	330.0	445.0	174	西宁	Xining	170.0	186.3	284.4	208
安顺	Anshun	42.1	41.0	62.8	276	**宁夏**	**Ningxia**	**1076.4**	**1524.2**	**1927.8**	
毕节	Bijie	43.0	58.0	83.0	270	银川	Yinchuan	649.6	948.8	1330.5	61
铜仁	Tongren	101.2	80.0	121.1	261	石嘴山	Shizuishan	111.8	165.5	178.6	241
云南	**Yunnan**	**4393.4**	**5919.4**	**6446.2**		吴忠	Wuzhong	179.7	238.5	233.8	221
昆明	Kunming	590.8	2552.0	3191.6	24	固原	Guyuan	35.7	89.1	97.8	266
曲靖	Qujing	552.8	710.0	891.7	107	中卫	Zhongwei	99.6	86.2	98.9	265
玉溪	Yuxi	237.3	336.4	368.3	192	**新疆**	**Xinjiang**	**2891.5**	**4554.0**	**5640.3**	
保山	Baoshan	159.7	188.5	227.4	223	乌鲁木齐	Urumqi	667.1	946.0	1076.6	85
昭通	Zhaotong	186.1	264.5	178.2	242	克拉玛依	Karamay	25.4	87.6	96.1	267

13

运输和邮电

Transport, Postal and Telecommunication Services

13-1 公路里程
Length of Highways

单位：公里 （km）

地名	City	2010	2012	2013	2013 排名 Ranking	地名	City	2010	2012	2013	2013 排名 Ranking
全国	**Nation Total**	**4008229.0**	**4237508.0**	**4356218.0**		沈阳	Shenyang	11757.0	11909.4	11493.0	146
北京	**Beijing**	**21114.0**	**21492.0**	**21673.0**		大连	Dalian	11493.0	11760.4	11802.0	142
天津	**Tianjin**	**14832.0**	**15391.0**	**15718.0**		鞍山	Anshan	7048.0	7271.0	7133.0	217
河北	**Hebei**	**154344.0**	**163045.0**	**174492.0**		抚顺	Fushun	5827.0	6023.7	5986.0	238
石家庄	Shijiazhuang	15410.0	16281.7	17482.0	63	本溪	Benxi	3916.0	4076.4	4021.0	259
唐山	Tangshan	13855.0	14532.9	17061.0	67	丹东	Dandong	7310.0	7593.4	8280.0	192
秦皇岛	Qinhuangdao	8572.0	8774.5	8858.0	185	锦州	Jinzhou	7035.0	7219.2	7513.0	209
邯郸	Handan	13857.0	14710.6	15696.0	88	营口	Yingkou	3896.0	4099.1	4082.0	257
邢台	Xingtai	13735.0	15639.1	17301.0	66	阜新	Fuxin	6034.0	6317.1	6368.0	232
保定	Baoding	17857.0	19007.8	20796.0	35	辽阳	Liaoyang	3236.0	3352.9	3352.0	267
张家口	Zhangjiakou	19225.0	19606.2	20204.0	41	盘锦	Panjin	3291.0	3392.2	3425.0	266
承德	Chengde	18804.0	19369.2	20110.0	42	铁岭	Tieling	10337.0	10673.9	10765.0	159
沧州	Cangzhou	13233.0	14303.5	15055.0	98	朝阳	Chaoyang	13837.0	14069.9	14323.0	109
廊坊	Langfang	9005.0	9492.9	10054.0	168	葫芦岛	Huludao	6529.0	6920.0	7505.0	210
衡水	Hengshui	10791.0	11326.4	11875.0	140	吉林	**Jilin**	**90437.0**	**93208.0**	**94191.0**	
山西	**Shanxi**	**131644.0**	**137771.0**	**139434.0**		长春	Changchun	20500.0	21665.8	21905.0	26
太原	Taiyuan	6181.0	7009.5	7316.0	214	吉林	Jilin	14479.0	14673.6	14713.0	102
大同	Datong	11969.0	12515.1	12538.0	131	四平	Siping	8741.0	8896.3	9000.0	182
阳泉	Yangquan	5367.0	5599.7	5631.0	242	辽源	Liaoyuan	4137.0	4236.9	4315.0	254
长治	Changzhi	10706.0	11183.9	11249.0	150	通化	Tonghua	6292.0	6515.0	6583.0	228
晋城	Jincheng	8447.0	8757.1	8881.0	184	白山	Baishan	6375.0	6531.6	6601.0	227
朔州	Shuozhou	9551.0	10056.6	10151.0	166	松原	Songyuan	11859.0	11944.9	12046.0	137
晋中	Jinzhong	14562.0	15330.6	15565.0	90	白城	Baicheng	9320.0	9798.2	9985.0	172
运城	Yuncheng	15109.0	15509.1	15744.0	86	黑龙江	**Heilongjiang**	**151945.0**	**159063.0**	**160206.0**	
忻州	Xinzhou	16650.0	17280.4	17318.0	65	哈尔滨	Harbin	19154.0	20426.7	24138.0	15
临汾	Linfen	17105.0	17816.3	18025.0	58	齐齐哈尔	Qiqihar	18851.0	19919.0	22682.0	19
吕梁	Luliang	15996.0	16712.7	17015.0	70	鸡西	Jixi	5336.0	5705.0	9153.0	180
内蒙古	**Inner Mongolia**	**157994.0**	**163763.0**	**167515.0**		鹤岗	Hegang	2462.0	2496.2	5965.0	239
呼和浩特	Hohhot	6560.0	6723.0	7101.0	218	双鸭山	Shuangyashan	3756.0	3674.2	8986.0	183
包头	Baotou	6745.0	6862.0	6870.0	224	大庆	Daqing	7769.0	8026.5	8728.0	190
乌海	Wuhai	868.0	890.0	977.0	283	伊春	Yichun	2146.0	2301.0	6914.0	223
赤峰	Chifeng	22873.0	23825.0	24180.0	14	佳木斯	Jiamusi	9235.0	9301.7	15432.0	93
通辽	Tongliao	17284.0	18140.0	18470.0	50	七台河	Qitaihe	1643.0	1770.5	2553.0	275
鄂尔多斯	Erdos	16961.0	17822.0	18170.0	56	牡丹江	Mudanjiang	7293.0	7921.8	12296.0	134
呼伦贝尔	Hulunbuir	19663.0	20788.0	21829.0	28	黑河	Heihe	8819.0	9118.6	15814.0	85
巴彦淖尔	Bayannur	19818.0	20068.0	20529.0	37	绥化	Suihua	17423.0	18547.6	20951.0	34
乌兰察布	Ulanqab	12334.0	12682.0	13028.0	122	上海	**Shanghai**	**16687.0**	**12541.0**	**12633.0**	
辽宁	**Liaoning**	**101545.0**	**105562.0**	**110973.0**		江苏	**Jiangsu**	**150307.0**	**154118.0**	**156094.0**	

13-1 公路里程 续表 1
Length of Highways continued 1

单位：公里 (km)

地名	City	2010	2012	2013	2013 排名 Ranking
南京	Nanjing	10749.0	11028.9	11131.0	153
无锡	Wuxi	7628.0	7638.0	7655.0	207
徐州	Xuzhou	16175.0	16278.3	16332.0	77
常州	Changzhou	8348.0	8677.2	8847.0	187
苏州	Suzhou	12296.0	12477.0	12608.0	129
南通	Nantong	17474.0	17914.5	17995.0	59
连云港	Lianyungang	11224.0	11506.0	11771.0	144
淮安	Huaian	11804.0	12801.0	12930.0	123
盐城	Yancheng	18415.0	18807.0	19141.0	48
扬州	Yangzhou	10231.0	10319.9	10415.0	162
镇江	Zhenjiang	6936.0	7068.5	7201.0	216
泰州	Taizhou	8696.0	9003.9	9335.0	178
宿迁	Suqian	10332.0	10597.0	10731.0	160
浙江	**Zhejiang**	**110177.0**	**113550.0**	**115426.0**	
杭州	Hangzhou	15266.0	15746.9	15900.0	80
宁波	Ningbo	9884.0	10660.8	10892.0	156
温州	Wenzhou	13965.0	14122.0	14345.0	107
嘉兴	Jiaxing	7669.0	7863.2	8000.0	198
湖州	Huzhou	7890.0	8110.9	8216.0	193
绍兴	Shaoxing	9281.0	9587.2	9786.0	173
金华	Jinhua	11512.0	11861.7	12037.0	138
衢州	Quzhou	7484.0	7822.9	7934.0	199
舟山	Zhoushan	1706.0	1801.7	1869.0	277
台州	Taizhou	11267.0	11688.1	11910.0	139
丽水	Lishui	13940.0	14284.8	14537.0	105
安徽	**Anhui**	**149382.0**	**165157.0**	**173763.0**	
合肥	Hefei	8512.0	16907.0	16955.0	72
芜湖	Wuhu	4809.0	9534.0	9533.0	176
蚌埠	Bengbu	6493.0	6520.0	7674.0	205
淮南	Huainan	4180.0	4200.0	4432.0	252
马鞍山	Maanshan	2223.0	6958.0	6989.0	221
淮北	Huaibei	3560.0	3621.0	3787.0	263
铜陵	Tongling	1555.0	1555.0	1555.0	279
安庆	Anqing	14956.0	15024.0	16810.0	73
黄山	Huangshan	5509.0	5645.0	6258.0	234
滁州	Chuzhou	14538.0	17238.0	16586.0	76
阜阳	Fuyang	11382.0	11384.0	12513.0	132
宿州	Suzhou	12612.0	12612.0	13406.0	116
六安	Liuan	16200.0	24306.0	22408.0	22
亳州	Bozhou	10803.0	10843.0	11440.0	147
池州	Chizhou	6828.0	6833.0	7868.0	200
宣城	Xuancheng	11956.0	11978.0	10355.0	165
福建	**Fujian**	**91015.0**	**94661.0**	**99535.0**	
福州	Fuzhou	10234.0	10625.0	10949.0	154
厦门	Xiamen	1865.0	1924.0	2014.0	276
莆田	Putian	5552.0	6066.0	6259.0	233
三明	Sanming	13661.0	14250.0	14804.0	101
泉州	Quanzhou	14253.0	14700.0	15453.0	92
漳州	Zhangzhou	10105.0	10263.0	11429.0	148
南平	Nanping	13663.0	14132.0	14529.0	106
龙岩	Longyan	12161.0	12620.0	13446.0	115
宁德	Ningde	9521.0	10081.0	10653.0	161
江西	**Jiangxi**	**140634.0**	**150595.0**	**152067.0**	
南昌	Nanchang	9748.0	10853.0	10822.0	158
景德镇	Jingdezhen	4118.0	4595.0	4646.0	249
萍乡	Pingxiang	6069.0	6817.0	6827.0	225
九江	Jiujiang	17678.0	18970.0	19036.0	49
新余	Xinyu	4007.0	4317.0	4277.0	255
鹰潭	Yingtan	3633.0	4015.0	4016.0	260
赣州	Ganzhou	25709.0	28160.0	28803.0	2
吉安	Jian	20041.0	21717.0	21929.0	24
宜春	Yichun	16428.0	17761.0	17990.0	60
抚州	Fuzhou	12657.0	13949.0	14072.0	111
上饶	Shangrao	17774.0	19441.0	19649.0	43
山东	**Shandong**	**229858.0**	**244586.0**	**252786.0**	
济南	Jinan	11611.0	12296.8	12697.0	128
青岛	Qingdao	16181.0	16221.0	16270.0	79
淄博	Zibo	10317.0	10600.8	10924.0	155
枣庄	Zaozhuang	6960.0	7533.7	8007.0	197
东营	Dongying	8111.0	8482.5	8609.0	191
烟台	Yantai	14516.0	15934.2	17024.0	69
潍坊	Weifang	23181.0	24456.1	25225.0	11
济宁	Jining	15613.0	17439.8	18198.0	54
泰安	Taian	13759.0	14208.0	14329.0	108
威海	Weihai	6720.0	6899.0	7060.0	219
日照	Rizhao	6499.0	7501.1	8153.0	194
莱芜	Laiwu	3557.0	3892.7	4161.0	256
临沂	Linyi	22316.0	24112.1	25577.0	10
德州	Dezhou	20744.0	21435.7	21587.0	32
聊城	Liaocheng	14699.0	16581.5	17402.0	64

13-1 公路里程 续表 2
Length of Highways continued 2

单位：公里 (km)

地名	City	2010	2012	2013	2013 排名 Ranking	地名	City	2010	2012	2013	2013 排名 Ranking
滨州	Binzhou	15029.0	15619.2	15858.0	82	常德	Changde	22045.0	22179.7	22254.0	23
菏泽	Heze	20043.0	21371.8	21704.0	31	张家界	Zhangjiajie	8630.0	8771.9	8858.0	185
河南	**Henan**	**245089.0**	**249649.0**	**249831.0**		益阳	Yiyang	15665.0	15825.5	15853.0	83
郑州	Zhengzhou	12284.0	12695.2	12719.0	127	郴州	Chenzhou	16701.0	17398.8	17522.0	62
开封	Kaifeng	8636.0	8838.5	8839.0	188	永州	Yongzhou	22084.0	22959.5	22967.0	17
洛阳	Luoyang	17837.0	18331.0	18324.0	52	怀化	Huaihua	19784.0	20192.2	20428.0	38
平顶山	Pingdingshan	13316.0	13467.0	13468.0	114	娄底	Loudi	14416.0	14619.2	14700.0	103
安阳	Anyang	11651.0	11807.7	11823.0	141	**广东**	**Guangdong**	**190144.0**	**194943.0**	**202915.0**	
鹤壁	Hebi	4401.0	4459.9	4463.0	250	广州	Guangzhou	8975.0	8997.1	9004.0	181
新乡	Xinxiang	12897.0	13060.7	13104.0	121	韶关	Shaoguan	13753.0	14767.4	15273.0	97
焦作	Jiaozuo	7316.0	7365.5	7365.0	213	深圳	Shenzhen	1617.0	1659.1	1680.0	278
濮阳	Puyang	6281.0	6452.2	6465.0	230	珠海	Zhuhai	1395.0	1448.4	1447.0	280
许昌	Xuchang	9161.0	9286.8	9288.0	179	汕头	Shantou	3805.0	3802.3	3802.0	262
漯河	Luohe	5226.0	5249.9	5250.0	244	佛山	Foshan	5214.0	5206.6	5204.0	245
三门峡	Sanmenxia	9348.0	9511.9	9527.0	177	江门	Jiangmen	9972.0	10008.3	10012.0	171
南阳	Nanyang	37136.0	38001.9	38004.0	1	湛江	Zhanjiang	21491.0	21489.4	21800.0	29
商丘	Shangqiu	22712.0	23051.6	23050.0	16	茂名	Maoming	15609.0	15637.6	15642.0	89
信阳	Xinyang	24207.0	24691.4	24747.0	12	肇庆	Zhaoqing	11260.0	12611.1	13382.0	117
周口	Zhoukou	21375.0	21828.0	21840.0	27	惠州	Huizhou	10826.0	10933.4	11234.0	151
驻马店	Zhumadian	19080.0	19265.4	19271.0	47	梅州	Meizhou	15860.0	15882.2	16961.0	71
湖北	**Hubei**	**206212.0**	**218151.0**	**226912.0**		汕尾	Shanwei	4864.0	4863.6	5470.0	243
武汉	Wuhan	12561.0	13337.0	15023.0	99	河源	Heyuan	14721.0	15250.7	15346.0	95
黄石	Huangshi	4917.0	5394.3	5712.0	241	阳江	Yangjiang	7454.0	7465.2	7473.0	211
十堰	Shiyan	19977.0	22036.0	24398.0	13	清远	Qingyuan	18233.0	18238.5	21746.0	30
宜昌	Yichang	25638.0	26443.0	27601.0	5	东莞	Dongguan	4751.0	4968.6	5002.0	247
襄阳	Xiangfan	25364.0	25972.0	26547.0	7	中山	ZhongShan	1838.0	2756.9	2589.0	272
鄂州	Ezhou	2913.0	3099.0	3237.0	268	潮州	Chaozhou	5046.0	5048.1	5048.0	246
荆门	Jingmen	10985.0	11559.0	12553.0	130	揭阳	Jieyang	6349.0	6353.1	7210.0	215
孝感	Xiaogan	11840.0	12902.7	13701.0	113	云浮	Yunfu	7111.0	7556.0	7588.0	208
荆州	Jingzhou	18685.0	19658.0	20307.0	39	**广西**	**Guangxi**	**101782.0**	**107906.0**	**111384.0**	
黄冈	Huanggang	23392.0	24879.7	25942.0	9	南宁	Nanning	10567.0	11816.7	12195.0	136
咸宁	Xianning	13029.0	13547.5	14079.0	110	柳州	Liuzhou	7957.0	8017.9	8085.0	196
随州	Suizhou	6887.0	7245.0	7738.0	202	桂林	Guilin	11186.0	11423.0	11784.0	143
湖南	**Hunan**	**227998.0**	**234040.0**	**235392.0**		梧州	Wuzhou	4054.0	6656.7	5841.0	240
长沙	Changsha	15307.0	15709.5	15830.0	84	北海	Beihai	2414.0	2486.0	2586.0	274
株洲	Zhuzhou	13466.0	13563.4	13760.0	112	防城港	Fangchenggang	2571.0	2710.0	2845.0	270
湘潭	Xiangtan	7700.0	7799.0	7788.0	201	钦州	Qinzhou	5357.0	5949.5	6170.0	236
衡阳	Hengyang	20098.0	20754.8	20706.0	36	贵港	Guigang	6064.0	6352.1	6621.0	226
邵阳	Shaoyang	20923.0	21704.7	21906.0	25	玉林	Yulin	8640.0	9990.6	9747.0	174
岳阳	Yueyang	19786.0	20184.7	20259.0	40	百色	Baise	13354.0	14723.0	15297.0	96

13-1 公路里程 续表 3
Length of Highways continued 3

单位：公里 （km）

地名	City	2010	2012	2013	2013 排名 Ranking
贺州	Hezhou	3746.0	4530.3	4439.0	251
河池	Hechi	7334.0	12004.6	12331.0	133
来宾	Laibin	5981.0	6169.6	6194.0	235
崇左	Chongzuo	6607.0	6811.1	6935.0	222
海南	**Hainan**	**21236.0**	**24265.0**	**24852.0**	
海口	Haikou	1994.0	3078.3	3107.0	269
三亚	Sanya	1089.0	1650.0	1351.0	281
重庆	**Chongqing**	**116949.0**	**120728.0**	**122846.0**	
四川	**Sichuan**	**266082.0**	**293499.0**	**301816.0**	
成都	Chengdu	20312.0	22213.8	22586.0	20
自贡	Zigong	5793.0	6320.9	6443.0	231
攀枝花	Panzhihua	4438.0	4663.1	4662.0	248
泸州	Luzhou	12089.0	13097.8	13260.0	118
德阳	Deyang	7459.0	8073.9	8104.0	195
绵阳	Mianyang	15377.0	19446.1	19620.0	44
广元	Guangyuan	14950.0	17205.7	18170.0	56
遂宁	Suining	8317.0	8713.1	8781.0	189
内江	Neijiang	9647.0	10020.2	10020.0	170
乐山	Leshan	8698.0	9281.3	11616.0	145
南充	Nanchong	19466.0	20564.4	21380.0	33
眉山	Meishan	7084.0	7358.7	7414.0	212
宜宾	Yibin	13276.0	18031.6	18257.0	53
广安	Guangan	9378.0	9776.9	10029.0	169
达州	Dazhou	18390.0	19310.9	19448.0	46
雅安	Yaan	5625.0	6126.8	6165.0	237
巴中	Bazhong	13745.0	16070.2	16642.0	74
资阳	Ziyang	11893.0	14555.4	14683.0	104
贵州	**Guizhou**	**151644.0**	**164542.0**	**172564.0**	
贵阳	Guiyang	8901.0	9386.2	9552.0	175
六盘水	Liupanshui	11652.0	12061.6	12222.0	135
遵义	Zunyi	22939.0	24714.3	26383.0	8
安顺	Anshun	9126.0	9668.4	12928.0	124
毕节	Bijie	23985.0	27908.0	28320.0	3
铜仁	Tongren	21248.0	22176.6	22816.0	18
云南	**Yunnan**	**209231.0**	**219052.0**	**222940.0**	
昆明	Kunming	16442.0	17447.0	17556.0	61
曲靖	Qujing	26671.0	27726.0	28080.0	4
玉溪	Yuxi	16452.0	16594.0	16590.0	75
保山	Baoshan	11712.0	12631.0	12844.0	126
昭通	Zhaotong	15554.0	15277.0	16315.0	78

地名	City	2010	2012	2013	2013 排名 Ranking
丽江	Lijiang	7605.0	6768.0	6996.0	220
普洱	Puer	19192.0	19507.0	19611.0	45
临沧	Lincang	14045.0	14637.0	14855.0	100
西藏	**Tibet**	**58249.0**	**65198.0**	**70591.0**	
拉萨	Lhasa	3417.0		3963.0	261
陕西	**Shaanxi**	**147461.0**	**161411.0**	**165249.0**	
西安	Xi'an	12575.0	13127.1	13135.0	120
铜川	Tongchuan	3521.0	3706.6	3782.0	264
宝鸡	Baoji	14255.0	15002.8	15898.0	81
咸阳	Xianyang	15201.0	15402.8	15407.0	94
渭南	Weinan	17716.0	18072.8	18182.0	55
延安	Yan'an	14926.0	16755.9	17057.0	68
汉中	Hanzhong	15051.0	17935.3	18462.0	51
榆林	Yulin	22372.0	25868.8	27176.0	6
安康	Ankang	19973.0	22181.5	22543.0	21
商洛	Shangluo	11871.0	12987.9	13237.0	119
甘肃	**Gansu**	**118879.0**	**131201.0**	**133597.0**	
兰州	Lanzhou	6945.0	7713.6	7718.0	204
嘉峪关	Jiayuguan	614.0	688.6	689.0	284
金昌	Jinchang	2019.0	2518.4	2669.0	271
白银	Baiyin	9589.0	11223.4	11294.0	149
天水	Tianshui	10126.0	10347.4	10381.0	164
武威	Wuwei	9003.0	10447.0	11134.0	152
张掖	Zhangye	10582.0	10830.2	10862.0	157
平凉	Pingliang	9524.0	9987.1	10111.0	167
酒泉	Jiuquan	13458.0	15458.1	15711.0	87
庆阳	Qingyang	11289.0	12484.9	12922.0	125
定西	Dingxi	10122.0	10273.7	10391.0	163
陇南	Longnan	14460.0	15400.1	15534.0	91
青海	**Qinghai**	**62185.0**	**65988.0**	**70117.0**	
西宁	Xining	4291.0	4320.0	4341.0	253
宁夏	**Ningxia**	**22518.0**	**26522.0**	**28554.0**	
银川	Yinchuan		4153.1	4029.0	258
石嘴山	Shizuishan		2541.0	2587.0	273
吴忠	Wuzhong		8044.1	7731.0	203
固原	Guyuan		7338.2	7657.0	206
中卫	Zhongwei		6502.8	6550.0	229
新疆	**Xinjiang**	**152843.0**	**165909.0**	**170155.0**	
乌鲁木齐	Urumqi	3265.0	3482.3	3586.0	265
克拉玛依	Karamay	939.0	1002.9	1104.0	282

13-2 等级公路里程
Length of Expressway and Class I to IV Highway

单位：公里 (km)

地名	City	2010	2012	2013	2013 排名 Ranking
全国	**Nation Total**	**3304709.0**	**3609600.0**	**3755567.0**	
北京	**Beijing**	**20921.0**	**21299.0**	**21485.0**	
天津	**Tianjin**	**14832.0**	**15391.0**	**15718.0**	
河北	**Hebei**	**146053.0**	**155439.0**	**167711.0**	
石家庄	Shijiazhuang	14198.0	15137.4	16410.0	49
唐山	Tangshan	13855.0	14532.9	17061.0	40
秦皇岛	Qinhuangdao	8572.0	8774.5	8858.0	164
邯郸	Handan	13319.0	14264.8	15257.0	66
邢台	Xingtai	12159.0	14236.8	16043.0	58
保定	Baoding	17614.0	18793.6	20583.0	19
张家口	Zhangjiakou	17162.0	17614.6	18607.0	31
承德	Chengde	17558.0	18248.7	19163.0	26
沧州	Cangzhou	12678.0	13778.5	14543.0	81
廊坊	Langfang	9005.0	9492.9	10054.0	144
衡水	Hengshui	9933.0	10564.5	11132.0	129
山西	**Shanxi**	**127664.0**	**134242.0**	**136039.0**	
太原	Taiyuan	6047.0	6881.9	7189.0	198
大同	Datong	11877.0	12431.8	12454.0	109
阳泉	Yangquan	5367.0	5599.7	5631.0	231
长治	Changzhi	10051.0	10643.6	10728.0	132
晋城	Jincheng	8172.0	8518.9	8644.0	168
朔州	Shuozhou	9422.0	9945.2	10039.0	145
晋中	Jinzhong	14471.0	15249.3	15484.0	64
运城	Yuncheng	15082.0	15483.4	15718.0	62
忻州	Xinzhou	15969.0	16660.6	16701.0	45
临汾	Linfen	16333.0	17137.2	17433.0	35
吕梁	Luliang	14873.0	15690.8	16017.0	59
内蒙古	**Inner Mongolia**	**144395.0**	**151046.0**	**155030.0**	
呼和浩特	Hohhot	6176.0	6364.0	6777.0	208
包头	Baotou	5602.0	5780.0	5813.0	227
乌海	Wuhai	868.0	880.0	971.0	283
赤峰	Chifeng	21883.0	22915.0	23280.0	8
通辽	Tongliao	15749.0	16683.0	17045.0	41
鄂尔多斯	Erdos	15302.0	16315.0	16662.0	46
呼伦贝尔	Hulunbuir	18291.0	19533.0	20583.0	19
巴彦淖尔	Bayannur	14785.0	15223.0	15737.0	61
乌兰察布	Ulanqab	12294.0	12657.0	13002.0	101
辽宁	**Liaoning**	**84757.0**	**90033.0**	**95982.0**	
沈阳	Shenyang	9643.0	10473.5	10075.0	143
大连	Dalian	7976.0	8963.5	9134.0	160
鞍山	Anshan	6851.0	7193.5	7056.0	204
抚顺	Fushun	4477.0	4903.3	4899.0	241
本溪	Benxi	3092.0	3451.4	3442.0	258
丹东	Dandong	5310.0	5987.2	6750.0	210
锦州	Jinzhou	6860.0	7219.2	7513.0	190
营口	Yingkou	2967.0	3369.6	3390.0	259
阜新	Fuxin	5817.0	6317.1	6368.0	218
辽阳	Liaoyang	3106.0	3352.9	3352.0	261
盘锦	Panjin	3090.0	3313.7	3346.0	262
铁岭	Tieling	9291.0	9853.1	9975.0	147
朝阳	Chaoyang	7201.0	8108.1	8525.0	173
葫芦岛	Huludao	6018.0	6642.8	7233.0	195
吉林	**Jilin**	**81006.0**	**95414.0**	**86632.0**	
长春	Changchun	17653.0	21665.8	20108.0	21
吉林	Jilin	14118.0	14673.6	14416.0	84
四平	Siping	7924.0	8806.3	8329.0	174
辽源	Liaoyuan	4137.0	4236.9	4315.0	246
通化	Tonghua	6292.0	6515.0	6583.0	213
白山	Baishan	6334.0	6531.6	6570.0	214
松原	Songyuan	8202.0	11944.9	8627.0	169
白城	Baicheng	8358.0	9798.2	9239.0	156
黑龙江	**Heilongjiang**	**118917.0**	**129260.0**	**131776.0**	
哈尔滨	Harbin	16010.0	20426.6	21197.0	16
齐齐哈尔	Qiqihar	15959.0	19919.0	19589.0	24
鸡西	Jixi	4684.0	5705.0	7369.0	192
鹤岗	Hegang	2030.0	2496.2	4087.0	252
双鸭山	Shuangyashan	3281.0	3674.2	5859.0	225
大庆	Daqing	6046.0	8026.5	6881.0	206
伊春	Yichun	2073.0	2301.0	6391.0	217
佳木斯	Jiamusi	6613.0	9301.7	10027.0	146
七台河	Qitaihe	1470.0	1770.5	2068.0	275
牡丹江	Mudanjiang	6689.0	7921.8	11288.0	126
黑河	Heihe	7050.0	9118.6	12374.0	110
绥化	Suihua	13531.0	18547.6	17915.0	34
上海	**Shanghai**	**11974.0**	**12541.0**	**12633.0**	
江苏	**Jiangsu**	**141706.0**	**146100.0**	**148263.0**	

13-2 等级公路里程 续表 1
Length of Expressway and Class I to IV Highway continued 1

单位：公里 （km）

地名	City	2010	2012	2013	2013 排名 Ranking
南京	Nanjing	9638.0	10054.4	10166.0	141
无锡	Wuxi	7593.0	7638.0	7655.0	184
徐州	Xuzhou	14965.0	15135.1	15207.0	67
常州	Changzhou	8296.0	8624.9	8795.0	165
苏州	Suzhou	12296.0	12477.0	12608.0	107
南通	Nantong	17306.0	17763.3	17924.0	33
连云港	Lianyungang	11049.0	11415.0	11679.0	121
淮安	Huaian	10816.0	11899.0	12040.0	115
盐城	Yancheng	16340.0	16760.7	17122.0	39
扬州	Yangzhou	8934.0	9050.2	9155.0	158
镇江	Zhenjiang	6936.0	7068.5	7201.0	197
泰州	Taizhou	8664.0	8997.1	9317.0	154
宿迁	Suqian	8873.0	9216.4	9395.0	153
浙江	**Zhejiang**	**105851.0**	**110024.0**	**111997.0**	
杭州	Hangzhou	14399.0	14938.6	15110.0	70
宁波	Ningbo	9272.0	10102.0	10350.0	138
温州	Wenzhou	7714.0	13798.1	14030.0	87
嘉兴	Jiaxing	7357.0	7730.4	7868.0	180
湖州	Huzhou	7144.0	7406.4	7521.0	189
绍兴	Shaoxing	8749.0	9078.2	9280.0	155
金华	Jinhua	11378.0	11852.7	12028.0	116
衢州	Quzhou	7300.0	7699.3	7815.0	182
舟山	Zhoushan	1597.0	1701.5	1786.0	277
台州	Taizhou	11005.0	11453.4	11681.0	120
丽水	Lishui	13910.0	14263.1	14530.0	82
安徽	**Anhui**	**142344.0**	**159427.0**	**168084.0**	
合肥	Hefei	8498.0	15301.0	15349.0	65
芜湖	Wuhu	4400.0	9136.0	9135.0	159
蚌埠	Bengbu	5942.0	6071.0	7225.0	196
淮南	Huainan	4016.0	4036.0	4268.0	248
马鞍山	Maanshan	2181.0	6712.0	6753.0	209
淮北	Huaibei	3560.0	3621.0	3787.0	256
铜陵	Tongling	1529.0	1529.0	1530.0	279
安庆	Anqing	14729.0	14970.0	16803.0	44
黄山	Huangshan	5480.0	5617.0	6230.0	222
滁州	Chuzhou	14538.0	17238.0	16586.0	48
阜阳	Fuyang	10938.0	10986.0	12127.0	113
宿州	Suzhou	11916.0	11916.0	12710.0	103
六安	Liuan	15279.0	23944.0	22052.0	12
亳州	Bozhou	10125.0	10452.0	11050.0	130
池州	Chizhou	6087.0	6102.0	7139.0	200
宣城	Xuancheng	11766.0	11797.0	10304.0	139
福建	**Fujian**	**70655.0**	**76503.0**	**80909.0**	
福州	Fuzhou	8649.0	9269.0	9764.0	148
厦门	Xiamen	1597.0	1780.0	1995.0	276
莆田	Putian	3674.0	3910.0	4314.0	247
三明	Sanming	9233.0	11095.0	11586.0	123
泉州	Quanzhou	8930.0	9543.0	10236.0	140
漳州	Zhangzhou	7886.0	8167.0	9010.0	162
南平	Nanping	11831.0	12483.0	12837.0	102
龙岩	Longyan	10298.0	11011.0	11423.0	125
宁德	Ningde	8557.0	9245.0	9744.0	149
江西	**Jiangxi**	**101494.0**	**120332.0**	**122675.0**	
南昌	Nanchang	7843.0	9103.0	9090.0	161
景德镇	Jingdezhen	3260.0	3950.0	4015.0	254
萍乡	Pingxiang	4351.0	5354.0	5356.0	233
九江	Jiujiang	11289.0	13724.0	13921.0	88
新余	Xinyu	2976.0	3370.0	3387.0	260
鹰潭	Yingtan	2498.0	3095.0	3138.0	264
赣州	Ganzhou	17987.0	22426.0	23250.0	9
吉安	Jian	17432.0	19756.0	20023.0	22
宜春	Yichun	11440.0	13510.0	13882.0	89
抚州	Fuzhou	9067.0	11538.0	11708.0	119
上饶	Shangrao	10579.0	14506.0	14903.0	74
山东	**Shandong**	**227718.0**	**243037.0**	**251425.0**	
济南	Jinan	11466.0	12187.8	12644.0	106
青岛	Qingdao	16164.0	16210.3	16261.0	51
淄博	Zibo	9838.0	10134.6	10473.0	136
枣庄	Zaozhuang	6824.0	7401.8	7889.0	178
东营	Dongying	8111.0	8482.5	8609.0	170
烟台	Yantai	14516.0	15934.2	17024.0	42
潍坊	Weifang	23052.0	24456.1	25225.0	4
济宁	Jining	15315.0	17223.7	17997.0	32
泰安	Taian	13441.0	13915.5	14045.0	86
威海	Weihai	6720.0	6899.0	7060.0	203
日照	Rizhao	6499.0	7501.1	8153.0	175
莱芜	Laiwu	3539.0	3876.1	4145.0	251
临沂	Linyi	22230.0	24086.9	25558.0	3
德州	Dezhou	20744.0	21435.7	21587.0	15
聊城	Liaocheng	14615.0	16524.2	17402.0	36

13-2 等级公路里程 续表 2
Length of Expressway and Class I to IV Highway continued 2

单位：公里 (km)

地名	City	2010	2012	2013	2013 排名 Ranking	地名	City	2010	2012	2013	2013 排名 Ranking
滨州	Binzhou	14601.0	15396.0	15647.0	63	常德	Changde	19538.0	22086.6	22161.0	10
菏泽	Heze	20043.0	21371.8	21704.0	13	张家界	Zhangjiajie	5878.0	6463.9	6711.0	211
河南	**Henan**	**182560.0**	**194406.0**	**196790.0**		益阳	Yiyang	14298.0	14924.9	15015.0	73
郑州	Zhengzhou	10318.0	11407.0	11455.0	124	郴州	Chenzhou	14997.0	15917.5	16100.0	57
开封	Kaifeng	6661.0	6952.1	6991.0	205	永州	Yongzhou	19129.0	20467.0	20586.0	18
洛阳	Luoyang	12788.0	13399.9	13495.0	94	怀化	Huaihua	16155.0	18487.6	18788.0	28
平顶山	Pingdingshan	12234.0	12679.2	12696.0	104	娄底	Loudi	10573.0	11847.7	12114.0	114
安阳	Anyang	9309.0	9907.7	10111.0	142	**广东**	**Guangdong**	**170144.0**	**177204.0**	**186357.0**	
鹤壁	Hebi	4188.0	4255.4	4262.0	249	广州	Guangzhou	7739.0	7857.3	7870.0	179
新乡	Xinxiang	10225.0	10426.2	10567.0	135	韶关	Shaoguan	13155.0	14308.6	14852.0	75
焦作	Jiaozuo	5983.0	6241.2	6310.0	221	深圳	Shenzhen	1617.0	1659.1	1680.0	278
濮阳	Puyang	5661.0	5950.1	5987.0	223	珠海	Zhuhai	1366.0	1422.7	1421.0	280
许昌	Xuchang	6560.0	7011.2	7062.0	202	汕头	Shantou	3790.0	3790.8	3791.0	255
漯河	Luohe	3979.0	4138.5	4172.0	250	佛山	Foshan	5202.0	5206.6	5204.0	237
三门峡	Sanmenxia	6911.0	7353.9	7470.0	191	江门	Jiangmen	8037.0	8138.6	8144.0	176
南阳	Nanyang	27506.0	28527.0	28734.0	1	湛江	Zhanjiang	13585.0	14525.1	15145.0	69
商丘	Shangqiu	14334.0	16062.5	16199.0	55	茂名	Maoming	14660.0	14777.4	14795.0	77
信阳	Xinyang	17096.0	18253.9	18680.0	30	肇庆	Zhaoqing	11176.0	12546.3	13377.0	96
周口	Zhoukou	14456.0	16538.0	17161.0	38	惠州	Huizhou	10074.0	10340.8	10703.0	133
驻马店	Zhumadian	12489.0	13342.5	13430.0	95	梅州	Meizhou	13480.0	13646.3	15026.0	72
湖北	**Hubei**	**187812.0**	**203145.0**	**212893.0**		汕尾	Shanwei	4555.0	4585.9	5234.0	236
武汉	Wuhan	12200.0	13013.5	14518.0	83	河源	Heyuan	13766.0	14497.8	14603.0	79
黄石	Huangshi	4906.0	5394.3	5712.0	229	阳江	Yangjiang	6262.0	6367.3	6622.0	212
十堰	Shiyan	17992.0	20677.0	22143.0	11	清远	Qingyuan	18071.0	18085.4	21607.0	14
宜昌	Yichang	19193.0	21411.0	24816.0	5	东莞	Dongguan	4637.0	4860.8	4896.0	242
襄阳	Xiangfan	23599.0	24324.0	24714.0	6	中山	ZhongShan	1766.0	2712.4	2545.0	270
鄂州	Ezhou	2061.0	2603.0	2774.0	266	潮州	Chaozhou	4939.0	4968.5	4974.0	240
荆门	Jingmen	10322.0	10939.0	11649.0	122	揭阳	Jieyang	6203.0	6217.5	7077.0	201
孝感	Xiaogan	11840.0	12902.7	13701.0	90	云浮	Yunfu	6063.0	6688.5	6791.0	207
荆州	Jingzhou	17588.0	18807.0	19584.0	25	**广西**	**Guangxi**	**81239.0**	**91583.0**	**96343.0**	
黄冈	Huanggang	21858.0	22847.8	24252.0	7	南宁	Nanning	9210.0	10664.9	11265.0	127
咸宁	Xianning	10806.0	11569.3	12310.0	111	柳州	Liuzhou	5372.0	6191.9	6355.0	219
随州	Suizhou	6690.0	7245.0	7738.0	183	桂林	Guilin	7972.0	8630.0	9223.0	157
湖南	**Hunan**	**184045.0**	**203627.0**	**206622.0**		梧州	Wuzhou	3413.0	5709.7	5303.0	234
长沙	Changsha	12347.0	13043.4	13176.0	99	北海	Beihai	2320.0	2486.0	2486.0	272
株洲	Zhuzhou	13140.0	13273.3	13506.0	93	防城港	Fangchenggang	1716.0	1995.9	2106.0	274
湘潭	Xiangtan	4375.0	4884.2	5034.0	239	钦州	Qinzhou	4633.0	5361.2	5846.0	226
衡阳	Hengyang	14600.0	16258.8	16370.0	50	贵港	Guigang	4832.0	4956.8	5283.0	235
邵阳	Shaoyang	12872.0	16907.6	17360.0	37	玉林	Yulin	6255.0	7842.2	7616.0	188
岳阳	Yueyang	19090.0	19569.0	19651.0	23	百色	Baise	11079.0	12677.0	13008.0	100

13-2 等级公路里程 续表 3
Length of Expressway and Class I to IV Highway continued 3

单位：公里 (km)

地名	City	2010	2012	2013	2013 排名 Ranking
贺州	Hezhou	3034.0	4316.2	4423.0	245
河池	Hechi	2000.0	10322.2	10952.0	131
来宾	Laibin	4608.0	4825.4	4888.0	243
崇左	Chongzuo	5650.0	6167.1	6320.0	220
海南	**Hainan**	**21012.0**	**23540.0**	**24154.0**	
海口	Haikou	92.0	3056.3	2392.0	273
三亚	Sanya	898.0	1581.8	1050.0	282
重庆	**Chongqing**	**80006.0**	**86810.0**	**90358.0**	
四川	**Sichuan**	**205983.0**	**234293.0**	**246571.0**	
成都	Chengdu	17923.0	20268.5	20732.0	17
自贡	Zigong	4131.0	4870.5	5060.0	238
攀枝花	Panzhihua	2706.0	3032.3	3103.0	265
泸州	Luzhou	7130.0	8123.6	8913.0	163
德阳	Deyang	6566.0	7251.8	7282.0	193
绵阳	Mianyang	9176.0	12493.9	13261.0	98
广元	Guangyuan	8943.0	11246.1	12649.0	105
遂宁	Suining	7119.0	7560.0	7637.0	185
内江	Neijiang	5779.0	6320.6	6407.0	216
乐山	Leshan	7301.0	8053.7	10449.0	137
南充	Nanchong	15483.0	17105.2	18829.0	27
眉山	Meishan	5466.0	5583.5	5719.0	228
宜宾	Yibin	11320.0	14746.1	15058.0	71
广安	Guangan	7866.0	8388.3	8653.0	167
达州	Dazhou	15570.0	16474.6	16826.0	43
雅安	Yaan	4955.0	5510.0	5652.0	230
巴中	Bazhong	12305.0	15308.5	15931.0	60
资阳	Ziyang	8483.0	10933.5	11190.0	128
贵州	**Guizhou**	**72557.0**	**86577.0**	**95419.0**	
贵阳	Guiyang	7940.0	8461.0	8670.0	166
六盘水	Liupanshui	8033.0	8825.5	9508.0	151
遵义	Zunyi	10034.0	12024.5	13322.0	97
安顺	Anshun	3118.0	3928.7	4532.0	244
毕节	Bijie	12189.0	15053.1	16235.0	53
铜仁	Tongren	6032.0	8650.0	10588.0	134
云南	**Yunnan**	**158120.0**	**171960.0**	**178371.0**	
昆明	Kunming	12645.0	13639.8	14700.0	78
曲靖	Qujing	17254.0	18355.1	16648.0	47
玉溪	Yuxi	15766.0	16120.0	16124.0	56
保山	Baoshan	8432.0	9603.0	9729.0	150
昭通	Zhaotong	10214.0	11235.0	11798.0	118
丽江	Lijiang		5935.0	5987.0	223
普洱	Puer	6878.0	12907.0	13661.0	91
临沧	Lincang	10612.0	11668.0	11995.0	117
西藏	**Tibet**		**41776.0**	**48678.0**	
拉萨	Lhasa			2558.0	269
陕西	**Shaanxi**	**134498.0**	**146290.0**	**148991.0**	
西安	Xi'an	12118.0	12587.3	12598.0	108
铜川	Tongchuan	3140.0	3248.3	3296.0	263
宝鸡	Baoji	13861.0	14506.7	14554.0	80
咸阳	Xianyang	13602.0	13546.8	13549.0	92
渭南	Weinan	14627.0	15066.0	15200.0	68
延安	Yan'an	14343.0	15949.9	16247.0	52
汉中	Hanzhong	12993.0	15598.3	16216.0	54
榆林	Yulin	22066.0	25065.5	26083.0	2
安康	Ankang	16550.0	18417.4	18748.0	29
商洛	Shangluo	11198.0	11944.3	12142.0	112
甘肃	**Gansu**	**85733.0**	**101372.0**	**106812.0**	
兰州	Lanzhou	4467.0	5360.8	5475.0	232
嘉峪关	Jiayuguan	580.0	658.9	656.0	284
金昌	Jinchang	2010.0	2508.8	2659.0	267
白银	Baiyin	4743.0	6945.6	7237.0	194
天水	Tianshui	8721.0	9216.8	9442.0	152
武威	Wuwei	5220.0	7132.9	7984.0	177
张掖	Zhangye	8022.0	8558.9	8609.0	170
平凉	Pingliang	5970.0	6749.5	7159.0	199
酒泉	Jiuquan	12315.0	14441.9	14828.0	76
庆阳	Qingyang	5103.0	6603.9	7826.0	181
定西	Dingxi	7617.0	8071.7	8572.0	172
陇南	Longnan	12866.0	13891.9	14125.0	85
青海	**Qinghai**	**47604.0**	**52061.0**	**57069.0**	
西宁	Xining	3351.0	3460.0	3484.0	257
宁夏	**Ningxia**	**21198.0**	**26009.0**	**28338.0**	
银川	Yinchuan		4105.7	4016.0	253
石嘴山	Shizuishan		2541.0	2587.0	268
吴忠	Wuzhong		7587.0	7619.0	187
固原	Guyuan		5748.7	7632.0	186
中卫	Zhongwei		6312.5	6484.0	215
新疆	**Xinjiang**	**98560.0**	**118861.0**	**125442.0**	
乌鲁木齐	Urumqi	2596.0	2935.4	2532.0	271
克拉玛依	Karamay	935.0	998.5	1099.0	281

13-3 民用汽车拥有量
Number of Civil Vehicles Owned

单位：辆 （unit）

地名	City	2010	2012	2013	2013 排名 Ranking
全国	**Nation Total**	**78018300**	**109330900**	**126701435**	
北京	**Beijing**	**4497100**	**4935600**	**5171055**	
天津	**Tianjin**	**1582400**	**2211200**	**2615768**	
河北	**Hebei**	**4928700**	**7285100**	**8162934**	
石家庄	Shijiazhuang	901653	1274760	1084023	24
唐山	Tangshan	806066	1138232	994838	28
秦皇岛	Qinhuangdao	287471	404354	347029	113
邯郸	Handan	576093	780270	559577	64
邢台	Xingtai	402438	562087	425811	90
保定	Baoding	798307	1179570	964879	29
张家口	Zhangjiakou	293612	419012	328311	123
承德	Chengde	195875	278015	202269	177
沧州	Cangzhou	605675	872577	750793	36
廊坊	Langfang	492955	698126	585505	58
衡水	Hengshui	281536	402985	329184	121
山西	**Shanxi**	**2478900**	**3299500**	**3782688**	
太原	Taiyuan	605048	787599	895044	31
大同	Datong	247799	286037	333510	120
阳泉	Yangquan	116035	147873	166459	192
长治	Changzhi	242285	288313	342144	116
晋城	Jincheng	193639	220568	266237	148
朔州	Shuozhou	72152	102524	118127	234
晋中	Jinzhong	278790	347905	404353	100
运城	Yuncheng	309801	350515	436732	86
忻州	Xinzhou	180555	198804	230129	166
临汾	Linfen	268525	320557	383662	108
吕梁	Luliang	212514	221806	263340	151
内蒙古	**Inner Mongolia**	**1878000**	**2660800**	**3068651**	
呼和浩特	Hohhot	321551	500322	596587	56
包头	Baotou	297403	416335	457657	82
乌海	Wuhai	154600	154650	121939	230
赤峰	Chifeng	291465	279684	485732	74
通辽	Tongliao	348850	288760	327483	124
鄂尔多斯	Erdos	485000	440561	470063	78
呼伦贝尔	Hulunbuir	153067	162342	209362	173
巴彦淖尔	Bayannur	146297	147361	221264	170
乌兰察布	Ulanqab	116429	131407	225426	169
辽宁	**Liaoning**	**2963200**	**4148800**	**4570467**	
沈阳	Shenyang	984312	1129026	1431191	11
大连	Dalian	944885	942603	1297483	17
鞍山	Anshan	365158	327400	487513	72
抚顺	Fushun	227607	187746	254960	155
本溪	Benxi	136811	104860	173205	186
丹东	Dandong	228141	159525	318979	127
锦州	Jinzhou	433823	274709	464154	80
营口	Yingkou	250500	230031	328918	122
阜新	Fuxin	329330	166943	387753	107
辽阳	Liaoyang	284423	159465	253885	156
盘锦	Panjin	178699	192898	243815	161
铁岭	Tieling	317900	161663	409457	95
朝阳	Chaoyang	509669	276495	569204	62
葫芦岛	Huludao	250970	183081	333913	119
吉林	**Jilin**	**1528900**	**3299500**	**2483472**	
长春	Changchun	664845	877243	1018968	25
吉林	Jilin	272846	344650	388236	106
四平	Siping	145042	224817	263172	152
辽源	Liaoyuan	58608	74298	83313	260
通化	Tonghua	106889	130927	145663	211
白山	Baishan	62286	74969	71385	262
松原	Songyuan	180836	233765	296422	136
白城	Baicheng	93406	132111	156017	200
黑龙江	**Heilongjiang**	**1947900**	**2598700**	**2898103**	
哈尔滨	Harbin	652435	892839	1005167	26
齐齐哈尔	Qiqihar	233889	198432		
鸡西	Jixi	127246	142901	162010	196
鹤岗	Hegang	40550	56108	56895	271
双鸭山	Shuangyashan	56547	109457		
大庆	Daqing	328347	412594	428467	89
伊春	Yichun	38444	48624		
佳木斯	Jiamusi				
七台河	Qitaihe	76301	53876	53876	272
牡丹江	Mudanjiang	117296	211110		
黑河	Heihe				
绥化	Suihua	16060	40191	70191	265
上海	**Shanghai**	**1755100**	**2126600**	**2349116**	
江苏	**Jiangsu**	**5508000**	**8022000**	**9443483**	

13-3 民用汽车拥有量 续表 1
Number of Civil Vehicles Owned continued 1

单位：辆 (unit)

地名	City	2010	2012	2013	2013 排名 Ranking	地名	City	2010	2012	2013	2013 排名 Ranking
南京	Nanjing	830524	1177453	1404121	13	池州	Chizhou	42915	62923	71196	264
无锡	Wuxi	734009	1009793	1146731	22	宣城	Xuancheng	122874	148790	171829	189
徐州	Xuzhou	432612	605772	684114	43	**福建**	**Fujian**	**1970800**	**2839200**	**3329740**	
常州	Changzhou	453723	659320	765395	35	福州	Fuzhou	433734	626234	727034	41
苏州	Suzhou	1261001	1791048	2105740	4	厦门	Xiamen	385391	563612	679103	46
南通	Nantong	449023	682196	837547	32	莆田	Putian	83663	129678	157212	198
连云港	Lianyungang	188898	272789	322191	125	三明	Sanming	98044	135807	157036	199
淮安	Huaian	169858	252994	294764	137	泉州	Quanzhou	480067	674210	788863	34
盐城	Yancheng	267391	404328	476010	77	漳州	Zhangzhou	162733	245134	279857	142
扬州	Yangzhou	232869	347045	419436	91	南平	Nanping	87205	124380	143619	213
镇江	Zhenjiang	198003	287919	337472	117	龙岩	Longyan	164772	233793	267119	147
泰州	Taizhou	226588	340829	405173	99	宁德	Ningde	72609	109979	131795	221
宿迁	Suqian	198532	276439	321656	126	**江西**	**Jiangxi**	**1374300**	**2016400**	**2468402**	
浙江	**Zhejiang**	**5420500**	**7735600**	**9019925**		南昌	Nanchang	362429	476780	560779	63
杭州	Hangzhou	1248056	1761001	2045618	5	景德镇	Jingdezhen	70402	102620	116610	237
宁波	Ningbo	877434	1232485	1420578	12	萍乡	Pingxiang	64030	91222	108098	243
温州	Wenzhou	789343	1096379	1257791	18	九江	Jiujiang	158875	235308	286640	141
嘉兴	Jiaxing	367812	574269	683694	45	新余	Xinyu	57967	83009	98019	253
湖州	Huzhou	218000	338897	405647	98	鹰潭	Yingtan	34055	58435	69829	266
绍兴	Shaoxing	434809	627394	739962	37	赣州	Ganzhou	191527	306323	390175	104
金华	Jinhua	591787	849496	1004858	27	吉安	Jian	109757	154060	187766	181
衢州	Quzhou	121423	177318	212521	172	宜春	Yichun	165994	236925	293714	138
舟山	Zhoushan	60463	85518	99413	251	抚州	Fuzhou	100269	141881	172132	188
台州	Taizhou	565917	793273	922061	30	上饶	Shangrao	145055	214547	265486	149
丽水	Lishui	140492	195806	228037	167	**山东**	**Shandong**	**7058900**	**10271600**	**11997147**	
安徽	**Anhui**	**2098100**	**3031300**	**3587375**		济南	Jinan	797359	1056559	1213435	21
合肥	Hefei	386060	665553	820675	33	青岛	Qingdao	975571	1330886	1524634	10
芜湖	Wuhu	132091	242475	275844	143	淄博	Zibo	443657	587053	675568	48
蚌埠	Bengbu	98706	136161	164439	195	枣庄	Zaozhuang	271085	370235	397072	102
淮南	Huainan	89780	118885	142483	215	东营	Dongying	335413	439915	497003	69
马鞍山	Maanshan	68423	122878	138925	216	烟台	Yantai	746845	966258	1097199	23
淮北	Huaibei	80759	121237	134097	217	潍坊	Weifang	1042508	1427576	1595971	8
铜陵	Tongling	39877	58244	69642	267	济宁	Jining	474922	635449	737851	39
安庆	Anqing	146788	211146	259399	153	泰安	Taian	302484	392816	452644	83
黄山	Huangshan	95638	114868	117135	236	威海	Weihai	318103	431004	486896	73
滁州	Chuzhou	134594	159610	184207	184	日照	Rizhao	212625	296355	348567	112
阜阳	Fuyang	282858	376374	430840	87	莱芜	Laiwu	119431	149441	164920	193
宿州	Suzhou	176286	204771	202907	175	临沂	Linyi	733934	1045195	1238081	20
六安	Liuan	211088	268503	298359	135	德州	Dezhou	382248	539941	615837	54
亳州	Bozhou	199383	260552	256057	154	聊城	Liaocheng	455787	534507	584530	59

13-3 民用汽车拥有量 续表 2
Number of Civil Vehicles Owned continued 2

单位：辆 (unit)

地名	City	2010	2012	2013	2013 排名 Ranking	地名	City	2010	2012	2013	2013 排名 Ranking
滨州	Binzhou	350867	477596	545948	67	常德	Changde	657929	796085	731118	40
菏泽	Heze	383532	481272	541875	68	张家界	Zhangjiajie	140871	210229	248024	158
河南	**Henan**	**3997300**	**5819500**	**7006916**		益阳	Yiyang	403669	511376	549608	66
郑州	Zhengzhou	963010	1427306	1723660	6	郴州	Chenzhou	490873	600411	644123	50
开封	Kaifeng	188867	253582	289599	140	永州	Yongzhou	535562	548016	578522	61
洛阳	Luoyang	379104	514154	605960	55	怀化	Huaihua	397976	573966	579069	60
平顶山	Pingdingshan	233567	300813	346930	114	娄底	Loudi	414100	610788	683931	44
安阳	Anyang	298064	376126	407472	97	**广东**	**Guangdong**	**7822600**	**10374200**	**11773707**	
鹤壁	Hebi	79018	108018	129575	223	广州	Guangzhou	1598934	2041592	2148053	3
新乡	Xinxiang	299628	406789	483662	76	韶关	Shaoguan	99543	135754	153291	207
焦作	Jiaozuo	211260	263922	299042	134	深圳	Shenzhen	1669674	2213975	2583869	2
濮阳	Puyang	237408	322531	366043	110	珠海	Zhuhai	209671	273365	312196	131
许昌	Xuchang	216653	296478	343828	115	汕头	Shantou	266354	359868	408481	96
漯河	Luohe	102661	135348	153426	206	佛山	Foshan	912421	1197638	1358359	15
三门峡	Sanmenxia	153955	177538	203416	174	江门	Jiangmen	278817	361205	410631	93
南阳	Nanyang	302779	402753	463596	81	湛江	Zhanjiang	149295	214356	245060	160
商丘	Shangqiu	321057	440736	485046	75	茂名	Maoming	164011	228248	268634	145
信阳	Xinyang	215149	234379	275627	144	肇庆	Zhaoqing	147382	199243	236077	163
周口	Zhoukou	383354	415742	493207	70	惠州	Huizhou	256415	357655	414021	92
驻马店	Zhumadian	172742	267541	302400	132	梅州	Meizhou	106711	156700	185191	183
湖北	**Hubei**	**2074900**	**1936400**	**3543973**		汕尾	Shanwei	31833	42553	50134	273
武汉	Wuhan	1046500	1104988	1240771	19	河源	Heyuan	75560	108258	123456	227
黄石	Huangshi	77600	103000	110424	241	阳江	Yangjiang	85452	128012	154244	202
十堰	Shiyan	127868	164374	197671	179	清远	Qingyuan	127952	187704	231923	164
宜昌	Yichang	193708	264000	290768	139	东莞	Dongguan	920766	1207044	1389103	14
襄阳	Xiangfan	236744	293759	317636	128	中山	ZhongShan	371343	482647	554767	65
鄂州	Ezhou	25830	93024	97021	255	潮州	Chaozhou	111453	145528	166831	191
荆门	Jingmen	98606	136789	158226	197	揭阳	Jieyang	137433	191602	218563	171
孝感	Xiaogan	511575	116263	132075	220	云浮	Yunfu	68746	105940	126264	224
荆州	Jingzhou	136716	174000	263737	150	**广西**	**Guangxi**	**1520600**	**2274400**	**2762921**	
黄冈	Huanggang	111528	153288	202439	176	南宁	Nanning	432199	638629	739868	38
咸宁	Xianning	76612	100361	122510	229	柳州	Liuzhou	202349	299475	352661	111
随州	Suizhou	55294	82620	99630	250	桂林	Guilin	179996	260919	314889	129
湖南	**Hunan**	**2110600**	**3081400**	**3667351**		梧州	Wuzhou	56733	555325	588018	57
长沙	Changsha	1008677	1408329	1590414	9	北海	Beihai	72051	100712	367618	109
株洲	Zhuzhou	513783	625507	619211	52	防城港	Fangchenggang	39294	60662	71330	263
湘潭	Xiangtan	355852	469824	465154	79	钦州	Qinzhou	58378	625126	702700	42
衡阳	Hengyang	575644	664766	641445	51	贵港	Guigang	73912	115525	142945	214
邵阳	Shaoyang	478209	617038	666257	49	玉林	Yulin	137047	210262	251296	157
岳阳	Yueyang	421528	555163	616458	53	百色	Baise	83780	123308	153043	208

13-3 民用汽车拥有量 续表 3
Number of Civil Vehicles Owned continued 3

单位：辆 (unit)

地名	City	2010	2012	2013	2013 排名 Ranking	地名	City	2010	2012	2013	2013 排名 Ranking
贺州	Hezhou	45500	69467	410200	94	丽江	Lijiang	50487	866111	104269	247
河池	Hechi	71015	108426	132739	219	普洱	Puer	99632	139427	152811	209
来宾	Laibin	51115	67368	83539	259	临沧	Lincang	39771	63184	61615	269
崇左	Chongzuo	45696	63430	443509	84	**西藏**	**Tibet**	**166200**	**227700**	**267249**	
海南	**Hainan**	**392400**	**554600**	**648038**		拉萨	Lhasa	108785	134561	154045	203
海口	Haikou	238038	331266	389599	105	**陕西**	**Shaanxi**	**1906400**	**2846400**	**3360787**	
三亚	Sanya	51620	78644	98204	252	西安	Xi'an	957162	1380125	1634709	7
重庆	**Chongqing**	**1143000**	**1593600**	**1927700**		铜川	Tongchuan	49915	56114	61596	270
四川	**Sichuan**	**3549700**	**4932200**	**5730252**		宝鸡	Baoji	130893	170043	191185	180
成都	Chengdu	2599300	2225100	2599877	1	咸阳	Xianyang	156209	217558	247124	159
自贡	Zigong	72871	100965	120167	231	渭南	Weinan	266699	361235	396764	103
攀枝花	Panzhihua	82265	103955	117821	235	延安	Yan'an	179370	215297	231446	165
泸州	Luzhou	94677	143735	176383	185	汉中	Hanzhong	101474	131267	153494	205
德阳	Deyang	217110	247867	299331	133	榆林	Yulin	309016	448015	492129	71
绵阳	Mianyang		292909	335458	118	安康	Ankang	63592	84763	95106	256
广元	Guangyuan	79339	110419	123396	228	商洛	Shangluo	49643	60107	66059	268
遂宁	Suining	67945	97701	114919	239	**甘肃**	**Gansu**	**820400**	**1291400**	**1563841**	
内江	Neijiang	71298	99676	119099	232	兰州	Lanzhou	246100	358963	428906	88
乐山	Leshan	122318	156829	200975	178	嘉峪关	Jiayuguan	19970	30700	36636	275
南充	Nanchong	150100	202663	236564	162	金昌	Jinchang	27870	40100	44668	274
眉山	Meishan	94453	146309	164909	194	白银	Baiyin	90100	128600	146330	210
宜宾	Yibin	89830	150929	167358	190	天水	Tianshui	70500	105700	130045	222
广安	Guangan	57444	86509	102581	248	武威	Wuwei	57680	84800	104811	246
达州	Dazhou	99264	133556	153532	204	张掖	Zhangye	51200	80000	97254	254
雅安	Yaan	69578	93000	106302	245	平凉	Pingliang	70080	99800	116582	238
巴中	Bazhong	51560	68984	101672	249	酒泉	Jiuquan	64400	94000	106344	244
资阳	Ziyang	70285	102203	118458	233	庆阳	Qingyang	81500	127000	155050	201
贵州	**Guizhou**	**1157600**	**1643600**	**2009951**		定西	Dingxi	73400	115600	144978	212
贵阳	Guiyang	604425	554962	677052	47	陇南	Longnan	57979	74800	85632	258
六盘水	Liupanshui	113038	158617	186868	182	**青海**	**Qinghai**	**309900**	**491300**	**588418**	
遵义	Zunyi	174307	274036	312387	130	西宁	Xining				
安顺	Anshun	55655	92210	133069	218	**宁夏**	**Ningxia**	**415200**	**663500**	**792257**	
毕节	Bijie	83024	126847	172628	187	银川	Yinchuan	225597	370040	443242	85
铜仁	Tongren	223804	86362	111447	240	石嘴山	Shizuishan	58302	80900	90095	257
云南	**Yunnan**	**2339100**	**3285300**	**3740105**		吴忠	Wuzhong	78413	109705	126010	225
昆明	Kunming	1324215	1689623	1347358	16	固原	Guyuan	73657	97284	109840	242
曲靖	Qujing	778571	358331	397100	101	中卫	Zhongwei	44796	67994	81511	261
玉溪	Yuxi	187758	241312	267323	146	**新疆**	**Xinjiang**	**1271400**	**2038200**	**2369643**	
保山	Baoshan	80061	110356	123948	226	乌鲁木齐	Urumqi				
昭通	Zhaotong	99313	139737	226917	168	克拉玛依	Karamay				

13-4 客运总量
Total Passenger Traffic

单位：万人　　　　　　　　　　　　　　　　　　　　　　　　　　　　　（10 000 persons）

地名	City	2010	2012	2013	2013 排名 Ranking
全国	**Nation Total**	**3269508**	**3804035**	**3741469**	
北京	**Beijing**	**135045**	**142731**	**71057**	
天津	**Tianjin**	**24525**	**27529**	**29519**	
河北	**Hebei**	**90847**	**105064**	**101653**	
石家庄	Shijiazhuang	12401	15378	13573	71
唐山	Tangshan	12045	14500	14035	69
秦皇岛	Qinhuangdao	2993	2838	2883	246
邯郸	Handan	13237	18171	19241	38
邢台	Xingtai	7207	9375	8555	120
保定	Baoding	14954	16460	15203	59
张家口	Zhangjiakou	3962	4860	5235	188
承德	Chengde	5020	5421	5935	166
沧州	Cangzhou	9206	9841	10241	102
廊坊	Langfang	6132	3620	3333	234
衡水	Hengshui	3100	3934	3418	232
山西	**Shanxi**	**38424**	**39987**	**41708**	
太原	Taiyuan	4800	5357	5530	178
大同	Datong	3584	3390	3572	229
阳泉	Yangquan	2678	3019	3316	235
长治	Changzhi	3630	3677	3666	228
晋城	Jincheng	2645	2821	2143	260
朔州	Shuozhou	3401	3601	3689	227
晋中	Jinzhong	3639	3912	4049	217
运城	Yuncheng	6042	5641	5868	168
忻州	Xinzhou	4193	2307	2580	256
临汾	Linfen	4843	5208	5351	184
吕梁	Luliang	1939	1960	1945	267
内蒙古	**Inner Mongolia**	**24043**	**27630**	**26307**	
呼和浩特	Hohhot	2452	2927	3230	238
包头	Baotou	2115	2085	2046	262
乌海	Wuhai	602	514	547	284
赤峰	Chifeng	4755	5506	5130	190
通辽	Tongliao	3167	6374	3746	224
鄂尔多斯	Erdos	2372	2658	2758	250
呼伦贝尔	Hulunbuir	3165	4217	4853	197
巴彦淖尔	Bayannur	2223	1914	1766	268
乌兰察布	Ulanqab	1635	2071	2231	259
辽宁	**Liaoning**	**101525**	**103283**	**92589**	
沈阳	Shenyang	30658	32869	24484	30
大连	Dalian	17805	14395	13293	75
鞍山	Anshan	6215	7075	8422	127
抚顺	Fushun	3338	3473	3067	242
本溪	Benxi	4737	4802	4416	206
丹东	Dandong	5358	5992	5648	174
锦州	Jinzhou	4605	5226	6818	154
营口	Yingkou	5058	4827	4405	207
阜新	Fuxin	1209	1313	1727	270
辽阳	Liaoyang	4785	5059	4405	207
盘锦	Panjin	3245	4227	3388	233
铁岭	Tieling	5658	6593	5280	186
朝阳	Chaoyang	3870	4317	3136	240
葫芦岛	Huludao	5913	3929	4100	215
吉林	**Jilin**	**64486**	**72679**	**41596**	
长春	Changchun	12796	14447	11867	86
吉林	Jilin	11119	12565	5506	179
四平	Siping	5237	5837	2809	249
辽源	Liaoyuan	1546	1713	1241	275
通化	Tonghua	8033	8786	9185	113
白山	Baishan	4846	5438	5826	170
松原	Songyuan	8003	9022	3149	239
白城	Baicheng	2408	2544	2015	264
黑龙江	**Heilongjiang**	**46895**	**52404**	**45393**	
哈尔滨	Harbin	13068	15618	13191	76
齐齐哈尔	Qiqihar	6751	7748	7875	137
鸡西	Jixi	4445	4925	4958	194
鹤岗	Hegang	531	526	561	283
双鸭山	Shuangyashan	775	3174	3112	241
大庆	Daqing	2552	2642	2611	255
伊春	Yichun	1292	1401	1444	272
佳木斯	Jiamusi	3466	3981	3915	221
七台河	Qitaihe	1341	1298	1348	274
牡丹江	Mudanjiang	4238	4482	941	281
黑河	Heihe	1495	1277	1156	277
绥化	Suihua	3409	4093	4279	212
上海	**Shanghai**	**10233**	**10859**	**19118**	
江苏	**Jiangsu**	**226073**	**267710**	**156880**	

13-4 客运总量 续表 1
Total Passenger Traffic continued 1

单位：万人 （10 000 persons）

地名	City	2010	2012	2013	2013 排名 Ranking	地名	City	2010	2012	2013	2013 排名 Ranking
南京	Nanjing	39688	46992	15615	57	池州	Chizhou	4838	6690	7503	146
无锡	Wuxi	19232	24854	9370	112	宣城	Xuancheng	9720	12132	13482	72
徐州	Xuzhou	20761	23265	16797	51	福建	**Fujian**	**75798**	**82041**	**77071**	
常州	Changzhou	29361	17257	8445	126	福州	Fuzhou	18916	19279	19524	37
苏州	Suzhou	47309	71626	45654	8	厦门	Xiamen	12375	14544	14812	60
南通	Nantong	16965	21620	10715	95	莆田	Putian	9636	10435	6686	155
连云港	Lianyungang	13432	15956	5748	172	三明	Sanming	3692	3947	2956	244
淮安	Huaian	9694	12479	8531	123	泉州	Quanzhou	13986	14208	14387	64
盐城	Yancheng	12147	14647	9527	108	漳州	Zhangzhou	5349	5545	5625	175
扬州	Yangzhou	7276	8934	4967	193	南平	Nanping	3702	3533	2833	248
镇江	Zhenjiang	9545	12444	5340	185	龙岩	Longyan	4074	3693	2401	258
泰州	Taizhou	8907	9935	9500	109	宁德	Ningde	7038	8058	7844	138
宿迁	Suqian	9067	10945	6668	156	江西	**Jiangxi**	**76447**	**84240**	**85150**	
浙江	**Zhejiang**	**226946**	**233115**	**223227**		南昌	Nanchang	10684	10624	11758	89
杭州	Hangzhou	33772	35819	36409	17	景德镇	Jingdezhen	2461	1951	1962	266
宁波	Ningbo	34905	29997	26354	28	萍乡	Pingxiang	5997	7040	7730	140
温州	Wenzhou	34417	34501	32145	20	九江	Jiujiang	10544	11968	12452	83
嘉兴	Jiaxing	11955	12343	12579	82	新余	Xinyu	1947	2075	2117	261
湖州	Huzhou	9964	9476	8363	130	鹰潭	Yingtan	6141	5747	5978	165
绍兴	Shaoxing	17869	18000	18160	41	赣州	Ganzhou	10225	10645	10974	94
金华	Jinhua	29882	31250	30534	23	吉安	Jian	4006	4454	4713	201
衢州	Quzhou	11282	11727	5536	177	宜春	Yichun	6217	8663	5987	163
舟山	Zhoushan	15109	16155	16714	52	抚州	Fuzhou	4130	4601	4418	205
台州	Taizhou	30137	30874	30557	21	上饶	Shangrao	15499	16569	17060	49
丽水	Lishui	5863	5874	5877	167	山东	**Shandong**	**249358**	**265632**	**259589**	
安徽	**Anhui**	**159388**	**213432**	**251877**		济南	Jinan	16478	17488	12739	79
合肥	Hefei	19805	34418	40107	11	青岛	Qingdao	23805	26184	27429	26
芜湖	Wuhu	9760	15115	17072	48	淄博	Zibo	39893	42540	42661	10
蚌埠	Bengbu	12417	16415	18733	40	枣庄	Zaozhuang	7406	7567	8340	131
淮南	Huainan	5410	7473	8680	119	东营	Dongying	4106	4426	4521	204
马鞍山	Maanshan	2521	7133	8465	125	烟台	Yantai	33613	35897	36733	16
淮北	Huaibei	6172	8545	9741	106	潍坊	Weifang	22175	23745	24164	33
铜陵	Tongling	7929	10641	12120	85	济宁	Jining	9369	10665	10415	98
安庆	Anqing	6588	8541	10321	101	泰安	Taian	5311	6175	6416	161
黄山	Huangshan	2337	3001	3432	231	威海	Weihai	15724	17474	17874	42
滁州	Chuzhou	8092	11915	19841	36	日照	Rizhao	4338	4665	4815	199
阜阳	Fuyang	20151	26785	30537	22	莱芜	Laiwu	2938	3899	4055	216
宿州	Suzhou	6241	7024	7718	141	临沂	Linyi	25888	23825	24171	32
六安	Liuan	21560	29912	34702	18	德州	Dezhou	10348	11937	12411	84
亳州	Bozhou	5614	8067	9422	111	聊城	Liaocheng	8590	9213	9465	110

13-4 客运总量 续表 2
Total Passenger Traffic continued 2

单位：万人 （10 000 persons）

地名	City	2010	2012	2013	2013 排名 Ranking
滨州	Binzhou	6618	6434	6434	160
菏泽	Heze	16115	16200	6945	151
河南	**Henan**	**167223**	**207247**	**222338**	
郑州	Zhengzhou	30121	35660	38643	13
开封	Kaifeng	6807	8446	9041	114
洛阳	Luoyang	14164	18355	19920	35
平顶山	Pingdingshan	8350	10515	11405	93
安阳	Anyang	7675	9330	9711	107
鹤壁	Hebi	6360	7458	8097	135
新乡	Xinxiang	5903	7296	7921	136
焦作	Jiaozuo	4204	4774	5167	189
濮阳	Puyang	4242	5794	5862	169
许昌	Xuchang	5684	7021	7651	145
漯河	Luohe	3853	4678	5089	191
三门峡	Sanmenxia	4081	5180	5653	173
南阳	Nanyang	17135	22633	24460	31
商丘	Shangqiu	12803	15312	17229	47
信阳	Xinyang	10580	13076	14621	62
周口	Zhoukou	9519	11877	12810	77
驻马店	Zhumadian	13902	17590	19057	39
湖北	**Ilubei**	**103268**	**127079**	**134122**	
武汉	Wuhan	22896	27493	29620	25
黄石	Huangshi	3915	4718	5256	187
十堰	Shiyan	5230	7312	8285	133
宜昌	Yichang	9584	13964	16887	50
襄阳	Xiangfan	10924	14694	15914	54
鄂州	Ezhou	1749	2148	2639	254
荆门	Jingmen	6203	7416	8316	132
孝感	Xiaogan	7508	9077	9881	105
荆州	Jingzhou	8228	9360	10397	100
黄冈	Huanggang	9828	12935	13859	70
咸宁	Xianning	5198	6306	7088	150
随州	Suizhou	4617	5560	5980	164
湖南	**Hunan**	**156404**	**184336**	**222006**	
长沙	Changsha	33984	36441	37922	15
株洲	Zhuzhou	13127	16049	17246	46
湘潭	Xiangtan	4789	4988	5024	192
衡阳	Hengyang	17479	24026	26565	27
邵阳	Shaoyang	11404	14026	14789	61
岳阳	Yueyang	10291	12586	14146	67

地名	City	2010	2012	2013	2013 排名 Ranking
常德	Changde	12865	14294	16532	53
张家界	Zhangjiajie	5986	7303	6902	152
益阳	Yiyang	8835	11288	11655	90
郴州	Chenzhou	8098	8416	8542	122
永州	Yongzhou	8380	9232	39444	12
怀化	Huaihua	8493	104902	11759	88
娄底	Loudi	19496	10972	11481	92
广东	**Guangdong**	**456139**	**574266**	**636266**	
广州	Guangzhou	62596	76069	89269	3
韶关	Shaoguan	10782	16124	17870	43
深圳	Shenzhen	156407	185011	201722	1
珠海	Zhuhai	19173	26762	29743	24
汕头	Shantou	2877	3770	4187	214
佛山	Foshan	25355	43119	49349	7
江门	Jiangmen	18096	19578	20363	34
湛江	Zhanjiang	12972	14952	15875	55
茂名	Maoming	6962	8327	8840	117
肇庆	Zhaoqing	6388	7731	7771	139
惠州	Huizhou	13313	16597	17301	45
梅州	Meizhou	4535	5952	6576	157
汕尾	Shanwei	7250	11883	12636	80
河源	Heyuan	3294	4653	5575	176
阳江	Yangjiang	4108	4346	4315	209
清远	Qingyuan	9982	12862	14550	63
东莞	Dongguan	77446	79739	78113	4
中山	ZhongShan	14228	28207	34418	19
潮州	Chaozhou	2126	3414	3819	223
揭阳	Jieyang	4811	6076	6282	162
云浮	Yunfu	4907	6458	7693	142
广西	**Guangxi**	**75751**	**90228.69**	**59291**	
南宁	Nanning	10153	12042	8394	129
柳州	Liuzhou	3017	3784	3298	237
桂林	Guilin	15518	18462	9993	103
梧州	Wuzhou	4291	3910	4289	210
北海	Beihai	3139	3992	2570	257
防城港	Fangchenggang	2235	2540	1057	279
钦州	Qinzhou	3981	4503	4760	200
贵港	Guigang	6255	6934	7275	147
玉林	Yulin	6244	7555	3850	222
百色	Baise	6170	7776	4532	202

13-4 客运总量 续表 3
Total Passenger Traffic continued 3

单位：万人 （10 000 persons）

地名	City	2010	2012	2013	2013 排名 Ranking	地名	City	2010	2012	2013	2013 排名 Ranking
贺州	Hezhou	3322	4205	1375	273	丽江	Lijiang	1838	2327	2848	247
河池	Hechi	6768	8241	4261	213	普洱	Puer	2622	3294	3453	230
来宾	Laibin	3587	4318	2005	265	临沧	Lincang	697	884	947	280
崇左	Chongzuo	2758	2730	1634	271	**西藏**	**Tibet**	**8165**	**3849**	**1125**	
海南	**Hainan**	**44209**	**47117**	**50999**		拉萨	Lhasa		860	1125	278
海口	Haikou	31503	10116	45538	9	**陕西**	**Shaanxi**	**93171**	**111773**	**117620**	
三亚	Sanya	3573	5119	5460	181	西安	Xi'an	31118	36154	38289	14
重庆	**Chongqing**	**126066**	**156545**	**171388**		铜川	Tongchuan	1477	1667	1750	269
四川	**Sichuan**	**241868**	**277611**	**297999**		宝鸡	Baoji	8119	9999	10458	97
成都	Chengdu	100998	106874	124059	2	咸阳	Xianyang	10677	13356	14069	68
自贡	Zigong	8859	9878	10509	96	渭南	Weinan	10260	13802	13403	73
攀枝花	Panzhihua	5732	6134	6488	159	延安	Yan'an	6584	8210	8685	118
泸州	Luzhou	9578	13499	14350	65	汉中	Hanzhong	7637	9479	9946	104
德阳	Deyang	10153	12197	12627	81	榆林	Yulin	6310	7640	8481	124
绵阳	Mianyang	10100	10161	10402	99	安康	Ankang	7106	8214	8548	121
广元	Guangyuan	5140	14136	14161	66	商洛	Shangluo	13530	3815	3991	220
遂宁	Suining	5391	5848	5784	171	**甘肃**	**Gansu**	**53771**	**64361**	**58049**	
内江	Neijiang	17421	10966	12759	78	兰州	Lanzhou	3798	4831	4837	198
乐山	Leshan	7682	8894	8897	116	嘉峪关	Jiayuguan	2589	4266	5477	180
南充	Nanchong	17355	13166	13385	74	金昌	Jinchang	793	1044	1183	276
眉山	Meishan	6356	7192	7149	149	白银	Baiyin	1843	4929	7208	148
宜宾	Yibin	14185	17219	15498	58	天水	Tianshui	2958	6081	6503	158
广安	Guangan	6502	10546	11820	87	武威	Wuwei	3530	3866	4864	196
达州	Dazhou	9713	11472	11632	91	张掖	Zhangye	2427	3205	4283	211
雅安	Yaan	2249	2522	2643	253	平凉	Pingliang	3136	3606	3314	236
巴中	Bazhong	5621	6858	8160	134	酒泉	Jiuquan	6104	6957	7687	143
资阳	Ziyang	6029	7494	7676	144	庆阳	Qingyang	8203	3483	3734	226
贵州	**Guizhou**	**70819**	**83527**	**174338**		定西	Dingxi	2166	4952	4918	195
贵阳	Guiyang	30384	46490	60430	5	陇南	Longnan	1206	4462	4042	218
六盘水	Liupanshui	24738	32658	54708	6	**青海**	**Qinghai**	**10951**	**12692**	**9873**	
遵义	Zunyi	18046	26924	26059	29	西宁	Xining	4868	5233	5402	183
安顺	Anshun	7352	6600	8409	128	**宁夏**	**Ningxia**	**13560**	**16343**	**17179**	
毕节	Bijie		8265	8977	115	银川	Yinchuan	4378	3734	4041	219
铜仁	Tongren		10126	15754	56	石嘴山	Shizuishan	2080	2471	2687	252
云南	**Yunnan**	**39407**	**48456**	**40007**		吴忠	Wuzhong	3281	4270	4531	203
昆明	Kunming	11627	15918	17387	44	固原	Guyuan	2326	2589	2990	243
曲靖	Qujing	5276	6616	6892	153	中卫	Zhongwei	2506	2866	2929	245
玉溪	Yuxi	2943	3688	3746	224	**新疆**	**Xinjiang**	**31937**	**38331**	**6134**	
保山	Baoshan	1557	2023	2034	263	乌鲁木齐	Urumqi	3820	4910	5427	182
昭通	Zhaotong	2183	2911	2700	251	克拉玛依	Karamay	561	653	707	282

13-5 货运总量
Total Freight Traffic

单位：万吨 (10 000 tons)

地名	City	2010	2012	2013	2013 排名 Ranking	地名	City	2010	2012	2013	2013 排名 Ranking
全国	**Nation Total**	**3241807**	**4099400**	**4452569**		沈阳	Shenyang	17348	21719	21491	52
北京	**Beijing**	**21762**	**26162**	**25865**		大连	Dalian	31073	38913	40557	9
天津	**Tianjin**	**40013**	**46015**	**50322**		鞍山	Anshan	17805	24391	19990	64
河北	**Hebei**	**156596**	**219130**	**245073**		抚顺	Fushun	7367	10269	9719	159
石家庄	Shijiazhuang	19689	28755	35893	16	本溪	Benxi	8306	11077	10442	150
唐山	Tangshan	29829	41649	47879	6	丹东	Dandong	6263	8302	7723	187
秦皇岛	Qinhuangdao	6459	7170	7835	183	锦州	Jinzhou	11070	16218	16615	86
邯郸	Handan	25506	34384	36956	14	营口	Yingkou	13904	16182	18250	72
邢台	Xingtai	10253	14333	15425	92	阜新	Fuxin	4659	5434	5707	218
保定	Baoding	14788	22685	26879	35	辽阳	Liaoyang	8650	13973	14686	96
张家口	Zhangjiakou	6982	9310	9780	158	盘锦	Panjin	7222	10952	13083	115
承德	Chengde	5775	8150	9154	163	铁岭	Tieling	9804	11303	8564	171
沧州	Cangzhou	19952	30803	35406	17	朝阳	Chaoyang	4259	5110	5792	217
廊坊	Langfang	9415	11175	12821	117	葫芦岛	Huludao	8697	10574	11643	136
衡水	Hengshui	4377	6038	7045	196	**吉林**	**Jilin**	**40729**	**54808**	**41109**	
山西	**Shanxi**	**124367**	**144608**	**152325**		长春	Changchun	10863	16227	9574	160
太原	Taiyuan	13851	14225	15342	94	吉林	Jilin	7913	10580	8723	166
大同	Datong	17360	19537	20274	61	四平	Siping	5191	6901	6072	214
阳泉	Yangquan	7595	7991	8413	172	辽源	Liaoyuan	1653	1794	1779	278
长治	Changzhi	9079	10938	11731	134	通化	Tonghua	3111	3489	3729	247
晋城	Jincheng	9395	11110	12262	127	白山	Baishan	2122	2397	2379	270
朔州	Shuozhou	17548	23858	23093	46	松原	Songyuan	4212	5801	7350	191
晋中	Jinzhong	11015	12703	13397	107	白城	Baicheng	1873	2008	1503	281
运城	Yuncheng	6225	7293	8969	165	**黑龙江**	**Heilongjiang**	**59314**	**65231**	**326790**	
忻州	Xinzhou	11420	12361	13249	112	哈尔滨	Harbin	10129	11764	11138	140
临汾	Linfen	12222	14097	14638	97	齐齐哈尔	Qiqihar	9861	11789	11444	137
吕梁	Luliang	9148	10701	10956	142	鸡西	Jixi	5731	5881	5325	224
内蒙古	**Inner Mongolia**	**137051**	**170669**	**179421**		鹤岗	Hegang	3343	3080	3013	261
呼和浩特	Hohhot	9659	14733	17971	73	双鸭山	Shuangyashan	3795	2140	3283	254
包头	Baotou	28374	36275	32434	18	大庆	Daqing	4750	5014	8392	174
乌海	Wuhai	7882	10544	12170	128	伊春	Yichun	1524	1718	1844	276
赤峰	Chifeng	11110	13640	12052	132	佳木斯	Jiamusi	3355	4150	272423	1
通辽	Tongliao	14033	10960	10754	143	七台河	Qitaihe	3391	3004	2783	266
鄂尔多斯	Erdos	45941	58565	66609	4	牡丹江	Mudanjiang	4370	3753	1278	282
呼伦贝尔	Hulunbuir	11352	15928	17097	82	黑河	Heihe	1794	1485	1692	279
巴彦淖尔	Bayannur	3388	3515	3367	252	绥化	Suihua	2778	3849	4175	235
乌兰察布	Ulanqab	5311	6508	6966	198	**上海**	**Shanghai**	**87256**	**94038**	**91352**	
辽宁	**Liaoning**	**137231**	**189942**	**204263**		**江苏**	**Jiangsu**	**179014**	**220007**	**192481**	

13-5 货运总量 续表 1
Total Freight Traffic continued 1

单位：万吨 (10 000 tons)

地名	City	2010	2012	2013	2013 排名 Ranking
南京	Nanjing	30592	38941	29099	26
无锡	Wuxi	12641	15519	13950	100
徐州	Xuzhou	26206	21821	30960	21
常州	Changzhou	13110	17154	11712	135
苏州	Suzhou	13509	17419	12070	130
南通	Nantong	20302	26815	17098	81
连云港	Lianyungang	12690	18340	13286	111
淮安	Huaian	9484	11860	10440	151
盐城	Yancheng	14078	17501	13620	104
扬州	Yangzhou	9333	12244	10528	147
镇江	Zhenjiang	10435	13599	7828	185
泰州	Taizhou	12365	16086	16392	87
宿迁	Suqian	6450	7685	5497	222
浙江	**Zhejiang**	**171038**	**191817**	**191541**	
杭州	Hangzhou	25915	30088	30734	22
宁波	Ningbo	31377	33286	36145	15
温州	Wenzhou	11672	11916	11421	138
嘉兴	Jiaxing	16004	16876	17267	80
湖州	Huzhou	18108	19467	16628	85
绍兴	Shaoxing	9054	9547	9986	153
金华	Jinhua	11803	12913	12363	124
衢州	Quzhou	9112	8736	8584	169
舟山	Zhoushan	14329	19985	21392	54
台州	Taizhou	18155	21245	22279	49
丽水	Lishui	7361	4660	4742	229
安徽	**Anhui**	**228104**	**312437**	**358294**	
合肥	Hefei	18873	33720	39131	11
芜湖	Wuhu	16598	23598	25461	40
蚌埠	Bengbu	15828	22322	26332	37
淮南	Huainan	11566	14552	15363	93
马鞍山	Maanshan	12779	19542	21019	56
淮北	Huaibei	9239	11446	12491	122
铜陵	Tongling	7936	10928	12638	120
安庆	Anqing	19566	26134	30001	23
黄山	Huangshan	5231	6957	8014	180
滁州	Chuzhou	9958	14379	16817	83
阜阳	Fuyang	23920	32835	38424	12
宿州	Suzhou	15524	21650	26654	36
六安	Liuan	25156	35056	39886	10
亳州	Bozhou	11178	16318	19101	69
池州	Chizhou	7977	8685	9056	164
宣城	Xuancheng	10832	15540	17906	74
福建	**Fujian**	**66083**	**84345**	**88016**	
福州	Fuzhou	14911	17213	19540	66
厦门	Xiamen	10086	13642	15739	90
莆田	Putian	2508	3721	3767	245
三明	Sanming	7832	9490	9958	154
泉州	Quanzhou	11838	16283	17272	79
漳州	Zhangzhou	4919	6101	6648	203
南平	Nanping	3170	4123	3191	258
龙岩	Longyan	9212	9984	8064	178
宁德	Ningde	2143	2678	3837	244
江西	**Jiangxi**	**100635**	**127196**	**137087**	
南昌	Nanchang	8326	9525	10534	145
景德镇	Jingdezhen	1742	2241	2715	267
萍乡	Pingxiang	8280	10691	5259	225
九江	Jiujiang	9603	12353	13211	113
新余	Xinyu	9096	11634	13337	110
鹰潭	Yingtan	4927	6576	7633	188
赣州	Ganzhou	15650	19849	20935	57
吉安	Jian	8377	9531	10525	148
宜春	Yichun	10811	15714	19387	67
抚州	Fuzhou	9017	11942	13485	106
上饶	Shangrao	15714	17912	20066	63
山东	**Shandong**	**301313**	**333603**	**330678**	
济南	Jinan	23146	26208	17763	76
青岛	Qingdao	26971	29246	31318	20
淄博	Zibo	28334	27112	27475	32
枣庄	Zaozhuang	24843	23675	25279	42
东营	Dongying	6981	7600	7218	194
烟台	Yantai	19466	21941	22926	47
潍坊	Weifang	21732	25212	26093	38
济宁	Jining	24114	26497	27270	34
泰安	Taian	11073	11653	12068	131
威海	Weihai	4913	8388	6398	207
日照	Rizhao	17319	19739	20660	59
莱芜	Laiwu	6547	6438	6519	205
临沂	Linyi	28975	35216	37032	13
德州	Dezhou	14466	17582	18974	71
聊城	Liaocheng	14214	15192	15843	89

13-5 货运总量 续表 2
Total Freight Traffic continued 2

单位：万吨 (10 000 tons)

地名	City	2010	2012	2013	2013 排名 Ranking	地名	City	2010	2012	2013	2013 排名 Ranking
滨州	Binzhou	11327	14339	14285	98	常德	Changde	9774	11661	12263	126
菏泽	Heze	28065	28253	13558	105	张家界	Zhangjiajie	1445	2083	2189	273
河南	**Henan**	**202962**	**272115**	**303010**		益阳	Yiyang	8374	10098	11266	139
郑州	Zhengzhou	20599	26600	29307	25	郴州	Chenzhou	17045	23906	27410	33
开封	Kaifeng	6488	8841	9816	156	永州	Yongzhou	7498	10004	11087	141
洛阳	Luoyang	14305	19788	22142	50	怀化	Huaihua	4192	5452	5394	223
平顶山	Pingdingshan	15860	18937	21422	53	娄底	Loudi	18172	16702	17836	75
安阳	Anyang	17087	22652	25397	41	**广东**	**Guangdong**	**192343**	**256077**	**299346**	
鹤壁	Hebi	5409	7077	7830	184	广州	Guangzhou	56644	75175	88289	2
新乡	Xinxiang	8235	11067	12264	125	韶关	Shaoguan	7373	10334	12732	119
焦作	Jiaozuo	14653	20036	22489	48	深圳	Shenzhen	26174	30359	29617	24
濮阳	Puyang	3916	5478	6030	215	珠海	Zhuhai	7039	7582	8568	170
许昌	Xuchang	15565	21543	24422	44	汕头	Shantou	3175	4154	4711	230
漯河	Luohe	3939	5428	6024	216	佛山	Foshan	19545	25199	27650	30
三门峡	Sanmenxia	4657	5948	6411	206	江门	Jiangmen	7458	8996	9999	152
南阳	Nanyang	15898	21835	24450	43	湛江	Zhanjiang	9602	12778	13770	103
商丘	Shangqiu	17743	24322	27514	31	茂名	Maoming	5016	6817	7790	186
信阳	Xinyang	7592	10840	12499	121	肇庆	Zhaoqing	2869	3750	4531	232
周口	Zhoukou	13255	17329	19043	70	惠州	Huizhou	11352	17344	19314	68
驻马店	Zhumadian	16332	22948	25949	39	梅州	Meizhou	4504	5996	6739	201
湖北	**Hubei**	**93422**	**122945**	**137120**		汕尾	Shanwei	1232	1765	1934	275
武汉	Wuhan	40288	43892	44529	7	河源	Heyuan	2244	3296	3995	241
黄石	Huangshi	5799	8079	9273	161	阳江	Yangjiang	1904	4402	8320	175
十堰	Shiyan	3795	5504	6315	210	清远	Qingyuan	7217	9375	10465	149
宜昌	Yichang	10314	15669	17355	77	东莞	Dongguan	9312	11191	12863	116
襄阳	Xiangfan	9914	14504	16240	88	中山	ZhongShan	9828	17261	16719	84
鄂州	Ezhou	1894	2117	2962	262	潮州	Chaozhou	2989	3576	3991	242
荆门	Jingmen	7794	11392	12809	118	揭阳	Jieyang	2080	2561	2939	263
孝感	Xiaogan	4361	5752	6387	208	云浮	Yunfu	2303	3106	4410	233
荆州	Jingzhou	4930	6975	7883	182	**广西**	**Guangxi**	**115476**	**161356**	**160814**	
黄冈	Huanggang	4137	5605	6148	213	南宁	Nanning	19171	29785	32358	19
咸宁	Xianning	2656	3321	4031	239	柳州	Liuzhou	7970	10826	13783	102
随州	Suizhou	2099	2909	3197	257	桂林	Guilin	4959	8522	8600	168
湖南	**Hunan**	**149540**	**191052**	**213385**		梧州	Wuzhou	2112	4778	5599	220
长沙	Changsha	22817	25970	27862	28	北海	Beihai	3944	5663	6698	202
株洲	Zhuzhou	14050	18129	20454	60	防城港	Fangchenggang	9888	13621	8123	177
湘潭	Xiangtan	7486	9875	10620	144	钦州	Qinzhou	17122	23381	27803	29
衡阳	Hengyang	16388	21655	24192	45	贵港	Guigang	7278	10941	11878	133
邵阳	Shaoyang	13823	18827	20877	58	玉林	Yulin	11746	15119	19920	65
岳阳	Yueyang	26640	19921	21935	51	百色	Baise	11367	16406	9261	162

13-5 货运总量 续表 3
Total Freight Traffic continued 3

单位：万吨 (10 000 tons)

地名	City	2010	2012	2013	2013 排名 Ranking
贺州	Hezhou	1036	13604	4084	238
河池	Hechi	8109	10847	6191	212
来宾	Laibin	3969	5202	2372	271
崇左	Chongzuo	3215	4718	4143	237
海南	**Hainan**	**22455**	**26880**	**15863**	
海口	Haikou	8003	10413	12168	129
三亚	Sanya	1890	3619	3695	248
重庆	**Chongqing**	**81377**	**86474**	**97404**	
四川	**Sichuan**	**134305**	**174349**	**178821**	
成都	Chengdu	44087	39542	43328	8
自贡	Zigong	4149	5283	5631	219
攀枝花	Panzhihua	11539	14284	15620	91
泸州	Luzhou	5345	7418	8394	173
德阳	Deyang	7424	9876	9793	157
绵阳	Mianyang	5273	6437	6774	199
广元	Guangyuan	5540	6746	6770	200
遂宁	Suining	3200	3371	3468	250
内江	Neijiang	7852	5979	6977	197
乐山	Leshan	8393	11483	12460	123
南充	Nanchong	4799	6363	7102	195
眉山	Meishan	4336	4838	6386	209
宜宾	Yibin	6224	7078	7228	193
广安	Guangan	2777	5040	5598	221
达州	Dazhou	11876	15322	17284	78
雅安	Yaan	2644	4551	4947	227
巴中	Bazhong	2549	3471	3763	246
资阳	Ziyang	4350	6425	7298	192
贵州	**Guizhou**	**39735**	**52655**	**118924**	
贵阳	Guiyang	10397	16635	21281	55
六盘水	Liupanshui	10457	16608	70438	3
遵义	Zunyi	6489	9638	14229	99
安顺	Anshun	2071	2752	3418	251
毕节	Bijie		5113	6250	211
铜仁	Tongren		2126	3308	253
云南	**Yunnan**	**51564**	**68735**	**61778**	
昆明	Kunming	14906	26193	28173	27
曲靖	Qujing	10610	11982	13147	114
玉溪	Yuxi	4879	6659	7467	190
保山	Baoshan	1499	1996	2255	272
昭通	Zhaotong	2761	3708	3878	243
丽江	Lijiang	815	1345	1526	280
普洱	Puer	2441	3404	3520	249
临沧	Lincang	1535	1580	1812	277
西藏	**Tibet**	**982**	**1127**	**689**	
拉萨	Lhasa		477	689	284
陕西	**Shaanxi**	**104414**	**136727**	**122557**	
西安	Xi'an	34332	44924	50119	5
铜川	Tongchuan	2604	3590	4016	240
宝鸡	Baoji	6578	8933	9946	155
咸阳	Xianyang	5042	7192	8052	179
渭南	Weinan	8784	12418	13871	101
延安	Yan'an	4172	7496	8246	176
汉中	Hanzhong	4293	5977	6629	204
榆林	Yulin	6532	9613	13353	109
安康	Ankang	5460	6992	7502	189
商洛	Shangluo	7920	639	823	283
甘肃	**Gansu**	**30270**	**45832**	**60009**	
兰州	Lanzhou	8032	9728	10531	146
嘉峪关	Jiayuguan	3075	4576	5158	226
金昌	Jinchang	1784	1937	2697	268
白银	Baiyin	4397	7901	13381	108
天水	Tianshui	1873	2245	3152	259
武威	Wuwei	935	5545	2853	265
张掖	Zhangye	1182	1880	3142	260
平凉	Pingliang	3331	4375	4776	228
酒泉	Jiuquan	1823	2458	2896	264
庆阳	Qingyang	3265	3363	4601	231
定西	Dingxi	2241	3327	4379	234
陇南	Longnan	1536	6053	2443	269
青海	**Qinghai**	**11057**	**13484**	**6572**	
西宁	Xining	2978	3278	3273	255
宁夏	**Ningxia**	**32325**	**41113**	**38275**	
银川	Yinchuan	10547	13520	15277	95
石嘴山	Shizuishan	5063	7940	8665	167
吴忠	Wuzhong	5611	7167	7992	181
固原	Guyuan	2819	3272	4153	236
中卫	Zhongwei	2220	2143	2188	274
新疆	**Xinjiang**	**48459**	**58794**	**23376**	
乌鲁木齐	Urumqi	15192	18218	20135	62
克拉玛依	Karamay	2324	2946	3241	256

13-6 邮电业务总量
Business Volume of Postal and Telecommunication Services

单位：亿元 （100 million yuan）

地名	City	2010	2012	2013	2013 排名 Ranking	地名	City	2010	2012	2013	2013 排名 Ranking
全国	**Nation Total**	**31978.48**	**15019.28**	**18432.24**		沈阳	Shenyang	290.44	126.40	144.64	12
北京	**Beijing**	**1227.34**	**631.23**	**757.04**		大连	Dalian	232.85	106.10	119.03	20
天津	**Tianjin**	**433.30**	**185.00**	**213.08**		鞍山	Anshan	92.08	39.35	44.54	79
河北	**Hebei**	**1351.63**	**598.29**	**728.72**		抚顺	Fushun	51.32	21.79	23.90	177
石家庄	Shijiazhuang	235.97	110.85	138.58	15	本溪	Benxi	39.42	16.78	18.28	207
唐山	Tangshan	194.28	77.37	91.73	29	丹东	Dandong	55.37	23.59	26.26	166
秦皇岛	Qinhuangdao	71.66	32.01	38.74	95	锦州	Jinzhou	67.56	32.34	35.70	113
邯郸	Handan	135.62	59.42	70.84	46	营口	Yingkou	58.62	24.94	29.07	150
邢台	Xingtai	96.31	42.42	51.50	66	阜新	Fuxin	38.77	18.28	21.10	193
保定	Baoding	192.61	84.90	105.59	22	辽阳	Liaoyang	44.64	19.20	21.33	191
张家口	Zhangjiakou	72.06	31.90	38.01	99	盘锦	Panjin	40.45	18.46	21.13	192
承德	Chengde	61.51	26.21	31.05	139	铁岭	Tieling	48.18	21.32	23.83	178
沧州	Cangzhou	119.86	52.50	63.58	51	朝阳	Chaoyang	48.11	22.15	25.34	170
廊坊	Langfang	104.99	51.87	63.91	50	葫芦岛	Huludao	51.32	22.29	25.21	173
衡水	Hengshui	66.28	28.17	34.38	120	**吉林**	**Jilin**	**613.17**	**262.91**	**295.46**	
山西	**Shanxi**	**735.93**	**338.94**	**392.27**		长春	Changchun	216.40	73.91	89.61	30
太原	Taiyuan	164.21	79.29	87.07	34	吉林	Jilin	102.70	29.37	39.35	93
大同	Datong	63.26	29.23	32.85	128	四平	Siping	61.50	17.92	25.46	169
阳泉	Yangquan	32.06	14.61	15.20	221	辽源	Liaoyuan	25.30	7.35	10.09	250
长治	Changzhi	57.20	25.38	27.26	158	通化	Tonghua	47.40	14.09	19.21	200
晋城	Jincheng	39.81	18.44	19.66	197	白山	Baishan	33.70	8.26	12.06	239
朔州	Shuozhou	29.90	14.39	15.32	220	松原	Songyuan	60.10	14.39	21.02	194
晋中	Jinzhong	61.30	29.25	30.86	140	白城	Baicheng	44.20	10.58	16.04	218
运城	Yuncheng	73.68	33.60	37.20	107	**黑龙江**	**Heilongjiang**	**745.58**	**329.81**	**377.34**	
忻州	Xinzhou	50.41	23.46	24.91	174	哈尔滨	Harbin	261.27	111.76	117.94	21
临汾	Linfen	76.56	34.73	37.86	101	齐齐哈尔	Qiqihar	84.73	32.12	34.07	121
吕梁	Luliang	64.70	29.65	31.56	131	鸡西	Jixi	39.67	10.86	15.90	219
内蒙古	**Inner Mongolia**	**601.37**	**273.34**	**311.23**		鹤岗	Hegang	24.88	11.56	10.14	249
呼和浩特	Hohhot	80.58	43.64	53.91	63	双鸭山	Shuangyashan	31.60	30.32	12.59	234
包头	Baotou	74.82	29.86	37.58	103	大庆	Daqing	71.06	11.69	33.37	124
乌海	Wuhai	6.53	7.97	11.40	244	伊春	Yichun	24.03	21.88	10.34	247
赤峰	Chifeng	62.58	26.52	33.00	125	佳木斯	Jiamusi	26.10	8.91	23.75	179
通辽	Tongliao	43.60	19.09	27.10	161	七台河	Qitaihe	20.25	22.40	7.88	257
鄂尔多斯	Erdos	20.31	24.90	31.44	132	牡丹江	Mudanjiang	63.28	14.14	25.92	168
呼伦贝尔	Hulunbuir	16.15	20.43	26.73	163	黑河	Heihe	32.59	28.45	13.46	230
巴彦淖尔	Bayannur	34.53	5.86	17.45	213	绥化	Suihua	77.82	6.54	31.22	136
乌兰察布	Ulanqab	11.33	17.30	19.40	199	**上海**	**Shanghai**	**1275.24**	**637.93**	**791.82**	
辽宁	**Liaoning**	**1171.63**	**516.07**	**582.21**		**江苏**	**Jiangsu**	**2328.76**	**1120.36**	**1402.80**	

注：本表数据2010年按2000年不变价格计算，2011年起按2010年不变价格计算，按可比价格比上年增长16.3%（下两表同）。

Note: The business volume of postal and telecommunication services before 2010 was calculated at 2000 constant prices and that from 2011 was calculated at 2010 constant prices.The rate of increase at constant prices in 2010 was 16.3%. The same applies to the table following.

13-6 邮电业务总量 续表 1
Business Volume of Postal and Telecommunication Services continued 1

单位：亿元 (100 million yuan)

地名	City	2010	2012	2013	2013 排名 Ranking	地名	City	2010	2012	2013	2013 排名 Ranking
南京	Nanjing	139.07	129.16	187.63	7	池州	Chizhou	7.93	10.35	12.80	232
无锡	Wuxi	103.94	100.79	141.35	13	宣城	Xuancheng	12.85	17.67	22.05	184
徐州	Xuzhou	73.39	62.38	78.46	38	**福建**	**Fujian**	**1214.39**	**592.90**	**738.45**	
常州	Changzhou	57.40	64.48	87.44	31	福州	Fuzhou	280.95	133.95	205.92	5
苏州	Suzhou	176.86	237.91	307.90	3	厦门	Xiamen	182.52	98.06	130.00	17
南通	Nantong	62.48	71.65	97.30	27	莆田	Putian	74.36	42.95	93.11	28
连云港	Lianyungang	26.98	33.31	41.70	86	三明	Sanming	68.67	31.96	48.37	73
淮安	Huaian	27.27	26.75	40.21	92	泉州	Quanzhou	267.35	132.04	65.33	49
盐城	Yancheng	38.95	53.73	63.57	52	漳州	Zhangzhou	110.64	52.23	37.99	100
扬州	Yangzhou	41.55	45.92	60.53	56	南平	Nanping	64.15	32.49	28.84	151
镇江	Zhenjiang	38.21	31.73	43.00	81	龙岩	Longyan	68.66	32.75	29.44	146
泰州	Taizhou	36.70	39.75	51.93	65	宁德	Ningde	76.58	38.46	28.55	152
宿迁	Suqian	21.25	23.88	46.23	77	**江西**	**Jiangxi**	**692.00**	**310.38**	**379.23**	
浙江	**Zhejiang**	**2101.84**	**1025.09**	**1283.52**		南昌	Nanchang	46.73	60.36	67.54	47
杭州	Hangzhou	144.06	171.34	188.57	6	景德镇	Jingdezhen	12.22	17.16	13.87	226
宁波	Ningbo	224.72	124.65	132.15	16	萍乡	Pingxiang	10.89	13.30	14.72	222
温州	Wenzhou	111.07	126.37	128.84	18	九江	Jiujiang	11.50	32.54	35.60	115
嘉兴	Jiaxing	70.60	82.55	87.34	32	新余	Xinyu	5.62	10.25	10.88	245
湖州	Huzhou	27.91	33.76	31.59	130	鹰潭	Yingtan	5.59	7.83	8.91	254
绍兴	Shaoxing	48.88	58.10	61.57	53	赣州	Ganzhou	33.77	52.26	56.81	60
金华	Jinhua	64.75	78.36	82.74	37	吉安	Jian	19.53	28.11	30.42	143
衢州	Quzhou	32.67	15.66	17.66	211	宜春	Yichun	17.55	31.97	35.64	114
舟山	Zhoushan	14.79	16.41	17.27	214	抚州	Fuzhou	10.03	20.27	23.04	181
台州	Taizhou	66.30	76.33	75.30	44	上饶	Shangrao	10.63	32.12	38.32	97
丽水	Lishui	20.05	19.68	20.89	195	**山东**	**Shandong**	**1960.68**	**891.57**	**1063.83**	
安徽	**Anhui**	**887.55**	**418.10**	**533.98**		济南	Jinan	214.85	94.39	102.40	24
合肥	Hefei	52.15	82.31	104.75	23	青岛	Qingdao	274.78	116.89	125.21	19
芜湖	Wuhu	18.58	29.15	36.59	110	淄博	Zibo	105.73	44.22	48.62	71
蚌埠	Bengbu	16.34	21.25	26.41	164	枣庄	Zaozhuang	66.02	28.87	31.08	138
淮南	Huainan	13.68	17.80	21.69	187	东营	Dongying	67.40	26.53	28.44	153
马鞍山	Maanshan	10.58	18.17	22.12	183	烟台	Yantai	175.79	72.42	74.05	45
淮北	Huaibei	10.85	14.95	18.06	209	潍坊	Weifang	183.22	79.20	85.11	36
铜陵	Tongling	5.88	7.55	9.74	252	济宁	Jining	130.31	55.25	61.47	54
安庆	Anqing	22.59	29.96	37.54	104	泰安	Taian	77.27	39.23	44.26	80
黄山	Huangshan	7.87	10.38	12.53	235	威海	Weihai	81.76	33.57	35.83	112
滁州	Chuzhou	18.73	24.77	30.52	141	日照	Rizhao	50.89	22.10	24.01	176
阜阳	Fuyang	29.78	39.57	48.45	72	莱芜	Laiwu	21.31	9.23	10.15	248
宿州	Suzhou	20.14	28.19	35.37	117	临沂	Linyi	161.94	70.15	77.03	41
六安	Liuan	19.41	26.55	32.93	126	德州	Dezhou	82.80	36.61	40.56	88
亳州	Bozhou	17.15	23.31	28.40	154	聊城	Liaocheng	87.86	38.03	41.94	85

13-6 邮电业务总量 续表 2

Business Volume of Postal and Telecommunication Services continued 2

单位：亿元 (100 million yuan)

地名	City	2010	2012	2013	2013 排名 Ranking	地名	City	2010	2012	2013	2013 排名 Ranking
滨州	Binzhou	72.20	31.13	33.76	123	常德	Changde	28.33	37.55	42.26	83
菏泽	Heze	108.82	48.47	55.38	61	张家界	Zhangjiajie	8.66	12.17	13.53	229
河南	**Henan**	**1473.45**	**680.03**	**837.83**		益阳	Yiyang	18.95	26.50	29.47	145
郑州	Zhengzhou	296.32	126.69	153.64	11	郴州	Chenzhou	23.32	30.95	34.56	119
开封	Kaifeng	63.49	27.97	31.16	137	永州	Yongzhou	18.59	24.45	27.09	162
洛阳	Luoyang	119.85	54.41	60.65	55	怀化	Huaihua	20.82	27.87	31.25	135
平顶山	Pingdingshan	79.04	32.41	36.06	111	娄底	Loudi	18.57	25.35	29.33	147
安阳	Anyang	83.89	38.90	42.59	82	**广东**	**Guangdong**	**4553.38**	**2161.56**	**2768.09**	
鹤壁	Hebi	23.08	10.86	12.30	236	广州	Guangzhou	1051.65	495.88	568.74	2
新乡	Xinxiang	100.10	45.89	50.90	68	韶关	Shaoguan	69.58	25.60	27.49	156
焦作	Jiaozuo	64.65	28.28	31.31	134	深圳	Shenzhen	1031.26	463.95	598.10	1
濮阳	Puyang	54.59	24.15	27.18	160	珠海	Zhuhai	137.61	49.11	54.39	62
许昌	Xuchang	65.66	28.45	31.42	133	汕头	Shantou	173.81	78.11	75.40	43
漯河	Luohe	37.70	17.31	18.43	205	佛山	Foshan	428.72	138.43	165.35	9
三门峡	Sanmenxia	42.38	16.72	18.66	204	江门	Jiangmen	135.08	55.92	60.07	58
南阳	Nanyang	113.10	48.52	56.85	59	湛江	Zhanjiang	116.85	67.34	76.46	42
商丘	Shangqiu	98.74	43.51	49.35	69	茂名	Maoming	87.27	47.78	53.53	64
信阳	Xinyang	77.12	33.40	37.64	102	肇庆	Zhaoqing	95.05	41.08	41.14	87
周口	Zhoukou	94.27	42.02	48.70	70	惠州	Huizhou	201.02	76.94	86.45	35
驻马店	Zhumadian	79.05	35.30	40.33	89	梅州	Meizhou	52.48	41.08	46.73	74
湖北	**Hubei**	**1039.03**	**491.29**	**610.16**		汕尾	Shanwei	48.01	21.28	23.05	180
武汉	Wuhan	338.53	167.87	164.41	10	河源	Heyuan	46.33	24.26	26.36	165
黄石	Huangshi	15.36	18.30	19.50	198	阳江	Yangjiang	50.67	25.22	28.09	155
十堰	Shiyan	13.15	16.45	18.40	206	清远	Qingyuan	56.06	93.56	36.86	108
宜昌	Yichang	22.35	28.08	30.51	142	东莞	Dongguan	674.09	198.41	254.73	4
襄阳	Xiangfan	27.98	33.19	34.62	118	中山	ZhongShan	194.98	72.06	87.33	33
鄂州	Ezhou	6.40	8.10	16.36	217	潮州	Chaozhou	54.52	25.02	27.26	158
荆门	Jingmen	13.53	16.36	17.97	210	揭阳	Jieyang	94.01	40.67	45.36	78
孝感	Xiaogan	9.67	22.09	25.22	172	云浮	Yunfu	33.91	18.71	21.53	189
荆州	Jingzhou	28.11	32.71	35.60	115	**广西**	**Guangxi**	**821.89**	**366.36**	**435.26**	
黄冈	Huanggang	20.51	26.47	29.28	148	南宁	Nanning	176.99	94.56	100.92	25
咸宁	Xianning	11.62	15.44	14.34	224	柳州	Liuzhou	81.38	28.85	37.52	105
随州	Suizhou	8.93	10.82	13.26	231	桂林	Guilin	93.54	38.22	40.22	91
湖南	**Hunan**	**1057.99**	**491.21**	**595.29**		梧州	Wuzhou	43.01	18.36	18.68	203
长沙	Changsha	84.14	121.71	139.26	14	北海	Beihai	24.54	15.15	17.61	212
株洲	Zhuzhou	25.16	33.67	37.45	106	防城港	Fangchenggang	23.03	9.89	9.97	251
湘潭	Xiangtan	18.29	26.44	27.34	157	钦州	Qinzhou	37.96	15.69	18.70	202
衡阳	Hengyang	29.12	38.72	42.09	84	贵港	Guigang	44.76	20.27	22.03	185
邵阳	Shaoyang	24.60	33.66	38.07	98	玉林	Yulin	77.23	31.64	33.79	122
岳阳	Yueyang	26.45	36.30	40.26	90	百色	Baise	47.96	18.19	22.58	182

13-6 邮电业务总量 续表 3
Business Volume of Postal and Telecommunication Services continued 3

单位：亿元 (100 million yuan)

地名	City	2010	2012	2013	2013 排名 Ranking	地名	City	2010	2012	2013	2013 排名 Ranking
贺州	Hezhou	2.32	10.82	11.50	243	丽江	Lijiang	4.72	7.30	8.19	255
河池	Hechi	49.48	20.68	21.76	186	普洱	Puer	11.81	3.49	4.68	265
来宾	Laibin	32.38	13.02	13.56	228	临沧	Lincang	2.07	1.96	2.95	271
崇左	Chongzuo	34.07	15.51	14.29	225	**西藏**	**Tibet**	**64.34**	**34.86**	**41.74**	
海南	**Hainan**	**224.66**	**104.89**	**126.42**		拉萨	Lhasa	6.82	12.91	31.97	129
海口	Haikou	40.87	48.01	46.53	76	**陕西**	**Shaanxi**	**857.24**	**386.41**	**477.84**	
三亚	Sanya	12.12	13.73	16.76	216	西安	Xi'an		167.35	176.21	8
重庆	**Chongqing**	**581.30**	**276.99**	**357.59**		铜川	Tongchuan		7.23	7.76	259
四川	**Sichuan**	**1450.69**	**692.31**	**842.83**		宝鸡	Baoji		27.26	30.14	144
成都	Chengdu	441.27	178.89	38.90	94	咸阳	Xianyang		33.06	36.76	109
自贡	Zigong	35.14	14.84	2.20	277	渭南	Weinan		35.05	38.56	96
攀枝花	Panzhihua	14.87	10.86	0.90	283	延安	Yan'an		23.12	25.27	171
泸州	Luzhou	22.52	24.85	3.10	269	汉中	Hanzhong		23.05	25.97	167
德阳	Deyang	67.37	22.63	2.50	272	榆林	Yulin		41.82	46.59	75
绵阳	Mianyang	32.36	32.23	4.10	266	安康	Ankang		16.65	18.15	208
广元	Guangyuan	13.25	15.76	1.70	281	商洛	Shangluo		10.95	12.10	238
遂宁	Suining	12.40	151.00	1.90	280	**甘肃**	**Gansu**	**423.15**	**189.88**	**238.71**	
内江	Neijiang	16.56	15.22	2.00	279	兰州	Lanzhou	126.25	53.35	60.09	57
乐山	Leshan	53.15	21.08	2.30	275	嘉峪关	Jiayuguan	9.05	4.36	4.81	263
南充	Nanchong	23.80	29.00	4.80	264	金昌	Jinchang	11.28	4.60	5.09	262
眉山	Meishan	11.69	15.00	2.30	275	白银	Baiyin	26.04	11.12	12.15	237
宜宾	Yibin	64.03	24.09	2.40	274	天水	Tianshui	38.32	16.95	18.97	201
广安	Guangan	12.15	5.52	2.50	272	武威	Wuwei	24.32	10.56	11.79	241
达州	Dazhou	29.32	24.46	3.50	268	张掖	Zhangye	23.74	9.74	10.76	246
雅安	Yaan	4.02	9.40	0.70	284	平凉	Pingliang	27.59	10.46	12.62	233
巴中	Bazhong	3.83	16.26	2.20	277	酒泉	Jiuquan	28.68	11.42	11.70	242
资阳	Ziyang	15.14	16.14	3.10	269	庆阳	Qingyang	38.07	11.14	17.24	215
贵州	**Guizhou**	**512.47**	**262.05**	**331.77**		定西	Dingxi	30.06	15.44	14.40	223
贵阳	Guiyang	132.40	65.05	77.25	40	陇南	Longnan	34.73	12.71	13.85	227
六盘水	Liupanshui	11.62	19.32	51.11	67	**青海**	**Qinghai**	**114.30**	**57.04**	**67.46**	
遵义	Zunyi	25.27	46.92	19.87	196	西宁	Xining			1.41	282
安顺	Anshun	8.36	14.93	24.10	175	**宁夏**	**Ningxia**	**135.20**	**65.66**	**80.43**	
毕节	Bijie	17.70	29.79	29.16	149	银川	Yinchuan	43.19	30.10	32.92	127
铜仁	Tongren	11.15	18.43	21.58	188	石嘴山	Shizuishan	5.70	8.32	8.97	253
云南	**Yunnan**	**773.04**	**363.44**	**452.75**		吴忠	Wuzhong	20.70	10.87	11.84	240
昆明	Kunming		91.85	99.56	26	固原	Guyuan	4.16	7.09	7.79	258
曲靖	Qujing	17.62	65.97	77.55	39	中卫	Zhongwei	3.92	7.25	8.09	256
玉溪	Yuxi	19.61	24.52	3.87	267	**新疆**	**Xinjiang**	**555.95**	**263.36**	**317.07**	
保山	Baoshan	9.70	13.06	5.80	261	乌鲁木齐	Urumqi	45.10	60.03	66.85	48
昭通	Zhaotong	14.54	15.89	21.40	190	克拉玛依	Karamay	4.06	6.24	6.67	260

13-7 邮政业务总量
Business Volume of Post Services

单位：亿元 （100 million yuan）

地名	City	2010	2012	2013	2013 排名 Ranking	地名	City	2010	2012	2013	2013 排名 Ranking
全国	**Nation Total**	**1985.30**	**2036.84**	**2725.08**		沈阳	Shenyang	4.30	11.93	13.72	18
北京	**Beijing**	**107.34**	**142.33**	**163.03**		大连	Dalian	4.55	10.08	11.54	24
天津	**Tianjin**	**33.84**	**25.65**	**29.30**		鞍山	Anshan	2.84	2.94	3.63	95
河北	**Hebei**	**58.12**	**59.59**	**77.06**		抚顺	Fushun	1.07	1.54	1.71	191
石家庄	Shijiazhuang	6.15	14.95	21.46	13	本溪	Benxi	0.89	1.26	1.38	214
唐山	Tangshan	3.43	5.35	6.86	44	丹东	Dandong	2.16	2.06	2.22	160
秦皇岛	Qinhuangdao	1.53	2.32	3.01	119	锦州	Jinzhou	1.24	1.76	2.03	173
邯郸	Handan	2.70	5.41	5.32	55	营口	Yingkou	1.05	1.43	1.68	193
邢台	Xingtai	1.43	3.20	4.15	76	阜新	Fuxin	0.70	0.74	0.83	252
保定	Baoding	4.39	9.33	12.56	20	辽阳	Liaoyang	1.39	1.69	1.96	178
张家口	Zhangjiakou	1.63	2.18	2.80	129	盘锦	Panjin	1.89	2.10	2.14	166
承德	Chengde	1.41	2.07	2.23	159	铁岭	Tieling	1.61	1.64	1.78	189
沧州	Cangzhou	2.47	5.62	6.22	49	朝阳	Chaoyang	2.31	1.87	2.42	145
廊坊	Langfang	2.98	6.83	9.08	36	葫芦岛	Huludao	1.30	1.86	3.10	112
衡水	Hengshui	1.19	2.34	3.37	104	吉林	**Jilin**	**25.77**	**22.29**	**25.84**	
山西	**Shanxi**	**39.24**	**30.45**	**34.11**		长春	Changchun	4.15	6.02	9.85	31
太原	Taiyuan	4.32	5.11	10.95	28	吉林	Jilin	3.44	3.12	3.17	110
大同	Datong	1.68	2.25	3.93	87	四平	Siping	1.33	2.23	2.13	167
阳泉	Yangquan	1.45	1.19	1.44	206	辽源	Liaoyuan	0.62	0.96	0.95	247
长治	Changzhi	1.22	1.69	2.11	168	通化	Tonghua	1.64	2.14	2.17	163
晋城	Jincheng	1.50	1.22	1.53	201	白山	Baishan	1.12	1.56	1.57	199
朔州	Shuozhou	1.37	0.99	1.09	240	松原	Songyuan	1.04	1.60	1.43	207
晋中	Jinzhong	1.71	1.96	2.35	152	白城	Baicheng	0.79	1.40	1.13	236
运城	Yuncheng	1.76	2.37	2.98	120	黑龙江	**Heilongjiang**	**47.71**	**32.43**	**39.18**	
忻州	Xinzhou	1.51	2.07	2.50	139	哈尔滨	Harbin	7.58	7.54	7.74	40
临汾	Linfen	4.30	2.42	2.88	123	齐齐哈尔	Qiqihar	0.34	2.61	2.87	124
吕梁	Luliang	2.29	2.06	2.34	154	鸡西	Jixi	4.28	2.28	2.40	147
内蒙古	**Inner Mongolia**	**16.62**	**14.84**	**17.52**		鹤岗	Hegang	1.04	0.96	0.95	247
呼和浩特	Hohhot	2.31	1.67	5.48	54	双鸭山	Shuangyashan	1.27	1.18	1.29	226
包头	Baotou	1.48	1.26	1.79	187	大庆	Daqing	3.34	2.79	3.07	116
乌海	Wuhai	0.61	0.49	0.59	267	伊春	Yichun	1.14	1.02	1.14	235
赤峰	Chifeng	1.63	1.64	2.45	144	佳木斯	Jiamusi	2.70	1.91	2.15	164
通辽	Tongliao	0.75	0.80	1.11	237	七台河	Qitaihe	0.42	0.45	0.48	275
鄂尔多斯	Erdos	0.81	1.16	1.18	232	牡丹江	Mudanjiang	3.77	2.78	3.02	117
呼伦贝尔	Hulunbuir	1.08	0.75	1.40	212	黑河	Heihe	1.10	1.19	1.16	233
巴彦淖尔	Bayannur	0.86	0.81	0.99	242	绥化	Suihua	1.90	2.23	2.42	145
乌兰察布	Ulanqab	0.83	0.60	0.97	245	上海	**Shanghai**	**176.45**	**190.83**	**258.66**	
辽宁	**Liaoning**	**58.41**	**42.89**	**50.15**		江苏	**Jiangsu**	**188.34**	**205.75**	**269.59**	

13-7 邮政业务总量 续表 1
Business Volume of Post Services continued 1

单位：亿元 （100 million yuan）

地名	City	2010	2012	2013	2013 排名 Ranking
南京	Nanjing	6.90	8.88	47.40	5
无锡	Wuxi	5.55	6.61	28.60	8
徐州	Xuzhou	5.03	6.01	11.80	23
常州	Changzhou	5.21	5.28	17.10	15
苏州	Suzhou	15.27	50.56	78.70	3
南通	Nantong	6.13	8.84	22.20	11
连云港	Lianyungang	2.75	2.31	6.50	46
淮安	Huaian	2.33	2.68	5.50	53
盐城	Yancheng	3.93	5.67	9.90	29
扬州	Yangzhou	4.03	5.50	12.30	21
镇江	Zhenjiang	2.33	3.03	8.30	39
泰州	Taizhou	3.59	4.30	9.20	34
宿迁	Suqian	2.09	2.42	12.20	22
浙江	**Zhejiang**	**154.07**	**215.20**	**327.94**	
杭州	Hangzhou	11.47	11.61	13.34	19
宁波	Ningbo	6.46	8.61	9.60	32
温州	Wenzhou	5.18	6.49	7.16	42
嘉兴	Jiaxing	4.16	3.63	4.07	81
湖州	Huzhou	1.83	2.53		
绍兴	Shaoxing	3.32	4.21	4.46	66
金华	Jinhua	5.41	7.76	9.05	37
衢州	Quzhou	0.90	1.16	1.47	203
舟山	Zhoushan	1.01	1.25	1.32	223
台州	Taizhou	4.31	4.68	3.49	101
丽水	Lishui	1.46	1.79	1.99	176
安徽	**Anhui**	**45.93**	**45.87**	**57.54**	
合肥	Hefei	3.21	5.93	6.43	47
芜湖	Wuhu	2.05	2.11	2.47	143
蚌埠	Bengbu	1.19	1.43	1.60	198
淮南	Huainan	1.04	1.33	1.39	213
马鞍山	Maanshan	0.81	1.33	1.42	208
淮北	Huaibei	0.86	0.99	1.11	237
铜陵	Tongling	0.53	0.65	0.66	258
安庆	Anqing	4.32	3.90	4.49	64
黄山	Huangshan	0.85	0.89	0.97	245
滁州	Chuzhou	1.04	1.37	1.55	200
阜阳	Fuyang	4.14	3.88	4.55	63
宿州	Suzhou	1.89	2.50	2.87	124
六安	Liuan	2.01	2.24	2.59	135
亳州	Bozhou	1.46	2.15	2.37	151

地名	City	2010	2012	2013	2013 排名 Ranking
池州	Chizhou	0.74	1.05	1.15	234
宣城	Xuancheng	0.97	1.20	1.21	229
福建	**Fujian**	**69.06**	**78.69**	**114.10**	
福州	Fuzhou	7.31	17.90	27.08	9
厦门	Xiamen	3.74	16.45	21.98	12
莆田	Putian	2.65	6.69	11.35	26
三明	Sanming	2.31	3.01	3.22	107
泉州	Quanzhou	6.11	20.99	33.86	7
漳州	Zhangzhou	2.23	4.22	6.02	50
南平	Nanping	2.62	3.53	3.96	85
龙岩	Longyan	2.21	3.05	3.02	117
宁德	Ningde	2.14	2.85	3.62	96
江西	**Jiangxi**	**36.85**	**31.64**	**40.94**	
南昌	Nanchang	4.34	6.70	11.54	24
景德镇	Jingdezhen	0.76	5.73	1.87	181
萍乡	Pingxiang	1.87	0.90	1.42	208
九江	Jiujiang	1.65	2.27	3.20	108
新余	Xinyu	0.73	0.84	1.08	241
鹰潭	Yingtan	0.91	0.72	1.21	229
赣州	Ganzhou	4.26	4.66	5.71	52
吉安	Jian	2.70	3.04	4.22	72
宜春	Yichun	2.75	2.43	3.74	92
抚州	Fuzhou	1.60	1.84	2.74	131
上饶	Shangrao	2.52		4.22	72
山东	**Shandong**	**104.82**	**94.09**	**117.44**	
济南	Jinan	4.70	4.97	4.90	59
青岛	Qingdao	5.27	6.02	6.89	43
淄博	Zibo	2.28	2.42	2.38	150
枣庄	Zaozhuang	1.33	1.24	1.42	208
东营	Dongying	1.23	1.25	1.38	214
烟台	Yantai	5.35	4.48	4.48	65
潍坊	Weifang	3.81	3.93	3.97	84
济宁	Jining	3.17	3.52	4.09	79
泰安	Taian	1.86	2.75	2.83	127
威海	Weihai	2.36	2.68	2.65	133
日照	Rizhao	1.39	1.16	1.19	231
莱芜	Laiwu	0.67	0.78	0.90	250
临沂	Linyi	3.07	1.71	1.84	184
德州	Dezhou	4.15	3.59	4.05	82
聊城	Liaocheng	2.30	3.41	3.94	86

13-7 邮政业务总量 续表 2
Business Volume of Post Services continued 2

单位：亿元 （100 million yuan）

地名	City	2010	2012	2013	2013 排名 Ranking	地名	City	2010	2012	2013	2013 排名 Ranking
滨州	Binzhou	1.55	3.67	4.08	80	常德	Changde	2.01	2.96	3.46	103
菏泽	Heze	2.57	3.95	5.01	57	张家界	Zhangjiajie	0.50	0.90	0.98	244
河南	**Henan**	**89.80**	**69.16**	**92.46**		益阳	Yiyang	1.55	2.64	3.18	109
郑州	Zhengzhou	6.18	6.26	6.31	48	郴州	Chenzhou	2.32	4.40	5.13	56
开封	Kaifeng	2.06	2.12	2.04	172	永州	Yongzhou	1.62	2.41	2.35	152
洛阳	Luoyang	3.60	3.17	3.58	97	怀化	Huaihua	1.62	2.32	2.63	134
平顶山	Pingdingshan	2.35	2.26	2.24	158	娄底	Loudi	1.18	1.68	2.07	169
安阳	Anyang	3.00	2.90	2.73	132	广东	**Guangdong**	**378.00**	**395.18**	**592.00**	
鹤壁	Hebi	0.62	0.46	0.57	268	广州	Guangzhou	20.23	137.81	181.72	2
新乡	Xinxiang	3.49	3.68	3.51	99	韶关	Shaoguan	2.89	2.47	2.89	122
焦作	Jiaozuo	2.46	1.81	2.06	170	深圳	Shenzhen	28.07	116.25	226.63	1
濮阳	Puyang	1.58	1.57	1.95	179	珠海	Zhuhai	3.52	5.63	9.47	33
许昌	Xuchang	1.96	1.87	2.39	149	汕头	Shantou	2.01	15.83	11.14	27
漯河	Luohe	1.17	1.19	1.31	225	佛山	Foshan	0.00	5.49	24.81	10
三门峡	Sanmenxia	1.36	1.25	1.45	205	江门	Jiangmen	4.41	4.77	7.67	41
南阳	Nanyang	3.93	4.86	4.92	58	湛江	Zhanjiang	4.90	3.39	5.91	51
商丘	Shangqiu	3.75	4.44	4.02	83	茂名	Maoming	3.84	2.67	4.32	69
信阳	Xinyang	2.67	2.93	3.14	111	肇庆	Zhaoqing	1.68	6.27	3.82	90
周口	Zhoukou	3.55	4.12	4.20	74	惠州	Huizhou	1.94	3.16	9.86	30
驻马店	Zhumadian	3.37	4.19	4.12	77	梅州	Meizhou	3.40	1.07	3.89	88
湖北	**Hubei**	**55.71**	**52.55**	**74.15**		汕尾	Shanwei	1.02	1.62	1.68	193
武汉	Wuhan	6.46	7.85	8.33	38	河源	Heyuan	0.88	2.12	2.03	173
黄石	Huangshi	1.70	1.90	2.15	164	阳江	Yangjiang	1.55	2.09	2.77	130
十堰	Shiyan	1.60	1.83	2.05	171	清远	Qingyuan	2.00	62.14	2.51	137
宜昌	Yichang	1.56	2.35	2.51	137	东莞	Dongguan	8.12	10.08	67.02	4
襄阳	Xiangfan	2.31	2.79	3.37	104	中山	ZhongShan	4.26	1.92	15.72	17
鄂州	Ezhou	0.57	1.72	9.19	35	潮州	Chaozhou	1.04	2.25	2.87	124
荆门	Jingmen	1.31	1.56	1.79	187	揭阳	Jieyang	2.34	1.63	3.49	101
孝感	Xiaogan	2.00	3.06	3.75	91	云浮	Yunfu	2.00		1.82	186
荆州	Jingzhou	2.81	3.74	4.36	68	广西	**Guangxi**	**28.58**	**24.14**	**29.57**	
黄冈	Huanggang	2.42	2.53	2.82	128	南宁	Nanning	3.83	4.79	4.87	60
咸宁	Xianning	1.91	1.24	1.38	214	柳州	Liuzhou	1.71	1.70	1.65	195
随州	Suizhou	1.97	1.59	1.62	197	桂林	Guilin	2.26	2.17	2.50	139
湖南	**Hunan**	**49.05**	**48.69**	**60.27**		梧州	Wuzhou	1.44	1.26	1.46	204
长沙	Changsha	5.46	13.64	21.15	14	北海	Beihai	0.80	0.70	0.75	255
株洲	Zhuzhou	1.55	3.03	3.66	94	防城港	Fangchenggang	0.35	0.47	0.52	273
湘潭	Xiangtan	1.96	2.44	2.34	154	钦州	Qinzhou	0.88	1.18	1.34	219
衡阳	Hengyang	3.62	3.97	4.44	67	贵港	Guigang	2.03	1.79	1.97	177
邵阳	Shaoyang	2.70	4.01	4.32	69	玉林	Yulin	2.29	2.15	2.52	136
岳阳	Yueyang	2.40	2.77	3.08	115	百色	Baise	1.10	1.20	1.34	219

13-7 邮政业务总量 续表 3
Business Volume of Post Services continued 3

单位：亿元 （100 million yuan）

地名	City	2010	2012	2013	2013 排名 Ranking	地名	City	2010	2012	2013	2013 排名 Ranking
贺州	Hezhou	0.69	0.63	0.70	256	丽江	Lijiang	0.47	0.10	0.45	277
河池	Hechi	1.34	1.33	1.38	214	普洱	Puer	0.65	0.02	0.62	262
来宾	Laibin	0.75	0.68	0.76	254	临沧	Lincang	0.45	0.02	0.54	269
崇左	Chongzuo	1.23	0.95	1.10	239	**西藏**	**Tibet**	**1.88**	**1.85**	**2.09**	
海南	**Hainan**	**9.90**	**7.78**	**8.87**		拉萨	Lhasa		0.49	0.47	276
海口	Haikou	2.33	1.73	1.84	184	**陕西**	**Shaanxi**	**37.42**	**31.34**	**37.02**	
三亚	Sanya	0.51	0.58	0.62	262	西安	Xi'an	5.88	14.40	16.58	16
重庆	**Chongqing**	**30.72**	**31.28**	**39.12**		铜川	Tongchuan	0.58	0.76	0.64	260
四川	**Sichuan**	**69.99**	**72.38**	**83.30**		宝鸡	Baoji	1.90	2.45	3.56	98
成都	Chengdu	9.37	10.92	38.90	6	咸阳	Xianyang	2.04	2.78	3.35	106
自贡	Zigong	1.45	1.90	2.20	161	渭南	Weinan	1.99	2.56	2.98	120
攀枝花	Panzhihua	0.85	0.82	0.90	250	延安	Yan'an	1.13	1.03	1.26	227
泸州	Luzhou	2.00	2.87	3.10	112	汉中	Hanzhong	2.10	3.22	3.84	89
德阳	Deyang	1.72	2.33	2.50	139	榆林	Yulin	1.55	1.47	1.63	196
绵阳	Mianyang	2.23	3.12	4.10	78	安康	Ankang	1.35	1.50	1.86	182
广元	Guangyuan	1.23	1.51	1.70	192	商洛	Shangluo	2.67	1.18	1.32	223
遂宁	Suining	1.14	1.69	1.90	180	**甘肃**	**Gansu**	**11.32**	**9.88**	**11.38**	
内江	Neijiang	1.14	1.61	2.00	175	兰州	Lanzhou	2.02	1.76	3.73	93
乐山	Leshan	1.67	1.70	2.30	156	嘉峪关	Jiayuguan	0.18	0.23	0.29	281
南充	Nanchong	2.58	4.08	4.80	61	金昌	Jinchang	0.25	0.21	0.25	282
眉山	Meishan	1.03	1.61	2.30	156	白银	Baiyin	0.46	0.45	0.53	270
宜宾	Yibin	1.94	2.05	2.40	147	天水	Tianshui	0.98	1.05	1.34	219
广安	Guangan	1.69	2.08	2.50	139	武威	Wuwei	0.57	0.55	0.66	258
达州	Dazhou	19.20	3.34	3.50	100	张掖	Zhangye	0.39	0.48	0.49	274
雅安	Yaan	0.42	0.59	0.70	256	平凉	Pingliang	0.38	0.46	0.60	265
巴中	Bazhong	1.24	1.76	2.20	161	酒泉	Jiuquan	0.61	0.51	0.62	262
资阳	Ziyang	2.03	3.06	3.10	112	庆阳	Qingyang	0.78	0.84	0.92	249
贵州	**Guizhou**	**15.50**	**17.93**	**22.64**		定西	Dingxi	0.46	0.52	0.64	260
贵阳	Guiyang	2.29	3.28	6.64	45	陇南	Longnan	0.45	0.67	0.79	253
六盘水	Liupanshui	0.70	0.93	1.38	214	**青海**	**Qinghai**	**3.23**	**2.58**	**2.94**	
遵义	Zunyi	18.94	3.27	4.18	75	西宁	Xining	1.16		1.41	211
安顺	Anshun	0.55	0.75	0.99	242	**宁夏**	**Ningxia**	**4.10**	**4.55**	**4.71**	
毕节	Bijie		1.34	1.75	190	银川	Yinchuan	1.14	1.35	1.33	222
铜仁	Tongren		1.41	1.86	182	石嘴山	Shizuishan	0.63	0.39	0.42	278
云南	**Yunnan**	**18.91**	**18.25**	**23.38**		吴忠	Wuzhong	0.30	0.34	0.32	280
昆明	Kunming	3.62	3.91	4.26	71	固原	Guyuan	0.35	0.34	0.34	279
曲靖	Qujing	1.30	0.97	1.52	202	中卫	Zhongwei	0.22	0.23	0.24	283
玉溪	Yuxi	0.74	0.06	0.60	265	**新疆**	**Xinjiang**	**18.63**	**16.74**	**18.78**	
保山	Baoshan	0.58	0.02	0.53	270	乌鲁木齐	Urumqi	3.01	4.53	4.61	62
昭通	Zhaotong	0.93	0.02	1.22	228	克拉玛依	Karamay	0.61	0.49	0.53	270

13-8　电信业务总量
Business Volume of Telecommunication Services

单位：亿元　　　　(100 million yuan)

地名	City	2010	2012	2013	2013 排名 Ranking	地名	City	2010	2012	2013	2013 排名 Ranking
全国	**Nation Total**	**29993.18**	**12982.44**	**15707.15**		沈阳	Shenyang	286.14	114.47	130.92	12
北京	**Beijing**	**1120.00**	**488.90**	**594.00**		大连	Dalian	228.30	96.02	107.49	21
天津	**Tianjin**	**399.46**	**159.35**	**183.78**		鞍山	Anshan	89.24	36.41	40.91	78
河北	**Hebei**	**1293.51**	**538.70**	**651.66**		抚顺	Fushun	50.25	20.25	22.19	173
石家庄	Shijiazhuang	229.82	95.90	117.12	17	本溪	Benxi	38.53	15.52	16.90	205
唐山	Tangshan	190.85	72.02	84.87	27	丹东	Dandong	53.21	21.53	24.04	165
秦皇岛	Qinhuangdao	70.13	29.69	35.73	91	锦州	Jinzhou	66.32	30.58	33.67	107
邯郸	Handan	132.92	54.01	65.52	45	营口	Yingkou	57.57	23.51	27.39	143
邢台	Xingtai	94.88	39.22	47.35	65	阜新	Fuxin	38.07	17.54	20.27	186
保定	Baoding	188.22	75.57	93.03	26	辽阳	Liaoyang	43.25	17.51	19.37	192
张家口	Zhangjiakou	70.43	29.72	35.21	93	盘锦	Panjin	38.56	16.36	18.99	193
承德	Chengde	60.10	24.14	28.82	137	铁岭	Tieling	46.57	19.68	22.05	176
沧州	Cangzhou	117.39	46.88	57.36	49	朝阳	Chaoyang	45.80	20.28	22.92	169
廊坊	Langfang	102.01	45.04	54.83	54	葫芦岛	Huludao	50.02	20.43	22.11	175
衡水	Hengshui	65.09	25.83	31.01	123	吉林	**Jilin**	**587.40**	**240.62**	**269.63**	
山西	**Shanxi**	**696.69**	**308.49**	**358.16**		长春	Changchun	212.25	67.89	79.76	31
太原	Taiyuan	159.89	74.18	76.12	33	吉林	Jilin	99.26	26.25	36.18	88
大同	Datong	61.58	26.98	28.92	136	四平	Siping	60.17	15.69	23.33	167
阳泉	Yangquan	30.61	13.42	13.76	218	辽源	Liaoyuan	24.68	6.39	9.14	249
长治	Changzhi	55.98	23.69	25.15	156	通化	Tonghua	45.76	11.95	17.04	203
晋城	Jincheng	38.31	17.22	18.13	196	白山	Baishan	32.58	6.70	10.49	242
朔州	Shuozhou	28.53	13.40	14.23	217	松原	Songyuan	59.06	12.79	19.59	191
晋中	Jinzhong	59.59	27.29	28.51	140	白城	Baicheng	43.41	9.18	14.91	216
运城	Yuncheng	71.92	31.23	34.22	100	黑龙江	**Heilongjiang**	**697.87**	**297.38**	**338.16**	
忻州	Xinzhou	48.90	21.39	22.41	172	哈尔滨	Harbin	253.69	104.22	110.20	19
临汾	Linfen	72.26	32.31	34.98	95	齐齐哈尔	Qiqihar	84.39	29.51	31.20	122
吕梁	Luliang	62.41	27.59	29.22	132	鸡西	Jixi	35.39	8.58	13.50	220
内蒙古	**Inner Mongolia**	**584.75**	**258.51**	**293.71**		鹤岗	Hegang	23.84	10.60	9.19	248
呼和浩特	Hohhot	78.27	41.97	48.43	62	双鸭山	Shuangyashan	30.33	29.14	11.30	236
包头	Baotou	73.34	28.60	35.79	90	大庆	Daqing	67.72	8.90	30.30	126
乌海	Wuhai	5.92	7.48	10.81	239	伊春	Yichun	22.89	20.86	9.20	247
赤峰	Chifeng	60.95	24.88	30.55	124	佳木斯	Jiamusi	23.40	7.00	21.60	177
通辽	Tongliao	42.85	18.29	25.99	152	七台河	Qitaihe	19.83	21.95	7.40	256
鄂尔多斯	Erdos	19.50	23.74	30.26	127	牡丹江	Mudanjiang	59.51	11.36	22.90	170
呼伦贝尔	Hulunbuir	15.07	19.68	25.33	153	黑河	Heihe	31.49	27.26	12.30	227
巴彦淖尔	Bayannur	33.67	5.05	16.46	207	绥化	Suihua	75.92	4.31	28.80	138
乌兰察布	Ulanqab	10.50	16.70	18.43	195	上海	**Shanghai**	**1098.79**	**447.09**	**533.16**	
辽宁	**Liaoning**	**1113.22**	**473.18**	**532.06**		江苏	**Jiangsu**	**2140.42**	**914.62**	**1133.21**	

13-8 电信业务总量 续表 1
Business Volume of Telecommunication Services continued 1

单位：亿元 （100 million yuan）

地名	City	2010	2012	2013	2013 排名 Ranking
南京	Nanjing		120.28	140.23	11
无锡	Wuxi	132.17	94.18	112.75	18
徐州	Xuzhou	98.39	56.37	66.66	44
常州	Changzhou	68.36	59.20	70.34	42
苏州	Suzhou	52.19	187.35	229.20	3
南通	Nantong	161.59	62.81	75.10	36
连云港	Lianyungang	56.36	31.00	35.20	94
淮安	Huaian	24.23	24.07	34.71	96
盐城	Yancheng	24.94	48.06	53.67	55
扬州	Yangzhou	35.03	40.42	48.23	63
镇江	Zhenjiang	37.52	28.70	34.70	97
泰州	Taizhou	35.88	35.45	42.73	75
宿迁	Suqian	33.11	21.46	34.03	103
浙江	**Zhejiang**	**19.16**	**809.89**	**955.58**	
杭州	Hangzhou	132.59	159.73	175.23	6
宁波	Ningbo	218.26	116.04	122.55	13
温州	Wenzhou	105.89	119.88	121.68	14
嘉兴	Jiaxing	66.44	78.92	83.27	28
湖州	Huzhou	26.08	31.23	31.59	115
绍兴	Shaoxing	45.56	53.89	57.11	50
金华	Jinhua	59.34	70.60	73.69	37
衢州	Quzhou	31.77	14.50	16.19	211
舟山	Zhoushan	13.78	15.16	15.95	214
台州	Taizhou	61.99	71.65	71.81	38
丽水	Lishui	18.59	17.89	18.90	194
安徽	**Anhui**	**841.62**	**372.23**	**476.44**	
合肥	Hefei	48.94	76.38	98.32	22
芜湖	Wuhu	16.53	27.04	34.12	101
蚌埠	Bengbu	15.15	19.82	24.81	160
淮南	Huainan	12.64	16.47	20.30	184
马鞍山	Maanshan	9.77	16.84	20.70	182
淮北	Huaibei	9.99	13.96	16.95	204
铜陵	Tongling	5.35	6.90	9.08	250
安庆	Anqing	18.27	26.06	33.05	110
黄山	Huangshan	7.02	9.49	11.56	234
滁州	Chuzhou	17.69	23.40	28.97	135
阜阳	Fuyang	25.64	35.69	43.90	73
宿州	Suzhou	18.25	25.69	32.50	111
六安	Liuan	17.40	24.31	30.34	125
亳州	Bozhou	15.69	21.16	26.03	151
池州	Chizhou	7.19	9.30	11.65	231
宣城	Xuancheng	11.88	16.47	20.84	181
福建	**Fujian**	**1145.33**	**514.22**	**624.34**	
福州	Fuzhou	273.64	116.05	178.84	5
厦门	Xiamen	178.78	81.61	108.02	20
莆田	Putian	71.71	36.26	81.76	29
三明	Sanming	66.36	28.95	45.15	68
泉州	Quanzhou	261.24	111.05	31.47	118
漳州	Zhangzhou	108.41	48.01	31.97	113
南平	Nanping	61.53	28.96	24.88	159
龙岩	Longyan	66.45	29.70	26.42	148
宁德	Ningde	74.44	35.61	24.93	158
江西	**Jiangxi**	**655.15**	**278.74**	**338.29**	
南昌	Nanchang	42.39	53.66	56.00	53
景德镇	Jingdezhen	11.46	11.43	12.00	229
萍乡	Pingxiang	9.02	12.40	13.30	221
九江	Jiujiang	9.85	30.27	32.40	112
新余	Xinyu	4.89	9.41	9.80	244
鹰潭	Yingtan	4.68	7.11	7.70	254
赣州	Ganzhou	29.51	47.60	51.10	58
吉安	Jian	16.83	25.07	26.20	150
宜春	Yichun	14.80	29.54	31.90	114
抚州	Fuzhou	8.43	18.43	20.30	184
上饶	Shangrao	8.11	32.12	34.10	102
山东	**Shandong**	**1855.86**	**797.48**	**946.39**	
济南	Jinan	210.15	89.42	97.50	23
青岛	Qingdao	269.51	110.87	118.32	15
淄博	Zibo	103.45	41.80	46.24	66
枣庄	Zaozhuang	64.69	27.63	29.66	129
东营	Dongying	66.17	25.28	27.06	145
烟台	Yantai	170.44	67.94	69.57	43
潍坊	Weifang	179.41	75.27	81.14	30
济宁	Jining	127.14	51.73	57.38	48
泰安	Taian	75.41	36.48	41.43	77
威海	Weihai	79.40	30.89	33.18	109
日照	Rizhao	49.50	20.94	22.82	171
莱芜	Laiwu	20.64	8.45	9.25	246
临沂	Linyi	158.87	68.44	75.19	35
德州	Dezhou	78.65	33.02	36.51	86
聊城	Liaocheng	85.56	34.62	38.00	81

13-8 电信业务总量 续表 2

Business Volume of Telecommunication Services continued 2

单位：亿元 （100 million yuan）

地名	City	2010	2012	2013	2013 排名 Ranking	地名	City	2010	2012	2013	2013 排名 Ranking
滨州	Binzhou	70.65	27.46	29.68	128	常德	Changde	26.32	34.59	38.80	80
菏泽	Heze	106.25	44.52	50.37	59	张家界	Zhangjiajie	8.16	11.27	12.55	226
河南	**Henan**	**1383.65**	**610.87**	**745.37**		益阳	Yiyang	17.40	23.86	26.29	149
郑州	Zhengzhou	290.14	120.43	147.33	9	郴州	Chenzhou	21.00	26.55	29.43	130
开封	Kaifeng	61.43	25.85	29.12	133	永州	Yongzhou	16.97	22.04	24.74	161
洛阳	Luoyang	116.25	51.24	57.07	51	怀化	Huaihua	19.20	25.55	28.62	139
平顶山	Pingdingshan	76.69	30.15	33.82	104	娄底	Loudi	17.39	23.67	27.26	144
安阳	Anyang	80.89	36.00	39.86	79	**广东**	**Guangdong**	**4175.38**	**1766.38**	**2176.09**	
鹤壁	Hebi	22.47	10.40	11.73	230	广州	Guangzhou	1031.42	358.07	387.02	1
新乡	Xinxiang	96.61	42.21	47.39	64	韶关	Shaoguan	66.69	23.13	24.60	162
焦作	Jiaozuo	62.19	26.47	29.25	131	深圳	Shenzhen	1003.19	347.70	371.47	2
濮阳	Puyang	53.01	22.58	25.23	155	珠海	Zhuhai	134.09	43.48	44.92	70
许昌	Xuchang	63.70	26.58	29.03	134	汕头	Shantou	171.80	62.28	64.26	46
漯河	Luohe	36.53	16.12	17.12	202	佛山	Foshan	428.72	132.94	140.54	10
三门峡	Sanmenxia	41.02	15.47	17.21	201	江门	Jiangmen	130.67	51.15	52.40	56
南阳	Nanyang	109.17	43.66	51.93	57	湛江	Zhanjiang	111.95	63.95	70.55	41
商丘	Shangqiu	94.99	39.07	45.33	67	茂名	Maoming	83.43	45.11	49.21	61
信阳	Xinyang	74.45	30.47	34.50	98	肇庆	Zhaoqing	93.38	34.81	37.32	84
周口	Zhoukou	90.72	37.90	44.50	72	惠州	Huizhou	199.08	73.78	76.59	32
驻马店	Zhumadian	75.68	31.11	36.21	87	梅州	Meizhou	49.08	40.01	42.84	74
湖北	**Hubei**	**983.32**	**438.74**	**536.01**		汕尾	Shanwei	46.99	19.66	21.37	179
武汉	Wuhan	332.07	160.02	156.08	8	河源	Heyuan	45.45	22.14	24.33	164
黄石	Huangshi	13.66	16.40	17.35	199	阳江	Yangjiang	49.12	23.13	25.32	154
十堰	Shiyan	11.55	14.62	16.35	208	清远	Qingyuan	54.06	31.42	34.35	99
宜昌	Yichang	20.79	25.73	28.00	141	东莞	Dongguan	665.97	188.33	187.71	4
襄阳	Xiangfan	25.67	30.40	31.25	120	中山	ZhongShan	190.72	70.14	71.61	39
鄂州	Ezhou	5.83	6.38	7.17	257	潮州	Chaozhou	53.48	22.77	24.39	163
荆门	Jingmen	12.22	14.80	16.18	212	揭阳	Jieyang	91.67	39.04	41.87	76
孝感	Xiaogan	7.67	19.03	21.47	178	云浮	Yunfu	31.91	18.71	19.71	190
荆州	Jingzhou	25.30	28.97	31.24	121	**广西**	**Guangxi**	**793.31**	**342.22**	**405.70**	
黄冈	Huanggang	18.09	23.94	26.46	147	南宁	Nanning	173.16	89.77	96.05	24
咸宁	Xianning	9.71	14.20	12.96	224	柳州	Liuzhou	79.67	27.15	35.87	89
随州	Suizhou	6.96	9.23	11.64	232	桂林	Guilin	91.28	36.05	37.72	82
湖南	**Hunan**	**1008.94**	**442.52**	**535.02**		梧州	Wuzhou	41.57	17.10	17.22	200
长沙	Changsha	78.68	108.07	118.11	16	北海	Beihai	23.74	14.45	16.86	206
株洲	Zhuzhou	23.61	30.64	33.79	105	防城港	Fangchenggang	22.68	9.42	9.45	245
湘潭	Xiangtan	16.33	24.00	25.00	157	钦州	Qinzhou	37.08	14.51	17.36	198
衡阳	Hengyang	25.50	34.75	37.65	83	贵港	Guigang	42.73	18.48	20.06	188
邵阳	Shaoyang	21.90	29.65	33.75	106	玉林	Yulin	74.94	29.49	31.27	119
岳阳	Yueyang	24.05	33.53	37.18	85	百色	Baise	46.86	16.99	21.24	180

13-8 电信业务总量 续表 3
Business Volume of Telecommunication Services continued 3

单位：亿元 （100 million yuan）

地名	City	2010	2012	2013	2013 排名 Ranking
贺州	Hezhou	1.63	10.19	10.80	240
河池	Hechi	48.14	19.35	20.38	183
来宾	Laibin	31.63	12.34	12.80	225
崇左	Chongzuo	32.84	14.56	13.19	222
海南	**Hainan**	**214.76**	**97.11**	**117.56**	
海口	Haikou	38.54	46.28	44.69	71
三亚	Sanya	11.61	13.15	16.14	213
重庆	**Chongqing**	**550.58**	**245.72**	**318.47**	
四川	**Sichuan**	**1380.70**	**619.93**	**759.54**	
成都	Chengdu	431.90	167.97		
自贡	Zigong	33.69	12.94		
攀枝花	Panzhihua	14.02	10.04		
泸州	Luzhou	20.52	21.98		
德阳	Deyang	65.65	20.30		
绵阳	Mianyang	30.13	29.11		
广元	Guangyuan	12.02	14.25		
遂宁	Suining	11.26	149.31		
内江	Neijiang	15.42	13.61		
乐山	Leshan	51.48	19.38		
南充	Nanchong	21.22	24.92		
眉山	Meishan	10.66	13.39		
宜宾	Yibin	62.09	22.04		
广安	Guangan	10.46	3.44		
达州	Dazhou	10.12	21.12		
雅安	Yaan	3.60	8.81		
巴中	Bazhong	2.59	14.50		
资阳	Ziyang	13.11	13.08		
贵州	**Guizhou**	**496.97**	**244.12**	**309.13**	
贵阳	Guiyang	130.11	61.77	70.61	40
六盘水	Liupanshui	10.92	18.39	49.73	60
遵义	Zunyi	6.33	43.65	15.69	215
安顺	Anshun	7.81	14.18	23.11	168
毕节	Bijie	17.70	28.45	27.41	142
铜仁	Tongren	11.15	17.02	19.72	189
云南	**Yunnan**	**754.13**	**345.19**	**429.38**	
昆明	Kunming		87.94	95.30	25
曲靖	Qujing	16.32	65.00	76.03	34
玉溪	Yuxi	18.87	24.46	3.27	264
保山	Baoshan	9.12	13.04	5.27	260
昭通	Zhaotong	13.61	15.87	20.18	187
丽江	Lijiang	4.25	7.20	7.74	253
普洱	Puer	11.16	3.47	4.06	263
临沧	Lincang	1.62	1.94	2.41	265
西藏	**Tibet**	**62.46**	**33.01**	**39.65**	
拉萨	Lhasa	6.82	12.42	31.50	117
陕西	**Shaanxi**	**819.82**	**355.07**	**440.81**	
西安	Xi'an		152.95	159.63	7
铜川	Tongchuan		6.47	7.12	258
宝鸡	Baoji		24.81	26.58	146
咸阳	Xianyang		30.28	33.41	108
渭南	Weinan		32.49	35.58	92
延安	Yan'an		22.09	24.01	166
汉中	Hanzhong		19.83	22.13	174
榆林	Yulin		40.35	44.96	69
安康	Ankang		15.15	16.29	210
商洛	Shangluo		9.77	10.78	241
甘肃	**Gansu**	**411.83**	**180.00**	**227.33**	
兰州	Lanzhou	124.23	51.59	56.36	52
嘉峪关	Jiayuguan	8.87	4.13	4.52	262
金昌	Jinchang	11.03	4.39	4.84	261
白银	Baiyin	25.58	10.67	11.62	233
天水	Tianshui	37.34	15.90	17.63	197
武威	Wuwei	23.75	10.01	11.13	237
张掖	Zhangye	23.35	9.26	10.27	243
平凉	Pingliang	27.21	10.00	12.02	228
酒泉	Jiuquan	28.07	10.91	11.08	238
庆阳	Qingyang	37.29	10.30	16.32	209
定西	Dingxi	29.60	14.92	13.76	218
陇南	Longnan	34.28	12.04	13.06	223
青海	**Qinghai**	**111.07**	**54.46**	**64.53**	
西宁	Xining				
宁夏	**Ningxia**	**131.10**	**61.11**	**75.71**	
银川	Yinchuan	42.05	28.75	31.59	115
石嘴山	Shizuishan	5.07	7.93	8.55	251
吴忠	Wuzhong	20.40	10.53	11.52	235
固原	Guyuan	3.81	6.75	7.45	255
中卫	Zhongwei	3.70	7.02	7.85	252
新疆	**Xinjiang**	**537.32**	**246.61**	**298.29**	
乌鲁木齐	Urumqi	42.09	55.50	62.24	47
克拉玛依	Karamay	3.45	5.75	6.14	259

13-9 年末固定电话用户
Number of Fixed Telephone Subscribers at Year-end

单位：万户 （10 000 subscribers）

地名	City	2010	2012	2013	2013 排名 Ranking	地名	City	2010	2012	2013	2013 排名 Ranking
全国	**Nation Total**	**29434.20**	**27815.30**	**26698.50**		沈阳	Shenyang	320.20	276.46	261.96	11
北京	**Beijing**	**885.60**	**883.20**	**867.60**		大连	Dalian	280.30	256.40	252.85	13
天津	**Tianjin**	**366.80**	**353.70**	**352.80**		鞍山	Anshan	112.80	101.89	92.89	65
河北	**Hebei**	**1251.40**	**1207.70**	**1152.40**		抚顺	Fushun	75.20	63.67	59.02	129
石家庄	Shijiazhuang	190.80	181.10	161.60	32	本溪	Benxi	45.70	41.78	39.71	184
唐山	Tangshan	168.80	163.60	156.06	35	丹东	Dandong	85.50	83.53	77.44	87
秦皇岛	Qinhuangdao	73.80	73.90	72.39	99	锦州	Jinzhou	94.80	87.65	84.38	75
邯郸	Handan	105.90	95.90	86.98	70	营口	Yingkou	61.70	59.99	58.93	130
邢台	Xingtai	95.80	93.40	91.45	67	阜新	Fuxin	53.20	49.00	45.63	170
保定	Baoding	176.20	172.80	169.94	26	辽阳	Liaoyang	54.00	49.06	44.01	174
张家口	Zhangjiakou	67.60	65.60	61.06	123	盘锦	Panjin	63.30	33.56	34.00	201
承德	Chengde	47.20	42.40	40.70	180	铁岭	Tieling	79.90	53.68	47.73	164
沧州	Cangzhou	120.70	126.00	123.00	48	朝阳	Chaoyang	36.30	70.73	68.41	105
廊坊	Langfang	106.30	107.90	105.20	53	葫芦岛	Huludao	65.20	57.65	55.45	138
衡水	Hengshui	98.30	85.00	84.02	76	吉林	**Jilin**	**595.20**	**578.80**	**579.00**	
山西	**Shanxi**	**720.70**	**685.20**	**584.40**		长春	Changchun	182.20	182.40	183.45	22
太原	Taiyuan	158.20	148.92	125.71	46	吉林	Jilin	93.80	91.40	91.45	67
大同	Datong	57.10	54.11	47.59	165	四平	Siping	50.70	50.40	48.21	163
阳泉	Yangquan	33.60	31.11	26.37	221	辽源	Liaoyuan	23.90	24.70	24.96	225
长治	Changzhi	61.50	63.26	50.16	157	通化	Tonghua	54.20	51.80	51.22	151
晋城	Jincheng	45.40	45.73	38.71	187	白山	Baishan	41.00	37.40	37.74	190
朔州	Shuozhou	25.20	27.29	22.51	232	松原	Songyuan	37.90	37.50	37.26	192
晋中	Jinzhong	77.20	69.79	63.96	116	白城	Baicheng	38.40	38.20	36.75	195
运城	Yuncheng	86.00	81.70	67.15	107	黑龙江	**Heilongjiang**	**813.50**	**776.10**	**747.80**	
忻州	Xinzhou	48.60	45.32	37.54	191	哈尔滨	Harbin	272.30	260.92	257.70	12
临汾	Linfen	70.20	63.53	59.67	128	齐齐哈尔	Qiqihar	93.20	86.50	81.60	81
吕梁	Luliang	57.80	54.17	45.06	173	鸡西	Jixi	40.50	37.10	36.90	193
内蒙古	**Inner Mongolia**	**414.00**	**368.30**	**377.20**		鹤岗	Hegang	19.30	18.40	16.90	249
呼和浩特	Hohhot	70.30	79.40	73.44	96	双鸭山	Shuangyashan	27.10	26.77	26.20	222
包头	Baotou	38.80	45.40	47.23	167	大庆	Daqing	44.20	41.36	39.50	185
乌海	Wuhai	12.30	15.54	14.03	256	伊春	Yichun	34.30	27.16	25.40	224
赤峰	Chifeng	49.80	49.45	53.81	145	佳木斯	Jiamusi	57.20	57.30	55.80	136
通辽	Tongliao	29.60	27.30	30.70	206	七台河	Qitaihe	16.80	16.72	15.20	252
鄂尔多斯	Erdos	24.50	24.14	26.87	219	牡丹江	Mudanjiang	74.50	64.59	62.50	118
呼伦贝尔	Hulunbuir	51.10	40.79	45.29	172	黑河	Heihe	32.10	33.60	31.10	205
巴彦淖尔	Bayannur	22.80	23.50	27.78	214	绥化	Suihua	88.30	92.76	86.20	72
乌兰察布	Ulanqab	21.90	23.50	26.75	220	上海	**Shanghai**	**935.90**	**902.90**	**869.20**	
辽宁	**Liaoning**	**1428.00**	**1285.10**	**1222.40**		江苏	**Jiangsu**	**2498.80**	**2387.20**	**2289.80**	

13-9 年末固定电话用户 续表 1
Number of Fixed Telephone Subscribers at Year-end continued 1

单位：万户 （10 000 subscribers）

地名	City	2010	2012	2013	2013 排名 Ranking	地名	City	2010	2012	2013	2013 排名 Ranking
南京	Nanjing	290.10	309.35	305.66	7	池州	Chizhou	34.90	31.84	28.26	211
无锡	Wuxi	213.90	240.85	229.52	19	宣城	Xuancheng	60.90	56.16	51.87	149
徐州	Xuzhou	177.20	175.29	161.01	33	**福建**	**Fujian**	**1046.00**	**1017.30**	**983.50**	
常州	Changzhou	159.60	162.05	160.80	34	福州	Fuzhou	219.00	207.19	215.00	20
苏州	Suzhou	351.70	376.79	357.92	3	厦门	Xiamen	161.00	146.89	148.00	38
南通	Nantong	243.10	255.67	248.98	14	莆田	Putian	68.00	65.22	66.00	108
连云港	Lianyungang	99.30	109.80	103.12	55	三明	Sanming	61.00	53.92	55.00	139
淮安	Huaian	100.60	99.57	95.19	62	泉州	Quanzhou	252.00	232.35	237.00	17
盐城	Yancheng	333.00	173.95	162.92	30	漳州	Zhangzhou	105.00	97.84	95.00	63
扬州	Yangzhou	162.60	145.76	142.21	40	南平	Nanping	62.00	56.65	58.00	132
镇江	Zhenjiang	129.60	110.61	103.35	54	龙岩	Longyan	58.00	52.90	55.00	139
泰州	Taizhou	149.00	142.25	138.59	41	宁德	Ningde	60.00	58.03	55.00	139
宿迁	Suqian	102.70	85.29	80.55	82	**江西**	**Jiangxi**	**709.60**	**644.20**	**622.40**	
浙江	**Zhejiang**	**1998.60**	**1882.50**	**1781.30**		南昌	Nanchang	161.80	139.66	132.10	44
杭州	Hangzhou	368.60	346.22	334.87	4	景德镇	Jingdezhen	36.50	25.78	24.10	227
宁波	Ningbo	317.40	308.00	298.00	9	萍乡	Pingxiang	24.50	27.72	28.00	213
温州	Wenzhou	277.00	254.47	239.88	16	九江	Jiujiang	86.20	85.00	83.80	77
嘉兴	Jiaxing	166.10	155.89	152.54	36	新余	Xinyu	20.50	19.09	17.60	245
湖州	Huzhou	107.80	101.70	97.03	60	鹰潭	Yingtan	18.90	16.28	15.90	250
绍兴	Shaoxing	201.80	195.06	179.04	25	赣州	Ganzhou	107.30	105.05	102.40	56
金华	Jinhua	183.60	167.15	161.73	31	吉安	Jian	58.20	57.02	54.10	144
衢州	Quzhou	63.50	52.09	50.68	155	宜春	Yichun	62.10	61.63	61.70	121
舟山	Zhoushan	54.90	53.43	48.74	161	抚州	Fuzhou	37.40	31.05	27.10	216
台州	Taizhou	178.70	165.07	152.04	37	上饶	Shangrao	77.20	75.88	75.60	91
丽水	Lishui	51.30	49.07	49.02	158	**山东**	**Shandong**	**2023.10**	**1854.20**	**1707.60**	
安徽	**Anhui**	**1231.00**	**1091.40**	**976.70**		济南	Jinan	204.60	193.58	182.71	23
合肥	Hefei	160.70	187.09	179.26	24	青岛	Qingdao	261.10	253.48	236.52	18
芜湖	Wuhu	65.20	80.83	73.99	94	淄博	Zibo	126.30	101.62	97.16	59
蚌埠	Bengbu	66.40	54.12	51.11	152	枣庄	Zaozhuang	74.20	89.60	65.34	110
淮南	Huainan	47.30	44.09	40.30	181	东营	Dongying	58.40	174.50	54.27	143
马鞍山	Maanshan	49.50	58.46	56.56	135	烟台	Yantai	175.10	175.65	167.57	27
淮北	Huaibei	39.00	35.11	33.41	202	潍坊	Weifang	178.70	112.86	166.40	28
铜陵	Tongling	23.60	21.82	20.02	239	济宁	Jining	128.60	90.87	101.35	58
安庆	Anqing	120.60	107.70	95.93	61	泰安	Taian	99.10	142.14	86.43	71
黄山	Huangshan	43.90	40.00	36.55	197	威海	Weihai	88.40	74.89	74.94	92
滁州	Chuzhou	75.70	69.37	65.07	113	日照	Rizhao	44.00	79.94	46.18	168
阜阳	Fuyang	106.10	92.37	78.31	84	莱芜	Laiwu	26.40	55.41	26.14	223
宿州	Suzhou	87.40	71.57	60.14	125	临沂	Linyi	150.50	78.66	120.58	49
六安	Liuan	97.90	78.58	64.51	115	德州	Dezhou	100.80	69.97	80.34	83
亳州	Bozhou	72.80	52.86	41.43	179	聊城	Liaocheng	100.20	49.60	76.07	89

13-9 年末固定电话用户 续表 2
Number of Fixed Telephone Subscribers at Year-end continued 2

单位：万户 （10 000 subscribers）

地名	City	2010	2012	2013	2013 排名 Ranking	地名	City	2010	2012	2013	2013 排名 Ranking
滨州	Binzhou	85.60	24.38	70.14	101	常德	Changde	84.50	68.77	65.21	111
菏泽	Heze	92.50	90.99	62.26	119	张家界	Zhangjiajie	22.90	19.10	18.25	242
河南	**Henan**	**1431.70**	**1288.70**	**1224.40**		益阳	Yiyang	55.00	47.78	45.43	171
郑州	Zhengzhou	261.70	246.60	243.19	15	郴州	Chenzhou	63.10	61.94	60.04	126
开封	Kaifeng	61.20	55.90	48.83	160	永州	Yongzhou	50.60	42.34	39.87	183
洛阳	Luoyang	139.60	125.60	125.60	47	怀化	Huaihua	72.40	55.21	53.14	148
平顶山	Pingdingshan	58.60	55.90	50.89	154	娄底	Loudi	58.60	49.21	47.32	166
安阳	Anyang	94.70	85.90	82.66	78	**广东**	**Guangdong**	**3169.10**	**3135.80**	**3099.90**	
鹤壁	Hebi	30.70	29.00	28.15	212	广州	Guangzhou	598.60	590.73	575.55	1
新乡	Xinxiang	128.30	116.20	114.45	51	韶关	Shaoguan	65.10	60.10	59.85	127
焦作	Jiaozuo	63.90	56.00	54.28	142	深圳	Shenzhen	532.80	570.38	567.86	2
濮阳	Puyang	40.40	36.70	34.16	200	珠海	Zhuhai	86.10	82.94	82.23	79
许昌	Xuchang	69.20	54.70	53.47	147	汕头	Shantou	140.30	137.92	134.45	43
漯河	Luohe	32.30	28.70	27.08	217	佛山	Foshan	267.60	278.25	290.03	10
三门峡	Sanmenxia	35.90	30.50	27.00	218	江门	Jiangmen	127.50	132.69	136.66	42
南阳	Nanyang	105.00	94.20	81.86	80	湛江	Zhanjiang	86.60	77.37	74.70	93
商丘	Shangqiu	82.80	76.20	69.65	102	茂名	Maoming	94.10	83.47	76.79	88
信阳	Xinyang	79.60	68.00	60.40	124	肇庆	Zhaoqing	79.70	78.39	75.67	90
周口	Zhoukou	70.50	63.40	58.61	131	惠州	Huizhou	132.50	129.24	130.26	45
驻马店	Zhumadian	60.10	51.90	51.70	150	梅州	Meizhou	77.70	71.21	67.40	106
湖北	**Hubei**	**1026.40**	**1003.60**	**984.00**		汕尾	Shanwei	49.90	43.40	40.10	182
武汉	Wuhan	316.00	295.00	304.00	8	河源	Heyuan	58.00	52.74	50.46	156
黄石	Huangshi	46.80	46.90	42.60	176	阳江	Yangjiang	52.40	49.39	48.92	159
十堰	Shiyan	66.90	51.60	48.50	162	清远	Qingyuan	58.40	55.94	53.62	146
宜昌	Yichang	73.10	77.04	65.17	112	东莞	Dongguan	319.30	316.74	315.25	6
襄阳	Xiangfan	72.10	75.60	78.00	85	中山	ZhongShan	125.80	115.93	115.44	50
鄂州	Ezhou	21.00	16.12	21.68	234	潮州	Chaozhou	70.70	70.20	69.21	104
荆门	Jingmen	36.50	40.24	38.15	189	揭阳	Jieyang	99.30	95.67	93.76	64
孝感	Xiaogan	85.00	55.05	57.85	133	云浮	Yunfu	46.70	43.12	41.71	178
荆州	Jingzhou	80.00	72.70	73.32	97	**广西**	**Guangxi**	**708.90**	**599.30**	**546.30**	
黄冈	Huanggang	102.60	93.60	87.43	69	南宁	Nanning	120.00	95.34	85.95	73
咸宁	Xianning	39.30	42.52	41.87	177	柳州	Liuzhou	65.00	57.09	51.11	152
随州	Suizhou	37.10	33.51	36.31	198	桂林	Guilin	76.80	71.79	64.82	114
湖南	**Hunan**	**1077.00**	**953.90**	**914.40**		梧州	Wuzhou	40.10	45.10	35.64	199
长沙	Changsha	216.90	213.15	206.09	21	北海	Beihai	30.10	22.47	24.62	226
株洲	Zhuzhou	80.00	75.13	72.39	99	防城港	Fangchenggang	14.70	13.97	13.59	258
湘潭	Xiangtan	58.90	48.31	46.13	169	钦州	Qinzhou	40.40	36.90	31.12	204
衡阳	Hengyang	104.00	93.53	92.59	66	贵港	Guigang	62.00	49.04	43.82	175
邵阳	Shaoyang	92.10	76.11	73.96	95	玉林	Yulin	74.70	65.57	61.19	122
岳阳	Yueyang	88.80	78.18	77.48	86	百色	Baise	46.70	39.07	17.40	246

13-9 年末固定电话用户 续表 3
Number of Fixed Telephone Subscribers at Year-end continued 3

单位：万户 （10 000 subscribers）

地名	City	2010	2012	2013	2013 排名 Ranking	地名	City	2010	2012	2013	2013 排名 Ranking
贺州	Hezhou	21.60	15.59	14.45	253	丽江	Lijiang	15.20	15.85	15.66	251
河池	Hechi	42.40	33.65	29.42	208	普洱	Puer	34.20	32.17	27.32	215
来宾	Laibin	21.40	15.81	14.15	255	临沧	Lincang	20.70	18.70	17.93	244
崇左	Chongzuo	20.60	18.30	17.19	247	**西藏**	**Tibet**	**37.00**	**40.50**	**40.40**	
海南	**Hainan**	**179.80**	**173.00**	**173.60**		拉萨	Lhasa	8.60	20.30	21.00	236
海口	Haikou	84.60	82.61	61.75	120	**陕西**	**Shaanxi**	**781.90**	**772.10**	**769.30**	
三亚	Sanya	18.30	23.61	23.08	230	西安	Xi'an	298.00	313.82	321.32	5
重庆	**Chongqing**	**582.70**	**575.70**	**580.30**		铜川	Tongchuan	15.20	13.62	13.75	257
四川	**Sichuan**	**1419.00**	**1347.10**	**1313.70**		宝鸡	Baoji	77.20	70.96	69.36	103
成都	Chengdu	373.70	375.20			咸阳	Xianyang	61.90	63.73	62.63	117
自贡	Zigong	49.40	45.36			渭南	Weinan	90.10	85.83	84.39	74
攀枝花	Panzhihua	32.50	55.32			延安	Yan'an	41.10	38.59	36.81	194
泸州	Luzhou	63.60	55.32			汉中	Hanzhong	62.70	57.08	55.58	137
德阳	Deyang	59.70	51.48			榆林	Yulin	56.60	58.27	57.50	134
绵阳	Mianyang	74.30	74.89			安康	Ankang	43.30	39.09	38.73	186
广元	Guangyuan	45.70	40.42			商洛	Shangluo	35.70	30.08	29.23	209
遂宁	Suining	35.70	35.50			**甘肃**	**Gansu**	**411.90**	**377.80**	**364.30**	
内江	Neijiang	48.80	50.55			兰州	Lanzhou	113.10	108.41	106.91	52
乐山	Leshan	66.80	66.99			嘉峪关	Jiayuguan	8.60	10.17	10.79	260
南充	Nanchong	93.60	70.52			金昌	Jinchang	10.90	10.34	9.49	261
眉山	Meishan	46.00	42.46			白银	Baiyin	25.50	23.97	23.84	228
宜宾	Yibin	66.80	60.83			天水	Tianshui	42.80	38.07	36.68	196
广安	Guangan	42.70	34.43			武威	Wuwei	28.60	25.44	22.97	231
达州	Dazhou	67.90	63.12			张掖	Zhangye	30.70	29.25	29.68	207
雅安	Yaan	25.50	37.31			平凉	Pingliang	24.10	21.17	21.25	235
巴中	Bazhong	43.30	33.10			酒泉	Jiuquan	21.40	20.93	20.35	237
资阳	Ziyang	56.60	39.23			庆阳	Qingyang	30.70	26.01	23.26	229
贵州	**Guizhou**	**432.60**	**380.40**	**363.00**		定西	Dingxi	26.70	21.18	18.94	241
贵阳	Guiyang	98.10	101.97	101.89	57	陇南	Longnan	21.10	17.89	17.19	247
六盘水	Liupanshui	33.40	28.11	72.55	98	**青海**	**Qinghai**	**103.20**	**102.50**	**101.80**	
遵义	Zunyi	85.50	75.91	20.22	238	西宁	Xining	63.10	62.95	65.99	109
安顺	Anshun	25.80	21.13	29.14	210	**宁夏**	**Ningxia**	**111.90**	**105.00**	**104.70**	
毕节	Bijie	44.10	35.39	38.38	188	银川	Yinchuan	67.80	52.01		
铜仁	Tongren	32.10	25.33	22.00	233	石嘴山	Shizuishan	18.40	15.02		
云南	**Yunnan**	**562.50**	**524.30**	**485.40**		吴忠	Wuzhong	16.10	11.36		
昆明	Kunming	117.90	174.30	164.37	29	固原	Guyuan	13.50	11.04		
曲靖	Qujing	38.80	34.85	33.37	203	中卫	Zhongwei	14.20	11.55		
玉溪	Yuxi	23.70	22.20	18.25	242	**新疆**	**Xinjiang**	**547.50**	**517.90**	**518.70**	
保山	Baoshan	19.20	17.26	14.40	254	乌鲁木齐	Urumqi	156.40	144.60	147.30	39
昭通	Zhaotong	22.30	25.12	19.51	240	克拉玛依	Karamay	9.80	10.10	11.10	259

13-10 年末移动电话用户
Number of Mobile Telephone Subscribers at Year-end

单位：万户 (10 000 subscribers)

地名	City	2010	2012	2013	2013 排名 Ranking
全国	**Nation Total**	**85900.30**	**111215.50**	**122911.30**	
北京	**Beijing**	**2129.80**	**3168.00**	**3373.80**	
天津	**Tianjin**	**1089.60**	**1325.20**	**1323.20**	
河北	**Hebei**	**4353.50**	**5513.10**	**6006.20**	
石家庄	Shijiazhuang	693.80	894.80	979.29	17
唐山	Tangshan	501.30	668.00	753.46	29
秦皇岛	Qinhuangdao	241.10	293.20	323.46	110
邯郸	Handan	456.20	620.70	651.49	36
邢台	Xingtai	346.50	404.10	436.82	66
保定	Baoding	635.40	789.50	864.94	24
张家口	Zhangjiakou	242.00	301.10	327.32	104
承德	Chengde	185.30	239.30	267.47	147
沧州	Cangzhou	450.30	541.40	592.78	42
廊坊	Langfang	349.40	455.10	486.44	58
衡水	Hengshui	252.10	305.90	322.72	111
山西	**Shanxi**	**2225.10**	**2764.60**	**3105.50**	
太原	Taiyuan	454.30	581.00	499.21	56
大同	Datong	219.70	263.22	311.02	121
阳泉	Yangquan	104.10	126.06	134.17	228
长治	Changzhi	190.70	240.07	288.59	132
晋城	Jincheng	134.00	169.66	223.05	175
朔州	Shuozhou	93.10	119.47	151.93	220
晋中	Jinzhong	187.40	240.82	284.39	135
运城	Yuncheng	253.70	306.39	361.64	89
忻州	Xinzhou	158.60	189.36	239.10	164
临汾	Linfen	236.10	288.05	338.99	98
吕梁	Luliang	193.40	231.46	273.41	142
内蒙古	**Inner Mongolia**	**2034.00**	**2550.10**	**2690.60**	
呼和浩特	Hohhot	276.00	370.60	400.83	72
包头	Baotou	266.20	358.30	352.53	92
乌海	Wuhai	93.00	112.38	83.64	254
赤峰	Chifeng	931.10	338.42	342.81	96
通辽	Tongliao	206.00	349.06	290.09	130
鄂尔多斯	Erdos	296.20	301.24	261.42	150
呼伦贝尔	Hulunbuir	246.20	312.95	275.44	141
巴彦淖尔	Bayannur	108.80	242.00	185.21	196
乌兰察布	Ulanqab	94.10	159.60	192.36	192
辽宁	**Liaoning**	**3341.80**	**4291.30**	**4583.60**	
沈阳	Shenyang	744.00	945.46	988.68	15
大连	Dalian	674.60	840.31	908.71	22
鞍山	Anshan	279.20	342.60	361.09	90
抚顺	Fushun	172.60	192.13	209.71	184
本溪	Benxi	113.10	141.67	149.68	224
丹东	Dandong	159.10	198.87	210.33	182
锦州	Jinzhou	201.40	270.55	282.53	136
营口	Yingkou	172.00	225.11	244.41	161
阜新	Fuxin	120.90	166.97	179.67	201
辽阳	Liaoyang	125.20	167.49	182.10	200
盘锦	Panjin	109.70	148.35	160.72	216
铁岭	Tieling	145.60	205.27	225.51	171
朝阳	Chaoyang	171.20	232.89	248.81	160
葫芦岛	Huludao	153.30	213.63	231.67	169
吉林	**Jilin**	**1805.40**	**2257.00**	**2372.10**	
长春	Changchun	567.60	780.30	794.63	26
吉林	Jilin	291.70	336.80	365.92	86
四平	Siping	202.10	249.90	268.00	145
辽源	Liaoyuan	77.20	98.40	102.35	245
通化	Tonghua	133.10	161.90	168.55	208
白山	Baishan	82.90	97.40	104.65	244
松原	Songyuan	183.10	210.00	224.50	173
白城	Baicheng	116.20	149.50	162.47	214
黑龙江	**Heilongjiang**	**2243.00**	**2663.90**	**3020.40**	
哈尔滨	Harbin	694.70	845.65	974.10	18
齐齐哈尔	Qiqihar	253.00	286.66	320.30	112
鸡西	Jixi	114.10	134.05	151.00	221
鹤岗	Hegang	77.90	90.83	98.90	246
双鸭山	Shuangyashan	95.10	108.25	122.80	231
大庆	Daqing	203.40	243.22	281.90	137
伊春	Yichun	61.50	75.21	84.50	253
佳木斯	Jiamusi	167.30	193.29	218.90	178
七台河	Qitaihe	53.90	64.10	71.10	255
牡丹江	Mudanjiang	174.40	191.63	209.20	186
黑河	Heihe	87.50	106.82	120.80	232
绥化	Suihua	232.90	291.05	330.60	101
上海	**Shanghai**	**2361.60**	**3008.30**	**3200.70**	
江苏	**Jiangsu**	**5923.10**	**7471.40**	**7942.00**	

13-10 年末移动电话用户 续表 1
Number of Mobile Telephone Subscribers at Year-end continued 1

单位：万户 (10 000 subscribers)

地名	City	2010	2012	2013	2013 排名 Ranking	地名	City	2010	2012	2013	2013 排名 Ranking
南京	Nanjing	931.30	926.93	992.27	14	池州	Chizhou	78.50	90.78	97.25	248
无锡	Wuxi	767.20	767.22	815.16	25	宣城	Xuancheng	129.30	171.25	185.54	195
徐州	Xuzhou	600.70	655.11	727.18	33	**福建**	**Fujian**	**3022.00**	**4049.20**	**4303.30**	
常州	Changzhou	501.40	520.34	523.07	49	福州	Fuzhou	653.00	861.46	938.00	20
苏州	Suzhou	1308.80	1394.42	1474.47	7	厦门	Xiamen	436.00	554.17	611.00	41
南通	Nantong	592.90	599.83	641.87	38	莆田	Putian	195.00	271.71	289.00	131
连云港	Lianyungang	306.70	316.34	352.50	93	三明	Sanming	187.00	219.78	236.00	166
淮安	Huaian	280.60	351.07	357.85	91	泉州	Quanzhou	671.00	957.89	970.00	19
盐城	Yancheng	236.50	516.25	562.02	46	漳州	Zhangzhou	321.00	425.42	461.00	63
扬州	Yangzhou	409.40	419.08	430.23	68	南平	Nanping	179.00	238.34	250.00	158
镇江	Zhenjiang	277.80	299.63	318.43	116	龙岩	Longyan	186.00	254.26	276.00	140
泰州	Taizhou	339.30	373.56	380.00	78	宁德	Ningde	194.00	260.93	272.00	144
宿迁	Suqian	296.90	329.60	366.89	84	**江西**	**Jiangxi**	**1811.00**	**2573.40**	**2806.90**	
浙江	**Zhejiang**	**5047.40**	**6442.60**	**7071.80**		南昌	Nanchang	472.60	447.77	489.80	57
杭州	Hangzhou	1061.80	138.67	1546.82	5	景德镇	Jingdezhen	38.80	100.49	110.00	241
宁波	Ningbo	845.50	1088.00	1228.00	9	萍乡	Pingxiang	135.40	116.42	127.10	230
温州	Wenzhou	977.20	1110.40	1185.10	11	九江	Jiujiang	265.70	274.53	299.40	124
嘉兴	Jiaxing	493.50	544.82	560.65	47	新余	Xinyu	73.40	84.34	92.80	251
湖州	Huzhou	286.90	324.26	366.35	85	鹰潭	Yingtan	61.20	64.97	70.90	256
绍兴	Shaoxing	436.40	663.83	686.04	35	赣州	Ganzhou	413.00	471.54	513.90	51
金华	Jinhua	701.20	950.31	985.03	16	吉安	Jian	227.90	239.75	261.30	151
衢州	Quzhou	170.50	208.20	201.14	188	宜春	Yichun	209.00	291.98	319.70	114
舟山	Zhoushan	128.90	154.29	156.60	219	抚州	Fuzhou	143.00	179.76	196.40	190
台州	Taizhou	719.60	782.99	744.77	32	上饶	Shangrao	292.20	301.88	325.60	107
丽水	Lishui	225.40	280.57	295.89	126	**山东**	**Shandong**	**5340.60**	**7588.90**	**8333.40**	
安徽	**Anhui**	**2798.70**	**3609.80**	**3958.90**		济南	Jinan	551.20	820.28	914.91	21
合肥	Hefei	404.90	629.37	718.93	34	青岛	Qingdao	650.60	918.75	1001.17	13
芜湖	Wuhu	162.00	250.21	273.06	143	淄博	Zibo	289.80	404.27	468.61	61
蚌埠	Bengbu	155.50	192.42	213.76	181	枣庄	Zaozhuang	184.80	347.61	304.76	123
淮南	Huainan	120.70	156.26	165.01	213	东营	Dongying	202.80	601.42	265.94	148
马鞍山	Maanshan	104.50	165.30	167.88	209	烟台	Yantai	453.70	707.15	647.73	37
淮北	Huaibei	101.20	134.88	150.50	222	潍坊	Weifang	466.80	517.82	764.75	28
铜陵	Tongling	52.30	61.12	66.17	257	济宁	Jining	372.70	354.44	583.29	44
安庆	Anqing	217.50	280.73	297.51	125	泰安	Taian	247.20	699.54	404.34	71
黄山	Huangshan	76.30	91.52	97.52	247	威海	Weihai	192.80	462.83	294.91	127
滁州	Chuzhou	189.20	246.41	262.98	149	日照	Rizhao	140.10	274.36	233.65	168
阜阳	Fuyang	290.40	361.53	400.34	73	莱芜	Laiwu	69.60	256.98	109.83	242
宿州	Suzhou	199.70	279.44	315.81	120	临沂	Linyi	398.90	271.53	747.82	31
六安	Liuan	203.90	272.38	293.57	128	德州	Dezhou	232.60	275.23	369.44	82
亳州	Bozhou	173.50	226.23	253.04	154	聊城	Liaocheng	272.00	207.10	406.46	70

13-10 年末移动电话用户 续表 2

Number of Mobile Telephone Subscribers at Year-end continued 2

单位：万户 (10 000 subscribers)

地名	City	2010	2012	2013	2013 排名 Ranking	地名	City	2010	2012	2013	2013 排名 Ranking
滨州	Binzhou	260.20	95.05	305.99	122	常德	Changde	234.70	310.82	328.07	103
菏泽	Heze	354.90	374.54	509.77	52	张家界	Zhangjiajie	76.10	90.90	93.08	250
河南	**Henan**	**4449.70**	**5787.60**	**7200.20**		益阳	Yiyang	181.00	231.67	250.80	156
郑州	Zhengzhou	788.60	982.40	1190.22	10	郴州	Chenzhou	231.30	307.18	318.84	115
开封	Kaifeng	193.40	246.50	316.07	119	永州	Yongzhou	174.80	213.86	241.25	162
洛阳	Luoyang	360.30	465.60	537.25	48	怀化	Huaihua	189.30	257.87	277.46	139
平顶山	Pingdingshan	229.90	294.10	364.55	87	娄底	Loudi	172.60	236.81	254.00	153
安阳	Anyang	257.20	342.00	433.81	67	**广东**	**Guangdong**	**9710.10**	**12468.00**	**14706.10**	
鹤壁	Hebi	75.30	101.00	120.55	234	广州	Guangzhou	1715.60	2367.39	2795.79	2
新乡	Xinxiang	286.80	384.40	501.68	55	韶关	Shaoguan	147.20	189.41	231.19	170
焦作	Jiaozuo	192.40	246.80	287.09	134	深圳	Shenzhen	1977.70	2464.43	2921.53	1
濮阳	Puyang	161.20	222.70	278.38	138	珠海	Zhuhai	241.30	290.75	350.54	94
许昌	Xuchang	213.80	256.90	329.28	102	汕头	Shantou	403.40	500.75	587.49	43
漯河	Luohe	119.10	143.40	177.22	203	佛山	Foshan	799.40	1050.68	1238.51	8
三门峡	Sanmenxia	142.20	150.00	182.58	199	江门	Jiangmen	289.80	392.09	479.09	59
南阳	Nanyang	334.90	479.10	613.48	40	湛江	Zhanjiang	304.20	388.13	477.45	60
商丘	Shangqiu	282.60	404.10	505.53	54	茂名	Maoming	215.80	275.81	341.66	97
信阳	Xinyang	233.20	295.80	378.93	79	肇庆	Zhaoqing	206.90	264.64	317.16	117
周口	Zhoukou	285.40	387.50	506.29	53	惠州	Huizhou	357.50	477.04	573.05	45
驻马店	Zhumadian	249.50	323.70	415.31	69	梅州	Meizhou	172.20	220.21	258.40	152
湖北	**Hubei**	**3454.70**	**4554.10**	**4416.80**		汕尾	Shanwei	114.50	152.97	184.85	198
武汉	Wuhan	1145.00	1593.00	1642.00	4	河源	Heyuan	104.30	140.04	167.36	210
黄石	Huangshi	151.00	215.00	223.33	174	阳江	Yangjiang	125.60	157.35	187.90	194
十堰	Shiyan	230.30	246.79	267.51	146	清远	Qingyuan	190.90	240.84	292.51	129
宜昌	Yichang	282.50	322.70	377.28	80	东莞	Dongguan	1421.80	1718.58	1926.67	3
襄阳	Xiangfan	296.50	350.17	393.80	74	中山	ZhongShan	447.80	547.55	626.02	39
鄂州	Ezhou	67.00	81.84	95.00	249	潮州	Chaozhou	155.70	206.55	240.15	163
荆门	Jingmen	140.70	186.69	199.23	189	揭阳	Jieyang	229.20	301.29	362.05	88
孝感	Xiaogan	212.00	311.81	326.50	106	云浮	Yunfu	89.50	121.48	146.66	225
荆州	Jingzhou	320.00	372.80	393.30	75	**广西**	**Guangxi**	**2214.50**	**2884.10**	**3285.60**	
黄冈	Huanggang	261.10	320.41	349.27	95	南宁	Nanning	484.40	729.38	766.67	27
咸宁	Xianning	133.10	190.82	220.18	177	柳州	Liuzhou	220.40	284.99	324.21	108
随州	Suizhou	129.40	157.25	175.26	205	桂林	Guilin	350.30	328.35	369.22	83
湖南	**Hunan**	**3259.80**	**4262.00**	**4570.00**		梧州	Wuzhou	117.70	146.98	166.69	211
长沙	Changsha	738.80	971.75	1063.33	12	北海	Beihai	101.60	20.03	158.33	218
株洲	Zhuzhou	231.50	295.15	316.88	118	防城港	Fangchenggang	59.90	77.52	85.07	252
湘潭	Xiangtan	163.60	230.85	233.69	167	钦州	Qinzhou	107.30	126.45	174.50	206
衡阳	Hengyang	279.40	360.93	374.66	81	贵港	Guigang	140.80	183.94	222.18	176
邵阳	Shaoyang	225.20	288.76	320.23	113	玉林	Yulin	218.50	351.11	326.63	105
岳阳	Yueyang	257.80	355.65	382.28	77	百色	Baise	142.60	184.24	214.66	180

13-10 年末移动电话用户 续表 3
Number of Mobile Telephone Subscribers at Year-end continued 3

单位：万户 （10 000 subscribers）

地名	City	2010	2012	2013	2013 排名 Ranking
贺州	Hezhou	90.70	138.47	119.70	236
河池	Hechi	137.60	232.33	249.33	159
来宾	Laibin	96.00	159.15	139.01	227
崇左	Chongzuo	100.00	126.79	143.94	226
海南	**Hainan**	**594.30**	**775.60**	**858.30**	
海口	Haikou	320.70	368.01	385.66	76
三亚	Sanya	37.40	102.72	115.25	238
重庆	**Chongqing**	**1664.40**	**2069.60**	**2380.80**	
四川	**Sichuan**	**4156.00**	**5498.20**	**6283.30**	
成都	Chengdu	1732.00	2136.10		
自贡	Zigong	170.70	193.47		
攀枝花	Panzhihua	122.50	132.61		
泸州	Luzhou	255.70	317.16		
德阳	Deyang	268.60	331.45		
绵阳	Mianyang	384.10	439.62		
广元	Guangyuan	183.10	214.09		
遂宁	Suining	153.10	189.94		
内江	Neijiang	177.00	218.29		
乐山	Leshan	261.10	289.90		
南充	Nanchong	302.30	371.69		
眉山	Meishan	174.40	220.22		
宜宾	Yibin	268.40	337.78		
广安	Guangan	160.60	206.58		
达州	Dazhou	271.50	322.32		
雅安	Yaan	120.70	144.32		
巴中	Bazhong	155.30	185.70		
资阳	Ziyang	175.60	229.03		
贵州	**Guizhou**	**1964.40**	**2321.40**	**2662.60**	
贵阳	Guiyang	496.80	640.85	753.25	30
六盘水	Liupanshui	167.60	211.13	515.01	50
遵义	Zunyi	356.20	449.28	165.86	212
安顺	Anshun	113.20	142.58	224.86	172
毕节	Bijie	233.80	295.59	252.65	155
铜仁	Tongren	130.30	171.04	195.94	191
云南	**Yunnan**	**2244.50**	**2895.80**	**3395.80**	
昆明	Kunming	652.90	801.57	898.60	23
曲靖	Qujing	358.30	399.00	441.00	64
玉溪	Yuxi	168.20	195.70	209.25	185
保山	Baoshan	133.30	173.09	185.20	197
昭通	Zhaotong	145.20	274.38	288.09	133
丽江	Lijiang	68.80	81.89	116.40	237
普洱	Puer	149.10	201.01	210.06	183
临沧	Lincang	120.10	162.86	179.49	202
西藏	**Tibet**	**93.50**	**235.50**	**265.60**	
拉萨	Lhasa	42.30	93.56	161.00	215
陕西	**Shaanxi**	**2518.20**	**3264.80**	**3512.50**	
西安	Xi'an	986.60	1322.50	1511.07	6
铜川	Tongchuan	48.10	56.01	62.77	258
宝鸡	Baoji	194.60	242.34	250.24	157
咸阳	Xianyang	252.50	334.48	337.72	99
渭南	Weinan	246.10	314.95	337.60	100
延安	Yan'an	173.70	216.46	201.96	187
汉中	Hanzhong	151.10	199.94	215.21	179
榆林	Yulin	260.40	319.51	323.53	109
安康	Ankang	119.80	152.17	159.26	217
商洛	Shangluo	85.30	106.41	113.12	239
甘肃	**Gansu**	**1390.10**	**1763.50**	**1976.20**	
兰州	Lanzhou	324.80	391.60	438.08	65
嘉峪关	Jiayuguan	24.20	33.43	37.37	261
金昌	Jinchang	34.50	41.49	46.60	260
白银	Baiyin	83.10	106.67	119.80	235
天水	Tianshui	132.00	168.11	190.21	193
武威	Wuwei	77.60	108.61	120.73	233
张掖	Zhangye	100.50	94.17	105.49	243
平凉	Pingliang	91.30	116.65	129.89	229
酒泉	Jiuquan	72.90	100.48	110.02	240
庆阳	Qingyang	122.70	152.24	170.16	207
定西	Dingxi	108.50	149.92	175.74	204
陇南	Longnan	105.90	145.28	150.26	223
青海	**Qinghai**	**397.80**	**537.20**	**542.40**	
西宁	Xining	179.80	213.70	236.25	165
宁夏	**Ningxia**	**450.80**	**591.00**	**627.20**	
银川	Yinchuan	182.20	310.24		
石嘴山	Shizuishan	65.80	91.49		
吴忠	Wuzhong	80.60	103.40		
固原	Guyuan	61.00	77.51		
中卫	Zhongwei	53.80	77.06		
新疆	**Xinjiang**	**1359.80**	**2010.60**	**2133.90**	
乌鲁木齐	Urumqi	236.70	447.50	466.87	62
克拉玛依	Karamay	37.40	53.25	59.00	259

13-11 互联网宽带接入用户数
Broadband Subscribers of Internet

单位：万户 （10 000 subscribers）

地名	City	2010	2012	2013	2013 排名 Ranking	地名	City	2010	2012	2013	2013 排名 Ranking
全国	**Nation Total**	**12629.10**	**17518.30**	**18890.90**		沈阳	Shenyang	137.50	139.58	139.79	50
北京	**Beijing**	**498.40**	**473.70**	**480.40**		大连	Dalian	123.50	141.61	129.60	55
天津	**Tianjin**	**173.00**	**204.80**	**188.40**		鞍山	Anshan	53.90	62.48	62.38	100
河北	**Hebei**	**667.00**	**963.90**	**1031.60**		抚顺	Fushun	31.80	35.46	37.63	158
石家庄	Shijiazhuang	131.30	185.82	191.54	36	本溪	Benxi	23.00	29.96	33.09	179
唐山	Tangshan	89.30	122.90	127.53	56	丹东	Dandong	28.80	35.94	38.47	156
秦皇岛	Qinhuangdao	39.40	56.24	57.64	108	锦州	Jinzhou	39.10	49.96	54.38	112
邯郸	Handan	59.60	92.45	100.21	65	营口	Yingkou	27.90	37.13	40.69	146
邢台	Xingtai	48.20	71.13	80.75	78	阜新	Fuxin	21.50	29.56	32.57	181
保定	Baoding	95.60	141.35	157.21	42	辽阳	Liaoyang	21.60	29.35	31.80	186
张家口	Zhangjiakou	37.10	48.60	51.40	121	盘锦	Panjin	16.70	21.18	22.02	210
承德	Chengde	25.50	40.64	41.05	145	铁岭	Tieling	23.10	29.16	32.25	185
沧州	Cangzhou	50.70	73.77	83.15	76	朝阳	Chaoyang	23.80	34.11	36.26	163
廊坊	Langfang	52.50	77.10	83.80	75	葫芦岛	Huludao	23.30	32.45	35.99	166
衡水	Hengshui	37.80	53.91	57.30	109	吉林	**Jilin**	**285.10**	**364.60**	**379.60**	
山西	**Shanxi**	**353.10**	**504.80**	**521.30**		长春	Changchun	91.80	116.80	121.48	59
太原	Taiyuan	103.00	134.93	133.12	53	吉林	Jilin	54.70	62.10	66.86	92
大同	Datong	27.90	44.10	52.40	119	四平	Siping	23.00	32.60	33.45	177
阳泉	Yangquan	19.60	27.00	28.10	196	辽源	Liaoyuan	9.40	14.00	14.54	240
长治	Changzhi	30.00	45.17	20.00	213	通化	Tonghua	21.60	29.80	30.93	189
晋城	Jincheng	15.50	31.83	34.89	171	白山	Baishan	15.20	18.10	18.12	225
朔州	Shuozhou	12.10	19.60	18.80	221	松原	Songyuan	16.50	22.60	24.35	206
晋中	Jinzhong	29.70	42.82	52.80	116	白城	Baicheng	16.00	22.90	25.21	205
运城	Yuncheng	39.80	59.80	67.60	89	黑龙江	**Heilongjiang**	**326.10**	**435.80**	**459.60**	
忻州	Xinzhou	30.10	33.60	34.00	176	哈尔滨	Harbin	110.60	155.98	151.60	43
临汾	Linfen	55.20	53.08	64.37	97	齐齐哈尔	Qiqihar	36.00	46.30	50.70	124
吕梁	Luliang	26.60	32.70	46.50	133	鸡西	Jixi	16.20	19.56	22.40	209
内蒙古	**Inner Mongolia**	**190.50**	**274.80**	**284.40**		鹤岗	Hegang	8.60	11.91	13.20	245
呼和浩特	Hohhot	32.40	42.40	46.11	134	双鸭山	Shuangyashan	12.70	17.61	19.70	216
包头	Baotou	28.80	23.32	40.45	148	大庆	Daqing	23.90	25.50	28.70	195
乌海	Wuhai	6.60	9.46	9.74	253	伊春	Yichun	12.10	15.51	15.70	235
赤峰	Chifeng	24.40	29.17	40.12	150	佳木斯	Jiamusi	23.90	30.91	32.50	183
通辽	Tongliao	19.30	24.46	29.97	193	七台河	Qitaihe	8.20	11.06	11.70	251
鄂尔多斯	Erdos	11.50	13.07	15.88	234	牡丹江	Mudanjiang	30.20	38.46	43.00	140
呼伦贝尔	Hulunbuir	24.20	34.02	36.04	165	黑河	Heihe	12.90	17.87	19.50	218
巴彦淖尔	Bayannur	12.90	16.50	18.73	222	绥化	Suihua	25.30	37.57	42.20	144
乌兰察布	Ulanqab	9.90	15.60	17.56	228	上海	**Shanghai**	**486.70**	**541.00**	**511.10**	
辽宁	**Liaoning**	**595.60**	**707.90**	**726.90**		江苏	**Jiangsu**	**1048.40**	**1350.70**	**1431.30**	

13-11 互联网宽带接入用户数 续表 1
Broadband Subscribers of Internet continued 1

单位：万户 （10 000 subscribers）

地名	City	2010	2012	2013	2013 排名 Ranking	地名	City	2010	2012	2013	2013 排名 Ranking
南京	Nanjing	147.70	205.32	214.95	32	池州	Chizhou	9.70	14.36	17.85	227
无锡	Wuxi	132.50	140.66	143.74	48	宣城	Xuancheng	18.10	25.90	32.70	180
徐州	Xuzhou	70.10	95.82	102.92	64	**福建**	**Fujian**	**471.60**	**738.00**	**835.60**	
常州	Changzhou	84.90	101.33	107.76	63	福州	Fuzhou	530.00	772.15	806.00	3
苏州	Suzhou	188.50	252.25	273.42	20	厦门	Xiamen	358.00	518.90	570.00	6
南通	Nantong	83.00	116.39	121.76	57	莆田	Putian	139.00	229.54	236.00	27
连云港	Lianyungang	44.30	58.96	63.59	99	三明	Sanming	129.00	176.95	180.00	38
淮安	Huaian	29.50	47.76	53.62	114	泉州	Quanzhou	587.00	832.00	836.00	2
盐城	Yancheng	58.70	82.53	87.45	72	漳州	Zhangzhou	217.00	340.06	348.00	14
扬州	Yangzhou	68.60	74.18	77.24	81	南平	Nanping	124.00	181.54	184.00	37
镇江	Zhenjiang	43.20	59.77	59.83	105	龙岩	Longyan	116.00	188.40	207.00	33
泰州	Taizhou	50.40	70.59	73.73	84	宁德	Ningde	188.00	202.54	223.00	29
宿迁	Suqian	30.90	45.13	51.33	122	**江西**	**Jiangxi**	**253.40**	**372.00**	**410.10**	
浙江	**Zhejiang**	**869.50**	**1152.60**	**1242.70**		南昌	Nanchang	81.40	74.89	86.10	73
杭州	Hangzhou	218.40	275.91	338.63	15	景德镇	Jingdezhen	11.20	20.61	22.61	208
宁波	Ningbo	172.00	213.12	250.00	23	萍乡	Pingxiang	13.60	18.13	19.94	214
温州	Wenzhou	172.80	201.65	236.94	25	九江	Jiujiang	30.90	42.50	47.61	130
嘉兴	Jiaxing	78.10	112.37	131.73	54	新余	Xinyu	11.30	14.45	16.26	231
湖州	Huzhou	50.90	60.06	81.27	77	鹰潭	Yingtan	9.00	11.52	13.08	246
绍兴	Shaoxing	86.60	125.75	134.53	51	赣州	Ganzhou	42.70	56.91	66.31	93
金华	Jinhua	91.40	131.92	165.05	40	吉安	Jian	20.60	30.53	35.08	170
衢州	Quzhou	23.70	35.81	43.05	139	宜春	Yichun	23.80	31.50	35.59	169
舟山	Zhoushan	22.90	30.53	35.60	168	抚州	Fuzhou	21.00	23.65	27.31	197
台州	Taizhou	95.80	126.54	151.21	45	上饶	Shangrao	22.30	33.98	40.23	149
丽水	Lishui	25.10	37.74	45.01	138	**山东**	**Shandong**	**966.90**	**1364.10**	**1465.10**	
安徽	**Anhui**	**341.90**	**507.00**	**546.80**		济南	Jinan	117.30	166.80	177.47	39
合肥	Hefei	53.80	94.05	121.00	60	青岛	Qingdao	188.30	203.38	195.39	35
芜湖	Wuhu	25.50	44.81	54.55	111	淄博	Zibo	53.90	79.40	79.50	79
蚌埠	Bengbu	20.20	29.00	36.89	162	枣庄	Zaozhuang	31.20	53.27	50.03	126
淮南	Huainan	17.90	26.40	32.50	183	东营	Dongying	30.70	121.92	47.21	131
马鞍山	Maanshan	17.70	29.96	34.31	174	烟台	Yantai	87.60	116.43	133.57	52
淮北	Huaibei	14.30	20.97	26.27	201	潍坊	Weifang	70.70	78.32	121.74	58
铜陵	Tongling	9.60	13.86	16.85	230	济宁	Jining	45.90	65.06	90.11	70
安庆	Anqing	27.40	41.76	50.81	123	泰安	Taian	45.00	103.55	70.96	87
黄山	Huangshan	12.00	16.55	19.21	220	威海	Weihai	44.90	57.62	66.96	91
滁州	Chuzhou	21.20	32.81	42.50	142	日照	Rizhao	23.40	49.65	42.87	141
阜阳	Fuyang	23.80	36.52	50.57	125	莱芜	Laiwu	13.50	47.46	20.26	212
宿州	Suzhou	18.40	29.09	38.54	155	临沂	Linyi	62.00	60.06	117.43	61
六安	Liuan	18.20	28.12	37.42	160	德州	Dezhou	33.80	44.55	59.91	104
亳州	Bozhou	14.90	22.86	30.66	191	聊城	Liaocheng	34.00	38.77	65.99	94

13-11 互联网宽带接入用户数 续表 2
Broadband Subscribers of Internet continued 2

单位：万户 （10 000 subscribers）

地名	City	2010	2012	2013	2013 排名 Ranking	地名	City	2010	2012	2013	2013 排名 Ranking
滨州	Binzhou	30.40	18.53	54.13	113	常德	Changde	28.30	48.96	77.85	80
菏泽	Heze	35.70	59.35	71.55	85	张家界	Zhangjiajie	10.80	16.88	19.30	219
河南	**Henan**	**642.50**	**927.60**	**1000.50**		益阳	Yiyang	17.50	28.99	34.12	175
郑州	Zhengzhou	586.30	917.00	999.15	1	郴州	Chenzhou	23.10	37.84	45.40	136
开封	Kaifeng	121.20	226.00	253.16	22	永州	Yongzhou	19.80	33.03	36.08	164
洛阳	Luoyang	270.90	402.00	449.32	8	怀化	Huaihua	21.50	32.61	37.56	159
平顶山	Pingdingshan	156.80	256.00	284.71	19	娄底	Loudi	19.60	34.61	38.73	154
安阳	Anyang	186.40	308.00	334.96	16	**广东**	**Guangdong**	**1400.00**	**1903.60**	**2081.70**	
鹤壁	Hebi	50.80	94.00	96.76	67	广州	Guangzhou	280.20	563.00	766.45	5
新乡	Xinxiang	223.80	367.00	396.13	10	韶关	Shaoguan	26.40	38.11	45.33	137
焦作	Jiaozuo	138.40	227.00	236.48	26	深圳	Shenzhen	261.50	304.35	433.00	9
濮阳	Puyang	106.00	192.00	206.11	34	珠海	Zhuhai			65.85	95
许昌	Xuchang	136.50	236.00	255.93	21	汕头	Shantou	68.90	78.75	93.71	68
漯河	Luohe	76.80	128.00	143.32	49	佛山	Foshan	130.50	218.69	233.10	28
三门峡	Sanmenxia	89.80	130.00	149.73	46	江门	Jiangmen	246.60	317.21	149.11	47
南阳	Nanyang	221.90	388.00	455.21	7	湛江	Zhanjiang	37.70	57.50	71.00	86
商丘	Shangqiu	167.80	333.00	372.25	11	茂名	Maoming	30.00	38.57	52.18	120
信阳	Xinyang	157.70	258.00	288.96	18	肇庆	Zhaoqing			245.00	24
周口	Zhoukou	170.70	320.00	359.65	13	惠州	Huizhou	67.70	104.18	110.04	62
驻马店	Zhumadian	155.20	271.00	324.59	17	梅州	Meizhou	25.10	34.65	42.48	143
湖北	**Hubei**	**459.40**	**708.00**	**813.30**		汕尾	Shanwei	13.10	17.92	19.90	215
武汉	Wuhan	212.00	312.00	369.00	12	河源	Heyuan	16.10	24.92	29.11	194
黄石	Huangshi	19.70	32.90	39.78	151	阳江	Yangjiang	16.00	27.11	30.32	192
十堰	Shiyan	24.30	50.54	68.48	88	清远	Qingyuan	97.80	36.40	39.62	153
宜昌	Yichang	35.80	52.46	64.00	98	东莞	Dongguan	153.90	209.59	216.11	31
襄阳	Xiangfan	36.30	57.06	62.00	101	中山	ZhongShan	69.60	87.08	99.64	66
鄂州	Ezhou	20.30	14.07	16.16	232	潮州	Chaozhou	24.60	34.96	39.71	152
荆门	Jingmen	18.90	35.99	38.24	157	揭阳	Jieyang	32.90	46.15	74.90	83
孝感	Xiaogan	30.00	29.69	49.93	127	云浮	Yunfu	38.70	70.05	88.73	71
荆州	Jingzhou	38.00	50.42	75.51	82	**广西**	**Guangxi**	**330.10**	**507.10**	**559.60**	
黄冈	Huanggang	28.40	46.30	56.17	110	南宁	Nanning	90.80	504.85	161.80	41
咸宁	Xianning	36.60	30.90	34.41	173	柳州	Liuzhou	61.70	58.85	64.80	96
随州	Suizhou	13.50	21.63	31.29	187	桂林	Guilin	39.70	60.60	67.14	90
湖南	**Hunan**	**374.50**	**604.40**	**702.40**		梧州	Wuzhou	17.30	109.52	25.35	203
长沙	Changsha	95.40	133.83	151.25	44	北海	Beihai	15.50	17.98	26.83	199
株洲	Zhuzhou	32.60	52.82	58.66	107	防城港	Fangchenggang	9.00	12.14	13.50	243
湘潭	Xiangtan	19.00	34.92	33.26	178	钦州	Qinzhou	16.00	20.33	25.85	202
衡阳	Hengyang	34.00	54.41	61.70	102	贵港	Guigang	17.00	26.52	31.18	188
邵阳	Shaoyang	24.50	42.10	48.61	129	玉林	Yulin	23.90	32.86	45.82	135
岳阳	Yueyang	29.00	48.53	52.46	118	百色	Baise	21.50	27.36	26.51	200

13-11 互联网宽带接入用户数 续表 3
Broadband Subscribers of Internet continued 3

单位：万户 （10 000 subscribers）

地名	City	2010	2012	2013	2013 排名 Ranking	地名	City	2010	2012	2013	2013 排名 Ranking
贺州	Hezhou	10.10	17.55	19.58	217	丽江	Lijiang	6.00			
河池	Hechi	19.20	45.80	49.31	128	普洱	Puer	11.10	15.64	18.13	224
来宾	Laibin	9.70	15.52	17.56	228	临沧	Lincang	6.50	11.10	14.15	242
崇左	Chongzuo	8.70	13.48	15.35	237	**西藏**	**Tibet**	**10.40**	**17.10**	**19.10**	
海南	**Hainan**	**67.60**	**95.50**	**110.90**		拉萨	Lhasa	5.40			
海口	Haikou	39.60	48.57	52.80	116	**陕西**	**Shaanxi**	**308.30**	**439.60**	**506.20**	
三亚	Sanya	8.30	12.27	14.21	241	西安	Xi'an	189.00	189.39	219.95	30
重庆	**Chongqing**	**263.10**	**388.10**	**438.80**		铜川	Tongchuan	5.40	7.28	8.57	256
四川	**Sichuan**	**521.80**	**823.00**	**835.20**		宝鸡	Baoji	28.60	34.45	40.54	147
成都	Chengdu	158.40	255.00			咸阳	Xianyang	29.50	42.41	46.56	132
自贡	Zigong	21.40	27.11			渭南	Weinan	31.50	50.58	60.75	103
攀枝花	Panzhihua	14.90	28.26			延安	Yan'an	17.80	20.87	21.36	211
泸州	Luzhou	20.50	36.30			汉中	Hanzhong	21.60	29.64	32.53	182
德阳	Deyang	30.60	43.03			榆林	Yulin	20.20	28.61	34.48	172
绵阳	Mianyang	34.00	53.54			安康	Ankang	15.80	22.80	25.35	203
广元	Guangyuan	13.90	23.86			商洛	Shangluo	9.50	13.55	16.14	233
遂宁	Suining	15.30	23.67			**甘肃**	**Gansu**	**112.20**	**163.30**	**192.20**	
内江	Neijiang	15.50	22.55			兰州	Lanzhou	39.00	53.62	59.74	106
乐山	Leshan	26.90	37.73			嘉峪关	Jiayuguan	4.40	6.36	7.10	259
南充	Nanchong	30.00	40.34			金昌	Jinchang	4.30	5.97	7.21	258
眉山	Meishan	14.50	25.83			白银	Baiyin	7.10	10.55	12.16	248
宜宾	Yibin	26.80	37.30			天水	Tianshui	8.50	12.85	15.43	236
广安	Guangan	12.90	21.18			武威	Wuwei	6.10	9.56	11.95	249
达州	Dazhou	22.80	37.13			张掖	Zhangye	6.80	12.11	15.00	239
雅安	Yaan	8.60	24.08			平凉	Pingliang	6.00	9.12	11.19	252
巴中	Bazhong	12.40	14.10			酒泉	Jiuquan	6.60	9.88	11.71	250
资阳	Ziyang	14.50	21.12			庆阳	Qingyang	6.60	10.56	12.77	247
贵州	**Guizhou**	**149.70**	**243.90**	**292.40**		定西	Dingxi	4.80	7.66	9.45	254
贵阳	Guiyang	50.80	80.77	93.63	69	陇南	Longnan	4.80	7.51	8.97	255
六盘水	Liupanshui	9.50	15.13	53.52	115	**青海**	**Qinghai**	**34.90**	**49.90**	**54.90**	
遵义	Zunyi	27.20	44.94	13.42	244	西宁	Xining	24.60	30.30	35.72	167
安顺	Anshun	7.90	11.38	23.14	207	**宁夏**	**Ningxia**	**43.00**	**60.90**	**71.10**	
毕节	Bijie	11.90	20.58	30.71	190	银川	Yinchuan	24.20	33.95		
铜仁	Tongren	8.30	14.25	18.30	223	石嘴山	Shizuishan	6.90	16.87		
云南	**Yunnan**	**224.10**	**375.50**	**404.70**		吴忠	Wuzhong	9.90	9.01		
昆明	Kunming	93.80	141.60	804.25	4	固原	Guyuan	3.00	3.82		
曲靖	Qujing	21.90	30.93	37.00	161	中卫	Zhongwei	4.00	7.81		
玉溪	Yuxi	20.70	26.10	27.03	198	**新疆**	**Xinjiang**	**160.40**	**255.00**	**293.00**	
保山	Baoshan		13.49	15.30	238	乌鲁木齐	Urumqi	51.40	74.89	85.90	74
昭通	Zhaotong	11.0	17.24	17.86	226	克拉玛依	Karamay	5.20	7.21	7.90	257

14

贸易和旅游

Trade and Tourism

14-1 社会消费品零售额
Total Retail Sales of Consumer Goods

单位：亿元 （100 million yuan）

地名	City	2010	2012	2013	2013 排名 Ranking	地名	City	2010	2012	2013	2013 排名 Ranking
全国	**Nation Total**	**156998.4**	**210307.0**	**237809.9**		沈阳	Shenyang	2065.90	2802.20	3186.09	8
北京	**Beijing**	**6229.30**	**7702.80**	**8375.10**		大连	Dalian	1639.80	2224.05	2526.50	18
天津	**Tianjin**	**2902.55**	**3921.40**	**4470.40**		鞍山	Anshan	514.20	703.68	800.08	72
河北	**Hebei**	**6821.79**	**9254.00**	**10516.70**		抚顺	Fushun	333.90	455.24	518.42	115
石家庄	Shijiazhuang	1409.89	1915.76	2179.73	20	本溪	Benxi	192.40	261.16	297.36	205
唐山	Tangshan	1134.54	1535.02	1743.61	28	丹东	Dandong	275.80	375.90	427.01	154
秦皇岛	Qinhuangdao	334.98	453.81	514.57	117	锦州	Jinzhou	318.30	434.46	493.98	124
邯郸	Handan	717.17	973.68	1106.18	50	营口	Yingkou	249.80	341.41	389.21	166
邢台	Xingtai	460.73	624.05	708.41	84	阜新	Fuxin	149.00	202.64	230.60	220
保定	Baoding	864.22	1174.32	1336.14	39	辽阳	Liaoyang	208.60	283.82	322.43	193
张家口	Zhangjiakou	324.45	439.60	499.77	120	盘锦	Panjin	185.10	252.03	286.71	209
承德	Chengde	258.05	349.72	396.97	164	铁岭	Tieling	227.30	307.94	350.15	180
沧州	Cangzhou	580.71	787.97	895.95	63	朝阳	Chaoyang	216.60	294.40	335.03	188
廊坊	Langfang	419.13	568.08	644.18	92	葫芦岛	Huludao	233.20	317.65	360.85	177
衡水	Hengshui	317.91	432.03	491.24	128	吉林	**Jilin**	**3504.92**	**4772.90**	**5426.40**	
山西	**Shanxi**	**3318.15**	**4506.80**	**5139.30**		长春	Changchun	1289.85	1739.64	1970.04	23
太原	Taiyuan	837.00	1139.16	1294.45	41	吉林	Jilin	684.02	935.79	1066.68	53
大同	Datong	313.12	427.96	487.82	132	四平	Siping	287.71	147.23	449.98	144
阳泉	Yangquan	167.00	225.58	256.10	213	辽源	Liaoyuan	107.51	339.37	167.55	242
长治	Changzhi	284.53	386.19	441.94	148	通化	Tonghua	247.08	190.28	388.92	167
晋城	Jincheng	197.70	268.64	306.62	200	白山	Baishan	139.08	453.08	217.62	224
朔州	Shuozhou	148.08	201.18	230.86	219	松原	Songyuan	329.74	221.45	514.80	116
晋中	Jinzhong	286.07	387.27	441.26	149	白城	Baicheng	162.24	351.45	251.46	214
运城	Yuncheng	365.26	793.85	564.71	103	黑龙江	**Heilongjiang**	**4039.20**	**5491.00**	**6251.20**	
忻州	Xinzhou	169.82	232.88	266.87	211	哈尔滨	Harbin	1770.16	2394.60	2728.29	13
临汾	Linfen	318.22	431.70	491.48	127	齐齐哈尔	Qiqihar	357.26	480.17	544.71	109
吕梁	Luliang	231.54	312.43	357.24	178	鸡西	Jixi	118.78	162.27	184.42	235
内蒙古	**Inner Mongolia**	**3384.00**	**4572.50**	**5114.20**		鹤岗	Hegang	71.38	97.12	106.85	266
呼和浩特	Hohhot	758.50	1022.30	1142.30	48	双鸭山	Shuangyashan	65.25	88.52	100.65	268
包头	Baotou	730.80	975.10	1085.70	51	大庆	Daqing	591.03	803.10	909.39	61
乌海	Wuhai	72.70	100.90	114.00	264	伊春	Yichun	56.69	76.52	86.65	270
赤峰	Chifeng	341.50	469.20	530.70	112	佳木斯	Jiamusi	208.52	284.43	338.29	186
通辽	Tongliao	242.70	330.50	372.40	173	七台河	Qitaihe	54.61	74.20	81.68	274
鄂尔多斯	Erdos	379.30	507.20	559.50	106	牡丹江	Mudanjiang	265.83	363.40	575.72	102
呼伦贝尔	Hulunbuir	294.60	405.50	456.70	142	黑河	Heihe	54.38	73.48	84.23	272
巴彦淖尔	Bayannur	128.80	173.00	194.50	234	绥化	Suihua	250.46	353.09	407.55	160
乌兰察布	Ulanqab	161.50	216.40	242.80	216	上海	**Shanghai**	**6070.50**	**7412.30**	**8052.00**	
辽宁	**Liaoning**	**6887.60**	**9346.60**	**10581.40**		江苏	**Jiangsu**	**13606.80**	**18331.30**	**20796.50**	

14-1 社会消费品零售额 续表 1
Total Retail Sales of Consumer Goods continued 1

单位：亿元 （100 million yuan）

地名	City	2010	2012	2013	2013 排名 Ranking	地名	City	2010	2012	2013	2013 排名 Ranking
南京	Nanjing	2288.74	3103.82	3531.73	6	池州	Chizhou	91.18	124.29	142.48	249
无锡	Wuxi	1825.79	2443.24	2759.98	11	宣城	Xuancheng	194.70	265.84	303.57	202
徐州	Xuzhou	956.99	1312.50	1495.91	33	**福建**	**Fujian**	**5310.03**	**7256.50**	**8275.30**	
常州	Changzhou	1054.39	1413.33	1607.63	30	福州	Fuzhou	1624.28	2319.82	2681.72	14
苏州	Suzhou	2402.02	3240.97	3662.24	5	厦门	Xiamen	685.02	881.91	974.51	59
南通	Nantong	1277.07	1719.27	1940.41	25	莆田	Putian	290.37	394.79	444.13	145
连云港	Lianyungang	430.68	575.49	655.57	90	三明	Sanming	245.58	341.48	385.53	168
淮安	Huaian	469.09	633.24	721.22	82	泉州	Quanzhou	1234.43	1706.64	1945.57	24
盐城	Yancheng	766.49	1023.20	1163.38	46	漳州	Zhangzhou	472.63	661.08	746.36	79
扬州	Yangzhou	726.12	973.97	1106.88	49	南平	Nanping	262.04	357.30	412.68	159
镇江	Zhenjiang	564.68	766.46	872.13	66	龙岩	Longyan	312.17	432.28	490.64	129
泰州	Taizhou	555.35	737.57	837.09	70	宁德	Ningde	234.64	322.42	372.07	174
宿迁	Suqian	289.38	388.23	442.43	147	**江西**	**Jiangxi**	**2956.21**	**4027.20**	**4576.10**	
浙江	**Zhejiang**	**10163.20**	**13588.30**	**15225.50**		南昌	Nanchang	756.41	1122.40	1276.95	42
杭州	Hangzhou	2146.08	2944.63	3531.17	7	景德镇	Jingdezhen	141.65	188.81	214.44	225
宁波	Ningbo	1704.51	2329.26	2635.71	15	萍乡	Pingxiang	159.06	21.82	239.02	217
温州	Wenzhou	1498.10	1929.29	2136.38	22	九江	Jiujiang	286.89	384.66	438.02	150
嘉兴	Jiaxing	799.36	1083.74	1196.93	45	新余	Xinyu	112.74	154.79	171.77	238
湖州	Huzhou	516.09	703.87	766.22	77	鹰潭	Yingtan	86.64	118.66	134.51	254
绍兴	Shaoxing	852.89	1158.66	1318.39	40	赣州	Ganzhou	375.35	495.00	563.06	104
金华	Jinhua	916.23	1260.41	1406.98	38	吉安	Jian	202.83	264.46	301.93	203
衢州	Quzhou	290.82	396.36	443.67	146	宜春	Yichun	267.86	356.21	407.05	161
舟山	Zhoushan	212.54	290.54	331.65	190	抚州	Fuzhou	236.68	302.25	314.46	198
台州	Taizhou	960.45	1304.30	1449.27	37	上饶	Shangrao	330.10	429.18	487.84	131
丽水	Lishui	266.13	371.09	420.80	156	**山东**	**Shandong**	**14620.30**	**19651.90**	**22294.80**	
安徽	**Anhui**	**4151.52**	**5736.60**	**6542.40**		济南	Jinan	1802.46	2420.25	2743.35	12
合肥	Hefei	839.02	1293.62	1480.84	35	青岛	Qingdao	1961.13	2635.62	2986.81	9
芜湖	Wuhu	287.45	490.20	559.95	105	淄博	Zibo	1005.68	1363.64	1568.17	31
蚌埠	Bengbu	269.87	371.51	424.82	155	枣庄	Zaozhuang	422.85	568.24	645.08	91
淮南	Huainan	187.21	256.47	291.23	208	东营	Dongying	388.74	522.99	593.72	99
马鞍山	Maanshan	147.80	262.94	301.34	204	烟台	Yantai	1412.69	1901.35	2158.68	21
淮北	Huaibei	125.52	171.67	195.46	233	潍坊	Weifang	1214.80	1613.56	1830.39	26
铜陵	Tongling	99.15	137.24	155.57	244	济宁	Jining	1004.25	1351.56	1534.11	32
安庆	Anqing	338.68	460.56	523.59	114	泰安	Taian	697.84	1351.25	1066.39	54
黄山	Huangshan	125.96	172.08	196.12	232	威海	Weihai	709.28	939.86	1082.18	52
滁州	Chuzhou	214.80	296.81	338.48	185	日照	Rizhao	319.54	428.89	486.57	133
阜阳	Fuyang	326.70	446.04	508.02	119	莱芜	Laiwu	188.82	228.05	257.75	212
宿州	Suzhou	193.99	266.04	303.67	201	临沂	Linyi	1158.75	1579.87	1789.76	27
六安	Liuan	279.94	382.06	434.23	151	德州	Dezhou	658.62	886.79	1007.42	58
亳州	Bozhou	222.76	303.69	345.09	182	聊城	Liaocheng	558.60	751.38	851.80	68

14-1 社会消费品零售额 续表 2
Total Retail Sales of Consumer Goods continued 2

单位：亿元 （100 million yuan）

地名	City	2010	2012	2013	2013 排名 Ranking	地名	City	2010	2012	2013	2013 排名 Ranking
滨州	Binzhou	450.75	602.27	664.90	86	常德	Changde	469.45	638.77	726.79	81
菏泽	Heze	665.51	904.07	1027.75	55	张家界	Zhangjiajie	83.04	112.71	124.01	255
河南	**Henan**	**8004.22**	**10915.60**	**12426.60**		益阳	Yiyang	260.71	353.77	402.76	162
郑州	Zhengzhou	1702.10	2322.71	2623.51	16	郴州	Chenzhou	408.39	554.58	626.13	95
开封	Kaifeng	369.56	510.33	585.65	101	永州	Yongzhou	242.41	329.34	374.88	172
洛阳	Luoyang	816.18	1114.78	1269.20	43	怀化	Huaihua	233.86	316.73	380.31	169
平顶山	Pingdingshan	352.78	478.39	545.21	108	娄底	Loudi	219.01	297.75	339.08	184
安阳	Anyang	347.51	472.07	536.05	111	**广东**	**Guangdong**	**17414.66**	**22677.10**	**25453.90**	
鹤壁	Hebi	93.45	127.37	145.13	247	广州	Guangzhou	4500.28	5977.27	6882.85	1
新乡	Xinxiang	393.69	548.07	623.98	96	韶关	Shaoguan	329.78	409.59	471.11	138
焦作	Jiaozuo	323.46	439.41	497.24	122	深圳	Shenzhen	3000.76	4008.78	4433.59	2
濮阳	Puyang	232.73	321.23	368.63	175	珠海	Zhuhai	486.03	635.20	720.52	83
许昌	Xuchang	354.01	488.85	556.55	107	汕头	Shantou	830.41	1029.82	1158.92	47
漯河	Luohe	219.80	299.21	341.54	183	佛山	Foshan	1687.13	2019.50	2264.10	19
三门峡	Sanmenxia	202.62	277.08	315.74	197	江门	Jiangmen	655.86	807.21	903.70	62
南阳	Nanyang	800.97	1092.08	1234.65	44	湛江	Zhanjiang	679.79	861.33	1010.70	56
商丘	Shangqiu	406.24	554.65	633.19	94	茂名	Maoming	704.97	902.20	1008.79	57
信阳	Xinyang	442.60	605.80	689.76	85	肇庆	Zhaoqing	332.89	433.39	493.12	125
周口	Zhoukou	490.32	673.15	767.04	76	惠州	Huizhou	582.53	754.15	857.91	67
驻马店	Zhumadian	379.52	518.13	589.89	100	梅州	Meizhou	319.05	403.50	450.18	143
湖北	**Hubei**	**7013.90**	**9562.50**	**10885.90**		汕尾	Shanwei	352.06	424.32	473.56	136
武汉	Wuhan	2570.40	3432.43	3916.60	3	河源	Heyuan	163.07	209.37	236.61	218
黄石	Huangshi	300.05	411.50	468.86	140	阳江	Yangjiang	370.58	467.01	527.29	113
十堰	Shiyan	306.37	426.80	491.51	126	清远	Qingyuan	370.50	459.63	508.96	118
宜昌	Yichang	550.79	739.10	881.93	65	东莞	Dongguan	1108.06	1354.58	1486.66	34
襄阳	Xiangfan	571.24	800.14	966.31	60	中山	ZhongShan	648.11	809.33	890.55	64
鄂州	Ezhou	135.58	181.27	208.68	227	潮州	Chaozhou	245.47	317.04	354.14	179
荆门	Jingmen	252.98	347.65	414.68	158	揭阳	Jieyang	446.62	521.05	657.66	89
孝感	Xiaogan	385.24	531.80	608.68	97	云浮	Yunfu	136.97	180.31	204.02	228
荆州	Jingzhou	471.08	650.54	781.36	75	**广西**	**Guangxi**	**3312.00**	**4516.60**	**5133.10**	
黄冈	Huanggang	407.40	551.00	635.02	93	南宁	Nanning	905.93	1255.59	1450.84	36
咸宁	Xianning	205.04	281.68	330.58	191	柳州	Liuzhou	480.00	661.84	758.42	78
随州	Suizhou	198.45	273.64	333.86	189	桂林	Guilin	391.53	536.35	604.03	98
湖南	**Hunan**	**5839.50**	**7921.90**	**9018.60**		梧州	Wuzhou	191.77	257.21	292.34	207
长沙	Changsha	1864.53	2521.71	2859.97	10	北海	Beihai	108.00	146.51	167.00	243
株洲	Zhuzhou	426.76	579.90	660.29	87	防城港	Fangchenggang	51.84	71.30	81.43	275
湘潭	Xiangtan	256.66	349.14	398.04	163	钦州	Qinzhou	172.19	237.56	268.82	210
衡阳	Hengyang	472.15	642.62	731.92	80	贵港	Guigang	209.54	284.05	321.72	194
邵阳	Shaoyang	278.32	378.86	431.87	152	玉林	Yulin	307.24	422.83	482.91	134
岳阳	Yueyang	507.23	687.40	782.14	74	百色	Baise	113.85	156.67	178.60	237

14-1 社会消费品零售额 续表 3
Total Retail Sales of Consumer Goods continued 3

单位：亿元 （100 million yuan）

地名	City	2010	2012	2013	2013 排名 Ranking	地名	City	2010	2012	2013	2013 排名 Ranking
贺州	Hezhou	78.68	106.39	119.00	260	丽江	Lijiang	45.50	65.69	74.86	277
河池	Hechi	131.73	176.98	198.97	230	普洱	Puer	72.66	102.17	116.23	263
来宾	Laibin	79.46	109.53	120.87	258	临沧	Lincang	72.58	101.97	116.30	262
崇左	Chongzuo	61.08	84.37	96.38	269	**西藏**	**Tibet**	**185.39**	**254.60**	**293.20**	
海南	**Hainan**	**623.82**	**870.80**	**992.90**		拉萨	Lhasa	88.45	124.55	144.11	248
海口	Haikou	326.94	436.26	490.05	130	**陕西**	**Shaanxi**	**3195.67**	**4383.80**	**4999.50**	
三亚	Sanya	63.70	104.80	123.48	256	西安	Xi'an	1637.04	2263.86	2580.42	17
重庆	**Chongqing**	**2938.60**	**4033.70**	**4599.80**		铜川	Tongchuan	46.58	63.86	74.03	278
四川	**Sichuan**	**6810.12**	**9268.60**	**10561.40**		宝鸡	Baoji	307.52	412.83	473.39	137
成都	Chengdu	2428.83	3329.22	3770.08	4	咸阳	Xianyang	296.35	401.08	462.68	141
自贡	Zigong	252.62	341.67	390.36	165	渭南	Weinan	237.87	326.32	376.13	171
攀枝花	Panzhihua	146.19	198.06	226.28	223	延安	Yan'an	111.81	151.74	171.46	240
泸州	Luzhou	266.23	364.72	419.24	157	汉中	Hanzhong	157.50	216.05	248.15	215
德阳	Deyang	305.50	413.77	474.38	135	榆林	Yulin	203.51	279.22	308.42	199
绵阳	Mianyang	426.30	579.51	658.03	88	安康	Ankang	110.78	151.49	171.72	239
广元	Guangyuan	150.88	201.60	229.52	221	商洛	Shangluo	79.19	107.28	121.82	257
遂宁	Suining	208.49	280.54	321.63	195	**甘肃**	**Gansu**	**1394.50**	**1906.50**	**2173.80**	
内江	Neijiang	206.60	280.52	321.34	196	兰州	Lanzhou	554.64	745.82	850.53	69
乐山	Leshan	284.09	374.99	429.55	153	嘉峪关	Jiayuguan	24.01	34.61	39.42	284
南充	Nanchong	344.21	468.01	537.51	110	金昌	Jinchang	37.00	50.54	57.87	280
眉山	Meishan	188.56	256.00	292.48	206	白银	Baiyin	87.28	120.09	137.19	252
宜宾	Yibin	316.78	435.27	498.17	121	天水	Tianshui	128.57	178.00	203.33	229
广安	Guangan	214.00	282.98	324.43	192	武威	Wuwei	76.50	104.72	119.63	259
达州	Dazhou	312.55	430.28	494.18	123	张掖	Zhangye	67.68	93.17	106.05	267
雅安	Yaan	104.65	139.41	154.82	245	平凉	Pingliang	87.98	121.21	137.75	251
巴中	Bazhong	117.83	160.89	184.30	236	酒泉	Jiuquan	88.92	123.99	141.25	250
资阳	Ziyang	213.00	293.54	336.83	187	庆阳	Qingyang	93.47	129.84	148.05	246
贵州	**Guizhou**	**1482.68**	**2027.60**	**2366.20**		定西	Dingxi	53.32	73.34	83.41	273
贵阳	Guiyang	484.78	683.19	785.66	73	陇南	Longnan	41.19	47.01	64.73	279
六盘水	Liupanshui	131.34	182.82	209.27	226	**青海**	**Qinghai**	**346.03**	**476.00**	**544.10**	
遵义	Zunyi	290.25	409.87	470.37	139	西宁	Xining	230.26	317.46	365.07	176
安顺	Anshun	70.08	97.53	111.52	265	**宁夏**	**Ningxia**	**403.59**	**548.80**	**610.50**	
毕节	Bijie	126.10	174.42	198.49	231	银川	Yinchuan	225.00	316.02	348.06	181
铜仁	Tongren	75.31	103.90	118.82	261	石嘴山	Shizuishan	61.48	77.14	84.32	271
云南	**Yunnan**	**2500.14**	**3511.60**	**4004.60**		吴忠	Wuzhong	51.92	68.42	78.15	276
昆明	Kunming	1060.19	1493.80	1702.30	29	固原	Guyuan	32.45	43.26	49.53	283
曲靖	Qujing	232.80	331.69	378.32	170	中卫	Zhongwei	32.75	43.99	50.45	282
玉溪	Yuxi	141.53	198.64	226.30	222	**新疆**	**Xinjiang**	**1324.48**	**1858.60**	**2108.20**	
保山	Baoshan	84.35	119.69	136.39	253	乌鲁木齐	Urumqi	514.24	739.69	811.47	71
昭通	Zhaotong	105.67	149.61	169.88	241	克拉玛依	Karamay	34.79	48.00	53.54	281

14-2 批发和零售业法人企业数
Number of Corporation Enterprises of Wholesale and Retail Trades

单位：个 （unit）

地名	City	2010	2011	2012	2012 排名 Ranking	地名	City	2010	2011	2012	2012 排名 Ranking
全国	**Nation Total**	**111770**	**125223**	**138865**		沈阳	Shenyang	1377	1602	1948	6
北京	**Beijing**	**8935**	**8681**	**8110**		大连	Dalian	1077	1492	1643	12
天津	**Tianjin**	**3802**	**4220**	**4534**		鞍山	Anshan	624	621	674	45
河北	**Hebei**	**2548**	**2943**	**3215**		抚顺	Fushun	242	232	223	143
石家庄	Shijiazhuang	307	322	342	97	本溪	Benxi	126	171	174	179
唐山	Tangshan	373	399	424	75	丹东	Dandong	207	214	203	156
秦皇岛	Qinhuangdao	198	206	206	154	锦州	Jinzhou	179	192	224	142
邯郸	Handan	403	436	465	65	营口	Yingkou	200	235	302	110
邢台	Xingtai	172	229	276	118	阜新	Fuxin	90	94	143	202
保定	Baoding	296	352	424	75	辽阳	Liaoyang	98	96	139	206
张家口	Zhangjiakou	167	177	198	162	盘锦	Panjin	168	167	159	188
承德	Chengde	158	178	179	177	铁岭	Tieling	155	159	148	198
沧州	Cangzhou	211	315	343	96	朝阳	Chaoyang	139	144	189	172
廊坊	Langfang	162	191	187	174	葫芦岛	Huludao	103	102	107	223
衡水	Hengshui	101	138	171	181	**吉林**	**Jilin**	**1124**	**1235**	**1346**	
山西	**Shanxi**	**2214**	**2444**	**2919**		长春	Changchun	261	277	338	99
太原	Taiyuan	401	494	580	53	吉林	Jilin	245	296	312	105
大同	Datong	181	176	220	146	四平	Siping	144	153	141	203
阳泉	Yangquan	88	97	110	222	辽源	Liaoyuan	67	81	75	241
长治	Changzhi	303	373	401	82	通化	Tonghua	154	164	209	153
晋城	Jincheng	172	170	271	120	白山	Baishan	19	28	30	279
朔州	Shuozhou	142	143	174	179	松原	Songyuan	55	57	59	252
晋中	Jinzhong	186	208	257	128	白城	Baicheng	43	39	36	277
运城	Yuncheng	274	278	285	114	**黑龙江**	**Heilongjiang**	**1547**	**1653**	**1939**	
忻州	Xinzhou	153	145	222	144	哈尔滨	Harbin	625	655	799	37
临汾	Linfen	198	208	232	139	齐齐哈尔	Qiqihar	98	99	96	229
吕梁	Luliang	127	145	151	196	鸡西	Jixi	48	58	81	236
内蒙古	**Inner Mongolia**	**1353**	**1596**	**1667**		鹤岗	Hegang	59	58	80	238
呼和浩特	Hohhot	252	352	381	89	双鸭山	Shuangyashan	43	44	51	258
包头	Baotou	270	264	281	116	大庆	Daqing	253	276	297	112
乌海	Wuhai	52	80	98	227	伊春	Yichun	24	31	28	281
赤峰	Chifeng	114	140	149	197	佳木斯	Jiamusi	46	47	54	257
通辽	Tongliao	117	216	201	158	七台河	Qitaihe	10	10	18	284
鄂尔多斯	Erdos	162	157	156	190	牡丹江	Mudanjiang	230	222	249	133
呼伦贝尔	Hulunbuir	229	225	216	149	黑河	Heihe	25	32	41	271
巴彦淖尔	Bayannur	42	41	43	268	绥化	Suihua	57	69	88	232
乌兰察布	Ulanqab	23	31	30	279	**上海**	**Shanghai**	**5530**	**7150**	**6662**	
辽宁	**Liaoning**	**4785**	**5522**	**6276**		**江苏**	**Jiangsu**	**12374**	**12264**	**13611**	

14-2 批发和零售业法人企业数 续表 1

Number of Corporation Enterprises of Wholesale and Retail Trades continued 1

单位：个 (unit)

地名	City	2010	2011	2012	2012 排名 Ranking	地名	City	2010	2011	2012	2012 排名 Ranking
南京	Nanjing	1508	1615	1767	9	池州	Chizhou	86	109	136	208
无锡	Wuxi	2549	1943	1550	13	宣城	Xuancheng	125	176	226	140
徐州	Xuzhou	643	1137	1479	17	**福建**	**Fujian**	**3924**	**5038**	**6254**	
常州	Changzhou	786	800	1126	25	福州	Fuzhou	872	993	1173	24
苏州	Suzhou	3563	3186	3204	3	厦门	Xiamen	1233	1331	1373	18
南通	Nantong	876	985	1029	27	莆田	Putian	131	307	416	79
连云港	Lianyungang	322	352	393	85	三明	Sanming	280	361	434	70
淮安	Huaian	195	233	634	47	泉州	Quanzhou	597	1023	1512	14
盐城	Yancheng	563	670	780	39	漳州	Zhangzhou	271	376	475	60
扬州	Yangzhou	307	344	468	64	南平	Nanping	151	171	197	164
镇江	Zhenjiang	329	376	409	80	龙岩	Longyan	263	315	431	71
泰州	Taizhou	357	402	460	66	宁德	Ningde	126	161	243	134
宿迁	Suqian	170	221	312	105	**江西**	**Jiangxi**	**1187**	**1359**	**1498**	
浙江	**Zhejiang**	**10053**	**11994**	**12917**		南昌	Nanchang	384	448	473	61
杭州	Hangzhou	3135	3392	3420	2	景德镇	Jingdezhen	46	52	65	247
宁波	Ningbo	2105	2378	2521	4	萍乡	Pingxiang	49	53	61	250
温州	Wenzhou	1261	1775	1976	5	九江	Jiujiang	94	103	112	220
嘉兴	Jiaxing	812	1052	1238	21	新余	Xinyu	50	50	47	261
湖州	Huzhou	315	350	436	69	鹰潭	Yingtan	44	50	35	278
绍兴	Shaoxing	725	899	1003	29	赣州	Ganzhou	82	112	153	193
金华	Jinhua	534	718	734	41	吉安	Jian	85	101	124	212
衢州	Quzhou	181	243	272	119	宜春	Yichun	87	112	135	209
舟山	Zhoushan	187	235	259	126	抚州	Fuzhou	149	132	111	221
台州	Taizhou	627	710	705	43	上饶	Shangrao	117	146	182	175
丽水	Lishui	214	283	252	132	**山东**	**Shandong**	**11792**	**12079**	**13661**	
安徽	**Anhui**	**2451**	**3297**	**4036**		济南	Jinan	957	1047	1669	11
合肥	Hefei	592	791	815	35	青岛	Qingdao	1084	1323	1498	15
芜湖	Wuhu	210	308	424	75	淄博	Zibo	694	666	713	42
蚌埠	Bengbu	146	210	221	145	枣庄	Zaozhuang	389	357	429	72
淮南	Huainan	81	122	153	193	东营	Dongying	308	355	400	83
马鞍山	Maanshan	88	139	181	176	烟台	Yantai	1145	1121	1200	23
淮北	Huaibei	54	77	113	219	潍坊	Weifang	867	899	1229	22
铜陵	Tongling	63	86	115	218	济宁	Jining	1050	1080	1069	26
安庆	Anqing	183	252	310	108	泰安	Taian	996	987	1029	27
黄山	Huangshan	87	121	147	201	威海	Weihai	361	361	397	84
滁州	Chuzhou	165	234	317	103	日照	Rizhao	161	173	179	177
阜阳	Fuyang	146	192	270	122	莱芜	Laiwu	120	172	267	123
宿州	Suzhou	65	152	201	158	临沂	Linyi	910	907	963	30
六安	Liuan	148	174	197	164	德州	Dezhou	939	689	616	50
亳州	Bozhou	103	154	206	154	聊城	Liaocheng	533	521	603	51

14-2 批发和零售业法人企业数 续表 2
Number of Corporation Enterprises of Wholesale and Retail Trades continued 2

单位：个 （unit）

地名	City	2010	2011	2012	2012 排名 Ranking	地名	City	2010	2011	2012	2012 排名 Ranking
滨州	Binzhou	435	421	429	72	常德	Changde	109	151	304	109
菏泽	Heze	843	947	954	32	张家界	Zhangjiajie	35	36	87	235
河南	**Henan**	**6305**	**6226**	**6368**		益阳	Yiyang	107	142	271	120
郑州	Zhengzhou	1140	1154	1855	8	郴州	Chenzhou	280	293	419	78
开封	Kaifeng	361	371	440	68	永州	Yongzhou	170	145	202	157
洛阳	Luoyang	589	585	792	38	怀化	Huaihua	104	105	134	210
平顶山	Pingdingshan	346	363	595	52	娄底	Loudi	127	141	255	130
安阳	Anyang	320	302	353	94	**广东**	**Guangdong**	**11343**	**12826**	**14147**	
鹤壁	Hebi	106	112	161	185	广州	Guangzhou	3585	3801	4393	1
新乡	Xinxiang	390	340	473	61	韶关	Shaoguan	36	88	148	198
焦作	Jiaozuo	211	221	341	98	深圳	Shenzhen	1596	1769	1899	7
濮阳	Puyang	179	184	469	63	珠海	Zhuhai	536	582	662	46
许昌	Xuchang	309	316	454	67	汕头	Shantou	280	400	522	55
漯河	Luohe	166	175	211	151	佛山	Foshan	1182	1265	1287	19
三门峡	Sanmenxia	201	215	238	136	江门	Jiangmen	331	398	404	81
南阳	Nanyang	563	592	815	35	湛江	Zhanjiang	181	299	329	101
商丘	Shangqiu	232	221	299	111	茂名	Maoming	365	481	510	56
信阳	Xinyang	265	273	391	87	肇庆	Zhaoqing	160	188	201	158
周口	Zhoukou	364	305	358	93	惠州	Huizhou	237	275	318	102
驻马店	Zhumadian	515	440	628	49	梅州	Meizhou	77	109	125	211
湖北	**Hubei**	**3479**	**3949**	**5167**		汕尾	Shanwei	48	54	59	252
武汉	Wuhan	1125	1089	1694	10	河源	Heyuan	35	69	88	232
黄石	Huangshi	95	255	218	148	阳江	Yangjiang	35	88	99	225
十堰	Shiyan	223	219	258	127	清远	Qingyuan	147	162	166	183
宜昌	Yichang	232	486	631	48	东莞	Dongguan	769	817	962	31
襄阳	Xiangfan	286	450	502	57	中山	ZhongShan	642	799	770	40
鄂州	Ezhou	36	25	37	275	潮州	Chaozhou	134	142	137	207
荆门	Jingmen	152	192	254	131	揭阳	Jieyang	861	900	907	33
孝感	Xiaogan	142	172	219	147	云浮	Yunfu	106	140	161	185
荆州	Jingzhou	125	139	311	107	**广西**	**Guangxi**	**1465**	**1859**	**2185**	
黄冈	Huanggang	180	227	262	124	南宁	Nanning	505	587	687	44
咸宁	Xianning	214	310	238	136	柳州	Liuzhou	283	370	428	74
随州	Suizhou	78	112	140	204	桂林	Guilin	109	155	198	162
湖南	**Hunan**	**2625**	**2854**	**3515**		梧州	Wuzhou	50	77	74	242
长沙	Changsha	886	787	1246	20	北海	Beihai	11	29	37	275
株洲	Zhuzhou	230	255	379	90	防城港	Fangchenggang	50	59	66	246
湘潭	Xiangtan	101	127	199	161	钦州	Qinzhou	68	84	122	213
衡阳	Hengyang	159	262	486	58	贵港	Guigang	58	59	76	240
邵阳	Shaoyang	111	130	211	151	玉林	Yulin	109	175	195	169
岳阳	Yueyang	165	232	393	85	百色	Baise	54	63	98	227

14-2 批发和零售业法人企业数 续表 3
Number of Corporation Enterprises of Wholesale and Retail Trades continued 3

单位：个 （unit）

地名	City	2010	2011	2012	2012 排名 Ranking	地名	City	2010	2011	2012	2012 排名 Ranking
贺州	Hezhou	29	41	50	259	丽江	Lijiang	40	50	79	239
河池	Hechi	50	70	81	236	普洱	Puer	63	74	88	232
来宾	Laibin	29	33	43	268	临沧	Lincang	31	44	62	249
崇左	Chongzuo	43	54	57	255	**西藏**	**Tibet**	**60**	**59**	**81**	
海南	**Hainan**	**626**	**585**	**485**		拉萨	Lhasa	31	41	48	260
海口	Haikou	457	412	336	100	**陕西**	**Shaanxi**	**1569**	**1878**	**2325**	
三亚	Sanya	44	46	40	272	西安	Xi'an	453	499	575	54
重庆	**Chongqing**	**2585**	**3430**	**3668**		铜川	Tongchuan	36	53	69	244
四川	**Sichuan**	**3001**	**4420**	**5252**		宝鸡	Baoji	85	109	196	168
成都	Chengdu	1775	1649	1480	16	咸阳	Xianyang	177	207	257	128
自贡	Zigong	152	143	193	170	渭南	Weinan	154	238	287	113
攀枝花	Panzhihua	132	130	156	190	延安	Yan'an	75	99	117	216
泸州	Luzhou	222	258	361	92	汉中	Hanzhong	124	150	197	164
德阳	Deyang	179	180	237	138	榆林	Yulin	306	329	363	91
绵阳	Mianyang	181	177	225	141	安康	Ankang	115	142	190	171
广元	Guangyuan	95	125	153	193	商洛	Shangluo	34	41	60	251
遂宁	Suining	117	150	148	198	**甘肃**	**Gansu**	**705**	**816**	**1092**	
内江	Neijiang	133	130	161	185	兰州	Lanzhou	265	299	352	95
乐山	Leshan	147	126	168	182	嘉峪关	Jiayuguan	25	28	47	261
南充	Nanchong	141	158	317	103	金昌	Jinchang	28	33	43	268
眉山	Meishan	142	120	119	214	白银	Baiyin	43	57	70	243
宜宾	Yibin	245	263	283	115	天水	Tianshui	81	83	140	204
广安	Guangan	270	262	260	125	武威	Wuwei	27	29	44	267
达州	Dazhou	113	169	212	150	张掖	Zhangye	42	47	67	245
雅安	Yaan	43	29	56	256	平凉	Pingliang	29	35	45	264
巴中	Bazhong	52	48	89	231	酒泉	Jiuquan	68	93	119	214
资阳	Ziyang	133	131	159	188	庆阳	Qingyang	23	29	59	252
贵州	**Guizhou**	**800**	**894**	**1285**		定西	Dingxi	29	34	39	274
贵阳	Guiyang	310	334	383	88	陇南	Longnan	20	20	28	281
六盘水	Liupanshui	61	72	156	190	**青海**	**Qinghai**	**179**	**182**	**214**	
遵义	Zunyi	129	143	197	164	西宁	Xining		137	162	184
安顺	Anshun	32	34	45	264	**宁夏**	**Ningxia**	**392**	**412**	**432**	
毕节	Bijie	38	52	99	225	银川	Yinchuan	242	258	281	116
铜仁	Tongren	25	33	94	230	石嘴山	Shizuishan	51	43	40	272
云南	**Yunnan**	**1842**	**2098**	**2616**		吴忠	Wuzhong	42	47	47	261
昆明	Kunming	751	758	824	34	固原	Guyuan	16	20	19	283
曲靖	Qujing	172	203	239	135	中卫	Zhongwei	41	44	45	264
玉溪	Yuxi	116	136	188	173	**新疆**	**Xinjiang**	**1175**	**1260**	**1388**	
保山	Baoshan	54	59	116	217	乌鲁木齐	Urumqi	519	439	479	59
昭通	Zhaotong	57	69	105	224	克拉玛依	Karamay	65	57	63	248

14-3 批发和零售业年末从业人数

Employed Persons of Wholesale and Retail Trades at Year-end

单位：人 (person)

地名	City	2010	2011	2012	2012 排名 Ranking	地名	City	2010	2011	2012	2012 排名 Ranking
全国	**Nation Total**	**8522285**	**9010604**	**9856498**		沈阳	Shenyang	93741	100898	114292	12
北京	**Beijing**	**594698**	**689002**	**719900**		大连	Dalian	65157	69325	79576	22
天津	**Tianjin**	**165719**	**179611**	**199796**		鞍山	Anshan	20066	18941	19430	112
河北	**Hebei**	**265558**	**312243**	**338301**		抚顺	Fushun	19091	11390	12020	176
石家庄	Shijiazhuang	44175	50557	53169	37	本溪	Benxi	9329	11750	11608	181
唐山	Tangshan	46368	70003	71712	24	丹东	Dandong	7959	7518	7476	219
秦皇岛	Qinhuangdao	14918	15983	15792	143	锦州	Jinzhou	15811	15046	14660	154
邯郸	Handan	28764	28721	32431	60	营口	Yingkou	11662	16234	16573	134
邢台	Xingtai	13986	20708	20872	102	阜新	Fuxin	7469	5964	7454	221
保定	Baoding	36889	39821	42881	49	辽阳	Liaoyang	3763	4177	4874	251
张家口	Zhangjiakou	14189	14410	16209	138	盘锦	Panjin	13375	11164	11401	187
承德	Chengde	13474	12819	16783	133	铁岭	Tieling	11004	9295	9280	208
沧州	Cangzhou	28327	32956	41285	51	朝阳	Chaoyang	11656	13237	14348	158
廊坊	Langfang	14673	15410	15448	147	葫芦岛	Huludao	10472	10852	10851	193
衡水	Hengshui	9795	10855	11719	180	吉林	**Jilin**	**107751**	**110574**	**118304**	
山西	**Shanxi**	**239761**	**213385**	**249301**		长春	Changchun	33353	39739	43245	46
太原	Taiyuan	59764	51275	63019	30	吉林	Jilin	16671	16870	15938	141
大同	Datong	24691	24377	25733	81	四平	Siping	9729	21848	20650	103
阳泉	Yangquan	11066	10992	10519	198	辽源	Liaoyuan	5436	4938	5256	244
长治	Changzhi	17381	19634	23287	90	通化	Tonghua	9785	10152	9541	205
晋城	Jincheng	19688	24198	25072	83	白山	Baishan	3401	3617	3284	268
朔州	Shuozhou	15249	13436	18743	116	松原	Songyuan	16875	7902	6826	226
晋中	Jinzhong	25522	19638	21354	101	白城	Baicheng	4094	3358	3533	263
运城	Yuncheng	20718	17503	15422	148	黑龙江	**Heilongjiang**	**155267**	**138036**	**149109**	
忻州	Xinzhou	14073	12144	12781	169	哈尔滨	Harbin	54225	43640	54716	34
临汾	Linfen	19376	20583	16526	136	齐齐哈尔	Qiqihar	10062	9237	5167	247
吕梁	Luliang	12972	12078	15792	143	鸡西	Jixi	6600	4683	5285	243
内蒙古	**Inner Mongolia**	**134440**	**129928**	**138705**		鹤岗	Hegang	6213	7603	8943	211
呼和浩特	Hohhot	34789	34058	41886	50	双鸭山	Shuangyashan	3434	4721	5410	240
包头	Baotou	27601	23530	25901	80	大庆	Daqing	30555	22154	21745	99
乌海	Wuhai	2662	3016	3918	259	伊春	Yichun	1887	1645	1439	282
赤峰	Chifeng	22346	11837	21906	96	佳木斯	Jiamusi	12818	7681	10710	194
通辽	Tongliao	8336	9595	9980	201	七台河	Qitaihe	1634	1330	1357	284
鄂尔多斯	Erdos	19171	14021	13386	162	牡丹江	Mudanjiang	11644	14075	14702	153
呼伦贝尔	Hulunbuir	14938	12310	14646	155	黑河	Heihe	1904	1586	2396	276
巴彦淖尔	Bayannur	6748	6086	6756	227	绥化	Suihua	9612	8504	10903	192
乌兰察布	Ulanqab	4867	5087	8707	212	上海	**Shanghai**	**536466**	**659743**	**698368**	
辽宁	**Liaoning**	**300555**	**305791**	**332979**		江苏	**Jiangsu**	**716623**	**758358**	**836314**	

14-3 批发和零售业年末从业人数 续表 1
Employed Persons of Wholesale and Retail Trades at Year-end continued 1

单位：人 （person）

地名	City	2010	2011	2012	2012 排名 Ranking	地名	City	2010	2011	2012	2012 排名 Ranking
南京	Nanjing	148847	198874	240285	3	池州	Chizhou	4458	5499	5635	237
无锡	Wuxi	97941	85727	88854	17	宣城	Xuancheng	11088	10511	12943	166
徐州	Xuzhou	43856	55493	68350	25	**福建**	**Fujian**	**281238**	**302030**	**346190**	
常州	Changzhou	42556	46290	51297	38	福州	Fuzhou	82303	84007	95460	16
苏州	Suzhou	161254	166042	181862	6	厦门	Xiamen	76986	83243	83356	18
南通	Nantong	30586	59148	61125	33	莆田	Putian	13110	16988	16020	140
连云港	Lianyungang	24726	21698	20251	104	三明	Sanming	13201	15187	18755	115
淮安	Huaian	16174	14154	21919	95	泉州	Quanzhou	41163	46792	63525	29
盐城	Yancheng	36941	32981	31790	62	漳州	Zhangzhou	18609	26491	24515	85
扬州	Yangzhou	30204	23854	27371	73	南平	Nanping	10585	12630	11515	184
镇江	Zhenjiang	19785	24651	25931	78	龙岩	Longyan	17150	20541	21623	100
泰州	Taizhou	26838	25495	27758	71	宁德	Ningde	8131	9272	11421	186
宿迁	Suqian	14979	12406	15701	146	**江西**	**Jiangxi**	**121169**	**130791**	**146316**	
浙江	**Zhejiang**	**516727**	**609624**	**641490**		南昌	Nanchang	42127	46489	53214	35
杭州	Hangzhou	173230	196172	226014	4	景德镇	Jingdezhen	3406	3679	4576	254
宁波	Ningbo	107950	125612	135000	9	萍乡	Pingxiang	3908	4426	4791	252
温州	Wenzhou	53489	69147	62106	32	九江	Jiujiang	10770	13631	12750	170
嘉兴	Jiaxing	34896	41840	44114	44	新余	Xinyu	3721	3110	3583	262
湖州	Huzhou	15801	18536	16437	137	鹰潭	Yingtan	2008	2055	2113	280
绍兴	Shaoxing	38148	43050	43180	47	赣州	Ganzhou	10790	10904	13041	163
金华	Jinhua	29334	35664	35600	56	吉安	Jian	8038	9828	11770	179
衢州	Quzhou	9539	12552	12600	171	宜春	Yichun	16709	15930	18103	125
舟山	Zhoushan	8123	10270	10600	195	抚州	Fuzhou	8339	9998	9379	207
台州	Taizhou	32615	37052	36070	54	上饶	Shangrao	11353	10741	12996	164
丽水	Lishui	10929	16508	14176	160	**山东**	**Shandong**	**855382**	**777877**	**870327**	
安徽	**Anhui**	**261772**	**274144**	**314506**		济南	Jinan	86770	99100	119772	10
合肥	Hefei	87587	87430	100508	15	青岛	Qingdao	91225	87997	103306	13
芜湖	Wuhu	16815	21880	23582	88	淄博	Zibo	90447	50782	53191	36
蚌埠	Bengbu	9647	11916	12826	168	枣庄	Zaozhuang	22917	20153	23334	89
淮南	Huainan	8997	11139	12103	173	东营	Dongying	31117	34922	35974	55
马鞍山	Maanshan	9344	13203	14461	157	烟台	Yantai	70476	68210	71966	23
淮北	Huaibei	7282	7840	9521	206	潍坊	Weifang	71225	65669	81084	21
铜陵	Tongling	4110	5154	5687	236	济宁	Jining	65950	62314	66224	28
安庆	Anqing	17701	15943	19641	111	泰安	Taian	49718	46175	48083	41
黄山	Huangshan	3978	5439	6135	229	威海	Weihai	40075	38945	30609	65
滁州	Chuzhou	13805	17528	19668	110	日照	Rizhao	17560	16009	16558	135
阜阳	Fuyang	19531	22239	24696	84	莱芜	Laiwu	9726	10540	12556	172
宿州	Suzhou	8640	10766	12884	167	临沂	Linyi	66515	67735	67624	26
六安	Liuan	16905	18714	19879	109	德州	Dezhou	37251	37888	36999	52
亳州	Bozhou	10036	11108	14235	159	聊城	Liaocheng	28970	29279	31503	63

14-3 批发和零售业年末从业人数 续表 2
Employed Persons of Wholesale and Retail Trades at Year-end continued 2

单位：人 (person)

地名	City	2010	2011	2012	2012 排名 Ranking
滨州	Binzhou	28348	27640	27155	74
菏泽	Heze	47092	45834	44069	45
河南	**Henan**	**444710**	**440712**	**454403**	
郑州	Zhengzhou	89339	87715	101224	14
开封	Kaifeng	20498	18263	23191	91
洛阳	Luoyang	35243	38990	44936	43
平顶山	Pingdingshan	27240	23079	28397	70
安阳	Anyang	19999	18724	18732	118
鹤壁	Hebi	6130	6724	8548	213
新乡	Xinxiang	25816	23471	26838	75
焦作	Jiaozuo	18679	15185	18738	117
濮阳	Puyang	16491	12708	15858	142
许昌	Xuchang	18847	18067	20062	106
漯河	Luohe	12752	10159	11584	182
三门峡	Sanmenxia	12782	10056	10589	197
南阳	Nanyang	47791	45584	49796	40
商丘	Shangqiu	18716	20584	22899	92
信阳	Xinyang	28747	27866	31384	64
周口	Zhoukou	31472	30389	34160	58
驻马店	Zhumadian	32403	28737	32039	61
湖北	**Hubei**	**360100**	**356798**	**412304**	
武汉	Wuhan	185673	181300	201748	5
黄石	Huangshi	6430	12497	11927	177
十堰	Shiyan	17552	20212	20005	107
宜昌	Yichang	18559	24209	29363	67
襄阳	Xiangfan	25664	27002	28843	69
鄂州	Ezhou	3420	2470	3433	265
荆门	Jingmen	12369	15820	16828	131
孝感	Xiaogan	96	15495	15205	150
荆州	Jingzhou	10155	10474	14503	156
黄冈	Huanggang	30251	15306	16958	130
咸宁	Xianning	4267	9879	10512	199
随州	Suizhou	9889	10097	9802	202
湖南	**Hunan**	**237361**	**238308**	**89596**	
长沙	Changsha	92064	100895	159588	8
株洲	Zhuzhou	12810	14564	25921	79
湘潭	Xiangtan	9934	12340	18904	114
衡阳	Hengyang	16699	17442	36826	53
邵阳	Shaoyang	10566	11235	19098	113
岳阳	Yueyang	11385	15297	27470	72
常德	Changde	11353	13099	26574	76
张家界	Zhangjiajie	4318	5229	11178	190
益阳	Yiyang	7002	9306	16096	139
郴州	Chenzhou	15489	15565	25393	82
永州	Yongzhou	12580	10885	17195	129
怀化	Huaihua	9263	8686	13900	161
娄底	Loudi	8468	8926	15704	145
广东	**Guangdong**	**888237**	**993603**	**1135041**	
广州	Guangzhou	283089	309625	373933	1
韶关	Shaoguan	8030	9379	9800	203
深圳	Shenzhen	245886	274815	324370	2
珠海	Zhuhai	29127	30374	33199	59
汕头	Shantou	11704	15430	18370	120
佛山	Foshan	61913	64517	66603	27
江门	Jiangmen	18364	23101	21770	98
湛江	Zhanjiang	14445	16181	18125	124
茂名	Maoming	17264	19081	20111	105
肇庆	Zhaoqing	13121	19148	15015	151
惠州	Huizhou	22175	24879	28872	68
梅州	Meizhou	8212	8850	11256	188
汕尾	Shanwei	5343	5245	5087	248
河源	Heyuan	3339	4781	5410	240
阳江	Yangjiang	3774	5009	7009	224
清远	Qingyuan	7305	6931	7461	220
东莞	Dongguan	63906	70643	81198	20
中山	ZhongShan	42219	47207	45227	42
潮州	Chaozhou	5771	8748	5181	245
揭阳	Jieyang	19151	20385	26449	77
云浮	Yunfu	9794	11044	10595	196
广西	**Guangxi**	**122788**	**143712**	**164632**	
南宁	Nanning	43604	26652	61595	31
柳州	Liuzhou	20611	14195	24455	86
桂林	Guilin	13605	13809	17238	127
梧州	Wuzhou	4179	3836	4163	256
北海	Beihai	3697	2448	6545	228
防城港	Fangchenggang	1361	891	2372	278
钦州	Qinzhou	4725	5617	5805	234
贵港	Guigang	5694	3432	4953	250
玉林	Yulin	10857	11995	15274	149
百色	Baise	5469	1763	7159	223

14-3 批发和零售业年末从业人数 续表 3
Employed Persons of Wholesale and Retail Trades at Year-end continued 3

单位：人 (person)

地名	City	2010	2011	2012	2012 排名 Ranking
贺州	Hezhou	1832	3021	3658	261
河池	Hechi	3819	4806	5811	233
来宾	Laibin	1421	1659	2459	275
崇左	Chongzuo	1950	1802	2693	273
海南	**Hainan**	**39117**	**42464**	**42063**	
海口	Haikou	30198	29040	30365	66
三亚	Sanya	3123	3566	3991	258
重庆	**Chongqing**	**222281**	**252979**	**262157**	
四川	**Sichuan**	**302200**	**255696**	**393014**	
成都	Chengdu	239516	182206	171879	7
自贡	Zigong	12183	8589	10175	200
攀枝花	Panzhihua	9571	7077	7908	215
泸州	Luzhou	15469	14968	17359	126
德阳	Deyang	15875	10952	12945	165
绵阳	Mianyang	20637	15154	16819	132
广元	Guangyuan	7717	7300	6830	225
遂宁	Suining	11820	11790	9590	204
内江	Neijiang	11977	10138	12045	174
乐山	Leshan	12977	9900	10966	191
南充	Nanchong	14521	12217	14735	152
眉山	Meishan	10607	7340	5982	230
宜宾	Yibin	13403	10710	11820	178
广安	Guangan	11570	10166	7732	217
达州	Dazhou	17911	17044	18415	119
雅安	Yaan	4430	3117	3343	267
巴中	Bazhong	5330	4353	5826	232
资阳	Ziyang	22603	8478	11233	189
贵州	**Guizhou**	**79220**	**88731**	**106440**	
贵阳	Guiyang	29501	33954	43164	48
六盘水	Liupanshui	4631	5594	7296	222
遵义	Zunyi	16253	16990	17208	128
安顺	Anshun	3681	3859	3835	260
毕节	Bijie	6193	8290	11429	185
铜仁	Tongren	3681	4038	5761	235
云南	**Yunnan**	**162841**	**165151**	**198534**	
昆明	Kunming	75497	75000	83223	19
曲靖	Qujing	12277	18000	21981	94
玉溪	Yuxi	10924	14000	18300	122
保山	Baoshan	7038	6800	9100	209
昭通	Zhaotong	5108	6200	7740	216
丽江	Lijiang	3370	3500	5609	238
普洱	Puer	4833	1500	7640	218
临沧	Lincang	2185	3800	5411	239
西藏	**Tibet**	**6152**	**6891**	**7505**	
拉萨	Lhasa	2027	4359	5169	246
陕西	**Shaanxi**	**195151**	**208894**	**238562**	
西安	Xi'an	99692	105156	119338	11
铜川	Tongchuan	2594	3551	4992	249
宝鸡	Baoji	14957	15156	18259	123
咸阳	Xianyang	15432	16503	18338	121
渭南	Weinan	16132	20002	22166	93
延安	Yan'an	7256	7819	9049	210
汉中	Hanzhong	9782	9665	12021	175
榆林	Yulin	17726	20002	21835	97
安康	Ankang	8060	7355	8524	214
商洛	Shangluo	2741	2942	3500	264
甘肃	**Gansu**	**66546**	**69154**	**83070**	
兰州	Lanzhou	29738	30408	34427	57
嘉峪关	Jiayuguan	1604	1827	2341	279
金昌	Jinchang	1618	1467	1905	281
白银	Baiyin	4915	5508	4185	255
天水	Tianshui	5635	5839	11539	183
武威	Wuwei	2020	2020	2374	277
张掖	Zhangye	3646	2975	3248	269
平凉	Pingliang	3267	3492	3377	266
酒泉	Jiuquan	4533	5122	5299	242
庆阳	Qingyang	3261	3278	5973	231
定西	Dingxi	2556	2480	2494	274
陇南	Longnan	2087	2584	3216	270
青海	**Qinghai**	**17203**	**19337**	**22134**	
西宁	Xining		19921	19944	108
宁夏	**Ningxia**	**30061**	**33601**	**35964**	
银川	Yinchuan	20176	21261	24329	87
石嘴山	Shizuishan	2784	3386	3187	271
吴忠	Wuzhong	2481	3157	2990	272
固原	Guyuan	1468	1562	1365	283
中卫	Zhongwei	3152	4235	4093	257
新疆	**Xinjiang**	**95191**	**103436**	**111173**	
乌鲁木齐	Urumqi	63771	48037	50654	39
克拉玛依	Karamay	6520	5501	4602	253

14-4 批发和零售业商品销售额
Total Sales of Commodities of Wholesale and Retail Trades

单位：亿元 （100 million yuan）

地名	City	2010	2012	2013	2013 排名 Ranking	地名	City	2010	2012	2013	2013 排名 Ranking
全国	**Nation Total**	**276635.7**	**410532.7**	**496603.8**		沈阳	Shenyang	5503.66	8150.95	8184.50	8
北京	**Beijing**	**37203.90**	**52381.40**	**56970.74**		大连	Dalian	2549.30	3646.08	3979.36	19
天津	**Tianjin**	**13642.50**	**23061.90**	**28541.70**		鞍山	Anshan	921.57	1097.53	1477.09	59
河北	**Hebei**	**5463.50**	**9146.00**	**11254.52**		抚顺	Fushun	242.03	368.28	393.60	138
石家庄	Shijiazhuang	1294.88	1864.77	2455.41	31	本溪	Benxi	85.31	150.16	193.01	216
唐山	Tangshan	1205.76	2238.87	2864.98	25	丹东	Dandong	162.09	203.87	217.69	204
秦皇岛	Qinhuangdao	531.25	793.38	819.72	88	锦州	Jinzhou	217.38	331.84	361.23	145
邯郸	Handan	572.68	1151.71	1504.76	56	营口	Yingkou	161.99	280.70	463.91	129
邢台	Xingtai	213.73	357.06	392.23	139	阜新	Fuxin	115.70	267.36	321.23	152
保定	Baoding	593.24	968.19	1156.73	69	辽阳	Liaoyang	115.18	213.18	277.28	177
张家口	Zhangjiakou	189.79	334.46	357.00	146	盘锦	Panjin	172.50	370.66	488.19	124
承德	Chengde	186.70	261.89	261.99	186	铁岭	Tieling	136.11	252.81	205.42	209
沧州	Cangzhou	287.29	579.42	667.49	102	朝阳	Chaoyang	136.52	230.39	264.97	184
廊坊	Langfang	252.05	355.88	429.18	134	葫芦岛	Huludao	110.71	170.39	239.36	198
衡水	Hengshui	136.10	240.45	345.02	148	吉林	**Jilin**	**2230.40**	**3322.40**	**3582.48**	
山西	**Shanxi**	**5549.50**	**10866.80**	**12072.65**		长春	Changchun	1087.49	1452.17	1578.90	53
太原	Taiyuan	2208.38	4021.92	4322.88	16	吉林	Jilin	487.64	768.02	799.70	89
大同	Datong	238.64	1050.12	1389.83	61	四平	Siping	117.83	245.57	267.56	183
阳泉	Yangquan	399.62	732.78	1046.19	73	辽源	Liaoyuan	35.06	82.21	95.82	254
长治	Changzhi	690.76	1613.45	1699.31	51	通化	Tonghua	178.62	250.78	286.69	170
晋城	Jincheng	315.71	526.05	467.42	128	白山	Baishan	31.65	58.63	47.78	282
朔州	Shuozhou	227.22	473.32	440.26	133	松原	Songyuan	102.15	166.22	203.07	211
晋中	Jinzhong	395.40	760.43	776.03	91	白城	Baicheng	67.43	101.68	106.67	247
运城	Yuncheng	206.21	292.77	394.24	137	黑龙江	**Heilongjiang**	**3034.10**	**4965.40**	**5698.20**	
忻州	Xinzhou	225.65	372.69	355.82	147	哈尔滨	Harbin	1394.37	1770.18	2249.40	36
临汾	Linfen	380.78	532.40	634.31	109	齐齐哈尔	Qiqihar	100.40	184.05	250.32	195
吕梁	Luliang	262.45	490.93	546.36	118	鸡西	Jixi	64.31	120.67	144.34	233
内蒙古	**Inner Mongolia**	**2951.50**	**3949.60**	**4456.75**		鹤岗	Hegang	35.23	52.25	52.41	280
呼和浩特	Hohhot	668.30	923.69	1170.05	68	双鸭山	Shuangyashan	31.17	49.65	59.93	274
包头	Baotou	649.99	972.66	1122.50	70	大庆	Daqing	661.90	1512.16	1586.10	52
乌海	Wuhai	53.04	117.10	187.69	220	伊春	Yichun	27.90	37.56	37.78	284
赤峰	Chifeng	184.66	270.86	316.98	155	佳木斯	Jiamusi	71.05	106.38	109.94	246
通辽	Tongliao	245.39	322.00	269.20	181	七台河	Qitaihe	29.19	40.66	39.70	283
鄂尔多斯	Erdos	730.40	804.99	859.09	85	牡丹江	Mudanjiang	396.90	488.73	370.06	143
呼伦贝尔	Hulunbuir	252.12	270.40	267.73	182	黑河	Heihe	34.48	55.07	57.70	277
巴彦淖尔	Bayannur	75.15	110.01	116.87	239	绥化	Suihua	71.47	146.89	189.13	218
乌兰察布	Ulanqab	44.47	96.92	79.74	265	上海	**Shanghai**	**31678.20**	**47751.50**	**57471.33**	
辽宁	**Liaoning**	**10630.00**	**15184.40**	**16447.89**		江苏	**Jiangsu**	**26994.90**	**35005.70**	**45600.89**	

14-4 批发和零售业商品销售额 续表 1
Total Sales of Commodities of Wholesale and Retail Trades continued 1

单位：亿元 (100 million yuan)

地名	City	2010	2012	2013	2013 排名 Ranking	地名	City	2010	2012	2013	2013 排名 Ranking
南京	Nanjing	6816.70	9835.90	9118.90	7	池州	Chizhou	55.38	85.21	103.86	250
无锡	Wuxi	5591.26	6160.90	6010.54	12	宣城	Xuancheng	169.15	203.35	220.97	203
徐州	Xuzhou	784.07	1743.30	2043.21	41	福建	**Fujian**	**8304.10**	**13785.90**	**16029.30**	
常州	Changzhou	1667.77	1981.80	2399.97	33	福州	Fuzhou	1850.15	3703.04	3414.01	23
苏州	Suzhou	10247.21	9613.80	10386.55	4	厦门	Xiamen	4166.16	5910.74	6158.49	11
南通	Nantong	1209.49	1812.30	1948.42	44	莆田	Putian	198.02	513.98	639.89	107
连云港	Lianyungang	399.80	631.70	697.33	100	三明	Sanming	276.69	504.66	572.33	113
淮安	Huaian	220.51	413.00	566.55	114	泉州	Quanzhou	918.97	1706.84	2245.47	37
盐城	Yancheng	458.84	713.60	889.63	82	漳州	Zhangzhou	336.72	502.32	595.34	112
扬州	Yangzhou	447.09	692.40	905.06	81	南平	Nanping	159.43	258.15	263.04	185
镇江	Zhenjiang	490.89	758.50	871.95	84	龙岩	Longyan	281.85	476.05	506.22	121
泰州	Taizhou	667.22	1012.00	1193.29	65	宁德	Ningde	116.11	210.07	225.60	202
宿迁	Suqian	265.78	423.70	463.77	130	江西	**Jiangxi**	**2019.30**	**2939.00**	**3399.62**	
浙江	**Zhejiang**	**23472.20**	**32683.00**	**38388.03**		南昌	Nanchang	1019.91	1549.31	1738.88	50
杭州	Hangzhou	10267.25	13240.57	15861.42	3	景德镇	Jingdezhen	48.89	69.33	89.08	259
宁波	Ningbo	7506.60	8087.66	9552.41	5	萍乡	Pingxiang	43.96	70.05	77.04	267
温州	Wenzhou	1797.08	2464.68	2593.77	28	九江	Jiujiang	114.56	190.67	214.07	205
嘉兴	Jiaxing	1158.36	1722.02	1939.82	45	新余	Xinyu	60.63	78.27	90.10	257
湖州	Huzhou	569.15	1297.79	1771.26	49	鹰潭	Yingtan	112.74	56.19	80.55	264
绍兴	Shaoxing	610.97	1654.42	2015.61	43	赣州	Ganzhou	136.64	225.07	275.02	178
金华	Jinhua	938.35	1141.46	1287.06	63	吉安	Jian	79.46	131.75	148.58	231
衢州	Quzhou	62.62	418.24	485.99	125	宜春	Yichun	173.41	272.96	334.36	150
舟山	Zhoushan	353.32	809.55	827.94	86	抚州	Fuzhou	99.88	112.27	125.75	237
台州	Taizhou	1082.48	1321.37	1453.26	60	上饶	Shangrao	129.22	183.18	226.19	201
丽水	Lishui	272.82	454.87	476.19	126	山东	**Shandong**	**16105.60**	**24366.90**	**31193.40**	
安徽	**Anhui**	**5144.80**	**7717.00**	**8901.78**		济南	Jinan	2211.05	3393.95	4209.15	17
合肥	Hefei	2625.75	3622.73	3855.77	20	青岛	Qingdao	3073.74	4619.06	5620.65	13
芜湖	Wuhu	337.61	662.54	721.80	97	淄博	Zibo	1151.19	1558.87	1844.67	46
蚌埠	Bengbu	137.45	247.03	312.86	157	枣庄	Zaozhuang	268.75	442.72	739.70	93
淮南	Huainan	97.08	219.18	287.82	169	东营	Dongying	447.01	830.87	1056.83	72
马鞍山	Maanshan	307.36	301.71	505.79	122	烟台	Yantai	1469.78	2085.85	2577.65	29
淮北	Huaibei	71.63	132.67	176.68	223	潍坊	Weifang	1603.72	2117.82	2718.74	26
铜陵	Tongling	98.29	141.04	161.51	228	济宁	Jining	899.17	1481.45	1818.71	47
安庆	Anqing	142.88	235.21	292.31	163	泰安	Taian	913.17	1539.41	2128.72	40
黄山	Huangshan	66.63	105.51	128.27	235	威海	Weihai	503.53	749.20	963.93	76
滁州	Chuzhou	145.26	264.51	312.45	158	日照	Rizhao	370.28	694.44	1563.37	55
阜阳	Fuyang	401.06	626.09	789.87	90	莱芜	Laiwu	231.91	324.55	288.19	167
宿州	Suzhou	124.59	354.10	495.14	123	临沂	Linyi	1006.08	1640.18	2037.75	42
六安	Liuan	153.90	335.81	281.84	174	德州	Dezhou	460.02	621.04	1079.92	71
亳州	Bozhou	98.55	201.44	254.93	189	聊城	Liaocheng	503.19	753.97	933.31	78

14-4　批发和零售业商品销售额　续表 2
Total Sales of Commodities of Wholesale and Retail Trades continued 2

单位：亿元　(100 million yuan)

地名	City	2010	2012	2013	2013 排名 Ranking	地名	City	2010	2012	2013	2013 排名 Ranking
滨州	Binzhou	371.75	556.32	659.13	104	常德	Changde	1354.39	199.63	284.72	172
菏泽	Heze	621.27	957.19	952.98	77	张家界	Zhangjiajie	409.76	53.24	62.97	271
河南	**Henan**	**6340.30**	**8772.10**	**10223.65**		益阳	Yiyang	1153.66	161.18	245.04	197
郑州	Zhengzhou	2339.11	3247.48	3516.02	22	郴州	Chenzhou	2486.32	406.77	562.44	116
开封	Kaifeng	179.48	243.29	315.95	156	永州	Yongzhou	1460.09	201.57	207.19	208
洛阳	Luoyang	545.20	844.70	1040.21	74	怀化	Huaihua	1311.34	135.76	179.61	221
平顶山	Pingdingshan	528.72	617.03	729.32	95	娄底	Loudi	1210.44	224.90	284.50	173
安阳	Anyang	341.67	388.61	471.64	127	**广东**	**Guangdong**	**31759.80**	**45040.40**	**62082.66**	
鹤壁	Hebi	49.39	88.86	112.89	243	广州	Guangzhou	15445.39	31800.33	41334.90	1
新乡	Xinxiang	277.39	441.37	530.94	120	韶关	Shaoguan	129.94	604.51	718.32	98
焦作	Jiaozuo	167.94	264.94	277.29	176	深圳	Shenzhen	6615.28	14657.78	19393.34	2
濮阳	Puyang	112.06	259.77	311.38	159	珠海	Zhuhai	916.66	2080.12	2517.17	30
许昌	Xuchang	189.41	358.09	427.03	135	汕头	Shantou	405.05	1853.37	2213.60	38
漯河	Luohe	141.20	206.71	251.01	193	佛山	Foshan	2535.52	6083.83	7065.59	9
三门峡	Sanmenxia	157.84	223.38	259.30	187	江门	Jiangmen	440.81	1370.90	1497.51	57
南阳	Nanyang	447.46	579.33	725.51	96	湛江	Zhanjiang	431.34	1528.96	2138.06	39
商丘	Shangqiu	405.92	556.33	628.16	110	茂名	Maoming	489.04	1607.61	2328.03	35
信阳	Xinyang	156.29	254.40	317.19	154	肇庆	Zhaoqing	264.67	763.27	908.13	80
周口	Zhoukou	206.45	292.06	367.82	144	惠州	Huizhou	525.67	1251.78	1484.39	58
驻马店	Zhumadian	206.45	328.18	390.15	141	梅州	Meizhou	147.59	626.67	703.75	99
湖北	**Hubei**	**8013.10**	**12312.90**	**15446.84**		汕尾	Shanwei	68.39	553.18	634.43	108
武汉	Wuhan	6035.71	8826.32	9424.96	6	河源	Heyuan	69.16	278.72	327.72	151
黄石	Huangshi	145.78	242.68	289.71	165	阳江	Yangjiang	68.15	710.52	820.79	87
十堰	Shiyan	270.48	314.44	383.85	142	清远	Qingyuan	144.26	594.60	646.49	105
宜昌	Yichang	223.12	574.00	664.36	103	东莞	Dongguan	1428.61	2522.89	3390.96	24
襄阳	Xiangfan	156.23	506.79	645.78	106	中山	ZhongShan	1080.82	2117.53	2353.38	34
鄂州	Ezhou	166.23	57.04	84.08	261	潮州	Chaozhou	194.60	639.26	738.25	94
荆门	Jingmen	352.62	247.47	288.10	168	揭阳	Jieyang	603.84	1081.70	1323.18	62
孝感	Xiaogan	124.32	249.83	291.67	164	云浮	Yunfu	103.73	313.24	398.90	136
荆州	Jingzhou	135.76	226.50	278.47	175	**广西**	**Guangxi**	**2589.30**	**4227.60**	**4867.52**	
黄冈	Huanggang	152.12	277.05	337.78	149	南宁	Nanning	1124.70	2019.30	2410.22	32
咸宁	Xianning	98.19	239.60	288.80	166	柳州	Liuzhou	592.34	1706.50	964.33	75
随州	Suizhou	105.36	216.69	272.70	179	桂林	Guilin	179.36	245.60	913.24	79
湖南	**Hunan**	**3764.50**	**5915.90**	**7640.78**		梧州	Wuzhou	70.93	89.24	95.77	255
长沙	Changsha	20929.09	2934.27	3667.65	21	北海	Beihai	29.32	98.55	90.89	256
株洲	Zhuzhou	3014.88	381.27	531.36	119	防城港	Fangchenggang	38.92	81.01	90.06	258
湘潭	Xiangtan	1220.40	197.81	252.52	191	钦州	Qinzhou	85.98	206.64	254.81	190
衡阳	Hengyang	1882.96	336.88	450.80	132	贵港	Guigang	64.68	93.89	111.54	244
邵阳	Shaoyang	1353.96	185.75	250.35	194	玉林	Yulin	146.07	224.40	270.50	180
岳阳	Yueyang	2017.23	400.67	558.69	117	百色	Baise	75.04	106.10	308.08	160

14-4 批发和零售业商品销售额 续表 3

Total Sales of Commodities of Wholesale and Retail Trades continued 3

单位：亿元 (100 million yuan)

地名	City	2010	2012	2013	2013 排名 Ranking	地名	City	2010	2012	2013	2013 排名 Ranking
贺州	Hezhou	146.79	71.28	71.09	269	丽江	Lijiang	61.26	90.30	106.20	248
河池	Hechi	741.90	98.50	98.77	253	普洱	Puer	65.34	128.21	236.13	199
来宾	Laibin	12.02	59.79	59.45	275	临沧	Lincang	50.66	89.98	101.20	252
崇左	Chongzuo	31.38	60.22	72.95	268	**西藏**	**Tibet**	**92.10**	**141.10**	**180.29**	
海南	**Hainan**	**1406.70**	**1939.50**	**2726.84**		拉萨	Lhasa	77.58	90.64	123.54	238
海口	Haikou	1069.26	1463.77	1818.25	48	**陕西**	**Shaanxi**	**4224.10**	**6697.50**	**7709.26**	
三亚	Sanya	72.90	184.08	203.22	210	西安	Xi'an	2144.01	3610.28	4121.69	18
重庆	**Chongqing**	**5610.10**	**8234.20**	**9521.44**		铜川	Tongchuan	19.35	49.44	57.74	276
四川	**Sichuan**	**5508.60**	**9696.90**	**11038.49**		宝鸡	Baoji	378.92	514.14	623.96	111
成都	Chengdu	3638.79	5965.26	6356.27	10	咸阳	Xianyang	372.19	613.95	671.93	101
自贡	Zigong	78.47	198.26	296.03	162	渭南	Weinan	119.13	238.40	299.09	161
攀枝花	Panzhihua	134.95	202.09	258.92	188	延安	Yan'an	82.84	131.92	151.24	230
泸州	Luzhou	123.23	290.90	463.50	131	汉中	Hanzhong	93.57	177.45	212.91	206
德阳	Deyang	243.42	303.10	391.00	140	榆林	Yulin	914.31	1189.10	1173.58	67
绵阳	Mianyang	181.27	541.95	563.86	115	安康	Ankang	65.07	120.26	136.67	234
广元	Guangyuan	59.06	114.19	126.35	236	商洛	Shangluo	32.57	48.69	61.28	273
遂宁	Suining	67.11	144.45	169.14	226	**甘肃**	**Gansu**	**2021.40**	**3190.10**	**3868.09**	
内江	Neijiang	91.81	161.12	198.31	212	兰州	Lanzhou	1404.11	2157.81	2666.92	27
乐山	Leshan	107.27	183.18	212.54	207	嘉峪关	Jiayuguan	61.74	107.47	173.08	224
南充	Nanchong	95.90	194.50	251.14	192	金昌	Jinchang	21.32	42.35	49.58	281
眉山	Meishan	81.14	145.33	195.50	215	白银	Baiyin	38.95	82.31	103.84	251
宜宾	Yibin	138.00	264.85	317.20	153	天水	Tianshui	82.42	144.15	178.52	222
广安	Guangan	72.54	160.20	188.88	219	武威	Wuwei	30.21	47.43	57.10	278
达州	Dazhou	101.94	216.54	285.21	171	张掖	Zhangye	38.58	71.81	83.69	262
雅安	Yaan	30.32	45.44	68.18	270	平凉	Pingliang	34.68	60.27	61.82	272
巴中	Bazhong	34.98	76.48	106.04	249	酒泉	Jiuquan	171.63	238.11	228.85	200
资阳	Ziyang	60.66	122.63	159.68	229	庆阳	Qingyang	35.87	75.70	79.45	266
贵州	**Guizhou**	**1582.70**	**2806.80**	**3535.85**		定西	Dingxi	39.88	68.52	82.52	263
贵阳	Guiyang	731.15	1215.17	1570.07	54	陇南	Longnan	37.04	52.11	54.74	279
六盘水	Liupanshui	93.19	218.39	249.56	196	**青海**	**Qinghai**	**409.80**	**1080.80**	**1329.67**	
遵义	Zunyi	319.74	623.25	745.09	92	西宁	Xining		516.45	1177.34	66
安顺	Anshun	62.53	91.48	114.20	242	**宁夏**	**Ningxia**	**652.4**	**1051.2**	**1072.1**	
毕节	Bijie	100.10	162.68	195.86	214	银川	Yinchuan	513.45	824.28	1200.19	64
铜仁	Tongren	46.68	86.59	111.03	245	石嘴山	Shizuishan	49.19	70.61	163.94	227
云南	**Yunnan**	**4295.50**	**6785.90**	**7601.51**		吴忠	Wuzhong	40.84	61.46	197.55	213
昆明	Kunming	2519.55	4233.42	4560.47	15	固原	Guyuan	18.23	26.64	86.85	260
曲靖	Qujing	277.03	467.57	876.30	83	中卫	Zhongwei	30.68	68.23	115.71	241
玉溪	Yuxi	425.56	335.70	189.60	217	**新疆**	**Xinjiang**	**3941.10**	**5512.90**	**7749.58**	
保山	Baoshan	74.35	115.24	116.06	240	乌鲁木齐	Urumqi	2595.86	3341.24	4829.65	14
昭通	Zhaotong	100.35	162.43	172.34	225	克拉玛依	Karamay	79.45	134.84	148.02	232

14-5 住宿和餐饮业法人企业数

Number of Corporation Enterprises of Hotels and Catering Services

单位：个 (unit)

地名	City	2010	2011	2012	2012 排名 Ranking	地名	City	2010	2011	2012	2012 排名 Ranking
全国	**Nation Total**	**37308**	**39002**	**40499**		沈阳	Shenyang	243	257	276	27
北京	**Beijing**	**3377**	**3301**	**3117**		大连	Dalian	281	332	329	22
天津	**Tianjin**	**613**	**633**	**618**		鞍山	Anshan	174	173	175	51
河北	**Hebei**	**833**	**900**	**937**		抚顺	Fushun	44	43	44	201
石家庄	Shijiazhuang	101	112	113	83	本溪	Benxi	40	41	39	210
唐山	Tangshan	96	102	104	98	丹东	Dandong	93	93	93	110
秦皇岛	Qinhuangdao	81	83	88	117	锦州	Jinzhou	55	59	63	164
邯郸	Handan	104	106	107	91	营口	Yingkou	73	72	72	143
邢台	Xingtai	44	58	71	145	阜新	Fuxin	15	14	22	249
保定	Baoding	116	124	132	76	辽阳	Liaoyang	39	38	33	225
张家口	Zhangjiakou	93	100	93	110	盘锦	Panjin	49	35	35	219
承德	Chengde	57	61	67	155	铁岭	Tieling	19	19	21	254
沧州	Cangzhou	54	58	60	170	朝阳	Chaoyang	30	27	31	234
廊坊	Langfang	54	58	62	165	葫芦岛	Huludao	34	39	38	213
衡水	Hengshui	33	38	40	209	吉林	**Jilin**	**438**	**363**	**360**	
山西	**Shanxi**	**878**	**898**	**979**		长春	Changchun	114	108	106	97
太原	Taiyuan	201	222	245	39	吉林	Jilin	108	72	72	143
大同	Datong	89	85	103	100	四平	Siping	33	25	23	248
阳泉	Yangquan	42	41	46	196	辽源	Liaoyuan	10	14	15	266
长治	Changzhi	100	111	108	90	通化	Tonghua	37	29	32	229
晋城	Jincheng	62	54	69	150	白山	Baishan	24	18	19	261
朔州	Shuozhou	61	55	59	172	松原	Songyuan	34	21	21	254
晋中	Jinzhong	64	63	71	145	白城	Baicheng	10	9	8	282
运城	Yuncheng	71	71	66	160	黑龙江	**Heilongjiang**	**479**	**498**	**488**	
忻州	Xinzhou	48	47	71	145	哈尔滨	Harbin	250	255	247	37
临汾	Linfen	89	85	76	136	齐齐哈尔	Qiqihar	33	33	33	225
吕梁	Luliang	51	59	59	172	鸡西	Jixi	12	14	14	270
内蒙古	**Inner Mongolia**	**787**	**762**	**743**		鹤岗	Hegang	11	11	12	276
呼和浩特	Hohhot	211	191	191	45	双鸭山	Shuangyashan	12	15	13	273
包头	Baotou	119	116	107	91	大庆	Daqing	42	43	34	223
乌海	Wuhai	21	17	18	264	伊春	Yichun	26	25	26	241
赤峰	Chifeng	80	82	84	122	佳木斯	Jiamusi	23	18	21	254
通辽	Tongliao	32	38	30	235	七台河	Qitaihe	4	4	8	282
鄂尔多斯	Erdos	112	110	104	98	牡丹江	Mudanjiang	42	46	45	198
呼伦贝尔	Hulunbuir	77	77	77	134	黑河	Heihe	7	9	10	279
巴彦淖尔	Bayannur	14	13	14	270	绥化	Suihua	6	7	9	281
乌兰察布	Ulanqab	38	39	32	229	上海	**Shanghai**	**1856**	**2167**	**2027**	
辽宁	**Liaoning**	**1189**	**1242**	**1274**		江苏	**Jiangsu**	**2461**	**2659**	**2747**	

14-5 住宿和餐饮业法人企业数 续表 1

Number of Corporation Enterprises of Hotels and Catering Services continued 1

单位：个 (unit)

地名	City	2010	2011	2012	2012 排名 Ranking	地名	City	2010	2011	2012	2012 排名 Ranking
南京	Nanjing	599	649	639	7	池州	Chizhou	47	53	51	188
无锡	Wuxi	265	285	282	26	宣城	Xuancheng	64	71	76	136
徐州	Xuzhou	183	201	223	43	**福建**	**Fujian**	**1073**	**1236**	**1401**	
常州	Changzhou	146	149	147	66	福州	Fuzhou	277	321	394	14
苏州	Suzhou	471	486	466	11	厦门	Xiamen	212	256	276	27
南通	Nantong	109	124	131	78	莆田	Putian	39	48	56	182
连云港	Lianyungang	96	105	101	101	三明	Sanming	68	82	84	122
淮安	Huaian	93	98	136	72	泉州	Quanzhou	190	218	251	34
盐城	Yancheng	93	110	136	72	漳州	Zhangzhou	72	82	94	108
扬州	Yangzhou	147	156	164	59	南平	Nanping	83	88	84	122
镇江	Zhenjiang	101	114	121	80	龙岩	Longyan	74	77	87	119
泰州	Taizhou	97	107	113	83	宁德	Ningde	58	64	75	139
宿迁	Suqian	60	75	88	117	**江西**	**Jiangxi**	**733**	**623**	**615**	
浙江	**Zhejiang**	**2161**	**2408**	**2489**		南昌	Nanchang	262	182	165	58
杭州	Hangzhou	762	853	834	4	景德镇	Jingdezhen	42	38	34	223
宁波	Ningbo	386	447	456	12	萍乡	Pingxiang	21	20	21	254
温州	Wenzhou	437	236	264	30	九江	Jiujiang	65	56	58	178
嘉兴	Jiaxing	145	159	174	53	新余	Xinyu	30	30	28	239
湖州	Huzhou	80	84	92	113	鹰潭	Yingtan	17	20	19	261
绍兴	Shaoxing	125	139	153	63	赣州	Ganzhou	73	69	69	150
金华	Jinhua	130	150	162	60	吉安	Jian	63	62	59	172
衢州	Quzhou	33	38	41	204	宜春	Yichun	34	40	41	204
舟山	Zhoushan	94	101	107	91	抚州	Fuzhou	38	28	29	237
台州	Taizhou	120	127	132	76	上饶	Shangrao	88	78	92	113
丽水	Lishui	71	73	69	150	**山东**	**Shandong**	**4130**	**3413**	**3189**	
安徽	**Anhui**	**1021**	**1188**	**1323**		济南	Jinan	360	357	381	15
合肥	Hefei	248	328	332	19	青岛	Qingdao	358	364	362	17
芜湖	Wuhu	78	94	109	89	淄博	Zibo	517	363	241	41
蚌埠	Bengbu	53	58	62	165	枣庄	Zaozhuang	118	103	111	86
淮南	Huainan	27	31	45	198	东营	Dongying	72	63	67	155
马鞍山	Maanshan	41	64	68	153	烟台	Yantai	411	356	368	16
淮北	Huaibei	12	7	11	278	潍坊	Weifang	231	231	240	42
铜陵	Tongling	41	54	71	145	济宁	Jining	293	279	258	33
安庆	Anqing	88	97	110	88	泰安	Taian	389	268	242	40
黄山	Huangshan	80	78	98	104	威海	Weihai	210	196	185	46
滁州	Chuzhou	50	60	84	122	日照	Rizhao	66	63	65	161
阜阳	Fuyang	52	57	67	155	莱芜	Laiwu	23	35	41	204
宿州	Suzhou	23	38	41	204	临沂	Linyi	214	158	148	65
六安	Liuan	56	60	62	165	德州	Dezhou	342	152	116	82
亳州	Bozhou	20	38	35	219	聊城	Liaocheng	106	94	96	107

14-5 住宿和餐饮业法人企业数 续表 2

Number of Corporation Enterprises of Hotels and Catering Services continued 2

单位：个 (unit)

地名	City	2010	2011	2012	2012 排名 Ranking	地名	City	2010	2011	2012	2012 排名 Ranking
滨州	Binzhou	105	82	84	122	常德	Changde	63	67	79	133
菏泽	Heze	315	237	183	48	张家界	Zhangjiajie	53	55	50	191
河南	**Henan**	**2295**	**2363**	**2368**		益阳	Yiyang	95	98	94	108
郑州	Zhengzhou	750	373	1048	3	郴州	Chenzhou	81	72	82	129
开封	Kaifeng	267	193	270	29	永州	Yongzhou	74	46	46	196
洛阳	Luoyang	256	182	516	9	怀化	Huaihua	41	42	39	210
平顶山	Pingdingshan	341	217	451	13	娄底	Loudi	27	25	33	225
安阳	Anyang	165	85	166	57	**广东**	**Guangdong**	**3910**	**4119**	**4401**	
鹤壁	Hebi	63	44	112	85	广州	Guangzhou	1125	1166	1291	1
新乡	Xinxiang	173	106	247	37	韶关	Shaoguan	49	72	134	75
焦作	Jiaozuo	137	60	184	47	深圳	Shenzhen	675	683	706	6
濮阳	Puyang	127	38	179	49	珠海	Zhuhai	176	168	174	53
许昌	Xuchang	232	121	259	32	汕头	Shantou	106	124	140	71
漯河	Luohe	119	68	150	64	佛山	Foshan	334	339	327	23
三门峡	Sanmenxia	107	73	111	86	江门	Jiangmen	135	137	135	74
南阳	Nanyang	404	236	520	8	湛江	Zhanjiang	70	83	81	130
商丘	Shangqiu	103	67	146	67	茂名	Maoming	67	75	67	155
信阳	Xinyang	301	153	332	19	肇庆	Zhaoqing	84	95	92	113
周口	Zhoukou	306	180	313	24	惠州	Huizhou	145	157	169	56
驻马店	Zhumadian	226	151	248	35	梅州	Meizhou	42	52	58	178
湖北	**Hubei**	**1409**	**1497**	**1853**		汕尾	Shanwei	21	25	33	225
武汉	Wuhan	617	502	761	5	河源	Heyuan	41	56	61	169
黄石	Huangshi	41	149	68	153	阳江	Yangjiang	58	66	73	141
十堰	Shiyan	69	70	81	130	清远	Qingyuan	64	71	74	140
宜昌	Yichang	112	131	174	53	东莞	Dongguan	310	315	341	18
襄阳	Xiangfan	145	143	156	61	中山	ZhongShan	219	243	248	35
鄂州	Ezhou	21	19	20	258	潮州	Chaozhou	51	54	54	185
荆门	Jingmen	75	63	76	136	揭阳	Jieyang	101	103	107	91
孝感	Xiaogan	65	68	80	132	云浮	Yunfu	37	35	36	217
荆州	Jingzhou	44	42	87	119	**广西**	**Guangxi**	**581**	**662**	**737**	
黄冈	Huanggang	53	53	59	172	南宁	Nanning	140	162	263	31
咸宁	Xianning	135	158	73	141	柳州	Liuzhou	50	58	67	155
随州	Suizhou	34	47	65	161	桂林	Guilin	115	132	154	62
湖南	**Hunan**	**1205**	**1124**	**1152**		梧州	Wuzhou	23	26	24	246
长沙	Changsha	324	291	306	25	北海	Beihai	42	42	44	201
株洲	Zhuzhou	97	93	100	102	防城港	Fangchenggang	12	12	15	266
湘潭	Xiangtan	99	80	51	188	钦州	Qinzhou	31	33	35	219
衡阳	Hengyang	86	87	99	103	贵港	Guigang	25	27	38	213
邵阳	Shaoyang	58	57	54	185	玉林	Yulin	37	48	51	188
岳阳	Yueyang	85	88	93	110	百色	Baise	46	51	55	183

14-5 住宿和餐饮业法人企业数 续表 3

Number of Corporation Enterprises of Hotels and Catering Services continued 3

单位：个 (unit)

地名	City	2010	2011	2012	2012 排名 Ranking	地名	City	2010	2011	2012	2012 排名 Ranking
贺州	Hezhou	5	8	10	279	丽江	Lijiang	48	52	60	170
河池	Hechi	25	29	29	237	普洱	Puer	14	16	20	258
来宾	Laibin	10	13	15	266	临沧	Lincang	10	10	13	273
崇左	Chongzuo	19	21	22	249	**西藏**	**Tibet**	**46**	**49**	**69**	
海南	**Hainan**	**412**	**380**	**361**		拉萨	Lhasa	13	24	27	240
海口	Haikou	159	139	145	69	**陕西**	**Shaanxi**	**1182**	**1305**	**1457**	
三亚	Sanya	122	131	107	91	西安	Xi'an	441	481	505	10
重庆	**Chongqing**	**833**	**1060**	**1073**		铜川	Tongchuan	28	30	38	213
四川	**Sichuan**	**1532**	**2049**	**2297**		宝鸡	Baoji	94	110	131	78
成都	Chengdu	788	1121	1054	2	咸阳	Xianyang	126	146	177	50
自贡	Zigong	32	36	49	192	渭南	Weinan	106	128	146	67
攀枝花	Panzhihua	39	44	59	172	延安	Yan'an	65	70	77	134
泸州	Luzhou	37	46	65	161	汉中	Hanzhong	80	81	97	106
德阳	Deyang	47	60	84	122	榆林	Yulin	137	140	142	70
绵阳	Mianyang	68	98	119	81	安康	Ankang	65	78	98	104
广元	Guangyuan	32	43	59	172	商洛	Shangluo	31	32	37	216
遂宁	Suining	25	42	44	201	**甘肃**	**Gansu**	**399**	**439**	**545**	
内江	Neijiang	32	36	55	183	兰州	Lanzhou	166	176	192	44
乐山	Leshan	48	53	58	178	嘉峪关	Jiayuguan	11	16	15	266
南充	Nanchong	54	83	107	91	金昌	Jinchang	10	11	12	276
眉山	Meishan	32	33	36	217	白银	Baiyin	15	19	22	249
宜宾	Yibin	46	49	54	185	天水	Tianshui	51	48	62	165
广安	Guangan	27	27	35	219	武威	Wuwei	17	17	25	242
达州	Dazhou	30	47	57	181	张掖	Zhangye	15	19	22	249
雅安	Yaan	23	30	32	229	平凉	Pingliang	10	18	22	249
巴中	Bazhong	13	16	25	242	酒泉	Jiuquan	38	40	47	195
资阳	Ziyang	35	39	41	204	庆阳	Qingyang	14	19	49	192
贵州	**Guizhou**	**368**	**416**	**508**		定西	Dingxi	12	15	25	242
贵阳	Guiyang	133	156	175	51	陇南	Longnan	15	15	19	261
六盘水	Liupanshui	22	24	32	229	**青海**	**Qinghai**	**90**	**91**	**84**	
遵义	Zunyi	72	78	84	122	西宁	Xining		53	48	194
安顺	Anshun	18	19	25	242	**宁夏**	**Ningxia**	**140**	**163**	**169**	
毕节	Bijie	22	26	32	229	银川	Yinchuan	84	93	89	116
铜仁	Tongren	23	30	45	198	石嘴山	Shizuishan	16	18	20	258
云南	**Yunnan**	**603**	**700**	**809**		吴忠	Wuzhong	15	18	17	265
昆明	Kunming	241	260	330	21	固原	Guyuan	7	12	13	273
曲靖	Qujing	55	64	70	149	中卫	Zhongwei	18	22	30	235
玉溪	Yuxi	38	42	39	210	**新疆**	**Xinjiang**	**274**	**294**	**309**	
保山	Baoshan	11	13	24	246	乌鲁木齐	Urumqi	25	91	87	119
昭通	Zhaotong	18	28	14	270	克拉玛依	Karamay	2	7	8	282

14-6 住宿和餐饮业年末从业人数
Employed Persons of Hotels and Catering Services at Year-end

单位：人 (person)

地名	City	2010	2011	2012	2012 排名 Ranking	地名	City	2010	2011	2012	2012 排名 Ranking
全国	**Nation Total**	**4311167**	**4434618**	**4544590**		沈阳	Shenyang	33850	32894	34283	24
北京	**Beijing**	**380254**	**386224**	**411718**		大连	Dalian	35207	33012	35795	22
天津	**Tianjin**	**79969**	**83814**	**84824**		鞍山	Anshan	8116	7241	8377	115
河北	**Hebei**	**107211**	**115743**	**113858**		抚顺	Fushun	2608	2384	2467	236
石家庄	Shijiazhuang	19357	22977	20008	41	本溪	Benxi	2217	2382	2168	244
唐山	Tangshan	14851	16732	15950	56	丹东	Dandong	4200	3946	4674	180
秦皇岛	Qinhuangdao	9159	9074	9392	103	锦州	Jinzhou	4096	4063	3956	199
邯郸	Handan	9807	10390	10628	90	营口	Yingkou	7153	7654	7028	140
邢台	Xingtai	4593	5743	6677	146	阜新	Fuxin	1380	1148	1449	268
保定	Baoding	14142	14604	14423	62	辽阳	Liaoyang	2631	2373	2410	238
张家口	Zhangjiakou	10251	11388	9976	100	盘锦	Panjin	3018	2249	2751	230
承德	Chengde	5215	5319	5994	159	铁岭	Tieling	2371	2264	1924	253
沧州	Cangzhou	7513	6911	7168	133	朝阳	Chaoyang	2281	1982	2108	247
廊坊	Langfang	9147	9623	10050	97	葫芦岛	Huludao	3953	2970	2706	234
衡水	Hengshui	3176	2982	3592	212	吉林	**Jilin**	**37835**	**33607**	**33862**	
山西	**Shanxi**	**122077**	**123955**	**132151**		长春	Changchun	15677	15461	15268	59
太原	Taiyuan	36416	41945	45117	16	吉林	Jilin	7203	5646	5729	165
大同	Datong	16956	16573	18728	45	四平	Siping	1486	1259	1335	270
阳泉	Yangquan	5278	5047	5155	175	辽源	Liaoyuan	747	968	930	277
长治	Changzhi	10315	10691	10794	88	通化	Tonghua	1959	1722	1953	252
晋城	Jincheng	9527	7822	8852	110	白山	Baishan	1492	1522	1465	264
朔州	Shuozhou	6832	6373	6484	149	松原	Songyuan	3390	2040	1807	256
晋中	Jinzhong	8297	8831	7800	123	白城	Baicheng	807	1032	873	280
运城	Yuncheng	6688	7234	6163	158	黑龙江	**Heilongjiang**	**46946**	**42908**	**44228**	
忻州	Xinzhou	6009	5593	6842	143	哈尔滨	Harbin	26303	21796	21731	36
临汾	Linfen	9766	8567	8601	113	齐齐哈尔	Qiqihar	1921	2249	2046	249
吕梁	Luliang	5988	6118	7317	131	鸡西	Jixi	695	591	599	283
内蒙古	**Inner Mongolia**	**77084**	**73875**	**73568**		鹤岗	Hegang	949	941	930	277
呼和浩特	Hohhot	26952	21057	28270	30	双鸭山	Shuangyashan	1063	1303	894	279
包头	Baotou	19395	13030	17436	52	大庆	Daqing	4858	3480	3206	220
乌海	Wuhai	2210	1960	3315	218	伊春	Yichun	1113	1016	1706	259
赤峰	Chifeng	7408	5696	8325	116	佳木斯	Jiamusi	2176	1803	1802	257
通辽	Tongliao	3038	3164	3920	202	七台河	Qitaihe	338	244	339	284
鄂尔多斯	Erdos	12742	10969	12003	77	牡丹江	Mudanjiang	4560	4548	7119	135
呼伦贝尔	Hulunbuir	9861	6409	8686	111	黑河	Heihe	517	787	1268	272
巴彦淖尔	Bayannur	1815	1318	2085	248	绥化	Suihua	533	600	651	282
乌兰察布	Ulanqab	4653	4592	4550	183	上海	**Shanghai**	**278967**	**274205**	**285151**	
辽宁	**Liaoning**	**113081**	**106562**	**112109**		江苏	**Jiangsu**	**294952**	**350818**	**337825**	

14-6 住宿和餐饮业年末从业人数　续表 1
Employed Persons of Hotels and Catering Services at Year-end continued 1

单位：人　　　　(person)

地名	City	2010	2011	2012	2012 排名 Ranking	地名	City	2010	2011	2012	2012 排名 Ranking
南京	Nanjing	76300	84548	102824	5	池州	Chizhou	3256	4313	4577	182
无锡	Wuxi	43063	46542	49291	14	宣城	Xuancheng	4848	5066	5566	167
徐州	Xuzhou	13558	14142	14371	63	**福建**	**Fujian**	**146857**	**155347**	**168784**	
常州	Changzhou	24973	30974	35118	23	福州	Fuzhou	48090	49921	55756	12
苏州	Suzhou	63055	68981	76648	8	厦门	Xiamen	37754	40373	42854	19
南通	Nantong	9002	11277	13195	69	莆田	Putian	5411	6201	6545	148
连云港	Lianyungang	7458	7577	7547	125	三明	Sanming	4468	5690	5737	164
淮安	Huaian	8740	9702	10084	96	泉州	Quanzhou	26449	29141	28412	29
盐城	Yancheng	10416	9550	11993	78	漳州	Zhangzhou	6141	6581	7901	121
扬州	Yangzhou	15493	12737	15794	57	南平	Nanping	6987	9321	7896	122
镇江	Zhenjiang	9601	10789	12183	73	龙岩	Longyan	6114	6297	7091	138
泰州	Taizhou	12042	10716	11931	79	宁德	Ningde	5443	5768	6592	147
宿迁	Suqian	5334	5755	6425	150	**江西**	**Jiangxi**	**70074**	**66852**	**71198**	
浙江	**Zhejiang**	**294615**	**307984**	**300036**		南昌	Nanchang	25911	21773	23911	34
杭州	Hangzhou	114660	138703	111990	3	景德镇	Jingdezhen	3689	3150	3025	225
宁波	Ningbo	52590	53943	54314	13	萍乡	Pingxiang	2026	1730	1826	255
温州	Wenzhou	40940	30911	29812	27	九江	Jiujiang	7699	7118	7394	128
嘉兴	Jiaxing	16699	18205	18198	48	新余	Xinyu	3849	4161	4276	192
湖州	Huzhou	9442	9732	11075	85	鹰潭	Yingtan	1971	2565	2363	240
绍兴	Shaoxing	18131	19365	19676	43	赣州	Ganzhou	7223	6666	7106	137
金华	Jinhua	15899	18351	17512	51	吉安	Jian	3830	4262	4035	196
衢州	Quzhou	3353	4060	3865	203	宜春	Yichun	4012	4959	5502	168
舟山	Zhoushan	8148	8575	8948	108	抚州	Fuzhou	3050	3095	3132	223
台州	Taizhou	18567	18097	17533	50	上饶	Shangrao	6814	7373	8628	112
丽水	Lishui	5597	5727	5944	161	**山东**	**Shandong**	**312137**	**286738**	**279720**	
安徽	**Anhui**	**102161**	**110142**	**127508**		济南	Jinan	44488	44451	46826	15
合肥	Hefei	31294	35759	42435	20	青岛	Qingdao	52478	54055	43310	18
芜湖	Wuhu	7734	8933	13304	68	淄博	Zibo	24098	17249	15264	60
蚌埠	Bengbu	3923	3701	3474	215	枣庄	Zaozhuang	8139	6216	7494	126
淮南	Huainan	3387	3294	3954	200	东营	Dongying	11600	11148	12894	71
马鞍山	Maanshan	4567	7026	7020	141	烟台	Yantai	26354	24354	26784	31
淮北	Huaibei	1737	1318	1384	269	潍坊	Weifang	22560	21848	20964	39
铜陵	Tongling	2863	3486	4648	181	济宁	Jining	16804	14987	18028	49
安庆	Anqing	7111	7378	8913	109	泰安	Taian	19076	16280	14749	61
黄山	Huangshan	8975	9037	10594	91	威海	Weihai	15972	14702	13779	64
滁州	Chuzhou	4432	5405	5571	166	日照	Rizhao	6150	5741	5855	162
阜阳	Fuyang	3819	4117	4375	189	莱芜	Laiwu	2407	2892	2878	226
宿州	Suzhou	2362	3025	3102	224	临沂	Linyi	14986	13922	13759	65
六安	Liuan	4942	5287	5262	173	德州	Dezhou	15737	11915	10560	92
亳州	Bozhou	2180	3315	3312	219	聊城	Liaocheng	8456	7821	9328	104

14-6 住宿和餐饮业年末从业人数　续表 2
Employed Persons of Hotels and Catering Services at Year-end continued 2

单位：人　　　　(person)

地名	City	2010	2011	2012	2012 排名 Ranking	地名	City	2010	2011	2012	2012 排名 Ranking
滨州	Binzhou	8025	6565	7181	132	常德	Changde	7813	8340	10024	99
菏泽	Heze	14807	11993	10039	98	张家界	Zhangjiajie	4897	5070	5453	171
河南	**Henan**	**168075**	**169482**	**174853**		益阳	Yiyang	6185	6269	5959	160
郑州	Zhengzhou	65152	47813	69649	9	郴州	Chenzhou	6837	6237	7118	136
开封	Kaifeng	11564	9610	10542	94	永州	Yongzhou	6150	5608	5478	170
洛阳	Luoyang	17962	16296	26163	32	怀化	Huaihua	4205	4591	4299	191
平顶山	Pingdingshan	15383	13064	18591	46	娄底	Loudi	3588	3587	4423	186
安阳	Anyang	9194	6570	8957	107	**广东**	**Guangdong**	**609863**	**647692**	**655577**	
鹤壁	Hebi	3036	2067	4336	190	广州	Guangzhou	174453	120721	198459	1
新乡	Xinxiang	9341	7503	12077	75	韶关	Shaoguan	6688	8563	11217	83
焦作	Jiaozuo	8079	6088	9617	102	深圳	Shenzhen	131240	165673	147419	2
濮阳	Puyang	3872	2114	4529	184	珠海	Zhuhai	22239	21818	21674	37
许昌	Xuchang	9038	7697	10948	86	汕头	Shantou	10915	11540	11355	82
漯河	Luohe	4381	3351	5368	172	佛山	Foshan	41245	39285	37762	21
三门峡	Sanmenxia	7469	5289	7383	129	江门	Jiangmen	19509	21807	19842	42
南阳	Nanyang	15772	12703	21540	38	湛江	Zhanjiang	15156	15327	16222	54
商丘	Shangqiu	5250	4410	6270	154	茂名	Maoming	8257	8133	7718	124
信阳	Xinyang	10809	8257	12101	74	肇庆	Zhaoqing	10637	11051	10865	87
周口	Zhoukou	10298	7355	10552	93	惠州	Huizhou	19788	21423	22766	35
驻马店	Zhumadian	9273	7785	11127	84	梅州	Meizhou	5168	6305	6169	157
湖北	**Hubei**	**147141**	**150268**	**173312**		汕尾	Shanwei	3049	3120	3976	198
武汉	Wuhan	83361	76253	89912	6	河源	Heyuan	5698	6411	7381	130
黄石	Huangshi	3315	8442	5114	176	阳江	Yangjiang	8021	12163	9220	105
十堰	Shiyan	8856	6513	8206	117	清远	Qingyuan	11527	11803	12061	76
宜昌	Yichang	8695	11080	12987	70	东莞	Dongguan	66267	68771	68648	10
襄阳	Xiangfan	12354	8916	9828	101	中山	ZhongShan	27534	29539	29532	28
鄂州	Ezhou	2194	2099	2164	245	潮州	Chaozhou	3569	3378	3174	222
荆门	Jingmen	6698	5752	6178	156	揭阳	Jieyang	6543	6738	6268	155
孝感	Xiaogan	46	5681	7162	134	云浮	Yunfu	3869	3722	3849	205
荆州	Jingzhou	3551	3658	5014	177	**广西**	**Guangxi**	**70818**	**74217**	**83636**	
黄冈	Huanggang	5212	5246	5762	163	南宁	Nanning	21160	10986	33799	25
咸宁	Xianning	2015	5475	6371	152	柳州	Liuzhou	7061	4580	7971	120
随州	Suizhou	3646	4046	4399	188	桂林	Guilin	14709	12563	16077	55
湖南	**Hunan**	**140501**	**141712**	**48321**		梧州	Wuzhou	2215	1637	1866	254
长沙	Changsha	57570	59060	59800	11	北海	Beihai	3673	2381	3954	200
株洲	Zhuzhou	9521	9810	10756	89	防城港	Fangchenggang	1013	330	1069	276
湘潭	Xiangtan	8125	7475	6680	145	钦州	Qinzhou	2742	3738	3204	221
衡阳	Hengyang	9736	12210	13392	66	贵港	Guigang	2197	2643	2814	227
邵阳	Shaoyang	5557	6347	6409	151	玉林	Yulin	5371	4698	5260	174
岳阳	Yueyang	8131	8008	8200	118	百色	Baise	4256	2106	4406	187

14-6 住宿和餐饮业年末从业人数 续表 3
Employed Persons of Hotels and Catering Services at Year-end continued 3

单位：人 (person)

地名	City	2010	2011	2012	2012 排名 Ranking	地名	City	2010	2011	2012	2012 排名 Ranking
贺州	Hezhou	687	881	1216	273	丽江	Lijiang	5743	5300	6277	153
河池	Hechi	2295	2342	2628	235	普洱	Puer	844	1100	2039	250
来宾	Laibin	1679	1750	1976	251	临沧	Lincang	777	2100	871	281
崇左	Chongzuo	1760	1848	2191	242	**西藏**	**Tibet**	**4742**	**5190**	**6227**	
海南	**Hainan**	**65532**	**71936**	**65798**		拉萨	Lhasa	1656	3049	3342	217
海口	Haikou	21567	20294	18369	47	**陕西**	**Shaanxi**	**149146**	**156843**	**168430**	
三亚	Sanya	29752	33869	33438	26	西安	Xi'an	77836	83871	86639	7
重庆	**Chongqing**	**102772**	**109964**	**116700**		铜川	Tongchuan	2094	2361	2729	233
四川	**Sichuan**	**176495**	**161286**	**222769**		宝鸡	Baoji	9571	9568	10130	95
成都	Chengdu	91665	110229	107633	4	咸阳	Xianyang	10122	11835	13373	67
自贡	Zigong	3589	5835	6741	144	渭南	Weinan	10111	10720	12807	72
攀枝花	Panzhihua	3740	4050	4219	193	延安	Yan'an	6585	7055	7446	127
泸州	Luzhou	3380	3668	3809	206	汉中	Hanzhong	7406	7097	8018	119
德阳	Deyang	6290	6989	8467	114	榆林	Yulin	14948	13060	15298	58
绵阳	Mianyang	8558	9780	11822	80	安康	Ankang	5937	6596	6884	142
广元	Guangyuan	2320	2974	3667	209	商洛	Shangluo	3425	3658	4045	194
遂宁	Suining	2472	3746	3610	211	**甘肃**	**Gansu**	**43859**	**44898**	**47499**	
内江	Neijiang	2813	3328	3786	207	兰州	Lanzhou	21962	21512	20527	40
乐山	Leshan	4093	4649	4830	179	嘉峪关	Jiayuguan	1284	1571	1452	267
南充	Nanchong	5214	7147	8980	106	金昌	Jinchang	1355	1381	1281	271
眉山	Meishan	3783	3800	3612	210	白银	Baiyin	1602	1878	1722	258
宜宾	Yibin	3917	3892	4041	195	天水	Tianshui	4231	3918	4489	185
广安	Guangan	2497	2580	2786	229	武威	Wuwei	966	981	1465	264
达州	Dazhou	3783	4561	4985	178	张掖	Zhangye	752	1034	1127	275
雅安	Yaan	1867	2194	2171	243	平凉	Pingliang	1497	2405	2415	237
巴中	Bazhong	1443	1993	2250	241	酒泉	Jiuquan	3265	3356	3578	213
资阳	Ziyang	14897	18114	19528	44	庆阳	Qingyang	1940	2529	3556	214
贵州	**Guizhou**	**35377**	**42190**	**49407**		定西	Dingxi	1207	1707	2368	239
贵阳	Guiyang	16445	20921	24074	33	陇南	Longnan	1474	1343	1455	266
六盘水	Liupanshui	1852	1997	2738	232	**青海**	**Qinghai**	**10934**	**10139**	**10575**	
遵义	Zunyi	5205	4964	5489	169	西宁	Xining		7391	1690	260
安顺	Anshun	1532	1457	1679	261	**宁夏**	**Ningxia**	**16670**	**17735**	**19587**	
毕节	Bijie	2102	2636	3863	204	银川	Yinchuan	10573	10759	11444	81
铜仁	Tongren	1851	2580	3433	216	石嘴山	Shizuishan	1458	1410	1650	262
云南	**Yunnan**	**71018**	**78010**	**89852**		吴忠	Wuzhong	1531	2279	2155	246
昆明	Kunming	35795	36700	44082	17	固原	Guyuan	1165	1371	1596	263
曲靖	Qujing	5726	2300	7072	139	中卫	Zhongwei	1943	1916	2742	231
玉溪	Yuxi	3489	3700	3690	208	**新疆**	**Xinjiang**	**34004**	**34282**	**35507**	
保山	Baoshan	1438	2300	2790	228	乌鲁木齐	Urumqi	20261	17425	16306	53
昭通	Zhaotong	1435	2600	4010	197	克拉玛依	Karamay	2471	1124	1195	274

14-7 住宿和餐饮业营业额
Business Revenue of Hotels and Catering Services

单位：亿元 （100 million yuan）

地名	City	2010	2012	2013	2013 排名 Ranking	地名	City	2010	2012	2013	2013 排名 Ranking
全国	**All Nation**	**5992.94**	**7954.20**	**8061.32**		沈阳	Shenyang	72.74	102.69	173.43	6
北京	**Beijing**	**698.91**	**918.60**	**873.54**		大连	Dalian	56.21	70.90	92.81	20
天津	**Tianjin**	**109.51**	**142.20**	**143.31**		鞍山	Anshan	13.46	19.94	52.12	37
河北	**Hebei**	**101.26**	**138.50**	**120.15**		抚顺	Fushun	3.89	4.57	14.56	129
石家庄	Shijiazhuang	21.72	27.71	24.73	84	本溪	Benxi	2.76	3.17	8.15	172
唐山	Tangshan	16.85	20.11	16.63	116	丹东	Dandong	6.57	10.49	25.44	79
秦皇岛	Qinhuangdao	8.36	11.77	10.16	149	锦州	Jinzhou	5.07	6.90	21.61	97
邯郸	Handan	9.37	15.49	12.60	135	营口	Yingkou	8.40	12.97	19.57	107
邢台	Xingtai	3.82	6.51	6.07	206	阜新	Fuxin	1.20	1.67	2.69	248
保定	Baoding	11.06	15.80	13.87	131	辽阳	Liaoyang	3.34	4.18	7.02	187
张家口	Zhangjiakou	7.62	9.22	8.70	165	盘锦	Panjin	5.62	5.30	9.16	160
承德	Chengde	5.09	7.73	6.77	192	铁岭	Tieling	2.41	4.19	10.10	150
沧州	Cangzhou	5.90	7.95	7.10	184	朝阳	Chaoyang	3.10	3.51	8.85	164
廊坊	Langfang	9.11	12.20	9.05	162	葫芦岛	Huludao	4.44	4.48	5.31	218
衡水	Hengshui	2.37	3.95	4.48	226	吉林	**Jilin**	**46.75**	**58.40**	**55.11**	
山西	**Shanxi**	**121.08**	**156.60**	**121.24**		长春	Changchun	23.66	28.63	25.71	78
太原	Taiyuan	49.04	66.92	49.33	40	吉林	Jilin	7.87	9.29	8.45	166
大同	Datong	139.02	18.87	15.60	120	四平	Siping	2.52	3.86	5.57	213
阳泉	Yangquan	4.96	5.07	2.82	244	辽源	Liaoyuan	0.54	1.06	0.91	277
长治	Changzhi	8.71	11.62	8.06	174	通化	Tonghua	1.82	4.32	3.49	237
晋城	Jincheng	7.45	8.51	6.50	197	白山	Baishan	0.98	1.45	1.51	269
朔州	Shuozhou	6.00	8.66	8.97	163	松原	Songyuan	3.20	2.18	2.50	251
晋中	Jinzhong	5.74	7.52	5.81	211	白城	Baicheng	0.57	0.74	0.67	280
运城	Yuncheng	8.58	7.25	5.96	208	黑龙江	**Heilongjiang**	**62.66**	**66.90**	**58.72**	
忻州	Xinzhou	4.66	7.07	5.83	210	哈尔滨	Harbin	44.73	39.95	34.90	60
临汾	Linfen	7.48	7.41	5.41	217	齐齐哈尔	Qiqihar	1.51	2.74	1.19	274
吕梁	Luliang	4.54	7.68	6.94	189	鸡西	Jixi	0.73	0.58	0.48	283
内蒙古	**Inner Mongolia**	**87.35**	**100.90**	**106.25**		鹤岗	Hegang	0.51	0.88	0.80	278
呼和浩特	Hohhot	132.10	44.90	35.09	57	双鸭山	Shuangyashan	0.66	0.79	0.62	282
包头	Baotou	21.43	29.86	43.56	47	大庆	Daqing	5.25	4.75	4.31	228
乌海	Wuhai	12.70	6.55	5.54	215	伊春	Yichun	1.02	2.16	2.56	250
赤峰	Chifeng	4.20	8.57	20.44	102	佳木斯	Jiamusi	1.95	2.14	1.76	263
通辽	Tongliao	2.41	4.42	4.07	232	七台河	Qitaihe	0.32	0.07	0.20	284
鄂尔多斯	Erdos	12.11	14.83	3.70	234	牡丹江	Mudanjiang	3.40	5.86	6.45	199
呼伦贝尔	Hulunbuir	9.54	13.51	7.64	181	黑河	Heihe	0.48	1.37	1.02	275
巴彦淖尔	Bayannur	1.02	1.98	1.20	273	绥化	Suihua	0.61	0.66	0.76	279
乌兰察布	Ulanqab	3.60	3.87	2.08	257	上海	**Shanghai**	**557.47**	**630.10**	**720.85**	
辽宁	**Liaoning**	**189.21**	**255.00**	**249.59**		江苏	**Jiangsu**	**423.31**	**557.00**	**611.13**	

14-7 住宿和餐饮业营业额 续表 1
Business Revenue of Hotels and Catering Services continued 1

单位：亿元 （100 million yuan）

地名	City	2010	2012	2013	2013 排名 Ranking	地名	City	2010	2012	2013	2013 排名 Ranking
南京	Nanjing	6.90	181.90	139.47	10	池州	Chizhou	3.60	5.30	5.49	216
无锡	Wuxi	5.55	78.40	61.46	32	宣城	Xuancheng	5.27	8.00	7.96	176
徐州	Xuzhou	5.03	32.20	35.60	56	**福建**	**Fujian**	**197.7**	**289.3**	**306.2**	
常州	Changzhou	5.21	53.20	49.44	39	福州	Fuzhou	79.62	114.90	118.33	13
苏州	Suzhou	15.27	137.00	107.78	16	厦门	Xiamen	57.24	81.77	76.82	27
南通	Nantong	6.13	21.30	22.94	89	莆田	Putian	4.76	7.38	8.21	169
连云港	Lianyungang	2.75	10.90	10.66	145	三明	Sanming	4.77	9.22	9.37	156
淮安	Huaian	2.33	14.10	16.45	118	泉州	Quanzhou	26.22	37.07	38.57	52
盐城	Yancheng	3.92	19.20	20.16	106	漳州	Zhangzhou	6.84	10.57	11.36	138
扬州	Yangzhou	4.03	24.60	23.49	88	南平	Nanping	6.35	10.29	14.58	128
镇江	Zhenjiang	2.43	22.50	23.82	87	龙岩	Longyan	5.49	8.19	7.84	180
泰州	Taizhou	3.59	18.80	17.32	112	宁德	Ningde	6.34	9.89	10.64	146
宿迁	Suqian	2.09	8.10	7.99	175	**江西**	**Jiangxi**	**76.68**	**89.50**	**81.16**	
浙江	**Zhejiang**	**470.06**	**581.20**	**536.93**		南昌	Nanchang	31.50	34.00	28.34	76
杭州	Hangzhou	247.70	248.54	226.89	5	景德镇	Jingdezhen	3.30	3.51	3.07	240
宁波	Ningbo	74.71	88.20	115.26	15	萍乡	Pingxiang	1.90	2.46	1.88	261
温州	Wenzhou	65.55	61.47	73.52	28	九江	Jiujiang	6.20	8.32	8.42	167
嘉兴	Jiaxing	23.74	31.41	30.22	71	新余	Xinyu	4.80	7.10	7.07	186
湖州	Huzhou	13.68	20.73	21.43	98	鹰潭	Yingtan	1.40	2.12	2.02	259
绍兴	Shaoxing	31.38	41.80	44.02	46	赣州	Ganzhou	6.80	7.78	8.18	170
金华	Jinhua	21.11	30.65	33.97	61	吉安	Jian	3.40	3.99	3.64	235
衢州	Quzhou	4.43	5.93	48.74	42	宜春	Yichun	3.10	4.99	4.62	225
舟山	Zhoushan	14.21	17.07	17.30	113	抚州	Fuzhou	2.40	2.69	2.33	254
台州	Taizhou	23.44	27.60	25.26	81	上饶	Shangrao	11.90	12.54	11.59	136
丽水	Lishui	6.09	7.80	8.11	173	**山东**	**Shandong**	**480.70**	**540.20**	**553.59**	
安徽	**Anhui**	**106.67**	**160.80**	**168.32**		济南	Jinan	54.25	65.42	59.85	33
合肥	Hefei	39.84	60.95	58.43	34	青岛	Qingdao	79.20	99.67	90.85	21
芜湖	Wuhu	9.10	13.94	15.79	119	淄博	Zibo	47.58	31.76	31.01	69
蚌埠	Bengbu	3.35	4.97	5.57	213	枣庄	Zaozhuang	8.16	9.30	10.82	141
淮南	Huainan	3.34	4.66	4.45	227	东营	Dongying	17.72	23.64	17.99	110
马鞍山	Maanshan	4.14	7.19	6.40	200	烟台	Yantai	46.49	68.22	77.10	26
淮北	Huaibei	1.36	1.72	2.03	258	潍坊	Weifang	22.97	28.77	30.19	72
铜陵	Tongling	2.93	5.38	6.37	201	济宁	Jining	23.10	26.48	25.16	82
安庆	Anqing	7.33	12.14	14.85	127	泰安	Taian	41.20	45.55	52.92	36
黄山	Huangshan	8.52	12.81	11.10	140	威海	Weihai	30.20	33.05	29.40	75
滁州	Chuzhou	3.90	6.64	9.91	152	日照	Rizhao	8.34	7.66	6.47	198
阜阳	Fuyang	3.19	4.81	5.91	209	莱芜	Laiwu	1.94	2.58	2.22	256
宿州	Suzhou	1.76	3.36	4.31	228	临沂	Linyi	20.64	22.68	21.89	94
六安	Liuan	4.28	6.13	6.23	203	德州	Dezhou	30.36	25.10	44.45	45
亳州	Bozhou	1.55	2.79	3.53	236	聊城	Liaocheng	8.75	11.54	10.81	142

14-7 住宿和餐饮业营业额 续表 2
Business Revenue of Hotels and Catering Services continued 2

单位：亿元 (100 million yuan)

地名	City	2010	2012	2013	2013 排名 Ranking	地名	City	2010	2012	2013	2013 排名 Ranking
滨州	Binzhou	8.87	8.88	7.53	182	常德	Changde	68.58	74.88	105.02	17
菏泽	Heze	30.90	29.97	34.93	59	张家界	Zhangjiajie	13.79	18.67	20.24	105
河南	**Henan**	**199.03**	**295.10**	**292.31**		益阳	Yiyang	33.15	42.76	46.39	43
郑州	Zhengzhou	77.32	125.81	118.19	14	郴州	Chenzhou	57.66	116.37	86.10	22
开封	Kaifeng	16.05	26.87	29.70	73	永州	Yongzhou	27.64	35.52	37.59	54
洛阳	Luoyang	18.31	34.40	37.99	53	怀化	Huaihua	28.25	39.79	41.67	49
平顶山	Pingdingshan	17.76	30.30	32.64	66	娄底	Loudi	29.06	34.88	33.32	64
安阳	Anyang	12.95	12.83	11.58	137	**广东**	**Guangdong**	**843.60**	**1053.50**	**1084.55**	
鹤壁	Hebi	3.03	5.46	6.16	204	广州	Guangzhou	326.72	442.15	482.14	1
新乡	Xinxiang	9.92	17.59	19.40	109	韶关	Shaoguan	7.21	14.41	14.94	126
焦作	Jiaozuo	10.73	16.95	16.62	117	深圳	Shenzhen	218.78	387.90	441.84	2
濮阳	Puyang	7.52	15.64	15.27	121	珠海	Zhuhai	31.96	36.51	39.13	51
许昌	Xuchang	12.74	22.09	22.71	91	汕头	Shantou	16.09	21.61	21.68	96
漯河	Luohe	6.01	11.89	14.47	130	佛山	Foshan	67.41	66.46	65.88	30
三门峡	Sanmenxia	5.70	8.06	7.18	183	江门	Jiangmen	26.96	31.18	30.72	70
南阳	Nanyang	22.09	37.46	32.69	65	湛江	Zhanjiang	18.77	28.67	33.84	62
商丘	Shangqiu	6.58	10.08	10.60	147	茂名	Maoming	13.51	15.27	17.87	111
信阳	Xinyang	18.11	28.92	33.48	63	肇庆	Zhaoqing	14.60	23.83	22.78	90
周口	Zhoukou	15.38	23.83	24.57	86	惠州	Huizhou	24.82	37.01	40.61	50
驻马店	Zhumadian	11.73	23.65	24.60	85	梅州	Meizhou	6.71	12.04	10.36	148
湖北	**Hubei**	**169.27**	**298.10**	**349.42**		汕尾	Shanwei	3.64	5.44	6.12	205
武汉	Wuhan	113.68	155.26	152.00	9	河源	Heyuan	5.45	8.92	8.26	168
黄石	Huangshi	5.60	6.58	6.77	192	阳江	Yangjiang	12.16	20.21	20.26	104
十堰	Shiyan	35.89	8.63	9.20	159	清远	Qingyuan	13.68	16.42	13.36	133
宜昌	Yichang	32.16	19.80	19.51	108	东莞	Dongguan	79.15	96.04	93.84	19
襄阳	Xiangfan	6.80	20.78	25.29	80	中山	ZhongShan	35.35	43.39	41.87	48
鄂州	Ezhou	1.82	3.14	3.36	238	潮州	Chaozhou	4.15	6.63	7.09	185
荆门	Jingmen	33.60	22.69	9.64	153	揭阳	Jieyang	13.75	18.76	21.14	99
孝感	Xiaogan	4.80	9.33	9.43	155	云浮	Yunfu	5.08	8.67	9.94	151
荆州	Jingzhou	3.69	6.17	6.34	202	**广西**	**Guangxi**	**67.59**	**96.50**	**92.62**	
黄冈	Huanggang	55.80	5.35	5.99	207	南宁	Nanning	26.55	44.29	45.44	44
咸宁	Xianning	3.25	14.70	15.15	123	柳州	Liuzhou	6.54	87.08	9.34	158
随州	Suizhou	2.60	10.39	13.56	132	桂林	Guilin	12.89	19.40	134.60	11
湖南	**Hunan**	**178.04**	**243.50**	**258.53**		梧州	Wuzhou	1.92	2.13	2.37	253
长沙	Changsha	202.18	266.97	279.38	3	北海	Beihai	15.92	4.55	4.14	230
株洲	Zhuzhou	56.37	70.60	78.64	25	防城港	Fangchenggang	0.68	0.99	1.38	272
湘潭	Xiangtan	36.55	56.83	65.45	31	钦州	Qinzhou	2.32	3.44	16.74	115
衡阳	Hengyang	64.64	70.71	78.98	24	贵港	Guigang	1.69	2.45	2.46	252
邵阳	Shaoyang	37.01	45.48	51.99	38	玉林	Yulin	3.44	5.03	4.88	222
岳阳	Yueyang	66.97	101.83	160.01	8	百色	Baise	3.02	3.87	22.05	93

14-7 住宿和餐饮业营业额 续表 3
Business Revenue of Hotels and Catering Services continued 3

单位：亿元 （100 million yuan）

地名	City	2010	2012	2013	2013 排名 Ranking	地名	City	2010	2012	2013	2013 排名 Ranking
贺州	Hezhou	5.28	0.74	0.66	281	丽江	Lijiang	5.22	9.10	8.16	171
河池	Hechi	15.61	2.60	1.65	265	普洱	Puer	0.61	23.90	26.05	77
来宾	Laibin	1.02	1.55	1.41	271	临沧	Lincang	0.53	11.19	15.10	124
崇左	Chongzuo	1.64	2.30	2.24	255	**西藏**	**Tibet**	**4.42**	**7.20**	**6.90**	
海南	**Hainan**	**88.66**	**104.80**	**104.44**		拉萨	Lhasa	10.86	4.40	20.57	100
海口	Haikou	22.51	26.51	238.02	4	**陕西**	**Shaanxi**	**156.80**	**230.40**	**227.18**	
三亚	Sanya	52.86	68.40	99.44	18	西安	Xi'an	94.92	130.13	122.40	12
重庆	**Chongqing**	**134.38**	**212.60**	**232.68**		铜川	Tongchuan	1.78	3.05	2.88	242
四川	**Sichuan**	**215.07**	**395.70**	**370.12**		宝鸡	Baoji	8.65	12.10	11.34	139
成都	Chengdu	132.96	194.92	170.45	7	咸阳	Xianyang	9.21	17.61	20.45	101
自贡	Zigong	3.10	8.37	10.71	144	渭南	Weinan	11.12	21.54	22.67	92
攀枝花	Panzhihua	2.93	4.86	7.93	178	延安	Yan'an	5.15	6.58	5.21	220
泸州	Luzhou	2.96	5.07	6.74	194	汉中	Hanzhong	4.90	8.09	7.88	179
德阳	Deyang	5.87	9.72	10.81	142	榆林	Yulin	13.02	18.67	15.18	122
绵阳	Mianyang	8.49	52.86	16.92	114	安康	Ankang	4.77	8.22	7.96	176
广元	Guangyuan	2.27	4.12	4.77	224	商洛	Shangluo	2.42	3.37	2.80	245
遂宁	Suining	1.82	4.13	4.84	223	**甘肃**	**Gansu**	**37.11**	**64.50**	**64.28**	
内江	Neijiang	2.15	4.73	9.57	154	兰州	Lanzhou	215.40	29.12	29.56	74
乐山	Leshan	3.61	6.53	6.73	195	嘉峪关	Jiayuguan	11.64	1.72	1.76	263
南充	Nanchong	5.45	12.81	15.04	125	金昌	Jinchang	7.89	1.48	1.65	265
眉山	Meishan	2.81	5.59	6.98	188	白银	Baiyin	10.33	2.41	1.83	262
宜宾	Yibin	3.72	7.54	9.15	161	天水	Tianshui	28.03	7.21	6.87	191
广安	Guangan	1.96	3.37	4.13	231	武威	Wuwei	6.59	1.17	1.63	268
达州	Dazhou	3.13	6.21	6.66	196	张掖	Zhangye	5.54	1.20	1.50	270
雅安	Yaan	1.79	2.72	1.94	260	平凉	Pingliang	11.50	2.91	3.30	239
巴中	Bazhong	1.25	4.31	5.64	212	酒泉	Jiuquan	27.11	5.44	5.24	219
资阳	Ziyang	18.06	36.73	49.32	41	庆阳	Qingyang	13.78	6.29	5.03	221
贵州	**Guizhou**	**32.13**	**54.90**	**63.11**		定西	Dingxi	8.04	2.09	2.70	247
贵阳	Guiyang	18.15	30.68	32.17	67	陇南	Longnan	9.82	1.30	1.01	276
六盘水	Liupanshui	1.55	2.53	2.78	246	**青海**	**Qinghai**	**9.05**	**11.60**	**11.93**	
遵义	Zunyi	4.31	5.43	6.93	190	西宁	Xining		8.52	9.36	157
安顺	Anshun	0.95	1.38	1.64	267	**宁夏**	**Ningxia**	**15.95**	**21.60**	**17.52**	
毕节	Bijie	1.48	3.17	2.95	241	银川	Yinchuan	11.30	14.34	58.30	35
铜仁	Tongren	1.43	3.26	4.07	232	石嘴山	Shizuishan	1.05	1.51	24.91	83
云南	**Yunnan**	**73.74**	**126.20**	**133.68**		吴忠	Wuzhong	1.38	2.18	31.72	68
昆明	Kunming	43.31	70.70	72.31	29	固原	Guyuan	0.96	1.58	21.85	95
曲靖	Qujing	6.17	11.90	85.80	23	中卫	Zhongwei	1.22	2.05	13.34	134
玉溪	Yuxi	4.66	4.08	36.70	55	**新疆**	**Xinjiang**	**38.93**	**52.80**	**46.00**	
保山	Baoshan	1.55	26.00	20.32	103	乌鲁木齐	Urumqi	6.46	41.59	35.06	58
昭通	Zhaotong	1.18	0.50	2.88	242	克拉玛依	Karamay	0.58	3.05	2.68	249

14-8 货物进出口总额
Total Imports & Exports

单位：亿美元 (USD 100 million)

地名	City	2010	2012	2013	2013 排名 Ranking
全国	**Nation Total**	**29740.00**	**38671.20**	**41589.93**	
北京	**Beijing**	**3016.61**	**4081.07**	**4289.96**	
天津	**Tianjin**	**822.01**	**1156.34**	**1285.02**	
河北	**Hebei**	**419.31**	**505.63**	**549.12**	
石家庄	Shijiazhuang	109.74	129.49	139.99	38
唐山	Tangshan	75.39	104.82	126.69	41
秦皇岛	Qinhuangdao	35.09	44.12	43.75	81
邯郸	Handan	30.80	37.23	36.06	94
邢台	Xingtai	18.19	17.52	18.33	133
保定	Baoding	58.59	60.91	54.96	68
张家口	Zhangjiakou	2.85	3.84	3.88	222
承德	Chengde	3.19	1.52	2.56	236
沧州	Cangzhou	16.78	23.34	25.70	116
廊坊	Langfang	47.99	50.27	59.05	65
衡水	Hengshui	20.71	32.41	37.87	89
山西	**Shanxi**	**125.78**	**150.43**	**157.91**	
太原	Taiyuan	79.13	84.74	91.63	54
大同	Datong	5.68	5.04	4.78	211
阳泉	Yangquan	2.91	2.44	2.13	243
长治	Changzhi	3.72	11.49	10.55	167
晋城	Jincheng	5.32	12.35	9.19	173
朔州	Shuozhou	1.25	2.57	1.17	257
晋中	Jinzhong	2.30	4.95	4.44	217
运城	Yuncheng	10.45	10.64	17.46	140
忻州	Xinzhou	1.27	2.18	1.98	248
临汾	Linfen	6.51	8.26	7.17	187
吕梁	Luliang	7.25	5.79	7.48	186
内蒙古	**Inner Mongolia**	**87.19**	**112.59**	**119.95**	
呼和浩特	Hohhot	15.06	17.01	15.99	145
包头	Baotou	19.53	21.00	21.05	127
乌海	Wuhai	0.06	0.46	0.09	283
赤峰	Chifeng	3.24	7.75	9.15	174
通辽	Tongliao	1.75	1.04	2.09	245
鄂尔多斯	Erdos	4.31	4.23	11.34	161
呼伦贝尔	Hulunbuir	23.26	21.91	23.73	122
巴彦淖尔	Bayannur	5.33	12.71	14.26	148
乌兰察布	Ulanqab	0.82	0.52	0.47	269
辽宁	**Liaoning**	**806.71**	**1040.90**	**1144.78**	

地名	City	2010	2012	2013	2013 排名 Ranking
沈阳	Shenyang	78.56	127.48	143.29	37
大连	Dalian	519.82	641.13	688.23	9
鞍山	Anshan	39.04	41.04	48.80	72
抚顺	Fushun	10.25	9.68	10.74	166
本溪	Benxi	34.76	41.21	44.63	78
丹东	Dandong	29.29	45.97	51.16	71
锦州	Jinzhou	23.18	30.36	35.05	98
营口	Yingkou	29.22	54.92	66.91	59
阜新	Fuxin	1.45	2.84	3.33	229
辽阳	Liaoyang	12.49	9.12	9.19	172
盘锦	Panjin	4.80	11.11	13.07	153
铁岭	Tieling	5.45	5.19	8.54	176
朝阳	Chaoyang	4.96	6.25	6.62	192
葫芦岛	Huludao	13.44	13.54	13.29	152
吉林	**Jilin**	**168.46**	**245.63**	**258.32**	
长春	Changchun	132.24	196.89	204.16	30
吉林	Jilin	8.46	11.50	11.02	165
四平	Siping	2.63	3.29	3.50	227
辽源	Liaoyuan	0.62	1.71	2.20	242
通化	Tonghua	4.96	5.27	5.91	197
白山	Baishan	2.34	3.34	2.94	231
松原	Songyuan	0.88	1.33	0.90	262
白城	Baicheng	0.81	1.78	1.23	255
黑龙江	**Heilongjiang**	**255.04**	**375.90**	**388.79**	
哈尔滨	Harbin	42.25	46.29	48.24	73
齐齐哈尔	Qiqihar	8.93	8.21	8.25	178
鸡西	Jixi	7.07	10.80	12.01	159
鹤岗	Hegang	0.82	1.30	0.82	265
双鸭山	Shuangyashan	9.97	12.02	12.00	160
大庆	Daqing	15.41	28.09	33.73	100
伊春	Yichun	3.02	3.48	2.12	244
佳木斯	Jiamusi	30.52	31.08	30.54	108
七台河	Qitaihe	0.61	1.00	0.24	275
牡丹江	Mudanjiang	90.04	126.62	121.75	42
黑河	Heihe	28.55	38.06	41.94	84
绥化	Suihua	1.04	1.63	2.60	235
上海	**Shanghai**	**3688.69**	**4365.87**	**4412.68**	
江苏	**Jiangsu**	**4657.93**	**5479.61**	**5508.02**	

14-8 货物进出口总额 续表 1
Total Imports & Exports continued 1

单位：亿美元 (USD 100 million)

地名	City	2010	2012	2013	2013 排名 Ranking	地名	City	2010	2012	2013	2013 排名 Ranking
南京	Nanjing	456.01	552.35	557.57	13	池州	Chizhou	2.11	3.45	4.10	220
无锡	Wuxi	612.23	707.72	703.71	8	宣城	Xuancheng	6.92	13.55	18.79	130
徐州	Xuzhou	41.61	83.27	62.89	63	**福建**	**Fujian**	**1087.80**	**1559.38**	**1693.21**	
常州	Changzhou	222.78	290.28	292.15	25	福州	Fuzhou	245.86	310.51	313.55	23
苏州	Suzhou	2740.76	3056.92	3093.48	2	厦门	Xiamen	570.31	744.97	840.84	6
南通	Nantong	210.75	263.01	298.14	24	莆田	Putian	34.22	44.21	47.72	75
连云港	Lianyungang	50.72	80.02	66.41	61	三明	Sanming	12.80	31.87	16.68	143
淮安	Huaian	21.71	42.38	36.61	92	泉州	Quanzhou	112.56	250.87	291.25	26
盐城	Yancheng	39.37	57.54	65.28	62	漳州	Zhangzhou	73.99	98.31	97.39	47
扬州	Yangzhou	82.40	101.73	95.07	51	南平	Nanping	10.83	19.15	16.70	142
镇江	Zhenjiang	81.54	114.13	99.50	45	龙岩	Longyan	15.13	34.99	32.16	105
泰州	Taizhou	85.86	103.67	104.41	43	宁德	Ningde	12.11	24.50	32.56	103
宿迁	Suqian	12.20	27.93	33.22	101	**江西**	**Jiangxi**	**216.00**	**334.14**	**367.47**	
浙江	**Zhejiang**	**2535.33**	**3124.01**	**3357.89**		南昌	Nanchang	53.07	82.89	97.11	48
杭州	Hangzhou	523.55	616.83	650.71	10	景德镇	Jingdezhen	8.09	12.76	11.22	163
宁波	Ningbo	829.04	965.73	1003.29	5	萍乡	Pingxiang	4.53	11.11	13.73	149
温州	Wenzhou	170.94	204.38	206.02	29	九江	Jiujiang	18.15	45.21	47.40	76
嘉兴	Jiaxing	228.24	287.44	317.61	22	新余	Xinyu	36.08	24.48	20.78	128
湖州	Huzhou	69.28	87.37	95.33	50	鹰潭	Yingtan	39.63	43.32	44.34	79
绍兴	Shaoxing	270.16	320.98	333.70	20	赣州	Ganzhou	16.30	32.92	33.00	102
金华	Jinhua	131.99	227.39	342.75	19	吉安	Jian	11.29	27.32	35.61	95
衢州	Quzhou	18.89	30.18	37.76	90	宜春	Yichun	6.60	16.52	19.83	129
舟山	Zhoushan	107.33	153.56	126.72	40	抚州	Fuzhou	5.59	10.55	12.61	155
台州	Taizhou	170.01	206.22	218.78	27	上饶	Shangrao	16.67	27.05	31.83	107
丽水	Lishui	15.33	22.29	25.89	115	**山东**	**Shandong**	**1889.51**	**2455.44**	**2665.32**	
安徽	**Anhui**	**242.77**	**392.85**	**455.19**		济南	Jinan	74.31	91.27	95.66	49
合肥	Hefei	99.59	176.42	181.90	32	青岛	Qingdao	570.60	732.02	779.12	7
芜湖	Wuhu	26.10	46.24	54.33	69	淄博	Zibo	67.02	95.33	90.08	55
蚌埠	Bengbu	5.44	12.28	17.10	141	枣庄	Zaozhuang	9.11	11.31	12.51	156
淮南	Huainan	1.22	3.49	5.05	204	东营	Dongying	80.01	123.01	131.48	39
马鞍山	Maanshan	28.78	36.52	36.25	93	烟台	Yantai	437.81	478.02	493.13	16
淮北	Huaibei	2.00	3.49	4.68	214	潍坊	Weifang	117.51	149.72	161.60	36
铜陵	Tongling	34.11	35.70	58.23	66	济宁	Jining	44.60	51.16	52.30	70
安庆	Anqing	6.81	12.39	18.04	135	泰安	Taian	15.89	21.61	24.85	119
黄山	Huangshan	3.28	7.01	8.03	180	威海	Weihai	139.06	171.26	171.50	34
滁州	Chuzhou	9.13	15.32	18.55	132	日照	Rizhao	133.77	252.93	330.39	21
阜阳	Fuyang	3.56	10.97	13.66	151	莱芜	Laiwu	27.18	21.26	25.04	118
宿州	Suzhou	1.54	4.06	5.35	202	临沂	Linyi	47.67	78.87	94.08	52
六安	Liuan	4.54	7.37	8.01	181	德州	Dezhou	19.50	27.18	35.38	96
亳州	Bozhou	2.39	4.99	4.26	218	聊城	Liaocheng	36.32	55.92	61.89	64

14-8 货物进出口总额 续表 2
Total Imports & Exports continued 2

单位：亿美元 (USD 100 million)

地名	City	2010	2012	2013	2013 排名 Ranking	地名	City	2010	2012	2013	2013 排名 Ranking
滨州	Binzhou	50.90	62.78	82.89	56	常德	Changde	2.58	6.02	5.62	198
菏泽	Heze	18.23	31.81	29.67	109	张家界	Zhangjiajie	0.28	0.39	0.46	271
河南	**Henan**	**177.92**	**517.39**	**599.57**		益阳	Yiyang	3.76	3.53	4.85	208
郑州	Zhengzhou	51.74	358.58	427.49	17	郴州	Chenzhou	9.79	27.78	37.88	88
开封	Kaifeng	2.39	4.02	5.00	205	永州	Yongzhou	1.17	2.90	4.50	215
洛阳	Luoyang	15.44	15.77	17.95	137	怀化	Huaihua	0.47	0.71	0.83	264
平顶山	Pingdingshan	4.25	4.07	4.76	212	娄底	Loudi	14.41	16.85	14.29	147
安阳	Anyang	15.72	12.56	18.67	131	广东	**Guangdong**	**7848.96**	**9840.20**	**10915.81**	
鹤壁	Hebi	1.45	1.87	2.64	234	广州	Guangzhou	1037.62	1171.67	1188.96	4
新乡	Xinxiang	11.34	10.52	11.27	162	韶关	Shaoguan	15.75	20.44	23.22	124
焦作	Jiaozuo	17.41	22.23	22.62	125	深圳	Shenzhen	3467.63	4668.03	5374.75	1
濮阳	Puyang	4.88	6.19	6.65	191	珠海	Zhuhai	434.83	456.80	542.88	14
许昌	Xuchang	12.86	20.77	21.43	126	汕头	Shantou	73.65	88.02	92.34	53
漯河	Luohe	3.92	4.12	4.45	216	佛山	Foshan	516.58	610.58	639.40	11
三门峡	Sanmenxia	1.63	2.31	2.92	232	江门	Jiangmen	143.33	187.72	197.33	31
南阳	Nanyang	9.53	13.14	17.96	136	湛江	Zhanjiang	35.43	47.00	55.13	67
商丘	Shangqiu	1.33	2.15	2.52	238	茂名	Maoming	8.02	10.41	12.23	158
信阳	Xinyang	3.54	6.93	6.82	189	肇庆	Zhaoqing	43.91	63.52	70.17	58
周口	Zhoukou	3.84	5.61	7.75	185	惠州	Huizhou	342.35	494.94	573.90	12
驻马店	Zhumadian	2.32	2.72	4.04	221	梅州	Meizhou	11.72	15.03	17.63	139
湖北	**Hubei**	**259.07**	**319.64**	**363.80**		汕尾	Shanwei	20.50	28.42	41.74	85
武汉	Wuhan	180.55	203.54	217.52	28	河源	Heyuan	27.17	29.26	32.32	104
黄石	Huangshi	15.08	20.71	28.53	111	阳江	Yangjiang	18.03	22.23	23.80	121
十堰	Shiyan	2.75	4.42	4.83	209	清远	Qingyuan	37.68	45.37	43.58	82
宜昌	Yichang	17.67	21.90	23.50	123	东莞	Dongguan	1215.66	1445.17	1530.70	3
襄阳	Xiangfan	7.14	12.58	16.20	144	中山	ZhongShan	311.13	335.23	356.23	18
鄂州	Ezhou	1.99	4.24	4.92	207	潮州	Chaozhou	38.23	42.31	39.17	87
荆门	Jingmen	2.98	6.41	7.77	184	揭阳	Jieyang	36.27	42.75	46.92	77
孝感	Xiaogan	3.69	7.81	10.25	168	云浮	Yunfu	13.47	14.57	15.81	146
荆州	Jingzhou	7.75	11.49	13.66	150	广西	**Guangxi**	**177.06**	**294.84**	**328.27**	
黄冈	Huanggang	2.64	4.29	5.36	201	南宁	Nanning	22.13	41.47	44.21	80
咸宁	Xianning	1.88	2.97	3.36	228	柳州	Liuzhou	1.54	31.12	28.84	110
随州	Suizhou	7.99	8.21	12.67	154	桂林	Guilin	9.03	9.75	9.24	171
湖南	**Hunan**	**146.89**	**219.49**	**251.75**		梧州	Wuzhou	6.43	12.10	17.65	138
长沙	Changsha	60.89	86.93	98.93	46	北海	Beihai	13.70	20.78	26.98	113
株洲	Zhuzhou	14.76	21.49	25.66	117	防城港	Fangchenggang	27.96	48.98	43.00	83
湘潭	Xiangtan	21.59	20.61	26.35	114	钦州	Qinzhou	13.14	37.67	35.30	97
衡阳	Hengyang	7.88	20.16	18.14	134	贵港	Guigang	1.74	2.31	2.21	241
邵阳	Shaoyang	2.97	4.73	5.91	196	玉林	Yulin	4.51	5.88	4.17	219
岳阳	Yueyang	3.85	5.81	6.44	193	百色	Baise	3.95	5.09	5.98	195

14-8 货物进出口总额 续表 3
Total Imports & Exports continued 3

单位：亿美元 (USD 100 million)

地名	City	2010	2012	2013	2013 排名 Ranking	地名	City	2010	2012	2013	2013 排名 Ranking
贺州	Hezhou	0.97	1.56	2.00	247	丽江	Lijiang	0.38	0.85	1.11	258
河池	Hechi	6.11	5.24	4.81	210	普洱	Puer	1.71	2.71	5.28	203
来宾	Laibin	1.68	1.43	1.20	256	临沧	Lincang	0.94	1.71	2.53	237
崇左	Chongzuo	37.34	71.35	102.77	44	**西藏**	**Tibet**	**8.36**	**34.24**	**33.19**	
海南	**Hainan**	**108.17**	**143.22**	**149.85**		拉萨	Lhasa	8.26	33.30	32.05	106
海口	Haikou	39.45	42.15	47.96	74	**陕西**	**Shaanxi**	**120.83**	**147.99**	**201.28**	
三亚	Sanya	11.86	1.53	1.51	253	西安	Xi'an	103.83	130.14	179.85	33
重庆	**Chongqing**	**124.26**	**532.04**	**686.92**		铜川	Tongchuan	0.05	0.12	0.16	280
四川	**Sichuan**	**327.78**	**591.44**	**645.75**		宝鸡	Baoji	5.99	7.45	8.87	175
成都	Chengdu	224.50	475.42	506.09	15	咸阳	Xianyang	3.40	4.33	6.05	194
自贡	Zigong	5.41	8.70	10.14	169	渭南	Weinan	1.69	2.33	2.43	239
攀枝花	Panzhihua	2.54	2.63	1.87	249	延安	Yan'an	0.22	0.66	0.96	261
泸州	Luzhou	1.33	1.86	2.27	240	汉中	Hanzhong	0.44	0.54	0.73	266
德阳	Deyang	22.32	30.83	33.92	99	榆林	Yulin	0.80	0.46	0.46	270
绵阳	Mianyang	15.98	22.13	28.10	112	安康	Ankang	0.17	0.24	0.29	274
广元	Guangyuan	2.07	3.38	3.50	226	商洛	Shangluo	3.08	0.77	0.62	268
遂宁	Suining	2.82	4.62	5.56	199	**甘肃**	**Gansu**	**73.70**	**89.01**	**102.36**	
内江	Neijiang	1.68	3.13	3.63	225	兰州	Lanzhou	11.59	33.97	40.64	86
乐山	Leshan	9.76	9.45	11.20	164	嘉峪关	Jiayuguan	7.64	8.52	8.28	177
南充	Nanchong	3.09	4.18	6.73	190	金昌	Jinchang	45.33	34.37	37.75	91
眉山	Meishan	1.00	1.95	2.88	233	白银	Baiyin	4.57	5.28	7.81	182
宜宾	Yibin	6.53	7.77	8.13	179	天水	Tianshui	2.30	3.09	3.68	224
广安	Guangan	2.93	7.54	9.93	170	武威	Wuwei	0.13	0.19	0.23	276
达州	Dazhou	0.71	1.83	3.14	230	张掖	Zhangye	0.27	0.18	0.23	277
雅安	Yaan	0.13	0.43	0.69	267	平凉	Pingliang	0.15	0.18	0.19	278
巴中	Bazhong	0.49	1.25	1.44	254	酒泉	Jiuquan	0.59	0.73	1.07	260
资阳	Ziyang	1.57	3.06	5.43	200	庆阳	Qingyang	0.56	0.73	0.87	263
贵州	**Guizhou**	**31.38**	**66.32**	**82.90**		定西	Dingxi	0.14	0.21	0.35	272
贵阳	Guiyang	22.75	50.54	66.62	60	陇南	Longnan	0.04	0.06	0.10	282
六盘水	Liupanshui	3.16	7.49	4.96	206	**青海**	**Qinghai**	**7.89**	**11.57**	**14.03**	
遵义	Zunyi	2.01	1.05	1.80	250	西宁	Xining	6.67	9.34	12.41	157
安顺	Anshun	1.30	0.27	0.31	273	**宁夏**	**Ningxia**	**19.60**	**22.17**	**32.18**	
毕节	Bijie	0.06	3.38	1.09	259	银川	Yinchuan	10.62	13.86	24.18	120
铜仁	Tongren	0.02	0.10	0.16	279	石嘴山	Shizuishan	6.01	5.00	4.71	213
云南	**Yunnan**	**133.68**	**210.14**	**253.04**		吴忠	Wuzhong	2.42	2.14	1.72	251
昆明	Kunming	101.09	144.10	168.97	35	固原	Guyuan				
曲靖	Qujing	2.17	2.85	3.71	223	中卫	Zhongwei	0.56	1.16	1.56	252
玉溪	Yuxi	2.86	5.33	7.14	188	**新疆**	**Xinjiang**	**171.28**	**251.70**	**275.61**	
保山	Baoshan	1.94	1.46	2.01	246	乌鲁木齐	Urumqi	59.85	103.97	77.98	57
昭通	Zhaotong	0.14	0.03	0.10	281	克拉玛依	Karamay	2.80	2.39	7.78	183

14-9 货物进口总额
Total Value of Imports

单位：亿美元 (USD 100 million)

地名	City	2010	2012	2013	2013 排名 Ranking	地名	City	2010	2012	2013	2013 排名 Ranking
全国	**Nation Total**	**13962.40**	**18184.05**	**19499.89**		沈阳	Shenyang	37.79	67.83	73.33	29
北京	**Beijing**	**2462.22**	**3484.75**	**3658.98**		大连	Dalian	247.23	294.31	313.85	8
天津	**Tianjin**	**446.84**	**673.22**	**794.97**		鞍山	Anshan	24.62	17.35	21.83	71
河北	**Hebei**	**193.61**	**209.65**	**239.51**		抚顺	Fushun	5.01	2.69	2.18	175
石家庄	Shijiazhuang	51.80	56.12	68.80	31	本溪	Benxi	18.92	16.86	17.67	80
唐山	Tangshan	46.15	61.64	70.57	30	丹东	Dandong	10.54	17.22	17.10	83
秦皇岛	Qinhuangdao	16.25	19.24	19.56	76	锦州	Jinzhou	11.39	12.77	14.33	90
邯郸	Handan	21.96	22.55	22.40	67	营口	Yingkou	7.16	16.10	23.22	66
邢台	Xingtai	8.57	6.82	6.23	123	阜新	Fuxin	0.25	0.95	0.68	227
保定	Baoding	15.33	13.19	11.33	103	辽阳	Liaoyang	2.88	3.14	2.35	171
张家口	Zhangjiakou	1.02	0.66	0.66	228	盘锦	Panjin	1.13	4.06	4.89	137
承德	Chengde	0.84	0.12	0.26	247	铁岭	Tieling	0.84	0.85	2.18	174
沧州	Cangzhou	2.87	2.36	4.91	136	朝阳	Chaoyang	0.83	2.27	1.58	188
廊坊	Langfang	25.93	50.27	28.70	58	葫芦岛	Huludao	6.92	4.02	2.26	172
衡水	Hengshui	2.90	32.41	5.78	126	吉林	**Jilin**	**123.70**	**185.80**	**190.93**	
山西	**Shanxi**	**78.69**	**80.27**	**77.95**		长春	Changchun	112.17	167.78	171.18	19
太原	Taiyuan	47.74	42.32	38.69	46	吉林	Jilin	2.94	6.58	5.83	125
大同	Datong	4.43	2.70	2.63	164	四平	Siping	2.04	2.61	3.03	159
阳泉	Yangquan	1.60	0.87	0.93	215	辽源	Liaoyuan	0.26	1.00	1.05	208
长治	Changzhi	3.29	2.73	2.17	176	通化	Tonghua	2.82	3.32	4.08	146
晋城	Jincheng	3.20	9.90	6.60	121	白山	Baishan	0.45	0.84	0.96	214
朔州	Shuozhou	1.15	2.41	0.96	213	松原	Songyuan	0.02	0.05	0.02	269
晋中	Jinzhong	0.07	2.45	1.97	179	白城	Baicheng	0.18	0.24	0.22	253
运城	Yuncheng	7.62	6.76	12.63	98	黑龙江	**Heilongjiang**	**92.22**	**231.55**	**226.47**	
忻州	Xinzhou	0.01	0.01	0.04	265	哈尔滨	Harbin	22.27	30.78	31.92	53
临汾	Linfen	5.06	5.48	5.55	128	齐齐哈尔	Qiqihar	1.48	1.85	1.57	189
吕梁	Luliang	4.52	4.64	5.85	124	鸡西	Jixi	0.12	1.31	1.33	197
内蒙古	**Inner Mongolia**	**53.84**	**72.89**	**79.02**		鹤岗	Hegang	0.14	0.01	0.0020	278
呼和浩特	Hohhot	7.47	9.68	8.64	114	双鸭山	Shuangyashan	0.87	1.63	0.54	233
包头	Baotou	7.49	9.36	9.92	111	大庆	Daqing	5.65	24.19	29.65	56
乌海	Wuhai	0.02	0.45	0.07	262	伊春	Yichun	1.11	2.31	1.08	207
赤峰	Chifeng	1.86	6.48	8.01	116	佳木斯	Jiamusi	2.16	15.92	11.75	101
通辽	Tongliao	0.88	0.31	0.86	219	七台河	Qitaihe	0.03	0.20	0.04	266
鄂尔多斯	Erdos	1.14	1.94	7.88	117	牡丹江	Mudanjiang	49.74	77.40	66.89	33
呼伦贝尔	Hulunbuir	21.27	19.14	19.42	77	黑河	Heihe	2.37	12.83	10.56	107
巴彦淖尔	Bayannur	3.73	10.25	11.30	104	绥化	Suihua	0.34	0.44	1.48	193
乌兰察布	Ulanqab	0.29	0.09	0.14	256	上海	**Shanghai**	**1880.85**	**2298.57**	**2370.88**	
辽宁	**Liaoning**	**375.52**	**461.31**	**499.56**		江苏	**Jiangsu**	**1952.42**	**2194.38**	**2220.01**	

14-9 货物进口总额 续表 1
Total Value of Imports continued 1

单位：亿美元 (USD 100 million)

地名	City	2010	2012	2013	2013 排名 Ranking	地名	City	2010	2012	2013	2013 排名 Ranking
南京	Nanjing	207.16	233.34	234.91	13	池州	Chizhou	1.14	1.26	1.53	190
无锡	Wuxi	249.51	294.60	292.23	9	宣城	Xuancheng	1.05	1.53	1.27	199
徐州	Xuzhou	15.30	20.39	13.92	94	**福建**	**Fujian**	**372.87**	**581.05**	**628.46**	
常州	Changzhou	67.19	90.68	88.41	26	福州	Fuzhou	82.78	99.21	120.37	21
苏州	Suzhou	1209.68	1310.03	1336.41	2	厦门	Xiamen	217.07	290.97	317.41	7
南通	Nantong	69.91	75.15	85.37	27	莆田	Putian	12.32	14.74	16.02	86
连云港	Lianyungang	24.72	44.01	28.58	59	三明	Sanming	1.53	1.81	2.94	161
淮安	Huaian	6.75	0.87	8.80	113	泉州	Quanzhou	29.76	127.13	126.55	20
盐城	Yancheng	16.17	22.89	27.50	60	漳州	Zhangzhou	23.31	28.41	26.31	62
扬州	Yangzhou	21.85	0.21	19.57	75	南平	Nanping	1.74	2.29	1.38	195
镇江	Zhenjiang	34.03	36.76	37.27	49	龙岩	Longyan	2.00	13.90	10.98	106
泰州	Taizhou	27.09	0.03	41.50	44	宁德	Ningde	2.37	2.60	4.18	144
宿迁	Suqian	3.06	4.75	5.42	131	**江西**	**Jiangxi**	**81.84**	**83.01**	**85.80**	
浙江	**Zhejiang**	**730.68**	**878.84**	**870.42**		南昌	Nanchang	16.30	18.24	24.04	65
杭州	Hangzhou	170.18	204.22	203.05	15	景德镇	Jingdezhen	0.33	0.63	0.26	248
宁波	Ningbo	309.37	351.27	346.19	6	萍乡	Pingxiang	0.05	0.11	0.25	249
温州	Wenzhou	25.51	27.42	24.56	64	九江	Jiujiang	6.03	9.96	7.07	120
嘉兴	Jiaxing	67.84	91.41	102.51	22	新余	Xinyu	15.96	10.28	10.06	110
湖州	Huzhou	10.67	13.40	14.45	89	鹰潭	Yingtan	36.01	35.23	34.91	51
绍兴	Shaoxing	59.27	65.41	54.53	38	赣州	Ganzhou	3.20	4.50	3.84	150
金华	Jinhua	10.11	14.26	17.42	82	吉安	Jian	1.35	1.60	2.38	170
衢州	Quzhou	6.85	11.59	13.86	95	宜春	Yichun	1.02	1.60	1.51	192
舟山	Zhoushan	37.95	61.32	60.23	36	抚州	Fuzhou	0.13	0.09	0.14	257
台州	Taizhou	30.39	33.83	31.57	55	上饶	Shangrao	1.46	0.79	1.34	196
丽水	Lishui	1.84	2.53	2.16	177	**山东**	**Shandong**	**847.04**	**1168.35**	**1323.41**	
安徽	**Anhui**	**118.64**	**125.36**	**172.68**		济南	Jinan	33.81	34.12	40.85	45
合肥	Hefei	43.36	40.14	62.91	35	青岛	Qingdao	231.70	324.11	359.53	5
芜湖	Wuhu	9.41	12.54	15.02	88	淄博	Zibo	26.72	42.13	37.58	47
蚌埠	Bengbu	0.76	2.26	4.65	140	枣庄	Zaozhuang	1.65	1.92	3.05	158
淮南	Huainan	0.50	1.04	0.99	212	东营	Dongying	52.44	73.19	73.45	28
马鞍山	Maanshan	23.70	24.52	22.39	68	烟台	Yantai	183.01	194.43	198.38	16
淮北	Huaibei	0.60	0.40	0.30	246	潍坊	Weifang	30.56	40.04	45.56	42
铜陵	Tongling	31.14	31.27	52.01	39	济宁	Jining	21.62	19.19	18.96	78
安庆	Anqing	1.75	2.34	3.10	157	泰安	Taian	6.63	9.38	11.18	105
黄山	Huangshan	0.78	0.74	1.02	209	威海	Weihai	49.89	64.67	64.47	34
滁州	Chuzhou	2.05	3.72	4.73	138	日照	Rizhao	111.66	214.17	291.60	10
阜阳	Fuyang	0.73	2.02	2.52	166	莱芜	Laiwu	16.86	13.92	17.53	81
宿州	Suzhou	0.34	0.42	0.63	230	临沂	Linyi	19.41	39.90	47.72	40
六安	Liuan	0.19	0.26	0.23	250	德州	Dezhou	6.14	8.50	15.12	87
亳州	Bozhou	0.17	0.37	0.49	234	聊城	Liaocheng	23.42	37.43	41.86	43

14-9 货物进口总额 续表 2
Total Value of Imports continued 2

单位：亿美元 (USD 100 million)

地名	City	2010	2012	2013	2013 排名 Ranking	地名	City	2010	2012	2013	2013 排名 Ranking
滨州	Binzhou	25.40	34.49	47.47	41	常德	Changde	1.18	2.81	1.86	182
菏泽	Heze	6.12	16.52	12.17	100	张家界	Zhangjiajie	0.0042	0.0267	0.0059	276
河南	**Henan**	**72.57**	**220.62**	**239.70**		益阳	Yiyang	0.50	0.34	0.43	237
郑州	Zhengzhou	17.01	155.68	176.83	18	郴州	Chenzhou	3.57	13.51	17.79	79
开封	Kaifeng	0.51	1.16	0.89	217	永州	Yongzhou	0.15	0.27	0.44	236
洛阳	Luoyang	4.92	3.88	5.02	134	怀化	Huaihua	0.27	0.56	0.14	258
平顶山	Pingdingshan	1.40	1.23	1.11	204	娄底	Loudi	11.11	14.01	12.22	99
安阳	Anyang	11.29	7.72	14.26	91	**广东**	**Guangdong**	**3317.05**	**4099.70**	**4552.18**	
鹤壁	Hebi	0.21	0.23	0.32	244	广州	Guangzhou	553.83	582.52	560.89	4
新乡	Xinxiang	4.39	2.65	2.54	165	韶关	Shaoguan	9.16	11.73	14.02	92
焦作	Jiaozuo	6.86	7.11	7.51	118	深圳	Shenzhen	1425.83	1954.47	2317.73	1
濮阳	Puyang	0.73	0.72	0.59	232	珠海	Zhuhai	226.21	240.44	277.07	11
许昌	Xuchang	2.02	4.77	3.75	151	汕头	Shantou	24.31	26.39	26.33	61
漯河	Luohe	2.38	1.58	1.90	180	佛山	Foshan	186.21	209.08	214.17	14
三门峡	Sanmenxia	0.60	0.37	1.08	206	江门	Jiangmen	39.25	58.02	57.34	37
南阳	Nanyang	3.07	4.96	5.43	130	湛江	Zhanjiang	18.59	24.91	28.90	57
商丘	Shangqiu	0.32	0.49	0.40	241	茂名	Maoming	2.43	4.11	4.17	145
信阳	Xinyang	2.49	4.37	3.92	149	肇庆	Zhaoqing	17.94	25.71	21.91	70
周口	Zhoukou	2.08	1.85	1.86	183	惠州	Huizhou	140.03	202.90	240.70	12
驻马店	Zhumadian	0.54	1.85	0.85	221	梅州	Meizhou	2.21	2.33	2.19	173
湖北	**Hubei**	**114.65**	**125.65**	**135.44**		汕尾	Shanwei	9.39	13.74	22.23	69
武汉	Wuhan	93.01	96.06	98.09	23	河源	Heyuan	10.01	9.73	9.85	112
黄石	Huangshi	9.08	9.68	16.48	85	阳江	Yangjiang	1.97	2.59	2.88	163
十堰	Shiyan	0.41	0.56	0.60	231	清远	Qingyuan	18.35	21.55	21.08	72
宜昌	Yichang	4.65	5.26	3.34	153	东莞	Dongguan	519.63	594.64	622.09	3
襄阳	Xiangfan	1.60	1.93	1.85	184	中山	ZhongShan	86.08	88.78	91.48	25
鄂州	Ezhou	0.70	2.67	3.16	155	潮州	Chaozhou	14.82	15.35	11.34	102
荆门	Jingmen	0.61	1.75	1.59	187	揭阳	Jieyang	5.47	4.65	3.12	156
孝感	Xiaogan	0.71	1.44	2.45	168	云浮	Yunfu	5.34	5.23	5.10	133
荆州	Jingzhou	2.00	2.27	2.39	169	**广西**	**Guangxi**	**80.96**	**140.17**	**141.34**	
黄冈	Huanggang	0.55	0.80	0.84	223	南宁	Nanning	6.19	16.29	20.68	73
咸宁	Xianning	0.20	0.65	0.68	226	柳州	Liuzhou	1.24	22.06	20.10	74
随州	Suizhou	0.41	1.25	1.40	194	桂林	Guilin	2.80	1.86	1.65	186
湖南	**Hunan**	**67.34**	**93.47**	**103.54**		梧州	Wuzhou	1.97	7.69	12.66	97
长沙	Changsha	25.38	35.19	37.27	50	北海	Beihai	5.32	8.94	13.32	96
株洲	Zhuzhou	7.83	3.15	6.40	122	防城港	Fangchenggang	20.17	40.70	32.22	52
湘潭	Xiangtan	13.82	12.12	16.58	84	钦州	Qinzhou	9.87	27.65	24.78	63
衡阳	Hengyang	0.82	7.08	5.53	129	贵港	Guigang	1.21	1.25	1.00	210
邵阳	Shaoyang	0.37	0.60	0.69	225	玉林	Yulin	1.36	2.30	1.27	201
岳阳	Yueyang	2.28	3.72	4.00	147	百色	Baise	1.92	2.16	2.11	178

14-9 货物进口总额 续表 3
Total Value of Imports continued 3

单位：亿美元 (USD 100 million)

地名	City	2010	2012	2013	2013 排名 Ranking
贺州	Hezhou	0.16	0.65	1.27	199
河池	Hechi	4.84	4.43	4.44	143
来宾	Laibin	0.66	0.78	0.73	224
崇左	Chongzuo	3.19	3.29	5.19	132
海南	**Hainan**	**84.25**	**111.86**	**112.79**	
海口	Haikou	26.39	24.17	31.75	54
三亚	Sanya	4.35	1.12	0.84	222
重庆	**Chongqing**	**49.38**	**146.36**	**218.96**	
四川	**Sichuan**	**139.33**	**206.75**	**226.26**	
成都	Chengdu	101.90	171.78	187.17	17
自贡	Zigong	2.93	3.53	3.98	148
攀枝花	Panzhihua	0.66	0.43	0.64	229
泸州	Luzhou	0.27	0.28	0.22	252
德阳	Deyang	12.91	12.59	10.39	108
绵阳	Mianyang	7.71	8.40	10.07	109
广元	Guangyuan	0.33	0.66	0.42	238
遂宁	Suining	0.54	0.81	1.52	191
内江	Neijiang	0.01	0.43	0.48	235
乐山	Leshan	3.00	2.87	2.93	162
南充	Nanchong	0.27	0.20	0.18	254
眉山	Meishan	0.09	0.38	0.88	218
宜宾	Yibin	2.11	2.35	2.50	167
广安	Guangan	0.13	0.51	0.11	259
达州	Dazhou	0.07	0.89	1.77	185
雅安	Yaan	0.01	0.05	0.04	267
巴中	Bazhong				
资阳	Ziyang	0.18	0.36	2.94	160
贵州	**Guizhou**	**12.19**	**16.79**	**14.04**	
贵阳	Guiyang	14.41	8.40	7.39	119
六盘水	Liupanshui	3.15	7.48	4.96	135
遵义	Zunyi	0.51	0.16	0.32	244
安顺	Anshun	0.12	0.06	0.08	260
毕节	Bijie		0.0033	0.0317	268
铜仁	Tongren			0.02	270
云南	**Yunnan**	**76.06**	**109.96**	**96.32**	
昆明	Kunming	53.27	87.24	67.74	32
曲靖	Qujing	2.00	0.51	0.36	242
玉溪	Yuxi	0.21	0.32	0.35	243
保山	Baoshan	0.80	0.68	0.85	220
昭通	Zhaotong	0.10	0.00	0.0004	280

地名	City	2010	2012	2013	2013 排名 Ranking
丽江	Lijiang	0.38	0.0012	0.0051	277
普洱	Puer	0.95	1.31	3.49	152
临沧	Lincang	0.50	0.96	1.25	203
西藏	**Tibet**	**0.65**	**0.69**	**0.50**	
拉萨	Lhasa	0.62	0.68	0.41	240
陕西	**Shaanxi**	**58.75**	**61.47**	**99.02**	
西安	Xi'an	50.66	57.16	95.07	24
铜川	Tongchuan	0.01	0.03	0.01	274
宝鸡	Baoji	3.35	1.93	1.89	181
咸阳	Xianyang	1.02	0.59	1.27	202
渭南	Weinan	0.68	0.89	0.41	239
延安	Yan'an	0.0007			
汉中	Hanzhong	0.14	0.02	0.06	263
榆林	Yulin	0.06	0.05	0.04	264
安康	Ankang			0.01	272
商洛	Shangluo	2.56	0.71	0.15	255
甘肃	**Gansu**	**57.32**	**53.27**	**55.59**	
兰州	Lanzhou	2.46	7.05	4.71	139
嘉峪关	Jiayuguan	7.16	8.18	8.15	115
金昌	Jinchang	43.13	33.95	37.33	48
白银	Baiyin	3.78	3.00	4.50	142
天水	Tianshui	0.68	0.86	0.99	211
武威	Wuwei	0.0019		0.0177	271
张掖	Zhangye	0.0003	0.0097	0.0020	278
平凉	Pingliang	0.00	0.00	0.0128	273
酒泉	Jiuquan	0.04	0.05	0.08	261
庆阳	Qingyang	0.0024		0.0000	281
定西	Dingxi	0.070	0.151	0.232	251
陇南	Longnan	0.0020	0.0065	0.0083	275
青海	**Qinghai**	**3.23**	**4.29**	**5.55**	
西宁	Xining	2.71	2.72	4.62	141
宁夏	**Ningxia**	**7.90**	**5.76**	**6.66**	
银川	Yinchuan	3.63	2.89	3.33	154
石嘴山	Shizuishan	1.93	0.93	1.31	198
吴忠	Wuzhong	2.22	1.18	0.93	216
固原	Guyuan				281
中卫	Zhongwei	0.12	0.76	1.09	205
新疆	**Xinjiang**	**41.59**	**58.24**	**52.94**	
乌鲁木齐	Urumqi	15.48	23.33	13.98	93
克拉玛依	Karamay	0.25	0.98	5.65	127

14-10 货物出口总额
Total Value of Exports

单位：亿美元 (USD 100 million)

地名	City	2010	2012	2013	2013 排名 Ranking
全国	**Nation Total**	**15777.50**	**20487.14**	**22090.04**	
北京	**Beijing**	**554.39**	**596.32**	**630.98**	
天津	**Tianjin**	**375.17**	**483.13**	**490.05**	
河北	**Hebei**	**225.70**	**295.98**	**309.61**	
石家庄	Shijiazhuang	57.94	73.38	71.18	39
唐山	Tangshan	29.24	43.18	56.12	50
秦皇岛	Qinhuangdao	18.85	24.88	24.19	86
邯郸	Handan	8.84	14.68	13.67	121
邢台	Xingtai	9.62	10.70	12.09	129
保定	Baoding	43.26	47.73	43.63	60
张家口	Zhangjiakou	1.83	3.18	3.22	200
承德	Chengde	2.34	1.41	2.30	217
沧州	Cangzhou	13.92	20.98	20.79	96
廊坊	Langfang	22.06	28.83	30.35	77
衡水	Hengshui	17.80	27.10	32.09	72
山西	**Shanxi**	**47.09**	**70.16**	**79.96**	
太原	Taiyuan	31.38	42.42	52.95	53
大同	Datong	1.25	2.34	2.15	218
阳泉	Yangquan	1.31	1.56	1.20	240
长治	Changzhi	0.43	8.78	8.37	151
晋城	Jincheng	2.12	2.45	2.59	210
朔州	Shuozhou	0.10	0.15	0.21	274
晋中	Jinzhong	2.23	2.49	2.47	214
运城	Yuncheng	2.83	3.88	4.83	178
忻州	Xinzhou	1.25	2.17	1.94	226
临汾	Linfen	1.46	2.77	1.62	232
吕梁	Luliang	2.74	1.14	1.64	231
内蒙古	**Inner Mongolia**	**33.35**	**39.70**	**40.93**	
呼和浩特	Hohhot	7.59	8.33	7.35	160
包头	Baotou	12.04	11.64	11.13	135
乌海	Wuhai	0.03	0.02	0.02	282
赤峰	Chifeng	1.38	1.27	1.14	243
通辽	Tongliao	0.87	0.73	1.23	238
鄂尔多斯	Erdos	3.17	2.29	3.46	196
呼伦贝尔	Hulunbuir	1.99	2.77	4.31	185
巴彦淖尔	Bayannur	1.60	2.46	2.96	204
乌兰察布	Ulanqab	0.53	0.43	0.32	268
辽宁	**Liaoning**	**431.20**	**579.59**	**645.22**	
沈阳	Shenyang	40.77	59.65	69.96	41
大连	Dalian	272.59	346.82	374.37	11
鞍山	Anshan	14.42	23.74	26.97	83
抚顺	Fushun	5.24	6.99	8.56	150
本溪	Benxi	15.84	24.35	26.96	84
丹东	Dandong	18.74	28.75	34.06	68
锦州	Jinzhou	11.79	17.60	20.72	97
营口	Yingkou	22.06	38.82	43.69	59
阜新	Fuxin	1.20	1.89	2.66	209
辽阳	Liaoyang	9.62	5.99	6.84	163
盘锦	Panjin	3.67	7.06	8.18	153
铁岭	Tieling	4.61	4.34	6.36	167
朝阳	Chaoyang	4.13	3.98	5.04	176
葫芦岛	Huludao	6.53	9.53	11.03	136
吉林	**Jilin**	**44.76**	**59.83**	**67.39**	
长春	Changchun	20.08	29.11	32.99	71
吉林	Jilin	5.52	4.91	5.19	175
四平	Siping	0.59	0.69	0.47	262
辽源	Liaoyuan	0.36	0.70	1.15	242
通化	Tonghua	2.14	1.95	1.82	228
白山	Baishan	1.89	2.51	1.98	225
松原	Songyuan	0.86	1.28	0.88	251
白城	Baicheng	0.63	1.54	1.01	248
黑龙江	**Heilongjiang**	**162.82**	**144.35**	**162.32**	
哈尔滨	Harbin	19.98	15.51	16.32	110
齐齐哈尔	Qiqihar	7.44	6.35	6.68	165
鸡西	Jixi	6.95	9.49	10.68	141
鹤岗	Hegang	0.68	1.29	0.81	253
双鸭山	Shuangyashan	9.11	10.38	11.45	131
大庆	Daqing	9.76	3.90	4.07	188
伊春	Yichun	1.91	1.18	1.04	247
佳木斯	Jiamusi	28.36	15.16	18.79	104
七台河	Qitaihe	0.58	0.80	0.21	273
牡丹江	Mudanjiang	40.30	49.22	54.86	51
黑河	Heihe	26.18	25.23	31.38	75
绥化	Suihua	0.70	1.19	1.13	244
上海	**Shanghai**	**1807.84**	**2067.30**	**2041.80**	
江苏	**Jiangsu**	**2705.50**	**3285.24**	**3288.02**	

14-10 货物出口总额 续表 1
Total Value of Exports continued 1

单位：亿美元 (USD 100 million)

地名	City	2010	2012	2013	2013 排名 Ranking	地名	City	2010	2012	2013	2013 排名 Ranking
南京	Nanjing	248.85	319.01	322.66	14	池州	Chizhou	0.97	2.19	2.58	211
无锡	Wuxi	362.72	413.13	411.48	10	宣城	Xuancheng	5.86	12.02	17.52	108
徐州	Xuzhou	26.31	62.88	48.97	55	**福建**	**Fujian**	**714.93**	**978.33**	**1064.74**	
常州	Changzhou	155.58	199.60	203.74	23	福州	Fuzhou	163.08	211.30	193.18	24
苏州	Suzhou	1531.08	1746.89	1757.06	2	厦门	Xiamen	353.24	454.00	523.43	6
南通	Nantong	140.85	187.86	212.78	22	莆田	Putian	21.90	29.48	31.69	73
连云港	Lianyungang	26.00	36.01	37.84	64	三明	Sanming	11.27	30.06	13.75	119
淮安	Huaian	14.95	33.64	27.81	81	泉州	Quanzhou	82.79	123.75	164.70	27
盐城	Yancheng	23.19	34.65	37.79	65	漳州	Zhangzhou	50.68	69.90	71.08	40
扬州	Yangzhou	60.55	81.72	75.50	37	南平	Nanping	9.09	16.86	15.32	113
镇江	Zhenjiang	47.51	77.37	62.23	46	龙岩	Longyan	13.13	21.08	21.17	93
泰州	Taizhou	58.77	69.45	62.91	45	宁德	Ningde	9.74	21.90	28.38	79
宿迁	Suqian	9.14	23.18	27.80	82	**江西**	**Jiangxi**	**134.16**	**251.13**	**281.67**	
浙江	**Zhejiang**	**1804.65**	**2245.17**	**2487.46**		南昌	Nanchang	36.76	6.47	73.08	38
杭州	Hangzhou	353.37	412.62	447.66	7	景德镇	Jingdezhen	7.76	12.13	10.96	137
宁波	Ningbo	519.67	614.45	657.10	4	萍乡	Pingxiang	4.48	11.01	13.48	123
温州	Wenzhou	145.43	176.96	181.46	26	九江	Jiujiang	12.12	35.26	40.33	61
嘉兴	Jiaxing	160.40	196.03	215.12	21	新余	Xinyu	20.13	14.20	10.73	139
湖州	Huzhou	58.61	73.96	80.88	36	鹰潭	Yingtan	3.62	8.09	9.43	146
绍兴	Shaoxing	210.89	255.57	279.16	17	赣州	Ganzhou	13.10	28.43	29.16	78
金华	Jinhua	121.88	213.13	325.32	13	吉安	Jian	9.94	25.72	33.23	70
衢州	Quzhou	12.05	18.59	23.90	87	宜春	Yichun	5.58	14.92	18.32	105
舟山	Zhoushan	69.37	92.24	66.49	42	抚州	Fuzhou	5.45	10.46	12.47	127
台州	Taizhou	139.63	172.39	187.21	25	上饶	Shangrao	15.21	26.26	30.49	76
丽水	Lishui	13.49	19.76	23.73	88	**山东**	**Shandong**	**1042.47**	**1287.09**	**1341.90**	
安徽	**Anhui**	**124.13**	**267.49**	**282.51**		济南	Jinan	40.51	57.14	54.81	52
合肥	Hefei	56.23	136.28	118.99	30	青岛	Qingdao	338.90	407.91	419.60	9
芜湖	Wuhu	16.69	33.70	39.31	62	淄博	Zibo	40.31	53.19	52.50	54
蚌埠	Bengbu	4.67	10.02	12.44	128	枣庄	Zaozhuang	7.46	9.39	9.47	145
淮南	Huainan	0.72	2.45	4.06	189	东营	Dongying	27.58	49.82	58.03	49
马鞍山	Maanshan	5.07	12.00	13.86	117	烟台	Yantai	254.80	283.59	294.75	16
淮北	Huaibei	1.40	3.08	4.38	184	潍坊	Weifang	86.96	109.68	116.04	31
铜陵	Tongling	2.97	3.53	6.22	168	济宁	Jining	22.99	31.96	33.34	69
安庆	Anqing	5.06	10.05	14.95	115	泰安	Taian	9.26	12.22	13.67	120
黄山	Huangshan	2.49	6.27	7.02	161	威海	Weihai	89.17	106.59	107.02	32
滁州	Chuzhou	7.08	11.60	13.83	118	日照	Rizhao	22.11	38.76	38.79	63
阜阳	Fuyang	2.83	8.96	11.14	134	莱芜	Laiwu	10.32	7.34	7.51	159
宿州	Suzhou	1.21	3.64	4.72	180	临沂	Linyi	28.26	38.97	46.35	57
六安	Liuan	4.35	7.11	7.77	157	德州	Dezhou	13.36	18.68	20.26	98
亳州	Bozhou	2.23	4.62	3.78	193	聊城	Liaocheng	12.89	18.49	20.03	101

14-10 货物出口总额 续表 2
Total Value of Exports continued 2

单位：亿美元 (USD 100 million)

地名	City	2010	2012	2013	2013 排名 Ranking	地名	City	2010	2012	2013	2013 排名 Ranking
滨州	Binzhou	25.50	28.29	35.43	67	常德	Changde	1.39	3.21	3.76	194
菏泽	Heze	12.11	15.28	17.50	109	张家界	Zhangjiajie	0.28	0.36	0.45	264
河南	**Henan**	**105.34**	**296.76**	**359.87**		益阳	Yiyang	3.26	3.20	4.42	182
郑州	Zhengzhou	34.73	202.90	250.66	20	郴州	Chenzhou	6.22	14.27	20.09	100
开封	Kaifeng	1.88	2.87	4.11	187	永州	Yongzhou	1.02	2.62	4.06	190
洛阳	Luoyang	10.52	11.89	12.93	124	怀化	Huaihua	0.20	0.15	0.70	256
平顶山	Pingdingshan	2.86	2.84	3.65	195	娄底	Loudi	3.30	2.84	2.08	221
安阳	Anyang	4.43	4.84	4.41	183	**广东**	**Guangdong**	**4531.91**	**5740.51**	**6363.64**	
鹤壁	Hebi	1.24	1.65	2.32	216	广州	Guangzhou	483.79	589.15	628.07	5
新乡	Xinxiang	6.95	7.87	8.73	149	韶关	Shaoguan	6.59	8.70	9.20	147
焦作	Jiaozuo	10.55	15.12	15.10	114	深圳	Shenzhen	2041.80	2713.56	3057.02	1
濮阳	Puyang	4.15	5.47	6.05	171	珠海	Zhuhai	208.62	216.37	265.81	18
许昌	Xuchang	10.84	16.00	17.68	107	汕头	Shantou	49.35	61.63	66.02	43
漯河	Luohe	1.54	2.54	2.55	212	佛山	Foshan	330.38	401.50	425.23	8
三门峡	Sanmenxia	1.04	1.94	1.84	227	江门	Jiangmen	104.09	129.70	139.99	28
南阳	Nanyang	6.47	8.18	12.53	126	湛江	Zhanjiang	16.84	22.09	26.23	85
商丘	Shangqiu	1.00	1.66	2.12	220	茂名	Maoming	5.59	6.29	8.06	154
信阳	Xinyang	1.05	2.56	2.90	205	肇庆	Zhaoqing	25.97	37.81	48.26	56
周口	Zhoukou	1.76	3.76	5.89	172	惠州	Huizhou	202.32	292.04	333.20	12
驻马店	Zhumadian	1.78	2.16	3.20	201	梅州	Meizhou	9.51	12.70	15.44	112
湖北	**Hubei**	**144.42**	**193.99**	**228.36**		汕尾	Shanwei	11.12	14.69	19.51	102
武汉	Wuhan	87.54	107.48	119.43	29	河源	Heyuan	17.15	19.53	22.47	92
黄石	Huangshi	6.00	11.04	12.05	130	阳江	Yangjiang	16.06	19.64	20.92	94
十堰	Shiyan	2.34	3.86	4.23	186	清远	Qingyuan	19.33	23.82	22.50	91
宜昌	Yichang	13.02	16.63	20.17	99	东莞	Dongguan	696.03	850.53	908.61	3
襄阳	Xiangfan	5.54	10.65	14.34	116	中山	ZhongShan	225.04	246.44	264.75	19
鄂州	Ezhou	1.30	1.57	1.76	230	潮州	Chaozhou	23.41	36.96	27.83	80
荆门	Jingmen	2.37	4.66	6.18	169	揭阳	Jieyang	30.80	38.10	43.80	58
孝感	Xiaogan	2.97	6.36	7.80	155	云浮	Yunfu	8.13	9.34	10.72	140
荆州	Jingzhou	5.74	9.22	11.27	132	**广西**	**Guangxi**	**96.10**	**154.68**	**186.93**	
黄冈	Huanggang	2.09	3.49	4.51	181	南宁	Nanning	15.93	25.17	23.53	89
咸宁	Xianning	1.68	2.32	2.68	208	柳州	Liuzhou	0.31	9.07	8.75	148
随州	Suizhou	7.58	6.96	11.27	133	桂林	Guilin	6.22	7.89	7.59	158
湖南	**Hunan**	**79.55**	**126.02**	**148.21**		梧州	Wuzhou	4.46	4.41	4.99	177
长沙	Changsha	35.51	51.74	61.66	47	北海	Beihai	8.38	11.84	13.66	122
株洲	Zhuzhou	6.93	18.34	19.26	103	防城港	Fangchenggang	7.80	8.28	10.78	138
湘潭	Xiangtan	7.77	8.48	9.77	144	钦州	Qinzhou	3.26	10.02	10.52	142
衡阳	Hengyang	7.05	13.08	12.61	125	贵港	Guigang	0.53	1.06	1.21	239
邵阳	Shaoyang	2.60	4.13	5.22	174	玉林	Yulin	3.16	3.58	2.90	206
岳阳	Yueyang	1.57	2.09	2.44	215	百色	Baise	2.03	2.93	3.87	192

14-10 货物出口总额 续表 3
Total Value of Exports continued 3

单位：亿美元 (USD 100 million)

地名	City	2010	2012	2013	2013 排名 Ranking	地名	City	2010	2012	2013	2013 排名 Ranking
贺州	Hezhou	0.82	0.91	0.72	255	丽江	Lijiang	0.0011	0.85	1.11	245
河池	Hechi	1.26	0.81	0.38	267	普洱	Puer	0.75	1.41	1.79	229
来宾	Laibin	1.02	0.66	0.46	263	临沧	Lincang	0.44	0.75	1.28	236
崇左	Chongzuo	34.15	68.06	97.58	34	**西藏**	**Tibet**	**7.71**	**33.55**	**32.69**	
海南	**Hainan**	**23.91**	**31.36**	**37.06**		拉萨	Lhasa	7.65	32.61	31.64	74
海口	Haikou	13.07	19.78	16.21	111	**陕西**	**Shaanxi**	**62.08**	**86.52**	**102.26**	
三亚	Sanya	7.50	0.41	0.67	258	西安	Xi'an	53.17	72.99	84.78	35
重庆	**Chongqing**	**74.89**	**385.68**	**467.96**		铜川	Tongchuan	0.04	0.10	0.15	276
四川	**Sichuan**	**188.45**	**384.69**	**419.49**		宝鸡	Baoji	2.64	5.52	6.98	162
成都	Chengdu	122.60	303.64	318.92	15	咸阳	Xianyang	2.38	3.74	4.78	179
自贡	Zigong	2.49	5.17	6.16	170	渭南	Weinan	1.01	1.44	2.02	223
攀枝花	Panzhihua	1.88	2.20	1.23	237	延安	Yan'an	0.22	0.66	0.96	250
泸州	Luzhou	1.06	1.58	2.05	222	汉中	Hanzhong	0.30	0.53	0.67	257
德阳	Deyang	9.41	18.24	23.53	90	榆林	Yulin	0.74	0.41	0.42	266
绵阳	Mianyang	8.27	13.73	18.03	106	安康	Ankang	0.17	0.24	0.28	269
广元	Guangyuan	1.74	2.73	3.08	203	商洛	Shangluo	0.52	0.06	0.48	260
遂宁	Suining	2.27	3.80	4.04	191	**甘肃**	**Gansu**	**16.38**	**35.74**	**46.77**	
内江	Neijiang	1.68	2.70	3.15	202	兰州	Lanzhou	9.13	26.92	35.93	66
乐山	Leshan	6.76	6.59	8.26	152	嘉峪关	Jiayuguan	0.48	0.34	0.13	278
南充	Nanchong	2.82	3.98	6.54	166	金昌	Jinchang	2.20	0.43	0.43	265
眉山	Meishan	0.90	1.56	2.00	224	白银	Baiyin	0.80	2.28	3.31	199
宜宾	Yibin	4.42	5.42	5.62	173	天水	Tianshui	1.62	2.23	2.69	207
广安	Guangan	2.80	7.02	9.82	143	武威	Wuwei	0.13	0.19	0.22	272
达州	Dazhou	0.63	0.94	1.37	235	张掖	Zhangye	0.27	0.17	0.23	270
雅安	Yaan	0.12	0.38	0.65	259	平凉	Pingliang	0.15	0.18	0.17	275
巴中	Bazhong	0.49	1.25	1.44	234	酒泉	Jiuquan	0.55	0.68	0.99	249
资阳	Ziyang	1.39	2.70	2.49	213	庆阳	Qingyang	0.56	0.73	0.87	252
贵州	**Guizhou**	**19.19**	**49.52**	**68.86**		定西	Dingxi	0.07	0.06	0.11	279
贵阳	Guiyang	8.34	42.14	59.24	48	陇南	Longnan	0.04	0.05	0.09	281
六盘水	Liupanshui			0.00	283	**青海**	**Qinghai**	**4.66**	**7.29**	**8.47**	
遵义	Zunyi	1.50	1.25	1.48	233	西宁	Xining	3.96	6.62	7.79	156
安顺	Anshun	1.18	0.21	0.23	271	**宁夏**	**Ningxia**	**11.70**	**16.41**	**25.52**	
毕节	Bijie	0.00	3.38	1.06	246	银川	Yinchuan	6.99	10.98	20.85	95
铜仁	Tongren	0.02	0.07	0.14	277	石嘴山	Shizuishan	4.07	4.07	3.41	197
云南	**Yunnan**	**57.62**	**100.17**	**156.71**		吴忠	Wuzhong	0.20	0.96	0.79	254
昆明	Kunming	47.82	56.86	101.23	33	固原	Guyuan			0.00	284
曲靖	Qujing	0.17	2.34	3.35	198	中卫	Zhongwei	0.44	0.40	0.47	261
玉溪	Yuxi	2.65	5.01	6.79	164	**新疆**	**Xinjiang**	**129.70**	**193.46**	**222.68**	
保山	Baoshan	1.14	0.78	1.16	241	乌鲁木齐	Urumqi	44.37	80.64	63.99	44
昭通	Zhaotong	0.05	0.02	0.10	280	克拉玛依	Karamay	2.55	1.41	2.13	219

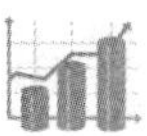

14-11 外商直接投资合同项目
Number of Projects for Contracted Foreign Direct Investment

单位：个 (unit)

地名	City	2010	2012	2013	2013 排名 Ranking
全国	**Nation Total**	**28652**	**33328**	**23859**	
北京	**Beijing**	**1629**	**1360**	**1190**	
天津	**Tianjin**	**592**	**632**	**564**	
河北	**Hebei**	**246**	**786**	**513**	
石家庄	Shijiazhuang	32	22	42	76
唐山	Tangshan	29	21	16	129
秦皇岛	Qinhuangdao	19	11	9	160
邯郸	Handan	48	65	50	64
邢台	Xingtai	19	12	12	147
保定	Baoding	16	8	17	124
张家口	Zhangjiakou	12	12	3	215
承德	Chengde	7	16	5	197
沧州	Cangzhou	27	58	50	64
廊坊	Langfang	28	641	289	12
衡水	Hengshui	9	20	20	112
山西	**Shanxi**	**133**	**46**	**44**	
太原	Taiyuan	39	14	18	119
大同	Datong	3	3	2	237
阳泉	Yangquan	50	1	2	237
长治	Changzhi	8	3	2	237
晋城	Jincheng	1	3		
朔州	Shuozhou	8	2		
晋中	Jinzhong	5	7	8	167
运城	Yuncheng	9	5	1	252
忻州	Xinzhou	4	3	1	252
临汾	Linfen	3	3	3	215
吕梁	Luliang	3	2	7	178
内蒙古	**Inner Mongolia**	**95**	**79**	**61**	
呼和浩特	Hohhot	16	6	4	211
包头	Baotou	41	14	18	119
乌海	Wuhai		6	6	186
赤峰	Chifeng	10	1		
通辽	Tongliao	8	3	4	211
鄂尔多斯	Erdos	10	13	15	134
呼伦贝尔	Hulunbuir		36	11	150
巴彦淖尔	Bayannur				
乌兰察布	Ulanqab	10		3	215
辽宁	**Liaoning**	**1511**	**730**	**648**	

地名	City	2010	2012	2013	2013 排名 Ranking
沈阳	Shenyang	473	158	155	33
大连	Dalian	472	283	240	19
鞍山	Anshan	83	45	87	49
抚顺	Fushun	35	14	24	101
本溪	Benxi	18	9	7	178
丹东	Dandong	125	47	21	109
锦州	Jinzhou	37	34	36	84
营口	Yingkou	94	48	17	124
阜新	Fuxin	19	23	14	138
辽阳	Liaoyang	16	3	5	197
盘锦	Panjin	46	46	16	129
铁岭	Tieling	29	8	3	215
朝阳	Chaoyang	13	12	8	167
葫芦岛	Huludao	51		15	134
吉林	**Jilin**	**228**	**157**	**68**	
长春	Changchun	80	42	35	85
吉林	Jilin	98	75	9	160
四平	Siping	6	5	2	237
辽源	Liaoyuan	23	7	9	160
通化	Tonghua	9	18	5	197
白山	Baishan	4	4	2	237
松原	Songyuan	2	3	3	215
白城	Baicheng	6	3	3	215
黑龙江	**Heilongjiang**	**184**	**285**	**291**	
哈尔滨	Harbin	83	57	52	63
齐齐哈尔	Qiqihar	4	4	3	215
鸡西	Jixi	6	6	6	186
鹤岗	Hegang		2	2	237
双鸭山	Shuangyashan	2		8	167
大庆	Daqing	14	4	5	197
伊春	Yichun	6	5		
佳木斯	Jiamusi	45	44	43	74
七台河	Qitaihe		1		
牡丹江	Mudanjiang	12	4	5	197
黑河	Heihe	6	148	161	31
绥化	Suihua	6	10	6	186
上海	**Shanghai**	**3906**	**4043**	**3740**	
江苏	**Jiangsu**	**4663**	**11725**	**3630**	

14-11 外商直接投资合同项目 续表 1
Number of Projects for Contracted Foreign Direct Investment continued 1

单位：个 (unit)

地名	City	2010	2012	2013	2013 排名 Ranking	地名	City	2010	2012	2013	2013 排名 Ranking
南京	Nanjing	387	2971	533	5	池州	Chizhou	7	11	13	144
无锡	Wuxi	331	203	236	20	宣城	Xuancheng	12	21	17	124
徐州	Xuzhou	204	211	171	28	**福建**	**Fujian**	**1139**	**880**	**800**	
常州	Changzhou	328	298	255	17	福州	Fuzhou	186	148	135	41
苏州	Suzhou	1537	1189	936	3	厦门	Xiamen	398	331	331	11
南通	Nantong	364	356	354	9	莆田	Putian	25	46	35	85
连云港	Lianyungang	141	108	147	36	三明	Sanming	65	42	37	82
淮安	Huaian	244	344	143	37	泉州	Quanzhou	156	106	111	47
盐城	Yancheng	378	332	262	15	漳州	Zhangzhou	186	129	84	52
扬州	Yangzhou	335	5096	191	24	南平	Nanping	46	44	30	92
镇江	Zhenjiang	144	142	162	30	龙岩	Longyan	58	16	17	124
泰州	Taizhou	219	407	156	32	宁德	Ningde	19	18	20	112
宿迁	Suqian	51	68	84	52	**江西**	**Jiangxi**	**1095**	**789**	**846**	
浙江	**Zhejiang**	**2075**	**1515**	**1630**		南昌	Nanchang	304	164	176	26
杭州	Hangzhou	545	510	415	8	景德镇	Jingdezhen	23	17	23	105
宁波	Ningbo	495	262	442	7	萍乡	Pingxiang	45	31	32	90
温州	Wenzhou	25	29	45	70	九江	Jiujiang	173	119	140	38
嘉兴	Jiaxing	300	234	248	18	新余	Xinyu	38	60	42	76
湖州	Huzhou	302	192	211	21	鹰潭	Yingtan	28	24	39	80
绍兴	Shaoxing	235	134	138	39	赣州	Ganzhou	195	129	119	44
金华	Jinhua	104	88	59	60	吉安	Jian	103	110	125	43
衢州	Quzhou	24	14	13	144	宜春	Yichun	40	24	25	98
舟山	Zhoushan	5	10	4	211	抚州	Fuzhou	56	46	45	70
台州	Taizhou	28	25	29	94	上饶	Shangrao	90	65	80	55
丽水	Lishui	12	17	26	97	**山东**	**Shandong**	**1630**	**1363**	**1418**	
安徽	**Anhui**	**294**	**350**	**292**		济南	Jinan	87	84	86	50
合肥	Hefei	72	63	84	52	青岛	Qingdao	731	553	645	4
芜湖	Wuhu	43	148	60	59	淄博	Zibo	29	24	21	109
蚌埠	Bengbu	17	12	8	167	枣庄	Zaozhuang	36	24	11	150
淮南	Huainan	5	1	3	215	东营	Dongying	17	21	19	117
马鞍山	Maanshan	21	21	23	105	烟台	Yantai	243	288	258	16
淮北	Huaibei	7	3	3	215	潍坊	Weifang	80	46	49	67
铜陵	Tongling	21	4	10	157	济宁	Jining	75	76	45	70
安庆	Anqing	13	5	10	157	泰安	Taian	24	42	57	61
黄山	Huangshan	10	10	8	167	威海	Weihai	136	87	112	45
滁州	Chuzhou	21	8	19	117	日照	Rizhao	25	14	22	107
阜阳	Fuyang	7	4	8	167	莱芜	Laiwu	21	18	5	197
宿州	Suzhou	8	6	6	186	临沂	Linyi	37	23	40	79
六安	Liuan	16	26	14	138	德州	Dezhou	28	20	18	119
亳州	Bozhou	2	7	6	186	聊城	Liaocheng	9	9	9	160

14-11 外商直接投资合同项目 续表 2
Number of Projects for Contracted Foreign Direct Investment continued 2

单位：个 (unit)

地名	City	2010	2012	2013	2013 排名 Ranking	地名	City	2010	2012	2013	2013 排名 Ranking
滨州	Binzhou	18	14	7	178	常德	Changde	25	28	33	88
菏泽	Heze	34	20	14	138	张家界	Zhangjiajie	6	10	7	178
河南	**Henan**	**492**	**355**	**358**		益阳	Yiyang	18	7	6	186
郑州	Zhengzhou	91	72	72	57	郴州	Chenzhou	82	66	89	48
开封	Kaifeng	25	13	13	144	永州	Yongzhou	32	29	25	98
洛阳	Luoyang	33	51	46	69	怀化	Huaihua	9	6	16	129
平顶山	Pingdingshan	7	8	12	147	娄底	Loudi	19	4	1	252
安阳	Anyang	10	14	20	112	**广东**	**Guangdong**	**5637**	**6042**	**5520**	
鹤壁	Hebi	10	21	21	109	广州	Guangzhou	980	1095	1092	2
新乡	Xinxiang	24	20	16	129	韶关	Shaoguan	42	69	69	58
焦作	Jiaozuo	11	11	14	138	深圳	Shenzhen	1929	2428	2056	1
濮阳	Puyang	6	14	10	157	珠海	Zhuhai	213	253	272	14
许昌	Xuchang	17	15	12	147	汕头	Shantou	35	18	24	101
漯河	Luohe	153	17	22	107	佛山	Foshan	239	155	205	22
三门峡	Sanmenxia	10	14	20	112	江门	Jiangmen	194	153	167	29
南阳	Nanyang	26	36	25	98	湛江	Zhanjiang	8	12	9	160
商丘	Shangqiu	10	15	8	167	茂名	Maoming	24	23	50	64
信阳	Xinyang	15	11	15	134	肇庆	Zhaoqing	112	154	129	42
周口	Zhoukou	16	13	14	138	惠州	Huizhou	362	327	284	13
驻马店	Zhumadian	28	10	18	119	梅州	Meizhou	133	176	186	25
湖北	**Hubei**	**479**	**245**	**275**		汕尾	Shanwei	24	35	33	88
武汉	Wuhan	163	129	138	39	河源	Heyuan	88	73	85	51
黄石	Huangshi	13	4	5	197	阳江	Yangjiang	84	54	41	78
十堰	Shiyan	8	5	11	150	清远	Qingyuan	41	37	43	74
宜昌	Yichang	10	11	18	119	东莞	Dongguan	869	690	506	6
襄阳	Xiangfan	26	26	28	95	中山	ZhongShan	147	193	173	27
鄂州	Ezhou	150	4	3	215	潮州	Chaozhou	36	29	24	101
荆门	Jingmen	13	13	15	134	揭阳	Jieyang	43	40	38	81
孝感	Xiaogan	21	21	27	96	云浮	Yunfu	34	28	34	87
荆州	Jingzhou	17	8	11	150	**广西**	**Guangxi**	**189**	**115**	**132**	
黄冈	Huanggang	36	13	5	197	南宁	Nanning	73	37	49	67
咸宁	Xianning	15		6	186	柳州	Liuzhou	10	10	11	150
随州	Suizhou	7	11	8	167	桂林	Guilin	18	11	9	160
湖南	**Hunan**	**650**	**550**	**590**		梧州	Wuzhou	19	5	5	197
长沙	Changsha	177	94	150	35	北海	Beihai	21	6	6	186
株洲	Zhuzhou	67	93	73	56	防城港	Fangchenggang	8	4	1	252
湘潭	Xiangtan	62	80	44	73	钦州	Qinzhou	11	13	17	124
衡阳	Hengyang	84	111	112	45	贵港	Guigang	7	6	3	215
邵阳	Shaoyang	24	15	20	112	玉林	Yulin	14	5	6	186
岳阳	Yueyang	45	7	14	138	百色	Baise	1	3	3	215

14-11 外商直接投资合同项目 续表 3
Number of Projects for Contracted Foreign Direct Investment continued 3

单位：个 (unit)

地名	City	2010	2012	2013	2013 排名 Ranking	地名	City	2010	2012	2013	2013 排名 Ranking
贺州	Hezhou	3	6	2	237	丽江	Lijiang	1	3	4	211
河池	Hechi	1		16	129	普洱	Puer	3	3	8	167
来宾	Laibin	1	5	3	215	临沧	Lincang	3		6	186
崇左	Chongzuo	2	4	1	252	**西藏**	**Tibet**		**8**		
海南	**Hainan**	**47**	**35**	**44**		拉萨	Lhasa		8		
海口	Haikou	36	19	37	82	**陕西**	**Shaanxi**	**487**	**501**	**535**	
三亚	Sanya	11	16	7	178	西安	Xi'an	82	87	152	34
重庆	**Chongqing**	**232**	**248**	**192**		铜川	Tongchuan	4	2	2	237
四川	**Sichuan**	**381**	**309**	**272**		宝鸡	Baoji	4	8	5	197
成都	Chengdu	294	226	201	23	咸阳	Xianyang	4	5	2	237
自贡	Zigong	4	2	7	178	渭南	Weinan	368	352	337	10
攀枝花	Panzhihua	2	5	2	237	延安	Yan'an	1	5	2	237
泸州	Luzhou	4	10	5	197	汉中	Hanzhong	4	31	30	92
德阳	Deyang	15	11	11	150	榆林	Yulin	3	5	3	215
绵阳	Mianyang	7	12	11	150	安康	Ankang	1	3	2	237
广元	Guangyuan		3	3	215	商洛	Shangluo	16	3		
遂宁	Suining	9		3	215	**甘肃**	**Gansu**	**445**	**18**	**16**	
内江	Neijiang	7	3			兰州	Lanzhou	6	8	8	167
乐山	Leshan	10	6	5	197	嘉峪关	Jiayuguan				
南充	Nanchong	12	4	5	197	金昌	Jinchang				
眉山	Meishan	2	6	3	215	白银	Baiyin				
宜宾	Yibin	6	2	3	215	天水	Tianshui	180			
广安	Guangan	2	3	1	252	武威	Wuwei				
达州	Dazhou	1	2	3	215	张掖	Zhangye	2		1	252
雅安	Yaan	1	3	2	237	平凉	Pingliang				
巴中	Bazhong		4			酒泉	Jiuquan	102	6	3	215
资阳	Ziyang	5	7	7	178	庆阳	Qingyang	2	1	1	252
贵州	**Guizhou**	**26**	**38**	**46**		定西	Dingxi	153	3	3	215
贵阳	Guiyang	20	12	24	101	陇南	Longnan				
六盘水	Liupanshui	2	2	2	237	**青海**	**Qinghai**	**11**	**10**	**10**	
遵义	Zunyi	4	7	8	167	西宁	Xining	11	10	9	160
安顺	Anshun		8	2	237	**宁夏**	**Ningxia**	**23**	**4**	**15**	
毕节	Bijie		4	7	178	银川	Yinchuan	19	4	14	
铜仁	Tongren		5	3	215	石嘴山	Shizuishan	4		1	252
云南	**Yunnan**	**103**	**74**	**87**		吴忠	Wuzhong				
昆明	Kunming	83	63	56	62	固原	Guyuan				
曲靖	Qujing		1	5	197	中卫	Zhongwei				
玉溪	Yuxi	7	2	1	252	**新疆**	**Xinjiang**	**30**	**36**	**32**	
保山	Baoshan	5	1	6	186	乌鲁木齐	Urumqi	30	35	31	91
昭通	Zhaotong	1	1	1	252	克拉玛依	Karamay		1	1	252

14-12 外商直接投资实际使用额
Total Amount of Foreign Direct Investment Actually Utilized

单位：万美元 （USD 10 000）

地名	City	2010	2012	2013	2013 排名 Ranking	地名	City	2010	2012	2013	2013 排名 Ranking
全国	**Nation Total**	**10573500**	**11171600**	**27251080**		沈阳	Shenyang	505361	580435	581093	4
北京	**Beijing**	**636358**	**804160**	**852400**		大连	Dalian	1003025	1235033	1359985	1
天津	**Tianjin**	**1084872**	**1501633**	**1682890**		鞍山	Anshan	90496	127520	138391	41
河北	**Hebei**	**383074**	**580486**	**665010**		抚顺	Fushun	44182	12635	52108	94
石家庄	Shijiazhuang	24415	84811	95519	55	本溪	Benxi	30100	46140	51449	96
唐山	Tangshan	87409	121384	134481	42	丹东	Dandong	70454	120100	110012	51
秦皇岛	Qinhuangdao	49706	62795	73825	71	锦州	Jinzhou	50045	100409	114009	49
邯郸	Handan	49191	78288	84704	64	营口	Yingkou	86036	12133	133041	43
邢台	Xingtai	25485	35582	41355	113	阜新	Fuxin	11013	18295	20506	160
保定	Baoding	47450	54749	63293	80	辽阳	Liaoyang	33352	45093	52009	95
张家口	Zhangjiakou	10045	24621	27429	134	盘锦	Panjin	91335	161004	55539	87
承德	Chengde	6994	12020	3475	246	铁岭	Tieling	26288	40127	21020	157
沧州	Cangzhou	23257	35435	40714	114	朝阳	Chaoyang	11039	18103	150334	35
廊坊	Langfang	49070	52809	59759	83	葫芦岛	Huludao	22284	53001	64500	79
衡水	Hengshui	10052	17992	20166	163	吉林	**Jilin**	**128042**	**152019**	**672290**	
山西	**Shanxi**	**71421**	**250379**	**278854**		长春	Changchun	69811	85141	93794	58
太原	Taiyuan	28343	78232	94426	57	吉林	Jilin	13211	17834	19621	164
大同	Datong	4177	21015	16455	173	四平	Siping	6517	8049	8870	209
阳泉	Yangquan		23576	26500	136	辽源	Liaoyuan	10620	13210	14532	182
长治	Changzhi	826	27929	31262	123	通化	Tonghua	5008	6742	7423	215
晋城	Jincheng	5933	25775	28400	130	白山	Baishan	6790	8373	9552	206
朔州	Shuozhou		13400	15420	179	松原	Songyuan	3932	8750	9630	205
晋中	Jinzhong	4787	12004	18406	169	白城	Baicheng	5501	3920	4350	242
运城	Yuncheng	13965	897	1351	262	黑龙江	**Heilongjiang**	**266151**	**387650**	**417200**	
忻州	Xinzhou	4	1963	2306	254	哈尔滨	Harbin	133046	190002	226243	21
临汾	Linfen	1185	13611	13880	185	齐齐哈尔	Qiqihar	22802	34832	41550	112
吕梁	Luliang	12202	31977	32260	120	鸡西	Jixi	6660	10100	11921	195
内蒙古	**Inner Mongolia**	**338456**	**332279**	**455310**		鹤岗	Hegang	3320	5201	6000	225
呼和浩特	Hohhot	11340	1908	88314	61	双鸭山	Shuangyashan	2701	3939	4568	238
包头	Baotou	110000	136500	140100	39	大庆	Daqing	34587	50307	60032	82
乌海	Wuhai	2923		12000	194	伊春	Yichun	3730	5676	6530	224
赤峰	Chifeng	5581	980	510	267	佳木斯	Jiamusi	11300	18228	21000	158
通辽	Tongliao	2728	6598	7047	216	七台河	Qitaihe	1390	2826	655	266
鄂尔多斯	Erdos	108000	152000	160000	33	牡丹江	Mudanjiang	24384	37595	44648	108
呼伦贝尔	Hulunbuir	8450	10752	23144	148	黑河	Heihe	10004	13843	16183	176
巴彦淖尔	Bayannur	4630	6400	8284	213	绥化	Suihua	10644	15101	19300	166
乌兰察布	Ulanqab	7932	17141	22162	149	上海	**Shanghai**	**1112100**	**1518453**	**1677950**	
辽宁	**Liaoning**	**2075010**	**2570028**	**2903990**		江苏	**Jiangsu**	**2849777**	**3579091**	**3399600**	

14-12 外商直接投资实际使用额 续表 1
Total Amount of Foreign Direct Investment Actually Utilized continued 1

单位：万美元 (USD 10 000)

地名	City	2010	2012	2013	2013 排名 Ranking	地名	City	2010	2012	2013	2013 排名 Ranking
南京	Nanjing	267592	413031	403262	10	池州	Chizhou	15152	21017	26208	139
无锡	Wuxi	330007	400953	333886	13	宣城	Xuancheng	19654	43625	57303	85
徐州	Xuzhou	101330	170021	150047	36	**福建**	**Fujian**	**580279**	**608822**	**651400**	
常州	Changzhou	244342	336073	311087	17	福州	Fuzhou	118524	133877	143063	38
苏州	Suzhou	853511	916490	869808	3	厦门	Xiamen	169651	177453	187204	26
南通	Nantong	206059	220542	228743	20	莆田	Putian	22952	25559	30164	129
连云港	Lianyungang	110116	73354	86990	62	三明	Sanming	8635	10300	12500	192
淮安	Huaian	105138	212094	115064	48	泉州	Quanzhou	149342	131960	139112	40
盐城	Yancheng	130356	211103	154983	34	漳州	Zhangzhou	70076	89025	94552	56
扬州	Yangzhou	205645	213808	182788	28	南平	Nanping	6787	8733	10501	202
镇江	Zhenjiang	161462	221410	309678	18	龙岩	Longyan	16506	19908	21598	153
泰州	Taizhou	116148	145018	132259	44	宁德	Ningde	7098	12007	14433	183
宿迁	Suqian	18071	45194	50895	98	**江西**	**Jiangxi**	**510084**	**682431**	**839870**	
浙江	**Zhejiang**	**1100175**	**1306933**	**1417800**		南昌	Nanchang	147655	190259	211657	24
杭州	Hangzhou	435627	496061	527633	7	景德镇	Jingdezhen	12136	11762	14042	184
宁波	Ningbo	232336	285252	327483	15	萍乡	Pingxiang	15378	21236	25486	140
温州	Wenzhou	17574	39836	50150	101	九江	Jiujiang	66534	98826	123107	47
嘉兴	Jiaxing	160994	178159	220676	23	新余	Xinyu	53106	54503	31414	122
湖州	Huzhou	91905	102599	105860	52	鹰潭	Yingtan	11975	16855	19219	167
绍兴	Shaoxing	95327	95400	80782	67	赣州	Ganzhou	83560	97684	110714	50
金华	Jinhua	35263	28314	24905	142	吉安	Jian	44005	56498	68427	76
衢州	Quzhou	6237	5067	6616	223	宜春	Yichun	36150	47667	53208	90
舟山	Zhoushan	6719	18339	20930	159	抚州	Fuzhou	15160	19625	22089	150
台州	Taizhou	13206	47520	40001	116	上饶	Shangrao	50425	67516	75733	69
丽水	Lishui	3751	10386	12784	191	**山东**	**Shandong**	**916833**	**1235264**	**1409900**	
安徽	**Anhui**	**501446**	**863811**	**1109770**		济南	Jinan	104011	122016	132054	45
合肥	Hefei	109584	160110	189021	25	青岛	Qingdao	280056	460027	552084	5
芜湖	Wuhu	71974	131655	160548	32	淄博	Zibo	44838	50025	52666	93
蚌埠	Bengbu	27262	73250	96830	54	枣庄	Zaozhuang	23900	14241	15850	177
淮南	Huainan	9913	18924	23914	146	东营	Dongying	20975	16232	19335	165
马鞍山	Maanshan	70490	127912	147895	37	烟台	Yantai	115334	141037	160597	31
淮北	Huaibei	19151	37786	45934	105	潍坊	Weifang	72145	76812	81021	66
铜陵	Tongling	25531	33368	40310	115	济宁	Jining	45780	77008	83015	65
安庆	Anqing	22255	32667	45178	107	泰安	Taian	11925	16982	30689	125
黄山	Huangshan	14263	21933	25302	141	威海	Weihai	55502	80013	92018	60
滁州	Chuzhou	11745	51910	72596	72	日照	Rizhao	34936	42122	52991	92
阜阳	Fuyang	8882	10512	13134	189	莱芜	Laiwu	10006	12006	12134	193
宿州	Suzhou	13429	37049	46813	104	临沂	Linyi	32660	23531	30870	124
六安	Liuan	13704	26030	30403	127	德州	Dezhou	11841	21093	21472	154
亳州	Bozhou	15881	36063	47383	103	聊城	Liaocheng	31002	11521	16302	174

14-12 外商直接投资实际使用额 续表 2

Total Amount of Foreign Direct Investment Actually Utilized continued 2

单位：万美元 （USD 10 000）

地名	City	2010	2012	2013	2013 排名 Ranking	地名	City	2010	2012	2013	2013 排名 Ranking
滨州	Binzhou	10064	54093	30399	128	常德	Changde	25066	41038	50785	99
菏泽	Heze	11858	16505	21818	152	张家界	Zhangjiajie	3636	5313	6701	222
河南	**Henan**	**624669**	**1191873**	**1323150**		益阳	Yiyang	10085	14315	16979	171
郑州	Zhengzhou	190015	342898	332178	14	郴州	Chenzhou	52897	75041	101808	53
开封	Kaifeng	12882	36320	43898	110	永州	Yongzhou	39345	54220	62513	81
洛阳	Luoyang	120475	199251	222272	22	怀化	Huaihua	6276	8179	9415	208
平顶山	Pingdingshan	16390	37358	45318	106	娄底	Loudi	12082	19800	23761	147
安阳	Anyang	14887	31573	38057	118	**广东**	**Guangdong**	**2026098**	**2354911**	**2495200**	
鹤壁	Hebi	22481	44009	55783	86	广州	Guangzhou	11	457489	480383	8
新乡	Xinxiang	32902	63600	74009	70	韶关	Shaoguan	21236	17169	18935	168
焦作	Jiaozuo	28832	59528	66181	77	深圳	Shenzhen	429734	522940	546784	6
濮阳	Puyang	9001	32001	38979	117	珠海	Zhuhai	122350	144677	168728	30
许昌	Xuchang	21277	43977	53113	91	汕头	Shantou	25553	13051	14820	181
漯河	Luohe	32315	62066	70401	73	佛山	Foshan	196754	234983	252090	19
三门峡	Sanmenxia	39849	74672	86857	63	江门	Jiangmen	110810	86982	92301	59
南阳	Nanyang	20111	41702	50388	100	湛江	Zhanjiang	3671	8726	13181	188
商丘	Shangqiu	10385	24596	27649	131	茂名	Maoming	3100	8004	11472	196
信阳	Xinyang	16694	34961	42237	111	肇庆	Zhaoqing	93389	115159	124104	46
周口	Zhoukou	15763	36341	44241	109	惠州	Huizhou	143761	172787	183413	27
驻马店	Zhumadian	12550	27020	31590	121	梅州	Meizhou	8959	11877	13311	187
湖北	**Hubei**	**596340**	**667661**	**797590**		汕尾	Shanwei	25292	34517	15241	180
武汉	Wuhan	329265	444400	404000	9	河源	Heyuan	16846	19710	21111	156
黄石	Huangshi	30000	42276	49000	102	阳江	Yangjiang	20751	15303	16533	172
十堰	Shiyan	7203	13161	15615	178	清远	Qingyuan	32016	30296	21161	155
宜昌	Yichang	20652	22876	27002	135	东莞	Dongguan	273171	336938	393775	11
襄阳	Xiangfan	32606	42122	53746	89	中山	ZhongShan	66829	80394	64637	78
鄂州	Ezhou	12400	16450	16200	175	潮州	Chaozhou	11232	14208	10107	203
荆门	Jingmen	16309	21656	26275	138	揭阳	Jieyang	14857	19166	22072	151
孝感	Xiaogan	17502	23773	27500	133	云浮	Yunfu	7929	10535	11051	198
荆州	Jingzhou	5600	9020	10824	199	**广西**	**Guangxi**	**91200**	**74853**	**193300**	
黄冈	Huanggang	13583	3568	6749	219	南宁	Nanning	33029	15802	58021	84
咸宁	Xianning	15439	21144	24674	143	柳州	Liuzhou	5468	4099	36544	119
随州	Suizhou	4800	7215	8774	210	桂林	Guilin	2136	4178	5047	232
湖南	**Hunan**	**518441**	**726845**	**872800**		梧州	Wuzhou	17713	7310	26483	137
长沙	Changsha	223757	297666	340043	12	北海	Beihai	9934	5224	8515	211
株洲	Zhuzhou	40221	58227	69314	75	防城港	Fangchenggang	4427	1849	2220	257
湘潭	Xiangtan	40304	58561	69693	74	钦州	Qinzhou	31803	15840	53934	88
衡阳	Hengyang	40641	60381	76215	68	贵港	Guigang	15622	1692	2035	260
邵阳	Shaoyang	7855	11414	13737	186	玉林	Yulin	4985	1879	2702	252
岳阳	Yueyang	15674	22690	27503	132	百色	Baise	3577	1007	191	270

14-12 外商直接投资实际使用额 续表 3
Total Amount of Foreign Direct Investment Actually Utilized continued 3

单位：万美元 （USD 10 000）

地名	City	2010	2012	2013	2013 排名 Ranking	地名	City	2010	2012	2013	2013 排名 Ranking
贺州	Hezhou	5766	9000	6739	221	丽江	Lijiang	282	2871	3994	244
河池	Hechi	1477	946			普洱	Puer	3033	4980	8300	212
来宾	Laibin	3330	2418	2260	256	临沧	Lincang	2110	4105	4622	236
崇左	Chongzuo	2051	3609	4577	237	**西藏**	**Tibet**		**12392**		
海南	**Hainan**	**151213**	**68835**	**75400**		拉萨	Lhasa		12392		
海口	Haikou	71605	45257	51200	97	**陕西**	**Shaanxi**	**182006**	**289609**	**349200**	
三亚	Sanya	16791	23578	24320	144	西安	Xi'an	156665	247856	312994	16
重庆	**Chongqing**	**634397**	**1053347**	**1059700**		铜川	Tongchuan	520	3000	3003	250
四川	**Sichuan**	**612299**	**971325**	**1260390**		宝鸡	Baoji	2127	6015	7006	218
成都	Chengdu	485575	832088	875820	2	咸阳	Xianyang	5188	7080	7561	214
自贡	Zigong	1504	2011	2278	255	渭南	Weinan	3051	6183	5008	233
攀枝花	Panzhihua	20834	10380	11130	197	延安	Yan'an	1027	2000	802	265
泸州	Luzhou	3051	5153	5273	231	汉中	Hanzhong	1595	3014	3100	248
德阳	Deyang	15133	19346	20294	162	榆林	Yulin	1950	3000	3051	249
绵阳	Mianyang	15063	21020	23938	145	安康	Ankang	564	3000	3002	251
广元	Guangyuan	1810	3708	4678	235	商洛	Shangluo	5867	8461	7010	217
遂宁	Suining	2289	5047	5506	229	**甘肃**	**Gansu**	**13521**	**6110**	**5650**	
内江	Neijiang	4637	11238	9500	207	兰州	Lanzhou	1960	751	2132	258
乐山	Leshan	9199	10651	10593	201	嘉峪关	Jiayuguan				
南充	Nanchong	1842	5538	5698	227	金昌	Jinchang	50	400		
眉山	Meishan	13622	20102	20304	161	白银	Baiyin		1189	247	269
宜宾	Yibin	4077	4536	4549	240	天水	Tianshui	841	129		
广安	Guangan	2432	3967	4104	243	武威	Wuwei	198	484	44	273
达州	Dazhou	5050	5308	4797	234	张掖	Zhangye				
雅安	Yaan	3538	4098	1143	263	平凉	Pingliang				
巴中	Bazhong	102	1634	2050	259	酒泉	Jiuquan	10469	3115	3592	245
资阳	Ziyang	1390	5500	10052	204	庆阳	Qingyang			1035	264
贵州	**Guizhou**	**29545**	**45910**	**121960**		定西	Dingxi		42	79	271
贵阳	Guiyang	13470	37736	30503	126	陇南	Longnan				
六盘水	Liupanshui	1641	1590	4398	241	**青海**	**Qinghai**	**21930**	**17411**	**2480**	
遵义	Zunyi	2973	3278	4563	239	西宁	Xining		17411	3329	247
安顺	Anshun	2440	737	5537	228	**宁夏**	**Ningxia**	**8090**	**6880**	**13160**	
毕节	Bijie	1151	1920	5304	230	银川	Yinchuan	4478	6880	12858	190
铜仁	Tongren		649	29	274	石嘴山	Shizuishan	1067		309	268
云南	**Yunnan**	**132902**	**187399**	**217000**		吴忠	Wuzhong	2545		46	272
昆明	Kunming	100900	158800	179800	29	固原	Guyuan				
曲靖	Qujing	2167	3956	5766	226	中卫	Zhongwei				
玉溪	Yuxi	1946	4587	6742	220	**新疆**	**Xinjiang**	**23742**	**19292**	**29500**	
保山	Baoshan	3365	7300	10600	200	乌鲁木齐	Urumqi	5038	17572	17792	170
昭通	Zhaotong	300	800	2445	253	克拉玛依	Karamay		1720	1741	261

14-13 接待入境旅游者人数
Number of Overseas Visitor Arrivals

单位：万人次 (10 000 person-times)

地名	City	2010	2012	2013	2013 排名 Ranking
全国	**Nation Total**	**13376.22**	**13240.53**	**12907.78**	
北京	**Beijing**	**490.07**	**500.86**	**450.13**	
天津	**Tianjin**	**166.10**	**73.75**	**75.86**	
河北	**Hebei**	**97.74**	**129.32**	**84.27**	
石家庄	Shijiazhuang	11.73	15.79	16.74	96
唐山	Tangshan	5.82	8.20	8.46	132
秦皇岛	Qinhuangdao	24.23	28.64	29.83	69
邯郸	Handan	1.75	3.80	4.17	176
邢台	Xingtai	1.73	2.29	1.86	219
保定	Baoding	9.12	12.83	13.67	107
张家口	Zhangjiakou	5.30	8.33	8.94	131
承德	Chengde	25.79	33.94	33.29	61
沧州	Cangzhou	1.73	2.72	2.73	197
廊坊	Langfang	9.59	11.68	12.74	116
衡水	Hengshui	0.94	1.11	1.34	229
山西	**Shanxi**	**130.29**	**189.18**	**53.84**	
太原	Taiyuan	28.32	42.25	46.60	43
大同	Datong	20.23	27.75	31.27	64
阳泉	Yangquan	2.30	3.75	4.23	174
长治	Changzhi	8.43	12.46	14.48	105
晋城	Jincheng	5.10	9.57	10.80	125
朔州	Shuozhou	4.10	6.25	6.99	145
晋中	Jinzhong	21.48	30.53	35.08	55
运城	Yuncheng	12.00	15.91	17.82	94
忻州	Xinzhou	14.58	20.88	23.15	80
临汾	Linfen	10.06	14.54	16.34	98
吕梁	Luliang	3.61	5.29	5.88	156
内蒙古	**Inner Mongolia**	**142.80**	**159.17**	**161.61**	
呼和浩特	Hohhot	9.40	11.01	11.75	120
包头	Baotou	1.87	2.65	3.40	182
乌海	Wuhai	0.03	0.05	0.04	272
赤峰	Chifeng	3.20	3.78	4.00	177
通辽	Tongliao	1.60	2.23	2.32	211
鄂尔多斯	Erdos	2.23	3.43	3.10	187
呼伦贝尔	Hulunbuir	52.69	58.84	64.33	34
巴彦淖尔	Bayannur	4.65	5.60	2.69	198
乌兰察布	Ulanqab	1.10	2.56	3.35	183
辽宁	**Liaoning**	**361.80**	**473.13**	**256.04**	
沈阳	Shenyang	55.03	75.00	81.31	26
大连	Dalian	116.60	128.42	119.00	20
鞍山	Anshan	26.46	38.33	43.85	45
抚顺	Fushun	11.15	16.97	20.03	88
本溪	Benxi	56.20	57.86	61.98	35
丹东	Dandong	32.68	49.17	53.09	39
锦州	Jinzhou	20.01	30.86	34.41	58
营口	Yingkou	8.57	19.80	24.13	79
阜新	Fuxin	2.30	2.72	2.86	194
辽阳	Liaoyang	2.79	3.85	4.43	172
盘锦	Panjin	18.09	31.42	36.52	52
铁岭	Tieling	4.81	6.61	7.02	142
朝阳	Chaoyang	1.38	1.91	2.13	216
葫芦岛	Huludao	5.72	10.22	12.36	117
吉林	**Jilin**	**82.00**	**118.27**	**124.30**	
长春	Changchun	24.98	35.66	37.83	50
吉林	Jilin	6.36	9.04	9.60	129
四平	Siping	0.20	0.27	0.28	252
辽源	Liaoyuan	0.03	0.04	0.04	272
通化	Tonghua	7.45	11.56	13.44	109
白山	Baishan	2.85	4.03	4.23	174
松原	Songyuan	1.58	2.18	2.28	212
白城	Baicheng	0.97	1.34	1.43	226
黑龙江	**Heilongjiang**	**172.42**	**207.62**	**152.86**	
哈尔滨	Harbin	26.36	24.11	21.06	85
齐齐哈尔	Qiqihar	3.04	4.63	4.80	163
鸡西	Jixi	3.56	3.95	3.00	190
鹤岗	Hegang	5.32	3.65	3.64	180
双鸭山	Shuangyashan	8.00	7.50		
大庆	Daqing	1.40	2.36	2.40	208
伊春	Yichun	1.94	0.79		
佳木斯	Jiamusi	14.40	8.00	4.60	168
七台河	Qitaihe	0.18	0.33		
牡丹江	Mudanjiang	74.79	97.39	176.03	10
黑河	Heihe	32.91	77.00	87.27	25
绥化	Suihua	0.01	0.02	0.01	278
上海	**Shanghai**	**733.72**	**651.23**	**614.09**	
江苏	**Jiangsu**	**653.55**	**791.54**	**288.03**	

14-13 接待入境旅游者人数 续表 1
Number of Overseas Visitor Arrivals continued 1

单位：万人次 (10 000 person-times)

地名	City	2010	2012	2013	2013 排名 Ranking	地名	City	2010	2012	2013	2013 排名 Ranking
南京	Nanjing	130.88	162.71	51.86	41	池州	Chizhou	33.01	58.46	69.95	31
无锡	Wuxi	86.50	98.19	39.12	47	宣城	Xuancheng	2.20	6.18	7.97	135
徐州	Xuzhou	15.83	19.95	2.58	204	**福建**	**Fujian**	**368.14**	**493.67**	**294.02**	
常州	Changzhou	35.91	45.57	11.00	122	福州	Fuzhou	69.86	85.61	90.50	24
苏州	Suzhou	265.15	249.22	144.21	14	厦门	Xiamen	155.19	212.42	214.69	6
南通	Nantong	35.51	44.08	21.69	84	莆田	Putian	18.47	24.60	37.08	51
连云港	Lianyungang	11.67	14.47	2.42	207	三明	Sanming	2.90	4.87	101.61	21
淮安	Huaian	2.83	3.47	1.06	234	泉州	Quanzhou	77.05	95.14	4.58	170
盐城	Yancheng	6.21	8.01	2.60	202	漳州	Zhangzhou	24.75	33.07	25.73	76
扬州	Yangzhou	56.01	66.02	4.78	164	南平	Nanping	17.34	30.52	29.56	71
镇江	Zhenjiang	61.33	66.31	3.67	179	龙岩	Longyan	2.24	5.95	6.14	153
泰州	Taizhou	7.90	10.13	2.66	201	宁德	Ningde	0.34	1.50	1.87	218
宿迁	Suqian	2.79	3.41	0.37	249	**江西**	**Jiangxi**	**113.97**	**156.18**	**123.89**	
浙江	**Zhejiang**	**684.71**	**865.93**	**337.57**		南昌	Nanchang	12.05	18.45	20.18	86
杭州	Hangzhou	275.71	331.12	316.01	3	景德镇	Jingdezhen	19.49	25.48	26.73	74
宁波	Ningbo	95.17	116.21	127.34	16	萍乡	Pingxiang	4.40	7.48	7.78	138
温州	Wenzhou	39.16	57.54	74.21	29	九江	Jiujiang	25.05	29.91	30.72	66
嘉兴	Jiaxing	66.41	78.17	65.78	33	新余	Xinyu	1.37	1.99	2.37	209
湖州	Huzhou	33.17	47.30	53.29	38	鹰潭	Yingtan	5.54	6.85	7.15	140
绍兴	Shaoxing	52.28	68.68	69.63	32	赣州	Ganzhou	12.00	15.22	16.10	99
金华	Jinhua	62.74	77.70	79.70	27	吉安	Jian	12.38	19.01	19.34	89
衢州	Quzhou	9.88	13.57	12.10	118	宜春	Yichun	5.41	7.15	7.42	139
舟山	Zhoushan	25.68	31.05	31.54	63	抚州	Fuzhou	5.17	6.81	7.08	141
台州	Taizhou	10.29	24.00	10.89	123	上饶	Shangrao	11.22	17.83	18.74	91
丽水	Lishui	12.92	20.59	25.79	75	**山东**	**Shandong**	**366.79**	**469.91**	**285.98**	
安徽	**Anhui**	**198.42**	**331.47**	**271.95**		济南	Jinan	23.10	31.59	30.72	66
合肥	Hefei	24.29	37.50	38.93	48	青岛	Qingdao	108.05	127.01	123.62	17
芜湖	Wuhu	9.46	20.91	24.77	78	淄博	Zibo	17.14	23.22	21.90	83
蚌埠	Bengbu	1.76	3.53	4.48	171	枣庄	Zaozhuang	2.61	4.11	3.15	186
淮南	Huainan	1.61	2.54	3.29	185	东营	Dongying	3.33	5.33	5.51	159
马鞍山	Maanshan	4.36	8.27	10.42	127	烟台	Yantai	47.20	53.02	51.98	40
淮北	Huaibei	0.82	1.95	2.15	214	潍坊	Weifang	22.19	34.81	33.51	60
铜陵	Tongling	1.53	2.70	2.91	192	济宁	Jining	28.90	37.36	35.40	53
安庆	Anqing	4.49	7.96	9.62	128	泰安	Taian	29.83	40.57	38.51	49
黄山	Huangshan	105.03	160.27	160.59	13	威海	Weihai	37.26	45.66	43.95	44
滁州	Chuzhou	4.32	9.00	9.43	130	日照	Rizhao	21.52	29.26	28.08	72
阜阳	Fuyang	0.51	1.39	1.63	224	莱芜	Laiwu	0.40	0.77	0.72	241
宿州	Suzhou	0.84	2.07	2.35	210	临沂	Linyi	12.09	18.89	18.19	93
六安	Liuan	1.50	6.31	7.01	143	德州	Dezhou	5.77	6.81	6.32	150
亳州	Bozhou	0.96	2.42	3.03	189	聊城	Liaocheng	3.52	5.54	5.40	160

14-13 接待入境旅游者人数 续表 2
Number of Overseas Visitor Arrivals continued 2

单位：万人次 (10 000 person-times)

地名	City	2010	2012	2013	2013 排名 Ranking
滨州	Binzhou	2.95	4.58	4.38	173
菏泽	Heze	0.93	1.41	1.37	228
河南	**Henan**	**146.84**	**190.77**	**127.38**	
郑州	Zhengzhou	34.91	42.22	43.61	46
开封	Kaifeng	20.02	25.56	26.82	73
洛阳	Luoyang	45.79	61.28	70.05	30
平顶山	Pingdingshan	1.53	2.43	2.68	199
安阳	Anyang	5.50	6.97	7.80	137
鹤壁	Hebi	0.63	0.75	0.78	239
新乡	Xinxiang	2.97	3.62	3.79	178
焦作	Jiaozuo	21.73	29.31	32.02	62
濮阳	Puyang	1.61	1.64	1.72	221
许昌	Xuchang	0.90	1.24	0.05	271
漯河	Luohe	0.64	0.87	0.90	237
三门峡	Sanmenxia	3.97	5.26	6.15	152
南阳	Nanyang	1.26	1.60	1.68	222
商丘	Shangqiu	1.01	1.18	1.24	232
信阳	Xinyang	0.72	1.15	1.19	233
周口	Zhoukou	1.65	2.57	2.99	191
驻马店	Zhumadian	1.10	1.96	2.67	200
湖北	**Hubei**	**181.74**	**264.72**	**267.96**	
武汉	Wuhan	92.79	150.89	161.37	12
黄石	Huangshi	1.31	1.80	0.27	253
十堰	Shiyan	10.90	16.75	17.08	95
宜昌	Yichang	23.23	32.90	34.34	59
襄阳	Xiangfan	4.47	4.85	4.89	162
鄂州	Ezhou	0.48	0.42	0.50	243
荆门	Jingmen	1.66	2.29	2.15	214
孝感	Xiaogan	1.68	2.36	1.06	234
荆州	Jingzhou	3.67	5.50	5.61	157
黄冈	Huanggang	1.85	2.04	0.90	237
咸宁	Xianning	1.13	1.27	1.28	230
随州	Suizhou	3.65	12.13	1.25	231
湖南	**Hunan**	**189.87**	**224.55**	**230.66**	
长沙	Changsha	70.21	65.36	76.72	28
株洲	Zhuzhou	6.20	10.74	12.78	115
湘潭	Xiangtan	7.35	7.62	5.61	157
衡阳	Hengyang	8.78	12.96	12.85	114
邵阳	Shaoyang	0.09	3.96	4.60	168
岳阳	Yueyang	12.72	20.97	22.42	82

地名	City	2010	2012	2013	2013 排名 Ranking
常德	Changde	10.18	14.34	14.33	106
张家界	Zhangjiajie	35.55	40.93	29.79	70
益阳	Yiyang	5.45	7.85	3.04	188
郴州	Chenzhou	17.22	23.76	25.04	77
永州	Yongzhou	3.13	3.10	2.76	196
怀化	Huaihua	0.97	3.47	5.01	161
娄底	Loudi	3.48	6.89	8.06	134
广东	**Guangdong**	**3140.93**	**3489.43**	**3397.90**	
广州	Guangzhou	814.80	792.21	768.20	2
韶关	Shaoguan	21.48	8.79	10.71	126
深圳	Shenzhen	1020.61	1206.45	1214.89	1
珠海	Zhuhai	325.14	297.58	263.23	5
汕头	Shantou	13.39	14.78	15.52	102
佛山	Foshan	103.06	133.21	134.56	15
江门	Jiangmen	119.04	165.09	169.59	11
湛江	Zhanjiang	10.31	17.95	19.03	90
茂名	Maoming	1.78	2.50	2.46	206
肇庆	Zhaoqing	139.45	171.68	93.89	23
惠州	Huizhou	160.16	190.59	207.01	7
梅州	Meizhou	7.69	12.77	13.45	108
汕尾	Shanwei	3.97	4.37	3.63	181
河源	Heyuan	4.49	5.78	6.22	151
阳江	Yangjiang	5.28	5.70	4.62	166
清远	Qingyuan	42.05	38.58	22.63	81
东莞	Dongguan	261.88	303.34	314.39	4
中山	ZhongShan	48.05	55.86	53.77	37
潮州	Chaozhou	40.32	54.14	60.95	36
揭阳	Jieyang	6.69	8.17	5.90	155
云浮	Yunfu	7.13	11.13	13.23	112
广西	**Guangxi**	**250.24**	**350.27**	**281.74**	
南宁	Nanning	16.75	30.07	35.11	54
柳州	Liuzhou	8.11	13.77	16.74	96
桂林	Guilin	148.62	182.41	193.65	8
梧州	Wuzhou	9.00	15.28	18.29	92
北海	Beihai	7.30	9.88	11.58	121
防城港	Fangchenggang	7.01	12.75	14.67	104
钦州	Qinzhou	2.44	4.16	4.61	167
贵港	Guigang	4.05	6.81	7.93	136
玉林	Yulin	3.31	5.79	8.10	133
百色	Baise	2.67	5.15	6.37	148

14-13 接待入境旅游者人数 续表 3
Number of Overseas Visitor Arrivals continued 3

单位：万人次 (10 000 person-times)

地名	City	2010	2012	2013	2013 排名 Ranking	地名	City	2010	2012	2013	2013 排名 Ranking
贺州	Hezhou	16.40	26.73	30.96	65	丽江	Lijiang	61.14	84.70	99.67	22
河池	Hechi	3.02	5.35	7.00	144	普洱	Puer	11.74	4.48	14.96	103
来宾	Laibin	0.82	1.45	1.68	222	临沧	Lincang	4.12	5.54	6.10	154
崇左	Chongzuo	20.73	30.66	34.83	57	**西藏**	**Tibet**	**22.83**	**19.49**	**22.32**	
海南	**Hainan**	**66.33**	**81.58**	**75.64**		拉萨	Lhasa	16.44		13.05	113
海口	Haikou	13.29	17.97	15.70	101	**陕西**	**Shaanxi**	**212.17**	**335.24**	**253.47**	
三亚	Sanya	41.59	46.30	48.20	42	西安	Xi'an	84.18	115.35	121.11	19
重庆	**Chongqing**	**137.02**	**224.28**	**115.17**		铜川	Tongchuan	2.24	2.60	2.60	202
四川	**Sichuan**	**104.93**	**227.34**	**209.56**		宝鸡	Baoji	16.10	25.30	30.02	68
成都	Chengdu	73.20	158.19	176.43	9	咸阳	Xianyang	14.00	32.70	11.80	119
自贡	Zigong	0.18	0.39	0.14	263	渭南	Weinan	15.04	19.62	20.13	87
攀枝花	Panzhihua	0.03	0.16	0.04	272	延安	Yan'an	8.54	12.71	6.90	146
泸州	Luzhou	0.20	0.50	0.14	263	汉中	Hanzhong	1.72	2.31	2.79	195
德阳	Deyang	0.72	1.08	0.41	246	榆林	Yulin	0.26	0.20	0.19	259
绵阳	Mianyang	1.32	2.07	1.02	236	安康	Ankang	1.46	2.00	2.20	213
广元	Guangyuan	0.14	0.28	0.18	261	商洛	Shangluo	1.20	1.41	1.60	225
遂宁	Suining	0.90	2.42	0.68	242	**甘肃**	**Gansu**	**7.02**	**10.20**	**9.78**	
内江	Neijiang	0.04	0.16	0.07	268	兰州	Lanzhou	2.01	2.24	2.52	205
乐山	Leshan	8.10	27.23	10.82	124	嘉峪关	Jiayuguan	0.61	0.76	0.74	240
南充	Nanchong	0.30	1.46	0.24	256	金昌	Jinchang	0.02	0.05	0.07	268
眉山	Meishan	0.11	0.31	0.03	275	白银	Baiyin	0.01	0.01	0.01	278
宜宾	Yibin	0.42	0.61	0.25	255	天水	Tianshui	0.02	0.23	0.20	258
广安	Guangan	0.25	0.48	0.38	248	武威	Wuwei	0.77	0.55	0.34	250
达州	Dazhou	0.01	0.38	0.26	254	张掖	Zhangye	0.06	0.55	0.48	244
雅安	Yaan	0.42	0.77	0.21	257	平凉	Pingliang	0.00	0.12	0.12	265
巴中	Bazhong	0.00	0.04	0.02	276	酒泉	Jiuquan	3.38	5.19	4.78	164
资阳	Ziyang	2.68	2.89	2.91	192	庆阳	Qingyang	0.00	0.01	0.02	276
贵州	**Guizhou**	**50.01**	**70.50**	**62.40**		定西	Dingxi	0.02	0.04	0.01	278
贵阳	Guiyang	6.10	11.62	13.42	110	陇南	Longnan			0.01	278
六盘水	Liupanshui	0.10	0.11	0.11	267	**青海**	**Qinghai**	**4.67**	**4.73**	**4.65**	
遵义	Zunyi	1.16	1.40	1.39	227	西宁	Xining		3.34	3.32	184
安顺	Anshun	16.95	17.73	15.79	100	**宁夏**	**Ningxia**	**1.80**	**1.90**	**2.54**	
毕节	Bijie	1.06	2.08	6.34	149	银川	Yinchuan	1.45	1.39	1.83	220
铜仁	Tongren	3.01	5.31	6.64	147	石嘴山	Shizuishan	0.06	0.08	0.07	268
云南	**Yunnan**	**329.15**	**457.84**	**287.88**		吴忠	Wuzhong		0.10	0.12	265
昆明	Kunming	86.06	113.74	123.13	18	固原	Guyuan	0.08	0.09	0.17	262
曲靖	Qujing	1.73	1.90	2.03	217	中卫	Zhongwei	0.17	0.24	0.34	250
玉溪	Yuxi	0.26	0.40	0.44	245	**新疆**	**Xinjiang**	**50.94**	**62.49**	**68.88**	
保山	Baoshan	8.95	12.16	13.40	111	乌鲁木齐	Urumqi	58.16	36.43	35.03	56
昭通	Zhaotong	0.10	0.10	0.19	259	克拉玛依	Karamay	0.13	0.33	0.41	246

14-14 接待国内旅游人数
Number of Domestic Visitors

单位：万人次 (10 000 person-times)

地名	City	2010	2012	2013	2013 排名 Ranking	地名	City	2010	2012	2013	2013 排名 Ranking
全国	**Nation Total**	**210300.0**	**295700.0**	**326200.0**		沈阳	Shenyang	5705.3	6872.0	7574.1	8
北京	**Beijing**	**17900.0**	**23000.0**	**25000.0**		大连	Dalian	3777.1	4686.7	5230.9	20
天津	**Tianjin**	**6117.5**				鞍山	Anshan	2224.0	2922.7	3281.8	59
河北	**Hebei**	**14851.0**	**23000.0**	**27000.0**		抚顺	Fushun	1980.2	2638.2	2987.6	71
石家庄	Shijiazhuang	2350.5	4185.2	4874.3	25	本溪	Benxi	2147.9	2878.6	3216.1	61
唐山	Tangshan	1532.4	2454.4	2770.3	81	丹东	Dandong	2248.2	2990.1	2990.1	70
秦皇岛	Qinhuangdao	1860.5	2313.0	2565.2	93	锦州	Jinzhou	1441.7	1925.6	3211.0	62
邯郸	Handan	1481.0	2300.0	2761.2	84	营口	Yingkou	1074.2	1445.7	1620.0	151
邢台	Xingtai	754.0	1054.0	1194.1	194	阜新	Fuxin	658.3	857.0	923.6	225
保定	Baoding	2811.7	3989.5	4746.1	29	辽阳	Liaoyang	1661.6	2157.4	2454.2	98
张家口	Zhangjiakou	1034.7	2009.7	2538.8	95	盘锦	Panjin	1653.5	2214.1	1911.7	129
承德	Chengde	1285.6	1976.1	2430.1	100	铁岭	Tieling	1080.6	1336.0	1660.7	148
沧州	Cangzhou	575.2	1210.1	969.5	222	朝阳	Chaoyang	1164.8	1359.2	1431.1	169
廊坊	Langfang	818.5	835.4	1437.9	167	葫芦岛	Huludao	1460.1	1962.1	1934.3	127
衡水	Hengshui	347.0	583.9	700.1	243	吉林	**Jilin**	**6490.9**	**8854.3**	**10241.9**	
山西	**Shanxi**	**12496.8**	**19000.0**	**25000.0**		长春	Changchun	2637.6	3620.2	4191.7	39
太原	Taiyuan	1994.5	2941.6	3644.7	44	吉林	Jilin	1762.4	2389.7	2761.6	83
大同	Datong	1369.8	1890.3	2324.6	104	四平	Siping	123.2	168.7	195.0	277
阳泉	Yangquan	823.0	1178.9	1483.0	161	辽源	Liaoyuan	100.5	137.7	159.4	279
长治	Changzhi	1050.6	1640.1	2148.6	113	通化	Tonghua	400.2	546.9	631.0	249
晋城	Jincheng	1046.6	1686.9	2166.3	111	白山	Baishan	349.6	483.5	561.2	255
朔州	Shuozhou	430.6	675.0	886.5	228	松原	Songyuan	244.1	343.1	397.9	263
晋中	Jinzhong	1349.7	2450.1	3288.2	56	白城	Baicheng	149.2	203.2	234.7	275
运城	Yuncheng	1570.2	2378.9	2889.4	76	黑龙江	**Heilongjiang**	**15702.0**	**25173.9**	**29004.0**	
忻州	Xinzhou	1037.5	1518.3	1951.6	125	哈尔滨	Harbin	4124.0	5052.0	4494.0	35
临汾	Linfen	1172.2	1739.8	2134.4	115	齐齐哈尔	Qiqihar	1725.7	2595.3	3036.3	67
吕梁	Luliang	652.3	1334.0	1688.0	146	鸡西	Jixi	501.0	602.1	664.0	245
内蒙古	**Inner Mongolia**	**4477.6**	**5887.3**	**6612.8**		鹤岗	Hegang	113.7	318.3	270.9	272
呼和浩特	Hohhot	827.8	1028.9	1158.5	198	双鸭山	Shuangyashan	809.0	359.0		
包头	Baotou	601.5	769.3	842.3	233	大庆	Daqing	743.5	1003.0	1207.0	192
乌海	Wuhai	93.3	129.6	145.5	281	伊春	Yichun	419.8	543.0	584.0	252
赤峰	Chifeng	383.9	508.2	569.5	254	佳木斯	Jiamusi	241.0	287.0	360.6	265
通辽	Tongliao	248.0	305.2	333.7	267	七台河	Qitaihe	45.0	46.1	29.8	282
鄂尔多斯	Erdos	442.6	589.5	647.6	247	牡丹江	Mudanjiang	796.0	1102.8	1345.0	175
呼伦贝尔	Hulunbuir	737.4	946.3	1076.2	213	黑河	Heihe	233.0	376.7	406.8	262
巴彦淖尔	Bayannur	110.1	137.8	152.7	280	绥化	Suihua	76.0	217.9	5.2	283
乌兰察布	Ulanqab	174.9	275.4	327.0	268	上海	**Shanghai**	**21463.2**	**23079.2**	**25990.7**	
辽宁	**Liaoning**	**28277.5**	**36200.0**	**40427.2**		江苏	**Jiangsu**	**35518.6**	**46000.0**	**52000.0**	

14-14 接待国内旅游人数 续表 1
Number of Domestic Visitors continued 1

单位：万人次 (10 000 person-times)

地名	City	2010	2012	2013	2013 排名 Ranking
南京	Nanjing	6365.5	7950.5	8674.0	7
无锡	Wuxi	5067.3	6365.3	6993.6	9
徐州	Xuzhou	2049.4	2752.6	3087.2	65
常州	Changzhou	2802.4	3958.3	4425.7	36
苏州	Suzhou	7004.9	8624.4	9416.3	5
南通	Nantong	1756.8	2407.5	2716.0	86
连云港	Lianyungang	1392.7	1894.3	2136.0	114
淮安	Huaian	1156.3	1610.7	1833.2	134
盐城	Yancheng	1105.4	1536.8	1754.4	142
扬州	Yangzhou	2647.2	3572.5	3965.4	41
镇江	Zhenjiang	2607.5	3502.9	3895.0	42
泰州	Taizhou	1072.8	1457.0	1640.5	150
宿迁	Suqian	490.4	804.8	1002.0	220
浙江	**Zhejiang**	**29500.0**	**39100.0**	**43400.0**	
杭州	Hangzhou	6304.9	8236.9	9409.1	6
宁波	Ningbo	4624.0	5748.3	6225.9	12
温州	Wenzhou	3537.0	4886.6	5676.9	17
嘉兴	Jiaxing	3070.1	4101.0	4659.6	33
湖州	Huzhou	2855.7	4190.9	4903.5	24
绍兴	Shaoxing	3436.0	4865.9	5613.7	18
金华	Jinhua	2882.7	4105.1	4834.4	26
衢州	Quzhou	1639.3	2516.7	3277.9	60
舟山	Zhoushan	2113.3	2740.0	3035.9	68
台州	Taizhou	3285.7	4468.9	5165.5	21
丽水	Lishui	2065.3	3561.4	4543.9	34
安徽	**Anhui**	**15349.0**	**29200.0**	**33600.0**	
合肥	Hefei	2101.7	4933.1	5752.5	15
芜湖	Wuhu	790.3	2014.7	2382.5	103
蚌埠	Bengbu	905.2	1758.3	1975.4	124
淮南	Huainan	600.4	1038.4	1187.3	196
马鞍山	Maanshan	750.9	1552.2	1810.8	135
淮北	Huaibei	335.5	722.8	809.9	235
铜陵	Tongling	410.3	716.9	813.8	234
安庆	Anqing	1798.1	2974.1	3403.1	51
黄山	Huangshan	2206.4	4034.1	4422.0	37
滁州	Chuzhou	615.4	1094.2	1263.4	186
阜阳	Fuyang	550.6	1070.9	1229.9	190
宿州	Suzhou	541.1	975.4	1149.5	200
六安	Liuan	650.2	1390.9	1658.0	149
亳州	Bozhou	477.1	934.8	1094.9	211
池州	Chizhou	1383.5	2689.9	3066.4	66
宣城	Xuancheng	644.6	1328.4	1581.9	153
福建	**Fujian**	**11417.1**	**16210.1**	**19542.0**	
福州	Fuzhou	2275.1	3107.4	3446.2	48
厦门	Xiamen	2178.4	2797.1	3411.1	50
莆田	Putian	774.7	1112.3	1590.1	152
三明	Sanming	870.2	1257.4	2759.2	85
泉州	Quanzhou	1351.4	2170.0	1480.3	163
漳州	Zhangzhou	1001.7	1347.6	1435.4	168
南平	Nanping	1300.0	1808.8	2076.3	117
龙岩	Longyan	984.7	1478.5	1802.3	137
宁德	Ningde	680.7	949.0	1346.8	174
江西	**Jiangxi**	**10705.0**	**20347.3**	**24846.2**	
南昌	Nanchang		2609.0	3282.0	58
景德镇	Jingdezhen		1982.0	2222.0	110
萍乡	Pingxiang		1401.0	1707.0	145
九江	Jiujiang		3018.0	3435.0	49
新余	Xinyu		679.0	855.0	232
鹰潭	Yingtan		1101.0	1300.0	181
赣州	Ganzhou		2182.0	2575.0	91
吉安	Jian		2496.0	3029.0	69
宜春	Yichun		1377.0	1775.0	140
抚州	Fuzhou		1016.0	1215.0	191
上饶	Shangrao		2486.0	3451.0	47
山东	**Shandong**	**34990.4**			
济南	Jinan	3365.2	4636.3	5095.8	22
青岛	Qingdao	4396.7	5590.5	6165.8	13
淄博	Zibo	2544.2	3496.6	3815.8	43
枣庄	Zaozhuang	945.0	1357.1	1540.4	155
东营	Dongying	636.8	938.1	1097.6	208
烟台	Yantai	3271.5	4450.0	4951.5	23
潍坊	Weifang	2945.5	4221.2	4701.8	31
济宁	Jining	2989.5	4201.0	4700.5	32
泰安	Taian	3021.2	4316.5	4791.8	28
威海	Weihai	2112.1	2669.1	2952.8	74
日照	Rizhao	2031.4	2795.3	3125.4	64
莱芜	Laiwu	527.2	725.4	806.0	238
临沂	Linyi	3037.0	4256.7	4742.8	30
德州	Dezhou	965.5	1633.3	1850.7	133
聊城	Liaocheng	872.4	1357.2	1540.4	156

14-14 接待国内旅游人数 续表 2
Number of Domestic Visitors continued 2

单位：万人次 (10 000 person-times)

地名	City	2010	2012	2013	2013 排名 Ranking	地名	City	2010	2012	2013	2013 排名 Ranking
滨州	Binzhou	661.4	995.8	1117.8	206	常德	Changde	1354.1	2026.3	2441.9	99
菏泽	Heze	667.8	1099.0	1265.5	185	张家界	Zhangjiajie	1075.0	1380.2	1504.8	158
河南	**Henan**	**25845.0**				益阳	Yiyang	1281.0	1695.8	1883.7	131
郑州	Zhengzhou	6962.1	8672.7	9913.1	4	郴州	Chenzhou	1697.3	2691.6	3309.6	55
开封	Kaifeng	2221.2	3142.1	3615.1	45	永州	Yongzhou	1104.1	1517.1	1751.1	143
洛阳	Luoyang	3820.3	5469.6	6376.5	11	怀化	Huaihua	1110.5	2000.6	2403.0	102
平顶山	Pingdingshan	896.1	1261.0	1447.8	166	娄底	Loudi	827.0	1212.6	1569.0	154
安阳	Anyang	1395.7	1995.3	2278.4	106	**广东**	**Guangdong**	**18626.2**	**51746.6**	**59664.7**	
鹤壁	Hebi	395.8	615.4	706.0	241	广州	Guangzhou	3691.6	4017.4	4273.7	38
新乡	Xinxiang	1363.4	2031.6	2291.7	105	韶关	Shaoguan	842.7	991.9	1147.1	201
焦作	Jiaozuo	1959.5	2578.9	2964.3	73	深圳	Shenzhen	2264.7	2941.3	3351.8	54
濮阳	Puyang	772.7	1150.2	1315.3	178	珠海	Zhuhai	1055.4	1298.8	1308.9	179
许昌	Xuchang	607.0	885.2	1003.0	219	汕头	Shantou	768.8	1026.2	1140.3	202
漯河	Luohe	414.0	594.7	678.3	244	佛山	Foshan	763.5	912.0	981.2	221
三门峡	Sanmenxia	1454.6	2028.3	2268.6	107	江门	Jiangmen	872.0	1119.6	1240.4	189
南阳	Nanyang	1251.1	1781.8	2027.6	120	湛江	Zhanjiang	602.3	1247.3	1391.5	170
商丘	Shangqiu	804.2	1152.6	1316.3	177	茂名	Maoming	304.7	398.5	426.0	261
信阳	Xinyang	1249.4	1807.0	2073.8	118	肇庆	Zhaoqing	916.2	1220.5	1292.0	183
周口	Zhoukou	686.2	1019.5	1156.0	199	惠州	Huizhou	913.4	1122.3	1294.6	182
驻马店	Zhumadian	819.8	1199.6	1383.4	171	梅州	Meizhou	514.3	956.8	1196.3	193
湖北	**Hubei**	**20946.0**	**34230.3**	**40621.0**		汕尾	Shanwei	326.6	518.4	581.6	253
武汉	Wuhan	8852.3	14067.7	17022.1	1	河源	Heyuan	435.0	777.5	890.6	227
黄石	Huangshi	788.7	1069.2	1254.2	187	阳江	Yangjiang	304.9	572.4	700.5	242
十堰	Shiyan	1477.1	2316.6	2853.4	77	清远	Qingyuan	1093.8	806.9	877.9	230
宜昌	Yichang	1519.0	2606.4	3286.0	57	东莞	Dongguan	1289.0	1432.1	1480.9	162
襄阳	Xiangfan	1397.5	2348.8	2824.2	80	中山	ZhongShan	539.8	744.4	807.7	237
鄂州	Ezhou	285.0	395.4	482.6	259	潮州	Chaozhou	317.4	437.5	529.5	256
荆门	Jingmen	865.2	1501.8	1805.0	136	揭阳	Jieyang	361.4	535.5	809.6	236
孝感	Xiaogan	806.3	1182.6	1486.0	160	云浮	Yunfu	448.7	834.5	1028.0	216
荆州	Jingzhou	916.2	1570.5	1901.2	130	**广西**	**Guangxi**	**14074.0**	**20777.6**	**24263.9**	
黄冈	Huanggang	819.8	1362.0	1500.4	159	南宁	Nanning	3272.0	5122.1	5840.3	14
咸宁	Xianning	1156.0	2101.5	2649.1	87	柳州	Liuzhou	1300.3	1904.1	2266.3	108
随州	Suizhou	590.8	1202.9	1459.7	165	桂林	Guilin	2097.7	3110.3	3390.5	52
湖南	**Hunan**	**20208.2**	**30000.0**	**36000.0**		梧州	Wuzhou	655.9	976.0	1131.4	204
长沙	Changsha	4169.4	5610.3	6566.3	10	北海	Beihai	938.4	1311.2	1521.2	157
株洲	Zhuzhou	1194.8	2229.8	2621.6	89	防城港	Fangchenggang	550.1	806.5	965.1	223
湘潭	Xiangtan	1627.3	2223.3	2644.5	88	钦州	Qinzhou	469.3	692.7	774.3	240
衡阳	Hengyang	1696.0	2673.9	3145.2	63	贵港	Guigang	623.0	918.8	1095.2	210
邵阳	Shaoyang	568.4	959.3	1094.9	211	玉林	Yulin	712.6	1023.3	1356.0	173
岳阳	Yueyang	1548.2	2766.8	3378.2	53	百色	Baise	952.0	1356.3	1680.5	147

14-14 接待国内旅游人数 续表 3
Number of Domestic Visitors continued 3

单位：万人次 (10 000 person-times)

地名	City	2010	2012	2013	2013 排名 Ranking	地名	City	2010	2012	2013	2013 排名 Ranking
贺州	Hezhou	487.4	785.1	1030.9	214	丽江	Lijiang	848.8	1514.4	1979.9	123
河池	Hechi	728.0	1063.1	1281.8	184	普洱	Puer	347.0	819.0	1128.5	205
来宾	Laibin	452.1	753.4	1008.2	218	临沧	Lincang	268.9	358.1	455.5	260
崇左	Chongzuo	662.5	954.8	1106.5	207	**西藏**	**Tibet**	**662.0**	**1038.9**	**1268.7**	
海南	**Hainan**	**2521.0**	**3596.9**	**3596.9**		拉萨	Lhasa	352.9		635.1	248
海口	Haikou	722.8	934.9	1028.6	215	**陕西**	**Shaanxi**	**14353.8**	**22900.0**	**28200.0**	
三亚	Sanya	841.1	1054.1	1180.2	197	西安	Xi'an	5201.0	7863.0	10008.9	3
重庆	**Chongqing**	**16036.6**				铜川	Tongchuan	492.8	677.4	886.4	229
四川	**Sichuan**	**27141.3**	**44000.0**	**49000.0**		宝鸡	Baoji	1659.0	2737.0	3595.0	46
成都	Chengdu	6738.3	12088.3	15339.0	2	咸阳	Xianyang	1846.0	3167.3	3988.2	40
自贡	Zigong	1144.9	1539.8	1780.0	139	渭南	Weinan	1313.5	2492.5	2900.0	75
攀枝花	Panzhihua	705.2	852.5	1190.4	195	延安	Yan'an	1442.3	2177.3	2840.8	78
泸州	Luzhou	1262.2	1533.6	2111.4	116	汉中	Hanzhong	1210.0	1903.0	2247.0	109
德阳	Deyang	768.0	1106.7	1734.7	144	榆林	Yulin	530.0	1170.0	1469.8	164
绵阳	Mianyang	1193.0	1919.5	2462.5	97	安康	Ankang	1218.0	1834.8	2163.8	112
广元	Guangyuan	700.6	1918.0	2414.8	101	商洛	Shangluo	1270.0	2288.3	2764.5	82
遂宁	Suining	1010.0	1703.0	2011.0	121	**甘肃**	**Gansu**	**4284.5**	**7824.3**	**10068.4**	
内江	Neijiang	974.4	1378.0	1788.6	138	兰州	Lanzhou	887.5	1802.4	2603.5	90
乐山	Leshan	1669.6	2655.6	2984.1	72	嘉峪关	Jiayuguan	166.0	276.4	356.7	266
南充	Nanchong	1307.6	1826.5	2551.6	94	金昌	Jinchang	45.8	131.9	181.9	278
眉山	Meishan	991.2	1560.0	1943.2	126	白银	Baiyin	195.0	370.0	487.1	258
宜宾	Yibin	1459.1	2111.8	2497.9	96	天水	Tianshui	682.3	1037.9	1339.8	176
广安	Guangan	1040.0	1550.2	1997.6	122	武威	Wuwei	178.5	376.0	510.4	257
达州	Dazhou	858.1	1107.9	1242.6	188	张掖	Zhangye	187.4	492.0	660.7	246
雅安	Yaan	1005.0	1194.5	1132.0	203	平凉	Pingliang	420.3	678.0	868.0	231
巴中	Bazhong	476.2	714.6	896.7	226	酒泉	Jiuquan	402.3	800.3	1095.9	209
资阳	Ziyang	872.5	1409.4	1857.2	132	庆阳	Qingyang	134.0	290.0	369.3	264
贵州	**Guizhou**	**12863.0**	**21330.7**	**26683.6**		定西	Dingxi	232.0	364.2	292.9	270
贵阳	Guiyang	3940.8	6332.6	5749.2	16	陇南	Longnan	321.2	470.2	614.3	250
六盘水	Liupanshui	275.9	376.4	610.9	251	**青海**	**Qinghai**	**1221.5**	**1576.8**	**1775.8**	
遵义	Zunyi	1662.0	3040.5	4818.0	27	西宁	Xining		1124.3	1303.5	180
安顺	Anshun	1307.9	2226.2	2573.9	92	**宁夏**	**Ningxia**	**1020.6**	**1339.0**	**1817.9**	
毕节	Bijie	1270.4	1872.9	2834.1	79	银川	Yinchuan	395.7	530.8	798.6	239
铜仁	Tongren	1000.3	1844.7	2063.7	119	石嘴山	Shizuishan	154.6	208.4	252.8	273
云南	**Yunnan**	**13837.0**	**19600.0**	**24000.0**		吴忠	Wuzhong	150.8	185.9	244.8	274
昆明	Kunming	3471.0	4580.5	5479.0	19	固原	Guyuan	152.0	193.9	224.9	276
曲靖	Qujing	707.3	870.6	1025.0	217	中卫	Zhongwei	165.7	220.0	296.7	269
玉溪	Yuxi	1164.0	1461.3	1756.8	141	**新疆**	**Xinjiang**	**3038.0**	**4711.0**	**5048.9**	
保山	Baoshan	611.0	793.2	938.0	224	乌鲁木齐	Urumqi	465.6	1363.8	1918.2	128
昭通	Zhaotong	591.2	1014.6	1376.8	172	克拉玛依	Karamay	111.7	111.7	290.1	271

14-15 国际旅游外汇收入
Foreign Exchange Earnings from International Tourism

单位：万美元 （USD 10 000）

地名	City	2010	2012	2013	2013 排名 Ranking
全国	**Nation Total**	**4581400.0**	**5002800.0**	**5166400.0**	
北京	**Beijing**	**504400.0**	**514900.0**	**479468.0**	
天津	**Tianjin**	**141951.0**	**222641.0**	**259128.0**	
河北	**Hebei**	**35070.7**	**54494.0**	**58578.0**	
石家庄	Shijiazhuang	4383.9	6163.8	7489.9	89
唐山	Tangshan	2573.2	4134.4	4050.2	118
秦皇岛	Qinhuangdao	12022.5	19453.5	25572.7	38
邯郸	Handan	548.4	1386.5	1565.8	178
邢台	Xingtai	552.9	754.5	569.9	219
保定	Baoding	2806.5	4331.6	3180.7	131
张家口	Zhangjiakou	951.8	2068.4	2255.1	155
承德	Chengde	7883.7	11780.1	9735.0	81
沧州	Cangzhou	2595.4	851.6	972.0	202
廊坊	Langfang	496.4	3206.0	2811.1	137
衡水	Hengshui	256.1	363.5	376.1	229
山西	**Shanxi**	**46459.9**	**72024.0**	**82268.0**	
太原	Taiyuan	16376.6	24413.0	27567.1	35
大同	Datong	7310.2	10224.3	11748.2	69
阳泉	Yangquan	682.7	1009.7	1177.6	191
长治	Changzhi	1644.8	3042.6	3547.9	127
晋城	Jincheng	1658.4	4564.0	5385.9	105
朔州	Shuozhou	1292.1	2211.1	2537.5	146
晋中	Jinzhong	6382.8	10216.5	11811.8	68
运城	Yuncheng	2768.4	4035.4	4571.4	111
忻州	Xinzhou	5080.0	7475.6	8447.7	84
临汾	Linfen	2077.2	3100.0	3509.5	128
吕梁	Luliang	1186.9	1731.7	1963.6	164
内蒙古	**Inner Mongolia**	**60190.0**	**77196.0**	**96229.0**	
呼和浩特	Hohhot	6881.9	9280.0	10948.0	74
包头	Baotou	1058.0	1475.0	2341.0	153
乌海	Wuhai	16.5	26.0	27.0	266
赤峰	Chifeng	1645.0	211.0	2758.0	138
通辽	Tongliao	854.0	1244.0	1601.0	177
鄂尔多斯	Erdos	1155.3	1912.0	2139.0	158
呼伦贝尔	Hulunbuir	26431.8	35474.0	44347.0	29
巴彦淖尔	Bayannur	2345.4	3124.0	1853.0	168
乌兰察布	Ulanqab	609.2	1427.0	2305.0	154
辽宁	**Liaoning**	**225932.9**	**326369.0**	**347714.0**	
沈阳	Shenyang	40023.5	63195.3	66451.3	20
大连	Dalian	80386.0	87349.0	81341.3	13
鞍山	Anshan	22435.1	27400.1	50085.6	25
抚顺	Fushun	5882.0	12981.9	15123.4	61
本溪	Benxi	27094.6	48877.9	48636.3	26
丹东	Dandong	16402.5	26642.2	24473.0	40
锦州	Jinzhou	12070.1	18505.9	21212.9	50
营口	Yingkou	3728.1	7186.6	10656.8	75
阜新	Fuxin	1004.8	1152.9	1243.3	187
辽阳	Liaoyang	1698.7	1896.4	2868.5	136
盘锦	Panjin	8915.9	13327.5	13200.9	65
铁岭	Tieling	2698.3	4013.6	4688.5	110
朝阳	Chaoyang	852.9	1180.8	1402.7	182
葫芦岛	Huludao	3240.6	4634.5	6329.1	93
吉林	**Jilin**	**30491.7**	**49477.0**	**55237.0**	
长春	Changchun	13747.9	22379.1	24305.9	43
吉林	Jilin	1895.9	3053.1	3557.5	126
四平	Siping	58.6	84.5	92.9	251
辽源	Liaoyuan	12.4	13.4	15.3	271
通化	Tonghua	1428.8	2464.9	3034.7	133
白山	Baishan	1008.5	1581.7	1711.4	171
松原	Songyuan	692.8	1028.5	1144.4	193
白城	Baicheng	174.4	266.3	304.6	233
黑龙江	**Heilongjiang**	**76250.0**	**83548.0**	**60436.0**	
哈尔滨	Harbin	14272.0	11333.0	9821.0	79
齐齐哈尔	Qiqihar	845.0	1363.0	1432.0	180
鸡西	Jixi	1352.8	1501.0	1121.0	195
鹤岗	Hegang	1070.4	1036.7	1065.0	199
双鸭山	Shuangyashan	2685.0	3025.0		
大庆	Daqing		473.0	491.0	225
伊春	Yichun				
佳木斯	Jiamusi	3369.0	1440.0	2928.0	135
七台河	Qitaihe	2600.0	2900.0		
牡丹江	Mudanjiang	29804.0	38956.0	58360.0	22
黑河	Heihe			2.3	278
绥化	Suihua	6.0	8.0	0.1	281
上海	**Shanghai**	**640510.0**	**549323.0**	**524470.0**	
江苏	**Jiangsu**	**478343.0**	**629972.0**	**237989.0**	

14-15 国际旅游外汇收入 续表 1
Foreign Exchange Earnings from International Tourism continued 1

单位：万美元 （USD 10 000）

地名	City	2010	2012	2013	2013 排名 Ranking	地名	City	2010	2012	2013	2013 排名 Ranking
南京	Nanjing	98062.0	136216.0	40063.0	32	池州	Chizhou	10467.0	31899.2	38031.5	33
无锡	Wuxi	48146.0	68138.0	26985.0	36	宣城	Xuancheng	753.6	1798.0	2622.3	141
徐州	Xuzhou	15286.6	21045.0	2193.0	156	**福建**	**Fujian**	**297823.7**	**422567.0**	**457338.0**	
常州	Changzhou	34707.0	47439.0	7590.0	88	福州	Fuzhou	84299.0	110909.6	128931.9	7
苏州	Suzhou	125059.0	164723.0	135687.0	6	厦门	Xiamen	108552.3	157727.9	160711.6	4
南通	Nantong	36066.5	42995.0	11196.0	73	莆田	Putian	12922.1	19242.3	21855.0	48
连云港	Lianyungang	10746.0	14434.0	1668.0	173	三明	Sanming	2033.9	4095.1	105483.4	9
淮安	Huaian	2475.0	3056.0	888.0	206	泉州	Quanzhou	66737.0	90445.6	3958.0	120
盐城	Yancheng	4534.6	6477.0	2533.0	147	漳州	Zhangzhou	15454.9	22878.2	20061.5	54
扬州	Yangzhou	45987.9	55921.0	3711.0	123	南平	Nanping	6679.5	12948.0	11593.4	70
镇江	Zhenjiang	46966.1	55819.0	3130.0	132	龙岩	Longyan	983.4	3568.1	3684.5	124
泰州	Taizhou	7931.0	10855.0	1990.0	163	宁德	Ningde	161.5	752.7	988.0	201
宿迁	Suqian	2375.2	2854.0	355.0	230	**江西**	**Jiangxi**	**34630.0**	**48473.0**	**52508.0**	
浙江	**Zhejiang**	**393020.0**	**515174.0**	**539293.0**		南昌	Nanchang	3069.0	5432.0	6390.0	92
杭州	Hangzhou	169008.4	220165.0	216047.3	3	景德镇	Jingdezhen	6484.0	7820.0	8391.0	85
宁波	Ningbo	59066.3	73428.0	79656.3	16	萍乡	Pingxiang	1225.0	2356.0	2540.0	145
温州	Wenzhou	17023.8	31887.0	42064.2	30	九江	Jiujiang	9047.0	9988.0	10513.0	77
嘉兴	Jiaxing	22643.0	27658.0	24388.9	41	新余	Xinyu	294.0	540.0	731.0	212
湖州	Huzhou	12585.0	17323.0	20021.8	55	鹰潭	Yingtan	1029.0	1552.0	1774.0	169
绍兴	Shaoxing	18478.2	24128.0	24385.6	42	赣州	Ganzhou	3056.0	4675.0	4957.0	107
金华	Jinhua	37670.0	42451.0	45417.4	28	吉安	Jian	3381.0	5719.0	6007.0	95
衢州	Quzhou	5123.0	6659.0	5723.9	100	宜春	Yichun	1571.0	2310.0	2504.0	148
舟山	Zhoushan	13094.0	15865.0	16084.1	58	抚州	Fuzhou	1714.0	2309.0	2460.0	149
台州	Taizhou	5629.0	8726.0	4264.7	114	上饶	Shangrao	3760.0	5763.0	6241.0	94
丽水	Lishui	28608.0	46884.0	61239.2	21	**山东**	**Shandong**	**215505.8**	**292365.0**	**273120.0**	
安徽	**Anhui**	**82000.0**	**156267.0**	**166042.0**		济南	Jinan	11354.4	16034.3	15126.7	60
合肥	Hefei	12729.4	23457.1	25183.2	39	青岛	Qingdao	60103.5	82459.5	79362.6	17
芜湖	Wuhu	2853.3	10573.0	13220.4	64	淄博	Zibo	9205.8	12800.7	11573.9	71
蚌埠	Bengbu	736.7	1608.1	2055.0	160	枣庄	Zaozhuang	823.8	1078.2	769.6	211
淮南	Huainan	905.3	1356.4	1916.5	165	东营	Dongying	3128.2	5082.4	4772.2	109
马鞍山	Maanshan	5135.4	13461.5	6818.8	91	烟台	Yantai	37706.8	48146.4	46313.2	27
淮北	Huaibei	118.6	933.5	1141.1	194	潍坊	Weifang	16238.3	25258.5	23181.6	47
铜陵	Tongling	285.6	924.9	930.6	203	济宁	Jining	17117.9	18412.8	15965.3	59
安庆	Anqing	2795.9	6894.4	8722.1	82	泰安	Taian	18380.2	25745.4	23222.5	46
黄山	Huangshan	30100.0	53658.2	53993.0	24	威海	Weihai	19151.0	25282.6	23851.5	45
滁州	Chuzhou	1351.6	3548.5	4043.1	119	日照	Rizhao	9795.3	13583.1	12416.2	66
阜阳	Fuyang	264.5	677.2	888.9	205	莱芜	Laiwu	313.6	610.7	506.2	222
宿州	Suzhou	410.5	901.4	1241.8	188	临沂	Linyi	7716.7	11325.2	10232.3	78
六安	Liuan	872.1	3784.2	4119.4	117	德州	Dezhou	1752.5	2195.0	1893.6	167
亳州	Bozhou	329.0	791.2	1114.1	196	聊城	Liaocheng	1580.0	2703.0	2392.0	150

14-15 国际旅游外汇收入 续表 2

Foreign Exchange Earnings from International Tourism continued 2

单位：万美元 （USD 10 000）

地名	City	2010	2012	2013	2013 排名 Ranking	地名	City	2010	2012	2013	2013 排名 Ranking
滨州	Binzhou	898.5	1345.0	1267.9	186	常德	Changde	2144.1	4744.4	5134.9	106
菏泽	Heze	239.2	302.5	272.8	235	张家界	Zhangjiajie	20070.9	28855.1	18903.5	56
河南	**Henan**	**49877.1**	**61141.0**	**65998.0**		益阳	Yiyang	1797.8	2630.5	1194.8	189
郑州	Zhengzhou	14788.8	15800.0	16508.0	57	郴州	Chenzhou	5739.0	8892.0	10528.6	76
开封	Kaifeng	4596.9	6083.7	5560.0	102	永州	Yongzhou	784.8	722.3	606.3	218
洛阳	Luoyang	15100.0	17949.7	20296.0	53	怀化	Huaihua	190.2	654.5	1100.7	197
平顶山	Pingdingshan	475.1	700.0	770.0	210	娄底	Loudi	1007.8	2025.7	2561.4	143
安阳	Anyang	1291.2	1829.8	2051.0	161	**广东**	**Guangdong**	**1243154**	**1561067**	**1627807**	
鹤壁	Hebi	185.6	229.0	243.2	239	广州	Guangzhou	468858.3	514457.8	516883.6	1
新乡	Xinxiang	677.7	1090.0	1153.0	192	韶关	Shaoguan	10309.2	3110.0	3730.2	122
焦作	Jiaozuo	8070.7	10900.0	12295.0	67	深圳	Shenzhen	318057.8	432882.1	453101.7	2
濮阳	Puyang	635.0	115.0	116.2	250	珠海	Zhuhai	122338.5	95044.6	83767.4	12
许昌	Xuchang	325.8	198.3	6.4	274	汕头	Shantou	5015.8	5174.7	5430.6	104
漯河	Luohe	280.0	210.3	219.0	240	佛山	Foshan	72895.7	120983.5	126984.3	8
三门峡	Sanmenxia	821.6	1262.6	1662.4	174	江门	Jiangmen	47656.6	69917.2	79768.4	15
南阳	Nanyang	630.0	745.0	788.0	209	湛江	Zhanjiang	2716.0	4816.1	5845.4	97
商丘	Shangqiu	250.0	240.0	267.6	237	茂名	Maoming	1198.1	1314.6	1394.6	183
信阳	Xinyang	318.0	184.6	258.4	238	肇庆	Zhaoqing	12439.7	48689.2	55440.5	23
周口	Zhoukou	672.6	775.1	906.2	204	惠州	Huizhou	50167.8	67785.7	77039.2	18
驻马店	Zhumadian	546.0	600.0	2667.0	139	梅州	Meizhou	2961.9	4086.4	4203.8	116
湖北	**Hubei**	**75116.5**	**120297.0**	**121892.0**		汕尾	Shanwei	1174.9	1418.5	1180.0	190
武汉	Wuhan	47578.3	85208.9	91431.0	10	河源	Heyuan	1388.5	926.2	1097.1	198
黄石	Huangshi	376.8	600.0	190.7	241	阳江	Yangjiang	1875.5	2225.8	2008.0	162
十堰	Shiyan	3303.6	5649.0	5824.1	98	清远	Qingyuan	11061.9	14417.1	13579.3	63
宜昌	Yichang	5455.6	7053.9	8273.1	86	东莞	Dongguan	67591.9	126924.5	144981.5	5
襄阳	Xiangfan	2642.1	2947.1	2986.1	134	中山	ZhongShan	27591.0	21978.6	23890.6	44
鄂州	Ezhou	103.2	201.6	271.3	236	潮州	Chaozhou	13206.9	21302.6	21770.0	49
荆门	Jingmen	820.3	577.8	523.4	221	揭阳	Jieyang	2150.0	1768.2	2109.5	159
孝感	Xiaogan	820.0	1014.7	499.3	224	云浮	Yunfu	2498.5	3033.3	3602.0	125
荆州	Jingzhou	864.7	1627.9	1653.9	175	**广西**	**Guangxi**	**80700.0**	**127887.0**	**154730.0**	
黄冈	Huanggang	99.1	396.0	285.8	234	南宁	Nanning	5600.0	10705.5	13736.7	62
咸宁	Xianning	522.7	485.2	500.2	223	柳州	Liuzhou	2684.1	4760.5	5882.5	96
随州	Suizhou	1791.8	1652.0	678.4	215	桂林	Guilin	50417.0	73440.2	86950.6	11
湖南	**Hunan**	**88676.0**	**92836.0**	**82269.0**		梧州	Wuzhou	2293.8	4230.4	5647.2	101
长沙	Changsha	44112.2	27634.2	20400.3	52	北海	Beihai	2173.0	3429.1	4307.9	113
株洲	Zhuzhou	2235.5	3735.9	4935.2	108	防城港	Fangchenggang	1695.2	3576.7	4382.5	112
湘潭	Xiangtan	2724.8	1924.7	1602.8	176	钦州	Qinzhou	822.4	1332.5	1507.0	179
衡阳	Hengyang	2245.5	2728.6	2540.8	144	贵港	Guigang	1191.1	2179.1	2646.6	140
邵阳	Shaoyang	22.4	948.6	1404.3	181	玉林	Yulin	1463.6	2304.1	3274.9	129
岳阳	Yueyang	3849.0	6813.9	9780.6	80	百色	Baise	1146.4	1935.0	2350.0	152

14-15 国际旅游外汇收入 续表 3
Foreign Exchange Earnings from International Tourism continued 3

单位：万美元 （USD 10 000）

地名	City	2010	2012	2013	2013 排名 Ranking	地名	City	2010	2012	2013	2013 排名 Ranking
贺州	Hezhou	4180.0	7630.0	620.8	217	丽江	Lijiang	20200.0	28900.0	35768.6	34
河池	Hechi	1139.5	2001.5	2569.7	142	普洱	Puer	595.0	1269.0	1912.5	166
来宾	Laibin	350.6	650.0	701.0	214	临沧	Lincang	1472.0	2075.6	2389.0	151
崇左	Chongzuo	5825.6	9761.4	11322.7	72	**西藏**	**Tibet**	**10359.0**	**10570.0**	**12786.0**	
海南	**Hainan**	**32227.7**	**34802.0**	**33748.0**		拉萨	Lhasa	7459.0		7700.0	87
海口	Haikou	3755.7	4474.0	4210.2	115	**陕西**	**Shaanxi**	**101596.0**	**159747.0**	**167619.0**	
三亚	Sanya	24504.4	26565.3	25990.6	37	西安	Xi'an	53000.0	74862.0	80200.0	14
重庆	**Chongqing**	**70320.0**	**116832.0**	**126831.0**		铜川	Tongchuan	19.4	390.0	390.7	228
四川	**Sichuan**	**35408.8**	**79815.0**	**76476.0**		宝鸡	Baoji	4648.0	7320.0	8685.0	83
成都	Chengdu	27558.5	62916.2	68030.6	19	咸阳	Xianyang	3342.0	2370.0	7363.2	90
自贡	Zigong	50.7	169.1	59.6	256	渭南	Weinan	2707.7	5604.4	5757.0	99
攀枝花	Panzhihua	9.3	51.1	11.3	272	延安	Yan'an	658.9	975.4	671.0	216
泸州	Luzhou	43.5	135.8	44.8	261	汉中	Hanzhong	690.0	998.0	1269.0	185
德阳	Deyang	465.7	809.2	313.9	232	榆林	Yulin	14.0	16.3	17.0	270
绵阳	Mianyang	578.6	570.9	315.0	231	安康	Ankang	263.0	400.0	450.0	227
广元	Guangyuan	12.3	60.1	41.9	262	商洛	Shangluo	76.3	144.9	172.0	242
遂宁	Suining	165.0	478.2	151.3	245	**甘肃**	**Gansu**	**1481.4**	**2232.0**	**2039.0**	
内江	Neijiang	7.7	45.1	20.5	267	兰州	Lanzhou	412.2	529.3	560.9	220
乐山	Leshan	1580.2	5750.9	2171.2	157	嘉峪关	Jiayuguan	133.6	146.6	136.0	246
南充	Nanchong	83.7	473.7	129.6	247	金昌	Jinchang	3.4	9.2	17.2	269
眉山	Meishan	30.7	96.0	10.9	273	白银	Baiyin	0.7	2.5	2.4	277
宜宾	Yibin	154.5	175.3	85.5	252	天水	Tianshui	6.3	50.4	33.4	264
广安	Guangan	66.5	143.9	121.5	249	武威	Wuwei	114.5	107.4	57.2	257
达州	Dazhou	4.5	119.8	49.9	260	张掖	Zhangye	7.2	106.1	81.8	253
雅安	Yaan	111.3	245.8	56.1	259	平凉	Pingliang	0.7	22.9	19.2	268
巴中	Bazhong	0.8	10.8	4.1	275	酒泉	Jiuquan	782.3	1156.3	1033.8	200
资阳	Ziyang	597.1	650.1	708.3	213	庆阳	Qingyang	0.7	1.6	2.9	276
贵州	**Guizhou**	**12958.0**	**16894.0**	**20143.0**		定西	Dingxi	3.0	6.9	1.2	280
贵阳	Guiyang	2486.7	4240.6	5496.8	103	陇南	Longnan	0.1	0.6	1.6	279
六盘水	Liupanshui	25.4	28.2	29.3	265	**青海**	**Qinghai**	**2044.9**	**2432.0**	**1942.0**	
遵义	Zunyi	371.7	439.6	468.1	226	西宁	Xining		2175.6	1683.0	172
安顺	Anshun	2929.9	3153.3	3193.2	130	**宁夏**	**Ningxia**	**598.9**	**545.0**	**1208.0**	
毕节	Bijie	176.5	405.8	1314.9	184	银川	Yinchuan	506.8	405.0	874.5	207
铜仁	Tongren	696.3	1333.8	1773.3	170	石嘴山	Shizuishan	19.7	22.7	35.5	263
云南	**Yunnan**	**132365.0**	**194708.0**	**241818.0**		吴忠	Wuzhong	15.2	45.0	56.7	258
昆明	Kunming	24252.0	33836.0	40338.0	31	固原	Guyuan	22.5	15.2	81.2	254
曲靖	Qujing	396.1	696.7	797.0	208	中卫	Zhongwei	34.6	57.0	160.4	244
玉溪	Yuxi	63.0	109.5	126.8	248	**新疆**	**Xinjiang**	**36844.0**	**55057.0**	**58502.0**	
保山	Baoshan	2258.0	2963.0	3890.0	121	乌鲁木齐	Urumqi	19547.0	19855.0	21013.0	51
昭通	Zhaotong	19.5	27.7	63.0	255	克拉玛依	Karamay	44.0	125.0	163.0	243

14-16 国内旅游收入
Earnings from Domestic Tourism

单位：亿元 （100 million yuan）

地名	City	2010	2012	2013	2013 排名 Ranking	地名	City	2010	2012	2013	2013 排名 Ranking
全国	**Nation Total**	**12579.8**	**22706.2**	**26276.1**		沈阳	Shenyang	489.7	688.2	792.2	12
北京	**Beijing**	**2425.1**	**3301.3**	**3666.3**		大连	Dalian	495.5	711.4	850.4	11
天津	**Tianjin**	**1151.9**	**1600.0**			鞍山	Anshan	176.2	279.0	323.9	52
河北	**Hebei**	**890.8**	**1553.9**	**1973.8**		抚顺	Fushun	177.4	269.3	327.0	50
石家庄	Shijiazhuang	129.4	264.7	328.3	49	本溪	Benxi	158.1	237.1	289.9	61
唐山	Tangshan	93.4	167.9	212.3	86	丹东	Dandong	208.1	320.2	348.6	44
秦皇岛	Qinhuangdao	143.0	201.6	244.3	77	锦州	Jinzhou	112.4	161.6	222.6	82
邯郸	Handan	75.9	135.0	175.7	122	营口	Yingkou	112.1	167.7	206.4	94
邢台	Xingtai	41.5	66.4	82.2	208	阜新	Fuxin	35.9	55.9	67.2	231
保定	Baoding	147.9	245.8	316.8	55	辽阳	Liaoyang	129.7	190.4	220.9	83
张家口	Zhangjiakou	59.3	134.2	181.8	120	盘锦	Panjin	130.3	200.4	245.8	76
承德	Chengde	86.8	153.5	198.0	103	铁岭	Tieling	78.5	112.5	146.1	145
沧州	Cangzhou	32.9	97.1	67.8	230	朝阳	Chaoyang	103.6	144.3	185.5	116
廊坊	Langfang	63.2	54.6	124.6	157	葫芦岛	Huludao	125.9	204.1	206.1	95
衡水	Hengshui	17.7	33.2	42.2	253	吉林	**Jilin**	**732.8**	**1146.9**	**1441.6**	
山西	**Shanxi**	**1052.3**	**1766.3**	**2253.7**		长春	Changchun	350.5	534.2	667.7	19
太原	Taiyuan	219.3	339.7	413.5	37	吉林	Jilin	164.3	271.1	341.0	47
大同	Datong	113.2	156.2	192.9	110	四平	Siping	12.3	19.7	24.7	267
阳泉	Yangquan	57.5	94.9	119.9	162	辽源	Liaoyuan	10.0	16.1	20.3	272
长治	Changzhi	88.8	164.5	209.4	91	通化	Tonghua	37.7	60.2	76.1	218
晋城	Jincheng	75.5	149.9	195.3	107	白山	Baishan	30.6	49.4	62.7	235
朔州	Shuozhou	36.0	63.4	82.5	207	松原	Songyuan	27.2	45.2	59.9	239
晋中	Jinzhong	109.4	209.6	294.0	59	白城	Baicheng	15.3	24.5	30.7	260
运城	Yuncheng	101.2	163.4	209.7	89	黑龙江	**Heilongjiang**	**832.0**	**1247.5**	**1348.5**	
忻州	Xinzhou	103.0	157.9	202.6	99	哈尔滨	Harbin	371.8	554.0	669.0	18
临汾	Linfen	97.4	158.0	192.8	111	齐齐哈尔	Qiqihar	66.2	104.0		
吕梁	Luliang	51.0	108.9	141.0	150	鸡西	Jixi	19.8	27.2	30.9	259
内蒙古	**Inner Mongolia**	**692.9**	**1080.7**	**1343.7**		鹤岗	Hegang	9.0	32.2	27.3	263
呼和浩特	Hohhot	171.2	245.4	285.5	62	双鸭山	Shuangyashan	8.6	6.4		
包头	Baotou	109.1	153.6	205.9	96	大庆	Daqing	26.0	45.7	58.5	240
乌海	Wuhai	8.9	16.6	20.3	271	伊春	Yichun	25.2	43.6	49.1	247
赤峰	Chifeng	54.1	88.2	103.5	180	佳木斯	Jiamusi	9.9	12.4	16.0	275
通辽	Tongliao	37.4	48.7	56.5	243	七台河	Qitaihe	10.1	10.4		
鄂尔多斯	Erdos	68.5	124.2	151.0	142	牡丹江	Mudanjiang	31.9	45.2	56.7	242
呼伦贝尔	Hulunbuir	113.8	191.7	251.3	74	黑河	Heihe	23.3	22.6	26.4	265
巴彦淖尔	Bayannur	11.9	17.0	20.8	270	绥化	Suihua	0.6	6.4	6.8	281
乌兰察布	Ulanqab	12.7	25.1	34.5	258	上海	**Shanghai**	**2522.9**	**2786.5**	**2968.0**	
辽宁	**Liaoning**	**2533.4**	**3739.3**	**4432.8**		江苏	**Jiangsu**	**4287.9**	**6055.8**	**6940.1**	

14-16 国内旅游收入 续表 1
Earnings from Domestic Tourism continued 1

单位：亿元 （100 million yuan）

地名	City	2010	2012	2013	2013 排名 Ranking
南京	Nanjing	852.4	1169.0	1317.5	5
无锡	Wuxi	703.9	974.9	1100.4	8
徐州	Xuzhou	215.8	311.8	360.5	41
常州	Changzhou	320.8	482.0	557.4	22
苏州	Suzhou	917.8	1254.4	1419.1	4
南通	Nantong	202.3	299.3	348.2	45
连云港	Lianyungang	153.6	221.6	257.3	69
淮安	Huaian	118.6	172.6	200.1	101
盐城	Yancheng	99.1	142.8	166.1	129
扬州	Yangzhou	271.8	392.5	454.4	33
镇江	Zhenjiang	285.6	410.1	474.5	29
泰州	Taizhou	113.3	160.9	186.2	114
宿迁	Suqian	32.9	63.9	98.5	194
浙江	**Zhejiang**	**3046.0**	**4475.8**	**5202.0**	
杭州	Hangzhou	910.9	1253.2	1469.9	3
宁波	Ningbo	610.7	816.4	904.2	9
温州	Wenzhou	321.9	464.2	556.4	23
嘉兴	Jiaxing	280.6	401.6	470.5	30
湖州	Huzhou	205.6	312.9	381.2	40
绍兴	Shaoxing	305.8	491.1	569.3	21
金华	Jinhua	258.0	372.8	462.2	32
衢州	Quzhou	91.6	145.5	193.7	109
舟山	Zhoushan	133.1	253.7	290.2	60
台州	Taizhou	269.4	406.7	490.7	27
丽水	Lishui	96.2	176.2	228.4	81
安徽	**Anhui**	**1094.8**	**2519.1**	**2903.2**	
合肥	Hefei	225.3	577.5	676.4	16
芜湖	Wuhu	74.1	217.9	259.8	68
蚌埠	Bengbu	36.2	98.7	113.0	171
淮南	Huainan	25.4	57.1	65.7	233
马鞍山	Maanshan	37.1	105.3	120.0	161
淮北	Huaibei	16.8	43.2	48.5	248
铜陵	Tongling	22.4	46.4	52.8	245
安庆	Anqing	119.1	256.0	296.0	56
黄山	Huangshan	182.2	395.0	424.4	36
滁州	Chuzhou	38.5	81.3	97.6	196
阜阳	Fuyang	28.3	66.1	78.2	214
宿州	Suzhou	24.7	57.6	68.3	229
六安	Liuan	37.2	94.6	113.2	170
亳州	Bozhou	27.3	64.3	76.0	220
池州	Chizhou	119.2	261.9	295.2	57
宣城	Xuancheng	42.6	98.6	118.2	164
福建	**Fujian**	**1135.1**	**1650.0**	**2003.4**	
福州	Fuzhou	210.3	292.1	323.4	53
厦门	Xiamen	295.9	411.5	478.6	28
莆田	Putian	54.8	79.2	152.2	138
三明	Sanming	53.5	78.5	335.5	48
泉州	Quanzhou	155.1	263.6	107.6	178
漳州	Zhangzhou	94.1	128.7	101.6	185
南平	Nanping	151.4	217.2	251.4	73
龙岩	Longyan	69.6	107.1	131.2	155
宁德	Ningde	50.4	72.1	103.4	181
江西	**Jiangxi**	**794.8**	**1372.0**	**1863.6**	
南昌	Nanchang		197.0	272.0	64
景德镇	Jingdezhen		124.0	157.0	133
萍乡	Pingxiang		80.0	103.0	182
九江	Jiujiang		213.0	263.0	66
新余	Xinyu		47.0	71.0	226
鹰潭	Yingtan		75.0	98.0	195
赣州	Ganzhou		162.0	204.0	98
吉安	Jian		165.0	210.0	88
宜春	Yichun		77.0	121.0	160
抚州	Fuzhou		68.0	100.0	191
上饶	Shangrao		164.0	268.0	65
山东	**Shandong**	**2915.8**	**4300.0**		
济南	Jinan	306.3	451.7	519.5	24
青岛	Qingdao	540.1	755.5	873.5	10
淄博	Zibo	207.4	302.9	346.0	46
枣庄	Zaozhuang	60.4	95.1	111.1	176
东营	Dongying	43.3	67.4	81.8	209
烟台	Yantai	306.2	445.1	514.4	25
潍坊	Weifang	237.0	368.6	426.7	35
济宁	Jining	221.9	330.6	382.7	39
泰安	Taian	241.1	371.3	427.3	34
威海	Weihai	207.3	281.3	324.1	51
日照	Rizhao	116.1	174.7	202.4	100
莱芜	Laiwu	21.1	33.7	38.9	256
临沂	Linyi	232.7	351.7	407.4	38
德州	Dezhou	45.4	85.5	100.1	188
聊城	Liaocheng	50.2	85.3	100.1	190

14-16 国内旅游收入 续表 2
Earnings from Domestic Tourism continued 2

单位：亿元 （100 million yuan）

地名	City	2010	2012	2013	2013 排名 Ranking	地名	City	2010	2012	2013	2013 排名 Ranking
滨州	Binzhou	43.3	69.6	80.5	211	常德	Changde	81.5	134.9	167.8	126
菏泽	Heze	36.1	65.2	78.3	213	张家界	Zhangjiajie	98.1	153.5	171.4	125
河南	**Henan**	**2294.0**	**3300.0**			益阳	Yiyang	69.9	109.6	123.7	158
郑州	Zhengzhou	591.2	942.0	1103.9	7	郴州	Chenzhou	107.6	165.6	214.9	85
开封	Kaifeng	175.2	237.7	279.2	63	永州	Yongzhou	56.4	102.0	118.7	163
洛阳	Luoyang	367.9	591.9	698.6	15	怀化	Huaihua	73.0	126.3	148.8	143
平顶山	Pingdingshan	68.6	108.1	135.8	152	娄底	Loudi	53.3	89.0	114.4	168
安阳	Anyang	104.5	167.4	195.2	108	**广东**	**Guangdong**	**2964.6**	**6400.0**	**7297.0**	
鹤壁	Hebi	23.1	38.6	44.8	250	广州	Guangzhou	936.0	1586.1	1882.3	1
新乡	Xinxiang	79.3	126.1	147.1	144	韶关	Shaoguan	99.8	153.9	184.9	117
焦作	Jiaozuo	131.8	192.9	230.6	79	深圳	Shenzhen	412.6	566.5	675.4	17
濮阳	Puyang	52.2	85.4	98.9	193	珠海	Zhuhai	136.2	175.8	189.9	112
许昌	Xuchang	32.0	48.3	55.8	244	汕头	Shantou	85.1	120.6	143.7	148
漯河	Luohe	24.3	35.5	41.3	255	佛山	Foshan	181.8	289.3	352.5	43
三门峡	Sanmenxia	79.4	121.2	156.7	134	江门	Jiangmen	87.7	141.1	173.9	123
南阳	Nanyang	88.0	134.3	156.0	136	湛江	Zhanjiang	63.5	124.1	151.8	140
商丘	Shangqiu	43.1	68.3	79.2	212	茂名	Maoming	71.1	92.3	100.2	187
信阳	Xinyang	61.1	99.6	115.2	167	肇庆	Zhaoqing	94.3	148.7	171.5	124
周口	Zhoukou	41.1	65.6	76.3	217	惠州	Huizhou	106.7	141.3	164.9	130
驻马店	Zhumadian	45.1	70.3	83.4	206	梅州	Meizhou	70.8	147.5	197.7	104
湖北	**Hubei**	**1409.5**	**2553.6**	**3130.1**		汕尾	Shanwei	41.6	71.6	81.3	210
武汉	Wuhan	721.4	1342.2	1633.4	2	河源	Heyuan	45.1	131.8	152.1	139
黄石	Huangshi	40.4	54.9	62.0	236	阳江	Yangjiang	41.4	85.1	113.0	172
十堰	Shiyan	89.3	157.6	198.5	102	清远	Qingyuan	100.9	169.6	187.3	113
宜昌	Yichang	100.3	195.9	255.0	72	东莞	Dongguan	145.4	226.2	256.7	70
襄阳	Xiangfan	85.9	148.9	179.0	121	中山	ZhongShan	106.4	166.8	183.2	118
鄂州	Ezhou	18.0	33.6	41.4	254	潮州	Chaozhou	45.2	61.3	76.4	216
荆门	Jingmen	40.9	75.0	90.3	200	揭阳	Jieyang	46.1	85.1	114.2	169
孝感	Xiaogan	46.0	69.9	88.7	201	云浮	Yunfu	47.0	123.0	155.7	137
荆州	Jingzhou	51.8	91.0	111.3	175	**广西**	**Guangxi**	**898.1**	**1578.9**	**1961.3**	
黄冈	Huanggang	44.5	75.0	78.1	215	南宁	Nanning	234.1	397.1	469.6	31
咸宁	Xianning	59.1	107.7	130.1	156	柳州	Liuzhou	88.6	150.7	182.3	119
随州	Suizhou	36.9	72.9	84.7	204	桂林	Guilin	134.2	230.5	294.6	58
湖南	**Hunan**	**1365.5**	**2175.5**	**2630.9**		梧州	Wuzhou	50.0	81.3	100.1	189
长沙	Changsha	371.9	513.4	614.4	20	北海	Beihai	67.2	110.2	139.9	151
株洲	Zhuzhou	70.7	137.8	167.5	127	防城港	Fangchenggang	27.9	50.4	61.8	237
湘潭	Xiangtan	88.1	139.0	161.1	131	钦州	Qinzhou	27.0	51.0	61.0	238
衡阳	Hengyang	82.8	153.7	185.8	115	贵港	Guigang	34.5	65.7	85.9	202
邵阳	Shaoyang	41.4	70.3	83.4	205	玉林	Yulin	49.5	88.2	115.8	166
岳阳	Yueyang	99.7	170.9	230.5	80	百色	Baise	56.7	95.1	121.8	159

14-16 国内旅游收入 续表 3
Earnings from Domestic Tourism continued 3

单位：亿元 （100 million yuan）

地名	City	2010	2012	2013	2013 排名 Ranking	地名	City	2010	2012	2013	2013 排名 Ranking
贺州	Hezhou	34.9	67.8	101.9	184	丽江	Lijiang	98.7	193.0	256.5	71
河池	Hechi	43.3	89.0	111.8	174	普洱	Puer	16.6	49.8	69.9	228
来宾	Laibin	14.4	41.5	51.9	246	临沧	Lincang	14.5	21.5	28.6	262
崇左	Chongzuo	33.7	60.6	73.1	225	**西藏**	**Tibet**	**64.0**	**119.8**	**165.2**	
海南	**Hainan**	**235.6**	**408.1**	**408.1**		拉萨	Lhasa	34.3		100.9	186
海口	Haikou	69.6	101.6	117.6	165	**陕西**	**Shaanxi**	**915.9**	**1609.5**	**2031.1**	
三亚	Sanya	123.0	175.5	217.2	84	西安	Xi'an	362.8	594.5	747.3	13
重庆	**Chongqing**	**868.4**	**1400.0**			铜川	Tongchuan	10.5	30.6	43.8	252
四川	**Sichuan**	**1862.0**	**3229.8**	**3830.0**		宝鸡	Baoji	100.2	171.4	236.4	78
成都	Chengdu	584.6	1010.7	1285.4	6	咸阳	Xianyang	80.0	155.7	195.6	106
自贡	Zigong	84.6	135.6	160.2	132	渭南	Weinan	65.8	152.0	212.0	87
攀枝花	Panzhihua	42.0	66.8	102.2	183	延安	Yan'an	76.1	117.4	151.5	141
泸州	Luzhou	66.1	106.0	143.0	149	汉中	Hanzhong	48.2	81.5	105.2	179
德阳	Deyang	40.5	67.0	92.4	199	榆林	Yulin	23.0	58.5	75.0	223
绵阳	Mianyang	64.9	136.8	205.0	97	安康	Ankang	47.5	76.1	95.2	198
广元	Guangyuan	32.0	82.9	112.6	173	商洛	Shangluo	48.3	102.5	135.4	153
遂宁	Suining	75.6	130.9	166.9	128	**甘肃**	**Gansu**	**236.2**	**469.7**	**618.9**	
内江	Neijiang	52.9	86.2	110.3	177	兰州	Lanzhou	62.8	139.4	196.8	105
乐山	Leshan	145.8	266.5	318.4	54	嘉峪关	Jiayuguan	9.1	16.8	22.6	269
南充	Nanchong	91.0	155.0	209.7	90	金昌	Jinchang	2.3	6.8	9.2	280
眉山	Meishan	64.7	110.2	145.1	146	白银	Baiyin	9.8	19.9	26.8	264
宜宾	Yibin	108.0	165.9	208.7	92	天水	Tianshui	36.9	58.2	76.0	219
广安	Guangan	65.7	103.5	135.2	154	武威	Wuwei	8.2	18.1	24.9	266
达州	Dazhou	41.6	61.7	75.2	222	张掖	Zhangye	9.1	26.1	36.2	257
雅安	Yaan	50.4	79.2	70.5	227	平凉	Pingliang	20.6	34.7	44.6	251
巴中	Bazhong	22.8	43.7	66.2	232	酒泉	Jiuquan	34.1	70.1	95.9	197
资阳	Ziyang	69.9	114.2	144.7	147	庆阳	Qingyang	5.6	12.8	16.6	274
贵州	**Guizhou**	**1052.6**	**1849.5**	**2358.2**		定西	Dingxi	8.6	14.9	12.4	278
贵阳	Guiyang	424.2	600.0	725.5	14	陇南	Longnan	13.4	21.3	28.6	261
六盘水	Liupanshui	0.0	32.9	45.0	249	**青海**	**Qinghai**	**69.6**	**122.2**	**157.3**	
遵义	Zunyi	140.8	279.7	359.0	42	西宁	Xining		73.7	99.7	192
安顺	Anshun	110.8	193.0	247.1	75	**宁夏**	**Ningxia**	**67.3**	**103.1**	**126.6**	
毕节	Bijie	100.9	162.7	207.6	93	银川	Yinchuan	36.5	58.5	73.1	224
铜仁	Tongren	0.0	118.7	156.3	135	石嘴山	Shizuishan	7.1	11.3	13.2	276
云南	**Yunnan**	**916.8**	**1579.5**	**1961.6**		吴忠	Wuzhong	7.9	10.8	12.8	277
昆明	Kunming	284.8	405.3	490.9	26	固原	Guyuan	5.8	8.1	9.5	279
曲靖	Qujing	43.4	63.7	75.2	221	中卫	Zhongwei	10.0	14.4	18.0	273
玉溪	Yuxi	40.5	70.6	85.6	203	**新疆**	**Xinjiang**	**281.1**	**542.0**	**637.4**	
保山	Baoshan	29.2	49.0	63.2	234	乌鲁木齐	Urumqi	128.1	219.9	260.0	67
昭通	Zhaotong	20.1	41.0	58.2	241	克拉玛依	Karamay	6.8	15.0	23.0	268

14-17 星级饭店数
Number of Star-rated Hotels

单位：个 (unit)

地名	City	2010	2012	2013	2013 排名 Ranking
全国	**Nation Total**	**11779**	**11367**	**11687**	
北京	**Beijing**	**644**	**584**	**577**	
天津	**Tianjin**	**99**	**103**	**93**	
河北	**Hebei**	**198**	**404**	**409**	
石家庄	Shijiazhuang	71	63	67	40
唐山	Tangshan	65	58	60	51
秦皇岛	Qinhuangdao	69	58	61	50
邯郸	Handan	28	29	27	155
邢台	Xingtai	22	24	25	168
保定	Baoding	63	57	60	51
张家口	Zhangjiakou	40	43	42	88
承德	Chengde	48	38	41	94
沧州	Cangzhou	38	37	34	118
廊坊	Langfang	52	43	43	86
衡水	Hengshui	17	17	19	206
山西	**Shanxi**	**255**	**280**	**272**	
太原	Taiyuan	94	79	75	34
大同	Datong	26	21	23	187
阳泉	Yangquan	7	11	11	251
长治	Changzhi	13	14	13	239
晋城	Jincheng	25	26	27	155
朔州	Shuozhou	8	7	7	265
晋中	Jinzhong	40	33	33	127
运城	Yuncheng	53	43	39	99
忻州	Xinzhou	37	36	33	127
临汾	Linfen	51	43	40	96
吕梁	Luliang	14	14	14	230
内蒙古	**Inner Mongolia**	**239**	**245**	**268**	
呼和浩特	Hohhot	32	33	33	127
包头	Baotou	37	36	30	141
乌海	Wuhai	7	11	11	251
赤峰	Chifeng	29	36	35	109
通辽	Tongliao	17	30	32	136
鄂尔多斯	Erdos	27	31	30	141
呼伦贝尔	Hulunbuir	38	39	44	85
巴彦淖尔	Bayannur	10	29	29	145
乌兰察布	Ulanqab	14	15	17	218
辽宁	**Liaoning**	**432**	**399**	**421**	
沈阳	Shenyang	110	98	98	18
大连	Dalian	191	161	161	4
鞍山	Anshan	23	25	25	168
抚顺	Fushun	24	19	19	206
本溪	Benxi	29	25	25	168
丹东	Dandong	46	42	42	88
锦州	Jinzhou	27	23	23	187
营口	Yingkou	21	24	24	179
阜新	Fuxin	12	11	11	251
辽阳	Liaoyang	11	12	12	242
盘锦	Panjin	14	11	12	242
铁岭	Tieling	13	23	11	251
朝阳	Chaoyang	18	12	23	187
葫芦岛	Huludao	27	26	26	160
吉林	**Jilin**	**207**	**192**	**189**	
长春	Changchun	164	60	62	47
吉林	Jilin	97	25	24	179
四平	Siping	24	3	2	277
辽源	Liaoyuan	11	3	3	275
通化	Tonghua	36	33	27	155
白山	Baishan	50	14	26	160
松原	Songyuan	33	7	15	227
白城	Baicheng	22	38	7	265
黑龙江	**Heilongjiang**	**246**	**236**	**223**	
哈尔滨	Harbin	89	112	55	62
齐齐哈尔	Qiqihar	17	17	7	265
鸡西	Jixi	12	8	8	264
鹤岗	Hegang	9	11	7	265
双鸭山	Shuangyashan	6	5	1	278
大庆	Daqing	18	12	10	258
伊春	Yichun	18	17	11	251
佳木斯	Jiamusi	14	9	6	269
七台河	Qitaihe	5	2	3	275
牡丹江	Mudanjiang	29	27	18	212
黑河	Heihe	7	8	4	272
绥化	Suihua	7	7	6	269
上海	**Shanghai**	**291**	**281**	**256**	
江苏	**Jiangsu**	**702**	**732**	**735**	

14-17 星级饭店数 续表 1
Number of Star-rated Hotels continued 1

单位：个 (unit)

地名	City	2010	2012	2013	2013 排名 Ranking	地名	City	2010	2012	2013	2013 排名 Ranking
南京	Nanjing	121	114	117	12	池州	Chizhou	30	32	35	109
无锡	Wuxi	69	65	64	45	宣城	Xuancheng	37	37	37	104
徐州	Xuzhou	52	81	117	12	**福建**	**Fujian**	**374**	**390**	**401**	
常州	Changzhou	65	65	72	37	福州	Fuzhou	72	64	67	40
苏州	Suzhou	159	150	154	6	厦门	Xiamen	71	77	79	31
南通	Nantong	97	96	120	10	莆田	Putian	11	13	14	230
连云港	Lianyungang	63	59	60	51	三明	Sanming	38	39	46	80
淮安	Huaian	52	38	39	99	泉州	Quanzhou	85	98	99	17
盐城	Yancheng	65	58	55	62	漳州	Zhangzhou	28	32	33	127
扬州	Yangzhou	59	60	67	40	南平	Nanping	57	43	46	80
镇江	Zhenjiang	49	51	52	69	龙岩	Longyan	26	31	34	118
泰州	Taizhou	30	29	29	145	宁德	Ningde	28	27	25	168
宿迁	Suqian	23	24	24	179	**江西**	**Jiangxi**	**311**	**303**	**341**	
浙江	**Zhejiang**	**814**	**783**	**828**		南昌	Nanchang	52	56	56	60
杭州	Hangzhou	236	217	208	2	景德镇	Jingdezhen	29	28	28	151
宁波	Ningbo	198	162	160	5	萍乡	Pingxiang	11	11	12	242
温州	Wenzhou	99	103	102	16	九江	Jiujiang	86	80	83	26
嘉兴	Jiaxing	54	56	46	80	新余	Xinyu	11	9	12	242
湖州	Huzhou	48	46	60	51	鹰潭	Yingtan	18	16	16	223
绍兴	Shaoxing	94	92	90	20	赣州	Ganzhou	47	56	59	56
金华	Jinhua	84	72	59	56	吉安	Jian	64	55	48	75
衢州	Quzhou	45	36	35	109	宜春	Yichun	34	40	43	86
舟山	Zhoushan	61	51	48	75	抚州	Fuzhou	13	25	26	160
台州	Taizhou	60	54	54	65	上饶	Shangrao	42	51	49	73
丽水	Lishui	52	56	62	47	**山东**	**Shandong**	**895**	**796**	**792**	
安徽	**Anhui**	**417**	**383**	**377**		济南	Jinan	95	86	90	20
合肥	Hefei	49	82	75	34	青岛	Qingdao	156	156	141	7
芜湖	Wuhu	28	30	34	118	淄博	Zibo	53	35	36	105
蚌埠	Bengbu	19	21	17	218	枣庄	Zaozhuang	30	19	24	179
淮南	Huainan	20	29	24	179	东营	Dongying	20	29	28	151
马鞍山	Maanshan	20	21	19	206	烟台	Yantai	108	118	119	11
淮北	Huaibei	5	4	4	272	潍坊	Weifang	52	79	80	30
铜陵	Tongling	17	18	16	223	济宁	Jining	84	61	59	56
安庆	Anqing	44	47	53	67	泰安	Taian	110	52	53	67
黄山	Huangshan	77	71	68	39	威海	Weihai	69	88	82	27
滁州	Chuzhou	20	20	19	206	日照	Rizhao	25	34	34	118
阜阳	Fuyang	10	12	12	242	莱芜	Laiwu	8	13	12	242
宿州	Suzhou	6	5	4	272	临沂	Linyi	45	54	48	75
六安	Liuan	32	40	41	94	德州	Dezhou	29	25	27	155
亳州	Bozhou	12	11	13	239	聊城	Liaocheng	22	27	33	127

14-17 星级饭店数 续表 2
Number of Star-rated Hotels continued 2

单位：个 (unit)

地名	City	2010	2012	2013	2013 排名 Ranking	地名	City	2010	2012	2013	2013 排名 Ranking
滨州	Binzhou	27	21	21	198	常德	Changde	46	49	51	70
菏泽	Heze	64	16	17	218	张家界	Zhangjiajie	51	43	42	88
河南	**Henan**	**386**	**339**	**362**		益阳	Yiyang	31	34	30	141
郑州	Zhengzhou	111	106	104	15	郴州	Chenzhou	29	31	29	145
开封	Kaifeng	26	23	20	202	永州	Yongzhou	21	25	24	179
洛阳	Luoyang	65	63	65	43	怀化	Huaihua	46	45	46	80
平顶山	Pingdingshan	29	35	35	109	娄底	Loudi	25	30	39	99
安阳	Anyang	18	19	19	206	**广东**	**Guangdong**	**1008**	**927**	**917**	
鹤壁	Hebi	12	13	14	230	广州	Guangzhou	251	226	228	1
新乡	Xinxiang	21	19	18	212	韶关	Shaoguan	52	56	57	59
焦作	Jiaozuo	30	33	33	127	深圳	Shenzhen	154	134	134	9
濮阳	Puyang	14	13	12	242	珠海	Zhuhai	86	83	81	29
许昌	Xuchang	17	20	20	202	汕头	Shantou	44	38	35	109
漯河	Luohe	9	10	9	261	佛山	Foshan	101	92	87	23
三门峡	Sanmenxia	25	25	24	179	江门	Jiangmen	30	31	26	160
南阳	Nanyang	36	83	84	25	湛江	Zhanjiang	39	37	35	109
商丘	Shangqiu	13	14	14	230	茂名	Maoming	22	11	12	242
信阳	Xinyang	27	32	33	127	肇庆	Zhaoqing	35	26	26	160
周口	Zhoukou	19	28	29	145	惠州	Huizhou	70	63	62	47
驻马店	Zhumadian	24	26	38	102	梅州	Meizhou	30	31	36	105
湖北	**Hubei**	**455**	**367**	**378**		汕尾	Shanwei	12	13	16	223
武汉	Wuhan	97	97	96	19	河源	Heyuan	30	23	23	187
黄石	Huangshi	22	22	23	187	阳江	Yangjiang	30	29	28	151
十堰	Shiyan	68	74	74	36	清远	Qingyuan	39	35	34	118
宜昌	Yichang	66	58	55	62	东莞	Dongguan	100	89	90	20
襄阳	Xiangfan	40	31	26	160	中山	ZhongShan	43	33	30	141
鄂州	Ezhou	14	11	10	258	潮州	Chaozhou	12	13	14	230
荆门	Jingmen	44	42	34	118	揭阳	Jieyang	11	13	15	227
孝感	Xiaogan	36	35	32	136	云浮	Yunfu	18	6	14	230
荆州	Jingzhou	41	40	34	118	**广西**	**Guangxi**	**379**	**339**	**381**	
黄冈	Huanggang	37	37	40	96	南宁	Nanning	81	68	60	51
咸宁	Xianning	44	55	49	73	柳州	Liuzhou	30	39	45	84
随州	Suizhou	20	16	18	212	桂林	Guilin	68	70	70	38
湖南	**Hunan**	**433**	**449**	**414**		梧州	Wuzhou	19	22	23	187
长沙	Changsha	84	80	82	27	北海	Beihai	37	35	35	109
株洲	Zhuzhou	34	39	40	96	防城港	Fangchenggang	19	24	27	155
湘潭	Xiangtan	16	21	18	212	钦州	Qinzhou	23	26	26	160
衡阳	Hengyang	33	33	32	136	贵港	Guigang	20	22	21	198
邵阳	Shaoyang	37	46	56	60	玉林	Yulin	18	14	23	187
岳阳	Yueyang	39	41	42	88	百色	Baise	18	24	25	168

14-17 星级饭店数 续表 3
Number of Star-rated Hotels continued 3

单位：个 (unit)

地名	City	2010	2012	2013	2013 排名 Ranking	地名	City	2010	2012	2013	2013 排名 Ranking
贺州	Hezhou	16	20	24	179	丽江	Lijiang	179	187	185	3
河池	Hechi	43	46	47	78	普洱	Puer	7	85	86	24
来宾	Laibin	12	17	18	212	临沧	Lincang	22	21	21	198
崇左	Chongzuo	19	29	29	145	**西藏**	**Tibet**	**105**	**102**	**109**	
海南	**Hainan**	**186**	**155**	**150**		拉萨	Lhasa				
海口	Haikou	71	50	47	78	**陕西**	**Shaanxi**	**269**	**283**	**333**	
三亚	Sanya	77	53	50	71	西安	Xi'an	116	116	116	14
重庆	**Chongqing**	**246**	**240**	**234**		铜川	Tongchuan	12	13	13	239
四川	**Sichuan**	**395**	**396**	**461**		宝鸡	Baoji	37	36	36	105
成都	Chengdu	138	138	140	8	咸阳	Xianyang	28	25	25	168
自贡	Zigong	8	9	9	261	渭南	Weinan	24	33	33	127
攀枝花	Panzhihua	12	17	17	218	延安	Yan'an	34	42	42	88
泸州	Luzhou	22	26	23	187	汉中	Hanzhong	30	29	29	145
德阳	Deyang	9	9	11	251	榆林	Yulin	33	32	32	136
绵阳	Mianyang	36	33	33	127	安康	Ankang	26	25	25	168
广元	Guangyuan	11	16	20	202	商洛	Shangluo	12	19	19	206
遂宁	Suining	19	24	23	187	**甘肃**	**Gansu**	**311**	**287**	**304**	
内江	Neijiang	12	9	9	261	兰州	Lanzhou	60	51	50	71
乐山	Leshan	37	34	34	118	嘉峪关	Jiayuguan	19	19	20	202
南充	Nanchong	24	26	25	168	金昌	Jinchang	5	5	6	269
眉山	Meishan	9	9	10	258	白银	Baiyin	13	11	12	242
宜宾	Yibin	29	26	25	168	天水	Tianshui	29	34	35	109
广安	Guangan	22	20	18	212	武威	Wuwei	12	12	14	230
达州	Dazhou	14	16	17	218	张掖	Zhangye	18	25	28	151
雅安	Yaan	23	21	21	198	平凉	Pingliang	22	22	25	168
巴中	Bazhong	14	12	11	251	酒泉	Jiuquan	59	62	65	43
资阳	Ziyang	13	13	14	230	庆阳	Qingyang	12	12	14	230
贵州	**Guizhou**	**324**	**290**	**305**		定西	Dingxi	23	22	22	196
贵阳	Guiyang	56	77	76	33	陇南	Longnan	19	21	22	196
六盘水	Liupanshui	12	13	15	227	**青海**	**Qinghai**	**105**	**84**	**125**	
遵义	Zunyi	43	41	42	88	西宁	Xining		51	54	65
安顺	Anshun	21	25	25	168	**宁夏**	**Ningxia**	**57**	**77**	**84**	
毕节	Bijie	38	34	34	118	银川	Yinchuan	35	42		
铜仁	Tongren	23	29	36	105	石嘴山	Shizuishan	4	9		
云南	**Yunnan**	**560**	**480**	**563**		吴忠	Wuzhong	6	12		
昆明	Kunming	89	78	78	32	固原	Guyuan	6	6		
曲靖	Qujing	33	34	32	136	中卫	Zhongwei	11	13		
玉溪	Yuxi	42	39	38	102	**新疆**	**Xinjiang**	**436**	**441**	**385**	
保山	Baoshan	31	34	35	109	乌鲁木齐	Urumqi	112	83	64	45
昭通	Zhaotong	7	20	26	160	克拉玛依	Karamay	20	16	16	223

15

金融业

Financial Intermediation

15-1 金融机构本外币存款余额
Balance of Deposits in RMB and Foreign Currency of Financial Institutions

单位：亿元 （100 million yuan）

地名	City	2010	2012	2013	2013 排名 Ranking
全国	**Nation Total**	**733382.0**	**942915.6**	**1070587.7**	
北京	**Beijing**	**66584.60**	**84837.30**	**91660.50**	
天津	**Tianjin**	**16499.25**	**20293.79**	**23116.56**	
河北	**Hebei**	**26270.58**	**34257.16**	**39444.50**	
石家庄	Shijiazhuang	6170.31	7706.38	8684.37	22
唐山	Tangshan	4215.34	5464.03	6149.57	34
秦皇岛	Qinhuangdao	1524.02	1926.50	2122.60	83
邯郸	Handan	2140.24	2938.18	3441.63	53
邢台	Xingtai	1582.04	2059.38	2402.24	70
保定	Baoding	2877.63	3774.91	4410.17	43
张家口	Zhangjiakou	1303.29	1677.62	1917.37	94
承德	Chengde	1089.15	1361.15	1604.15	122
沧州	Cangzhou	2036.69	2699.35	3123.40	60
廊坊	Langfang	1997.05	2712.39	3276.64	57
衡水	Hengshui	1157.62	1577.49	1857.93	95
山西	**Shanxi**	**18639.77**	**24156.95**	**26269.02**	
太原	Taiyuan	7008.08	8976.90	9948.51	19
大同	Datong	1663.92	2017.92	2258.47	78
阳泉	Yangquan	878.00	1098.37	1151.00	177
长治	Changzhi	1367.63	1724.05	1847.98	97
晋城	Jincheng	1326.71	1729.58	1759.51	106
朔州	Shuozhou	769.32	1052.10	1094.18	189
晋中	Jinzhong	1247.46	1681.80	1836.69	99
运城	Yuncheng	953.17	1320.56	1510.28	139
忻州	Xinzhou	964.89	1311.32	1464.90	144
临汾	Linfen	1325.42	1656.88	1793.96	103
吕梁	Luliang	1134.98	1587.46	1603.55	123
内蒙古	**Inner Mongolia**	**10278.69**	**13672.99**	**15263.75**	
呼和浩特	Hohhot	2703.98	3841.36	4320.82	44
包头	Baotou	1712.91	2088.50	2326.59	75
乌海	Wuhai	411.98	560.44	587.33	252
赤峰	Chifeng	880.37	1160.46	1267.64	160
通辽	Tongliao	479.99	628.81	699.35	234
鄂尔多斯	Erdos	1760.88	2194.92	2325.69	76
呼伦贝尔	Hulunbuir	762.31	998.80	1114.29	185
巴彦淖尔	Bayannur	459.28	602.48	697.05	235
乌兰察布	Ulanqab	426.30	599.91	655.60	242
辽宁	**Liaoning**	**28057.38**	**35303.46**	**39418.00**	
沈阳	Shenyang	8254.24	10441.55	11576.58	13
大连	Dalian	8887.29	10767.78	11953.65	11
鞍山	Anshan	1929.79	2269.43	2530.09	66
抚顺	Fushun	945.88	1161.70	1283.89	158
本溪	Benxi	736.85	944.40	1029.33	193
丹东	Dandong	936.66	1244.84	1362.99	152
锦州	Jinzhou	1020.84	1295.58	1517.23	136
营口	Yingkou	960.80	1294.25	1510.67	138
阜新	Fuxin	508.71	686.13	804.26	217
辽阳	Liaoyang	834.97	1155.05	1322.13	153
盘锦	Panjin	853.63	1107.91	1237.62	166
铁岭	Tieling	632.35	836.48	922.85	203
朝阳	Chaoyang	709.26	1024.16	1160.88	174
葫芦岛	Huludao	820.09	1074.20	1205.79	169
吉林	**Jilin**	**9702.55**	**12812.30**	**14885.90**	
长春	Changchun	5038.43	7688.60	7866.50	26
吉林	Jilin	1348.72	1971.19	1987.71	87
四平	Siping	545.14	820.89	836.36	213
辽源	Liaoyuan	260.63	372.38	373.11	278
通化	Tonghua	563.55	803.32	820.16	215
白山	Baishan	373.54	523.72	541.50	257
松原	Songyuan	482.82	726.71	750.12	228
白城	Baicheng	306.41	462.74	504.60	262
黑龙江	**Heilongjiang**	**12924.20**	**16540.70**	**18293.40**	
哈尔滨	Harbin	6014.99	7513.17	8588.84	23
齐齐哈尔	Qiqihar	882.91	1158.05	1293.30	156
鸡西	Jixi	559.25	738.85	798.75	218
鹤岗	Hegang	326.61	425.28	471.87	267
双鸭山	Shuangyashan	423.97	534.30	563.96	254
大庆	Daqing	1570.04	1993.85	2033.05	86
伊春	Yichun	337.40	543.80	486.59	265
佳木斯	Jiamusi	633.44	807.96	964.56	198
七台河	Qitaihe	257.76	338.86	347.33	279
牡丹江	Mudanjiang	817.51	1056.56	1229.11	167
黑河	Heihe	380.72	501.81	544.22	256
绥化	Suihua	554.96	764.92	853.42	209
上海	**Shanghai**	**52190.04**	**63555.25**	**69256.32**	
江苏	**Jiangsu**	**58455.43**	**77837.73**	**88032.48**	

15-1 金融机构本外币存款余额 续表 1
Balance of Deposits in RMB and Foreign Currency of Financial Institutions continued 1

单位：亿元 (100 million yuan)

地名	City	2010	2012	2013	2013 排名 Ranking	地名	City	2010	2012	2013	2013 排名 Ranking
南京	Nanjing	12887.43	16540.43	18417.90	6	池州	Chizhou	366.16	518.95	597.28	249
无锡	Wuxi	8827.20	10740.38	11641.96	12	宣城	Xuancheng	578.44	812.81	919.51	204
徐州	Xuzhou	2655.36	3403.00	3920.50	47	**福建**	**Fujian**	**18753.20**	**25057.80**	**28938.81**	
常州	Changzhou	4672.02	5789.88	6538.33	30	福州	Fuzhou	6100.90	7909.63	8950.14	20
苏州	Suzhou	14225.49	18796.06	21237.59	5	厦门	Xiamen	4440.60	5472.00	6380.63	32
南通	Nantong	4957.83	6478.01	7542.12	27	莆田	Putian	733.60	1078.78	1294.78	155
连云港	Lianyungang	1243.81	1538.04	1709.93	114	三明	Sanming	762.80	1077.57	1197.47	170
淮安	Huaian	1214.46	1521.41	1737.07	109	泉州	Quanzhou	3313.70	4687.97	5626.13	38
盐城	Yancheng	2009.17	2716.87	3219.99	58	漳州	Zhangzhou	1107.30	1525.74	1851.04	96
扬州	Yangzhou	2471.96	3365.22	3888.39	48	南平	Nanping	756.90	999.56	1144.60	178
镇江	Zhenjiang	2242.89	2903.48	3346.73	55	龙岩	Longyan	788.50	1103.19	1272.91	159
泰州	Taizhou	2359.79	3076.17	3612.56	50	宁德	Ningde	672.70	917.11	1032.81	192
宿迁	Suqian	815.66	1240.04	1488.99	143	**江西**	**Jiangxi**	**11907.80**	**16839.02**	**19582.70**	
浙江	**Zhejiang**	**54482.29**	**66679.08**	**73732.36**		南昌	Nanchang	4199.08	5768.99	6701.80	28
杭州	Hangzhou	17084.35	20148.77	22174.71	4	景德镇	Jingdezhen	403.53	583.90	672.48	238
宁波	Ningbo	9755.52	11980.50	13164.60	9	萍乡	Pingxiang	390.14	542.91	623.42	244
温州	Wenzhou	6497.59	7744.94	8095.48	25	九江	Jiujiang	1090.62	1502.47	1764.85	105
嘉兴	Jiaxing	3590.82	4597.34	5205.65	41	新余	Xinyu	434.61	603.54	658.11	240
湖州	Huzhou	1805.61	2285.66	2577.93	64	鹰潭	Yingtan	366.07	458.52	516.73	260
绍兴	Shaoxing	4948.32	5923.60	6461.73	31	赣州	Ganzhou	1511.92	2277.56	2630.92	63
金华	Jinhua	3986.99	5324.39	6161.56	33	吉安	Jian	861.78	1289.19	1497.34	140
衢州	Quzhou	953.12	1299.52	1492.71	142	宜春	Yichun	991.78	1453.99	1713.89	112
舟山	Zhoushan	1143.25	1389.97	1497.11	141	抚州	Fuzhou	657.67	939.59	1113.46	187
台州	Taizhou	3588.48	4509.17	5219.72	40	上饶	Shangrao	979.70	1408.66	1669.20	116
丽水	Lishui	1128.23	1475.23	1681.14	115	**山东**	**Shandong**	**41515.88**	**53166.77**	**63357.80**	
安徽	**Anhui**	**16477.60**	**23211.50**	**26938.20**		济南	Jinan	7601.92	9893.83	10925.82	16
合肥	Hefei	4591.81	7043.15	8329.37	24	青岛	Qingdao	7895.52	9818.33	11418.26	14
芜湖	Wuhu	1238.28	1876.26	2175.96	81	淄博	Zibo	2489.42	3191.43	3484.62	52
蚌埠	Bengbu	710.40	979.55	1262.55	161	枣庄	Zaozhuang	894.42	1146.72	1249.85	163
淮南	Huainan	864.53	1115.79	1212.49	168	东营	Dongying	1580.21	2394.02	2848.00	62
马鞍山	Maanshan	808.16	1269.19	1447.85	145	烟台	Yantai	4081.18	5286.02	6020.53	35
淮北	Huaibei	568.56	788.70	864.97	207	潍坊	Weifang	3307.69	4437.81	5059.77	42
铜陵	Tongling	410.27	570.81	644.41	243	济宁	Jining	2278.05	3191.75	3561.07	51
安庆	Anqing	1156.00	1703.37	1980.57	88	泰安	Taian	1405.87	1947.98	2278.37	77
黄山	Huangshan	474.33	660.50	743.08	230	威海	Weihai	1636.59	2060.63	2379.25	72
滁州	Chuzhou	778.46	1117.02	1287.03	157	日照	Rizhao	1003.16	1469.14	1780.07	104
阜阳	Fuyang	1043.37	1491.41	1750.95	107	莱芜	Laiwu	587.37	725.40	760.97	225
宿州	Suzhou	701.70	1017.93	1158.46	175	临沂	Linyi	2123.59	3043.48	3710.77	49
六安	Liuan	843.48	1278.02	1525.23	133	德州	Dezhou	1293.76	1646.85	1933.43	90
亳州	Bozhou	544.97	813.49	928.04	202	聊城	Liaocheng	1236.85	1687.69	1945.83	89

15-1 金融机构本外币存款余额 续表 2
Balance of Deposits in RMB and Foreign Currency of Financial Institutions continued 2

单位：亿元 （100 million yuan）

地名	City	2010	2012	2013	2013 排名 Ranking	地名	City	2010	2012	2013	2013 排名 Ranking
滨州	Binzhou	1065.83	1697.66	1926.84	91	常德	Changde	963.08	1392.22	1631.29	120
菏泽	Heze	1092.56	1607.77	1918.86	93	张家界	Zhangjiajie	234.78	343.77	400.69	275
河南	**Henan**	**23148.83**	**31648.50**	**37591.09**		益阳	Yiyang	607.68	875.07	1023.23	194
郑州	Zhengzhou		10448.29	12450.46	10	郴州	Chenzhou	946.40	1314.37	1517.30	135
开封	Kaifeng		961.23	1134.27	180	永州	Yongzhou	725.92	1000.23	1172.56	173
洛阳	Luoyang		2902.47	3350.27	54	怀化	Huaihua	676.50	979.73	1128.38	182
平顶山	Pingdingshan		1457.38	1666.23	117	娄底	Loudi	655.75	907.03	1020.25	195
安阳	Anyang		1352.98	1584.52	126	**广东**	**Guangdong**	**101927**	**134762**	**153628**	
鹤壁	Hebi		366.65	426.00	271	广州	Guangzhou	23953.96	30186.57	33838.20	2
新乡	Xinxiang		1476.61	1723.02	110	韶关	Shaoguan	907.75	1117.81	1255.76	162
焦作	Jiaozuo		1012.64	1151.52	176	深圳	Shenzhen	21937.89	29662.40	33943.15	1
濮阳	Puyang		836.89	971.49	197	珠海	Zhuhai	2748.70	3449.70	4121.58	45
许昌	Xuchang		1188.22	1410.52	148	汕头	Shantou	1873.03	2285.36	2530.16	65
漯河	Luohe		593.75	687.37	236	佛山	Foshan	8462.33	10167.55	11387.13	15
三门峡	Sanmenxia		825.07	936.03	199	江门	Jiangmen	2285.75	2905.50	3335.27	56
南阳	Nanyang		2104.68	2476.73	67	湛江	Zhanjiang	1565.19	1902.35	2173.39	82
商丘	Shangqiu		1353.83	1559.11	130	茂名	Maoming	1028.67	1332.42	1571.63	128
信阳	Xinyang		1536.44	1830.06	100	肇庆	Zhaoqing	1072.54	1355.59	1594.43	124
周口	Zhoukou		1403.50	1655.62	119	惠州	Huizhou	2090.14	2696.97	3138.79	59
驻马店	Zhumadian		1429.50	1710.03	113	梅州	Meizhou	839.63	1063.83	1245.21	165
湖北	**Hubei**	**21716.59**	**28188.45**	**32818.92**		汕尾	Shanwei	332.70	422.71	487.35	264
武汉	Wuhan	10930.77	13131.59	14915.69	7	河源	Heyuan	500.02	638.58	754.24	227
黄石	Huangshi	704.43	1012.44	1138.90	179	阳江	Yangjiang	575.32	729.35	816.84	216
十堰	Shiyan	859.92	1219.84	1439.28	146	清远	Qingyuan	995.36	1215.34	1401.35	150
宜昌	Yichang	1923.14	2014.64	2381.91	71	东莞	Dongguan	6077.87	7691.24	8874.91	21
襄阳	Xiangfan	1294.12	1815.12	2181.96	80	中山	ZhongShan	2665.35	3469.71	4021.81	46
鄂州	Ezhou	256.64	347.42	397.82	276	潮州	Chaozhou	653.27	836.51	919.35	205
荆门	Jingmen	686.48	934.94	1123.79	183	揭阳	Jieyang	967.03	1311.12	1529.69	131
孝感	Xiaogan	786.45	1182.71	1407.08	149	云浮	Yunfu	486.93	658.93	744.90	229
荆州	Jingzhou	1038.99	1463.00	1742.80	108	**广西**	**Guangxi**	**11813.90**	**15966.65**	**18400.48**	
黄冈	Huanggang	961.72	1434.43	1721.14	111	南宁	Nanning	4059.34	5685.13	6548.98	29
咸宁	Xianning	433.31	644.85	847.87	210	柳州	Liuzhou	1485.49	1923.32	2354.09	73
随州	Suizhou	430.59	606.92	726.17	232	桂林	Guilin	1376.67	1829.93	2067.01	85
湖南	**Hunan**	**16643.27**	**23148.15**	**26876.00**		梧州	Wuzhou	493.60	667.15	761.47	224
长沙	Changsha	6427.95	8800.66	10148.76	18	北海	Beihai	472.91	593.47	656.25	241
株洲	Zhuzhou	1135.94	1588.84	1844.39	98	防城港	Fangchenggang	313.29	396.24	443.47	269
湘潭	Xiangtan	780.98	1127.72	1396.75	151	钦州	Qinzhou	476.15	622.72	709.83	233
衡阳	Hengyang	1306.13	1793.89	2104.53	84	贵港	Guigang	514.40	706.11	820.53	214
邵阳	Shaoyang	948.11	1320.00	1510.68	137	玉林	Yulin	770.99	1042.79	1181.65	172
岳阳	Yueyang	784.97	1136.09	1312.72	154	百色	Baise	512.28	676.76	770.89	222

15-1 金融机构本外币存款余额 续表 3
Balance of Deposits in RMB and Foreign Currency of Financial Institutions continued 3

单位：亿元 （100 million yuan）

地名	City	2010	2012	2013	2013 排名 Ranking
贺州	Hezhou	251.71	349.87	405.39	273
河池	Hechi	466.69	628.38	730.09	231
来宾	Laibin	306.80	407.39	448.38	268
崇左	Chongzuo	312.32	437.38	501.80	263
海南	**Hainan**	**4217.30**	**5109.70**	**5952.50**	
海口	Haikou	2238.95	2637.70	2955.19	61
三亚	Sanya	616.42	676.41	930.89	201
重庆	**Chongqing**	**13454.98**	**19432.90**	**22202.10**	
四川	**Sichuan**	**30504.05**	**41576.80**	**48122.10**	
成都	Chengdu	15444.19	20724.47	24067.91	3
自贡	Zigong	560.46	823.48	977.97	196
攀枝花	Panzhihua	571.69	766.76	785.70	221
泸州	Luzhou	829.04	1213.84	1410.82	147
德阳	Deyang	1395.01	1691.13	1799.95	102
绵阳	Mianyang	1792.29	2138.22	2422.16	69
广元	Guangyuan	717.28	833.68	935.35	200
遂宁	Suining	523.57	746.46	895.39	206
内江	Neijiang	602.03	889.77	1079.47	191
乐山	Leshan	872.34	1266.89	1526.71	132
南充	Nanchong	1102.99	1671.29	1919.16	92
眉山	Meishan	615.65	932.78	1116.01	184
宜宾	Yibin	946.07	1466.40	1574.63	127
广安	Guangan	638.85	937.33	1113.93	186
达州	Dazhou	901.48	1318.01	1589.14	125
雅安	Yaan	454.71	592.92	843.77	211
巴中	Bazhong	354.99	568.82	678.79	237
资阳	Ziyang	675.76	929.78	1086.99	190
贵州	**Guizhou**	**7387.79**	**10567.83**	**13297.62**	
贵阳	Guiyang	3054.07	4416.00	5766.05	36
六盘水	Liupanshui	500.81	676.68	756.82	226
遵义	Zunyi	1157.00	1713.76	2224.38	79
安顺	Anshun	362.73	484.28	610.19	245
毕节	Bijie	551.06	736.21	839.02	212
铜仁	Tongren	375.10	536.33	660.62	239
云南	**Yunnan**	**13478.86**	**18061.48**	**20829.34**	
昆明	Kunming	6796.65	8921.02	10210.59	17
曲靖	Qujing	1017.42	1405.50	1604.97	121
玉溪	Yuxi	816.01	1004.08	1131.04	181
保山	Baoshan	347.54	483.89	556.24	255
昭通	Zhaotong	520.54	768.58	858.78	208
丽江	Lijiang	297.92	417.81	483.62	266
普洱	Puer	364.13	493.43	601.23	247
临沧	Lincang	245.46	347.31	405.00	274
西藏	**Tibet**	**1296.73**	**2054.25**	**2500.94**	
拉萨	Lhasa		1308.00	1569.07	129
陕西	**Shaanxi**	**16590.50**	**22657.74**	**25577.19**	
西安	Xi'an	9044.15	12285.96	13892.77	8
铜川	Tongchuan	251.11	352.49	393.45	277
宝鸡	Baoji	1078.87	1460.62	1662.65	118
咸阳	Xianyang	1146.86	1570.48	1815.35	101
渭南	Weinan	999.86	1349.34	1524.21	134
延安	Yan'an	728.78	987.77	1104.47	188
汉中	Hanzhong	799.00	1074.21	1248.52	164
榆林	Yulin	1461.78	2254.82	2430.93	68
安康	Ankang	475.83	673.89	791.19	220
商洛	Shangluo	383.00	519.30	590.08	251
甘肃	**Gansu**	**7146.66**	**10129.69**	**12070.64**	
兰州	Lanzhou	3256.02	4657.54	5522.87	39
嘉峪关	Jiayuguan	170.98	261.72	297.72	281
金昌	Jinchang	173.43	223.45	270.88	283
白银	Baiyin	349.23	467.00	527.72	258
天水	Tianshui	464.17	656.70	792.07	219
武威	Wuwei	323.16	486.98	605.28	246
张掖	Zhangye	262.66	373.31	436.89	270
平凉	Pingliang	326.59	472.72	590.79	250
酒泉	Jiuquan	483.96	656.83	766.12	223
庆阳	Qingyang	354.13	506.49	600.15	248
定西	Dingxi	269.68	410.16	518.22	259
陇南	Longnan	392.36	477.08	569.31	253
青海	**Qinghai**	**2326.96**	**3528.41**	**4110.74**	
西宁	Xining				
宁夏	**Ningxia**	**2586.66**	**3507.16**	**3881.40**	
银川	Yinchuan	1610.27	2118.33	2351.44	74
石嘴山	Shizuishan	359.50	488.70	506.58	261
吴忠	Wuzhong	271.10	373.19	418.22	272
固原	Guyuan	148.57	229.50	271.14	282
中卫	Zhongwei	198.45	297.45	334.03	280
新疆	**Xinjiang**	**8898.57**	**12423.53**	**14247.54**	
乌鲁木齐	Urumqi	3616.79	4846.48	5644.86	37
克拉玛依	Karamay	799.29	983.98	1192.37	171

15-2 金融机构人民币存款余额
Total Deposits in RMB of Financial Institutions

单位：亿元 （100 million yuan）

地名	City	2010	2012	2013	2013 排名 Ranking
全国	**Nation Total**	**718237.9**	**917555.0**	**1043847.0**	
北京	**Beijing**	**63025.20**	**79620.60**	**87990.60**	
天津	**Tianjin**	**15912.21**	**19675.68**	**22684.59**	
河北	**Hebei**	**26099.00**	**34257.16**	**39221.30**	
石家庄	Shijiazhuang	6115.50	7640.75	8607.78	22
唐山	Tangshan	4188.25	5437.46	6123.62	32
秦皇岛	Qinhuangdao	1504.06	1878.54	2092.13	85
邯郸	Handan	2131.50	2924.49	3431.49	53
邢台	Xingtai	1579.03	2053.80	2397.23	71
保定	Baoding	2856.44	3759.89	4394.86	43
张家口	Zhangjiakou	1300.29	1673.87	1913.59	93
承德	Chengde	1087.58	1359.12	1601.26	123
沧州	Cangzhou	2026.59	2689.90	3105.48	59
廊坊	Langfang	1981.92	2676.39	3251.90	56
衡水	Hengshui	1154.39	1571.05	1854.62	96
山西	**Shanxi**	**18575.65**	**24050.58**	**26105.40**	
太原	Taiyuan	6965.19	8902.46	9819.68	19
大同	Datong	1658.46	2013.93	2254.30	79
阳泉	Yangquan	877.23	1096.00	1148.24	176
长治	Changzhi	1366.07	1720.03	1845.21	97
晋城	Jincheng	1324.93	1719.16	1747.54	107
朔州	Shuozhou	764.12	1050.88	1092.84	189
晋中	Jinzhong	1245.57	1679.46	1833.91	99
运城	Yuncheng	951.62	1318.37	1507.32	138
忻州	Xinzhou	964.22	1309.73	1462.70	144
临汾	Linfen	1323.95	1654.42	1791.62	104
吕梁	Luliang	1134.28	1586.20	1601.90	122
内蒙古	**Inner Mongolia**	**10278.69**	**13612.72**	**15205.69**	
呼和浩特	Hohhot	2703.98	3711.00	4289.05	44
包头	Baotou	1705.62	2079.79	2326.59	75
乌海	Wuhai	411.46	559.95	587.33	252
赤峰	Chifeng	879.42	1158.62	1267.64	159
通辽	Tongliao	479.38	627.82	699.35	233
鄂尔多斯	Erdos	1754.83	2190.28	2325.69	76
呼伦贝尔	Hulunbuir	762.31	995.83	1111.07	186
巴彦淖尔	Bayannur	459.28	601.63	589.18	251
乌兰察布	Ulanqab	424.10	597.62	654.67	240
辽宁	**Liaoning**	**27372.55**	**34567.34**	**38667.80**	

地名	City	2010	2012	2013	2013 排名 Ranking
沈阳	Shenyang	8091.99	10275.35	11437.21	12
大连	Dalian	8503.52	10322.34	11481.74	11
鞍山	Anshan	1902.64	2257.72	2516.26	65
抚顺	Fushun	927.69	1147.13	1269.48	158
本溪	Benxi	727.51	933.71	1007.08	195
丹东	Dandong	919.41	1231.75	1350.21	152
锦州	Jinzhou	1011.40	1288.46	1508.06	137
营口	Yingkou	946.19	1280.43	1499.71	139
阜新	Fuxin	505.27	683.41	801.48	216
辽阳	Liaoyang	829.43	1142.98	1295.44	154
盘锦	Panjin	839.83	1090.39	1224.66	166
铁岭	Tieling	624.93	829.48	917.38	203
朝阳	Chaoyang	705.55	1020.04	1157.63	173
葫芦岛	Huludao	811.17	1064.15	1201.46	169
吉林	**Jilin**	**9605.72**	**12706.13**	**14781.42**	
长春	Changchun	4985.12	7609.41	7808.31	25
吉林	Jilin	1334.95	1955.38	1975.31	89
四平	Siping	543.69	817.49	834.95	212
辽源	Liaoyuan	259.20	370.18	371.68	278
通化	Tonghua	561.48	799.94	815.96	214
白山	Baishan	372.51	522.46	540.11	257
松原	Songyuan	481.98	718.90	745.80	228
白城	Baicheng	306.00	462.17	503.64	261
黑龙江	**Heilongjiang**	**12835.67**	**16326.59**	**18131.80**	
哈尔滨	Harbin	5956.36	7360.33	8488.18	23
齐齐哈尔	Qiqihar	876.97	1151.72	1286.40	155
鸡西	Jixi	556.72	737.39	797.31	217
鹤岗	Hegang	325.89	424.11	470.73	267
双鸭山	Shuangyashan	423.30	533.65	563.30	254
大庆	Daqing	1560.92	1970.56	1997.58	87
伊春	Yichun	336.67	453.05	485.68	263
佳木斯	Jiamusi	631.05	805.86	961.72	198
七台河	Qitaihe	257.32	338.20	346.75	279
牡丹江	Mudanjiang	811.50	1034.21	1220.50	167
黑河	Heihe	380.27	500.83	543.29	256
绥化	Suihua	554.29	763.89	851.78	209
上海	**Shanghai**	**46678.13**	**55732.05**	**60321.03**	
江苏	**Jiangsu**	**58984.14**	**75481.50**	**85604.10**	

15-2 金融机构人民币存款余额 续表 1
Total Deposits in RMB of Financial Institutions continued 1

单位：亿元 （100 million yuan）

地名	City	2010	2012	2013	2013 排名 Ranking	地名	City	2010	2012	2013	2013 排名 Ranking
南京	Nanjing	12649.52	16131.41	18050.82	6	池州	Chizhou	65.67	518.15	596.00	248
无锡	Wuxi	8545.05	10293.40	11205.78	13	宣城	Xuancheng	577.11	808.81	916.54	204
徐州	Xuzhou	2632.19	3364.47	3884.46	46	**福建**	**Fujian**	**18309.45**	**24283.68**	**28282.58**	
常州	Changzhou	4550.47	5604.90	6348.10	31	福州	Fuzhou	5961.07	7707.28	8746.76	20
苏州	Suzhou	13570.35	17663.50	20037.58	5	厦门	Xiamen	4234.53	5151.40	5984.51	34
南通	Nantong	4857.85	6297.19	7342.00	27	莆田	Putian	716.27	1062.99	1278.06	157
连云港	Lianyungang	1227.26	1503.66	1671.65	115	三明	Sanming	754.47	1068.65	1184.56	170
淮安	Huaian	1190.80	1502.79	1721.30	111	泉州	Quanzhou	3276.23	4510.73	5409.18	39
盐城	Yancheng	1995.97	2699.33	3196.06	58	漳州	Zhangzhou	1085.49	1500.53	1829.67	101
扬州	Yangzhou	2430.55	3310.84	3836.87	47	南平	Nanping	751.86	991.61	1138.94	177
镇江	Zhenjiang	2203.22	2850.51	3289.46	55	龙岩	Longyan	784.76	1093.96	1266.55	160
泰州	Taizhou	2320.32	3032.63	3544.42	50	宁德	Ningde	669.68	910.54	1017.47	193
宿迁	Suqian	810.59	1226.87	1475.58	142	**江西**	**Jiangxi**	**11846.18**	**16715.90**	**19434.80**	
浙江	**Zhejiang**	**53441.45**	**64886.28**	**71986.58**		南昌	Nanchang	4167.67	5723.14	6624.57	28
杭州	Hangzhou	16838.18	19599.85	21749.05	4	景德镇	Jingdezhen	400.92	582.32	670.09	237
宁波	Ningbo	9552.03	11602.32	12740.52	9	萍乡	Pingxiang	388.61	541.07	621.71	243
温州	Wenzhou	6222.74	7425.62	7771.16	26	九江	Jiujiang	1086.42	1494.69	1759.04	105
嘉兴	Jiaxing	3526.61	4453.07	5072.69	41	新余	Xinyu	430.50	591.65	655.16	239
湖州	Huzhou	1789.70	2233.34	2500.39	67	鹰潭	Yingtan	364.70	425.43	481.04	266
绍兴	Shaoxing	4910.85	5845.95	6365.45	30	赣州	Ganzhou	1506.08	2268.74	2624.33	64
金华	Jinhua	3948.77	5270.71	6096.38	33	吉安	Jian	858.72	1285.13	1492.74	140
衢州	Quzhou	949.15	1289.22	1481.46	141	宜春	Yichun	989.12	1450.93	1709.10	114
舟山	Zhoushan	1121.07	1350.10	1470.24	143	抚州	Fuzhou	656.07	937.62	1111.24	185
台州	Taizhou	3562.80	4457.36	5154.11	40	上饶	Shangrao	976.45	1405.51	1665.22	117
丽水	Lishui	1019.54	1358.74	1585.12	125	**山东**	**Shandong**	**41104.96**	**54301.53**	**62077.88**	
安徽	**Anhui**	**16366.10**	**22977.30**	**26739.30**		济南	Jinan	7510.44	9798.50	10808.07	16
合肥	Hefei	4541.78	6913.84	8232.58	24	青岛	Qingdao	7659.21	9434.89	10969.56	15
芜湖	Wuhu	1213.17	1855.96	2128.40	83	淄博	Zibo	2470.56	3164.90	3455.29	52
蚌埠	Bengbu	707.65	975.86	1258.58	161	枣庄	Zaozhuang	892.18	1142.36	1245.68	164
淮南	Huainan	863.49	1114.31	1209.86	168	东营	Dongying	1567.10	2348.94	2789.27	63
马鞍山	Maanshan	800.43	1249.93	1426.49	146	烟台	Yantai	4021.24	5054.35	5750.54	35
淮北	Huaibei	567.69	787.71	863.91	207	潍坊	Weifang	3281.25	4367.27	4973.91	42
铜陵	Tongling	406.51	566.03	638.19	242	济宁	Jining	2256.31	3146.15	3511.55	51
安庆	Anqing	1152.41	1699.57	1975.68	88	泰安	Taian	1399.53	1934.24	2261.29	78
黄山	Huangshan	472.38	658.97	741.32	230	威海	Weihai	1603.30	1982.16	2317.66	77
滁州	Chuzhou	776.44	1111.58	1284.70	156	日照	Rizhao	993.14	1442.48	1737.54	109
阜阳	Fuyang	1042.66	1489.56	1749.14	106	莱芜	Laiwu	585.78	719.24	751.75	226
宿州	Suzhou	699.98	1014.77	1155.88	174	临沂	Linyi	2115.09	3029.17	3685.57	49
六安	Liuan	842.34	1276.67	1524.03	133	德州	Dezhou	1286.91	1636.49	1924.22	91
亳州	Bozhou	544.75	813.10	927.57	201	聊城	Liaocheng	1232.43	1673.72	1930.94	90

15-2 金融机构人民币存款余额 续表 2
Total Deposits in RMB of Financial Institutions continued 2

单位：亿元 （100 million yuan）

地名	City	2010	2012	2013	2013 排名 Ranking	地名	City	2010	2012	2013	2013 排名 Ranking
滨州	Binzhou	1061.01	1683.78	1900.83	95	常德	Changde	961.43	1390.15	1629.05	120
菏泽	Heze	1089.77	1602.95	1908.69	94	张家界	Zhangjiajie	234.45	343.40	400.32	275
河南	**Henan**	**23148.83**	**31648.50**	**37049.49**		益阳	Yiyang	606.28	873.67	1021.83	192
郑州	Zhengzhou	7990.85	10448.29	12450.46	10	郴州	Chenzhou	944.53	1309.85	1511.50	135
开封	Kaifeng	681.89	961.23	1134.27	179	永州	Yongzhou	721.35	997.34	1169.93	172
洛阳	Luoyang	2096.09	2902.47	3350.27	54	怀化	Huaihua	675.35	978.46	1127.17	181
平顶山	Pingdingshan	1137.85	1457.38	1666.23	116	娄底	Loudi	653.73	903.17	1017.45	194
安阳	Anyang	991.08	1352.98	1584.52	126	**广东**	**Guangdong**	**79957.97**	**97463.20**	**141712.33**	
鹤壁	Hebi	285.40	366.65	426.00	271	广州	Guangzhou	23384.50	29006.99	32850.57	1
新乡	Xinxiang	1144.16	1476.61	1723.02	110	韶关	Shaoguan	903.67	1107.61	1249.24	162
焦作	Jiaozuo	748.57	1012.64	1151.52	175	深圳	Shenzhen	20210.75	27378.63	31547.76	2
濮阳	Puyang	588.92	836.89	971.49	197	珠海	Zhuhai	2652.59	3115.51	3892.13	45
许昌	Xuchang	830.38	1188.22	1410.52	147	汕头	Shantou	1852.36	2214.80	2502.82	66
漯河	Luohe	421.85	593.75	687.37	235	佛山	Foshan	8335.04	9784.25	11083.65	14
三门峡	Sanmenxia	625.52	825.07	936.03	199	江门	Jiangmen	2214.97	2803.61	3207.33	57
南阳	Nanyang	1471.22	2104.68	2476.73	68	湛江	Zhanjiang	1556.00	1888.09	2157.99	82
商丘	Shangqiu	901.16	1353.83	1559.11	129	茂名	Maoming	1025.39	1328.37	1567.57	128
信阳	Xinyang	1054.76	1536.44	1830.06	100	肇庆	Zhaoqing	1057.38	1324.64	1540.44	130
周口	Zhoukou	930.79	1403.50	1655.62	118	惠州	Huizhou	2041.19	2507.55	2984.94	60
驻马店	Zhumadian	969.32	1429.50	1710.03	113	梅州	Meizhou	835.07	1059.31	1240.59	165
湖北	**Hubei**	**21203.00**	**28006.36**	**32636.15**		汕尾	Shanwei	326.96	416.27	482.19	265
武汉	Wuhan	10756.52	12929.26	14701.18	7	河源	Heyuan	496.83	634.62	749.97	227
黄石	Huangshi	699.63	995.12	1138.88	178	阳江	Yangjiang	564.19	725.28	813.03	215
十堰	Shiyan	857.64	1217.35	1439.80	145	清远	Qingyuan	986.45	1199.39	1387.63	151
宜昌	Yichang	1917.41	2005.49	2370.61	72	东莞	Dongguan	5943.39	7430.46	8630.73	21
襄阳	Xiangfan	1291.43	1810.76	2177.18	81	中山	ZhongShan	2603.02	3224.40	3786.56	48
鄂州	Ezhou	256.64	345.00	396.78	276	潮州	Chaozhou	649.81	830.00	913.66	205
荆门	Jingmen	685.20	933.06	1121.25	182	揭阳	Jieyang	963.01	1298.50	1524.07	132
孝感	Xiaogan	785.19	1180.13	1404.12	149	云浮	Yunfu	483.45	656.31	742.16	229
荆州	Jingzhou	1036.14	1458.94	1738.71	108	**广西**	**Guangxi**	**11746.77**	**15856.00**	**18267.25**	
黄冈	Huanggang	960.16	1432.87	1719.43	112	南宁	Nanning	4021.45	5627.18	6483.52	29
咸宁	Xianning	432.52	643.51	776.62	221	柳州	Liuzhou	1480.44	1916.05	2343.58	73
随州	Suizhou	430.05	605.70	724.41	232	桂林	Guilin	1367.59	1817.69	2057.13	86
湖南	**Hunan**	**16553.78**	**23037.02**	**26756.60**		梧州	Wuzhou	491.08	665.00	758.07	224
长沙	Changsha	6375.59	8730.49	10077.24	18	北海	Beihai	469.76	568.45	651.49	241
株洲	Zhuzhou	1129.09	1581.95	1835.46	98	防城港	Fangchenggang	311.14	385.76	433.62	270
湘潭	Xiangtan	775.83	1123.60	1391.08	150	钦州	Qinzhou	473.86	616.41	693.56	234
衡阳	Hengyang	1299.90	1786.64	2096.06	84	贵港	Guigang	513.36	703.86	817.52	213
邵阳	Shaoyang	946.30	1317.51	1508.32	136	玉林	Yulin	769.57	1038.66	1178.28	171
岳阳	Yueyang	781.20	1133.17	1309.59	153	百色	Baise	511.63	676.04	770.89	222

15-2 金融机构人民币存款余额 续表 3
Total Deposits in RMB of Financial Institutions continued 3

单位：亿元 （100 million yuan）

地名	City	2010	2012	2013	2013 排名 Ranking	地名	City	2010	2012	2013	2013 排名 Ranking
贺州	Hezhou	251.71	348.76	404.84	273	丽江	Lijiang	297.62	417.81	483.62	264
河池	Hechi	466.04	627.02	725.52	231	普洱	Puer	363.91	492.86	600.74	246
来宾	Laibin	306.65	407.06	448.10	268	临沧	Lincang	245.46	347.06	404.77	274
崇左	Chongzuo	312.48	437.41	501.11	262	**西藏**	**Tibet**	**1295.55**	**2050.58**	**2499.08**	
海南	**Hainan**	**4166.47**	**5042.83**	**5878.60**		拉萨	Lhasa	894.97	1304.00		
海口	Haikou	2205.64	2582.97	2893.80	61	**陕西**	**Shaanxi**	**16456.05**	**22657.74**	**25577.19**	
三亚	Sanya	612.67	670.91	922.50	202	西安	Xi'an	8933.23	12125.53	13763.19	8
重庆	**Chongqing**	**13454.98**	**18934.83**	**22202.10**		铜川	Tongchuan	250.92	350.87	392.82	277
四川	**Sichuan**	**30299.67**	**41130.80**	**47667.30**		宝鸡	Baoji	1076.77	1450.84	1647.11	119
成都	Chengdu	15277.25	2035.17	23662.21	3	咸阳	Xianyang	1142.46	1570.48	1811.67	102
自贡	Zigong	559.32	821.51	974.97	196	渭南	Weinan	998.47	1347.73	1522.40	134
攀枝花	Panzhihua	570.72	765.69	784.18	220	延安	Yan'an	728.54	987.21	1103.83	188
泸州	Luzhou	827.23	1212.63	1409.46	148	汉中	Hanzhong	798.11	1072.86	1246.83	163
德阳	Deyang	1388.03	1663.30	1793.35	103	榆林	Yulin	1452.72	2252.82	2428.70	69
绵阳	Mianyang	1784.47	2126.34	2410.27	70	安康	Ankang	475.54	673.09	790.35	219
广元	Guangyuan	717.15	833.32	933.80	200	商洛	Shangluo	382.91	518.65	589.36	250
遂宁	Suining	523.16	744.67	893.29	206	**甘肃**	**Gansu**	**7115.37**	**10033.42**	**12029.66**	
内江	Neijiang	599.86	888.63	1077.59	191	兰州	Lanzhou	3235.84	4589.26	5499.15	38
乐山	Leshan	867.41	1264.58	1524.56	131	嘉峪关	Jiayuguan	165.99	251.71	295.30	281
南充	Nanchong	1100.50	1668.78	1916.56	92	金昌	Jinchang	172.18	215.26	266.39	283
眉山	Meishan	615.24	931.07	1115.04	183	白银	Baiyin	348.44	466.45	524.29	258
宜宾	Yibin	945.60	1464.38	1573.67	127	天水	Tianshui	463.25	655.22	791.35	218
广安	Guangan	638.85	937.31	1114.68	184	武威	Wuwei	323.48	486.92	605.08	245
达州	Dazhou	901.08	1317.17	1588.05	124	张掖	Zhangye	263.04	373.06	436.45	269
雅安	Yaan	454.34	592.57	842.89	210	平凉	Pingliang	326.42	472.31	590.34	249
巴中	Bazhong	354.91	568.61	678.61	236	酒泉	Jiuquan	480.88	652.08	764.35	223
资阳	Ziyang	674.99	925.73	1083.87	190	庆阳	Qingyang	354.18	506.07	599.98	247
贵州	**Guizhou**	**7363.92**	**10540.06**	**13265.01**		定西	Dingxi	269.98	409.95	517.99	259
贵阳	Guiyang	3035.31	4394.37	5742.09	36	陇南	Longnan	392.31	476.73	568.96	253
六盘水	Liupanshui	499.05	676.21	754.42	225	**青海**	**Qinghai**	**2319.64**	**3528.41**	**4102.54**	
遵义	Zunyi	1157.00	1712.22	2222.59	80	西宁	Xining	1623.21	2364.86	2822.47	62
安顺	Anshun	362.19	483.14	609.77	244	**宁夏**	**Ningxia**	**2573.64**	**3495.40**	**3868.47**	
毕节	Bijie	550.92	736.03	838.77	211	银川	Yinchuan	1597.96	2108.28	2340.93	74
铜仁	Tongren	375.05	536.21	660.30	238	石嘴山	Shizuishan	345.29	487.77	505.16	260
云南	**Yunnan**	**13411.49**	**18049.49**	**20691.55**		吴忠	Wuzhong	269.68	372.60	417.44	272
昆明	Kunming	6739.51	8839.46	10085.36	17	固原	Guyuan	148.57	229.39	271.05	282
曲靖	Qujing	1016.70	1404.22	1603.84	121	中卫	Zhongwei	198.39	297.36	333.89	280
玉溪	Yuxi	816.01	1001.71	1129.19	180	**新疆**	**Xinjiang**	**8870.02**	**12330.89**	**14088.83**	
保山	Baoshan	346.94	483.20	555.75	255	乌鲁木齐	Urumqi	3596.43	4819.11	5611.86	37
昭通	Zhaotong	520.35	768.42	858.59	208	克拉玛依	Karamay	792.49	936.72	1108.41	187

15-3 金融机构本外币贷款余额
Balance of Loans in RMB and Foreign Currency of Financial Institutions

单位：亿元 （100 million yuan）

地名	City	2010	2012	2013	2013 排名 Ranking
全国	**Nation Total**	**509225.95**	**672875.00**	**766326.64**	
北京	**Beijing**	**36479.58**	**43189.50**	**47880.90**	
天津	**Tianjin**	**13774.11**	**18396.81**	**20857.80**	
河北	**Hebei**	**15948.91**	**21317.96**	**24423.20**	
石家庄	Shijiazhuang	3288.05	4052.82	4556.25	33
唐山	Tangshan	2758.93	3589.30	4017.64	39
秦皇岛	Qinhuangdao	936.46	1245.08	1365.59	82
邯郸	Handan	1336.58	1874.02	2116.01	59
邢台	Xingtai	819.87	1168.37	1385.60	81
保定	Baoding	1162.64	1589.73	1887.44	64
张家口	Zhangjiakou	918.53	1193.20	1338.09	84
承德	Chengde	766.39	971.27	1109.07	102
沧州	Cangzhou	896.17	1269.42	1572.08	72
廊坊	Langfang	1344.47	1875.28	2208.48	56
衡水	Hengshui	459.07	709.29	890.71	128
山西	**Shanxi**	**9728.68**	**13211.30**	**15025.45**	
太原	Taiyuan	5125.10	6452.21	7222.35	21
大同	Datong	597.21	770.58	950.83	118
阳泉	Yangquan	369.21	530.30	618.65	182
长治	Changzhi	631.17	841.48	918.84	121
晋城	Jincheng	526.23	776.95	864.77	131
朔州	Shuozhou	210.11	381.33	469.67	225
晋中	Jinzhong	469.64	753.60	910.27	124
运城	Yuncheng	501.49	713.40	838.24	136
忻州	Xinzhou	352.40	479.82	583.08	193
临汾	Linfen	536.63	749.57	845.71	135
吕梁	Luliang	409.49	762.07	803.05	142
内蒙古	**Inner Mongolia**	**7919.47**	**11392.54**	**13056.68**	
呼和浩特	Hohhot	2563.32	3793.46	2774.03	44
包头	Baotou	1048.40	1426.52	1629.00	70
乌海	Wuhai	279.82	381.19	474.98	221
赤峰	Chifeng	469.57	718.57	860.72	133
通辽	Tongliao	464.47	610.57	703.00	166
鄂尔多斯	Erdos	1562.13	2218.11	2368.56	52
呼伦贝尔	Hulunbuir	430.54	554.24	621.91	180
巴彦淖尔	Bayannur	346.36	483.89	569.04	196
乌兰察布	Ulanqab	241.12	344.86	432.40	230
辽宁	**Liaoning**	**19622.04**	**26306.45**	**29722.00**	
沈阳	Shenyang	6068.37	8070.65	9128.73	16
大连	Dalian	6812.00	9111.72	10184.99	10
鞍山	Anshan	1102.82	1389.87	1546.48	74
抚顺	Fushun	379.56	507.95	591.03	191
本溪	Benxi	600.69	716.64	766.07	150
丹东	Dandong	477.87	681.99	787.97	145
锦州	Jinzhou	596.65	843.10	988.27	115
营口	Yingkou	815.15	1149.46	1361.23	83
阜新	Fuxin	359.60	529.90	628.11	179
辽阳	Liaoyang	528.37	764.34	874.09	130
盘锦	Panjin	441.02	675.76	702.48	167
铁岭	Tieling	484.40	613.56	705.58	164
朝阳	Chaoyang	441.91	615.14	725.46	159
葫芦岛	Huludao	505.66	636.37	731.53	157
吉林	**Jilin**	**7279.62**	**9270.30**	**10805.20**	
长春	Changchun	4616.75	6349.95	6543.15	24
吉林	Jilin	726.56	1079.31	1136.62	100
四平	Siping	365.34	536.08	551.79	201
辽源	Liaoyuan	171.34	270.30	277.00	272
通化	Tonghua	343.45	479.66	500.75	214
白山	Baishan	243.67	330.00	358.74	251
松原	Songyuan	281.98	439.70	498.44	217
白城	Baicheng	192.58	354.15	378.27	246
黑龙江	**Heilongjiang**	**7390.62**	**10259.94**	**11782.50**	
哈尔滨	Harbin	4273.52	5880.39	6661.21	23
齐齐哈尔	Qiqihar	541.23	760.66	908.18	126
鸡西	Jixi	224.98	308.18	369.45	248
鹤岗	Hegang	226.68	277.28	308.67	266
双鸭山	Shuangyashan	276.97	386.12	433.26	229
大庆	Daqing	409.97	685.23	770.41	148
伊春	Yichun	104.05	124.50	128.04	282
佳木斯	Jiamusi	342.71	537.76	663.46	172
七台河	Qitaihe	164.03	175.91	200.32	280
牡丹江	Mudanjiang	313.06	425.88	593.57	190
黑河	Heihe	176.18	234.40	274.20	273
绥化	Suihua	301.87	404.61	500.58	215
上海	**Shanghai**	**34154.17**	**40982.48**	**44357.88**	
江苏	**Jiangsu**	**42522.92**	**57464.29**	**64503.17**	

15-3 金融机构本外币贷款余额 续表 1
Balance of Loans in RMB and Foreign Currency of Financial Institutions continued 1

单位：亿元 （100 million yuan）

地名	City	2010	2012	2013	2013 排名 Ranking
南京	Nanjing	10915.34	13079.32	14538.65	6
无锡	Wuxi	6487.13	8024.00	8565.39	17
徐州	Xuzhou	1447.20	2059.26	2375.30	51
常州	Changzhou	3098.24	4018.21	4490.23	34
苏州	Suzhou	10831.62	14877.84	16675.52	5
南通	Nantong	2964.58	4001.62	4672.81	32
连云港	Lianyungang	946.26	1285.20	1425.50	78
淮安	Huaian	863.80	1190.46	1397.49	80
盐城	Yancheng	1333.93	1856.11	2214.59	55
扬州	Yangzhou	1514.88	2042.98	2375.62	50
镇江	Zhenjiang	1617.07	2128.23	2422.71	48
泰州	Taizhou	1531.07	2080.66	2646.15	46
宿迁	Suqian	629.08	1008.93	1290.26	89
浙江	**Zhejiang**	**46938.54**	**59509.22**	**65338.78**	
杭州	Hangzhou	15078.73	18090.90	19350.70	3
宁波	Ningbo	9414.20	11961.02	13314.02	7
温州	Wenzhou	5516.68	7013.00	7263.33	20
嘉兴	Jiaxing	2753.64	3670.52	4122.77	38
湖州	Huzhou	1461.32	1912.40	2145.43	58
绍兴	Shaoxing	3934.27	5129.15	5644.15	27
金华	Jinhua	3096.47	4346.85	5157.32	29
衢州	Quzhou	788.22	1078.53	1250.86	91
舟山	Zhoushan	1017.72	1295.83	1333.35	85
台州	Taizhou	3055.82	3893.16	4454.11	35
丽水	Lishui	821.47	1117.86	1302.75	87
安徽	**Anhui**	**11737.80**	**16795.20**	**19688.20**	
合肥	Hefei	4353.79	6431.93	7446.04	19
芜湖	Wuhu	1051.24	1725.94	1947.45	63
蚌埠	Bengbu	389.47	636.66	818.17	140
淮南	Huainan	649.77	786.98	883.60	129
马鞍山	Maanshan	554.53	877.14	998.50	113
淮北	Huaibei	304.76	509.58	612.99	184
铜陵	Tongling	437.01	600.50	678.27	170
安庆	Anqing	555.94	860.20	1073.61	104
黄山	Huangshan	281.58	417.46	474.09	222
滁州	Chuzhou	482.47	715.36	901.14	127
阜阳	Fuyang	442.79	643.60	788.12	144
宿州	Suzhou	308.33	463.95	559.02	199
六安	Liuan	485.25	687.82	824.27	139
亳州	Bozhou	245.01	427.71	522.92	210
池州	Chizhou	248.05	371.97	404.30	236
宣城	Xuancheng	387.55	594.78	718.02	160
福建	**Fujian**	**15920.80**	**22427.50**	**25963.40**	
福州	Fuzhou	5231.40	7054.33	8159.89	18
厦门	Xiamen	3621.70	5107.37	5843.54	26
莆田	Putian	628.00	912.99	1094.83	103
三明	Sanming	697.70	991.33	1121.87	101
泉州	Quanzhou	2717.10	3724.22	4287.88	36
漳州	Zhangzhou	836.20	1212.63	1420.38	79
南平	Nanping	617.60	799.92	914.62	123
龙岩	Longyan	728.80	1056.41	1182.97	97
宁德	Ningde	722.20	1016.81	1171.76	99
江西	**Jiangxi**	**7843.28**	**11080.15**	**13111.70**	
南昌	Nanchang	3506.30	4800.67	5562.14	28
景德镇	Jingdezhen	227.64	308.12	362.69	250
萍乡	Pingxiang	227.96	318.67	380.82	244
九江	Jiujiang	653.24	941.88	1066.77	105
新余	Xinyu	359.31	493.75	547.92	203
鹰潭	Yingtan	220.37	297.71	329.23	258
赣州	Ganzhou	851.17	1297.15	1607.39	71
吉安	Jian	375.15	570.35	717.77	162
宜春	Yichun	509.04	734.26	918.37	122
抚州	Fuzhou	325.39	475.30	600.13	189
上饶	Shangrao	577.59	828.80	1008.54	110
山东	**Shandong**	**32329.60**	**40018.89**	**47952.10**	
济南	Jinan	7034.98	8632.76	9211.22	15
青岛	Qingdao	6365.19	8632.84	9642.36	11
淄博	Zibo	1745.35	2162.57	2379.46	49
枣庄	Zaozhuang	728.69	916.49	975.08	116
东营	Dongying	1189.51	1805.98	2161.31	57
烟台	Yantai	2644.45	3560.15	3942.99	42
潍坊	Weifang	2570.84	3531.88	4005.76	40
济宁	Jining	1385.83	1986.71	2276.51	54
泰安	Taian	920.23	1240.08	1426.31	77
威海	Weihai	1150.14	1376.10	1564.98	73
日照	Rizhao	960.79	1303.68	1489.45	75
莱芜	Laiwu	489.74	567.52	604.27	187
临沂	Linyi	1559.70	2150.16	2531.13	47
德州	Dezhou	915.25	1119.35	1300.33	88
聊城	Liaocheng	963.92	1289.20	1432.46	76

15-7 金融机构人民币短期贷款余额 续表 2
Short-term Loans in RMB of Financial Institutions continued 2

单位：亿元 （100 million yuan）

地名	City	2010	2012	2013	2013 排名 Ranking	地名	City	2010	2012	2013	2013 排名 Ranking
滨州	Binzhou	687.57	1053.49	1180.67	51	常德	Changde	239.33	254.56	295.87	166
菏泽	Heze	494.42	597.61	692.88	79	张家界	Zhangjiajie	37.09	45.69	50.77	280
河南	**Henan**	**6995.81**	**9767.12**	**11823.35**		益阳	Yiyang	170.61	186.36	208.44	211
郑州	Zhengzhou	1773.35	2765.86	3385.75	14	郴州	Chenzhou	156.41	227.23	240.21	195
开封	Kaifeng	161.27	233.87	309.23	159	永州	Yongzhou	138.28	125.40	140.74	242
洛阳	Luoyang	566.40	930.99	1095.54	54	怀化	Huaihua	106.73	123.62	143.40	241
平顶山	Pingdingshan	267.28	464.61	577.56	95	娄底	Loudi	156.88	219.62	260.48	181
安阳	Anyang	372.97	437.06	466.67	117	**广东**	**Guangdong**	**15169.58**	**27638.05**	**32872.56**	
鹤壁	Hebi	137.11	186.12	217.99	203	广州	Guangzhou	3148.54	4716.62	5926.79	4
新乡	Xinxiang	414.82	495.45	578.18	94	韶关	Shaoguan	60.14	106.21	119.98	254
焦作	Jiaozuo	267.65	386.92	456.22	119	深圳	Shenzhen	2966.72	4409.78	5546.07	5
濮阳	Puyang	129.91	178.28	215.77	205	珠海	Zhuhai	242.80	467.85	556.38	99
许昌	Xuchang	350.70	587.69	687.62	81	汕头	Shantou	332.00	328.84	414.71	132
漯河	Luohe	205.07	196.38	215.32	206	佛山	Foshan	1533.77	2539.28	2994.83	16
三门峡	Sanmenxia	169.01	282.92	322.50	154	江门	Jiangmen	309.97	515.86	628.83	90
南阳	Nanyang	548.99	730.84	893.93	60	湛江	Zhanjiang	282.04	523.98	570.57	97
商丘	Shangqiu	342.75	403.97	473.67	114	茂名	Maoming	93.36	154.72	197.84	216
信阳	Xinyang	371.38	445.06	531.02	101	肇庆	Zhaoqing	78.17	144.66	196.67	217
周口	Zhoukou	411.99	428.77	437.78	125	惠州	Huizhou	146.47	247.97	335.45	146
驻马店	Zhumadian	331.25	402.38	443.83	123	梅州	Meizhou	67.74	108.62	128.51	248
湖北	**Hubei**	**4197.92**	**6397.69**	**7794.76**		汕尾	Shanwei	35.94	49.17	59.59	279
武汉	Wuhan	2039.88	2902.03	3393.69	13	河源	Heyuan	46.25	78.06	105.37	265
黄石	Huangshi	184.31	323.74	421.42	129	阳江	Yangjiang	36.54	82.54	100.06	266
十堰	Shiyan	100.73	159.85	226.52	200	清远	Qingyuan	75.48	133.66	163.06	231
宜昌	Yichang	327.77	592.48	749.00	71	东莞	Dongguan	1234.03	1756.72	2037.23	31
襄阳	Xiangfan	305.33	492.28	632.98	89	中山	ZhongShan	502.34	701.08	889.96	61
鄂州	Ezhou	64.13	107.62	133.23	245	潮州	Chaozhou	99.05	131.99	144.45	240
荆门	Jingmen	152.55	207.50	300.77	163	揭阳	Jieyang	253.75	418.97	486.91	111
孝感	Xiaogan	183.83	246.93	306.90	160	云浮	Yunfu	81.76	129.27	176.46	225
荆州	Jingzhou	228.68	323.57	416.77	130	**广西**	**Guangxi**	**1720.22**	**3467.82**	**4273.14**	
黄冈	Huanggang	185.14	217.63	265.84	177	南宁	Nanning	562.69	1144.52	1359.29	43
咸宁	Xianning	76.67	103.88	125.23	250	柳州	Liuzhou	328.07	563.21	717.77	74
随州	Suizhou	100.80	141.60	186.57	222	桂林	Guilin	173.24	300.88	369.29	139
湖南	**Hunan**	**3540.80**	**4771.84**	**5565.10**		梧州	Wuzhou	75.81	169.42	216.46	204
长沙	Changsha	1331.00	1846.26	2235.72	28	北海	Beihai	43.34	73.63	96.48	267
株洲	Zhuzhou	222.22	305.89	321.28	155	防城港	Fangchenggang	20.20	50.57	67.18	276
湘潭	Xiangtan	262.17	421.61	486.11	112	钦州	Qinzhou	59.92	140.77	161.84	232
衡阳	Hengyang	221.91	273.82	330.90	151	贵港	Guigang	69.03	143.04	177.71	224
邵阳	Shaoyang	158.25	220.97	246.48	191	玉林	Yulin	87.22	194.97	260.23	182
岳阳	Yueyang	211.57	250.68	306.43	161	百色	Baise	74.99	133.30	186.42	223

15-7 金融机构人民币短期贷款余额 续表 3
Short-term Loans in RMB of Financial Institutions continued 3

单位：亿元 (100 million yuan)

地名	City	2010	2011	2012	2012 排名 Ranking	地名	City	2010	2011	2012	2012 排名 Ranking
贺州	Hezhou	38.41	88.30	117.08	255	丽江	Lijiang	44.86	64.57	69.39	275
河池	Hechi	64.99	104.18	139.53	243	普洱	Puer	70.74	103.25	148.88	238
来宾	Laibin	48.96	89.02	107.76	262	临沧	Lincang	41.14	76.55	112.56	258
崇左	Chongzuo	56.27	93.01	122.13	252	**西藏**	**Tibet**	**58.71**	**126.77**	**316.77**	
海南	**Hainan**	**397.99**	**515.24**	**707.37**		拉萨	Lhasa	41.09	88.00		
海口	Haikou	265.63	346.42	431.47	126	**陕西**	**Shaanxi**	**2513.90**	**3964.40**	**5193.44**	
三亚	Sanya	11.98	13.75	20.21	283	西安	Xi'an	1097.60	1917.51	2326.63	26
重庆	**Chongqing**	**1686.11**	**4028.62**	**4613.86**		铜川	Tongchuan	38.23	39.79	42.92	282
四川	**Sichuan**	**4948.04**	**8152.84**	**10097.61**		宝鸡	Baoji	177.11	246.56	289.61	168
成都	Chengdu	2409.72	4272.03	5242.58	7	咸阳	Xianyang	147.69	193.20	236.63	196
自贡	Zigong	116.74	190.42	232.71	197	渭南	Weinan	196.30	263.48	323.22	153
攀枝花	Panzhihua	148.81	243.84	285.12	171	延安	Yan'an	122.53	188.08	220.55	202
泸州	Luzhou	131.98	204.78	254.02	187	汉中	Hanzhong	98.14	98.51	109.16	261
德阳	Deyang	291.27	454.77	541.20	100	榆林	Yulin	463.05	831.47	919.04	59
绵阳	Mianyang	290.87	450.03	563.13	98	安康	Ankang	54.81	79.62	93.41	270
广元	Guangyuan	73.85	106.93	132.65	246	商洛	Shangluo	56.68	64.75	79.38	273
遂宁	Suining	118.02	154.14	194.28	218	**甘肃**	**Gansu**	**1690.32**	**2527.02**	**3272.78**	
内江	Neijiang	120.75	177.53	222.06	201	兰州	Lanzhou	641.80	983.50	1287.70	48
乐山	Leshan	196.42	294.53	359.34	143	嘉峪关	Jiayuguan	98.50	208.35	240.86	193
南充	Nanchong	128.70	200.05	261.55	179	金昌	Jinchang	97.56	88.60	96.37	268
眉山	Meishan	98.77	143.79	189.49	220	白银	Baiyin	108.85	162.93	186.84	221
宜宾	Yibin	159.13	247.64	300.53	164	天水	Tianshui	88.84	87.34	115.20	257
广安	Guangan	68.00	89.64	125.54	249	武威	Wuwei	62.73	98.07	139.33	244
达州	Dazhou	93.95	128.67	170.94	228	张掖	Zhangye	56.18	92.03	128.81	247
雅安	Yaan	67.51	75.24	88.85	271	平凉	Pingliang	91.08	79.12	107.02	263
巴中	Bazhong	56.92	56.06	61.79	278	酒泉	Jiuquan	131.26	150.79	204.31	213
资阳	Ziyang	123.62	169.25	227.57	199	庆阳	Qingyang	55.17	72.32	112.35	259
贵州	**Guizhou**	**1018.05**	**1802.50**	**2277.27**		定西	Dingxi	64.37	104.36	156.32	233
贵阳	Guiyang	536.08	889.61	1145.43	52	陇南	Longnan	61.19	64.07	96.16	269
六盘水	Liupanshui	61.86	134.64	166.52	230	**青海**	**Qinghai**	**401.70**	**649.95**	**837.57**	
遵义	Zunyi	110.58	189.19	252.28	188	西宁	Xining	296.40	495.63	665.68	83
安顺	Anshun	66.45	117.50	154.02	234	**宁夏**	**Ningxia**	**704.25**	**1296.48**	**1503.44**	
毕节	Bijie	54.92	94.49	121.42	253	银川	Yinchuan	377.84	685.01	790.68	65
铜仁	Tongren	34.79	58.49	72.16	274	石嘴山	Shizuishan	123.86	233.37	255.87	186
云南	**Yunnan**	**2702.92**	**4125.52**	**5032.28**		吴忠	Wuzhong	98.41	169.31	211.70	208
昆明	Kunming	1442.21	2093.98	2582.45	19	固原	Guyuan	33.31	51.74	62.58	277
曲靖	Qujing	221.74	353.32	452.71	121	中卫	Zhongwei	71.42	142.24	175.22	226
玉溪	Yuxi	174.21	291.62	321.20	156	**新疆**	**Xinjiang**	**1849.44**	**2787.71**	**3424.35**	
保山	Baoshan	55.52	91.17	106.88	264	乌鲁木齐	Urumqi	672.81	943.65	1123.92	53
昭通	Zhaotong	86.98	113.39	115.56	256	克拉玛依	Karamay	41.66	73.74	150.00	237

15-8 金融机构人民币中长期贷款余额
Medium and Long-term Loans in RMB of Financial Institutions

单位：亿元 （100 million yuan）

地名	City	2010	2012	2013	2013 排名 Ranking
全国	**Nation Total**	**288930.4**	**352907.0**	**398862.0**	
北京	**Beijing**	**26180.20**	**26333.50**	**28171.70**	
天津	**Tianjin**	**9264.71**	**10700.26**	**11617.98**	
河北	**Hebei**	**9100.01**	**11453.51**	**12846.70**	
石家庄	Shijiazhuang	1828.28	2218.92	2400.06	30
唐山	Tangshan	1696.57	1788.42	1963.17	33
秦皇岛	Qinhuangdao	553.87	699.69	775.87	72
邯郸	Handan	586.14	673.69	714.48	76
邢台	Xingtai	340.49	533.31	658.45	84
保定	Baoding	622.04	961.49	1102.11	51
张家口	Zhangjiakou	551.76	745.85	842.72	65
承德	Chengde	440.90	524.81	571.15	97
沧州	Cangzhou	451.82	573.82	716.13	75
廊坊	Langfang	778.32	1019.66	1247.05	49
衡水	Hengshui	110.28	184.32	225.72	233
山西	**Shanxi**	**5409.30**	**7170.93**	**8040.68**	
太原	Taiyuan	3511.36	4044.32	4416.14	20
大同	Datong	315.64	458.82	545.04	101
阳泉	Yangquan	170.26	254.35	347.21	171
长治	Changzhi	237.28	397.60	400.71	145
晋城	Jincheng	263.72	402.66	294.22	197
朔州	Shuozhou	78.18	167.73	210.40	238
晋中	Jinzhong	133.74	293.56	359.34	166
运城	Yuncheng	169.71	253.08	303.23	191
忻州	Xinzhou	182.64	254.97	313.30	188
临汾	Linfen	178.78	310.56	351.92	169
吕梁	Luliang	167.98	307.90	325.50	183
内蒙古	**Inner Mongolia**	**5136.53**	**6807.74**	**7502.45**	
呼和浩特	Hohhot	200.85	1536.07	1683.30	38
包头	Baotou	647.55	747.89	788.86	70
乌海	Wuhai	168.67	170.47	194.05	248
赤峰	Chifeng	273.41	387.63	445.66	129
通辽	Tongliao	247.03	310.73	328.23	182
鄂尔多斯	Erdos	903.57	1190.65	1276.97	48
呼伦贝尔	Hulunbuir	221.32	277.55	286.92	201
巴彦淖尔	Bayannur	147.00	176.33	172.57	251
乌兰察布	Ulanqab	160.88	195.54	231.09	232
辽宁	**Liaoning**	**11901.00**	**15416.00**	**17004.00**	
沈阳	Shenyang	4072.08	5590.03	6133.47	11
大连	Dalian	4167.36	5584.13	5679.45	13
鞍山	Anshan	568.14	648.62	664.41	82
抚顺	Fushun	173.97	226.57	251.97	223
本溪	Benxi	198.67	218.87	213.92	236
丹东	Dandong	225.34	317.49	370.27	161
锦州	Jinzhou	369.25	530.32	614.41	88
营口	Yingkou	489.27	549.76	634.20	87
阜新	Fuxin	184.09	289.42	330.19	180
辽阳	Liaoyang	194.55	253.19	255.83	221
盘锦	Panjin	205.00	284.90	321.68	185
铁岭	Tieling	220.59	294.53	332.55	179
朝阳	Chaoyang	219.46	339.34	451.58	126
葫芦岛	Huludao	193.37	288.38	356.23	167
吉林	**Jilin**	**4310.84**	**5649.40**	**6517.50**	
长春	Changchun	3233.78	4391.23	4541.16	19
吉林	Jilin	264.51	461.40	490.05	111
四平	Siping	139.01	225.62	241.82	229
辽源	Liaoyuan	55.59	89.99	96.84	274
通化	Tonghua	127.95	193.68	209.80	240
白山	Baishan	126.43	171.91	198.58	246
松原	Songyuan	97.11	206.73	240.57	230
白城	Baicheng	85.31	154.96	163.73	255
黑龙江	**Heilongjiang**	**4098.40**	**5497.90**	**6208.90**	
哈尔滨	Harbin	2741.38	3632.65	4054.41	22
齐齐哈尔	Qiqihar	208.42	287.96	374.89	160
鸡西	Jixi	94.98	134.59	155.12	261
鹤岗	Hegang	69.00	100.80	91.03	278
双鸭山	Shuangyashan	130.69	168.99	164.23	253
大庆	Daqing	231.45	348.73	402.57	144
伊春	Yichun	42.32	58.77	66.94	283
佳木斯	Jiamusi	132.06	175.07	195.66	247
七台河	Qitaihe	79.94	87.04	95.33	276
牡丹江	Mudanjiang	142.67	191.37	280.58	205
黑河	Heihe	54.18	84.78	96.73	275
绥化	Suihua	90.26	139.69	183.50	250
上海	**Shanghai**	**21693.69**	**23595.68**	**25901.85**	
江苏	**Jiangsu**	**23367.87**	**27452.31**	**31678.08**	

15-8 金融机构人民币中长期贷款余额 续表 1
Medium and Long-term Loans in RMB of Financial Institutions continued 1

单位：亿元 （100 million yuan）

地名	City	2010	2012	2013	2013 排名 Ranking	地名	City	2010	2012	2013	2013 排名 Ranking
南京	Nanjing	6931.80	7528.05	8663.61	5	池州	Chizhou	166.35	226.53	246.10	226
无锡	Wuxi	2939.34	3238.80	3576.97	24	宣城	Xuancheng	219.87	319.50	395.66	149
徐州	Xuzhou	594.78	783.25	948.06	57	**福建**	**Fujian**	**8485.90**	**11422.90**	**13492.98**	
常州	Changzhou	1406.95	1618.67	1842.37	36	福州	Fuzhou	3242.41	4426.75	5169.94	15
苏州	Suzhou	6221.03	7503.97	8563.37	6	厦门	Xiamen	2092.85	2609.87	3131.30	26
南通	Nantong	1282.34	1592.57	1872.38	35	莆田	Putian	260.61	367.12	492.87	110
连云港	Lianyungang	414.13	566.16	687.86	79	三明	Sanming	353.36	486.64	589.39	93
淮安	Huaian	423.20	589.41	698.92	78	泉州	Quanzhou	1090.39	1330.96	1452.47	42
盐城	Yancheng	583.63	759.12	950.50	56	漳州	Zhangzhou	326.98	520.32	649.64	85
扬州	Yangzhou	736.78	865.61	1027.17	52	南平	Nanping	325.09	372.86	453.82	124
镇江	Zhenjiang	713.16	818.55	928.73	59	龙岩	Longyan	369.76	556.37	642.70	86
泰州	Taizhou	615.64	758.76	923.89	60	宁德	Ningde	311.17	451.60	540.11	102
宿迁	Suqian	300.67	439.94	576.96	96	**江西**	**Jiangxi**	**4753.75**	**6178.40**	**7141.00**	
浙江	**Zhejiang**	**18800.18**	**20765.98**	**23736.96**		南昌	Nanchang	2274.29	2869.10	3273.14	25
杭州	Hangzhou	7402.73	8036.87	8849.65	4	景德镇	Jingdezhen	135.33	215.50	210.39	239
宁波	Ningbo	4095.10	4696.47	5290.75	14	萍乡	Pingxiang	89.16	125.04	158.59	260
温州	Wenzhou	1172.58	1156.82	1474.40	41	九江	Jiujiang	361.38	509.01	592.09	92
嘉兴	Jiaxing	1221.39	1410.22	1633.10	39	新余	Xinyu	178.89	221.94	243.46	228
湖州	Huzhou	600.84	664.54	834.86	66	鹰潭	Yingtan	86.95	141.64	154.88	262
绍兴	Shaoxing	949.91	1105.97	1299.96	47	赣州	Ganzhou	548.32	669.12	788.19	71
金华	Jinhua	811.39	812.66	971.01	54	吉安	Jian	238.33	352.81	428.43	135
衢州	Quzhou	352.88	376.05	460.37	122	宜春	Yichun	273.04	332.25	391.76	152
舟山	Zhoushan	507.02	559.77	580.71	95	抚州	Fuzhou	203.01	276.52	340.63	176
台州	Taizhou	984.53	1125.83	1345.55	45	上饶	Shangrao	326.15	442.47	516.17	104
丽水	Lishui	370.61	402.46	502.41	107	**山东**	**Shandong**	**15864.26**	**16692.62**	**19498.20**	
安徽	**Anhui**	**7175.00**	**9594.00**	**10953.00**		济南	Jinan	4093.66	3948.66	4231.88	21
合肥	Hefei	3161.67	4370.36	4927.11	16	青岛	Qingdao	3510.97	4266.34	4881.87	17
芜湖	Wuhu	635.07	908.79	1018.99	53	淄博	Zibo	650.58	644.40	743.74	73
蚌埠	Bengbu	207.42	310.40	423.38	138	枣庄	Zaozhuang	402.52	461.42	481.12	113
淮南	Huainan	438.64	431.71	453.07	125	东营	Dongying	364.82	446.88	558.95	99
马鞍山	Maanshan	274.04	390.94	468.31	120	烟台	Yantai	1082.87	1283.00	1482.09	40
淮北	Huaibei	191.34	279.97	344.95	173	潍坊	Weifang	1078.88	1269.19	1433.43	44
铜陵	Tongling	212.22	244.45	273.94	210	济宁	Jining	584.75	645.07	804.61	69
安庆	Anqing	257.85	352.60	431.89	132	泰安	Taian	390.40	485.03	661.13	83
黄山	Huangshan	174.27	225.10	250.87	224	威海	Weihai	640.52	674.46	719.37	74
滁州	Chuzhou	197.00	316.08	389.59	153	日照	Rizhao	332.61	353.01	387.07	155
阜阳	Fuyang	226.29	312.39	388.59	154	莱芜	Laiwu	150.81	115.71	116.75	272
宿州	Suzhou	155.92	220.84	284.44	202	临沂	Linyi	510.28	646.04	817.09	67
六安	Liuan	243.66	335.41	411.33	143	德州	Dezhou	317.33	362.52	472.83	118
亳州	Bozhou	91.07	185.96	243.69	227	聊城	Liaocheng	282.34	318.07	392.72	151

15-8 年金融机构人民币中长期贷款余额 续表 2

Medium and Long-term Loans in RMB of Financial Institutions continued 2

单位：亿元 （100 million yuan）

地名	City	2010	2012	2013	2013 排名 Ranking	地名	City	2010	2012	2013	2013 排名 Ranking
滨州	Binzhou	328.26	379.30	429.94	134	常德	Changde	237.57	381.75	499.15	109
菏泽	Heze	285.99	371.93	478.10	115	张家界	Zhangjiajie	150.82	200.92	238.74	231
河南	**Henan**	**7806.31**	**9569.10**	**11029.60**		益阳	Yiyang	139.32	231.60	292.34	198
郑州	Zhengzhou	3366.46	3805.85	5802.93	12	郴州	Chenzhou	210.69	328.48	419.60	140
开封	Kaifeng	217.16	285.96	354.93	168	永州	Yongzhou	222.49	336.03	412.13	142
洛阳	Luoyang	452.72	576.24	701.68	77	怀化	Huaihua	245.40	396.65	474.27	117
平顶山	Pingdingshan	375.35	443.16	449.76	127	娄底	Loudi	196.89	269.05	323.60	184
安阳	Anyang	165.64	205.67	255.60	222	**广东**	**Guangdong**	**46698.23**	**53931.96**	**60219.06**	
鹤壁	Hebi	127.99	139.55	159.76	258	广州	Guangzhou	11834.74	12714.31	13766.25	1
新乡	Xinxiang	256.16	357.26	447.46	128	韶关	Shaoguan	282.51	353.37	430.06	133
焦作	Jiaozuo	188.19	244.30	283.55	204	深圳	Shenzhen	10722.76	12135.75	13581.43	2
濮阳	Puyang	94.19	118.87	154.69	263	珠海	Zhuhai	1030.72	1179.67	1320.34	46
许昌	Xuchang	189.92	230.32	280.51	206	汕头	Shantou	305.75	429.53	508.86	105
漯河	Luohe	87.42	112.62	126.41	269	佛山	Foshan	3215.32	3257.00	3583.10	23
三门峡	Sanmenxia	131.08	164.46	202.17	245	江门	Jiangmen	658.13	768.81	900.22	61
南阳	Nanyang	240.45	326.90	380.90	158	湛江	Zhanjiang	432.36	488.78	582.19	94
商丘	Shangqiu	228.11	281.86	346.79	172	茂名	Maoming	267.94	370.71	440.34	130
信阳	Xinyang	181.54	277.49	363.00	162	肇庆	Zhaoqing	563.88	707.64	811.68	68
周口	Zhoukou	150.11	208.03	261.50	217	惠州	Huizhou	951.18	1200.10	1441.51	43
驻马店	Zhumadian	148.32	238.11	309.54	190	梅州	Meizhou	262.51	339.47	412.14	141
湖北	**Hubei**	**9130.98**	**11689.14**	**13095.71**		汕尾	Shanwei	94.26	137.29	162.80	256
武汉	Wuhan	6066.90	7360.28	8032.82	7	河源	Heyuan	289.07	387.52	461.39	121
黄石	Huangshi	234.23	273.51	296.47	196	阳江	Yangjiang	247.39	345.43	421.67	139
十堰	Shiyan	274.05	402.88	484.43	112	清远	Qingyuan	434.78	571.76	668.75	81
宜昌	Yichang	662.29	834.05	958.89	55	东莞	Dongguan	2095.66	2236.35	2535.01	29
襄阳	Xiangfan	368.12	495.06	594.85	89	中山	ZhongShan	827.30	1056.42	1187.35	50
鄂州	Ezhou	64.03	93.62	108.00	273	潮州	Chaozhou	106.86	129.31	152.69	264
荆门	Jingmen	157.77	228.91	256.68	220	揭阳	Jieyang	146.93	186.81	221.38	235
孝感	Xiaogan	194.62	300.07	343.07	174	云浮	Yunfu	192.02	258.80	287.57	199
荆州	Jingzhou	200.15	305.81	360.29	165	**广西**	**Guangxi**	**7057.58**	**8537.74**	**9486.51**	
黄冈	Huanggang	198.12	327.48	381.35	157	南宁	Nanning	3550.36	4254.27	4683.63	18
咸宁	Xianning	147.07	246.54	312.96	189	柳州	Liuzhou	669.55	758.27	863.63	63
随州	Suizhou	67.19	114.36	135.54	267	桂林	Guilin	583.25	740.45	843.63	64
湖南	**Hunan**	**7585.55**	**10539.28**	**12294.90**		梧州	Wuzhou	245.07	291.30	319.21	186
长沙	Changsha	4795.64	6286.70	7013.03	9	北海	Beihai	193.92	227.76	275.77	208
株洲	Zhuzhou	303.53	482.92	592.56	91	防城港	Fangchenggang	141.58	222.62	265.63	215
湘潭	Xiangtan	251.72	361.35	471.22	119	钦州	Qinzhou	260.66	293.33	328.57	181
衡阳	Hengyang	275.33	381.13	476.73	116	贵港	Guigang	207.89	264.79	300.87	192
邵阳	Shaoyang	187.93	299.10	393.31	150	玉林	Yulin	301.22	347.99	384.05	156
岳阳	Yueyang	221.22	324.62	361.83	163	百色	Baise	311.94	375.50	399.91	147

15-8 金融机构人民币中长期贷款余额 续表 3
Medium and Long-term Loans in RMB of Financial Institutions continued 3

单位：亿元 （100 million yuan）

地名	City	2010	2012	2013	2013 排名 Ranking
贺州	Hezhou	104.68	114.88	123.69	270
河池	Hechi	209.05	254.53	272.58	211
来宾	Laibin	134.77	166.11	188.06	249
崇左	Chongzuo	104.46	145.90	171.78	252
海南	**Hainan**	**2062.76**	**3136.98**	**3685.42**	
海口	Haikou	1401.33	2015.03	2076.58	32
三亚	Sanya	216.34	290.62	592.70	90
重庆	**Chongqing**	**8705.32**	**10976.89**	**12105.13**	
四川	**Sichuan**	**14040.82**	**17542.14**	**19692.14**	
成都	Chengdu	9485.74	11088.88	12110.17	3
自贡	Zigong	125.85	169.35	206.03	243
攀枝花	Panzhihua	207.39	264.75	283.80	203
泸州	Luzhou	266.26	423.40	505.77	106
德阳	Deyang	278.52	383.13	400.34	146
绵阳	Mianyang	556.89	616.12	671.94	80
广元	Guangyuan	162.36	222.00	271.32	214
遂宁	Suining	156.80	245.66	300.69	193
内江	Neijiang	128.13	219.26	278.92	207
乐山	Leshan	376.51	486.69	549.41	100
南充	Nanchong	296.12	453.07	560.25	98
眉山	Meishan	179.12	282.91	339.39	178
宜宾	Yibin	283.84	371.30	454.99	123
广安	Guangan	183.28	250.98	298.84	194
达州	Dazhou	258.14	393.00	478.17	114
雅安	Yaan	168.18	250.93	318.65	187
巴中	Bazhong	72.30	147.42	203.01	244
资阳	Ziyang	157.12	244.93	296.79	195
贵州	**Guizhou**	**4585.34**	**6406.07**	**7759.55**	
贵阳	Guiyang	1955.21	2493.18	2956.78	27
六盘水	Liupanshui	281.35	365.59	424.59	136
遵义	Zunyi	467.36	730.38	946.00	58
安顺	Anshun	156.35	277.99	274.41	209
毕节	Bijie	225.23	336.80	424.43	137
铜仁	Tongren	207.02	322.09	399.79	148
云南	**Yunnan**	**7771.89**	**9644.39**	**10600.03**	
昆明	Kunming	4930.39	5835.01	6294.34	10
曲靖	Qujing	389.01	479.97	523.21	103
玉溪	Yuxi	285.45	334.08	378.42	159
保山	Baoshan	173.00	220.82	261.78	216
昭通	Zhaotong	198.69	302.58	340.33	177

地名	City	2010	2012	2013	2013 排名 Ranking
丽江	Lijiang	144.58	231.82	271.60	213
普洱	Puer	161.26	220.11	249.20	225
临沧	Lincang	127.00	192.44	208.45	241
西藏	**Tibet**	**213.60**	**164.70**	**759.81**	
拉萨	Lhasa	143.45	294.00		
陕西	**Shaanxi**	**7273.10**	**9385.20**	**11026.40**	
西安	Xi'an	5075.98	6378.88	7385.37	8
铜川	Tongchuan	40.91	57.14	67.31	282
宝鸡	Baoji	254.59	362.90	438.59	131
咸阳	Xianyang	293.14	422.81	499.72	108
渭南	Weinan	245.88	301.50	361.21	164
延安	Yan'an	235.05	283.28	340.73	175
汉中	Hanzhong	197.16	282.43	348.00	170
榆林	Yulin	425.29	700.51	868.09	62
安康	Ankang	156.40	229.12	287.06	200
商洛	Shangluo	98.89	151.53	161.98	257
甘肃	**Gansu**	**2728.71**	**4220.71**	**5106.33**	
兰州	Lanzhou	1627.54	2308.83	2744.10	28
嘉峪关	Jiayuguan	64.98	57.80	72.41	281
金昌	Jinchang	29.91	51.00	76.28	280
白银	Baiyin	75.89	108.52	137.65	266
天水	Tianshui	126.00	240.37	271.89	212
武威	Wuwei	97.79	170.47	259.08	218
张掖	Zhangye	75.98	126.72	164.08	254
平凉	Pingliang	108.84	180.10	208.35	242
酒泉	Jiuquan	110.37	222.58	258.39	219
庆阳	Qingyang	84.80	171.29	225.36	234
定西	Dingxi	79.18	133.64	158.73	259
陇南	Longnan	116.62	179.65	210.42	237
青海	**Qinghai**	**1347.95**	**1990.52**	**2419.89**	
西宁	Xining	1168.87	1629.63	1928.16	34
宁夏	**Ningxia**	**1611.99**	**1960.85**	**2303.17**	
银川	Yinchuan	1263.22	1527.99	1795.08	37
石嘴山	Shizuishan	146.21	107.66	122.05	271
吴忠	Wuzhong	152.50	142.65	152.56	265
固原	Guyuan	50.34	70.79	92.22	277
中卫	Zhongwei	88.58	100.33	129.38	268
新疆	**Xinjiang**	**3132.26**	**4694.86**	**5783.27**	
乌鲁木齐	Urumqi	1245.87	1866.87	2249.87	31
克拉玛依	Karamay	108.45	68.18	90.16	279

15-9 金融机构人民币存贷比（年末余额）
Ratio of Deposits and Loans of Financial Institutions at Year-end

单位：% (%)

地名	City	2010	2012	2013	2013 排名 Ranking	地名	City	2010	2012	2013	2013 排名 Ranking
全国	**Nation Total**	**1.50**	**1.46**	**1.45**		沈阳	Shenyang	1.36	1.31	1.29	230
北京	**Beijing**	**2.19**	**2.25**	**2.17**		大连	Dalian	1.38	1.27	1.26	236
天津	**Tianjin**	**1.24**	**1.13**	**1.17**		鞍山	Anshan	1.76	1.73	1.77	98
河北	**Hebei**	**1.66**	**1.61**	**1.64**		抚顺	Fushun	2.49	2.29	2.16	34
石家庄	Shijiazhuang	1.87	1.91	1.91	72	本溪	Benxi	1.44	1.52	1.55	152
唐山	Tangshan	1.54	1.54	1.54	153	丹东	Dandong	1.93	1.84	1.75	103
秦皇岛	Qinhuangdao	1.68	1.59	1.60	139	锦州	Jinzhou	1.73	1.55	1.55	149
邯郸	Handan	1.62	1.59	1.64	127	营口	Yingkou	1.16	1.13	1.14	262
邢台	Xingtai	1.94	1.76	1.74	105	阜新	Fuxin	1.41	1.29	1.28	234
保定	Baoding	2.47	2.37	2.34	21	辽阳	Liaoyang	1.61	1.64	1.60	137
张家口	Zhangjiakou	1.42	1.40	1.43	188	盘锦	Panjin	1.91	1.76	1.84	86
承德	Chengde	1.42	1.40	1.44	186	铁岭	Tieling	1.29	1.35	1.31	225
沧州	Cangzhou	2.27	2.13	1.98	66	朝阳	Chaoyang	1.62	1.68	1.61	136
廊坊	Langfang	1.50	1.48	1.52	162	葫芦岛	Huludao	1.66	1.69	1.65	120
衡水	Hengshui	2.52	2.22	2.09	47	吉林	**Jilin**	**1.33**	**1.39**	**1.38**	
山西	**Shanxi**	**1.93**	**1.79**	**1.75**		长春	Changchun	1.09	1.22	1.21	248
太原	Taiyuan	1.38	1.40	1.38	204	吉林	Jilin	1.87	1.82	1.75	102
大同	Datong	2.78	2.61	2.37	18	四平	Siping	1.49	1.54	1.53	158
阳泉	Yangquan	2.38	2.07	1.86	77	辽源	Liaoyuan	1.51	1.37	1.34	216
长治	Changzhi	2.16	2.05	2.01	60	通化	Tonghua	1.64	1.67	1.64	130
晋城	Jincheng	2.53	2.24	2.03	56	白山	Baishan	1.53	1.58	1.51	168
朔州	Shuozhou	3.87	2.80	2.34	22	松原	Songyuan	1.71	1.63	1.50	171
晋中	Jinzhong	2.65	2.23	2.02	58	白城	Baicheng	1.59	1.31	1.33	219
运城	Yuncheng	1.90	1.86	1.82	90	黑龙江	**Heilongjiang**	**1.78**	**1.65**	**1.60**	
忻州	Xinzhou	2.74	2.73	2.51	12	哈尔滨	Harbin	1.44	1.32	1.35	211
临汾	Linfen	2.48	2.22	2.13	40	齐齐哈尔	Qiqihar	1.62	1.52	1.42	192
吕梁	Luliang	2.79	2.10	2.01	61	鸡西	Jixi	2.47	2.39	2.16	35
内蒙古	**Inner Mongolia**	**1.30**	**1.21**	**1.17**		鹤岗	Hegang	1.44	1.53	1.53	161
呼和浩特	Hohhot	1.07	1.58	1.57	147	双鸭山	Shuangyashan	1.53	1.38	1.30	226
包头	Baotou	1.64	1.46	1.43	189	大庆	Daqing	3.81	2.93	2.67	5
乌海	Wuhai	1.47	1.47	1.24	244	伊春	Yichun	3.24	3.64	3.80	1
赤峰	Chifeng	1.89	1.63	1.47	180	佳木斯	Jiamusi	1.84	1.50	1.45	184
通辽	Tongliao	1.03	1.03	0.99	279	七台河	Qitaihe	1.59	1.92	1.73	106
鄂尔多斯	Erdos	1.12	0.99	0.98	280	牡丹江	Mudanjiang	2.66	2.52	2.12	41
呼伦贝尔	Hulunbuir	1.77	1.81	1.80	93	黑河	Heihe	2.18	2.14	1.99	65
巴彦淖尔	Bayannur	1.33	1.24	1.20	251	绥化	Suihua	1.84	1.89	1.70	112
乌兰察布	Ulanqab	1.76	1.73	1.52	164	上海	**Shanghai**	**1.67**	**1.65**	**1.63**	
辽宁	**Liaoning**	**1.46**	**1.40**	**1.38**		江苏	**Jiangsu**	**1.40**	**1.39**	**1.38**	

15-9 金融机构人民币存贷比（年末余额） 续表 1

Ratio of Deposits and Loans of Financial Institutions at Year-end continued 1

单位：% (%)

地名	City	2010	2012	2013	2013 排名 Ranking	地名	City	2010	2012	2013	2013 排名 Ranking
南京	Nanjing	1.22	1.31	1.31	224	池州	Chizhou	0.27	1.40	1.49	176
无锡	Wuxi	1.39	1.38	1.38	202	宣城	Xuancheng	1.50	1.36	1.28	233
徐州	Xuzhou	1.83	1.64	1.65	122	**福建**	**Fujian**	**1.20**	**1.14**	**1.15**	
常州	Changzhou	1.51	1.46	1.47	181	福州	Fuzhou	1.19	1.15	1.13	266
苏州	Suzhou	1.34	1.30	1.29	228	厦门	Xiamen	1.27	1.13	1.16	259
南通	Nantong	1.71	1.64	1.63	132	莆田	Putian	1.16	1.20	1.20	253
连云港	Lianyungang	1.42	1.26	1.22	246	三明	Sanming	1.09	1.12	1.06	274
淮安	Huaian	1.41	1.28	1.25	239	泉州	Quanzhou	1.26	1.28	1.35	212
盐城	Yancheng	1.52	1.47	1.47	182	漳州	Zhangzhou	1.36	1.31	1.34	214
扬州	Yangzhou	1.64	1.65	1.64	125	南平	Nanping	1.22	1.24	1.25	240
镇江	Zhenjiang	1.41	1.37	1.39	200	龙岩	Longyan	1.08	1.05	1.08	273
泰州	Taizhou	1.59	1.51	1.51	165	宁德	Ningde	0.93	0.90	0.87	283
宿迁	Suqian	1.30	1.22	1.15	261	**江西**	**Jiangxi**	**1.53**	**1.53**	**1.50**	
浙江	**Zhejiang**	**1.18**	**1.14**	**1.15**		南昌	Nanchang	1.20	1.21	1.21	247
杭州	Hangzhou	1.16	1.14	1.18	256	景德镇	Jingdezhen	1.77	1.89	1.86	78
宁波	Ningbo	1.06	1.03	1.02	278	萍乡	Pingxiang	1.79	1.73	1.64	124
温州	Wenzhou	1.16	1.09	1.10	270	九江	Jiujiang	1.70	1.62	1.67	116
嘉兴	Jiaxing	1.35	1.30	1.31	221	新余	Xinyu	1.22	1.23	1.21	249
湖州	Huzhou	1.26	1.21	1.19	254	鹰潭	Yingtan	1.66	1.57	1.53	156
绍兴	Shaoxing	1.29	1.18	1.17	257	赣州	Ganzhou	1.78	1.77	1.65	121
金华	Jinhua	1.30	1.24	1.21	250	吉安	Jian	2.30	2.26	2.09	46
衢州	Quzhou	1.23	1.21	1.20	252	宜春	Yichun	1.94	1.98	1.86	76
舟山	Zhoushan	1.14	1.09	1.13	265	抚州	Fuzhou	2.02	1.98	1.85	81
台州	Taizhou	1.21	1.18	1.19	255	上饶	Shangrao	1.69	1.70	1.66	118
丽水	Lishui	1.26	1.23	1.23	245	**山东**	**Shandong**	**1.34**	**1.36**	**1.39**	
安徽	**Anhui**	**1.43**	**1.41**	**1.40**		济南	Jinan	1.19	1.32	1.38	201
合肥	Hefei	1.08	1.13	1.17	258	青岛	Qingdao	1.30	1.19	1.24	243
芜湖	Wuhu	1.17	1.10	1.12	267	淄博	Zibo	1.47	1.50	1.48	179
蚌埠	Bengbu	1.83	1.54	1.55	148	枣庄	Zaozhuang	1.23	1.25	1.28	232
淮南	Huainan	1.34	1.43	1.38	205	东营	Dongying	1.36	1.34	1.33	217
马鞍山	Maanshan	1.53	1.46	1.46	183	烟台	Yantai	1.60	1.52	1.53	159
淮北	Huaibei	1.87	1.55	1.41	195	潍坊	Weifang	1.30	1.29	1.30	227
铜陵	Tongling	1.05	1.10	1.11	268	济宁	Jining	1.65	1.64	1.60	138
安庆	Anqing	2.11	1.99	1.85	83	泰安	Taian	1.53	1.59	1.60	140
黄山	Huangshan	1.68	1.58	1.57	146	威海	Weihai	1.43	1.49	1.53	155
滁州	Chuzhou	1.64	1.57	1.44	187	日照	Rizhao	1.19	1.29	1.37	209
阜阳	Fuyang	2.36	2.33	2.23	30	莱芜	Laiwu	1.26	1.31	1.31	222
宿州	Suzhou	2.28	2.19	2.07	48	临沂	Linyi	1.38	1.44	1.49	175
六安	Liuan	1.74	1.86	1.85	82	德州	Dezhou	1.41	1.47	1.49	177
亳州	Bozhou	2.23	1.90	1.78	96	聊城	Liaocheng	1.34	1.35	1.37	210

15-9 金融机构人民币存贷比（年末余额） 续表 2
Ratio of Deposits and Loans of Financial Institutions at Year-end continued 2

单位：% (%)

地名	City	2010	2012	2013	2013 排名 Ranking	地名	City	2010	2012	2013	2013 排名 Ranking
滨州	Binzhou	1.04	1.16	1.15	260	常德	Changde	2.00	2.17	2.04	55
菏泽	Heze	1.37	1.53	1.70	109	张家界	Zhangjiajie	1.25	1.39	1.38	203
河南	**Henan**	**1.46**	**1.58**	**1.60**		益阳	Yiyang	1.94	2.06	2.02	57
郑州	Zhengzhou	1.40	1.54	1.33	218	郴州	Chenzhou	2.56	2.34	2.28	25
开封	Kaifeng	1.69	1.73	1.62	134	永州	Yongzhou	1.99	2.16	2.11	42
洛阳	Luoyang	1.88	1.76	1.70	108	怀化	Huaihua	1.90	1.87	1.82	89
平顶山	Pingdingshan	1.64	1.56	1.57	145	娄底	Loudi	1.68	1.70	1.64	126
安阳	Anyang	1.66	1.97	2.16	36	**广东**	**Guangdong**	**1.73**	**1.66**	**1.63**	
鹤壁	Hebi	1.06	1.09	1.09	271	广州	Guangzhou	1.56	1.61	1.63	133
新乡	Xinxiang	1.61	1.70	1.66	117	韶关	Shaoguan	2.61	2.37	2.25	28
焦作	Jiaozuo	1.59	1.51	1.49	174	深圳	Shenzhen	1.47	1.52	1.53	160
濮阳	Puyang	2.54	2.75	2.56	9	珠海	Zhuhai	2.08	1.78	1.97	68
许昌	Xuchang	1.48	1.40	1.41	194	汕头	Shantou	2.90	2.81	2.62	8
漯河	Luohe	1.40	1.91	2.00	63	佛山	Foshan	1.76	1.60	1.61	135
三门峡	Sanmenxia	1.84	1.77	1.71	107	江门	Jiangmen	2.27	2.11	2.05	52
南阳	Nanyang	1.78	1.89	1.87	75	湛江	Zhanjiang	2.18	1.81	1.80	92
商丘	Shangqiu	1.48	1.93	1.87	74	茂名	Maoming	2.84	2.46	2.45	14
信阳	Xinyang	1.85	2.07	2.01	59	肇庆	Zhaoqing	1.65	1.51	1.49	173
周口	Zhoukou	1.65	2.20	2.35	19	惠州	Huizhou	1.86	1.67	1.63	131
驻马店	Zhumadian	1.94	2.22	2.26	27	梅州	Meizhou	2.53	2.34	2.27	26
湖北	**Hubei**	**1.63**	**1.56**	**1.57**		汕尾	Shanwei	2.51	2.21	2.15	37
武汉	Wuhan	1.33	1.22	1.25	242	河源	Heyuan	1.48	1.36	1.32	220
黄石	Huangshi	1.67	1.59	1.54	154	阳江	Yangjiang	1.99	1.69	1.55	150
十堰	Shiyan	2.29	2.06	1.99	64	清远	Qingyuan	1.93	1.69	1.65	119
宜昌	Yichang	1.94	1.39	1.37	206	东莞	Dongguan	1.78	1.77	1.81	91
襄阳	Xiangfan	1.92	1.82	1.76	100	中山	ZhongShan	1.96	1.80	1.79	94
鄂州	Ezhou	2.00	1.64	1.55	151	潮州	Chaozhou	3.16	3.06	2.96	4
荆门	Jingmen	2.21	2.13	2.00	62	揭阳	Jieyang	2.40	2.13	2.14	38
孝感	Xiaogan	2.07	2.13	2.13	39	云浮	Yunfu	1.76	1.68	1.60	141
荆州	Jingzhou	2.42	2.26	2.19	31	**广西**	**Guangxi**	**1.32**	**1.33**	**1.34**	
黄冈	Huanggang	2.51	2.59	2.63	6	南宁	Nanning	0.97	1.02	1.06	275
咸宁	Xianning	1.93	1.80	1.75	101	柳州	Liuzhou	1.42	1.40	1.45	185
随州	Suizhou	2.56	2.34	2.24	29	桂林	Guilin	1.74	1.73	1.69	113
湖南	**Hunan**	**1.46**	**1.50**	**1.51**		梧州	Wuzhou	1.53	1.44	1.41	196
长沙	Changsha	1.03	1.06	1.08	272	北海	Beihai	1.97	1.88	1.75	104
株洲	Zhuzhou	2.05	1.96	1.98	67	防城港	Fangchenggang	1.75	1.40	1.29	229
湘潭	Xiangtan	1.46	1.38	1.43	190	钦州	Qinzhou	1.47	1.41	1.41	197
衡阳	Hengyang	2.45	2.57	2.45	13	贵港	Guigang	1.84	1.71	1.70	110
邵阳	Shaoyang	2.72	2.52	2.35	20	玉林	Yulin	1.94	1.90	1.82	88
岳阳	Yueyang	1.80	1.95	1.95	69	百色	Baise	1.31	1.31	1.31	223

15-9 金融机构人民币存贷比（年末余额） 续表 3
Ratio of Deposits and Loans of Financial Institutions at Year-end continued 3

单位：% (%)

地名	City	2010	2012	2013	2013 排名 Ranking	地名	City	2010	2012	2013	2013 排名 Ranking
贺州	Hezhou	1.74	1.70	1.67	114	丽江	Lijiang	1.53	1.38	1.39	199
河池	Hechi	1.69	1.75	1.76	99	普洱	Puer	1.57	1.51	1.51	167
来宾	Laibin	1.64	1.58	1.49	172	临沧	Lincang	1.46	1.29	1.26	235
崇左	Chongzuo	1.93	1.83	1.70	111	**西藏**	**Tibet**	**4.30**	**3.09**	**2.32**	
海南	**Hainan**	**1.84**	**1.49**	**1.48**		拉萨	Lhasa	4.19	2.87		
海口	Haikou	1.30	1.06	1.14	263	**陕西**	**Shaanxi**	**1.64**	**1.63**	**1.58**	
三亚	Sanya	2.68	2.20	1.50	169	西安	Xi'an	1.38	1.40	1.37	208
重庆	**Chongqing**	**1.24**	**1.25**	**1.28**		铜川	Tongchuan	3.16	3.52	3.43	2
四川	**Sichuan**	**1.58**	**1.61**	**1.61**		宝鸡	Baoji	2.46	2.29	2.17	32
成都	Chengdu	1.26	0.13	1.34	215	咸阳	Xianyang	2.51	2.43	2.38	16
自贡	Zigong	2.25	2.21	2.17	33	渭南	Weinan	2.12	2.16	2.10	43
攀枝花	Panzhihua	1.50	1.44	1.29	231	延安	Yan'an	2.02	2.07	1.95	70
泸州	Luzhou	2.03	1.93	1.84	87	汉中	Hanzhong	2.66	2.67	2.53	11
德阳	Deyang	2.34	1.96	1.88	73	榆林	Yulin	1.62	1.46	1.35	213
绵阳	Mianyang	2.08	1.96	1.92	71	安康	Ankang	2.25	2.18	2.06	51
广元	Guangyuan	3.04	2.51	2.30	24	商洛	Shangluo	2.46	2.33	2.38	17
遂宁	Suining	1.89	1.86	1.79	95	**甘肃**	**Gansu**	**1.61**	**1.47**	**1.43**	
内江	Neijiang	2.25	2.19	2.10	44	兰州	Lanzhou	1.37	1.25	1.25	241
乐山	Leshan	1.48	1.57	1.64	129	嘉峪关	Jiayuguan	0.97	0.92	0.92	281
南充	Nanchong	2.59	2.55	2.32	23	金昌	Jinchang	1.22	1.50	1.50	170
眉山	Meishan	2.18	2.18	2.10	45	白银	Baiyin	1.87	1.67	1.59	143
宜宾	Yibin	2.11	2.34	2.07	49	天水	Tianshui	2.15	1.99	2.04	54
广安	Guangan	2.54	2.75	2.63	7	武威	Wuwei	2.01	1.79	1.52	163
达州	Dazhou	2.48	2.48	2.42	15	张掖	Zhangye	1.99	1.69	1.49	178
雅安	Yaan	1.90	1.79	2.04	53	平凉	Pingliang	1.63	1.81	1.85	84
巴中	Bazhong	2.75	2.79	2.56	10	酒泉	Jiuquan	1.99	1.73	1.64	128
资阳	Ziyang	2.40	2.23	2.06	50	庆阳	Qingyang	2.53	2.08	1.78	97
贵州	**Guizhou**	**1.28**	**1.27**	**1.31**		定西	Dingxi	1.88	1.71	1.64	123
贵阳	Guiyang	1.17	1.26	1.37	207	陇南	Longnan	2.21	1.96	1.86	79
六盘水	Liupanshui	1.38	1.33	1.26	237	**青海**	**Qinghai**	**1.27**	**1.26**	**1.21**	
遵义	Zunyi	1.93	1.85	1.85	85	西宁	Xining	1.05	1.05	1.03	277
安顺	Anshun	1.58	1.38	1.41	193	**宁夏**	**Ningxia**	**1.07**	**1.05**	**0.99**	
毕节	Bijie	1.95	1.70	1.53	157	银川	Yinchuan	0.97	0.92	0.88	282
铜仁	Tongren	1.55	1.41	1.40	198	石嘴山	Shizuishan	1.28	1.34	1.26	238
云南	**Yunnan**	**1.27**	**1.28**	**1.31**		吴忠	Wuzhong	1.07	1.18	1.13	264
昆明	Kunming	1.04	1.08	1.10	269	固原	Guyuan	1.78	1.80	1.67	115
曲靖	Qujing	1.61	1.63	1.58	144	中卫	Zhongwei	1.24	1.18	1.06	276
玉溪	Yuxi	1.75	1.59	1.59	142	**新疆**	**Xinjiang**	**1.78**	**1.56**	**1.43**	
保山	Baoshan	1.52		1.51	166	乌鲁木齐	Urumqi	1.73	1.48	1.42	191
昭通	Zhaotong	1.82	1.83	1.86	80	克拉玛依	Karamay	5.26	6.58	3.42	3

16

教育、卫生和文化

Education, Public Health and Culture

16-1 幼儿园数
Number of Kinder-gardens

单位：所 （unit）

地名	City	2010	2012	2013	2013 排名 Ranking
全国	**Nation Total**	**150420**	**181251**	**198533**	
北京	**Beijing**	**1245**	**1355**	**1384**	
天津	**Tianjin**	**1607**	**1657**	**1702**	
河北	**Hebei**	**7369**	**9327**	**10813**	
石家庄	Shijiazhuang	698	875	1227	33
唐山	Tangshan	484	835	847	65
秦皇岛	Qinhuangdao	178	214	281	216
邯郸	Handan	1173	1689	1829	7
邢台	Xingtai	729	928	1178	37
保定	Baoding	1617	1823	2036	4
张家口	Zhangjiakou	345	398	456	152
承德	Chengde	661	946	975	51
沧州	Cangzhou	611	623	753	83
廊坊	Langfang	265	327	438	163
衡水	Hengshui	608	669	793	74
山西	**Shanxi**	**4352**	**5489**	**5882**	
太原	Taiyuan	784	671	608	111
大同	Datong	114	423	477	147
阳泉	Yangquan	298	304	413	170
长治	Changzhi	551	629	685	99
晋城	Jincheng	484	521	483	143
朔州	Shuozhou	17	219	239	235
晋中	Jinzhong	465	524	538	128
运城	Yuncheng	546	727	818	67
忻州	Xinzhou	186	329	363	189
临汾	Linfen	432	558	674	102
吕梁	Luliang	475	584	584	116
内蒙古	**Inner Mongolia**	**2039**	**2248**	**2740**	
呼和浩特	Hohhot	158	225	255	226
包头	Baotou	151	197	222	241
乌海	Wuhai	53	44	41	283
赤峰	Chifeng	432	646	708	96
通辽	Tongliao	126	352	416	168
鄂尔多斯	Erdos	137	256	278	218
呼伦贝尔	Hulunbuir	329	304	327	200
巴彦淖尔	Bayannur	95	113	122	268
乌兰察布	Ulanqab	62	61	93	274
辽宁	**Liaoning**		**8667**	**9261**	
沈阳	Shenyang		959	972	52
大连	Dalian		1254	1263	30
鞍山	Anshan		953	1005	49
抚顺	Fushun		385	403	173
本溪	Benxi		265	241	233
丹东	Dandong		334	346	195
锦州	Jinzhou		675	811	68
营口	Yingkou		433	455	153
阜新	Fuxin		408	470	148
辽阳	Liaoyang		588	582	117
盘锦	Panjin		383	408	172
铁岭	Tieling		867	910	57
朝阳	Chaoyang		688	881	61
葫芦岛	Huludao		475	514	133
吉林	**Jilin**	**2876**	**3270**	**3808**	
长春	Changchun	617	692	735	88
吉林	Jilin	612	689	687	98
四平	Siping	289	486	496	140
辽源	Liaoyuan	151	180	218	244
通化	Tonghua	327	334	380	183
白山	Baishan	207	242	275	220
松原	Songyuan	89	276	341	197
白城	Baicheng	266	291	372	187
黑龙江	**Heilongjiang**	**3942**	**4726**	**5571**	
哈尔滨	Harbin	866	1284	1397	18
齐齐哈尔	Qiqihar	1008	801	909	58
鸡西	Jixi	188	221	221	242
鹤岗	Hegang	148	151	154	260
双鸭山	Shuangyashan	131	150	180	255
大庆	Daqing	142	352	444	162
伊春	Yichun	108	105	102	272
佳木斯	Jiamusi	172	256	349	194
七台河	Qitaihe	83	133	144	262
牡丹江	Mudanjiang	367	379	367	188
黑河	Heihe	224	293	335	199
绥化	Suihua	448	601	882	60
上海	**Shanghai**	**1252**	**1387**	**1446**	
江苏	**Jiangsu**	**3942**	**4392**	**4722**	

16-1 幼儿园数 续表 1
Number of Kinder-gardens continued 1

单位：所 （unit）

地名	City	2010	2012	2013	2013 排名 Ranking	地名	City	2010	2012	2013	2013 排名 Ranking
南京	Nanjing	501	783	757	82	池州	Chizhou	113	124	136	264
无锡	Wuxi	209	245	325	203	宣城	Xuancheng	443	455	451	157
徐州	Xuzhou	557	544	557	124	**福建**	**Fujian**	**6179**	**7183**	**7419**	
常州	Changzhou	207	232	246	230	福州	Fuzhou	1098	1260	1277	29
苏州	Suzhou	411	465	509	135	厦门	Xiamen	505	612	642	106
南通	Nantong	374	380	388	179	莆田	Putian	168	233	259	224
连云港	Lianyungang	271	283	320	205	三明	Sanming	543	530	567	120
淮安	Huaian	248	234	263	223	泉州	Quanzhou	1050	1224	1282	28
盐城	Yancheng	280	285	289	214	漳州	Zhangzhou	1630	1844	1821	8
扬州	Yangzhou	269	285	286	215	南平	Nanping	508	618	621	108
镇江	Zhenjiang	190	190	194	250	龙岩	Longyan	388	472	534	129
泰州	Taizhou	219	209	230	239	宁德	Ningde	289	390	416	168
宿迁	Suqian	206	257	358	191	**江西**	**Jiangxi**	**8518**	**10560**	**11485**	
浙江	**Zhejiang**	**9863**	**9913**	**9209**		南昌	Nanchang	501	752	767	81
杭州	Hangzhou	969	914	860	63	景德镇	Jingdezhen	483	551	453	156
宁波	Ningbo	1180	1208	1254	32	萍乡	Pingxiang	458	502	562	122
温州	Wenzhou	1771	1554	1573	14	九江	Jiujiang	682	855	906	59
嘉兴	Jiaxing	299	301	305	210	新余	Xinyu	196	255	276	219
湖州	Huzhou	175	180	175	256	鹰潭	Yingtan	90	111	208	246
绍兴	Shaoxing	695	673	659	105	赣州	Ganzhou	2441	2853	3003	1
金华	Jinhua	1604	1581	1476	17	吉安	Jian	1218	1502	1596	13
衢州	Quzhou	889	812	717	94	宜春	Yichun	1003	1204	1299	25
舟山	Zhoushan	113	115	118	270	抚州	Fuzhou	356	389	454	154
台州	Taizhou	1291	1434	1331	23	上饶	Shangrao	1090	1586	1961	5
丽水	Lishui	877	801	741	86	**山东**	**Shandong**	**17751**	**18505**	**18528**	
安徽	**Anhui**	**4018**	**5192**	**6075**		济南	Jinan	1460	1354	1394	19
合肥	Hefei	460	698	768	80	青岛	Qingdao	2343	2475	2411	3
芜湖	Wuhu	354	409	431	165	淄博	Zibo	757	812	802	70
蚌埠	Bengbu	133	258	294	212	枣庄	Zaozhuang	634	637	663	104
淮南	Huainan	97	160	187	252	东营	Dongying	472	420	391	177
马鞍山	Maanshan	166	219	241	233	烟台	Yantai	1239	1165	1095	44
淮北	Huaibei	112	172	231	238	潍坊	Weifang	1724	1724	1751	9
铜陵	Tongling	49	68	72	279	济宁	Jining	1506	1697	1697	10
安庆	Anqing	140	282	326	201	泰安	Taian	1120	1051	1112	43
黄山	Huangshan	94	147	158	259	威海	Weihai	309	293	280	217
滁州	Chuzhou	314	376	545	127	日照	Rizhao	740	668	620	110
阜阳	Fuyang	398	523	563	121	莱芜	Laiwu	433	373	386	181
宿州	Suzhou	213	413	549	125	临沂	Linyi	2184	2347	2602	2
六安	Liuan	567	602	639	107	德州	Dezhou	376	637	782	79
亳州	Bozhou	193	286	484	142	聊城	Liaocheng	338	320	351	193

16-1 幼儿园数 续表 2
Number of Kinder-gardens continued 2

单位：所 （unit）

地名	City	2010	2012	2013	2013 排名 Ranking	地名	City	2010	2012	2013	2013 排名 Ranking
滨州	Binzhou	390	486	532	130	常德	Changde	762	879	929	54
菏泽	Heze	1726	1071	1659	11	张家界	Zhangjiajie	208	307	313	207
河南	**Henan**	**7698**	**12757**	**14485**		益阳	Yiyang	412	529	577	119
郑州	Zhengzhou	730	1197	1354	21	郴州	Chenzhou	535	739	872	62
开封	Kaifeng	350	690	742	85	永州	Yongzhou	784	1457	1636	12
洛阳	Luoyang	375	576	726	92	怀化	Huaihua	330	566	608	111
平顶山	Pingdingshan	506	991	1044	47	娄底	Loudi	278	400	505	138
安阳	Anyang	732	910	1161	40	广东	**Guangdong**	**11161**	**12711**	**13789**	
鹤壁	Hebi	170	352	352	192	广州	Guangzhou	1532	1601	1562	15
新乡	Xinxiang	784	2023	1559	16	韶关	Shaoguan	389	412	424	167
焦作	Jiaozuo	498	537	548	126	深圳	Shenzhen	1040	1186	1313	24
濮阳	Puyang	226	375	528	131	珠海	Zhuhai	227	232	248	228
许昌	Xuchang	758	968	987	50	汕头	Shantou	690	830	787	76
漯河	Luohe	196	311	380	183	佛山	Foshan	771	793	809	69
三门峡	Sanmenxia	205	316	320	205	江门	Jiangmen	439	470	482	144
南阳	Nanyang	489	1062	1286	27	湛江	Zhanjiang	557	847	1206	35
商丘	Shangqiu	338	597	783	78	茂名	Maoming	744	889	919	56
信阳	Xinyang	340	497	698	97	肇庆	Zhaoqing	573	488	510	134
周口	Zhoukou	425	782	1140	41	惠州	Huizhou	351	436	480	145
驻马店	Zhumadian	498	573	718	93	梅州	Meizhou	367	417	509	135
湖北	**Hubei**	**4562**	**4677**	**6011**		汕尾	Shanwei	108	144	141	263
武汉	Wuhan	785	888	924	55	河源	Heyuan	283	395	487	141
黄石	Huangshi	210	237	303	211	阳江	Yangjiang	234	312	401	174
十堰	Shiyan	163	292	322	204	清远	Qingyuan	428	432	508	137
宜昌	Yichang	359	383	382	182	东莞	Dongguan	727	791	827	66
襄阳	Xiangfan	455	540	621	108	中山	ZhongShan	435	454	454	154
鄂州	Ezhou	48	65	73	277	潮州	Chaozhou	586	644	682	100
荆门	Jingmen	132	207	206	247	揭阳	Jieyang	551	672	731	90
孝感	Xiaogan	391	438	467	150	云浮	Yunfu	188	266	309	209
荆州	Jingzhou	392	439	451	157	广西	**Guangxi**	**5349**	**7554**	**9075**	
黄冈	Huanggang	517	637	794	72	南宁	Nanning	990	1200	1209	34
咸宁	Xianning	246	378	396	176	柳州	Liuzhou	388	581	599	114
随州	Suizhou	136	173	181	254	桂林	Guilin	500	664	728	91
湖南	**Hunan**	**7829**	**10618**	**12236**		梧州	Wuzhou	294	330	409	171
长沙	Changsha	995	1325	1345	22	北海	Beihai	171	213	228	240
株洲	Zhuzhou	740	870	934	53	防城港	Fangchenggang	114	100	128	266
湘潭	Xiangtan	286	402	447	160	钦州	Qinzhou	97	236	247	229
衡阳	Hengyang	705	999	1168	39	贵港	Guigang	423	612	786	77
邵阳	Shaoyang	729	1092	1263	30	玉林	Yulin	592	882	1170	38
岳阳	Yueyang	718	1053	1120	42	百色	Baise	708	971	1394	19

16-1 幼儿园数 续表 3
Number of Kinder-gardens continued 3

单位：所 （unit）

地名	City	2010	2012	2013	2013 排名 Ranking	地名	City	2010	2012	2013	2013 排名 Ranking
贺州	Hezhou	198	263	312	208	丽江	Lijiang	115	172	190	251
河池	Hechi	242	508	717	94	普洱	Puer	106	111	128	266
来宾	Laibin	443	539	680	101	临沧	Lincang	62	72	73	277
崇左	Chongzuo	340	455	468	149	**西藏**	**Tibet**	**119**	**248**	**611**	
海南	**Hainan**	**1005**	**1070**	**633**		拉萨	Lhasa	40	96	119	269
海口	Haikou	350	492	558	123	**陕西**	**Shaanxi**	**3928**	**5761**	**6356**	
三亚	Sanya	48	60	75	276	西安	Xi'an	1004	1239	1295	26
重庆	**Chongqing**	**4105**	**4164**	**2908**		铜川	Tongchuan	51	67	83	275
四川	**Sichuan**	**9483**	**10212**	**11759**		宝鸡	Baoji	201	337	400	175
成都	Chengdu	1724	1848	1874	6	咸阳	Xianyang	329	682	800	71
自贡	Zigong	324	351	388	179	渭南	Weinan	575	1037	1086	45
攀枝花	Panzhihua	186	188	201	248	延安	Yan'an	349	467	523	132
泸州	Luzhou	439	555	590	115	汉中	Hanzhong	655	750	745	84
德阳	Deyang	249	242	249	227	榆林	Yulin	363	542	674	102
绵阳	Mianyang	518	546	582	117	安康	Ankang	199	308	346	195
广元	Guangyuan	171	271	264	222	商洛	Shangluo	181	332	374	186
遂宁	Suining	228	338	378	185	**甘肃**	**Gansu**	**2407**	**2511**	**3141**	
内江	Neijiang	502	510	604	113	兰州	Lanzhou	281	324	389	178
乐山	Leshan	346	440	478	146	嘉峪关	Jiayuguan	53	56	59	282
南充	Nanchong	299	623	854	64	金昌	Jinchang	69	66	61	280
眉山	Meishan	442	446	437	164	白银	Baiyin	112	140	162	258
宜宾	Yibin	799	860	792	75	天水	Tianshui	151	206	257	225
广安	Guangan	611	721	736	87	武威	Wuwei	238	166	196	249
达州	Dazhou	639	688	735	88	张掖	Zhangye	463	436	447	160
雅安	Yaan	202	245	238	236	平凉	Pingliang	172	203	238	236
巴中	Bazhong	182	198	211	245	酒泉	Jiuquan	247	268	267	221
资阳	Ziyang	1028	1046	1195	36	庆阳	Qingyang	322	397	431	165
贵州	**Guizhou**	**2196**	**2727**	**4016**		定西	Dingxi	160	131	185	253
贵阳	Guiyang	360	444	499	139	陇南	Longnan	54	118	132	265
六盘水	Liupanshui	165	223	245	231	**青海**	**Qinghai**	**599**	**1030**	**1245**	
遵义	Zunyi	465	711	794	72	西宁	Xining	296	331	359	190
安顺	Anshun	183	259	338	198	**宁夏**	**Ningxia**	**373**	**527**	**634**	
毕节	Bijie	110	234	326	201	银川	Yinchuan	151	197	219	243
铜仁	Tongren	280	392	448	159	石嘴山	Shizuishan	61	89	94	273
云南	**Yunnan**	**3790**	**4307**	**5326**		吴忠	Wuzhong	61	93	110	271
昆明	Kunming	828	1127	1086	45	固原	Guyuan	63	97	151	261
曲靖	Qujing	655	969	1025	48	中卫	Zhongwei	37	51	60	281
玉溪	Yuxi	214	238	243	232	**新疆**	**Xinjiang**	**2563**	**3525**	**3630**	
保山	Baoshan	151	175	458	151	乌鲁木齐	Urumqi	255	280	293	213
昭通	Zhaotong	88	100	175	256	克拉玛依	Karamay	34	38	38	284

16-2 幼儿园在园学生数
Children Enrollment

单位：万人 （10 000 persons）

地名	City	2010	2012	2013	2013 排名 Ranking
全国	**Nation Total**	**2976.67**	**3685.76**	**3894.70**	
北京	**Beijing**	**27.70**	**34.14**	**34.87**	
天津	**Tianjin**	**21.79**	**25.61**	**23.38**	
河北	**Hebei**	**168.04**	**196.25**	**212.95**	
石家庄	Shijiazhuang	19.05	23.03	28.15	17
唐山	Tangshan	19.20	20.48	21.01	40
秦皇岛	Qinhuangdao	6.13	7.04	7.40	177
邯郸	Handan	23.62	30.74	31.58	11
邢台	Xingtai	16.66	19.70	21.86	35
保定	Baoding	29.23	32.38	34.38	7
张家口	Zhangjiakou	7.94	9.36	8.89	152
承德	Chengde	10.04	10.69	10.85	124
沧州	Cangzhou	19.63	23.12	26.12	21
廊坊	Langfang	9.29	12.04	13.95	86
衡水	Hengshui	7.25	7.67	8.76	155
山西	**Shanxi**	**71.03**	**91.48**	**95.13**	
太原	Taiyuan	9.54	11.06	11.34	112
大同	Datong	2.31	7.43	7.58	171
阳泉	Yangquan	2.90	3.38	3.35	248
长治	Changzhi	7.21	8.53	8.91	151
晋城	Jincheng	5.00	5.25	5.06	219
朔州	Shuozhou	1.30	3.94	4.00	238
晋中	Jinzhong	9.50	10.41	10.95	122
运城	Yuncheng	14.60	13.89	14.29	84
忻州	Xinzhou	4.77	7.55	7.82	167
临汾	Linfen	5.50	8.07	9.62	142
吕梁	Luliang	8.30	11.97	12.21	105
内蒙古	**Inner Mongolia**	**38.08**	**52.82**	**51.55**	
呼和浩特	Hohhot	3.47	4.70	5.10	216
包头	Baotou	3.12	3.84	4.12	234
乌海	Wuhai	1.16	1.21	1.17	280
赤峰	Chifeng	7.87	10.01	11.17	115
通辽	Tongliao	3.95	6.11	6.18	198
鄂尔多斯	Erdos	5.00	7.36	7.82	167
呼伦贝尔	Hulunbuir	3.68	4.50	4.57	228
巴彦淖尔	Bayannur	3.10	3.58	3.64	242
乌兰察布	Ulanqab	1.54	1.85	2.05	269
辽宁	**Liaoning**		**94.20**	**85.62**	
沈阳	Shenyang		14.31	14.28	85
大连	Dalian		13.25	13.47	94
鞍山	Anshan		7.27	7.34	179
抚顺	Fushun		3.29	3.22	251
本溪	Benxi		2.58	2.69	260
丹东	Dandong		4.04	4.08	236
锦州	Jinzhou		6.39	5.98	203
营口	Yingkou		4.60	4.75	224
阜新	Fuxin		3.62	3.65	241
辽阳	Liaoyang		3.63	3.48	244
盘锦	Panjin		2.76	2.83	258
铁岭	Tieling		6.44	6.91	188
朝阳	Chaoyang		7.92	6.94	186
葫芦岛	Huludao		5.85	6.00	202
吉林	**Jilin**	**34.28**	**54.04**	**44.19**	
长春	Changchun	10.24	11.03	11.59	109
吉林	Jilin	7.60	8.67	8.13	162
四平	Siping	2.54	5.00	4.76	223
辽源	Liaoyuan	1.63	1.98	2.10	268
通化	Tonghua	3.10	3.63	4.11	235
白山	Baishan	1.03	1.75	1.75	273
松原	Songyuan	2.17	3.91	4.44	229
白城	Baicheng	2.42	3.33	3.31	250
黑龙江	**Heilongjiang**	**49.16**	**57.24**	**54.08**	
哈尔滨	Harbin	13.23	15.67	15.65	72
齐齐哈尔	Qiqihar	8.91	10.11	8.13	162
鸡西	Jixi	2.43	2.60	2.43	263
鹤岗	Hegang	1.64	1.47	1.33	278
双鸭山	Shuangyashan	2.44	2.28	2.12	267
大庆	Daqing	4.65	4.62	4.90	221
伊春	Yichun	0.85	1.17	0.97	283
佳木斯	Jiamusi	4.10	4.70	4.07	237
七台河	Qitaihe	1.31	1.51	1.40	277
牡丹江	Mudanjiang	3.54	3.34	3.42	245
黑河	Heihe	2.55	2.69	2.40	264
绥化	Suihua	2.93	7.08	6.68	192
上海	**Shanghai**	**40.03**	**47.42**	**50.14**	
江苏	**Jiangsu**	**205.70**	**220.44**	**231.82**	

16-2 幼儿园在园学生数 续表 1
Children Enrollment continued 1

单位：万人 （10 000 persons）

地名	City	2010	2012	2013	2013 排名 Ranking	地名	City	2010	2012	2013	2013 排名 Ranking
南京	Nanjing	15.28	17.06	17.55	61	池州	Chizhou	2.93	3.28	3.33	249
无锡	Wuxi	14.18	14.43	14.98	80	宣城	Xuancheng	6.25	6.68	6.64	194
徐州	Xuzhou	29.68	35.35	40.89	2	**福建**	**Fujian**	**116.63**	**139.99**	**143.30**	
常州	Changzhou	9.69	10.79	11.19	114	福州	Fuzhou	22.86	25.97	26.62	20
苏州	Suzhou	19.79	22.97	24.80	24	厦门	Xiamen	8.77	11.42	12.16	106
南通	Nantong	15.04	14.65	14.98	80	莆田	Putian	8.94	9.77	10.19	131
连云港	Lianyungang	17.54	17.63	18.64	54	三明	Sanming	7.57	9.18	9.54	145
淮安	Huaian	17.08	17.35	16.69	67	泉州	Quanzhou	25.69	32.08	33.98	8
盐城	Yancheng	25.19	24.38	24.36	27	漳州	Zhangzhou	14.82	18.14	17.84	58
扬州	Yangzhou	9.95	9.89	9.87	137	南平	Nanping	9.27	10.87	10.61	129
镇江	Zhenjiang	6.20	6.70	6.49	195	龙岩	Longyan	9.76	11.64	11.21	113
泰州	Taizhou	10.81	10.67	10.63	128	宁德	Ningde	8.95	10.92	11.15	116
宿迁	Suqian	15.26	18.57	20.75	41	**江西**	**Jiangxi**	**123.51**	**152.10**	**156.32**	
浙江	**Zhejiang**	**183.05**	**188.62**	**186.87**		南昌	Nanchang	8.97	12.53	13.25	96
杭州	Hangzhou	26.74	28.34	28.54	14	景德镇	Jingdezhen	4.15	4.88	5.08	218
宁波	Ningbo	25.81	27.57	27.59	19	萍乡	Pingxiang	6.19	7.50	7.37	178
温州	Wenzhou	32.26	33.22	32.78	10	九江	Jiujiang	11.13	13.37	14.67	82
嘉兴	Jiaxing	9.85	10.68	11.04	120	新余	Xinyu	3.52	4.49	4.73	225
湖州	Huzhou	7.24	7.47	7.51	174	鹰潭	Yingtan	2.39	2.95	3.89	239
绍兴	Shaoxing	13.82	13.45	12.95	100	赣州	Ganzhou	29.17	34.14	35.38	6
金华	Jinhua	22.36	23.79	24.60	25	吉安	Jian	15.03	17.53	17.20	63
衢州	Quzhou	8.00	7.77	7.56	172	宜春	Yichun	16.02	20.95	21.03	39
舟山	Zhoushan	2.53	2.59	2.59	261	抚州	Fuzhou	8.11	10.03	10.01	134
台州	Taizhou	25.98	25.19	23.30	32	上饶	Shangrao	18.84	23.73	23.71	30
丽水	Lishui	8.49	8.55	8.41	158	**山东**	**Shandong**	**108.51**	**121.92**	**116.10**	
安徽	**Anhui**	**100.82**	**121.81**	**167.94**		济南	Jinan	5.59	5.86	5.73	207
合肥	Hefei	9.51	20.54	21.18	37	青岛	Qingdao	6.45	7.20	7.54	173
芜湖	Wuhu	4.48	8.23	8.30	160	淄博	Zibo	4.30	2.95	3.16	252
蚌埠	Bengbu	4.65	9.75	10.41	130	枣庄	Zaozhuang	5.14	5.53	5.61	210
淮南	Huainan	2.63	6.19	6.92	187	东营	Dongying	2.01	2.14	1.77	272
马鞍山	Maanshan	2.73	4.78	5.02	220	烟台	Yantai	4.01	4.19	4.65	227
淮北	Huaibei	3.46	6.12	6.67	193	潍坊	Weifang	10.87	8.02	8.23	161
铜陵	Tongling	1.00	1.42	1.52	276	济宁	Jining	11.74	12.08	11.98	107
安庆	Anqing	5.91	11.22	10.67	127	泰安	Taian	6.84	5.69	5.18	215
黄山	Huangshan	3.25	3.52	3.52	243	威海	Weihai	1.34	1.60	1.79	271
滁州	Chuzhou	7.64	9.59	9.91	136	日照	Rizhao	3.29	2.96	2.87	256
阜阳	Fuyang	14.48	20.07	23.79	29	莱芜	Laiwu	0.81	0.99	1.13	281
宿州	Suzhou	7.17	15.46	16.81	66	临沂	Linyi	15.02	19.09	17.69	60
六安	Liuan	10.65	14.48	14.99	79	德州	Dezhou	5.43	7.91	8.12	165
亳州	Bozhou	7.39	16.53	18.26	56	聊城	Liaocheng	6.27	9.16	9.70	139

16-2 幼儿园在园学生数 续表 2
Children Enrollment continued 2

单位：万人 （10 000 persons）

地名	City	2010	2012	2013	2013 排名 Ranking	地名	City	2010	2012	2013	2013 排名 Ranking
滨州	Binzhou	3.64	4.47	4.26	231	常德	Changde	10.88	12.55	13.54	92
菏泽	Heze	15.74	12.79	16.69	67	张家界	Zhangjiajie	3.84	4.98	5.28	213
河南	**Henan**	**196.67**	**290.71**	**346.96**		益阳	Yiyang	7.40	9.10	9.55	144
郑州	Zhengzhou	19.51	31.01	33.30	9	郴州	Chenzhou	10.60	13.60	15.06	76
开封	Kaifeng	9.92	15.87	16.31	69	永州	Yongzhou	14.96	18.77	20.04	45
洛阳	Luoyang	10.06	16.23	20.10	44	怀化	Huaihua	9.33	12.39	13.88	87
平顶山	Pingdingshan	10.01	18.36	19.19	51	娄底	Loudi	7.66	8.18	9.57	143
安阳	Anyang	11.41	17.23	19.25	49	**广东**	**Guangdong**	**227.23**	**315.81**	**354.58**	
鹤壁	Hebi	2.81	6.21	6.16	200	广州	Guangzhou	34.30	38.34	37.87	4
新乡	Xinxiang	13.75	25.60	22.65	33	韶关	Shaoguan	8.60	10.13	10.79	125
焦作	Jiaozuo	8.25	8.08	10.95	122	深圳	Shenzhen	26.09	31.69	36.89	5
濮阳	Puyang	6.43	12.08	13.62	91	珠海	Zhuhai	4.67	5.04	5.48	212
许昌	Xuchang	12.93	16.65	17.47	62	汕头	Shantou	13.33	15.53	16.22	71
漯河	Luohe	4.90	7.18	8.47	157	佛山	Foshan	19.79	22.25	23.65	31
三门峡	Sanmenxia	4.67	6.79	7.03	184	江门	Jiangmen	11.59	12.21	12.84	101
南阳	Nanyang	21.79	39.47	41.15	1	湛江	Zhanjiang	18.61	22.72	23.81	28
商丘	Shangqiu	13.17	24.06	28.50	15	茂名	Maoming	18.70	25.47	25.84	23
信阳	Xinyang	14.85	20.25	21.06	38	肇庆	Zhaoqing	12.76	12.83	13.64	90
周口	Zhoukou	15.47	27.87	30.57	12	惠州	Huizhou	11.44	14.47	16.31	69
驻马店	Zhumadian	15.17	23.94	28.25	16	梅州	Meizhou	9.73	11.69	12.96	99
湖北	**Hubei**	**111.74**	**139.62**	**147.33**		汕尾	Shanwei	5.18	5.67	5.62	209
武汉	Wuhan	16.57	20.34	22.43	34	河源	Heyuan	8.26	10.90	12.33	103
黄石	Huangshi	4.59	6.93	6.82	189	阳江	Yangjiang	3.81	8.38	8.85	153
十堰	Shiyan	7.60	9.11	9.81	138	清远	Qingyuan	9.21	11.97	13.68	89
宜昌	Yichang	6.92	7.85	8.53	156	东莞	Dongguan	20.84	25.57	27.78	18
襄阳	Xiangfan	10.77	13.42	15.35	75	中山	ZhongShan	9.63	11.12	11.07	119
鄂州	Ezhou	0.97	1.10	1.57	275	潮州	Chaozhou	6.68	7.93	9.64	141
荆门	Jingmen	5.26	5.90	5.92	206	揭阳	Jieyang	15.12	18.00	19.91	46
孝感	Xiaogan	9.93	12.16	11.58	110	云浮	Yunfu	6.86	8.77	9.40	147
荆州	Jingzhou	10.96	13.08	13.87	88	**广西**	**Guangxi**	**118.53**	**150.25**	**178.20**	
黄冈	Huanggang	12.49	15.51	17.96	57	南宁	Nanning	17.30	21.68	24.43	26
咸宁	Xianning	6.83	8.99	9.43	146	柳州	Liuzhou	9.07	10.73	11.01	121
随州	Suizhou	5.04	5.23	5.71	208	桂林	Guilin	11.01	15.18	15.42	73
湖南	**Hunan**	**141.91**	**168.75**	**191.24**		梧州	Wuzhou	8.04	10.00	11.08	118
长沙	Changsha	17.16	20.51	21.57	36	北海	Beihai	4.40	5.62	6.48	196
株洲	Zhuzhou	9.75	12.12	13.18	97	防城港	Fangchenggang	1.57	2.45	2.28	265
湘潭	Xiangtan	3.59	5.19	5.94	205	钦州	Qinzhou	8.64	14.18	15.00	78
衡阳	Hengyang	14.62	19.07	20.36	42	贵港	Guigang	13.80	16.57	18.41	55
邵阳	Shaoyang	14.53	17.59	19.20	50	玉林	Yulin	14.11	18.44	25.98	22
岳阳	Yueyang	11.43	14.70	15.41	74	百色	Baise	10.81	13.85	13.52	93

16-2 幼儿园在园学生数 续表 3
Children Enrollment continued 3

单位：万人 （10 000 persons）

地名	City	2010	2012	2013	2013 排名 Ranking	地名	City	2010	2012	2013	2013 排名 Ranking
贺州	Hezhou	4.24	6.20	6.20	197	丽江	Lijiang	2.25	2.61	2.95	254
河池	Hechi	6.94	14.17	13.44	95	普洱	Puer	3.57	4.28	4.67	226
来宾	Laibin	5.35	6.39	7.45	176	临沧	Lincang	3.89	4.64	4.80	222
崇左	Chongzuo	5.46	7.63	7.50	175	**西藏**	**Tibet**	**3.46**	**3.01**	**7.24**	
海南	**Hainan**	**18.16**	**13.06**	**11.45**		拉萨	Lhasa	2.32	1.94	2.14	266
海口	Haikou	5.40	8.43	8.95	149	**陕西**	**Shaanxi**	**70.48**	**110.78**	**127.11**	
三亚	Sanya	0.40	1.95	2.50	262	西安	Xi'an	18.36	27.08	28.56	13
重庆	**Chongqing**	**70.87**	**87.28**	**50.10**		铜川	Tongchuan	0.94	1.53	1.61	274
四川	**Sichuan**	**188.75**	**219.01**	**231.48**		宝鸡	Baoji	5.69	9.22	10.17	132
成都	Chengdu	32.61	38.45	40.15	3	咸阳	Xianyang	6.96	15.90	16.89	65
自贡	Zigong	6.11	6.63	6.77	190	渭南	Weinan	8.46	16.16	17.19	64
攀枝花	Panzhihua	3.19	3.12	3.11	253	延安	Yan'an	6.36	10.45	11.43	111
泸州	Luzhou	13.83	14.65	14.50	83	汉中	Hanzhong	7.37	9.68	9.94	135
德阳	Deyang	7.17	8.62	9.03	148	榆林	Yulin	7.97	12.72	15.01	77
绵阳	Mianyang	9.92	12.23	12.80	102	安康	Ankang	4.88	7.09	7.65	170
广元	Guangyuan	5.46	6.73	7.21	180	商洛	Shangluo	3.02	6.91	7.84	166
遂宁	Suining	7.08	8.47	8.93	150	**甘肃**	**Gansu**	**38.73**	**44.82**	**54.96**	
内江	Neijiang	10.10	10.15	10.12	133	兰州	Lanzhou	5.56	6.08	6.71	191
乐山	Leshan	6.69	7.60	8.13	162	嘉峪关	Jiayuguan	0.61	0.75	0.80	284
南充	Nanchong	11.86	16.63	17.77	59	金昌	Jinchang	1.17	1.27	1.22	279
眉山	Meishan	6.90	7.85	8.77	154	白银	Baiyin	2.26	2.98	3.39	246
宜宾	Yibin	11.30	12.41	13.15	98	天水	Tianshui	3.69	4.05	5.23	214
广安	Guangan	8.33	9.73	10.68	126	武威	Wuwei	3.48	4.13	4.20	232
达州	Dazhou	15.60	17.96	18.98	53	张掖	Zhangye	2.88	3.31	3.38	247
雅安	Yaan	3.50	4.09	4.16	233	平凉	Pingliang	3.41	4.07	4.36	230
巴中	Bazhong	6.98	7.79	8.31	159	酒泉	Jiuquan	2.62	2.92	2.92	255
资阳	Ziyang	11.94	12.72	12.31	104	庆阳	Qingyang	4.84	6.12	7.15	181
贵州	**Guizhou**	**76.91**	**90.78**	**107.75**		定西	Dingxi	3.72	4.52	5.10	216
贵阳	Guiyang	8.37	10.04	11.15	116	陇南	Longnan	2.46	4.62	5.95	204
六盘水	Liupanshui	5.16	6.16	6.97	185	**青海**	**Qinghai**	**11.20**	**14.10**	**16.67**	
遵义	Zunyi	14.59	17.40	19.28	48	西宁	Xining	5.64	6.49	7.04	183
安顺	Anshun	4.34	6.87	7.71	169	**宁夏**	**Ningxia**	**13.79**	**16.02**	**16.91**	
毕节	Bijie	12.06	19.87	20.17	43	银川	Yinchuan	3.95	5.07	5.58	211
铜仁	Tongren	9.95	11.38	11.80	108	石嘴山	Shizuishan	1.69	1.97	1.91	270
云南	**Yunnan**	**98.69**	**110.59**	**119.01**		吴忠	Wuzhong	3.38	3.72	3.78	240
昆明	Kunming	17.85	19.15	19.68	47	固原	Guyuan	2.12	2.42	2.79	259
曲靖	Qujing	14.11	18.04	19.01	52	中卫	Zhongwei	2.65	2.84	2.85	257
玉溪	Yuxi	5.82	5.86	6.04	201	**新疆**	**Xinjiang**	**57.90**	**70.11**	**66.38**	
保山	Baoshan	6.11	6.59	7.10	182	乌鲁木齐	Urumqi	5.01	6.14	6.18	198
昭通	Zhaotong	6.87	8.96	9.68	140	克拉玛依	Karamay	0.88	1.02	1.11	282

16-3 普通小学学校数
Number of Primary Schoolss

单位：所 （unit）

地名	City	2010	2012	2013	2013 排名 Ranking	地名	City	2010	2012	2013	2013 排名 Ranking
全国	**Nation Total**	**257410**	**228585**	**213529**		沈阳	Shenyang	415	325	320	194
北京	**Beijing**	**1104**	**1081**	**1093**		大连	Dalian	700	629	569	124
天津	**Tianjin**	**956**	**843**	**838**		鞍山	Anshan	658	586	576	123
河北	**Hebei**	**13563**	**12898**	**12538**		抚顺	Fushun	194	147	139	255
石家庄	Shijiazhuang	1750	1546	1418	28	本溪	Benxi	66	65	74	276
唐山	Tangshan	1242	1159	1122	54	丹东	Dandong	474	456	462	144
秦皇岛	Qinhuangdao	471	444	429	156	锦州	Jinzhou	431	390	403	161
邯郸	Handan	2093	2058	1966	11	营口	Yingkou	218	174	172	247
邢台	Xingtai	1446	1384	1375	32	阜新	Fuxin	213	100	89	271
保定	Baoding	2179	2137	2179	6	辽阳	Liaoyang	277	225	216	231
张家口	Zhangjiakou	553	537	537	131	盘锦	Panjin	56	47	49	282
承德	Chengde	646	574	512	138	铁岭	Tieling	476	361	334	185
沧州	Cangzhou	1398	1348	1314	38	朝阳	Chaoyang	702	699	683	104
廊坊	Langfang	829	797	807	88	葫芦岛	Huludao	643	575	545	127
衡水	Hengshui	956	914	879	79	吉林	**Jilin**	**5837**	**5186**	**5103**	
山西	**Shanxi**	**12776**	**10042**	**8946**		长春	Changchun	1474	1350	1345	36
太原	Taiyuan	607	581	543	128	吉林	Jilin	732	666	636	109
大同	Datong	1003	756	631	111	四平	Siping	989	911	900	75
阳泉	Yangquan	372	335	303	201	辽源	Liaoyuan	377	344	342	181
长治	Changzhi	1471	1158	950	72	通化	Tonghua	398	285	257	215
晋城	Jincheng	828	713	586	117	白山	Baishan	246	204	196	238
朔州	Shuozhou	472	354	380	168	松原	Songyuan	729	722	723	97
晋中	Jinzhong	883	718	692	101	白城	Baicheng	681	513	514	136
运城	Yuncheng	1339	1078	962	67	黑龙江	**Heilongjiang**	**6490**	**4834**	**3261**	
忻州	Xinzhou	2360	1652	1489	23	哈尔滨	Harbin	1591	1246	665	106
临汾	Linfen	1580	1296	1249	44	齐齐哈尔	Qiqihar	1172	928	861	85
吕梁	Luliang	1861	1401	1161	51	鸡西	Jixi	97	83	75	275
内蒙古	**Inner Mongolia**	**2767**	**2443**	**2308**		鹤岗	Hegang	95	93	90	270
呼和浩特	Hohhot	361	268	258	213	双鸭山	Shuangyashan	161	130	127	263
包头	Baotou	185	162	153	250	大庆	Daqing	507	436	401	163
乌海	Wuhai	30	29	27	284	伊春	Yichun	118	69	67	277
赤峰	Chifeng	671	599	542	129	佳木斯	Jiamusi	390	273	228	224
通辽	Tongliao	582	541	526	134	七台河	Qitaihe	89	60	61	279
鄂尔多斯	Erdos	117	122	121	264	牡丹江	Mudanjiang	363	286	240	220
呼伦贝尔	Hulunbuir	201	167	175	246	黑河	Heihe	231	134	129	262
巴彦淖尔	Bayannur	119	107	99	267	绥化	Suihua	1616	1040	275	207
乌兰察布	Ulanqab	230	207	189	240	上海	**Shanghai**	**766**	**761**	**759**	
辽宁	**Liaoning**	**5523**	**4779**	**4631**		江苏	**Jiangsu**	**4498**	**4128**	**4020**	

16-3 普通小学学校数 续表 1
Number of Primary Schoolss continued 1

单位：所 （unit）

地名	City	2010	2012	2013	2013 排名 Ranking	地名	City	2010	2012	2013	2013 排名 Ranking
南京	Nanjing	345	345	339	183	池州	Chizhou	403	377	315	196
无锡	Wuxi	208	192	194	239	宣城	Xuancheng	290	241	221	227
徐州	Xuzhou	871	860	870	82	福建	**Fujian**	**6974**	**5414**	**5228**	
常州	Changzhou	190	187	182	243	福州	Fuzhou	1270	1008	974	64
苏州	Suzhou	320	305	304	200	厦门	Xiamen	295	287	289	204
南通	Nantong	347	334	321	191	莆田	Putian	707	509	495	139
连云港	Lianyungang	443	435	439	151	三明	Sanming	298	244	230	223
淮安	Huaian	404	279	284	205	泉州	Quanzhou	1483	1381	1349	35
盐城	Yancheng	491	397	375	170	漳州	Zhangzhou	1263	981	921	74
扬州	Yangzhou	226	215	207	235	南平	Nanping	513	353	326	188
镇江	Zhenjiang	130	122	114	265	龙岩	Longyan	467	368	365	174
泰州	Taizhou	151	137	141	254	宁德	Ningde	678	283	279	206
宿迁	Suqian	372	320	250	217	江西	**Jiangxi**	**12772**	**11173**	**10650**	
浙江	**Zhejiang**	**3989**	**3698**	**3400**		南昌	Nanchang	1047	981	972	65
杭州	Hangzhou	408	415	419	158	景德镇	Jingdezhen	496	478	475	142
宁波	Ningbo	513	476	465	143	萍乡	Pingxiang	425	399	382	167
温州	Wenzhou	706	615	577	122	九江	Jiujiang	1332	1188	1131	53
嘉兴	Jiaxing	215	192	161	249	新余	Xinyu	155	200	98	268
湖州	Huzhou	141	136	130	260	鹰潭	Yingtan	356	344	325	189
绍兴	Shaoxing	452	405	373	171	赣州	Ganzhou	2592	2294	2140	7
金华	Jinhua	456	445	425	157	吉安	Jian	1253	1021	956	69
衢州	Quzhou	212	210	212	232	宜春	Yichun	1579	1153	1108	56
舟山	Zhoushan	61	61	57	280	抚州	Fuzhou	1334	1157	1095	57
台州	Taizhou	561	502	356	177	上饶	Shangrao	2203	1958	1968	10
丽水	Lishui	264	241	225	225	山东	**Shandong**	**12405**	**11573**	**11151**	
安徽	**Anhui**	**13997**	**12547**	**11507**		济南	Jinan	645	613	602	114
合肥	Hefei	663	964	894	77	青岛	Qingdao	894	840	806	89
芜湖	Wuhu	205	523	418	159	淄博	Zibo	357	339	325	189
蚌埠	Bengbu	857	830	730	96	枣庄	Zaozhuang	582	562	534	132
淮南	Huainan	454	425	370	172	东营	Dongying	172	145	132	259
马鞍山	Maanshan	142	312	293	203	烟台	Yantai	509	406	340	182
淮北	Huaibei	373	368	350	179	潍坊	Weifang	1057	946	868	83
铜陵	Tongling	99	88	85	272	济宁	Jining	1273	1185	1184	48
安庆	Anqing	1687	1447	1369	33	泰安	Taian	673	611	560	125
黄山	Huangshan	514	159	152	251	威海	Weihai	134	107	95	269
滁州	Chuzhou	613	544	431	155	日照	Rizhao	419	397	377	169
阜阳	Fuyang	2331	2188	2111	8	莱芜	Laiwu	166	155	148	252
宿州	Suzhou	1134	1067	962	67	临沂	Linyi	1639	1600	1461	26
六安	Liuan	1827	1655	1501	22	德州	Dezhou	960	975	970	66
亳州	Bozhou	1407	1359	1305	39	聊城	Liaocheng	782	782	784	91

16-3 普通小学学校数 续表 2
Number of Primary Schoolss continued 2

单位：所 （unit）

地名	City	2010	2012	2013	2013 排名 Ranking	地名	City	2010	2012	2013	2013 排名 Ranking
滨州	Binzhou	428	365	402	162	常德	Changde	720	652	585	118
菏泽	Heze	1715	1545	1563	20	张家界	Zhangjiajie	173	152	145	253
河南	**Henan**	**28603**	**27452**	**26086**		益阳	Yiyang	588	480	459	146
郑州	Zhengzhou	1027	1010	980	63	郴州	Chenzhou	1418	955	805	90
开封	Kaifeng	1429	1406	1401	29	永州	Yongzhou	484	464	444	150
洛阳	Luoyang	2223	2068	1722	16	怀化	Huaihua	911	626	272	208
平顶山	Pingdingshan	1480	1482	1400	30	娄底	Loudi	924	840	816	87
安阳	Anyang	1474	1401	1362	34	**广东**	**Guangdong**	**16806**	**13396**	**11824**	
鹤壁	Hebi	440	417	365	174	广州	Guangzhou	1004	941	936	73
新乡	Xinxiang	1654	1604	1539	21	韶关	Shaoguan	296	187	182	243
焦作	Jiaozuo	627	613	599	115	深圳	Shenzhen	340	333	335	184
濮阳	Puyang	1238	1191	1168	50	珠海	Zhuhai	124	114	114	265
许昌	Xuchang	1038	1017	1007	61	汕头	Shantou	798	777	768	92
漯河	Luohe	534	525	527	133	佛山	Foshan	424	411	408	160
三门峡	Sanmenxia	508	438	271	209	江门	Jiangmen	340	321	315	196
南阳	Nanyang	3763	3716	3474	3	湛江	Zhanjiang	2090	1563	1270	43
商丘	Shangqiu	2629	2469	2412	5	茂名	Maoming	2013	1731	1751	15
信阳	Xinyang	2441	2321	1983	9	肇庆	Zhaoqing	753	293	223	226
周口	Zhoukou	4064	3928	3826	2	惠州	Huizhou	689	472	460	145
驻马店	Zhumadian	1921	1740	1946	12	梅州	Meizhou	1292	782	538	130
湖北	**Hubei**	**7785**	**6614**	**5746**		汕尾	Shanwei	778	759	741	94
武汉	Wuhan	639	598	584	120	河源	Heyuan	1260	1092	585	118
黄石	Huangshi	587	488	445	149	阳江	Yangjiang	470	171	136	257
十堰	Shiyan	720	613	436	154	清远	Qingyuan	796	402	307	198
宜昌	Yichang	344	282	270	210	东莞	Dongguan	330	322	321	191
襄阳	Xiangfan	773	564	451	147	中山	ZhongShan	211	207	208	234
鄂州	Ezhou	260	191	247	218	潮州	Chaozhou	682	656	648	107
荆门	Jingmen	295	251	231	221	揭阳	Jieyang	1358	1306	1275	42
孝感	Xiaogan	668	595	447	148	云浮	Yunfu	758	556	303	201
荆州	Jingzhou	509	458	392	166	**广西**	**Guangxi**	**13942**	**13535**	**13499**	
黄冈	Huanggang	1192	995	736	95	南宁	Nanning	1515	1479	1453	27
咸宁	Xianning	477	475	396	165	柳州	Liuzhou	970	907	890	78
随州	Suizhou	195	189	189	240	桂林	Guilin	1218	1168	1173	49
湖南	**Hunan**	**12692**	**10165**	**9270**		梧州	Wuzhou	895	899	900	75
长沙	Changsha	1025	939	879	79	北海	Beihai	394	395	397	164
株洲	Zhuzhou	493	404	327	187	防城港	Fangchenggang	580	264	518	135
湘潭	Xiangtan	485	451	439	151	钦州	Qinzhou	1073	1072	1078	58
衡阳	Hengyang	1849	1664	1647	18	贵港	Guigang	1141	1136	1137	52
邵阳	Shaoyang	1667	1310	1334	37	玉林	Yulin	1461	1472	1475	25
岳阳	Yueyang	949	894	874	81	百色	Baise	1380	1307	1860	14

16-3 普通小学学校数 续表 3
Number of Primary Schoolss continued 3

单位：所 （unit）

地名	City	2010	2012	2013	2013 排名 Ranking
贺州	Hezhou	598	690	690	102
河池	Hechi	1455	1391	1399	31
来宾	Laibin	694	650	647	108
崇左	Chongzuo	755	705	706	100
海南	**Hainan**	**2313**	**2036**	**1739**	
海口	Haikou	327	228	171	248
三亚	Sanya	140	136	136	257
重庆	**Chongqing**	**5544**	**4810**	**4728**	
四川	**Sichuan**	**9282**	**8586**	**7257**	
成都	Chengdu	504	510	513	137
自贡	Zigong	435	406	244	219
攀枝花	Panzhihua	64	63	64	278
泸州	Luzhou	283	296	270	210
德阳	Deyang	255	227	206	236
绵阳	Mianyang	432	438	437	153
广元	Guangyuan	242	250	252	216
遂宁	Suining	224	218	219	230
内江	Neijiang	374	311	306	199
乐山	Leshan	501	433	360	176
南充	Nanchong	263	256	258	213
眉山	Meishan	197	196	201	237
宜宾	Yibin	1369	1308	347	180
广安	Guangan	260	242	231	221
达州	Dazhou	334	328	321	191
雅安	Yaan	291	257	184	242
巴中	Bazhong	246	217	220	228
资阳	Ziyang	266	259	263	212
贵州	**Guizhou**	**12422**	**11529**	**10632**	
贵阳	Guiyang	779	671	636	109
六盘水	Liupanshui	901	753	716	98
遵义	Zunyi	2064	1868	1633	19
安顺	Anshun	953	904	842	86
毕节	Bijie	2519	2453	2424	4
铜仁	Tongren	1494	1453	1282	41
云南	**Yunnan**	**14059**	**13020**	**12845**	
昆明	Kunming	1124	989	956	69
曲靖	Qujing	1766	1700	1702	17
玉溪	Yuxi	575	558	557	126
保山	Baoshan	1246	966	952	71
昭通	Zhaotong	1980	1946	1885	13

地名	City	2010	2012	2013	2013 排名 Ranking
丽江	Lijiang	526	488	476	141
普洱	Puer	773	645	609	113
临沧	Lincang	1576	1096	1110	55
西藏	**Tibet**	**870**	**857**	**841**	
拉萨	Lhasa	94	88	81	273
陕西	**Shaanxi**	**9710**	**7994**	**7356**	1
西安	Xi'an	1531	1322	1291	40
铜川	Tongchuan	220	139	130	260
宝鸡	Baoji	918	757	713	99
咸阳	Xianyang	1445	1314	1238	45
渭南	Weinan	1362	1175	1038	60
延安	Yan'an	386	325	319	195
汉中	Hanzhong	972	769	742	93
榆林	Yulin	653	549	490	140
安康	Ankang	886	773	686	103
商洛	Shangluo	1306	843	681	105
甘肃	**Gansu**	**11582**	**10336**	**9640**	
兰州	Lanzhou	697	622	611	112
嘉峪关	Jiayuguan	17	18	15	285
金昌	Jinchang	125	69	53	281
白银	Baiyin	754	650	590	116
天水	Tianshui	1779	1673	1480	24
武威	Wuwei	694	612	581	121
张掖	Zhangye	566	445	351	178
平凉	Pingliang	1309	1136	1054	59
酒泉	Jiuquan	314	233	220	228
庆阳	Qingyang	1341	1251	1193	47
定西	Dingxi	1430	1246	1233	46
陇南	Longnan	1220	1111	988	62
青海	**Qinghai**	**1792**	**1425**	**1250**	
西宁	Xining	334	265	181	245
宁夏	**Ningxia**	**2027**	**1896**	**1850**	
银川	Yinchuan	215	213	209	233
石嘴山	Shizuishan	89	87	76	274
吴忠	Wuzhong	368	343	330	186
固原	Guyuan	939	876	866	84
中卫	Zhongwei	416	377	369	173
新疆	**Xinjiang**	**3598**	**3534**	**3533**	
乌鲁木齐	Urumqi	140	142	138	256
克拉玛依	Karamay	5	29	28	283

16-4 普通小学专任教师数
Full-time Teachers of Primary Schools

单位：人 （person）

地名	City	2010	2012	2013	2013 排名 Ranking	地名	City	2010	2012	2013	2013 排名 Ranking
全国	**Nation Total**	**5617091**	**5585476**	**5584644**		沈阳	Shenyang	22023	21963	21709	70
北京	**Beijing**	**49480**	**52472**	**54981**		大连	Dalian	17258	17745	17942	110
天津	**Tianjin**	**37317**	**37769**	**38275**		鞍山	Anshan	12500	11829	11404	181
河北	**Hebei**	**319037**	**316962**	**318856**		抚顺	Fushun	7303	7123	6841	245
石家庄	Shijiazhuang	41632	41627	38295	13	本溪	Benxi	5665	5159	5209	260
唐山	Tangshan	29312	28648	28433	34	丹东	Dandong	8587	8300	8148	229
秦皇岛	Qinhuangdao	12970	13502	13162	163	锦州	Jinzhou	10535	10469	10285	202
邯郸	Handan	43301	44432	42656	7	营口	Yingkou	7367	7550	7515	238
邢台	Xingtai	33257	33586	32037	25	阜新	Fuxin	8005	7681	7648	237
保定	Baoding	45305	44309	42387	9	辽阳	Liaoyang	5449	5480	5523	256
张家口	Zhangjiakou	19383	18597	17794	111	盘锦	Panjin	5256	5051	5173	262
承德	Chengde	15889	15365	14939	133	铁岭	Tieling	10859	10828	10796	193
沧州	Cangzhou	35966	35309	33890	19	朝阳	Chaoyang	15093	14630	14045	151
廊坊	Langfang	21714	21445	21496	73	葫芦岛	Huludao	11022	10825	10418	199
衡水	Hengshui	20308	20160	18638	102	吉林	**Jilin**	**124502**	**119274**	**115116**	
山西	**Shanxi**	**190538**	**184326**	**180548**		长春	Changchun	33694	29128	27564	39
太原	Taiyuan	17079	15946	15681	126	吉林	Jilin	18209	16335	15568	128
大同	Datong	19595	16585	16458	121	四平	Siping	15119	13413	13273	160
阳泉	Yangquan	6318	5569	5454	257	辽源	Liaoyuan	5833	5564	5427	258
长治	Changzhi	17471	15550	14769	137	通化	Tonghua	10543	8231	8124	231
晋城	Jincheng	11206	10512	10327	201	白山	Baishan	6464	4635	4473	270
朔州	Shuozhou	11695	9795	9251	217	松原	Songyuan	14514	13563	11997	174
晋中	Jinzhong	15515	14415	14315	142	白城	Baicheng	11064	9429	9096	220
运城	Yuncheng	27458	25016	24524	51	黑龙江	**Heilongjiang**	**151344**	**144208**	**136481**	
忻州	Xinzhou	18423	15989	15687	125	哈尔滨	Harbin	38181	33753	32463	23
临汾	Linfen	23110	21132	20679	83	齐齐哈尔	Qiqihar	18653	15331	14625	140
吕梁	Luliang	22668	20414	19742	89	鸡西	Jixi	6923	4828	4184	272
内蒙古	**Inner Mongolia**	**113564**	**112898**	**110576**		鹤岗	Hegang	4240	3314	3109	278
呼和浩特	Hohhot	10201	9912	8872	223	双鸭山	Shuangyashan	6016	4857	4691	267
包头	Baotou	8810	8720	7945	234	大庆	Daqing	12373	10557	10125	203
乌海	Wuhai	2278	2344	1959	282	伊春	Yichun	4982	4270	4074	273
赤峰	Chifeng	23507	22985	21340	74	佳木斯	Jiamusi	12811	11251	9933	204
通辽	Tongliao	17664	17626	15722	124	七台河	Qitaihe	3041	2450	2385	281
鄂尔多斯	Erdos	6345	7038	7054	242	牡丹江	Mudanjiang	10545	9541	9158	219
呼伦贝尔	Hulunbuir	13367	12903	10444	198	黑河	Heihe	7580	5926	5735	254
巴彦淖尔	Bayannur	7283	7180	6090	251	绥化	Suihua	23555	20852	18244	107
乌兰察布	Ulanqab	9949	9333	8127	230	上海	**Shanghai**	**45239**	**48066**	**49772**	
辽宁	**Liaoning**	**146922**	**144633**	**142656**		江苏	**Jiangsu**	**249586**	**252580**	**258173**	

16-4 普通小学专任教师数 续表 1
Full-time Teachers of Primary Schools continued 1

单位：人 （person）

地名	City	2010	2012	2013	2013 排名 Ranking	地名	City	2010	2012	2013	2013 排名 Ranking
南京	Nanjing	19607	20235	20761	81	池州	Chizhou	5921	5836	5809	253
无锡	Wuxi	17731	18214	19108	95	宣城	Xuancheng	9710	9532	9341	212
徐州	Xuzhou	33991	35419	36511	17	**福建**	**Fujian**	**156601**	**153941**	**154490**	
常州	Changzhou	11896	12257	12689	168	福州	Fuzhou	26550	26557	27315	40
苏州	Suzhou	23375	25656	26619	45	厦门	Xiamen	9245	9877	10908	190
南通	Nantong	19082	19546	19552	90	莆田	Putian	16048	14715	14158	145
连云港	Lianyungang	20763	21035	20860	78	三明	Sanming	13529	12504	12167	171
淮安	Huaian	19690	18674	19537	91	泉州	Quanzhou	29248	30027	30618	30
盐城	Yancheng	25423	24169	24193	55	漳州	Zhangzhou	20060	19997	19874	87
扬州	Yangzhou	13579	13513	13679	156	南平	Nanping	15224	14142	13702	155
镇江	Zhenjiang	8179	8778	9077	221	龙岩	Longyan	12128	12048	11971	175
泰州	Taizhou	14951	14650	14760	138	宁德	Ningde	14569	14074	13777	153
宿迁	Suqian	21319	20434	20827	79	**江西**	**Jiangxi**	**202897**	**205470**	**207153**	
浙江	**Zhejiang**	**171908**	**179473**	**183479**		南昌	Nanchang	21292	21177	17735	112
杭州	Hangzhou	25709	27777	28949	32	景德镇	Jingdezhen	7034	6847	6572	248
宁波	Ningbo	21577	23139	24025	57	萍乡	Pingxiang	7777	7625	6883	244
温州	Wenzhou	31533	32687	32833	21	九江	Jiujiang	20613	21114	19393	94
嘉兴	Jiaxing	12027	11129	11205	185	新余	Xinyu	5368	5210	4641	269
湖州	Huzhou	8752	8533	8558	225	鹰潭	Yingtan	5099	5382	4816	266
绍兴	Shaoxing	14764	15278	15632	127	赣州	Ganzhou	39703	41115	39856	11
金华	Jinhua	16380	17406	18359	105	吉安	Jian	19010	19042	18175	109
衢州	Quzhou	7822	8116	8262	227	宜春	Yichun	23880	24187	22790	64
舟山	Zhoushan	3230	3248	2740	280	抚州	Fuzhou	19760	19721	18879	98
台州	Taizhou	20510	20116	20364	84	上饶	Shangrao	33361	34050	31625	26
丽水	Lishui	9664	9779	9597	210	**山东**	**Shandong**	**387453**	**382562**	**387312**	
安徽	**Anhui**	**245726**	**241504**	**238131**		济南	Jinan	24801	24678	25209	50
合肥	Hefei	16876	23670	21646	71	青岛	Qingdao	32023	31697	32770	22
芜湖	Wuhu	6663	11473	11390	183	淄博	Zibo	15732	15280	15283	130
蚌埠	Bengbu	12809	12637	12323	169	枣庄	Zaozhuang	17966	17751	18207	108
淮南	Huainan	9888	9446	9289	215	东营	Dongying	8344	7851	7464	239
马鞍山	Maanshan	4665	8083	7900	235	烟台	Yantai	20378	19138	18801	99
淮北	Huaibei	9246	8814	8563	224	潍坊	Weifang	37400	36850	37162	15
铜陵	Tongling	2943	2899	2890	279	济宁	Jining	32884	32685	32401	24
安庆	Anqing	22509	18578	21142	76	泰安	Taian	21444	20514	20007	86
黄山	Huangshan	5649	5400	5196	261	威海	Weihai	6866	6978	7237	241
滁州	Chuzhou	15814	15792	15331	129	日照	Rizhao	11377	11369	11323	184
阜阳	Fuyang	37512	36337	35621	18	莱芜	Laiwu	5589	5222	4666	268
宿州	Suzhou	23954	23448	22522	66	临沂	Linyi	41479	41535	45387	4
六安	Liuan	23033	20944	22773	65	德州	Dezhou	27182	27458	26910	44
亳州	Bozhou	23868	23803	24308	52	聊城	Liaocheng	23221	23187	23957	58

16-4 普通小学专任教师数 续表 2
Full-time Teachers of Primary Schools continued 2

单位：人 （person）

地名	City	2010	2012	2013	2013 排名 Ranking	地名	City	2010	2012	2013	2013 排名 Ranking
滨州	Binzhou	16174	15923	15955	123	常德	Changde	18172	17132	16971	114
菏泽	Heze	44593	44446	44573	5	张家界	Zhangjiajie	5588	5683	5610	255
河南	**Henan**	**490413**	**496856**	**494515**		益阳	Yiyang	16742	16715	14710	139
郑州	Zhengzhou	32372	34933	36768	16	郴州	Chenzhou	20414	20920	21116	77
开封	Kaifeng	23562	23424	24298	53	永州	Yongzhou	25229	24622	24204	54
洛阳	Luoyang	29860	29822	29714	31	怀化	Huaihua	20036	20130	20270	85
平顶山	Pingdingshan	24530	25049	26049	47	娄底	Loudi	15637	15466	15137	131
安阳	Anyang	24442	25343	25671	48	**广东**	**Guangdong**	**430735**	**432374**	**437532**	
鹤壁	Hebi	7565	7990	7776	236	广州	Guangzhou	43698	38257	37706	14
新乡	Xinxiang	24919	25498	25527	49	韶关	Shaoguan	13635	11461	11398	182
焦作	Jiaozuo	15528	15349	14924	134	深圳	Shenzhen	29769	21222	22034	68
濮阳	Puyang	19712	20270	20725	82	珠海	Zhuhai	5749	5255	5247	259
许昌	Xuchang	23673	23535	23372	61	汕头	Shantou	22819	22064	21555	72
漯河	Luohe	11884	11559	11642	178	佛山	Foshan	20070	19316	19819	88
三门峡	Sanmenxia	10746	10681	10362	200	江门	Jiangmen	16009	14506	14573	141
南阳	Nanyang	49478	50970	51522	3	湛江	Zhanjiang	37974	34640	33526	20
商丘	Shangqiu	51509	50765	51850	2	茂名	Maoming	34331	32583	31376	29
信阳	Xinyang	42216	43008	42496	8	肇庆	Zhaoqing	19107	16822	16700	120
周口	Zhoukou	55098	54198	52052	1	惠州	Huizhou	20852	17506	18628	103
驻马店	Zhumadian	40711	41783	42164	10	梅州	Meizhou	21694	18975	18694	101
湖北	**Hubei**	**197463**	**191699**	**196556**		汕尾	Shanwei	15241	13808	14108	146
武汉	Wuhan	27235	26630	27757	38	河源	Heyuan	15664	14865	14816	136
黄石	Huangshi	9647	9566	10675	195	阳江	Yangjiang	12498	11066	10649	196
十堰	Shiyan	14699	12876	14228	143	清远	Qingyuan	16517	14348	14091	147
宜昌	Yichang	10919	11003	11509	179	东莞	Dongguan	23733	17659	18262	106
襄阳	Xiangfan	21747	19946	21143	75	中山	ZhongShan	10646	9044	9327	214
鄂州	Ezhou	4953	5101	4817	265	潮州	Chaozhou	10329	9862	9669	208
荆门	Jingmen	9922	9557	9330	213	揭阳	Jieyang	28877	26494	26977	42
孝感	Xiaogan	18499	16702	16878	117	云浮	Yunfu	11723	11293	10991	189
荆州	Jingzhou	15465	13420	14015	152	**广西**	**Guangxi**	**220183**	**217151**	**21557**	
黄冈	Huanggang	22802	22586	23604	60	南宁	Nanning	28596	28487	28234	35
咸宁	Xianning	9788	10288	10890	192	柳州	Liuzhou	15076	14094	14999	132
随州	Suizhou	7677	6968	7013	243	桂林	Guilin	19051	18958	19003	96
湖南	**Hunan**	**250039**	**246859**	**246273**		梧州	Wuzhou	14359	14079	13774	154
长沙	Changsha	21015	21345	22482	67	北海	Beihai	7155	7160	6765	247
株洲	Zhuzhou	12273	12051	12048	172	防城港	Fangchenggang	4632	4363	4227	271
湘潭	Xiangtan	9091	8421	8299	226	钦州	Qinzhou	15572	16004	17325	113
衡阳	Hengyang	28071	28034	27199	41	贵港	Guigang	21097	20653	20821	80
邵阳	Shaoyang	25943	25121	26962	43	玉林	Yulin	27815	28195	28041	36
岳阳	Yueyang	19235	18930	18720	100	百色	Baise	17123	16678	16306	122

16-4 普通小学专任教师数 续表 3
Full-time Teachers of Primary Schools continued 3

单位：人 (person)

地名	City	2010	2012	2013	2013 排名 Ranking	地名	City	2010	2012	2013	2013 排名 Ranking
贺州	Hezhou	10105	9508	9288	216	丽江	Lijiang	7246	6829	6786	246
河池	Hechi	19322	18991	18533	104	普洱	Puer	12188	11724	11768	177
来宾	Laibin	10643	10004	9877	205	临沧	Lincang	13158	13130	13248	162
崇左	Chongzuo	9973	9977	9624	209	西藏	Tibet	18847	18853	18834	
海南	Hainan	52056	51243	50466		拉萨	Lhasa	3307	3500	3493	275
海口	Haikou	9492	7979	9387	211	陕西	Shaanxi	175184	166822	162841	
三亚	Sanya	3612	3592	3664	274	西安	Xi'an	29944	28146	27954	37
重庆	Chongqing	116057	114036	115204		铜川	Tongchuan	4536	3775	3459	276
四川	Sichuan	305741	304899	305619		宝鸡	Baoji	15876	14216	13644	157
成都	Chengdu	38250	38571	39450	12	咸阳	Xianyang	27249	25137	24069	56
自贡	Zigong	8294	8345	8245	228	渭南	Weinan	23624	20544	19487	93
攀枝花	Panzhihua	5177	5081	5055	263	延安	Yan'an	13537	12210	12034	173
泸州	Luzhou	15043	16160	16944	115	汉中	Hanzhong	15631	13948	13266	161
德阳	Deyang	11372	10895	10727	194	榆林	Yulin	18886	16488	16721	119
绵阳	Mianyang	17218	16923	16768	118	安康	Ankang	14364	11899	11188	187
广元	Guangyuan	13628	13348	12965	164	商洛	Shangluo	10823	9568	9233	218
遂宁	Suining	12055	11674	11807	176	甘肃	Gansu	140381	140235	140414	
内江	Neijiang	13585	12878	12701	167	兰州	Lanzhou	14349	14381	14225	144
乐山	Leshan	12042	11660	11440	180	嘉峪关	Jiayuguan	845	890	896	285
南充	Nanchong	24977	24747	23865	59	金昌	Jinchang	2163	1984	1953	283
眉山	Meishan	10587	9920	9674	207	白银	Baiyin	11528	10986	10901	191
宜宾	Yibin	18864	19229	19492	92	天水	Tianshui	18829	19095	18892	97
广安	Guangan	13188	13220	13338	159	武威	Wuwei	11016	10734	10571	197
达州	Dazhou	23607	23327	23199	62	张掖	Zhangye	6245	5890	5870	252
雅安	Yaan	6084	6377	6477	249	平凉	Pingliang	12275	12219	12247	170
巴中	Bazhong	13412	13317	13414	158	酒泉	Jiuquan	4946	4830	4864	264
资阳	Ziyang	13250	13005	12936	165	庆阳	Qingyang	14847	14289	14086	149
贵州	Guizhou	197913	197983	192953		定西	Dingxi	14806	15031	14883	135
贵阳	Guiyang	17084	17291	16881	116	陇南	Longnan	13552	13510	14090	148
六盘水	Liupanshui	14430	13949	14069	150	青海	Qinghai	26584	26103	26974	
遵义	Zunyi	33074	32488	31387	28	西宁	Xining	7799	7590	7985	232
安顺	Anshun	13410	13484	12889	166	宁夏	Ningxia	33212	34385	34113	
毕节	Bijie	42832	41918	42868	6	银川	Yinchuan	7236	7737	7975	233
铜仁	Tongren	21025	22648	21710	69	石嘴山	Shizuishan	3403	3440	3449	277
云南	Yunnan	237537	233710	23022	63	吴忠	Wuzhong	7456	7685	7259	240
昆明	Kunming	26389	26300	26243	46	固原	Guyuan	8993	9164	9070	222
曲靖	Qujing	31767	31770	31512	27	中卫	Zhongwei	6124	6359	6360	250
玉溪	Yuxi	11196	11292	11063	188	新疆	Xinjiang	133963	136130	140561	
保山	Baoshan	12425	11612	11204	186	乌鲁木齐	Urumqi	9393	9742	9738	206
昭通	Zhaotong	30783	30593	28937	33	克拉玛依	Karamay	1956	1857	1895	284

16-5 普通小学招生数
New Enrollment by Primary Schools

单位：万人 （10 000 persons）

地名	City	2010	2012	2013	2013 排名 Ranking	地名	City	2010	2012	2013	2013 排名 Ranking
全国	**Nation Total**	**1691.70**	**1714.66**	**1695.36**		沈阳	Shenyang	5.64	6.01	6.51	82
北京	**Beijing**	**11.37**	**14.17**	**16.58**		大连	Dalian	4.51	4.66	5.23	110
天津	**Tianjin**	**8.26**	**10.25**	**10.74**		鞍山	Anshan	2.55	2.93	2.96	192
河北	**Hebei**	**95.60**	**106.29**	**99.61**		抚顺	Fushun	1.35	1.32	1.32	259
石家庄	Shijiazhuang	12.64	12.63	11.81	20	本溪	Benxi	0.96	1.01	0.92	271
唐山	Tangshan	8.00	8.93	7.80	64	丹东	Dandong	1.95	1.78	1.55	251
秦皇岛	Qinhuangdao	2.98	3.56	3.23	173	锦州	Jinzhou	2.71	2.38	2.24	225
邯郸	Handan	17.21	18.48	16.52	5	营口	Yingkou	2.17	2.14	2.02	236
邢台	Xingtai	11.01	11.01	10.19	30	阜新	Fuxin	1.55	1.57	1.42	255
保定	Baoding	15.03	17.41	16.63	4	辽阳	Liaoyang	1.47	1.46	1.43	253
张家口	Zhangjiakou	4.53	5.20	5.32	106	盘锦	Panjin	1.21	1.22	1.21	263
承德	Chengde	3.98	4.77	4.74	124	铁岭	Tieling	2.64	2.42	2.21	227
沧州	Cangzhou	9.14	11.19	10.60	27	朝阳	Chaoyang	3.30	3.56	3.32	170
廊坊	Langfang	5.44	6.76	7.05	76	葫芦岛	Huludao	2.84	2.86	2.73	201
衡水	Hengshui	5.63	6.36	5.72	99	**吉林**	**Jilin**	**24.97**	**24.22**	**21.76**	
山西	**Shanxi**	**45.14**	**44.05**	**39.42**		长春	Changchun	7.34	7.01	6.44	83
太原	Taiyuan	4.22	4.44	4.61	128	吉林	Jilin	3.65	3.44	3.13	181
大同	Datong	3.96	3.00	3.54	158	四平	Siping	3.51	3.64	3.19	175
阳泉	Yangquan	1.45	1.51	1.38	256	辽源	Liaoyuan	1.01	0.92	0.81	273
长治	Changzhi	4.03	4.11	3.65	152	通化	Tonghua	2.09	1.82	1.64	247
晋城	Jincheng	2.55	2.31	2.07	234	白山	Baishan	1.01	0.98	0.81	273
朔州	Shuozhou	2.79	2.50	2.22	226	松原	Songyuan	3.00	2.97	2.71	203
晋中	Jinzhong	3.81	4.22	4.05	145	白城	Baicheng	1.83	1.85	1.49	252
运城	Yuncheng	6.49	5.54	4.89	117	**黑龙江**	**Heilongjiang**	**34.14**	**32.90**	**27.45**	
忻州	Xinzhou	4.27	4.07	3.48	164	哈尔滨	Harbin	8.36	8.04	7.65	69
临汾	Linfen	5.62	5.60	4.73	125	齐齐哈尔	Qiqihar	4.18	4.21	3.62	153
吕梁	Luliang	5.96	5.85	4.80	121	鸡西	Jixi	1.59	1.48	1.25	261
内蒙古	**Inner Mongolia**	**22.18**	**23.35**	**23.07**		鹤岗	Hegang	0.83	0.85	0.68	278
呼和浩特	Hohhot	2.69	2.80	3.16	178	双鸭山	Shuangyashan	1.47	1.32	1.05	269
包头	Baotou	1.97	2.18	2.43	214	大庆	Daqing	2.99	3.00	2.63	206
乌海	Wuhai	0.41	0.55	0.55	280	伊春	Yichun	0.74	0.70	0.53	281
赤峰	Chifeng	4.68	4.55	4.07	144	佳木斯	Jiamusi	3.23	2.89	1.99	238
通辽	Tongliao	3.50	3.59	3.25	171	七台河	Qitaihe	0.73	0.81	0.76	276
鄂尔多斯	Erdos	1.44	1.93	2.28	223	牡丹江	Mudanjiang	2.29	2.20	1.98	239
呼伦贝尔	Hulunbuir	1.97	1.95	1.76	244	黑河	Heihe	1.76	1.92	1.14	266
巴彦淖尔	Bayannur	1.21	1.28	1.35	257	绥化	Suihua	5.66	5.19	3.94	147
乌兰察布	Ulanqab	1.70	1.66	1.60	249	**上海**	**Shanghai**	**15.05**	**17.23**	**18.10**	
辽宁	**Liaoning**	**34.85**	**35.31**	**35.06**		**江苏**	**Jiangsu**	**73.13**	**79.48**	**85.13**	

16-5 普通小学招生数 续表 1
New Enrollment by Primary Schools continued 1

单位：万人 (10 000 persons)

地名	City	2010	2012	2013	2013 排名 Ranking	地名	City	2010	2012	2013	2013 排名 Ranking
南京	Nanjing	5.13	5.46	6.17	88	池州	Chizhou	1.87	1.62	1.64	247
无锡	Wuxi	5.29	5.44	5.84	92	宣城	Xuancheng	2.30	2.12	2.37	218
徐州	Xuzhou	10.65	14.21	15.39	9	**福建**	**Fujian**	**42.60**	**46.75**	**49.57**	
常州	Changzhou	3.92	4.11	4.54	129	福州	Fuzhou	8.21	8.93	9.34	38
苏州	Suzhou	7.27	8.28	9.23	40	厦门	Xiamen	3.55	4.42	4.86	118
南通	Nantong	5.59	5.27	5.33	105	莆田	Putian	3.86	3.58	4.24	136
连云港	Lianyungang	6.04	6.64	7.04	77	三明	Sanming	2.61	2.84	2.88	195
淮安	Huaian	5.82	6.06	6.16	89	泉州	Quanzhou	10.06	11.60	12.05	19
盐城	Yancheng	6.91	7.71	7.78	67	漳州	Zhangzhou	5.48	5.97	6.07	90
扬州	Yangzhou	3.82	3.56	3.50	162	南平	Nanping	3.07	3.14	3.40	166
镇江	Zhenjiang	2.26	2.28	2.36	219	龙岩	Longyan	2.78	2.95	3.06	187
泰州	Taizhou	4.01	3.50	3.73	148	宁德	Ningde	2.99	3.31	3.67	151
宿迁	Suqian	6.40	6.96	8.06	60	**江西**	**Jiangxi**	**74.84**	**80.04**	**78.91**	
浙江	**Zhejiang**	**60.21**	**60.72**	**60.75**		南昌	Nanchang	7.38	7.70	7.43	72
杭州	Hangzhou	8.03	8.37	8.83	44	景德镇	Jingdezhen	2.48	2.68	2.80	199
宁波	Ningbo	8.47	8.59	8.49	49	萍乡	Pingxiang	2.74	2.75	2.71	203
温州	Wenzhou	10.93	10.88	10.87	24	九江	Jiujiang	8.23	8.50	8.35	55
嘉兴	Jiaxing	3.67	3.76	3.71	149	新余	Xinyu	1.75	1.84	1.79	243
湖州	Huzhou	2.54	2.59	2.63	206	鹰潭	Yingtan	1.85	2.11	2.02	236
绍兴	Shaoxing	5.09	4.84	4.79	122	赣州	Ganzhou	15.72	16.69	16.26	6
金华	Jinhua	7.08	7.11	7.14	74	吉安	Jian	7.05	8.24	8.36	54
衢州	Quzhou	2.56	2.35	2.31	221	宜春	Yichun	8.41	9.23	8.79	46
舟山	Zhoushan	0.79	0.79	0.80	275	抚州	Fuzhou	6.54	7.24	7.01	78
台州	Taizhou	8.24	8.50	8.26	57	上饶	Shangrao	12.68	13.07	13.40	14
丽水	Lishui	2.81	2.93	2.91	194	**山东**	**Shandong**	**111.30**	**109.55**	**115.69**	
安徽	**Anhui**	**81.90**	**69.39**	**75.31**		济南	Jinan	6.27	6.61	6.99	79
合肥	Hefei	5.79	6.96	8.33	56	青岛	Qingdao	8.12	8.27	9.32	39
芜湖	Wuhu	2.24	3.05	3.18	176	淄博	Zibo	4.47	4.07	4.27	134
蚌埠	Bengbu	3.81	3.92	4.24	136	枣庄	Zaozhuang	4.43	5.14	5.45	102
淮南	Huainan	2.41	2.35	2.79	200	东营	Dongying	2.30	2.32	2.13	231
马鞍山	Maanshan	1.21	1.79	2.04	235	烟台	Yantai	4.60	5.01	5.34	104
淮北	Huaibei	2.51	2.27	2.48	213	潍坊	Weifang	8.85	10.81	11.15	22
铜陵	Tongling	0.69	0.60	0.69	277	济宁	Jining	9.80	10.51	10.67	26
安庆	Anqing	6.50	5.35	5.53	101	泰安	Taian	6.44	4.84	4.81	120
黄山	Huangshan	1.14	1.05	1.16	264	威海	Weihai	1.87	2.04	2.26	224
滁州	Chuzhou	4.89	4.07	4.18	140	日照	Rizhao	3.48	3.01	3.12	182
阜阳	Fuyang	17.75	12.13	13.39	15	莱芜	Laiwu	1.35	1.12	1.10	268
宿州	Suzhou	8.03	6.86	7.89	63	临沂	Linyi	14.63	12.50	14.44	12
六安	Liuan	7.88	7.06	6.78	81	德州	Dezhou	7.97	6.87	6.83	80
亳州	Bozhou	8.53	8.19	8.64	47	聊城	Liaocheng	7.54	7.95	8.83	44

16-5 普通小学招生数 续表 2
New Enrollment by Primary Schools continued 2

单位：万人 (10 000 persons)

地名	City	2010	2012	2013	2013 排名 Ranking	地名	City	2010	2012	2013	2013 排名 Ranking
滨州	Binzhou	4.15	4.14	3.69	150	常德	Changde	4.81	4.87	4.83	119
菏泽	Heze	15.03	14.35	15.31	10	张家界	Zhangjiajie	1.87	1.87	1.81	240
河南	**Henan**	**187.76**	**190.97**	**181.06**		益阳	Yiyang	4.52	4.63	4.20	138
郑州	Zhengzhou	11.34	12.92	13.75	13	郴州	Chenzhou	8.43	8.40	8.12	59
开封	Kaifeng	9.45	9.84	7.80	64	永州	Yongzhou	9.15	9.58	9.01	41
洛阳	Luoyang	11.09	11.13	10.75	25	怀化	Huaihua	5.88	6.00	5.84	92
平顶山	Pingdingshan	8.81	10.36	9.46	37	娄底	Loudi	5.79	6.00	5.61	100
安阳	Anyang	9.29	10.52	10.23	29	**广东**	**Guangdong**	**135.92**	**145.30**	**150.05**	
鹤壁	Hebi	3.03	2.97	2.08	233	广州	Guangzhou	13.89	15.11	16.79	3
新乡	Xinxiang	11.06	11.70	10.58	28	韶关	Shaoguan	3.64	3.71	3.61	154
焦作	Jiaozuo	4.71	4.58	4.27	134	深圳	Shenzhen	11.80	13.73	14.71	11
濮阳	Puyang	8.31	8.56	7.94	62	珠海	Zhuhai	2.16	2.45	2.53	209
许昌	Xuchang	7.69	6.78	7.62	70	汕头	Shantou	8.14	8.42	8.44	52
漯河	Luohe	3.79	3.97	3.40	166	佛山	Foshan	7.50	8.17	8.44	52
三门峡	Sanmenxia	3.00	2.82	2.62	208	江门	Jiangmen	4.77	5.07	5.27	109
南阳	Nanyang	21.69	25.19	23.87	1	湛江	Zhanjiang	9.67	9.53	9.66	35
商丘	Shangqiu	18.31	17.87	15.46	8	茂名	Maoming	10.04	9.55	9.73	34
信阳	Xinyang	14.69	14.82	13.19	17	肇庆	Zhaoqing	5.33	5.56	5.84	92
周口	Zhoukou	23.48	20.45	21.80	2	惠州	Huizhou	7.26	8.72	8.91	42
驻马店	Zhumadian	17.15	15.62	15.47	7	梅州	Meizhou	5.18	5.35	5.30	107
湖北	**Hubei**	**67.97**	**63.48**	**60.80**		汕尾	Shanwei	4.94	4.90	4.15	143
武汉	Wuhan	7.35	7.41	7.75	68	河源	Heyuan	4.37	4.87	4.96	113
黄石	Huangshi	4.32	4.82	4.17	142	阳江	Yangjiang	3.04	3.35	3.56	156
十堰	Shiyan	4.80	4.27	4.49	130	清远	Qingyuan	4.44	4.78	5.15	112
宜昌	Yichang	2.65	2.57	2.72	202	东莞	Dongguan	10.89	12.33	12.72	18
襄阳	Xiangfan	6.50	6.35	6.19	87	中山	ZhongShan	4.08	4.56	4.73	125
鄂州	Ezhou	1.44	1.27	1.31	260	潮州	Chaozhou	3.01	3.16	3.53	159
荆门	Jingmen	2.25	1.98	2.15	230	揭阳	Jieyang	8.68	9.64	8.49	49
孝感	Xiaogan	5.83	4.60	4.78	123	云浮	Yunfu	3.09	3.34	3.53	159
荆州	Jingzhou	6.80	6.11	5.95	91	**广西**	**Guangxi**	**74.11**	**74.21**	**75.29**	
黄冈	Huanggang	9.98	8.63	7.79	66	南宁	Nanning	9.38	9.54	10.17	31
咸宁	Xianning	4.84	4.71	3.40	166	柳州	Liuzhou	4.91	4.84	4.96	113
随州	Suizhou	2.70	2.36	2.13	231	桂林	Guilin	5.25	5.86	6.29	85
湖南	**Hunan**	**86.38**	**88.08**	**84.76**		梧州	Wuzhou	4.99	4.90	4.92	115
长沙	Changsha	7.40	7.89	8.45	51	北海	Beihai	2.50	2.79	2.64	205
株洲	Zhuzhou	3.86	4.14	4.31	132	防城港	Fangchenggang	1.58	1.59	1.58	250
湘潭	Xiangtan	2.67	2.58	2.52	211	钦州	Qinzhou	6.25	5.73	5.79	96
衡阳	Hengyang	10.52	10.59	9.76	33	贵港	Guigang	7.78	7.75	7.59	71
邵阳	Shaoyang	11.52	11.86	11.14	23	玉林	Yulin	10.97	10.46	10.10	32
岳阳	Yueyang	6.35	5.99	5.76	98	百色	Baise	5.86	5.92	5.79	96

16-5 普通小学招生数 续表 3
New Enrollment by Primary Schools continued 3

单位：万人 （10 000 persons）

地名	City	2010	2012	2013	2013 排名 Ranking	地名	City	2010	2012	2013	2013 排名 Ranking
贺州	Hezhou	4.97	3.12	3.24	172	丽江	Lijiang	1.53	1.40	1.43	253
河池	Hechi	4.95	5.48	5.83	95	普洱	Puer	2.95	2.92	2.92	193
来宾	Laibin	3.40	3.20	3.07	184	临沧	Lincang	3.16	2.79	3.09	183
崇左	Chongzuo	3.07	3.10	3.18	176	**西藏**	**Tibet**	**5.06**	**5.16**	**5.16**	
海南	**Hainan**	**10.36**	**12.25**	**12.43**		拉萨	Lhasa	0.81	0.91	0.94	270
海口	Haikou	3.10	2.53	3.07	184	**陕西**	**Shaanxi**	**40.86**	**37.89**	**38.81**	
三亚	Sanya	1.00	0.83	1.14	266	西安	Xi'an	8.64	8.88	9.56	36
重庆	**Chongqing**	**32.97**	**35.21**	**37.57**		铜川	Tongchuan	0.80	0.67	0.61	279
四川	**Sichuan**	**96.49**	**100.96**	**95.03**		宝鸡	Baoji	3.49	3.24	3.20	174
成都	Chengdu	10.88	12.08	13.39	15	咸阳	Xianyang	6.26	5.62	5.43	103
自贡	Zigong	2.91	3.32	3.14	179	渭南	Weinan	5.33	4.92	4.91	116
攀枝花	Panzhihua	1.44	1.25	1.23	262	延安	Yan'an	2.72	2.72	2.88	195
泸州	Luzhou	6.86	7.79	7.09	75	汉中	Hanzhong	3.62	3.21	3.14	179
德阳	Deyang	2.72	2.82	2.97	191	榆林	Yulin	4.17	4.24	4.18	140
绵阳	Mianyang	4.23	4.03	4.43	131	安康	Ankang	3.05	1.75	2.41	216
广元	Guangyuan	2.64	2.70	2.43	214	商洛	Shangluo	2.58	2.43	2.29	222
遂宁	Suining	2.69	3.01	2.87	197	**甘肃**	**Gansu**	**36.13**	**34.12**	**32.09**	
内江	Neijiang	4.13	4.62	4.02	146	兰州	Lanzhou	3.58	3.43	3.55	157
乐山	Leshan	3.00	3.07	3.07	184	嘉峪关	Jiayuguan	0.27	0.27	0.28	284
南充	Nanchong	7.87	8.43	6.20	86	金昌	Jinchang	0.56	0.53	0.49	282
眉山	Meishan	2.74	2.55	2.18	229	白银	Baiyin	2.13	1.85	1.80	241
宜宾	Yibin	6.43	6.58	6.36	84	天水	Tianshui	5.48	4.85	4.30	133
广安	Guangan	4.79	4.85	4.19	139	武威	Wuwei	2.41	2.01	1.74	245
达州	Dazhou	8.84	8.50	7.21	73	张掖	Zhangye	1.38	1.36	1.35	257
雅安	Yaan	1.70	1.79	1.68	246	平凉	Pingliang	2.72	2.78	2.53	209
巴中	Bazhong	5.05	4.02	3.37	169	酒泉	Jiuquan	1.25	1.18	1.16	264
资阳	Ziyang	4.82	5.40	5.17	111	庆阳	Qingyang	3.23	3.31	3.05	188
贵州	**Guizhou**	**65.69**	**59.10**	**51.06**		定西	Dingxi	3.58	3.15	3.01	190
贵阳	Guiyang	5.33	5.64	5.29	108	陇南	Longnan	4.44	4.15	3.51	161
六盘水	Liupanshui	5.06	4.05	3.57	155	**青海**	**Qinghai**	**8.10**	**8.31**	**7.86**	
遵义	Zunyi	9.56	8.92	8.14	58	西宁	Xining	2.50	2.44	2.40	217
安顺	Anshun	4.54	4.00	3.42	165	**宁夏**	**Ningxia**	**10.13**	**10.48**	**10.02**	
毕节	Bijie	16.54	14.46	11.46	21	银川	Yinchuan	2.36	2.59	2.81	198
铜仁	Tongren	7.48	6.18	4.62	127	石嘴山	Shizuishan	0.86	0.93	0.89	272
云南	**Yunnan**	**66.93**	**62.29**	**61.35**		吴忠	Wuzhong	2.49	2.56	2.33	220
昆明	Kunming	8.76	8.12	7.97	61	固原	Guyuan	2.52	2.36	2.19	228
曲靖	Qujing	10.50	9.29	8.91	42	中卫	Zhongwei	2.02	2.04	1.80	241
玉溪	Yuxi	3.01	3.00	2.50	212	**新疆**	**Xinjiang**	**31.19**	**33.17**	**34.86**	
保山	Baoshan	3.31	3.03	3.03	189	乌鲁木齐	Urumqi	2.92	3.28	3.50	162
昭通	Zhaotong	9.51	9.62	8.50	48	克拉玛依	Karamay	0.37	0.37	0.41	283

16-6 普通小学在校学生数
Total Enrollment by Primary Schools

单位：万人 （10 000 persons）

地名	City	2010	2012	2013	2013 排名 Ranking	地名	City	2010	2012	2013	2013 排名 Ranking
全国	**Nation Total**	**9940.70**	**9695.90**	**9360.55**		沈阳	Shenyang	33.78	34.37	34.47	85
北京	**Beijing**	**65.33**	**71.87**	**78.93**		大连	Dalian	29.09	28.28	28.38	112
天津	**Tianjin**	**50.59**	**53.23**	**55.21**		鞍山	Anshan	18.56	17.80	17.14	188
河北	**Hebei**	**511.59**	**562.22**	**546.21**		抚顺	Fushun	8.47	8.18	7.73	258
石家庄	Shijiazhuang	67.19	71.42	68.52	17	本溪	Benxi	6.40	6.08	5.58	270
唐山	Tangshan	44.10	48.19	47.38	49	丹东	Dandong	12.65	12.15	10.85	241
秦皇岛	Qinhuangdao	16.91	18.26	18.37	180	锦州	Jinzhou	16.09	15.60	14.38	213
邯郸	Handan	86.34	98.39	91.77	3	营口	Yingkou	13.15	12.44	11.44	236
邢台	Xingtai	58.29	62.44	56.72	32	阜新	Fuxin	9.57	9.41	8.80	255
保定	Baoding	80.76	89.10	88.18	5	辽阳	Liaoyang	9.90	9.23	8.88	252
张家口	Zhangjiakou	28.60	29.33	28.55	111	盘锦	Panjin	7.31	7.01	6.79	263
承德	Chengde	22.73	24.97	25.27	129	铁岭	Tieling	15.34	14.93	14.03	219
沧州	Cangzhou	48.10	54.70	55.41	34	朝阳	Chaoyang	20.73	20.61	19.72	165
廊坊	Langfang	28.91	33.17	34.26	87	葫芦岛	Huludao	17.22	16.89	16.24	197
衡水	Hengshui	29.65	32.26	31.80	102	吉林	**Jilin**	**144.46**	**142.37**	**136.19**	
山西	**Shanxi**	**291.06**	**261.76**	**229.64**		长春	Changchun	42.17	40.26	39.51	72
太原	Taiyuan	26.73	25.89	25.44	128	吉林	Jilin	22.18	21.97	20.70	157
大同	Datong	27.76	24.38	20.12	163	四平	Siping	18.23	19.39	18.85	172
阳泉	Yangquan	8.86	8.48	8.39	256	辽源	Liaoyuan	5.73	5.71	5.50	271
长治	Changzhi	24.71	23.07	21.43	154	通化	Tonghua	13.11	12.86	12.12	232
晋城	Jincheng	17.34	15.05	13.81	222	白山	Baishan	5.99	5.78	5.04	274
朔州	Shuozhou	18.99	17.33	13.31	225	松原	Songyuan	16.96	16.32	15.95	200
晋中	Jinzhong	23.72	23.04	22.15	146	白城	Baicheng	11.13	11.03	9.61	247
运城	Yuncheng	41.05	36.05	29.96	107	黑龙江	**Heilongjiang**	**187.96**	**186.77**	**154.00**	
忻州	Xinzhou	29.28	23.49	20.42	160	哈尔滨	Harbin	46.07	45.62	42.23	66
临汾	Linfen	35.39	31.03	28.13	114	齐齐哈尔	Qiqihar	24.81	24.87	22.37	145
吕梁	Luliang	37.23	33.94	26.48	120	鸡西	Jixi	8.34	8.36	6.22	267
内蒙古	**Inner Mongolia**	**143.08**	**136.51**	**131.06**		鹤岗	Hegang	5.02	4.83	4.00	276
呼和浩特	Hohhot	17.75	17.32	16.94	189	双鸭山	Shuangyashan	8.20	7.99	6.32	266
包头	Baotou	14.29	13.54	13.31	225	大庆	Daqing	14.44	15.02	12.71	229
乌海	Wuhai	3.11	3.06	3.03	281	伊春	Yichun	4.96	4.63	3.50	280
赤峰	Chifeng	28.03	26.75	25.24	130	佳木斯	Jiamusi	18.70	18.71	12.11	233
通辽	Tongliao	21.05	20.60	19.19	169	七台河	Qitaihe	4.03	3.94	3.69	278
鄂尔多斯	Erdos	10.32	10.75	11.19	239	牡丹江	Mudanjiang	13.70	13.47	11.44	236
呼伦贝尔	Hulunbuir	11.79	10.93	10.60	244	黑河	Heihe	10.03	10.82	7.39	261
巴彦淖尔	Bayannur	9.43	7.96	7.55	260	绥化	Suihua	27.53	26.65	20.49	159
乌兰察布	Ulanqab	11.40	9.97	8.85	254	上海	**Shanghai**	**70.16**	**76.04**	**79.25**	
辽宁	**Liaoning**	**218.25**	**212.97**	**204.41**		江苏	**Jiangsu**	**398.81**	**422.76**	**435.37**	

16-6 普通小学在校学生数 续表 1
Total Enrollment by Primary Schools continued 1

单位：万人 （10 000 persons）

地名	City	2010	2012	2013	2013 排名 Ranking	地名	City	2010	2012	2013	2013 排名 Ranking
南京	Nanjing	28.83	30.72	32.14	96	池州	Chizhou	10.18	9.22	9.06	251
无锡	Wuxi	30.62	31.94	32.53	95	宣城	Xuancheng	13.61	13.10	13.25	227
徐州	Xuzhou	53.02	62.85	66.18	19	**福建**	**Fujian**	**238.89**	**252.73**	**259.84**	
常州	Changzhou	22.15	23.43	24.36	134	福州	Fuzhou	44.60	47.87	49.63	40
苏州	Suzhou	38.84	44.04	47.24	50	厦门	Xiamen	18.83	22.35	24.09	136
南通	Nantong	32.32	31.76	31.82	101	莆田	Putian	21.16	21.29	21.81	150
连云港	Lianyungang	32.71	35.00	35.52	82	三明	Sanming	15.64	15.94	16.08	199
淮安	Huaian	30.36	31.19	32.54	94	泉州	Quanzhou	53.81	59.20	61.38	22
盐城	Yancheng	35.97	38.37	40.41	68	漳州	Zhangzhou	33.69	33.37	33.05	92
扬州	Yangzhou	22.77	22.44	22.06	148	南平	Nanping	18.06	18.10	18.38	179
镇江	Zhenjiang	12.93	13.12	13.44	224	龙岩	Longyan	15.99	16.62	16.64	194
泰州	Taizhou	22.53	22.20	22.04	149	宁德	Ningde	17.10	17.99	18.78	173
宿迁	Suqian	35.76	35.64	35.08	83	**江西**	**Jiangxi**	**426.02**	**434.14**	**408.11**	
浙江	**Zhejiang**	**333.33**	**346.73**	**349.58**		南昌	Nanchang	43.66	41.63	39.49	73
杭州	Hangzhou	45.39	47.26	48.35	46	景德镇	Jingdezhen	14.14	14.70	14.15	218
宁波	Ningbo	46.19	47.88	48.70	43	萍乡	Pingxiang	14.64	15.26	14.46	211
温州	Wenzhou	58.13	60.25	60.83	23	九江	Jiujiang	43.70	44.48	39.35	75
嘉兴	Jiaxing	22.55	23.10	22.68	144	新余	Xinyu	9.09	9.91	9.58	248
湖州	Huzhou	16.01	15.69	15.67	202	鹰潭	Yingtan	10.67	11.54	10.46	245
绍兴	Shaoxing	30.04	30.24	29.96	107	赣州	Ganzhou	92.44	92.83	90.92	4
金华	Jinhua	36.85	39.64	40.10	69	吉安	Jian	37.71	40.35	41.40	67
衢州	Quzhou	14.83	14.56	14.36	215	宜春	Yichun	47.81	49.12	46.65	51
舟山	Zhoushan	4.72	4.66	4.64	275	抚州	Fuzhou	40.70	41.38	34.29	86
台州	Taizhou	43.05	47.32	47.94	48	上饶	Shangrao	71.46	72.95	67.36	18
丽水	Lishui	15.63	16.12	16.35	196	**山东**	**Shandong**	**629.25**	**627.67**	**625.98**	
安徽	**Anhui**	**460.44**	**404.70**	**409.20**		济南	Jinan	38.40	39.04	39.42	74
合肥	Hefei	32.79	40.67	42.69	63	青岛	Qingdao	46.27	48.50	49.63	40
芜湖	Wuhu	11.84	19.27	18.86	171	淄博	Zibo	23.03	22.05	21.80	151
蚌埠	Bengbu	25.59	22.89	22.11	147	枣庄	Zaozhuang	26.45	26.29	27.44	117
淮南	Huainan	15.24	13.79	14.25	216	东营	Dongying	13.47	16.43	11.51	235
马鞍山	Maanshan	7.10	12.73	12.35	230	烟台	Yantai	25.60	25.53	25.63	127
淮北	Huaibei	16.67	14.59	14.38	213	潍坊	Weifang	53.90	55.01	57.05	29
铜陵	Tongling	4.12	3.82	3.85	277	济宁	Jining	54.66	56.55	57.02	30
安庆	Anqing	38.67	33.18	31.91	99	泰安	Taian	38.17	35.12	33.64	90
黄山	Huangshan	6.64	6.61	6.69	265	威海	Weihai	9.85	9.85	10.09	246
滁州	Chuzhou	29.32	25.01	24.36	134	日照	Rizhao	19.08	19.13	19.02	170
阜阳	Fuyang	85.21	70.29	72.67	13	莱芜	Laiwu	6.70	6.30	6.09	269
宿州	Suzhou	43.06	35.62	37.16	78	临沂	Linyi	74.29	74.73	76.80	11
六安	Liuan	43.35	38.71	39.19	76	德州	Dezhou	44.66	43.96	42.29	65
亳州	Bozhou	48.98	45.18	46.42	53	聊城	Liaocheng	41.44	41.19	43.03	61

16-6 普通小学在校学生数 续表 2
Total Enrollment by Primary Schools continued 2

单位：万人 （10 000 persons）

地名	City	2010	2012	2013	2013 排名 Ranking	地名	City	2010	2012	2013	2013 排名 Ranking
滨州	Binzhou	25.89	25.46	24.44	133	常德	Changde	27.52	26.60	26.42	122
菏泽	Heze	87.37	85.52	81.09	8	张家界	Zhangjiajie	10.28	10.55	10.63	243
河南	**Henan**	**1070.53**	**1079.18**	**939.98**		益阳	Yiyang	24.65	24.51	23.42	138
郑州	Zhengzhou	60.98	67.30	70.52	15	郴州	Chenzhou	44.00	44.17	44.71	58
开封	Kaifeng	50.71	52.93	44.91	56	永州	Yongzhou	48.29	46.86	46.44	52
洛阳	Luoyang	63.95	61.59	59.79	25	怀化	Huaihua	31.91	31.43	31.57	104
平顶山	Pingdingshan	42.92	47.75	48.03	47	娄底	Loudi	32.02	30.42	30.20	106
安阳	Anyang	50.56	55.00	52.85	38	**广东**	**Guangdong**	**848.55**	**808.24**	**807.94**	
鹤壁	Hebi	18.61	18.61	15.26	209	广州	Guangzhou	82.48	82.26	85.93	7
新乡	Xinxiang	59.42	66.22	59.11	27	韶关	Shaoguan	20.73	20.57	20.68	158
焦作	Jiaozuo	30.84	28.85	26.01	124	深圳	Shenzhen	61.85	68.31	73.02	12
濮阳	Puyang	47.78	49.60	38.75	77	珠海	Zhuhai	12.63	12.85	13.16	228
许昌	Xuchang	42.12	42.93	39.70	71	汕头	Shantou	56.77	49.53	48.51	44
漯河	Luohe	22.14	22.38	19.20	168	佛山	Foshan	43.82	45.28	46.37	54
三门峡	Sanmenxia	18.00	16.84	15.14	210	江门	Jiangmen	30.24	29.13	29.57	109
南阳	Nanyang	112.21	126.33	115.23	1	湛江	Zhanjiang	75.39	62.41	55.06	35
商丘	Shangqiu	111.66	97.40	77.47	10	茂名	Maoming	66.66	59.80	56.80	31
信阳	Xinyang	87.78	89.37	68.78	16	肇庆	Zhaoqing	36.82	33.46	32.77	93
周口	Zhoukou	144.71	134.44	105.18	2	惠州	Huizhou	39.80	42.11	44.56	59
驻马店	Zhumadian	101.08	96.58	79.23	9	梅州	Meizhou	31.33	29.12	28.99	110
湖北	**Hubei**	**364.75**	**326.75**	**328.26**		汕尾	Shanwei	35.42	29.79	24.73	132
武汉	Wuhan	41.13	41.28	42.38	64	河源	Heyuan	25.51	24.75	24.77	131
黄石	Huangshi	23.38	21.38	21.71	152	阳江	Yangjiang	17.52	17.68	18.15	181
十堰	Shiyan	24.30	20.72	20.94	156	清远	Qingyuan	27.30	26.20	26.98	118
宜昌	Yichang	16.37	15.69	15.63	204	东莞	Dongguan	55.24	60.81	65.91	20
襄阳	Xiangfan	34.03	31.73	32.09	98	中山	ZhongShan	23.78	24.61	25.75	125
鄂州	Ezhou	7.90	6.92	6.72	264	潮州	Chaozhou	20.24	18.38	18.41	178
荆门	Jingmen	12.97	12.61	12.23	231	揭阳	Jieyang	65.35	52.87	49.24	42
孝感	Xiaogan	30.83	24.39	24.06	137	云浮	Yunfu	19.67	18.31	18.58	177
荆州	Jingzhou	37.09	32.52	31.79	103	**广西**	**Guangxi**	**430.06**	**426.48**	**426.26**	
黄冈	Huanggang	54.63	42.91	43.19	60	南宁	Nanning	52.65	53.44	54.80	36
咸宁	Xianning	22.40	22.14	23.00	141	柳州	Liuzhou	25.59	26.90	27.71	116
随州	Suizhou	14.99	11.90	11.38	238	桂林	Guilin	28.10	30.38	31.85	100
湖南	**Hunan**	**479.16**	**473.79**	**467.81**		梧州	Wuzhou	30.90	29.28	28.32	113
长沙	Changsha	41.35	43.95	45.79	55	北海	Beihai	15.34	15.76	15.42	207
株洲	Zhuzhou	21.47	22.18	22.80	143	防城港	Fangchenggang	8.34	8.70	8.87	253
湘潭	Xiangtan	15.26	14.73	14.42	212	钦州	Qinzhou	38.93	36.32	35.08	83
衡阳	Hengyang	61.78	60.36	56.33	33	贵港	Guigang	49.80	45.51	44.83	57
邵阳	Shaoyang	61.35	62.16	61.64	21	玉林	Yulin	64.19	62.08	60.09	24
岳阳	Yueyang	35.65	34.54	33.38	91	百色	Baise	32.04	32.88	33.83	88

16-6 普通小学在校学生数 续表 3
Total Enrollment by Primary Schools continued 3

单位：万人 （10 000 persons）

地名	City	2010	2012	2013	2013 排名 Ranking	地名	City	2010	2012	2013	2013 排名 Ranking
贺州	Hezhou	18.18	17.77	17.72	182	丽江	Lijiang	10.65	9.62	9.30	250
河池	Hechi	33.04	32.99	33.72	89	普洱	Puer	18.55	17.73	17.51	183
来宾	Laibin	17.74	17.43	17.41	185	临沧	Lincang	20.55	19.35	18.61	176
崇左	Chongzuo	15.18	16.05	16.58	195	**西藏**	**Tibet**	**29.83**	**29.20**	**29.48**	
海南	**Hainan**	**78.05**	**75.22**	**74.02**		拉萨	Lhasa	4.78	5.05	5.10	273
海口	Haikou	17.04	16.67	16.80	192	**陕西**	**Shaanxi**	**261.04**	**234.62**	**227.33**	
三亚	Sanya	6.60	6.13	6.14	268	西安	Xi'an	51.56	50.85	51.95	39
重庆	**Chongqing**	**199.94**	**194.32**	**198.91**		铜川	Tongchuan	5.12	4.05	3.63	279
四川	**Sichuan**	**592.11**	**560.74**	**525.95**		宝鸡	Baoji	23.72	20.40	19.76	164
成都	Chengdu	68.24	68.33	70.70	14	咸阳	Xianyang	39.47	35.57	32.12	97
自贡	Zigong	17.09	17.14	16.94	189	渭南	Weinan	34.25	27.65	26.97	119
攀枝花	Panzhihua	9.46	8.48	7.97	257	延安	Yan'an	18.10	17.30	17.20	186
泸州	Luzhou	38.56	39.55	40.07	70	汉中	Hanzhong	23.85	21.22	19.71	166
德阳	Deyang	17.64	16.31	15.90	201	榆林	Yulin	25.02	21.77	21.71	152
绵阳	Mianyang	27.15	23.16	23.38	139	安康	Ankang	20.84	18.15	17.44	184
广元	Guangyuan	17.76	16.17	14.19	217	商洛	Shangluo	17.75	16.36	15.63	204
遂宁	Suining	20.17	18.23	15.67	202	**甘肃**	**Gansu**	**237.04**	**206.35**	**186.73**	
内江	Neijiang	23.11	26.43	22.98	142	兰州	Lanzhou	21.76	20.38	20.28	161
乐山	Leshan	17.50	16.66	16.71	193	嘉峪关	Jiayuguan	1.62	1.63	1.64	284
南充	Nanchong	51.32	49.34	35.80	81	金昌	Jinchang	3.55	3.23	3.03	281
眉山	Meishan	17.28	14.79	13.51	223	白银	Baiyin	15.18	12.91	10.64	242
宜宾	Yibin	37.44	36.47	36.55	79	天水	Tianshui	39.05	33.91	28.03	115
广安	Guangan	32.12	28.65	25.70	126	武威	Wuwei	15.66	13.82	11.16	240
达州	Dazhou	54.71	49.85	42.76	62	张掖	Zhangye	9.02	8.13	7.56	259
雅安	Yaan	9.46	9.37	9.48	249	平凉	Pingliang	19.72	17.31	16.10	198
巴中	Bazhong	33.38	25.64	21.43	154	酒泉	Jiuquan	8.42	7.76	7.36	262
资阳	Ziyang	26.07	26.73	26.32	123	庆阳	Qingyang	20.53	17.37	16.86	191
贵州	**Guizhou**	**433.50**	**380.08**	**355.53**		定西	Dingxi	24.18	19.92	18.75	174
贵阳	Guiyang	34.47	23.32	31.21	105	陇南	Longnan	27.56	21.42	20.17	162
六盘水	Liupanshui	35.51	28.79	26.46	121	**青海**	**Qinghai**	**51.90**	**49.87**	**47.46**	
遵义	Zunyi	66.96	57.58	54.30	37	西宁	Xining	16.00	15.59	15.30	208
安顺	Anshun	27.94	24.35	23.11	140	**宁夏**	**Ningxia**	**65.37**	**61.81**	**60.39**	
毕节	Bijie	110.09	95.87	87.90	6	银川	Yinchuan	14.75	15.06	15.46	206
铜仁	Tongren	45.83	40.20	36.34	80	石嘴山	Shizuishan	5.68	5.61	5.46	272
云南	**Yunnan**	**435.21**	**406.70**	**392.08**		吴忠	Wuzhong	14.30	14.07	13.83	221
昆明	Kunming	52.05	45.46	48.38	45	固原	Guyuan	17.59	14.71	13.86	220
曲靖	Qujing	66.02	61.40	59.20	26	中卫	Zhongwei	13.05	12.37	11.97	234
玉溪	Yuxi	19.36	18.00	17.20	186	**新疆**	**Xinjiang**	**193.58**	**190.08**	**189.44**	
保山	Baoshan	21.88	20.25	19.59	167	乌鲁木齐	Urumqi	17.82	18.43	18.63	175
昭通	Zhaotong	71.95	62.13	58.84	28	克拉玛依	Karamay	2.43	2.26	2.27	283

16-7 普通小学毕业生数
Graduates from Primary Schools

单位：万人 （10 000 persons）

地名	City	2010	2012	2013	2013 排名 Ranking
全国	**Nation Total**	**1739.60**	**1641.56**	**1581.06**	
北京	**Beijing**	**10.30**	**10.95**	**11.18**	
天津	**Tianjin**	**8.72**	**8.70**	**8.61**	
河北	**Hebei**	**72.18**	**79.61**	**84.01**	
石家庄	Shijiazhuang	9.85	10.50	11.13	19
唐山	Tangshan	6.97	7.20	7.84	47
秦皇岛	Qinhuangdao	2.74	2.80	2.84	197
邯郸	Handan	9.91	12.55	12.23	11
邢台	Xingtai	7.57	9.19	9.64	29
保定	Baoding	10.56	12.50	13.76	8
张家口	Zhangjiakou	4.90	4.66	4.70	121
承德	Chengde	3.97	3.47	3.77	149
沧州	Cangzhou	6.64	7.54	8.36	40
廊坊	Langfang	4.68	4.41	4.88	113
衡水	Hengshui	4.39	4.79	4.86	114
山西	**Shanxi**	**57.35**	**54.73**	**47.73**	
太原	Taiyuan	5.28	4.75	4.65	124
大同	Datong	5.04	5.49	4.42	130
阳泉	Yangquan	1.99	1.51	1.44	257
长治	Changzhi	5.00	4.64	4.10	140
晋城	Jincheng	3.84	3.21	2.91	193
朔州	Shuozhou	3.51	3.29	3.20	174
晋中	Jinzhong	4.44	4.15	4.53	126
运城	Yuncheng	8.08	8.06	6.64	63
忻州	Xinzhou	5.88	6.44	4.30	134
临汾	Linfen	6.94	6.32	5.38	99
吕梁	Luliang	7.27	6.85	6.15	77
内蒙古	**Inner Mongolia**	**26.98**	**24.29**	**23.28**	
呼和浩特	Hohhot	3.19	2.90	3.00	184
包头	Baotou	2.74	2.58	2.48	222
乌海	Wuhai	0.59	0.57	0.53	281
赤峰	Chifeng	5.31	4.67	4.19	136
通辽	Tongliao	3.58	3.55	3.48	166
鄂尔多斯	Erdos	1.85	1.76	1.76	244
呼伦贝尔	Hulunbuir	2.51	1.98	1.85	241
巴彦淖尔	Bayannur	1.95	1.63	1.63	251
乌兰察布	Ulanqab	2.16	1.72	1.70	246
辽宁	**Liaoning**	**39.75**	**37.14**	**36.51**	
沈阳	Shenyang	5.92	5.73	5.68	92
大连	Dalian	5.59	5.07	5.03	106
鞍山	Anshan	2.92	3.07	3.02	183
抚顺	Fushun	1.62	1.43	1.41	260
本溪	Benxi	1.26	1.14	1.06	268
丹东	Dandong	2.45	2.12	1.95	240
锦州	Jinzhou	2.99	2.72	2.55	217
营口	Yingkou	2.23	2.29	2.22	232
阜新	Fuxin	1.91	1.63	1.66	248
辽阳	Liaoyang	1.90	1.81	1.70	246
盘锦	Panjin	1.38	1.31	1.36	262
铁岭	Tieling	2.88	2.55	2.52	219
朝阳	Chaoyang	3.74	3.45	3.59	162
葫芦岛	Huludao	2.96	2.82	2.76	199
吉林	**Jilin**	**25.27**	**23.06**	**23.59**	
长春	Changchun	7.56	6.50	6.50	69
吉林	Jilin	4.08	3.70	4.06	142
四平	Siping	2.96	2.87	2.93	190
辽源	Liaoyuan	1.00	0.95	0.95	271
通化	Tonghua	2.14	2.11	2.25	229
白山	Baishan	1.08	0.97	0.95	271
松原	Songyuan	2.87	2.77	2.62	210
白城	Baicheng	1.97	1.73	1.85	241
黑龙江	**Heilongjiang**	**36.39**	**34.66**	**33.01**	
哈尔滨	Harbin	8.64	8.44	8.20	44
齐齐哈尔	Qiqihar	4.84	4.16	4.05	143
鸡西	Jixi	1.74	1.89	1.63	251
鹤岗	Hegang	1.10	0.91	0.90	273
双鸭山	Shuangyashan	1.59	1.49	1.38	261
大庆	Daqing	2.79	2.85	2.87	195
伊春	Yichun	1.05	0.91	0.87	274
佳木斯	Jiamusi	3.22	3.12	3.26	170
七台河	Qitaihe	0.87	0.86	0.76	277
牡丹江	Mudanjiang	2.38	2.40	2.45	223
黑河	Heihe	2.06	2.02	1.29	264
绥化	Suihua	5.68	5.24	4.99	108
上海	**Shanghai**	**12.44**	**12.95**	**13.45**	
江苏	**Jiangsu**	**70.58**	**64.51**	**63.94**	

16-7 普通小学毕业生数 续表 1
Graduates from Primary Schools continued 1

单位：万人 （10 000 persons）

地名	City	2010	2012	2013	2013 排名 Ranking
南京	Nanjing	4.80	4.86	4.82	117
无锡	Wuxi	5.04	5.00	4.98	109
徐州	Xuzhou	9.49	8.49	8.30	42
常州	Changzhou	3.74	3.61	3.60	161
苏州	Suzhou	5.81	6.08	6.35	71
南通	Nantong	6.14	5.41	5.26	100
连云港	Lianyungang	6.00	5.21	5.08	103
淮安	Huaian	5.60	4.80	4.68	123
盐城	Yancheng	6.59	5.72	5.63	95
扬州	Yangzhou	4.08	3.85	3.82	147
镇江	Zhenjiang	2.25	2.12	2.10	235
泰州	Taizhou	3.98	3.76	3.76	150
宿迁	Suqian	7.07	5.59	5.55	97
浙江	**Zhejiang**	**54.13**	**53.83**	**54.04**	
杭州	Hangzhou	7.61	7.45	7.37	52
宁波	Ningbo	7.65	7.32	7.09	56
温州	Wenzhou	8.80	8.81	9.12	31
嘉兴	Jiaxing	4.07	3.97	3.95	144
湖州	Huzhou	2.99	2.71	2.75	200
绍兴	Shaoxing	5.44	5.09	4.97	110
金华	Jinhua	5.36	5.74	5.88	86
衢州	Quzhou	2.40	2.49	2.49	220
舟山	Zhoushan	0.81	0.78	0.79	276
台州	Taizhou	6.52	6.82	7.07	57
丽水	Lishui	2.60	2.66	2.56	216
安徽	**Anhui**	**87.41**	**72.09**	**65.49**	
合肥	Hefei	6.53	7.45	6.85	58
芜湖	Wuhu	2.12	3.51	3.31	168
蚌埠	Bengbu	4.99	4.38	3.89	146
淮南	Huainan	2.99	2.43	2.32	227
马鞍山	Maanshan	1.35	2.46	2.24	230
淮北	Huaibei	3.76	2.86	2.53	218
铜陵	Tongling	0.80	0.73	0.67	279
安庆	Anqing	7.46	6.27	5.69	91
黄山	Huangshan	1.19	1.17	1.12	266
滁州	Chuzhou	5.99	4.93	4.47	127
阜阳	Fuyang	14.63	11.34	10.26	24
宿州	Suzhou	9.24	6.69	5.67	94
六安	Liuan	7.62	6.78	6.12	78
亳州	Bozhou	8.41	7.09	6.59	64
池州	Chizhou	1.85	1.64	1.53	255
宣城	Xuancheng	2.72	2.36	2.22	232
福建	**Fujian**	**39.61**	**39.13**	**39.85**	
福州	Fuzhou	7.42	7.17	7.30	53
厦门	Xiamen	2.73	3.04	3.26	170
莆田	Putian	4.34	3.49	3.55	163
三明	Sanming	2.79	2.69	2.68	206
泉州	Quanzhou	7.44	8.28	8.97	34
漳州	Zhangzhou	5.92	6.11	5.68	92
南平	Nanping	3.28	2.96	2.90	194
龙岩	Longyan	2.64	2.64	2.73	203
宁德	Ningde	3.05	2.76	2.78	198
江西	**Jiangxi**	**67.85**	**67.01**	**65.59**	
南昌	Nanchang	7.56	7.26	6.73	61
景德镇	Jingdezhen	2.29	2.33	2.05	237
萍乡	Pingxiang	2.38	2.28	2.31	228
九江	Jiujiang	6.57	6.51	5.96	83
新余	Xinyu	1.39	1.44	1.42	259
鹰潭	Yingtan	1.70	1.80	1.84	243
赣州	Ganzhou	14.47	14.55	14.75	6
吉安	Jian	6.06	5.63	5.60	96
宜春	Yichun	7.84	7.62	7.43	49
抚州	Fuzhou	6.32	6.27	6.24	74
上饶	Shangrao	11.27	11.33	11.27	18
山东	**Shandong**	**110.26**	**106.16**	**103.30**	
济南	Jinan	6.96	6.54	6.59	64
青岛	Qingdao	8.49	7.76	8.17	45
淄博	Zibo	4.97	4.76	4.38	131
枣庄	Zaozhuang	4.83	4.27	4.16	137
东营	Dongying	2.48	2.44	2.35	226
烟台	Yantai	5.99	5.66	5.23	101
潍坊	Weifang	10.53	9.15	8.96	35
济宁	Jining	9.24	9.79	9.60	30
泰安	Taian	6.41	6.45	6.18	76
威海	Weihai	2.21	2.01	2.05	237
日照	Rizhao	3.40	3.28	3.19	175
莱芜	Laiwu	1.67	1.40	1.28	265
临沂	Linyi	13.08	11.91	11.58	14
德州	Dezhou	6.07	6.81	6.57	66
聊城	Liaocheng	6.12	6.99	6.74	60

16-7 普通小学毕业生数 续表 2
Graduates from Primary Schools continued 2

单位：万人 （10 000 persons）

地名	City	2010	2012	2013	2013 排名 Ranking
滨州	Binzhou	4.55	4.43	4.33	133
菏泽	Heze	13.26	12.58	11.95	12
河南	**Henan**	**165.35**	**170.45**	**164.48**	
郑州	Zhengzhou	9.20	9.74	9.94	26
开封	Kaifeng	8.18	7.43	7.70	48
洛阳	Luoyang	10.65	10.35	9.99	25
平顶山	Pingdingshan	7.18	6.15	5.99	80
安阳	Anyang	7.38	7.91	8.21	43
鹤壁	Hebi	2.68	3.12	3.13	178
新乡	Xinxiang	8.35	8.61	9.09	32
焦作	Jiaozuo	5.35	5.52	5.42	98
濮阳	Puyang	6.68	7.80	7.89	46
许昌	Xuchang	6.06	6.55	5.97	81
漯河	Luohe	3.63	3.58	3.71	153
三门峡	Sanmenxia	3.41	3.21	2.99	185
南阳	Nanyang	14.24	16.63	16.97	3
商丘	Shangqiu	18.59	18.35	15.82	4
信阳	Xinyang	13.24	14.35	14.03	7
周口	Zhoukou	23.82	24.19	21.18	1
驻马店	Zhumadian	15.86	16.05	15.54	5
湖北	**Hubei**	**61.74**	**51.38**	**48.94**	
武汉	Wuhan	7.09	6.70	6.51	67
黄石	Huangshi	4.12	2.91	2.98	186
十堰	Shiyan	3.40	3.34	2.98	186
宜昌	Yichang	3.22	2.76	2.75	200
襄阳	Xiangfan	5.50	4.72	4.69	122
鄂州	Ezhou	1.35	1.27	1.02	269
荆门	Jingmen	2.42	2.13	2.09	236
孝感	Xiaogan	5.21	5.10	3.68	154
荆州	Jingzhou	5.85	4.95	4.74	120
黄冈	Huanggang	9.38	7.04	6.46	70
咸宁	Xianning	2.99	3.17	2.93	190
随州	Suizhou	2.31	1.98	1.64	250
湖南	**Hunan**	**72.81**	**77.02**	**77.05**	
长沙	Changsha	6.64	6.99	7.11	54
株洲	Zhuzhou	3.49	3.53	3.65	159
湘潭	Xiangtan	2.86	2.81	2.58	214
衡阳	Hengyang	8.75	10.05	10.50	23
邵阳	Shaoyang	8.67	9.30	9.79	28
岳阳	Yueyang	5.44	5.80	5.97	81
常德	Changde	5.00	4.55	4.43	128
张家界	Zhangjiajie	1.65	1.64	1.71	245
益阳	Yiyang	3.83	4.15	4.11	139
郴州	Chenzhou	5.74	6.48	6.68	62
永州	Yongzhou	6.42	7.56	6.81	59
怀化	Huaihua	4.89	5.03	5.22	102
娄底	Loudi	5.34	5.29	4.81	118
广东	**Guangdong**	**174.19**	**15.00**	**137.04**	
广州	Guangzhou	14.43	13.85	13.19	9
韶关	Shaoguan	4.45	3.50	3.24	173
深圳	Shenzhen	9.19	9.94	9.87	27
珠海	Zhuhai	2.21	2.25	2.12	234
汕头	Shantou	12.66	10.73	9.04	33
佛山	Foshan	7.58	7.41	7.11	54
江门	Jiangmen	6.13	5.21	4.93	111
湛江	Zhanjiang	18.02	15.31	13.09	10
茂名	Maoming	15.12	11.89	11.30	17
肇庆	Zhaoqing	8.05	6.65	6.32	72
惠州	Huizhou	7.07	6.44	6.21	75
梅州	Meizhou	7.76	5.24	4.75	119
汕尾	Shanwei	8.35	7.03	5.70	90
河源	Heyuan	5.36	4.24	3.91	145
阳江	Yangjiang	3.98	2.93	2.87	195
清远	Qingyuan	6.60	4.66	4.34	132
东莞	Dongguan	7.74	8.77	8.46	39
中山	ZhongShan	4.22	3.96	3.74	151
潮州	Chaozhou	4.71	3.67	3.16	176
揭阳	Jieyang	14.98	12.89	10.51	22
云浮	Yunfu	4.97	3.39	3.15	177
广西	**Guangxi**	**71.82**	**68.64**	**70.06**	
南宁	Nanning	8.97	8.78	8.88	36
柳州	Liuzhou	4.00	4.06	4.08	141
桂林	Guilin	4.38	4.47	4.58	125
梧州	Wuzhou	5.68	5.02	5.06	105
北海	Beihai	2.40	2.26		
防城港	Fangchenggang	1.33	1.36	1.36	262
钦州	Qinzhou	6.48	6.01	6.51	67
贵港	Guigang	9.37	8.48	8.78	37
玉林	Yulin	11.03	10.34	10.61	21
百色	Baise	4.62	4.88	4.89	112

16-7 普通小学毕业生数 续表 3
Graduates from Primary Schools continued 3

单位：万人 （10 000 persons）

地名	City	2010	2012	2013	2013 排名 Ranking	地名	City	2010	2012	2013	2013 排名 Ranking
贺州	Hezhou	3.38	3.04	2.92	192	丽江	Lijiang	1.83	1.62	1.66	248
河池	Hechi	5.22	4.74	4.83	115	普洱	Puer	3.11	3.05	3.04	180
来宾	Laibin	2.86	2.73	2.71	204	临沧	Lincang	3.44	3.42	3.43	167
崇左	Chongzuo	2.03	2.16	2.40	224	**西藏**	**Tibet**	**5.05**	**4.75**	**4.61**	
海南	**Hainan**	**14.69**	**12.82**	**12.47**		拉萨	Lhasa	0.76	0.76	0.80	275
海口	Haikou	2.90	2.67	2.68	206	**陕西**	**Shaanxi**	**50.59**	**44.86**	**40.05**	
三亚	Sanya	1.10	0.94	1.07	267	西安	Xi'an	9.61	8.88	8.51	38
重庆	**Chongqing**	**39.83**	**33.61**	**32.65**		铜川	Tongchuan	0.98	0.90	0.74	278
四川	**Sichuan**	**111.34**	**100.17**	**88.68**		宝鸡	Baoji	4.80	4.16	3.68	154
成都	Chengdu	13.35	12.67	11.84	13	咸阳	Xianyang	7.62	6.82	6.09	79
自贡	Zigong	3.27	2.86	2.71	204	渭南	Weinan	6.83	6.14	4.83	115
攀枝花	Panzhihua	1.71	1.69	1.59	253	延安	Yan'an	3.32	2.85	2.59	212
泸州	Luzhou	6.97	6.21	5.79	88	汉中	Hanzhong	4.68	4.13	3.73	152
德阳	Deyang	3.83	3.27	2.94	189	榆林	Yulin	4.80	3.94	3.51	165
绵阳	Mianyang	5.84	4.96	4.23	135	安康	Ankang	4.20	3.57	3.12	179
广元	Guangyuan	4.00	3.32	2.66	208	商洛	Shangluo	3.52	3.22	3.03	182
遂宁	Suining	4.31	3.83	3.26	170	**甘肃**	**Gansu**	**47.43**	**39.87**	**37.06**	
内江	Neijiang	4.37	3.91	3.63	160	兰州	Lanzhou	3.88	3.74	3.54	164
乐山	Leshan	3.69	2.95	2.74	202	嘉峪关	Jiayuguan	0.28	0.30	0.29	283
南充	Nanchong	9.26	8.68	6.28	73	金昌	Jinchang	0.62	0.62	0.59	280
眉山	Meishan	3.78	3.00	2.59	212	白银	Baiyin	3.62	2.74	2.49	220
宜宾	Yibin	7.14	6.14	5.89	85	天水	Tianshui	7.16	6.32	5.81	87
广安	Guangan	6.70	5.66	5.01	107	武威	Wuwei	3.17	2.71	2.63	209
达州	Dazhou	9.66	8.90	7.43	49	张掖	Zhangye	1.84	1.70	1.57	254
雅安	Yaan	1.89	1.49	1.44	257	平凉	Pingliang	4.30	3.66	3.66	156
巴中	Bazhong	6.27	5.73	5.07	104	酒泉	Jiuquan	1.63	1.48	1.46	256
资阳	Ziyang	4.82	4.20	4.12	138	庆阳	Qingyang	4.50	3.43	2.95	188
贵州	**Guizhou**	**79.82**	**76.02**	**72.35**		定西	Dingxi	5.85	4.35	3.78	148
贵阳	Guiyang	6.48	6.19	5.90	84	陇南	Longnan	5.33	4.13	3.66	156
六盘水	Liupanshui	7.63	7.14	5.74	89	**青海**	**Qinghai**	**8.20**	**8.10**	**8.35**	
遵义	Zunyi	13.30	12.15	11.38	15	西宁	Xining	2.80	2.63	2.60	211
安顺	Anshun	5.40	4.67	4.43	128	**宁夏**	**Ningxia**	**10.97**	**10.77**	**10.19**	
毕节	Bijie	17.60	18.50	18.48	2	银川	Yinchuan	2.53	2.56	2.57	215
铜仁	Tongren	8.08	7.92	7.42	51	石嘴山	Shizuishan	1.02	1.00	1.00	270
云南	**Yunnan**	**73.69**	**72.28**	**71.38**		吴忠	Wuzhong	2.38	2.33	2.24	230
昆明	Kunming	8.32	8.34	8.33	41	固原	Guyuan	2.69	2.60	2.36	225
曲靖	Qujing	11.09	10.60	10.73	20	中卫	Zhongwei	2.21	2.28	2.03	239
玉溪	Yuxi	3.40	3.00	3.30	169	**新疆**	**Xinjiang**	**33.44**	**32.10**	**32.13**	
保山	Baoshan	4.06	3.74	3.66	156	乌鲁木齐	Urumqi	2.99	3.05	3.04	180
昭通	Zhaotong	11.94	12.37	11.34	16	克拉玛依	Karamay	0.47	0.41	0.41	282

16-8 普通中学学校数
Number of Junior Secondary Schoolss

单位：所　　　　(unit)

地名	City	2010	2012	2013	2013 排名 Ranking
全国	**Nation Total**	**68948**	**66725**	**66156**	
北京	**Beijing**	**634**	**630**	**638**	
天津	**Tianjin**	**546**	**519**	**518**	
河北	**Hebei**	**3264**	**3000**	**2944**	
石家庄	Shijiazhuang	437	413	421	19
唐山	Tangshan	366	334	330	37
秦皇岛	Qinhuangdao	183	165	165	165
邯郸	Handan	410	395	372	26
邢台	Xingtai	322	275	262	79
保定	Baoding	472	442	440	17
张家口	Zhangjiakou	184	174	170	158
承德	Chengde	153	122	122	208
沧州	Cangzhou	349	319	313	46
廊坊	Langfang	192	175	173	151
衡水	Hengshui	196	186	176	145
山西	**Shanxi**	**2747**	**2534**	**2495**	
太原	Taiyuan	230	229	135	192
大同	Datong	257	234	122	208
阳泉	Yangquan	87	87	62	260
长治	Changzhi	232	225	142	183
晋城	Jincheng	160	159	137	189
朔州	Shuozhou	107	100	76	247
晋中	Jinzhong	242	225	181	140
运城	Yuncheng	401	353	252	85
忻州	Xinzhou	352	311	193	129
临汾	Linfen	324	295	212	113
吕梁	Luliang	355	316	249	87
内蒙古	**Inner Mongolia**	**1123**	**1035**	**1026**	
呼和浩特	Hohhot	125	114	111	221
包头	Baotou	96	98	96	236
乌海	Wuhai	23	23	23	278
赤峰	Chifeng	180	161	162	170
通辽	Tongliao	165	140	138	188
鄂尔多斯	Erdos	63	64	66	256
呼伦贝尔	Hulunbuir	191	173	168	161
巴彦淖尔	Bayannur	60	52	51	269
乌兰察布	Ulanqab	73	71	74	250
辽宁	**Liaoning**	**2076**	**2024**	**1988**	
沈阳	Shenyang	321	322	322	41
大连	Dalian	280	284	285	64
鞍山	Anshan	165	163	164	166
抚顺	Fushun	118	119	118	214
本溪	Benxi	68	66	59	264
丹东	Dandong	127	127	127	202
锦州	Jinzhou	156	140	133	195
营口	Yingkou	98	98	99	232
阜新	Fuxin	117	112	95	237
辽阳	Liaoyang	83	82	80	246
盘锦	Panjin	74	76	72	251
铁岭	Tieling	147	131	130	199
朝阳	Chaoyang	184	169	171	154
葫芦岛	Huludao	138	135	133	195
吉林	**Jilin**	**1466**	**1457**	**1443**	
长春	Changchun	337	330	335	36
吉林	Jilin	189	190	188	134
四平	Siping	188	189	186	136
辽源	Liaoyuan	67	67	65	257
通化	Tonghua	144	138	131	197
白山	Baishan	112	110	111	221
松原	Songyuan	142	141	146	180
白城	Baicheng	125	124	124	206
黑龙江	**Heilongjiang**	**2174**	**2046**	**1966**	
哈尔滨	Harbin	563	541	485	8
齐齐哈尔	Qiqihar	276	264	260	81
鸡西	Jixi	124	118	114	217
鹤岗	Hegang	62	62	62	260
双鸭山	Shuangyashan	110	98	97	235
大庆	Daqing	153	154	149	178
伊春	Yichun	71	61	60	262
佳木斯	Jiamusi	153	142	137	189
七台河	Qitaihe	53	51	52	268
牡丹江	Mudanjiang	143	135	131	197
黑河	Heihe	127	101	101	229
绥化	Suihua	304	283	278	70
上海	**Shanghai**	**755**	**760**	**762**	
江苏	**Jiangsu**	**2776**	**2660**	**2651**	

16-8 普通中学学校数 续表 1
Number of Junior Secondary Schoolss continued 1

单位：所 (unit)

地名	City	2010	2012	2013	2013 排名 Ranking
南京	Nanjing	215	220	219	104
无锡	Wuxi	180	169	176	145
徐州	Xuzhou	331	321	321	42
常州	Changzhou	163	162	163	168
苏州	Suzhou	258	262	261	80
南通	Nantong	250	224	222	102
连云港	Lianyungang	189	179	176	145
淮安	Huaian	198	173	175	148
盐城	Yancheng	295	277	277	71
扬州	Yangzhou	177	170	170	158
镇江	Zhenjiang	109	111	113	219
泰州	Taizhou	203	202	191	130
宿迁	Suqian	208	190	187	135
浙江	**Zhejiang**	**2314**	**2306**	**2296**	
杭州	Hangzhou	317	314	311	47
宁波	Ningbo	301	299	297	54
温州	Wenzhou	474	477	469	9
嘉兴	Jiaxing	155	156	157	172
湖州	Huzhou	130	125	125	204
绍兴	Shaoxing	188	186	180	141
金华	Jinhua	241	236	240	91
衢州	Quzhou	99	94	93	240
舟山	Zhoushan	52	50	48	271
台州	Taizhou	258	274	280	67
丽水	Lishui	99	95	94	239
安徽	**Anhui**	**3738**	**3636**	**3600**	
合肥	Hefei	246	363	367	28
芜湖	Wuhu	123	211	211	116
蚌埠	Bengbu	179	167	166	164
淮南	Huainan	136	132	129	200
马鞍山	Maanshan	57	102	102	228
淮北	Huaibei	141	137	134	193
铜陵	Tongling	48	45	45	272
安庆	Anqing	388	369	367	28
黄山	Huangshan	117	115	116	215
滁州	Chuzhou	285	287	287	61
阜阳	Fuyang	482	462	461	10
宿州	Suzhou	287	263	244	89
六安	Liuan	420	412	416	21
亳州	Bozhou	302	297	291	59
池州	Chizhou	108	109	106	226
宣城	Xuancheng	163	164	157	172
福建	**Fujian**	**1903**	**1783**	**1782**	
福州	Fuzhou	356	344	349	32
厦门	Xiamen	94	95	95	237
莆田	Putian	160	143	143	181
三明	Sanming	175	151	152	176
泉州	Quanzhou	364	331	324	40
漳州	Zhangzhou	220	207	209	117
南平	Nanping	172	164	164	166
龙岩	Longyan	176	169	169	160
宁德	Ningde	186	179	177	144
江西	**Jiangxi**	**2559**	**2542**	**2537**	
南昌	Nanchang	268	265	266	77
景德镇	Jingdezhen	99	98	115	216
萍乡	Pingxiang	113	110	0	283
九江	Jiujiang	307	298	260	81
新余	Xinyu	49	36	38	275
鹰潭	Yingtan	69	74	76	247
赣州	Ganzhou	451	449	452	14
吉安	Jian	300	305	301	51
宜春	Yichun	239	239	235	94
抚州	Fuzhou	213	209	212	113
上饶	Shangrao	451	459	458	13
山东	**Shandong**	**3645**	**3522**	**3464**	
济南	Jinan	209	206	204	121
青岛	Qingdao	295	292	293	56
淄博	Zibo	198	193	191	130
枣庄	Zaozhuang	135	132	125	204
东营	Dongying	93	91	91	241
烟台	Yantai	299	270	257	84
潍坊	Weifang	360	342	326	39
济宁	Jining	299	283	286	62
泰安	Taian	177	174	171	154
威海	Weihai	112	111	108	224
日照	Rizhao	116	109	108	224
莱芜	Laiwu	56	55	53	266
临沂	Linyi	355	351	343	34
德州	Dezhou	203	196	195	128
聊城	Liaocheng	202	198	198	124

16-8 普通中学学校数 续表 2
Number of Junior Secondary Schoolss continued 2

单位：所 （unit）

地名	City	2010	2012	2013	2013 排名 Ranking	地名	City	2010	2012	2013	2013 排名 Ranking
滨州	Binzhou	164	160	161	171	常德	Changde	295	296	293	56
菏泽	Heze	372	359	354	30	张家界	Zhangjiajie	101	101	101	229
河南	**Henan**	**5441**	**5336**	**5326**		益阳	Yiyang	239	229	227	99
郑州	Zhengzhou	366	368	371	27	郴州	Chenzhou	286	283	279	69
开封	Kaifeng	280	278	275	74	永州	Yongzhou	324	319	320	43
洛阳	Luoyang	444	456	451	15	怀化	Huaihua	357	351	351	31
平顶山	Pingdingshan	258	257	251	86	娄底	Loudi	280	283	282	66
安阳	Anyang	319	297	296	55	**广东**	**Guangdong**	**4334**	**4326**	**4366**	
鹤壁	Hebi	98	89	84	243	广州	Guangzhou	476	478	494	6
新乡	Xinxiang	399	388	386	22	韶关	Shaoguan	164	155	153	174
焦作	Jiaozuo	242	220	218	107	深圳	Shenzhen	295	302	314	45
濮阳	Puyang	206	207	212	113	珠海	Zhuhai	60	63	65	257
许昌	Xuchang	251	239	239	92	汕头	Shantou	260	265	280	67
漯河	Luohe	112	109	110	223	佛山	Foshan	180	189	191	130
三门峡	Sanmenxia	138	130	128	201	江门	Jiangmen	195	183	184	137
南阳	Nanyang	513	504	498	4	湛江	Zhanjiang	347	333	328	38
商丘	Shangqiu	451	433	446	16	茂名	Maoming	286	282	277	71
信阳	Xinyang	384	380	378	24	肇庆	Zhaoqing	174	170	171	154
周口	Zhoukou	609	608	608	2	惠州	Huizhou	209	214	221	103
驻马店	Zhumadian	330	335	338	35	梅州	Meizhou	245	236	233	96
湖北	**Hubei**	**2792**	**2622**	**2577**		汕尾	Shanwei	173	172	172	152
武汉	Wuhan	395	374	378	24	河源	Heyuan	190	186	183	138
黄石	Huangshi	143	142	139	187	阳江	Yangjiang	106	108	112	220
十堰	Shiyan	203	180	175	148	清远	Qingyuan	177	177	174	150
宜昌	Yichang	184	170	172	152	东莞	Dongguan	190	203	207	119
襄阳	Xiangfan	250	235	237	93	中山	ZhongShan	99	101	100	231
鄂州	Ezhou	58	52	50	270	潮州	Chaozhou	122	125	126	203
荆门	Jingmen	129	122	122	208	揭阳	Jieyang	275	278	277	71
孝感	Xiaogan	221	176	219	104	云浮	Yunfu	111	106	104	227
荆州	Jingzhou	259	257	247	88	**广西**	**Guangxi**	**2437**	**2310**	**2289**	
黄冈	Huanggang	346	321	307	48	南宁	Nanning	349	338	286	62
咸宁	Xianning	155	146	142	183	柳州	Liuzhou	177	168	163	168
随州	Suizhou	105	103	98	233	桂林	Guilin	245	220	196	126
湖南	**Hunan**	**3933**	**3885**	**3878**		梧州	Wuzhou	137	134	140	186
长沙	Changsha	284	284	285	64	北海	Beihai	82	86	84	243
株洲	Zhuzhou	188	191	191	130	防城港	Fangchenggang	44	44	42	274
湘潭	Xiangtan	187	181	180	141	钦州	Qinzhou	120	121	0	283
衡阳	Hengyang	418	419	424	18	贵港	Guigang	240	232	229	98
邵阳	Shaoyang	467	461	460	11	玉林	Yulin	295	288	289	60
岳阳	Yueyang	322	306	304	50	百色	Baise	200	197	207	119

16-8 普通中学学校数 续表 3
Number of Junior Secondary Schoolss continued 3

单位：所 (unit)

地名	City	2010	2012	2013	2013 排名 Ranking	地名	City	2010	2012	2013	2013 排名 Ranking
贺州	Hezhou	116	107	120	213	丽江	Lijiang	85	76	76	247
河池	Hechi	216	196	197	125	普洱	Puer	126	133	648	1
来宾	Laibin	102	85	85	242	临沧	Lincang	121	118	121	212
崇左	Chongzuo	112	94	16	281	**西藏**	**Tibet**	**119**	**122**	**124**	
海南	**Hainan**	**531**	**491**	**489**		拉萨	Lhasa	23	26	29	277
海口	Haikou	94	96	98	233	**陕西**	**Shaanxi**	**2436**	**2295**	**2252**	
三亚	Sanya	45	42	44	273	西安	Xi'an	436	419	418	20
重庆	**Chongqing**	**1273**	**1231**	**1200**		铜川	Tongchuan	58	55	53	266
四川	**Sichuan**	**4738**	**4643**	**4630**		宝鸡	Baoji	236	217	216	111
成都	Chengdu	487	494	498	4	咸阳	Xianyang	314	308	301	51
自贡	Zigong	135	134	142	183	渭南	Weinan	390	368	346	33
攀枝花	Panzhihua	60	60	56	265	延安	Yan'an	139	129	123	207
泸州	Luzhou	217	218	218	107	汉中	Hanzhong	225	207	208	118
德阳	Deyang	170	154	151	177	榆林	Yulin	238	217	213	112
绵阳	Mianyang	267	236	234	95	安康	Ankang	209	196	196	126
广元	Guangyuan	191	183	179	143	商洛	Shangluo	183	172	171	154
遂宁	Suining	164	167	168	161	**甘肃**	**Gansu**	**2038**	**2033**	**1989**	
内江	Neijiang	192	188	183	138	兰州	Lanzhou	219	232	217	109
乐山	Leshan	226	216	217	109	嘉峪关	Jiayuguan	11	11	11	282
南充	Nanchong	514	512	509	3	金昌	Jinchang	28	22	22	279
眉山	Meishan	238	233	226	100	白银	Baiyin	168	154	147	179
宜宾	Yibin	316	304	300	53	天水	Tianshui	267	270	265	78
广安	Guangan	280	275	275	74	武威	Wuwei	144	142	143	181
达州	Dazhou	382	380	381	23	张掖	Zhangye	99	95	82	245
雅安	Yaan	71	72	68	255	平凉	Pingliang	165	167	168	161
巴中	Bazhong	199	197	204	121	酒泉	Jiuquan	65	67	65	257
资阳	Ziyang	317	311	307	48	庆阳	Qingyang	189	190	199	123
贵州	**Guizhou**	**2592**	**2950**	**2664**		定西	Dingxi	293	299	293	56
贵阳	Guiyang	292	315	318	44	陇南	Longnan	231	233	233	96
六盘水	Liupanshui	217	221	224	101	**青海**	**Qinghai**	**434**	**370**	**365**	
遵义	Zunyi	503	471	459	12	西宁	Xining	139	136	136	191
安顺	Anshun	146	148	153	174	**宁夏**	**Ningxia**	**337**	**314**	**304**	
毕节	Bijie	438	485	492	7	银川	Yinchuan	69	68	69	253
铜仁	Tongren	248	256	259	83	石嘴山	Shizuishan	48	43	36	276
云南	**Yunnan**	**2183**	**2135**	**2125**		吴忠	Wuzhong	67	62	60	262
昆明	Kunming	265	268	274	76	固原	Guyuan	85	72	69	253
曲靖	Qujing	247	240	241	90	中卫	Zhongwei	68	69	70	252
玉溪	Yuxi	120	115	114	217	**新疆**	**Xinjiang**	**1545**	**1497**	**1468**	
保山	Baoshan	126	123	122	208	乌鲁木齐	Urumqi	133	134	134	193
昭通	Zhaotong	215	218	219	104	克拉玛依	Karamay	18	17	18	280

16-9 普通中学专任教师数
Full-time Teachers of Junior Secondary Schools

单位：人 （person）

地名	City	2010	2012	2013	2013 排名 Ranking
全国	**Nation Total**	**5041576**	**5099398**	**5109987**	
北京	**Beijing**	**49873**	**51690**	**52708**	
天津	**Tianjin**	**40718**	**41495**	**41556**	
河北	**Hebei**	**260675**	**250718**	**247142**	
石家庄	Shijiazhuang	36126	35584	38569	8
唐山	Tangshan	29735	29376	30399	25
秦皇岛	Qinhuangdao	12293	12147	12675	159
邯郸	Handan	35063	33912	33338	16
邢台	Xingtai	25534	23770	25089	48
保定	Baoding	36138	34979	36484	10
张家口	Zhangjiakou	15704	15177	16059	124
承德	Chengde	12437	11553	12119	169
沧州	Cangzhou	24142	22464	24103	55
廊坊	Langfang	16277	15246	15569	134
衡水	Hengshui	17226	16510	17867	110
山西	**Shanxi**	**172793**	**176319**	**177344**	
太原	Taiyuan	17134	17845	18392	104
大同	Datong	16106	15795	15970	126
阳泉	Yangquan	5947	5953	5911	252
长治	Changzhi	14989	15555	15523	135
晋城	Jincheng	10160	10928	11317	184
朔州	Shuozhou	9325	10411	10834	191
晋中	Jinzhong	14822	15248	15195	138
运城	Yuncheng	28187	27952	27717	37
忻州	Xinzhou	14844	15127	15126	139
临汾	Linfen	21640	21967	21990	65
吕梁	Luliang	19549	19538	19369	88
内蒙古	**Inner Mongolia**	**95570**	**94383**	**95014**	
呼和浩特	Hohhot	9088	9160	9313	213
包头	Baotou	9038	9592	9526	209
乌海	Wuhai	2083	2268	2275	281
赤峰	Chifeng	18757	18423	18318	106
通辽	Tongliao	12598	12067	12196	165
鄂尔多斯	Erdos	6852	7409	7592	235
呼伦贝尔	Hulunbuir	12098	11638	11656	174
巴彦淖尔	Bayannur	5993	5426	5459	256
乌兰察布	Ulanqab	6996	6664	6774	245
辽宁	**Liaoning**	**145358**	**148359**	**147682**	
沈阳	Shenyang	23873	24015	23818	57
大连	Dalian	20850	21763	21781	68
鞍山	Anshan	11778	11770	12142	168
抚顺	Fushun	7481	7492	7119	240
本溪	Benxi	5467	5408	5196	259
丹东	Dandong	7912	8038	8107	227
锦州	Jinzhou	9519	9454	9394	212
营口	Yingkou	7672	8133	8032	230
阜新	Fuxin	6653	6863	6549	247
辽阳	Liaoyang	5709	5828	5831	253
盘锦	Panjin	5247	5573	5695	255
铁岭	Tieling	9421	10101	10062	200
朝阳	Chaoyang	13970	13899	13944	146
葫芦岛	Huludao	9806	10022	10012	202
吉林	**Jilin**	**94666**	**94730**	**94339**	
长春	Changchun	24777	28791	29462	32
吉林	Jilin	13975	15999	16164	122
四平	Siping	11138	11509	11551	177
辽源	Liaoyuan	4166	4365	4391	268
通化	Tonghua	8762	9735	9762	205
白山	Baishan	5556	7037	7110	242
松原	Songyuan	9807	9885	9783	204
白城	Baicheng	7305	8013	8358	225
黑龙江	**Heilongjiang**	**142156**	**142650**	**139215**	
哈尔滨	Harbin	36893	39630	38912	6
齐齐哈尔	Qiqihar	16688	18242	17541	113
鸡西	Jixi	7741	9846	7620	234
鹤岗	Hegang	4898	5409	3418	274
双鸭山	Shuangyashan	6200	6877	5452	257
大庆	Daqing	12717	14512	13244	151
伊春	Yichun	5180	5568	4656	264
佳木斯	Jiamusi	10127	11758	11208	186
七台河	Qitaihe	3575	4085	3501	272
牡丹江	Mudanjiang	9502	10034	12427	163
黑河	Heihe	6809	8492	5051	261
绥化	Suihua	19643	21015	20840	74
上海	**Shanghai**	**50741**	**51790**	**52649**	
江苏	**Jiangsu**	**284594**	**279454**	**274279**	

16-9 普通中学专任教师数 续表 1
Full-time Teachers of Junior Secondary Schools continued 1

单位：人 （person）

地名	City	2010	2012	2013	2013 排名 Ranking	地名	City	2010	2012	2013	2013 排名 Ranking
南京	Nanjing	22316	22245	22361	64	池州	Chizhou	6242	6225	6103	250
无锡	Wuxi	19839	19394	19247	91	宣城	Xuancheng	9895	10577	9408	211
徐州	Xuzhou	38379	37179	34591	14	**福建**	**Fujian**	**151469**	**148687**	**148564**	
常州	Changzhou	13915	13944	13958	145	福州	Fuzhou	26484	25971	26271	44
苏州	Suzhou	25295	25916	25792	46	厦门	Xiamen	8924	9097	9301	214
南通	Nantong	26077	25542	24898	50	莆田	Putian	14638	13904	13845	148
连云港	Lianyungang	21118	21021	20822	75	三明	Sanming	12189	11574	11409	180
淮安	Huaian	20353	19738	19354	89	泉州	Quanzhou	30895	30519	30219	27
盐城	Yancheng	29269	27988	27697	38	漳州	Zhangzhou	19133	19470	19609	84
扬州	Yangzhou	17057	16725	16757	117	南平	Nanping	11731	11791	11690	173
镇江	Zhenjiang	10124	10036	9983	203	龙岩	Longyan	13907	13229	13056	154
泰州	Taizhou	19858	19658	19505	86	宁德	Ningde	13568	13132	13164	152
宿迁	Suqian	20994	20068	19314	90	**江西**	**Jiangxi**	**167285**	**171003**	**171245**	
浙江	**Zhejiang**	**182865**	**183361**	**182862**		南昌	Nanchang	17434	18327	18569	101
杭州	Hangzhou	26666	27061	27385	39	景德镇	Jingdezhen	6517	6948	8060	228
宁波	Ningbo	15067	23021	23203	60	萍乡	Pingxiang	7696	7693	7591	236
温州	Wenzhou	32619	31712	30901	22	九江	Jiujiang	17821	17770	17623	112
嘉兴	Jiaxing	14067	14126	14139	144	新余	Xinyu	4315	4417	4382	269
湖州	Huzhou	9894	10945	10101	199	鹰潭	Yingtan	4479	4624	4580	267
绍兴	Shaoxing	17876	18476	18317	107	赣州	Ganzhou	30726	32148	23143	61
金华	Jinhua	18313	18570	18506	102	吉安	Jian	18451	18530		
衢州	Quzhou	8317	8380	8529	223	宜春	Yichun	18655	19051	18941	94
舟山	Zhoushan	3403	3723	3284	275	抚州	Fuzhou	14588	14799	14225	143
台州	Taizhou	20157	21452	21266	71	上饶	Shangrao	26603	26696	26538	42
丽水	Lishui	8611	8272	8265	226	**山东**	**Shandong**	**372082**	**376819**	**382340**	
安徽	**Anhui**	**230052**	**232797**	**232012**		济南	Jinan	21943	22280	22742	63
合肥	Hefei	19596	28331	29085	33	青岛	Qingdao	30754	31952	31813	19
芜湖	Wuhu	7577	13081	12856	157	淄博	Zibo	20093	20774	21475	70
蚌埠	Bengbu	11971	11468	11399	181	枣庄	Zaozhuang	13800	14135	14285	142
淮南	Huainan	8796	8964	9206	215	东营	Dongying	10620	10453	10594	195
马鞍山	Maanshan	4757	8278	8395	224	烟台	Yantai	31719	30480	29941	30
淮北	Huaibei	8678	9108	9041	219	潍坊	Weifang	39375	39906	40608	5
铜陵	Tongling	3122	3230	3267	276	济宁	Jining	29631	29651	30306	26
安庆	Anqing	24472	21796	24876	51	泰安	Taian	19858	20047	21179	73
黄山	Huangshan	5075	5095	5123	260	威海	Weihai	12931	12777	12762	158
滁州	Chuzhou	16059	16269	16119	123	日照	Rizhao	11610	11842	11896	170
阜阳	Fuyang	25993	26422	26135	45	莱芜	Laiwu	6295	6385	6146	249
宿州	Suzhou	21224	21182	20158	80	临沂	Linyi	38256	39641	40825	3
六安	Liuan	23692	24157	24214	53	德州	Dezhou	19067	19676	19934	83
亳州	Bozhou	16988	16252	16627	119	聊城	Liaocheng	19992	20128	20375	78

16-9 普通中学专任教师数 续表 2
Full-time Teachers of Junior Secondary Schools continued 2

单位：人 (person)

地名	City	2010	2012	2013	2013 排名 Ranking	地名	City	2010	2012	2013	2013 排名 Ranking
滨州	Binzhou	14971	15583	15949	127	常德	Changde	21963	21575	21262	72
菏泽	Heze	31167	31109	31510	20	张家界	Zhangjiajie	5223	5316	5291	258
河南	**Henan**	**380984**	**389760**	**388005**		益阳	Yiyang	18141	17615	15472	136
郑州	Zhengzhou	30601	30946	33045	17	郴州	Chenzhou	15458	15467	15712	131
开封	Kaifeng	17332	17921	18582	100	永州	Yongzhou	22676	20995	20218	79
洛阳	Luoyang	26168	27018	29948	29	怀化	Huaihua	16806	16966	17044	115
平顶山	Pingdingshan	17453	17616	18771	95	娄底	Loudi	15865	16039	15740	130
安阳	Anyang	19058	19696	20774	76	**广东**	**Guangdong**	**391514**	**415328**	**421533**	
鹤壁	Hebi	6151	6206	6633	246	广州	Guangzhou	38226	46457	40791	4
新乡	Xinxiang	23021	23392	24954	49	韶关	Shaoguan	13266	14844	13068	153
焦作	Jiaozuo	14289	14624	16236	121	深圳	Shenzhen	22417	38081	27048	40
濮阳	Puyang	16635	17029	18016	109	珠海	Zhuhai	5742	6851	6351	248
许昌	Xuchang	18715	18014	18770	96	汕头	Shantou	22650	26731	28114	35
漯河	Luohe	9466	9430	9750	206	佛山	Foshan	20442	22813	35139	12
三门峡	Sanmenxia	10068	10467	10964	189	江门	Jiangmen	17158	18452	16936	116
南阳	Nanyang	35550	36200	38589	7	湛江	Zhanjiang	31171	33673	33684	15
商丘	Shangqiu	32843	33150	34629	13	茂名	Maoming	33130	36864	21830	67
信阳	Xinyang	34271	35863	35747	11	肇庆	Zhaoqing	19709	21848	20030	81
周口	Zhoukou	37502	38851	38392	9	惠州	Huizhou	17211	22181	19076	93
驻马店	Zhumadian	28811	30384	31325	21	梅州	Meizhou	23657	23743	23504	59
湖北	**Hubei**	**229209**	**212305**	**205306**		汕尾	Shanwei	12748	16298	15712	131
武汉	Wuhan	32800	32094	29660	31	河源	Heyuan	15172	16557	15845	128
黄石	Huangshi	10596	10356	9544	208	阳江	Yangjiang	10782	12223	12540	161
十堰	Shiyan	14178	14207	12179	166	清远	Qingyuan	17374	19248	17125	114
宜昌	Yichang	13445	13217	13518	149	东莞	Dongguan	14572	23578	16422	120
襄阳	Xiangfan	21647	19862	18746	97	中山	ZhongShan	9424	12928	10387	197
鄂州	Ezhou	4545	4198	3893	271	潮州	Chaozhou	10858	11550	11574	176
荆门	Jingmen	12907	12549	9479	210	揭阳	Jieyang	24300	29848	28598	34
孝感	Xiaogan	20047	13302	19236	92	云浮	Yunfu	11505	11888	11828	171
荆州	Jingzhou	22698	22306	20470	77	**广西**	**Guangxi**	**160840**	**162035**	**163709**	
黄冈	Huanggang	28782	25457	24021	56	南宁	Nanning	22675	22665	23120	62
咸宁	Xianning	10900	10800	10023	201	柳州	Liuzhou	11827	11502	10993	188
随州	Suizhou	9367	10417	7559	237	桂林	Guilin	16155	15624	15633	133
湖南	**Hunan**	**240494**	**238277**	**236461**		梧州	Wuzhou	10409	10743	10902	190
长沙	Changsha	21102	22480	23596	58	北海	Beihai	5904	6038	7119	240
株洲	Zhuzhou	12634	12998	12662	160	防城港	Fangchenggang	2643	2694	2659	279
湘潭	Xiangtan	9846	9702	9688	207	钦州	Qinzhou	9710	10556		
衡阳	Hengyang	25183	25025	25212	47	贵港	Guigang	16973	17639	18358	105
邵阳	Shaoyang	24154	23092	24373	52	玉林	Yulin	21509	21742	21920	66
岳阳	Yueyang	21053	20393	19564	85	百色	Baise	10662	10678	30609	24

16-9 普通中学专任教师数 续表 3
Full-time Teachers of Junior Secondary Schools continued 3

单位：人 （person）

地名	City	2010	2012	2013	2013 排名 Ranking	地名	City	2010	2012	2013	2013 排名 Ranking
贺州	Hezhou	7289	7100	8766	221	丽江	Lijiang	5621	6702	6877	244
河池	Hechi	11372	11526	11499	178	普洱	Puer	7630	7587	7922	232
来宾	Laibin	7735	7541	7703	233	临沧	Lincang	7168	7943	7527	238
崇左	Chongzuo	6346	5987	7485	239	**西藏**	**Tibet**	**11714**	**12640**	**12931**	
海南	**Hainan**	**34564**	**35967**	**36711**		拉萨	Lhasa	2494	3050	2842	277
海口	Haikou	6982	9992	8597	222	**陕西**	**Shaanxi**	**170482**	**168822**	**167457**	
三亚	Sanya	2549	2527	2696	278	西安	Xi'an	31506	31526	32886	18
重庆	**Chongqing**	**109303**	**112452**	**113880**		铜川	Tongchuan	3925	3914	4262	270
四川	**Sichuan**	**284962**	**290366**	**292629**		宝鸡	Baoji	17423	17576	18237	108
成都	Chengdu	42429	45044	46295	2	咸阳	Xianyang	24997	25172	26352	43
自贡	Zigong	8261	7891	8059	229	渭南	Weinan	27479	27084	27912	36
攀枝花	Panzhihua	4679	5020	4994	262	延安	Yan'an	10736	10279	10443	196
泸州	Luzhou	14480	14698	14632	140	汉中	Hanzhong	13866	14246	15209	137
德阳	Deyang	11144	11229	11158	187	榆林	Yulin	17363	16271	18444	103
绵阳	Mianyang	18449	19165	19409	87	安康	Ankang	11366	11081	12451	162
广元	Guangyuan	11377	11571	11386	182	商洛	Shangluo	11003	11002	11692	172
遂宁	Suining	13244	12898	13013	155	**甘肃**	**Gansu**	**120689**	**124844**	**126817**	
内江	Neijiang	11868	11600	11622	175	兰州	Lanzhou	13811	13748	13922	147
乐山	Leshan	10755	10655	10761	192	嘉峪关	Jiayuguan	941	999	1009	283
南充	Nanchong	26822	27353	26580	41	金昌	Jinchang	2155	2094	2088	282
眉山	Meishan	10685	10582	10606	194	白银	Baiyin	11229	11348	11349	183
宜宾	Yibin	17682	18158	18732	98	天水	Tianshui	15592	15801	16043	125
广安	Guangan	14440	14710	14629	141	武威	Wuwei	9006	9329	9177	217
达州	Dazhou	20163	19868	20004	82	张掖	Zhangye	5883	5842	5783	254
雅安	Yaan	4931	4660	4623	265	平凉	Pingliang	10514	11008	11308	185
巴中	Bazhong	11695	11743	12160	167	酒泉	Jiuquan	4398	4567	4622	266
资阳	Ziyang	13488	13596	13449	150	庆阳	Qingyang	11693	12116	12222	164
贵州	**Guizhou**	**142508**	**156325**	**162309**		定西	Dingxi	14528	15314	15806	129
贵阳	Guiyang	14561	16373	16672	118	陇南	Longnan	10647	11140	11427	179
六盘水	Liupanshui	10676	11874	12868	156	**青海**	**Qinghai**	**21875**	**22526**	**23598**	
遵义	Zunyi	27418	29517	30077	28	西宁	Xining	9064	9331	9179	216
安顺	Anshun	8570	8931	8863	220	**宁夏**	**Ningxia**	**27484**	**29125**	**29401**	
毕节	Bijie	25182	28197	30789	23	银川	Yinchuan	7310	7821	7978	231
铜仁	Tongren	15330	17174	17831	111	石嘴山	Shizuishan	3413	3620	3486	273
云南	**Yunnan**	**160984**	**166072**	**169160**		吴忠	Wuzhong	5448	5889	5976	251
昆明	Kunming	20329	21100	21623	69	固原	Guyuan	6664	6856	6981	243
曲靖	Qujing	23068	23981	24194	54	中卫	Zhongwei	4649	4939	4980	263
玉溪	Yuxi	8745	8953	9046	218	**新疆**	**Xinjiang**	**113990**	**118299**	**121129**	
保山	Baoshan	9431	9991	10301	198	乌鲁木齐	Urumqi	9998	10408	10643	193
昭通	Zhaotong	18762	18724	18726	99	克拉玛依	Karamay	2123	2340	2418	280

16-10 普通中学招生数
New Enrollment by Junior Secondary Schools

单位：万人 （10 000 persons）

地名	City	2010	2012	2013	2013 排名 Ranking
全国	**Nation Total**	**2552.70**	**2415.40**	**2318.78**	
北京	**Beijing**	**16.80**	**17.15**	**16.67**	
天津	**Tianjin**	**14.60**	**14.19**	**14.09**	
河北	**Hebei**	**114.18**	**116.18**	**115.91**	
石家庄	Shijiazhuang	17.14	16.08	16.16	18
唐山	Tangshan	11.24	11.33	11.20	47
秦皇岛	Qinhuangdao	4.35	4.43	4.32	198
邯郸	Handan	15.13	17.34	16.38	16
邢台	Xingtai	11.52	12.09	11.57	43
保定	Baoding	16.44	17.48	18.69	6
张家口	Zhangjiakou	7.26	6.87	6.69	132
承德	Chengde	6.18	5.54	5.60	156
沧州	Cangzhou	10.20	10.22	10.38	58
廊坊	Langfang	7.38	6.98	6.96	126
衡水	Hengshui	7.35	7.73	7.97	105
山西	**Shanxi**	**85.26**	**49.17**	**70.18**	
太原	Taiyuan	7.80	7.45	7.32	120
大同	Datong	7.32	6.61	6.00	144
阳泉	Yangquan	2.95	2.50	2.45	254
长治	Changzhi	7.95	7.13	6.84	129
晋城	Jincheng	5.80	5.43	5.11	169
朔州	Shuozhou	5.57	5.34	5.05	171
晋中	Jinzhong	6.24	5.54	5.38	164
运城	Yuncheng	13.49	11.73	10.52	55
忻州	Xinzhou	7.87	5.95	5.67	151
临汾	Linfen	10.14	8.91	8.23	98
吕梁	Luliang	10.12	8.91	7.62	114
内蒙古	**Inner Mongolia**	**43.67**	**41.42**	**39.18**	
呼和浩特	Hohhot	5.33	5.21	5.12	167
包头	Baotou	4.51	4.39	4.31	200
乌海	Wuhai	0.89	0.89	0.88	282
赤峰	Chifeng	9.04	8.56	7.25	121
通辽	Tongliao	5.69	5.72	5.52	160
鄂尔多斯	Erdos	3.06	2.86	2.87	243
呼伦贝尔	Hulunbuir	3.91	3.38	3.29	237
巴彦淖尔	Bayannur	2.93	2.88	2.62	247
乌兰察布	Ulanqab	3.60	3.11	2.89	242
辽宁	**Liaoning**	**63.75**	**59.79**	**58.11**	
沈阳	Shenyang	9.75	9.44	9.16	79
大连	Dalian	9.20	8.36	8.21	100
鞍山	Anshan	4.72	4.73	4.55	191
抚顺	Fushun	2.72	2.48	2.37	258
本溪	Benxi	2.08	1.86	1.70	267
丹东	Dandong	3.90	3.63	3.35	234
锦州	Jinzhou	4.67	4.31	4.08	211
营口	Yingkou	3.40	3.26	3.22	238
阜新	Fuxin	3.03	2.72	2.74	246
辽阳	Liaoyang	2.96	2.82	2.57	249
盘锦	Panjin	2.38	2.28	2.42	256
铁岭	Tieling	4.37	3.98	3.90	220
朝阳	Chaoyang	6.14	5.65	5.66	152
葫芦岛	Huludao	4.43	4.27	4.17	208
吉林	**Jilin**	**41.42**	**38.69**	**36.95**	
长春	Changchun	12.59	11.11	11.08	49
吉林	Jilin	6.63	6.41	5.63	154
四平	Siping	4.84	4.61	4.85	177
辽源	Liaoyuan	1.69	1.64	1.42	274
通化	Tonghua	3.70	3.72	3.08	240
白山	Baishan	1.79	1.75	1.49	273
松原	Songyuan	4.33	4.04	4.31	200
白城	Baicheng	3.03	2.77	2.51	252
黑龙江	**Heilongjiang**	**57.07**	**36.58**	**47.31**	
哈尔滨	Harbin	13.32	13.05	11.93	42
齐齐哈尔	Qiqihar	7.35	6.65	6.00	144
鸡西	Jixi	2.86	2.95	2.41	257
鹤岗	Hegang	2.04	1.81	1.55	271
双鸭山	Shuangyashan	2.53	2.51	2.08	264
大庆	Daqing	4.83	4.95	4.65	186
伊春	Yichun	1.80	1.67	1.39	275
佳木斯	Jiamusi	4.80	4.66	3.52	227
七台河	Qitaihe	1.39	1.31	1.20	278
牡丹江	Mudanjiang	4.07	4.05	3.48	230
黑河	Heihe	2.94	2.89	2.15	262
绥化	Suihua	8.38	7.58	6.35	136
上海	**Shanghai**	**16.33**	**17.00**	**17.34**	
江苏	**Jiangsu**	**115.08**	**101.72**	**96.00**	

16-10 普通中学招生数 续表 1
New Enrollment by Junior Secondary Schools continued 1

单位：万人 （10 000 persons）

地名	City	2010	2012	2013	2013 排名 Ranking	地名	City	2010	2012	2013	2013 排名 Ranking
南京	Nanjing	7.92	7.64	7.34	119	池州	Chizhou	3.35	2.88	2.77	245
无锡	Wuxi	7.58	7.10	7.13	124	宣城	Xuancheng	4.30	3.82	3.51	228
徐州	Xuzhou	15.30	13.38	11.51	45	**福建**	**Fujian**	**62.62**	**40.37**	**59.54**	
常州	Changzhou	6.09	5.57	5.54	158	福州	Fuzhou	11.28	10.81	10.67	53
苏州	Suzhou	9.06	9.03	9.37	75	厦门	Xiamen	4.18	4.48	4.72	181
南通	Nantong	10.32	8.67	8.27	97	莆田	Putian	6.37	5.64	5.66	152
连云港	Lianyungang	10.10	8.40	7.37	117	三明	Sanming	4.55	4.42	4.18	207
淮安	Huaian	9.01	7.60	7.25	121	泉州	Quanzhou	12.90	12.17	12.67	37
盐城	Yancheng	10.95	9.32	9.01	81	漳州	Zhangzhou	8.73	8.87	8.41	94
扬州	Yangzhou	6.96	6.38	6.18	140	南平	Nanping	4.92	4.76	4.61	188
镇江	Zhenjiang	3.74	3.31	3.20	239	龙岩	Longyan	4.57	4.41	4.29	203
泰州	Taizhou	7.16	6.14	5.98	147	宁德	Ningde	5.12	4.49	4.36	195
宿迁	Suqian	10.87	9.19	7.82	108	**江西**	**Jiangxi**	**94.02**	**96.42**	**92.13**	
浙江	**Zhejiang**	**83.30**	**78.85**	**77.76**		南昌	Nanchang	10.49	10.54	10.03	63
杭州	Hangzhou	11.55	11.12	10.95	50	景德镇	Jingdezhen	3.03	3.27	3.07	241
宁波	Ningbo	7.28	9.87	9.60	70	萍乡	Pingxiang	3.82	3.51	3.36	233
温州	Wenzhou	13.65	12.38	12.49	39	九江	Jiujiang	9.83	9.80	8.98	82
嘉兴	Jiaxing	6.62	5.95	5.75	150	新余	Xinyu	1.89	2.26	2.19	261
湖州	Huzhou	4.66	4.28	4.10	210	鹰潭	Yingtan	2.19	2.52	2.02	265
绍兴	Shaoxing	9.07	8.54	8.36	96	赣州	Ganzhou	18.48	20.46	20.61	3
金华	Jinhua	8.33	8.30	8.22	99	吉安	Jian	9.27	8.96	8.87	85
衢州	Quzhou	3.94	3.91	3.76	221	宜春	Yichun	10.62	10.87	10.71	51
舟山	Zhoushan	1.26	1.15	1.16	279	抚州	Fuzhou	8.84	9.13	8.15	101
台州	Taizhou	9.61	9.48	9.67	68	上饶	Shangrao	15.55	15.10	14.14	29
丽水	Lishui	3.81	3.87	3.71	223	**山东**	**Shandong**	**164.12**	**159.88**	**158.53**	
安徽	**Anhui**	**129.74**	**112.91**	**103.31**		济南	Jinan	10.42	10.34	10.34	59
合肥	Hefei	10.74	12.68	12.02	41	青岛	Qingdao	12.51	11.91	12.23	40
芜湖	Wuhu	3.79	5.31	5.09	170	淄博	Zibo	8.29	8.03	7.74	111
蚌埠	Bengbu	6.61	6.06	5.62	155	枣庄	Zaozhuang	7.13	6.77	6.62	133
淮南	Huainan	4.55	3.91	3.67	225	东营	Dongying	4.01	4.01	3.75	222
马鞍山	Maanshan	2.32	3.97	3.66	226	烟台	Yantai	9.75	9.01	8.67	90
淮北	Huaibei	5.39	4.71	4.08	211	潍坊	Weifang	16.41	15.75	15.24	21
铜陵	Tongling	1.33	1.19	1.16	279	济宁	Jining	13.55	13.59	13.38	32
安庆	Anqing	13.38	10.93	9.41	74	泰安	Taian	8.47	9.42	9.69	67
黄山	Huangshan	2.17	2.03	1.82	266	威海	Weihai	3.60	3.33	3.34	235
滁州	Chuzhou	8.70	7.64	7.22	123	日照	Rizhao	4.94	4.85	4.69	183
阜阳	Fuyang	18.23	15.42	15.34	20	莱芜	Laiwu	2.48	2.53	2.58	248
宿州	Suzhou	12.62	10.61	8.92	84	临沂	Linyi	19.15	17.23	17.33	13
六安	Liuan	13.39	11.83	9.92	65	德州	Dezhou	8.85	9.71	9.65	69
亳州	Bozhou	10.56	9.90	9.06	80	聊城	Liaocheng	9.45	9.26	9.59	71

16-10 普通中学招生数 续表 2

New Enrollment by Junior Secondary Schools continued 2

单位：万人 （10 000 persons）

地名	City	2010	2012	2013	2013 排名 Ranking	地名	City	2010	2012	2013	2013 排名 Ranking
滨州	Binzhou	6.63	6.76	6.77	131	常德	Changde	8.67	7.72	7.36	118
菏泽	Heze	18.47	17.38	16.91	15	张家界	Zhangjiajie	2.53	2.52	2.57	249
河南	**Henan**	**221.66**	**224.73**	**203.82**		益阳	Yiyang	6.52	6.27	6.13	141
郑州	Zhengzhou	14.89	15.82	16.16	18	郴州	Chenzhou	7.49	7.93	8.97	83
开封	Kaifeng	10.24	10.45	9.73	66	永州	Yongzhou	9.60	9.28	9.55	73
洛阳	Luoyang	14.65	14.04	13.84	31	怀化	Huaihua	6.84	7.00	7.49	115
平顶山	Pingdingshan	8.43	8.54	8.41	94	娄底	Loudi	7.95	7.54	7.47	116
安阳	Anyang	9.57	9.92	10.29	60	广东	**Guangdong**	**241.96**	**217.57**	**203.06**	
鹤壁	Hebi	3.64	4.06	3.68	224	广州	Guangzhou	19.17	18.43	18.27	9
新乡	Xinxiang	11.56	12.28	11.55	44	韶关	Shaoguan	6.60	5.69	5.41	162
焦作	Jiaozuo	7.65	7.69	7.66	113	深圳	Shenzhen	12.03	12.80	13.11	34
濮阳	Puyang	9.04	9.29	8.08	102	珠海	Zhuhai	3.22	3.20	3.98	218
许昌	Xuchang	9.01	9.21	7.93	106	汕头	Shantou	16.85	15.49	14.29	27
漯河	Luohe	5.10	4.98	4.83	178	佛山	Foshan	11.07	10.73	17.23	14
三门峡	Sanmenxia	4.37	4.30	4.02	216	江门	Jiangmen	8.88	7.97	7.77	110
南阳	Nanyang	19.28	21.35	19.07	5	湛江	Zhanjiang	24.44	21.74	18.50	7
商丘	Shangqiu	23.41	21.23	18.36	8	茂名	Maoming	22.17	19.30	18.09	11
信阳	Xinyang	18.99	20.02	16.30	17	肇庆	Zhaoqing	10.91	9.60	9.17	77
周口	Zhoukou	29.50	29.49	25.04	1	惠州	Huizhou	10.71	9.80	9.56	72
驻马店	Zhumadian	20.91	20.64	17.49	12	梅州	Meizhou	12.64	9.68	8.85	87
湖北	**Hubei**	**105.26**	**83.84**	**80.43**		汕尾	Shanwei	10.50	9.95	10.41	57
武汉	Wuhan	12.06	10.36	10.16	61	河源	Heyuan	8.14	6.73	6.29	139
黄石	Huangshi	6.27	4.65	4.35	196	阳江	Yangjiang	6.43	5.15	4.77	179
十堰	Shiyan	6.30	4.80	4.75	180	清远	Qingyuan	9.39	7.36	6.94	128
宜昌	Yichang	5.36	4.81	4.72	181	东莞	Dongguan	9.32	9.63	10.01	64
襄阳	Xiangfan	9.76	8.04	7.88	107	中山	ZhongShan	5.50	5.30	5.00	172
鄂州	Ezhou	2.19	1.74	1.64	269	潮州	Chaozhou	7.28	6.54	5.55	157
荆门	Jingmen	4.26	3.62	3.44	231	揭阳	Jieyang	19.85	17.13	15.16	22
孝感	Xiaogan	9.43	3.97	6.13	141	云浮	Yunfu	6.84	5.36	5.00	172
荆州	Jingzhou	10.81	8.70	8.45	92	广西	**Guangxi**	**97.22**	**96.15**	**98.63**	
黄冈	Huanggang	15.38	11.38	10.49	56	南宁	Nanning	12.87	12.88	13.22	33
咸宁	Xianning	5.68	4.45	4.33	197	柳州	Liuzhou	6.09	5.93	6.33	138
随州	Suizhou	3.80	2.91	2.83	244	桂林	Guilin	6.96	6.82	6.95	127
湖南	**Hunan**	**110.49**	**111.26**	**114.02**		梧州	Wuzhou	7.18	6.75	6.79	130
长沙	Changsha	11.14	12.13	12.61	38	北海	Beihai	3.50	2.21	3.44	231
株洲	Zhuzhou	5.14	5.31	5.54	158	防城港	Fangchenggang	1.64	1.60	1.68	268
湘潭	Xiangtan	4.45	4.39	4.19	206	钦州	Qinzhou	7.81	7.64	8.05	103
衡阳	Hengyang	13.20	14.00	14.45	26	贵港	Guigang	12.55	12.31	12.75	36
邵阳	Shaoyang	12.83	13.33	13.87	30	玉林	Yulin	14.23	14.00	14.29	27
岳阳	Yueyang	8.87	8.69	8.65	91	百色	Baise	6.47	6.69	12.97	35

16-10 普通中学招生数 续表 3
New Enrollment by Junior Secondary Schools continued 3

单位：万人 （10 000 persons）

地名	City	2010	2012	2013	2013 排名 Ranking
贺州	Hezhou	4.53	4.26	3.94	219
河池	Hechi	6.63	6.94	7.09	125
来宾	Laibin	4.40	4.14	4.13	209
崇左	Chongzuo	2.87	3.01	4.59	190
海南	**Hainan**	**18.96**	**18.24**	**17.71**	
海口	Haikou	3.80	3.93	4.07	213
三亚	Sanya	1.60	0.48	1.50	272
重庆	**Chongqing**	**63.61**	**36.28**	**55.12**	
四川	**Sichuan**	**164.17**	**151.02**	**139.01**	
成都	Chengdu	21.31	20.56	19.54	4
自贡	Zigong	4.95	4.40	4.03	215
攀枝花	Panzhihua	2.43	2.35	2.32	259
泸州	Luzhou	9.49	8.66	8.43	93
德阳	Deyang	5.63	5.13	4.69	183
绵阳	Mianyang	10.04	9.13	8.86	86
广元	Guangyuan	6.65	5.66	4.62	187
遂宁	Suining	6.23	6.00	5.12	167
内江	Neijiang	6.39	5.87	5.47	161
乐山	Leshan	5.54	4.76	4.44	193
南充	Nanchong	15.00	14.57	11.49	46
眉山	Meishan	5.80	4.83	4.32	198
宜宾	Yibin	10.17	9.24	8.85	87
广安	Guangan	9.82	8.81	8.00	104
达州	Dazhou	13.05	11.79	10.70	52
雅安	Yaan	2.60	2.24	2.14	263
巴中	Bazhong	9.50	8.32	7.69	112
资阳	Ziyang	7.04	6.28	6.13	141
贵州	**Guizhou**	**100.49**	**105.01**	**104.64**	
贵阳	Guiyang	8.88	9.14	8.80	89
六盘水	Liupanshui	9.33	9.98	9.20	76
遵义	Zunyi	17.98	18.60	18.13	10
安顺	Anshun	5.89	5.81	6.00	144
毕节	Bijie	21.06	23.99	24.20	2
铜仁	Tongren	10.52	10.91	10.56	54
云南	**Yunnan**	**93.56**	**93.57**	**94.94**	
昆明	Kunming	11.28	11.19	11.09	48
曲靖	Qujing	14.91	14.64	14.92	24
玉溪	Yuxi	4.61	5.00	4.60	189
保山	Baoshan	5.41	5.40	5.40	163
昭通	Zhaotong	13.07	14.04	14.94	23
丽江	Lijiang	2.48	2.45	2.44	255
普洱	Puer	4.04	4.00	4.01	217
临沧	Lincang	4.27	4.32	4.22	205
西藏	**Tibet**	**6.10**	**6.10**	**6.21**	
拉萨	Lhasa	1.16	1.38	1.21	277
陕西	**Shaanxi**	**83.18**	**73.02**	**68.31**	
西安	Xi'an	16.15	14.98	14.47	25
铜川	Tongchuan	1.78	1.42	1.32	276
宝鸡	Baoji	7.79	6.71	6.38	135
咸阳	Xianyang	13.61	11.87	10.12	62
渭南	Weinan	12.06	10.08	9.17	77
延安	Yan'an	5.29	4.88	4.52	192
汉中	Hanzhong	7.12	6.60	6.46	134
榆林	Yulin	7.56	6.36	5.90	148
安康	Ankang	5.95	4.88	4.68	185
商洛	Shangluo	5.46	4.88	4.95	174
甘肃	**Gansu**	**67.34**	**60.20**	**55.24**	
兰州	Lanzhou	6.40	6.23	5.87	149
嘉峪关	Jiayuguan	0.50	0.50	0.51	284
金昌	Jinchang	1.11	1.01	0.97	281
白银	Baiyin	5.73	4.91	4.31	200
天水	Tianshui	9.64	8.31	7.80	109
武威	Wuwei	5.17	4.51	4.04	214
张掖	Zhangye	3.04	2.68	2.52	251
平凉	Pingliang	5.99	5.49	4.95	174
酒泉	Jiuquan	2.41	2.28	2.21	260
庆阳	Qingyang	6.62	5.42	4.91	176
定西	Dingxi	8.07	7.05	6.35	136
陇南	Longnan	6.47	5.62	5.32	165
青海	**Qinghai**	**11.50**	**11.16**	**11.63**	
西宁	Xining	4.27	4.20	4.28	204
宁夏	**Ningxia**	**15.12**	**15.47**	**15.27**	
银川	Yinchuan	4.24	4.40	4.44	193
石嘴山	Shizuishan	1.62	1.57	1.58	270
吴忠	Wuzhong	3.24	3.30	3.30	236
固原	Guyuan	3.49	3.63	3.49	229
中卫	Zhongwei	2.56	2.57	2.46	253
新疆	**Xinjiang**	**48.94**	**46.97**	**47.72**	
乌鲁木齐	Urumqi	5.10	5.23	5.27	166
克拉玛依	Karamay	0.88	0.83	0.87	283

16-11 普通中学在校学生数
Total Enrollment by Junior Secondary Schools

单位：万人 （10 000 persons）

地名	City	2010	2012	2013	2013 排名 Ranking	地名	City	2010	2012	2013	2013 排名 Ranking
全国	**Nation Total**	**7706.60**	**7230.30**	**6876.01**		沈阳	Shenyang	30.22	28.16	27.25	79
北京	**Beijing**	**50.83**	**49.90**	**49.82**		大连	Dalian	27.92	25.50	24.58	100
天津	**Tianjin**	**45.86**	**43.78**	**43.59**		鞍山	Anshan	15.75	14.43	13.51	191
河北	**Hebei**	**348.75**	**335.06**	**318.13**		抚顺	Fushun	8.95	7.69	7.15	258
石家庄	Shijiazhuang	52.47	47.83	45.96	18	本溪	Benxi	6.66	5.85	5.20	267
唐山	Tangshan	34.29	33.41	31.96	47	丹东	Dandong	12.21	11.24	10.33	234
秦皇岛	Qinhuangdao	13.47	12.90	12.70	198	锦州	Jinzhou	14.41	13.33	12.31	211
邯郸	Handan	45.86	47.60	42.68	16	营口	Yingkou	10.31	9.90	9.38	238
邢台	Xingtai	34.78	34.58	30.95	43	阜新	Fuxin	9.56	8.58	8.18	246
保定	Baoding	50.08	48.77	49.47	6	辽阳	Liaoyang	8.65	8.19	7.90	249
张家口	Zhangjiakou	22.51	20.84	19.28	132	盘锦	Panjin	7.66	7.32	7.27	256
承德	Chengde	18.44	16.58	15.84	156	铁岭	Tieling	13.54	12.24	11.55	220
沧州	Cangzhou	31.21	29.28	28.39	58	朝阳	Chaoyang	19.23	17.75	16.84	152
廊坊	Langfang	22.35	20.75	18.84	126	葫芦岛	Huludao	13.69	12.88	12.43	208
衡水	Hengshui	23.28	22.50	22.07	105	**吉林**	**Jilin**	**128.84**	**117.33**	**109.82**	
山西	**Shanxi**	**253.67**	**235.74**	**213.99**		长春	Changchun	38.86	34.23	53.50	49
太原	Taiyuan	24.00	23.09	22.28	120	吉林	Jilin	20.53	19.58	28.08	154
大同	Datong	22.79	20.45	18.16	144	四平	Siping	15.14	13.89	23.81	177
阳泉	Yangquan	9.15	8.17	7.67	254	辽源	Liaoyuan	5.34	4.91	7.35	274
长治	Changzhi	23.39	22.12	20.62	129	通化	Tonghua	11.18	10.76	16.40	240
晋城	Jincheng	17.68	16.92	16.06	169	白山	Baishan	6.14	5.45	7.16	273
朔州	Shuozhou	16.00	16.44	15.17	171	松原	Songyuan	13.47	11.67	20.60	200
晋中	Jinzhong	19.60	17.21	16.35	164	白城	Baicheng	9.22	8.55	12.65	252
运城	Yuncheng	39.74	36.88	31.42	55	**黑龙江**	**Heilongjiang**	**190.78**	**181.74**	**152.22**	
忻州	Xinzhou	21.90	19.06	17.38	151	哈尔滨	Harbin	44.08	42.37	38.26	42
临汾	Linfen	29.64	27.43	25.20	98	齐齐哈尔	Qiqihar	23.25	20.75	18.02	144
吕梁	Luliang	29.79	27.98	23.70	114	鸡西	Jixi	10.96	10.66	8.57	257
内蒙古	**Inner Mongolia**	**131.40**	**124.66**	**118.27**		鹤岗	Hegang	6.45	6.08	4.94	271
呼和浩特	Hohhot	15.66	15.52	15.23	167	双鸭山	Shuangyashan	8.22	7.96	6.48	264
包头	Baotou	13.49	13.05	12.89	200	大庆	Daqing	18.20	17.60	15.96	186
乌海	Wuhai	2.82	2.71	2.64	282	伊春	Yichun	5.71	5.40	4.37	275
赤峰	Chifeng	27.21	15.54	23.07	121	佳木斯	Jiamusi	15.43	14.16	10.53	227
通辽	Tongliao	16.62	16.51	15.80	160	七台河	Qitaihe	4.79	4.63	4.04	278
鄂尔多斯	Erdos	9.12	8.70	8.53	243	牡丹江	Mudanjiang	12.47	11.98	10.24	230
呼伦贝尔	Hulunbuir	12.03	10.62	10.06	237	黑河	Heihe	9.04	9.40	6.50	262
巴彦淖尔	Bayannur	9.01	8.69	8.19	247	绥化	Suihua	29.71	28.61	21.42	136
乌兰察布	Ulanqab	11.79	10.11	9.07	242	**上海**	**Shanghai**	**59.44**	**59.04**	**59.35**	
辽宁	**Liaoning**	**198.77**	**183.05**	**173.89**		**江苏**	**Jiangsu**	**368.63**	**317.89**	**296.74**	

16-11 普通中学在校学生数 续表 1
Total Enrollment by Junior Secondary Schools continued 1

单位：万人 （10 000 persons）

地名	City	2010	2012	2013	2013 排名 Ranking	地名	City	2010	2012	2013	2013 排名 Ranking
南京	Nanjing	24.86	23.07	22.42	119	池州	Chizhou	10.61	9.26	8.82	245
无锡	Wuxi	22.76	21.05	20.82	124	宣城	Xuancheng	13.71	12.05	11.34	228
徐州	Xuzhou	52.07	42.61	37.52	45	**福建**	**Fujian**	**198.21**	**181.09**	**176.47**	
常州	Changzhou	18.88	16.91	16.48	158	福州	Fuzhou	35.84	32.76	32.18	53
苏州	Suzhou	27.25	26.18	26.69	75	厦门	Xiamen	12.16	12.54	13.09	181
南通	Nantong	33.65	27.96	26.00	97	莆田	Putian	20.19	18.06	16.95	152
连云港	Lianyungang	30.91	26.85	23.15	117	三明	Sanming	14.54	13.22	12.65	207
淮安	Huaian	29.30	24.21	22.71	121	泉州	Quanzhou	41.50	36.42	36.40	37
盐城	Yancheng	34.33	29.99	28.24	81	漳州	Zhangzhou	25.54	25.97	24.89	94
扬州	Yangzhou	22.25	19.79	19.03	140	南平	Nanping	15.42	14.41	13.92	188
镇江	Zhenjiang	12.34	10.46	9.94	239	龙岩	Longyan	15.23	13.31	12.88	203
泰州	Taizhou	23.31	19.62	18.46	147	宁德	Ningde	17.78	14.39	13.51	195
宿迁	Suqian	36.71	29.19	25.26	108	**江西**	**Jiangxi**	**273.96**	**278.21**	**263.11**	
浙江	**Zhejiang**	**255.15**	**236.88**	**232.24**		南昌	Nanchang	30.21	30.83	29.51	63
杭州	Hangzhou	35.30	33.14	32.74	50	景德镇	Jingdezhen	9.18	9.66	9.08	241
宁波	Ningbo	22.12	29.52	28.59	70	萍乡	Pingxiang	10.65	10.58	9.86	233
温州	Wenzhou	41.87	37.92	37.02	39	九江	Jiujiang	29.59	29.04	26.19	82
嘉兴	Jiaxing	20.72	18.34	17.50	150	新余	Xinyu	5.81	6.36	6.37	261
湖州	Huzhou	14.63	13.14	12.60	210	鹰潭	Yingtan	6.60	6.82	5.68	265
绍兴	Shaoxing	27.48	25.83	25.20	96	赣州	Ganzhou	52.77	56.35	57.77	3
金华	Jinhua	25.82	24.42	24.31	99	吉安	Jian	27.64	26.29	25.65	85
衢州	Quzhou	12.16	11.57	11.39	221	宜春	Yichun	31.22	31.02	30.16	51
舟山	Zhoushan	3.89	3.54	3.46	279	抚州	Fuzhou	25.46	26.51	23.09	101
台州	Taizhou	28.68	28.11	28.26	68	上饶	Shangrao	44.83	44.76	39.74	29
丽水	Lishui	12.07	11.37	11.20	223	**山东**	**Shandong**	**501.07**	**492.64**	**488.48**	
安徽	**Anhui**	**406.58**	**342.32**	**325.22**		济南	Jinan	30.18	30.92	30.81	59
合肥	Hefei	33.02	39.47	37.93	41	青岛	Qingdao	38.00	36.96	36.51	40
芜湖	Wuhu	12.39	17.34	16.42	170	淄博	Zibo	29.82	29.13	28.44	111
蚌埠	Bengbu	20.15	18.37	17.20	155	枣庄	Zaozhuang	21.84	20.77	20.31	133
淮南	Huainan	14.21	11.84	11.51	225	东营	Dongying	12.05	12.55	13.68	222
马鞍山	Maanshan	7.87	12.32	11.64	226	烟台	Yantai	37.13	33.60	32.16	90
淮北	Huaibei	15.48	13.51	12.67	211	潍坊	Weifang	49.03	47.38	46.32	21
铜陵	Tongling	4.19	3.85	3.74	279	济宁	Jining	42.01	40.64	40.76	32
安庆	Anqing	46.30	36.83	33.03	74	泰安	Taian	22.91	26.94	28.58	67
黄山	Huangshan	7.08	6.25	5.97	266	威海	Weihai	14.24	12.64	12.12	235
滁州	Chuzhou	26.83	23.39	22.13	123	日照	Rizhao	14.40	14.48	14.22	183
阜阳	Fuyang	55.09	44.76	44.32	20	莱芜	Laiwu	8.71	9.29	9.15	248
宿州	Suzhou	38.90	30.24	28.34	84	临沂	Linyi	54.99	52.35	51.29	13
六安	Liuan	42.06	36.13	34.22	65	德州	Dezhou	25.10	27.22	27.32	69
亳州	Bozhou	31.08	26.68	25.95	80	聊城	Liaocheng	27.69	26.47	27.27	71

16-11 普通中学在校学生数 续表 2
Total Enrollment by Junior Secondary Schools continued 2

单位：万人 （10 000 persons）

地名	City	2010	2012	2013	2013 排名 Ranking	地名	City	2010	2012	2013	2013 排名 Ranking
滨州	Binzhou	19.14	19.82	19.81	131	常德	Changde	26.15	23.46	31.37	118
菏泽	Heze	53.83	51.49	49.73	15	张家界	Zhangjiajie	7.18	7.21	9.73	249
河南	**Henan**	**661.56**	**646.42**	**574.28**		益阳	Yiyang	19.06	18.20	23.84	141
郑州	Zhengzhou	43.85	45.17	46.09	18	郴州	Chenzhou	20.60	21.08	29.02	83
开封	Kaifeng	29.67	29.61	26.79	66	永州	Yongzhou	28.45	25.82	33.70	73
洛阳	Luoyang	42.64	40.12	39.43	31	怀化	Huaihua	19.45	19.36	26.08	115
平顶山	Pingdingshan	24.54	24.19	23.63	94	娄底	Loudi	22.50	21.13	28.43	116
安阳	Anyang	28.23	28.41	27.74	60	**广东**	**Guangdong**	**709.05**	**668.39**	**625.24**	
鹤壁	Hebi	10.54	11.23	10.17	224	广州	Guangzhou	57.23	55.07	54.69	9
新乡	Xinxiang	34.25	35.61	33.20	44	韶关	Shaoguan	19.99	17.79	16.70	162
焦作	Jiaozuo	22.86	22.47	21.63	113	深圳	Shenzhen	33.48	35.96	37.17	34
濮阳	Puyang	29.45	28.57	22.64	102	珠海	Zhuhai	9.53	9.50	9.39	218
许昌	Xuchang	28.03	25.15	23.11	106	汕头	Shantou	49.35	46.18	43.87	27
漯河	Luohe	15.36	14.78	13.65	178	佛山	Foshan	32.34	31.86	31.56	14
三门峡	Sanmenxia	14.68	13.17	12.54	216	江门	Jiangmen	26.39	24.19	23.43	110
南阳	Nanyang	56.62	59.14	51.73	5	湛江	Zhanjiang	70.63	68.11	58.86	7
商丘	Shangqiu	70.01	61.92	51.61	8	茂名	Maoming	65.51	60.93	56.65	11
信阳	Xinyang	59.31	59.85	47.54	17	肇庆	Zhaoqing	32.84	30.25	28.57	77
周口	Zhoukou	87.29	84.19	69.19	1	惠州	Huizhou	30.87	29.66	28.73	72
驻马店	Zhumadian	60.19	58.69	49.50	12	梅州	Meizhou	37.46	32.71	28.97	87
湖北	**Hubei**	**340.64**	**265.22**	**247.19**		汕尾	Shanwei	29.82	30.19	24.57	57
武汉	Wuhan	38.31	32.99	31.40	61	河源	Heyuan	24.12	21.33	19.57	139
黄石	Huangshi	19.47	14.52	13.21	196	阳江	Yangjiang	19.92	17.16	15.33	179
十堰	Shiyan	20.80	14.88	14.14	180	清远	Qingyuan	28.03	23.75	21.82	128
宜昌	Yichang	17.05	15.07	14.47	181	东莞	Dongguan	25.83	26.79	27.82	64
襄阳	Xiangfan	29.85	24.63	23.61	107	中山	ZhongShan	15.29	15.69	15.26	172
鄂州	Ezhou	7.05	5.38	4.85	269	潮州	Chaozhou	20.99	20.39	18.10	157
荆门	Jingmen	13.65	11.66	10.88	231	揭阳	Jieyang	58.48	52.98	48.05	22
孝感	Xiaogan	32.36	25.20	19.05	141	云浮	Yunfu	20.97	17.91	16.10	172
荆州	Jingzhou	35.01	27.78	25.60	92	**广西**	**Guangxi**	**275.79**	**276.20**	**276.96**	
黄冈	Huanggang	52.63	37.46	33.89	56	南宁	Nanning	37.63	37.60	38.17	33
咸宁	Xianning	17.54	13.95	13.30	197	柳州	Liuzhou	17.70	16.95	26.15	138
随州	Suizhou	13.43	9.69	8.71	244	桂林	Guilin	21.03	19.88	20.01	127
湖南	**Hunan**	**316.82**	**313.77**	**318.39**		梧州	Wuzhou	20.03	19.29	18.80	130
长沙	Changsha	30.74	34.38	48.70	38	北海	Beihai	10.42	6.57	9.89	231
株洲	Zhuzhou	14.51	15.12	20.83	158	防城港	Fangchenggang	4.58	4.68	4.80	268
湘潭	Xiangtan	13.08	12.96	17.77	206	钦州	Qinzhou	20.75	20.57	21.09	103
衡阳	Hengyang	36.81	38.72	51.56	26	贵港	Guigang	33.87	36.13	36.35	36
邵阳	Shaoyang	36.72	36.82	49.62	30	玉林	Yulin	38.86	39.68	39.75	27
岳阳	Yueyang	26.12	25.02	32.95	91	百色	Baise	18.43	18.98	25.30	35

16-11 普通中学在校学生数 续表 3

Total Enrollment by Junior Secondary Schools continued 3

单位：万人 （10 000 persons）

地名	City	2010	2012	2013	2013 排名 Ranking	地名	City	2010	2012	2013	2013 排名 Ranking
贺州	Hezhou	11.34	12.30	10.78	219	丽江	Lijiang	7.40	6.95	6.94	255
河池	Hechi	20.11	20.31	20.19	125	普洱	Puer	11.71	11.23	11.29	217
来宾	Laibin	13.00	12.12	12.03	209	临沧	Lincang	12.00	12.52	11.19	205
崇左	Chongzuo	8.06	8.03	11.82	190	**西藏**	**Tibet**	**21.00**	**17.81**	**17.92**	
海南	**Hainan**	**58.21**	**54.02**	**52.58**		拉萨	Lhasa	3.38	3.98	3.50	277
海口	Haikou	11.44	12.32	12.04	213	**陕西**	**Shaanxi**	**259.91**	**225.70**	**210.13**	
三亚	Sanya	4.30	1.32	4.26	272	西安	Xi'an	48.89	45.33	43.72	25
重庆	**Chongqing**	**190.82**	**174.70**	**167.90**		铜川	Tongchuan	5.84	4.65	4.22	276
四川	**Sichuan**	**490.09**	**455.84**	**423.32**		宝鸡	Baoji	24.98	21.37	20.03	135
成都	Chengdu	63.51	61.41	59.91	4	咸阳	Xianyang	41.64	36.07	31.37	62
自贡	Zigong	14.49	13.30	12.28	215	渭南	Weinan	39.02	32.05	29.31	77
攀枝花	Panzhihua	6.96	7.10	7.07	259	延安	Yan'an	16.71	14.41	13.59	192
泸州	Luzhou	27.96	26.48	25.28	93	汉中	Hanzhong	21.44	20.17	19.22	134
德阳	Deyang	17.50	15.61	14.65	183	榆林	Yulin	25.34	19.50	18.20	148
绵阳	Mianyang	30.52	27.58	26.99	86	安康	Ankang	18.27	15.97	14.89	185
广元	Guangyuan	19.97	18.26	15.35	187	商洛	Shangluo	16.44	14.91	14.44	174
遂宁	Suining	19.75	18.22	15.87	167	**甘肃**	**Gansu**	**203.10**	**184.51**	**170.25**	
内江	Neijiang	19.69	17.58	16.56	161	兰州	Lanzhou	19.89	18.42	18.06	149
乐山	Leshan	16.61	14.68	13.71	193	嘉峪关	Jiayuguan	1.48	1.47	1.49	284
南充	Nanchong	45.98	43.88	36.14	46	金昌	Jinchang	3.52	3.15	2.97	281
眉山	Meishan	18.51	15.18	13.77	198	白银	Baiyin	18.70	16.11	15.08	200
宜宾	Yibin	30.10	27.62	26.56	87	天水	Tianshui	25.73	25.76	22.80	109
广安	Guangan	28.66	26.78	24.81	104	武威	Wuwei	16.14	14.27	12.44	214
达州	Dazhou	39.07	35.57	32.18	52	张掖	Zhangye	9.10	8.35	7.76	251
雅安	Yaan	7.90	6.92	6.54	263	平凉	Pingliang	18.33	16.61	15.40	174
巴中	Bazhong	27.51	25.26	23.80	112	酒泉	Jiuquan	7.14	6.80	6.46	260
资阳	Ziyang	20.81	19.13	18.01	141	庆阳	Qingyang	20.14	16.95	15.41	176
贵州	**Guizhou**	**275.68**	**287.38**	**296.01**		定西	Dingxi	24.76	21.98	20.27	136
贵阳	Guiyang	25.23	26.29	26.05	89	陇南	Longnan	20.09	16.46	15.79	165
六盘水	Liupanshui	24.61	25.82	25.64	76	**青海**	**Qinghai**	**32.72**	**31.47**	**31.71**	
遵义	Zunyi	50.58	52.82	53.49	10	西宁	Xining	11.96	11.80	11.87	204
安顺	Anshun	16.47	15.98	16.34	144	**宁夏**	**Ningxia**	**44.91**	**45.03**	**45.00**	
毕节	Bijie	53.89	60.34	65.29	2	银川	Yinchuan	12.34	12.61	12.91	193
铜仁	Tongren	29.37	30.35	31.07	54	石嘴山	Shizuishan	4.78	4.61	4.55	270
云南	**Yunnan**	**270.63**	**266.05**	**261.18**		吴忠	Wuzhong	9.12	9.36	9.31	236
昆明	Kunming	32.19	31.38	31.37	48	固原	Guyuan	10.89	10.71	10.63	229
曲靖	Qujing	44.66	43.55	42.40	24	中卫	Zhongwei	7.78	7.75	7.59	253
玉溪	Yuxi	13.29	13.00	13.20	189	**新疆**	**Xinjiang**	**142.24**	**138.39**	**136.60**	
保山	Baoshan	15.95	15.55	15.31	163	乌鲁木齐	Urumqi	14.87	15.10	15.31	166
昭通	Zhaotong	37.11	36.09	37.65	23	克拉玛依	Karamay	2.52	2.50	2.52	283

16-12 普通中学毕业生数
Graduates from Junior Secondary Schools

单位：万人　　　　　　　　　　　　　　　　　　　　　　　　　　　　（10 000 persons）

地名	City	2010	2012	2013	2013 排名 Ranking	地名	City	2010	2012	2013	2013 排名 Ranking
全国	**Nation Total**	**2544.80**	**2452.30**	**2360.52**		沈阳	Shenyang	10.59	9.85	9.32	79
北京	**Beijing**	**16.34**	**15.14**	**15.04**		大连	Dalian	9.17	8.85	8.38	103
天津	**Tianjin**	**15.94**	**14.63**	**14.08**		鞍山	Anshan	5.41	5.29	4.89	189
河北	**Hebei**	**130.34**	**112.68**	**107.23**		抚顺	Fushun	3.22	3.00	2.73	254
石家庄	Shijiazhuang	20.17	16.92	16.04	17	本溪	Benxi	2.45	2.30	2.09	268
唐山	Tangshan	11.75	11.09	10.87	57	丹东	Dandong	3.98	4.11	3.89	223
秦皇岛	Qinhuangdao	4.46	4.26	4.15	213	锦州	Jinzhou	5.05	4.67	4.45	202
邯郸	Handan	18.24	15.19	13.10	32	营口	Yingkou	3.63	3.37	3.20	241
邢台	Xingtai	14.46	11.08	11.00	52	阜新	Fuxin	3.26	3.10	3.07	244
保定	Baoding	18.29	16.13	15.26	19	辽阳	Liaoyang	2.82	2.77	2.60	256
张家口	Zhangjiakou	7.75	7.19	6.92	133	盘锦	Panjin	2.38	2.33	2.31	261
承德	Chengde	5.97	6.07	5.58	171	铁岭	Tieling	4.61	4.52	4.40	206
沧州	Cangzhou	11.58	9.80	9.73	70	朝阳	Chaoyang	6.84	6.30	6.11	157
廊坊	Langfang	8.41	7.11	6.92	133	葫芦岛	Huludao	4.75	4.41	4.38	207
衡水	Hengshui	9.26	7.84	7.67	124	吉林	**Jilin**	**44.66**	**41.40**	**39.74**	
山西	**Shanxi**	**83.48**	**86.39**	**82.76**		长春	Changchun	12.88	12.42	11.32	50
太原	Taiyuan	7.36	8.28	7.98	112	吉林	Jilin	6.97	6.66	6.61	140
大同	Datong	7.13	7.81	6.93	132	四平	Siping	5.02	4.74	4.76	197
阳泉	Yangquan	2.77	3.05	2.93	248	辽源	Liaoyuan	1.96	1.74	1.60	274
长治	Changzhi	7.97	8.03	7.70	121	通化	Tonghua	4.14	3.65	3.77	227
晋城	Jincheng	5.23	6.09	5.70	167	白山	Baishan	2.20	2.01	1.71	273
朔州	Shuozhou	5.14	5.05	5.67	168	松原	Songyuan	4.99	4.25	4.06	216
晋中	Jinzhong	6.22	6.64	6.13	154	白城	Baicheng	3.12	2.92	2.84	252
运城	Yuncheng	13.80	14.04	13.31	31	黑龙江	**Heilongjiang**	**60.07**	**60.06**	**57.94**	
忻州	Xinzhou	7.44	7.83	6.80	138	哈尔滨	Harbin	13.87	13.60	13.55	28
临汾	Linfen	9.92	9.61	9.51	76	齐齐哈尔	Qiqihar	7.66	7.59	7.05	130
吕梁	Luliang	10.49	9.96	10.01	66	鸡西	Jixi	2.96	3.34	3.08	243
内蒙古	**Inner Mongolia**	**44.38**	**42.45**	**41.10**		鹤岗	Hegang	2.29	2.10	2.12	265
呼和浩特	Hohhot	4.88	5.00	5.02	183	双鸭山	Shuangyashan	2.77	2.65	2.53	258
包头	Baotou	4.62	4.37	4.22	210	大庆	Daqing	5.15	5.25	5.39	173
乌海	Wuhai	0.99	0.94	0.90	283	伊春	Yichun	2.04	1.95	1.87	270
赤峰	Chifeng	9.91	9.21	8.75	90	佳木斯	Jiamusi	4.52	5.82	4.69	198
通辽	Tongliao	5.88	5.37	5.22	179	七台河	Qitaihe	1.40	1.41	1.41	277
鄂尔多斯	Erdos	2.90	2.87	2.87	251	牡丹江	Mudanjiang	4.36	4.12	4.02	217
呼伦贝尔	Hulunbuir	4.19	2.78	3.60	233	黑河	Heihe	2.94	3.08	3.01	245
巴彦淖尔	Bayannur	2.98	3.38	2.78	253	绥化	Suihua	9.29	8.34	8.46	97
乌兰察布	Ulanqab	3.83	2.33	3.38	238	上海	**Shanghai**	**16.13**	**14.91**	**14.68**	
辽宁	**Liaoning**	**68.15**	**64.87**	**61.82**		江苏	**Jiangsu**	**140.04**	**119.69**	**110.11**	

16-12 普通中学毕业生数 续表 1
Graduates from Junior Secondary Schools continued 1

单位：万人 （10 000 persons）

地名	City	2010	2012	2013	2013 排名 Ranking	地名	City	2010	2012	2013	2013 排名 Ranking
南京	Nanjing	9.06	8.21	7.78	121	池州	Chizhou	3.83	3.41	3.15	242
无锡	Wuxi	7.85	7.08	6.84	136	宣城	Xuancheng	4.71	4.42	4.26	208
徐州	Xuzhou	22.21	17.13	15.12	21	**福建**	**Fujian**	**71.88**	**63.03**	**60.32**	
常州	Changzhou	6.70	5.90	5.48	172	福州	Fuzhou	12.11	11.24	10.98	53
苏州	Suzhou	9.81	8.69	8.45	98	厦门	Xiamen	3.76	3.92	3.87	226
南通	Nantong	13.21	11.05	10.19	65	莆田	Putian	7.15	6.89	6.42	145
连云港	Lianyungang	12.10	9.90	8.98	86	三明	Sanming	5.25	4.76	4.55	201
淮安	Huaian	11.14	9.63	8.57	94	泉州	Quanzhou	16.52	12.31	11.79	46
盐城	Yancheng	12.66	11.05	10.86	58	漳州	Zhangzhou	8.74	8.23	8.45	98
扬州	Yangzhou	8.15	7.35	6.84	136	南平	Nanping	5.26	5.06	4.79	194
镇江	Zhenjiang	4.75	4.04	3.62	230	龙岩	Longyan	6.02	4.91	4.45	202
泰州	Taizhou	9.40	7.52	7.04	131	宁德	Ningde	7.06	5.71	5.01	185
宿迁	Suqian	13.02	12.14	10.35	61	**江西**	**Jiangxi**	**79.92**	**88.49**	**86.70**	
浙江	**Zhejiang**	**85.97**	**81.15**	**78.19**		南昌	Nanchang	8.93	9.90	9.87	67
杭州	Hangzhou	11.77	11.41	10.88	55	景德镇	Jingdezhen	2.43	2.88	2.97	246
宁波	Ningbo	7.13	9.92	9.49	77	萍乡	Pingxiang	3.84	3.42	3.51	234
温州	Wenzhou	15.38	13.03	12.61	35	九江	Jiujiang	9.12	9.59	9.13	83
嘉兴	Jiaxing	7.24	6.20	6.13	154	新余	Xinyu	1.75	1.91	1.98	269
湖州	Huzhou	4.70	4.68	4.42	205	鹰潭	Yingtan	1.74	2.35	2.10	267
绍兴	Shaoxing	9.25	8.88	8.76	89	赣州	Ganzhou	12.81	16.87	16.55	13
金华	Jinhua	8.77	8.30	7.90	116	吉安	Jian	9.09	8.77	8.44	100
衢州	Quzhou	4.36	3.99	3.89	223	宜春	Yichun	8.65	10.13	9.52	75
舟山	Zhoushan	1.28	1.27	1.20	280	抚州	Fuzhou	7.82	8.53	8.20	107
台州	Taizhou	9.22	9.15	9.17	81	上饶	Shangrao	13.75	14.12	14.43	24
丽水	Lishui	4.00	4.01	3.74	228	**山东**	**Shandong**	**156.89**	**153.20**	**156.04**	
安徽	**Anhui**	**136.57**	**128.24**	**114.07**		济南	Jinan	9.20	9.60	10.31	62
合肥	Hefei	9.85	14.33	13.06	33	青岛	Qingdao	12.02	12.14	12.41	37
芜湖	Wuhu	4.75	6.97	6.20	150	淄博	Zibo	7.56	8.15	8.18	108
蚌埠	Bengbu	7.06	6.27	5.94	159	枣庄	Zaozhuang	8.12	7.24	7.07	128
淮南	Huainan	4.69	4.77	3.96	220	东营	Dongying	3.30	3.83	3.90	222
马鞍山	Maanshan	2.49	4.48	4.16	211	烟台	Yantai	10.55	10.03	9.84	69
淮北	Huaibei	4.87	5.01	4.56	200	潍坊	Weifang	15.43	16.03	15.89	18
铜陵	Tongling	1.47	1.38	1.26	279	济宁	Jining	13.65	13.05	12.05	41
安庆	Anqing	17.35	14.84	13.44	30	泰安	Taian	6.42	6.86	7.97	114
黄山	Huangshan	2.78	2.26	2.12	265	威海	Weihai	4.15	3.83	3.68	229
滁州	Chuzhou	8.60	8.48	7.92	115	日照	Rizhao	4.72	4.73	4.89	189
阜阳	Fuyang	18.29	16.41	14.19	26	莱芜	Laiwu	2.04	2.30	2.68	255
宿州	Suzhou	12.74	11.90	9.65	74	临沂	Linyi	17.98	17.97	17.86	12
六安	Liuan	14.74	13.11	11.81	45	德州	Dezhou	8.18	8.00	8.48	95
亳州	Bozhou	10.08	10.19	8.37	105	聊城	Liaocheng	9.69	8.91	8.48	95

16-12 普通中学毕业生数 续表 2
Graduates from Junior Secondary Schools continued 2

单位：万人　　（10 000 persons）

地名	City	2010	2012	2013	2013 排名 Ranking	地名	City	2010	2012	2013	2013 排名 Ranking
滨州	Binzhou	6.17	6.10	6.30	148	常德	Changde	9.45	8.15	7.89	117
菏泽	Heze	17.70	14.43	16.07	16	张家界	Zhangjiajie	2.34	2.25	2.28	263
河南	**Henan**	**225.35**	**213.82**	**203.46**		益阳	Yiyang	6.58	5.78	5.86	164
郑州	Zhengzhou	15.67	14.26	14.16	27	郴州	Chenzhou	6.67	6.42	6.26	149
开封	Kaifeng	10.83	9.07	9.38	78	永州	Yongzhou	9.48	9.07	8.05	110
洛阳	Luoyang	14.72	13.52	12.74	34	怀化	Huaihua	6.31	5.92	5.94	159
平顶山	Pingdingshan	8.63	8.06	7.69	123	娄底	Loudi	7.67	6.88	6.56	141
安阳	Anyang	10.14	8.69	8.96	87	**广东**	**Guangdong**	**210.23**	**230.83**	**224.02**	
鹤壁	Hebi	3.32	3.33	3.47	235	广州	Guangzhou	18.06	18.17	17.93	11
新乡	Xinxiang	11.95	11.12	10.88	55	韶关	Shaoguan	6.58	6.71	6.19	152
焦作	Jiaozuo	7.61	7.36	7.15	127	深圳	Shenzhen	9.21	10.54	10.97	54
濮阳	Puyang	8.81	9.37	8.60	93	珠海	Zhuhai	2.90	3.14	2.97	246
许昌	Xuchang	10.24	9.87	8.04	111	汕头	Shantou	13.36	16.81	15.01	22
漯河	Luohe	5.80	5.05	4.77	195	佛山	Foshan	10.22	10.39	10.26	63
三门峡	Sanmenxia	5.07	4.79	4.23	209	江门	Jiangmen	8.50	8.24	7.98	112
南阳	Nanyang	1.84	1.82	17.97	10	湛江	Zhanjiang	19.04	23.05	23.05	3
商丘	Shangqiu	2.42	2.32	19.75	6	茂名	Maoming	19.82	21.97	21.28	4
信阳	Xinyang	1.93	1.93	19.27	8	肇庆	Zhaoqing	9.71	10.80	10.45	60
周口	Zhoukou	2.97	2.80	25.70	2	惠州	Huizhou	9.12	9.99	9.87	67
驻马店	Zhumadian	1.96	1.93	19.30	7	梅州	Meizhou	12.04	12.32	12.11	40
湖北	**Hubei**	**139.04**	**98.80**	**92.49**		汕尾	Shanwei	8.00	9.85	9.69	72
武汉	Wuhan	14.70	12.23	11.46	49	河源	Heyuan	7.47	7.64	7.33	126
黄石	Huangshi	6.98	5.78	5.11	180	阳江	Yangjiang	5.81	6.44	6.13	154
十堰	Shiyan	7.96	6.16	5.11	180	清远	Qingyuan	8.64	8.78	8.38	103
宜昌	Yichang	6.44	5.39	5.23	178	东莞	Dongguan	7.38	7.94	7.83	119
襄阳	Xiangfan	11.10	9.50	8.44	100	中山	ZhongShan	4.44	4.75	4.93	188
鄂州	Ezhou	2.45	1.89	1.76	271	潮州	Chaozhou	6.44	6.87	7.06	129
荆门	Jingmen	5.42	4.38	4.08	215	揭阳	Jieyang	17.12	19.46	18.06	9
孝感	Xiaogan	12.04	7.09	7.37	125	云浮	Yunfu	6.36	6.96	6.54	142
荆州	Jingzhou	13.80	11.48	9.69	72	**广西**	**Guangxi**	**86.56**	**88.13**	**88.21**	
黄冈	Huanggang	19.55	14.08	13.55	28	南宁	Nanning	12.07	12.14	12.04	42
咸宁	Xianning	17.09	6.16	4.83	192	柳州	Liuzhou	5.82	5.24	5.65	170
随州	Suizhou	5.79	3.35	3.61	232	桂林	Guilin	7.66	6.65	6.52	143
湖南	**Hunan**	**105.93**	**99.88**	**98.32**		梧州	Wuzhou	5.77	6.44	5.94	159
长沙	Changsha	9.63	10.03	10.77	59	北海	Beihai	3.40	2.42	3.21	240
株洲	Zhuzhou	4.76	4.59	4.80	193	防城港	Fangchenggang	1.38	1.52	1.54	275
湘潭	Xiangtan	4.44	4.61	4.16	211	钦州	Qinzhou	5.66	5.82	5.91	163
衡阳	Hengyang	12.08	11.62	11.91	43	贵港	Guigang	9.83	11.10	11.86	44
邵阳	Shaoyang	12.37	11.49	11.26	51	玉林	Yulin	11.60	12.19	12.41	37
岳阳	Yueyang	8.99	8.36	8.12	109	百色	Baise	5.83	6.11	12.43	36

16-12 普通中学毕业生数 续表 3
Graduates from Junior Secondary Schools continued 3

单位：万人 (10 000 persons)

地名	City	2010	2012	2013	2013 排名 Ranking	地名	City	2010	2012	2013	2013 排名 Ranking
贺州	Hezhou	3.52	4.09	4.10	214	丽江	Lijiang	2.27	2.16	2.14	264
河池	Hechi	6.19	6.84	6.86	135	普洱	Puer	3.72	3.68	3.47	235
来宾	Laibin	4.72	4.17	3.94	221	临沧	Lincang	3.68	3.85	3.98	219
崇左	Chongzuo	2.84	2.32	3.26	239	**西藏**	**Tibet**	**5.82**	**5.99**	**5.85**	
海南	**Hainan**	**19.69**	**18.76**	**17.42**		拉萨	Lhasa	1.26	1.27	1.13	281
海口	Haikou	3.60	4.22	4.02	217	**陕西**	**Shaanxi**	**93.76**	**83.86**	**77.35**	
三亚	Sanya	1.50	0.37	1.32	278	西安	Xi'an	17.01	15.64	15.24	20
重庆	**Chongqing**	**58.61**	**60.67**	**59.16**		铜川	Tongchuan	2.16	1.99	1.76	271
四川	**Sichuan**	**158.76**	**157.18**	**151.21**		宝鸡	Baoji	9.50	8.54	7.85	118
成都	Chengdu	20.15	20.29	20.15	5	咸阳	Xianyang	13.99	13.06	12.25	39
自贡	Zigong	4.74	4.45	4.44	204	渭南	Weinan	14.87	12.51	11.56	48
攀枝花	Panzhihua	2.01	2.23	2.31	261	延安	Yan'an	6.37	5.61	4.60	199
泸州	Luzhou	9.08	8.91	8.64	92	汉中	Hanzhong	7.04	6.71	6.49	144
德阳	Deyang	5.98	5.65	5.35	174	榆林	Yulin	9.89	8.16	6.74	139
绵阳	Mianyang	10.30	9.85	8.95	88	安康	Ankang	6.37	5.79	5.32	175
广元	Guangyuan	6.47	6.56	6.39	147	商洛	Shangluo	6.07	5.35	5.05	182
遂宁	Suining	6.96	6.52	6.15	153	**甘肃**	**Gansu**	**64.96**	**65.63**	**63.60**	
内江	Neijiang	6.50	6.30	5.84	165	兰州	Lanzhou	6.67	6.37	6.08	158
乐山	Leshan	5.45	5.17	4.97	186	嘉峪关	Jiayuguan	0.46	0.46	0.48	285
南充	Nanchong	15.39	15.16	14.59	23	金昌	Jinchang	1.22	1.15	1.08	282
眉山	Meishan	6.23	6.02	5.25	177	白银	Baiyin	6.64	6.29	5.81	166
宜宾	Yibin	9.52	9.44	9.04	85	天水	Tianshui	9.12	8.19	9.27	80
广安	Guangan	9.49	9.15	9.08	84	武威	Wuwei	5.25	5.27	5.02	183
达州	Dazhou	12.75	12.54	11.67	47	张掖	Zhangye	3.04	2.99	2.92	249
雅安	Yaan	2.51	2.53	2.40	259	平凉	Pingliang	5.88	6.19	5.92	162
巴中	Bazhong	8.25	8.83	8.39	102	酒泉	Jiuquan	2.28	2.30	2.39	260
资阳	Ziyang	6.97	6.71	6.41	146	庆阳	Qingyang	6.61	6.24	5.67	168
贵州	**Guizhou**	**80.75**	**85.91**	**86.89**		定西	Dingxi	7.74	8.56	7.79	120
贵阳	Guiyang	7.34	8.07	8.29	106	陇南	Longnan	5.10	5.85	5.28	176
六盘水	Liupanshui	6.70	7.70	8.66	91	**青海**	**Qinghai**	**10.03**	**10.44**	**9.81**	
遵义	Zunyi	15.56	15.84	16.22	15	西宁	Xining	3.75	3.77	3.62	230
安顺	Anshun	5.11	5.08	4.88	191	**宁夏**	**Ningxia**	**12.97**	**14.28**	**14.27**	
毕节	Bijie	14.69	16.07	16.42	14	银川	Yinchuan	3.62	4.75	3.89	223
铜仁	Tongren	8.53	9.38	9.14	82	石嘴山	Shizuishan	1.55	1.92	1.49	276
云南	**Yunnan**	**82.60**	**86.32**	**83.51**		吴忠	Wuzhong	2.46	3.87	2.89	250
昆明	Kunming	10.01	9.76	9.70	71	固原	Guyuan	2.91	4.80	3.43	237
曲靖	Qujing	14.07	14.90	14.22	25	中卫	Zhongwei	2.41	3.57	2.57	257
玉溪	Yuxi	3.96	4.22	6.20	150	**新疆**	**Xinjiang**	**47.32**	**45.46**	**45.13**	
保山	Baoshan	4.96	5.28	4.95	187	乌鲁木齐	Urumqi	4.62	4.71	4.77	195
昭通	Zhaotong	11.20	11.43	10.23	64	克拉玛依	Karamay	0.79	0.79	0.81	284

16-13 普通高等学校数

Number of Regular Institutions of Higher Education

单位：所 （unit）

地名	City	2010	2012	2013	2013 排名 Ranking	地名	City	2010	2012	2013	2013 排名 Ranking
全国	**Nation Total**	**2358**	**2442**	**2491**		沈阳	Shenyang	43	43	46	10
北京	**Beijing**	**89**	**89**	**89**		大连	Dalian	31	29	30	20
天津	**Tianjin**	**55**	**55**	**55**		鞍山	Anshan	3	3	3	133
河北	**Hebei**	**117**	**113**	**118**		抚顺	Fushun	5	6	5	82
石家庄	Shijiazhuang	46	42	43	12	本溪	Benxi	2	2	2	176
唐山	Tangshan	9	9	7	59	丹东	Dandong	3	3	3	133
秦皇岛	Qinhuangdao	7	7	7	59	锦州	Jinzhou	9	9	9	39
邯郸	Handan	5	5	4	110	营口	Yingkou	2	2	3	133
邢台	Xingtai	4	4	4	110	阜新	Fuxin	2	2	2	176
保定	Baoding	14	14	12	31	辽阳	Liaoyang	4	4	3	133
张家口	Zhangjiakou	5	5	5	82	盘锦	Panjin	2	2	2	176
承德	Chengde	5	5	5	82	铁岭	Tieling	3	4	4	110
沧州	Cangzhou	7	7	8	49	朝阳	Chaoyang	1	1	1	227
廊坊	Langfang	11	12	9	39	葫芦岛	Huludao	2	2	2	176
衡水	Hengshui	2	2	2	176	**吉林**	**Jilin**	**56**	**57**	**58**	
山西	**Shanxi**	**65**	**75**	**78**		长春	Changchun	36	37	37	17
太原	Taiyuan	42	38	41	13	吉林	Jilin	8	8	8	49
大同	Datong	2	2	2	176	四平	Siping	4	4	4	110
阳泉	Yangquan	2	2	2	176	辽源	Liaoyuan	1	1	1	227
长治	Changzhi	4	5	5	82	通化	Tonghua	1	1	1	227
晋城	Jincheng	1	1	1	227	白山	Baishan	1	1	1	227
朔州	Shuozhou	1	1	2	176	松原	Songyuan	1	1	1	227
晋中	Jinzhong	5	5	5	82	白城	Baicheng	3	3	3	133
运城	Yuncheng	4	6	6	68	**黑龙江**	**Heilongjiang**	**79**	**79**	**80**	
忻州	Xinzhou	2	2	2	176	哈尔滨	Harbin	50	49	50	7
临汾	Linfen	1	4	3	133	齐齐哈尔	Qiqihar	5	6	6	68
吕梁	Luliang	1	1	1	227	鸡西	Jixi	1	1	1	227
内蒙古	**Inner Mongolia**	**44**	**48**	**49**		鹤岗	Hegang	1	1	1	227
呼和浩特	Hohhot	22	23	23	23	双鸭山	Shuangyashan	1	1	1	227
包头	Baotou	5	5	5	82	大庆	Daqing	5	5	5	82
乌海	Wuhai	1	1	1	227	伊春	Yichun	1	1	1	227
赤峰	Chifeng	3	4	4	110	佳木斯	Jiamusi	4	4	4	110
通辽	Tongliao	3	3	3	133	七台河	Qitaihe	1	1	1	227
鄂尔多斯	Erdos	1	1	2	176	牡丹江	Mudanjiang	6	7	7	59
呼伦贝尔	Hulunbuir	3	3	3	133	黑河	Heihe	1	1	1	227
巴彦淖尔	Bayannur	1	2	2	176	绥化	Suihua	2	1	1	227
乌兰察布	Ulanqab	3	3	3	133	**上海**	**Shanghai**	**66**	**67**	**68**	
辽宁	**Liaoning**	**112**	**112**	**115**		**江苏**	**Jiangsu**	**124**	**153**	**156**	

16-13 普通高等学校数 续表 1
Number of Regular Institutions of Higher Education continued 1

单位：所 （unit）

地名	City	2010	2012	2013	2013 排名 Ranking	地名	City	2010	2012	2013	2013 排名 Ranking
南京	Nanjing	42	43	44	11	池州	Chizhou	2	3	3	133
无锡	Wuxi	11	12	12	31	宣城	Xuancheng	1	1	1	227
徐州	Xuzhou	8	9	9	39	**福建**	**Fujian**	**75**	**86**	**87**	
常州	Changzhou	9	9	9	39	福州	Fuzhou	27	36	36	18
苏州	Suzhou	20	20	20	25	厦门	Xiamen	14	17	17	27
南通	Nantong	6	6	6	68	莆田	Putian	2	2	2	176
连云港	Lianyungang	3	3	3	133	三明	Sanming	3	3	3	133
淮安	Huaian	6	6	6	68	泉州	Quanzhou	15	17	17	27
盐城	Yancheng	5	5	5	82	漳州	Zhangzhou	6	7	7	59
扬州	Yangzhou	5	5	5	82	南平	Nanping	4	4	4	110
镇江	Zhenjiang	5	5	5	82	龙岩	Longyan	2	2	2	176
泰州	Taizhou	3	3	5	82	宁德	Ningde	2	2	2	176
宿迁	Suqian	1	2	2	176	**江西**	**Jiangxi**	**85**	**88**	**92**	
浙江	**Zhejiang**	**80**	**102**	**102**		南昌	Nanchang	51	50	52	5
杭州	Hangzhou	37	38	38	16	景德镇	Jingdezhen	4	5	5	82
宁波	Ningbo	14	14	14	29	萍乡	Pingxiang	3	3	3	133
温州	Wenzhou	6	7	8	49	九江	Jiujiang	6	7	7	59
嘉兴	Jiaxing	6	6	6	68	新余	Xinyu	5	5	5	82
湖州	Huzhou	3	3	3	133	鹰潭	Yingtan	1	1	1	227
绍兴	Shaoxing	7	7	9	39	赣州	Ganzhou	7	7	8	49
金华	Jinhua	8	7	7	59	吉安	Jian	1	1	1	227
衢州	Quzhou	2	2	2	176	宜春	Yichun	3	3	3	133
舟山	Zhoushan	3	3	3	133	抚州	Fuzhou	3	4	4	110
台州	Taizhou	4	4	4	110	上饶	Shangrao	3	2	3	133
丽水	Lishui	3	3	3	133	**山东**	**Shandong**	**133**	**136**	**139**	
安徽	**Anhui**	**100**	**118**	**117**		济南	Jinan	66	70	41	13
合肥	Hefei	44	50	50	7	青岛	Qingdao	25	22	22	24
芜湖	Wuhu	8	9	8	49	淄博	Zibo	9	8	8	49
蚌埠	Bengbu	5	5	5	82	枣庄	Zaozhuang	3	3	3	133
淮南	Huainan	5	5	5	82	东营	Dongying	5	4	4	110
马鞍山	Maanshan	4	4	4	110	烟台	Yantai	10	10	10	34
淮北	Huaibei	3	3	3	133	潍坊	Weifang	11	13	13	30
铜陵	Tongling	3	3	3	133	济宁	Jining	7	7	7	59
安庆	Anqing	4	5	5	82	泰安	Taian	7	8	8	49
黄山	Huangshan	2	2	2	176	威海	Weihai	7	7	8	49
滁州	Chuzhou	4	4	4	110	日照	Rizhao	2	7	6	68
阜阳	Fuyang	4	4	4	110	莱芜	Laiwu	2	2	3	133
宿州	Suzhou	2	2	2	176	临沂	Linyi	3	3	3	133
六安	Liuan	5	5	5	82	德州	Dezhou	4	4	4	110
亳州	Bozhou	2	2	2	176	聊城	Liaocheng	3	3	3	133

16-13 普通高等学校数 续表 2
Number of Regular Institutions of Higher Education continued 2

单位：所 （unit）

地名	City	2010	2012	2013	2013 排名 Ranking
滨州	Binzhou	3	3	3	133
菏泽	Heze	3	3	4	110
河南	**Henan**	**107**	**120**	**127**	
郑州	Zhengzhou	47	52	56	3
开封	Kaifeng	5	5	5	82
洛阳	Luoyang	3	5	7	59
平顶山	Pingdingshan	4	4	4	110
安阳	Anyang	4	6	6	68
鹤壁	Hebi	1	2	2	176
新乡	Xinxiang	10	10	9	39
焦作	Jiaozuo	5	5	6	68
濮阳	Puyang	1	1	1	227
许昌	Xuchang	3	4	4	110
漯河	Luohe	3	3	3	133
三门峡	Sanmenxia	1	1	1	227
南阳	Nanyang	4	5	6	68
商丘	Shangqiu	6	6	6	68
信阳	Xinyang	4	5	5	82
周口	Zhoukou	3	3	3	133
驻马店	Zhumadian	2	2	2	176
湖北	**Hubei**	**121**	**122**	**123**	
武汉	Wuhan	78	79	79	2
黄石	Huangshi	5	3	3	133
十堰	Shiyan	4	7	7	59
宜昌	Yichang	5	5	5	82
襄阳	Xiangfan	4	5	5	82
鄂州	Ezhou	1	1	1	227
荆门	Jingmen	1	1	1	227
孝感	Xiaogan	2	2	2	176
荆州	Jingzhou	9	8	8	49
黄冈	Huanggang	4	4	4	110
咸宁	Xianning	2	2	2	176
随州	Suizhou	1	1	1	227
湖南	**Hunan**	**102**	**121**	**122**	
长沙	Changsha	48	50	50	7
株洲	Zhuzhou	8	9	9	39
湘潭	Xiangtan	9	10	10	34
衡阳	Hengyang	8	8	8	49
邵阳	Shaoyang	3	3	3	133
岳阳	Yueyang	4	4	4	110

地名	City	2010	2012	2013	2013 排名 Ranking
常德	Changde	4	4	5	82
张家界	Zhangjiajie	1	1	1	227
益阳	Yiyang	4	4	4	110
郴州	Chenzhou	2	2	2	176
永州	Yongzhou	3	3	3	133
怀化	Huaihua	3	3	3	133
娄底	Loudi	3	3	3	133
广东	**Guangdong**	**131**	**137**	**138**	
广州	Guangzhou	75	80	80	1
韶关	Shaoguan	2	2	2	176
深圳	Shenzhen	8	10	10	34
珠海	Zhuhai	10	10	10	34
汕头	Shantou	1	1	1	227
佛山	Foshan	3	3	3	133
江门	Jiangmen	4	3	3	133
湛江	Zhanjiang	3	3	3	133
茂名	Maoming	2	2	2	176
肇庆	Zhaoqing	4	5	6	68
惠州	Huizhou	1	3	3	133
梅州	Meizhou	1	1	1	227
汕尾	Shanwei	1	1	1	227
河源	Heyuan	1	1	1	227
阳江	Yangjiang	1	1	1	227
清远	Qingyuan	1	1	1	227
东莞	Dongguan	5	6	6	68
中山	ZhongShan	4	5	5	82
潮州	Chaozhou	1	1	1	227
揭阳	Jieyang	2	2	2	176
云浮	Yunfu	1	1	1	227
广西	**Guangxi**	**70**	**70**	**70**	
南宁	Nanning	31	31	31	19
柳州	Liuzhou	7	7	6	68
桂林	Guilin	9	9	9	39
梧州	Wuzhou	1	3	3	133
北海	Beihai	4	4	3	133
防城港	Fangchenggang		1	1	227
钦州	Qinzhou	3	2	2	176
贵港	Guigang	1	1	1	227
玉林	Yulin	1	1	1	227
百色	Baise	5		4	110

16-13 普通高等学校数 续表 3
Number of Regular Institutions of Higher Education continued 3

单位：所 （unit）

地名	City	2010	2012	2013	2013 排名 Ranking
贺州	Hezhou	1	1	1	227
河池	Hechi	2	2	2	176
来宾	Laibin	1	1	1	227
崇左	Chongzuo	3	5	5	82
海南	**Hainan**	**17**	**17**	**17**	
海口	Haikou	10	11	11	33
三亚	Sanya	5	5	5	82
重庆	**Chongqing**	**53**	**60**	**63**	
四川	**Sichuan**	**93**	**99**	**103**	
成都	Chengdu	49	52	53	4
自贡	Zigong	1	2	2	176
攀枝花	Panzhihua	2	2	2	176
泸州	Luzhou	4	5	5	82
德阳	Deyang	6	5	5	82
绵阳	Mianyang	8	9	10	34
广元	Guangyuan	1	2	2	176
遂宁	Suining	1	1	1	227
内江	Neijiang	2	2	2	176
乐山	Leshan	3	3	3	133
南充	Nanchong	4	4	4	110
眉山	Meishan	2	2	2	176
宜宾	Yibin	2	2	2	176
广安	Guangan	1	1	1	227
达州	Dazhou	2	2	2	176
雅安	Yaan	2	2	2	176
巴中	Bazhong			1	227
资阳	Ziyang			1	227
贵州	**Guizhou**	**47**	**49**	**52**	
贵阳	Guiyang	25	29	28	21
六盘水	Liupanshui	3	2	2	176
遵义	Zunyi	6	6	6	68
安顺	Anshun	1	4	2	176
毕节	Bijie	2	2	2	176
铜仁	Tongren	2	2	3	133
云南	**Yunnan**	**61**	**66**	**67**	
昆明	Kunming	38	41	41	13
曲靖	Qujing	3	3	3	133
玉溪	Yuxi	2	2	2	176
保山	Baoshan	3	2	2	176
昭通	Zhaotong	1	1	1	227
丽江	Lijiang		2	2	176
普洱	Puer	2	2	2	176
临沧	Lincang	1	1	1	227
西藏	**Tibet**	**6**	**6**	**6**	
拉萨	Lhasa	5	5	5	82
陕西	**Shaanxi**	**78**	**91**	**92**	
西安	Xi'an		51	52	5
铜川	Tongchuan		1	1	227
宝鸡	Baoji		2	2	176
咸阳	Xianyang		9	9	39
渭南	Weinan		3	3	133
延安	Yan'an		2	2	176
汉中	Hanzhong		3	3	133
榆林	Yulin		2	2	176
安康	Ankang		2	2	176
商洛	Shangluo		2	2	176
甘肃	**Gansu**	**35**	**42**	**42**	
兰州	Lanzhou	20	25	25	22
嘉峪关	Jiayuguan	1	1	1	227
金昌	Jinchang		1	1	227
白银	Baiyin		1	1	227
天水	Tianshui	4	4	4	110
武威	Wuwei	2	2	2	176
张掖	Zhangye	2	2	2	176
平凉	Pingliang	1	1	1	227
酒泉	Jiuquan	1	1	1	227
庆阳	Qingyang	1	1	1	227
定西	Dingxi	1	1	1	227
陇南	Longnan	1	1	1	227
青海	**Qinghai**	**9**	**9**	**9**	
西宁	Xining	9	9	9	39
宁夏	**Ningxia**	**15**	**16**	**16**	
银川	Yinchuan	12	13		
石嘴山	Shizuishan	1	1		
吴忠	Wuzhong	1	1		
固原	Guyuan	1	1		
中卫	Zhongwei				
新疆	**Xinjiang**	**32**	**39**	**41**	
乌鲁木齐	Urumqi	18	18	20	25
克拉玛依	Karamay	1	1	1	227

16-14 普通高等学校专任教师数
Full-time Teachers by Regular Institutions of Higher Education

单位：人 (person)

地名	City	2010	2012	2013	2013 排名 Ranking
全国	**Nation Total**	**1343127**	**1440292**	**1496865**	
北京	**Beijing**	**59248**	**60852**	**66871**	
天津	**Tianjin**	**28094**	**29929**	**30900**	
河北	**Hebei**	**60769**	**65043**	**66825**	
石家庄	Shijiazhuang	21367	23384	23565	15
唐山	Tangshan	5629	5926	6012	39
秦皇岛	Qinhuangdao	5007	6258	5401	46
邯郸	Handan	3477	3326	3382	76
邢台	Xingtai	2475	2084	2363	111
保定	Baoding	8891	9427	9501	26
张家口	Zhangjiakou	2641	2661	2698	101
承德	Chengde	2153	2450	2525	105
沧州	Cangzhou	2365	2658	2837	95
廊坊	Langfang	5640	6213	4725	58
衡水	Hengshui	969	869	838	198
山西	**Shanxi**	**36492**	**38124**	**40764**	
太原	Taiyuan	23694	21784	22895	16
大同	Datong	2400	2374	2419	109
阳泉	Yangquan	585	543	534	226
长治	Changzhi	1896	2172	2187	118
晋城	Jincheng	374	406	405	244
朔州	Shuozhou	133	130	435	241
晋中	Jinzhong	3314	3350	3542	72
运城	Yuncheng	1514	2181	2853	94
忻州	Xinzhou	1312	1412	1400	158
临汾	Linfen	478	2933	2979	87
吕梁	Luliang	792	839	1115	177
内蒙古	**Inner Mongolia**	**23332**	**24654**	**24554**	
呼和浩特	Hohhot	12107	12416	11997	23
包头	Baotou	4293	4543	4520	59
乌海	Wuhai	208	220	219	258
赤峰	Chifeng	1374	1737	1774	137
通辽	Tongliao	1736	1781	1850	134
鄂尔多斯	Erdos	140	184	316	250
呼伦贝尔	Hulunbuir	1122	1134	1136	175
巴彦淖尔	Bayannur	508	579	571	220
乌兰察布	Ulanqab	945	981	988	186
辽宁	**Liaoning**	**57404**	**60502**	**62706**	
沈阳	Shenyang	22905	24888	26161	11
大连	Dalian	17161	17515	17678	20
鞍山	Anshan	1959	1975	2224	115
抚顺	Fushun	2048	2268	2472	108
本溪	Benxi	745	781	740	206
丹东	Dandong	1459	1512	1521	150
锦州	Jinzhou	4519	4624	4767	57
营口	Yingkou	679	691	1031	183
阜新	Fuxin	2057	2089	2118	122
辽阳	Liaoyang	1150	1215	1080	181
盘锦	Panjin	532	587	542	225
铁岭	Tieling	948	1039	1088	180
朝阳	Chaoyang	463	478	475	236
葫芦岛	Huludao	779	840	809	201
吉林	**Jilin**	**33982**	**37022**	**38003**	
长春	Changchun	22981	24644	25323	12
吉林	Jilin	4846	5232	5430	45
四平	Siping	1963	2109	2146	119
辽源	Liaoyuan	301	323	291	255
通化	Tonghua	851	687	726	209
白山	Baishan	254	258	257	257
松原	Songyuan	350	366	534	226
白城	Baicheng	953	1108	1099	179
黑龙江	**Heilongjiang**	**44198**	**45448**	**46215**	
哈尔滨	Harbin	31110	31509	31997	6
齐齐哈尔	Qiqihar	2939	3262	3220	80
鸡西	Jixi	560	525	525	229
鹤岗	Hegang	216	221	214	259
双鸭山	Shuangyashan	159	158	173	262
大庆	Daqing	3045	3102	3400	75
伊春	Yichun	209	216	209	260
佳木斯	Jiamusi	2068	2141	2146	119
七台河	Qitaihe	121	120	121	265
牡丹江	Mudanjiang	2506	2976	2957	90
黑河	Heihe	450	485	503	231
绥化	Suihua	558	483	502	232
上海	**Shanghai**	**39170**	**40118**	**40297**	
江苏	**Jiangsu**	**102010**	**106023**	**108272**	

16-14 普通高等学校专任教师数 续表 1

Full-time Teachers by Regular Institutions of Higher Education continued 1

单位：人 (person)

地名	City	2010	2012	2013	2013 排名 Ranking	地名	City	2010	2012	2013	2013 排名 Ranking
南京	Nanjing	50021	51817	52531	3	池州	Chizhou	989	1142	1275	164
无锡	Wuxi	5665	5774	5918	40	宣城	Xuancheng	215	354	473	237
徐州	Xuzhou	6432	7418	7596	31	**福建**	**Fujian**	**37733**	**41119**	**42905**	
常州	Changzhou	5076	4916	5009	54	福州	Fuzhou	16629	19063	19683	17
苏州	Suzhou	10104	10392	10704	25	厦门	Xiamen	8016	8399	8789	27
南通	Nantong	4378	3993	4402	61	莆田	Putian	885	918	887	194
连云港	Lianyungang	1785	1780	1913	130	三明	Sanming	908	1042	1162	173
淮安	Huaian	3450	3410	3378	77	泉州	Quanzhou	6050	6351	6597	37
盐城	Yancheng	2928	2897	2964	88	漳州	Zhangzhou	2843	3404	3586	71
扬州	Yangzhou	4233	4532	4950	55	南平	Nanping	969	1085	1164	172
镇江	Zhenjiang	5125	5081	5196	51	龙岩	Longyan	956	972	971	188
泰州	Taizhou	2476	2710	2746	98	宁德	Ningde	477	506	529	228
宿迁	Suqian	700	883	965	189	**江西**	**Jiangxi**	**49028**	**50205**	**52434**	
浙江	**Zhejiang**	**50969**	**54154**	**56000**		南昌	Nanchang	29173	28894	30457	8
杭州	Hangzhou	25003	26689	27544	10	景德镇	Jingdezhen	1751	2042	1860	131
宁波	Ningbo	7146	7374	7524	32	萍乡	Pingxiang	1102	1093	1006	184
温州	Wenzhou	6696	4847	4927	56	九江	Jiujiang	4501	5037	5217	50
嘉兴	Jiaxing	2587	3210	2910	93	新余	Xinyu	2089	1955	1748	141
湖州	Huzhou	1224	1912	1422	157	鹰潭	Yingtan	235	287	298	252
绍兴	Shaoxing	2690	2874	3807	68	赣州	Ganzhou	4526	4800	5340	48
金华	Jinhua	3862	3941	4318	63	吉安	Jian	979	979	988	186
衢州	Quzhou	519	517	550	223	宜春	Yichun	1832	1866	1926	129
舟山	Zhoushan	1027	1001	1059	182	抚州	Fuzhou	1769	2360	2482	107
台州	Taizhou	1579	1616	1593	148	上饶	Shangrao	1071	892	1112	178
丽水	Lishui	1161	1152	1183	169	**山东**	**Shandong**	**91413**	**96058**	**98685**	
安徽	**Anhui**	**49298**	**53108**	**54903**		济南	Jinan	29526	32253	28558	9
合肥	Hefei	20294	23305	23630	14	青岛	Qingdao	16996	18183	18396	18
芜湖	Wuhu	6003	8670	6508	38	淄博	Zibo	5245	5367	5291	49
蚌埠	Bengbu	2795	2675	3023	85	枣庄	Zaozhuang	2205	1382	1320	162
淮南	Huainan	3041	3099	3078	84	东营	Dongying	2943	1370	1614	146
马鞍山	Maanshan	2408	2750	2959	89	烟台	Yantai	8090	8039	8748	28
淮北	Huaibei	1792	1816	1839	135	潍坊	Weifang	5960	7165	7629	30
铜陵	Tongling	1252	1167	1213	165	济宁	Jining	4465	4843	6790	34
安庆	Anqing	1849	2195	2209	117	泰安	Taian	5147	5383	5349	47
黄山	Huangshan	770	853	867	196	威海	Weihai	3296	3148	3243	79
滁州	Chuzhou	1955	2037	2217	116	日照	Rizhao	1030	2805	2502	106
阜阳	Fuyang	1744	1367	1377	159	莱芜	Laiwu	870	630	699	213
宿州	Suzhou	957	794	897	192	临沂	Linyi	4195	2976	3108	83
六安	Liuan	1717	1661	1635	145	德州	Dezhou	2604	2532	2579	104
亳州	Bozhou	593	659	716	210	聊城	Liaocheng	2139	2053	1995	126

16-14 普通高等学校专任教师数 续表 2

Full-time Teachers by Regular Institutions of Higher Education continued 2

单位：人 (person)

地名	City	2010	2012	2013	2013 排名 Ranking	地名	City	2010	2012	2013	2013 排名 Ranking
滨州	Binzhou	2705	2672	2735	100	常德	Changde	1905	2062	2386	110
菏泽	Heze	1666	1622	1856	132	张家界	Zhangjiajie	685	722	704	211
河南	**Henan**	**77471**	**85982**	**90949**		益阳	Yiyang	1684	1742	1767	139
郑州	Zhengzhou	32521	35680	39146	5	郴州	Chenzhou	1048	1168	1144	174
开封	Kaifeng	4276	4831	5048	53	永州	Yongzhou	1609	1603	1610	147
洛阳	Luoyang	4433	5083	5676	44	怀化	Huaihua	1279	1407	1466	155
平顶山	Pingdingshan	2886	2959	2981	86	娄底	Loudi	1432	1437	1424	156
安阳	Anyang	2718	3420	3512	73	**广东**	**Guangdong**	**78569**	**87402**	**91099**	
鹤壁	Hebi	507	691	700	212	广州	Guangzhou	48063	53706	55416	2
新乡	Xinxiang	6675	8020	7802	29	韶关	Shaoguan	1796	1801	1731	144
焦作	Jiaozuo	3919	4604	5118	52	深圳	Shenzhen	3550	3889	4184	64
濮阳	Puyang	675	679	655	215	珠海	Zhuhai	5305	5792	5857	42
许昌	Xuchang	1793	1999	1976	127	汕头	Shantou	711	726	738	207
漯河	Luohe	1667	1735	1734	143	佛山	Foshan	1439	1690	1774	137
三门峡	Sanmenxia	852	855	851	197	江门	Jiangmen	1083	1406	1473	154
南阳	Nanyang	3645	3752	4037	66	湛江	Zhanjiang	3645	3227	3902	67
商丘	Shangqiu	4255	4436	4391	62	茂名	Maoming	1396	1273	1372	160
信阳	Xinyang	2904	3301	3433	74	肇庆	Zhaoqing	2095	2503	2816	96
周口	Zhoukou	1892	2160	2092	123	惠州	Huizhou	692	1329	1497	152
驻马店	Zhumadian	1245	1151	1170	171	梅州	Meizhou	1115	1138	1194	168
湖北	**Hubei**	**74685**	**80665**	**81784**		汕尾	Shanwei	255	300	265	256
武汉	Wuhan	51306	55915	56028	1	河源	Heyuan	495	491	435	241
黄石	Huangshi	1971	2168	2010	125	阳江	Yangjiang	275	320	342	247
十堰	Shiyan	1839	2650	2745	99	清远	Qingyuan	418	464	495	234
宜昌	Yichang	3148	3510	3188	81	东莞	Dongguan	2174	2729	2952	91
襄阳	Xiangfan	2092	2538	2615	103	中山	ZhongShan	2360	2406	2940	92
鄂州	Ezhou	607	556	559	222	潮州	Chaozhou	802	1180	770	204
荆门	Jingmen	1254	1303	1004	185	揭阳	Jieyang	531	536	567	221
孝感	Xiaogan	1366	1615	1855	133	云浮	Yunfu	369	426	445	239
荆州	Jingzhou	4937	4653	4495	60	**广西**	**Guangxi**	**31650**	**35027**	**36425**	
黄冈	Huanggang	2064	2648	2326	112	南宁	Nanning	15225	16743	17582	21
咸宁	Xianning	2678	1925	1938	128	柳州	Liuzhou	3339	3213	3340	78
随州	Suizhou	450	440	432	243	桂林	Guilin	5767	6351	6616	36
湖南	**Hunan**	**59557**	**62541**	**63869**		梧州	Wuzhou	588	761	451	238
长沙	Changsha	30035	31187	31205	7	北海	Beihai	872	1141	792	202
株洲	Zhuzhou	3573	3909	4160	65	防城港	Fangchenggang		40	160	264
湘潭	Xiangtan	6231	6716	6832	33	钦州	Qinzhou	834	921	930	191
衡阳	Hengyang	5388	5578	5856	43	贵港	Guigang	168	207	117	267
邵阳	Shaoyang	1401	1493	1508	151	玉林	Yulin	767	831	837	199
岳阳	Yueyang	1964	2130	2317	113	百色	Baise			1483	153

16-14 普通高等学校专任教师数 续表 3
Full-time Teachers by Regular Institutions of Higher Education continued 3

单位：人 (person)

地名	City	2010	2012	2013	2013 排名 Ranking
贺州	Hezhou	565	553	544	224
河池	Hechi	641	638	628	217
来宾	Laibin	341	346	525	229
崇左	Chongzuo	634	1382	1528	149
海南	**Hainan**	**7798**	**8290**	**8458**	
海口	Haikou	5463	5788	5885	41
三亚	Sanya	1731	2054	2140	121
重庆	**Chongqing**	**31070**	**35744**	**37130**	
四川	**Sichuan**	**64991**	**73137**	**76795**	
成都	Chengdu	38282	43227	44977	4
自贡	Zigong	1408	1598	1763	140
攀枝花	Panzhihua	1136	1179	1209	166
泸州	Luzhou	2009	2218	2025	124
德阳	Deyang	2720	2911	3118	82
绵阳	Mianyang	5179	6116	6732	35
广元	Guangyuan	236	415	495	234
遂宁	Suining	553	597	642	216
内江	Neijiang	1225	1279	1338	161
乐山	Leshan	2053	2387	2305	114
南充	Nanchong	3069	3377	3797	69
眉山	Meishan	1013	1169	1182	170
宜宾	Yibin	1276	1280	1291	163
广安	Guangan	269	297	380	245
达州	Dazhou	1052	1113	1195	167
雅安	Yaan	2041	2433	2624	102
巴中	Bazhong			30	269
资阳	Ziyang			118	266
贵州	**Guizhou**	**20351**	**22803**	**25351**	
贵阳	Guiyang	12275	13583	14918	22
六盘水	Liupanshui	672	595	619	218
遵义	Zunyi	2158	2717	2815	97
安顺	Anshun	809	810	816	200
毕节	Bijie	682	810	897	192
铜仁	Tongren	824	969	1125	176
云南	**Yunnan**	**26498**	**31322**	**34421**	
昆明	Kunming	19471	22772	25110	13
曲靖	Qujing	950	1138	677	214
玉溪	Yuxi	640	982	782	203
保山	Baoshan	507	550	607	219
昭通	Zhaotong	351	378	379	246
丽江	Lijiang			940	190
普洱	Puer	436	473	497	233
临沧	Lincang	311	362	329	248
西藏	**Tibet**	**2195**	**2369**	**2472**	
拉萨	Lhasa	1877	1760	1815	136
陕西	**Shaanxi**	**58288**	**61500**	**64171**	
西安	Xi'an				
铜川	Tongchuan				
宝鸡	Baoji				
咸阳	Xianyang				
渭南	Weinan				
延安	Yan'an				
汉中	Hanzhong				
榆林	Yulin				
安康	Ankang				
商洛	Shangluo				
甘肃	**Gansu**	**20761**	**23232**	**24384**	
兰州	Lanzhou	15540	17236	17923	19
嘉峪关	Jiayuguan	180	203	193	261
金昌	Jinchang		79	102	268
白银	Baiyin		161	161	263
天水	Tianshui	1636	1681	1747	142
武威	Wuwei	502	713	749	205
张掖	Zhangye	777	834	872	195
平凉	Pingliang	306	316	438	240
酒泉	Jiuquan	327	320	306	251
庆阳	Qingyang	532	612	738	207
定西	Dingxi	279	305	297	253
陇南	Longnan	279	316	326	249
青海	**Qinghai**	**3731**	**3717**	**3785**	
西宁	Xining	3731	3717	3785	70
宁夏	**Ningxia**	**5866**	**6632**	**7111**	
银川	Yinchuan	5004	5771		
石嘴山	Shizuishan	339	332		
吴忠	Wuzhong	159	203		
固原	Guyuan	429	394		
中卫	Zhongwei				
新疆	**Xinjiang**	**16506**	**17570**	**18327**	
乌鲁木齐	Urumqi	9819	10268	11032	24
克拉玛依	Karamay	276	282	292	254

16-15 普通高等学校招生数

New Students Enrollment by Regular Institutions of Higher Education

单位：万人 （10 000 persons）

地名	City	2010	2012	2013	2013 排名 Ranking	地名	City	2010	2012	2013	2013 排名 Ranking
全国	**Nation Total**	**661.80**	**688.80**	**699.83**		沈阳	Shenyang	9.90	10.86	11.21	16
北京	**Beijing**	**15.52**	**15.86**	**15.98**		大连	Dalian	6.72	7.42	7.82	22
天津	**Tianjin**	**13.31**	**13.72**	**13.86**		鞍山	Anshan	1.03	0.96	0.99	137
河北	**Hebei**	**32.89**	**32.14**	**32.59**		抚顺	Fushun	1.15	1.19	1.12	123
石家庄	Shijiazhuang	11.26	11.78	12.3	11	本溪	Benxi	0.38	0.41	0.40	212
唐山	Tangshan	2.96	3.13	3.1	42	丹东	Dandong	0.77	0.88	0.82	152
秦皇岛	Qinhuangdao	2.62	4.89	2.43	57	锦州	Jinzhou	2.12	2.41	2.28	61
邯郸	Handan	1.70	1.71	1.74	86	营口	Yingkou	0.37	0.46	0.57	186
邢台	Xingtai	1.45	1.50	1.60	89	阜新	Fuxin	0.93	0.95	0.95	141
保定	Baoding	4.70	4.75	4.63	28	辽阳	Liaoyang	0.68	0.58	0.57	186
张家口	Zhangjiakou	1.24	1.38	1.44	100	盘锦	Panjin	0.19	0.23	0.24	240
承德	Chengde	1.26	1.25	1.24	111	铁岭	Tieling	0.43	0.54	0.54	191
沧州	Cangzhou	1.53	1.43	1.83	82	朝阳	Chaoyang	0.13	0.18	0.18	248
廊坊	Langfang	2.90	2.03	2.19	62	葫芦岛	Huludao	0.44	0.50	0.52	196
衡水	Hengshui	0.48	1.62	0.47	199	**吉林**	**Jilin**	**15.29**	**16.26**	**16.62**	
山西	**Shanxi**	**18.44**	**19.72**	**20.69**		长春	Changchun	10.19	11.08	11.27	15
太原	Taiyuan	10.55	11.29	12	13	吉林	Jilin	2.54	2.81	2.95	45
大同	Datong	0.98	1.16	1.04	128	四平	Siping	0.91	1.03	1.01	134
阳泉	Yangquan	0.40	0.34	0.37	218	辽源	Liaoyuan	0.17	0.20	0.17	251
长治	Changzhi	1.26	1.03	1.09	126	通化	Tonghua	0.30	0.34	0.34	225
晋城	Jincheng	0.28	0.23	0.21	242	白山	Baishan	0.05	0.03	0.03	267
朔州	Shuozhou		0.11	0.16	253	松原	Songyuan	0.11	0.10	0.09	259
晋中	Jinzhong	1.70	2.02	2.07	71	白城	Baicheng	0.57	0.56	0.60	182
运城	Yuncheng	0.60	1.55	1.58	91	**黑龙江**	**Heilongjiang**	**19.54**	**19.70**	**19.73**	
忻州	Xinzhou	0.70	0.87	0.85	149	哈尔滨	Harbin	13.46	13.82	13.97	9
临汾	Linfen	1.20	1.37	1.38	104	齐齐哈尔	Qiqihar	1.32	1.50	1.49	96
吕梁	Luliang	0.68	0.85	0.76	160	鸡西	Jixi	0.35	0.28	0.27	232
内蒙古	**Inner Mongolia**	**11.65**	**10.56**	**11.24**		鹤岗	Hegang	0.06	0.05	0.05	265
呼和浩特	Hohhot	6.71	6.25	6.67	23	双鸭山	Shuangyashan	0.05	0.04	0.06	264
包头	Baotou	2.01	2.01	2.06	73	大庆	Daqing	1.48	1.47	1.45	99
乌海	Wuhai	0.10	0.08	0.1	257	伊春	Yichun	0.05	0.04	0.04	266
赤峰	Chifeng	0.54	0.55	0.59	184	佳木斯	Jiamusi	0.82	0.87	0.79	156
通辽	Tongliao	0.74	0.73	0.74	165	七台河	Qitaihe	0.03	0.01	0.02	268
鄂尔多斯	Erdos	0.06	0.04	0.08	262	牡丹江	Mudanjiang	1.31	1.47	1.4	102
呼伦贝尔	Hulunbuir	0.32	0.37	0.39	214	黑河	Heihe	0.23	0.24	0.25	237
巴彦淖尔	Bayannur	0.27	0.25	0.31	228	绥化	Suihua	0.27	0.29	0.29	231
乌兰察布	Ulanqab	0.52	0.49	0.55	189	**上海**	**Shanghai**	**14.47**	**13.68**	**13.72**	
辽宁	**Liaoning**	**25.22**	**26.44**	**27.13**		**江苏**	**Jiangsu**	**43.27**	**43.50**	**43.95**	

16-15 普通高等学校招生数 续表 1

New Students Enrollment by Regular Institutions of Higher Education continued 1

单位：万人 (10 000 persons)

地名	City	2010	2012	2013	2013 排名 Ranking	地名	City	2010	2012	2013	2013 排名 Ranking
南京	Nanjing	16.40	15.98	15.99	5	池州	Chizhou	0.65	0.67	0.62	177
无锡	Wuxi	3.18	3.28	3.36	38	宣城	Xuancheng	0.20	0.15	0.19	246
徐州	Xuzhou	3.10	3.36	3.33	39	**福建**	**Fujian**	**20.25**	**20.12**	**21.36**	
常州	Changzhou	3.11	3.13	3.07	43	福州	Fuzhou	8.73	9.30	9.65	18
苏州	Suzhou	4.85	5.52	5.69	24	厦门	Xiamen	3.57	3.96	4.19	31
南通	Nantong	2.30	2.23	2.18	63	莆田	Putian	0.49	0.53	0.58	185
连云港	Lianyungang	0.93	0.93	1.04	128	三明	Sanming	0.66	0.76	0.76	160
淮安	Huaian	1.94	1.86	1.87	80	泉州	Quanzhou	3.52	3.40	3.73	32
盐城	Yancheng	1.56	1.85	1.54	94	漳州	Zhangzhou	1.78	1.92	2.11	65
扬州	Yangzhou	2.13	2.03	2.08	68	南平	Nanping	0.76	0.70	0.80	155
镇江	Zhenjiang	2.07	1.96	1.95	78	龙岩	Longyan	0.44	0.48	0.53	194
泰州	Taizhou	1.28	1.33	1.34	106	宁德	Ningde	0.28	0.31	0.26	234
宿迁	Suqian	0.42	0.44	0.51	197	**江西**	**Jiangxi**	**25.61**	**23.77**	**24.74**	
浙江	**Zhejiang**	**26.01**	**26.91**	**26.89**		南昌	Nanchang	14.84	15.04	15.91	6
杭州	Hangzhou	11.35	12.13	12.3	11	景德镇	Jingdezhen	0.94	0.81	0.88	147
宁波	Ningbo	4.18	4.40	4.51	29	萍乡	Pingxiang	0.54	0.29	0.41	210
温州	Wenzhou	2.06	2.32	2.35	58	九江	Jiujiang	2.76	2.39	2.61	54
嘉兴	Jiaxing	1.58	1.89	1.59	90	新余	Xinyu	0.97	1.01	0.93	142
湖州	Huzhou	0.71	0.79	0.76	160	鹰潭	Yingtan	0.20	0.14	0.2	243
绍兴	Shaoxing	1.69	1.96	2.35	58	赣州	Ganzhou	2.32	2.32	2.15	64
金华	Jinhua	2.45	2.65	2.66	52	吉安	Jian	0.55	0.47	0.45	203
衢州	Quzhou	0.35	0.43	0.43	208	宜春	Yichun	0.92	0.87	0.99	137
舟山	Zhoushan	0.66	0.73	0.68	174	抚州	Fuzhou	0.90	1.02	1.04	128
台州	Taizhou	0.95	0.96	1.01	134	上饶	Shangrao	0.65	0.68	0.74	165
丽水	Lishui	1.15	1.19	1.3	107	**山东**	**Shandong**	**49.57**	**46.67**	**49.16**	
安徽	**Anhui**	**29.69**	**28.62**	**29.66**		济南	Jinan	15.48	15.66	15.11	8
合肥	Hefei	11.86	13.24	13.89	10	青岛	Qingdao	8.22	8.80	8.57	19
芜湖	Wuhu	3.45	3.48	3.65	33	淄博	Zibo	3.12	2.72	2.86	47
蚌埠	Bengbu	1.76	1.67	1.67	87	枣庄	Zaozhuang	0.68	0.60	0.88	147
淮南	Huainan	1.81	1.81	1.79	83	东营	Dongying	1.50	0.86	0.81	153
马鞍山	Maanshan	1.30	1.38	1.49	96	烟台	Yantai	4.61	4.52	4.98	26
淮北	Huaibei	1.00	0.95	0.98	139	潍坊	Weifang	3.90	3.88	4.39	30
铜陵	Tongling	0.88	0.91	1.03	131	济宁	Jining	3.29	2.65	2.67	51
安庆	Anqing	1.14	1.21	1.24	111	泰安	Taian	2.70	2.85	2.96	44
黄山	Huangshan	0.45	0.48	0.6	182	威海	Weihai	2.28	1.67	1.93	79
滁州	Chuzhou	1.24	1.31	1.25	110	日照	Rizhao	1.86	1.98	1.78	84
阜阳	Fuyang	1.05	0.97	0.91	145	莱芜	Laiwu	0.23	0.18	0.27	232
宿州	Suzhou	0.75	0.55	0.54	191	临沂	Linyi	1.71	1.97	1.86	81
六安	Liuan	1.16	1.17	1.21	118	德州	Dezhou	1.47	1.21	1.24	111
亳州	Bozhou	0.37	0.34	0.45	203	聊城	Liaocheng	1.43	1.96	2.07	71

16-15 普通高等学校招生数 续表 2

New Students Enrollment by Regular Institutions of Higher Education continued 2

单位：万人 （10 000 persons）

地名	City	2010	2012	2013	2013 排名 Ranking
滨州	Binzhou	1.47	1.34	1.44	100
菏泽	Heze	0.91	1.03	1.23	115
河南	**Henan**	**47.83**	**45.53**	**46.67**	
郑州	Zhengzhou	20.25	22.60	24.37	3
开封	Kaifeng	2.42	2.65	2.6	55
洛阳	Luoyang	2.61	2.73	2.8	48
平顶山	Pingdingshan	2.08	1.94	1.62	88
安阳	Anyang	1.78	1.85	2.03	75
鹤壁	Hebi	0.35	0.38	0.37	218
新乡	Xinxiang	3.82	4.29	3.62	34
焦作	Jiaozuo	2.39	2.56	2.69	50
濮阳	Puyang	0.42	0.35	0.25	237
许昌	Xuchang	1.07	1.12	1.01	134
漯河	Luohe	0.96	0.83	0.93	142
三门峡	Sanmenxia	0.51	0.47	0.46	202
南阳	Nanyang	2.29	2.29	2.05	74
商丘	Shangqiu	2.54	2.40	2.57	56
信阳	Xinyang	1.78	1.62	1.58	91
周口	Zhoukou	1.39	0.82	1.03	131
驻马店	Zhumadian	0.70	0.61	0.62	177
湖北	**Hubei**	**41.34**	**40.21**	**39.89**	
武汉	Wuhan	26.38	27.31	25.11	2
黄石	Huangshi	1.20	1.13	0.75	163
十堰	Shiyan	1.05	1.36	1.38	104
宜昌	Yichang	1.44	1.75	1.48	98
襄阳	Xiangfan	1.70	1.99	2.02	76
鄂州	Ezhou	0.35	0.46	0.48	198
荆门	Jingmen	0.70	0.74	0.78	158
孝感	Xiaogan	1.00	0.95	0.83	150
荆州	Jingzhou	3.33	3.36	3.2	41
黄冈	Huanggang	1.46	1.51	1.56	93
咸宁	Xianning	1.30	0.96	1.1	125
随州	Suizhou	0.17	0.23	0.2	243
湖南	**Hunan**	**30.98**	**31.10**	**31.37**	
长沙	Changsha	15.12	15.76	15.62	7
株洲	Zhuzhou	2.14	2.30	2.35	58
湘潭	Xiangtan	3.22	3.45	3.53	36
衡阳	Hengyang	2.78	2.95	2.89	46
邵阳	Shaoyang	0.78	0.77	0.81	153
岳阳	Yueyang	1.04	1.34	1.18	121
常德	Changde	1.15	1.21	1.23	115
张家界	Zhangjiajie	0.34	0.36	0.35	223
益阳	Yiyang	0.81	0.83	0.92	144
郴州	Chenzhou	0.55	0.61	0.62	177
永州	Yongzhou	0.79	0.71	0.75	163
怀化	Huaihua	0.85	0.76	0.83	150
娄底	Loudi	0.80	0.68	0.73	167
广东	**Guangdong**	**44.02**	**50.19**	**51.69**	
广州	Guangzhou	25.90	28.95	29.65	1
韶关	Shaoguan	0.90	1.06	1.12	123
深圳	Shenzhen	2.00	2.58	2.76	49
珠海	Zhuhai	3.48	3.81	3.21	40
汕头	Shantou	0.23	0.26	0.26	234
佛山	Foshan	1.77	1.33	1.52	95
江门	Jiangmen	0.68	1.27	1.16	122
湛江	Zhanjiang	2.62	1.91	2.1	66
茂名	Maoming	1.20	0.90	1.02	133
肇庆	Zhaoqing	1.99	2.64	2.66	52
惠州	Huizhou	0.42	0.80	0.89	146
梅州	Meizhou	0.57	0.64	0.66	175
汕尾	Shanwei	0.13	0.23	0.18	248
河源	Heyuan	0.43	0.45	0.43	208
阳江	Yangjiang	0.23	0.27	0.31	228
清远	Qingyuan	0.30	0.48	0.44	205
东莞	Dongguan	1.27	2.05	2.08	68
中山	ZhongShan	1.02	1.15	1.23	115
潮州	Chaozhou	0.52	0.47	0.53	194
揭阳	Jieyang	0.26	1.00	0.35	223
云浮	Yunfu	0.19	0.24	0.39	214
广西	**Guangxi**	**18.38**	**19.21**	**19.85**	
南宁	Nanning	8.71	10.00	10.65	17
柳州	Liuzhou	1.91	2.12	2.09	67
桂林	Guilin	4.55	5.27	5.4	25
梧州	Wuzhou	0.36	0.43	0.44	205
北海	Beihai	0.61	0.69	0.62	177
防城港	Fangchenggang		0.18	0.16	253
钦州	Qinzhou	0.53	0.56	0.54	191
贵港	Guigang	0.06	0.10	0.09	259
玉林	Yulin	0.43	0.41	0.47	199
百色	Baise			0.77	159

16-15 普通高等学校招生数 续表 3
New Students Enrollment by Regular Institutions of Higher Education continued 3

单位：万人 （10 000 persons）

地名	City	2010	2012	2013	2013 排名 Ranking
贺州	Hezhou	0.26	0.19	0.25	237
河池	Hechi	0.37	0.37	0.41	210
来宾	Laibin	0.27	0.20	0.32	227
崇左	Chongzuo	0.59	1.18	1.39	103
海南	**Hainan**	**4.82**	**4.96**	**4.93**	
海口	Haikou	3.21	3.57	3.55	35
三亚	Sanya	1.20	1.29	1.28	108
重庆	**Chongqing**	**18.11**	**19.29**	**18.49**	
四川	**Sichuan**	**33.79**	**36.45**	**35.78**	
成都	Chengdu	18.92	20.85	20.27	4
自贡	Zigong	0.87	0.91	0.96	140
攀枝花	Panzhihua	0.62	0.64	0.63	176
泸州	Luzhou	1.04	1.30	1.21	118
德阳	Deyang	1.61	1.96	1.77	85
绵阳	Mianyang	2.73	3.37	3.41	37
广元	Guangyuan	0.11	0.32	0.38	217
遂宁	Suining	0.36	0.47	0.47	199
内江	Neijiang	0.64	0.67	0.73	167
乐山	Leshan	1.14	1.39	1.21	118
南充	Nanchong	1.71	1.94	2.01	77
眉山	Meishan	0.52	0.63	0.62	177
宜宾	Yibin	0.69	0.72	0.72	169
广安	Guangan	0.21	0.25	0.34	225
达州	Dazhou	0.60	0.65	0.7	171
雅安	Yaan	1.12	1.14	1.24	111
巴中	Bazhong			0.02	268
资阳	Ziyang			0.1	257
贵州	**Guizhou**	**10.15**	**12.51**	**11.97**	
贵阳	Guiyang	7.73	10.43	8.3	21
六盘水	Liupanshui	0.32	0.33	0.26	234
遵义	Zunyi	1.68	1.73	1.26	109
安顺	Anshun	0.41	0.55	0.37	218
毕节	Bijie	0.46	0.49	0.36	221
铜仁	Tongren	0.47	0.66	0.69	173
云南	**Yunnan**	**14.25**	**14.28**	**16.29**	
昆明	Kunming	9.89	10.26	11.63	14
曲靖	Qujing	0.68	0.80	0.72	169
玉溪	Yuxi	0.48	0.37	0.4	212
保山	Baoshan	0.45	0.33	0.36	221
昭通	Zhaotong	0.26	0.22	0.31	228

地名	City	2010	2012	2013	2013 排名 Ranking
丽江	Lijiang			0.79	156
普洱	Puer	0.27	0.27	0.39	214
临沧	Lincang	0.19	0.18	0.18	248
西藏	**Tibet**	**0.92**	**1.00**	**0.93**	
拉萨	Lhasa	0.76	0.74	0.7	171
陕西	**Shaanxi**	**27.44**	**31.28**	**29.79**	
西安	Xi'an				
铜川	Tongchuan				
宝鸡	Baoji				
咸阳	Xianyang				
渭南	Weinan				
延安	Yan'an				
汉中	Hanzhong				
榆林	Yulin				
安康	Ankang				
商洛	Shangluo				
甘肃	**Gansu**	**11.49**	**13.02**	**12.23**	
兰州	Lanzhou	8.06	8.76	8.36	20
嘉峪关	Jiayuguan	0.09	0.13	0.09	259
金昌	Jinchang		0.09	0.11	256
白银	Baiyin		0.09	0.07	263
天水	Tianshui	0.94	1.18	1.08	127
武威	Wuwei	0.45	0.66	0.57	186
张掖	Zhangye	0.55	0.59	0.55	189
平凉	Pingliang	0.23	0.23	0.2	243
酒泉	Jiuquan	0.22	0.25	0.23	241
庆阳	Qingyang	0.30	0.46	0.44	205
定西	Dingxi	0.14	0.20	0.16	253
陇南	Longnan	0.15	0.19	0.19	246
青海	**Qinghai**	**1.87**	**1.46**	**1.48**	
西宁	Xining	1.87	2.08	2.08	68
宁夏	**Ningxia**	**2.64**	**3.08**	**3.07**	
银川	Yinchuan	2.02	2.62		
石嘴山	Shizuishan	0.19	0.19		
吴忠	Wuzhong	0.07	0.11		
固原	Guyuan	0.16	0.20		
中卫	Zhongwei				
新疆	**Xinjiang**	**7.46**	**7.58**	**8.10**	
乌鲁木齐	Urumqi	4.59	4.61	4.94	27
克拉玛依	Karamay	0.14	0.15	0.17	251

16-16 普通高等学校在校学生数
Students Enrollment by Regular Institutions of Higher Education

单位：万人 （10 000 persons）

地名	City	2010	2012	2013	2013 排名 Ranking	地名	City	2010	2012	2013	2013 排名 Ranking
全国	**Nation Total**	**2231.80**	**2391.30**	**2468.07**		沈阳	Shenyang	34.86	36.93	38.48	15
北京	**Beijing**	**57.78**	**59.12**	**59.89**		大连	Dalian	24.58	26.37	27.63	21
天津	**Tianjin**	**42.86**	**47.31**	**48.99**		鞍山	Anshan	3.62	3.76	3.75	125
河北	**Hebei**	**110.51**	**116.88**	**117.44**		抚顺	Fushun	4.15	4.31	4.29	111
石家庄	Shijiazhuang	37.29	39.55	40.17	13	本溪	Benxi	1.09	1.23	1.27	212
唐山	Tangshan	9.76	12.55	10.74	40	丹东	Dandong	2.42	2.56	2.62	154
秦皇岛	Qinhuangdao	8.79	15.56	8.85	50	锦州	Jinzhou	7.67	7.91	8.05	57
邯郸	Handan	6.09	6.17	6.04	85	营口	Yingkou	1.05	1.17	1.37	204
邢台	Xingtai	4.71	4.95	4.78	99	阜新	Fuxin	3.26	3.25	3.26	137
保定	Baoding	16.26	14.21	16.41	27	辽阳	Liaoyang	1.99	1.94	1.81	187
张家口	Zhangjiakou	4.50	4.55	4.66	101	盘锦	Panjin	0.54	0.57	0.63	241
承德	Chengde	3.78	4.13	4.14	114	铁岭	Tieling	1.04	1.39	1.49	201
沧州	Cangzhou	4.64	5.13	5.43	92	朝阳	Chaoyang	0.35	0.45	0.5	251
廊坊	Langfang	9.86	10.51	8.16	55	葫芦岛	Huludao	1.41	1.57	1.66	191
衡水	Hengshui	1.76	1.62	1.53	200	吉林	**Jilin**	**54.44**	**57.90**	**59.95**	
山西	**Shanxi**	**56.29**	**63.73**	**67.68**		长春	Changchun	36.57	38.76	40.19	12
太原	Taiyuan	32.97	35.88	37.87	16	吉林	Jilin	8.97	9.63	10.11	46
大同	Datong	3.42	4.04	3.91	122	四平	Siping	3.26	3.51	3.59	129
阳泉	Yangquan	0.80	0.96	1.01	223	辽源	Liaoyuan	0.53	0.56	0.56	247
长治	Changzhi	3.72	3.24	3.43	133	通化	Tonghua	1.08	1.19	1.21	215
晋城	Jincheng	0.79	0.59	0.62	243	白山	Baishan	0.19	0.12	0.09	267
朔州	Shuozhou		0.26	0.33	254	松原	Songyuan	0.30	0.35	0.33	254
晋中	Jinzhong	5.80	6.23	6.83	69	白城	Baicheng	1.75	1.91	1.92	182
运城	Yuncheng	1.80	4.07	4.64	103	黑龙江	**Heilongjiang**	**71.91**	**70.45**	**71.79**	
忻州	Xinzhou	1.80	2.45	2.54	157	哈尔滨	Harbin	49.40	48.22	49.59	9
临汾	Linfen	3.80	4.14	4.33	109	齐齐哈尔	Qiqihar	5.00	4.94	5.1	94
吕梁	Luliang	1.63	1.87	2.18	172	鸡西	Jixi	1.06	0.91	0.85	231
内蒙古	**Inner Mongolia**	**37.14**	**39.14**	**39.92**		鹤岗	Hegang	0.27	0.14	0.14	263
呼和浩特	Hohhot	21.53	22.72	22.93	23	双鸭山	Shuangyashan	0.16	0.14	0.14	263
包头	Baotou	6.51	6.86	7.01	68	大庆	Daqing	5.55	5.19	5.13	93
乌海	Wuhai	0.33	0.31	0.31	258	伊春	Yichun	0.20	0.11	0.11	265
赤峰	Chifeng	1.66	1.79	1.88	185	佳木斯	Jiamusi	3.19	3.02	3.03	144
通辽	Tongliao	2.63	2.68	2.72	149	七台河	Qitaihe	0.15	0.05	0.05	268
鄂尔多斯	Erdos	0.11	0.18	0.2	262	牡丹江	Mudanjiang	4.77	5.13	5.01	96
呼伦贝尔	Hulunbuir	1.17	1.28	1.37	204	黑河	Heihe	0.84	0.88	0.92	228
巴彦淖尔	Bayannur	0.74	0.76	0.8	234	绥化	Suihua	1.01	1.05	1.09	220
乌兰察布	Ulanqab	1.45	1.57	1.65	193	上海	**Shanghai**	**51.57**	**50.66**	**50.48**	
辽宁	**Liaoning**	**88.02**	**93.41**	**96.80**		江苏	**Jiangsu**	**178.07**	**167.12**	**168.45**	

16-16 普通高等学校在校学生数 续表 1

Students Enrollment by Regular Institutions of Higher Education continued 1

单位：万人 （10 000 persons）

地名	City	2010	2012	2013	2013 排名 Ranking	地名	City	2010	2012	2013	2013 排名 Ranking
南京	Nanjing	79.34	71.12	70.79	4	池州	Chizhou	1.82	2.15	2.14	176
无锡	Wuxi	10.96	10.38	10.53	41	宣城	Xuancheng	0.50	0.58	0.57	245
徐州	Xuzhou	12.01	12.30	12.52	33	**福建**	**Fujian**	**64.78**	**70.14**	**73.05**	
常州	Changzhou	10.43	10.42	10.47	42	福州	Fuzhou	28.17	30.54	31.83	18
苏州	Suzhou	18.78	18.11	19.02	24	厦门	Xiamen	11.47	12.87	13.6	30
南通	Nantong	8.26	7.37	7.45	66	莆田	Putian	1.67	1.74	1.83	186
连云港	Lianyungang	3.45	3.38	3.76	124	三明	Sanming	1.73	2.27	2.4	160
淮安	Huaian	6.88	6.71	6.68	71	泉州	Quanzhou	11.37	11.76	11.87	38
盐城	Yancheng	5.67	5.46	5.49	89	漳州	Zhangzhou	6.00	6.25	6.61	73
扬州	Yangzhou	7.33	7.88	7.64	63	南平	Nanping	2.16	2.31	2.36	164
镇江	Zhenjiang	8.65	7.40	7.43	67	龙岩	Longyan	1.41	1.56	1.66	191
泰州	Taizhou	4.70	4.85	4.91	97	宁德	Ningde	0.81	0.85	0.88	230
宿迁	Suqian	1.60	1.71	1.75	189	**江西**	**Jiangxi**	**81.65**	**85.11**	**86.18**	
浙江	**Zhejiang**	**88.49**	**93.23**	**95.96**		南昌	Nanchang	49.02	50.92	52.01	7
杭州	Hangzhou	43.48	45.92	47.18	10	景德镇	Jingdezhen	3.10	2.93	2.88	148
宁波	Ningbo	13.81	14.54	14.5	29	萍乡	Pingxiang	1.60	1.13	1.04	222
温州	Wenzhou	7.45	7.65	7.92	59	九江	Jiujiang	7.99	7.84	7.96	58
嘉兴	Jiaxing	5.24	6.08	6.37	78	新余	Xinyu	2.48	2.99	2.91	147
湖州	Huzhou	2.48	2.62	2.67	153	鹰潭	Yingtan	0.42	0.51	0.51	250
绍兴	Shaoxing	5.39	5.98	7.75	60	赣州	Ganzhou	7.69	8.22	8.17	54
金华	Jinhua	7.67	7.88	8.13	56	吉安	Jian	1.82	1.83	1.77	188
衢州	Quzhou	1.02	1.17	1.29	211	宜春	Yichun	2.70	2.88	3.03	144
舟山	Zhoushan	2.23	2.30	2.33	167	抚州	Fuzhou	2.79	3.69	3.63	128
台州	Taizhou	2.97	3.11	3.2	139	上饶	Shangrao	2.04	2.17	2.28	168
丽水	Lishui	3.56	3.81	3.98	120	**山东**	**Shandong**	**163.14**	**165.85**	**169.85**	
安徽	**Anhui**	**93.90**	**102.30**	**105.21**		济南	Jinan	64.25	50.47	49.94	8
合肥	Hefei	37.26	42.51	44.34	11	青岛	Qingdao	28.48	29.66	30.02	20
芜湖	Wuhu	11.67	12.07	12.31	35	淄博	Zibo	10.33	9.20	9.04	48
蚌埠	Bengbu	5.59	6.25	6.32	79	枣庄	Zaozhuang	2.14	2.14	2.26	169
淮南	Huainan	6.14	6.43	6.49	75	东营	Dongying	5.28	2.66	2.59	156
马鞍山	Maanshan	4.24	4.83	5.09	95	烟台	Yantai	14.64	15.65	16.66	25
淮北	Huaibei	3.18	3.43	3.48	131	潍坊	Weifang	12.10	12.01	12.47	34
铜陵	Tongling	2.59	3.03	3.26	137	济宁	Jining	8.12	8.52	8.87	49
安庆	Anqing	3.63	4.00	4.09	115	泰安	Taian	9.54	10.10	10.20	44
黄山	Huangshan	1.51	1.73	1.89	184	威海	Weihai	5.99	6.06	6.13	82
滁州	Chuzhou	3.96	4.42	4.47	107	日照	Rizhao	1.95	6.41	5.61	87
阜阳	Fuyang	3.34	3.63	3.54	130	莱芜	Laiwu	1.03	0.58	0.58	244
宿州	Suzhou	2.19	2.20	2.04	179	临沂	Linyi	5.68	6.13	6.15	81
六安	Liuan	3.43	3.93	4.01	118	德州	Dezhou	3.97	3.95	4	119
亳州	Bozhou	0.97	1.10	1.18	217	聊城	Liaocheng	3.81	4.61	6.45	76

16-16 普通高等学校在校学生数 续表 2

Students Enrollment by Regular Institutions of Higher Education continued 2

单位：万人 （10 000 persons）

地名	City	2010	2012	2013	2013 排名 Ranking	地名	City	2010	2012	2013	2013 排名 Ranking
滨州	Binzhou	4.80	4.60	4.66	101	常德	Changde	3.63	3.91	3.95	121
菏泽	Heze	3.24	3.20	3.34	136	张家界	Zhangjiajie	1.26	1.21	1.19	216
河南	**Henan**	**145.67**	**155.90**	**161.83**		益阳	Yiyang	2.86	2.85	2.95	146
郑州	Zhengzhou	64.27	68.43	74.76	3	郴州	Chenzhou	2.04	2.09	2.18	172
开封	Kaifeng	7.53	8.44	8.66	51	永州	Yongzhou	2.51	2.50	2.48	158
洛阳	Luoyang	8.40	8.84	9.45	47	怀化	Huaihua	2.78	2.67	2.69	152
平顶山	Pingdingshan	6.18	6.15	5.93	86	娄底	Loudi	2.57	2.44	2.38	162
安阳	Anyang	4.79	5.68	6.23	80	**广东**	**Guangdong**	**142.66**	**161.68**	**170.99**	
鹤壁	Hebi	0.99	1.05	1.07	221	广州	Guangzhou	84.40	93.92	98.31	1
新乡	Xinxiang	11.51	14.09	13.14	31	韶关	Shaoguan	3.10	3.34	3.66	126
焦作	Jiaozuo	6.72	7.86	8.31	52	深圳	Shenzhen	6.73	7.56	8.24	53
濮阳	Puyang	1.20	1.16	0.99	225	珠海	Zhuhai	10.82	12.32	12.71	32
许昌	Xuchang	3.43	3.46	3.4	135	汕头	Shantou	0.93	0.94	0.96	226
漯河	Luohe	2.48	2.83	2.62	154	佛山	Foshan	3.97	4.58	4.73	100
三门峡	Sanmenxia	1.53	1.43	1.38	203	江门	Jiangmen	2.33	3.07	3.43	133
南阳	Nanyang	6.67	6.72	6.83	69	湛江	Zhanjiang	8.92	7.40	7.70	61
商丘	Shangqiu	7.71	7.68	7.54	65	茂名	Maoming	2.70	3.02	3.11	143
信阳	Xinyang	5.37	5.52	5.47	91	肇庆	Zhaoqing	5.56	6.37	7.69	62
周口	Zhoukou	3.84	3.47	3.18	140	惠州	Huizhou	1.43	2.43	2.7	151
驻马店	Zhumadian	1.90	2.01	1.98	180	梅州	Meizhou	2.07	2.21	2.22	170
湖北	**Hubei**	**135.79**	**138.61**	**142.14**		汕尾	Shanwei	0.46	0.45	0.46	252
武汉	Wuhan	88.14	94.70	90.44	2	河源	Heyuan	1.19	1.23	1.24	213
黄石	Huangshi	4.09	3.93	3.17	141	阳江	Yangjiang	0.62	0.72	0.8	234
十堰	Shiyan	3.39	4.67	4.49	106	清远	Qingyuan	0.89	1.08	1.22	214
宜昌	Yichang	5.03	5.66	5.48	90	东莞	Dongguan	3.83	5.24	6.09	83
襄阳	Xiangfan	5.10	6.19	6.06	84	中山	ZhongShan	3.53	3.63	3.86	123
鄂州	Ezhou	1.01	1.26	1.31	209	潮州	Chaozhou	1.65	1.77	1.64	195
荆门	Jingmen	1.91	2.12	2.12	178	揭阳	Jieyang	0.85	1.05	1.18	217
孝感	Xiaogan	3.29	3.67	4.07	116	云浮	Yunfu	0.66	0.69	0.82	233
荆州	Jingzhou	11.78	11.36	10.35	43	**广西**	**Guangxi**	**56.75**	**62.92**	**65.61**	
黄冈	Huanggang	4.60	4.77	4.83	98	南宁	Nanning	26.41	30.40	33.30	17
咸宁	Xianning	3.10	3.96	4.2	113	柳州	Liuzhou	5.95	6.84	6.52	74
随州	Suizhou	0.84	0.67	0.68	239	桂林	Guilin	12.83	15.31	15.98	28
湖南	**Hunan**	**104.43**	**108.22**	**110.08**		梧州	Wuzhou	1.09	1.87	1.54	198
长沙	Changsha	51.17	52.28	53.04	6	北海	Beihai	2.27	2.43	1.65	193
株洲	Zhuzhou	6.73	7.29	7.59	64	防城港	Fangchenggang		0.18	0.33	254
湘潭	Xiangtan	11.11	11.86	12.22	36	钦州	Qinzhou	1.86	1.30	1.54	198
衡阳	Hengyang	9.45	9.99	10.14	45	贵港	Guigang	0.24	0.17	0.21	261
邵阳	Shaoyang	2.59	2.76	2.71	150	玉林	Yulin	1.38	1.54	1.63	196
岳阳	Yueyang	3.68	3.95	4.02	117	百色	Baise	2.57		2.42	159

16-16 普通高等学校在校学生数 续表 3
Students Enrollment by Regular Institutions of Higher Education continued 3

单位：万人 （10 000 persons）

地名	City	2010	2012	2013	2013 排名 Ranking	地名	City	2010	2012	2013	2013 排名 Ranking
贺州	Hezhou	1.03	0.97	1	224	丽江	Lijiang			2.34	165
河池	Hechi	1.29	1.23	1.37	204	普洱	Puer	0.83	0.85	0.95	227
来宾	Laibin	0.59	0.59	0.63	241	临沧	Lincang	0.59	0.57	0.56	247
崇左	Chongzuo	1.73	3.07	3.46	132	**西藏**	**Tibet**	**3.11**	**3.35**	**3.36**	
海南	**Hainan**	**15.08**	**16.83**	**17.21**		拉萨	Lhasa	2.68	2.46	2.18	172
海口	Haikou	10.39	11.55	12.07	37	**陕西**	**Shaanxi**	**92.78**	**102.63**	**107.76**	
三亚	Sanya	3.70	4.42	4.51	104	西安	Xi'an				
重庆	**Chongqing**	**56.59**	**62.36**	**65.94**		铜川	Tongchuan				
四川	**Sichuan**	**108.62**	**122.37**	**127.08**		宝鸡	Baoji				
成都	Chengdu	61.50	68.63	70.17	5	咸阳	Xianyang				
自贡	Zigong	2.96	3.06	3.16	142	渭南	Weinan				
攀枝花	Panzhihua	2.05	2.16	2.18	172	延安	Yan'an				
泸州	Luzhou	3.55	4.12	4.32	110	汉中	Hanzhong				
德阳	Deyang	4.90	5.47	5.6	88	榆林	Yulin				
绵阳	Mianyang	8.40	10.23	11.13	39	安康	Ankang				
广元	Guangyuan	0.37	0.59	0.85	231	商洛	Shangluo				
遂宁	Suining	1.00	1.24	1.34	207	**甘肃**	**Gansu**	**38.15**	**43.11**	**44.30**	
内江	Neijiang	2.10	2.22	2.34	165	兰州	Lanzhou	27.62	30.66	31.16	19
乐山	Leshan	3.68	4.27	4.37	108	嘉峪关	Jiayuguan	0.27	0.34	0.33	254
南充	Nanchong	5.46	6.23	6.66	72	金昌	Jinchang		0.17	0.28	259
眉山	Meishan	1.58	2.06	2.22	170	白银	Baiyin		0.19	0.22	260
宜宾	Yibin	2.21	2.35	2.4	160	天水	Tianshui	3.08	3.52	3.64	127
广安	Guangan	0.49	0.67	0.79	236	武威	Wuwei	1.11	1.56	1.67	190
达州	Dazhou	1.85	1.98	2.13	177	张掖	Zhangye	1.72	1.90	1.98	180
雅安	Yaan	3.77	4.12	4.24	112	平凉	Pingliang	0.65	0.68	0.66	240
巴中	Bazhong			0.02	269	酒泉	Jiuquan	0.63	0.70	0.7	238
资阳	Ziyang			0.1	266	庆阳	Qingyang	1.12	1.43	1.56	197
贵州	**Guizhou**	**32.33**	**38.38**	**41.90**		定西	Dingxi	0.46	0.52	0.55	249
贵阳	Guiyang	25.68	30.72	25.97	22	陇南	Longnan	0.49	0.53	0.57	245
六盘水	Liupanshui	1.01	0.93	0.92	228	**青海**	**Qinghai**	**6.04**	**4.87**	**5.07**	
遵义	Zunyi	4.98	5.32	4.51	104	西宁	Xining	6.04	6.19	6.39	77
安顺	Anshun	1.16	1.55	1.32	208	**宁夏**	**Ningxia**	**8.34**	**9.64**	**10.45**	
毕节	Bijie	1.06	1.72	1.31	209	银川	Yinchuan	6.67	8.24		
铜仁	Tongren	1.29	1.71	1.91	183	石嘴山	Shizuishan	0.58	0.55		
云南	**Yunnan**	**43.69**	**51.22**	**54.86**		吴忠	Wuzhong	0.18	0.24		
昆明	Kunming	30.53	36.10	38.61	14	固原	Guyuan	0.59	0.61		
曲靖	Qujing	1.88	2.62	2.38	162	中卫	Zhongwei				
玉溪	Yuxi	1.52	1.35	1.41	202	**新疆**	**Xinjiang**	**25.12**	**26.87**	**27.84**	
保山	Baoshan	1.42	1.01	1.11	219	乌鲁木齐	Urumqi	15.48	15.87	16.51	26
昭通	Zhaotong	0.72	0.71	0.76	237	克拉玛依	Karamay	0.37	0.42	0.45	253

16-17　普通高等学校毕业生数
Graduates from Regular Institutions of Higher Education

单位：万人　　　　　　　　　　　　　　　　　　　　　　　　　　　（10 000 persons）

地名	City	2010	2012	2013	2013 排名 Ranking
全国	**Nation Total**	**575.40**	**624.70**	**638.72**	
北京	**Beijing**	**15.02**	**15.52**	**15.09**	
天津	**Tianjin**	**10.51**	**11.30**	**12.10**	
河北	**Hebei**	**29.71**	**31.58**	**33.43**	
石家庄	Shijiazhuang	10.15	10.80	11.56	11
唐山	Tangshan	2.43	2.82	3.13	35
秦皇岛	Qinhuangdao	2.46	3.80	2.60	47
邯郸	Handan	1.68	1.72	1.81	73
邢台	Xingtai	1.44	1.57	1.54	86
保定	Baoding	4.53	4.27	4.49	25
张家口	Zhangjiakou	1.26	1.31	1.31	100
承德	Chengde	1.06	1.14	1.18	105
沧州	Cangzhou	1.28	1.39	1.48	90
廊坊	Langfang	2.23	2.04	2.13	59
衡水	Hengshui	0.48	0.58	0.54	178
山西	**Shanxi**	**16.55**	**16.26**	**17.33**	
太原	Taiyuan	9.74	9.60	9.94	13
大同	Datong	1.09	0.99	1.15	109
阳泉	Yangquan	0.20	0.24	0.32	215
长治	Changzhi	1.15	0.84	0.91	134
晋城	Jincheng	0.30	0.12	0.16	247
朔州	Shuozhou		0.09	0.07	257
晋中	Jinzhong	1.60	1.44	1.52	88
运城	Yuncheng	0.51	0.79	0.95	132
忻州	Xinzhou	0.40	0.59	0.73	156
临汾	Linfen	0.60	1.17	1.18	105
吕梁	Luliang	0.47	0.39	0.39	203
内蒙古	**Inner Mongolia**	**9.47**	**10.51**	**10.83**	
呼和浩特	Hohhot	5.40	6.01	6.3	22
包头	Baotou	1.50	1.81	1.83	71
乌海	Wuhai	0.10	0.13	0.1	255
赤峰	Chifeng	0.40	0.47	0.49	184
通辽	Tongliao	0.80	0.67	0.67	163
鄂尔多斯	Erdos		0.05	0.06	258
呼伦贝尔	Hulunbuir	0.31	0.31	0.29	219
巴彦淖尔	Bayannur	0.23	0.24	0.47	187
乌兰察布	Ulanqab	0.40	0.45	0.14	249
辽宁	**Liaoning**	**21.96**	**23.60**	**24.10**	
沈阳	Shenyang	8.68	9.40	9.37	15
大连	Dalian	5.71	6.35	6.35	21
鞍山	Anshan	0.87	0.93	0.97	129
抚顺	Fushun	0.99	1.08	1.1	116
本溪	Benxi	0.29	0.30	0.36	205
丹东	Dandong	0.69	0.73	0.75	154
锦州	Jinzhou	2.05	2.07	2.11	60
营口	Yingkou	0.37	0.33	0.36	205
阜新	Fuxin	0.79	0.89	0.89	139
辽阳	Liaoyang	0.57	0.60	0.68	161
盘锦	Panjin	0.16	0.16	0.19	242
铁岭	Tieling	0.28	0.27	0.43	192
朝阳	Chaoyang	0.14	0.11	0.13	251
葫芦岛	Huludao	0.36	0.37	0.42	195
吉林	**Jilin**	**13.60**	**14.65**	**14.64**	
长春	Changchun	9.29	9.65	9.64	14
吉林	Jilin	2.11	2.51	2.41	49
四平	Siping	0.76	0.92	0.91	134
辽源	Liaoyuan	0.10	0.19	0.17	244
通化	Tonghua	0.28	0.28	0.32	215
白山	Baishan		0.07	0.05	259
松原	Songyuan	0.11	0.09	0.11	253
白城	Baicheng	0.47	0.51	0.58	175
黑龙江	**Heilongjiang**	**18.10**	**20.38**	**18.41**	
哈尔滨	Harbin	12.03	13.29	12.24	9
齐齐哈尔	Qiqihar	1.32	1.42	1.24	102
鸡西	Jixi	0.28	0.36	0.32	215
鹤岗	Hegang	0.07	0.10	0.04	261
双鸭山	Shuangyashan	0.04	0.07	0.05	259
大庆	Daqing	1.60	1.58	1.48	90
伊春	Yichun	0.09	0.07	0.04	261
佳木斯	Jiamusi	0.83	0.91	0.76	152
七台河	Qitaihe	0.08	0.06	0.03	264
牡丹江	Mudanjiang	1.22	1.70	1.50	89
黑河	Heihe	0.21	0.23	0.2	239
绥化	Suihua	0.25	0.26	0.23	231
上海	**Shanghai**	**13.37**	**13.67**	**13.38**	
江苏	**Jiangsu**	**47.89**	**47.03**	**47.38**	

16-17　普通高等学校毕业生数　续表 1
Graduates from Regular Institutions of Higher Education continued 1

单位：万人　　　　（10 000 persons）

地名	City	2010	2012	2013	2013 排名 Ranking	地名	City	2010	2012	2013	2013 排名 Ranking
南京	Nanjing	19.59	20.69	20.86	3	池州	Chizhou	0.37	0.55	0.62	170
无锡	Wuxi	3.55	3.10	3.13	35	宣城	Xuancheng	0.11	0.16	0.2	239
徐州	Xuzhou	2.97	3.19	3.16	34	**福建**	**Fujian**	**15.34**	**17.85**	**18.72**	
常州	Changzhou	3.22	2.91	2.93	41	福州	Fuzhou	6.69	8.15	7.9	18
苏州	Suzhou	5.04	4.65	4.63	24	厦门	Xiamen	2.66	3.42	3.27	33
南通	Nantong	2.64	2.07	2.03	61	莆田	Putian	0.46	0.48	0.47	187
连云港	Lianyungang	0.91	0.97	1.04	123	三明	Sanming	0.41	0.62	0.61	171
淮安	Huaian	2.06	1.88	1.94	65	泉州	Quanzhou	2.73	3.56	3.47	31
盐城	Yancheng	1.55	1.54	1.54	86	漳州	Zhangzhou	1.41	1.70	1.68	80
扬州	Yangzhou	2.38	2.28	2.36	51	南平	Nanping	0.40	0.72	0.71	158
镇江	Zhenjiang	2.21	1.94	1.93	66	龙岩	Longyan	0.37	0.42	0.42	195
泰州	Taizhou	1.44	1.41	1.42	93	宁德	Ningde	0.22	0.21	0.21	234
宿迁	Suqian	0.32	0.40	0.42	195	**江西**	**Jiangxi**	**22.59**	**23.20**	**24.06**	
浙江	**Zhejiang**	**23.37**	**24.75**	**24.49**		南昌	Nanchang	14.00	13.67	13.91	7
杭州	Hangzhou	10.17	10.75	10.87	12	景德镇	Jingdezhen	0.87	0.86	0.91	134
宁波	Ningbo	3.71	3.82	3.64	30	萍乡	Pingxiang	0.56	0.54	0.51	182
温州	Wenzhou	1.94	2.09	1.99	63	九江	Jiujiang	2.44	2.27	2.41	49
嘉兴	Jiaxing	1.09	1.03	1.4	95	新余	Xinyu	0.75	0.80	0.93	133
湖州	Huzhou	0.65	0.68	0.69	160	鹰潭	Yingtan	0.11	0.11	0.21	234
绍兴	Shaoxing	1.51	1.55	1.91	67	赣州	Ganzhou	1.98	2.06	2.14	58
金华	Jinhua	2.41	2.33	2.26	54	吉安	Jian	0.47	0.47	0.49	184
衢州	Quzhou	0.34	0.34	0.29	219	宜春	Yichun	0.71	0.82	0.87	141
舟山	Zhoushan	0.68	0.70	0.63	169	抚州	Fuzhou	0.76	1.03	1.06	119
台州	Taizhou	0.85	0.91	0.89	139	上饶	Shangrao	0.58	0.57	0.61	171
丽水	Lishui	1.10	1.06	1.04	123	**山东**	**Shandong**	**44.40**	**47.43**	**47.59**	
安徽	**Anhui**	**23.22**	**26.55**	**28.01**		济南	Jinan	13.56	14.82	13.11	8
合肥	Hefei	9.69	11.37	11.84	10	青岛	Qingdao	7.05	7.98	7.9	18
芜湖	Wuhu	2.83	3.26	3.32	32	淄博	Zibo	2.85	3.17	2.96	40
蚌埠	Bengbu	1.37	1.47	1.56	85	枣庄	Zaozhuang	0.67	0.63	0.74	155
淮南	Huainan	1.48	1.71	1.71	78	东营	Dongying	1.31	0.92	0.86	142
马鞍山	Maanshan	0.93	1.12	1.2	104	烟台	Yantai	3.44	4.35	4.49	25
淮北	Huaibei	0.78	0.90	0.91	134	潍坊	Weifang	3.78	3.79	3.72	29
铜陵	Tongling	0.73	0.70	0.79	150	济宁	Jining	2.64	2.11	2.27	53
安庆	Anqing	0.79	1.03	1.13	111	泰安	Taian	2.41	2.58	2.82	43
黄山	Huangshan	0.34	0.38	0.43	192	威海	Weihai	1.70	1.76	1.84	70
滁州	Chuzhou	1.01	1.10	1.17	107	日照	Rizhao	1.42	1.67	1.64	81
阜阳	Fuyang	0.66	0.89	0.98	127	莱芜	Laiwu	0.41	0.35	0.27	225
宿州	Suzhou	0.53	0.61	0.68	161	临沂	Linyi	1.59	1.73	1.8	74
六安	Liuan	0.79	0.98	1.11	114	德州	Dezhou	1.32	1.21	1.15	109
亳州	Bozhou	0.25	0.31	0.36	205	聊城	Liaocheng	1.47	1.45	1.7	79

16-17 普通高等学校毕业生数 续表 2

Graduates from Regular Institutions of Higher Education continued 2

单位：万人 （10 000 persons）

地名	City	2010	2012	2013	2013 排名 Ranking	地名	City	2010	2012	2013	2013 排名 Ranking
滨州	Binzhou	1.46	1.39	1.36	96	常德	Changde	0.95	1.05	1.05	122
菏泽	Heze	0.87	1.01	1.13	111	张家界	Zhangjiajie	0.31	0.41	0.34	211
河南	**Henan**	**38.25**	**43.53**	**45.02**		益阳	Yiyang	0.71	0.90	0.80	148
郑州	Zhengzhou	17.44	19.30	19.83	4	郴州	Chenzhou	0.51	0.55	0.52	181
开封	Kaifeng	2.02	2.15	2.34	52	永州	Yongzhou	0.68	0.71	0.76	152
洛阳	Luoyang	2.21	2.32	2.18	56	怀化	Huaihua	0.72	0.85	0.8	148
平顶山	Pingdingshan	1.64	1.95	1.82	72	娄底	Loudi	0.64	0.73	0.71	158
安阳	Anyang	1.02	1.32	1.47	92	**广东**	**Guangdong**	**33.42**	**40.40**	**41.23**	
鹤壁	Hebi	0.24	0.34	0.35	208	广州	Guangzhou	20.40	23.69	24.08	1
新乡	Xinxiang	2.75	3.02	3.1	37	韶关	Shaoguan	1.00	0.89	0.85	143
焦作	Jiaozuo	1.60	2.01	2.21	55	深圳	Shenzhen	1.80	1.83	1.86	69
濮阳	Puyang	0.37	0.40	0.41	200	珠海	Zhuhai	2.07	2.73	2.8	44
许昌	Xuchang	0.83	1.11	1.02	126	汕头	Shantou	0.21	0.25	0.27	225
漯河	Luohe	0.86	0.84	1.11	114	佛山	Foshan	1.27	1.15	1.27	101
三门峡	Sanmenxia	0.41	0.56	0.51	182	江门	Jiangmen	0.50	0.74	0.72	157
南阳	Nanyang	1.90	2.11	2	62	湛江	Zhanjiang	2.52	1.78	1.9	68
商丘	Shangqiu	2.29	2.53	2.65	45	茂名	Maoming	0.70	0.78	0.79	150
信阳	Xinyang	1.25	1.52	1.63	82	肇庆	Zhaoqing	1.25	1.91	2.18	56
周口	Zhoukou	0.63	1.16	1.32	99	惠州	Huizhou	0.19	0.56	0.61	171
驻马店	Zhumadian	0.49	0.55	0.64	166	梅州	Meizhou	0.43	0.61	0.64	166
湖北	**Hubei**	**35.97**	**35.30**	**36.16**		汕尾	Shanwei	0.17	0.17	0.17	244
武汉	Wuhan	22.12	24.07	22.73	2	河源	Heyuan	0.24	0.40	0.41	200
黄石	Huangshi	1.06	1.04	0.9	138	阳江	Yangjiang	0.23	0.16	0.23	231
十堰	Shiyan	0.86	1.21	1.23	103	清远	Qingyuan	0.25	0.27	0.29	219
宜昌	Yichang	1.31	1.37	1.34	98	东莞	Dongguan	0.81	1.26	1.16	108
襄阳	Xiangfan	1.40	1.44	1.12	113	中山	ZhongShan	0.90	1.07	0.96	130
鄂州	Ezhou	0.26	0.34	0.42	195	潮州	Chaozhou	0.34	0.46	0.42	195
荆门	Jingmen	0.54	0.59	0.53	179	揭阳	Jieyang	0.37	0.25	0.27	225
孝感	Xiaogan	1.00	0.76	1.75	76	云浮	Yunfu	0.16	0.27	0.28	223
荆州	Jingzhou	3.27	3.07	3	39	**广西**	**Guangxi**	**13.81**	**16.22**	**16.95**	
黄冈	Huanggang	1.27	1.30	1.41	94	南宁	Nanning	6.74	7.67	8.7	17
咸宁	Xianning	1.52	1.20	1.35	97	柳州	Liuzhou	1.28	1.66	1.8	74
随州	Suizhou	0.20	0.30	0.17	244	桂林	Guilin	3.21	3.81	4.05	28
湖南	**Hunan**	**27.53**	**30.68**	**29.44**		梧州	Wuzhou	0.25	0.40	0.35	208
长沙	Changsha	14.16	15.10	14.26	6	北海	Beihai	0.55	0.99	0.82	147
株洲	Zhuzhou	1.81	2.08	1.97	64	防城港	Fangchenggang				
湘潭	Xiangtan	2.78	2.96	3.07	38	钦州	Qinzhou	0.60	0.35	0.43	192
衡阳	Hengyang	2.19	2.74	2.62	46	贵港	Guigang	0.07	0.07	0.03	264
邵阳	Shaoyang	0.58	0.74	0.83	146	玉林	Yulin	0.31	0.37	0.38	204
岳阳	Yueyang	0.98	1.12	1.06	119	百色	Baise			0.56	176

16-17 普通高等学校毕业生数 续表 3
Graduates from Regular Institutions of Higher Education continued 3

单位：万人 （10 000 persons）

地名	City	2010	2012	2013	2013 排名 Ranking	地名	City	2010	2012	2013	2013 排名 Ranking
贺州	Hezhou	0.19	0.18	0.26	228	丽江	Lijiang			0.48	186
河池	Hechi	0.30	0.34	0.28	223	普洱	Puer	0.23	0.29	0.29	219
来宾	Laibin	0.21	0.19	0.2	239	临沧	Lincang	0.15	0.19	0.19	242
崇左	Chongzuo	0.55	0.73	0.85	143	**西藏**	**Tibet**	**0.83**	**0.86**	**0.91**	
海南	**Hainan**	**3.68**	**4.09**	**4.38**		拉萨	Lhasa	0.72	0.61	0.67	163
海口	Haikou	2.65	2.79	2.89	42	**陕西**	**Shaanxi**	**23.55**	**26.53**	**25.38**	
三亚	Sanya	0.50	0.95	1.09	118	西安	Xi'an				
重庆	**Chongqing**	**13.32**	**13.76**	**14.87**		铜川	Tongchuan				
四川	**Sichuan**	**27.86**	**28.68**	**31.84**		宝鸡	Baoji				
成都	Chengdu	15.62	16.25	17.84	5	咸阳	Xianyang				
自贡	Zigong	0.77	0.81	0.85	143	渭南	Weinan				
攀枝花	Panzhihua	0.47	0.54	0.56	176	延安	Yan'an				
泸州	Luzhou	1.08	0.99	1.03	125	汉中	Hanzhong				
德阳	Deyang	1.35	1.34	1.57	84	榆林	Yulin				
绵阳	Mianyang	1.86	2.02	2.54	48	安康	Ankang				
广元	Guangyuan	0.11	0.13	0.11	253	商洛	Shangluo				
遂宁	Suining	0.31	0.28	0.35	208	**甘肃**	**Gansu**	**9.22**	**10.30**	**10.92**	
内江	Neijiang	0.55	0.56	0.59	174	兰州	Lanzhou	6.24	7.27	7.7	20
乐山	Leshan	0.85	1.01	1.06	119	嘉峪关	Jiayuguan	0.09	0.08	0.1	255
南充	Nanchong	1.71	1.40	1.58	83	金昌	Jinchang				
眉山	Meishan	0.33	0.39	0.44	191	白银	Baiyin		0.03	0.04	261
宜宾	Yibin	0.59	0.59	0.65	165	天水	Tianshui	0.90	0.92	0.96	130
广安	Guangan	0.13	0.14	0.21	234	武威	Wuwei	0.25	0.37	0.45	189
达州	Dazhou	0.54	0.53	0.53	179	张掖	Zhangye	0.41	0.47	0.45	189
雅安	Yaan	0.87	0.94	1.1	116	平凉	Pingliang	0.19	0.20	0.22	233
巴中	Bazhong					酒泉	Jiuquan	0.15	0.19	0.21	234
资阳	Ziyang					庆阳	Qingyang	0.30	0.29	0.3	218
贵州	**Guizhou**	**7.48**	**8.53**	**8.81**		定西	Dingxi	0.18	0.14	0.14	249
贵阳	Guiyang	6.30	6.93	5.4	23	陇南	Longnan	0.15	0.16	0.15	248
六盘水	Liupanshui	0.28	0.17	0.21	234	**青海**	**Qinghai**	**1.50**	**1.17**	**1.24**	
遵义	Zunyi	1.08	1.21	0.98	127	西宁	Xining	1.50	1.64	1.73	77
安顺	Anshun	0.33	0.41	0.34	211	**宁夏**	**Ningxia**	**2.10**	**2.07**	**2.22**	
毕节	Bijie	0.16	0.36	0.33	214	银川	Yinchuan	1.51	1.73		
铜仁	Tongren	0.29	0.36	0.4	202	石嘴山	Shizuishan	0.11	0.11		
云南	**Yunnan**	**9.34**	**11.89**	**12.79**		吴忠	Wuzhong	0.06	0.06		
昆明	Kunming	6.56	8.09	8.79	16	固原	Guyuan		0.17		
曲靖	Qujing	0.37	0.60	0.64	166	中卫	Zhongwei				
玉溪	Yuxi	0.35	0.33	0.34	211	**新疆**	**Xinjiang**	**6.35**	**6.46**	**7.00**	
保山	Baoshan	0.30	0.27	0.25	230	乌鲁木齐	Urumqi	3.94	3.74	4.08	27
昭通	Zhaotong	0.19	0.23	0.26	228	克拉玛依	Karamay	0.15	0.11	0.13	251

16-18 医疗卫生机构数
Number of Health Care Institutions

单位：个 (unit)

地名	City	2010	2012	2013	2013 排名 Ranking
全国	**Nation Total**	**936927**	**950297**	**974398**	
北京	**Beijing**	**9411**	**9632**	**9683**	
天津	**Tianjin**	**4542**	**4551**	**4689**	
河北	**Hebei**	**81403**	**79119**	**78485**	
石家庄	Shijiazhuang	2414	6451	6475	15
唐山	Tangshan	1730	8904	8755	5
秦皇岛	Qinhuangdao	666	3541	3220	81
邯郸	Handan	1055	8519	8261	6
邢台	Xingtai	1025	9274	9303	3
保定	Baoding	2360	11726	11620	1
张家口	Zhangjiakou	1979	5611	5631	18
承德	Chengde	1201	3787	3752	63
沧州	Cangzhou	1142	9952	10010	2
廊坊	Langfang	985	5643	5623	19
衡水	Hengshui	565	5675	5836	16
山西	**Shanxi**	**41098**	**40192**	**40281**	
太原	Taiyuan	2530	2518	2625	102
大同	Datong	1095	1257	1237	177
阳泉	Yangquan	522	454	499	255
长治	Changzhi	943	919	898	208
晋城	Jincheng	923	762	792	225
朔州	Shuozhou	366	365	376	266
晋中	Jinzhong	1069	1037	1076	195
运城	Yuncheng	1870	1864	1787	141
忻州	Xinzhou	745	824	802	222
临汾	Linfen	1163	1153	1176	183
吕梁	Luliang	663	755	772	229
内蒙古	**Inner Mongolia**	**22565**	**23046**	**23257**	
呼和浩特	Hohhot	862	1831	1845	135
包头	Baotou	1165	1622	1645	146
乌海	Wuhai	273	341	333	274
赤峰	Chifeng	977	4419	4532	41
通辽	Tongliao	632	4501	4643	37
鄂尔多斯	Erdos	706	1514	1363	168
呼伦贝尔	Hulunbuir	1114	1968	1977	130
巴彦淖尔	Bayannur	666	1592	1581	150
乌兰察布	Ulanqab	600	2096	2081	125
辽宁	**Liaoning**	**34805**	**35792**	**35612**	
沈阳	Shenyang	1756	4568	4886	32
大连	Dalian	2359	3839	3801	61
鞍山	Anshan	1673	3484	3371	72
抚顺	Fushun	638	1489	1430	159
本溪	Benxi	245	626	636	238
丹东	Dandong	460	1444	1536	153
锦州	Jinzhou	717	2522	2551	107
营口	Yingkou	1371	2661	2190	121
阜新	Fuxin	491	1335	1428	160
辽阳	Liaoyang	618	1991	1895	133
盘锦	Panjin	642	1124	1120	189
铁岭	Tieling	1091	3109	3094	86
朝阳	Chaoyang	1297	4502	4591	39
葫芦岛	Huludao	877	3083	3017	89
吉林	**Jilin**	**19385**	**19734**	**19913**	
长春	Changchun	3853	4090	4225	49
吉林	Jilin	3635	3435	3465	71
四平	Siping	2040	2095	2129	124
辽源	Liaoyuan	715	784	795	223
通化	Tonghua	1797	1875	1911	132
白山	Baishan	993	1141	1114	190
松原	Songyuan	2639	2616	2644	99
白城	Baicheng	1625	1554	1578	151
黑龙江	**Heilongjiang**	**22073**	**21158**	**21369**	
哈尔滨	Harbin	1697	1556	1769	142
齐齐哈尔	Qiqihar	780	892	986	202
鸡西	Jixi	589	539	571	244
鹤岗	Hegang	651	537	536	248
双鸭山	Shuangyashan	751	603	627	240
大庆	Daqing	777	832	883	210
伊春	Yichun	721	714	695	233
佳木斯	Jiamusi	662	731	784	226
七台河	Qitaihe	183	257	267	278
牡丹江	Mudanjiang	770	819	871	212
黑河	Heihe	414	450	507	252
绥化	Suihua	653	640	813	220
上海	**Shanghai**	**4708**	**4845**	**4929**	
江苏	**Jiangsu**	**30956**	**31050**	**30998**	

16-18 医疗卫生机构数 续表 1
Number of Health Care Institutions continued 1

单位：个 （unit）

地名	City	2010	2012	2013	2013 排名 Ranking	地名	City	2010	2012	2013	2013 排名 Ranking
南京	Nanjing	2211	2305	2315	115	池州	Chizhou	237	994	1054	197
无锡	Wuxi	1997	1951	2027	128	宣城	Xuancheng	379	1225	1319	172
徐州	Xuzhou	4216	4327	4454	43	**福建**	**Fujian**	**27017**	**27276**	**28175**	
常州	Changzhou	1103	1128	1123	188	福州	Fuzhou	1919	2057	2066	126
苏州	Suzhou	2679	2992	3007	91	厦门	Xiamen	979	936	942	205
南通	Nantong	3399	3254	3187	83	莆田	Putian	314	327	329	275
连云港	Lianyungang	2620	2619	2616	103	三明	Sanming	801	811	816	219
淮安	Huaian	2186	2175	2153	123	泉州	Quanzhou	925	1040	1057	196
盐城	Yancheng	2858	3088	3067	87	漳州	Zhangzhou	467	843	858	214
扬州	Yangzhou	2028	1903	1815	139	南平	Nanping	457	450	478	257
镇江	Zhenjiang	877	906	897	209	龙岩	Longyan	583	551	555	246
泰州	Taizhou	1900	2017	1995	129	宁德	Ningde	554	569	571	244
宿迁	Suqian	2887	2389	2345	114	**江西**	**Jiangxi**	**34068**	**39509**	**38902**	
浙江	**Zhejiang**	**29939**	**30271**	**30063**		南昌	Nanchang	798	695	705	232
杭州	Hangzhou	2819	3017	4139	51	景德镇	Jingdezhen	378	341	339	273
宁波	Ningbo	2377	4035	4032	56	萍乡	Pingxiang	264	358	369	270
温州	Wenzhou	4585	5255	5351	25	九江	Jiujiang	791	773	810	221
嘉兴	Jiaxing	1376	1343	1340	169	新余	Xinyu	217	235	245	279
湖州	Huzhou	1321	1349	1335	170	鹰潭	Yingtan	368	372	374	268
绍兴	Shaoxing	1453	2635	2559	105	赣州	Ganzhou	1645	1420	1468	157
金华	Jinhua	1691	3991	4027	57	吉安	Jian	652	639	638	237
衢州	Quzhou	703	2119	1828	138	宜春	Yichun	807	817	820	218
舟山	Zhoushan	406	618	632	239	抚州	Fuzhou	451	440	440	261
台州	Taizhou	1380	3101	3096	85	上饶	Shangrao	801	1047	1042	199
丽水	Lishui	345	1734	1721	145	**山东**	**Shandong**	**66967**	**68840**	**75426**	
安徽	**Anhui**	**22997**	**23275**	**24645**		济南	Jinan	1721	4562	5368	23
合肥	Hefei	779	2100	2207	120	青岛	Qingdao	2148	7337	7957	9
芜湖	Wuhu	462	1383	1392	162	淄博	Zibo	1461	4948	5011	29
蚌埠	Bengbu	422	1374	1428	160	枣庄	Zaozhuang	459	2208	2412	113
淮南	Huainan	570	1159	1202	179	东营	Dongying	596	1697	1734	144
马鞍山	Maanshan	301	860	971	203	烟台	Yantai	1828	5156	5333	26
淮北	Huaibei	353	681	707	231	潍坊	Weifang	1472	6794	7426	10
铜陵	Tongling	157	297	311	276	济宁	Jining	1269	6631	6804	12
安庆	Anqing	779	2363	2508	109	泰安	Taian	1056	3887	4118	53
黄山	Huangshan	536	1045	1142	186	威海	Weihai	707	2252	2449	112
滁州	Chuzhou	359	1536	1645	146	日照	Rizhao	367	2130	2268	117
阜阳	Fuyang	495	2440	2628	101	莱芜	Laiwu	287	1245	1242	176
宿州	Suzhou	396	1774	1852	134	临沂	Linyi	1140	6674	6977	11
六安	Liuan	497	2515	2654	98	德州	Dezhou	638	3440	4654	36
亳州	Bozhou	230	1532	1625	149	聊城	Liaocheng	395	4960	5595	20

16-18 医疗卫生机构数 续表 2
Number of Health Care Institutions continued 2

单位：个 (unit)

地名	City	2010	2012	2013	2013 排名 Ranking
滨州	Binzhou	477	2082	2514	108
菏泽	Heze	475	2837	3613	64
河南	**Henan**	**75741**	**69258**	**71464**	
郑州	Zhengzhou	4387	3808	4024	58
开封	Kaifeng	4066	2868	3014	90
洛阳	Luoyang	3718	3916	4106	54
平顶山	Pingdingshan	3737	4039	4079	55
安阳	Anyang	6912	5351	5376	22
鹤壁	Hebi	1991	1492	1488	156
新乡	Xinxiang	5180	4778	5038	28
焦作	Jiaozuo	2992	2740	2810	95
濮阳	Puyang	5318	4138	4265	48
许昌	Xuchang	4514	4401	4357	47
漯河	Luohe	1711	1772	1834	137
三门峡	Sanmenxia	1876	1952	1923	131
南阳	Nanyang	6434	6215	6502	13
商丘	Shangqiu	7568	6711	6492	14
信阳	Xinyang	4217	3748	3955	59
周口	Zhoukou	7305	7564	8108	7
驻马店	Zhumadian	3230	3158	3470	70
湖北	**Hubei**	**34209**	**35240**	**35631**	
武汉	Wuhan	2712	2857	4750	34
黄石	Huangshi	335	332	1126	187
十堰	Shiyan	2835	2728	3358	74
宜昌	Yichang	3107	3003	3190	82
襄阳	Xiangfan	3052	3267	3367	73
鄂州	Ezhou	457	450	773	228
荆门	Jingmen	617	685	654	236
孝感	Xiaogan	587	420	422	263
荆州	Jingzhou	590	3244	3304	77
黄冈	Huanggang	4596	4272	4883	33
咸宁	Xianning	308	1252	1311	174
随州	Suizhou	1108	1413	1496	155
湖南	**Hunan**	**59359**	**58612**	**62210**	
长沙	Changsha	2653	2902	3311	75
株洲	Zhuzhou	1359	1212	1380	165
湘潭	Xiangtan	980	933	1030	201
衡阳	Hengyang	640	568	957	204
邵阳	Shaoyang	731	756	1085	193
岳阳	Yueyang	1190	1205	1368	167
常德	Changde	1373	1404	1548	152
张家界	Zhangjiajie	331	323	404	264
益阳	Yiyang	662	820	1080	194
郴州	Chenzhou	983	996	1287	175
永州	Yongzhou	926	896	1151	185
怀化	Huaihua	1159	1126	1373	166
娄底	Loudi	524	401	491	256
广东	**Guangdong**	**44880**	**46534**	**47835**	
广州	Guangzhou	2387	2415	2639	100
韶关	Shaoguan	702	733	657	235
深圳	Shenzhen	2456	2623	2885	94
珠海	Zhuhai	510	482	518	251
汕头	Shantou	306	521	618	241
佛山	Foshan	1071	1039	1194	180
江门	Jiangmen	750	727	775	227
湛江	Zhanjiang	946	1051	1190	182
茂名	Maoming	391	439	456	260
肇庆	Zhaoqing	678	726	880	211
惠州	Huizhou	719	984	1096	192
梅州	Meizhou	1178	1203	1042	199
汕尾	Shanwei	306	310	376	266
河源	Heyuan	303	289	385	265
阳江	Yangjiang	388	396	434	262
清远	Qingyuan	642	693	822	217
东莞	Dongguan	985	1016	1106	191
中山	ZhongShan	470	482	502	254
潮州	Chaozhou	802	759	793	224
揭阳	Jieyang	259	278	347	271
云浮	Yunfu	292	304	373	269
广西	**Guangxi**	**32741**	**34152**	**33943**	
南宁	Nanning	2310	2404	2586	104
柳州	Liuzhou	2171	2201	2260	118
桂林	Guilin	1588	5372	5441	21
梧州	Wuzhou	1670	1667	1460	158
北海	Beihai	392	449	470	259
防城港	Fangchenggang	232	299	613	242
钦州	Qinzhou	442	442	475	258
贵港	Guigang	523	4415	4212	50
玉林	Yulin	3073	3124	3165	84
百色	Baise	2130	2473	2554	106

16-18 医疗卫生机构数 续表 3
Number of Health Care Institutions continued 3

单位：个 （unit）

地名	City	2010	2012	2013	2013 排名 Ranking	地名	City	2010	2012	2013	2013 排名 Ranking
贺州	Hezhou	1633	1433	1224	178	丽江	Lijiang	99	81	84	284
河池	Hechi	548	2175	2171	122	普洱	Puer	408	410	524	250
来宾	Laibin	1389	122	123	281	临沧	Lincang	363	1278	1386	163
崇左	Chongzuo	867	779	1317	173	**西藏**	**Tibet**	**4960**	**6660**	**6725**	
海南	**Hainan**	**4678**	**5154**	**5011**		拉萨	Lhasa	237	267	274	277
海口	Haikou	480	836	857	215	**陕西**	**Shaanxi**	**35696**	**36271**	**37137**	
三亚	Sanya	300	407	342	272	西安	Xi'an	2385	5578	5692	17
重庆	**Chongqing**	**17495**	**17961**	**18926**		铜川	Tongchuan	337	1001	942	205
四川	**Sichuan**	**74283**	**76557**	**80037**		宝鸡	Baoji	938	2816	2917	93
成都	Chengdu	7194	7605	7976	8	咸阳	Xianyang	1168	4656	4683	35
自贡	Zigong	2125	2377	2460	111	渭南	Weinan	626	3882	4137	52
攀枝花	Panzhihua	1020	1024	1044	198	延安	Yan'an	463	3447	3541	66
泸州	Luzhou	4733	4351	4633	38	汉中	Hanzhong	1042	3897	3858	60
德阳	Deyang	2732	2765	2795	96	榆林	Yulin	719	4993	4921	31
绵阳	Mianyang	3976	4325	4436	44	安康	Ankang	768	3172	3275	79
广元	Guangyuan	3371	3313	3531	68	商洛	Shangluo	508	2662	2980	92
遂宁	Suining	3713	3750	3798	62	**甘肃**	**Gansu**	**26673**	**26401**	**26697**	
内江	Neijiang	2971	3119	3246	80	兰州	Lanzhou	1555	2339	2288	116
乐山	Leshan	2957	3062	3286	78	嘉峪关	Jiayuguan	104	123	122	282
南充	Nanchong	8040	8400	8856	4	金昌	Jinchang	365	550	548	247
眉山	Meishan	2064	1919	2059	127	白银	Baiyin	326	1127	1161	184
宜宾	Yibin	4158	4180	4389	46	天水	Tianshui	711	3497	3533	67
广安	Guangan	3072	3362	3561	65	武威	Wuwei	361	1766	1796	140
达州	Dazhou	4068	4172	4406	45	张掖	Zhangye	447	1391	1384	164
雅安	Yaan	1279	1369	1520	154	平凉	Pingliang	1093	2680	2717	97
巴中	Bazhong	3053	3086	3305	76	酒泉	Jiuquan	432	905	864	213
资阳	Ziyang	5004	4829	4969	30	庆阳	Qingyang	1266	1842	1844	136
贵州	**Guizhou**	**25420**	**27404**	**29177**		定西	Dingxi	543	2433	2473	110
贵阳	Guiyang	1532	2922	3032	88	陇南	Longnan	2116	4991	5056	27
六盘水	Liupanshui	1465	1476	1639	148	**青海**	**Qinghai**	**5781**	**5948**	**6020**	
遵义	Zunyi	874	4653	4481	42	西宁	Xining	538	590	611	243
安顺	Anshun	1693	2003	2238	119	**宁夏**	**Ningxia**	**4129**	**4140**	**4231**	
毕节	Bijie	608	4662	5365	24	银川	Yinchuan	543	903	931	207
铜仁	Tongren	234	3291	3481	69	石嘴山	Shizuishan	340	571	535	249
云南	**Yunnan**	**22888**	**23395**	**24264**		吴忠	Wuzhong	277	825	830	216
昆明	Kunming	3004	3163	4552	40	固原	Guyuan	260	1233	1193	181
曲靖	Qujing	603	635	685	234	中卫	Zhongwei	163	604	741	230
玉溪	Yuxi	187	65	178	280	**新疆**	**Xinjiang**	**16000**	**18320**	**18663**	
保山	Baoshan	382	366	1326	171	乌鲁木齐	Urumqi	1675	1777	1769	142
昭通	Zhaotong	451	231	507	252	克拉玛依	Karamay	93	94	92	283

16-19 医院数
Number of Hospitals

单位：个 （unit）

地名	City	2010	2012	2013	2013 排名 Ranking	地名	City	2010	2012	2013	2013 排名 Ranking
全国	**Nation Total**	**20918**	**23170**	**24709**		沈阳	Shenyang	299	191	199	28
北京	**Beijing**	**550**	**544**	**596**		大连	Dalian	216	112	121	63
天津	**Tianjin**	**438**	**277**	**333**		鞍山	Anshan	148	78	79	112
河北	**Hebei**	**1226**	**1249**	**1268**		抚顺	Fushun	100	49	51	168
石家庄	Shijiazhuang	396	174	174	39	本溪	Benxi	70	27	32	244
唐山	Tangshan	334	157	166	42	丹东	Dandong	112	43	45	193
秦皇岛	Qinhuangdao	148	66	64	142	锦州	Jinzhou	106	33	33	239
邯郸	Handan	361	168	167	41	营口	Yingkou	110	61	73	126
邢台	Xingtai	299	124	129	58	阜新	Fuxin	100	42	43	200
保定	Baoding	444	134	128	59	辽阳	Liaoyang	88	52	55	163
张家口	Zhangjiakou	281	67	67	135	盘锦	Panjin	66	36	40	208
承德	Chengde	249	48	47	186	铁岭	Tieling	117	25	24	264
沧州	Cangzhou	289	119	131	56	朝阳	Chaoyang	167	55	57	159
廊坊	Langfang	175	94	94	90	葫芦岛	Huludao	157	55	53	167
衡水	Hengshui	210	97	101	80	吉林	**Jilin**	**568**	**576**	**576**	
山西	**Shanxi**	**1198**	**1215**	**1219**		长春	Changchun	310	167	164	44
太原	Taiyuan	262	188	182	33	吉林	Jilin	237	134	128	59
大同	Datong	257	109	112	72	四平	Siping	148	66	56	161
阳泉	Yangquan	97	46	46	192	辽源	Liaoyuan	63	17	18	274
长治	Changzhi	293	96	92	95	通化	Tonghua	131	38	39	213
晋城	Jincheng	163	70	74	122	白山	Baishan	94	33	33	239
朔州	Shuozhou	157	62	61	150	松原	Songyuan	105	28	38	220
晋中	Jinzhong	257	92	98	85	白城	Baicheng	121	34	34	234
运城	Yuncheng	426	72	227	18	黑龙江	**Heilongjiang**	**917**	**996**	**993**	
忻州	Xinzhou	354	93	89	97	哈尔滨	Harbin	448	271	258	14
临汾	Linfen	395	170	173	40	齐齐哈尔	Qiqihar	229	252	99	84
吕梁	Luliang	254	66	65	141	鸡西	Jixi	123	57	69	132
内蒙古	**Inner Mongolia**	**467**	**519**	**566**		鹤岗	Hegang	70	72	50	172
呼和浩特	Hohhot	144	67	75	121	双鸭山	Shuangyashan	86	98	54	165
包头	Baotou	115	50	49	178	大庆	Daqing	144	91	93	93
乌海	Wuhai	20	17	19	273	伊春	Yichun	56	55	37	223
赤峰	Chifeng	305	69	76	120	佳木斯	Jiamusi	161	86	77	117
通辽	Tongliao	208	46	59	157	七台河	Qitaihe	44	50	28	254
鄂尔多斯	Erdos	123	35	36	229	牡丹江	Mudanjiang	121	54	81	108
呼伦贝尔	Hulunbuir	233	97	100	82	黑河	Heihe	124	18	66	138
巴彦淖尔	Bayannur	138	37	43	200	绥化	Suihua	224	29	50	172
乌兰察布	Ulanqab	213	34	39	213	上海	**Shanghai**	**306**	**320**	**328**	
辽宁	**Liaoning**	**821**	**860**	**905**		江苏	**Jiangsu**	**1155**	**1426**	**1490**	

16-19 医院数 续表 1
Number of Hospitals continued 1

单位：个 （unit）

地名	City	2010	2012	2013	2013 排名 Ranking	地名	City	2010	2012	2013	2013 排名 Ranking
南京	Nanjing	179	174	186	32	池州	Chizhou	84	29	29	251
无锡	Wuxi	152	74	132	54	宣城	Xuancheng	118	39	29	251
徐州	Xuzhou	256	114	118	65	**福建**	**Fujian**	**455**	**519**	**541**	
常州	Changzhou	91	44	45	193	福州	Fuzhou	218	108	113	70
苏州	Suzhou	216	104	181	35	厦门	Xiamen	49	38	40	208
南通	Nantong	333	80	200	27	莆田	Putian	71	38	41	205
连云港	Lianyungang	140	65	66	138	三明	Sanming	155	40	41	205
淮安	Huaian	177	52	49	178	泉州	Quanzhou	231	65	117	67
盐城	Yancheng	246	52	139	52	漳州	Zhangzhou	160	66	68	134
扬州	Yangzhou	180	59	62	147	南平	Nanping	156	44	47	186
镇江	Zhenjiang	98	39	40	208	龙岩	Longyan	150	35	37	223
泰州	Taizhou	159	47	50	172	宁德	Ningde	135	36	37	223
宿迁	Suqian	206	218	222	19	**江西**	**Jiangxi**	**504**	**548**	**548**	
浙江	**Zhejiang**	**687**	**782**	**843**		南昌	Nanchang	186	179	181	35
杭州	Hangzhou	293	198	208	25	景德镇	Jingdezhen	32	70	70	129
宁波	Ningbo	207	108	109	74	萍乡	Pingxiang	81	81	82	107
温州	Wenzhou	399	109	113	70	九江	Jiujiang	265	37	258	14
嘉兴	Jiaxing	116	45	45	193	新余	Xinyu	44	48	49	178
湖州	Huzhou	125	39	40	208	鹰潭	Yingtan	62	60	61	150
绍兴	Shaoxing	143	40	41	205	赣州	Ganzhou	378	378	379	2
金华	Jinhua	257	79	105	77	吉安	Jian	282	277	279	10
衢州	Quzhou	140	42	44	199	宜春	Yichun	223	218	219	21
舟山	Zhoushan	81	19	22	269	抚州	Fuzhou	451	210	212	23
台州	Taizhou	220	68	71	128	上饶	Shangrao	303	352	350	4
丽水	Lishui	295	33	45	193	**山东**	**Shandong**	**1377**	**1549**	**1783**	
安徽	**Anhui**	**728**	**930**	**938**		济南	Jinan	277	142	197	30
合肥	Hefei	215	135	141	50	青岛	Qingdao	254	179	178	37
芜湖	Wuhu	94	75	72	127	淄博	Zibo	218	125	132	54
蚌埠	Bengbu	130	78	79	112	枣庄	Zaozhuang	119	67	67	135
淮南	Huainan	98	59	62	147	东营	Dongying	107	73	74	122
马鞍山	Maanshan	55	49	48	181	烟台	Yantai	277	78	151	46
淮北	Huaibei	100	76	74	122	潍坊	Weifang	244	75	138	53
铜陵	Tongling	31	17	18	274	济宁	Jining	253	52	148	47
安庆	Anqing	205	58	61	150	泰安	Taian	160	92	98	85
黄山	Huangshan	130	29	30	249	威海	Weihai	92	28	30	249
滁州	Chuzhou	127	67	63	144	日照	Rizhao	72	25	34	234
阜阳	Fuyang	203	86	88	100	莱芜	Laiwu	40	24	24	264
宿州	Suzhou	133	62	63	144	临沂	Linyi	285	85	124	61
六安	Liuan	194	34	34	234	德州	Dezhou	168	51	69	132
亳州	Bozhou	119	37	37	223	聊城	Liaocheng	198	60	85	103

16-19 医院数 续表 2
Number of Hospitals continued 2

单位：个 （unit）

地名	City	2010	2012	2013	2013 排名 Ranking	地名	City	2010	2012	2013	2013 排名 Ranking
滨州	Binzhou	140	84	94	90	常德	Changde	280	281	306	6
菏泽	Heze	283	92	140	51	张家界	Zhangjiajie	108	112	117	67
河南	**Henan**	**1198**	**1285**	**1402**		益阳	Yiyang	117	124	130	57
郑州	Zhengzhou	271	178	216	22	郴州	Chenzhou	331	334	331	5
开封	Kaifeng	155	67	79	112	永州	Yongzhou	264	270	286	7
洛阳	Luoyang	261	84	118	65	怀化	Huaihua	356	361	360	3
平顶山	Pingdingshan	175	81	87	102	娄底	Loudi	112	109	110	73
安阳	Anyang	158	70	70	129	**广东**	**Guangdong**	**1088**	**1186**	**1222**	
鹤壁	Hebi	55	34	32	244	广州	Guangzhou	255	224	222	19
新乡	Xinxiang	242	98	94	90	韶关	Shaoguan	173	59	61	150
焦作	Jiaozuo	140	59	55	163	深圳	Shenzhen	121	121	121	63
濮阳	Puyang	132	55	56	161	珠海	Zhuhai	49	35	37	223
许昌	Xuchang	164	90	89	97	汕头	Shantou	78	35	38	220
漯河	Luohe	89	48	51	168	佛山	Foshan	98	83	89	97
三门峡	Sanmenxia	122	48	47	186	江门	Jiangmen	120	36	39	213
南阳	Nanyang	302	80	96	88	湛江	Zhanjiang	168	74	79	112
商丘	Shangqiu	232	40	70	129	茂名	Maoming	148	48	48	181
信阳	Xinyang	264	59	60	154	肇庆	Zhaoqing	142	47	50	172
周口	Zhoukou	267	105	115	69	惠州	Huizhou	128	61	63	144
驻马店	Zhumadian	232	52	58	158	梅州	Meizhou	175	30	32	244
湖北	**Hubei**	**602**	**650**	**711**		汕尾	Shanwei	80	25	25	262
武汉	Wuhan	236	256	188	31	河源	Heyuan	120	24	28	254
黄石	Huangshi	75	74	43	200	阳江	Yangjiang	79	37	37	223
十堰	Shiyan	154	42	35	232	清远	Qingyuan	158	40	40	208
宜昌	Yichang	155	30	45	193	东莞	Dongguan	71	96	103	78
襄阳	Xiangfan	191	71	48	181	中山	ZhongShan	42	48	47	186
鄂州	Ezhou	43	16	16	277	潮州	Chaozhou	67	21	20	270
荆门	Jingmen	90	38	36	229	揭阳	Jieyang	101	24	26	260
孝感	Xiaogan	169	27	23	267	云浮	Yunfu	71	17	17	276
荆州	Jingzhou	160	46	48	181	**广西**	**Guangxi**	**450**	**469**	**476**	
黄冈	Huanggang	202	46	45	193	南宁	Nanning	68	77	205	26
咸宁	Xianning	84	26	26	260	柳州	Liuzhou	65	65	156	45
随州	Suizhou	110	25	25	262	桂林	Guilin	50	53	198	29
湖南	**Hunan**	**752**	**798**	**922**		梧州	Wuzhou	30	31	95	89
长沙	Changsha	256	254	279	10	北海	Beihai	47	49	50	172
株洲	Zhuzhou	175	174	175	38	防城港	Fangchenggang	37	10	43	200
湘潭	Xiangtan	104	104	109	74	钦州	Qinzhou	80	84	77	117
衡阳	Hengyang	256	256	273	12	贵港	Guigang	29	40	106	76
邵阳	Shaoyang	264	266	280	9	玉林	Yulin	40	43	43	200
岳阳	Yueyang	205	205	211	24	百色	Baise	33	33	33	239

16-19 医院数 续表 3
Number of Hospitals continued 3

单位：个 （unit）

地名	City	2010	2012	2013	2013 排名 Ranking
贺州	Hezhou	86	18	81	108
河池	Hechi	20	20	182	33
来宾	Laibin	93	18	93	93
崇左	Chongzuo	297	19	20	270
海南	**Hainan**	**188**	**197**	**191**	
海口	Haikou	73	38	36	229
三亚	Sanya	26	16	15	280
重庆	**Chongqing**	**417**	**463**	**531**	
四川	**Sichuan**	**1261**	**1542**	**1716**	
成都	Chengdu	594	439	476	1
自贡	Zigong	144	59	62	147
攀枝花	Panzhihua	66	28	29	251
泸州	Luzhou	194	75	101	80
德阳	Deyang	213	72	74	122
绵阳	Mianyang	342	78	81	108
广元	Guangyuan	296	46	48	181
遂宁	Suining	151	54	60	154
内江	Neijiang	156	50	57	159
乐山	Leshan	288	88	90	96
南充	Nanchong	549	91	100	82
眉山	Meishan	170	45	47	186
宜宾	Yibin	237	73	84	104
广安	Guangan	211	40	47	186
达州	Dazhou	362	55	77	117
雅安	Yaan	186	36	38	220
巴中	Bazhong	259	38	51	168
资阳	Ziyang	218	46	50	172
贵州	**Guizhou**	**554**	**772**	**991**	
贵阳	Guiyang	222	148	165	43
六盘水	Liupanshui	141	71	79	112
遵义	Zunyi	286	76	122	62
安顺	Anshun	123	55	64	142
毕节	Bijie	335	53	243	17
铜仁	Tongren	186	78	84	104
云南	**Yunnan**	**780**	**926**	**997**	
昆明	Kunming	336	154	253	16
曲靖	Qujing	172	86	88	100
玉溪	Yuxi	135	65	66	138
保山	Baoshan	109	30	34	234
昭通	Zhaotong	198	47	267	13
丽江	Lijiang	82	21	24	264
普洱	Puer	128	29	32	244
临沧	Lincang	107	31	39	213
西藏	**Tibet**	**101**	**104**	**106**	
拉萨	Lhasa	64	15	16	277
陕西	**Shaanxi**	**828**	**888**	**937**	
西安	Xi'an	412	276	281	8
铜川	Tongchuan	67	35	39	213
宝鸡	Baoji	261	85	81	108
咸阳	Xianyang	322	85	147	48
渭南	Weinan	266	81	84	104
延安	Yan'an	210	57	60	154
汉中	Hanzhong	289	61	67	135
榆林	Yulin	306	92	102	79
安康	Ankang	237	39	39	213
商洛	Shangluo	178	24	27	257
甘肃	**Gansu**	**381**	**403**	**419**	
兰州	Lanzhou	163	98	98	85
嘉峪关	Jiayuguan	8	5	5	283
金昌	Jinchang	21	13	13	282
白银	Baiyin	92	30	33	239
天水	Tianshui	170	34	35	232
武威	Wuwei	124	16	16	277
张掖	Zhangye	112	31	34	234
平凉	Pingliang	134	28	33	239
酒泉	Jiuquan	107	33	31	248
庆阳	Qingyang	144	24	23	267
定西	Dingxi	157	27	27	257
陇南	Longnan	233	25	27	257
青海	**Qinghai**	**129**	**142**	**145**	
西宁	Xining	104	51	51	168
宁夏	**Ningxia**	**157**	**143**	**156**	
银川	Yinchuan	99	53	54	165
石嘴山	Shizuishan	54	28	28	254
吴忠	Wuzhong	84	29	39	213
固原	Guyuan	100	20	20	270
中卫	Zhongwei	53	11	15	280
新疆	**Xinjiang**	**802**	**836**	**860**	
乌鲁木齐	Urumqi	176	153	144	49
克拉玛依	Karamay	9	5	5	283

16-20 医疗卫生机构床位数
Number of Beds in Health Care Institutions

单位：张 (bed)

地名	City	2010	2012	2013	2013 排名 Ranking	地名	City	2010	2012	2013	2013 排名 Ranking
全国	**Nation Total**	**4786831**	**5724775**	**6181891**		沈阳	Shenyang	42822	50913	53515	7
北京	**Beijing**	**92764**	**100167**	**104011**		大连	Dalian	32040	36177	38845	23
天津	**Tianjin**	**48828**	**53509**	**57743**		鞍山	Anshan	19531	21526	22640	82
河北	**Hebei**	**249725**	**284359**	**303497**		抚顺	Fushun	9609	12703	12385	185
石家庄	Shijiazhuang	39483	44896	47819	13	本溪	Benxi	9792	10033	10838	209
唐山	Tangshan	33159	36702	38278	26	丹东	Dandong	12717	14490	15082	146
秦皇岛	Qinhuangdao	12973	15632	16515	134	锦州	Jinzhou	11745	12176	11775	196
邯郸	Handan	30215	35613	37812	27	营口	Yingkou	9609	14034	11111	205
邢台	Xingtai	21393	24637	27929	49	阜新	Fuxin	7463	8764	9966	217
保定	Baoding	33268	37037	38448	25	辽阳	Liaoyang	10636	11373	12050	192
张家口	Zhangjiakou	15355	17835	19279	107	盘锦	Panjin	6564	6864	7784	239
承德	Chengde	13697	16057	16762	132	铁岭	Tieling	8193	9668	10067	216
沧州	Cangzhou	22527	26169	28266	47	朝阳	Chaoyang	10380	13280	14280	160
廊坊	Langfang	15008	16244	16531	133	葫芦岛	Huludao	13162	12370	11742	197
衡水	Hengshui	12578	13908	15929	138	吉林	**Jilin**	**115057**	**127756**	**133245**	
山西	**Shanxi**	**155885**	**165309**	**172620**		长春	Changchun	36736	42283	44944	16
太原	Taiyuan	27973	33763	35272	28	吉林	Jilin	21261	22571	22825	80
大同	Datong	14828	15559	17288	124	四平	Siping	12659	14089	14584	154
阳泉	Yangquan	7017	7584	7413	244	辽源	Liaoyuan	4580	5616	5462	264
长治	Changzhi	14116	14488	15155	145	通化	Tonghua	9714	10806	11593	200
晋城	Jincheng	8311	8881	9689	220	白山	Baishan	7593	7710	7936	236
朔州	Shuozhou	5789	6649	6885	255	松原	Songyuan	6002	7463	7784	239
晋中	Jinzhong	12268	12833	13744	167	白城	Baicheng	7059	7049	7248	247
运城	Yuncheng	25648	25652	26386	60	黑龙江	**Heilongjiang**	**159914**	**178210**	**189183**	
忻州	Xinzhou	10891	12177	11891	194	哈尔滨	Harbin	51184	56298	60182	5
临汾	Linfen	17051	17245	18095	116	齐齐哈尔	Qiqihar	18522	22360	23706	70
吕梁	Luliang	12081	10463	10802	210	鸡西	Jixi	9073	10302	11033	207
内蒙古	**Inner Mongolia**	**93350**	**110788**	**120065**		鹤岗	Hegang	6462	7089	7830	238
呼和浩特	Hohhot	12675	13225	14960	149	双鸭山	Shuangyashan	7352	7856	8682	229
包头	Baotou	12791	15124	15195	143	大庆	Daqing	13784	14567	14745	151
乌海	Wuhai	2897	3556	3862	277	伊春	Yichun	5756	6043	6332	260
赤峰	Chifeng	16774	20784	22991	78	佳木斯	Jiamusi	10224	12355	13252	171
通辽	Tongliao	8475	10973	12764	178	七台河	Qitaihe	3587	3915	3892	276
鄂尔多斯	Erdos	6410	8248	8561	231	牡丹江	Mudanjiang	12458	14185	15195	143
呼伦贝尔	Hulunbuir	11584	13263	14132	161	黑河	Heihe	7044	7292	7514	241
巴彦淖尔	Bayannur	7448	8504	8895	228	绥化	Suihua	11977	13551	14097	163
乌兰察布	Ulanqab	5285	6264	6924	254	上海	**Shanghai**	**105083**	**109784**	**114314**	
辽宁	**Liaoning**	**204208**	**230962**	**241860**		江苏	**Jiangsu**	**269548**	**333118**	**368287**	

16-20 医疗卫生机构床位数 续表 1
Number of Beds in Health Care Institutions continued 1

单位：张 （bed）

地名	City	2010	2012	2013	2013 排名 Ranking
南京	Nanjing	31090	37775	41760	21
无锡	Wuxi	25947	30453	33243	31
徐州	Xuzhou	30500	38489	43138	19
常州	Changzhou	16701	20497	21286	92
苏州	Suzhou	39204	46070	51663	9
南通	Nantong	26293	31495	33234	32
连云港	Lianyungang	12249	16504	17500	122
淮安	Huaian	13761	20266	23467	75
盐城	Yancheng	20128	26598	30461	37
扬州	Yangzhou	16343	17704	19202	108
镇江	Zhenjiang	9204	12574	14311	159
泰州	Taizhou	14920	18361	19937	98
宿迁	Suqian	13330	16349	19085	111
浙江	**Zhejiang**	**184097**	**213286**	**230056**	
杭州	Hangzhou	42828	49471	52056	8
宁波	Ningbo	26097	28290	29356	41
温州	Wenzhou	22617	26159	29729	39
嘉兴	Jiaxing	14927	17992	19412	105
湖州	Huzhou	10129	11265	12079	189
绍兴	Shaoxing	15820	18796	20084	95
金华	Jinhua	16435	20229	22882	79
衢州	Quzhou	7369	8893	9568	223
舟山	Zhoushan	4059	4562	4621	271
台州	Taizhou	16528	18792	20072	97
丽水	Lishui	7288	8881	10197	213
安徽	**Anhui**	**188010**	**222315**	**235959**	
合肥	Hefei	25386	37188	39045	22
芜湖	Wuhu	10753	14598	14855	150
蚌埠	Bengbu	13178	14958	15996	136
淮南	Huainan	10464	12589	12611	182
马鞍山	Maanshan	4310	6713	7258	246
淮北	Huaibei	10264	10279	10905	208
铜陵	Tongling	3919	4671	4979	267
安庆	Anqing	14971	17379	18069	117
黄山	Huangshan	5173	5701	6162	261
滁州	Chuzhou	10603	13558	14543	155
阜阳	Fuyang	18308	24870	26825	54
宿州	Suzhou	10448	16600	16791	130
六安	Liuan	14266	16235	18593	112
亳州	Bozhou	9549	12564	13798	166

地名	City	2010	2012	2013	2013 排名 Ranking
池州	Chizhou	4199	5052	5445	265
宣城	Xuancheng	7954	9328	10084	215
福建	**Fujian**	**113043**	**139341**	**156149**	
福州	Fuzhou	24754	29494	32170	34
厦门	Xiamen	10769	12299	13169	172
莆田	Putian	6172	9949	11538	201
三明	Sanming	10029	11809	13014	174
泉州	Quanzhou	19862	24208	26602	57
漳州	Zhangzhou	10786	14453	16819	128
南平	Nanping	9917	12532	15062	147
龙岩	Longyan	11213	13580	15711	140
宁德	Ningde	8832	10848	12064	191
江西	**Jiangxi**	**124640**	**163721**	**174299**	
南昌	Nanchang	20025	23403	25600	63
景德镇	Jingdezhen	5602	6231	6740	256
萍乡	Pingxiang	6708	8798	9958	218
九江	Jiujiang	16366	18966	20841	94
新余	Xinyu	3962	4953	4892	268
鹰潭	Yingtan	2980	3852	4626	270
赣州	Ganzhou	19900	27532	30945	36
吉安	Jian	12254	15376	18130	115
宜春	Yichun	15021	18962	20898	93
抚州	Fuzhou	9419	8604	9676	221
上饶	Shangrao	15678	21003	21993	87
山东	**Shandong**	**382254**	**473768**	**489737**	
济南	Jinan	31947	38834	45465	15
青岛	Qingdao	36066	47225	44876	17
淄博	Zibo	22960	24988	25919	61
枣庄	Zaozhuang	12176	14732	16086	135
东营	Dongying	10115	11478	12121	187
烟台	Yantai	34280	43815	41766	20
潍坊	Weifang	37913	50816	50685	10
济宁	Jining	29254	44949	44698	18
泰安	Taian	22129	25866	27987	48
威海	Weihai	17618	17457	17557	121
日照	Rizhao	9776	11367	11833	195
莱芜	Laiwu	5162	6151	6440	258
临沂	Linyi	36444	43353	45483	14
德州	Dezhou	15309	19703	22126	85
聊城	Liaocheng	18426	21364	24460	66

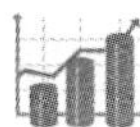

16-20 医疗卫生机构床位数 续表 2

Number of Beds in Health Care Institutions continued 2

单位：张 (bed)

地名	City	2010	2012	2013	2013 排名 Ranking	地名	City	2010	2012	2013	2013 排名 Ranking
滨州	Binzhou	16982	23389	19144	110	常德	Changde	18940	22624	25087	64
菏泽	Heze	25697	28251	33031	33	张家界	Zhangjiajie	5599	6411	7123	249
河南	**Henan**	**327569**	**393993**	**429810**		益阳	Yiyang	11694	15284	17357	123
郑州	Zhengzhou	47094	59664	68764	3	郴州	Chenzhou	17852	20905	24100	68
开封	Kaifeng	15943	20121	21431	91	永州	Yongzhou	15724	19523	22082	86
洛阳	Luoyang	27927	31683	34149	29	怀化	Huaihua	17711	26433	23519	73
平顶山	Pingdingshan	19893	22352	23469	74	娄底	Loudi	10627	12443	14048	165
安阳	Anyang	18038	22254	23939	69	**广东**	**Guangdong**	**300083**	**355274**	**378367**	
鹤壁	Hebi	6016	6525	7367	245	广州	Guangzhou	62552	70649	73301	2
新乡	Xinxiang	23440	26940	28416	46	韶关	Shaoguan	12229	13510	14730	152
焦作	Jiaozuo	15316	16811	17818	119	深圳	Shenzhen	22842	28065	29296	42
濮阳	Puyang	12118	14558	15970	137	珠海	Zhuhai	6569	7439	7510	242
许昌	Xuchang	13529	16930	17137	126	汕头	Shantou	12173	13527	14667	153
漯河	Luohe	8675	11250	12077	190	佛山	Foshan	23227	25686	27073	52
三门峡	Sanmenxia	8709	11363	11607	198	江门	Jiangmen	12603	15627	16795	129
南阳	Nanyang	27708	35370	38827	24	湛江	Zhanjiang	21914	24212	26402	59
商丘	Shangqiu	21241	24763	29199	43	茂名	Maoming	15509	19748	21458	90
信阳	Xinyang	14781	17753	19756	99	肇庆	Zhaoqing	9712	11869	12688	181
周口	Zhoukou	22943	27985	30086	38	惠州	Huizhou	12206	17231	19155	109
驻马店	Zhumadian	21844	24793	26801	55	梅州	Meizhou	10702	12660	14079	164
湖北	**Hubei**	**200394**	**252991**	**288169**		汕尾	Shanwei	5933	6766	7080	250
武汉	Wuhan	48253	57820	67576	4	河源	Heyuan	7121	9228	10280	211
黄石	Huangshi	9345	11130	13630	169	阳江	Yangjiang	6369	8442	8569	230
十堰	Shiyan	16028	20267	22593	83	清远	Qingyuan	10053	11823	13003	175
宜昌	Yichang	15790	19852	22797	81	东莞	Dongguan	19980	24617	25736	62
襄阳	Xiangfan	18836	13499	27480	50	中山	ZhongShan	10114	11336	12225	186
鄂州	Ezhou	3580	3780	4420	273	潮州	Chaozhou	3299	5602	5732	262
荆门	Jingmen	9773	11924	14524	156	揭阳	Jieyang	9172	10812	11597	199
孝感	Xiaogan	12556	14446	17058	127	云浮	Yunfu	5804	6425	6982	253
荆州	Jingzhou	15918	20569	23447	76	**广西**	**Guangxi**	**143695**	**168691**	**187216**	
黄冈	Huanggang	15686	20814	23192	77	南宁	Nanning	28184	31945	34052	30
咸宁	Xianning	7821	10656	12407	184	柳州	Liuzhou	15754	17644	19450	104
随州	Suizhou	5497	6349	8242	234	桂林	Guilin	15791	16705	17933	118
湖南	**Hunan**	**233510**	**287013**	**314090**		梧州	Wuzhou	8633	10205	11276	204
长沙	Changsha	42629	51285	57919	6	北海	Beihai	4312	6204	6476	257
株洲	Zhuzhou	16588	18533	20077	96	防城港	Fangchenggang	2351	2811	3164	279
湘潭	Xiangtan	11149	13018	13741	168	钦州	Qinzhou	8028	11512	9669	222
衡阳	Hengyang	21895	27436	29457	40	贵港	Guigang	8545	10815	12814	177
邵阳	Shaoyang	18007	14104	27094	51	玉林	Yulin	14566	16776	19302	106
岳阳	Yueyang	14718	23915	21713	89	百色	Baise	11077	12889	14524	156

16-20 医疗卫生机构床位数 续表 3
Number of Beds in Health Care Institutions continued 3

单位：张 （bed）

地名	City	2010	2012	2013	2013 排名 Ranking	地名	City	2010	2012	2013	2013 排名 Ranking
贺州	Hezhou	5502	5455	6360	259	丽江	Lijiang	3347	3837	4478	272
河池	Hechi	10116	11848	12980	176	普洱	Puer	6181	7966	8347	232
来宾	Laibin	6062	7901	9073	227	临沧	Lincang	5276	7317	8274	233
崇左	Chongzuo	5213	5534	7066	251	**西藏**	**Tibet**	**8838**	**8352**	**11003**	
海南	**Hainan**	**25981**	**30289**	**32100**		拉萨	Lhasa	2092	2325	2536	281
海口	Haikou	8990	11121	12762	179	**陕西**	**Shaanxi**	**142334**	**169230**	**185139**	
三亚	Sanya	2216	2582	2566	280	西安	Xi'an	39407	44239	47867	12
重庆	**Chongqing**	**103624**	**130813**	**147436**		铜川	Tongchuan	4658	4621	4855	269
四川	**Sichuan**	**301227**	**390147**	**426635**		宝鸡	Baoji	15913	18498	19731	100
成都	Chengdu	69459	92062	100957	1	咸阳	Xianyang	18082	21517	24232	67
自贡	Zigong	10533	14304	15249	142	渭南	Weinan	13950	18147	19724	101
攀枝花	Panzhihua	7321	8578	9254	225	延安	Yan'an	8519	10119	11091	206
泸州	Luzhou	13321	20451	21897	88	汉中	Hanzhong	13309	16332	18212	114
德阳	Deyang	14144	16895	17785	120	榆林	Yulin	13106	15762	16778	131
绵阳	Mianyang	20046	25913	28755	45	安康	Ankang	8059	9968	11354	202
广元	Guangyuan	11853	14292	15567	141	商洛	Shangluo	6701	9060	10270	212
遂宁	Suining	10277	13421	14110	162	**甘肃**	**Gansu**	**90410**	**112296**	**116064**	
内江	Neijiang	12615	17153	18399	113	兰州	Lanzhou	25498	27545	23614	71
乐山	Leshan	13703	15807	17282	125	嘉峪关	Jiayuguan	1565	1478	1596	284
南充	Nanchong	19810	24522	26779	56	金昌	Jinchang	1781	2151	2302	282
眉山	Meishan	9393	12429	14376	158	白银	Baiyin	5945	6620	7005	252
宜宾	Yibin	17123	21070	23611	72	天水	Tianshui	9412	11777	12565	183
广安	Guangan	9349	11033	12080	188	武威	Wuwei	6022	6752	7503	243
达州	Dazhou	15247	20277	22225	84	张掖	Zhangye	5496	6676	7242	248
雅安	Yaan	7181	8649	9738	219	平凉	Pingliang	7238	8845	10159	214
巴中	Bazhong	9338	12160	13459	170	酒泉	Jiuquan	5062	5278	5591	263
资阳	Ziyang	13037	18423	19553	103	庆阳	Qingyang	6087	7811	7910	237
贵州	**Guizhou**	**105277**	**139211**	**166724**		定西	Dingxi	7514	10827	11924	193
贵阳	Guiyang	21826	23627	26504	58	陇南	Longnan	5263	6962	8093	235
六盘水	Liupanshui	9072	11802	12718	180	**青海**	**Qinghai**	**20451**	**26018**	**29529**	
遵义	Zunyi	17932	22827	28970	44	西宁	Xining	11352	13921	15885	139
安顺	Anshun	9155	7441	9134	226	**宁夏**	**Ningxia**	**23659**	**27765**	**31134**	
毕节	Bijie	15160	22306	31529	35	银川	Yinchuan	9472	12001	13046	173
铜仁	Tongren	7761	13542	14975	148	石嘴山	Shizuishan	3615	4037	4098	275
云南	**Yunnan**	**157143**	**194707**	**210125**		吴忠	Wuzhong	4026	4177	5425	266
昆明	Kunming	38056	44507	48087	11	固原	Guyuan	3487	4073	4396	274
曲靖	Qujing	16265	23518	24880	65	中卫	Zhongwei	3059	3105	3355	278
玉溪	Yuxi	9950	10776	11349	203	**新疆**	**Xinjiang**	**116230**	**131592**	**137325**	
保山	Baoshan	6785	8982	9529	224	乌鲁木齐	Urumqi	24942	26518	26989	53
昭通	Zhaotong	10969	15524	19620	102	克拉玛依	Karamay	1830	1648	1652	283

16-21 医院床位数
Number of Beds in Hospitals

单位：张 （bed）

地名	City	2010	2012	2013	2013 排名 Ranking
全国	**Nation Total**	**3387400**	**4161500**	**4578601**	
北京	**Beijing**	**85775**	**92600**	**96558**	
天津	**Tianjin**	**48001**	**44800**	**49071**	
河北	**Hebei**	**172956**	**203300**	**220423**	
石家庄	Shijiazhuang	36544	34525	37088	14
唐山	Tangshan	30275	28198	29537	24
秦皇岛	Qinhuangdao	10919	10568	11443	146
邯郸	Handan	28297	24577	26096	33
邢台	Xingtai	20609	17625	20178	57
保定	Baoding	29937	24470	26029	35
张家口	Zhangjiakou	14025	12005	13290	109
承德	Chengde	12833	10581	11088	150
沧州	Cangzhou	21031	19872	22218	48
廊坊	Langfang	13930	11703	11973	135
衡水	Hengshui	11604	9760	11533	144
山西	**Shanxi**	**108260**	**119900**	**128294**	
太原	Taiyuan	25955	30627	32634	19
大同	Datong	13135	11344	12902	113
阳泉	Yangquan	6453	5646	5681	245
长治	Changzhi	12351	7626	11356	148
晋城	Jincheng	7683	5889	6558	227
朔州	Shuozhou	5605	4462	4875	252
晋中	Jinzhong	11437	8643	9485	177
运城	Yuncheng	23573	16838	17783	78
忻州	Xinzhou	9594	7236	7230	219
临汾	Linfen	16005	12052	13056	112
吕梁	Luliang	11358	6236	6654	225
内蒙古	**Inner Mongolia**	**67016**	**82200**	**91604**	
呼和浩特	Hohhot	11418	10880	12679	123
包头	Baotou	11440	13161	13327	107
乌海	Wuhai	2314	2630	3047	278
赤峰	Chifeng	15410	14697	16795	87
通辽	Tongliao	7766	7516	9043	189
鄂尔多斯	Erdos	5823	6167	6404	232
呼伦贝尔	Hulunbuir	10677	10607	11578	143
巴彦淖尔	Bayannur	5971	5136	5746	244
乌兰察布	Ulanqab	4537	4031	4653	257
辽宁	**Liaoning**	**160894**	**185600**	**197453**	
沈阳	Shenyang	39370	46239	48661	7
大连	Dalian	29457	30757	33458	17
鞍山	Anshan	17957	15652	16566	90
抚顺	Fushun	8834	8857	9408	180
本溪	Benxi	9003	8995	9646	175
丹东	Dandong	11692	10588	11062	151
锦州	Jinzhou	10798	10221	9818	173
营口	Yingkou	8834	9056	9266	184
阜新	Fuxin	6861	7331	8499	195
辽阳	Liaoyang	9779	9225	9889	172
盘锦	Panjin	6035	5056	6672	224
铁岭	Tieling	7533	6529	6917	222
朝阳	Chaoyang	9543	9230	10141	169
葫芦岛	Huludao	12101	7051	7571	213
吉林	**Jilin**	**89341**	**100200**	**106342**	
长春	Changchun	35250	37144	40035	11
吉林	Jilin	19012	17897	18125	71
四平	Siping	11478	10114	10148	168
辽源	Liaoyuan	4420	4204	4081	268
通化	Tonghua	9092	7519	8219	200
白山	Baishan	6438	5120	5496	246
松原	Songyuan	5702	5735	6151	236
白城	Baicheng	6115	4480	4704	255
黑龙江	**Heilongjiang**	**123928**	**141200**	**151349**	
哈尔滨	Harbin	46699	46296	50158	5
齐齐哈尔	Qiqihar	16465	16986	18192	69
鸡西	Jixi	8191	7890	8677	193
鹤岗	Hegang	6133	6380	7135	220
双鸭山	Shuangyashan	6298	5906	6481	230
大庆	Daqing	12405	12355	12922	118
伊春	Yichun	5112	4948	5289	247
佳木斯	Jiamusi	8699	9361	10045	170
七台河	Qitaihe	3166	3122	3131	277
牡丹江	Mudanjiang	11442	11930	12664	124
黑河	Heihe	5660	6181	6368	233
绥化	Suihua	9950	7701	8094	206
上海	**Shanghai**	**84825**	**90200**	**94722**	
江苏	**Jiangsu**	**195340**	**255900**	**286183**	

16-21 医院床位数 续表 1
Number of Beds in Hospitals continued 1

单位：张 （bed）

地名	City	2010	2012	2013	2013 排名 Ranking	地名	City	2010	2012	2013	2013 排名 Ranking
南京	Nanjing	25894	32244	36701	15	池州	Chizhou	4008	3722	4214	264
无锡	Wuxi	19846	25582	28385	25	宣城	Xuancheng	7422	6578	7325	218
徐州	Xuzhou	21496	27091	30829	23	**福建**	**Fujian**	**80896**	**102000**	**114849**	
常州	Changzhou	10406	14124	14831	97	福州	Fuzhou	23123	23417	25564	38
苏州	Suzhou	32309	38954	45237	9	厦门	Xiamen	9909	10938	11817	138
南通	Nantong	14416	23750	25274	39	莆田	Putian	5520	7406	8096	205
连云港	Lianyungang	8518	11597	12283	128	三明	Sanming	9520	8351	9353	181
淮安	Huaian	9598	13337	14324	100	泉州	Quanzhou	18014	15888	17932	75
盐城	Yancheng	13659	19220	22051	49	漳州	Zhangzhou	10032	10532	12214	130
扬州	Yangzhou	11470	12786	13831	103	南平	Nanping	9415	9041	10670	155
镇江	Zhenjiang	6552	9526	10611	157	龙岩	Longyan	10371	8690	10349	162
泰州	Taizhou	8013	11490	12875	119	宁德	Ningde	8029	7942	8854	190
宿迁	Suqian	13283	16187	18951	63	**江西**	**Jiangxi**	**77805**	**103200**	**114782**	
浙江	**Zhejiang**	**150986**	**180700**	**197096**		南昌	Nanchang	17592	21514	23664	43
杭州	Hangzhou	37292	44019	46636	8	景德镇	Jingdezhen	4461	5638	6180	235
宁波	Ningbo	24317	24296	25753	37	萍乡	Pingxiang	6291	7962	8848	191
温州	Wenzhou	22022	23171	26328	31	九江	Jiujiang	11888	15424	17246	82
嘉兴	Jiaxing	14063	14038	15421	96	新余	Xinyu	3391	4380	4407	261
湖州	Huzhou	9639	8593	9417	179	鹰潭	Yingtan	2781	3629	4348	263
绍兴	Shaoxing	14846	14522	15887	93	赣州	Ganzhou	18265	25100	28154	26
金华	Jinhua	15616	16891	19521	60	吉安	Jian	11291	14265	16915	86
衢州	Quzhou	6502	7216	7718	211	宜春	Yichun	13068	16669	18551	65
舟山	Zhoushan	4059	4156	3751	270	抚州	Fuzhou	9419	8257	9332	183
台州	Taizhou	16088	16388	17573	80	上饶	Shangrao	15678	19517	20451	54
丽水	Lishui	7198	7842	9091	187	**山东**	**Shandong**	**255764**	**322000**	**342104**	
安徽	**Anhui**	**123427**	**157800**	**171508**		济南	Jinan	29844	32000	38001	13
合肥	Hefei	24098	30594	32701	18	青岛	Qingdao	33383	33494	32015	20
芜湖	Wuhu	9994	11652	12078	132	淄博	Zibo	20873	18193	19058	62
蚌埠	Bengbu	12218	12166	13240	110	枣庄	Zaozhuang	11013	10839	11922	137
淮南	Huainan	9156	9219	9469	178	东营	Dongying	9728	9301	10028	171
马鞍山	Maanshan	3950	5273	5848	242	烟台	Yantai	29653	27753	27236	28
淮北	Huaibei	9110	7598	8339	199	潍坊	Weifang	34272	32840	33483	16
铜陵	Tongling	3412	3886	4194	266	济宁	Jining	27125	31013	31549	21
安庆	Anqing	13731	12165	13135	111	泰安	Taian	19551	18315	20605	53
黄山	Huangshan	4857	4105	4606	260	威海	Weihai	16381	11389	11137	149
滁州	Chuzhou	9724	9134	10230	166	日照	Rizhao	8478	7233	7677	212
阜阳	Fuyang	16744	15657	17069	84	莱芜	Laiwu	4592	4676	4871	253
宿州	Suzhou	9846	10320	10582	158	临沂	Linyi	33070	24462	26925	30
六安	Liuan	13402	8663	10309	164	德州	Dezhou	13943	12386	14722	98
亳州	Bozhou	9032	7085	8169	202	聊城	Liaocheng	17777	15579	17977	74

16-21 医院床位数 续表 2
Number of Beds in Hospitals continued 2

单位：张 (bed)

地名	City	2010	2012	2013	2013 排名 Ranking
滨州	Binzhou	16254	15857	14076	102
菏泽	Heze	24539	16677	20796	52
河南	**Henan**	**220974**	**274500**	**306546**	
郑州	Zhengzhou	44182	50645	59020	3
开封	Kaifeng	15069	14712	16018	92
洛阳	Luoyang	25319	23672	26056	34
平顶山	Pingdingshan	18149	16056	17412	81
安阳	Anyang	16879	15680	17144	83
鹤壁	Hebi	5665	5147	5802	243
新乡	Xinxiang	21966	18515	19887	58
焦作	Jiaozuo	12678	11208	12248	129
濮阳	Puyang	11309	9255	10289	165
许昌	Xuchang	12326	12557	12726	121
漯河	Luohe	7843	7743	8416	197
三门峡	Sanmenxia	8393	8236	8553	194
南阳	Nanyang	25942	23531	26290	32
商丘	Shangqiu	19780	14098	17846	77
信阳	Xinyang	13930	10202	11725	141
周口	Zhoukou	22050	16305	18239	68
驻马店	Zhumadian	20739	14944	16647	89
湖北	**Hubei**	**135006**	**173800**	**200220**	
武汉	Wuhan	45131	48123	50076	6
黄石	Huangshi	8486	9580	11393	147
十堰	Shiyan	14780	13446	19657	59
宜昌	Yichang	15082	6386	15844	94
襄阳	Xiangfan	17837	15740	18157	70
鄂州	Ezhou	3580	2592	3141	276
荆门	Jingmen	8877	10881	10339	163
孝感	Xiaogan	9236	12897	10187	167
荆州	Jingzhou	14906	13563	15584	95
黄冈	Huanggang	14272	10682	12060	133
咸宁	Xianning	6581	6681	6497	229
随州	Suizhou	4988	4500	7443	216
湖南	**Hunan**	**150141**	**188100**	**215039**	
长沙	Changsha	39983	46382	52507	4
株洲	Zhuzhou	15350	17336	19091	61
湘潭	Xiangtan	10172	12085	12933	117
衡阳	Hengyang	19798	25555	27420	27
邵阳	Shaoyang	17076	23167	25847	36
岳阳	Yueyang	13151	16384	17718	79
常德	Changde	16917	20466	22965	46
张家界	Zhangjiajie	4965	5838	6505	228
益阳	Yiyang	9718	12756	14626	99
郴州	Chenzhou	17212	20103	23068	45
永州	Yongzhou	14994	18655	20926	51
怀化	Huaihua	17006	25595	22558	47
娄底	Loudi	9766	11376	12981	114
广东	**Guangdong**	**224114**	**272900**	**294219**	
广州	Guangzhou	54010	62194	64864	2
韶关	Shaoguan	11227	9841	10845	154
深圳	Shenzhen	22679	26214	27141	29
珠海	Zhuhai	6092	6103	6251	234
汕头	Shantou	11436	10899	12027	134
佛山	Foshan	21624	22140	23845	41
江门	Jiangmen	12366	10974	12476	125
湛江	Zhanjiang	20111	15742	17894	76
茂名	Maoming	14298	11785	12954	116
肇庆	Zhaoqing	8930	8603	9340	182
惠州	Huizhou	10877	11056	12714	122
梅州	Meizhou	10332	7752	9065	188
汕尾	Shanwei	5575	4359	4627	258
河源	Heyuan	5918	4015	4661	256
阳江	Yangjiang	5745	5863	6048	237
清远	Qingyuan	9398	6838	7849	208
东莞	Dongguan	19571	24042	25026	40
中山	ZhongShan	10009	11213	12102	131
潮州	Chaozhou	3299	3417	3524	273
揭阳	Jieyang	8597	6107	6768	223
云浮	Yunfu	5032	3716	4198	265
广西	**Guangxi**	**88913**	**107400**	**118475**	
南宁	Nanning	26390	24081	31444	22
柳州	Liuzhou	13158	13323	18021	73
桂林	Guilin	14163	10819	16034	91
梧州	Wuzhou	8087	400	10620	156
北海	Beihai	4312	6149	6433	231
防城港	Fangchenggang	2351	1835	3164	275
钦州	Qinzhou	8028	8105	8112	204
贵港	Guigang	8148	10364	12296	126
玉林	Yulin	13754	9397	10526	161
百色	Baise	10327	7482	13466	106

16-21 医院床位数 续表 3
Number of Beds in Hospitals continued 3

单位：张 （bed）

地名	City	2010	2012	2013	2013 排名 Ranking
贺州	Hezhou	5071	2909	5932	241
河池	Hechi	8270	11174	12287	127
来宾	Laibin	5778	3847	8343	198
崇左	Chongzuo	3995	4054	4378	262
海南	**Hainan**	**18807**	**22900**	**24555**	
海口	Haikou	8900	9217	10557	159
三亚	Sanya	2116	2244	2245	280
重庆	**Chongqing**	**64827**	**86100**	**99056**	
四川	**Sichuan**	**184828**	**257300**	**289242**	
成都	Chengdu	63687	72629	80176	1
自贡	Zigong	9776	10229	11005	152
攀枝花	Panzhihua	6744	7084	7920	207
泸州	Luzhou	12047	11978	13315	108
德阳	Deyang	13501	10682	11479	145
绵阳	Mianyang	19343	15885	18304	66
广元	Guangyuan	11106	8839	9790	174
遂宁	Suining	9777	9105	9602	176
内江	Neijiang	12185	11231	11738	140
乐山	Leshan	12728	10514	11600	142
南充	Nanchong	18907	14567	16963	85
眉山	Meishan	8652	6779	8137	203
宜宾	Yibin	16264	14190	16743	88
广安	Guangan	8945	6562	7476	215
达州	Dazhou	14471	10184	11937	136
雅安	Yaan	6909	6680	7773	209
巴中	Bazhong	8849	5899	7502	214
资阳	Ziyang	12357	10054	10858	153
贵州	**Guizhou**	**69343**	**96900**	**120418**	
贵阳	Guiyang	19296	20433	23310	44
六盘水	Liupanshui	8398	8531	9219	186
遵义	Zunyi	16777	15109	20201	56
安顺	Anshun	5535	5573	6979	221
毕节	Bijie	14155	13770	21200	50
铜仁	Tongren	7455	9300	10535	160
云南	**Yunnan**	**112493**	**143500**	**156074**	
昆明	Kunming	33746	35878	39467	12
曲靖	Qujing	15686	17016	18048	72
玉溪	Yuxi	9666	8671	9231	185
保山	Baoshan	6581	5825	6002	239
昭通	Zhaotong	10293	15206	18256	67
丽江	Lijiang	3347	2800	3427	274
普洱	Puer	5958	5766	6024	238
临沧	Lincang	4791	5054	5943	240
西藏	**Tibet**	**5444**	**5400**	**7262**	
拉萨	Lhasa	2003	2043	2195	281
陕西	**Shaanxi**	**104819**	**126900**	**142093**	
西安	Xi'an	36796	39213	42753	10
铜川	Tongchuan	4284	3705	3959	269
宝鸡	Baoji	13950	12371	13590	105
咸阳	Xianyang	16852	16003	18620	64
渭南	Weinan	12653	11479	12741	120
延安	Yan'an	8009	7573	8468	196
汉中	Hanzhong	12231	11725	13611	104
榆林	Yulin	12871	11814	12975	115
安康	Ankang	7706	6562	7761	210
商洛	Shangluo	5901	5508	6607	226
甘肃	**Gansu**	**63773**	**76400**	**84511**	
兰州	Lanzhou	16916	18782	20281	55
嘉峪关	Jiayuguan	1352	1304	1402	284
金昌	Jinchang	1781	1936	2072	282
白银	Baiyin	5413	4674	5009	250
天水	Tianshui	8498	7996	8681	192
武威	Wuwei	5880	4379	4949	251
张掖	Zhangye	5070	4379	4769	254
平凉	Pingliang	6955	6324	7394	217
酒泉	Jiuquan	4920	3924	4136	267
庆阳	Qingyang	5827	4951	5048	249
定西	Dingxi	7354	7307	8209	201
陇南	Longnan	4977	4267	5256	248
青海	**Qinghai**	**16226**	**20700**	**23580**	
西宁	Xining		12586	14243	101
宁夏	**Ningxia**	**20258**	**23900**	**27076**	
银川	Yinchuan	8807	10917	11783	139
石嘴山	Shizuishan	3569	3616	3703	271
吴忠	Wuzhong	3858	3373	4619	259
固原	Guyuan	3270	3362	3538	272
中卫	Zhongwei	2987	2241	2556	279
新疆	**Xinjiang**	**89871**	**103100**	**107897**	
乌鲁木齐	Urumqi	22106	23497	23788	42
克拉玛依	Karamay	1830	1639	1652	283

16-22 医疗卫生机构人员数
Employed Persons in Health Care Institutions

单位：人 (person)

地名	City	2010	2012	2013	2013 排名 Ranking	地名	City	2010	2012	2013	2013 排名 Ranking
全国	**Nation Total**	**8207502**	**9115705**	**9790483**		沈阳	Shenyang	64435	73250	74871	14
北京	**Beijing**	**223586**	**253164**	**263146**		大连	Dalian	48637	54450	57123	32
天津	**Tianjin**	**96732**	**104201**	**106527**		鞍山	Anshan	25421	27524	26943	117
河北	**Hebei**	**437415**	**463283**	**492012**		抚顺	Fushun	14038	16062	15661	209
石家庄	Shijiazhuang	56349	73013	78436	9	本溪	Benxi	13106	13452	13621	221
唐山	Tangshan	46188	59027	60149	29	丹东	Dandong	14156	17859	18052	188
秦皇岛	Qinhuangdao	16878	22026	23228	143	锦州	Jinzhou	15237	16849	17234	196
邯郸	Handan	36816	52999	57533	30	营口	Yingkou	14756	16104	16315	201
邢台	Xingtai	26721	40564	44317	47	阜新	Fuxin	11594	14649	15556	210
保定	Baoding	46560	66146	69719	19	辽阳	Liaoyang	10843	12826	12703	230
张家口	Zhangjiakou	20341	25925	27379	113	盘锦	Panjin	10229	10289	12593	234
承德	Chengde	19050	23136	23780	134	铁岭	Tieling	14801	18355	18717	182
沧州	Cangzhou	32714	47404	49881	38	朝阳	Chaoyang	14558	21204	23435	137
廊坊	Langfang	21943	29344	30100	93	葫芦岛	Huludao	14564	16152	15831	205
衡水	Hengshui	17437	25344	27441	112	吉林	**Jilin**	**187106**	**196395**	**200184**	
山西	**Shanxi**	**275955**	**279466**	**283860**		长春	Changchun	55216	59158	60896	28
太原	Taiyuan	48827	55808	56442	34	吉林	Jilin	32438	33824	34255	79
大同	Datong	23326	25601	23792	133	四平	Siping	22657	23097	23270	141
阳泉	Yangquan	10903	12410	10617	251	辽源	Liaoyuan	8116	8848	8723	263
长治	Changzhi	19820	25110	21015	160	通化	Tonghua	14386	15418	15319	215
晋城	Jincheng	14209	17875	15372	212	白山	Baishan	9960	10264	10014	253
朔州	Shuozhou	7806	9500	7805	268	松原	Songyuan	15014	16188	16777	197
晋中	Jinzhong	17524	22483	18890	179	白城	Baicheng	12749	12372	12720	229
运城	Yuncheng	30239	36187	30427	91	黑龙江	**Heilongjiang**	**262600**	**270687**	**279122**	
忻州	Xinzhou	15864	22462	15801	207	哈尔滨	Harbin	71643	71100	74352	16
临汾	Linfen	23569	30662	26737	119	齐齐哈尔	Qiqihar	25432	27339	29384	101
吕梁	Luliang	15813	21278	16106	203	鸡西	Jixi	12491	12736	12281	236
内蒙古	**Inner Mongolia**	**168884**	**183875**	**195952**		鹤岗	Hegang	9432	9351	9276	257
呼和浩特	Hohhot	20510	23970	25984	124	双鸭山	Shuangyashan	9871	10193	10694	249
包头	Baotou	19944	22176	24401	130	大庆	Daqing	22881	23160	23832	132
乌海	Wuhai	3828	4771	5176	278	伊春	Yichun	8530	8700	8886	261
赤峰	Chifeng	23361	32461	35124	75	佳木斯	Jiamusi	15919	17707	17942	189
通辽	Tongliao	13990	20769	22272	150	七台河	Qitaihe	4802	5020	4957	279
鄂尔多斯	Erdos	9347	12238	12890	226	牡丹江	Mudanjiang	19151	21741	22919	146
呼伦贝尔	Hulunbuir	20181	22809	23248	142	黑河	Heihe	9597	10345	10844	248
巴彦淖尔	Bayannur	10124	12605	12846	227	绥化	Suihua	19816	19619	20544	166
乌兰察布	Ulanqab	8880	11307	12129	237	上海	**Shanghai**	**171935**	**183416**	**192333**	
辽宁	**Liaoning**	**316828**	**329679**	**338443**		江苏	**Jiangsu**	**459025**	**519709**	**551113**	

16-22 医疗卫生机构人员数 续表 1
Employed Persons in Health Care Institutions continued 1

单位：人 (person)

地名	City	2010	2012	2013	2013 排名 Ranking	地名	City	2010	2012	2013	2013 排名 Ranking
南京	Nanjing	60044	66295	70616	18	池州	Chizhou	6121	8805	9247	258
无锡	Wuxi	36832	42812	47801	43	宣城	Xuancheng	10694	13854	14645	218
徐州	Xuzhou	41238	58496	61192	26	**福建**	**Fujian**	**199519**	**236756**	**261784**	
常州	Changzhou	26004	30771	32250	85	福州	Fuzhou	42779	53184	57502	31
苏州	Suzhou	56910	70456	74661	15	厦门	Xiamen	22123	26306	26178	123
南通	Nantong	37525	45516	47382	44	莆田	Putian	9228	13460	14982	217
连云港	Lianyungang	19397	27680	28501	105	三明	Sanming	13431	15090	16137	202
淮安	Huaian	19884	31917	35716	71	泉州	Quanzhou	26327	31681	35521	72
盐城	Yancheng	26536	41379	44094	48	漳州	Zhangzhou	13824	18625	20740	163
扬州	Yangzhou	26725	27618	28877	103	南平	Nanping	13580	15282	17378	195
镇江	Zhenjiang	17301	20459	21620	154	龙岩	Longyan	14677	16563	18276	187
泰州	Taizhou	21527	28460	28484	106	宁德	Ningde	12002	14726	16025	204
宿迁	Suqian	15157	28375	30039	95	**江西**	**Jiangxi**	**230945**	**259552**	**269819**	
浙江	**Zhejiang**	**352871**	**400094**	**427072**		南昌	Nanchang	34880	40600	41545	53
杭州	Hangzhou	74011	86402	95600	4	景德镇	Jingdezhen	7770	9815	10412	252
宁波	Ningbo	50326	58863	61543	25	萍乡	Pingxiang	10821	14762	15364	213
温州	Wenzhou	49635	57211	61050	27	九江	Jiujiang	20726	29664	31593	86
嘉兴	Jiaxing	26132	29090	30345	92	新余	Xinyu	5737	7717	8044	266
湖州	Huzhou	18510	20571	21139	159	鹰潭	Yingtan	4569	6214	6832	270
绍兴	Shaoxing	26026	29778	33221	82	赣州	Ganzhou	27961	39595	41934	50
金华	Jinhua	23376	36783	39991	56	吉安	Jian	17566	23644	25737	125
衢州	Quzhou	11734	14817	15814	206	宜春	Yichun	20988	31213	30432	90
舟山	Zhoushan	7389	8608	9243	259	抚州	Fuzhou	12599	18594	19219	175
台州	Taizhou	31855	39103	40697	54	上饶	Shangrao	20522	38042	38736	62
丽水	Lishui	12885	16565	18572	183	**山东**	**Shandong**	**645889**	**738868**	**819348**	
安徽	**Anhui**	**309318**	**334842**	**353799**		济南	Jinan	47120	60421	76955	11
合肥	Hefei	35826	51829	54711	35	青岛	Qingdao	51766	71802	77932	10
芜湖	Wuhu	14993	21857	22885	147	淄博	Zibo	30172	38271	40645	55
蚌埠	Bengbu	16184	20340	21662	152	枣庄	Zaozhuang	16597	23656	27328	114
淮南	Huainan	13170	16449	17527	193	东营	Dongying	14846	17887	18429	185
马鞍山	Maanshan	8304	13047	13433	223	烟台	Yantai	41948	56587	62271	24
淮北	Huaibei	13345	13457	13604	222	潍坊	Weifang	55426	85877	91756	6
铜陵	Tongling	5674	5858	6275	274	济宁	Jining	38938	68567	75488	12
安庆	Anqing	20476	27946	29138	102	泰安	Taian	30971	42684	48966	40
黄山	Huangshan	7350	8898	9719	254	威海	Weihai	20185	22286	24069	131
滁州	Chuzhou	14085	19899	20923	162	日照	Rizhao	12671	18874	18901	178
阜阳	Fuyang	22096	38726	41919	51	莱芜	Laiwu	7083	10061	10632	250
宿州	Suzhou	14941	26599	27883	110	临沂	Linyi	36415	64066	71398	17
六安	Liuan	17436	25710	27646	111	德州	Dezhou	22598	34375	39290	60
亳州	Bozhou	11709	21452	22618	149	聊城	Liaocheng	23809	34606	39701	58

16-22 医疗卫生机构人员数 续表 2
Employed Persons in Health Care Institutions continued 2

单位：人 (person)

地名	City	2010	2012	2013	2013 排名 Ranking	地名	City	2010	2012	2013	2013 排名 Ranking
滨州	Binzhou	21152	33595	30477	89	常德	Changde	24880	27205	29557	98
菏泽	Heze	37124	54983	65968	22	张家界	Zhangjiajie	6564	7315	8357	265
河南	**Henan**	**591059**	**652564**	**716306**		益阳	Yiyang	17277	18758	21424	156
郑州	Zhengzhou	67915	83518	97959	3	郴州	Chenzhou	23325	24712	26898	118
开封	Kaifeng	30600	33535	36940	69	永州	Yongzhou	19622	22340	25443	126
洛阳	Luoyang	44845	48408	52781	37	怀化	Huaihua	21489	24709	27222	116
平顶山	Pingdingshan	32512	36603	37451	66	娄底	Loudi	15295	16079	17714	191
安阳	Anyang	32824	35482	38291	63	**广东**	**Guangdong**	**592800**	**662462**	**708036**	
鹤壁	Hebi	10881	11576	11468	243	广州	Guangzhou	117281	129509	139831	2
新乡	Xinxiang	41240	44642	48367	41	韶关	Shaoguan	17789	19577	20603	164
焦作	Jiaozuo	25095	25552	27305	115	深圳	Shenzhen	67881	76822	83335	8
濮阳	Puyang	24523	26937	29412	99	珠海	Zhuhai	14064	14923	15690	208
许昌	Xuchang	27897	32325	33233	81	汕头	Shantou	19757	21985	23159	144
漯河	Luohe	16747	18580	19955	172	佛山	Foshan	40406	45457	47904	42
三门峡	Sanmenxia	14688	16885	17614	192	江门	Jiangmen	20710	24314	26200	122
南阳	Nanyang	54062	58696	66522	21	湛江	Zhanjiang	28768	33057	35357	74
商丘	Shangqiu	44061	48242	54327	36	茂名	Maoming	23198	26941	28063	108
信阳	Xinyang	30931	33911	38042	64	肇庆	Zhaoqing	18881	20883	23678	136
周口	Zhoukou	48755	53106	57037	33	惠州	Huizhou	21751	27743	30093	94
驻马店	Zhumadian	39227	40430	45427	45	梅州	Meizhou	20078	20498	23284	140
湖北	**Hubei**	**349495**	**386415**	**411184**		汕尾	Shanwei	9748	11049	11552	241
武汉	Wuhan	79678	83500	93342	5	河源	Heyuan	12098	13252	14344	219
黄石	Huangshi	16880	17622	19619	174	阳江	Yangjiang	10406	12200	13747	220
十堰	Shiyan	25029	27928	29942	96	清远	Qingyuan	14533	18569	20095	171
宜昌	Yichang	27694	31460	33174	83	东莞	Dongguan	42447	46276	49378	39
襄阳	Xiangfan	31146	34711	37178	67	中山	ZhongShan	18374	20244	21514	155
鄂州	Ezhou	5467	5965	6804	272	潮州	Chaozhou	8131	9151	9438	255
荆门	Jingmen	14193	16039	20401	169	揭阳	Jieyang	15192	17207	18334	186
孝感	Xiaogan	22312	24701	28193	107	云浮	Yunfu	8776	10516	11473	242
荆州	Jingzhou	24798	34078	35437	73	**广西**	**Guangxi**	**266138**	**303759**	**334849**	
黄冈	Huanggang	32399	34744	38745	61	南宁	Nanning	37873	54399	64700	23
咸宁	Xianning	12324	16780	19119	177	柳州	Liuzhou	27013	30784	33359	80
随州	Suizhou	10962	11637	12691	231	桂林	Guilin	26666	34334	37173	68
湖南	**Hunan**	**370261**	**403546**	**442224**		梧州	Wuzhou	16729	19225	21182	157
长沙	Changsha	59732	67531	74945	13	北海	Beihai	6537	10546	11017	246
株洲	Zhuzhou	22835	23486	25080	127	防城港	Fangchenggang	4388	5808	6517	273
湘潭	Xiangtan	15462	17282	18538	184	钦州	Qinzhou	11807	16668	21158	158
衡阳	Hengyang	31362	33920	37596	65	贵港	Guigang	13848	22173	23425	138
邵阳	Shaoyang	24185	27241	31506	87	玉林	Yulin	26689	29016	31265	88
岳阳	Yueyang	21030	24047	26342	121	百色	Baise	17494	20863	23315	139

16-22 医疗卫生机构人员数 续表 3
Employed Persons in Health Care Institutions continued 3

单位：人 (person)

地名	City	2010	2012	2013	2013 排名 Ranking	地名	City	2010	2012	2013	2013 排名 Ranking
贺州	Hezhou	10266	11150	12616	233	丽江	Lijiang		2892	3196	283
河池	Hechi	13637	18671	20969	161	普洱	Puer	8181	11428	12619	232
来宾	Laibin	10482	11824	13356	224	临沧	Lincang	5520	8040	11323	245
崇左	Chongzuo	9036	10002	12758	228	**西藏**	**Tibet**	**16694**	**21558**	**24653**	
海南	**Hainan**	**51985**	**59285**	**63468**		拉萨	Lhasa	4146	4647	4680	280
海口	Haikou	18325	22085	23697	135	**陕西**	**Shaanxi**	**260056**	**293775**	**321908**	
三亚	Sanya	4573	5324	5852	275	西安	Xi'an	71230	86096	91448	7
重庆	**Chongqing**	**160055**	**184055**	**197667**		铜川	Tongchuan	6010	7989	8585	264
四川	**Sichuan**	**467126**	**549023**	**596001**		宝鸡	Baoji	19328	26646	28624	104
成都	Chengdu	117401	143410	153962	1	咸阳	Xianyang	30530	40061	44772	46
自贡	Zigong	16565	19114	20598	165	渭南	Weinan	20797	31309	35065	76
攀枝花	Panzhihua	10482	11283	12035	238	延安	Yan'an	12794	18061	20510	167
泸州	Luzhou	21062	25008	27965	109	汉中	Hanzhong	18660	24662	26386	120
德阳	Deyang	19834	23187	24803	128	榆林	Yulin	17004	26409	29385	100
绵阳	Mianyang	27662	32803	35932	70	安康	Ankang	10598	16098	18724	181
广元	Guangyuan	16882	18689	20155	170	商洛	Shangluo	9512	15176	16623	198
遂宁	Suining	16675	18452	19195	176	**甘肃**	**Gansu**	**137501**	**151899**	**160695**	
内江	Neijiang	18343	21431	23030	145	兰州	Lanzhou	29769	34581	34682	78
乐山	Leshan	18446	21295	22671	148	嘉峪关	Jiayuguan	2457	2774	2830	284
南充	Nanchong	30741	36264	39455	59	金昌	Jinchang	3075	3949	4002	281
眉山	Meishan	15055	17866	18784	180	白银	Baiyin	6924	9066	9390	256
宜宾	Yibin	22387	26230	29572	97	天水	Tianshui	10281	15694	16552	199
广安	Guangan	14800	16394	17459	194	武威	Wuwei	6951	9834	10989	247
达州	Dazhou	26555	29878	32888	84	张掖	Zhangye	6085	8424	8831	262
雅安	Yaan	8568	10086	11435	244	平凉	Pingliang	9125	12031	12976	225
巴中	Bazhong	15319	18289	20502	168	酒泉	Jiuquan	6437	6988	7069	269
资阳	Ziyang	19466	23050	24593	129	庆阳	Qingyang	7947	10944	11658	240
贵州	**Guizhou**	**154246**	**191079**	**221575**		定西	Dingxi	7998	11717	12305	235
贵阳	Guiyang	27119	39029	41872	52	陇南	Longnan	8667	13720	14983	216
六盘水	Liupanshui	13212	15285	16498	200	**青海**	**Qinghai**	**35224**	**40831**	**44685**	
遵义	Zunyi	21242	33647	39752	57	西宁	Xining	16677	19267	21754	151
安顺	Anshun	8959	10762	11943	239	**宁夏**	**Ningxia**	**39674**	**44021**	**47609**	
毕节	Bijie	12426	26614	35023	77	银川	Yinchuan	16704	19822	21621	153
铜仁	Tongren	7208	17391	19917	173	石嘴山	Shizuishan	5548	6560	6826	271
云南	**Yunnan**	**207663**	**233361**	**265531**		吴忠	Wuzhong	5316	7212	7999	267
昆明	Kunming		59859	67836	20	固原	Guyuan	4369	5649	5756	276
曲靖	Qujing	14788	16466	17744	190	中卫	Zhongwei	3521	4806	5502	277
玉溪	Yuxi	8972	14036	15392	211	**新疆**	**Xinjiang**	**158917**	**177085**	**189578**	
保山	Baoshan	5805	7369	9071	260	乌鲁木齐	Urumqi	38024	41796	43862	49
昭通	Zhaotong	13287	15319	15350	214	克拉玛依	Karamay	3517	3612	3796	282

16-23 医疗卫生机构卫生技术人员数
Medical and Technical Personnel in Health Care Institutions

单位：人 (person)

地名	City	2010	2012	2013	2013 排名 Ranking
全国	**Nation Total**	**5876158**	**6675549**	**7210578**	
北京	**Beijing**	**171326**	**196234**	**203741**	
天津	**Tianjin**	**70460**	**77076**	**81083**	
河北	**Hebei**	**292157**	**314933**	**333032**	
石家庄	Shijiazhuang	47144	54191	57875	15
唐山	Tangshan	37770	41166	42516	32
秦皇岛	Qinhuangdao	13769	16376	17344	146
邯郸	Handan	29371	32831	36093	39
邢台	Xingtai	22232	26452	28471	59
保定	Baoding	37992	43752	45336	26
张家口	Zhangjiakou	16126	16407	17518	145
承德	Chengde	16230	16594	16790	152
沧州	Cangzhou	27336	31363	33508	43
廊坊	Langfang	17815	19966	20376	115
衡水	Hengshui	14523	15956	17278	148
山西	**Shanxi**	**193891**	**199601**	**203385**	
太原	Taiyuan	40294	45074	47463	24
大同	Datong	19009	19164	19426	122
阳泉	Yangquan	9133	9048	8933	240
长治	Changzhi	16490	17065	17528	143
晋城	Jincheng	11881	12380	12738	201
朔州	Shuozhou	6626	6299	6401	266
晋中	Jinzhong	15170	15697	16241	156
运城	Yuncheng	25528	25160	25208	79
忻州	Xinzhou	13659	14198	13410	186
临汾	Linfen	19772	21542	22256	95
吕梁	Luliang	13355	13974	13781	183
内蒙古	**Inner Mongolia**	**125831**	**139876**	**148202**	
呼和浩特	Hohhot	16533	17975	19483	119
包头	Baotou	16553	18063	19450	120
乌海	Wuhai	3253	4060	4357	276
赤峰	Chifeng	20049	23715	25779	73
通辽	Tongliao	11916	13846	14732	171
鄂尔多斯	Erdos	8276	10326	10779	220
呼伦贝尔	Hulunbuir	16275	18015	18226	136
巴彦淖尔	Bayannur	8839	10076	10190	225
乌兰察布	Ulanqab	7608	7855	8571	244
辽宁	**Liaoning**	**232079**	**246808**	**254692**	
沈阳	Shenyang	52327	57958	59360	13
大连	Dalian	39355	42703	44650	27
鞍山	Anshan	19542	20103	20383	114
抚顺	Fushun	11294	12533	12589	202
本溪	Benxi	10285	10376	10536	221
丹东	Dandong	11198	12797	12958	195
锦州	Jinzhou	11881	11911	12083	205
营口	Yingkou	11646	11429	11952	207
阜新	Fuxin	9151	10558	11347	212
辽阳	Liaoyang	8727	9450	9488	229
盘锦	Panjin	8162	7777	9591	227
铁岭	Tieling	11860	12644	12803	197
朝阳	Chaoyang	12117	14825	16025	159
葫芦岛	Huludao	10833	11074	11048	218
吉林	**Jilin**	**138393**	**144065**	**145934**	
长春	Changchun	39720	42934	43463	30
吉林	Jilin	26317	25232	25587	74
四平	Siping	15342	15672	15611	161
辽源	Liaoyuan	5957	6667	6528	264
通化	Tonghua	10838	11718	11537	208
白山	Baishan	7825	8050	7870	250
松原	Songyuan	9913	11078	11466	209
白城	Baicheng	9357	8801	9149	235
黑龙江	**Heilongjiang**	**192048**	**201155**	**207601**	
哈尔滨	Harbin	57254	57695	60377	12
齐齐哈尔	Qiqihar	20126	22097	23664	87
鸡西	Jixi	10502	10746	10212	223
鹤岗	Hegang	7338	7364	7237	258
双鸭山	Shuangyashan	8099	8431	8855	241
大庆	Daqing	18568	18841	19345	125
伊春	Yichun	6898	7078	7240	257
佳木斯	Jiamusi	12632	14140	14183	178
七台河	Qitaihe	3825	4099	4065	278
牡丹江	Mudanjiang	16220	18689	19864	116
黑河	Heihe	7646	8532	9153	234
绥化	Suihua	15998	15987	16105	157
上海	**Shanghai**	**137131**	**147807**	**157109**	
江苏	**Jiangsu**	**328243**	**395961**	**428894**	

16-23 医疗卫生机构卫生技术人员数 续表 1
Medical and Technical Personnel in Health Care Institutions continued 1

单位：人 (person)

地名	City	2010	2012	2013	2013 排名 Ranking	地名	City	2010	2012	2013	2013 排名 Ranking
南京	Nanjing	48300	53967	58032	14	池州	Chizhou	5278	6400	6859	260
无锡	Wuxi	29233	35105	38940	36	宣城	Xuancheng	9049	10746	11388	210
徐州	Xuzhou	32837	39703	43573	29	**福建**	**Fujian**	**142916**	**176074**	**197545**	
常州	Changzhou	20643	25274	26733	66	福州	Fuzhou	35396	44034	47998	23
苏州	Suzhou	46637	57168	61051	10	厦门	Xiamen	17829	21218	21275	100
南通	Nantong	30936	34749	36515	37	莆田	Putian	7690	11345	12751	200
连云港	Lianyungang	16094	19040	20453	113	三明	Sanming	11607	13201	14002	181
淮安	Huaian	16238	23468	27799	64	泉州	Quanzhou	22128	27032	30537	54
盐城	Yancheng	22235	39749	32883	47	漳州	Zhangzhou	11619	15767	17526	144
扬州	Yangzhou	19305	21087	22464	93	南平	Nanping	11315	13096	15208	168
镇江	Zhenjiang	13204	16402	17666	140	龙岩	Longyan	12592	14418	16085	158
泰州	Taizhou	18080	21053	21794	99	宁德	Ningde	9957	12421	13805	182
宿迁	Suqian	14645	19306	21080	104	**江西**	**Jiangxi**	**158007**	**179705**	**190092**	
浙江	**Zhejiang**	**288481**	**329565**	**352466**		南昌	Nanchang	27980	30198	31582	50
杭州	Hangzhou	61117	73618	78340	3	景德镇	Jingdezhen	6334	7096	7661	252
宁波	Ningbo	43094	49188	51510	19	萍乡	Pingxiang	8986	10659	11312	213
温州	Wenzhou	39968	45184	48922	22	九江	Jiujiang	17241	20633	22139	96
嘉兴	Jiaxing	22580	25286	26439	69	新余	Xinyu	5094	5916	6175	267
湖州	Huzhou	15973	17738	18236	135	鹰潭	Yingtan	4023	4806	5250	271
绍兴	Shaoxing	22155	25722	27854	63	赣州	Ganzhou	24102	27707	29766	55
金华	Jinhua	20684	30062	32810	49	吉安	Jian	15044	16321	17913	139
衢州	Quzhou	9998	11534	12589	202	宜春	Yichun	17934	20197	20578	111
舟山	Zhoushan	6172	7047	7679	251	抚州	Fuzhou	10789	11827	12349	204
台州	Taizhou	26765	31643	32851	48	上饶	Shangrao	17206	24437	25509	76
丽水	Lishui	11060	13717	15163	169	**山东**	**Shandong**	**448861**	**530082**	**596987**	
安徽	**Anhui**	**211539**	**236188**	**253532**		济南	Jinan	38791	44276	57700	16
合肥	Hefei	29242	40363	43182	31	青岛	Qingdao	43294	55126	60819	11
芜湖	Wuhu	12490	16908	17967	138	淄博	Zibo	26351	28905	30755	53
蚌埠	Bengbu	13049	14453	15591	162	枣庄	Zaozhuang	14639	16796	19537	118
淮南	Huainan	10860	12332	13197	190	东营	Dongying	12671	13995	14441	176
马鞍山	Maanshan	6917	10047	10476	222	烟台	Yantai	36896	45417	50217	20
淮北	Huaibei	10872	10043	10200	224	潍坊	Weifang	50414	67891	72913	5
铜陵	Tongling	4669	4855	5237	272	济宁	Jining	33046	46482	52497	18
安庆	Anqing	17342	19435	20686	110	泰安	Taian	26817	28991	34563	41
黄山	Huangshan	6173	7195	7906	249	威海	Weihai	18058	17353	18926	127
滁州	Chuzhou	11806	13520	14513	174	日照	Rizhao	11382	13517	13219	189
阜阳	Fuyang	18035	24085	26243	70	莱芜	Laiwu	6022	6733	7168	259
宿州	Suzhou	12605	17359	18754	129	临沂	Linyi	31661	39512	45889	25
六安	Liuan	14925	16429	18486	131	德州	Dezhou	19807	22247	25279	78
亳州	Bozhou	9316	12002	12864	196	聊城	Liaocheng	20433	22763	26750	65

16-23 医疗卫生机构卫生技术人员数 续表 2
Medical and Technical Personnel in Health Care Institutions continued 2

单位：人 (person)

地名	City	2010	2012	2013	2013 排名 Ranking	地名	City	2010	2012	2013	2013 排名 Ranking
滨州	Binzhou	18661	25720	22581	92	常德	Changde	20740	22377	23824	86
菏泽	Heze	31963	34358	44372	28	张家界	Zhangjiajie	5548	6081	6762	262
河南	**Henan**	**372818**	**428508**	**468536**		益阳	Yiyang	14392	15801	17335	147
郑州	Zhengzhou	50621	65413	76161	4	郴州	Chenzhou	19774	21011	22609	91
开封	Kaifeng	19099	22134	24118	85	永州	Yongzhou	16560	18790	20991	107
洛阳	Luoyang	30221	33579	36457	38	怀化	Huaihua	18087	20844	22886	90
平顶山	Pingdingshan	20829	24822	25344	77	娄底	Loudi	13222	13555	14498	175
安阳	Anyang	19717	21998	24227	84	**广东**	**Guangdong**	**454799**	**518414**	**553728**	
鹤壁	Hebi	6912	7585	7383	255	广州	Guangzhou	95546	106250	114322	2
新乡	Xinxiang	25759	29280	31286	51	韶关	Shaoguan	14386	16183	16835	151
焦作	Jiaozuo	17083	17478	18652	130	深圳	Shenzhen	54261	62079	66624	8
濮阳	Puyang	14203	16380	17640	141	珠海	Zhuhai	11792	12615	13138	191
许昌	Xuchang	16854	20162	21086	103	汕头	Shantou	15865	18123	18966	126
漯河	Luohe	10648	12066	12988	194	佛山	Foshan	33292	37472	39714	35
三门峡	Sanmenxia	9995	12096	12793	198	江门	Jiangmen	17084	20577	21815	98
南阳	Nanyang	32969	36810	41028	33	湛江	Zhanjiang	22881	26608	28368	60
商丘	Shangqiu	26086	29235	33270	45	茂名	Maoming	19200	22600	23570	88
信阳	Xinyang	16757	19014	21056	105	肇庆	Zhaoqing	14880	16544	18452	132
周口	Zhoukou	28668	31782	32942	46	惠州	Huizhou	17450	23161	24933	80
驻马店	Zhumadian	23882	25990	29385	57	梅州	Meizhou	16870	17401	19400	123
湖北	**Hubei**	**255793**	**288695**	**309343**		汕尾	Shanwei	7525	8762	9073	236
武汉	Wuhan	60436	66191	69864	7	河源	Heyuan	10232	11264	12001	206
黄石	Huangshi	12736	13969	14546	173	阳江	Yangjiang	8236	9896	11259	214
十堰	Shiyan	19059	21633	23300	89	清远	Qingyuan	12255	15998	17175	149
宜昌	Yichang	20697	24025	25519	75	东莞	Dongguan	33832	37520	40074	34
襄阳	Xiangfan	26505	30292	30860	52	中山	ZhongShan	15121	17012	18082	137
鄂州	Ezhou	4780	4818	5093	273	潮州	Chaozhou	6364	7193	7415	254
荆门	Jingmen	12065	13631	15389	164	揭阳	Jieyang	12249	14316	14886	170
孝感	Xiaogan	20316	16847	19391	124	云浮	Yunfu	7126	8714	9460	230
荆州	Jingzhou	20369	24501	25889	72	**广西**	**Guangxi**	**189554**	**220761**	**240892**	
黄冈	Huanggang	22790	24873	28066	62	南宁	Nanning	37873	44891	49567	21
咸宁	Xianning	10213	12705	14723	172	柳州	Liuzhou	21014	24201	25967	71
随州	Suizhou	7048	7676	9065	237	桂林	Guilin	22170	24779	26527	68
湖南	**Hunan**	**269219**	**296857**	**323082**		梧州	Wuzhou	11178	13156	14149	179
长沙	Changsha	48786	55783	61801	9	北海	Beihai	4888	7872	8194	245
株洲	Zhuzhou	19332	19856	21047	106	防城港	Fangchenggang	3562	4259	4625	274
湘潭	Xiangtan	13034	14489	15311	166	钦州	Qinzhou	9974	11578	14429	177
衡阳	Hengyang	25456	27213	29627	56	贵港	Guigang	11237	14794	15758	160
邵阳	Shaoyang	19881	22426	24502	83	玉林	Yulin	18304	20307	21883	97
岳阳	Yueyang	17519	19732	21236	101	百色	Baise	12363	14907	16484	155

16-23 医疗卫生机构卫生技术人员数 续表 3
Medical and Technical Personnel in Health Care Institutions continued 3

单位：人 (person)

地名	City	2010	2012	2013	2013 排名 Ranking	地名	City	2010	2012	2013	2013 排名 Ranking
贺州	Hezhou	7880	7860	9164	233	丽江	Lijiang	2711	2892	3196	282
河池	Hechi	11489	15254	15371	165	普洱	Puer	6770	7912	9042	238
来宾	Laibin	7648	8717	9530	228	临沧	Lincang	4569	5107	7621	253
崇左	Chongzuo	7032	7210	8959	239	**西藏**	**Tibet**	**10083**	**9336**	**11638**	
海南	**Hainan**	**39520**	**45060**	**48108**		拉萨	Lhasa	3100	3549	3626	280
海口	Haikou	14622	17501	18831	128	**陕西**	**Shaanxi**	**181438**	**216293**	**239054**	
三亚	Sanya	3672	4150	4414	275	西安	Xi'an	56579	66899	71553	6
重庆	**Chongqing**	**111079**	**131658**	**142133**		铜川	Tongchuan	5161	6401	6764	261
四川	**Sichuan**	**325608**	**389440**	**426988**		宝鸡	Baoji	16159	19583	21137	102
成都	Chengdu	90800	110795	120091	1	咸阳	Xianyang	26271	31914	35729	40
自贡	Zigong	11828	13962	15390	163	渭南	Weinan	15943	21270	24504	82
攀枝花	Panzhihua	7979	8789	9349	232	延安	Yan'an	10252	12171	13391	187
泸州	Luzhou	13267	16990	19708	117	汉中	Hanzhong	15833	17619	19434	121
德阳	Deyang	14226	17117	18387	133	榆林	Yulin	13561	17791	20499	112
绵阳	Mianyang	20584	24242	26610	67	安康	Ankang	9142	11754	13582	185
广元	Guangyuan	11414	12811	14031	180	商洛	Shangluo	7933	9879	11095	217
遂宁	Suining	11402	13077	13621	184	**甘肃**	**Gansu**	**98865**	**111609**	**118089**	
内江	Neijiang	11947	15153	16537	154	兰州	Lanzhou	24392	27914	28489	58
乐山	Leshan	13636	15884	16954	150	嘉峪关	Jiayuguan	1992	2271	2401	284
南充	Nanchong	18866	22595	24612	81	金昌	Jinchang	2667	3293	3336	281
眉山	Meishan	10297	12670	13353	188	白银	Baiyin	6064	6891	7241	256
宜宾	Yibin	14534	17998	20938	108	天水	Tianshui	8610	10163	10805	219
广安	Guangan	8820	10389	11114	216	武威	Wuwei	5898	7175	7949	248
达州	Dazhou	15749	18341	20911	109	张掖	Zhangye	5092	6060	6477	265
雅安	Yaan	6540	7647	8685	243	平凉	Pingliang	7807	8902	9864	226
巴中	Bazhong	9310	11777	13097	192	酒泉	Jiuquan	5514	5610	5756	269
资阳	Ziyang	12356	15349	16762	153	庆阳	Qingyang	6608	7599	8119	246
贵州	**Guizhou**	**103954**	**129772**	**155905**		定西	Dingxi	6945	8436	8720	242
贵阳	Guiyang	19511	30383	33395	44	陇南	Longnan	7582	8486	9356	231
六盘水	Liupanshui	6662	10246	11203	215	**青海**	**Qinghai**	**24909**	**29311**	**32431**	
遵义	Zunyi	18125	23188	28159	61	西宁	Xining	13766	15971	18263	134
安顺	Anshun	4422	7119	8050	247	**宁夏**	**Ningxia**	**29962**	**34250**	**37288**	
毕节	Bijie	10437	15480	22407	94	银川	Yinchuan	13667	15952	17562	142
铜仁	Tongren	6261	10243	13042	193	石嘴山	Shizuishan	4720	5400	5675	270
云南	**Yunnan**	**143139**	**166764**	**193217**		吴忠	Wuzhong	4481	5397	6022	268
昆明	Kunming	40165	46647	53742	17	固原	Guyuan	3774	3827	3965	279
曲靖	Qujing	12533	14091	15237	167	中卫	Zhongwei	3102	3689	4126	277
玉溪	Yuxi	7643	10153	11379	211	**新疆**	**Xinjiang**	**124055**	**136691**	**145851**	
保山	Baoshan	4463	5610	6609	263	乌鲁木齐	Urumqi	29912	32720	34303	42
昭通	Zhaotong	8057	9907	12774	199	克拉玛依	Karamay	2759	2937	3057	283

16-24 医疗卫生机构执业（助理）医师数
Licensed (Assistant) Doctors in Health Care Institutions

单位：人 (person)

地名	City	2010	2012	2013	2013 排名 Ranking
全国	**Nation Total**	**2413259**	**2616064**	**2794754**	
北京	**Beijing**	**66163**	**74380**	**77114**	
天津	**Tianjin**	**28892**	**30690**	**32059**	
河北	**Hebei**	**133994**	**142989**	**150144**	
石家庄	Shijiazhuang	21669	25448	27059	6
唐山	Tangshan	15753	17858	18134	25
秦皇岛	Qinhuangdao	6337	7188	7629	126
邯郸	Handan	12563	14800	15510	34
邢台	Xingtai	10105	12905	14019	41
保定	Baoding	16061	19683	20429	19
张家口	Zhangjiakou	6531	6663	7129	135
承德	Chengde	7186	7473	7684	124
沧州	Cangzhou	12118	14552	15497	35
廊坊	Langfang	7587	8645	8651	94
衡水	Hengshui	6937	7844	8456	98
山西	**Shanxi**	**88007**	**87319**	**88182**	
太原	Taiyuan	16219	18036	18917	22
大同	Datong	8271	19164	8725	92
阳泉	Yangquan	3897	9048	3746	230
长治	Changzhi	6906	17065	7251	131
晋城	Jincheng	5354	12380	5820	173
朔州	Shuozhou	3475	6299	3072	249
晋中	Jinzhong	6396	15697	6844	145
运城	Yuncheng	12549	25160	11497	54
忻州	Xinzhou	6097	14198	6301	162
临汾	Linfen	9346	21542	9602	79
吕梁	Luliang	6866	13974	6407	159
内蒙古	**Inner Mongolia**	**56245**	**59528**	**62055**	
呼和浩特	Hohhot	6882	7403	8094	108
包头	Baotou	6964	7473	8104	107
乌海	Wuhai	1275	1584	1661	275
赤峰	Chifeng	8508	10070	10568	68
通辽	Tongliao	5744	6154	6624	148
鄂尔多斯	Erdos	3776	4529	4491	210
呼伦贝尔	Hulunbuir	7148	7421	7331	129
巴彦淖尔	Bayannur	3899	4276	4237	217
乌兰察布	Ulanqab	3749	3818	3955	225
辽宁	**Liaoning**	**96862**	**100972**	**103344**	
沈阳	Shenyang	20859	22690	23392	12
大连	Dalian	15873	17223	17750	27
鞍山	Anshan	8008	8070	8144	105
抚顺	Fushun	4528	5144	5207	185
本溪	Benxi	3734	3766	3866	228
丹东	Dandong	4560	5511	5543	178
锦州	Jinzhou	5196	5112	5082	189
营口	Yingkou	4967	4782	5052	190
阜新	Fuxin	3481	3980	4135	218
辽阳	Liaoyang	3675	3972	4024	222
盘锦	Panjin	3568	3325	3893	227
铁岭	Tieling	5307	5778	5855	171
朝阳	Chaoyang	5254	6794	6922	141
葫芦岛	Huludao	4545	4610	4561	207
吉林	**Jilin**	**62050**	**61400**	**61998**	
长春	Changchun	17635	18505	18464	24
吉林	Jilin	11615	10496	10590	66
四平	Siping	6410	6459	6498	154
辽源	Liaoyuan	2587	2484	2656	262
通化	Tonghua	5374	5433	5409	181
白山	Baishan	3611	3369	3325	241
松原	Songyuan	4414	4631	4743	197
白城	Baicheng	4599	4317	4365	213
黑龙江	**Heilongjiang**	**80282**	**78589**	**80475**	
哈尔滨	Harbin	21527	20860	21573	16
齐齐哈尔	Qiqihar	8154	8718	9021	88
鸡西	Jixi	4324	3723	3652	233
鹤岗	Hegang	3092	2746	2682	260
双鸭山	Shuangyashan	3330	3976	3263	244
大庆	Daqing	8798	8536	8821	91
伊春	Yichun	2911	2671	2845	256
佳木斯	Jiamusi	5087	5307	5192	186
七台河	Qitaihe	1553	1559	1536	278
牡丹江	Mudanjiang	6210	6369	6502	153
黑河	Heihe	3367	3450	3560	235
绥化	Suihua	7237	6638	6834	146
上海	**Shanghai**	**53009**	**55797**	**57944**	
江苏	**Jiangsu**	**128943**	**157902**	**169641**	

16-24 医疗卫生机构执业（助理）医师数 续表 1
Licensed (Assistant) Doctors in Health Care Institutions continued 1

单位：人 (person)

地名	City	2010	2012	2013	2013 排名 Ranking	地名	City	2010	2012	2013	2013 排名 Ranking
南京	Nanjing	17007	19101	20662	18	池州	Chizhou	2077	2565	2869	254
无锡	Wuxi	11751	13092	14767	37	宣城	Xuancheng	3780	4338	4725	199
徐州	Xuzhou	12165	14457	16175	32	**福建**	**Fujian**	**58630**	**66740**	**72642**	
常州	Changzhou	7933	10094	10850	62	福州	Fuzhou	14211	16626	17396	28
苏州	Suzhou	18249	23194	24296	10	厦门	Xiamen	7563	8495	8511	96
南通	Nantong	13469	14835	15579	33	莆田	Putian	3218	4046	4630	203
连云港	Lianyungang	6274	7333	7647	125	三明	Sanming	4583	4534	4607	206
淮安	Huaian	5968	9604	11173	59	泉州	Quanzhou	8864	10378	11069	60
盐城	Yancheng	9244	13945	15008	36	漳州	Zhangzhou	4577	5862	6414	158
扬州	Yangzhou	7881	8818	9276	85	南平	Nanping	4186	4671	4967	191
镇江	Zhenjiang	5476	6881	7204	134	龙岩	Longyan	4453	4608	4880	194
泰州	Taizhou	8228	9461	9567	81	宁德	Ningde	3747	4228	4613	205
宿迁	Suqian	5353	7145	7457	127	**江西**	**Jiangxi**	**61887**	**67077**	**70251**	
浙江	**Zhejiang**	**120440**	**129973**	**138279**		南昌	Nanchang	10330	11084	11369	56
杭州	Hangzhou	24345	27369	29686	4	景德镇	Jingdezhen	2358	2583	2756	258
宁波	Ningbo	17237	19055	19949	21	萍乡	Pingxiang	3365	3837	4041	221
温州	Wenzhou	17872	19537	21093	17	九江	Jiujiang	7061	7972	8370	99
嘉兴	Jiaxing	7865	8458	8837	90	新余	Xinyu	1944	2260	2456	266
湖州	Huzhou	5871	6262	6569	151	鹰潭	Yingtan	1684	2265	2353	267
绍兴	Shaoxing	9593	10638	11605	53	赣州	Ganzhou	9037	9414	10140	71
金华	Jinhua	9379	12483	13374	43	吉安	Jian	5833	6336	6883	143
衢州	Quzhou	4490	6386	5108	188	宜春	Yichun	6656	7326	7227	132
舟山	Zhoushan	2524	2703	2847	255	抚州	Fuzhou	4202	4582	4720	200
台州	Taizhou	11521	12944	13338	45	上饶	Shangrao	6794	9509	9961	73
丽水	Lishui	5296	5490	5883	169	**山东**	**Shandong**	**185164**	**200465**	**231754**	
安徽	**Anhui**	**86511**	**92061**	**98613**		济南	Jinan	17101	19451	22752	13
合肥	Hefei	10815	15303	16353	30	青岛	Qingdao	17701	22176	24867	9
芜湖	Wuhu	5034	6754	6920	142	淄博	Zibo	11043	11892	12451	49
蚌埠	Bengbu	5017	5249	5487	179	枣庄	Zaozhuang	6669	6978	7710	122
淮南	Huainan	4304	4805	4918	193	东营	Dongying	5238	5395	5459	180
马鞍山	Maanshan	2670	3639	3919	226	烟台	Yantai	15428	17445	20001	20
淮北	Huaibei	4217	3942	3996	224	潍坊	Weifang	20186	24726	30227	3
铜陵	Tongling	1834	1913	2023	272	济宁	Jining	13196	15138	18905	23
安庆	Anqing	6736	7737	8313	101	泰安	Taian	10382	10405	12441	50
黄山	Huangshan	2426	2622	2933	252	威海	Weihai	7204	6427	6569	151
滁州	Chuzhou	4824	5321	5813	174	日照	Rizhao	4784	5184	5147	187
阜阳	Fuyang	7141	9513	10254	70	莱芜	Laiwu	2756	2960	3082	247
宿州	Suzhou	5221	7175	7696	123	临沂	Linyi	12324	13933	16319	31
六安	Liuan	6364	7053	7941	114	德州	Dezhou	8030	8676	10587	67
亳州	Bozhou	3503	4080	4470	211	聊城	Liaocheng	7696	8379	9699	77

16-24 医疗卫生机构执业（助理）医师数 续表 2
Licensed (Assistant) Doctors in Health Care Institutions continued 2

单位：人 (person)

地名	City	2010	2012	2013	2013 排名 Ranking	地名	City	2010	2012	2013	2013 排名 Ranking
滨州	Binzhou	6603	8218	8131	106	常德	Changde	8800	9282	9899	75
菏泽	Heze	11916	13082	17320	29	张家界	Zhangjiajie	2234	2380	2648	263
河南	**Henan**	**154801**	**167608**	**180600**		益阳	Yiyang	5866	6319	7034	137
郑州	Zhengzhou	20420	23390	26766	7	郴州	Chenzhou	7905	7526	8023	112
开封	Kaifeng	8115	8688	9318	83	永州	Yongzhou	6368	6977	7967	113
洛阳	Luoyang	12954	13652	14320	39	怀化	Huaihua	6854	7662	8337	100
平顶山	Pingdingshan	8620	9498	9665	78	娄底	Loudi	5836	5616	6093	166
安阳	Anyang	9654	10228	11196	57	**广东**	**Guangdong**	**174536**	**198966**	**210306**	
鹤壁	Hebi	3027	3217	3075	248	广州	Guangzhou	33575	37101	39342	2
新乡	Xinxiang	9983	11207	11788	52	韶关	Shaoguan	5370	6058	6229	164
焦作	Jiaozuo	7901	7479	7936	115	深圳	Shenzhen	21295	23973	25715	8
濮阳	Puyang	5466	6078	6600	150	珠海	Zhuhai	4615	4733	4941	192
许昌	Xuchang	7341	8678	9015	89	汕头	Shantou	6682	7894	8171	104
漯河	Luohe	4138	4184	4547	208	佛山	Foshan	11646	13171	14179	40
三门峡	Sanmenxia	4287	4559	4713	201	江门	Jiangmen	6472	7409	7723	121
南阳	Nanyang	12563	13286	14590	38	湛江	Zhanjiang	8030	9587	10331	69
商丘	Shangqiu	10063	10986	12574	48	茂名	Maoming	8126	9624	9834	76
信阳	Xinyang	6942	7366	8055	110	肇庆	Zhaoqing	4762	5176	5827	172
周口	Zhoukou	11917	12911	13212	46	惠州	Huizhou	6223	8564	9154	87
驻马店	Zhumadian	10265	11100	11864	51	梅州	Meizhou	7476	7399	7915	110
湖北	**Hubei**	**99542**	**109149**	**117191**		汕尾	Shanwei	3183	4345	4525	209
武汉	Wuhan	24183	25406	28977	5	河源	Heyuan	3937	4042	4309	216
黄石	Huangshi	4222	4321	4875	195	阳江	Yangjiang	3013	3381	4006	223
十堰	Shiyan	7102	7747	8489	97	清远	Qingyuan	4106	6381	6632	147
宜昌	Yichang	8138	8794	9498	82	东莞	Dongguan	11769	12849	13770	42
襄阳	Xiangfan	9642	9900	10711	65	中山	ZhongShan	5383	5635	6013	168
鄂州	Ezhou	1878	1908	1730	274	潮州	Chaozhou	3106	3636	3712	231
荆门	Jingmen	4394	4931	6335	161	揭阳	Jieyang	7237	7941	7842	118
孝感	Xiaogan	6086	6643	7393	128	云浮	Yunfu	2480	3208	3503	237
荆州	Jingzhou	7146	9154	9592	80	**广西**	**Guangxi**	**70816**	**78043**	**83310**	
黄冈	Huanggang	9043	9557	10713	64	南宁	Nanning	13477	16253	17772	26
咸宁	Xianning	3721	5482	5871	170	柳州	Liuzhou	7518	8265	8663	93
随州	Suizhou	2918	3711	3696	232	桂林	Guilin	8391	9337	9949	74
湖南	**Hunan**	**110444**	**116440**	**127241**		梧州	Wuzhou	4287	4536	4759	196
长沙	Changsha	18254	20107	22655	14	北海	Beihai	2553	3026	3102	246
株洲	Zhuzhou	7751	7584	8024	111	防城港	Fangchenggang	901	1094	1622	277
湘潭	Xiangtan	5527	5767	6127	165	钦州	Qinzhou	3121	3695	7807	119
衡阳	Hengyang	10335	10441	11184	58	贵港	Guigang	4051	5352	5348	182
邵阳	Shaoyang	7651	8238	9170	86	玉林	Yulin	6647	7319	7791	120
岳阳	Yueyang	6921	7509	8296	102	百色	Baise	4442	4814	5215	184

16-24 医疗卫生机构执业（助理）医师数 续表 3
Licensed (Assistant) Doctors in Health Care Institutions continued 3

单位：人 (person)

地名	City	2010	2012	2013	2013 排名 Ranking	地名	City	2010	2012	2013	2013 排名 Ranking
贺州	Hezhou	2589	2578	2880	253	丽江	Lijiang	992	1044	1105	283
河池	Hechi	4322	5308	5251	183	普洱	Puer	2926	3065	3414	240
来宾	Laibin	2776	3043	3313	243	临沧	Lincang	2164	2334	2753	259
崇左	Chongzuo	2566	2944	3068	250	**西藏**	**Tibet**	**4469**	**4043**	**5176**	
海南	**Hainan**	**14456**	**15525**	**16725**		拉萨	Lhasa	1433	1541	1661	275
海口	Haikou	5500	5912	6454	156	**陕西**	**Shaanxi**	**66040**	**69471**	**74397**	
三亚	Sanya	1366	1254	1526	280	西安	Xi'an	20913	23051	24015	11
重庆	**Chongqing**	**47969**	**51990**	**55141**		铜川	Tongchuan	1747	2155	2179	270
四川	**Sichuan**	**145194**	**162877**	**173890**		宝鸡	Baoji	5766	6911	7255	130
成都	Chengdu	36003	42804	45826	1	咸阳	Xianyang	7478	8566	9290	84
自贡	Zigong	5380	5805	6235	163	渭南	Weinan	5955	5980	6878	144
攀枝花	Panzhihua	3424	3660	3779	229	延安	Yan'an	4017	3989	4402	212
泸州	Luzhou	6254	7311	8073	109	汉中	Hanzhong	5231	5901	6367	160
德阳	Deyang	6863	7505	7863	117	榆林	Yulin	4853	5230	5714	177
绵阳	Mianyang	8959	10172	10788	63	安康	Ankang	3605	4088	4358	215
广元	Guangyuan	5585	5426	5727	176	商洛	Shangluo	2909	3278	3546	236
遂宁	Suining	5150	5902	6080	167	**甘肃**	**Gansu**	**39331**	**42956**	**44887**	
内江	Neijiang	6005	6698	6975	140	兰州	Lanzhou	10062	11303	11394	55
乐山	Leshan	6356	7148	7209	133	嘉峪关	Jiayuguan	719	828	844	284
南充	Nanchong	8966	10423	11038	61	金昌	Jinchang	1057	1308	1288	281
眉山	Meishan	5084	5458	5740	175	白银	Baiyin	2476	2468	2572	264
宜宾	Yibin	6706	7269	8186	103	天水	Tianshui	3430	3827	4116	219
广安	Guangan	4033	4423	4619	204	武威	Wuwei	2352	2817	2804	257
达州	Dazhou	7005	7701	8535	95	张掖	Zhangye	2016	2343	2473	265
雅安	Yaan	3150	3510	3606	234	平凉	Pingliang	2757	3081	3445	239
巴中	Bazhong	5061	6208	6605	149	酒泉	Jiuquan	2115	2208	2266	269
资阳	Ziyang	5696	6649	7117	136	庆阳	Qingyang	2613	3108	3316	242
贵州	**Guizhou**	**43389**	**49179**	**55959**		定西	Dingxi	2898	3487	3491	238
贵阳	Guiyang	7199	11820	12719	47	陇南	Longnan	2499	2790	2985	251
六盘水	Liupanshui	2569	3954	4058	220	**青海**	**Qinghai**	**10564**	**11918**	**13239**	
遵义	Zunyi	7110	8507	10088	72	西宁	Xining	5279	5782	7003	139
安顺	Anshun	1701	2686	2672	261	**宁夏**	**Ningxia**	**12267**	**13011**	**14317**	
毕节	Bijie	4362	5561	7028	138	银川	Yinchuan	5301	5829	6429	157
铜仁	Tongren	2707	3912	4363	214	石嘴山	Shizuishan	1860	1879	2077	271
云南	**Yunnan**	**63306**	**68466**	**74860**		吴忠	Wuzhong	1726	2004	2301	268
昆明	Kunming	18636	19920	22128	15	固原	Guyuan	1859	1913	1980	273
曲靖	Qujing	5475	6198	6474	155	中卫	Zhongwei	1336	1386	1530	279
玉溪	Yuxi	4063	4403	4739	198	**新疆**	**Xinjiang**	**49056**	**50540**	**53020**	
保山	Baoshan	2668	2316	3229	245	乌鲁木齐	Urumqi	12027	12520	13348	44
昭通	Zhaotong	3611	3804	4646	202	克拉玛依	Karamay	1091	1136	1139	282

16-25 医疗卫生机构注册护士数
Number of Registered Nurses

单位：人 (person)

地名	City	2010	2012	2013	2013 排名 Ranking	地名	City	2010	2012	2013	2013 排名 Ranking
全国	**Nation Total**	**2048071**	**2496599**	**2783121**		沈阳	Shenyang	21391	24418	25376	12
北京	**Beijing**	**67332**	**79534**	**83879**		大连	Dalian	16523	18576	19548	22
天津	**Tianjin**	**24199**	**27621**	**29715**		鞍山	Anshan	7593	7913	8213	98
河北	**Hebei**	**87351**	**101988**	**111526**		抚顺	Fushun	4685	5208	5255	179
石家庄	Shijiazhuang	15532	18551	20247	20	本溪	Benxi	4512	4582	4723	197
唐山	Tangshan	14549	16311	17179	31	丹东	Dandong	4237	4947	5014	185
秦皇岛	Qinhuangdao	4516	6341	6625	145	锦州	Jinzhou	3868	3803	4060	215
邯郸	Handan	9081	10265	12467	44	营口	Yingkou	4338	4444	4733	195
邢台	Xingtai	6035	7130	7864	109	阜新	Fuxin	3661	4359	4838	190
保定	Baoding	11067	13494	14152	40	辽阳	Liaoyang	3307	3590	3722	220
张家口	Zhangjiakou	4550	5110	5563	170	盘锦	Panjin	3036	2911	4018	216
承德	Chengde	4635	4829	5200	182	铁岭	Tieling	3718	4249	4257	209
沧州	Cangzhou	8364	10169	11287	53	朝阳	Chaoyang	3768	4642	5522	172
廊坊	Langfang	4874	5752	6128	156	葫芦岛	Huludao	3827	3994	4154	211
衡水	Hengshui	3420	4034	4634	199	吉林	**Jilin**	**45776**	**50975**	**52715**	
山西	**Shanxi**	**62628**	**70337**	**74849**		长春	Changchun	14361	15795	16433	34
太原	Taiyuan	16606	19402	21109	18	吉林	Jilin	8706	9563	9803	73
大同	Datong	6676	6668	6953	132	四平	Siping	4748	5259	5453	173
阳泉	Yangquan	3480	3581	3641	222	辽源	Liaoyuan	2051	2569	2467	250
长治	Changzhi	5996	6378	6729	139	通化	Tonghua	3316	3719	3772	219
晋城	Jincheng	3625	3975	4306	207	白山	Baishan	2464	2789	2780	248
朔州	Shuozhou	1703	1744	1887	272	松原	Songyuan	2743	3239	3467	230
晋中	Jinzhong	4773	5466	5790	162	白城	Baicheng	2662	2711	2851	245
运城	Yuncheng	6590	7518	8163	100	黑龙江	**Heilongjiang**	**62759**	**70073**	**73974**	
忻州	Xinzhou	3681	4176	4143	214	哈尔滨	Harbin	20061	22103	22974	15
临汾	Linfen	5535	7117	7704	113	齐齐哈尔	Qiqihar	6691	7874	8966	85
吕梁	Luliang	3586	4312	4424	202	鸡西	Jixi	3826	4156	4146	213
内蒙古	**Inner Mongolia**	**38251**	**46774**	**52358**		鹤岗	Hegang	2555	2818	2837	246
呼和浩特	Hohhot	6018	7019	7691	115	双鸭山	Shuangyashan	2726	3225	3426	231
包头	Baotou	6309	7091	8014	104	大庆	Daqing	6027	6269	6649	144
乌海	Wuhai	1158	1411	1657	276	伊春	Yichun	2161	2363	2432	261
赤峰	Chifeng	5119	7401	8775	92	佳木斯	Jiamusi	4329	5002	5260	178
通辽	Tongliao	3189	4259	4670	198	七台河	Qitaihe	1309	1516	1583	277
鄂尔多斯	Erdos	2320	3149	3599	224	牡丹江	Mudanjiang	5561	6349	6844	136
呼伦贝尔	Hulunbuir	5479	6474	6805	137	黑河	Heihe	2414	2914	3120	244
巴彦淖尔	Bayannur	2675	3240	3564	227	绥化	Suihua	3699	4000	4152	212
乌兰察布	Ulanqab	1924	2072	2494	257	上海	**Shanghai**	**55866**	**63245**	**67939**	
辽宁	**Liaoning**	**88882**	**98036**	**103409**		江苏	**Jiangsu**	**122509**	**155247**	**174158**	

16-25 医疗卫生机构注册护士数 续表 1
Number of Registered Nurses continued 1

单位：人 (person)

地名	City	2010	2012	2013	2013 排名 Ranking	地名	City	2010	2012	2013	2013 排名 Ranking
南京	Nanjing	19577	22953	25413	11	池州	Chizhou	2067	2459	2625	254
无锡	Wuxi	11426	14873	16757	33	宣城	Xuancheng	3306	4249	4388	206
徐州	Xuzhou	12098	16073	18025	27	**福建**	**Fujian**	**53511**	**71124**	**79929**	
常州	Changzhou	7777	10192	11108	56	福州	Fuzhou	13890	18132	19247	24
苏州	Suzhou	17633	21943	24097	14	厦门	Xiamen	6903	8908	9295	81
南通	Nantong	10365	12800	13862	42	莆田	Putian	2831	4674	5239	181
连云港	Lianyungang	6250	7861	8785	91	三明	Sanming	4495	5530	5930	161
淮安	Huaian	6252	9556	12042	48	泉州	Quanzhou	8146	10655	12131	45
盐城	Yancheng	7588	9587	11232	54	漳州	Zhangzhou	4313	6196	7198	125
扬州	Yangzhou	7257	8240	8924	86	南平	Nanping	4497	5407	6469	150
镇江	Zhenjiang	4856	6609	7346	121	龙岩	Longyan	5078	6402	7273	124
泰州	Taizhou	5820	7174	7945	105	宁德	Ningde	3667	4955	5766	164
宿迁	Suqian	5662	7406	8622	93	**江西**	**Jiangxi**	**58405**	**72055**	**78209**	
浙江	**Zhejiang**	**99610**	**121313**	**132705**		南昌	Nanchang	11693	13123	14021	41
杭州	Hangzhou	23418	28382	30996	5	景德镇	Jingdezhen	2565	2977	3372	236
宁波	Ningbo	15079	18280	19668	21	萍乡	Pingxiang	3447	4464	4890	188
温州	Wenzhou	12913	16197	17723	29	九江	Jiujiang	6302	8239	9054	83
嘉兴	Jiaxing	8181	10010	10546	63	新余	Xinyu	2134	2565	2615	255
湖州	Huzhou	4966	6148	6698	141	鹰潭	Yingtan	1377	1579	1822	274
绍兴	Shaoxing	7772	9504	10537	64	赣州	Ganzhou	7886	10753	12073	47
金华	Jinhua	8154	10123	11760	50	吉安	Jian	5239	6102	6925	133
衢州	Quzhou	3326	4741	4730	196	宜春	Yichun	6706	8065	8486	95
舟山	Zhoushan	2135	2450	2729	252	抚州	Fuzhou	4010	4597	5013	186
台州	Taizhou	9104	10873	11613	51	上饶	Shangrao	6344	9598	9958	71
丽水	Lishui	4088	4974	5705	165	**山东**	**Shandong**	**156692**	**191721**	**240078**	
安徽	**Anhui**	**77317**	**95046**	**103404**		济南	Jinan	13808	16126	24189	13
合肥	Hefei	12367	18161	19491	23	青岛	Qingdao	17713	21978	25751	10
芜湖	Wuhu	5149	7186	7852	110	淄博	Zibo	9839	10789	12005	49
蚌埠	Bengbu	5267	6487	7122	127	枣庄	Zaozhuang	5223	6627	8376	96
淮南	Huainan	4554	5317	5959	159	东营	Dongying	4865	5738	6106	157
马鞍山	Maanshan	2959	4297	4412	204	烟台	Yantai	11621	13699	17631	30
淮北	Huaibei	4686	4374	4468	201	潍坊	Weifang	20688	25414	30494	6
铜陵	Tongling	1959	2046	2324	262	济宁	Jining	11719	16820	21764	17
安庆	Anqing	6080	7000	7705	112	泰安	Taian	10000	11089	14159	39
黄山	Huangshan	2431	3026	3383	234	威海	Weihai	6130	7101	7844	111
滁州	Chuzhou	4206	5239	5670	167	日照	Rizhao	3719	4430	5068	183
阜阳	Fuyang	5681	8509	9459	78	莱芜	Laiwu	2019	2502	2741	251
宿州	Suzhou	4097	6450	7025	129	临沂	Linyi	10315	14830	17793	28
六安	Liuan	4623	5773	6659	142	德州	Dezhou	5626	7176	9310	80
亳州	Bozhou	3004	4469	4862	189	聊城	Liaocheng	6976	8355	10054	70

16-25 医疗卫生机构注册护士数 续表 2
Number of Registered Nurses continued 2

单位：人 (person)

地名	City	2010	2012	2013	2013 排名 Ranking
滨州	Binzhou	5915	7779	8577	94
菏泽	Heze	9468	11268	18269	25
河南	**Henan**	**121384**	**156041**	**176534**	
郑州	Zhengzhou	19634	29972	35532	3
开封	Kaifeng	6762	8354	9481	76
洛阳	Luoyang	10929	13258	14805	36
平顶山	Pingdingshan	7146	8972	9295	81
安阳	Anyang	5675	7031	8105	102
鹤壁	Hebi	2220	2728	2767	249
新乡	Xinxiang	8536	11080	12107	46
焦作	Jiaozuo	5338	6200	6603	146
濮阳	Puyang	4714	5807	6653	143
许昌	Xuchang	4991	6669	7285	123
漯河	Luohe	3627	4381	5034	184
三门峡	Sanmenxia	3200	4181	4601	200
南阳	Nanyang	10710	13102	15288	35
商丘	Shangqiu	6863	8669	10358	66
信阳	Xinyang	4821	6100	6978	131
周口	Zhoukou	7055	9551	10310	67
驻马店	Zhumadian	7682	8832	10122	69
湖北	**Hubei**	**93844**	**115746**	**127871**	
武汉	Wuhan	24016	28505	32036	4
黄石	Huangshi	5097	6121	6903	134
十堰	Shiyan	7152	8880	9472	77
宜昌	Yichang	7928	10241	11202	55
襄阳	Xiangfan	8416	10264	10979	58
鄂州	Ezhou	1784	1935	2131	267
荆门	Jingmen	4591	5670	6306	151
孝感	Xiaogan	5012	5971	7014	130
荆州	Jingzhou	7228	9076	9914	72
黄冈	Huanggang	7077	8625	10410	65
咸宁	Xianning	3238	4755	6038	158
随州	Suizhou	2211	3191	3469	229
湖南	**Hunan**	**92346**	**112906**	**125696**	
长沙	Changsha	20454	24947	27964	9
株洲	Zhuzhou	7353	8247	8914	87
湘潭	Xiangtan	4426	5743	6241	153
衡阳	Hengyang	8063	9332	10824	61
邵阳	Shaoyang	6612	8367	9371	79
岳阳	Yueyang	5634	7034	7670	117
常德	Changde	7183	8325	8988	84
张家界	Zhangjiajie	1789	2158	2462	259
益阳	Yiyang	4441	5541	6271	152
郴州	Chenzhou	7369	8788	9609	74
永州	Yongzhou	5675	7087	7868	108
怀化	Huaihua	5694	7943	8902	90
娄底	Loudi	3905	4765	5251	180
广东	**Guangdong**	**167882**	**199534**	**217629**	
广州	Guangzhou	39140	44670	48531	2
韶关	Shaoguan	5457	6391	5563	170
深圳	Shenzhen	22044	25931	28035	8
珠海	Zhuhai	4365	5187	5384	175
汕头	Shantou	5402	6160	6881	135
佛山	Foshan	13558	15590	16874	32
江门	Jiangmen	6475	8159	8911	89
湛江	Zhanjiang	8777	10221	10927	60
茂名	Maoming	6119	7482	8284	97
肇庆	Zhaoqing	5240	1482	7111	128
惠州	Huizhou	6391	9445	10266	68
梅州	Meizhou	2965	5534	5335	176
汕尾	Shanwei	1806	2138	2198	266
河源	Heyuan	3337	3973	4416	203
阳江	Yangjiang	2652	3404	3716	221
清远	Qingyuan	4570	5815	6744	138
东莞	Dongguan	14689	16914	18123	26
中山	ZhongShan	6223	7507	7915	106
潮州	Chaozhou	1493	1935	2019	271
揭阳	Jieyang	2344	3944	6153	155
云浮	Yunfu	2542	2996	3336	237
广西	**Guangxi**	**70243**	**85515**	**94814**	
南宁	Nanning	14567	18384	20581	19
柳州	Liuzhou	8501	10408	11036	57
桂林	Guilin	8726	9720	10580	62
梧州	Wuzhou	4282	5386	5702	166
北海	Beihai	2439	3020	3215	239
防城港	Fangchenggang	1123	1367	1767	275
钦州	Qinzhou	3683	4019	5430	174
贵港	Guigang	4009	5143	5633	168
玉林	Yulin	6389	7261	8018	103
百色	Baise	4574	5666	6518	149

16-25 医疗卫生机构注册护士数 续表 3
Number of Registered Nurses continued 3

单位：人 (person)

地名	City	2010	2012	2013	2013 排名 Ranking	地名	City	2010	2012	2013	2013 排名 Ranking
贺州	Hezhou	2621	2849	3395	232	丽江	Lijiang	1097	1182	1355	278
河池	Hechi	4070	5199	5950	160	普洱	Puer	2232	2716	3164	243
来宾	Laibin	2544	3029	3387	233	临沧	Lincang	1389	1467	2456	260
崇左	Chongzuo	2581	3446	3526	228	**西藏**	**Tibet**	**1988**	**1732**	**2397**	
海南	**Hainan**	**16319**	**19432**	**20892**		拉萨	Lhasa	951	1121	1081	283
海口	Haikou	7100	8238	8914	87	**陕西**	**Shaanxi**	**61816**	**79390**	**89551**	
三亚	Sanya	1483	1627	1869	273	西安	Xi'an	22640	27837	30062	7
重庆	**Chongqing**	**37611**	**49823**	**55460**		铜川	Tongchuan	1971	2515	2764	250
四川	**Sichuan**	**104886**	**139810**	**158457**		宝鸡	Baoji	5248	6796	7654	118
成都	Chengdu	34647	45088	50058	1	咸阳	Xianyang	8853	11202	12567	43
自贡	Zigong	4404	5519	6169	154	渭南	Weinan	4690	6792	8184	99
攀枝花	Panzhihua	3011	3523	3818	218	延安	Yan'an	3175	4384	4958	187
泸州	Luzhou	3744	6085	7123	126	汉中	Hanzhong	4903	5786	6713	140
德阳	Deyang	4440	5990	6557	148	榆林	Yulin	4627	6918	7690	116
绵阳	Mianyang	6660	8629	9586	75	安康	Ankang	2715	3747	4784	194
广元	Guangyuan	3315	4213	4789	193	商洛	Shangluo	2177	2972	3565	226
遂宁	Suining	3677	4469	4799	192	**甘肃**	**Gansu**	**29868**	**37202**	**40954**	
内江	Neijiang	3772	5212	5774	163	兰州	Lanzhou	9191	10956	11595	52
乐山	Leshan	4433	5807	6574	147	嘉峪关	Jiayuguan	857	1032	1103	282
南充	Nanchong	5342	6743	7535	119	金昌	Jinchang	820	1170	1224	281
眉山	Meishan	2814	4494	4818	191	白银	Baiyin	2158	2636	2832	247
宜宾	Yibin	4740	6642	7897	107	天水	Tianshui	2231	3167	3622	223
广安	Guangan	2415	3302	3589	225	武威	Wuwei	1952	2588	3206	240
达州	Dazhou	4328	6007	7317	122	张掖	Zhangye	1490	1994	2255	263
雅安	Yaan	2037	2730	3293	238	平凉	Pingliang	2327	2869	3203	241
巴中	Bazhong	2060	3206	3951	217	酒泉	Jiuquan	2001	2065	2203	264
资阳	Ziyang	3372	4867	5261	177	庆阳	Qingyang	1784	2370	2615	255
贵州	**Guizhou**	**36165**	**48646**	**58666**		定西	Dingxi	1759	2482	2715	253
贵阳	Guiyang	8868	13079	14594	37	陇南	Longnan	1288	1709	2022	270
六盘水	Liupanshui	2484	3978	4238	210	**青海**	**Qinghai**	**8339**	**10026**	**11492**	
遵义	Zunyi	6441	8844	10951	59	西宁	Xining	5324	6434	7704	113
安顺	Anshun	1640	2683	3174	242	**宁夏**	**Ningxia**	**10341**	**12504**	**13978**	
毕节	Bijie	3184	5362	8153	101	银川	Yinchuan	5050	6506	7383	120
铜仁	Tongren	1703	3164	4400	205	石嘴山	Shizuishan	1791	2072	2199	265
云南	**Yunnan**	**49408**	**60755**	**73305**		吴忠	Wuzhong	1490	1767	2046	269
昆明	Kunming	14992	17989	21880	16	固原	Guyuan	1072	983	1042	284
曲靖	Qujing	4528	4907	5610	169	中卫	Zhongwei	905	1173	1308	279
玉溪	Yuxi	2966	3714	4267	208	**新疆**	**Xinjiang**	**44543**	**52449**	**56578**	
保山	Baoshan	1795	2639	3380	235	乌鲁木齐	Urumqi	11729	13911	14476	38
昭通	Zhaotong	2228	3151	2120	268	克拉玛依	Karamay	1190	1194	1239	280

16-26 剧场、影剧院数
Number of Theaters and Cinemas

单位：个 (unit)

地名	City	2010	2012	2013	2013 排名 Ranking	地名	City	2010	2012	2013	2013 排名 Ranking
全国	**Nation Total**	**3576**	**3535**	**3869**		沈阳	Shenyang	46	46	45	10
北京	**Beijing**	**182**	**198**	**272**		大连	Dalian	6	6	6	172
天津	**Tianjin**	**27**	**29**	**29**		鞍山	Anshan	11	11	11	96
河北	**Hebei**	**170**	**156**	**177**		抚顺	Fushun	15	5	8	135
石家庄	Shijiazhuang	33	22	20	45	本溪	Benxi	5	5	5	197
唐山	Tangshan	15	7	23	34	丹东	Dandong	9	3	9	114
秦皇岛	Qinhuangdao	4	9	14	72	锦州	Jinzhou	7	7	7	151
邯郸	Handan	19	13	11	96	营口	Yingkou	4	2	2	253
邢台	Xingtai	24	28	28	25	阜新	Fuxin	4	3	3	239
保定	Baoding	18	27	35	16	辽阳	Liaoyang	2	2	2	253
张家口	Zhangjiakou	13	8	3	239	盘锦	Panjin	3	3	3	239
承德	Chengde	12	16	17	56	铁岭	Tieling	2	35	7	151
沧州	Cangzhou	12	5	5	197	朝阳	Chaoyang	6	1	5	197
廊坊	Langfang	13	6	6	172	葫芦岛	Huludao	3	4	15	64
衡水	Hengshui	7	15	15	64	**吉林**	**Jilin**	**52**	**40**	**47**	
山西	**Shanxi**	**124**	**136**	**135**		长春	Changchun	23	22	30	22
太原	Taiyuan	10	16	19	51	吉林	Jilin	4	4	4	217
大同	Datong	11	11	11	96	四平	Siping	5	2	2	253
阳泉	Yangquan	3	3	4	217	辽源	Liaoyuan	1	1	1	269
长治	Changzhi	11	16	8	135	通化	Tonghua	2	1	1	269
晋城	Jincheng	12	11	13	82	白山	Baishan	4	4	4	217
朔州	Shuozhou	8	7	7	151	松原	Songyuan	1	1	1	269
晋中	Jinzhong	11	13	13	82	白城	Baicheng	12	5	4	217
运城	Yuncheng	13	13	14	72	**黑龙江**	**Heilongjiang**	**147**	**166**	**178**	
忻州	Xinzhou	15	15	15	64	哈尔滨	Harbin	70	80	80	2
临汾	Linfen	22	22	23	34	齐齐哈尔	Qiqihar	8	13	17	56
吕梁	Luliang	8	9	8	135	鸡西	Jixi	2	2	4	217
内蒙古	**Inner Mongolia**	**72**	**78**	**93**		鹤岗	Hegang	3	1	1	269
呼和浩特	Hohhot	8	14	14	72	双鸭山	Shuangyashan			3	239
包头	Baotou	17	17	17	56	大庆	Daqing	16	19	15	64
乌海	Wuhai	2	2	5	197	伊春	Yichun	8	8	8	135
赤峰	Chifeng	2	2	8	135	佳木斯	Jiamusi	15	15	15	64
通辽	Tongliao	6	6	6	172	七台河	Qitaihe	3	3	9	114
鄂尔多斯	Erdos	5	5	15	64	牡丹江	Mudanjiang	3	6	7	151
呼伦贝尔	Hulunbuir	14	14	15	64	黑河	Heihe	6	6	6	172
巴彦淖尔	Bayannur	6	6	6	172	绥化	Suihua	13	13	13	82
乌兰察布	Ulanqab	12	12	7	151	**上海**	**Shanghai**	**86**	**99**	**116**	
辽宁	**Liaoning**	**123**	**133**	**128**		**江苏**	**Jiangsu**	**264**	**340**	**270**	

16-26 剧场、影剧院数 续表 1
Number of Theaters and Cinemas continued 1

单位：个 （unit）

地名	City	2010	2012	2013	2013 排名 Ranking	地名	City	2010	2012	2013	2013 排名 Ranking
南京	Nanjing	28	45	54	5	池州	Chizhou	8	2	7	151
无锡	Wuxi	48	57	66	3	宣城	Xuancheng	8	2	2	253
徐州	Xuzhou	9	9	9	114	**福建**	**Fujian**	**138**	**107**	**113**	
常州	Changzhou	45	45	7	151	福州	Fuzhou	26	26	31	20
苏州	Suzhou	29	30	30	22	厦门	Xiamen	5	5	5	197
南通	Nantong	9	32	30	22	莆田	Putian	3	4	4	217
连云港	Lianyungang	7	7	7	151	三明	Sanming	5	14	14	72
淮安	Huaian	8	16	16	60	泉州	Quanzhou	63	23	23	34
盐城	Yancheng	11	14	14	72	漳州	Zhangzhou	11	10	10	104
扬州	Yangzhou	6	6	6	172	南平	Nanping	9	8	8	135
镇江	Zhenjiang	48	48	4	217	龙岩	Longyan	9	11	12	91
泰州	Taizhou	9	5	20	45	宁德	Ningde	7	6	6	172
宿迁	Suqian	7	26	7	151	**江西**	**Jiangxi**	**124**	**126**	**150**	
浙江	**Zhejiang**	**250**	**294**	**300**		南昌	Nanchang	9	9	9	114
杭州	Hangzhou	42	53	60	4	景德镇	Jingdezhen	5	6	4	217
宁波	Ningbo	24	48	48	8	萍乡	Pingxiang	8	8	9	114
温州	Wenzhou	21	10	10	104	九江	Jiujiang	7	5	5	197
嘉兴	Jiaxing	42	43	37	14	新余	Xinyu	2	2	2	253
湖州	Huzhou	4	5	5	197	鹰潭	Yingtan	6	6	6	172
绍兴	Shaoxing	31	27	34	17	赣州	Ganzhou	21	15	13	82
金华	Jinhua	20	21	20	45	吉安	Jian	14	8	27	28
衢州	Quzhou	10	14	14	72	宜春	Yichun	18	32	33	18
舟山	Zhoushan	6	7	7	151	抚州	Fuzhou	19	20	22	39
台州	Taizhou	36	43	44	11	上饶	Shangrao	15	15	20	45
丽水	Lishui	14	23	21	42	**山东**	**Shandong**	**290**	**264**	**277**	
安徽	**Anhui**	**102**	**91**	**139**		济南	Jinan	12	22	25	31
合肥	Hefei	9	21	41	12	青岛	Qingdao	40	36	40	13
芜湖	Wuhu	4	9	9	114	淄博	Zibo	8	8	8	135
蚌埠	Bengbu	10	9	7	151	枣庄	Zaozhuang	4	6	6	172
淮南	Huainan	1	1	1	269	东营	Dongying	18	22	22	39
马鞍山	Maanshan	5	6	6	172	烟台	Yantai	24	24	26	29
淮北	Huaibei	3	3	5	197	潍坊	Weifang	35	35	36	15
铜陵	Tongling	3	3	3	239	济宁	Jining	50	10	9	114
安庆	Anqing	12	7	25	31	泰安	Taian	4	4	4	217
黄山	Huangshan	4	4	10	104	威海	Weihai	2	13	14	72
滁州	Chuzhou	5	4	2	253	日照	Rizhao	2	9	9	114
阜阳	Fuyang	3	5	6	172	莱芜	Laiwu	10	1		
宿州	Suzhou	6	8	3	239	临沂	Linyi	15	22	28	25
六安	Liuan	12	1	1	269	德州	Dezhou	14	8	14	72
亳州	Bozhou	4	6	11	96	聊城	Liaocheng	12	10	7	151

16-26 剧场、影剧院数 续表 2
Number of Theaters and Cinemas continued 2

单位：个 （unit）

地名	City	2010	2012	2013	2013 排名 Ranking	地名	City	2010	2012	2013	2013 排名 Ranking
滨州	Binzhou	11	13	8	135	常德	Changde	9	15	20	45
菏泽	Heze	29	21	21	42	张家界	Zhangjiajie	7	7	8	135
河南	**Henan**	**164**	**171**	**165**		益阳	Yiyang	6	7	6	172
郑州	Zhengzhou	14	14	14	72	郴州	Chenzhou	6	7	6	172
开封	Kaifeng	8	9	6	172	永州	Yongzhou	11	6	6	172
洛阳	Luoyang	29	26	25	31	怀化	Huaihua	13	13	13	82
平顶山	Pingdingshan	8	8	8	135	娄底	Loudi	6	4	4	217
安阳	Anyang	9	17	18	53	**广东**	**Guangdong**	**324**	**313**	**287**	
鹤壁	Hebi	2	6	6	172	广州	Guangzhou	23	42	54	5
新乡	Xinxiang	11	10	10	104	韶关	Shaoguan	16	13	13	82
焦作	Jiaozuo	10	10	10	104	深圳	Shenzhen	16	88		
濮阳	Puyang	7	6	5	197	珠海	Zhuhai	1	1	14	72
许昌	Xuchang	6	6	6	172	汕头	Shantou	20	2	10	104
漯河	Luohe	1	1	1	269	佛山	Foshan	36	38	47	9
三门峡	Sanmenxia	6	6	6	172	江门	Jiangmen	9	4	2	253
南阳	Nanyang	13	13	13	82	湛江	Zhanjiang	4	4	4	217
商丘	Shangqiu	8	8	8	135	茂名	Maoming	5	5	5	197
信阳	Xinyang	9	9	9	114	肇庆	Zhaoqing	35	10	13	82
周口	Zhoukou	10	9	9	114	惠州	Huizhou	12	7	7	151
驻马店	Zhumadian	13	13	11	96	梅州	Meizhou	12	19	19	51
湖北	**Hubei**	**142**	**133**	**217**		汕尾	Shanwei	18	10	31	20
武汉	Wuhan	64	61	115	1	河源	Heyuan	7		5	197
黄石	Huangshi	5	6	6	172	阳江	Yangjiang	2	1	1	269
十堰	Shiyan	4	4	4	217	清远	Qingyuan		9	9	114
宜昌	Yichang	21	13	23	34	东莞	Dongguan	46	12	13	82
襄阳	Xiangfan	9	9	9	114	中山	ZhongShan	20	15	20	45
鄂州	Ezhou	2	2	2	253	潮州	Chaozhou	3	3	6	172
荆门	Jingmen	6	7	7	151	揭阳	Jieyang	15	6	5	197
孝感	Xiaogan	5	4	4	217	云浮	Yunfu	24	24	9	114
荆州	Jingzhou	4	4	10	104	**广西**	**Guangxi**	**95**	**100**	**98**	
黄冈	Huanggang	13	14	28	25	南宁	Nanning	11	11	18	53
咸宁	Xianning	2	2	2	253	柳州	Liuzhou	2	3	3	239
随州	Suizhou	7	7	7	151	桂林	Guilin	21	19	23	34
湖南	**Hunan**	**104**	**107**	**117**		梧州	Wuzhou	6	6	6	172
长沙	Changsha	8	10	16	60	北海	Beihai	2	2	6	172
株洲	Zhuzhou	2	2	2	253	防城港	Fangchenggang	4	4	4	217
湘潭	Xiangtan	12	10	10	104	钦州	Qinzhou	3	3	3	239
衡阳	Hengyang	5	5	5	197	贵港	Guigang	3	12	7	151
邵阳	Shaoyang	9	9	9	114	玉林	Yulin	9	9		
岳阳	Yueyang	10	12	12	91	百色	Baise	14	13	12	91

16-26 剧场、影剧院数 续表 3
Number of Theaters and Cinemas continued 3

单位：个 （unit）

地名	City	2010	2012	2013	2013 排名 Ranking
贺州	Hezhou	10	6	3	239
河池	Hechi	4	3	3	239
来宾	Laibin		7	8	135
崇左	Chongzuo	6	2	2	253
海南	**Hainan**	**12**	**11**	**11**	
海口	Haikou	10	9	9	114
三亚	Sanya	2	2	2	253
重庆	**Chongqing**	**33**	**9**	**12**	
四川	**Sichuan**	**112**	**155**	**174**	
成都	Chengdu	15	20	21	42
自贡	Zigong	3	4	5	197
攀枝花	Panzhihua	2	4	5	197
泸州	Luzhou	4	5	7	151
德阳	Deyang	9	8	9	114
绵阳	Mianyang	4	17	17	56
广元	Guangyuan	16	32	32	19
遂宁	Suining	4	7	7	151
内江	Neijiang	9	9	9	114
乐山	Leshan	1	1	1	269
南充	Nanchong	3	3	3	239
眉山	Meishan	6	3	5	197
宜宾	Yibin	6	7	15	64
广安	Guangan	4	5	6	172
达州	Dazhou	11	11	12	91
雅安	Yaan		3	2	253
巴中	Bazhong	7	11	11	96
资阳	Ziyang	8	5	7	151
贵州	**Guizhou**	**28**	**34**	**33**	
贵阳	Guiyang	4	5	5	197
六盘水	Liupanshui	4	4	4	217
遵义	Zunyi	19	15	16	60
安顺	Anshun	1	4	4	217
毕节	Bijie				
铜仁	Tongren		6	4	217
云南	**Yunnan**	**72**	**47**	**46**	
昆明	Kunming	36	7	7	151
曲靖	Qujing	10	10	8	135
玉溪	Yuxi	21	22	22	39
保山	Baoshan	1	4	4	217
昭通	Zhaotong				
丽江	Lijiang	3	3	3	239
普洱	Puer				
临沧	Lincang	1	1	2	253
西藏	**Tibet**		**4**	**4**	
拉萨	Lhasa		4	4	217
陕西	**Shaanxi**	**129**	**108**	**143**	
西安	Xi'an	31	31	49	7
铜川	Tongchuan	5	8	8	135
宝鸡	Baoji	15	16	16	60
咸阳	Xianyang	12	10	11	96
渭南	Weinan	15	11	11	96
延安	Yan'an	10	2	2	253
汉中	Hanzhong	11	3	4	217
榆林	Yulin	13	13	26	29
安康	Ankang	6	6	8	135
商洛	Shangluo	11	8	8	135
甘肃	**Gansu**	**81**	**80**	**87**	
兰州	Lanzhou	7	13	18	53
嘉峪关	Jiayuguan	11	12	5	197
金昌	Jinchang	4	4	4	217
白银	Baiyin	6	3	3	239
天水	Tianshui	6	6	7	151
武威	Wuwei		1	1	269
张掖	Zhangye	6	6	6	172
平凉	Pingliang	8	8	9	114
酒泉	Jiuquan	7	4	10	104
庆阳	Qingyang	11	6	6	172
定西	Dingxi	7	8	9	114
陇南	Longnan	8	9	9	114
青海	**Qinghai**	**2**	**8**	**10**	
西宁	Xining	2	8	9	114
宁夏	**Ningxia**	**22**	**32**	**32**	
银川	Yinchuan	4	10	12	91
石嘴山	Shizuishan	1	4	2	253
吴忠	Wuzhong	5	5	5	197
固原	Guyuan	9	10	10	104
中卫	Zhongwei	3	3	3	239
新疆	**Xinjiang**	**5**	**8**	**9**	
乌鲁木齐	Urumqi	3	3	4	217
克拉玛依	Karamay	2	5	5	197

16-27 公共图书馆数
Number of Public Libraries

单位：个 (unit)

地名	City	2010	2012	2013	2013 排名 Ranking	地名	City	2010	2012	2013	2013 排名 Ranking
全国	**Nation Total**	**2884**	**3076**	**3112**		沈阳	Shenyang	21	21	21	4
北京	**Beijing**	**24**	**24**	**24**		大连	Dalian	13	14	14	23
天津	**Tianjin**	**31**	**31**	**31**		鞍山	Anshan	9	9	9	109
河北	**Hebei**	**165**	**172**	**173**		抚顺	Fushun	7	7	7	161
石家庄	Shijiazhuang	26	27	28	1	本溪	Benxi	7	7	7	161
唐山	Tangshan	13	13	13	38	丹东	Dandong	8	8	8	133
秦皇岛	Qinhuangdao	6	6	6	193	锦州	Jinzhou	9	9	9	109
邯郸	Handan	20	20	20	5	营口	Yingkou	8	8	8	133
邢台	Xingtai	18	20	20	5	阜新	Fuxin	8	8	8	133
保定	Baoding	23	23	22	2	辽阳	Liaoyang	9	9	9	109
张家口	Zhangjiakou	14	15	16	15	盘锦	Panjin	5	5	5	225
承德	Chengde	10	11	11	65	铁岭	Tieling	9	9	9	109
沧州	Cangzhou	14	15	15	16	朝阳	Chaoyang	8	8	8	133
廊坊	Langfang	10	10	10	90	葫芦岛	Huludao	7	7	7	161
衡水	Hengshui	11	12	12	52	**吉林**	**Jilin**	**65**	**66**	**66**	
山西	**Shanxi**	**126**	**126**	**127**		长春	Changchun	13	13	13	38
太原	Taiyuan	12	12	11	65	吉林	Jilin	10	10	10	90
大同	Datong	13	13	13	38	四平	Siping	5	5	5	225
阳泉	Yangquan	5	5	6	193	辽源	Liaoyuan	3	3	3	269
长治	Changzhi	14	14	14	23	通化	Tonghua	8	8	8	133
晋城	Jincheng	6	6	6	193	白山	Baishan	6	6	6	193
朔州	Shuozhou	7	7	7	161	松原	Songyuan	4	5	5	225
晋中	Jinzhong	11	11	11	65	白城	Baicheng	6	6	6	193
运城	Yuncheng	13	13	13	38	**黑龙江**	**Heilongjiang**	**107**	**106**	**107**	
忻州	Xinzhou	14	14	14	23	哈尔滨	Harbin	18	18	18	8
临汾	Linfen	17	17	17	12	齐齐哈尔	Qiqihar	12	12	13	38
吕梁	Luliang	14	14	14	23	鸡西	Jixi	4	4	4	250
内蒙古	**Inner Mongolia**	**113**	**114**	**116**		鹤岗	Hegang	3	3	3	269
呼和浩特	Hohhot	9	10	9	109	双鸭山	Shuangyashan	5	5	5	225
包头	Baotou	10	10	10	90	大庆	Daqing	6	6	6	193
乌海	Wuhai	4	3	4	250	伊春	Yichun	18	18	18	8
赤峰	Chifeng	14	14	14	23	佳木斯	Jiamusi	7	7	6	193
通辽	Tongliao	9	9	9	109	七台河	Qitaihe	2	2	2	277
鄂尔多斯	Erdos	9	9	9	109	牡丹江	Mudanjiang	8	8	8	133
呼伦贝尔	Hulunbuir	14	14	15	16	黑河	Heihe	6	6	6	193
巴彦淖尔	Bayannur	8	8	8	133	绥化	Suihua	11	11	11	65
乌兰察布	Ulanqab	12	12	12	52	**上海**	**Shanghai**	**28**	**25**	**25**	
辽宁	**Liaoning**	**128**	**129**	**129**		**江苏**	**Jiangsu**	**111**	**112**	**113**	

16-27 公共图书馆数 续表 1
Number of Public Libraries continued 1

单位：个 （unit）

地名	City	2010	2012	2013	2013 排名 Ranking	地名	City	2010	2012	2013	2013 排名 Ranking
南京	Nanjing	18	17	18	8	池州	Chizhou	4	4	4	250
无锡	Wuxi	9	10	10	90	宣城	Xuancheng	7	8	8	133
徐州	Xuzhou	7	8	8	133	**福建**	**Fujian**	**86**	**87**	**91**	
常州	Changzhou	4	4	4	250	福州	Fuzhou	15	14	14	23
苏州	Suzhou	12	12	11	65	厦门	Xiamen	9	10	13	38
南通	Nantong	10	9	11	65	莆田	Putian	3	3	3	269
连云港	Lianyungang	7	7	7	161	三明	Sanming	12	12	12	52
淮安	Huaian	8	8	8	133	泉州	Quanzhou	10	10	10	90
盐城	Yancheng	9	9	11	65	漳州	Zhangzhou	10	10	10	90
扬州	Yangzhou	7	7	7	161	南平	Nanping	10	10	10	90
镇江	Zhenjiang	8	8	8	133	龙岩	Longyan	7	7	7	161
泰州	Taizhou	6	6	6	193	宁德	Ningde	10	10	10	90
宿迁	Suqian	6	7	6	193	**江西**	**Jiangxi**	**108**	**114**	**114**	
浙江	**Zhejiang**	**97**	**97**	**98**		南昌	Nanchang	10	10	10	90
杭州	Hangzhou	16	15	15	16	景德镇	Jingdezhen	6	5	5	225
宁波	Ningbo	13	12	12	52	萍乡	Pingxiang	6	6	6	193
温州	Wenzhou	13	13	13	38	九江	Jiujiang	12	15	15	16
嘉兴	Jiaxing	8	6	6	193	新余	Xinyu	3	3	3	269
湖州	Huzhou	5	5	5	225	鹰潭	Yingtan	4	4	4	250
绍兴	Shaoxing	6	6	6	193	赣州	Ganzhou	18	19	19	7
金华	Jinhua	10	10	10	90	吉安	Jian	13	15	15	16
衢州	Quzhou	7	7	7	161	宜春	Yichun	10	11	11	65
舟山	Zhoushan	4	4	5	225	抚州	Fuzhou	12	12	12	52
台州	Taizhou	10	10	10	90	上饶	Shangrao	13	13	13	38
丽水	Lishui	9	9	9	109	**山东**	**Shandong**	**149**	**150**	**153**	
安徽	**Anhui**	**88**	**102**	**107**		济南	Jinan	11	11	11	65
合肥	Hefei	7	9	8	133	青岛	Qingdao	13	13	13	38
芜湖	Wuhu	4	6	7	161	淄博	Zibo	9	9	9	109
蚌埠	Bengbu	4	4	4	250	枣庄	Zaozhuang	7	7	7	161
淮南	Huainan	4	4	4	250	东营	Dongying	6	6	6	193
马鞍山	Maanshan	5	10	7	161	烟台	Yantai	13	13	14	23
淮北	Huaibei	2	5	5	225	潍坊	Weifang	12	12	12	52
铜陵	Tongling	2	4	5	225	济宁	Jining	11	11	11	65
安庆	Anqing	9	10	10	90	泰安	Taian	7	7	7	161
黄山	Huangshan	7	8	11	65	威海	Weihai	4	4	4	250
滁州	Chuzhou	7	8	9	109	日照	Rizhao	4	4	5	225
阜阳	Fuyang	6	7	7	161	莱芜	Laiwu	2	2	2	277
宿州	Suzhou	5	5	6	193	临沂	Linyi	12	13	13	38
六安	Liuan	6	6	6	193	德州	Dezhou	12	12	12	52
亳州	Bozhou	4	4	5	225	聊城	Liaocheng	8	8	8	133

16-27 公共图书馆数 续表 2
Number of Public Libraries continued 2

单位：个 （unit）

地名	City	2010	2012	2013	2013 排名 Ranking	地名	City	2010	2012	2013	2013 排名 Ranking
滨州	Binzhou	8	8	8	133	常德	Changde	9	9	9	109
菏泽	Heze	9	9	10	90	张家界	Zhangjiajie	3	4	4	250
河南	**Henan**	**142**	**156**	**157**		益阳	Yiyang	7	7	7	161
郑州	Zhengzhou	12	13	13	38	郴州	Chenzhou	12	11	11	65
开封	Kaifeng	6	6	6	193	永州	Yongzhou	13	12	12	52
洛阳	Luoyang	11	16	17	12	怀化	Huaihua	6	15	15	16
平顶山	Pingdingshan	8	9	9	109	娄底	Loudi	11	6	6	193
安阳	Anyang	7	7	7	161	**广东**	**Guangdong**	**132**	**137**	**137**	
鹤壁	Hebi	3	4	4	250	广州	Guangzhou	14	14	14	23
新乡	Xinxiang	11	11	11	65	韶关	Shaoguan	9	9	9	109
焦作	Jiaozuo	7	7	7	161	深圳	Shenzhen	8	11	11	65
濮阳	Puyang	6	7	7	161	珠海	Zhuhai	3	3	3	269
许昌	Xuchang	6	7	7	161	汕头	Shantou	8	8	8	133
漯河	Luohe	4	5	5	225	佛山	Foshan	6	6	6	193
三门峡	Sanmenxia	6	7	7	161	江门	Jiangmen	7	7	7	161
南阳	Nanyang	13	13	13	38	湛江	Zhanjiang	7	8	8	133
商丘	Shangqiu	9	9	9	109	茂名	Maoming	5	5	5	225
信阳	Xinyang	11	11	11	65	肇庆	Zhaoqing	9	9	9	109
周口	Zhoukou	10	11	11	65	惠州	Huizhou	5	5	5	225
驻马店	Zhumadian	10	10	10	90	梅州	Meizhou	10	10	10	90
湖北	**Hubei**	**108**	**111**	**112**		汕尾	Shanwei	4	4	4	250
武汉	Wuhan	17	17	18	8	河源	Heyuan	7	7	7	161
黄石	Huangshi	3	3	5	225	阳江	Yangjiang	4	4	4	250
十堰	Shiyan	8	8	8	133	清远	Qingyuan	9	9	9	109
宜昌	Yichang	12	14	14	23	东莞	Dongguan	1	1	1	280
襄阳	Xiangfan	9	9	9	109	中山	ZhongShan	1	1	1	280
鄂州	Ezhou	1	4	1	280	潮州	Chaozhou	4	4	4	250
荆门	Jingmen	6	6	5	225	揭阳	Jieyang	6	6	6	193
孝感	Xiaogan	8	8	8	133	云浮	Yunfu	5	5	5	225
荆州	Jingzhou	8	8	8	133	**广西**	**Guangxi**	**108**	**112**	**112**	
黄冈	Huanggang	12	12	12	52	南宁	Nanning	16	16	17	12
咸宁	Xianning	7	7	7	161	柳州	Liuzhou	11	11	11	65
随州	Suizhou	2	4	4	250	桂林	Guilin	13	13	14	23
湖南	**Hunan**	**124**	**136**	**136**		梧州	Wuzhou	5	5	5	225
长沙	Changsha	12	12	10	90	北海	Beihai	3	3	3	269
株洲	Zhuzhou	6	6	6	193	防城港	Fangchenggang	4	4	4	250
湘潭	Xiangtan	5	6	6	193	钦州	Qinzhou	3	5	5	225
衡阳	Hengyang	12	14	14	23	贵港	Guigang	5	6	6	193
邵阳	Shaoyang	11	14	14	23	玉林	Yulin	6	6	6	193
岳阳	Yueyang	8	11	11	65	百色	Baise			13	38

16-27 公共图书馆数 续表 3
Number of Public Libraries continued 3

单位：个 （unit）

地名	City	2010	2012	2013	2013 排名 Ranking	地名	City	2010	2012	2013	2013 排名 Ranking
贺州	Hezhou	15	4	5	225	丽江	Lijiang	6	6	6	193
河池	Hechi	11	11	11	65	普洱	Puer	10	11	11	65
来宾	Laibin	6	6	7	161	临沧	Lincang	9	9	9	109
崇左	Chongzuo	7	7	7	161	**西藏**	**Tibet**		**77**	**78**	
海南	**Hainan**	**20**	**20**	**21**		拉萨	Lhasa				
海口	Haikou	2	3	3	269	**陕西**	**Shaanxi**	**112**	**112**	**114**	
三亚	Sanya	1	1	1	280	西安	Xi'an	14	14	14	23
重庆	**Chongqing**	**43**	**43**	**43**		铜川	Tongchuan	5	5	5	225
四川	**Sichuan**	**161**	**188**	**197**		宝鸡	Baoji	13	13	13	38
成都	Chengdu	21	22	22	2	咸阳	Xianyang	12	12	12	52
自贡	Zigong	7	7	7	161	渭南	Weinan	11	11	11	65
攀枝花	Panzhihua	5	6	6	193	延安	Yan'an	13	13	14	23
泸州	Luzhou	7	8	9	109	汉中	Hanzhong	11	11	12	52
德阳	Deyang	6	6	7	161	榆林	Yulin	12	12	12	52
绵阳	Mianyang	8	9	9	109	安康	Ankang	11	11	11	65
广元	Guangyuan	7	8	8	133	商洛	Shangluo	8	8	8	133
遂宁	Suining	6	6	6	193	**甘肃**	**Gansu**	**94**	**103**	**103**	
内江	Neijiang	4	4	4	250	兰州	Lanzhou	8	8	8	133
乐山	Leshan	10	11	11	65	嘉峪关	Jiayuguan	1	2	2	277
南充	Nanchong	8	8	8	133	金昌	Jinchang	3	4	4	250
眉山	Meishan	7	7	7	161	白银	Baiyin	6	6	6	193
宜宾	Yibin	10	10	10	90	天水	Tianshui	7	8	8	133
广安	Guangan	6	6	7	161	武威	Wuwei	4	5	5	225
达州	Dazhou	7	7	8	133	张掖	Zhangye	6	7	7	161
雅安	Yaan	8	9	9	109	平凉	Pingliang	8	8	8	133
巴中	Bazhong	5	5	6	193	酒泉	Jiuquan	7	8	8	133
资阳	Ziyang	5	5	5	225	庆阳	Qingyang	9	9	9	109
贵州	**Guizhou**	**93**	**93**	**94**		定西	Dingxi	7	8	8	133
贵阳	Guiyang	9	8	9	109	陇南	Longnan	9	10	10	90
六盘水	Liupanshui	6	5	5	225	**青海**	**Qinghai**	**44**	**49**	**49**	
遵义	Zunyi	14	14	14	23	西宁	Xining		6	6	193
安顺	Anshun	6	6	6	193	**宁夏**	**Ningxia**	**20**	**26**	**26**	
毕节	Bijie	9	9	9	109	银川	Yinchuan	5	7	7	161
铜仁	Tongren	11	11	11	65	石嘴山	Shizuishan	2	4	4	250
云南	**Yunnan**	**150**	**152**	**152**		吴忠	Wuzhong	5	5	5	225
昆明	Kunming	18	17	15	16	固原	Guyuan	5	6	6	193
曲靖	Qujing	11	11	11	65	中卫	Zhongwei	3	3	3	269
玉溪	Yuxi	10	10	10	90	**新疆**	**Xinjiang**	**103**	**105**	**106**	
保山	Baoshan	7	7	7	161	乌鲁木齐	Urumqi	4	6	7	161
昭通	Zhaotong	12	12	12	52	克拉玛依	Karamay	4	4	4	250

16-28　公共图书馆图书总藏量
Total Collections of Public Libraries

单位：千册、件　　　　　　　　　　　　　　　　　　　　　　　　　（1000 copies 、piece）

地名	City	2010	2012	2013	2013 排名 Ranking
全国	**Nation Total**	**632639**	**727816**	**755449**	
北京	**Beijing**	**46130**	**55560**	**53160**	
天津	**Tianjin**	**12583**	**14692**	**14738**	
河北	**Hebei**	**16110**	**19572**	**18923**	
石家庄	Shijiazhuang	4788	5766	5557	22
唐山	Tangshan	1819	2180	2190	69
秦皇岛	Qinhuangdao	919	1247	1151	144
邯郸	Handan	1402	1479	1582	94
邢台	Xingtai	906	1082	1301	117
保定	Baoding	1677	1930	1918	77
张家口	Zhangjiakou	1173	1562	1355	111
承德	Chengde	758	857	87	282
沧州	Cangzhou	786	1027	1191	136
廊坊	Langfang	1410	1905	2037	73
衡水	Hengshui	472	538	553	237
山西	**Shanxi**	**21412**	**14693**	**16831**	
太原	Taiyuan	3980	5125	6591	19
大同	Datong	631	687	718	212
阳泉	Yangquan	599	691	725	208
长治	Changzhi	1190	1525	1660	91
晋城	Jincheng	276	306	438	252
朔州	Shuozhou	307	748	752	203
晋中	Jinzhong	10570	1238	1263	124
运城	Yuncheng	1164	1194	1215	131
忻州	Xinzhou	789	796	826	192
临汾	Linfen	1218	1491	1516	98
吕梁	Luliang	680	890	1127	147
内蒙古	**Inner Mongolia**	**9975**	**11723**	**15844**	
呼和浩特	Hohhot	2770	2240	3141	42
包头	Baotou	3036	3036	3036	45
乌海	Wuhai	413	524	659	220
赤峰	Chifeng	731	1173	1613	93
通辽	Tongliao	812	904	914	176
鄂尔多斯	Erdos	651	779	3687	35
呼伦贝尔	Hulunbuir	650	1750	1866	80
巴彦淖尔	Bayannur	400	640	670	218
乌兰察布	Ulanqab	512	678	258	275
辽宁	**Liaoning**	**32903**	**38488**	**38737**	
沈阳	Shenyang	10894	12997	12721	7
大连	Dalian	10452	12919	14512	5
鞍山	Anshan	2116	2419	2408	59
抚顺	Fushun	1056	1071	1101	148
本溪	Benxi	968	1010	1033	162
丹东	Dandong	1289	1303	955	173
锦州	Jinzhou	1257	1255	1396	108
营口	Yingkou	987	1352	1341	112
阜新	Fuxin	407	429	376	263
辽阳	Liaoyang	1010	1085	1085	150
盘锦	Panjin	477	544	578	230
铁岭	Tieling	640	591	64	283
朝阳	Chaoyang	677	677	833	190
葫芦岛	Huludao	673	835	335	268
吉林	**Jilin**	**12936**	**15133**	**13979**	
长春	Changchun	6844	9231	8150	14
吉林	Jilin	2004	2178	2131	71
四平	Siping	681	703	648	222
辽源	Liaoyuan	1156	341	349	267
通化	Tonghua	794	824	827	191
白山	Baishan	510	733	746	204
松原	Songyuan	525	659	668	219
白城	Baicheng	422	464	460	251
黑龙江	**Heilongjiang**	**16560**	**17559**	**17060**	
哈尔滨	Harbin	7062	8281	7704	16
齐齐哈尔	Qiqihar	1805	1597	1646	92
鸡西	Jixi	340	341	359	266
鹤岗	Hegang	340	360	410	256
双鸭山	Shuangyashan	314	334	207	279
大庆	Daqing	3033	2890	2540	58
伊春	Yichun	607	857	856	184
佳木斯	Jiamusi	734	471	471	249
七台河	Qitaihe	207	218	229	277
牡丹江	Mudanjiang	722	720	1060	160
黑河	Heihe	338	318	318	270
绥化	Suihua	1058	1173	1259	125
上海	**Shanghai**	**68087**	**72024**	**72390**	
江苏	**Jiangsu**	**44361**	**66168**	**60386**	

16-28 公共图书馆图书总藏量 续表 1
Total Collections of Public Libraries continued 1

单位：千册、件 （1000 copies 、piece）

地名	City	2010	2012	2013	2013 排名 Ranking	地名	City	2010	2012	2013	2013 排名 Ranking
南京	Nanjing	13393	15736	15053	4	池州	Chizhou	258	254	394	259
无锡	Wuxi	3609	5653	3921	32	宣城	Xuancheng	647	729	731	207
徐州	Xuzhou	2698	2416	2994	46	**福建**	**Fujian**	**16817**	**27449**	**26575**	
常州	Changzhou	2423	3755	2849	52	福州	Fuzhou	5591	6221	3837	33
苏州	Suzhou	8027	16629	13539	6	厦门	Xiamen	3349	6139	4557	27
南通	Nantong	2870	5366	5284	24	莆田	Putian	182	843	868	182
连云港	Lianyungang	1724	2638	2977	47	三明	Sanming	1397	2134	2646	55
淮安	Huaian	1327	2997	2081	72	泉州	Quanzhou	2620	4470	5234	25
盐城	Yancheng	1826	2559	2652	54	漳州	Zhangzhou	1001	1564	4428	28
扬州	Yangzhou	2232	2821	3270	38	南平	Nanping	1346	2651	2020	74
镇江	Zhenjiang	1988	2770	2559	57	龙岩	Longyan	782	2228	1782	85
泰州	Taizhou	1616	1926	2177	70	宁德	Ningde	549	1199	1202	134
宿迁	Suqian	628	903	1030	163	**江西**	**Jiangxi**	**15595**	**18856**	**19560**	
浙江	**Zhejiang**	**38938**	**52534**	**57245**		南昌	Nanchang	4396	5783	4937	26
杭州	Hangzhou	12540	17380	17979	3	景德镇	Jingdezhen	630	704	780	198
宁波	Ningbo	7340	7327	6678	17	萍乡	Pingxiang	750	830	880	180
温州	Wenzhou	3250	7741	10510	11	九江	Jiujiang	1594	2528	1956	76
嘉兴	Jiaxing	4211	5937	7920	15	新余	Xinyu	551	620	616	227
湖州	Huzhou	2110	2033	2019	75	鹰潭	Yingtan	308	377	392	261
绍兴	Shaoxing	2599	2931	2964	48	赣州	Ganzhou	1834	2101	3039	44
金华	Jinhua	1794	2301	2562	56	吉安	Jian	1986	2307	2940	49
衢州	Quzhou	1205	1375	1417	106	宜春	Yichun	1586	1217	1289	120
舟山	Zhoushan	767	1038	1285	121	抚州	Fuzhou	920	1237	1433	104
台州	Taizhou	1798	3084	2398	60	上饶	Shangrao	1040	1153	1298	119
丽水	Lishui	1324	1387	1514	99	**山东**	**Shandong**	**45567**	**43598**	**48753**	
安徽	**Anhui**	**11197**	**21369**	**21239**		济南	Jinan	9412	11474	10932	9
合肥	Hefei	3107	6971	4327	29	青岛	Qingdao	4442	5304	5457	23
芜湖	Wuhu	622	1357	1506	100	淄博	Zibo	2234	2589	2236	65
蚌埠	Bengbu	428	490	1068	158	枣庄	Zaozhuang	1043	1073	1154	143
淮南	Huainan	327	368	398	258	东营	Dongying	729	1225	1560	96
马鞍山	Maanshan	560	1960	1061	159	烟台	Yantai	5128	5840	6342	20
淮北	Huaibei	260	794	835	189	潍坊	Weifang	2092	3014	3494	37
铜陵	Tongling	555	611	671	217	济宁	Jining	1692	1919	2329	61
安庆	Anqing	961	2023	3837	33	泰安	Taian	1103	1220	1500	101
黄山	Huangshan	494	668	2229	66	威海	Weihai	1180	1604	3248	39
滁州	Chuzhou	559	1850	722	211	日照	Rizhao	354	409	413	255
阜阳	Fuyang	399	565	569	233	莱芜	Laiwu	380	470	486	247
宿州	Suzhou	202	531	274	274	临沂	Linyi	5506	3112	3213	40
六安	Liuan	469	1783	2214	67	德州	Dezhou	966	1265	1397	107
亳州	Bozhou	337	415	403	257	聊城	Liaocheng	5421	959	2329	61

16-28　公共图书馆图书总藏量　续表 2
Total Collections of Public Libraries continued 2

单位：千册、件　　　　（1000 copies 、piece）

地名	City	2010	2012	2013	2013 排名 Ranking	地名	City	2010	2012	2013	2013 排名 Ranking
滨州	Binzhou	1205	1460	1433	104	常德	Changde	1319	1399	1447	103
菏泽	Heze	2680	661	1230	129	张家界	Zhangjiajie	196	210	216	278
河南	**Henan**	**18130**	**20782**	**21246**		益阳	Yiyang	900	1025	1078	153
郑州	Zhengzhou	5527	6243	6331	21	郴州	Chenzhou	839	1060	1148	145
开封	Kaifeng	790	790	756	202	永州	Yongzhou	881	1139	1201	135
洛阳	Luoyang	1347	1646	1725	87	怀化	Huaihua	1014	1569	1531	97
平顶山	Pingdingshan	828	913	1244	126	娄底	Loudi	823	811	913	177
安阳	Anyang	968	1177	1070	157	**广东**	**Guangdong**	**66651**	**61045**	**81521**	
鹤壁	Hebi	406	461	497	245	广州	Guangzhou	17950		18541	2
新乡	Xinxiang	1053	1121	1230	129	韶关	Shaoguan	823	1017	1167	140
焦作	Jiaozuo	716	870	1010	166	深圳	Shenzhen	22957	26957	28544	1
濮阳	Puyang	660	559	581	229	珠海	Zhuhai	866	1835	1160	142
许昌	Xuchang	996	1063	1086	149	汕头	Shantou	2423	2758	2870	50
漯河	Luohe	392	387	415	254	佛山	Foshan	2989	4014	3611	36
三门峡	Sanmenxia	702	1479	1327	115	江门	Jiangmen	1660	2150	2210	68
南阳	Nanyang	1390	1193	1169	139	湛江	Zhanjiang	1126	1291	1380	110
商丘	Shangqiu	616	757	804	194	茂名	Maoming	608	646	975	167
信阳	Xinyang	692	895	876	181	肇庆	Zhaoqing	1088	1872	1792	84
周口	Zhoukou	440	565	623	225	惠州	Huizhou	949	1220	1173	138
驻马店	Zhumadian	607	663	503	243	梅州	Meizhou	1233	1180	1180	137
湖北	**Hubei**	**24027**	**25543**	**26555**		汕尾	Shanwei	171	242	282	273
武汉	Wuhan	10367	11821	12237	8	河源	Heyuan	552	557	620	226
黄石	Huangshi	1074	1135	1269	123	阳江	Yangjiang	607	658	725	208
十堰	Shiyan	1051	1098	948	174	清远	Qingyuan	831	909	974	169
宜昌	Yichang	1669	1834	2273	63	东莞	Dongguan	7010	10198	10607	10
襄阳	Xiangfan	2560	1500	1570	95	中山	ZhongShan	1076	1250	1337	114
鄂州	Ezhou	368	409	389	262	潮州	Chaozhou	429	460	485	248
荆门	Jingmen	610	1073	1076	154	揭阳	Jieyang	656	1173	971	170
孝感	Xiaogan	769	856	865	183	云浮	Yunfu	648	658	917	175
荆州	Jingzhou	1064	1116	1148	145	**广西**	**Guangxi**	**17976**	**20889**	**24297**	
黄冈	Huanggang	1590	1740	1670	90	南宁	Nanning	5006	5732	8424	13
咸宁	Xianning	675	712	848	186	柳州	Liuzhou	1288	1899	1847	81
随州	Suizhou	2230	2249	2263	64	桂林	Guilin	3700	3987	4124	31
湖南	**Hunan**	**19259**	**23801**	**24509**		梧州	Wuzhou	950	1012	1029	164
长沙	Changsha	6331	9976	10174	12	北海	Beihai	500	533	554	236
株洲	Zhuzhou	1180	1281	1340	113	防城港	Fangchenggang	253	293	302	272
湘潭	Xiangtan	822	1235	1300	118	钦州	Qinzhou	498	650	962	172
衡阳	Hengyang	1520	1783	1802	82	贵港	Guigang	510	772	793	196
邵阳	Shaoyang	1414	1423	1448	102	玉林	Yulin	1668	1704	1704	88
岳阳	Yueyang	2020	891	911	178	百色	Baise	1163	1448	1387	109

16-28 公共图书馆图书总藏量 续表 3
Total Collections of Public Libraries continued 3

单位：千册、件 （1000 copies 、piece）

地名	City	2010	2012	2013	2013 排名 Ranking
贺州	Hezhou	570	615	634	223
河池	Hechi	723	1052	1081	151
来宾	Laibin	466	509	761	201
崇左	Chongzuo	681	683	695	214
海南	**Hainan**	**640**	**940**	**933**	
海口	Haikou	440	460	573	232
三亚	Sanya	200	480	360	265
重庆	**Chongqing**	**10308**	**1522**	**11289**	
四川	**Sichuan**	**24493**	**32108**	**17510**	
成都	Chengdu	12126	16423	1908	78
自贡	Zigong	386	443	471	249
攀枝花	Panzhihua	563	747	839	188
泸州	Luzhou	967	1165	1203	133
德阳	Deyang	661	765	765	200
绵阳	Mianyang	1277	2517	1802	82
广元	Guangyuan	772	1059	1075	155
遂宁	Suining	374	463	490	246
内江	Neijiang	423	691	524	238
乐山	Leshan	477	576	576	231
南充	Nanchong	936	1004	1041	161
眉山	Meishan	216	238	306	271
宜宾	Yibin	1122	988	1208	132
广安	Guangan	1724	1820	1685	89
达州	Dazhou	890	1072	1072	156
雅安	Yaan	577	714	743	205
巴中	Bazhong	400	437	568	234
资阳	Ziyang	602	988	1234	128
贵州	**Guizhou**	**4203**	**8392**	**8709**	
贵阳	Guiyang	2223	2448	2859	51
六盘水	Liupanshui	351	410	420	253
遵义	Zunyi	1260	3800	4200	30
安顺	Anshun	369	424	510	240
毕节	Bijie		539	161	280
铜仁	Tongren		771	559	235
云南	**Yunnan**	**6761**	**7305**	**7787**	
昆明	Kunming	1785	2253	2747	53
曲靖	Qujing	1030	1107	112	281
玉溪	Yuxi	1668	1210	1243	127
保山	Baoshan	530	622	723	210
昭通	Zhaotong	163	177	809	193
丽江	Lijiang	317	448	510	240
普洱	Puer	676	843	843	187
临沧	Lincang	592	645	799	195
西藏	**Tibet**				
拉萨	Lhasa				
陕西	**Shaanxi**	**11296**	**13791**	**15105**	
西安	Xi'an	4465	6123	6647	18
铜川	Tongchuan	600	667	677	216
宝鸡	Baoji	1204	1308	1309	116
咸阳	Xianyang	1046	1051	1275	122
渭南	Weinan	895	965	975	167
延安	Yan'an	550	672	1021	165
汉中	Hanzhong	565	697	792	197
榆林	Yulin	1010	1069	1166	141
安康	Ankang	487	709	734	206
商洛	Shangluo	474	530	510	240
甘肃	**Gansu**	**9689**	**10578**	**7801**	
兰州	Lanzhou	4248	4683	1080	152
嘉峪关	Jiayuguan	115	120	238	276
金昌	Jinchang	142	347	373	264
白银	Baiyin	530	618	716	213
天水	Tianshui	900	800	775	199
武威	Wuwei	360	342	321	269
张掖	Zhangye	627	689	964	171
平凉	Pingliang	430	460	694	215
酒泉	Jiuquan	460	500	500	244
庆阳	Qingyang	584	625	634	223
定西	Dingxi	654	733	654	221
陇南	Longnan	639	661	852	185
青海	**Qinghai**	**2876**	**2250**	**2208**	
西宁	Xining	2876	2250	1764	86
宁夏	**Ningxia**	**4562**	**4987**	**5550**	
银川	Yinchuan	2595	2875	3161	41
石嘴山	Shizuishan	376	539	582	228
吴忠	Wuzhong	642	841	896	179
固原	Guyuan	492	506	517	239
中卫	Zhongwei	457	226	394	259
新疆	**Xinjiang**	**2597**	**4464**	**5011**	
乌鲁木齐	Urumqi	2137	3111	3131	43
克拉玛依	Karamay	460	1353	1880	79

16-29 每百人公共图书馆藏书量
Collections of Public Libraries per 100 Persons

单位：册、件 （copy、piece）

地名	City	2010	2012	2013	2013 排名 Ranking	地名	City	2010	2012	2013	2013 排名 Ranking
全国	**Nation Total**	**50.70**	**65.56**	**59.12**		沈阳	Shenyang	151.39	179.32	174.98	15
北京	**Beijing**	**366.75**	**428.22**	**403.95**		大连	Dalian	178.23	218.85	245.55	5
天津	**Tianjin**	**127.77**	**147.93**	**146.79**		鞍山	Anshan	60.15	69.04	68.80	62
河北	**Hebei**	**22.07**	**26.39**	**25.49**		抚顺	Fushun	47.80	48.85	50.50	90
石家庄	Shijiazhuang	48.40	57.35	55.40	83	本溪	Benxi	62.61	65.93	67.96	63
唐山	Tangshan	24.75	29.39	29.63	161	丹东	Dandong	53.41	54.18	39.79	114
秦皇岛	Qinhuangdao	31.88	42.82	39.28	116	锦州	Jinzhou	40.77	40.77	45.62	100
邯郸	Handan	14.55	14.89	15.92	246	营口	Yingkou	41.91	57.51	57.55	77
邢台	Xingtai	12.38	14.47	17.05	237	阜新	Fuxin	21.16	22.39	19.69	220
保定	Baoding	14.44	16.47	16.48	239	辽阳	Liaoyang	55.09	60.17	60.28	70
张家口	Zhangjiakou	25.17	33.35	29.01	167	盘锦	Panjin	36.34	42.25	44.81	104
承德	Chengde	20.32	22.74	2.30	280	铁岭	Tieling	20.97	19.56	2.12	281
沧州	Cangzhou	10.75	13.80	15.80	247	朝阳	Chaoyang	19.96	19.88	24.50	187
廊坊	Langfang	33.65	43.97	48.27	96	葫芦岛	Huludao	23.89	29.82	11.96	268
衡水	Hengshui	10.72	12.16	12.34	266	**吉林**	**Jilin**	**51.65**	**60.82**	**56.73**	
山西	**Shanxi**	**61.64**	**41.76**	**47.34**		长春	Changchun	90.18	121.96	108.23	29
太原	Taiyuan	108.89	140.09	179.59	13	吉林	Jilin	46.17	50.56	49.67	92
大同	Datong	19.87	21.51	21.31	213	四平	Siping	20.00	20.90	19.76	219
阳泉	Yangquan	45.80	52.31	54.51	84	辽源	Liaoyuan	93.41	27.95	28.61	168
长治	Changzhi	36.13	45.38	48.97	94	通化	Tonghua	35.11	36.69	37.25	125
晋城	Jincheng	12.76	14.02	20.00	218	白山	Baishan	39.63	57.31	58.74	72
朔州	Shuozhou	19.30	43.11	43.22	105	松原	Songyuan	18.10	22.74	23.60	199
晋中	Jinzhong	329.32	38.09	38.27	120	白城	Baicheng	20.83	23.20	23.12	201
运城	Yuncheng	23.11	22.99	23.28	200	**黑龙江**	**Heilongjiang**	**43.65**	**47.14**	**45.82**	
忻州	Xinzhou	25.65	25.68	26.56	179	哈尔滨	Harbin	71.19	83.35	77.43	49
临汾	Linfen	27.85	35.07	35.50	130	齐齐哈尔	Qiqihar	31.77	28.57	29.55	162
吕梁	Luliang	17.73	22.60	28.60	169	鸡西	Jixi	17.97	18.34	19.20	225
内蒙古	**Inner Mongolia**	**45.84**	**53.73**	**72.88**		鹤岗	Hegang	31.16	33.18	37.96	122
呼和浩特	Hohhot	120.67	97.26	134.23	20	双鸭山	Shuangyashan	20.72	22.21	13.80	256
包头	Baotou	138.13	135.87	134.93	19	大庆	Daqing	108.40	102.65	89.75	38
乌海	Wuhai	77.92	95.55	119.82	24	伊春	Yichun	47.81	68.45	69.59	59
赤峰	Chifeng	15.97	25.43	34.76	133	佳木斯	Jiamusi	28.92	19.69	19.46	223
通辽	Tongliao	25.48	28.27	28.47	170	七台河	Qitaihe	22.29	23.60	24.89	186
鄂尔多斯	Erdos	42.72	51.22	239.42	6	牡丹江	Mudanjiang	26.72	27.74	40.93	110
呼伦贝尔	Hulunbuir	23.96	65.69	73.75	55	黑河	Heihe	19.40	18.40	18.49	226
巴彦淖尔	Bayannur	21.47	34.28	36.61	126	绥化	Suihua	18.05	21.06	22.64	204
乌兰察布	Ulanqab	17.84	23.63	9.12	271	**上海**	**Shanghai**	**482.09**	**504.75**	**505.52**	
辽宁	**Liaoning**	**77.39**	**90.67**	**91.40**		**江苏**	**Jiangsu**	**59.41**	**87.60**	**79.28**	

16-29 每百人公共图书馆藏书量 续表 1
Collections of Public Libraries per 100 Persons continued 1

单位：册、件 （copy、piece）

地名	City	2010	2012	2013	2013 排名 Ranking
南京	Nanjing	211.77	246.46	234.11	7
无锡	Wuxi	77.35	120.26	83.07	42
徐州	Xuzhou	27.73	24.39	29.73	158
常州	Changzhou	67.16	102.94	77.84	47
苏州	Suzhou	125.88	256.70	207.02	11
南通	Nantong	37.62	70.13	68.89	60
连云港	Lianyungang	34.64	51.63	57.25	79
淮安	Huaian	24.63	54.81	37.63	123
盐城	Yancheng	22.37	31.12	32.18	149
扬州	Yangzhou	48.61	61.54	71.09	57
镇江	Zhenjiang	73.44	102.06	94.08	35
泰州	Taizhou	32.02	38.04	42.85	107
宿迁	Suqian	11.50	16.12	18.01	228
浙江	**Zhejiang**	**82.01**	**109.46**	**118.59**	
杭州	Hangzhou	181.97	248.10	254.30	4
宁波	Ningbo	127.86	126.83	115.14	28
温州	Wenzhou	41.31	96.74	130.24	22
嘉兴	Jiaxing	123.28	172.33	228.90	9
湖州	Huzhou	81.16	77.78	77.06	50
绍兴	Shaoxing	59.21	66.49	67.06	64
金华	Jinhua	38.44	48.89	54.16	85
衢州	Quzhou	47.94	54.38	55.79	82
舟山	Zhoushan	79.26	106.81	132.47	21
台州	Taizhou	30.83	51.19	40.37	112
丽水	Lishui	50.99	52.82	57.35	78
安徽	**Anhui**	**16.40**	**30.96**	**30.65**	
合肥	Hefei	62.77	98.11	60.77	69
芜湖	Wuhu	27.10	35.39	39.12	117
蚌埠	Bengbu	11.82	13.32	29.10	166
淮南	Huainan	13.40	15.10	16.38	241
马鞍山	Maanshan	43.38	85.83	46.54	99
淮北	Huaibei	11.84	36.38	39.84	113
铜陵	Tongling	74.99	82.33	90.68	36
安庆	Anqing	15.61	32.61	61.69	68
黄山	Huangshan	33.37	45.36	151.63	17
滁州	Chuzhou	12.40	40.92	16.08	244
阜阳	Fuyang	3.94	5.43	5.40	278
宿州	Suzhou	3.15	8.15	4.27	279
六安	Liuan	6.65	25.10	30.88	153
亳州	Bozhou	5.61	6.77	6.37	275
池州	Chizhou	16.08	15.69	24.32	189
宣城	Xuancheng	23.24	26.08	26.11	181
福建	**Fujian**	**47.35**	**76.69**	**73.33**	
福州	Fuzhou	86.56	94.94	58.58	73
厦门	Xiamen	185.84	321.55	231.32	8
莆田	Putian	5.63	25.60	25.99	183
三明	Sanming	51.22	77.82	95.18	33
泉州	Quanzhou	38.23	64.49	74.35	54
漳州	Zhangzhou	21.01	32.42	90.55	37
南平	Nanping	42.88	84.46	63.92	65
龙岩	Longyan	24.88	74.84	58.81	71
宁德	Ningde	16.18	35.03	34.64	135
江西	**Jiangxi**	**33.21**	**39.25**	**40.59**	
南昌	Nanchang	87.53	113.87	96.80	32
景德镇	Jingdezhen	38.61	42.23	46.99	98
萍乡	Pingxiang	39.87	43.14	45.36	101
九江	Jiujiang	32.01	49.70	38.50	119
新余	Xinyu	46.69	51.45	50.91	89
鹰潭	Yingtan	25.26	30.40	31.36	151
赣州	Ganzhou	20.21	22.67	32.71	145
吉安	Jian	40.12	45.64	57.76	76
宜春	Yichun	28.43	21.24	22.30	208
抚州	Fuzhou	22.77	29.61	34.12	137
上饶	Shangrao	14.05	15.16	17.08	236
山东	**Shandong**	**47.78**	**45.51**	**50.72**	
济南	Jinan	155.81	188.34	178.34	14
青岛	Qingdao	58.17	68.92	70.50	58
淄博	Zibo	52.89	61.11	52.61	88
枣庄	Zaozhuang	26.67	27.18	29.14	165
东营	Dongying	39.43	66.06	83.42	41
烟台	Yantai	78.75	89.81	97.42	31
潍坊	Weifang	23.94	34.29	39.57	115
济宁	Jining	20.07	22.65	27.46	174
泰安	Taian	19.80	21.83	26.83	178
威海	Weihai	46.53	63.26	127.87	23
日照	Rizhao	12.30	14.20	14.24	253
莱芜	Laiwu	29.99	37.21	38.27	120
临沂	Linyi	51.33	28.71	29.48	163
德州	Dezhou	16.94	21.90	24.13	192
聊城	Liaocheng	90.72	16.13	38.95	118

16-29 每百人公共图书馆藏书量 续表 2
Collections of Public Libraries per 100 Persons continued 2

单位：册、件 （copy、piece）

地名	City	2010	2012	2013	2013 排名 Ranking	地名	City	2010	2012	2013	2013 排名 Ranking
滨州	Binzhou	31.89	38.33	37.51	124	常德	Changde	21.17	22.24	23.84	195
菏泽	Heze	27.95	6.91	12.85	264	张家界	Zhangjiajie	11.90	12.34	12.63	265
河南	**Henan**	**16.56**	**18.63**	**19.53**		益阳	Yiyang	18.89	21.27	22.46	206
郑州	Zhengzhou	57.39	58.21	68.89	60	郴州	Chenzhou	16.71	20.79	22.42	207
开封	Kaifeng	14.77	14.51	13.67	259	永州	Yongzhou	14.43	18.36	19.28	224
洛阳	Luoyang	19.15	23.19	24.93	185	怀化	Huaihua	19.89	30.38	29.73	158
平顶山	Pingdingshan	15.34	16.74	23.12	201	娄底	Loudi	19.01	18.53	20.80	214
安阳	Anyang	16.65	19.85	17.77	231	**广东**	**Guangdong**	**78.22**	**70.77**	**93.21**	
鹤壁	Hebi	25.05	28.27	29.94	156	广州	Guangzhou	222.67		222.85	10
新乡	Xinxiang	17.44	18.17	19.68	221	韶关	Shaoguan	25.08	31.15	35.58	129
焦作	Jiaozuo	19.46	23.69	27.45	175	深圳	Shenzhen	883.40	937.24	920.77	1
濮阳	Puyang	16.10	13.27	13.93	255	珠海	Zhuhai	82.68	172.22	106.42	30
许昌	Xuchang	20.34	21.51	21.76	212	汕头	Shantou	46.23	51.76	53.15	87
漯河	Luohe	14.08	14.07	15.15	249	佛山	Foshan	80.59	106.29	94.53	34
三门峡	Sanmenxia	30.48	65.41	58.46	74	江门	Jiangmen	42.32	54.87	56.23	81
南阳	Nanyang	11.71	9.89	9.98	270	湛江	Zhanjiang	14.48	16.44	17.16	234
商丘	Shangqiu	6.71	8.10	8.53	273	茂名	Maoming	8.14	8.63	12.86	263
信阳	Xinyang	7.95	10.47	10.19	269	肇庆	Zhaoqing	25.76	43.78	41.67	109
周口	Zhoukou	3.59	4.60	5.51	277	惠州	Huizhou	28.14	35.68	34.20	136
驻马店	Zhumadian	6.85	7.37	5.61	276	梅州	Meizhou	23.95	22.63	22.48	205
湖北	**Hubei**	**45.09**	**247.67**	**49.79**		汕尾	Shanwei	4.96	6.97	7.99	274
武汉	Wuhan	123.90	143.86	148.87	18	河源	Heyuan	15.39	15.69	17.17	233
黄石	Huangshi	41.29	43.40	48.44	95	阳江	Yangjiang	21.45	23.29	25.44	184
十堰	Shiyan	29.76	31.74	27.32	176	清远	Qingyuan	20.10	22.41	23.76	197
宜昌	Yichang	41.88	45.97	56.83	80	东莞	Dongguan	385.65	545.29	561.22	2
襄阳	Xiangfan	43.31	25.25	26.39	180	中山	ZhongShan	72.13	82.23	86.82	40
鄂州	Ezhou	33.93	37.40	35.36	131	潮州	Chaozhou	16.44	17.37	18.16	227
荆门	Jingmen	20.31	35.49	35.75	128	揭阳	Jieyang	9.91	17.41	14.22	254
孝感	Xiaogan	14.48	16.24	16.41	240	云浮	Yunfu	22.92	22.93	31.62	150
荆州	Jingzhou	16.17	16.38	17.37	232	**广西**	**Guangxi**	**33.85**	**38.95**	**44.88**	
黄冈	Huanggang	21.42	23.26	22.27	209	南宁	Nanning	70.77	80.34	116.35	27
咸宁	Xianning	23.20	23.90	28.17	171	柳州	Liuzhou	34.56	51.01	49.65	93
随州	Suizhou	86.46	87.54	87.71	39	桂林	Guilin	71.30	76.37	79.00	45
湖南	**Hunan**	**28.31**	**34.55**	**35.76**		梧州	Wuzhou	29.11	30.72	30.63	154
长沙	Changsha	97.04	151.01	153.45	16	北海	Beihai	29.97	31.71	32.78	144
株洲	Zhuzhou	30.24	32.37	33.50	142	防城港	Fangchenggang	27.73	32.00	32.47	148
湘潭	Xiangtan	28.44	42.32	44.83	103	钦州	Qinzhou	12.85	16.59	24.23	191
衡阳	Hengyang	19.20	22.28	22.93	203	贵港	Guigang	9.74	14.57	14.74	250
邵阳	Shaoyang	17.81	17.76	17.92	229	玉林	Yulin	24.73	24.63	24.31	190
岳阳	Yueyang	35.71	15.55	16.27	242	百色	Baise	28.67	35.44	33.67	140

16-29　每百人公共图书馆藏书量　续表 3
Collections of Public Libraries per 100 Persons continued 3

单位：册、件 (copy、piece)

地名	City	2010	2012	2013	2013 排名 Ranking
贺州	Hezhou	24.42	27.16	27.09	177
河池	Hechi	18.11	25.56	26.11	181
来宾	Laibin	17.92	19.55	29.73	158
崇左	Chongzuo	27.98	27.84	28.14	172
海南	**Hainan**	**29.43**	**42.94**	**42.22**	
海口	Haikou	27.43	28.47	35.15	132
三亚	Sanya	35.08	83.84	62.07	67
重庆	**Chongqing**	**31.20**	**4.55**	**33.62**	
四川	**Sichuan**	**29.42**	**38.23**	**20.79**	
成都	Chengdu	105.53	139.97	16.06	245
自贡	Zigong	11.84	13.49	14.27	252
攀枝花	Panzhihua	50.55	66.78	74.91	53
泸州	Luzhou	19.25	23.06	23.68	198
德阳	Deyang	16.99	19.54	19.52	222
绵阳	Mianyang	23.57	46.15	32.94	143
广元	Guangyuan	24.83	33.97	34.68	134
遂宁	Suining	9.81	12.31	12.93	261
内江	Neijiang	9.94	16.20	12.27	267
乐山	Leshan	13.50	16.22	16.18	243
南充	Nanchong	12.45	13.22	13.72	258
眉山	Meishan	6.19	6.79	8.69	272
宜宾	Yibin	20.82	18.08	21.96	210
广安	Guangan	36.98	38.85	35.85	127
达州	Dazhou	12.98	15.41	15.58	248
雅安	Yaan	37.25	45.62	47.32	97
巴中	Bazhong	10.31	11.21	14.56	251
资阳	Ziyang	12.01	19.53	24.34	188
贵州	**Guizhou**	**24.43**	**27.63**	**28.39**	
贵阳	Guiyang	65.93	65.36	75.44	52
六盘水	Liupanshui	11.00	12.71	12.92	262
遵义	Zunyi	16.07	49.26	53.98	86
安顺	Anshun	13.19	14.91	17.83	230
毕节	Bijie		6.28	1.85	282
铜仁	Tongren		18.08	13.03	260
云南	**Yunnan**	**23.43**	**25.71**	**27.21**	
昆明	Kunming	30.57	41.46	50.22	91
曲靖	Qujing	16.44	17.37	1.74	283
玉溪	Yuxi	72.33	56.52	57.81	75
保山	Baoshan	20.97	24.34	28.13	173
昭通	Zhaotong	2.84	3.03	13.78	257
丽江	Lijiang	26.32	37.66	42.50	108
普洱	Puer	26.55	33.49	32.67	146
临沧	Lincang	24.34	27.28	33.86	139
西藏	**Tibet**				
拉萨	Lhasa				
陕西	**Shaanxi**	**29.30**	**35.30**	**38.33**	
西安	Xi'an	57.04	76.92	82.37	43
铜川	Tongchuan	70.22	78.19	78.72	46
宝鸡	Baoji	31.59	34.07	33.91	138
咸阳	Xianyang	20.11	19.91	23.92	194
渭南	Weinan	15.98	17.08	17.11	235
延安	Yan'an	23.89	28.55	42.90	106
汉中	Hanzhong	14.81	18.14	20.52	215
榆林	Yulin	27.71	28.54	30.93	152
安康	Ankang	16.00	23.17	23.83	196
商洛	Shangluo	19.36	21.30	20.32	217
甘肃	**Gansu**	**39.84**	**43.41**	**31.20**	
兰州	Lanzhou	131.30	145.65	29.27	164
嘉峪关	Jiayuguan	52.75	60.73	119.00	26
金昌	Jinchang	30.55	74.24	79.36	44
白银	Baiyin	29.38	35.17	40.45	111
天水	Tianshui	24.54	21.29	20.50	216
武威	Wuwei	18.82	18.00	16.98	238
张掖	Zhangye	47.92	52.66	73.59	56
平凉	Pingliang	18.55	19.66	29.91	157
酒泉	Jiuquan	46.96	50.59	45.05	102
庆阳	Qingyang	22.53	23.83	24.02	193
定西	Dingxi	21.77	24.74	21.80	211
陇南	Longnan	22.68	23.20	30.11	155
青海	**Qinghai**	**130.21**	**113.37**	**55.62**	
西宁	Xining	130.21	113.37	77.71	48
宁夏	**Ningxia**	**70.99**	**75.88**	**82.96**	
银川	Yinchuan	163.41	171.93	182.72	12
石嘴山	Shizuishan	50.25	72.68	75.58	51
吴忠	Wuzhong	46.40	59.39	62.22	66
固原	Guyuan	32.26	32.81	33.57	141
中卫	Zhongwei	38.69	18.84	32.56	147
新疆	**Xinjiang**	**92.57**	**151.13**	**166.48**	
乌鲁木齐	Urumqi	87.93	120.67	119.05	25
克拉玛依	Karamay	122.63	360.03	494.74	3

主要社会经济指标解释

行政区域土地面积 是指在该行政区划内的全部土地面积(包括水面面积)。计算土地面积以行政区划为准。

常住人口 包括：1.住本户，户口在本乡、镇、街道的人(含户口在本户，外出不满半年的人)；2.住本户半年以上，户口在外乡、镇、街道的人；3.住本户不满半年，户口在外乡、镇、街道，离开户口登记地半年以上的人；4.住本户，户口待定的人。

地区生产总值(GRP) 指按市场价格计算的一个地区所有常住单位在一定时期内生产活动的最终成果。

地方财政一般预算收入 包括(1)税收收入；(2)社会保险基金收入；(3)非税收入；(4)贷款转回收本金收入(5) 转移性收入。

地方财政一般预算内支出 包括：(1)一般公共服务；(2)外交；(3)国防；(4)公共安全；(5)教育；(6)科学技术；(7)文化体育与传媒；(8)社会保障和就业；(9)社会保险基金支出；(10)医疗卫生；(11)环境保护；(12)城乡社区事务；(13)农林水事务；(14)交通运输；(15)工业商业金融等事务；(16)其它支出；(17)转移性支出。

住宅 指专供居住的房屋，包括别墅、公寓、职工家属宿舍和集体宿舍（包括职工单身宿舍和学生宿舍）等，但不包括住宅楼中作为人防用、不住人的地下室等。住宅按照性质可以划分为普通住房、经济使用住房和别墅、高档公寓。

专利申请受理量 指经专利部门初步审查后符合受理条件的专利申请量。

专利申请授权量 指经专利部门审查合格后，一句专利法授予申请人对申请项目专有权的专利申请数量。

中等职业学校 是指按国家规定的设置标准和审批程序批准建立的，招收初中（或部分高中）毕业生或同等学历者，实施中等职业技术教育，培养中等职业技术人才的学校。招收初中毕业生的，修业年限一般为三至四年；招收高中毕业生的，修业年限一般为二年至三年。包括中等专业学校、技工学校、职业中学（高中）等。统计中等职业学校时应注意，已承担培养学生任务的中等职业技术学校和独立设置的高等学校中专部或中专学校计算校数。正在筹建、尚未招生的中等职业学校和高等学校附设的中专班不计校数。

专任教师 指主要从事教学工作的人员。包括临时（一年以内）调去帮助做其它工作的教学人员。高等学校函授部、夜大学的专任教师和承担科研任务，未担任教学工作仍属教师编制的人员，应计入专任教师中。不包括调离教学岗位，担任行政领导工作或其他工作的原教学人员。

医院、卫生院床位数 指各级各类医院本年 10 月底的固定实有床位（非编制床位）。包括正规床、简易床、监护床和正在消毒、修理的床位及因扩建或大修理而停用的床位（按扩建或大修理前的床位计算），但不包括产科的新生儿床、库存床、临时增设的床位、病人家属的陪床、接产室的待产床等。

公共图书馆图书总藏量 指图书馆已编目的古籍、图书、期刊和报纸的合订本、小册子、手稿以及缩微制品、录像带、录音带、光盘等听视文献资料数量总和。